Dassler/Schiffhauer/
Hintzen/Engels/Rellermeyer
Gesetz über die Zwangsversteigerung
und die Zwangsverwaltung
– einschließlich EGZVG und ZwVwV –
Kommentar
15. Auflage

Gesetz über die Zwangsversteigerung und die Zwangsverwaltung
– einschließlich EGZVG und ZwVwV –

Kommentar

begründet von
Dr. jur. h.c. *Paul Reinhard* (†) und *Hans Müller* (†)

fortgeführt von
Dr. *Gerhard Dassler* (†) und Dipl.-Rpfl. (FH) *Horst Schiffhauer*

zuletzt in 12. Auflage bearbeitet von
Dipl.-Rpfl. (FH) *Horst Schiffhauer*,
Prof. Dr. *Walter Gerhardt* und Dr. *Johannes M. Muth* (†)

15., neu bearbeitete Auflage

von

Prof. Dipl.-Rpfl. *Udo Hintzen*
Hochschule für Wirtschaft und Recht, Berlin

Ralf Engels
Rechtsanwalt/Fachanwalt für Familien- und Steuerrecht
Zwangsverwalter und Mediator, Euskirchen

Dipl.-Rpfl. *Klaus Rellermeyer*
Hamm

2016

VERLAG ERNST UND WERNER GIESEKING BIELEFELD

Zitiervorschlag:

[Bearbeiter], in: Dassler/Schiffhauer/Hintzen/Engels/Rellermeyer, ZVG, 15. Aufl., §, Rdn.
oder:
Dassler/Schiffhauer/*[Bearbeiter]*, ZVG, 15. Aufl., §, Rdn.

Bibliografische Information der Deutschen Nationalbibliothek

Die Deutsche Nationalbibliothek verzeichnet diese Publikation in der Deutschen Nationalbibliografie; detaillierte bibliografische Daten sind im Internet über http://dnb.d-nb.de abrufbar.

2016

© Verlag Ernst und Werner Gieseking GmbH, Bielefeld

Dieses Werk ist urheberrechtlich geschützt. Jede Verwertung, insbesondere die auch nur auszugsweise Vervielfältigung auf fotomechanischem oder elektronischem Wege, die Aufnahme in Datenbanken oder die Einstellung in Onlinedienste, ist nur insoweit zulässig, als sie das Urheberrechtsgesetz ausdrücklich gestattet, ansonsten nur und ausschließlich mit vorheriger Zustimmung des Verlages.

Alle Rechte bleiben vorbehalten.
Lektorat: Dr. iur. utr. Klaus Schleicher
Herstellung: Katja Klesper Verlagsherstellung, Fulda
Druck: C. H. Beck, Nördlingen

ISBN 978-3-7694-1145-4

Vorwort zur 15. Auflage

Die Neuauflage berücksichtigt das Gesetz zur Einführung einer Rechtsbehelfsbelehrung im Zivilprozess vom 5.12.2012 (BGBl I 2418), das Gesetz zur Verkürzung des Restschuldbefreiungsverfahrens und zur Stärkung der Gläubigerrechte (RestSchBefrVerfG) vom 15.7.2013 (BGBl I 2379), das Gesetz zur Modernisierung der Finanzaufsicht über Versicherungen vom 1.4.2015 (BGBl I 434), das Gesetz zur Förderung des elektronischen Rechtsverkehrs mit den Gerichten vom 10.10.2013 (BGBl I 3786) und die Verordnung (EU) Nr. 650/2012 des Europäischen Parlaments und des Rates vom 4.7.2012 über die Zuständigkeit, das anzuwendende Recht, die Anerkennung und Vollstreckung von Entscheidungen und die Annahme und Vollstreckung öffentlicher Urkunden in Erbsachen sowie zur Einführung eines europäischen Nachlasszeugnisses (ErbVO). Eingearbeitet wurden auch die Verordnung vom 31.8.2015 (BGBl I 1474) zur textlichen Änderung von § 152a ZVG und die Änderung zu § 180 Abs. 3 ZVG aufgrund des Gesetzes vom 20.11.2015 (BGBl I 2010).

Auch wenn die Zahlen der Zwangsversteigerungen und Zwangsverwaltungsverfahren aufgrund der anhaltend guten wirtschaftlichen Konjunktur deutlich zurück gegangen sind, haben erneut zahlreiche höchstrichterliche Entscheidungen den Ablauf sowohl des Verfahrens der Zwangsversteigerung als auch der Zwangsverwaltung erheblich beeinflusst, z.B. weiterhin die Rechtsprechung zur Rechts- und Grundbuchfähigkeit der Gesellschaft bürgerlichen Rechts, zur Verfahrenseinstellung aufgrund vorgetragener Suizidgefahr, zur Berücksichtigung öffentlicher Lasten der Rangklasse 3 bzw. zur Verrentung öffentlicher Lasten, zur Bestellung von Zustellungsvertretern, zu Wirkung und Umfang der Beschlagnahme, zum Lasten- und Gefahrübergang auf den Ersteher und nicht zuletzt zu den Problemen rund um die Grundschuld und zur Erfüllung der Rückgewähransprüche. In der Zwangsverwaltung bleiben die Fragen zur Auswahl, zu den Aufgaben und zur Stellung des Zwangsverwalters ebenso aktuell wie Fragen zum gesetzlichen Wohnrecht des Schuldners und seiner Familie, zur Aufhebung der Zwangsverwaltung, zur Abrechnung mit dem Ersteher oder auch zu den Steuer- und Verkehrssicherungspflichten des Zwangsverwalters. Vollständig neu bearbeitet wurden u.a. die Abschnitte zu Auswirkungen von Anträgen und Vorgehensweisen von „Versteigerungsverhinderern", zur Abgabe von Geboten in betrügerischer Absicht, zur außerordentlichen Beschwerde gegen den Zuschlag und zu den Rechtsbehelfen gegen den Teilungsplan.

Literatur und Rechtsprechung sind bis Ende November 2015, teilweise darüber hinaus bis Januar 2016 berücksichtigt.

Für Anregungen und Hinweise sind wir stets dankbar und nehmen sie gern auf. Wo im Gesetzestext Divergenzen vor allem in der Schreibweise – auch hinsichtlich „alter" und „neuer" Rechtschreibung – ausgemacht werden, weisen wir darauf hin, dass bereits die amtlichen Quellen (Bundesgesetzblatt Teil III, www.gesetze-im-internet [BMJ/juris]) nicht in jeder Hinsicht übereinstimmen.

Berlin/Euskirchen/Hamm, im Januar 2016

Udo Hintzen, Ralf Engels, Klaus Rellermeyer

Vorwort zur 13. Auflage (Auszug)

Dieser traditionsreiche Kommentar hat eine über 100-jährige wechselvolle Geschichte hinter sich. Die 1.–8. Auflage sind von Dr. jur. h.c. *Paul Reinhard* und *Hans Müller*, weiland Senatspräsidenten am Oberlandesgericht Dresden, herausgegeben worden. (…)

Es verging nahezu ein Vierteljahrhundert, ehe 1958 nunmehr von den Autoren Dr. *Gerhard Dassler* und *Horst Schiffhauer* die 9. Auflage des Handbuchs erschien. Nicht unerwähnt bleiben kann hierbei die Tatsache, dass neben dem Richter Dr. *Gerhard Dassler* mit *Horst Schiffhauer* erstmals ein Rechtspfleger die Kommentierung entscheidend mitprägte. Mit der 1978 erschienenen 11. Auflage trat Prof. Dr. *Walter Gerhardt* als Autor hinzu, mit Erscheinen der 12. Auflage 1991 Rechtsanwalt Dr. *Johannes M. Muth*. Gleichwohl bleiben die Namen *Dassler*, auch nach seinem Tode 1985, und *Schiffhauer* für die Neubearbeitungen des Handbuchs und späteren Kommentars seit Ende des 2. Weltkrieges nicht nur unvergessen, sondern sind nahezu zu einem Synonym für dieses Werk geworden. Es ist deshalb nur selbstverständlich, wenn auch die jetzt vorgelegte Neuauflage in Anerkennung dessen die Namen *Dassler* und *Schiffhauer* beibehält, was *Horst Schiffhauer*, dem die Zukunft des Kommentars sehr am Herzen liegt, und die Angehörigen Dr. *Dasslers* nachdrücklich gutgeheißen haben.

Zwischen der letzten Auflage und dieser haben sich in den seither vergangenen 17 Jahren nicht nur Gesetzgebung, Rechtsprechung und Literatur erheblich fortentwickelt (dazu sogleich mehr). Der Kommentar erscheint auch erstmals nicht mehr im Verlag W. Kohlhammer, Stuttgart. Es ist vor allem der Initiative *Horst Schiffhauers* zu danken, dass ihn künftig der Verlag Ernst und Werner Gieseking, Bielefeld, herausbringt, dem schon *Horst Schiffhauer* seit Jahrzehnten besonders verbunden war und ist und dessen Autoren wir selbst seit langem sind.

Die bisherigen Autoren konnten bzw. wollten auf eigenen Wunsch die Neuauflage nicht mehr mitgestalten. Umso dankbarer sind wir, dass wir unsere Arbeit mit Zustimmung der verbliebenen Autoren *Horst Schiffhauer* und Prof. Dr. *Walter Gerhardt* sowie der Angehörigen des inzwischen verstorbenen Autors Prof. Dr. *Johannes M. Muth* auf das Fundament der Vorauflage stützen konnten und ihre Bearbeitungen aus der 12. Auflage übernehmen und fortführen durften. (…)

Geändert hat sich – außer Aufmachung und Textlayout – vor allem der Umfang des Kommentars. Er wuchs von 878 Seiten in der 12. Auflage auf nunmehr gut 1.800 Seiten.

Einzuarbeiten waren das Rechtspflege-Vereinfachungsgesetz vom 17.12.1990 (…) und das Gesetz zur Änderung des Wohnungseigentumsgesetzes und anderer Gesetze vom 26.3.2007.

Im Ergebnis musste der Kommentar deswegen nahezu vollständig neu geschrieben werden. Erheblich erweitert wurden – unter gleichzeitiger Kommentierung der Neufassung der Zwangsverwalterverordnung vom 19.12.2003 – die Vorschriften über die Zwangsverwaltung. Zugleich wurde das Äußere der Darstellung geänderten Ansprüchen angepasst. Trotz des erheblich erweiterten Umfangs konnte die Form eines Handkommentars beibehalten werden. Das erforderte wie in den Vorauflagen eine konzentrierte, aber möglichst erschöpfende Darstellung. Jede Rechtsfrage ist daher nur an einer Stelle erläutert, auf die im Übrigen verwiesen wird. Wir haben uns außerdem um einen klaren und systematischen Aufbau der Erläuterungen bemüht, nicht zuletzt deshalb, damit der Kommentar auch als Lehrmittel in Studium oder Fortbildung eingesetzt werden kann.

Gesetzgebung, Schrifttum und Rechtsprechung – und hier insbesondere Rechtsbeschwerdeentscheidungen des BGH – sind bis einschließlich September 2007, teilweise darüber hinaus eingearbeitet.

Abschließend erneuern wir den Wunsch, mit dem schon das Vorwort der 9. Auflage (s. nachstehend) schloss: „*Möge das Buch* [will sagen: die Neuauflage], *in Rechtslehre und Rechtspraxis zu seinen bisherigen Freunden neue hinzugewinnen.*"

Für Anregungen und Hinweise sind wir stets dankbar und nehmen sie gern auf. Wo im Gesetzestext Divergenzen vor allem in der Schreibweise – auch hinsichtlich „alter" und „neuer" Rechtschreibung – ausgemacht werden, weisen wir darauf hin, dass bereits die amtlichen Quellen (Bundesgesetzblatt Teil III, www.gesetze-im-internet.de [BMJ/juris]) nicht in jeder Hinsicht übereinstimmen.

Berlin/Euskirchen/Hamm, im November 2007

Udo Hintzen
Ralf Engels
Klaus Rellermeyer

Vorwort zur 9. Auflage

Seit dem Erscheinen der 8. Auflage ist nahezu ein Vierteljahrhundert vergangen. Der letzte Bearbeiter, Senatspräsident Hans Müller in Dresden, der 1936 einen Nachtrag herausgab, war bis zu seinem Tode (14. Februar 1945) bemüht, das einschlägige Schrifttum und die ergangenen Entscheidungen zu sammeln und ergänzend zu verwerten sowie das Handbuch einer neuen Auflage zuzuführen, sobald es die Zeitverhältnisse wieder erlauben würden. Wir waren bestrebt, das 1934/1936 zum letztenmal aufgelegte Buch, das sich im Rechtsleben bis zum heutigen Tage großer Beliebtheit erfreut, auf den neuesten Stand zu bringen. Die zahlreichen gesetzlichen Änderungen und die Entwicklung von Lehre und Praxis seit 1934 sind eingehend erläutert worden. Dabei haben wir uns von dem Gedanken leiten lassen, die bewährte Art der Darstellung des Reinhard-Müller weiterhin zu wahren. Ergänzend sind insbesondere behandelt der Vollstreckungsschutz des ZVG, die Mietvorauszahlung, der Baukostenzuschuß, das Mindestgebot, das neue Schiffsversteigerungsrecht und, soweit diese einschlägig sind, die Hypothekengewinnabgabe, das Rechtspflegergesetz vom 8. Februar 1957, das Gleichberechtigungsgesetz vom 18. Juni 1957 sowie die Kostengesetze vom 26. Juli 1957. Zu abweichenden Meinungen anderer Kommentare ist Stellung genommen worden. Der Anhang, der neu angefügt worden ist, enthält u. a. Auszüge der einschlägigen Nebengesetze, deren Auffindung in der Praxis erfahrungsgemäß häufig Schwierigkeiten bereitet hat. Ferner sind die Kostenbestimmungen mit Gebührentabellen (bis 100 000.— DM) aufgenommen. Gegenüber den vorangegangenen Auflagen wurden die einschlägigen landesrechtlichen Vorschriften (auch die West-Berlins und des Saarlandes) eingearbeitet. Eine neugefaßte Einführung in das Zwangsversteigerungsrecht vermittelt in einer Form, die auch für den jungen Juristen und den Rechtspflegeranwärter leicht verständlich ist, einen umfassenden Überblick über das Zwangsversteigerungsverfahren. Das Stichwortverzeichnis ist erweitert worden. So wird sich der Leser schon nach kurzer Benutzung rasch in dem Buche zurechtfinden.

An dieser Stelle sei allen denen unser Dank ausgesprochen, die uns bei der Neubearbeitung mit Anregungen und Hinweisen und bei den Korrekturarbeiten behilflich waren. Möge das Buch in Rechtslehre und Rechtspraxis zu seinen bisherigen Freunden neue hinzugewinnen.

Karlsruhe und Varel (Oldb), Ende März 1958

Dr. Gerhard Dassler   Horst Schiffhauer

Inhaltsübersicht

Abkürzungsverzeichnis	XXI
Literaturverzeichnis	XLIII
Nachweis der Gesetzesänderungen	XLIX

Seite

Einführung in das Zwangsversteigerungs-
und Zwangsverwaltungsrecht *(Hintzen)* 1

ERSTER ABSCHNITT
Zwangsversteigerung und Zwangsverwaltung von Grundstücken im Wege der Zwangsvollstreckung

Erster Titel
Allgemeine Vorschriften

§ 1	»Zuständigkeit« *(Rellermeyer)*	23
§ 2	»Bestimmung des zuständigen Gerichts« *(Rellermeyer)*	29
§ 3	»Zustellungen« *(Rellermeyer)*	33
§ 4	»Zustellung durch Aufgabe zur Post« *(Rellermeyer)*	39
§ 5	»Zustellungsbevollmächtigter« *(Rellermeyer)*	42
§ 6	»Zustellungsvertreter« *(Rellermeyer)*	44
§ 7	»Stellung, Aufgaben, Vergütung und Auslagen des Zustellungsvertreters« *(Rellermeyer)*	47
§ 8	»Zustellung des Anordnungs- und Beitrittsbeschlusses« *(Rellermeyer)*	50
§ 9	»Beteiligte« *(Rellermeyer)*	51
§ 10	»Rangfolge der Ansprüche« *(Rellermeyer)*	60
§ 11	»Rangordnung innerhalb derselben Klasse« *(Rellermeyer)*	91
§ 12	»Rangordnung innerhalb desselben Rechts« *(Rellermeyer)*	94
§ 13	»Abgrenzung wiederkehrender Leistungen« *(Rellermeyer)*	97
§ 14	»Ansprüche von unbestimmtem Betrag« *(Rellermeyer)*	100

Inhaltsübersicht

ZWEITER TITEL   Seite
Zwangsversteigerung

I. Anordnung der Versteigerung

	Vorbemerkungen vor § 15 *(Hintzen)*.	102
§ 15	»Antrag« *(Hintzen)*	132
§ 16	»Inhalt des Antrags« *(Hintzen)*	142
§ 17	»Eintragung des Schuldners als Eigentümer; Glaubhaftmachung der Erbfolge« *(Hintzen)*	153
§ 18	»Versteigerung mehrerer Grundstücke im selben Verfahren« *(Hintzen)*	159
§ 19	»Eintragung der Anordnung im Grundbuch« *(Hintzen)*	164
§ 20	»Beschlagnahme des Grundstücks« *(Hintzen)*	170
§ 21	»Beschlagnahmeumfang« *(Hintzen)*	188
§ 22	»Wirksamwerden der Beschlagnahme« *(Hintzen)*	192
§ 23	»Veräußerungsverbot als Wirkung der Beschlagnahme« *(Hintzen)*	197
§ 24	»Verwaltung und Benutzung des Grundstücks durch den Schuldner« *(Hintzen)*	204
§ 25	»Sicherung der ordnungsmäßigen Bewirtschaftung« *(Hintzen)*	207
§ 26	»Einfluss der Veräußerung nach Beschlagnahme des Grundstücks« *(Hintzen)*	211
§ 27	»Beitritt zum Versteigerungsverfahren« *(Hintzen)*	214

II. Aufhebung und einstweilige Einstellung des Verfahrens

§ 28	»Entgegenstehende grundbuchmäßige Rechte« *(Hintzen)*	219
§ 29	»Zurücknahme des Antrags« *(Hintzen)*	235
§ 30	»Einstweilige Einstellung des Verfahrens auf Bewilligung des Gläubigers« *(Hintzen)*	240
§ 30a	»Einstweilige Einstellung auf Antrag des Schuldners« *(Hintzen)*	249
§ 30b	»Antragsfrist auf einstweilige Einstellung; Entscheidung« *(Hintzen)*	270
§ 30c	»Erneute Einstellung« *(Hintzen)*	276
§ 30d	»Einstellung bei Insolvenzverfahren« *(Hintzen)*	279
§ 30e	»Einstellung mit Auflagen« *(Hintzen)*	287
§ 30f	»Aufhebung der Einstellung« *(Hintzen)*	294
§ 31	»Fortsetzung des Verfahrens auf Antrag des Gläubigers« *(Hintzen)*	297
§ 32	»Zustellung des Aufhebungs- oder Einstellungsbeschlusses« *(Hintzen)*	304

		Seite
§ 33	»Entscheidung durch Versagung des Zuschlags« *(Hintzen)*	306
§ 34	»Ersuchen auf Löschung des Versteigerungsvermerks« *(Hintzen)*	311

III. Bestimmung des Versteigerungstermins

§ 35	»Ausführung der Versteigerung« *(Hintzen)*	313
§ 36	»Bestimmung des Versteigerungstermins« *(Hintzen)*	314
§ 37	»Wesentlicher Inhalt der Terminsbestimmung« *(Hintzen)*	317
§ 38	»Weitere Angaben in der Terminsbestimmung« *(Hintzen)*	328
§ 39	»Bekanntmachung der Terminsbestimmung« *(Hintzen)*	332
§ 40	»Anheftung der Terminsbestimmung an die Gerichtstafel« *(Hintzen)*	336
§ 41	»Zustellung der Terminsbestimmung an die Beteiligten« *(Hintzen)*	338
§ 42	»Akteneinsicht« *(Hintzen)*	342
§ 43	»Aufhebung des Versteigerungstermins« *(Hintzen)*	345

IV. Geringstes Gebot. Versteigerungsbedingungen

§ 44	»Geringstes Gebot; Begriff« *(Hintzen)*	350
§ 45	»Feststellung des geringsten Gebots« *(Hintzen)*	382
§ 46	»Wiederkehrende Naturalleistungen« *(Hintzen)*	389
§ 47	»Wiederkehrende Geldleistungen« *(Hintzen)*	391
§ 48	»Bedingte Rechte; Widerspruch und Vormerkung« *(Hintzen)*	393
§ 49	»Bargebot« *(Hintzen)*	398
§ 50	»Erhöhung des zu zahlenden Betrages« *(Hintzen)*	402
§ 51	»Erhöhung des zu zahlenden Betrages bei Nichthypothekenrechten« *(Hintzen)*	416
§ 52	»Bestehen bleibende Rechte« *(Hintzen)*	429
§ 53	»Schuldübernahme« *(Hintzen)*	435
§ 54	»Kündigung von Grundpfandrechten« *(Hintzen)*	442
§ 55	»Gegenstand der Versteigerung« *(Hintzen)*	444
§ 56	»Gefahrübergang« *(Hintzen)*	454
§ 57	»Mieter und Pächter« *(Engels)*	463
§ 57a	»Kündigungsrecht des Erstehers« *(Engels)*	471
§ 57b	»Vorausverfügung über Miete oder Pacht« *(Engels)*	478
§ 57c	»Einschränkung des Kündigungsrechts« (aufgehoben)	484

		Seite
§ 57d	»Aufforderung und Anmeldung« (aufgehoben)	484
§ 58	»Kosten des Zuschlagsbeschlusses« *(Hintzen)*	485
§ 59	»Abweichende Feststellung des geringsten Gebots und der Versteigerungsbedingungen« *(Hintzen)*	492
§ 60	»Zahlungsfristen« (aufgehoben)	510
§ 61	»Zahlungsfristen« (aufgehoben)	510
§ 62	»Erörterungen der Beteiligten über das geringste Gebot und die Versteigerungsbedingungen« *(Hintzen)*	511
§ 63	»Einzel- und Gesamtausgebot mehrerer Grundstücke« *(Hintzen)*	514
§ 64	»Gesamthypothek« *(Hintzen)*	531
§ 65	»Besondere Versteigerung; anderweitige Verwertung« *(Hintzen)*	541

V. Versteigerung

§ 66	»Verfahren im Versteigerungstermin« *(Hintzen)*	546
§ 67	»Verlangen einer Sicherheitsleistung vom Bieter« *(Hintzen)*	566
§ 68	»Höhe der Sicherheit« *(Hintzen)*	572
§ 69	»Art der Sicherheitsleistung« *(Hintzen)*	579
§ 70	»Sofortige Entscheidung über Sicherheitsleistung; sofortige Leistung« *(Hintzen)*	588
§ 71	»Zurückweisung eines unwirksamen Gebots« *(Hintzen)*	592
§ 72	»Erlöschen eines Gebots; Übergebot« *(Hintzen)*	610
§ 73	»Stundenfrist; Verkündung des letzten Gebots und Schluss der Versteigerung« *(Hintzen)*	618
§ 74	»Anhörung der Beteiligten über den Zuschlag« *(Hintzen)*	623
§ 74a	»Antrag auf Versagung des Zuschlags« *(Hintzen)*	626
§ 74b	»Meistgebot von einem zur Befriedigung aus dem Grundstück Berechtigten« *(Hintzen)*	655
§ 75	»Einstweilige Einstellung im Termin« *(Hintzen)*	660
§ 76	»Einstweilige Einstellung wegen Deckung des Gläubigers aus einem Einzelausgebot« *(Hintzen)*	673
§ 77	»Einstellung des Verfahrens wegen Mangels an Geboten« *(Hintzen)*	678
§ 78	»Protokoll« *(Hintzen)*	683

			Seite
VI.	**Entscheidung über den Zuschlag**		
	§ 79	»Keine Bindung an Vorentscheidungen« *(Hintzen)*	687
	§ 80	»Nicht protokollierte Vorgänge im Versteigerungstermin« *(Hintzen)*	689
	§ 81	»Zuschlagsberechtigter« *(Hintzen)*	691
	§ 82	»Inhalt des Zuschlagsbeschlusses« *(Hintzen)*	704
	§ 83	»Versagung des Zuschlags« *(Hintzen)*	709
	§ 84	»Keine Versagung des Zuschlags« *(Hintzen)*	731
	§ 85	»Versagung des Zuschlags bei Antrag auf neuen Versteigerungstermin« *(Hintzen)*	735
	§ 85a	»Versagung des Zuschlags bei zu geringem Meistgebot« *(Hintzen)*	739
	§ 86	»Wirkung der Zuschlagsversagung« *(Hintzen)*	753
	§ 87	»Verkündungstermin« *(Hintzen)*	755
	§ 88	»Zustellung des Zuschlagsbeschlusses« *(Hintzen)*	760
	§ 89	»Wirksamwerden des Zuschlags« *(Hintzen)*	763
	§ 90	»Eigentumserwerb des Erstehers durch Zuschlag« *(Hintzen)*	764
	§ 91	»Erlöschen von Rechten durch den Zuschlag« *(Hintzen)*	773
	§ 92	»Anspruch auf Ersatz des Wertes aus Versteigerungserlös« *(Hintzen)*	784
		→ Sterbetafel 2010/2012	795
	§ 93	»Zuschlagsbeschluss als Vollstreckungstitel« *(Hintzen)*	799
	§ 94	»Gerichtliche Verwaltung« *(Hintzen)*	809
VII.	**Beschwerde**		
	§ 95	»Zulässigkeit der Beschwerde« *(Hintzen)*	813
	§ 96	»Anzuwendende Vorschriften« *(Hintzen)*	827
	§ 97	»Beschwerdeberechtigte« *(Hintzen)*	830
	§ 98	»Beginn der Beschwerdefrist« *(Hintzen)*	833
	§ 99	»Gegner des Beschwerdeführers« *(Hintzen)*	837
	§ 100	»Beschwerdegründe« *(Hintzen)*	839
	§ 101	»Begründete Beschwerde; weitere Beschwerde« *(Hintzen)*	843
	§ 102	»Berechtigte für weitere Beschwerde« *(Hintzen)*	845
	§ 103	»Zustellung der Beschwerdeentscheidung« *(Hintzen)*	847
	§ 104	»Wirksamwerden der Zuschlagserteilung in der Beschwerde« *(Hintzen)*	848

		Seite
VIII. Verteilung des Erlöses		
§ 105	»Bestimmung des Verteilungstermins« *(Hintzen)*	849
§ 106	»Vorläufiger Teilungsplan« *(Hintzen)*	852
§ 107	»Teilungsmasse« *(Hintzen)*	853
§ 108	»Verwertung hinterlegter Wertpapiere« (aufgehoben) *(Hintzen)*	859
§ 109	»Kosten des Verfahrens; Überschussverteilung« *(Hintzen)*	860
§ 110	»Nachstehende Rechte bei der Verteilung« *(Hintzen)*	864
§ 111	»Betagter Anspruch« *(Hintzen)*	866
§ 112	»Gesamtausgebot; Verteilung des Erlöses auf einzelne Grundstücke« *(Hintzen)*	868
§ 113	»Aufstellung des Teilungsplanes« *(Hintzen)*	875
§ 114	»Aufzunehmende Ansprüche« *(Hintzen)*	880
§ 114a	»Kein Anspruch des Erstehers unter $^{7}/_{10}$-Grenze« *(Hintzen)*	914
§ 115	»Widerspruch gegen den Teilungsplan« *(Hintzen)*	924
§ 116	»Aussetzung der Ausführung des Teilungsplanes« *(Hintzen)*	935
§ 117	»Ausführung des Teilungsplanes bei Zahlung des Bargebots« *(Hintzen)*	937
§ 118	»Ausführung des Teilungsplanes bei Nichtzahlung des Versteigerungserlöses« *(Hintzen)*	946
§ 119	»Teilungsplan; bedingter Anspruch« *(Hintzen)*	955
§ 120	»Teilungsplanausführung bei aufschiebender Bedingung« *(Hintzen)*	958
§ 121	»Zuteilung auf Ersatzansprüche« *(Hintzen)*	961
§ 122	»Verteilung des Erlöses bei Gesamthypothek« *(Hintzen)*	965
§ 123	»Hilfsübertragung bei Gesamthypothek« *(Hintzen)*	970
§ 124	»Verteilung bei Widerspruch gegen den Teilungsplan« *(Hintzen)*	972
§ 125	»Zuteilung des Zuzahlungsbetrages« *(Hintzen)*	975
§ 126	»Hilfszuteilung bei unbekannten Berechtigten« *(Hintzen)*	980
§ 127	»Vermerke auf Hypotheken-, Grund- oder Rentenschuldbriefen und vollstreckbaren Titeln« *(Hintzen)*	983
§ 128	»Eintragung einer Sicherungshypothek« *(Hintzen)*	986
§ 129	»Spätere Rangverschiebung der Sicherungshypotheken« *(Hintzen)*	993

		Seite
§ 130	»Eintragungen in das Grundbuch« *(Hintzen)*	996
§ 130a	»Vormerkung für Löschungsanspruch« *(Hintzen)*	1006
§ 131	»Löschung einer Hypothek, Grundschuld oder Rentenschuld; Brief« *(Hintzen)*	1010
§ 132	»Vollstreckbarkeit des Zuschlagsbeschlusses; Vollstreckungsklausel« *(Hintzen)*	1012
§ 133	»Vollstreckung ohne Zustellung des vollstreckbaren Titels« *(Hintzen)*	1016
§ 134	(aufgehoben) *(Hintzen)*	1021
§ 135	»Vertreterbestellung für unbekannten Berechtigten« *(Hintzen)*	1022
§ 136	»Kraftloserklärung von Grundpfandbriefen« *(Hintzen)*	1024
§ 137	»Nachträgliche Ermittlung des Berechtigten« *(Hintzen)*	1026
§ 138	»Ermächtigung des Berechtigten zum Aufgebot« *(Hintzen)*	1028
§ 139	»Terminsbestimmung zur weiteren Ausführung des Teilungsplanes bei nachträglicher Ermittlung« *(Hintzen)*	1030
§ 140	»Aufgebotsverfahren; zuständiges Gericht« *(Hintzen)*	1032
§ 141	»Ausführung des Teilungsplanes nach Ausschließungsbeschluss« *(Hintzen)*	1035
§ 142	»Dreißigjährige Frist für hinterlegten Betrag« *(Hintzen)*	1037
§ 143	»Außergerichtliche Einigung über Erlösverteilung« *(Hintzen)*	1039
§ 144	»Außergerichtliche Befriedigung der Berechtigten« *(Hintzen)*	1042
§ 145	»Anzuwendende Vorschriften« *(Hintzen)*	1047

IX. Grundpfandrechte in ausländischer Währung

§ 145a »Pfandrecht in ausländischer Währung« *(Hintzen)* 1049

DRITTER TITEL
Zwangsverwaltung

§ 146	»Anordnung der Zwangsverwaltung« *(Engels)*	1051
→ § 23 ZwVwV	Grundstücksgleiche Rechte	
→ § 24 ZwVwV	Nichtanwendbarkeit der Verordnung	
→ § 25 ZwVwV	Übergangsvorschrift	
→ § 26 ZwVwV	Inkrafttreten, Außerkrafttreten	

		Seite
§ 147	»Eigenbesitz des Schuldners« *(Engels)*	1072
§ 148	»Beschlagnahme des Grundstücks; Umfang« *(Engels)*	1076
	→ § 1120 BGB Erstreckung auf Erzeugnisse, Bestandteile und Zubehör	
	→ § 1123 BGB Erstreckung auf Miet- und Pachtforderungen	
	→ § 1124 BGB Vorausverfügung über Miete oder Pacht	
§ 149	»Wohnräume und Unterhalt des Schuldners und seiner Familie« *(Engels)*	1086
§ 150	»Bestellung des Verwalters durch Gericht; Übergabe des Grundstücks« *(Engels)*	1102
	→ § 1 ZwVwV Stellung	
	→ § 2 ZwVwV Ausweis	
	→ § 3 ZwVwV Besitzerlangung über das Zwangsverwaltungsobjekt, Bericht	
	→ § 4 ZwVwV Mitteilungspflicht	
§ 150a	»Vorgeschlagener Verwalter« *(Engels)*	1123
§ 150b	»Schuldner als Verwalter« *(Engels)*	1130
§ 150c	»Aufsichtsperson für Schuldner als Zwangsverwalter« *(Engels)*	1134
§ 150d	»Befugnisse des Schuldners als Verwalters« *(Engels)*	1138
§ 150e	»Keine Vergütung für Schuldner als Verwalter« *(Engels)*	1140
§ 151	»Wirksamwerden der Beschlagnahme« *(Engels)*	1141
§ 152	»Aufgaben des Verwalters« *(Engels)*.................	1143
	→ § 5 ZwVwV Nutzungen des Zwangsverwaltungsobjektes	
	→ § 6 ZwVwV Miet- und Pachtverträge	
	→ § 7 ZwVwV Rechtsverfolgung	
	→ § 8 ZwVwV Rückstände, Vorausverfügungen	
§ 152a	»Verordnungsermächtigung« *(Engels)*	1269
	→ § 17 ZwVwV Vergütung und Auslagenersatz	
	→ § 18 ZwVwV Regelvergütung	
	→ § 19 ZwVwV Abweichende Berechnung der Vergütung	
	→ § 20 ZwVwV Mindestvergütung	
	→ § 21 ZwVwV Auslagen	
	→ § 22 ZwVwV Festsetzung	
§ 153	»Anordnungen und Aufsicht des Gerichts« *(Engels)*....	1313
	→ § 10 ZwVwV Zustimmungsvorbehalte	
	→ § 16 ZwVwV Auskunftspflicht	
§ 153a	»Anordnungen über Entgelt für Viehfutter« *(Engels)*	1327
§ 153b	»Vorrang des Insolvenzverfahrens« *(Engels)*	1328
§ 153c	»Aufhebung der einstweiligen Einstellung« *(Engels)*	1334

		Seite
§ 154	»Haftung des Verwalters und Rechnungslegung« *(Engels)*	1336
	→ § 13 ZwVwV Masseverwaltung	
	→ § 14 ZwVwV Buchführung der Zwangsverwaltung	
	→ § 15 ZwVwV Gliederung der Einnahmen und Ausgaben	
	→ § 16 ZwVwV Auskunftspflicht	
§ 155	»Verteilung der Nutzungen« *(Engels)*	1352
	→ § 9 ZwVwV Ausgaben der Zwangsverwaltung	
	→ § 11 ZwVwV Auszahlungen	
§ 156	»Öffentliche Lasten; Verteilungstermin« *(Engels)*	1368
§ 157	»Ausführung des Teilungsplanes« *(Engels)*	1382
§ 158	»Zahlungen auf das Kapital von Grundpfandrechten« *(Engels)*	1386
§ 158a	»Belastung mit Fremdwährung« *(Engels)*	1389
§ 159	»Klage auf Änderung des Teilungsplans« *(Engels)*	1390
§ 160	»Außergerichtliche Verteilung« *(Engels)*	1391
§ 161	»Aufhebung des Verfahrens« *(Engels)*	1392
	→ § 12 ZwVwV Beendigung der Zwangsverwaltung	

ZWEITER ABSCHNITT
Zwangsversteigerung von Schiffen, Schiffsbauwerken und Luftfahrzeugen im Wege der Zwangsvollstreckung

	Vorbemerkungen vor § 162 *(Rellermeyer)*	1421

ERSTER TITEL
Zwangsversteigerung von Schiffen und Schiffsbauwerken

§ 162	»Anzuwendende Vorschriften« *(Rellermeyer)*	1422
§ 163	»Zuständiges Amtsgericht; Beteiligte« *(Rellermeyer)*	1442
§ 164	»Antragsvoraussetzungen« *(Rellermeyer)*	1446
§ 165	»Sicherungsmaßnahmen« *(Rellermeyer)*	1449
§ 166	»Verfahren gegen den Schiffsführer« *(Rellermeyer)*	1453
§ 167	»Terminsbestimmung; Bezeichnung des Schiffs« *(Rellermeyer)*	1454
§ 168	»Bekanntmachung der Terminsbestimmung« *(Rellermeyer)*	1455
§ 168a	»Frist« (aufgehoben) *(Rellermeyer)*	1457
§ 168b	»Anmeldungen von Schiffsgläubigern« *(Rellermeyer)*	1458
§ 168c	»Schiffshypothek in ausländischer Währung« *(Rellermeyer)*	1459

XVII

		Seite
§ 169	»Mieter und Pächter; Schiffshypothek gegen den Ersteher« *(Rellermeyer)*	1462
§ 169a	»Kein Verkehrswert bei Seeschiffen« *(Rellermeyer)*	1464
§ 170	»Gerichtliche Bewachung und Verwahrung des versteigerten Schiffes« *(Rellermeyer)*	1466
§ 170a	»Zwangsversteigerung eines Schiffsbauwerks« *(Rellermeyer)*	1467
§ 171	»Ausländische Schiffe« *(Rellermeyer)*	1470

ZWEITER TITEL
Zwangsversteigerung von Luftfahrzeugen

§ 171a	»Anwendbare Vorschriften« *(Rellermeyer)*	1478
§ 171b	»Zuständiges Amtsgericht« *(Rellermeyer)*	1490
§ 171c	»Anordnung; Sicherungsmaßnahmen« *(Rellermeyer)*	1493
§ 171d	»Terminsbestimmung; Bekanntmachung« *(Rellermeyer)*	1495
§ 171e	»Registerpfandrecht in ausländischer Währung« *(Rellermeyer)*	1496
§ 171f	»Mieter und Pächter; Registerpfandrecht gegen den Ersteher« *(Rellermeyer)*	1497
§ 171g	»Bewachung und Verwahrung des versteigerten Luftfahrzeugs« *(Rellermeyer)*	1498
§ 171h	»Ausländische Luftfahrzeuge« *(Rellermeyer)*	1499
§ 171i	»Rangordnung der Rechte« *(Rellermeyer)*	1500
§ 171k	»Verfügungen nach der Beschlagnahme« *(Rellermeyer)*	1502
§ 171l	»Anordnungsmitteilung; Terminsbestimmung« *(Rellermeyer)*	1503
§ 171m	»Beschwerde gegen die Erteilung des Zuschlags« *(Rellermeyer)*	1505
§ 171n	»Ersatz für Mietrecht« *(Rellermeyer)*	1506

DRITTER ABSCHNITT
Zwangsversteigerung und Zwangsverwaltung in besonderen Fällen

	Vorbemerkungen vor § 172 *(Rellermeyer)*	1507
§ 172	»Anwendbare Vorschriften bei Verfahren auf Antrag des Insolvenzverwalters« *(Rellermeyer)*	1509
§ 173	»Beschlagnahme durch Zustellung des Beschlusses an Insolvenzverwalter« *(Rellermeyer)*	1518
§ 174	»Abweichende Ausbietung auf Gläubigerantrag« *(Rellermeyer)*	1520

Inhaltsübersicht

		Seite
§ 174a	»Abweichende Ausbietung auf Antrag des Insolvenzverwalters« *(Rellermeyer)*	1525
§ 175	»Verfahren auf Antrag des Erben« *(Rellermeyer)*	1528
§ 176	»Anwendbare Vorschriften bei Verfahren auf Antrag des Erben« *(Rellermeyer)*	1530
§ 177	»Glaubhaftmachung des Antragsrechts« *(Rellermeyer)*	1534
§ 178	»Einfluss des Nachlassinsolvenzverfahrens« *(Rellermeyer)*	1536
§ 179	»Befriedigungsausschluss des Nachlassgläubigers« *(Rellermeyer)*	1538
§ 180	»Zwangsversteigerung zur Aufhebung einer Gemeinschaft« *(Hintzen)*	1540
§ 181	»Voraussetzungen der Anordnung auf Aufhebung der Gemeinschaft« *(Hintzen)*	1586
§ 182	»Feststellung des geringsten Gebots« *(Hintzen)*	1604
§ 183	»Vermietung oder Verpachtung des Grundstücks« *(Hintzen)*	1623
§ 184	»Miteigentümer; Sicherheitsleistung« *(Hintzen)*	1624
§ 185	»Anhängiges Verfahren über Zuweisung eines landwirtschaftlichen Betriebs« *(Hintzen)*	1626
§ 186	»Übergangsregelung« *(Hintzen)*	1629

Einführungsgesetz zu dem Gesetz über die Zwangsversteigerung und die Zwangsverwaltung

§ 1	»Inkrafttreten; Anwendung des EGBGB« *(Rellermeyer)*	1631
§ 2	»Vorbehalte für Landesrecht« *(Rellermeyer)*	1634
§ 3	»Entschädigungsanspruch bei Gemeinheitsteilung und Rechteablösung« *(Rellermeyer)*	1642
§ 4	»Rang öffentlicher Lasten« *(Rellermeyer)*	1643
§ 5	»Auszug aus dem Liegenschaftskataster« *(Rellermeyer)*	1644
§ 6	»Inhalt der Terminsbestimmung« *(Rellermeyer)*	1645
§ 7	»Bekanntmachung der Terminsbestimmung« *(Rellermeyer)*	1646
§ 8	»Hypotheken alten Rechts« *(Rellermeyer)*	1647
§ 9	»Nicht eintragungspflichtige Rechte, Altenteil« *(Hintzen)*	1648
§ 9a	»Bebaute Grundstücke im Beitrittsgebiet« *(Hintzen)*	1656
§ 10	»Sicherheitsleistung« *(Rellermeyer)*	1660
§ 11	»Wertfeststellung« *(Rellermeyer)*	1661

		Seite
§ 12	»Aufgebotsverfahren« *(Rellermeyer)*	1662
§ 13	»Verfahrensdurchführung durch Behörde oder Notar« (aufgehoben) *(Rellermeyer)*	1663
§ 14	»Zwangsverwalter-Anordnung« (aufgehoben) *(Rellermeyer)*	1663
§ 15	»Übergangsvorschrift« (aufgehoben) *(Rellermeyer)*	1663

Zwangsverwalterverordnung (ZwVwV) *(Rellermeyer)* 1665

Anhang
Landesrecht. Ausführungsgesetze *(Rellermeyer)* 1673
    Baden-Württemberg 1673
    Bayern 1677
    Berlin 1679
    Bremen 1685
    Hamburg 1686
    Hessen 1687
    Niedersachsen 1690
    Nordrhein-Westfalen 1691
    Rheinland-Pfalz 1695
    Saarland 1697
    Schleswig-Holstein 1699
    Thüringen 1704

Stichwortregister 1707

Abkürzungsverzeichnis

A

1. BMJBerG	Erstes Gesetz über die Bereinigung von Bundesrecht im Zuständigkeitsbereich des Bundesministeriums der Justiz vom 19.4.2006 (BGBl I 866)
2. JuMoG	2. Justizmodernisierungsgesetz vom 22.12.2006 (BGBl I 3416)
a.A.	anderer Ansicht
a.a.O.	am angeführten Ort
abl.	ablehnend
ABl EG	Amtsblatt der Europäischen Gemeinschaften
ABl EU	Amtsblatt der Europäischen Union
Abs.	Absatz
Abschn.	Abschnitt
Abt.	Abteilung
AbzG	Abzahlungsgesetz
AcP	Archiv für die civilistische Praxis (Band und Seite)
a.E.	am Ende
a.F.	alte Fassung
AFG	Arbeitsförderungsgesetz
AG	Amtsgericht
AGBG	Gesetz zur Regelung des Rechts der Allgemeinen Geschäftsbedingungen
AggerVG	(Nordrhein-Westfälisches) Aggerverbandsgesetz vom 15.12.1992 (GV NRW 1993, 20)
AGS	Anwaltsgebühren-Spezial (Jahr und Seite)
AktG	Aktiengesetz
allg.M.	allgemeine Meinung
ALR	Allgemeines Landrecht für die Preußischen Staaten vom 5.2.1794
Alt.	Alternative
a.M.	anderer Meinung
AnfG	Anfechtungsgesetz
Anh.	Anhang
Anl.	Anlage
Anm.	Anmerkung
AnwBl.	Anwaltsblatt (Jahr und Seite)

Abkürzungsverzeichnis

AO	Abgabenordnung
ArbG	Arbeitsgericht
ArbGG	Arbeitsgerichtsgesetz
arg.	argumentum
Art.	Artikel
Aufl.	Auflage
AV	Allgemeine Verfügung
AVB	Allgemeine Versorgungsbedingungen

B

BAG-AP	Arbeitsrechtliche Praxis. Nachschlagewerk des Bundesarbeitsgerichts
BadAGZVG/ZPO	(Badisches) Ausführungsgesetz zum Zwangsversteigerungsgesetz und zur Zivilprozeßordnung in der Fassung vom 13.10.1925 (BadGVBl 281, 301)
BadGVBl	Badisches Gesetz- und Verordnungsblatt
BadWürttAGGVG	(Baden-Württembergisches) Gesetz zur Ausführung des Gerichtsverfassungsgesetzes und von Verfahrensgesetzen der ordentlichen Gerichtsbarkeit vom 16.12.1975 (BadWürttGBl 868)
BadWürttGBl	Gesetzblatt für Baden-Württemberg
BadWürttGQP	(Baden-Württembergisches) Gesetz zur Stärkung der Quartiersentwicklung durch Privatinitiative vom 9.12.2014 (BadWürttGBl 687)
BadWürttKAG	(Baden-Württembergisches) Kommunalabgabengesetz vom 17.3.2005 (BadWürttGBl 206)
BadWürttLBodSchAG	(Baden-Württembergisches) Landes-Bodenschutz- und Altlastengesetz vom 14.12.2004 (BadWürttGBl 908)
BadWürttWG	Wassergesetz für Baden-Württemberg vom 3.12.2013 (BadWürttGBl 389)
BAG	Bundesarbeitsgericht
BahnG	Gesetz über Maßnahmen zur Aufrechterhaltung des Betriebs von Bahnunternehmen des öffentlichen Verkehrs vom 7.3.1934 (RGBl II 91, BGBl III 932-1)
BAnz	Bundesanzeiger
BauGB	Baugesetzbuch
BaWüAGBGB	Baden-Württembergisches Ausführungsgesetz zum Bürgerlichen Gesetzbuch vom 26.11.1974 (BadWürttGBl 498)
BayAGBGB	(Bayerisches) Gesetz zur Ausführung des Bürgerlichen Gesetzbuchs und anderer Gesetze vom 20.9.1982 (BayGVBl 803, BayRS Nr. 400-1-J)
BayAGGBO/ZVG	(Bayerisches) Ausführungsgesetz zu der Grundbuchordnung und zu dem Gesetz über die Zwangsverstei-

	gerung und die Zwangsverwaltung vom 9.6.1899 (BayGVBl 1899 Beil. zu Nr. 28 S. 125, BayBS III 127)
BayAGGVG	(Bayerisches) Gesetz zur Ausführung des Gerichtsverfassungsgesetzes und von Verfahrensgesetzen des Bundes vom 23.6.1981 (BayGVBl 188, BayRS Nr. 300-1-1-J)
BayBS	Bereinigte Sammlung des bayerischen Landesrechts 1802–1956
BayGVBl	Bayerisches Gesetz- und Verordnungsblatt
BayKAG	(Bayerisches) Kommunalabgabengesetz in der Fassungvom 4.4.1993 (BayGVBl 264)
BayObLG	Bayerisches Oberstes Landesgericht
BayObLGZ	Amtliche Sammlung des Bayerischen Obersten Landesgerichts in Zivilsachen (Band und Seite)
BayRS	Bayerische Rechtssammlung
BayVerwBl	Bayerische Verwaltungsblätter (Jahr und Seite)
BB	Betriebs-Berater (Jahr und Seite)
BBergG	Bundesberggesetz vom 13.8.1980 (BGBl I 1310)
BbgGVBl	Gesetz- und Verordnungsblatt für das Land Brandenburg
BbgKAG	Kommunalabgabengesetz für das Land Brandenburg in der Fassung vom 31.3.2004 (BbgGVBl I 174)
BBodSchG	Bundes-Bodenschutzgesetz vom 17.3.1998 (BGBl I 502)
Bd.	Band
BeckRS	Beck-Rechtsprechung (Jahr und Nummer)
Beil.	Beilage
BerlStrABG	(Berliner) Straßenausbaubeitragsgesetz (StrABG) vom 16.3.2006 (BerlGVBl 265)
BErzGG	Bundeserziehungsgeldgesetz
bestr.	bestritten
betr.	betreffend
BetrVG	Betriebsverfassungsgesetz
BeurkG	Beurkundungsgesetz
BewG	Bewertungsgesetz in der Fassung vom 1.2.1991 (BGBl I 230)
BFH	Bundesfinanzhof
BGB	Bürgerliches Gesetzbuch
BGBl I / II	Bundesgesetzblatt Teil I / Teil II
BGBl III	Bundesgesetzblatt Teil III Sammlung des Bundesrechts
BGH	Bundesgerichtshof
BGHZ	Entscheidungssammlung des BGH in Zivilsachen (Band und Seite)

BinSchG	Binnenschiffahrtsgesetz in der Fassung vom 20.5.1898 (RGBl 369, 868, BGBl III 4103-1)
BinSchVollstrSchG	Gesetz über Vollstreckungsschutz für die Binnenschiffahrt vom 24.5.1933 (RGBl I 289, BGBl III 310-15)
BJagdG	Bundesjagdgesetz
BKleinGG	Bundeskleingartengesetz
BKR	Bank- und Kapitalmarktrecht (Jahr und Seite)
Bl.	Blatt
BlGBW	Blätter für Grundstücks-, Bau- und Wohnungsrecht (Jahr und Seite)
BlnBIG	Berliner Immobilien- und Standortgemeinschafts-Gesetz vom 24.10.2014 (BlnGVBl 378)
BlnGVABl	Gesetz-, Verordnungsblatt und Amtsblatt für Berlin
BlnGVBl	Gesetz- und Verordnungsblatt für Berlin
BlnGVBl Sb. I	Gesetz- und Verordnungsblatt für Berlin Sonderband I Sammlung des in Berlin geltenden preußischen Rechts 1806–1945
BlSchK	(Schweizerische) Blätter für Schuldbetreibung und Konkurs (Jahr und Seite)
BodSchG	Bundes-Bodenschutzgesetz
BörsG	Börsengesetz vom 16.7.2007 (BGBl I 1330, 1351)
BPatG	Bundespatentgericht
BR-Drucks.	Bundesratsdrucksache
BRBerG	Gesetz über die weitere Bereinigung von Bundesrecht vom 8.12.2010 (BGBl I 1864)
BremAbfEntsGebO	(Bremische) Gebührenordnung für die Abfallentsorgung in der Stadtgemeinde Bremen vom 19.11.2013 (BremGBl 581)
BremAGGVG	(Bremisches) Gesetz zur Ausführung des Gerichtsverfassungsgesetzes vom 21.8.1974 (BremGBl 297)
BremAGZPO/InsO/ZVG	(Bremisches) Gesetz zur Ausführung der Zivilprozeßordnung, der Insolvenzordnung und des Zwangsversteigerungsgesetzes vom 19.3.1963 (BremGBl 51, SaBremR Nr. 310-a-1)
BremEABEG	(Bremisches) Ortsgesetz über die Erhebung von Beiträgen für die Erweiterung und Verbesserung von Erschließungsanlagen vom 12.6.1973 (BremGBl 127)
BremEinzHStärkG	Bremisches Gesetz zur Stärkung von Einzelhandels- und Dienstleistungszentren vom 18.7. 2006 (BremGBl 350)
BremGBl	Gesetzblatt der Freien Hansestadt Bremen
BremGebBeitrG	Bremisches Gebühren- und Beitragsgesetz vom 16.7.1979 (BremGBl 279)

BremKanalbauOG	(Bremisches) Ortsgesetz über die Erhebung von Kanalbaubeiträgen in der Stadtgemeinde Bremen vom 10.5.1976 (BremGBl 125)
BremKanalOG	(Bremisches) Ortsgesetz über die Erhebung von Kanalanschlussbeiträgen in der Stadtgemeinde Bremen vom 22.12.1998 (BremGBl 375)
BremWAG	Bremisches Wohnungsaufsichtsgesetz vom 24.3.2015 (BremGBl 106)
BrhvAbfEntGebO	(Bremische) Gebührenordnung für die Benutzung der öffentlichen Abfallentsorgung in der Stadt Bremerhaven vom 9.12.1993 (BremGBl 386)
BrhvEntwGebO	(Bremische) Gebührenordnung zum Entwässerungsortsgesetz der Stadt Bremerhaven vom 26.9.1972 (BremGBl 200)
BrhvStrBauBeitrOG	(Bremisches) Straßenbaubeitragsortsgesetz (für Bremerhaven) vom 21.3.2002 (BremGBl 75)
BRSAbschlG	Gesetz über den Abschluß der Sammlung des Bundesrechts vom 28.12.1968 (BGBl I 1451)
BRSG	Gesetz über die Sammlung des Bundesrechts vom 10.7.1958 (BGBl I 437, BGBl III 114-2)
Brüssel-Ia-VO	Verordnung (EU) Nr. 1215/2012 des Europäischen Parlaments und des Rates vom 12.12.2012 über die gerichtliche Zuständigkeit und die Anerkennung und Vollstreckung von Entscheidungen in Zivil- und Handelssachen (ABl. EU 2012 Nr. L 351 S. 1)
Bsp.	Beispiel
BStBl.	Bundessteuerblatt
BT-Drucks.	Bundestagsdrucksache
Buchst.	Buchstabe
BVerfG	Bundesverfassungsgericht
BVerfGE	Entscheidungen des Bundesverfassungsgerichts (Band und Seite)
BVerfGG	Bundesverfassungsgerichtsgesetz
BVerwG	Bundesverwaltungsgericht
bzw.	beziehungsweise

D

DAVorm	Der Amtsvormund (Jahr und Seite)
DB	Der Betrieb (Jahr und Seite)
DDR-GBl I / II	Gesetzblatt der Deutschen Demokratischen Republik Teil I / Teil II
DDR-ZGB	(DDR-)Zivilgesetzbuch vom 19.6.1975 (DDR-GBl I 465)
DDR-ZPO	(DDR-)Zivilprozeßordnung vom 19.6.1975 (DDR-GBl I 533)

Abkürzungsverzeichnis

DGVZ	Deutsche Gerichtsvollzieher Zeitung (Jahr und Seite)
DJ	Deutsche Justiz (Jahr und Seite) (1933–1945)
DNotZ	Deutsche Notarzeitschrift (Jahr und Seite)
DöKV	Vertrag zwischen der Bundesrepublik Deutschland und der Republik Österreich auf dem Gebiet des Konkurs und Vergleichs-(Ausgleichs-) rechts vom 25.5.1979 (Gesetz vom 4.3.1985, BGBl II 410)
DöKVAG	Ausführungsgesetz zum deutsch-österreichischen Konkursvertrag vom 8.3.1985 (BGBl I 535)
DR	Deutsches Recht (1931–1945)
DR-Nr.	Dienstregister
DStRE	Deutsche Steuerrecht Entscheidungen
DtZ	Deutsch-Deutsche Rechts-Zeitschrift (Jahr und Seite)
DÜG	Diskontsatz-Überleitungs-Gesetz
DüngMSaatG	Gesetz zur Sicherung der Düngemittel- und Saatgutversorgung vom 19.1.1949 (WiGBl 8, BGBl III 403-11)
DWW	Deutsche Wohnungswirtschaft (Jahr und Seite)
DZWIR	Deutsche Zeitschrift für Wirtschafts- und Insolvenzrecht (Jahr und Seite)

E

E	Entwurf
EAEG	Einlagensicherungs- und Anlegerentschädigungsgesetz
EFG	Eigentumsfristengesetz
EFG	Entscheidungen der Finanzgerichte
EGBGB	Einführungsgesetz zum BGB
EGHGB	Einführungsgesetz zum HGB
EGInsO	Einführungsgesetz zur InsO
EGStGB	Einführungsgesetz zum StGB
EGZVG	Einführungsgesetz zum ZVG
Eifel-RurVG	(Nordrhein-Westfälisches) Eifel-Rur-Verbandsgesetz vom 7.2.1990 (GV NRW 106)
Einf.	Einführung
EinigVtr.	Vertrag zwischen der Bundesrepublik Deutschland und der Deutschen Demokratischen Republik über die Herstellung der Einheit Deutschlands – Einigungsvertrag – vom 31.8.1990 (Gesetz vom 23.9.1990, BGBl II 885)
Einl.	Einleitung
EmscherGG	(Nordrhein-Westfälisches Emschergenossenschaftsgesetz vom 7.2.1990 (GV NRW 144)

Abkürzungsverzeichnis

ErbbauRG	Erbbaurechtsgesetz vom 15.1.1919 (RGBl 72, BGBl III 403-6)
ErftVG	(Nordrhein-Westfälisches) Erftverbandsgesetz in der Fassung vom 3.1.1986 (GV NRW 54)
EStH	Einkommensteuer-Hinweise
EU	Europäische Union
EuGH	Europäischer Gerichtshof
EStG	Einkommensteuergesetz
EuGVÜ	Übereinkommen vom 27.9.1968 über die gerichtliche Zuständigkeit und die Vollstreckung gerichtlicher Entscheidungen in Zivil- und Handelssachen (Gesetz vom 24.7.1972, BGBl II 773; konsolidierte Fassung des Übereinkommens: ABl EG 1998 Nr. C 27 S. 1)
EuGVVO	Verordnung (EG) Nr. 44/2001 des Rates vom 22.12.2000 über die gerichtliche Zuständigkeit und die Anerkennung und Vollstreckung von Entscheidungen in Zivil- und Handelssachen (ABl EG 2001 Nr. L 12 S. 1)
EuInsVO	Verordnung (EU) 2015/848 des Europäischen Parlaments und des Rates vom 20.5.2015 über Insolvenzverfahren (Neufassung) (ABl EU Nr. L 141 S. 19)
EuZustVO	Verordnung (EG) Nr. 1393/2007 des Europäischen Parlaments und des Rates vom 13.11.2007 über die Zustellung gerichtlicher und außergerichtlicher Schriftstücke in Zivil- oder Handelssachen in den Mitgliedstaaten („Zustellung von Schriftstücken") und zur Aufhebung der Verordnung (EG) Nr. 1348/2000 des Rates (ABl EU Nr. L 324 S. 79)
EuZW	Europäische Zeitschrift für Wirtschaftsrecht (Jahr und Seite)
e.V.	eingetragener Verein
EWiR	Entscheidungen zum Wirtschaftsrecht (Jahr und Seite)
EZB	Europäische Zentralbank
EzFamR aktuell	Entscheidungssammlung zum Familienrecht

F

f.	folgend
FamFG	Gesetz über das Verfahren in Familiensachen und in den Angelegenheiten der freiwilligen Gerichtsbarkeit
FamRZ	Zeitschrift für das gesamte Familienrecht (Jahr und Seite)
ff.	folgende
FG	Finanzgericht

FideiErlG	Gesetz über das Erlöschen der Familienfideikommisse und sonstiger gebundener Vermögen vom 6.7.1938 (RGBl I 825, BGBl III 7811-2)
FKPG	Gesetz zur Umsetzung des Föderalen Konsolidierungsprogramms
FlaggRG	Flaggenrechtsgesetz in der Fassung vom 26.10.1994 (BGBl I 3140)
FlRV	Flaggenrechtsverordnung vom 4.7.1990 (BGBl I 1389)
FlurbG	Flurbereinigungsgesetz in der Fassung vom 16.3.1976 (BGBl I 546)
Fn.	Fußnote
FuR	Familie und Recht (Jahr und Seite)

G

GBA	Grundbuchamt
GBBerG	Grundbuchbereinigungsgesetz vom 20.12.1993 (BGBl I 2182, 2192)
GBO	Grundbuchordnung
GBV	Grundbuchverfügung
GBWiederhV	Verordnung über die Wiederherstellung zerstörter oder abhanden gekommener Grundbücher und Urkunden vom 26.7.1940 (RGBl I 1048, BGBl III 315-11-4)
gem.	gemäß
GemAusG NRW	(Nordrhein-Westfälisches) Gesetz über die durch ein Auseinandersetzungsverfahren begründeten gemeinschaftlichen Angelegenheiten vom 9.4.1956 (GV NRW 134)
GesO	Gesamtvollstreckungsordnung
GG	Grundgesetz
ggf.	gegebenenfalls
GGV	Verordnung über die Anlegung und Führung von Gebäudegrundbüchern vom 15.7.1994 (BGBl I 1606)
GKG	Gerichtskostengesetz
GNotKG	Gesetz über Kosten der freiwilligen Gerichtsbarkeit für Gerichte und Notare (Gerichts- und Notarkostengesetz)
GmbHG	Gesetz über die Gesellschaft mit beschränkter Haftung
GräbG	Gräbergesetz in der Fassung vom 16.1.2012 (BGBl I 98)
GrdstVG	Grundstücksverkehrsgesetz
GrStG	Grundsteuergesetz vom 7.8.1973 (BGBl I 965)

Gruchot	Beiträge zur Erläuterung des Deutschen Rechts, begr. von Gruchot
GRUR	Gewerblicher Rechtsschutz und Urheberrecht (Jahr und Seite)
GrZustVerbG	Gesetz zur Verbesserung der grenzüberschreitenden Forderungsdurchsetzung und Zustellung vom 30.10.2008 (BGBl I 2122)
GS SchlH	Sammlung des schleswig-holsteinischen Landesrechts
GVBl LSA	Gesetz- und Verordnungsblatt für das Land Sachsen-Anhalt
GVfVereinfG	Gesetz zur Vereinfachung und Beschleunigung gerichtlicher Verfahren (Vereinfachungsnovelle) vom 3.12.1976 (BGBl I 3281)
GVG	Gerichtsverfassungsgesetz
GVGA	Geschäftsanweisung für Gerichtsvollzieher
GvKostG	Gerichtsvollzieherkostengesetz vom 19.4.2001 (BGBl I 623)
GV NRW	Gesetz- und Verordnungsblatt für das Land Nordrhein-Westfalen
GVO	Gerichtsvollzieherordnung
GVOBl M-V	Gesetz- und Verordnungsblatt für Mecklenburg-Vorpommern
GVOBl SchlH	Gesetz- und Verordnungsblatt für Schleswig-Holstein

H

HaftpflG	Haftpflichtgesetz
HausratsVO	Hausratsverordnung
HausTWG	Gesetz über den Widerruf von Haustürgeschäften und ähnlichen Geschäften
HessAGBGB	Hessisches Ausführungsgesetz zum Bürgerlichen Gesetzbuch vom 18.12.1984 (HessGVBl I 344)
HessAGZPO/ZVG	Hessisches Ausführungsgesetz zur Zivilprozeßordnung und zum Gesetz über die Zwangsversteigerung und die Zwangsverwaltung vom 20.12.1960 (HessGVBl 238)
HessAltBodSchG	Hessisches Altlasten- und Bodenschutzgesetz vom 28.9.2007 (HessGVBl I 652)
HessGVBl (I)	Gesetz- und Verordnungsblatt für das Land Hessen (Teil I)
HessGVBl II	Gesetz- und Verordnungsblatt für das Land Hessen Teil II Sammlung des bereinigten Hessischen Landesrechts

HessINGE	(Hessisches) Gesetz zur Stärkung von innerstädtischen Geschäftsquartieren vom 21.12.2005 (HessGVBl I 867)
HessKAG	(Hessisches) Gesetz über kommunale Abgaben in der Fassung vom 24.3.2013 (HessGVBl 134)
HessRegBl	Hessisches Regierungsblatt
HessWG	Hessisches Wassergesetz vom 14.12.2010 (HessGVBl I 548)
HGB	Handelsgesetzbuch
HintO	Hinterlegungsordnung
h.M.	herrschende Meinung
HmbAGZVG	Hamburgisches Gesetz zur Ausführung des Gesetzes über die Zwangsversteigerung und die Zwangsverwaltung vom 17.3.1969 (Hmb-GVBl I 33)
HmbAmtsbl	Amtsblatt der Freien und Hansestadt Hamburg
HmbBauO	Hamburgische Bauordnung vom 14.12.2005 (HmbGVBl I 525)
HmbBL	Hamburgisches Gesetz- und Verordnungsblatt Sonderband Sammlung des bereinigten hamburgischen Landesrechts
HmbGSED	(Hamburgisches) Gesetz zur Stärkung der Einzelhandels- und Dienstleistungszentren vom 28.12.2004 (HmbGVBl I 525)
HmbGSW	(Hamburgisches) Gesetz zur Stärkung von Wohnquartieren durch private Initiativen vom 20.11.2007 (HmbGVBl I 393)
HmbGVBl	Hamburgisches Gesetz- und Verordnungsblatt
HmbKostEG	(Hamburgisches) Kostenerstattungsgesetz vom 25.6.1997 (HmbGVBl 265)
HmbMarschG	(Hamburgisches) Gesetz über die Ent- und Bewässerung im Marschgebiet vom 7.3.1936 (HmbGVBl 37, HmbBL I 232-q)
HmbSielabgG	(Hamburgisches) Sielabgabengesetz in der Fassung vom 12.7.2005 (HmbGVBl I 291)
HmbWG	Hamburgisches Wegegesetz in der Fassung vom 22.1.1974 (HmbGVBl I 41)
HöfeO	HöfeO
HRR	Höchstrichterliche Rechtsprechung (Entscheidungssammlung) (1928–1942)
Hs.	Halbsatz
HZPÜ	Haager Übereinkommen vom 1.3.1954 über den Zivilprozeß (Gesetz vom 18.12.1958, BGBl II 576)
HZÜ	Haager Übereinkommen vom 15.11.1965 über die Zustellung gerichtlicher und außergerichtlicher

Schriftstücke im Ausland in Zivil- oder Handelssachen (Gesetz vom 22.12.1977, BGBl II 1452)

I

i.d.F.	in der Fassung
i.d.R.	in der Regel
IGZInfo	Zeitschrift der Interessengemeinschaft Zwangsverwaltung (Jahr und Seite)
ImmoWertV	Immobilienwertermittlungsverordnung
InsO	Insolvenzordnung
InVo	Insolvenz und Vollstreckung (Jahr und Seite) (eingestellt)
InVorG	Investitionsvorranggesetz
InsVV	Insolvenzrechtliche Vergütungsordnung
IPRax	Praxis des internationalen Privat- und Verfahrensrechts (Jahr und Seite)
ISGG NRW	(Nordrhein-Westfälisches) Gesetz über Immobilien- und Standortgemeinschaften vom 10.6.2008 (GV NRW 474)
i.S.v.	im Sinne von
i.V.m.	in Verbindung mit

J

jew.	jeweils
JKomG	Gesetz über die Verwendung elektronischer Kommunikationsformen in der Justiz (Justizkommunikationsgesetz – JKomG) vom 22.3.2005 (BGBl I 837)
JMBl. NW	Justizministerialblatt Nordrhein-Westfalen (Jahr und Seite)
JR	Juristische Rundschau (Jahr und Seite)
JurBüro	Das Juristische Büro (Jahr und Seite)
JustG NRW	Justizgesetz Nordrhein-Westfalen vom 26.1.2010 (GV NRW 30)
JW	Juristische Wochenschrift (Jahr und Seite) (1872–1939)
JZ	Juristenzeitung (Jahr und Seite)

K

KabPfandG	Kabelpfandgesetz vom 31.3.1925 (RGBl I 87, BGBl III 403-10)
KAG M-V	(Mecklenburg-Vorpommersches) Kommunalabgabengesetz in der Fassung vom 12.4.2005 (GVBl M-V 146)

Abkürzungsverzeichnis

KAG NRW	Kommunalabgabengesetz für das Land Nordrhein-Westfalen vom 21.10.1969 (GV NRW 712)
KAG-LSA	(Sachsen-Anhaltisches) Kommunalabgabengesetz in der Fassung vom 13.12.1996 (GVBl LSA 405)
Kap.	Kapitel
KG	Kammergericht
KGJ	Jahrbuch für Entscheidungen des Kammergerichts (Band und Seite)
KJHG	Kinder- und Jugendhilfegesetz (jetzt SGB VIII)
KKZ	Kommunal-Kassen-Zeitschrift (Jahr und Seite)
KO	Konkursordnung
KostO	Kostenordnung
KostVfg.	Kostenverfügung vom 1.4.1976 (bundeseinheitliche Verwaltungsvorschrift der Justizverwaltungen)
krit.	kritisch
KtoPfRefG	Gesetz zur Reform des Kontopfändungsschutzes vom 7.7.2009 (BGBl I 1707)
KTS	Zeitschrift für Insolvenzrecht, früher Zeitschrift für das Konkurs-, Treuhand- und Schiedsgerichtswesen (Jahr und Seite)
KV	Kostenverzeichnis

L

LAG	Landesarbeitsgericht
LAG	Gesetz über den Lastenausgleich (Lastenausgleichsgesetz – LAG) in der Fassung der Bekanntmachung vom 2.6.1993 (BGBl I 845)
LBodSchG M-V	(Mecklenburg-Vorpommersches) Landesbodenschutzgesetz vom 4.7.2011 (GVBl M-V 759)
LFBAG	Gesetz über das Luftfahrt-Bundesamt vom 30.11.1954 (BGBl I 354, BGBl III 96-4)
lfd. Nr.	laufende Nummer
LFzPfSchG	Gesetz über die Unzulässigkeit der Sicherungsbeschlagnahme von Luftfahrzeugen vom 17.3.1935 (RGBl I 385, BGBl III 310-12)
LG	Landgericht
LINEGG	(Nordrhein-Westfälisches) Linksniederrheinisches Entwässerungs-Genossenschafts-Gesetz vom 7.2.1990 (GV NRW 210)
LippAGZPO	(Lippisches) Ausführungsgesetz zur Deutschen Civilprozeßordnung in der Fassung vom 17.11.1899 (LippLV Bd. 22 S. 522)

LippAGZVG	(Lippisches) Gesetz zur Ausführung des Reichsgesetzes über die Zwangsversteigerung und die Zwangsverwaltung vom 17.11.1899 (LippLV Bd. 22 S. 525)
LippeVG	(Nordrhein-Westfälisches) Lippeverbandsgesetz vom 7.2.1990 (GV NRW 162)
LippLV	Landesverordnungen des Fürstenthums Lippe
LM	Nachschlagewerk des BGH in Zivilsachen (herausgegeben von Lindenmaier und Möhring)
LMK	beck-fachdienst Zivilrecht – LMK
LS.	Leitsatz
LT-Drucks.	Landtagsdrucksache
LuftFzgG	Gesetz über Rechte an Luftfahrzeugen vom 26.2.1959 (BGBl I 57, BGBl III 403-9)
LuftRegV	Luftfahrzeugpfandrechtsregisterverordnung vom 2.3.1999 (BGBl I 279)
LuftVG	Luftverkehrsgesetz in der Fassung vom 10.5.2007 (BGBl I 698)
LuftVZO	Luftverkehrs-Zulassungs-Ordnung in der Fassung vom 10.7.2008 (BGBl I 1229)

M

m. Anm.	mit Anmerkung
MDR	Monatsschrift für Deutsches Recht (Jahr und Seite)
m.E.	meines Erachtens
MittBayNot	Mitteilungen des Bayerischen Notarvereins (Jahr und Seite)
MittRhNotK	Mitteilungen der Rheinischen Notarkammer (jetzt RNotZ) (Jahr und Seite)
MMR	Multi Media & Recht (Jahr und Seite)
m.w.N.	mit weiteren Nachweisen
MwStSysRL	Mehrwertsteuersystemrichtlinie
m.W.v.	mit Wirkung vom

N

NdsAGBGB	Niedersächsisches Ausführungsgesetz zum Bürgerlichen Gesetzbuch vom 4.3.1971 (NiedersGVBl 73)
NdsKAG	Niedersächsisches Kommunalabgabengesetz in der Fassung vom 23.1.2007 (NiedersGVBl 41)
NdsRealvG	(Niedersächsisches) Realverbandsgesetz vom 4.11.1969 (NiedersGVBl 187)
NdsRpfl	Niedersächsische Rechtspflege (Jahr und Seite)
NiedersGVBl	Niedersächsisches Gesetz- und Verordnungsblatt

NiedersGVBl Sb. III	Niedersächsisches Gesetz- und Verordnungsblatt Sonderband III Sammlung des bereinigten niedersächsischen Rechts 1.1.1806-31.12.1918
NiersVG	(Nordrhein-Westfälisches) Niersverbandsgesetz vom 15.12.1992 (GV NRW 1993, 8)
NJ	Neue Justiz (Jahr und Seite)
NJG	Niedersächsisches Justizgesetz vom 16.12.2014 (NiedersGVBl 436)
NJOZ	Neue Juristische Online-Zeitschrift
NJW	Neue Juristische Wochenschrift (Jahr und Seite)
NJWE-MietR	NJW-Entscheidungsdienst Miet- und Wohnungsrecht (Jahr und Seite)
NJWE-WettbR	NJW-Entscheidungsdienst Wettbewerbsrecht (Jahr und Seite)
NJW-RR	NJW-Rechtsprechungs-Report (Jahr und Seite)
NotBZ	Zeitschrift für die notarielle Beratungs- und Beurkundungspraxis (Jahr und Seite)
Nr.	Nummer
NuR	Natur und Recht (Jahr und Seite)
n.v.	nicht veröffentlicht
NVwVG	Niedersächsisches Verwaltungsvollstreckungsgesetz in der Fassung vom 4.7.2011 (NiedersGVBl 238)
NWKAG	Kommunalabgabengesetz Nordrhein-Westfalen
NWVBl	Nordrhein-Westfälische Verwaltungsblätter (Jahr und Seite)
NZA-RR	NZA-Rechtsprechungs-Report Arbeitsrecht
NZG	Neue Zeitschrift für Gesellschaftsrecht (Jahr und Seite)
NZI	Neue Zeitschrift für das Recht der Insolvenz und Sanierung (Jahr und Seite)
NZM	Neue Zeitschrift für Miet- und Wohnungsrecht (Jahr und Seite)

O

OHG	Offene Handelsgesellschaft
OldGBl	Gesetzblatt für das Herzogthum Oldenburg
OLG	Oberlandesgericht
OLGE	s. OLGRspr.
OLGR	OLG-Report (Gericht, Jahr und Seite)
OLGRspr.	Rechtsprechung der Oberlandesgerichte in Zivilsachen (Jahr und Seite)
OLGZ	Entscheidungen der Oberlandesgerichte in Zivilsachen (Jahr und Seite)
OVG	Oberverwaltungsgericht

P

PaPkG	Preisangaben- und Preisklauselgesetz
PartG	Partnerschaftsgesellschaft
PartGG	Partnerschaftsgesellschaftsgesetz
PfandBG	Pfandbriefgesetz vom 22.5.2005 (BGBl I 1373)
PfandBNeuOG	Gesetz zur Neuordnung des Pfandbriefrechts vom 22.5.2005 (BGBl I 1373)
PKH	Prozesskostenhilfe
PostG	Postgesetz vom 22.12.1997 (BGBl I 3294)
PrABG	Allgemeines Berggesetz für die Preußischen Staaten vom 24.6.1865 (PrGS 705)
PrAGBGB	(Preußisches) Ausführungsgesetz zum Bürgerlichen Gesetzbuch vom 20.9.1899 (PrGS 177, BlnGVBl Sb. I Nr. 400-1, PrGS NRW 105)
PrAGZPO	(Preußisches) Ausführungsgesetz zur Zivilprozeßordnung in der Fassung vom 6.10.1899 (PrGS 325, 388, BlnGVBl Sb. I Nr. 3210-1)
PrAGZVG	(Preußisches) Ausführungsgesetz zum Reichsgesetz über die Zwangsversteigerung und die Zwangsverwaltung vom 23.9.1899 (PrGS 291, BlnGVBl Sb. I Nr. 3210-2, GS SchlH II Nr. B 310-2)
PrBahneinhG	(Preußisches) Gesetz über die Bahneinheiten in der Fassung vom 8.7.1902 (PrGS 237, BlnGVBl Sb. I Nr. 930-3, GS SchlH II Nr. 930-1)
PrFGG	Preußisches Gesetz über die freiwillige Gerichtsbarkeit vom 21.9.1899 (PrGS 249, GS SchlH II Nr. 315-1)
PrGS	Preußische Gesetzessammlung
PrGS NRW	Gesetz- und Verordnungsblatt für das Land Nordrhein-Westfalen Sonderband Sammlung des in Nordrhein-Westfalen geltenden preußischen Rechts 1806–1945
PrJMBl	Justiz-Ministerialblatt für die preußische Gesetzgebung und Rechtspflege
PrLandKredG	(Preußisches) Gesetz betreffend die Zwangsvollstreckung aus Forderungen landschaftlicher (ritterschaftlicher) Kreditanstalten vom 3.8.1897 (PrGS 388, BlnGVBl Sb. I Nr. 761-1, PrGS NRW 194, GS SchlH II Nr. 762-1)
Prot.	Protokoll
PrSalzabbauG	(Preußisches) Gesetz über die Bestellung von Salzabbaugerechtigkeiten in der Provinz Hannover vom 4.8.1904 (PrGS 235, NiedersGVBl Sb. III 359)
PrVwBl	Preußisches Verwaltungs-Blatt (Jahr und Seite)
PStG	Personenstandsgesetz
PTNeuOG	Postneuordnungsgesetz vom 14.9.1994 (BGBl I 2325)

Abkürzungsverzeichnis

PUDLV	Post-Universaldienstleistungsverordnung vom 15.12.1999 (BGBl I 2418)

R

RabelsZ	Rabels Zeitschrift für ausländisches und internationales Privatrecht (Jahr und Seite)
Rdn.	Randnummer
RegVBG	Registerverfahrenbeschleunigungsgesetz vom 20.12.1993 (BGBl I 2181)
RestSchBefrVerfG	Gesetz zur Verkürzung des Restschuldbefreiungsverfahrens und zur Stärkung der Gläubigerrechte vom 15.7.2013 (BGBl I 2379)
RFHE	Sammlung der Entscheidungen und Gutachten des Reichsfinanzhofs (Band und Seite)
RG	Reichsgericht
RGBl (I / II)	Reichsgesetzblatt (Teil I / Teil II)
RGZ	Entscheidungssammlung des Reichsgerichts in Zivilsachen (Band und Seite)
RhPfAGZPO/ZVG/InsO	(Rheinland-Pfälzisches) Landesgesetz zur Ausführung des Gesetzes über die Zwangsversteigerung und die Zwangsverwaltung und der Insolvenzordnung vom 30.8.1974 (RhPfGVBl 371)
RhPfGVBl	Gesetz- und Verordnungsblatt für das Land Rheinland-Pfalz
RhPfKAG	(Rheinland-Pfälzisches) Kommunalabgabengesetz vom 20.6.1995 (RhPfGVBl 175)
RhPfLEAPG	(Rheinland-Pfälzisches) Landesgesetz über lokale Entwicklungs- und Aufwertungsprojekte vom 18.8.2015 (RhPfGVBl 197)
RhPfLFGG	(Rheinland-Pfälzisches) Landesgesetz über die freiwillige Gerichtsbarkeit vom 12.10.1995 (RhPfGVBl 421)
RhPfLWG	(Rheinland-Pfälzisches) Landeswassergesetz vom 14.7.2015 (RhPfGVBl 127)
RhPfWeinAufbauG	(Rheinland-Pfälzisches) Weinbergsaufbaugesetz vom 12.5.1953 (RhPfGVBl 54)
RNotZ	Mitteilungen der Rheinischen Notarkammer (Jahr und Seite)
RpflAnpG	Rechtspflege-Anpassungsgesetz vom 26.6.1992 (BGBl I 1147)
Rpfleger	Der Deutsche Rechtspfleger (Jahr und Seite)
RPflG (1969)	Rechtspflegergesetz vom 5.11.1969 (BGBl I 2065)

RPflG 1957	Rechtspflegergesetz vom 8.2.1957 (BGBl I 18, 44, BGBl III 302-2)
RpflJB	Rechtspfleger-Jahrbuch (Jahr und Seite)
RpflStud	Rechtspfleger-Studienhefte (Jahr und Seite)
RpflVereinfG	Rechtspflege-Vereinfachungsgesetz vom 17.12.1990 (BGBl I 2847)
RVG	Rechtsanwaltsvergütungsgesetz
RVGreport	(Zeitschrift für) Anwaltsgebühren – Streitwert – Gerichtskosten […] (Jahr und Seite)

S

S.	Seite
SaarlAGJusG	(Saarländisches) Gesetz zur Ausführung bundesrechtlicher Justizgesetze vom 5.2.1997 (Saarl-Amtsbl 258)
SaarlAmtsbl	Amtsblatt des Saarlandes
SaarlAWG	Saarländisches Abfallwirtschaftsgesetz vom 26.11.1997 (SaarlAmtsbl 1352, 1356)
SaarlBodSchG	Saarländisches Bodenschutzgesetz vom 20.3. 2002 (SaarlAmtsbl 990)
SaarlKAG	(Saarländisches) Kommunalabgabengesetz in der Fassung vom 29.5.1998 (SaarlAmtsbl 691)
SaarlSpielplG	(Saarländisches) Gesetz über Spielplätze vom 6.11.1974 (SaarlAmtsbl 1008)
SaarlWG	Saarländisches Wassergesetz in der Fassung vom 30.7.2004 (SaarlAmtsbl 1994)
SaBremR	Gesetzblatt der Freien Hansestadt Bremen Sonderband Sammlung des bremischen Rechts
SachenRÄndG	Sachenrechtsänderungsgesetz
SachenRBerG	Sachenrechtsbereinigungsgesetz vom 21.9.1994 (BGBl I 2457)
SachenR-DV	Verordnung zur Durchführung des Grundbuchbereinigungsgesetzes und anderer Vorschriften auf dem Gebiet des Sachenrechts (Sachenrechts-Durchführungsverordnung – SachenR-DV) vom 20.12.1994 (BGBl I 3900)
Sachgeb.	Sachgebiet
SächsABG	Sächsisches Abfallwirtschafts- und Bodenschutzgesetz in der Fassung vom 31.5.1999 (SächsGVBl 261)
SächsGVBl	Sächsisches Gesetz- und Verordnungsblatt
SächsJG	Gesetz über die Justiz im Freistaat Sachsen (Sächsisches Justizgesetz – SächsJG) vom 24.11.2000 (SächsGVBl 482)
SächsKAG	Sächsisches Kommunalabgabengesetz in der Fassung vom 26.8.2004 (SächsGVBl 418)

Abkürzungsverzeichnis

Sb.	Sonderband
SchBkG	Schiffsbankgesetz in der Fassung vom 8.5.1963 (BGBl I 301, BGBl III 7628-2)
SchBkGÄndG	Gesetz zur Änderung und Ergänzung des Schiffsbankgesetzes vom 8.5.1963 (BGBl I 293, BGBl III 7628-2-1)
ScheckG	Scheckgesetz vom 14.8.1933 (RGBl I 597, BGBl III 4132-1)
SchfHwG	Schornsteinfeger-Handwerksgesetz vom 26.11.2008 (BGBl I 2242)
SchlHA	Schleswig-Holsteinische Anzeigen (Jahr und Seite)
SchlHKAG	Kommunalabgabengesetz des Landes Schleswig-Holstein in der Fassung vom 10.1.2005 (GVOBl SchlH 27)
SchRegDV	Verordnung zur Durchführung der Schiffsregisterordnung in der Fassung vom 30.11.1994 (BGBl I 3631, 1995 I 249)
SchRegO	Schiffsregisterordnung in der Fassung vom 6.5.1994 (BGBl I 1133)
SchRegOÄndG	Gesetz zur Änderung der Schiffsregisterordnung vom 4.7.1980 (BGBl I 833)
SchRG	Gesetz über Rechte an eingetragenen Schiffen und Schiffsbauwerken vom 15.11.1940 (RGBl I 1499, BGBl III 403-4)
SchRGÄndG	Gesetz zur Änderung des Gesetzes über Rechte an eingetragenen Schiffen und Schiffsbauwerken, der Schiffsregisterordnung und des Gesetzes über die Zwangsversteigerung und die Zwangsverwaltung vom 4.12.1968 (BGBl I 1295)
SchRGDV	Verordnung zur Durchführung des Gesetzes über Rechte an eingetragenen Schiffen und Schiffsbauwerken vom 21.12.1940 (RGBl I 1609, BGBl III 403-4-1)
SchuldRÄndG	Schuldrechtsänderungsgesetz
SeeHRefG	Gesetz zur Reform des Seehandelsrechts vom 20.4.2013 (BGBl I 831)
SeeRÄndG	Seerechtsänderungsgesetz vom 21.6.1972 (BGBl I 966)
SGB	Sozialgesetzbuch
SGB IV	Viertes Buch Sozialgesetzbuch – Gemeinsame Vorschriften für die Sozialversicherung – in der Fassung vom 12.11.2009 (BGBl I 3710)
Slg.	Sammlung
sog.	sogenannte
Sp.	Spalte
SteuK	Steuerrecht kurzgefasst (Jahr und Seite)

StGB	Strafgesetzbuch
st. Rspr.	ständige Rechtsprechung
str.	streitig
StVG	Straßenverkehrsgesetz
StVollzG	Strafvollzugsgesetz

T

ThürAGBGB	Thüringer Gesetz zur Ausführung des Bürgerlichen Gesetzbuchs vom 3.12.2002 (ThürGVBl 424)
ThürAGZVG	Thüringer Gesetz zur Ausführung des Gesetzes über die Zwangsversteigerung und die Zwangsverwaltung vom 3.12.2002 (ThürGVBl 424)
ThürGVBl	Gesetz- und Verordnungsblatt für den Freistaat Thüringen
ThürKAG	Thüringer Kommunalabgabengesetz in der Fassung vom 19.9.2000 (ThürGVBl 301)
TranspR	Transportrecht (Jahr und Seite)

U

u.a.	unter anderem
UdG	Urkundsbeamter der Geschäftsstelle
UG	Unternehmergesellschaft (haftungsbeschränkt)
UKlaG	Gesetz über Unterlassungsklagen bei Verbraucherrechts- und anderen Verstößen

V

v.A.w.	von Amts wegen
VBVG	Vormünder- und Betreuervergütungsgesetz vom 21.4.2005 (BGBl I 1073)
VerbrKrG	Verbraucherkreditgesetz in der Fassung vom 29.6.2000 (BGBl I 940)
VerglO	Vergleichsordnung
VermBG	Vermögensbildungsgesetz
VermG	Vermögensgesetz in der Fassung vom 9.2.2005 (BGBl I 205)
VersR	Versicherungsrecht (Jahr und Seite)
VGH	Verwaltungsgerichtshof
vgl.	vergleiche
VMBl	Ministerialblatt des Bundesministeriums der Verteidigung
VO	Verordnung
Vorbem.	Vorbemerkung
VuR	Verbraucher und Recht (Jahr und Seite)

Abkürzungsverzeichnis

VV	Vergütungsverzeichnis
VwZG	Verwaltungszustellungsgesetz

W

WAG NRW	(Nordrhein-Westfälisches) Wohnungsaufsichtsgesetz vom 10.4.2014 (GV NRW 269)
WEG	Wohnungseigentumsgesetz
WEGuaÄndG	Gesetz zur Änderung des Wohnungseigentumsgesetzes und anderer Gesetze vom 26. März 2007 (BGBl I 370)
WFNG NRW	Gesetz zur Förderung und Nutzung von Wohnraum für das Land Nordrhein-Westfalen vom 8.12.2009 (GV NRW 772)
WG	Wechselgesetz vom 21.6.1933 (RGBl I 399, BGBl III 4133-1)
WGG	Wohngeldgesetz
WiGBl	Gesetzblatt der Verwaltung des Vereinigten Wirtschaftsgebietes
WM	Wertpapiermitteilungen (Jahr und Seite)
WRP	Wettbewerb in Recht und Praxis (Jahr und Seite)
WuB	Wirtschafts- und Bankrecht (Jahr und Seite)
WürttAGBGB	(Württembergisches) Ausführungsgesetz zum Bürgerlichen Gesetzbuch und zu anderen Reichsjustizgesetzen vom 29.12.1931 (WürttRegBl 545)
WürttRegBl	Regierungsblatt für Württemberg
WuM	Wohnungswirtschaft und Mietrecht (Jahr und Seite)
WupperVG	(Nordrhein-Westfälisches) Wupperverbandsgesetz vom 15.12.1992 (GV NRW 1993, 40)
WVG	Gesetz über Wasser- und Bodenverbände (Wasserverbandsgesetz) vom 12.2.1991 (BGBl I 405)

Z

z.B.	zum Beispiel
ZfIR	Zeitschrift für Immobilienrecht (Jahr und Seite)
ZInsO	Zeitschrift für das gesamte Insolvenzrecht (Jahr und Seite)
ZIP	Zeitschrift für Wirtschaftsrecht, früher Zeitschrift für Wirtschaftsrecht und Insolvenzpraxis (Jahr und Seite)
ZKF	Zeitschrift für Kommunalfinanzen (Jahr und Seite)
ZLR	Zeitschrift für Luftrecht (Jahr und Seite)
ZLW	Zeitschrift für Luft- und Weltraumrecht (Jahr und Seite)
ZMR	Zeitschrift für Miet- und Raumrecht (Jahr und Seite)
ZPO	Zivilprozessordnung

z.T.	zum Teil
zust.	zustimmend
ZVG	Gesetz über die Zwangsversteigerung und die Zwangsverwaltung
ZVGuaÄndG	Gesetz zur Änderung des Gesetzes über die Zwangsversteigerung und die Zwangsverwaltung und anderer Gesetze vom 18.2.1998 (BGBl I 866)
ZWE	Zeitschrift für Wohnungseigentumsrecht (Jahr und Seite)
ZwVollstrG	Gesetz über Maßnahmen auf dem Gebiete der Zwangsvollstreckung vom 20.8.1953 (BGBl I 952)
ZwVollstrRÄndG	Gesetz zur Änderung zwangsvollstreckungsrechtlicher Vorschriften vom 1.2.1979 (BGBl I 127)
ZwVwV	Zwangsverwalterverordnung
ZZP	Zeitschrift für Zivilprozess (Jahr und Seite)

Wegen weiterer oder anderer Abkürzungen wird verwiesen auf Kirchner, Abkürzungsverzeichnis der Rechtssprache, 7. völlig neu bearbeitete und erweiterte Auflage (de Gruyter), 2013.

Literaturverzeichnis

Das Verzeichnis enthält insbes. grundlegende, allgemeine bzw. häufig(er) verwendete Kommentare, Handbücher und Monografien. Neueste Auflagen wurden ggf. auch dann mitgeteilt, wenn sie nicht (mehr) berücksichtigt werden konnten.

Abraham	Das Seerecht, 4. Auflage, 1974
Andres/Leithaus	Insolvenzordnung, 3. Auflage, 2014
Arnold/Meyer-Stolte/ [Bearbeiter]	Rechtspflegergesetz, Kommentar, 8. Auflage, 2015
Bärmann/[Bearbeiter]	Wohnungseigentumsgesetz, 13. Auflage, 2015
Bärmann/Pick	Wohnungseigentumsgesetz, 19. Auflage, 2010
Bartels, Klaus	Dogmatik und Effizienz im Recht der Zwangsversteigerung, 2010
Bassenge/Roth	Gesetz über das Verfahren in Familiensachen und in den Angelegenheiten der freiwilligen Gerichtsbarkeit/Rechtspflegergesetz, 12. Auflage, 2009
Bauer/von Oefele	GBO, 3. Auflage, 2013
Baumbach/Lauterbach/ Albers/Hartmann	Kommentar zur ZPO, 74. Auflage, 2016
Bergschneider (vormals *Schröder/Bergschneider*)	Familienvermögensrecht, 3. Auflage, 2016
BK-InsO/[Bearbeiter]	Berliner Kommentar zum Insolvenzrecht, Stand 7/2015
Böhringer	Besonderheiten des Liegenschaftsrechts in den neuen Bundesländern, 1994
Böttcher	ZVG, Kommentar, 6. Auflage, 2016
Braun/[Bearbeiter]	Insolvenzordnung, 6. Auflage, 2014
Büchmann	Der Schutz des Schuldners vor Verschleuderung im Zwangsversteigerungsverfahren, 1977
Bunjes/Geist	UStG, 14. Aufl. 2015
Clemente	Recht der Sicherungsgrundschuld, 5. Auflage, 2016
Demharter	Grundbuchordnung, 29. Auflage, 2014
Depré/[Bearbeiter]	ZVG, 2015
Depré/Mayer	Die Praxis der Zwangsverwaltung, 7. Auflage, 2013
Diepold/Hintzen	Musteranträge Pfändung und Überweisung, 10. Auflage, 2015

Dorndörfer (vormals *Dallmayer/Eickmann*)	Rechtspflegergesetz, Kommentar, 2. Auflage, 2014
Eickmann (Hrsg.)	Sachenrechtsbereinigung, Stand 6/2008
Eickmann/Böttcher	Zwangsversteigerungs- und Zwangsverwaltungsrecht, 3. Auflage, 2013
Erman	Handkommentar zum Bürgerlichen Gesetzbuch, 14. Auflage, 2014
FK-InsO/[Bearbeiter]	Frankfurter Kommentar zur InsO, 8. Auflage, 2015
Gerold/Schmidt	RVG, 22. Auflage, 2015
Glotzbach/Goldbach	Immobiliarvollstreckung aus der Sicht der kommunalen Vollstreckungsbehörden, 6. Auflage, 2014
Gojowczyk	Das Bergwerkseigentum als Gegenstand der Zwangsvollstreckung in das unbewegliche Vermögen, 2014
Graf-Schlicker/[Bearbeiter]	Insolvenzordnung, 4 Auflage, 2014
Güthe/Triebel	Grundbuchordnung, 6. Auflage, 1936/37
Haarmeyer/Wutzke/ Förster/Hintzen	Zwangsverwaltung, Kommentar, 5. Auflage, 2011
Haarmeyer/Hintzen	Handbuch zur Zwangsverwaltung, 3. Auflage, 2012
Hahn/Mugdan	Die gesammten Materialien zur Civilprozeßordnung und dem Einführungsgesetz zu derselben vom 30. Januar 1877, 1. Abtheilung, 1880
Hamme	Die Teilungsversteigerung, 5. Auflage, 2015
Hartmann	Kostengesetze, 45. Auflage, 2015
Herber	Seehandelsrecht, 2. Auflage, 2016
Hess	Insolvenzrecht, 2. Auflage, 2013
Hintzen	Zwangsversteigerung von Immobilien, 3. Auflage, 2015
Hintzen	Forderungspfändung, 3. Auflage, 2008
Hintzen	Pfändung und Vollstreckung im Grundbuch, 4. Auflage, 2015
Hintzen/Wolf	Zwangsvollstreckung, Zwangsversteigerung und Zwangsverwaltung, 2006
Hk-ZV/[Bearbeiter]	Kindl/Meller-Hannich/Wolf, Recht der Zwangsvollstreckung, 3. Auflage, 2016
HK-InsO (Hrsg.) Kreft	Heidelberger Kommentar zur Insolvenzordnung, 7. Auflage, 2014
Hügel/Elzer	Wohnungseigentumsgesetz, 2015
Ingenstau/Hustedt	Erbbaurechtsgesetz, 10. Auflage, 2014

Literaturverzeichnis

Jaeckel/Güthe	Kommentar zum Zwangsversteigerungsgesetz, 7. Auflage, 1937
Jaspersen	Hilfsvollstreckung in Urkunden, 1997
Jennißen/[Bearbeiter]	Wohnungseigentumsgesetz, 4. Auflage, 2015
Jonas/Pohle	Zwangsvollstreckungsnotrecht, 16. Auflage, 1954
Keller	Grundstücke in Vollstreckung und Insolvenz, 1998
Keller (Hrsg.)	Handbuch Zwangsvollstreckung, 2013
Keller/Munzig (vormals *Kuntze/Ertl/Hermann/Eickmann*)	Grundbuchrecht, 7. Auflage, 2015
Kilger/Karsten Schmidt	Insolvenzgesetze, Kommentar, 17. Auflage, 1997
Kissel/Mayer	Gerichtsverfassungsgesetz, 8. Auflage, 2015
Klühs, Hannes	Die Einstandspflicht des Zwangsverwalters für Ansprüche des Mieters aus dem Mietverhältnis, 2008
Kogel, Walter	Strategien bei der Teilungsversteigerung des Familienheims, 2. Auflage, 2014
Korintenberg/Wenz	Gesetz über die Zwangsversteigerung und die Zwangsverwaltung, 6. Auflage, 1936
Krause	Praxishandbuch Schiffsregister, 2012
Kröll/Hausmann/Rolf	Rechte und Belastungen in der Immobilienbewertung, 5. Auflage, 2015
Kropholler/von Hein	Europäisches Zivilprozessrecht, 10. Auflage, 2015
Kübler/Prütting/Bork/ [Bearbeiter]	Insolvenzordnung, Stand 7/2015
Kuhn/Uhlenbruck	Konkursordnung, 11. Auflage, 1994
Leonhardt/Smid/ Zeuner/[Bearbeiter]	Insolvenzordnung, 3. Auflage, 2010
Leonhardt/Smid/Zeuner	Internationales Insolvenzrecht, 2. Auflage, 2011
Löhnig/[Bearbeiter]	Zwangsversteigerungsgesetz, 2010
Meikel/[Bearbeiter]	Grundbuchrecht, 11. Auflage, 2015
Mohrbutter/Drischler/ Radtke/Tiedemann	Zwangsversteigerungsgesetz, 6. Auflage, Bd. 1 1986, Bd. 2 1989
Mohrbutter/Drischler/ Radtke/Tiedemann	Die Zwangsversteigerungs- und Zwangsverwaltungspraxis, 7. Auflage, 1986/1990
Münchener Kommentar zum Bürgerlichen Gesetzbuch	6. Auflage ab 2011 (zitiert: MünchKommBGB/ *[Bearbeiter]*)
Münchener Kommentar zur Insolvenzordnung	3. Auflage, 2013 (zitiert: MünchKommInsO/ *[Bearbeiter]*)
Münchener Kommentar zur Zivilprozessordnung	4. Auflage, 2012 (zitiert: MünchKommZPO/ *[Bearbeiter]*)
Musielak/Voit/[Bearbeiter]	Zivilprozessordnung, Kommentar, 12. Auflage, 2015
Muth	Zwangsversteigerungspraxis, 1989

XLV

Nerlich/Römermann/ [Bearbeiter]	InsO, Loseblatt Stand: 1/2015
Niedenführ/Kümmel/ Vandenhouten	Wohnungseigentumsgesetz, 11. Auflage, 2015
Nußbaum	Die Zwangsversteigerung und Zwangsverwaltung, 1916
Palandt/[Bearbeiter]	Kurzkommentar zum BGB, 75. Auflage, 2016
Prause	Das Recht des Schiffskredits, 3. Auflage, 1979
Rabe	Seehandelsrecht, 4. Auflage, 2000
Rauscher/[Bearbeiter]	Europäisches Zivilprozess- und Kollisionsrecht, 4. Auflage, 2015
Reinhard/Müller	ZVG, 3./4. Auflage, 1931
Reuter	Fremdwährung und Rechnungseinheiten im Grundbuch, 1992
Schaps/Abraham	Das Seerecht in der Bundesrepublik Deutschland, 4. Auflage, 1978
Schleicher/Reymann/ Abraham	Das Recht der Luftfahrt, 3. Auflage, 1960/1966
Schmidt/[Bearbeiter]	EStG, 34. Auflage 2015
Schmidt/[Bearbeiter]	Hamburger Kommentar zum Insolvenzrecht, 5. Auflage, 2015
Schneider/Wolf	RVG, 7. Auflage, 2014
Schöner/Stöber	Grundbuchrecht, 15. Auflage, 2012
Schröder/Bergschneider	Familienvermögensrecht, 2. Auflage, 2007
Schuschke/Walker	Vollstreckung und Vorläufiger Rechtsschutz, Kommentar zum Achten Buch der ZPO, 6. Auflage, 2015
Schwenk/Giemulla	Handbuch des Luftverkehrsrechts, 4. Auflage, 2013
Sichtermann/Hennings	Bedeutung und Behandlung der Eintragungen in der Abt. II des Grundbuches, 11. Auflage, 1988
Soergel/[Bearbeiter]	Bürgerliches Gesetzbuch, 13. Auflage, 1999 ff. (SchiffsRG und EGBGB: 12. Auflage, 1987 ff.)
Spielbauer/Then	Wohnungseigentumsgesetz, 2. Auflage, 2012
Staudinger/[Bearbeiter]	Bürgerliches Gesetzbuch, Neubearbeitung 2002 ff. (§§ 925–984: 2011, §§ 1113–1203: 2015, §§ 1204–1296, SchiffsRG: 2009, Art. 1, 2, 50–218 EGBGB: 2012)
Stein/Jonas	Kommentar zur ZPO, 22. Auflage 2013, zitiert: StJ/ [Bearbeiter]
Steiner	Zwangsversteigerungsrecht, 9. Auflage, Bd. 1 1984, Bd. 2 1986, zitiert: Steiner/[Bearbeiter]
Stöber	Forderungspfändung, 16. Auflage, 2013

Literaturverzeichnis

Stöber	Zwangsversteigerungsgesetz, Kommentar, 20. Auflage, 2012
Stöber	ZVG-Handbuch der Rechtspraxis, 9. Auflage, 2010
Storz/Kiderlen	Praxis des Zwangsversteigerungsverfahrens, 12. Auflage, 2014
Storz/Kiderlen	Praxis der Teilungsversteigerung, 5. Auflage, 2011
Thomas/Putzo	Kommentar zur ZPO, 36. Auflage, 2015
Uhlenbruck/[Bearbeiter]	Insolvenzordnung, 14. Auflage, 2015
v. Waldstein/Holland	Binnenschiffahrtsrecht, 5. Auflage, 2007
Vossen	Die aussichtslose Immobiliarvollstreckung, 1998
Wedekind/Wedekind	Zwangsverwaltung, 2011
Weis	Zwangsversteigerungsrecht für Banken, 2. Auflage, 2003
Weitnauer	Wohnungseigentumsgesetz, 9. Auflage, 2004
Zöller/[Bearbeiter]	Kommentar zur ZPO, 31. Auflage, 2016

Zur Verwendung anderer als der vorstehend angegebenen Werke und ggf. auch Auflagen siehe in den Fußnoten. Dort werden vor allem auch Abhandlungen in Zeitschriften und ggf. Beiträge zu Sammelwerken genannt, die hier nicht aufgeführt sind.

Nähere bibliografische Angaben zu den Werken können im Internet über http://dnb.ddb.de abgerufen werden.

Nachweis der Gesetzesänderungen

Geänderte §§	Neu eingeführte §§	Aufgehobene §§	Fundstelle
57, 183	57a, 57b		Gesetz vom 8.6.1915 (RGBl 327)
153 Abs. 2			VO vom 6.2.1924 (RGBl I 44)
106 S. 2 144 Abs. 1 S. 1			Gesetz vom 9.7.1927 (RGBl I 175)
67 Abs. 3			VO vom 18.3.1933 (RGBl I 109)
69			Gesetz vom 14.8.1933 (RGBl I 605)
162, 163, 164, 166 Abs. 1, 167 Abs. 2, 168, 169, 171	168a, 168b, 170a		VO vom 21.12.1940 (RGBl I 1609)
171 Abs. 3, 181 Abs. 2		181 Abs. 3, 182 Abs. 3	VO vom 27.1.1944 (RGBl I 47)
6 Abs. 1, 10 Abs. 1, 13, 17 Abs. 2, 30, 31, 36 Abs. 2, 41 Abs. 2, 43, 44 Abs. 2, 66 Abs. 1, 85 Abs. 1, 155 Abs. 2, 169 Abs. 2	19 Abs. 3, 30a–d, 57c, 57d, 74a, 74b, 114a, 149 Abs. 3, 150a–e, 153a, 155 Abs. 3, 4, 165 Abs. 2, 180 Abs. 2		Gesetz vom 20.8.1953 (BGBl I 952)
	1 Abs. 2	13 EG	Gesetz vom 8.2.1957 (BGBl I 18)

Geänderte §§	Neu eingeführte §§	Aufgehobene §§	Fundstelle
181 Abs. 2 S. 1	171a–n		Gesetz vom 26.2.1959 (BGBl I 57)
180 Abs. 1	185		Gesetz vom 28.7.1961 (BGBl I 1091)
170a Abs. 2 S. 1	168c		Gesetz vom 8.5.1963 (BGBl I 293)
171 Abs. 5 S. 1	169a	168a	Gesetz vom 4.12.1968 (BGBl I 1295)
163 Abs. 3			Gesetz vom 21.6.1972 (BGBl I 966)
153 Abs. 2 S. 1	153 Abs. 2 S. 2		Gesetz vom 2.3.1974 (BGBl I 469)
	57c Abs. 5		Gesetz vom 23.3.1976 (BGBl I 737)
	91 Abs. 4, 130a, 131 S. 2		Gesetz vom 22.6.1977 (BGBl I 998)
18, 30a Abs. 1, 30d Abs. 1 S. 1, 67 Abs. 3, 70 Abs. 2, 74a Abs. 4, 82, 85 Abs. 1 S. 2, 88 S. 1, 100 Abs. 1, 103 S. 1, 105 Abs. 2 S. 1, Abs. 4 S. 1, 116, 118 Abs. 1 S. 1, 132 Abs. 1 S. 1, 144 Abs. 1 S. 1, 145, 163 Abs. 1, 169a, 171 Abs. 2 S. 1, 10 EG	38 S. 2, 69 Abs. 4, 85a, 114a S. 2	60, 61, 134	Gesetz vom 1.2.1979 (BGBl I 127)

Geänderte §§	Neu eingeführte §§	Aufgehobene §§	Fundstelle
		57c Abs. 5	Gesetz vom 11.7.1985 (BGBl I 1277)
	180 Abs. 3, 4		Gesetz vom 20.2.1986 (BGBl I 301)
1 Abs. 2 EG			Gesetz vom 25.7.1986 (BGBl I 1142)
181 Abs. 2 S. 2			Gesetz vom 12.9.1990 (BGBl I 2002)
	152a	14 EG	Gesetz vom 17.12.1990 (BGBl I 2847)
	IX. (145a), 158a, 9a EG		Gesetz vom 20.12.1993 (BGBl I 2182)
	52 Abs. 2 S. 2		Gesetz vom 21.9.1994 (BGBl I 2457)
30c (neu), 31 Abs. 2 Buchst. c, 145a Nr. 5 S. 2, 168c Nr. 5 S. 2, 171e Nr. 5 S. 2, 172, 173 S. 2, 174, 178	10 Abs. 1 Nr. 1a, 30d bis 30f, 153b, 153c, 174a	30c bisheriger 30d wird 30c	Gesetz vom 5.10.1994 (BGBl I 2911)
9a Abs. 1 S. 1 EG			Gesetz vom 20.12.1996 (BGBl I 2028)
2 Abs. 1			Gesetz vom 22.12.1997 (BGBl I 3224)

Geänderte §§	Neu eingeführte §§	Aufgehobene §§	Fundstelle
38 S. 1, 49 Abs. 1, 59 Abs. 1 S. 1, 63 Abs. 2 und 4 (neu), 68, 69, 73 Abs. 1 S. 1, 82, 88 S. 1, 103 S. 1, 105 Abs. 2 S. 1, 116, 118 Abs. 1, 132 Abs. 1 S. 1, 144 Abs. 1 S. 1, 145a Nr. 3 S. 1, 168c Nr. 3 S. 1, 169a Abs. 1, 171e Nr. 3 S. 1	28 Abs. 2, 49 Abs. 3, 59 Abs. 1 S. 2, 63 Abs. 1 S. 2, 107 Abs. 2 S. 2, 117 Abs. 1 S. 2, 169a Abs. 2	63 Abs. 3, 108, 118 Abs. 1 S. 2, bisheriger 49 Abs. 3 wird Abs. 4, 59 Abs. 1 S. 2 wird S. 3, 63 Abs. 4 und 5 werden Abs. 3 und 4	Gesetz vom 18.2.1998 (BGBl I 866)
9a Abs. 1 S. 1 EG			Gesetz vom 20.12.1999 (BGBl I 2493)
21 Abs. 2, 57, 57b Abs. 1 S. 1, 169 Abs. 1 S. 1 und 2			Gesetz vom 19.6.2001 (BGBl I 1149)
6 Abs. 1			Gesetz vom 25.6.2001 (BGBl I 1206)
74a Abs. 5 S. 3, 95, 96, 101 Abs. 2, 102, 149 Abs. 3 S. 3		30b Abs. 3 S. 2	Gesetz vom 27.7.2001 (BGBl I 1887)
145a Nr. 2 S. 1, Nr. 3 S. 1 und 2 und Nr. 4, 158a Nr. 2, 168c Nr. 2 S. 1, Nr. 3 S. 1 und 2 und Nr. 4, 171e Nr. 2 S. 1, Nr. 3 S. 1 und 2 und Nr. 4			Gesetz vom 13.12.2001 (BGBl I 3638)

Geänderte §§	Neu eingeführte §§	Aufgehobene §§	Fundstelle
155 Abs. 3 S. 1			VO vom 5.4.2002 (BGBl I 1250)
38 S. 1, 83 Nr. 2, 118 Abs. 2 S. 2			Gesetz vom 24.8.2004 (BGBl I 2198)
39 Abs. 1 und 2, 168 Abs. 2	40 Abs. 1 S. 3		Gesetz vom 22.3.2005 (BGBl I 837)
168 Abs. 1		15 EG	Gesetz vom 19.4.2006 (BGBl I 866)
49 Abs. 1 und 3, 68 Abs. 1 S. 3, 69 Abs. 2 (neu) S. 1 und 2, Abs. 3 (neu) S. 1, Abs. 4 (neu), 70 Abs. 2 S. 2, 75, 82, 85 Abs. 1 S. 3, 88 S. 1, 103 S. 1, 105 Abs. 2 S. 1, Abs. 4, 107 Abs. 3, 116, 117 Abs. 1 S. 2, 118 Abs. 1, 128 Abs. 4, 132 Abs. 1 S. 1, 144 Abs. 1 S. 1, 169 Abs. 2 S. 1	3 S. 2 und 3, 38 Abs. 2, 68 Abs. 1 S. 4, Abs. 4, 69 Abs. 1, 72 Abs. 4, 83 Nr. 8, 186	30c Abs. 2, 57c, 57d, bisheriger 30c Abs. 1 wird 30c, 69 Abs. 1 bis 3 werden Abs. 2 bis 4	Gesetz vom 22.12.2006 (BGBl I 3416)
10 Abs. 1 Nr. 2, 52 Abs. 2 S. 2	10 Abs. 3, 45 Abs. 3, 156 Abs. 1 S. 2, 3		Gesetz vom 26.3.2007 (BGBl I 370)
52 Abs. 2 S. 2			Gesetz vom 23.11.2007 (BGBl I 2614)

Geänderte §§	Neu eingeführte §§	Aufgehobene §§	Fundstelle
140 Abs. 3, 141 S. 1, 181 Abs. 2 S. 2, 12 EG			Gesetz vom 17.12.2008 (BGBl I 2586)
10 Abs. 3 S. 1, 163 Abs. 3 S. 2			Gesetz vom 7.7.2009 (BGBl I 1707)
		68 Abs. 1 S. 2	Gesetz vom 29.7.2009 (BGBl I 2258)
	30d Abs. 4 S. 2		Gesetz vom 7.12.2011 (BGBl I 2582)
152a			Verordnung vom 31.8.2015 (BGBl I 1474)
180 Abs. 3			Gesetz vom 20.11.2015 (BGBl I 2010)

Einführung in das Zwangsversteigerungs- und Zwangsverwaltungsrecht

Übersicht Rdn.

- A. Entstehungsgeschichte, Verhältnis zur ZPO 1
  - I. Geschichtlicher Hintergrund 1
  - II. Die ZPO 6
  - III. Einheitliches Liegenschaftsrecht 7
  - IV. ZVG als Teil der ZPO 8
- B. Das Zwangsversteigerungsverfahren 11
  - I. Wirtschaftliche und rechtliche Bedeutung 11
  - II. Zwangsversteigerungsantrag und Antragsvoraussetzungen 18
  - III. Entscheidung über den Zwangsversteigerungsantrag 22
  - IV. Verfahren bis zur Bestimmung des Versteigerungstermins 28
  - V. Von der Bestimmung des Versteigerungstermins bis zum Termin 30
  - VI. Versteigerungstermin 33
    1. Verhandlung bis zur Aufforderung zur Abgabe von Geboten 35
    2. Versteigerungsdauer 41
    3. Verhandlung über Zuschlagsentscheidung 42
  - VII. Entscheidung über den Zuschlag 44
  - VIII. Erlösverteilung 50
  - IX. Berichtigung des Grundbuchs 57
  - X. Verfahrensgrundsätze 58
- C. Das Zwangsverwaltungsverfahren 65
  - I. Verhältnis der Zwangsverwaltung zur Zwangsversteigerung 65
  - II. Bedeutung des Verfahrens 66
  - III. Antrag und Anordnung des Verfahrens 67
  - IV. Beschlagnahme des Grundstücks 70
  - V. Wohnrecht und Unterhaltsanspruch des Schuldners 72
  - VI. Rechte und Pflichten des Zwangsverwalters 74
  - VII. Teilungsplan 78
  - VIII. Zahlungen auf das Kapital von Grundpfandrechten 81
  - IX. Beendigung des Verfahrens 82
- D. Die Teilungsversteigerung 83
  - I. Bedeutung und Sinn 83
  - II. Antrag, Anordnung und Beitritt 86
  - III. Verfahrensgrundsätze 91
    1. Ranggrundsatz 91
    2. Deckungsgrundsatz 92
  - IV. Vollstreckungsschutz – einstweilige Einstellung 94
  - V. Geringstes Gebot 97
  - VI. Versteigerungstermin und Zuschlagsentscheidung 101
  - VII. Erlösverteilung 102

A. Entstehungsgeschichte, Verhältnis zur ZPO

I. Geschichtlicher Hintergrund

1 Das **römische Zwangsvollstreckungsrecht** war im Grundsatz darauf abgestellt, durch Druck auf den Schuldner den Gläubigeranspruch durchzusetzen. Der Gläubiger musste sich zur Zwangsvollstreckung eine staatliche Bevollmächtigung einholen (staatlich überwachte Gläubigerselbsthilfe). Es herrschte der Grundsatz der Personalexekution; der Gläubiger konnte Fesselung, Verkauf oder Tötung des Schuldners verlangen. Die lex Poetelia (326 v. Chr.) schaffte diese Maßnahme ab; der Schuldner musste seine Schuld abarbeiten.

2 In der Zeit des **Formularverfahrens** konnte der Gläubiger statt der Personalexekution die Vermögensexekution betreiben. Der Prätor wies ihn in den Besitz des Gesamtvermögens des Schuldners ein (missio in bona); die Befriedigung des Gläubigers erfolgte durch Verkauf des Schuldnervermögens. Andere Gläubiger konnten dem Verfahren beitreten.

3 Die Zwangsvollstreckung durch Gerichtsorgane in einzelne Gegenstände des Schuldners war erst in der späteren Kaiserzeit möglich. Das **germanische Recht** kannte sie nicht. Wollte der Schuldner die Erfüllung des Urteils nicht geloben, so wurde er friedlos. Die Friedlosigkeit, die Person und Vermögen des Schuldners ergriff, hatte ihre Wirkung nur in der Schwere des Übels, war mithin keine Zwangsvollstreckung im eigentlichen Sinne. Wenn das Urteilsgelöbnis nicht abgegeben wurde, konnte sich der Gläubiger durch Wegnahme beweglicher Sachen befriedigen. Eine Liegenschaftsvollstreckung war als Folge der Gebundenheit des Grundeigentums durch Familienrecht und Feldgemeinschaft ausgeschlossen. Sie entwickelte sich erst in der **fränkischen Zeit** und verdrängte die Selbstvollstreckung. Sie erfolgte durch Übereignung der Liegenschaften auf den Gläubiger oder durch ihren Verkauf und Befriedigung des Gläubigers.

4 Das **romanisch-kanonische Vollstreckungsrecht** vermischte sich mit römischen und deutschen Rechtsgedanken. Die **gemeinrechtliche Theorie und Praxis** sah die Zwangsvollstreckung als Fortsetzung des Zivilprozesses an; sie war beim Prozessgericht zu beantragen. Die Zwangsvollstreckung in Liegenschaften war nach dem Pandektenrecht erst nach fruchtlosem Verlauf der Mobiliarvollstreckung zulässig. Dieser „gradus executionis" wurde in der späteren Partikulargesetzgebung vielfach abgeschafft.

5 Zur geschichtlichen Entwicklung des Zwangsversteigerungs- und Zwangsverwaltungsverfahrens wird im Übrigen auf die Motive zum 1. Entwurf eines Reichsgesetzes über die Zwangsvollstreckung in das unbewegliche Vermögen und auf *Nußbaum* S. 285 ff. verwiesen.

II. Die ZPO

6 Die **ZPO vom 30.1.1877** (RGBl 83) behandelte die Zwangsvollstreckung in das unbewegliche Vermögen im 2. Titel des 8. Buches (§§ 755–757). Die Regelung des Zwangsversteigerungs- und Zwangsverwaltungsverfahrens sowie verwandter Fragen war der Landesgesetzgebung überlassen, die es in mehr oder minder umfassender Weise teils neu ordnete, teils wenigstens – soweit nötig – den Bestimmungen der ZPO anpasste. Eine einheitliche Regelung war jedoch wegen der Verschiedenartigkeit des in den einzelnen deutschen Staaten geltenden Liegenschaftsrechts unmöglich.

III. Einheitliches Liegenschaftsrecht

Erst mit der Schaffung eines **einheitlichen Liegenschaftsrechts** für Deutschland (im BGB) war die Möglichkeit einer reichseinheitlichen Regelung gegeben[1]. In Ausführung des Beschlusses des Bundesrats vom 14.6.1888 hat die zur Ausarbeitung des Entwurfs eines BGB berufene Kommission auch den Entwurf eines ZVG erstellt (E I). Durch Hilfsarbeiter der Kommission wurden Motive (M) ausgearbeitet. Der E I mit den M wurde 1889 veröffentlicht. Durch die Umgestaltung des 1. Entwurfes eines BGB wurde eine Umarbeitung der ZV-Ordnung notwendig. Sie liegt in dem 1896 veröffentlichten 2. Entwurf (E II) vor, der in demselben Jahr dem Reichstag vorgelegt, und, von diesem in einzelnen Beziehungen geändert, zum Gesetz über die Zwangsversteigerung und die Zwangsverwaltung vom 24.3.1897 (RGBl 97 ff.) führte.

IV. ZVG als Teil der ZPO

In der ZPO ist in den §§ 864–871 die Zwangsvollstreckung in das unbewegliche Vermögen wegen Geldforderungen geregelt. § 869 bestimmt: „**Die Zwangsversteigerung und die Zwangsverwaltung werden durch ein besonderes Gesetz geregelt.**" Damit ist zum Ausdruck gebracht, dass das **ZVG ein Teil der ZPO** ist und sämtliche Bestimmungen des ZVG so zu lesen sind, wie wenn sie anstelle des § 869 ZPO stehen würden.

Das ZVG wurde am 20.5.1898 (RGBl 713 ff.) bekannt gemacht und trat am 1.1.1900 in Kraft; es wurde seitdem mehrfach geändert, zuletzt durch Art. 6 des Gesetzes zur weiteren Erleichterung der Sanierung von Unternehmen vom 7.12.2011, BGBl I 2582. Das Zwangsversteigerungsrecht[2] hat in den letzten Jahren einen tief greifenden Wandel erfahren.[3] Legislative, Exekutive und das Schrifttum machen seit einigen Jahren die in der Vergangenheit wenig beachteten sozialen Aspekte eines Zwangsversteigerungsverfahrens immer mehr bewusst. Durch die Einführung der Rechtsbeschwerde anstelle der bisherigen weiteren Beschwerde, §§ 574 bis 577 ZPO, über die der BGH entscheidet, § 133 GVG, sind in jüngster Vergangenheit zahlreiche strittige Rechtsfragen höchstrichterlich entschieden worden.

Die DDR hat mit Wirkung vom 3.10.1990 gemäß Art 23 S. 2 GG ihren Beitritt zum Geltungsbereich des GG der Bundesrepublik Deutschland erklärt (BGBl I 2047 f.). Durch das Gesetz vom 23.9.1990 – Einigungsvertragsgesetz – (BGBl II 885 ff.) ist nach Anlage I Kap. III, Sachgebiet A: Rechtspflege, Abschnitt III Nr. 15 das ZVG in der geltenden Fassung mit Wirkung vom 3.10.1990 auch für das Rechtsgebiet der ehemaligen DDR in Kraft getreten, und zwar mit folgenden Maßgaben:

1. Gegen die Entscheidungen des Bezirksgerichts (§§ 95–104) ist eine weitere Beschwerde, ausgenommen im Fall des § 102, nicht zulässig.
2. Eine vor dem 3.10.1990 anhängig gewordene Zwangsversteigerung oder Zwangsverwaltung ist nach der VO vom 6.6.1990 (GBl der DDR I Nr. 32, S. 288) zu erledigen.

---

1 Zur neueren Entstehungsgeschichte s. *Maier*, Die Aufnahme des Deckungs- und Übernahmeprinzips in das Zwangsversteigerungsgesetz, 1984, S. 19–29.
2 Zur Struktur der Zwangsvollstreckung s. *Gaul*, Rpfleger 1971, 1 ff., 41 ff. und 81 ff.
3 *Schiffhauer*, Soziale Aspekte im Zwangsversteigerungsverfahren, Rpfleger 1978, 397 ff.

B. Das Zwangsversteigerungsverfahren

I. Wirtschaftliche und rechtliche Bedeutung

11 Der Ablauf eines Zwangsversteigerungsverfahrens soll nachfolgend kurz dargestellt werden. Zu den **Verfahrensgrundsätzen** s. nachfolgend unter → Rdn. 58 ff.

12 Auf keinen Fall sollte die nachfolgende rasterartige Darstellung dazu verführen, Zwangsversteigerungsverfahren als rechtlich einfach anzusehen. Das Gegenteil ist der Fall. Zwangsversteigerungsverfahren sind bei den Amtsgerichten die Verfahren der streitigen Gerichtsbarkeit mit den höchsten Streitwerten. Das ZVG gilt von alters her als ein besonders schwieriges Gebiet[4]; das Zwangsvollstreckungsrecht ist von sehr viel größerer Bedeutung als viele Bereiche des materiellen Zivilrechts; es ist keineswegs damit getan, zu rechnen und Formalitäten abzuhaken[5]; der Rechtsanwalt eines Beteiligten muss über hervorragende Rechtskenntnisse dieses Spezialgebietes verfügen.[6]

13 Das Zwangsversteigerungsverfahren zeichnet sich durch eine **Häufung schwieriger rechtlicher und wirtschaftlicher Probleme** aus. Das Verfahren unterliegt einem ausgeprägten Formzwang, zahlreiche Prozessmaximen werden mit sachenrechtlichen Elementen vermischt. *Nußbaum*[7] hat bereits 1916 in seinem grundlegenden Werk zur Zwangsversteigerung und Zwangsverwaltung betont, dass das Versteigerungsrecht auf *kunstvollen Grundsätzen* aufgebaut ist. Diese zu beherrschen bereitet nicht nur den Verfahrensbeteiligten erhebliche Schwierigkeiten, sondern durchaus auch dem Rechtspfleger und nicht zuletzt den Beschwerdegerichten. Das ZVG hat sich in den letzten Jahrzehnten auch zu einer Art Folgerecht entwickelt. So finden sich im ZVG auch Einflüsse aus dem Mietrecht, dem Familien-, Vormundschafts- und Betreuungsrecht, dem Arbeitsrecht und dem Insolvenzrecht. Aber nicht nur der Gesetzgeber, sondern insbesondere auch durch die Rechtsprechung des Bundesverfassungsgerichts zur Eigentumsgarantie, zum Willkürverbot, zum effektiven Rechtsschutz, zum rechtlichen Gehör oder zum fairen Verfahren wurden weitere Probleme in das Zwangsvollstreckungsrechts integriert, die wiederum zu unterschiedlichen Meinungen in Rechtsprechung und Schrifttum geführt haben. Das Zwangsversteigerungsrecht ist mittlerweile eine Spezialmaterie, die nur noch von denjenigen beherrscht wird, die ständig oder zumindest häufig damit zu tun haben.[8]

---

4 *Arthur Nußbaum*, Die Zwangsversteigerung und Zwangsverwaltung, 1916, S. 10.
5 *Schiffhauer*, Rpfleger 1979, 397, 406.
6 *Storz*, Besondere Gefahrenquellen in der ZV für den Rechtsanwalt als Berater eines Gläubigers, ZIP 1980, 1049 ff. und 1981, 16 ff.
7 *Nußbaum*, S. 11.
8 *Nußbaum*, (S. 23) hat hierzu 1916 ausgeführt: Um so mehr wird das Gericht seine Tätigkeit unter dem Gesichtspunkt des nobile officium aufzufassen haben. Ist es schon in Prozesssachen des Amtsrichters, eine formalistische Handhabung der Geschäfte zu vermeiden und im Rahmen der richterlichen Pflichten auf eine sachlich erspießliche Lösung hinzuwirken, so gilt dies im erhöhten Maße für das Immobiliarvollstreckungs- und namentlich das Zwangsversteigerungsverfahren. Insbesondere sollte der Richter (jetzt Rechtspfleger) den Parteien und ihren Vertretern, die sich etwa unerwarteten Schwierigkeiten gegenübersehen, deren Überwindung nicht erschweren, sondern möglichst erleichtern. Der Richter habe die Erledigung des Verfahrens nicht bürokratisch zu betreiben, sondern es obliege ihm eine vermittelnde, ausgleichende und fördernde Tätigkeit.

Vor diesem Hintergrund und insbesondere auch unter Beachtung einiger **14** grundsätzlicher Entscheidungen des Bundesverfassungsgerichts hat sich der Verantwortungsbereich des Rechtspflegers im Zwangsversteigerungsverfahren erheblich gesteigert. Bei den für das Zwangsversteigerungsverfahren zwingend zu beachtenden grundgesetzlich geschützten Rechten des Schuldners hat die Frage- und Aufklärungspflicht, § 139 ZPO, als wichtigster Aspekt der prozessualen Fürsorgepflicht, eine besondere Gewichtung und Bedeutung erlangt.

Der Eingriff in das grundgesetzlich geschützte Eigentum darf nicht über das **15** notwendige Maß hinausgehen, das Versteigerungsgericht muss jederzeit den **Grundsatz der Verhältnismäßigkeit** und das **Übermaßverbot** beachten.[9] Zwar hat der Vollstreckungsgläubiger grundsätzlich ein Wahlrecht, welche Vollstreckungsmaßnahme er einleitet, er kann auch wahlweise verschiedene Vollstreckungen gleichzeitig durchführen, § 866 Abs. 3 ZPO, er muss jedoch immer darauf achten, die Maßnahme zu ergreifen, die für den Schuldner weniger belastend und einschneidend ist, um sein Vollstreckungsziel zu erreichen.

Hierauf muss das Vollstreckungsgericht ebenso achten, wie darauf, seiner **Hin-** **16** **weis- und Belehrungspflicht** nach § 139 ZPO ordnungsgemäß nachzukommen. Wiederholt hat das Bundesverfassungsgericht entschieden, eine Verletzung des **Willkürverbots** kommt in Betracht, wenn im konkreten Fall ein einfachrechtlich gebotener und für den Betroffenen besonders wichtiger Hinweis im Zwangsversteigerungsverfahren unterblieben ist und das Unterbleiben des Hinweises bei verständiger Würdigung der das Grundgesetz beherrschenden Gedanken sachlich nicht mehr verständlich ist.[10] Die Gesetzesanwendung verlangt von jedem Entscheidungsträger gerechte Entscheidungen, sie sollen bürgernah und sozial sein[11]. Dass der Rechtspfleger hierbei die gesetzlichen Grundlagen und Feinheiten beherrscht, wird als selbstverständlich vorausgesetzt. Dabei müssen auch Rechtsprechung[12] und Literaturmeinungen berücksichtigt werden[13], dies unabhängig davon, ob der Dienstherr das Vollstreckungsgericht mit der neuesten Literatur und Kommentaren ausstattet oder nicht. Jeder Rechtspfleger hat die Amtspflicht, die höchstrichterliche Rechtsprechung zu beachten, sich über die Rechtslage zu unterrichten und sich auf seinem Sachgebiet über die einschlägige Rechtsprechung auf dem Laufenden zu halten. Hinzu kommt die Pflicht zur beschleunigten Sachentscheidung. Mangelnde Personal- oder Sachmittelausstattung können deshalb niemals eine Verzögerung rechtfertigen.[14]

Gerade Zwangsversteigerungsverfahren treffen den Schuldner und seine Fami- **17** lie persönlich, es droht der Verlust des Eigentums, des Hauses, für das der Schuldner möglicherweise seit Jahren oder auch Jahrzehnten gearbeitet hat[15]. Dem Gläubiger geht es um die Realisierung seiner nicht unerheblichen Forderungen, zum

---

9 BVerfG, NJW 1979, 538 = Rpfleger 1979, 12.
10 Zuletzt BVerfG, Kammer-Beschluss vom 26.10.2011, 2 BvR 1856/10, Rpfleger 2012, 217.
11 Hierzu Steiner/*Hagemann*, Einl. Rdn. 58.
12 BGH, VersR 1963, 1080; BGHZ 84, 285 = NJW 1983, 222; Soergel/*Vinke*, BGB, § 839 Rdn. 136.
13 Hierzu Steiner/*Hagemann*, Einl. Rdn. 59 unter Hinweis auf BGHZ 30, 19, 22; BGH, Rpfleger 2000, 403 = NJW 2000, 3358.
14 Hierzu MünchKomm/*Papier*, BGB § 839 Rdn. 293.
15 Zur Selbstmordgefahr s. → § 30a Rdn. 34.

Teil in Millionenhöhe. Die Immobilienwerte, die in die Versteigerung geraten, stellen mittlerweile einen milliardenschweren wirtschaftlichen Faktor dar.

II. Zwangsversteigerungsantrag und Antragsvoraussetzungen

18 Die Zwangsversteigerung unterliegt den gleichen Voraussetzungen wie jede andere Zwangsvollstreckungsart. Schuldtitel (§§ 704 Abs. 1, 794, 795 ff. ZPO) mit Vollstreckungsklausel (§ 724 ZPO) und Zustellungsnachweis (§ 750 ZPO) ist daher erforderlich. Der Titel muss sich gegen den als Eigentümer eingetragenen Schuldner oder seine Erben richten, § 17.

19 Örtlich zuständig ist das Amtsgericht, in dessen Bezirk das Grundstück belegen ist, § 1 Abs. 1; soweit nicht nach § 1 Abs. 2 ein gemeinsames Amtsgericht für mehrere AG-Bezirke zuständig ist. Mögliche Kompetenzkonflikte werden durch §§ 2, 18 gelöst.

20 Der Zwangsversteigerungsantrag ist formfrei und hat nach § 16 zu bezeichnen:
1. das zu versteigernde Grundstück,
2. den eingetragenen Eigentümer,
3. den Anspruch gegen diesen,
4. den Schuldtitel, der mit Zustellungsnachweis einzureichen ist.

21 Ferner hat der Gläubiger die Erbfolge durch Urkunden glaubhaft zu machen, falls der Schuldner Erbe des Bucheigentümers ist und die Erbfolge dem Vollstreckungsgericht nicht offenkundig ist. Gehören Vollstreckungsgericht und Grundbuchamt den nicht dem gleichen Amtsgericht an, so hat der Gläubiger durch eine Bescheinigung des Grundbuchamts nachzuweisen, dass der Schuldner als Eigentümer eingetragen ist. Sonst genügt Bezugnahme auf das Grundbuch, § 17 Abs. 2.

III. Entscheidung über den Zwangsversteigerungsantrag

22 Das Vollstreckungsgericht ordnet durch Beschluss die Zwangsversteigerungen an, falls der Antrag mit seinen Beilagen den gesetzlichen Voraussetzungen genügt. Ist der Antrag unheilbar mangelhaft, so ist er zurückzuweisen, falls der Gläubiger ihn trotz Hinweis des Vollstreckungsgerichts (§ 139 ZPO) nicht zurücknimmt. Bei heilbaren Mängeln hat das Vollstreckungsgericht dem Gläubiger zunächst die Beseitigung des Mangels aufzugeben.

23 Das Vollstreckungsgericht ersucht nach Anordnung der Zwangsversteigerung das Grundbuchamt um Eintragung des Zwangsversteigerungsvermerks § 19. Der Anordnungsbeschluss ist dem Schuldner zuzustellen, § 8. Er gilt zugunsten des Gläubigers als **Beschlagnahme** des Grundstücks. Sie wird wirksam mit Zustellung des Anordnungsbeschlusses an den Schuldner oder Eingang des Ersuchens um Eintragung des Zwangsversteigerungsvermerks beim Grundbuchamt, § 22.

24 Gegenstand der Beschlagnahme ist das Grundstück mit den Gegenständen, auf die sich die Hypothek erstreckt, § 20 ZVG, §§ 1120–1130 BGB; dieser Grundsatz wird durch § 21 wesentlich eingeschränkt. Versteigert werden jedoch auch solche Zubehörstücke, die sich lediglich im Besitz des Schuldners befinden; der Dritteigentümer hat zur Wahrung seiner Rechte gemäß § 37 Nr. 5, § 55 Abs. 2 vorzugehen.

25 Die Beschlagnahmewirkung äußert sich als ein relatives Veräußerungsverbot (§ 135 BGB) an den Schuldner zugunsten des Gläubigers. Strafrechtlicher Schutz: § 137 StGB. Verfügungen des Schuldners über Beschlagnahmegegenstände sind

nicht nichtig; gegenüber dem bösgläubigen Dritten (§ 23 Abs. 2) kann der Gläubiger sie als unwirksam behandeln. Beschlagnahme und Zwangsversteigerungsvermerk bewirken keine Sperre des Grundbuchs. Eigentumswechsel und Belastungen können eingetragen werden.

Der Schuldner behält das Recht der Verwaltung und Benutzung des Grundstücks innerhalb der Grenzen einer ordnungsmäßigen Wirtschaft, § 24; insoweit kann er über bewegliche Sachen frei und auch dem Gläubiger gegenüber wirksam verfügen, § 23 Abs. 1 S. 2. Dieser ist durch § 25 ausreichend geschützt. **Klarstellung**: immer wenn das Gesetz vom Gläubiger und Schuldner spricht, ist regelmäßig der betreibende (oder beigetretene) Gläubiger (Ausnahme § 54) und dessen Schuldner, gegen den sich das Verfahren richtet, gemeint. 26

Der **Vollstreckungsschutz** ist in den §§ 30a ff. geregelt. Das Verfahren ist auf Antrag des Schuldners auf die Dauer von höchstens 6 Monaten einstweilen einzustellen, wenn die Aussicht besteht, dass durch die Einstellung die Versteigerung vermieden wird, und wenn die Einstellung nach den persönlichen und wirtschaftlichen Verhältnissen des Schuldners sowie nach der Art der Schuld der Billigkeit entspricht. Durch die Regelungen in den Abs. 1–5 des § 30a werden die Gläubigerinteressen weitgehend geschützt. Der Einstellungsantrag ist binnen einer Notfrist von 2 Wochen zu stellen. Darüber und über diese Einstellungsmöglichkeit hat das Vollstreckungsgericht den Schuldner zu belehren. Das Einstellungsverfahren richtet sich nach § 30b. Ferner ist in jeder Lage des Verfahrens bis zur Erteilung des Zuschlags die Stellung eines auf § 765a ZPO (anwendbar durch § 869 ZPO) gestützten Vollstreckungsschutzantrages zulässig, wenn die Zwangsversteigerung unter voller Würdigung des Schutzbedürfnisses des Gläubigers wegen ganz besonderer Umstände eine Härte bedeutet, die mit den guten Sitten nicht vereinbar ist. Mit Inkrafttreten der InsO wurden gemäß Art. 20 Nr. 3 i.V.m. Art. 110 Abs. 1 des EGInsO vom 5.10.1994 (BGBl I 2911) die Einstellungsvorschriften des ZVG geändert. Die Einstellung auf Antrag des Konkursverwalters nach § 30c wurde ersatzlos aufgehoben. Neu eingefügt wurden die Vorschriften §§ 30d, e. Das Verwertungsrecht absonderungsberechtigter Gläubiger wird durch das Einstellungsrecht des vorläufigen bzw. endgültigen Insolvenzverwalters dahin gehend eingeschränkt, dass die Insolvenzabwicklung ungestört ablaufen kann, die ungestörte Fortführung eines Unternehmens gewährleistet wird und nicht zuletzt die erstrebte bestmögliche Verwertung des Schuldnervermögens zugunsten aller Insolvenzgläubiger sichergestellt wird.[16] Diese Neuregelungen sind jedoch nur von geringer praktischer Bedeutung. 27

IV. Verfahren bis zur Bestimmung des Versteigerungstermins

Das Grundbuchamt hat nach Eintragung des Zwangsversteigerungsvermerks dem Vollstreckungsgericht eine beglaubigte Abschrift des Grundbuchblattes und beglaubigte Abschriften der Urkunden zu erteilen, auf die in den Grundbucheintragungen Bezug genommen ist. Ferner sind die beim Grundbuchamt bestellten Zustellungsvertreter dem Vollstreckungsgericht mitzuteilen und anzugeben, was über den Wohnsitz der eingetragenen Berechtigten und deren Vertreter bekannt ist, § 19 Abs. 2. Die Mitteilung des Grundbuchamts dient dem Vollstreckungsge- 28

---

16 Vgl. hierzu *Hintzen*, Rpfleger 1999, 256; *Lwowski/Heyn*, WM 1998, 473; *Lwowski/Tetzlaff*, WM 1999, 2336; *Wenzel*, NZI 1999, 101; *Muth*, ZIP 1999, 945; *Tetzlaff*, ZfIR 2005, 179; Nerlich/Römermann/*Becker*, § 165 Rdn. 43.

richt zur Feststellung des Kreises der Beteiligten. Die Personen, für die zur Zeit der Eintragung des Zwangsversteigerungsvermerks ein Recht im Grundbuch eingetragen oder durch Eintragung gesichert ist, sind schlechthin beteiligt. Weiter sind diejenigen beteiligt, die ihr Recht anmelden und – falls es das Vollstreckungsgericht oder ein Beteiligter verlangt – glaubhaft machen, § 9.

29 Das Gericht hat den **Grundstückswert** (Verkehrswert) möglichst frühzeitig zu ermitteln und festzusetzen, § 74a Abs. 5. Dieser Wert ist von Bedeutung für die Versagung des Zuschlags unter den besonderen Voraussetzungen des § 85a Abs. 1 (50 %-Grenze) und der § 74a Abs. 1, 2, § 74b (Gebot unter $^7/_{10}$ des Grundstückswerts).

V. Von der Bestimmung des Versteigerungstermins bis zum Termin

30 Die Terminsbestimmung ist zu veröffentlichen und den Beteiligten zuzustellen (§§ 39–41). Ihr wesentlicher Inhalt (Mussvorschriften) ergibt sich aus § 37, der nichtwesentliche (Sollvorschriften) aus § 38. Vom wesentlichen Inhalt ist hervorzuheben:

a) Die Aufforderung, die zur Zeit der Eintragung des Zwangsversteigerungsvermerks aus dem Grundbuch nicht ersichtlichen Rechte spätestens im Zwangsversteigerungstermin vor der Aufforderung zur Abgabe von Geboten anzumelden und auf Verlangen glaubhaft zu machen, widrigenfalls sie bei Feststellung des geringsten Gebots nicht berücksichtigt und bei der Erlösverteilung dem Anspruch des Gläubigers und den übrigen Rechten nachgesetzt werden, § 37 Nr. 4, § 110;

b) Die Aufforderung, eine der Versteigerung entgegenstehendes Recht durch Aufhebung oder Einstellung des Verfahrens geltend zu machen, anderenfalls der Zwangsversteigerungserlös an die Stelle des Rechts tritt. Solche Rechte können auch einzelne Teile (z.B. Zubehörstücke) betreffen. Soweit sich das Recht nicht aus dem Grundbuch ergibt (§ 28), ist es durch Widerspruchsklage (§ 771 ZPO) geltend zu machen. Wird der Gegenstand vom Gläubiger freigegeben, so ist die Zwangsversteigerung insoweit aufzuheben, § 29.

31 **Folgende Fristen sind zu beachten:**

a) die Frist zwischen der Veröffentlichung und dem Termin: mindestens 6 Wochen (falls einstweilen eingestellt war: 2 Wochen), § 43 Abs. 1;

b) die Frist zwischen der Zustellung des Anordnungsbeschlusses an den Schuldner und dem Termin: 4 Wochen, § 43 Abs. 2;

c) die Frist zwischen der Zustellung der Terminsbestimmung an die dem Vollstreckungsgericht bekannten Beteiligten und dem Termin: 4 Wochen, § 43 Abs. 2.

32 Bei Nichteinhaltung der zu b) und c) genannten Fristen kann der Verfahrensmangel durch Genehmigung der Betroffenen geheilt werden; im Fall a) muss neuer Termin anberaumt werden.

VI. Versteigerungstermin

33 Der **Versteigerungstermin** zerfällt in **drei Abschnitte**:

1. Verhandlung bis zur Aufforderung zur Abgabe von Geboten;
2. Versteigerungsgeschäft;
3. Verhandlung über den Zuschlag.

Das Vollstreckungsgericht leitet seine Befugnis zur Zwangsversteigerung und zur Eigentumsübertragung auf den Ersteher aus dem öffentlichen Recht her. Die Zwangsversteigerung wird vom sog. **Deckungsprinzip** beherrscht, d.h. der Zuschlag darf nur dann erteilt werden, wenn die dem Gläubiger im Range vorgehenden Rechte und Ansprüche sowie die Verfahrenskosten Deckung gefunden haben. Dieser Betrag wird durch das geringste Gebot bestimmt. 34

1. Verhandlung bis zur Aufforderung zur Abgabe von Geboten

a) Nach dem Aufruf der Sache sind die das Grundstück betreffenden Nachweise, die betreibenden Gläubiger, ihre Ansprüche und die Anmeldungen bekannt zu machen. Die Anwesenden sind zur Abgabe weiterer Anmeldungen aufzufordern. Zu allen Anmeldungen werden die anwesenden Beteiligten gehört. Sodann werden das geringste Gebot und die Versteigerungsbedingungen vom Vollstreckungsgericht festgestellt. 35

b) Das geringste Gebot ist entsprechend den §§ 44–48 festzustellen. Die dem Gläubiger vorgehenden Rechte werden, falls sie sich aus dem Grundbuch ergeben, von Amts wegen berücksichtigt, § 44. Im Übrigen ist rechtzeitige Anmeldung nötig, § 45. Die dem Gläubiger vorgehenden und nach den Versteigerungsbedingungen bestehen bleibenden Rechte übernimmt der Ersteher nicht in Anrechnung auf sein höchstes Bargebot. Das geringste Gebot ist in der Weise aufzustellen, dass die angegebenen Rechte bestehen bleiben und der Ersteher so viel bar zu zahlen hat, als zur Deckung der Verfahrenskosten und der in § 10 Abs. 1 Nr. 1–3, § 12 Nr. 1, 2 bezeichneten Ansprüche erforderlich ist. 36

c) Die gesetzlichen Versteigerungsbedingungen – abgesehen von denjenigen über das geringste Gebot – sind in den §§ 49–58 aufgezählt. Abweichungen davon können vereinbart werden, § 59. 37

Hervorzuheben ist Folgendes: 38

Das bare Meistgebot ist zum Verteilungstermin zu zahlen und vom Zuschlag an zu verzinsen, § 49. Falls ein im geringsten Gebot berücksichtigtes Recht nicht besteht, oder wenn bei einem bedingten Recht die aufschiebende Bedingung ausfällt oder die auflösende eintritt, oder wenn das Recht auch an einem anderen Grundstück besteht und an dem versteigerten Grundstück nach den besonderen Vorschriften über die Gesamthypothek erlischt, hat der Ersteher den ihm dadurch zufallenden Vorteil durch Zuzahlung eines entsprechenden Betrags auszugleichen, §§ 50, 51. Im geringsten Gebot nicht berücksichtigte Rechte erlöschen durch den Zuschlag, § 52. Ausnahmen: § 52 Abs. 2 ZVG, § 9 EGZVG (z.B. Altenteil).

Kündigungen von Hypotheken oder Grundschulden usw. sind gegenüber dem Ersteher nur wirksam, wenn sie dem Vollstreckungsgericht gemeldet sind, § 54. § 55 regelt den Gegenstand der Versteigerung, § 56 den Übergang der Gefahr, der Nutzungen und Lasten auf den Ersteher und schließt einen Gewährleistungsanspruch aus; die §§ 57 bis 57b regeln das Verhältnis des Erstehers zum Mieter oder Pächter des versteigerten Grundstücks. 39

d) Nach Feststellung des geringsten Gebots und der Versteigerungsbedingungen hat das Vollstreckungsgericht diese zu verlesen. Über Einwendungen ist sofort zu verhandeln, evtl. werden die bisherigen Feststellungen abgeändert. Sodann muss das Vollstreckungsgericht die Anwesenden auf den bevorstehenden Ausschluss weiterer Anmeldungen hinweisen und zur Abgabe von Geboten auffordern, § 66 Abs. 2. 40

2. Versteigerungsdauer

41 Die Versteigerung ist so lange fortzusetzen, bis trotz Aufforderung des Gerichts Gebote nicht mehr abgegeben werden. Das letzte Gebot ist dreimal auszurufen; letztes Gebot und Schluss der Versteigerung sind zu verkünden. Zwischen der Aufforderung zur Abgabe von Geboten und dem Schluss der Versteigerung müssen mindestens 30 Minuten liegen, § 73.

3. Verhandlung über Zuschlagsentscheidung

42 Die anwesenden Beteiligten sind über die Zuschlagsentscheidung zu hören, § 74. Unter den Voraussetzungen der §§ 74a, 74b kann ein Beteiligter, dessen Anspruch durch das abgegebene Meistgebot ganz oder teilweise ungedeckt bleibt, der aber bei Abgabe eines Gebots in Höhe $7/_{10}$ des Grundstückswerts (§ 74a Abs. 5) Zahlung erhalten würde, die Versagung des Zuschlags verlangen. In dem neu anzusetzenden Versteigerungstermin ist der Zuschlag ohne Rücksicht auf die $7/_{10}$-Grenze oder die 50 %-Grenze des § 85a Abs. 1 zu erteilen. Das Vollstreckungsgericht hat über den Zuschlag im Versteigerungstermin selbst oder in einem sofort zu bestimmenden Termin zu entscheiden, § 87.

43 Ist ein wirksames Gebot nicht abgegeben oder sind sämtliche Gebote erloschen, erfolgt Verfahrenseinstellung, § 77 Abs. 1; Fortsetzung des Verfahrens s. § 31. Verläuft auch der 2. Zwangsversteigerungstermin ergebnislos, so ist die Zwangsversteigerung aufzuheben oder auf Gläubigerantrag in eine Zwangsverwaltung überzuleiten, § 77 Abs. 2.

VII. Entscheidung über den Zuschlag

44 **Verfahrensmängel** (erschöpfende Aufzählung: § 83) sind bei der Zuschlagsentscheidung von Amts wegen zu berücksichtigen und führen – wenn sie unheilbar sind – zur Zuschlagsversagung. Bei heilbaren Mängeln (§ 83 Nr. 1–5) ist der Zuschlag zu erteilen, wenn der betroffene Beteiligte keine Schädigung erfährt oder er das mangelhafte Verfahren zu Gerichtsprotokoll oder in notariell beglaubigter Urkunde ausdrücklich genehmigt (§ 84).

45 Hat das Meistgebot einschließlich bestehen bleibender Rechte nicht die Hälfte des Grundstückswertes (§ 74a Abs. 5) erreicht, erfolgt Zuschlagsversagung von Amts wegen, § 85a Abs. 1, wenn nicht der Ausnahmefall des Abs. 3 des § 85a vorliegt. Es ist ein neuer Versteigerungstermin anzuberaumen. In ihm gelten weder die 70 %-Grenze (§ 74a Abs. 1) noch die 50 %-Grenze des § 85a Abs. 1.

46 Der **Zuschlagsbeschluss** ist zu verkünden und den Beteiligten, die weder im Versteigerungs- noch im Verkündungstermin anwesend waren, dem Ersteher und den in § 88 bezeichneten zahlungspflichtigen Personen von Amts wegen zuzustellen. Nach einer Grundsatzentscheidung des *BGH* gilt für Zwangsversteigerungsverfahren die Pflicht zur Erteilung von **Rechtsmittelbelehrungen**. Für die gemäß §§ 869, 793 ZPO befristeten Rechtsmittel in Zwangsversteigerungsverfahren ergibt sich dies unmittelbar aus der Verfassung. Unterbleibt die Rechtsmittelbelehrung, steht dies weder der Wirksamkeit der gerichtlichen Entscheidung noch dem Beginn des Laufs der Rechtsmittelfrist entgegen. Mit dem Gesetz zur Einführung einer Rechtsbehelfsbelehrung im Zivilprozess vom 5.12.2012 gelten u.a. ab dem 1.1.2014 die §§ 232 und 233 ZPO. Jede anfechtbare gerichtliche Entscheidung hat eine Belehrung über das statthafte Rechtsmittel, den Einspruch, den Widerspruch oder die Erinnerung sowie über das Gericht, bei dem der Rechtsbehelf einzulegen ist, über den Sitz des Gerichts und über die einzuhaltende Form und Frist zu enthalten. Dies gilt nicht in Verfahren, in denen sich die Parteien durch einen Rechtsanwalt vertreten lassen müssen, es sei denn, es ist über einen Einspruch oder Widerspruch zu belehren oder die Belehrung ist an einen Zeugen oder Sachverständigen zu richten. War eine Partei ohne ihr Verschulden verhindert, eine Notfrist oder die Frist zur Begründung der Berufung, der Revision, der Nichtzulassungsbeschwerde oder der Rechtsbeschwerde oder die Wiedereinsetzungsfrist des § 234 Abs. 1 ZPO einzuhalten, so ist ihr auf Antrag Wiedereinsetzung in den vorigen Stand zu gewähren. Ein Fehlen des Verschuldens wird vermutet, wenn eine Rechtsbehelfsbelehrung unterblieben oder fehlerhaft ist. Im Anwendungsbereich des ZVG ist neben den zur Anwendung kommenden Rechtsbehelfen der ZPO über das Recht der Zuschlagsbeschwerde gemäß den §§ 95 ff. zu belehren (hierzu → § 98 Rdn. 2).

Der Zuschlagsbeschluss bildet für den Ersteher den Schuldtitel für die Zwangsvollstreckung gegen den Grundstücksbesitzer auf Räumung und Herausgabe, § 93, und ist auch Schuldtitel gegen den Ersteher bei Nichtzahlung des Bargebotes, §§ 132, 133.

Die Wirkungen des Zuschlags (§§ 89–93) treten mit der Verkündung ein. 47

Der Ersteher wird Eigentümer des Grundstücks und der mitversteigerten beweglichen Sachen. Grundstücksrechte, die nach den Versteigerungsbedingungen nicht bestehen bleiben sollen, erlöschen. An ihre Stelle tritt kraft Surrogation der Anspruch auf Befriedigung aus dem Zwangsversteigerungserlös. 48

Die rechtskräftige Zuschlagsversagung wirkt wie eine einstweilige Einstellung, wenn die Verfahrensfortsetzung zulässig ist, anderenfalls wie die Aufhebung des Verfahrens. 49

VIII. Erlösverteilung

Nach Zuschlagserteilung hat das Vollstreckungsgericht Termin zur Verteilung des Versteigerungserlöses anzuberaumen. Die Terminsbestimmung ist allen Beteiligten, dem Ersteher und dem Meistbietenden (§ 81) zuzustellen. Die Zustellung an den Ersteher muss mindestens 2 Wochen vor dem Termin bewirkt sein. Aufgabe des Verteilungstermins ist: 50

- Feststellung der Teilungsmasse;
- Feststellung der Gläubigeransprüche nach Rang und Betrag;
- Aufstellung des Teilungsplanes;
- Ausführung des Plans.

Die Kosten des Verfahrens (mit gewissen Ausnahmen) sind der Teilungsmasse vorweg zu entnehmen, § 109. Die Gläubigeransprüche werden mit dem im Grundbuch eingetragenen Betrag bzw. Höchstbetrag und laufende Beträge wiederkehrender Leistungen nach dem Grundbuchinhalt berücksichtigt. Für den Rang des Anspruches, insbesondere i.S.v. § 37 Nr. 4, ist die rechtzeitige Anmeldung zum Versteigerungstermin notwendig. Andere Ansprüche werden in den Teilungsplan nur dann aufgenommen, wenn sie spätestens im Verteilungstermin angemeldet und nötigenfalls glaubhaft gemacht worden sind, § 114. Anmeldungsbedürftige Ansprüche, die verspätet angemeldet werden (§ 37 Nr. 4), erleiden einen Rangverlust, § 110. Im Übrigen bestimmt sich der Rang nach den in § 10 Abs. 1 aufgestellten Rangklassen: 51

1. der Anspruch eines die Zwangsverwaltung betreibenden Gläubigers auf Ersatz seiner Ausgaben zur Erhaltung oder nötigen Verbesserung des Grundstücks, im Falle der Zwangsversteigerung jedoch nur, wenn die Verwaltung bis zum Zuschlag fortdauert und die Ausgaben nicht aus den Nutzungen des Grundstücks erstattet werden können;
1a. im Falle einer Zwangsversteigerung, bei der das Insolvenzverfahren über das Vermögen des Schuldners eröffnet ist, die zur Insolvenzmasse gehörenden Ansprüche auf Ersatz der Kosten der Feststellung der beweglichen Gegenstände, auf die sich die Versteigerung erstreckt; diese Kosten sind nur zu erheben, wenn ein Insolvenzverwalter bestellt ist, und pauschal mit vier vom Hundert des Wertes anzusetzen, der nach § 74a Abs. 5 Satz 2 festgesetzt worden ist;
2. bei Vollstreckung in ein Wohnungseigentum die daraus fälligen Ansprüche auf Zahlung der Beiträge zu den Lasten und Kosten des gemeinschaftlichen Eigentums oder des Sondereigentums, die nach den § 16 Abs. 2, § 28 Abs. 2 und 5 WEG geschuldet werden, einschließlich der Vorschüsse und Rückstellungen sowie der Rückgriffsansprüche einzelner Wohnungseigentümer. Das Vorrecht erfasst die laufenden und die rückständigen Beträge aus dem Jahr der Beschlagnahme und den letzten zwei Jahren. Das Vorrecht einschließlich aller Nebenleistungen ist begrenzt auf Beträge in Höhe von nicht mehr als fünf vom Hundert des nach § 74a Abs. 5 festgesetzten Wertes. Die Anmeldung erfolgt durch die Gemeinschaft der Wohnungseigentümer. Rückgriffsansprüche einzelner Wohnungseigentümer werden von diesen angemeldet;
3. die Ansprüche auf Entrichtung der öffentlichen Lasten des Grundstücks wegen der aus den letzten vier Jahren rückständigen Beträge; wiederkehrende Leistungen, insbesondere Grundsteuern, Zinsen, Zuschläge oder Rentenleistungen, sowie Beträge, die zur allmählichen Tilgung einer Schuld als Zuschlag zu den Zinsen zu entrichten sind, genießen dieses Vorrecht nur für die laufenden Beträge und für die Rückstände aus den letzten zwei Jahren. Untereinander stehen öffentliche Grundstückslasten, gleichviel ob sie auf Bundes- oder Landesrecht beruhen, im Range gleich. Die Vorschriften des § 112 Abs. 1 und der §§ 113 und 116 des Gesetzes über den Lastenausgleich vom 14.8.1952 (BGBl I 446) bleiben unberührt;
4. die Ansprüche aus Rechten an dem Grundstück, soweit sie nicht infolge der Beschlagnahme dem Gläubiger gegenüber unwirksam sind, einschließlich der Ansprüche auf Beträge, die zur allmählichen Tilgung einer Schuld als Zuschlag zu den Zinsen zu entrichten sind; Ansprüche auf wiederkehrende Leistungen, insbesondere Zinsen, Zuschläge, Verwaltungskosten oder Rentenleistungen, genießen das Vorrecht dieser Klasse nur wegen der laufenden und der aus den letzten zwei Jahren rückständigen Beträge;
5. der Anspruch des Gläubigers, soweit er nicht in einer der vorhergehenden Klassen zu befriedigen ist;
6. die Ansprüche der vierten Klasse, soweit sie infolge der Beschlagnahme dem Gläubiger gegenüber unwirksam sind;
7. die Ansprüche der dritten Klasse wegen der älteren Rückstände;
8. die Ansprüche der vierten Klasse wegen der älteren Rückstände.

In den §§ 11–13 ist das Rangverhältnis mehrerer Ansprüche derselben Klasse 52
bzw. aus einem und demselben Recht, sowie der Begriff der laufenden und rückständigen Beträge wiederkehrender Leistungen bestimmt.

Das Vollstreckungsgericht hat im Verteilungstermin mit den anwesenden Beteiligten über den Teilungsplan zu verhandeln und insbesondere zu erörtern, welche Rechte mit welchem Rang und Betrag zu berücksichtigen sind. 53

Der Teilungsplan gilt als endgültig festgestellt, falls kein Widerspruch erhoben 54
wird. Über einen Widerspruch ist zu verhandeln. Lässt er sich dabei nicht erledigen, so ist im Teilungsplan zu bestimmen, wie der streitige Betrag zu verteilen ist, wenn der Widerspruch begründet ist, § 124. Der Widersprechende muss dem Vollstreckungsgericht binnen 1 Monats die Klageerhebung nachweisen (§§ 878–882 ZPO), anderenfalls der Plan ohne Rücksicht auf den Widerspruch ausgeführt wird, § 115.

Die **Planausführung** gestaltet sich verschieden, je nachdem, ob der Ersteher 55
Zahlung geleistet hat oder nicht:

a) Hat er gezahlt, hat das Vollstreckungsgericht entsprechend dem Plan das Geld an anwesende Beteiligte anzuweisen und hinsichtlich der nicht anwesenden Beteiligten zu überweisen. Kann die Auszahlung nicht erfolgen (z.B. weil der Berechtigte nicht aufzufinden ist oder er den Grundpfandrechtsbrief nicht vorgelegt hat), erfolgt statt Zahlung die Hinterlegung für den Berechtigten, § 117;

b) Soweit der Ersteher nicht zahlt, erfolgt die Ausführung des Teilungsplans durch Übertragung der Forderung gegen den Ersteher auf die Berechtigten, § 118. Für diese Ansprüche sind Sicherungshypotheken an dem versteigerten Grundstück einzutragen, § 128. Auch der für ein an sich in das geringste Gebot fallendes Recht festgesetzte Zuzahlungsbetrag (§§ 50, 51) ist im Teilungsplan zu verteilen, §§ 125, 132 Abs. 1.

Soweit über eine durch den Zuschlag erloschene Hypothek oder Grundschuld 56
ein Brief ausgestellt ist, hat das Vollstreckungsgericht die Vorlegung des Briefes zu fordern. Vorgelegte Briefe sind unbrauchbar zu machen, falls das Recht erloschen ist; bei teilweisem Erlöschen muss das Gericht dieses auf dem Brief vermerken, § 126 Abs. 1, § 127 Abs. 1. Wegen der Behandlung von Vollstreckungstiteln S. § 127 Abs. 2.

IX. Berichtigung des Grundbuchs

Die **Berichtigung des Grundbuches** erfolgt auf Ersuchen des Vollstreckungsgerichts nach Erlösverteilung und Rechtskraft des Zuschlagsbeschlusses. Das 57
Grundbuchamt ist insbesondere um Eintragung des Erstehers, Löschung des Zwangsversteigerungsvermerks und der durch den Zuschlag erloschenen Rechte zu ersuchen, §§ 130, 130a. Das Grundbuchamt hat dem Ersuchen ohne eigene Sachprüfung stattzugeben und dem Vollstreckungsgericht von dem Vollzug Mitteilung zu machen.

X. Verfahrensgrundsätze

Die Zwangsversteigerung wird von folgenden **Verfahrensgrundsätzen** be- 58
herrscht:

- der **Dispositionsmaxime** des Gläubigers;
- dem **Amtsbetrieb**;

- der **Beteiligtenzuziehung**;
- dem **Deckungsgrundsatz**;
- dem **Surrogationsgrundsatz**.

59 Weiter gilt – wie in jedem gerichtlichen Verfahren – der Grundsatz der **Gewährung rechtlichen Gehörs**, Art. 103 Abs. 1 GG. Die komplizierten Regelungen des ZVG und ihre enge Verflechtung mit dem materiellen Sachenrecht haben dazu geführt, dass Rechtsprechung und Schrifttum der **Aufklärungspflicht** des Gerichts (§ 139 ZPO) große Bedeutung beimessen.

60 1. Die **Dispositionsmaxime** (Parteiherrschaft) des Gläubigers zeigt sich darin, dass eine Zwangsversteigerung nur auf seinen Antrag hin angeordnet wird (§ 15) und dass er bis zur Zuschlagserteilung in jeder Lage des Verfahrens die einstweilige Einstellung des Verfahrens verlangen (§ 30) oder den Zwangsversteigerungsantrag zurücknehmen kann, § 29.

61 2. Ist eine Zwangsversteigerung auf Antrag des Gläubigers angeordnet worden, so werden, ohne dass es seiner aktiven Mitwirkung bedarf, alle verfahrensfördernden Maßnahmen vom Vollstreckungsgericht von Amts wegen veranlasst (**Amtsbetrieb**). Es bedarf keines besonderen Antrages z.B. zur Ermittlung und Festsetzung des Grundstückswertes (§ 74a Abs. 5), Anberaumung des Zwangsvollstreckungstermins (§ 36), Erteilung des Zuschlags (§ 81), Anberaumung des Verteilungstermins (§ 105) oder zum Erlass des Ersuchens um Berichtigung des Grundbuches (§ 130). Sämtliche Zustellungen erfolgen von Amts wegen, § 3. Die Wahrung individueller Einzelrechte ist dadurch garantiert, dass – abgesehen vom Zwangsvollstreckungsantrag – auch in anderen Fällen (z.B. §§ 31, 59, 63 Abs. 2, §§ 64, 67 Abs. 1, § 68 Abs. 2, 3, § 76 Abs. 2, § 77 Abs. 2, §§ 85, 94, 95, 116, 133, 138) durch Stellung von Anträgen das Zwangsversteigerungsverfahren interessengerecht gestaltet werden kann.

62 3. Die vom Zivilprozess her bekannte Polarität Kläger – Beklagter findet im Verhältnis des Gläubigers zum Schuldner ihr Gegenstück. Aber nicht nur sie sind die Akteure des Zwangsversteigerungsverfahrens, sondern auch die anderen **Beteiligten** des § 9. Sie sind teils von Amts wegen, teils nach Anmeldung ihres Rechts **zum Verfahren hinzuzuziehen**. Zwar werden ihre Rechte weitgehend von Amts wegen wahrgenommen, doch können sie durch Stellung von Anträgen (z.B. abweichende Versteigerungsbedingungen, § 59; Sicherheitsleistung, §§ 67 ff.) – auch durch Zuschlagsbeschwerde (§ 97) – verfahrensgestaltend eingreifen.

63 4. Der **Deckungsgrundsatz** dient der Verwirklichung des materiellen Grundbuchranges. Wer einen besseren Rang (§ 10) hat als der die Zwangsversteigerung betreibende Gläubiger, dessen Recht bleibt durch die Zwangsversteigerung unberührt (§ 44); Ausnahme: § 64 Abs. 1.

64 5. Der in § 92 zum Ausdruck gekommene **Surrogationsgrundsatz** beherrscht das gesamte Zwangsversteigerungsverfahren. An die Stelle des versteigerten Grundstücks tritt der Anspruch auf den Versteigerungserlös, behaftet mit den Rechten, die zuvor das Grundstück belasteten.

C. Das Zwangsverwaltungsverfahren

I. Verhältnis der Zwangsverwaltung zur Zwangsversteigerung

Neben der Eintragung der Zwangssicherungshypothek und der Zwangsversteigerung des Grundstückes ist die Zwangsverwaltung eine weitere Art der Vollstreckung in das unbewegliche Vermögen. Ziel der Zwangsverwaltung, §§ 146 ff. ist, Befriedigung aus den Erträgnissen zu erlangen und nicht aus der Substanz selbst. Zwangsversteigerung und Zwangsverwaltung können mit der Zwangssicherungshypothek nebeneinander beantragt, angeordnet und durchgeführt werden, § 866 Abs. 2 ZPO.

65

II. Bedeutung des Verfahrens

Das Jahrzehnte vorherrschende Leitbild der Zwangsverwaltung hat sich insbesondere in den vergangenen Jahren erheblich verändert. Die **Zahl der Zwangsverwaltungen** ist sprunghaft gestiegen (derzeit aufgrund der aktuell guten wirtschaftlichen Situation sind die Fallzahlen allerdings fallend). Die auf der Grundlage von § 152a basierende Ermächtigung zum Erlass von Rechtsverordnungen führte am 19.12.2003 (BGBl I 2804) zur **Neuregelung der Zwangsverwalterverordnung** (ZwVwV) mit Wirkung ab dem 1.1.2004. In ihr wurden die bisherigen Vorschriften erheblich gestrafft und das Vergütungsrecht völlig neu geregelt. Heute werden wegen der Bedeutung der Sache und wegen der materiellen und formellen Schwierigkeiten überwiegend professionelle Zwangsverwalter (überwiegend auch als Insolvenzverwalter tätig) vom Vollstreckungsgericht eingesetzt.

66

Auch wenn die Zwangsverwaltung als Maßnahme der Zwangsvollstreckung in erster Linie der Durchsetzung und Befriedigung der Gläubigeransprüche dient, kann die Zwangsverwaltung in den Grundbesitz auch nur dem Zweck dienen, den Werterhalt des Grundstückes zu sichern bzw. einem Wertverfall vorzubeugen. Die Zwangsverwaltung dient in diesen Fällen nicht zuletzt dazu, den Grundbesitz in einen guten Zustand zu bringen und ihn so zu erhalten, um die Wirtschaftlichkeit zu verbessern und mithin evtl. Erträgnisse zu erhöhen bzw. zu erbringen. Oftmals ist es sinnvoll, zunächst die Zwangsverwaltung zu betreiben, um sich dann den Übergang in die Zwangsversteigerung vorzubehalten. Nach heutigem Verständnis dient die Zwangsverwaltung auch der Erfassung und der Objektbeschreibung, zur Prüfung des Versicherungsschutzes, zur Bestandssicherung (z.B. halb fertige Baustelle), um unklare oder verwertungsschädigende Mietverhältnisse zu klären und zur Abwendung von Vorausverfügungen und nicht zuletzt zur Absicherung von Investitionen in das Grundstück zur Werterhaltung oder -verbesserung.

III. Antrag und Anordnung des Verfahrens

Die Voraussetzungen der Anordnung sind im Wesentlichen dieselben wie die der Zwangsversteigerung. Soll die Zwangsverwaltung aus einem eingetragenen Recht angeordnet werden, brauchen die Voraussetzungen des § 17 Abs. 1 (Schuldner muss Eigentümer des Grundstücks sein) nicht vorzuliegen; hier genügt Eigenbesitz des Schuldners, § 147 Abs. 1.

67

Für die Entscheidung über den Zwangsverwaltungsantrag gilt das über den Zwangsversteigerungsantrag Gesagte entsprechend. Das Vollstreckungsgericht hat einen Zwangsverwalter zu bestellen (§ 150 Abs. 1), dessen Auswahl im freien Ermessen des Vollstreckungsgerichts liegt; er muss jedoch die Voraussetzungen

68

nach § 1 ZwVwV erfüllen. Ausnahmen ergeben sich aus § 150a (Institutsverwalter) und aus § 150b (Schuldner-Verwalter).

69 Das Vollstreckungsgericht hat für die Übergabe des Grundstücks an den Verwalter zu sorgen. § 150 Abs. 2 bietet dafür drei Möglichkeiten:

1. es ermächtigt den Verwalter, sich den Besitz selbst zu verschaffen;
2. es beauftragt einen Gerichtsvollzieher mit der Übergabe des Grundstücks; dieser kann gemäß § 758 Abs. 3 ZPO Widerstand des Schuldners notfalls mit Gewalt brechen;
3. es beauftragt einen sonstigen Beamten (z.b. Urkundsbeamten der Geschäftsstelle) mit der Übergabe des Grundstücks (nicht praxisrelevant).

Nach Eingang der in § 19 Abs. 2 bezeichneten Mitteilungen des Grundbuchamts hat das Vollstreckungsgericht den Beteiligten Mitteilung von der Anordnung der Zwangsverwaltung zu machen, § 146 Abs. 2; keine öffentliche Bekanntmachung.

IV. Beschlagnahme des Grundstücks

70 Die Anordnung der Zwangsverwaltung gilt zugunsten des Gläubigers als Beschlagnahme; sie wird auch dadurch wirksam, dass der Verwalter den Besitz des Grundstücks erlangt, § 151 Abs. 1. Dem Drittschuldner (z.B. Mieter, Pächter) ist die Beschlagnahme durch den Verwalter unverzüglich bekannt zu machen; dieser kann beim Vollstreckungsgericht ein Zahlungsverbot beantragen, § 151 Abs. 3.

71 Der Umfang der Beschlagnahme übersteigt den der Zwangsversteigerung, und zwar namentlich in zwei Richtungen:

1. Sie ergreift das Grundstück mit allen Gegenständen, auf die sich die Hypothek erstreckt, einschließlich der in § 21 Abs. 1, 2 erwähnten, von der Zwangsversteigerungsbeschlagnahme nicht ergriffenen land- und forstwirtschaftlichen Erzeugnisse, der Forderung aus der Versicherung solcher Erzeugnisse, der Miet- und Pachtzinsforderungen und der Ansprüche aus einem mit dem Eigentum am Grundstück verbundenen Recht auf wiederkehrende Leistungen. Dagegen bleibt das Recht des Pächters auf Fruchtgenuss unberührt, da die Pachtzinsforderung von der Beschlagnahme ergriffen wird.
2. Dem Schuldner ist die Verwaltung und Benutzung des Grundstücks vollständig entzogen (Ausnahme: § 150d). Die Geltendmachung unwirksamer Verfügungen des Schuldners obliegt dem Verwalter.

V. Wohnrecht und Unterhaltsanspruch des Schuldners

72 Wohnt der Schuldner im Zeitpunkt der Beschlagnahme auf dem Grundstück, so sind ihm die für seinen Hausstand unentbehrlichen Räume unentgeltlich zu überlassen, § 149 Abs. 1. Die völlige Räumung des Grundstücks kann das Vollstreckungsgericht ihm dann aufgeben, wenn er oder ein Mitglied des Hausstandes das Grundstück oder die Zwangsverwaltung gefährdet, § 149 Abs. 2.

73 Wird ein landwirtschaftliches, forstwirtschaftliches oder gärtnerisches Grundstück zwangsverwaltet, so hat der Verwalter aus den Erträgnissen des Grundstücks oder aus deren Erlös dem Schuldner die Mittel zur Verfügung zu stellen, die zur Befriedigung seiner und seiner Familie notwendigen Bedürfnisse erforderlich sind, § 149 Abs. 3 S. 1.

VI. Rechte und Pflichten des Zwangsverwalters

Der Verwalter hat das Recht und die Pflicht, alle Handlungen vorzunehmen, die erforderlich sind, um das Grundstück in seinem wirtschaftlichen Bestand zu erhalten und ordnungsgemäß zu benutzen; er hat alle Ansprüche geltend zu machen, auf die sich die Beschlagnahme erstreckt, ferner hat er die für die Verwaltung entbehrlichen Nutzungen in Geld umzusetzen, § 152 Abs. 1. Für die Erfüllung seiner Pflichten ist der Verwalter allen Beteiligten gegenüber verantwortlich, § 154 S. 1. Weiter hat er dem Gläubiger und dem Schuldner jährlich und nach Beendigung der Zwangsverwaltung Rechnung zu legen; sie ist dem Vollstreckungsgericht einzureichen und wird nach Vorprüfung dem Gläubiger und Schuldner vorgelegt, § 154 S. 2.

Aus den Nutzungen des Grundstücks hat der Verwalter nach § 156 Abs. 1:
1. die Ausgaben der Verwaltung,
2. die Kosten des Verfahrens,
3. die laufenden Beträge öffentlicher Grundstückslasten (§ 10 Abs. 1 Nr. 3)
4. die laufenden Beträge der fälligen Ansprüche der anderen Wohnungseigentümer auf Entrichtung der anteiligen Lasten und Kosten des gemeinschaftlichen Eigentums oder des Sondereigentums, die nach § 16 Abs. 2 oder nach § 28 Abs. 2 und 5 WEG geschuldet werden, einschließlich der Vorschüsse und Rückstellungen (§ 10 Abs. 1 Nr. 2)

zu bestreiten.

Andere Zahlungen darf er nur gemäß dem vom Vollstreckungsgericht aufgestellten Teilungsplan leisten.

Der Verwalter unterliegt der **Aufsicht** des Vollstreckungsgerichts. Es kann von ihm die Leistung einer Sicherheit verlangen und ihm bei Pflichtwidrigkeiten ein Zwangsgeld auferlegen oder ihn entlassen.

Der Verwalter übt seine Tätigkeit grundsätzlich eigenverantwortlich und selbstständig aus. Richtschnur seiner Tätigkeit bietet das Verhalten eines ordentlichen Eigentümers mit den Beschränkungen, die sich möglicherweise aus der Beschränktheit der Mittel des Verwalters und aus dem Zweck der Zwangsverwaltung, den Gläubiger zu befriedigen, ergeben. Das Vollstreckungsgericht kann von Amts wegen oder auf Anregung des Verwalters oder Verfahrensbeteiligter nach Anhörung des Schuldners und des Gläubigers Anweisungen für die Verwaltung geben, an die der Verwalter gebunden ist, § 153 Abs. 1.

VII. Teilungsplan

Erwirtschaftet der Zwangsverwalter Überschüsse (§ 155 Abs. 2), wird die Aufstellung eines Teilungsplans notwendig. Dazu bestimmt das Vollstreckungsgericht einen Termin. Die Terminsbestimmung ist den Beteiligten (§ 9) und dem Verwalter zuzustellen. Der Plan wird nach Anhörung der anwesenden Beteiligten im Termin aufgestellt. Er hat eine wesentlich andere Aufgabe als in der Zwangsversteigerung. Es wird nur die Schuldenmasse unter Bestimmung der Rangordnung (§ 10 Abs. 1 gilt auch hier) der Ansprüche festgestellt. Die Zuteilung der Überschüsse auf die Schuldenmasse kann zwangsläufig nur unter der Voraussetzung geschehen, dass dem Verwalter eine ausreichende Masse zur Verfügung steht. Im Teilungsplan sind von Amts wegen oder auf Anmeldung die Ansprüche in der Rangfolge des § 10 Abs. 1 Nr. 1–5 (insoweit eingeschränkte Rangklassen) aufzuführen, die sich aus § 155 Abs. 2 ergeben.

79 Es ist zu beachten, dass die übrigen Ansprüche des Gläubigers erst dann befriedigt werden dürfen, wenn die *laufenden* Ansprüche wiederkehrender Leistungen auch der ihm rangmäßig nachgehenden Rechte befriedigt sind. Dadurch soll verhindert werden, dass nachgehende Gläubiger wegen des Ausfalls ihrer laufenden Beträge wiederkehrender Leistungen die Zwangsversteigerung beantragen.

80 Nach Feststellung des Teilungsplans ordnet das Vollstreckungsgericht die planmäßige Zahlung an die Berechtigten an, § 157 Abs. 1. Der Plan gilt für die ganze Dauer der Zwangsverwaltung; seine Ergänzung kann durch den Beitritt eines Gläubigers nötig werden. Alle Auszahlungen erfolgen im Zeitpunkt ihrer Fälligkeit durch den Verwalter, soweit die Überschüsse reichen.

VIII. Zahlungen auf das Kapital von Grundpfandrechten

81 Zahlungen auf das Kapital von Grundpfandrechten darf der Verwalter nicht ohne Weiteres vornehmen. Er hat vielmehr gemäß § 158 Abs. 1 beim Vollstreckungsgericht die Anberaumung eines Zahlungstermins zu beantragen. Zu diesem Termin sind der Verwalter und der Gläubiger zu laden. Die Zahlung erfolgt an das Vollstreckungsgericht oder an den Gläubiger und ist im Protokoll festzustellen. Ist an das Vollstreckungsgericht gezahlt worden, gibt dieses den Betrag an den Gläubiger weiter. Dieses Verfahren ist deshalb erforderlich, weil es sich um eine Zahlung aus dem Grundstück i.S.d. § 1181 Abs. 1 BGB handelt mit der Folge, dass das Recht in Höhe der Tilgung erlischt. Deshalb hat auch das Vollstreckungsgericht das Grundbuchamt um Löschung des erloschenen Rechts zu ersuchen, § 158 Abs. 3.

IX. Beendigung des Verfahrens

82 Die Beendigung der Zwangsverwaltung setzt immer einen Beschluss des Vollstreckungsgerichts voraus. § 161 nennt nur einige Aufhebungsgründe. Als weitere kommen z.B. in Betracht: Zurücknahme des Zwangsverwaltungsantrags oder Erteilung des Zuschlags in der Zwangsversteigerung. Mit dem Wirksamwerden des Aufhebungsbeschlusses erlöschen die Beschlagnahmewirkungen. Das Verfügungsrecht fällt wieder an den Vollstreckungsschuldner oder im Falle der Beendigung der Zwangsverwaltung durch Zuschlag in der Zwangsversteigerung an den Ersteher. Das Vollstreckungsgericht ersucht das Grundbuchamt um Löschung des Zwangsverwaltungsvermerks. Die Aufhebung der Zwangsverwaltung beendet nicht schlechthin die Tätigkeit des Verwalters. Er hat zunächst die Zwangsverwaltung abzuwickeln, z.B. Mieten auf die Zeit vor der Aufhebung zu erheben, unaufschiebbare Geschäfte gemäß § 672 BGB zu erledigen und schließlich Schlussrechnung zu legen, § 154. Bei einer eingeschränkten Antragsrücknahme oder falls noch fortwirkende Tätigkeiten zu erledigen sind (z.B. anhängige Prozesse fortführen), kann das Vollstreckungsgericht einen entsprechenden Vorbehalt anordnen, § 12 Abs. 2 ZwVwV.

D. Die Teilungsversteigerung

I. Bedeutung und Sinn

83 Neben der (Forderungs-)Versteigerung werden im ZVG auch die Zwangsversteigerung und Zwangsverwaltung in besonderen Fällen geregelt, §§ 172–185. Die §§ 180–185 regeln das Verfahren zum Zwecke der Aufhebung einer Gemeinschaft (**Teilungsversteigerung** oder **Auseinandersetzungsversteigerung**).

84 Die Zwangsversteigerung zum Zwecke der Aufhebung einer Gemeinschaft dient der Verwirklichung des *materiellen Auseinandersetzungsanspruches* eines Grundstücksmiteigentümers. Wie bei der Forderungsversteigerung der materielle Anspruch des Gläubigers soll in diesem Verfahren der *materielle Anspruch* des Antragstellers auf *Auseinandersetzung* durchgesetzt werden.

85 Die verfahrensrechtlichen Regeln und der Ablauf der Auseinandersetzungsversteigerung gleichen denen der Forderungsversteigerung. Nachfolgend sollen daher nur Besonderheiten bzw. Abweichungen dargestellt werden.

II. Antrag, Anordnung und Beitritt

86 Die Auseinandersetzungsversteigerung wird nur auf **Antrag** durchgeführt, §§ 180, 15, 16. Ein vollstreckbarer **Titel** ist zur Antragstellung nicht erforderlich, § 181 Abs. 1, da hier nicht eine Geldforderung vollstreckt wird, sondern der gesetzliche Aufhebungsanspruch durchgesetzt werden soll.

87 Der Antragsteller kann das Verfahren durch **Antragsrücknahme** beenden, auf seinen Antrag hin kann das Verfahren auch **einstweilen eingestellt** und wieder **fortgesetzt** werden.

88 Die Auseinandersetzungsversteigerung darf nur angeordnet werden, wenn der Antragsteller als Miteigentümer im Grundbuch bereits eingetragen ist oder Erbe des eingetragenen Eigentümers ist, § 181 Abs. 2 S. 1. Die Eintragung des Antragstellers als Miteigentümer ist durch ein Zeugnis des Grundbuchamtes nachzuweisen, § 17 Abs. 2 S. 1. Ist der Antragsteller **Erbe** des eingetragenen Eigentümers, ist die Erbfolge durch Urkunden glaubhaft zu machen, § 181 Abs. 4, § 17 Abs. 3.

89 Nach Anordnung des Verfahrens wird dieses **von Amts wegen** weiter durchgeführt. Zustellung, Belehrung, Wertfestsetzung, Terminsbestimmung, Terminsdurchführung und das Grundbuchersuchen werden jeweils von Amts wegen angeordnet und durchgeführt.

90 Der Antragsgegner kann jederzeit der Auseinandersetzungsversteigerung beitreten, § 180 Abs. 1, § 27. Er ist damit in einer doppelten Funktion am Verfahren beteiligt, sowohl als Antragsgegner des bereits angeordneten Verfahrens als auch in der Position eines betreibenden Gläubigers seines eigenen Verfahrens. Der Antrag auf Zulassung des Beitritts erfolgt unter den gleichen Voraussetzungen wie der Antrag auf Anordnung der Auseinandersetzungsversteigerung.

III. Verfahrensgrundsätze

1. Ranggrundsatz

91 Ein Recht auf Befriedigung aus dem Grundstück gewähren auch hier, wie bei der Forderungsversteigerung, die Ansprüche nach § 10 Abs. 1. Die Rangklassen 5 und 6 sind jedoch ausschließlich auf die Ansprüche betreibender Gläubiger ausgerichtet, die es in der Auseinandersetzungsversteigerung nicht gibt. Die Ansprüche wegen älterer Rückstände der Rangklasse 3 und 4, die bei der Forderungsversteigerung in Rangklasse 7 und 8 berücksichtigt werden, können daher in der Auseinandersetzungsversteigerung mitberücksichtigt werden. Steht ein Recht vor dem Zwangsversteigerungsvermerk, wird es **von Amts wegen** berücksichtigt, § 45 Abs. 1, anderenfalls ist es spätestens im Versteigerungstermin vor der Aufforderung zur Abgabe von Geboten anzumelden, § 37 Nr. 4.

2. Deckungsgrundsatz

92 Der **Deckungsgrundsatz** gilt in der Auseinandersetzungsversteigerung ebenso wie in der Forderungsversteigerung. Das geringste Gebot kann sich jedoch in der Auseinandersetzungsversteigerung nicht ausschließlich nach dem Anspruch des bestrangig betreibenden Gläubigers ausrichten, da es einen solchen nicht gibt. Der Deckungsgrundsatz wird daher abweichend in § 182 Abs. 1 geregelt.

93 Unter Berücksichtigung der Verfahrenskosten, der Ansprüche der Rangklassen 1–3 des § 10 Abs. 1, sind bei der Feststellung des geringsten Gebotes alle die Rechte zu berücksichtigen, die den Anteil des Antragstellers belasten oder mitbelasten, sowie einem dieser Rechte vorgehen oder gleichstehen.

IV. Vollstreckungsschutz – einstweilige Einstellung

94 Das Verfahren der Auseinandersetzungsversteigerung ist einzustellen, wenn der Antragsteller selbst die Einstellung bewilligt, § 30 Abs. 1 ist anwendbar. Der Antragsteller muss hierzu keine Begründung abgeben. Die Einstellungsbewilligung ist bis zur Zuschlagsverkündung jederzeit möglich.

95 Das Verfahren ist auf Antrag des Antragsgegners einstweilen auf die Dauer von längstens sechs Monaten einzustellen, wenn dies bei Abwägung der widerstreitenden Interessen der mehreren Miteigentümer angemessen erscheint, § 180 Abs. 2 S. 1. Die einstweilige Einstellung ist binnen einer Notfrist von zwei Wochen zu beantragen, § 180 Abs. 2 S. 2, § 30b Abs. 1 S. 1. Den Einstellungsantrag kann sowohl der Antragsteller als auch jeder Miteigentümer stellen, der dem Verfahren beigetreten ist. Darüber hinaus gilt auch § 765a ZPO.

96 Betreibt ein Miteigentümer die Auseinandersetzungsversteigerung, der außer ihm nur sein Ehegatte oder sein früherer Ehegatte angehört, ist auf Antrag eines Ehegatten oder früheren Ehegatten die einstweilige Einstellung des Verfahrens anzuordnen, wenn dies zur Abwendung einer ernsthaften Gefährdung des Wohls eines gemeinschaftlichen **Kindes** erforderlich ist. Die mehrfache Wiederholung der Einstellung ist zulässig, § 180 Abs. 3.

V. Geringstes Gebot

97 Bei der Feststellung des geringsten Gebotes sind zu berücksichtigen, § 182 Abs. 1:

- die den Anteil des Antragstellers belastenden Rechte;
- die den Anteil des Antragstellers mitbelastenden Rechte;
- alle Rechte, die einem der zuvor genannten Rechte vorgehen oder gleichstehen.

98 In den bar zu zahlenden Teil des geringsten Gebotes sind vorweg die Verfahrenskosten aufzunehmen, § 109. Auf **Anmeldung** werden weiterhin berücksichtigt die bevorrechtigten Ansprüche der Rangklassen 1–3 des § 10 und die wiederkehrenden Leistungen der bestehen bleibenden dinglichen Grundpfandrechte (oder Reallast). Laufende Leistungen werden von Amts wegen berücksichtigt, rückständige Leistungen sind anzumelden.

99 Rechte, die zur Zeit der Eintragung des Versteigerungsvermerkes aus dem Grundbuch nicht ersichtlich waren, müssen, um überhaupt berücksichtigt zu werden, spätestens im Versteigerungstermin vor der Aufforderung zur Abgabe von Geboten angemeldet werden, § 180 Abs. 1, § 45 Abs. 1.

Ist bei der Aufstellung des geringsten Gebots bei einem Anteil ein größerer Betrag zu berücksichtigen als bei einem anderen Anteil, so erhöht sich das geringste Gebot um den zur Ausgleichung unter den Miteigentümern erforderlichen Betrag, § 182 Abs. 2. Bei der Berechnung des **Ausgleichsbetrages** sind nicht nur die Kapitalbeträge der bestehen bleibenden Grundpfandrechte zu berücksichtigen, sondern auch die Ansprüche dieser Rechte, die in den bar zahlenden Teil des geringsten Gebots aufzunehmen sind; handelt es sich um Rechte der Abt. II des Grundbuches, ist der gem. § 51 Abs. 2 bestimmte Zuzahlungsbetrag in der Berechnung zu berücksichtigen. 100

VI. Versteigerungstermin und Zuschlagsentscheidung

Der Ablauf des Versteigerungstermins ist in den §§ 66 ff. geregelt. Es bestehen im Ablauf, bei der Gebotsabgabe und der Zuschlagsentscheidung keine grundsätzlichen Abweichungen von der Forderungsversteigerung. 101

VII. Erlösverteilung

Auch in der Auseinandersetzungsversteigerung ist von Amts wegen ein Teilungsplan aufzustellen. In diesen werden aufgenommen: die Verfahrenskosten, § 109 Abs. 1; die Ansprüche, soweit ihr Betrag oder Höchstbetrag (§ 882 BGB) zur Zeit der Eintragung des Zwangsversteigerungsvermerkes aus dem Grundbuch ersichtlich sind (Rechte, die nach dem Zwangsversteigerungsvermerk im Grundbuch eingetragen wurden, müssen spätestens im Versteigerungstermin vor der Aufforderung zur Abgabe von Geboten angemeldet werden, § 37 Nr. 4); laufende Beträge wiederkehrender Leistungen, die nach dem Inhalt des Grundbuches zu entrichten sind, § 114 Abs. 2. **Anzumelden** sind die Kosten der dinglichen Rechtsverfolgung, § 10 Abs. 2; rückständige wiederkehrende Leistungen der im Grundbuch eingetragenen dinglichen Rechte; der Wertersatz für Rechte, die nicht auf einen Kapitalbetrag lauten (insbesondere Rechte der Abt. II des Grundbuches); die Pfändung und Überweisung eines Rechtes am Grundstück, welches bisher noch nicht angemeldet war; die Pfändung des Erlösanspruches des früheren Eigentümers; die Pfändung der Rückgewährsansprüche gegenüber einer Sicherungsgrundschuld. 102

Im Termin zur Verteilung des Versteigerungserlöses werden nur ausbezahlt die Verfahrenskosten, § 109; angemeldete Ansprüche nach § 10 Abs. 1 Nr. 1–3; Kosten und wiederkehrende Leistungen der bestehen bleibenden Rechte, § 10 Abs. 1 Nr. 4; Kosten, wiederkehrende Leistungen und der Kapitalbetrag der nach den Versteigerungsbedingungen erlöschenden Rechte. 103

Der weitere Erlösüberschuss steht den früheren Miteigentümern in dem Rechtsverhältnis zu, in dem sie Miteigentümer des Grundstückes waren. Das an dem Grundstück bestehende Gemeinschaftsverhältnis setzt sich an dem Erlösüberschuss fort. Es ist nicht Aufgabe des Versteigerungsgerichtes, den Überschuss unter den Miteigentümern aufzuteilen. Eine Auszahlung des Erlösüberschusses an die einzelnen Miteigentümer kann nur erfolgen, wenn im Verteilungstermin eine Einigung unter den Miteigentümern erzielt wird. Wenn und soweit eine Einigung nicht erfolgt, ist der Erlösüberschuss für die früheren Miteigentümer in Gemeinschaft zu hinterlegen. 104

Gesetz über die Zwangsversteigerung und die Zwangsverwaltung

Vom 24. März 1897 (RGBl 97, BGBl III 310-14)

ERSTER ABSCHNITT

Zwangsversteigerung und Zwangsverwaltung von Grundstücken im Wege der Zwangsvollstreckung

ERSTER TITEL
Allgemeine Vorschriften

§ 1 »Zuständigkeit«

(1) Für die Zwangsversteigerung und die Zwangsverwaltung eines Grundstücks ist als Vollstreckungsgericht das Amtsgericht zuständig, in dessen Bezirke das Grundstück belegen ist.

(2) ¹Die Landesregierungen werden ermächtigt, durch Rechtsverordnung die Zwangsversteigerungs- und Zwangsverwaltungssachen einem Amtsgericht für die Bezirke mehrerer Amtsgerichte zuzuweisen, sofern die Zusammenfassung für eine sachdienliche Förderung und schnellere Erledigung der Verfahren erforderlich ist. ²Die Landesregierungen können die Ermächtigung auf die Landesjustizverwaltungen übertragen.

Übersicht Rdn.
I. Anwendungsbereich 1
II. Internationale Zuständigkeit 1.1
III. Sachliche Zuständigkeit 2
IV. Örtliche Zuständigkeit 3
   1. Grundsatz 3
   2. Zuständigkeitskonzentration 4
   3. Unzuständigkeit 7
V. Funktionelle Zuständigkeit 8

I. Anwendungsbereich

§ 1 gilt für die Zwangsversteigerung und die Zwangsverwaltung von **Grund-**   1
stücken, Grundstücksbruchteilen und grundstücksgleichen Rechten im Wege der **Zwangsvollstreckung** und aufgrund der jeweiligen Verweisung für die besonderen Versteigerungsverfahren des ZVG (**Insolvenzverwalterversteigerung**, § 172,

Nachlassversteigerung, § 176, und **Teilungsversteigerung**, § 180 Abs. 1). Für die Zwangsversteigerung von Schiffen und Schiffsbauwerken gilt nur § 1 Abs. 2 entsprechend (§ 163 Abs. 1, § 170a Abs. 2 Satz 1, § 171 Abs. 2 Satz 1). Für die Zwangsversteigerung von Luftfahrzeugen gilt die Vorschrift nicht (§ 171b Abs. 1).

II. Internationale Zuständigkeit

1.1 Deutsche Gerichte sind für Zwangsvollstreckungsverfahren nur zuständig, wenn in Vermögen vollstreckt werden soll, das sich im Inland befindet, weil nur dann deutsche Zwangsgewalt ausgeübt werden kann.[1] Das zu versteigernde Grundstück muss sich daher im **deutschen Hoheitsgebiet** befinden; ein grundstücksgleiches Recht (z.B. ein Erbbaurecht, ein Bergwerkseigentum oder eine Salzabbaugerechtigkeit) muss im deutschen Hoheitsgebiet ausgeübt werden.

Zur Unzulässigkeit der Vollstreckung in das hoheitlichen Zwecken dienende Grundstück eines ausländischen Staates vgl. → § 16 Rdn. 4.

III. Sachliche Zuständigkeit

2 Sachlich ist für die Zwangsversteigerung von Grundstücken, Grundstücksbruchteilen und grundstücksgleichen Rechten (vgl. → vor § 15 Rdn. 13 ff.) das **Amtsgericht** als Vollstreckungsgericht **ausschließlich** zuständig (§ 764 Abs. 1, § 802 ZPO). Eine Gerichtsstandsvereinbarung ist gemäß § 40 Abs. 2 Satz 1 Nr. 2 ZPO unzulässig.[2]

IV. Örtliche Zuständigkeit

1. Grundsatz

3 Örtlich ist das Amtsgericht zuständig, in dessen Bezirk das **Grundstück belegen** ist[3] oder das grundstücksgleiche Recht (§ 870 ZPO) ausgeübt wird.[4] Es kommt nicht darauf an, bei welchem Grundbuchgericht das Grundstück (z.B. im Falle des § 4 Abs. 2 GBO oder nach Zentralisierung von Grundbuchgerichten) gebucht ist.[5] Sonderfälle regelt § 2.

Ändert sich der Gerichtsbezirk, in dem das Grundstück belegen ist, nach der Anordnung des Verfahrens, so bleibt die Zuständigkeit des Gerichts unberührt, falls nicht in dem Änderungsgesetz etwas anderes bestimmt ist.[6]

---

[1] BGH, Rpfleger 2006, 135 = NJW-RR 2006, 198; BGH, Rpfleger 2011, 223 = NJW-RR 2011, 647; vgl. Depré/*Cranshaw*, § 1 Rdn. 3.
[2] Steiner/*Hagemann*, § 1 Rdn. 2; *Stöber*, ZVG § 1 Rdn. 3.5; Löhnig/*Fischinger*, § 1 Rdn. 1.
[3] Steiner/*Hagemann*, § 1 Rdn. 26; Löhnig/*Fischinger*, § 1 Rdn. 4.
[4] Steiner/*Hagemann*, § 1 Rdn. 27; Löhnig/*Fischinger*, § 1 Rdn. 4; *Jaeckel/Güthe*, §§ 1, 2 Rdn. 1; *Korintenberg/Wenz*, § 1 Anm. 1; für Bergwerkseigentum *Gojowczyk*, S. 206 ff.; *Rellermeyer*, Rpfleger 2008, 462, 468, 471: bei Salzabbaugerechtigkeiten regelmäßig das Gericht, in dessen Bezirk das Grundstück belegen ist, von dem die Gerechtigkeit abgetrennt wurde.
[5] Steiner/*Hagemann*, § 1 Rdn. 26; *Stöber*, ZVG § 1 Rdn. 3.2; *Böttcher*, § 1 Rdn. 4; Löhnig/*Fischinger*, § 1 Rdn. 4; Hk-ZV/*Sievers*, ZVG § 1 Rdn. 2.
[6] OLG Frankfurt, Rpfleger 1980, 396; Steiner/*Hagemann*, § 1 Rdn. 26; *Böttcher*, § 1 Rdn. 4; Löhnig/*Fischinger*, § 1 Rdn. 4.

2. Zuständigkeitskonzentration

Der Bezirk jedes ordentlichen Gerichts besteht aus einem durch Landesrecht bestimmten geografischen Gebiet.[7] Die Gerichtsbezirke bilden die Grundlage für die örtliche Zuständigkeit.[8] Wird für bestimmte Verfahren anstelle des Gerichts, in dessen Bezirk sich der Anknüpfungspunkt für die örtliche Zuständigkeit befindet, durch eine Konzentrationsverordnung ein anderes Gericht für zuständig erklärt, so werden – gegenständlich auf die darin bestimmten Verfahrensarten beschränkt – die alten Gerichtsbezirke aufgehoben und, soweit die Konzentration reicht, ein neuer, gemeinsamer Bezirk geschaffen.[9]

§ 1 Abs. 2 ermöglicht eine solche Schaffung gemeinsamer Gerichtsbezirke unter der Voraussetzung, dass die Zusammenfassung für eine sachdienliche Förderung und schnellere Erledigung der Verfahren erforderlich ist. Dass diese Voraussetzung stets zutrifft, wird bestritten.[10] Die Frage hat jedoch durch § 13a GVG, eingefügt durch Art. 17 Nr. 1 des 1. BMJBerG, an Bedeutung verloren. Diese Vorschrift gestattet dem Landesrecht eine weitgehende Zuständigkeitskonzentration ohne sachliche Beschränkung; allerdings reicht hierfür eine Rechtsverordnung der Landesregierung nicht aus, sondern es ist ein Landesgesetz erforderlich.[11]

Zuständig für den Erlass von Rechtsverordnungen sind nach § 1 Abs. 2 Satz 1 die Landesregierungen. Die Ermächtigung gemäß Art. 80 Abs. 1 Satz 1 GG kann sich (außer an die Bundesregierung oder einen Bundesminister) nur an Landesregierungen richten; ein Bundesgesetz kann einzelne Landesminister nicht unmittelbar ermächtigen. Art. 80 Abs. 1 Satz 4 GG ermöglicht aber die Weiterübertragung einer Ermächtigung durch Rechtsverordnung, wenn dies durch Gesetz vorgesehen ist.[12] Dem dient § 1 Abs. 2 Satz 2.

In den Ländern gelten folgende Verordnungen über Zuständigkeitskonzentrationen für Zwangsversteigerungs- und Zwangsverwaltungsverfahren (wegen der Vorschriften für Schiffe und Schiffsbauwerke vgl. → § 163 Rdn. 4 ff.):[13]

- in **Baden-Württemberg** § 8 Abs. 1, 2 der Verordnung des Justizministeriums über Zuständigkeiten in der Justiz (Zuständigkeitsverordnung Justiz – ZuVOJu) vom 20.11.1998 (BadWürttGBl 680) mit Änderung durch Verordnung vom 13.8.2009 (BadWürttGBl 466),
- in **Bayern** § 52 der Verordnung über gerichtliche Zuständigkeiten im Bereich des Staatsministeriums der Justiz und für Verbraucherschutz (Gerichtliche Zuständigkeitsverordnung Justiz – GZVJu) vom 11.6.2012 (BayGVBl 295),
- in **Brandenburg** § 12 der Verordnung über gerichtliche Zuständigkeiten und Zuständigkeitskonzentrationen (Gerichtszuständigkeits-Verordnung – GerZV) vom 2.9.2014 (BbgGVBl II Nr. 62),

---

7   Kissel/Mayer, § 12 Rdn. 5.
8   Tasche, NJW 1952, 407.
9   BVerfGE 24, 155, 165 ff. = NJW 1969, 1291 = Rpfleger 1969, 12; BGHZ 72, 349, 355 = NJW 1979, 929 = MDR 1979, 312; Kissel/Mayer, § 22 Rdn. 3, § 23d Rdn. 1 f.
10 Steiner/Hagemann, § 1 Rdn. 1; Stöber, ZVG § 1 Rdn. 3.2; Löhnig/Fischinger, § 1 Rdn. 1; vgl. Depré/Cranshaw, § 1 Rdn. 4.
11 Kissel/Mayer, § 13a Rdn. 1.
12 BVerfGE 11, 77 = NJW 1960, 1291 = MDR 1960, 733.
13 Detailliert zu den einzelnen landesrechtlichen Regelungen Depré/Cranshaw, § 1 Rdn. 5 ff.

- in **Nordrhein-Westfalen** § 1 der Verordnung zur Bildung gemeinsamer Amtsgerichte für Zwangsversteigerungs- und Zwangsverwaltungssachen (Konzentrations VO ZVG) vom 23.9.2008 (GV NRW 626),
- in **Rheinland-Pfalz** § 2 der Landesverordnung über die gerichtliche Zuständigkeit in Zivilsachen und Angelegenheiten der freiwilligen Gerichtsbarkeit vom 22.11.1985 (RhPfGVBl 267) mit Änderungen durch Verordnungen vom 5.7.1988 (RhPfGVBl 152) und vom 10.6.1999 (RhPfGVBl 132),
- in **Sachsen** § 17 Abs. 2 der Verordnung des Sächsischen Staatsministeriums der Justiz über die Organisation der Justiz (Sächsische Justizorganisationsverordnung – SächsJOrgVO) vom 14.12.2007 (SächsGVBl 600) mit Änderung durch Verordnung vom 13.12.2012 (SächsGVBl 782),
- in **Thüringen** § 6 der Thüringer Verordnung über gerichtliche Zuständigkeiten in der ordentlichen Gerichtsbarkeit (ThürGerZustVO) vom 17.11.2011 (ThürGVBl 511).

In **Schleswig-Holstein** ist die Landesverordnung über die Bildung gemeinsamer Amtsgerichte für Zwangsversteigerungs- und Zwangsverwaltungssachen vom 16.11.1981 (GVOBl SchlH 333) durch § 8 Abs. 3 der Verordnung vom 13.11.2006 (GVOBl SchlH 249) aufgehoben worden.

6 Soweit die Verfahrensvorschriften auf den **Bezirk** des Vollstreckungsgerichts abstellen, ist dies jeweils der **erweiterte Bezirk** des zuständigen Gerichts einschließlich der Gebietsteile, die originär zu einem anderen Gerichtsbezirk gehören. Bedeutung hat dies z.b. für § 2 (für Grundstücke in den Bezirken verschiedener Amtsgerichte ist eine Zuständigkeitsbestimmung nicht erforderlich, wenn alle Bezirke zum erweiterten Bezirk des Vollstreckungsgerichts gehören), § 4 Satz 1 (die Zustellung durch Aufgabe zur Post ist nur möglich, wenn der Zustellungsempfänger nicht im erweiterten Bezirk des Vollstreckungsgerichts wohnt[14]) und § 36 Abs. 3 (der Zwangsversteigerungstermin kann an einem Ort im erweiterten Gerichtsbezirk, z.B. im Gebäude des zugeordneten Gerichts, in dessen Bezirk das Grundstück liegt, abgehalten werden[15]).

Wird dagegen auf das **Vollstreckungsgericht** oder auf einzelne für das Vollstreckungsgericht geltende Bestimmungen abgestellt, so kommt es auf das nach der Konzentrationsverordnung zuständige **gemeinsame Gericht** an. Dies hat Bedeutung für die Stellung von Anträgen, Vorlage von Erklärungen, Anmeldungen und Einlegung von Rechtsmitteln (ein bei einem unzuständigen Gericht im gemeinsamen Bezirk gestellter Antrag ist an das gemeinsame Vollstreckungsgericht abzugeben[16]) und für die Bekanntmachung von Terminsbestimmungen: maßgebend ist im Falle des § 39 Abs. 1 das Blatt oder elektronische Medium, welches für das gemeinsame Vollstreckungsgericht bestimmt ist,[17] und im Falle von § 40 Abs. 1 Satz 1, § 87 Abs. 2 Satz 2, § 105 Abs. 3 die Gerichtstafel des gemeinsamen Vollstreckungsgerichts (zweckmäßig – nicht zwingend – ist jedoch auch eine Anheftung an der Gerichtstafel des zugeordneten Gerichts, in dessen Bezirk das

---

14 Böttcher, § 4 Rdn. 3.
15 Stöber, ZVG § 36 Rdn. 4.
16 Stöber, ZVG § 1 Rdn. 3.7 zu a; vgl. BVerfG, NJW 2006, 1579; OLG Zweibrücken, MDR 1988, 418; LG Nürnberg-Fürth, JurBüro 1981, 616 m. Anm. *Mümmler*.
17 Stöber, ZVG § 39 Rdn. 2.2.

Grundstück liegt[18]). Eine Bezugnahme auf das Grundbuch (§ 17 Abs. 2 Satz 2) ist nicht möglich, wenn das Grundbuchgericht zu einem zugeordneten Amtsgericht im erweiterten Bezirk gehört (vgl. → § 17 Rdn. 10).[19] Auch das Aufgebotsverfahren im Falle des § 140 Abs. 1 ist dem gemeinsamen Vollstreckungsgericht zugewiesen. Für Beschwerdeverfahren ist das Landgericht zuständig, das dem nach der Konzentrationsverordnung zuständigen Amtsgericht übergeordnet ist.[20]

3. Unzuständigkeit

Das Vollstreckungsgericht prüft seine Zuständigkeit von Amts wegen in jeder Lage des Verfahrens bis zur Rechtskraft des Zuschlags. Wird ein Antrag auf Anordnung der Zwangsversteigerung bei einem **unzuständigen Gericht** – außerhalb eines gemeinsamen Bezirks bei Zuständigkeitskonzentration – gestellt, so hat dieses auf entsprechenden Antrag des Gläubigers den Antrag an das zuständige Gericht formlos **abzugeben** oder gemäß § 281 Abs. 1 ZPO durch Beschluss zu **verweisen**.[21] Stellt der Gläubiger nach Anhörung weder Abgabe noch Verweisungsantrag, so ist sein Anordnungsantrag als unzulässig **zurückzuweisen**. Wird der Mangel erst nach der Anordnung des Verfahrens erkannt, so ist das Verfahren von Amts wegen **aufzuheben** (§ 28 Abs. 2) bzw. der **Zuschlag zu versagen** (§ 83 Nr. 6).[22]

Vollstreckungsakte und Entscheidungen des Vollstreckungsgerichts bei örtlicher Unzuständigkeit sind nicht nichtig, sondern lediglich **anfechtbar**.[23] Mangelnde Zuständigkeit des Vollstreckungsgerichts kann von den Beteiligten mit Vollstreckungserinnerung bzw. Beschwerde gegen den Anordnungsbeschluss gerügt werden.[24] Nach Erteilung des Zuschlags kann Beschwerde gegen den Zuschlagsbeschluss eingelegt werden; das Beschwerdegericht hat den Mangel von Amts wegen (§ 100 Abs. 3) zu berücksichtigen.[25] Nach Rechtskraft des Zuschlags ist eine Anfechtung nicht mehr möglich.[26]

V. Funktionelle Zuständigkeit

Funktionell ist der **Rechtspfleger** in vollem Umfang zuständig. Die Verfahren der Immobiliarvollstreckung sind ihm durch § 3 Nr. 1 Buchst. i RPflG im Wege der Vollübertragung ohne einen Richtervorbehalt zugewiesen.[27]

Der Rechtspfleger ist ein eigenständiges Organ der Rechtspflege neben dem Richter. Er ist **sachlich unabhängig** und nur an **Recht und Gesetz** (Grundgesetz und Landesverfassung, Bundes- und Landesgesetze und Rechtsverordnungen,

---

18 *Stöber*, ZVG § 40 Rdn. 2.3, § 105 Rdn. 6.2; a.A. (Anheftung notwendig) Steiner/*Teufel*, § 40 Rdn. 4.
19 Steiner/*Hagemann*, § 17 Rdn. 20, 22; a.A. *Stöber*, ZVG § 17 Rdn. 5.5; vgl. KG, JW 1935, 3042: abzustellen ist auf die Identität der Behörde.
20 Depré/*Cranshaw*, § 1 Rdn. 25.
21 Keine Verweisung nur Verfahrensanordnung: Steiner/*Hagemann*, § 1 Rdn. 33; vgl. Löhnig/*Fischinger*, § 1 Rdn. 10.
22 *Böttcher*, § 1 Rdn. 17; Löhnig/*Fischinger*, § 1 Rdn. 9.
23 Steiner/*Hagemann*, § 1 Rdn. 30; *Böttcher*, § 1 Rdn. 6; Löhnig/*Fischinger*, § 1 Rdn. 11; a.A. noch RGZ 125, 286.
24 *Stöber*, ZVG § 1 Rdn. 3.9.
25 *Böttcher*, § 1 Rdn. 17; zweifelnd die 12. Aufl. Rdn. 28.
26 *Stöber*, ZVG § 1 Rdn. 3.10; *Böttcher*, § 1 Rdn. 17.
27 Zusammenstellung der wesentlichen in Betracht kommenden Geschäfte: Arnold/Meyer-Stolte/*Rellermeyer*, § 3 Rdn. 70 ff.; *Dörndorfer*, § 3 Rdn. 91 ff.; vgl. Bassenge/*Roth*, § 3 RPflG Rdn. 22.

unmittelbar geltendes europäisches Recht und Völkerrecht, Entscheidungen der Verfassungsgerichte mit Gesetzeskraft) gebunden (§ 9 RPflG). Seine Entscheidungen und alle vorbereitenden Maßnahmen trifft er **weisungsfrei**.[28]

9 Der **Richter** wird in Verfahren der Immobiliarvollstreckung nur noch ausnahmsweise tätig. Der Rechtspfleger ist z.B. zur Vorlage an den Richter verpflichtet, wenn eine Entscheidung des Bundesverfassungsgerichts oder eines Landesverfassungsgerichts nach Art. 100 GG einzuholen ist (§ 5 Abs. 1 Nr. 1 RPflG). Er kann eine Sache dem Richter vorlegen, wenn die Anwendung ausländischen Rechts in Betracht kommt (§ 5 Abs. 2 RPflG). Der Richter entscheidet über die Ablehnung des Rechtspflegers (§ 10 RPflG). Wird eine Entscheidung des Rechtspflegers, gegen die nach den allgemeinen verfahrensrechtlichen Vorschriften ein Rechtsmittel nicht gegeben ist, mit der Erinnerung angefochten und hilft ihr der Rechtspfleger nicht ab, so legt er sie dem Richter zur Entscheidung vor (§ 11 Abs. 2 RPflG). Dem Richter ist auch die Entscheidung über eine Vollstreckungserinnerung nach § 766 Abs. 1 ZPO vorbehalten, der der Rechtspfleger nicht abhilft (§ 20 Nr. 17 RPflG). Die Abnahme eines Eides, z.B. eines Dolmetschers im Termin (§ 189 GVG), sowie die sitzungspolizeiliche Entscheidung über die Verhängung von Ordnungshaft (§§ 177, 178 GVG) obliegen ebenfalls dem Richter (§ 4 Abs. 2 RPflG).[29] Über eine Beschwerde oder Rechtsbeschwerde entscheidet das Beschwerde- bzw. Rechtsbeschwerdegericht.

Zuständiger Richter ist das nach den allgemeinen Verfahrensvorschriften zu bestimmende Gericht in der jeweils vorgeschriebenen Besetzung (§ 28 RPflG), somit der gesetzliche Richter im Sinne von Art. 101 Abs. 1 Satz 2 GG, § 16 Satz 2 GVG.[30] Beim Amtsgericht als Vollstreckungsgericht ist dies der durch den Geschäftsverteilungsplan bestimmte Einzelrichter (§ 22 Abs. 1 GVG). Das Landgericht als Beschwerdegericht (§§ 60, 72 Abs. 1 GVG) entscheidet, wenn die angefochtene Entscheidung von einem Rechtspfleger erlassen wurde, durch den Einzelrichter, der das Verfahren wegen besonderer Schwierigkeiten oder grundsätzlicher Bedeutung der mit drei Richtern besetzten Zivilkammer übertragen kann (§ 568 ZPO, § 75 GVG). Der BGH als Rechtsbeschwerdegericht (§ 133 GVG) entscheidet durch den mit fünf Mitgliedern besetzten Senat (§ 139 Abs. 1 GVG).

---

28 Vgl. *Böttcher*, § 1 Rdn. 8; Löhnig/*Fischinger*, § 1 Rdn. 7.
29 Hk-ZV/*Sievers*, ZVG § 1 Rdn. 6; *Arnold/Meyer-Stolte/Rellermeyer*, § 4 Rdn. 17.
30 *Arnold/Meyer-Stolte/Rellermeyer*, § 28 Rdn. 3; *Dörndorfer*, § 28 Rdn. 6.

§ 2 »Bestimmung des zuständigen Gerichts«

(1) Ist das Grundstück in den Bezirken verschiedener Amtsgerichte belegen oder ist es mit Rücksicht auf die Grenzen der Bezirke ungewiß, welches Gericht zuständig ist, so hat das zunächst höhere Gericht eines der Amtsgerichte zum Vollstreckungsgerichte zu bestellen; § 36 Abs. 2 und 3 und § 37 der Zivilprozeßordnung finden entsprechende Anwendung.

(2) ¹Die gleiche Anordnung kann getroffen werden, wenn die Zwangsversteigerung oder die Zwangsverwaltung mehrerer Grundstücke in demselben Verfahren zulässig ist und die Grundstücke in den Bezirken verschiedener Amtsgerichte belegen sind. ²Von der Anordnung soll das zum Vollstreckungsgerichte bestellte Gericht die übrigen Gerichte in Kenntnis setzen.

I. Anwendungsbereich

§ 2 gilt für die Zwangsversteigerung und die Zwangsverwaltung von **Grundstücken**, Grundstücksbruchteilen und grundstücksgleichen Rechten im Wege der **Zwangsvollstreckung** und aufgrund der jeweiligen Verweisung für die besonderen Versteigerungsverfahren des ZVG (**Insolvenzverwalterversteigerung**, § 172, **Nachlassversteigerung**, § 176, und **Teilungsversteigerung**, § 180 Abs. 1¹). Eine Bestimmung nach § 2 Abs. 2 oder nach § 36 Abs. 1 ZPO kann auch bei der Zwangsversteigerung von Schiffen und Schiffsbauwerken erforderlich werden.² Für die Zwangsversteigerung von Luftfahrzeugen ist die Vorschrift wegen § 171b Abs. 1 bedeutungslos (vgl. jedoch → § 171b Rdn. 3).

II. Anwendungsfälle

Nicht immer führt die Regelung des § 1 zur eindeutigen örtlichen Zuständigkeit eines Amtsgerichts. Für verschiedene Fallgestaltungen, in denen mehrere Amtsgerichte örtlich zuständig sein können, treffen § 2 und § 36 ZPO eine Verfahrensregelung.

1. Fälle des § 2

Denkbar ist, dass ein Grundstück nach Vereinigung oder Bestandteilszuschreibung (§ 890 BGB) in den **Bezirken verschiedener Amtsgerichte** liegt (§ 2 Abs. 1 Alt. 1, entsprechend § 36 Abs. 1 Nr. 4 ZPO).³ Die Ausübung eines grundstücksgleichen Rechts (z.B. eines Bergwerkseigentums oder einer Salzabbaugerechtigkeit) kann sich auf die Bezirke mehrerer Amtsgerichte erstrecken;⁴ darauf, welches Amtsgericht in diesem Fall das Grundbuch führt, kommt es nicht an.⁵ Dass die Zuständigkeit mit Rücksicht auf die **Grenzen der Gerichtsbezirke** ungewiss ist (§ 2 Abs. 1 Alt. 2, entsprechend § 36 Abs. 1 Nr. 2 ZPO), dürfte in der Praxis kaum vorkommen.

Ob die Zwangsversteigerung oder Zwangsverwaltung **mehrerer Grundstücke in demselben Verfahren** zulässig ist, beurteilt sich nach § 18. Die mehreren hierfür in Betracht kommenden Grundstücke können in den Bezirken verschiedener

---

1 BayObLG, Rpfleger 1998, 79 = KTS 1998, 143.
2 Depré/*Cranshaw*, § 2 Rdn. 5; a.A. offenbar *Stöber*, ZVG § 2 Rdn. 1.2.
3 BayObLG, Rpfleger 1997, 269 = KTS 1997, 330; Depré/*Cranshaw*, § 2 Rdn. 13.
4 *Jaeckel/Güthe*, Art. 15 PrAGZVG Rdn. 6; *Gojowczyk*, S. 208; *Rellermeyer*, Rpfleger 2008, 462, 468.
5 RGZ 86, 272, 278 für Abdeckereigerechtigkeiten.

Amtsgerichte liegen, von denen eines zum Vollstreckungsgericht zu bestellen ist (§ 2 Abs. 2).[6] Eine entsprechende Bestimmung wird notwendig, wenn die Zwangsversteigerung eines Grundstücksbruchteils angeordnet ist, das Grundstück sodann aufgrund einer Änderung der Gerichtsbezirke in den Bezirk eines anderen Amtsgerichts fällt und dann die Zwangsversteigerung eines weiteren Grundstücksbruchteils beantragt wird.[7]

2. Fälle des § 36 ZPO

4 Als allgemeine Vorschrift ist neben § 2 ZVG auch § 36 Abs. 1 ZPO anwendbar.[8] Danach kommt eine Zuständigkeitsbestimmung in Betracht,

- wenn das an sich zuständige Vollstreckungsgericht in einem einzelnen Fall an der Ausübung des Richteramtes (Rechtspflegeramtes) rechtlich (§§ 41 ff. ZPO, § 10 RPflG) oder tatsächlich (durch Krankheit oder Abwesenheit) **verhindert** ist (§ 36 Abs. 1 Nr. 1 ZPO); die Gründe müssen alle Richter und Rechtspfleger des Vollstreckungsgerichts betreffen,[9] da sonst der geschäftsplanmäßige Vertreter eintritt,
- wenn sich mehrere Vollstreckungsgerichte rechtskräftig für **zuständig** erklärt haben (positiver Kompetenzkonflikt, § 36 Abs. 1 Nr. 5 ZPO), indem etwa mehrere Gerichte die Zwangsversteigerung desselben Grundstücks angeordnet haben,
- wenn sich mehrere Vollstreckungsgerichte, von denen eines zuständig ist, rechtskräftig für **unzuständig** erklärt haben (negativer Kompetenzkonflikt, § 36 Abs. 1 Nr. 6 ZPO).[10]

III. Verfahren

5 Im Fall des § 2 Abs. 1 kann die Zuständigkeitsbestimmung nicht nur auf ausdrückliches **Gesuch** (vgl. § 37 Abs. 1 ZPO) des Gläubigers oder eines anderen Beteiligten, sondern auch auf selbstständiges Ersuchen des Vollstreckungsgerichts ergehen.[11] Jedenfalls liegt ein für erforderlich gehaltenes Gesuch konkludent im Antrag des Gläubigers auf Verfahrensanordnung. Für den Fall des § 2 Abs. 2 ergibt sich bereits aus der ohne Antrag zulässigen Verfahrensverbindung nach § 18 die Befugnis des Vollstreckungsgerichts, das höhere Gericht selbstständig zu ersuchen.[12]

---

6 Depré/*Cranshaw*, § 2 Rdn. 14 f.; vgl. BayObLG, Rpfleger 1977, 448 für das Aufgebotsverfahren zur Kraftloserklärung von Grundschuldbriefen.
7 OLG Frankfurt, Rpfleger 1980, 396.
8 Steiner/*Hagemann*, § 2 Rdn. 8; *Stöber*, ZVG § 2 Rdn. 2.3; Depré/*Cranshaw*, § 2 Rdn. 8; Löhnig/*Fischinger*, § 2 Rdn. 5; vgl. RGZ 44, 394; 54, 206; BGH, NJW 1983, 1859 = FamRZ 1983, 578.
9 Steiner/*Hagemann*, § 2 Rdn. 8; Löhnig/*Fischinger*, § 2 Rdn. 5.
10 BGH, NJW 1983, 1859 = FamRZ 1983, 578.
11 Steiner/*Hagemann*, § 2 Rdn. 9; vgl. BGH, FamRZ 1979, 421 = NJW 1979, 1048; BGH, FamRZ 1984, 774; BayObLG, FamRZ 1983, 198; OLG Düsseldorf, Rpfleger 1978, 62 m. Anm. *Vollkommer*; OLG Frankfurt, OLGZ 1978, 475 = Rpfleger 1978, 260; a.A. *Stöber*, ZVG § 2 Rdn. 3.1; *Böttcher*, § 2 Rdn. 4; Löhnig/*Fischinger*, § 2 Rdn. 8; Hk-ZV/*Sievers*, ZVG § 2 Rdn. 3; vgl. Depré/*Cranshaw*, § 2 Rdn. 8.
12 BGH, NJW 1984, 2166 = MDR 1985, 52 = Rpfleger 1984, 363; BayObLG, Rpfleger 1990, 131; BayObLG, KTS 1995, 736; BayObLG, Rpfleger 1998, 79 = KTS 1998, 143; OLG Frankfurt, Rpfleger 1980, 396; Steiner/*Hagemann*, § 2 Rdn. 10; *Stöber*, ZVG § 2 Rdn. 3.2; Löhnig/*Fischinger*, § 2 Rdn. 7; Hk-ZV/*Sievers*, ZVG § 2 Rdn. 4.

Die Bestimmung des zuständigen Gerichts erfolgt durch das im Rechtszug **zu-** **nächst höhere Gericht** (§ 2 Abs. 1 Hs. 1 ZVG bzw. § 36 Abs. 1 ZPO), also durch das Landgericht bei mehreren Amtsgerichten im gemeinsamen Landgerichtsbezirk und durch das Oberlandesgericht bei mehreren Amtsgerichten im gemeinsamen Oberlandesgerichtsbezirk. Bei mehreren Amtsgerichten verschiedener Oberlandesgerichtsbezirke tritt das **Oberlandesgericht**, zu dessen Bezirk das zuerst mit der Sache befasste Amtsgericht gehört, an die Stelle des Bundesgerichtshofs; der BGH entscheidet auf Vorlage des OLG, wenn dieses in einer Rechtsfrage von der Entscheidung eines anderen OLG oder des BGH abweichen will (§ 2 Abs. 1 Hs. 2 ZVG, § 36 Abs. 2, 3 ZPO).[13]   6

Die Entscheidung ergeht durch **Beschluss** (§ 2 Abs. 1 Hs. 2 ZVG, § 37 Abs. 1 ZPO). Eine mündliche Verhandlung ist nicht erforderlich (§ 128 Abs. 4 ZPO). Der Schuldner wird nicht gehört.[14] Die allgemeinen Vollstreckungsvoraussetzungen werden in diesem selbstständigen Verfahren nicht geprüft.[15] Ein ablehnender Beschluss wird dem Gesuchsteller zugestellt, sonst wird ihm die Entscheidung formlos mitgeteilt.[16] Im Falle des § 2 Abs. 2 soll das zum Vollstreckungsgericht bestellte Gericht die übrigen Gerichte von der Anordnung in Kenntnis setzen.   7

In den Fällen des § 2 Abs. 1 und des § 36 Abs. 1 ZPO **muss** das höhere Gericht das zuständige Vollstreckungsgericht bestimmen. Im Fall des § 2 Abs. 2 **kann** es eine solche Anordnung nach pflichtgemäßem Ermessen treffen; es entscheidet dann zugleich darüber, ob die Verfahrensverbindung zulässig ist.[17]

Die getroffene Zuständigkeitsbestimmung gilt auch für den späteren Beitritt eines anderen Gläubigers – solange nicht weitere Grundstücke in das Verfahren einbezogen werden sollen, die außerhalb des Bezirks des als zuständig bestimmten Gerichts liegen –[18] und bleibt auch maßgebend, wenn das Verfahren nach teilweiser Aufhebung nur noch für solche Grundstücke anhängig bleibt, die nicht in dem Bezirk des als zuständig bestimmten Gerichts liegen.[19]   8

Für das Bestimmungsverfahren fallen Gerichtsgebühren nicht an; im Beschwerdeverfahren werden bei Zurückweisung der Beschwerde Gebühren erhoben. Für den Rechtsanwalt zählt das Verfahren zum Rechtszug (§ 19 Abs. 1 Satz 2 Nr. 3 RVG); wird er sonst im Vollstreckungsverfahren nicht tätig, erhält er eine Gebühr nach VV 3403 RVG. Im Beschwerdeverfahren erhält er Gebühren nach VV 3500 ff. RVG.   9

---

13 Depré/*Cranshaw*, § 2 Rdn. 9.
14 BGH, NJW 1984, 2166 = MDR 1985, 52 = Rpfleger 1984, 363; BGH, ZIP 1984, 1540 = WM 1984, 1342; Steiner/*Hagemann*, § 2 Rdn. 14; *Böttcher*, § 2 Rdn. 12; Depré/*Cranshaw*, § 2 Rdn. 16; Löhnig/*Fischinger*, § 2 Rdn. 10.
15 BayObLGZ 1974, 15 = NJW 1974, 1204 = Rpfleger 1974, 167; Steiner/*Hagemann*, § 2 Rdn. 13; *Stöber*, ZVG § 2 Rdn. 4.2; *Böttcher*, § 2 Rdn. 10; Löhnig/*Fischinger*, § 2 Rdn. 10; Hk-ZV/*Sievers*, ZVG § 2 Rdn. 6; *Drischler*, KTS 1975, 283.
16 BayObLGZ 1974, 15 = NJW 1974, 1204 = Rpfleger 1974, 167; *Böttcher*, § 2 Rdn. 13.
17 BGH, NJW 1984, 2166 = MDR 1985, 52 = Rpfleger 1984, 363; BGH, ZIP 1984, 1540 = WM 1984, 1342; BGH, Rpfleger 1987, 29 = WM 1986, 897; BayObLG, Rpfleger 1990, 131; OLG Frankfurt, Rpfleger 1980, 396; *Böttcher*, § 2 Rdn. 7 f.; Depré/*Cranshaw*, § 2 Rdn. 15; Löhnig/*Fischinger*, § 2 Rdn. 10.
18 *Stöber*, ZVG § 2 Rdn. 5.3; *Böttcher*, § 2 Rdn. 14; Löhnig/*Fischinger*, § 2 Rdn. 12; Hk-ZV/*Sievers*, ZVG § 2 Rdn. 7.
19 Steiner/*Hagemann*, § 2 Rdn. 18; *Stöber*, ZVG § 2 Rdn. 5.2; *Böttcher*, § 2 Rdn. 8; Löhnig/*Fischinger*, § 2 Rdn. 12; Hk-ZV/*Sievers*, ZVG § 2 Rdn. 7.

10 Gegen die Bestimmung des zuständigen Gerichts ist **kein Rechtsbehelf** gegeben (§ 2 Abs. 1 Hs. 2 ZVG, § 37 Abs. 2 ZPO).[20] Eine ablehnende Entscheidung des Landgerichts ist mit der sofortigen **Beschwerde** anfechtbar.[21]

---

20 Depré/*Cranshaw*, § 2 Rdn. 10.
21 *Böttcher*, § 2 Rdn. 15; Löhnig/*Fischinger*, § 2 Rdn. 14.

§ 3 »Zustellungen«

¹Die Zustellungen erfolgen von Amts wegen. ²Sie können durch Einschreiben mit Rückschein erfolgen. ³Zum Nachweis der Zustellung genügt der Rückschein.

Übersicht

		Rdn.
I.	Anwendungsbereich	1
II.	Bedeutung der Vorschrift	2
III.	Allgemeines zur Zustellung	5
IV.	Zustellungsadressat	9
V.	Ausführung der Zustellung	14
VI.	Zustellung an Beteiligte im Ausland	19

I. Anwendungsbereich

§§ 3 bis 8 gelten für die Zwangsversteigerung und die Zwangsverwaltung von **Grundstücken**, Grundstücksbruchteilen und grundstücksgleichen Rechten, **Schiffen**, Schiffsbauwerken und **Luftfahrzeugen** (für ausländische Luftfahrzeuge ergänzt durch § 171l Abs. 2 Satz 2 bis 4; vgl. → § 171l Rdn. 3) im Wege der **Zwangsvollstreckung** und aufgrund der jeweiligen Verweisung für die besonderen Versteigerungsverfahren des ZVG (**Insolvenzverwalterversteigerung**, § 172, **Nachlassversteigerung**, § 176, und **Teilungsversteigerung**, § 180 Abs. 1). 1

II. Bedeutung der Vorschrift

Die ZPO sah ursprünglich die Zustellung auf Betreiben der Parteien als Regelfall vor. Dies war für das ZVG-Verfahren nicht geeignet, weil zu diesem Verfahren neben den eigentlichen Parteien auch Dritte heranzuziehen sind.¹ Deshalb wurde hierfür die Amtszustellung besonders vorgeschrieben. Schon seit dem GVfVereinfG erfolgen die Zustellungen jedoch auch im ZPO-Verfahren grundsätzlich **von Amts wegen** (§ 166 Abs. 2 ZPO). § 3 Satz 1 hat deshalb seine frühere eigenständige Bedeutung verloren.² 2

Die Sätze 2 und 3 sind dem § 3 durch Art. 11 Nr. 1 des 2. JuMoG angefügt worden. Damit sollte § 3 zur Beschleunigung und Vereinfachung des Verfahrens an § 175 ZPO angeglichen werden.³ Ohnehin finden aber, soweit das ZVG keine besonderen Bestimmungen enthält (§§ 4 bis 8), die Vorschriften der ZPO über die Zustellung von Amts wegen (§§ 166 bis 190 ZPO) Anwendung, somit auch § 175 ZPO.⁴ 3

§ 3 hat daher neben den auch für das ZVG-Verfahren geltenden ZPO-Vorschriften **keinen eigenständigen Regelungsgehalt**.⁵ Nachfolgend werden deshalb nur Grundzüge des Zustellungsverfahrens dargestellt. Wegen der Einzelheiten und Zweifelsfragen wird auf die Erläuterungswerke zur ZPO verwiesen. 4

---

1 Denkschrift zum ZVG, in: *Hahn/Mugdan*, Die gesamten Materialien zu den Reichs-Justizgesetzen, 5. Band, S. 36.
2 *Löhnig/Huber*, § 3 Rdn. 2.
3 Begründung zu Art. 11 Nr. 1 des 2. JuMoG, BT-Drucks. 16/3038 S. 42.
4 Vgl. *Stöber*, ZVG § 3 Rdn. 1.1; *Löhnig/Huber*, vor § 3 Rdn. 3.
5 Vgl. *Böttcher*, § 3 Rdn. 1; *Depré/Cranshaw*, § 3 Rdn. 4 zu „Überschneidungen und Redundanzen".

III. Allgemeines zur Zustellung

5 **Zustellung** ist der in gesetzlicher Form zu bewirkende und zu beurkundende Akt, durch den dem Zustellungsadressaten Gelegenheit zur Kenntnisnahme eines Dokuments gegeben wird.[6] Damit soll der Zeitpunkt der Bekanntgabe des Dokuments nachgewiesen werden.[7]

6 Bei der Zustellung von Amts wegen bleiben die Urschrift des zuzustellenden Dokuments und die Zustellungsurkunde bei den Gerichtsakten. Dem Zustellungsempfänger wird eine **beglaubigte Abschrift**, evtl. eine beglaubigte elektronische Abschrift oder die Urschrift eines elektronischen Dokuments (vgl. § 169 Abs. 2, 4, 5 ZPO), übergeben,[8] ggf. auch als Telekopie oder elektronisches Dokument übermittelt (§ 174 Abs. 2, 3 ZPO).

7 Von der Amtszustellung ausgenommen und im **Parteibetrieb** zuzustellen sind die Vorpfändung nach § 22 Abs. 2 ZVG, § 845 Abs. 1 Satz 1 ZPO und die Anordnung nach § 65 Abs. 1 Satz 2, 3 ZVG, § 835 Abs. 3 Satz 1, § 829 Abs. 2 Satz 1 ZPO.[9]

8 Welche **Beschlüsse und Verfügungen** zuzustellen sind, ergibt sich aus einzelnen Verfahrensvorschriften des ZVG (§§ 22, 30b Abs. 1, §§ 32, 41 Abs. 1, § 43 Abs. 2, §§ 57b, 85 Abs. 2, §§ 88, 103, 104, 105 Abs. 2, § 140 Abs. 4, § 150c Abs. 2, § 151 Abs. 2, § 156 Abs. 2, § 169 Abs. 1, § 171 Abs. 3, § 171l Abs. 2, § 173), aus Sondervorschriften (§ 9a Abs. 3 EGZVG, § 3b Abs. 2 VermG) und allgemein aus der ZPO (§ 329 Abs. 2 Satz 2, Abs. 3 ZPO[10]). Soweit eine Zustellung nicht vorgeschrieben ist, reicht eine formlose Mitteilung (§ 329 Abs. 2 Satz 1 ZPO).[11]

Die Verpflichtung zur Zustellung entfällt nicht deshalb, weil ein Beteiligter während des Versteigerungsverfahrens umzieht und weder dem Vollstreckungsgericht seine neue Anschrift mitteilt noch einen Nachsendeantrag stellt. Der Beteiligte verletzt hierdurch keine Rechtspflicht; allein aus diesem Verhalten, das auf reiner Nachlässigkeit beruhen kann, kann auch regelmäßig nicht der Schluss gezogen werden, er versuche Zustellungen zu vereiteln. Daher muss gegebenenfalls ein Zustellungsvertreter bestellt werden (§ 6).[12]

IV. Zustellungsadressat

9 Wer **Zustellungsadressat** (die Person, an die zugestellt werden soll) ist, ist ebenfalls den maßgeblichen verfahrensrechtlichen Vorschriften zu entnehmen. Neben dem Gläubiger und dem Schuldner können dies weitere Beteiligte (§ 9) und Dritte (etwa Ersteher, Bürge, Meistbietender, Mieter, Pächter, Zwangsverwalter, Nutzer nach § 9 SachenRBerG, Berechtigter nach § 2 Abs. 1 VermG) sein.[13]

---

6 Vgl. BGH, NJW 1978, 1858 = Rpfleger 1978, 130.
7 Vgl. BVerfGE 67, 208 = NJW 1984, 2567 = MDR 1984, 908.
8 Hk-ZV/*Sievers*, ZVG § 3 Rdn. 10 f.; zum früheren Recht (Übergabe einer Ausfertigung) *Stöber*, ZVG § 3 Rdn. 4.1 ff.; *Löhnig/Huber*, vor § 3 Rdn. 7; vgl. *Böttcher*, § 3 Rdn. 4 ff. (Ausfertigung oder beglaubigte Abschrift).
9 Steiner/*Hagemann*, § 3 Rdn. 10; *Stöber*, ZVG § 3 Rdn. 1.1; *Böttcher*, § 3 Rdn. 1.
10 Dazu besonders im Hinblick auf die Zustellung eines Beschlusses über die Aufstellung oder die Ausführung des Teilungsplans BGH, Rpfleger 2009, 401 = MDR 2009, 769.
11 Steiner/*Hagemann*, § 3 Rdn. 9, 11; *Stöber*, ZVG § 3 Rdn. 1.3; *Böttcher*, § 3 Rdn. 1; *Depré/Cranshaw*, § 3 Rdn. 6 f.; *Löhnig/Huber*, vor § 3 Rdn. 2.
12 BGH, Rpfleger 2011, 171 = NJW-RR 2011, 233.
13 Steiner/*Hagemann*, § 3 Rdn. 12; *Böttcher*, § 3 Rdn. 17; *Depré/Cranshaw*, § 3 Rdn. 8 f.; *Löhnig/Huber*, vor § 3 Rdn. 4.

Für nicht prozessfähige Personen ist an den gesetzlichen Vertreter zuzustellen (§ 170 Abs. 1 Satz 1 ZPO), für nicht natürliche Personen (juristische Personen, Personengesellschaften, Behörden) kann an den „Leiter" des Adressaten zugestellt werden (§ 170 Abs. 2 ZPO).[14] Bei mehreren gesetzlichen Vertretern oder Leitern genügt die Zustellung an einen von ihnen (§ 170 Abs. 3 ZPO). Die Zustellung an eine prozessunfähige Person selbst ist unwirksam (§ 170 Abs. 1 Satz 2 ZPO).[15] 10

An **Bevollmächtigte** kann mit gleicher Wirkung wie an den Vertretenen zugestellt werden (§ 171 ZPO); eine Zustellung an den Vertretenen selbst ist nicht unwirksam. Ist allerdings ein **Prozessbevollmächtigter** bestellt, so **muss** an diesen zugestellt werden; die Zustellung an den Vertretenen ist dann unwirksam.[16] Dabei gehört das Verfahren vom Vollstreckungsgericht zum ersten Rechtszug (§§ 81, 172 ZPO). Somit muss an den im Vollstreckungstitel benannten Prozessbevollmächtigten zugestellt werden, bis dem Vollstreckungsgericht – evtl. durch Bestellung eines neuen Prozessbevollmächtigten[17] – das Erlöschen der Vollmacht (§ 87 Abs. 1 ZPO)[18] oder die Mandatsniederlegung[19] angezeigt wird. Als Anzeige genügt auch eine schlüssige Handlung, wenn etwa die Partei im Vollstreckungsverfahren selbst tätig wird.[20] 11

Stellt das Gericht an einen Bevollmächtigten zu, der nach § 79 Abs. 2 ZPO nicht vertretungsbefugt ist, so ist die Zustellung bis zur Zurückweisung des Bevollmächtigten wirksam (§ 79 Abs. 3 Satz 2 ZPO).[21]

Zustellungsadressat ist eine **Partei kraft Amtes** (z.B. Insolvenzverwalter, Nachlassverwalter, Zwangsverwalter), die fremde Rechte im eigenen Namen ausübt. Nach Freigabe aus der Insolvenzmasse ist an den Schuldner selbst zuzustellen.[22] 12

Im Falle von **Wohnungseigentum** ist der Verwalter ermächtigt, im Namen aller Wohnungseigentümer und mit Wirkung für und gegen sie Zustellungen entgegenzunehmen, soweit sie an alle Wohnungseigentümer in dieser Eigenschaft gerichtet sind (Hinweis erforderlich, dass an ihn in seiner Eigenschaft als Verwalter zugestellt wird[23]), sowie im Namen der (teilrechtsfähigen) Gemeinschaft der Wohnungseigentümer und mit Wirkung für und gegen sie Zustellungen entgegenzunehmen (§ 27 Abs. 2 Nr. 1, Abs. 3 Nr. 1 WEG). Für **Teileigentum** gilt dasselbe (§ 1 Abs. 6 WEG). 13

---

14 Böttcher, § 3 Rdn. 21; Löhnig/Huber, vor § 3 Rdn. 5.
15 Steiner/Hagemann, § 3 Rdn. 16 ff.; Böttcher, § 3 Rdn. 18; Löhnig/Huber, vor § 3 Rdn. 5.
16 Steiner/Hagemann, § 3 Rdn. 30; Stöber, ZVG § 3 Rdn. 3.3; Böttcher, § 3 Rdn. 20; Löhnig/Huber, vor § 3 Rdn. 6.
17 BGH, NJW 1980, 2309 = MDR 1980, 833; OLG Frankfurt, Rpfleger 1986, 391 = NJW-RR 1986, 1500.
18 BAG, NJW 1982, 2519; BGH, VersR 1985, 1185; LG Gießen, Rpfleger 1981, 26.
19 BGH, FamRZ 1991, 51 = NJW 1991, 295 = MDR 1991, 342; OLG Koblenz, Rpfleger 1978, 261.
20 LG Trier, Rpfleger 1988, 29; Steiner/Hagemann, § 3 Rdn. 27; Böttcher, § 3 Rdn. 20; Löhnig/Huber, vor § 3 Rdn. 6.
21 BGH, Rpfleger 2010, 531 = NJW-RR 2010, 1361.
22 Steiner/Hagemann, § 3 Rdn. 24 f.; Stöber, ZVG § 3 Rdn. 3.6; Böttcher, § 3 Rdn. 19.
23 OLG Stuttgart, Rpfleger 1966, 113 m. Anm. Diester = NJW 1966, 1036; Stöber, ZVG § 41 Rdn. 2.8.

V. Ausführung der Zustellung

14 Der **Urkundsbeamte der Geschäftsstelle** des Gerichts führt die Zustellung nach den §§ 173 bis 175 ZPO selbst aus (§ 168 Abs. 1 Satz 1 ZPO, § 153 GVG).[24] Die in Bezug genommenen Vorschriften sehen die Aushändigung des zuzustellenden Schriftstücks an der Amtsstelle an den Adressaten oder seinen rechtsgeschäftlich bestellten Vertreter, die Zustellung gegen **Empfangsbekenntnis** insbesondere an Anwälte, Notare und Behörden sowie (ebenso wie für das ZVG-Verfahren ausdrücklich § 3 Satz 2, 3) die Zustellung durch Einschreiben mit Rückschein vor.[25]

15 Die Geschäftsstelle kann auch ein **Postunternehmen** (§ 33 Abs. 1 PostG – praktischer Regelfall, soweit nicht Zustellung gegen Empfangsbekenntnis erfolgt) oder einen Justizbediensteten mit der Ausführung der Zustellung beauftragen (§ 168 Abs. 1 Satz 2, 3, § 176 ZPO). Die Post verfährt nach §§ 177 bis 181 ZPO (Übergabe an den Adressaten selbst, Ersatzzustellung an eine in § 178 Abs. 1 ZPO genannte Person,[26] Zurücklassung oder Zurücksendung bei Annahmeverweigerung, Einlegung in den Briefkasten oder in ein Postfach[27] oder Niederlegung). Verspricht eine Zustellung nach den gewöhnlichen Vorschriften keinen Erfolg, so kann der „Vorsitzende des Prozessgerichts" – im ZVG-Verfahren der Rechtspfleger – den Gerichtsvollzieher oder eine andere Behörde mit der Zustellung beauftragen (§ 168 Abs. 2 ZPO).[28]

16 Zur Zustellung im **Ausland** vgl. → Rdn. 19 ff. Für die Zustellung an Angehörige **ausländischer Streitkräfte** auf deutschem Hoheitsgebiet sind das Zusatzabkommen zum NATO-Truppenstatut und das hierzu ergangene Gesetz maßgebend.[29] Die Zustellung an **deutsche Soldaten** regelt ergänzend – jedoch nur im Range einer Verwaltungsvorschrift – die Bekanntmachung des Bundesministers der Verteidigung vom 23.7.1998 (VMBl 246) mit Änderungen.[30]

17 Eine **öffentliche Zustellung** ist wegen der Sondervorschrift des § 6 im ZVG-Verfahren grundsätzlich ausgeschlossen.[31] Nur für Anordnungs- und Beitrittsbeschlüsse (§ 8) ist unter den Voraussetzungen des § 185 ZPO eine öffentliche Zustellung zulässig. Hierüber entscheidet das Gericht gemäß § 186 Abs. 1, §§ 187,

---

24 Depré/*Cranshaw*, § 3 Rdn. 10; Hk-ZV/*Sievers*, ZVG § 3 Rdn. 13.
25 *Stöber*, ZVG § 3 Rdn. 2.2; *Böttcher*, § 3 Rdn. 8 ff.; Löhnig/*Huber*, vor § 3 Rdn. 7, § 3 Rdn. 3; Hk-ZV/*Sievers*, ZVG § 3 Rdn. 2 ff.
26 Im Falle der Zustellung durch Einschreiben mit Rückschein bestimmt sich der Ersatzempfänger nach den Geschäftsbedingungen des Postunternehmens: Zöller/*Stöber*, § 175 Rdn. 3; kritisch Löhnig/*Huber*, § 3 Rdn. 3.
27 BGH, Rpfleger 2012, 702.
28 *Stöber*, ZVG § 3 Rdn. 2.2; Löhnig/*Huber*, vor § 3 Rdn. 7.
29 Art. 32, 36 des Zusatzabkommens zu dem Abkommen zwischen den Parteien des Nordatlantikvertrages über die Rechtsstellung ihrer Truppen hinsichtlich der in der Bundesrepublik stationierten ausländischen Truppen vom 3.8.1959 (BGBl 1961 II 1183, 1218), Art. 4c des Gesetzes zum NATO-Truppenstatut und zu den Zusatzvereinbarungen vom 18.8.1961 (BGBl 1961 II 1183); auszugsweise abgedruckt in Baumbach/*Hartmann*, Schlussanhang III; Anschriften der Verbindungsstellen: *Hintzen/Wolf*, Anhang S. 1323 ff.
30 Abgedruckt in Baumbach/*Hartmann*, Schlussanhang II.
31 *Stöber*, ZVG § 6 Rdn. 2.5; a.A. Depré/*Cranshaw*, § 3 Rdn. 11 wegen der Möglichkeit, dass sich kein bereiter Zustellungsvertreter findet.

188 Satz 2 ZPO von Amts wegen.³² Die Ausführung richtet sich nach § 186 Abs. 2, 3, § 187 ZPO.

Zustellungsmängel werden geheilt, wenn dem Zustellungsadressaten (nicht 18 einem Ersatzempfänger)³³ das Dokument tatsächlich zugegangen ist (§ 189 ZPO). Ist die Zustellung an einen rechtsgeschäftlich bestellten Vertreter zulässig (§ 171 ZPO), so wird eine fehlerhafte Zustellung geheilt, wenn das Dokument dem Vertreter als einer Person im Sinne des § 189 ZPO tatsächlich zugeht.³⁴

VI. Zustellung an Beteiligte im Ausland

Eine Zustellung im **Ausland** erfolgt nach § 183 ZPO. Einer Anordnung zur 19 Benennung eines Zustellungsbevollmächtigten (§ 184 ZPO) bedarf es wegen der in § 4 vorgesehenen umfassenderen Zustellungserleichterung nicht.

Für die Zustellung an einen Beteiligten in einem anderen Mitgliedstaat der **Eu-** 20 **ropäischen Union** ist vorrangig die EuZustVO³⁵ i.V.m. §§ 1067 bis 1069 ZPO zu beachten (§ 183 Abs. 5 ZPO).³⁶ Die Zustellung erfolgt regelmäßig durch die Empfangsstelle nach dem Recht des Empfangsmitgliedstaats (Art. 7 EuZustVO), im Ausnahmefall auf konsularischem oder diplomatischem Weg (Art. 12, 13 EuZustVO). Zulässig ist auch die Zustellung unmittelbar durch Postdienste per Einschreiben mit Rückschein oder gleichwertigem Beleg (Art. 14 EuZustVO); sie wird durch den Rückschein oder den gleichwertigen Beleg nachgewiesen (§ 1068 Abs. 1 ZPO).

Außerhalb des Bereichs der EU richtet sich das Zustellungsverfahren in erster 21 Linie nach multi- oder bilateralen **völkerrechtlichen Vereinbarungen** (§ 183 Abs. 1 ZPO).³⁷ In Vertragsstaaten des HZÜ wird die Zustellung gewöhnlich von der Zentralen Behörde des ersuchten Staates bewirkt oder veranlasst (Art. 5 HZÜ). Eine Übersendung gerichtlicher Schriftstücke unmittelbar durch die Post ist zulässig, sofern der Bestimmungsstaat keinen Widerspruch erklärt hat (Art. 10 HZÜ).³⁸ Auch das HZPÜ sieht eine Zustellung durch die Behörden des ersuchten Staates vor (Art. 2 HZPÜ) und ermöglicht gegebenenfalls eine Übersendung durch die Post (Art. 6 HZPÜ). Die Übersendung durch die Post soll durch Einschreiben mit Rückschein erfolgen (§ 183 Abs. 1 Satz 2 ZPO). Die Zustellung wird in diesen Fällen durch den Rückschein, sonst durch das Zeugnis der ersuchten Behörde nachgewiesen (§ 183 Abs. 4 ZPO).

Bestehen keine entsprechenden völkerrechtlichen Vereinbarungen oder ist eine 22 Zustellung hiernach nicht möglich, so ist durch die diplomatischen oder konsularischen Vertretungen zuzustellen (§ 183 Abs. 2 ZPO).³⁹ Auch im vertraglosen

---

32 *Stöber*, ZVG § 8 Rdn. 2.3.
33 *Stöber*, ZVG § 3 Rdn. 5.1.
34 BGH, Beschluss vom 20.10.2011 – V ZB 131/11 –, juris.
35 Zur Ausdehnung auf Dänemark vgl. Abkommen vom 19.10.2005 (ABl EU Nr. L 300 S. 55) und Schreiben vom 20.11.2007 (ABl EU 2008 Nr. L 331 S. 21).
36 Vgl. EuGH, Rpfleger 2013, 278 m. Anm. *Rellermeyer* = NJW 2013, 443 m. Anm. *Düsterhaus* = IPRax 2013, 132 m. Anm. *Heinze*; dazu *Strasser*, Rpfleger 2013, 585; BGHZ 188, 164 = NJW 2011, 2218 = Rpfleger 2011, 540; vgl. *Böttcher*, § 3 Rdn. 15, 15b; Depré/*Cranshaw*, § 3 Rdn. 15.
37 Vgl. *Böttcher*, § 3 Rdn. 15a; Depré/*Cranshaw*, § 3 Rdn. 16 f.; Zöller/*Geimer*, § 183 Rdn. 93 ff.
38 Auflistung der Staaten und Gebiete, die Widerspruch erklärt haben, bei Baumbach/ *Hartmann*, Anh. zu § 183 Bem. zu Art. 10 HZÜ.
39 *Böttcher*, § 3 Rdn. 15a; Depré/*Cranshaw*, § 3 Rdn. 17.

Rechtshilfeverkehr wird jedoch eine Zustellung durch Einschreiben mit Rückschein jedenfalls dann als zulässig angesehen, wenn der Bestimmungsstaat dies duldet.[40]

23 Die EuZustVO und völkerrechtliche Vereinbarungen gehen den Zustellungsvorschriften des nationalen Rechts vor. Wenn danach eine Zustellung im Ausland durch Einschreiben mit Rückschein – z.B. wegen Widerspruchs des Bestimmungsstaates – unzulässig ist, kann daher nicht auf § 3 Satz 2 als eigenständige Norm zurückgegriffen werden; es muss dann bei der Zustellung auf dem vorgesehenen Rechtshilfeweg bleiben.[41] Andernfalls würde unzulässig in die Hoheitsrechte des Bestimmungsstaates eingegriffen werden. Zur Zustellungserleichterung nach § 4 vgl. → § 4 Rdn. 12.

---

40 Zöller/*Geimer*, § 183 Rdn. 6, 42; *Stadler*, IPRax 2002, 471, 473.
41 *Böttcher*, § 3 Rdn. 15b.

§ 4 »Zustellung durch Aufgabe zur Post«

¹Wohnt derjenige, welchem zugestellt werden soll, weder am Orte noch im Bezirke des Vollstreckungsgerichts, so kann die Zustellung durch Aufgabe zur Post erfolgen, solange nicht die Bestellung eines daselbst wohnhaften Prozeßbevollmächtigten oder Zustellungsbevollmächtigten dem Gericht angezeigt ist. ²Die Postsendung muß mit der Bezeichnung „Einschreiben" versehen werden.

I. Anwendungsbereich

Zum Anwendungsbereich vgl. → § 3 Rdn. 1. Bei der Zwangsversteigerung ausländischer Luftfahrzeuge gilt für die Zustellung der Terminsbestimmung an im Ausland wohnende Beteiligte ergänzend § 171l Abs. 2 Satz 2 bis 4 (vgl. → § 171l Rdn. 3). 1

II. Bedeutung der Vorschrift

Die allgemeinen Zustellungsvorschriften der ZPO ermöglichen die Zustellung durch **Aufgabe zur Post** für den Fall, dass nach einer Zustellung im Ausland (§ 183 ZPO) der Zustellungsadressat, der keinen Prozessbevollmächtigten bestellt hat, entgegen gerichtlicher Anordnung keinen im Inland ansässigen Zustellungsbevollmächtigten bestellt (§ 184 Abs. 1 ZPO).¹ Im Verfahren nach dem ZVG sollen die Voraussetzungen für diese vereinfachte Form der Zustellung erleichtert werden. Die Zustellung durch Aufgabe zur Post ist schon dann möglich, wenn sich der Wohnsitz des Zustellungsadressaten (→ § 3 Rdn. 9) außerhalb des Bezirks des Vollstreckungsgerichts – nicht notwendig im Ausland – befindet.² Eine gerichtliche Anordnung zur Bestellung eines Zustellungsbevollmächtigten ist nicht erforderlich. Allerdings kann im Inland nach § 3 ZVG, § 175 ZPO ohne besondere Voraussetzungen, im Ausland regelmäßig nach der EuZustVO oder nach völkerrechtlichen Vereinbarungen, eventuell auch im vertraglosen Rechtshilfeverkehr (vgl. → § 3 Rdn. 22), durch Einschreiben mit Rückschein zugestellt werden, sodass die tatsächliche Bedeutung des § 4 jetzt gering ist.³ 2

Die vereinfachte Form der Zustellung ist nicht zwingend. Das Gericht kann auch unter den Voraussetzungen des § 4 nach den gewöhnlichen Vorschriften zustellen. Maßgebend sind sachliche, nicht allein fiskalische (Auslagenerhebung nach KV 9002 GKG nur bei Zustellung mit Zustellungsurkunde oder Einschreiben gegen Rückschein oder durch Justizbedienstete) Gesichtspunkte.⁴ Die Zustellung nach § 4 kann sonst auftretende Unterbrechungen und Verzögerungen des Verfahrens vermeiden,⁵ etwa wenn zu befürchten ist, dass ein Zustellungsnachweis aus dem Ausland nicht rechtzeitig zu den Akten zurückgelangt. 3

Ausgenommen von der vereinfachten Zustellung durch Aufgabe zur Post sind die Zustellungen von Anordnungs- und Beitrittsbeschlüssen an den Schuld- 4

---

1 Nicht bei Zustellung nach der EuZustVO gemäß § 183 Abs. 5 ZPO; BGHZ 188, 164 = NJW 2011, 1885; BGH, NJW 2011, 2218 = Rpfleger 2011, 540.
2 Löhnig/*Huber*, § 4 Rdn. 1.
3 Vgl. *Böttcher*, § 4 Rdn. 1.
4 Steiner/*Hagemann*, § 4 Rdn. 14; *Stöber*, ZVG § 4 Rdn. 2.1; *Böttcher*, § 4 Rdn. 5.
5 Denkschrift zum ZVG, in: *Hahn/Mugdan*, Die gesamten Materialien zu den Reichs-Justizgesetzen, 5. Band, S. 36; dagegen für regelmäßige Zustellung mit Zustellungsurkunde Steiner/*Hagemann*, § 4 Rdn. 14; *Stöber*, ZVG § 4 Rdn. 2.1.

ner bzw. Antragsgegner (§ 8) sowie die Zustellungen im Parteibetrieb (→ § 3 Rdn. 7).[6]

III. Voraussetzungen

5   Der Zustellungsadressat darf weder am Ort noch im (ggf. gemäß § 1 Abs. 2 erweiterten;[7] vgl. → § 1 Rdn. 6) Bezirk des Vollstreckungsgerichts wohnen. Dies ist anzunehmen, wenn er dort keinen Wohnsitz im Sinne der §§ 7 bis 11 BGB begründet hat. Wohnsitz ist der räumliche Schwerpunkt der gesamten Lebensverhältnisse einer Person.[8] Eine nur vorübergehende, auch längere, Abwesenheit genügt nicht, um eine Aufhebung des Wohnsitzes anzunehmen.[9]

6   Der Zustellungsadressat darf dem Gericht auch nicht die Bestellung eines am Ort oder im Bezirk des Vollstreckungsgerichts wohnhaften Prozess- oder Zustellungsbevollmächtigten angezeigt haben. Die Anzeige kann auch durch den Bevollmächtigten selbst erfolgen. Die Bestellung des Bevollmächtigten ist auch dann zu berücksichtigen, wenn sie gerichtskundig ist, insbesondere im Falle des § 5.

7   Maßgebend sind die Verhältnisse im Zeitpunkt der Aufgabe zur Post, nicht im Zeitpunkt einer Zustellungsanordnung.[10]

IV. Ausführung der Zustellung

8   Die Geschäftsstelle übergibt das verschlossene, mit der Anschrift des Zustellungsadressaten – bei ausländischem Bestimmungsort auch unter Angabe des Landes oder eines entsprechenden Kürzels[11] –, des Absenders und der Geschäftsnummer versehene Schriftstück regelmäßig dem Gerichtswachtmeister, welcher die Sendung zur Post gibt. Erst danach vermerkt die Geschäftsstelle in den Verfahrensakten, wann und unter welcher Anschrift das Schriftstück zur Post gegeben wurde. Dieser vom Urkundsbeamten zu unterschreibende Vermerk ist der Nachweis der Zustellung (§ 184 Abs. 2 Satz 4 ZPO).[12]

9   Ergänzend ordnet § 4 Satz 2 an, dass die Postsendung mit der Bezeichnung „Einschreiben" versehen wird. Nach § 1 Abs. 2 Nr. 1 PUDLV sind Einschreibsendungen solche Briefsendungen, die pauschal gegen Verlust, Entwendung oder Beschädigung versichert sind und gegen Empfangsbestätigung ausgehändigt werden. Erforderlich ist hiernach ein Übergabe-Einschreiben. Die von Postdienstleistern angebotene Form des Einwurf-Einschreibens fällt mangels einer Empfangsbestätigung nicht hierunter; sie kann daher auch im Sinne des § 4 Satz 2 nicht als ausreichend angesehen werden. Das entspricht auch der historischen Auslegung des Begriffs „Einschreiben".[13]

---

6   Stöber, ZVG § 4 Rdn. 1.2.
7   Böttcher, § 4 Rdn. 3.
8   BGH, MDR 1962, 380; BayObLGZ 1984, 289 = Rpfleger 1985, 66.
9   BayObLG, OLGE 12, 238.
10 Stöber, ZVG § 4 Rdn. 1.3; Depré/Cranshaw, § 4 Rdn. 4; a.A. Steiner/Hagemann, § 4 Rdn. 6; Böttcher, § 4 Rdn. 2; Löhnig/Huber, § 4 Rdn. 3.
11 BGHZ 73, 388 = Rpfleger 1979, 195 = MDR 1979, 750; OLG Köln, Rpfleger 1986, 142 = MDR 1986, 243.
12 BGH, NJW 1979, 218 = Rpfleger 1979, 15 = MDR 1979, 126; LG Krefeld, Rpfleger 1990, 266; Steiner/Hagemann, § 4 Rdn. 15 f.; Stöber, ZVG § 4 Rdn. 2.3 f.; Böttcher, § 4 Rdn. 6; Depré/Cranshaw, § 4 Rdn. 6.
13 Vgl. Depré/Cranshaw, § 4 Rdn. 5; Löhnig/Huber, § 4 Rdn. 4; Hk-ZV/Sievers, ZVG § 4 Rdn. 1.

Die Zustellung gilt **zwei Wochen** nach der Aufgabe zur Post oder nach einer 10
längeren vom Gericht bestimmten Frist als bewirkt (§ 184 Abs. 2 Satz 1, 2 ZPO).
Das gilt auch dann, wenn die Sendung als unzustellbar zurückkommt, verloren
geht oder der Adressat zum Zeitpunkt der Aufgabe zur Post bereits – ohne Kenntnis des Gerichts – verstorben war. Für weitere Zustellungen ist dann ein Zustellungsvertreter nach § 6 zu bestellen.[14]

V. Zustellung an Beteiligte im Ausland

Bei der Zustellung durch Aufgabe zur Post handelt es sich um eine fingierte Inlandszustellung.[15] Sie wird nicht als Eingriff in Hoheitsrechte eines fremden Staates angesehen, da dort kein Hoheitsakt vorgenommen wird, und ist daher auch an im Ausland ansässige Beteiligte möglich. 11

Im Anwendungsbereich der EuZustVO (Mitgliedstaaten der Europäischen 12
Union[16]) ist die Zustellung auf dem vereinfachten Weg des § 4 nicht zulässig.[17]
Nach der Rechtsprechung des EuGH[18] schließt die EuZustVO die Anwendung
nationaler Vorschriften aus, welche anstelle einer Zustellung im Ausland eine fingierte Inlandszustellung – wie etwa in Deutschland die Zustellung durch Aufgabe
zur Post im Falle des § 184 ZPO – ermöglichen. Zustellungen an Beteiligte, die in
einem anderen Mitgliedstaat der Europäischen Union ansässig sind, sind daher regelmäßig durch die Empfangsstelle des Empfangsmitgliedstaats (Art. 7 der VO),
im Ausnahmefall auf konsularischem oder diplomatischem Weg (Art. 12, 13 der
VO) zu bewirken. Zulässig ist auch die Zustellung unmittelbar durch Postdienste
per Einschreiben mit Rückschein oder gleichwertigem Beleg (Art. 14 der VO). In
diesem Fall wird der Nachweis der Zustellung durch den Rückschein oder den
gleichwertigen Beleg erbracht (§ 1068 Abs. 1 ZPO). Es handelt sich somit um eine
tatsächliche Zustellung und nicht, wie im Falle des § 4, lediglich um eine fingierte,
nach Ablauf einer Frist als bewirkt geltende Zustellung.

Kein Auslandssachverhalt ist gegeben, wenn die Zustellung an den in Deutschland ansässigen oder auch nur kurzzeitig (z.B. anlässlich einer Messe) aufhältigen
gesetzlichen Vertreter einer ausländischen Gesellschaft möglich ist (§§ 170, 177
ZPO).

---

14 Steiner/*Hagemann*, § 4 Rdn. 17; *Stöber*, ZVG § 4 Rdn. 2.5; Löhnig/*Huber*, § 4 Rdn. 5.
15 BGH, NJW 2002, 521 = MDR 2002, 350; BGH, Rpfleger 1999, 134 = NJW 1999, 1187.
16 Zur Ausdehnung auf Dänemark vgl. Abkommen vom 19.10.2005 (ABl EU Nr. L 300
S. 55) und Schreiben vom 20.11.2007 (ABl EU 2008 Nr. L 331 S. 21).
17 Zweifelnd *Steffen*, ZfIR 2014, 757, 759, weil § 4 eine allgemeine – nicht nur auf Beteiligte im Ausland bezogene – Verfahrenserleichterung für den Fall betreffe, dass ein
Beteiligter seinen Wohnsitz nicht im Gerichtsbezirk hat; vgl. *Böttcher*, § 4 Rdn. 7a;
Depré/*Cranshaw*, § 4 Rdn. 8 ff., zur Sprachenregelung des Art. 8 EuZustVO Rdn. 12.
18 EuGH, Rpfleger 2013, 278 m. Anm. *Rellermeyer* = NJW 2013, 443 m. Anm. *Düsterhaus* = IPRax 2013, 132 m. Anm. *Heinze*; dazu *Strasser*, Rpfleger 2013, 585.

§ 5 »Zustellungsbevollmächtigter«

Die Bestellung eines Zustellungsbevollmächtigten bei dem Grundbuchamte gilt auch für das Verfahren des Vollstreckungsgerichts, sofern sie diesem bekannt geworden ist.

I. Voraussetzungen

1   Dem **Grundbuchgericht** (für Schiffe und Luftfahrzeuge dem Registergericht) gegenüber kann ein Beteiligter einen **Zustellungsbevollmächtigten** bestellen, der befugt ist, die für ihn bestimmten Schriftstücke entgegenzunehmen.[1] Diese Bestellung gilt auch für das Verfahren des Vollstreckungsgerichts. Erforderlich ist, dass die Bestellung dem Vollstreckungsgericht bekannt wird. Dies soll § 19 Abs. 2 sicherstellen. Es reicht jedoch aus, wenn das Vollstreckungsgericht auf andere Weise Kenntnis erlangt.[2] Ist die Vollmacht auf die Entgegennahme von Zustellungen des Grundbuchgerichts beschränkt, so können Zustellungen im Zwangsvollstreckungsverfahren nicht nach § 5 bewirkt werden.[3]

2   Die Zustellungsbevollmächtigung **endet** mit ihrem Widerruf oder der Anzeige ihres Erlöschens gegenüber dem Grundbuchgericht. Für das Vollstreckungsverfahren ist sie jedoch als fortbestehend anzusehen, bis das Vollstreckungsgericht hiervon, etwa durch Mitteilung des Vollmachtgebers oder des Grundbuchgerichts, Kenntnis erlangt.[4]

3   **Ausgenommen** von der Anwendung des § 5 sind die Zustellungen von Anordnungs- und Beitrittsbeschlüssen an den Schuldner bzw. Antragsgegner (§ 8) sowie die Zustellungen im Parteibetrieb (→ § 3 Rdn. 7).

II. Wirkung

4   Liegen die Voraussetzungen des § 5 vor, so kann das Vollstreckungsgericht an den **Zustellungsbevollmächtigten** mit Wirkung gegenüber dem Vertretenen zustellen. Eine Zustellung an den Vertretenen selbst ist jedoch nicht unwirksam, weil § 172 ZPO nur für Prozessbevollmächtigte gilt.[5]

5   Wohnt der Zustellungsbevollmächtigte am Ort oder im Bezirk des Vollstreckungsgerichts, so ist eine Zustellung nach § 4 durch Aufgabe zur Post ausgeschlossen. Ist der Zustellungsbevollmächtigte unbekannten Aufenthalts oder kann an ihn aus sonstigen Gründen nicht zugestellt werden, so gilt er als nicht bestellt. In diesem Fall ist dem Vertretenen selbst zuzustellen; die Bestellung eines Zustellungsvertreters nach § 6 Abs. 1 kommt nicht in Betracht.[6]

---

1   Vgl. *Schöner/Stöber*, Rdn. 2396; Meikel/*Morvilius*, § 55 Rdn. 23.
2   Steiner/*Hagemann*, § 5 Rdn. 7; *Stöber*, ZVG § 5 Rdn. 2.1; *Böttcher*, § 5 Rdn. 3; Depré/*Cranshaw*, § 5 Rdn. 6; Hk-ZV/*Sievers*, ZVG § 5 Rdn. 1.
3   Steiner/*Hagemann*, § 5 Rdn. 4; *Stöber*, ZVG § 5 Rdn. 2.1; *Böttcher*, § 5 Rdn. 2; Depré/*Cranshaw*, § 5 Rdn. 7.
4   Steiner/*Hagemann*, § 5 Rdn. 6; *Stöber*, ZVG § 5 Rdn. 2.4; *Böttcher*, § 5 Rdn. 2; Depré/*Cranshaw*, § 5 Rdn. 8; Löhnig/*Huber*, § 5 Rdn. 1; anders die 12. Aufl. Rdn. 3.
5   *Stöber*, ZVG § 5 Rdn. 2.2; *Böttcher*, § 5 Rdn. 4; Depré/*Cranshaw*, § 5 Rdn. 5; Löhnig/*Huber*, § 5 Rdn. 3.
6   Steiner/*Hagemann*, § 5 Rdn. 10; *Stöber*, ZVG § 5 Rdn. 2.2.

Die Zustellung ist unwirksam, wenn – etwa wegen unrichtiger Mitteilung des Grundbuchgerichts – an einen tatsächlich **nicht Bevollmächtigten** zugestellt wird.[7]

Zu einer weiteren Vertretung im Verfahren ist der Zustellungsbevollmächtigte – vorbehaltlich eines weitergehenden Inhalts der Vollmacht – weder berechtigt noch verpflichtet.[8]

---

[7] Steiner/*Hagemann*, § 5 Rdn. 9; *Stöber*, ZVG § 5 Rdn. 2.2; *Böttcher*, § 5 Rdn. 4.
[8] *Stöber*, ZVG § 5 Rdn. 2.3; Depré/*Cranshaw*, § 5 Rdn. 8.

§ 6 »Zustellungsvertreter«

(1) Ist der Aufenthalt desjenigen, welchem zugestellt werden soll, und der Aufenthalt seines Zustellungsbevollmächtigten dem Vollstreckungsgericht nicht bekannt oder sind die Voraussetzungen für eine öffentliche Zustellung aus sonstigen Gründen (§ 185 der Zivilprozeßordnung) gegeben, so hat das Gericht für denjenigen, welchem zugestellt werden soll, einen Zustellungsvertreter zu bestellen.

(2) ¹Das gleiche gilt, wenn im Falle der Zustellung durch Aufgabe zur Post die Postsendung als unbestellbar zurückkommt. ²Die zurückgekommene Sendung soll dem Zustellungsvertreter ausgehändigt werden.

(3) Statt der Bestellung eines Vertreters genügt es, wenn die Zustellung für nicht prozeßfähige Personen an die Vormundschaftsbehörde, für juristische Personen oder für Vereine, die als solche klagen und verklagt werden können, an die Aufsichtsbehörde angeordnet wird.

I. Bedeutung der Vorschrift

1   Ist der Aufenthalt des Zustellungsadressaten unbekannt, so wären Dokumente nach allgemeinen Regeln öffentlich zuzustellen (§§ 185 ff. ZPO). Eine hierdurch verursachte Verzögerung des Vollstreckungsverfahrens soll jedoch vermieden werden.[1] Deshalb sieht § 6 die Bestellung eines **Zustellungsvertreters** vor. Mit Zustellung an den Vertreter ist sie gegenüber dem Vertretenen bewirkt.

2   **Ausgenommen** von der Anwendung des § 6 sind die Zustellungen von Anordnungs- und Beitrittsbeschlüssen an den Schuldner bzw. Antragsgegner (§ 8) sowie die Zustellungen im Parteibetrieb (→ § 3 Rdn. 7).

II. Voraussetzungen

3   Das Vollstreckungsgericht hat einen Zustellungsvertreter zu bestellen, wenn ihm der **Aufenthalt** sowohl des Zustellungsadressaten als auch seines Zustellungsbevollmächtigten **unbekannt** sind (§ 6 Abs. 1 Alt. 1). Objektives Unbekanntsein ist nicht erforderlich; subjektive Unkenntnis des Gerichts reicht aus.[2] Ergibt sich der Aufenthalt aus den Vollstreckungsakten oder aus den Mitteilungen des Grundbuchgerichts nach § 19 Abs. 2 oder ist er dem Gericht sonst bekannt geworden, so fehlt es an der Unkenntnis des Gerichts. Ist eine Postfachadresse des Zustellungsempfängers bekannt, so kann durch Einlegen in das Postfach zugestellt werden (§ 180 Satz 1 ZPO); ein Zustellungsvertreter darf dann nicht bestellt werden, an einen dennoch bestellten Zustellungsvertreter erfolgte Zustellungen sind unwirksam.[3]

Ist nicht der Aufenthalt, sondern die **Person** des Zustellungsadressaten unbekannt, so ist ebenfalls ein Zustellungsvertreter zu bestellen. Dieser Fall kann eintreten, wenn der Zustellungsadressat verstorben ist und seine Erben dem Vollstreckungsgericht unbekannt sind.[4]

---

1   *Drasdo*, ZfIR 2013, 5.
2   *Drasdo*, ZfIR 2013, 5, 6; *Steffen*, ZfIR 2014, 757, 758.
3   BGH, Rpfleger 2012, 702; *Drasdo*, ZfIR 2013, 5, 6; vgl. *Depré/Cranshaw*, § 6 Rdn. 4.
4   *Steiner/Hagemann*, § 6 Rdn. 10; *Stöber*, ZVG § 6 Rdn. 2.4; *Depré/Cranshaw*, § 6 Rdn. 6; *Böttcher*, §§ 6, 7 Rdn. 2; *Löhnig/Huber*, § 6 Rdn. 3; *Stöber*, Rpfleger 1965, 145; *Drasdo*, ZfIR 2013, 5; *Steffen*, ZfIR 2014, 757, 758.

Dem Unbekanntsein steht es gleich, wenn die **Wirksamkeit** der Bestellung eines bekannten Zustellungsbevollmächtigten zweifelhaft ist.[5] Dagegen ist der Inhaber eines **Briefgrundpfandrechts** nicht unbekannt, auch wenn ihn das Vollstreckungsgericht subjektiv nicht kennt.[6] Verfahrensbeteiligter und Zustellungsadressat ist der im Grundbuch eingetragene Gläubiger, bis ein Zessionar sein Recht anmeldet (§ 9 Abs. 2).

Das Vollstreckungsgericht hat weiter einen Zustellungsvertreter zu bestellen, wenn die **Voraussetzungen für eine öffentliche Zustellung** aus sonstigen Gründen gegeben sind (§ 6 Abs. 1 Alt. 2). Das ist der Fall, wenn eine Zustellung im Ausland nicht möglich ist oder keinen Erfolg verspricht oder wenn der Ort der Zustellung die Wohnung einer Person ist, die nach §§ 18 bis 20 GVG nicht der deutschen Gerichtsbarkeit unterliegt (§ 185 Nr. 2, 3 ZPO).[7]

Schließlich hat das Vollstreckungsgericht einen Zustellungsvertreter zu bestellen, wenn eine durch **Aufgabe zur Post** (§ 4) zugestellte Sendung als **unzustellbar** zurückkommt (§ 6 Abs. 2 Satz 1). Die wirksame Zustellung der zurückgekommenen Sendung wird hierdurch nicht beeinträchtigt, jedoch sind weitere Zustellungen an den Zustellungsvertreter zu bewirken. Diesem soll auch die zurückgekommene Sendung ausgehändigt werden, um ihm die Ermittlung des Berechtigten (§ 7 Abs. 2 Satz 1) zu erleichtern (§ 6 Abs. 2 Satz 2).[8] Nichtbeachtung dieser Vorschrift kann Amtshaftungsansprüche auslösen.

Die Bestellung des Zustellungsvertreters ist, wenn die Voraussetzungen vorliegen, zwingend (Ausnahme: Abs. 3; → Rdn. 8 f.); sie liegt nicht im Ermessen des Gerichts.[9] Zu **Nachforschungen** – über das Studium der Vollstreckungsakten und der Mitteilungen des Grundbuchgerichts hinaus – ist das Gericht nicht verpflichtet; es ist jedoch hieran auch jedenfalls insoweit nicht gehindert, als dadurch keine Verzögerungen eintreten.[10] Bei erkennbaren Hinweisen auf den tatsächlichen Aufenthaltsort des Beteiligten sind Ermittlungen geboten.[11] Im Hinblick auf den Grundsatz des rechtlichen Gehörs (Art. 103 Abs. 1 GG) bzw. des fairen Verfahrens[12] wird das Gericht Ermittlungen auch bei geringen, nicht erheblichen oder untragbaren Verzögerungen anstellen. Bei einer Grunddienstbarkeit ist das Grundbuchgericht ggf. zu ersuchen, seine Mitteilung um die Wohnung des Berechtigten zu ergänzen;[13] das Vollstreckungsgericht wird auch die Ermittlung mithilfe des Katasteramtes versuchen.[14] Unterlässt das Gericht gebotene Ermittlungen, durch die eine zustellungsfähige Anschrift hätte in Erfahrung gebracht werden können, so ist die Bestellung eines Zustellungsvertreters dem Beteiligten

---

5 Steiner/*Hagemann*, § 6 Rdn. 11; *Stöber*, ZVG § 6 Rdn. 2.4; *Böttcher*, §§ 6, 7 Rdn. 2; Löhnig/*Huber*, § 6 Rdn. 3.
6 Steiner/*Hagemann*, § 6 Rdn. 12; *Böttcher*, §§ 6, 7 Rdn. 2.
7 Löhnig/*Huber*, § 6 Rdn. 4.
8 Löhnig/*Huber*, § 6 Rdn. 5.
9 *Stöber*, ZVG § 6 Rdn. 2.1; Löhnig/*Huber*, § 6 Rdn. 1.
10 Steiner/*Hagemann*, § 6 Rdn. 13; *Stöber*, ZVG § 6 Rdn. 2.2 f.; Löhnig/*Huber*, § 6 Rdn. 3; vgl. *Böttcher*, §§ 6, 7 Rdn. 2; Depré/*Cranshaw*, § 6 Rdn. 5.
11 LG Potsdam, ZfIR 2014, 785; dazu *Steffen*, ZfIR 2014, 757; vgl. zur Ermittlungspflicht des Gerichts auch LG Braunschweig, Rpfleger 2012, 568.
12 BVerfGE 101, 397 = Rpfleger 2000, 205 = NJW 2000, 1709.
13 Steiner/*Hagemann*, § 6 Rdn. 14; *Stöber*, ZVG § 6 Rdn. 2.3; *Böttcher*, §§ 6, 7 Rdn. 2.
14 *Schiffhauer*, Rpfleger 1975, 187, 189; a.A. LG Aachen Rpfleger 1965, 144 m. abl. Anm. *Stöber*: nur Inhalt der Vollstreckungsakten maßgeblich.

gegenüber unwirksam; eine ordnungsgemäße Zustellung kann dann nicht durch Übermittlung an den Zustellungsvertreter bewirkt werden.[15]

III. Verfahren

7   Liegen die Voraussetzungen vor, so muss das Vollstreckungsgericht eine geeignete und bereite Person – auch einen Bediensteten des Gerichts wie Urkundsbeamten der Geschäftsstelle oder Gerichtsvollzieher[16] – auswählen und durch **Beschluss** zum Zustellungsvertreter **bestellen**. Eine gesetzliche Verpflichtung zur Übernahme der Vertretung besteht nicht. Die Anordnung wird dem Vertreter mitgeteilt. Zur Belehrung und Überwachung des Vertreters ist das Gericht nicht verpflichtet.[17]

IV. Zustellung an Vormundschafts- und Aufsichtsbehörde

8   Die Bestellung eines Zustellungsvertreters ist im Falle des § 6 Abs. 3 nach dem Ermessen des Vollstreckungsgerichts entbehrlich. Ist dem Gericht der Aufenthalt des gesetzlichen Vertreters eines Prozessunfähigen unbekannt, so kann es an das für die Kindschaftssachen zuständige **Familiengericht** (§ 23a Abs. 1 Satz 1 Nr. 1, § 23b GVG, §§ 151, 152 FamFG) oder an das **Betreuungsgericht** (§ 23a Abs. 2 Nr. 1, § 23c GVG, §§ 271, 272 FamFG) zustellen.[18] Das gilt auch dann, wenn ein gesetzlicher Vertreter nicht vorhanden oder wegen Interessenkollision an der Vertretung gehindert ist (§§ 181, 1795, 1629 Abs. 2 Satz 1, § 1908i Abs. 1 Satz 1 BGB).[19]

9   Im Falle einer juristischen Person oder eines Vereins, der als solcher klagen und verklagt werden kann, kann an die nach öffentlichem Recht zuständige staatliche **Aufsichtsbehörde** zugestellt werden. Ein satzungsmäßig bestellter Aufsichtsrat oder das Registergericht sind **nicht** Aufsichtsbehörde im Sinne des § 6 Abs. 3.[20] Eine Aufsichtsbehörde ist für viele Fälle nicht feststellbar, sodass § 6 Abs. 3 insoweit oft untauglich ist.

---

15 LG Potsdam, ZfIR 2014, 785; dazu *Steffen*, ZfIR 2014, 757.
16 Steiner/*Hagemann*, § 6 Rdn. 18; *Böttcher*, §§ 6, 7 Rdn. 4; *Drasdo*, ZfIR 2013, 5, 6; *Steffen*, ZfIR 2014, 757, 760.
17 *Stöber*, ZVG § 6 Rdn. 3.4; *Drasdo*, ZfIR 2013, 5, 6; *Steffen*, ZfIR 2014, 757, 760; a.A. Steiner/*Hagemann*, § 6 Rdn. 19; *Depré/Cranshaw*, § 6 Rdn. 10; *Böttcher*, §§ 6, 7 Rdn. 5; anders auch die 12. Aufl. Rdn. 12; differenzierend (Überwachungspflicht, ob der Vertreter seine Aufgabe offensichtlich nicht erfüllen kann oder will) Löhnig/*Huber*, § 6 Rdn. 6.
18 Hk-ZV/*Sievers*, ZVG § 6 Rdn. 2.
19 Steiner/*Hagemann*, § 6 Rdn. 25; *Stöber*, ZVG § 6 Rdn. 4.1; *Böttcher*, §§ 6, 7 Rdn. 14; Löhnig/*Huber*, § 6 Rdn. 7.
20 Steiner/*Hagemann*, § 6 Rdn. 32; *Stöber*, ZVG § 6 Rdn. 4.1 f.; *Depré/Cranshaw*, § 6 Rdn. 17; *Böttcher*, §§ 6, 7 Rdn. 16; Löhnig/*Huber*, § 6 Rdn. 7.

§ 7 »Stellung, Aufgaben, Vergütung und Auslagen des Zustellungsvertreters«

(1) An den Zustellungsvertreter erfolgen die Zustellungen, solange derjenige, welchem zugestellt werden soll, nicht ermittelt ist.

(2) ¹Der Zustellungsvertreter ist zur Ermittlung und Benachrichtigung des Vertretenen verpflichtet. ²Er kann von diesem eine Vergütung für seine Tätigkeit und Ersatz seiner Auslagen fordern. ³Über die Vergütung und die Erstattung der Auslagen entscheidet das Vollstreckungsgericht.

(3) Für die Erstattung der Auslagen haftet der Gläubiger, soweit der Zustellungsvertreter von dem Vertretenen Ersatz nicht zu erlangen vermag; die dem Gläubiger zur Last fallenden Auslagen gehören zu den Kosten der die Befriedigung aus dem Grundstücke bezweckenden Rechtsverfolgung.

I. Stellung des Zustellungsvertreters

Die **Rechtsstellung** des Zustellungsvertreters ähnelt derjenigen eines Abwesenheitspflegers (§ 1911 BGB), jedoch mit engerem Geschäftskreis. Das Vollstreckungsgericht überwacht ihn daraufhin, **ob** er tätig wird. Die **Art und Weise** seiner Aufgabenerfüllung gestaltet er selbstständig. Eine regelmäßige Berichterstattung ist nicht erforderlich.[1] Das Vollstreckungsgericht kann auch kein Zwangsgeld gegen ihn verhängen, um ihn zur Erfüllung seiner Aufgaben anzuhalten. Notfalls muss das Gericht ihn entlassen und einen anderen Zustellungsvertreter bestellen.[2] Eine neue Bestellung ist auch erforderlich, wenn er verstirbt oder sein Aufenthalt unbekannt wird.[3] 1

Gegenüber dem Beteiligten, für den er bestellt wird, **haftet** der Zustellungsvertreter entsprechend §§ 1915, 1833 BGB, wenn er seine Pflichten schuldhaft verletzt (z.B. keine oder ungenügende Nachforschungen, vgl. → Rdn. 4, anstellt).[4] 2

II. Aufgaben des Zustellungsvertreters

Der Zustellungsvertreter hat in dem Verfahren, für das er bestellt ist, die für den Vertretenen bestimmten **Zustellungen entgegenzunehmen**. Solange der Vertretene nicht ermittelt ist, wirkt die Empfangnahme durch den Vertreter als Zustellung gegenüber dem Vertretenen (§ 7 Abs. 1).[5] 3

Der Zustellungsvertreter hat weiterhin den Aufenthalt des Vertretenen zu **ermitteln** und ihn nach Ermittlung zu **benachrichtigen** (§ 7 Abs. 2 Satz 1). Zu den Möglichkeiten der Ermittlung gehören Anfragen bei der Meldebehörde oder bei der Polizei, eine Anschriftenprüfung der Post, bei Firmen Anfragen bei der Gewerbebehörde, auch die Beauftragung eines Detektivs, der Nachforschungen bei Nachbarn, Vermietern, Arbeitgebern oder Verwandten anstellen kann. Stellt sich heraus, dass der Vertretene verstorben ist, so hat der Vertreter die Erben zu ermitteln und zu benachrichtigen.[6] 4

---

1 *Drasdo*, ZfIR 2013, 5, 6; *Steffen*, ZfIR 2014, 757, 760; a.A. *Böttcher*, §§ 6, 7 Rdn. 6.
2 Vgl. *Löhnig/Huber*, § 6 Rdn. 6; *Drasdo*, ZfIR 2013, 5, 7; *Steffen*, ZfIR 2014, 757, 760.
3 *Steiner/Hagemann*, § 7 Rdn. 2; *Stöber*, ZVG § 6 Rdn. 3.4.
4 *Steiner/Hagemann*, § 7 Rdn. 2; *Stöber*, ZVG § 7 Rdn. 2.3; *Depré/Cranshaw*, § 7 Rdn. 7; *Steffen*, ZfIR 2014, 757, 761; *Böttcher*, §§ 6, 7 Rdn. 6; Hk-ZV/*Sievers*, ZVG § 7 Rdn. 3.
5 *Löhnig/Huber*, § 7 Rdn. 3.
6 *Löhnig/Huber*, § 7 Rdn. 4; *Steffen*, ZfIR 2014, 757, 761.

5 Das Ermittlungsergebnis hat er dem Vollstreckungsgericht anzuzeigen; die ihm zugestellten Dokumente hat er dem Vertretenen auszuhändigen.[7]

6 Dagegen gehört es **nicht** zu den Aufgaben des Zustellungsvertreters, für den Vertretenen Anträge zu stellen, Ansprüche anzumelden, Rechtsmittel einzulegen oder darauf zu verzichten, im Versteigerungstermin aufzutreten oder sonst im Verfahren tätig zu werden.[8] Er ist auch **nicht** Vertreter zur Ermittlung des unbekannten Berechtigten im Falle des § 135, einstweiliger besonderer Vertreter des Erben nach § 779 Abs. 2 ZPO oder Vertreter bei der Zwangsvollstreckung in ein herrenloses Grundstück, Schiff, Schiffsbauwerk oder Luftfahrzeug nach § 787 ZPO, § 99 Abs. 1 Satz 1 LuftFzgG.[9]

7 Die Aufgabe des Zustellungsvertreters **endet** mit der Ermittlung des Vertretenen oder dessen Prozess- oder Zustellungsbevollmächtigten. Sobald das Vollstreckungsgericht hiervon Kenntnis erlangt, kann an den Zustellungsvertreter nicht mehr wirksam zugestellt werden. Die Aufgabe des Zustellungsvertreters endet außerdem, wenn für den Beteiligten ein **Pfleger** (Abwesenheitspfleger, § 1911 BGB, Pfleger für den unbekannten Beteiligten, § 1913 BGB, Nachlasspfleger, § 1960 BGB) bestellt wird.[10] Eine solche Pflegerbestellung ist regelmäßig erforderlich, wenn der Zustellungsvertreter den Beteiligten nicht alsbald ermittelt und dessen Vertretung im Verfahren geboten ist.[11]

III. Vergütung und Auslagen des Zustellungsvertreters

8 Der Zustellungsvertreter kann von dem **Vertretenen** eine **Vergütung** und den Ersatz seiner **Auslagen** beanspruchen (§ 7 Abs. 2 Satz 2). Der Vertretene haftet hierfür mit seinem gesamten Vermögen, nicht nur mit einem auf sein Recht entfallenden Anteil am Versteigerungserlös.[12] Der Anspruch wird nicht dadurch ausgeschlossen, dass die Bestellung nicht hätte erfolgen dürfen.[13]

9 Die Vergütung ist eine Entschädigung für die Bemühungen des Zustellungsvertreters. Auslagen sind die von ihm aufgewendeten Kosten u.a. für Porto, Schreiben und Reisekosten.

10 Die Vergütung und die Auslagen werden auf Antrag des Zustellungsvertreters von dem Vollstreckungsgericht durch Beschluss **festgesetzt**. Über die Höhe der Vergütung entscheidet das Gericht nach billigem Ermessen. Zu berücksichtigen sind die Dauer, die Schwierigkeit, die Haftungsgefahr der Tätigkeit sowie die Forderung und das Interesse des Vertretenen.[14] Die auf die Vergütung entfallende

---

7 Steiner/*Hagemann*, § 7 Rdn. 5; *Stöber*, ZVG § 7 Rdn. 2.3; *Böttcher*, §§ 6, 7 Rdn. 8; Hk-ZV/*Sievers*, ZVG § 7 Rdn. 2.
8 Steiner/*Hagemann*, § 7 Rdn. 7; *Stöber*, ZVG § 7 Rdn. 2.2; *Böttcher*, §§ 6, 7 Rdn. 9; Hk-ZV/*Sievers*, ZVG § 6 Rdn. 4, § 7 Rdn. 1; *Steffen*, ZfIR 2014, 757, 760.
9 Steiner/*Hagemann*, § 7 Rdn. 7; *Stöber*, ZVG § 7 Rdn. 2.5.
10 Depré/*Cranshaw*, § 7 Rdn. 4.
11 Steiner/*Hagemann*, § 7 Rdn. 9; *Stöber*, ZVG § 7 Rdn. 2.2; Löhnig/*Huber*, § 7 Rdn. 5; vgl. *Steffen*, ZfIR 2014, 757, 760.
12 Steiner/*Hagemann*, § 7 Rdn. 10; *Drasdo*, ZfIR 2013, 5, 7.
13 LG Lüneburg, Rpfleger 1962, 57 m. Anm. *Drischler*; Steiner/*Hagemann*, § 7 Rdn. 10; *Stöber*, ZVG § 7 Rdn. 3.1; Depré/*Cranshaw*, § 7 Rdn. 9; *Böttcher*, §§ 6, 7 Rdn. 11; *Drasdo*, ZfIR 2013, 5, 7.
14 Steiner/*Hagemann*, § 7 Rdn. 12; *Stöber*, ZVG § 7 Rdn. 3.3; *Böttcher*, §§ 6, 7 Rdn. 12; Löhnig/*Huber*, § 7 Rdn. 6; Hk-ZV/*Sievers*, ZVG § 7 Rdn. 4; *Drasdo*, ZfIR 2013, 5, 7; vgl. Depré/*Cranshaw*, § 7 Rdn. 8, der als Maßstab Regelungen über die Vergütung des Betreuers und der Gläubigerausschussmitglieder heranziehen will, die eine Vergütung nach Stundensätzen vorsehen.

Umsatzsteuer kann in den festgesetzten Betrag eingerechnet[15] oder gesondert ausgewiesen werden.[16] Die Auslagen muss der Vertreter spezifiziert darlegen und notfalls glaubhaft machen (§ 294 ZPO).

Der Festsetzungsbeschluss ist mit **sofortiger Beschwerde** anfechtbar, wenn der Beschwerdewert 200 Euro übersteigt (§ 567 Abs. 2 ZPO), sonst mit **befristeter Erinnerung** (§ 11 Abs. 2 Satz 1 RPflG).[17] § 95 steht nicht entgegen, weil es sich um eine Vorentscheidung handelt, die mit der Beschlussfassung über den Zuschlag in keinem Zusammenhang steht.[18] Der Rechtspfleger kann der Beschwerde bzw. der Erinnerung abhelfen und legt sie andernfalls dem Beschwerdegericht bzw. dem Richter des Vollstreckungsgerichts vor (§ 572 Abs. 1 ZPO bzw. § 11 Abs. 2 Satz 2, 3, § 28 RPflG). 11

Der Festsetzungsbeschluss bildet einen **Vollstreckungstitel** gegen den Vertretenen nach § 794 Abs. 1 Nr. 3 ZPO.[19] Auf Antrag wird zu ihm die Vollstreckungsklausel (§§ 724 f. ZPO) erteilt. Dem Vertretenen wird der Beschluss von Amts wegen **zugestellt**, notfalls öffentlich. Eine Zustellung an den Vertreter (in seiner Eigenschaft als Zustellungsvertreter für den Vertretenen) ist nach dem Normzweck nicht möglich. Dem Vertreter (als Berechtigtem des Vergütungs- und Auslagenanspruchs) wird der Beschluss formlos mitgeteilt und nur dann zugestellt, wenn seinem Antrag nicht voll entsprochen wurde (§ 329 Abs. 3 ZPO).[20] 12

Zur Realisierung seines Anspruchs kann der Vertreter einen auf den Anspruch des Vertretenen entfallenden Anteil am Versteigerungserlös pfänden und sich überweisen lassen.[21] 13

Für die **Auslagen**, nicht auch für die Vergütung,[22] haftet in zweiter Linie der das Verfahren **betreibende Gläubiger** für den Fall, dass der Vertreter seinen Anspruch gegen den Vertretenen nicht durchsetzen kann. Mehrere betreibende Gläubiger haften als Gesamtschuldner. Der Gläubiger kann die Auslagen im Range seines Anspruchs als **Kosten der Rechtsverfolgung** anmelden (§ 7 Abs. 3, § 10 Abs. 2).[23] 14

Den gegen den Gläubiger gerichteten Anspruch kann das Vollstreckungsgericht **nicht festsetzen**. Gegen den nicht freiwillig zahlenden Gläubiger muss der Vertreter beim Prozessgericht einen Titel erwirken.[24] 15

---

15 Vgl. BGH, NJW 1975, 210 = Rpfleger 1975, 55; OLG Hamm, NJW 1972, 2038 = Rpfleger 1972, 370 m. Anm. Schriftl.; KG, NJW 1973, 762 = Rpfleger 1973, 24; a.A. (gesonderter Ausweis) OLG Hamburg, NJW 1972, 1427 = MDR 1972, 782; *Drasdo*, ZfIR 2013, 5, 7 unter Hinweis auf § 3 Abs. 1 Satz 3 VBVG; vgl. auch *Steffen*, ZfIR 2014, 757, 761.
16 *Stöber*, ZVG § 7 Rdn. 3.3; *Stöber*, ZVG-Handbuch Rdn. 66 mit Muster.
17 *Depré/Cranshaw*, § 7 Rdn. 10; *Löhnig/Huber*, § 7 Rdn. 6; *Steffen*, ZfIR 2014, 757, 762.
18 *Drischler*, Rpfleger 1962, 57; im Ergebnis ebenso mit ausführlicher Begründung (keine Entscheidung gegen den Schuldner) Steiner/*Hagemann*, § 7 Rdn. 14; *Stöber*, ZVG § 7 Rdn. 3.6.
19 *Drasdo*, ZfIR 2013, 5, 7; *Steffen*, ZfIR 2014, 757, 761.
20 Steiner/*Hagemann*, § 7 Rdn. 13; *Stöber*, ZVG § 7 Rdn. 3.4; *Löhnig/Huber*, § 7 Rdn. 6.
21 *Drasdo*, ZfIR 2013, 5, 8.
22 *Steffen*, ZfIR 2014, 757, 762; insoweit kritisch *Drasdo*, ZfIR 2013, 5, 8.
23 Steiner/*Hagemann*, § 7 Rdn. 15; *Böttcher*, §§ 6, 7 Rdn. 13; *Löhnig/Huber*, § 7 Rdn. 7; Hk-ZV/*Sievers*, ZVG § 7 Rdn. 5; *Drasdo*, ZfIR 2013, 5, 8; *Steffen*, ZfIR 2014, 757, 762; vgl. Depré/*Cranshaw*, § 7 Rdn. 13.
24 Steiner/*Hagemann*, § 7 Rdn. 16; *Böttcher*, §§ 6, 7 Rdn. 13; *Löhnig/Huber*, § 7 Rdn. 7; *Drasdo*, ZfIR 2013, 5, 8; *Steffen*, ZfIR 2014, 757, 762; kritisch dazu Steiner/*Hagemann*, § 7 Rdn. 1; Depré/*Cranshaw*, § 7 Rdn 14.

§ 8 »Zustellung des Anordnungs- und Beitrittsbeschlusses«

Die Vorschriften der §§ 4 bis 7 finden auf die an den Schuldner zu bewirkende Zustellung des Beschlusses, durch welchen die Zwangsvollstreckung angeordnet oder der Beitritt eines Gläubigers zugelassen wird, keine Anwendung.

I. Bedeutung der Vorschrift

1   Die **Anordnungs- und Beitrittsbeschlüsse** sollen dem Schuldner oder Antragsgegner nach den allgemeinen Zustellungsvorschriften der ZPO ohne die Besonderheiten nach §§ 4 bis 7 zugestellt werden, weil es sich um die wichtige Einleitung des Verfahrens handelt und der Schuldner bzw. Antragsgegner hierdurch besser geschützt werden soll. Der Gläubiger bzw. Antragsteller wird vor Nachteilen, die sich aus einer Verzögerung der Zustellung ergeben, dadurch geschützt, dass die Beschlagnahme auch bereits mit dem Eingang des Eintragungsersuchens beim Grundbuchgericht wirksam wird (§ 22 Abs. 1 Satz 2), im Falle der Zwangsverwaltung auch mit Besitzerlangung durch den Zwangsverwalter (§ 151 Abs. 1, § 150 Abs. 2, § 13 Abs. 4 Satz 2).

II. Zustellung von Anordnungs- und Beitrittsbeschlüssen

2   Für die Zustellung von **Anordnungs- und Beitrittsbeschlüssen** an den Schuldner oder Antragsgegner gelten § 3 und die Zustellungsvorschriften der ZPO. Dagegen sind die besonderen Vorschriften der §§ 4 bis 7 nicht anzuwenden. Die Beschlüsse können also nicht durch Aufgabe zur Post (§ 4), nicht an den beim Grundbuchgericht bestellten Zustellungsbevollmächtigten (§ 5) und nicht an einen Zustellungsvertreter, an das Familien- oder Betreuungsgericht als „Vormundschaftsbehörde" oder an die Aufsichtsbehörde (§§ 6, 7) zugestellt werden. Eine dennoch nach diesen Vorschriften erfolgte Zustellung wäre wirkungslos; der Versteigerungstermin dürfte nicht abgehalten werden (§ 43 Abs. 2); der Zuschlag wäre zu versagen (§ 83 Nr. 1) bzw. auf Beschwerde aufzuheben (§ 100 Abs. 1).[1] Ein derartiger Mangel kann nach § 189 ZPO geheilt werden, außer bei mangelndem Zustellungswillen, etwa wenn eine Auslandszustellung nicht nach den hierfür maßgeblichen Vorschriften, sondern nur durch formlose Übersendung erfolgt ist.[2]

3   § 8 gilt auch für Zustellungen an den **Prozessbevollmächtigten** des Schuldners oder Antragsgegners nach § 172 ZPO.[3]

4   Ist der Schuldner oder Antragsgegner **unbekannten Aufenthalts** oder liegen die sonstigen Voraussetzungen des § 185 ZPO vor, so können Anordnungs- und Beitrittsbeschlüsse ihm in Anwendung der §§ 186 bis 188 ZPO **öffentlich** zugestellt werden (vgl. → 3 Rdn. 17).[4]

5   § 8 gilt **nicht** für die etwaige Zustellung des Anordnungs- oder Beitrittsbeschlusses an den **Gläubiger** oder Antragsteller, wenn seinem Antrag nicht voll entsprochen wurde.[5]

---

[1]   Steiner/*Hagemann*, § 8 Rdn. 3; *Stöber*, ZVG § 8 Rdn. 2.1; *Depré/Cranshaw*, § 8 Rdn. 17; *Böttcher*, § 8 Rdn. 1.
[2]   LG Koblenz, Rpfleger 1972, 183; Steiner/*Hagemann*, § 8 Rdn. 4; *Stöber*, ZVG § 8 Rdn. 2.1 f.; *Depré/Cranshaw*, § 8 Rdn. 17; Löhnig/*Huber*, § 8 Rdn. 3, a.A. die 14. Aufl. Rdn. 2.
[3]   *Stöber*, ZVG § 8 Rdn. 1.2; Löhnig/*Huber*, § 8 Rdn. 2.
[4]   *Stöber*, ZVG § 8 Rdn. 2.3; *Böttcher*, § 8 Rdn. 1; Löhnig/*Huber*, § 8 Rdn. 1.
[5]   Steiner/*Hagemann*, § 8 Rdn. 5; *Stöber*, ZVG § 8 Rdn. 1.2; *Böttcher*, § 8 Rdn. 1.

§ 9 »Beteiligte«

In dem Verfahren gelten als Beteiligte, außer dem Gläubiger und dem Schuldner:
1. diejenigen, für welche zur Zeit der Eintragung des Vollstreckungsvermerkes ein Recht im Grundbuch eingetragen oder durch Eintragung gesichert ist;
2. diejenigen, welche ein der Zwangsvollstreckung entgegenstehendes Recht, ein Recht an dem Grundstück oder an einem das Grundstück belastenden Rechte, einen Anspruch mit dem Rechte auf Befriedigung aus dem Grundstück oder ein Miet- oder Pachtrecht, auf Grund dessen ihnen das Grundstück überlassen ist, bei dem Vollstreckungsgericht anmelden und auf Verlangen des Gerichts oder eines Beteiligten glaubhaft machen.

Übersicht   Rdn.
I.   Anwendungsbereich   1
II.   Bedeutung der Vorschrift   2
III. Gläubiger und Schuldner.   5
IV.   Beteiligte aufgrund Grundbucheintragung   7
V.   Beteiligte aufgrund Anmeldung   13
      1. Grundsatz   13
      2. Der Zwangsvollstreckung entgegenstehende Rechte   14
      3. Rechte am Grundstück oder einem darauf lastenden Recht ...   17
      4. Ansprüche mit Recht auf Befriedigung aus dem Grundstück ..   19
      5. Mieter und Pächter.   20
      6. Anmeldung und Glaubhaftmachung   21
VI.   Beteiligte nach Sondervorschriften.   24

I. Anwendungsbereich

§ 9 gilt für die Zwangsversteigerung und die Zwangsverwaltung von **Grundstücken**, Grundstücksbruchteilen und grundstücksgleichen Rechten im Wege der **Zwangsvollstreckung** und aufgrund der jeweiligen Verweisung für die besonderen Versteigerungsverfahren des ZVG (**Insolvenzverwalterversteigerung**, § 172, **Nachlassversteigerung**, § 176, und **Teilungsversteigerung**, § 180 Abs. 1). Mit Besonderheiten (vgl. → Rdn. 25) gilt die Vorschrift auch für die Zwangsversteigerung von **Schiffen**, Schiffsbauwerken und **Luftfahrzeugen**.

1

II. Bedeutung der Vorschrift

Da die Zwangsversteigerung und die Zwangsverwaltung nicht nur die Rechte und Interessen des betreibenden Gläubigers und des Schuldners, sondern auch diejenigen anderer Personen berühren, bedarf es einer Festlegung, welche dieser Personen Rechte im Verfahren als **Beteiligte** ausüben dürfen. Dies regelt § 9 allgemein, jedoch nicht abschließend; vielmehr wird die Norm durch besondere Bestimmungen ergänzt (vgl. → Rdn. 24 ff.).[1]

2

Der Beteiligtenbegriff im Sinne des § 154 entspricht nach Ansicht des BGH nicht demjenigen des formell am Verfahren Beteiligten nach § 9, sondern beschreibt alle Personen, denen gegenüber das ZVG dem Zwangsverwalter spezifische Pflichten auferlegt. Danach können auch der Ersteher ab dem Zeitpunkt des Zuschlags, wenn die Zwangsverwaltung über den Zuschlag hinaus fortgeführt

---

1   Vgl. Depré/*Cranshaw*, § 9 Rdn. 1.

wird, die am Verfahren formell nicht beteiligte Wohnungseigentümergemeinschaft, wenn einzelne zur Anlage gehörende Einheiten unter Zwangsverwaltung stehen, oder ein Energieversorgungsunternehmen als Beteiligte im Sinne des § 154 angesehen werden (vgl. → § 154 Rdn. 4.2 ff.),[2] nicht dagegen der Inhaber eines Anwartschaftsrechts auf das Grundstück.[3]

3   Die **Beteiligten** werden in allen Abschnitten des Verfahrens zugezogen und können bestimmte Rechte wahrnehmen. Insbesondere gehören in der **Zwangsversteigerung** dazu: die Zustellung der Bestimmung des Versteigerungstermins (§ 41 Abs. 1), die Mitteilung der betreibenden Gläubiger und ihrer Ansprüche (§ 41 Abs. 2), das Verlangen einer abweichenden Feststellung des geringsten Gebots und der Versteigerungsbedingungen (§ 59 Abs. 1 Satz 1), der Antrag auf Gesamt- und Gruppenausgebot (§ 63 Abs. 2), der Antrag auf abgesonderte Versteigerung oder anderweitige Verwertung (§ 65 Abs. 1), der Antrag auf gerichtliche Verwaltung (§ 94 Abs. 1), die Anfechtung des Zuschlagsbeschlusses (§ 97 Abs. 1), die Zustellung der Bestimmung des Verteilungstermins (§ 105 Abs. 2), die Erhebung von Widerspruch gegen den Teilungsplan (§ 115).[4]

In der **Zwangsverwaltung** gehören dazu: die Benachrichtigung von der Anordnung (§ 146 Abs. 2), die Zustellung der Bestimmung des Verteilungstermins (§ 156 Abs. 2), die Erhebung von Widerspruch und Anfechtungsklage gegen den Teilungsplan (§ 159).

4   Einzelne Rechte stehen Beteiligten nur in bestimmten Fällen zu, etwa aufgrund der Art ihrer Beteiligung oder ihres Anspruchs oder aufgrund ihrer An- oder Abwesenheit im Termin. Dazu gehören die Zustimmung zur abweichenden Feststellung des geringsten Gebots und der Versteigerungsbedingungen (§ 59 Abs. 1 Satz 3), der Verzicht auf Einzelausgebote (§ 63 Abs. 4), der Antrag auf Verteilung vorgehender Grundpfandrechte (§ 64 Abs. 1), das Verlangen einer Sicherheitsleistung (§ 67 Abs. 1, § 68 Abs. 2), die Anhörung zum Zuschlag (§§ 74, 87 Abs. 3), die Zustellung des Zuschlagsbeschlusses (§ 88), die Anträge auf Zuschlagsversagung (§ 74a Abs. 1) und auf Bestimmung eines neuen Versteigerungstermins (§ 85 Abs. 1).

III. Gläubiger und Schuldner

5   Gläubiger im Sinne des § 9 ist der sogenannte **betreibende Gläubiger**, auf dessen Antrag das Verfahren angeordnet oder der Beitritt zugelassen wurde.[5] Er bleibt auch dann betreibender Gläubiger, wenn das Verfahren für ihn einstweilen eingestellt ist.[6] Wird sein Verfahren aufgehoben, so ist er in der Eigenschaft als Gläubiger nicht mehr Beteiligter, kann jedoch aus einem anderen Grund (z.B. als Inhaber eines dinglichen Rechts am Grundstück) die Beteiligtenstellung behal-

---

2   BGH, Rpfleger 2009, 406 = NJW 2009, 1677; BGHZ 179, 336 = Rpfleger 2009, 331 = NJW 2009, 1674 – dazu *Schmidberger/Traub*, Rpfleger 2010, 117 –; BGH, Rpfleger 2008, 89 m. Anm. *Engels* = MDR 2008, 168.
3   BGH, Rpfleger 2013, 405 m. Anm. *Schmidberger*.
4   Vgl. *Böttcher*, § 9 Rdn. 2; *Löhnig/Rachlitz*, vor § 9 Rdn. 4 ff.; Hk-ZV/*Sievers*, ZVG § 9 Rdn. 1; tabellarische Übersicht bei *Depré/Cranshaw*, § 9 Rdn. 58.
5   OLG Nürnberg, OLGZ 1976, 126 = MDR 1976, 234; *Löhnig/Rachlitz*, § 9 Rdn. 2; Hk-ZV/*Sievers*, ZVG § 9 Rdn. 2.
6   *Steiner/Hagemann*, § 9 Rdn. 19; *Stöber*, ZVG § 9 Rdn. 3.10; *Depré/Cranshaw*, § 9 Rdn. 13; *Böttcher*, § 9 Rdn. 4; Hk-ZV/*Sievers*, ZVG § 9 Rdn. 2; a.A. OLG Nürnberg, OLGZ 1976, 126 = MDR 1976, 234.

ten.⁷ Geht die Forderung des betreibenden Gläubigers auf einen anderen über, so wird dieser Beteiligter mit Anmeldung, wobei er lediglich Angaben zu Rechtsgrund, Rang und Betrag des Anspruchs machen muss (vgl. zur Antragsrücknahme oder Bewilligung der einstweiligen Einstellung durch den Rechtsnachfolger → § 29 Rdn. 4, → § 30 Rdn. 7).⁸ Die Gegenansicht, die zum Erwerb der Beteiligtenstellung den Nachweis der Klauselumschreibung und Zustellung für erforderlich hält,⁹ unterscheidet nicht ausreichend zwischen der Eigenschaft eines Verfahrensbeteiligten und derjenigen eines betreibenden Gläubigers.

Schuldner ist derjenige, gegen den sich das Verfahren richtet. Das ist regelmäßig der Eigentümer des Grundstücks, in welches vollstreckt wird, bei der Zwangsverwaltung ausnahmsweise der Eigenbesitzer (§ 147); zu Besonderheiten bei der Zwangsversteigerung von Schiffen vgl. § 164. Ist über das Vermögen des Schuldners das Insolvenzverfahren eröffnet worden, so ist nicht mehr der Schuldner, sondern der Insolvenzverwalter Beteiligter¹⁰ (der Schuldner bleibt aber zur Stellung eines Vollstreckungsschutzantrags nach § 765a ZPO wegen Suizidgefahr befugt¹¹); der Schuldner wird Beteiligter nach Freigabe des Grundstücks aus der Insolvenzmasse.¹² Bei Eigentumswechsel nach Beschlagnahme (vgl. § 26) wird der neue Eigentümer Beteiligter durch Anmeldung, nicht jedoch Vollstreckungsschuldner.¹³ 6

IV. Beteiligte aufgrund Grundbucheintragung

Das Vollstreckungsgericht berücksichtigt von Amts wegen diejenigen als Beteiligte, für die ein Recht im **Grundbuch eingetragen** oder durch Eintragung gesichert ist. Dieser Grundsatz ist insoweit eingeschränkt, als die Eintragung zur Zeit der **Eintragung des Vollstreckungsvermerks** bestehen muss. Derjenige, dessen Recht später eingetragen wird, muss es anmelden. 7

In Betracht kommen insbesondere Eigentum, Erbbaurechte, Dauerwohnrechte, Grundpfandrechte (Hypotheken, § 1113 BGB, Grundschulden, § 1191 BGB, und Rentenschulden, § 1199 BGB), Reallasten (§ 1105 BGB), Grunddienstbarkeiten (§ 1018 BGB), beschränkte persönliche Dienstbarkeiten (§ 1090 BGB), Nießbrauch (§ 1030 BGB) und dingliche Vorkaufsrechte (§ 1094 BGB), Nutzungsrechte, Mitbenutzungsrechte, Hypotheken und Aufbauhypotheken nach §§ 287 ff., 321 f., 452 ff. DDR-ZGB, Art. 233 §§ 3 ff. EGBGB, nutzungsrechtsloses Gebäudeeigentum nach Art. 233 §§ 2b, 2c, 8 EGBGB, auch ausnahmsweise eingetragene öffentliche Lasten (z.B. Bodenschutzlastvermerk, § 93b GBV, Geldleistungen im Umlegungsverfahren, § 63 Abs. 6 BauGB).¹⁴ Zu den Beteiligten gehören auch die 8

---

7 Depré/*Cranshaw*, § 9 Rdn. 13.
8 BGH, Rpfleger 2007, 93; *Stöber*, ZVG § 15 Rdn. 20.21; Depré/*Cranshaw*, § 9 Rdn. 14; *Hintzen/Wolf*, Rdn. 11.61.
9 Steiner/*Hagemann*, § 9 Rdn. 22; *Böttcher*, § 9 Rdn. 5; so auch die 12. Aufl. Rdn. 7.
10 BGH, Rpfleger 2009, 259 = NJW 2009, 1283; BGH, Rpfleger 2008, 590 = ZInsO 2008, 741 = EWiR 2008, 597 (LS.) m. Anm. *Keller*; LG Lübeck, Rpfleger 2004, 235; *Stöber*, ZVG § 9 Rdn. 3.15; Depré/*Cranshaw*, § 9 Rdn. 15; *Böttcher*, § 9 Rdn. 6; Löhnig/*Rachlitz*, vor § 9 Rdn. 13 ff.; *Hintzen/Wolf*, Rdn. 11.61.
11 BGH, Rpfleger 2009, 259 = NJW 2009, 1283; Depré/*Cranshaw*, § 9 Rdn. 16; Löhnig/*Rachlitz*, vor § 9 Rdn. 16.
12 *Stöber*, ZVG § 9 Rdn. 3.15.
13 Steiner/*Hagemann*, § 9 Rdn. 36; Depré/*Cranshaw*, § 9 Rdn. 19, 31; *Böttcher*, § 9 Rdn. 6; Hk-ZV/*Sievers*, ZVG § 9 Rdn. 4.
14 *Stöber*, ZVG § 9 Rdn. 3.22; Löhnig/*Rachlitz*, § 9 Rdn. 10.

Inhaber eingetragener Rechte an dinglichen Rechten, wie Nießbrauch und Pfandrechte.

9 Beteiligte, für die ein Recht durch Grundbucheintragung gesichert ist, sind diejenigen, zu deren Gunsten ein Widerspruch, eine Vormerkung, eine Verfügungsbeschränkung oder ein Veräußerungsverbot eingetragen ist.[15] Die Wirkung einer Vormerkung hat auch ein Vermerk zur Sicherung von Ansprüchen aus der Sachenrechtsbereinigung nach Art. 233 §§ 2a, 2c Abs. 2 EGBGB, § 7 GGV.

10 Auch ein zu Unrecht Eingetragener ist Beteiligter.[16] Bei Briefrechten ist der eingetragene Gläubiger Beteiligter, bis ein Berechtigter, dem das Recht abgetreten wurde, sein Recht anmeldet.[17] Wurden dem Zessionar nicht alle Zinsen abgetreten, so nehmen die rückständigen Zinsen am öffentlichen Glauben des Grundbuchs nicht teil (§ 1159 Abs. 2 BGB). Der Zedent ist deshalb nicht mehr Beteiligter aufgrund Grundbucheintragung, sondern nur nach Anmeldung.[18]

11 Zu den Beteiligten gehören bei der Zwangsvollstreckung in einen **Grundstücksbruchteil** auch die übrigen **Miteigentümer** des Grundstücks, da sich die Vollstreckung auf die Ansprüche aus dem Gemeinschaftsverhältnis (§§ 741 bis 758, 1008 bis 1011 BGB) auswirkt und ihr Recht als Miteigentum im Grundbuch eingetragen ist.[19] Bei **Wohnungs- und Teileigentum** sowie bei Wohnungs- und Teilerbbaurecht sind die teilrechtsfähige Wohnungseigentümergemeinschaft und die übrigen Eigentümer bzw. Erbbauberechtigten Beteiligte.[20]

12 Maßgeblich für die Beteiligtenstellung ist der Inhalt des Grundbuchs, nicht ein hiervon etwa abweichender Inhalt der nach § 19 Abs. 2 erteilten Abschrift.[21]

V. Beteiligte aufgrund Anmeldung

1. Grundsatz

13 Derjenige, dessen Recht zum Zeitpunkt der Eintragung des Vollstreckungsvermerks im Grundbuch nicht eingetragen ist, wird nur dann Beteiligter des Verfahrens, wenn er sein Recht **anmeldet** und ggf. **glaubhaft** macht.

2. Der Zwangsvollstreckung entgegenstehende Rechte

14 Damit das Recht eines Dritten der Zwangsvollstreckung entgegensteht, müssen drei **Voraussetzungen** gegeben sein:[22]

---

15 Löhnig/*Rachlitz*, § 9 Rdn. 13; Hk-ZV/*Sievers*, ZVG § 9 Rdn. 6.
16 Steiner/*Hagemann*, § 9 Rdn. 49; *Stöber*, ZVG § 9 Rdn. 2.3; Löhnig/*Rachlitz*, § 9 Rdn. 9; Hk-ZV/*Sievers*, ZVG § 9 Rdn. 7.
17 *Stöber*, ZVG § 9 Rdn. 2.3, 3.12; Depré/*Cranshaw*, § 9 Rdn. 21.
18 A.A. Steiner/*Hagemann*, § 9 Rdn. 49; *Stöber*, ZVG § 9 Rdn. 3.12; *Böttcher*, § 9 Rdn. 8.
19 *Stöber*, ZVG § 9 Rdn. 3.19; Löhnig/*Rachlitz*, § 9 Rdn. 11; a.A. *Böttcher*, § 9 Rdn. 8b; Hk-ZV/*Sievers*, ZVG § 9 Rdn. 9; *Sievers*, Rpfleger 1990, 335; *Schneider*, ZfIR 2012, 613.
20 OLG Stuttgart, OLGZ 1966, 57 = Rpfleger 1966, 113 m. Anm. *Diester* = NJW 1966, 1036; *Stöber*, ZVG § 9 Rdn. 3.35; Löhnig/*Rachlitz*, § 9 Rdn. 11; einschränkend LG Bielefeld, ZfIR 2012, 659; a.A. *Böttcher*, § 9 Rdn. 8a; Hk-ZV/*Sievers*, ZVG § 9 Rdn. 10; *Schneider*, ZfIR 2012, 613.
21 Steiner/*Hagemann*, § 9 Rdn. 42; *Stöber*, ZVG § 9 Rdn. 2.3; Depré/*Cranshaw*, § 9 Rdn. 19; Löhnig/*Rachlitz*, § 9 Rdn. 2 Fn. 19.
22 Steiner/*Hagemann*, § 9 Rdn. 68.

- Das Recht des Dritten muss durch formal ordnungsmäßige Vollstreckung in seinem gegenwärtigen und künftigen Bestand oder in seiner Verwirklichung beeinträchtigt werden.
- Der Dritte muss nach materiellem Recht den Eingriff des Vollstreckungsgläubigers nicht hinnehmen.[23] Dies ist gegenüber jedem vollstreckenden Gläubiger besonders zu prüfen, da das Recht des Dritten einem Gläubiger gegenüber bestehen, einem anderen gegenüber versagen kann.
- Das Recht des Dritten muss sich auf einen durch Zuschlag auf den Ersteher übergehenden Gegenstand beziehen (Grundstück, Zubehör, erfasste Forderungen).

Hierher gehören vor allem das Eigentum eines Dritten am Grundstückszubehör aufgrund **Eigentumsvorbehalts**[24] oder **Sicherungsübereignung**,[25] das Recht des im Grundbuch nicht eingetragenen wirklichen **Eigentümers**,[26] das Recht desjenigen, zu dessen Gunsten ein **Veräußerungsverbot** nach §§ 135, 136 BGB besteht (§ 772 ZPO),[27] das **Anfechtungsrecht** des Insolvenzverwalters[28] und des Insolvenzgläubigers,[29] das Recht des nicht eingetragenen **Pfandgläubigers**,[30] das Recht des **Nacherben**, wenn die Veräußerung bei Eintritt des Nacherbfalls ihm gegenüber unwirksam ist (§ 773 ZPO).[31]

15

Schuldrechtliche Ansprüche stehen der Zwangsvollstreckung nur entgegen, soweit sie zur Aussonderung berechtigen. Dazu gehören das Recht des Hinterlegers, Verleihers, Vermieters, Verpächters, Auftraggebers auf Herausgabe des nicht zum Schuldnervermögen gehörenden Zubehörs.[32]

Nicht zu den entgegenstehenden Rechten gehört der Eigenbesitz des Käufers nach Auflassung und Übergabe des Grundstücks.[33]

16

Schuldrechtliche Ansprüche gehören grundsätzlich ebenfalls nicht zu den entgegenstehenden Rechten.[34] Sind solche Ansprüche jedoch geeignet, die Geltendmachung des dinglichen Rechts eines anderen zu beschränken oder auszuschließen, so können sie ein Widerspruchsrecht gegen den Teilungsplan begründen. Deshalb ist der Inhaber eines Anspruchs auf **Rückgewähr** nicht valutierter

---

23 RGZ 116, 363; 127, 8.
24 BGHZ 54, 214 = NJW 1970, 1733; Steiner/*Hagemann*, § 9 Rdn. 70; *Stöber*, ZVG § 9 Rdn. 2.5; *Böttcher*, § 9 Rdn. 11.
25 Steiner/*Hagemann*, § 9 Rdn. 70; *Böttcher*, § 9 Rdn. 11; vgl. Depré/*Cranshaw*, § 9 Rdn. 24.
26 Steiner/*Hagemann*, § 9 Rdn. 70; *Stöber*, ZVG § 9 Rdn. 2.5; Depré/*Cranshaw*, § 9 Rdn. 32; *Böttcher*, § 9 Rdn. 11; Hk-ZV/*Sievers*, ZVG § 9 Rdn. 17.
27 Steiner/*Hagemann*, § 9 Rdn. 71; *Stöber*, ZVG § 9 Rdn. 2.5; Depré/*Cranshaw*, § 9 Rdn. 25; *Böttcher*, § 9 Rdn. 11; Hk-ZV/*Sievers*, ZVG § 9 Rdn. 17.
28 BGH, Rpfleger 2001, 443 = NJW 2001, 2477 = NZI 2001, 418; BGHZ 130, 314 = NJW 1995, 2846; Depré/*Cranshaw*, § 9 Rdn. 27.
29 Steiner/*Hagemann*, § 9 Rdn. 74; *Böttcher*, § 9 Rdn. 11.
30 BayObLGZ 1959, 50 = Rpfleger 1960, 157 = NJW 1959, 1780 zum Erbteilspfandgläubiger; Steiner/*Hagemann*, § 9 Rdn. 75; *Böttcher*, § 9 Rdn. 11.
31 Steiner/*Hagemann*, § 9 Rdn. 72; *Böttcher*, § 9 Rdn. 11; Hk-ZV/*Sievers*, ZVG § 9 Rdn. 17.
32 BGH, Rpfleger 2014, 34 = ZfIR 2013, 873 m. Anm. *Engels* für den Eigentümer von Grundstückszubehör; Steiner/*Hagemann*, § 9 Rdn. 76; Depré/*Cranshaw*, § 9 Rdn. 26; *Böttcher*, § 9 Rdn. 11; Löhnig/*Rachlitz*, § 9 Rdn. 16.
33 RGZ 127, 8; Steiner/*Hagemann*, § 9 Rdn. 70; Depré/*Cranshaw*, § 9 Rdn. 32.
34 BGHZ 108, 237 = Rpfleger 1990, 32 = NJW 1989, 2536.

Teile einer Sicherungsgrundschuld nach Anmeldung Beteiligter des Verfahrens.[35]

Beteiligt nach Anmeldung ist auch der nach dem VermG **rückübertragungsberechtigte Alteigentümer** eines Grundstücks im Beitrittsgebiet.[36]

3. Rechte am Grundstück oder einem darauf lastenden Recht

17 Zu den Beteiligten gehören diejenigen, die ein erst nach dem Vollstreckungsvermerk im Grundbuch eingetragenes (sonst § 9 Nr. 1) **Recht an dem Grundstück** oder an einem Recht, welches das Grundstück belastet (vgl. → Rdn. 8), anmelden. Dasselbe gilt für diejenigen, die ein eingetragenes Recht außerhalb des Grundbuchs erworben haben, sofern das Grundbuch bei Eintragung des Vollstreckungsvermerks noch nicht berichtigt war, etwa bei Befriedigung durch den Bürgen (§ 774 BGB) oder den ausgleichsberechtigten Gesamtschuldner (§ 426 BGB), bei Ablösung durch den berechtigten Dritten (§§ 1150, 268 BGB), bei Erbfolge oder bei Abtretung eines Grundpfandrechts unter Briefübergabe (§ 1154 BGB).

18 Zu den erfassten Rechten gehören auch **nicht eingetragene Rechte** wie Überbaurenten (§ 912 BGB) und Notwegrenten (§ 917 BGB),[37] altrechtliche Dienstbarkeiten (Art. 187 EGBGB), gesetzliche Vorkaufsrechte,[38] außerhalb des Grundbuchs entstandene Rechte wie Sicherungshypotheken nach § 1287 BGB und § 848 Abs. 2 ZPO,[39] Nießbrauch nach § 1075 BGB, Pfandrechte an dinglichen Rechten und am Erlösüberschuss[40] sowie **zu Unrecht gelöschte Rechte**.[41]

4. Ansprüche mit Recht auf Befriedigung aus dem Grundstück

19 Beteiligt sind ferner diejenigen, die einen Anspruch mit **Recht auf Befriedigung** aus dem Grundstück anmelden. Zu diesen Ansprüchen gehören das Früchtepfandrecht (vgl. → § 10 Rdn. 4), die Vorschüsse eines die Zwangsverwaltung betreibenden Gläubigers im Sinne des § 10 Abs. 1 Nr. 1, die zur Insolvenzmasse gehörenden Ansprüche auf Ersatz der Feststellungskosten im Sinne des § 10 Abs. 1 Nr. 1a, bei Vollstreckung in ein Wohnungseigentum die daraus fälligen Ansprüche auf Zahlung der Beiträge zu den Lasten und Kosten sowie Rückgriffsansprüche im Sinne des § 10 Abs. 1 Nr. 2 und die Ansprüche auf Entrichtung öffentlicher Lasten im Sinne des § 10 Abs. 1 Nr. 3, 7.[42]

---

35 BGH, Rpfleger 2002, 273 = NJW 2002, 1578 = NZI 2002, 276; Steiner/*Hagemann*, § 9 Rdn. 84; *Stöber*, ZVG § 9 Rdn. 2.8; *Depré/Cranshaw*, § 9 Rdn. 34; *Böttcher*, § 9 Rdn. 13; *Löhnig/Rachlitz*, § 9 Rdn. 16; a.A. OLG Hamm, OLGZ 1992, 376 = Rpfleger 1992, 308; OLG Köln, Rpfleger 1988, 324 = KTS 1988, 572; *Hintzen/Wolf*, Rdn. 11.67.
36 LG Halle, WM 2000, 1606; *Stöber*, ZVG § 9 Rdn. 3.38.
37 Steiner/*Hagemann*, § 9 Rdn. 83; *Depré/Cranshaw*, § 9 Rdn. 33; *Böttcher*, § 9 Rdn. 12; *Löhnig/Rachlitz*, § 9 Rdn. 17; Hk-ZV/*Sievers*, ZVG § 9 Rdn. 18.
38 *Böttcher*, § 9 Rdn. 12.
39 Steiner/*Hagemann*, § 9 Rdn. 83; *Stöber*, ZVG § 9 Rdn. 2.6; *Depré/Cranshaw*, § 9 Rdn. 33; *Böttcher*, § 9 Rdn. 12.
40 Steiner/*Hagemann*, § 9 Rdn. 83; *Depré/Cranshaw*, § 9 Rdn. 33.
41 RGZ 94, 5; Steiner/*Hagemann*, § 9 Rdn. 83; *Stöber*, ZVG § 9 Rdn. 2.6; *Depré/Cranshaw*, § 9 Rdn. 32; *Böttcher*, § 9 Rdn. 12; Hk-ZV/*Sievers*, ZVG § 9 Rdn. 18.
42 Steiner/*Hagemann*, § 9 Rdn. 86; *Stöber*, ZVG § 9 Rdn. 2.7; *Depré/Cranshaw*, § 9 Rdn. 35; *Böttcher*, § 9 Rdn. 14; Hk-ZV/*Sievers*, ZVG § 9 Rdn. 20.

5. Mieter und Pächter

§ 9 Nr. 2 nennt als Beteiligte ausdrücklich Mieter und Pächter, die ein **Miet- oder Pachtrecht** anmelden, aufgrund dessen ihnen das Grundstück überlassen ist. Dazu gehört nicht der Untermieter, weil kein Rechtsverhältnis mit dem Schuldner besteht.[43] Auch nach Aufhebung der §§ 57c, 57d ZVG durch das 2. JuMoG können Mieter und Pächter Interesse am Erwerb der Beteiligtenstellung durch Anmeldung vor allem deshalb haben, weil sie dann gemäß § 59 verlangen können, dass das Grundstück unter Ausschluss des Kündigungsrechts nach § 57a ausgeboten wird, oder ein Ablösungsrecht ausüben können. Ein solches Verlangen ist zugleich als Anmeldung anzusehen.[44]

Ein geleisteter **Baukostenzuschuss** gibt dem Mieter keinen Anspruch auf Befriedigung aus dem Grundstück.[45]

6. Anmeldung und Glaubhaftmachung

Die nach § 9 Nr. 2 erforderliche **Anmeldung** bedarf keiner bestimmten Form.[46] Stellt ein im Versteigerungstermin Anwesender, dem ein Recht zusteht, einen Antrag, so liegt es nahe, hierin konkludent die Anmeldung des Rechts zu sehen; ggf. muss das Gericht zur Vermeidung einer Verletzung des Willkürverbots auf das Erfordernis einer ausdrücklichen Anmeldung hinweisen.[47] Die Anmeldung muss regelmäßig **Rechtsgrund, Rang** und **Betrag** des Anspruchs erkennen lassen.[48] Als angemeldet gelten die Ansprüche der betreibenden Gläubiger, soweit sie sich aus dem Vollstreckungsantrag ergeben (§ 114 Abs. 1 Satz 2). Keine Anmeldung ist die Mitteilung des Grundbuchgerichts nach § 19 Abs. 3. Die Anmeldung kann bis zum Schluss des Verfahrens erfolgen, wirkt jedoch nicht zurück, sondern nur für den noch nicht erledigten Verfahrensteil, sodass bei später Anmeldung schon Rechtsnachteile eingetreten sein können (§ 37 Nr. 4, § 110).[49]

Das Vollstreckungsgericht oder ein Beteiligter kann die **Glaubhaftmachung** eines nach § 9 Nr. 2 angemeldeten Rechts verlangen. Ob das Vollstreckungsgericht Glaubhaftmachung verlangt, steht – etwa bei nachvollziehbaren Zweifeln an der Berechtigung des Anmeldenden oder der Ernsthaftigkeit der Anmeldung – in seinem pflichtgemäßen Ermessen.[50] Das Verlangen ist zeitlich nicht beschränkt und kann nach der Anmeldung während der gesamten Verfahrensdauer geltend ge-

---

43 Steiner/*Hagemann*, § 9 Rdn. 87; Hk-ZV/*Sievers*, ZVG § 9 Rdn. 21; a.A. *Stöber*, ZVG § 9 Rdn. 2.10; *Böttcher*, § 9 Rdn. 15; Löhnig/*Rachlitz*, § 9 Rdn. 22; *Hintzen/Wolf*, Rdn. 11.68; unentschieden gelassen (jedoch Rechtsschutzbedürfnis für eine Erinnerung gegen die Anordnung der Zwangsverwaltung verneint) vom BGH, Rpfleger 2012, 39 = MDR 2011, 1263; vgl. Depré/*Cranshaw*, § 9 Rdn. 38.
44 Steiner/*Hagemann*, § 9 Rdn. 88; Löhnig/*Rachlitz*, § 9 Rdn. 21.
45 BGH, Rpfleger 1971, 102 = MDR 1971, 287; Steiner/*Hagemann*, § 9 Rdn. 88.
46 BGHZ 21, 30; BGH, Rpfleger 2014, 34 = ZfIR 2013, 873 m. Anm. *Engels*; Depré/*Cranshaw*, § 9 Rdn. 49; *Böttcher*, § 9 Rdn. 16; Löhnig/*Rachlitz*, § 9 Rdn. 23; Hk-ZV/*Sievers*, ZVG § 9 Rdn. 13.
47 BVerfG (Kammer), Rpfleger 2012, 217 = ZfIR 2012, 185 – dazu *Wedekind*, ZfIR 2012, 185 –; *Böttcher*, § 9 Rdn. 17.
48 BGH, Rpfleger 2007, 93 = NJW-RR 2007, 165; BGH, Rpfleger 2014, 34 = ZfIR 2013, 873 m. Anm. *Engels*; Depré/*Cranshaw*, § 9 Rdn. 47; *Böttcher*, § 9 Rdn. 17; Löhnig/*Rachlitz*, § 9 Rdn. 23; Hk-ZV/*Sievers*, ZVG § 9 Rdn. 13.
49 *Böttcher*, § 9 Rdn. 18; vgl. Depré/*Cranshaw*, § 9 Rdn. 51.
50 BGH, Rpfleger 2013, 692; Depré/*Cranshaw*, § 9 Rdn. 56.

macht werden. Für die Glaubhaftmachung gilt § 294 ZPO.[51] Macht der Berechtigte seinen Anspruch nicht glaubhaft, so erwirbt er die Stellung eines Beteiligten nicht bzw. verliert diese.[52] Auch ohne Glaubhaftmachung wird er jedoch in bestimmten Fällen als Beteiligter behandelt, so bei der Zustellung der Bestimmung des Versteigerungstermins und bei der Mitteilung der betreibenden Gläubiger und ihrer Ansprüche (§ 41 Abs. 3), bei der Zustellung des Zuschlagsbeschlusses (§ 88 Satz 2) und bei der Zustellung der Bestimmung des Verteilungstermins (§ 105 Abs. 2 Satz 2, § 156 Abs. 2 Satz 4).[53]

23 Die spezifizierte Forderungsaufstellung eines **öffentlich-rechtlichen Gläubigers** (Behörde, Körperschaft des öffentlichen Rechts) genügt zur Glaubhaftmachung.[54] **Land- und ritterschaftliche Kreditanstalten** in **Berlin** und in **Schleswig-Holstein** (vgl. → § 2 EGZVG Rdn. 20 f.) brauchen ihre Ansprüche nicht glaubhaft zu machen (§ 8 PrLandKredG).

VI. Beteiligte nach Sondervorschriften

24 Nach § 24 ErbbauRG gilt bei der Vollstreckung in ein **Erbbaurecht** der Grundstückseigentümer als Beteiligter, ebenso in analoger Anwendung dieser Vorschrift der Grundstückseigentümer bei der Vollstreckung in **Gebäudeeigentum** im Beitrittsgebiet.[55]

25 Bei der Zwangsversteigerung von **Schiffen** und Schiffsbauwerken gelten gemäß § 163 Abs. 3 die Träger der Sozialversicherung als Beteiligte (vgl. → § 163 Rdn. 12). Besonderheiten gibt es gemäß § 168b für die Beteiligtenstellung der Schiffsgläubiger (vgl. → § 168b Rdn. 2 f.; vgl. auch → § 162 Rdn. 15, zur als gegenstandslos angesehenen Beteiligtenstellung des Schiffers nach § 166 Abs. 2 vgl. → § 166 Rdn. 3).[56]

26 Zu den Beteiligten bei der Zwangsversteigerung von **Bergwerkseigentum** und unbeweglichen Bergwerksanteilen (vgl. → § 2 EGZVG Rdn. 2 ff.) gehört der zur gesetzlichen Vertretung der bergrechtlichen Gewerkschaft berufene Repräsentant oder Grubenvorstand (nur noch in **Hessen** ausdrücklich normiert; Art. 11 HessAGZPO/ZVG). Bei der Zwangsvollstreckung in das Bergwerkseigentum einer bergrechtlichen Gewerkschaft sind die gesetzlichen Vertreter für die nach § 9 beteiligte Schuldnerin aber ohnehin hinzuziehen. Die Vorschrift betraf daher bereits früher nur die Zwangsvollstreckung in einzelne Kuxe „alten Rechts" (vgl. → § 2 EGZVG Rdn. 2); dabei hatte der Repräsentant oder Grubenvorstand die Interessen der Gewerkschaft, nicht des Kuxinhabers als Schuldner, zu wahren. Seit der Neuregelung des materiellen Bergrechts hat die Regelung nur noch für die nach §§ 163, 164 BBergG aufgelösten und in Abwicklung befindlichen bergrechtlichen Gewerkschaften „alten Rechts" Bedeutung, wobei

---

51 Vgl. *Böttcher*, § 9 Rdn. 21; *Löhnig/Rachlitz*, § 9 Rdn. 24; Hk-ZV/*Sievers*, ZVG § 9 Rdn. 15.
52 BGH, Rpfleger 2013, 692; *Depré/Cranshaw*, § 9 Rdn. 56.
53 *Löhnig/Rachlitz*, vor § 9 Rdn. 12, § 9 Rdn. 24; Hk-ZV/*Sievers*, ZVG § 9 Rdn. 15.
54 LG Lüneburg, Rpfleger 1976, 68; Steiner/*Hagemann*, § 9 Rdn. 109, § 10 Rdn. 101; *Stöber*, ZVG § 10 Rdn. 6.21; *Böttcher*, § 9 Rdn. 21; Hk-ZV/*Sievers*, ZVG § 9 Rdn. 16; anders die 12. Aufl. Rdn. 25.
55 *Böttcher*, § 9 Rdn. 23; *Keller*, Rpfleger 1992, 501 f.; *Löhnig/Rachlitz*, § 9 Rdn. 25; a.A. *Stöber*, ZVG § 9 Rdn. 3.38.
56 Vgl. *Depré/Cranshaw*, § 9 Rdn. 9.

die Liquidatoren an die Stelle des Repräsentanten oder Grubenvorstandes treten.[57]

Bei der in Niedersachsen gelegentlich noch praxisrelevanten Zwangsversteigerung einer **Salzabbaugerechtigkeit** (vgl. → § 2 EGZVG Rdn. 2) ist der Eigentümer des Grundstücks, von dem die Gerechtigkeit abgetrennt wurde, **nicht** Beteiligter.[58] Ebenso wenig ist der Salzabbauberechtigte Beteiligter bei der Zwangsversteigerung des Grundstücks.[59]

---

57 Vgl. *Rellermeyer*, Rpfleger 2008, 462, 467; *Gojowczyk*, S. 213.
58 *Rellermeyer*, Rpfleger 2008, 462, 471; a.A. *Vortmann*, Salzabbaugerechtigkeiten (1989), S. 145.
59 *Rellermeyer*, Rpfleger 2008, 462, 471.

§ 10 »Rangfolge der Ansprüche«

(1) Ein Recht auf Befriedigung aus dem Grundstücke gewähren nach folgender Rangordnung, bei gleichem Range nach dem Verhältnis ihrer Beträge:

1. der Anspruch eines die Zwangsverwaltung betreibenden Gläubigers auf Ersatz seiner Ausgaben zur Erhaltung oder nötigen Verbesserung des Grundstücks, im Falle der Zwangsversteigerung jedoch nur, wenn die Verwaltung bis zum Zuschlage fortdauert und die Ausgaben nicht aus den Nutzungen des Grundstücks erstattet werden können;
1a. im Falle einer Zwangsversteigerung, bei der das Insolvenzverfahren über das Vermögen des Schuldners eröffnet ist, die zur Insolvenzmasse gehörenden Ansprüche auf Ersatz der Kosten der Feststellung der beweglichen Gegenstände, auf die sich die Versteigerung erstreckt; diese Kosten sind nur zu erheben, wenn ein Insolvenzverwalter bestellt ist, und pauschal mit vier vom Hundert des Wertes anzusetzen, der nach § 74a Abs. 5 Satz 2 festgesetzt worden ist;
2. bei Vollstreckung in ein Wohnungseigentum die daraus fälligen Ansprüche auf Zahlung der Beiträge zu den Lasten und Kosten des gemeinschaftlichen Eigentums oder des Sondereigentums, die nach § 16 Abs. 2, § 28 Abs. 2 und 5 des Wohnungseigentumsgesetzes geschuldet werden, einschließlich der Vorschüsse und Rückstellungen sowie der Rückgriffsansprüche einzelner Wohnungseigentümer. Das Vorrecht erfasst die laufenden und die rückständigen Beträge aus dem Jahr der Beschlagnahme und den letzten zwei Jahren. Das Vorrecht einschließlich aller Nebenleistungen ist begrenzt auf Beträge in Höhe von nicht mehr als 5 vom Hundert des nach § 74a Abs. 5 festgesetzten Wertes. Die Anmeldung erfolgt durch die Gemeinschaft der Wohnungseigentümer. Rückgriffsansprüche einzelner Wohnungseigentümer werden von diesen angemeldet;
3. die Ansprüche auf Entrichtung der öffentlichen Lasten des Grundstücks wegen der aus den letzten vier Jahren rückständigen Beträge; wiederkehrende Leistungen, insbesondere Grundsteuern, Zinsen, Zuschläge oder Rentenleistungen, sowie Beträge, die zur allmählichen Tilgung einer Schuld als Zuschlag zu den Zinsen zu entrichten sind, genießen dieses Vorrecht nur für die laufenden Beträge und für die Rückstände aus den letzten zwei Jahren. Untereinander stehen öffentliche Grundstückslasten, gleichviel ob sie auf Bundes- oder Landesrecht beruhen, im Range gleich. Die Vorschriften des § 112 Abs. 1 und der §§ 113 und 116 des Gesetzes über den Lastenausgleich vom 14. August 1952 (Bundesgesetzbl. I S. 446) bleiben unberührt;
4. die Ansprüche aus Rechten an dem Grundstück, soweit sie nicht infolge der Beschlagnahme dem Gläubiger gegenüber unwirksam sind, einschließlich der Ansprüche auf Beträge, die zur allmählichen Tilgung einer Schuld als Zuschlag zu den Zinsen zu entrichten sind; Ansprüche auf wiederkehrende Leistungen, insbesondere Zinsen, Zuschläge, Verwaltungskosten oder Rentenleistungen, genießen das Vorrecht dieser Klasse nur wegen der laufenden und der aus den letzten zwei Jahren rückständigen Beträge;
5. der Anspruch des Gläubigers, soweit er nicht in einer der vorhergehenden Klassen zu befriedigen ist;
6. die Ansprüche der vierten Klasse, soweit sie infolge der Beschlagnahme dem Gläubiger gegenüber unwirksam sind;

7. die Ansprüche der dritten Klasse wegen der älteren Rückstände;
8. die Ansprüche der vierten Klasse wegen der älteren Rückstände.

(2) Das Recht auf Befriedigung aus dem Grundstücke besteht auch für die Kosten der Kündigung und der die Befriedigung aus dem Grundstücke bezweckenden Rechtsverfolgung.

(3) ¹Zur Vollstreckung mit dem Range nach Absatz 1 Nr. 2 müssen die dort genannten Beträge die Höhe des Verzugsbetrages nach § 18 Abs. 2 Nr. 2 des Wohnungseigentumsgesetzes übersteigen; liegt ein vollstreckbarer Titel vor, so steht § 30 der Abgabenordnung einer Mitteilung des Einheitswerts an die in Absatz 1 Nr. 2 genannten Gläubiger nicht entgegen. ²Für die Vollstreckung genügt ein Titel, aus dem die Verpflichtung des Schuldners zur Zahlung, die Art und der Bezugszeitraum des Anspruchs sowie seine Fälligkeit zu erkennen sind. ³Soweit die Art und der Bezugszeitraum des Anspruchs sowie seine Fälligkeit nicht aus dem Titel zu erkennen sind, sind sie in sonst geeigneter Weise glaubhaft zu machen.

Übersicht   Rdn.
I.   Anwendungsbereich   1
II. Bedeutung der Rangklassen   2
III. Die einzelnen Rangklassen   3
     1. Vor Rangklasse 1 („Rangklasse 0")   3
     2. Rangklasse 1   6
     3. Rangklasse 1a   13
     4. Rangklasse 2   19
     5. Rangklasse 3   30
     6. Rangklasse 4   49
     7. Rangklasse 5   56
     8. Rangklasse 6   61
     9. Rangklasse 7   64
    10. Rangklasse 8   67
    11. Nach Rangklasse 8 („Rangklasse 9")   70
    12. Entziehungsanspruch der Wohnungseigentümer   71
IV. Kosten der Rechtsverfolgung   74
V.   Zwangsvollstreckung aus Ansprüchen der Rangklasse 2   80

I. Anwendungsbereich

§§ 10 bis 14 gelten für die Zwangsversteigerung und die Zwangsverwaltung von **Grundstücken**, Grundstücksbruchteilen und grundstücksgleichen Rechten im Wege der **Zwangsvollstreckung** und – mit Besonderheiten – aufgrund der jeweiligen Verweisung für die besonderen Versteigerungsverfahren des ZVG (**Insolvenzverwalterversteigerung**, § 172, Nachlassversteigerung, § 176, und Teilungsversteigerung, § 180 Abs. 1). Für die Zwangsversteigerung von **Schiffen**, Schiffsbauwerken und **Luftfahrzeugen** ergeben sich größere Abweichungen; vgl. → § 162 Rdn. 16 ff., → § 171 Rdn. 14, → § 171a Rdn. 13 ff., → § 171i Rdn. 1 ff.   1

II. Bedeutung der Rangklassen

Die Abs. 1 und 2 normieren, wegen welcher Ansprüche Beteiligte sich aus dem Grundstück befriedigen dürfen. Andere als die hier – und in einzelnen spezialgesetzlichen Regelungen (z.B. DüngMSaatG oder Landesrecht, vgl. → Rdn. 4, 29) – genannten Ansprüche, wie etwa der Baukostenzuschuss eines   2

Mieters,[1] werden nicht berücksichtigt. Auch öffentliche **Baulasten** (dazu → § 44 Rdn. 12, → § 56 Rdn. 18, → § 66 Rdn. 41) gehören nicht zu den Ansprüchen im Sinne des § 10 Abs. 1.

Zugleich wird die zwingende **Reihenfolge** festgelegt, in der die Ansprüche zum Zuge kommen. Die Rangfolge ist Grundlage für die Feststellung des geringsten Gebots (§§ 44 ff.), für die Verteilung des Versteigerungserlöses (§§ 109 ff.) und für die Verteilung der Überschüsse in der Zwangsverwaltung (§§ 155 ff.).[2] § 10 Abs. 1 ZVG unterscheidet neun **Rangklassen**.[3] Die Ansprüche einer Rangklasse mit höherer Nummer werden erst dann berücksichtigt, wenn alle Ansprüche der Rangklassen mit niedrigeren Nummern gedeckt sind. Für das Verhältnis mehrerer Ansprüche untereinander innerhalb der Rangklassen 4, 5, 6 und 8 gilt § 11, für das Verhältnis von Kosten, Nebenleistungen und Hauptanspruch desselben Anspruchs gilt § 12.[4]

Mit der Ablösung eines Anspruchs (§ 268 BGB; vgl. → § 75 Rdn. 21 ff.)[5] gehen alle Neben- und Vorzugsrechte auf den neuen Gläubiger über (§§ 412, 401 BGB), damit auch die jeweilige Rangklasse des § 10.

Der nach § 10 vorgesehene Rang kann durch verspätete oder unterlassene Anmeldung oder Glaubhaftmachung verloren gehen (§ 37 Nr. 4, § 45 Abs. 1, §§ 110, 114 Abs. 1, § 156 Abs. 2 Satz 4).[6]

III. Die einzelnen Rangklassen

1. Vor Rangklasse 1 („Rangklasse 0")

3 § 109 Abs. 1 bestimmt, dass aus dem Versteigerungserlös die **Kosten** des Verfahrens – mit bestimmten, dort geregelten Ausnahmen (vgl. → § 109 Rdn. 4) – vorweg zu entnehmen sind. Für die Zwangsverwaltung enthält § 155 Abs. 1 eine ähnliche Regelung (vgl. → § 155 Rdn. 35 ff.). Diese Kosten gehen allen in § 10 genannten Ansprüchen im Range vor.[7] Ihr Rang wird daher gelegentlich als „Rangklasse 0" bezeichnet.

4 Bei der Zwangsversteigerung landwirtschaftlicher Grundstücke kann ein gesetzliches **Früchtepfandrecht** bestehen, das allen an den Früchten bestehenden dinglichen Rechten im Rang vorgeht (§ 2 Abs. 4 DüngMSaatG).[8] Es besteht wegen der Ansprüche aus der Lieferung von Düngemitteln und anerkanntem Saatgut oder zugelassenem Handelssaatgut mit Ausnahme von Zuckerrübensamen. Die

---

1 BGH, Rpfleger 1971, 102 = MDR 1971, 287.
2 Steiner/*Hagemann,* § 10 Rdn. 2; Löhnig/*Fischinger,* § 10 Rdn. 3.
3 Neun Klassen, weil § 10 Abs. 1 auch eine Nr. 1a enthält und nicht, wie Depré/*Cranshaw,* § 11 Rdn. 1 annimmt, wegen der Bezeichnung der Verfahrenskosten als „Rangklasse 0".
4 Steiner/*Hagemann,* § 10 Rdn. 4; Hk-ZV/*Sievers,* ZVG § 10 Rdn. 1.
5 Vgl. Steiner/*Hagemann,* § 10 Rdn. 103 f., 140, 149, 157; Stöber, ZVG § 15 Rdn. 20; Hintzen/*Wolf,* Rdn. 11.571 ff.; zur Rangklasse 1a Hintzen, ZInsO 2004, 713, 716 f.
6 Steiner/*Hagemann,* § 10 Rdn. 7; Löhnig/*Fischinger,* § 10 Rdn. 6.
7 Steiner/*Hagemann,* § 10 Rdn. 11; Löhnig/*Fischinger,* § 10 Rdn. 10; Hk-ZV/*Sievers,* ZVG § 10 Rdn. 2; Hintzen/*Wolf,* Rdn. 11.81.
8 Steiner/*Hagemann,* § 10 Rdn. 12 ff.; *Böttcher,* § 10 Rdn. 3; *Mohrbutter/Drischler/Radtke/Tiedemann,* Muster 56 Anm. 3; *Muth,* 1R Rdn. 4; a.A. Stöber, ZVG § 10 Rdn. 7; Löhnig/*Fischinger,* § 10 Rdn. 11, 76 ff.; Stöber, ZVG-Handbuch Rdn. 76; Hintzen/*Wolf,* Rdn. 11.104: Rang zwischen Rangklassen 3 und 4; vgl. zum Meinungsstreit Depré/*Cranshaw,* § 10 Rdn. 12.

Mittel müssen im Rahmen einer ordnungsgemäßen Wirtschaft nach dem 31. Juli zur Ertragssteigerung der nächsten Ernte beschafft und verwendet worden sein. Das Früchtepfandrecht erlischt, wenn es nicht bis zum 1. April des auf die Ernte folgenden Jahres gerichtlich durch Pfändung oder einstweilige Verfügung geltend gemacht ist.[9]

In einem nach den allgemeinen Vorschriften betriebenen Zwangsversteigerungsverfahren besteht **kein Vorrang** für den Anspruch der Baupolizeibehörde auf Ersatz von Aufwendungen für Gefahrenbeseitigung nach Art. 30 PrAGZVG (vgl. → § 2 EGZVG Rdn. 17 ff.).[10]   5

2. Rangklasse 1

§ 10 Abs. 1 Nr. 1 gewährt dem Anspruch eines Gläubigers, der die **Zwangsverwaltung** betreibt oder ihr beigetreten ist, auf Ersatz seiner **Ausgaben zur Erhaltung** oder nötigen Verbesserung des Grundstücks ein Vorrecht. Dabei reicht es nicht aus, dass die Ausgaben zur Erhaltung oder Verbesserung des Grundstücks bestimmt sind; sie müssen auch zweckentsprechend verwendet worden sein.[11] Hierfür ist der Gläubiger beweispflichtig.[12] Ist eine angemessene Wertsteigerung nicht erfolgt, so besteht das Vorrecht nicht.[13] Dass eine Wertsteigerung nicht erfolgt sei, muss derjenige beweisen, der das Vorrecht bestreitet.[14]   6

Zu den Ausgaben zur Erhaltung oder nötigen Verbesserung des Grundstücks gehören Ausgaben für notwendige Gebäudereparaturen, Ergänzungs- und Umbauarbeiten, die Vollendung stecken gebliebener Bauten,[15] Kosten einer Abfallentsorgung oder Altlastensanierung,[16] Vorschüsse zur Bezahlung von Versicherungen, die beschlagnahmte Gegenstände betreffen,[17] Vorschüsse zur Anschaffung von Dünge- oder Futtermitteln, Saatgut oder landwirtschaftlichem Gerät,[18] Vergütung und Auslagen des Zwangsverwalters, falls die Anordnung des Verfahrens nach § 1134 Abs. 2 BGB geboten war,[19] Zinsaufwendungen des Gläubigers für die   7

---

9   Einzelheiten zum DüngMSaatG: *Drischler*, Rpfleger 1948/49, 499; Depré/*Cranshaw*, § 10 Rdn. 10 ff.
10 Löhnig/*Fischinger*, § 10 Rdn. 12; a.A. LG Berlin, Rpfleger 1991, 518; *Stöber*, ZVG Anh. T 31 Anm. 1 zu Art. 30 PrAGZVG; Steiner/*Hagemann*, § 10 Rdn. 21; *Hintzen/Wolf*, Rdn. 11.82; offengelassen von Depré/*Cranshaw*, § 10 Rdn. 18.
11 BGHZ 154, 387 = Rpfleger 2003, 454 = NJW 2003, 2162; OLG Köln, Rpfleger 1998, 482; LG Bochum, Rpfleger 1994, 517; Steiner/*Hagemann*, § 10 Rdn. 25; *Stöber*, ZVG § 10 Rdn. 2.2; *Böttcher*, § 10 Rdn. 8; Löhnig/*Fischinger*, § 10 Rdn. 17; Hk-ZV/*Sievers*, ZVG § 10 Rdn. 6.
12 BGHZ 154, 387 = Rpfleger 2003, 454 = NJW 2003, 2162; RGZ 17, 273; 25, 227; 41, 321; 143, 33; Depré/*Cranshaw*, § 10 Rdn. 20; Löhnig/*Fischinger*, § 10 Rdn. 17; Hk-ZV/*Sievers*, ZVG § 10 Rdn. 6.
13 RGZ 73, 397; Steiner/*Hagemann*, § 10 Rdn. 25; *Stöber*, ZVG § 10 Rdn. 2.2; Löhnig/*Fischinger*, § 10 Rdn. 17.
14 Steiner/*Hagemann*, § 10 Rdn. 25; *Böttcher*, § 10 Rdn. 8; Löhnig/*Fischinger*, § 10 Rdn. 17.
15 RGZ 73, 397; Steiner/*Hagemann*, § 10 Rdn. 26; Depré/*Cranshaw*, § 10 Rdn. 22; Löhnig/*Fischinger*, § 10 Rdn. 18; *Hintzen/Wolf*, Rdn. 11.84.
16 Depré/*Cranshaw*, § 10 Rdn. 22; *Keller*, Rpfleger 2010, 568, 571 f.
17 Steiner/*Hagemann*, § 10 Rdn. 26; Löhnig/*Fischinger*, § 10 Rdn. 18.
18 Steiner/*Hagemann*, § 10 Rdn. 26; Löhnig/*Fischinger*, § 10 Rdn. 18; *Hintzen/Wolf*, Rdn. 11.84.
19 RGZ 72, 332; Steiner/*Hagemann*, § 10 Rdn. 26; differenzierend Löhnig/*Fischinger*, § 10 Rdn. 18.

Beschaffung des Vorschusses.[20] Vorschüsse für Hausgeld bei Wohnungs- oder Teileigentum haben nur Vorrang, soweit sie der Erhaltung oder Verbesserung des Wohnungs- oder Teileigentums dienen (vgl. → § 152 Rdn. 219 ff., → § 155 Rdn. 51); die Vergütung des Zwangsverwalters kann hier nur berücksichtigt werden, soweit er in Bezug auf das Sondereigentum, nicht das Gemeinschaftseigentum, tätig geworden ist.[21] Vorschüsse für Instandsetzungs-, Ergänzungs- und Umbauarbeiten an Gebäuden sind mit 0,5 % über dem Zinssatz der Spitzenrefinanzierungsfazilität der Europäischen Zentralbank (SFR-Zinssatz) zu verzinsen (§ 155 Abs. 3).

Nicht vom Vorrecht erfasst sind Aufwendungen, die nicht vom betreibenden Gläubiger erbracht wurden oder die außerhalb des Zwangsverwaltungsverfahren angefallen sind, z.B. Ansprüche von Bauhandwerkern, des Erstehers, Kosten einer gerichtlichen Verwaltung nach §§ 25, 94, Kosten für Sicherungsmaßnahmen nach §§ 1134, 1135 BGB.[22]

8   Nur in der **Zwangsverwaltung** haben auch Ansprüche aus **Lieferung von Düngemitteln, Futtermitteln und Saatgut**, die im Rahmen der bisherigen Wirtschaftsweise zur ordnungsmäßigen Aufrechterhaltung des Betriebs benötigt werden und durch den Zwangsverwalter oder mit Zustimmung der Aufsichtsperson durch den Schuldner angeschafft wurden, sowie die zur Bezahlung dieser Lieferungen aufgenommenen Kredite den Vorrang der Rangklasse 1 (§ 155 Abs. 4).[23]

9   **Land- und ritterschaftlichen Kreditanstalten** in **Berlin** und in **Schleswig-Holstein** (vgl. → § 2 EGZVG Rdn. 20 f.) steht wegen ihrer Ausgaben zur Erhaltung oder nötigen Verbesserung des Grundstücks und wegen der Zinsen für diese Ausgaben ein Recht auf Befriedigung nach § 10 Abs. 1 Nr. 1 auch insoweit zu, als sie die Ausgaben während der von ihnen eingeleiteten Zwangsverwaltung aufgewendet haben (Art. 12 Abs. 2, 3 PrAGZVG).[24]

10 Das Vorrecht der Rangklasse 1 kann in der Zwangsversteigerung nur beansprucht werden, wenn die Zwangsverwaltung (auch durch einen anderen Gläubiger betrieben) bis zum Zuschlag angedauert hat.[25] Ferner dürfen die Ausgaben nicht aus den Nutzungen des Grundstücks erstattet werden können. Daher muss vor der Verteilung des Versteigerungserlöses objektiv festgestellt werden, dass die Ausgaben in der Zwangsverwaltung nicht ersetzt werden können.[26] Soweit das Vorrecht nicht besteht, können die Auslagen als Kosten der Rechtsverfolgung im Range des Hauptanspruchs berücksichtigt werden (§ 10 Abs. 2, § 12 Nr. 1).[27]

---

20 Steiner/*Hagemann*, § 10 Rdn. 26; Löhnig/*Fischinger*, § 10 Rdn. 18.
21 BGHZ 154, 387 = Rpfleger 2003, 454 = NJW 2003, 2162; OLG Braunschweig, Rpfleger 2002, 580 = ZInsO 2002, 976; *Hintzen/Wolf*, Rdn. 11.86.
22 Steiner/*Hagemann*, § 10 Rdn. 24, 27; Löhnig/*Fischinger*, § 10 Rdn. 16.
23 Steiner/*Hagemann*, § 10 Rdn. 33; *Böttcher*, § 10 Rdn. 13; Löhnig/*Fischinger*, § 10 Rdn. 22 f.; *Eickmann/Böttcher*, § 4 II. Anm. 2; a.A. *Stöber*, ZVG § 10 Rdn. 2.4; *Stöber*, ZVG-Handbuch Rdn. 70: Vorrang auch in einer der Zwangsverwaltung folgenden Zwangsversteigerung.
24 Steiner/*Hagemann*, § 10 Rdn. 32; Löhnig/*Fischinger*, § 10 Rdn. 24.
25 Steiner/*Hagemann*, § 10 Rdn. 29 f.; *Stöber*, ZVG § 10 Rdn. 2.5; *Böttcher*, § 10 Rdn. 10; Löhnig/*Fischinger*, § 10 Rdn. 20; Hk-ZV/*Sievers*, ZVG § 10 Rdn. 7.
26 RGZ 25, 227; Steiner/*Hagemann*, § 10 Rdn. 31; *Stöber*, ZVG § 10 Rdn. 2.5; *Böttcher*, § 10 Rdn. 11; Löhnig/*Fischinger*, § 10 Rdn. 21.
27 Steiner/*Hagemann*, § 10 Rdn. 38; *Stöber*, ZVG § 10 Rdn. 2.8; Hk-ZV/*Sievers*, ZVG § 10 Rdn. 8.

Die Ansprüche müssen, da sie nicht aus dem Grundbuch ersichtlich sind, rechtzeitig **angemeldet** und auf Verlangen **glaubhaft gemacht** werden (§ 37 Nr. 4, § 45 Abs. 1, §§ 110, 114 Abs. 1, § 156 Abs. 2 Satz 4). Einwendungen sind von den Beteiligten durch Widerspruch geltend zu machen (§ 115).[28] **11**

Eine **Vollstreckung** der Ansprüche mit dem Rang der Rangklasse 1 ist nach ihrem Wesen ausgeschlossen. Bei Vorliegen der Vollstreckungsvoraussetzungen kann das Verfahren mit dem Rang der Rangklasse 5 betrieben werden.[29] Soweit es sich um notwendige Kosten der Zwangsvollstreckung handelt, können sie gemäß § 788 Abs. 1 ZPO aufgrund des Hauptsachetitels in der Rangklasse der Hauptforderung beigetrieben werden.[30]

Mehrere Ansprüche der Rangklasse 1 haben untereinander **gleichen Rang**.[31] **12**

3. Rangklasse 1a

Ist über das Vermögen des Schuldners das **Insolvenzverfahren** eröffnet, so gewährt § 10 Abs. 1 Nr. 1a den zur Insolvenzmasse gehörenden Ansprüchen auf Ersatz der **Kosten der Feststellung** der beweglichen Gegenstände, auf die sich die Versteigerung erstreckt, ein Vorrecht in der Zwangsversteigerung. **13**

Kosten der Feststellung beweglicher Gegenstände fallen der Insolvenzmasse regelmäßig in der Form von Zuschlägen zur Vergütung des Insolvenzverwalters zu Last. Hierzu sollen auch die absonderungsberechtigten Gläubiger einen Beitrag leisten. Die Kosten der Feststellung werden daher nach der Verwertung des Gegenstandes vom Erlös abgezogen und verbleiben der Insolvenzmasse. Bei beweglichen Gegenständen, auf die sich die Immobiliarversteigerung erstreckt, ist dies in dieser Form nicht möglich. Damit der Insolvenzmasse die Feststellungskosten nicht verloren gehen, sind diese Beträge vorrangig aus dem Versteigerungserlös zu decken.[32] **14**

§ 55 regelt, auf welche Gegenstände sich die Versteigerung erstreckt (vgl. → § 55 Rdn. 2 ff.). Das sind insbesondere alle Gegenstände, deren Beschlagnahme noch wirksam ist (§ 55 Abs. 1). Der Umfang der Beschlagnahme ergibt sich aus §§ 20, 21 ZVG, §§ 1120 ff. BGB (vgl. → § 20 Rdn. 6 ff., → § 21 Rdn. 2 ff.). In Betracht kommen Zubehör, getrennte Erzeugnisse und sonstige Bestandteile. Auch besonders zu versteigernde oder auf andere Art zu verwertende Gegenstände (§ 65) werden berücksichtigt, vor der Versteigerung aus dem Verfahren ausgeschiedene Gegenstände dagegen nicht.[33] **15**

Nicht erfasst werden Kosten der Feststellung von Forderungen, vor allem Versicherungsforderungen, und mit dem Grundstück verbundener Rechte, die keine beweglichen Gegenstände im Sinne des § 10 Abs. 1 Nr. 1a sind,[34] und von wesentlichen Bestandteilen eines Grundstücks, die nicht als selbstständige Sachen verwertet werden.[35]

---

28 Steiner/*Hagemann*, § 10 Rdn. 34; Depré/*Cranshaw*, § 10 Rdn. 28 f.
29 Steiner/*Hagemann*, § 10 Rdn. 38; Löhnig/*Fischinger*, § 10 Rdn. 15.
30 Löhnig/*Fischinger*, § 10 Rdn. 15; ausführlich *Stöber*, ZVG § 10 Rdn. 2.9, vgl. LG Bochum, Rpfleger 1994, 517.
31 Steiner/*Hagemann*, § 10 Rdn. 37; *Stöber*, ZVG § 10 Rdn. 2.6; *Böttcher*, § 10 Rdn. 14; Löhnig/*Fischinger*, § 10 Rdn. 27; Hintzen/*Wolf*, Rdn. 11.87.
32 *Hintzen*, ZInsO 2004, 713, 718.
33 *Stöber*, ZVG § 10 Rdn. 3.4; Löhnig/*Fischinger*, § 10 Rdn. 36.
34 Löhnig/*Fischinger*, § 10 Rdn. 36; kritisch Eickmann/*Böttcher*, § 4 II. Anm. 3.
35 *Stöber*, ZVG § 10 Rdn. 3.2; *Böttcher*, § 10 Rdn. 14c; Löhnig/*Fischinger*, § 10 Rdn. 36.

Auf Zubehörstücke im Besitz des Schuldners oder eines neu eingetretenen Eigentümers erstreckt sich die Versteigerung nach § 55 Abs. 2 grundsätzlich auch dann, wenn sie einem Dritten gehören. Solche Gegenstände sind aber nicht Bestandteil der Insolvenzmasse (§ 35 InsO) und unterliegen nicht dem Verwertungsrecht des Insolvenzverwalters. Kosten einer hierauf bezogenen Feststellung des Insolvenzverwalters lösen keinen nach § 10 Abs. 1 Nr. 1a bevorrechtigten Erstattungsanspruch aus.[36]

16 Die Kosten sind nur zu erheben, wenn ein **Insolvenzverwalter** bestellt ist. Nach früherem Recht nahm im vereinfachten Insolvenzverfahren bei Verbraucherinsolvenz (§§ 311 ff. a.F. InsO) der Treuhänder die Aufgaben des Insolvenzverwalters wahr (§ 313 Abs. 1 Satz 1 a.F. InsO). Er war nicht zur Verwertung von Gegenständen berechtigt, an denen Absonderungsrechte bestehen. Das Verwertungsrecht des Gläubigers konnte allerdings auf ihn übergeleitet werden (§ 313 Abs. 3 a.F., § 173 Abs. 2 InsO). Aus Gründen der Gleichbehandlung waren daher die Kosten auch zu berücksichtigen, wenn ein **Treuhänder** zur Verwertung berechtigt war (vgl. → § 174a Rdn. 3).[37] Mit dem RestSchBefrVerfG ist das vereinfachte Insolvenzverfahren entfallen. Für die vor dem 1.7.2014 beantragten Verfahren gelten die früheren Vorschriften weiter (Art. 103h EGInsO). Im Falle der Eigenverwaltung durch den Schuldner unter Aufsicht eines Sachwalters (§§ 270 ff. InsO) werden die Kosten nicht erhoben (vgl. § 282 Abs. 1 Satz 2 InsO).[38]

Die Feststellungskosten können auch berücksichtigt werden, wenn das Grundstück zu Beginn der Vollstreckung aus der Insolvenzmasse freigegeben ist und sich die Versteigerung nicht gegen den Insolvenzverwalter als Schuldner, sondern gegen den Eigentümer richtet,[39] und auch dann, wenn die Zwangsversteigerung vor Insolvenzeröffnung angeordnet wurde.[40]

17 Die Kosten werden pauschal – ohne Rücksicht auf eine irgendwie geartete Tätigkeit des Insolvenzverwalters oder auf besonderen Aufwand[41] – mit **4 %** des gerichtlich festgesetzten Verkehrswertes der beweglichen Gegenstände, auf die sich die Versteigerung erstreckt (§ 74a Abs. 5 Satz 2; vgl. → § 74a Rdn. 38 f.), angesetzt (nicht, wie im Falle des § 171 Abs. 1 Satz 2 InsO, 4 % des anteiligen Verwertungserlöses). Ist eine gesonderte Angabe im Wertfestsetzungsbeschluss nicht erfolgt, so ist der Wert den zugrunde gelegten Unterlagen zu entnehmen.[42]

18 Die Kosten müssen, da sie nicht aus dem Grundbuch ersichtlich sind, rechtzeitig **angemeldet** werden (§ 37 Nr. 4, § 45 Abs. 1, §§ 110, 114 Abs. 1).[43] Einer Glaubhaftmachung bedarf es wegen der Pauschalierung des Anspruchs nicht.[44]

---

36 *Stöber*, ZVG § 10 Rdn. 3.2; *Böttcher*, § 10 Rdn. 14c; Löhnig/*Fischinger*, § 10 Rdn. 36.
37 Löhnig/*Fischinger*, § 10 Rdn. 33; *Hintzen*, ZInsO 2004, 713, 716.
38 *Stöber*, ZVG § 10 Rdn. 3.8; *Böttcher*, § 10 Rdn. 14b; Depré/*Cranshaw*, § 10 Rdn. 37; Löhnig/*Fischinger*, § 10 Rdn. 33; *Stöber*, ZVG-Handbuch Rdn. 70a.
39 *Stöber*, ZVG § 10 Rdn. 3.3; *Böttcher*, § 10 Rdn. 14b; Löhnig/*Fischinger*, § 10 Rdn. 31; a.A. Hk-ZV/*Sievers*, ZVG § 10 Rdn. 10.
40 LG Erfurt, ZfIR 2012, 441 (LS.).
41 BGH, Rpfleger 2002, 646 = NJW 2002, 3475 = ZInsO 2002, 826; Hk-ZV/*Sievers*, ZVG § 10 Rdn. 10.
42 *Stöber*, ZVG § 10 Rdn. 3.4; *Böttcher*, § 10 Rdn. 14d; Löhnig/*Fischinger*, § 10 Rdn. 37.
43 *Stöber*, ZVG § 10 Rdn. 3.6; Löhnig/*Fischinger*, § 10 Rdn. 40; *Hintzen*, ZInsO 2004, 713, 716.
44 Löhnig/*Fischinger*, § 10 Rdn. 40; *Hintzen*, ZInsO 2004, 713, 716.

Eine **Vollstreckung** der Ansprüche aus der Rangklasse 1a ist ausgeschlossen.[45]

4. Rangklasse 2

§ 10 Abs. 1 Nr. 2 ist durch Art. 2 Nr. 1 Buchst. a WEGuaÄndG neu gefasst worden.[46] Die Neufassung gilt seit dem 1. Juli 2007 (Art. 4 Satz 2 WEGuaÄndG). Auf die zu diesem Zeitpunkt anhängig gewesenen Zwangsversteigerungsverfahren (maßgebend ist der Erlass des Anordnungsbeschlusses, nicht das Einzelverfahren jedes betreibenden Gläubigers[47]) ist weiter die bisherige Fassung anzuwenden (§ 62 Abs. 1 WEG), die einen Vorrang für Lohnansprüche der Beschäftigten bei der Versteigerung land- und forstwirtschaftlicher Grundstücke vorsah. Die praktische Bedeutung der nicht mehr als zeitgemäß empfundenen Norm war gering. Wegen der Einzelheiten wird daher auf die 12. Aufl. (§ 10 Rdn. 13 ff.) verwiesen.[48]

§ 10 Abs. 1 Nr. 2 in der Fassung des WEGuaÄndG gewährt bei der Vollstreckung in ein **Wohnungseigentum** dem Anspruch der anderen Wohnungseigentümer gegen den schuldnerischen Wohnungseigentümer auf Zahlung von **Lasten und Kosten** des gemeinschaftlichen Eigentums oder des Sondereigentums ein Vorrecht. Für Teileigentum, Wohnungserbbaurecht und Teilerbbaurecht gilt dasselbe (§ 1 Abs. 6, § 30 Abs. 3 Satz 2 WEG).[49] Das Vorrecht gilt zur Vermeidung von „Verzögerungen und Erschwerungen"[50] nicht für die am 1. Juli 2007 anhängig gewesenen Verfahren (§ 62 Abs. 1 WEG). Maßgebend ist der Erlass des Anordnungsbeschlusses;[51] das Vorrecht gilt daher auch nicht für einen Gläubiger, der einem bereits anhängigen Verfahren erst nach dem 1. Juli 2007 beitritt.

Dagegen können in einem „neuen" Verfahren mangels anderer Übergangsregelung auch die vor dem 1. Juli 2007 fällig gewordenen Beträge – im zeitlichen Rahmen des § 10 Abs. 1 Nr. 2 – geltend gemacht werden.

Der Vorrang soll dem Ausfall nicht eintreibbarer Hausgeldansprüche, die von anderen Wohnungseigentümern mitgetragen werden müssen, entgegen wirken. Den dinglich Berechtigten gehen damit weitere aus dem Grundbuch nicht ersichtliche Ansprüche vor. Der Gesetzgeber sieht deren Interessen durch den begrenzten Vorrang jedoch in geringerem Maße beeinträchtigt als bei einem Wertverfall

---

45 *Stöber,* ZVG § 10 Rdn. 3.7; *Böttcher,* § 10 Rdn. 14g; *Löhnig/Fischinger,* § 10 Rdn. 29; *Stöber,* ZVG-Handbuch Rdn. 70a; *Eickmann/Böttcher,* § 4 II. Anm. 3; *Hintzen,* ZInsO 2004, 713, 716 f.; a.A. *Tetzlaff,* ZInsO 2004, 521, 523; nach MünchKomm/ *Tetzlaff,* InsO § 165 Rdn. 27, 120, 164 Betreiben aus der Rangklasse 1a in Verbindung mit dem Antrag nach § 174a möglich.
46 Vgl. zur Neuregelung *Böhringer/Hintzen,* Rpfleger 2007, 353; *Sievers,* IGZInfo 2007, 81; *Weis,* ZfIR 2007, 477; *Bräuer/Oppitz,* ZWE 2007, 326; *Wedekind,* ZfIR 2007, 704; *Derleder,* ZWE 2008, 13; *Schneider,* ZfIR 2008, 161; *Alff/Hintzen,* Rpfleger 2008, 165; *Hintzen/Alff,* ZInsO 2008, 480; *Alff,* ZWE 2010, 105; *Schneider,* ZWE 2011, 341.
47 BGH, Rpfleger 2008, 321 = NJW 2008, 1383; zur Anwendung alten Rechts in vor dem 1. Juli 2007 anhängig gewordenen Zwangsverwaltungsverfahren vgl. BGH, Rpfleger 2009, 163 = NJW 2009, 598; LG Frankenthal, Rpfleger 2008, 519.
48 Vgl. Steiner/*Hagemann,* § 10 Rdn. 40 ff.; *Hintzen/Wolf,* Rdn. 11.91 ff.
49 *Stöber,* ZVG § 10 Rdn. 4.1; *Löhnig/Fischinger,* § 10 Rdn. 43; *Bräuer/Oppitz,* ZWE 2007, 326, 327.
50 Begründung zu Art. 1 Nr. 21 (Entwurf Nr. 18) WEGuaÄndG, BT-Drucks. 16/887 S. 43.
51 BGH, Rpfleger 2008, 321 = NJW 2008, 1383; *Stöber,* ZVG § 10 Rdn. 17.

infolge unterbliebener notwendiger Pflege- und Instandhaltungsmaßnahmen. Die laufenden Instandhaltungsbeiträge sichern den Werterhalt der Anlage und kommen so auch den Kreditgebern zugute.[52]

21.1 Bei den Ansprüchen der Rangklasse 2 handelt es sich nach der Rechtsprechung des BGH um **persönliche** Befriedigungsansprüche. § 10 Abs. 1 Nr. 2 ZVG enthält danach lediglich eine Privilegierung schuldrechtlicher Ansprüche, begründet aber kein dingliches Recht der Wohnungseigentümergemeinschaft.[53] Eine Auflassungsvormerkung ist wie ein Recht der Rangklasse 4 zu behandeln, sodass Ansprüche der Rangklasse 2 ihr gegenüber vorrangig sind, die Vormerkung nicht in das geringste Gebot aufzunehmen ist und mit dem Zuschlag erlischt.[54]

22 Erfasst werden die Ansprüche auf Tragung der **Lasten** des gemeinschaftlichen Eigentums (z.B. Anliegerbeiträge, Müllabfuhrgebühren, Straßenreinigungskosten, Hypotheken- und Grundschuldzinsen eines alle Einheiten belastenden Gesamtgrundpfandrechts) und der **Kosten** der Instandhaltung, Instandsetzung, sonstigen Verwaltung und eines gemeinschaftlichen Gebrauchs des gemeinschaftlichen Eigentums (z.B. Kosten der Heizung, der Wasserversorgung, des Stroms für gemeinschaftliche Anlagen, des Schornsteinfegers, des Hausmeisters, der Kontoführung, eines Rechtsstreits auf Entziehung des Wohnungseigentums) entsprechend dem jeweiligen Miteigentumsanteil des Wohnungseigentümers (§ 16 Abs. 2, 7 WEG). Es werden auch Kosten des Sondereigentums erfasst, soweit sie von der Gemeinschaft abgerechnet werden (z.B. Kaltwasserkosten des Sondereigentums).[55]

Ferner werden die durch den Wirtschaftsplan festgelegten **Vorschüsse** auf die anteiligen Lasten und Kosten (§ 28 Abs. 2 WEG) und Zahlungen auf die **Instandhaltungsrückstellung** (§ 21 Abs. 5 Nr. 4 WEG) erfasst.

23 Zu den zu berücksichtigenden Ansprüchen gehören auch **Rückgriffsansprüche** einzelner Wohnungseigentümer, die daraus entstehen, dass z.B. in einer Zweiergemeinschaft kein Verwalter bestellt ist, wegen des gesetzlichen Kopfprinzips (§ 25 Abs. 2 Satz 1 WEG) keine Mehrheitsbeschlüsse möglich sind und deshalb ein Wohnungseigentümer für die gemeinschaftlichen Lasten und Kosten in Vorlage tritt und bei dem anderen Wohnungseigentümer anteilig Regress nehmen kann.[56] Treffen solche Ansprüche mit jenen der Wohnungseigentümergemeinschaft zu-

---

52 Begründung zu Art. 2 WEGuaÄndG, BT-Drucks. 16/887 S. 43.
53 BGHZ 198, 216 = Rpfleger 2014, 31 = ZfIR 2013, 806 m. Anm. *Becker* = NJW 2013, 3515 m. Anm. *Herrler*; dazu Bärmann/*Becker*, § 16 Rdn. 186 ff., *Schneider*, ZWE 2014, 61; *Bales*, ZInsO 2014, 182; a.A. (dinglicher Anspruch) die zuvor herrschende Meinung, ebenso noch die 14. Aufl. Rdn. 21.1 m.w.N.; vgl. auch *Alff*, Rpfleger 2013, 15 zur Vorinstanz (LG Landau, Rpfleger 2013, 45).
54 BGHZ 201, 157 = Rpfleger 2014, 613 = ZfIR 2014, 654 m. Anm. *Schneider* = ZWE 2014, 378 m. Anm. *Ertle*; dazu *Böttcher*, NJW 2014, 3404; *Weber*, DNotZ 2014, 738; vgl. Depré/*Cranshaw*, § 10 Rdn. 43.
55 Begründung zu Art. 2 Nr. 1 Buchst. a WEGuaÄndG, BT-Drucks. 16/887 S. 44; *Stöber*, ZVG § 10 Rdn. 4.1; *Böttcher*, § 10 Rdn. 15 f.; Löhnig/*Fischinger*, § 10 Rdn. 48; HkZV/*Sievers*, ZVG § 10 Rdn. 12; *Stöber*, ZVG-Handbuch Rdn. 399; *Böhringer/Hintzen*, Rpfleger 2007, 353, 357; *Derleder*, ZWE 2008, 13; *Alff/Hintzen*, Rpfleger 2008, 165; *Hintzen/Alff*, ZInsO 2008, 480, 483; *Alff*, ZWE 2010, 105, 106; *Schneider*, ZWE 2011, 341.
56 Begründung zu Art. 2 Nr. 1 Buchst. a WEGuaÄndG, BT-Drucks. 16/887 S. 44; *Stöber*, ZVG § 10 Rdn. 4.1; Löhnig/*Fischinger*, § 10 Rdn. 49; *Böhringer/Hintzen*, Rpfleger 2007, 353, 358; *Alff*, ZWE 2010, 105, 106; *Derleder*, ZWE 2008, 13, 19 f.

sammen, so sind die Ansprüche nach dem Verhältnis ihrer Beträge zu berücksichtigen.[57]

Die Ansprüche müssen **fällig** sein (vgl. → § 13 Rdn. 6.1). Leistungen, über deren Erbringung die Wohnungseigentümer noch nicht beschlossen haben, z.B. Restzahlungen aus einer noch nicht beschlossenen Jahresabrechnung, sind damit ausgeschlossen.[58] Die Ansprüche müssen sich auf das zur Vollstreckung stehende Wohnungseigentum, nicht etwa auf andere Wohnungen desselben Eigentümers, beziehen.[59] Betrifft der Zahlungstitel mehrere Wohnungseinheiten, so muss sich die anteilige Höhe des Betrags für das konkret betroffene Objekt aus der Begründung des Titels ergeben oder wenigstens durch Auslegung aus der Antragsschrift ermitteln lassen.[60] 24

In zeitlicher Hinsicht ist das Vorrecht begrenzt auf die **laufenden und rückständigen** Beträge aus dem Jahr der Beschlagnahme und aus den **letzten zwei Jahren**. Das Jahr der Beschlagnahme ist nach § 22 Abs. 1 zu bestimmen; § 167 ZPO ist nicht entsprechend anzuwenden.[61] Maßgeblich für die Abgrenzung rückständiger und laufender Leistungen ist § 13. Danach sind laufende Beträge des Hausgelds der letzte vor der Beschlagnahme fällig gewordene Betrag und die später fällig werdenden Beträge; die früher fällig gewordenen Beträge sind Rückstände.[62] Da der Wirtschaftsplan und die Abrechnung jeweils kalenderjährlich aufzustellen sind (§ 28 Abs. 1 Satz 1, Abs. 3 WEG), kann die Eigentümergemeinschaft diese direkt verwenden und muss keine Umrechnung nach Entstehungszeitpunkten vornehmen.[63] 25

Ansprüche aus einer Jahresabrechnung, die zwar innerhalb des maßgebenden Zeitraums (dem Jahr der Beschlagnahme und den letzten zwei Jahren) aufgrund eines entsprechenden Beschlusses begründet werden, sich aber auf einen davor liegenden Zeitraum beziehen, sollen nicht den Vorrang der Rangklasse 2 erhalten, um die Eigentümergemeinschaft dazu anzuhalten, bei säumigen Zahlern frühzeitig aktiv zu werden.[64] Das ergibt sich daraus, dass das Gesetz bei der Rangklasse 2

---

57 Löhnig/*Fischinger*, § 10 Rdn. 49; *Schneider*, ZfIR 2008, 161, 164; a.A. *Derleder*, ZWE 2008, 13, 19 f.: Rangfolge dem Rechtsgedanken des § 366 Abs. 2 BGB zu entnehmen.
58 *Stöber*, ZVG § 10 Rdn. 4.3; *Böttcher*, § 10 Rdn. 18; Löhnig/*Fischinger*, § 10 Rdn. 51; Hk-ZV/*Sievers*, ZVG § 10 Rdn. 17; *Böhringer/Hintzen*, Rpfleger 2007, 353, 358; *Bräuer/Oppitz*, ZWE 2007, 326, 328.
59 Begründung zu Art. 2 Nr. 1 Buchst. a WEGuaÄndG, BT-Drucks. 16/887 S. 45; *Stöber*, ZVG § 10 Rdn. 4.2; *Depré/Cranshaw*, § 10 Rdn. 46; *Böttcher*, § 10 Rdn. 18; Löhnig/*Fischinger*, § 10 Rdn. 50; Hk-ZV/*Sievers*, ZVG § 10 Rdn. 17; *Jennißen/Jennißen*, § 28 Rdn. 236; *Alff/Hintzen*, Rpfleger 2008, 165, 166; *Hintzen/Alff*, ZInsO 2008, 480, 483; *Alff*, ZWE 2010, 105, 106, 111 – auch zur Berechnung der Höchstgrenze von 5 % des Verkehrswertes, wenn der Gesamtverkehrswert nicht der Summe der Einzelwerte entspricht –; *Suilmann*, NotBZ 2010, 365, 366.
60 LG Passau, Rpfleger 2008, 381; *Böttcher*, § 10 Rdn. 22a; Löhnig/*Fischinger*, § 10 Rdn. 50; *Hintzen*, Rpfleger 2009, 659, 661.
61 BGH, Rpfleger 2011, 40 = ZfIR 2010, 863 m. zust. Anm. *Bergsdorf*; *Böttcher*, § 10 Rdn. 20a.
62 *Stöber*, ZVG § 10 Rdn. 4.5; *Depré/Cranshaw*, § 10 Rdn. 45; Löhnig/*Fischinger*, § 10 Rdn. 52; *Weis*, ZfIR 2007, 477, 480; *Bräuer/Oppitz*, ZWE 2007, 326, 328; *Alff/Hintzen*, Rpfleger 2008, 165, 166; *Schneider*, ZWE 2011, 341.
63 Begründung zu Art. 2 Nr. 1 Buchst. a WEGuaÄndG, BT-Drucks. 16/887 S. 45; *Böhringer/Hintzen*, Rpfleger 2007, 353, 358.
64 Begründung zu Art. 2 Nr. 1 Buchst. a WEGuaÄndG, BT-Drucks. 16/887 S. 45; *Stöber*, ZVG § 10 Rdn. 4.5; vgl. *Depré/Cranshaw*, § 10 Rdn. 49 f.

– anders als bei den Rangklassen 3 und 4 – ausdrücklich auf die „Beträge aus dem Jahr der Beschlagnahme" abstellt.

Beispiel:[65]
Haben die Eigentümer im Mai 2013 über die Jahresabrechnung für das Kalenderjahr 2012, im Mai 2014 über diejenige für das Jahr 2013 und im Mai 2015 über diejenige für das Jahr 2014 sowie über Vorschüsse gemäß Wirtschaftsplan für 2015 beschlossen und ist im Juli 2015 die Beschlagnahme wirksam geworden, so handelt es sich bei einer fälligen Restzahlung für 2014 zwar um laufende Beträge im Sinne des § 13, jedoch nicht um Beträge aus dem Jahr der Beschlagnahme. In der Rangklasse 2 sind daher neben den Beträgen für 2015 (Jahr der Beschlagnahme) nur solche zu berücksichtigen, die sich auf die Jahre 2014 und 2013 (letzte zwei Jahre vor Beschlagnahme), nicht auch auf 2012, beziehen, obwohl die Beträge für 2012 innerhalb des Zweijahreszeitraums vor dem Jahr der Beschlagnahme fällig geworden sind.[66]

Den laufenden Hausgeldvorschüssen ist das Vorrecht – ebenso wie den laufenden Leistungen der Rangklassen 3 und 4 – bis zum Tag vor der Erteilung des Zuschlags zuzubilligen; erst ab diesen Zeitpunkt haftet der Ersteher (§ 56 Satz 2).[67] Im geringsten Gebot sind sie bis zum Ablauf von zwei Wochen nach dem Versteigerungstermin zu berücksichtigen (§ 47 Satz 1).[68]

Es ist nicht zulässig, in die Einzelabrechnung des säumigen Eigentümers eine „Abrechnungsspitze" aus der zeitlich nicht mehr bevorrechtigen Vorjahresabrechnung einzustellen und diese dann zur Berücksichtigung in der Rangklasse 2 anzumelden; eine solche Anmeldung wäre vom Vollstreckungsgericht zurückzuweisen. Das Gleiche gilt für andere nicht der Rangklasse 2 zugehörige Ansprüche wie Kosten der Mobiliarvollstreckung oder für Schadensersatzansprüche etwa wegen Sachbeschädigung am Gemeinschaftseigentum, die auf § 823 BGB beruhen.[69]

26 Betragsmäßig ist das Vorrecht auf Beträge von **5 %** des nach § 74a Abs. 5 für das betroffene Wohnungseigentum (nicht auch weitere für etwa im selben Verfahren mitversteigerte Objekte) festgesetzten Verkehrswertes begrenzt.[70] Diese Begrenzung schließt alle **Nebenleistungen** ein, insbesondere auch die nach § 10 Abs. 2 im gleichen Range geltend zu machenden Kosten der dinglichen (nicht

---

65 Vgl. auch die Beispiele bei Hk-ZV/*Sievers*, ZVG § 10 Rdn. 19 sowie – auch zur anteiligen Berücksichtigung von Titelbeschaffungskosten, wenn der Titel zeitlich sowohl privilegierte als auch nicht privilegierte Ansprüche umfasst – Bärmann/*Becker*, § 16 Rdn. 190 f. und *Alff/Hintzen*, Rpfleger 2008, 165, 168.
66 A.A. *Schneider*, ZWE 2011, 341, 342, weil nur auf den Zeitpunkt der Rückständigkeit, nicht auf deren Bezugszeitraum abgestellt werde.
67 *Stöber*, ZVG § 56 Rdn. 5.2; *Depré/Cranshaw*, § 10 Rdn. 53; *Böttcher*, § 10 Rdn. 20; *Stöber*, ZVG-Handbuch Rdn. 399i; *Alff/Hintzen*, Rpfleger 2008, 165, 167; *Alff*, ZWE 2010, 105, 106; *Schneider*, ZWE 2011, 341, 342.
68 *Stöber*, ZVG § 47 Rdn. 3; *Böttcher*, § 10 Rdn. 20; *Stöber*, ZVG-Handbuch Rdn. 399i.
69 *Alff*, ZWE 2010, 105, 109.
70 Vgl. zum Zeitpunkt der Wertfestsetzung *Böhringer/Hintzen*, Rpfleger 2007, 353, 358; nach *Stöber*, ZVG § 10 Rdn. 4.6 kann eine nach Wegfall der Mindestbietgrenze für einen zweiten Versteigerungstermin überholte Wertfestsetzung, wenn sich eine Änderung ergeben hat und eine Neufestsetzung nicht erfolgt ist, nicht maßgeblich bleiben. – Hat der Rechtspfleger im Teilungsplan die Begrenzung übersehen, so hält das LG Hechingen, ZfIR 2011, 684 m. krit. Anm. *Weis* dies für einen Verfahrensmangel, der mit Beschwerde gerügt werden kann; zutreffend ist jedoch die Ansicht von *Weis*, dass es sich um einen materiell-rechtlichen Verstoß handelt, der mit Widerspruch oder Bereicherungsklage zu verfolgen ist.

auch persönlichen) Rechtsverfolgung[71] und die Kosten der Beschaffung des – zur Vollstreckung in der Rangklasse 2 genügenden – Zahlungstitels.[72] Weiter gehende Ansprüche, ebenso wie zeitlich weiter zurück liegende Ansprüche, können in Rangklasse 5 berücksichtigt werden, wenn die Wohnungseigentümer einen entsprechenden Vollstreckungstitel erwirken und dem Verfahren beitreten.[73]

Der Höchstbetrag von 5 % des Verkehrswertes kann in einem Verfahren nur einmal ausgenutzt werden. Wird der Betrag von einem nachrangigen Gläubiger **abgelöst** (§ 268 BGB), so geht der Anspruch mit dem Vorrecht der Rangklasse 2 auf diesen Gläubiger über (§ 268 Abs. 3, §§ 412, 401 BGB). Das Vorrecht der Klasse 2 kann dann von der Wohnungseigentümergemeinschaft jedenfalls in demselben Verfahren nicht erneut ausgenutzt werden.[74] Zum späteren Beitritt der Gemeinschaft wegen weiterer Forderungen vgl. → Rdn. 84. 26.1

Die **Gemeinschaft der Wohnungseigentümer** ist rechtsfähig, soweit sie bei der Verwaltung des gemeinschaftlichen Eigentums am Rechtsverkehr teilnimmt.[75] Sie ist Inhaberin der als Gemeinschaft gesetzlich begründeten und rechtsgeschäftlich erworbenen Rechte und Pflichten, übt – vertreten durch den Verwalter – die gemeinschaftsbezogenen Rechte der Wohnungseigentümer aus und nimmt deren gemeinschaftsbezogenen Pflichten wahr (§ 10 Abs. 6 WEG). Dies gilt auch für die Anmeldung von Ansprüchen mit dem Vorrecht des § 10 Abs. 1 Nr. 2, soweit es sich nicht um Rückgriffsansprüche einzelner Wohnungseigentümer (vgl. → Rdn. 23) handelt.[76] 27

Die Ansprüche müssen, da sie nicht aus dem Grundbuch ersichtlich sind, von der **Gemeinschaft der Wohnungseigentümer** bzw. im Falle des Rückgriffsanspruchs eines einzelnen Wohnungseigentümers von diesem rechtzeitig **angemeldet** und – auch ohne Widerspruch des betreibenden Gläubigers – **glaubhaft gemacht** werden (§ 45 Abs. 3).[77] Einwendungen sind von den Beteiligten durch Widerspruch geltend zu machen (§ 115).[78] 28

---

71 *Stöber*, ZVG § 10 Rdn. 4.4; *Böttcher*, § 10 Rdn. 15; *Alff/Hintzen*, Rpfleger 2008, 165, 166; *Alff*, ZWE 2010, 105, 106; *Schneider*, ZWE 2011, 341, 343.
72 LG Bonn, ZMR 2011, 985; *Stöber*, ZVG § 10 Rdn. 4.4; *Böttcher*, § 10 Rdn. 15; Hk-ZV/*Sievers*, ZVG § 10 Rdn. 18; *Alff/Hintzen*, Rpfleger 2008, 165, 166; *Alff*, ZWE 2010, 105, 106; *Suilmann*, NotBZ 2010, 365, 366; *Schneider*, ZWE 2011, 341, 343.
73 *Böttcher*, § 10 Rdn. 20, 21; Hk-ZV/*Sievers*, ZVG § 10 Rdn. 20; *Alff/Hintzen*, Rpfleger 2008, 165, 167.
74 BGH, Rpfleger 2010, 333 = NJW 2010, 3169; LG Köln, Rpfleger 2010, 43; *Stöber*, ZVG § 10 Rdn. 4.9; *Depré/Cranshaw*, § 10 Rdn. 52; *Böttcher*, § 10 Rdn. 21; *Stöber*, ZVG-Handbuch Rdn. 399d; *Schneider*, ZfIR 2008, 161, 165; *Alff/Hintzen*, Rpfleger 2008, 165, 169; *Schneider*, ZMR 2010, 340; *Schneider*, ZWE 2011, 341, 344; *Drasdo*, NJW-Spezial 2012, 417; vgl. die unterschiedlichen Lösungsansätze von *Alff*, ZWE 2010, 105, 109 f.
75 BGHZ 163, 154 = Rpfleger 2005, 521 m. Anm. *Dümig* = NJW 2005, 2061.
76 Gegenäußerung der Bundesregierung zu Art. 2 WEGuaÄndG, BT-Drucks. 16/887 S. 72; *Stöber*, ZVG § 10 Rdn. 4.8; *Stöber*, ZVG-Handbuch Rdn. 399g.
77 *Stöber*, ZVG § 10 Rdn. 4.13; *Depré/Cranshaw*, § 10 Rdn. 54; *Böttcher*, § 10 Rdn. 22; *Löhnig/Fischinger*, § 10 Rdn. 57; *Stöber*, ZVG-Handbuch Rdn. 399h; *Bräuer/Oppitz*, ZWE 2007, 326, 330; *Derleder*, ZWE 2008, 13, 17; *Alff/Hintzen*, Rpfleger 2008, 165, 167; *Hintzen/Alff*, ZInsO 2008, 480, 483; *Alff*, ZWE 2010, 105, 107.
78 *Stöber*, ZVG-Handbuch Rdn. 399k; *Böhringer/Hintzen*, Rpfleger 2007, 353, 358; *Alff/Hintzen*, Rpfleger 2008, 165, 167; *Hintzen/Alff*, ZInsO 2008, 480, 483; a.A. *Alff*, ZWE 2010, 105, 107.

Nach Eröffnung des **Insolvenzverfahrens** über das Vermögen eines Wohnungseigentümers kann die Gemeinschaft die Ansprüche in einem – von einem anderen Gläubiger, dem Insolvenzverwalter oder ihr selbst wegen anderer absonderungsberechtiger Ansprüche – betriebenen Versteigerungsverfahren mit dem Rang der Klasse 2 anmelden.[79]

Wegen der Ansprüche aus der Rangklasse 2 kann die Gemeinschaft der Wohnungseigentümer auch selbst die Zwangsvollstreckung **betreiben**; hierzu § 10 Abs. 3 (vgl. → Rdn. 80 ff.).

Zur Behandlung der Hausgeldansprüche in der **Zwangsverwaltung** vgl. → § 152 Rdn. 195 ff., § 155 Rdn. 55 f., § 156 Rdn. 10.1 ff.

29   Bei der Zwangsversteigerung und Zwangsverwaltung von **Bergwerkseigentum** (vgl. → § 2 EGZVG Rdn. 2 ff.) haben die Lohnansprüche der im Bergbau Beschäftigten wegen der laufenden und aus dem letzten Jahr rückständigen Beträge nach Landesrecht in **Hessen** (Art. 12 HessAGZPO/ZVG) und im **Saarland** (§ 47 SaarlAGJusG) weiterhin, entsprechend dem früheren Vorrang für Lohnansprüche der Beschäftigten bei der Versteigerung land- und forstwirtschaftlicher Grundstücke, den Rang der zweiten Klasse.[80] In **Bayern** ist die entsprechende frühere Vorschrift (Art. 38 Abs. 1 BayAGGBO/ZVG) ebenso wie Art. 39 BayAGGBO/ZVG über den Rang bestimmter bergrechtlicher Ansprüche zwischen der zweiten und der dritten Klasse[81] gemäß Art. 55 Abs. 5 BayAGGVG nur noch übergangsweise für die vor dem Inkrafttreten des BBergG entstandenen Bergwerke und unbeweglichen Kuxe bis zu ihrem Erlöschen oder ihrer Aufhebung anzuwenden.

5. Rangklasse 3

30   Für Ansprüche auf Entrichtung **öffentlicher Lasten** des Grundstücks gewährt § 10 Abs. 1 Nr. 3 ein Vorrecht. Das Gesetz definiert den Begriff der öffentlichen Last nicht. Nach der Rechtsprechung muss es sich um eine Abgabenverpflichtung handeln, die auf öffentlichem Bundes- oder Landesrecht beruht, durch einmalige oder wiederkehrende Geldleistungen zu erfüllen ist und nicht nur die persönliche Haftung des Schuldners, sondern auch die dingliche Haftung des Grundstücks voraussetzt. Ob eine Abgabenverpflichtung diese Eigenschaft hat, beurteilt sich nach der gesetzlichen Regelung, auf der die Verpflichtung beruht. Die Verpflichtung muss nicht ausdrücklich als öffentliche Last bezeichnet sein. Diese Eigenschaft kann sich aus der rechtlichen Ausgestaltung der Zahlungspflicht und aus ihrer Beziehung zum Grundstück ergeben. Aus der gesetzlichen Regelung muss eindeutig hervorgehen, dass die Abgabenverpflichtung auf dem Grundstück lastet und dass deshalb nicht nur die persönliche Haftung des Abgabenschuldners, sondern auch die dingliche Haftung des Grundstücks besteht. Zweifel hieran schließen die Berücksichtigung als öffentliche Last aus. Eine Ausgestaltung als öffentliche Grundstückslast durch Satzung ist nur rechtswirksam, wenn deren Ermächtigungsgrund-

---

79   BGH, Rpfleger 2011, 686 = NJW 2011, 3098; *Derleder*, ZWE 2008, 13, 20 f.
80   Steiner/*Hagemann*, § 10 Rdn. 59; Depré/*Cranshaw*, § 10 Rdn. 56; Löhnig/*Fischinger*, § 10 Rdn. 59 mit Hinweis auf eine beabsichtigte Streichung der Vorschrift im Saarland; die dort noch genannte thüringische Vorschrift ist bereits aufgehoben worden (Art. 12 des Gesetzes vom 9.9.2010, ThürGVBl 291); *Gojowczyk*, S. 237 ff.
81   Steiner/*Hagemann*, § 10 Rdn. 60; *Stöber*, ZVG § 10 Rdn. 5; Depré/*Cranshaw*, § 10 Rdn. 56; Löhnig/*Fischinger*, § 10 Rdn. 59.

lage die Begründung einer öffentlichen Last zulässt.[82] Das Inkrafttreten einer Satzung bewirkt, dass ein mangels Entstehens der Beitragspflicht vorher erlassener zunächst rechtswidriger Beitragsbescheid rechtmäßig wird. Eine öffentliche Last entsteht mit dem Zeitpunkt des Inkrafttretens der Satzung, denn sie ist ausschließlich von der sachlichen Beitragspflicht, nicht von dem Beitragsbescheid abhängig.[83]

Hinsichtlich **Benutzungsgebühren** kann der kommunale Satzungsgeber (bei entsprechender gesetzlicher Ermächtigung) bei Leistungen durch öffentliche Einrichtungen und Anlagen, die auf **Grundstücke bezogen** sind, zur Bestimmung des Gebührenpflichtigen auf das Grundstück selbst und auf das Eigentum an diesem als umfassendstes Recht abstellen.[84] Werden neben dinglich Berechtigten auch bloße Nutzer herangezogen, so muss aus der Satzung hinreichend deutlich hervorgehen, dass die Leistung hinsichtlich der dinglich Berechtigten nicht nur personenbezogen erbracht wird, sondern für diese Gruppe von Gebührenschuldnern eine öffentliche Last entstehen lässt.[85] Gegen die erforderliche Grundstücksbezogenheit spricht es, wenn die Satzung nicht vorrangig auf die Existenz des Grundstücks an sich, sondern auf dessen konkrete Nutzung abstellt und wenn die Gebührenhöhe personenabhängig bemessen wird.[86]   30.1

Die **öffentliche Last** als solche ruht auf dem Grundstück und ist vom Zuschlag an von dem Ersteher zu tragen. Sie kann, von Ausnahmen abgesehen, nicht in das Grundbuch eingetragen werden (§ 54 GBO).[87] Die aus der Last entspringende **Leistungspflicht** muss dem Eigentümer gegenüber durch Veranlagung fällig gestellt werden.[88] Entsprechende Bescheide sind nicht einem Zwangsverwalter, sondern dem Eigentümer bekannt zu geben.[89] Bevorrechtigt sind die Einzelleistungen, die der Schuldner aufgrund der öffentlichen Last erbringen muss.   31

Beispiele für öffentliche Lasten (wegen weiterer, inzwischen praktisch bedeutungsloser Lasten wird auf die 12. Aufl. § 10 Rdn. 25 ff. verwiesen):[90]   32

---

82   BGH, MDR 1971, 205 = KTS 1971, 192; BGH, Rpfleger 1981, 349 = NJW 1981, 2127 = ZIP 1981, 777; BGH, Rpfleger 1988, 541 = NJW 1989, 107 = KTS 1988, 826; BGH, Rpfleger 2012, 560 = ZfIR 2012, 504 – dazu *Fischer*, ZfIR 2012, 489 –; Steiner/*Hagemann,* § 10 Rdn. 62 f.; *Stöber*, ZVG § 10 Rdn. 6.1; *Böttcher*, § 10 Rdn. 23; Löhnig/*Fischinger*, § 10 Rdn. 61; Hk-ZV/*Sievers*, ZVG § 10 Rdn. 30; Meikel/*Morvilius*, § 54 Rdn. 4 ff.; *Hartung*, Rpfleger 2013, 661, 662.
83   BGH, Rpfleger 2008, 213; BGH, NJW 2008, 1445.
84   VGH Kassel, Beschluss vom 18.4.2012 – 5 C 2625/10.N –, juris; vgl. *Böttcher*, § 10 Rdn. 44; Depré/*Cranshaw*, § 10 Rdn. 70.
85   BGH, Rpfleger 2012, 560 = ZfIR 2012, 504 – dazu *Fischer*, ZfIR 2012, 489 –; vgl. LG Kleve, KKZ 2010, 17.
86   OLG Zweibrücken, Rpfleger 2008, 218; LG Zweibrücken, Rpfleger 2007, 492 je zu Müllgebühren nach dem RhPfKAG; Hk-ZV/*Sievers*, ZVG § 10 Rdn. 37; großzügiger wohl BGH, Rpfleger 2010, 683 = ZfIR 2010, 696 m. krit. Anm. *Traub* = RNotZ 2011, 101 m. krit. Anm. *Morvilius*; krit. dazu auch *Fischer*, ZfIR 2011, 468, der zutreffend feststellt, dass Gebührentatbestände wie Wasserverbrauch und Müllentsorgung nichts mit dem Grundstück zu tun haben und nicht in den Bereich der Rangklasse 3 gehören.
87   *Stöber*, ZVG § 10 Rdn. 6.24; *Böttcher*, § 10 Rdn. 24; Löhnig/*Fischinger*, § 10 Rdn. 63.
88   RGZ 56, 396; 83, 87; Steiner/*Hagemann,* § 10 Rdn. 64; zur Duldungsverfügung gegenüber dem Insolvenzverwalter OVG Münster, ZfIR 2012, 656 m. Anm. *Schmidberger*.
89   BGH, Rpfleger 2006, 424 = ZInsO 2006, 556; Löhnig/*Fischinger*, § 10 Rdn. 62.
90   Vgl. Steiner/*Hagemann,* § 10 Rdn. 69; *Stöber*, ZVG § 10 Rdn. 6.2 ff.; *Böttcher*, § 10 Rdn. 25 ff.; Löhnig/*Fischinger*, § 10 Rdn. 66; Hk-ZV/*Sievers*, ZVG § 10 Rdn. 34 ff.; *Stöber*, ZVG-Handbuch Rdn. 74 ff.; Mohrbutter/Drischler/Radtke/Tiedemann, Muster 59; Hintzen/*Wolf*, Rdn. 11.97; Meikel/*Morvilius*, § 54 Rdn. 11 ff.

33 ■ **Ausgleichsbeträge bei Maßnahmen zur Abwehr schädlicher Bodenveränderungen** nach § 25 Abs. 6 Satz 1 BBodSchG.[91] Soweit der Eigentümer die Kosten bei Einsatz öffentlicher Mittel zur Abwehr schädlicher Bodenveränderungen, durch die der Verkehrswert nicht nur unwesentlich erhöht wird, nicht getragen hat, hat er einen Wertausgleich zu leisten. Auf den Ausgleichsbetrag wird im Grundbuch durch einen Vermerk hingewiesen (§ 93b GBV).

34 ■ **Erschließungsbeiträge** nach § 134 Abs. 2 BauGB.[92] Zur Deckung des Aufwands der Gemeinden wird der Beitrag für Erschließungsanlagen wie öffentliche Straßen, Wege und Plätze, Sammelstraßen innerhalb der Baugebiete sowie Parkflächen und Grünanlagen erhoben (§§ 127 ff. BauGB). Beitragspflichtig ist der Eigentümer bzw. Erbbauberechtigte zum Zeitpunkt der Zustellung des Beitragsbescheides; mehrere haften als Gesamtschuldner, Wohnungs- und Teileigentümer entsprechend ihrem Miteigentumsanteil.

35 ■ **Flurbereinigungsbeiträge** nach § 20 Satz 1, 3, § 42 Abs. 3 Satz 3, § 106 Satz 2 FlurbG.[93] Die Teilnehmer eines Flurbereinigungsverfahrens sind zur Leistung von Beiträgen, Vorschüssen und Ausgleichszahlungen verpflichtet. Eigentümern von Grundstücken, die nicht zum Flurbereinigungsgebiet gehören, aber von der Flurbereinigung wesentliche Vorteile haben, wird ein Beitrag zu den Ausführungskosten auferlegt.

36 ■ **Grundsteuern** nach § 12 GrStG.[94] Die Grundsteuer wird von den Gemeinden erhoben. Sie ist grundsätzlich je zu einem Viertel des Jahresbetrages am 15. Februar, 15. Mai, 15. August und 15. November fällig (§ 28 Abs. 1 GrStG). Wegen mehrerer Grundstücke als wirtschaftliche Einheit vgl. → Rdn. 47.

37 ■ **Kommunalabgaben**, Deich-, Kirchen-, Patronats-, Schullasten, Sielabgaben, Versicherungsbeiträge und andere Lasten nach **Landesrecht**,[95] insbesondere (ggf. nach entsprechender Ausgestaltung durch kommunale Satzung[96])
    – in **Baden-Württemberg** grundstücksbezogene Benutzungsgebühren, Anschluss- und Erschließungsbeiträge nach § 13 Abs. 3, § 27 BadWürttKAG, Beiträge und Kirchensteuern, die aus den Grundsteuermessbeträgen erhoben werden, nach § 31 Abs. 2 BadWürttAGGVG, Kosten nach

---

91 *Stöber,* ZVG § 10 Rdn. 6.3; *Depré/Cranshaw,* § 10 Rdn. 75; *Böttcher,* § 10 Rdn. 26; Meikel/*Morvilius,* § 54 Rdn. 12; *Albrecht/Teifel,* Rpfleger 1999, 366.
92 Steiner/*Hagemann,* § 10 Rdn. 72; *Stöber,* ZVG § 10 Rdn. 6.4; *Depré/Cranshaw,* § 10 Rdn. 75; *Böttcher,* § 10 Rdn. 28; Meikel/*Morvilius,* § 54 Rdn. 13 ff.
93 Steiner/*Hagemann,* § 10 Rdn. 76; *Stöber,* ZVG § 10 Rdn. 6.5; *Depré/Cranshaw,* § 10 Rdn. 75; *Böttcher,* § 10 Rdn. 29; Meikel/*Morvilius,* § 54 Rdn. 19.
94 Steiner/*Hagemann,* § 10 Rdn. 77 ff.; *Stöber,* ZVG § 10 Rdn. 6.6; *Depré/Cranshaw,* § 10 Rdn. 67 f.; *Böttcher,* § 10 Rdn. 30; Meikel/*Morvilius,* § 54 Rdn. 20; *Drischler,* Rpfleger 1984, 340; *Mayer,* Rpfleger 2000, 260; zur Grundsteuer in der Zwangsverwaltung *Hartung,* Rpfleger 2013, 661, 663 ff.
95 Steiner/*Hagemann,* § 10 Rdn. 68, 75; *Stöber,* ZVG § 10 Rdn. 6.7 f.; *Böttcher,* § 10 Rdn. 25, 27, 31, 32, 35, 44; Meikel/*Morvilius,* § 54 Rdn. 27 f.; vgl. *Depré/Cranshaw,* § 10 Rdn. 69 ff., 76 ff.
96 BGH, Rpfleger 2012, 560 = ZfIR 2012, 504 – dazu *Fischer,* ZfIR 2012, 489 – für Kommunalabgaben nach dem BadWürttKAG; BGH, Rpfleger 2010, 683 = ZfIR 2010, 696 m. krit. Anm. *Traub* = RNotZ 2011, 101 m. krit. Anm. *Morvilius* für Kommunalabgaben nach dem KAG NRW.

§ 15 Abs. 2 BadWürttLBodSchAG, Kosten der Gewässeraufsicht nach § 75 Abs. 2 Satz 4 BadWürttWG, Abgaben nach § 6 Abs. 8 BadWürttGQP,
- in **Bayern** Beiträge nach Art. 5 Abs. 7 Satz 1 BayKAG, Beiträge für Tierlebensversicherung und Schlachtviehversicherung nach Art. 29 BayAGGVG; vgl. auch Art. 70 BayAGBGB,
- in **Berlin** Beiträge, Leistungen und „gemeine Lasten" nach Art. 1 bis 3 PrAGZVG, Abgaben nach § 8 Abs. 8 BlnBIG,
- in **Brandenburg** Beiträge und Kostenersatz für Haus- und Grundstücksanschlüsse nach § 8 Abs. 10, § 10 Abs. 3 BbgKAG,
- in **Bremen** Beiträge nach § 21 BremGebBeitrG, Abgaben und Leistungen nach § 5 BremAGZPO/InsO/ZVG, Abgaben nach § 7 Abs. 8 BremEinzHStärkG, Kosten nach § 9 Abs. 2 BremWAG, weitere öffentliche Lasten nach nur für die Gemeinden Bremen oder Bremerhaven geltenden Ortsgesetzen (§ 7 Abs. 2 BremKanalbauOG, § 2 Abs. 2 BremKanalOG, § 7 Abs. 2 BremEABEG, § 4 Abs. 1 Satz 5 BremAbfEntsGebO für Bremen, § 13 Abs. 3 Brhv-StrBauBeitrOG, § 6 BrhvAbfEntGebO, § 20 BrhvEntwGebO für Bremerhaven),
- in **Hamburg** Wasserversorgungsbeträge nach § 3 HmbAGZVG, Wegereinigungsgebühren und Kosten nach § 33 Abs. 2, § 66 Abs. 6 Satz 4, 5 HmbWG, Ausgleichsbeträge nach § 49 Abs. 3 Satz 1 HmbBauO, Abgaben nach § 7 Abs. 8 HmbGSED, § 7 Abs. 8 HmbGSW, Sielabgaben und andere Leistungen nach § 23 HmbSielabgG, Verpflichtungen nach § 10 HmbMarschG, Kostenerstattungsbeträge nach § 6 Abs. 2 HmbKostEG,
- in **Hessen** Beiträge und grundstücksbezogene Benutzungsgebühren nach § 10 Abs. 6, § 11 Abs. 11 HessKAG, Abgaben und Leistungen nach Art. 2 HessAGZPO/ZVG, Kosten nach § 13 Abs. 3 HessAltBodSchG, Ausgleichsbeträge nach § 59 Abs. 5 HessWG, Abgaben nach § 7 Abs. 6 HessINGE,
- in **Mecklenburg-Vorpommern** Beiträge und grundstücksbezogene Benutzungsgebühren nach § 6 Abs. 4 Satz 2, § 7 Abs. 6 KAG M-V, Kosten nach § 16 Abs. 3 LBodSchG M-V,
- in **Niedersachsen** Beiträge nach § 6 Abs. 9 NdsKAG, Beiträge nach § 29 Abs. 4 NdsRealvG,
- in **Nordrhein-Westfalen** Beiträge und grundstücksbezogene Benutzungsgebühren sowie Kostenersatz für Haus- und Grundstücksanschlüsse nach § 6 Abs. 5, § 8 Abs. 9, § 10 Abs. 3 KAG NRW, Abgaben und Leistungen nach § 60 JustG NRW, Abgaben nach § 4 Abs. 10 ISGG NRW, Beiträge und Kosten nach § 8 Abs. 1 GemAusG NRW, Kosten einer Ersatzvornahme nach § 21 WFNG NRW, § 7 Abs. 5 WAG NRW, Beiträge zu sondergesetzlichen Wasserverbänden nach § 28 AggerVG, § 28 Eifel-RurVG, § 27 EmscherGG, § 40 ErftVG, § 28 LINEGG, § 28 LippeVG, § 28 NiersVG, § 28 RuhrVG und § 28 WupperVG,[97]

---

[97] Sieht man im nordrhein-westfälischen Gebietsteil des früheren Landes Lippe das LippAGZVG als fortgeltend an – vgl. § 1 EGZVG Fn. 2 –, so kommen auch Abgaben nach § 1 LippAGZVG in Betracht.

- in **Rheinland-Pfalz** Beiträge, grundstücksbezogene Benutzungsgebühren und Aufwendungsersatz für Grundstücksanschlüsse nach § 7 Abs. 7, § 10 Abs. 8, § 10a Abs. 7, § 11 Abs. 1 Satz 3, § 13 Abs. 2 Satz 3 RhPfKAG, Abgaben und Leistungen nach § 4 RhPfAGZVG/InsO, Kosten der Gewässeraufsicht nach § 99 Abs. 2 RhPfLWG, Beiträge und Beitragsverpflichtungen nach § 8 Abs. 4 Satz 3, § 14 Abs. 5 RhPfWeinAufbauG, § 8 Abs. 10 RhPfLEAPG,
- im **Saarland** Beiträge nach § 8 Abs. 12 SaarlKAG, Gebühren nach § 8 Abs. 5 Satz 4 SaarlAWG, Abgaben und Leistungen nach § 42 SaarlAGJusG, Abwassergebühren nach § 50a Abs. 4 Satz 4 SaarlWG, Kosten nach § 13 Abs. 1 SaarlBodSchG, Beiträge nach § 16 Abs. 3 SaarlSpielplG,
- in **Sachsen** Beiträge nach §§ 24, 31, 32 Abs. 2 Satz 1 SächsKAG, Kosten von Überwachungsmaßnahmen nach § 12a Abs. 2 SächsABG,
- in **Sachsen-Anhalt** Beiträge nach § 6 Abs. 9 KAG-LSA,
- in **Schleswig-Holstein** Beiträge und grundstücksbezogene Benutzungsgebühren nach § 6 Abs. 7, § 8 Abs. 7 SchlHKAG, Beiträge, Leistungen und „gemeine Lasten" nach Art. 1 bis 3 PrAGZVG,
- in **Thüringen** Beiträge nach § 7 Abs. 11 Satz 1 ThürKAG, Abgaben und Leistungen nach § 1 ThürAGZVG.

38 ■ Kostenerstattungsbeträge für Maßnahmen für den **Naturschutz** nach § 135a Abs. 3 Satz 4 BauGB.[98] Die Gemeinde erhebt zur Deckung ihres Aufwands für Maßnahmen für den Naturschutz (§ 1a Abs. 3 BauGB) zum Ausgleich einschließlich der Bereitstellung hierfür erforderlicher Flächen einen Kostenerstattungsbetrag.

39 ■ Ausgleichsbeträge bei städtebaulichen **Sanierungsmaßnahmen** nach § 154 Abs. 4 Satz 3 BauGB. Der Eigentümer eines im förmlich festgelegten Sanierungsgebiet gelegenen Grundstücks hat zur Finanzierung der Sanierung einen Ausgleichsbetrag an die Gemeinde zu entrichten, welcher der durch die Sanierung bedingten Erhöhung des Bodenwerts entspricht (§ 154 BauGB).

40 ■ Zur Deckung des Verwaltungsaufwands erhobene Kosten für die Tätigkeiten der bevollmächtigten **Bezirksschornsteinfeger** nach § 14 Abs. 1 bis 3, § 15 Satz 1, § 16 SchfHwG (Feuerstättenschau mit Feuerstättenbescheid, Durchführung vorläufiger Sicherungsmaßnahmen, anlassbezogene Kontrolle und Ausstellung von Bescheinigungen für Bauabnahmen) sind als öffentliche Last nach § 20 Abs. 2 Satz 1 SchfHwG von den Grundstückseigentümern, im Fall von Wohnungseigentum von der Gemeinschaft der Wohnungseigentümer oder, falls die Anlage zum Sondereigentum gehört, von dem Wohnungseigentümer zu tragen.[99]

41 ■ Geldleistungen im **Umlegungsverfahren** nach § 64 Abs. 3, § 81 Abs. 2 Satz 4 BauGB.[100] In bestimmten Fällen sind Unterschiede zwischen den Verkehrswerten bei der Verteilung im Umlegungsverfahren in Geld auszugleichen (§§ 57 ff. BauGB). Entsprechendes gilt bei der vereinfachten Um-

---

98 *Stöber*, ZVG § 10 Rdn. 6.11.
99 Meikel/*Morvilius*, § 54 Rdn. 21; zum früheren Recht Steiner/*Hagemann*, § 10 Rdn. 87; *Stöber*, ZVG § 10 Rdn. 6.12; Depré/*Cranshaw*, § 10 Rdn. 75; *Böttcher*, § 10 Rdn. 33.
100 Steiner/*Hagemann*, § 10 Rdn. 88; *Stöber*, ZVG § 10 Rdn. 6.13; *Böttcher*, § 10 Rdn. 34; Meikel/*Morvilius*, § 54 Rdn. 22 f.

legung nach §§ 80 ff. BauGB. Die öffentlichen Lasten sind im Grundbuch zu vermerken (§ 64 Abs. 6, § 81 Abs. 2 Satz 4 BauGB). In bestimmten Fällen kann Grundpfandrechten ein Befriedigungsvorrecht vor der öffentlichen Last eingeräumt werden (§ 64 Abs. 4, § 81 Abs. 2 Satz 4 BauGB).[101]

- **Wasser- und Bodenverbandsbeiträge** nach § 29 Satz 2 WVG.[102] Die Mitglieder eines Wasser- und Bodenverbandes haben Beiträge zur Erfüllung seiner Aufgaben zu leisten. Beiträge dinglicher Verbandsmitglieder (Eigentümer von Grundstücken und Erbbauberechtigte, § 4 Abs. 1 Nr. 1 WVG) sind öffentliche Lasten.   **42**

Nicht in der Rangklasse 3 berücksichtigungsfähig, weil keine Zahlungsverpflichtung zugrunde liegt, ist die öffentliche Last zur Sicherung der Verpflichtung eines Eigentümers nach § 2 Abs. 2 GräbG, das **Grab** eines Opfers von Krieg und Gewaltherrschaft bestehen zu lassen sowie den Zugang und Maßnahmen zu seiner Erhaltung zu dulden. Die öffentliche Last geht den öffentlichen und privaten Rechten an dem Grundstück im Rang vor (§ 2 Abs. 3 GräbG); sie bleibt daher in der Zwangsversteigerung unabhängig von der Rangklasse, aus der das Verfahren betrieben wird, bestehen.   **42.1**

Keine öffentlichen Lasten sind dagegen persönliche Steuern des Eigentümers (Einkommen-, Erbschaft-, Grunderwerb-, Körperschaft-, Umsatzsteuer), Betriebssteuern,[103] Krankenkassen-, Berufsgenossenschafts- und andere Sozialversicherungsbeiträge, Gas- und Stromkosten.[104]   **43**

Zinsen auf Ansprüche, die der Abgabenordnung unterliegen, nehmen als **Nebenleistungen** (§ 3 Abs. 4 AO) am Vorrang des Hauptanspruchs teil,[105] weil auf sie die für die Steuern geltenden Vorschriften – somit auch die Ausgestaltung als öffentliche Last – entsprechend anzuwenden sind (§ 239 Abs. 1 Satz 1 AO). Nach der Rechtsprechung des BGH gilt dies auch für **Säumniszuschläge** (§ 240 AO),[106] obwohl es sich hierbei für sich genommen nicht um eine Grundstückslast, sondern um ein Druckmittel eigener Art handelt, das den Steuerpflichtigen zur rechtzeitigen Zahlung anhalten soll. **Kosten** der Rechtsverfolgung werden im Rang des Hauptanspruchs berücksichtigt, soweit sie auf die Befriedigung aus dem Grundstück und nicht auf Zahlung durch den persönlichen Schuldner zielten (§ 10 Abs. 2).[107] Kosten einer vorangegangenen Mobiliarvollstreckung sind jedoch auch dann nicht in der Rangklasse 3 zu berücksichtigen, wenn die Vollstreckungsbe-   **44**

---

101 Steiner/*Hagemann*, § 10 Rdn. 88; Meikel/*Morvilius*, § 54 Rdn. 54.
102 Steiner/*Hagemann*, § 10 Rdn. 89; *Stöber*, ZVG § 10 Rdn. 6.14; *Depré/Cranshaw*, § 10 Rdn. 75; *Böttcher*, § 10 Rdn. 36; Meikel/*Morvilius*, § 54 Rdn. 24.
103 LG Stuttgart, Rpfleger 1976, 329 m. Anm. *Stöber*.
104 Steiner/*Hagemann*, § 10 Rdn. 91 ff.; *Stöber*, ZVG § 10 Rdn. 6.25; *Böttcher*, § 10 Rdn. 38 ff.; Löhnig/*Fischinger*, § 10 Rdn. 67.
105 Steiner/*Hagemann*, § 10 Rdn. 90; *Stöber*, ZVG § 10 Rdn. 6.16; *Depré/Cranshaw*, § 10 Rdn. 111; *Böttcher*, § 10 Rdn. 37; Löhnig/*Fischinger*, § 10 Rdn. 68; Hk-ZV/*Sievers*, ZVG § 10 Rdn. 40; *Drischler*, Rpfleger 1984, 340; *Gaßner*, RpflJB 1989, 223, 230.
106 BGH, Rpfleger 2010, 225 = MDR 2010, 411; ebenso LG Ansbach, Rpfleger 1999, 141; *Stöber*, ZVG § 10 Rdn. 6.16; *Depré/Cranshaw*, § 10 Rdn. 111; *Böttcher*, § 10 Rdn. 37; *Stöber*, ZVG-Handbuch Rdn. 74 zu „Grundsteuer", 74c; *Hartung*, Rpfleger 2013, 661, 662; a.A. Löhnig/*Fischinger*, § 10 Rdn. 68; Hk-ZV/*Sievers*, ZVG § 10 Rdn. 40; *Drischler*, Rpfleger 1984, 340; *Gaßner*, RpflJB 1989, 223, 229; *Sievers*, Rpfleger 2006, 522.
107 *Stöber*, ZVG § 10 Rdn. 6.16; *Böttcher*, § 10 Rdn. 37; Löhnig/*Fischinger*, § 10 Rdn. 69; *Gaßner*, RpflJB 1989, 223, 231; *Sievers*, Rpfleger 2006, 522 f.

hörde die Immobiliarvollstreckung nach Landesrecht oder interner Anordnung erst nach ergebnisloser Mobiliarvollstreckung betreiben darf.[108]

45 **Einmalige** Leistungen genießen das Vorrecht wegen der aus den letzten **vier Jahren** rückständigen Beträge. Maßgebend ist die Fälligkeit innerhalb von vier Jahren vor dem Tag, an dem der Gläubiger den Anordnungs- oder Beitrittsantrag gestellt oder den Anspruch angemeldet hat.[109] Die Fälligkeit ergibt sich aus den jeweiligen für die öffentliche Last geltenden Bestimmungen.

46 Für **wiederkehrende** Leistungen, insbesondere die im Gesetz beispielhaft genannten Grundsteuern, Zinsen, Zuschläge oder Rentenleistungen, ist das Vorrecht auf die **laufenden** und aus den letzten **zwei Jahren rückständigen** Beträge begrenzt. Maßgeblich für die Abgrenzung ist § 13. Danach sind laufende Beträge der letzte vor der Beschlagnahme fällig gewordene Betrag und die später fällig werdenden Beträge; die früher fällig gewordenen Beträge sind Rückstände. Ältere Rückstände werden, soweit das Verfahren ihretwegen betrieben wird, in Rangklasse 5, sonst in Rangklasse 7 berücksichtigt.[110]

Eine öffentliche Last, die im Zeitpunkt der Beschlagnahme Rückstand ist, bleibt auch dann Rückstand, wenn sie später gegenüber einem neuen Grundstückseigentümer erneut fällig gestellt wird.[111] Gestundete Beiträge sind – jedenfalls soweit die Stundung nicht auf einen freien Entschluss des Gläubigers zurückgeht, sondern zwingend und ohne Ermessen für die öffentliche Hand auszusprechen ist – mangels Fälligkeit bis zum Zuschlag nicht rückständig im Sinne des § 10 Abs. 1 Nr. 3.[112]

Im Falle einer Verrentung (§ 135 Abs. 2, 3 BauGB und entsprechende Vorschriften) werden die Jahresleistungen den wiederkehrenden Leistungen gleichgestellt (§ 135 Abs. 3 Satz 4 BauGB). Damit wird das Vorrecht der Rangklasse 3 auf die laufenden Beträge und die Rückstände der letzten zwei Jahre beschränkt. Die Raten, die nach dem Zuschlag zu zahlen sind, werden wie später entstehende laufende Leistungen behandelt, die gemäß § 56 Satz 2 der Ersteher trägt.[113]

47 Die Ansprüche müssen, da sie nicht (bzw. nur ausnahmsweise, z.B. nach § 93b GBV) aus dem Grundbuch ersichtlich sind, rechtzeitig **angemeldet** und auf Verlangen **glaubhaft gemacht** werden (§ 37 Nr. 4, § 45 Abs. 1, §§ 110, 114 Abs. 1, § 156 Abs. 2 Satz 4); eine spezifizierte Aufstellung des Gläubigers genügt zur

---

108 LG Dortmund, Rpfleger 2007, 677; Hk-ZV/*Sievers*, ZVG § 10 Rdn. 39; abl. *Mayer*, KKZ 2008, 6.
109 BGH, NJW 2012, 2504; BGH, Rpfleger 2008, 213; BGH, NJW 2008, 1445; OLG Koblenz, Rpfleger 2012, 219; *Böttcher*, § 10 Rdn. 45; Depré/*Cranshaw*, § 10 Rdn. 110; Löhnig/*Fischinger*, § 10 Rdn. 71; Hk-ZV/*Sievers*, ZVG § 10 Rdn. 32; *Stöber*, ZVG-Handbuch Rdn. 73; a.A. *Stöber*, ZVG § 10 Rdn. 6.17 (Fälligkeit in den letzten vier Jahren vor Beschlagnahme für diesen Gläubiger); weiter a.A. BGH, Rpfleger 2006, 424 = ZInsO 2006, 556 (Fälligkeit in den letzten vier Jahren vor dem Zuschlag); weiter a.A. Steiner/*Hagemann*, § 10 Rdn. 95 (Fälligkeit in den letzten vier Jahren vor dem Tag der ersten Beschlagnahme), ebenso die 13. Aufl. Rdn. 45; zur Beschlagnahme in der Zwangsverwaltung *Hartung*, Rpfleger 2013, 661, 663.
110 Steiner/*Hagemann*, § 10 Rdn. 96 ff.; *Stöber*, ZVG § 10 Rdn. 6.18, 6.20; Depré/*Cranshaw*, § 10 Rdn. 110.
111 BVerwG, ZfIR 2014, 815.
112 OLG Stuttgart, Beschluss vom 17.3.2014, 5 U 126/13, juris = ZfIR 2014, 791 (LS.) für Abwasserbeiträge nach dem BadWürttKAG.
113 OVG Sachsen, Urteil vom 26.6.2015, 5 A 706/13, zu Abwasserbeiträgen nach dem SächsKAG; vgl. Meikel/*Morvilius*, § 54 Rdn. 18.

Glaubhaftmachung.[114] Dabei ist der beanspruchte Rang anzugeben. Bei Rückständen muss, um die bevorrechtigten von den älteren Rückständen abgrenzen zu können, angegeben werden, aus welcher Zeit sie stammen.[115]
Bei der Versteigerung mehrerer Grundstücke muss aus der Anmeldung auch ersichtlich sein, welche Grundstücke für die öffentliche Last haften.[116] Bilden **mehrere Grundstücke** im Sinne des Zivilrechts (mehrere Flurstücke unter jeweils eigener Nummer im Bestandsverzeichnis des Grundbuchs) eine wirtschaftliche Einheit und sind sie deshalb ein Grundstück im Sinne des BewG und des GrStG (§ 70 Abs. 1 BewG, § 2 Nr. 2 GrStG), so ruht die öffentliche Last darauf als Gesamtbelastung.[117]

Im Falle von **Wohnungseigentum** kommt es nach der Rechtsprechung des BGH für die Frage, ob die Wohnungseigentümer grundstücksbezogene Benutzungsgebühren und Beiträge nur anteilig entsprechend ihrem Miteigentumsanteil schulden und auch nur in diesem Umfang eine dingliche Last auf dem Grundstück ruht, auf die Gestaltung des maßgeblichen Rechts an. Ist eine Beschränkung auf den einzelnen Miteigentumsanteil im Gesetz nicht ausdrücklich angeordnet, so besteht hiernach eine gesamtschuldnerische dingliche Haftung aller Wohnungseigentümer[118] oder eine Haftung der teilrechtsfähigen Wohnungseigentümergemeinschaft[119].

Wegen der Ansprüche aus der Rangklasse 3 kann der Gläubiger auch selbst die Zwangsvollstreckung – regelmäßig im Verwaltungszwangsverfahren (vgl. → § 16 Rdn. 18 f.) – **betreiben**.[120]

Mehrere – auf Bundesrecht oder Landesrecht beruhende – Ansprüche der Rangklasse 3 haben untereinander **gleichen Rang**.[121]

Die im letzten Satz des § 10 Abs. 1 Nr. 3 genannten Vorschriften beziehen sich auf die einzige Ausnahme, die – inzwischen gegenstandslose – **Hypothekengewinnabgabe** (öffentliche Last nach § 111 Abs. 1 LAG), die den übrigen öffentlichen Lasten und in bestimmten Fällen auch privaten Rechten im Rang nachgeht (§ 112 Abs. 1, §§ 113, 116 LAG).[122]

---

114 Steiner/*Hagemann*, § 10 Rdn. 101 f.; *Stöber*, ZVG § 10 Rdn. 6.21; Depré/*Cranshaw*, § 10 Rdn. 59; *Böttcher*, § 10 Rdn. 46; Löhnig/*Fischinger*, § 10 Rdn. 74; Hk-ZV/*Sievers*, ZVG § 9 Rdn. 16.
115 Steiner/*Hagemann*, § 10 Rdn. 102; *Böttcher*, § 10 Rdn. 46.
116 Steiner/*Hagemann*, § 10 Rdn. 102; *Böttcher*, § 10 Rdn. 46; Löhnig/*Fischinger*, § 10 Rdn. 74.
117 Löhnig/*Fischinger*, § 10 Rdn. 74; *Sievers*, Rpfleger 2006, 522.
118 BGH, Rpfleger 2010, 683 unter Hinweis auf einzelne landesrechtliche Regelungen = ZfIR 2010, 696 m. krit. Anm. *Traub* = RNotZ 2011, 101 m. krit. Anm. *Morvilius*; Hartung, Rpfleger 2013, 661, 663; a.A. *Stöber*, ZVG § 10 Rdn. 6.15; kritisch Depré/*Cranshaw*, § 10 Rdn. 72; vgl. *Böttcher*, § 10 Rdn. 23a.
119 BGHZ 193, 10 = Rpfleger 2012, 561 – dazu *Becker*, ZfIR 2012, 403 – für den Fall eines privatrechtlichen Nutzungsverhältnisses mit Anschluss- und Benutzungszwang.
120 Löhnig/*Fischinger*, § 10 Rdn. 65; *Hintzen/Wolf*, Rdn. 11.103; *Drischler*, Rpfleger 1984, 340 f.
121 Steiner/*Hagemann*, § 10 Rdn. 99; *Stöber*, ZVG § 10 Rdn. 6.19; Depré/*Cranshaw*, § 10 Rdn. 114; *Böttcher*, § 10 Rdn. 47; Löhnig/*Fischinger*, § 10 Rdn. 75; *Hintzen/Wolf*, Rdn. 11.102.
122 Steiner/*Hagemann*, § 10 Rdn. 80 ff.; Löhnig/*Fischinger*, § 10 Rdn. 75.

6. Rangklasse 4

49 § 10 Abs. 1 Nr. 4 gewährt dem Anspruch eines Gläubigers aus einem **an dem Grundstück bestehenden Recht** ein Vorrecht. Hierunter fallen Grundpfandrechte (Hypotheken, § 1113 BGB, Grundschulden, § 1191 BGB, und Rentenschulden, § 1199 BGB), Reallasten (§ 1105 BGB), Grunddienstbarkeiten (§ 1018 BGB), beschränkte persönliche Dienstbarkeiten (§ 1090 BGB), Nießbrauch (§ 1030 BGB) und dingliche Vorkaufsrechte (§ 1094 BGB), nicht eingetragene Rechte wie Überbaurenten (§ 912 BGB), Notwegrenten (§ 917 BGB) und altrechtliche Dienstbarkeiten (Art. 187 EGBGB), außerhalb des Grundbuchs entstandene Rechte wie Sicherungshypotheken nach § 1287 BGB und § 848 Abs. 2 ZPO, Nutzungsrechte, Mitbenutzungsrechte, Hypotheken und Aufbauhypotheken nach §§ 287 ff., 321 f., 452 ff. DDR-ZGB, Art. 233 §§ 3 ff. EGBGB, zu Unrecht gelöschte Rechte.[123] Zu Vormerkungen und Widersprüchen → § 48 Rdn. 3 ff., zu Verfügungsbeschränkungen → § 28 Rdn. 9 ff., zu Rechten nach ausländischen Vorschriften → § 2 EGZVG Rdn. 22.

50 Auch **Eigentümerrechte** sind erfasst; jedoch stehen dem Eigentümer Zinsen nur für die Dauer der auf Antrag eines anderen angeordneten Zwangsverwaltung zu (§§ 1177, 1197 Abs. 2 BGB).[124]

51 Im Rang des Rechts können der **Hauptanspruch**, wiederkehrende Leistungen (insbesondere Zinsen) und andere **Nebenleistungen** sowie die **Kosten** der Kündigung und der Rechtsverfolgung (§ 10 Abs. 2) geltend gemacht werden. Zum Hauptanspruch gehören auch Ansprüche auf Beträge, die zur allmählichen Tilgung einer Schuld als Zuschlag zu den Zinsen zu entrichten sind. Zur Tilgungshypothek vgl. → § 44 Rdn. 28, → § 114 Rdn. 16, → § 155 Rdn. 65.[125]

52 Für den **Hauptanspruch** – einschließlich der besonders genannten Tilgungsleistungen, bei denen es sich um Abzahlungen auf das Kapital handelt[126] – und für **einmalige** Nebenleistungen gilt keine zeitliche Beschränkung. **Wiederkehrende** Leistungen sind nur wegen der laufenden und der aus den letzten zwei Jahren rückständigen Beträge bevorrechtigt. Maßgeblich für die Abgrenzung ist § 13. Danach sind laufende Beträge der letzte vor der Beschlagnahme fällig gewordene Betrag und die später fällig werdenden Beträge; die früher fällig gewordenen Beträge sind Rückstände. Ältere Rückstände werden, soweit das Verfahren ihretwegen betrieben wird, in Rangklasse 5, sonst in Rangklasse 8 berücksichtigt.[127]

---

123 Steiner/*Hagemann*, § 10 Rdn. 108 ff.; *Stöber*, ZVG § 10 Rdn. 8.1; Depré/*Cranshaw*, § 10 Rdn. 120 ff.; *Böttcher*, § 10 Rdn. 48 f.; Löhnig/*Fischinger*, § 10 Rdn. 82 f.
124 Steiner/*Hagemann*, § 10 Rdn. 110, 128; *Stöber*, ZVG § 10 Rdn. 8.2; Löhnig/*Fischinger*, § 10 Rdn. 84; *Mohrbutter/Drischler/Radtke/Tiedemann*, Muster 60 Anm. 5.
125 Vgl. auch Steiner/*Hagemann*, § 10 Rdn. 131 ff., *Stöber*, ZVG § 10 Rdn. 8.7 ff.; *Böttcher*, § 10 Rdn. 51; Löhnig/*Fischinger*, § 10 Rdn. 90 f.; *Hintzen/Wolf*, Rdn. 11.109 ff. mit Beispiel für eine Tilgungshypothek.
126 RGZ 54, 88; 104, 68.
127 Steiner/*Hagemann*, § 10 Rdn. 124 ff.; *Stöber*, ZVG § 10 Rdn. 8.3; Depré/*Cranshaw*, § 10 Rdn. 134; Löhnig/*Fischinger*, § 10 Rdn. 94; Hk-ZV/*Sievers*, ZVG § 10 Rdn. 44; vgl. *Hintzen*, Rpfleger 2009, 448 (Anm. zu OLG Hamm, Rpfleger 2009, 447) zum nicht gerechtfertigten Rangvorteil des Gläubigers einer Zwangssicherungshypothek, wenn ältere Zinsen (Rangklasse 8 oder – bei Betreiben – 5) aufgrund nachträglicher Kapitalisierung den Rang der Klasse 4 erhalten.

Ist der Anspruch aufgrund der Beschlagnahme dem Gläubiger gegenüber **un-** 53
wirksam (dazu → § 23 Rdn. 2 ff.), so kann er in Rangklasse 6 geltend gemacht werden.[128]

Die zum Zeitpunkt der Eintragung des Vollstreckungsvermerks aus dem 54
Grundbuch ersichtlichen Ansprüche bedürfen zur Aufnahme in das geringste Gebot und den Teilungsplan **keiner Anmeldung** und Glaubhaftmachung; von wiederkehrenden Leistungen müssen die laufenden nicht angemeldet und die rückständigen nicht glaubhaft gemacht werden. Die rückständigen wiederkehrenden Leistungen und die nicht grundbuchersichtlichen Rechte, vor allem auch die Kosten der Rechtsverfolgung, müssen rechtzeitig **angemeldet** und auf Verlangen **glaubhaft gemacht** werden (§ 37 Nr. 4, §§ 45, 110, 114, 156 Abs. 2 Satz 4).[129]

Für mehrere Ansprüche der Rangklasse 4 untereinander gilt das unter den 55
Rechten bestehende **materielle Rangverhältnis** (§ 11 Abs. 1);[130] vgl. → § 11 Rdn. 3.

7. Rangklasse 5

Im Rang des § 10 Abs. 1 Nr. 5 kann der **dinglich nicht gesicherte** Gläubiger 56
die Zwangsvollstreckung betreiben. Er erlangt das Recht auf Befriedigung durch die – wirksame – Beschlagnahme. Stehen ihm außerdem Ansprüche der Rangklassen 1 bis 4 zu, so kann er bei der Erlösverteilung in der Rangklasse 5 nur mit den dort noch nicht gedeckten Ansprüchen berücksichtigt werden. Andererseits erlangen Ansprüche, die sonst in die Rangklassen 6 bis 8 gehören, mit Betreiben den Rang der Rangklasse 5.[131]

Der Umfang der **Nebenansprüche** in Rangklasse 5 ist nicht eingeschränkt.[132] 57
Hier können auch Kosten früherer Vollstreckungsmaßnahmen geltend gemacht werden.

Die mit dem **Antrag** auf Anordnung der Zwangsversteigerung oder Zulassung 58
des Beitritts beanspruchten Forderungen gelten als **angemeldet** (§ 114 Abs. 1 Satz 2, § 156 Abs. 2 Satz 4). Anzumelden und auf Verlangen glaubhaft zu machen (§ 37 Nr. 4, § 45 Abs. 1, §§ 110, 114 Abs. 1, § 156 Abs. 2 Satz 4) sind jedoch regelmäßig noch die Ansprüche auf Kosten der Zwangsvollstreckung, die sich nicht bereits beziffert aus dem Antrag ergeben.[133]

Bei mehreren Ansprüchen der Rangklasse 5 entscheidet die zeitliche **Reihen-** 59
folge der Beschlagnahme über den Rang (§ 11 Abs. 2);[134] vgl. → § 11 Rdn. 8.

---

128 Steiner/*Hagemann*, § 10 Rdn. 119 ff.; Löhnig/*Fischinger*, § 10 Rdn. 88.
129 Steiner/*Hagemann*, § 10 Rdn. 136 f.; *Stöber*, ZVG § 10 Rdn. 8.6; *Böttcher*, § 10 Rdn. 53; Löhnig/*Fischinger*, § 10 Rdn. 97.
130 Steiner/*Hagemann*, § 10 Rdn. 142; *Böttcher*, § 10 Rdn. 54; Löhnig/*Fischinger*, § 10 Rdn. 100; *Hintzen/Wolf*, Rdn. 11.106, Darstellung der Rangfolge mit zahlreichen Beispielen Rdn. 9.219 ff.; vgl. Depré/*Cranshaw*, § 10 Rdn. 119 zum Rang bei Konkurrenz zwischen eingetragenen und nicht eingetragenen Rechten.
131 Steiner/*Hagemann*, § 10 Rdn. 143 ff.; *Stöber*, ZVG § 10 Rdn. 9.1 ff.; *Böttcher*, § 10 Rdn. 56 f.; Löhnig/*Fischinger*, § 10 Rdn. 101 f.; *Stöber*, ZVG-Handbuch Rdn. 80.
132 Steiner/*Hagemann*, § 10 Rdn. 147; Löhnig/*Fischinger*, § 10 Rdn. 103.
133 Steiner/*Hagemann*, § 10 Rdn. 148; *Stöber*, ZVG § 10 Rdn. 9.6; *Böttcher*, § 10 Rdn. 58; Löhnig/*Fischinger*, § 10 Rdn. 104.
134 Steiner/*Hagemann*, § 10 Rdn. 151; *Böttcher*, § 10 Rdn. 59; Löhnig/*Fischinger*, § 10 Rdn. 105; Hk-ZV/*Sievers*, ZVG § 10 Rdn. 47.

60 Wegen des Anspruchs der anderen Wohnungseigentümer auf **Entziehung des Wohnungseigentums** wegen schwerer Pflichtverletzungen eines Miteigentümers vgl. → Rdn. 71.

8. Rangklasse 6

61 In die Rangklasse des § 10 Abs. 1 Nr. 6 fallen diejenigen **an dem Grundstück bestehenden Rechte** der Rangklasse 4 (vgl. → Rdn. 49), die aufgrund der Beschlagnahme dem Gläubiger gegenüber **unwirksam** sind (dazu → § 23 Rdn. 2 ff.). Solche Rechte können einem betreibenden Gläubiger der Rangklasse 5 gegenüber unwirksam, einem später beitretenden Gläubiger gegenüber jedoch wirksam sein.[135] Die Ansprüche sind in demselben Umfang wie diejenigen der Rangklasse 4 zu berücksichtigen (vgl. → Rdn. 51 f.). Wird aus ihnen die Vollstreckung betrieben, so erhalten sie den Rang der Rangklasse 5.[136]

62 Da die Rechte regelmäßig erst nach dem Vollstreckungsvermerk in das Grundbuch eingetragen wurden, müssen sie rechtzeitig **angemeldet** und auf Verlangen **glaubhaft gemacht** werden (§ 37 Nr. 4, § 45 Abs. 1, §§ 110, 114 Abs. 1, 156 Abs. 2 Satz 4).[137]

63 Für mehrere Ansprüche der Rangklasse 6 untereinander gilt das unter den Rechten bestehende **materielle Rangverhältnis** (§ 11 Abs. 1);[138] vgl. → § 11 Rdn. 3.

9. Rangklasse 7

64 In die Rangklasse des § 10 Abs. 1 Nr. 7 gehören die älteren Rückstände aus Ansprüchen der Rangklasse 3 (**öffentliche Lasten**), und zwar die mehr als vier Jahre rückständigen einmaligen und die mehr als zwei Jahre rückständigen wiederkehrenden Leistungen. Wird aus ihnen die Vollstreckung betrieben, so erhalten sie den Rang der Rangklasse 5.[139]

Säumniszuschläge verlieren den Rang der Klasse 3 mit dem Hauptrecht.[140]

65 Die Rechte müssen rechtzeitig **angemeldet** und auf Verlangen **glaubhaft gemacht** werden (§ 37 Nr. 4, § 45 Abs. 1, §§ 110, 114 Abs. 1, § 156 Abs. 2 Satz 4).[141]

66 Mehrere Ansprüche der Rangklasse 7 haben untereinander **gleichen Rang**.[142]

10. Rangklasse 8

67 In die Rangklasse des § 10 Abs. 1 Nr. 8 gehören die älteren (mehr als zwei Jahre) Rückstände aus wiederkehrenden Leistungen der Rangklasse 4 **(an dem Grund-**

---

135 Steiner/*Hagemann*, § 10 Rdn. 153; *Stöber*, ZVG § 10 Rdn. 10.1; Depré/*Cranshaw*, § 10 Rdn. 138; *Böttcher*, § 10 Rdn. 60 ff.; Löhnig/*Fischinger*, § 10 Rdn. 106; *Stöber*, ZVG-Handbuch Rdn. 83 mit Beispiel; *Hintzen/Wolf*, Rdn. 11.127 ff. mit Beispielen.
136 Steiner/*Hagemann*, § 10 Rdn. 154; *Stöber*, ZVG § 10 Rdn. 10.2; Depré/*Cranshaw*, § 10 Rdn. 141; Löhnig/*Fischinger*, § 10 Rdn. 107.
137 Steiner/*Hagemann*, § 10 Rdn. 156; *Stöber*, ZVG § 10 Rdn. 10.2; Löhnig/*Fischinger*, § 10 Rdn. 109.
138 Steiner/*Hagemann*, § 10 Rdn. 142; Löhnig/*Fischinger*, § 10 Rdn. 110.
139 Steiner/*Hagemann*, § 10 Rdn. 159 f.; *Stöber*, ZVG § 10 Rdn. 11.1; Depré/*Cranshaw*, § 10 Rdn. 143; Löhnig/*Fischinger*, § 10 Rdn. 111; Hk-ZV/*Sievers*, ZVG § 10 Rdn. 49.
140 BGH, NJW 2012, 2504.
141 Steiner/*Hagemann*, § 10 Rdn. 162; *Stöber*, ZVG § 10 Rdn. 11.1; Depré/*Cranshaw*, § 10 Rdn. 143; Löhnig/*Fischinger*, § 10 Rdn. 111.
142 Steiner/*Hagemann*, § 10 Rdn. 165; *Stöber*, ZVG § 10 Rdn. 11.2; Löhnig/*Fischinger*, § 10 Rdn. 112.

stück bestehende Rechte). Die Rangklasse 8 erfasst auch die älteren Rückstände derjenigen Rechte, die der Rangklasse 6 zugehören.[143] Wird aus ihnen die Vollstreckung betrieben, so erhalten sie den Rang der Rangklasse 5.[144]

Die Rechte müssen rechtzeitig **angemeldet** und auf Verlangen **glaubhaft gemacht** werden (§ 37 Nr. 4, § 45 Abs. 1, §§ 110, 114 Abs. 1, 156 Abs. 2 Satz 4).[145] 68

Für mehrere Ansprüche der Rangklasse 8 untereinander gilt das unter den Rechten bestehende **materielle Rangverhältnis** (§ 11 Abs. 1);[146] vgl. → § 11 Rdn. 3. 69

11. Nach Rangklasse 8 („Rangklasse 9")

Die bei Eintragung des Vollstreckungsvermerks nicht aus dem Grundbuch ersichtlichen und **nicht rechtzeitig angemeldeten** bzw. glaubhaft gemachten Ansprüche werden im geringsten Gebot nicht berücksichtigt und bei der Erlösverteilung – verspätete Anmeldung vorausgesetzt[147] – den übrigen Rechten nachgesetzt (§ 37 Nr. 4, § 45 Abs. 1, §§ 110, 114 Abs. 1, § 156 Abs. 2 Satz 4). Ihr Rang wird daher gelegentlich als „Rangklasse 9" bezeichnet. 70

12. Entziehungsanspruch der Wohnungseigentümer

Haben die anderen Wohnungseigentümer wegen schwerer Pflichtverletzungen eines Miteigentümers den Anspruch auf **Entziehung des Wohnungseigentums** geltend gemacht und ein Urteil auf Veräußerung seines Wohnungseigentums erlangt (§§ 18, 19 WEG), so war bis zum 30. Juni 2007 für die „freiwillige Versteigerung" der Notar im Verfahren nach §§ 54 bis 58 WEG a.F. zuständig (§ 53 Abs. 1 WEG a.F.). Künftig wird der Titel nach den Vorschriften des ZVG vollstreckt (§ 19 Abs. 1 WEG n.F.).[148] Auf die am 1. Juli 2007 anhängig gewesenen Verfahren ist weiterhin das frühere Recht anzuwenden (§ 62 Abs. 1 WEG a.F.). Auch der spätere Beitritt wegen des Entziehungsanspruchs zu einem am Stichtag bereits wegen Zahlungsansprüche anhängig gewesenen gerichtlichen Zwangsversteigerungsverfahren ist nicht möglich. 71

Nach der amtlichen Begründung soll der Entziehungsanspruch in der Rangklasse 5 geltend gemacht werden; damit seien in der Regel sämtliche Belastungen des Wohnungseigentums im geringsten Gebot zu berücksichtigen.[149] § 10 Abs. 1 normiert allerdings, wie aus dem Wortlaut des einleitenden Satzteils hervorgeht, die Rangordnung der Rechte auf Befriedigung aus dem Wohnungseigentum.

---

143 Steiner/*Hagemann*, § 10 Rdn. 166; *Stöber*, ZVG § 10 Rdn. 12.1; Löhnig/*Fischinger*, § 10 Rdn. 113.
144 Steiner/*Hagemann*, § 10 Rdn. 166; *Stöber*, ZVG § 10 Rdn. 12.3; Löhnig/*Fischinger*, § 10 Rdn. 114; Hk-ZV/*Sievers*, ZVG § 10 Rdn. 50.
145 Steiner/*Hagemann*, § 10 Rdn. 168; *Stöber*, ZVG § 10 Rdn. 12.3; Löhnig/*Fischinger*, § 10 Rdn. 114.
146 Steiner/*Hagemann*, § 10 Rdn. 171; *Stöber*, ZVG § 10 Rdn. 12.2; Löhnig/*Fischinger*, § 10 Rdn. 115.
147 Steiner/*Hagemann*, § 10 Rdn. 172; *Böttcher*, § 10 Rdn. 70; Löhnig/*Fischinger*, § 10 Rdn. 116.
148 Kritisch zur Neuregelung Jennißen/*Heinemann*, § 19 Rdn. 4 f.; zu Besonderheiten des Verfahrens *Schneider*, NZM 2014, 498.
149 Begründung zu Art. 1 Nr. 10 (Entwurf Nr. 7) WEGuaÄndG, BT-Drucks. 16/887 S. 26 f.; ebenso *Böttcher/Keller*, vor §§ 162–186 Rdn. 9; *Spielbauer/Then*, § 19 Rdn. 2; *Hügel/Elzer*, § 19 Rdn. 9; *Böttcher*, Rpfleger 2009, 181, 191; *Schmidberger*, ZMR 2012, 168, 170; insoweit krit. Löhnig/*Stenzel*, WEG § 19 Rdn. 5; Hk-ZV/*Sievers*, ZVG § 10 Rdn. 57; Jennißen/*Heinemann*, § 19 Rdn. 29.

Hierzu gehört der Entziehungsanspruch nicht; er gewährt kein aus dem Erlös zu deckendes Befriedigungsrecht.[150] Ein verbleibender Erlösüberschuss gebührt vielmehr dem bisherigen Wohnungseigentümer.[151] Wegen des Deckungsgrundsatzes kann das Wohnungseigentum nur unter Berücksichtigung aller eingetragenen Rechte versteigert werden. Dazu gehören bei entsprechender Anmeldung (§ 37 Nr. 4, § 45) auch die Ansprüche der Rangklassen 6, 7 und 8 (ähnlich wie bei der Zwangsversteigerung auf Antrag des Insolvenzverwalters, vgl. → § 174 Rdn. 1, und auf Antrag des Erben, vgl. → § 176 Rdn. 7).[152] Der außerhalb der Rangordnung des § 10 Abs. 1 stehende[153] Entziehungsanspruch lässt sich deshalb vereinfacht als an **letzter Rangstelle** stehend begreifen.

72 Im Übrigen handelt es sich bei dem Verfahren wegen des Entziehungsanspruchs **nicht** um ein „besonderes" Verfahren im Sinne des Dritten Abschnitts des ZVG.[154] Zwar erfolgt die Vollstreckung nicht wegen einer Geldforderung. Dies setzt der Erste Abschnitt des ZVG auch nicht voraus; er handelt gemäß seiner Überschrift von der Zwangsversteigerung „im Wege der Zwangsvollstreckung". Zwangsvollstreckung ist auch das Verfahren wegen des Entziehungsanspruchs in jeder Hinsicht. Die Voraussetzungen der Zwangsvollstreckung, insbesondere die allgemeinen Vollstreckungsvoraussetzungen (zur Zwangsvollstreckung geeigneter Titel, Vollstreckungsklausel, Zustellung), müssen erfüllt sein.[155] Besondere Vorschriften, wie für die Verfahren des Dritten Abschnitts, gibt es nicht. Die amtliche Begründung geht davon aus, dass ein Gläubiger wegen einer Geldforderung dem Verfahren gemäß § 27 beitreten kann[156] (ebenso natürlich umgekehrt). In zahlreichen Fällen hoch belasteten Wohnungseigentums führt die Versteigerung wegen des (letztrangigen) Entziehungsanspruchs überhaupt nur dann zum Erfolg, wenn zugleich auch Geldforderungen von Gläubigern (z.B. auch diejenigen der Wohnungseigentümer in der Rangklasse 2 bzw. 5) in demselben Verfahren vollstreckt werden können. Soweit der Wortlaut des § 19 Abs. 1 Satz 1 WEG nur die „entsprechende" Anwendung des Ersten Abschnitts anordnet, kann dem bei den heute oft zu beobachtenden nachlässigen Formulierungen des Gesetzgebers kein entscheidendes Gewicht beigemessen werden.

73 Beruht das Urteil auf Veräußerung des Wohnungseigentums darauf, dass der Wohnungseigentümer sich mit der Verpflichtung zur Lasten- und Kostentragung in Verzug befindet (§ 18 Abs. 2 Nr. 2 WEG), so kann er bis zur Erteilung des Zuschlags die Wirkung des Urteils durch Erfüllung der Zahlungsverpflichtungen – einschließlich der Kosten und der fälligen weiteren Verpflichtungen – abwenden

---

150 *Schneider*, NZM 2014, 498.
151 *Schneider*, NZM 2014, 498, 500.
152 Hk-ZV/*Sievers*, ZVG § 10 Rdn. 59; *Sievers*, IGZInfo 2007, 81, 88; *Schneider*, NZM 2014, 498, 500; a.A. *Hügel/Elzer*, § 19 Rdn. 9; *Schmidberger*, ZMR 2012, 168, 169; vgl. *Löhnig/Stenzel*, WEG § 19 Rdn. 14.
153 *Schneider*, NZM 2014, 498, 499.
154 *Schmidberger*, ZMR 2012, 168; a.A. *Löhnig/Stenzel*, WEG § 19 Rdn. 5; Hk-ZV/*Sievers*, ZVG § 10 Rdn. 58; *Sievers*, IGZInfo 2007, 81, 87; *Schneider*, NZM 2014, 498, 500.
155 *Jennißen/Heinemann*, § 19 Rdn. 27; *Bärmann/Pick*, § 19 Rdn. 4; *Spielbauer/Then*, § 19 Rdn. 5.
156 Begründung zu Art. 1 Nr. 10 (Entwurf Nr. 7) WEGuaÄndG, BT-Drucks. 16/887 S. 27; ebenso *Böttcher*, Rpfleger 2009, 181, 191; a.A. *Löhnig/Stenzel*, WEG § 19 Rdn. 16; Hk-ZV/*Sievers*, ZVG § 10 Rdn. 58; *Hügel/Elzer*, § 19 Rdn. 8; *Sievers*, IGZInfo 2007, 81, 88; *Schneider*, NZM 2014, 498, 499.

(§ 19 Abs. 2 WEG). In diesem Fall muss er der weiteren Durchführung des Zwangsversteigerungsverfahrens durch **Vollstreckungsabwehrklage** (§ 767 ZPO) entgegen treten.[157] Da das Entziehungsurteil die Zahlungsverpflichtung nicht unmittelbar tituliert, reichen Zahlungsnachweise nach § 775 Nr. 5 ZPO, § 75 ZVG nicht aus.

Im Verfahren kann der **Schuldner selbst keine Gebote** abgeben; dem stehen der Verfahrenszweck und jedenfalls der Gesichtspunkt unzulässiger Rechtsausübung und rechtsmissbräuchlicher Geltendmachung verfahrensrechtlicher Positionen entgegen.[158] Auf die Frage, ob im Fall des Zuschlags an den Schuldner der Titel verbraucht ist oder ob eine erneute Zwangsversteigerung beantragt werden kann, kommt es danach nicht an.[159]

73.1

Die **Wohnungseigentümergemeinschaft** kann Gebote jedenfalls dann abgeben, wenn der Erwerb eine sinnvolle Verwaltungsmaßnahme darstellt und andernfalls ein weiter gehender, sonst nicht zu vermeidender Schaden einträte.[160]

IV. Kosten der Rechtsverfolgung

Die **Kosten** der Kündigung und der die Befriedigung aus dem Grundstück bezweckenden Rechtsverfolgung erhalten gemäß § 10 Abs. 2 in allen Rangklassen denselben Rang wie der Hauptanspruch. Innerhalb des Anspruchs erhalten sie Rang vor dem Hauptanspruch (§ 12); vgl. → § 12 Rdn. 3.

74

Zu den erfassten Ansprüchen gehören[161] als Kosten der **Kündigung** (zur Kündigung des Grundschuldkapitals vgl. § 1193 BGB, Art. 229 § 18 Abs. 3 EGBGB) vor allem die Zustellungskosten, die Kosten der Vertretung bei Kündigung durch einen Rechtsanwalt und die Kosten eines Vertreters nach § 1141 Abs. 2 BGB.

75

Kosten der **Rechtsverfolgung** sind diejenigen für die Beschaffung des Vollstreckungstitels durch Klage oder freiwillige Unterwerfung (§ 794 Abs. 1 Nr. 5, § 800 Abs. 1 ZPO), für eine Bankbürgschaft zur Sicherheitsleistung (§ 108 ZPO),[162] für die Erteilung und Zustellung der vollstreckbaren Ausfertigung des Titels, für die Eintragung einer Zwangshypothek (§ 867 Abs. 1 Satz 3 ZPO), für die Erteilung eines Grundbuchauszugs, für die Anordnung oder den Beitritt zum Verfahren,[163] für einen Zustellungsvertreter (§ 7 Abs. 3), für Sicherungsmaßregeln nach § 25, für ein Vollstreckungsschutzverfahren,[164] für die Wahrnehmung von Terminen (z.B. Reisekosten) sowie alle weiteren durch die Zwangsversteigerung oder Zwangsverwaltung entstehenden Kosten wie Gerichts- und Rechtsanwaltskosten. Kosten

---

157 *Schneider*, NZM 2014, 498, 500; a.A. Löhnig/*Stenzel*, WEG § 19 Rdn. 28: feststehende Zahlung ist Vollstreckungsmangel im Sinne des § 28 Abs. 2, plausible Zahlung Einstellungsgrund nach § 766 Abs. 1 Satz 2, § 732 Abs. 2 ZPO.
158 Löhnig/*Stenzel*, WEG § 19 Rdn. 20; *Hügel/Elzer*, § 19 Rdn. 9; *Schneider*, NZM 2014, 498, 500 f.; a.A. Jennißen/*Heinemann*, § 19 Rdn. 4; *Böttcher*, Rpfleger 2009, 181, 191 sowie die 14. Aufl. Rdn. 73.1.
159 Vgl. Jennißen/*Heinemann*, § 19 Rdn. 44; *Schneider*, NZM 2014, 498, 501.
160 Bärmann/*Pick*, § 19 Rdn. 5; ebenso ohne die genannte Beschränkung Jennißen/*Heinemann*, § 19 Rdn. 43.
161 Vgl. Steiner/*Hagemann*, § 10 Rdn. 176; *Stöber*, ZVG § 10 Rdn. 15.3 ff.; *Böttcher*, § 10 Rdn. 74 ff.; Löhnig/*Fischinger*, § 10 Rdn. 120 ff.; Hk-ZV/*Sievers*, ZVG § 10 Rdn. 56; *Muth*, 1R Rdn. 34 ff.
162 BGH, Rpfleger 1974, 183 = NJW 1974, 693.
163 Hk-ZV/*Sievers*, ZVG § 10 Rdn. 4, 56.
164 LG Essen, Rpfleger 1955, 164.

früherer Vollstreckungsmaßnahmen, die nicht die Befriedigung aus dem Grundstück, sondern aus sonstigem Schuldnervermögen zum Ziel hatten, werden dann berücksichtigt, wenn der Gläubiger deswegen das Verfahren betreibt; sie fallen dann in die Rangklasse 5.[165]

Nicht zu den Kosten im Sinne des § 10 Abs. 2 gehören die Kosten für die Eintragung einer Verkehrshypothek,[166] für eine Klage auf Bewilligung der Eintragung, für das Mitbieten oder die Erteilung einer Bietvollmacht, Kosten früherer Vollstreckungsmaßnahmen (die nicht die Befriedigung aus dem Grundstück zum Ziel hatten), wenn der Gläubiger ihretwegen das Verfahren nicht betreibt. Keine notwendigen Kosten der Zwangsvollstreckung sind Aufwendungen des Gläubigers, die nicht den Zweck haben, die Befriedigung der titulierten Forderung zu erreichen, etwa wenn die Vollstreckungsmaßnahme für den Gläubiger bei verständiger Würdigung erkennbar aussichtslos ist.[167]

76 Ein besonderer Vollstreckungstitel ist nicht erforderlich, da die Kosten zugleich mit dem zur Vollstreckung stehenden Anspruch beigetrieben werden können (§ 788 Abs. 1 Satz 1 ZPO).[168] Eine Festsetzung durch das in § 788 Abs. 2 ZPO bezeichnete Vollstreckungsgericht ist jedoch möglich.

77 Die Kosten müssen, soweit sie sich nicht aus dem Beschlagnahmeantrag ergeben, rechtzeitig **angemeldet** und ggf. glaubhaft gemacht werden und hinreichend spezifiziert sein. Soweit dies noch nicht möglich ist, z.B. für Kosten der Terminswahrnehmung, kann für den Versteigerungstermin zunächst eine Pauschale angemeldet werden. Eine genaue Aufgliederung ist dann zum Verteilungstermin vorzulegen. Dabei können Kosten an der Rangstelle des Hauptanspruchs nur noch bis zur Höhe der rechtzeitig angemeldeten Pauschale, im Übrigen nur mit Rangverlust (§ 37 Nr. 4, § 110) zugeteilt werden.[169]

78 Auch für die Kosten gelten die allgemeinen Verfahrensgrundsätze des ZVG. Das Vollstreckungsgericht hat deshalb für die Aufnahme in das geringste Gebot und in den Teilungsplan nur zu prüfen, ob die Kosten zu denjenigen gehören, die nach § 10 Abs. 2 ein Recht auf Befriedigung aus dem Grundstück gewähren, und ob sie ordnungsgemäß angemeldet sind (§ 45 Abs. 1, § 114 Abs. 1, § 156 Abs. 2 Satz 4). Nur wenn der Gläubiger widerspricht, sind sie glaubhaft zu machen und werden, wenn dann Glaubhaftmachung unterbleibt, nicht in das geringste Gebot und nur nachrangig in den Teilungsplan aufgenommen (§ 37 Nr. 4, § 45 Abs. 1, § 110). Eine darüber hinaus gehende Prüfung der Kosten hinsichtlich ihrer **Höhe** und ihrer **Notwendigkeit** erfolgt nicht.[170]

79 Die unter § 10 Abs. 2 fallenden Gebühren für die Entscheidung über die Anordnung oder den Beitritt und die Auslagen des Anordnungs- oder Beitrittsverfahrens eines Gläubigers, dem **Prozesskostenhilfe** bewilligt ist (§§ 114 ff. ZPO)

---

165 Depré/*Cranshaw*, § 10 Rdn. 163; Löhnig/*Fischinger*, § 10 Rdn. 119; Hk-ZV/*Sievers*, ZVG § 10 Rdn. 55.
166 RGZ 72, 332.
167 BGH, Rpfleger 2005, 552 = Rpfleger 2006, 31 m. Anm. *Bergsdorf* = NJW 2005, 2460.
168 Steiner/*Hagemann*, § 10 Rdn. 178; Löhnig/*Fischinger*, § 10 Rdn. 118; kritisch *Lappe*, Rpfleger 1983, 248.
169 Steiner/*Hagemann*, § 10 Rdn. 177; *Stöber*, ZVG § 10 Rdn. 15.8 f.; *Böttcher*, § 10 Rdn. 72; Löhnig/*Fischinger*, § 10 Rdn. 126.
170 *Stöber*, ZVG § 10 Rdn. 15.10; *Böttcher*, § 10 Rdn. 73; Löhnig/*Fischinger*, § 10 Rdn. 127; *Muth*, 1R Rdn. 34; a.A. Steiner/*Hagemann*, § 10 Rdn. 178; anders auch die 12. Aufl. Rdn. 70.

oder der Gebühren- oder **Kostenfreiheit** genießt (§ 2 GKG und Landesrecht), werden von der Gerichtskasse zum Verfahren angemeldet (§ 4 Abs. 4 KostVfg.) und im Range des Anspruchs, innerhalb dessen mit Rang vor dem Hauptanspruch (§ 12), berücksichtigt.[171]

V. Zwangsvollstreckung aus Ansprüchen der Rangklasse 2

Der durch das WEGuÄndG neu geschaffene § 10 Abs. 3 legt besondere Voraussetzungen für die **Zwangsvollstreckung** aus Ansprüchen der **Rangklasse 2** fest. Die Vorschrift gilt nicht für die am 1. Juli 2007 anhängig gewesenen Verfahren (§ 62 Abs. 1 WEG). Da auf diese Verfahren noch die frühere Fassung des § 10 Abs. 1 Nr. 2 anzuwenden ist (vgl. → Rdn. 19), ist auch der spätere Beitritt wegen dieser Ansprüche mit dem Vorrecht der neuen Rangklasse 2 zu einem am Stichtag bereits anhängig gewesenen Verfahren nicht möglich. 80

Bei den Ansprüchen der Rangklasse 2 handelt es sich nach der Rechtsprechung des BGH um **persönliche** Befriedigungsansprüche (vgl. → Rdn. 21.1). Zur Vollstreckung genügt der Zahlungstitel mit dem Inhalt des § 10 Abs. 3 Satz 2. Der Gläubiger muss in seinem Antrag angeben, ob er die Anordnung wegen der Ansprüche im Rang der Rangklasse 2 oder der Rangklasse 5 begehrt (§ 16 Abs. 1). Entsprechend muss das Vollstreckungsgericht in seinem Anordnungsbeschluss den Rang des Anspruchs bezeichnen.[172] Der Antrag auf Anordnung in der Rangklasse 2 erfasst als „Minus" für den Fall, dass die Voraussetzungen der Klasse 2 nicht vorliegen, auch den Antrag auf Anordnung in der Rangklasse 5.[173] Entsprechend ist, wenn bei Anordnung bzw. Beitritt die Höhe des Verkehrswertes noch nicht feststeht, das Verfahren wegen der Ansprüche in der Rangklasse 2 „begrenzt auf 5 % des noch festzusetzenden Grundstückswertes" und im Übrigen in der Rangklasse 5 anzuordnen bzw. der Beitritt entsprechend zuzulassen.[174] 80.1

Voraussetzung für die Vollstreckung im Rang des § 10 Abs. 1 Nr. 2 ist, dass die Höhe der geltend gemachten Forderung **3 % des Einheitswertes** (§ 180 Abs. 1 Nr. 1 AO, §§ 19 ff. BewG) des Wohnungseigentums übersteigt. Auf diesen Mindestbetrag stellt § 18 Abs. 2 Nr. 2 WEG für das Verfahren auf Entziehung des Wohnungseigentums ab. Indem der Gesetzgeber denselben Mindestbetrag für die Vollstreckung aus der Rangklasse 2 verlangt, will er vermeiden, dass der Schuldner das Wohnungseigentum auf diese Weise wegen eines geringeren Verzugsbetrages als im Entziehungsverfahren verlieren könnte.[175] Sinkt die Forderung nach teilweiser Befriedigung auf weniger als 3 % des Einheitswertes herab, so bleibt für den Rest dennoch der erlangte Vorrang der Rangklasse 2 bestehen.[176] Maßgebend ist der Gesamt- 81

---

171 Steiner/*Hagemann*, § 10 Rdn. 181; *Stöber*, ZVG Einl. Rdn. 41; *Böttcher*, § 10 Rdn. 109; Löhnig/*Fischinger*, § 10 Rdn. 129.
172 BGH, Rpfleger 2008, 375 m. Anm. *Hintzen/Alff* = NJW 2008, 1956; *Stöber*, ZVG § 15 Rdn. 45.2 zu b, c; *Alff/Hintzen*, Rpfleger 2008, 165, 169; *Alff*, ZWE 2010, 105, 109.
173 LG Mönchengladbach, Rpfleger 2009, 257; *Böttcher*, § 10 Rdn. 22b; *Alff*, ZWE 2010, 105, 108; vgl. *Stöber*, ZVG-Handbuch Rdn. 399o.
174 *Stöber*, ZVG § 15 Rdn. 45.2 zu d; *Böttcher*, § 10 Rdn. 21; Hk-ZV/*Sievers*, ZVG § 10 Rdn. 27; vgl. zur abstrakten Umschreibung des Vorrechts *Alff/Hintzen*, Rpfleger 2008, 165, 169; *Schneider*, ZfIR 2008, 161, 162.
175 Begründung zu Art. 2 Nr. 1 Buchst. b WEGuÄndG, BT-Drucks. 16/887 S. 45; vgl. *Stöber*, ZVG § 10 Rdn. 16.1; Depré/*Cranshaw*, § 10 Rdn. 166.
176 *Böttcher*, § 10 Rdn. 22b; Löhnig/*Fischinger*, § 10 Rdn. 133; Hk-ZV/*Sievers*, ZVG § 10 Rdn. 25; Bärmann/*Becker*, § 16 Rdn. 193; *Schneider*, ZfIR 2008, 161, 164; *Alff*, ZWE 2010, 105, 111; *Schneider*, ZWE 2011, 341, 342.

betrag des in der Rangklasse 2 geltend gemachten Anspruchs, auch wenn mehrere Vollstreckungstitel über Teilbeträge bestehen und mehrere Anordnungs- bzw. Beitrittsanträge gestellt werden, sodass bei einem späteren Beitritt die weitere Forderung für sich genommen nicht erneut 3 % des Einheitswertes übersteigen muss.[177] Die Forderung darf außerdem die Höchstgrenze des § 10 Abs. 1 Nr. 2 Satz 2 von 5 % des Verkehrswertes (vgl. → Rdn. 26) nicht übersteigen. Bei der Berechnung beider Grenzen sind sämtliche Nebenforderungen zu berücksichtigen.[178]

Betreiben die Wohnungseigentümer die Zwangsversteigerung nicht selbst und melden sie lediglich in dem von anderen Gläubigern betriebenen Verfahren einen Forderungsbetrag der Rangklasse 2 an, so gilt der Mindestbetrag nach § 10 Abs. 3 nicht.[179]

82 Vollstreckung aus der Rangklasse 2 ist somit nur wegen einer Forderungshöhe zwischen **mehr als 3 % des Einheitswertes** (Grenzwert ausgeschlossen) und **höchstens 5 % des Verkehrswertes** (Grenzwert eingeschlossen) zulässig.[180] Übersteigt die Forderung die Untergrenze nicht, so ist Anmeldung in Rangklasse 2 und Vollstreckung aus Rangklasse 5 möglich;[181] zugeteilt wird dann entsprechend der Anmeldung in Rangklasse 2. Forderungsteile, welche die Obergrenze übersteigen, können nur durch Betreiben in Rangklasse 5 erfasst werden.[182]

83 Das Überschreiten der Wertgrenze des § 10 Abs. 3 Satz 1 muss der Gläubiger durch Vorlage des **Einheitswertbescheides** nachweisen.[183] Seit der Einfügung des § 10 Abs. 3 Satz 1 Hs. 2 durch das KtoPfRefG steht das Steuergeheimnis (§ 30 AO) einer Mitteilung des Einheitswerts an einen Gläubiger von titulierten Ansprüchen der Rangklasse 2 nicht mehr entgegen.[184] Der Nachweis soll auch dadurch geführt werden können, dass die Forderung, wegen der ein Beitritt beantragt wird, 3 % des im Verfahren bereits rechtskräftig festgesetzten Verkehrswertes übersteigt, weil der Verkehrswert – von seltenen Ausnahmefällen abgesehen – regelmäßig über dem steuerlichen Einheitswert liegt.[185]

Hat die Wohnungseigentümergemeinschaft zunächst die Anordnung wegen der Ansprüche der Rangklasse 5 beantragt und wird der Einheitswert später nachge-

---

177 Stöber, ZVG § 10 Rdn. 16.4; Böttcher, § 10 Rdn. 22b; Löhnig/Fischinger, § 10 Rdn. 131; a.A. Hk-ZV/Sievers, ZVG § 10 Rdn. 25; Alff, ZWE 2010, 105, 108.
178 Löhnig/Fischinger, § 10 Rdn. 133; Alff/Hintzen, Rpfleger 2008, 165, 167; Alff, ZWE 2010, 105, 108; a.A. hinsichtlich der Einheitswertgrenze Stöber, ZVG § 10 Rdn. 16.3; Böttcher, § 10 Rdn. 22b.
179 Begründung zu Art. 2 Nr. 1 Buchst. b WEGuaÄndG, BT-Drucks. 16/887 S. 45; Stöber, ZVG § 10 Rdn. 16.2; Löhnig/Fischinger, § 10 Rdn. 131; Böttcher, § 10 Rdn. 22b; Stöber, ZVG-Handbuch Rdn. 399l; Böhringer/Hintzen, Rpfleger 2007, 353, 358.
180 Bräuer/Oppitz, ZWE 2007, 326, 329; Hintzen/Alff, ZInsO 2008, 480, 483.
181 Stöber, ZVG § 10 Rdn. 16.2; Bärmann/Becker, § 16 Rdn. 193.
182 Böhringer/Hintzen, Rpfleger 2007, 353, 358; Hintzen/Alff, ZInsO 2008, 480, 483; vgl. Schneider, ZfIR 2008, 161, 162.
183 BGH, Rpfleger 2008, 375 m. Anm. Hintzen/Alff = ZWE 2008, 297 m. Anm. Demharter; BGH, Rpfleger 2009, 518 = ZWE 2009, 312 m. Anm. Bornemann; Stöber, ZVG § 15 Rdn. 45.2 zu e; die vor der Neuregelung des § 10 Abs. 3 Satz 1 ergangenen Entscheidungen gingen noch davon aus, das Finanzamt habe dem Vollstreckungsgericht den Einheitswert auf Ersuchen gemäß § 54 Abs. 1 Satz 4 GKG mitzuteilen, verkannten jedoch die nur gerichtskostenrechtliche Bedeutung des § 54 GKG.
184 Zum früheren Recht noch FG Düsseldorf, Rpfleger 2009, 258.
185 BGH, Rpfleger 2009, 399 = ZfIR 2009, 477 m. Anm. Schneider; BGH, Rpfleger 2009, 518 = ZWE 2009, 312 m. Anm. Bornemann; Depré/Cranshaw, § 10 Rdn. 167; Böttcher, § 10 Rdn. 22b; Hk-ZV/Sievers, ZVG § 10 Rdn. 26.

wiesen, so soll sie dem Verfahren dann wegen der Ansprüche der Rangklasse 2 beitreten können.[186] Da es sich jedoch nach der Rechtsprechung des BGH um einen persönlichen Anspruch – und daher in beiden Rangklassen jeweils um Teile desselben Anspruchs – handelt, kommt tatsächlich nicht ein Beitritt (der eine rechtlich andere Forderung voraussetzt[187]), in Betracht, sondern nur eine den Anordnungsbeschluss ergänzende Feststellung des Vollstreckungsgerichts, dass der Anspruch nunmehr in der Rangklasse 2 berücksichtigt wird.[188] Vorzugswürdig ist deshalb bereits vorab eine Anordnung in der Rangklasse 2 unter dem abstrakten Vorbehalt, dass die Forderung 3 % des noch unbekannten Einheitswertes übersteigt.[189]

Hat die Wohnungseigentümergemeinschaft den Höchstbetrag von 5 % des Verkehrswertes bereits ausgenutzt, ist der Betrag sodann von einem nachrangigen Gläubiger **abgelöst** worden und mit dem Vorrecht der Rangklasse 2 auf diesen Gläubiger übergegangen (vgl. → Rdn. 26.1), so kann ein weiterer Beitritt der Gemeinschaft jedenfalls in demselben Verfahren nur mit dem Rang der Klasse 5 erfolgen, weil den Grundpfandgläubigern nur einmal maximal der Betrag von 5 % des Verkehrswertes vorgehen soll.[190] Dies muss auch nach Antragsrücknahme in einem nachfolgenden, neuen Versteigerungsverfahren gelten, weil dem ablösenden Gläubiger der abgelöste Anspruch mit seinem Vorrecht verbleibt.[191] Allerdings werden bei zunehmendem zeitlichen Abstand zwischen beiden Verfahren die abgelösten Beträge nicht mehr die Voraussetzungen des § 10 Abs. 1 Nr. 2 Satz 2 erfüllen (laufende und rückständige Beträge aus dem Jahr der Beschlagnahme und den letzten zwei Jahren);[192] in diesem Fall kann die Gemeinschaft neue Forderungen in der Rangklasse 2 geltend machen.[193] Entsprechendes gilt bei Zahlung durch einen befriedigungsberechtigen Dritten nach § 75.[194] Hat dagegen der Schuldner selbst den in der Rangklasse 2 beanspruchten Betrag gezahlt und ist die Forderung damit erloschen, so

---

186 BGH, Rpfleger 2008, 375 m. insoweit krit. Anm. *Hintzen/Alff*; krit. auch *Kesseler*, NZM 2008, 796; vgl. *Böttcher*, § 10 Rdn. 22b; Löhnig/*Fischinger*, § 10 Rdn. 132; Hk-ZV/*Sievers*, ZVG § 10 Rdn. 27; *Spielbauer/Then*, ZVG § 10 Rdn. 11.
187 Wie etwa im Falle des Betreibens wegen des dinglichen Anspruchs aus einer Grundschuld (Rangklasse 4) und zugleich wegen des persönlichen Anspruchs aus einem zugrunde liegenden Darlehnsvertrag (Rangklasse 5).
188 Für einen Ergänzungsbeschluss auch Hk-ZV/*Sievers*, ZVG § 10 Rdn. 27, jedoch mit der Annahme einer neuen Beschlagnahme (noch unter Zugrundelegung der Auffassung, bei den Ansprüchen der Rangklasse 2 handele es sich um dingliche Ansprüche).
189 *Alff/Hintzen*, Rpfleger 2008, 165, 168; *Hintzen/Alff*, Rpfleger 2008, 377 mit Formulierungsvorschlag; offenbar a.A. BGH, Rpfleger 2009, 518 = ZWE 2009, 312 m. Anm. *Bornemann*, wonach die Entscheidung über einen Beitritt in der Rangklasse 2 zurückzustellen ist, solange weder der Einheitswert nachgewiesen noch der Verkehrswert festgesetzt ist; insoweit krit. *Schneider*, ZfIR 2009, 479 (Anm. zu BGH, Rpfleger 2009, 399 = ZfIR 2009, 477).
190 BGH, Rpfleger 2010, 333 = NJW 2010, 3169 – dazu *Schneider*, ZMR 2010, 340 –; LG Köln, Rpfleger 2010, 43; *Stöber*, ZVG § 10 Rdn. 4.9; *Böttcher*, § 10 Rdn. 21; *Derleder*, ZWE 2008, 13, 16.
191 Insoweit unentschieden BGH, Rpfleger 2010, 333 = NJW 2010, 3169; a.A. *Stöber*, ZVG-Handbuch Rdn. 399d; nach Bärmann/*Becker*, § 16 Rdn. 195, *Schneider*, ZfIR 2008, 161, 165, *Schneider*, ZWE 2011, 341, 344 und *Schneider*, ZMR 2010, 340, 342 sind mehrere Ansprüche der Rangklasse 2, die in einem neuen Verfahren zusammentreffen, anteilig nach dem Verhältnis ihrer Beträge zu berücksichtigen; vgl. *Alff*, ZWE 2010, 105, 110.
192 *Schneider*, ZfIR 2008, 161, 165; *Alff/Hintzen*, Rpfleger 2008, 165, 170; *Schneider*, ZMR 2010, 340, 342.
193 Bärmann/*Becker*, § 16 Rdn. 195.
194 *Alff/Hintzen*, Rpfleger 2008, 165, 170; *Alff*, ZWE 2010, 105, 111.

können nunmehr weitere Forderungsteile in dieser Rangklasse geltend gemacht werden; die Grundpfandgläubiger werden hierdurch nicht beeinträchtigt.[195]

85 Aus dem zur Vollstreckung aus der Rangklasse 2 vorzulegenden **Titel** müssen die **Zahlungsverpflichtung** des Schuldners sowie Art (Hausgeldforderung), Bezugszeitraum und Fälligkeit des Anspruchs (wegen des nach § 10 Abs. 2 Nr. 2 berücksichtigungsfähigen Zeitraums) erkennbar sein. Mit der ausdrücklichen Festlegung dieser Erfordernisse will der Gesetzgeber klarstellen, dass kein Duldungstitel erforderlich ist. Auch ein im Mahnverfahren erreichter Zahlungstitel reicht aus. Feststellungen des Vollstreckungsgerichts zu Art und Fälligkeit des Anspruchs sollen vermieden werden. Dem Vollstreckungsverfahren sind die Entscheidung des Prozessgerichts oder die Angaben im Vollstreckungsbescheid zugrunde zu legen.[196] An eine Falschbezeichnung im Vollstreckungstitel (Miete statt Hausgeldforderung) ist das Vollstreckungsgericht gebunden.[197]

86 Urteile ohne Tatbestand und Entscheidungsgründe nach § 313a ZPO sowie Versäumnis-, Anerkenntnis- und Verzichtsurteile nach § 313b ZPO enthalten die erforderlichen Angaben nicht. In diesen Fällen sind die Voraussetzungen in sonst geeigneter Weise, etwa durch Vorlage eines Doppels der Klageschrift, **glaubhaft** zu machen.[198] Auf den Widerspruch eines Gläubigers kommt es hierfür nicht an.[199]

87 Im Falle der **Insolvenz** eines Wohnungseigentümers ist die Gemeinschaft wegen der vor der Eröffnung fällig gewordenen Hausgeldansprüche ohne vorherige Beschlagnahme des Wohnungseigentums absonderungsberechtigt.[200] Das Vorrecht an dem bis dahin nicht beschlagnahmten Wohnungseigentum entsteht mit der Eröffnung des Insolvenzverfahrens. Die Gemeinschaft kann wegen ihrer Ansprüche im eröffneten Insolvenzverfahren selbst die Zwangsversteigerung betreiben oder dem von einem anderen absonderungsberechtigten Gläubiger betriebenen Verfahren beitreten. Dazu kann sie, sofern sie zuvor keinen Zahlungstitel erlangt hat, den Insolvenzverwalter auf Duldung der Zwangsvollstreckung in Anspruch nehmen. In einem solchen Verfahren muss das Prozessgericht selbst über die Voraussetzungen einer Vollstreckung in der Rangklasse 2 entscheiden.[201] Ein bereits vorhandener Zahlungstitel kann wegen der Duldungspflicht gegen den Insolvenzverwalter umgeschrieben werden.[202]

---

195 BGH, Rpfleger 2012, 701 = ZWE 2012, 437 m. Anm. *Alff* = ZfIR 2012, 755 m. Anm. *Keller*; *Stöber*, ZVG § 10 Rdn. 4.10; *Böttcher*, § 10 Rdn. 21; *Alff/Hintzen*, Rpfleger 2008, 165, 170; *Alff*, ZWE 2010, 105, 110 f.; *Schneider*, ZMR 2010, 340, 343; *Schneider*, ZWE 2011, 341, 343.
196 Begründung zu Art. 2 Nr. 1 Buchst. b WEGuaÄndG, BT-Drucks. 16/887 S. 46; *Stöber*, ZVG § 10 Rdn. 16.6; *Bräuer/Oppitz*, ZWE 2007, 326, 335; *Hintzen/Alff*, ZInsO 2008, 480, 483.
197 LG Mönchengladbach, Rpfleger 2009, 257; *Stöber*, ZVG § 10 Rdn. 16.7; *Böttcher*, § 10 Rdn. 22a; *Löhnig/Fischinger*, § 10 Rdn. 136; *Hintzen*, Rpfleger 2009, 659, 661.
198 Begründung zu Art. 2 Nr. 1 Buchst. b WEGuaÄndG, BT-Drucks. 16/887 S. 46; *Stöber*, ZVG § 10 Rdn. 16.7; *Jennißen/Jennißen*, § 28 Rdn. 237; *Böhringer/Hintzen*, Rpfleger 2007, 353, 359; *Bräuer/Oppitz*, ZWE 2007, 326, 329; vgl. *Depré/Cranshaw*, § 10 Rdn. 165 auch zum Fall des § 313b Abs. 2 ZPO.
199 *Alff/Hintzen*, Rpfleger 2008, 165, 168.
200 BGH, Rpfleger 2009, 407 = NJW-RR 2009, 923; *Böttcher*, § 10 Rdn. 22c; *Depré/Cranshaw*, § 10 Rdn. 168; *Stöber*, ZVG-Handbuch Rdn. 399l; vgl. *Schneider*, ZfIR 2008, 161, 166; *Hintzen/Alff*, ZInsO 2008, 480, 484; Schneider, ZMR 2009, 165, 17; *Sinz/Hiebert*, ZInsO 2012, 205.
201 BGH, Rpfleger 2011, 686 = NJW 2011, 3098; *Böttcher*, § 10 Rdn. 22c; nach *Derleder*, ZWE 2008, 13, 20 f. ist nach Insolvenzeröffnung keine Titulierung mehr möglich.
202 *Alff*, ZWE 2010, 105, 111 f.

§ 11 »Rangordnung innerhalb derselben Klasse«

(1) Sind Ansprüche aus verschiedenen Rechten nach § 10 *[Abs. 1*]* Nr. 4, 6 oder 8 in derselben Klasse zu befriedigen, so ist für sie das Rangverhältnis maßgebend, welches unter den Rechten besteht.

(2) In der fünften Klasse geht unter mehreren Ansprüchen derjenige vor, für welchen die Beschlagnahme früher erfolgt ist.

---

* Der Hinweis auf Abs. 1 fehlt im Gesetzestext.

I. Bedeutung der Vorschrift

Während § 10 die Einteilung der aus dem Grundstück zu befriedigenden Ansprüche in neun[1] Rangklassen normiert, bestimmt sich das Verhältnis mehrerer in derselben Klasse zu berücksichtigender Ansprüche nach § 11. Dabei regelt die Vorschrift ausdrücklich nur die Rangordnung innerhalb der Klassen 4 bis 6 und 8.   1

II. Rangklassen 1 bis 3 und 7

Für die Rangklassen 1 bis 3 und 7 enthält die Vorschrift keine besondere Regelung. Mehrere Ansprüche der Klassen 1, 1a und 2 haben untereinander mangels anderweitiger Bestimmung **Gleichrang**.[2] Für mehrere öffentliche Lasten der Rangklasse 3 ist der Gleichrang in § 10 Abs. 1 Nr. 3 ausdrücklich normiert. Gleichrang gilt auch für die älteren Rückstände der öffentlichen Lasten, die aus der Rangklasse 3 in die Klasse 7 zurückfallen (vgl. → § 10 Rdn. 66).[3]   2

III. Rangklassen 4, 6 und 8

Für Ansprüche aus den Rangklassen 4, 6 und 8 gilt das nach **materiellem** Recht unter ihnen bestehende Rangverhältnis (§ 11 Abs. 1).[4] Dieses bestimmt sich grundsätzlich nach §§ 879 bis 881 BGB. Für mehrere in derselben Abteilung des Grundbuchs eingetragene Rechte ist die Reihenfolge der Eintragungen, für mehrere in verschiedenen Abteilungen eingetragene Rechte sind die Eintragungstage maßgebend (§ 879 Abs. 1 BGB), soweit keine abweichende Rangbestimmung getroffen (§ 879 Abs. 3 BGB), eine nachträgliche Änderung des Rangverhältnisses eingetreten (§ 890 BGB) oder ein Recht unter Ausnutzung eines Rangvorbehalts eingetragen ist (§ 881 BGB).[5] Von Bedeutung können auch Bestandteilszuschrei-   3

---

1   Neun Klassen, weil § 10 Abs. 1 auch eine Nr. 1a enthält und nicht, wie Depré/*Cranshaw*, § 11 Rdn. 1 annimmt, wegen der Bezeichnung der Verfahrenskosten als „Rangklasse 0".
2   Vgl. Depré/*Cranshaw*, § 11 Rdn. 5, 7; nach *Stöber*, ZVG § 11 Rdn. 2.1, Löhnig/*Fischinger*, § 11 Rdn. 20 und Hk-ZV/*Sievers*, ZVG § 11 Rdn. 2 ergibt sich dies aus dem einleitenden Satz des § 10; dieser legt allerdings nicht den Gleichrang fest, sondern setzt ihn voraus.
3   Steiner/*Hagemann*, § 11 Rdn. 35; *Böttcher*, § 11 Rdn. 2; Depré/*Cranshaw*, § 11 Rdn. 6; Löhnig/*Fischinger*, § 11 Rdn. 20.
4   Steiner/*Hagemann*, § 11 Rdn. 6; *Stöber*, ZVG § 11 Rdn. 3.1; *Böttcher*, § 11 Rdn. 3 ff.; Depré/*Cranshaw*, § 11 Rdn. 12 ff.; Löhnig/*Fischinger*, § 11 Rdn. 5 ff.; Hk-ZV/*Sievers*, ZVG § 11 Rdn. 3 ff. mit Beispielen; Hintzen/*Wolf*, Rdn. 11.106, 9.219 ff. mit zahlreichen Beispielen.
5   Steiner/*Hagemann*, § 11 Rdn. 19 ff.; *Stöber*, ZVG § 11 Rdn. 5.

bungen (§ 890 Abs. 2, § 1131 BGB)[6] und der Übergang von Teilen eines Rechts im Verhältnis zum Rest sein.[7] Für Rechte an Grundstücken im Beitrittsgebiet gilt Art. 233 § 9 EGBGB.[8] Wegen der Einzelheiten wird auf die Erläuterungswerke zum BGB verwiesen; vgl. auch → § 44 Rdn. 54 ff. mit zahlreichen Beispielen.

4   Eintragungen in der **Veränderungsspalte** des Grundbuchs haben mangels abweichender Eintragung den Rang der Haupteintragung.[9] Wird ein Grundstück mit mehreren, bereits auf einem anderen Grundstück lastenden Rechten nachverpfändet, so gilt mangels anderer Eintragung das auf dem bereits belasteten Grundstück bestehende Rangverhältnis der Rechte untereinander auch für das nachverpfändete Grundstück.[10]

5   Das sich aus dem Grundbuch ergebende Rangverhältnis ist für das Vollstreckungsgericht auch dann maßgebend, wenn die **Unrichtigkeit** einer Eintragung nachgewiesen wird.[11]

6   Für **nicht** im Grundbuch **eingetragene** Rechte wie altrechtliche Dienstbarkeiten (Art. 187 EGBGB) oder Sicherungshypotheken nach § 1287 BGB kommt es auf den Zeitpunkt an, zu dem die Rechte entstanden sind. Nicht eingetragene Überbaurenten (§ 912 BGB) und Notwegrenten (§ 917 BGB) haben Rang vor allen anderen dinglichen Rechten (§ 914 Abs. 1 Satz 1, § 917 Abs. 2 Satz 2 BGB). **Zu Unrecht gelöschte** Rechte behalten ihren Rang; allerdings kann sich das Rangverhältnis durch einen gutgläubigen rechtsgeschäftlichen Erwerb eines Dritten ändern (§ 892 BGB).[12]

7   Das unter den Ansprüchen nach materiellem Recht geltende Rangverhältnis bleibt auch innerhalb der Rangklassen 6 und 8 maßgebend.

IV. Rangklasse 5

8   Für das Rangverhältnis der Ansprüche mehrerer Gläubiger, die die Zwangsvollstreckung aus der Rangklasse 5 betreiben, gilt der Zeitpunkt des Wirksamwerdens der **Beschlagnahme** (§§ 22, 151). Maßgeblich ist das **Prioritätsprinzip;** der Anspruch des Gläubigers, für den die Beschlagnahme früher erfolgt ist, geht im Rang vor (§ 11 Abs. 2).

9   Da eine dem § 17 GBO entsprechende Regelung fehlt, hat das Vollstreckungsgericht über mehrere gleichzeitig vorliegende Vollstreckungsanträge zu demselben Vollstreckungsgegenstand in einem **einheitlichen Beschluss** zu entscheiden, damit eine gleichzeitige Beschlagnahme sicher gestellt wird. Die Ansprüche erhal-

---

6   Steiner/*Hagemann,* § 11 Rdn. 13; *Stöber,* ZVG § 11 Rdn. 3.3; *Böttcher,* § 11 Rdn. 10; Löhnig/*Fischinger,* § 11 Rdn. 8.
7   *Stöber,* ZVG § 11 Rdn. 3.5 ff.; *Böttcher* § 11 Rdn. 12; Löhnig/*Fischinger,* § 11 Rdn. 10.
8   *Stöber,* ZVG § 11 Rdn. 3.8.
9   RGZ 132, 106; BGHZ 26, 344 = NJW 1958, 630; BayObLGZ 1959, 520 = NJW 1960, 1155; OLG Hamm, OLGZ 1985, 23 = Rpfleger 1985, 17 = Rpfleger 1985, 144 m. Anm. *Streuer;* Steiner/*Hagemann,* § 11 Rdn. 14; *Stöber,* ZVG § 11 Rdn. 3.2; Löhnig/ *Fischinger,* § 11 Rdn. 9; a.A. *Böttcher,* § 11 Rdn. 11; *Schmid,* Rpfleger 1982, 251; 1984, 130.
10   Steiner/*Hagemann,* § 11 Rdn. 14; Löhnig/*Fischinger,* § 11 Rdn. 9; *Meyer-Stolte,* Rpfleger 1971, 201.
11   Steiner/*Hagemann,* § 11 Rdn. 11; Löhnig/*Fischinger,* § 11 Rdn. 7; vgl. RGZ 57, 277.
12   Steiner/*Hagemann,* § 11 Rdn. 12; *Stöber,* ZVG § 11 Rdn. 3.4; Depré/*Cranshaw,* § 11 Rdn. 22; Löhnig/*Fischinger,* § 11 Rdn. 14 ff.

ten dann gleichen Rang.[13] Dasselbe gilt, wenn nicht feststellbar ist, welche Beschlagnahme früher wirksam wurde.[14]

Haben Ansprüche, die sonst in die Rangklassen 6 bis 8 gehören, mit Betreiben den Rang der Rangklasse 5 erhalten (vgl. → § 10 Rdn. 56), so gilt für sie im Verhältnis zu anderen Ansprüchen dieser Klasse das in § 11 Abs. 2 bestimmte Rangverhältnis.[15]

Eine fehlerhafte Beschlagnahme ist anfechtbar, jedoch grundsätzlich nicht nichtig. Sie bleibt bis zu ihrer Aufhebung wirksam[16] und für die Rangfolge mehrerer Gläubiger maßgebend.

V. Gleichrangige Ansprüche

Gleichrangige Ansprüche werden bei unzureichendem Erlös nach dem **Verhältnis** ihrer Beträge befriedigt (§ 10 Einleitung). Maßgeblich für die Berechnung des Verhältnisses sind die **Gesamtansprüche** der Gläubiger, also die Summen der an der jeweiligen Rangstelle zu berücksichtigenden Kosten, Zinsen, sonstigen Nebenleistungen und Hauptansprüche.[17]

---

13 Steiner/*Hagemann*, § 11 Rdn. 31; *Stöber*, ZVG § 11 Rdn. 4.1; *Stöber*, ZVG-Handbuch Rdn. 122; kritisch Löhnig/*Fischinger*, § 11 Rdn. 18.
14 Steiner/*Hagemann*, § 11 Rdn. 30; *Böttcher*, § 11 Rdn. 15; Löhnig/*Fischinger*, § 11 Rdn. 18.
15 Steiner/*Hagemann*, § 11 Rdn. 27; *Stöber*, ZVG § 11 Rdn. 4.2; Depré/*Cranshaw*, § 10 Rdn. 141; *Böttcher*, § 11 Rdn. 15; Löhnig/*Fischinger*, § 11 Rdn. 17.
16 BGH, MDR 1980, 1016 = DB 1980, 1937; OLG Hamm, NJW 1979, 1664 = Rpfleger 1979, 268.
17 *Stöber*, ZVG § 11 Rdn. 1.3; Löhnig/*Fischinger*, § 11 Rdn. 2; Hk-ZV/*Sievers*, ZVG § 11 Rdn. 2.

§ 12 »Rangordnung innerhalb desselben Rechts«

Die Ansprüche aus einem und demselben Rechte haben untereinander folgende Rangordnung:
1. die Ansprüche auf Ersatz der im § 10 Abs. 2 bezeichneten Kosten;
2. die Ansprüche auf wiederkehrende Leistungen und andere Nebenleistungen;
3. der Hauptanspruch.

I. Bedeutung der Vorschrift

1   Während § 10 die Einteilung der Ansprüche in neun Rangklassen und § 11 das Verhältnis mehrerer Ansprüche derselben Klasse normieren, regelt § 12 den Rang einzelner Ansprüche aus demselben Recht. Die Vorschrift weicht vom materiellen Recht ab, nach dem ein Gleichrang zwischen Kosten, Zinsen und Hauptanspruch besteht;[1] sie entspricht jedoch dem § 367 Abs. 1 BGB, wonach eine nicht ausreichende Leistung bei freiwilliger Tilgung einer Verbindlichkeit zunächst auf die Kosten, dann auf die Zinsen und zuletzt auf die Hauptforderung angerechnet wird. Allerdings gilt § 12 nur, soweit Ansprüche innerhalb derselben Rangklasse des § 10 zu berücksichtigen sind, somit nicht für die Rückstände der Rangklassen 7 und 8 im Verhältnis zu den Hauptansprüchen der Klassen 3 und 4.[2]

2   Die Rangordnung des § 12 hat keine Bedeutung für das **geringste Gebot**. Der Anspruch eines Gläubigers wird insgesamt nicht in das geringste Gebot aufgenommen, wenn er das Verfahren nur wegen eines Teils betreibt (vgl. → § 44 Rdn. 50 ff.).

II. Kosten

3   In allen Rangklassen sind die **Kosten** der Kündigung und der die Befriedigung aus dem Grundstück bezweckenden Rechtsverfolgung (§ 10 Abs. 2) vor den Nebenleistungen und dem Hauptanspruch zu befriedigen (§ 12 Nr. 1).[3] Kosten, die nicht zu denjenigen im Sinne des § 10 Abs. 2 gehören und wegen welcher der Gläubiger das Verfahren betreibt, sind Nebenleistungen im Sinne des § 12 Nr. 2.[4]

III. Nebenleistungen

4   Nach den Kosten sind **wiederkehrende** Leistungen und andere **Nebenleistungen**[5] (Zinsen, Reallastrenten, Altenteilsleistungen, Verwaltungskostenbeiträge, Vorfälligkeitsentschädigungen, Kosten außerhalb des § 10 Abs. 2) zu befriedigen (§ 12 Nr. 2). Als Zinszuschlag zu entrichtende Tilgungsbeträge im Sinne des § 10 Abs. 1 Nr. 4 gehören zum Hauptanspruch.[6]

---

1   RGZ 132, 106.
2   Stöber, ZVG § 12 Rdn. 3.4; Böttcher, § 12 Rdn. 6; Löhnig/Fischinger, § 12 Rdn. 1.
3   Depré/Cranshaw, § 12 Rdn. 4 ff.
4   Stöber, ZVG § 12 Rdn. 2; Depré/Cranshaw, § 12 Rdn. 7; Löhnig/Fischinger, § 12 Rdn. 6; a.A. Steiner/Hagemann, § 12 Rdn. 5 (Kosten nach § 12 Nr. 1); Böttcher, § 12 Rdn. 5 (Hauptanspruch nach § 12 Nr. 3).
5   Steiner/Hagemann, § 12 Rdn. 8; Stöber, ZVG § 12 Rdn. 3.2 f.; Depré/Cranshaw, § 12 Rdn. 8 ff.; Böttcher, § 12 Rdn. 6 ff.
6   Stöber, ZVG § 12 Rdn. 3.2; Böttcher, § 12 Rdn. 8; Löhnig/Fischinger, § 12 Rdn. 9; a.A. Steiner/Hagemann, § 12 Rdn. 7; anders auch die 12. Aufl. Rdn. 5.

Zwischen laufenden und rückständigen Leistungen unterscheidet der Gesetzeswortlaut nicht. Bei nur teilweiser Deckung erscheint es angebracht, in Anlehnung an § 366 Abs. 2 BGB zunächst auf die rückständigen Leistungen zu verrechnen.[7]

IV. Hauptanspruch

Der zuletzt zu berücksichtigende **Hauptanspruch** (§ 12 Nr. 3) ist bei Hypotheken und Grundschulden das Nominalkapital (§ 1113 Abs. 1, § 1191 Abs. 1 BGB), bei Rentenschulden die Ablösungssumme (§ 1199 Abs. 2 BGB), bei anderen dinglichen Rechten der Anspruch auf Wertersatz nach § 92,[8] bei sonstigen Ansprüchen die Hauptforderung.

V. Besonderheiten

Weist der Vollstreckungstitel im Falle eines **Verbraucherdarlehensvertrages** eine Tilgungsreihenfolge gemäß § 497 Abs. 3 BGB aus (zunächst Kosten, dann Hauptforderung, zuletzt Zinsen), so ist diese Abweichung von § 12 auch im Vollstreckungsverfahren zu beachten (ebenso für die vor dem 1.1.2002 entstandenen Schuldverhältnisse gemäß § 11 Abs. 3 VerbrKrG; vgl. Art. 229 § 5 EGBGB).[9]

Bei einem **Gläubigerwechsel**, etwa durch Ablösung (§§ 1150, 268 BGB), Zahlung durch einen Gesamtschuldner (§ 426 BGB) oder einen Bürgen (§ 774 BGB), kann sich bei einem **teilweisen** Übergang eines Anspruchs kraft Gesetzes eine Änderung der Rangordnung ergeben, die zu einer Abweichung von § 12 führt. Wenn der Übergang nicht zum Nachteil des ursprünglich Berechtigten geltend gemacht werden darf (§ 268 Abs. 3 Satz 2, § 426 Abs. 2 Satz 2, § 774 Abs. 1 Satz 2 BGB), hat die Restforderung Rang vor dem übergegangenen Teil.[10]

Der Schuldner und der betroffene Gläubiger können eine **Abweichung** von der Rangordnung des § 12 **vereinbaren**, und zwar schon bei der Bestellung des Grundpfandrechts, aber auch erst später, etwa während des anhängigen Zwangsversteigerungsverfahrens. Dies kann sinnvoll sein, wenn gleichzeitig die Zwangsverwaltung angeordnet ist, damit der Gläubiger Teile des Hauptanspruchs aus dem Erlös der Zwangsversteigerung sowie Zinsen aus der Zwangsverwaltungsmasse beanspruchen kann, während er nach der Rangordnung des § 12 zwar Zinsen aus dem Versteigerungserlös, jedoch bei teilweisem Ausfall mit dem Hauptanspruch nicht dessen Rest aus der Zwangsverwaltungsmasse erhielte.[11]

Eine Abweichung kann auch zwischen Zedent und Zessionar bei einer **Abtretung** von Zinsen vereinbart werden.[12]

---

[7] Steiner/*Hagemann*, § 12 Rdn. 6; *Stöber*, ZVG § 12 Rdn. 3.1, 3.5; Löhnig/*Fischinger*, § 12 Rdn. 7.
[8] Steiner/*Hagemann*, § 12 Rdn. 10; *Stöber*, ZVG § 12 Rdn. 3.1; Depré/*Cranshaw*, § 12 Rdn. 24; Löhnig/*Fischinger*, § 12 Rdn. 10; Hk-ZV/*Sievers*, ZVG § 12 Rdn. 9.
[9] *Stöber*, ZVG § 12 Rdn. 1.5; Depré/*Cranshaw*, § 12 Rdn. 2; Löhnig/*Fischinger*, § 12 Rdn. 3.
[10] Steiner/*Hagemann*, § 12 Rdn. 9; *Stöber*, ZVG § 12 Rdn. 1.4; *Böttcher*, § 12 Rdn. 9; Löhnig/*Fischinger*, § 12 Rdn. 11.
[11] Steiner/*Hagemann*, § 12 Rdn. 3; *Stöber*, ZVG § 12 Rdn. 4.1; Löhnig/*Fischinger*, § 12 Rdn. 2.
[12] *Stöber*, ZVG § 12 Rdn. 4.2; Löhnig/*Fischinger*, § 12 Rdn. 2.

9   Die Bestellung einer **Reallast,** bei der die rückständigen Beträge Rang nach dem Stammrecht haben, ist nicht möglich. Eine insoweit von § 12 abweichende Vereinbarung über die Tilgungsreihenfolge hat keine Auswirkungen auf das geringste Gebot.[13]

---

13   BGH, Rpfleger 2004, 92 = NJW 2004, 361; OLG Hamm, Rpfleger 2003, 24 = ZfIR 2002, 994; LG Münster, Rpfleger 2002, 435 = InVo 2002, 254; LG Hagen, Rpfleger 2009, 564; *Stöber,* ZVG § 12 Rdn. 4.3; *Böttcher,* § 12 Rdn. 4; *Böttcher,* RpflStud 2005, 24; a.A. wohl BayObLGZ 1990, 282 = Rpfleger 1991, 50 = NJW-RR 1991, 407.

§ 13 »Abgrenzung wiederkehrender Leistungen«

(1) ¹Laufende Beträge wiederkehrender Leistungen sind der letzte vor der Beschlagnahme fällig gewordene Betrag sowie die später fällig werdenden Beträge. ²Die älteren Beträge sind Rückstände.

(2) Absatz 1 ist anzuwenden, gleichviel ob die Ansprüche auf wiederkehrende Leistungen auf öffentlichem oder privatem Recht oder ob sie auf Bundes- oder Landesrecht beruhen oder ob die gesetzlichen Vorschriften andere als die in § 10 Abs. 1 Nr. 3 und 4 bestimmten Fristen festsetzen; kürzere Fristen als die in § 10 Abs. 1 Nr. 3 und 4 bestimmten werden stets vom letzten Fälligkeitstag vor der Beschlagnahme zurückgerechnet.

(3) Fehlt es innerhalb der letzten zwei Jahre an einem Fälligkeitstermin, so entscheidet der Zeitpunkt der Beschlagnahme.

(4) ¹Liegen mehrere Beschlagnahmen vor, so ist die erste maßgebend. ²Bei der Zwangsversteigerung gilt, wenn bis zur Beschlagnahme eine Zwangsverwaltung fortgedauert hat, die für diese bewirkte Beschlagnahme als die erste.

I. Bedeutung der Vorschrift

In den Rangklassen 2, 3, 4 und 6 des § 10 kommen neben dem Hauptanspruch und laufenden wiederkehrenden Leistungen auch **rückständige Leistungen** zum Zuge. Für den Umfang des Befriedigungsrechts ist die Abgrenzung der laufenden von den rückständigen Leistungen von Bedeutung. Nach dem Inhalt des Grundbuchs zu entrichtende laufende wiederkehrende Leistungen brauchen zur Berücksichtigung im geringsten Gebot oder im Teilungsplan nicht angemeldet zu werden (§ 45 Abs. 2, § 114 Abs. 2, § 156 Abs. 2 Satz 4). In der Zwangsverwaltung werden in den Rangklassen 2, 3 und 4 nur Ansprüche auf laufende wiederkehrende Leistungen berücksichtigt (§ 155 Abs. 2). Der Zwangsverwalter berichtigt laufende Beträge öffentlicher Lasten und bei der Vollstreckung in ein Wohnungseigentum die laufenden Beträge der daraus fälligen Ansprüche der anderen Wohnungseigentümer auf Entrichtung der anteiligen Lasten und Kosten des gemeinschaftlichen Eigentums oder des Sondereigentums ohne weiteres Verfahren (§ 156 Abs. 1).

II. Laufende und rückständige Beträge

Laufende Beträge wiederkehrender Leistungen sind der **letzte vor der Beschlagnahme fällig** gewordene Betrag und die später fällig werdenden Beträge; zur maßgeblichen Beschlagnahme Abs. 4 (→ Rdn. 10). Die früher fällig gewordenen Beträge sind **Rückstände**,[1] die – außer in der Rangklasse 5 – im Range des Hauptanspruchs nur zeitlich begrenzt, sonst ggf. in den Rangklassen 7 oder 8 befriedigt werden. Im geringsten Gebot werden die laufenden Beträge bis zum Ablauf von zwei Wochen nach dem Versteigerungstermin berücksichtigt (§ 47). Im Teilungsplan sind die laufenden Beträge für bestehen bleibende Rechte bis zum Tag vor der Erteilung des Zuschlags (wegen § 56), für erlöschende Rechte bis zum Tag vor dem Verteilungstermin anzusetzen (vgl. → § 114 Rdn. 15, 57).

Maßgeblich für die Abgrenzung ist der Zeitpunkt der **Fälligkeit**, nicht dagegen der **Zeitraum**, auf den sich die einzelne Leistung bezieht, ob also die Leistungen nachträglich für den Zeitraum vor dem Fälligkeitszeitpunkt oder im Voraus für

---

[1] Böttcher, § 13 Rdn. 14 ff. mit Beispielen; Löhnig/Fischinger, § 13 Rdn. 3; Hintzen/Wolf, Rdn. 11.132 ff. mit Beispielen; Stöber, ZVG-Handbuch Rdn. 88 mit Beispielen.

den Zeitraum nach dem Fälligkeitszeitpunkt zu zahlen sind.² Ist, wie meistens, bei der Grundschuldbestellung nachträgliche Zinsfälligkeit vereinbart, so kann der Gläubiger an der Rangstelle seines Hauptanspruchs einen höheren Betrag geltend machen, weil sich die laufenden Leistungen auf den Zeitraum vor dem Fälligkeitstermin beziehen. Lediglich bei den Ansprüchen der Rangklasse 2 kommt es auch auf den Zeitraum an, auf den sich die Leistungen beziehen (vgl. → § 10 Rdn. 25).

4 Bei Fälligkeit **am Tag der Beschlagnahme** ist der letzte davon liegende Fälligkeitstermin maßgeblich.³

5 **Fehlt** es innerhalb der letzten zwei Jahre vor der Beschlagnahme an einem Fälligkeitstermin (z.B. bei gesetzlichen Zinsen wie Verzugszinsen oder Prozesszinsen, §§ 288, 291 BGB, Wechsel- und Scheckzinsen, Art. 48, 49 WG, Art. 45, 46 ScheckG), so ist für die Abgrenzung der laufenden von den rückständigen Leistungen der Zeitpunkt der Beschlagnahme maßgebend. Beträge, die auf die Zeit vor der Beschlagnahme entfallen, sind auch dann Rückstände, wenn sie noch nicht fällig sind; die laufenden Zinsen beginnen am Tag der Beschlagnahme.⁴ Von Bedeutung ist dies vor allem für die **Zwangssicherungshypothek**. Dasselbe gilt, wenn eine Fälligkeit erstmals nach der Beschlagnahme eintritt.⁵

III. Fälligkeit

6 **Fälligkeit** ist der Zeitpunkt, ab dem der Gläubiger die Leistung fordern kann und der Schuldner sie erbringen muss.

6.1 Die Fälligkeit der Ansprüche gegen **Wohnungseigentümer** auf Zahlung der Beiträge zu Lasten und Kosten (Vorschüsse, Abrechnungsspitze, Umlagen) setzt, wenn sie nicht allgemein in der Gemeinschaftsordnung geregelt ist, einen Beschluss der Wohnungseigentümer voraus (§ 28 Abs. 5 WEG). Ansprüche auf die Abrechnungsspitze und auf Umlagen werden sodann, falls die Wohnungseigentümer nichts anderes beschließen (§ 21 Abs. 7 WEG), sofort fällig (§ 271 Abs. 1 BGB), Ansprüche auf Vorschüsse nach Abruf durch den Verwalter (§ 28 Abs. 2 WEG).⁶

7 Für **öffentliche Lasten** und deren Nebenleistungen ist die Fälligkeit vielfach in den maßgeblichen Bundes- oder Landesgesetzen bestimmt; sonst tritt sie mit der Entstehung des Anspruchs oder mit der Bekanntgabe einer entsprechenden Festsetzung ein (vgl. § 220 AO)⁷ (vgl. zur Abgrenzung → § 10 Rdn. 45 f.).

---

2   Steiner/*Hagemann*, § 13 Rdn. 19; *Stöber*, ZVG § 13 Rdn. 2.1; Depré/*Cranshaw*, § 13 Rdn. 19; Löhnig/*Fischinger*, § 13 Rdn. 3, 7.
3   Steiner/*Hagemann*, § 13 Rdn. 20; *Stöber*, ZVG § 13 Rdn. 2.2; Löhnig/*Fischinger*, § 13 Rdn. 4.
4   Steiner/*Hagemann*, § 13 Rdn. 22; *Stöber*, ZVG § 13 Rdn. 2.3, 2.4; Depré/*Cranshaw*, § 13 Rdn. 34; *Böttcher*, § 13 Rdn. 25 ff. mit Beispielen; Löhnig/*Fischinger*, § 13 Rdn. 12; Hk-ZV/*Sievers*, ZVG § 13 Rdn. 8.
5   Steiner/*Hagemann*, § 13 Rdn. 23; *Stöber*, ZVG § 13 Rdn. 2.3; Depré/*Cranshaw*, § 13 Rdn. 34; *Böttcher*, § 13 Rdn. 29 mit Beispiel; Löhnig/*Fischinger*, § 13 Rdn. 12; Hk-ZV/ *Sievers*, ZVG § 13 Rdn. 8.
6   *Böttcher*, § 13 Rdn. 7; Löhnig/*Fischinger*, § 13 Rdn. 8; *Spielbauer/Then*, ZVG § 10 Rdn. 4; vgl. Depré/*Cranshaw*, § 13 Rdn. 28.
7   OLG Oldenburg, Rpfleger 1982, 350; Steiner/*Hagemann*, § 13 Rdn. 15; *Stöber*, ZVG § 13 Rdn. 2.5; Depré/*Cranshaw*, § 13 Rdn. 29; *Böttcher*, § 13 Rdn. 8; Löhnig/*Fischinger*, § 13 Rdn. 10.

Für **im Grundbuch eingetragene Rechte** ergibt sich der Fälligkeitszeitpunkt 8
regelmäßig aus dem Grundbuch bzw. aufgrund Bezugnahme (§§ 874, 1115 BGB)
aus der Eintragungsbewilligung.[8] Bei **Grundschulden** ist oft eine Fälligkeit der
Zinsen kalenderjährlich nachträglich am 31.12. oder 1.1. (oder am ersten Werktag
des Jahres) vereinbart. Ist eine Grundschuld als jederzeit ohne Kündigung fällig
bestellt, so hindert dies nicht eine anderweitige, z.B. kalenderjährliche, Regelung
der Zinsfälligkeit. Die Akzessorietät zwischen Grundschuldkapital und Zinsen
steht dem nicht entgegen. Danach entstehen Zinsen nur dann, wenn die Hauptschuld entstanden ist, und nicht mehr, wenn die Hauptschuld erloschen ist. Ein
entstandener Zinsanspruch ist dagegen nicht vom Bestehen der Hauptforderung
abhängig und kann selbstständig eingeklagt, abgetreten und verpfändet werden.[9]

Ergibt sich aus dem Grundbuch oder aus der Eintragungsbewilligung kein Fäl- 9
ligkeitszeitpunkt, so beginnt die Zinspflicht mit dem Tag, an dem das **Recht entsteht**.[10] Mangels anderer Anhaltspunkte ist regelmäßig der Tag als Beginn des
Zinslaufs anzunehmen, an dem das Recht in das **Grundbuch eingetragen** wurde.[11]

IV. Beschlagnahme

Maßgebend ist die **erste Beschlagnahme** (§ 22 Abs. 1, § 151 Abs. 1) im jewei- 10
ligen Verfahren. Das gilt auch dann, wenn der Anordnungsbeschluss aufgehoben
wurde, das Verfahren jedoch aufgrund eines Beitrittsbeschlusses ununterbrochen
fortgesetzt wird.[12] Für mehrere Objekte, insbesondere Grundstücksbruchteile, ist
der Beschlagnahmezeitpunkt auch bei Verfahrensverbindung jeweils getrennt zu
ermitteln.[13]

Hat eine **Zwangsverwaltung** bis zur ersten Beschlagnahme in der Zwangsver- 11
steigerung angedauert, so ist die in der Zwangsverwaltung bewirkte Beschlagnahme auch für das Zwangsversteigerungsverfahren maßgebend. Ist dagegen zuerst
die Zwangsversteigerung angeordnet worden, so kommt deren erste Beschlagnahme für die Zwangsverwaltung nur in Betracht, wenn die ergebnislose Versteigerung als Zwangsverwaltung fortgesetzt wird (§ 77 Abs. 2).[14]

---

8   Steiner/*Hagemann*, § 13 Rdn. 16; *Stöber*, ZVG § 13 Rdn. 2.5; Depré/*Cranshaw*, § 13 Rdn. 30; *Böttcher*, § 13 Rdn. 9; Löhnig/*Fischinger*, § 13 Rdn. 9.
9   LG Augsburg, Rpfleger 1986, 211 m. abl. Anm. *Bauch*; *Böttcher*, § 13 Rdn. 12; Löhnig/*Fischinger*, § 13 Rdn. 9; a.A. *Bauch*, Rpfleger 1985, 466.
10 RGZ 136, 232; OLG Hamm, JurBüro 1955, 37; OLG Köln, NJW 1960, 1108; LG Aachen, Rpfleger 1963, 116 m. Anm. *Haegele*.
11 Steiner/*Hagemann*, § 13 Rdn. 16; *Stöber*, ZVG § 13 Rdn. 2.5; *Böttcher*, § 13 Rdn. 11.
12 Steiner/*Hagemann*, § 13 Rdn. 6; *Stöber*, ZVG § 13 Rdn. 3.1; *Böttcher*, § 13 Rdn. 3; Löhnig/*Fischinger*, § 13 Rdn. 14; Hk-ZV/*Sievers*, ZVG § 13 Rdn. 7.
13 Steiner/*Hagemann*, § 13 Rdn. 8; *Stöber*, ZVG § 13 Rdn. 3.3; Depré/*Cranshaw*, § 13 Rdn. 18; *Böttcher*, § 13 Rdn. 5; Löhnig/*Fischinger*, § 13 Rdn. 16; *Stöber*, ZVG-Handbuch Rdn. 93 mit Beispiel.
14 Steiner/*Hagemann*, § 13 Rdn. 9 f.; *Stöber*, ZVG § 13 Rdn. 3.2; *Böttcher*, § 13 Rdn. 5; Löhnig/*Fischinger*, § 13 Rdn. 17.

§ 14 »Ansprüche von unbestimmtem Betrag«

Ansprüche von unbestimmtem Betrage gelten als aufschiebend bedingt durch die Feststellung des Betrags.

I. Bedeutung der Vorschrift

1 Im geringsten Gebot und bei der Erlös- bzw. Überschussverteilung können Rechte, die nicht bestehen bleiben, nur mit bestimmten Geldbeträgen berücksichtigt werden. Ansprüche, deren **Betrag nicht bestimmt** ist, werden gemäß § 14 als durch die Feststellung des Betrags **aufschiebend bedingt** berücksichtigt. Bis zur Feststellung werden sie in das geringste Gebot wie unbedingte Rechte aufgenommen (§§ 46, 48, 51 Abs. 2). Bei der Erlösverteilung ist ein Hilfsberechtigter festzustellen und der Betrag für den Haupt- und den Hilfsberechtigten zu hinterlegen (§§ 119, 120). Nach der Feststellung des Betrages ist § 14 nicht mehr anzuwenden.

II. Ansprüche von unbestimmtem Betrag

2 Ansprüche von unbestimmtem Betrag sind solche, die **nicht** auf einen **bestimmten Geldbetrag** lauten. Das kann darauf beruhen, dass der Anspruch nach Hauptsache oder wiederkehrenden Leistungen nicht auf Zahlung eines bestimmten oder ohne Weiteres errechenbaren Geldbetrages gerichtet ist oder darauf, dass ein Geldanspruch seiner Höhe nach noch nicht feststeht.[1] § 14 bezieht sich nur auf die Ungewissheit über den Geldwert des Anspruchs, nicht dagegen auf Zweifel über sein Bestehen.[2]

3 Nicht auf Geldzahlung gerichtet sind **Naturalleistungen**, insbesondere in Naturalien geschuldete Rückstände von Reallast- oder Altenteilsleistungen (vgl. → § 46 Rdn. 1 ff.).[3]

4 Ansprüche, die der Höhe nach nicht feststehen, sind **Wertersatzansprüche** nach § 92, die an die Stelle eines durch den Zuschlag erloschenen, nicht auf Kapitalzahlung gerichteten Rechts (z.B. Grunddienstbarkeit,[4] beschränkte persönliche Dienstbarkeit, Nießbrauch[5]) treten. Ein nach § 882 BGB in das Grundbuch eingetragener Höchstbetrag begrenzt den Wertersatzanspruch lediglich nach oben hin.[6] Bis zur Feststellung des genauen Betrages ist der Anspruch unbestimmt.[7]

5 **Keine** Ansprüche von unbestimmtem Betrag im Sinne des § 14 ergeben sich aus **Grundpfandrechten**, die durch den eingetragenen Kapitalbetrag (§ 1113 Abs. 1, § 1191 Abs. 1 BGB) bzw. die Ablösungssumme (§ 1199 Abs. 2 BGB) bestimmt sind. Auch bei der Sicherungshypothek (§ 1184 BGB), der Höchstbetragshypothek (§ 1190 BGB), der Zwangssicherungshypothek (§§ 866 ff. ZPO) und der Ar-

---

1 Steiner/*Teufel*, § 14 Rdn. 9; *Stöber*, ZVG § 14 Rdn. 2.1; Depré/*Cranshaw*, § 14 Rdn. 1 ff.; *Böttcher*, § 14 Rdn. 2; Löhnig/*Fischinger*, § 14 Rdn. 3; Hk-ZV/*Sievers*, ZVG § 14 Rdn. 3.
2 *Stöber*, ZVG § 14 Rdn. 2.4; *Böttcher*, § 14 Rdn. 2; Depré/*Cranshaw*, § 14 Rdn. 12; Löhnig/*Fischinger*, § 14 Rdn. 6; a.A. Steiner/*Teufel*, § 14 Rdn. 10; *Teufel*, Rpfleger 1977, 193.
3 Depré/*Cranshaw*, § 14 Rdn. 13.
4 *Böttcher*, § 14 Rdn. 7; Löhnig/*Fischinger*, § 14 Rdn. 4; *Teufel*, Rpfleger 1977, 193.
5 Steiner/*Teufel*, § 14 Rdn. 27; *Stöber*, ZVG § 14 Rdn. 2.2; *Böttcher*, § 14 Rdn. 8; Löhnig/*Fischinger*, § 14 Rdn. 4.
6 Depré/*Cranshaw*, § 14 Rdn. 13.
7 Steiner/*Teufel*, § 14 Rdn. 14; *Stöber*, ZVG § 14 Rdn. 2.2; *Böttcher*, § 14 Rdn. 2.

resthypothek (§ 932 ZPO) steht der Geldbetrag fest;[8] unbestimmt ist bei Höchstbetrags- und Arresthypotheken lediglich die Person des Berechtigten. Eine Hypothek in ausländischer Währung ist nach dem Tageskurs (ein Recht in der früheren nationalen Währung eines Mitgliedstaates der Europäischen Union, dessen Währung durch den Euro ersetzt wurde, nach dem unwiderruflich festgelegten Umrechnungskurs) umzurechnen und daher ebenfalls kein Anspruch von unbestimmtem Betrag.[9]

Bei **betagten unverzinslichen Ansprüchen** steht der Betrag gleichfalls fest; die Ansprüche gelten lediglich bei unbestimmtem Fälligkeitstermin für die Erlösverteilung als aufschiebend bedingt (vgl. → § 111 Rdn. 7).[10]

Aus der Verwendung einer **Wertsicherungsklausel**, durch die der Anspruch an einen bestimmten Index gebunden ist, ergeben sich ebenfalls keine unbestimmten Ansprüche im Sinne des § 14, da eine betragsmäßige Berechnung ohne Weiteres möglich ist.[11]

---

8   Steiner/*Teufel*, § 14 Rdn. 29 ff.; *Stöber*, ZVG § 14 Rdn. 2.3; *Böttcher*, § 14 Rdn. 11; Löhnig/*Fischinger*, § 14 Rdn. 5; Hk-ZV/*Sievers*, ZVG § 14 Rdn. 4.
9   Steiner/*Teufel*, § 14 Rdn. 32; *Stöber*, ZVG § 14 Rdn. 2.3; *Depré/Cranshaw*, § 14 Rdn. 4; *Böttcher*, § 14 Rdn. 11; Löhnig/*Fischinger*, § 14 Rdn. 5; Hk-ZV/*Sievers*, ZVG § 14 Rdn. 4.
10 Steiner/*Teufel*, § 14 Rdn. 13; *Stöber*, ZVG § 14 Rdn. 2.3; *Depré/Cranshaw*, § 14 Rdn. 11.
11 *Stöber*, ZVG § 14 Rdn. 2.3; *Böttcher*, § 14 Rdn. 13; *Depré/Cranshaw*, § 14 Rdn. 11; Löhnig/*Fischinger*, § 14 Rdn. 5; Hk-ZV/*Sievers*, ZVG § 14 Rdn. 4.

ZWEITER TITEL
Zwangsversteigerung

I. Anordnung der Versteigerung

Vorbemerkungen vor § 15

Übersicht	Rdn.
I. Überblick	1
1. Anordnung der Versteigerung	1
2. Gegenstand der Zwangsversteigerung	2
a) Grundstücke	2
b) Bruchteil eines Grundstückes	9
c) Grundstücksgleiche Rechte	13
d) Wohnungs- und Teileigentum	16
e) Weitere Gegenstände	17
f) Eigentum und Eigentumsnutzung im Beitrittsgebiet	18
3. Darstellung	20
II. Allgemeine Verfahrensvoraussetzungen	21
1. Partei- und Prozessfähigkeit	22
2. Prozessführungsbefugnis	25
III. Allgemeine Zwangsvollstreckungsvoraussetzungen	26
1. Vollstreckungstitel	27
2. Parteibezeichnung	31
3. Inhalt des Titels	43
4. Klausel	44
5. Zustellung	48
IV. Besondere Zwangsvollstreckungsvoraussetzungen	53
1. Eintritt eines Kalendertages	53
2. Nachweis der Sicherheitsleistung	55
3. Zug-um-Zug-Leistung	59
4. Wartefristen	61
V. Keine Hindernisse	63
1. Allgemein	63
2. Bahnunternehmen	65
3. Beitrittsgebiet	66
4. Baugesetzbuch	67
5. Eigentümergrundpfandrecht	68
6. Einstellung oder Aufhebung der Zwangsvollstreckung	70
7. Erbbaurecht	72
8. Flurbereinigung	75
9. Insolvenzeröffnung	76
10. Landwirtschaftliche Grundstücke	84
11. Nachlassgläubiger	85
12. Reichsheimstätte	86
13. Vollstreckungsvereinbarung	87
a) Vollstreckungsbeschränkende Abreden	89
b) Vollstreckungserweiternde Abreden	90
14. Wohnungseigentum	91
VI. Eheliche Güterstände	92
1. Allgemeines	92
2. Zugewinngemeinschaft	93
3. Gütertrennung	94
4. Gütergemeinschaft	95

5. Lebenspartnerschaft 100
6. Neue Bundesländer 102
VII. Vollstreckung gegen juristische Personen des öffentlichen Rechts 104

I. Überblick

1. Anordnung der Versteigerung

Das Versteigerungsverfahren wird durch die „Anordnung der Versteigerung" eingeleitet. Dabei ordnet das Vollstreckungsgericht das Verfahren nur auf Antrag an, § 15. Den Antragsinhalt und beizufügende Urkunden legt § 16 fest. Der Schuldner muss Eigentümer des Grundstücks sein, § 17. Außerdem müssen die Voraussetzungen der Zwangsvollstreckung vorliegen, §§ 704 ff. ZPO. Zugunsten des Gläubigers gilt der Anordnungsbeschluss als Beschlagnahme des Grundstücks, § 20. Infolgedessen ist die Veräußerung oder Belastung des Grundstücks bzw. der mithaftenden Gegenstände, § 20 Abs. 1, § 21, dem Gläubiger gegenüber unwirksam, § 23 Abs. 1. Der Schuldner darf das Grundstück ordnungsgemäß verwalten und nutzen, § 24. Bei Gefährdung der ordnungsmäßigen Bewirtschaftung kann der Gläubiger Abwendungsmaßregeln beantragen, § 25. Werden mehrere Grundstücke versteigert, können die Verfahren verbunden werden, wenn die Voraussetzungen des § 18 vorliegen. Ist die Versteigerung angeordnet und wird dann für dasselbe Grundstück wiederum die Versteigerung beantragt, wird der Beitritt des Antragstellers zum Verfahren zugelassen, § 27. 1

2. Gegenstand der Zwangsversteigerung

a) Grundstücke

Der Zwangsvollstreckung in das unbewegliche Vermögen unterliegen in erster Linie Grundstücke. Sind im Grundbuch des Schuldners mehrere Grundstücke im Bestandsverzeichnis eingetragen, können diese einzeln oder gemeinsam versteigert werden. **Grundstück im Rechtssinn** ist hierbei das Grundstück, welches unter einer laufenden Nummer im Bestandsverzeichnis gebucht ist.[1] 2

Wird eine realer Grundstücksteil mit Grundpfandrechten oder anderen Rechten belastet, so ist er vom Grundstück abzuschreiben und als selbstständiges Grundstück einzutragen, § 7 Abs. 1 GBO. Ist diese Teilung unterblieben, kann der Berechtigte Befriedigung nur aus dem ihm verhafteten Grundstücksteil suchen.[2] 3

Bei der **Vereinigung** bisher selbstständiger Grundstücke zu einem neuen Grundstück werden die vereinigten Grundstücke nicht wesentliche Teile des neu gebildeten Grundstücks, § 890 BGB, § 15 GBO. Sind mehrere Grundstücke vereinigt worden und waren die einzelnen Grundstücke selbstständig belastet, haftet auch weiterhin nur jeder Grundstücksteil für „seine" Grundpfandrechte. Nach der **Vereinigung** kann das Grundstück nur noch insgesamt belastet werden. Wird die Zwangsversteigerung aus einem Grundpfandrecht betrieben, welches vor der Vereinigung im Grundbuch eingetragen worden ist, unterliegt auch nur der belastete Grundstücksteil der Versteigerung.[3] 4

---

1 BGH, Rpfleger 2012, 336 = NJW-RR 2012, 220; vgl. Meikel/*Nowak*, § 3 Rdn. 7; *Hintzen/Wolf*, Rdn. 9.2.
2 Steiner/*Hagemann*, Einl. Rdn. 21.
3 BayObLG, Rpfleger 1971, 316; Steiner/*Hagemann*, Einl. Rdn. 26; *Böttcher*, Einl. Rdn. 16.

5   Ein Grundstück kann auch dadurch zum Bestandteil eines anderen Grundstückes gemacht werden, indem der Eigentümer es diesem im Grundbuche zuschreiben lässt, § 890 Abs. 2 BGB. Hierbei wird das zugeschriebene Grundstück nicht wesentlicher Bestandteil des neuen einheitliche Grundstücks, § 890 Abs. 2 BGB, § 6 GBO. Anders als bei der Vereinigung ist jedoch zwischen dem Haupt- und dem Bestandteilsgrundstück zu unterscheiden. Nach der **Zuschreibung** erstrecken sich die Grundpfandrechte des Hauptgrundstückes auf das zugeschriebene Grundstück. Rechte, mit denen das zugeschriebene Grundstück belastet war, gehen diesen Grundpfandrechten im Range vor, § 1131 BGB. Umgekehrt erstrecken sich jedoch Belastungen des zugeschriebenen Grundstücks nicht auf das Hauptgrundstück. Wird die Zwangsversteigerung aus einem Grundpfandrecht betrieben, welches vor der Zuschreibung am Hauptgrundstück lastete, wird das ganze Grundstück erfasst, während die Zwangsversteigerung aus einem Recht an dem zugeschriebenen Grundstücksteil auch nur diesen Teil ergreift.[4] Die Vollstreckungsunterwerfung hinsichtlich des Hauptgrundstücks ergreift auch das zugeschriebene Grundstück.[5] Aus den vor der Zuschreibung eingetragenen Grundpfandrechten des Hauptgrundstücks kann in das gesamte neu gebildete Grundstück vollstreckt werden. Der Gläubiger kann die Vollstreckung aber auch zunächst auf das Hauptgrundstück beschränken.[6] Persönliche Gläubiger können nur in das gesamte Grundstück vollstrecken.

6   Erfolgen die **Vereinigung** oder **Bestandteilszuschreibung** nach der bereits erfolgten Beschlagnahme, § 20, wird das Verfahren so fortgeführt, wie es sich im Zeitpunkt der Beschlagnahme befand. Sowohl die Vereinigung als auch die Bestandteilszuschreibung sind dem betreibenden Gläubiger gegenüber unwirksam.[7]

7   Wenn ein belastetes Grundstück durch Vereinigung mit einem anderen Grundstück die Selbstständigkeit verliert, die Belastungen aber nur auf dem Teil des neuen Grundstücks liegen, der vor der Vereinigung Belastungsgegenstand war, ist der Gläubiger des Rechts, das auf dem früheren selbstständigen Grundstück gelastet hat, berechtigt, einer Zwangsversteigerung beizutreten, dass das vereinigte neue Grundstück betrifft. Dabei ist es nach Auffassung des BGH[8] unerheblich, ob das frühere Grundstück, weil katastermäßig nicht verschmolzen, als Flurstück fortbesteht oder ob es auch als Flurstück nicht mehr existiert, da auch im letzteren Fall anhand der Genese der Flächenabschnitt ermittelt werden kann, auf den sich die Belastung mit welcher Rangfolge erstreckt. Am Ende der Entscheidungsgründe gibt der BGH den Hinweis, die unterschiedlich belasteten Grundstücke wie selbstständige Grundstücke zu behandeln und die Vorschriften über mehrere zu versteigernde Grundstücke sinngemäß anzuwenden. **Dem kann so nicht gefolgt werden.**[9]

---

4   Steiner/*Hagemann*, Einl. Rdn. 21; *Böttcher*, Einl. Rdn. 17.
5   BayObLGZ 54, 258.
6   Steiner/*Hagemann*, Einl. Rdn. 21.
7   BGH, Beschluss vom 5.6.2014, V ZB 16/14, Rpfleger 2014, 689; *Stöber*, Einl. Rdn. 11.4; *Böttcher*, Einl. Rdn. 17 a.E.
8   BGH, Rpfleger 2006, 150 = NJW 2006, 1000 = DNotZ 2006, 288 = WM 2006, 297 = InVo 2006, 300; hierzu auch WuB H. 6/2006 VI E. § 27 ZVG 1.06 *Hintzen*; *Dümig*, ZfIR 2006, 220; *Morvilius*, MittBayNot 2006, 227.
9   Auf diese Entscheidung ist näher einzugehen, da sie kaum praktikabel ist und wenig Verständnis für das Versteigerungsverfahren zeigt.

Der BGH unterscheidet bereits nicht streng, ob er sich um eine „Vereinigung" oder um eine „Verschmelzung" der verschiedenen Grundstücke handelt. Wenn mehrere Flurstücke katastertechnisch miteinander verbunden werden und aus ihnen ein neues einheitliches Flurstück gebildet wird, liegt eine **Verschmelzung** vor. Wenn bisher selbstständige Grundstücke rechtlich miteinander verbunden werden und aus ihnen ein neues einheitliches Grundstück gebildet wird, handelt es sich um eine **Vereinigung**.[10] Bei einer Vereinigung bleiben die Belastungen auf den bisherigen Grundstücken bestehen, eine Erweiterung des Haftungsumfanges erfolgt nicht, vgl. § 1131 BGB. Bei einer Verschmelzung jedoch ist das belastete Flurstück in seinem Bestand nicht mehr vorhanden, es muss daher vor der Eintragung im Grundbuch geklärt werden, was mit den Belastungen einzelner Flurstücke geschehen soll; bevor die Belastungen nicht gelöscht werden oder eine Haftungserweiterung auf das gesamte Grundstück erfolgt, hätte das Grundbuchamt die Eintragung **nicht** vollziehen dürfen. Der Hinweis des BGH auf die sinngemäße Anwendung der rechtlichen Vorschriften über die Versteigerung mehrerer Grundstücke trifft nicht die Problematik, mit der sich das Versteigerungsgericht tatsächlich auseinander setzen muss. Die Anordnung der Versteigerung bezieht sich auf das einheitliche Grundstück (D, vormals A-B-C). Wenn nun aber aus einem nachrangigen Recht am einheitlichen Grundstück (D) das Verfahren betrieben wird, bleiben alle vorrangigen Rechte nach den Versteigerungsbedingungen bestehen. Wird dann jedoch der Beitritt aus dem Anspruch des erstrangigen Rechts beantragt, welches aber nur auf einem ehemaligen Grundstück (A) lastet, bleibt nach den Versteigerungsbedingungen – bezogen auf das ehemalige Grundstück – kein Grundpfandrecht bestehen, da der Beitrittsgläubiger insoweit bestrangig betreibt. Der Beitritt kann jedoch nur in das ehemals belastete Grundstück erfolgen (was es aber nach der Verschmelzung nicht mehr gibt). Nach welchem bestrangig betreibenden Anspruch soll das **geringste Gebot** für das einheitliche Grundstück aufgestellt werden? Bleibt insoweit kein Grundpfandrecht nach den Versteigerungsbedingungen bestehen? Oder bleiben die nachrangigen Rechte, die nunmehr das einheitliche Grundstück belasten und dem Anordnungsgläubiger im Range vorgehen, bestehen? Bejaht man dies, ist hierin unweigerlich eine Beeinträchtigung des bestrangig betreibenden Gläubigers auf dem ehemaligen Grundstück zu sehen. Die einzige Lösungsmöglichkeit kann nur so aussehen, dass beide Gläubiger als bestrangige Gläubiger in Betracht kommen und das geringste Gebot nach diesen beiden Ansprüchen kombiniert aufzustellen ist.

Der BGH führt am Ende der Entscheidungsgründe aus, dass, sollten die Grundstücksteile (A-B-C) verschiedenen Erstehern zugeschlagen werden, das Grundstück durch Hoheitsakt wieder geteilt wird. Auch dieser Hinweis nötigt zuerst zu der Frage, wie es überhaupt zu einer Zuschlagsentscheidung der Grundstücksteile kommen soll? Dies setzt Einzelausgebote der ehemaligen Grundstücke voraus. Die Versteigerung aus dem Anspruch – lastend auf dem einheitlichen Grundstück – erfolgt in das ungeteilte Grundstück (D). Der Beitritt aus dem weiteren Anspruch erfolgt einzeln in das ehemalige Einzelgrundstück (A). Ein Einzelausgebot kommt – wenn überhaupt – nur bezüglich des ehemaligen Einzelgrundstücks (A) in Betracht. Ein Versteigerungsverfahren hinsichtlich der Möglichkeit der Einzelausgebote der weiteren ehemaligen Grundstücksteile (B-C) kann schon deswegen nicht erfolgen, weil insoweit kein Verfahren angeordnet

---

10 Meikel/*Böttcher*, § 5 Rdn. 2.

wurde. Man muss es aber wohl doch zulassen, weil ansonsten ein Ergebnis nicht möglich ist. Bei der Versteigerung wären somit zugelassen: ein **Einzelausgebot** des ehemaligen Grundstücksteils (A), bei dem nach den Versteigerungsbedingungen kein Grundpfandrecht bestehen bleibt und ein **(Gruppen)Einzelausgebot** der beiden anderen ehemaligen Grundstücksteile (B-C), bei dem die dem Anordnungsgläubiger vorgehenden Rechte bestehen bleiben und das **(Gesamt)Gebot** des einheitlichen neuen Grundstücks, bei dem dann wohl auch nur die vorgehenden Rechte, allerdings insoweit nur lastend auf den ehemaligen Grundstücken (B-C) bestehen bleiben. Weiter müssen noch getrennte Verkehrswerte ermittelt und festgesetzt werden. Das alles muss so ablaufen, da ansonsten § 63 ZVG nicht erfüllt werden kann. Hiernach sind Einzelausgebote neben einem Gesamtausgebot zulässig; der Zuschlag auf das Gesamtausgebot kann aber nur erfolgen, wenn das Meistgebot höher ist, als die Summe der Meistgebote auf die Einzelausgebote. **Fazit:** Die Verschmelzung hätte in keinem Falle vollzogen werden dürfen. Die Probleme tauchen jetzt in der Zwangsversteigerung auf. Die Lösungswege des BGH sind eher theoretisch.

b) Bruchteil eines Grundstückes

9   Die Zwangsvollstreckung in den Bruchteil eines Grundstückes, eines grundstücksgleichen Rechtes, eines Schiffes oder Schiffbauwerkes ist nur zulässig, wenn der Bruchteil in dem Anteil eines Miteigentümers besteht, § 864 Abs. 2 ZPO. Die Höhe des einzelnen Miteigentumsanteils ergibt sich aus der Eintragung in Abt. I des Grundbuches. Wird das Verfahren aus einem Anspruch betrieben, der nur den Bruchteil des Grundstückes belastet, kann auch die Zwangsversteigerung nur in diesen Bruchteil erfolgen. Von der Vollstreckung erfasst werden demnach **ideelle** Grundstücksteile. Es handelt sich i.d.R. um mehrere Miteigentümer, die eine Bruchteilsgemeinschaft bilden, §§ 741 ff. BGB. Da jedem Miteigentümer ein bestimmter, aus dem Grundbuch ersichtlicher Anteil, § 47 GBO, zusteht, kann er diesen gesondert belasten, § 1114 BGB. Hierin liegt der Unterschied zur Gesamthandsgemeinschaft (Erbengemeinschaft, Gesellschaft bürgerlichen Rechts, Gütergemeinschaft), bei der die Mitglieder ungeteilte Eigentümer des gemeinschaftlichen Grundstücks sind. Sie können über einen Anteil an dem Grundstück nicht verfügen, deswegen auch die Vollstreckung in einen Anteil selbst unzulässig ist.

10 Möglich ist aber auch die Zwangsversteigerung in einen **früheren ideellen Miteigentumsanteil,** z.B. wenn ein Miteigentümer den anderen Miteigentumsanteil als Vorerbe erwirbt[11] oder wenn der andere Miteigentumsanteil in anfechtbarer Weise erworben wurde, § 7 AnfG.[12] Der hinzuerworbene Miteigentumsanteil kann nicht mehr gesondert mit einem Grundpfandrecht belastet werden.[13] Gleiches gilt falls der ursprünglich belastete Miteigentumsanteil wegfällt, etwa weil aus dem Miteigentum Alleineigentum wurde.[14]

11 Die Belastung eines Eigentumsbruchteils und die gesonderte zwangsweise Verwertung ist auch dann zulässig, wenn Anteile an einem Grundstück auf das

---

11 BayObLG, NJW 1968, 1431 = Rpfleger 1968, 221.
12 Vgl. BGH, Rpfleger 1984, 283; OLG Frankfurt, NJW-RR 1988, 463; OLG Köln, MDR 1984, 939.
13 OLG Zweibrücken, Rpfleger 1990, 15.
14 BayObLG, Rpfleger 1971, 316 = DNotZ 1971, 659.

Grundbuchblatt des herrschenden Grundstückes übertragen worden sind, § 3 Abs. 3 GBO, sogenannte **Anteilsbuchung**.¹⁵

Ist der Schuldner Miteigentümer einer Gesamthandsgemeinschaft, muss der Gläubiger gegebenenfalls die Auseinandersetzungsversteigerung betreiben, §§ 180 ff.   12

c) Grundstücksgleiche Rechte

Zu den grundstücksgleichen Rechten gehört in erster Linie das **Erbbaurecht** (hierzu mehr → § 44 Rdn. 17), das **Wohnungserbbaurecht** und das **Teileigentumserbbaurecht** als Unterarten des Erbbaurechtes, § 11 ErbbauRG, § 30 WEG. Die Bestellung eines **Gesamterbbaurechts** wird für zulässig angesehen, § 6a Abs. 1 GBO, sofern die zu belastenden Grundstücke unmittelbar aneinander grenzen oder zumindest nahe beieinander liegen, § 6a Abs. 1, § 5 Abs. 2 GBO.¹⁶   13

Weitere grundstücksgleiche Rechte sind nach landesrechtlichen Vorschriften z.B. die **Berg-, Abbau- und Fischereirechte**, Art. 67–69 EGBGB (das Kabelpfandgesetz für Kabelpfandrechte wurde mit Wirkung ab dem 1.1.1995 aufgrund Art. 13 § 1 Nr. 1 PostNeuordnungsG v. 14.9.1995 [BGBl I 2325, 2396] aufgehoben).   14

Auf **Gebäudeeigentum im Beitrittsgebiet** finden ebenfalls die Vorschriften der Immobiliarzwangsvollstreckung Anwendung, Art. 233 § 4 Abs. 1 EGBGB. Durch § 295 Abs. 2 ZGB konnte Eigentum an Gebäuden unabhängig vom Eigentum am Boden begründet werden. Dieses **Gebäudeeigentum** wurde behandelt wie ein selbstständiges Grundstück, § 295 Abs. 2 ZGB, es war nicht wesentlicher Bestandteil des Grund und Bodens. Zur Entstehung wurde dem Berechtigten ein **Nutzungsrecht** verliehen.¹⁷   15

d) Wohnungs- und Teileigentum

Auch wenn wirtschaftlich das Sondereigentum an einer bestimmten Wohnung bzw. bestimmten Räumen im Vordergrund steht, ist rechtlich in erster Linie der ideelle Miteigentumsanteil am Grundstück maßgebend. Für die Zwangsversteigerung gibt es insoweit keine Besonderheiten, § 864 Abs. 2 ZPO.   16

e) Weitere Gegenstände

Der Immobiliarvollstreckung unterliegen außerdem   17

- Luftfahrzeuge und ihre Bruchteile, §§ 171a ff.;
- Schiffe und Schiffsbauwerke und ihre Bruchteile, §§ 162 ff.;
- bestimmte Bahneinheiten nach Landesrecht, § 871.

f) Eigentum und Eigentumsnutzung im Beitrittsgebiet

Um eine endgültige Bereinigung der nach wie vor unterschiedlichen Rechtslage im Grundstücksrecht in den neuen Bundesländern herbeizuführen, wurden um-   18

---

15   OLG Düsseldorf, Rpfleger 1970, 394; LG Nürnberg-Fürth, Rpfleger 1971, 223 mit Anm. *Meyer-Stolte*.
16   BGH, Rpfleger 1976, 126; *Schöner/Stöber*, Rdn. 1695; Palandt/*Bassenge*, ErbbauRG § 1 Rdn. 8.
17   Zu den Besonderheiten vgl. *Hintzen/Wolf*, Rdn. 9.183 ff. und Sachenrechtsbereinigung vgl. *Eickmann/Böhringer*, Art. 233 § 4 EGBGB.

fassende Regelungen durch Ergänzungen des EGBGB, durch das Grundbuchbereinigungsgesetz (GBBerG), das Registerverfahrensbeschleunigungsgesetz (RegVBG) und das Sachenrechtsbereinigungsgesetz (SachenRBerG) geschaffen.

19 Zu den verschiedenen Möglichkeiten und insbesondere zu den Auswirkungen in der Zwangsversteigerung im Hinblick auf den Umfang der Beschlagnahme und den Rechtserwerb durch Zuschlag s. → § 20 Rdn. 2 ff.

3. Darstellung

20 Das Versteigerungsgericht prüft den Antrag des Gläubigers, wie zuvor besprochen, die allgemeinen Verfahrensvoraussetzungen und die allgemeinen und besonderen Zwangsvollstreckungsvoraussetzungen. Es prüft nur die formelle Zulässigkeit der beantragten Zwangsversteigerung, nicht hingegen die materielle Anspruchsberechtigung aus dem Titel. Einwendungen hiergegen muss der Schuldner im Wege der Vollstreckungsabwehrklage geltend machen.

II. Allgemeine Verfahrensvoraussetzungen

21 Wie bei jeder Vollstreckungsmaßnahme sind auch die allgemeinen Verfahrensvoraussetzungen vor Anordnung der Zwangsversteigerung zu beachten (Zuständigkeit[18], Deutsche Gerichtsbarkeit[19], Rechtsschutzinteresse[20], Parteifähigkeit, Prozessfähigkeit, Prozessführungsbefugnis).

1. Partei- und Prozessfähigkeit

22 Das Gericht hat die Parteifähigkeit (§ 124 HGB für die OHG; § 161 Abs. 2, § 124 Abs. 1 HGB für die KG; § 7 Abs. 2 PartGG[21]) und auch die Prozessfähigkeit von Gläubiger und Vollstreckungsschuldner, §§ 50, 51–53 ZPO in jeder Lage des Vollstreckungsverfahrens zu prüfen.[22] Nach der grundlegenden Entscheidung des BGH zur Teilrechtsfähigkeit vom 29.1.2001[23] ist heute weitgehend unbestritten, dass auch die (Außen-)Gesellschaft bürgerlichen Rechts Rechtsfähigkeit besitzt, soweit sie durch Teilnahme am Rechtsverkehr eigene Rechte und Pflichten begründet. In diesem Rahmen ist sie zugleich im Zivilprozess aktiv und passiv parteifähig. Durch das ERVGBG (Gesetz zur Einführung des elektronischen Rechtsverkehrs und der elektronischen Akte im Grundbuchverfahren sowie zur Änderung weiterer grundbuch-, register- und kostenrechtlicher Vorschriften vom 11.8.2009, BGBl I 2713) hat der Gesetzgeber mit Einfügung von Absatz 2 in § 47 GBO und durch § 899a BGB auch die Grundbuchfähigkeit der Gesellschaft bürgerlichen Rechts in Nachfolge zur höchstrichterlichen Rechtsprechung vollzogen.

Die Anordnung der Zwangsversteigerung sowie die Zulassung des Beitritts sind auch gegen den **prozessunfähigen Schuldner** zulässig. Allerdings wird dann die mit der Anordnung der Zwangsversteigerung erfolgte Beschlagnahme des Grundstücks nicht mit der Zustellung des Anordnungsbeschlusses an den pro-

---

18 Hierzu → § 1 Rdn. 2 ff.
19 Hierzu → § 16 Rdn. 3, 4.
20 Hierzu → § 15 Rdn. 20 ff.
21 Einzelheiten bei Zöller/*Vollkommer*, § 50 Rdn. 10 ff.
22 OLG Stuttgart, Rpfleger 1996, 36; LG Mainz, Rpfleger 1997, 178.
23 BGHZ 146,341 = Rpfleger 2001, 246 = NJW 2001, 1056 = DNotZ 2001, 234 = MittBayNot 2001, 192 m. Anm. *Ann* = RNotZ 2001, 224 = NZG 2001, 311 = BWNotZ 2002, 37 m. Anm. *Böhringer*.

zessunfähigen Schuldner wirksam, sondern in dem Zeitpunkt, in welchem das Ersuchen um Eintragung des Versteigerungsvermerkes dem Grundbuchamt zugeht (§ 22 Abs. 1 Satz 2). Für das weitere Verfahren muss der Schuldner der Zwangsversteigerung entweder prozessfähig oder gesetzlich vertreten sein. Falls sich die Prozessunfähigkeit des Schuldners herausstellen sollte, darf die Zwangsversteigerung nicht sofort aufgehoben werden, sie ist vielmehr gemäß § 28 Abs. 2 einzustellen.[24] Ist der Schuldner selbst nicht in der Lage, sich sachgerecht zu vertreten, kann eine Person als **Beistand** bestellt werden.[25] Das Argument, der Schuldner brauche nicht prozessfähig zu sein, da er nur die Vollstreckung über sich ergehen lassen müsse, überzeugt daher nicht.[26] Ergibt sich, dass der Vollstreckungsschuldner bereits bei Beginn der Zwangsvollstreckung nicht parteifähig war, ist das Verfahren auch nachträglich aufzuheben.[27] Wird das Verfahren gegen eine juristische Person angeordnet, die tatsächlich aber bereits nicht mehr besteht, kann auch die Fortsetzung gegen den Rechtsnachfolger nicht stattfinden.[28] Das Vollstreckungsgericht ist nicht daran gebunden, dass bereits das Prozessgericht die Prozessfähigkeit geprüft und festgestellt hat. Das Vollstreckungsverfahren ist losgelöst vom Erkenntnisverfahren ein eigenständiges Verfahren. Allerdings wird nur selten Anlass zur Prüfung bestehen.

Die Rechtsfähigkeit einer **ausländischen Gesellschaft** bestimmt sich nach dem Recht des Ortes, an dem die Gesellschaft ihren Hauptverwaltungssitz hat (Sitztheorie). Die für die Beurteilung der Verwaltungssitzfrage maßgeblichen Voraussetzungen hat der Gläubiger zu beweisen.[29]   23

Ist dem Vollstreckungsorgan die Prozessunfähigkeit bekannt, muss es die weitere Vollstreckung vorläufig einstellen (§ 56 ZPO analog). Hat es berechtigterweise erhebliche Zweifel, muss es diesen von Amts wegen nachgehen. Die objektive **Beweislast** für eine Prozessunfähigkeit trägt letztlich derjenige, der aus der behaupteten Prozessfähigkeit Rechte für sich herleitet[30]. Die gegen eine prozessunfähige Person erfolgten Zwangsvollstreckungsmaßnahmen sind nicht nichtig, sondern lediglich **anfechtbar**. Entsprechendes ergibt sich für Personen, die unter **Betreuung** stehen.[31]   24

2. Prozessführungsbefugnis

Der Antrag bzw. Beitritt unterliegt nicht dem Anwaltszwang, § 78 Abs. 3   25
ZPO. Tritt jedoch ein Rechtsanwalt für einen Gläubiger auf, gilt insoweit § 88 Abs. 2 ZPO.

---

24 LG Saarbrücken, FamRZ 2010, 587.
25 LG Ellwangen, Rpfleger 2011, 100.
26 So aber OLG Frankfurt, Rpfleger 1975, 441; Baumbach/*Hartmann*, Grundzüge § 704 Rdn. 40 m.w.N.; a.A. OLG Stuttgart, Rpfleger 1996, 36; Zöller/*Stöber*, vor § 704 Rdn. 16, der aber Ausnahmen für die bloße Pfändung macht; *Brox/Walker*, Rdn. 25; Stein/Jonas/*Münzberg*, vor § 704 Rdn. 80; Musielak/Voit/*Lackmann*, vor § 704 Rdn. 22.
27 BGH, NJW-RR 1986, 157.
28 OLG Hamm, Rpfleger 1990, 131 = OLGZ 1990, 209 bei einer vollbeendeten KG, ein Rechtsnachfolger ist nicht vorhanden.
29 LG Mainz, Rpfleger 1997, 178.
30 Zöller/*Vollkommer*, § 50 Rdn. 9 m.w.N.
31 *Grönke/Jäger*, Auswirkungen des Betreuungsrechts auf Verträge und Zwangsvollstreckung, ZVI 2005, 290, 295 f.

III. Allgemeine Zwangsvollstreckungsvoraussetzungen

26 Neben der Vorlage eines dinglichen oder persönlichen Vollstreckungstitels müssen auch vor dem Antrag auf Zwangsversteigerung die allgemeinen und besonderen Zwangsvollstreckungsvoraussetzungen vorliegen bzw. erfüllt sein.

1. Vollstreckungstitel

27 Unerlässliche Voraussetzung für den Beginn jeglicher Zwangsvollstreckung ist ein Vollstreckungstitel, § 750 ZPO. Hierunter versteht man eine durch Gesetz zugelassene öffentliche Urkunde, die das Vollstreckungsrecht des Gläubigers ausweist. Solche Titel können auf Bundes- oder Landesrecht beruhen. Eine Vollstreckungsmaßnahme ohne Titel ist nichtig.[32] Der Vollstreckungstitel bildet Inhalt und Grundlage des Vollstreckungsantrags. Grundlage der Eintragung können daher alle Vollstreckungstitel sein, die auf eine Geldforderung lauten. Der Titel kann entweder rechtskräftig oder zumindest für vorläufig vollstreckbar erklärt sein. Neben den Endurteilen, § 704 ZPO, sind weitere Vollstreckungstitel die in § 794 ZPO genannten.

28 Einer der wichtigsten Titel in der Versteigerung ist der sog. **Duldungstitel,** insbesondere gemäß § 794 Abs. 1 Nr. 5 ZPO. Ein Duldungstitel alleine genügt nicht, wenn er die Verpflichtung zur Duldung der Zwangsvollstreckung in das Grundstück für eine titulierte Fremdschuld ausspricht, sofern der jetzige Eigentümer das Grundstück in anfechtbarer Weise, § 11 AnfG, oder im Wege der Vermögensübernahme (§ 419 BGB – mit Wirkung vom 1.1.1999 aufgehoben) erworben hat.[33] Neben der Vorlage des Duldungstitels gegen den derzeitigen Eigentümer ist dann der auf die Geldforderung lautende Titel gegen den Schuldner ebenfalls beizufügen, denn nur so kann der Zusammenhang beider Urteile hergestellt werden.[34]

29 Weitere Titel sind u.a.[35] **ausländische Urteile** gem. §§ 722, 723 ZPO[36] sowie § 1082 ZPO (europäischer Vollstreckungstitel); weiterhin der europäische Zahlungsbefehl (§ 1093 ZPO) und das Urteil im Verfahren für geringfügige Forderungen (§§ 1102, 1097 ZPO). Auch ein im Arrestverfahren geschlossener Prozessvergleich ist ein gem. § 794 Abs. 1 Nr. 1 ZPO wirksamer Vollstreckungstitel[37]; ebenso wie der durch gerichtlichen Beschluss gem. § 278 Abs. 6 S. 2 ZPO festgestellte Vergleich, der durch die Annahme eines vom Gericht unterbreiteten Vergleichsvorschlags zustande kommt; landesrechtliche Vollstreckungstitel gem. § 801 ZPO[38]; vollstreckbare Ausfertigung eines Auszugs aus der Tabelle, § 178 Abs. 3, § 201 Abs. 2 InsO; ein angenommener Schuldenbereinigungsplan, § 308 Abs. 1 S. 2 InsO. Auch ein „Bruttolohn-Titel" des Arbeitsgerichts ist zur Eintragung geeignet.[39]

30 Urteile der Gerichte der **ehemaligen DDR** gelten nach h.M.[40] als inländische Urteile. Urteile aus der Zeit vor dem 3. Oktober 1990 bleiben wirksam und können weiterhin vollstreckt werden, Art. 18 Abs. 1 Einigungsvertrag.

---

32 Allg. M., vgl. BGH, NJW 1993, 735, 736.
33 KG, HRR 1930, 67; OLG Frankfurt, NJW-RR 1988, 463, 464.
34 LG Hamburg, Rpfleger 2003, 309; hierzu kritisch *Alff,* Rpfleger 2003, 284.
35 Vgl. im Übrigen die ausführliche Darstellung bei *Hintzen/Wolf,* Rdn. 3.4.
36 Vgl. Thomas/Putzo/*Hüßtege,* Anhang nach § 723.
37 BGH, NJW-RR 1991, 1021.
38 Vgl. dazu MünchKomm/*Wolfsteiner,* ZPO § 801 Rdn. 4.
39 LG Bonn, JurBüro 1995, 159.
40 BGHZ 84, 19; BGHZ 20, 323, 333 = NJW 1956, 1436.

2. Parteibezeichnung

31 Da die Zwangsvollstreckung aus einem Vollstreckungstitel betrieben werden soll, müssen sich aus diesem die Parteien, Inhalt und Umfang der Vollstreckung zweifelsfrei ergeben. Gläubiger und Schuldner müssen so genau bezeichnet sein, dass ihre Identität anhand der Angaben wie Vorname, Nachname, Anschrift, Geburtsdatum etc. ermittelt werden kann.[41] Ergibt sich dies nicht aus dem Titel, muss sich die Identität aus der Vollstreckungsklausel ergeben, § 750 Abs. 1 ZPO. Daran fehlt es z.B. im Fall der Rechtsnachfolge. Der Rechtsnachfolger des benannten Gläubigers benötigt daher eine vollstreckbare Ausfertigung, deren Klausel ihn nach § 727 ZPO als Gläubiger ausweist. Erteilt werden darf diese Ausfertigung von dem Notar nur, wenn die Rechtsnachfolge bei ihm offenkundig (§ 291 ZPO) ist oder durch öffentliche oder durch öffentlich beglaubigte Urkunden nachgewiesen wird (§ 727 Abs. 1 ZPO). Die Offenkundigkeit ist in der Vollstreckungsklausel zu erwähnen (§ 727 Abs. 2 ZPO). Diese Klausel und - bei fehlender Offenkundigkeit - die ihrer Erteilung zugrundeliegenden Urkunden müssen dem Schuldner zusammen mit der notariellen Urkunde zugestellt werden (§ 750 Abs. 2 ZPO). Das Zustellungserfordernis sichert seinen Anspruch auf Gewährung rechtlichen Gehörs; durch die Zustellung wird er vollständig über die Grundlagen der Zwangsvollstreckung unterrichtet und in die Lage versetzt, deren Voraussetzungen zu prüfen. Auf der Basis dieser Grundlagen entschied der BGH[42] am 8.11.2012, dass, wenn aufgrund einer Eintragung im Genossenschaftsregister dem Rechtsnachfolger des in einem Vollstreckungstitel bezeichneten Gläubigers eine vollstreckbare Ausfertigung des Titels erteilt worden ist, die Zwangsvollstreckung nur erfolgen darf, wenn dem Schuldner zusammen mit dem Titel neben der Vollstreckungsklausel ein Auszug aus dem Register zugestellt wird, welcher den aktuellen Registerinhalt im Zeitpunkt der Klauselerteilung wiedergibt. Die Zwangsvollstreckung darf daher im Falle der Gesamtrechtsnachfolge aufseiten des Gläubigers nicht fortgeführt werden, solange dem Schuldner keine Ausfertigung des Titels zugestellt worden ist, aus der sich die Berechtigung des Rechtsnachfolgers des Gläubigers zur Vollstreckung ergibt.[43]

32 Ein **Kaufmann** kann unter seiner Firma klagen bzw. verklagt werden (§ 17 Abs. 2 HGB). Firma ist der Name, unter dem der Kaufmann seine Geschäfte betreibt und seine Unterschrift abgibt (§ 17 Abs. 1 HGB). Bei einem Einzelkaufmann ist dies der bürgerliche Name und nicht die Firma als Handelsname.[44] Bisher war dies stets der Name einer natürlichen Person. Seit dem 27.6.1998 können auch andere Bezeichnungen gewählt werden (z.B. Fantasienamen), jedoch mit dem Zusatz „eingetragene Kauffrau" bzw. „eingetragener Kaufmann", vgl. § 18 HGB. Prozesspartei ist derjenige, der bei Eintritt der Rechtshängigkeit Inhaber der Firma ist. Zulässig ist es daher, eine Frau, die ein Handelsgeschäft erworben hat und unter der bisherigen, auf einen männlichen Inhaber hinweisenden Firma fortführt, unter diesem Namen mit dem Zusatz „Herrn"" zu verklagen.[45] Ist neben der Fir-

---

41   Vgl. § 750 Abs. 1 ZPO; BGH, NJW 1977, 1686; *Petermann*, Rpfleger 1973, 153; zum Ausnahmefall eines Titels gegen eine unbekannte Person: LG Berlin, NJW-RR 1998, 713.
42   BGH, Beschluss v. 8.11.2012, V ZB 124/12, Rpfleger 2013, 225; hierzu auch *Alff*, Rpfleger 2013, 183.
43   BGH, Rpfleger 2007, 331 = DGVZ 2007, 60 = WM 2007, 655 = ZNotP 2007, 192.
44   BayObLG, NJW-RR 1988, 980 = Rpfleger 1988, 309.
45   BGH, NJW 1990, 908; OLG Köln, InVo 1996, 98.

ma eine Person als Inhaber namentlich bezeichnet, richtet sich der Titel gegen die namentlich bezeichnete Person, weil der Angabe des bürgerlichen Namens die maßgebliche Kennzeichnungskraft zukommt; diese Person wird auch dann Partei, wenn ihr in Wahrheit die Firma nicht gehört.[46]

33 Wird von einer **Mehrheit** von Gläubigern bzw. gegen eine Mehrheit von Schuldnern vollstreckt, muss der Titel das Beteiligungsverhältnis ausweisen, z.b. bei Teilgläubiger/Teilschuldner (§ 420 BGB); Gesamtgläubiger (§ 428 BGB) bzw. Gesamtschuldner (§ 421 BGB); Mitgläubiger (Gesamthandsgläubiger, z.b. eine Erbengemeinschaft; einfache Forderungsgemeinschaft, z.b. ein Mietzinsanspruch mehrerer Eigentümer; einfache gemeinschaftliche Berechtigung, z.b. der Besitzer und der Eigentümer werden durch dieselbe unerlaubte Handlung geschädigt; § 432 BGB)[47]; gemeinschaftliche Schuld (Gesamthand); beachte auch § 431 BGB.

34 Zur Zwangsvollstreckung in das Gesellschaftsvermögen einer **Gesellschaft bürgerlichen Rechts** (§ 705 BGB) ist entweder ein gegen die Gesellschaft als solche oder ein gem. § 736 ZPO gegen alle namentlich bezeichneten Gesellschafter ergangener Titel erforderlich.[48] Es reicht aus, dass gegen alle Personen, die zum Zeitpunkt der Vollstreckung Gesellschafter sind, jeweils ein Titel vorliegt. Hierbei muss nicht ein einziger Titel gegen alle Gesellschafter vorliegen, sondern es genügen mehrere, von der Art her auch unterschiedliche Titel (Vergleich/Urteil/Vollstreckungsbescheid), wenn nur bei Beginn der Zwangsvollstreckung gegen jeden Gesellschafter ein inhaltsgleicher Titel vorliegt. Vollstreckt werden kann sowohl in das gesamte Gesellschaftsvermögen wie auch in das Privatvermögen jeden einzelnen Gesellschafters. Hingegen kann aus einem auf einen einzelnen Gesellschafter lautenden Titel nur in dessen Privatvermögen (einschl. des Gesellschaftsanteils, § 859 Abs. 1 S. 1 ZPO), nicht aber in das Gesellschaftsvermögen vollstreckt werden.

Nach der gefestigten Rechtsprechung des BGH[49] ist die **Außen-GbR** rechtsfähig, sodass in das Gesellschaftsvermögen auch aufgrund eines gegen die GbR als solche gerichteten Titels vollstreckt werden kann. Aufgrund eines Titels gegen die GbR kann allerdings nicht in das Vermögen eines einzelnen Gesellschafters vollstreckt werden. In neueren Beschlüssen hat der BGH[50] festgestellt, dass eine Verfahrensanordnung gegen eine GbR nur dann zulässig ist, wenn deren Gesellschafter sämtlich aus dem Titel hervorgehen und mit den im Grundbuch eingetragenen Gesellschaftern übereinstimmen. Hinsichtlich der Gesellschafter gilt § 1148 Satz 1 BGB entsprechend. Veränderungen im Gesellschafterbestand sind durch eine Rechtsnachfolgeklausel analog § 727 ZPO nachzuweisen. Einer Rechtsnachfolgeklausel bedarf es jedoch nicht, wenn die aus dem Titel ausgewiesenen Gesellschafter GbR bei Anordnung des Verfahrens mit den im Grundbuch eingetragenen übereinstimmen. Der erweiterte öffentliche Glaube des Grundbuchs nach

---

46 BGH, NJW 1999, 1871.
47 Vgl. Einzelheiten bei Palandt/*Grüneberg*, § 432 Rdn. 1–7.
48 BGH, NJW 2004, 3632 = Rpfleger 2004, 718 = DNotZ 2005, 121 = NZM 2005, 36 = BB 2004, 2092 = DB 2004, 2148 = MDR 2005, 113 = WM 2004, 1827 = ZIP 2004, 1775 = InVo 2005, 115 = NotBZ 2004, 389 = ZfIR 2004, 828 = ZNotP 2004, 487.
49 NJW 2001, 1056 = Rpfleger 2001, 246 = InVo 2001, 171 = JurBüro 2001, 319 = ZIP 2001, 330 = MDR 2001, 459.
50 BGH, Rpfleger 2011, 285 = NJW 2011, 615 und BGH, Rpfleger 2011, 337 = NJW 2011, 1449 und erneut BGH, Beschluss vom 19.11.2015, V ZB 201/14; nach *Stöber*, § 15 Rdn. 19d ist ein Nachweis im Gesellschafterstand nicht stets durch Rechtsnachfolgeklausel zu führen.

§ 899a BGB bezieht sich nur auf die Gesellschafterstellung, nicht auf die Geschäftsführungsbefugnis. Der BGH betont ausdrücklich, dass eine neue Rechtsnachfolgeklausel nicht deswegen erforderlich ist, weil sich durch das Ausscheiden des verstorbenen Gesellschafters der Gesellschafterbestand verändert hatte. Der Gesellschafterwechsel war bei Anordnung des Verfahrens nämlich noch nicht in das Grundbuch eingetragen worden. Deshalb galten in entsprechender Anwendung von § 1148 Satz 1 und § 1192 Abs. 1 BGB zugunsten der Gläubigerin die eingetragenen Gesellschafter als Gesellschafter der Schuldnerin. Für den BGH kommt es alleine auf die zu beantwortende Frage an, ob anhand der von der Gläubigerin vorgelegten Vollstreckungsunterlagen die nach § 17 Abs. 1 zusätzlich erforderliche Feststellung getroffen werden kann, dass der aus dem Vollstreckungstitel ausgewiesene Schuldner als Eigentümer des Grundstücks im Grundbuch eingetragen ist. Diese Prüfung hat bei dem Merkmal anzusetzen, anhand dessen die Identität des Schuldners mit dem eingetragenen Eigentümer festgestellt werden kann. Das ist bei einer GbR nicht deren eigener Name, es sind vielmehr die Namen ihrer Gesellschafter. Denn unter deren Angabe ist die GbR nach § 47 Abs. 2 Satz 1 GBO im Grundbuch eingetragen. Das Vertrauen des Rechtsverkehrs auf die Richtigkeit dieser Eintragung wird bei Rechtsgeschäften durch § 899a BGB geschützt. Diese Funktion übernimmt im Vollstreckungsrecht die Vorschrift des § 1148 Satz 1 BGB. Hierdurch soll dem Gläubiger die Durchsetzung seines dinglichen Anspruchs erleichtert werden, die Eintragung des Eigentümers wird als richtig fingiert, auch wenn sie es nicht ist. Das wiederum rechtfertigt es, die Vorschrift nicht nur auf die Eintragung der GbR als Eigentümerin, sondern auch auf die Eintragung ihrer Gesellschafter anzuwenden. Denn den erforderlichen Nachweis, dass sein Schuldner auch Eigentümer des Grundstücks ist, in das er vollstrecken möchte, kann der Gläubiger, wenn der Schuldner eine GbR ist, nur führen, wenn die Gesellschafterliste des Grundbuchs mit der des Vollstreckungstitels übereinstimmt.[51] Das Grundbuch dient somit als Gesellschafterliste und übernimmt die Funktion des Handelsregisters.

Liegt ein Titel gegen die Gesellschaft als solche vor und tritt ein **neuer Gesellschafter** in die Gesellschaft ein, ist zur Vollstreckung in das Gesellschaftsvermögen kein neuer Titel gegen den neuen Gesellschafter notwendig. Nach einer weiteren Entscheidung des BGH[52] haftet der in eine GbR neu eintretende Gesellschafter für bereits bestehende Verbindlichkeiten (Altverbindlichkeiten) der Gesellschaft auch persönlich, d.h. mit seinem Privatvermögen.

Personenhandelsgesellschaften und Partnerschaften sind parteifähig und werden von den geschäftsführenden Gesellschaftern bzw. Bachmann vertreten. Zur Vollstreckung in das Vermögen einer **OHG, KG oder PartG** ist gem. § 124 Abs. 2, § 161 Abs. 2 HGB, § 7 Abs. 2 PartGG ein Titel gegen die Gesellschaft als solche notwendig. Ein Titel gegen alle Gesellschafter genügt nicht, § 736 ZPO findet keine Anwendung. Obwohl die Gesellschafter den Gläubigern der Gesellschaft auch persönlich als Gesamtschuldner haften, § 128 HGB, § 8 Abs. 1 S. 1 PartGG, kann aus einem Titel gegen die OHG/KG/PartG nach der ausdrücklichen Regelung des § 129 Abs. 4 HGB, § 8 Abs. 1 PartGG nicht in das Privatvermögen eines Gesellschafters vollstreckt werden. Wird bei einer Personengesellschaft zusätzlich eine

---

51 *Reymann*, NJW 2011, 1412.
52 Rpfleger 2003, 442 = NJW 2003, 1803.

oder mehrere Personen als Inhaber angegeben, so ist allein maßgeblich der Name der Gesellschaft, nur diese wird Prozesspartei.[53]

36 Einer **Kapitalgesellschaft,** die in einem Mitgliedstaat des EG-Vertrags wirksam gegründet wurde und dort als rechtsfähig anerkannt ist, können die Rechtsfähigkeit und damit auch die Grundbuchfähigkeit in Deutschland auch dann nicht versagt werden, wenn der tatsächliche Verwaltungssitz in Deutschland liegt. Das BayObLG[54] hat mit dieser Entscheidung die Präjudizien der „Überseering-Entscheidung" des EuGH[55] und die zu erwartende Fortentwicklung der Rechtsprechung zur Niederlassungsfreiheit juristischer Personen nach Art. 43 und 48 EGV gewürdigt und für deren Umsetzung im Grundbuchrecht gesorgt. Das BayObLG sieht die in Deutschland im internationalen Gesellschaftsrecht herrschende Sitztheorie im Bezug auf Gesellschaften aus anderen EG-Staaten als eingeschränkt an. Auch ausländische Kapitalgesellschaften können daher Gläubiger eines Grundpfandrechts bzw. einer Zwangshypothek sein.[56]

37 Auch eine **Wohnungseigentumsgemeinschaft** ist rechtsfähig, soweit sie bei der Verwaltung des gemeinschaftlichen Eigentums am Rechtsverkehr teilnimmt.[57]

38 Zur Zwangsvollstreckung in das Vermögen eines **nicht rechtsfähigen Vereins** (§ 50 Abs. 2 ZPO) genügt ein gegen den Verein ergangenes Urteil bzw. anderer Titel, §§ 735, 795 ZPO. Vollstreckungsmaßnahmen richten sich gegen die Vereinsorgane, nicht gegen das einzelne Vereinsmitglied; dieses ist Dritter und insoweit durch die Vorschriften der ZPO geschützt (z.B. §§ 766, 809, 771 ZPO). Für die Zwangsvollstreckung auch in das Privatvermögen der Mitglieder ist ein Titel gegen alle Mitglieder des Vereins erforderlich. Aus einem solchen Titel kann andererseits – gem. § 736 ZPO – auch in das Vereinsvermögen vollstreckt werden.

39 Bei einer Erbengemeinschaft, § 2032 BGB, muss ein Titel, der nicht einheitlich sein muss, gegen alle Miterben erwirkt werden, damit in den ungeteilten Nachlass vollstreckt werden kann, § 747 ZPO. Bei einem Titel gegen einen oder mehrere, aber nicht alle Miterben, kann lediglich in deren Miterbenanteil vollstreckt werden, § 859 Abs. 2 ZPO. Ein schon **gegen den Erblasser ergangener Titel** kann gem. § 727 ZPO gegen die Miterben umgeschrieben werden. Hatte die Zwangs-

---

53 BGH, NJW 1999, 1871.
54 Rpfleger 2003, 241 = DNotI-Report 2003, 29 = DNotZ 2003, 139 = FGPrax 2003, 59 = MittBayNot 2003, 232 = NotBZ 2003, 70 = ZfIR 2003, 200 = ZNotP 2003, 103.
55 Rpfleger 2003, 131 = DNotI-Report 2002, 182 = EWiR 2002, 1003 *(Neye)* = MittBayNot 2003, 63 = NJW 2002, 3614 = NotBZ 2002, 463 m. Anm. *Hübner* = ZIP 2002, 2037 m. Besprechung *Eidenmüller,* ZIP 2002, 2233.
56 Zur Parteifähigkeit ausländischer Gesellschaften nach Sitzverlegung nach Deutschland BGHZ 151, 204 = DNotZ 2003, 145 = NJW 2002, 3539 = NotBZ 2002, 373; zur Behandlung einer „niederländischen Kapitalgesellschaft BGHZ 154, 185 = Rpfleger 2003, 444 = DNotI-Report 2003, 78 = NJW 2003, 1461 = ZIP 2003, 718 = ZNotP 2003, 225; zur Rechts- und Parteifähigkeit einer in den USA gegründeten Gesellschaft aufgrund Staatsvertrages unabhängig vom Verwaltungssitz BGHZ 153, 353 = DNotI-Report 2003, 86 = NJW 2003, 1607 = ZIP 2003, 720; zu den Fragen nach der Geschäftsfähigkeit, dem Ehegüterrecht und dem Gemeinschaftsverhältnis nach § 47 GBO, wenn Ausländer als Beteiligte bei einer Eintragung auftreten, vgl. *Süß,* Rpfleger 2003, 53.
57 Hierzu → § 16 Rdn. 6; BGH, NJW 2005, 2061 = Rpfleger 2005, 521 mit Anm. *Dümig* = DNotZ 2005, 776 = MDR 2005, 1156 = WM 2005, 1423 = InVo 2005, 407; *Schmidt,* JuS 2005, 946; *Lüke,* ZfIR 2005, 506.

vollstreckung zurzeit des Todes des Schuldners bereits begonnen, wird sie ohne Weiteres in seinen Nachlass fortgesetzt (§ 779 Abs. 1 ZPO)[58].

Sind **Parteien kraft Amtes** bestellt, gilt: zur Zwangsvollstreckung in die **Insolvenzmasse** ist ein gegen den Insolvenzverwalter ergangener oder umgeschriebener Titel erforderlich. Wegen § 89 Abs. 1 InsO kommt dies nur bei Absonderungs-, Aussonderungsrechten sowie Masseschulden in Betracht (§§ 47, 50, 53, 55, 166 InsO). Der umgeschriebene Titel ist dem Verwalter nach § 750 Abs. 1, 2 ZPO zuzustellen.[59] Nach der Eröffnung des **englischen** Insolvenzverfahrens über das Vermögen eines deutschen Schuldners darf die Zwangsversteigerung eines zur Masse gehörenden, in Deutschland belegenen Grundstücks grundsätzlich nur angeordnet werden, wenn zuvor die vollstreckbare Ausfertigung des Vollstreckungstitels auf den englischen Insolvenzverwalter umgeschrieben und diesem zugestellt worden ist.[60] Dieser Grundsatz gilt auch bei jedem absonderungsberechtigtem Gläubiger nach § 49 InsO, da allein der Insolvenzverwalter wegen der nach § 80 Abs. 1 InsO auf ihn übergegangenen Verwaltungs- und Verfügungsrechte Adressat einer Zwangsvollstreckungsmaßnahme sein kann. Diese Anforderungen gelten auch im Fall der Eröffnung des Insolvenzverfahrens über das Vermögen des Schuldners durch ein englisches Gericht. Wird **nach** wirksamer Anordnung der Versteigerung/Zwangsverwaltung das Insolvenzverfahren aufgehoben oder eingestellt oder gibt der Verwalter das Grundstück frei, ist eine erneute Umschreibung des Titels auf den Schuldner und eine Zustellung an ihn nicht erforderlich, das Versteigerungsverfahren geht weiter.[61] Gleiches gilt, wenn die Insolvenzeröffnung erst **nach** wirksamer Anordnung der Versteigerung/Zwangsverwaltung erfolgt. Nur wenn die Vollstreckung erst nach der Eröffnung des Insolvenzverfahrens beginnen soll, bedarf es einer Vollstreckungsklausel gegen den Verwalter. Ist die Beschlagnahme hingegen vor der Eröffnung des Insolvenzverfahrens bereits wirksam geworden, wird sie von den Wirkungen der Insolvenz nicht mehr berührt, § 80 Abs. 2 Satz 2 InsO.[62]

Im **Insolvenzeröffnungsverfahren** kann das Insolvenzgericht einen **vorläufigen** Insolvenzverwalter bestellen und weitere Sicherungsmaßnahmen anordnen, § 21 Abs. 2 InsO. Hat das Insolvenzgericht Maßnahmen der Zwangsvollstreckung eingestellt oder untersagt, § 21 Abs. 2 Nr. 3 InsO, betrifft dies nicht die Zwangsvollstreckung in unbewegliches Vermögen, Zwangsversteigerung, Zwangsverwaltung und die Eintragung einer Zwangssicherungshypothek sind weiterhin möglich. Sofern das Insolvenzgericht neben der Bestellung eines vorläufigen Insolvenzverwalters ein allgemeines Verfügungsverbot erlassen hat, § 21 Abs. 2 Nr. 2 InsO, bewirkt dies, dass die gesamte Verwaltungs- und Verfügungsbefugnis auf den vorläufigen Insolvenzverwalter übergeht, § 22 Abs. 1 S. 1 InsO. In diesem Fall ist vor Anordnung der Versteigerung ein Titel gegen den sog. **starken vorläufigen Insolvenzverwalter** vorzulegen bzw. die Klausel gegen ihn umzuschreiben[63], § 727 ZPO analog. Wird zeitlich später das Insolvenz-

---

58 LG Meiningen, Rpfleger 2007, 217.
59 OLG Hamm, OLGZ 1985, 218, 220; LG Cottbus, Rpfleger 2000, 465; *Stöber*, NZI 1998, 105, 107; *Stöber*, ZVG § 15 Rdn. 23.9; Uhlenbruck/*Brinkmann*, InsO § 49 Rdn. 49; MünchKomm/*Ganter*, InsO § 49 Rdn. 89.
60 BGH, NJW 2011, 1818 = WM 2011, 940.
61 BGH, Rpfleger 2006, 423.
62 BGH, Rpfleger 2006, 423.
63 LG Cottbus, Rpfleger 2000, 294; LG Halle, Rpfleger 2002, 89 mit abl. Anm. *Alff*.

verfahren eröffnet, ist keine erneute Klauselumschreibung gegen den Insolvenzverwalter notwendig.

42 Ein Titel gegen den **Nachlassverwalter** muss vorliegen, wenn in einen der Nachlassverwaltung unterliegenden Gegenstand vollstreckt wird, § 1984 Abs. 1 Satz 3 BGB. Der Titel muss sich gegen den **Testamentsvollstrecker** richten, falls dieser den gesamten Nachlass verwaltet, § 748 Abs. 1 ZPO. Bei einer Zwangsvollstreckung wegen **Pflichtteilsansprüchen** ist ein Titel gegen den Erben und den Testamentsvollstrecker erforderlich, § 748 Abs. 3 ZPO. Hatte die Vollstreckung bereits vor dem Erbfall begonnen, findet § 779 ZPO Anwendung.

3. Inhalt des Titels

43 Seinem Inhalt nach muss der Titel bestimmbar sein. Der Titel legt Inhalt und Umfang der Zwangsvollstreckung fest. Er muss die Parteien sowie den zu vollstreckenden Anspruch inhaltlich so bestimmt bezeichnen, dass es den Vollstreckungsorganen möglich ist, die Vollstreckung allein aufgrund des Titels, also ohne Zuhilfenahme anderer Urkunden wie z.b. Gutachten oder Gerichtsakten durchzuführen. Dem Umfang nach erfasst ein persönlicher Titel den Anspruch auf Leistung von Geld, für den das gesamte Vermögen des Schuldners haftet (Rangklasse 5 des § 10 Abs. 1). Ein auf Geldzahlung lautender Titel muss daher den Zahlungsanspruch betragsmäßig festlegen, hinsichtlich der Zinsen muss die Höhe sowie ein Anfangsdatum bzw. ein Zeitraum angeben werden (hierzu → § 16 Rdn. 8 ff.). Auf eine Geldforderung gerichtet ist auch der Anspruch aus einem dinglichen Recht an einem Grundstück, das auf Zahlung einer bestimmten Geldsumme abzielt.[64] Dem Umfang nach haftet wegen des dinglichen Anspruchs bei einer Hypothek, Grund- oder Rentenschuld oder einer Reallast nur das Grundstück, §§ 1147, 1192, 1200, 1107 BGB. Befriedigt wird der Anspruch aus einem dinglichen Titel bereits in Rangklasse 4 des § 10 Abs. 1. Deshalb muss aus dem Titel ersichtlich sein, ob der Anspruch ein persönlicher oder ein dinglicher ist oder beide Ansprüche tituliert sind bzw. geltend gemacht werden.

4. Klausel

44 Grundsätzlich bedarf jeder Titel einer Klausel, damit vollstreckt werden kann, §§ 724 ff. ZPO. Die vollstreckbare Ausfertigung ist das amtliche Zeugnis des Bestehens sowie der Vollstreckungsreife des Titels. Damit werden die Vollstreckungsorgane von der Verpflichtung entbunden, diese Tatsachen bei Beginn der Zwangsvollstreckung jeweils selbst nachzuprüfen. Ihre Überprüfung erstreckt sich daher nur noch darauf, ob der Titel bzw. die Klausel vorhanden[65] und nicht nichtig sind und die sonstigen Vollstreckungsvoraussetzungen vorliegen. Das Vollstreckungsorgan hat nicht die Rechtmäßigkeit oder die Richtigkeit des Titels bzw. der Klauselerteilung (**Grundsatz der Formalisierung der Zwangsvollstreckung**[66]) zu prüfen. Zur Vollstreckung aus einer **Sicherungsgrundschuld** nach § 1193 BGB (n.F.) bedarf es nicht der qualifizierten Klausel gemäß § 726 Abs. 1

---

64 BGH, ZIP 1986, 90.
65 So jetzt deutlich BGH, Rpfleger 2012, 321 = WM 2012, 454; nicht nur, ob sie dem Gläubiger irgendwann einmal erteilt worden ist, OLG Köln, InVo 2000, 350 = JurBüro 2001, 493 = NJW-RR 2000, 1580.
66 Vgl. auch OLG Frankfurt, FamRZ 1994, 453; NJW-RR 1995, 703 = InVo 1996, 80; *Jaspersen*, Rpfleger 1995, 4 sowie Sauer/*Meiendresch*, Rpfleger 1997, 289 m.w.N. auch zur Gegenmeinung.

ZPO, der Schuldner kann für die Klauselerteilung wirksam auf den Nachweis der Fälligkeit des Grundschuldkapitals verzichten.[67] Nach der Entscheidung ist der Rechtspfleger an die vom Notar erteilte Klausel gebunden, da das Vollstreckungsorgan die Vollstreckung nicht mit dem Argument ablehnen darf, die inhaltlichen Voraussetzungen der Klauselerteilung hätten nicht vorgelegen und die Klausel sei zu Unrecht erteilt worden. Die **Kündigung** als Voraussetzung der Durchsetzung der Sicherungsgrundschuld, § 1193 Abs. 2 Satz 2 BGB ist im Rahmen der Klauselerteilung zu prüfen und nicht als Zwangsvollstreckungsvoraussetzung durch das Vollstreckungsgericht.[68] Etwas anderes kann nur dann gelten, wenn durch öffentliche oder öffentlich-beglaubigte Urkunden nachgewiesen oder offenkundig ist, dass der materiell-rechtliche Anspruch nicht (mehr) besteht[69], der Vollstreckungstitel keinen vollstreckbaren Inhalt hat,[70] oder die Klausel offensichtlich nichtig wäre.[71] Neben dieser Arbeitserleichterung für die Vollstreckungsorgane dient die Vollstreckungsklausel auch dem Schuldnerschutz, vgl. §§ 754, 757; 733, 734, 795 ZPO.

Bei der Zwangsvollstreckung aus einer notariellen Urkunde mit Unterwerfungserklärung, § 794 Abs. 1 Nr. 5 ZPO (z.B. auch nach Pfändung einer Eigentümergrundschuld), wird die Klausel durch den beurkundenden Notar erteilt. Die Klausel wird nicht nur wegen des Hauptsacheanspruches, sondern auch wegen aller Zinsen und Kosten erteilt. Die Wirksamkeit einer durch einen Vertreter abgegebenen Unterwerfungserklärung setzt nicht voraus, dass die Vollmacht notariell beurkundet ist. Die Klausel für eine Urkunde mit einer Unterwerfungserklärung darf aber nur erteilt werden, wenn die **Vollmacht** in öffentlicher oder öffentlich beglaubigter Urkunde nachgewiesen wird.[72] Der BGH führt hierzu näher aus, dass im Klauselerteilungsverfahren zu einer Vollstreckungsunterwerfung nach § 794 Abs. 1 Nr. 5 ZPO durch einen Vertreter in entsprechender Anwendung von § 726 ZPO nicht nur die formell ordnungsgemäße Abgabe der Unterwerfungserklärung durch den Vertreter zu prüfen ist, sondern auch dessen Vollmacht. Der Bestand der Vollmacht ist zwar keine Tatsache, von der die Vollstreckung aus der Unterwerfungserklärung nach ihrem Inhalt abhängt. Sie ist aber Grundlage für das Entstehen der Unterwerfungserklärung als Vollstreckungstitel. Denn diese setzt eine für den Vertretenen wirksame Prozesserklärung und diese wiederum eine wirksame Prozessvollmacht voraus.

45

Nach der Ansicht des BGH (XI. Senat)[73] kann der Zessionar einer Sicherungsgrundschuld aus der Unterwerfungserklärung nur vorgehen, wenn er in den Sicherungsvertrag eintritt. Die Prüfung, ob der Zessionar einer Sicherungsgrundschuld in den Sicherungsvertrag eingetreten und damit neuer Titelgläubiger geworden ist, ist dem Klauselerteilungsverfahren vorbehalten. Regelmäßig ist daher der die Klausel erteilende Notar in der Pflicht zu prüfen, ob der Eintritt in den

---

67 LG Meiningen, Beschluss vom 9.7.2013, 4 T 80/13, Rpfleger 2013, 691.
68 Hierzu MünchKomm/*Eickmann*, BGB § 1193 Rdn. 3.
69 BayObLG, InVo 1998, 51; OLG Frankfurt, InVo 1997, 302 und OLGR 1999, 27; Musielak/Voit/*Lackmann*, § 732 Rdn. 5, § 797 Rdn. 4; MünchKomm/*Wolfsteiner*, ZPO § 794 Rdn. 248 ff., § 797 Rdn. 21; zurückhaltender Zöller/*Stöber*, § 797 Rdn. 5b.
70 Zöller/*Stöber*, § 724 Rdn. 14.
71 OLG Hamm, Rpfleger 1989, 466; OLG Hamm, Rpfleger 1987, 509 = NJW-RR 1987, 957; kritisch Musielak/Voit/*Lackmann*, § 726 Rdn. 4.
72 BGH, Rpfleger 2008, 505 = DNotZ 2008, 840 = NZM 2008, 539 = WM 2008, 1278.
73 BGH, Rpfleger 2010, 414 = DNotZ 2010, 542 = NJW 2010, 2041.

Sicherungsvertrag formgerecht nachgewiesen wurde. Der für Zwangsvollstreckungsfälle regelmäßig zuständige VII. Senat des BGH[74] hat genau anders entschieden. Bei der Auslegung einer notariellen Unterwerfungserklärung muss der Notar im Klauselerteilungsverfahren grundsätzlich von dem Wortlaut der Urkunde ausgehen. Ist eine Vollstreckungsbedingung im Sinne des § 726 Abs. 1 ZPO im Wortlaut der notariellen Urkunde nicht angelegt, verbietet sich für den Notar die Annahme einer solchen Bedingung. Er kann sie nicht allein aus einer Interessenabwägung herleiten. Dem Notar ist deshalb eine Auslegung verwehrt, die in einer notariellen Urkunde enthaltene Unterwerfungserklärung wegen Ansprüchen aus einer Grundschuld erstrecke sich nur auf Ansprüche aus einer treuhänderisch gebundenen Sicherungsgrundschuld, wenn sie im Wortlaut der notariellen Urkunde nicht angelegt ist. Der Notar muss daher dem Zessionar einer Sicherungsgrundschuld die Klausel als Rechtsnachfolger erteilen, wenn die Rechtsnachfolge in die Ansprüche durch öffentliche oder öffentlich beglaubigte Urkunden nachgewiesen ist. Die Einwendung, die Unterwerfungserklärung erstrecke sich nur auf Ansprüche aus einer treuhänderisch gebundenen Sicherungsgrundschuld und der Zessionar sei nicht in die treuhänderische Bindung eingetreten, kann der Schuldner nur mit der Klage nach § 768 ZPO geltend machen. Diese Entscheidung ist beizupflichten.

46 Ist in einer vollstreckbaren Urkunde als Haftungsgegenstand ein Grundstück genannt, so kann in das daraus gemäß §§ 3, 8 WEG entstandene Wohnungseigentum ohne Umschreibung der Vollstreckungsklausel vollstreckt werden.[75] Nach Umwandlung einer Hypothek in eine Grundschuld bedarf es keiner neuen Unterwerfungserklärung i.S.v. § 800 ZPO. Es bedarf keiner erneuten Zustellung der Klausel und der Urkunden i.S.v. § 750 Abs. 2 ZPO, wenn der wesentliche Inhalt der Urkunden in der Klausel enthalten ist.[76]

47 Weiterhin zu beachten ist in diesem Zusammenhang, dass manche Titel keiner Vollstreckungsklausel bedürfen, wie z.B.

- der Vollstreckungsbescheid, § 796 ZPO, es sei denn bei Vollstreckung für oder gegen einen Rechtsnachfolger; auch dann nicht, wenn Einspruch eingelegt wurde und das anschließende Urteil den Vollstreckungsbescheid aufrecht hält, da die Vollstreckung nach wie vor aus dem Vollstreckungsbescheid erfolgt;[77]
- Arrestbefehl oder einstweilige Verfügung, §§ 929, 936 ZPO, es sei denn bei Vollstreckung für oder gegen einen Rechtsnachfolger;
- die vereinfachte Kostenfestsetzung auf dem Titel, §§ 105, 795a ZPO.

5. Zustellung

48 Die Zwangsvollstreckung in Immobilien darf nur beginnen, wenn zuvor der Vollstreckungstitel zugestellt ist, § 750 Abs. 1 Satz 1 ZPO. Die Zustellung erfolgt grundsätzlich von Amts wegen, für die Zwangsvollstreckung genügend ist jedoch auch die Zustellung im Parteibetrieb. Handelt es sich um die Vollstreckung eines

---

74 BGH, Rpfleger 2011, 592 = DNotZ 2011, 751 = NJW 2011, 2803 und erneut Rpfleger 2012, 322 = NJW-RR 2012, 442 = DNotZ 2012, 288.
75 LG Berlin, Rpfleger 1985, 159; LG Essen, Rpfleger 1986, 101; a.A. LG Weiden, Rpfleger 1984, 280.
76 LG Bonn, Rpfleger 1998, 34.
77 LG Koblenz, Rpfleger 1998, 357.

Urteils, dessen vollstreckbare Ausfertigung nach § 726 Abs. 1 ZPO erteilt worden ist, oder ist ein Rechtsnachfolgezeugnis, §§ 727 ff. ZPO, erforderlich, muss neben dem Titel auch die beigefügte Klausel und, sofern die Klausel aufgrund öffentlicher oder öffentlich-beglaubigter Urkunden erteilt ist, eine Abschrift dieser Urkunden vor der Vollstreckung zugestellt werden, § 750 Abs. 2 ZPO[78]. Ein Verfahrensfehler, der nach § 83 Nr. 6 zur Versagung des Zuschlags führt, kann durch Nachholung der unterbliebenen Förmlichkeit geheilt werden, wenn Rechte von Beteiligten nicht beeinträchtigt werden. Das trifft in der Regel für Mängel bei der Titelzustellung zu (hier: unterbliebene Zustellung der Vollmacht für eine Vollstreckungsunterwerfung)[79].

Der Rechtsnachfolger eines Grundpfandgläubigers braucht die Abschrift der Urkunde nicht zuzustellen, §§ 799, 800a ZPO. Das Gleiche gilt bei Vollstreckung gegen den Eigentümer, falls die Unterwerfung gegen den jeweiligen Eigentümer im Grundbuch eingetragen ist, § 800 Abs. 2, § 800a ZPO. 49

Vollstreckt der Gläubiger aus einer notariellen Urkunde, § 794 Abs. 1 Nr. 5 ZPO, und hatte bei Bestellung des Grundpfandrechtes ein Bevollmächtigter die Unterwerfung unter die sofortige Zwangsvollstreckung erklärt, so ist die Vollstreckungsklausel gegen den Vertretenen nur bei Vorlage der **Vollmacht** zu erteilen, die Vollmacht selbst ist dem Schuldner jedoch nicht mehr zuzustellen.[80] Dies sieht der BGH allerdings anders: Hat ein Vertreter die Unterwerfung des Schuldners unter die sofortige Zwangsvollstreckung aus einer Urkunde erklärt, ist die Zwangsvollstreckung nur zulässig, wenn die Vollmacht des Vertreters oder – bei vollmachtlosem Handeln – die Genehmigung von dessen Erklärungen seitens des Vertretenen durch öffentliche oder öffentlich beglaubigte Urkunden dem Schuldner zugestellt worden sind oder mit dem Beginn der Vollstreckung zugestellt werden.[81] Der BGH begründet seine Entscheidung u.a. mit damit, dass nur die Zustellung gewährleiste, dass der Schuldner vollständig und in derselben Weise wie das Organ, das die vollstreckbare Ausfertigung des Titels erteilt hat, über die Grundlagen und die Voraussetzungen der Zwangsvollstreckung unterrichtet und in die Lage versetzt ist, die Voraussetzungen der Vollstreckung zu prüfen. Dem ist grundsätzlich zuzustimmen. Allerdings lagen konkret – wie fast immer in solchen Beleihungsfällen, *zwei dingliche Unterwerfungserklärungen* vor, eine seitens des Verkäufers und eine antizipierte durch den Erwerber. Grundlage für die nach Eigentumswechsel angeordnete Zwangsversteigerung war nur die Unterwerfungserklärung des Käufers (= Schuldners und künftigen Eigentümers). Dann aber ergibt die vom BGH geforderte Schutzwirkung der Zustellung wenig Sinn. Eine Zustellung der von dem Erwerber selbst erteilten Vollmacht zur Abgabe der Unterwerfungserklärung an sich selbst als späterer Schuldner ist übertriebene Förmelei (hat er sie doch selbst verwendet).[82] 50

---

78 Zur Gesamtrechtsnachfolge auf Gläubigerseite: BGH, Rpfleger 2007, 331 = WM 2007, 655.
79 BGH, Rpfleger 2008, 433 = NJW-RR 2008, 1018 = NZM 2008, 541 = ZfIR 2008, 468 mit Anm. *Zimmer.*
80 LG Freiburg, Rpfleger 2005, 100; a.A. LG Bonn, Rpfleger 1990, 374.
81 BGH, WM 2006, 2266 = Rpfleger 2007, 37 mit abl. Anm. *Alff* und erneut BGH, Rpfleger 2008, 505 = NJW 2008, 2266.
82 So im Ergebnis auch LG Cottbus, Rpfleger 2007, 563; a.A. *Stöber*, ZVG § 15 Rdn. 40.24.

51 Hat der Schuldner bei der Unterwerfungserklärung einer Personenmehrheit **Zustellungsvollmacht** erteilt, z.b. dem Vorstand einer Bank, ist diese wirksam. Die Zustellung des Titels vor der Zwangsvollstreckung muss dann jedoch an den Vorstand der Bank erfolgen. Hier empfiehlt es sich in der Zustellungsvollmacht aufzunehmen, dass der Vorstand der Bank wiederum berechtigt ist, einen Angestellten als Zustellungsempfänger zu benennen.[83]

52 Aus einem Urteil, das für den Gläubiger gegen Nachweis einer Sicherheitsleistung für vorläufig vollstreckbar erklärt worden ist, kann im Wege der sogenannten **„Sicherungsvollstreckung"**, § 720a ZPO, im Grundbuch eine Zwangssicherungshypothek eingetragen werden. Die Zwangsversteigerung aus dem Rang der Zwangssicherungshypothek kann aufgrund eines solchen Titels ohne Nachweis der Sicherheitsleistung jedoch nicht angeordnet werden, § 751 Abs. 2 ZPO.[84] Zielrichtung der Zwangsversteigerung ist nicht Sicherung der Forderung, sondern deren Verwertung. Die Sicherheitsleistung ist daher durch Hinterlegung von Geld bzw. durch Bankbürgschaft zu erbringen, § 108 ZPO, oder es wird der Nachweis erbracht, dass der Titel Rechtskraft erlangt hat.

IV. Besondere Zwangsvollstreckungsvoraussetzungen
1. Eintritt eines Kalendertages

53 Hängt die Geltendmachung des Anspruchs vom Eintritt eines Kalendertages ab, darf die Zwangsvollstreckung nur beginnen, wenn der Kalendertag abgelaufen ist, § 751 Abs. 1 ZPO. Der Tag muss mithilfe des Kalenders bestimmbar sein. Anwendungsfälle sind u.a. vollstreckbare Urkunden und Prozessvergleiche, in denen die Anspruchsfälligkeit zu bestimmten Kalendertagen vereinbart ist. Bei einem mit einer **Verfallklausel** versehenen Zahlungstitel genügt es, wenn der Schuldner mit einer Rate in Verzug ist, da dann der gesamte Restbetrag fällig ist. Bei Verzug nach dem ersten Fälligkeitstermin kann der Gläubiger wegen des gesamten geschuldeten Betrages die Vollstreckung einleiten. Hat sich der Schuldner wegen einer Darlehensschuld dem Darlehensgeber gegenüber in einer notariellen Urkunde der sofortigen Zwangsvollstreckung in sein gesamtes Vermögen unterworfen und ist ihm gestattet, die Darlehensschuld ratenweise zurückzuzahlen, ist auch hier § 751 Abs. 1 ZPO anzuwenden. Abzulehnen ist die Auffassung,[85] dass für die Durchführung von Zwangsvollstreckungsmaßnahmen der Nachweis der Fälligkeit deswegen nicht erforderlich ist, weil der Notar ermächtigt war, ohne Nachweis der Fälligkeit die Vollstreckungsklausel zu erteilen. Entscheidend ist vielmehr, dass die einzelne Fälligkeit von dem jeweils bestimmten Kalendertag abhängig ist. Die Prüfung der kalendermäßig bestimmten Fälligkeit gehört nicht in das Verfahren der Klauselerteilung, sondern fällt ausschließlich in die Prüfungskompetenz des jeweiligen Vollstreckungsorgans (aus der Gegenüberstellung von § 726 Abs. 1 ZPO zu § 751 Abs. 1 ZPO eindeutig zu erkennen). Auch wenn der Notar von der Prüfung der Fälligkeit bei der Klauselerteilung entbunden ist, ist die Vorschrift des § 751 Abs. 1 ZPO nicht abdingbar.[86]

---

83 LG Kaiserslautern, Rpfleger 1993, 256.
84 Zöller/*Stöber*, § 720a Rdn. 6; Steiner/*Hagemann*, §§ 15, 16 Rdn. 114; *Böttcher*, §§ 15, 16 Rdn. 65.
85 So aber LG Wiesbaden, Rpfleger 1987, 207.
86 *Münzberg*, Rpfleger 1987, 207; *Hintzen*, ZIP 1991, 474, 478.

Die Fälligkeitsprüfung gilt selbstverständlich nicht für künftige **Zinsen**, die als Nebenforderung der Hauptforderung mit eingetragen werden. 54

2. Nachweis der Sicherheitsleistung

Ist das Urteil nur gegen Sicherheitsleistung des Gläubigers vorläufig vollstreckbar, §§ 707, 709, 711, 712 Abs. 2 Satz 2 ZPO, darf mit der Zwangsvollstreckung nur begonnen oder sie nur fortgesetzt werden, wenn die Sicherheitsleistung durch eine öffentliche oder öffentlich-beglaubigte Urkunde nachgewiesen und eine Abschrift dieser Urkunde bereits zugestellt ist, § 751 Abs. 2 ZPO. Die Sicherheitsleistung kann entweder durch Hinterlegung von **Geld** oder mündelsicheren **Wertpapieren** erfolgen, § 108 Abs. 1 ZPO oder sie erfolgt in Form einer selbstschuldnerischen **Bürgschaft**. Vollstreckt der Gläubiger nur wegen einer **Teilforderung**, hat er auch nur eine entsprechende Teilsicherheit zu leisten, § 752 ZPO. Die Höhe der Sicherheitsleistung bemisst sich nach dem Verhältnis des Teilbetrages zum Gesamtbetrag. 55

Das Vollstreckungsorgan überprüft die Sicherheitsleistung nur darauf, ob sie hinsichtlich ihrer Art, des Hinterlegungsortes, der Höhe sowie ggf. des als Bürgen bezeichneten Kreditinstituts der Anordnung entspricht, nicht aber auch darauf, ob ein materiell-rechtlich wirksamer Bürgschaftsvertrag zustande gekommen ist. 56

Das Verfahren der Hinterlegung von Geld richtet sich nach den länderrechtlichen Hinterlegungsgesetzen bzw. -ordnungen. Der Nachweis wird durch eine Bescheinigung der Hinterlegungsstelle (Amtsgericht) erbracht. 57

Die **Bürgschaft** muss schriftlich, unwiderruflich, unbedingt und unbefristet sein. Die Bürgschaft muss von einem im Inland zum Geschäftsbetrieb befugten Kreditinstituts erklärt werden. Der Bürge muss tauglich sein, was bei ausländischen Banken fraglich sein kann.[87] Bürgschaften der Banken als Vollkaufleute (§ 1 HGB) sind per Gesetz selbstschuldnerisch (§§ 349, 350 HGB). Die schriftliche Bürgschaftserklärung der Bank muss dem Vollstreckungsschuldner vor Beginn der Zwangsvollstreckung dem Schuldner zugestellt werden. Ob das **Original** der Bürgschaftserklärung, eine **Ausfertigung** oder lediglich eine **beglaubigte Abschrift** zugestellt werden muss, hängt vom Inhalt der Bürgschaftserklärung bzw. der Anordnung des Gerichts ab: wurde die Bürgschaftserklärung mit der zulässigen Bedingung versehen, dass die Bürgschaft mit der Rückgabe der Bürgschaftserklärung an die Bank erlischt, muss das Original der Bürgschaftserklärung zugestellt werden, denn nur so kann ein Erlöschen der Bürgschaft gegen den Willen des Schuldners verhindert werden;[88] hat das Gericht eine besondere Beurkundungsform angeordnet, muss das Original bzw. eine Ausfertigung der Bürgschaftserklärung übergeben werden; wurde die Hinterlegung der Bürgschaftserklärung in Urschrift angeordnet, muss neben der dem Vollstreckungsorgan nachzuweisenden Hinterlegung dem Vollstreckungsschuldner dieser Hinterlegungsnachweis und eine beglaubigte Abschrift der Bürgschaftserklärung zugestellt werden. In den übrigen Fällen genügt die Zustellung einer beglaubigten Abschrift der Bürgschafts- 58

---

[87] Zur Frage der Bürgschaft durch eine ausländische – schwedische – Bank, die in einem Staat der Europäischen Union als Zollbürgin zugelassen ist vgl. OLG Hamburg, NJW 1995, 2859; OLG Düsseldorf, ZIP 1995, 1167 mit Anm. *Pape*; OLG Koblenz, RiW 1995, 775: nur Banken in EU-Staaten ist nicht zu beanstanden.

[88] H.M.: vgl. OLG Hamm, OLGR 1993, 93; LG Berlin, DGVZ 1973, 117; Schuschke/*Walker*, § 751 Rdn. 10.

erklärung (vgl. auch § 45 Abs. 3 GVGA). Die Zustellung kann sowohl **an den Schuldner als auch dessen Prozessbevollmächtigten** erfolgen, weil diese Zustellung gem. § 81 ZPO von der Prozessvollmacht erfasst wird. Andererseits muss sie jedoch nicht zwingend an den Prozessbevollmächtigten erfolgen. Denn § 172 ZPO findet keine Anwendung, weil die Zustellung der Bürgschaftserklärung keine Prozesshandlung, sondern die Zustellung einer privatrechtlichen Willenserklärung zum Zwecke des Wirksamwerdens gem. § 132 Abs. 1 BGB darstellt.[89] Die Nachweisurkunde über die Sicherheitsleistung muss entgegen dem Wortlaut von § 751 Abs. 2 ZPO nicht zugestellt werden, weil das nur unnötigen Formalismus beinhaltet.[90] Streitig ist, ob die Zustellung der Bürgschaftserklärung auch gem. § 195 ZPO **von Anwalt zu Anwalt** erfolgen kann[91] oder ob § 132 BGB (Zustellung durch den Gerichtsvollzieher bzw. öffentliche Zustellung) eine abschließende Regelung enthält.[92]

3. Zug-um-Zug-Leistung

59 Hängt die Vollstreckung aus dem Titel von einer Zug um Zug zu bewirkenden Leistungen des Gläubigers ab, § 765 ZPO, kann die Vollstreckung in Immobilien erst dann beginnen, wenn der Beweis, dass der Schuldner befriedigt oder im Verzug der Annahme ist, durch eine öffentliche oder öffentlich-beglaubigte Urkunde nachgewiesen[93] und eine Abschrift dieser Urkunden bereits zugestellt ist. Die Zustellung ist entbehrlich, wenn bereits der Gerichtsvollzieher mit der Zwangsvollstreckung nach § 756 Abs. 1 ZPO begonnen hatte und der Beweis durch das Protokoll des Gerichtsvollziehers geführt wird, § 765 Nr. 1 ZPO. Zur weiteren Ausnahme vgl. § 765 Nr. 2 ZPO.

60 Der § 765 ZPO findet nur Anwendung, wenn sich aus dem Vollstreckungstitel die Zug-um-Zug-Leistung ergibt und es sich um eine **echte Zug-um-Zug-Leistung** handelt (z.B. §§ 273, 274; 320–322; 348; 501, 503, 356, 357, 348 BGB).[94] Dabei muss sich die Abhängigkeit des zu vollstreckenden Anspruchs von einer Zug um Zug zu bewirkenden Gegenleistung des Gläubigers aus dem zugrunde liegenden Schuldtitel selbst eindeutig ergeben und nicht erst aus weiteren Unterlagen.[95] Kein Fall des § 756 ZPO liegt daher vor, wenn der Schuldner zur Zahlung gegen Aushändigung eines Wechsels, Schecks oder sonstiger den Gläubiger legitimierenden Urkunden verurteilt worden ist (wie z.B. §§ 410, 808 Abs. 2, 1167, 1192 BGB, § 364 Abs. 3 HGB). Dies gilt selbst dann, wenn das Urteil auf Zug um Zug lauten sollte; denn bei diesen Ansprüchen des Schuldners handelt es sich nicht um selbst-

---

89 H.M.: vgl. LG Bochum, Rpfleger 1985, 33; MünchKomm/*Heßler*, ZPO § 751 Rdn. 27, jeweils m.w.N.
90 H.M.: OLG Düsseldorf, MDR 1978, 489; OLG Hamm, Rpfleger 1975, 261; vgl. MünchKomm/*Heßler*, ZPO § 751 Rdn. 27; Zöller/*Stöber*, § 751 Rdn. 6, jeweils m.w.N.
91 So die wohl überwiegende Meinung: BGH, NJW 1979, 417, 418; OLG Koblenz, Jur-Büro 2001, 213 und Rpfleger 1993, 356; LG Augsburg, Rpfleger 1998, 166; Thomas/Putzo/*Seiler*, § 751 Rdn. 6; Zöller/*Herget*, § 108 Rdn. 11; MünchKomm/*Heßler*, ZPO § 751 Rdn. 28 m.w.N.
92 So BGH, WM 1986, 1419, 1420; BGH, NJW 1977, 194, 195; BVerwG, NJW 1981, 2712; Palandt/*Ellenberger*, § 132 Rdn. 2.
93 OLG Hamm, Rpfleger 1983, 393; OLG Köln, Rpfleger 1997, 315.
94 OLG Naumburg, OLGR Naumburg 2004, 413: Verneint für den Fall einer Verurteilung zur Wertermittlung durch Gutachten Zug um Zug gegen Kostenerstattung.
95 KG, Rpfleger 2000, 556 = MDR 2000, 1213 = InVo 2001, 78.

ständige Gegenansprüche und damit keine echte Zug-um-Zug-Leistung, sondern um eine besondere Ausgestaltung des Rechts auf Quittung.[96] Streitig ist, ob dies auch für § 1144 BGB (Anspruch des Eigentümers gegen den Gläubiger auf Herausgabe des Grundpfandrechtbriefes und weiterer Berichtigungsurkunden) gilt oder insoweit ein selbstständiger Anspruch und damit eine echte Zug-um-Zug-Verurteilung vorliegen.[97] (Zu den vielen Möglichkeiten einer Zug-um-Zug-Leistung vgl. die Spezialliteratur[98]).

4. Wartefristen

In Ausnahmefällen darf die Vollstreckung erst beginnen, wenn nach Zustellung des Titels eine Wartefrist von zwei Wochen verstrichen ist, § 798 ZPO: 61

- Kostenfestsetzungsbeschluss, der nicht auf das Urteil gesetzt ist,
- vollstreckbarer Anwaltsvergleich, §§ 796b oder 796c ZPO,
- notariellen Urkunden, § 794 Abs. 1 Nr. 5 ZPO.

Eine Vollstreckung vor Ablauf der Wartefristen führt zur Anfechtbarkeit der Vollstreckungshandlung. Mit Fristablauf entsteht dann aber ein wirksames Pfändungspfandrecht, persönlich betreibenden Gläubigern gebührt der Rang nach Fristablauf.[99] 62

V. Keine Hindernisse
1. Allgemein

Vor Anordnung und während des Verfahrens hat das Vollstreckungsgericht zu prüfen, ob der Vollstreckung Hindernisse entgegenstehen. Solche Hindernisse können aus dem Grundbuch ersichtlich sein.[100] Ansonsten müssen der Vollstreckung entgegenstehende Rechte, die also nicht grundbuchersichtlich sind, durch Erinnerung oder Drittwiderspruchsklage geltend gemacht werden, §§ 766, 771 ZPO; § 37 Nr. 5 ZVG. 63

Die Vollstreckungsorgane haben ihnen bekannt gewordene **Vollstreckungshindernisse** von Amts wegen zu beachten.[101] Eines Antrags des Schuldners auf Einstellung oder Beschränkung der Zwangsvollstreckung bedarf es daher insoweit nicht. Andererseits haben die Vollstreckungsorgane keine Verpflichtung, von Amts wegen die Existenz etwaiger Vollstreckungshindernisse zu ermitteln. Regelmäßig werden sie erst durch einen entsprechenden Antrag oder Rechtsbehelf des Schuldners bekannt. 64

---

96 Vgl. Zöller/*Stöber*, § 756 Rdn. 4 m.w.N.
97 Für Letzteres: RGZ 55, 227; wohl auch BGH, NJW 1991, 1953; OLG Köln, Rpfleger 1983, 307; MünchKomm/*Eickmann*, BGB § 1144 Rdn. 1, 29; Palandt/*Bassenge*, § 1144 Rdn. 2; a.A.: OLG Hamm, DGVZ 1979, 122; Zöller/*Stöber*, § 756 Rdn. 4.
98 Z.B. Zöller/*Stöber*, § 756; *Hintzen/Wolf*, Rdn. 3.324 ff.
99 Für die Zwangssicherungshypothek: OLG Hamm, NJW 1974, 1516 und Rpfleger 1997, 393 = NJW-RR 1998, 87.
100 Vgl. hierzu § 28.
101 Vgl. insgesamt Zöller/*Stöber*, § 775; *Hintzen/Wolf*, Rdn. 3.368 ff.

2. Bahnunternehmen

65 Nach dem Gesetz über Maßnahmen zur Aufrechterhaltung des Betriebs von Bahnunternehmen des öffentlichen Verkehrs (BahnG)[102] darf die Zwangsversteigerung in unbewegliche Gegenstände, die dem Betrieb eines privaten Bahnunternehmens des öffentlichen Verkehrs gewidmet sind, angeordnet werden. Bis zum Erlöschen der erteilten Betriebsgenehmigung darf das Verfahren aber nur mit Zustimmung der Aufsichtsbehörde durchgeführt werden, § 3 Abs. 1 des BahnG. Bis zum Erlöschen der Betriebsgenehmigung oder bis zur Erteilung der Zustimmung ist die angeordnete Zwangsversteigerung einstweilen eingestellt.

3. Beitrittsgebiet

66 Um eine endgültige Bereinigung der nach wie vor unterschiedlichen Rechtslage im Grundstücksrecht in den neuen Bundesländern herbeizuführen, wurden umfassende Regelungen durch Ergänzungen des EGBGB, durch das Grundbuchbereinigungsgesetz (GBBerG), das Registerverfahrensbeschleunigungsgesetz (RegVBG) und das Sachenrechtsbereinigungsgesetz (SachenRBerG) geschaffen (hierzu im Einzelnen → § 20 Rdn. 24 ff.).

4. Baugesetzbuch

67 Nach dem Baugesetzbuch können im Grundbuch vermerkt werden:

- der Umlegungsvermerk, § 51 BauGB;
- der Enteignungsvermerk, § 109 BauGB;
- der Sanierungsvermerk, § 144 BauGB;
- der Entwicklungsvermerk, §§ 169, 144 BauGB.

Die in den zuvor genannten Vorschriften normierten Verfügungsbeschränkungen beziehen sich nicht auf Maßnahmen der Zwangsvollstreckung.[103] Die Zwangsversteigerung kann angeordnet werden. Bei einem Wechsel der Person im laufenden Versteigerungsverfahren treten diese als Rechtsnachfolger in das jeweils laufende behördliche Verfahren ein.

5. Eigentümergrundpfandrecht

68 Der Grundstückseigentümer darf aus einem Eigentümergrundpfandrecht nicht die Zwangsvollstreckung zum Zwecke seiner Befriedigung betreiben, § 1197 Abs. 1 BGB. Dieser Ausschluss beschränkt die Rechtsstellung des Eigentümers als Grundpfandrechtsgläubiger nur persönlich.[104]

69 Hat ein Vollstreckungsgläubiger das Eigentümergrundpfandrecht gepfändet und sich zur Einziehung bzw. an Zahlungs statt überweisen lassen, gilt die Vollstreckungsbeschränkung nach § 1197 Abs. 1 BGB ihm gegenüber nicht.[105] Aufgrund der **Überweisung an Zahlungs statt** kann der Vollstreckungsgläubiger

---

102 Vom 7.3.1934 (BGBl III Sachgebiet 932-1, geändert durch Art. 100 des Gesetzes vom 5.10.1994, BGBl I 2911, zuletzt geändert durch Art. 101 Gesetz vom 8.12.2010, BGBl I 1864).
103 *Stöber*, § 15 Rdn. 6; Steiner/*Eickmann*, § 28 Rdn. 55.
104 BGH, NJW 1975, 1356.
105 BGH, Rpfleger 1988, 181; Brox/*Walker*, Rdn. 744; MünchKomm/*Eickmann*, BGB § 1197 Rdn. 6; Musielak/Voit/*Becker*, § 857 Rdn. 17 a.E.

durch Zwangsversteigerung oder Zwangsverwaltung in das Grundstück die Verwertung betreiben. Für die Vollstreckung aus dem Range der Grundschuld benötigt er einen Duldungstitel, den er entweder klageweise erstreitet oder, falls bereits eine Unterwerfungserklärung vorliegt, § 794 Abs. 1 Nr. 5 ZPO, ist die Klausel durch den Notar auf den Gläubiger umzuschreiben, §§ 727, 794 Abs. 1 Nr. 5, 800 ZPO.[106] Ist die Grundschuld dem Gläubiger **zur Einziehung überwiesen** worden, kann er auch hier die Zwangsvollstreckung aus dem Range der Grundschuld betreiben. Auch die Zinsen kann der Vollstreckungsgläubiger in der Zwangsversteigerung geltend machen, da auch diese Beschränkung nach § 1197 Abs. 2 BGB dem Vollstreckungsgläubiger gegenüber nicht anzuwenden ist.[107]

6. Einstellung oder Aufhebung der Zwangsvollstreckung

Vollstreckungshindernisse können insoweit vorliegen, als die Zwangsvollstreckung generell (**Einstellung** der Zwangsvollstreckung) oder aber eine einzelne Vollstreckungsmaßnahme (**Beschränkung der Zwangsvollstreckung**) erst gar nicht begonnen oder aber nicht fortgesetzt werden darf. In der ZPO sind sie in § 775 ZPO erschöpfend geregelt mit der Rechtsfolge in § 776 ZPO.[108] Ist der Schuldner vollstreckbar verpflichtet, die Zwangsvollstreckung in sein Grundstück wegen eines zuletzt zu zahlenden Teilbetrags einer Grundschuld zu dulden, ist zur Befriedigung des Gläubigers im Sinne von § 775 Nr. 5 ZPO nur die Zahlung dieses Teilbetrags nebst Kosten, nicht aber die vollständige Ablösung der Grundschuld erforderlich.[109] 70

Eine Sonderregelung für die **Zwangssicherungshypothek** ergibt sich aus § 868 ZPO (hierzu bei Insolvenzeröffnung → § 28 Rdn. 21 ff.). 71

7. Erbbaurecht

Da auf das Erbbaurecht die sich auf Grundstücke beziehenden Vorschriften Anwendung finden, § 11 Abs. 1 ErbbauRG, können auch die Zwangsversteigerung oder Zwangsverwaltung in ein Erbbaurecht angeordnet werden. 72

Im Beitrittsgebiet wurden zwar die Vorschriften über die Errichtung eines Erbbaurechts am 1.1.1976 aufgehoben, jedoch bleiben die getroffenen Vereinbarungen bestehender Erbbaurechte erhalten, auch nach dem Beitritt hat sich hieran nichts geändert.[110] Somit gibt es für die Behandlung in der Zwangsversteigerung keine Unterschiede. Die Laufzeit des Erbbaurechts richtet sich nach § 112 SachenRBerG. Die Rechte aus § 5 Abs. 2 EGZGB (z.B. Vorkaufsrecht des Erbbauberechtigten) bestehen nicht mehr, § 112 Abs. 4 SachenRBerG. Es gilt im vollen Umfang die ErbbauRG. 73

Ist als Inhalt des Erbbaurechts vereinbart und ins Grundbuch eingetragen worden, dass das Erbbaurecht nur mit Zustimmung des Grundstückseigentümers veräußert werden darf, § 15 Abs. 1 ErbbauRG, hindert das die Anordnung des Verfahrens nicht. Ein solches Veräußerungsverbot ist in der Zwangsverwaltung 74

---

106 BGH, NJW 1979, 928 = Rpfleger 1979, 132; OLG Frankfurt, NJW 1983, 2266.
107 MünchKomm/*Eickmann*, BGB § 1197 Rdn. 7; Palandt/*Bassenge*, § 1197 Rdn. 3; a.A.: Musielak/Voit/*Becker*, § 857 Rdn. 17.
108 Vgl. im Einzelnen Zöller/*Stöber*, § 775; *Hintzen/Wolf*, Rdn. 3.370 ff.
109 BGH 2007, 488 = NZM 2007, 459 = WM 2007, 1127.
110 Vgl. *Böhringer*, Besonderheiten des Liegenschaftsrechts, Rdn. 698.

gänzlich unbeachtlich, da keine Veräußerung vorliegt.[111] Der Grundstückseigentümer gilt in der Zwangsverwaltung des Erbbaurechts als Beteiligter, § 24 ErbbauRG. In der Zwangsversteigerung muss eine notwendige Zustimmung vor der Zuschlagserteilung vorgelegt werden.[112] Verweigert der Eigentümer die Zustimmung, kann sie durch das Amtsgericht ersetzt werden, § 7 ErbbauRG.[113] Der die Versteigerung des Erbbaurechts betreibende Gläubiger kann die Zustimmung selbst beantragen, er muss nicht zunächst den Anspruch des Erbbauberechtigten auf Zustimmung pfänden und sich zur Einziehung überweisen lassen.[114]

8. Flurbereinigung

75 Liegt ein zu versteigerndes Grundstück in einem Flurbereinigungsgebiet, hindert dies nicht in die Anordnung des Verfahrens.[115] Die Einleitung hat weder ein Verfügungsverbot für den Grundstückseigentümer noch eine Grundbuchsperre zur Folge. Der Ersteher eines Grundstückes in der Flurbereinigung tritt in das laufende Flurbereinigungsverfahren ein. Wer ein solches Grundstück erwirbt, muss das bis zu seiner Eintragung im Grundbuch oder bis zur Anmeldung des Erwerbs durchgeführte Verfahren gegen sich gelten lassen. Dies gilt auch für denjenigen, der durch Erwerb eines Rechtes Beteiligter wird, § 15 FlurbG.[116] In dem Verfahren der Flurbereinigung kann aber auch ein Verfügungsverbot, § 52 Abs. 3 FlurbG, angeordnet werden, hierzu → § 28 Rdn. 18.

9. Insolvenzeröffnung

76 Nach **Insolvenzeröffnung** ist eine Einzelzwangsvollstreckung zugunsten einzelner Insolvenzgläubiger in die Insolvenzmasse unzulässig, § 89 Abs. 1 InsO. Die Insolvenzmasse umfasst sowohl das Vermögen, was dem Schuldner zum Zeitpunkt der Eröffnung gehört (Altvermögen), als auch das Vermögen, was er später während des Verfahrens hinzu erwirbt (Neuvermögen), § 35 InsO. Eine Anordnung des Verfahrens oder die Eintragung einer Zwangssicherungshypothek zugunsten eines **persönlichen Gläubigers** kann daher nicht mehr erfolgen werden, § 89 Abs. 1 InsO. Aufgrund der Verwaltungs- und Verfügungsbefugnis des Insolvenzverwalters, § 80 Abs. 1 InsO, kann eine dingliche Belastung nur aufgrund seiner Erklärung im Grundbuch eingetragen werden. Gläubiger **dinglicher Rechte** sind im Insolvenzverfahren absonderungsberechtigt, können die Zwangsversteigerung auch nach Insolvenzeröffnung betreiben, benötigen dann jedoch einen Titel gegen den Insolvenzverwalter, § 49 InsO.[117] Bereits vorher

---

111 *Muth,* Rpfleger 1991, 441.
112 Hierzu → § 81 Rdn. 42.
113 OLG Celle, Rpfleger 1983, 270; OLG Hamm, Rpfleger 1985, 291; BayObLG, Rpfleger 1989, 97; OLG Hamm, Rpfleger 1994, 19.
114 BGH, Rpfleger 1987, 257 = WM 1987, 438; OLG Köln, Rpfleger 1969, 300; *Schöner/Stöber,* Rdn. 1794; *Demharter,* Anhang zu § 8 Rdn. 11 und *Stöber,* ZVG Einl. 64.5; a.A. OLG Hamm, Rpfleger 1993, 334 m. Anm. *Streuer,* Rpfleger 1994, 59; LG Köln, Rpfleger 2000, 11.
115 OLG Hamm, Rpfleger 1987, 258; OLG Koblenz, Rpfleger 1967, 417; OLG Oldenburg, KTS 1975, 239; *Ebeling,* Rpfleger 1987, 232; *Stöber,* ZVG § 15 Rdn. 17.4.
116 Siehe weiter → § 28 Rdn. 18.
117 Zum Konkursrecht OLG Hamm, Rpfleger 1985, 310; zur GesO LG Magdeburg, Rpfleger 1996, 210.

eingeleitete Verfahren laufen gegen den Schuldner weiter. Es tritt keine Unterbrechung des Verfahrens ein.[118] Nach Eröffnung des Insolvenzverfahrens ist der Schuldner im Verfahren nicht mehr Beteiligter im Sinne von § 9[119], dies ist ab Verfahrenseröffnung nur noch der Insolvenzverwalter.

Auch ein persönlicher Gläubiger, dessen Beschlagnahme in der Zwangsversteigerung vor der Insolvenzeröffnung wirksam geworden ist, kann das Verfahren weiter betreiben, § 80 Abs. 2 S. 2 InsO, sofern die Beschlagnahme nicht nach § 88 InsO (Rückschlagsperre) unwirksam wird. 77

Zur Sicherung vor nachteiligen Veränderungen in der Vermögenslage des Schuldners hat das Insolvenzgericht im **Insolvenzeröffnungsverfahren** nach der Stellung des Insolvenzeröffnungsantrages alle Maßnahmen zu treffen, die im konkreten Fall notwendig und erforderlich erscheinen, § 21 Abs. 1 InsO. Dies gilt auch im Verbraucherinsolvenzverfahren, § 306 Abs. 2 InsO.[120] Das Insolvenzgericht kann im Eröffnungsverfahren beispielhaft beschließen bzw. bestellen: 78

- einen vorläufigen Insolvenzverwalter, § 21 Abs. 2 Nr. 1 InsO,
- ein allgemeines Verfügungsverbot oder einen Zustimmungsvorbehalt, § 21 Abs. 2 Nr. 2 InsO,
- ein Vollstreckungsverbot, indem Maßnahmen der Mobiliarzwangsvollstreckung untersagt oder einstweilen eingestellt werden, § 21 Abs. 2 Nr. 3 InsO.

Wird zugleich mit der Bestellung eines vorläufigen Insolvenzverwalters ein allgemeines Verfügungsverbot erlassen (sog. starker vorläufiger Verwalter), geht die Verwaltungs- und Verfügungsbefugnis auf den vorläufigen Insolvenzverwalter über, § 22 Abs. 1 InsO. 79

Die gerichtlich verfügte Untersagung der Zwangsvollstreckung ist grundsätzlich ein **Vollstreckungshindernis**, § 21 Abs. 2 Nr. 3 InsO. Es kann sich auch gegen absonderungsberechtigte oder auch aussonderungsberechtigte Gläubiger richten. Die Untersagung der Zwangsvollstreckung bedeutet, dass eine Vollstreckungsmaßnahme danach nicht erfolgen darf, sie ist auf Erinnerung/Beschwerde hin aufzuheben (Zuständigkeit des Insolvenzgerichts, § 89 Abs. 3 InsO).[121] 80

Allerdings bezieht sich das Vollstreckungsverbot ausdrücklich nicht auf **unbewegliche** Gegenstände, § 21 Abs. 2 Nr. 3 Hs. 2 InsO. Die Möglichkeit zur einstweiligen Einstellung von Vollstreckungsmaßnahmen wird durch das Einstellungsrecht des vorläufigen Insolvenzverwalters wahrgenommen, § 30d Abs. 4. 81

Hat das Insolvenzgericht im Eröffnungsverfahren jedoch einen vorläufigen Insolvenzverwalter bestellt unter gleichzeitiger Anordnung eines allgemeinen Verfügungsverbots, ist zur Zwangsvollstreckung in das Vermögen des Schuldners die Umschreibung der Vollstreckungsklausel erforderlich.[122] 82

Zur Beachtung der Insolvenzeröffnung, Rückschlagsperre und der Sicherungsmaßnahmen als Verfahrenshindernisse s. → § 28 Rdn. 21 ff. 83

---

118 AG Göttingen, Rpfleger 2000, 121.
119 LG Lübeck, Rpfleger 2004, 235.
120 Vgl. *Hintzen*, Rpfleger 1999, 256 und A. *Schmidt*, ZIP 1999, 915.
121 BGH, Rpfleger 2004, 436 = NZI 2004, 278 = DZWir 2004, 208 = MDR 2004, 766 = WM 2004, 834 = ZIP 2004, 732 = InVo 2004, 511 = ZVI 2004, 197.
122 LG Cottbus, Rpfleger 2000, 465; a.A. LG Halle, Rpfleger 2002, 89, der vorläufige Insolvenzverwalter ist hinsichtlich des unbeweglichen Vermögens nicht als Rechtsnachfolger des Schuldners anzusehen.

10. Landwirtschaftliche Grundstücke

84 Landwirtschaftlich, forstwirtschaftlich oder gärtnerisch genutzte Grundstücke können seit dem 1.1.1962 unbeschränkt versteigert werden. Das GrdstVG beschränkt nur rechtsgeschäftliche Veräußerungen.

11. Nachlassgläubiger

85 Bei der Zwangsvollstreckung gegen den Erben vor Annahme der Erbschaft, § 778 ZPO, ist zu beachten, dass die Zwangsvollstreckung eines Nachlassgläubigers vor Annahme der Erbschaft nur in den Nachlass zulässig ist, nicht aber in das Eigenvermögen des Erben erfolgen darf, § 778 Abs. 1 ZPO.

12. Reichsheimstätte

86 Am 1.10.1993 ist das Gesetz zur Aufhebung des Reichsheimstättengesetzes (BGBl I 912) in Kraft getreten. Im Beitrittsgebiet waren die Reichsheimstätten bereits am 1.1.1976 in persönliches Eigentum überführt worden (§ 5 Abs. 3 EGZGB). Zwar lebte das RHG nach dem Beitritt am 3.10.1990 wieder auf, unterliegt jetzt aber ebenfalls der Aufhebung. Nach dem 1.1.1999 ist die gesamte Löschung im Grundbuch von Amts wegen vorzunehmen.[123]

13. Vollstreckungsvereinbarung

87 Vollstreckungsvereinbarungen sind Verträge zwischen Vollstreckungsgläubiger und Vollstreckungsschuldner über die Voraussetzungen und Grenzen der durchzuführenden Zwangsvollstreckung. Davon zu unterscheiden sind Abreden über den vollstreckbaren Anspruch (z.B. Stundung, Erlass der Forderung). Da das Verfahrensrecht zum öffentlichen Recht gehört, sind davon abweichende privatrechtliche Vereinbarungen nur in bestimmten Grenzen zulässig.

88 Das Vollstreckungsgericht hat die vom Schuldner vorgelegte Vollstreckungsvereinbarung entsprechend § 775 Nr. 4 ZPO zu beachten. Dem Schuldner steht grundsätzlich auch die Vollstreckungserinnerung gem. § 766 ZPO analog zu. § 767 ZPO kommt zur Anwendung, wenn Streit über die Existenz oder den Inhalt der Vollstreckungsvereinbarung besteht.[124]

a) Vollstreckungsbeschränkende Abreden

89 Sie sind sowohl in zeitlicher wie gegenständlicher Hinsicht zulässig (Vollstreckungsgläubiger = „Herr des Verfahrens"). Möglich daher z.B.: es soll nicht vor einem bestimmten Termin, nicht vor Rechtskraft des Urteils, nicht in einen bestimmten Gegenstand, oder nur in bestimmte Gegenstände vollstreckt werden. Zulässig daher auch die stärkste Form der Beschränkung, der teilweise oder vollständige Verzicht des Gläubigers auf die Vollstreckung aus dem Titel,[125] soweit dieser erst nach Existenz des Titels erfolgt. Streitig ist, ob auch ein vorheriger Verzicht möglich ist.[126]

---

123 Vgl. im Einzelnen *Hornung*, Rpfleger 1994, 277.
124 Vgl. *Brox/Walker* Rdn. 204.
125 BGH, MDR 1991, 668 = NJW 1991, 2295.
126 Verneinend: BGH, NJW 1968, 700; a.A.: *Brox/Walker*, Rdn. 202, weil ein materiellrechtlicher Verzicht möglich sei.

b) Vollstreckungserweiternde Abreden

Diese würden zu einer Erweiterung bzw. Erleichterung der Vollstreckungsbefugnis des Gläubigers und damit zu einer Schlechterstellung des Schuldners führen (z.B. Vollstreckung ohne Titel, ohne Klausel; Verzicht auf Vollstreckungsschutz gem. § 765a ZPO). Derartige Vereinbarungen sind nichtig, soweit das Gesetz sie nicht ausnahmsweise zulässt.[127]

14. Wohnungseigentum

Die Zwangsversteigerung oder Zwangsverwaltung eines Wohnungs- oder Teileigentums wird auch dann angeordnet, wenn als dessen Inhalt vereinbart wurde, dass der Eigentümer zur Veräußerung der Zustimmung eines Dritten (z.B. Wohnungseigentumsverwalter) bedarf, § 12 Abs. 1 WEG. Es gilt das zu dieser Problematik beim Erbbaurecht dargestellte sinngemäß (zuvor → Rdn. 74).

VI. Eheliche Güterstände

1. Allgemeines

Die Zwangsvollstreckung gegen Eheleute wird davon beeinflusst, welcher Güterstand zwischen diesen besteht. Zu den älteren Güterständen der Verwaltung und Nutznießung des Mannes und der Errungenschafts- und Fahrnisgemeinschaft wird im Nachfolgenden nicht mehr eingegangen.

2. Zugewinngemeinschaft

Gesetzlicher Güterstand ist die Zugewinngemeinschaft, §§ 1363 bis 1390 BGB. Er gilt, falls kein anderer Güterstand vereinbart wurde. Gemeinschaftliches Vermögen tritt nur in Form des Bruchteilseigentums auf. Zur Vollstreckung bedarf es deswegen nur eines Titels gegen denjenigen, der Grundstückseigentümer ist. Gegen den Ehegatten, der nicht Grundstückseigentümer ist, muss kein Duldungstitel erwirkt werden.[128] Der Zwangsvollstreckung steht § 1365 BGB nicht entgegen. Bei der Zwangsversteigerung liegt keine rechtsgeschäftliche Verfügung vor.[129]

3. Gütertrennung

Leben die Ehegatten im Güterstand der Gütertrennung, § 1414 BGB, gelten keine Besonderheiten. Zur Vollstreckung ist jeweils ein Titel gegen denjenigen erforderlich, der Grundstückseigentümer ist.

4. Gütergemeinschaft

Haben die Eheleute Gütergemeinschaft vereinbart, §§ 1415 bis 1518 BGB, ist maßgeblich, ob in das Gesamtgut oder in das Vorbehaltsgut vollstreckt wird.

Zur Zwangsvollstreckung in das **Vorbehaltsgut** ist ein Titel gegen den Ehegatten erforderlich und ausreichend, dem das Vorbehaltsgut gehört, § 1418 BGB.

Zur Zwangsvollstreckung in das **Gesamtgut** ist ein Titel gegen den Ehegatten erforderlich und ausreichend, der das Gesamtgut verwaltet, § 740 Abs. 1 ZPO. Kraft Gesetzes besteht gemeinschaftliche Verwaltung, § 1421 BGB. Im Ehevertrag

---

127 Wie z.B. in §§ 816 Abs. 1, 825, 876 S. 3 ZPO; vgl. insges. hierzu *Brox/Walker*, Rdn. 204; Zöller/*Stöber*, Rdn. 24 f. vor § 704; *Gaul/Schilken/Becker-Eberhard*, § 33 IV.1.
128 *Haegele*, BWNotZ 1972, 107.
129 *Baur*, FamRZ 1958, 252.

kann aber anderes vereinbart sein. Betreibt der nicht oder nicht allein verwaltende Ehegatte selbstständig ein **Erwerbsgeschäft**, reicht ein Titel gegen diesen. Anderes gilt dann, wenn der andere Ehegatte seinen Einspruch gegen den Betrieb des Geschäftes oder den Widerruf seiner Einwilligung in das Güterrechtsregister hat eintragen lassen, § 741 ZPO; §§ 1431, 1456 BGB.

98 Nach **Beendigung** der Gütergemeinschaft bis zur Auseinandersetzung ist entweder ein Leistungstitel gegen beide oder ein Leistungstitel gegen einen und ein Duldungstitel gegen den anderen Ehegatten erforderlich, damit vollstreckt werden darf, § 743 ZPO, § 1472 BGB.

99 Die §§ 1415 bis 1518 BGB sind auch auf alte Ehen anzuwenden, deren Partner am 1.7.1958 in der allgemeinen Gütergemeinschaft lebte. Bei einer vor dem 1.4.1953 vereinbarten allgemeinen Gütergemeinschaft wird das Gesamtgut weiterhin durch den Ehemann verwaltet.[130]

5. Lebenspartnerschaft

100 Zwei Personen gleichen Geschlechts begründen eine Lebenspartnerschaft, wenn sie gegenseitig, persönlich und bei gleichzeitiger Anwesenheit erklären, miteinander eine Partnerschaft auf Lebenszeit führen zu wollen, § 1 Abs. 1 Satz 1 LPartG. Die Erklärungen werden wirksam, wenn sie vor einer zuständigen Behörde erfolgen. Die Lebenspartner leben im Güterstand der Zugewinngemeinschaft, wenn sie nicht durch Lebenspartnerschaftsvertrag (§ 7 LPartG) etwas anderes vereinbaren, § 6 Satz 1 LPartG. Die §§ 1409 bis 1563 BGB gelten entsprechend, § 7 Satz 2 LPartG. Allerdings ist beim Vermögensgegenstand der Zugewinngemeinschaft das Vermögen nicht gemeinschaftliches Vermögen, jeder Lebenspartner verwaltet sein Vermögen selbst, § 6 Satz 2 LPartG i.V.m. § 1363 Abs. 2, § 1364 BGB. Zur Vollstreckung bedarf es deswegen nur eines Titels gegen denjenigen, der Grundstückseigentümer ist. Gegen den Lebenspartner, der nicht Grundstückseigentümer ist, muss kein Duldungstitel erwirkt werden.

101 Im Übrigen kann auf die Ausführungen zuvor Zugewinngemeinschaft, Gütertrennung oder Gütergemeinschaft verwiesen werden.

6. Neue Bundesländer

102 Leben die Ehegatten gem. Art. 234 § 4 Abs. 2 EGBGB im Güterstand der Eigentums- und Vermögensgemeinschaft des FGB-DDR, sind für die Zwangsvollstreckung in Gegenstände des gemeinschaftlichen Eigentums und Vermögens die Vorschriften über die Gütergemeinschaft mit gemeinschaftlicher Verwaltung des Gesamtguts anzuwenden, § 744a ZPO. Bis zum Ablauf von zwei Jahren nach Wirksamwerden des Beitritts konnten die Eheleute gegenüber dem Gericht erklären, dass für sie der bisherige Güterstand fortgelten soll (Optionserklärung), Art. 234 § 4 Abs. 2 EGBGB.[131]

103 Haben die Ehegatten keine Optionserklärung abgegeben, so wird das gemeinschaftliche Eigentum kraft Gesetzes zu Bruchteilseigentum mit gleichen Anteilen, Art. 234 § 4a Abs. 1 EGBGB, sofern die Ehegatten nicht andere Bruchteile bestimmen.[132] Diese Bestimmung konnte aber nur bis zum 24.6.1994 (Ablauf von

---

130 Vgl. Art. 8 Nr. 6 Gleichberechtigungsgesetz.
131 Vgl. *Böhringer*, DNotZ 1991, 223; *Rellermeyer*, Rpfleger 1995, 321.
132 LG Neubrandenburg, Rpfleger 1995, 250.

sechs Monaten nach Inkrafttreten dieser Vorschrift, eingefügt durch das RegVBG vom 20.12.1993 BGBl I 2182) getroffen werden, danach wurde das hälftige Bruchteilseigentum fingiert.[133] Das Wahlrecht ist im Übrigen dann erloschen, wenn die Zwangsversteigerung oder Zwangsverwaltung des Grundbesitzes angeordnet wurde, Art. 234 § 4a Abs. 1 S. 5 EGBGB.[134]

VII. Vollstreckung gegen juristische Personen des öffentlichen Rechts

104 Bei der Vollstreckung wegen Geldforderungen gegen den Bund, ein Land, Körperschaften, Anstalten und Stiftungen des öffentlichen Rechts, kirchliche Körperschaften ist § 882a ZPO zu beachten. Die Vollstreckung darf erst vier Wochen nach einer Anzeige über die Vollstreckungsabsicht an die zur Vertretung des Schuldners zuständigen Behörde erfolgen. Sie ist unzulässig in Sachen, die für die Erfüllung öffentlicher Aufgaben unentbehrlich sind oder deren Veräußerung ein öffentliches Interesse entgegensteht, § 882a Abs. 2 ZPO. Zu den juristischen Personen in diesem Sinne zählen jedoch nicht öffentlich-rechtliche Kreditinstitute, § 882a Abs. 3 Satz 2 ZPO und Gemeinden und Gemeindeverbände (insoweit gilt Landesrecht, Art. 15 Nr. 3 EGZPO). Die Ausnahmen bzgl. der Deutschen Bundesbahn (jetzt Deutschen Bahn AG) sind aufgehoben (BGBl 1993 I 2378, 2410). Erfasst sind zudem nicht solche Grundstücke, die Privateigentum sind. Die Widmung zum Gemeingebrauch etwa in Form von Straßen- und Wegeflächen hat nicht zur Folge, dass die Vollstreckung nach § 882a Abs. 2 ZPO unzulässig ist.[135]

105 Die zuvor genannten Vollstreckungsbeschränkungen gelten aber nur bei der Vollstreckung wegen einer Geldforderung, nicht wenn aus einem **dinglichen Recht** die Vollstreckung betrieben wird, § 882a Abs. 1 Satz 1 ZPO. Bei Anordnung der Zwangsversteigerung oder Zwangsverwaltung bedarf es weder der Vollstreckungsankündigung noch der Einhaltung der Vier-Wochen-Wartefrist.

---

133 Kritisch *Keller*, Rdn. 338.
134 Vgl. *Böhringer*, Besonderheiten des Liegenschaftsrechts in den neuen Bundesländern, Rdn. 1193 ff.
135 LG Aachen, Rpfleger 1965, 79; LG Oldenburg, Rpfleger 1983, 33.

§ 15 »Antrag«

Die Zwangsversteigerung eines Grundstücks wird von dem Vollstreckungsgericht auf Antrag angeordnet.

Übersicht

	Rdn.
I. Allgemeines	1
II. Verfahrensanordnung	2
1. Allgemeines	2
2. Prüfung des Vollstreckungsgerichts	3
3. Entscheidung	5
4. Das Verfahren bei Antragsmängeln	11
5. Rechtsschutzbedürfnis	12
a) Allgemein	12
b) Bagatellforderung	15
c) Zwecklose Versteigerung	17
III. Rechtsbehelf	19
1. Anordnung des Verfahrens	19
2. Zurückweisung des Antrags	20
3. Aufklärungsverfügung	21
4. Sonstige	22
IV. Kosten	23
1. Gerichtskosten	23
2. Rechtsanwaltskosten	26
a) Gebühr: RVG VV 3311 Nr. 1	27
b) Gebühr: RVG VV 3312	28
c) Gebühr: RVG VV 3311 Nr. 2	30
d) Gebühr: RVG VV 3311 Nr. 6	32
e) Weitere Gebühren	33
3. Prozesskostenhilfe	35

I. Allgemeines

1 Die Bestimmung soll klarstellen, dass die Anordnung der Zwangsversteigerung eine dem Vollstreckungsgericht zugewiesene Vollstreckungsmaßregel ist[1], die beantragt werden muss[2]. Die Vorschrift gilt für alle Verfahrensarten des ZVG und zwar nicht nur für die Anordnung, sondern auch für den Beitritt zum Verfahren.

II. Verfahrensanordnung

1. Allgemeines

2 Liegen alle Vollstreckungsvoraussetzungen vor[3], kann der Gläubiger vom Staat verlangen, dass der Anspruch vollstreckt wird[4]. Ziel der Zwangsvollstreckung in das unbewegliche Vermögen ist die Verwirklichung oder Durchsetzung privatrechtlicher, teilweise auch öffentlich-rechtlicher Ansprüche mit staatlichen Zwangsmitteln.[5] Der Gläubiger darf seinen Anspruch nicht durch Faustrecht

---

1 Motive 121.
2 Denkschrift S. 9.
3 Vgl. hierzu → vor § 15 Rdn. 26 ff.
4 BGH, Rpfleger 2002, 578 = BGHZ 151, 384 = KTS 2003, 166 = MDR 2002, 1213 = WM 2002, 1809 = ZIP 2002, 1595 = InVo 2003, 41 = ZfIR 2002, 753; *Gaul/Schilken/Becker-Eberhard*, § 1 S. 1.
5 *Steiner/Hagemann*, Einl. Rdn. 13.

durchsetzen. Aufgrund seines Vollstreckungsmonopols bedient sich der Staat gesetzlich vorgesehener Organe, den Schuldner zur Erfüllung des Anspruchs zu zwingen. Der Eingriff eines Gläubigers in das nach Art. 14 Abs. 1 GG geschützte Eigentum findet in dem Verfahrensziel seine Rechtfertigung, eine nach materiellem Recht begründete Geldforderung des Gläubigers zu befriedigen oder einen anderen materiellen Anspruch des Antragstellers zu verwirklichen.[6] Aus dem Recht des Gläubigers auf umfassenden und effektiven gerichtlichen Rechtsschutz, Art. 19 Abs. 4 GG, ergibt sich, dass das Vollstreckungsgericht den Antrag des Gläubigers und die beigefügten Vollstreckungsunterlagen[7] unverzüglich prüfen muss.[8] Jede Verzögerung kann zulasten der Befriedigungschancen des Gläubigers gehen.

2. Prüfung des Vollstreckungsgerichts

Bevor das Vollstreckungsgericht die Versteigerung anordnet oder den Beitritt hierzu zulässt, prüft es im Einzelnen: 3

- seine Zuständigkeit[9]
- das Eigentum des Vollstreckungsschuldners[10]
- den Vollstreckungsantrag nebst beigefügten Unterlagen[11]
- das Vorliegen der allgemeinen Vollstreckungsvoraussetzungen[12]
- das Vorliegen der besonderen Vollstreckungsvoraussetzungen[13]
- das Fehlen von Vollstreckungshindernissen bzw. der Vollstreckung entgegenstehenden Rechten[14] oder Verfügungsbeschränkungen bzw. Vollstreckungsmängel[15].

Das Vollstreckungsgericht prüft nur die formelle Zulässigkeit der beantragten Zwangsversteigerung, nicht hingegen die materielle Anspruchsberechtigung aus dem Titel. Auch die **Verjährungseinrede** wird als materieller Einwand nicht geprüft.[16] Einwendungen gegen den Anspruch muss der Schuldner im Wege der Vollstreckungsabwehrklage, § 767 ZPO, geltend machen. 4

3. Entscheidung

Über den Antrag entscheidet das Vollstreckungsgericht durch Beschluss. Der Schuldner wird vorher nicht angehört, § 764 Abs. 3 ZPO.[17] Andernfalls würde er nur versucht, den Befriedigungsanspruch des Gläubigers durch nachteilige Verfü- 5

---

6 *Stöber*, ZVG Einl. Rdn. 1; BVerfG, NJW 1978, 368 = Rpfleger 1978, 206; BVerfG, NJW 1976, 1391 = Rpfleger 1976, 389.
7 Vgl. hierzu → § 16 Rdn. 22.
8 *Böttcher*, §§ 15, 16 Rdn. 99.
9 Vgl. hierzu → § 1 Rdn. 2 ff.; → § 2 Rdn. 5 ff.
10 Vgl. hierzu § 17.
11 Vgl. hierzu → § 16 Rdn. 7 ff.
12 Vgl. hierzu → vor § 15 Rdn. 26 ff.
13 Vgl. hierzu → vor § 15 Rdn. 53 ff.
14 Vgl. hierzu → vor § 15 Rdn. 63 ff.
15 Vgl. hierzu → § 28 Rdn. 12 ff.
16 *Böttcher*, §§ 15, 16 Rdn. 100.
17 BGH, NJW 1984, 2166 = Rpfleger 1984, 363 = ZIP 1984, 886; BGH, WM 1984, 1342 = ZIP 1984, 1540; *Metzger*, NJW 1966, 2000.

gungen über das Grundstück zu beeinträchtigen.[18] Die Entscheidung erfolgt grundsätzlich ohne mündliche Verhandlung.

6   Form und Inhalt des Anordnung- bzw. des Beitrittsbeschlusses bestimmt das ZVG nicht. Neben dem Ausspruch der Verfahrensanordnung müssen die für den Antrag nach § 16 vorgeschriebenen Angaben enthalten sein.[19] Bezeichnet sein muss das Grundstück, der Eigentümer (Schuldner), der Anspruch (nicht nur als dinglich und/oder persönlicher Anspruch, auch ist mit Blick auf die Rangklasse anzugeben, ob es ein Anspruch in Rangklasse 2, 3, 4 oder 5 ist[20]), der vollstreckbare Titel, aus dem das Verfahren betrieben wird. Klarstellend wird überwiegend hinzugesetzt: *„Dieser Beschluss gilt zugunsten des Gläubigers als Beschlagnahme des Grundstücks"*. Wegen der Ansprüche aus der Rangklasse 2 kann die Gemeinschaft der Wohnungseigentümer die Zwangsvollstreckung betreiben, § 10 Abs. 3. Betragsmäßig ist das Vorrecht der Rangklasse 2 begrenzt auf Beträge von 5 % des nach § 74a Abs. 5 festgesetzten Verkehrswertes. Zu Beginn eines Verfahrens steht der Verkehrswert noch nicht fest. Die Anordnung der Ansprüche in Rangklasse 2 kann daher nur *„vorbehaltlich des noch festzusetzenden Verkehrswertes bis 5 % desselben, übersteigende Beträge werden in Rangklasse 5 berücksichtigt"* erfolgen.[21]

7   **Begründet** wird der Beschluss nur dann, soweit einem Antrag nicht oder nicht vollständig entsprochen wurde. Eine **Kostenentscheidung** ist nur dann geboten, wenn dem Schuldner außergerichtliche Kosten entstanden sind, die der Gläubiger zu tragen hat.[22]

8   Der Anordnungs- bzw. Beitrittsbeschluss wird dem Schuldner von Amts wegen zugestellt, § 22 Abs. 1 (vgl. → § 8 Rdn. 2 bei einer GbR dem geschäftsführenden Gesellschafter).[23] Sind im Vollstreckungstitel Rechtsanwälte genannt, ist an diese zuzustellen, § 172 ZPO. Zustellungen an einen gegen Art. 1 § 1 RBerG (ab dem 1.7.2008 gilt das Rechtsdienstleistungsgesetz – RDG[24]) verstoßenden Bevollmächtigten sind bis zu dessen Zurückweisung durch das Gericht wirksam (vgl. auch § 79 Abs. 3 Satz 2 ZPO).[25] Hat das Insolvenzgericht im Insolvenzeröffnungsverfahren eine **Postsperre** angeordnet, muss die Zustellung des Anordnungsbeschlusses zur Wirksamkeit ebenfalls an den Schuldner persönlich erfolgen, die Zustellung an den vorläufigen Insolvenzverwalter ist ohne Wirkung.[26]

9   Gleichzeitig ist dem Schuldner die Belehrung darüber zuzustellen, dass er einen Vollstreckungsschutzantrag nach § 30a stellen kann, § 30b Abs. 1 Satz 1. Dem Gläubiger ist der Beschluss zuzustellen, wenn dem Antrag nicht oder nicht voll-

---

18 A.A. Steiner/*Hagemann*, §§ 15, 16 Rdn. 203, die im Einzelfall sogar eine Anhörung des Schuldners für geboten halten.
19 Im Einzelnen *Hintzen/Wolf,* Rdn. 11.230.
20 So auch *Stöber*, ZVG § 15 Rdn. 4.4 „Angabe der Rechtsnatur" und § 16 Rdn. 3.4; Löhnig/*Bluhm*, § 16 Rdn. 8 und *Böttcher*, §§ 15, 16 Rdn. 12 ebenfalls mit dem Begriff „Rechtsnatur".
21 *Böttcher*, § 10 Rdn. 21.
22 KG, Rpfleger 1981, 317.
23 BGH, Rpfleger 2007, 216 = NJW 2007, 995 = WM 2007, 519.
24 Rechtsdienstleistungsgesetz vom 12.12.2007, BGBl I 2840, zuletzt geändert durch Art. 16 des Gesetzes vom 6.12.2011, BGB I 2515.
25 BGH, Rpfleger 2010, 531 = NJW-RR 2010, 1361.
26 OLG Braunschweig, Rpfleger 2001, 254 = InVo 2001, 193.

ständig stattgegeben wurde, §§ 4 bis 7. Ansonsten reicht eine formlose Mitteilung, § 329 Abs. 2 S. 1 ZPO.[27]

Mehrere Vollstreckungsanträge werden durch Anordnung in einem Beschluss zum gleichen Zeitpunkt beschieden. Eine Rangfolge der Erledigung der Antragseingänge wie im grundbuchrechtlichen Verfahren gibt es im Zwangsversteigerungsverfahren nicht.[28] Handelt es sich um die Anträge mehrerer persönlicher Gläubiger, sind diese jetzt gleichrangig, da für sie in der Rangklasse 5 die Beschlagnahme gleichzeitig wirksam wird.[29]   10

4. Das Verfahren bei Antragsmängeln

Weist der Antrag Mängel auf oder fehlen notwendige Unterlagen, hat das Vollstreckungsgericht den Gläubiger auf die Hindernisse hinzuweisen, § 139 ZPO.[30] Hat der Gläubiger einen rechtlichen Gesichtspunkt erkennbar übersehen oder für unerheblich gehalten, ist ihm vor einer Entscheidung Gelegenheit zur Äußerung zugeben. Das Gericht weist den Gläubiger durch eine **Aufklärungsverfügung** auf das Problem bzw. Hindernis hin und setzt eine Frist zur Beseitigung. Für den Fall, dass die auf Antrag verlängerbare Frist nicht eingehalten wird, wird eine Zurückweisung des Antrags angedroht. Geht vor der Behebung des Mangels ein ordnungsgemäßer Antrag ein, so ist aufgrund dessen das Verfahren anzuordnen. Die Aufklärungsverfügung sichert keinen Rang, § 18 GBO ist weder direkt noch entsprechend anwendbar.[31] Die trotz eines mangelhaften Antrags beschlossene Verfahrensanordnung ist grundsätzlich wirksam, aber anfechtbar.[32] Der Mangel kann nur mit Wirkung für die Zukunft geheilt werden.   11

5. Rechtsschutzbedürfnis

a) Allgemein

Als allgemeine Vollstreckungsvoraussetzungen muss der Gläubiger grundsätzlich auch ein Rechtsschutzbedürfnis geltend machen können.[33] Sofern die sonstigen Vollstreckungsvoraussetzungen vorliegen, ist ein Rechtsschutzbedürfnis gegeben. Dieses leitet sich grundsätzlich aus dem Befriedigungsinteresse wegen der titulierten Forderung her. Das Rechtsschutzinteresse ist von Amts wegen zu prüfen.   12

Ein ausschließlich zur Umgehung der Genehmigungspflicht nach § 2 GrdstVG gestellter Antrag ist als rechtswidrig zurückzuweisen.[34] Das Rechtsschutzinteresse an einer Zwangsversteigerung fehlt, wenn dieses Verfahren zweckentfremdet und missbraucht wird[35], um einen sonst wegen eines Vorkaufsrechts gescheiterten Er-   13

---

27 Vgl. hierzu → § 3 Rdn. 5 ff.
28 Kritisch hierzu *Knoche/Biersack*, NJW 2003, 476.
29 *Stöber*, ZVG § 15 Rdn. 4.13; Steiner/*Hagemann*, § 11 Rdn. 31; *Böttcher*, §§ 15, 16 Rdn. 124.
30 Zur Hinweis- und Belehrungspflicht allgemein: BVerfG, NJW 1976, 1391 = Rpfleger 1976, 389; BVerfG, NJW 1979, 538 = Rpfleger 1979, 12; *Vollkommer*, Rpfleger 1982, 1 ff.; *Muth*, Rpfleger 1986, 417; *Stöber*, Einl. Rdn. 7; *Böttcher*, Einl. Rdn. 32 mit zahlreichen Beispielen aus der Rechtsprechung.
31 Steiner/*Hagemann*, §§ 15, 16 Rdn. 207.
32 RGZ 134, 56.
33 BVerfG, NJW 1983, 559 = Rpfleger 1983, 80.
34 LG Heilbronn, Rpfleger 1994, 223.
35 LG Köln, Rpfleger 2000, 408.

werb des Grundstücks zu ermöglichen.³⁶ Die Zwangsversteigerung ist jedoch dann nicht aufzuheben, wenn zum Zeitpunkt der Anordnung der Zwangsversteigerung oder der Entscheidung über ein Rechtsmittel bzw. einen Einstellungsantrag nicht davon ausgegangen werden kann, dass die Zwangsversteigerung zur Befriedigung des betreibenden Gläubigers führt.³⁷ Für einen neuen Antrag auf Anordnung der Zwangsversteigerung besteht kein Rechtsschutzbedürfnis, wenn erst wenige Wochen vorher im Wege des Vollstreckungsschutzes wegen Suizidgefahr des Schuldners ein Zwangsversteigerungsverfahren aufgehoben wurde und der neue Antrag nur dazu dient, die Wirkungen des Vollstreckungsschutzes wieder außer Kraft zu setzen. Eine anderweitige Beurteilung ist jedoch geboten, wenn sich stichhaltige Anhaltspunkte ergäben, dass die den Vollstreckungsschutz begründenden besonderen Umstände und die damit verbundene Härte nicht mehr vorliegen.³⁸

14 Bei der Anordnung der Zwangsversteigerung werden insbesondere zwei Aspekte diskutiert. Das Rechtsschutzbedürfnis wird zum einen für die Zwangsversteigerung wegen einer **Bagatellforderung**, zum anderen für die **zwecklose Versteigerung** erörtert. Vor der Versagung des Rechtsschutzbedürfnisses ist der Gläubiger in jedem Falle anzuhören.

b) **Bagatellforderung**

15 Was unter einer **Bagatellforderung** zu verstehen ist, kann zweifelhaft sein.³⁹ Abgestellt auf die wirtschaftlichen Verhältnisse von Gläubiger und Schuldner geht es keine feststehende Grenze.⁴⁰ Auch der Gläubiger einer nur geringen Forderung kann grundsätzlich Befriedigung durch Versteigerung des Grundstücks suchen.⁴¹ Das geltende Recht macht die Anordnung der Versteigerung nicht davon abhängig, dass zunächst die Sachpfändung oder die Forderungspfändung ohne Erfolg versucht wurde.⁴² Das Rechtsschutzbedürfnis darf nicht deswegen versagt werden, weil der Gläubiger nur wegen einer Bagatellforderung die Versteigerung betreiben will.⁴³

16 Zur Prüfung des Rechtsschutzbedürfnisses werden die Interessen von Gläubiger und Schuldner gegeneinander abgewogen. Dabei muss den Interessen des Gläubigers grundsätzlich ein höheres Gewicht zukommen als denjenigen des Schuldners. Wenn der Staat dem Gläubiger schon das Faustrecht untersagt, muss er eine wirksame Vollstreckung gewährleisten. Andernfalls würde das Erkenntnisverfahren als nutzlos entwertet und der Gläubiger wegen seiner Ansprüche rechtlos gestellt. Der Schuldner darf auch nicht dadurch, dass das Rechtsschutzbedürfnis versagt wird, dazu ermuntert werden, geringe Forderungen nicht zu

---

36 LG Koblenz, Rpfleger 1997, 269.
37 LG Koblenz, Rpfleger 1998, 300.
38 LG Rostock, JurBüro 2003, 46 = InVo 2003, 253.
39 *Schiffhauer*, ZIP 1981, 832; *Böttcher*, §§ 15, 16 Rdn. 58 nennt Beträge zwischen 5,– und 25,– €.
40 Steiner/*Hagemann*, §§ 15, 16 Rdn. 129.
41 BGH, NJW 1973, 894; Zöller/*Stöber*, vor § 704 Rdn. 2, 17; *Böttcher*, §§ 15, 16 Rdn. 58; LG Aachen, JurBüro 1987, 924; LG Konstanz, NJW 1980, 297; LG Oldenburg, Rpfleger 1981, 492; OLG Schleswig, Rpfleger 1979, 470; LG Wuppertal, NJW 1980, 297.
42 Kein „gradus executionis" LG Oldenburg, Rpfleger 1982, 303; Steiner/*Hagemann*, §§ 15, 16 Rdn. 132; a.A. *Böhmer*, NJW 1979, 935; LG Frankenthal, Rpfleger 1979, 433; AG Mainz, Rpfleger 1981, 25.
43 *Drischler*, KTS 1981, 389; *Schiffhauer*, ZIP 1981, 832, 834; Steiner/*Hagemann*, §§ 15, 16 Rdn. 128; *Stöber*, ZVG Einl. 48.4; *Böttcher*, §§ 15, 16 Rdn. 58.

begleichen.⁴⁴ Allerdings ist stets zu prüfen, ob die Vollstreckung durch den Gläubiger den Grundsatz der Verhältnismäßigkeit oder des Übermaßgebotes verletzt.⁴⁵ Das Rechtsschutzbedürfnis fehlt nur, wenn für das Vollstreckungsgericht erkennbar zweckwidrige und nicht schutzwürdige Ziele verfolgt werden. Soll der Schuldner offensichtlich schikaniert oder ihm Schaden zugefügt werden, ist das Rechtsschutzbedürfnis zu versagen.⁴⁶

c) **Zwecklose Versteigerung**

Die Frage der **zwecklosen Versteigerung** stellt sich insbesondere dann, wenn dem das Verfahren betreibenden Gläubiger so hohe Ansprüche im Range vorgehen, dass sogar der Verkehrswert des Grundstückes überstiegen wird.⁴⁷ Aber auch aus wirtschaftlich aussichtslos erscheinender Rangposition darf der Gläubiger die Versteigerung betreiben; das Versteigerungsgericht ist nicht berechtigt, einen Vollstreckungsantrag zurückzuweisen oder das Verfahren von Amts wegen aufzuheben, insbesondere dann nicht, wenn der Verkehrswert des Grundstückes überhaupt noch nicht festgesetzt ist.⁴⁸ Kann ein Zwangsversteigerungsverfahren die Befriedigung des betreibenden Gläubigers aus dem Versteigerungserlös von vorneherein erkennbar nicht einmal teilweise erreichen, dann sind die **Kosten der Zwangsvollstreckung** nicht als notwendig im Sinne von § 788 Abs. 1 ZPO anzusehen. Dass der Versteigerungsantrag des Gläubigers aufgrund der ihm bleibenden Chance freiwilliger Leistungen des Schuldners zulässig ist, ändert daran nichts.⁴⁹ Das Rechtsschutzbedürfnis kann jedenfalls nicht mit dem Argument versagt werden, der Gläubiger habe voraussichtlich keine Aussicht auf Befriedigungsmöglichkeit seiner Forderung. Hierin liegt nicht nur eine unzulässige Vorwegnahme des Versteigerungsergebnisses⁵⁰, sondern auch ein unzulässiger amtswegiger Vollstreckungsschutz nach § 765a ZPO, der jedoch ausschließlich nur auf Antrag des Schuldners zu berücksichtigen ist.⁵¹ Nach der Anordnung des Verfahrens kann

17

---

44 *Schiffhauer*, ZIP 1981, 832, 836; Steiner/*Hagemann*, §§ 15, 16 Rdn. 130.
45 BVerfG, NJW 1979, 538 = Rpfleger 1979, 12; zu Art. 3 GG vgl. BVerfG, NJW 1976, 1391 = Rpfleger 1976, 389 mit Anm. *Stöber* und *Vollkommer*; Hintzen/*Wolf*, Rdn. 11.194 ff.
46 Vgl. *Böttcher*, Einl. Rdn. 44.
47 Hierzu *Wieser*, Rpfleger 1985, 96 ff.
48 LG Stade, LG Aachen, LG Göttingen alle Rpfleger 1988, 420; LG Dortmund, JurBüro 1988, 1417; OLG Hamm, LG Münster beide Rpfleger 1989, 34; Steiner/*Hagemann*, §§ 15, 16 Rdn. 135; *Stöber*, ZVG Einl. Rdn. 48.8.
49 BGH, Beschluss vom 9.10.2014, V ZB 25/14, Rpfleger 2015, 159. Konkret wurde nur der hälftige Anteil des Schuldners als Miteigentümer versteigert. Die Gläubigerin betrieb aus den in Abteilung III Nr. 13 und 14 des Grundbuchs zulasten des Miteigentumsanteils des Schuldners eingetragenen Zwangssicherungshypotheken über 52.320,08 € und 52.320,07 € die Zwangsversteigerung. Der Miteigentumsanteil, dessen Verkehrswert das Amtsgericht auf 150.000 € festgesetzt hat, ist mit vorrangigen dinglichen Rechten belastet und zwar zwei eingetragene Grunddienstbarkeiten, ein eingetragenes Altenteilsrecht sowie in Abteilung III Nr. 2, 5 bis 12 eingetragene Hypotheken und Grundschulden. Bei der Feststellung des geringsten Gebotes bewertete das Amtsgericht die bestehenbleibenden Rechte mit 256.171,64 € und setzte den bar zu zahlenden Betrag auf 114.826,02 € fest.
50 OLG Koblenz, Rpfleger 1986, 25 mit Anm. *Meyer-Stolte*; OLG Köln, MDR 1972, 877; LG Lüneburg, MDR 1976, 1027; LG Oldenburg, ZIP 1982, 626; *Schiffhauer*, Rpfleger 1983, 236.
51 LG Limburg, Rpfleger 1977, 219; *Stöber*, Einl. 55.2.

sich die Zwecklosigkeit der Versteigerung jedoch während des laufenden Verfahrens herausstellen, insbesondere wenn der Verkehrswert festgesetzt ist oder/und im Versteigerungstermin keine Gebote abgegeben werden. In diesen Fällen kann das Verfahren auch nachträglich noch einstweilen eingestellt oder sogar aufgehoben werden, § 30a ZVG, § 765a ZPO oder §§ 29, 30, 77 ZVG.[52]

18 Auch darf die Versteigerung nicht analog § 803 Abs. 2 ZPO aufgehoben werden. Es fehlt bereits an der für eine entsprechende Anwendung notwendigen Regelungslücke.[53] Der BGH[54] hat zur Versteigerung (in Fortführung seines Grundsatzbeschluss vom 18.7.2002[55] zur Zwangsverwaltung) entschieden: das Verbot der zwecklosen Pfändung nach § 803 Abs. 2 ZPO findet auch in der Zwangsversteigerung kein Anwendung. Dass die Zwangsversteigerung auch bei hohen Vorbelastungen Platz greift, verdeutlicht bereits § 77. Der Gesetzgeber hat den Fall einer ergebnislosen Versteigerung ausdrücklich geregelt. Entweder wird das Verfahren aufgehoben, § 77 Abs. 2 Satz 1, oder es kann die Fortsetzung der Zwangsversteigerung als Zwangsverwaltung bestimmt werden, § 77 Abs. 2 Satz 2. Außerdem liegt eine vollkommen andere Konstellation vor. Bei der Immobiliarvollstreckung hat der Gegenstand unzweifelhaft so viel Wert, dass zumindest die Verwertungskosten gedeckt werden können. Die Vollstreckung ist nicht wegen des noch nicht feststehenden Grundstückswertes aussichtslos, sondern infolge des Deckungs- und Übernahmeprinzips, wonach vorrangige Belastungen vor dem bestrangig betreibenden Gläubiger bestehen bleiben. Aber auch die maßgebenden Grundstücksbelastungen können sich nach der Verfahrensanordnung im laufenden Verfahren vielfach ändern, indem z.b. Löschungsverpflichtungen erfüllt werden. Im formalisierten Anordnungsverfahren – wie auch im Verfahren über einen Beitrittsantrag – besteht für das Vollstreckungsgericht nicht die Möglichkeit, sich hierüber Gewissheit zu verschaffen. Auch deshalb kann § 803 Abs. 2 ZPO auf die Immobiliarvollstreckung nicht entsprechend angewendet werden. Das Vollstreckungsgericht darf daher das Verfahren nicht mit der Begründung aufheben, ein Versteigerungserlös sei zugunsten des Gläubigers nicht zu erwarten.

III. Rechtsbehelf
1. Anordnung des Verfahrens

19 Der Schuldner, der vor der Anordnung des Verfahrens nicht gehört wurde, kann den Beschluss mit der **unbefristeten Erinnerung** nach § 766 Abs. 1 ZPO anfechten. Ist die Erinnerung begründet, muss der Rechtspfleger ihr abhelfen, § 572 Abs. 1 S. 1 ZPO. Andernfalls legt er die Erinnerung dem Richter vor, der hierüber entscheiden muss, § 20 Nr. 17 RPflG. Gegen die Entscheidung des Richters ist die sofortige Beschwerde gegeben, § 793 ZPO. Wurde der Schuldner aus-

---

52 LG Augsburg, Rpfleger 1986, 146; LG Berlin, Rpfleger 1987, 209; LG Bielefeld, Rpfleger 1987, 424; LG Düsseldorf, Rpfleger 1987, 210.
53 In diesem Sinne: LG Berlin, Rpfleger 1987, 209; OLG Hamm, LG Münster, beide Rpfleger 1989, 34; LG Krefeld, Rpfleger 1994, 35; *Böttcher*, §§ 15, 16 Rdn. 60; *Muth*, Kap. 9 A Rdn. 35; a.A. LG Augsburg, Rpfleger 1986, 146; LG Bielefeld, Rpfleger 1987, 424; LG Regensburg, NJW-RR 1988, 447; LG Düsseldorf, JurBüro 1987, 786; OLG Düsseldorf, Rpfleger 1989, 470.
54 Rpfleger 2004, 302 = NZM 2004, 347 = WM 2004, 646 = InVo 2004, 290 = ZfIR 2004, 440.
55 Rpfleger 2002, 578 = BGHZ 151, 384 = KTS 2003, 166 = MDR 2002, 1213 = WM 2002, 1809 = ZIP 2002, 1595 = InVo 2003, 41 = ZfIR 2002, 753.

nahmsweise vor Anordnung des Verfahrens angehört, ist gegen die Entscheidung die **sofortige Beschwerde** binnen einer Frist von 2-Wochen gegeben, § 11 Abs. 1 RPflG, § 793 ZPO. Erachtet der Rechtspfleger, dessen Entscheidung angefochten wird, die Beschwerde für begründet, so hat er ihr abzuhelfen, andernfalls ist die Beschwerde unverzüglich dem Beschwerdegericht vorzulegen, § 572 Abs. 1 S. 1 ZPO. Ordnet ausnahmsweise das Beschwerdegericht (Landgericht) die Zwangsversteigerung an, kann der nicht angehörte Schuldner bei dem Beschwerdegericht die Vollstreckungserinnerung nach § 766 ZPO einlegen. Gegen die Zurückweisung der Vollstreckungserinnerung durch das Beschwerdegericht ist nach Maßgabe von § 574 ZPO die Rechtsbeschwerde statthaft.[56]

2. Zurückweisung des Antrags

Wird der Antrag des Gläubigers ganz oder teilweise zurückgewiesen, ist hiergegen die **sofortige Beschwerde** binnen einer Frist von 2 Wochen gegeben, § 11 Abs. 1 RPflG, § 793 ZPO. Der Rechtspfleger ist abhilfebefugt, § 572 Abs. 1 S. 1 ZPO. Hilft der Rechtspfleger nicht ab, erfolgt Vorlage an das Landgericht (Beschwerdegericht). 20

3. Aufklärungsverfügung

Die Aufklärungsverfügung kann der Gläubiger, sofern er nicht zuvor hierzu gehört wurde, als Vollstreckungsmaßnahme mit der Erinnerung anfechten, § 766 ZPO.[57] 21

4. Sonstige

Einwendungen gegen den **Vollstreckungstitel** sind mit den zulässigen Rechtsmitteln geltend zu machen. In Betracht kommen Einspruch, Berufung, Revision, Beschwerde, Wiederaufnahme des Verfahrens. Einwendungen **gegen den titulierten Anspruch** infolge Zahlung, Aufrechnung, Stundung etc. werden mittels einer Vollstreckungsabwehrklage durchgesetzt, § 767 ZPO. Einwendungen gegen die **Zulässigkeit** der **Vollstreckungsklausel** können nur in den Verfahren nach §§ 732, 768 ZPO geltend gemacht werden. Dritte müssen **Widerspruchsklage** erheben, § 771 ZPO, falls ihnen ein die Veräußerung hinderndes nicht grundbuchersichtliches Recht zusteht, § 28. Wird die Widerspruchsklage auf ein **Veräußerungsverbot** gestützt, gilt § 772 ZPO. Es kommt darauf an, ob das Verwertungsrecht vor bzw. gutgläubig wirksam nach Erlass des Veräußerungsverbots entstanden ist. 22

IV. Kosten
1. Gerichtskosten

Für die Entscheidung über die **Anordnung** der Zwangsversteigerung, der Wiederversteigerung, § 133 sowie der Zulassung des **Beitritts zum Verfahren** entsteht eine Festgebühr von 100,– € (GKG-KV 2210). Schuldner dieser Gebühr ist der jeweilige Antragsteller. Wird der Antrag von mehreren Gesamtgläubigern bzw. Gesamthandsgläubigern gestellt, gelten dieser als ein Antragsteller, die Festgebühr fällt nur einmal an. Betrifft ein Antrag mehrere Gegenstände, wird die Ge- 23

---

56 BGH, Rpfleger 2011, 97.
57 Steiner/*Hagemann*, §§ 15, 16 Rdn. 247; *Böttcher*, §§ 15, 16 Rdn. 106; a.A. *Stöber*, ZVG § 15 Rdn. 3.6 und 5.2: sofortige Beschwerde.

bühr nur einmal erhoben, soweit durch einen einheitlichen Beschluss entschieden wird.[58]

24 Die Gebühr wird mit der Entscheidung über den Antrag auf Anordnung bzw. Beitritt zum Verfahren fällig, § 7 Abs. 1 Satz 1 GKG.

25 Neben der Gebühr fallen die Auslagen für Zustellung mit Zustellungsurkunde oder Einschreiben gegen Rückschein in voller Höhe an, GKG-KV 9002 (jeweils 3,50 €).

2. Rechtsanwaltskosten

26 Der Anwalt erhält Gebühren für die Vertretung eines Beteiligten. Beteiligte sind die Personen nach § 9 ZVG, also nicht Bieter/Ersteher und der Bürge des Erstehers. Der **Wert** richtet sich nach § 26 Nr. 1–3 RVG.

a) **Gebühr: RVG VV 3311 Nr. 1**

27 0,4 Gebühr, von Beginn (Antrag) bis zur Einleitung des Verteilungsverfahrens gem. § 105. Abgegolten wird die gesamte Tätigkeit des Rechtsanwaltes – mit Ausnahme des Versteigerungstermins selbst – im Verfahren, einschl. der Vollstreckungsschutzverfahren, §§ 30 ff.

b) **Gebühr: RVG VV 3312**

28 0,4 Gebühr, für die Vertretung des Beteiligten im Versteigerungstermin. Der Rechtsanwalt muss im Termin in der Zeit vom Aufruf der Sache bis zum Schluss der Versteigerung zumindest zeitweise anwesend sein. Tritt der Rechtsanwalt erstmals im Termin in Erscheinung, so erhält er auch die 0,4 Gebühr RVG VV 3311 Nr. 1.[59]

29 Auch wenn mehrere Termine stattfinden, erhält der Rechtsanwalt die Gebühr nur einmal.

c) **Gebühr: RVG VV 3311 Nr. 2**

30 0,4 Gebühr, für die Vertretung im Verteilungsverfahren. Hiermit werden alle Tätigkeiten ab der Terminsbestimmung bis zur Teilungsplanausführung abgegolten. Wird der Rechtsanwalt erstmals im Verteilungsverfahren tätig, erhält er nur diese Gebühr.

31 Haben sich die Beteiligten über die Verteilung des Erlöses **außergerichtlich geeinigt,** so findet nach § 143 die Verteilung nicht durch das Gericht statt, sondern diesem muss die Einigung nur nachgewiesen werden. Ausdrücklich erhält der Rechtsanwalt auch hierfür die 0,4 Gebühr.

d) **Gebühr: RVG VV 3311 Nr. 6**

32 0,4 Gebühr für die Tätigkeit im Verfahren über Anträge auf einstweilige Einstellung oder Verhandlungen mit dem Ziel der Aufhebung des Verfahrens.

---

58 Vorbemerkungen 2.2 zu GKG-KV 2210.
59 *Gerold/Schmidt/Mayer*, RVG-VV 3312 Rdn. 23; *Schneider/Wolf/Mock*, RVG-VV 3312 Rdn. 21.

e) Weitere Gebühren

Für die Vertretung eines **Bieters**, der nicht Beteiligter ist, erhält der Rechtsanwalt ebenfalls die jeweiligen 0,4 Gebühren nach RVG-VV 3311. 33

Vertritt der Rechtsanwalt seinen Mandanten in **mehrfacher Eigenschaft**, z.B. als Antragsteller und zugleich als Bieter im Termin, so gibt es hierzu im Gesetz keine Lösung und auch nicht in der Rechtsprechung. Vertretbar ist, dass der Rechtsanwalt die Gebühren dann mehrfach erhält[60]. 34

3. Prozesskostenhilfe

Die Vorschriften über die Bewilligung von Prozesskostenhilfe einschließlich der Beiordnung eines Anwalts sind grundsätzlich anwendbar.[61] Prozesskostenhilfe wird für jeden Rechtszug besonders bewilligt, § 119 Abs. 1 Satz 1 ZPO. Die für das Erkenntnisverfahren bewilligte Prozesskostenhilfe schließt die Zwangsvollstreckung nicht ein.[62] Für die Bewilligung zuständig ist das Vollstreckungsgericht, § 117 Abs. 1 Satz 3 ZPO. Funktionell zuständig ist der Rechtspfleger, § 20 Nr. 5 RPflG. 35

Für den Antrag (oder Beitritt) kann Prozesskostenhilfe bewilligt werden.[63] Der Antragsteller hat sich über seinen persönlichen und wirtschaftlichen Verhältnisse zu erklären und diese zu belegen, § 118 ZPO. Dem antragstellenden Gläubiger wird Prozesskostenhilfe für das gesamte Vollstreckungsverfahren bewilligt. Auf Antrag wird dem Gläubiger ein Rechtsanwalt beigeordnet, wenn die Vertretung durch einen Rechtsanwalt erforderlich erscheint, § 121 Abs. 2 ZPO. 36

Die vom Schuldner beantragte **Beiordnung** eines **Rechtsanwalts** setzt voraus, dass die beabsichtigte Rechtsverfolgung hinreichende Aussicht auf Erfolg hat. Die Erfolgsaussicht lässt sich nur beurteilen, wenn der Schuldner darlegt, gegen welche vollstreckungsgerichtliche Maßnahme er sich im Einzelnen wenden will oder wie er sich sonst konkret am Verfahren beteiligen möchte; die pauschale Bewilligung von Prozesskostenhilfe für das Verfahren insgesamt kommt nach Auffassung des BGH[64] bei der Immobiliarvollstreckung nicht in Betracht. Anders bei der Zwangsvollstreckung in bewegliches Vermögen (arg. e. § 119 Abs. 2 ZPO). Bei der Immobiliarvollstreckung kann PKH nicht insgesamt, sondern nur für einzelne Verfahrensabschnitte und Verfahrensziele gewährt werden. Das ZVG sieht eine Vielzahl von Möglichkeiten für eine Beteiligung des Schuldners am Verfahren vor, deren Erfolgsaussichten für den Einzelfall geprüft werden müssen. Von welchen der ihm eröffneten Möglichkeiten er Gebrauch machen möchte, muss der Schuldner stets gesondert deutlich machen. Nur so kann geprüft werden, inwieweit der Schuldner mit Erfolg in den Ablauf des Zwangsversteigerungsverfahrens eingreifen könnte.[65] 37

---

60   Schneider/*Wolf/Mock*, RVG, vor VV 3311, 3312 Rdn. 15.
61   LG Frankenthal, Rpfleger 2001, 193.
62   LG Frankenthal, MDR 1982, 585; LG Stuttgart, Rpfleger 1982, 309; *Schneider*, MDR 1987, 89.
63   LG Frankenthal, Rpfleger 2002, 219.
64   BGH, Rpfleger 2004, 174 = NJW-RR 2004, 787 = KTS 2004, 460 = WM 2003, 2432 = InVo 2004, 207 und erneut BGH, Rpfleger 2011, 547 = NJW-RR 2011, 708 = FamRZ 2011, 967 = WuB H. 8/2011 VI E. § 180 ZVG 1.11 *Hintzen*.
65   So bereits LG Bielefeld, Rpfleger 1987, 210; LG Krefeld, Rpfleger 1988, 156.

§ 16 »Inhalt des Antrags«

(1) Der Antrag soll das Grundstück, den Eigentümer, den Anspruch und den vollstreckbaren Titel bezeichnen.

(2) Die für den Beginn der Zwangsvollstreckung erforderlichen Urkunden sind dem Antrage beizufügen.

Übersicht

		Rdn.
I.	Antrag	1
	1. Allgemeines	1
	2. Form und Inhalt	2
II.	Grundstück	3
III.	Eigentümer, Gläubiger	5
IV.	Anspruch	7
	1. Allgemeines	7
	2. Geldforderung	8
	3. Zinsen	10
	4. Kosten	11
	5. Dinglicher Anspruch	12
	6. Öffentlich-rechtliche Forderung	18
	7. Hausgeldansprüche	19.1
	8. Umfang	20
V.	Beizufügende Urkunden	22

I. Antrag

1. Allgemeines

1 Wie jede andere Vollstreckungsmaßnahmen muss die Versteigerung beantragt werden, § 15. Der Antrag ist Prozesshandlung. Gläubiger und Schuldner müssen partei- und prozessfähig sein. Dies hat das Vollstreckungsgericht grundsätzlich selbstständig zu prüfen.[1] § 16 bestimmt, wie ein Antrag ordnungsgemäß gestellt wird und was ihm beizufügen ist.

2. Form und Inhalt

2 Die Versteigerung kann formlos, d.h. mündlich zu Protokoll, telefonisch, per Telefax oder schriftlich beantragt werden. Der Antrag ist grundsätzlich handschriftlich zu unterzeichnen,[2] ein Faksimile genügt nicht.[3] Zur Einreichung in elektronischer Form vgl. § 130a ZPO. Anwaltszwang besteht nicht. Der Antrag **muss** das zu versteigernde Grundstück bezeichnen. Der Antrag **soll** den Eigentümer, den Anspruch und den für ihn bestehenden Vollstreckungstitel benennen. Die für den Beginn der Zwangsvollstreckung erforderlichen Urkunden sind beizufügen. Die Nichtbeachtung der Soll-Vorschrift ist auf das Verfahren ohne Einfluss. Allerdings kann das Vollstreckungsgericht auf die Angaben regelmäßig nicht verzichten. Es wird daher den Gläubiger auffordern, dass Versäumte nachzuholen. Vor Erledigung kann das Verfahren auf einen weiteren mangelfreien Antrag hin angeordnet werden.

---

1 OLG Hamm, Rpfleger 1990, 131 = MDR 1990, 347.
2 LG Berlin, Rpfleger 1975, 440; *Stöber*, ZVG § 16 Rdn. 2.
3 So aber *Dempewolf*, MDR 1977, 801; *Böttcher*, §§ 15, 16 Rdn. 7.

II. Grundstück

Das Grundstück[4] muss so eindeutig und klar bezeichnet sein, dass es ohne Weiteres im Grundbuch selbst aufgefunden werden kann. Bei nur einem Grundstück genügt die Angabe des Grundbuchblattes. Bei mehreren Grundstücken in demselben Grundbuchblatt bedarf es der katastermäßigen Bezeichnung oder der Angabe der laufenden Nummer des Bestandsverzeichnisses. Wird in Grundstücksbruchteile vollstreckt, muss deren Anteilsgröße angegeben werden. Handelt es sich um ein Wohnungs- oder Teileigentum, sollte der Miteigentumsanteil in Verbindung mit der Bezeichnung des Sondereigentums angegeben werden. Werden an einem in Wohnungs- und Teileigentum aufgeteilten Gebäude Umbaumaßnahmen derart vorgenommen, dass die baulichen Realitäten nicht mit der Teilungserklärung übereinstimmen und sich eine Zuordnung einzelner Räume zu den vorgesehenen Miteigentumsanteilen nicht mehr vornehmen lässt, fehlt es an der Verkehrsfähigkeit der Wohnungs- und Teileigentumsrechte. Dies hindert die Durchführung eines Zwangsversteigerungsverfahrens.[5] Ist in einer vollstreckbaren Urkunde als Haftungsgegenstand ein Grundstück genannt, so kann in das daraus gemäß §§ 3, 8 WEG entstandene Wohnungseigentum ohne Umschreibung der Vollstreckungsklausel vollstreckt werden.[6] Bei einem Erbbaurecht oder Wohnungserbbaurecht bzw. Teileigentumserbbaurecht muss entsprechend verfahren werden.

Nach BGH[7] ist die Zwangsversteigerung in ein für **diplomatische** Zwecke genutztes Grundstück unzulässig. Inwiefern ein anderer Staat der deutschen Gerichtsbarkeit unterliegt, bestimmt sich mangels konkreter Rechtsvorschriften oder völkerrechtlicher Vereinbarungen nach den gemäß Art. 25 GG als Bundesrecht geltenden allgemeinen Regeln des Völkerrechts (§ 20 Abs. 2 GVG). Es besteht eine allgemeine Regel des Völkerrechts, dass die Zwangsvollstreckung durch den Gerichtsstaat aus einem Vollstreckungstitel gegen einen fremden Staat in Gegenstände dieses Staates, die sich im Hoheitsbereich des Gerichtsstaates befinden oder dort belegen sind, ohne Zustimmung des fremden Staates unzulässig ist, sofern sie im Zeitpunkt des Beginns der Vollstreckungsmaßnahme hoheitlichen Zwecken des fremden Staates dienen. Konkret diente das Grundstück zur Wahrnehmung der amtlichen Funktion einer ausländischen Botschaft.

III. Eigentümer, Gläubiger

Der Eigentümer soll genannt werden, damit dessen Identität mit dem im Titel aufgeführten Schuldner festgestellt werden kann. Das Eigentum des im Grundbuch eingetragenen wird vermutet, §§ 1148, 891 BGB.[8] Der Schuldner ist so zu bezeichnen, dass er im Anordnungsbeschluss zutreffend benannt werden und ihm der Beschluss zugestellt werden kann.[9] Nach § 736 ZPO ist zur Zwangsvollstreckung in das **Gesellschaftsvermögen** einer nach § 705 BGB eingegangenen Gesellschaft ein gegen alle Gesellschafter ergangenes Urteil erforderlich. Diese ge-

---

4 Hierzu → vor § 15 Rdn. 2 ff.
5 LG Passau, ZfIR 2005, 476; hierzu auch *Grziwotz*, ZfIR 2005, 449.
6 LG Berlin, Rpfleger 1985, 159; LG Essen, Rpfleger 1986, 101; a.A. LG Weiden, Rpfleger 1984, 280.
7 Rpfleger 2003, 518 = NJW-RR 2003, 1218 = KTS 2003, 637 = MDR 2003, 1135 = WM 2003, 1388 = InVo 2003, 402.
8 Hierzu → § 17 Rdn. 1.
9 LG Bielefeld, Hamburg, Mannheim alle Rpfleger 1958, 27 ff.

mäß § 795 ZPO auch für vollstreckbare Urkunden geltende Vorschrift hat durch die neuere Rechtsprechung zur Rechtsfähigkeit der Gesellschaft bürgerlichen Rechts[10] nicht ihre Bedeutung verloren. Sie ist nach Auffassung des BGH[11] nunmehr so zu verstehen, dass der Gläubiger nicht nur mit einem gegen die Gesellschaft als Partei gerichteten Titel in das Gesellschaftsvermögen vollstrecken kann, sondern – anders als bei der OHG (vgl. § 124 Abs. 2 HGB) – auch mit einem Titel gegen alle einzelnen Gesellschafter aus ihrer persönlichen Mithaftung. Folglich entschied der BGH, dass aus der wirksam in eine Grundschuldurkunde aufgenommenen und im Grundbuch eingetragenen Unterwerfungserklärung der Gesellschafter einer Gesellschaft bürgerlichen Rechts gemäß § 800 Abs. 1 ZPO die Zwangsvollstreckung in ein Grundstück des Gesellschaftsvermögens betrieben werden kann.

6   Für die Bezeichnung des Gläubigers gilt das zuvor gesagte entsprechend.[12] Zur (Teil)Rechtsfähigkeit der **WE-Gemeinschaft** vgl. BGH v. 2.6.2005.[13] Mit der Anerkennung der Teilrechtsfähigkeit der Wohnungseigentümergemeinschaft sind in jedem Falle Erleichterungen bei der Durchsetzung von Gemeinschaftsansprüchen, insbesondere gegen schuldnerische Miteigentümer verbunden. Der BGH erwähnt insbesondere die Gemeinschaft als Gläubiger einer Zwangssicherungshypothek.[14] Mit der Teilrechtsfähigkeit kann die Wohnungseigentümergemeinschaft aber auch in der Versteigerung selbst Forderungsinhaberin sein und damit als Gläubigerin auftreten (zur Anmeldung bzw. zum Betreiben wegen Ansprüchen aus Rangklasse 2 s. → § 10 Rdn. 19 ff. und 80 ff.).

IV. Anspruch
1. Allgemeines

7   Der Gläubiger muss den zu vollstreckenden Anspruch im Antrag aufführen. Hierbei kann der Gläubiger auf den Schuldtitel Bezug nehmen, sofern der Anspruch hieraus hinreichend genau hervorgeht.[15] Die fehlerhafte Bezeichnung einer Nebenforderung (z.b. fehlender Zinsbeginn) des zu vollstreckenden Anspruchs im Anordnungs- oder Beitrittsbeschluss stellt später keinen Zuschlagsversagungsgrund nach § 83 Nr. 1 i.V.m. § 43 Abs. 2 dar.[16] Ist der zu vollstreckende Anspruch im Anordnung- oder Beitrittsbeschluss unter Bezugnahme auf den Vollstreckungstitel bezeichnet, ist für den Schuldner eindeutig, wegen welchen Anspruchs

---

10   BGHZ 146, 341 = Rpfleger 2001, 246.
11   Rpfleger 2004, 718 = NJW 2004, 3632 = DNotZ 2005, 121 = NZM 2005, 36 = WM 2004, 1827 = ZIP 2004, 1775 = InVo 2005, 115 = NotBZ 2004, 389 = ZfIR 2004, 828 = ZNotP 2004, 487; auch KG, NZM 2011, 80; zur Rechtsfähigkeit im Grundbuch OLG Hamm, Rpfleger 2010, 583.
12   Hierzu *Bull*, Rpfleger 1958, 245.
13   NJW 2005, 2061 = Rpfleger 2005, 521 mit Anm. *Dümig* = DNotZ 2005, 776 = MDR 2005, 1156 = WM 2005, 1423 = InVo 2005, 407; *Schmidt*, JuS 2005, 946; *Lüke*, ZfIR 2005, 506.
14   Bisher genügte der Verweis auf eine dem Titel beigefügte Eigentümerliste im Gegensatz zum Erkenntnisverfahren nicht. Vielmehr bedurfte es nach § 15 Abs. 1 GBV der Eintragung aller Gläubiger unter Angabe von Namen, Vornamen, Wohnort und Beruf. Die Wohnungseigentümer mussten sich häufig mit einer fiduziarischen Abtretung der Forderung oder mit der Ermächtigung des Verwalters behelfen, die Forderung als Prozessstandschafter einzuklagen. Dies ist nunmehr nicht mehr von Nöten.
15   RGZ 134, 56.
16   BGH, Rpfleger 2011, 544 = NJW-RR 2011, 953.

die Zwangsversteigerung angeordnet wird. Eine fehlende Bestimmung des Zinsbeginns bei den Grundschuldzinsen in dem Urteil betrifft nur die Rechte der Beteiligten an einem zu verteilenden Vollstreckungserlös, nicht aber unmittelbar den Schuldner. Letzterer hat die Zwangsversteigerung in jedem Falle zu dulden. Das Vollstreckungsgericht ist weiterhin an eine falsche Bezeichnung eines Anspruchs im Titel gebunden. Eine anderweitige Glaubhaftmachung zur späteren Korrektur durch den Gläubiger ist nicht möglich. Ist beispielhaft im Titel „Miete für Wohnraum" der WE-Gemeinschaft angegeben, ist eine Anordnung der Zwangsversteigerung aus der Rangklasse 2 des § 10 Abs. 1 (für Hausgelder der WE-Gemeinschaft) nicht möglich. Der Antrag ist jedoch regelmäßig auf Anordnung der Zwangsversteigerung aus der Rangklasse 5 umzudeuten.[17]

2. Geldforderung

Der zu vollstreckende Anspruch muss grundsätzlich auf **Geld** gerichtet sein. **8**
Verlangt sein muss die Leistung einer bestimmten Menge eines geltenden gesetzlichen Zahlungsmittels. Einen auf die Leistung von Naturalien gerichteten Titel muss das Prozessgericht daher erst in einen Zahlungstitel umwandeln.[18] Dabei ist gleichgültig, ob die Forderung in einer anderen **Währung** als Euro zu begleichen ist, § 244 BGB; sie kann sogar auf eine nicht mehr gültige Münzsorte lauten, § 245 BGB. Bei Anordnung des Verfahrens prüft das Vollstreckungsgericht nur, ob wegen einer Geldforderung vollstreckt wird. Umzurechnen ist erst dann, wenn dies im späteren Verfahren erforderlich wird, wie etwa bei einer Ablösung nach § 75. Die Umrechnung erfolgt nach dem Wert, der zur Zeit der Zahlung für den Zahlungsort maßgebend ist, § 244 Abs. 2 BGB. Zahlungstitel in **ausländischer Währung** können dann vollstreckt werden, wenn die Zulässigkeit durch ein deutsches Vollstreckungsurteil ausgesprochen wurde, § 722 ZPO.[19] Neben dem Euro sind zugelassene Währungen US-Dollar, Schweizer Franken und alle Währungen der EU-Länder.[20] Für die Zwangsversteigerung bestimmt § 145a, dass vor der Aufforderung zur Abgabe von Geboten im Versteigerungstermin die Feststellung der Umrechnung in Euro zu erfolgen hat; der Teilungsplan ist in Euro (dies gilt gleichermaßen für die Zwangsverwaltung, § 158a).

Enthält der titulierte Anspruch eine **Wertsicherungsklausel**, die der Genehmi- **9**
gung nach § 2 PaPkG bedarf (hierzu Übergangsvorschrift § 9 PrKG), hat der Gläubiger den genauen Betrag anzugeben. Bei unechten Wertsicherungsklauseln wie Leistungsvorbehaltsklauseln, Spannungsklauseln oder Kostenelementeklauseln, § 1 Abs. 2 Nr. 1–3 PrKG muss die Veränderung tituliert sein, um im Verfahren berücksichtigt zu werden.[21] Bis zur Feststellung der Unwirksamkeit der Preisklausel bleiben die Rechtswirkungen der Preisklausel unberührt, § 8 PrKG, sie sind somit solange auch für das Vollstreckungsgericht verbindlich.

3. Zinsen

Sind die Zinsen im Vollstreckungstitel der Höhe nach nicht genau bestimmt, **10**
sondern gleitend festgelegt, hat der Gläubiger im Antrag einen angemessenen

---

17 LG Mönchengladbach, Rpfleger 2009, 257.
18 LG Deggendorf, Rpfleger 1990, 308.
19 Vgl. im Einzelnen *Stöber*, ZVG § 15 Rdn. 41.2.
20 Vgl. *Rellermeyer*, Rpfleger 1999, 49; Musielak/Voit/*Becker*, § 867 Rdn. 4.
21 Hierzu *Mümmler*, Rpfleger 1973, 125; *Pohlmann*, NJW 1973, 2 100; Steiner/*Hagemann*, §§ 15, 16 Rdn. 40; *Böttcher*, §§ 15, 16 Rdn. 15.

Höchstzinssatz anzugeben. Mit Wirkung vom 1.5.2000 an hat der Gesetzgeber durch Neufassung des § 288 Abs. 1 BGB die gesetzlichen Verzugszinsen von 4 % auf „für das Jahr fünf Prozentpunkte über dem Basiszinssatz" erhöht, bei Rechtsgeschäften, an denen ein Verbraucher nicht beteiligt ist, beträgt der Zinssatz nach Abs. 2 „8 Prozentpunkte über dem Basiszinssatz", bei einem Immobiliardarlehensvertrag beträgt der gesetzliche Verzugszinssatz „2,5 Prozentpunkte über dem Basiszinssatz" (§ 503 Abs. 2 BGB). Damit wurden erstmals variable gesetzliche Zinsen eingeführt.[22] Nach § 1115 Abs. 1 BGB muss bei der Eintragung einer Grundschuld u.a. der Zinssatz im Grundbuch angegeben werden. Ist ein variabler Zinssatz vereinbart, so muss zusätzlich ein Höchstzinssatz angegeben und eingetragen werden. Bestritten ist jedoch seit dem Gesetz zur Beschleunigung fälliger Zahlungen vom 20.3.2000 (BGBl I 330), ob auch bei Bezugnahme auf den Basiszinssatz (§ 247 BGB) noch die Angabe eines Höchstzinssatzes erforderlich ist. In der Literatur[23] herrscht die Meinung vor, dass ein Höchstzinssatz dann nicht anzugeben ist, wenn ein gleitender Zinssatz durch Bezugnahme auf den gesetzlichen Basiszinssatz (§ 247 BGB) vereinbart wird. In der Rechtsprechung wird die Frage unterschiedlich beantwortet.[24] Der *BGH*[25] hat sich bei der Eintragung einer Grundschuld dafür entschieden, dass ein Höchstzinssatz nicht angegeben werden muss, wenn die Parteien die Vereinbarung der Verzinsung an § 288 Abs. 1 BGB ausgerichtet haben. Richtig ist daher die Auffassung, dass es nicht der Angabe eines Höchstzinssatzes bedarf, es genügt der Zinssatz wie tituliert oder entsprechend der Eintragung von Grundpfandrechten und damit auch bei Antragstellung zur Zwangsversteigerung.

4. Kosten

11   Gläubiger können die/ihre **Kosten der sog. „dinglichen" Rechtsverfolgung** nach § 10 Abs. 2 jeweils bei ihrem Hauptanspruch in der jeweiligen Rangklasse des § 10 Abs. 1 mit anmelden (z.B. Anordnungs- und Beitrittskosten, Kosten für die Eintragung der Zwangssicherungshypothek, Kosten für die Erwirkung des Duldungstitels etc., hierzu → § 10 Rdn. 74). Der Grundsatz, dass mehrere als **Gesamtschuldner** verurteilte Beklagte auch hinsichtlich der Kosten gesamtschuldnerisch haften, § 100 Abs. 4 ZPO, gilt seit dem 1.1.1999 auch im Vollstreckungsverfahren, § 788 Abs. 1 S. 3 ZPO. Sofern auch wegen **persönlicher**

---

22   Hierzu umfassend *Wagner,* Rpfleger 2004, 668.
23   *Volmer,* ZfIR 2001, 246; *Wolfsteiner,* MittBayNot 2003, 295; *Böhringer,* Rpfleger 2003, 157, 163; *ders.,* Rpfleger 2004, 623; *Böttcher,* RpflStud. 2004, 1, 11; *Stavorinus,* Rpfleger 2004, 739; *Wagner,* Rpfleger 2004, 668; Staudinger/*Wolfsteiner,* BGB Einl. zu § 1113 Rdn. 41; Für die Angabe eines Höchstzinssatzes: *Schöner/Stöber,* Rdn. 1962; *Demharter,* EWiR 2003, 365; *ders.,* FGPrax 2004, 144, 146; *Wilsch,* FGPrax 2003, 193, der aber überwiegend noch die Rechtsprechung vor der Novellierung von § 288 BGB zitiert.
24   Während das OLG Schleswig, DNotZ 2003, 354 = FGPrax 2003, 58 = MDR 2003, 739 = MittBayNot 2003, 295 m. abl. Anm. *Wolfsteiner* = NotBZ 2003, 76 = RNotZ 2003, 186 = ZIP 2003, 250 und das OLG Celle, DNotI-Report 2004, 202 sowie das LG Gera, NotBZ 2004, 401 die Angabe eines Höchstzinssatzes auch weiterhin verlangen, halten dies das KG, Rpfleger 2003, 204 = FGPrax 2003, 56 = ZfIR 2003, 106; LG Kassel, Rpfleger 2001, 176 = NJW-RR 2001, 1239; LG Konstanz, BWNotZ 2002, 11; LG Schweinfurt, Rpfleger 2004, 622 m. zust. Anm. *Böhringer* = MittBayNot 2005, 46 und LG Traunstein, MittBayNot 2004, 440 nicht für erforderlich.
25   BGH, NJW 2006, 1341 = Rpfleger 2006, 313 mit Anm. *Wagner* = DNotZ 2006, 526 = MDR 2006, 1037 = WM 2006, 672 = MittBayNot 2006, 501.

Zwangsvollstreckungskosten das Verfahren durchgeführt werden soll, muss wegen dieser Beträge das Verfahren betrieben werden, § 10 Abs. 1 Nr. 5 (z.B. Kosten des Gläubigers für den Gerichtsvollzieherauftrag, die Gerichtsvollzieherkosten, Verfahren zur Abgabe der Vermögensauskunft, Forderungspfändung etc.).[26]

5. Dinglicher Anspruch

Geldforderung ist nicht nur der persönliche Anspruch auf Geldzahlung, sondern auch der **dingliche Anspruch** aus einer Hypothek, Grundschuld, Rentenschuld oder auch Reallast. Soll wegen des dinglichen Anspruchs, d.h. aus dem dinglichen Recht vollstreckt werden, ist grundsätzlich ein entsprechender Duldungstitel vorzulegen, § 1147 BGB. Dies gilt auch für die **Arresthypothek**.[27] Die Eintragung der Arresthypothek im Grundbuch wird zwar wie die Zwangssicherungshypothek auf dem Titel vermerkt, § 932 Abs. 2, § 867 Abs. 1 ZPO, jedoch kann aufgrund dieser Voraussetzungen nicht die Zwangsversteigerung in das Grundstück betrieben werden, § 932 Abs. 2 ZPO verweist ausdrücklich nicht auf § 867 Abs. 3 ZPO. Aus dem dinglichen Titel muss erkennbar sein, aus welchem konkreten Recht die Zwangsvollstreckung in das Grundstück durch den Schuldner zu dulden ist.[28] Nach Umwandlung einer Hypothek in eine Grundschuld bedarf es keiner neuen Unterwerfungserklärung i.S.v. § 800 ZPO. Es bedarf auch keiner erneuten Zustellung der Klausel und der Urkunden i.S.v. § 750 Abs. 2 ZPO, wenn der wesentliche Inhalt der Urkunden in der Klausel enthalten ist.[29]

Die dingliche Unterwerfung durch Miteigentümer nach Bruchteilen kann sich nur auf den jeweiligen eigenen Anteil beziehen. Vereinigen sich die Anteile in der Hand eines Eigentümers, ist daher die Vollstreckungsklausel bezüglich der erworbenen Miteigentumsanteile umzuschreiben gegen den Erwerber.[30]

Für die Vollstreckung aus einer **Zwangssicherungshypothek** genügt der vollstreckbare Titel, auf dem die Eintragung der Hypothek im Grundbuch vermerkt ist, § 867 Abs. 3 ZPO (bedenklich aber, wenn der Schuldner Einreden aus §§ 1156, 1157 BGB gegen den Duldungsanspruch erhebt; dann muss die Duldungsklage mit dem Ziel eines Duldungstitels nach wie vor zulässig sein). Einer erneuten Zustellung des Titels bedarf es nicht.[31] Dies soll jedoch dann nicht gelten, wenn der Eigentumserwerb erst nach Eintragung der Zwangssicherungshypothek erfolgt ist, denn dann verlange § 17 einen besonderen Titel gegen den derzeitigen Eigentümer.[32] Der Titel kann auch nicht umgeschrieben werden, da der neue Eigentümer nicht Rechtsnachfolger des Schuldners sein kann.[33]

---

26 LG Dortmund, Rpfleger 2007, 677 zu persönlichen Kosten bei Vollstreckung der Gemeinde wegen öffentlicher Grundsteuern.
27 *Stöber*, ZVG Einl. Rdn. 74.4.
28 *Stöber*, ZVG § 15 Rdn. 9.2; Steiner/*Hagemann*, §§ 15, 16 Rdn. 70; *Böttcher*, §§ 15, 16 Rdn. 28.
29 LG Bonn, Rpfleger 1998, 34.
30 LG Münster, Rpfleger 2007, 564.
31 *Hintzen/Wolf*, Rdn. 10.174.
32 So Musielak/Voit/*Becker*, § 867 Rdn. 11; *Hornung*, Rpfleger 1998, 381, 402.
33 Zöller/*Stöber*, § 867 Rdn. 20; *Keller*, Grundstücke in Vollstreckung und Insolvenz, S. 116.

14 Hat der Vollstreckungsgläubiger eine **Eigentümergrundschuld** gepfändet und sich zur Einziehung überweisen lassen, kann er auch aufgrund des dinglichen Anspruches die Zwangsversteigerung betreiben. Regelmäßig hat sich der Eigentümer bei Bestellung der Grundschuld bereits der sofortigen Zwangsvollstreckung in sein Grundstück unterworfen, sodass der Vollstreckungsgläubiger nur noch die Klausel umschreiben lassen muss, § 727 ZPO.[34] Nur in den seltensten Fällen ist eine entsprechende Klage auf Duldung der Zwangsvollstreckung noch erforderlich.

15 Die Unterscheidung zwischen persönlichem und dinglichem Anspruch ist für den Befriedigungsrang von Bedeutung. Während der dingliche Anspruch in der Rangklasse 4 des § 10 Abs. 1 berücksichtigt wird, wird der persönliche Anspruch erst in der Rangklasse 5 befriedigt.

16 Wird die Miete aus dem belasteten Objekt aufgrund des dinglichen Titels gepfändet, kommt der Pfändungsgläubiger vor demjenigen zum Zuge, der sich die Miete zuvor hatte abtreten lassen oder aufgrund eines persönlichen Titels gepfändet hat.[35]

17 Der Gläubiger muss daher stets angeben, ob er wegen des persönlichen, des dinglichen Anspruchs oder wegen beider vollstrecken will.

6. Öffentlich-rechtliche Forderung

18 Bund, Länder, kommunale Gebietskörperschaften sowie öffentlich-rechtliche Körperschaften können ihre öffentlich-rechtlichen Forderungen[36] im Verwaltungszwangsverfahren beitreiben. Soweit ein dinglicher Anspruch besteht, bestimmt die Vollstreckungsbehörde, ob sie persönlich oder dinglich vollstrecken will. Für die Vollstreckung aus einer Zwangssicherungshypothek benötigt der öffentliche Rechtsträger, der den Titel selbst schaffen kann, keinen dinglichen Titel.[37] Will die Behörde das Verfahren aus einem gepfändeten Eigentümerrecht betreiben[38], gelten die Erleichterungen des Verwaltungszwangsverfahrens nicht. Die Behörde benötigt zur Vollstreckung aus dem Recht wie jeder andere Gläubiger einen dinglichen Titel.[39] Geht die Behördeneigenschaft durch Umwandlung z.B. in eine AG verloren, muss sich der Gläubiger einen Vollstreckungstitel beschaffen.[40]

19 Hat der Sozialhilfeempfänger dem Träger der Sozialhilfe zur Sicherung des Anspruchs auf Rückzahlung darlehensweise gewährter Sozialhilfeleistungen eine Sicherungshypothek bestellt, so bedarf die Behörde zur Zwangsvollstreckung wegen des **dinglichen Anspruchs** aus der Hypothek eines zivilprozessualen Vollstreckungstitels. Eine Selbsttitulierung durch die Behörde ist nur für die persönliche Forderung möglich. Soweit die Behörde wegen ihrer persönlichen Forderung die Vollstreckung betreibt, kann in der Bestellung der Sicherungshypothek nicht die vorweggenommene Zustimmung des Schuldners in die Zwangsverstei-

---

34 BGH, NJW 1988, 1026 = Rpfleger 1988, 181; Brox/*Walker*, Rdn. 744; MünchKomm/*Eickmann*, BGB § 1197 Rdn. 6; Musielak/Voit/*Becker*, § 857 Rdn. 17 a.E.
35 RGZ 103, 137.
36 Forderungsübersicht bei Steiner/*Hagemann*, §§ 15, 16 Rdn. 148; zur Vollstreckung vgl. *Hornung*, Rpfleger 1981, 86.
37 RGZ 88, 99; BayObLG, Rpfleger 1952, 133; LG Kleve, Rpfleger 1986, 293.
38 Hierzu BGH, NJW 1988, 1026 = Rpfleger 1988, 181; Brox/*Walker*, Rdn. 744; MünchKomm/*Eickmann*, BGB § 1197 Rdn. 6.
39 Steiner/*Hagemann*, §§ 15, 16 Rdn. 145; *Stöber*, ZVG § 15 Rdn. 38.6.
40 OLG Hamm, Rpfleger 1989, 337 = WM 1989, 867.

7. Hausgeldansprüche

Aus dem zur Vollstreckung aus der Rangklasse 2 vorzulegenden **Titel** müssen die **Zahlungsverpflichtung** des Schuldners sowie Art (Hausgeldforderung), Bezugszeitraum und Fälligkeit des Anspruchs erkennbar sein, § 10 Abs. 3 Satz 2 (Näheres → § 10 Rdn. 19 ff.). Mit der ausdrücklichen Festlegung dieser Erfordernisse stellt der Gesetzgeber klar, dass kein gesonderter Duldungstitel erforderlich ist, um aus dieser bevorrechtigten Rangklasse vollstrecken zu können. Auch ein im Mahnverfahren erreichter Zahlungstitel (Vollstreckungsbescheid) reicht aus. Feststellungen des Vollstreckungsgerichts zu Art und Fälligkeit des Anspruchs sollen vermieden werden. Dem Vollstreckungsverfahren sind die Entscheidung des Prozessgerichts oder die Angaben im Vollstreckungsbescheid zugrunde zu legen.[42] Der *BGH* hat mit Blick auf die Einstufung der Hausgeldansprüche in § 10 Abs. 1 klargestellt, dass in der Insolvenz eines Wohnungseigentümers die Wohnungseigentümergemeinschaft wegen der nach § 10 Abs. 1 Nr. 2 bevorrechtigten, vor der Insolvenzeröffnung fällig gewordenen Hausgeldansprüche ohne die Notwendigkeit einer vorherigen Beschlagnahme des Wohnungseigentums absonderungsberechtigt sind. Sofern die Berechtigten gegen den säumigen Wohnungseigentümer vor der Insolvenzeröffnung keinen Zahlungstitel erlangt haben, können sie den das Absonderungsrecht bestreitenden Insolvenzverwalter mit der Pfandklage auf Duldung der Zwangsversteigerung in die Eigentumswohnung in Anspruch nehmen.[43]

Bei der Vollstreckung in ein Wohnungseigentum haben nur die „*daraus*" fälligen Ansprüche [...]" ein Recht auf Befriedigung aus dem Grundstück. Hat der Schuldner in derselben Wohnanlage mehrere Wohnungen, so kann bei der Versteigerung der Wohnung Nr. 3 nicht der Hausgeldrückstand bezüglich der Wohnung Nr. 5 im Vorrang geltend gemacht werden. Den „Objektbezug" des Anspruchs als Voraussetzung des Vorrechts hat der Gläubiger bei seiner Anmeldung oder in seinem Versteigerungsantrag glaubhaft zu machen, notfalls durch eine eidesstattliche Versicherung des WE-Verwalters. Richtig ist daher die Entscheidung des *LG Passau*, dass bei der Vollstreckung in Wohnungseigentum ein Zahlungstitel über die Gesamtsumme von Hausgeldrückständen für mehrere Wohnungseigentumseinheiten desselben Schuldners zur Einordnung in Rangklasse 2 von § 10 Abs. 1 nur genügt, wenn sich die anteilige Höhe des Verzugsbetrags für das konkrete vom Zwangsversteigerungsverfahren betroffene Wohnungseigentum aus der Begründung des Titels ergibt oder sich wenigstens durch Auslegung mithilfe der dazu gehörigen Antragsschrift ermitteln lässt. Eine Glaubhaftmachung des Verzugsbetrags für das einzelne Wohnungseigentum erst im Zwangsversteigerungsverfahren ist nicht zulässig.[44]

---

41 OLG Hamm, Rpfleger 2001, 562.
42 Begründung zu Art. 2 Nr. 1 Buchst. b WEGuaÄndG, BT-Drucks. 16/887 S. 46.
43 BGH, Rpfleger 2011, 686 = NJW 2011, 3098; vorher bereits LG Berlin, ZMR 2010, 142; ebenso AG Koblenz, Rpfleger 2010, 282 = ZMR 2010, 568 und *Hintzen*, ZInsO 2010, 777.
44 LG Passau, Rpfleger 2008, 381.

8. Umfang

20 Der Gläubiger muss beantragen, in welchem Umfang der Anspruch vollstreckt werden soll. Anzugeben ist, ob nur wegen der **Kosten,** der **Zinsen** oder des **Hauptanspruchs** das Verfahren betrieben werden soll. Wegen der Einordnung in unterschiedliche Rangklassen des § 10 Abs. 1 muss der Umfang der Nebenforderungen genau angegeben werden.

21 Der Gläubiger kann das Verfahren auch nur wegen eines Teils seines Vollstreckungsanspruchs anordnen lassen. Auch insoweit muss er angeben, was er an Hauptsache und Nebenforderungen geltend macht und ob dinglich und/oder persönlich vollstreckt werden soll. Eine nach teilweiser Befriedigung geltend gemachte Restforderung hat der Gläubiger nach Hauptsache, Zinsen und Kosten zu gliedern. Eine Gesamtabrechnung des Gläubigers kann anders als bei der Vollstreckung in Sachen oder Forderungen nicht gefordert werden.[45]

V. Beizufügende Urkunden

22 Dem Antrag sind die für den Beginn der Zwangsvollstreckung erforderlichen Urkunden beizufügen, § 16 Abs. 2. Welche Urkunden vorgelegt werden müssen, ist in jedem Einzelfall festzustellen. In Betracht kommen: **Vollstreckungstitel, Zustellungsnachweis, Ergänzungsurkunden** wie der Erbschein, Abtretungsurkunde, Bescheid über den Einheitswert nach § 10 Abs. 3 Satz 1, Vollmachten, Zeugnis des Grundbuchamtes nach § 17. Im Rahmen einer Kaufvertragsabwicklung zur Umschreibung eines Grundstückes werden seitens des Käufers sehr häufig die Finanzierungsgrundschulden aufgrund einer vom Eigentümer erteilten Vollmacht bestellt und im Grundbuch eingetragen. Kommt es nach der Eigentumsumschreibung zur Zwangsversteigerung, so ist bei Einleitung des Verfahrens die vom Schuldner erteilte Vollmacht weder vorzulegen noch zuzustellen; es handelt sich hierbei nicht um eine andere Tatsache im Sinne des § 726 Abs. 1 ZPO, von der die Vollstreckung nach dem Inhalt des Titels abhängig ist.[46] Dies sieht der BGH anders: Hat ein Vertreter die Unterwerfung des Schuldners unter die sofortige Zwangsvollstreckung aus einer Urkunde erklärt, ist die Zwangsvollstreckung nur zulässig, wenn die Vollmacht des Vertreters oder – bei vollmachtlosem Handeln – die Genehmigung von dessen Erklärungen seitens des Vertretenen durch öffentliche oder öffentlich beglaubigte Urkunden dem Schuldner zugestellt worden sind oder mit dem Beginn der Vollstreckung zugestellt werden[47] (hierzu kritisch → vor § 15 Rdn. 50).

Nach § 10 Abs. 3 müssen zur Vollstreckung mit dem Range nach § 10 Abs. 1 Nr. 2 die dort genannten Beträge die Höhe des Verzugsbetrages nach § 18 Abs. 2 Nr. 2 WEG übersteigen. Voraussetzung für die Zwangsvollstreckung aus Ansprüchen der Rangklasse 2 ist, dass die Höhe der geltend gemachten Forderung 3 % des **Einheitswertes** (§ 180 Abs. 1 Nr. 1 AO, §§ 19 ff. BewG) des Wohnungseigentums übersteigt. Auf diesen Mindestbetrag stellt § 18 Abs. 2 Nr. 2 WEG für das Verfahren auf Entziehung des Wohnungseigentums ab. Indem der Gesetzgeber denselben Mindestbetrag für die Vollstreckung aus der Rangklasse 2 verlangt, will er vermeiden, dass der Schuldner das Wohnungseigentum auf diese Weise wegen

---

45 LG Berlin, Rpfleger 1971, 261; LG Oldenburg, Rpfleger 1980, 236; Steiner/*Hagemann,* §§ 15, 16 Rdn. 39; *Böttcher,* §§ 15, 16 Rdn. 14.
46 LG Freiburg, Rpfleger 2005, 100; a.A. LG Bonn, Rpfleger 1990, 374.
47 BGH, WM 2006, 2266 = Rpfleger 2007, 37 mit abl. Anm. *Alff.*

eines geringeren Verzugsbetrages als im Entziehungsverfahren verlieren könnte.[48] Ob das Finanzamt dem Vollstreckungsgericht den Einheitswert bekannt gibt, war von Anfang an unklar.[49] § 30 AO gibt keine ausdrückliche Grundlage für die Durchbrechung des Steuergeheimnisses; insbesondere ist die Offenbarung – anders als im Falle des § 54 Abs. 1 Satz 4 GKG – nicht durch Gesetz ausdrücklich zugelassen (§ 30 Abs. 4 Nr. 2 AO). Folgerichtig entschied der *BGH*, dass das Überschreiten der Wertgrenze des § 10 Abs. 3 Satz 1 (durch Vorlage des Einheitswertbescheids) in der Form des § 16 Abs. 2 nachgewiesen werden muss. Die Wohnungseigentümergemeinschaft kann dem wegen Hausgeldrückständen in der Rangklasse 5 (§ 10 Abs. 1) angeordneten Zwangsversteigerungsverfahren später in der Rangklasse 2 beitreten, wenn die Finanzbehörde dem Vollstreckungsgericht auf sein zu stellendes Ersuchen nach § 54 Abs. 1 Satz 4 GKG den Einheitswertbescheid vorgelegt und sie die übrigen Voraussetzungen nach § 10 Abs. 3 Satz 3 glaubhaft gemacht hat.[50] In einer weiteren Entscheidung hierzu führt der *BGH* aus, dass die für einen Beitritt der Wohnungseigentümergemeinschaft zu einem Zwangsversteigerungsverfahren in der Rangklasse 2 verlangte Wertgrenze von 3 % des Einheitswerts überschritten ist, kann dadurch bewiesen werden, dass die Forderung wegen der der Beitritt beantragt wird, 3 % des rechtskräftig festgesetzten Verkehrswerts des Versteigerungsobjekts übersteigt.[51] In seiner dritten Entscheidung zu dieser Thematik vom 7.5.2009 betont der *BGH*[52] nochmals, dass über einen Beitritt einer Wohnungseigentümergemeinschaft in der Rangklasse 2 erst entschieden werden darf, wenn entweder der Einheitswertbescheid nach § 54 Abs. 1 Satz 4 GKG erfolgreich angefordert oder der Verkehrswert nach § 74a Abs. 5 Satz 1 festgesetzt ist. Der nach § 54 Abs. 1 Satz 4 GKG mitgeteilte Einheitswert ist für die Entscheidung über die Anordnung der Zwangsversteigerung oder einen Beitritt in der Rangklasse 2 verwertbar. Der Gesetzgeber hat mittlerweile eine Änderung von § 10 Abs. 3 in Kraft gesetzt[53]. Liegt ein vollstreckbarer Titel vor, so steht § 30 AO einer Mitteilung des Einheitswerts an die WE-Gemeinschaft[54] nicht entgegen.

Landesrechtlich kann die Vorlage eines Auszuges aus einem Steuerbuch (= 23 Liegenschaftskataster, Flurkarte) notwendig sein, § 5 EGZVG.[55] Dem Antrag auf Anordnung kann aber auch ohne Beifügung der Urkunde stattgegeben werden.[56] Für einen Beitritt ist keine erneute Vorlage notwendig.

Der **Grundpfandrechtsbrief** braucht zur Anordnung des Verfahrens nicht 24 vorgelegt werden.[57] Der Schuldner kann jedoch Erinnerung einlegen, § 766 ZPO,

---

48 Begründung zu Art. 2 Nr. 1 Buchst. b WEGuaÄndG, BT-Drucks. 16/887 S. 45.
49 Verneinend: FG, Düsseldorf Rpfleger 2009, 258.
50 BGH, Rpfleger 2008, 375 = NJW 2008, 1956 = NZM 2008, 450 = WM 2008, 1558 = IGZInfo 2008, 132; hierzu auch *Hintzen/Alff*, Rpfleger 2008, 375 und *Schneider*, ZMR 2008, 724.
51 BGH, Rpfleger 2009, 399 = NJW 2009, 1888 = NZM 2009, 400.
52 BGH, Rpfleger 2009, 518 = NJW 2009, 2066 = NZM 2009, 486.
53 Art. 8 im Gesetz zur Reform des Kontopfändungsschutzes vom 7.7.2009 (BGBl I 2009, 1707).
54 So auch Löhnig/*Bluhm*, § 16 Rdn. 21.
55 LG Frankfurt a.M., Rpfleger 2003, 94.
56 *Stöber*, ZVG § 16 Rdn. 4.5; a.A. *Böttcher*, §§ 15, 16 Rdn. 18.
57 *Stöber*, ZVG § 16 Rdn. 4.4; Steiner/*Hagemann*, §§ 15, 16 Rdn. 48.

falls er ausnahmsweise nicht bei der Grundpfandrechtsbestellung auf die Briefvorlage verzichtet hat, § 1160 Abs. 1 BGB[58].

25 Nach Anordnung des Verfahrens bzw. Zulassung des Beitritts können die Urkunden dem Gläubiger für anderweitige Vollstreckungsversuche vorübergehend überlassen werden. Die Unterlagen müssen jedoch im Versteigerungstermin spätestens wieder vorliegen.[59]

---

58 So auch Depré/*Cranshaw*, § 16 Rdn. 75.
59 Da dieser grundsätzlich im gesamten Verfahren vorliegen muss. Legt der Gläubiger die Ausfertigung aber spätestens im Verfahren über die Zuschlagsbeschwerde vor, so ist der Zuschlag nicht zu versagen, wenn festgestellt wird, dass der Titel während des gesamten Zwangsversteigerungsverfahrens unverändert Bestand hatte, BGH, Rpfleger 2004, 368 = NJW-RR 2004, 1366 = MDR 2004, 774 = WM 2004, 838 = InVo 2004, 293 = ZfIR 2004, 489.

§ 17 »Eintragung des Schuldners als Eigentümer; Glaubhaftmachung der Erbfolge«

(1) Die Zwangsversteigerung darf nur angeordnet werden, wenn der Schuldner als Eigentümer des Grundstücks eingetragen oder wenn er Erbe des eingetragenen Eigentümers ist.
(2) ¹Die Eintragung ist durch ein Zeugnis des Grundbuchamts nachzuweisen. ²Gehören Vollstreckungsgericht und Grundbuchamt demselben Amtsgericht an, so genügt statt des Zeugnisses die Bezugnahme auf das Grundbuch.
(3) Die Erbfolge ist durch Urkunden glaubhaft zu machen, sofern sie nicht bei dem Gericht offenkundig ist.

Übersicht

		Rdn.
I.	Allgemeines	1
II.	Eintragung des Schuldners als Eigentümer	2
	1. Eintragung des Schuldners	2
	2. Eigentum des Schuldners	4
	3. Herrenloses Grundstück	6
III.	Nachweis der Eintragung	9
	1. Zeugnis oder beglaubigter Grundbuchauszug	9
	2. Bezugnahme auf das Grundbuch	10
IV.	Ausnahmen vom Eintragungsgrundsatz	11
	1. Eintragung des Erblassers	11
	2. Wiederversteigerung	12
	3. Anfechtung der Auflassung	13
	4. Flurbereinigungs- und Umlegungsverfahren	17

I. Allgemeines

Der Vollstreckungsschuldner muss Grundstückseigentümer sein, weil der Gläubiger sich nur aus dessen Vermögen befriedigen darf. Ob der Schuldner nach materiellem Recht Eigentümer ist, hat das Vollstreckungsgericht mangels funktioneller Zuständigkeit nicht zu prüfen. Es ist an die Grundbucheintragung gebunden, deren Richtigkeit vermutet wird, § 891 BGB. § 17 stellt den Erben dem eingetragenen Eigentümer gleich und entspricht damit formellem Grundbuchrecht, §§ 39, 40 GBO. Durch das ERVGBG[1] wurde § 899a BGB neu ins Gesetz aufgenommen, in Nachfolge zur höchstrichterlichen Rechtsprechung zur Gesellschaft bürgerlichen Rechts (hierzu → vor § 15 Rdn. 22). Das Vollstreckungsgericht hat hierbei nur festzustellen, ob die Gesellschafter einer GbR sämtlich aus dem Titel hervorgehen und mit den im Grundbuch eingetragenen Gesellschaftern übereinstimmen. Hinsichtlich der Gesellschafter gilt § 1148 Satz 1 BGB entsprechend.[2] Der erweiterte öffentliche Glaube des Grundbuchs nach § 899a BGB gilt für die Gesellschafterstellung. Bei der Verfahrensanordnung kommt es alleine auf die zu beantwortende Frage an, ob anhand der von dem Gläubiger vorgelegten Vollstreckungsunterlagen die nach § 17 Abs. 1 zusätzlich erforderliche Feststellung ge-

---

1 Gesetz zur Einführung des elektronischen Rechtsverkehrs und der elektronischen Akte im Grundbuchverfahren sowie zur Änderung weiterer grundbuch-, register- und kostenrechtlicher Vorschriften vom 11.8.2009, BGBl I 2713.
2 BGH, Rpfleger 2011, 285 = NJW 2011, 615 und BGH, Rpfleger 2011, 337 = NJW 2011, 1449.

troffen werden kann, dass der aus dem Vollstreckungstitel ausgewiesene Schuldner als Eigentümer des Grundstücks im Grundbuch eingetragen ist. Diese Prüfung hat bei dem Merkmal anzusetzen, anhand dessen die Identität des Schuldners mit dem eingetragenen Eigentümer festgestellt werden kann. Das ist bei einer GbR nicht deren eigener Name, es sind vielmehr die Namen ihrer Gesellschafter. Denn unter deren Angabe ist die GbR nach § 47 Abs. 2 Satz 1 GBO im Grundbuch eingetragen. Das Vertrauen des Rechtsverkehrs auf die Richtigkeit dieser Eintragung wird bei Rechtsgeschäften durch § 899a BGB geschützt.

II. Eintragung des Schuldners als Eigentümer
1. Eintragung des Schuldners

2   Der im Titel aufgeführte Schuldner muss grundsätzlich als Eigentümer im Grundbuch eingetragen sein (zu den Ausnahmen vgl. → Rdn. 11). Das betroffene Grundstück muss mithin ebenfalls im Grundbuch gebucht sein.[3] Wird das Verfahren nur in einen Bruchteil (Miteigentumsanteil) beantragt, muss dessen Eigentümer verzeichnet sein.[4] Soll das Verfahren gegen mehrere Schuldner angeordnet werden, müssen diese als Eigentümer vollständig und mit dem für ihre Gemeinschaft maßgeblichen Rechtsverhältnis eingetragen sein (vgl. § 47 GBO).

3   Wird die Versteigerung fehlerhaft gegen einen nicht im Grundbuch eingetragenen Schuldner angeordnet, hat das Vollstreckungsgericht nach § 28 zu verfahren, sobald der Mangel bekannt wird. Nach Schluss der Versteigerung wird der Verkündungstermin gegebenenfalls hinausgeschoben, § 87 Abs. 2, bis die nach § 28 gesetzte Frist abgelaufen ist. Sofern das Verfahren aufzuheben oder nach Fristablauf einzustellen ist, ist der Zuschlag zu versagen, § 83 Nr. 6, § 100 Abs. 3.[5] Wird der Schuldner nachträglich als Eigentümer eingetragen, ist der Mangel nur heilbar, sofern er schon bei Verfahrensanordnung materiell Eigentümer gewesen ist. Auch wenn der Schuldner aus der Auflassung oder einer Auflassungsvormerkung berechtigt ist, wird das Verfahren gegen ihn nicht angeordnet.

2. Eigentum des Schuldners

4   Ist der Schuldner zwar Eigentümer, nicht aber im Grundbuch eingetragen, gilt: als **persönlicher Gläubiger** (§ 10 Abs. 1 Nr. 5) muss er zunächst das Grundbuch berichtigen lassen, bevor das Verfahren angeordnet wird. Sind die hierzu notwendigen Urkunden in der Form von § 29 GBO vorhanden, kann der Gläubiger beantragen, das Grundbuch zu berichtigen, §§ 14, 22 Abs. 2 GBO. Die Urkunden kann er sich anstelle des Schuldners erteilen lassen, §§ 792, 896 ZPO i.V.m. dem 4. Buch FamFG, insbesondere § 357 FamFG. Ansonsten kann er den Berichtigungsanspruch seines Schuldners, § 894 BGB, pfänden und sich zur Einziehung überweisen lassen, §§ 857, 829 ZPO. Das rechtskräftige Urteil gegen den Buchberechtigten ersetzt dessen verweigerte Bewilligung, § 894 ZPO.

5   Als **dinglicher Gläubiger** (§ 10 Abs. 1 Nr. 4) muss er das Grundbuch vor der Verfahrensanordnung nicht berichtigen lassen. Der im Grundbuch Eingetragene gilt unwiderleglich als Eigentümer, §§ 1148, 1192, 1199, 1107 BGB.[6] Der Schuld-

---

3   Hierzu § 1 Rdn. 6.
4   *Böttcher*, § 17 Rdn. 2; *Stöber*, ZVG § 17 Rdn. 3.2.
5   A.A. Steiner/*Hagemann*, § 17 Rdn. 14: es komme eine heilbare Zuschlagsversagung nach § 83 Nr. 5 in Betracht.
6   BGH, Rpfleger 2011, 285 = NJW 2011, 615 und BGH, Rpfleger 2011, 337 = NJW 2011, 1449.

ner kann die Vollstreckung auch nicht dadurch verhindern, dass er nachweist, er sei nicht Eigentümer.[7] Auch der wahre Eigentümer kann die Vollstreckung grundsätzlich nicht durch Erhebung der Drittwiderspruchsklage, § 771 ZPO, verhindern. Gegenüber einem persönlichen Gläubiger sperrt § 1148 BGB dagegen nicht. Der wahre Eigentümer kann sich daher mit der Drittwiderspruchsklage wehren, §§ 771, 769 ZPO.

3. Herrenloses Grundstück

Das BGB lässt den Verzicht auf das Eigentum an Grundstücken zu (**Dereliktion**), § 928 Abs. 1 BGB. Der Eigentümer erklärt nach § 928 BGB die Eigentumsaufgabe materiell-rechtlich formlos, grundbuchverfahrensrechtlich ist die Form nach § 29 GBO einzuhalten. Der Eigentumsverzicht ist in das Grundbuch einzutragen. Das Grundstück wird herrenlos, dem Landesfiskus steht das Recht der Aneignung zu. Die auf dem Grundstück lastenden dinglichen Rechte werden von der Eigentumsaufgabe nicht berührt. 6

Bei **Wohnungseigentum** ist eine Dereliktion jedoch ausgeschlossen. Dies lässt die besondere Ausgestaltung des Miteigentums in der Form des Wohnungseigentums nicht zu. Mit dem Miteigentumsanteil am Grundstück ist das Sondereigentum mit einer Wohnung verbunden wird (§ 1 Abs. 2, 3 WEG). Der Inhalt des Sondereigentums wiederum wird von der gesetzlichen Regelung des Gemeinschaftsverhältnisses und den in Abweichung davon zum Inhalt des Sondereigentums gemachten Vereinbarungen der Wohnungseigentümer über ihr Verhältnis untereinander geprägt. Mit dem Wohnungseigentum sind im Rahmen eines **gesetzlich begründeten Schuldverhältnisses** Verpflichtungen der Wohnungseigentümer untereinander verbunden, insbesondere die Verpflichtung, die gemeinschaftlichen Lasten und Kosten anteilig zu tragen. Durch die in § 11 WEG vorgeschriebene Unauflöslichkeit der Gemeinschaft ist sichergestellt, dass dieses gesetzliche Schuldverhältnis nicht einseitig beendet werden kann. Durch eine Dereliktion würden diese das Wohnungseigentum prägenden Grundsätze durchbrochen.[8] 7

Der Schuldner kann sich aber grundsätzlich nicht dadurch der Vollstreckung entziehen, dass er das Eigentum am Grundstück aufgibt. Wegen einer **persönlichen Forderung** gegen den bisherigen Eigentümer kann allerdings in das herrenlose Grundstück nicht mehr vollstreckt werden. Die Vollstreckung ist jedoch möglich wegen solcher Ansprüche, für die eine **dingliche Haftung** besteht, § 10 Abs. 1 Nr. 3, 4, 6. Es kommt hierbei nicht auf die persönliche Haftung des Grundstückseigentümers, sondern auf die Haftung des Grundstücks selbst an. Auf Antrag des Gläubigers bestellt das Prozessgericht bei Titelbeschaffung, § 58 ZPO, bzw. das Vollstreckungsgericht zur Anordnung des Verfahrens, § 787 ZPO, einen Vertreter für das Eigentum, der die Rolle des Schuldners übernimmt. Gegen diesen Vertreter, der jedoch nicht im Grundbuch eingetragen wird, ist dann das Verfahren anzuordnen. 8

---

7   RGZ 94, 55, 57.
8   BGH, v. 10.5.2007 = Rpfleger 2007, 457 und v. 14.6.2007 = Rpfleger 2007, 537, aufgehoben damit OLG Düsseldorf, Rpfleger 2007, 193; BayObLG, Rpfleger 1991, 247; im Anschluss auch BGH, NJW 1991, 2488; OLG Celle, MDR 2004, 29; OLG Zweibrücken, FGPrax 2002, 200; OLG Düsseldorf, NJW-RR 2001, 233; OLG Hamm, NJWE-MietR 1996, 61.

III. Nachweis der Eintragung
1. Zeugnis oder beglaubigter Grundbuchauszug

9   Die Eintragung des Schuldners als Eigentümer ist durch ein Zeugnis des Grundbuchamts nachzuweisen, § 17 Abs. 2 Satz 1. Dieses Zeugnis kann formlos erteilt werden; ein Dienstsiegel ist nicht erforderlich.[9] Der Inhalt des Zeugnisses ist gesetzlich nicht festgelegt. Erkennbar müssen der Eigentümer und die grundbuchmäßige Bezeichnung des Grundstücks sein. Wegen § 28 ist es zweckmäßig und üblich, in Abteilung II eingetragene Verfügungsbeschränkungen anzugeben.[10] Das Zeugnis sollte aktuell sein. Anstelle eines solchen Zeugnisses kann auch ein beglaubigter Grundbuchauszug vorgelegt werden. Ob das Zeugnis oder der Grundbuchauszug aktuell genug ist, hat das Vollstreckungsgericht zu entscheiden (nicht älter als 3–4 Wochen).

2. Bezugnahme auf das Grundbuch

10   Sowohl das Grundbuchzeugnis als auch der beglaubigte Grundbuchauszug kann durch die Bezugnahme auf das Grundbuch ersetzt werden, sofern Vollstreckungsgericht und Grundbuchamt demselben Amtsgericht angehören (Regelfall). Eine Ausnahme besteht für Baden-Württemberg, doch wird das Grundbuch nach wie vor nicht vom Gericht, sondern von Notaren geführt (noch bis zum 31.12.2017 – Notariatsreform). Ist für mehrere Amtsgerichtsbezirke ein gemeinsames Vollstreckungsgericht bestimmt, § 1 Abs. 2, ist eine Bezugnahme nur dann zulässig, wenn das Grundbuch innerhalb dieses Amtsgerichtsbezirks geführt wird.[11]

IV. Ausnahmen vom Eintragungsgrundsatz
1. Eintragung des Erblassers

11   Gegen nicht eingetragene Erben oder Erbeserben des eingetragenen Eigentümers (dessen Eintragung nach § 17 Abs. 2 nachzuweisen ist) kann das Verfahren auch angeordnet werden, wenn die Erbfolge **offenkundig** ist oder dem Vollstreckungsgericht **durch Urkunden glaubhaft** gemacht wird, § 17 Abs. 3. Neben dem Erbschein, § 2353 BGB, kommen als Urkunden in Betracht: Verfügungen von Todes wegen nebst Eröffnungsprotokoll, ausländische notarielle oder behördliche Zeugnisse sowie Privaturkunden. Privaturkunden wie privatschriftliche Testamente reichen grundsätzlich[12] und nicht nur in Ausnahmefällen[13] zur Glaubhaftmachung aus, sofern die Erbfolge eindeutig zu ermitteln ist. Im Einzelfall kann eine eidesstattliche Versicherung über die Echtheit der Urkunde und darüber, dass kein anderes Testament vorhanden ist, verlangt werden. Das Verfahren kann ebenfalls gegen den Testamentsvollstrecker, den Nachlasspfleger oder den Nachlassverwalter angeordnet werden, ohne dass zuvor der Erbe ins Grundbuch eingetragen werden muss. Befinden sich die Nachlassvorgänge bei demselben Amtsgericht, welches auch Vollstreckungsgericht ist, kann auf die entsprechenden Nachlassakten Bezug genommen werden.

---

9   LG Stuttgart, Rpfleger 1992, 34.
10 So auch Steiner/*Hagemann*, § 17 Rdn. 18; *Stöber*, ZVG § 17 Rdn. 5.2.
11 So auch Steiner/*Hagemann*, § 17 Rdn. 22; *Böttcher*, § 17 Rdn. 6; Löhnig/*Bluhm*, § 17 Rdn. 6; a.A. *Stöber*, ZVG § 17 Rdn. 5.5, es reicht aus, wenn das Grundbuch bei einem der Amtsgerichte geführt wird.
12 So Steiner/*Hagemann*, § 17 Rdn. 45; Depré/*Cranshaw*, § 17 Rdn. 28.
13 So *Stöber*, ZVG § 17 Rdn. 4.2; *Böttcher*, § 17 Rdn. 8.

Das Europäische Nachlasszeugnis (Art. 63 ErbVO) ist ebenfalls ein Dokument, welches in allen Mitgliedsstaaten einheitlich als Nachweis der Erbfolge dienen soll. Es geht sogar noch weiter als der deutsche Erbschein, indem es Erbfolge, Testamentsvollstreckung, aber auch Nachlassverwaltung nachweist, gegebenenfalls auch Vermächtnisse, die mit dinglicher Wirkung angeordnet sind. Das ENZ ist nicht als verdrängende Alternative zum deutschen Erbschein zu verstehen, Art. 62 Abs. 2, 3 ErbVO. Es wird nur bei potentiell grenzüberschreitender Anwendung erteilt (Art. 63 Abs. 1 ErbVO). Diesen Zweck muss der Antragsteller darlegen (Art. 65 lit. f), sonst ist der Antrag auf Erteilung des ENZ unbegründet. Ist aber danach das ENZ erst einmal erteilt, entfaltet es seine Wirkung auch im Inland (Art. 62 Abs. 3 S. 2 ErbVO). Die Urschrift des ENZ verbleibt bei den Akten (Art. 70 Abs. 1 ErbVO). Anders als nach deutscher Praxis werden nicht Ausfertigungen, sondern „beglaubigte Abschriften" erteilt, die allerdings Ausfertigungen im Sinne des deutschen Verfahrensrechts gleichstehen. Das ENZ ist nach Art. 69 Abs. 2 ErbVO mit einer Richtigkeitsvermutung ausgestattet, im Gegensatz zum deutschen Erbschein jedoch mit der Einschränkung, dass bereits grobe Fahrlässigkeit schadet. Weiter beschränkt die ErbVO den Vertrauensschutz auf die beglaubigte Abschrift generell auf eine Frist von sechs Monaten. Danach muss „die Frist verlängert" werden durch Neuerteilung der beglaubigten Abschrift. Da das ENZ im Grundbuch unmittelbar zulässiges Nachweisdokument für den Beweis der Erbfolge ist, gilt dies auch für den Nachweis nach § 17 Abs. 3[14].

2. Wiederversteigerung

Abweichend vom Eintragungsgrundsatz wird die Versteigerung gegen den Ersteher angeordnet, auch wenn dieser noch nicht als Eigentümer im Grundbuch eingetragen ist, § 133 Satz 1. **12**

3. Anfechtung der Auflassung

Ausnahmen vom Eintragungsgrundsatz können bestehen, wenn die Auflassung erfolgreich angefochten wird. **13**

Hat der Gläubiger im **Anfechtungsprozess**[15] nach §§ 11, 13 AnfG ein rechtskräftiges Urteil erwirkt, nachdem der neue Eigentümer die Vollstreckung in das Grundstück wegen der Forderung des Gläubigers an den früheren Eigentümer zu dulden hat, ist das Verfahren anzuordnen. Schuldner im verfahrensrechtlichen Sinne ist der neue Eigentümer.[16] Das Grundstück muss weder dem früheren Eigentümer rückaufgelassen werden, noch muss dieser als Eigentümer eingetragen werden, bevor das Verfahren angeordnet wird.[17] **14**

Will der **Insolvenzverwalter** das anfechtbar veräußerte Grundstück durch Versteigerung verwerten, erwirkt er gegen den Anfechtungsgegner einen Titel auf Duldung der Zwangsversteigerung in das Grundstück, §§ 129 ff., 143 InsO. Zur **15**

---

14 Insgesamt hierzu *Egidy/Vollmer*, Rpfleger 2015, 433; *Buschbaum/Simon*, Rpfleger 2015, 444 m.w.N.; *Müller-Lukoschek*, NotBZ 2014, 329 und 361; *Dorsel*, ZErb 2014, 212; *Schmidt*, ZEV 2014, 394.
15 Vgl. hierzu auch BGH, BGHZ 159, 397 = Rpfleger 2004, 644 = NJW 2004, 2900 = MDR 2004, 1379 = WM 2004, 1689 = ZIP 2004, 1619 = InVo 2005, 74.
16 RGZ 56, 142, 145.
17 RGZ 50, 121, 124.

Anordnung des Verfahrens bedarf es nicht der Wiedereintragung des Insolvenzschuldners.[18]

16 Bei einer Anfechtung nach §§ 119, 123 BGB muss zunächst das Grundbuch berichtigt werden, bevor das Verfahren angeordnet werden kann.

4. Flurbereinigungs- und Umlegungsverfahren

17 Bei der **Flurbereinigung** stimmt das Grundbuch vorübergehend mit der materiellen Rechtslage nicht überein.[19] Bis zu dem in der Ausführungsanordnung genannten Zeitpunkt wird das sogenannte **Einlagegrundstück** mit der Bedingung versteigert, dass der Ersteher in das Verfahren eintritt und er das Ersatzgrundstück erwirbt, § 15 FlurbG. Ähnliches gilt bei einer **Umlegung**, §§ 45 bis 84 BauGB. Auch hierbei stimmt der Inhalt des Grundbuchs mit der wirklichen Rechtslage nicht überein. Die Verfahrensbeteiligten und der Ersteher müssen die Wirkungen des Umlegungsverfahrens gegen sich gelten lassen. Die neu zugeteilten Grundstücke bzw. die Geldabfindung treten an die Stelle der ursprünglichen Grundstücke.

---

18 RGZ 56, 142; 67, 20, 22.
19 OLG Oldenburg, KTS 1975, 239.

§ 18 »Versteigerung mehrerer Grundstücke im selben Verfahren«

Die Zwangsversteigerung mehrerer Grundstücke kann in demselben Verfahren erfolgen, wenn sie entweder wegen einer Forderung gegen denselben Schuldner oder wegen eines an jedem der Grundstücke bestehenden Rechtes oder wegen einer Forderung, für welche die Eigentümer gesamtschuldnerisch haften, betrieben wird.

I. Allgemeines

Jeder Gegenstand der Immobiliarvollstreckung[1] wird grundsätzlich in einem gesonderten Verfahren versteigert. Das Einzelversteigerungsprinzip gilt auch, wenn ein selbstständiges **Gebäudeeigentum** Gegenstand der Zwangsversteigerung ist.[2] Von diesem **Grundsatz der Einzelversteigerung** (§§ 15, 63 Abs. 1 Satz 1) lässt § 18 Ausnahmen zu.[3] Mehrere Grundstücke, Grundstücksbruchteile bzw. Miteigentumsanteile (insbesondere Wohnungs- und Teileigentum), Bruchteils-Gebäudeeigentum sowie grundstücksgleiche Rechte (z.B. Erbbaurecht) **können** in einem Verfahren zwangsversteigert werden. Dies gilt auch, wenn Grundstücks- und Gebäudeeigentum auseinander fallen; das Verfügungsverbot des § 78 Abs. 1 S. 1 SachenRBerG gegen den Eigentümer von Gebäude und Grundstück findet auf die Veräußerung im Wege der Zwangsversteigerung keine Anwendung, § 78 Abs. 1 S. 2 SachenRBerG. Diese Vorschrift findet Anwendung, wenn die Zwangsversteigerung durch einen Gläubiger wegen seines persönlichen Anspruchs betrieben wird; er gilt nicht allein zugunsten der Inhaber dinglicher Rechte wegen dieser Ansprüche.[5] § 18 gilt für alle Verfahren nach dem ZVG, insbesondere auch für die Zwangsverwaltung[6] bzw. die Teilungsversteigerung.[7] Verbunden werden können aber nur gleichartige Verfahren, also z.B. nur Verfahren zur Forderungsversteigerung, nicht aber eine Forderungsversteigerung mit einer Teilungsversteigerung.[8] Ferner muss das Amtsgericht für die Vollstreckung in alle Immobilien zuständig sein.[9] Gegebenenfalls wird über die Verfahrensverbindung durch das zunächst höhere Gericht bei der Bestimmung des zuständigen Vollstreckungsgericht mitentschieden, § 2 Abs. 2.

Die Verfahrensverbindung wurde als zweckmäßig angesehen, um die Verfahrenskosten zu verbilligen und mit Gesamtrechten belastete Grundstücke leichter versteigern zu können.[10] Die Ausnahme vom verfehlten Grundsatz der Einzelversteigerung ist zunehmend von Bedeutung, weil wirtschaftliche Einheiten nicht an der Grenze eines gebuchten Grundstücksteils haltmachen.[11] Handelt es sich wirtschaftlich um ein Objekt, das Haus erstreckt sich z.B. über mehrere Grundstücke,

---

1   Zum Begriff vgl. → vor § 15 Rdn. 2.
2   OLG Jena, Rpfleger 2000, 509.
3   Hierzu allgemein *Traub*, ZfIR 2011, 857.
4   OLG Saarbrücken, Rpfleger 1992, 123 mit. Anm. *Hintzen*.
5   LG Halle, Rpfleger 1997, 35 mit Anm. *Keller*.
6   BGH, Rpfleger 2009, 163 = NJW 2009, 598 = ZInsO 2009, 205; BGH, Rpfleger 2007, 274; BFH, Rpfleger 2002, 165 – zur Problematik der Umsatzsteuerabrechnung.
7   Hierzu BayObLG, Rpfleger 1998, 79.
8   Steiner/*Hagemann*, § 18 Rdn. 4; *Stöber*, ZVG Rdn. 2.4; *Böttcher*, § 18 Rdn. 1; Depré/*Cranshaw*, § 18 Rdn. 5.
9   BayObLG, KTS 1995, 736; *Stöber*, ZVG, Rdn. 2.5; *Böttcher*, § 18 Rdn. 3.
10 Denkschrift S. 39.
11 A.A. wohl Steiner/*Hagemann*, § 18 Rdn. 2.

sind diese unbedingt zusammen zu versteigern. Dem trägt auch § 63 Abs. 1 Satz 2 Rechnung, der vorsieht, dass mehrere in demselben Verfahren zu versteigernde Grundstücke dann nicht mehr einzeln auszubieten sind, sofern sie mit einem einheitlichen Bauwerk überbaut sind. Ein höherer Versteigerungserlös kann dadurch erzielt werden, dass alle Vollstreckungsgegenstände insgesamt ausgeboten werden können (Gesamtausgebot), § 63 Abs. 2.

II. Voraussetzung der Verfahrensverbindung

1. Gleicher Schuldner

3   Mehrere Verfahren können verbunden werden, wenn **wegen einer Forderung gegen denselben Schuldner** betrieben werden, § 18 Alt. 1. Die notwendige **Schuldneridentität** ist gewahrt, wenn die Verfahren wegen mehrerer Forderungen eines Gläubigers einheitlich in dieselbe Grundstücke desselben Schuldners angeordnet werden sollen.[12] Vollstreckt der Gläubiger mit verschiedenen Forderungen oder mit Teilen derselben Forderung jeweils in ein anderes Grundstück, können die Verfahren nicht verbunden werden. Verschiedene Forderungen im Sinne der Vorschrift sind auch der dingliche Anspruch und die hierdurch gesicherte persönliche Forderung.[13] Eine Verfahrensverbindung ist nicht zulässig, wenn wegen der persönlichen Forderung in ein und wegen des dinglichen Anspruchs in ein anderes Grundstück vollstreckt wird.

2. Gleiches Recht

4   Die Verbindung ist ferner zulässig, wenn die Verfahren wegen eines **an jedem Vollstreckungsgegenstand bestehenden Rechtes** betrieben werden, § 18 Alt. 2. Die notwendige **Rechtsidentität** besteht nicht nur bei Gesamtgrundpfandrechten, § 1132 BGB und Gesamtreallasten, §§ 1107, 1132 BGB, sondern auch bei solchen dinglichen Ansprüchen, die den Vollstreckungsgegenstand insgesamt belasten, z.B. öffentliche Grundstückslasten, § 10 Abs. 1 Nr. 3. Eine Verbindung ist unabhängig davon zulässig, dass der Gesamtgrundpfandrechtsgläubiger in den Einzelverfahren bestrangig betreibt.[14]

5   Die Grundstücke können verschiedenen Eigentümern gehören.[15] Gegen jeden muss dann ein Vollstreckungstitel vorliegen, der in verschiedenen Prozessen erlangt sein kann. Ist das Gesamtgrundpfandrecht auf die einzelnen Grundstücke verteilt, § 1132 Abs. 2 BGB, können die Verfahren nur verbunden werden, wenn der Gläubiger seine einheitliche persönliche Forderung geltend macht. Das Gleiche gilt bei einer Verteilung der durch Zwangssicherungshypothek gesicherten Forderung nach § 867 Abs. 2 ZPO.[16] Die Zwangssicherungshypothek lastet als Einzelrecht auf jedem Grundstück. Den Verbindungsantrag kann der Gläubiger nur stellen, wenn er das Verfahren aus dem persönlichen Anspruch betreibt, da er wegen dieser Forderung in jedes Grundstück des Schuldners über den vollen Anspruch vollstrecken kann.

---

12 Steiner/*Hagemann*, § 18 Rdn. 9; *Stöber*, ZVG § 18 Rdn. 2.1.
13 Für die Hypothek LG Berlin, JW 1936, 2363; Steiner/*Hagemann*, § 18 Rdn. 9; *Stöber*, ZVG § 18 Rdn. 2.1.
14 OLG Hamm, Rpfleger 1987, 467.
15 *Böttcher*, § 18 Rdn. 5.
16 Steiner/*Hagemann*, § 18 Rdn. 10; *Stöber*, § 18 Rdn. 2.1.

3. Gesamtschuldner

Wird wegen einer persönlichen Forderung vollstreckt, für die mehrere Grundstückseigentümer gesamtschuldnerisch haften (**Forderungsidentität**), können die Verfahren ebenfalls miteinander verbunden werden, § 18 Alt. 3. Hiernach können Grundstücksbruchteile ebenso wie Miteigentumsanteile[17] in einem Verfahren versteigert werden, z.B. wenn Ehepartner für eine persönliche Forderung als Gesamtschuldner haften. Es muss ein Titel gegen jeden der Miteigentümer vorliegen. Sofern nur ein Titel gegen einen der Bruchteilseigentümer vorliegt, kann die Zwangsversteigerung nur in den ideellen Miteigentumsanteil erfolgen. Regelmäßig bietet diese Art der Zwangsversteigerung keine Aussicht auf Erfolg, da nur wenige Bietinteressenten bereit sind, einen solchen Anteil anzusteigern. Erfolgreicher ist in diesem Fall, den Auseinandersetzungsanspruch zu pfänden und anschließend die Teilungsversteigerung zu betreiben.[18]

III. Entscheidung über Verfahrensverbindung

1. Antrag

Die Verfahrensverbindung kann jeder Beteiligte, § 9, formlos beantragen. Die Verbindung kann gleichzeitig mit der Anordnung des Verfahrens erfolgen, aber auch zeitlich später in jeder Lage des Verfahrens. Oftmals kann es sinnvoll sein, die Verbindung erst nach Vorlage des Sachverständigengutachtens zu beschließen, wenn genauere Kenntnisse über das Grundstück und die Bebauung bekannt sind. Das Vollstreckungsgericht kann die Verfahren auch ohne Antrag von Amts wegen verbinden.[19]

2. Beschluss

Über die Verbindung entscheidet grundsätzlich das Vollstreckungsgericht. Die Verbindung kann schlüssig durch einen gemeinsamen Anordnungsbeschluss erfolgen. Nachträglich ist ein besonderer Beschluss erforderlich. Nach überwiegender Meinung sind die Beteiligten vor der Entscheidung des Gerichts nicht anzuhören.[20] Die Verbindung kann jederzeit auf begründete Gegenvorstellung wieder aufgehoben werden. Die Gewährung rechtlichen Gehörs ist aber durchweg zweckmäßig (vgl. → Rdn. 12).

Unter den Voraussetzungen nach § 2 Abs. 2 kann auch ein höheres Gericht über die Verfahrensverbindung entscheiden.[21]

Das Gericht hat seine Entscheidung zu begründen, der Beschluss ist rechtsmittelfähig.[22] Entscheidet das Gericht durch gesonderten Beschluss über die Verbindung, ist dieser dem Gläubiger, Schuldner und einem eventuellen Antragsteller formlos mitzuteilen, § 329 Abs. 2 Satz 1 ZPO.[23] Wird der Antrag auf Verbindung abgelehnt, ist die Entscheidung dem Antragsteller zuzustellen, § 329 Abs. 2 Satz 2

---

17 OLG Saarbrücken, Rpfleger 1992, 123 mit. Anm. *Hintzen.*
18 Hierzu → § 181 Rdn. 50.
19 Steiner/*Hagemann,* § 18 Rdn. 12; *Stöber,* ZVG § 18 Rdn. 3.1.
20 Für den Schuldner: BGH, Rpfleger 1984, 363 = WM 1984, 1032 = ZIP 1984, 886; BGH, WM 1984, 1342 = ZIP 1984, 1540.
21 BayObLG, Rpfleger 1998, 79 und 1998, 438; vgl. → § 2 Rdn. 5 ff.
22 BGH, FamRZ 1982, 1200.
23 *Böttcher,* § 18 Rdn. 13.

ZPO.[24] Die Ablehnung der Verbindung wirkt gegenüber allen Beteiligten, nicht nur gegenüber den betreibenden Gläubigern.[25]

3. Entscheidungsmaßstab

11 Nach dem klaren, aber nicht ganz zweckmäßigen Gesetzeswortlaut haben die Beteiligten keinen Rechtsanspruch darauf, dass die Verfahren verbunden werden. Vielmehr entscheidet das Gericht nach pflichtgemäßem Ermessen.[26] Bei seiner Entscheidung hat das Gericht die Interessen der Beteiligten abzuwägen.[27] Die Verbindung muss **zweckmäßig** und **sachdienlich** sein. Dies ist der Fall, wenn das durch die Verbindung mögliche Gesamtausgebot einen höheren Wert erwarten lässt als bei getrennter Versteigerung zu erzielen wäre.[28] Hiervon ist auszugehen, wenn die Grundstücke wirtschaftlich zusammenhängen,[29] insbesondere wenn Zuschnitt und der Bebauung eine wirtschaftliche Einheit erzwingen.[30]

12 Ein arrondierter, aber aus mehreren Grundstücken bestehender Hof gebietet regelmäßig eine Verfahrensverbindung.[31] Argument kann auch die Erweiterung des Bieterkreises[32] und die Möglichkeit des Erstehers, eine wirtschaftliche Einheit weiter zu nutzen, sein.[33] Dem trägt auch § 63 Abs. 1 S. 1 Rechnung, der vorsieht, dass mehrere in demselben Verfahren zu versteigernde Grundstücke gemeinsam auszubieten sind, sofern sie mit einem einheitlichen Bauwerk überbaut sind. Die gemeinsame Versteigerung aller Grundstücke eröffnet zudem gemäß § 64 bessere Aussichten für die Abgabe von Einzelgeboten.[34] Regelmäßig reicht es aus, dass ein Gesamtgläubiger alle Grundstücke gemeinsam ausgeboten haben möchte.[35] Weil die Beteiligten ihre Interessen besser kennen als das Gericht, sollten Sie grundsätzlich vor einer Entscheidung über die Verbindung gehört werden. Dies gilt auch dann, wenn die Verbindung zugleich mit der Anordnung des Verfahrens beschlossen wird; abgesehen werden sollte hiervon nur dann, wenn die Anhörung die Anordnung des Verfahrens ungebührlich verzögern würde.

13 Ob die Entscheidung des Gerichts zweckmäßig ist und richtigem Ermessensgebrauch entspricht, kann das Rechtsmittelgericht überprüfen. Die Erwägungen können nicht nur auf Ermessensfehlgebrauch, sondern uneingeschränkt auf ihre sachliche Richtigkeit hin untersucht werden.[36]

IV. Wirkung und Wiederaufhebung

14 Nach Verbindung werden die Einzelverfahren für die Zukunft zu einem Verfahren zusammengefasst und unter einem Aktenzeichen geführt. Es ist gleichzei-

---

24 Steiner/*Hagemann*, § 18 Rdn. 16; a.A. *Stöber*, ZVG § 18 Rdn. 3.5; *Böttcher*, § 18 Rdn. 13.
25 LG Hannover, Rpfleger 1988, 322.
26 BGH, WM 1986, 719 = KTS 1986, 897.
27 LG Oldenburg, Rpfleger 1985, 451.
28 BGH, WM 1986, 719 = KTS 1986, 897.
29 BGH, Rpfleger 1984, 363 = WM 1984, 1032 = ZIP 1984, 886; BGH, WM 1984, 1342 = ZIP 1984, 1540.
30 OLG Hamm, Rpfleger 1989, 249.
31 LG Oldenburg, Rpfleger 1985, 451.
32 BGH, Rpfleger 1987, 29 = KTS 1986, 718 = WM 1986, 897.
33 BGH, KTS 1987, 143 = WM 1986, 1421.
34 BGH, Rpfleger 1987, 29 = KTS 1986, 718 = WM 1986, 897.
35 Steiner/*Hagemann*, § 18 Rdn. 13.
36 OLG Hamm, Rpfleger 1987, 467 mit Anm. *Muth*; OLG Hamm, Rpfleger 1989, 249.

tig und einheitlich zu verfahren und zu entscheiden. Die Verbindung bewirkt nicht, dass mehrere Grundstücke nunmehr nur noch zusammen versteigert werden. Neben den Einzelausgeboten sind auch Gesamt- und Gruppenausgebote möglich, §§ 63, 64, 112, 122. Nicht richtig ist die Auffassung, dass ein Gesamtausgebot von Amts wegen erstellt werden muss.[37] In keinem Falle würde das von Amts wegen vorgenommene Gesamtausgebot das Einzelausgebot verdrängen.[38] Ein Verzicht auf das Einzelausgebot (§ 63 Abs. 4) muss ausdrücklich zu Protokoll im Versteigerungstermin erklärt werden.[39]

Ergibt sich nachträglich, dass die Voraussetzungen der Verbindung nicht vorliegen, kann diese jederzeit wieder aufgehoben werden. Das Gericht entscheidet auf Antrag oder von Amts wegen nach pflichtgemäßem Ermessen. Das Vollstreckungsgericht kann die Verfahren auch dann trennen, wenn die Verbindung von dem zunächst höheren Gericht angeordnet wurde.[40] Infolge der neuen Tatsache, dass eine Verbindung erkennbar unzulässig oder unzweckmäßig ist, bindet der Beschluss des höheren Gerichts nicht mehr. 15

V. Rechtsbehelf

Wird die Verbindung oder die Trennung des Verfahrens ohne vorherige Anhörung der Beteiligten angeordnet, ist richtiger Rechtsbehelf die unbefristete Erinnerung, § 766 ZPO.[41] Hilft der Rechtspfleger der Erinnerung nicht ab, § 572 Abs. 1 ZPO analog, entscheidet der Richter, § 20 Nr. 17 RPflG. Gegen die Entscheidung des Richters findet die sofortige Beschwerde statt, § 793 ZPO.[42] Sie ist nicht durch § 95 ausgeschlossen.[43] Wurden die Beteiligten vor Anordnung der Verbindung oder der Trennung gehört, ist die sofortige Beschwerde gegeben, § 11 Abs. 1 RPflG, § 793 ZPO. War die Verbindung unzulässig und hat sie zu einem unzulässigen Gesamtausgebot geführt, kann die Verbindung mittelbar durch eine sofortige Beschwerde gegen den Zuschlagsbeschluss angefochten werden, § 83 Nr. 1, 2. Wird der Antrag auf Verbindung abgelehnt, ist hiergegen die sofortige Beschwerde gegeben, § 793 ZPO.[44] 16

VI. Kosten

Weder für die Verbindung noch für die Trennung fallen besondere Kosten an. Die Tätigkeit des Gerichts wird durch die allgemeine Verfahrensgebühr (GKG KV 2211), die des Rechtsanwalts durch die Verfahrensgebühr (RVG VV 3311 Nr. 1) abgegolten. 17

---

37 So aber Thür. OLG, Rpfleger 2000, 509.
38 Thür. OLG, Rpfleger 2000, 509.
39 Hierzu → § 63 Rdn. 8 ff.
40 A.A.: Steiner/*Hagemann*, § 2 Rdn. 18 bzw. § 18 Rdn. 24.
41 OLG Hamm, Rpfleger 1987, 467 m. Anm. *Muth* = JurBüro 1987, 1880; OLG Hamm, Rpfleger 1989, 249.
42 Steiner/*Hagemann*, § 18 Rdn. 18; *Stöber*, ZVG § 18 Rdn. 3.10; a.A. *Böttcher*, § 18 Rdn. 16.
43 OLG Hamm, Rpfleger 1987, 467 und Rpfleger 1989, 249.
44 LG Oldenburg, Rpfleger 1985, 451; a.A. *Böttcher*, § 18 Rdn. 16, nur Erinnerung nach § 766 ZPO.

§ 19 »Eintragung der Anordnung im Grundbuch«

(1) Ordnet das Gericht die Zwangsversteigerung an, so hat es zugleich das Grundbuchamt um Eintragung dieser Anordnung in das Grundbuch zu ersuchen.

(2) ¹Das Grundbuchamt hat nach der Eintragung des Versteigerungsvermerkes dem Gericht eine beglaubigte Abschrift des Grundbuchblatts und der Urkunden, auf welche im Grundbuche Bezug genommen wird, zu erteilen, die bei ihm bestellten Zustellungsbevollmächtigten zu bezeichnen und Nachricht zu geben, was ihm über Wohnort und Wohnung der eingetragenen Beteiligten und deren Vertreter bekannt ist. ²Statt der Erteilung einer beglaubigten Abschrift der Urkunden genügt die Beifügung der Grundakten oder der Urkunden.

(3) Eintragungen im Grundbuch, die nach der Eintragung des Vermerks über die Anordnung der Zwangsversteigerung erfolgen, soll das Grundbuchamt dem Gericht mitteilen.

Übersicht

		Rdn.
I.	Allgemeines	1
II.	Ersuchen an das Grundbuchamt	3
	1. Zeitpunkt	3
	2. Form	4
	3. Inhalt	5
	4. Überwachung	7
III.	Prüfung durch das Grundbuchamt, Grundbucheintragung	8
	1. Prüfungsumfang	8
	2. Eintragung des Vermerks	10
	3. Erledigung mehrerer Anträge	12
IV.	Mitteilungen des Grundbuchamtes	13
	1. Erstmitteilung	13
	2. Spätere Mitteilungen	16
V.	Rechtsbehelf	17

I. Allgemeines

1   Zugleich mit der Anordnung des Verfahrens ersucht das Vollstreckungsgericht **von Amts wegen** das Grundbuchamt, dass durch Beschlagnahme bewirkte relative Veräußerungsverbot, § 135 BGB, § 23 ZVG, im Grundbuch zu verlautbaren. Auch wenn weitere Vollstreckungsgläubiger dem Zwangsversteigerungsverfahren später beitreten, wird nur ein Zwangsversteigerungsvermerk im Grundbuch eingetragen. Der Vermerk bewirkt keine Grundbuchsperre. Die Eintragung schützt den Gläubiger davor, dass der beschlagnahmte Gegenstand, sowie mithaftende bewegliche Sachen, § 23 Abs. 2 Satz 2, von Dritten gutgläubig erworben werden können, § 892 Abs. 1 BGB. Im Interesse aller Beteiligten werden dem Grundbuchamt **Mitteilungspflichten** auferlegt. So erhält das Vollstreckungsgericht zuverlässig von den nach dem Grundbuchinhalt zu berücksichtigenden Rechten und sonstigen Vermerken Kenntnis und kann so die Rechte der eingetragenen Beteiligten wahren, § 9 Nr. 1, §§ 28, 38, 45 Abs. 1, § 114 Abs. 1.

2   Die Vorschrift spricht nur von der Zwangsversteigerung, gilt aber für alle Verfahren nach dem ZVG. An die Stelle des Grundbuchamtes treten gegebenenfalls

öffentliche Register wie etwa das Binnenschiffsregister, § 163 Abs. 2. Die Löschung des Vermerks ist gesondert geregelt, § 34.[1]

II. Ersuchen an das Grundbuchamt

1. Zeitpunkt

Unverzüglich nach Anordnung des Verfahrens ist das Grundbuchamt um Eintragung des Vermerks zu ersuchen. Das Ersuchen ergeht unmittelbar nach Unterzeichnung des Anordnungsbeschlusses und vor dessen Zustellung,[2] ohne Rücksicht darauf, ob sich die Zustellung überhaupt durchführen lässt. Auf die Rechtskraft des Anordnungsbeschlusses kommt es ebenfalls nicht an. Wird der Anordnungsbeschluss im Rechtsmittelverfahren aufgehoben, ist der bereits im Grundbuch eingetragene Vermerk unverzüglich zu löschen. Oftmals ist es für den schuldnerischen Eigentümer unangenehm, dass der (gelöschte) Vermerk aus dem Grundbuch nach wie vor erkennbar ist. Auch noch nach seiner Löschung im Grundbuch kann der Vermerk negative Auswirkungen, die darin liegen können, dass dem Eigentümer eine Kreditaufnahme zumindest erschwert werden kann.[3] Ob das Grundbuchamt bereit ist, auf Antrag des Eigentümers ein neues (bereinigtes) Grundbuchblatt anzulegen, hat das Grundbuchamt nach eigenem Ermessen zu entscheiden. Ein Rechtsanspruch hierauf besteht nicht.[4]

3

2. Form

Das Ersuchen ist **schriftlich** zustellen. Das Vollstreckungsgericht hat ein schriftliches Ersuchen auch dann zu stellen, wenn der zuständige Rechtspfleger sowohl das Versteigerungsverfahren bearbeitet als auch für die Erledigung des Ersuchens beim Grundbuchamt zuständig ist. Das Ersuchen ist zu unterschreiben und mit Siegel oder Stempel zu versehen, § 29 Abs. 3 GBO.

4

3. Inhalt

Das Ersuchen beinhaltet lediglich: „*Durch Beschluss vom (Datum) ist die Zwangsversteigerung (Zwangsverwaltung, Teilungsversteigerung) des im Grundbuch von ... Blatt ... unter Nr. ... des Bestandsverzeichnisses auf den Namen des ... eingetragenen Grundstücks (genaue Bezeichnung) angeordnet worden. Es wird ersucht, die Anordnung des Verfahrens im Grundbuch einzutragen.*" Eine Beschlussausfertigung kann als Anlage zum Ersuchen zweckmäßig sein, insbesondere wenn es sich um mehrere Grundstücke handelt, um im Ersuchen die Spezifizierung zu ersparen.

5

Die Übersendung von Unterlagen und sonstige Mitteilungspflichten ergeben sich aus dem Gesetz, § 19 Abs. 2 und 3. Ferner sollte das Vollstreckungsgericht bitten, den **Zeitpunkt** des **Eingangs des Ersuchens** beim Grundbuchamt mitzuteilen. Dieser Zeitpunkt ist von Bedeutung dafür, wann die Beschlagnahme wirk-

6

---

1 Hierzu auch → § 130 Rdn. 32.
2 Steiner/*Hagemann*, § 19 Rdn. 4; *Stöber*, ZVG §19 Rdn. 2.; *Böttcher*, § 19 Rdn. 2.
3 Zur diskriminierenden Wirkung des Versteigerungsvermerks s. insbes. *Schiffhauer*, Rpfleger 1978, 404; *Hagemann*, Rpfleger 1983, 397.
4 So OLG Düsseldorf, NJW 1988, 975; LG Bonn, Rpfleger 1988, 311 f.; LG Köln, MittRhNotK 1984, 247; a.A. OLG Düsseldorf, Rpfleger 1987, 409 und im Hinblick auf das grundgesetzlich garantierte Recht auf informationelle Selbstbestimmung *Vollkommer*, Rpfleger 1982, 1 ff.; vgl. auch *Böhringer*, Rpfleger 1987, 181 und 1989, 309.

sam wird, § 22 Abs. 1 Satz 2. Grundsätzlich wäre das Grundbuchamt ohne eine solche Bitte nicht verpflichtet, den Zeitpunkt mitzuteilen.[5]

4. Überwachung

7   Das Vollstreckungsgericht hat den Vollzug des Ersuchens zu überwachen, es hat insbesondere darauf zu achten, dass der Vermerk alsbald im Grundbuch eingetragen wird. Bei unverhältnismäßig langer Verzögerung (z.B. infolge erheblicher Arbeitsüberlastung) ist erforderlichenfalls im Wege der Dienstaufsicht auf zügige Erledigung der Eintragung zu drängen.[6] Wird die Eintragung abgelehnt oder das Ersuchen beanstandet, kann das Vollstreckungsgericht hiergegen Erinnerung nach § 12c Abs. 4 GBO (wenn der Urkundsbeamte nach § 12c Abs. 2 Nr. 3 GBO gehandelt hat) bzw. Grundbuchbeschwerde (wenn der Rechtspfleger gehandelt hat) einlegen, § 71 Abs. 1 GBO (hierzu → Rdn. 17). Die Eintragungsmitteilung durch das Grundbuchamt hat das Vollstreckungsgericht dahin zu überprüfen, ob das Verfahren wegen entgegenstehender grundbuchersichtlicher Rechte oder aus dem Grundbuch erkennbaren Verfügungsbeschränkungen, eingestellt oder aufgehoben werden muss, § 28.

III. Prüfung durch das Grundbuchamt, Grundbucheintragung

1. Prüfungsumfang

8   Das Grundbuchamt hat nach allgemeinen grundbuchverfahrensrechtlichen Grundsätzen ein Eintragungsersuchen zurückzuweisen, wenn es weiß, dass es an den Voraussetzungen des Ersuchens fehlt, weil es nicht daran mitwirken darf, das Grundbuch unrichtig zu machen.[7] Dies liegt aber ausnahmsweise nur dann vor, wenn es die bestimmte, sichere Überzeugung erlangt, dass das Grundbuch mit der Eintragung unrichtig werden würde, dem Ersuchen somit jede Rechtsgrundlage fehlt. Das Grundbuchamt prüft das Ersuchen nur formell anhand der Vorschriften der GBO.[8] Zu prüfen sind: die **sachliche**, nicht aber die örtliche Zuständigkeit des ersuchenden Gerichts, § 38 GBO; die **Form** des Ersuchens, § 29 Abs. 3 GBO; die genaue **Grundstücksbezeichnung**, § 28 GBO; der **Inhalt** des Ersuchens, insbesondere, falls mehrere Vermerke einzutragen sind; die Behandlung **mehrerer** Anträge, §§ 17, 45 GBO.

9   Das Grundbuchamt prüft nicht, ob die vollstreckungsrechtlichen Voraussetzungen für das Ersuchen vorliegen.[9] Es prüft auch keine sachlichen Umstände, die sich etwa aus dem Grundbuch ergeben. So ist der Vermerk auch dann einzutragen, wenn der Schuldner nicht oder nicht mehr als Eigentümer im Grundbuch vermerkt ist[10]; wenn die Bruchteilsgröße des betroffenen Miteigentumsanteils im Grundbuch nicht angegeben ist[11]; wenn eine Verfügungsbeschränkung, z.B. der

---

5   Steiner/*Hagemann*, § 19 Rdn. 24; *Böttcher*, § 19 Rdn. 20; a.A. *Stöber*, ZVG § 19 Rdn. 5.3.
6   *Stöber*, ZVG § 19 Rdn. 2.7; *Böttcher*, § 19 Rdn. 4.
7   Vgl. OLG Hamm, Rpfleger 1996, 338; BayObLGZ 1985, 372 = Rpfleger 1986, 129; OLG Hamm, Rpfleger 1978, 374; LG Detmold, Rpfleger 1993, 333; LG Frankenthal, Rpfleger 1984, 183.
8   BGH, NJW 1956, 463; Meikel/*Krause*, § 38 Rdn. 79; *Hagemann*, Rpfleger 1983, 397.
9   BGH, NJW 1956, 463; OLG München, Beschluss vom 28.5.2014, 34 Wx 226/14, Rpfleger 2014, 668; KG, Rpfleger 1997, 154; Meikel/*Krause*, § 38 Rdn. 80, 81
10 OLG Karlsruhe, OLGE 11, 321; Meikel/*Krause*, § 38 Rdn. 80.
11 Steiner/*Hagemann*, § 19 Rdn. 11.

Insolvenzvermerk, eingetragen ist. Solche sachlichen Beschränkungen der Zwangsvollstreckung hat ausschließlich das Vollstreckungsgericht zu prüfen und in eigener Verantwortung zu beachten, § 28.

2. Eintragung des Vermerks

Liegt außer dem Ersuchen kein anderer Antrag vor, ist der Vermerk unverzüglich im Grundbuch in Abteilung II einzutragen. Die Eintragung unterbleibt, falls zuvor, etwa wegen Antragsrücknahme, um Löschung des Vermerks ersucht wird. Bis zur Unterzeichnung der Eintragung im Grundbuch (beim maschinell geführten Grundbuch mit Aufnahme in den Datenspeicher, § 129 GBO)[12] kann ein Antrag wieder zurückgenommen werden, § 44 Abs. 1 GBO.[13] Vermerkt wird: „*Die Zwangsversteigerung (Zwangsverwaltung, Teilungsversteigerung) des Grundstücks ist angeordnet. Eingetragen am ...*". Es ist zweckmäßig, das Aktenzeichen des Verfahrens anzugeben.[14] Hinsichtlich verschiedenartiger Verfahren wie Zwangsversteigerung, Zwangsverwaltung oder Teilungsversteigerung sind jeweils gesonderte Vermerke einzutragen. 10

Fehlt eine formelle grundbuchrechtliche Voraussetzung, die das Grundbuchamt zu prüfen hat, hat das Grundbuchamt eine Zwischenverfügung zu erlassen oder das Ersuchen zurückzuweisen, § 18 GBO. 11

3. Erledigung mehrerer Anträge

Mehrere Anträge, die dasselbe Recht betreffen, sind in der Reihenfolge ihres Eingangs beim Grundbuchamt zu erledigen, §§ 17, 45 GBO. Liegen bei Eingang des Ersuchens zeitlich früher eingegangene und noch nicht erledigte Anträge vor, ist entsprechend zu verfahren.[15] Der Vermerk darf daher nicht ohne Rücksicht auf die noch unerledigten Anträge eingetragen werden.[16] Sind alle Anträge erledigungsreif und kann dem Ersuchen ebenfalls stattgegeben werden, so müssen alle beantragten Eintragungen mit entsprechenden Rangvermerken vorgenommen werden. Der Zwangsversteigerungsvermerk wird mit einem **Wirksamkeitsvermerk**[17] entsprechend dem Eingang des Ersuchens beim Grundbuchamt eingetragen. Können die zeitlich früher eingegangenen Anträge noch nicht erledigt werden, kann auch der Versteigerungsvermerk noch nicht eingetragen werden. Die Eintragung ist bis zur Erledigung der vorgehenden Anträge zurückzustellen. Die 12

---

12 Mit der Unterzeichnung durch die zuständigen Rechtspflegeorgane wird eine Eintragung existent, Meikel/*Böttcher*, § 44 Rdn. 12.
13 Meikel/*Hertel*, § 31 Rdn. 12.
14 Steiner/*Hagemann*, § 19 Rdn. 14; a.A. *Stöber*, ZVG § 19 Rdn. 3.4, der die Angabe als nicht sachgerecht bezeichnet und als überflüssige Eintragung hat sie zu unterbleiben. Es spricht jedoch überhaupt nichts gegen diese Angabe, da auf diese Weise ohne umständliche Einsicht in die Grundbuchverfahrensakte der direkte Hinweis auf die maßgebliche Zwangsversteigerungsakte möglich ist.
15 H.M.; *Stöber*, ZVG § 19 Rdn. 4.1; *Böttcher*, § 19 Rdn. 7; *Baum*, Rpfleger 1990, 141; *Hagemann*, Rpfleger 1985, 341.
16 Steiner/*Hagemann*, § 19 Rdn. 13; *Hagemann*, Rpfleger 1985, 341; *Stöber*, ZVG § 19 Rdn. 4.1; a.A. *Jung*, MittRhNotK 1966, 262; *Mohrbutter*, zu LG Freiburg KTS 1975, 135.
17 Hierzu grundsätzlich BGH, BGHZ 141, 169 = NJW 1999, 2275 = Rpfleger 1999, 383; ebenso: OLG Düsseldorf, NJW-RR 2001, 70 = Rpfleger 2000, 568; OLG Köln, RNotZ 2001, 243; BayObLG, Rpfleger 2001, 459 = MittBayNot 2001, 414; OLG Schleswig, Rpfleger 2002, 226; *Böttcher*, § 19 Rdn. 11.

Verlautbarung ist auch dann ausgeschlossen, wenn für den zeitlich früheren Antrag eine Vormerkung nach § 18 Abs. 2 GBO eingetragen wird.[18] Entgegen seiner Ratio schützt dieser Vermerk den früheren Antragsteller tatsächlich nicht. Die Verlautbarung des Versteigerungsvermerkes schließt den vom materiellen Recht zugelassenen gutgläubigen Rechtserwerb aus, § 23 Abs. 2 Satz 2 ZVG, § 892 Abs. 1 Satz 2 Alt. 1 BGB. Wegen Verstoßes gegen formelles und materielles Recht darf nicht nach § 18 Abs. 2 GBO verfahren werden. Der Versteigerungsvermerk ist erst nach Erledigung der früheren Anträge gem. §§ 17, 45 GBO einzutragen.[19]

IV. Mitteilungen des Grundbuchamtes

1. Erstmitteilung

13   Unmittelbar nach den Verlautbarung des Vermerks im Grundbuch werden das ersuchende Vollstreckungsgericht und der Eigentümer benachrichtigt, § 55 GBO. Von Amts wegen muss das Grundbuchamt dem Vollstreckungsgericht unmittelbar nach Eintragung des Vermerks übersenden bzw. mitteilen:

- eine beglaubigte Abschrift des Grundbuchblatts und der in Bezug genommenen Urkunden. Anstelle von beglaubigten Urkundenabschriften können die Grundakten oder die Urkunden selbst beigefügt werden, § 19 Abs. 2 Satz 2;
- Angaben zu den beim Grundbuchamt bestellten Zustellungsbevollmächtigten, § 19 Abs. 2;
- Informationen über Wohnung und Wohnort der eingetragenen Berechtigten und deren Vertreter.

14   Bei der Eintragung von Zwangssicherungshypotheken hat das Grundbuchamt darauf zu achten, dass dem Vollstreckungsgericht auch eventuell bestellte Prozessbevollmächtigte des Gläubigers mitzuteilen sind. Dies gilt gleichermaßen für die Mitteilung der Berechtigten subjektiv-dinglicher Rechte. Es ist nicht Aufgabe des Vollstreckungsgerichts, die Berechtigten selbst zu ermitteln.[20]

15   Eine beglaubigte Abschrift des Bestandsblatts des Liegenschaftsbuches ist nicht beizufügen[21], selbst wenn dies landesrechtlich vorgeschrieben ist, vgl. § 5 EGZVG. Die Angaben können alleine aus dem Bestandsverzeichnis des Grundbuches entnommen werden.[22] Ist das nicht möglich, weil die Flurstücke unter einer Sammelbezeichnung aufgeführt sind, muss die beglaubigte Abschrift mit übersandt werden.

2. Spätere Mitteilungen

16   Das Grundbuchamt hat dem Vollstreckungsgericht auch alle Eintragungen mitzuteilen, die nach dem Versteigerungsvermerk im Grundbuch eingetragen werden, § 19 Abs. 3. Hierzu zählen auch Löschungen, Veränderungen und sonstige Vermerke. Die Benachrichtigung bezweckt, die Erstmitteilung immer auf dem

---

18   *Böttcher*, § 19 Rdn. 9; *Hagemann*, Rpfleger 1984, 397, 399 und Rpfleger 1984, 341; a.A. *Tröster*, Rpfleger 1986, 337, 339; *Stöber*, ZVG § 19 Rdn. 4.5.
19   *Baum*, Rpfleger 1990, 141; *Hagemann*, Rpfleger 1984, 397, 399 und Rpfleger 1984, 341; Steiner/*Hagemann*, § 19 Rdn. 13.
20   So auch *Böttcher*, § 19 Rdn. 19.
21   A.A. *Stöber*, ZVG § 19 Rdn. 5.4.
22   Steiner/*Hagemann*, § 19 Rdn. 24.

neuesten Stand zu halten. Hierdurch wird aber nicht die notwendige Anmeldung der Beteiligten ersetzt, § 9 Abs. 2, § 37 Nr. 4, § 45 Abs. 1, § 114 Abs. 1. Wird diese Soll-Vorschrift nicht beachtet, können sich gegebenenfalls Schadensersatzansprüche ergeben.

V. Rechtsbehelf

Der Versteigerungsvermerk wird nur auf Ersuchen des Vollstreckungsgerichts im Grundbuch eingetragen und auch wieder gelöscht, § 19 Abs. 1, §§ 34, 130. Für die Eintragung im Grundbuch ist grundsätzlich der Urkundsbeamte der Geschäftsstelle zuständig, § 12c Abs. 2 Nr. 3 GBO, die Löschung des Vermerks ist jedoch dem Rechtspfleger vorbehalten. 17

Lehnt der Urkundsbeamte der Geschäftsstelle die Eintragung ab, ist hiergegen der Rechtsbehelf der Erinnerung gegeben, § 12c Abs. 4 GBO. Hilft der Urkundsbeamte der Erinnerung nicht ab, legt er sie dem Rechtspfleger vor.[23] Gegen die Entscheidung des Rechtspflegers ist die Beschwerde gegeben, §§ 71 ff. GBO. Lehnt der Rechtspfleger anstelle des Urkundsbeamten die Eintragung ab, findet hiergegen die Beschwerde statt, § 11 Abs. 1 RPflG, § 71 Abs. 1 GBO.[24] Hilft der Rechtspfleger der Beschwerde nicht ab, § 75 GBO, entscheidet das Beschwerdegericht (= Oberlandesgericht), § 72 GBO. Unter den Voraussetzungen nach § 78 GBO ist die weitere Beschwerde zulässig. Erinnerungs- bzw. beschwerdebefugt sind das Vollstreckungsgericht und der betreibende Gläubiger. 18

Wird der Versteigerungsvermerk durch den Urkundsbeamten der Geschäftsstelle im Grundbuch **eingetragen**, ist hiergegen der Rechtsbehelf der Erinnerung gegeben, § 12c Abs. 4 GBO. Zur Abhilfemöglichkeit und Entscheidung durch den Rechtspfleger siehe → Rdn. 18. Nimmt der Rechtspfleger die Eintragung vor, findet hiergegen die Beschwerde mit dem Ziel der Löschung statt, § 11 Abs. 1 RPflG, § 71 Abs. 1 GBO. Der Ausschluss der Beschwerde gem. § 71 Abs. 2 Satz 1 GBO greift hier nicht, da sich an die Eintragung kein gutgläubiger Erwerb anschließt, sondern dieser gerade verhindert werden soll.[25] Zur Abhilfemöglichkeit und weiteren Beschwerde siehe → Rdn. 18. 19

---

23 KG, Beschluss vom 28.8.2012, 1 W 80/12, Rpfleger 2012, 682; OLG München, Beschluss vom 25.1.2011, 34 Wx 160/10, Rpfleger 2011, 196; OLG Düsseldorf, Beschluss vom 6.10.2010, I-3 Wx 214/10, Rpfleger 2011, 197; OLG Frankfurt, Rpfleger 2011, 430; nicht richtig Depré/*Cranshaw*, § 19 Rdn. 22, der immer noch den Richter für zuständig hält.
24 BayObLG, Rpfleger 1997, 101.
25 Meikel/*Schmidt-Räntsch*, § 71 Rdn. 55 m. w. N.

§ 20 »Beschlagnahme des Grundstücks«

(1) Der Beschluß, durch welchen die Zwangsversteigerung angeordnet wird, gilt zugunsten des Gläubigers als Beschlagnahme des Grundstücks.
(2) Die Beschlagnahme umfaßt auch diejenigen Gegenstände, auf welche sich bei einem Grundstücke die Hypothek erstreckt.

Übersicht

		Rdn.
I.	Allgemeines	1
II.	Beschlagnahme des Grundstücks	2
	1. Anordnung	2
	2. Wesen und Wirkung	3
	a) Allgemein	3
	b) Relative Wirkung	4
	3. Beschlagnahmevarianten	5
III.	Gegenstand der Beschlagnahme	6
	1. Allgemeines	6
	2. Bestandteile	7
	a) Begriff	7
	b) Arten, Wirkung	8
	c) Scheinbestandteile	12
	d) Subjektiv dingliche Rechte	13
	3. Erzeugnisse	14
	a) Ungetrennte Erzeugnisse	14
	b) Getrennte Erzeugnisse	15
	4. Zubehör	16
	a) Begriff	16
	b) Rechtliches Schicksal	17
	c) Abgrenzungsproblematik	20
	5. Neue Bundesländer	24
	6. Anwartschaftsrechte	34
	a) Begriff	34
	b) Rechtliches Schicksal	35
	7. Miete und Pacht	36
	8. Versicherungsforderungen	38
	a) Grundsatz	38
	b) Gebäudeversicherung	39
	c) Gestörtes Versicherungsverhältnis	42
	d) Zahlung im Verfahren	43
	9. Entschädigungsansprüche	44
IV.	Änderungen des Umfangs haftender Gegenstände	45
	1. Allgemeines	45
	2. Ausnahme von der Versteigerung	46
	3. Eigentumserwerb durch Dritte	47
	4. Enthaftung	48
	5. Zubehör	49
	a) Eigenzubehör	49
	b) Fremdzubehör	53

I. Allgemeines

1 Mit dem Antrag auf Zwangsversteigerung verfolgt der Gläubiger das Ziel der Befriedigung seines titulierten Anspruchs. Diesem Ziel dient die Beschlagnahme. Sie legt grundsätzlich fest, auf welche Gegenstände der Gläubiger durch die Immobiliarvollstreckung zugreifen darf. Zugleich wird bestimmt, welche Gegen-

stände nicht mehr der Zwangsvollstreckung in das bewegliche Vermögen unterliegen, § 865 Abs. 2 ZPO. Von Bedeutung ist die Beschlagnahme auch für den Umfang dessen, was der Ersteher durch Zuschlag erwirbt, § 90 Abs. 2, § 55 Abs. 1, § 20.[1] Der Umfang bzw. die Anzahl der beschlagnahmten Gegenstände kann sich erweitern oder verringern. Die Vorschrift gilt in erster Linie für die Zwangsversteigerung, zur Bedeutung in der Teilungsversteigerung vgl. → § 180 Rdn. 63 ff., zu den Besonderheiten in der Zwangsverwaltung vgl. § 148. Keine Anwendung findet die Vorschrift in der Versteigerung bzw. Zwangsverwaltung auf Antrag des Insolvenzverwalters, § 173, und in der Nachlassversteigerung, §§ 176, 173.

II. Beschlagnahme des Grundstücks
1. Anordnung

Die Anordnung von bzw. der Beitritt zu Zwangsversteigerung und Zwangsverwaltung gilt als Beschlagnahme, § 20 Abs. 1, § 146 Abs. 1, § 27 Abs. 2. Die Beschlagnahme ist die gesetzliche Folge der Verfahrensanordnung. Sie tritt auch dann ein, wenn im Anordnungsbeschluss hierauf nicht ausdrücklich hingewiesen wurde.[2]

2. Wesen und Wirkung
a) Allgemein

Die Beschlagnahme ist öffentlich-rechtlicher Natur und wirkt als relatives Veräußerungsverbot, § 23 ZVG, §§ 135, 136 BGB. Betreibt der Gläubiger wegen eines persönlichen Anspruchs, § 10 Abs. 1 Nr. 5, begründet die Beschlagnahme einen prozessualen Anspruch, sich aus dem Grundstück zu befriedigen, vgl. § 10 Abs. 1 Satz 1 1. Hs. Ein Pfandrecht oder ein sonstiges dingliches Recht am Grundstück erzeugt sie nicht.[3] Betreibt der Gläubiger das Verfahren dinglich aus einem Grundpfandrecht oder einer Reallast, § 10 Abs. 1 Nr. 4, aktualisiert die Beschlagnahme die zunächst nur potenzielle Pfandrechtshaftung, § 1120 BGB. Eingeschränkt werden die Möglichkeiten der Enthaftung, §§ 1121 ff. BGB.

b) Relative Wirkung

Als relatives Veräußerungsverbot wirkt jede Beschlagnahme nur zugunsten des **jeweils betreibenden Gläubigers.** Eine Beschlagnahme tritt auch ein, wenn weitere Gläubiger dem Verfahren beitreten. Jeder Gläubiger erwirkt seine „eigene" Beschlagnahme (Grundsatz von Einzelverfahren-Gesamtverfahren).[4] Durch teilweise Rücknahme seines Antrags, § 29, oder Einstellungsbewilligung, § 30, kann der Gläubiger beschlagnahmte Gegenstände von der Versteigerung ausnehmen.[5] Betreiben mehrere Gläubiger das Verfahren, ist der genaue Umfang der beschlagnahmten Gegenstände für jeden Gläubiger gesondert festzustellen.

---

1 Hierzu BGH, Rpfleger 1996, 256 = NJW 1996, 835.
2 Denkschrift S. 12.
3 RGZ 12, 262; 19, 299.
4 Hierzu näher *Hintzen/Wolf*, Rdn. 11.72.
5 BGH, Rpfleger 1996, 256 = NJW 1996, 835.

3. Beschlagnahmevarianten

5 Beschlagnahmt werden kann:

- durch **Zwangsversteigerung**, sofern die Befriedigung des Gläubigers durch Verwertung der Substanz, d.h. des Grundstücks selbst, herbeigeführt werden soll;
- durch **Zwangsverwaltung**, sofern die Befriedigung des Gläubigers aus den Erträgnissen des Grundstücks erfolgen soll, §§ 146 ff.;
- durch Pfändung aufgrund des dinglichen Titels von Gegenständen bzw. Forderungen, die der Haftung nach §§ 1120 ff. BGB unterliegen[6], insbesondere von Miet- und Pachtzinsansprüchen.[7]

III. Gegenstand der Beschlagnahme

1. Allgemeines

6 Beschlagnahmt ist nicht nur das Grundstück oder das grundstücksgleiche Recht selbst, sondern auch die Sachen und Rechte, auf die sich bei einem Grundstück die Hypothek (Grundschuld) erstreckt, § 20 Abs. 2 ZVG, § 865 Abs. 1 ZPO, § 1120 BGB. In Betracht kommen daher auch Bestandteile, Erzeugnisse, Grundstückszubehör, Miet- und Pachtzinsansprüche, Versicherungs- und Entschädigungsansprüche. Dies gilt nicht nur, wenn dinglich aus einem Grundpfandrecht, sondern auch wenn wegen einer persönlichen Forderung in das Grundstück vollstreckt wird.[8]

2. Bestandteile

a) Begriff

7 Regelungen für bestimmte Bestandteile, aus denen eine Sache bestehen kann, ohne den Begriff selbst zu definieren, enthalten die §§ 93 bis 96 BGB. Grundgedanke ist der Schutz wirtschaftlicher Werte, die durch das Zusammenfassen mehrerer Sachen geschaffen worden sind.[9] Als Bestandteile einer Sache werden diejenigen körperlichen Gegenstände angesehen, die entweder von Natur eine Einheit bilden oder durch Verbindung untereinander ihre Selbstständigkeit dergestalt verloren haben, dass sie danach, solange die Verbindung dauert, als ein ganzes, als eine einheitliche Sache erscheinen.[10] Entscheidend wird auf die Verkehrsanschauung abgestellt.[11] Bestandteil ist deswegen nicht, was nach der Verkehrsanschauung als selbstständige Sache erscheint. Bei einer Einbauküche kommt es beispielhaft darauf an, ob nach der Verkehrsanschauung erst ihre Einfügung dem Gebäude eine besondere Eigenart, ein bestimmtes Gepräge gibt, ohne dass das Gebäude nicht als fertig gestellt gilt, oder ob sie dem Baukörper besonders angepasst ist und deswegen mit ihm eine Einheit bildet.[12]

---

6 RGZ 76, 117; 81, 148; 103, 139; 147, 103.
7 Hierzu OLG Saarbrücken, Rpfleger 1993, 80; *Stöber*, Forderungspfändung, Rdn. 232.
8 BGH, Rpfleger 1996, 256 = NJW 1996, 835.
9 MünchKomm/*Stresemann*, BGB § 93 Rdn. 1.
10 RGZ 63, 171, 173.
11 MünchKomm/*Stresemann*, BGB § 93 Rdn. 7.
12 BGH, NJW 1984, 2277, 2278 m.w.N.; BGH, Rpfleger 1990, 218; hierzu auch OLG Zweibrücken, Rpfleger 1993, 169.

b) Arten, Wirkung

Der Art nach können wesentliche und nicht wesentliche Bestandteile[13] unterschieden werden. **Wesentlich** sind Bestandteile, wenn sie voneinander nicht getrennt werden können, ohne dass der eine oder der andere zerstört oder in seinem Wesen verändert wird, § 93 BGB.[14] Wesentliche Bestandteile des Grundstückes sind die mit Grund und Boden festverbundenen Sachen, insbesondere das **Gebäude**, § 94 Abs. 1 BGB. Ein Gebäude kann nicht nur durch seine Gliederung, Einteilung, Eigenart oder Bauart, sondern auf aufgrund seiner Ausstattung mit betriebsdienlichen Maschinen und sonstigen Gerätschaften als für einen gewerblichen Betrieb dauernd eingerichtet angesehen werden.[15] Eine **Transformatorenstation** mit den Ausmaßen einer Pkw-Garage, 2 Türen und einem Gewicht von ca. 10 t ist ein Gebäude im Sinne des § 94 BGB und allein schon durch ihr Eigengewicht mit dem Grund und Boden fest verbunden. Ist sie auch dem äußeren Erscheinungsbild nach dem Betriebsgebäude zugeordnet, stellt sie sich insgesamt als wesentlicher Grundstücksbestandteil i.S.d. Norm dar. Eine solche Transformatorenstation ist kein Scheinbestandteil i.S.d. § 95 BGB, auch nicht bei einem Mietkaufvertrag, wenn die Vertragsparteien vereinbart haben, dass die Station sowohl bei regulärem Ablauf der Mietzeit als auch bei deren vorzeitiger Beendigung und dann vorgesehener sofortiger Restzahlung Eigentum des Käufers/Grundstückseigentümers werden soll.[16] Zu den wesentlichen Gebäudebestandteilen gehören auch die zu dessen Herstellung eingefügten Sachen, § 94 Abs. 2 BGB. Im Einzelnen existiert eine umfangreiche Rechtsprechung[17], z.B. **Rohrleitungen** auf einem Bergwerkgrundstück, **Lastenfahrstuhl** in einem Fabrikgebäude[18], die besonders angefertigte **Mahleinrichtung** einer Mühle[19], die **Maschinenanlage** eines mit Wasserkraft betriebenen Elektrizitätswerks[20], **Heizungsanlage**[21], **Fernmeldekabel** nach Installation in ein Bauwerk[22], **Heißwasserkessel** für Fernheizwerk[23], **Notstromaggregat** in einer Diskothek[24]. Ein **Öltank** ist auch dann wesentlicher Bestandteil eines Wohnhauses, dessen Beheizung er dient, wenn er nicht in das Gebäude, sondern in das Erdreich eingebracht worden ist. Auf einen solchen Tank finden die Regelungen der §§ 912 ff. BGB über den Überbau weder unmittelbare noch entsprechende Anwendung[25]. Der Zuschlag in der Zwangsversteigerung erfasst als wesentliche Bestandteile des Gebäudes (mangels anderer Beheizungsmöglichkeit) auch leicht zu entfernende transportable elektrische Heizgeräte[26]. Wird ein Grundstück in der Weise aufgeteilt, dass aus einem aufstehenden Gebäude zwei

---

13 Umfassend *Dorn*, Rpfleger 1987, 143.
14 BGH, NJW 1985, 1793.
15 BGHZ 165, 261 = Rpfleger 2006, 213 = NJW 2006, 993 = DNotZ 2006, 366 = MDR 2006, 645 = WM 2006, 1106.
16 OLG Schleswig, Urteil vom 21.5.2013, 3 U 77/12, NJW-RR 2014, 333 = WM 2013, 2333.
17 Hierzu insgesamt MünchKomm/*Stresemann*, BGB § 93 Rdn. 13, § 95 Rdn. 18 ff.
18 BFH, BB 1998, 186.
19 RG, JW 1911, 573.
20 BayObLG, Rpfleger 1999, 86.
21 OLG Hamm, NZM 2005, 158 = MDR 2005, 387.
22 OLG Jena, OLG-NL 2005, 83.
23 LG Berlin, NJW-RR 2004, 635.
24 OLG Saarbrücken, NJW-RR 2001, 1632 = MDR 2001, 1231.
25 BGH, Beschluss vom 19.10.2012, V ZR 263/11, Rpfleger 2013, 227.
26 AG Menden, bestätigt durch LG Arnsberg, Rpfleger 2012, 338.

selbstständige Gebäude entstehen und ein Teil eines Gebäudes in das Nachbargrundstück hineinragt, so bleibt dieser Teil mit dem Eigentum an dem Gebäude, dessen wesentlicher Bestandteil er ist, verbunden.[27]

9 Wesentliche Bestandteile sind nicht sonderrechtsfähig, sie teilen das rechtliche Schicksal der Sache selbst, der sie gehören.[28]

10 Auch ein **Überbau**[29] kann wesentlicher Bestandteil des zu versteigernden Grundstücke sein. Der Überbau setzt voraus, dass sich ein einheitliches Gebäude auf oder unterhalb der Erdoberfläche auf das Nachbargrundstück erstreckt. Eine Zufahrt ist jedoch regelmäßig nicht wesentlicher Bestandteil des Überbauwerks (hier: einer Garage), sondern des nicht bebauten Teils des Nachbargrundstücks.[30] An einer Grenzanlage im Sinne der §§ 921, 922 BGB besteht kein hälftiges Miteigentum, sondern entlang der Grundstücksgrenze lotrecht gespaltenes (Allein-)Eigentum der Nachbarn. Gebäude im Sinne des § 912 BGB sind auch andere größere Bauwerke (z.B. Ufermauern an Bundeswasserstraßen), deren Beseitigung eine dem (Teil-)Abriss eines Gebäudes im engeren Sinne vergleichbare Zerschlagung wirtschaftlicher Werte bedeutet.[31]

Zu unterscheiden ist, ob es sich um einen entschuldigten oder unentschuldigten Überbau handelt. Ein **entschuldigter Überbau** wird angenommen, wenn der überbauende Eigentümer weder vorsätzlich noch grob fahrlässig gehandelt hat, und der Eigentümer des überbauten Grundstücks weder vor Beginn der Bebauung noch sofort nach der Grenzüberbauung Widerspruch erhoben hat.[32] In diesem Fall verbleibt das Eigentum an dem überbauten Gebäude dem Eigentümer des Grundstücks, von dem der Überbau ausgeht, der Grundstücksanteil steht im Eigentum des Nachbarn. Ein **unentschuldigter Überbau** liegt vor, wenn der überbauende Eigentümer vorsätzlich oder grob fahrlässig gehandelt hat, und der Eigentümer des überbauten Grundstücks entweder bereits vor Beginn der Bebauung oder sofort nach der Grenzüberbauung Widerspruch erhoben hat.[33] In diesem Fall teilt die Grundstücksgrenze zum Nachbargrundstück auch das überbaute Gebäude.[34] Das Eigentum an dem überbauten Gebäude gebührt dem Eigentümer des überbauten. Diese Grundsätze gelten auch bei einer nachträglichen **Grundstücksteilung,** sofern die gemeinsame Grenze durch ein einheitliches Gebäude verläuft. Ebenso ist der **Eigengrenzüberbau**[35] zu behandeln, falls der Eigentümer mehrerer Grundstücke mit einem einheitlichen Gebäude über die bestehenden Grundstücksgrenzen überbaut. Der überbaute Gebäudeteil ist wesentlicher Bestandteil des Grundstücks, von dem der Überbau ausgeht.[36]

---

27 BGH, Rpfleger 1988, 245.
28 OLG Köln, Rpfleger 1996, 296.
29 Zum Begriff BGH, DB 1972, 2298; OLG Hamm, Rpfleger 1984, 98 mit Anm. *Georg,* Rpfleger 1984, 266; grundsätzlich *Demharter,* Rpfleger 1983, 133; *Maetschke,* ZfIR 2015, 366.
30 BGH, Urteil vom 15.11.2013, V ZR 24/13, NJW 2014, 311 = Rpfleger 2014, 182.
31 BGH, Urteil vom 27.3.2015, V ZR 216/13, MDR 2015, 700.
32 MünchKomm/*Säcker,* BGB § 912 Rdn. 12 ff.
33 *Böttcher,* § 55 Rdn. 17; MünchKomm/*Säcker,* BGB, § 912 Rdn. 12 ff.
34 BGH, NJW 1958, 1182; NJW 1963, 1868.
35 BGH, Urteil vom 15.11.2013, V ZR 24/13, NJW 2014, 311 = Rpfleger 2014, 182 und BGH, Urteil vom 22.11.2013, V ZR 199/12, Rpfleger 2014, 185 = NJW-RR 2014, 971.
36 So auch BGH, Rpfleger 2002, 71 = NJW 2002, 54 = DNotZ 2002, 290 = NZM 2002, 43 = MDR 2002, 22 = WM 2002, 603 = NotBZ 2002, 28; *Stöber,* § 55 Rdn. 6.3.

Dagegen können **einfache Bestandteile**[37] Gegenstand besonderer Rechte 11
sein[38], also einem anderen als dem Grundstückseigentümer gehören.
Gehören sie einem anderen als dem Grundstückseigentümer oder Eigenbesitzer, zählen sie
nicht zum Haftungsverband, § 1120 BGB.

c) Scheinbestandteile

Ist die Verbindung einer Sache mit einer anderen nicht auf Dauer angelegt, gilt 12
sie nicht als Bestandteil, § 95 BGB. Solche **Scheinbestandteile**[39] sind rechtlich
selbstständige bewegliche Sachen, die weder Bestandteil noch Zubehör sind, z.b.
Windkraftanlagen[40]. Hierzu zählen solche Sachen, die nur zu einem vorübergehenden Zweck mit dem Grund und Boden verbunden oder in ein Gebäude eingefügt sind. **Beispielhaft** können dies sein[41]: Gebäude auf fremdem Boden durch
schuldrechtliche Berechtigte wie Mieter oder Pächter oder in Ausübung eines
dinglichen Rechts, soweit sie nicht bei Vertragsbeendigung dem Eigentümer zufallen sollen[42], oder ein Behelfsheim, vom Mieter errichtete Garage, Grabstein,
oder ein Gebäude, errichtet durch eine sozialistische Genossenschaft vor Inkrafttreten des DDR-ZGB auf einem von ihr gepachteten Grundstück[43], landwirtschaftliche Maschinenhalle[44], in einer Straße verlegte Abwasserleitungen[45], Telekommunikationsleitungen[46].

d) Subjektiv dingliche Rechte

Rechte, die mit dem Eigentum an einem Grundstück verbunden sind, gelten als 13
Grundstücksbestandteil, § 96 BGB. Hierzu zählen in erster Linie die subjektivdinglichen Rechte wie die Grunddienstbarkeit, § 1018 BGB, dass für den jeweiligen Eigentümer eines anderen Grundstücks bestellte Vorkaufsrecht, § 1094 Abs. 2
BGB sowie die für den jeweiligen Eigentümer eines anderen Grundstücks bestellte Reallast, § 1105 Abs. 2 BGB. Daneben kommen Überbau- und Notwegerente,
§§ 912 ff. BGB, Jagdrecht, § 3 BJagdG sowie landesrechtliche Berechtigungen
(z.B. Fischereirechte) in Betracht.[47] Ob das Recht einfacher oder wesentlicher Bestandteil ist, entscheidet sich danach, ob die Berechtigung vom Eigentum am herrschenden Grundstück getrennt werden kann oder nicht.

3. Erzeugnisse

a) Ungetrennte Erzeugnisse

Erzeugnisse sind alle natürlichen Tier- und Bodenprodukte, wobei die Verkehrsauffassung maßgeblich ist, § 99 Abs. 1 BGB. Erzeugnisse sind wesentliche 14

---

37 Hierzu insgesamt MünchKomm/*Stresemann*, BGB § 93 Rdn. 14.
38 RGZ 158, 363, 368.
39 Hierzu insgesamt MünchKomm/*Stresemann*, BGB § 95 Rdn. 13 ff.
40 OLG Schleswig, WM 2005, 1909; *Witter*, ZfIR 2005, 441; *Ganter*, WM 2002, 105; *Peters*, WM 2002, 110 und WM 2007, 2003; *Derleder/Sommer*, ZfIR 2008, 325.
41 *Voß/Steinheber*, zur Scheinbestandteileigenschaft von Windenergieanlagen, ZfIR 2012, 337.
42 BGH, NJW 1988, 2789 = WM 1988, 1423 = ZIP 1988, 1283.
43 BGH, VIZ 1998, 582 = ZOV 1998, 351 = MDR 1998, 1281 = WM 1998, 1633.
44 OLG Celle, NdsRpfl 2005, 68.
45 OVG Bautzen, SächsVBl 2003, 291.
46 OLG Stuttgart, Urteil vom 1.10.2012, 5 U 180/11, VersR 2013, 638.
47 Hierzu insgesamt MünchKomm/*Stresemann*, BGB § 96 Rdn. 2 ff.

Bestandteile, solange sie noch ungetrennt mit dem Boden zusammenhängen, § 94 Abs. 1 Satz 1 BGB. Sie teilen also das Rechtsschicksal des Grundstücks, wobei Früchte vor Beschlagnahme gepfändet werden können, §§ 810, 813 Abs. 3, § 865 Abs. 2 Satz 2 ZPO.

b) Getrennte Erzeugnisse

15 Werden die Erzeugnisse vom Grundstück getrennt, können an ihnen Rechte begründet werden. Nach §§ 954 bis 957 BGB kann ein anderer als der Grundstückseigentümer Eigentümer der Erzeugnisse werden. Getrennte Erzeugnisse, die mit ihrer Trennung nicht vom Eigentümer oder Grundstückseigenbesitzer erworben wurden, werden von der Grundstücksbeschlagnahme nicht erfasst, § 1120 BGB.

4. Zubehör

a) Begriff

16 Vorbehaltlich einer gegenteiligen **Verkehrsauffassung** sind Zubehör bewegliche Sachen, die, ohne Bestandteil der Hauptsache zu sein, auf Dauer deren wirtschaftlichem Zweck zu dienen bestimmt sind und in einem entsprechenden räumlichen Verhältnis zu ihr stehen, § 97 BGB. Die Zubehöreigenschaft setzt somit voraus, dass das in Betracht kommende Gebäude mit den Gegenständen, die dem Betrieb des Gewerbes dienen, so verbunden sind, dass das Ganze erkennen lässt, es sei dazu bestimmt dauernd zum Betrieb dieses Gewerbes benutzt zu werden. Für die Gesamtheit der beweglichen Sachen, die zur Betriebsfortführung entsprechend dem wirtschaftlichen Zweck eines Grundstücks bestimmt sind, enthält § 98 BGB eine Sonderregelung. Zubehör sind solche Sachen nicht, die entweder infolge der Verkehrsauffassung nicht als Zubehör angesehen werden oder die dem Zweck der Hauptsache lediglich vorübergehend zu dienen bestimmt sind. Im Einzelnen existiert hierzu eine umfangreiche Rechtsprechung.[48]

b) Rechtliches Schicksal

17 Das Zubehör ist grundsätzlich rechtlich selbstständig, es kann auch einem anderen als dem Eigentümer der Hauptsache gehören. Das Gesetz will das rechtliche Schicksal von Hauptsache und Zubehör entsprechend ihrer wirtschaftlichen Zusammengehörigkeit koordinieren.[49] Deswegen erstreckt sich die Hypothek/Grundschuld auf das Zubehör, dass dem Grundstückseigentümer gehört, § 1120 BGB.

18 Das Zubehör wird aber auch dann mitversteigert, wenn es dem Eigentümer nicht gehört, § 55 Abs. 2, § 90 Abs. 2. Die Zwangsversteigerung erstreckt sich auch auf **schuldnerfremde** Zubehörstücke. Voraussetzung ist lediglich, dass nach Übereignung der Sache der Besitz auf dem Grundstück bleibt.[50] Anders ist dies in der Zwangsverwaltung, § 55 Abs. 2 findet in der Zwangsverwaltung keine Anwendung.[51]

---

48 MünchKomm/*Stresemann*, BGB § 97 Rdn. 13 ff.
49 MünchKomm/*Stresemann*, BGB § 97 Rdn. 13 ff.
50 BGH, Rpfleger 1985, 161.
51 *Stöber*, ZVG § 148 Rdn. 2.2; BGH, Rpfleger 1985, 161.

Ist die Sache nicht Zubehör, wird sie nicht zugleich mit dem Grundstück versteigert und auch nicht vom Ersteher erworben. **19**

c) **Abgrenzungsproblematik**

Die Abgrenzung zwischen wesentlichem Bestandteil, §§ 93, 94, 96 BGB und **20** Zubehör, § 97 BGB ist angesichts der unscharfen gesetzlichen Voraussetzungen auch in der Rechtsprechung uneinheitlich. Beispiele: die **Maschinenanlage** eines mit Wasserkraft betriebenen Elektrizitätswerks ist z.b. ein wesentlicher Bestandteil[52], die **Windkraftanlage** ist nach Aufstellung grundsätzlich kein wesentliches Bestandteil des Grundstücks (mit Ausnahme des Fundamentes), sondern eher Scheinbestandteil nach § 95 BGB[53] (anders, wenn bei der Errichtung vereinbart wurde, dass der Grundstückseigentümer die Anlage nach Vertragsende übernehmen kann)[54]. Zubehör sind der Ackerschlepper auf einem landwirtschaftlichen Grundstück[55], das Vieh in der Landwirtschaft (nicht jedoch in Teilen Oldenburgs und Ostfrieslands[56]), das **Reitpferd**[57], das **Gaststätteninventar**[58], die **Sauna** im Wohnhaus[59], die **Telekommunikationsanlage** eines Hotels[60], der **Stellplatz** einer Eigentumswohnung[61], **Heizöl**[62], festinstallierte **Satelliten-Empfangsanlage**[63], oder der **Gartenzwerg**[64]. Eine als Aufdachanlage installierte **Fotovoltaikanlage** auf einem bisher nur zu Wohnzwecken genutzten Gebäude ist – sofern nicht nur eine vorübergehende Benutzung vorgesehen ist – auch dann Zubehör, wenn der erzeugte Strom ausschließlich in das öffentliche Stromnetz eingespeist wird.[65]

Kein Zubehör ist z.b.: der **Fuhrpark** bei einem modernen Speditions- bzw. **21** Transportunternehmen[66], eine aus serienmäßigen Teilen hergestellte Schrankwand als **Raumteiler** zwischen Küche und Wohnküche[67], Maschinen und Geräte eines **Bauunternehmens**, die ausschließlich auf den Baustellen eingesetzt werden[68].

Als typisches Beispiel für die Uneinheitlichkeit kann die **Einbauküche** dienen: **22** teilweise wird sogar wesentlicher Bestandteil angenommen[69], teilweise wird die

---

52 BayObLG, Rpfleger 1999, 86.
53 OLG Schleswig, WM 2005, 1909; hierzu auch *Voß/Steinheber*, ZfIR 2012, 337; *Peters*, WM 2007, 2003; *Derleder/Sommer*, ZfIR 2008, 325.
54 OLG Koblenz, BeckRS 2006, 12834.
55 AG Varel, DGVZ 1962, 48.
56 OLG Oldenburg, Rpfleger 1976, 243, dürfte jedoch mittlerweile verkehrsanschaulich abzulehnen sein.
57 AG Aschaffenburg, DGVZ 1991, 45.
58 OLG Schleswig, Rpfleger 1988, 76, a.A. LG Kiel, Rpfleger 1983, 167.
59 AG Aschaffenburg, DGVZ 1998, 158.
60 LG Flensburg, Rpfleger 2000, 345.
61 OLG Stuttgart, Die Justiz 2002, 407 = InVo 2002, 474.
62 OLG Schleswig, SchlHA 1997, 110.
63 LG Nürnberg-Fürth, DGVZ 1996, 123.
64 *Wieser*, NJW 1990, 1971, auch wenn dies kein drängendes Problem der Praxis ist.
65 LG Passau, Rpfleger 2012, 401; hierzu auch *Reymann*, ZIP 2013, 605; *Kappler*, ZfIR 2012, 264; a.A. LG Heilbronn, Beschluss vom 3.3.2014, 1 T 20/14, ZfIR 2014, 786.
66 BGH, Rpfleger 1983, 167.
67 OLG Düsseldorf, DNotZ 1987, 108.
68 BGH, NJW 1994, 864 = Rpfleger 1994, 266 = MDR 1994, 771 = WM 1994, 414 = ZIP 1994, 305.
69 OLG Hamburg, MDR 1978, 138; OLG Frankfurt, FamRZ 1982, 938; OLG Zweibrücken, NJW-RR 1989, 84.

Zubehöreigenschaft bejaht[70], teilweise wird weder Zubehöreigenschaft noch wesentlicher Bestandteil angenommen[71]. In seiner Entscheidung vom 20.11.2008 gibt der *BGH*[72] Hinweise zur Prüfung durch die Instanzgerichte. Zunächst ist zu prüfen, ob in der Region die von einem Mieter eingebrachte Einbauküche von der Verkehrsanschauung nicht als Zubehör anzusehen ist, § 97 Abs. 1 Satz 2 BGB. Die Frage kann regional unterschiedlich zu beurteilen sein und die Antwort kann sich im Laufe der Jahre geändert haben. Sie wird von der Rechtsprechung unter Bezug auf die regionalen Gegebenheiten jedenfalls zum Teil verneint. Lässt sich nach der allgemeinen Verkehrsanschauung eine Zubehöreigenschaft nicht verneinen, ist weiter maßgeblich, ob nach der Zweckbestimmung lediglich eine vorübergehende Benutzung der Einbauküche für die Wohnung begründet wurde. Kann eine derartige Feststellung nicht getroffen werden, wird die Frage erheblich, ob ein Mietvertrag besteht. Gibt es zum Zeitpunkt des Erwerbs und Einbaus der Küche keinen Mietvertrag, war diese aber aus Mitteln der Mieter angeschafft und eingebaut worden, begründet dies allein noch nicht eine dauerhafte Zubehöreigenschaft. Die Annahme einer dauerhaften Widmung als Zubehör wäre nur dann gerechtfertigt, wenn die Mieter das gesicherte Recht und die Absicht gehabt hätten, auf Dauer in der Wohnung zu bleiben. Hierzu müssen insgesamt eindeutige Feststellungen getroffen werden. Insgesamt lässt sich diese Frage nicht allgemein gültig beantworten, es muss immer auf den Einzelfall abgestellt werden. Wesentlich kommt es darauf an, ob nach der Verkehrsanschauung erst die Einfügung der Einbauküche dem Gebäude eine besondere Eigenart, ein bestimmtes Gepräge gibt, ohne dass das Gebäude nicht als fertig gestellt gilt, oder ob sie dem Baukörper besonders angepasst ist, deswegen mit ihm eine Einheit bildet.[73]

23   Misslich für das Vollstreckungsverfahren ist, dass das Prozessgericht und nicht in das Vollstreckungsgericht über die zutreffende Einordnung entscheidet. Der Gläubiger bzw. der Bieter ist deswegen in der Versteigerung auf sich selbst gestellt. Weder das Gericht noch die Beteiligten und Interessenten können sich auf die Angaben aus dem Verkehrswertgutachten verlassen. Das Vollstreckungsgericht wird sich mangels Zuständigkeit zurückhalten, sodass Bietinteressenten nicht sicher beurteilen können, ob sie einen Gegenstand miterwerben oder nicht.[74]

5. Neue Bundesländer

24   Um eine endgültige Bereinigung der nach wie vor unterschiedlichen Rechtslage im Grundstücksrecht in den neuen Bundesländern herbeizuführen, wurden umfassende Regelungen durch Ergänzungen des EGBGB, durch das Grundbuchbereini-

---

70   Eine aus serienmäßig hergestellten Einzelteilen zusammengesetzte Kücheneinrichtung kann in Norddeutschland Zubehör eines Wohnhauses sein, so BGH, NJW-RR 1990, 586; OLG Köln, VersR 1980, 51; OLG Düsseldorf, MDR 1984, 51; OLG Hamm, NJW-RR 1989, 333; LG Köln, WM 1988, 425; LG Berlin, NJW-RR 1997, 1097 (zumindest in Norddeutschland); OLG Saarbrücken, VersR 1996, 97.
71   LG Kiel, Rpfleger 1983, 167; OLG Koblenz, Rpfleger 1988, 493; OLG Karlsruhe, Rpfleger 1988, 542; LG Hannover, Rpfleger 1988, 542; OLG Zweibrücken, Rpfleger 1993, 169; OLG Koblenz, ZMR 1993, 66; OLG Düsseldorf, Rpfleger 1994, 374 = NJW-RR 1994, 1039; AG Düren, VersR 2004, 468; LG Krefeld, DGVZ 2004, 141.
72   BGH, Rpfleger 2009, 253 = NJW 2009, 1078.
73   So BGH, Rpfleger 1990, 218; BGH, NJW 1984, 2277; abgelehnt für das Saarland OLG Saarbrücken, VersR 1996, 97; vgl. auch *Dorn*, Rpfleger 1987, 143.
74   Zur Problematik auch *Dorn*, Rpfleger 1987, 143, 145.

gungsgesetz (GBBerG), das Registerverfahrensbeschleunigungsgesetz (RegVBG) und das Sachenrechtsbereinigungsgesetz (SachenRBerG) geschaffen.[75]

Durch § 295 Abs. 2 ZGB konnte Eigentum an Gebäuden unabhängig vom Eigentum am Boden begründet werden. Dieses Gebäudeeigentum wurde behandelt wie ein selbstständiges Grundstück, § 295 Abs. 2 ZGB, es war **nicht wesentlicher Bestandteil** des Grund und Bodens. Zur Entstehung wurde dem Berechtigten ein Nutzungsrecht verliehen. Dieses Nutzungsrecht wurde dem Berechtigten an einem volkseigenen Grundstück verliehen, § 286 Abs. 1 Nr. 1 ZGB, als Belastung in Abt. II des Grundstücksgrundbuches eingetragen und ein selbstständiges Gebäudegrundbuchblatt angelegt, § 4 Abs. 4 S. 3 des Gesetzes über die Verleihung von Nutzungsrechten an volkseigenen Grundstücken (vom 14.12.1970 GBl. I 372). Für dieses Nutzungsrecht und das Gebäudeeigentum gelten Art. 231 § 5 und Art. 233 § 4 EGBGB sowie § 9a EGZVG. Dieses Nutzungsrecht ist in etwa vergleichbar dem Erbbaurecht.[76] 25

Das Nutzungsrecht konnte weiterhin aufgrund der Zuweisung genossenschaftlich genutzten Bodens durch eine sozialistische Genossenschaft für den Bau und die persönliche Nutzung eines Eigenheimes entstehen, § 286 Abs. 1 Nr. 2 ZGB. Auch hier wurde ein Gebäudegrundbuchblatt angelegt, § 4 Abs. 2 S. 2 der BereitstellungsVO vom 9.9.1976 (GBl. I 157). Das Nutzungsrecht wurde aber nicht als Belastung im Grundstücksgrundbuch eingetragen, sondern es wurde nur ein Vermerk im Bestandsverzeichnis über das Gebäudeblatt angelegt. Für dieses Nutzungsrecht und das Gebäudeeigentum gelten Art. 231 § 5 und Art. 233 § 4 EGBGB sowie § 9a Abs. 1 EGZVG[77] (hierzu → § 9a EGZVG Rdn. 4). 26

Ebenfalls entstand ein Nutzungsrecht aufgrund eines Vertrages zwischen Eigentümer und Nutzungsberechtigtem bei Bodenflächen zur Erholung (kleingärtnerische Nutzung), § 286 Abs. 1 Nr. 4 ZGB.[78] Da das Gebäude hier wie eine **bewegliche Sache** behandelt wurde, erfolgt auch keinerlei Eintragung im Grundbuch. Für dieses Nutzungsverhältnis gilt Art. 232 § 4 EGBGB i.V.m. §§ 1, 29 SchuldRAnpG und dem ErholNutzG (BGBl 1994 I 2538, 2548). 27

Ein weiteres Nutzungsrecht besteht vielfach für die LPG u.ä. Einrichtungen sowie Wohnungsbaugenossenschaften, Art. 233 § 2b EGBGB. Errichtete die LPG an den von den Genossen eingebrachten Grundstücken Gebäude und Anlagen, wurde diese selbstständiges Eigentum der LPG, § 27 LPG-G (vom 2.7.1982 GBl. I 443). Nach Art. 233 § 2b Abs. 2 S. 3 EGBGB muss zur Verkehrsfähigkeit des Gebäudeeigentums von Amts wegen ein Gebäudegrundbuchblatt angelegt werden. Dieses Gebäudeeigentum ist damit verkehrsfähig.[79] 28

Durch Art. 233 § 4 Abs. 4 EGBGB (eingefügt durch das 2. VermRÄndG) ist klargestellt, dass das verliehene Nutzungsrecht bei bis zum Ablauf des 31.12.2000 (Art. 1 Abs. 1 Nr. 2a EFG; 2. EFG) angeordneten Zwangsversteigerungen auch dann bestehen bleibt, wenn es bei der Feststellung des geringsten Gebotes grund- 29

---

75 Hierzu aktuell *Böhringer*, BWNotZ 2007, 1 ff.
76 So *Böhringer*, Besonderheiten des Liegenschaftsrechts, Rdn. 486; Sachenrechtsbereinigung, Eickmann/*Böhringer*, Art. 233 § 4 EGBGB Rdn. 7.
77 Sachenrechtsbereinigung, Eickmann/*Böhringer*, Art. 233 § 4 EGBGB Rdn. 10.
78 Sachenrechtsbereinigung, Eickmann/*Böhringer*, Art. 233 § 4 EGBGB Rdn. 14.
79 Vgl. auch *Böhringer*, Besonderheiten des Liegenschaftsrechts, Rdn. 513 m.w.N.; Sachenrechtsbereinigung, Eickmann/*Böhringer*, Art. 233 § 4 EGBGB Rdn. 8, 9, 11.

30 sätzlich nicht zu berücksichtigen wäre, also wenn insbesondere das Verfahren aus der Rangklasse 2 oder 3 des § 10 Abs. 1 betrieben wird.

30 Dieselbe Rechtswirkung des Bestehenbleibens ergibt sich für das zugewiesene Nutzungsrecht. Zwar ist das Nutzungsrecht nicht als Belastung aus dem Grundbuch ersichtlich, einer besonderen Anmeldung zur Berücksichtigung in der bis zum Ablauf des 31.12.2000 angeordneten Versteigerung bedarf es jedoch nicht, da das Nutzungsrecht kraft Gesetzes nicht erlischt, Art. 233 § 4 Abs. 4 EGBGB.[80]

31 Da die Aufbauten aufgrund des vertraglich vereinbarten Nutzungsrechts behandelt werden wie bewegliche Sachen, also **nicht wesentliche Bestandteile** des Grundstückes sind (Art. 231 § 5 Abs. 1 S. 1 und Art. 232 § 4 EGBGB), und auch **nicht** als **Zubehör** angesehen werden können, werden sie von der Beschlagnahme nach § 20 nicht erfasst.[81] Für die Zwangsversteigerung sind auf diese Nutzungsrechte die Miet-/Pachtrechtsvorschriften des BGB anzuwenden, der Ersteher tritt in das Nutzungsverhältnis ein und hat ein außerordentliches Kündigungsrecht.[82] Einzelheiten bei Art. 232 § 4 EGBGB i.V.m. § 6 Abs. 1 SchuldRAnpG.

32 Das selbstständige Gebäudeeigentum der LPG wurde erst ab 1.1.2001 von der Beschlagnahme des Grundstücks erfasst, Art. 231 § 5 Abs. 1 EGBGB i.V.m. § 9a Abs. 1 EGZVG und Art. 1 Abs. 2 Nr. 1 EFG.[83]

33 Damit für die Zukunft eine Bereinigung der Rechtsverhältnisse eintritt, kann für den Gebäudenutzer entweder ein **Erbbaurecht**, §§ 28–55 SachenRBerG, bestellt werden oder das Nutzer kann das Grundstück **käuflich erwerben**, §§ 56–73 SachenRBerG. Haben sich die Beteiligten auf die Begründung eines Erbbaurechts geeinigt, ergeben sich für die Zwangsversteigerung keine weiteren Besonderheiten. Hat der Nutzer das Grundstück erworben und das Nutzungsrecht ist aufgegeben worden, ist das Gebäude wesentlicher Bestandteil des Grundstückes und es ergibt sich kein Unterschied mehr zu den üblichen Regelungen des BGB und ZVG, Art. 233 § 4 Abs. 6 EGBGB. Besteht das **Gebäudeeigentum** aber nach wie vor, greift die durch das RegVBG (vom 20.12.1993 BGBl I 2182) eingefügte Vorschrift § 9a EGZVG ein. Bei der Beschlagnahme nach dem 31.12.2000 (Art. 1 Abs. 2 Nr. 1 EFG; 2. EFG) wird das Gebäudeeigentum erfasst und mitversteigert. Dies gilt aber nur dann, wenn das Gebäudeeigentum nicht aus dem Grundbuch ersichtlich ist und der Nutzungsberechtigte sein Recht auch nicht rechtzeitig i.S.v. § 37 Nr. 4 ZVG angemeldet hat. Gem. § 9a Abs. 2 EGZVG hat der Inhaber des Gebäudeeigentums die Rechte aus § 28 ZVG, d.h. er hat ein der Versteigerung entgegenstehendes Drittrecht. Dies kann aber nur dann von Amts wegen beachtet werden, wenn es grundbuchersichtlich oder zumindest angemeldet wird. In diesem Fall müsste das Verfahren bzgl. des Gebäudes aufgehoben werden (amtswegige Freigabe), ansonsten bezieht sich die Zwangsversteigerung des Grundstücks auch auf das Gebäudeeigentum. Nach § 90 Abs. 2 erwirbt der Ersteher dann mit dem Grundstück auch das Gebäudeeigentum, beide Rechtsobjekte bleiben allerdings selbstständig (erst mit der Aufhebung des Gebäudeeigentums gemäß Art. 233 § 4 Abs. 6, § 2b Abs. 4 und § 8 EGBGB wird es Bestandteil des Grundstücks).[84]

---

80 Vgl. hierzu *Keller*, Rpfleger 1994, 194, 197.
81 *Stöber*, § 20 Rdn. 5.
82 Vgl. *Stöber*, § 57 Rdn. 8.
83 OLG Naumburg, VIZ 2004, 337; *Keller*, Rpfleger 1994, 198.
84 Vgl. hierzu auch *Eickmann*, Sachenrechtsbereinigung, § 9a EGZVG Rdn. 2 bis 19.

6. Anwartschaftsrechte
a) Begriff

Das gesetzlich nicht normierte Anwartschaftsrecht (vgl. aber § 140 Abs. 2 InsO) wurde von Rechtsprechung[85] und Literatur[86] durch Rechtsfortbildung geschaffen. Voraussetzung eines Anwartschaftsrechts ist, dass von den mehraktigen Entstehungstatbeständen eines Rechtes schon so viele Erfordernisse erfüllt sind, dass von einer gesicherten Rechtsposition des Erwerbers gesprochen werden kann, die der andere an der Entstehung des Rechtes Beteiligte nicht mehr durch einseitige Erklärung zu zerstören vermag.[87] Das Anwartschaftsrecht wird zumeist bildhaft als „Vorstufe" zum Eigentum bzw. als dessen „wesensgleiches Minus" beschrieben und möglichst nach den Regeln wie das Eigentum selbst behandelt.[88] Das Anwartschaftsrecht eines Auflassungsempfängers ist z.b. auch ein dingliches Recht i.S.d. § 2 Abs. 2 VermG und daher restitutionsfähig.[89]

34

b) Rechtliches Schicksal

Der Haftungsverband erstreckt sich auch auf das vom Grundstückseigentümer unter Eigentumsvorbehalt erworbene Zubehör.[90] Die Haftung erfasst lediglich das Anwartschaftsrecht und nicht das Zubehör selbst, dass rechtzeitig von der Versteigerung ausgenommen sein kann.[91] Sehr umstritten ist, ob der Erwerber das bereits mit dem Grundpfandrecht belastete Anwartschaftsrecht rechtswirksam aufgegeben kann.[92]

35

7. Miete und Pacht

Der Hypothekenhaftung unterliegen auch Miete und Pacht, §§ 1123 bis 1125 BGB.[93] Erfasst ist nicht nur der für das Grundstück, sondern auch die für Zubehör gezahlte Miete oder Pacht.[94] Um dem Eigentümer die wirtschaftliche Bewegungsfreiheit zu erhalten, wird die Miete oder Pacht durch Zwangsversteigerung nicht beschlagnahmt, §§ 24, 21 Abs. 2. Die Miete oder Pacht kann nur durch Zwangsverwaltung oder durch Pfändung aufgrund eines dinglichen Titels erfasst werden.[95]

36

Dem Haftungsverband unterliegen auch wiederkehrende Leistungen aus subjektiv dinglichen Rechten am Grundstück, §§ 96, 1126 BGB.[96] Diese Leistungen

37

---

85 U.a. BGHZ 45, 186; 49, 197; 83, 395; BGH, Rpfleger 1996, 399; OLG Jena, Rpfleger 1996, 100.
86 *Zeranski*, AcP Bd. 203, 693; *Mülbert*, AcP Bd. 202, 912; *Scherer*, ZIP 2002, 341; *Scholz*, MDR 1990, 679; *Kollhosser*, JA 1984, 196, 198 m.w.N.; *Völzmann*, Rpfleger 2005, 64; *Mand*, Jura 2004, 221; zur Frage der Pfändung vgl. *Hintzen*, Rpfleger 1989, 439.
87 BGHZ 27, 360, 367; 37, 319, 321; 45, 186, 188, 189; BGH, Rpfleger 1968, 83 und Rpfleger 1982, 271, 272; BGH, Rpfleger 1989, 192 = ZIP 1989, 166.
88 BGH, NJW 1982, 1639.
89 BVerwG, VIZ 2001, 144 = ZfIR 2001, 382.
90 BGHZ 35, 85 = NJW 1961, 1349.
91 *Graba/Teufel*, Rpfleger 1979, 401.
92 Dafür: BGHZ 92, 280 = NJW 1985, 376; *Wilhelm*, NJW 1987, 1785; dagegen *Kollhosser*, JZ 1985, 370; *Marotzke*, AcP 186, 490; *Tiedtke*, NJW 1984, 1305.
93 BGH, WM 1989, 270.
94 RGZ 136, 407.
95 Vgl. → Rdn. 5.
96 Vgl. → Rdn. 13.

werden wie die Ansprüche aus Miete oder Pacht durch Zwangsversteigerung nicht beschlagnahmt, § 21 Abs. 2, § 148 Abs. 1.

8. Versicherungsforderungen
a) Grundsatz

38   Der Hypothek/Grundschuld unterliegen auch die Forderungen gegen den Versicherer, §§ 1127 bis 1130 BGB, wenn in den Haftungsverband fallende Gegenstände wie Grundstück, Bestandteile, Erzeugnisse und Zubehör für den Eigentümer oder Eigenbesitzer des Grundstücks versichert sind, § 21 Abs. 1, § 1127 BGB. Der Gläubiger wird also auch dann geschützt, wenn die Haftungsobjekte selbst entfallen sind. Folgerichtig erlischt die Haftung der Forderung gegen den Versicherer, wenn der versicherte Gegenstand wiederhergestellt oder ersetzt ist, § 1127 Abs. 2 BGB. Dem Grundpfandrecht haftet dann der ersatzbeschaffte oder wiederhergestellte Gegenstand. Die Beschlagnahme umfasst auch eine Versicherungsforderung aufgrund einer vom Zwangsverwalter gemäß § 152 abgeschlossenen **Feuerversicherung**. Erfolgt die Auszahlung des Versicherungsbetrages an den Zwangsverwalter, erfasst die Beschlagnahme im Wege dinglicher Surrogation den Anspruch des Eigentümers auf Auszahlung nach Beendigung der Zwangsverwaltung.[97] Der Grundpfandgläubiger ist als Pfandgläubiger der Versicherungsforderung anzusehen, § 1128 Abs. 3 BGB, er wird so behandelt, als wäre ihm die Versicherungsforderung verpfändet worden. Dies führt grundsätzlich dazu, dass der Versicherer nur an den Versicherten und den Grundpfandgläubiger gemeinsam leisten kann, § 1281 BGB.

b) Gebäudeversicherung

39   Auch eine Gebäudeversicherung wird von der Beschlagnahme des Grundstücks im Zwangsversteigerungsverfahren umfasst. Erhält der Versicherungsnehmer, der zu Beginn des Umbaus seines Altbaus eine Gebäudeversicherung mit dem Zusatz, „für die Bauzeit, längstens für 12 Monate, besteht eine prämienfreie Rohbaufeuerversicherung", abgeschlossen hat, kurz vor Ablauf der 12 Monate eine Prämienrechnung für das folgende Versicherungsjahr, dann setzt sich die prämienfreie Rohbauversicherung als Wohngebäudeversicherung fort. Die Beschlagnahme der Versicherungsforderung im Zwangsversteigerungsverfahren tritt auch ein, wenn der Versicherungsfall, (hier der Brand) sich vor der Anordnung der Zwangsversteigerung ereignet hat.[98] Grundpfandgläubiger sind durch § 1128 BGB vor Verfügungen über die Versicherungssumme geschützt.[99] Sofern die Voraussetzungen des § 1228 Abs. 1 und Abs. 2 BGB vorliegen, kann der Versicherer mit befreiender Wirkung nur an den Versicherten leisten.[100] Eine Zahlung entgegen dieser Vorschrift befreit die Versicherung nicht.

---

97   OLG Schleswig, SchlHA 2001, 19 = InVo 2001, 76, der Anspruch wird vom Ersteher miterworben, wenn er von den Versteigerungsbedingungen mitumfasst ist und im Zuschlagsbeschluss benannt wird; ist er von den Versteigerungsbedingungen nicht mitumfasst, erwirbt ihn der Ersteher nicht aufgrund eines fehlerhaften rechtskräftigen Zuschlagsbeschlusses, der den frühen, inzwischen durch Zahlung erloschenen Anspruch gegen den Feuerversicherer dem Erwerber zuschlägt.
98   OLG Schleswig, NJOZ 2009, 1016 = SchlHA 2009, 155.
99   Zur Behandlung in der Versteigerung vgl. *Klawikowski*, Rpfleger 2005, 341.
100 MünchKomm/*Eickmann*, BGB § 1228 Rdn. 6 ff.

Das VVG wurde mit Wirkung ab dem 1.1.2008 grundlegend geändert (Gesetz v. 23.11.2007, BGBl I 2631). Für alle Neuverträge, geschlossen ab dem 1.1.2008, gilt das VVG in der Neufassung. Auf Versicherungsverhältnisse, die bis zum Inkrafttreten des VVG entstanden sind (Altverträge), das Grundpfandrecht und auch die Beschlagnahme bis zum 31.12.2007 entstanden bzw. erfolgt sind, ist das VVG in der bis zum 31.12.2007 geltenden Fassung anzuwenden, Art. 1 Abs. 1 EGVVG. Ist bei Altverträgen ein Versicherungsfall bis zum 31.12.2008 eingetreten, ist ebenfalls noch das VVG in der bis zum 31.12.2007 geltenden Fassung weiter anzuwenden, Art. 1 Abs. 2 EGVVG. Hiernach wird von der Versicherung bzw. dem Versicherungsunternehmen der Ersatz des Schadens geschuldet, höchstens die vereinbarte Versicherungssumme, § 50 VVG a.F. Diese bestimmt sich nach dem Versicherungswert, § 52 VVG a.f., § 88 VVG n.F. der sich wie auch weitere Berechnungsmodalitäten nach dem Inhalt des Versicherungsvertrages richtet (Zeit-, Neuwertversicherung).

Von **mehreren Grundpfandgläubigern** ist nur der erstrangige zur Einziehung berechtigt, § 1290 BGB.[101]

Mit **Wiederaufbauklausel**, die in der Gebäudeversicherung die Regel bildet, wird eine weitere Entschädigung über den Zeitwert hinaus, der sog. Neuwertanteil, von der Versicherung geschuldet. Ist der Versicherer zur Zahlung nur verpflichtet, wenn die Versicherungssumme zur **Wiederherstellung** des Gebäudes verwendet wird, ist eine dementsprechende Leistung dem Grundpfandgläubiger gegenüber wirksam, § 1130 BGB. Wurde nicht bedingungsgemäß gezahlt, kann der Grundpfandgläubiger Zahlung zur Wiederherstellung verlangen. Das Gleiche gilt, wenn die Wiederherstellung unmöglich ist.[102] Verweigert der Eigentümer die Wiederherstellung, kann der Gläubiger ebenfalls Zahlung an sich verlangen, § 1128 Abs. 3, §§ 1281, 1282 BGB.[103] Er kann auch einen Verwalter bestellen lassen, der die geeigneten Maßnahmen durchsetzt, § 1134 Abs. 2 BGB. Dieser zusätzliche Anspruch besteht jedoch nur soweit und sobald der Versicherungsnehmer innerhalb von drei Jahren nach Eintritt des Versicherungsfalles sichergestellt hat, dass die Entschädigung verwenden wird, das Gebäude in gleicher Art und Zweckbestimmung an der bisherigen Stelle wiederherzustellen = strenge **Wiederherstellungsklausel**.[104] Nach Vorlage entsprechender ordnungsgemäßer Nachweise kann der Versicherer an den Versicherungsnehmer befreiend zahlen.[105]

c) Gestörtes Versicherungsverhältnis

Rechte, die Gläubigern von Grundpfandrechten gegenüber dem Versicherer nach den §§ 99 bis 107c VVG in der bis zum 31.12.2007 geltenden Fassung zustehen, bestimmen sich auch nach dem 31.12.2008 nach diesen Vorschriften. Die Anmeldung eines Grundpfandrechts beim Versicherer kann nur bis zum 31.12.2008 erklärt werden, Art. 5 Abs. 1 EGVVG. Der Versicherer wird gegenüber dem Grundstückseigentümer leistungsfrei, wenn der Versicherungsfall grob fahrlässig herbeigeführt, § 61 VVG a.F., die Gefahr ohne Einwilligung des Versicherers er-

---

101 RGZ 151, 389, 391.
102 RGZ 133, 117.
103 Palandt/*Bassenge*, § 1130 Rdn. 1; a.A. Steiner/*Teufel*, §§ 20, 21 Rdn. 127.
104 BGH, VersR 2001, 326; BGH, NJW-RR 2004, 753; bei einer „einfachen" Wiederherstellungsklausel sind Zahlungen ohne Verwendungsnachweis bei Einverständnis der Grundpfandrechtsgläubiger möglich.
105 Steiner/*Teufel*, §§ 20, 21 Rdn. 170; hierzu auch *Klawikowski*, Rpfleger 2005, 341.

höht, § 25 Abs. 1, § 23 Abs. 1 VVG a.F., oder die Klagefrist nach § 12 Abs. 3 VVG a.F. versäumt wurde (sog. gestörtes Versicherungsverhältnis)[106]. Nach der Neuregelung des VVG ist der Versicherer nicht zur Leistung verpflichtet, wenn der Versicherungsnehmer vorsätzlich den Versicherungsfall herbeiführt. Führt der Versicherungsnehmer den Versicherungsfall grob fahrlässig herbei, ist der Versicherer berechtigt, seine Leistung in einem der Schwere des Verschuldens des Versicherungsnehmers entsprechenden Verhältnis zu kürzen, § 81 VVG n.F. Dem Grundpfandgläubiger gegenüber bleibt der Gebäudeversicherer nach wie vor verpflichtet, § 102 Abs. 1 VVG a.F. Das neue VVG kennt eine solche Regelung nicht, die Leistungsfreiheit des Versicherers gilt nunmehr auch gegenüber dem Grundpfandrechtsgläubiger. Für die Gebäudefeuerversicherung gelten die §§ 142–149 VVG n.F. Das Gleiche gilt, wenn der Versicherer nach dem Eintritt des Versicherungsfalls von dem Vertrag zurücktritt oder den Vertrag anficht. Aufgrund eines selbstständigen Rechts[107] kann der Gläubiger Zahlung an sich verlangen.[108] Dieser Anspruch ist daher nicht beschlagnahmt und kann nicht durch Zuschlag auf den Ersteher übergehen.

d) Zahlung im Verfahren

43 Die Forderung auf Leistungen aus der Versicherung wird durch Zwangsverwaltung oder Pfändung aufgrund des dinglichen Titels in vollem Umfang, § 148 Abs. 1, durch Zwangsversteigerung **eingeschränkt** beschlagnahmt, § 21 Abs. 1. Wird der versicherte Gegenstand während des Verfahrens ganz oder teilweise wiederhergestellt oder ersetzt, erledigt sich insoweit die Beschlagnahme. Ansonsten geht der Anspruch auf die Versicherungsleistung bei ungestörtem Versicherungsverhältnis mit Zuschlag auf den Ersteher über, § 90 Abs. 2, § 55 Abs. 1.[109]

9. Entschädigungsansprüche

44 Dem Grundpfandrecht haften weiterhin Entschädigungsforderungen etwa wegen Enteignung, Art. 14 GG; Art. 52, 53, 53a, 109 EGBGB, wegen Bergschäden, Art. 67 EGBGB[110] und Geldausgleich bzw. Geldabfindung bei Umlegung, § 63 Abs. 2, § 61 Abs. 2 BauGB, nicht aber Schadensersatzansprüche wegen Grundstücksbeschädigung.[111]

IV. Änderungen des Umfangs haftender Gegenstände
1. Allgemeines

45 Durch Enthaftung oder Neubeschaffung von Gegenständen kann sich der Umfang dessen, was der Hypothek/Grundschuld haftet, ändern. Versteigert werden grundsätzlich nur solche Gegenstände, die noch wirksam beschlagnahmt sind, § 90 Abs. 2, § 55 Abs. 1. Maßgebend ist der Zeitpunkt der Aufforderung zur Abgabe von Geboten, § 66 Abs. 2.[112] Auch nach dem Wirksamwerden der Beschlag-

---

106 Zu möglichen Fällen s.a. *Johannsen*, NVersZ 2000, 410.
107 BGH, NJW 1981, 1671 = Rpfleger 1981, 291 = WM 1981, 488; vgl. auch *Schütz*, VersR 1986, 853.
108 Steiner/*Teufel*, §§ 20, 21 Rdn. 173.
109 BGH, WM 1989, 952 = ZIP 1989, 761.
110 RGZ 69, 247.
111 BGH, WM 1989, 952 = ZIP 1989, 761.
112 BGH, Rpfleger 1972, 248 = NJW 1972, 1187.

nahme, § 22, kann sich der Umfang der haftenden Gegenstände ändern. Die Änderungen wirken sich nicht nur darauf aus, was der Ersteher durch Zuschlag erwirkt, sondern auch darauf, was durch Mobiliarvollstreckung verwertet werden kann.

2. Ausnahme von der Versteigerung

Gegenstände können durch Aufhebung des gesamten Verfahrens, aber auch durch Beendigung beschränkt auf einzelne Gegenstände von der Versteigerung ausgenommen werden. Weitere Möglichkeiten sind: eine gesonderte Versteigerung bzw. Verwertung auf andere Art, § 65, oder die Ausnahme infolge abweichender Versteigerungsbedingungen, § 59. Werden Inventargegenstände im Versteigerungstermin aus der Versteigerung ausgenommen und der Verkehrswert insgesamt herabgesetzt, ist der anberaumte Termin abzusetzen, es ist zuvor eine erneute Terminsbekanntgabe notwendig.[113] 46

3. Eigentumserwerb durch Dritte

Grundsätzlich haftet dem Gläubiger nur das Vermögen seines Schuldners. Erwirbt ein Dritter Eigentum, haftet der Gegenstand nicht mehr dem Gläubiger eines anderen. Im Einzelnen gilt: 47

- Erzeugnisse und sonstigen Bestandteile haften der Hypothek/Grundschuld nur, soweit sie nicht mit Trennung in das Eigentum eines anderen als des Eigentümers oder des Eigenbesitzers des Grundstückes fallen, §§ 954 bis 957 BGB;
- Erzeugnisse oder sonstige Bestandteile können wirtschaftlich dadurch selbstständig werden, dass sie verarbeitet werden, § 950 BGB. In diesem Fall unterliegen sie nicht mehr dem Haftungsverband;
- bewegliche und unbewegliche Gegenstände können nach Beschlagnahme gutgläubig erworben werden (s. → Rdn. 51);
- über unbewegliche Gegenstände kann auch nach Beschlagnahme in der Versteigerung in den Grenzen ordnungsmäßiger Wirtschaft verfügt werden, § 23 Abs. 1.

4. Enthaftung

Getrennte Erzeugnisse, sonstige Bestandteile und Zubehör werden von der Hypothekenhaftung frei, wenn sie veräußert und vom Grundstück entfernt werden, **bevor** sie zugunsten des Gläubigers beschlagnahmt werden, § 1121 Abs. 1 BGB. Zubehör wird auch dann frei, wenn die Zubehöreigenschaft **vor Beschlagnahme** in den Grenzen ordnungsmäßiger Wirtschaft aufgehoben wird, § 1122 Abs. 2 BGB. **Nach Beschlagnahme** können diese Gegenstände nur ausnahmsweise von der Hypothekenhaftung frei werden, § 1121 Abs. 2, § 1122 Abs. 1 BGB. 48

5. Zubehör

a) Eigenzubehör

Zubehör (zum Begriff → Rdn. 16 ff.) unterliegt nicht der Mobiliarpfändung, § 865 Abs. 2 S. 1 ZPO. Die gesetzliche Bestimmung der Unpfändbarkeit dieser 49

---

113 LG Rostock, Beschluss v. 24.3.2011, 3 T 343/10, Rpfleger 2011, 625.

Zubehörstücke liegt darin, die wirtschaftliche Einheit der Hauptsache nicht zu zerschlagen.[114] Für die Frage, ob die Zubehörgegenstände dem Haftungsverband einer Hypothek unterliegen, kommt es nicht darauf an, dass an dem Grundstück eine Hypothek bzw. eine Grundschuld eingetragen ist.[115] Diese Frage ist unabhängig von dem konkreten Belastungsstand des Grundstückes völlig abstrakt zu sehen.

50 Zubehör unterlegt jedoch nur dann dem Hypothekenhaftungsverband und damit der Beschlagnahme in der Zwangsversteigerung, wenn sie zuvor im Eigentum des Grundstückseigentümers gestanden haben, § 1120 BGB. Nach § 1121 Abs. 1 BGB werden Zubehörgegenstände von der Haftung frei, wenn sie veräußert und vom Grundstück entfernt werden, bevor sie zugunsten des Gläubigers in Beschlag genommen worden sind. Hierbei muss die Entfernung von dem Grundstück grundsätzlich **vor Beschlagnahme** erfolgen.[116] Ausnahmen:

- entfernt der Erwerber die Zubehörgegenstände von dem Grundstück, so ist eine vor der Entfernung erfolgte Beschlagnahme ihm gegenüber nur wirksam, wenn er bei der Entfernung in Ansehung der Beschlagnahme nicht im guten Glauben ist, § 1121 Abs. 2 S. 2 BGB.
- Zubehörstücke werden auch ohne Veräußerung von der Haftung frei, wenn die Zubehöreigenschaft innerhalb der Grenzen einer ordnungsgemäßen Wirtschaft vor der Beschlagnahme aufgehoben wurde, § 1122 Abs. 2 BGB. Die entsprechende Vorschrift für die Versteigerung findet sich in § 23 Abs. 1 S. 2. Hiernach kann der Schuldner über beschlagnahmte bewegliche Sachen in den Grenzen einer ordnungsmäßigen Wirtschaft auch dem Gläubiger gegenüber verfügen kann.

51 Kommt es bei der Entfernung eines Zubehörgegenstandes auf den **guten Glauben** des Erwerbers an, wird dieser durch § 23 Abs. 2 erschwert. Hiernach reicht die Kenntnis vom Versteigerungsantrag bereits für die Bösgläubigkeit aus. Dabei gilt die Beschlagnahme in Ansehung der mithaftenden beweglichen Sachen als bekannt, sobald der Zwangsversteigerungsvermerk im Grundbuch eingetragen ist, § 23 Abs. 2 S. 2.

52 Die Zubehörstücke werden auch dann nicht von der Haftung frei, wenn der einzige Grundpfandgläubiger ihrem Verkauf – ohne Entfernung vom Grundstück – zustimmt und der Erlös zu seiner Befriedigung verwendet wird.[117] Die Zubehöreigenschaft geht daher nicht dadurch verloren, wenn ohne nennenswerte Umbaumaßnahmen auch Betriebe anderer Gewerbezweige eingerichtet wurden oder in der Vergangenheit bereits eingerichtet waren.[118]

b) Fremdzubehör

53 Die Versteigerung erstreckt sich auch auf **Zubehörgegenstände**, die sich nur im Besitz des Schuldners oder eines neu eingetretenen Eigentümers befinden, selbst wenn sie im Eigentum eines Dritten stehen, § 55 Abs. 2. Der Dritte muss sei-

---

114 MünchKomm/*Stresemann*, BGB § 97 Rdn. 13 ff.; Zöller/*Stöber*, § 865 Rdn. 9 m.w.N.
115 Musielak/Voit/*Becker*, § 865 Rdn. 8.
116 MünchKomm/*Eickmann*, BGB § 1121 Rdn. 24 ff.
117 BGH, Rpfleger 1996, 256 = BGH = NJW 1996, 835 = DNotZ 1996, 551 = KTS 1996, 197 = MDR 1996, 739 = WM 1996, 293 = ZIP 1996, 223.
118 OLG Köln, VersR 1988, 1072.

ne Eigentumsrechte **rechtzeitig geltend machen**, § 37 Nr. 5.[119] Der Grund dieser formell ausgerichteten Regelung ist, dass jeder Bietinteressent, der das Grundstück ersteigern will, sicher sein muss, dass er mit dem Zuschlag auch all diejenigen Sachen erwirkt, die sich auf dem Grundstück befinden.[120]

Da das Dritteigentum ein der Versteigerung entgegenstehendes Recht ist, muss vor der Erteilung des Zuschlages die Aufhebung oder einstweilige Einstellung des Verfahrens herbeigeführt werden, § 37 Nr. 5. Für die **Aufhebung oder Einstellung** in den Zubehörgegenstand hat der Dritteigentümer **folgende Möglichkeiten:** 54

- alle betreibenden Gläubiger nehmen ihren Versteigerungsantrag bzgl. des Zubehörgegenstandes zurück, das Versteigerungsverfahren wird insoweit aufgehoben;
- alle betreibenden Gläubiger bewilligen die Einstellung bzgl. des Zubehörgegenstandes, das Versteigerungsverfahren wird insoweit eingestellt; die Beschlagnahme bleibt aber auch über den Zuschlag hinaus wirksam; der Gegenstand ist auf Antrag des Gläubigers in Fortsetzung des Verfahrens gesondert zu versteigern (hierzu § 65);
- der Eigentümer des Zubehörgegenstandes legt eine Entscheidung des Prozessgerichtes im Wege der Drittwiderspruchsklage vor, § 771 Abs. 3, §§ 769, 775, 776 ZPO;
- in dringenden Fällen kann auch das Vollstreckungsgericht das Verfahren in den Zubehörgegenstand einstweilen einstellen, unter Bestimmung einer Frist, innerhalb der die Entscheidung des Prozessgerichtes beizubringen ist, § 769 Abs. 2, § 771 ZPO.

Hat der Dritteigentümer eine Freigabeerklärung oder Einstellungsbewilligung der betreibenden Gläubiger oder eine Entscheidung des Prozessgerichtes nicht rechtzeitig erwirken können, ist der Ersteher des Grundstückes mit Erteilung des Zuschlages Eigentümer des Zubehörgegenstandes geworden, § 90.[121] Der Dritteigentümer muss seinen Anspruch im Verteilungsverfahren weiter verfolgen. 55

---

119 Mit Beispielen *Hintzen/Wolf*, Rdn. 11.294 ff.
120 BGH, NJW 1969, 2135 = Rpfleger 1969, 289.
121 *Stöber*, ZVG § 90 Rdn. 5; Steiner/*Eickmann*, § 90 Rdn. 10.

§ 21 »Beschlagnahmeumfang«

(1) Die Beschlagnahme umfaßt land- und forstwirtschaftliche Erzeugnisse des Grundstücks sowie die Forderung aus einer Versicherung solcher Erzeugnisse nur, soweit die Erzeugnisse noch mit dem Boden verbunden oder soweit sie Zubehör des Grundstücks sind.

(2) Die Beschlagnahme umfaßt nicht die Miet- und Pachtforderungen sowie die Ansprüche aus einem mit dem Eigentum an dem Grundstücke verbundenen Rechte auf wiederkehrende Leistungen.

(3) Das Recht eines Pächters auf den Fruchtgenuß wird von der Beschlagnahme nicht berührt.

I. Allgemeines

1 Grundsätzlich werden durch Zwangsversteigerung und Zwangsverwaltung alle dem Grundpfandrecht haftenden Gegenstände beschlagnahmt, § 20 Abs. 2 ZVG, § 1120 BGB. Für bestimmte landwirtschaftliche Erzeugnisse, Forderungen aus deren Versicherung, Miet- und Pachtforderungen sowie wiederkehrende Leistungen aus dem Grundstück schränkt die Vorschrift diesen Grundsatz ein. Der Umfang der beschlagnahmten Gegenstände ist deswegen bei der Zwangsversteigerung und Zwangsverwaltung (vgl. dort § 148 Abs. 1) unterschiedlich. Vollständig von der Beschlagnahme ausgenommen ist das Recht des Pächters auf den Fruchtgenuss, § 21 Abs. 3. Auch erfasst wird ein **Entschädigungsanspruch** für **Bergschäden** nach dem Bundesberggesetz, auch dieser gehört zum Haftungsverband des Grundpfandrechts.[1]

II. Land- und forstwirtschaftliche Erzeugnisse

2 Getrennte land- und forstwirtschaftliche **Erzeugnisse** (hierzu → § 20 Rdn. 14 ff.), die nicht Zubehör des Grundstücks sind, werden durch Zwangsversteigerung nicht beschlagnahmt. Das Gleiche gilt für die Forderung aus einer Versicherung solcher Erzeugnisse. Beschlagnahmt werden solche Erzeugnisse bzw. die Versicherungsforderung hierfür nur dann durch Zwangsversteigerung, wenn die Erzeugnisse ungetrennt oder nach Trennung Zubehör sind.

III. Miet- und Pachtforderungen

1. Beschlagnahme

3 Dem Grundpfandrecht haftet auch die Forderung auf Miet- und Pachtansprüche, §§ 1123 bis 1125 BGB. Durch Anordnung der Zwangsversteigerung wird sie nicht beschlagnahmt, § 21 Abs. 2.[2] Miet- und Pachtforderungen werden durch die Anordnung der Zwangsverwaltung beschlagnahmt, § 148 Abs. 1. Dies gilt auch dann, wenn ein persönlicher Gläubiger, § 10 Abs. 1 Nr. 5, das Verfahren betreibt.[3]

---

1 LG Saarbrücken, Rpfleger 1998, 532; grundsätzlich auch *Rellermeyer*, Rpfleger 2008, 462.
2 OLG Saarbrücken, Rpfleger 1993, 80.
3 RGZ 136, 407; BGH, Rpfleger 2005, 694 = NJW-RR 2005, 1466 = NZM 2005, 915 = WM 2005, 1371 = ZIP 2005, 1452 = ZfIR 2005, 655; OLG Hamburg, JW 1932, 193; OLG Köln, JW 1935, 3058; OLG Celle, JR 1955, 267.

Beschlagnahmt werden diese Forderungen auch durch Pfändung aufgrund eines dinglichen Titels, § 1147 BGB.⁴

Die Einzelpfändung aufgrund eines dinglichen Titels, wenn über das Vermögen **4** des Schuldners das **Insolvenzverfahren** eröffnet ist, hat der BGH verneint. Nach Eröffnung des Insolvenzverfahrens über das Vermögen des Schuldners ist die Pfändung mithaftender Mieten oder Pachten durch absonderungsberechtigte Grundpfandgläubiger nicht mehr zulässig.⁵

Erfasst werden nicht nur Miet- und Pachtansprüche wegen der Grundstücks- **5** überlassung, sondern auch wegen der Überlassung von Zubehör. Miet- und Pachtansprüche aus **Untermiet-** und **Unterpachtverhältnissen** unterliegen nicht der Pfandrechtshaftung. Etwas anderes kann ausnahmsweise dann gelten, wenn der Hauptmiet- oder Hauptpachtvertrag wegen Vereitelung der Gläubigerrechte nach § 138 Abs. 1 BGB nichtig ist.⁶

Zeitlich werden die Miet- und Pachtforderungen erfasst, die noch nicht fällig **6** und nicht länger als ein Jahr fällig sind, § 1123 Abs. 2 BGB. Fällige Forderungen werden von der Pfandrechtshaftung frei, wenn die Erfüllungswirkung eingetreten ist, bevor die Beschlagnahme wirkt, § 1124 Abs. 1 BGB.⁷ **Vorausverfügungen** über diese Forderungen wirken bei Beschlagnahme nur begrenzt gegenüber dem Gläubiger, § 1124 Abs. 2 BGB.⁸ Eine in einem Mietvertrag mit fester Laufzeit als Einmalzahlung vereinbarte und vor der Beschlagnahme vollständig gezahlte Miete ist dem Grundpfandrechtsgläubiger gegenüber insoweit unwirksam, als sie sich auf die (fiktive) anteilige Miete für eine spätere Zeit als den zur Zeit der Beschlagnahme laufenden Kalendermonat (beziehungsweise bei Beschlagnahme nach dem fünfzehnten Tage des Monats für eine spätere Zeit als den ersten Monat nach der Beschlagnahme) bezieht.⁹ Nach BGH¹⁰ fällt ein Mietanspruch, der bereits vor Begründung des Grundpfandrechts, aus dem ein Gläubiger die Beschlagnahme erwirkt hat, abgetreten worden ist, gleichwohl in den Haftungsverband. Für die Anwendung des § 1124 Abs. 2 BGB zugunsten eines Grundpfandgläubigers, der sein Recht erst nach der Abtretung des Miet- oder Pachtanspruchs erworben hat, spricht nach Auffassung des BGH u.a. die Tatsache, dass, wenn selbst ein persönlicher Gläubiger, der überhaupt kein dingliches Recht hat, durch Beschlagnahme eine Vorausverfügung zu entkräften vermag, es auf den Zeitpunkt, in dem der Beschlagnahmende ein dingliches Recht erworben hat, nicht ankommen kann. Wei-

---

4   Hierzu auch BGH, Rpfleger 2005, 694 = NJW-RR 2005, 1466 = NZM 2005, 915 = WM 2005, 1371 = ZIP 2005, 1452 = ZfIR 2005, 655 unter Hinweis auf RGZ 103, 137, 140; OLG Saarbrücken, Rpfleger 1993, 80; LG Freiburg, Rpfleger 1988, 422; hierzu auch KG, BeckRS 2004, 10623.
5   BGH, NJW 2006, 3356 = Rpfleger 2006, 549 = NZM 2006, 714 = WM 2006, 1685 = ZIP 2006, 1554 = ZMR 2006, 851 = InVo 2006, 379 = ZInsO 2006, 873; ebenso bereits vorher: AG Hamburg, ZIP 2005, 1801; AG Kaiserslautern, NZI 2005, 636; a.A. LG Traunstein, NZI 2000, 438; LG Chemnitz, Rpfleger 2004, 234; zum Konkursverfahren bereits LG Freiburg, Rpfleger 1988, 422.
6   BGH, Rpfleger 2005, 323 = WM 2005, 610 = ZInsO 2005, 371 = InVo 2005, 339 = MDR 2005, 773; OLG Celle, Urteil vom 8.3.2012, 2 U 102/11, ZfIR 2012, 335 LS.
7   BGH, WM 1989, 270.
8   LG Hagen, Rpfleger 1999, 342.
9   BGH, Versäumnisurteil vom 30.4.2014, VIII ZR 103/13, NJW 2014, 2720 = Rpfleger 2014, 616.
10   BGH, Rpfleger 2005, 694 = NJW-RR 2005, 1466 = NZM 2005, 915 = WM 2005, 1371 = ZIP 2005, 1452 = ZfIR 2005, 655.

ter wurde erstmals die Rechtsfrage durch den BGH[11] geklärt, dass die Abtretung des Anspruchs auf die Miete für eine unbewegliche Sache an einen bevorrechtigten Grundpfandrechtsgläubiger selbst im Falle der Beschlagnahme durch einen nachrangigen Grundpfandrechtsgläubiger diesem gegenüber unwirksam wird. Der Entscheidung ist zu folgen. Die zeitlich vorrangige Abtretung verliert gegenüber dem Beschlagnahmegläubiger ihre Wirkung. In der Zwangsverwaltung bleibt es natürlich bei der Rangfolge laut Grundbuch, d.h. Zahlungen aus der Masse erfolgen zuerst an den erstrangigen Grundpfandrechtsgläubiger. Dieser muss jetzt aber Zahlungen auf die dinglichen Zinsen entsprechend den Regeln der Zwangsverwaltung verrechnen, §§ 155, 13.

7 Miet- und Pachtforderungen haften dem Grundpfandrecht auch dann, wenn ein **Nießbraucher** oder ein Eigenbesitzer[12] das Grundstück vermietet oder verpachtet hat. Voraussetzung ist allerdings, dass das Grundpfandrecht dem Nießbrauchsrecht im Rang vorgeht.[13] Ist das Nießbrauchsrecht im Vorrang vor dem Grundpfandrecht im Grundbuch eingetragen, haften diese Forderungen dem Gläubiger nicht.[14]

2. Pfändung

8 Solange die Beschlagnahme nicht erfolgt ist, sind Pfändungen unbeschränkt wirksam.[15] Sind die dem Schuldner nach § 1124 BGB belassenen Forderungen gepfändet, entscheidet über den Befriedigungsrang die zeitliche Reihenfolge der Pfändungen, § 804 Abs. 3 ZPO (Prioritätsprinzip). Ab dem durch § 1124 Abs. 2 BGB bestimmten Zeitpunkt geht die spätere **Pfändung aufgrund des dinglichen Titels** früheren Pfändungen aufgrund persönlicher Titel sowie früheren Abtretungen im Range vor.[16] Pfänden mehrere dingliche Gläubiger die Miet- oder Pachtforderungen, entscheidet das zwischen den Rechten bestehende Rangverhältnis im Grundbuch über die Befriedigungsreihenfolge, § 11 Abs. 1.[17] Besonderheiten gelten für wiederkehrende **öffentliche Lasten**. Das Befriedigungsvorrecht nach § 10 Abs. 1 Nr. 3 ist in den Grenzen von §§ 1123, 1124 BGB auch auf die Vollstreckung in Miet- und Pachtforderungen ausgedehnt.[18]

9 Hat ein dinglicher Gläubiger die Miete durch Pfändung aus dem Recht beschlagnahmt, sind weitere Pfändungen aus dinglichen Titeln zulässig. Wurde durch Zwangsverwaltung beschlagnahmt, können die Ansprüche nicht mehr gepfändet werden, § 865 Abs. 2 Satz 2 ZPO.[19] Gepfändet werden können die von der hypothekarischen Haftung freigestellten Forderungen, § 865 Abs. 1 ZPO, § 1123 Abs. 2 BGB. Frühere Pfändungen oder Abtretungen wirken nur für den Anspruch für die Zeit bis zur Beschlagnahme, § 1124 Abs. 2 BGB. Maßgeblich ist nicht der Zeitpunkt der Zahlung, sondern der Zeitraum, auf den sie sich erstrecken.[20] Die Pfändung von Mietforderungen im Wege der Zwangsvollstreckung aus einem per-

---

11 A.a.O.
12 RGZ 68, 10; OLG Düsseldorf, MDR 1988, 592 = KTS 1988, 571.
13 RGZ 68, 10; 81, 146; *Puff*, in Anm. zu OLG München, Rpfleger 1991, 331.
14 *Stöber*, Forderungspfändung, Rdn. 234, 235.
15 KG, BeckRS 2004, 10623.
16 *Stöber*, Forderungspfändung, Rdn. 233.
17 RGZ 103, 138, 140.
18 Hierzu *Stöber*, Forderungspfändung, Rdn. 239 bis 246.
19 RGZ 59, 88; 64, 415; OLG Saarbrücken, Rpfleger 1993, 80.
20 OLG Hamm, WM 1989, 895.

sönlichen Titel führt auch dann nicht zur (relativen) Unwirksamkeit zeitlich vorangehender Verfügungen über diese Forderungen, wenn der Vollstreckungsgläubiger zuvor die Eintragung einer Zwangshypothek bewirkt hatte. Der Inhaber einer Zwangshypothek, der sich durch Pfändung von Mieten aus dem Grundstück befriedigen will, benötigt einen dinglichen Titel.[21]

Wird die Zwangsverwaltung aufgehoben oder fällt die Beschlagnahme auf andere Weise weg, gilt: vor der Beschlagnahme ausgebrachte Pfändungen in Miet- oder Pachtansprüche wirken wieder. Nach Beschlagnahme erfolgte und gegen § 865 Abs. 2 ZPO verstoßene Pfändungen bleiben weiterhin unwirksam, die Pfändung muss erneut erlassen werden.[22]   10

IV. Wiederkehrende Leistungen

Für Ansprüche aus wiederkehrende Leistungen aus Rechten nach § 96 BGB gilt weitgehend dasselbe wie für Miet- und Pachtforderungen. Nicht entsprechend anwendbar sind § 1123 Abs. 2 Satz 2 BGB sowie § 1124 Abs. 2 BGB (§ 1126 BGB). Frühere Pfändungen wirken anders als die von Miet- und Pachtforderungen (hierzu → Rdn. 8 ff.) bis zu drei Monate über die Beschlagnahme hinaus. Hinsichtlich der später fällig werdenden Leistungen wird die vor der Beschlagnahme bewirkte Pfändung dem Grundpfandgläubiger gegenüber unwirksam, § 1126 Satz 3 BGB.   11

V. Fruchterwerb des Pächters

Vom Grundstück getrennte Erzeugnisse oder sonstige Bestandteile werden von der Beschlagnahme nicht erfasst, soweit sie dem Pächter gehören, §§ 1020, 956 BGB. Nicht beschlagnahmt wird auch das Recht des Pächters auf den Fruchtgenuss, § 21 Abs. 3 ZVG, § 581 BGB. Der Pächter wird hierdurch gegenüber den Gläubigern des Eigentümers auch in der Zeit geschützt, während der die dem Pächter zufallenden Früchte noch mit dem Boden zusammenhängen.[23] Der lediglich schuldrechtlich berechtigte Pächter wird also besser geschützt als der Nießbraucher. Die unterschiedliche Behandlung wird damit gerechtfertigt, dass dem Gläubiger die Pachtforderung haftet.[24]   12

---

21 BGH, Rpfleger 2008, 429 = WM 2008, 801 = NZM 2008, 419.
22 OLG Saarbrücken, Rpfleger 1993, 80.
23 Denkschrift S. 12.
24 Hierzu *Nussbaum*, § 7 IV S. 44.

§ 22 »Wirksamwerden der Beschlagnahme«

(1) ¹Die Beschlagnahme des Grundstücks wird mit dem Zeitpunkte wirksam, in welchem der Beschluß, durch den die Zwangsversteigerung angeordnet ist, dem Schuldner zugestellt wird. ²Sie wird auch wirksam mit dem Zeitpunkt, in welchem das Ersuchen um Eintragung des Versteigerungsvermerkes dem Grundbuchamte zugeht, sofern auf das Ersuchen die Eintragung demnächst erfolgt.

(2) ¹Erstreckt sich die Beschlagnahme auf eine Forderung, so hat das Gericht auf Antrag des Gläubigers dem Drittschuldner zu verbieten, an den Schuldner zu zahlen. ²Die Beschlagnahme wird dem Drittschuldner gegenüber erst mit dem Zeitpunkte wirksam, in welchem sie ihm bekannt oder das Zahlungsverbot ihm zugestellt wird. ³Die Vorschriften des § 845 der Zivilprozeßordnung finden entsprechende Anwendung.

I. Allgemeines

1   Der Zeitpunkt der Beschlagnahme ist für Verfahrensbeteiligte und Dritte von erheblicher Bedeutung. Die Vorschrift gilt grundsätzlich für alle Verfahren nach dem ZVG. Neben der materiellen Wirkung, § 23, dem Haftungsumfang, § 20 Abs. 2, § 21, hat die Beschlagnahme auch eine formelle Wirkung, die **erste** Beschlagnahme grenzt die laufenden Beträge wiederkehrender Leistungen von den Rückständen ab, § 13 Abs. 1, 4. Für den persönlich betreibenden Gläubiger, § 10 Abs. 1 Nr. 5, entsteht in diesem Zeitpunkt das Befriedigungsrecht und bestimmt sich gegebenenfalls dessen Befriedigungsrang, § 11 Abs. 2. Der Zeitpunkt ist unterschiedlich danach, ob die Beschlagnahme gegen den Vollstreckungsschuldner oder Drittschuldner wirkt.

II. Wirksamwerden gegenüber dem Schuldner

1. Zeitpunkt

a) Grundsatz

2   Das Verfahren zur Zwangsversteigerung und Zwangsverwaltung wird durch Beschluss angeordnet, §§ 15, 146 Abs. 1. Der Beschluss gilt als Beschlagnahme des Grundstücks, § 20 Abs. 1. Die Beschlagnahme wird wirksam mit der Zustellung des Beschlusses an den Schuldner, § 8. Allein daraus, dass ein Beteiligter während eines Zwangsversteigerungsverfahrens, in dem mit **Zustellungen** zu rechnen ist, umzieht, ohne dem Vollstreckungsgericht eine neue Anschrift mitzuteilen oder einen Nachsendeantrag zu stellen, kann nicht geschlossen werden, dass er beabsichtigt, Zustellungen arglistig zu verhindern.[1] Zustellungen an einen gegen Art. 1 § 1 RBerG verstoßenden Bevollmächtigten sind bis zu dessen Zurückweisung durch das Gericht wirksam (vgl. auch § 79 Abs. 3 Satz 2 ZPO); ein den Bevollmächtigten vom Verfahren ausschließender Beschluss wirkt konstitutiv und entfaltet keine Rückwirkung.[2] Für die Rechtslage nach dem Rechtsberatungsgesetz entspricht es höchstrichterlicher Rechtsprechung, dass Prozesshandlungen nicht ohne Weiteres unbeachtlich sind, wenn der Bevollmächtigte gegen Art. 1 § 1 RBerG verstößt.[3] Der Gesetzgeber hat ebenfalls für das seit dem 1. Juli 2008 geltende Recht eine

---

1   BGH, Rpfleger 2011, 171 = NJW-RR 2011, 233.
2   BGH, Rpfleger 2010, 531 = NJW-RR 2010, 1361.
3   Vgl. BVerfG, NJW 2004, 1373, 1374.

ausdrückliche Regelung geschaffen hat, wonach nicht nach § 79 Abs. 2 ZPO zur Vertretung befugte Prozessbevollmächtigte zurückzuweisen sind, die bis dahin vorgenommenen Rechtshandlungen und Zustellungen aber wirksam bleiben (§ 79 Abs. 3 Satz 1 u. 2 ZPO).

Bei Bruchteilseigentum mehrerer Schuldner können sich mehrere Beschlagnahmezeitpunkte ergeben, jeweils gesondert für jeden Anteil. Gleiches gilt bei mehreren Grundstücken, die verschiedenen Schuldnern gehören. In diesen Fällen bleibt es bei den unterschiedlichen Daten, auch für die Berechnung des geringsten Gebots. Bei Gesamthandseigentum wirkt die Beschlagnahme in dem Zeitpunkt, in dem an den letzten der Schuldner zugestellt wird.[4]   3

b) Ersuchen an das Grundbuchamt

Nach Anordnung des Verfahrens ersucht das Versteigerungsgericht das Grundbuchamt um die Eintragung des Versteigerungsvermerks, § 19. Der Eingang des Ersuchens beim Grundbuchamt kommt als früherer Wirksamkeitszeitpunkt in Betracht.[5] Der Vermerk muss dann aber tatsächlich **demnächst** in das Grundbuch eingetragen werden, andernfalls keine Beschlagnahmewirkung eintritt. Demnächst bedeutet wie zu § 167 ZPO: in angemessener, selbst längerer Frist, sofern die Partei alles ihr zumutbare getan hat.[6] Unschädlich ist z.B. eine Zwischenverfügung, sofern diese unverzüglich ausgeräumt wird. Sinn und Zweck der Vorwirkung ist auch hier, den Gläubiger vor solchen Verzögerungen zu schützen, auf die er keinen Einfluss hat. Die Zustellung muss wirksam, neu bewirkt oder geheilt sein, § 189 ZPO.   4

c) Insolvenz

Die Beschlagnahme wird auch wirksam, wenn die Eröffnung des **Insolvenzverfahrens** über das Vermögen des Eigentümers nach dem Eingang des Eintragungsersuchens des Zwangsversteigerungsvermerkes beim Grundbuchamt, aber vor deren Eintragung erfolgt.[7] Ordnet das Insolvenzgericht im Insolvenzeröffnungsverfahren eine **Postsperre** an, muss die Zustellung des Anordnungsbeschlusses zur Wirksamkeit weiterhin an den Schuldner persönlich erfolgen, die Zustellung an den vorläufigen Insolvenzverwalter ist ohne Wirkung.[8] Nach Insolvenzeröffnung hat die Zustellung an den Insolvenzverwalter zu erfolgen.[9]   5

Für einen persönlich betreibenden Gläubiger, § 10 Abs. 1 Nr. 5, ist ein früherer Zeitpunkt von besonderer Bedeutung. Erst mit der wirksamen Beschlagnahme erwirbt er ein Absonderungsrecht, § 49 InsO. Die Beschlagnahme wirkt gegenüber den Insolvenzgläubigern, § 80 Abs. 2 Satz 2 InsO. Allerdings ist für den persön-   6

---

4 *Stöber*, ZVG § 22 Rdn. 2.2; *Böttcher*, § 22 Rdn. 4.
5 Nach Depré/*Cranshaw*, § 22 Rdn. 22 soll bereits der Eingang beim sachlich zuständigen Amtsgericht/Grundbuchamt gelten. Dies ist abzulehnen. Erstens kommt dies wohl nur dann vor, wenn Vollstreckungsgericht und Grundbuchamt nicht beim selben Amtsgericht sind und zweitens ist der eindeutige Adressat des Ersuchens nach § 19 das zuständige Grundbuchamt selbst.
6 BGH, NJW 2005, 1194 = MDR 2005, 754; NJW 1999, 3125; NJW 1982, 172; NJW 1979, 2110; OLG Brandenburg, MDR 2003, 771; OLG Karlsruhe, MDR 2004, 581; hierzu auch Zöller/*Stöber*, § 167 Rdn. 10 ff.
7 *Stöber*, ZVG § 22 Rdn. 2.6; *Böttcher*, § 22 Rdn. 5.
8 OLG Braunschweig, Rpfleger 2001, 254 = InVo 2001, 193.
9 Zum Konkursverfahren OLG Hamm, Rpfleger 1985, 310.

lich betreibenden Gläubiger nach Insolvenzeröffnung die sog. Rückschlagsperre, § 88 InsO, zu beachten: Sicherungsmaßnahmen eines jeden Gläubigers werden unwirksam, die dieser innerhalb der Sperrfrist von **einem Monat** (bei der Verbraucherinsolvenz bis 3 Monate, § 88 Abs. 2 InsO) **vor Antragstellung** auf Eröffnung des Insolvenzverfahrens oder danach erwirkt hat; die Frist wird nach § 139 InsO berechnet. Hat ein persönlicher Gläubiger die Beschlagnahme des Grundstückes oder die Eintragung einer Zwangssicherungshypothek im Grundbuch **außerhalb der Sperrfrist** erlangt, bleibt die Beschlagnahme in der Zwangsversteigerung bzw. Eintragung im Grundbuch bestehen, das Verfahren wird aufgrund des wirksamen **Absonderungsrechts** fortgesetzt, § 80 Abs. 2 S. 2, § 49 InsO. Hat der Gläubiger die Beschlagnahme der Zwangsversteigerung oder die Zwangssicherungshypothek innerhalb der Sperrfrist bzw. nach dem Antrag auf Insolvenzeröffnung erwirkt, wird die Beschlagnahme mit der Insolvenzeröffnung unwirksam.[10]

In der Insolvenz eines Wohnungseigentümers ist die Wohnungseigentümergemeinschaft wegen der nach § 10 Abs. 1 Nr. 2 bevorrechtigten, vor der Insolvenzeröffnung fällig gewordenen **Hausgeldansprüche** ohne die Notwendigkeit einer vorherigen Beschlagnahme des Wohnungseigentums absonderungsberechtigt, § 49 InsO. Sofern die Berechtigten gegen den säumigen Wohnungseigentümer vor der Insolvenzeröffnung keinen Zahlungstitel erlangt haben, können sie den das Absonderungsrecht bestreitenden Insolvenzverwalter mit der Pfandklage auf Duldung der Zwangsversteigerung in die Eigentumswohnung in Anspruch nehmen. Das Vorrecht wegen der Hausgeldansprüche an der bis dahin nicht beschlagnahmten Eigentumswohnung entsteht mit der Insolvenzeröffnung.[11]

d) Zwangsversteigerung/Zwangsverwaltung

7 Laufen die Verfahren der Zwangsversteigerung und Zwangsverwaltung nebeneinander, ist der Zeitpunkt, ab dem die Beschlagnahme wirkt, grundsätzlich für jedes Verfahren gesondert festzustellen. Als weiterer und noch früherer Beschlagnahmezeitpunkt kommt für die Zwangsverwaltung der Zeitpunkt in Betracht, in dem der Zwangsverwalter den Besitz des Grundstücks erlangt hat, §§ 150, 151 Abs. 1. Für die Zwangsversteigerung gilt: wurde eine Zwangsverwaltung zeitlich früher angeordnet und dauert diese bis zu Beschlagnahme in der Zwangsversteigerung fort, gilt als Beschlagnahmezeitpunkt für die Zwangsversteigerung das Beschlagnahmedatum aus der Zwangsverwaltung, § 13 Abs. 4. Weitere Gemeinsamkeiten zur Beschlagnahme ergeben sich aus § 57b Abs. 2 und § 77 Abs. 2.

2. Verfahrensbeitritt

8 Die Beschlagnahme zugunsten eines beitretenden Gläubigers, § 27, wird nur wirksam mit Zustellung des Beitrittsbeschlusses.[12] Einen weiteren Versteigerungsvermerk im Grundbuch gibt es nicht.

III. Wirksamwerden gegenüber Drittschuldner
1. Allgemeines

9 Beschlagnahmt werden durch Zwangsversteigerung Versicherungsforderungen (vgl. → § 20 Rdn. 38) und Entschädigungsansprüche (vgl. → § 20 Rdn. 44),

---

10 Stöber, ZVG § 22 Rdn. 2.6.
11 BGH, Rpfleger 2011, 686 = NJW 2011, 3098.
12 BGH, Rpfleger 1988, 543 = WM 1988, 1388 = ZIP 1988, 1612.

durch Zwangsverwaltung darüber hinaus Miet- und Pachtforderungen (vgl. → § 21 Rdn. 3 ff.) sowie Ansprüche auf wiederkehrende Leistungen aus dem Grundstück (vgl. → § 21 Rdn. 11). Ist die Beschlagnahme Dritten unbekannt, werden sie grundsätzlich dadurch geschützt, dass sie bewegliche und unbewegliche Gegenstände gutgläubig erwerben können, § 23 Abs. 1 Satz 1 ZVG, § 135 Abs. 2 BGB. Somit wäre der Schuldner mangels eines Gutglaubensschutzes schlechter gestellt. Bis zur Kenntnisnahme von einer derartigen Veränderung ist der Drittschuldner (Schuldner einer Forderung) aber schutzwürdig, wie sich für eine ähnliche Gestaltung aus §§ 407, 408 BGB ergibt. Folgerichtig wirkt die Beschlagnahme ihm gegenüber erst, wenn sie ihm bekannt geworden ist oder ihm ein Verbot, an den Schuldner zu zahlen, zugestellt wurde, § 22 Abs. 2 Satz 2. Der Drittschuldner kennt die Beschlagnahme, sofern er von dem Antrag auf Versteigerung Kenntnis hat, § 23 Abs. 2 Satz 1.[13] Die Eintragung des Vermerks im Grundbuch schadet ihm gegenüber dagegen nicht, weil sich § 23 Abs. 2 Satz 2 nur auf bewegliche Sachen bezieht.[14]

2. Zahlungsverbot

Das Versteigerungsgericht erlässt das Zahlungsverbot nur auf Antrag. Antragsberechtigt sind die betreibenden Gläubiger bzw. der Zwangsverwalter, § 151 Abs. 3. Das Zahlungsverbot wird dem Drittschuldner von Amts wegen zugestellt, §§ 3 bis 7. Diese Vorschriften gelten ausweislich ihres klaren Wortsinns nicht lediglich für Zustellungen an Beteiligte[15], sondern generell (zu den Ausnahmen vgl. § 3) für alle Zustellungen nach dem ZVG. Bei Anwendung der §§ 3 bis 7 kommt eine öffentliche Zustellung nicht in Betracht, sie ist unzulässig.[16]

3. Vorpfändung

Das Zahlungsverbot kann dem Drittschuldner entsprechend § 845 ZPO angekündigt werden, § 22 Abs. 2 Satz 3. Die Benachrichtigung, dass das gerichtliche Zahlungsverbot der Forderung bevorstehe, muss der Gläubiger dem Drittschuldner durch den Gerichtsvollzieher mit der Aufforderung zustellen lassen, nicht an den Schuldner zuzahlen, § 845 Abs. 1 Satz 1 ZPO. Vor Ablauf der Monatsfrist, § 845 Abs. 2 Satz 1 ZPO muss das Zahlungsverbot dem Drittschuldner zugestellt werden, damit die Vorpfändung wie eine Beschlagnahme wirkt.[17] Die Kenntnis der Beschlagnahme reicht nicht, um die Wirkung der Ankündigung des Zahlungsverbots zu erhalten.[18]

---

13 Steiner/*Teufel*, § 22 Rdn. 28; *Stöber*, ZVG § 22 Rdn. 3.3.
14 Steiner/*Teufel*, § 22 Rdn. 28; *Stöber*, ZVG § 22 Rdn. 3.3.
15 *Stöber*, ZVG § 22 Rdn. 3.3; anders aber unbegründet Steiner/*Teufel*, § 22 Rdn. 26 und auch *Böttcher*, § 22 Rdn. 8, der aber in §§ 3 ff. das Gegenteil erläutert.
16 RGZ 22, 408; Steiner/*Teufel*, § 22 Rdn. 26; a.A. *Stöber*, ZVG § 22 Rdn. 3.3, der die Zustellungsvorschriften nach der ZPO anwendet; nach der Neuregelung der Zustellungsvorschriften seit dem 1.7.2002 soll auch eine öffentliche Zustellung an den Drittschuldner möglich sein, § 185 ZPO, s. Zöller/*Stöber*, § 829 Rdn. 14; in diesem Sinne nicht konsequent *Böttcher*, § 22 Rdn. 8, der die öffentliche Zustellung ablehnt.
17 Vgl. BGHZ 87, 168.
18 Steiner/*Teufel*, § 22 Rdn. 36; *Stöber*, ZVG § 22 Rdn. 3.4.

IV. Dauer der Beschlagnahmewirkung
1. Beendigung des Verfahrens

12 Die Dauer der Beschlagnahme ist im Gesetz nicht ausdrücklich geregelt. Deren Wirkungen enden nicht unmittelbar mit der Rücknahme des Verfahrensantrags, § 29, sondern erst Wirksamwerden des Aufhebungsbeschlusses, §§ 28, 29, 32 ZVG. Mit seiner Entscheidung 10.7.2008[19] hat der BGH diese zentrale Frage zwar zur Aufhebung eines Zwangsverwaltungsverfahrens so entschieden, Unterschiede zur Zwangsversteigerung sind jedoch nicht erkennbar. Der BGH vertritt die Auffassung, dass auch in dem Fall der uneingeschränkten Antragsrücknahme die Beschlagnahmewirkung erst mit dem Aufhebungsbeschluss endet.[20] Betreiben mehrere Gläubiger das Verfahren endet die Beschlagnahmewirkung erst nach der Antragsrücknahme des letztverbliebenen Gläubigers und dem dann erlassenen Aufhebungsbeschluss. Das Gleiche gilt, wenn das Verfahren durch Beschluss nach §§ 28, 31 Abs. 1 Satz 2, § 86 aufgehoben wird, oder der dinglich betreibende Gläubiger das Grundstück aus der Pfandhaft freigegeben hat und dies im Grundbuch eingetragen ist.[21]

2. Einzelne Gegenstände

13 In Bezug auf einzelne Gegenstände erlischt die Beschlagnahmewirkung, wenn der Gläubiger der Veräußerung durch den Schuldner zustimmt, § 185 Abs. 1 BGB; wenn dieser in den Grenzen ordnungsmäßiger Wirtschaft verfügt, § 23 Abs. 1 Satz 2; wenn ein Dritter den Gegenstand gutgläubig erworben hat; wenn das Verfahren hinsichtlich von Zubehörgegenständen aufgehoben wird; wenn der versicherte Gegenstand ersatzbeschafft oder wiederhergestellt ist, § 1127 Abs. 2 BGB.

3. Verfahrensdurchführung

14 Die Beschlagnahmewirkung endet, soweit das Verfahren vollständig durchgeführt ist. Unmaßgeblich ist die Rechtskraft des Zuschlagsbeschlusses.[22] Die Verteilung muss abgewickelt worden sein und der Ersteher muss das versteigerte Objekt in Besitz genommen haben.[23]

---

19 BGH, Rpfleger 2008, 586 = NJW 2008, 3067 = DNotZ 2009, 43 = NZM 2008, 741 = WM 2008, 1882 = ZIP 2009, 195 = ZfIR 2008, 876; anders noch LG Meiningen, Rpfleger 2008, 382, aber wohl überholt.
20 So auch Löhnig/*Fischinger,* § 22 Rdn. 20.
21 OLG Hamm, Rpfleger 1985, 310.
22 A.A. *Stöber,* ZVG § 22 Rdn. 2.7.
23 Steiner/*Teufel,* § 22 Rdn. 38; *Böttcher,* § 22 Rdn. 10; a.A. *Stöber,* ZVG § 22 Rdn. 2.7.

§ 23 »Veräußerungsverbot als Wirkung der Beschlagnahme«

(1) ¹Die Beschlagnahme hat die Wirkung eines Veräußerungsverbots. ²Der Schuldner kann jedoch, wenn sich die Beschlagnahme auf bewegliche Sachen erstreckt, über einzelne Stücke innerhalb der Grenzen einer ordnungsmäßigen Wirtschaft auch dem Gläubiger gegenüber wirksam verfügen.

(2) ¹Kommt es bei einer gegen die Beschlagnahme verstoßenden Verfügung nach § 135 Abs. 2 des Bürgerlichen Gesetzbuchs darauf an, ob derjenige, zu dessen Gunsten verfügt wurde, die Beschlagnahme kannte, so steht die Kenntnis des Versteigerungsantrags einer Kenntnis der Beschlagnahme gleich. ²Die Beschlagnahme gilt auch in Ansehung der mithaftenden beweglichen Sachen als bekannt, sobald der Versteigerungsvermerk eingetragen ist.

Übersicht

		Rdn.
I.	Allgemeines	1
II.	Verfügungsverbot	2
	1. Wirkung	2
	a) Allgemein	2
	b) Einzelverfahren, Beitritt	3
	2. Verfügung	5
	3. Ausnahmen	7
III.	Verfügungen über einzelne Gegenstände	8
	1. Gutgläubiger Erwerb	8
	a) Grundsatz	8
	b) Beweiserleichterungen	10
	2. Grundstücke, Rechte am Grundstück	13
	a) Verfügungen	13
	b) Rechtserwerb	18
	3. Geltendmachung im Verfahren	22
	4. Bewegliche Sachen	24
	a) Grundsatz	24
	b) Ordnungsmäßige Wirtschaft	25
	c) Gläubigerschutz bei unwirksamer Verfügung	26
	5. Forderungen	28

I. Allgemeines

Mit der Beschlagnahme werden verschiedene Zwecke verfolgt. Die haftenden Gegenstände sollen möglichst ungeschmälert für die Verwertung erhalten werden. Deswegen muss die Masse grundsätzlich allen für die Befriedigung des Gläubigers nachteiligen Einwirkungen des Schuldners oder dritter Personen entzogen werden. Andererseits soll der Schuldner in der Zwangsversteigerung über bewegliche Gegenstände innerhalb der Grenzen ordnungsmäßiger Wirtschaft wirksam verfügen dürfen, § 23 Abs. 1 Satz 2. Schließlich sollen aus Gründen der Verkehrssicherheit gutgläubige Erwerber gegenüber der Beschlagnahme geschützt werden.[1] Um diese Zwecke zu erreichen, wirkt die Beschlagnahme wie ein **relatives Veräußerungsverbot**, §§ 135, 136 BGB. Da aber nicht nur Veräußerungen, sondern auch Belastungen Inhalt des Verbotes sind, handelt es sich korrekt um ein **Verfügungsverbot**.[2]

---

[1] *Nussbaum*, § 8 I S. 49.
[2] Hierzu ausführlich: *Böttcher*, Rpfleger 1983, 49, 53.

II. Verfügungsverbot

1. Wirkung

a) Allgemein

2   Eine gegen das Verbot verstoßende Verfügung des Eigentümers über beschlagnahmte Gegenstände ist gegenüber dem das Verfahren betreibenden dinglichen oder persönlichen Gläubiger (relativ) unwirksam. Gegenüber allen anderen Personen ist die Verfügung wirksam.[3]

b) Einzelverfahren, Beitritt

3   Die Wirkung des Veräußerungsverbots ist für jeden Gläubiger gesondert festzustellen (Prinzip Einzel- zu Gesamtverfahren). Eine Verfügung kann einem betreibenden Gläubiger gegenüber relativ unwirksam, einem anderen gegenüber wirksam sein. Das Verfügungsverbot wird für den Beitretenden erst mit der Zustellung des Beitrittsbeschlusses wirksam.[4]

Beispiel:
Am 4.7.2015[5] wird für den Gläubiger A die Beschlagnahme des Grundstückes wirksam durch Eingang des Ersuchens um Eintragung des Versteigerungsvermerkes beim Grundbuchamt. Am 5.7.2015 wird beim Grundbuchamt die Eigentumsumschreibung des Grundstückes beantragt und eingetragen. Am 9.7.2015 wird der Beitritt des Gläubigers B gegen den alten Eigentümer aus einem persönlichen Titel beantragt.

4   Für den Gläubiger A geht das Versteigerungsverfahren gegen den bisherigen Eigentümer weiter. Die Eigentumsumschreibung am 5.7.2015 nach Wirksamwerden der Beschlagnahme ist ihm gegenüber unwirksam. Der Antrag des Gläubigers B dagegen ist zurückzuweisen, da der Titelschuldner nicht mehr Eigentümer des Grundstückes ist, § 28 Abs. 1. Der neue Eigentümer ist kein Rechtsnachfolger des persönlichen Anspruches des bisherigen Eigentümers.

2. Verfügung

5   Verfügungen, die den Anspruch des betreibenden Gläubigers vereiteln oder beeinträchtigen können, sind diesem gegenüber unwirksam.[6] Das Veräußerungsverbot schützt nicht nur vor rechtsgeschäftlichen Verfügungen, sondern auch solchen durch Zwangsvollstreckung oder Arrestvollziehung, § 135 Abs. 1 Satz 2 BGB. Verfügungen sind allgemein Rechtsgeschäfte, die unmittelbar darauf gerichtet sind, auf ein bestehendes Recht einzuwirken, es zu verändern, zu übertragen oder aufzuheben.[7] Voraussetzung ist immer, dass der Gegenstand selbst beschlagnahmt ist.

6   Da **Eigentümergrundschulden** nicht von der Beschlagnahme erfasst werden, sind Verfügungen hierüber wirksam; nicht jedoch die Geltendmachung der Zinsen, die jetzt nach § 1197 Abs. 2 BGB anfallen können, dies wäre beschlagnahmewidrig.[8]

---

3   BGH, NJW 1986, 2108 = WM 1987, 63 = ZIP 1986, 900; Palandt/*Ellenberger*, §§ 135, 136 Rdn. 6; zu Verfügungsverboten allgemein *Böttcher*, Rpfleger 1985, 381.
4   BGH, Rpfleger 1988, 543 = WM 1988, 1388 = ZIP 1988, 1612.
5   Alle angegebenen Tage sind als Werktage zu unterstellen.
6   BGH, NJW 1986, 2108 = ZIP 1986, 900 = Rpfleger 1986, 297; BGH, ZIP 1988, 1612 = Rpfleger 1988, 543.
7   BGHZ 75, 226.
8   *Böttcher*, § 23 Rdn. 10; *Hintzen/Wolf*, Rdn. 11.265; a.A. wohl *Stöber*, ZVG § 23 Rdn. 2.2.

3. Ausnahmen

Von der relativen Unwirksamkeit verbotswidriger Verfügungen sind ausgenommen, die Verfügung ist wirksam bzw. wird wirksam: 7

- wenn der von dem Verbot Geschützte der Verfügung zustimmt, § 185 Abs. 1 BGB[9];
- wenn der von dem Verbot Geschützte die Verfügung genehmigt, § 185 Abs. 2 BGB[10];
- wenn die Verfügungsbeschränkung erst nach der Antragstellung einritt und die Voraussetzungen nach § 878 BGB vorliegen (bindende Einigungserklärung, § 873 Abs. 2 BGB und Antragstellung beim Grundbuchamt vor Wirksamwerden der Beschlagnahme)[11];
- wenn der Dritte gutgläubig erworben hat, § 135 Abs. 2 BGB;
- wenn das geschützte Interesse nicht mehr besteht, weil die Beschlagnahme weggefallen ist.

III. Verfügungen über einzelne Gegenstände

1. Gutgläubiger Erwerb

a) Grundsatz

Kannte der Erwerber die Beschlagnahme nicht, finden die Vorschriften zugunsten derjenigen, welche Rechte von einem Nichtberechtigten herleiten, entsprechende Anwendung, § 135 Abs. 2 BGB. Der in seiner Verfügungsmacht Beschränkte wird insoweit dem Nichtberechtigten gleichgestellt. Für den Erwerb **beweglicher Sachen** gelten: §§ 932 ff., 1032, 1207, 1244 BGB, § 366 HGB; für **Grundstücke**: §§ 892 ff., 1138, 1155 BGB. Der gute Glaube muss sich auf das Nichtbestehen der Beschlagnahme beziehen.[12] 8

Mit Rücksicht auf den Rechtsverkehr ist lediglich der rechtsgeschäftliche Erwerb durch Verkehrsgeschäft geschützt. Einen gutgläubigen Erwerb im Wege der Zwangsvollstreckung gibt es nicht.[13] 9

b) Beweiserleichterungen

Um dem Gläubiger den Nachweis der Bösgläubigkeit des Erwerbers zu erleichtern, unterstützt ihn das Gesetz mit zwei wichtigen Beweisregeln, die einen Gegenbeweis ausschließen. 10

Die Kenntnis des Versteigerungsantrages steht der Kenntnis der Beschlagnahme gleich, § 23 Abs. 2 Satz 1. 11

Sobald der Versteigerungsvermerk in das Grundbuch eingetragen ist, gilt die Beschlagnahme auch in Ansehung der mithaftenden beweglichen Sachen als bekannt, § 23 Abs. 2 Satz 2. Auf Forderungen bezieht sich diese Beweisregel nicht (vgl. → § 22 Rdn. 9). 12

---

9   OLG Frankfurt, Rpfleger 1979, 205.
10 Wirkung ex tunc, so RGZ 154, 355; OLG Frankfurt, Rpfleger 1979, 205.
11 Vgl. BGH, Rpfleger 1988, 543 = ZIP 1988, 1612; *Eickmann*, § 9 IV 2.
12 RGZ 90, 338; hierzu auch Palandt/*Bassenge*, § 892 Rdn. 17.
13 RGZ 84, 265; 90, 340; Palandt/*Ellenberger*, §§ 135, 136 Rdn. 9 und Palandt/*Bassenge*, § 892 Rdn. 2.

2. Grundstücke, Rechte am Grundstück
a) Verfügungen

13   Über ein Grundstück kann durch Einigung und Eintragung, §§ 873, 925 BGB oder durch Belastung mit dinglichen Rechten verfügt werden.

14   Verfügungen sind auch Erweiterungen eines dinglichen Rechts wie z.B. die **Erhöhung** des **Zinssatzes**[14] oder der Ablösesumme einer Rentenschuld. Verfügt wird auch durch die Ausübung eines **Rangvorbehaltes** sowie durch **Umwandlung** eines Grundpfandrechtes, §§ 1198, 1203 BGB.[15]

15   Die Übernahme einer **Baulast** durch den Grundstückseigentümer ist auch gegenüber dem späteren Ersteher des Grundstückes nicht wirksam, wenn schon vor der Bewilligung der Baulast der Zwangsversteigerungsvermerk im Grundbuch eingetragen war.[16]

16   Ob die **Umwandlung** eines Grundstücks in Wohnungs- oder Teileigentum eine Verfügung darstellt, die dem Beschlagnahmegläubiger gegenüber unwirksam ist, ist streitig. Die Teilung ist für das laufende Versteigerungsverfahren unerheblich.[17] Es wird das ursprüngliche Grundstück versteigert und gegebenenfalls auch zugeschlagen, es liegt kein Fall von Einzel- oder Gesamtausgeboten vor, § 63.[18] Stimmt der betreibende Gläubiger der Aufteilung zu, werden die rechtlich selbstständigen Wohnungs- bzw. Teileigentumsrechte versteigert. Dann sind neue Verkehrswerte festzusetzen, der Termin ist neu zu bestimmen und es sind bei entsprechender Antragstellung die geringsten Gebote nach §§ 63, 64 aufzustellen.[19] Diese Rechtsauffassung wird bestätigt durch eine weitere Entscheidung des BGH[20] zur Grundstücksvereinigung nach § 890 Abs. 1 BGB. Bei der Anordnung der Versteigerung stand im Bestandsverzeichnis des Grundbuchs ein Grundstück BV-Nr. 1 bestehend aus den Flurstücken 615, 616 und 617. Der Verkehrswert wurde festgesetzt auf 156.400 €. Danach teilte der Schuldner das Grundstück und jetzt gab es die Eintragungen BV-Nr. 2: Flurstück 615, BV-Nr. 3: Flurstück 616 und BV-Nr. 4: Flurstück 617. Es erfolgte eine neue Verkehrswertermittlung für jedes Grundstück. Danach vereinigte der Schuldner die Grundstücke 2 und 4 zu BV-Nr. 5: Flurstücke 615 und 617. Am 12.4.2013 erfolgte die Bestimmung des Versteigerungstermins auf den 26.7.2013. Die Terminsveröffentlichung erfolgte mit den Grundstücken Nr. 3 und Nr. 5. Danach vereinigte der Schuldner die

---

14   Ausnahme: Zinsen im Rahmen von § 1119 BGB; a.A. *Böttcher,* § 23 Rdn. 10; *Stöber,* ZVG § 23 Rdn. 2.2.
15   Für Umwandlung einer Hypothek in eine Grundschuld OLG Hamm, Rpfleger 1987, 297 mit zustimmender Anm. *Knees;* Steiner/*Teufel,* § 23 Rdn. 20; *Böttcher,* § 23 Rdn. 10; a.A. *Stöber,* ZVG § 23 Rdn. 2.2.
16   OVG Münster, NJW 1996, 1362.
17   Differenziert hierzu Storz/*Kiderlen,* B 5.3.1.
18   So jetzt auch BGH, Beschluss vom 29.3.2012, V ZB 103/11, ZfIR 2012, 441; LG Würzburg, Rpfleger 1989, 117 mit zustimmender Anm. *Meyer-Stolte*; OLG Frankfurt, EWiR 1987, 627 – *Eickmann*; LG Wuppertal, Rpfleger 1987, 367; *Stöber,* ZVG § 23 Rdn. 2.2.; a.A. LG Essen, Rpfleger 1989, 116, die jedoch abzulehnen ist, da hier die Aufteilung nur zu dem Zweck vorgenommen wurde, das Zwangsversteigerungsverfahren zu verzögern. Das auf dem Grundstück aufstehende Gebäude war bereits abbruchreif und die Bildung von Teileigentumsrechten daher wirtschaftlich gesehen sinnlos.
19   *Böttcher,* § 23 Rdn. 11.
20   BGH, Beschluss vom 5.6.2014, V ZB 16/14, Rpfleger 2014, 689.

Grundstücke 3 und 5 zu BV-Nr. 6: Flurstücke 615, 616, 617. Diese Eintragung im Grundbuch erfolgte am 22.7.2013. Im Versteigerungstermin erfolgte nur die Versteigerung des Grundstücks BV-Nr. 6. Hierzu entschied der BGH, dass die Teilung oder Vereinigung von Grundstücken eine Verfügung im Sinne von § 23 ZVG ist, die dem Gläubiger gegenüber unwirksam ist, solange dieser die Verfügung nicht genehmigt; auch wenn sie im Grundbuch vollzogen wird, muss das Zwangsversteigerungsverfahren so fortgeführt werden, als wäre die Verfügung nicht erfolgt.

Keine Verfügungen in diesem Sinne ist die Kündigung von Grundpfandrechten, die Ausfüllung einer Höchstbetragshypothek, § 1190 BGB, die Unterwerfung unter die sofortige Zwangsvollstreckung, § 800 ZPO, die Umschreibung einer Vormerkung in das endgültige Recht, die bauliche Veränderung von Wohnungs- oder Teileigentum.[21]   17

b) Rechtserwerb

Eigentum bzw. ein Recht an einem Grundstück wird grundsätzlich durch Einigung und Eintragung im Grundbuch erworben. Probleme treten auf, wenn die Beschlagnahme vor der Vollendung des Rechtserwerbs wirkt.   18

Ist der Zwangsversteigerungsvermerk vor oder gleichzeitig mit dem Recht eingetragen, kann ein rechtsgeschäftlicher Erwerb nur noch gem. § 878 BGB erfolgen. Vor dem Wirksamwerden der Beschlagnahme muss die dingliche Einigung bindend, § 873 Abs. 2 BGB, und der Eintragungsantrag beim Grundbuchamt gestellt worden sein.[22]   19

Ist der Zwangsversteigerungsvermerk zeitlich erst nach dem Recht eingetragen, kann rechtsgeschäftlich nach § 892 BGB auch dann erworben werden, wenn die Beschlagnahme zeitlich schon vor der dinglichen Einigung wirkte. Der Erwerber muss hinsichtlich der Beschlagnahme gutgläubig gewesen sein; darf also auch den Versteigerungsantrag nicht gekannt haben, § 23 Abs. 2 Satz 1.[23]   20

Wie sich die Veräußerung des Grundstückes nach dessen Beschlagnahme auf das Versteigerungsverfahren auswirkt, regelt § 26.   21

3. Geltendmachung im Verfahren

Das Versteigerungsgericht berücksichtigt ein der Versteigerung entgegenstehendes Recht, eine Verfügungsbeschränkung oder einen Vollstreckungsmangel nur dann, soweit dieser aus dem Grundbuch ersichtlich ist, § 28. Die relative Unwirksamkeit einer Verfügung muss der von der Verfügung Betroffene im Versteigerungsverfahren geltend machen. Der Betroffene muss sich auf die relative Unwirksamkeit berufen, andernfalls die verbotswidrige Verfügung weiterhin Bestand hat.[24] Die Berücksichtigung eines Rechtes erfolgt hierbei in der Reihen- und Rangfolge nach § 10 Abs. 1 (bei Unwirksamkeit dem betreibenden Gläubiger gegen-   22

---

21 *Schindelmeiser*, SchlHA 1983, 51 zu Recht gegen *Barsties*, SchlHA 1983, 17.
22 Vgl. BGHZ 136, 87 = NJW 1997, 2751 = Rpfleger 1998, 16 = DNotZ 1998, 283 = KTS 1998, 92 = MDR 1997, 1014 = WM 1997, 1745 = ZIP 1997, 1585 = MittBayNot 1997, 362 = MittRhNotK 1997, 350 = ZfIR 1997, 544; Rpfleger 1988, 543 = ZIP 1988, 1612; *Eickmann*, § 9 IV 2, *Venjakob*, Rpfleger 1991, 284.
23 Zum gutgläubigen Erwerb im Einzelnen vgl. die BGB-Kommentare; *Stöber*, ZVG § 23 Rdn. 4 und 5.1.
24 *Stöber*, ZVG § 23 Rdn. 7.7; *Böttcher*, § 23 Rdn. 9.

über in der Rangklasse 6). Zur rechtzeitigen Anmeldung zwecks Berücksichtigung vgl. → § 37 Rdn. 15.

23 Beruft sich ein Berechtigter auf eine wirksame Verfügung nach § 878 oder § 892 BGB und macht damit den Vorrang vor dem betreibenden Gläubiger geltend, muss dieser Vorrang rechtzeitig, § 37 Nr. 4, §§ 45, 110 zum Verfahren angemeldet werden, da dies nicht grundbuchersichtlich ist.[25]

4. Bewegliche Sachen

a) Grundsatz

24 Beschlagnahmte bewegliche Sachen können ebenfalls gutgläubig durch Rechtsgeschäft beschlagnahmefrei erworben werden (siehe zuvor → Rdn. 8). Die Beschlagnahme darf dem Erwerber weder positiv bekannt noch infolge grober Fahrlässigkeit unbekannt gewesen sein. Die Erwerbsmöglichkeit ist darüber hinaus durch die beiden gläubigerschützenden Beweisregeln eingeschränkt (vgl. zuvor → Rdn. 10–12).

b) Ordnungsmäßige Wirtschaft

25 Bei der Beschlagnahme durch Zwangsversteigerung kann der Schuldner über einzelne mitbeschlagnahmte Sachen dem Gläubiger gegenüber wirksam verfügen. Die Verfügung muss in den Grenzen einer ordnungsmäßigen Wirtschaft erfolgen, § 23 Abs. 1 Satz 2. Die Maßnahme muss nach den Umständen des Einzelfalles wirtschaftlich geboten oder zumindest statthaft erscheinen. Die Beweislast hierfür trifft den Erwerber. Der durch die Verfügung (Veräußerung) erlangte Erlös bleibt dem Schuldner zur freien Verfügung und wächst nicht der Versteigerungsmasse zu.[26] Diese Einschränkung der Beschlagnahmewirkung ist damit motiviert[27], dass dem Schuldner bei der Versteigerung die Befugnis verbleiben soll, das Grundstück in den Grenzen ordnungsmäßiger Wirtschaft zu verwalten, § 24. Schutz vor solchen Verfügungen bietet dem Gläubiger nur das Verfahren der Zwangsverwaltung, § 148 Abs. 1 Satz 2.

c) Gläubigerschutz bei unwirksamer Verfügung

26 Verfügt der Schuldner schuldhaft außerhalb der Grenzen ordnungsmäßiger Wirtschaft, kann der Gläubiger Ersatz seines Schadens verlangen.[28] Aussichtsreich kann das sein, wenn der Schuldner als Drittsicherungsgeber nur dinglich, d.h. mit dem Grundstück haftet. Der Gläubiger kann anders als bei ordnungsmäßiger Verfügung den hierdurch erzielten Erlös beanspruchen (§ 823 bzw. § 816 Abs. 1 BGB).

27 Hat der Dritte den Gegenstand mangels Gutgläubigkeit nicht rechtswirksam erworben, kann der dinglich oder persönlich betreibende Gläubiger:

---

25 Stöber, ZVG § 23 Rdn. 7.7.
26 Stöber, ZVG § 23 Rdn. 3.2 und 3.4.
27 Denkschrift S. 14.
28 Verletzung der Hypothek als sonstiges Recht gem. § 823 Abs. 1 BGB; hierzu RGZ 69, 85 für Wegschaffung von Zubehör; RGZ 73, 333 für die Wegnahme eingebauter Materialien, Anspruch gem. § 823 Abs. 2 BGB i.V.m. § 136 Abs. 1 StGB.

- den Dritten verklagen, die Sache auf das Grundstück zurück zu bringen.[29] Der Anspruch geht auf den Ersteher über, sofern der Gegenstand bei der Versteigerung noch beschlagnahmt war, § 90 Abs. 2, § 55 Abs. 1[30];
- stattdessen die Verfügung genehmigen und die Herausgabe des Erlangten verlangen, § 816 Abs. 1, § 185 Abs. 2 BGB bzw. den Schuldner auf Schadensersatz in Anspruch nehmen.

5. Forderungen

Verfügungen über beschlagnahmte Forderungen sind grundsätzlich unwirksam. Da Miet- und Pachtforderungen von der Beschlagnahme in der Zwangsversteigerung nicht erfasst werden, § 21 Abs. 2, kann der Schuldner auch nach der Beschlagnahme des Grundstücks entgegen den Regeln ordnungsgemäßer Wirtschaft einen Miet- oder Pachtvertrag abschließen, dieser ist dem Ersteher gegenüber wirksam.[31] Der gute Glaube an den Erwerb einer Forderung ist nicht geschützt. Zugunsten des Drittschuldners sind jedoch §§ 407, 408 BGB entsprechend anzuwenden, wenn dieser in Unkenntnis der Beschlagnahme zahlt, § 22 Abs. 2 Satz 2.[32]

---

29 RGZ 69, 85.
30 RGZ 70, 378.
31 *Stöber*, ZVG § 24 Rdn. 2.4; a.A. LG Kassel, NJW-RR 1990, 976.
32 Streitig: so aber Palandt/*Ellenberger*, §§ 135, 136 Rdn. 9.

§ 24 »Verwaltung und Benutzung des Grundstücks durch den Schuldner«

Die Verwaltung und Benutzung des Grundstücks verbleibt dem Schuldner nur innerhalb der Grenzen einer ordnungsmäßigen Wirtschaft.

I. Allgemeines

1   Mit der Zwangsversteigerung soll das Ziel erreicht werden, die Substanz des Grundstücks für den Gläubiger zu verwerten. Während des Verfahrens bleibt der Schuldner Besitzer des Grundstücks und der mitbeschlagnahmten beweglichen Sachen. Er darf das Grundstück und die Sachen weiter nutzen und mit ihnen wirtschaften. Zum Schutz des Gläubigers muss der Schuldner nicht nur in seiner rechtlichen, § 23 Abs. 1 Satz 2, sondern auch in der tatsächlichen **Verfügungsgewalt** über die beschlagnahmten Sachen beschränkt werden. Rechtlich und tatsächlich darf der Schuldner über bewegliche Sachen nur in den Grenzen ordnungsmäßiger Benutzung und Wirtschaftsführung verfügen. Hält der Schuldner diese Grenzen vorsätzlich nicht ein, kann er gegebenenfalls wegen Verstrickungsbruch, § 136 Abs. 1 StGB belangt werden bzw. wird er dem Gläubiger Schadensersatz leisten müssen, § 823 Abs. 2 BGB. Für die Zwangsverwaltung gilt die Vorschrift somit nicht, hier zieht die Nutzungen und trifft die Handlungen der Zwangsverwalter und ebenfalls nicht für die Sonderverfahren nach §§ 172 ff.

II. Verwaltung und Benutzung
1. Begriff, Umfang

2   Unter Verwaltung und Benutzung sind der Gebrauch und die Nutzung des Grundstücks und der mitbeschlagnahmten beweglichen Sachen zu verstehen. Die Maßnahmen müssen sich nicht lediglich auf die Erhaltung der Substanz oder des wirtschaftlichen Wertes von Grundstück und mithaftenden Gegenständen beschränken. Das Verwaltungsrecht umfasst tatsächliche Handlungen. Verfügungen sind nur erfasst, soweit sie durch § 23 Abs. 1 Satz 2 gestattet sind.[1] **Miet- und Pachtverträge** kann der Schuldner frei abschließen.[2] Der Abschluss eines mietfreien Mietvertrags mit einem nahen Angehörigen ist unwirksam.[3] Der Gestattung durch § 24 bedarf es nicht, weil die Beschlagnahme insoweit nicht entgegensteht, § 23 Abs. 1 Satz 1, § 21 Abs. 2.

---

1   Steiner/*Teufel*, § 24 Rdn. 7; *Stöber*, ZVG § 24 Rdn. 2.4.
2   *Stöber*, ZVG § 24 Rdn. 2.4; a.A. Steiner/*Teufel*, § 24 Rdn. 17; LG Kassel, NJW-RR 1990, 976; differenziert: *Böttcher*, § 24 Rdn. 1, unwirksam, wenn der Schuldner die Grenzen einer ordnungsgemäßen Wirtschaft überschreitet; AG Bremen, NZM 2000, 1062: Unwirksamkeit eines die übrige Nutzung des Gebäudes blockierenden Mietvertrages zu einem 60 % unter dem objektiven Mietwert liegenden Mietzins; LG Kiel, WuM 1999, 570: Unwirksamkeit eines Mietvertrages, der mit Verlust nach Anordnung der Zwangsversteigerung geschlossen wurde; AG Berlin-Tempelhof-Kreuzberg, Urteil vom 1.11.2012, 18 C 144/09, BeckRS 2013, 18614 = GE 2013, 1343: Nicht ordnungsgemäßer Wirtschaft entspricht ein Mietvertrag, der nach der Beschlagnahme eines Grundstücks vom Vollstreckungsschuldner mit einem Dritten vereinbart wurde, wenn er neben einer Miete, die um 40 % unter der ortsüblichen Miete liegt, einen Kündigungsausschluss von zehn Jahren, eine unbeschränkte Genehmigung zur Untervermietung, eine Bruttokaltmiete und weitere Regelungen zuungunsten der Vermieterseite enthält.
3   BGH, Beschluss vom 2.10.2012, I ZB 78/11, NZM 2013, 395 = DGVZ 2013, 155.

2. Ordnungsmäßige Wirtschaft
a) Grundsatz

Ordnungsmäßig sind solche Maßnahmen, die im Einzelfall aufgrund wirtschaftlicher Erwägungen geboten oder zumindest statthaft sind. Allgemeine Regeln lassen sich nicht aufstellen. Kriterium ist hierbei nicht ein Musterbetrieb, vielmehr sind die Lage und die Mittel des Schuldners im Einzelfall zu berücksichtigen. Anhaltspunkte können hierbei die Regelungen zum Nießbrauch sein, §§ 1036 ff. BGB. Der Schuldner kann aber darüber hinaus bei Fortführung des Betriebes sogar die Wirtschaftsführung verändern.

3

b) Einzelfälle

Die **Betriebsstilllegung** und die damit verbundene Aufhebung der Zubehöreigenschaft der Betriebseinrichtung gehen über die Grenzen einer ordnungsgemäßen Wirtschaft hinaus. Die Zubehörstücke werden in einem solchen Fall auch dann nicht von der Haftung frei, wenn der einzige Grundpfandgläubiger ihrem Verkauf – ohne Entfernung vom Grundstück – zustimmt und der Erlös zu seiner Befriedigung verwendet wird.[4] Der BGH begründet dies damit, dass das durch die Bestimmungen der §§ 1121, 1122 BGB gegenüber den Belangen der Grundpfandgläubiger geschützte Interesse des Eigentümers an einer sachgemäßen Nutzung und erfolgreichen Bewirtschaftung seines Grundstücks, die die Möglichkeit der Verfügung über Zubehörstücke voraussetzen, nach der Stilllegung des Betriebes nicht mehr besteht. Wird im Anschluss daran das Betriebsvermögen veräußert oder dessen Zweckbestimmung in sonstiger Weise geändert, so geht es nicht mehr um eine ordnungsgemäße Wirtschaftsführung im Rahmen der betrieblichen Tätigkeit, sondern nur noch um die bestmögliche Verwertung des Vermögens.

4

Zur Milchquote eines Milcherzeugers s. → § 55 Rdn. 2.

5

Das WeinG (1994)[5] regelt den Anbau, das Verarbeiten, das Inverkehrbringen und die Absatzförderung von **Wein** und sonstigen Erzeugnissen des Weinbaus, soweit dies nicht in für den Weinbau und die Weinwirtschaft unmittelbar geltenden Rechtsakten der Europäischen Gemeinschaft geregelt ist. Rodet der Schuldner einen Weinberg und meldet die Rodung, so entsteht für ihn ein **Wiederbepflanzungsrecht**, § 6 Abs. 1 WeinG. Die Übertragung eines Wiederbepflanzungsrechts ist unter Beachtung bestimmter Flächengrößen nicht zulässig, § 6 Abs. 2 WeinG. Der Schuldner kann es jedoch veräußern mit Genehmigung der Landwirtschaftskammer. Das Grundstück bleibt zwar Weinberg, es kann aber nur dann als Weinberg genutzt werden, wenn auch ein Wiederbepflanzungsrecht des Betriebsinhabers vorhanden ist. Der Wert des Grundstücks wird dadurch erheblich verringert. Hierdurch kann durchaus eine nicht ordnungsgemäße Bewirtschaftung durch den Schuldner entstehen. Ein Wiederbepflanzungsrecht unterliegt solange und insoweit der Beschlagnahme als es noch nicht als selbstständiges Recht entstanden ist und nur dem Grundstück als solchen immanent ist. Nach seiner Entstehung durch Rodung und Meldung unterliegt es allerdings weder dem Hypothekenhaftungs-

6

---

[4] BGH, Rpfleger 1996, 256 = NJW 1996, 835 = DNotZ 1996, 551 = KTS 1996, 197 = MDR 1996, 739 = WM 1996, 293 = ZIP 1996, 223.

[5] Neu gefasst durch Bekanntmachung v. 18.1.2011, BGBl I 66, zuletzt geändert durch Art. 1 des Gesetzes vom 16.7.2015, BGBl I 1207; hierzu *Kirsch*, Rpfleger 1998, 192, insbesondere zu Rheinland-Pfalz.

verband noch der Beschlagnahme, da es unmittelbar nur in der Person des Betriebsinhabers entsteht ohne Bezug zu dem Grundstück selbst.[6]

c) Fortführung der bisherigen Wirtschaft

7 Die wirksame Beschlagnahme entzieht dem Schuldner nicht sein Verwaltungs- und Benutzungsrecht am Grundstück. Der Schuldner kann das Grundstück weiterhin verwalten und benutzen. Er ist trotz Beschlagnahme zu den dargestellten Verfügungen berechtigt. Dem Gläubiger gegenüber ist er aber nicht verpflichtet, das Grundstück zu bewirtschaften. Führt er allerdings die Bewirtschaftung fort, hat er ordnungsgemäß zu verfahren. Er unterliegt hierbei keiner Aufsicht und muss auch nicht Rechnung legen.

d) Überschüsse

8 Der Schuldner verwaltet auf eigene Rechnung, nicht zulasten des Versteigerungserlöses. Überschüsse gebühren grundsätzlich dem Schuldner selbst. Es kann aber auch ordnungsgemäßer Wirtschaft entsprechen, mit dem Erlös für verkaufte, zerstörte oder nicht mehr benutzbare Zubehörgegenstände Ersatzstücke zu beschaffen. Aufwendungen erhält der Schuldner jedoch nicht erstattet.

3. Zuwiderhandeln

9 Wirtschaftet der Schuldner nicht ordnungsgemäß, so kann der betreibende Gläubiger Sicherungsmaßregeln nach § 25 beantragen. Der Grundpfandrechtsgläubiger kann auch auf Unterlassung klagen oder eine einstweilige Verfügung erwirken. Im Ergebnis verblieben ihm dann jedoch nur Schadensersatzansprüche.[7]

---

6   BGH, NJW-RR 2001, 272 = WM 2000, 2557, das auf öffentlich-rechtlichen Vorschriften beruhende weinbauliche Wiederbepflanzungsrecht geht nach Ablauf eines Pachtvertrags auf den Verpächter über, dem Pächter steht weder aus unmittelbar noch aus rechtsanaloger Anwendung von § 591 Abs. 1 BGB ein Anspruch auf Zahlung des hierdurch bedingten Mehrwerts zu. (Anschluss an BGH zur Milchreferenzmenge = NJW 1991, 3280 = Rpfleger 1991, 429).
7   Vgl. hierzu BGH, NJW 1985, 376.

§ 25 »Sicherung der ordnungsmäßigen Bewirtschaftung«

¹Ist zu besorgen, daß durch das Verhalten des Schuldners die ordnungsmäßige Wirtschaft gefährdet wird, so hat das Vollstreckungsgericht auf Antrag des Gläubigers die zur Abwendung der Gefährdung erforderlichen Maßregeln anzuordnen. ²Das Gericht kann die Maßregeln aufheben, wenn der zu deren Fortsetzung erforderliche Geldbetrag nicht vorgeschossen wird.

I. Allgemeines

Mit Anordnung der Versteigerung verlieren Schuldner nicht selten jegliches Interesse am Grundstück und den beschlagnahmten beweglichen Sachen. Die Chance des Gläubigers, aus dem Grundstück befriedigt zu werden, wird dadurch verschlechtert, dass nachlässig oder schlecht gewirtschaftet wird. Die Vorschrift ist daher auch in der Teilungsversteigerung anwendbar, eher nicht in anderen Verfahren, da sowohl der Zwangsverwalter als auch der Insolvenzverwalter geeignete Möglichkeiten haben, schädigende Handlungen des Schuldners zu unterbinden. 1

Für den betreibenden Grundpfandrechtsgläubiger gilt: er könnte auf Unterlassung und gegen den Eigentümer auf Anordnung der erforderlichen Maßnahmen gem. §§ 1134, 1135 BGB klagen. Zur schnelleren Sicherung könnte er auch beim Prozessgericht den Erlass einer einstweiligen Verfügung erwirken, § 938 Abs. 2 ZPO. Falls der Schuldner etwa als Drittsicherungsgeber noch solvent ist, könnte der Gläubiger gegebenenfalls Schadensersatz verlangen, § 823 Abs. 2, §§ 1134, 1135 BGB.¹ 2

Diese Schutzmaßnahmen wurden als unzureichend angesehen, weil zum einen nicht jeder Gläubiger geschützt ist und zum anderen der Gläubiger zu einem Zivilprozess gezwungen wird. Zur Abwehr der Gefährdung könnte der Gläubiger zwar die Zwangsverwaltung betreibenden, aber auch dieser Weg ist mit nicht unerheblichen Kosten verbunden. Durch die Anordnung von Sicherungsmaßregeln kann die Gefährdung der Befriedigungsinteressen aller Gläubiger abgewendet werden. Der gewählte Weg über die Zuständigkeit des Vollstreckungsgerichts ist einfacher und zügiger zu verwirklichen. 3

II. Anlass der Anordnung

Ist zu befürchten, dass durch das Verhalten des Schuldners eine ordnungsmäßige Bewirtschaftung, § 24, des Grundstückes gefährdet wird, besteht Anlass für Maßnahmen.² Ein Verschulden ist nicht gefordert, eine objektive Gefährdung reicht bereits aus.³ Die Gefährdung muss zu besorgen sein, wobei Dringlichkeit nicht vorausgesetzt ist. Dies ist beispielhaft gegeben: Unterlassung der Aussaat, der Ernte, der Zahlung von Versicherungsprämien, Zerstören, Beseitigen, Verschleudern von Bestandteilen oder Zubehörgegenständen oder auch wenn der Schuldner unbekannten Aufenthalts ist und deswegen Nutzungen oder Betriebsmittel gefährdet sind. 4

---

1 Hierzu BGH, NJW 1985, 376; NJW 1976, 189.
2 Hierzu *Schmidberger*, Rpfleger 2008, 105.
3 LG Schweinfurt, WM 1966, 1275.

III. Verfahren

1. Antrag

5   Das Vollstreckungsgericht wird nur auf Antrag eines betreibenden Gläubigers tätig. Andere Beteiligte sind nicht antragsberechtigt. Der Antrag kann zugleich mit dem Antrag auf Anordnung bzw. Beitritt des Verfahrens gestellt werden. Er ist bis zur Rechtskraft des Zuschlagsbeschlusses zulässig, danach gilt § 94: Maßnahmen gegen den Ersteher. Der Gläubiger sollte möglichst weitgehende Sicherungsmaßregeln vorschlagen, da das Vollstreckungsgericht nicht über den Antrag des Gläubigers hinausgehen kann, § 308 Abs. 1 ZPO.[4] Auf Verlangen des Gerichts hat der Gläubiger seine Angaben glaubhaft zu machen, § 294 Abs. 1 ZPO.[5]

2. Entscheidung des Gerichts

a) Verfahren

6   Das Vollstreckungsgericht entscheidet durch Beschluss, der zu begründen ist. Es ist nicht zweckmäßig, über den Antrag mündlich zu verhandeln, § 764 Abs. 3 ZPO.[6] Auch ist der Schuldner vor der Entscheidung nicht zu hören.[7] In dringenden Fällen findet bei Erlass einer einstweiligen Verfügung ebenfalls keine vorherige Anhörung des Antragsgegners statt, § 938 Abs. 2, § 937 Abs. 2 ZPO. Erst Recht muss dies dann für den einfacheren Weg vor dem Vollstreckungsgericht gelten. Im Übrigen besteht die Gefahr, dass bei einer vorherigen Anhörung der Schuldner mögliche Maßnahmen endgültig vereitelt.

b) Maßnahmen

7   Gefährdet der Schuldner die ordnungsmäßige Bewirtschaftung, sind Sicherungsmaßregeln anzuordnen. Für die Auswahl zwischen mehreren möglichen Maßnahmen gilt: grundsätzlich kann das Gericht die ihm geeignet scheinende Maßnahme erlassen, wobei diese durch den Antrag abgedeckt sein muss. Erhebliches Gewicht kommt insoweit dem Vortrag des Gläubigers zu.[8] Der Gläubiger weiß grundsätzlich selbst am besten, welche Schutzmaßnahmen zur Sicherung seiner Interessen erforderlich sind. Im Hinblick auf dessen Schutzbedürftigkeit wird das Vollstreckungsgericht nur im seltenen Ausnahmefall vom Antrag des Gläubigers abweichen; dies ist in jedem Falle zu begründen.

8   Einzelne Handlungen kann das Vollstreckungsgericht gebieten oder verbieten. Ein **Zwangsgeld** oder auch **Zwangshaft** kann angedroht werden. Vor der Androhung der Zwangshaft muss eine entsprechende Entscheidung des Richters eingeholt werden, § 4 Abs. 2 Nr. 2, Abs. 3 RPflG. In Betracht kommen beispielhaft: Wintersicherung, Abschluss von notwenigen Versicherungen, Sicherung von Zubehörgegenständen, leer stehende Bauten vor unbefugtem Bezug sichern, für das Gebäude erhaltende Reparaturen ausführen.[9] Verwaltung und Benutzung können

---

4   A.A. *Böttcher*, § 25 Rdn. 3.
5   Nach Depré/*Cranshaw*, § 25 Rdn. 10 muss der Antragsteller grundsätzlich glaubhaft machen.
6   A.A. Steiner/*Teufel*, § 25 Rdn. 19; nur vor schwerwiegenden Anordnungen *Stöber*, ZVG § 25 Rdn. 3.2.
7   BGH, NJW 1984, 2166 = Rpfleger 1984, 363 = ZIP 1984, 886; BGH, WM 1984, 1342 = ZIP 1984, 1540 für die Anordnung des Verfahrens; a.A. Steiner/*Teufel*, § 24 Rdn. 20.
8   A.A. Steiner/*Teufel*, § 25 Rdn. 21.
9   Hierzu *Schmidberger*, Rpfleger 2008, 105.

dem Schuldner auch ganz oder teilweise entzogen und auf einen **Verwalter** übertragen werden, der allerdings für den Schuldner verwaltet. Das Gericht kann einen **Sequester** bestellen und dessen Aufgabenkreis festlegen. Der Sequester ist nicht befugt, Mietverträge abzuschließen, zu kündigen oder Kautionen einzuziehen, dies ist der Zwangsverwaltung vorbehalten. Der Sequester ist nicht Partei kraft Amtes und haftet nicht nach §§ 823, 836 ff. BGB. Verwalter und Sequester erhalten eine Vergütung entsprechend §§ 17 ff. ZwVwV[10]; die mit der sofortigen Beschwerde anfechtbare Festsetzung erfolgt durch das Vollstreckungsgericht.

Die **Aufhebung** der Anordnung kann davon abhängig gemacht werden, dass 9 der Schuldner eine entsprechende Sicherheit leisten. Die Anordnung darf sich nur auf beschlagnahmte Gegenstände beziehen. Das Recht zur abgabefreien Milchanlieferung gehört nicht zu den mit dem Eigentum am Grundstück verbundenen Rechten i.S.v. § 96 BGB und damit auch nicht zum Hypothekenhaftungsverband, § 1120 BGB. Es ist personenbezogen und nicht grundstücksbezogen, sodass die Beschlagnahme sich hierauf nicht erstreckt (vgl. → § 24 Rdn. 5).[11] Der Gläubiger muss sich insoweit durch Zwangsverwaltung oder durch eine sonstige Maßnahme sichern.

c) Vorschusspflicht

Bevor das Vollstreckungsgericht eine Sicherungsmaßregel anordnet, ist grund- 10 sätzlich, sofern mit der Maßregel Kosten verbunden sind, ein Vorschuss anzufordern. Wird der Vorschuss nicht geleistet, kann die Maßregel abgelehnt oder die bereits angeordnete aufgehoben werden, § 25 S. 2.

d) Aufhebung der Maßregeln

Die Maßregel ist nicht nur mangels Vorschussleistung, sondern auch bei Si- 11 cherheitsleistung des Schuldners aufzuheben. Bei verändertem Sachverhalt ist die Anordnung auch auf Anregung des Schuldners aufzuheben[12], ein Rechtsbehelf ist unzulässig, da das Verfahren des Vollstreckungsgerichts selbst ordnungsgemäß ist. Vor der Aufhebung sollte der Gläubiger gehört werden.[13] Die Maßregel muss nicht ausdrücklich aufgehoben werden, sofern sie sich erledigt hat[14], was spätestens mit Rechtskraft des Zuschlagsbeschlusses anzunehmen ist.[15]

3. Rechtsbehelf

Als Maßnahme im Rahmen der Vollstreckung können Anordnung und Ableh- 12 nung mit den üblichen Rechtsbehelfen angefochten werden, Ablehnung und Anordnung nach Anhörung mit der sofortigen Beschwerde, § 793 ZPO, ansonsten

---

10 BGH, Rpfleger 2005, 549 = NJW-RR 2005, 1283 = ZInsO 2005, 869, für einen Sequester nach § 848 ZPO.
11 BGH, NJW 1997, 2316 = WM 1997, 1991; BGH, NJW 1991, 3280 = Rpfleger 1991, 429.
12 A.A. *Stöber*, ZVG § 25 Rdn. 3.3, der Schuldner muss Rechtsbehelf erheben.
13 Nach Depré/*Cranshaw*, § 25 Rdn. 19 ist der Gläubiger anzuhören.
14 Steiner/*Teufel*, § 25 Rdn. 30; a.A. *Stöber*, ZVG § 25 Rdn. 3.3.
15 A.A. *Böttcher*, § 25 Rdn. 4 mit Verkündung des Zuschlags, der sich zu Unrecht auf *Schmidberger*, Rpfleger 2008, 105, 108 bezieht, der u.a. ausführt: Die Maßnahme ist mit dem Zuschlag nicht sofort beendet, sondern sie ruht ähnlich wie bei der Problematik Zuschlag/Zwangsverwaltung und ist mit der Rechtskraft des Zuschlagsbeschlusses beendet.

unbefristete Erinnerung, § 766 ZPO (vgl. → § 95 Rdn. 7 ff.). Die sofortige Beschwerde ist nicht durch § 95 ausgeschlossen.[16] Die Sicherungsmaßregeln hängen nicht mit der Entscheidung über den Zuschlag notwendig zusammen. § 95 sperrt nur bei Entscheidungen, die der Vorbereitung des Zuschlags dienen und mit ihm innerlich zusammenhängen.[17]

4. Kosten

13 Die Tätigkeit des Gerichts wird durch die allgemeine Verfahrensgebühr (GKG KV 2211) abgegolten. Auch für den Rechtsanwalt fällt keine gesonderte Gebühr an, die Tätigkeit wird durch die Verfahrensgebühr (RVG VV 3311 Nr. 1) abgedeckt. Die durch die Sicherungsmaßregeln entstehenden Kosten sind Kosten der die Befriedigung aus dem Grundstück bezweckenden Rechtsverfolgung, § 10 Abs. 2, § 12 Nr. 1.[18]

---

16 Steiner/*Teufel*, § 25 Rdn. 25; *Stöber*, ZVG § 25 Rdn. 5.2; a.A. OLG Koblenz, MDR 1957, 172.
17 KG, NJW 1966, 1273; LG Schweinfurt, WM 1966, 1275.
18 Steiner/*Teufel*, § 25 Rdn. 34; *Stöber*, ZVG § 25 Rdn. 5.2.

§ 26 »Einfluss der Veräußerung nach Beschlagnahme des Grundstücks«

Ist die Zwangsversteigerung wegen des Anspruchs aus einem eingetragenen Rechte angeordnet, so hat eine nach der Beschlagnahme bewirkte Veräußerung des Grundstücks auf den Fortgang des Verfahrens gegen den Schuldner keinen Einfluß.

I. Allgemeines

§ 26 ZVG regelt den Fall der Veräußerung des Grundstücks nach dessen Beschlagnahme. Die Norm erklärt den Eigentumswechsel in diesem Fall bei einer Zwangsvollstreckung wegen eines Anspruchs aus einem eingetragenen Recht für bedeutungslos. Sie ist insoweit vergleichbar mit § 265 ZPO, welche Vorschrift ähnliche Regelungen für die Veräußerung der streitbefangenen Sache im Erkenntnisverfahren enthält. Beide Normen setzen die Veräußerung des betroffenen Rechts, also den Übergang von einer auf eine andere Person, voraus.[1] Auch wenn ein Grundstück zeitlich nach der Beschlagnahme veräußert wird, kann der Dritte beschlagnahmefrei erwerben, entweder gutgläubig, § 892 BGB (vgl. → § 23 Rdn. 20) oder aufgrund des Schutzes gegen nachträgliche Verfügungen nach § 878 BGB (vgl. → § 23 Rdn. 19). Bei einem rechtswirksamen Erwerb ist das Verfahren auf betreiben des Dritten (= Erwerber) aufzuheben, § 37 Nr. 5 ZVG; §§ 771, 769 ZPO. Gegen den Erwerber kann das Verfahren nur dann fortgesetzt werden, wenn gegen diesen ein zugestellter Titel vorgelegt und die Vollstreckungsklausel gegen ihn um- und zugestellt ist, §§ 750, 727, 325 ZPO (vgl. → vor § 15 Rdn. 44 ff.). Wird das **Versteigerungsverfahren** oder die **Zwangsverwaltung** von einem **dinglichen** Gläubiger betrieben, macht § 26 hiervon eine Ausnahme. Ohne Rücksicht auf die Veräußerung wird das Verfahren gegen den früheren Schuldner fortgesetzt. Dieser bleibt Beteiligter des Verfahrens; der Erwerber wird dies erst nach Anmeldung (vgl. → § 9 Rdn. 13 ff.). Der dingliche Vollstreckungstitel wirkt gegen den Erwerber, § 325 Abs. 3 Satz 1 ZPO. Wegen des bereits im Grundbuch eingetragenen Rechtes, welches mit der Veräußerung auf den Erwerber übergegangen ist, musste dieser mit einer Vollstreckung aus diesem Recht rechnen.[2]

II. Voraussetzungen

1. Veräußerung des Grundstücks

Unter Veräußerung ist das **dingliche** Rechtsgeschäft zu verstehen, d.h. Auflassung und Eintragung ins Grundbuch, §§ 873, 925 BGB. Der rechtsgeschäftlichen Veräußerung gleichgestellt ist die Aneignung des herrenlosen Grundstücks, § 928 Abs. 2 BGB, sowie der Eigentumserwerb durch Vereinbarung der Gütergemeinschaft, §§ 1415, 1416 BGB. Keine Veräußerung in diesem Sinne ist die Eigentumsänderung bei Enteignung, Erbfolge, Dereliktion, § 928 Abs. 1 BGB.

---

1   BGH, v. 24.11.2005 und v. 14.4.2005, beide Rpfleger 2006, 423, 424.
2   Denkschrift S. 41.

2. Anspruch aus einem eingetragenen Recht

3 Der Gläubiger muss das Verfahren aus einem eingetragenen Recht betreiben, d.h. **dinglich** aus einer Hypothek, Grundschuld, Reallast oder Rentenschuld. Gleichzustellen ist die Vollstreckung wegen Ansprüche aus der Rangklasse 3 des § 10 Abs. 1³ und auch bei der Vollstreckung wegen Hausgeldansprüche einer Wohnungseigentümergemeinschaft aus Rangklasse 2 nach § 10 Abs. 1.⁴

3. Eigentumswechsel nach Beschlagnahme

4 Ist die Veräußerung der Beschlagnahme gegenüber unwirksam, wird das Verfahren gegen den bisherigen Eigentümer weiter betrieben. Dies gilt auch, wenn die Zwangsversteigerung aus einem Recht betrieben wird, das einer vor der Beschlagnahme eingetragenen Auflassungsvormerkung im Rang vor geht, auch hier hat eine nach der Beschlagnahme erfolgte Umschreibung des Eigentums auf den Vormerkungsberechtigten keinen Einfluss auf den Fortgang des Verfahrens.⁵ Die Auflassungsvormerkung schützt nicht vor der Fortsetzung des bereits vorher eingeleiteten Zwangsversteigerungsverfahrens. Ein besserrangiges Recht muss der Vormerkungsberechtigte stets gegen sich gelten lassen. Deshalb gewährt die Vormerkung auch keinen Schutz vor der Durchsetzung eines solchen Rechts im Wege der Zwangsvollstreckung. Hiermit muss der Vormerkungsberechtigte von vornherein rechnen, weil der Grundbesitz schon bei Eintragung der Vormerkung belastet war. Die Vormerkung schützt den Berechtigten nur davor, dass der Erwerb des (belasteten) Eigentums vereitelt oder beeinträchtigt wird, nicht aber davor, dass der Gläubiger eines vorrangigen Rechts dieses im Wege der Zwangsvollstreckung verfolgt. Das Zwangsversteigerungsverfahren ist deshalb ohne Weiteres, also ohne Umschreibung und ohne erneute Zustellung des Titels, gegen den alten Schuldner fortzusetzen.⁶

Wirkt allerdings die Veräußerung wegen §§ 878⁷ oder 892 BGB gegenüber dem betreibenden Gläubiger, das dingliche Recht ist bei der Veräußerung nicht gelöscht worden, kann das Verfahren ebenfalls fortgesetzt werden, da der Erwerber das Recht dinglich übernommen hat. Für diesen **Gläubiger** kann nach Klauselumschreibung und Zustellung des Titels und der Klausel das Verfahren fortgesetzt werden.⁸ Zu den Besonderheiten, wenn das Eigentum nach Sicherung des Erwerbsanspruchs durch eine **Eigentumsvormerkung** umgeschrieben wird vgl. → § 28 Rdn. 15.

III. Persönlicher Anspruch

5 Wird das Verfahren wegen eines persönlichen Anspruchs aus der Rangklasse 5 des § 10 Abs. 1 betrieben, hilft § 26 nicht. Der Erwerber ist nicht „Rechtsnachfol-

---

3 *Stöber,* ZVG § 26 Rdn. 2.8; Depré/*Cranshaw,* § 26 Rdn. 24.
4 BGH, Beschluss vom 9.5.2014, V ZB 123/13, Rpfleger 2014, 613 = NJW 2014, 2445 = ZfIR 2014, 654 mit Anm. *Schneider;* zu Hausgeldanprüchen und deren Rechtsfolgen *Schneider,* ZMR 2014, 185; a.A. Depré/*Cranshaw,* § 26 Rdn. 25.
5 BGH, Rpfleger 2007, 333 = NZM 2007, 377 = WM 2007, 947 = ZNotP 2007, 189.
6 A.A. *Böttcher,* ZfIR 2010, 521, 525.
7 Hierzu BGH, Rpfleger 1988, 543 = WM 1988, 1388 = ZIP 1988, 1612; zu den Wirkungen des § 878 BGB vgl. *Böttcher,* Rpfleger 1983, 49 ff., 187 ff.; 1984, 377 ff.; 1985, 1 ff., 381 ff.; *Ertl,* Rpfleger 1980, 41, 43; *Hagemann/Tröster,* Rpfleger 1984, 397, 399; 1985, 337, 339.
8 OLG Hamm, Rpfleger 1984, 426.

ger" in die persönliche Schuld des Veräußerers.[9] Ist die Beschlagnahme zugunsten des persönlich betreibenden Gläubigers wirksam und wird zeitlich danach das Grundstück veräußert, ist diese Veräußerung der Beschlagnahme gegenüber unwirksam, § 23, in diesem Falle wird das Verfahren gegen den bisherigen Eigentümer fortgesetzt.[10] Wirkt die Veräußerung dagegen wegen §§ 878 oder 892 BGB gegenüber dem betreibenden Gläubiger, muss der Erwerber sein Eigentum nach § 37 Nr. 5 ZVG, §§ 771, 769 ZPO geltend machen.[11]

---

9   *Stöber*, ZVG § 26 Rdn. 2.3.
10 *Stöber*, ZVG § 26 Rdn. 2.4; *Böttcher*, § 26 Rdn. 4.
11 So auch Löhnig/*Fischinger*, § 26 Rdn. 8; Depré/*Cranshaw*, § 26 Rdn. 21; differenziert: *Böttcher*, § 26 Rdn. 5, der unter Hinweis auf *Eickmann*, § 9 IV 2b bei klarer aus dem Grundbuch erkennbarer Rechtslage auch diese materiell-rechtlichen Erwerbstatbestände prüfen will. Das Verfahren ist dann befristet einzustellen.

§ 27 »Beitritt zum Versteigerungsverfahren«

(1) ¹Wird nach der Anordnung der Zwangsversteigerung ein weiterer Antrag auf Zwangsversteigerung des Grundstücks gestellt, so erfolgt statt des Versteigerungsbeschlusses die Anordnung, daß der Beitritt des Antragstellers zu dem Verfahren zugelassen wird. ²Eine Eintragung dieser Anordnung in das Grundbuch findet nicht statt.

(2) Der Gläubiger, dessen Beitritt zugelassen ist, hat dieselben Rechte, wie wenn auf seinen Antrag die Versteigerung angeordnet wäre.

I. Allgemeines

1   Die Verfahrensanordnung (auch in der Zwangsverwaltung, Teilungsversteigerung) schließt nicht aus, dass die Versteigerung desselben Grundstücks wegen eines anderen Anspruchs beantragt wird. Das Vollstreckungsgericht kann dem Antrag nur dadurch stattgeben, dass es den **Beitritt** zum schon angeordneten Verfahren zulässt. Auch der Gläubiger[1], der das Verfahren bereits betreibt, kann durch weitere Versteigerungsanträge dem Verfahren beitreten.[2] Hierbei kann es sich um weitere Vollstreckungsforderungen handeln, es kann sich jedoch auch um eine andere Rechtsnatur des gleichen Anspruches handeln, z.B. um den dinglichen Anspruch aus der Zwangssicherungshypothek, wenn bereits für die persönliche Forderung die Zwangsversteigerung angeordnet wurde. Ein ähnliches Problem ergab sich für die Wohnungseigentümergemeinschaft bei einem Betreiben des Verfahrens in Rangklasse 2 nach § 10 Abs. 1. Das Überschreiten der Wertgrenze in § 10 Abs. 3 Satz 1 (Nachweis durch Vorlage des Einheitswertbescheids) muss in der Form des § 16 Abs. 2 nachgewiesen werden. Die Wohnungseigentümergemeinschaft kann dem wegen Hausgeldrückständen in der Rangklasse 5 nach § 10 Abs. 1 angeordneten Zwangsversteigerungsverfahren später in der Rangklasse 2 beitreten, wenn der Einheitswertbescheid erst später vorgelegt wird und die übrigen Voraussetzungen nach § 10 Abs. 3 Satz 3 glaubhaft gemacht sind.[3]

Das ZVG geht mithin von der Einheit des von mehreren Gläubigern betriebenen Verfahrens, des **Gesamtverfahrens**, aus. Von Bedeutung ist dieser Grundsatz z.B. für die Abgrenzung der laufenden und rückständigen wiederkehrenden Leistungen, für die der Tag der ersten Beschlagnahme maßgeblich ist, § 13 Abs. 4. Hiervon zu unterscheiden ist der **Grundsatz** der **Selbstständigkeit der Einzelverfahren** innerhalb des Gesamtverfahrens. Die Beschlagnahme, deren Umfang und Einwirkungen hierauf, etwa durch Aufhebung oder Einstellung des Verfahrens, Freigabe von Zubehör, beziehen sich zunächst nur auf das Einzelverfahren des betreibenden Gläubigers.[4] Das Gesamtverfahren wird nur dann tangiert, wenn auf das Einzelverfahren des bestrangig betreibenden Gläubigers eingewirkt wurde. Das geringste Gebot als wichtigste Versteigerung Grundlage des Gesamtverfahrens richtet sich nur nach dem bestrangig betreibenden Gläubiger, § 44.

---

1   Zum Gläubigerbegriff vgl. *Mayer*, Rpfleger 1983, 264.
2   BGH, Rpfleger 1988, 543 = WM 1988, 1388 = ZIP 1988, 1612.
3   BGH, Rpfleger 2008, 375 = NJW 2008, 1956 = NZM 2008, 450 = WM 2008, 1558; hierzu auch *Hintzen/Alff*, Rpfleger 2008, 375 und *Schneider*, ZMR 2008, 724.
4   RGZ 125, 24.

II. Zulassung des Beitritts (Abs. 1)

1. Beitrittsvoraussetzungen

Da der Gläubiger die Versteigerung eines Grundstücks beantragt, müssen die **2** Beitrittsvoraussetzungen mit den Anordnungsvoraussetzungen übereinstimmen. Es müssen grundsätzlich die Voraussetzungen vorliegen, die für eine Anordnung des Verfahrens erforderlich sind, §§ 15 bis 17. Der Gläubiger muss die Anordnung der Versteigerung oder die Zulassung des Beitritts zu Versteigerung beantragen. Bezeichnet sein sollen das Grundstück, der Eigentümer, der Anspruch[5] und der vollstreckbare Titel[6]. Der antragstellende Gläubiger muss angeben, ob er das Verfahren dinglich und/oder persönlich betreibt, § 10 Abs. 1 Nr. 4 oder Nr. 5 oder auch aus Rangklasse 2 (Hausgelder der Wohnungseigentümergemeinschaft) oder Rangklasse 3 (öffentliche Lasten). Der Antrag muss sich gegen den eingetragenen Eigentümer oder dessen Erben richten. Beizufügen sind der vollstreckbare Titel nebst Zustellungsnachweis und die sonstigen für den Beginn der Zwangsvollstreckung erforderlichen Urkunden. Richtet sich die Anordnung des Verfahrens gegen den **Insolvenzverwalter** und gibt dieser das beschlagnahmte Grundstück frei, so ist mit dem Zugang der Freigabeerklärung an den Schuldner von diesem Zeitpunkt an der Schuldner wieder verfügungsbefugt, ein Beitritt zum Verfahren muss sich nunmehr gegen ihn richten.[7] Nicht vorgelegt werden muss ein **Zeugnis** nach § 17 Abs. 2, es sei denn, es hat ein **Eigentumswechsel** stattgefunden.[8] Das Eigentum muss nicht nachgewiesen werden, weil es infolge des bei der Anordnung des Verfahrens geführten Beweises gerichtskundig ist, § 291 ZPO. Eventuelle Eigentumsänderungen teilt das Grundbuchamt dem Vollstreckungsgericht mit, § 19 Abs. 3.

Mehrere Beitrittsanträge werden wie auch bei der Anordnung in einem Beschluss zum gleichen Zeitpunkt beschieden. Eine Rangfolge der Erledigung der Antragseingänge wie im grundbuchrechtlichen Verfahren gibt es im Zwangsversteigerungsverfahren nicht.[9] Handelt es sich um die Anträge mehrerer persönli- **3**

---

5   Aus einem dinglich gesicherten Anspruch auf Naturalleistungen (hier: im Rahmen eines Altenteils) kann der Beitritt zu einem Zwangsversteigerungsverfahren nur zugelassen werden, wenn das Prozessgericht einen auf die Naturalleistungen gerichteten Duldungstitel in einen Zahlungstitel umwandelt, AG/LG Deggendorf, Rpfleger 1990, 308.
6   LG Bochum, Rpfleger 1994, 517: hat der Gläubiger in einer mit der Zwangsversteigerung parallel laufenden Zwangsverwaltung einen Zwangsverwaltungskostenvorschuss geleistet, benötigt er für den Beitritt zum Zwangsversteigerungsverfahren in der Rangklasse 1 des § 10 Abs. 1 ZVG einen entsprechenden Duldungstitel.
7   OLG Hamm, Rpfleger 1985, 310.
8   *Stöber*, ZVG § 27 Rdn. 3.2; *Böttcher,* § 27 Rdn. 5; a.A. Steiner/*Hagemann*, § 17 Rdn. 16.
9   Kritisch hierzu *Knoche/Biersack*, NJW 2003, 476. In diese Richtung wohl auch Depré/ *Cranshaw*, § 27 Rdn. 18. Der Hinweis auf Zwischenverfügungen, die auf heilbare Mängel hinweisen und somit den Rang bzw. eine Rechtsposition sichern, überzeugt nicht. Der Gesetzgeber hat in der Zwangsvollstreckung (8. Buch der ZPO, § 869 ZPO) keine ähnliche Regelung wie im Grundbucheintragungsverfahren nach §§ 17, 18 GBO geschaffen. In der Zwangsvollstreckung gilt der Grundsatz der Priorität nach § 804 Abs. 3 ZPO, hierzu Zöller/*Stöber*, § 804 Rdn. 5. Nichts anderes sagt auch *Stöber*, ZVG, § 27 Rdn. 6. Denn über einen Antrag ist unverzüglich dann zu entscheiden, wenn keine Vollstreckungsmängel vorliegen und wenn mehrere Anträge vorliegen, sollte immer sofort über den Antrag entschieden werden, der erledigungsreif ist (Grundsatz des Einzelverfahrens).

cher Gläubiger, sind diese jetzt gleichrangig, da für sie in der Rangklasse 5 die Beschlagnahme gleichzeitig wirksam wird.[10]

2. Besonderheiten des Beitritts

4   Liegen die Vollstreckungsvoraussetzungen vor, wird der **Beitritt zugelassen**, wenn

- die Vollstreckung wegen eines anderen Anspruchs **nach Anordnung** der Zwangsversteigerung oder Zwangsverwaltung beantragt wird;
- in das **gleiche Grundstück** vollstreckt werden soll.

5   Die Zulassung des Beitritts wird nicht im Grundbuch vermerkt, § 27 Abs. 1 Satz 2, der Versteigerungsvermerk ist bereits nach Anordnung des Verfahrens im Grundbuch eingetragen worden. Die Beschlagnahme kann daher nicht nach § 22 Abs. 1 Satz 2 durch Eingang des Ersuchens beim Grundbuchamt wirksam werden. Etwas anderes gilt nur dann, wenn aufgrund des Antrages ein weiteres Grundstück in das Verfahren einbezogen wird, insoweit handelt es sich um die erstmalige Verfahrensanordnung.

3. Anhängigkeit eines Verfahrens

6   Es muss ein Verfahren[11] grundsätzlich gleicher Art[12] angeordnet sein. Das Verfahren ist anhängig, wenn der Anordnungsbeschluss erlassen ist. Hat der Vollstreckungsgläubiger keine Kenntnis von der bereits angeordneten Zwangsversteigerung, wird sein Antrag als Beitrittsantrag umgedeutet. Ein Beitritt ist auch dann zulässig, wenn das Verfahren einstweilen eingestellt ist. Ein Beitritt ist ausgeschlossen, wenn das Verfahren beendet ist, der Antrag auf Beitritt ist dann als neuer Antrag auf Anordnung des Verfahrens anzusehen. Beendet ist das Verfahren erst mit dem konstitutiv wirkenden Aufhebungsbeschluss, vgl. §§ 28, 29, 31 Abs. 1 Satz 2, §§ 32, 76 Abs. 2 Satz 2. Mit seiner Entscheidung vom 10.7.2008[13] hat der BGH diese zentrale Frage zwar zur Aufhebung eines Zwangsverwaltungsverfahrens so entschieden, Unterschiede zur Zwangsversteigerung sind jedoch nicht erkennbar. Der BGH vertritt die Auffassung, dass auch in dem Fall der uneingeschränkten Antragsrücknahme die Beschlagnahmewirkung erst mit dem Aufhebungsbeschluss endet. Ist der Zuschlag erteilt, so ist ein Beitrittsantrag nicht mehr zulässig, sobald der Zuschlag rechtskräftig ist.[14] Wird der Zuschlag auf Beschwerde hin versagt, ist der Beitritt zuzulassen. Im Zeitraum zwischen der Zuschlagserteilung und dem Eintritt der Rechtskraft wird der Beitritt unter der Bedingung zugelassen, dass der Zuschlag versagt wird.[15] Der Beitrittsbeschluss ist aufzuheben, soweit der Zuschlag Rechtskraft erlangt hat.

---

10   *Stöber*, § 27 Rdn. 6.1.
11   Zum Vorgehen bei mehreren Anträgen vgl. → § 15 Rdn. 10.
12   Der Beitritt des Vollstreckungsgläubigers zur Teilungsversteigerung ist unzulässig (a.A. bis zur Vorauflage), s. → § 180 Rdn. 166 ff.; so auch Steiner/*Teufel*, § 27 Rdn. 13, 14; *Stöber*, ZVG § 180 Rdn. 14; *Hamme*, Rpfleger 2002, 248, *Ebeling*, Rpfleger 1991, 349.
13   BGH, Rpfleger 2008, 586 = NJW 2008, 3067 = DNotZ 2009, 43 = NZM 2008, 741 = WM 2008, 1882 = ZIP 2009, 195 = ZfIR 2008, 876; anders noch LG Meiningen, Rpfleger 2008, 382, aber wohl überholt.
14   OLG Stuttgart, Rpfleger 1970, 102.
15   Steiner/*Teufel*, § 27 Rdn. 19; *Stöber*, ZVG § 27 Rdn. 2.4.

4. Identität des Versteigerungsobjektes

Der Beitritt muss sich auf das bzw. die gleichen Grundstücke beziehen, in die die Vollstreckung bereits angeordnet worden ist. Die Gegenstände, in die vollstreckt wird, müssen jedoch in den jeweiligen Einzelverfahren nicht vollständig übereinstimmen. Bei den mithaftenden Gegenständen kann sich der unterschiedliche Umfang schon aus den verschiedenen Beschlagnahmezeitpunkten ergeben (vgl. → § 22 Rdn. 3). Mehrere Grundstücke können in einem Verfahren versteigert werden, § 18. Der Beitritt zu einem solchen Verfahren kann nur insoweit zugelassen werden, wie die Hauptgegenstände identisch sind. War das Verfahren z.B. in einen Grundstücksbruchteil angeordnet und wird dann die Vollstreckung in das ganze Grundstück beantragt, gilt: der Beitritt wird zugelassen, soweit der beschlagnahmte Bruchteil betroffen ist; ansonsten wird das Verfahren neu angeordnet (siehe zuvor → Rdn. 5, 9).

5. Rechtsnachfolge

Ist nach Anordnung des Verfahrens und vor Zulassung des Beitritts ein neuer Eigentümer eingetragen worden, müssen die Vollstreckungsvoraussetzungen dem Erwerber gegenüber vorliegen. Hat der Gläubiger nach Anordnung des Verfahrens gewechselt, bedarf es für diesen keines Beitrittsbeschlusses. Mit dem vollstreckbaren Anspruch gehen zugleich auch die Rechte aus der Beschlagnahme auf den Rechtsnachfolger über, §§ 412, 401 Abs. 2 BGB.

III. Wirkung der Beitrittszulassung (Abs. 2)
1. Allgemeines

Die Zulassung des Beitritts verschafft dem Gläubiger dieselben Rechte, als wenn auf seinen Antrag die Zwangsversteigerung angeordnet worden wäre.[16] Das Vollstreckungsgericht hat daher den Antrag auf Zulassung des Beitritts grundsätzlich so wie einen Antrag auf Anordnung des Verfahrens zu behandeln. Dies gilt z.B. für Mitteilungen und Zustellungen. Der Beitrittsbeschluss ist dem Schuldner zuzustellen, § 8. Der Beitrittsgläubiger ist Beteiligter des Verfahrens, § 9. Dem Beitrittsgläubiger ist z.B. der Beschluss über die Verkehrswertfestsetzung, § 74a Abs. 5, sowie die Terminsbestimmung, § 41, zuzustellen, unabhängig davon, ob dies im Hinblick auf den bereits anberaumten Versteigerungstermin noch möglich ist.[17] Es ist nicht auszuschließen, dass ein weiterer Termin infrage kommt. Der Beitrittsgläubiger hat auch die Möglichkeit gegen den Verkehrswertfestsetzungsbeschluss Rechtsmittel einzulegen.[18] Die Gleichbehandlung mit dem Anordnungsgläubiger gilt auch hinsichtlich möglicher Rechtsbehelfe sowie anfallender Kosten.

2. Beschlagnahme

Die Beschlagnahme wirkt zugunsten des Gläubigers erst in dem Zeitpunkt, in dem der Beitrittsbeschluss dem Schuldner[19] bzw. bei der Zwangsverwaltung dem Verwalter, § 151 Abs. 2, zugestellt wird. Für den Beitrittsgläubiger ist mithaftendes Zubehör erst ab diesem Zeitpunkt erfasst. Da der Beitritt nicht im Grundbuch

---

16 BGH, Rpfleger 1988, 543 = WM 1988, 1388 = ZIP 1988, 1612.
17 *Böttcher*, § 27 Rdn. 11.
18 *Stöber*, ZVG § 27 Rdn. 9.2.
19 BGH, Rpfleger 1988, 543 = WM 1988, 1388 = ZIP 1988, 1612.

vermerkt wird, § 27 Abs. 1 Satz 2, kann nicht nach § 22 Abs. 1 Satz 2 beschlagnahmt werden. Die erste Beschlagnahme bleibt für die Abgrenzung der laufenden von den rückständigen wiederkehrenden Leistungen von Bedeutung.

IV. Rechtsbehelf

11 Auch hier gilt das zur Anordnung gesagte, → § 15 Rdn. 19 ff. Der Schuldner, der vor dem Beitritt nicht gehört wurde, kann den Beschluss mit der **unbefristeten Erinnerung** nach § 766 Abs. 1 ZPO anfechten, nach Anhörung mit der sofortigen Beschwerde, § 11 Abs. 1 RPflG, § 793 ZPO. Wird der Antrag des Gläubigers ganz oder teilweise zurückgewiesen, ist hiergegen die **sofortige Beschwerde** binnen einer Frist von 2 Wochen gegeben, § 11 Abs. 1 RPflG, § 793 ZPO. Eine Aufklärungsverfügung kann der Gläubiger, sofern er nicht zuvor hierzu gehört wurde, als Vollstreckungsmaßnahme mit der Erinnerung anfechten, § 766 ZPO.

V. Kosten

12 Zu den Gerichts- und Anwaltskosten vgl. → § 15 Rdn. 23 ff.

II. Aufhebung und einstweilige Einstellung des Verfahrens

§ 28 »Entgegenstehende grundbuchmäßige Rechte«

(1) ¹Wird dem Vollstreckungsgericht ein aus dem Grundbuch ersichtliches Recht bekannt, welches der Zwangsversteigerung oder der Fortsetzung des Verfahrens entgegensteht, so hat das Gericht das Verfahren entweder sofort aufzuheben oder unter Bestimmung einer Frist, binnen welcher der Gläubiger die Hebung des Hindernisses nachzuweisen hat, einstweilen einzustellen. ²Im letzteren Falle ist das Verfahren nach dem Ablaufe der Frist aufzuheben, wenn nicht inzwischen der Nachweis erbracht ist.

(2) Wird dem Vollstreckungsgericht eine Verfügungsbeschränkung oder ein Vollstreckungsmangel bekannt, ist Absatz 1 entsprechend anzuwenden.

Übersicht   Rdn.
I. Allgemeines 1
   1. Übersicht zu den §§ 28 bis 34 1
   2. Bedeutung der Vorschrift.. 4
   3. Begriffsbestimmung 8
      a) Entgegenstehendes Recht 8
      b) Verfügungsbeschränkung oder Vollstreckungsmangel 9
II. Grundbuch ersichtliche Rechte 12
   1. Allgemeines... 12
   2. Einzelfälle 13
      a) Bodenschutzlastvermerk 13
      b) Bundesversorgungsgesetz/Versicherungsaufsichtsgesetz 14
      c) Eigentumsvormerkung...................................... 15
      d) Einstweilige Verfügung 16
      e) Dritteigentum 17
      f) Flurbereinigung 18
      g) Heimstätte 19
      h) Herrenlose Grundstücke 20
      i) Insolvenz 21
      j) Nacherbenrecht 28
      k) Nachlassverwaltung 31
      l) Nießbrauch 32
      m) Rechtshängigkeitsvermerk.................................. 33
      n) Rückübertragungsanspruch.................................. 34
      o) Unfallversicherung 36
      p) Testamentsvollstreckung 37
      q) Vermögensbeschlagnahme................................... 38
      r) Verfügungsbeschränkung................................... 39
      s) Vorkaufsrecht 41
      t) Widerspruch 42
III. Verfahren des Gerichts... 43
   1. Allgemeines... 43
   2. Aufhebung des Verfahrens 44
   3. Einstellung des Verfahrens 45
IV. Rechtsbehelf 46

I. Allgemeines

1. Übersicht zu den §§ 28 bis 34

1 Das Verfahren der Zwangsversteigerung (mit Einschränkungen gilt das Nachfolgende auch in der Teilungsversteigerung, grundsätzlich jedoch nicht in der Zwangsverwaltung, → § 146 Rdn. 51 ff.) kann in seinem Ablauf aus verschiedenen Gründen gehemmt werden. Die §§ 28 bis 34 unterscheiden die einstweilige Einstellung von der Aufhebung des Verfahrens. Die **Aufhebung** beendet das Verfahren. Die Beschlagnahme fällt weg. Der Versteigerungsvermerk im Grundbuch ist zu löschen, § 34. Die **einstweilige Einstellung** hemmt den Verfahrensablauf nur zeitweise. Das Verfahren kann später fortgesetzt werden. Die Beschlagnahme wirkt – von der Einstellung unberührt – weiter.

2 Im Einzelnen ist geregelt: Einstellung und Aufhebung des Verfahrens wegen grundbuchersichtlicher Verfahrenshindernisse, § 28 Abs. 1; Einstellung und Aufhebung wegen bekannt gewordener Verfügungsbeschränkungen oder Vollstreckungsmängel, § 28 Abs. 2; Aufhebung wegen Antragsrücknahme, § 29; Verfahrenseinstellung aufgrund Bewilligung des betreibenden Gläubigers, § 30; Verfahrenseinstellung auf Antrag des Schuldners, §§ 30a, b, c; Verfahrenseinstellung auf Antrag des (vorläufigen) Insolvenzverwalters, § 30d; die Fortsetzung des Verfahrens, § 31; Versagung des Zuschlages, wenn die Gründe erst nach dem Schluss der Versteigerung vorliegen, § 33.

3 Weitere Möglichkeiten, das Verfahren einzustellen oder aufzuheben ergeben sich aus: Einstellung wegen Zahlung im Termin, § 75; Einstellung wegen Gläubigerbefriedigung aus einem Einzelausgebot, § 76; Einstellung bei einem ergebnislosen Versteigerungstermin, § 77; Versagung des Zuschlags, § 86; Einstellung aufgrund Anordnung des Prozessgerichtes, §§ 732 Abs. 2, 766, 767, 768, 769, 775, 776 und generell auch § 765a ZPO. Insgesamt gesehen sind die Wege, ein Verfahren einzustellen oder aufzuheben, vielfältig und verworren.[1]

2. Bedeutung der Vorschrift

4 Das Vollstreckungsgericht ist **von Amts wegen** verpflichtet, das Verfahren aufzuheben oder einzustellen, falls der Versteigerung oder der Fortsetzung des Verfahrens ein aus dem Grundbuch ersichtliches Recht entgegensteht (Abs. 1). Die Bindung des Gerichts an die Grundbucheintragungen ist eine notwendige Folge dessen, dass es als Vollstreckungsorgan tätig wird. Das Vollstreckungsgericht hat sich grundsätzlich an die Grundbuchlage zu halten. Die Bindung kann daher nicht nur gelten, wenn das Verfahren gefördert wird, vgl. §§ 45, 114, sondern muss auch dann wirken, wenn dessen Ablauf gehemmt wird. Ist das entgegenstehende Recht nicht aus dem Grundbuch ersichtlich, muss der Berechtigte selbst für den Erhalt seines Rechtes Sorge tragen, indem er das Verfahren rechtzeitig einstellen oder aufheben lässt, § 37 Nr. 5. Weigert sich der Gläubiger, muss das die Veräußerung hindernde Recht beim Prozessgericht eingeklagt werden, §§ 771 bis 774, 769 ZPO.

5 Gleiches gilt, wenn dem Vollstreckungsgericht eine **Verfügungsbeschränkung** oder ein **Vollstreckungsmangel** bekannt wird, Abs. 2.[2]

---

1 Nussbaum, § 9 III S. 58.
2 Abs. 2 angefügt durch den am 1.8.1998 in Kraft getretenen Art. 1 des Gesetzes zur Änderung des Gesetzes über die Zwangsversteigerung und die Zwangsverwaltung und anderer Gesetze vom 18.2.1998 (BGBl I 866); hierzu Hintzen, Rpfleger 1998, 148.

Die Versteigerung kann aber auch aus **anderen** als rechtlichen **Gründen** einge- 6
stellt oder sogar aufgehoben werden, z.b. wenn sich bei einem Wohnungs- und
Teileigentum bei Erstellung des Wertgutachtens nach § 74a Abs. 5 ergibt, dass eine
Bewertung des Versteigerungsobjekts im Hinblick auf eine gravierende **Unrichtigkeit** der **Teilungserklärung** unmöglich ist.³

Keine Aufhebung oder Einstellung des Verfahrens erfolgt, wenn aus einem **be-** 7
fristeten Grundpfandrecht die Zwangsversteigerung betrieben wird und während des Verfahrens die Frist abläuft.⁴ Sofern nicht ausdrückliche abweichende
Vereinbarungen vorliegen, wird die Befristung einer Hypothek oder Grundschuld
so zu verstehen sein, dass das Pfandrecht erlischt, wenn es nicht vor dem Endtermin geltend gemacht wird.

3. Begriffsbestimmung
a) Entgegenstehendes Recht

Nach Abs. 1 muss das **Recht** der Versteigerung oder der Fortsetzung des Ver- 8
fahrens entgegenstehen. Insoweit müssen die zu § 9 dargelegten Voraussetzungen
gegeben sein (→ § 9 Rdn. 14 ff.). Während jedoch § 9 regelt, wie der Gegenberechtigte Beteiligter wird, bestimmen die §§ 28, 37 Nr. 5 wie das Gegenrecht im Verfahren durchgesetzt wird. Der Berechtigte muss das Verfahren vor der Zuschlagserteilung selbst hemmen lassen, falls das Vollstreckungsgericht trotz eines
Grundbuch ersichtlichen Rechts nicht von Amts wegen tätig wird (vgl. → § 37
Rdn. 24 ff.). Zumeist⁵ wird es sich um Gegenrechte Dritter handeln. Notwendig
ist dies jedoch nicht. Gegenrechte des Schuldners können auf materiellem Recht
beruhen, wenn etwa Aufrechnung, Reallast, Stundung oder Tilgung geltend gemacht werden. Befriedigung nach § 114a steht der Versteigerung mithaftender
Grundstücke nicht nach § 28 entgegen.⁶

b) Verfügungsbeschränkung oder Vollstreckungsmangel

Verfügungsbeschränkungen und Vollstreckungsmängel hat das Vollstre- 9
ckungsgericht von Amts wegen zu beachten, sobald sie bekannt werden. Verfügungsbeschränkungen können, müssen aber nicht grundbuchersichtlich sein. Sie
werden nicht mit der Eintragung im Grundbuch wirksam, die Eintragung ist nur
deklaratorisch. Die in Abs. 2 angeordnete entsprechende Anwendung von Abs. 1
schließt den einschränkenden Relativsatz, „welches der Zwangsversteigerung
oder der Fortsetzung des Verfahrens entgegensteht", in Abs. 1 Satz 1 ein.⁷ Der Begriff Verfügungsbeschränkung ist umfassend gemeint und bezieht Verfügungsentziehungen und Verfügungsverbote mit ein.⁸ **Verfügungsentziehung** meint **allgemein** den Verlust der Befugnis, über ein Grundstück oder ein Recht an einem
Grundstück zu verfügen, während die **Verfügungsbeschränkung** den Verlust nur
in einzelnen Beziehungen umschreibt. Ein **Verfügungsverbot** lässt die Verfügungsbefugnis unberührt, verbietet aber hiervon Gebrauch zu machen. Typische
Beispiele für eine Verfügungsentziehung sind die Insolvenzeröffnung, Testa-

---

3 LG Kassel, Rpfleger 2002, 41.
4 LG Tübingen, Rpfleger 1984, 156.
5 Steiner/*Eickmann,* § 28 Rdn. 5.
6 A.A. LG Koblenz, Rpfleger 1986, 395.
7 OLG Karlsruhe, Rpfleger 2000, 405.
8 Zur Terminologie vgl. *Böttcher,* Rpfleger 1983, 49.

mentsvollstreckung oder Nachlassverwaltung; für eine Verfügungsbeschränkung die Veräußerungs- bzw. Belastungszustimmungen nach § 12 WEG bzw. § 5 ErbbauRG oder auch die Zustimmung eines Ehegatten bei einer Verfügung über das gesamte Vermögen, § 1365 BGB. Verfügungsverbote werden regelmäßig aufgrund einstweiliger Verfügung erlassen. Wird ein solches Hindernis dem Vollstreckungsgericht aus dem Grundbuch heraus oder in sonstiger Weise bekannt, ist zu prüfen, ob der Gläubiger das Hindernis beheben kann oder das Verfahren aufzuheben ist.

10 Mit dem Begriff **Vollstreckungsmangel** sind sämtliche Voraussetzungen gemeint, die bei der Anordnung bzw. einem Beitritt des Verfahrens von Amts wegen zu prüfen sind, §§ 15, 16, 27. Das Vollstreckungsgericht hat in jeder Lage des Verfahrens zu prüfen, ob die Voraussetzungen der Zwangsvollstreckung für den betreibenden Gläubiger gegen den Schuldner vorliegen.[9] Es dürfen auch keine Vollstreckungshindernisse vorliegen. Ist der Schuldner vollstreckbar verpflichtet, die Zwangsvollstreckung in sein Grundstück wegen eines zuletzt zu zahlenden Teilbetrags einer Grundschuld zu dulden, ist zur Befriedigung des Gläubigers im Sinne von § 775 Nr. 5 ZPO nur die Zahlung dieses Teilbetrags nebst Kosten, nicht aber die vollständige Ablösung der Grundschuld erforderlich.[10] Dies gilt auch für zwingende **Verfahrensvorschriften**.[11] Hierzu gehört auch die **Prozessfähigkeit** des Schuldners. Jedoch kann das Gericht die Zwangsversteigerung unabhängig von der Frage der Prozessfähigkeit anordnen. Treten im weiteren Verfahren konkrete Anhaltspunkte für eine Prozessunfähigkeit auf, sind im Wege des Freibeweises die Prozessfähigkeit unter Ausschöpfung aller zumutbaren und Erfolg versprechenden Erkenntnisquellen zu klären.[12] Für das weitere Verfahren muss der Schuldner bei bestehender Prozessunfähigkeit gesetzlich vertreten sein; bis dahin ist die Zwangsversteigerung einzustellen.[13] Bei einem Vollstreckungsmangel ist zunächst mit einer Aufklärungsverfügung dem Gläubiger aufzugeben, den Mangel zu beheben. Nur wenn der Mangel zur Nichtigkeit oder Unwirksamkeit des Verfahrens führt, ist dieses aufzuheben (vgl. → vor § 15 Rdn. 20 ff.).

11 Keine unzulässige **Vollstreckungsbeschränkung** liegt vor, wenn als Inhalt der Grundschuld vereinbart wird, dass die Zwangsversteigerung aus einer Grundschuld nur dann zulässig ist, wenn eine bereits eingetragene Auflassungsvormerkung durch den Zuschlag nicht erlischt, sondern fortbesteht.[14] Das Recht des Gläubigers nach § 1147 BGB auf jede Zwangsvollstreckung kann weder schuldrechtlich noch dinglich ausgeschlossen werden.

II. Grundbuch ersichtliche Rechte
1. Allgemeines

12 Ist das Gegenrecht im Grundbuch eingetragen, ist es Grundbuch ersichtlich und muss vom Vollstreckungsgericht beachtet werden. Voraussetzung ist, dass das Vollstreckungsgericht von dem eingetragenen Gegenrecht erfährt. Ob dies durch

---

9 BGH, Rpfleger 2007, 331 = NJW 2007, 3357, fehlende Zustellung der Rechtsnachfolgeklausel im Falle der Gesamtrechtsnachfolge aufseiten des Gläubigers.
10 BGH, 2007, 488 = NZM 2007, 459 = WM 2007, 1127.
11 Steiner/*Eickmann*, § 28 Rdn. 11.
12 LG Braunschweig, NdsRpfl 2001, 131.
13 LG Saarbrücken, FamRZ 2010, 587.
14 LG Saarbrücken, Rpfleger 2000, 213 = MittBayNot 2000, 334 = MittRhNotK 2000, 294; es dürfte sich hier um die Vereinbarung einer Bedingung im Sinne einer Vollstreckungsbeschränkung handeln und nicht um einen generellen Vollstreckungsausschluss.

Grundbucheinsicht, Mitteilungen des Grundbuchamtes oder Dritter geschieht, ist unerheblich. Unmaßgeblich ist auch, ob das Gegenrecht zeitlich vor oder nach dem Versteigerungsvermerk eingetragen ist.[15] Entscheidend ist, ob das Recht der Beschlagnahme gegenüber wirksam ist oder nicht. Nach der Beschlagnahme eingetragene Rechte werden deswegen vielfach nicht als Gegenrechte in Betracht kommen.

2. Einzelfälle
a) Bodenschutzlastvermerk

Zweck des Bundesbodenschutzgesetzes[16] ist, nachhaltig die Funktionen des Bodens zu sichern oder wiederherzustellen. Hierzu sind schädliche Bodenveränderungen abzuwehren, der Boden und Altlasten sowie hierdurch verursachte Gewässerverunreinigungen zu sanieren und Vorsorge gegen nachteilige Einwirkungen auf den Boden zu treffen, § 1 BBodSchG.[17] Das Gesetz findet auch Anwendung auf Verdachtsflächen, bei denen der Verdacht schädlicher Bodenveränderungen besteht, § 1 Abs. 4 BBodSchG. Es gilt weiter für Altlasten, insbesondere stillgelegte Abfallbeseitigungsanlagen oder sonstige Grundstücke, auf denen Abfälle behandelt, gelagert oder abgelagert worden sind und Grundstücke stillgelegter Anlagen, und sonstige Grundstücke auf denen mit umweltgefährdenden Stoffen umgegangen worden ist, § 2 Abs. 5 BBodSchG. Verpflichtet zur Beseitigung bzw. zur Gefahrenabwendung sind nach dem 1.3.1999 der jeweilige Eigentümer und wenn das Eigentum nach dem 1.3.1999 übertragen worden ist, auch der frühere Eigentümer, § 4 Abs. 5, 6 BBodSchG. Die entstehenden Kosten für anzuordnende Maßnahmen tragen die zur Durchführung Verpflichteten. Soweit durch den Einsatz öffentlicher Mittel bei Maßnahmen zur Erfüllung der entsprechenden Pflichten nach § 4 BBodSchG der Verkehrswert eines Grundstückes nicht nur unwesentlich erhöht wird und der Eigentümer die Kosten hierfür nicht oder nicht vollständig getragen hat, hat er einen von der zuständigen Behörde festzusetzenden Wertausgleich in Höhe der maßnahmenbedingten Wertsteigerung an den öffentlichen Kostenträger zu leisten, § 25 Abs. 1 S. 1 BBodSchG. Die Höhe des Ausgleichsbetrages bestimmt sich nach der Höhe der eingesetzten öffentlichen Mittel. Die durch Sanierungsmaßnahmen bedingte Erhöhung des Grundstücksverkehrswertes besteht aus dem Unterschied zwischen dem Wert, der sich für das Grundstück ergeben würde, wenn die Maßnahmen nicht durchgeführt worden wären (Anfangswert) und dem Wert, der sich für das Grundstück nach Durchführung der Erkundungs- und Sanierungsmaßnahmen ergibt (Endwert), § 25 Abs. 2 BBodSchG. Für die Zwangsversteigerung von besonderer Bedeutung ist die Anordnung in § 25 Abs. 6 BBodSchG: Der Ausgleichsbetrag ruht als **öffentliche Last** auf dem Grundstück. Aufgrund der Verordnung über die Eintragung eines Bodenschutzlastvermerks kann ab dem 1.3.1999 die zuvor genannte öffentliche Last im Grundbuch in Abteilung II vermerkt werden, §§ 93a, b GBV. Der Wertausgleich wird als öffentliche Last in Rangklasse 3 des § 10 Abs. 1 berücksichtigt. Der Betrag

---

15 Steiner/*Eickmann*, § 28 Rdn. 13.
16 BBodSchG verkündet am 17.3.1998, BGBl I 502; das Gesetz trat am 1.3.1999 in Kraft; hierzu *Mohr*, ZMR 2003, 86; *Rademacher*, MDR 2000, 57; *Otto*, BauR 2000, 311; *Steffen/Popp*, ZNotP 1999, 303.
17 Hierzu allgemein *Böhringer*, BWNotZ 2003, 129.

kann zum Verfahren angemeldet werden oder aus diesem Anspruch wird das Verfahren betrieben. Ein Versteigerungshindernis ist nicht gegeben.

b) Bundesversorgungsgesetz/Versicherungsaufsichtsgesetz

14 Der Berechtigte nach dem Bundesversorgungsgesetz erhält bei Vorliegen der Voraussetzungen eine Kapitalabfindung. Hat er mit dieser Kapitalabfindung ein Grundstück erworben, ist auf diesem Grundstück ein **Sperrvermerk** einzutragen. Die Weiterveräußerung oder Belastung des Grundstückes ist bis zu einer Dauer von 5 Jahren dann nur noch mit Genehmigung der zuständigen Versorgungsbehörde zulässig, §§ 72, 75 BVG. Überwiegend wird die Auffassung vertreten, dass bei Rechten am Grundstück, die vor dem Sperrvermerk eingetragen wurden, keine Genehmigung des Versorgungsamtes zur Versteigerung vorliegen muss.[18] Gläubiger dieser Rechte können die Zwangsversteigerung des Grundstückes jederzeit beantragen. Für die Zwangsvollstreckung aus Rechten, die nach dem Sperrvermerk im Grundbuch eingetragen wurden, ist jedoch die Genehmigung erforderlich, allerdings erst bei der Zuschlagserteilung.[19] Eine Ausnahme hiervon gilt nur dann, wenn die Genehmigung bereits bei der Eintragung des Rechtes im Grundbuch vorgelegt wurde, eine weitere Genehmigung zur Zwangsversteigerung ist nicht erforderlich.[20]

14.1 Mit dem Gesetz zur Modernisierung der Finanzaufsicht über Versicherungen vom 1.4.2015 (BGBl I 434) wird die Umsetzung der Richtlinie 2009/138/EG des Europäischen Parlaments und des Rates vom 25.11.2009 betreffend die Aufnahme und Ausübung der Versicherungs- und der Rückversicherungstätigkeit (Solvabilität II) (ABl. L 335 vom 17.12.2009, S. 1), die zuletzt durch die Richtlinie 2014/51/EU (ABl. L 153 S. 1) geändert worden ist, umgesetzt. Das Gesetz tritt – überwiegend – am 1.1.2016 in Kraft. Gleichzeitig tritt das bisherige Versicherungsaufsichtsgesetz außer Kraft. Nach § 124 VAG müssen Versicherungsunternehmen ihre gesamten Vermögenswerte nach dem Grundsatz der unternehmerischen Vorsicht anlegen. Wenn Erstversicherungsunternehmen nach § 125 Abs. 1 Satz 2 VAG Vermögen u.a. in Grundstücke und grundstücksgleichen Rechte anlegen, sind diese Vermögenswerte bis zur Höhe der in § 125 Abs. 2 VAG genannten Summe der Bilanzwerte dem Sicherungsvermögen zuzuführen. Nach § 126 Abs. 1 Satz 1 VAG hat das Versicherungsunternehmen dafür zu sorgen, dass die Bestände des Sicherungsvermögens in ein Vermögensverzeichnis einzeln eingetragen werden. Nach § 128 Abs. 1 Satz 1 VAG ist zur Überwachung des Sicherungsvermögens für die Lebensversicherung, die Krankenversicherung der in § 146 VAG genannten Art, die private Pflegepflichtversicherung nach § 148 VAG und die Unfallversicherung mit Prämienrückgewähr nach § 161 VAG ein Treuhänder und ein Stellvertreter für diesen zu bestellen. Das Sicherungsvermögen ist so sicherzustellen, dass nur mit Zustimmung des Treuhänders darüber verfügt werden kann, § 129 Abs. 1 VAG.

14.2 Die Bundesanstalt für Finanzdienstleistungsaufsicht (BaFin) hat mit Rundschreiben 4/2014 (VA) – Treuhänder zur Überwachung des Sicherungsvermögens

---

18 *Stöber*, ZVG § 15 Rdn. 7.3 m.w.N.; Steiner/*Eickmann*, § 28 Rdn. 60, 61, 62; *Sichtermann*, Rdn. 16.81.
19 Nach Steiner/*Eickmann*, § 28 Rdn. 61 und *Böttcher*, ZVG § 28 Rdn. 27 soll nach Sinn und Zweck die Zustimmung bereits für die Anordnung des Verfahrens notwendig sein und nicht erst beim Zuschlag.
20 *Stöber*, § 15 Rdn. 7.4.

– Geschäftszeichen VA 54-I 3221-2013/0001 – Richtlinien u.a. auch für die Treuhänderaufgaben herausgegeben (allerdings noch zu dem bisherigen VAG). Sind Grundstücke, grundstücksgleiche Rechte oder dingliche Rechte betroffen, der einzelne Sicherungsvermögenswert somit urkundlich nicht verbrieft, sollte zur Herstellung des Mitverschlusses die Eintragung eines Sperrvermerks im Grund- und Schuldbuch bzw. den entsprechenden Registern der anderen Staaten erfolgen (Ziffer **3.5.4.2.1 der Richtlinie**). Der Sperrvermerk sollte folgenden Wortlaut haben: „ *Über dieses Grundstück, alternativ: Hypothekenforderung, Grundschuld, Gesellschaftsanteil, Schuldbuchforderung, Depot, Konto kann nur mit Zustimmung des .... bestellten Treuhänders oder seines Stellvertreters verfügt werden.*" Der Sperrvermerk hat die Wirkung eines Veräußerungsverbots i.S.v. § 135 BGB[21]. Soweit es um die Wirkung und Beachtung des Sperrvermerks beim Grundstück selbst geht, gilt das Gesagte zuvor zum Sperrvermerk nach dem BVG. Ist der Sperrvermerk allerdings bei einem Grundpfandrecht im Grundbuch eingetragen, aus dem die Zwangsversteigerung betrieben werden soll, muss die Zustimmung des Treuhänders bereits bei Beginn der Zwangsversteigerung vorliegen. Der Gläubiger kann nur dann die Zwangsversteigerung beantragen, wenn alle Zwangsvollstreckungsvoraussetzungen erfüllt sind, dazu dürfte auch das uneingeschränkte Antragsrecht und Verfügungsrecht über das Recht gehören.

c) **Eigentumsvormerkung**

Die Eigentumsvormerkung (Auflassungsvormerkung)[22] ist kein Recht, dass der Versteigerung entgegensteht.[23] Sie sichert lediglich den schuldrechtlichen Anspruch auf dingliche Rechtsänderung.[24] Wird der Anspruch durch Auflassung und Eintragung in das Grundbuch erfüllt, ist der Zeitpunkt der Eintragung der Vormerkung maßgeblich für dessen Rang, § 883 Abs. 3 BGB. Ist die Eigentumsvormerkung vor dem Zwangsversteigerungsvermerk eingetragen und wird das Verfahren wegen eines **persönlichen Anspruches**, § 10 Abs. 1 Nr. 5, betrieben, ist dieses nach Umschreibung des Eigentums aufzuheben.[25] Der neue Eigentümer ist kein Rechtsnachfolger in der persönlichen Schuld. Ist zum Zeitpunkt der Anordnung der Versteigerung aufgrund einer Zwangssicherungshypothek vorrangig eine Auflassungsvormerkung für einen **bedingten** Übereignungsanspruch eingetragen und erfolgt dann die Eigentumsumschreibung aufgrund dieser Vormerkung, ist die Zwangsversteigerung ebenfalls aufzuheben. Dies gilt auch dann, wenn streitig ist, ob der gesicherte Umschreibungsanspruch auch im Falle einer Zwangsvollstreckung zu erfüllen ist.[26] Vollstreckt ein **dinglicher Gläubiger** aus seiner der Auflassungsvormerkung vorgehenden Recht, kann auch eine nachträgliche Eigentumsumschreibung sein Verfahren nicht hindern, das Verfahren wird auch ohne Umschreibung des Vollstreckungstitels gegen den neuen Eigentümer fortgeführt.[27]

---

21 Meikel/*Böttcher*, nach § 20 Rdn. 35: absolute Unwirksamkeit.
22 Vgl. *Blohmeyer*, DNotZ 1979, 515.
23 BGH, Beschluss vom 9.5.2014, V ZB 124/13, ZWE 2014, 422; BGHZ 46, 124 = Rpfleger 1967, 9.
24 BGH, NJW 1981, 447 = DNotZ 1981, 181.
25 LG Frankenthal, Rpfleger 1985, 371; *Böttcher*, § 28 Rdn. 7; *Jursnik*, MittBayNot 1999, 433 ff.
26 LG Trier, Rpfleger 2000, 286.
27 BGH, Rpfleger 2007, 333 = WM 2007, 947; *Stöber*, ZVG § 28 Rdn. 3.8; *Jursnik*, MittBayNot 1999, 433 ff.; a.A. *Böttcher*, § 28 Rdn. 9; OLG Hamm, Rpfleger 1984, 426.

Der neue Eigentümer hat das Eigentum mit dem Recht (belastet) übernommen und muss die Fortsetzung der Vollstreckung dulden. Vollstreckt ein **dinglicher Gläubiger** aus seinem der Auflassungsvormerkung vorgehenden Recht und wird zeitlich danach der Beitritt eines weiteren Vollstreckungsgläubigers wirksam, ist Letzterer dem Recht aus der Auflassungsvormerkung gegenüber relativ unwirksam. Wird nunmehr die Eigentumsumschreibung im Grundbuch vollzogen, läuft das Verfahren der Zwangsversteigerung für den (Anordnung-) Vollstreckungsgläubiger ohne Umschreibung des Vollstreckungstitels gegen den neuen Eigentümer weiter. Für den Beitrittsgläubiger ist wiederum zu unterscheiden, ob es sich um einen persönlichen Gläubiger (Rangklasse 5) handelt, dann ist das Verfahren für ihn aufzuheben, bei einem dinglichen Gläubiger besteht die Möglichkeit, dass der Erwerber das Recht übernimmt bzw. duldet, daher ist dem Gläubiger vor Verfahrensaufhebung rechtliches Gehör zu gewähren.[28]

Ein „neues" Rechtsproblem ergab sich aus der seit 2007 geltenden Rangklasse 2 nach § 10 Abs. 1. Mit Eintragung einer Auflassungsvormerkung wird ein Käufer des Grundstücks geschützt. Nach § 883 Abs. 2 BGB ist eine Verfügung, die nach der Eintragung der Vormerkung über das Grundstück oder das Recht getroffen wird, insoweit unwirksam, als sie den Anspruch vereiteln oder beeinträchtigen würde. Dies gilt auch, wenn die Verfügung im Wege der Zwangsvollstreckung oder der Arrestvollziehung oder durch den Insolvenzverwalter erfolgt. Mit Anordnung der Zwangsversteigerung erlangt der Gläubiger die Beschlagnahme. Dies gilt selbstverständlich auch bei der Vollstreckung wegen Ansprüche der Rangklasse 2. Die Beschlagnahme hat die Wirkung eines Veräußerungsverbots, § 23. Verstößt die Verfügung über einen Gegenstand gegen ein gesetzliches Veräußerungsverbot, das nur den Schutz bestimmter Personen bezweckt, so ist sie nur diesen Personen gegenüber unwirksam, § 135 BGB. Der rechtsgeschäftlichen Verfügung steht eine Verfügung gleich, die im Wege der Zwangsvollstreckung oder der Arrestvollziehung erfolgt. Diskutiert wurde, ob die Anordnung/Beschlagnahme der Zwangsversteigerung wegen Ansprüche aus Rangklasse 2 nach § 10 Abs. 1 eine der Vormerkung gegenüber unwirksame Verfügung im Wege der Zwangsvollstreckung ist. Der BGH entschied die Frage dahin, dass eine (Auflassungs-)Vormerkung im Zwangsversteigerungsverfahren wie ein Recht der Rangklasse 4 des § 10 Abs. 1 zu behandeln ist. Ansprüche der Wohnungseigentümergemeinschaft, die die Zwangsversteigerung aus der Rangklasse 2 des § 10 Abs. 1 betreibt, sind gegenüber einer Auflassungsvormerkung stets vorrangig. Die Vormerkung ist nicht im geringsten Gebot zu berücksichtigen und erlischt mit dem Zuschlag; erwirbt der Vormerkungsberechtigte nach der Beschlagnahme das Eigentum, ist das Verfahren fortzusetzen und nicht gemäß § 28 Abs. 1 Satz 1 einzustellen.[29] Dem Käufer bleibt letztlich nur die Möglichkeit, die vollstreckungsrechtlich geltend gemachten

---

28   *Stöber*, ZVG § 28 Rdn. 4.8a; die Gegenmeinung *Kesseler*, DNotZ 2010, 404 überzeugt nicht. Es ist zwar durchaus sinnvoll die Frage zu stellen, warum sich das Vollstreckungsgericht mit dieser Frage belasten soll, aber es geht hier nicht, wie der Autor behauptet, um die Frage, das Vollstreckungsgericht sei nicht befugt, die Wirksamkeit des vormerkungsgesicherten Anspruchs gegenüber dem späteren Beitritt des Gläubigers zu prüfen, sondern lediglich um die Prüfung eines behebbaren Hindernisses in Form einer eventuellen Genehmigung oder Vorlage eines Duldungstitels. Daher ermöglicht § 28 gerade die einstweilige Einstellung oder die sofortige Aufhebung.
29   BGH, Beschluss vom 9.5.2014, V ZB 123/13, BGHZ 201, 157 = Rpfleger 2014, 613 = NJW 2014, 2445; zu Hausgeldansprüchen und deren Rechtsfolgen *Schneider*, ZMR 2014, 185.

Hausgeldansprüche selbst zu zahlen bzw. abzulösen, um das Erlöschen seiner Vormerkung zu verhindern.

d) Einstweilige Verfügung

Das Prozessgericht kann im Wege der einstweiligen Verfügung anordnen, dass die Veräußerung, Belastung, Verpfändung eines Grundstückes zugunsten einer oder mehrerer bestimmter Personen unzulässig ist, § 938 Abs. 2 ZPO. Aufgrund der einstweiligen Verfügung kann im Grundbuch eine Vormerkung, ein Widerspruch oder ein Veräußerungsverbot eingetragen werden. Der Berechtigte aus der einstweiligen Verfügung kann jederzeit der Veräußerung des Grundstückes widersprechen, § 772 ZPO. Aufgrund dieser Tatsache ist die Zustimmung des Berechtigten nicht erst im Zeitpunkt des Zuschlages, sondern bereits bei Verfahrensanordnung vorzulegen, oder der Gläubiger legt einen entsprechenden Duldungstitel gegen den Berechtigten vor.[30] Dieses Versteigerungshindernis wirkt jedoch nicht gegenüber dinglichen und persönlichen Gläubigern, deren Recht bzw. Beschlagnahme vor Wirksamwerden der einstweiligen Verfügung erwirkt wurde.[31]

e) Dritteigentum

Maßgeblich ist, ob das Verfahren persönlich oder dinglich betrieben wird und das Eigentum gegen die Beschlagnahme wirksam erworben wurde oder nicht (vgl. § 26).

f) Flurbereinigung

Ihre Anordnung steht der Versteigerung nicht entgegen (vgl. → vor § 15 Rdn. 75). Ein Teilnehmer des Flurbereinigungsverfahrens kann mit seiner Zustimmung statt in Land ganz oder teilweise in Geld abgefunden werden. Nach § 52 Abs. 2 FlurbG bedarf die Zustimmung zu ihrer Wirksamkeit schriftlicher Form. Ist nach § 52 Abs. 3 FlurbG die Zustimmung unwiderruflich geworden, so darf der Teilnehmer das Grundstück, für das er in Geld abzufinden ist, nicht mehr veräußern oder belasten. Auf Ersuchen der Flurbereinigungsbehörde ist in diesem Falle ein **Verfügungsverbot** (§ 135 BGB) für die Teilnehmergemeinschaft oder im Falle der Zustimmung zugunsten eines bestimmten Dritten für diesen in das Grundbuch einzutragen. Das Verfügungsverbot ist jedoch kein Gegenrecht, das Versteigerungsverfahren darf angeordnet werden.[32] Dies gilt unabhängig davon, ob das Verfahren von einem persönlichen oder dinglichen Gläubiger betrieben wird, dessen Beschlagnahme bzw. Recht vor Eintragung des Verfügungsverbots oder ob die Beschlagnahme oder das Recht erst nach dem Verfügungsverbot wirksam geworden ist. Die Teilnehmergemeinschaft muss nach § 772 ZPO vorgehen.

g) Heimstätte

Am 1.10.1993 ist das Gesetz zur Aufhebung des Reichsheimstättengesetzes (BGBl I 912) in Kraft getreten. Nach dem 1.1.1999 ist die gesamte Löschung im Grundbuch von Amts wegen vorzunehmen (vgl. → vor § 15 Rdn. 86).[33]

---

30 *Stöber*, ZVG § 15 Rdn. 36.1.
31 OLG Köln, Rpfleger 1983, 450.
32 *Stöber*, ZVG § 15 Rdn. 17.3; a.A. *Böttcher*, § 28 Rdn. 14; *Ebeling*, Rpfleger 1987, 232.
33 Vgl. im Einzelnen *Hornung*, Rpfleger 1994, 277.

h) Herrenlose Grundstücke

20 Verzichtet der Eigentümer gegenüber dem Grundbuchamt auf sein Eigentum am Grundstück und wird der Verzicht im Grundbuch eingetragen, wird das Grundstück herrenlos, § 928 Abs. 1 BGB. Dies ist bei Wohnungs- und Teileigentum jedoch nicht möglich.[34] Bei einem Miteigentumsanteil am Grundstück (Bruchteilseigentum) stehen dem jeweiligen Miteigentümer zwei Möglichkeiten unabhängig nebeneinander offen, entweder die Aufhebung der Gemeinschaft nach § 749 BGB zu verlangen, oder auf den Miteigentumsanteil nach § 928 BGB zu verzichten.[35] Erfolgt die Eigentumsaufgabe vor der Beschlagnahme, ist das Verfahren aufzuheben. Wegen persönlicher Forderungen gegen den bisherigen Eigentümer kann das Verfahren in das herrenlose Grundstück nicht mehr angeordnet werden (vgl. → § 17 Rdn. 6). Erfolgt die Eigentumsaufgabe nach einer wirksam Beschlagnahme wird das Verfahren nach Bestellung eines Vertreters fortgesetzt, § 787 ZPO. Für einen dinglich betreibenden Gläubiger wird die Zwangsversteigerung in jedem Falle fortgeführt. Dies gilt auch für einen Gläubiger aus der Rangklasse 3 nach § 10 Abs. 1.[36]

i) Insolvenz

21 Das Versteigerungsgericht hat schon bei Kenntnis der **Insolvenzeröffnung**[37] den Entzug der Verfügungsbefugnis des Schuldners zu beachten, ohne Rücksicht darauf, ob und wann der Insolvenzvermerk im Grundbuch eingetragen wird.[38] Wird über das Vermögen des die Zwangsversteigerung betreibenden **Gläubigers** das Insolvenzverfahren eröffnet, tritt keine Unterbrechung des Verfahrens ein.[39] Die Eröffnung des Insolvenzverfahrens über das Vermögen der Gläubigerin hat das Zwangsversteigerungsverfahren nicht gem. § 240 S. 1 ZPO unterbrochen.

22 Gläubiger **dinglicher Rechte** bzw. dinglicher Ansprüche (hierzu BGH mit Blick auf die Einstufung der Hausgeldansprüche in § 10 Abs. 1; sofern gegen den säumigen Wohnungseigentümer vor der Insolvenzeröffnung noch kein Zahlungstitel vorliegt, kann die WE-Gemeinschaft das Absonderungsrecht gegen den bestreitenden Insolvenzverwalter mit der Pfandklage auf Duldung der Zwangsversteigerung in die Eigentumswohnung in Anspruch nehmen[40]) sind im Insolvenzverfahren **absonderungsberechtigt**, können die Zwangsversteigerung auch nach Insolvenzeröffnung betreiben, benötigen dann jedoch einen Titel gegen den Insolvenzverwalter, § 49 InsO. Bereits vorher eingeleitete Verfahren laufen gegen den Schuldner weiter. Es tritt keine Unterbrechung des Verfahrens ein.[41] Es ist auch keine Umschreibung der Vollstreckungsklausel gegen den Insolvenzver-

---

34 BGH, Rpfleger 2007, 537 und 2007, 457; OLG Celle, MDR 2004, 29; OLG Zweibrücken, FGPrax 2002, 200; OLG Düsseldorf, NJW-RR 2001, 233 = FGPrax 2001, 8 = ZMR 2001, 129 = MittBayNot 2001, 207 = ZfIR 2001, 221; BayObLG, NJW 1991, 1962; a.A. OLG Düsseldorf, Rpfleger 2007, 193, allerdings aufgehoben durch BGH.
35 *Kanzleiter*, NJW 1996, 905 gegen BGH, NJW 1991, 2488.
36 Hierzu auch *Stöber*, ZVG § 15 Rdn. 22.6; *Böttcher*, § 28 Rdn. 13.
37 Allgemein *Hintzen*, Rpfleger 1999, 256; *Muth*, ZIP 1999, 945; *Eickmann*, ZfIR 1999, 81; *Vallender*, Rpfleger 1997, 353.
38 *Stöber*, ZVG § 15 Rdn. 23.2.
39 AG Göttingen, Rpfleger 2000, 121.
40 BGH, Rpfleger 2011, 686 = NJW 2011, 3098; vorher bereits LG Berlin, ZMR 2010, 142; ebenso AG Koblenz, Rpfleger 2010, 282 = ZMR 2010, 568 und *Hintzen*, ZInsO 2010, 777.
41 AG Göttingen, Rpfleger 2000, 121; *Böttcher* § 28 Rdn. 17.

walter notwendig (hierzu → vor § 15 Rdn. 76 ff.).[42] Nach Eröffnung des Insolvenzverfahrens ist der Schuldner im Verfahren nicht mehr Beteiligter im Sinne von § 9[43], dies ist ab Verfahrenseröffnung nur noch der Insolvenzverwalter.

Bei einem **persönlich** betreibenden **Gläubiger** oder bei Betreiben aus einer **Zwangssicherungshypothek** ist weiterhin die sog. **Rückschlagsperre nach § 88 InsO** zu beachten. Hiernach werden Sicherungsmaßnahmen eines persönlichen Gläubigers unwirksam, die dieser innerhalb der Sperrfrist von einem Monat (bei der Verbraucherinsolvenz bis 3 Monate) vor Antragstellung[44] auf Eröffnung des Insolvenzverfahrens oder danach erwirkt hat; die Frist wird nach § 139 InsO berechnet. Bei der Berechnung der Frist ist nicht auf den Eingang des Eintragungsantrages der Zwangssicherungshypothek beim Grundbuchamt abzustellen, maßgeblich ist die Eintragung im Grundbuch, da erst dann die Sicherung „erlangt" wird.[45] Hat ein Insolvenzgläubiger im **letzten Monat** bzw. **innerhalb von drei Monaten vor dem Antrag** auf **Eröffnung** des **Insolvenzverfahrens** oder danach bis zur Insolvenzeröffnung die Beschlagnahme durch Zwangsvollstreckung erwirkt, ist diese Sicherung mit Verfahrenseröffnung kraft Gesetzes unwirksam, §§ 89, 88 InsO. Erlangt das Versteigerungsgericht hiervon Kenntnis, ist das Versteigerungsverfahren für diesen betreibenden Gläubiger von Amts wegen aufzuheben. Eine Entscheidung des Insolvenzgerichtes nach § 89 Abs. 3 InsO kommt hierbei nicht in Betracht, da die Entscheidung von Amts wegen und nicht auf Erinnerung nach § 766 ZPO hin ergehen muss. 23

Betreibt der Gläubiger das Verfahren aufgrund einer **Zwangssicherungshypothek**, § 867 Abs. 3 ZPO, ist die Beschlagnahme zunächst zulässig und wirksam. Da die Sicherung nach Insolvenzeröffnung jedoch unwirksam wird, § 88 InsO, wirkt sich dies auch auf die Beschlagnahme aus. In entsprechender Anwendung von § 868 ZPO entsteht eine Eigentümergrundschuld.[46] Liegen bei einer Gesamthypothek im Fall von Bruchteilseigentum die Voraussetzungen des § 88 InsO nur hinsichtlich eines Grundstückseigentümers vor, so tritt insoweit die Rechtsfolge des § 868 ZPO jedoch nicht ein.[47] Gegen diese bis dato einhellig vertretene Ansicht ist der BGH mit seiner Entscheidung vom 19.1.2006[48] der Meinung, dass eine von der Rückschlagsperre erfasste Zwangssicherungshypothek erlischt und nicht in entsprechender Anwendung des § 868 ZPO – wie bisher angenommen – zur Eigentümergrundschuld wird. Der BGH verneint eine die analoge Anwendung von § 868 ZPO rechtfertigende planwidrige Regelungslücke. Weiterhin ist der BGH 24

---

42 BGH, Rpfleger 2006, 423, 424.
43 LG Lübeck, Rpfleger 2004, 235.
44 Maßgebend im Sinne des § 88 InsO ist auch ein zunächst mangelhafter oder beim unzuständigen Gericht gestellter Antrag, sofern er zur Eröffnung des Insolvenzverfahrens führt; BGH, Rpfleger 2011, 626 = NZI 2011, 600 = ZInsO 2011, 1413; OLG Köln, ZIP 2010, 1763 = NotBZ 2010, 419 = ZInsO 2010, 1646; BayObLG, Rpfleger 2000, 448.
45 OLG Köln, ZIP 2010, 1763 = NotBZ 2010, 419 = ZInsO 2010, 1646; OLG Brandenburg, ZInsO 2010, 2097; LG Nürnberg-Fürth, Rpfleger 2001, 410.
46 OLG Düsseldorf, Rpfleger 2004, 39; BayObLG, Rpfleger 2000, 448.
47 OLG Düsseldorf, Rpfleger 2004, 39 mit. Anm. *Deimann*.
48 BGHZ 166, 74 = Rpfleger 2006, 253 mit abl. Anm. *Demharter* = ZInsO 2006, 261 = NJW 2006, 1286 = DNotZ 2006, 514 = MDR 2006, 1070 = WM 2006, 580 = ZIP 2006, 479; auch *Bestelmeyer*, Rpfleger 2006, 387, danach auch: OLG München, Rpfleger 2011, 80 = NZI 2010, 880; OLG Köln, ZIP 2010, 1763 = NotBZ 2010, 419 = ZInsO 2010, 1646.

der Ansicht, dass die zunächst erloschene Zwangssicherungshypothek, sofern sie zwischenzeitlich noch nicht im Grundbuch gelöscht wurde, in entsprechender Anwendung des § 185 Abs. 2 Satz 1 Fall 2 BGB ohne erneute Eintragung wieder auflebt, wenn der Insolvenzverwalter das Grundstück aus der Masse freigibt bzw. das Insolvenzverfahren aufgehoben wird und die Gläubigerforderung noch vollstreckbar ist. Der Rang der materiell neu entstehenden Zwangssicherungshypothek soll sich dabei nicht nach der ursprünglichen Eintragung, sondern nach dem Zeitpunkt der Freigabe richten. **Der Entscheidung kann so nicht gefolgt werden,** sie wird zu Recht kritisiert.[49] Der Konvaleszensgedanke zu § 185 Abs. 2 BGB ist verfehlt, der Rechtsgedanke hinsichtlich der des Wiederauflebens in der vorhandenen Buchposition ist grundbuchrechtlich nicht konsequent, sie führt zu unlösbaren Rangproblemen, in der Zwangsversteigerung sind die Probleme ausgespart worden. Das Vollstreckungsgericht wird sich daher in Konsequenz zu dieser Entscheidung des BGH und der ihm folgenden Instanzgerichte an die Grundbuchlage halten. Solange die Zwangssicherungshypothek im Grundbuch eingetragen ist, bleibt eine erlangte Beschlagnahme aufrechterhalten.[50] Das bezieht sich auch auf eine veränderte Rangposition. Erst wenn das Grundbuch Veränderungen vollzogen hat, und diese dem Vollstreckungsgericht bekannt geworden sind, hat es diese zu beachten.

25 Hat jedoch der persönliche Gläubiger die Eintragung einer Zwangssicherungshypothek im Grundbuch oder die Beschlagnahme des Grundstückes **außerhalb der Sperrfrist** erlangt, bleibt die Eintragung bzw. die Beschlagnahme in der Zwangsversteigerung bestehen, das Verfahren wird für den nunmehr **absonderungsberechtigten Gläubiger** fortgesetzt, § 80 Abs. 2 S. 2, § 49 InsO.

26 Betreibt ein Gläubiger das Versteigerungsverfahren sowohl aus seinem dinglichen Recht als auch aus seinem persönlichen Anspruch, kann es vorkommen, dass entweder das eine oder das andere Verfahren aufzuheben ist, sofern die Sicherungsmaßnahme innerhalb der Sperrfrist erwirkt wurde oder aber beide Anordnungen bleiben wirksam oder sind insgesamt aufzuheben.

27 Im Insolvenzeröffnungsverfahren kann das Insolvenzgericht Sicherungsmaßnahmen erlassen, u.a. die **Untersagung bzw. Einstellung der Zwangsvollstreckung,** § 21 Abs. 2 Nr. 3 InsO anordnen. Dies ist zwar ein Vollstreckungshindernis, allerdings bezieht sich das Vollstreckungsverbot ausdrücklich nicht auf unbewegliche Gegenstände, § 21 Abs. 2 Nr. 3 Hs. 2 InsO. Die Anordnung der Versteigerung oder Zwangsverwaltung ist ebenso zulässig, wie die Eintragung einer Zwangssicherungshypothek im Grundbuch, da es sich hierbei um Maßnahmen der Immobiliarvollstreckung handelt, § 866 ZPO, und diese vom Wortlaut des § 21 Abs. 2 Nr. 3 InsO **nicht** erfasst werden. Die Beschlagnahme eines persönlichen Gläubigers unterliegt nach Insolvenzeröffnung jedoch der Unwirksamkeit nach § 88 InsO.

---

49 *Becker,* ZfIR 2015, 81; *Alff/Hintzen,* ZInsO 2006, 481; *Demharter,* in Anm. zu BGH, Rpfleger 2006, 253 ff.; *Bestelmeyer,* Rpfleger 2006, 387.
50 Das Recht ist bedingt; bedingte Rechte werden in der Versteigerung wie unbedingte Rechte behandelt, daher ist § 48 analog anzuwenden, jedenfalls bis zum Versteigerungstermin.

j) Nacherbenrecht

Der Nacherbenvermerk wird bei der Feststellung des geringsten Gebots in der Versteigerung nicht berücksichtigt. Es handelt sich nicht um ein Recht auf Befriedigung aus dem Grundstück. Die Anordnung von Vor- und Nacherbschaft enthält – vorbehaltlich einer Befreiung gemäß § 2136 BGB – lediglich eine Verfügungsbeschränkung zulasten des Vorerben, § 2113 Abs. 1 BGB. Die Eintragung im Grundbuch hat allein den Zweck, bei Verfügungen des Vorerben über das Nachlassgrundstück einen etwaigen guten Glauben des Erwerbers zu zerstören, § 2113 Abs. 3, § 892 BGB.[51] Wegen einer Nachlassschuld, § 1967 BGB oder aufgrund eines dinglichen Rechts, dass gegen den Nacherben wirkt, kann jederzeit vollstreckt werden, § 2115 Satz 2 BGB. Zu den Nachlassverbindlichkeiten können auch solche Verbindlichkeiten gehören, die der Vorerbe in ordnungsmäßiger Verwaltung des Nachlasses eingegangen ist (Nachlasserbenschulden).[52] Muss der Nacherbe die Vollstreckung dulden, wird das Versteigerungsverfahren nicht nach § 28 gehemmt.[53] Der Nacherbe muss seine Rechte gegebenenfalls durch Widerspruchsklage durchsetzen, § 37 Nr. 5 ZVG, § 773, 771, 769 ZPO.

Das Nacherbenrecht steht der Versteigerung nur dann entgegen, wenn der Anspruch des Gläubigers ihm gegenüber unwirksam ist, § 2115 Satz 1 BGB, § 773 ZPO.[54] Dies gilt auch bei befreiter Vorerbschaft, § 2136 BGB. Das Verfahren wird einstweilen eingestellt, bis der Nacherbe zugestimmt hat oder er zur Duldung der Vollstreckung verurteilt ist.[55]

Die **Zwangsverwaltung** ist unbeschränkt zulässig. Hierdurch wird der Pfandgegenstand nicht veräußert.

k) Nachlassverwaltung

Nach Anordnung ist das Verfahren einzustellen, damit der Nachlassverwalter den Nachlass nach §§ 785, 784 Abs. 2 ZPO schützen kann. Wurde die Nachlassverwaltung vor der Beschlagnahme angeordnet, ist ein Vollstreckungstitel gegen den Nachlassverwalter erforderlich (vgl. → vor § 15 Rdn. 42).

l) Nießbrauch

Ein Nießbrauchsrecht steht der Zwangsversteigerung nicht entgegen, wie auch sonstige Grundstücksbelastungen nicht.[56] Zur Zwangsverwaltung vgl. → § 146 Rdn. 8 ff.

m) Rechtshängigkeitsvermerk

Schwebt ein Rechtsstreit über ein Grundstück, ist der Eigentümer grundsätzlich nicht gehindert, das Grundstück weiter zu veräußern. Das rechtskräftige Ur-

---

51 BGH, Rpfleger 2000, 403 = NJW 2000, 3358 = DNotZ 2000, 705 = ZEV 2000, 322 = FamRZ 2000, 1149 = KTS 2000, 665 = MDR 2000, 883 = WM 2000, 1023 = InVo 2000, 434 = ZfIR 2000, 828.
52 BGH, NJW 1990, 1237.
53 *Stöber*, ZVG § 15 Rdn. 30.10; *Böttcher*, § 28 Rdn. 21; *Hofmann*, Rpfleger 1999, 317; *Klawikowski*, Rpfleger 1998, 100.
54 So auch Steiner/*Eickmann*, § 28 Rdn. 40; a.A. *Stöber*, ZVG § 15 Rdn. 30.10.
55 OLG Karlsruhe, Rpfleger 2000, 405; LG Berlin, Rpfleger 1987, 457; *Stöber*, ZVG § 15 Rdn. 30.11; Steiner/*Eickmann*, § 28 Rdn. 40; Steiner/*Hagemann*, §§ 15, 16 Rdn. 160; *Böttcher*, § 28 Rdn. 22; vgl. insgesamt *Klawikowski*, Rpfleger 1998, 100.
56 BayObLG, NJW 1959, 1780.

teil wirkt jedoch für und gegen die Parteien und die Personen, die nach dem Eintritt der Rechtshängigkeit Rechtsnachfolger der Parteien geworden sind oder den Besitz der im Streit befangenen Sache in solcher Weise erlangt haben, dass eine der Parteien oder ihr Rechtsnachfolger mittelbarer Besitzer geworden ist, § 325 Abs. 1 ZPO. Wegen der Möglichkeit, die Rechtskrafterstreckung durch gutgläubigen Erwerb zu verhindern, kann die Rechtshängigkeit im Grundbuch als Verfügungsbeschränkung eingetragen werden.[57] Der Berechtigte aus dem Vermerk kann jederzeit der Veräußerung des Grundstückes widersprechen, § 772 ZPO. Aufgrund dieser Tatsache ist die Zustimmung des Berechtigten nicht erst im Zeitpunkt des Zuschlages, sondern bereits bei Verfahrensanordnung vorzulegen, oder der Gläubiger legt einen entsprechenden Duldungstitel gegen den Berechtigten vor. Dieses Versteigerungshindernis wirkt jedoch nicht gegenüber dinglichen und persönlichen Gläubigern, deren Recht bzw. Beschlagnahme vor Wirksamwerden der einstweiligen Verfügung erwirkt wurde.

n) Rückübertragungsanspruch

34 Vermögenswerte, die den Maßnahmen im Sinne des § 1 VermG unterlagen und in Volkseigentum überführt oder an Dritte veräußert wurden, sind auf Antrag an die Berechtigten zurück zu übertragen, soweit dies nicht nach besonderen Vorschriften ausgeschlossen ist, § 3 Abs. 1 VermG. Beschlüsse, durch die die Zwangsversteigerung eines Grundstücks oder Gebäudes angeordnet wird, sowie Ladungen zu Terminen in einem Zwangsversteigerungsverfahren sind dem Berechtigten zuzustellen, § 3b Abs. 2 VermG. Der Rückübertragungsanspruch eines mit Restitutionsansprüchen belasteten Grundstücks ist kein der Zwangsversteigerung entgegenstehendes Recht, welches von Amts wegen zu berücksichtigen ist, § 28.[58] Auch eine einstweilige Einstellung des Verfahrens analog § 30a nach der Anmeldung der Ansprüche kommt nicht in Betracht.[59] Der Berechtigte wird nach Anmeldung seines Anspruchs Verfahrensbeteiligter, § 9.

35 Bei einer nach dem 31.12.2000 angeordneten Zwangsversteigerung erlischt der Rückübertragungsanspruch nach dem Vermögensgesetz, § 9a Abs. 1 S. 3 EGZVG. Das Erlöschen tritt dann nicht ein, wenn ein entsprechender Vermerk – aufgrund einstweiliger Verfügung – im Grundbuch eingetragen ist, § 9a Abs. 1 S. 3, Hs. 2 EGZVG, oder der Anspruch rechtzeitig zum Verfahren angemeldet wurde, § 37 Nr. 4. Das Versteigerungsgericht wird die Anmeldung im Termin verlesen und als Versteigerungsbedingung mit aufnehmen. Der Rückübertragungsanspruch richtet sich dann gegen den Ersteher. Offen bleibt, ob das Grundstück unter diesen Voraussetzungen versteigert wird.[60]

---

57 Aufgrund einer einstweiligen Verfügung: BGH, Beschluss vom 7.3.2013, V ZB 83/12, Rpfleger 2013, 377 = NJW 2013, 2357; KG, Rpfleger 2013, 267 LS.; OLG München, NJW 1966, 1030 = Rpfleger 1966, 306; a.A.: OLG Stuttgart, MDR 1979, 853; Palandt/*Bassenge*, § 899 Rdn. 10; nur Nachweis der Rechtshängigkeit OLG München, NJW-RR 2000, 384 = MDR 2000, 782 = Rpfleger 2000, 106 = MittBayNot 2000, 40 = ZfIR 2000, 582; SchlHOLG Rpfleger 1994, 455 = NJW-RR 1994, 1498 = DNotZ 1995, 83 = MDR 1994, 832; OLG Zweibrücken, Rpfleger 1989, 276, das BayObLG, NJW-RR 2003, 234 = Rpfleger 2003, 122 = ZfIR 2003, 563 lässt alle Möglichkeiten des Nachweises zur Eintragung zu; so auch LG Potsdam, NJOZ 2004, 2906.
58 *Limmer*, VIZ 1994, 516.
59 LG Halle, WM 2000, 1606.
60 Hierzu *Keller*, Grundstücke in Insolvenz und Vollstreckung, Rdn. 425 ff.; *Eickmann*, Sachenrechtsbereinigung, § 9a EGZVG.

o) Unfallversicherung

Unfallrenten können, sofern die Voraussetzungen vorliegen, kapitalisiert und dem Berechtigten in Form einer Abfindungssumme ausgezahlt werden, § 78 SGB VII. Wird diese Abfindungssumme in das Grundstück investiert, konnte – bisher – im Grundbuch ein Sperrvermerk eingetragen werden, § 610 RVO. Hiernach war bzw. ist die Veräußerung und Belastung des Grundstückes innerhalb einer Frist bis zu 5 Jahren nur mit Genehmigung des Unfallversicherers zulässig. Die in § 610 RVO geregelte Verfügungsbeschränkung ist weggefallen durch das Gesetz zur Einordnung des Rechts der gesetzlichen Unfallversicherung in das SGB VII (Gesetz vom 7.8.1996, BGBl I 1254).

36

p) Testamentsvollstreckung

Die angeordnete und auch aus dem Grundbuch ersichtliche Testamentsvollstreckung ist kein Versteigerungshindernis. Unterliegt das Grundstück der Testamentsvollstreckung, ist zur Zwangsvollstreckung in den Nachlass ein gegen den Testamentsvollstrecker ergangenes Urteil erforderlich, gegebenenfalls ist die Klausel gegen diesen umzuschreiben, §§ 748, 749 ZPO.[61]

37

q) Vermögensbeschlagnahme

Die Beschlagnahme eines Grundstückes oder eines Rechtes, das den Vorschriften über die Zwangsvollstreckung in das unbewegliche Vermögen unterliegt, wird dadurch bewirkt, dass ein Vermerk über die Beschlagnahme in das Grundbuch eingetragen wird, § 111c Abs. 2, §§ 290, 443 StPO. Die Beschlagnahme hat nach § 111c Abs. 5 StPO die Wirkung eines Veräußerungsverbotes im Sinne des § 136 BGB. Sie stellt kein Vollstreckungshindernis dar. Für den Schuldner ist bei Abwesenheit des Beschuldigten ein Abwesenheitspfleger zu bestellen.[62]

38

r) Verfügungsbeschränkung

Eine aus dem Grundbuch ersichtliche Verfügungsbeschränkung ist unbeachtlich, wenn die Versteigerung aus einem Recht betrieben wird, dass vorher im Grundbuch eingetragen wurde.[63] Das Gleiche gilt, wenn der persönlich betreibende Gläubiger das Grundstück vor Eintragung der Verfügungsbeschränkung beschlagnahmt hat. Zu § 5 ErbbauRG und § 12 WEG (s. → vor § 15 Rdn. 72, 91) besteht insoweit eine Besonderheit, als diese Verbote nicht dem Verfahren als solchem, sondern lediglich der Veräußerung durch das Verfahren entgegen stehen. Die erforderliche Zustimmung muss daher erst zur Zuschlagserteilung vorliegen.[64] Die Entscheidung über den Zuschlag wird entsprechend ausgesetzt, bis die Zustimmung beigebracht wird. Vor der Entscheidung über den Zuschlag ist das Verfahren nicht einzustellen.

39

Die **Zwangsverwaltung** wird von diesen Beschränkungen nicht betroffen, weil sie keine Veräußerung bewirkt.

40

---

61   Zöller/*Stöber,* § 749 Rdn. 10.
62   Steiner/*Eickmann,* § 28 Rdn. 73.
63   OLG Köln, Rpfleger 1983, 450 = ZIP 1983, 1254.
64   *Wolber,* Rpfleger 1982, 210; a.A. für § 75 BVG Steiner/*Eickmann,* § 28 Rdn. 61, nach Sinn und Zweck sei die Zustimmung bereits für die Anordnung des Verfahrens notwendig.

s) Vorkaufsrecht

41 Das rechtsgeschäftlich bestellte Vorkaufsrecht ist ebenso wenig ein Gegenrecht wie ein kraft Gesetzes bestehendes Vorkaufsrecht.[65]

t) Widerspruch

42 Ein eingetragener Widerspruch gegen die Richtigkeit des Grundbuches, wonach der Vollstreckungsschuldner Eigentümer ist, ist kein Gegenrecht.[66]

III. Verfahren des Gerichts

1. Allgemeines

43 Steht der Versteigerung ein aus dem Grundbuch ersichtliches Recht entgegen, fehlen Vollstreckungsvoraussetzungen bzw. wird dem Vollstreckungsgericht eine Verfügungsbeschränkung bekannt, muss es von Amts wegen tätig werden. Durch Beschluss ist entweder das Verfahren sofort aufzuheben oder einstweilen einzustellen. Gleichzeitig ist eine Frist zu bestimmen, binnen derer der Gläubiger nachweisen muss, dass das Hindernis beseitigt ist. Das Vollstreckungsgericht hat vor seiner Entscheidung den hiervon betroffenen Gläubiger zu hören, Art. 103 Abs. 1 GG. Nach Schluss der Versteigerung, § 73 Abs. 2, darf das Verfahren weder eingestellt noch aufgehoben werden, stattdessen ist der Zuschlag zu versagen, § 33.

2. Aufhebung des Verfahrens

44 Das Verfahren ist aufzuheben, wenn das Recht bzw. das Hindernis der Versteigerung auf Dauer und unbehebbar entgegensteht.[67]

3. Einstellung des Verfahrens

45 Kann das Hindernis beseitigt werden, ist das Verfahren einstweilen einzustellen. Die zu bestimmende Frist zur Behebung kann auf Antrag verlängert werden. Läuft die Frist ergebnislos ab, ist das Verfahren aufzuheben. Hiervon ist abzusehen, falls der Nachweis zwar nach Fristablauf, aber vor Erlass des Aufhebungsbeschlusses geführt wird. Das Verfahren ist nach der Beseitigung des Hindernisses von Amts wegen fortzusetzen. Ein besonderer Fortsetzungsbeschluss ist nicht erforderlich. Die Fristen nach § 43 sind zu beachten.

IV. Rechtsbehelf

46 Es gelten die üblichen Rechtsbehelfe (vgl. → § 95 Rdn. 5 ff.). Nach vorheriger Anhörung ist die sofortige Beschwerde gegeben, § 793 ZPO. Ist die gebotene Anhörung unterblieben, liegt eine Maßnahme vor, hiergegen ist die Vollstreckungserinnerung zulässig, § 766 ZPO.

---

65 Steiner/*Eickmann*, § 28 Rdn. 74; *Stöber*, ZVG § 15 Rdn. 39.1.
66 Steiner/*Eickmann*, § 28 Rdn. 76; *Stöber*, ZVG § 28 Rdn. 4.22.
67 So auch Steiner/*Eickmann*, § 28 Rdn. 78; *Stöber*, ZVG § 28 Rdn. 6.2.

§ 29 »Zurücknahme des Antrags«

Das Verfahren ist aufzuheben, wenn der Versteigerungsantrag von dem Gläubiger zurückgenommen wird.

I. Allgemeines

Zwangsversteigerung und Zwangsverwaltung werden nur auf Antrag angeordnet, §§ 15, 146 Abs. 1. Nimmt der Gläubiger den Antrag zurück, kann sein Verfahren nicht fortgesetzt werden, es ist erledigt. Der betreibende Gläubiger wird deswegen zu Recht als „Herr des Verfahrens" bezeichnet.[1] Die Rücknahme bezieht sich aber immer nur auf das jeweilige Einzelverfahren, solange ein weiterer Gläubiger vorhanden ist, wird das Gesamtverfahren als solches fortgesetzt.[2] Entsprechend der Anordnung erfolgt auch die Aufhebung durch Beschluss. Gläubiger und Schuldner erfahren von der Erledigung, da der Beschluss zuzustellen ist, § 32. Besondere Bedeutung erlangt dies für die Fallgestaltungen, in denen das Gesetz eine Antragsrücknahme fingiert, z.B. § 30 Abs. 1 Satz 2, § 76 Abs. 2 Satz 2.

II. Antragsrücknahme

1. Form, Inhalt, Umfang

a) Form

Für die Rücknahme des Antrags ist eine bestimmte Form nicht vorgeschrieben. Sie kann mündlich, schriftlich, telefonisch, per Telefax oder auch elektronisch (vgl. § 130a ZPO) erklärt werden. Eine dem Grundbuchrecht entsprechende formgerechte Antragsrücknahme i.S.v. §§ 31, 29 Abs. 1 GBO ist dem Vollstreckungsrecht fremd.

b) Vertretung

Die Antragsrücknahme erfolgt wirksam durch den Prozessbevollmächtigten, § 81 ZPO. Vormund, Pfleger und Betreuer bedürfen hierzu keiner Genehmigung durch das Familien- bzw. Betreuungsgericht, auch dann nicht, wenn das Verfahren wegen eines persönlichen Anspruchs, § 10 Abs. 1 Nr. 5, beantragt war.[3] Die Rücknahme ist ebenso wie der Antrag auf Anordnung Prozesshandlung und kein genehmigungsfähiges Rechtsgeschäft. Ebenfalls keiner Genehmigung bedürfen die Eltern.

c) Rechtsnachfolger

Der Rechtsnachfolger aufgrund Erbfall, Abtretung oder Ablösung kann den Antrag zurückzunehmen, sobald er dem Vollstreckungsgericht die Rechtsnachfolge nachgewiesen hat.[4] Der Vollstreckungstitel muss zuvor weder umgeschrie-

---

1 Steiner/*Storz*, § 29 Rdn. 1.
2 Hierzu *Hintzen/Wolf*, Rdn. 11.72.
3 So auch *Stöber*, ZVG § 29 Rdn. 2.4; a.A. *Eickmann*, Rpfleger 1983, 199; *Böttcher*, § 29 Rdn. 4; *Brüggemann*, FamRZ 1990, 124.
4 Steiner/*Storz*, § 29 Rdn. 26; a.A. BGH, WM 1963, 754 = DNotZ 1963, 673, Einstellung von Amts wegen.

ben noch zugestellt werden.⁵ Da der bisherige Gläubiger offensichtlich nicht mehr zur Vollstreckung legitimiert ist, kann er den Antrag nicht mehr zurückzunehmen.⁶

d) Inhalt

5   Ein bestimmter Wortlaut der Rücknahmeerklärung ist nicht vorgeschrieben. Es reicht jede Willensäußerung, die darauf abzielt, dass das Verfahren nicht stattfinden soll.⁷ In Zweifelsfällen ist beim Gläubiger zurückzufragen. Eine Begründung muss der Gläubiger für seine Rücknahme nicht abgeben.⁸

e) Umfang

6   Die Antragsrücknahme muss inhaltlich erkennen lassen, inwieweit das Verfahren betroffen sein soll. Die Antragsrücknahme kann gegenständlich beschränkt werden. Der Antrag kann beispielhaft bezüglich einzelner Zubehörgegenstände zurückgenommen werden, weil insoweit Dritteigentum geltend gemacht wird. Die Rücknahme kann sich auf ein oder mehrere, nicht aber alle Grundstücke beschränken, falls in einem verbundenen Verfahren zugleich mehrere Grundstücke versteigert werden. Sind Flurstücke nicht als rechtlich selbstständige Grundstücke im Grundbuch eingetragen, bedarf es erst einer Grundstücksteilung, bevor der Antrag dann insoweit zurückgenommen werden kann. Die Antragsrücknahme kann sich auch auf einzelne Ansprüche beziehen, sofern der Gläubiger das Verfahren wegen mehrerer Ansprüche betreibt (vgl. → § 16 Rdn. 17).

2. Wirkung der Rücknahme

a) Allgemeines

7   Die Antragsrücknahme erfolgt gegenüber dem Vollstreckungsgericht. Aufgrund einer zulässigen uneingeschränkten Antragsrücknahme ist das Verfahren ohne weitere sachliche Prüfung aufzuheben.⁹ Für den Gläubiger bedeutet dies, dass er nach der Aufhebung (hierzu nachfolgend → Rdn. 8) keinerlei Rechte aus seiner Beschlagnahme mehr herleiten kann. Sofern kein weiterer Gläubiger das Verfahren betreibt, ist ab dem Zeitpunkt des Wirksamwerdens des Aufhebungsbeschlusses das Recht auf Befriedigung aus dem Grundstück entfallen. Dies hat selbstverständlich keine Auswirkungen auf die Beschlagnahme weiterer Gläubiger, die das Verfahren weiter betreiben.

8   Wurde früher vereinzelt die Auffassung vertreten, nach einer Antragsrücknahme sei das Verfahren ohne Weiteres erledigt, kann dies spätestens mit der Ent-

---

5   Zur Rechtsnachfolge bei Ablösung *Stöber*, ZVG § 15 Rdn. 20.23; a.A. OLG Düsseldorf, Rpfleger 1987, 75 = NJW-RR 1987, 247 = WM 1987, 573, zur einstweiligen Einstellung, der bisherige Gläubiger ist solange berechtigt, wie er formal als Gläubiger ausgewiesen ist.
6   A.A. OLG Düsseldorf, Rpfleger 1987, 75 = NJW-RR 1987, 247 = WM 1987, 573; OLG Bremen, Rpfleger 1987, 381.
7   Steiner/*Storz*, § 29 Rdn. 22; *Stöber*, ZVG § 29 Rdn. 2.2.
8   *Stöber*, ZVG § 29 Rdn. 2.2.
9   Für die Rücknahme in der Zwangsverwaltung vgl. BGHZ 155, 38 = Rpfleger 2003, 457 = NJW-RR 2003, 1419 = KTS 2003, 697 = MDR 2003, 1378 = WM 2003, 1176 = ZIP 2003, 1466 = InVo 2003, 377.

scheidung des BGH vom 10.7.2008[10] nicht mehr vertreten werden. Bis zu dieser Entscheidung, die im Rahmen eines Zwangsverwaltungsverfahrens ergangen ist, aber zur Antragsrücknahme in der Zwangsversteigerung keinen sachlichen Unterschied macht, nimmt der BGH zu der zentralen Frage eindeutig Stellung: wirkt die uneingeschränkte Antragsrücknahme des Gläubigers rechtsgestaltend mit der Folge, dass die Beschlagnahme[11] des Grundstücks mit dem Eingang der Rücknahmeerklärung bei dem Vollstreckungsgericht entfällt und der gerichtliche Aufhebungsbeschluss dann nur noch klarstellende Bedeutung hat, oder endet die Beschlagnahmewirkung erst mit dem Aufhebungsbeschluss konstitutiv? Unter Auswertung der bis dato ergangenen Rechtsprechung und Literatur schließt sich der BGH im Ergebnis dem von ihm so genannten jüngeren Schrifttum an, welches die Ansicht vertritt, dass auch in dem Fall der uneingeschränkten Antragsrücknahme die Beschlagnahmewirkung erst mit dem Aufhebungsbeschluss endet.[12] Der Entscheidung ist zuzustimmen, auch wenn grundlegende Fragen offen bleiben.[13] Da zur Verfahrensanordnung ein konstitutiver Beschluss des Gerichts notwendig ist, muss dies auch für die Beendigung des Verfahrens gelten. Die Antragsrücknahme ist als Prozesshandlung unwiderruflich, weil sie unmittelbar auf die Rechtsstellung des Schuldners derart einwirkt, dass dieser über den zuvor beschlagnahmten Gegenstand wieder frei verfügen kann.[14] Nur durch einen konstitutiv wirkenden Aufhebungsbeschluss entfallen die Beschlagnahmewirkungen. Ein solcher Beschluss dient auch der Rechtsklarheit den Beteiligten gegenüber, er beseitigt die Ungewissheit über das Verfahrensende nach außen hin.[15] Auch eine dem Gericht versehentlich zugegangene Rücknahme wirkt, wenn nicht dem Gericht vorher oder gleichzeitig der Widerruf zugeht, § 130 Abs. 1 Satz 2 BGB.

b) Beschluss

Das durch Beschluss angeordnete Verfahren ist vom Vollstreckungsgericht auch durch Beschluss aufzuheben (s. zuvor → Rdn. 8). Wird der Antrag zurückgenommen oder wird die Rücknahme durch Gesetz fingiert, § 30 Abs. 1 Satz 2, § 76 Abs. 2 Satz 2, der Aufhebungsbeschluss wirkt **konstitutiv**, d.h. das Verfahren wird erst mit Erlass und Zustellung (§ 32)[16] des Beschlusses aufgehoben. Nach Schluss der Bietzeit muss gegebenenfalls der Zuschlag versagt werden, § 33.

---

10   BGH, Rpfleger 2008, 586 = NJW 2008, 3067 = DNotZ 2009, 43 = NZM 2008, 741 = WM 2008, 1882 = ZIP 2009, 195 = ZfIR 2008, 876 = IGZInfo 2008, 180; anders noch LG Meiningen, Rpfleger 2008, 382, aber wohl überholt.
11   Hierzu *Mayer*, Rpfleger 2009, 287.
12   Vgl. § 161 Rdn. 12; *Haarmeyer/Wutzke/Förster/Hintzen*, Zwangsverwaltung, § 12 ZwVwV Rdn. 4; *Depré/Mayer*, Rdn. 385 ff.; *Eickmann*, ZfIR 2003, 1021, 1025; *Löhnig/Jobst*, § 29 Rdn. 9.
13   Hierzu *Hintzen*, Rpfleger 2009, 68; *Wedekind*, ZInsO 2009, 808; *Depré*, ZfIR 2008, 841.
14   BGH, NJW-RR 1986, 1328.
15   So auch *Stöber*, ZVG § 29 Rdn. 2.3; *Böttcher*, § 29 Rdn. 6; *Eickmann*, § 6 VI 2a.
16   *Hintzen*, Rpfleger 2009, 68; *Stöber*, ZVG § 29 Rdn. 2.6; *Löhnig/Jobst*, § 29 Rdn. 9; a.A. *Böttcher*, § 29 Rdn. 6, 7, der offenbar die Wirkung bereits ab Erlass des Aufhebungsbeschlusses annimmt; ebenso *Depré/Mayer*, Rdn. 386, die dies sogar als überwiegende Meinung beschreiben.

c) Unwirksamkeit, Neuantrag

10 Teilweise wird angenommen[17], der Gläubiger könne sittenwidrig handeln, wenn er den Versteigerungsantrag zurücknimmt. Die Antragsrücknahme könne deswegen auch unwirksam sein. Sieht der Gläubiger durch die Antragsrücknahme von der weiteren Vollstreckung ab, ist kaum vorstellbar, dass dies gegen die guten Sitten verstoßen könnte. Allenfalls verhält sich der Gläubiger treuwidrig und muss nach Verfahrensaufhebung gegebenenfalls Schadensersatz leisten. Die Rücknahme des Antrags hindert den Gläubiger nicht daran, einen neuen Antrag auf Anordnung oder bei Fortsetzung des gesamten Verfahrens auf Beitritt zu der Versteigerung zu stellen.

3. Zeitliche Zulässigkeit

11 Sobald das Verfahren angeordnet bzw. der Beitritt zugelassen ist und spätestens bis unmittelbar vor der Verkündung der Zuschlagsentscheidung kann der Antrag zurückgenommen werden. Auch wenn der Zuschlag versagt wird, kann die Verfahrensaufhebung nicht mehr im Beschwerdeverfahren beachtlich sein und der Zuschlagsentscheidung entgegenstehen.[18] Die Gegenauffassung verstößt gegen § 100, indem sie den Vortrag neuer Tatsachen zulässt, die das Vollstreckungsgericht nicht berücksichtigen konnte.

III. Sonstige Fälle der Aufhebung
1. Regelung im ZVG

12 Außer in den Fällen der §§ 28, 29 ist das Verfahren aufzuheben, wenn sich nach der Anordnung die örtliche Unzuständigkeit des Gerichts ergibt, § 1 ZVG; §§ 869, 802 ZPO.

13 Gleiches gilt wenn ein anderes Gericht für örtlich zuständig erklärt wird, § 2 ZVG, §§ 869, 802 ZPO.

14 Wenn nach einstweiliger Einstellung des Verfahrens die Fortsetzung nicht oder nicht fristgerecht beantragt wird, ist das Verfahren ebenfalls aufzuheben, § 31 Abs. 1 S. 2, Abs. 2, § 76 Abs. 2, § 30 Abs. 1 Satz 3.

15 Bleibt die Versteigerung in einem zweiten Termin ergebnislos, ist das Verfahren aufzuheben, § 77 Abs. 2.

2. Regelungen in der ZPO

16 Das Verfahren ist aufzuheben, wenn die Ausfertigung einer vollstreckbaren Entscheidung mit dem Inhalt nach § 775 Nr. 1 ZPO oder der Nachweis der Sicherheitsleistung zur Abwendung der Vollstreckung nach § 775 Nr. 3 ZPO vorgelegt wird, § 776 Satz 1 ZPO. Gleiches gilt, wenn die Ausfertigung einer gerichtlichen Entscheidung mit dem Inhalt nach § 775 Nr. 2 ZPO vorgelegt wird, sofern gleichzeitig durch die Entscheidung die Aufhebung der Vollstreckungshandlung angeordnet ist, § 776 Satz 2 Hs. 2 ZPO.

---

17 Steiner/*Storz*, § 29 Rdn. 5; OLG Celle, WM 1987, 1438 für eine Einstellungsbewilligung.
18 Hierzu OLG Frankfurt, Rpfleger 1991, 470; a.A. LG Aachen, Rpfleger 1985, 452; *Stöber*, ZVG § 29 Rdn. 2.7; *Böttcher*, § 29 Rdn. 8.

3. Vollzugsbeschlüsse

Hebt ein anderes Gericht als das Vollstreckungsgericht das Verfahren auf, wirkt dies nicht von Amts wegen, diese Entscheidung ist durch gesonderten Beschluss des Vollstreckungsgerichts zu vollziehen.[19]

IV. Rechtsbehelf

Gegen den Aufhebungsbeschluss ist die sofortige Beschwerde zulässig, § 11 Abs. 1 RPflG, § 95 ZVG, § 793 ZPO. Allerdings wird dem Gläubiger regelmäßig das Rechtsschutzinteresse fehlen. Wird die Rücknahme des Antrags vom Gericht nicht beachtet und das Verfahren fortgesetzt, wird der Zuschlag auf Beschwerde hin von Amts wegen aufgehoben, § 83 Nr. 6, § 100 Abs. 3.

V. Kosten

Für den Aufhebungsbeschluss entstehen weder Gerichts- noch Anwaltsgebühren. Angefallene Gebühren und Auslagen sind mit gezahlten Vorschüssen zu verrechnen, zu viel gezahlte Beträge sind zu erstatten.

---

19 RGZ 70, 399.

§ 30 »Einstweilige Einstellung des Verfahrens auf Bewilligung des Gläubigers«

(1) ¹Das Verfahren ist einstweilen einzustellen, wenn der Gläubiger die Einstellung bewilligt. ²Die Einstellung kann wiederholt bewilligt werden. ³Ist das Verfahren auf Grund einer Bewilligung des Gläubigers bereits zweimal eingestellt, so gilt eine erneute Einstellungsbewilligung als Rücknahme des Versteigerungsantrags.
(2) Der Bewilligung der Einstellung steht es gleich, wenn der Gläubiger die Aufhebung des Versteigerungstermins bewilligt.

Übersicht

		Rdn.
I.	Allgemeines	1
II.	Einstellungsbewilligung	2
	1. Form	2
	2. Inhalt, Umfang	3
	a) Inhalt	3
	b) Legitimation Dritter	7
	c) Umfang	8
	3. Wirkung	9
	a) Allgemeines	9
	b) Beschluss	10
	c) Bedingung oder Befristung	11
	d) Unwirksamkeit	12
	4. Zeitliche Zulässigkeit	13
	5. Unterschiedliche Einstellungszeitpunkte	14
	a) Vor dem Versteigerungstermin	16
	b) Während der Bietzeit	17
	c) Nach der Bietzeit	18
	6. Erneute und dritte Einstellungsbewilligung	20
	a) Zweite Einstellungsbewilligung	20
	b) Dritte Einstellung – Antragsrücknahme	22
III.	Sonstige Fälle der Einstellung	27
	1. Aus dem ZVG	27
	2. Aus der ZPO	28
	a) Durch das Prozessgericht	28
	b) Durch das Vollstreckungsgericht	30
	3. Verhältnis der Gläubigereinstellung zu anderen Einstellungen	32
	a) Allgemeines	32
	b) Einstellungen nach § 28	33
	c) Einstellungen nach §§ 30a bis d	34
	d) Einstellungen nach § 765a ZPO	35
	e) Einstellungen nach § 77	36
	f) Sonstige Einstellungen	37
IV.	Rechtsbehelf	38
V.	Kosten	39

I. Allgemeines

1   Der betreibende Gläubiger in der Versteigerung (nicht in der Zwangsverwaltung) kann das Einzelverfahren[1] nicht nur durch Rücknahme des Antrags, § 29, sondern auch dadurch hemmen, dass er die einstweilige Einstellung bewilligt. Das Verfahren darf erst fortgesetzt werden, wenn der Gläubiger dies beantragt. Hier-

---

1   Hierzu *Hintzen/Wolf*, Rdn. 11.72.

durch können andere Beteiligte geschädigt werden, da die Ansprüche der Gläubiger durch die fortlaufenden Leistungen höher werden, §§ 13, 10 Abs. 1 Nr. 2, 3, 4, 5. Das Gesetz grenzt deswegen die Befugnisse des Gläubigers, das Verfahren zur hemmen, ein.[2] Der Gläubiger muss die Fortsetzung des eingestellten Verfahrens binnen sechs Monaten beantragen. Wird der Antrag nicht fristgerecht gestellt, ist das Verfahren aufzuheben, § 31 Abs. 2. Die einstweilige Einstellung des Einzelverfahrens kann der Gläubiger nur zweimal bewilligen. Die dritte Einstellungsbewilligung gilt als Rücknahme des Versteigerungsantrages, § 30 Abs. 1 Satz 3.

II. Einstellungsbewilligung

1. Form

Für die Bewilligung der Verfahrenseinstellung ist, wie auch für die Antragsrücknahme, keine besondere Form vorgeschrieben. Die Einstellung kann deswegen mündlich, schriftlich, telefonisch, per Telefax oder gegebenenfalls auch elektronisch, § 130a ZPO, bewilligt werden. Der Einstellungsbewilligung ist gleichgestellt die Bewilligung der Aufhebung des Versteigerungstermins durch den Gläubiger, § 30 Abs. 2.

2. Inhalt, Umfang

a) Inhalt

Der Gläubiger muss nicht ausdrücklich formulieren, er bewillige die einstweilige Einstellung oder die Aufhebung des Versteigerungstermins. Seiner Äußerung muss lediglich entnommen werden können, dass er zur Zeit nicht wünscht, dass das Verfahren fortgesetzt bzw. der Zuschlag erteilt wird. Der Gläubiger muss die Einstellung des Verfahrens nicht begründen. Im Zweifelsfall hat das Gericht bei dem Gläubiger nachzufragen, um klarzustellen, was tatsächlich gewollt ist, § 139 ZPO.

Auf eine **Einstellungsbewilligung** deutet hin, wenn der Gläubiger vorträgt,

- mit dem Schuldner sei eine Stundungsvereinbarung getroffen[3],
- das Verfahren solle ruhen[4],
- dem Zuschlag werde widersprochen, wobei allerdings vorausgesetzt ist, dass die §§ 85a, 74a nicht anwendbar sind[5],
- der Einstellungsbewilligung eines weiteren Gläubigers werde zugestimmt[6]

Nicht als **Einstellungsbewilligung** ist auszulegen, wenn der Gläubiger

- sich rein passiv verhält, indem er sich etwa auf eine Anfrage hin nicht äußert,
- einem Schutzantrag des Schuldners nicht widerspricht oder einen Kostenvorschuss nicht zahlt[7],

---

2 Denkschrift S. 16.
3 Steiner/Storz, § 30 Rdn. 27; Stöber, ZVG § 30 Rdn. 2.3; Böttcher, § 30 Rdn. 2.
4 Stöber, ZVG § 30 Rdn. 2.3.
5 Böttcher, § 30 Rdn. 2.
6 Steiner/Storz, § 30 Rdn. 27.
7 Stöber, ZVG § 30 Rdn. 2.3.

- dem Antrag auf Einstellung des Verfahrens nach § 30a[8] oder § 765a ZPO[9] oder dem auf Vertagung des Termins nach § 227 ZPO zustimmt[10],
- eine spätere Veröffentlichung der Terminsbestimmung, die Vertagung des Termins aus **verfahrensrechtlichen Gründen** (anders jedoch bei einer Aufhebung nach § 30 Abs. 2), einen besonderen Verkündungstermin, § 87 bzw. dessen Verlegung oder die Versagung des Zuschlags nach § 74a beantragt[11].

6   Nachzufragen ist, wenn der Gläubiger den Antrag auf Fortsetzung des Verfahrens zurücknimmt, ob hierin eine Einstellung des Verfahrens zu sehen ist.[12]

b) Legitimation Dritter

7   Ebenso wie die Antragsrücknahme kann auch der Rechtsnachfolger aufgrund Erbfall, Abtretung oder Ablösung die einstweilige Einstellung bewilligen, sobald er dem Vollstreckungsgericht die Rechtsnachfolge nachgewiesen hat (→ § 29 Rdn. 4). Der Vollstreckungstitel muss zuvor weder umgeschrieben noch zugestellt werden.[13] Die einstweilige Einstellung erfolgt wirksam durch den Prozessbevollmächtigten, § 81 ZPO. Vormund, Pfleger und Betreuer bedürfen ebenso keiner Genehmigung durch das Familien- bzw. Betreuungsgericht wie die Eltern, unabhängig davon, ob das Verfahren wegen eines persönlichen Anspruchs, § 10 Abs. 1 Nr. 5, beantragt war. Die einstweilige Einstellung ist ebenso wie der Antrag auf Anordnung Prozesshandlung und kein genehmigungsfähiges Rechtsgeschäft.

c) Umfang

8   Ebenso wie die Rücknahme des Antrags kann auch die einstweilige Einstellung gegenständlich beschränkt werden, z.B. bezüglich einzelner Zubehörgegenstände oder einzelner zu versteigernder Grundstücke oder auch hinsichtlich einzelner geltend gemachter Ansprüche (vgl. → § 29 Rdn. 7, 8).

3. Wirkung

a) Allgemeines

9   Die einstweilige Einstellung hemmt den Verfahrensablauf nur zeitweise. Mit der Einstellungsbewilligung scheidet der Gläubiger aus dem Kreis der betreiben-

---

8   Steiner/*Storz*, § 30 Rdn. 29; *Stöber*, ZVG § 30 Rdn. 2.6; *Böttcher*, § 30 Rdn. 2.
9   Steiner/*Storz*, § 30 Rdn. 29; *Böttcher*, § 30 Rdn. 2; a.A. *Stöber*, ZVG § 30 Rdn. 2.3, der allerdings eine Rückfrage empfiehlt.
10 Steiner/*Storz*, § 30 Rdn. 29; *Stöber*, ZVG § 30 Rdn. 2.6.
11 Steiner/*Storz*, § 30 Rdn. 29; *Stöber*, ZVG § 30 Rdn. 2.16.
12 Steiner/*Storz*, § 30 Rdn. 28; *Stöber*, ZVG § 30 Rdn. 2.3.
13 A.A. OLG Düsseldorf, Rpfleger 1987, 75, der bisherige Gläubiger ist solange berechtigt, wie er formal als Gläubiger ausgewiesen ist; ebenso OLG Bremen, Rpfleger 1987, 381 mit zust. Anm. *Bischoff/Bobenhausen*, die aber eine Besonderheit bei der Ablösung öffentlich-rechtlicher Grundstückslasten annehmen, da der Ablösende zwar den übergegangenen Anspruch in der Rangklasse 3 des § 10 Abs. 1 anmelden, er jedoch als Privatrechtssubjekt nicht im Verwaltungszwangsverfahren vorgehen kann. Einen etwa vorhandenen öffentlich-rechtlichen Vollstreckungstitel oder einen Leistungsbescheid könne er nicht auf sich umschreiben lassen, weil die Forderung mit ihrem Übergang auf den Ablösenden sich von ihrer hoheitlichen Beziehung löse. Hier genüge jeder Nachweis seiner Berechtigung. In diesen Fällen müsse das Versteigerungsgericht die Rechtsnachfolge aufgrund der angebotenen Beweise prüfen. Dies zeigt aber gerade die Inkonsequenz der Argumentation. Die Prüfungspflicht des Gerichts kann nicht davon abhängen, welcher Gläubiger in welcher Rangklasse aufgrund welches Anspruchs abgelöst wird.

den Gläubiger des Verfahrens aus. Sein Einzelverfahren wird vorübergehend unterbrochen. Ein Rangverlust tritt hierdurch jedoch nicht ein. Das Verfahren kann später fortgesetzt werden. Die Beschlagnahme bleibt erhalten. Wirksam wird die Einstellungsbewilligung, sobald sie bei Gericht eingeht. Das Gericht beschließt die einstweilige Einstellung durch konstitutiv wirkenden Beschluss.[14] Bis zum Erlass des Einstellungsbeschlusses kann die Einstellungsbewilligung widerrufen bzw. zurückgenommen werden, ein Ruhen des Verfahrens tritt dann nicht ein.[15]

b) **Beschluss**

Das Vollstreckungsgericht stellt das Verfahren durch Beschluss ein. Anzugeben ist der Einstellungsgrund. Hiernach richtet sich die Frist für den Antrag auf Fortsetzung des Verfahrens, § 31 Abs. 2. Der Beschluss ist mit den notwendigen Belehrungen, § 31 Abs. 3, zuzustellen, § 32. Der Gläubiger kann dem Verfahren jederzeit wieder beitreten. Sein Anspruch kann dem geringsten Gebot als bestbetreibender Gläubiger jedoch nur dann zugrunde gelegt werden, wenn der Fortsetzungsbeschluss spätestens 4 Wochen vor dem Zwangsversteigerungstermin dem Schuldner zugestellt wurde, § 43 Abs. 2.

10

c) **Bedingung oder Befristung**

Die Einstellungsbewilligung kann weder bedingt[16] noch befristet[17] oder mit bestimmten Auflagen versehen werden. Derartige Abmachungen wirken nur außerhalb des Verfahrens. Das Gericht stellt unbedingt, unbefristet und auflagenfrei ein. Die Einstellungsbewilligung kann mit einem Fortsetzungsantrag, § 31, verbunden werden.[18]

11

d) **Unwirksamkeit**

Die Einstellung der Zwangsvollstreckung ist regelmäßig weder sittenwidrig noch schikanös.[19] Nachrangige Berechtigte sind durch die zeitliche Beschränkung der Verfahrenshemmung sowie die begrenzte Anzahl mögliche Einstellungen geschützt.[20] Ansonsten können sie durch rechtzeitige Ablösung verhindern, dass das Verfahren gehemmt wird und sich ihre Befriedigungsmöglichkeit durch Zeitablauf verschlechtert. Zur dritten Einstellungsbewilligung vgl. nachfolgend → Rdn. 22.

12

4. **Zeitliche Zulässigkeit**

Bis zur Verkündung der Entscheidung über den Zuschlag kann nicht nur der Antrag zurückgenommen, sondern auch die Einstellung des Verfahrens bewilligt werden. Erfolgt die Einstellung des Verfahrens nach dem Schluss der Versteigerung bis zur vollständigen Verkündung des Zuschlags, ist der Zuschlag zu versagen (§ 33).[21]

13

---

14 OLG Nürnberg, MDR 1976, 234.
15 AG Bamberg, Rpfleger 1969, 99.
16 Steiner/*Storz*, § 30 Rdn. 34; *Stöber*, ZVG § 30 Rdn. 2.4.
17 LG Traunstein, Rpfleger 1989, 35; Steiner/*Storz*, § 30 Rdn. 34; *Stöber*, ZVG § 30 Rdn. 2.5.
18 A.A. LG Traunstein, Rpfleger 1989, 35.
19 Vgl. hierzu aber OLG Celle, WM 1987, 1438; LG Braunschweig, Rpfleger 1998, 482; Steiner/*Storz*, § 30 Rdn. 7; *Böttcher*, § 30 Rdn. 14.
20 Hierzu OLG Schleswig, KTS 1973, 272.
21 BGH, Rpfleger 2007, 414 = NJW-RR 2007, 1005.

5. Unterschiedliche Einstellungszeitpunkte

14 Wegen der Selbstständigkeit der Einzelverfahren wirkt sich nicht jede Verfahrenshemmung auf das Gesamtverfahren aus. Wird aus mehreren Einzelverfahren betrieben, kommt es für die Auswirkungen auf das Gesamtverfahren darauf an, ob das Einzelverfahren des bestrangig betreibenden Gläubigers betroffen ist und in welchem Zeitpunkt die Hemmung eintritt.

15 Soweit mehrere Gläubiger das Verfahren betreiben und der bestrangig betreibende Gläubiger stellt sein Verfahren einstweilen ein, gilt:

a) Vor dem Versteigerungstermin

16 Falls hinsichtlich der ansonsten das Verfahren betreibenden Gläubiger die Fristen der § 43 Abs. 2, § 44 Abs. 2 nicht eingehalten sind, muss der anberaumte Versteigerungstermin aufgehoben und ein neuer bestimmt werden. Ansonsten wird das Verfahren durchgeführt, wobei der Anspruch des ehemals bestrangig betreibenden Gläubigers in das geringste Gebot aufgenommen wird. Sofern die Fristen auch für andere Gläubiger eingehalten sind, kann jederzeit ein neues geringstes Gebot nach dem dann bestrangig betreibenden Gläubiger aufgestellt werden. Der bereits anberaumte Versteigerungstermin ist nicht generell aufzuheben[22]. Dies widerspricht auch dem Prinzip der Einzelzwangsvollstreckung eines jeden Gläubigers zum verfahrensrechtlichen Grundsatz, dass das Verfahren als „Gesamtverfahren" durchgeführt wird.

b) Während der Bietzeit

17 Wird das Verfahren während der Bietzeit eingestellt oder aufgehoben, muss diese abgebrochen werden. Das geringste Gebot als wichtigste Grundlage der Versteigerung hat sich geändert. Bereits abgegebene Gebote erlöschen, § 72 Abs. 3. Soweit die Fristen der § 43 Abs. 2, § 44 Abs. 2 eingehalten sind, wird das geringste Gebot nach dem Anspruch des nächsten nunmehr bestrangig betreibenden Gläubigers neu festgesetzt und eine neue Bietzeit durchgeführt (ob diese dann am selben Tag noch möglich ist, entscheidet sich vor Ort nach Zeit und räumlicher Kapazität).

c) Nach der Bietzeit

18 Nach Ablauf der Bietzeit kann ein neues geringstes Gebot nicht aufgestellt werden. Für das Verhalten des Vollstreckungsgerichts gilt § 33. Die einstweilige Einstellung nach Schluss des Zwangsversteigerungstermins kann nur noch durch Versagung des Zuschlages entschieden werden.[23] Dies gilt jedoch nicht, wenn § 84 Abs. 1 der Zuschlagserteilung nicht entgegensteht, wenn das Recht des Beteiligten nicht beeinträchtigt ist (hierzu → § 84).[24]

19 Nach der Entscheidung über den Zuschlag darf die Einstellung im Rechtsmittelverfahren nicht berücksichtigt werden (vgl. hierzu → § 29 Rdn. 11).

---

22 Nicht richtig daher: Löhnig/*Strauß*, § 30 Rdn. 12, der stets die Terminsaufhebung anregt, wenn sich das geringste Gebot ändert.
23 BGH, Rpfleger 2008, 146 = NJW-RR 2008, 360; LG Hanau, MDR 1977, 1028.
24 Z.B. LG Waldshut-Tiengen, Rpfleger 1986, 102.

6. Erneute und dritte Einstellungsbewilligung

a) Zweite Einstellungsbewilligung

Das fortgesetzte Einzelverfahren kann erneut d.h. ein zweites Mal, auf Bewilligung des Gläubigers eingestellt werden. Die wiederholte Bewilligung der vorläufigen Einstellung ist jedoch rechtsmissbräuchlich, wenn damit allein der Zweck verfolgt wird, durch langfristige Verfahrensbetreibung Zahlungsdruck auf den Schuldner auszuüben.[25] Der Antrag auf Fortsetzung des Verfahrens und die erneute Bewilligung der Einstellung können miteinander verbunden werden. Jeder Gläubiger darf die Einstellung mit den für sie typischen Folgen für das von ihm betriebene Einzelverfahren nur zweimal bewilligen. Die dritte Einstellungsbewilligung gilt mit allen Konsequenzen als Rücknahme des Versteigerungsantrages, § 30 Abs. 1 Satz 3, § 29. Wird dies zunächst übersehen und wurde das Verfahren ein drittes Mal einstweilen eingestellt, ist es durch einen klarstellenden Beschluss unverzüglich aufzuheben.

Die Anrechnung gilt nur für Einstellungen auf Bewilligung des Gläubigers nach § 30 Abs. 1 bzw. 2 in demselben Einzelverfahren. Für die Anrechnung ist unmaßgeblich, ob der Beschluss des Gerichts nach § 32 oder § 33 ergangen ist. Einstellungen aus anderen Gründen oder solche, die andere Einzelverfahren betreffen, werden nicht nach § 30 Abs. 1 Satz 3 aufeinander angerechnet.

b) Dritte Einstellung – Antragsrücknahme

Ob eine **dritte Einstellungsbewilligung** gegeben ist, ist genau zu prüfen, da diese als Rücknahme des Zwangsversteigerungsantrages zu werten ist, § 30 Abs. 1 S. 2. Hierüber wird der betreibende Gläubiger nicht belehrt. Im Hinblick auf das Prinzip des Einzelverfahrens setzt die gesetzliche Rücknahmefiktion voraus, dass der Gläubiger die dritte Einstellungsbewilligung:

- in dem von ihm durchgängig betriebenen Verfahren abgibt,
- in dem Verfahren aufgrund desselben Beschlagnahmebeschlusses abgibt,
- wegen des einheitlichen Anspruches aus derselben Rangposition abgibt.[26]

Nur bei Vorliegen dieser drei Voraussetzungen ist eine Verfahrensaufhebung gerechtfertigt.[27]

Betreibt der Gläubiger das Verfahren wegen einer **Teilforderung**, bewilligt zweimal die einstweilige Einstellung und tritt dann dem Verfahren wegen einer weiteren Teilforderung oder abgespaltenen Nebenleistung bei und bewilligt nunmehr erneut die einstweilige Einstellung, so kann dies als dritte Einstellungsbewilligung mit Antragsrücknahmefiktion gewertet werden.[28] Das Verfahren ist auch dann aufzuheben, wenn der betreibende Gläubiger seinen Versteigerungsantrag zurücknimmt, später dem von einem anderen Gläubiger weiterbetriebenen Verfahren erneut beitritt, da die vor der Antragsrücknahme erklärten Einstellungsbewilligungen mit denen nach dem erneuten Beitritt zusammengerechnet werden müssen.[29]

---

25 LG Koblenz, Beschluss v. 24.8.2012, 2 T 486/12, ZVI 2012, 426.
26 Vgl. *Storz*, ZVG, B 3.2.2.
27 *Hintzen*, Rpfleger 1991, 69, 70.
28 LG Lüneburg, Rpfleger 1987, 469.
29 LG Bonn, Rpfleger 1990, 433.

25 Diese Auffassungen können jedoch nicht verallgemeinert werden, sie sind zu weitgehend. Richtig ist zunächst, dass stets auf die Einstellungsbewilligungen in den jeweiligen Einzelverfahren abstellt wird.[30] Betreibt der Gläubiger z.B. mehrfach wegen jeweils fälligen Zinsforderungen und gibt jeweils für die einzelnen Ansprüche Einstellungsbewilligungen ab, muss auch die Frage gestellt werden, ob die Zinsen ohne die Hauptforderung fällig sind, da ansonsten eine Aufspaltung der Forderung in Hauptanspruch und Zinsen als missbräuchliche Rechtsausübung anzusehen ist.[31] Einem Gläubiger ist es aber grundsätzlich unbenommen, die Zwangsversteigerung wegen der dinglichen Zinsen in der Weise zu betreiben, dass wegen später fällig werdender Zinsen jeweils der Beitritt zum Verfahren erklärt wird. Erst nach Eintritt der besonderen Zwangsvollstreckungsvoraussetzungen gem. § 751 Abs. 1 ZPO ist die Zwangsvollstreckung möglich, sodass es insoweit zu mehreren selbstständigen Einzelverfahren, die hinsichtlich der Einstellung und der Aufhebung gesondert zu betrachten sind, kommt. Der Gläubiger handelt nicht rechtsmissbräuchlich, wenn seine ernsthafte Versteigerungsabsicht erkennbar ist und er das Verfahren nicht nur zu dem Zweck betreibt, Druck auf den Schuldner auszuüben.[32]

26 Anders ist die Situation jedoch zu sehen, wenn der Gläubiger ein stufenweises Betreiben wegen Zinsen aus mehreren Jahren und auch gesondert wegen des Kapitalbetrages vornimmt, das Verfahren hierdurch bereits mehr als fünf Jahre andauert und insgesamt fünf Versteigerungstermine anberaumt wurden. Dies kann rechtsmissbräuchlich sein mit der Folge, dass eine erneute Einstellungsbewilligung zur Rücknahmefiktion und damit zur Verfahrensaufhebung führt.[33] Nur wenn der Gläubiger rechtsmissbräuchlich handelt, ist das Verfahren aufzuheben.[34] Denn wenn der Gläubiger das Verfahrensinstrument der einstweiligen Einstellung als permanentes **Druckmittel** gegen den Schuldner benutzt, muss ihm die ernsthafte Versteigerungsabsicht abgesprochen werden. Wenn das Gesamtverhalten des Gläubigers als verwerflich zu betrachten ist, ist das Verfahren aufzuheben.[35]

III. Sonstige Fälle der Einstellung
1. Aus dem ZVG

27 Im ZVG sind weitere Möglichkeiten, das Verfahren einstweilen einzustellen, geregelt in den §§ 28, 30a, 30c, 30d, 75, 76 Abs. 1, § 77 Abs. 1, § 180 Abs. 2, 3, § 185.

2. Aus der ZPO
a) Durch das Prozessgericht

28 Das Prozessgericht kann die Zwangsvollstreckung in zahlreichen Fällen einstellen. Dies ergibt sich aus § 769 Abs. 1 i.V.m. §§ 767, 768, 771 ZPO oder aus

---

30 Rpfleger 1991, 28 m. Anm. *Hintzen*.
31 *Stöber*, ZVG § 15 Rdn. 15.2; Steiner/*Hagemann*, §§ 15, 16 Rdn. 41.
32 So deutlich BGH, Beschluss vom 26.1.2012, V ZB 220/11 n.V.; LG Erfurt, Rpfleger 2005, 375, dass dem Gläubiger rechtsmissbräuchliches Handeln vorwirft, wenn dieser ohne ernsthafte Versteigerungsabsicht über einen längeren Zeitraum (hier: zwei Jahre) aus mehreren Beitrittsbeschlüssen die Versteigerung betreibt. In einem solchen Fall führt die dritte Einstellungsbewilligung zur Aufhebung aller Einzelverfahren.
33 LG Bonn, Rpfleger 2001, 365; hierzu auch *Hintzen*, Rpfleger 1991, 69.
34 BGH, Beschluss vom 26.1.2012, V ZB 220/11 n.V.; LG Koblenz v. 24.8.2012, 2 T 486/12, ZVI 2012, 426; LG Dessau, Rpfleger 2004, 724.
35 BGH, NJW 1979, 162.

§ 732 Abs. 2, §§ 719, 707 ZPO. Diese Möglichkeiten gelten entsprechend für eine Vielzahl weiterer Gestaltungen wie aus §§ 743, 744, 745, 749, 785, 786, 794a, 795 ZPO deutlich wird. Damit das Versteigerungsverfahren zeitweise ruht, muss die Einstellungsanordnung des Prozessgerichtes noch durch Beschluss des Vollstreckungsgerichts vollzogen werden (vgl. → § 29 Rdn. 17).

Zu Rechtsbehelfen bzw. Aufhebung solcher Beschlüsse vgl. → § 37 Rdn. 27. 29

b) Durch das Vollstreckungsgericht

Das Vollstreckungsgericht kann die Zwangsvollstreckung ebenfalls nach den Vorschriften der ZPO einstellen. Dies ergibt sich aus §§ 766, 775 Nr. 4 und 5 oder aus § 769 Abs. 2 i.V.m. §§ 767, 768, 771 ZPO oder insbesondere auch § 765a ZPO. 30

Zu Rechtsbehelfen bzw. Aufhebung solcher Beschlüsse vgl. → § 37 Rdn. 27. 31

3. Verhältnis der Gläubigereinstellung zu anderen Einstellungen

a) Allgemeines

Bei der Vielzahl der Möglichkeiten, das Verfahren einstellen zu lassen, kann nicht ausgeschlossen werden, dass zu einem Zeitpunkt mehrere Gründe vorliegen können. Entschieden werden muss dann, aus welchem Grund das Verfahren eingestellt wird. Dieser Grund ist für die Dauer der Einstellung sowie den Zeitpunkt der Fortsetzung des Verfahrens von Bedeutung, § 31 Abs. 2. Grundsätzlich gilt insoweit: Der betreibende Gläubiger bestimmt das Verfahren. Die von ihm bewilligte Einstellung des Verfahrens geht daher anderen Einstellungsgründen vor. Das Verfahren ist auf die Bewilligung des Gläubigers hin einzustellen, ohne dass das Vollstreckungsgericht weitere Einstellungsgründe prüft. Liegen weitere Gründe vor, werden diese erst dann berücksichtigt, wenn das Verfahren fortgesetzt wird. 32

b) Einstellungen nach § 28

Umstritten ist das Verhältnis zwischen den Einstellungen nach §§ 28 und 30. Wegen der Aufhebung des Verfahrens für den Fall, dass ein Hindernis nicht fristgerecht beseitigt wird, wird für einen Vorrang nach § 28 plädiert.[36] Aus den dargestellten Gründen ist mit der Gegenauffassung ein Vorrang der Gläubigerbewilligung anzunehmen.[37] Hierdurch wird der Dritte auch nicht beeinträchtigt. Seine Rechte im Verfahren werden bei Fortsetzung durch § 28 gewahrt. Im Übrigen bleibt es dem Dritten unbenommen, sein Gegenrecht vor dem Prozessgericht gegen den Gläubiger durchzusetzen. 33

c) Einstellungen nach §§ 30a bis d

Im Verhältnis zu den Einstellungen im Wege des Vollstreckungsschutzes nach §§ 30a bis d geht die Bewilligung nach § 30 vor.[38] Dies gilt auch dann, wenn die Einstellung erst bewilligt wird, nach dem über den Vollstreckungsschutzantrag schon in der Beschwerdeinstanz verhandelt wird. 34

---

36 *Stöber*, ZVG § 30 Rdn. 6.1; *Böttcher*, § 30 Rdn. 18.
37 Steiner/*Storz*, § 30 Rdn. 13; *Wangemann*, NJW 1961, 105.
38 H.M. Steiner/*Storz*, § 30 Rdn. 11; *Stöber*, ZVG § 30 Rdn. 6.2, 6.6, 6.7; *Böttcher*, § 30 Rdn. 19.

d) Einstellungen nach § 765a ZPO

35 Im Verhältnis zu einem Vollstreckungsschutzantrag nach § 765a ZPO geht die Einstellungsbewilligung nach § 30 vor[39], ein Vollstreckungsschutzantrag ist stets subsidiär zu behandeln, wenn noch andere gesetzliche Möglichkeiten nicht ausgeschöpft wurden.

e) Einstellungen nach § 77

36 Die Bewilligung des Gläubigers geht auch der Einstellung oder Aufhebung des Verfahrens nach § 77 vor. Dies gilt nicht nur, wenn die Einstellung bis zum Schluss der Versteigerung bewilligt ist.[40] Diese zeitliche Begrenzung ist nie Gesetz geworden. Die Bewilligung ist bis zur Verkündung der Zuschlagsentscheidung zulässig und vorrangig zu beachten. Dies gilt auch für die Verfahrensaufhebung[41], die erst mit Erlass eines Aufhebungsbeschlusses und nicht schon mit dem Schluss der Versteigerung wirkt.

f) Sonstige Einstellungen

37 Auch gegenüber den Einstellungen aus der ZPO (§ 732 Abs. 2, § 766 Abs. 1, §§ 769, 771 Abs. 3, §§ 775, 776) geht die Einstellung nach § 30 vor.[42]

IV. Rechtsbehelf

38 Es gelten die üblichen Rechtsbehelfe. Für den Gläubiger ist gegen den Einstellungsbeschluss die sofortige Beschwerde zulässig, sofern er vorher angehört wurde, § 11 Abs. 1 RPflG, § 95 ZVG, § 793 ZPO, andernfalls die unbefristete Erinnerung, § 766 ZPO. Allerdings wird dem Gläubiger regelmäßig das Rechtsschutzinteresse fehlen, sofern seine Willensäußerung nicht missverstanden wurde.

V. Kosten

39 Für den Einstellungsbeschluss entstehen keine gesonderten Gerichtsgebühren, vgl. GKG KV 2211.

40 Für den Rechtsanwalt entsteht in der Zwangsversteigerung und Zwangsverwaltung für die Tätigkeit im Verfahren über Anträge auf einstweilige Einstellung oder Beschränkung der Zwangsvollstreckung und einstweilige Einstellung des Verfahrens sowie für Verhandlungen zwischen Gläubiger und Schuldner mit dem Ziel der Aufhebung des Verfahrens eine gesonderte Verfahrensgebühr, RVG VV 3311 Nr. 6. Unter der Geltung der BRAGO erhielt der Rechtsanwalt lediglich für die Vertretung im Vollstreckungsschutzverfahren nach § 765a ZPO eine gesonderte Vergütung, während die Tätigkeit in der Zwangsversteigerung mit der allgemeinen Verfahrensgebühr abgegolten war. Mit der Neuregelung ist eine deutliche Verbesserung zur alten Rechtslage eingetreten.

---

39   H.M. Steiner/*Storz*, § 30 Rdn. 12; *Stöber*, ZVG § 30 Rdn. 6.9; *Böttcher*, § 30 Rdn. 20.
40   Steiner/*Storz*, § 30 Rdn. 11; *Stöber*, ZVG § 77 Rdn. 2.1.
41   *Böttcher*, § 30 Rdn. 22; a.A. wohl LG Mainz, Rpfleger 1988, 376.
42   Steiner/*Storz*, § 30 Rdn. 13; *Stöber*, ZVG § 30 Rdn. 6.10.

§ 30a »Einstweilige Einstellung auf Antrag des Schuldners«

(1) Das Verfahren ist auf Antrag des Schuldners einstweilen auf die Dauer von höchstens sechs Monaten einzustellen, wenn Aussicht besteht, daß durch die Einstellung die Versteigerung vermieden wird, und wenn die Einstellung nach den persönlichen und wirtschaftlichen Verhältnissen des Schuldners sowie nach der Art der Schuld der Billigkeit entspricht.

(2) Der Antrag ist abzulehnen, wenn die einstweilige Einstellung dem betreibenden Gläubiger unter Berücksichtigung seiner wirtschaftlichen Verhältnisse nicht zuzumuten ist, insbesondere ihm einen unverhältnismäßigen Nachteil bringen würde, oder wenn mit Rücksicht auf die Beschaffenheit oder die sonstigen Verhältnisse des Grundstücks anzunehmen ist, daß die Versteigerung zu einem späteren Zeitpunkte einen wesentlich geringeren Erlös bringen würde.

(3) ¹Die einstweilige Einstellung kann auch mit der Maßgabe angeordnet werden, daß sie außer Kraft tritt, wenn der Schuldner die während der Einstellung fällig werdenden wiederkehrenden Leistungen nicht binnen zwei Wochen nach Eintritt der Fälligkeit bewirkt. ²Wird die Zwangsversteigerung von einem Gläubiger betrieben, dessen Hypothek oder Grundschuld innerhalb der ersten sieben Zehnteile des Grundstückswertes steht, so darf das Gericht von einer solchen Anordnung nur insoweit absehen, als dies nach den besonderen Umständen des Falles zur Wiederherstellung einer geordneten wirtschaftlichen Lage des Schuldners geboten und dem Gläubiger unter Berücksichtigung seiner gesamten wirtschaftlichen Verhältnisse, insbesondere seiner eigenen Zinsverpflichtungen, zuzumuten ist.

(4) Das Gericht kann ferner anordnen, daß der Schuldner Zahlungen auf Rückstände wiederkehrender Leistungen zu bestimmten Terminen zu bewirken hat.

(5) Das Gericht kann schließlich die einstweilige Einstellung von sonstigen Auflagen mit der Maßgabe abhängig machen, daß die einstweilige Einstellung des Verfahrens bei Nichterfüllung dieser Auflagen außer Kraft tritt.

Übersicht

		Rdn.
I.	Allgemeines	1
	1. Historie	1
	2. Regelungsüberblick	2
	3. Anwendungsbereich	3
	4. Kritik der Regelung	4
II.	Einstellungsvoraussetzungen (Abs. 1)	5
	1. Antrag	5
	2. Sanierungsfähigkeit	6
	3. Billigkeit	7
III.	Zumutbarkeit für den Gläubiger (Abs. 2)	12
	1. Bedeutung	12
	2. Gläubigerinteressen	13
	3. Geringer Erlös	14
IV.	Einstellung unter Auflagen (Abs. 3 bis 5)	15
	1. Verbindung Auflage und Einstellung	15
	2. Notwendige Auflage	16
	3. Zahlung wiederkehrender Leistungen	17
	4. Sonstige Auflagen (Abs. 5)	18
	5. Außerkrafttreten	19

V. Vollstreckungsschutz nach § 765a ZPO 20
   1. Anwendungsbereich 20
   2. Antrag 25
   3. Rechtschutzinteresse 28
   4. Begründetheit 29
      a) Besondere Umstände 30
      b) Sittenwidrige Härte 31
      c) Suizidgefahr 34
      d) Schutzbedürfnis des Gläubigers 39
   5. Entscheidung des Gerichts 40
      a) Erlass des Beschlusses 40
      b) Aufhebung/Änderung des Beschlusses 41
      c) Vorläufige Maßnahmen 42
   6. Verhältnis zu § 30a 44
VI. Rechtsbehelf 45
VII. Kosten 48

I. Allgemeines

1. Historie

1   Wie schon aus der Bezeichnung der Bestimmung ersichtlich, sah das ZVG ursprünglich nicht vor, den Schuldner vor der Vollstreckung zu schützen. Erst die Wirtschaftskrise 1929/1930 führte zur Notverordnung eines Vollstreckungsschutzes. Um Wertverschleuderungen zu verhindern, wurde zugelassen, die Versteigerung zeitlich zu verschieben. Auf Antrag des Schuldners kann die Versteigerung einstweilen eingestellt werden. Neben vielen anderen Regelungen der Notverordnung wurde auch der Vollstreckungsschutz im Gesetz vom 20.8.1953 (BGBl I 952) ins ZVG aufgenommen. Mit Gesetz vom 1.2.1979 (BGBl I 127) wurde der Sozialschutz noch weiter ausgebaut.

2. Regelungsüberblick

2   Die Vorschrift legt die Voraussetzungen für eine einstweilige Verfahrenseinstellung auf **Schuldnerantrag** fest. Dabei enthält Abs. 1 der Bestimmung die auf Schuldnerseite zu erfüllenden Voraussetzungen, während Abs. 2 die zu berücksichtigenden Gläubigerinteressen aufführt. Aufgrund der Regelungen in Abs. 3 bis 5 kann bzw. muss die Einstellung im Einzelfall unter einer Auflage angeordnet werden. § 30b fast die Verfahrensregelungen zum Vollstreckungsschutz insgesamt zusammen. § 30c beschränkt die Anzahl möglicher Einstellungen auf Antrag des Schuldners. § 30d regelt die Einstellung auf Antrag des Insolvenzverwalters.

3. Anwendungsbereich

3   Der Vollstreckungsschutz nach §§ 30a bis 30d gilt nur in der **Zwangsversteigerung** einschließlich einer eventuellen Wiederversteigerung, § 133. In der Zwangsverwaltung sind diese Vorschriften nicht anwendbar. In der Teilungsversteigerung gelten § 180 Abs. 2, 3, § 185. Die Zwangsversteigerung muss angeordnet und noch anhängig sein. Unmaßgeblich ist, welcher der Zwangsversteigerung unterliegende Gegenstand versteigert werden soll. Eingestellt wird das gesamte anhängige **Einzelverfahren**. Die Einstellung kann nicht auf einen Teil der beschlagnahmten Gegenstände beschränkt werden (anders bei §§ 28, 29 und 30). Wie auch bei den sonstigen Verfahrenshemmungen muss zwischen dem betroffenen Einzelverfahren und der Gesamtversteigerung unterschieden werden. Für die Auswirkungen der Einstellung des Einzelverfahrens auf die Gesamtversteigerung

kommt es neben dem Rang des Gläubigeranspruches auch auf den Einstellungszeitpunkt an (vgl. → § 30 Rdn. 14 ff.). Eine Einstellungsbewilligung nach § 30 geht einem Vollstreckungsschutzantrag nach den §§ 30a bis 30d und § 765a ZPO vor (vgl. → § 30 Rdn. 34, 35).

4. Kritik der Regelung

Die Regelung des Vollstreckungsschutzes wird den heutigen Gegebenheiten nicht mehr in vollem Umfang gerecht. Sie behindert eine in normalen Zeiten notwendige zügige Durchführung der Versteigerung. Immer wieder ist zu beobachten, dass Schuldner einen Vollstreckungsschutzantrag nur stellen, um das Verfahren zu verzögern. Aufgrund der Gewährung rechtlichen Gehörs und der Rechtsmittelmöglichkeit bietet sich hier dem Schuldner eine Möglichkeit, das gesamte Verfahren auf Monate hinaus zu verzögern und die bei Gewährung der Einstellung maximale Frist von bis zu sechs Monaten teilweise um ein vielfaches zu verlängern.[1] Einstellungsanträge und Rechtsmittel gegen die Zurückweisung sind jedoch dann unzulässig, wenn sich aus den Umständen häufiger Wiederholung, Fristverlängerungsgesuchen, Nichtvorlage der zugesandten Begründung usw. ergibt, dass nicht Rechtsschutz gesucht wird, sondern das **Verfahren verschleppt** werden soll.[2] Der Schuldner schadet sich zwar durch einen aussichtslosen Einstellungsantrag dadurch, indem durch die Verzögerung die Forderung des Gläubigers durch die weiter anfallenden Zinsen anwächst. Je nach Höhe der Verbindlichkeiten des Schuldners spielt dies jedoch für ihn keine weitere Rolle. Leistungsfähige und sanierungswillige Schuldner bedürfen dieses Schutzes regelmäßig nicht, da sie Verwertungsmoratorien mit ihren Gläubigern abschließen können. Geschützt wird daher tendenziell die falsche Schuldnergruppe. Um eine Gläubigerschädigung weitgehend auszuschließen, dürfte eine Verfahrenseinstellung nur zulässig sein, wenn ganz konkrete Auflagen erfüllt werden. Die Sanierungsfähigkeit und -willigkeit des Schuldners müsste dadurch abgesichert werden, dass er vom Gericht nach Anhörung des Gläubigers festgesetzte Auflagen erfüllt.

II. Einstellungsvoraussetzungen (Abs. 1)

1. Antrag

Das Versteigerungsverfahren kann nur dann einstweilen eingestellt werden, wenn der Vollstreckungsschuldner bzw. Insolvenzverwalter dies beim Vollstreckungsgericht beantragt, das den Anordnung- oder Beitrittsbeschluss erlassen hat. Mit dem durch die Eröffnung des Insolvenzverfahrens nach § 80 Abs. 1 Satz 1 InsO eintretenden Verlust der Verwaltungs- und Verfügungsbefugnis verliert der Schuldner aber nicht das Recht, einen Vollstreckungsschutz nach § 765a ZPO wegen der Gefahr der Selbsttötung oder eines nahen Angehörigen zu beantragen, da nur so dem Bedeutungsgehalt des Grundrechts auf Leben aus Art. 2 Abs. 2 Satz 1 GG Rechnung getragen werden kann.[3]

Bei der Zwangsvollstreckung in das Gesamtgut in Gütergemeinschaft lebender Ehegatten sind beide Ehegatten Schuldner, auch wenn das Verwaltungsrecht einem Ehegatten allein zusteht. Auch der nicht verwaltende Ehegatte kann antrags-

---

1 Hierzu *Hintzen/Wolf*, Rdn. 11.337.
2 LG Trier, Rpfleger 1991, 70.
3 BGH, Rpfleger 2009, 259 = NJW 2009, 1283 = WM 2009, 358 = NZI 2009, 163 = ZInsO 2009, 254; BGH, ZInsO 2009, 1029.

berechtigt sein[4] (hierzu → § 30b Rdn. 3) Der Schuldner muss seine Angaben grundsätzlich nicht glaubhaft machen; die Ablehnung des Antrages des Schuldners kann daher nur dann auf eine fehlende Glaubhaftmachung gestützt werden, wenn diese zuvor vom Schuldner verlangt wurde.[5]

2. Sanierungsfähigkeit

6   Es muss die Aussicht bestehen, dass durch die Einstellung die Versteigerung vermieden wird. Der Schuldner muss sanierungsfähig sein. Vermeidbar muss nicht jede Zwangsversteigerung für die Zukunft sein, sondern lediglich das von der Einstellung betroffene Einzelverfahren.[6] Aufgrund der Einstellungsdauer von sechs Monaten und unter Berücksichtigung der erneuten Einstellungsmöglichkeit, § 30c, muss sich die Sanierungsmöglichkeit im Zeitrahmen von sechs bis zwölf Monaten bewegen.[7] Die Prognose des Vollstreckungsgerichts muss hinreichend sicher ergeben, dass der Schuldner den Gläubiger des Einzelverfahrens innerhalb der möglichen Einstellungsdauer befriedigen oder die Versteigerung in sonstiger Weise vermeiden kann. Der Einstellungsbeschluss muss ausweisen, wie der Schuldner die Versteigerung voraussichtlich abwenden kann. Bloße Behauptungen, das Objekt solle freihändig veräußert oder der Kredit umgeschuldet werden, reichen nicht. Damit der Rechtsanspruch des Gläubigers nicht leichtfertig beeinträchtigt wird, sind an die Sanierungsfähigkeit strenge Anforderungen zu stellen. Wegen der Unsicherheit einer solchen Prognose empfiehlt es sich zudem, die Sanierungsfähigkeit über geeignete Auflagen abzusichern. Da professionelle Kreditgeber die Sanierung des Schuldners auch im eigenen Interesse schon vor der Durchführung von Vollstreckungsmaßnahmen versuchen, wird die Prognose regelmäßig ergeben, dass es an der Sanierungsfähigkeit fehlt.

3. Billigkeit

7   Über die Sanierungsfähigkeit hinaus muss die einstweilige Einstellung nach den persönlichen und wirtschaftlichen Verhältnissen des Schuldners sowie nach der Art der Schuld der Billigkeit entsprechen. Mit diesem Merkmal soll sichergestellt werden, dass der Schuldner auch schutzwürdig ist.

8   Zu den **persönlichen Verhältnissen** des Vollstreckungsschuldners zählen Arbeitsunfähigkeit, Krankheit, Scheidung, Tod des Ehegatten oder Lebenspartners oder eines mitverdienenden Familienmitglieds.[8]

9   Zu den **wirtschaftlichen Verhältnissen** rechnen nicht nur allgemeine wirtschaftliche Rahmenbedingungen wie etwa eine Wirtschaftskrise, sondern auch besondere wirtschaftliche Bedingungen der Region, des Berufs- oder Geschäftszweiges des Schuldners. Beispiele können sein: Arbeitslosigkeit infolge Insolvenz, hohe Zinsen, Hochwasserschäden, Viehseuchen etc.

10 Auch nach der **Art der Schuld** muss die Einstellung der Billigkeit entsprechen. Unter diesem Aspekt ist eine Verpflichtung aus unerlaubter Handlung oder auf

---

4   LG Zweibrücken, Rpfleger 1995, 222; *Böttcher*, § 30a Rdn. 8.
5   LG Rostock, InVo 2003, 343.
6   Steiner/*Storz*, § 30a Rdn. 36; *Stöber*, ZVG § 30a Rdn. 3.2.
7   *Stöber*, ZVG § 30a Rdn. 3.2; LG Rostock, InVo 2003, 343, das aber nur auf 6 Monate abstellt.
8   Steiner/*Storz*, § 30a Rdn. 41; *Stöber*, ZVG § 30a Rdn. 3.3.

Unterhaltsgewährung sicherlich strenger zu beurteilen als eine aus einem üblichen Kreditvertrag.

Unter Berücksichtigung aller Umstände muss die Einstellung insgesamt der Billigkeit entsprechen. Dass die schlechten wirtschaftlichen Verhältnisse vom Schuldner selbst zu vertreten sind, schließt die Billigkeit nicht unbedingt aus. Fehlinvestitionen, Fehlkalkulationen und Fehlspekulationen sind Umstände, die den Schuldner nicht als schutzwürdig erscheinen lassen. Zu berücksichtigen ist auch, inwieweit der Gläubiger dem Schuldner bereits durch Stundung und Zahlungsaufschub entgegen gekommen ist. 11

III. Zumutbarkeit für den Gläubiger (Abs. 2)

1. Bedeutung

Das Verfahren wird nicht in jedem Fall eingestellt, wenn der Schuldner sanierungsfähig ist und die Einstellung der Billigkeit entspricht. Die Einstellung ist abzulehnen, wenn sie dem betreibenden Gläubiger nicht zuzumuten ist. Die Einstellung darf dem Gläubiger keinen unverhältnismäßigen Nachteil bringen. Es darf auch nicht anzunehmen sein, dass bei einer späteren Versteigerung wesentlich weniger Erlös vorhanden ist. Die Einstellung unterbleibt, wenn einer der beiden Sachverhalte vorliegt. 12

2. Gläubigerinteressen

Der Nachteil, der durch den Aufschub der Befriedigung des Anspruchs bzw. der Forderung beim Gläubiger eintritt, muss unverhältnismäßig sein. Abzustellen ist auf die wirtschaftlichen Verhältnisse des Gläubigers. Als beachtenswerte Gläubigerinteressen kommen in Betracht: eigener dringender Geldbedarf, Anwachsen der Zinsrückstände beim Schuldner, Art der Vollstreckungsforderung insbesondere bei Schadensersatz aus unerlaubter Handlung oder wegen der Leistung von Unterhalt.[9] Praktische Bedeutung hat dieser Sachverhalt jedoch kaum. Die betreibenden Gläubiger in der Versteigerung sind in erster Linie Kreditinstitute oder Versicherungen, die selbst durch einen vollständigen Ausfall des Anspruchs bzw. der Forderung wirtschaftlich nicht gefährdet werden. 13

3. Geringer Erlös

Ist im Hinblick auf die Beschaffenheit oder die sonstigen Verhältnisse des Grundstückes anzunehmen, dass bei einer späteren Versteigerung wesentlich weniger Erlös vorhanden ist, ist die beantragte Einstellung abzulehnen. Dies kann in Betracht kommen, wenn das Grundstück bei einem stecken gebliebenen Bau oder dessen Wert wegen schlechter Bewirtschaftung verfällt. Das Anwachsen fortlaufender bevorrechtigter oder eigener Ansprüche reicht als Begründung allenfalls in seltenen Ausnahmefällen aus.[10] Andernfalls würde das Recht des Schuldners auf Verfahrenseinstellung durch diese notwendige Folge der Einstellung regelmäßig entwertet. 14

---

9 Steiner/*Storz*, § 30a Rdn. 45, 46; *Stöber*, ZVG § 30a Rdn. 5.2.
10 *Böttcher*, § 30a Rdn. 16; a.A. wohl *Stöber*, ZVG § 30a Rdn. 5.3.

IV. Einstellung unter Auflagen (Abs. 3 bis 5)

1. Verbindung Auflage und Einstellung

15   Die Einstellung kann grundsätzlich davon abhängig gemacht werden, dass der Schuldner bestimmte Zahlungen leistet oder sonstige Auflagen erfüllt.[11] Das Gericht entscheidet nach pflichtgemäßem Ermessen. Solche Auflagen sind regelmäßig zweckmäßig und gerechtfertigt. Sie verlangen vom Schuldner nur das zu tun, wozu er ohnehin verpflichtet ist.[12] Zudem wird die beabsichtigte Sanierung hierdurch abgesichert.

2. Notwendige Auflage

16   Das Gericht **muss** unter Auflagen einstellen, wenn die Versteigerung aus einem Grundpfandrecht betrieben wird, dass innerhalb von $^7/_{10}$ des Grundstückswertes liegt. Auflage ist die Zahlung der während der Einstellung fällig werdenden wiederkehrenden Leistungen binnen zwei Wochen nach Fälligkeit. Von der Auflage darf nur abgesehen werden, falls dies zur Wiederherstellung einer geordneten wirtschaftlichen Lage des Schuldners geboten und dem Gläubiger auch zumutbar ist, Abs. 3 Satz 2. Mit dem Grundstückswert ist der nach § 74a Abs. 5 ermittelte Verkehrswert zu verstehen. Regelmäßig ist der Verkehrswert jedoch in diesem Verfahrensabschnitt noch nicht ermittelt bzw. festgesetzt. Der Wert wird auch nicht etwa schon für die Einstellungsentscheidung gesondert festgesetzt.[13] Maßgeblich ist vielmehr im Regelfall ein vom Gericht nach Anhörung der Beteiligten angenommener Grundstückswert. Durch diese notwendige Auflage schützt das Gesetz allerdings nur die besserrangigen Gläubiger. Wegen der durch auflaufende Zinsen zunehmenden Ausfallgefahr bedürften die nachrangigen Gläubiger eigentlich eines vorrangigen Schutzes durch das Gesetz.

3. Zahlung wiederkehrender Leistungen

17   Das Gericht **kann** das Verfahren unter der Auflage einstellen, dass der Schuldner zu bestimmten Terminen auf die wiederkehrenden Leistungen zahlt. Es wird angeordnet, dass die Einstellung außer Kraft tritt, wenn nicht binnen zwei Wochen nach den bestimmten Terminen gezahlt ist. Für während der Einstellung entstehende wiederkehrenden Leistungen ist deren Fälligkeit als Termin maßgeblich, Abs. 3 Satz 1. Bezüglich der vor der Einstellung fällig gewordenen wiederkehrenden Leistungen (Rückstände im Sinne des Abs. 4) muss das Gericht den Zahlungstermin sowie die Höhe der Leistung in der Auflage bestimmen.

4. Sonstige Auflagen (Abs. 5)

18   Die Verfahrenseinstellung kann davon abhängig gemacht werden, dass der Schuldner sonstige Auflagen erfüllt. In Betracht kommen Zahlungen auf das Kapital, auf öffentliche Lasten, Steuern, Versicherungen, an persönlich betreibende Gläubiger. Die Auflage muss geeignet sein, dem Schuldner die Sanierung zu ermöglichen und gleichzeitig die Interessen des Gläubigers zu wahren, seine Befriedigungschancen durch die Einstellung nicht zu verschlechtern.

---

11   Hierzu ThürOLG, Rpfleger 2000, 463.
12   Steiner/*Storz*, § 30a Rdn. 51.
13   Steiner/*Storz*, § 30a Rdn. 55; *Stöber*, ZVG § 30a Rdn. 6.3; *Böttcher*, § 30a Rdn. 22.

5. Außerkrafttreten

Wird die Auflage nicht erfüllt, tritt die Einstellung des Verfahrens außer Kraft. Dies stellt das Gericht von Amts wegen fest, sobald es hiervon erfährt. Es kommt nicht darauf an, ob der Schuldner die Auflage schuldhaft oder unverschuldet nicht erfüllt hat. Auch selbst eine verspätete Erfüllung der Auflagen setzt die Einstellung nicht wieder in Kraft. Allerdings wird das Verfahren mit dem Außerkrafttreten der Einstellung nicht automatisch fortgesetzt. Die Fortsetzung des Verfahrens muss rechtzeitig beantragt werden, § 31.

V. Vollstreckungsschutz nach § 765a ZPO
1. Anwendungsbereich

Wie die Vollstreckungsschutzvorschriften im ZVG wurde auch mit Gesetz vom 20.8.1953 (BGBl I 952) § 765a ZPO als Generalklausel des Vollstreckungsschutzes in die ZPO eingeführt. Auf Antrag des Schuldners kann das Vollstreckungsgericht jede Maßnahme der Zwangsvollstreckung ganz oder teilweise einstellen, untersagen oder einstweilen einstellen, wenn die Maßnahme unter voller Würdigung des Schutzbedürfnisses des Gläubigers wegen ganz besonderer Umstände eine Härte bedeutet, die für den Schuldner mit den guten Sitten nicht zu vereinbaren ist, § 765a ZPO. Zweck der Vorschrift ist, dem Schuldner in ganz besonders gelagerten Fällen zur Vermeidung oder Milderung besonderer, dem allgemeinen Rechtsempfinden nach unzumutbarer Härte Schutz vor der Vollstreckung zu gewähren. Andererseits stellt § 765a ZPO als „Ultima Ratio" eine **Ausnahmevorschrift** dar und ist daher eng auszulegen.[14] Die grundgesetzlich geschützten Rechte des Schuldners sind immer zu berücksichtigen.[15] Einen entsprechenden **Vollstreckungsschutzantrag** kann der Schuldner in jedem Vollstreckungsverfahren stellen, insbesondere auch im Zwangsversteigerungsverfahren.[16] Ein rechtskräftiger Zuschlagsbeschluss kann allerdings nicht nach § 765a ZPO aufgehoben werden.[17]

Ein Verzicht auf § 765a ZPO ist vor Beginn der Zwangsvollstreckung unzulässig, da die Vorschrift auch dem öffentlichen Interesse dient.[18]

Tatsächlich wird von der Möglichkeit, das Verfahren nach § 765a ZPO einzustellen, vielfach Gebrauch gemacht. Die Generalklausel des Vollstreckungsschutzes, die auch als „Magna Charta des Vollstreckungsschutzes" bezeichnet wird[19], unterscheidet sich jedoch wesentlich von anderen Rechtsbehelfen des Schuldners. Der Vollstreckungsschutz hängt nicht davon ab, dass bestimmte Vorschriften des formellen oder materiellen Rechts verletzt sind, die Regelung ist deswegen den an-

---

14 BGHZ 44, 138, 143 = NJW 1965, 2107, 2108; BGH, Rpfleger 2005, 206 = InVo 2005, 237 = MDR 2005, 650; OLG Hamm, WM 1983, 267.
15 BVerfG, NJW 1979, 2607 = Rpfleger 1979, 450; BVerfG, NJW 1991, 3307 bei altersbedingter geistiger Gebrechlichkeit; BVerfG, Rpfleger 1992, 259 drohende gesundheitliche Schäden; BVerfG, Beschluss vom 21.11.2012, 2 BvR 1858/12, NJW 2013, 290; BVerfG, Beschluss vom 6.8.2014, 2 BvR 1340/14, WM 2014, 1726; BVerfG, Beschluss vom 29.7.2014, 2 BvR 1400/14, WM 2014, 1725; OLG Köln, Rpfleger 1990, 30 und 1997, 33 bei Selbstmordgefahr; KG, Rpfleger 1995, 469; OLG Düsseldorf, Rpfleger 1998, 208; LG Krefeld, Rpfleger 1996, 363.
16 Steiner/*Storz*, § 30a Rdn. 69.
17 BGH, Rpfleger 2010, 101 = NJW-RR 2010, 232 = WM 2010, 522 = FamRZ 2009, 2079.
18 OLG Hamm, NJW 1960, 104.
19 *Grund*, NJW 1956, 126.

deren Rechtsbehelfen gegenüber nur subsidiär anzuwenden.[20] Es können mit ihr nicht solche Einwendungen erhoben werden, die mit speziellen Rechtsbehelfen geltend gemacht werden konnten. Da mit speziellen Vorschriften nicht alle denkbaren Gestaltungen regelbar sind, in denen der Schuldner schutzwürdig erscheint, bildet die Generalklausel einen Auffangtatbestand (wie sich bereits aus der Formulierung zu § 30c Abs. 2 ergibt).

23 Vollstreckungsschutz nach § 765a ZPO kann gegen eine **Maßnahme der Zwangsvollstreckung** beantragt werden. Dies bedeutet einerseits, dass die Zwangsvollstreckung aus einem Titel über § 765a ZPO nicht generell für unzulässig erklärt werden darf, sondern nur grundsätzlich eine konkrete einzelne Maßnahme[21], es sei denn, die unzumutbare Härte (z.B. Suizidgefahr) liege ausnahmsweise bereits in der **Anordnung** einer Vollstreckung begründet.[22] Andererseits findet § 765a ZPO auch unabhängig davon Anwendung, aus welcher Art von Titel und in welcher Form die Zwangsvollstreckung erfolgt, also auch nach Anordnung der Zwangsversteigerung[23].

24 Zum Räumungsschutz nach Erlass des Zuschlagsbeschlusses vgl. → § 93 Rdn. 19 ff.

2. Antrag

25 Vollstreckungsschutz wird dem Schuldner nicht von Amts wegen gewährt, hierzu muss stets ein Antrag gestellt werden.[24] Dritte sind nicht antragsberechtigt, jedoch kann die Beeinträchtigung eines Dritten auch für den Schuldner eine unzumutbare Härte darstellen.[25] Der Vollstreckungsschutzantrag kann ab dem Zeitpunkt der Zustellung des Anordnungsbeschlusses bzw. eines jeden Beitrittsbeschlusses vom Schuldner gestellt werden.

26 Der Antrag geht dahin, dem Schuldner gegen eine einzelne, konkret -bezeichnete Maßnahme der Zwangsvollstreckung Schutz zu gewähren, verbunden mit dem Sachvortrag, aus dem sich ergibt, warum diese Vollstreckungsmaßnahme eine mit den guten Sitten nicht zu vereinbarende Härte darstellt. Inhaltlich sind an den Antrag keine strengen Anforderungen zu stellen. Der Antrag muss nicht ausdrücklich den § 765a ZPO anführen, weil den Gerichten von Amts wegen die Pflicht obliegt, Eingaben des Schuldners auszudeuten und dies regelmäßig dahin zu geschehen hat, dass der Schuldner den für den konkreten Fall zulässigen und optimalen Rechtsbehelf ergreifen will. Auch wenn nicht jeder Einstellungsantrag nach § 30a zugleich einen Antrag gemäß § 765a ZPO enthalten muss[26], sollte das Versteigerungsgericht stets prüfen, ob auch ein Antrag nach § 765a ZPO mit enthalten ist. Es reicht aus, dass der Schuldner vorträgt, die Versteigerung sei wegen grober Ungerechtigkeit, unzumutbarer Härte oder Sittenwidrigkeit unzulässig.[27] Durch Auslegung kann sich darüber hinaus ergeben, dass der Vollstreckungs-

---

20 A.A. einschränkend *Stöber*, ZVG Einl. 61.2.
21 OLG Köln, Rpfleger 1994, 267 = NJW 1994, 1743 = FamRZ 1994, 1046 = MDR 1994, 728.
22 BVerfG, NJW 2004, 49 = InVo 2004, 236; OLG Saarbrücken, Rpfleger 2003, 37 = InVo 2003, 254.
23 BVerfG, NJW 2004, 49; BVerfG, Rpfleger 1994, 427 = NJW 1994, 1272.
24 Verfassungsgemäß, so BVerfG, NJW 1983, 559 = Rpfleger 1983, 80.
25 LG Rostock, InVo 2003, 290 = MDR 2003, 596; Zöller/*Stöber*, § 765a Rdn. 8.
26 OLG Karlsruhe, JurBüro 1995, 607.
27 OLG Frankfurt, Rpfleger 1979, 391.

schutzantrag auch in einer Verfahrensbeanstandung mitenthalten ist. Für den Antrag ist weder eine bestimmte Form noch eine bestimmte Frist vorgeschrieben.

Nicht notwendig ist die Angabe einer bestimmten **Art des Schutzes** (Aufhebung, Unterlassung, einstweilige Einstellung), da das Vollstreckungsgericht („kann") unter den aufgeführten Möglichkeiten diejenige nach pflichtgemäßem Ermessen auszuwählen hat, die den wohlverstandenen Interessen von Schuldner und Gläubiger entspricht. 27

3. Rechtsschutzinteresse

Das Rechtsschutzinteresse für einen Vollstreckungsschutzantrag besteht nicht erst ab Beginn der Zwangsvollstreckung, sondern schon dann, wenn die Zwangsvollstreckung droht, also grundsätzlich **ab Existenz des Titels**. Mit § 765a ZPO kann auch die Unterlassung der Zwangsvollstreckung begehrt und erreicht werden.[28] Zulässig ist der Antrag bis zur Verkündung des Zuschlags. Der Antrag muss vor der Entscheidung über den Zuschlag gestellt werden, weil im Rahmen der Zuschlagsbeschwerde gem. § 100 grundsätzlich keine neuen Tatsachen berücksichtigt werden können.[29] Davon ist jedoch angesichts des Bedeutungsgehalts des Art. 2 Abs. 2 GG insoweit eine Ausnahme zu machen, als im Zuschlagsbeschwerdeverfahren eine Suizidgefahr substantiiert vorgetragen wird.[30] 28

4. Begründetheit

Bedeutet die Vollstreckung für den Schuldner wegen ganz besonderer Umstände unter Würdigung des Schutzbedürfnisses des Gläubigers eine sittenwidrige Härte, ist der Vollstreckungsschutzantrag begründet. 29

a) Besondere Umstände

Notwendig sind **ganz besondere Umstände**. Berücksichtigt werden dürfen weder Umstände, die regelmäßig auftreten noch die mit speziellen Rechtsbehelfen angegriffen werden können. Der Hinweis auf die wirtschaftliche Notlage ist kein besonderer Umstand. In dieser Lage befindet sich der Schuldner regelmäßig, wenn vollstreckt wird. Es genügt daher nach h.M. auch nicht, dass der Schuldner aufgrund der Vollstreckung obdachlos wird.[31] Andererseits darf der Gläubiger nicht moralisch vorwerfbar handeln. Hat er es getan, ist auch dies in die Gesamtabwägung mit einzubeziehen.[32] 30

b) Sittenwidrige Härte

Eine sittenwidrige Härte liegt vor, wenn die Gesetzesanwendung zu einem ganz untragbaren Ergebnis führen würde.[33] Die Vollstreckung muss **objektiv** zu 31

---

28 Vgl. BVerfG, InVo 2004, 236 = NJW 2004, 49; OLG Saarbrücken, Rpfleger 2003, 37 = InVo 2003, 254; LG Heilbronn, WuM 1993, 364; eingehend Schuschke/*Walker*, § 765a Rdn. 14.
29 BGHZ 44, 138; Schuschke/*Walker*, § 765a Rdn. 14 m.w.N.
30 BGH, Rpfleger 2006, 147 = InVo 2006, 165 = FamRZ 2006, 265; Schuschke/*Walker*, § 765a Rdn. 14.
31 LG München, I WuM 1993, 473; AG Düsseldorf, NJWE-MietR 1997, 223.
32 Stein/Jonas/*Münzberg*, § 765a Rdn. 6.
33 BGHZ 44, 138, 143.

einem sittenwidrigen Ergebnis führen.[34] Die Härte muss objektiv eine Stärke erreichen, die es als **untragbar** erscheinen lässt, die Vollstreckung durchzuführen. Die Härte muss allein oder zumindest auch den Schuldner oder seine nahen Angehörigen, für die er zu sorgen hat, treffen. Belange sonstiger Dritter oder der Allgemeinheit bleiben sowohl im Hinblick auf den Schuldner wie den Gläubiger außer Ansatz.[35] Was mit den guten Sitten vereinbar ist und was nicht, unterliegt einem Auffassungswandel, wobei zugunsten des Schuldners[36] die Wertentscheidungen des Grundgesetzes berücksichtigt werden sollen.[37] Die Härte kann sich – auch alternativ – ergeben aus der Art und Weise, dem Ort oder/und dem Zeitpunkt bzw. Zeitraum der Zwangsvollstreckung.[38]

32 Damit die Versteigerung eine besondere Härte darstellt, müssen konkrete Umstände mit Wahrscheinlichkeit erwarten lassen, dass durch die zeitliche Verschiebung der Versteigerung ein wesentlich besseres Ergebnis für den Schuldner erzielt werden kann.[39]

Beispiele:

- bei einer **fortgeschrittenen Schwangerschaft**[40] oder einem **hohen Alter** des Schuldners[41]
- bei einer **Schädigung** des Schuldners, ohne dass der Gläubiger hierauf Vorteile ziehen kann[42];
- wenn der Gläubiger offensichtlich **böswillig** gegen den Schuldner vorgeht[43];
- bei einer **Verschleuderung** des Grundbesitzes kann sich die Pflicht ergeben, einen gesonderten Verkündungstermin für den Zuschlag anzuberaumen, um dem Schuldner Gelegenheit zu geben, durch einen Vollstreckungsschutzantrag den Zuschlag zu verhindern, was insbesondere dann in Betracht kommt, wenn konkret dargelegt wird, dass mit einer günstigeren Verwertung zu rechnen ist[44].

33 **Keine** sittenwidrige Härte

- folgt aus der Erwartung des Schuldners, aufgrund der Besonderheiten des Objekts werde der bei der Versteigerung zu erwartende Erlös weit unter dem Marktwert des Objekts liegen (hier: Beschränkung der Verwertung durch eine schuldrechtliche Sicherungsvereinbarung)[45];
- folgt aus dem Einwand des Schuldners, der betreibende Gläubiger könne wegen seiner aussichtslosen Rangstelle mit keiner Erlösauskehr rechnen, weil sich dies nicht verlässlich feststellen lässt, was sich schon aus § 59 er-

---

34 AG Hannover, Rpfleger 1990, 174.
35 Vgl. Baumbach/*Hartmann*, § 765a Rdn. 12; MünchKomm/*Heßler*, ZPO § 765a Rdn. 40; Zöller/*Stöber*, § 765a Rdn. 8; daher unzutreffend LG Kleve, InVo 1996, 244.
36 *Stöber*, ZVG Einl. 55.1.
37 BVerfGE 52, 214, 220 = Rpfleger 1979, 450; OLG Köln, Rpfleger 1990, 30; LG Heilbronn, DGVZ 1980, 111.
38 OLG Frankfurt, Rpfleger 1981, 118.
39 OLG Celle, Rpfleger 1979, 116; 1982, 303; OLG Frankfurt, Rpfleger 1979, 391.
40 OLG Frankfurt, Rpfleger 1981, 24.
41 A.A. Steiner/*Storz*, § 30a Rdn. 87.
42 OLG Koblenz, Rpfleger 1985, 499; Steiner/*Storz*, § 30a Rdn. 87.
43 LG Limburg, Rpfleger 1997, 219; LG Lüneburg, MDR 1976, 1027.
44 BVerfGE 46, 325 = Rpfleger 1978, 206; BGH, Rpfleger 2005, 151 = InVo 2005, 252 = MDR 2005, 353; LG Mönchengladbach, Rpfleger 2004, 436 = JurBüro 2004, 394.
45 OLG Hamm, Rpfleger 2002, 39 = InVo 2001, 451 = NJW-RR 2002, 790.

gibt, aber u.a. auch, weil vorrangige Grundstücksbelastungen sich im Laufe des Verfahrens ändern oder wegfallen können[46];
- folgt aus der Tatsache, dass die Versteigerung beim Schuldner zu psychogenen Gesundheitsstörungen führen kann[47];
- folgt aus der Tatsache, dass dem Schuldner die Möglichkeit genommen wird, seine 86 Jahre alte, kranke und pflegebedürftige Mutter in seinem Haushalt aufzunehmen;[48]
- liegt in möglichen Nachteilen für die Kinder des Schuldners in Ausbildung und Beruf sowie bei sozialen Kontakten;[49]
- liegt selbst bei einer Gefahr der Verschlimmerung einer lebensbedrohenden Erkrankung des zahlungssäumigen Wohnungseigentümers (Schuldners) vor, wenn dieser nicht mit allen ihm zur Verfügung stehenden Mitteln an der Befriedigung der Wohngeldforderungen mitwirkt.[50]
- liegt vor, wenn ein Angehöriger des Schuldners Berechtigter eines im Grundbuch eingetragenen Wohnrechts ist, welches nach den Versteigerungsbedingungen bestehen bleibt.[51] Liegt vor, auch wenn eine latente Selbsttötungsgefahr des Schuldners, die in einem anderen gegen ihn gerichteten Zwangsversteigerungsverfahren zu einer einstweiligen Verfahrenseinstellung geführt hat (als „Alterssitz" gedachtes vermietetes Einfamilienhausgrundstück), jedenfalls so lange nicht, wie der Schuldner konkreten Vortrag hierzu versäumt, warum die Gefahr auch automatisch in einem weiteren gegen ihn gerichteten Zwangsversteigerungsverfahren (Wohnhaus mit zwei vermieteten Wohnungen) vorliegen soll.[52]

c) **Suizidgefahr**

Sittenwidrig kann die Versteigerung sein, wenn Leib, Leben oder Gesundheit des Schuldners bzw. dessen Angehöriger gefährdet wird.[53] Wenn ein schwerwiegender Eingriff in das Recht auf Leben und körperliche Unversehrtheit des Schuldners (Art. 2 Abs. 2 S. 1 GG) zu besorgen ist[54], insbesondere bei konkret bestehender **Selbstmordgefahr des Schuldners**[55], muss die Zwangsvollstreckung

---

46 BGH, Rpfleger 2004, 302 = InVo 2004, 290; LG Hannover, MDR 1984, 764; LG Oldenburg, Rpfleger 1982, 303.
47 OLG Köln, MDR 1988, 152 = WM 1987, 1347.
48 LG Kleve, JurBüro 1999, 607.
49 LG Kleve, JurBüro 1999, 607.
50 LG Hamburg, ZMR 2002, 472.
51 LG Gießen, Rpfleger 2007, 278.
52 BGH, NJW 2009, 80 = NZM 2009, 43 = FamRZ 2008, 2273.
53 BVerfGE 52, 214, 220 = Rpfleger 1979, 450; BGH, Beschluss vom 6.12.2012, V ZB 80/12, NJW-RR 2013, 628 = NZM 2013, 162.
54 BVerfG, Beschluss vom 21.11.2012, 2 BvR 1858/12, NJW 2013, 290; BVerfG, Beschluss vom 6.8.2014, 2 BvR 1340/14, WM 2014, 1726; BVerfG, Beschluss vom 29.7.2014, 2 BvR 1400/14, WM 2014, 1725; BVerfG, Rpfleger 2010, 383 = FamRZ 2010, 795; BVerfG, Rpfleger 2005, 614 = FamRZ 2005, 1972 = InVo 2005, 494.
55 BVerfG, NJW 1998, 295 = InVo 1998, 103; NJW 1994, 1272 = Rpfleger 1994, 427; NJW 1991, 3207; BGH, Beschluss vom 6.12.2012, V ZB 80/12, NJW-RR 2013, 628 = NZM 2013, 162; BGH, Rpfleger 2007, 561; Rpfleger 2006, 147 und 149 = InVo 2006, 1 und 163; Rpfleger 2005, 454 = InVo 2005, 497 = FamRZ 2005, 1170; Rpfleger 2004, 722 = InVo 2005, 36 = MDR 2005, 55; OLG Düsseldorf, InVo 1998, 322; OLG Köln, InVo 1997, 25; KG, Rpfleger 1995, 469.

des Gläubigers vorübergehend zurückstehen. Diese kann in besonders gelagerten Einzelfällen auch dazu führen, dass die Vollstreckung für einen längeren Zeitraum und – in absoluten Ausnahmefällen – auf unbestimmte Zeit einzustellen ist.[56]

35 Im Einzelnen kann sich dies ergeben:

- aus einer psychischen Erkrankung;
- aus persönlichkeitsbedingten Ursachen, wie der individuellen Charakterstruktur und der emotionalen Befindlichkeit[57];
- aus altersbedingter Gebrechlichkeit, die bei Räumung nicht ausschließbar den Schuldner zum Pflegefall werden lassen kann[58];
- aus der Unfähigkeit, aus eigener Kraft oder mit zumutbarer fremder Hilfe eine Konfliktsituation situationsangemessen zu bewältigen, verdient auch dann Beachtung, wenn ihr kein Krankheitswert (hier: Risiko des Bilanzselbstmords) zukommt[59];
- wegen des hohen Alters (hier: 99 Jahre) und des langjährigen Mietverhältnisses (hier: 38 Jahre) in einer neuen Umgebung seine Autonomie verlieren und bald zum Pflegefall zu werden sowie wegen Suizidgefahr[60]; aus dem hohen Alter, verbunden mit dem Verlust der gewohnten Umgebung, der gerade für ältere und an cerebralen Durchblutungsstörungen leidenden Menschen besonders nachteilig ist;[61]
- schwerwiegende gesundheitliche Risiken, die aus einem Wechsel der gewohnten Umgebung resultieren[62].
- lebensbedrohliche Erkrankung des Schuldners; das Verfahren wurde betrieben kurz vor einer chemotherapeutischen Behandlung der Leukämieerkrankung des Schuldners und damit waren das Gelingen der Therapie und das Leben des Schuldners möglicherweise gefährdet.[63]

36 Entsprechendes gilt auch für mit dem Schuldner zusammenlebende **Angehörige**[64]:

- wenn die Möglichkeit besteht, dass eine solche Person wegen der Anordnung der Zwangsversteigerung stirbt oder ernsthaft erkrankt[65]; das OLG betont, dass gerade unter Zugrundelegung der Rechtsprechung des BVerfG das Grundrecht aus Art. 2 Abs. 2 S. 1 GG gebietet, eine ganz besonders ge-

---

56 BVerfG, Rpfleger 2005, 614 = FamRZ 2005, 1972 = InVo 2005, 494; BGH, Beschluss vom 12.11.2014, V ZB 99/14, Rpfleger 2015, 217; hierzu auch *Schmid*, ZfIR 2014, 838; BGH, Rpfleger 2006, 147 und 149 = InVo 2006, 165 und 163; LG Mönchengladbach, Rpfleger 2006, 332.
57 BVerfG, NJW-RR 2001, 1523; BVerfG, NJW 1994, 1719.
58 BVerfG, NJW 1992, 1155; NJW 1998, 295 = InVo 1998, 103; OLG Köln, Rpfleger 1994, 267 = NJW 1994, 1743 = FamRZ 1994, 1046 = MDR 1994, 728; OLG Rostock, InVo 1996, 276 = OLGR 1996, 211.
59 BVerfG, NJW-RR 2001, 1523; BGH, Beschluss vom 6.12.2012, V ZB 80/12, NJW-RR 2013, 628 = NZM 2013, 162.
60 BVerfG, NJW 1998, 295 = NZM 1998, 21 = InVo 1998, 103.
61 Kritisch *Schneider*, JurBüro 1994, 321 f.
62 BGH, Rpfleger 2010, 32 = NJW 2009, 3440 = FamRZ 2009, 2078.
63 BGH, Beschluss vom 21.7.2011, V ZB 48/10, Rpfleger 2012, 38.
64 BGH, Rpfleger 2005, 454 = FamRZ 2005, 1170.
65 OLG Hamm, Rpfleger 2001, 508.

wissenhafte Prüfung der Voraussetzungen des § 765a ZPO vorzunehmen, wenn nach dem Vortrag des Schuldners eine schwerwiegende Gefährdung seines Lebens oder seiner Gesundheit zu besorgen ist, dem gleichgestellt ist eine schwerwiegende Gefährdung des Lebens oder der Gesundheit naher Angehöriger des Schuldners;
- die Zwangsräumung ist für die 97-jährige, in der Wohnung des Schuldners mitlebende Mutter lebensbedrohlich; dabei stand eine eventuell nicht ausreichend nachdrückliche Wohnungssuche des Schuldners trotz des 4 $^{1}/_{2}$ Jahre alten rechtskräftigen Räumungstitels nicht entgegen;[66]
- wenn im Einzelfall das Verfahren selbst schwere Gesundheitsgefahren für einen nahen Angehörigen mit sich bringt (hier: Lebensgefahr für 85-jährige Mutter der Schuldnerin, wenn sie erfährt, dass das seit Generationen im Familienbesitz befindliche Haus zwangsversteigert werden soll)[67].

Erforderlich ist aber auch hier stets die **Abwägung** der – in solchen Fällen ganz besonders gewichtigen – Interessen der Betroffenen mit den Vollstreckungsinteressen des Gläubigers.[68] Die Zwangsvollstreckung darf nicht ohne Weiteres sofort, befristet oder sogar auf Dauer einstweilen eingestellt werden. Das Vollstreckungsgericht hat zu prüfen, ob der Gefahr nicht auch **auf andere Weise** als durch Einstellung der Zwangsvollstreckung wirksam begegnet werden kann. Vor der Entscheidung des Vollstreckungsschutzantrages hat das Gericht die zuständigen Behörden zwingend über die behauptete Selbstmordgefahr zu informieren, um diesen zu ermöglichen, geeignete Maßnahmen zum Schutz des Lebens des Schuldners zu ergreifen. Sobald der Schuldner aufgrund dieser Maßnahmen geschlossen untergebracht ist, entfällt in aller Regel die Notwendigkeit, den Zuschlag zu versagen bzw. die Vollstreckung einzustellen.[69] Zu beachten ist, dass in Betracht kommende Mitwirkungshandlungen des Schuldners oder Dritter im Rahmen der Abwägung nicht lediglich abstrakt erwogen werden dürfen, sondern dass das Vollstreckungsgericht, sofern sie noch nicht eingeleitet worden sind, durch **Auflagen** auf ihre Vornahme hinzuwirken hat.[70] Insbesondere kommen in Betracht:

- Auferlegung von konkreten Auflagen; der Gefährdete selbst ist gehalten, das ihm Zumutbare zu tun, um die Risiken, die für ihn im Fall der Vollstreckung bestehen, zu verringern;
- Auflage zur Wohnungssuche,
- Einholung ärztlicher Gutachten[71];
- Inanspruchnahme fachärztlicher Hilfe (Facharztes für Neurologie und Psychiatrie), wobei an den **Nachweis** durch ein fachärztliches Attest strenge

---

66 OLG Frankfurt, Rpfleger 1994, 174 = NJW-RR 1994, 81; OLG Köln, Rpfleger 1994, 267 = NJW 1994, 1743 = FamRZ 1994, 1046 = MDR 1994, 728.
67 OLG Köln, Rpfleger 1994, 267 = NJW 1994, 1743 = FamRZ 1994, 1046 = MDR 1994, 728.
68 BGH, FamRZ 2011, 33; BGH, Rpfleger 2005, 454 = FamRZ 2005, 1170 = InVo 2005, 497.
69 LG Kleve, Beschluss vom 24.11.2014, 4 T 500/14, NZM 2015, 270.
70 BGH, Beschluss vom 12.11.2014, – V ZB 99/14, NJW-RR 2015393 = Rpfleger 2015, 217; BGH, Rpfleger 2007, 561; Rpfleger 2006, 147 und 149 = InVo 2006, 165 und 163.
71 OLG Brandenburg, Rpfleger 2001, 91.

Anforderungen zu stellen sind[72], und dem diesbezüglichen Vortrag des Schuldners von den Gerichten besonders sorgfältig nachzugehen ist,[73]
- stationärer Aufenthalt in einer Klinik,[74]
- Wahrnehmung einer Erfolg versprechenden Behandlungsmöglichkeit und die Notwendigkeit weiterer Behandlung in halbjährlichem Abstand durch eine Bescheinigung des Sozialpsychiatrischen Dienstes[75] oder durch einen Facharzt[76] nachzuweisen,
- Anordnung geeigneter konkreter Betreuungsmaßnahmen bis zur Unterbringung nach den einschlägigen Landesgesetzen (z.B. PsychKG NW),[77]
- Ingewahrsamnahme des suizidgefährdeten Schuldners nach polizeirechtlichen Vorschriften[78].

37.1 Der BGH[79] führt in einer weiteren Entscheidung aus, dass, wenn der Suizidgefahr des Schuldners auf diese Weise entgegengewirkt werden kann, eine Verfahrenseinstellung ausscheidet. Daher hat das Vollstreckungsgericht die für die Maßnahmen zur Unterbringung des Schuldners zuständigen Behörden vor der Vollstreckung zu unterrichten und hierbei darauf hinzuweisen, dass die Vollstreckung fortzusetzen sein wird, wenn die für den Lebensschutz primär zuständigen Behörden und Gerichte Maßnahmen zum Schutze des Lebens des Schuldners nicht für notwendig erachten.[80] Steht indessen fest, dass derartige Maßnahmen nicht geeignet sind, der mit der Fortsetzung des Verfahrens für den Schuldner verbundenen Gefahr einer Selbsttötung wirksam zu begegnen oder führte die Anordnung der Unterbringung aller Voraussicht nach zu einer bloßen Verwahrung auf Dauer, so ist das Verfahren einzustellen. Dabei verbietet das Interesse des Gläubigers an der Fortsetzung des Verfahrens eine dauerhafte Einstellung, weil die staatliche Aufgabe, das Leben des Schuldners zu schützen, nicht auf unbegrenzte Zeit durch ein Vollstreckungsverbot gelöst werden kann. Die Einstellung ist daher in jedem Falle zu befristen und mit Auflagen zu versehen, die das Ziel haben, die Gesundheit des Schuldners wiederherzustellen. Das gilt auch dann, wenn die Aussichten auf eine Besserung des Gesundheitszustands des Schuldners gering sind.

---

72 Vgl. OLG Köln, Rpfleger 1990, 30 = NJW-RR 1990, 590 = MDR 1990, 257; OLG Köln, NJW 1993, 2248 = ZMR 1993, 336; LG Mönchengladbach, Rpfleger 2006, 332; LG Darmstadt, Rpfleger 1991, 117; LG Mainz, NZM 1998, 403.
73 BVerfG, Beschluss vom 19.2.2014, 2 BvR 2455/12, NJW-RR 2014, 583; BVerfG, Beschluss vom 6.8.2014, 2 BvR 1340/14, WM 2014, 1726; BVerfG, Beschluss vom 29.7.2014, 2 BvR 1400/14, WM 2014, 1725; BVerfG, Rpfleger 2005, 614 = FamRZ 2005, 1972 = InVo 2005, 494; BVerfG, NJW 1994, 1272 = DGVZ 1994, 71; OLG Köln, InVo 1997, 25; KG, Rpfleger 1995, 469 = NJW-RR 1995, 848.
74 BVerfG, Rpfleger 2005, 614 = FamRZ 2005, 1972 = InVo 2005, 494; BGH, Rpfleger 2007, 561; Rpfleger 2005, 454 = FamRZ 2005, 1170 = InVo 2005, 497; LG Mönchengladbach, Rpfleger 2006, 332.
75 ThürOLG, Rpfleger 2000, 463.
76 LG Mönchengladbach, Rpfleger 2006, 332.
77 BVerfG, NJW 2004, 49; BGH, Rpfleger 2008, 212 = NJW 2008, 586 = FamRZ 2008, 403; BGH, Rpfleger 2007, 561; Rpfleger 2005, 454 = FamRZ 2005, 1170 = InVo 2005, 497; LG Kleve, Beschluss vom 24.11.2014, 4 T 500/14, NZM 2015, 270.
78 BGH, Rpfleger 2008, 212 = NJW 2008, 586 = FamRZ 2008, 403; BGH, NJW 2009, 80 = NZM 2009, 43; auch zum Wohnrecht in der Zwangsverwaltung BGH, Rpfleger 2009, 289 = NJW 2009, 444 = ZInsO 2009, 348.
79 BGH, Rpfleger 2008, 212 = NJW 2008, 586 = FamRZ 2008, 403.
80 So auch LG Kleve, Beschluss vom 24.11.2014, 4 T 500/14, NZM 2015, 270.

Diesem ist es im Interesse des Gläubigers jedoch zuzumuten, auf die Verbesserung seines Gesundheitszustands hin zu arbeiten und den Stand seiner Behandlung regelmäßig nachzuweisen.[81]

Die Schwierigkeiten der Umsetzung der durch den BGH aufgestellten Prüfungskriterien[82] und die vielerorts vorhandene Bereitschaft des Schuldners eine bestehende Suizidgefahr in erster Linie zum Erhalt des Status quo einzubringen (lesenswert, wie sich dies taktisch geschickt anbringen lässt[83]) und die eher nur geringe Bereitschaft eigenverantwortlich an einer Verbesserung der persönlichen Situation mitzuwirken[84] und die Vollstreckung als solche auch letztlich zu akzeptieren, lassen sich deutlich anhand der Gründe der erneuten Entscheidung vom 15.7.2010[85] ablesen. 37.2

> Nach dem Sachverhalt ist das Verfahren seit Januar 2003 anhängig. Das Gebäude wird von der suizidgefährdeten Mutter der Schuldnerin bewohnt. Es haben Versteigerungstermine stattgefunden in 2003, 2004 und 2007, jeweils lag ein wirksames Meistgebot vor, bzw. sogar der Zuschlag war erteilt. Schon das Landgericht hatte in 2006 deutlich werden lassen, dass bei künftigen Entscheidungen über die Frage einer nochmaligen Einstellung des Verfahrens das Verhalten der Schuldnerin und ihrer Mutter insoweit kritisch zu beleuchten seien, vor allem im Hinblick auf ein ernsthaftes Bemühen um eine Verringerung des Suizidrisikos. In einem in 2008 eingeholten Sachverständigengutachten heißt es u.a., es sei eine insbesondere an das Zwangsversteigerungsverfahren gekoppelte sehr ernst zu nehmende „suizidale Reaktionsbereitschaft" der Mutter der Schuldnerin zu bejahen. Allerdings bestand bei der Schuldnerin bzw. deren Mutter keinerlei Bereitschaft, eine ambulante Behandlung wegen der psychischen Situation anzutreten. Entsprechend den Vorgaben des BGH aus den vorangegangen Entscheidungen bestellte das Vormundschaftsgericht Ende März 2009 tatsächlich einen Betreuer mit den Aufgabenkreisen Gesundheitsfürsorge, Aufenthaltsbestimmungsrecht und Vermögenssorge. Jedoch kurz vor dem Termin zur Verkündung einer Entscheidung über den Zuschlag im Oktober 2009 – ein erneuter Termin hatte erfolgreich stattgefunden – lehnte das Vormundschaftsgericht die Unterbringung der Mutter ab. Auch der Betreuer

---

81 Wie schwierig dies alles in der Praxis zu handhaben ist und wie – relativ leicht – es dem Schuldner mithilfe von ärztlichen Attesten fällt, den Fortgang der Zwangsversteigerung auf Jahre zu blockieren, zeigt die lesenswerte Entscheidung des *LG Koblenz* vom 13.6.2008, Rpfleger 2008, 656 (bereits über 5 Jahre Verfahrensdauer, mehrere Versteigerungstermine mit Geboten von bis zu 76 % des Verkehrswertes, zahlreiche ärztliche Gutachten, wiederholte Auflagen etc., und dennoch ist kein Fortgang des Verfahrens festzustellen).

82 Kritisch *Seifert*, Rpfleger 2015, 237; *Schmid*, ZfIR 2014, 838; *Ulrich*, Rpfleger 2012, 477; nach *Schmidt-Räntsch*, ZfIR 2011, 849, 856 (s. dortige Auflistung) hat sich der BGH seit 2004 in ca. 25 Entscheidungen mit der Thematik „Suizid" auseinandersetzen müssen.

83 Hierzu auch *Kaiser*, NJW 2011, 2412, 2414, aber auch mit Hinweisen aus Schuldnersicht, wie und zu welchem Zeitpunkt entsprechende Anträge aus taktischer Sicht gestellt werden sollten (hier wird von „Maximierung des Entscheidungsdrucks" auf das Vollstreckungsgericht gesprochen mit Empfehlungen, die Suizidgefahr erst persönlich (!) im Versteigerungstermin erstmals vorzubringen, da dann der Rechtspfleger vor nicht unerhebliche praktische Probleme gestellt wird mit der Folge, dass der Zuschlag in keinem Falle sofort erteilt wird, sondern ein sehr langfristiger Verkündungstermin bestimmt wird und danach hat der Schuldner alle Zeit der Welt, einen Antrag nach § 765a ZPO anzubringen.

84 *Schmidt-Räntsch*, ZfIR 2011, 849, 853 spricht ebenfalls die Selbsthilfe des Schuldners und auch seiner Angehörigen an; hierzu auch *Schmid*, WM 2010, 2108.

85 BGH, Rpfleger 2010, 681 = NJW-RR 2010, 1649 = FamRZ 2010, 1652 = ZfIR 2010, 738 (*Keller*) und erneut BGH, Rpfleger 2012, 38 = NJW-RR 2011, 1452.

sehe nach Rücksprache mit dem behandelnden Psychologen keine akute Gefährdung. Den dennoch erteilten Zuschlag hob der BGH erneut auf. Damit ist das Verfahren auch nach über 7 Jahren keinen Schritt vorangekommen.

In den Gründen seiner Entscheidung spricht der BGH mittlerweile selbst von einer „Blockadesituation" und gibt durchsetzbare Hinweise zur Behebung des *Dilemmas*: … Erachtet das Vormundschaftsgericht Maßnahmen zum Schutz des Lebens des Schuldners nicht für geboten, solange die Zwangsvollstreckung nicht durchgeführt wird, so setzt die Fortsetzung der Vollstreckung gegen den suizidgefährdeten Schuldner voraus, dass das Vollstreckungsgericht **flankierende Maßnahmen** ergreift, die ein rechtzeitiges Tätigwerden des Vormundschaftsgerichts zur Abwendung der Suizidgefahr ermöglichen." … Das kann dadurch geschehen, dass:

- das Vollstreckungsgericht die Zuschlagsentscheidung zunächst nur dem Betreuungsgericht (sowie ggf. auch einem bestellten Betreuer) – unter deutlicher Hervorhebung der mit dem Bekanntwerden der abschlägigen Entscheidung mit hoher Wahrscheinlichkeit eintretenden akuten Lebensgefahr – zustellt,
- die Herausgabe des Beschlusses an die Verfahrensbeteiligten nach Ablauf einer bestimmten Frist ankündigt,
- sich des Eingangs dieser Ankündigung vergewissert,
- die Zustellung an die Verfahrensbeteiligten erst nach Fristablauf veranlasst,
- das Betreuungsgericht hiervon nochmals in geeigneter Weise unter erneuter Hervorhebung der Dringlichkeit und der Bedeutung der Sache informiert.

Für den BGH steht dann fest, dass das – mit der Sache ohnehin schon vorbefasste – Betreuungsgericht im Rahmen der primär ihm zugewiesenen Verantwortung für den Lebensschutz darüber zu befinden hat, ob nunmehr eine akute Selbstgefährdung vorliegt oder nicht.[86] Bejaht es eine solche Gefahr, obliegt es ihm, die erforderlichen (Eil-)Maßnahmen zu treffen. Hierbei bleibt jedoch offen, wie der Verfahrensfortgang sich gestaltet, wenn das Betreuungsgericht nicht handelt. Richtigerweise muss die Aussage des BGH dann so interpretiert werden, dass nunmehr die Vollstreckung stattfindet und die möglichen Folgen im Verantwortungsbereich des Betreuungsgerichts liegen.[87]

Eine weitere Entscheidung des BGH zeigt allerdings einerseits, dass die Schuldner dieses „Mittel der Versteigerungsverhinderung" weiterhin nutzen und andererseits aber auch, dass die bisher vom BGH aufgezeigten „Gegenmaßnahmen" nicht durchschlagfähig sind. In einem ohne offiziellen Leitsatz versehenen Beschluss hat der BGH entschieden: „Ist der Schuldner aufgrund einer depressiven Anpassungsstörung ernsthaft suizidgefährdet, und zwar durch den Eintritt

---

86 *Schmidt-Räntsch*, ZfIR 2011, 849, 852 hebt die Primärzuständigkeit der Polizei- und Ordnungsbehörden und des Betreuungsgerichts besonders hervor, da die Gewährung des Lebensschutz des Schuldners und seiner Angehörigen nicht Aufgabe des Vollstreckungsgerichts sei; so deutlich BGH, Rpfleger 2008, 212 = NJW 2008, 586 = FamRZ 2008, 403; kritisch hierzu *Seifert*, Rpfleger 2015, 237, der die Lösungsansätze des BGH als unpraktikabel ablehnt.
87 BGH, NJW 2011, 2807 = WM 2011, 1604 = FamRZ 2011, 1504; anders *Schmidt-Räntsch*, ZfIR 2011, 849, 854, der bei einem Ausfall der an sich zuständigen Stellen das Vollstreckungsgericht weiter in der Pflicht sieht, das Untätigbleiben zu kompensieren.

der Rechtskraft des Zuschlagsbeschlusses als solchen, darf der Zuschlag nicht erteilt werden. Die Gerichte haben sorgfältig zu prüfen, ob der Gefahr der Selbsttötung nicht auf andere Weise als durch Einstellung der Zwangsvollstreckung wirksam begegnet werden kann. Im Ausnahmefall ist auch eine befristete Einstellung ohne Auflagen zulässig. Auflagen können nur dann gemacht werden, wenn eine Erfolgsaussicht – sei sie auch noch so gering – besteht. Daran fehlt es, wenn der Schuldner selbst keine Krankheitseinsicht hat und eine Therapie gegen seinen Willen nicht angezeigt ist."[88]

> Nach dem Sachverhalt fing die Problematik bereits in der Zwangsverwaltung an. In der Zwangsverwaltung wird eine Räumungsanordnung nach § 149 Abs. 2 ZVG erlassen. Die eingeleitete Räumungsvollstreckung stellt das Vollstreckungsgericht im Jahr 2012 bis zum 31.12.2012 aufgrund einer Suizidgefährdung des Schuldners einstweilen ein. Auf eine Beschwerde des Schuldners stellt das Landgericht danach am 26.9.2013 die Zwangsvollstreckung aus dem Räumungsbeschluss bis zum 26.3.2014 ein, um dem Vollstreckungsgericht die Gelegenheit zu geben, ein Betreuungsverfahren einzuleiten. Das Betreuungsgericht richtet eine Betreuung jedoch nicht ein, weil der Schuldner dies in freier Willensbestimmung ablehnt. Am 14.1.2014 wird im parallel laufenden Versteigerungsverfahren der Zuschlag erteilt. Auf Beschwerde des Schuldners hebt das LG den Beschluss wieder auf und stellt die Zwangsversteigerung bis zum 5.5.2015 einstweilen ein. Unstreitig ist der Schuldner aufgrund einer depressiven Anpassungsstörung ernsthaft suizidgefährdet, und zwar durch den Eintritt der Rechtskraft des Zuschlagsbeschlusses als solchen (so die ärztliche Begründung). Zwei beauftragte Gutachter sehen eine akute und ernsthafte Suizidgefahr, wenn der Eigentumsverlust in letzter Instanz bestätigt wird (!).

Der BGH bleibt auch mit diesem Sachverhalt seiner bisherigen Linie treu, geht aber noch deutlich darüber hinaus. Er führt aus, dass mögliche in Betracht kommende Maßnahmen die Art und Weise, wie die Zwangsvollstreckung durchgeführt wird, betreffen. In Betracht kommen die Ingewahrsamnahme des suizidgefährdeten Schuldners nach polizeirechtlichen Vorschriften oder dessen Unterbringung nach den einschlägigen Landesgesetzen sowie die betreuungsrechtliche Unterbringung (§ 1906 BGB). Der Verweis auf die für den Lebensschutz primär zuständigen Behörden und Gerichte ist verfassungsrechtlich allerdings nur tragfähig, wenn diese entweder Maßnahmen zum Schutz des Lebens des Schuldners getroffen oder aber eine erhebliche Suizidgefahr gerade für das diese Gefahr auslösende Moment (Rechtskraft des Zuschlagsbeschlusses oder Räumung) nach sorgfältiger Prüfung abschließend verneint haben. Steht indessen fest, dass derartige Maßnahmen nicht geeignet sind, der mit der Fortsetzung des Verfahrens für den Schuldner verbundenen Gefahr einer Selbsttötung wirksam zu begegnen, oder führte die Anordnung der Unterbringung aller Voraussicht nach zu einer bloßen Verwahrung auf Dauer, so ist das Verfahren einzustellen. Die Einstellung ist zu befristen und mit Auflagen zu versehen, die das Ziel haben, die Gesundheit des Schuldners wiederherzustellen. Im Ergebnis verbleibt im konkreten Fall nur der von dem Beschwerdegericht beschrittene Weg, die Zwangsvollstreckung auf Zeit einzustellen, um nach Ablauf dieser Zeit zu überprüfen, ob und gegebenenfalls unter welchen Bedingungen der Vollstreckung Fortgang gegeben werden kann. Dem Schuldner aufzugeben, fortwährend an der Verbesserung seiner seelischen Gesundheit zu arbeiten und dies laufend nachzuweisen, ist in dem vorliegenden Ausnahmefall nicht sinnvoll. Auf-

---

88 BGH, Beschluss vom 12.11.2014, V ZB 99/14, Rpfleger 2015, 217; hierzu auch *Schmid*, ZfIR 2014, 838.

lagen können nur dann gemacht werden, wenn eine Erfolgsaussicht – sei sie auch noch so gering – besteht. Daran fehlt es hier; denn der Schuldner selbst hat keine Krankheitseinsicht und beide Gutachter halten eine Therapie gegen seinen Willen nicht für angezeigt. Das Fazit dieser Entscheidung ist auch klar. Verfahren dieser Art bleiben auf unbestimmte Zeit eingestellt, der Schuldner verbleibt im Haus, Zinsen werden keine an den Gläubiger gezahlt. Verlierer sind die Gläubiger, aber letztlich auch die Justiz (Staat).

38 Allein die Tatsache, dass der Schuldner bei einer früheren einstweiligen Einstellung gegen Auflagen diesen nicht nachgekommen ist, steht dem nicht zwingend entgegen.[89] In Fällen dieser Art wird regelmäßig die Einstellung der Zwangsvollstreckung für zunächst eine begrenzte Zeit ausreichen. Soweit die fraglichen Umstände ihrer Natur nach aber keiner Änderung zum Besseren zugänglich sind, kann in einem noch engeren Kreis von Ausnahmefällen auch die Gewährung von Räumungsschutz **auf Dauer** geboten sein.[90]

d) Schutzbedürfnis des Gläubigers

39 Ein Urteil darüber, ob die Versteigerung wegen besonderer Umstände eine sittenwidrige Härte darstellt oder nicht, ist nur dann begründet, wenn das Schutzbedürfnis des Gläubigers in vollem Umfange ebenfalls berücksichtigt wird. Es genügt nicht, die Interessen von Schuldner und Gläubiger gegeneinander abzuwägen.[91] Der Gläubiger hat vielmehr grundsätzlich ein schutzwürdiges Interesse an der Vollstreckung, sobald er einen Vollstreckungstitel erwirkt hat.[92] Dem Gläubiger darf deswegen nicht zugemutet werden, die Aufgaben der Sozialbehörde zu übernehmen.[93] Das Verfahren ist daher nur dann einzustellen, wenn die für und gegen die Vollstreckung sprechenden Interessen von Gläubiger und Schuldner sich krass missverhalten. Dabei müssen die Umstände eindeutig zugunsten des Schuldners sprechen, den auch die Beweislast für das Vorliegen der Voraussetzungen trifft.[94]

5. Entscheidung des Gerichts
a) Erlass des Beschlusses

40 Das Gericht hat grundsätzlich vor seiner Entscheidung dem Gläubiger Gelegenheit zur Äußerung zugeben. Nur so kann dessen Schutzbedürfnis gewürdigt werden. Die Entscheidung ergeht aufgrund mündlicher Verhandlung oder schriftlich, § 764 Abs. 3 ZPO, durch Beschluss, der zu begründen ist. Der Beschluss ist dem Schuldner und auf dem Gläubiger zuzustellen, § 329 Abs. 3 ZPO. Möglicher Inhalt der Entscheidung:

- **einstweilige Einstellung der Zwangsvollstreckung.** Sie kann mit bzw. ohne Sicherheitsleistung erfolgen. Das Gericht hat eventuelle Auflagen, Bedingungen, Befristungen konkret anzugeben. Nach allgemeiner Auffassung kann die Vollstreckungseinstellung auch mit Zahlungsauflagen an den

---

89 BVerfG, NJW 2004, 49.
90 BVerfG, Rpfleger 2005, 614 = FamRZ 2005, 1972 = InVo 2005, 494; BVerfG, NJW 1998, 295 = InVo 1998, 103; OLG Rostock, InVo 1996, 276 = OLGR 1996, 211.
91 *Scholz*, ZMR 1986, 227.
92 OLG Nürnberg, KTS 1985, 759.
93 OLG Düsseldorf, DGVZ 1986, 116; OLG Frankfurt, Rpfleger 1981, 24.
94 Steiner/*Storz*, § 30a Rdn. 96; *Stöber*, ZVG Einl. 58.2.

Schuldner verbunden werden. Die Vorschrift des § 850c ZPO ist dabei allenfalls entsprechend anwendbar.
- **Aufhebung der bereits erfolgten Zwangsvollstreckung.** Jedoch erfolgt dies wegen des mit der Aufhebung eintretenden unwiederbringlichen Rangverlustes bzw. Wegfalls der Beschlagnahmewirkung erst nach Rechtskraft des Beschlusses.
- **Untersagung zukünftiger konkreter Zwangsvollstreckungsmaßnahmen auf Dauer.** Insoweit steht schon der Wortlaut des § 765a ZPO dem immer wieder zu lesenden „Grundsatz", § 765a ZPO ermögliche nur eine zeitlich begrenzte Regelung, entgegen[95].

b) Aufhebung/Änderung des Beschlusses

Gemäß § 765a Abs. 4 ZPO kann das Vollstreckungsgericht den erlassenen Beschluss auf Antrag des Gläubigers/Schuldners bei Änderung der Sachlage oder arglistiger Einwirkung im Hinblick auf die Entscheidung **abändern**, und zwar auch dann, wenn das LG/OLG den Beschluss erlassen hat, der Beschluss rechtskräftig ist oder ein Rechtsbehelf gegen die Entscheidung eingelegt wurde. Eine Änderung der Sachlage liegt bei einer Änderung der Entscheidung zugrunde liegenden Tatsachen vor, also bei nach Erlass des Beschlusses entstandenen oder zwar zuvor entstandenen Tatsachen, die aber vom Antragsteller seinerzeit noch nicht geltend gemacht werden konnten.[96]

41

c) Vorläufige Maßnahmen

Einstweiliger Rechtsschutz bzw. vorläufige Maßnahmen kann das Gericht gemäß § 765a Abs. 1 S. 2, § 732 Abs. 2 ZPO in Form einer einstweiligen Anordnung erlassen, wenn entsprechende Tatsachen glaubhaft gemacht sind.[97]

42

Rechtsbehelf hiergegen ist die befristete Erinnerung gemäß § 11 Abs. 2 RPflG, weil gegen eine entsprechende Entscheidung des Richters ein Rechtsmittel nach h.M.[98] nicht zulässig ist.

43

6. Verhältnis zu § 30a

Nach h.M.[99] steht § 765a ZPO neben den §§ 30a bis d und ist nicht lediglich subsidiär anwendbar. Beide Einstellungsmöglichkeiten müssen beantragt werden und haben unterschiedliche Voraussetzungen. Es liegt daher nicht in jedem Antrag auf Vollstreckungsschutz nach § 30a zugleich ein Antrag nach § 765a ZPO. Nur wenn sich aus dem Schuldnerantrag Sachverhalte ergeben, die sich unter § 765a ZPO subsumieren lassen, kann konkludent ein Antrag nach § 765a ZPO gestellt sein.[100]

44

---

95 Vgl. auch BVerfG, Rpfleger 2005, 614 = InVo 2005, 1972; BVerfG NJW 1998, 295; OLG Rostock, InVo 1996, 276 = OLGR 1996, 21.
96 OLG Saarbrücken, Rpfleger 2003, 37 = InVo 2003, 254; MünchKomm/*Heßler*, ZPO § 765a Rdn. 99, 100; Zöller/*Stöber*, § 765a Rdn. 29; nach Baumbach/*Hartmann*, § 765a Rdn. 43 ist es unerheblich, dass der Schuldner den Grund hätte angeben können.
97 *Böttcher*, § 30a Rdn. 50.
98 BGH, NJW 2004, 2224; *Hintzen/Wolf*, Rdn. 8.371; a.A., aber nicht richtig, *Böttcher*, § 30a Rdn. 57.
99 Steiner/*Storz*, § 30a Rdn. 69; *Stöber*, ZVG Einl. 61.2.
100 *Schneider*, MDR 1983, 546.

VI. Rechtsbehelf

45 Gegen die Entscheidung des Vollstreckungsgerichts nach § 30a, auch gem. § 765a ZPO, die stets nach Anhörung des Gläubigers ergeht, ist je nach der Beschwer bei Einstellung des Verfahrens oder Antragszurückweisung die sofortige Beschwerde gegeben, § 11 Abs. 1 RPflG, § 793 ZPO.[101] Der Rechtspfleger hat die Abhilfe zu prüfen, § 572 Abs. 1 S. 1 ZPO. Nach Nichtabhilfe ist der Vorgang dem Beschwerdegericht vorzulegen.

46 Eine weitere Beschwerde ist unzulässig, § 30b Abs. 3 S. 2.[102] An die Stelle der früheren weiteren Beschwerde ist die **Rechtsbeschwerde** getreten, §§ 574 bis 577 ZPO. Über die Rechtsbeschwerde entscheidet der BGH, § 133 GVG. Die Rechtsbeschwerde ist nur statthaft, wenn dies im Gesetz ausdrücklich bestimmt ist oder das Beschwerdegericht, das Berufungsgericht oder das Oberlandesgericht im ersten Rechtszug sie in dem Beschluss zugelassen hat. Sofern das Gesetz die Rechtsbeschwerde ausdrücklich vorsieht oder die Rechtsbeschwerde zugelassen wird, ist sie allerdings nur zulässig, wenn die Rechtssache grundsätzliche Bedeutung hat[103] oder der Fortbildung des Rechts[104] oder der Sicherung einer einheitlichen Rechtsprechung dient[105] und somit eine Entscheidung des Rechtsbeschwerdegerichts erfordert, § 574 Abs. 1, 2, 3 ZPO (bei Abweichen des Beschwerdegerichts von der ständigen höchstrichterlichen Rechtsprechung und sofern die Gefahr einer Wiederholung besteht, ist der Zulassungsgrund „Sicherung einer einheitlichen Rechtsprechung" gegeben).[106]

47 Die Rechtsbeschwerde ist begründet, wenn entweder eine Verletzung des Bundesrechts vorliegt, auf der die Entscheidung des Beschwerdegerichts beruht, § 576 Abs. 1 ZPO, oder eine Gesetzesverletzung oder ein absoluter Revisionsgrund gem. § 576 Abs. 3, §§ 546, 547 ZPO vorliegt. Die **außerordentliche Beschwerde** bei greifbarer Gesetzeswidrigkeit ist nicht mehr statthaft. Bei greifbarer Gesetzwidrigkeit hat das Gericht, das die angefochtene Entscheidung erlassen hat, diese auf fristgebundene **Gegenvorstellung** zu korrigieren. Wird ein Verfassungsverstoß nicht beseitigt, kommt allein die Verfassungsbeschwerde in Betracht.[107] Da das ZVG keine ausdrückliche Zulassung der Rechtsbeschwerde vorsieht, muss diese durch das Beschwerdegericht oder ggf. durch das Rechtsbeschwerdegericht zugelassen werden. Eine **Nichtzulassungsbeschwerde** ist nicht möglich, da das Gesetz diese nicht vorsieht. Gemäß § 575 Abs. 1 S. 1 ZPO ist die Rechtsbeschwerde binnen einer Notfrist von einem Monat nach Zustellung des Beschlusses durch Einreichen einer Beschwerdeschrift eines beim BGH zugelassenen Rechtsanwalts[108] beim Rechtsbeschwerdegericht einzulegen. Der Inhalt der Beschwerdeschrift ergibt sich aus § 575 ZPO. Eine Abhilfe des Beschwerdegerichts kommt nicht in Betracht. Der Rechtsbeschwerdeschrift soll gemäß § 575 Abs. 1 S. 3 ZPO eine Ausfertigung oder beglaubigte Abschrift der angefochtenen Entscheidung beigefügt werden.

---

101 Zöller/*Stöber*, § 765a Rdn. 23; Musielak/Voit/*Lackmann*, § 765a Rdn. 27; Schuschke/*Walker*, § 765a Rdn. 37; unklar Baumbach/*Hartmann*, § 765a Rdn. 35.
102 *Böttcher*, § 30b Rdn. 18 m.w.N.
103 Hierzu BGH, NJW 2002, 3029.
104 BGH, WM 2010, 237.
105 Hierzu BGH, NJW 2002, 2945; NJW 2002, 2473.
106 BGH, NJW 2002, 3783.
107 BGH, ZInsO 2002, 380.
108 BGH, NJW-RR 2002, 1721; Rpfleger 2002, 368.

VII. Kosten

Eine **Kostenentscheidung** ist nur notwendig, wenn die Kosten dem Gläubiger auferlegt werden (§ 788 Abs. 4 ZPO), sowie im Falle eines erfolglosen Rechtsmittels des Gläubigers;[109] ansonsten hat sie der Schuldner gem. § 788 Abs. 1 ZPO zu tragen.[110] 48

Die einzelnen Gebührentatbestände für die **Gerichtskosten** im Rahmen der Zwangsvollstreckung ergeben sich aus KV 2110–2124, die Auslagen aus KV 9000 ff. Nach GKG KV 2112 entsteht für das Verfahren über den Antrag auf Vollstreckungsschutz nach § 765a ZPO eine Gebühr von 20,- €. 49

Für den **Rechtsanwalt** gilt § 18 Abs. 1 Nr. 6 RVG. Die in § 18 RVG geregelten Ausnahmen stellen stets eine besondere und damit zusätzlich zu vergütende Angelegenheit dar. 50

---

109 OLG Köln, NJW-RR 1995, 1163 = Rpfleger 1996, 33; verfassungsrechtlich ist es unbedenklich, die Kosten eines erfolglosen Beschwerdeverfahrens dem Gläubiger als Beschwerdeführer aufzuerlegen, BVerfG, NJW-RR 2005, 936.
110 OLG Köln, NJW-RR 1995, 1163 = Rpfleger 1996, 33; KG, KGR 1994, 179 und OLG Düsseldorf, NJW-RR 1996, 637 – auch bei Erfolg des Schuldners erst in der Beschwerdeinstanz.

§ 30b »Antragsfrist auf einstweilige Einstellung; Entscheidung«

(1) ¹Die einstweilige Einstellung ist binnen einer Notfrist von zwei Wochen zu beantragen. ²Die Frist beginnt mit der Zustellung der Verfügung, in welcher der Schuldner auf das Recht zur Stellung des Einstellungsantrages, den Fristbeginn und die Rechtsfolgen eines fruchtlosen Fristablaufs hingewiesen wird. ³Der Hinweis ist möglichst zugleich mit dem Beschluß, durch den die Zwangsversteigerung angeordnet wird, zuzustellen.

(2) ¹Die Entscheidung über den Antrag auf einstweilige Einstellung des Verfahrens ergeht durch Beschluß. ²Vor der Entscheidung sind der Schuldner und der betreibende Gläubiger zu hören; in geeigneten Fällen kann das Gericht mündliche Verhandlung anberaumen. ³Der Schuldner und der betreibende Gläubiger haben ihre Angaben auf Verlangen des Gerichts glaubhaft zu machen.

(3) Gegen die Entscheidung ist die sofortige Beschwerde zulässig; vor der Entscheidung ist der Gegner zu hören.

(4) Der Versteigerungstermin soll erst nach Rechtskraft des die einstweilige Einstellung ablehnenden Beschlusses bekanntgegeben werden.

Übersicht	Rdn.
I. Allgemeines	1
II. Antrag und Belehrung (Abs. 1)	2
1. Belehrung	2
2. Form, Frist und Inhalt	3
3. Antragsrücknahme, Verzicht	4
III. Einstellungsverfahren (Abs. 2 S. 2, 3)	6
1. Verfahrensgrundsatz	6
2. Anhörung	7
3. Mündliche Verhandlung	8
4. Glaubhaftmachung	9
IV. Entscheidungen (Abs. 2 Satz 1, Abs. 4)	10
1. Beschluss	10
2. Zustellung	11
3. Wirkung	12
4. Versteigerungstermin	14
5. Überlegungen des Gläubigers	15
V. Rechtsbehelf	17

I. Allgemeines

1 § 30b enthält die Verfahrensregelungen zum Vollstreckungsschutz nach den §§ 30a, 30c und eingeschränkt auch zu § 30d. Der Anwendungsbereich entspricht dem des § 30a (hierzu → § 30a Rdn. 3). Um Verfahrensverzögerungen zu vermeiden, ist das Antragsrecht des Schuldners befristet.

II. Antrag und Belehrung (Abs. 1)
1. Belehrung

2 Der Schuldner ist über das Antragsrecht, den Fristablauf sowie die Folgen der Fristversäumnis zu belehren, § 30b Abs. 1 Satz 2. Eine besondere Form ist für die Belehrung nicht vorgeschrieben. Sie erfolgt in der Praxis formularmäßig. Die Be-

lehrung muss möglichst gleichzeitig mit dem Beschluss, durch den die Zwangsversteigerung angeordnet wird, formell zugestellt werden, § 30b Abs. 1 Satz 3. Sie ist für jeden Vollstreckungsschuldner und für jedes Einzelverfahren eines jeden betreibenden Gläubigers gesondert zu erteilen. Zu einem Fortsetzungsbeschluss muss ebenfalls belehrt werden, wenn noch ein Einstellungsantrag nach §§ 30a oder 30c möglich ist. Der Schuldner hat allerdings kein erneutes Antragsrecht gem. §§ 30a, 30b, wenn ein auf Bewilligung des Gläubigers gem. § 30 eingestelltes Verfahren auf Antrag des Gläubigers fortgesetzt wird.[1] Wird die notwendige Belehrung unterlassen, beginnt die Notfrist von zwei Wochen, in der die Einstellung beantragt werden muss, nicht zu laufen. Die unterbliebene Belehrung über das Recht, einen Einstellungsantrag zu stellen, steht der Erteilung des Zuschlags grundsätzlich nicht entgegen.[2]

2. Form, Frist und Inhalt

Das Verfahren wird nur auf Antrag eingestellt.[3] Der Antrag ist nur binnen einer **Notfrist** von zwei Wochen zulässig, die grundsätzlich weder verlängert noch verkürzt werden kann. Nach Fristablauf ist ein zu spät eingegangener Antrag als unzulässig zurückzuweisen.[4] Eine Wiedereinsetzung in den vorigen Stand ist möglich, §§ 230 bis 238 ZPO. Die Frist beginnt mit der Zustellung der Belehrung über das Antragsrecht. Der Antrag muss bei dem Vollstreckungsgericht, das den Anordnungs-, Beitritts- oder Fortsetzungsbeschluss erlassen hat, fristgerecht eingehen. Wird der Antrag bei einem unzuständigen Gericht eingereicht, wird die Frist nicht gewahrt.[5] Eine besondere **Form** ist für den Antrag nicht vorgeschrieben, er kann mündlich, schriftlich, elektronisch (§ 130a ZPO) oder zu Protokoll des Gerichts beantragt werden. Die Erklärung muss bei großzügiger Auslegung erkennen lassen, welches Verfahren betroffen ist (also welches Einzelverfahren oder auch welches Grundstück bei der Versteigerung mehrerer Grundstücke) und das Vollstreckungsschutz erstrebt wird. Antragsberechtigt ist der Schuldner, gegen den sich die Vollstreckung richtet. Bei mehreren Schuldnern kann jeder die Einstellung des Verfahrens selbstständig beantragen. Bei in Gütergemeinschaft lebenden Ehegatten sind beide Ehegatten antragsberechtigt, auch wenn das Verwaltungsrecht einem Ehegatten allein zusteht. Der nicht verwaltende Ehegatte, gegen den ein Leistungs- oder Duldungstitel nicht vorliegt, ist zur Beantragung von Vollstreckungsschutz im eigenen Namen jedenfalls dann berechtigt, wenn die Eheleute im Streit leben und zu besorgen ist, dass der verwaltungsberechtigte Ehegatte aus einer ihm gegenüber unsachlichen Einstellung einen Vollstreckungsschutzantrag nicht stellt.[6]

3. Antragsrücknahme, Verzicht

Solange noch nicht über den Vollstreckungsschutzantrag entschieden ist, kann der Schuldner ihn zurückzunehmen.[7] Vollstreckungsschutz wird nicht von Amts wegen, sondern nur auf Antrag gewährt.

---

1 LG Münster, JurBüro 2010, 496.
2 BGH, Rpfleger 2009, 403 = WM 2009, 903 = NJW-RR 2009, 1429.
3 BVerfG, NJW 1983, 559 = Rpfleger 1983, 80.
4 *Stöber*, ZVG § 30b Rdn. 3.4.
5 *Stöber*, ZVG § 30b Rdn. 3.3; *Böttcher*, § 30b Rdn. 3.
6 LG Zweibrücken, Rpfleger 1995, 222; *Böttcher*, § 30a Rdn. 8.
7 *Stöber*, ZVG § 30b Rdn. 4.7.

5   Umstritten ist, ob und inwieweit der Schuldner im Voraus auf Vollstreckungsschutz verzichten kann.[8] Unwirksam ist der Vorausverzicht, wenn er bereits bei der Kreditgewährung erklärt wird.[9] Nach Beginn der Vollstreckung ist der Vorausverzicht wirksam, sofern aus der Erklärung ersichtlich ist, dass sich der Schuldner der Aufgabe seines Rechtes bewusst ist.[10] Die Belehrung über den Vollstreckungsschutz muss nicht abgewartet werden.

III. Einstellungsverfahren (Abs. 2 S. 2, 3)

1. Verfahrensgrundsatz

6   Die Zwangsversteigerung zählt nicht zu den Verfahren, in denen das Gericht den Sachverhalt von Amts wegen aufzuklären bzw. zu erforschen hat. Dies gilt auch für das Vollstreckungsschutzverfahren.[11] Der Schuldner muss deswegen seinen Antrag begründen sowie die Tatsachen glaubhaft machen, welche seinen Einstellungsantrag stützen und welche gegen eine Zahlungsanordnung oder eine Auflage nach § 30a Abs. 3 bis 5 sprechen. Dem Gläubiger obliegt der Vortrag und Beweis hinsichtlich der Tatsachen, die einer Einstellung entgegenstehen und eine Zahlungsanordnung oder Auflage gebieten. Das Gericht ermittelt nicht von Amts wegen. Das Vollstreckungsgericht hat darauf hinzuwirken, dass sich Schuldner und Gläubiger über alle erheblichen Tatsachen vollständig erklären und sachdienliche Anträge stellen, §§ 869, 139 ZPO.

2. Anhörung

7   Vor der Entscheidung über den Vollstreckungsschutzantrag sind dem Schuldner und Gläubiger jeweils rechtliches Gehör zu gewähren, § 30b Abs. 2 Satz 2. Den Beteiligten muss ausreichend Gelegenheit gegeben werden, sich zu formellen und materiellen Voraussetzungen des Vollstreckungsschutzantrages zu äußern. Bringt einer der Beteiligten neue erhebliche Tatsachen oder Beweismittel vor, ist der Gegner hierzu wiederum zu hören. Ob sich die Beteiligten überhaupt oder rechtzeitig äußern, ist hierbei nicht relevant. Trägt der Schuldner nur ungenügend zu notwendigen Einstellungsvoraussetzungen vor, kann er im Einzelfall zur Ergänzung aufzufordern sein. Dies kommt etwa dann in Betracht, wenn der Schuldner in Rechtsangelegenheiten also wenig gewandt erscheint.[12]

3. Mündliche Verhandlung

8   Über den Einstellungsantrag muss nicht mündlich verhandelt werden, §§ 869, 764 Abs. 3 ZPO. In der Praxis wird regelmäßig im schriftlichen Verfahren entschieden. Das Vollstreckungsgericht kann jedoch jederzeit nach pflichtgemäßem Ermessen eine mündliche Verhandlung anberaumen, § 30b Abs. 2 Satz 2.

4. Glaubhaftmachung

9   Soweit der Sachvortrag von Schuldner und Gläubiger nicht bei Gericht offenkundig, § 291 ZPO, nicht zugestanden, § 288 ZPO oder nicht unstreitig, § 138

---

8   Für einen Verzicht: LG Mannheim, MDR 1963, 226; LG Münster, MDR 1958, 922; dagegen: OLG Hamm, NJW 1960, 104; LG Limburg, NJW 1958, 597.
9   Steiner/Storz, § 30a Rdn. 34; Stöber, ZVG Einl. 57.3 und § 30a Rdn. 8.
10 Steiner/Storz, § 30a Rdn. 34.
11 So auch Stöber, ZVG § 30b Rdn. 4.1.
12 Ähnlich Stöber, ZVG § 30b Rdn. 4.3.

Abs. 3 ZPO ist, **kann** das Gericht verlangen, dass die Angaben glaubhaft gemacht werden. Die Ablehnung des Antrages des Schuldners kann aber nur dann auf eine fehlende Glaubhaftmachung gestützt werden, wenn diese zuvor vom Schuldner verlangt worden ist.[13] Zugelassen sind hierbei alle Beweismittel, auch die eidesstattliche Versicherung, § 294 Abs. 1 ZPO.[14] Wird der Antrag erst im Versteigerungstermin oder kurz davor gestellt, muss sofort glaubhaft gemacht werden.[15] Ansonsten würdigt das Gericht die tatsächlichen Behauptungen nach freier Überzeugung, § 286 ZPO.

IV. Entscheidungen (Abs. 2 Satz 1, Abs. 4)
1. Beschluss

Das Gericht entscheidet über den Vollstreckungsschutzantrag durch Beschluss, § 30b Abs. 2 Satz 1. Der Beschluss ist unverzüglich zu erlassen, sobald Entscheidungsreife gegeben ist. Der verfassungsrechtliche Anspruch auf effektiven Rechtsschutz gebietet eine zügige Entscheidung, ein Liegenlassen oder Zurückstellen bis zum Zuschlag kann verfassungswidrig sein.[16] Der Beschluss ist zu begründen.[17] Der Antrag kann als unzulässig, weil z.B. verspätet, oder als unbegründet zurückgewiesen werden. Ist der Antrag zulässig und begründet, ist das Einzelverfahren auf bestimmte Zeit, längstens aber auf die Dauer von sechs Monaten einzustellen, § 30a Abs. 1. Ist im Beschluss keine Zeit bestimmt, ist das Verfahren dennoch nur auf die Dauer von sechs Monaten, gerechnet ab dem Beschlussdatum, einstweilen eingestellt. Der Einstellungsbeschlusses kann mit Zahlungsbedingungen oder sonstigen Auflagen verbunden werden, § 30a Abs. 3 bis 5 (hierzu → § 30a Rdn. 15 ff.). Erfolgt die Entscheidung erst nach Schluss der Versteigerung, § 73 Abs. 2, ist das Verfahren nicht einzustellen, sondern der Zuschlag ist zu versagen, § 33. Die Einstellung kann einmal wiederholt werden, § 30c. 10

2. Zustellung

Auch wenn der Beschluss in einer mündlichen Verhandlung verkündet ist, muss er, damit die Beschwerdefrist in Gang gesetzt wird, zugestellt werden, § 32. Die Zustellung an den Schuldner, Gläubiger bzw. deren Prozessbevollmächtigte erfolgt von Amts wegen, § 3. Eine Zuschlagsversagung wird lediglich verkündet, der Beschluss wird nicht zugestellt, § 87 Abs. 1, § 88. Nach Einstellung wird das Verfahren nur auf Antrag des Gläubigers fortgesetzt. Hierüber ist der Gläubiger zu belehren, § 31 Abs. 3. Wird der Vollstreckungsschutzantrag zurückgewiesen, ist er dem Schuldner zuzustellen, dem Gläubiger wird der lediglich mitgeteilt, § 329 Abs. 2 ZPO. 11

3. Wirkung

Eingestellt wird stets nur das betroffene Einzelverfahren. Dennoch können sich aus den allgemeinen Grundsätzen der Versteigerung Auswirkungen auf die 12

---

13 LG Rostock, InVo 2003, 343.
14 OLG Hamm, NJW 1958, 834; OLG Koblenz, NJW 1955, 148; *Böttcher*, § 30b Rdn. 5.
15 OLG Koblenz, NJW 1955, 148.
16 BVerfGE 49, 220 = Rpfleger 1979, 296; anders bei einem Antrag nach § 765a ZPO, der erst kurz vor dem Zuschlag gestellt wird, OLG Karlsruhe, Rpfleger 1995, 471.
17 OLG Celle, Rpfleger 1967, 20.

Gesamtversteigerung ergeben (z.B. bei einer Einstellung des bestrangig betreibenden Gläubigers im Versteigerungstermin mit Auswirkungen auf das geringste Gebot)[18]. Vor Ablauf der Notfrist kann der Vollstreckungsschutzantrag wiederholt und mit neu eingetretenen Tatsachen begründet werden.[19] Der Antrag wird nicht dadurch gegenstandslos, dass vor einer Entscheidung hierüber das Verfahren bereits aus einem anderen Grund, etwa nach § 30 oder § 765a ZPO, eingestellt wird. Nach Fortsetzung des Verfahrens hat das Gericht dann über den noch nicht erledigten Vollstreckungsschutzantrag zu entscheiden.

13 Eine rechtskräftige Entscheidung über den Vollstreckungsschutzantrag bindet das Gericht für das weitere Verfahren. Sie kann daher auch im Zusammenhang mit dem Zuschlagsbeschluss entgegen § 79 nicht revidiert werden.

4. Versteigerungstermin

14 Erst nach rechtskräftiger Ablehnung des Vollstreckungsschutzantrags **soll** der Versteigerungstermin bestimmt werden. In der Praxis wird zu diesem Zeitpunkt zunächst der Sachverständige mit der Ermittlung des Verkehrswertes beauftragt. Eine Verletzung dieser Soll-Vorschrift begründet regelmäßig keinen Zuschlagsversagungsgrund, es sei denn, schutzwürdige Belange des Schuldners sind beeinträchtigt worden.[20] Dies kann aber nur dann der Fall sein, wenn das Recht des Schuldners verletzt wurde, die Versteigerung auch tatsächlich im Sinne des § 30a verhindern zu können. Von der Anwendung nach Abs. 4 kann daher abgesehen werden, wenn sich eine Durchführung der Versteigerung auch dann nicht vermeiden lässt, wenn das „Einzelverfahren" eines Gläubigers eingestellt wird, das Verfahren aufgrund eines oder mehrerer weiterer Gläubigeranträge aber dennoch weiter zu führen ist (Prinzip Gesamtverfahren).

5. Überlegungen des Gläubigers

15 Die gerichtliche Praxis zeigt, dass es in vielen Fällen dem Schuldner nur darauf ankommt, durch den Einstellungsantrag das Zwangsversteigerungsverfahren zu verzögern. Vielfach bedienen sich Schuldner hierbei professioneller Hilfe (Versteigerungsverhinderer)[21]. Infolge der zwingend vorgeschriebenen Anhörungen und der Rechtsmittelmöglichkeiten kann die zeitliche Verzögerung länger andauern, als die auf 6 Monate befristete Einstellungsdauer.

16 Einstellungsanträge und Rechtsmittel gegen die Zurückweisung werden nur dann als unzulässig angesehen, wenn sich aus den Umständen häufiger Wiederholung, Fristverlängerungsgesuchen, Nichtvorlage der zugesandten Begründung usw. ergibt, dass nicht Rechtsschutz gesucht wird, sondern das Verfahren verschleppt werden soll.[22] Der Gläubiger ist daher oftmals besser beraten, dem Vollstreckungsschutzantrag nicht entgegen zu treten.[23] Stattdessen wird er beantragen, die Einstellung von bestimmten Auflagen abhängig zu machen und eventuell für einen Zeitraum von weniger als sechs Monaten zu befristen. Da der Schuldner erfahrungsgemäß schon die zweite Zahlung nicht mehr leistet, kann das Verfahren

---

18   Hierzu *Hintzen/Wolf*, Rdn. 11.342 ff.
19   *Steiner/Storz*, § 30b Rdn. 47.
20   BGH, Rpfleger 2009, 403 = WM 2009, 903 = NJW-RR 2009, 1429.
21   Hierzu *Ertle*, Rpfleger 2003, 14 und *Klawikowski*, Rpfleger 2008, 404.
22   LG Trier, Rpfleger 1991, 70.
23   *Storz/Kiderlen*, ZVG B 3.1.3; TH 3.1.4.2; *Hintzen/Wolf*, Rdn. 11.350.

so frühzeitiger fortgesetzt werden, als wenn der Schuldner das Verfahren durch Einlegung von Rechtsbehelfen verzögert.

V. Rechtsbehelf

Wird mit der Einstellung eine unrichtige Belehrung verbunden, kann hiergegen Erinnerung eingelegt werden, § 766 ZPO. 17

Gegen die Einstellung oder deren Ablehnung sind die üblichen Rechtsbehelfe gegeben. Für den Gläubiger ist gegen den Einstellungsbeschluss die sofortige Beschwerde zulässig, sofern er vorher angehört wurde, wovon zwingend auszugehen ist (§ 30b Abs. 2 Satz 2), § 11 Abs. 1 RPflG, § 30b Abs. 3. Gerichtet sein kann die Beschwerde gegen besondere Auflagen, deren Ablehnung oder die Dauer der Einstellung. Die Frist für die sofortige Beschwerde beginnt mit der Zustellung der Entscheidung. 18

Unter den Voraussetzungen des § 574 Abs. 1 Nr. 2, Abs. 3 ZPO ist gegen die Entscheidung des Beschwerdegerichts die **Rechtsbeschwerde** möglich (hierzu → § 30a Rdn. 46). 19

§ 30c »Erneute Einstellung«

¹War das Verfahren gemäß § 30a einstweilen eingestellt, so kann es auf Grund des § 30a einmal erneut eingestellt werden, es sei denn, daß die Einstellung dem Gläubiger unter Berücksichtigung seiner gesamten wirtschaftlichen Verhältnisse nicht zuzumuten ist. ²§ 30b gilt entsprechend.

I. Allgemeines

1 Die Vorschrift war früher § 30d und wurde als § 30c neu gefasst und eingefügt zum 1.1.1998 gemäß Art. 20 Nr. 2 in Verbindung mit Art. 110 Abs. 1 des EGInsO vom 5.10.1994 (BGBl I 2911). Durch das Zweite Gesetz zur Modernisierung der Justiz (2. JuModG) vom 22. Dezember 2006 (BGBl I 3416) wurde der bisherige Absatz 2 aufgehoben (hierzu → Rdn. 10). Zum Zeitpunkt des Inkrafttretens vgl. § 186.

2 Damit die Versteigerung nicht verschleppt werden kann, ist die Anzahl möglicher Einstellungen desselben Einzelverfahrens auf Antrag des Schuldners, § 30a, beschränkt. Das Einzelverfahren kann nur einmal erneut auf Antrag des Schuldners eingestellt werden, sodass die Höchstdauer der Einstellungen auf maximal ein Jahr begrenzt ist.

II. Einstellungsvoraussetzungen
1. Erneute Einstellung

3 Nach dem Gesetzeswortlaut kann das Verfahren nur dann erneut eingestellt werden, wenn es zuvor gemäß § 30a eingestellt war. Gegen einen Anordnungs- oder Beitrittsbeschluss muss somit erfolgreich Vollstreckungsschutz nach § 30a beantragt sein. Wird das eingestellte Einzelverfahren auf Antrag fortgesetzt, kann gegen den Fortsetzungsbeschluss erneut Vollstreckungsschutz nach § 30a beantragt werden, § 30c Abs. 1 Satz 1.

4 Wird der Vollstreckungsschutzantrag nach § 30a als unzulässig, weil verspätet[1], oder unbegründet[2] zurückgewiesen, kann der Schuldner vor der Vollstreckung nicht mehr nach § 30a geschützt werden.[3] Gemessen am Zweck des Gesetzes ist das Abstellen auf den Wortsinn zu eng.[4] Der Gläubiger wird nicht gegen eine bestimmte Anzahl von Vollstreckungsschutzanträgen geschützt. Er muss es vielmehr hinnehmen, dass das Einzelverfahren insgesamt zweimal eingestellt werden kann, wenn deren Voraussetzungen vorliegen.

5 Nach Sinn und Zweck des Gesetzes ergibt sich daher, dass der Vollstreckungsschutzantrag nach § 30a nicht nur gegen jeden Anordnungs- oder Beitrittsbeschluss, sondern auch gegen jeden Fortsetzungsbeschluss gestellt werden kann.[5]

6 Eine erneute Verfahrenseinstellung ist möglich, wenn die Voraussetzungen des § 30a wiederum vorliegen. Einstellungen nach beiden Bestimmungen werden aufeinander angerechnet. Verfahrenseinstellungen aufgrund anderer Vorschriften verbrauchen dagegen den Vollstreckungsschutz nach § 30a nicht.[6] Sie lassen einen gestellten Vollstreckungsschutzantrag auch nicht gegenstandslos werden.

---

1 LG Nürnberg-Fürth, Rpfleger 1983, 256; *Stöber*, ZVG § 30c Rdn. 2.3.
2 *Stöber*, ZVG § 30c Rdn. 2.3.
3 *Böttcher*, § 30c Rdn. 15.
4 *Schiffhauer*, Rpfleger 1983, 256 in Anm. zu LG Nürnberg-Fürth, Rpfleger 1983, 256.
5 LG Aachen, MDR 1987, 683; Steiner/*Storz*, § 30d (a.F.) Rdn. 16.
6 *Böttcher*, § 30c Rdn. 1.

2. Belehrung

Wird das eingestellte Verfahren auf Antrag des Gläubigers fortgesetzt, muss der Schuldner zugleich mit Erlass des Fortsetzungsbeschlusses über sein Antragsrecht zur erneuten Einstellung belehrt werden, § 30c Satz 2 unter Verweis auf § 30b. Erst mit der Zustellung des Hinweises, in welcher der Schuldner auf das Recht zur Einstellung, den Fristbeginn und die Rechtsfolgen eines fruchtlosen Fristablaufes hingewiesen wird, beginnt die **Notfrist** von zwei Wochen zulaufen. 7

3. Sachliche Voraussetzungen

Die weiteren Voraussetzungen ergeben sich bei einem Antrag des Schuldners aus § 30a. Für die Antragstellung, die Sanierungsfähigkeit, die Billigkeit und die Zumutbarkeit für den Gläubiger kann daher auf § 30a verwiesen werden. Aus der Wiederholung der Zumutbarkeit der Einstellung für den Gläubiger in Satz 1 wird gefolgert, die schutzwürdigen Gläubigerbelange seien stärker und umfassender zu berücksichtigen als bei der ersten Einstellung.[7] Ob der Gesetzgeber dies tatsächlich so zum Ausdruck bringen wollte, muss bezweifelt werden, eher dürfte es sich um eine reine Wiederholung aus § 30a Abs. 2 handeln. Grundsätzlich wird die Einstellung dem Gläubiger weniger zumutbar, wenn schon eine Einstellung erfolgt ist oder damit verbundene Auflagen nicht erfüllt werden.[8] 8

4. Einstellungsverfahren

Für die Behandlung des Vollstreckungsschutzantrags durch das Vollstreckungsgericht gilt § 30b entsprechend, § 30c Satz 1. Insoweit wird auf die zu beachtenden Verfahrensgrundsätze, die Anhörung, die mögliche mündliche Verhandlung, die Glaubhaftmachung, Rechtsbehelfe sowie die Verfahrensfortsetzung durch den Gläubiger verwiesen. 9

III. § 765a ZPO

Ist das Einzelverfahren eines Gläubigers einmal nach § 30a und dann erneut nach § 30c eingestellt worden, war nach dem früheren Gesetzestext in Abs. 2 (zur Aufhebung s. → Rdn. 1) auch eine Verfahrenseinstellung nach § 765a ZPO nicht mehr zulässig. Diesem klaren Wortsinn war die Rechtsprechung in der (älteren) Vergangenheit teilweise nachgekommen[9], teilweise jedoch wurde sie auch abgelehnt.[10] Von den Befürwortern wurde die Sittenwidrigkeit in Kauf genommen oder aber angenommen, dass nach einer erneuten Einstellung die Vollstreckung einfach nicht sittenwidrig sein kann.[11] Zu helfen war dem Schuldner dann nur mit einer Vertagung oder mit einem Hinausschieben des Zuschlags- bzw. Versteigerungstermins. 10

---

7   Steiner/*Storz*, § 30d (a.F.) Rdn. 21; *Stöber*, ZVG § 30c Rdn. 3.3; *Böttcher*, § 30c Rdn. 17.
8   Steiner/*Storz*, § 30d (a.F.) Rdn. 22.
9   OLG Bamberg, NJW 1956, 429; OLG Koblenz, NJW 1956, 1683; LG Osnabrück, Rpfleger 1956, 247.
10 OLG Braunschweig, OLGZ 1968, 39; KG, OLGZ 1966, 61.
11 OLG Bamberg, NJW 1956, 429; OLG Koblenz, NJW 1956, 1683; LG Osnabrück, Rpfleger 1956, 247.

11 Der Ausschluss von § 765a ZPO wurde überwiegend abgelehnt.[12] Die Vorschrift war wenig durchdacht, da sie wie andere Unstimmigkeiten durch Einbau früherer Notvorschriften entstanden war.[13] Es handelte sich um eine missglückte Formulierung mit scheinbarem Widersinn. *Henckel*[14] meint hierzu, dass die Einstellungen nach dem ZVG und § 765a ZPO gar nicht gleichzeitig auf denselben Sachverhalt anwendbar sind. Nach § 30a soll nur die Sanierungsfähigkeit gemeint sein, § 765a ZPO nur, wenn keine Aussicht auf Abwendung der Vollstreckung bestehe und dabei das Existenzminimum bedroht ist. Der Ausschluss wurde auch für verfassungswidrig gehalten und eine Vorlage an das Bundesverfassungsgericht gemäß Art. 100 GG empfohlen.[15] Nach den grundsätzlichen Entscheidungen des BVerfG zum Gebot der Verhältnismäßigkeit und des Übermaßverbotes[16] und seinen weiteren Entscheidungen[17], insbesondere auch des BGH[18], kann an der Anwendung der Vollstreckungsschutzvorschrift von § 765a ZPO nicht gezweifelt werden. Es ist stets nach dem **Sinn und Zweck** eines Ausschlusses von § 765a ZPO zu fragen. Einerseits soll im Gläubigerinteresse einer Verzögerung des Verfahrens vorgebeugt werden. Andererseits dürfen aber die schutzwürdigen Interessen des Schuldners nicht ignoriert werden. Ist das Verfahren bereits ein zweites Mal auf Antrag des Schuldners eingestellt worden, und benötigt dieser nunmehr eine weitere überschaubare Zeitspanne, um eine Sanierung herbeizuführen, muss das Verfahren auch ein drittes Mal eingestellt werden können. Kollidiert das Gläubigerrecht mit dem Recht des Schuldners auf körperliche Unversehrtheit, gar auf sein Leben, ist bei drohenden Gesundheitsschädigungen oder glaubhaft vorgetragener Suizidgefahr das Verfahren in jedem Falle einstweilen einzustellen. Da häufig für diese Fälle die Notfristen nicht mehr eingehalten werden können, muss die Einstellung über § 765a ZPO erfolgen. Dies jedoch bedarf keiner besonderen Erwähnung im Rahmen des ZVG. Der Aufforderung an den Gesetzgeber Abs. 2 von § 30c ersatzlos zu streichen[19], ist dieser nachgekommen. Begründet wird die Aufhebung auch mit dem grundlegenden Gedanken von Treu und Glauben. Ein gesetzlicher Ausschluss würde dem zuwider laufen. Die Streichung des § 30c Abs. 2 dient auch der Rechtssicherheit.

---

12 Vgl. *Stöber*, ZVG § 30c Rdn. 7.4 und 5; *Böttcher*, § 30c Rdn. 5; für Verfassungswidrigkeit Steiner/*Storz*, § 30d (a.F.) Rdn. 43.
13 *Stöber*, ZVG § 30c Rdn. 7.4.
14 Prozessrecht, 1970, Kap. 6 III 5.c.
15 Steiner/*Storz*, § 30d (a.F.) Rdn. 43 und *Storz/Kiderlen*, ZVG B 3.1.1.
16 NJW 1979, 538 = Rpfleger 1979, 12.
17 BVerfG, Beschluss vom 21.11.2012, 2 BvR 1858/12, NJW 2013, 290; BVerfG, Beschluss vom 6.8.2014, 2 BvR 1340/14, WM 2014, 1726; BVerfG, Beschluss vom 29.7.2014, 2 BvR 1400/14, WM 2014, 1725; BVerfG, Rpfleger 2010, 383 = FamRZ 2010 = 795; BVerfG, Rpfleger 2005, 614 = FamRZ 2005, 1972; NJW 2004, 49; NJW-RR 2001, 1523 = ZMR 2001, 878; NJW 1998, 295; NJW 1994, 1272 = Rpfleger 1994, 427; NJW 1991, 3307 bei altersbedingter geistiger Gebrechlichkeit; Rpfleger 1992, 259 bei drohenden gesundheitlichen Schäden; BVerfGE 46, 325 = Rpfleger 1978, 206.
18 BGH, Beschluss vom 12.11.2014, V ZB 99/14, Rpfleger 2015, 217; BGH, Beschluss vom 6.12.2012, V ZB 80/12, NJW-RR 2013, 628 = NZM 2013, 162; BGH, Rpfleger 2010, 681 = NJW-RR 2010, 1649 = FamRZ 2010, 1652 = ZfIR 2010, 738 (*Keller*) und erneut BGH, Rpfleger 2012, 38 = NJW-RR 2011, 1452; BGH, Rpfleger 2010, 32 = NJW 2009, 3440 = FamRZ 2009, 2078; BGH, NJW 2009, 80 = NZM 2009, 43; BGH, Rpfleger 2008, 212 = NJW 2008, 586 = FamRZ 2008, 403; BGH, Rpfleger 2006, 147 = FamRZ 2006, 265; BGH, Rpfleger 2005, 151 = MDR 2005, 353.
19 So *Hintzen/Wolf*, Rdn. 11.362.

§ 30d »Einstellung bei Insolvenzverfahren«

(1) ¹Ist über das Vermögen des Schuldners ein Insolvenzverfahren eröffnet, so ist auf Antrag des Insolvenzverwalters die Zwangsversteigerung einstweilen einzustellen, wenn
1. im Insolvenzverfahren der Berichtstermin nach § 29 Abs. 1 Nr. 1 der Insolvenzordnung noch bevorsteht,
2. das Grundstück nach dem Ergebnis des Berichtstermins nach § 29 Abs. 1 Nr. 1 der Insolvenzordnung im Insolvenzverfahren für eine Fortführung des Unternehmens oder für die Vorbereitung der Veräußerung eines Betriebs oder einer anderen Gesamtheit von Gegenständen benötigt wird,
3. durch die Versteigerung die Durchführung eines vorgelegten Insolvenzplans gefährdet würde oder
4. in sonstiger Weise durch die Versteigerung die angemessene Verwertung der Insolvenzmasse wesentlich erschwert würde.

²Der Antrag ist abzulehnen, wenn die einstweilige Einstellung dem Gläubiger unter Berücksichtigung seiner wirtschaftlichen Verhältnisse nicht zuzumuten ist.

(2) Hat der Schuldner einen Insolvenzplan vorgelegt und ist dieser nicht nach § 231 der Insolvenzordnung zurückgewiesen worden, so ist die Zwangsversteigerung auf Antrag des Schuldners unter den Voraussetzungen des Absatzes 1 Satz 1 Nr. 3, Satz 2 einstweilen einzustellen.

(3) § 30b Abs. 2 bis 4 gilt entsprechend mit der Maßgabe, daß an die Stelle des Schuldners der Insolvenzverwalter tritt, wenn dieser den Antrag gestellt hat, und daß die Zwangsversteigerung eingestellt wird, wenn die Voraussetzungen für die Einstellung glaubhaft gemacht sind.

(4) Ist vor der Eröffnung des Insolvenzverfahrens ein vorläufiger Verwalter bestellt, so ist auf dessen Antrag die Zwangsversteigerung einstweilen einzustellen, wenn glaubhaft gemacht wird, daß die einstweilige Einstellung zur Verhütung nachteiliger Veränderungen in der Vermögenslage des Schuldners erforderlich ist. Ist ein vorläufiger Sachwalter bestellt, so steht dieses Antragsrecht dem Schuldner zu.

Übersicht		Rdn.
I.	Allgemeines	1
II.	Einstellungsverfahren (Abs. 3)	6
	1. Gesetzliche Verweisung	6
	2. Besonderheiten	9
	3. Verhältnis zu anderen Einstellungen	10
III.	Einstellungsvoraussetzungen (Abs. 1)	11
	1. Antrag	11
	a) Des Insolvenzverwalters	11
	b) Des Schuldners	12
	2. Einstellungsgründe	13
	a) Der Berichtstermin steht noch bevor	13
	b) Beschlossene Betriebsfortführung oder Betriebsveräußerung	14
	c) Gefährdung des Insolvenzplans	15
	d) Erschwerung der Verwertung der Insolvenzmasse	16
	3. Anhörung des Gläubigers	17
IV.	Einstellung im Insolvenzeröffnungsverfahren	18
	1. Antrag des vorläufigen Insolvenzverwalters	18
	2. Einstellungsgrund	20

V.	Verbraucherinsolvenzverfahren	22
	1. Anwendbarkeit von § 30d	22
	2. Einstellungsgründe	24
VI.	Eigenverwaltung	28
VII.	Rechtsbehelf	30
VIII.	Kosten	31

I. Allgemeines

1 Mit Inkrafttreten der InsO wurden gemäß Art. 20 Nr. 3 in Verbindung mit Art. 110 Abs. 1 des EGInsO vom 5.10.1994 (BGBl I 2911) die Einstellungsvorschriften des Zwangsversteigerungsgesetzes geändert. Die bisherige Einstellung auf Antrag des Konkursverwalters nach § 30c wurde ersatzlos aufgehoben. Die bisherige zweite Einstellungsmöglichkeit des Schuldners nach § 30d wird nunmehr in der Vorschrift § 30c geregelt. Neu eingefügt wurden die Vorschriften §§ 30d–f. Das Verwertungsrecht absonderungsberechtigter Gläubiger wird durch das Einstellungsrecht des vorläufigen bzw. endgültigen Insolvenzverwalters dahin gehend eingeschränkt, dass die Insolvenzabwicklung ungestört ablaufen kann, die ungestörte Fortführung eines Unternehmens gewährleistet wird und nicht zuletzt die erstrebte bestmögliche Verwertung des Schuldnervermögens zugunsten aller Insolvenzgläubiger sichergestellt wird.[1] Abs. 4 Satz 2 wurde eingefügt durch das Gesetz zur weiteren Erleichterung der Sanierung von Unternehmen (ESUG) vom 7.12.2011 (BGBl I 2582) mit Wirkung ab dem 1.3.2012.

2 Mit Eröffnung des Insolvenzverfahrens geht das Verwaltungs- und Verfügungsrecht des Schuldners auf den Insolvenzverwalter über, § 80 Abs. 1 InsO. Gleiches gilt im sog. Verbraucherinsolvenzverfahren. Wird ein insolvenzbefangenes Grundstück versteigert, kann der Insolvenzverwalter statt des Schuldners einen Einstellungsantrag stellen. Wird im Insolvenzeröffnungsverfahren ein vorläufiger Verwalter bestellt, so ist auch dieser zur Antragstellung berechtigt, § 30d Abs. 4. Wird im Verfahren der Eigenverwaltung nach §§ 270 ff. InsO anstelle eines vorläufigen Insolvenzverwalters ein vorläufiger Sachwalter bestellt, § 270a Abs. 1 Satz 2 InsO, so bleibt es dennoch beim Antragsrecht des Schuldners selbst. Für das einzuhaltende Verfahren verweist § 30d Abs. 3 auf § 30b Abs. 2 bis 4.

3 Für die Anwendbarkeit von § 30d ist es ohne Bedeutung, ob die Eröffnung des Insolvenzverfahrens bereits vor oder erst nach der Anordnung der Zwangsversteigerung erfolgt ist.[2]

4 Die Vorschrift gilt nur in der Vollstreckungsversteigerung. Eine Teilungsversteigerung findet außerhalb der Insolvenz statt, § 84 InsO. Die Einstellungsmöglichkeit in der Zwangsverwaltung ist gesondert geregelt, § 153b.

5 § 30d ist nicht anwendbar bei freihändiger Veräußerungen des Insolvenzgrundstücks, nach Freigabe des Grundstücks durch den Insolvenzverwalter sowie nach Aufhebung des Insolvenzverfahrens. Danach ist der Schuldner wieder anstelle des Insolvenzverwalters selbst Beteiligter des Verfahrens und antragsberechtigt.

---

1 Vgl. hierzu *Hintzen*, Rpfleger 1999, 256; *Lwowski/Heyn*, WM 1998, 473; *Lwowski/Tetzlaff*, WM 1999, 2336; *Wenzel*, NZI 1999, 101; *Muth*, ZIP 1999, 945; *Tetzlaff*, ZfIR 2005, 179; Nerlich/Römermann/*Becker*, § 165 Rdn. 43.
2 *Stöber*, ZVG § 30d Rdn. 2.2; *Böttcher*, § 30d Rdn. 2.

II. Einstellungsverfahren (Abs. 3)
1. Gesetzliche Verweisung

Für das Einstellungsverfahren sowie die Entscheidung wie die Einstellung gelten nach Abs. 3 die Regelung in § 30b Abs. 2 bis 4 mit der Maßgabe entsprechend, dass an die Stelle des Schuldners der Insolvenzverwalter tritt. Wegen des Verfahrensgrundsatzes, der Anhörung, der mündlichen Verhandlung, der Glaubhaftmachung sowie der Wirkung und Zustellung des Beschlusses wird daher nach dort verwiesen. Darüber hinaus ist auch der Grundsatz der Selbstständigkeit der Einzelverfahren zu beachten. 6

In Abweichung von § 30b Abs. 2 Satz 3 sind die Voraussetzungen für die Einstellung stets glaubhaft zu machen, § 30d Abs. 3. 7

Für das Vorliegen der Voraussetzungen zur Einstellung ist nicht auf den Zeitpunkt der Antragstellung durch den Insolvenzverwalter abzustellen, sondern auf den Zeitpunkt der Beschlussfassung des Vollstreckungsgerichts.[3] 8

2. Besonderheiten

Anders als im Konkursverfahren ist eine **Belehrung** über das Einstellungsrecht an den Insolvenzverwalter **nicht** vorgesehen. Da das Antragsrecht an **keine Frist** gebunden ist[4], ist auch insoweit eine Belehrung nicht notwendig. Das Verfahren kann anders als in § 30a nicht auf eine bestimmte Zeit, sondern nur bis zur Beendigung der Insolvenz eingestellt werden. Die Einstellung wirkt bis zur Beendigung des Insolvenzverfahrens bzw. der Freigabe des Grundstückes aus der Insolvenzmasse. 9

3. Verhältnis zu anderen Einstellungen

Einstellungen nach §§ 30, 30a und 30c oder § 765a ZPO werden nicht aufeinander angerechnet.[5] Das Antragsrecht des Insolvenzverwalters steht mithin selbstständig neben dem Schutzantrag des Schuldners. Ist das Versteigerungsverfahren jedoch bereits aus anderen Gründen als nach § 30d einstweilen eingestellt, kommt eine Einstellung auf Antrag des Insolvenzverwalters in dieser Zeit nicht in Betracht. 10

III. Einstellungsvoraussetzungen (Abs. 1)
1. Antrag
a) Des Insolvenzverwalters

Der **Insolvenzverwalter** muss einen **Einstellungsantrag**, der an keine Frist gebunden ist, im Zwangsversteigerungsverfahren stellen, das Vollstreckungsgericht wird nicht von Amts wegen tätig. Der Antrag kann bis zum Schluss der Versteigerung, also bis zur Verkündung des Zuschlags gestellt werden. Der Insolvenzverwalter muss eine der gesetzlichen Gründe, oder auch mehrere kumulativ, vortragen und glaubhaft machen, § 294 ZPO, § 30d Abs. 1 S. 1 Nr. 1–4[6]: 11

---

3 *Stöber*, ZVG § 30d Rdn. 5.6.
4 MünchKomm/*Tetzlaff*, InsO § 165 Rdn. 101.
5 *Stöber*, ZVG § 30d Rdn. 9.3; *Böttcher*, § 30d Rdn. 16.
6 LG Göttingen, Rpfleger 2001, 193.

- der Berichtstermin im Insolvenzverfahren nach § 29 Abs. 1 Nr. 1 InsO steht noch bevor,
- das Grundstück wird nach dem Ergebnis des Berichtstermins nach § 29 Abs. 1 Nr. 1 InsO im Insolvenzverfahren für eine Fortführung des Unternehmens oder für die Vorbereitung der Veräußerung eines Betriebs oder einer anderen Gesamtheit von Gegenständen benötigt,
- durch die Versteigerung wird die Durchführung eines vorgelegten Insolvenzplans gefährdet,
- die Versteigerung erschwert die angemessene Verwertung der Insolvenzmasse in sonstiger Weise.

b) **Des Schuldners**

12   Ausnahmsweise hat der **Schuldner** ein eigenes **Antragsrecht** zur einstweiligen Einstellung, sofern er im Insolvenzverfahren einen Insolvenzplan vorgelegt hat und dieser nach § 231 InsO nicht zurückgewiesen wurde, § 30d Abs. 2.[7] Die Einstellung der Zwangsversteigerung soll die Durchführung des Insolvenzplanverfahrens gewährleisten, sofern das zu versteigernde Grundstück Gegenstand des Insolvenzplans ist. Der Schuldner hat jedoch kein eigenes Antragsrecht, wenn der Insolvenzplan durch den Insolvenzverwalter vorgelegt und von der Gläubigerversammlung angenommen wurde.[8]

2. Einstellungsgründe

a) **Der Berichtstermin steht noch bevor**

13   Steht der Berichtstermin im Insolvenzverfahren noch bevor, ist die laufende Zwangsversteigerung ohne jede weitere Bedingung einstweilen einzustellen. Nach Eröffnung des Insolvenzverfahrens soll der Berichtstermin nicht über sechs Wochen und darf nicht über drei Monate hinaus angesetzt werden, § 29 Abs. 1 Nr. 1 InsO. Es genügt daher, wenn der Insolvenzverwalter mit seinem Antrag auf einstweilige Einstellung die Terminierung im Eröffnungsbeschluss des Insolvenzverfahrens vorlegt.[9]

b) **Beschlossene Betriebsfortführung oder Betriebsveräußerung**

14   Insbesondere wenn auf dem Grundstück ein Betrieb geführt wird, kann dessen Fortführung durch den Insolvenzverwalter wesentlich erschwert sein, wenn das Grundstück versteigert wird. Im Interesse der Insolvenzgläubiger an einer höheren Insolvenzquote durch Fortführung und Veräußerung eines lebenden Unternehmens kann das Verfahren eingestellt werden. Im Antrag hat der Insolvenzverwalter zunächst vorzutragen und glaubhaft zu machen, dass das Insolvenzverfahren über ein Unternehmen eröffnet wurde. Das Grundstück muss dann zur Fortführung des Unternehmens oder zur Teil- bzw. Gesamtveräußerung des Unternehmens benötigt werden. Hierzu ist ein Beschluss der Gläubigerversammlung im

---

[7] MünchKomm/*Tetzlaff*, InsO § 165 Rdn. 97; *Böttcher*, § 30d Rdn. 10.
[8] *Stöber*, ZVG § 30d Rdn. 4; *Böttcher*, § 30d Rdn. 10.
[9] MünchKomm/*Tetzlaff*, InsO § 165 Rdn. 92; *Hintzen*, Rpfleger 1999, 256; *Stöber*, NZI 1999, 108; *Wenzel*, NZI 1999, 101; *Schmidt*, InVo 1999, 75 spricht von der Verzögerungstaktik durch den Insolvenzverwalter, der den Berichtstermin hinauszögert. Diese Gefahr dürfte gering sein. Im Übrigen bestimmt das Insolvenzgericht den Termin und nicht der Insolvenzverwalter.

Berichtstermin notwendig, § 156 InsO. Die Gründe können sich auch aus einem Insolvenzplan ergeben.[10]

c) **Gefährdung des Insolvenzplans**

Zur Vorlage eines Insolvenzplans an das Insolvenzgericht sind sowohl der Insolvenzverwalter als auch der Schuldner berechtigt (die Rechte des Schuldners regelt § 30d Abs. 2). Erfasst der Insolvenzplan auch das zu versteigernde Grundstück, muss durch die Vorlage des Insolvenzplans glaubhaft gemacht werden, dass das Grundstück in die Planregelung einbezogen wurde und dass die Prognoseentscheidung ergibt, dass ohne das Grundstück der Plan nicht durchführbar bzw. die Durchführung gefährdet ist.[11] Unter diesen Voraussetzungen kann einem Einstellungsantrag stattgegeben werden. 15

d) **Erschwerung der Verwertung der Insolvenzmasse**

Hierbei handelt es sich eindeutig um einen Auffangtatbestand, der insbesondere dann greifen soll, wenn bei einer sofortigen Versteigerung des Grundbesitzes ein erheblich geringerer Erlös zu erwarten ist als bei einer späteren Veräußerung, z.B. freihändig durch den Insolvenzverwalter.[12] Der Insolvenzverwalter muss konkrete Anhaltspunkte für eine wesentlich bessere Verwertbarkeit nachweisen[13], die in absehbarer Zeit realisierbar ist.[14] 16

3. Anhörung des Gläubigers

Vor der Entscheidung über die einstweilige Einstellung sind die betreibenden Gläubiger zu hören, § 30d Abs. 1 S. 2. Der Antrag des Insolvenzverwalters ist abzulehnen, wenn unter Berücksichtigung der wirtschaftlichen Verhältnisse des Gläubigers diesem eine einstweilige Einstellung nicht zuzumuten ist. Anwendbar sind die zu § 30a erörterten maßgeblichen Gesichtspunkte (→ § 30a Rdn. 12 ff.). Abgewogen werden die Interessen des Gläubigers gegenüber denjenigen der Insolvenzgläubiger.[15] Davon ausgehend, dass in der Zwangsversteigerung überwiegend Banken und Versicherungen beteiligt sind, dürfte die Unzumutbarkeit im Hinblick auf die ausschließlich zu berücksichtigenden wirtschaftlichen Verhältnisse nur selten zur Anwendung kommen. Der Gläubiger muss sich selbst in einer ernsten finanziellen Krise befindet, um den Einstellungsantrag ablehnen zu können. Regelmäßig dürften die Interessen der Insolvenzgläubiger das größere Gewicht haben.[16] Anders kann die Situation für den Gläubiger dann aber sein, wenn der Einstellungsantrag erst kurz vor oder im Versteigerungstermin gestellt wird 17

---

10 MünchKomm/*Tetzlaff*, InsO § 165 Rdn. 95; *Schmidt*, InVo 1999, 75 sieht hierin die Gefahr einer mehr oder weniger vollständigen Blockade des Verfahrens durch den Verwalter. Hierzu bleibt festzuhalten, dass die Gläubigerversammlung im Berichtstermin entschieden hat und nicht der Verwalter.
11 MünchKomm/*Tetzlaff*, InsO § 165 Rdn. 96.
12 *Hintzen*, Rpfleger, 1999, 256; *Stöber* NZI 1999, 108; *Schmidt*, InVo 1999, 76 vergleicht diese Regelung mit § 765a ZPO und prognostiziert ein „Feilschen" zwischen Gläubiger und Verwalter.
13 LG Ulm, ZIP 1980, 477.
14 LG Düsseldorf, KTS 1956, 62.
15 Uhlenbruck/*Brinkmann*, InsO § 165 Rdn. 8 m.w.N.
16 MünchKomm/*Tetzlaff*, InsO § 165 Rdn. 100; *Böttcher*, § 30d Rdn. 9; *Stöber*, ZVG § 30d Rdn. 3; OLG Braunschweig, NJW 1968, 164.

und bereits für den Gläubiger aussichtsreiche Gebote vorliegen, sodass er bei einer Einstellung des Verfahrens mit einem Forderungsausfall rechnen muss.[17]

IV. Einstellung im Insolvenzeröffnungsverfahren

1. Antrag des vorläufigen Insolvenzverwalters

18   Hat das Insolvenzgericht nach Zulassung des Insolvenzantrages einen vorläufigen Insolvenzverwalter bestellt, kann auf dessen **Antrag** hin eine angeordnete Zwangsversteigerung einstweilen eingestellt werden, § 30d Abs. 4. Bei der Eigenverwaltung verbleibt das Antragsrecht beim Schuldner. Das Gesetz unterscheidet hierbei nicht, ob es sich um einen vorläufigen Insolvenzverwalter handelt, auf den mit gleichzeitiger Anordnung eines allgemeinen Verfügungsverbots die Verwaltungs- und Verfügungsbefugnis übergegangen ist, § 22 Abs. 1 InsO, oder ob es sich um einen vorläufigen Verwalter unter gleichzeitiger Anordnung eines Zustimmungsvorbehalts, § 21 Abs. 2 Nr. 2 InsO oder ohne jede weitere Anordnung handelt, § 22 Abs. 2 InsO.[18]

19   Der Antrag selbst ist an **keine Frist** gebunden. Der vorläufige Insolvenzverwalter muss die Einstellungsgründe glaubhaft machen.

2. Einstellungsgrund

20   Der Antrag des vorläufigen Insolvenzverwalters muss Gründe enthalten, die die einstweilige Einstellung zur Verhütung nachteiliger Veränderungen in der Vermögenslage des Schuldners rechtfertigen, § 30d Abs. 4. Der Einstellungsgrund ist ausgehend von der Prämisse der Sicherungspflicht im Eröffnungsverfahren weit gefasst. Es erfolgt **keine Unterscheidung** in Betriebsgrundstück oder privates Vermögen des Schuldners, wie dies in § 30d Abs. 1 S. 1 Nr. 2 im eröffneten Verfahren gefordert ist. Es ist weiterhin **nicht notwendig**, dass das Grundstück zur Fortführung des Unternehmens oder zur Vorbereitung der Veräußerung des Betriebes benötigt wird, ebenfalls im Gegensatz zu § 30d Abs. 1 S. 1 Nr. 2.

21   Im Eröffnungsverfahren sollen alle Handlungen und Verfügungen Dritter zunächst unterbunden werden, die in irgendeiner Art und Weise die Haftungsmasse schmälern könnten, § 22 Abs. 1 S. 2 Nr. 1 InsO. Wenn in einer laufenden Zwangsversteigerung der Versteigerungstermin unmittelbar bevorsteht, besteht die Gefahr, dass durch eine Zuschlagserteilung die Insolvenzmasse unmittelbar und endgültig verringert wird. Allerdings kann gerade diese Situation dazu führen, dass die das Zwangsversteigerungsverfahren betreibenden Gläubiger wirtschaftliche Nachteile erleiden, die auch aus der Insolvenzmasse nicht ausgeglichen werden können. Zwar ergibt sich nach § 30d Abs. 4 nicht, dass der Einstellungsantrag unter Berücksichtigung der wirtschaftlichen Interessen der betreibenden Gläubiger abzulehnen ist, wie dies im eröffneten Verfahren zwingend vorgeschrieben ist, § 30d Abs. 1 S. 2, jedoch ist im Einzelfall eine genaue Abwägung der widerstreitenden Interessen unabdingbar.[19]

---

17   So auch MünchKomm/*Tetzlaff,* InsO § 165 Rdn. 100.
18   Uhlenbruck/*Brinkmann,* InsO § 165 Rdn. 6; MünchKomm/*Tetzlaff,* InsO § 165 Rdn. 88.
19   *Hintzen,* Rpfleger 1999, 256; so auch *Stöber,* NZI 1998, 108; *Wenzel,* NZI 1999, 102, der jedoch im Zweifel immer den Insolvenzgläubigern den Vorrang einräumen will.

V. Verbraucherinsolvenzverfahren
1. Anwendbarkeit von § 30d

Die vorstehenden Ausführungen gelten auch im sog. **Verbraucherinsolvenzverfahren**, §§ 304 ff. InsO. Mit dem „Gesetz zur Verkürzung des Restschuldbefreiungsverfahrens und zur Stärkung der Gläubigerrechte" wurde auch das Verbraucherinsolvenzverfahren stark verändert (Gesetz vom 15.7.2013, BGBl I 2379). Das Gesetz ist ganz überwiegend am 1.7.2014 in Kraft getreten. Infolge der ersatzlosen Aufhebung der §§ 312 bis 314 InsO (einschließlich der Überschrift des dritten Abschnitts) ist statt des Treuhänders in den Verfahren seit dem 1.7.2014 ein Insolvenzverwalter zu bestellen. 22

Aufgrund des InsOÄndG 2001 vom 26.10.2001 wurde in § 313 Abs. 3 InsO Satz 3 eingefügt, der eine entsprechende Anwendung von § 173 Abs. 2 InsO vorsieht. Mit dem „Gesetz zur Verkürzung des Restschuldbefreiungsverfahrens und zur Stärkung der Gläubigerrechte" wurden die §§ 312 bis 314 InsO ersatzlos aufgehoben. Daher gilt nunmehr § 173 Abs. 2 InsO unmittelbar. Der Insolvenzverwalter kann veranlassen, das dem absonderungsberechtigten Gläubiger durch das Insolvenzgericht eine Frist gesetzt wird, nach deren erfolglosem Ablauf dem Verwalter das Recht eingeräumt wird, die Gegenstände selbst zu verwerten. 23

2. Einstellungsgründe

Sind die Vermögensverhältnisse des Schuldners überschaubar und ist die Zahl der Gläubiger oder die Höhe der Verbindlichkeiten gering, wird das Insolvenzverfahren schriftlich durchgeführt. Das Insolvenzgericht kann anordnen, dass das Verfahren oder einzelne seiner Teile mündlich durchgeführt werden, wenn dies zur Förderung des Verfahrensablaufs angezeigt ist, § 5 Abs. 2 InsO. Wird das Verfahren nicht schriftlich geführt, sind nach § 29 Abs. 1 InsO ein Berichtstermin und ein Prüfungstermin zu bestimmen. Das Gericht soll auf den Berichtstermin verzichten, wenn die Vermögensverhältnisse des Schuldners überschaubar sind und die Zahl der Gläubiger oder die Höhe der Verbindlichkeiten gering ist, § 29 Abs. 2 Satz 2 InsO. Auch wenn nur der Prüfungstermin stattfindet, ist dies auch eine Gläubigerversammlung, in der zahlreiche Aspekte eines Berichtstermins zur Sprache bzw. auch zur Abstimmung kommen. Auch wenn der Prüfungstermin der einzige Termin ist, bedeutet dies nicht, dass in diesem Termin nur die Feststellung der Forderungen stattfindet, §§ 174 ff. InsO. Als Tagesordnungspunkte sind u.a. zu behandeln die Bestätigung des bestellten Insolvenzverwalters, Unterhaltszahlungen aus der Masse, § 100 InsO, Zustimmung zu bedeutsamen Rechtshandlungen, §§ 160–163 InsO. 24

Auch der Schuldner kann als sog. „Kleingewerbetreibende" ein Unternehmen i.S.v. § 30d Abs. 1 Nr. 2 betreiben oder führt einen Betrieb und besitzt ein Betriebsgrundstück, dass er für die Fortführung seiner Erwerbstätigkeit dringend benötigt. 25

Insbesondere § 30d Abs. 1 Nr. 4 spricht nicht gegen, sondern **für** eine Anwendung in der Verbraucherinsolvenz. Hier wird ganz allgemein ein Auffangtatbestand postuliert, der jede Erschwernis der Verwertung beinhaltet.[20] 26

---

20 Vgl. konkret mit Beispiel *Hintzen*, Rpfleger 1999, 256, 262.

27   Da es keine Unterscheidung in vorläufiger Insolvenzverwalter und vorläufiger Treuhänder mehr gibt, gilt § 30d Abs. 4 auch im Verbraucherinsolvenzverfahren.[21]

VI. Eigenverwaltung

28   Ordnet das Insolvenzgericht die Eigenverwaltung nach § 270 InsO an, bleibt der Schuldner berechtigt, unter Aufsicht eines Sachwalters die Insolvenzmasse zu verwalten und über sie zu verfügen. Im Verbraucherinsolvenzverfahren ist eine Eigenverwaltung ausgeschlossen, § 270 Abs. 1 Satz 3 InsO. Die Anordnung der Eigenverwaltung wird nicht im Grundbuch eingetragen, § 270c Satz 3, § 32 InsO. Hiervon unabhängig gelten jedoch die Vollstreckungsverbote nach Eröffnung des Verfahrens, §§ 88, 89 InsO. Die Anordnung und Durchführung des Zwangsversteigerungsverfahrens aufgrund eines absonderungsberechtigten Gläubigers erfolgt aufgrund des Vollstreckungstitels, der sich gegen den Schuldner selbst richtet.

29   Die Durchführung des Insolvenzverfahrens bei Eigenverwaltung oder nach Bestellung eines Insolvenzverwalters ist weitgehend gleich. Die Durchführung eines Zwangsversteigerungsverfahrens kann daher auch bei angeordneter Eigenverwaltung den Ablauf des Insolvenzverfahrens beeinträchtigen. Die Einstellungsmöglichkeiten nach § 30d sind daher auch bei der Eigenverwaltung entsprechend anzuwenden, anstelle des Insolvenzverwalters ist dann der Schuldner antragsberechtigt,[22] anstelle des vorläufigen Insolvenzverwalters tritt der vorläufige Sachwalter, § 270a Abs. 1 Satz 2 InsO, aber auch hier verbleibt es beim Antragsrecht des Schuldners.

VII. Rechtsbehelf

30   Gegen die Einstellung oder deren Ablehnung sind die üblichen Rechtsbehelfe gegeben. Für den Gläubiger ist gegen den Einstellungsbeschluss die sofortige Beschwerde zulässig, sofern er vorher angehört wurde, wovon zwingend auszugehen ist (§ 30d Abs. 3 i.V.m. § 30b Abs. 2 Satz 2), § 11 Abs. 1 RPflG, § 30b Abs. 3 ZVG. Gerichtet sein kann die Beschwerde gegen besondere Auflagen, deren Ablehnung oder die Dauer der Einstellung. Die Frist für die sofortige Beschwerde beginnt mit der Zustellung der Entscheidung.

VIII. Kosten

31   Notwendige **Kosten** der Zwangsvollstreckung fallen grundsätzlich dem Schuldner nach § 788 Abs. 1 ZPO zur Last. Stellt allerdings der Insolvenzverwalter in einem laufenden Zwangsversteigerungsverfahren einen Einstellungsantrag nach § 30d und legt er gegen eine ablehnende Entscheidung Beschwerde ein, so trägt er die Kosten des Verfahrens, unabhängig davon, ob der Einstellungsantrag Erfolg hat oder nicht.[23]

---

21 Depré/*Popp*, § 30d Rdn. 8.
22 *Hintzen*, Rpfleger 1999, 256; MünchKomm/*Zipperer*, InsO, § 270 Rdn. 35.
23 LG Mühlhausen, Rpfleger 2002, 275.

§ 30e »Einstellung mit Auflagen«

(1) ¹Die einstweilige Einstellung ist mit der Auflage anzuordnen, daß dem betreibenden Gläubiger für die Zeit nach dem Berichtstermin nach § 29 Abs. 1 Nr. 1 der Insolvenzordnung laufend die geschuldeten Zinsen binnen zwei Wochen nach Eintritt der Fälligkeit aus der Insolvenzmasse gezahlt werden. ²Ist das Versteigerungsverfahren schon vor der Eröffnung des Insolvenzverfahrens nach § 30d Abs. 4 einstweilen eingestellt worden, so ist die Zahlung von Zinsen spätestens von dem Zeitpunkt an anzuordnen, der drei Monate nach der ersten einstweiligen Einstellung liegt.

(2) Wird das Grundstück für die Insolvenzmasse genutzt, so ordnet das Gericht auf Antrag des betreibenden Gläubigers weiter die Auflage an, daß der entstehende Wertverlust von der Einstellung des Versteigerungsverfahrens an durch laufende Zahlungen aus der Insolvenzmasse an den Gläubiger auszugleichen ist.

(3) Die Absätze 1 und 2 gelten nicht, soweit nach der Höhe der Forderung sowie dem Wert und der sonstigen Belastung des Grundstücks nicht mit einer Befriedigung des Gläubigers aus dem Versteigerungserlös zu rechnen ist.

Übersicht

		Rdn.
I.	Allgemeines	1
II.	Auflage zur Zinszahlung	2
	1. Verfahren	2
	2. Zeitraum der Zinszahlung	4
	3. Beginn der Zinszahlung	5
	4. Höhe des Zinsausgleichs	6
	5. Berechtigter des Zinsausgleichs (Abs. 3)	8
III.	Wertverlustausgleich (Abs. 2)	10
	1. Verfahren	10
	2. Nutzung des Grundstücks	12
	3. Ausgleichszahlung	13
IV.	Folgen für das Insolvenzverfahren	15
V.	Auflagen vor Insolvenzeröffnung	17
VI.	Rechtsbehelf	21

I. Allgemeines

Mit Inkrafttreten der InsO wurde § 30e neu eingefügt ab 1.1.1999 gemäß Art. 20 Nr. 3 in Verbindung mit Art. 110 Abs. 1 des EGInsO vom 5.10.1994 (BGBl I). Wird das laufende Versteigerungsverfahren nach § 30d einstweilen eingestellt, erfolgt diese nur unter der von Amts wegen anzuordnenden Auflage einer Zinsausgleichspflicht (Abs. 1) und auf Antrag unter der Auflage eines Wertverlustausgleichs (Abs. 2). Durch die einstweilige Einstellung soll der wirtschaftliche Wert des Rechts des betreibenden Gläubigers nicht vermindert werden. Der Gläubiger soll durch den Zeitablauf im Grundsatz keinen Schaden erleiden.[1]

1

---

1 Begründung RegE zu § 188.

II. Auflage zur Zinszahlung
1. Verfahren

2   Liegen die Gründe für eine einstweilige Einstellung nach § 30d vor und stehen keine Gläubigerbelange entgegen, hat das Vollstreckungsgericht über die Dauer der Einstellung zu beschließen. Die Anordnung erfolgt durch begründeten Beschluss. Zugleich ist mit der Verfahrenseinstellung **von Amts wegen** die Auflage anzuordnen, dass dem betreibenden Gläubiger für die Zeit nach dem Berichtstermin (§ 29 Abs. 1 Nr. 1 InsO) laufend die geschuldeten Zinsen binnen zwei Wochen nach Eintritt der Fälligkeit aus der Insolvenzmasse zu zahlen sind, § 30e Abs. 1 S. 1. Dem betreibenden Gläubiger des Zwangsversteigerungsverfahrens soll kein wirtschaftlicher Nachteil dadurch entstehen, dass das Versteigerungsverfahren einstweilen eingestellt wird. Die Anordnung der Zinszahlung ist zwingend.[2]

3   Die Anordnung der Auflage erfolgt nur an **betreibende** Gläubiger. Es muss sich hierbei um absonderungsberechtigte Gläubiger handeln, deren Recht bzw. Beschlagnahme insolvenzfest ist. In erster Linie handelt es sich hierbei um Gläubiger der Rangklasse 4 (§ 10 Abs. 1) oder um die Wohnungseigentümergemeinschaft in Rangklasse 2[3]. Bei einem Grundpfandrecht kommt es hierbei nicht darauf an, dass der Gläubiger zugleich wegen der geschuldeten Zinsen oder auch wegen des Kapitalanspruches das Verfahren betreibt oder nur wegen eines einzelnen Anspruchs.[4] Wiederkehrende Leistungen können auch aus einer Reallast geschuldet werden. Betreibt der Gläubiger das Verfahren, so werden die einzelnen Leistungen behandelt wie Hypothekenzinsen, § 1007 BGB. In Betracht kommt aber auch ein persönlich betreibender Gläubiger der Rangklasse 5 (§ 10 Abs. 1), dessen Beschlagnahme wirksam ist, § 80 Abs. 2 Satz 2 InsO. Diesem Gläubiger können jedoch nur die Zinsen zugesprochen werden, wegen denen er das Grundstück beschlagnahmt hat.[5] Betreiben mehrere Gläubiger das Zwangsversteigerungsverfahren erfolgen die Zinsausgleichszahlungen entsprechend der Rangfolge dieser Gläubiger nach § 10 Abs. 1.[6]

2. Zeitraum der Zinszahlung

4   Die gerichtliche Auflage der Zinszahlung ist für die **Zeit nach dem Berichtstermin**, § 29 Abs. 1 Nr. 1 InsO anzuordnen. Da Einstellungen nach §§ 30, 30a und c unabhängig von einer Einstellung nach § 30d sind, haben nach diesen Vorschriften erfolgte Einstellungen keine Auswirkungen auf den Zinsbeginn nach § 30e Abs. 1. Erfolgt die einstweilige Einstellung auf Antrag des Insolvenzverwalters erst nach dem Berichtstermin, sind die Zinsen erst mit Eintritt der nächsten Fälligkeit zu zahlen; die Anordnung der Zahlung rückständiger Zinsen ist unzulässig.[7]

---

2   *Stöber*, ZVG § 30e Rdn. 2.1.
3   BGH, Rpfleger 2011, 686 = NJW 2011, 3098; vorher bereits LG Berlin, ZMR 2010, 142; ebenso AG Koblenz, Rpfleger 2010, 282 = ZMR 2010, 568 und *Hintzen*, ZInsO 2010, 777.
4   *Stöber*, ZVG § 30e Rdn. 2.2; *Böttcher*, § 30e Rdn. 2.
5   *Böttcher*, § 30e Rdn. 2.
6   *Stöber*, ZVG § 30e Rdn. 5.1; *Böttcher*, § 30e Rdn. 9.
7   *Stöber*, ZVG § 30e Rdn. 2.4; *Böttcher*, § 30e Rdn. 3.

3. Beginn der Zinszahlung

Die Zahlung des Zinsausgleichs erfolgt **laufend** binnen zwei Wochen nach Eintritt der **Fälligkeit** (Abs. 1 Satz 1). Mit dem Begriff Fälligkeit ist der Fälligkeitszeitpunkt nach § 13 zu verstehen.[8] Sofern ein Fälligkeitszeitpunkt weder vereinbart noch gesetzlich gegeben ist, sollte das Vollstreckungsgericht einen angemessenen Fälligkeitszeitpunkt im Beschluss bestimmen (z.b. monatlich oder jährlich nachträglich).

4. Höhe des Zinsausgleichs

Aus der Insolvenzmasse sind laufend die **geschuldeten Zinsen** zu zahlen (Abs. 1 Satz 1). Der Gesetzeswortlaut lässt offen, in welcher Höhe der Zinsausgleich zu zahlen ist, entweder die vertraglich geschuldeten Zinsen oder die grundbuchrechtlich abgesicherten dinglichen Zinsen. In der Begründung des RegE zu § 188 heißt es: *Für die Höhe der Zinszahlungen wird aus Gründen der Praktikabilität auf die Zinsen abgestellt, die der Gläubiger auf Grund seines Rechtsverhältnisses mit dem Schuldner beanspruchen kann. Diese können vertraglich vereinbarte oder kraft Gesetzes geschuldete Zinsen sein. Tilgungszahlungen soll der Gläubiger dagegen während der Einstellung nicht erhalten.* Der Gesetz gewordene § 30e entspricht § 188 des Regierungsentwurfs. Inhaltlich erfolgte keine Änderung.

Dennoch, soweit auf die Höhe der vertraglichen Zinsen abgestellt wird[9], kann dem nur zugestimmt werden, soweit der Anspruch des betreibenden Gläubigers in der Rangklasse 2 oder 5 (§ 10 Abs. 1) eingestellt wird. Handelt es sich bei dem betreibenden Gläubiger um einen dinglichen Gläubiger nach § 10 Abs. 1 Nr. 4, ist auch nur der dinglich gesicherte Anspruch nebst den im Grundbuch eingetragenen Nebenleistungen zu berücksichtigen.[10] Das Hauptargument der Vertreter der sog. insolvenzrechtlichen Auffassung beruht auf der Tatsache, dass die Insolvenzmasse nicht mit den im Grundbuch eingetragenen dinglichen Zinsen belastet werden kann. Die Insolvenzmasse ist vor den dinglichen Zinsen, die häufig bis zu 18 % betragen, zu schützen. Nur so kann ein angemessener Ausgleich zwischen den Interessen der betreibenden Gläubiger und der Insolvenzmasse geschaffen werden. Auch wenn diese Argumentation durchaus nachvollziehbar ist, kann eine gesetzliche Regelung nur dann Bestand haben, wenn sie auch in tatsächlicher Hinsicht anwendbar ist. Das ZVG bietet keine gesetzliche Handhabe, von dem Grundpfandrechtsgläubiger die tatsächlich geschuldeten Zinsen der persönlichen Forderung abzufragen. Die Klärung materiell-rechtlichen Fragen ist nicht Aufgabe des Vollstreckungsgerichts. Insbesondere bei der Grundschuld kommt es aber auch weder auf die Höhe der persönlichen Forderung noch auf die tatsächlich zu zahlenden Zinsen an. Auch bei der Zuschlagserteilung bei einem Gebot eines am Grundstück Berechtigten unter 50 % des Verkehrswertes nach § 85a Abs. 3 ist

---

8 *Böttcher*, § 30e Rdn. 6.
9 LG Göttingen, Rpfleger 2000, 228 = NZI 2000, 186; LG Stade, Rpfleger 2002, 479; Uhlenbruck/*Brinkmann*, InsO § 165 Rdn. 19b; Löhnig/*Bauch*, § 30e Rdn. 4; MünchKomm/*Tetzlaff*, InsO § 165 Rdn. 104; HK-InsO/*Landfermann*, § 165 Rdn. 14; *Wenzel*, NZI 1999, 102; *Tetzlaff*, WM 1999, 2336 und ZInsO 2004, 521; *Mönning/Zimmermann*, NZI 2008, 134 ff.
10 *Stöber*, ZVG § 30e Rdn. 2.2; *Böttcher*, § 30e Rdn. 4; *Depré/Popp*, § 30e Rdn. 6; *Hintzen*, ZInsO 2004, 713 und ZInsO 2000, 205; *Alff*, Rpfleger 2000, 228; *Eickmann*, ZfIR 1999, 83; *Schmidt*, InVo 1999, 76.

ausschließlich auf den dinglichen Anspruch des Gläubigers abzustellen.¹¹ Etwas anderes gilt nur dann, wenn der Gläubiger selbst auf die Zinsen ganz oder teilweise verzichtet bzw. wegen geringerer Zinsen das Verfahren betreibt, § 308 ZPO¹².

5. Berechtigter des Zinsausgleichs (Abs. 3)

8   Die Zinszahlung aus der Insolvenzmasse ist nur bei den **betreibenden Gläubigern** des Zwangsversteigerungsverfahrens anzuordnen, die nach der Höhe ihres Anspruchs, sowie dem Wert und der sonstigen Belastungen des Grundstückes auch mit einer Befriedigung aus dem Versteigerungserlös rechnen können, § 30e Abs. 3. Ist nur eine Teilbefriedigung des betreibenden Gläubigers zu erwarten, so sind entsprechend verminderte Zahlungen anzuordnen. Bei den Gläubigern, die nicht mit einer Erlöszuteilung rechnen können, darf von Amts wegen keine Zinsausgleichsleistung zugesprochen werden.

9   Bei seiner Entscheidung hat sich das Vollstreckungsgericht an dem im Verfahren festgesetzten Verkehrswert zu orientieren, § 74a Abs. 5.¹³ Sollte dieser noch nicht festgestellt sein, ist möglicherweise ein Wert aus den Bewertungsunterlagen im Insolvenzverfahren zu ermitteln. Im Übrigen ist dann die (ungewisse) **Prognose** zu treffen, in welcher Höhe der oder die betreibenden Gläubiger im Zwangsversteigerungsverfahren einen Ausfall erleiden. Dass die Zinsen durch den zu erwartenden Versteigerungserlös letztlich nicht gedeckt sind, ist hierbei unerheblich. Sofern der Verkehrswert noch nicht festgesetzt wurde und auch sonst nicht anderweitig ermittelt werden kann, kann die Prognose praktisch überhaupt nicht getroffen werden.¹⁴ Hierbei ist weiterhin der Ausgang des Zwangsversteigerungstermins völlig ungewiss. Das Versteigerungsgericht wird im Zweifel bei seiner **Prognose** grundsätzlich nur von einem zu erwartenden Erlös bis maximal 70 % des Verkehrswertes ausgehen können (§ 74a Abs. 1). Bei dem dann aufzustellenden vorläufigen Teilungsplan, sind sämtliche, bis dahin angemeldeten und zu berücksichtigenden Ansprüche der dem betreibenden Gläubiger vorgehenden Rechte in der Rangfolge nach § 10 Abs. 1 zu berücksichtigen. Dingliche Rechte sind mit den laufenden Leistungen von Amts wegen aufzunehmen, § 45 Abs. 2, § 114 Abs. 2. Fallen bei dieser Berechnung einer oder mehrere betreibende Gläubiger ganz aus, können keine Zinsausgleichszahlungen als Auflage aufgenommen werden; bei einer nur teilweisen Befriedigung sind entsprechend verminderte Zahlungen anzuordnen.¹⁵ Unabhängig davon, ob das Versteigerungsgericht eine Zinszah-

---

11 So auch BGH, Rpfleger 2004, 433 = NJW 2004, 1803 = MDR 2004, 771 = WM 2004, 902 = ZIP 2004, 874 = InVo 2004, 428 = ZNotP 2004, 332; *Hintzen* in Anm. zu OLG Koblenz, Rpfleger 1991, 468; überzeugend auch *Muth*, Rpfleger 1985, 45. Die schuldrechtlichen Vereinbarungen zwischen Sicherungsgeber und Sicherungsnehmer und eventuelle Befriedigungsfragen sind materiell-rechtlicher Natur und ausschließlich durch das Prozessgericht zu klären, LG Lüneburg, Rpfleger 1986, 188; LG Hanau, Rpfleger 1988, 77; LG Frankfurt a.M., Rpfleger 1988, 35; LG München, KTS 1986, 83; *Bauch*, Rpfleger 1986, 59; *Brendle*, Rpfleger 1986, 61; *Hennings*, Rpfleger 1986, 234; *Eickmann*, KTS 1987, 617; *Storz*, D 4.3.1; *Stöber*, ZVG § 85a Rdn. 4.3; *Böttcher*, § 85a Rdn. 9.
12 *Stöber*, ZVG § 30e Rdn. 2.5.
13 So auch der RegE zu § 188.
14 Verlangt wird in diesem Fall eine Vorziehung der Verkehrswertfestsetzung, damit die Berechnungen vorgenommen werden können, was aber abzulehnen ist, Münch-Komm/*Tetzlaff*, InsO § 165 Rdn. 109; *Wenzel*, NZI 1999, 103.
15 *Stöber*, ZVG § 30e Rdn. 4; *Hintzen*, ZInsO 1998, 318, 320.

lung anordnet oder nicht, bleibt der Anspruch auf die geschuldeten Zinsen im Falle der Zwangsversteigerung bestehen.

III. Wertverlustausgleich (Abs. 2)

1. Verfahren

Nur auf **Antrag** (nicht von Amts wegen) des betreibenden Gläubigers des Versteigerungsverfahrens ist die Auflage anzuordnen, dass ein entstehender Wertverlust des Grundbesitzes durch die weitergehende Nutzung von der Einstellung des Zwangsversteigerungsverfahrens an durch laufende Zahlungen aus der Insolvenzmasse an den oder die Gläubiger auszugleichen ist (Abs. 2). Dieser Auflage kann neben der Auflage des Zinsausgleichs (Abs. 1) angeordnet werden.[16]

10

Der Antrag ist an **keine Frist** gebunden, sollte jedoch bereits vor Anordnung der einstweiligen Einstellung gestellt werden. Wird der Antrag später gestellt, kann die Anordnung eines Wertverlustausgleichs erst ab dem Ergänzungsbeschluss gewährt werden und nicht rückwirkend ab dem Einstellungsbeschluss. Der antragstellende Gläubiger hat die Tatsachen für einen Wertverlust vorzutragen und ggf. glaubhaft zu machen, eine Ermittlung von Amts wegen findet nicht statt, § 30d Abs. 3, § 30b Abs. 2.

11

2. Nutzung des Grundstücks

Durch Abs. 2 wird die Anordnung laufender Zahlungen auch für den Fall vorgesehen, dass das Grundstück während der Dauer der Einstellung des Versteigerungsverfahrens für die Insolvenzmasse genutzt wird und dadurch einen Wertverlust erleidet. Die bestimmungsgemäße Nutzung lässt regelmäßig keinen Wertverlust entstehen.[17] Unerheblich ist, ob der Insolvenzverwalter eine mögliche Nutzung des Grundstückes auch tatsächlich wahrnimmt. Die Ausgleichszahlung setzt voraus, dass das Grundstück einem direkten Wertverlust ausgesetzt ist, z.B. Abbau von Sand, Kies, Steinen. Der Wertverlust kann sich weiterhin auch auf die Gegenstände beziehen, die kraft Gesetzes mitversteigert werden, insbesondere Zubehörgegenstände, § 55 ZVG.

12

3. Ausgleichszahlung

Der Ausgleich für den Wertverlust wird durch laufende Zahlungen aus der Insolvenzmasse an den bzw. die betreibenden Gläubiger (hierzu → Rdn. 8) durch den Insolvenzverwalter geleistet. Betreiben mehrere Gläubiger das Zwangsversteigerungsverfahren ist auch hier, wie bei der Zinsausgleichszahlung die Rangbzw. Reihenfolge nach § 10 Abs. 1 einzuhalten (hierzu → Rdn. 9). Die laufenden Zahlungen sind von der Einstellung des Zwangsversteigerungsverfahrens an zu leisten[18].

13

Ebenso wie bei der Zinsausgleichszahlung gilt auch hier, dass die Ausgleichszahlung aus der Insolvenzmasse nur bei den **betreibenden Gläubigern** des Zwangsversteigerungsverfahrens anzuordnen ist, die nach der Höhe ihrer Forderung sowie dem Wert und der sonstigen Belastungen des Grundstückes auch mit

14

---

16 MünchKomm/*Tetzlaff*, InsO § 165 Rdn. 111.
17 *Böttcher*, § 30e Rdn. 7; *Eickmann*, ZfIR 1999, 81.
18 *Vallender*, Rpfleger 1997, 353, 355.

einer Befriedigung aus dem Versteigerungserlös rechnen können, § 30e Abs. 3 (hierzu → Rdn. 9).

IV. Folgen für das Insolvenzverfahren

15 Wird das laufende Zwangsversteigerungsverfahren auf Antrag des Insolvenzverwalters durch Beschluss einstweilen eingestellt, müssen die betreibenden Gläubiger dies zunächst hinnehmen. Aufgrund der von Amts wegen anzuordnenden Zinsausgleichszahlungen und auf Antrag des Wertverlustausgleichs nehmen sie dann als absonderungsberechtigte Gläubiger indirekt am Insolvenzverfahren teil, da die Ausgleichszahlungen des Insolvenzverwalters aus der Insolvenzmasse zu leisten sind.

16 Hierbei handelt es sich um Masseschulden i.S.v. § 55 Abs. 1 InsO.[19] Der Einstellungsantrag wird durch den Insolvenzverwalter bzw. Treuhänder gestellt. Die Ausgleichszahlungen müssen von Amts wegen bzw. auf Antrag durch das Versteigerungsgericht angeordnet werden, sofern die Voraussetzungen vorliegen. Die angeordneten Ausgleichszahlungen sind daher eine unmittelbare Folge der Handlung des Insolvenzverwalters. Der Verwalter begründet durch sein Handeln eine unmittelbare vertragliche Verpflichtung zulasten der Masse.

V. Auflagen vor Insolvenzeröffnung

17 Ist das Versteigerungsverfahren schon vor der Eröffnung des Insolvenzverfahrens einstweilen eingestellt worden, § 30d Abs. 4, hat das Vollstreckungsgericht ebenso wie im eröffneten Verfahren mit der Anordnung einer einstweiligen Einstellung **von Amts wegen** zu beschließen, dass die **Zinsen** der betreibenden Gläubiger durch Zahlung aus der Insolvenzmasse auszugleichen sind, Abs. 1 S. 2. Zur Problematik der Höhe des Zinsausgleich und der Berechtigung des Ausgleichsanspruchs vgl. → Rdn. 6.

18 Die Zahlung der Zinsen erfolgt spätestens von dem Zeitpunkt an, der drei Monate nach der einstweiligen Einstellung liegt. Bleibt die einstweilen Einstellung auch über den Zeitraum nach Eröffnung des Insolvenzverfahrens bestehen, sind die Zinsen jedoch spätestens ab dem Berichtstermin zu zahlen, sofern dieser vor Ablauf des 3-Monatszeitraumes anberaumt ist, § 30e Abs. 1 S. 1.

19 Nicht von Amts wegen, sondern nur auf **Antrag** des betreibenden Gläubigers ist weiter die Auflage anzuordnen, dass ein entstehender **Wertverlust** des Grundstückes oder der Zubehörgegenstände von der Einstellung des Zwangsversteigerungsverfahrens an durch laufende Zahlungen aus der Insolvenzmasse an den Gläubiger auszugleichen ist, Abs. 3 (hierzu → Rdn. 10).

20 Ob es sich bei den Ausgleichszahlungen auf Antrag des vorläufigen Insolvenzverwalters um **Masseverbindlichkeiten** handelt, dürfte zu bejahen sein. Nach § 55 Abs. 2 InsO können Masseverbindlichkeiten nur von einem vorläufigen Insolvenzverwalter begründet werden, auf den die Verfügungsbefugnis über das Vermögen des Schuldners übergegangen ist, § 22 Abs. 1 Satz 1 InsO. Allerdings ist in § 30d Abs. 4 ausdrücklich nur der vorläufige Verwalter genannt, unabhängig da-

---

19 Uhlenbruck/*Brinkmann*, InsO § 165 Rdn. 10; MünchKomm/*Tetzlaff*, InsO § 165 Rdn. 105; *Bekker* in Nerlich/Römermann, § 165 Rdn. 44 legt sich nicht fest „... erscheint deswegen als Masseschuld"; erörtert dann aber die Problematik einer evtl. Ersatzabsonderung, wobei er die Veräußerung in § 48 InsO analog mit der Benutzung des Grundbesitzes durch den Verwalter gleichsetzt.

von, ob dieser verfügungsberechtigt ist oder nicht. Folgerichtig kommt es auf die Rechtsstellung des vorläufigen Verwalters im Sinne von § 22 Abs. 1 Satz 1 InsO nicht an.

VI. Rechtsbehelfe

Für den Gläubiger ist gegen den Einstellungsbeschluss die sofortige Beschwerde zulässig, sofern er vorher angehört wurde, wovon aber zwingend auszugehen ist (§ 30d Abs. 3 i.V.m. § 30b Abs. 2 Satz 2), § 11 Abs. 1 RPflG, § 30b Abs. 3. Gerichtet sein kann die Beschwerde gegen besondere Auflagen, deren Ablehnung oder die Dauer der Einstellung. Die Frist für die sofortige Beschwerde beginnt mit der Zustellung der Entscheidung.

§ 30f »Aufhebung der Einstellung«

(1) ¹Im Falle des § 30d Abs. 1 bis 3 ist die einstweilige Einstellung auf Antrag des Gläubigers aufzuheben, wenn die Voraussetzungen für die Einstellung fortgefallen sind, wenn die Auflagen nach § 30e nicht beachtet werden oder wenn der Insolvenzverwalter, im Falle des § 30d Abs. 2 der Schuldner, der Aufhebung zustimmt. ²Auf Antrag des Gläubigers ist weiter die einstweilige Einstellung aufzuheben, wenn das Insolvenzverfahren beendet ist.
(2) ¹Die einstweilige Einstellung nach § 30d Abs. 4 ist auf Antrag des Gläubigers aufzuheben, wenn der Antrag auf Eröffnung des Insolvenzverfahrens zurückgenommen oder abgewiesen wird. ²Im übrigen gilt Absatz 1 Satz 1 entsprechend.
(3) ¹Vor der Entscheidung des Gerichts ist der Insolvenzverwalter, im Falle des § 30d Abs. 2 der Schuldner, zu hören. ²§ 30b Abs. 3 gilt entsprechend.

I. Allgemeines

1   Mit Inkrafttreten der InsO wurde § 30f neu eingefügt ab 1.1.1999 gemäß Art. 20 Nr. 3 in Verbindung mit Art. 110 Abs. 1 des EGInsO vom 5.10.1994 (BGBl I 2911). Das Zwangsversteigerungsverfahrens bleibt solange nach § 30d einstweilen eingestellt, bis auf Antrag eines betreibenden Gläubigers die einstweilige Einstellung wieder aufgehoben wird, § 30f Abs. 1. Eine Fortsetzung des eingestellten Verfahrens von Amts wegen findet nicht statt, selbst wenn die Gründe für die einstweilige Einstellung weggefallen sind. Anders als nach §§ 30, 30a ist die einstweilige Einstellung auf Antrag des Insolvenzverwalters nicht befristet.

II. Aufhebung der Einstellung (Abs. 1)
1. Verfahren

2   Grundsätzlich ist für die Aufhebung des eingestellten Verfahrens ein **Antrag** des Gläubigers notwendig. Eine Aufhebung der einstweiligen Einstellung von Amts wegen findet nicht statt. Dies gilt auch dann, wenn das Vollstreckungsgericht positive Kenntnis davon hat, dass keine Einstellungsgründe mehr vorliegen. Der Antrag muss von dem **betreibenden** Gläubiger gestellt werden, gegen den die einstweilige Einstellung wirkt.[1] Auch hier ist der Grundsatz des Einzelverfahrens zu beachten, d.h. jeder betreibende Gläubiger muss einen eigenen Fortsetzungsantrag stellen. Der Gläubiger muss die Voraussetzungen **glaubhaft machen**, die bloße Behauptung genügt nicht.[2] Im Rahmen der erforderlichen Anhörung des Insolvenzverwalters (Abs. 3 Satz 1) kann dieser die vorgetragenen Tatsachen zugestehen, § 288 ZPO oder zumindest nicht bestreiten, § 138 Abs. 3 ZPO.[3] Der Fortsetzungsantrag muss binnen sechs Monaten gestellt werden, da ansonsten das Zwangsversteigerungsverfahren für den jeweiligen betreibenden Gläubiger aufzuheben ist, § 31 Abs. 1 S. 2. Der Fristbeginn ergibt sich aus § 31 Abs. 2c.

3   Vor der Entscheidung hat das Vollstreckungsgericht den Insolvenzverwalter zu hören, bei einer Einstellung auf Antrag des Schuldners (§ 30d Abs. 2) diesen, § 30f

---

1   *Stöber*, ZVG § 30f Rdn. 2.2; *Böttcher*, § 30f Rdn. 1.
2   Nach *Stöber*, ZVG § 30f Rdn. 3.1 muss der Gläubiger die Tatsachen beweisen, eine Glaubhaftmachung ist nicht vorgesehen und somit nicht ausreichend; a.A. LG Göttingen, Rpfleger 2001, 193.
3   *Stöber*, ZVG § 30f Rdn. 3.1; *Böttcher*, § 30f Rdn. 7.

Abs. 3 Satz 1. Ist das Insolvenzverfahren aufgehoben, der Insolvenzverwalter bzw. Treuhänder damit nicht mehr im Amt, entfällt die Anhörung.[4] Die Anhörung hat auch dann zu erfolgen, wenn der Insolvenzverwalter das Grundstück freigibt. Die Entscheidung ergeht durch Beschluss, der dem Insolvenzverwalter/Treuhänder bzw. Schuldner zuzustellen ist. An den Gläubiger genügt formlose Bekanntgabe. Umgekehrt erfolgen die Mitteilungen, wenn der Antrag auf Aufhebung abgelehnt wird.

2. Aufhebungsgründe

a) Fortfall der Einstellungsvoraussetzungen

Beantragt ein Gläubiger die Fortsetzung des Verfahrens, muss er glaubhaft machen, dass die Einstellungsgründe nach § 30d Abs. 1 Nr. 1 bis 3 fortgefallen sind (Abs. 1 Satz 1 1. Alt.).[5] Es kommt hierbei nicht darauf an, dass nur ein einzelner Einstellungsgrund weggefallen ist, sondern es bedarf keiner der in § 30d Abs. 1 Nr. 1 bis 3 und auch Nr. 4 (auch wenn im Gesetz nicht erwähnt) genannten Gründe mehr gegeben sein.[6] Die Darlegungs- und Beweislast trifft den Gläubiger, § 30d Abs. 3, § 30b Abs. 2 Satz 3.

b) Nichtbeachtung der angeordneten Auflagen

Die einstweilige Einstellung ist auch dann aufzuheben, wenn die Auflagen nach § 30e durch den Insolvenzverwalter **nicht beachtet** werden (Abs. 1 Satz 1 2. Alt.). Dies ist bei Nichtzahlung der Auflage für einen eventuellen Wertverlust des Grundstückes (§ 30e Abs. 2) der Frage und bei Nichtzahlung eines angeordneten Zinsausgleichs (§ 30e Abs. 1). Ordnet das Vollstreckungsgericht im Einstellungsbeschluss als Auflagen die Zahlung der dinglichen Zinsen (hierzu → § 30e Rdn. 6) an, und weigert sich der Insolvenzverwalter die Zinsen der Höhe nach zu zahlen und beruft sich auf die Zahlung der schuldrechtlichen Zinsen, ist auch dies ein Aufhebungsgrund; die angeordneten Auflagen werden dann nur teilweise erfüllt.[7]

c) Zustimmung des Insolvenzverwalters oder Schuldners

Die einstweilige Einstellung ist weiterhin dann aufzuheben, wenn der Insolvenzverwalter der Aufhebung zustimmt. Gleiches gilt, wenn das Verfahren auf Antrag des Schuldners bei Vorlage eines Insolvenzplans einstweiligen eingestellt wurde, § 30d Abs. 2. In diesem Fall ist der Schuldner selbst zustimmungsberechtigt (Abs. 1 Satz 1 3. Alt.).

d) Beendigung des Insolvenzverfahrens

Wird das Insolvenzverfahren aufgehoben (§ 200 InsO) oder endet das Insolvenzverfahren in sonstiger Weise (z.B. Einstellung mangels Masse, wegen Masseunzulänglichkeit, Wegfall des Eröffnungsgrunds, mit Zustimmung aller Gläubiger, §§ 207 ff., 215 InsO oder nach Bestätigung eines Insolvenzplans, § 258 InsO), kann das Zwangsversteigerungsverfahren in jedem Falle fortgesetzt werden (Abs. 1 S. 2).

---

4 *Böttcher,* § 30f Rdn. 7.
5 *Stöber,* NZI 1998, 110; *Hintzen,* Rpfleger 1999, 256.
6 *Stöber,* ZVG § 30f Rdn. 2.5; *Hintzen,* Rpfleger 1999, 256.
7 *Böttcher,* § 30f Rdn. 3.

e) Freigabe des Grundstückes

8   Gibt der Insolvenzverwalter das Grundstück aus der Masse frei[8], unterliegt es nicht mehr der Insolvenzbeschlagnahme. Mit Wirksamwerden der Freigabe (empfangsbedürftige Willenserklärung) erlangt der Schuldner das uneingeschränkte Verfügungs- und Verwaltungsrecht an dem Gegenstand zurück. Es handelt sich hierbei um insolvenzfreies Neuvermögen des Schuldners.[9] Da der Neuerwerb des Schuldners im Insolvenzverfahren nunmehr ebenfalls in die Insolvenzmasse fällt, § 35 InsO, liegt bei einer Freigabe nach Verfahrenseröffnung kein „insolvenzfreies Neuvermögen" vor, sondern richtig dürfte der Begriff „insolvenzfreier Rückerwerb" sein.[10] In jedem Falle erlangt der Schuldner die volle Verfügungs- und Verwaltungsbefugnis über den Gegenstand zurück. Das Zwangsversteigerungsverfahren kann auf Antrag fortgesetzt werden.[11] Allerdings unterliegt der Vermögensgegenstand auch nach Freigabe „als sonstiges Vermögen des Schuldners" weiterhin dem Vollstreckungsverbot des § 89 Abs. 1 InsO.[12]

f) Aufhebung der Einstellung nach § 30d Abs. 4

9   Erfolgte die einstweilige Einstellung des Verfahrens bereits im Zeitraum des Insolvenzeröffnungsverfahrens, § 30d Abs. 4, auf Antrag des vorläufigen Insolvenzverwalters, so ist diese wieder aufzuheben, wenn der Antrag auf Eröffnung des Insolvenzverfahrens zurückgenommen oder abgewiesen wurde (Abs. 2 Satz 1). Sie ist weiter wieder aufzuheben, wenn die Voraussetzungen für die einstweilige Einstellung fortgefallen sind oder wenn die angeordneten Auflagen von dem vorläufigen bzw. endgültigen Insolvenzverwalter nicht beachtet wurden (Abs. 2 S. 1 i.V.m. Abs. 1). Die Insolvenzeröffnung alleine führt nicht zu einer automatischen Fortsetzung des Versteigerungsverfahrens. Das Verfahren bleibt weiter eingestellt, wenn die Einstellungsgründe nach § 30d Abs. 1 Nr. 1 bis 3 gegeben sind.[13]

III. Rechtsbehelf

10   Gegen die Aufhebung oder deren Ablehnung sind die üblichen Rechtsbehelfe gegeben. Für den Gläubiger ist gegen den Ablehnungsbeschluss und für den Insolvenzverwalter/Treuhänder bzw. Schuldner gegen den Aufhebungsbeschluss die sofortige Beschwerde zulässig (§ 30f Abs. 3 Satz 2 i.V.m. § 30b Abs. 3), § 11 Abs. 1 RPflG. Die Frist für die sofortige Beschwerde beginnt mit der Zustellung der Entscheidung.

---

8   Z.B. BGH, Rpfleger 2009, 407 = NZI 2009, 382 = ZInsO 2009, 830; BGH, ZInsO 2007, 545 = Rpfleger 2007, 566 LS.; BGH, Rpfleger 2005, 465 = NJW 2005, 2015; LG Göttingen, ZIP 1990, 878.
9   Für viele MünchKomm/*Zipperer*, InsO § 159 Rdn. 61.
10   Zur Definition im Einzelnen, vgl. Nerlich/Römermann/*Andres*, § 36 Rdn. 49 ff.
11   *Stöber*, ZVG § 30f Rdn. 2.7; *Böttcher*, § 30f Rdn. 5; *Hintzen*, Rpfleger 1999, 256.
12   BGH, Rpfleger 2009, 407 = NZI 2009, 382 = ZInsO 2009, 830.
13   *Stöber*, ZVG § 30f Rdn. 2.6; *Böttcher*, § 30f Rdn. 6.

§ 31 »Fortsetzung des Verfahrens auf Antrag des Gläubigers«

(1) ¹Im Falle einer einstweiligen Einstellung darf das Verfahren, soweit sich nicht aus dem Gesetz etwas anderes ergibt, nur auf Antrag des Gläubigers fortgesetzt werden. ²Wird der Antrag nicht binnen sechs Monaten gestellt, so ist das Verfahren aufzuheben.

(2) Die Frist nach Absatz 1 Satz 2 beginnt
a) im Falle des § 30 mit der Einstellung des Verfahrens,
b) im Falle des § 30a mit dem Zeitpunkt, bis zu dem die Einstellung angeordnet war,
c) im Falle des § 30f Abs. 1 mit dem Ende des Insolvenzverfahrens, im Falle des § 30f Abs. 2 mit der Rücknahme oder der Abweisung des Antrags auf Eröffnung des Insolvenzverfahrens,
d) wenn die Einstellung vom Prozeßgericht angeordnet war, mit der Wiederaufhebung der Anordnung oder mit einer sonstigen Erledigung der Einstellung.

(3) Das Vollstreckungsgericht soll den Gläubiger auf den Fristbeginn unter Bekanntgabe der Rechtsfolgen eines fruchtlosen Fristablaufs hinweisen; die Frist beginnt erst zu laufen, nachdem der Hinweis auf die Rechtsfolgen eines fruchtlosen Fristablaufs dem Gläubiger zugestellt worden ist.

Übersicht	Rdn.
I. Allgemeines	1
II. Fortsetzung (Abs. 1)	2
1. Allgemeines	2
2. Voraussetzungen	3
a) Antragsberechtigung	3
b) Zuständigkeit, Form, Inhalt	4
c) Bedingter Antrag	6
d) Eingestelltes Verfahren	7
3. Antragsfrist (Abs. 1 Satz 2)	8
4. Fristversäumnis	9
5. Antragsrücknahme	10
6. Beschluss	11
III. Fristbeginn für den Fortsetzungsantrag (Abs. 2)	12
1. Allgemeines	12
2. Einstellung nach § 30	13
3. Einstellung nach § 30a	14
4. Einstellung nach § 30f	15
5. Einstellung durch Prozessgericht (Abs. 2 Buchst. d)	19
6. Deckung aus Einzelgebot (§ 76)	22
7. Sonstige Einstellung	23
IV. Belehrung (Abs. 3)	24
1. Allgemeines	24
2. Form, Zuständigkeit	25
3. Entbehrlichkeit	26
V. Rechtsbehelf	27

I. Allgemeines

1 Ergibt sich aus dem Gesetz nichts anderes, wird jedes eingestellte Einzelverfahren ohne Rücksicht auf den Einstellungsgrund nur auf Antrag des Gläubigers fortgesetzt. Der Gläubiger kann somit wie folgt auf das Einzelverfahren einwirken: nur auf seinen Antrag wird das Verfahren angeordnet, § 15; mit Rücknahme seines Antrags wird es beendet, § 29; auf seine Bewilligung hin wird es eingestellt, § 30; auf seinen Antrag hin wird das Verfahren fortgesetzt, § 31. Wegen dieser Einwirkungsmöglichkeiten erscheint der Gläubiger als „Herr des Verfahrens". Um einen zügigen Verfahrensfortgang zu garantieren, muss allerdings die Fortsetzung innerhalb bestimmter Fristen beantragt werden, andernfalls das Verfahren von Amts wegen aufgehoben wird. Der Fristablauf beginnt unterschiedlich danach, aus welchem Grund das Verfahren eingestellt ist (Abs. 2). Über den Beginn der jeweiligen Frist hat das Vollstreckungsgericht zu belehren (Abs. 3).

II. Fortsetzung (Abs. 1)

1. Allgemeines

2 Die Fortsetzung des eingestellten Verfahrens setzt einen Antrag voraus (Abs. 1 Satz 1). Ausgenommen hiervon sind die Fälle, in denen das Verfahren **von Amts wegen fortgesetzt** wird, sobald das Hindernis beseitigt ist (§ 28; §§ 766, 769, 771 ZPO). Die Fortsetzung des Verfahrens muss auch dann beantragt werden, wenn die Einstellung außer Kraft getreten ist, weil z.b. Auflagen nach den § 30a Abs. 3– 5 oder § 30e nicht erfüllt wurden. Ist die Fortsetzung des Verfahrens zulässig, ist das Vollstreckungsgericht nicht befugt, einen von ihm im vorangegangen Versteigerungstermin begangenen Fehler, der auf die Beschwerde eines Beteiligten zur Aufhebung des Zuschlagsbeschlusses geführt hat, von sich aus dadurch zu beheben, dass es sogleich von Amts wegen einen neuen Versteigerungstermin bestimmt. Auch hier ist ein Fortsetzungsantrag notwendig.[1]

2. Voraussetzungen

a) Antragsberechtigung

3 Der Gläubiger des jeweiligen Einzelverfahrens muss die Fortsetzung beantragen. Anders als bei der Verfahrenseinstellung ist (vgl. → § 29 Rdn. 4) dessen Rechtsnachfolger nur dann zur Antragstellung befugt, wenn der Vollstreckungstitel auf ihn umgeschrieben und entsprechend § 750 Abs. 2 ZPO zugestellt ist.[2]

b) Zuständigkeit, Form, Inhalt

4 Die Fortsetzung ist beim zuständigen Vollstreckungsgericht zu beantragen. Der Antrag bedarf keiner bestimmten Form. Er muss lediglich erkennen lassen, dass der Gläubiger die Durchführung seines eingestellten Verfahrens wünscht. Wie die Einstellung braucht der Gläubiger auch die Fortsetzung nicht zu begründen. Die Fortsetzung kann wie die Einstellung **gegenständlich** beschränkt werden (z.B. nur eines von mehreren Grundstücken). Nach Abtretung des vollstreckbaren Anspruchs muss der Gläubiger nicht nur den Fortsetzungsantrag stellen,

---

1 BGH, Rpfleger 2010, 226 = NJW 2010, 2217.
2 Steiner/*Storz*, § 31 Rdn. 15.

sondern auch die Vollstreckungsvoraussetzungen (Rechtsnachfolgeklausel, erneute Zustellung, Ablauf der Wartefrist) innerhalb der 6-Monatsfrist nachweisen.[3]

Eventuelle Gründe für die Fortsetzung des Verfahrens muss der Gläubiger glaubhaft[4] machen, z.B. Nichterfüllung von Auflagen nach § 30a Abs. 3 oder § 30e. Der Vortrag des Gläubigers alleine ist dann ausreichend, wenn die Tatsachen bei der Anhörung vom Schuldner entweder zugestanden oder nicht bestritten werden, §§ 288, 138 Abs. 2 ZPO.

c) Bedingter Antrag

Der Fortsetzungsantrag kann grundsätzlich nicht an eine Bedingung geknüpft werden. Wie der Antrag auf Anordnung des Verfahrens ist auch der Fortsetzungsantrag eine Prozesshandlung. Prozesshandlungen sind bedingungsfeindlich, soweit ihre Wirksamkeit von außerprozessualen Ereignissen[5] abhängig gemacht wird, die das Vollstreckungsgericht nicht prüfen oder nicht beeinflussen kann. **Nicht zulässig** ist somit der Antrag unter der Bedingung, dass auch andere Gläubiger ihre Verfahren fortsetzen.[6] Zulässig ist dagegen der Antrag, das Verfahren fortzusetzen, wenn zugleich bewilligt wird, das Verfahren sofort wieder einzustellen.[7] Wird umgekehrt die Einstellung bewilligt und zugleich beantragt, das Verfahren nach einer bestimmten Frist fortzusetzen, ist auch dies keine unzulässige Bedingung.[8] Der befristete Fortsetzungsantrag kann grundsätzlich nicht in eine unzulässige befristete Einstellung umgedeutet werden. Der Gläubiger muss weder die Einstellung noch die Fortsetzung begründen.

d) Eingestelltes Verfahren

Fortgesetzt werden kann nur ein einstweilen eingestelltes Verfahren. Ein beendetes Verfahren kann nur neu angeordnet, nicht aber fortgesetzt werden. Hat das Prozessgericht die Einstellung angeordnet, kann das Verfahren nur fortgesetzt werden, wenn die Anordnung wieder aufgehoben oder sonst erledigt ist.[9]

3. Antragsfrist (Abs. 1 Satz 2)

Die **Fortsetzung** des eingestellten Einzelverfahrens muss binnen **sechs Monaten** beantragt werden. Die Frist beläuft sich auf lediglich drei Monate, wenn nach § 76 Abs. 2 (Einstellung wegen Zahlung des Gläubigers aus einem Einzelausgebot) eingestellt wurde. Die Frist ist nur eingehalten, wenn der Fortsetzungsantrag fristgerecht beim zuständigen Vollstreckungsgericht eingeht. Für die Fristberechnung gelten §§ 186 bis 193 BGB (§ 222 ZPO). Durch Vereinbarung zwischen Gläubiger und Schuldner kann die Frist abgekürzt, nicht aber verlängert werden, § 224 Abs. 1 ZPO.[10] Das Gericht kann die Frist weder verlängern, noch verkürzen, da dies gesetzlich nicht zugelassen ist, § 224 Abs. 2 ZPO.[11] Die Frist ist aber nur gewahrt,

---

3 LG Detmold, Rpfleger 2008, 148.
4 A.A. *Stöber*, ZVG § 31 Rdn. 5.3, der Gläubiger muss beweisen.
5 Hierzu Zöller/*Greger*, vor § 128 Rdn. 20.
6 So auch *Böttcher*, § 31 Rdn. 7.
7 Steiner/*Storz*, § 30 Rdn. 39; *Stöber*, ZVG § 31 Rdn. 4.4.
8 LG Frankfurt a.M., Rpfleger 1986, 231; a.A. LG Traunstein, Rpfleger 1989, 35; *Stöber*, ZVG § 31 Rdn. 4.4; *Böttcher*, § 31 Rdn. 3.
9 RGZ 70, 399.
10 *Böttcher*, § 31 Rdn. 9; a.A. Steiner/*Storz*, § 31 Rdn. 18; *Stöber*, ZVG § 31 Rdn. 3.11.
11 LG Frankenthal, Rpfleger 1983, 120.

wenn nach Abtretung des vollstreckbaren Anspruchs auch die Vollstreckungsvoraussetzungen (Rechtsnachfolgeklausel, erneute Zustellung, Ablauf der Wartefrist) innerhalb der 6-Monatsfrist vorliegen.[12]

4. Fristversäumnis

9   Die Antragsfrist ist keine Notfrist, sondern eine gesetzliche Frist. Bei Fristversäumung kommt somit eine Wiedereinsetzung in den vorigen Stand nicht in Betracht, § 233 ZPO.[13] Das Vollstreckungsgericht hebt daher das Einzelverfahren von Amts wegen auf. Im Beschluss wird angeordnet, dass das Verfahren erst **mit Rechtskraft** des Beschlusses aufgehoben ist.[14] Dieses gesetzlich nicht geregelte Vorgehen ist notwendig, damit dem Gläubiger kein Schaden dadurch entsteht, dass die Beschlagnahme zu Unrecht wegfällt.[15]

5. Antragsrücknahme

10   Der Antrag auf Fortsetzung kann zurückgenommen werden. Zeitlich ist dies bis zur Entscheidung über den Antrag zulässig. Die Rücknahme des Fortsetzungsantrages beinhaltet keine neue Einstellungsbewilligung. Aufgrund des bisherigen Verfahrensstandes bleibt das Verfahren eingestellt. Geht der Rücknahmeantrag erst nach Ablauf der Fortsetzungsfrist ein, wird das Verfahren von Amts wegen aufgehoben. Wird der Antrag zurückgenommen, nachdem das Verfahren fortgesetzt wurde, kann die Rücknahme als Einstellungsbewilligung angesehen werden[16]; zur Klärung sollte hier beim Gläubiger in jedem Falle zurück gefragt werden, § 139 ZPO.

6. Beschluss

11   Die Fortsetzung erfolgt stets durch Beschluss, auch wenn dies gesetzlich nicht festgeschrieben ist. Ein Verfahren, welches durch Beschluss eingestellt wurde, ist auch stets durch einen förmlichen Beschluss fortzusetzen. Nur so kann festgestellt werden, wer das Verfahren betreibt, welcher Anspruch dem geringsten Gebot zugrunde gelegt werden darf, sowie, ob auf das Antragsrecht zur erneuten Verfahrenseinstellung hingewiesen wurde.[17] Der Beschluss ist kurz zu begründen. Wird dem Antrag des Gläubigers stattgegeben, wird der Fortsetzungsbeschluss formlos mitgeteilt, § 329 Abs. 2 ZPO, dem Schuldner jedoch zugestellt, § 329 Abs. 3 ZPO.

---

12   LG Detmold, Rpfleger 2008, 148.
13   *Stöber*, ZVG § 31 Rdn. 3.12.
14   Steiner/*Storz*, § 31 Rdn. 53; *Stöber*, ZVG § 31 Rdn. 4.3.
15   Hierzu allgemein OLG Saarbrücken, Rpfleger 1993, 80 und 1991, 513; OLG Koblenz, Rpfleger 1986, 229; OLG Köln, Rpfleger 1986, 488; auf die Gefahr des Rangverlustes einer Vollstreckungsmaßnahme durch deren Aufhebung hat in den 50er und 60er Jahren *Berner*, immer wieder hingewiesen (Rpfleger 1953, 585, 1957, 355, 1959, 283, 1961, 56, 1963, 20). Unter Hinweis auf OLG Hamm, Rpfleger 1957, 354, 1959, 283, 1963, 20 und das Schrifttum sowie auf den damals eingefügten Abs. 4 des § 765a ZPO wurde er nicht müde die Praxis aufzufordern, bei Aufhebung einer Vollstreckungsmaßnahme die Wirksamkeit ausdrücklich von der Rechtskraft abhängig zu machen.
16   So Steiner/*Storz*, § 31 Rdn. 35; *Stöber*, ZVG § 31 Rdn. 4.6; *Böttcher*, § 31 Rdn. 8.
17   H.M. Steiner/*Storz*, § 31 Rdn. 42; *Stöber*, ZVG § 31 Rdn. 5.5; *Böttcher*, § 31 Rdn. 20.

III. Fristbeginn für den Fortsetzungsantrag (Abs. 2)

1. Allgemeines

Die Frist zur Fortsetzung des eingestellten Verfahrens beginnt unterschiedlich danach, aus welchem Grund die Einstellung erfolgte. Voraussetzung ist, dass der Gläubiger über den Beginn der Frist und die folgende Fristversäumnis belehrt wurden (Abs. 3). 12

2. Einstellung nach § 30

Ist das Verfahren nach § 30 auf Antrag des Gläubigers eingestellt, kann es auf Antrag des Gläubigers jederzeit fortgesetzt werden (Abs. 2a). Die Frist beginnt mit Zustellung des Einstellungsbeschlusses bzw. bei Zuschlagsversagung mit der Rechtskraft des Beschlusses, §§ 33, 86. 13

3. Einstellung nach § 30a

Ist das Verfahren aufgrund gewährten Vollstreckungsschutzes nach §§ 30a, 30c, 180 Abs. 2, 3 oder § 765a ZPO eingestellt, beginnt die Frist für den Fortsetzungsantrag mit dem Zeitpunkt, bis zu dem die Einstellung angeordnet wurde (Abs. 2b). Wurde keine Frist bestimmt, beginnt die 6-Monatsfrist nach Zustellung des Einstellungsbeschlusses. Auch wenn die Einstellung außer Kraft getreten ist, weil die angeordneten Auflagen nicht erfüllt wurden, beginnt die Frist erst mit dem angeordneten Einstellungsende. 14

4. Einstellung nach § 30f

Wurde das Verfahren auf Antrag des **Insolvenzverwalters** im eröffneten Insolvenzverfahren einstweilen eingestellt, § 30d Abs. 1, § 30f Abs. 1, beginnt die Frist für den Fortsetzungsantrag mit dem Ende des Insolvenzverfahrens (Abs. 2c). Gleiches gilt, wenn das Verfahren auf Antrag des Schuldners nach § 30d Abs. 2 oder im Verfahren einer Eigenverwaltung eingestellt wurde.[18] Maßgeblich ist die öffentliche Bekanntmachung, die zwei Tage nach dem Tag der Veröffentlichung als bewirkt gilt, § 9 Abs. 1 InsO. Dies gilt auch, wenn eine frühere Verfahrensfortsetzung zulässig ist, weil die Voraussetzungen nach § 30f Abs. 1 Satz 1 vorliegen.[19] 15

Beantragt ein Gläubiger die Fortsetzung des Verfahrens, muss er **glaubhaft** machen, dass keine der Einstellungsvoraussetzungen nach § 30d Abs. 1 ZVG mehr vorliegen.[20] Es kommt hierbei nicht darauf an, dass nur ein einzelner Einstellungsgrund weggefallen ist, sondern es darf keiner der in § 30d Abs. 1 Nr. 1–4 genannten Gründe mehr gegeben sein. Die Darlegungs- und Beweislast trifft den Gläubiger, § 30d Abs. 3, § 30b Abs. 2.[21] 16

Wurde das Verfahren auf Antrag des **vorläufigen Insolvenzverwalters** im Insolvenzeröffnungsverfahren nach § 30d Abs. 4, § 30f Abs. 2 einstweilen eingestellt, beginnt die Fortsetzungsfrist mit der Rücknahme bzw. der Abweisung des Antrages auf Insolvenzeröffnung (Abs. 2c). 17

Gibt der Insolvenzverwalter das Grundstück aus der Masse frei, unterliegt es nicht mehr der Insolvenzbeschlagnahme und das Zwangsversteigerungsverfahren 18

---

18 *Hintzen*, Rpfleger 1999, 256.
19 Steiner/*Storz*, § 31 Rdn. 26; *Stöber*, ZVG § 31 Rdn. 3.4.
20 *Stöber*, NZI 1998, 110; *Hintzen*, Rpfleger 1999, 256.
21 LG Göttingen, Rpfleger 2001, 193.

kann ebenfalls auf Antrag fortgesetzt werden.[22] Allerdings unterliegt der Vermögensgegenstand auch nach Freigabe „als sonstiges Vermögen des Schuldners" weiterhin dem Vollstreckungsverbot des § 89 Abs. 1 InsO.[23]

5. Einstellung durch Prozessgericht (Abs. 2 Buchst. d)

19 Hat das Prozessgericht das Verfahren durch Beschluss, einstweilige Anordnung oder einstweilige Verfügung eingestellt, §§ 707, 719, 769 Abs. 1, 771 Abs. 3 ZPO, beginnt die Frist erst, wenn die Einstellung wieder aufgehoben oder sonst erledigt ist (Abs. 2d). Die Beendigung der Einstellung muss der Gläubiger nachweisen, indem er z.b. einen entsprechenden Beschluss, ein Urteil oder einen Vergleich vorlegt.

20 Diese Grundsätze gelten entsprechend, wenn das Vollstreckungsgericht das Verfahren nach § 732 Abs. 2, § 766 Abs. 1 Satz 2, § 769 Abs. 2 ZPO eingestellt hat.

21 Zu Rechtsbehelfen bzw. Aufhebung solcher Beschlüsse vgl. → § 37 Rdn. 27.

6. Deckung aus Einzelgebot (§ 76)

22 Ein wegen Deckung aus einem Einzelgebot eingestelltes Verfahren kann nur innerhalb von **drei Monaten** fortgesetzt werden, § 76 Abs. 2 Satz 2. Die Frist beginnt mit dem auf den Versteigerungstermin folgenden Tag (§ 187 Abs. 1 BGB).

7. Sonstige Einstellung

23 Bei der Versteigerung eines Bahnunternehmens beginnt die Frist mit dem Ende der Betriebserlaubnis für das Unternehmen oder mit Zustimmung der Aufsichtsbehörde.[24] In sonstigen Fällen der Einstellung durch das Vollstreckungsgericht gilt § 31 Abs. 2 entsprechend (z.B. §§ 75, 77 ZVG oder § 775 ZPO).

IV. Belehrung (Abs. 3)
1. Allgemeines

24 Zum Schutz des Gläubigers hat das Vollstreckungsgericht bei den vielfältigen und verworrenen Regelungen von Einstellungsmöglichkeiten den Gläubiger sowohl über den Fristbeginn für die Stellung des Fortsetzungsantrags als auch über die Verfahrensaufhebung als Folge einer Fristversäumung zu belehren. Die Belehrung ist dadurch abgesichert, dass die Frist nicht zu laufen beginnt, solange der Gläubiger nicht belehrt wurde. Die Belehrungspflicht erstreckt sich nicht nur auf die in § 31 Abs. 2 explizit genannten Fälle, sondern grundsätzlich auf alle Einstellungen. Dies gilt auch für die Einstellung nach § 76.[25] Da jeweils nur das Einzelverfahren eingestellt und fortgesetzt wird, ist jeder Gläubiger, und zwar für jeden Einstellungsbeschlusses gesondert, zu belehren.

2. Form, Zuständigkeit

25 Eine bestimmte Form verlangt das Gesetz nicht. Regelmäßig wird dem Einstellungsbeschluss zugleich die Belehrung beigefügt. Die Belehrung kann aber auch gesondert **zugestellt** werden. Sie hat so rechtzeitig zu erfolgen, dass sich der Frist-

---

22 *Stöber*, NZI 1998, 110; *Hintzen*, Rpfleger 1999, 256.
23 BGH, Rpfleger 2009, 407 = NZI 2009, 382 = ZInsO 2009, 830.
24 *Stöber*, ZVG § 31 Rdn. 3.8.
25 A.A. Steiner/*Storz*, § 31 Rdn. 27; *Stöber*, ZVG § 31 Rdn. 2.5 und § 76 Rdn. 2.7.

beginn nicht verzögert. Zu belehren hat das Vollstreckungsgericht, das das Verfahren eingestellt oder die Einstellung vollzogen hat.[26] In diesem Sinne kann auch die Beschwerdeinstanz Vollstreckungsgericht sein.

3. Entbehrlichkeit

Die Belehrung ist entbehrlich, wenn das Verfahren von Amts wegen fort zu setzen ist, etwa bei einer Einstellung nach § 28 oder § 769 Abs. 2, § 771 Abs. 3, § 766 Abs. 1 Satz 2, § 732 Abs. 2 ZPO.[27] Hat der Gläubiger die Fortsetzung schon beantragt, muss er nicht mehr belehrt werden.[28] 26

V. Rechtsbehelf

Gegen die Fortsetzung oder deren Ablehnung sind die üblichen Rechtsbehelfe gegeben. Nach vorheriger Anhörung ist die sofortige Beschwerde gegeben, § 95 ZVG, § 793 ZPO. Ansonsten ist die Vollstreckungserinnerung zulässig, § 766 ZPO. 27

---

26 *Stöber*, ZVG § 31 Rdn. 2.2.
27 Steiner/*Storz*, § 31 Rdn. 40; *Stöber*, ZVG § 31 Rdn. 1.2.
28 Steiner/*Storz*, § 31 Rdn. 40; *Stöber*, ZVG § 31 Rdn. 2.6.

§ 32 »Zustellung des Aufhebungs- oder Einstellungsbeschlusses«

Der Beschluß, durch welchen das Verfahren aufgehoben oder einstweilen eingestellt wird, ist dem Schuldner, dem Gläubiger und, wenn die Anordnung von einem Dritten beantragt war, auch diesem zuzustellen.

I. Allgemeines

1   Beschlüsse, durch die das Verfahren aufgehoben oder eingestellt wird, sind zuzustellen. Hat das Prozessgericht die Zwangsvollstreckung eingestellt, wirkt sich dies nicht automatisch im Zwangsversteigerungsverfahren aus, das Vollstreckungsgericht hat das Verfahren durch einen besonderen – inhaltlich gleichen – Beschluss vorläufig oder endgültig abzuschließen, der zuzustellen ist.[1] Sinn und Zweck der Zustellung ist der in gesetzlicher Form zu bewirkende und zu beurkundende Akt, durch den dem Zustellungsadressaten Gelegenheit zur Kenntnisnahme eines Dokuments gegeben wird. Damit soll der Zeitpunkt der Bekanntgabe des Dokuments nachgewiesen werden.

II. Zustellungen
1. Anwendungsbereich

2   Aufhebungs- und Einstellungsbeschlüsse sind von Amts wegen zuzustellen (§§ 3 bis 7), auch wenn sich die Verfahrenshemmung nur auf einen Zubehörgegenstand beschränkt.[2] Der Beschluss ist immer zuzustellen, unabhängig davon, ob er verkündet wurde oder nicht. Insoweit handelt es sich um eine Abweichung von § 329 ZPO (§ 869 ZPO). Dies gilt auch für den Aufhebungsbeschluss in der Zwangsverwaltung, auch wenn dies aus dem Leitsatz der Entscheidung des BGH vom 10.7.2008[3] nicht eindeutig hervorgeht (Zitat: Nimmt der Gläubiger den Antrag auf Anordnung der Zwangsverwaltung während des Verfahrens uneingeschränkt zurück, endet die Beschlagnahme des Grundstücks und der von ihr umfassten Gegenstände nicht schon mit dem Eingang der Rücknahmeerklärung bei dem Vollstreckungsgericht, sondern erst mit dem Aufhebungsbeschluss). Der BGH betont in den Gründen seiner Entscheidung, dass der Beschluss über die Anordnung der Zwangsverwaltung mit dem Zeitpunkt der Zustellung an den Schuldner wirksam wird. Hierbei beruft er sich auf die §§ 20, 22 Abs. 1, § 146 Abs. 1. So wie die Anordnung wirksam wird, muss nach Auffassung des BGH auch die Aufhebung zwingend wirksam werden. Und dies kann dann grundsätzlich nur der Zeitpunkt der Zustellung des die Zwangsverwaltung aufhebenden Beschlusses sein. Gleichzeitig beginnt in diesem Zeitpunkt die Rechtsmittelfrist zu laufen. Der Zustellungsadressat kann auf die Zustellung nicht wirksam verzichten. Der Aufhebungsbeschluss ist mit der sofortigen Beschwerde anfechtbar, § 793 ZPO. Allerdings wird dem Gläubiger und dem Schuldner regelmäßig das Rechtsschutzinteresse fehlen.

3   Nicht anwendbar ist § 32, wenn das Verfahren durch rechtskräftige Versagung des Zuschlages entweder eingestellt, §§ 33, 86 oder aufgehoben wird, § 98. Die Beschwerdefrist hiergegen beginnt mit der Verkündung des Beschlusses.

---

[1] RGZ 70, 399.
[2] Steiner/*Storz*, § 32 Rdn. 2; *Stöber*, ZVG § 32 Rdn. 2.1.
[3] BGH, Rpfleger 2008, 586 = NJW 2008, 3067 = DNotZ 2009, 43 = NZM 2008, 741 = WM 2008, 1882 = ZIP 2009, 195 = ZfIR 2008, 876, 180; anders noch LG Meiningen, Rpfleger 2008, 382, aber wohl überholt.

2. Zustellungsadressaten

Der Beschluss ist dem **Vollstreckungsschuldner** und dem **Gläubiger** des betreffenden **Einzelverfahrens** zuzustellen. Dritten wird der Beschluss nur zugestellt, wenn diese die Verfahrenshemmung etwa nach § 28 ZVG oder § 769 Abs. 2 ZPO beantragt haben. Der Zustellungsadressat kann auf die Zustellung nicht wirksam verzichten. Sie dient nicht nur seinem Interesse, sondern setzt die Rechtsbehelfsfristen in Gang.[4]

4

3. Formlose Mitteilung

Anderen Beteiligten (§ 9) wird der Beschluss nicht zugestellt. Dies gilt auch für den nach Beschlagnahme eingetretenen Eigentümer, § 26, es sei denn, dieser ist Vollstreckungsschuldner geworden (hierzu → § 26 Rdn. 4). Muss infolge des Beschlusses der Versteigerungstermin aufgehoben werden, ist dies allen Beteiligten formlos mitzuteilen[5], denen die Terminsbestimmung zugestellt worden ist. Empfehlenswert ist daneben eine formlose Mitteilung des Beschlusses an den neuen eingetretenen Eigentümer, § 26, und an den Drittschuldner, § 22 Abs. 2.

5

---

4   Steiner/*Storz*, § 32 Rdn. 4; *Stöber*, ZVG § 32 Rdn. 2.2; *Böttcher*, § 32 Rdn. 1.
5   *Stöber*, ZVG § 32 Rdn. 2.2; *Böttcher*, § 32 Rdn. 2; a.A. Steiner/*Storz*, § 32 Rdn. 12, es ist zuzustellen.

§ 33 »Entscheidung durch Versagung des Zuschlags«

Nach dem Schlusse der Versteigerung darf, wenn ein Grund zur Aufhebung oder zur einstweiligen Einstellung des Verfahrens oder zur Aufhebung des Termins vorliegt, die Entscheidung nur durch Versagung des Zuschlags gegeben werden.

I. Allgemeines

1 Gründe, das Verfahren einzustellen oder aufzuheben bzw. den Termin abzusetzen, können sich auch noch nach dem Schluss der Versteigerung, § 73 Abs. 2, herausstellen. Da die Versteigerung nicht fortgesetzt werden kann, wäre das Verfahren nach allgemeinen Regeln einzustellen bzw. aufzuheben. Infolgedessen würde das Meistgebot erlöschen, § 72 Abs. 3 und bei Verfahrensaufhebung die Beschlagnahme wegfallen. Diese Wirkungen könnten auch durch Rechtsbehelfe nicht mehr beseitigt werden. Die Versteigerung wäre somit umsonst gewesen. Zum Schutz vor einer eventuellen Fehlentscheidung ordnet § 33 an, dass der Zuschlag zu versagen ist. Erst wenn die Versagung rechtskräftig ist, erlischt das Meistgebot und endet gegebenenfalls die Beschlagnahme, § 86. Im Rechtsmittelverfahren kann somit der Zuschlag noch auf das abgegebene Meistgebot erteilt werden.[1]

II. Zuschlagsversagung

1. Einstellungs- und Aufhebungsgründe

a) Allgemeines

2 Abgesehen von § 77 (Einstellung wegen Mangels an Geboten) ist bei allen anderen Aufhebungs- und Einstellungsgründen (hierzu → § 29 Rdn. 9 und → § 30 Rdn. 18) nach Schluss der Versteigerung der Zuschlag zu versagen. Der Grund zur Verfahrenshemmung muss nicht etwa durch Antragsrücknahme, Einstellungsbewilligung oder Anordnung durch das Prozessgericht erst nach Schluss der Versteigerung entstanden sein. Es genügt, dass der Grund in diesem Zeitpunkt dem Vollstreckungsgericht zur Kenntnis gelangt. Ausreichend ist auch, dass das Vollstreckungsgericht einen früher entstanden Grund bei erneuter Prüfung anders als vorher als Anlass zur Hemmung des Verfahrens ansieht, §§ 79, 83.

b) Sonderfall § 769 Abs. 2 ZPO

3 Wird nach Schluss der Versteigerung, aber vor Verkündung des Zuschlages die einstweilige Einstellung des Verfahrens nach § 769 Abs. 2 ZPO beim Vollstreckungsgericht beantragt, gilt: das Vollstreckungsgericht schiebt den Verkündungstermin (§ 87 Abs. 1) einmal oder auch mehrfach[2] hinaus und wartet die Entscheidung des Prozessgerichts ab.[3] Versagt das Vollstreckungsgericht dagegen den Zuschlag, muss die Vollstreckung nach fruchtlosem Fristablauf mit der Bestimmung eines neuen Versteigerungstermins fortgesetzt werden.

c) Teilaufhebung, Teileinstellung

4 Aufhebungs- oder Einstellungsgründe können auch **gegenständlich** beschränkt sein, z.B. auf einzelnen Grundstücke, Bruchteile, Zubehörgegenstände.

---

1 Denkschrift S. 43.
2 Hierzu BGHZ 33, 76 = Rpfleger 1961, 192 = WM 1960, 973.
3 Steiner/*Storz*, § 33 Rdn. 26; *Stöber*, ZVG § 33 Rdn. 2.3; *Böttcher*, § 33 Rdn. 6.

Grundsätzlich muss auch dann der Zuschlag insgesamt versagt werden.[4] Der Zuschlag kann hinsichtlich der von der Aufhebung oder Einstellung nicht betroffenen Teile nur dann erteilt werden, wenn der Meistbietende zu Protokoll des Gerichts dieser Verfahrensweise zustimmt.[5]

d) Ablösung des betreibenden Gläubigers

Im Falle der Ablösung (hierzu → § 75 Rdn. 21 ff.) des bestrangig betreibenden Gläubigers wird der Rechtsnachfolger grundsätzlich erst dann zum betreibenden Gläubiger im Sinne des ZVG, wenn er die Vollstreckungsklausel auf sich umschreiben lässt. Ist dies nicht geschehen und bewilligt der formell berechtigte bisherige Gläubiger nach Schluss der Versteigerung die Einstellung des Verfahrens, so ist der Zuschlag nach §§ 30, 33 zu versagen.[6] Wird nur der angemeldete Anspruch aus der Rangklasse 2 oder 3 des § 10 Abs. 1 abgelöst, kann eine Einstellung des Verfahrens (insoweit) weder nach § 30 bewilligt noch in sonstiger Weise verlangt werden, eine Zuschlagsversagung kommt nicht in Betracht.[7]

2. Zeitliche Grenze

Der Zuschlag ist nur dann nach § 33 zu versagen, wenn die Verfahrenshemmung erst nach dem Schluss der Versteigerung (§ 73 Abs. 2) und vor der Entscheidung über den Zuschlag (vollständige Verkündung des Zuschlags[8]) zu beachten ist. Vor Schluss der Versteigerung führt die Verfahrenshemmung nur dazu, dass eine neue Bietzeit beginnt. Nach der Entscheidung über den Zuschlag entstandene Hemmungsgründe können sich nur dann auf das Verfahren auswirken, wenn der Zuschlag aus einem anderen Grund zu versagen ist.[9]

3. Sachlicher Anwendungsbereich

a) Hemmung aller Einzelverfahren

Betreibt nur ein Gläubiger das Verfahren und wird dies nach dem Schluss der Versteigerung gehemmt, ist der Zuschlag gem. § 33 zu versagen. Das Gleiche gilt, wenn die Verfahren aller betreibenden Gläubiger zu diesem Zeitpunkt gehemmt sind.

b) Hemmung einzelner Verfahren

Werden mehrere, aber nicht alle Einzelverfahren gehemmt, ist für die Auswirkungen der Grundsatz der Einzelverfahren innerhalb der Gesamtversteigerung zu beachten.[10] § 33 ist nicht anwendbar, wenn aus dem aufgehobenen oder eingestellten Verfahren nicht bestrangig betrieben wurde. Nur der bestrangig betreibende Gläubiger wird dem geringsten Gebotes zugrunde gelegt (§ 44 Abs. 1). Die Verfahrenshemmung eines nachrangig betreibenden Gläubigers hat somit keine

---

4   OLG Stuttgart, Rpfleger 2002, 165 zur Zuschlagsversagung, wenn der die Zwangsversteigerung in mehrere Grundstücke betreibende Gläubiger nach Schluss der Bietzeit hinsichtlich der anderen Grundstücke die einstweilige Einstellung bewilligt.
5   OLG Hamm, MDR 1967, 773; Steiner/*Storz*, § 33 Rdn. 29; *Stöber*, ZVG § 33 Rdn. 5.2; *Böttcher*, § 33 Rdn. 2.
6   OLG Düsseldorf, Rpfleger 1987, 75.
7   OLG Hamm, Rpfleger 1987, 75.
8   BGH, Rpfleger 2007, 414 = NJW-RR 2007, 1005.
9   A.A. LG Aachen, Rpfleger 1985, 452.
10 A.A. OLG Köln, Rpfleger 1990, 176 mit Anm. *Storz*.

Auswirkungen auf das abgegebene Meistgebot. Das Einzelverfahren wird dann lediglich aufgehobenen bzw. eingestellt.[11] Ansonsten wird die Versteigerung fortgesetzt.

c) Hemmung des bestrangig betreibenden Gläubigers

9 Wie zu verfahren ist, wenn das Einzelverfahren des bestrangig betreibenden Gläubigers nach Schluss der Versteigerung gehemmt wird, andere Verfahren aber fortzusetzen sind, ist umstritten. Übereinstimmung besteht darin, dass bei Einverständnis aller Beteiligter keine neue Bietzeit durchzuführen ist.[12] Einigkeit besteht auch darüber, dass der Zuschlag grundsätzlich zu versagen ist.[13] Es wird jedoch auch die Auffassung vertreten, dass der Zuschlag dennoch erteilt werden kann, wenn der nächstfolgende Gläubiger noch durch das Meistgebot gedeckt ist.[14] Überwiegend wird auch vertreten, das geringste Gebot sei durch Wegfall des bestbetreibenden Gläubigers im Nachhinein unrichtig geworden, damit liege ein Versagungsgrund nach § 83 Nr. 1 vor.[15] Dieser Mangel sei jedoch gem. § 84 Abs. 1 heilbar, wenn das Recht des Beteiligten nicht beeinträchtigt werde oder dieser das Verfahren genehmigt. Allerdings ist hierbei auch der Schuldner als Beteiligter anzusehen. Der Schuldner muss das Verfahren daher wegen der nicht auszuschließenden Beeinträchtigung immer genehmigen, der Zuschlag ist damit regelmäßig zu versagen.

10 Nicht uneingeschränkt gefolgt werden kann der Auffassung, wegen der klaren und eindeutigen Anordnung durch § 33 sei der Zuschlag in jedem Falle zu versagen, da die Fortsetzung des Verfahrens bereits aus einem sonstigen Grunde unzulässig ist, § 83 Nr. 6 und damit auch keine Heilung nach § 84 in Betracht komme. Richtig ist hieran die Tatsache, dass das Gericht das geringste Gebot zunächst zutreffend festgestellt hat. Nicht gefolgt werden kann aber der Ansicht, dass somit nie ein Versagungsgrund nach § 83 Nr. 1, sondern nach Nr. 6 vorliege und die Anwendung einer Heilung nach § 84 Abs. 1 dazu führe, das Verfahren im Vertrauen hierauf amtswidrig bewusst und gewollt mangelhaft zu gestalten.[16]

11 Der Versagungsgrund des § 83 Nr. 1 greift nicht durch, wenn bei nachträglicher Änderung des geringsten Gebots weder Rechte des Gläubigers noch des Schuldners beeinträchtigt sind. Eine Beeinträchtigung kann bei nachträglicher Unrichtigkeit des geringsten Gebots vorliegen, wenn bei einer Änderung des geringsten Gebots ein anderes Versteigerungsergebnis nicht ausgeschlossen erscheint. Dies ist jedoch dann nicht der Fall, wenn das Verfahren aus Rangklasse 2 oder 3 des § 10 Abs. 1 betrieben wird.[17] Stellt der Gläubiger aus Rangklasse 2 oder 3 sein Verfahren als bestrangig Betreibender ein und ändert sich dadurch das geringste Gebot – nunmehr berechnet nach dem nächstrangigen Gläubiger – nur in der Weise,

---

11 H.M., Steiner/*Storz*, § 33 Rdn. 10; *Stöber*, ZVG § 33 Rdn. 3.1.
12 Steiner/*Storz*, § 33 Rdn. 11.
13 OLG Hamm, Rpfleger 1972, 149; OLG Köln, Rpfleger 1971, 326; Steiner/*Storz*, § 33 Rdn. 14.
14 RGZ 89, 426.
15 OLG Köln, Rpfleger 1990, 176; Steiner/*Storz*, § 33 Rdn. 15; *Stöber*, ZVG § 33 Rdn. 3.4; *Hagemann*, RpflStud 1983, 25.
16 So auch *Böttcher*, § 33 Rdn. 12; *Depré/Popp*, § 33 Rdn. 10.
17 OLG Köln, Rpfleger 1990, 176 mit abl. Anm. *Storz*; LG Kassel, Rpfleger 2000, 408; LG Moosbach, Rpfleger 1992, 60; LG Waldshut-Tiengen, Rpfleger 1986, 102; *Stöber*, ZVG § 33 Rdn. 3.4b; wohl auch *Böttcher*, § 33 Rdn. 12; ablehnend *Storz*, ZVG, B 7.5.1.

dass sich der bar zu zahlende Teil erhöht, das abgegebene Meistgebot diesen Betrag aber übersteigt, hat das bereits vorliegende Meistgebot keinerlei Bezug auf das geringste Gebot. Ein Einfluss auf das Versteigerungsergebnis ist ausgeschlossen, die Erteilung des Zuschlags möglich. Auch der Schuldner ist nicht beeinträchtigt. Es genügt zur Bejahung einer Beeinträchtigung des Schuldners nicht, dass er durch den Zuschlag das Eigentum am Grundstück verliert. Eine solche Betrachtung würde dem Sinn des § 84 nicht gerecht. Den Verlust des Eigentums muss der Schuldner als Folge eines ordnungsgemäß durchgeführten Vollstreckungsverfahrens hinnehmen. § 84 lässt die Erteilung des Zuschlags auch bei Vorliegen bestimmter Verfahrensmängel zu. Dann kann nicht allein der Verlust des Eigentums als zwingende Folge des Zuschlags die Möglichkeit dieser Heilung ausschließen. § 84 stellt auf den ursächlichen Zusammenhang zwischen der Verletzung einer der in § 83 Nr. 1 bis 5 bezeichneten Vorschriften und der Möglichkeit einer Benachteiligung des Schuldners ab. Im Sinne von § 84 wird der Schuldner dadurch, dass das geringste Gebot nachträglich noch vor der Entscheidung über den Zuschlag unrichtig geworden ist, nur dann durch den Zuschlag in seinen Rechten beeinträchtigt, wenn die (ernsthafte) Möglichkeit besteht, dass es bei „richtiger" – schon den erst später eingetretenen Umständen entsprechender – Aufstellung des geringsten Gebots entweder gar nicht zum Zuschlag gekommen oder aber dann ein dem Schuldner günstigeres Ergebnis des Versteigerungsverfahrens erzielt worden wäre.

Diese Argumentation greift dann allerdings nicht, wenn nach einstweiliger **12** Einstellung nunmehr ein dingliches Recht bestehen bleibt, da dadurch das geringste Gebot wesentlich verändert würde.[18] Dies alles soll auch dann gelten, wenn die Ablösung des bestrangig betreibenden Gläubigers nach Schluss der Bietzeit dazu führt, dass der Schuldner bei einem berichtigten geringsten Gebot zwar eine Eigentümergrundschuld erworben hätte, aber den nachrangigen Gläubigern zur Löschung dieses Rechts verpflichtet gewesen wäre, sodass der Ersteher einen entsprechenden Betrag hätten nachzahlen müssen.[19] Dies ist abzulehnen, da auch bei Entstehen einer Eigentümergrundschuld die formelle Rechtslage maßgeblich ist und nicht auf die ungesicherte schuldrechtliche Möglichkeit der Durchsetzung eines Löschungsanspruchs abgestellt werden kann.[20]

Das abgegebene Gebot erlischt auch dann nicht, wenn aufgrund eines Antrages **13** weitere geringste Gebote erstellt werden müssen (z.B. bei einem nachträglichen Antrag auf Abweichung der Versteigerungsbedingungen). In diesem Fall ist ein weiteres Ausgebot zu erstellen, aufzurufen, und die Bietzeit beginnt für dieses Gebot neu zu laufen. Der Schluss der Versteigerung darf/wird dann jedoch für alle Gebote nur gemeinsam verkündet werden.[21]

4. Entscheidung des Gerichts
a) Beschluss

Das Gericht entscheidet durch Beschluss. Der Beschluss über die Versagung **14** wirkt erst mit seiner Rechtskraft als Aufhebung bzw. Einstellung, § 86. Der Be-

---

18 *Stöber*, ZVG § 33 Rdn. 3.4d.
19 OLG Stuttgart, Rpfleger 1997, 397 = InVo 1998, 82.
20 So auch *Stöber*, ZVG § 33 Rdn. 3.4d.
21 BGH, Rpfleger 2003, 452 = NJW-RR 2003, 1077 = KTS 2003, 701 = MDR 2003, 1074 = WM 2003, 1181 = InVo 2003, 451 = ZfIR 2003, 743.

schluss wird lediglich verkündet (§ 87), nicht aber zugestellt. Kommt eine Fortsetzung des Verfahrens in Betracht, ist die Belehrung nach § 31 Abs. 3 zuzustellen. Der Versagungsbeschluss wirkt **prozessual** im Hinblick auf den Beginn der Beschwerdefrist schon mit seiner Verkündung, § 98 Satz 1. **Sachlich** wirkt der Beschluss erst mit Eintritt der Rechtskraft, § 86.

b) Auslegung des Beschlusses

15 Hat das Gericht das Verfahren entgegen § 33 einstweilen eingestellt und zugleich den Zuschlag versagt, so soll der Einstellungsbeschluss nach h.M. nur als Hinweis auf die Zuschlagsversagung ausgelegt werden.[22] Hat der Schuldner nach der Bietzeit und vor Verkündung des Zuschlags nach § 75 abgelöst und das Vollstreckungsgericht das Verfahren entgegen § 33 eingestellt sowie den Zuschlag versagt, soll das Meistgebot entgegen § 72 Abs. 3 nicht erloschen sein. Der Meistbietende soll nach § 97 Abs. 2 beschwerdeberechtigt sein. Diese Auffassung überzeugt nicht, da § 72 Abs. 3 klar und eindeutig anderes anordnet.[23] Erklärbar ist eine derartige Entscheidung nur damit, Amtshaftungsansprüche abzuwenden.

III. Rechtsbehelf

16 Der Beschluss, der nach Ende der Bietzeit die Einstellung oder Aufhebung des Verfahrens ablehnt, kann nicht mehr gesondert mit einem Rechtsmittel angefochten werden.[24] Die Verfahrenshemmung kann nur auf Zuschlagsbeschwerde hin berücksichtigt werden. Ein zur Zeit der Zuschlagsentscheidung noch anhängige Rechtsbehelf gegen einen die Verfahrenshemmung ablehnenden Beschluss wird durch die Zuschlagsentscheidung gegenstandslos.[25]

---

22 OLG Hamm, NJW 1965, 2410; *Stöber*, ZVG § 33 Rdn. 2.7; *Mohrbutter*, Rpfleger 1967, 102.
23 So auch Steiner/*Storz*, § 33 Rdn. 35.
24 KG, Rpfleger 1966, 310 = WM 1966, 786; OLG Schleswig, SchlHA 1968, 122.
25 BGHZ 44, 138 = Rpfleger 1965, 302 = WM 1965, 937.

§ 34 »Ersuchen auf Löschung des Versteigerungsvermerks«

Im Falle der Aufhebung des Verfahrens ist das Grundbuchamt um Löschung des Versteigerungsvermerkes zu ersuchen.

I. Allgemeines

Der im Grundbuch eingetragene Versteigerungsvermerk, § 19, ist zu löschen, wenn die Beschlagnahme nicht mehr wirkt. Das Verfahren muss aufgehoben, der Zuschlag rechtskräftig versagt, die Fortsetzung des Verfahrens unzulässig (§ 86) oder das Grundstück vom betreibenden Gläubiger aus der Pfandhaft freigegeben sein.[1] Die Löschung des Versteigerungsvermerkes kann auch gegenständlich beschränkt sein, sich also nur auf eines von mehreren Grundstücken oder nur auf einen Bruchteil beziehen. Nicht erfasst von der Vorschrift ist die Frage der rechtskräftigen Zuschlagserteilung, hier wird der Versteigerungsvermerk im Rahmen des Ersuchens zur Berichtigung des Grundbuches nach § 130 Abs. 1 gelöscht. Voraussetzung ist, dass nicht nur die Wirkung der Beschlagnahme des Einzelverfahrens, sondern auch die des Gesamtverfahrens weggefallen ist. 1

II. Löschung des Vermerkes

1. Ersuchen

Wirkt die Beschlagnahme nicht mehr, ersucht das Vollstreckungsgericht das Grundbuchamt von Amts wegen, den Vermerk zu löschen. Das Ersuchen (§ 38 GBO) ergeht schriftlich. Das Ersuchen ist zu unterschreiben und mit Siegel oder Stempel zu versehen (§ 29 Abs. 3 GBO). 2

2. Beschlagnahme

Bisher wurde hinsichtlich der Beschlagnahme danach unterschieden, ob der Aufhebungsbeschluss deklaratorisch oder konstitutiv wirkt. Die Dauer der Beschlagnahme ist im Gesetz nicht ausdrücklich geregelt. Deren Wirkungen enden jedoch stets erst mit Wirksamwerden des Aufhebungsbeschlusses. Mit seiner Entscheidung vom 10.7.2008[2] hat der BGH diese zentrale Frage zwar zur Aufhebung eines Zwangsverwaltungsverfahrens so entschieden, Unterschiede zur Zwangsversteigerung sind jedoch nicht erkennbar. Der BGH vertritt die Auffassung, dass auch in dem Fall der uneingeschränkten Antragsrücknahme die Beschlagnahmewirkung erst mit dem Aufhebungsbeschluss endet. Betreiben mehrere Gläubiger das Verfahren, endet die Beschlagnahmewirkung erst nach der Antragsrücknahme des letztverbliebenen Gläubigers und dem dann erlassenen Aufhebungsbeschluss. Zur Fertigung des Löschungsersuchens muss nicht abgewartet werden, bis der Aufhebungsbeschluss rechtskräftig ist, es sei denn, das Vollstreckungsgericht hat die Wirkung bis zur Rechtskraft aufgeschoben.[3] 3

---

1 OLG Hamm, Rpfleger 1985, 310.
2 BGH, Rpfleger 2008, 586 = NJW 2008, 3067 = DNotZ 2009, 43 = NZM 2008, 741 = WM 2008, 1882 = ZIP 2009, 195 = ZfIR 2008, 876; anders noch LG Meiningen, Rpfleger 2008, 382, aber wohl überholt.
3 Steiner/*Storz*, § 34 Rdn. 2; *Stöber*, ZVG § 34 Rdn. 2.1; *Böttcher*, § 34 Rdn. 2.

3. Tätigkeit des Grundbuchamtes

4   Das Grundbuchamt hat nach allgemeinen grundbuchverfahrensrechtlichen Grundsätzen ein Eintragungsersuchen zurückzuweisen, wenn es weiß, dass es an den Voraussetzungen des Ersuchens fehlt, weil es nicht daran mitwirken darf, das Grundbuch unrichtig zu machen.[4] Dies liegt aber ausnahmsweise nur dann vor, wenn es die bestimmte, sichere Überzeugung erlangt, dass das Grundbuch mit der Eintragung unrichtig werden würde, dem Ersuchen somit jede Rechtsgrundlage fehlt. Das Grundbuchamt prüft das Löschungsersuchen nur formell und nicht sachlich[5] (hierzu → § 19 Rdn. 8 ff.). Für die Eintragung der Löschung im Grundbuch ist der Rechtspfleger zuständig (§ 12c Abs. 2 Nr. 3 GBO gilt nur für die Ersteintragung). Der Versteigerungsvermerk darf vom Grundbuchamt nur auf Ersuchen des Vollstreckungsgerichts gelöscht werden. Das Grundbuchamt teilt die Löschung dem Eigentümer und dem Vollstreckungsgericht mit (§ 55 GBO).

III. Rechtsbehelf

5   Lehnt der Rechtspfleger die Eintragung der Löschung ab, findet hiergegen die Beschwerde statt, § 11 Abs. 1 RPflG, § 71 Abs. 1 GBO.[6] Hilft der Rechtspfleger der Beschwerde nicht ab, § 75 GBO, entscheidet das Beschwerdegericht (= Oberlandesgericht), § 72 GBO. Unter den Voraussetzungen nach § 78 GBO ist die Rechtsbeschwerde zulässig. Erinnerungs- bzw. beschwerdebefugt ist das Vollstreckungsgericht.

6   Gegen die Löschung des Versteigerungsvermerks im Grundbuch kann jedoch keine Beschwerde mit dem Ziel der Wiedereintragung erhoben werden. Die Beschwerde ist gem. § 71 Abs. 2 Satz 1 GBO ausgeschlossen, da nach der Löschung uneingeschränkt gutgläubiger Erwerb möglich ist.[7]

7   Wird der Aufhebungsbeschluss im Rechtsbehelfsverfahren aufgehoben, ist ein neuer Versteigerungsvermerk einzutragen, falls der bisherige Vermerk bereits gelöscht ist. Dies sollte zugleich mit Einlegung des Rechtsbehelfs gegen die Verfahrensaufhebung angeregt werden. In der Zwischenzeit können Rechte am Grundstück gutgläubig erworben werden.

IV. Kosten

8   Das Ersuchen des Vollstreckungsgerichts wird durch die allgemeine Verfahrensgebühr abgegolten (GKG KV 2211). Die Löschung des Versteigerungsvermerks ist gebührenfrei, Vorbemerkung zu 1.4 GNotKG KV.

---

4   Vgl. OLG Hamm, Rpfleger 1996, 338; BayObLGZ 1985, 372 = Rpfleger 1986, 129; OLG Hamm, Rpfleger 1978, 374; LG Detmold, Rpfleger 1993, 333; LG Frankenthal, Rpfleger 1984, 183.
5   BGH, NJW 1956, 463; Brandenbg. OLG, Beschluss vom 9.9.2014, 5 W 142/14, Rpfleger 2015, 97; KG, Rpfleger 1997, 154.
6   OLG Hamm, Rpfleger 2011, 453; BayObLG, Rpfleger 1997, 101; Meikel/*Schmidt-Räntsch*, § 71 Rdn. 33 m.w.N.
7   Meikel/ *Schmidt-Räntsch*, § 71 Rdn. 55 m.w.N.

III. Bestimmung des Versteigerungstermins

§ 35 »Ausführung der Versteigerung«
Die Versteigerung wird durch das Vollstreckungsgericht ausgeführt.

I. Allgemeines

Im Anschluss an den 2. Abschnitt über Aufhebung und Einstellung des Verfahrens (§§ 28–34) befasst sich der 3. Abschnitt (§§ 35–43) mit der Zuständigkeit des Vollstreckungsgerichts (§ 35), Zeit und Ort des Versteigerungstermins (§ 36), dem zwingenden Inhalt der Terminsbestimmung (§ 37), dem weiteren Inhalt der Terminsbestimmung (§ 38), der öffentlichen Bekanntmachung (§ 39), den sonstigen Bekanntmachungen (§ 40), Zustellungen und Mitteilungen an die Beteiligten (§ 41), Akteneinsicht (§ 42) und mit den Versteigerungs- und Zustellungsfristen (§ 43).

II. Zuständigkeit

Wegen der landesrechtlichen Vorbehalte, die bei Erlass des ZVG bestanden, war die Bestimmung ursprünglich sinnvoll.[1] Da Sonderzuständigkeiten (vgl. § 2 EGZVG) nicht mehr bestehen, ist die Bestimmung überflüssig. Die Zuständigkeit des Vollstreckungsgerichts ergibt sich schon aus § 1.

---

1 Hierzu *Riedel*, JurBüro 1974, 421.

§ 36 »Bestimmung des Versteigerungstermins«

(1) Der Versteigerungstermin soll erst nach der Beschlagnahme des Grundstücks und nach dem Eingange der Mitteilungen des Grundbuchamts bestimmt werden.

(2) ¹Der Zeitraum zwischen der Anberaumung des Termins und dem Termin soll, wenn nicht besondere Gründe vorliegen, nicht mehr als sechs Monate betragen. ²War das Verfahren einstweilen eingestellt, so soll diese Frist nicht mehr als zwei Monate, muß aber mindestens einen Monat betragen.

(3) Der Termin kann nach dem Ermessen des Gerichts an der Gerichtsstelle oder an einem anderen Orte im Gerichtsbezirk abgehalten werden.

I. Allgemeines

1   Die Vorschrift regelt die Zeit der Terminsbestimmung (Abs. 1), die Versteigerungsfrist (Abs. 2) und den Ort der Versteigerung (Abs. 3). Es handelt sich um eine Ordnungsvorschrift („soll"). Die Terminsbestimmung ist ein Beschluss[1] mit gesetzlich vorgeschriebenen Inhalt, §§ 37, 38. Er ist durch Einrücken in das Amtsblatt des Vollstreckungsgerichts oder im Internet (§ 39) und durch Anheften an die Gerichtstafel (§ 40) öffentlich bekannt zu machen und den Beteiligten zuzustellen (§ 41). Von besonderer Bedeutung ist die rechtzeitige Bekanntmachung des Termins, § 43 Abs. 1, § 83 Nr. 7.

II. Bestimmung des Termins
1. Beschlusszeitpunkt (Abs. 1)

2   Der Versteigerungstermin soll erst bestimmt werden, wenn die Beschlagnahme wirksam ist (§ 22) und die Mitteilungen des Grundbuchamts (§ 19 Abs. 2) beim Vollstreckungsgericht eingegangen sind. Die Regelung war und ist ebenso selbstverständlich wie überflüssig, sie könnte daher auch entfallen.

2. Änderungen des Beschlusszeitpunktes

3   Durch Einführung der Notverordnung ins ZVG mit Gesetz vom 20.8.1953 (BGBl I 952) ist § 36 Abs. 1 faktisch geändert worden. Der Versteigerungstermin **soll** erst nach Rechtskraft des den Vollstreckungsschutz nach §§ 30a–30e ablehnenden Beschlusses anberaumt werden, § 30b Abs. 4, oder die Antragsfrist für die einstweilige Einstellung ist abgelaufen. Weiterhin dürfen aus dem Grundbuch keine entgegenstehenden Rechte, Verfügungsbeschränkungen oder sonstige Vollstreckungsmängel ersichtlich sein, § 28. Regelmäßig wird der Termin erst dann bestimmt, wenn auch der Grundstückswert nach § 74a Abs. 5 festgesetzt und rechtskräftig geworden ist.[2]

III. Zeitraum zwischen Terminsbestimmung und Termin
1. Allgemeines

4   Das Gesetz gibt Mindestfristen vor, damit die Beteiligten sich zeitlich auf die Versteigerung vorbereiten können. Die Höchstfristen sollen sicherstellen, dass das Verfahren nicht unangemessen verzögert wird.

---

1   *Stöber*, ZVG § 36 Rdn. 2.1.
2   OLG Köln, Rpfleger 1983, 302; OLG Düsseldorf, Rpfleger 1981, 69; OLG Schleswig, JurBüro 1959, 250; OLG Frankfurt, BB 1954, 1043.

2. Zeitraum

a) Regelzeitraum

Der Zeitraum zwischen Terminsbestimmung und Termin soll, falls nicht besondere Gründe vorliegen, **sechs Monate** nicht übersteigen (Abs. 2 Satz 1). Vor Einführung des Vollstreckungsschutzes (§§ 30a bis 30e ZVG, § 765a ZPO) sollte auch ein späterer Termin bestimmt werden können, um eine dem Schuldner nachteilige Versteigerung zu ungelegener Zeit zu verhindern.[3] Besondere Gründe für einen späteren Termin sollten die Ausnahme sein. 5

Eine gesetzliche Gewährleistung, dass das Vollstreckungsgericht den Termin innerhalb der Höchstfrist anzusetzen hat und bei Verzögerungen möglicherweise in Haftungsprobleme gerät, dürfte jedoch nicht in Betracht kommen. Der Gesetzestext spricht von „soll" und nicht von „muss". Das Gericht (und damit der Rechtspfleger) kann keine Gewährleistung für die sächliche und personelle Ausstattung des Vollstreckungsgerichtes übernehmen, die Entscheidungsbefugnis hierzu hat nur die Justizverwaltung. Das Vollstreckungsgericht kann nur im Rahmen der ihm zur Verfügung gestellten sächlichen und räumlichen Vorgaben Termine anberaumen. Das Vollstreckungsgericht ordnet daher grundsätzlich den Termin so zeitig wie möglich an. Dabei muss sichergestellt sein, dass die Fristen nach § 43 eingehalten werden können. 6

b) Mindestfrist nach einstweiliger Einstellung

War das Verfahren einstweilen eingestellt, muss eine Mindestfrist von einem Monat eingehalten und soll eine Höchstfrist von zwei Monaten nicht überschritten werden. Wegen der Ladungsfrist nach § 43 Abs. 2 beläuft sich die Mindestfrist praktisch immer auf mehr als einen Monat. In Betracht kommen alle Arten von Einstellungen wie etwa nach den §§ 30, 30a–e, 77, 86 ZVG oder §§ 765a, 769 ZPO. Betreiben mehrere Gläubiger das Verfahren ist maßgeblich das Verfahren des bestrangig betreibenden Gläubigers.[4] 7

3. Sonderregelungen

Wird der Zuschlag gem. § 85a Abs. 1 oder § 74a Abs. 1 versagt, wird ein neuer Termin von Amts wegen bestimmt. Zwischen beiden Terminen sollen mindestens drei und höchstens sechs Monate liegen, § 74a Abs. 3 Satz 2, § 85a Abs. 2 Satz 1. 8

IV. Versteigerungsort (Abs. 3)

Nach Ermessen des Vollstreckungsgerichts kann der Termin an der Gerichtsstelle oder an einem anderen Ort im Gerichtsbezirk abgehalten werden. Maßgeblich für die Ermessensausübung muss sein, an welchem Ort die Versteigerung voraussichtlich den größeren Erfolg verspricht. Ob sie erfolgreicher ist, wenn sie in der Nähe des Grundstückes durchgeführt wird, muss im Einzelfall entschieden werden. In Betracht kommen hierfür offizielle Säle etwa im Rathaus, in einer Schule oder einem Versammlungsort der Gemeinde, in der das Grundstück belegen ist. Diese Vorgehensweise dürfte im städtischen Raum jedoch nicht in Be- 9

---

3 Denkschrift S. 18.
4 *Stöber*, ZVG § 36 Rdn. 3.5; *Böttcher*, § 36 Rdn. 7; *Depré/Bachmann*, § 36 Rdn. 12; a.A. Steiner/*Teufel*, § 36 Rdn. 31.

tracht kommen, die Versteigerung findet regelmäßig beim Vollstreckungsgericht (Amtsgericht) statt.

V. Rechtsbehelf

10 Bei Verstößen gegen § 36 ist die Vollstreckungserinnerung zulässig, § 766 ZPO. Die sofortige Beschwerde ist durch § 95 ausgeschlossen. Da es sich lediglich um Ordnungsvorschriften handelt, kann deren Verletzung eine Zuschlagsbeschwerde nicht begründen. Die Terminsbestimmung wird nicht schon mit der Verfügung des Gerichts, sondern erst mit deren Herausgabe an die Beteiligten existent und damit anfechtbar.[5]

VI. Kostenanforderung

11 Spätestens bei der Bestimmung des Versteigerungstermins hat das Vollstreckungsgericht einen Vorschuss in Höhe der doppelten der Gebühr für die Abhaltung des Versteigerungstermins zu erheben, somit eine volle Gebühr (GKG KV 2213, § 15 Abs. 1 GKG). Gleichzeitig wird ein Auslagenvorschuss erhoben, § 17 GKG. Die Terminsbestimmung darf jedoch nicht von der Zahlung abhängig gemacht werden, § 7 Abs. 1 GKG. Kostenschuldner des Vorschusses ist derjenige, der das Verfahren beantragt hat, § 26 Abs. 1 GKG.

---

5   LG Lübeck, SchlHA 1982, 199.

§ 37 »Wesentlicher Inhalt der Terminsbestimmung«

Die Terminsbestimmung muß enthalten:
1. die Bezeichnung des Grundstücks;
2. Zeit und Ort des Versteigerungstermins;
3. die Angabe, daß die Versteigerung im Wege der Zwangsvollstreckung erfolgt;
4. die Aufforderung, Rechte, soweit sie zur Zeit der Eintragung des Versteigerungsvermerkes aus dem Grundbuche nicht ersichtlich waren, spätestens im Versteigerungstermine vor der Aufforderung zur Abgabe von Geboten anzumelden und, wenn der Gläubiger widerspricht, glaubhaft zu machen, widrigenfalls die Rechte bei der Feststellung des geringsten Gebots nicht berücksichtigt und bei der Verteilung des Versteigerungserlöses dem Anspruche des Gläubigers und den übrigen Rechten nachgesetzt werden würden;
5. die Aufforderung an diejenigen, welche ein der Versteigerung entgegenstehendes Recht haben, vor der Erteilung des Zuschlags die Aufhebung oder einstweilige Einstellung des Verfahrens herbeizuführen, widrigenfalls für das Recht der Versteigerungserlös an die Stelle des versteigerten Gegenstandes treten würde.

Übersicht

		Rdn.
I.	Allgemeines	1
	1. Zweck	1
	2. Inhalt	2
	3. Mängel	3
II.	Bezeichnung des Grundstücks (Nr. 1)	4
	1. Allgemeines	4
	2. Grundsatz	5
	3. Zusätze	6
	4. Änderungen	7
	5. Einzelfälle	8
III.	Zeit und Ort (Nr. 2)	10
IV.	Angabe der Versteigerungsart (Nr. 3)	13
V.	Nicht grundbuchersichtliche Rechte (Nr. 4)	14
	1. Bedeutung	14
	2. Anzumeldende Rechte	15
	3. Nicht anzumeldende Rechte	17
	4. Anmeldung und Glaubhaftmachung	18
	5. Androhung und Rechtsnachteile	19
VI.	Entgegenstehende Rechte (Nr. 5)	22
	1. Regelungszweck	22
	2. Rechte Dritter	23
	3. Durchsetzung des entgegenstehenden Rechts	24
	a) Geltendmachung	24
	b) Mitwirken des Gläubigers	25
	c) Weigerung des Gläubigers	26
	aa) Vorlage einer Einstellungsentscheidung	26
	bb) Rechtsbehelfe gegen Einstellungsentscheidung	27
	d) Wirkung	29
	4. Ausschließung der Rechte und Surrogation	31
	5. Geltendmachung des Ersatzrechts	32
VII.	Rechtsbehelf	34

I. Allgemeines
1. Zweck

1 Was die Terminsbestimmung beinhaltet, ergibt sich aus dem Zweck der Bestimmung. Unterrichtet werden soll darüber, dass das Grundstück zwangsweise versteigert wird und wo und wann. Adressat sind die diejenigen, deren Rechte von der Versteigerung berührt werden und potenzielle Interessenten, damit das Objekt möglichst wertbringend verwertet werden kann.[1]

2. Inhalt

2 Die Terminsbestimmung **muss** notwendig das Grundstück (Nr. 1), Zeit und Ort (Nr. 2) sowie die Art der Versteigerung (Nr. 3) bezeichnen. Es **muss** weiter gerichtlich aufgefordert werden, nicht grundbuchersichtliche Rechte rechtzeitig anzumelden (Nr. 4) und der Versteigerung entgegenstehende Rechte rechtzeitig geltend zu machen (Nr. 5).

3. Mängel

3 Während § 37 zwingend „**Mindestbestandteile**" der Terminsbestimmung vorschreibt, ergänzt § 38 „**Sollbestandteile**". Werden die Mindestbestandteile unvollständig oder unrichtig angegeben, gilt: je nach Stand des Verfahrens muss der Termin aufgehoben (§ 43) oder der Zuschlag versagt werden (§ 83 Nr. 7, § 100 Abs. 3), es sei denn, die Terminsbestimmung kann unter Wahrung der Frist des § 43 berichtigt und erneut veröffentlicht werden. Ist ein Sollbestandteil unrichtig, gilt dies nur dann, wenn hierdurch zugleich ein Mindestbestandteil unklar oder unvollständig dargestellt wird. Der Mangel kann nur durch fehlerfreie Nachholung und nicht dadurch geheilt werden, dass alle Beteiligten das fehlerhafte Verfahren genehmigen (vgl. § 84 Abs. 1).

II. Bezeichnung des Grundstücks (Nr. 1)
1. Allgemeines

4 Das Grundstück und die sonstigen Gegenstände der Versteigerung (wie Erbbaurecht, Wohnungs- und Teileigentum, Bruchteile oder mehrerer Grundstücke) müssen so genau wie möglich bezeichnet sein. Landesrechtliche Ausführungsvorschriften sind hierbei zu beachten (vgl. § 6 EGZVG). Die Beschreibung des Grundstücks wie im Versteigerungsantrag reicht nicht, sie dient nur dem Zweck, das Verfahren anzuordnen. Hier sollen mögliche Beteiligte und potenzielle Bieter erkennen können, welches Grundstück versteigert werden soll. Wie das Grundstück bezeichnet wird, entscheidet das Vollstreckungsgericht nach pflichtgemäßem Ermessen.[2]

2. Grundsatz

5 Die Bezeichnung orientiert sich zunächst an der Eintragung im Bestandsverzeichnis des Grundbuchs. Aufzuführen sind Gemarkung, Flur, Flurstücksnummer, Lage (Straße, Hausnummer etc.), Wirtschaftsart[3], Flächeninhalt sowie

---

1 Denkschrift S. 18.
2 *Stöber*, ZVG § 37 Rdn. 2.2; nach *Böttcher*, § 37 Rdn. 2 reduziert sich das Ermessen gegen null.
3 OLG Koblenz, Rpfleger 2000, 342.

Grundbuchstelle.[4] Wegen des Zwecks der Beschreibung und den Folgen einer unzureichenden oder unrichtigen Bezeichnung muss sorgfältig geprüft werden, ob und inwieweit Änderungen und Zusätze erforderlich sind. Anhaltspunkte ergeben sich, wenn die Darstellung im Grundbuch mit der im Verkehrswertgutachten verglichen wird.

3. Zusätze

Die Beschreibung des Grundstücks im Grundbuch ist nicht immer zutreffend und aktuell. Teilweise ist die Beschreibung im Hinblick auf die Informationen für den Bietinteressenten völlig nichtssagend. In diesem Fall sind Zusätze notwendig, da es nicht darum geht, das Grundstück im Grundbuch wieder zu finden. Beispiel ist etwa die Darstellung der Wirtschaftsart als „Gebäude- und Freifläche" oder „Bauplatz" oder „Hof- und Gebäudefläche". Zu ergänzen ist eine für den potenziellen Bieter verständlichere Bezeichnung über die tatsächliche Nutzung des Grundstücks, wie etwa „Ein- oder Mehrfamilienhaus mit ... Wohnungen" oder „gemischt genutztes Gebäude mit ... Wohnungen". Sinnvoll ist es auch, das Baujahr und die Wohnfläche anzugeben.

6

4. Änderungen

Vielfach stimmt die Bezeichnung im Grundbuch nicht mehr mit der tatsächlichen Objektbeschaffenheit und den tatsächlichen Verhältnissen überein. Aus dem Grünland kann Bauland, aus dem Bauland ein bebautes Grundstück geworden sein. Die Bezeichnung der Lage kann sich durch Widmung der Straße oder Umbenennung verändert haben. In der Terminsbestimmung muss dann abweichend vom Grundbuch die tatsächliche Situation beschrieben werden. Solche Veränderungen sind häufig aus dem Verkehrswertgutachten zu entnehmen. Übernimmt das Vollstreckungsgericht die Angaben aus dem Gutachten, sollte es in der Terminsveröffentlichung den Bezug zum Gutachten herstellen und auch den Zeitpunkt der Erstellung des Gutachtens nennen. Zwischen der Veröffentlichung des Termins und dem Termin selbst können sich wiederum Veränderungen ergeben. Das Gericht ist aber nicht verpflichtet, auf weitere Änderungen hinzuweisen. Wird in der Veröffentlichung darauf hingewiesen, dass es sich bei den weiteren Angaben um eine Objektbeschreibung „laut Gutachten" handele, ist hinreichend deutlich gemacht, dass diese Angaben durch das Gericht nicht abschließend geprüft sind.[5] Eine Zuschlagsversagung kann hiermit nicht begründet werden, § 83 Nr. 7 ist insoweit nicht gegeben.

7

5. Einzelfälle

Für **nicht ausreichend** wurden folgende Angaben in der Terminsveröffentlichung gehalten:

8

- „*Mehrere Flurstücke verschiedener Wirtschaftsart und Lage*" wenn es sich bei dem Grundstück mit einem Gehöft aus einem Wohnhaus mit zwei Wohnungen (240 qm Wohnfläche), einer Reithalle mit eingebauten Pferdeställen (1600 qm) und 2 Remisen besteht;[6]

---

4   Vgl. *Oestreich*, Rpfleger 1988, 302.
5   OLG Hamm, Rpfleger 2000, 172 = InVo 2000, 107 = ZfIR 2000, 907.
6   LG Oldenburg, Rpfleger 1979, 115.

- „*Gebäude- und* Freifläche" wenn auf dem Grundstück tatsächlich ein Hotel betrieben wird[7];
- die korrekte Beschreibung des Grundstückes, wenn jedoch der Hinweis fehlt, dass die vorhandenen Gebäudeteile als *überbauten Bestandteile* des nicht zu versteigernden Nachbargrundstücks sind[8] oder wenn das Gebäude (Sägemühle) teilweise auf einem anderen Grundstück steht[9];
- die Bezeichnung als „*Wiese*", wenn es sich tatsächlich um ein Grundstück bebaut mit einem teilfertigen Wohnhaus handelt[10];
- die Bezeichnung „*Ackerland*", wenn das Grundstück mit Wohn- und Betriebsgebäude bebaut ist und als Gartenbaubetrieb benutzt wird[11].
- Bei gewerblich nutzbaren Objekten oder bei Gebäuden mit einem außergewöhnlichen Charakter, die mit Wohngebäuden herkömmlicher Art kaum etwas gemein haben (hier: *schlossähnliches Gebäude aus der Barockzeit*), muss zumindest ein schlagwortartiger Hinweis auf die tatsächliche Nutzungsart vorhanden sein.[12]
- Wird das Grundstück gemischt genutzt – gewerblich und privat – muss auch die gewerbliche Nutzung zumindest schlagwortartig in der Bekanntmachung bezeichnet werden.[13]
- Die Angabe eines *falschen Stockwerks* der zu versteigernden Wohnung stellt in der Regel einen Versagungsgrund für den Zuschlag dar[14] oder auch die falsche *Wohnflächenangabe*.[15]
- Bei der Versteigerung einer Zahnarztpraxis, die in einem Teileigentum in einem mehrgeschossigen Haus untergebracht ist, müssen die Anzahl der *Räume und die Geschossbezeichnung* angegeben werden.[16]
- Die Bezeichnung des Grundstücks nach Gemarkung, Flur, Flurstücknummer sowie der Angabe von Straße und Hausnummer genügt, da sie die sichere Identifizierung des Grundstücks ermöglicht. Allerdings entspricht die Bezeichnung des Grundstücks nur unter Angabe der Gemarkung nicht den Anforderungen, wenn die *Gemarkung* für eine ortsunkundige Person ohne Heranziehung weiterer Informationsquellen keine Rückschlüsse auf den Ortsnamen zulässt.[17]

9   Für **ausreichend gehalten** wurde die Bezeichnung bei einer privaten Nutzung in Anlehnung an die Katasterbeschreibung mit „Gebäude- und Freifläche"[18], die

---

7   OLG Nürnberg, Rpfleger 2006, 215 mit Anm. *Storz/Kiderlen*, Rpfleger 2006, 615 = NJOZ 2006, 398; früher bereits OLG Hamm, Rpfleger 1991, 71 mit Anm. *Meyer-Stolte* = MDR 1991, 261.
8   LG Oldenburg, Rpfleger 1980, 306.
9   Dresden, HRR 1936 Nr. 828.
10 LG Kaiserslautern, Rpfleger 1964, 120 mit Anm. *Stöber*.
11 LG Frankenthal, Rpfleger 1984, 326 mit Anm. *Meyer-Stolte*.
12 OLG Hamm, (15 W 421/99) Rpfleger 2000, 172.
13 OLG Hamm, Rpfleger 1992, 122 und 1997, 226 mit. Anm. *Demharter*.
14 LG Augsburg, Rpfleger 1999, 232 = JurBüro 1999, 214.
15 BGH, Rpfleger 2011, 173 = WM 2010, 2365; OLG Karlsruhe, OLGZ 1993, 346.
16 LG Rostock, Rpfleger 2011, 625.
17 BGH, Beschluss vom 17.1.2013, V ZB 53/12, Rpfleger 2013, 403 = NJW-RR 2013, 915.
18 OLG Hamm, Rpfleger 1992, 122.

Angabe „*Mehrfamilienhaus*" ist nicht erforderlich.[19] Die Bezeichnung der Nutzungsart eines Grundstücks als „bebaut mit einem Einfamilienhaus" genügt den Anforderungen auch dann, wenn einige Räume des Einfamilienhauses als Ingenieurbüro genutzt werden.[20] Ebenfalls für ausreichend gehalten, aber abzulehnen, ist die Bezeichnung des Grundstückes mit „Hof- und Gebäudefläche", wenn es sich tatsächlich um Fabrikgrundstücke handelt, aus der Größe der Grundstücke in Verbindung mit dem Grundstückswert jedoch auf eine industrielle Nutzung geschlossen werden kann.[21] Gleiches gilt für die Bezeichnung „Gebäude und Freifläche", wenn das Grundstück mit einer *gewerblich genutzten Halle* bebaut ist[22]; es ist aber nicht richtig, wenn das Landgericht aus der Bezeichnung den Schluss zieht, hier liegt eine private als auch gewerbliche Nutzung vor und der Leser der Veröffentlichung bzw. Interessent an dem Objekt müsse sich bei Bedarf weitere Informationen einholen. Wie gefährlich eine unzureichende Grundstücksbezeichnung sein kann, ergibt sich aus einem **Amtshaftungsfall,** den das *OLG Koblenz*[23] zu entscheiden hatte. Das OLG stellt klar, dass bei der Terminsbestimmung und Bekanntmachung in Zwangsversteigerungsverfahren die Wirtschaftsart des Grundstücks ausreichend zu bezeichnen ist. Diese Amtspflicht[24] obliegt dem Rechtspfleger auch gegenüber den Meistbietenden. Allerdings trifft den Rechtspfleger dann kein Verschuldensvorwurf, wenn er nach entsprechender Information und Auseinandersetzung mit den zu einem Problem vertretenen Rechtsmeinungen sich für eine – zwar unrichtige, aber – im Handlungszeitpunkt noch vertretbare Auffassung entschieden und diese seiner amtlichen Tätigkeit zugrunde gelegt hat.

III. Zeit und Ort (Nr. 2)

Der **Beginn** des Termins ist nach Jahr, Monat, Tag, Stunde und Minute anzugeben. Der **Versteigerungsort** ist nach Ort, Straße, Hausnummer und gegebenenfalls auch nach Zimmer- bzw. Saalnummer so genau zu bezeichnen, dass der von den Beteiligten und Interessenten zuverlässig gefunden werden kann.

Wird der Termin an einen anderen Ort oder auf eine spätere Stunde verlegt[25], gilt dies ebenfalls. Für eine zuverlässige Unterrichtung wird vereinzelt für nicht für ausreichend gehalten, dass die Verlegung deutlich am ursprünglich angekündigten Terminsort angeschlagen wird.[26] Darüber hinaus wird für erforderlich gehalten, dass ein Gerichtsbediensteter oder eine andere geeignete Person die Terminsstelle beobachtet, um die zuverlässige Unterrichtung aller Interessenten zu gewährleisten. Dies würde dann aber voraussetzen, dass diese Person während der gesamten Zeit des Versteigerungstermins unterbrochen an dem ursprünglichen Versteigerungsort anwesend ist. Diese Auffassung ist lebensfremd und überzo-

---

19 OLG Düsseldorf, Rpfleger 1997, 225 = ZfIR 1997, 112.
20 BGH, Rpfleger 2012, 93 = NJW-RR 2012, 145.
21 OLG Oldenburg, Rpfleger 1980, 75 mit abl. Anm. *Schiffhauer*.
22 LG Ellwangen, Rpfleger 1996, 361.
23 OLG Koblenz, Rpfleger 2000, 342.
24 Hierzu auch OLG Nürnberg, Rpfleger 2006, 215 = NJOZ 2006, 398.
25 Zum verfassungsrechtlichen Anspruch auf „faire" Verfahrensführung, hier: zur Terminsverlegung wegen plötzlicher Erkrankung des Schuldners, vgl. auch BVerfG, Rpfleger 1988, 156.
26 OLG Hamm, MDR 1979, 151 = Rpfleger 1979, 29; LG Oldenburg, Rpfleger 1985, 311 mit Anm. *Schiffhauer*.

gen.²⁷ Ein schriftlicher Hinweis an dem ursprünglichen Versteigerungsort ist ausreichend; durch eine wiederholte Prüfung ist jedoch sicherzustellen, dass der Hinweis während der gesamten Zeit des Versteigerungstermins auch tatsächlich sichtbar aushängt.²⁸ Eine Reglementierung des Zugangs zu einem voraussichtlich **überfüllten Sitzungssaal** dahingehend, dass den durch Sicherheitsleistung ausgewiesenen potentiellen Bietern vorrangig Zugang gewährt wird, ist zulässig. Durch das Offenlassen der Saaltüren kann darüber hinaus, weiteren Personen die Teilnahme an der Verhandlung ermöglicht werden.²⁹

12   Versteigerungszeit, Versteigerungsort sowie eine etwaige Verlegung nebst den für die Unterrichtung der Beteiligten und Interessenten getroffenen Vorkehrungen müssen sich aus dem Protokoll ergeben, §§ 80, 78.³⁰

IV. Angabe der Versteigerungsart (Nr. 3)

13   Die Terminsbestimmung muss enthalten, dass die Versteigerung im Wege der Zwangsvollstreckung erfolgt. In den Fällen der §§ 172, 176, 180 ist entsprechend anzugeben, dass die Versteigerung auf Antrag des Insolvenzverwalters, des Erben oder zum Zwecke der Aufhebung der Gemeinschaft erfolgt.³¹

V. Nicht grundbuchersichtliche Rechte (Nr. 4)
1. Bedeutung

14   Nicht alle Ansprüche und Rechte, die bei der Versteigerung zu berücksichtigen sind, können zur Zeit der Eintragung des Versteigerungsvermerks aus dem Grundbuch ersehen werden. Deswegen kann im Einzelfall eine Anmeldung erforderlich sein. Infolge dieser Anmeldungsverpflichtung können die nachstehenden Gläubiger kalkulieren, wie hoch geboten werden muss, damit ihre Ansprüche gedeckt sind. Wird nicht rechtzeitig angemeldet, obwohl die Terminsbestimmung die gerichtliche Aufforderung enthält, wird der Anspruch bei der Erlösverteilung allen anderen Ansprüchen nachgesetzt, § 110. Der Rangverlust wirkt endgültig auch außerhalb der Versteigerung.³²

2. Anzumeldende Rechte

15   Angemeldet werden müssen solche Rechte und Ansprüche, die nicht aus dem Grundbuch ersichtlich sind. Der Begriff ist zeitlich und umfangmäßig eingeschränkt. Zeitlich muss das Recht nach Eintragung des Versteigerungsvermerks im Grundbuch eingetragen worden sein.³³ Rückständige wiederkehrende Leistungen solcher Rechte werden wie bei anderen Rechten auch stets nur auf Anmeldungen berücksichtigt, auch wenn diese Leistungen grundbuchersichtlich sind, § 45 Abs. 2, § 114 Abs. 2.

---

27   *Stöber*, ZVG § 66 Rdn. 3.2.
28   So auch LG Oldenburg, Rpfleger 1990, 470.
29   LG Memmingen, Beschluss vom 20.5.2015, 44 T 510/15, Rpfleger 2015, 720.
30   OLG Hamm, MDR 1979, 151 = Rpfleger 1979, 29.
31   OLG Koblenz, NJW 1959, 1833.
32   RGZ 76, 379.
33   Dies steht allerdings im Widerspruch zur Mitteilungspflicht des Grundbuchamtes nach § 19 Abs. 3.

Anmeldungsbedürftig sind außerdem: 16
- **nach** dem Versteigerungsvermerk eingetragene Rechte nebst deren Belastungen, § 45 Abs. 1;
- zu Unrecht im Grundbuch gelöschte Rechte;
- **nicht eingetragene** Rechte und deren Belastungen (hierzu → § 9 Rdn. 13 ff.);
- ein nicht grundbuchersichtlicher Rechts- oder Vorrangserwerb gem. §§ 878, 892 BGB[34] (hierzu → § 23 Rdn. 18 ff.);
- Kosten der Kündigung und dinglichen Rechtsverfolgung (hierzu → § 10 Rdn. 77);
- Ansprüche der Rangklassen 1, 1a, 2 und 3 (aus Rangklasse 2 und 3 kann auch betrieben werden) des § 10 Abs. 1 (hierzu § 10);
- Persönliche Haftung des Schuldners (Schuldübernahme) bei einer bestehen bleibenden Grundschuld, § 53 Abs. 2;
- Kündigung von Grundpfandrechten zur Wirksamkeit gegenüber Ersteher, § 54.

3. Nicht anzumeldende Rechte

Von Amts wegen zu berücksichtigen sind dagegen u.a.: 17

- zum Zeitpunkt der Eintragung des Versteigerungsvermerks aus dem Grundbuch ersichtliche Rechte nebst deren laufenden wiederkehrenden Leistungen (§ 45 Abs. 1);
- Ansprüche, wegen derer das Verfahren betrieben wird (§ 114 Abs. 1 Satz 2);
- Rechte oder Ansprüche, bei denen lediglich der Berechtigte bzw. der Wertersatz[35] nicht grundbuchersichtlich ist, z.B. bei einer Höchstbetragshypothek oder einer verdeckten Eigentümergrundschuld;
- Kosten des Verfahrens, § 109;
- bestimmte Rechte, die außerhalb des geringsten Gebotes bestehen bleiben, z.B. Überbau- und Notwegrente (§§ 912 ff. BGB), das Erbbaurecht (§ 25 ErbbauRG), das Altenteil (§ 9 Abs. 1 EGZVG), Dauerwohnrechte (§§ 31 ff. WEG).

4. Anmeldung und Glaubhaftmachung

Im Termin muss spätestens bis zu Aufforderung zur Abgabe von Geboten die 18 Anmeldung vorliegen. Auf die Ausschließung weiterer Anmeldungen hat das Gericht hinzuweisen, § 66 Abs. 2. Widerspricht ein betreibender Gläubiger dem angemeldeten Recht, muss der Anmeldende das Recht glaubhaft machen, § 294 ZPO. Mangels Rechtsschutzbedürfnis kann der Gläubiger nicht widersprechen, wenn der Anmeldende rangmäßig hinter dessen Anspruch steht.

---

34 *Stöber*, ZVG § 37 Rdn. 5.6; *Böttcher*, § 37 Rdn. 12.
35 Angemeldet werden kann ohne Rechtsverlust zum Verteilungstermin. BGH, Rpfleger 1988, 363 = WM 1978, 986 zum Verzicht auf die Grundschuld; OLG Koblenz, Rpfleger 1984, 242 zum Wohnrecht.

5. Androhung und Rechtsnachteile

19 Die Terminsbestimmung muss die Rechtsnachteile androhen, § 37 Nr. 4. Ansonsten ist das Verfahren mangelhaft.

20 Die Rechtsnachteile sind doppelter Art:

- das nicht rechtzeitig hinsichtlich Bestand, Rang bzw. Umfang angemeldete oder nicht glaubhaft gemachte Recht wird bei der Feststellung des geringsten Gebotes nicht berücksichtigt und erlischt durch den Zuschlag.
- das Recht oder der Anspruch wird allen rechtzeitig angemeldeten bzw. von Amts wegen zu berücksichtigenden Ansprüchen bei der Erlösverteilung nachgesetzt, § 110. Der Rangverlust wirkt endgültig auch außerhalb der Versteigerung.[36] Mehrere verspätet angemeldete Ansprüche sind in der Rangfolge des § 10 Abs. 1 zu berücksichtigen.[37]

21 Die Rechtsnachteile treten nur ein, sofern nicht erneut zur Abgabe von Geboten aufgefordert wird. Die Anmeldung kann in einem neuen Versteigerungstermin nachgeholt werden.[38] Das gilt auch im gleichen Versteigerungstermin, wenn ein neues oder weiteres geringstes Gebot aufzustellen ist oder andere Versteigerungsbedingungen festgesetzt werden (hierzu → § 59 Rdn. 13 ff.).[39]

VI. Entgegenstehende Rechte (Nr. 5)

1. Regelungszweck

22 Der Ersteher soll das Grundstück und die mitversteigerten Gegenstände frei von allen Rechten erwerben, die sich nicht aus den Versteigerungsbedingungen ergeben, §§ 90, 91, 55. Deshalb muss er gegen Ansprüche Dritter geschützt sein, deren Rechte der Zwangsversteigerung entgegenstehen. Solche Berechtigten werden daher aufgefordert, das Verfahren vor Zuschlagserteilung einstellen oder aufheben zu lassen, damit ihr Recht nicht erlischt.

2. Rechte Dritter

23 Das Recht des Dritten kann der Zwangsversteigerung des Grundstücks, oder derjenigen eines mithaftenden (§ 90 Abs. 2, § 50 Abs. 1, § 20 Abs. 2; § 1120 BGB) oder mitversteigerten (§ 90 Abs. 2, § 55 Abs. 2) Gegenstandes entgegenstehen. Das Recht ist anders als bei § 28 nicht aus dem Grundbuch ersichtlich und kann deswegen nicht von Amts wegen berücksichtigt werden.

3. Durchsetzung des entgegenstehenden Rechts

a) Geltendmachung

24 Anders als bei den nicht aus dem Grundbuch ersichtlichen Rechten nach § 37 Nr. 4 reicht eine Anmeldung und eine Glaubhaftmachung nicht, damit dem Dritten das Recht erhalten bleibt. Hierzu muss der Dritte die Versteigerung vor Zuschlagserteilung insoweit **hemmen** lassen.[40]

---

36 RGZ 76, 379; 122, 61; *Böttcher,* § 37 Rdn. 16.
37 Steiner/*Teufel,* §§ 37, 38 Rdn. 64.
38 *Böttcher,* § 37 Rdn. 16.
39 *Muth,* Rpfleger 1987, 397.
40 BGH, Beschluss vom 18.7.2013, V ZB 29/12, Rpfleger 2014, 34 = NJW-RR 2014, 125.

b) Mitwirken des Gläubigers

Weist der Dritte dem Gläubiger sein Eigentum etwa an Bestandteilen oder Zubehör nach, kann der Gläubiger insoweit freiwillig die einstweilige Einstellung des Verfahrens bewilligen oder das Verfahren aufheben lassen durch Rücknahme seines Versteigerungsantrags. Dies kann anderen Realberechtigten nachteilig sein. Hiervor können sie sich aber schützen, indem sie das Verfahren ebenfalls betreiben. Bei mehreren Gläubigern muss das der Versteigerung entgegenstehende Recht jedem gegenüber geltend gemacht werden, für den der Versteigerungstermin durchgeführt werden kann (§ 43). 25

c) Weigerung des Gläubigers
aa) Vorlage einer Einstellungsentscheidung

Weigert sich der betreibende Gläubiger, das Verfahren einzustellen oder aufzuheben, muss der Berechtigte des entgegenstehenden Rechts durch Drittwiderspruchsklage vorgehen, § 771 ZPO. Der Dritte kann zugleich beantragen, dass das **Prozessgericht** die Vollstreckung einstellt, § 796 Abs. 1 ZPO. Der Einstellungsbeschluss ist dem Vollstreckungsgericht vorzulegen, dass den Beschluss dann noch durch einen eigenen Beschluss vollziehen muss (vgl. → § 29 Rdn. 9 und → § 30 Rdn. 10). In dringenden Fällen[41] kann das **Vollstreckungsgericht** selbst die Zwangsvollstreckung einstweilen einstellen, § 769 Abs. 2 ZPO.[42] 26

bb) Rechtsbehelfe gegen Einstellungsentscheidung

Entscheidungen nach § 769 Abs. 1 ZPO können jederzeit auf Antrag aufgehoben oder abgeändert werden.[43] Sehr streitig war[44], welcher Rechtsbehelf gegen Entscheidungen gemäß § 769 ZPO statthaft ist. Insoweit ist zu differenzieren zwischen den Entscheidungen des Prozessgerichts und solchen des Vollstreckungsgerichts. Bei Entscheidungen des Prozessgerichts hatten sich verschiedene Meinungen herausgebildet, die von einer Unanfechtbarkeit entsprechend § 707 Abs. 2 S. 2 ZPO, einer einfachen bzw. sofortigen Beschwerde mit uneingeschränkter bzw. beschränkter Nachprüfbarkeit bis zur nur in Ausnahmefällen wegen greifbarer Gesetzwidrigkeit statthaften sofortigen außerordentlichen Beschwerde gingen.[45] Der BGH[46] vertritt nunmehr in ständiger Rechtsprechung die Auffassung, dass gegen Entscheidungen gem. § 769 ZPO, gleich ob dem Antrag stattgegeben oder er abgelehnt wurde, **weder eine sofortige Beschwerde noch eine außerordentliche** 27

---

41 Hierzu LG Frankenthal, Rpfleger 1981, 314.
42 Zum Verfahren des Vollstreckungsgerichts nach Schluss der Bietzeit vgl. → § 33 Rdn. 6.
43 Zöller/*Herget*, § 769 Rdn. 10; MünchKomm/*Schmidt/Brinkmann*, ZPO § 769 Rdn. 28, jeweils m.w.N.
44 Zur älteren Rechtsprechung: uneingeschränkt anfechtbar: KG, FamRZ 1978, 523; Beschränkt anfechtbar nur bei groben Gesetzesverstößen oder Ermessensfehler: OLG Bamberg, FamRZ 1984, 1120; OLG Braunschweig, FamRZ 1987, 284; OLG Düsseldorf, FamRZ 1985, 1150; OLG Frankfurt, FamRZ 1987, 393; unanfechtbar: OLG Hamm, FamRZ 1987, 500; OLG Koblenz, MDR 1966, 336; OLG Oldenburg, NJW 1970, 2219; LG Frankenthal, Rpfleger 1981, 314.
45 Vgl. *Lemke*, MDR 2000, 13 ff.
46 BGH, FamRZ 2004, 1191 = InVo 2004, 368 = NJW 2004, 2224; BGH, InVo 2006, 146; Zöller/*Herget*, § 769 Rdn. 13; MünchKomm/*Schmidt/Brinkmann*, ZPO § 769 Rdn. 34 m.w.N.

Beschwerde statthaft ist. Nach wie vor nicht ganz geklärt ist aber, ob mit dem BGH seit dem Inkrafttreten des Anhörungsrügengesetzes am 1.1.2005 eine **außerordentliche Beschwerde** überhaupt nicht mehr statthaft ist. Dies wird weitgehend bejaht.[47] Die Gegenmeinung[48] verweist darauf, dass mit der Anhörungsrüge gem. § 321a ZPO der Entscheidung des BVerfG[49] nicht ausreichend Rechnung getragen worden sei, weil damit nur eine Verletzung des rechtlichen Gehörs gem. Art. 103 GG gerügt werden kann, nicht aber auch eine Verletzung sonstiger erheblicher Verfahrensgrundrechte wie z.b. des Willkürverbots, des Gebots des gesetzlichen Richters, des Grundsatzes des fairen Verfahrens.

28   Bei Entscheidungen des Vollstreckungsgerichts ist weiter zu unterscheiden, ob der Rechtspfleger oder der Richter die Entscheidung getroffen hat. Bei einer Entscheidung des **Rechtspflegers** gilt: Da die Entscheidung, hätte sie der Richter vorgenommen, unanfechtbar ist, kommt gegen die Entscheidung des Rechtspflegers die befristete Erinnerung gemäß § 11 Abs. 2 RPflG zur Anwendung, über die der Richter des Vollstreckungsgerichts endgültig entscheidet, § 11 Abs. 2 S. 3 RPflG.[50] Der Rechtspfleger kann der Erinnerung stets abhelfen, § 11 Abs. 2 S. 2 RPflG. Bei einer Entscheidung des **Richters** gelten die obigen Ausführungen zur Anfechtbarkeit der Entscheidung des Prozessgerichts entsprechend.[51]

d)   Wirkung

29   Wurde das Verfahren rechtzeitig eingestellt oder aufgehoben (hierzu → § 55 Rdn. 18), erwirbt der Ersteher den betreffenden Gegenstand nicht mit. War das Verfahren nur **eingestellt,** haftet der Gegenstand den Beschlagnahmegläubigern auch dann weiter, wenn deren Grundpfandrechte durch Zuschlag am Grundstück erloschen sind. Voraussetzung ist, dass diese Gläubiger noch nicht vollständig aus dem Versteigerungserlös befriedigt sind. Um den Gegenstand verwerten zu können, muss der betreibende Gläubiger rechtzeitig die Fortsetzung des eingestellten Verfahrens beantragen, § 31.

30   Wurde das Verfahren nach Zustimmung aller betreibenden Gläubiger in einen Zubehörgegenstand aufgehoben und ist zwischenzeitlich der Zuschlag erteilt worden, ist die Beschlagnahme in diesen Gegenstand erloschen, für eine abgesonderte Versteigerung ist jetzt kein Raum mehr. Der Gläubiger kann nunmehr nur noch im Wege der Mobiliarvollstreckung in den Zubehörgegenstand versuchen, seinen Titel zu vollstrecken.[52] Nach § 65 kann das Versteigerungsgericht auf **Antrag** eine Forderung oder eine bewegliche Sache von der Versteigerung ausschließen und diese separat versteigern, um so ein höheres Ergebnis zu erzielen. Diese Aufgabe kann aber auch der Gerichtsvollzieher übernehmen (vgl. → § 65 Rdn. 14).[53] Die Entscheidung des Gerichts ist mit der Vollstreckungserinnerung nach § 766 ZPO anfechtbar.[54]

---

47   KG, FamRZ 2005, 918; BayObLG, FamRZ 2005, 390; OLG Köln, NJW-RR 2003, 374.
48   *Bloching/Kettinger*, NJW 2005, 860.
49   FamRZ 2003, 995 = NJW 2003, 1924.
50   Zöller/*Herget*, § 769 Rdn. 12; MünchKomm/*Schmidt/Brinkmann*, ZPO § 769 Rdn. 36; Thomas/Putzo/*Seiler*, § 769 Rdn. 19.
51   Vgl. Schuschke/Walker/*Raebel*, § 769 Rdn. 15.
52   OLG Hamm, Rpfleger 1994, 176.
53   Storz/*Kiderlen*, ZVG B 2.5.2.1.
54   LG Frankenthal, Rpfleger 1986, 146.

4. Ausschließung der Rechte und Surrogation

Führt der Berechtigte die Einstellung oder Aufhebung des Verfahrens nicht rechtzeitig herbei, kann er sich nicht mehr an das Grundstück bzw. die mitversteigerten Gegenstände halten. Durch Zuschlag ist der Ersteher selbst dann Berechtigter geworden, wenn er das entgegenstehende Recht des Dritten kannte.[55] Das Recht des Dritten setzt sich aber durch dingliche Surrogation am Versteigerungserlös fort. Der Umfang des Anspruchs bestimmt sich nach der Art des untergegangenen Rechts. Der ausgeschlossene Grundstückseigentümer kann den gesamten Erlös verlangen, der nicht zur Befriedigung solcher Rechte zu verwenden ist, die seinem Recht gegenüber wirksam begründet wurden. Der Zubehöreigentümer erhält einen Teil des Gesamterlöses[56] (wertmäßig im Verhältnis Grundstückswert zu Erlös, hierzu → § 55 Rdn. 21). 31

5. Geltendmachung des Ersatzrechts

Falls der Dritte Verfahrensbeteiligter ist (vgl. § 9 Nr. 2) kann er seinen Anspruch auf den Versteigerungserlös noch im Verteilungstermin geltend machen. Der Zuteilung von Erlös auf Rechte, die ihm gegenüber unwirksam sind, kann er widersprechen, § 115. Geht z.B. das Eigentum an einem Zubehörgegenstand durch den Zuschlag verloren und erhebt der Eigentümer im Verteilungstermin Widerspruch, richtet sich die Widerspruchsklage nach §§ 876 ff. ZPO gegen den Beteiligten, dem zuletzt aus dem Versteigerungserlös ein Betrag zugeteilt wurde.[57] 32

Macht der Dritte sein Recht nicht geltend, wird der Erlös ohne Rücksicht auf sein Recht verteilt. Er kann aber denjenigen aus ungerechtfertigter Bereicherung in Anspruch nehmen, der auf seine Kosten Zahlung aus dem Erlös erhalten hat, § 812 Abs. 1 BGB.[58] Gegen den Ersteher hat der Dritte keine Ansprüche. 33

VII. Rechtsbehelf

Ist die Terminsbestimmung unrichtig oder unvollständig, ist die Vollstreckungserinnerung zulässig, § 766 ZPO. Mängel können durch Anfechtung des Zuschlages ebenfalls gerügt werden. 34

---

55 A.A. *Marotzke*, NJW 1978, 133.
56 Storz/*Kiderlen*, ZVG B 2.5.2.2.
57 OLG Celle, Rpfleger 1993, 363.
58 RGZ 76, 212; 88, 351.

§ 38 »Weitere Angaben in der Terminsbestimmung«

(1) ¹Die Terminsbestimmung soll die Angabe des Grundbuchblatts, der Größe und des Verkehrswerts des Grundstücks enthalten. ²Ist in einem früheren Versteigerungstermin der Zuschlag aus den Gründen des § 74a Abs. 1 oder des § 85a Abs. 1 versagt worden, so soll auch diese Tatsache in der Terminsbestimmung angegeben werden.

(2) Das Gericht kann Wertgutachten und Abschätzungen in einem für das Gericht bestimmten elektronischen Informations- und Kommunikationssystem öffentlich bekannt machen.

I. Allgemeines

1   Die Vorschrift ergänzt § 37. Aufgezählt werden die Sollbestandteile der Terminsbestimmung. Die in § 38 vorgesehenen Angaben gehören danach nicht zum zwingenden Bekanntmachungsinhalt. Abs. 1 Satz 1 wurde durch den am 1.8.1998 in Kraft getretenen Art. 1 des Gesetzes zur Änderung des Gesetzes über die Zwangsversteigerung und die Zwangsverwaltung und anderer Gesetze vom 18.2.1998 (BGBl I 866) und erneut durch den am 1.9.2004 in Kraft getretenen Art. 10 Nr. 1, Art. 14 des Ersten Gesetzes zur Modernisierung der Justiz (1. JuModG) vom 24.8.2004 (BGBl I 2198) geändert. Weggefallen ist die Aufnahme der Nennung des Eigentümers in der Terminsbestimmung.[1] Durch das Zweite Gesetz zur Modernisierung der Justiz (2. JuModG) vom 22.12.2006 (BGBl I 3416) wurde Abs. 2 eingeführt. Zum Zeitpunkt des Inkrafttretens vgl. § 186. Die Nichtbeachtung dieser Ordnungsvorschrift[2] wirkt sich grundsätzlich nicht auf das Verfahren aus (hierzu → § 37 Rdn. 3).

II. Sollbestandteile
1. Grundbuchblatt

2   In der Terminsbestimmung zu nennen ist das Grundbuchblatt, in dem das zu versteigernde Grundstück, Wohnungs- oder Teileigentum, Erbbaurecht oder der Miteigentumsanteil gebucht ist. Werden mehrere Grundstücke gemeinsam versteigert, die in mehreren Grundbüchern eingetragen sind, sind alle Grundbuchblätter zu bezeichnen. Nicht mehr genannt werden darf der Eigentümer. War das Grundstück herrenlos, § 928 BGB, § 787 ZPO, ist dies zu erwähnen, sowie der letzte Eigentümer aufzuführen.[3]

2. Grundstücksgröße

3   Die Grundstücksgröße ist anzugeben. Hierdurch wird aber keine Gewähr für die tatsächliche Größe übernommen, § 56 Satz 3.

4   Das Fehlen von Angaben zum Sollinhalt der Terminsbestimmung ist unschädlich. Sind solche Angaben vorhanden, müssen sie richtig sein. Eine Terminsbestimmung mit unrichtigen Angaben (z.B. **Wohnfläche einer Eigentumswohnung**) setzt die Bekanntmachungsfrist des § 43 nicht in Lauf und kann dann zur Versagung des Zuschlags führen.[4] Zwar gehört die Angabe der tatsächlichen Größe der zu versteigernden Wohnung und die wirkliche Wohnfläche nicht zu den

---

1   Zur Problematik bereits OLG Zweibrücken, Rpfleger 1987, 513.
2   OLG Karlsruhe, Rpfleger 1993, 256.
3   Steiner/*Teufel*, §§ 37, 38 Rdn. 29.
4   OLG Karlsruhe, Rpfleger 1993, 256.

zwingenden Angaben nach § 37 Abs. 1, aber die Angabe der falschen Wohnfläche verstößt gegen das Gebot der möglichst zutreffenden Beschreibung des zu versteigernden Objektes. Ein bereits erteilter Zuschlag ist zu versagen, wenn die Terminsbestimmung derart fehlerhafte Angaben über das Versteigerungsobjekt enthält, dass von einer Irreführung der Bieterkreise auszugehen ist[5] (nach dem Sachverhalt wurde erfolgte die Beschreibung als 91,36 qm große 4-Zimmer-Wohnung, tatsächlich handelte es sich um eine 48,2 qm große Wohnung). Eine nur rund 50 qm große Wohnung spricht ganz andere Bieterkreise an als eine Wohnung mit einer Fläche von gut 90 qm. Auch aus der Sicht eines verständigen Erstehers kommt diesem Umstand bietentscheidende Bedeutung zu. Bei dem Erwerb von Wohnungseigentum stehen bei der Willensentschließung die Angaben zur Größe der Wohn- oder Nutzfläche im Vordergrund und nicht der nur als Bruchteil ausgewiesene Miteigentumsanteil an dem Grundstück. Jedenfalls bei irreführenden Informationen über solche zentralen Beschaffenheitsmerkmale ist den Bietinteressenten nicht damit geholfen, dass der Miteigentumsanteil zutreffend angegeben wird, auch die Wohnfläche muss korrekt sein. Die Verfahrensregeln der Zwangsversteigerung sind auf die Konkurrenz der Bieter ausgerichtet. Sie sollen gewährleisten, dass das Versteigerungsgrundstück zu einem seinem Wert möglichst entsprechenden Gebot zugeschlagen und auf diesem Weg eine möglichst hohe Deckung für die auf ihm ruhenden Lasten erreicht werden kann.[6] Das Gericht sollte sorgfältig nachprüfen, ob auch die Sollangaben richtig sind.

3. Frühere Zuschlagsversagungen

Wurde der Zuschlag bereits in einem früheren Termin aus den Gründen des § 74a Abs. 1 (Nichterreichen der $^{7}/_{10}$ Grenze) oder § 85a Abs. 1 (Nichterreichen der $^{5}/_{10}$ Grenze) rechtskräftig versagt, ist dies ausdrücklich anzugeben. Der Hinweis ist für Bietinteressenten von besonderer Bedeutung, da die Wertgrenzen in einem weiteren Termin nicht mehr zu einer Zuschlagsversagung führen, § 74a Abs. 4, § 85a Abs. 2 Satz 2.

4. Landesrechtliche Vorschriften

Die Landesjustizverwaltungen sind ermächtigt, weitere Angaben für die Terminsbestimmung vorzuschreiben (vgl. hierzu § 6 EGZVG).

III. Sonstige Hinweise
1. Wertfestsetzung

Es empfiehlt sich, im Interesse möglicher Bietinteressenten, auch den festgesetzten Grundstückswert anzugeben, § 74a Abs. 5. Gerade für den **ersten Versteigerungstermin** ist der Verkehrswert von besonderer Bedeutung, da der Zuschlag in diesem Termin wegen nicht unter $^{5}/_{10}$ (§ 85a Abs. 1) oder auf Antrag nicht unter $^{7}/_{10}$ (§ 74a Abs. 1) erteilt werden darf.[7] Nach § 43 Abs. 1 Satz 1 soll ein Versteigerungstermin aufzuheben und neu zu bestimmen sein, wenn die Terminsbestimmung nicht sechs Wochen vor dem Termin bekannt gemacht ist. Dazu gehört auch der **Verkehrswert**.[8] Ändert das Vollstreckungsgericht den mitgeteilten

---

5   BGH, Rpfleger 2011, 173 = WM 2010, 2365.
6   BGH, NJW 1979, 162.
7   Stöber, ZVG § 38 Rdn. 4.
8   BGH, Rpfleger 2008, 588 = NJW-RR 2008, 1741 = WM 2008, 1833 = ZfIR 2008, 685.

Verkehrswert, so muss folgerichtig der geänderte Wert ebenfalls rechtzeitig vor dem Versteigerungstermin bekannt gemacht werden (so jedenfalls der BGH); davon darf lediglich abgesehen werden, wenn der neue Wert nur unwesentlich von dem bekannt gemachten abweicht (bis zu 10 % vom Verkehrswert). Nach Ansicht des BGH steht es dem Vollstreckungsgericht nicht frei, auf die Angaben nach § 38 Abs. 1 zu verzichten. Dass es sich bei der genannten Norm um eine Sollvorschrift handelt, bedeutet nichts anderes, als dass deren Vorgaben im Regelfall erfüllt sein müssen. Dem Gesetz ist auch keine Einschränkung dahin zu entnehmen, dass es sich bei der Norm um eine bloße Ordnungsvorschrift handelt, deren Verletzung zwar zu Amtshaftungsansprüchen führen kann, eine erneute Terminsbestimmung aber nur dann erforderlich macht, wenn durch die unrichtige Mitteilung zugleich zwingende Angaben des § 37 missverständlich oder unklar werden; dann ist ein Verstoß gegen § 38 Abs. 1 auch stets bei der Frage einer erneuten Terminsbestimmung (§ 43) zu beachten. In dieser Normstrenge kann dem nicht gefolgt werden. Immerhin hat der Gesetzgeber für den gleichen Akt (Terminsbestimmung) zwei getrennte Vorschriften geschaffen und diese bewusst als Muss- und als Soll-Vorschrift gestaltet (s. auch → § 55 Rdn. 18). Werden **Inventargegenstände** im Versteigerungstermin aus der Versteigerung ausgenommen und der Verkehrswert insgesamt herabgesetzt, soll der anberaumte Termin abzusetzen sein, es soll zuvor eine erneute Terminsbekanntgabe notwendig werden.[9]

8   Der Grundstückswert ist aber auch in weiteren Versteigerungsterminen für die Interessenten von gleich wichtiger Bedeutung. Nach Auffassung des BGH[10] fehlt zwar im weiteren Zwangsversteigerungsverfahren das Rechtsschutzinteresse für eine Anpassung des festgesetzten Grundstückswertes an veränderte Umstände, da sowohl § 85a Abs. 1 als auch in § 74a Abs. 1 keine rechtliche Bedeutung mehr haben und potenzielle Bieter nicht schützenswert sind. Ob man allerdings der These des BGH folgen kann, dass einem durchschnittlichen Bieter (wer ist das?) bewusst ist, dass der Wertfestsetzungsbeschluss im Versteigerungsverfahren keine verlässliche Entscheidungsgrundlage bieten kann, weil er sich – wie insbesondere der Gewährleistungsausschluss gemäß § 56 Satz 2 zeigt – bei nicht berücksichtigten Mängeln auf dessen Richtigkeit nicht verlassen kann, dürfte fraglich sein. Nach dem BGH wird der Bieter die für seine Entschließungen entscheidenden Gesichtspunkte selbst ermitteln und dabei auch eventuell seit Erlass des Wertfestsetzungsbeschlusses eingetretene Änderungen bedenken. Dies dürfte weitgehend an der gerichtlichen Praxis und Realität vorbeigehen.

2. Flurbereinigung

9   Es sollte zudem auf ein angeordnetes Flurbereinigungsverfahren hingewiesen werden. Für Bietinteressenten ist von Bedeutung, dass anstelle des Einlagegrundstücks ein Ersatzgrundstück erworben wird.

---

9   LG Rostock, Rpfleger 2011, 625. Depré/*Bachmann*, §§ 37, 38 Rdn. 36 kritisiert dies heftig mit der Begründung, dass dies insoweit den Belangen der Beteiligten nicht gerecht würde. Zu § 74a Rdn. 31 ff. wird allerdings ausgeführt, dass auch ein Änderungsbeschluss anfechtbar ist. Vor der Änderung ist rechtliches Gehör zu gewähren. Unklar bleibt somit im Ergebnis, ob *Bachmann* einen Versteigerungstermin tatsächlich durchführen will, auch wenn es keinen rechtskräftigen Wertbeschluss gibt?
10 BGH, Rpfleger 2004, 172 = NJW-RR 2004, 302 = KTS 2004, 457 = MDR 2004, 294 = WM 2004, 98 = InVo 2004, 201 = ZfIR 2004, 167.

3. Erbbaurecht; Wohnungseigentum

Ist die Veräußerung des Erbbaurechts von der Zustimmung des Ausgebers abhängig (§ 5 Abs. 1 ErbbauRG), sollte auch dies in der Terminsbestimmung angegeben werden. Die Interessenten können sich dann rechtzeitig mit dem Grundstückseigentümer (Ausgeber des Erbbaurechts) in Verbindung setzen. Gleiches gilt beim Wohnungs- und Teileigentum, wenn nach § 12 Abs. 1 WEG die Veräußerung der Zustimmung des Verwalters oder anderer Wohnungseigentümer bedarf. 10

IV. Veröffentlichung des Wertgutachtens (Abs. 2)

Aufgrund der Änderung durch den am 1.4.2005 in Kraft getretenen Art. 15a, Art. 16 des Gesetzes über die Verwendung elektronischer Kommunikationsformen in der Justiz (Justizkommunikationsgesetz – JKomG) vom 22.3.2005 (BGBl I 837) wurde bereits eine Veröffentlichung der Terminsbestimmung im Internet ermöglicht (hierzu → § 39 Rdn. 2, 5). Der Trend zur Veröffentlichung im Internet ist nicht mehr aufzuhalten, dem folgt nun auch die Regelung in Abs. 2. Mit der Änderung wird die Möglichkeit der Nutzung moderner Informations- und Kommunikationsmöglichkeiten ausdrücklich für die Veröffentlichung von Wertgutachten zugelassen. Dies spart Kosten und dient der Verbesserung der Verwertungsmöglichkeiten im Zwangsversteigerungsverfahren. Allerdings muss auch diese Veröffentlichung dem Datenschutz Rechnung tragen; es sind nur solche Daten und auch Bilder zu veröffentlichen, die sich auf die Wertermittlung bzw. Ansicht des zu versteigernden Grundstücks beziehen; personenbezogene Daten und Namen sind nicht öffentlich zu machen. 11

§ 39 »Bekanntmachung der Terminsbestimmung«

(1) Die Terminsbestimmung muß durch einmalige Einrückung in das für Bekanntmachungen des Gerichts bestimmte Blatt oder in einem für das Gericht bestimmten elektronischen Informations- und Kommunikationssystem öffentlich bekanntgemacht werden.

(2) Hat das Grundstück nur einen geringen Wert, so kann das Gericht anordnen, daß die Einrückung oder Veröffentlichung nach Absatz 1 unterbleibt; in diesem Falle muß die Bekanntmachung dadurch erfolgen, daß die Terminsbestimmung in der Gemeinde, in deren Bezirke das Grundstück belegen ist, an die für amtliche Bekanntmachungen bestimmte Stelle angeheftet wird.

I. Allgemeines

1 Mit der Terminsveröffentlichung wird bezweckt, einen möglichst großen Interessentenkreis auf die Versteigerung aufmerksam zu machen.[1] Infolgedessen erscheint eine bessere Verwertung des Grundstücks möglich. Sichergestellt wird hierdurch zudem, dass Dritte die Möglichkeit erhalten, ihre nicht grundbuchersichtlichen (§ 37 Nr. 4) oder der Versteigerung entgegenstehenden Rechte (§ 37 Nr. 5) zu wahren.

2 Die Veröffentlichung der Terminsbestimmung regeln die §§ 39, 40. Hierbei ist § 39 eine Mussvorschrift, § 40 hingegen eine Ordnungsvorschrift. Wird § 39 nicht beachtet, ist der Versteigerungstermin aufzuheben oder der Zuschlag zu versagen bzw. aufzuheben, § 43 Abs. 1, § 83 Nr. 7, § 100 Abs. 3. Es wird grundsätzlich im amtlichen Bekanntmachungsblatt des Versteigerungsgerichts oder ausnahmsweise durch Anheftung an die Gemeindetafel veröffentlicht. Aufgrund der Änderung durch den am 1.4.2005 in Kraft getretenen Art. 15a, Art. 16 des Gesetzes über die Verwendung elektronischer Kommunikationsformen in der Justiz (Justizkommunikationsgesetz – JKomG) vom 22.3.2005 (BGBl I 837) ist eine Veröffentlichung im Internet mittlerweile der Regelfall. Veröffentlichungen im Amtsblatt oder im Internet sind nicht kumulativ sondern alternativ geregelt.[2]

II. Veröffentlichung (Abs. 1)

1. Grundsatz

3 Die Terminsbestimmung muss einmalig im Amtsblatt veröffentlicht werden. Gemeint ist das Blatt, das für Bekanntmachungen des zuständigen Versteigerungsgerichts bestimmt ist. Zuständig kann das Gericht infolge landesrechtlicher Verordnung (§ 1 Abs. 2) oder gerichtlicher Bestimmung (§ 2) sein. Amtsblatt und Art der Veröffentlichung werden landesrechtlich bestimmt.

Ebenfalls landesrechtlich bestimmt ist eine mögliche Veröffentlichung im Internet. Das elektronische Bekanntmachungssystem erfolgt durch allgemeine Verwaltungsverfügung, es sei denn, der Landesgesetzgeber behält sich diese Festlegung vor. In Nordrhein-Westfalen besteht ein solcher Vorbehalt nicht. Eine Bekanntmachung ist bei einem verlinkten Portal wie dem Portal *www.justiz.de* elektronisch bekannt gemacht, wenn die Bekanntmachungsdaten auf dem Server

---

1 OLG Hamm, NJW 1979, 1720.
2 Der BGH hat in seiner Entscheidung v. 17.1.2013, V ZB 53/12, Rpfleger 2013, 403 die Veröffentlichung in beiden Medien nicht problematisiert. Nach Depré/*Bachmann*, § 39 Rdn. 3 ist auch eine Veröffentlichung in beiden Medien zulässig.

des Portals abgelegt und zum Abruf bereitgestellt sind, mit dem das Bekanntmachungsportal für den Abruf der Daten verlinkt ist.³ Der *BGH* führt hierzu näher aus, dass ein Versteigerungstermin im Sinne von § 39 Abs. 1 in dem von der Landesjustizverwaltung bestimmten elektronischen Bekanntmachungssystem eingerückt ist, wenn es auf dem dafür bestimmten Portal abgerufen werden kann. Was dazu erforderlich ist, lässt sich nicht allgemein festlegen. Dies richtet sich vielmehr nach der Struktur des Portals. Werden die auf dem Portal abrufbaren Daten auf dem Server dieses Portals bereitgestellt, dann muss das Versteigerungsgericht veranlassen, dass die Bekanntmachungsdaten auf diesem Server abgelegt und zum Abruf bereitgestellt werden. Fasst das Bekanntmachungsportal hingegen verschiedene Portale zusammen und werden die abrufbaren Daten auf den Servern anderer verlinkter Portale bereitgestellt, dann lässt sich eine Bekanntmachung auf dem Bekanntmachungsportal nur erreichen, wenn die Daten auf dem Server des verlinkten Portals abgelegt und dort bereitgestellt werden. Ein Zuliefern und Ablegen der Daten auf dem Server des Bekanntmachungsportals selbst wäre sinnlos, weil der Abruf über das verlinkte Portal erfolgt und die Daten auf dem Server des Bekanntmachungsportals für die Nutzer nicht erreichbar wären. In NRW fasst das Bekanntmachungsportal *www.justiz.de* unterschiedliche Portale für verschiedene Angebote der Justizverwaltungen des Bundes und der Länder zusammen, die über die Seite „Onlinedienste" dieses Portals in Anspruch genommen werden können. Zu diesen gehört auch die elektronische Bekanntmachung von Versteigerungsterminen. Deren Abruf ist aber nicht auf dem Bekanntmachungsportal möglich, sondern nur auf dem mit diesem verlinkten Portal *www.zvg-portal.de*. Deshalb muss das Versteigerungsgericht dafür Sorge tragen, dass die Daten auf dem Server dieses Portals abgelegt und dort zum Abruf bereitgestellt wurden. Auf die Einzelheiten der Verwaltung der Domains für die einzelnen Portale kommt es deshalb nicht an. In einer weiteren Entscheidung zum offiziellen Internetportal ging es um folgenden Sachverhalt: „Das Vollstreckungsgericht bestimmte den Versteigerungstermin und verfügte die Internetveröffentlichung der Terminsbestimmung in dem Portal www.zvg-portal.de wie folgt: Die Wiedergabe des Aktenzeichens, die Bezeichnung der Verfahrensart (Zwangsversteigerung), des Grundbuchblatts, des Objekts und seiner Lage, eine Beschreibung des Grundstücks, Mitteilungen zu dessen Verkehrswert sowie die Angaben zu dem anberaumten Termin und zu dem Ort der Versteigerung. Auf der Internetseite befanden sich ferner ein Link auf einen Server mit Karten und Lichtbildern sowie ein Link auf eine amtliche Bekanntmachung „amtliche-Bekanntmachung.pdf". Bei einem Mausklick darauf öffnete sich eine PDF-Datei mit einem Abbild des gerichtlichen Beschlusses über die Bestimmung des Versteigerungstermins; darin enthalten waren die Aufforderungen im Sinne von § 37 Nr. 4 und 5." Hierzu entschied der BGH[4]: „Wird die Terminsbestimmung durch Veröffentlichung im Internet bekannt gemacht, schadet es nicht, wenn die Aufforderungen nach § 37 Nr. 4 und 5 erst nach Anklicken eines mit „amtliche Bekanntmachung" gekennzeichneten Links wahrzunehmen sind." Wie die Veröffentlichung im Internet beschaffen sein muss, insbesondere ob und inwieweit Teile der Terminsbestimmung allein durch einen Verweis (Link) auf eine andere Seite zugänglich gemacht werden dürfen, ist nicht gesetzlich geregelt. Die festgestellte Veröffentlichung der Terminsbestimmung genügt nach Ansicht

---

3   BGH, Rpfleger 2009, 99 = NJW 2008, 3708 = WM 2008, 2322 = IGZInfo 2009, 39.
4   BGH, Beschluss vom 3.4.2014, V ZB 41/13, Rpfleger 2014, 531 = NJW-RR 2014, 955.

des BGH den gesetzlichen Anforderungen. Sie erfolgte im Internet Portal „www.zvg.portal.de", welches mit dem für Nordrhein-Westfalen bestimmten Bekanntmachungsportal „www.justiz.de" verlinkt ist. Dass sich die nach § 37 Nr. 4 und 5 erforderlichen Angaben nicht unmittelbar auf der Internetseite mit den grundlegenden Informationen zu dem Versteigerungstermin befanden, sondern erst nach Anklicken eines neben dem Hinweis „amtliche Bekanntmachung:" befindlichen Links („amtliche Bekanntmachung.pdf") wahrgenommen werden konnte, schadet nicht. Ein aufmerksamer, an Details der konkreten Zwangsversteigerung interessierter Nutzer erkennt ohne Weiteres, dass mithilfe dieses Links weitere Mitteilungen des Versteigerungsgerichts zu erschließen sind. Dem Nutzer bleibt schon nicht verborgen, dass es mehrerer „Klicks" bedarf, um über die Startseite von „www.justiz.de" bzw. über das (verlinkte) Portal „www.zvg-portal.de" zu der Information über ein spezifisches Zwangsversteigerungsverfahren zu gelangen; es kann daher angenommen werden, dass er auf dieser Seite befindliche weiterführende Links zur Kenntnis nimmt und sie anklickt, wenn ihm an näherer Information zu dem Objekt oder dem Verfahren gelegen ist. Gerade ein Inhaber von Rechten an dem zu versteigernden Grundstück wird es nicht versäumen, einem mit „amtliche Bekanntmachung" gekennzeichneten Link nachzugehen, kann er doch in erster Linie in dem als „amtlich" gekennzeichneten Teil der Veröffentlichung Hinweise des Gerichts für Gläubiger und andere Betroffene des Verfahrens erwarten. Das Ergebnis überzeugt, auch wenn man erst durch mehrere Klicks das gewünschte Ergebnis sehen kann.

2. Inhalt

4   Die Terminsbestimmung ist mit dem durch § 37 zwingend vorgeschriebenen Inhalt zu veröffentlichen.[5] Enthält die Terminsbestimmung Sollbestandteile (§ 38), so sind auch diese zu publizieren.[6] Nicht zum Inhalt der Veröffentlichung gehören die Wiedergabe von Unterschriften sowie das Datum, an dem der Termin bestimmt wurde. Ersichtlich sein muss aber das Gericht. Eine fehlerhafte Veröffentlichung muss korrigiert und vollständig neu bekannt gemacht werden, wobei die Frist nach § 43 einzuhalten ist.[7] Eine bloße Berichtigung der fehlerhaften Teile in einer nachträglichen Veröffentlichung reicht nicht aus.[8] Fehlerhaft ist auch eine Veröffentlichung, die die Aufforderung nach § 37 Nr. 4 und Nr. 5 nicht besonders aufführt. Werden jedoch mehrere Terminsbestimmungen gleichzeitig in der gleichen Ausgabe des Amtsblattes veröffentlicht, kann die Aufforderung nach § 37 Nr. 4 und Nr. 5 zusammengefasst allen Terminsbestimmungen vorangestellt werden.[9]

3. Wirkung der Bekanntmachung, Nachweis

5   Die Bekanntmachung gilt an dem Tag als bewirkt, an welchem die Terminsbestimmung enthaltene Nummer des Amtsblattes ausgegeben ist. Maßgebend ist die wirkliche Ausgabe, nicht das Datum des Blattes. Der Ausgabetag rechnet nicht mit. Ein Belegstück der Veröffentlichung wird zu den Akten genommen, damit

---

5   Hierzu *Oestreich*, Rpfleger 1988, 302.
6   *Hornung*, Rpfleger 1989, 321.
7   OLG Schleswig, SchlHA 1985, 41.
8   LG Kaiserslautern, Rpfleger 1964, 120 mit Anm. *Stöber*.
9   LG Frankenthal, Rpfleger 1988, 421; *Stöber*, ZVG §§ 39 Rdn. 2.5; *Böttcher*, §§ 39, 40 Rdn. 2.

geprüft werden kann, ob inhaltlich richtig und rechtzeitig bekannt gemacht worden ist. Bei einer Bekanntmachung im Internet gilt der Tag, an dem der Text vollständig im Internet zur Einsicht zur Verfügung steht (zuvor → Rdn. 3).

III. Bekanntmachung (Abs. 2)

Anstelle der Veröffentlichung im Amtsblatt oder im Internet kann die Terminsbestimmung ausnahmsweise an der Gemeindetafel angeheftet werden. Zulässig ist dies, wenn das Grundstück nur einen geringen Wert hat. Eine bestimmte Wertgrenze ist hierbei nicht vorgesehen. Das Gericht entscheidet nach pflichtgemäßem Ermessen.[10] Die Entscheidung ist aktenkundig zu machen und dem Gläubiger und dem Schuldner mitzuteilen, § 329 Abs. 2 ZPO. Maßgeblich für die Entscheidung ist das Verhältnis zwischen dem zu erwartenden Versteigerungserlös und den Kosten der Veröffentlichung. Die Kosten sollen nicht einen unverhältnismäßig großen Erlösanteil verschlingen.

Die Gemeinde muss so zeitig um die Anheftung ersucht werden, dass die Frist des § 43 Abs. 1 eingehalten werden kann. Die Veröffentlichung sollte bis zum Termin aushängen. Allerdings hat die Zeitdauer grundsätzlich keinen Einfluss auf die Wirksamkeit der Bekanntmachung. Das Schriftstück darf aber nicht alsbald nach seiner Anheftung wieder entfernt werden. Sonst trägt die Anheftung ihrem Zweck nicht hinreichend Rechnung. Ein Zeugnis darüber, dass die Gemeinde die Terminsbestimmung angeheftet hat, wird zu den Akten genommen.

IV. Rechtsbehelf

Die Nichtbeachtung von § 39 Abs. 1 kann mit der Zuschlagsbeschwerde gerügt werden, § 83 Nr. 7, § 100 Abs. 3. Gegen die Anordnung nach § 39 Abs. 2 ist die Vollstreckungserinnerung nach § 766 ZPO zulässig. Gegen deren Zurückweisung ist keine Beschwerde möglich, § 95.

V. Kosten

Die Kosten der Veröffentlichung sind Teil der Ausgaben des Gerichts, die nach § 109 aus dem Erlös vorweg zu entnehmen sind. Für die Notwendigkeit der Kostenhöhe ist auf den gesetzlichen Inhalt der Terminsbestimmung zu verweisen.

---

10   *Stöber*, ZVG § 39 Rdn. 3.2; a.A. *Böttcher*, §§ 39, 40 Rdn. 3.

§ 40 »Anheftung der Terminsbestimmung an die Gerichtstafel«

(1) ¹Die Terminsbestimmung soll an die Gerichtstafel angeheftet werden. ²Ist das Gericht nach § 2 Abs. 2 zum Vollstreckungsgerichte bestellt, so soll die Anheftung auch bei den übrigen Gerichten bewirkt werden. ³Wird der Termin nach § 39 Abs. 1 durch Veröffentlichung in einem für das Gericht bestimmten elektronischen Informations- und Kommunikationssystem öffentlich bekannt gemacht, so kann die Anheftung an die Gerichtstafel unterbleiben.

(2) Das Gericht ist befugt, noch andere und wiederholte Veröffentlichungen zu veranlassen; bei der Ausübung dieser Befugnis ist insbesondere auf den Ortsgebrauch Rücksicht zu nehmen.

I. Allgemeines

1 Die nach § 39 zwingend notwendige öffentliche Bekanntmachungsregelung wird ergänzt durch § 40 als **Ordnungsvorschrift**.[1] Entsprechend der Regelung in § 39 Abs. 1, Veröffentlichungen auch im Internet vornehmen zu können, wurde auch § 40 Abs. 1 Satz 2 angefügt durch den am 1.4.2005 in Kraft getretenen Art. 15a, Art. 16 des Gesetzes über die Verwendung elektronischer Kommunikationsformen in der Justiz (Justizkommunikationsgesetz – JKomG) vom 22.3.2005 (BGBl I 837). Die Nichtbeachtung dieser Vorschrift wirkt sich jedoch anders als diejenige des § 39 nicht auf das Versteigerungsverfahren aus. Mit Besonderheiten für Schiffe (§ 168) und Luftfahrzeuge (§ 171d) gilt die Vorschrift für alle Versteigerungsarten.

II. Anheftung an die Gerichtstafel (Abs. 1)

2 Die vollständige Terminsbestimmung (§§ 37, 38) soll an die Gerichtstafel angeheftet werden. Hierdurch wird die nach § 39 notwendige Bekanntmachung ergänzt.

3 Sind Grundstücke in verschiedenen Amtsgerichtsbezirken belegen, wird das Vollstreckungsgericht von dem nächst höheren Gericht bestimmt, § 2 Abs. 2. Die Terminsbestimmung soll dann in allen Amtsgerichten angeheftet werden, in denen die Grundstücke belegen sind.

4 Das Gleiche gilt, falls landesrechtlich geregelt ein Vollstreckungsgericht für mehrere Amtsgerichtsbezirke zuständig ist, § 1 Abs. 2.[2] Ausdrücklich ist dies § 40 nicht zu entnehmen.[3]

5 Der Aushang wird durch die Geschäftsstelle vorgenommen. Auf dem Aushang wird vermerkt, wann er angeheftet und wann er abgenommen wurde. Er wird nach dem Termin als Nachweis zu den Akten genommen.

6 Soweit landesrechtlich geregelt Veröffentlichungen im Internet vorgenommen werden, kann die Anheftung an die Gerichtstafel unterbleiben. Da es sich um eine „Kann"-Regelung handelt, liegt die Entscheidung im Ermessen des Vollstreckungsgerichts.[4]

---

1 Hierzu bereits OLG Zweibrücken, Rpfleger 1987, 513 (altes Recht), bei Verstoß der Angabe des Schuldnernamens.
2 So auch Steiner/*Teufel*, § 40 Rdn. 4.
3 Zutreffend auch *Stöber*, ZVG § 40 Rdn. 2.3. Der Fehler dürfte in der mangelhaften Gesetzgebung begründet sein.
4 Wohl auch *Stöber*, ZVG § 40 Rdn. 2.4.

III. Sonstige Veröffentlichungen (Abs. 2)

Das Gesetz lässt dem Gericht freie Hand, die Versteigerung durch anders gestaltete oder wiederholte Veröffentlichungen bekannt zu machen. Auch sind diese Veröffentlichungen an keine gesetzliche Frist gebunden. Damit sind werbewirksame Anzeigen zugelassen.[5] Insbesondere besteht die Möglichkeit, den Ausschreibungstext zu ändern als auch die Anzeige in örtlichen Tages- oder Wochenzeitungen zu veröffentlichen. Bei größeren Objekten empfiehlt sich auch eine Veröffentlichung in überregionalen Zeitungen. Die hierdurch entstehenden Kosten zählen zu den Verfahrenskosten nach § 109. Zusätzliche Veröffentlichungen können durch Landesrecht vorgeschrieben seien (vgl. § 7 EGZVG).

7

Allerdings müssen die Angaben in der Veröffentlichung richtig sein. Ist z.B. in einer vom Vollstreckungsgericht veranlassten Veröffentlichung der Terminsbestimmung in der örtlichen Tagespresse die Uhrzeit unzutreffend mit 14.00 Uhr statt richtig mit 13.00 Uhr wiedergegeben und gleichwohl bereits um 13.45 Uhr der Schluss der Versteigerung verkündet worden ist, ist der Zuschlag wegen eines Verstoßes gegen den verfassungsrechtlich geschützten Anspruch auf eine faire Verfahrensdurchführung zu versagen.[6]

8

IV. Private Veröffentlichungen

Unabhängig von der gesetzlichen Verpflichtung zur Veröffentlichung werden Anzeigen auch häufig durch Beteiligte, insbesondere von Banken oder auch Immobilienmaklern, geschaltet. Für den Inhalt des Textes ist ausschließlich derjenige verantwortlich, der die Veröffentlichung in Auftrag gegeben hat. Eine fehlerhafte Veröffentlichung führt nicht zur Zuschlagsanfechtung. Hierin liegt kein Verstoß gegen §§ 37, 39, der gem. § 83 Nr. 7 zur Versagung des Zuschlags führt.[7]

9

---

5 *Hornung*, Rpfleger 1979, 321.
6 OLG Oldenburg, InVo 2001, 348.
7 LG Göttingen, Rpfleger 1998, 211, LG Ellwangen, Rpfleger 1996, 361.

§ 41 »Zustellung der Terminsbestimmung an die Beteiligten«

(1) Die Terminsbestimmung ist den Beteiligten zuzustellen.

(2) Im Laufe der vierten Woche vor dem Termin soll den Beteiligten mitgeteilt werden, auf wessen Antrag und wegen welcher Ansprüche die Versteigerung erfolgt.

(3) Als Beteiligte gelten auch diejenigen, welche das angemeldete Recht noch glaubhaft zu machen haben.

I. Allgemeines

1 Die öffentliche Bekanntmachung der Terminsbestimmung stellt nicht sicher, dass die Beteiligten von dem Termin auch tatsächlich erfahren. Wegen der Bedeutung des Verfahrens muss die Terminsbestimmung den Beteiligten zugestellt werden.[1] Außerdem ist ihnen vor dem Termin mitzuteilen, auf wessen Antrag und wegen welcher Ansprüche versteigert wird. Aufgrund dieser Mitteilung können die Beteiligten beurteilen, inwieweit ihre Rechte in dem Termin durch das Verfahren berührt werden können.

II. Beteiligte (Abs. 3)

2 Wer an einem Verfahren beteiligt ist, bestimmt sich nach § 9. Hierzu zählen neben Gläubiger und Schuldner die sonstigen Beteiligten nach § 9 Nr. 1 (Beteiligte von Amts wegen) und die Beteiligten nach § 9 Nr. 2 (Beteiligte aufgrund Anmeldung). Zu Letzteren trifft § 41 Abs. 3 eine Sonderregelung. Bereits die bloße Anmeldung genügt für die Betreffenden, damit sie für die Zustellung und Mitteilung als Beteiligte behandelt werden.[2]

III. Zustellung der Terminsbestimmung (Abs. 1)

3 Die Terminsbestimmung ist von Amts wegen zuzustellen, §§ 3–7 ZVG i.V.m. §§ 869, 166 ff. ZPO. Adressaten sind alle dem Gericht bei Anberaumung des Termins bekannten Beteiligten. Beteiligte sind auch die Berechtigten nach § 3b Abs. 2 VermG.[3] Bei einem weiteren Termin ist darauf zu achten, dass gegebenenfalls weitere Beteiligte als Adressaten in Betracht kommen können. Die Zustellung muss die Frist nach § 43 Abs. 2 wahren.

4 Hat sich ein Anwalt für einen Beteiligten bestellt, muss an diesen zugestellt werden; Zustellungen an einen gegen Art. 1 § 1 RBerG verstoßenden Bevollmächtigten (ab dem 1.7.2008 gilt das Rechtsdienstleistungsgesetz – RDG[4]) sind bis zu dessen Zurückweisung durch das Gericht wirksam (vgl. auch § 79 Abs. 3 Satz 2 ZPO); ein den Bevollmächtigten vom Verfahren ausschließender Beschluss wirkt konstitutiv und entfaltet keine Rückwirkung.[5] Für die Rechtslage nach dem Rechtsberatungsgesetz entspricht es höchstrichterlicher Rechtsprechung, dass Prozesshandlungen nicht ohne Weiteres unbeachtlich sind, wenn der Bevollmächtigte gegen Art. 1 § 1 RBerG verstößt.[6] Der Gesetzgeber hat ebenfalls für das seit

---

1 Denkschrift S. 19.
2 Ebenso der Meistbietende nach § 85 Abs. 2.
3 LG Berlin, Rpfleger 1994, 175.
4 Rechtsdienstleistungsgesetz vom 12.12.2007, BGBl I 2840, zuletzt geändert durch Art. 142 Verordnung vom 31.8.2015, BGBl I 1474.
5 BGH, Rpfleger 2010, 531 = NJW-RR 2010, 1361.
6 Vgl. BVerfG, NJW 2004, 1373, 1374.

dem 1. Juli 2008 geltende Recht eine ausdrückliche Regelung geschaffen hat, wonach nicht nach § 79 Abs. 2 ZPO zur Vertretung befugte Prozessbevollmächtigte zurückzuweisen sind, die bis dahin vorgenommenen Rechtshandlungen und Zustellungen aber wirksam bleiben (§ 79 Abs. 3 Satz 1 u. 2 ZPO). Kann eine förmliche Zustellung nicht nachgewiesen werden, gilt diese mit dem Zeitpunkt als bewirkt, in dem die Terminsbestimmung dem Beteiligten tatsächlich zugegangen ist.[7] Nur weil der Schuldner die Ladung zum Versteigerungstermin nicht erhalten hat, ist der erlassene Zuschlagsbeschluss nicht aufzuheben.[8] Nach Insolvenzeröffnung sollte trotz der zwingenden Zustellung an den Insolvenzverwalter auch eine Zustellung an den Schuldner erfolgen. Gibt der Insolvenzverwalter das Grundstück frei oder endet die Insolvenz ist dem Schuldner in jedem Falle zuzustellen.

Beteiligten, die dem Vollstreckungsgericht erst nach Beginn der Frist bekannt werden, muss ebenfalls zugestellt werden, falls die Terminsbestimmung diese spätestens am Tag vor dem Termin erreichen kann. Ist einem Beteiligten bereits zugestellt, muss einem **Rechtsnachfolger** vor dem Termin nicht erneut zugestellt werden. Keine Zustellung ist notwendig, wenn der Beteiligten bereits Kenntnis von der Terminsbestimmung hat (erkennbar z.B. da bereits eine Anmeldung zum Termin vorliegt). 5

Bei der Versteigerung eines Wohnungs- bzw. Teileigentum oder eines Wohnungs- bzw. Teilerbbaurechts kann wirksam anstatt allen Beteiligten allein dem Verwalter zugestellt werden. Die Zustellung muss an ihn als Verwalter des gemeinschaftlichen Eigentums nach WEG oder des Erbbaurechts am näher bezeichneten Grundstück bewirkt werden.[9] Verstärkt wird diese Auffassung insbesondere durch die Anerkennung der Gemeinschaft der Wohnungseigentümer als rechtsfähig, soweit sie bei der Verwaltung des gemeinschaftlichen Eigentums am Rechtsverkehr teilnimmt.[10] 6

IV. Mitteilung an die Beteiligten (Abs. 2)

Im Laufe der 4. Woche vor dem Termin **soll** den Beteiligten mitgeteilt werden, auf wessen Antrag und wegen welcher Ansprüche versteigert wird. Ebenfalls mitgeteilt werden sollte der erste Beschlagnahmezeitpunkt, § 13 Abs. 4. Eine frühere Mitteilung verbietet sich. Im Hinblick auf die für die Festsetzung des geringsten Gebotes einzuhaltenden Fristen (§ 43 Abs. 2, § 44 Abs. 2) ist der Zeitpunkt bewusst gewählt. Die Mitteilung ergeht auch an diejenigen, die ihr Verfahren einstweilen eingestellt haben.[11] 7

Mitgeteilt werden nur die rechtzeitig zugestellten Anordnungs-, Beitritts- und Fortsetzungsbeschlüsse. Erkennbar muss der vom Gläubiger beanspruchte Rang des Anspruches sein. Anzugeben ist daher, ob das Verfahren wegen eines persönlichen oder dinglichen oder auch beiden Ansprüchen betrieben wird.[12] Der genaue Rang kann durch Hinweis auf die Grundbucheintragung mitgeteilt werden. Wird 8

---

7   OLG Celle, Rpfleger 1991, 166.
8   LG Berlin, Rpfleger 1997, 123.
9   OLG Stuttgart, NJW 1966, 1036 = Rpfleger 1966, 113.
10 BGH, NJW 2005, 2061 = Rpfleger 2005, 521 mit Anm. *Dümig* = DNotZ 2005, 776 = NZM 2005, 543 = MDR 2005, 1156 = WM 2005, 1423 = ZIP 2005, 1233 = InVo 2005, 407 = MittBayNot 2005, 495.
11 Depré/*Bachmann*, § 41 Rdn. 9; A.A. *Stöber*, ZVG § 41 Rdn. 3.4; *Böttcher*, § 41 Rdn. 6, da diesen keine Bedeutung für den Termin zukommt.
12 RGZ 134, 56.

das Verfahren wegen eines bevorrechtigten Anspruches aus der Rangklasse 2 oder 3 des § 10 Abs. 1 betrieben, reicht ein entsprechender Hinweis auf den Anspruch aus, weil das Vorrecht gegenüber den nachfolgenden Rangklassen so ausreichend deutlich wird.[13] Mitgeteilt werden nur die Beträge, die auch Inhalt der Beschlagnahmebeschlüsse sind.

9 Anhand dieser Mitteilung, einer Grundbuchblattabschrift und des Grundstückswertes kann ein Beteiligter feststellen, welche Ansprüche dem eigenen Anspruch vorgehen, ob das eigene Recht ins geringste Gebot fällt, ob die Versteigerung im Hinblick auf den Verkehrswert zu den bestehen bleibenden Rechten überhaupt erfolgreich sein wird und ob sich nicht die Möglichkeit der Ablösung des bestbetreibenden Gläubigers anbietet, um dessen Rechtsposition zu erlangen.

V. Sonstige Mitteilungen

10 § 41 regelt die Mitteilungspflichten nicht abschließend. Nach der MiZi[14] (3. Abschnitt VII) sind Mitteilungen über die Bestimmung des Versteigerungstermins mit Namen und Anschrift des Vollstreckungsschuldners zu richten an:

- die Gemeindeverwaltung (§ 77 Abs. 2 AO, § 134 Abs. 2 BauGB, § 12 GrStG, Beiträge nach Kommunalabgabenrecht);
- die Stellen, die öffentliche Lasten einziehen, soweit feststeht, dass derartige Abgaben nach landesrechtlichen Bestimmungen in Betracht kommen.

---

13 LG Traunstein, Rpfleger 1982, 232.
14 Mitteilung in Zivilsachen, Stand 1. Oktober 2014 – 3. Abschnitt Teil **VII. Mitteilungen in Zwangsversteigerungssachen** lautet:

1 Mitteilungen über die Bestimmung des Versteigerungstermins
(1) Mitzuteilen ist bei der Zwangsversteigerung von Grundstücken und grundstücksgleichen Rechten die Bestimmung des Versteigerungstermins (§ 39 ZVG, § 13 Abs. 1 Nr. 4 EGGVG).
(2) Die Mitteilungen müssen den Namen und die Anschrift des Vollstreckungsschuldners enthalten, soweit diese Angaben nicht schon aus der zu übersendenden Abschrift der Terminsbestimmung hervorgehen.
(3) Die Mitteilungen sind zu richten an
1. die Gemeindeverwaltung (§ 77 Abs. 2 AO, § 134 Abs. 2 BauGB, § 12 GrStG, Beiträge nach Kommunalabgabenrecht);
2. die Stellen, die öffentliche Lasten einziehen, soweit feststeht, daß derartige Abgaben nach landesrechtlichen Bestimmungen in Betracht kommen; zu diesen Lasten gehören insbesondere
a) Kirchspielsumlagen sowie Abgaben und Leistungen, die aus dem Kirchen- und Pfarrverband entspringen oder an Kirchen, Pfarreien oder Kirchenbedienstete zu entrichten sind,
b) Beiträge, die an Stiftungen, Anstalten und Körperschaften des öffentlichen Rechts, die einen gemeinnützigen Zweck verfolgen, sowie an öffentlich-rechtliche Brandversicherungsanstalten zu entrichten sind,
c) Beiträge, die an öffentlich-rechtliche Genossenschaften, deren Zweck in der Verbesserung der Bodenverhältnisse besteht, zu entrichten sind,
d) Beiträge und Gebühren zu öffentlichen Wege-, Siel-, Wasser- und Uferbauten.

2 Mitteilungen über den Zuschlag zu steuerlichen Zwecken
(1) Mitzuteilen sind alle Zuschlagsbeschlüsse in Zwangsversteigerungsverfahren über Grundstücke und grundstücksgleiche Rechte, z.B. Erbbaurechte und Wohnungseigentum, ohne Rücksicht darauf, ob der Rechtsübergang grunderwerbsteuerpflichtig ist (§ 18 Abs. 1 S. 1 Nr. 3 und Abs. 3 Satz 2 GrEStG).

Daneben sind weitere landesrechtliche Mitteilungspflichten zu beachten. **11**

VI. Rechtsbehelf

Wird die Mitteilung nach § 41 Abs. 1 an die dem Gericht bekannten Beteiligten **12**
unterlassen, nicht rechtzeitig oder mangelhaft bewirkt, ist der Termin aufzuheben
bzw. der Zuschlag zu versagen, § 43 Abs. 2, § 83 Nr. 1. Der Mangel ist jedoch heilbar, § 84 Abs. 1.

Die Mitteilung nach § 41 Abs. 2 ist eine Ordnungsvorschrift. Wird diese Mit- **13**
teilung unterlassen oder verspätet mitgeteilt oder ist sie unvollständig oder fehlerhaft, wirkt sich dies auf das Verfahren nicht aus.[15] Eine schuldhafte Missachtung
der Vorschrift kann gegebenenfalls Schadensersatzansprüche aus einer Amtspflichtverletzung begründen.[16]

(Fortsetzung Fn. 14)
(2) Die Mitteilungen sind nach amtlich vorgeschriebenem Vordruck (§ 18 Abs. 1 Satz 1
GrEStG) binnen zwei Wochen nach der Verkündung des Zuschlagsbeschlusses zu
bewirken. Ihnen ist eine Abschrift des Zuschlagsbeschlusses beizufügen (§ 18 Abs. 1
Satz 2 GrEStG). Die Absendung der Mitteilung ist auf der Urschrift des Zuschlagsbeschlusses zu vormerken (§ 18 Abs. 4 GrEStG).
(3) Die Mitteilungen sind schriftlich zu richten
1. bei einem Zuschlagsbeschluß, der sich auf ein Grundstück (Erbbaurecht) bezieht,
an das Finanzamt, in dessen Bezirk das Grundstück (Erbbaurecht) oder der wertvollste Teil des Grundstücks (Erbbaurechts) liegt (§ 17 Abs. 1, § 18 Abs. 5
GrEStG);
2. bei einem Zuschlagsbeschluß, der sich auf mehrere Grundstücke (Erbbaurechte)
bezieht,
a) die im Bezirk eines Finanzamtes liegen, an dieses Finanzamt,
b) die in den Bezirken verschiedener Finanzämter liegen, an das Finanzamt, in dessen
Bezirk der wertvollste Grundstücksteil (Erbbaurecht) oder der wertvollste Grundstück (Erbbaurecht) oder der wertvollste Bestand an Grundstücksteilen (Erbbaurechten) oder Grundstücken (Erbbaurechten) liegt (§ 17 Abs. 2 GrEStG).
Eine elektronische Übermittlung der Mitteilungen ist ausgeschlossen.
Anmerkungen:
Bei den Mitteilungen sind die Zuständigkeitskonzentrationen der Finanzämter in den
einzelnen Ländern zu beachten (vgl. die Suchseite des Bundeszentralamtes für Steuern
www.finanzamt.de).
In Baden-Württemberg wird abweichend von Absatz 2 von der Verwendung des amtlichen Vordrucks abgesehen und statt dessen die Anzeige durch Übersendung von
zwei Abschriften des Zuschlagsbeschlusses vorgenommen.
In Nordrhein-Westfalen kann aufgrund einer Vereinbarung mit dem Finanzministerium abweichend von Absatz 2 von der Verwendung des amtlichen Vordrucks abgesehen und statt dessen eine Abschrift des Zuschlagsbeschlusses mit einem kurzen
Anschreiben übersandt werden.

3 Mitteilungen über den Zuschlag zu Wertermittlungszwecken des Gutachterausschusses
(1) Mitzuteilen sind alle Zuschlagsbeschlüsse in Zwangsversteigerungsverfahren (§ 195
Abs. 1, § 200 BauGB). Gleichzeitig ist der gerichtliche Verkehrswert mitzuteilen.
(2) Die Mitteilungen sind an den zuständigen Gutachterausschuß zu richten.
Anmerkung: Die Gutachterausschüsse (Absatz 2) sind in der Anmerkung zu III/3 aufgeführt.

15 A.A. Steiner/*Teufel*, § 41 Rdn. 15.
16 OLG Düsseldorf, VersR 1982, 102 zum erstattungsfähigen Schaden bei unterbliebener
   Zustellung der Terminsbestimmung.

§ 42 »Akteneinsicht«

(1) Die Einsicht der Mitteilungen des Grundbuchamts sowie der erfolgten Anmeldungen ist jedem gestattet.

(2) Das gleiche gilt von anderen das Grundstück betreffenden Nachweisungen, welche ein Beteiligter einreicht, insbesondere von Abschätzungen.

I. Allgemeines

1   Die Beteiligten des Verfahrens (§ 9) können bereits nach § 299 i.V.m. § 869 ZPO die Akten einsehen.[1] Sie können sich weiterhin Ausfertigungen, Auszüge und Abschriften erteilen lassen. Ohne Einwilligung der Parteien kann der Vorstand des Gerichts Dritten nur dann die Einsicht gestatten, wenn diese ein rechtliches Interesse glaubhaft machen können, § 299 Abs. 2 ZPO. Für alle Versteigerungsarten gewährt § 42 ein demgegenüber erweitertes Einsichtsrecht in die Versteigerungsakten. Während der zur Einsicht berechtigte Personenkreis grundsätzlich weiter gefasst ist, ist die Einsicht selbst auf bestimmte Aktenteile beschränkt.

II. Akteneinsicht

1. Personenkreis

2   Jeder kann, ohne ein rechtliches Interesse darlegen zu müssen, Einsicht in die Versteigerungsakte nehmen.[2] Hiermit wird sichergestellt, dass sich Bietinteressenten umfassend informieren können. Die allgemeinen Ausschreibungen enthalten nur ungenügende Angaben über die für eine Bietentscheidung wesentlichen Gesichtspunkte. Das Einsichtsrechts verbessert damit die Chance, das Objekt erfolgreicher zu verwerten.

2. Umfang

3   Die Mitteilungen des Grundbuchamts nach § 19 Abs. 2 können ebenso unbeschränkt eingesehen werden wie die Grundbuchblattabschrift,[3] die erfolgten Anmeldungen (§ 9 Nr. 2, § 37 Nr. 4 und Nr. 5), der Antrag auf Anordnung der Versteigerung sowie Beitrittsanträge und auch andere das Grundstück betreffenden Nachweise (Abs. 2).[4] Hierzu zählen auch vom Gericht beschaffte Nachweise wie Brandversicherungsurkunden, Einheitswertbescheide sowie insbesondere das Verkehrswertgutachten.[5]

4   Andere Nachweise und Unterlagen in den Vollstreckungsakten dürfen nicht eingesehen werden. Hierzu gehören insbesondere: Vollstreckungstitel, Erbscheine, Abtretungsurkunden, Vollmachten, Zustellungsnachweise, Vollstreckungsschutzanträge, Verzeichnisse über Zubehör, Urkunden über eine Sicherheitsleistung. Bei der Gewährung einer Einsicht müssen die Aktenteile im Zweifel voneinander getrennt werden.

---

1   Hierzu *Schneider*, MDR 1984, 108.
2   LG Berlin, Rpfleger 2006, 274.
3   OLG Düsseldorf, Beschluss vom 1.6.2012, 3 Wx 21/12, FGPrax 2012, 189.
4   *Schmidt-Wudy*, Rpfleger 2014, 293.
5   Steiner/*Teufel*, § 42 Rdn. 8; *Stöber*, ZVG § 42 Rdn. 2.2.

3. Durchführung

Die Akten können grundsätzlich nur während der Dienststunden auf der Geschäftsstelle[6] eingesehen werden. Ein Anspruch auf Versendung nach auswärts und/oder in die Kanzlei des Rechtsanwaltes besteht nicht. Auch Kopien können nicht zwecks Einsichtnahme kostenfrei übersandt werden.[7] Die Möglichkeit der Einsicht besteht auch während der Bietzeit im Versteigerungstermin. Keine gerichtliche Verpflichtung besteht dahin gehend, dem Anspruchsteller Aufzeichnungen oder Abschriften zur Verfügung zu stellen. Ob das Gericht gegen Erstattung der entsprechenden Auslagen eine Ablichtung des Verkehrswertgutachtens erstellt, liegt in dessen Ermessen. Bei der Einsicht auf der Geschäftsstelle während der Dienststunden sollten dem Anspruchsteller eigene technische Hilfsmittel nicht verwehrt werden. Erlaubt sein sollte daher z.B. die Information mithilfe einer Kamera oder eines Smartphone abzufotografieren. Der Anspruchsteller sollte nicht auf handschriftliche Abschriften verwiesen werden. Der Aufzeichnung mithilfe eigener technischer Mittel stehen keine rechtlichen Gründe entgegen, weder § 12 GBO, noch Datenschutzrecht, noch Urheberrecht und letztlich auch nicht ein im Rahmen des Hausrechts vom Gerichtspräsidenten ausgesprochenes Fotografierverbot.[8]

4. Zeitliche Beschränkung

Das Gesetz grenzt das Einsichtsrechts zeitlich nicht ausdrücklich ein. Teilweise wird daher die Auffassung vertreten, das Einsichtsrechts besteht nur bis zum Schluss der Versteigerung, § 73 Abs. 2.[9] Hierfür gibt es jedoch keine plausible Begründung. Erst mit Verkündung des Zuschlags ist das Verfahren zunächst beendet, damit wird auch das Einsichtsrechts zeitlich ausgeschlossen.[10] Da das Informationsrecht seinen Sinn, die Verwertungschancen zu verbessern, erst durch die Erteilung des Zuschlags verliert, sollte dieser Auffassung der Vorrang gegeben werden.

III. Auskunft

Neben dem Recht zur Einsicht in die Verfahrensakte, sieht das ZVG einen durchsetzbaren allgemeinen Auskunftsanspruch nicht vor. Anders als in der Zwangsverwaltung, wo auf Antrag von Gläubiger oder Schuldner der Verwalter Auskunft über den Sachstand zu erteilen hat, § 13 Abs. 4 ZwVwV oder nach § 16 ZwVwV, wonach der Verwalter jederzeit dem Gericht oder einem mit der Prüfung beauftragten Sachverständigen Buchführungsunterlagen, die Akten und sonstige Schriftstücke vorzulegen hat und alle weiteren Auskünfte im Zusammenhang mit seiner Verwaltung zu erteilen. In keinem Falle aber kann der Auffassung gefolgt werden, dass im Zwangsversteigerungsverfahren das Gericht nach Erteilung des Zuschlags nicht verpflichtet ist, einem Dritten Auskunft über die Höhe des Meistgebots zu erteilen.[11] Da es regelmäßig um ganz erhebliche Werte geht, haben die

---

6 BGH, NJW 1961, 559; OLG Hamm, NJW 1990, 843; OLG Köln, MDR 1983, 848.
7 OLG Köln, Rpfleger 1983, 325; LG Paderborn, Rpfleger 1992, 306; LG Berlin, Rpfleger 1991, 428; LG Köln, Rpfleger 1989, 334; LG Heilbronn und Berlin, OLG Hamm, alle Rpfleger 1989, 468; *Meyer-Stolte*, Rpfleger 1990, 27 in Anmerkung zu zahlreichen Entscheidungen zum Verfahren nach §§ 807, 900 ZPO.
8 *Schmidt-Wudy*, Rpfleger 2014, 293.
9 Steiner/*Teufel*, § 42 Rdn. 11; *Stöber*, ZVG § 42 Rdn. 2.1, *Böttcher*, § 42 Rdn. 4.
10 So auch Löhnig/*Huber*, § 42 Rdn. 4.
11 OLG Frankfurt, Rpfleger 1992, 267.

Beteiligten, insbesondere die Grundpfandgläubiger am Grundstück ein erhebliches Interesse den Ausgang des Verfahrens zu erfragen. Es gibt viele Gründe, die für eine Telefonauskunft sprechen können; es gibt kaum einen wirklich vernünftigen Grund, diese Einfachst-Auskunft zu verweigern.[12]

IV. Rechtsbehelf

8 Wird einem Beteiligten die Einsichtnahme nach § 43 bzw. i.S.v. § 299 Abs. 1 ZPO durch den Urkundsbeamten der Geschäftsstelle verweigert, ist hiergegen die befristete Erinnerung zulässig, § 573 ZPO;[13] bei einer Entscheidung des Rechtspflegers die sofortige Beschwerde, § 11 Abs. 1 RPflG, § 567 Abs. 1 ZPO (diese Entscheidung fällt nicht unter den Anwendungsbereich §§ 95 ff.).[14]

9 Gegen die Verweigerung der Akteneinsicht nach § 299 Abs. 2 ZPO ist grundsätzlich gem. § 23 EGGVG der Verwaltungsrechtsweg gegeben, da es sich bei einer solchen Entscheidung um eine Angelegenheit der Justizverwaltung, also einen Justizverwaltungsakt handelt.[15]

---

12 So zutreffend *Meyer-Stolte*, Rpfleger 1992, 267.
13 LG Magdeburg, Rpfleger 1996, 364, LG Köln, Rpfleger 1989, 334; Zöller/*Greger*, § 299 Rdn. 5.
14 OLG Brandenburg, FamRZ 2004, 387 und MDR 2000, 1210; a.A. Erinnerung nach § 766 ZPO, *Böttcher*, § 42 Rdn. 4; Löhnig/*Huber*, § 42 Rdn. 7, aber nicht richtig, anders Löhnig/*Cranshaw*, § 95 Rdn. 1 zum Anwendungsbereich von § 95.
15 OLG Brandenburg, NJW-RR 2001, 1630; OLG Köln, FamRZ 1995, 751; OLG Düsseldorf, JurBüro 1993, 550; KG, OLGZ 88, 49; 76, 158; LG Magdeburg, Rpfleger 1996, 364; Zöller/*Greger*, § 299 Rdn. 6; *Böttcher*, § 42 Rdn. 6.

§ 43 »Aufhebung des Versteigerungstermins«

(1) ¹Der Versteigerungstermin ist aufzuheben und von neuem zu bestimmen, wenn die Terminbestimmung nicht sechs Wochen vor dem Termin bekanntgemacht ist. ²War das Verfahren einstweilen eingestellt, so reicht es aus, daß die Bekanntmachung der Terminbestimmung zwei Wochen vor dem Termin bewirkt ist.
(2) Das gleiche gilt, wenn nicht vier Wochen vor dem Termin dem Schuldner ein Beschluß, auf Grund dessen die Versteigerung erfolgen kann, und allen Beteiligten, die schon zur Zeit der Anberaumung des Termins dem Gericht bekannt waren, die Terminsbestimmung zugestellt ist, es sei denn, daß derjenige, in Ansehung dessen die Frist nicht eingehalten ist, das Verfahren genehmigt.

I. Allgemeines
1. Zweck der Vorschrift

Die Vorschrift bestimmt Mindestfristen für die öffentliche Bekanntmachung der Terminsbestimmung (§§ 39, 40), für deren Zustellung an die Beteiligten (§ 41 Abs. 1) und für die Versteigerungsbeschlüsse. Beteiligte und Interessenten sollen sich rechtzeitig auf den Versteigerungstermin vorbereiten können. Das Gesetz stellt die Einhaltung der Fristen sicher. Der Versteigerungstermin ist aufzuheben und von Neuem zu bestimmen, wenn die Bekanntmachung nicht rechtzeitig erfolgte oder zugestellt wurde. Das Vollstreckungsgericht muss daher schon vor dem Termin prüfen, ob die Fristen gewahrt sind. Wegen des Grundsatzes der Einzelversteigerung (vgl. → § 27 Rdn. 1) sind die Fristen für jedes Einzelverfahren gesondert zu prüfen.

1

2. Anwendungsbereich

Die Vorschrift gilt für alle Versteigerungsarten. Besonderheiten (Fristverkürzung) sind für die Versteigerung von Schiffsbauwerken geregelt, § 170a Abs. 2.

2

3. Fristberechnung

Die einzuhaltenden Zeiträume sind gesetzliche Fristen. Im Interesse unbekannter Berechtigter (§ 37 Nr. 4 und Nr. 5) können die Beteiligten die Fristen nicht durch Vereinbarung verkürzen.¹ Mangels ausdrücklicher Gestattung kann auch das Gericht die Fristen nicht verkürzen, §§ 869, 224 Abs. 2 ZPO. Berechnet werden die Fristen nach §§ 186–193 BGB (§§ 869, 222 ZPO). Der Tag des Ereignisses (Bekanntmachung, Zustellung) wird für den Fristbeginn nicht mitgerechnet, § 187 Abs. 1 BGB. Die Frist verlängert sich, wenn der letzte Tag auf einen Samstag, Sonntag oder Feiertag fällt, § 193 BGB.

3

II. Bekanntmachungsfrist (Abs. 1)
1. Regelfrist

Zwischen der Bekanntmachung der Versteigerung und dem Termin selbst müssen wenigstens sechs Wochen liegen (**Bekanntmachungsfrist**). Falls die Terminsbestimmung an die Gemeindetafel (§ 39 Abs. 2) zwecks Bekanntmachung angeheftet wurde, ist dies das für den Fristbeginn maßgebende Ereignis.

4

---

1 Steiner/*Teufel*, § 43 Rdn. 13; *Stöber*, ZVG § 43 Rdn. 2.1.

2. Abgekürzte Fristen

5 Die Bekanntmachungsfrist verkürzt sich auf zwei Wochen, falls das Verfahren schon einmal eingestellt war. Auf den Grund der Einstellung kommt es nicht an. Bei mehreren Gläubigern ist auf das Verfahren desjenigen abzustellen, der die Versteigerung bestrangig betreibt, § 44 Abs. 2. Es müssen daher nicht die Einzelverfahren aller Gläubiger einmal eingestellt gewesen sein.[2] Ändert sich das geringste Gebot, ist zu prüfen, ob das Verfahren des dann erstrangig betreibenden Gläubigers schon einmal eingestellt war.

Beispiel (alle Tage sind als Werktage zu unterstellen):
Das Verfahren wird von Gläubiger A betrieben, erstrangig, seit dem 2.7.2015. Der Gläubiger B tritt dem Verfahren am 30.11.2015, nachrangig, bei. Der Gläubiger A hatte zwischenzeitlich das Verfahren einstweilen eingestellt und im November 2015 die Fortsetzung beantragt. Der Versteigerungstermin wird bestimmt auf den 22.1.2016. Die Veröffentlichung im Amtsblatt erfolgt am 28.12.2015. Im Versteigerungstermin stellt der Gläubiger A das Verfahren erneut ein.

6 Der Versteigerungstermin ist aufzuheben. Die Veröffentlichung im Amtsblatt ist rechtzeitig erfolgt, § 43 Abs. 1 S. 2. Für den Gläubiger B, der momentan der einzige betreibende Gläubiger ist, ist jedoch die 6-Wochenfrist zwischen Veröffentlichung und Versteigerungstermin nicht eingehalten, § 43 Abs. 1 S. 1.

III. Zustellungsfristen (Abs. 2)
1. Beschlusszustellung

7 Der Beschluss, aufgrund dessen die Versteigerung durchgeführt wird, muss dem Schuldner mindestens vier Wochen vor dem Termin zugestellt sein. Es kann sich hierbei um einen Anordnungs-, Beitritts- oder Fortsetzungsbeschluss handeln. Wird das Verfahren von mehreren Gläubigern betrieben, muss der Beschluss zumindest für einen fristgerecht zugestellt sein.

Beispiel (alle Tage sind als Werktage zu unterstellen):
Das Versteigerungsverfahren wird von dem Gläubiger A, erstrangig, betrieben. Die Beschlagnahme wird wirksam am 2.7.2015. Der Gläubiger B tritt dem Verfahren am 4.1.2016 bei. Der Versteigerungstermin wird auf den 22.1.2016 bestimmt. Die Veröffentlichungen sind rechtzeitig erfolgt. Im Versteigerungstermin stellt der Gläubiger A das Verfahren einstweilen ein.
Der Versteigerungstermin ist aufzuheben. Der Anspruch des Gläubigers B, der momentan der einzige betreibende Gläubiger ist, kann der Versteigerung nicht zugrunde gelegt werden, da dessen Beitritt nicht vier Wochen vor dem Termin dem Schuldner und allen anderen Beteiligten zugestellt wurde, § 43 Abs. 2.

8 Hat sich ein Anwalt für einen Beteiligten bestellt, muss an diesen zugestellt werden; Zustellungen an einen gegen Art. 1 § 1 RBerG verstoßenden Bevollmächtigten (ab dem 1.7.2008 gilt das Rechtsdienstleistungsgesetz – RDG[3]) sind bis zu dessen Zurückweisung durch das Gericht wirksam (vgl. auch § 79 Abs. 3 Satz 2 ZPO); ein den Bevollmächtigten vom Verfahren ausschließender Beschluss wirkt konstitutiv und entfaltet keine Rückwirkung.[4] Für die Rechtslage nach dem

---

2 Stöber, ZVG § 43 Rdn. 3.3; Böttcher, § 43 Rdn. 2; a.A. Steiner/Teufel, § 43 Rdn. 12.
3 Rechtsdienstleistungsgesetz vom 12.12.2007, BGBl I 2840, zuletzt geändert durch Art. 142 Verordnung vom 31.8.2015, BGBl I 1474.
4 BGH, Rpfleger 2010, 531 = NJW-RR 2010, 1361.

Rechtsberatungsgesetz entspricht es höchstrichterlicher Rechtsprechung, dass Prozesshandlungen nicht ohne Weiteres unbeachtlich sind, wenn der Bevollmächtigte gegen Art. 1 § 1 RBerG verstößt.[5] Der Gesetzgeber hat ebenfalls für das seit dem 1. Juli 2008 geltende Recht eine ausdrückliche Regelung geschaffen hat, wonach nicht nach § 79 Abs. 2 ZPO zur Vertretung befugte Prozessbevollmächtigte zurückzuweisen sind, die bis dahin vorgenommenen Rechtshandlungen und Zustellungen aber wirksam bleiben (§ 79 Abs. 3 Satz 1 u. 2 ZPO). Kann eine förmliche Zustellung nicht nachgewiesen werden, gilt diese mit dem Zeitpunkt als bewirkt, in dem die Terminsbestimmung dem Beteiligten tatsächlich zugegangen ist.[6] Nur weil der Schuldner die Ladung zum Versteigerungstermin nicht erhalten hat, ist der erlassene Zuschlagsbeschluss nicht aufzuheben.[7]

2. Terminsbestimmung

Die Terminsbestimmung muss allen Beteiligten (§ 41 Abs. 1), die dem Vollstreckungsgericht bei Anberaumung des Termins bekannt waren, vier Wochen vor dem Termin zugestellt sein.[8] Diese Frist kann auch bei vorheriger Einstellung des Verfahrens nicht abgekürzt werden. 9

Wer beteiligt ist, ergibt sich nicht nur aus § 9.[9] Hierzu zählt auch derjenige, der sein angemeldetes Recht noch glaubhaft machen muss, § 41 Abs. 3.[10] Seiner Funktion nach vervollständigt § 43 Abs. 2 den § 41, soweit es um die einzuhaltende Zustellungsfrist sowie die Folgen deren Nichteinhaltung geht. Der Begriff des Beteiligten muss daher notwendigerweise identisch sein. Stellt man dagegen nur auf den Beteiligten nach § 9 ab, wird der gesetzgeberische Wille nach § 41 Abs. 3 unterlaufen. Anders als bei den Beteiligten nach § 9 würde die Zustellung durch § 43 Abs. 2 nicht sichergestellt. 10

IV. Folgen der Fristversäumung; Terminsverlegung
1. Bekanntmachungsfrist (Abs. 1)

Ist die Bekanntmachungsfrist von sechs beziehungsweise zwei Wochen nicht eingehalten, liegt ein unheilbarer Verfahrensfehler vor. Dieser Verstoß ist in jeder Lage des Verfahrens von Amts wegen zu berücksichtigen. Das Vollstreckungsgericht hat den Termin aufzuheben bzw. den Zuschlag zu versagen oder aufzuheben. Der Mangel kann auch mit der Zuschlagsbeschwerde gerügt werden, § 100. 11

Die Frist ist auch dann versäumt, wenn zwar fristgerecht zugestellt wurde, die Zustellung aber fehlerhaft oder die Terminsbestimmung fehlerhaft oder unvollständig ist (vgl. §§ 37, 38). Eine Nichtbeachtung der Bekanntmachungsfrist kann Amtshaftungsansprüche begründen.[11] 12

---

5 Vgl. BVerfG, NJW 2004, 1373, 1374.
6 OLG Celle, Rpfleger 1991, 166.
7 LG Berlin, Rpfleger 1997, 123.
8 Hierzu LG Lübeck, SchlHA 1982, 199.
9 So aber *Stöber*, ZVG § 43 Rdn. 5.2.
10 Steiner/*Teufel*, § 43 Rdn. 19; *Böttcher*, § 43 Rdn. 3; a.A. Depré/*Bachmann*, § 43 Rdn. 6; Löhnig/*Huber*, § 43 Rdn. 5.
11 Vgl. BGH, MDR 1958, 491 = WM 1958, 697.

2. Zustellung des Beschlusses und der Terminsbestimmung (Abs. 2)

13 Sind die Fristen nach Abs. 2 nicht gewahrt, ist der Termin aufzuheben bzw. der Zuschlag zu versagen oder aufzuheben, § 83 Nr. 1, § 100 Abs. 1. Die Frist ist auch dann nicht gewahrt, wenn die Terminsbestimmung unrichtige Angaben enthält (vgl. §§ 37, 38) oder nicht wirksam zugestellt wurde, §§ 3–7 ZVG i.V.m. §§ 869, 166 ff. ZPO. Eine Terminsaufhebung kann auch nicht von der Rechtskraft abhängig gemacht werden, da die Aufhebung nach § 227 Abs. 4 Satz 3 ZPO unanfechtbar ist.[12]

14 Anders als bei der Nichtbeachtung der Bekanntmachungsfrist nach Abs. 1 kann der Mangel jedoch geheilt werden, § 84 Abs. 1. Genehmigt derjenige das Verfahren, demgegenüber die Frist nicht gewahrt ist, kann der Zuschlag erteilt werden. Die Genehmigung ist eine Prozesshandlung, die auch durch den Prozessbevollmächtigten bewirkt werden kann. Sie wird wirksam mit Erklärung gegenüber dem Vollstreckungsgericht.[13] Die Erklärung kann im Versteigerungstermin protokolliert werden, dies ersetzt die öffentliche Beglaubigung nach § 84 Abs. 2, die grundsätzlich notwendig ist.

15 Wird der Verstoß nicht genehmigt, kann der Zuschlag erteilt bzw. die dagegen eingelegte sofortige Beschwerde als unbegründet zurückgewiesen werden, wenn der Betreffende durch die Zuschlagserteilung nicht beeinträchtigt wird.

16 Erkennt das Vollstreckungsgericht den Mangel nicht erst bei der Entscheidung über den Zuschlag, sondern schon vor dem Ende der Bietzeit, ist die Genehmigung des Betroffenen einzuholen. Wird die Genehmigung verweigert, ist der Termin aufzuheben. Die Fortführung des Verfahrens wäre ungesetzlich, § 43. § 84 Abs. 1 berechtigt als Ausnahmevorschrift nur dann den Zuschlag zu erteilen, wenn sich ein Mangel nach § 83 Nr. 1–5 erst bei der Entscheidung über den Zuschlag herausstellt.[14]

3. Terminsverlegung

17 Wegen der §§ 85, 29 und 30 können Beteiligte nur dann den Termin verlegen oder vertagen[15] lassen, wenn die Voraussetzungen des § 85 vorliegen. Die Bekanntmachungsfrist muss auch bei einer Vertagung des Termins eingehalten werden.[16]

18 Nach §§ 869, 227 Abs. 1 ZPO kann ein Termin aufgehoben oder verlegt werden, wenn erhebliche Gründe hierfür vorliegen. Die fehlende Anwesenheit des Schuldners im Termin ist jedenfalls kein Grund, den Versteigerungstermin zu verlegen.[17] Aus der Garantiefunktion des Art. 14 Abs. 1 Satz 1 GG kann sich im Einzelfall jedoch die Pflicht ergeben, über den Zuschlag nicht im Versteigerungstermin selbst, sondern in einem besonderen Verkündungstermin zu entscheiden. Ein im Juli/August bestimmter Termin kann nicht nach § 227 Abs. 3 ZPO verlegt werden, § 227 Abs. 3 Nr. 7 ZPO umfasst auch die Zwangsversteigerung. Erhebliche

---

12 LG Gießen, Rpfleger 2012, 399.
13 RGZ 99, 65.
14 A.A. Steiner/*Teufel*, § 43 Rdn. 26; *Stöber*, ZVG § 43 Rdn. 2.5; *Böttcher*, § 43 Rdn. 7.
15 Zum Unterschied zwischen Verlegung/Vertagung und Unterbrechung OLG Köln, Rpfleger 1984, 280.
16 OLG Celle, MDR 1954, 557 ; *Böttcher* § 43 Rdn. 2.
17 BGH, Rpfleger 2004, 434 = NJW-RR 2004, 1074 = MDR 2004, 774 = WM 2004, 901 = InVo 2004, 426 = ZfIR 2004, 1033.

Gründe zur Verlegung/Vertagung des Termins sind z.B. dann gegeben, wenn der Rechtspfleger erkrankt ist und kein Vertreter kurzfristig zur Verfügung steht, Fehlen der Akten, großer Andrang von Bietinteressenten, der Sitzungssaal ist zu klein und es steht kurzfristig kein größerer Saal zur Verfügung. Allerdings ist eine Reglementierung des Zugangs zu einem voraussichtlich **überfüllten Sitzungssaal** dahingehend, dass den durch Sicherheitsleistung ausgewiesenen potentiellen Bietern vorrangig Zugang gewährt wird, zulässig. Durch das Offenlassen der Saaltüren kann darüber hinaus, weiteren Personen die Teilnahme an der Verhandlung ermöglicht werden.[18]

---

18   LG Memmingen, Beschluss vom 20.5.2015, 44 T 510/15, Rpfleger 2015, 720.

IV. Geringstes Gebot. Versteigerungsbedingungen

§ 44 »Geringstes Gebot; Begriff«

(1) Bei der Versteigerung wird nur ein solches Gebot zugelassen, durch welches die dem Anspruche des Gläubigers vorgehenden Rechte sowie die aus dem Versteigerungserlöse zu entnehmenden Kosten des Verfahrens gedeckt werden (geringstes Gebot).

(2) Wird das Verfahren wegen mehrerer Ansprüche von verschiedenem Range betrieben, so darf der vorgehende Anspruch der Feststellung des geringsten Gebotes nur dann zugrunde gelegt werden, wenn der wegen dieses Anspruchs ergangene Beschluß dem Schuldner vier Wochen vor dem Versteigerungstermin zugestellt ist.

Übersicht

		Rdn.
I.	Allgemeines	1
II.	Geringstes Gebot	4
	1. Deckungsgrundsatz	4
	2. Inhalt des geringsten Gebots	5
III.	Einzelfragen zum geringsten Gebot	8
	1. Altenteil	9
	2. Arresthypothek	10
	3. Auflassungsvormerkung	11
	4. Baulast	12
	5. Dauerwohnrecht	13
	6. Eigentümergrundschuld	15
	7. Erbbaurecht	17
	8. Erbbauzinsreallast	20
	9. Gesamtgrundpfandrechte	24
	10. Höchstbetragshypothek	25
	11. Reallast	26
	12. Tilgungshypothek	28
	13. Umstellung wertbeständiger Rechte	29
	14. Verfügungsbeschränkungen	30
	15. Vorkaufsrecht	34
	16. Zwangssicherungshypothek	35
	17. Beitrittsgebiet	37
	a) Erbbaurecht	37
	b) Vorkaufsrecht im Beitrittsgebiet	38
	c) Hypothek	42
	d) Mitbenutzungsrecht	46
	e) Dienstbarkeit	48
IV.	Rangfragen	49
	1. Bedeutung für das geringste Gebot	49
	2. Rangfolge	54
	a) Allgemeines	54
	b) Gesetzliche Rangfolge	59
	c) Rangrücktritt	63
	d) Berücksichtigung von Kosten	66
	e) Berücksichtigung von Zinsen	70
	f) Mehrere Rechte im Rangtausch	77
	g) Rangfolge zwischen Abt. II und Abt. III mit Zwischenrecht	81
	h) Gleichrang und Rangtausch	86
	i) Zurücktreten aus Gleichrang	90
	j) Gesetzliche Rangverschiebung	95

k) Rangvorbehalt.   97
l) Weitere relative Rangverhältnisse   107
V. Mehrere betreibende Gläubiger   108
  1. Begriffsbestimmung.   108
  2. Verschiedener Rang   109
  3. Antragsrücknahme, Aufhebung oder Einstellung des Verfahrens.   111

I. Allgemeines

Der IV. Abschnitt des 2. Titels enthält die Regelungen über das geringste Gebot (§§ 44–48) und die Zwangsversteigerungsbedingungen (§§ 49–58). § 59 lässt Abweichungen von den gesetzlichen Bedingungen und vom geringsten Gebot unter bestimmten Voraussetzungen zu. Die §§ 63 und 64 regeln die Zwangsversteigerung mehrerer Grundstücke in demselben Verfahren, § 65 regelt die abgesonderte Zwangsversteigerung von Forderungen und beweglichen Sachen. Die Vorschriften über die Zwangsversteigerungsbedingungen schließen nicht die Vorschriften über das geringste Gebot in sich ein. Das hat seinen Grund darin, dass sich die Vorschriften über das geringste Gebot an das Vollstreckungsgericht wenden, dass nach diesen Regeln das geringste Gebot aufzustellen hat. Demgegenüber regeln die Zwangsversteigerungsbedingungen unter welchen Voraussetzungen sich der Eigentumswechsel zu vollziehen hat. Die gesetzlichen Zwangsversteigerungsbedingungen sind immer dann maßgebend, wenn nicht zulässigerweise hiervon abgewichen wird, § 59.   1

In § 44 kommt insbesondere der **Deckungsgrundsatz** zum Ausdruck. Im Wesentlichen bedeutet dies, dass in der Zwangsversteigerung durch den Bieter nur ein solches Gebot zugelassen wird, durch welche die dem Anspruch des bestrangig betreibenden Gläubigers **vorgehenden** (*nicht auch gleichstehenden*) Rechte sowie die aus dem Versteigerungserlös zu entnehmenden Kosten des Verfahrens gedeckt werden (geringstes Gebot, § 44 Abs. 1). Das **geringste Gebot** richtet sich damit ausschließlich nach dem Anspruch des **bestrangig betreibenden** Gläubigers (zur Rangfolge vgl. §§ 10, 11).[1] Es kann jederzeit geschehen, dass der Zuschlag auch ohne Befriedigungsaussichten des Gläubigers erteilt wird. Das wirtschaftliche Risiko der Zwangsversteigerung liegt somit eindeutig beim Gläubiger. Vielfach bemüht sich der Gläubiger selbst um Bietinteressenten und bindet sie möglicherweise durch eine Ausbietungsgarantie (hierzu → § 66 Rdn. 54). Auch kann er seine Rechte durch Ausbieten der eigenen Ansprüche oder durch Bewilligung der einstweiligen Einstellung oder Rücknahme seines Versteigerungsantrags nach Schluss der Versteigerung mit der Folge der Zuschlagsversagung (§ 33) wahren, falls ihm das Meistgebot zu niedrig ist.   2

Sondervorschriften über das geringste Gebot ergeben sich aus § 64 Abs. 2, §§ 171, 174, 176, 182 und § 9 EGZVG. Kein geringstes Gebot wird bei der Zwangsversteigerung ausländischer Schiffe festgesetzt, § 171 Abs. 4.   3

II. Geringstes Gebot

1. Deckungsgrundsatz

Der Deckungsgrundsatz (zuvor → Rdn. 2) erfordert die Feststellung desjenigen Gebotes, dass mindestens erreicht sein muss, damit der Zuschlag (abgesehen von Versagungsgründen) zulässig ist (geringstes Gebot). Für die Rechtsstellung des Erstehers hat das geringste Gebot die wichtige Bedeutung, dass gegen ihn nur   4

---

1 Zum Rangklassenprinzip: BGH, Beschluss vom 29.10.2015, V ZB 65/15, Rpfleger 2016, 238.

die darin berücksichtigten Rechte wirksam bleiben, im Übrigen aber erlöschen. Näheres und Ausnahmen siehe → § 52 Rdn. 5 ff.

2. Inhalt des geringsten Gebots

5 Nach Abs. 1 umfasst das geringste Gebot:
a) Die unter § 109 fallenden Verfahrenskosten; nicht jedoch die Kosten der Kündigung oder Rechtsverfolgung nach § 10 Abs. 2.
b) Die Kapitalbeträge der Grundpfandrechte, insbesondere **Hypotheken** und **Grundschulden, Rentenschulden** mit ihrer Ablösungssumme, sowie die sonstigen dinglichen Rechte (eingetragen in Abteilung II des Grundbuches), soweit sie dem bestrangig betreibenden Gläubiger im Range vorgehen. Zu den Grundpfandrechten gehört auch das **Eigentümerrecht** (hierzu nachfolgend → Rdn. 15, 16).
c) Zu den Werten der Rechte in Abteilung II des Grundbuches vgl. → § 51 Rdn. 15 ff. Mit dem Stammrecht bleiben auch alle Rechte an den Rechten (z.B. Belastungen, Vormerkungen, Widersprüche, Pfandrechte usw.) bestehen.
d) Die in § 10 Abs. 1 Nr. 1 (Vorschusszahlungen in der Zwangsverwaltung), Nr. 1a (Feststellungskosten in der Insolvenz), Nr. 2 (Hausgelder der WE-Gemeinschaft) und Nr. 3 (öffentliche Grundstückslasten) aufgeführten Ansprüche, soweit sie nach Maßgabe der Rangfolge des § 10 Abs. 1 dem Gläubiger vorgehen. Hinzu kommen die Kosten der dinglichen Rechtsverfolgung nach § 10 Abs. 2.
e) Laufende und rückständige Ansprüche auf wiederkehrende Leistungen aus den Rechten am Grundstück (Grundpfandrechte, Reallast) gem. § 10 Abs. 1 Nr. 4 und in der dort genannten zeitlichen Begrenzung. Einmalige Nebenleistungen nach § 12 Nr. 2 sind in jedem Falle im Bargebot des geringsten Gebots anzusetzen, da solche Beträge auch nicht auf den Ersteher übergehen. Hinzu kommen die Kosten der dinglichen Rechtsverfolgung nach § 10 Abs. 2. Auch hier können nur solche Ansprüche berücksichtigt werden, die nach Maßgabe des § 10 Abs. 1 dem Gläubiger rangmäßig vorgehen.

6 Wird die Zwangsversteigerung somit aus dem – im Grundbuch eingetragenen – erstrangigen dinglichen Recht betrieben, besteht das geringste Gebot nur aus einem bar zu zahlenden Betrag (Verfahrenskosten und eventuell Ansprüche der Rangklassen 1–3).

In allen anderen Fällen setzt sich das geringste Gebot aus zwei Elementen zusammen: (1) dem bar zu zahlenden Betrag und (2) dem oder den bestehen bleibenden Rechten, §§ 44, 52.

7 **Für Bietinteressenten besonders wichtig ist:**

Geboten wird stets nur auf den bar zu zahlenden Betrag des geringsten Gebotes. Jedes Gebot ist so zu verstehen, dass daneben die bestehen bleibenden Rechte ohne Anrechnung auf das Höchstgebot vom Ersteher übernommen werden. Die wirtschaftliche Belastung durch sein Meistgebot besteht daher aus seinem Bargebot unter Hinzurechnung des Wertes der bestehen bleibenden Rechte.[1a] Es ist eine Amtspflicht des Vollstreckungsgerichts hierüber die Bietinteressenten umfassend zu belehren.

1a Vgl. z.B. BGH, Rpfleger 2008, 515 = NJW 2008, 2442 oder zur übernommenen Grundschuld BGH Rpfleger 2003, 522 = NJW 2033, 2673.

III. Einzelfragen zum geringsten Gebot

In der Zwangsversteigerung ist zu unterscheiden, ob ein dingliches Recht bestehen bleibt oder erlischt. Geht das Recht dem bestrangig betreibenden Gläubiger im Range vor, fällt es in das geringste Gebot, bleibt am Grundstück bestehen und ist vom Ersteher zu übernehmen, § 52 ZVG. Geht das Recht dem betreibenden Gläubiger rangmäßig nach oder steht es ihm gleich, erlischt es mit dem Zuschlag und ist aus dem Versteigerungserlös, soweit dieser hierzu ausreicht, zu befriedigen, § 91 Abs. 1, § 92. Ist ein Anfechtungsgegner verurteilt worden, von seinem Recht an einem Grundstück gegenüber einem nachrangigen Grundpfandgläubiger keinen Gebrauch zu machen, kann dieser in der Zwangsversteigerung verlangen, dass das ihm vorgehende Recht abweichend von § 44 Abs. 1 nicht in das geringste Gebot aufgenommen wird. Einer Zustimmung des Anfechtungsgegners bedarf es nicht.[2] Zu Besonderheiten im geringsten Gebot, wenn dingliche Rechte bestehen bleiben:

1. Altenteil

Das Altenteil (Leibgeding, Leibzucht) ist kein eigenständiges dingliches Recht. Der Begriff Altenteil wird in verschiedenen gesetzlichen Vorschriften verwendet, Art. 96 EGBGB, § 49 GBO, § 9 EGZVG. Es ist ein Sammelbegriff von Nutzungen und Leistungen, die aus und auf dem Grundstück zu gewähren sind. Das Altenteil ist allgemein langfristig, meistens lebenslänglich bestellt und dient der persönlichen Versorgung des Berechtigten.[3] Die einzelnen Nutzungen und Leistungen, die den Inhalt des Altenteils darstellen, können nur aus dem Kreis des Numerus clausus des Sachenrechtes kommen, d.h.: **beschränkte persönliche Dienstbarkeit, Reallast** oder **Nießbrauchsrecht**. § 49 GBO gestattet die Eintragung unter der Sammelbezeichnung Altenteil, um eine Einzelabsicherung dieser Rechte im Grundbuch zu vermeiden. Bei einem Altenteil kann nicht ohne Weiteres von dem Bestehenbleiben oder Erlöschen des Rechtes ausgegangen werden. Nach § 9 EGZVG kann durch Landesrecht bestimmt werden, dass das Altenteil abweichend von den gesetzlichen Versteigerungsbedingungen auch dann bestehen bleibt, wenn es grundsätzlich nicht in das geringste Gebot fällt und somit erlöschen würde. Wird allerdings die Zwangsversteigerung des Grundstücks angeordnet und danach vom Eigentümer ein Altenteil bewilligt und zeitlich hinter dem Zwangsversteigerungsvermerk im Grundbuch eingetragen, ist es dem betreibenden Gläubiger gegenüber unwirksam und erlischt mit dem Zuschlag, § 9 Abs. 1 EGZVG i.V.m. dem Landesrecht findet in diesem Fall keine Anwendung.[4] Näheres bei § 9 EGZVG.

---

2   BGH, Beschluss vom 12.9.2013, V ZB 195/12, Rpfleger 2014, 96 = NJW-RR 2014, 81.
3   RGZ 162, 57; BGH, NJW-RR 1989, 451; *Schöner/Stöber*, Rdn. 1320 ff.; zum Inhalt des Altenteils vgl. auch BGH, Rpfleger 2007, 614 = NJW-RR 2007, 1390; BGH, NJW 2003, 1325 = ZEV 2003, 210 = MDR 2003, 348 = WM 2003, 1483 = NotBZ 2003, 117 = ZNotP 2003, 223; BGH, Rpfleger 1994, 347 = NJW 1994, 1158 = ZEV 1994, 166 = FamRZ 1994, 626 = MDR 1994, 478 = WM 1994, 1134; BayObLG, Rpfleger 1993, 443.
4   OLG Hamm, Rpfleger 2001, 254.

2. Arresthypothek

10 Die **Arresthypothek** ist eine Sicherungshöchstbetragshypothek, § 932 Abs. 1 ZPO, § 1190 BGB. Zinsen können aus der Arresthypothek nicht beansprucht werden, da diese bereits in den Höchstbetrag eingerechnet sind. Kosten der dinglichen Rechtsverfolgung können daneben angemeldet werden, § 10 Abs. 2.

3. Auflassungsvormerkung

11 Die Auflassungsvormerkung ist in der Praxis die häufigste im Grundbuch eingetragene Vormerkung (hierzu § 48). Sie sichert den Anspruch des Käufers auf Auflassung (sofern diese nicht bereits vorliegt) und Eigentumsumschreibung des Grundstücks. Verfügungen, die zeitlich und rangmäßig nach der Auflassungsvormerkung im Grundbuch eingetragen werden, sind dem Berechtigten der Vormerkung gegenüber unwirksam. Er kann die Beseitigung dieser Verfügungen verlangen, § 888 BGB. Der Vorrang gilt auch bei einem eingetragenen **Wirksamkeitsvermerk**. Der BGH[5] hat hierzu grundsätzlich entschieden, dass die Eintragung eines Vermerks in das Grundbuch statthaft ist, aus dem sich ergibt, dass das Grundpfandrecht gegenüber der rangbesseren Auflassungsvormerkung des Käufers wirksam ist; der Vermerk ist sowohl bei der Auflassungsvormerkung als auch bei dem Grundpfandrecht einzutragen.

Da die Auflassungsvormerkung wie das Vollrecht behandelt wird, § 48, ist sie, wenn sie nach den Versteigerungsbedingungen bestehen bleibt, so zu berücksichtigen, als wenn der Berechtigte der Vormerkung bereits im Grundbuch als Eigentümer eingetragen wäre. Gleichzeitig ist dann für die Vormerkung nach § 51 Abs. 2 ein Zuzahlungsbetrag festzusetzen. Der festzusetzende Wert kommt regelmäßig dem Wert des Grundstücks gleich.[6] Überwiegend wird sie daher ein echtes (= praktisches) Versteigerungshindernis darstellen, da regelmäßig kein Bieter dieses Grundstück ersteigern wird (evtl. der Vormerkungsberechtigte selbst). Der Ersteher läuft jederzeit Gefahr, das Grundstück an den Vormerkungsberechtigten wieder herausgeben zu müssen. Eine Vormerkung zur Sicherung des **Rückübereignungsanspruchs** aus einem Rückkaufsrecht des Verkäufers eines Grundstücks kann nach Erlöschen dieses Anspruchs mangels Anspruchskongruenz nicht mit einem Rückübereignungsanspruch des Verkäufers aus einem weiteren Kaufvertrag mit einem Dritten „aufgeladen" werden. Ergibt sich das klar und eindeutig aus den zu den Grundakten gereichten öffentlichen Urkunden, ist die Vormerkung im geringsten Gebot nicht zu berücksichtigen, auch wenn sie im Grundbuch noch nicht gelöscht ist.[7] Ist die Vormerkung im geringsten Gebot zu berücksichtigen, bleibt auch eine Pfändung des Anspruchs auf Rückübereignung des Grundstücks bestehen, die Pfändung erlischt nicht durch den Zuschlag, auch wenn sie nach der Eintragung des Rechts erfolgt, aus dem die Zwangsversteigerung betrieben wird.[8]

Vollstreckt die Wohnungseigentümergemeinschaft nach § 10 Abs. 3 wegen zulässiger Ansprüche aus der Rangklasse 2 nach § 10 Abs. 1 und wurde bereits zeit-

---

5   NJW 1999, 2275 = Rpfleger 1999, 383 = BGHZ 141, 169; ebenso: OLG Düsseldorf, NJW-RR 2001, 70 = Rpfleger 2000, 568; OLG Köln, RNotZ 2001, 243; BayObLG, Rpfleger 2001, 459 = MittBayNot 2001, 414; OLG Schleswig, Rpfleger 2002, 226.
6   BGH, Beschluss vom 10.5.2012, V ZB 156/11, Rpfleger 2012, 558.
7   BGH, Beschluss vom 10.5.2012, V ZB 156/11, Rpfleger 2012, 558.
8   BGH, Beschluss vom 10.5.2012, V ZB 156/11, Rpfleger 2012, 558.

lich davor zugunsten eines Erwerbers eine Auflassungsvormerkung im Grundbuch eingetragen, stellt sich die Frage nach der Rechtsfolge für die Auflassungsvormerkung. Da die Auflassungsvormerkung wie ein Vollrecht behandelt wird, § 48 und sie somit jedem anderen dinglichen Recht gleichgesetzt ist, muss sie nach den Versteigerungsbedingungen erlöschen.[9] Mit Eintragung der Auflassungsvormerkung wird der Erwerber geschützt. Nach § 883 Abs. 2 BGB gilt: Eine Verfügung, die nach der Eintragung der Vormerkung über das Grundstück oder das Recht getroffen wird, ist insoweit unwirksam, als sie den Anspruch vereiteln oder beeinträchtigen würde. Dies gilt auch, wenn die Verfügung im Wege der Zwangsvollstreckung oder der Arrestvollziehung oder durch den Insolvenzverwalter erfolgt. Mit Anordnung der Zwangsversteigerung erlangt der Gläubiger die Beschlagnahme. Diese hat die Wirkung eines Veräußerungsverbots, § 23 ZVG. Nach § 135 BGB gilt auch hier: Verstößt die Verfügung über einen Gegenstand gegen ein gesetzliches Veräußerungsverbot, das nur den Schutz bestimmter Personen bezweckt, so ist sie nur diesen Personen gegenüber unwirksam. Der rechtsgeschäftlichen Verfügung steht eine Verfügung gleich, die im Wege der Zwangsvollstreckung oder der Arrestvollziehung erfolgt. Die Frage, ob die Anordnung der Zwangsversteigerung eine der Vormerkung gegenüber unwirksame Verfügung im Wege der Zwangsvollstreckung ist, entschied der BGH dahingehend, dass eine (Auflassungs-)Vormerkung im Zwangsversteigerungsverfahren wie ein Recht der Rangklasse 4 des § 10 Abs. 1 zu behandeln ist. Ansprüche der Wohnungseigentümergemeinschaft, die die Zwangsversteigerung aus der Rangklasse 2 des § 10 Abs. 1 betreibt, sind gegenüber einer Auflassungsvormerkung stets vorrangig. Diese ist nicht im geringsten Gebot zu berücksichtigen und erlischt mit dem Zuschlag; erwirbt der Vormerkungsberechtigte nach der Beschlagnahme das Eigentum, ist das Verfahren fortzusetzen und nicht gemäß § 28 Abs. 1 Satz 1 einzustellen.[10] Beim Erwerb eines Wohnungs- oder Teileigentums sollte der Erwerber daher darauf achten und sich bestätigen lassen, dass keine Hausgeldrückstände bestehen.

4. Baulast

Die öffentliche **Baulast** ist kein Recht am Grundstück, sie ist ein eigenständiges Rechtsinstitut des Landesrechts. Die öffentliche Baulast erlischt nicht durch Zuschlag in der Zwangsversteigerung.[11] Sie kann daher auch nicht in der Rangklasse 3 als bevorrechtigte Forderung angemeldet werden.[12]

12

5. Dauerwohnrecht

Als Inhalt eines Dauerwohnrechts oder Dauernutzungsrechts kann nach § 39 Abs. 1 WEG vereinbart werden, dass es auch dann bestehen bleiben soll, wenn der

13

---

9 So auch *Stöber*, ZVG § 10 Rdn. 16.8; *Schneider*, ZMR 2009, 165; die gegenteilige Auffassung von *Kesseler*, NJW 2009, 121 ist abzulehnen; hierzu auch *Fabis*, ZfIR 2010, 354.
10 BGH, Beschluss vom 9.5.2014, V ZB 123/13, Rpfleger 2014, 613; zu Hausgeldanprüchen und deren Rechtsfolgen *Schneider*, ZMR 2014, 185.
11 BVerwG, Rpfleger 1993, 208; OVG Hamburg, Rpfleger 1993, 209; OVG Münster, NJW 1994, 3370 LS. und NJW 1996, 1362; kritisch Depré/*Bachmann*, § 44 Rdn. 61, der die Baulast nur dann bestehen lassen will, wenn der Inhaber der bei Bestellung der Baulast bereits vorhandenen Rechte zustimmen.
12 *Böttcher*, § 10 Rdn. 43 m.w.N.

Gläubiger aus einem vorrangigen Recht die Zwangsversteigerung betreibt. Diese Vereinbarung ist jedoch nur dann wirksam, wenn derjenige, dem ein solches dingliches Recht zusteht, dieser Vereinbarung zustimmt (§ 39 Abs. 2 WEG) und wenn der Dauerwohnberechtigte im Zeitpunkt der Feststellung der Versteigerungsbedingungen (§ 66 Abs. 1) seine fälligen Zahlungsverpflichtungen gegenüber dem Eigentümer erfüllt hat, wobei Nichterfüllung völlig unerheblicher Teilbeträge ohne Einfluss ist. Ferner kann vereinbart werden, dass das Fortbestehen des Dauerwohnrechts vom Vorliegen weiterer Voraussetzungen abhängig ist, § 39 Abs. 3 WEG. Liegt die Zustimmung der Berechtigten aus vorgehenden Hypotheken, Grundschulden, Rentenschulden und Reallasten vor, so ist dies bei diesen Rechten zu vermerken.[13] Aber auch ohne diese Zustimmung kann die Vereinbarung als Inhalt des Dauerwohnrechts im Grundbuch eingetragen werden. Im Interesse der Klarheit des Grundbuches ist es sachdienlich, das Fehlen der Zustimmung der vorgehenden berechtigten im Grundbuch zu vermerken.[14]

14 § 39 WEG hat keine größere praktische Bedeutung erlangt. Bleibt ein Dauerwohnrecht nach den Versteigerungsbedingungen bestehen, ist dies faktisch gesehen ein Hindernis, da es hierfür kaum Bietinteressenten geben wird. Dem Berechtigten des Dauerwohnrechts kann § 39 WEG nur einen beschränkten Schutz bieten, denn beim Betreiben der Zwangsversteigerung aus Ansprüchen der Rangklassen 1–3 nach § 10 Abs. 1 kommt das Dauerwohnrecht zum Erlöschen; der Berechtigte kann sein Recht nur durch Ablösung retten, § 268 BGB. Die Fassung des § 39 WEG hat – völlig systemwidrig – zur Folge, dass dem Vollstreckungsgericht die Entscheidung schuldrechtlicher Streitigkeiten aufgebürdet wird.[15]

6. Eigentümergrundschuld

15 Der Eigentümer selbst kann aus einer Eigentümergrundschuld keine Zinsen in der Zwangsversteigerung verlangen, § 1197 Abs. 2 BGB. Der Eigentümer kann jedoch sein Recht nebst Zinsen mit rückwirkendem Beginn abtreten.[16] Der Zessionar einer solchen Grundschuld kann daher zum Zwangsversteigerungsverfahren auch Zinsen seit Eintragung des Rechtes anmelden, sofern ihm diese mit abgetreten wurden.

16 Hat ein Gläubiger die Eigentümergrundschuld wirksam gepfändet und sich den Anspruch überweisen lassen, ist er berechtigt, die Zwangsversteigerung oder Zwangsverwaltung in das Grundstück zu betreiben. Die Zwangsvollstreckungsbeschränkung nach § 1197 Abs. 1 BGB gilt dem Pfändungsgläubiger gegenüber nicht.[17] Auch die **Zinsbeschränkung** des Eigentümers als Gläubiger der Grundschuld **gilt nicht** gegenüber dem Pfändungsgläubiger.[18] Gleiches dürfte im Falle der Insolvenz für den Insolvenzverwalter gelten. Für die Vollstreckung aus dem

---

13 LG Hildesheim, Rpfleger 1966, 116.
14 OLG Schleswig, SchlHA 1962, 146.
15 So auch *Stöber*, ZVG § 44 Rdn. 5.29 (e).
16 BGH, NJW 1986, 314 = Rpfleger 1986, 9; BayObLG, Rpfleger 1987, 364; OLG Celle, Rpfleger 1989, 323 = NJW-RR 1989, 1244; OLG Düsseldorf, Rpfleger 1989, 498 = NJW-RR 1990, 22.
17 BGH, NJW 1988, 1026 = Rpfleger 1988, 181; *Böttcher*, §§ 44, 45 Rdn. 62; Münch-Komm/*Eickmann*, BGB § 1197 Rdn. 6; Musielak/Voit/*Becker*, § 857 Rdn. 17 a.E.
18 MünchKomm/*Eickmann*, BGB § 1197 Rdn. 7; Palandt/*Bassenge*, § 1197 Rdn. 3, Löhnig/*Siwonia*, § 44 Rdn. 19; a.A.: Musielak/Voit/*Becker*, § 857 Rdn. 17 a.E.; *Stöber*, ZVG § 44 Rdn. 5.4.

Rang der Grundschuld benötigt der Gläubiger einen **Duldungstitel**, den er entweder klageweise erstreitet, oder, falls bereits eine Unterwerfungserklärung gem. § 794 Abs. 1 Nr. 5 ZPO vorliegt, ist die Klausel umzuschreiben.[19]

7. Erbbaurecht

Das Erbbaurecht steht rechtlich und wirtschaftlich dem Eigentum sehr nahe. Dem Erbbauberechtigten steht das veräußerliche und vererbliche Recht zu, auf oder unter der Oberfläche des Grundstückes ein Bauwerk zu errichten oder zu haben, § 1 Abs. 1 ErbbauRG. Auf das Erbbaurecht finden die sich auf Grundstücke beziehenden Vorschriften entsprechende Anwendung, § 11 Abs. 1 S. 1 ErbbauRG. Für das Erbbaurecht ist von Amts wegen ein besonderes Grundbuchblatt (Erbbaugrundbuch) anzulegen. Das Erbbaurecht kann wie das Grundstück selbstständig beliehen werden, auch Zwangsvollstreckungsmaßnahmen in das Erbbaurecht sind zulässig. Auch die erstmalige Begründung eines **Eigentümererbbaurechts** ist zulässig.[20] Für die Vollstreckung ergeben sich hier keine Unterschiede zum „Fremd"-Erbbaurecht. Die Bestellung eines **Gesamterbbaurechts** wird für zulässig angesehen, § 6a Abs. 1 GBO, sofern die zu belastenden Grundstücke unmittelbar aneinander grenzen oder zumindest nahe beieinander liegen, § 6a Abs. 1, § 5 Abs. 2 GBO.[21] Vollstreckungsrechtlich ergeben sich auch hier keine Probleme, da für ein Gesamterbbaurecht nur ein Erbbaugrundbuch angelegt werden kann. Belastungen bzw. Vollstreckungen können daher auch nur einheitlich in dieses Gesamterbbaurecht erfolgen. Auch die Begründung eines **Untererbbaurechtes** alleine wird nach h. M. für zulässig erachtet.[22] Für dieses Untererbbaurecht ist ein besonderes Unter-Erbbaurechtsgrundbuch anzulegen. Auch auf dieses Untererbbaurecht finden die Vorschriften über Grundstücke entsprechende Anwendung. Beleihungen bzw. Vollstreckungen erfolgen wie beim Erbbaurecht. Allerdings soll hier eine Verfügungsbeschränkung nicht vereinbart werden können.[23] Die Begründung eines Untererbbaurechts an einem anderen Erbbaurecht ist jedoch nicht im Grundbuch einzutragen, § 6a Abs. 2 GBO. 17

Das Erbbaurecht kann nach § 10 Abs. 1 ErbbauRG nur an **1. Rangstelle** bestellt werden. Dadurch wird mit Rücksicht auf den Realkredit (Belastungen des Erbbaurechts) weitgehend das Bestehenbleiben des Erbbaurechts garantiert, wenn das damit belastete Grundstück zur Zwangsversteigerung kommt. Die Voraussetzung des § 10 Abs. 1 ErbbauRG (1. Rangstelle) ist dann nicht gegeben, wenn zwei Erbbaurechte gleichrangig an 1. Rangstelle bestellt werden.[24] Die Nichtigkeit infolge nachrangiger Eintragung des Erbbaurechts kann nicht durch Rangänderungsvermerke, sondern nur durch Löschung und Neueintragung beseitigt werden.[25] Bei Bestellung des Erbbaurechts durch den befreiten Vorerben steht der voreingetragene Nacherbenvermerk dem Erfordernis der 1. Rangstelle nicht entgegen[26], da ein 18

---

19 OLG Frankfurt, NJW 1983, 2266.
20 BGH, NJW 1982, 2381 = Rpfleger 1982, 143.
21 BGH, Rpfleger 1976, 126; *Schöner/Stöber*, Rdn. 1695; Palandt/*Bassenge*, ErbbauRG § 1 Rdn. 10.
22 BGH, Rpfleger 1974, 219; Palandt/*Bassenge*, ErbbauRG § 1 Rdn. 10; *Schöner/Stöber*, Rdn. 1701.
23 LG Augsburg, MittBayNot 1995, 211.
24 OLG Frankfurt, DNotZ 1967, 688.
25 OLG Hamm, NJW 1976, 2023 = Rpfleger 1976, 131 = MDR 1976, 499.
26 OLG Hamburg, DNotZ 1967, 373; OLG Hamm, Rpfleger 1989, 232.

materielles Rangverhältnis zwischen dem Erbbaurecht und der im Nacherbenvermerk verlautbarten Verfügungsbeschränkung nicht besteht.[27] Auch wenn die Zwangsversteigerung aus Ansprüchen der Rangklassen Nr. 1–3 des § 10 Abs. 1 betrieben wird und das Erbbaurecht somit nicht im geringsten Gebot zu berücksichtigen ist, bleibt es kraft Gesetzes nach § 25 ErbbauRG bestehen. Ein zu Unrecht gelöschtes Erbbaurecht kann nach gutgläubigem Erwerb von Grundpfandrechten Dritter auch an anderer als an 1. Rangstelle wieder in das Grundbuch eingetragen werden.[28] Wird sodann die Zwangsversteigerung des Grundstücks aus einem dieser gutgläubig erworbenen Rechte betrieben, die dem Erbbaurecht im Range vorgehen, sind die §§ 12, 25 ErbbauRG nicht anwendbar.

19   Erbbaurechte alten Rechts (begründet vor dem 22.1.1919) folgen den allgemeinen Regeln anderer dinglicher Rechte. Erlöschen sie, so tritt an ihre Stelle der Anspruch auf Wertersatz, § 92 Abs. 2.

8. Erbbauzinsreallast

20   Mit Inkrafttreten des SachRÄndG zum 1.10.1994 (BGBl I 2457) wurde § 9 Abs. 2 ErbbauRG dahin gehend geändert, dass von der starren zahlen- und ziffernmäßigen Festlegung des Erbbauzinses für die gesamte Erbbaurechtsdauer abgewichen werden konnte. Zum Inhalt der Erbbauzinsreallast konnte eine echte, automatisch wirkende Wertsicherung gemacht werden.[29] Die spätere Erhöhung des Erbbauzinses aufgrund der Wertsicherung teilt den Rang der eingetragenen Erbbauzinsreallast[30], damit erübrigte sich die Eintragung einer Vormerkung auf Erhöhung des Erbbauzinses.[31] Wird diese Vereinbarung nachträglich getroffen, müssen alle Inhaber dinglicher Rechte am Erbbaurecht zustimmen.[32] Durch das EuroEG vom 9.6.1998 (BGBl I 1242) wurde § 9 Abs. 2 ErbbauRG erneut geändert; dort wird jetzt nur noch festgestellt, dass Berechtigter der jeweilige Eigentümer des Grundstücks sein kann (bisher bereits § 9 Abs. 2 S. 2 ErbbauRG). Ein dinglich wirkender Anpassungsanspruch ist damit entfallen. Die vor dem 9.6.1998 bestellten Rechte mit Werterhöhungsvereinbarung bleiben wirksam.[33] Eine Werterhöhung kann nunmehr über § 9 Abs. 1 ErbbauRG wie bei der Reallast zum Inhalt der Erbbauzinsreallast gemacht werden.

21   In vielen Fällen in der Vergangenheit konnte das Erbbaurecht ohne die verpflichtende Erbbauzinsreallast erworben werden. Vielfach verlangten Grundpfandrechtsgläubiger bei der Beleihung des Erbbaurechts den Rangrücktritt der Erbbauzinsreallast. Wird das Zwangsversteigerungsverfahren aus einem der Erbbauzinsreallast vorgehenden Grundpfandrecht betrieben, erlischt es nach den Versteigerungsbedingungen, §§ 44, 45, 52, 91. Wird nunmehr eine sog. Bestehenbleiben-Vereinbarung getroffen, § 9 Abs. 3 Nr. 1 ErbbauRG, bleibt das Recht auch außerhalb des geringsten Gebotes bestehen (vgl. hierzu auch die landesrechtlichen Besonderheiten beim Altenteil, → § 9 EGZVG Rdn. 4 ff.). Wird die Vereinbarung

---

27   RGZ 135, 384.
28   BGHZ 51, 50 = NJW 1969, 93 = Rpfleger 1969, 13.
29   BayObLG, Rpfleger 1997, 18 m. Anm. *Streuer*; BayObLG, Rpfleger 1996, 506.
30   Nach *Mohrbutter/Mohrbutter*, ZIP 1995, 806 muss die Erhöhung durch Einigung und Eintragung im Grundbuch als Änderung bei der Erbbauzinsreallast gesichert werden, da sie ansonsten nicht wirksam wird.
31   Vgl. *Eickmann*, Sachenrechtsbereinigung, § 9 ErbbauRG Rdn. 7.
32   Vgl. im Einzelnen *Klawikowski*, Rpfleger 1995, 145.
33   Palandt/*Bassenge*, ErbbauRG § 9 Rdn. 9,11.

nachträglich getroffen, müssen wiederum sämtliche Rechtsinhaber am Erbbaurecht zustimmen.[34] Gleichzeitig wurde in Ergänzung zur ErbbauRG auch § 52 Abs. 2 geändert und angepasst. Ab dem Zuschlag muss der Ersteher den Erbbauzins zahlen, § 56 S. 2. Die Vereinbarung bezieht sich aber nur auf das **Stammrecht** als solches (vgl. § 9 Abs. 3 Nr. 1 ErbbauRG „... mit ihrem Hauptanspruch ..."). Die aus der Erbbauzinsreallast geschuldeten laufenden und rückständigen Leistungen sind vom schuldnerischen Erbbauberechtigten zu zahlen und somit nach wie vor in den bar zu zahlenden Teil des geringsten Gebotes aufzunehmen; hierbei bleibt die alte Rangstelle erhalten.[35]

Auch tritt kein Erlöschen der Erbbauzinsreallast ein, wenn das Verfahren aus 22 der (neuen) Rangklasse 2 von § 10 Abs. 1 betrieben wird (Hausgelder der WE-Gemeinschaft), § 9 Abs. 3 Nr. 1 ErbbauRG wurde insoweit erweitert (zur WEG-Novelle → § 10 Rdn. 19 ff.)[36].

Das Erlöschen der Erbbauzinsreallast tritt jedoch dann ein, wenn aus der 23 Rangklasse 3 nach § 10 Abs. 1 das Verfahren betrieben wird. Hier bleibt dem Berechtigten der Erbbauzinsreallast nur die Möglichkeit der Ablösung des betreibenden Gläubigers, § 268 BGB.[37]

9. Gesamtgrundpfandrechte

Bleiben Gesamtgrundpfandrechte nach den Versteigerungsbedingungen bestehen, 24 sind sie mit dem vollen Betrag in das geringste Gebot einzustellen, § 1132 Abs. 2 BGB. Das gilt auch bei der Zwangsversteigerung sämtlicher mit dem Gesamtrecht belasteten Grundstücke. Mit Rücksicht auf eine mögliche Zuzahlungspflicht des Erstehers nach § 50 Abs. 2 Nr. 2 ist im Zwangsversteigerungstermin auf die Tatsache der Gesamtbelastung und die möglicherweise eintretende Zuzahlungspflicht besonders hinzuweisen. Unter den Voraussetzungen nach § 64 kann eine Verteilung des Gesamtgrundpfandrechts erfolgen (hierzu § 64).

10. Höchstbetragshypothek

Bei Bestellung einer **Höchstbetragshypothek** steht der Haftungsrahmen des 25 Grundstückes fest, im Übrigen bleibt die Feststellung der Forderung jedoch vorbehalten, § 1190 Abs. 1 BGB. Bis zur Feststellung der Forderung handelt es sich um eine auflösend bedingte Eigentümergrundschuld. Kosten der dinglichen Rechtsverfolgung nach § 10 Abs. 2 fallen nicht in den Höchstbetrag und können neben dem Recht geltend gemacht werden.

11. Reallast

Die Reallast gibt dem Berechtigten das Recht, wiederkehrende Leistungen aus 26 dem Grundstück zu verlangen, §§ 1105 ff. BGB. Eine Vereinbarung in Abweichung der Rangfolge nach § 12, dass im Falle der Zwangsversteigerung aus der Reallast das Stammrecht in das geringste Gebot aufzunehmen sei, ist nicht möglich. Die Beteiligten können nicht ein materielles Rangverhältnis zwischen mehreren Teilen der Reallastberechtigung in der Weise begründen, dass bei Vollstreckung

---

34 Hierzu insgesamt *Bräuer*, Rpfleger 2004, 401.
35 Vgl. *Mohrbutter/Mohrbutter*, ZIP 1995, 806.
36 Hierzu auch *Schneider*, ZfIR 2007, 168.
37 Vgl. Meikel/*Böttcher*, Einl. B Rdn. 472; Palandt/*Bassenge*, ErbbauRG § 9 Rdn. 15; auch *Mohrbutter/Mohrbutter*, ZIP 1995, 806.

fälliger Einzelleistungen in das haftende Grundstück das Stammrecht als dem Anspruch des Gläubigers vorgehend nach § 44 in das geringste Gebot aufgenommen werden kann.[38]

27 Ist die Reallast zugunsten des jeweiligen Eigentümers eines anderen Grundstückes (subjektiv-dingliche Reallast) bestellt worden, gehört sie zum wesentlichen Bestandteil dieses herrschenden Grundstückes, ist somit nicht übertragbar und auch nicht pfändbar, § 1105 Abs. 2 BGB, § 851 Abs. 1 ZPO. Steht das Recht dem Schuldner jedoch persönlich zu (subjektiv-persönliche Reallast), kann es von einem Gläubiger gepfändet werden, sofern die Einzelleistungen aus dem Recht selbst übertragbar sind bzw. nicht höchstpersönlich sind (wie z.B. Pflegeverpflichtung, Beköstigung). Die Pfändung erfolgt nach den Vorschriften über die Zwangsvollstreckung, die für die Hypothek gelten, § 857 Abs. 6, § 830 ZPO. Zur Wirksamkeit der Pfändung ist daher in Bezug auf künftige Einzelleistungen die Eintragung im Grundbuch erforderlich, § 830 Abs. 1 S. 3 ZPO. Die Pfändung rückständiger Einzelleistungen wird wirksam mit Zustellung an den Eigentümer als Drittschuldner, § 830 Abs. 3, § 829 Abs. 3 ZPO. Der Gläubiger hat nach der Pfändung die Wahl der Überweisung zur Einziehung oder an Zahlung statt. Bei der Überweisung an Zahlung statt ist bei den zukünftigen Einzelleistungen zur Wirksamkeit die Eintragung im Grundbuch erforderlich, § 837 Abs. 1 S. 2 ZPO. Im Übrigen wird die Überweisung zur Einziehung wirksam mit Zustellung an den Eigentümer als Drittschuldner, § 837 Abs. 2, §§ 835, 829 Abs. 3 ZPO.[39] Wegen der rückständigen Einzelleistungen hat der Gläubiger auch das Recht, im Range der Reallast die Zwangsversteigerung des Grundstückes zu betreiben, hierzu bedarf er jedoch eines Duldungstitels.[40]

12. Tilgungshypothek

28 Bei einer **Tilgungshypothek** sind in den zu berücksichtigenden wiederkehrenden Leistungen Zinsen und Tilgungsbeträge enthalten. Durch Zahlung aus dem Erlös erlischt die Hypothek in Höhe der Tilgungsanteile, die sich der Höhe nach aus den wiederkehrenden Leistungen ergeben. Vom Stammbetrag sind daher die Tilgungsbeträge abzuziehen. Bei dem zu berücksichtigenden Kapitalbetrag sind daher diese Tilgungsanteile nicht mehr aufzunehmen, § 1181 Abs. 1 BGB.[41] Es entsteht keine Eigentümergrundschuld.

Beispiel (alle Tage sind als Werktage zu unterstellen):
Im Grundbuch ist eine Tilgungshypothek eingetragen über 100.000,– € mit 12 v.H. Jahresleistungen (kalenderjährlich nachträglich fällig), hierin enthalten sind 6 v.H. Jahreszinsen, das Recht ist mit 6 v.H. jährlich zu tilgen zzgl. der durch die Zinsen ersparten weiteren Beträge.

Beschlagnahme des Grundstücks:	1.2.2014
Versteigerungstermin:	17.12.2015
Voraussichtlicher Verteilungstermin:	1.2. 2016

---

38 OLG Hamm, Rpfleger 2003, 24 = FGPrax 2002, 201 = ZfIR 2002, 994 = ZNotP 2003, 31 = RNotZ 2002, 576. LG Münster, Rpfleger 2002, 435 = InVo 2002, 254.
39 Vgl. *Hintzen*, JurBüro 1991, 755, 761, 762.
40 *Stöber*, ZVG § 15 Rdn. 9.1; *Hintzen/Wolf*, Rdn. 6.394.
41 *Stöber*, § 114 Rdn. 5.14e; Steiner/*Teufel*, § 114 Rdn. 58.

Zum Versteigerungstermin meldet der Gläubiger an:
- 12 v.H. Leistungen ab 1.1.2010
- das Restkapital per 1.1.2010 beträgt noch 94.000,– €

Berechnung:
12 v.H. Leistungen von 100.000,– €
ab 1.1.2010 bis 31.12.2015 (§ 47 ZVG)   72.000,– €
davon sind Zinsen 6% aus 94.000,– €
ab 1.1.2010 bis 31.12.2015 (§ 47 ZVG)   33.840,– €
der Restbetrag ist Tilgungsanteil   38.160,– €

Aufnahme im geringsten Gebot:
- Bestehen bleibendes Recht mit   61.840,– €
- bar zu zahlender Teil mit
a. laufende Zinsen v. 1.1.2013 bis 31.12.2015
b. rückst. Zinsen v. 1.1.2011 bis 31.12.2012   zus. 28.200,– €
c. Tilgungsanteil   38.160,– €
d. 6% vom Tilgungsbetrag vom Zuschlag (§ 47 ZVG)
bis 1 Tag vor Verteilungstermin[42]   190,80 €   66.550,80 €

Die älteren Zinsen für 2010 erhält der Gläubiger aufgrund der Anmeldung in Rangklasse 8.

13. Umstellung wertbeständiger Rechte

Aus einer Hypothek, Grundschuld oder Rentenschuld, die vor dem 1.1.1976 in der Weise bestellt wurde, dass die Höhe der aus dem Grundstück zu zahlenden Geldsumme durch den amtlich festgestellten oder festgesetzten Preis einer bestimmten Menge von Roggen, Weizen oder einer bestimmten Menge sonstiger Waren oder Leistungen oder durch den Gegenwert einer bestimmten Geldsumme in ausländischer Währung bestimmt wird (wertbeständiges Recht), kann nunmehr nur noch die Zahlung eines festzulegenden Geldbetrages verlangt werden, § 1 GBBerG (v. 20.12.1994, BGBl I 2182 – zuletzt geändert durch Art. 41 des Gesetzes v. 17.12.2008, BGBl I 2586). Die Umstellungspreise für Feingold und die Roggen- und Weizenpreise sind in § 2 GBBerG festgelegt. Durch § 3 GBBerG war der Gesetzgeber ermächtigt worden, für sonstige Waren oder Leistungen durch Rechtsverordnung Mittelwerte festzulegen. Hiervon wurde mit der SachenR-DV (v. 20.12.1994, BGBl I 3900) Gebrauch gemacht, die Mittelwerte und Marktpreise bei sonstigen wertbeständigen Grundpfandrechten sind in § 12 SachenR-DV festgehalten.

14. Verfügungsbeschränkungen

Verfügungsbeschränkungen (z.B. Nacherbenvermerk, Testamentsvollstreckervermerk, Vermerk über die Nachlassverwaltung, Insolvenzvermerk usw.) werden nicht in das geringste Gebot aufgenommen.[43] Wegen der Löschung dieser Vermerke siehe → § 130 Rdn. 32 ff.

---

42 *Böttcher,* §§ 44, 45 Rdn. 72 unter Hinweis auf BGH, 67, 291.
43 *Böttcher,* § 44, 45 Rdn. 52; zum Nacherbenvermerk siehe BGH, Rpfleger 2000, 403 = NJW 2000, 3358; OLG Hamm, NJW 1969, 516 = Rpfleger 1968, 403.

31   Am 1.10.1993 ist das Gesetz zur Aufhebung des Reichsheimstättengesetzes (BGBl I 912) in Kraft getreten. Im Beitrittsgebiet waren die **Reichsheimstätten** bereits am 1.1.1976 in persönliches Eigentum überführt worden (§ 5 Abs. 3 EGZGB). Zwar lebte das RHG nach dem Beitritt am 3.10.1990 wieder auf, unterliegt aber ebenfalls der Aufhebung. Nach dem 1.1.1999 ist die gesamte Löschung im Grundbuch von Amts wegen vorzunehmen.[44]

32   Der **Entschuldungsvermerk** ist nicht mehr von Bedeutung. Das Entschuldungsabwicklungsgesetz und die Löschungsverordnung (vom 31.1.1962, BGBl III 7812-2-1) sind mittlerweile aufgehoben (InsOÄndG vom 26.10.2001, BGBl I 2710, Art. 8). Die gesamte Löschung ist im Grundbuch von Amts wegen vorzunehmen.

33   Werden im Falle einer **Flurbereinigung** nach Wirksamwerden der Ausführungsanordnung Einlagegrundstücke noch mit Grundpfandrechten belastet, ist das Ersatzgrundstück unmittelbar betroffen, ohne dass dieses gem. § 28 GBO bezeichnet sein müsste (Surrogationsprinzip, § 68 Abs. 1 Satz 1 FlurbG).[45]

15. Vorkaufsrecht

34   Das Vorkaufsrecht ist immer in das geringste Gebot aufzunehmen, wenn es dem Gläubiger im Range vorgeht. Dies gilt auch dann, wenn es nur für den ersten Verkaufsfall bestellt wurde. Ein „für den ersten Verkaufsfall" bestelltes Vorkaufsrecht hat in der Zwangsversteigerung keinen Bestand.[46] Mit anderen Worten liegt zwar in der Zwangsversteigerung ein „Verkaufsfall" im Sinne des Vorkaufsrechts, aber eben kein solcher, der das Vorkaufsrecht auslöst. Ist das Vorkaufsrecht nur für einen einzigen Verkaufsfall bestellt – dies ist der vom Gesetz in § 1097 BGB angenommene Regelfall – so erlischt es mithin durch den Zuschlag in der Zwangsversteigerung. Mit der Zwangsversteigerung ist nämlich der eine Verkaufsfall, für den das Vorkaufsrecht bestellt ist, verbraucht. Die Parteien können deshalb abweichend von § 471 BGB nicht vereinbaren, dass die Zwangsversteigerung einen Vorkaufsfall darstellen soll. Es ist aber nicht Sache des Vollstreckungsgerichts, das Erlöschen festzustellen, §§ 1098, 471 BGB. Meldet der Berechtigte das Erlöschen an, kann dies im geringsten Gebote berücksichtigt werden.[47] Das nur für den ersten Verkaufsfall ausübbare Vorkaufsrecht ist bei der Festsetzung des Zuzahlungsbetrages, § 51 Abs. 2 mit null zu bewerten.

16. Zwangssicherungshypothek

35   Die Zwangssicherungshypothek ist eine Sicherungshypothek im Sinne des § 1184 BGB, sie unterscheidet sich von dieser lediglich durch ihre Entstehungstatbestände.[48] Mit Eintragung der Zwangssicherungshypothek erlangt der Gläubiger ein Recht mit Rang vor späteren Rechten am Grundstück und vor Gläubigern noch nicht gesicherter Vollstreckungsforderungen, deren Beschlagnahme in der Zwangsversteigerung oder Zwangsverwaltung später bewirkt wird. Der Vollstreckungsgläubiger soll mit Eintragung der Zwangssicherungshypothek weder Vor-

---

44   Vgl. im Einzelnen *Hornung*, Rpfleger 1994, 277.
45   LG Bamberg, MittBayNot 1973, 153; LG Schweinfurt, Rpfleger 1975, 312.
46   PfälzOLG Zweibrücken, Rpfleger 2011, 491.
47   *Stöber*, ZVG § 44 Rdn. 5.27; a.A. Steiner/*Eickmann*, § 44 Rdn. 119; *Böttcher* §§ 44, 45 Rdn. 74; Depré/*Bachmann*, § 44 Rdn. 80.
48   Zöller/*Stöber*, § 866 Rdn. 3.

noch Nachteile gegenüber einer rechtsgeschäftlich bestellten Sicherungshypothek nach bürgerlichem Recht erlangen.

Sowohl der **Kapitalanspruch** des Rechtes als auch **wiederkehrende Leistungen**, die sich aus dem Inhalt des Grundbuches ergeben, werden von Amts wegen berücksichtigt. Rückständige wiederkehrende Leistungen, § 13 Abs. 1 S. 2, sind jedoch immer anzumelden, § 45 Abs. 2. Da die Zinsen bei dem titulierten Anspruch keine besondere Fälligkeit haben, werden diese vom Tage der ersten Beschlagnahme, § 13 Abs. 1, bis zwei Wochen nach dem Zwangsversteigerungstermin, § 47, in den bar zu zahlenden Teil des geringsten Gebotes eingestellt. **Rückständige Zinsen** für den Zeitraum vor dem ersten Tag der Beschlagnahme muss der Vollstreckungsgläubiger zum Verfahren anmelden. Ebenso anzumelden sind die **Kosten der Kündigung** und die **Kosten der dinglichen Rechtsverfolgung** aus der Zwangssicherungshypothek, § 10 Abs. 2. Zu diesen Kosten zählen insbesondere die Gerichtskosten für die Eintragung der Zwangssicherungshypothek im Grundbuch und die dem Rechtsanwalt des Gläubigers entstandenen Vollstreckungskosten, die mit der Zwangssicherungshypothek selbst nicht eingetragen werden können, § 867 Abs. 1 S. 3 ZPO. Spätester Zeitpunkt der Anmeldung ist auch hier im Zwangsversteigerungstermin vor der Aufforderung zur Abgabe von Geboten, § 37 Nr. 4. 36

17. Beitrittsgebiet

a) Erbbaurecht

Zwar wurden die Vorschriften über die Errichtung eines Erbbaurechts am 1.1.1976 aufgehoben, jedoch bleiben die getroffenen Vereinbarungen bestehender Erbbaurechte erhalten, auch nach dem Beitritt hat sich hieran nichts geändert.[49] Die Laufzeit des Erbbaurechts richtet sich nach § 112 SachenRBerG. Die Rechte aus § 5 Abs. 2 EGZGB (z.B. Vorkaufsrecht des Erbbauberechtigten) bestehen nicht mehr, § 112 Abs. 4 SachenRBerG. Es gilt im vollen Umfang die ErbbauRG. 37

b) Vorkaufsrecht im Beitrittsgebiet

Nach den §§ 306–309 ZGB-DDR konnte auch im Beitrittsgebiet der Grundstückseigentümer ein dingliches Vorkaufsrecht einräumen. Die nähere Ausgestaltung des Rechts entspricht im Wesentlichen den Vorschriften des BGB. Nach Art. 233 § 3 Abs. 1 S. 1 EGBGB blieb das im Grundbuch eingetragene Vorkaufsrecht mit seinem Inhalt und Rang nach wie vor bestehen. Ab 1.10.1994 sind die Vorschriften §§ 1094 bis 1104 BGB anzuwenden, Art. 233 § 3 Abs. 4 EGBGB. Die Vorkaufsrechte können inhaltlich geändert werden, ohne dass eine Neubegründung erfolgen müsste, §§ 877, 873, 874 BGB. Es kann daher auf die Ausführungen zum Vorkaufsrecht verwiesen werden (→ Rdn. 34). 38

Neue **bundesgesetzliche Vorkaufsrechte** bestehen in den neuen Ländern nach §§ 20, 20a VermG. Dieses Vorkaufsrecht entsteht mit bestandskräftigem Bescheid des Amtes zur Regelung offener Vermögensfragen und konstitutiver Eintragung im Grundbuch.[50] Das Vorkaufsrecht hat den gesetzlichen Inhalt der §§ 463 bis 472, 875, 1098 Abs. 1 Satz 2 und Abs. 2 sowie der §§ 1099 bis 1102, 1103 Abs. 2 und § 1104 BGB. Das Vorkaufsrecht beschränkt sich auf einen Verkaufsfall, also 39

---

49 Vgl. *Böhringer*, Besonderheiten des Liegenschaftsrechts, Rdn. 698.
50 Hierzu *Böhringer*, BWNotZ 2007, 1 ff.

auf den Fall des Verkaufs durch den vorkaufsverpflichteten Eigentümer. Das Vorkaufsrecht erlischt, wenn der Berechtigte nicht mehr Mieter/Nutzer ist, wobei § 563a BGB unberührt bleibt. Das Vorkaufsrecht ist auf den Verkaufsfall beschränkt, der während des Miet-/Nutzungsverhältnisses des Vorkaufsberechtigten eintritt. Es erlischt auch durch den Zuschlag in der Zwangsversteigerung.

40 Nach § 57 SchuldRAnpG hat der Nutzer eines Grundstücks ein gesetzlich begründetes, lediglich schuldrechtlich wirkendes Vorkaufsrecht, das als solches nicht im Grundbuch eintragbar ist. Dieses Vorkaufsrecht hat keine Vormerkungswirkung nach § 1098 Abs. 2 BGB.

41 Auch in den neuen Bundesländern bestehen zahlreiche schuldrechtliche Vorkaufsrechte für Zwecke des Naturschutzes, Denkmalschutzes und des Forstrechts. Diese Vorkaufsrechte gehen anderen Vorkaufsrechten im Range vor. Sie bedürfen nicht der Eintragung im Grundbuch. Neben diesen landesrechtlich begründeten Vorkaufsrechten kann der Landesgesetzgeber auch noch den Belegungsbindungsgesetzen ein Vorkaufsrecht einräumen, § 12 Abs. 2 AHG.

c) Hypothek

42 Nach § 452 ZGB-DDR konnte das Grundstück zur Sicherung einer Geldforderung mit einer Hypothek belastet werden. Die Hypothek entstand mit der Eintragung im Grundbuch, § 453 Abs. 1 ZGB-DDR; der Rang des Rechtes bestimmt sich nach dem Zeitpunkt des Entstehens, § 453 Abs. 2 ZGB-DDR. Hierbei genügte es, wenn der staatliche Eintragungsantrag vor dem Beitritt der DDR zur BRD gestellt war und nur leicht behebbare Antragsmängel nach diesem Zeitpunkt beseitigt wurden.[51] Die Hypothek entstand aber nur, sofern auch die gesicherte Forderung tatsächlich entstanden ist.[52] Eine Umwandlung der Hypothek in eine Eigentümergrundschuld ist ausgeschlossen, wenn die Forderung erlischt, geht auch die Hypothek unter, § 454 Abs. 2 ZGB-DDR. Die Hypothek erlosch auch, wenn in das Grundstück vollstreckt wurde, und die Hypothek im Zuschlagsbeschluss nicht als bestehen bleibend ausgewiesen war.[53] Die ZGB-Hypotheken blieben nach Maßgabe von Art. 233 § 6 i.V.m. § 3 EGBGB bestehen, Gleiches gilt für die Aufbaugrundschulden aus der Zeit vor dem 1.1.1976.

43 Zur Sicherung von Krediten, die von Kreditinstituten für Baumaßnahmen gegeben wurden, konnte das Grundstück mit einer **Aufbauhypothek** belastet werden, § 456 ZGB-DDR. Diese Aufbauhypothek hat kraft Gesetzes Vorrang vor anderen Hypotheken (also nicht vor Rechten aus Abt. II des Grundbuches), mehrere Aufbauhypotheken haben Gleichrang, § 456 Abs. 3 ZGB-DDR. Dieses Vorrangprivileg gilt allerdings nur für vor dem 1.7.1990 beim Liegenschaftsdienst (Grundbuchamt) beantragte Aufbauhypotheken, vgl. § 3 des 1. ZivilRÄndG. Nach Art. 233 § 3 Abs. 1 EGBGB bleiben Aufbauhypotheken, die am 2.10.1990 bestanden haben, nach Maßgabe des Art. 233 § 6 EGBGB mit ihrem Inhalt und Rang bestehen. Das Rangverhältnis regelt sich nach dem Zeitpunkt der Eintragung im Grundbuch, Art. 233 § 9 Abs. 1 EGBGB.

44 Durch Art. 233 § 9 EGBGB wurde jetzt im Grundbuch das Rangsystem nach dem BGB übernommen. Aufbauhypotheken, die vor dem 1.7.1990 entstanden sind, haben nach wie vor Vorrang vor anderen Hypotheken am Grundstück. Seit

---

51 BGH, Rpfleger 1995, 290.
52 BGH, Rpfleger 1995, 291 = ZIP 1995, 167.
53 Vgl. *Böhringer*, Besonderheiten des Liegenschaftsrechts, Rdn. 738.

dem 22.7.1992 (Inkrafttreten des 2. VermRÄndG) sind Rangänderungen möglich. Mangels Eigentümerfähigkeit der ZGB-Hypotheken ist die Eigentümerzustimmung nach § 880 Abs. 2 S. 2 BGB nicht erforderlich. Gleichzeitig mit einer Rangänderung kann ohne Zustimmung anderer Gläubiger eine Zinserhöhung von bis zu 13 % in Anspruch genommen werden, Art. 233 § 9 Abs. 3 S. 2 EGBGB; im Übrigen gilt § 1119 BGB.

Die Eintragung von **Abgeltungshypotheken** konnte bis zum 31.12.1995 beantragt werden (§ 36a GBMaßnG). Die für die Abgeltungslast eingetragene Hypothek ist nicht eigentümerfähig und stets Buchrecht. Die Löschung der Hypothek kann nach § 105 Abs. 1 Nr. 6 GBV mit einer Löschungsbewilligung der Kreditanstalt für Wiederaufbau oder der Sparkasse erfolgen. Für das Löschungsverfahren gelten Besonderheiten nach §§ 36a, 22–25 GBMaßnG.   45

d)   Mitbenutzungsrecht

Nach §§ 321, 322 ZGB-DDR konnten im Grundbuch Mitbenutzungsrechte   46
(z.B. Lagerung von Baumaterial, Aufstellen von Gerüsten) eingetragen werden, Dienstbarkeiten entsprechend dem BGB waren fremd. Ein Wege- oder Überfahrrecht konnte im Grundbuch eingetragen werden, § 322 ZGB-DDR. Diese dauerhaften Mitbenutzungsrechte gelten als dingliche Rechte am Grundstück, Art. 233 § 5 EGBGB.[54] Mitbenutzungsrechte i.S.d. § 321 Abs. 1–3, § 322 ZGB gelten als Rechte an dem belasteten Grundstück. Sie sind als beschränkte dingliche Rechte im Sinne des BGB anzusehen, sie bleiben daher mit ihrem bisherigen Inhalt bestehen (z.B. Übergang auf den Rechtsnachfolger des Nutzungsberechtigten gem. § 322 Abs. 2 ZGB, Erlöschen nach § 322 Abs. 3 ZGB, Unkündbarkeit nach § 81 ZGB, sofern nichts anderes vereinbart wurde).

Nicht eingetragene Mitbenutzungsrechte sind am 31.12.2000 erloschen, Art.   47
233 § 5 Abs. 2 EGBGB i.V.m. § 13 Abs. 1 SachenR-DV und Art. 1 Abs. 1 Nr. 1 EFG[55] sowie dem 2. EFG, ihr Rang richtet sich nach Art. 233 § 5 Abs. 3 und § 9 Abs. 2 EGBGB i.V.m. § 8 Abs. 2 GBBerG.[56]

e)   Dienstbarkeit

Eine beschränkte persönliche Dienstbarkeit zugunsten eines Wasserversor-   48
gungsunternehmens gem. § 9 Abs. 1, 9 GBBerG, § 1 SachenR-DV ist im Rahmen der Zwangsversteigerung des belasteten Grundstücks bei der Aufstellung des geringsten Gebotes zu berücksichtigen, sofern das (vorrangige) Recht eingetragen ist oder die Voraussetzung des § 45 Abs. 1 vorliegt.[57]

IV.   Rangfragen
1.   Bedeutung für das geringste Gebot

Der Rang des Anspruchs des Gläubigers ist für die Aufstellung des geringsten   49
Gebotes von ausschlaggebender Bedeutung. Das geringste Gebot richtet sich nach

---

54   Zum Eintragungsverfahren im Grundbuch vgl. *Böhringer*, Besonderheiten des Liegenschaftsrechts, Rdn. 657 ff. und insbesondere zur Regelung und Eintragung des Ranges im Grundbuch Rdn. 667 ff.
55   BGBl 1996 I 2028.
56   Im Zweifel der 25.12.1993; vgl. Eickmann/*Böhringer*, § 8 GBBerG Rdn. 55; *Böhringer*, BWNotZ 2007, 1 ff.
57   BGH, Rpfleger 2006, 272 = NJW-RR 2006, 521 = WM 2006, 1016 = InVo 2006, 336.

dem bestrangig betreibenden Gläubiger. Es werden nur die ihm vorgehenden Ansprüche in das geringste Gebot aufgenommen (zuvor → Rdn. 2).

50 Betreibt der Gläubiger die Zwangsversteigerung wegen einer **Zinsforderung**, so fällt das Stammrecht nicht in das geringste Gebot (hierzu Rangfolge § 12). Ausnahmsweise kann dies anders sein, wenn der Zinsanspruch dem Gläubiger unter Vorbehalt des Vorranges für den Hauptanspruch abgetreten wurde[58] oder die Zwangsversteigerung würde nur aus Zinsrückständen betrieben, die zeitlich nicht mehr in der Rangklasse 4 des § 10 Abs. 1 zu berücksichtigen sind und somit insgesamt in Rangklasse 5 fallen.[59]

51 Wird nur der **Teilbetrag** eines dinglichen Rechts geltend gemacht, wird das gesamte Recht des Gläubigers nicht in das geringste Gebot aufgenommen. Etwas anderes gilt dann, wenn es sich um eine **Teilabtretung mit dem Rang nach dem Rest** handelt und die Zwangsversteigerung aus dem abgetretenen Teilbetrag betrieben wird. Gleiches gilt bei der **Ablösung** eines Teilbetrages, der Rang nach dem Rest erhält, § 268 Abs. 3 Satz 2 BGB.[60] Dies gilt auch bei einer Teilpfändung.[61] Betreibt der Gläubiger das Verfahren aus einem persönlichen Anspruch in der Rangklasse 5 des § 10 Abs. 1 und ist für diesen Anspruch ein Grundpfandrecht im Grundbuch eingetragen, bleibt das eingetragene dingliche Recht (Rangklasse 4) bestehen.

52 Das geringste Gebot erfordert die Feststellung der dem Gläubiger vorgehenden Rechte und Ansprüche. Hierzu muss das Vollstreckungsgericht eine nach materiellem und formellem Recht ordnungsgemäße Rangordnung erstellen, §§ 10, 11 ZVG, §§ 879, 880, 881 BGB. Die Rangregelungen nach § 12 sind für die Feststellung des geringsten Gebotes unbeachtlich.

53 Zur Frage der Anmeldungsbedürftigkeit siehe § 45.

2. Rangfolge
a) Allgemeines

54 Der Rang richtet sich grundsätzlich nach § 879 BGB. Der dort aufgestellte Grundsatz wird jedoch vielfach durchbrochen, insbesondere kommen rechtsgeschäftliche Rangänderungen durch Einräumung des Vorranges[62] oder Rangvorbehalt in Betracht, §§ 880, 881 BGB. Gesetzliche Rangverschiebungen gegeben die §§ 1176, 1182 Satz 2 BGB für den Fall des teilweisen Übergangs einer Hypothek, Grundschuld oder Rentenschuld auf den Eigentümer, §§ 1163, 1168, 1173, 1175 BGB oder auf den persönlichen Schuldner, §§ 1164, 1174 BGB. Hierbei hat der restliche Anspruch des Rechtes den Rang vor dem anderen Teil, § 1176 BGB. Gleiches gilt für das Gläubigerrecht bei teilweiser Ablösung, § 268 Abs. 3, § 1150 BGB. Bei Teilabtretung ohne Rangbestimmung (z.B. im Falle der teilweisen Rückübertragung einer Sicherungsgrundschuld) haben beide Teile gleichen Rang, sofern sich aus dem Grundbuch nichts anderes ergibt. Komplizierte Rangverhältnisse können sich durch Zuschreibung als Bestandteil ergeben, § 890 Abs. 2 BGB, § 6 GBO. Eine Rangverschiebung durch Zeitablauf und Unterlassung des Antra-

---

58 RGZ 88, 160.
59 *Stöber*, ZVG § 44 Rdn. 4.3.
60 BGH, Rpfleger 1990, 378 und OLG Celle, Rpfleger 1990, 378; so auch *Böttcher*, § 12 Rdn. 9; a.A. *Storz/Kiderlen*, ZVG B 4.4.2 bei Rangklasse 4; *Muth*, Rpfleger 1990, 381.
61 OLG Celle, NJW 1968, 1139.
62 Zur Rangdarstellung durch Rangvermerke *Streuer*, Rpfleger 1985, 388.

ges im Falle einer erneuten Zwangsversteigerung (Wiederversteigerung) ergibt sich aus § 129.

Mit der Eigentumsumschreibung im Grundbuch entsteht kraft Gesetzes für den Pfändungsgläubiger des Eigentumsverschaffungsanspruches[63] oder des Anwartschaftsrechts[64] eine Sicherungshypothek in Höhe seiner titulierten Forderung, § 857 Abs. 1, §§ 829, 848 Abs. 2 ZPO. Gleichzeitig mit der Eigentumsumschreibung ist auf Antrag für den Gläubiger die Sicherungshypothek einzutragen, die bereits außerhalb des Grundbuches entstanden ist, das Grundbuch ist unrichtig, § 848 Abs. 2 S. 2 ZPO. Unstreitig ist hierbei, dass diese Sicherungshypothek Rang nach den im Kaufvertrag als Gegenleistung zu bestellenden Rechten hat, z.b. Restkaufpreishypothek, Wohnungsrecht, Reallast pp.[65] Diese Rechte sind in dem Vertragsverhältnis als Gegenleistung bestellt, der Käufer erhält nur belastetes Eigentum.[66] Der Vorrang gilt jedoch nicht für die sogenannten „Finanzierungsgrundschulden". Der Käufer des Grundstückes wird den Kaufpreis regelmäßig nicht bar bezahlen, sondern muss diesen finanzieren. Die für die Finanzierung bestellten Grundschulden sind jedoch regelmäßig keine Gegenleistung für die Übertragung des Grundstückes. Es handelt sich hierbei nicht um im Kaufvertrag dem Eigentümer vorbehaltene Rechte.[67] Sofern somit gleichzeitig bei der Eigentumsumschreibung eine vom Käufer bestellte Grundschuld eingetragen werden soll, erlangt diese Rang nach der bereits außerhalb des Grundbuchs entstandenen Sicherungshypothek für den Vollstreckungsgläubiger.

In der Veränderungsspalte im Grundbuch eingetragene Änderungen eines Rechtes teilen den Rang der Haupteintragung, falls nicht gem. § 879 Abs. 3 BGB eine abweichende Rang eingetragen ist.[68] An diesem Grundsatz ist festzuhalten.[69]

Das Versicherungsvertragsgesetz (VVG) wurde mit Wirkung ab dem 1.1.2008 grundlegend geändert (Gesetz v. 23.11.2007, BGBl I 2631). Für alle Neuverträge, geschlossen ab dem 1.1.2008, gilt das VVG in der Neufassung. Auf Versicherungsverhältnisse, die bis zum Inkrafttreten des VVG entstanden sind (Altverträge), das Grundpfandrecht und auch die Beschlagnahme bis zum 31.12.2007 entstanden bzw. erfolgt sind, ist das VVG in der bis zum 31.12.2007 geltenden Fassung anzuwenden, Art. 1 Abs. 1 EGVVG. Ist bei Altverträgen ein Versicherungsfall bis zum 31.12.2008 eingetreten, ist ebenfalls noch das VVG in der bis zum 31.12.2007 geltenden Fassung weiter anzuwenden, Art. 1 Abs. 2 EGVVG. Nach § 102 Abs. 1 VVG a.F. kann es durch das Verhalten des Versicherungsnehmers dazu kommen, dass der Versicherer von der Verpflichtung zur Leistung dem Versicherungsnehmer gegenüber frei ist. Die Verpflichtung des Versicherers den Grundpfandrechtsgläubigern gegenüber wird dadurch im Allgemeinen nicht berührt. Befriedigt der Versicherer gem. §§ 102, 103 VVG a.F. den Grundpfandrechtsgläubiger, so hat

---

63 Hierzu *Hintzen/Wolf*, Rdn. 6.290.
64 Hierzu *Hintzen/Wolf*, Rdn. 6.306.
65 BayObLG, Rpfleger 1972, 182; OLG Jena, Rpfleger 1996, 100, 101; vgl. *Hintzen*, Rpfleger 1989, 439; s. auch *Hintzen/Wolf*, Rdn. 6.290 und 6.306.
66 BGH, Rpfleger 1968, 83.
67 *Kehrbusch*, Rpfleger 1988, 475; *Hintzen*, Rpfleger 1989, 439; a.A.: *Böttcher*, Rpfleger 1988, 252.
68 RGZ 132, 112; BayObLGZ 1959, 520.
69 OLG Hamm, OLGZ 1985, 23 = Rpfleger 1985, 17 mit zustimmender Anm. *Streuer*, Rpfleger 1985, 144; a.A. *Schmid*, Rpfleger 1982, 251 und 1984, 130; hierzu auch *Feuerpeil*, Rpfleger 1983, 298.

dies gem. § 104 VVG a.F. zur Folge, dass das Grundpfandrecht auf den Versicherer übergeht. Der Übergang kann jedoch nicht zum Nachteil eines gleich- oder nachstehenden Grundpfandrechtes geltend gemacht werden. Mit dem Übergang des Rechts durch Befriedigung tritt somit eine materiell-rechtliche Rangänderung ein, die bei der Feststellung des geringsten Gebotes zu berücksichtigen ist. Die Rangänderung muss jedoch angemeldet werden; die Anmeldung ist auch darin zu erblicken, dass der Versicherer dem Vollstreckungsgericht die erfolgte Zahlung mitteilt.[70] Vorstehendes gilt auch, wenn es sich bei dem Recht um eine Reallast handelt, § 107b VVG a.F. Nach der Neufassung des VVG regelt bei der **Gebäudefeuerversicherung** § 145 VVG wie früher: Soweit der Versicherer den Hypothekengläubiger nach § 143 VVG befriedigt, geht die Hypothek auf ihn über. Der Übergang kann nicht zum Nachteil eines gleich- oder nachstehenden Hypothekengläubigers geltend gemacht werden, dem gegenüber die Leistungspflicht des Versicherers bestehen geblieben ist. Ist das Grundstück mit einer Grundschuld, Rentenschuld oder Reallast belastet, sind die §§ 142 bis 147 VVG entsprechend anzuwenden, § 148 VVG.

58 Wird ein Grundpfandrecht geteilt, so haben die Teilrechte untereinander gleichen Rang, falls nicht abweichendes vereinbart und im Grundbuch eingetragen ist. Der Rang eines Rechtes gehört zum Inhalt.[71] Bei der Ersteintragung des Rechtes kann das Recht nur einen einheitlichen Rang haben; ein unterschiedlicher Rang einzelner Teilbeträge ist unzulässig.[72] Allerdings setzt die nachträgliche Rangänderung eines Teilbetrages einer Grundschuld nicht die vorherige Teilung voraus.[73] Auch ist die vorherige Teilung der Grundschuld dann nicht erforderlich, wenn sich der Eigentümer nur wegen eines Teilbetrages gem. § 800 Abs. 1 ZPO der sofortigen Zwangsvollstreckung unterwirft; sie ist jedoch erforderlich, wenn sich die Unterwerfung auf einen „letztrangigen Teilbetrag" bezieht.[74]

b) Gesetzliche Rangfolge

59 Das Rangverhältnis unter mehreren Rechten, mit denen ein Grundstück belastet wird, bestimmt sich, wenn die Rechte in derselben Abteilung des Grundbuches eingetragen sind, nach der Reihenfolge der Eintragungen (**Locusprinzip**), § 879 Abs. 1 S. 1 BGB.[75] Rechte in ein und derselben Abteilung haben daher den Rang ihrer fortlaufenden Eintragung, auch wenn mehrere Rechte am selben Tag eingetragen werden.

Beispiel:
Abt. III/1   10.000,– €   (eingetragen am 2.7.2015)
Abt. III/2   20.000,– €   (eingetragen am 2.7.2015)
Die Rechte haben Rang hintereinander, auch wenn die Eintragungsdaten gleich sind.

---

70 LG Lüneburg, Rpfleger 1988, 112.
71 BGHZ 6,70 = Rpfleger 1952, 417; BayObLGZ 1956, 461.
72 OLG Zweibrücken, Rpfleger 1985, 54.
73 LG Augsburg, Rpfleger 1984, 348 mit Anm. *Bauch*. Zur Zahlung auf einen solchen Teilbetrag oder seine Ablösung siehe BayObLG, Rpfleger 1985, 434.
74 OLG Hamm, Rpfleger 1984, 60 = ZIP 1984, 227; OLG Hamm, NJW 1987, 1090 = Rpfleger 1987, 59; BayObLG, Rpfleger 1985, 355; LG Lübeck, MDR 1986, 1037.
75 Vgl. Meikel/*Böttcher*, § 45 Rdn. 41.

Sind Rechte in verschiedenen Abteilungen, Abt. II und III, eingetragen, so haben diejenigen Rechte die unter Angabe desselben Tages eingetreten sind, haben den gleichen Rang (**Tempusprinzip**), § 879 Abs. 1 S. 2 BGB.[76] **60**

Beispiel:
Abt. II/1   Reallast   (eingetragen am 5.12.2014)
Abt. III/1   10.000,- €   (eingetragen am 5.12.2014)

Weiterhin ist zu beachten, dass das unter Angabe eines früheren Tages eingetragene Recht Vorrang hat, § 879 Abs. 1 S. 2 BGB. Das Rangverhältnis beider Abteilungen des Grundbuches zueinander kann sich natürlicherweise nicht nach dem Locusprinzip richten. Vorrang hat in diesem Fall das Recht, das an einem früheren Tage eingetragen wurde. **61**

Beispiel:
Abt. II/1   Reallast   (eingetragen am 5.12.2014)
Abt. III/1   10.000,- €   (eingetragen am 4.12.2014)

Das Recht Abt. III/1 hat Vorrang vor der Reallast, da es zeitlich früher im Grundbuch eingetragen wurde. **62**

c) Rangrücktritt

Das Rangverhältnis im Grundbuch kann nachträglich jederzeit geändert werden, § 880 Abs. 1 BGB. Zur dinglichen Wirkung setzt dies die Eintragung[77] im Grundbuch voraus. Von der Notwendigkeit der Eintragung der Rangänderung, § 880 Abs. 2 BGB, kann auch dann nicht abgewichen werden, wenn der Gläubiger eine Briefgrundschuld die Teilung des Rechtes mit Rangbestimmung für die Teilgrundschulden erklärt und die rangletzte Teilgrundschuld unter Übergabe des Briefes in einer nach § 1154 Abs. 1 Satz 1 BGB zulässigen Form abtritt.[78] **63**

Sofern die beiden Rechte, die den Rang tauschen, unmittelbar aufeinander folgen, ist die Rangänderung unproblematisch, die Rechte tauschen einfach „ihre Reihenfolge bzw. Plätze".[79] Ist jedoch ein Zwischenrecht, das an der Rangänderung nicht beteiligt ist, vorhanden, darf dieses von der Rangänderung nicht berührt werden, § 880 Abs. 5 BGB. **64**

Beispiel mit Zwischenrecht § 880 Abs. 5 BGB
Abt. III/1   50.000,- € für A
Abt. III/2   40.000,- € für B
Abt. III/3   30.000,- € für C
Das Recht III/3 hat Vorrang vor dem Recht III/1

Tatsächliche Rangfolge:
              III/3   30.000,- € für C
1. Teil   III/1   20.000,- € für A

---

76   Vgl. Meikel/*Böttcher*, § 45 Rdn. 43.
77   Bei beiden Rechten, § 18 GBV; materiell-rechtlich genügend Eintragung beim zurücktretenden Recht, MünchKomm/*Kohler*, BGB § 880 Rdn. 10.
78   H.M.; dazu *Bauch*, Rpfleger 1988, 136; a.A. OLG Hamm, NJW-RR 1988, 461 = Rpfleger 1988, 58, es bedarf keiner konstitutiv wirkenden Eintragung.
79   RGZ 141, 235; vgl. Meikel/*Böttcher*, § 45 Rdn. 136.

	III/2	40.000,- € für B
2. Teil	III/1	30.000,- € für A

III/2 muss sich insgesamt einen Betrag von 50.000,- € vorgehen lassen. Eine Bevorzugung darf ebenso wenig erfolgen wie eine Benachteiligung.

Betreibt beispielhaft der Gläubiger A das Verfahren gilt für das geringste Gebot:
- das Recht III/3 bleibt bestehen,
- der bar zu zahlende Teil besteht aus:
  – Verfahrenskosten,
  – Rangklasse 1–3 § 10 Abs. 1,
  – Rangklasse 4 § 10 Abs. 1 (Kosten und Zinsen des Rechtes III/3)

65 Die Tatsache, dass z.B. das Recht III/2 für B vor der Rangänderung bei Betreiben des Verfahrens durch C (Abt. III/3) bestehen bleibt und nach der Rangänderung erlischt, ist keine materielle Benachteiligung nach § 880 Abs. 5 BGB. Dies ist Folge der künstlichen Regeln des Zwangsversteigerungsgesetzes für die Berechnung des geringsten Gebotes.[80]

d) Berücksichtigung von Kosten

66 In der Zwangsversteigerung kann der Gläubiger im Range seines Rechtes nicht nur das Kapital geltend machen, sondern auf Anmeldung auch Kosten der dinglichen Rechtsverfolgung, § 10 Abs. 2. Weiterhin werden von Amts wegen laufende Zinsen und auf Anmeldung auch rückständige Zinsen berücksichtigt. Rückständige Zinsen bis zu zwei Jahren fallen in Rangklasse 4, ältere Zinsen auf Anmeldung in Rangklasse 8, sofern der Gläubiger das Verfahren auch hier wegen betreibt, in Rangklasse 5 des § 10 Abs. 1. Fraglich ist, wie diese Ansprüche bei einem Rangtausch mit einem Zwischenrecht berücksichtigt werden können.

Beispiel:
Abt. III/1   30.000,- € für A
Abt. III/2   40.000,- € für B
Abt. III/3   50.000,- € für C
Das Recht III/3 hat Vorrang vor dem Recht III/1.
A meldet zum Verfahren 300,- € Kosten der dinglichen Rechtsverfolgung an und C 500,- €.

67 A tritt mit seinem gesamten Anspruch hinter III/3 zurück. Die Kosten teilen den Rang des Hauptanspruchs und treten ebenfalls zurück. C tritt mit seinem Anspruch im Range vor und zwar mit einem 1. Teil über 30.000,- € vor das Recht III/2 und einem 2. Teil von 20.000,- € hinter III/2. Da es sich bei den 500,- € um Kosten der dinglichen Rechtsverfolgung handelt, teilen diese das Schicksal des Hauptanspruches und sind somit in einen erstrangigen Teil von 300,- € und einen nachrangigen Teil von 200,- € zu splitten.

68 Dies ist aber nur möglich, soweit eine Kostenaufteilung machbar ist (bei Gebühren) nicht aber bei Auslagen oder anderen Kosten, die nur für einen bestimmten Teilbetrag entstanden sind (z.B. Zustellungsauslagen), diese treten insgesamt mit der Rangänderung nach vorne.

---

80 Steiner/*Eickmann*, § 44 Rdn. 69, 70, 71.

Abwandlung:
Nur C meldet Kosten der dinglichen Rechtsverfolgung von 500,- € an.

Auch wenn das zurücktretende Recht III/1 keine Kosten anmeldet, muss sich das Zwischenrecht nach der Rangänderung – wie zuvor – einen erstrangigen Teil von 300,- € vorgehen lassen. Die Kosten gehören im Zwangsversteigerungsverfahren nach § 10 Abs. 2 zum Hauptanspruch dazu, hierauf hat § 880 Abs. 5 BGB keinen Einfluss.[81] 69

e) Berücksichtigung von Zinsen

Unterschiedliche Zinsfälligkeiten vor- bzw. zurücktretender Rechte wirken sich nicht aus, hierauf kann sich der Zwischenberechtigte nicht berufen, soweit geht die Nichtbeeinträchtigungsregelung des § 880 Abs. 5 BGB nicht (vgl. hierzu § 1119 Abs. 2 BGB).[82] Im Übrigen ist zu unterscheiden, ob ältere Zinsen angemeldet wurden oder evtl. sogar eine Minderanmeldung vorliegt, also weniger Zinsen angemeldet wurden als von Amts wegen zu berücksichtigen sind. 70

Beispiel:
Abt. III/1 30.000,- € für A
Abt. III/2 40.000,- € für B
Abt. III/3 50.000,- € für C
Das Recht III/3 hat Vorrang vor dem Recht III/1.
Jedes der Rechte ist mit 10 % jährlich zu verzinsen. Von Amts wegen sollen zwei Jahre Zinsen zu berücksichtigen sein, auf Anmeldung in der Rangklasse 4 des § 10 Abs. 1 weitere zwei Jahre ältere Zinsen.

1. Alt.: Entweder melden III/1 und III/3 ihre sämtlichen Zinsen an oder beide nur die laufenden Zinsen, dann kann der Rang mit Zinsen getauscht werden, Zinszeitraum und Zinshöhe sind bei beiden Rechten identisch, das Zwischenrecht III/2 ist nicht beeinträchtigt. 71

2. Alt.: Meldet III/1 nur die laufenden, III/3 hingegen seine laufenden und auch rückständigen Zinsen an, können auch nur die laufenden Zinsen getauscht werden, mit rückständigen Zinsen bleibt III/3 hinter dem Zwischenrecht III/2, da dieses ansonsten i.S.v. § 880 Abs. 5 BGB beeinträchtigt ist.[83] 72

3. Alt.: Meldet III/1 weniger als die von Amts wegen zu berücksichtigenden laufenden Zinsen an (Minderanmeldung), dann kann III/3 dennoch seine laufenden Zinsen von zwei Jahren vor dem Zwischenrecht III/2 in Anspruch nehmen, da dies vorliegend den von Amts wegen zu berücksichtigenden Zeitraum umfasst, hierin ist keine Beeinträchtigung von III/2 zu sehen. 73

Allerdings ist zuzugeben, dass dieses Ergebnis sehr von Zufälligkeiten abhängt (Anmeldung des zurücktretenden Gläubigers), die nicht vorhersehbar sind. Alle Beteiligten müssen grundsätzlich von festen Vorgaben ausgehen können. Diese müssen sich aus dem Grundbuch ergeben. Jeder Beteiligte kann dann klar und eindeutig feststellen, mit welchem Umfang ihm Rechte im Rahmen des § 10 Abs. 1 Nr. 4 vorgehen. Es kann daher auch vertreten werden, dass sich eine Rangänderung hinsichtlich des Zwischenrechts nur auswirkt, als sich die unmittelbar betei- 74

---

81 Vgl. auch Stöber, ZVG § 44 Rdn. 6.2.
82 MünchKomm/Eickmann, BGB § 1119 Rdn. 12.
83 Vgl. Beispiel bei Meikel/Böttcher, 45 Rdn. 141.

ligten Rechte nach Hauptsache und Nebenleistungen vom eingetragenen Umfang her decken. Anmeldungen zum Versteigerungsverfahren sind für das Zwischenrecht unbeachtlich.

Abwandlung:
Im vorgenannten Beispiel sollen die Zinsen von III/1 nach wie vor 10 %, bei dem Recht III/3 nunmehr 15 % betragen.

75 Hier ergibt sich ein weiteres Problem darin, dass der vortretende Zinsanspruch höher ist als der bei dem zurücktretenden Recht. Dem Zwischenrecht dürfen wegen des Beeinträchtigungsverbots aber maximal immer nur 10 % des ursprünglich erstrangigen Rechts III/1 vorgehen. Das vortretende Recht III/3 kann somit vor dem Zwischenrecht III/2 nur 10 % Zinsen in Anspruch nehmen, der restliche Zinssatz geht dem Recht III/2 nach.

76 **Beispiel:**
Angenommen III/1 und III/3 melden sämtliche laufenden und bis zu zwei Jahre älteren Zinsen an, dann ergibt sich folgende Rangfolge:
1. Teil von   III/3   30.000,- € nebst 10 %
              III/2   40.000,- € nebst 10 %
dann restliche 5 % Zinsen aus 30.000,- € von III/3, zzgl.
2. Teil von   III/3   20.000,- € nebst 15 %
              III/1   30.000,- € nebst 10 %

f) Mehrere Rechte im Rangtausch

77 Treten mehrere Rechte im Rang zurück, behalten sie untereinander ihren Rang.[84]

Beispiel 1 (gleichzeitiger Rangrücktritt):
Abt. III/1   50.000,- € für A
Abt. III/2   70.000,- € für B
Abt. III/3   90.000,- € für C
Die Rechte III/1 und III/2 haben Rang nach dem Recht III/3.

Rangfolge:
Abt. III/3   90.000,- € für C
Abt. III/1   50.000,- € für A
Abt. III/2   70.000,- € für B

78 Treten mehrere Rechte im Rang vor, behalten sie ihren Rang nur bei gleichzeitigem Vortritt; ansonsten verliert das später aufgerückte Recht seinen Rang gegenüber dem zuerst aufgerückten Recht.[85]

Beispiel 2 (gleichzeitiger Vorrang):
Abt. III/1   50.000,- € für A
Abt. III/2   70.000,- € für B

---

84   RGZ 64, 100; MünchKomm/*Kohler*, BGB § 880 Rdn. 15; Steiner/*Eickmann*, § 44 Rdn. 75; Meikel/*Böttcher*, § 45 Rdn. 142.
85   MünchKomm/*Kohler*, BGB § 880 Rdn. 15; Steiner/*Eickmann*, § 44 Rdn. 77; Meikel/*Böttcher*, § 45 Rdn. 145.

Abt. III/3   90.000,– € für C
Die Rechte III/2 und III/3 haben Rang vor dem Recht III/1.
Rangfolge:
Abt. III/2   70.000,– € für B
Abt. III/3   90.000,– € für C
Abt. III/1   50.000,– € für A

Beispiel 3 (zeitlich späterer Vorrang):
Abt. III/1   90.000,– € für A
Abt. III/2   70.000,– € für B
Abt. III/3   50.000,– € für C
Das Recht III/3 hat Vorrang vor III/1, eingetragen am 12.7.2015
Das Recht III/2 hat Vorrang vor III/1, eingetragen am 20.7.2015
Rangfolgen:

		am 12.7.2015	am 20.7.2015
	III/3	50.000,– € für C	III/3 50.000,– für C
1.Teil	III/1	40.000,– € für A	III/2 70.000,– für B
	III/2	70.000,– € für B	III/1 90.000,– für A
2.Teil	III/1	50.000,– € für A	

Das Recht III/1 hat zwar am 12.7.2015 nur dem Recht III/3 den Vorrang eingeräumt, aber seinen Rang auch teilweise an III/2 verloren. Das Recht III/2 hat seinen Vorrang an III/3 endgültig am 20.7.2015 verloren.[86]

Fraglich ist, ob dieses Ergebnis auch dann gilt, wenn das zurücktretende Recht III/1 kleiner ist als das vortretende Recht III/3.

Beispiel:
Abt. III/1   50.000,– € für A
Abt. III/2   70.000,– € für B
Abt. III/3   90.000,– € für C
Das Recht III/3 hat Vorrang vor III/1, eingetragen am 12.7.2015
Das Recht III/2 hat Vorrang vor III/1, eingetragen am 20.7.2015
Rangfolgen:

		am 12.7.2015	am 20.7.2015
	III/3	50.000,– € für C	es verbleibt bei der Rangfolge
1.Teil	III/2	70.000,– € für B	wie nebenstehend dargestellt
2.Teil	III/3	40.000,– € für C	
	III/1	50.000,– € für A	

Eine gegenüber dem 12.7.2015 geänderte Rangfolge ist durch die weitere Rangänderung nicht eingetreten, da das Recht III/2 seine Rangposition vor dem Recht III/1 bereits rechnerisch erlangt hat. Die aufgrund der zweiten Rangänderung beantragte Grundbucheintragung muss m.E. aber dennoch eingetragen werden, da bei Wegfall des Rechtes III/3 das Recht III/1 seine alte Rangposition wieder erlangen würde. In diesem Falle wird die spätere Rangänderung relevant.

---

86   Vgl. Meikel/*Böttcher,* § 45 Rdn. 45.

g) Rangfolge zwischen Abt. II und Abt. III mit Zwischenrecht

81 **Beispiel:**
Abt. II/1   Wohnungsrecht für A
Abt. III/1   70.000,– € für B
Abt. III/2   50.000,– € für C
Das Recht III/2 hat Vorrang vor dem Recht Abt. II/1.
Die **Rangfolge** ist nicht darstellbar, da das Recht Abt. II/1 keinen Kapitalwert hat. Die Folgen zeigen sich erst in der Zwangsversteigerung.

82 **Vor der Rangänderung** kann z.B. A kann aus dem Recht II/1 die Zwangsversteigerung nicht betreiben, da er keinen Anspruch auf Zahlung hat. Betreibt z.B. B das Verfahren, bleibt das Recht II/1 bleibt bestehen, und der bar zu zahlende Teil besteht aus Verfahrenskosten, Rangklasse 1–3 § 10 Abs. 1 und Rangklasse 4 des § 10 Abs. 1 (evtl. Kosten des Rechtes II/1)

83 Nach der Rangänderung kann A weiterhin nicht aus dem Recht II/1 die Zwangsversteigerung betreiben.

84 Betreibt aber z.B. B das Verfahren gilt: Aufgrund des Rangtausches zwischen II/1 und III/2 geht III/2 dem B vor, aber wertmäßig nur in Höhe des Wohnungsrechtes. **Folge:** Doppelausgebot: mit bestehen bleiben des Rechtes II/1 und ohne (streitig).[87]

85 Betreibt C gilt: er ist aufgrund des Rangtausches erstrangig. Ursprünglich war B mit dem Recht III/1 versteigerungsfest, er blieb immer bestehen, da A aus dem Recht II/1 nicht das Verfahren betreiben konnte. **Folge:** B darf auch jetzt nicht erlöschen, § 880 Abs. 5 BGB, und ist in das geringste Gebot aufzunehmen.[88]

h) Gleichrang und Rangtausch

86 **Beispiel:**
Abt. III/1   90.000,– € für A
Abt. III/2   70.000,– € für B im Gleichrang mit III/3
Abt. III/3   50.000,– € für C im Gleichrang mit III/2
Das Recht III/3 hat Rang vor dem Recht III/1.

Rangfolge:
             III/3   50.000,– € für C
1. Teil   III/1   40.000,– € für A
             III/2   70.000,– € für B gleichrangig mit dem 2. Teil von III/1
2. Teil   III/1   50.000,– € für A gleichrangig mit III/2

Betreibt z.B. A **vor der Rangänderung** das Verfahren, bleibt im geringsten Gebot kein Recht bestehen. Betreiben die Gläubiger B oder C das Verfahren, bleibt jeweils das Recht III/1 bestehen. Der bar zu zahlende Teil besteht aus Verfahrenskosten, Rangklasse 1–3 § 10 Abs. 1 und Rangklasse 4 § 10 Abs. 1 (Kosten und Zinsen des Rechtes III/1).

---

87   Für Doppelausgebot: OLG Hamm, Rpfleger 1985, 246; wohl auch Depré/*Bachmann*, § 44 Rdn. 39; *Böttcher*, § 44, 45 Rdn. 20 – von Amts wegen –; Steiner/*Eickmann*, § 44 Rdn. 74 – auf Antrag –; a.A.: *Stöber*, ZVG § 44 Rdn. 6.4 mit Beispielen.
88   *Stöber*, ZVG § 44 Rdn. 6.3; Steiner/*Eickmann*, § 44 Rdn. 74.

Betreibt z.b. A nach der Rangänderung das Verfahren, bleibt im geringsten Gebot das Recht III/3 bestehen. Betreibt B das Verfahren, fallen das Recht III/3 und der 1. Teil aus III/1 ins geringste Gebot und bleiben bestehen. Betreibt C, bleibt kein Recht bestehen. 87

Schwierig wird es, wenn Gleichrang und ein Rangtausch vorgenommen wurden. 88

Beispiel:
Abt. III/1 30.000,- € für A
Abt. III/2 40.000,- € für B im Gleichrang mit III/3
Abt. III/3 50.000,- € für C im Gleichrang mit III/2
Das Recht III/3 hat Vorrang vor dem Recht III/1.

Rangfolge:
1. Teil	III/3	30.000,- € für C	
	III/2	40.000,- € für B	B einerseits und der
2. Teil	III/3	20.000,- € für C (Rang vor III/1)	2. Teil von C und A
	III/1	30.000,- € für A	andererseits sind untereinander gleichrangig

In der Zwangsversteigerung gilt: Betreibt C das Verfahren, bleibt kein Recht bestehen. Betreibt B das Verfahren bleibt der 1. Teil des Rechts III/3 bestehen. Betreibt A das Verfahren, bleiben der 1. Teil und der 2. Teil aus III/3 bestehen. Hierdurch ist B benachteiligt, da ein Teil des Gleichranges jetzt bestehen bleibt, welcher ansonsten nicht in das geringste Gebot aufzunehmen ist. Das Recht III/2 ist wie ein Zwischenrecht zu behandeln, sodass die Grundsätze von § 880 Abs. 5 BGB anzuwenden sind. **Folge:** Ein entsprechender Teil des B ist ebenfalls in das geringste Gebot aufzunehmen.[89] 89

Berechnung:

$$\frac{20.000,- €}{50.000,- €} = \frac{x}{40.000,- €}$$

x = 16.000,- €

Das geringstes Gebot besteht somit aus dem Recht III/3 und einem Teilbetrag von 16.000,- € aus III/2.

i) Zurücktreten aus Gleichrang

Beispiel: 90
Abt. III/1 50.000,- € für A im Gleichrang mit III/2
Abt. III/2 70.000,- € für B im Gleichrang mit III/1
Abt. III/3 90.000,- € für C
Das Recht III/1 hat Rang nach dem Recht III/3

---

89 Steiner/*Eickmann*, § 44 Rdn. 79.

Rangfolge:
1. Teil   III/3   50.000,- € für C im Gleichrang mit III/2
           III/2   70.000,- € für B im Gleichrang mit dem 1. Teil aus III/1
2. Teil   III/3   40.000,- € für C
           III/1   50.000,- € für A

Betreibt z.B. A oder B das Verfahren **vor der Rangänderung**, bleibt kein Recht bestehen. Betreibt C das Verfahren, bleiben die Rechte III/1 und III/2 bestehen.

91 Betreibt z.B. A das Verfahren **nach der Rangänderung**, bleiben die Rechte III/2 und III/3 bestehen. Betreiben B oder C das Verfahren, bleibt kein Recht bestehen.

92 Schwierig wird es auch hier, wenn Gleichrang und ein Rangtausch vorgenommen wurden.

Beispiel:
Abt. III/1   50.000,- € für A im Gleichrang mit III/2
Abt. III/2   40.000,- € für B im Gleichrang mit III/1
Abt. III/3   30.000,- € für C
Das Recht III/3 hat Vorrang vor dem Recht III/1.

Rangfolge:
           III/3   30.000,- € für C
1. Teil   III/1   20.000,- € für A (im Rang hinter III/3)III/3 und 1. Teil von
                    III/1 einerseits und
           III/2   40.000,- € für BIII/2 andererseits
                    haben Gleichrang
2. Teil   III/1   30.000,- € für A

93 In der Zwangsversteigerung ergibt sich **vor der Rangänderung** kein Unterschied zu den Ergebnissen in Beispiel → Rdn. 89 zuvor.

94 **Nach der Rangänderung** gilt: betreiben B oder C das Verfahren, bleibt im geringsten Gebot kein Recht bestehen. Betreibt A das Verfahren, bleibt das Recht III/3 in jedem Falle bestehen. Hierdurch ist B benachteiligt, da ein Teil des Gleichranges jetzt bestehen bleibt, welcher ansonsten nicht in das geringste Gebot aufzunehmen ist. **Folge:** Ein entsprechender Teil des B ist ebenfalls in das geringste Gebot aufzunehmen.[90]

$$\frac{30.000,-\,€}{50.000,-\,€} = \frac{x}{40.000,-\,€}$$

x = 24.000,- €

Das geringste Gebot besteht somit aus dem Recht III/3 und einem Teilbetrag von 24.000,- € aus III/2. Der bar zu zahlende Teil besteht aus den Verfahrenskosten, Rangklasse 1–3 § 10 Abs. 1 und Rangklasse 4 § 10 Abs. 1 (Kosten und Zinsen aus III/3 und dem Teilbetrag aus III/2).

---

90 Steiner/*Eickmann*, § 44 Rdn. 30.

j) Gesetzliche Rangverschiebung

Eine gesetzliche Rangänderung tritt ohne Mitwirkung der Beteiligten ein, z.B. durch den Tod des Berechtigten eines vorrangigen Rechtes (Nießbrauch, Wohnungsrecht, § 1061 BGB). Nach § 880 Abs. 4 BGB geht der dem vortretenden Recht eingeräumte Rang nicht dadurch verloren, dass das zurücktretende Recht durch Rechtsgeschäft aufgehoben wird. Es ist also ein gravierender Unterschied, ob das Recht kraft Gesetzes oder durch Rechtsgeschäft erlischt bzw. aufgehoben wird.

95

Beispiel:
Abt. II/1   Wohnungsrecht für A
Abt. III/1   90.000,- € für B
Abt. III/2   70.000,- € für C
Das Recht III/2 hat Vorrang vor dem Recht II/1.
Das Recht II/1 wird auf **Bewilligung des Berechtigten A** im Grundbuch gelöscht. Da dies im Grundbuch aber so nicht eingetragen wird (sondern nur „.... gelöscht am ...."), muss der Löschungsgrund dem Vollstreckungsgericht mitgeteilt werden.

Rangfolge:
Abt. III/2   70.000,- € für C
Abt. III/1   90.000,- € für B
Abt. II/1   gelöscht

Unter Beachtung von § 880 Abs. 5 BGB wird in der Zwangsversteigerung der Gläubiger C vor dem Gläubiger B berücksichtigt. Offen bleibt, wie *Stöber*[91] dieses Problem lösen will, wenn Beträge nach §§ 50, 51 nicht festgesetzt werden, da alle Rechte erlöschen.

96

Beispiel:
Abt. II/1   Wohnungsrecht für A
Abt. III/1   90.000,- € für B
Abt. III/2   70.000,- € für C
Das Recht III/2 hat Vorrang vor dem Recht II/1.
Der **Berechtigte des Rechtes II/1 verstirbt**, das Recht ist erloschen, §§ 1093, 1061 BGB. Da dies im Grundbuch aber so nicht eingetragen wird (sondern nur „.... gelöscht am ...."), muss der Löschungsgrund dem Vollstreckungsgericht mitgeteilt werden.

Rangfolge:
Abt. III/1   90.000,- € für B
Abt. III/2   70.000,- € für C
Abt. II/1   erloschen

Aus dem Umkehrschluss von § 880 Abs. 4 BGB und unter Beachtung des Beeinträchtigungsverbotes nach § 880 Abs. 5 BGB verliert das Recht III/2 seinen Vorrang und tritt in die alte Rangposition zurück.[92]

---

91 *Stöber*, § 44 Rdn. 6.4.
92 MünchKomm/*Kohler*, BGB § 880 Rdn. 20; Meikel/*Böttcher*, § 45 Rdn. 158.

k) Rangvorbehalt

97 Der Eigentümer kann sich bei der Belastung des Grundstückes mit einem Recht die Befugnis vorbehalten, ein anderes, dem Umfange nach bestimmtes Recht mit dem Rang vor jenem Recht eintragen zu lassen, § 881 BGB. Gegenstand des Rangvorbehaltes können alle dinglichen Rechte sowie Vormerkungen sein. Es kann auch die Einräumung des Gleichranges vorbehalten werden.[93] Der **Zinsbeginn** sollte tunlichst bei der Eintragung angegeben und eingetragen werden. Der Eintragungsbewilligung für einen Rangvorbehalt zugunsten eines verzinslichen Grundpfandrechts, die keine Angaben zum Zeitpunkt des Zinsbeginns enthält, kann nach Auffassung des BGH[94] nicht durch Auslegung zweifelsfrei entnommen werden, dass der Anfangszeitpunkt für die Verzinsung der Tag sein soll, an dem das vorbehaltene Grundpfandrecht in das Grundbuch eingetragen wird. Bei bereits eingetragenen Rangvorbehalten (die Entscheidung des BGH ist vom 9.12.1995) zugunsten eines verzinslichen Grundpfandrechts, die keine Angaben zum Zeitpunkt des Zinsbeginns enthalten, gilt hinsichtlich des Zinsbeginns der Zeitpunkt der Eintragung des Grundpfandrechts als Mindestinhalt der Erklärung.

98 Der Sinn und Zweck des Rangvorbehaltes liegt in der Freihaltung einer besseren Rangstelle, wenn das rangbessere Recht noch nicht eingetragen werden kann. Die Eintragung erfolgt direkt bei dem Recht oder nachträglich in der Veränderungsspalte bei dem jeweiligen Recht. Der Rangvorbehalt kann mehrfach ausgeübt werden, sofern die mehrfache Ausübung nicht ausdrücklich ausgeschlossen ist. Auch ist eine teilweise oder stufenweise Ausübung zulässig. Ein für eine Gesamtgrundschuld eingeräumter Rangvorbehalt kann auch für eine Einzelgrundschuld ausgenutzt werden.[95]

99 Der Rangvorbehalt ist ein dem Eigentümer vorbehaltenes höchstpersönliches Recht und ist nicht übertragbar und auch nicht pfändbar.[96] Der Rangvorbehalt geht als ein Stück vorbehaltenes Eigentum mit Übergang des Grundstückes auf den neuen Eigentümer über.

100 In der **Zwangsversteigerung** teilt der Vorbehalt das Schicksal des Rechtes, bei dem er eingetragen ist. Eine Erlöszuteilung auf einen nicht ausgenutzten Rangvorbehalt erfolgt nicht.

Unproblematisch ist das Rangverhältnis nach Ausübung des Rangvorbehaltes, wenn beide Rechte unmittelbar aufeinander folgen. Das den Vorbehalt ausnutzende Recht hat nunmehr Rang vor dem mit dem Vorbehalt belastenden Recht. Es liegt ein Rangtausch vor.

101 Wird der Rangvorbehalt mehrfach ausgenutzt, regelt sich der Rang dieser Rechte nach den allgemeinen Regeln, § 879 BGB.

Beispiel:
Abt. III/1 100.000,- € für A
– mit Rangvorbehalt (RV) für 50.000,- €
– mehrfach ausnutzbar

---

93 BayObLGZ 1956, 462.
94 BGH, Rpfleger 1995, 343 = NJW 1995, 1081 = MDR 1995, 461 = WM 1995, 659 = ZIP 1995, 451.
95 LG Bochum, DNotZ 1956, 604.
96 MünchKomm/*Kohler*, BGB § 881 Rdn. 14; *Stöber*, Forderungspfändung, Rdn. 1733; Meikel/*Böttcher*, § 45 Rdn. 200.

Abt. III/2   20.000,- € für B
             – unter Ausnutzung des RV vor III/1
Abt. III/3   30.000,- € für C
             – unter Ausnutzung des RV vor III/1
Rangfolge:
Abt. III/2   20.000,- € für B
Abt. III/3   30.000,- € für C
Abt. III/1   100.000,- € für A

Problematisch ist die Auswirkung des Rangvorbehaltes nach Ausnutzung, **102** wenn zwischenzeitlich ein weiteres Recht im Grundbuch eingetragen worden ist (**Zwischenrecht**). Die Bestimmung des § 881 Abs. 4 BGB hat eigenartige Auswirkungen, die sich erst bei der Erlösverteilung in der Zwangsversteigerung zeigen. Die Verteilung erfolgt nach der interessenausgleichenden Herfurth'schen Formel:[97]

Recht III/1 (belastetes Recht) erhält: Erlös minus Recht III/3
Recht III/2 (Zwischenrecht) erhält: Erlös minus Recht III/1
Recht III/3 (begünstigtes Recht) erhält: Erlös minus Restbetrag

Beispiel:
Alle Rechte erlöschen in der Zwangsversteigerung.

	III/1	30.000,- € für A (mit RV für 40.000,- €)
	III/2	60.000,- € für B
	III/3	40.000,- € für C unter Ausnutzung der RV im Rang vor III/1

Erlös bis	Recht III/1	Recht III/2	Recht III/3
30.000,- €	–	–	30.000,- €
40.000,- €	–	10.000,- €	30.000,- €
50.000,- €	10.000,- €	20.000,- €	20.000,- €
60.000,- €	20.000,- €	30.000,- €	10.000,- €
70.000,- €	30.000,- €	40.000,- €	–
80.000,- €	30.000,- €	50.000,- €	–
90.000,- €	30.000,- €	60.000,- €	–
100.000,- €	30.000,- €	60.000,- €	10.000,- €
130.000,- €	30.000,- €	60.000,- €	40.000,- €

Diese Auswirkungen und Regeln gelten auch, wenn das mit dem Vorbehalt belastete Recht ein Recht in Abt. II des Grundbuches ist; dann ist nur der Wertersatz nach § 92 für das Recht einzusetzen. **103**

Bis zum Erlös in Höhe des Rechtes III/1 wirkt sich der ausgenutzte Vorbehalt **104** zugunsten von III/3 wie eine echte Rangänderung aus. Danach nimmt die Befriedigungswirkung ab, fällt schließlich ganz aus, bis die Rechte III/1 und III/2 voll gedeckt sind. Der Gläubiger B erhält als Zwischenberechtigter bereits ab 30.000,01 € eine Zuteilung.

---

97 MünchKomm/*Kohler*, BGB § 881 Rdn. 18 ff.; Palandt/*Bassenge*, § 881 Rdn. 11, 12; Meikel/*Böttcher*, § 45 Rdn. 205 ff.

105 In der **Zwangsversteigerung** gilt: Wird das Verfahren von C betrieben, bleibt kein Recht im geringsten Gebot bestehen (III/1 nicht, da C vorgeht; III/2 nicht, es gilt § 880 Abs. 5 BGB; III/3 nicht, da betreibender Gläubiger). Gleiches gilt, wenn A das Verfahren bestrangig betreibt (III/1 nicht, da betreibender Gläubiger; III/2 nicht, da gegenüber A nachrangig; III/3 nicht, da es keine Wertdifferenz zwischen III/3 – III/2 gibt[98]). Da der Anteil des Rechts III/3 vom Erlös abhängig ist, dessen Höhe aber bei Aufstellung des geringsten Gebots noch nicht feststeht, soll das Recht als erlöschendes Recht behandelt werden.[99]

106 Betreibt jedoch B das Verfahren, kommt das Recht III/2 nicht ins geringste Gebot, da betreibender Gläubiger; wertmäßig gehen dem B vor: 30.000,– €, aber der Berechtigte A oder C steht nicht fest. Nach den Formeln C-III/3 minus B-III/2, A-III/1 minus C-III/3, ist der Teilbetrag zu errechnen, der bestehen bleibt; im Übrigen erfolgt Barzahlung. **Folge:** Vorliegend bleibt kein Recht bestehen. Der Betrag von 30.000,– € für C ist in den barzuteilenden Teil des geringsten Gebotes aufzunehmen.[100]

l) **Weitere relative Rangverhältnisse**

107 Die gleichen Probleme wie beim Rangvorbehalt ergeben sich bei anderen relativen Rangverhältnissen, z.B. wenn ein Recht versehentlich gelöscht wurde und dann ein Dritter gutgläubig den Vorrang erworben hat. Die Herfurth'sche Formel ist dann wie folgt anzuwenden:

- belastetes Recht (III/1) ist das zu Unrecht gelöschte, aber tatsächlich nicht erloschene Recht,
- Zwischenrecht (III/2) ist das ohne Gutglaubensschutz bestehende Recht, das vor dem mit dem gutgläubig erworbenen Vorrang eingetragenen Recht entstanden ist, ausübendes Recht (III/3) ist das Recht, das gutgläubig den Vorrang vor dem gelöschten Recht erworben hat.

V. Mehrere betreibende Gläubiger

1. Begriffsbestimmung

108 Mit dem Begriff „betreibender Gläubiger" ist der Gläubiger im vollstreckungsrechtlichen und nicht im schuldrechtlichen Sinne gemeint. Es ist also derjenige, auf dessen Antrag die Zwangsversteigerung angeordnet (§ 15) oder für den der Beitritt (§ 27) zugelassen worden ist.

2. Verschiedener Rang

109 In der Praxis ist häufig der Fall vorzufinden, dass mehrere Gläubiger von verschiedenem Rang oder ein Gläubiger wegen mehrere Ansprüche von verschiedenem Rang die Zwangsversteigerung betreibt. Abs. 2 bestimmt für diese Fälle grundsätzlich, dass das geringste Gebot nach dem Rang des bestrangig betreibenden Anspruchs festzustellen ist. Allerdings ist der wegen des besser berechtigten Anspruchs ergangene Anordnungs-, Beitritts- oder Fortsetzungsbeschluss für das geringste Gebot nur dann maßgeblich, wenn er dem Schuldner spätestens bis **vier Wo-**

---

98 Steiner/*Eickmann*, § 44 Rdn. 90; anders wenn das Recht III/3 größer ist als das Zwischenrecht.
99 So *Muth*, 2 R Rdn. 68 ff.; Steiner/*Eickmann*, § 44 Rdn. 90, 91.
100 Steiner/*Eickmann*, § 44 Rdn. 90–92.

chen vor dem **Zwangsversteigerungstermin zugestellt** worden ist (Abs. 2).[101] Ist die Frist nicht eingehalten, ist für die Feststellung des geringsten Gebots der Anspruch des nachfolgenden Gläubigers maßgebend. Der Anspruch des vorrangig Berechtigten ist dann in das geringste Gebot aufzunehmen. Abs. 2 hängt eng zusammen mit § 41 Abs. 2 und schützt die Beteiligten vor unangenehmen Überraschungen kurz vor dem Versteigerungstermin. Abweichungen von Abs. 2 sind im Rahmen des § 59 möglich; sie können sich auch aus § 64 Abs. 2, §§ 174, 176 ergeben.

Abs. 2 findet entsprechende Anwendung, wenn innerhalb der letzten vier Wochen vor dem Versteigerungstermin einer **Rangänderung** im Grundbuch eingetragen wurde, die eine **niedrigere Feststellung** des geringsten Gebotes zur Folge hat[102] (Anmeldung gem. § 9 Nr. 1 erforderlich) oder wenn der vorgehende Gläubiger die **einstweilige Einstellung** der Zwangsvollstreckung bewilligt hat und der wegen seines Anspruchs ergangene Fortsetzungsbeschluss nicht fristgerecht bis vier Wochen vor dem Versteigerungstermin dem Schuldner zugestellt wurde. **110**

3. Antragsrücknahme, Aufhebung oder Einstellung des Verfahrens

Wird das Verfahren von **mehreren Gläubigern** betrieben, und hat einer der Gläubiger seinen Antrag zurückgenommen oder ist das Verfahren insoweit aufgehoben oder einstweilen eingestellt worden, scheidet der Gläubiger aus dem Kreis der betreibenden Gläubiger endgültig oder für die Dauer der Einstellung aus. Ist dieser Gläubiger vorrangig vor anderen betreibenden Gläubigern, ist das geringste Gebot nunmehr anderweitig nach dem Rang des jetzt bestrangig berechtigten Gläubigers festzusetzen. Erfolgen Antragsrücknahme oder Bewilligung der einstweiligen Einstellung vor Schluss der Versteigerung (§ 73 Abs. 2), ist ein neues geringstes Gebot nach dem nunmehr bestrangig betreibenden Gläubiger aufzustellen, sofern wiederum die Frist gem. Abs. 2 eingehalten ist; es ist eine neue Bietzeit zu beginnen. Erfolgen Bewilligung der einstweiligen Einstellung oder die Antragsrücknahme nach Schluss der Versteigerung, ist der Zuschlag zu versagen, § 33, falls nicht eine Heilung nach § 84 möglich ist. **111**

Sind keine betreibenden Gläubiger aus den Rangklassen 2, 3 und 4 nach § 10 Abs. 1 vorhanden, richtet sich das geringste Gebot nach dem betreibenden Gläubiger der Rangklasse 5. Hat von zwei **persönlich betreibenden Gläubigern** der Rangklasse 5 der Besserberechtigte die einstweilige Einstellung bewilligt, so ist sein Anspruch in den bar zu zahlenden Teil des geringsten Gebotes aufzunehmen, der Ersteher muss auch diesen Teil bar zahlen (die Berechnung der Zinsen erfolgt bis 1 Tag vor dem angenommenen Verteilungstermin, da dann jetzt Zahlung erfolgt, eine Übernahme durch den Ersteher nach § 56 Satz 2 ZVG scheidet aus).[103] Der auf ihn entfallende Erlös ist zu hinterlegen, falls der Gläubiger nicht die Fortsetzung der Zwangsversteigerung beantragt.[104] **112**

Zur Zinsberechnung siehe → § 47 Rdn. 2. **113**

Für den Fall gleichzeitiger Zwangsversteigerung mehrerer Grundstücke, die alle für den rangbesseren, aber zur Zeit nicht betreibenden persönlichen Gläubiger beschlagnahmt sind vgl. → § 64 Rdn. 39. **114**

---

101 *Stöber*, ZVG § 44 Rdn. 7.4; *Böttcher*, § 44, 45 Rdn. 12.
102 *Stöber*, ZVG § 44 Rdn. 7.7.
103 BGHZ 66, 217 = KTS 1977, 26 = NJW 1976, 1398.
104 RGZ 125, 24.

§ 45 »Feststellung des geringsten Gebots«

(1) Ein Recht ist bei der Feststellung des geringsten Gebots insoweit, als es zur Zeit der Eintragung des Versteigerungsvermerkes aus dem Grundbuch ersichtlich war, nach dem Inhalte des Grundbuchs, im übrigen nur dann zu berücksichtigen, wenn es rechtzeitig angemeldet und, falls der Gläubiger widerspricht, glaubhaft gemacht wird.

(2) Von wiederkehrenden Leistungen, die nach dem Inhalte des Grundbuchs zu entrichten sind, brauchen die laufenden Beträge nicht angemeldet, die rückständigen nicht glaubhaft gemacht zu werden.

(3) ¹Ansprüche der Wohnungseigentümer nach § 10 Abs. 1 Nr. 2 sind bei der Anmeldung durch einen entsprechenden Titel oder durch die Niederschrift der Beschlüsse der Wohnungseigentümer einschließlich ihrer Anlagen oder in sonst geeigneter Weise glaubhaft zu machen. ²Aus dem Vorbringen müssen sich die Zahlungspflicht, die Art und der Bezugszeitraum des Anspruchs sowie seine Fälligkeit ergeben.

Übersicht

		Rdn.
I.	Allgemeines	1
II.	Von Amts wegen zu berücksichtigende Rechte	3
	1. Rechte im Grundbuch	3
	2. Materielles Erlöschen eines Rechtes	6
	3. Laufende Beträge wiederkehrender Leistungen	8
	4. Kosten	10
III.	Anzumeldende Ansprüche	11
	1. Rückständige wiederkehrende Leistungen und sonstige Rechte	11
	2. Kosten	15
	3. Rechtzeitige Anmeldung	16
	4. Ansprüche der Wohnungseigentümer	18
IV.	Rechtsfolgen der Anmeldung	21
V.	Verantwortlichkeit	23
VI.	Rechtsbehelf	24

I. Allgemeines

1   In § 45 ist der Grundsatz für die Feststellung des geringsten Gebotes, in §§ 46–48 und §§ 8, 9 EGZVG die Ergänzungen geregelt. In das geringste Gebot (hierzu auch § 44) sind nur die dem bestrangig betreibenden Gläubiger vorgehenden Rechte und Ansprüche aufzunehmen. Der Bedeutung des Grundbuches entspricht es, dass die aus dem Grundbuch ersichtlichen Rechte und ihre Rangordnungen von Amts wegen zu berücksichtigen sind (hierzu → Rdn. 3 ff.). Das gilt auch für laufende Beträge wiederkehrender Leistungen (§ 13) dieser Rechte. Der Gesetzgeber geht hier und bei der Erlösverteilung (§ 114 Abs. 2) davon aus, dass der Schuldner, der es zur Zwangsversteigerung seines Grundstückes kommen lässt, mit diesen Leistungen rückständig ist.

Andere Ansprüche, z.B. solche der in den Rangklassen 1–3 des § 10 Abs. 1, Rückstände wiederkehrender Leistungen, Kosten der Rechtsverfolgung oder noch bestehende, aber gelöschte Rechte, sind **nur auf Anmeldung** zu berücksichtigen (hierzu → Rdn. 11 ff.).

2   Abs. 3 ist durch Art. 2 Nr. 1 Buchst. a WEGuaÄndG neu eingeführt worden. Die Neufassung gilt seit dem 1. Juli 2007 (Art. 4 Satz 2 WEGuaÄndG). Auf die zu

diesem Zeitpunkt anhängig gewesenen Zwangsversteigerungsverfahren ist die bisherige Fassung – ohne Abs. 3 – anzuwenden (§ 62 Abs. 1 WEG).

II. Von Amts wegen zu berücksichtigende Rechte

1. Rechte im Grundbuch

Von Amts wegen zu berücksichtigen sind Rechte, die sich im Zeitpunkt der Eintragung des Zwangsversteigerungsvermerkes aus dem Grundbuch ergeben. Hierbei ist es unerheblich, ob Eintragungen fehler- oder lückenhaft sind. Widersprüche gegen den Bestand oder Rang des Rechts bleiben unberücksichtigt. Es ist auch belanglos, ob sich Rechte ganz oder teilweise in Eigentümerrechte umgewandelt haben.[1] Weist das Grundbuch ein nicht zur Entstehung gelangtes oder erloschenes Recht auf, muss es berücksichtigt werden (Zuzahlungspflicht nach §§ 50, 51), es sei denn, die zur Löschung erforderlichen Urkunden werden spätestens im Zwangsversteigerungstermin vorgelegt.[2] Gleiches gilt, wenn ein Gesamtrecht infrage steht, dass gem. § 1181 Abs. 2 BGB vor der Versteigerung erloschen ist; eine dieses Gesamtrecht betreffende Vereinbarung nach § 91 Abs. 2 ändert hieran nichts, da sie wie die Befriedigung des Berechtigten aus dem Grundstück wirkt, § 91 Abs. 3 Satz 2.[3]

Liegen die Voraussetzungen der §§ 84, 87 GBO (Löschung gegenstandsloser Eintragungen) vor, so sind die hiervon betroffenen Rechte nicht in das geringste Gebot aufzunehmen. Gegen den Widerspruch eines Berechtigten darf ein eingetragenes Recht nur dann unberücksichtigt bleiben, wenn das Erlöschen des Rechts durch rechtskräftiges Urteil nachgewiesen ist.

In **ausländischer Währung** eingetragene Rechte sind zum Tageskurs in Euro umzustellen und mit dem Euro-Betrag in das geringste Gebot aufzunehmen.

2. Materielles Erlöschen eines Rechtes

Ist ein Recht materiell-rechtlich erloschen, ist dies zu berücksichtigen, wenn das Erlöschen zweifelsfrei feststeht (rechtskräftiges Urteil) oder vom Berechtigten angemeldet wurde. Die Tilgungshypothek und die Schiffshypothek (§ 57 SchRG) erlöschen mit der Rückzahlung. Bei der Tilgungshypothek ist § 1181 Abs. 1 BGB zu beachten (hierzu → § 44 Rdn. 28). Ist ein Recht auf Lebenszeit bestellt (Nießbrauch, beschränkte persönliche Dienstbarkeit, insbesondere Wohnungsrecht, Reallast auf Lebenszeit, Altenteil) und ist der Tod des Berechtigten nachgewiesen, ist das Recht nicht mehr in das geringste Gebot einzustellen. Dies gilt auch bei den sog. rückstandsfähigen Rechten[4], insbesondere sind die §§ 23, 24 GBO als Löschungsvoraussetzung im Grundbuch in der Zwangsversteigerung vom Vollstreckungsgericht nicht zu beachten.[5]

Im Grundbuch zugunsten natürlicher Personen eingetragene nicht vererbliche und nicht veräußerbare Rechte, insbesondere Nießbrauchsrechte, beschränkte persönliche Dienstbarkeiten (z.B. Wohnungsrechte), gelten nach § 5 Abs. 1 GBBerG unbeschadet anderer Erlöschenstatbestände mit dem Ablauf von 110

---

1   BGH, NJW 1961, 1352 = Rpfleger 1961, 353.
2   RGZ 57, 209.
3   OLG Hamm, JurBüro 1966, 894.
4   Hierzu näher *Demharter*, § 23 Rdn. 10 ff.
5   *Stöber*, ZVG Rdn. 6.4 (b); *Depré/Bachmann*, § 45 Rdn. 23; a.A. *Böttcher*, §§ 44, 45 Rdn. 54.

Jahren von dem Geburtstag des Berechtigten an als erloschen, sofern nicht innerhalb von 4 Wochen ab diesem Zeitpunkt eine Erklärung des Berechtigten bei dem Grundbuchamt eingegangen ist, dass er auf dem Fortbestand seines Rechts bestehe; die Erklärung kann in Textform oder zur Niederschrift des Urkundsbeamten der Geschäftsstelle abgegeben werden. Ist der Geburtstag bei Inkrafttreten dieses Gesetzes nicht aus dem Grundbuch oder den Grundakten ersichtlich, so ist der Tag der Eintragung des Rechts maßgeblich. Liegt der nach den vorstehenden Sätzen maßgebliche Zeitpunkt vor dem Inkrafttreten dieses Gesetzes, so gilt das Recht mit dem Inkrafttreten dieses Gesetzes als erloschen, sofern nicht innerhalb von 4 Wochen ab diesem Zeitpunkt eine Erklärung des Berechtigten gemäß Satz 1 bei dem Grundbuchamt eingegangen ist. Steht das Erlöschen nach diesen Voraussetzungen fest, ist das Recht nicht in das geringste Gebot aufzunehmen.

7 Auch ein zu Unrecht im geringsten Gebot nicht berücksichtigtes Recht erlischt durch den Zuschlag, § 91 Abs. 1. Ist ein erloschenes oder ganz oder teilweise nicht zur Entstehung gelangtes Recht in das geringste Gebot aufgenommen, finden die §§ 50, 51 Anwendung.

3. Laufende Beträge wiederkehrender Leistungen

8 Die Definition des Begriffs laufende Beträge wiederkehrender Leistungen (z.B. Zinsen, Tilgungen) ergeben sich aus § 13 Abs. 1 Satz 1. Diese Beträge ergeben sich bei den dinglichen Rechten aus dem Grundbuch oder bei Bezugnahme aus der Eintragungsbewilligung. Sie brauchen nicht angemeldet zu werden, Abs. 2. Die Frage, wie der Zeitraum der zu berücksichtigenden Ansprüche in Rangklasse 2, 3 und 4 des § 10 Abs. 1 zu berechnen ist, ergibt sich aus dem Gesetz. Der *BGH*[6] entschied klar und eindeutig, dass sich das für die Rangklasse 2 des § 10 Abs. 1 maßgebliche Jahr der Beschlagnahme nach der Vorschrift des § 22 Abs. 1 bestimmt und § 167 ZPO nicht entsprechend anwendbar ist.

9 Meldet der Berechtigte weniger an, als nach Abs. 2 von Amts wegen zu berücksichtigen ist (sog. **Minderanmeldung**), geht die Anmeldung vor[7], denn niemand darf mehr zugesprochen werden, als er selbst verlangt; die Anmeldung bildet immer die obere Grenze des Anspruchs, § 308 ZPO. Wird nach dem Ausschluss gem. § 66 Abs. 2 eine Anmeldung im Rahmen des § 45 Abs. 2 vorgenommen, erleiden die über die Minderanmeldung nunmehr angemeldeten Beträge den in § 110 normierten Rangverlust.

4. Kosten

10 Auch sind die unter § 109 fallenden Verfahrenskosten von Amts wegen zu berücksichtigen. Sie umfassen auch die vom Gläubiger vorschussweise gezahlten Beträge; wegen der weiteren Behandlung einer Vorschusszahlung siehe → § 109 Rdn. 6.

---

6   BGH, Rpfleger 2011, 40 = NJW 2011, 528 = WM 2010, 2121 = ZfIR 2010, 863 (*Bergsdorf*).
7   LG Frankenthal, Rpfleger 1986, 232; *Stöber*, ZVG § 45 Rdn. 7.1; *Böttcher*, §§ 44, 45 Rdn. 45, das soll aber nicht bei einer „fingierten" Anmeldungen nach § 114 Abs. 1 Satz 2 gelten.

III. Anzumeldende Ansprüche
1. Rückständige wiederkehrende Leistungen und sonstige Rechte

Nur auf Anmeldung berücksichtigt werden die rückständigen Beträge **wieder-** 11
kehrender Leistungen. Die Definition ergibt sich aus § 13 Abs. 1. Ebenfalls nur
auf Anmeldung berücksichtigt werden die in § 37 Nr. 4 bezeichneten **Rechte** und
Ansprüche. Auch wenn das Vollstreckungsgericht und die Beteiligten von dem
Vorhandensein des Rechts Kenntnis haben, muss die Anmeldung erfolgen.[8] Das
Vollstreckungsgericht hat aber stets gem. § 139 ZPO im Versteigerungstermin anwesende Beteiligte auf die Notwendigkeit der Anmeldung und auf die Rechtsfolgen einer unterlassenen Anmeldung hinzuweisen.

Rückständige wiederkehrende Leistungen, die aus dem Grundbuch erkennbar 12
sind, brauchen nicht **glaubhaft** gemacht zu werden (Abs. 2). Die Glaubhaftmachung der unter § 37 Nr. 4 fallenden Rechte kann nur der Gläubiger verlangen.

Da das Grundstück in jedem Falle für gesetzliche Zinsen haftet, § 1118 BGB, 13
können diese bei rechtzeitiger Anmeldung berücksichtigt werden.[9]

Nebenleistungen, deren Fälligkeit sich nicht aus dem Grundbuch ergibt, z.B. 14
Vorfälligkeitsentschädigung, sind ebenfalls anzumelden.

2. Kosten

Anzumelden sind auch die Kosten der Kündigung und/oder Kosten der ding- 15
lichen Rechtsverfolgung, § 10 Abs. 2. Hierunter fallen z.B. die Eintragungskosten
der Zwangssicherungshypothek im Grundbuch und die dazu angefallenen notwendigen Rechtsanwaltskosten. Weiter gehören hierzu die Gerichtskosten für die
Anordnung bzw. Beitritt zum Verfahren, die Rechtsanwaltskosten für die Vertretung eines Beteiligten im Zwangsversteigerungsverfahren und auch die Terminwahrnehmungskosten, wobei hierzu regelmäßig die Anmeldung einer **Pauschale**[10]
genügt; die Spezifizierung der einzelnen Kosten erfolgt dann zum Verteilungsverfahren.

3. Rechtzeitige Anmeldung

Die Anmeldung kann bereits im Antrag auf Anordnung der Zwangsversteige- 16
rung enthalten sein, der Antrag bzw. Beitrittsantrag ist die stärkste Form der Anmeldung (§ 114 Abs. 1 Satz 2). Auch wenn das Zwangsversteigerungsverfahren
hinsichtlich der in dem Zwangsversteigerungsantrag enthaltenen Ansprüche aufgehoben sein sollte, erübrigt sich ihre Anmeldung. Notwendig ist sie für die unter
§ 10 Abs. 2 fallenden Kosten. Wegen eines Kostenvorschusses des Gläubigers siehe → § 109 Rdn. 6.

Die Anmeldung kann **schriftlich**, zu Protokoll der Geschäftsstelle, per Telefax 17
oder auch elektronisch (§ 130a ZPO) erfolgen. Sie muss einen bestimmten Betrag
oder Höchstbetrag, den Grund des Anspruchs und den Rang angeben. Ist die Anmeldung unklar oder offensichtlich unvollständig, hat das Vollstreckungsgericht
gem. § 139 ZPO auf Klarstellung hinzuwirken. Für eine Anmeldung reicht die
bloße Willensbekundung des Erklärenden, dass er eine Berücksichtigung seines –

---

8 BGHZ 21, 30 = KTS 1956, 120.
9 Stöber, ZVG § 45 Rdn. 3.2.
10 Hierzu OLG Düsseldorf, Rpfleger 1999, 501: Pauschale von 250,– DM für Terminsvertreter.

näher zu bezeichnenden – Rechts (hier: dingliches Wohnungsrecht) in den Zwangsversteigerungsverfahren wünscht.[11] Die Anmeldung kann auch noch im Zwangsversteigerungstermin zu Protokoll des Vollstreckungsgerichts erfolgen. Wird sie erst nach der Aufforderung zur Abgabe von Geboten (§ 66 Abs. 2) vorgenommen, erleidet sie einen Rangverlust, § 110 i.V.m. § 37 Nr. 4. Dieser Rangverlust ist endgültig und gewährt dem dadurch benachteiligten Gläubiger auch keinen Bereicherungsanspruch gegenüber dem Begünstigten.[12] Die Anmeldung wird aber nicht zurückgewiesen. Für einen eventuellen späteren Versteigerungstermin ist sie nunmehr rechtzeitig erfolgt.[13] Eine unzulässige Anmeldung (z.b. eine Anmeldung eines Nichtberechtigten oder eine Anmeldung eines Anspruchs außerhalb der Berücksichtigungsmöglichkeit nach § 10 ZVG) wird ebenfalls nicht berücksichtigt, hierzu bedarf es keines förmlichen Zurückweisungsbeschlusses, ein begründeter Hinweis genügt.[14]

4. Ansprüche der Wohnungseigentümer

18 Ansprüche der Eigentümergemeinschaft aus der Rangklasse 2 des § 10 Abs. 1 (s. dort → Rdn. 19 ff.) sind nicht aus dem Grundbuch ersichtlich und müssen deshalb angemeldet werden.[15] Bei der Vollstreckung in ein Wohnungs- oder Teileigentum haben nur die „*daraus*' fälligen Ansprüche [...]" ein Recht auf Befriedigung aus dem Grundstück. Hat der Schuldner in derselben Wohnanlage mehrere Wohnungen, so kann z.B. bei der Versteigerung der Wohnung Nr. 3 nicht der Hausgeldrückstand bezüglich der Wohnung Nr. 5 im Vorrang geltend gemacht werden. Den „Objektbezug" des Anspruchs als Voraussetzung des Vorrechts hat der Gläubiger bei seiner Anmeldung oder in seinem Versteigerungsantrag glaubhaft zu machen, notfalls durch eine eidesstattliche Versicherung des WE-Verwalters. Richtig ist daher die Entscheidung des *LG Passau*[16]: Bei der Vollstreckung in Wohnungseigentum genügt ein Zahlungstitel über die Gesamtsumme von Hausgeldrückständen für mehrere Wohnungseigentumseinheiten desselben Schuldners zur Einordnung in Rangklasse 2 von § 10 Abs. 1 nur, wenn sich die anteilige Höhe des Verzugsbetrags für das konkrete vom Zwangsversteigerungsverfahren betroffene Wohnungseigentum aus der Begründung des Titels ergibt oder sich wenigstens durch Auslegung mithilfe der dazu gehörigen Antragsschrift ermitteln lässt. Abs. 3 Satz 1 verlangt, dass die Hausgeldansprüche – im Unterschied zu anderen Rechten, die meist durch öffentliche Stellen angemeldet werden und die erst auf Widerspruch glaubhaft zu machen sind – gegenüber dem Vollstreckungsgericht schon bei der Anmeldung glaubhaft gemacht werden[17]. Damit soll ein möglicher Missbrauch bei einer für die übrigen Beteiligten nicht nachvollziehbaren Anmeldung ausgeschlossen werden. Ohne Glaubhaftmachung der angemeldeten Ansprüche besteht die erhöhte Gefahr der Erhebung eines Widerspruchs des die Zwangsversteigerung betreibenden Gläubigers und damit zu Verzögerungen des Verfahrens. Die Glaubhaftmachung kann durch einen bereits vorliegenden Titel

---

11 BGH, Rpfleger 2011, 171 = NJW-RR 2011, 233.
12 BGH, KTS 1956, 120 = BB 1956, 611.
13 *Stöber*, ZVG § 45 Rdn. 2.6.
14 Depré/*Bachmann*, § 45 Rdn. 17; *Stöber*, ZVG § 37 Rdn. 5.18 einfach nicht berücksichtigen; a.A. *Böttcher*, §§ 44, 45 Rdn. 46.
15 Hierzu *Alff/Hintzen*, Rpfleger 2008, 165.
16 LG Passau, Rpfleger 2008, 381.
17 Hierzu insgesamt *Böhringer/Hintzen*, Rpfleger 2007, 353, 359.

erfolgen, etwa einen Vollstreckungsbescheid oder ein Urteil über die bevorrechtigte Forderung oder eine Unterwerfungsurkunde des Schuldners (§ 794 Abs. 1 Nr. 5 ZPO). Ein Titel wird jedoch nicht generell gefordert. Oftmals ist es der Eigentümergemeinschaft nicht möglich, bis zum Zwangsversteigerungstermin, bis zu dem die Ansprüche angemeldet sein müssen, § 37 Nr. 4, einen Titel gegen den säumigen Schuldner zu erlangen. Insbesondere dann, wenn der Schuldner gleichzeitig seine Zahlungen an die Grundpfandrechtsgläubiger und die Eigentümergemeinschaft einstellt, ist dies zu erwarten. Deshalb reicht es zur Glaubhaftmachung auch aus, eine Niederschrift der maßgeblichen Beschlüsse der Wohnungseigentümer einschließlich ihrer Anlagen – etwa den Wirtschaftsplan oder die Jahresabrechnung – vorzulegen, aus der die Zahlungspflicht (§ 28 Abs. 2 und 5 WEG) hervorgeht. Eine spätere Glaubhaftmachung auf Verlangen des betreibenden Gläubigers erübrigt sich so.

Für die Glaubhaftmachung ist keine öffentlich beglaubigte Niederschrift über Beschlüsse (§ 24 Abs. 6 WEG) notwendig. Folge wäre, dass nahezu jede Niederschrift über eine Eigentümerversammlung vorsorglich mit den erforderlichen Beglaubigungen versehen werden müsste. Denn in Fällen, in denen die Unterzeichner der Niederschrift etwa wegen eines Verwalterwechsels oder wegen Veräußerung der Eigentumswohnung für eine spätere Beglaubigung nicht mehr zur Verfügung stünden, könnte die öffentliche Beglaubigung nachträglich nicht oder nur mit erheblichem Aufwand erreicht werden. Die öffentliche Beglaubigung ist auch entbehrlich, da der Anspruch bei der Anmeldung nur glaubhaft gemacht, nicht aber – wie im Grundbuchverfahren die Verwaltereigenschaft (vgl. → § 26 Abs. 4 WEG) – nachgewiesen werden muss. Auch andere Schriftstücke der Eigentümergemeinschaft reichen zur Glaubhaftmachung aus. 19

Zu den gemäß Satz 2 erforderlichen Angaben zur Prüfung durch das Gericht vgl. → § 10 Rdn. 28. Für den Fall, dass die Ansprüche bei der Anmeldung nicht hinreichend glaubhaft gemacht sind, ergeht eine Zwischenverfügung zur Behebung. Bleibt der Anspruch weiterhin nicht hinreichend glaubhaft, wird er nicht in das geringste Gebot aufgenommen. Eine Zuteilung auf den angemeldeten Anspruch erfolgt dann nicht. 20

IV. Rechtsfolgen der Anmeldung

Der angemeldete Anspruch ist – soweit die Voraussetzungen des § 44 Abs. 1 vorliegen – in das geringste Gebot aufzunehmen. Bestehen bleibende Rechte hat der Ersteher nach § 91 Abs. 1 gegen sich gelten zu lassen. Das Bargebot ist nach § 49 zu zahlen. Das geringste Gebot trifft keine Bestimmung darüber, wem die bestehen bleibenden Rechte und zu berücksichtigenden Ansprüche zustehen und schließt deshalb Widersprüche bei der Erlösverteilung nicht aus, § 115. Auch kann zum Verteilungstermin ein geringerer Betrag angemeldet werden; bei der Anmeldung eines höheren Betrages tritt der Rangverlust nach § 110 ein. 21

Eine nach Aufforderung zur Abgabe von Geboten vorgenommene Reduzierung der Anmeldung ist zu Protokoll zunehmen. Dies hat jedoch keinen Einfluss auf das geringste Gebot, eine neue Aufstellung kommt nicht in Betracht.[18] 22

---

18 *Stöber*, ZIP 1981, 944.

V. Verantwortlichkeit

23 Die Verantwortung für die Aufstellung des geringsten Gebotes liegt beim zuständigen Rechtspfleger selbst dann, wenn er einen Rechnungsbeamten (→ § 66 Rdn. 46) zugezogen hat, § 66 Abs. 1 letzter Hs. Diese Haftung besteht nicht nur gegenüber den Beteiligten, § 9, sondern auch gegenüber den Bietern.[19] Hiervon unabhängig bleibt die Haftung auch des Anwaltes eines Beteiligten oder Bieters, der die Nachprüfung des geringsten Gebotes unterlassen hat.

VI. Rechtsbehelf

24 Das geringste Gebot ist selbstständig nicht anfechtbar. Ist es fehlerhaft, liegt ein Zuschlagsversagungsgrund vor § 83 Nr. 1, falls nicht nach § 84 eine Heilung in Betracht kommt. Kommt es wegen des fehlerhaften geringsten Gebots zur Aufhebung oder einstweiligen Einstellung des Verfahrens (§ 77), so ist der entsprechende Beschluss mit sofortiger Beschwerde anfechtbar, § 11 Abs. 1 RPflG, § 793 ZPO, § 95 ZVG.[20]

---

19 RGZ 129, 23.
20 LG Frankfurt a.M., NJW 1959, 1442.

§ 46 »Wiederkehrende Naturalleistungen«

Für wiederkehrende Leistungen, die nicht in Geld bestehen, hat das Gericht einen Geldbetrag festzusetzen, auch wenn ein solcher nicht angemeldet ist.

I. Allgemeines

Bestehen bleibende Rechte, die keine Kapitalrechte (Hypothek, Grundschuld, Rentenschuld) sind, sind entsprechend ihrer Eintragung im Grundbuch in das geringste Gebot aufzunehmen. Für diese Rechte ist nach § 51 Abs. 2 ein Zuzahlungsbetrag festzusetzen. Sind nach dem Inhalt des Rechts wiederkehrende Sachleistungen zu entrichten, gilt auch für sie die Regel des § 45 Abs. 2, diese sind von Amts wegen im geringsten Gebot zu berücksichtigen und zwar im bar zu zahlenden Teil, § 49 Abs. 1. Beispielhaft zu erwähnen ist insbesondere die Reallast, die auch mit anderen Rechten als Altenteil zusammengefasst sein kann (hierzu → § 9 EGZVG Rdn. 4 ff.; es kann sich aber auch um Ansprüche der Rangklasse 3 des § 10 Abs. 1 handeln[1]). Zur Feststellung der konkreten Beträge im Bargebot sind die Sachleistungen in Geld umzurechnen. Die Umrechnung hat ohne Anmeldung **von Amts wegen** zu erfolgen. § 46 hat nur Bedeutung für die Aufnahme der Ansprüche im geringsten Gebot, nicht hingegen für die Anordnung der Zwangsversteigerung oder für die Zulassung des Beitritts.[2]

II. Umrechnung

1. Wert der Sachleistungen

Maßgebend für den Wert der Sachleistungen ist der Zeitpunkt ihrer jeweiligen Fälligkeit, nicht der Zeitpunkt der Eintragung des Rechts. Mögliche Wertangaben in der Eintragungsbewilligung sind allgemein ungeeignet, da sie oftmals nur einen Anhaltspunkt für die Kostenberechnungen bieten. Im Zweifel hat das Vollstreckungsgericht in einem Erörterungstermin (§ 62) oder mithilfe des Sachverständigen die Umrechnung in Geld vorzunehmen. Dem Berechtigten ist vor der Festsetzung rechtliches Gehör zu gewähren. Das Ergebnis der Ermittlungen wird regelmäßig auch Bedeutung haben für den Zuzahlungsbetrag nach § 51 Abs. 2.

2. Anmeldung des Berechtigten

Unabhängig von der **Anmeldung** des Umrechnungsbetrages durch den Berechtigten, hat das Vollstreckungsgericht den Betrag immer durch Beschluss festzusetzen. Das Gericht wird sich im Allgemeinen nach der Anmeldung richten, ist hieran jedoch nicht gebunden; diese Ansicht entspricht dem eindeutigen Wortlaut der Vorschrift.[3] Das gilt besonders für die Frage der Anmeldung eines überhöhten Betrages. Wird ein geringerer Betrag angemeldet, darf die Festsetzung die Anmeldung nicht übersteigen (§ 318 ZPO).[4]

---

1 Dazu Steiner/*Eickmann*, § 46 Rdn. 4; *Stöber*, ZVG § 46 Rdn. 2.1.
2 LG/AG Deggendorf, Rpfleger 1990, 308.
3 So auch Steiner/*Eickmann*, § 46 Rdn. 5, 6; *Stöber*, ZVG § 46 Rdn. 2.3; *Böttcher*, § 46 Rdn. 3, 5; a.A. OLG Celle, NdsRpfl 1951, 139.
4 So auch Steiner/*Eickmann*, § 46 Rdn. 6.

3. Wirkung

4 Die erfolgte Festsetzung hat in erster Linie Wirkung für die Feststellung des Bargebots. Für die Festsetzung des Zuzahlungsbetrages nach § 51 Abs. 2 ist sie nicht bindend, sicherlich jedoch zu berücksichtigen. Für eine Zuschlagsversagung gem. § 74a Abs. 1 oder § 85a Abs. 1 hat die Festsetzung keine Bedeutung, da der Betrag im geringsten Gebots (Bargebot) enthalten ist.[5] Darüber hinaus ersetzt die Festsetzung Anmeldung und Glaubhaftmachung im Rahmen der Erlösverteilung (§ 114).[6]

III. Rechtsbehelf

5 Ist die Festsetzung des Umrechnungsbetrages durch das Vollstreckungsgericht zu **hoch**, können benachteiligte Beteiligte, bei einer zu **niedrigen** Festsetzung der Berechtigte des Rechts gegen den Zuschlagsbeschluss Beschwerde einlegen (ob dies überhaupt in Betracht kommt ist zweifelhaft, da wohl regelmäßig keine Beeinträchtigung nach § 84 gegeben ist). Gleiches muss für einen Einstellung- oder Aufhebungsbeschluss nach § 77 gelten. Bei einer zu hohen Festsetzung ist in der Erlösverteilung auch ein Widerspruch gegen den Teilungsplan möglich, § 115. Bei einer zu niedrigen Festsetzung kann der Berechtigte die Mehrforderung zur Erlösverteilung anmelden, erleidet jedoch aufgrund der verspäteten Anmeldung einen Rangverlust nach § 110.[7]

---

5   Steiner/*Eickmann*, § 46 Rdn. 9.
6   Steiner/*Eickmann*, § 46 Rdn. 10; *Böttcher,* § 46 Rdn. 6; unklar *Stöber*, ZVG § 46 Rdn. 2.4, der Umrechnungsbetrag gilt nicht für die Erlösverteilung, eine gesonderte Anmeldung zum Teilungsplan nach § 114 ist jedoch nicht mehr erforderlich.
7   Steiner/*Eickmann*, § 46 Rdn. 13; *Böttcher,* § 46 Rdn. 5; a.A. *Depré/Bachmann*, § 46 Rdn. 5, allerdings nicht überzeugend. Der hier festgestellte Betrag ist Teil des geringsten Gebotes (Bargebot). Die Berechtigten mit Ansprüchen im geringsten Bargebot können in jedem Falle erwarten, dass sie bei einer Versteigerung auch eine Zuteilung erhalten. Ein ohne Rangverlust zu berücksichtigender erhöhter Betrag könnte zu einem Ausfall eines nachrangigen Berechtigten führen, wenn nur das geringste Bargebot zum Zuschlag führt.

§ 47 »Wiederkehrende Geldleistungen«

¹Laufende Beträge regelmäßig wiederkehrender Leistungen sind für die Zeit bis zum Ablaufe von zwei Wochen nach dem Versteigerungstermine zu decken. ²Nicht regelmäßig wiederkehrende Leistungen werden mit den Beträgen berücksichtigt, welche vor dem Ablaufe dieser Frist zu entrichten sind.

I. Allgemeines

Der Endzeitpunkt der wiederkehrenden Leistungen eines in das geringste Gebot aufgenommen Anspruchs ist nach § 56 ZVG und § 103 BGB grundsätzlich der Tag vor dem Zuschlag. Ab dem Zuschlag (dieser Tag eingeschlossen) hat der Ersteher sämtliche Lasten zu tragen. Da jedoch der Zeitpunkt des Wirksamwerdens des Zuschlags (§§ 89, 104) im Zwangsversteigerungstermin noch nicht feststeht (s. auch § 87 Abs. 1, 2), wird dieser Endzeitpunkt zur Verhinderung der Verletzung des Deckungsgrundsatzes auf 2 Wochen nach dem Zwangsversteigerungstermin verlegt. Für die Erlösverteilung gilt § 56 Satz 2 (s. → Rdn. 6). Dieser Grundsatz gebietet eine entsprechende Anwendung in rechtsähnlichen Fällen (s. → Rdn. 3).

II. Wiederkehrende Leistungen

Zu unterscheiden ist zwischen regelmäßig und unregelmäßig wiederkehrenden Leistungen. Nicht in Geld zahlbare Leistungen sind umzurechnen. **Regelmäßig wiederkehrende** Leistungen (z.B. Zinsen, Reallastleistungen) sind ohne Rücksicht auf ihre Fälligkeit mit dem Betrag zu berücksichtigen, der auf die Zeit bis 2 Wochen (also einschl. des 14. Tages) nach dem Zwangsversteigerungstermin entfällt[1]; **unregelmäßig wiederkehrende** Leistungen, zu denen auch **einmalige** Leistungen gehören, sind nach Maßgabe ihrer Fälligkeit vor dem Zwangsversteigerungstermin zu berücksichtigen. Die Berechnung gilt auch für öffentliche Grundstückslasten, insbesondere Grundsteuern, unabhängig von deren Fälligkeit[2] und auch für Ansprüche der Rangklasse 2 des § 10 Abs. 1. Waren vor dem Zuschlag keine Leistungen zu entrichten, fallen auch nach dem Termin keine an, z.B. keine **Zinsen** einer **Eigentümergrundschuld**.[3] Eine Terminsunterbrechung[4] und Fortsetzung an einem späteren Tag führen nicht zur Neuberechnung des geringsten Gebotes, denn rechtlich handelt es sich um einen einheitlichen Termin.[5]

III. Entsprechende Anwendung

Der Schutz der Beteiligten durch eine möglichst weitgehende Wahrung des Deckungsgrundsatzes erfordert die entsprechende Anwendung des § 47 in folgenden Fällen:

- wenn ein persönlicher Gläubiger die einstweilige Einstellung des Verfahrens bewilligt hat und sich die Feststellung des geringsten Gebotes nach einem ihm nachgehenden Anspruch richtet (siehe → § 44 Rdn. 112);

---

1 Zur Berechnung des „maßgeblichen Jahres der Beschlagnahme" in den Rangklassen 2–4 von § 10 Abs. 1: BGH, Rpfleger 2011, 40 = NJW 2011, 528.
2 BVerwG, Rpfleger 1992, 443 in Bestätigung von OVG Lüneburg, Rpfleger 1990, 377; hierzu auch LG Frankfurt a.M., Rpfleger 1988, 494; a.A. *Stöber*, ZVG § 47 Rdn. 2.6.
3 *Stöber*, ZVG § 47 Rdn. 2.3.
4 OLG Köln, Rpfleger 1984, 280 mit Anm. *Weber*.
5 So auch Steiner/*Eickmann*, § 47 Rdn. 16.

- wenn die in § 128 Abs. 4 bezeichnete Sicherungshypothek zu berücksichtigen ist;
- wenn es sich um Zinsen für Zwangsverwaltungsvorschüsse (→ § 10 Rdn. 6 ff. und → § 155 Rdn. 18 ff.) handelt.

4 In diesen Fällen sind die wiederkehrenden Leistungen bis zum **voraussichtlichen Verteilungstermin** im geringsten Gebot zu berücksichtigen.[6]

IV. Tilgungshypothek

5 Bei der Tilgungshypothek (siehe → § 44 Rdn. 28) sind nur die Zinsen gem. § 47 zu behandeln. Tilgungsanteile als Zahlungen auf das Kapital sind in den bar zu zahlenden Teil des geringsten Gebotes aufzunehmen, soweit sie vor dem Zwangsversteigerungstermin fällig geworden sind.[7]

V. Ausgleich

6 Die Berechnung gemäß § 47 ist nur vorläufig und nur für die Aufstellung des geringsten Gebots als Grundlage der Versteigerung vorgesehen.[8] Der Ausgleich – nach § 56 Satz 2 hat der Ersteher vom Zuschlag an die Lasten zu tragen – erfolgt in der Erlösverteilung. Eine Benachteiligung der Beteiligten kommt nicht in Betracht, sofern der Zuschlag nach Schluss der Versteigerung oder in einem besonderen Verkündungstermin innerhalb der 2-Wochenfrist erteilt wird. Eine Verletzung des Deckungsgrundsatzes kann trotz Beachtung von § 47 z.B. dadurch eintreten, dass der Zuschlag erst wesentlich später auf Beschwerde erteilt wird; das nimmt das ZVG jedoch bewusst in Kauf.[9]

---

6 Ebenfalls Steiner/*Eickmann*, § 47 Rdn. 11 ff.; *Stöber*, ZVG § 47 Rdn. 4; *Böttcher*, § 47 Rdn. 4.
7 Ebenfalls Steiner/*Eickmann*, § 47 Rdn. 8.
8 BVerwG, Rpfleger 1992, 443 in Bestätigung von OVG Lüneburg, Rpfleger 1990, 377 für öffentliche Grundstückslasten; hierzu auch LG Frankfurt a.M., Rpfleger 1988, 494.
9 *Böttcher*, § 47 Rdn. 1.

§ 48 »Bedingte Rechte; Widerspruch und Vormerkung«

Bedingte Rechte sind wie unbedingte, Rechte, die durch Eintragung eines Widerspruchs oder einer Vormerkung gesichert sind, wie eingetragene Rechte zu berücksichtigen.

I. Allgemeines

Das geringste Gebot ist neben den Zwangsversteigerungsbedingungen die wichtigste Grundlage im Zwangsversteigerungstermin. Es muss eindeutig angeben, welche wirtschaftliche Belastung der Ersteher zu tragen hat. Hinzu kommt selbstverständlich der das geringste Gebot übersteigende Betrag des Meistgebots, § 49 Abs. 1. Das geringste Gebot muss daher im **betragsmäßigen Umfang** eindeutig sein. Deshalb werden im geringsten Gebot stehende bedingte Rechte wie unbedingte und durch Widerspruch oder Vormerkung gesicherte wie endgültig eingetragene Rechte behandelt. Stellt sich später heraus, dass das so berücksichtigte Recht nicht besteht, ist der Ersteher anstelle des Rechts mit dem Zuzahlungsbetrag nach §§ 50, 51 belastet. Für erlöschende Rechte gilt § 48 nicht; hier sind die §§ 119, 120 zu beachten.

II. Bedingte Rechte

Bedingte Rechte können aufschiebend oder auflösend bedingt sein, §§ 158 ff. BGB. Als aufschiebend bedingt gelten nach § 14 Ansprüche von unbestimmtem Betrag. Ferner gehören solche Grundpfandrechte hierher, die nicht zum Eigentümerrecht werden können (vgl. → § 45 Rdn. 3 ff.), sondern durch Zurückzahlung materiell-rechtlich erlöschen. Unter § 48 fallen nicht die Sicherungs- und Höchstbetragshypothek (hier ist nur der Berechtigte offen, nicht aber der Betrag)[1] sowie die Hypothek für eine bedingte Forderung, ferner nicht ein betagter Anspruch[2].

III. Widerspruch

1. Zu berücksichtigender Widerspruch

§ 48 bezieht sich nur auf einen Widerspruch, durch den ein Recht gesichert ist, dass, wenn es im Grundbuch eingetragen wäre, eine neue **selbstständige Grundstücksbelastung** ergeben würde, § 899 BGB, § 18 Abs. 2, §§ 53, 76 GBO. In Betracht kommt daher nur der Widerspruch gegen die Löschung eines Rechts, der im Ergebnis eine Belastungserweiterung darstellt. Ein Amtswiderspruch muss den Berechtigten bezeichnen, andernfalls ist er nicht zu beachten.[3]

2. Nicht zu berücksichtigender Widerspruch

Folgende Widersprüche bleiben unberücksichtigt:

- Gegen eine Rangverschlechterung. Der Geschädigte muss den Ausgleich außerhalb der Zwangsversteigerung durch eine Schadens- bzw. Bereicherungsklage durchsetzen.

---

1 Stöber, ZVG § 48 Rdn. 2.4; Böttcher, § 48 Rdn. 2.
2 Stöber, ZVG § 48 Rdn. 2.3.
3 BGH, NJW 1962, 963 = MDR 1962, 388 = DNotZ 1962, 399.

- Gegen das Eigentum des eingetragenen Eigentümers. Der Berechtigte muss gemäß § 37 Nr. 5 vorgehen (siehe → § 37 Rdn. 22 ff.).
- Gegen das Bestehen eines eingetragenen Rechts. Die Berücksichtigung erfolgt gem. §§ 50, 51, 125. Der Zuzahlungsbetrag fällt an den zunächst ausfallenden Berechtigten, nicht an denjenigen, für den der Widerspruch eingetragen ist.
- Gegen die Person des eingetragenen Berechtigten, z.B. aus § 1139 BGB.

IV. Vormerkung

1. Allgemein

5   Die Vormerkung fällt nur dann unter § 48, wenn sie den Anspruch auf Eintragung eines begrenzten Rechts am Grundstück sichert, dass, wenn es eingetragen wäre, eine neue selbstständige Belastung ergeben würde, §§ 883 ff. BGB, § 18 GBO.[4] Sie darf nicht dazu führen, dass ein Recht zweimal berücksichtigt wird. Daher bleibt sie unbeachtet, wenn sie lediglich ein Recht an einem Recht, einen Löschungsanspruch oder einen Vorrang sichern soll. Sie verschafft dem Vormerkungsberechtigten kein bedingtes dingliches Recht, obgleich sie dingliche Wirkungen äußert. Diese Wirkungen stehen aber unter der Bedingung, dass das dingliche Recht künftig rechtswirksam begründet wird. Treten die Bedingungen nicht ein, wird die Vormerkung mit allen bisherigen Wirkungen hinfällig, insbesondere entstehen keine Eigentümerrechte.[5]

2. Auflassungsvormerkung

6   Die Vormerkung zur Sicherung des Anspruchs auf Auflassung und/oder Eigentumsumschreibung (kurz: Eigentumsvormerkung oder **Auflassungsvormerkung**[6]) fällt unter § 48, selbst wenn sie einen bedingten Anspruch sichert[7]. Unter den Voraussetzungen nach § 44 ist sie in das geringste Gebot aufzunehmen.[8] Sie ist kein der Versteigerung entgegenstehendes Recht.[9] Wird die Zwangsversteigerung wegen Ansprüchen aus Rangklasse 2 nach § 10 Abs. 1 betrieben, bleibt eine bereits vorher eingetragene Auflassungsvormerkung nicht bestehen, da sie wie ein „Recht" der Rangklasse 4 des § 10 Abs. 1 zu behandeln ist. Ansprüche der Wohnungseigentümergemeinschaft, die die Zwangsversteigerung aus der Rangklasse 2 des § 10 Abs. 1 betreibt, sind gegenüber einer Auflassungsvormerkung stets vorrangig.[10]

---

4   BGHZ 53, 47 = NJW 1970, 565 = Rpfleger 1970, 60; s. auch die kritische Anmerkung *Häsemeyer*, KTS 1971, 22.
5   RGZ 65, 260.
6   Zum Begriff, Rang und Wirkung vgl. *Skidzun*, Rpfleger 2002, 2 ff., zur Behandlung in der Versteigerung vgl. *Streuer*, Rpfleger 2000, 357.
7   BGH, Beschluss vom 10.5.2012, V ZB 156/11, Rpfleger 2012, 558; *Stöber*, ZVG § 48 Rdn. 3.2; *Böttcher*, § 48 Rdn. 3; a.A. Depré/*Bachmann*, § 48 Rdn. 10, aber unverständlich, da er die Auflassungsvormerkung selbst unter § 48 fasst und erörtert, so wie die h.M. dies auch tut.
8   BGHZ 46, 107 = NJW 1967, 566 = Rpfleger 1967, 9.
9   BGH, Beschluss vom 9.5.2014, V ZB 124/13, ZWE 2014, 422.
10 BGH, Beschluss vom 9.5.2014, V ZB 123/13, BGHZ 201, 157 = Rpfleger 2014, 613 = NJW 2014, 2445; zu Hausgeldansprüchen und deren Rechtsfolgen *Schneider*, ZMR 2014, 185.

Verfügungen, die zeitlich und rangmäßig nach der Auflassungsvormerkung im Grundbuch eingetragen werden, sind dem Berechtigten der Vormerkung gegenüber unwirksam. Er kann die Beseitigung dieser Verfügung verlangen, § 888 BGB. Steht die Vormerkung vor einem Grundpfandrecht oder hat sie den Vorrang erhalten, bleibt sie nach den Versteigerungsbedingungen bestehen, wenn der nachrangige Grundpfandrechtsgläubiger vollstreckt. Der Vorrang gilt auch bei einem eingetragenen **Wirksamkeitsvermerk**. Der *BGH*[11] hat hierzu grundsätzlich entschieden, dass die Eintragung eines Vermerks in das Grundbuch statthaft ist, aus dem sich ergibt, dass das Grundpfandrecht gegenüber der rangbesseren Auflassungsvormerkung des Käufers wirksam ist; der Vermerk ist sowohl bei der Auflassungsvormerkung als auch bei dem Grundpfandrecht einzutragen. Erwirbt der Ersteher das Grundstück belastet mit der Auflassungsvormerkung, hat er bei Geltendmachung der Vormerkung das Grundstück an den Vormerkungsberechtigten herauszugeben und gem. § 888 Abs. 1 BGB die erforderliche Zustimmung zu erteilen. Die vertragsmäßige Gegenleistung steht dem Schuldner zu, nicht dem Ersteher, der auch keinen Anspruch auf Ersatz seiner in dem Zwangsversteigerungsverfahren gemachten Aufwendungen hat.[12] Problematisch sind die Entscheidungen des *BGH*[13] zum **„Wiederaufleben einer erloschenen Auflassungsvormerkung"**. Hiernach kann eine erloschene Auflassungsvormerkung durch erneute Bewilligung ohne Grundbuchberichtigung und inhaltsgleiche Neueintragung wieder zur Sicherung eines neuen deckungsgleichen Anspruchs verwendet werden. Allerdings soll sich der Rang der neu bewilligten Vormerkung nicht nach der alten Eintragung bestimmen, sondern nach dem Zeitpunkt der neuen Bewilligung. Dies aber ist im Grundbuch nicht zu erkennen und somit auch nicht für das Vollstreckungsgericht[14]. Das Vollstreckungsgericht wird die Auflassungsvormerkung, die dem bestrangig betreibenden Gläubiger im Range vorgeht, zwingend in das geringste Gebot aufnehmen.[15] Will ein nachrangiger Gläubiger dies verhindern, muss er den nicht erkennbaren Nachrang anmelden und glaubhaft machen. Ist der der Auflassungsvormerkung zugrunde liegende Rechtsvorgang zunächst nicht bekannt, wird das Vollstreckungsgericht vom Grundbuchinhalt ausgehen. Bleibt die Auflassungsvormerkung nach den Versteigerungsbedingungen bestehen, ist aber tatsächlich erloschen, ist der Ersteher zuzahlungspflichtig (§§ 50, 51). Stellt sich im Nachhinein heraus, dass der Vormerkung ein neuer deckungsgleicher Anspruch zugrunde gelegt wurde und ist der Rang der Vormerkung erhalten geblieben, muss der Ersteher das Grundstück an den Vormerkungsberechtigten herausgeben (siehe vor). Fällt die Auflassungsvormerkung jedoch im Range hinter den bestbetreibenden Gläubiger zurück (was aber weder im Grundbuch erkennbar noch vom Vollstreckungsgericht berücksichtigt wurde), wäre sie

---

11   NJW 1999, 2275 = Rpfleger 1999, 383 = BGHZ 141, 169; ebenso: OLG Bremen, Rpfleger 2005, 529; OLG Düsseldorf, NJW-RR 2001, 70 = Rpfleger 2000, 568; OLG Köln, RNotZ 2001, 243; BayObLG, Rpfleger 2001, 459 = MittBayNot 2001, 414; OLG Schleswig, Rpfleger 2002, 226; hierzu auch *Morvilius*, MittBayNot 2005, 477.
12   Steiner/*Eickmann*, § 48 Rdn. 21; *Böttcher*, § 48 Rdn. 3; *Haegele*, BWNotZ 1971, 11.
13   Rpfleger 2000, 153 mit abl. Anm. *Streuer* = NJW 2000, 805 = MDR 2000, 384 = WM 2000, 288 = ZIP 2000, 225; hierzu auch kritisch *Demharter*, MittBayNot 2000, 104; *Wacke*, DNotZ 2000, 639 und zur Erstreckung weiterer Rücktrittsgründe: BGH, Rpfleger 2008, 187 = NJW 2008, 578 = DNotZ 2008, 514, hierzu *Demharter*, MittBayNot 2008, 212.
14   Hierzu *Stöber*, ZVG § 28 Rdn. 4.8 f.
15   So auch *Stöber*, ZVG § 48 Rdn. 3.4.

grundsätzlich nach den Versteigerungsbedingungen erloschen; ein Herausgabeanspruch des Vormerkungsberechtigten gegen den Ersteher dürfte nunmehr zu verneinen sein, die aus dem Versteigerungserlös nicht befriedigten Berechtigten haben dann den Anspruch auf den Zuzahlungsbetrag nach §§ 50, 51. Die unbeschränkte Aufladung von Vormerkungen wird durch weitere Entscheidungen des BGH[16] bekräftigt. Allerdings stellt der BGH auch klar, wann er eine „Aufladung" nicht für möglich ansieht. Eine Vormerkung kann aufgrund einer ihrer Eintragung nachfolgenden Bewilligung einen anderen Anspruch sichern als denjenigen, zu dessen Sicherung ihre Eintragung erfolgt ist. Eine Vormerkung, die für einen auf die Lebenszeit des Gläubigers befristeten, nicht übertragbaren und nicht vererblichen Anspruch eingetragen ist, kann jedoch nicht als Sicherung für einen unbedingten, vererblichen Anspruch eines Dritten dienen. Damit entfällt die Unterstellung einer möglichen „Aufladung" für die üblichen Auflassungs-/ Rückauflassungsvormerkungen insbesondere im Zusammenhang mit Schenkungsverträgen.[17]

Ist die Vormerkung im geringsten Gebot zu berücksichtigen, bleibt auch eine **Pfändung** des Anspruchs auf Rückübereignung des Grundstücks bestehen, die Pfändung erlischt nicht durch den Zuschlag, auch wenn sie nach der Eintragung des Rechts erfolgt, aus dem die Zwangsversteigerung betrieben wird.[18]

7 Ist der Ersteher gleichzeitig ein aus dem Grundstück zu befriedigender Berechtigter, kann er die **Pfändung** und Überweisung des Anspruchs des Schuldners auf die Gegenleistung beantragen und die Aufrechnung erklären.[19] Der **Eigentumsverschaffungsanspruch** und/oder das **Anwartschaftsrecht** des Vormerkungsberechtigten sind pfändbar[20], verpfändbar[21] und abtretbar[22].

8 Zur Festsetzung des Zuzahlungsbetrages (§ 51 Abs. 2) der im geringsten Gebote bestehen bleibenden Vormerkung siehe → § 51 Rdn. 43 ff. und zu ihrer Berücksichtigung bei der Erlösverteilung siehe → § 92 Rdn. 31 ff.

3. Wiederkaufsrecht

9 Ein im geringsten Gebot zu berücksichtigendes Wiederkaufsrecht ist nach den für die Auflassungsvormerkung entwickelten Grundsätzen zu behandeln. Dritten gegenüber wirkt es wie eine Vormerkung, § 883 BGB.[23] Verkauft die öffentliche

---

16 BGH, Beschluss vom 3.5.2012, V ZB 112/11, FamRZ 2012, 1213 und vom 3.5.2012, V ZB 258/11, NJW 2012, 2032 = Rpfleger 2012, 507 = DNotZ 2012, 609 = FamRZ 2012, 1214 und erneut BGH, Beschluss vom 21.3.2013, V ZB 74/12, FamRZ 2013, 1038.
17 *Ising*, NotBZ 2012, 290.
18 BGH, Beschluss vom 21.3.2013, V ZB 74/12, FamRZ 2013, 1038.
19 BGHZ 60, 46 = MDR 1973, 302; *Knott*, RheinNotK 1967, 586.
20 BGHZ 49, 197 = NJW 1968, 493 = Rpfleger 1968, 83; BGH, Rpfleger 1982, 271; BGH, ZIP 1989, 166 = Rpfleger 1989, 192; BayObLG, Rpfleger 1993, 13; OLG Jena, Rpfleger 1996, 100; LG Bonn, Rpfleger 1989, 449; Zöller/*Stöber*, § 848 Rdn. 12; *Hintzen*, Rpfleger 1989, 439; *Hintzen/Wolf*, Rdn. 6.302 ff.
21 Hierzu OLG Nürnberg, Beschluss vom 6.5.2013, 15 W 494/13, NotBZ 2013, 362; BayObLG, DNotZ 1996, 554 und Rpfleger 1987, 299.
22 Hierzu BGH, NJW 1994, 2947 = Rpfleger 1995, 1001; Abtretung und Verpfändung des Anwartschaftsrechts bedürfen nicht der Form des § 311b BGB, BayObLG, Rpfleger 1976, 359 = DNotZ 1977, 107; insgesamt *Deimann*, Rpfleger 2001, 583.
23 BGHZ 57, 536 = NJW 1972, 537 = Rpfleger 1972, 216. Zum Ersatz von Verwendungen des Erstehers siehe BGHZ 75, 288 = MDR 1980, 299 = NJW 1980, 833.

Hand ein Grundstück zum Zwecke der Ansiedlung von Familien zu günstigen Konditionen und vereinbart sie ein Wiederkaufsrecht, um die zweckentsprechende Nutzung des Grundstücks sicherzustellen und Bodenspekulationen zu verhindern, kann das Wiederkaufsrecht mehr als 30 Jahre nach seiner Begründung nicht mehr ausgeübt werden.[24]

4. Löschungsvormerkung

Die Löschungsvormerkung nach altem Recht und der gesetzliche Löschungsanspruch nach neuem Recht, §§ 1179 ff. BGB, fallen nicht unter § 48. Hierdurch wird nur die ersatzlose Beseitigung des Grundpfandrechtes gesichert; es ist gem. §§ 50, 125 zu verfahren.

V. Wegfall des Schwebezustands

Steht im Zwangsversteigerungstermin fest, dass die aufschiebende Bedingung ausgefallen oder die auflösende Bedingung eingetreten ist, ist das bedingte Recht nicht mehr zu berücksichtigen. Das Gleiche gilt, wenn der durch Widerspruch gesicherte Berichtigungsanspruch oder der vorgemerkte Anspruch nicht besteht. Dem Vollstreckungsgericht muss diese Sachlage durch rechtskräftiges Urteil oder durch Löschungsbewilligung in der Form des § 29 GBO nachgewiesen werden[25], sofern die Tatsachen nicht offenkundig[26] sind oder der Unrichtigkeitsnachweis[27] geführt wird.

---

24 BGH, Rpfleger 2006, 600 = NJW-RR 2006, 1452 = DNotZ 2006, 910.
25 RGZ 57, 209; LG Marburg, Rpfleger 1986, 468 zur Vormerkung.
26 Hierzu OLG Frankfurt, Rpfleger 1994, 106.
27 Hierzu OLG Zweibrücken, Rpfleger 2005, 597; BayObLG, Rpfleger 1997, 151 = NJW-RR 1997, 590 und Rpfleger 1995, 406.

§ 49 »Bargebot«

(1) Der Teil des geringsten Gebots, welcher zur Deckung der Kosten sowie der im § 10 *[Abs. 1*]* Nr. 1 bis 3 und im § 12 Nr. 1, 2 bezeichneten Ansprüche bestimmt ist, desgleichen der das geringste Gebot übersteigende Betrag des Meistgebots ist von dem Ersteher vor dem Verteilungstermin zu berichtigen (Bargebot).

(2) Das Bargebot ist von dem Zuschlag an zu verzinsen.

(3) Das Bargebot ist so rechtzeitig durch Überweisung oder Einzahlung auf ein Konto der Gerichtskasse zu entrichten, dass der Betrag der Gerichtskasse vor dem Verteilungstermin gutgeschrieben ist und ein Nachweis hierüber im Termin vorliegt.

(4) Der Ersteher wird durch Hinterlegung von seiner Verbindlichkeit befreit, wenn die Hinterlegung und die Ausschließung der Rücknahme im Verteilungstermine nachgewiesen werden.

---

* § 10 besteht aus Abs. 1–3; Abs. 1 Nr. 1–8 beschreibt die Rangklassen. Die Einfügung von „Abs. 1" ist nur eine Richtigstellung.

I. Allgemeines

1 Die Vorschrift enthält eine Legaldefinition des Begriffs „Bargebot" (Abs. 1) und ferner drei gesetzliche Zwangsversteigerungsbedingungen:

    a) der Ersteher hat das Bargebot vor dem Verteilungstermin zu zahlen (Abs. 1);
    b) er hat es vom Zuschlag an zu verzinsen (Abs. 2);
    c) er kann sich von seiner Zahlungspflicht durch Hinterlegung befreien (Abs. 4).

2 Abs. 3 wurde neu angefügt, der bisherige Abs. 3 ist jetzt Abs. 4 durch den am 1.8.1998 in Kraft getretenen Art. 1 des Gesetzes zur Änderung des Gesetzes über die Zwangsversteigerung und die Zwangsverwaltung und anderer Gesetze vom 18.2.998 (BGBl I 866). Durch das Zweite Gesetz zur Modernisierung der Justiz (2. JuModG) vom 22. Dezember 2006 (BGBl I 3416) wurde Abs. 3 neu gefasst. Zum Zeitpunkt des Inkrafttretens vgl. § 186.

II. Bargebot; Meistgebot

1. Bargebot

3 Das **Bargebot** (bar zu berichtigender Teil des Meistgebotes) besteht aus dem durch Zahlung zu berichtigenden Teil des geringsten Gebotes (→ Rdn. 5 ff.) und dem ihn übersteigenden Betrag.

2. Meistgebot

4 Das Meistgebot ist das höchste der abgegebenen Gebote. Häufig wird noch unterschieden zwischen dem **Meistgebot** und dem „**baren Meistgebot**". Da in der Versteigerung stets nur Gebote auf den bar zu zahlenden Teil des geringsten Gebotes abgegeben werden, besteht das Meistgebot zumindest aus diesem Betrag; bleiben nach den Versteigerungsbedingungen dingliche Rechte am Grundstück bestehen, sind diese ebenfalls im Meistgebot enthalten. Das Meistgebot setzt sich somit häufig aus zwei Elementen zusammen: Übernahme von Rechten und Zahlung einer Geldsumme. Das Bargebot bzw. das bare Meistgebot schließen die bestehen bleibenden Rechte nicht in sich ein und umfassen auch nicht einen nach §§ 50, 51 zuzuzahlenden Betrag, sondern beschränken sich vielmehr auf den vom Ersteher im Verteilungstermin bar zu zahlenden Betrag. Wenn das Gesetz die Barleistung des Erstehers meint, spricht es von dem durch Zahlung zu berichtigenden Teil des Meistgebotes, § 91 Abs. 3, § 125.

3. Zusammensetzung des Bargebots

Aus dem Bargebot sind neben den Verfahrenskosten (§ 109) zu decken: Ansprüche der Rangklassen 1, 1a, 2 und 3 des § 10 Abs. 1 und Kosten der Rechtsverfolgung und wiederkehrende Leistungen nach § 12 Nr. 1 und 2, Ansprüche des Gläubigers und Ansprüche aus Grundstücksrechten, die ihm im Range gleich- oder nachstehen, soweit das Bargebot reicht.

Die **Verfahrenskosten** (§ 109) werden in Form einer vorläufigen Kostenberechnung ermittelt und in das geringste Gebot eingestellt. Der Wert für diese Kostenberechnung (§ 54 Abs. 1, 3 GKG) ist der gem. § 74a Abs. 5 festgesetzte Grundstückswert. Dieser Wert ist *zunächst* auch anzunehmen, soweit es sich um die Gebühr für die Erlösverteilung handelt; ist das geringste Gebot unter Einschluss bestehen bleibender Rechte höher, ist dieser Wert anzunehmen.[1] Nur diese Ansicht bringt für die Beteiligten die erforderlichen übersichtlichen Verhältnisse.

Bei Abs. 1 handelt es sich nicht um eine abschließende Regelung[2]; wegen Ausnahmen siehe → § 44 Rdn. 5 ff.; § 63 Abs. 4, § 128 Abs. 4, § 182 Abs. 2.

III. Zahlung des Bargebots

Die Zahlung des Bargebots hat **vor dem Verteilungstermin** zu erfolgen. Nur selten wurde in der Vergangenheit die Zahlung in bar vorgenommen. Bis zur Einfügung von Abs. 3 (s. → Rdn. 1) musste der Ersteher das Bargebot im Verteilungstermin an das Vollstreckungsgericht bar zahlen. Korrespondierend hierzu wurde auch § 107 geändert. Der Ersteher konnte aber stets vor dem Verteilungstermin schuldbefreiend an das Vollstreckungsgericht zahlen, um sich so von der Verzinsung des Bargebotes zu befreien. Die geforderte Barzahlung entsprach aber nicht den üblichen Gewohnheiten im Geld- und Zahlungsverkehr. Eine Barzahlung an die Beteiligten im Verteilungstermin hatte nur noch geringe praktische Bedeutung. Regelmäßig kam der Ersteher seiner Zahlungspflicht bereits durch bargeldlose Überweisung an die Gerichtskasse nach. Auch wenn dies üblicherweise akzeptiert wird, kommt der einfachen Überweisung nicht die Wirkung der Barzahlung im Verteilungstermin gleich. Dem ist der Gesetzgeber durch die erneute Änderung von Abs. 1 und 3 gefolgt. Mit den Änderungen soll die Möglichkeit der Barzahlung ausgeschlossen werden.[3] Die Verwendung der Legaldefinition „Bargebot" soll dennoch beibehalten werden, da dieser Begriff als Unterscheidung des Teils des Meistgebots, der durch Zahlung zu entrichten ist, in Rechtsprechung und Literatur manifestiert ist.

Damit für das Vollstreckungsgericht sichergestellt ist, dass der Betrag auch zur Verfügung steht, muss zunächst eine **Zahlungsanzeige** der Gerichtskasse (evtl.

---

1 *Stöber*, ZVG § 44 Rdn. 12.2.
2 S.a. BGHZ 66, 217 = KTS 1977, 26.
3 *Gäullein*, Rpfleger 2014, 5.

auch Gerichtszahlstelle⁴) im Verteilungstermin vorliegen (Abs. 3). Sichergestellt werden muss, dass der Betrag der Gerichtskasse vor dem Verteilungstermin gutgeschrieben ist und ein Nachweis hierüber im Termin vorliegt. Wird der Nachweis nicht geführt, hat die Ausführungen des Teilungsplans nach § 118 zu erfolgen (Forderungsübertragung).

10 Die Einzahlung kann auch mittels Scheck erfolgen. Gezahlt ist das Meistgebot mit Einlösung des Schecks.⁵

11 Zur Zuzahlungspflicht des Erstehers siehe § 50, zur Befriedigungserklärung des Erstehers siehe → § 107 Rdn. 13, zur Aufrechnung des Erstehers siehe → § 107 Rdn. 17, zur Erklärung eines Beteiligten, er sei vom Ersteher wegen seiner Ansprüche bereits befriedigt worden siehe → § 117 Rdn. 11.

IV. Verzinsung des Bargebots

12 Der Ersteher hat das Bargebot vom Tage des Wirksamwerden des Zuschlags (§§ 89, 104) an (dieser Tag wird eingerechnet) nach § 246 BGB mit 4 % zu verzinsen (der erhöhte Zins nach §§ 286, 288, 247 BGB gilt mangels Verzug nicht). Die Verpflichtung der Zinszahlung endet im Verteilungstermin (dieser Tag wird nicht eingerechnet). Eine Vereinbarung gem. § 91 Abs. 2 mindert nicht die Verpflichtung der Zinszahlung gemäß Abs. 2, da es sich hierbei um eine Vereinbarung zwischen dem Ersteher und einem Berechtigten handelt.⁶ Einen Verzugsschaden wegen Zahlungsverzug des Erstehers ist nicht durch die Sicherungshypothek nach § 128 gedeckt, kann aber gegen ihn geltend gemacht werden.⁷ Die **bankübliche Zinsabrechnung** (das Jahr zu 360 Tagen und den Monat zu 30 Tagen) hat sich überwiegend durchgesetzt und ist nicht zu beanstanden.⁸

13 Erklärt sich der hebungsberechtigte Ersteher für befriedigt (s. dazu → § 107 Rdn. 13)⁹, wird hierdurch die Verzinsungspflicht nur für die Zukunft beseitigt.¹⁰

14 Wegen der Verzinsung eines Zuzahlungsbetrages (§ 50 Abs. 1 Satz 2, § 51 Abs. 1 Satz 2) siehe → § 50 Rdn. 43 und → § 51 Rdn. 50.

V. Hinterlegung¹¹
1. Rücknahmeverzicht

15 Der Ersteher kann sich von seiner Zahlungspflicht (Zahlung des Bargebots bis zum Verteilungstermin) befreien, indem er das Bargebot nebst Zinsen bis zum Tage der Hinterlegung (diesen Tag nicht eingerechnet) unter Verzicht auf das

---

4 Zur Neuregelung *Hintzen/Alff*, Rpfleger 2007, 233 ff.; insgesamt *Hornung*, NJW 1999, 460.
5 *Stöber*, ZVG § 49 Rdn. 3; *Böttcher*, § 49 Rdn. 7.
6 BGHZ 53, 327 = NJW 1970, 1188 = Rpfleger 1970, 219.
7 LG Wiesbaden, Rpfleger 1975, 373.
8 So auch Löhnig/*Siwonia*, § 49 Rdn. 5; a.A. *Böttcher*, § 49 Rdn. 10; *Stöber*, ZVG § 49 Rdn. 3.4, Depré/*Bachmann*, § 49 Rdn. 7, die nach Kalendertagen berechnen wollen.
9 *Schiffhauer*, Rpfleger 1988, 498.
10 OLG Schleswig, SchlHAnz 1961, 16; LG Berlin, Rpfleger 1978, 33; a.A. *Stöber*, ZVG § 49 Rdn. 3.3; *Böttcher*, § 49 Rdn. 10.
11 Zur Aufhebung der Hinterlegungsordnung zum 30.11.2010 (Art. 17 Abs. 2 des 2. BMJBerG – BGBl I 2614) *Rückheim*, Rpfleger 2010, 1; *Rellermeyer*, Rpfleger 2010, 129. Jedes Bundesland hat nunmehr eine eigene Hinterlegungsordnung (HintO), die aber weitgehend deckungsgleich sind. Zum Hinterlegungsrecht in Bayern: *Wiedemann/Armbruster*, Rpfleger 2011, 1.

Recht der Rücknahme bei der Hinterlegungsstelle hinterlegt (regelmäßig die Hinterlegungsstelle bei demselben Amtsgericht des Vollstreckungsgerichts[12], was aber nach dem Gesetzeswortlaut nicht zwingend ist). Über den hinterlegten Betrag ist nur das Vollstreckungsgericht verfügungsberechtigt; im Falle einer rechtskräftigen Aufhebung des Zuschlagsbeschlusses hat es die Rückzahlung an den Hinterleger zu veranlassen. Die Hinterlegung an eine unzuständige Stelle befreit nicht von der Zahlungspflicht. Voraussetzung der schuldbefreienden Wirkung der Hinterlegung ist deren Nachweis im Verteilungstermin. Erfolgt der Nachweis nicht, hat das Vollstreckungsgericht gem. § 118 ZPO zu verfahren. Die Hinterlegung ist bei unbarer Zahlung im Zeitpunkt der Gutschrift bewirkt. Wird ohne eine Annahmeanordnung eingezahlt, gilt der Zeitpunkt ihres Erlasses. Der Ersteher kann das Meistgebot auch in Teilbeträgen hinterlegen, § 266 BGB gilt hier nicht.

2. Bietsicherheit

Eine vom Ersteher rechtzeitig vor dem Versteigerungstermin geleistete Bietsicherheit (§ 69 Abs. 4) hat nicht die Wirkung des Abs. 4. Diese treten erst dann ein, wenn der Ersteher ausdrücklich erklärt, sie stelle eine Teilleistung auf das Bargebot dar (hierzu → § 69 Rdn. 16 ff.).[13] Das Vollstreckungsgericht hat ihn gem. § 139 ZPO auf diese Möglichkeit hinzuweisen. Der Gesetzgeber bleibt aufgefordert, die – nicht eben gelungen formulierte – Vorschrift dahin zu ergänzen, dass der hinterlegte Betrag kraft Gesetzes eine Teilzahlung auf das Bargebot darstellt.

16

Durch die Hinterlegung kann der Ersteher die **Verwaltung** nach § 94 **abwenden**.

17

VI. Berichtigung des Bargebots

Das Bargebot kann nach § 49 nur durch Zahlung vor dem Verteilungstermin (Abs. 1) oder durch Hinterlegung (Abs. 4) erfolgen.[14] Jede davon abweichende Praxis der Vollstreckungsgerichte (z.B. Einzahlung des Betrages ohne Hinterlegungsantrag bei der Gerichtskasse als Verwahrgeld) ist fehlerhaft, entspricht nicht dem eindeutigen Gesetzeswortlaut und birgt zudem erhebliche Gefahren in sich (z.B. Rückforderung des Einzahlers, Pfändung und Überweisung durch Gläubiger des Erstehers).[15]

18

---

12   Wegen Einzelheiten siehe *Kappelhoff*, Rpfleger 1986, 353; *Stöber*, ZVG § 49 Rdn. 5.1: jede Hinterlegungsstelle.
13   *Stöber*, ZVG § 49 Rdn. 5.2; *Böttcher*, § 49 Rdn. 9; *Depré/Bachmann*, § 49 Rdn. 13 bezeichnen den ausdrücklichen Verzicht als Förmelei und rechtfertigen damit indirekt die Mängel des Gesetzgebers.
14   Hierzu *Kappelhoff*, Rpfleger 1986, 353.
15   Hierzu *Kappelhoff*, Rpfleger 1986, 353.

§ 50 »Erhöhung des zu zahlenden Betrages«

(1) ¹Soweit eine bei der Feststellung des geringsten Gebots berücksichtigte Hypothek, Grundschuld oder Rentenschuld nicht besteht, hat der Ersteher außer dem Bargebot auch den Betrag des berücksichtigten Kapitals zu zahlen. ²In Ansehung der Verzinslichkeit, des Zinssatzes, der Zahlungszeit, der Kündigung und des Zahlungsorts bleiben die für das berücksichtigte Recht getroffenen Bestimmungen maßgebend.
(2) Das gleiche gilt:
1. wenn das Recht bedingt ist und die aufschiebende Bedingung ausfällt oder die auflösende Bedingung eintritt;
2. wenn das Recht noch an einem anderen Grundstücke besteht und an dem versteigerten Grundstücke nach den besonderen Vorschriften über die Gesamthypothek erlischt.

(3) Haftet der Ersteher im Falle des Absatzes 2 Nr. 2 zugleich persönlich, so ist die Erhöhung des zu zahlenden Betrags ausgeschlossen, soweit der Ersteher nicht bereichert ist.

Übersicht

		Rdn.
I.	Allgemeines	1
II.	Nichtbestehen eines Grundpfandrechtes (Abs. 1)	5
	1. Allgemein	5
	2. Einzelfälle	6
	3. Die Grundschuld	8
	a) Realkredit und Rückgewährsanspruch	8
	b) Teilweise Valutierung	15
	c) Pfändung und Überweisung	17
	d) Bestehen bleibende Sicherungsgrundschuld	18
III.	Bedingte Rechte (Abs. 2 Nr. 1)	21
	1. Allgemeines	21
	2. Widerspruch, Vormerkung	22
	3. Löschungsanspruch	23
	4. Befristete Rechte	24
IV.	Gesamtgrundpfandrecht (Abs. 2 Nr. 2)	25
	1. Allgemeines	25
	a) Gesamtgrundpfandrecht	25
	b) Aufnahme im geringsten Gebot	26
	c) Voraussetzung der Zuzahlungspflicht	27
	2. Verteilung gemäß § 1172 Abs. 2 BGB	28
	3. Befriedigung durch einen der Eigentümer, § 1173 BGB	29
	4. Befriedigung des Gesamtgläubigers, §§ 1181, 1182 BGB	30
	5. Befriedigung durch den persönlichen Schuldner, nicht Eigentümer	31
	6. Verzicht des Gläubigers	39
V.	Persönliche Haftung des Erstehers (Abs. 3)	41
VI.	Behandlung des Zuzahlungsbetrages	42
	1. Weitergeltung der Hypothekenbedingungen	42
	2. Höhe des Zuzahlungsbetrages	44
	3. Verteilung des Zuzahlungsbetrages	45

I. Allgemeines

1 Der Vorschrift liegt der Gedanke zugrunde, dass der Ersteher wirtschaftlich mit den nach den Zwangsversteigerungsbedingungen zu übernehmenden, bestehen bleibenden Rechten belastet sein soll. Die Übernahme dieser Rechte bildet ei-

nen Teil der Gegenleistung des Erstehers für das Grundstück (→ § 44 Rdn. 2 ff.); er würde rechtlos bereichert sein, wenn sie ohne diese Gegenleistung wegfielen.[1] § 50 dient daher dem Schutz der Beteiligten gegen eine ungerechtfertigte Bereicherung des Erstehers. In erster Linie schützt § 50 den Schuldner; ihm soll als Gegenleistung für den Verlust des Eigentums am Grundstück auf jeden Fall wirtschaftlich das zu Gute kommen, was nach den Zwangsversteigerungsbedingungen den Ersteher belasten soll: die bestehen bleibenden festgestellten Rechte in Höhe ihres Wertes und das Bargebot (dazu → § 49 Rdn. 5 ff.). Es kann daher keine Rede davon sein, dass § 50 eine Schutzvorschrift nur für Gläubiger ist.[2] Vielmehr ist die Tatsache, dass die Zuzahlung der an letzter Stelle ausgefallene Beteiligte (ein Gläubiger im schuldrechtlichen Sinn) erhält, lediglich eine Folge, die sich aus dem unzureichenden Zwangsversteigerungserlös ergibt. Werden bei der Erlösverteilung sämtliche zur Befriedigung berechtigten Ansprüche in vollem Umfang berücksichtigt, steht der Zuzahlungsbetrag dem Schuldner zu. Aus der Sicht des Art. 14 GG bestehen gegen die Regelung der §§ 50, 51 keine Bedenken.

Wenn auf der einen Seite der Schuldner vor einer ungerechtfertigten Bereicherung durch den Ersteher geschützt wird, so darf er andererseits nicht benachteiligt werden, denn er ist davon ausgegangen, dass das im geringsten Gebot berücksichtigte Recht mit seinen Konditionen bestehen bleibt. Diese Benachteiligung schließt § 50 Abs. 1 Satz 2 aus; für die in Abteilung II des Grundbuches eingetragene Rechte gilt entsprechend § 51 Abs. 1 Satz 2.

Auf Rechte, die versehentlich im geringsten Gebot nicht berücksichtigt werden, findet § 50 **keine Anwendung**.[3] Ferner findet die Vorschrift keine Anwendung auf zu Unrecht im geringsten Gebot berücksichtigte Rechte.[4] Weiterhin finden die §§ 50, 51 keine Anwendung auf den Fall, dass ein im geringsten Gebot berücksichtigtes Recht nur einem anderen im Rang ausweichen muss (relative Unwirksamkeit; hierzu → § 44 Rdn. 107).[5]

Im Falle des Abs. 1 muss das Recht bereits im Zeitpunkt des Wirksamwerdens des Zuschlags (§§ 89, 104) weggefallen sein. Im Falle des Abs. 2 besteht die Zuzahlungspflicht auch dann, wenn das Recht später erlischt.

II. Nichtbestehen eines Grundpfandrechtes (Abs. 1)
1. Allgemein

Entscheidend ist, dass das Recht bei Wirksamwerden des Zuschlags (§§ 89, 104) nicht besteht. Wann sich das Nichtbestehen herausstellt und ob der Wegfall voraussehbar war, ist unerheblich.[6]

---

1 OLG Hamm, Rpfleger 1985, 246; *Schiffhauer*, Rpfleger 1975, 187 ff.
2 So Steiner/*Eickmann*, § 50 Rdn. 2.
3 RGZ 59, 266; der Ersteher hat das Recht bei Abgabe seines Gebotes ja auch nicht als bestehen bleibend einkalkuliert; *Stöber*, ZVG § 50 Rdn. 2.4; Löhnig/*Siwonia*, § 50 Rdn. 2; a.A. *Böttcher*, §§ 50, 51 Rdn. 3.
4 RGZ 138, 125. Die Rechtskraft des Zuschlagsbeschlusses hat jedoch das Bestehenbleiben des Rechts zur Folge. Liegt aber hinsichtlich dieses Rechts eine Frage von § 50 oder § 51 vor, tritt die Zuzahlungspflicht des Erstehers ein; hierzu auch Steiner/*Eickmann*, § 50 Rdn. 53.
5 OLG Hamm, Rpfleger 1985, 246.
6 RGZ 78, 398.

2. Einzelfälle

6 Gründe des **Nichtbestehens** eines Rechts können z.B. sein:

- Einigungsmängel mit der Folge der Nichtigkeit des Rechts,
- Bestellung eines Rechts nur zum Schein mit der Folge der Nichtigkeit (bei einer Hypothek keine Eigentümergrundschuld,[7]
- fehlende Angabe des Gläubigers bzw. des Berechtigten in der Grundbucheintragung,[8]
- Mängel bei der Eintragung des Rechts (z.b. fehlende Unterschrift) mit der Folge der Nichtigkeit der Eintragung,[9]
- ungenügende Bezeichnung des Inhalts eines Rechts (z.b. bei der Dienstbarkeit[10]),
- Befriedigung des Rechts vor dem Zuschlag aus dem Grundstück (§ 1181 BGB) z.b. in der Zwangsverwaltung,
- Tilgung eines Grundpfandrechts, wenn es dadurch ausnahmsweise erlischt, ohne Eigentümergrundschuld zu werden (hierzu → § 45 Rdn. 6),
- Nichtigkeit einer Zwangssicherungshypothek, die unter dem Mindestbetrag, § 866 Abs. 3 ZPO, oder gegen das Verbot der Eintragung als Gesamtrecht, § 867 Abs. 2 ZPO, oder trotz Einstellung der Zwangsvollstreckung[11] eingetragen wurde,
- Nichtentstehen oder Erlöschen der Forderung einer Hypothek nach §§ 452–457 ZGB-DDR.

7 Die **Voraussetzungen** des § 50 liegen in folgenden Fällen **nicht vor:**

- bei einem Eigentümerrecht bzw. Umwandlung eines Fremdrechts in ein Eigentümerrecht,[12]
- bei Berücksichtigung einer Höchstbetragshypothek nach § 1190 BGB,[13]
- bei Tilgungshypotheken, denn sie werden hinsichtlich des getilgten Teils zur Eigentümergrundschuld[14]; die Tilgungsbeiträge werden im bar zu zahlenden Teil des geringsten Gebotes berücksichtigt (hierzu → § 44 Rdn. 28),
- bei Sicherungsgrundschulden, wenn ein fälliger Rückgewähranspruch gegeben ist (hierzu nachfolgend → Rdn. 8 ff.),
- bei erfolgreicher rechtskräftiger Anfechtung eines Grundpfandrechts nach dem Anfechtungsgesetz,
- wenn das im geringsten Gebot bestehenbleibende Grundpfandrecht den Eigentümern zusteht und ein Miteigentümer das Grundstück ersteigert, da

---

7   RGZ 70, 353; auch kein Anfechtungsfall, so aber Steiner/*Eickmann,* § 50 Rdn. 6.
8   Palandt/*Bassenge,* § 1115 Rdn. 4.
9   Hierzu OLG Köln, Rpfleger 1980, 477; *Schöner/Stöber,* Grundbuchrecht Rdn. 227.
10 OLG Karlsruhe, Rpfleger 2005, 79; BayObLG, Rpfleger 2005, 419; BayObLG, Rpfleger 1995, 13.
11 OLG Frankfurt, Rpfleger 1974, 443.
12 RGZ 51, 43; *Stöber,* ZVG § 50 Rdn. 2.5; *Fischer,* NJW 1955, 573.
13 RGZ 75, 250.
14 RGZ 104, 68; 142, 156.

dann die Teilung in Natur durch Bildung von Teilgrundschuldbriefen zu erfolgen hat.[15]

3. Die Grundschuld
a) Realkredit und Rückgewährsanspruch

Die Grundschuld (§§ 1191 ff. BGB) ist forderungsunabhängig (§ 1191 Abs. 1 BGB), dient in der Praxis jedoch regelmäßig der Sicherung von Krediten, insbesondere Realkrediten (sog. Sicherungsgrundschuld). Durch das Risikobegrenzungsgesetz wurde § 1192 Abs. 1a BGB[16] neu geschaffen. Erstmals wird hier der definierte Begriff Sicherungsgrundschuld im Gesetz verwendet. Sofern die Grundschuld – im seltenen Fall – keine Forderung sichert, spricht man von einer **isolierten Grundschuld**. 8

In der Praxis werden Realkredite heute nahezu immer durch eine Grundschuld abgesichert. Die Grundschuld ist ein abstrakt dingliches Recht (§ 1192 Abs. 1 BGB); das Gläubigerrecht ist materiell-rechtlich nicht von dem Bestand einer persönlichen Forderung des Grundschuldgläubigers gegen den Grundstückseigentümer abhängig. Grundschulden sind für Kreditgeber daher flexibler, da Einwendungen aus der Forderung, im Gegensatz zur Hypothek, gegenüber der Grundschuld nicht geltend gemacht werden können. Diese Rechtslage erleichtert dem Gläubiger insbesondere die Rechtsverfolgung des dinglichen Anspruchs. Auch wenn die Grundschuld eine Forderung nicht verlangt, ist die Bestellung einer abstrakten Grundschuld unüblich. Regelmäßig sichert die Grundschuld wirtschaftlich eine oder mehrere bestimmte festgelegte Forderungen[17] oder auch die Forderung aus einem Kontokorrentverhältnis. Die gegenseitigen Ansprüche des Sicherungsgebers gegen den Gläubiger der Grundschuld und umgekehrt werden im Sicherungsvertrag[18] („**Sicherungsabrede**") festgehalten. Der Sicherungsvertrag kann formfrei geschlossen werden[19], er unterliegt den AGB[20]. 9

Die Abstraktheit der Sicherungsgrundschuld hat zur Folge, dass sie **nicht Eigentümergrundschuld** wird, falls die Forderung nicht entstanden oder wenn sie wieder erloschen ist. Im Sicherungsvertrag wird häufig vereinbart, dass Zahlungen stets nur auf die persönliche Forderung und nicht auf die Grundschuld zu ver- 10

---

15 Schl.-Holst. OLG, Beschluss vom 21.10.2013, 15 WF 332/13, SchlHA 2014, 248, der ersteigernde Miteigentümer ist im Hinblick auf ganz oder teilweise nicht mehr valutierende Grundpfandrechte kein Bereicherungsschuldner des anderen Miteigentümers. Letzterer ist darauf beschränkt, vom Ersteher die Mitwirkung bei der Rückübertragung und Teilung der Grundschuld zu verlangen.
16 Eingefügt durch Art. 6 des Gesetzes vom 12.8.2008 (BGBl I 1666).
17 Hierzu bei einer Bausparkasse: BGH, NJW-RR 2005, 985 = MDR 2005, 1124 = WM 2005, 1076 = ZIP 2005, 1024.
18 Auch bezeichnet als Zweckerklärung, Verwendungszweckerklärung oder Zweckbestimmungserklärung.
19 BGH, NJW 2004, 158 = MDR 2004, 287 = WM 2003, 2410 = ZIP 2004, 64 = InVo 2004, 205 = ZfIR 2004, 97.
20 Z.B. BGH, Urteil vom 18.7.2014, V ZR 178/13, Rpfleger 2014, 661 = NJW 2014, 3772; BGH, Rpfleger 2010, 414 = NJW 2010, 2041 = ZInsO 2010, 1227; BGH, NJW 2003, 885 = DNotZ 2003, 402 = KTS 2003, 402 = MDR 2003, 343 = NJW 2003, 64 = ZIP 2003, 247 = WuB H. 4/2003 IV C. § 3 AGBG 1.03 *Koch*; BGH, NJW 2002, 2710 = DNotZ 2002, 853 = MDR 2002, 833 = WM 2002, 1117 = ZIP 2002, 932 = ZfIR 2002, 440; BGH, NJW 2001, 1417 = MDR 2001, 557 = WM 2001, 623 = ZIP 2001, 507 = ZfIR 2001, 274; BGH, NJW 1999, 2043 = DNotZ 1999, 638 = WM 1999, 948 = ZIP 1999, 744.

rechnen sind. Betreibt der Grundschuldgläubiger die Zwangsversteigerung aus der Grundschuld, ist der Eigentümer trotz einer entgegenstehenden Abrede im Sicherungsvertrag berechtigt, auf das dingliche Recht zu leisten.[21] Bei Streit über die Valutierung der Grundschuld liegt die Beweislast beim Grundstückseigentümer.[22] Dies gilt in jedem Falle dann, wenn der Sicherungsgeber nicht zugleich Schuldner der Forderung ist. Solange er zum Erlöschen der Forderung nicht schlüssig vorgetragen hat, obliegen dem Sicherungsnehmer keine eigenen Darlegungen zum Fortbestand der Forderung.[23]

11 Nach Wegfall des Sicherungszweckes hat der Grundstückseigentümer gegenüber dem Grundschuldgläubiger einen schuldrechtlichen Anspruch auf Ausgleichung der Bereicherung aus der Sicherungsabrede oder aus § 812 BGB[24] (**Rückgewährsanspruch**). Dieser Anspruch ist aufschiebend bedingt durch Tilgung der Forderung und entsteht bereits mit Abschluss der Sicherungsabrede.[25] Der Rückgewährsanspruch kann erfüllt werden durch:

- Übertragung bzw. Abtretung des Rechtes, §§ 1192, 1154 BGB,
- Verzichtserklärung mit der Folge einer Eigentümergrundschuld, § 1168 BGB,
- Aufhebungserklärung durch Erteilung einer Löschungsbewilligung, §§ 875, 1183 BGB.

12 Da der Rückgewährsanspruch nach dem Recht der Schuldverhältnisse zu beurteilen ist[26], können abweichende Regelungen zwischen Sicherungsgeber und Sicherungsnehmer getroffen werden. Das grundsätzliche **Wahlrecht**, § 262 BGB, wird in der Sicherungsabrede regelmäßig abbedungen. Dem Eigentümer steht nahezu immer nur der Aufhebungsanspruch zu[27], der Gläubiger behält sich daneben vor, auf die Grundschuld zu verzichten. Die Darlegungs- und Beweislast für die Voraussetzungen des Rückgewährsanspruchs trägt grundsätzlich der Grundschuldbesteller.[28]

13 Zu beachten ist weiter, dass der **Rückgewährsanspruch** des Eigentümers oftmals an im Range gleichstehende oder nachrangige Rechte **abgetreten** ist. Diese Gläubiger verlangen die Abtretung zu weiteren Sicherungszwecken. Erfolgt die Abtretung nur zu weiteren Sicherungszwecken, hat der Eigentümer gegenüber den gleichstehenden oder nachrangigen Gläubigern einen Anspruch auf Rückabtretung, wenn der abgetretene Rückgewährsanspruch nicht mehr benötigt wird.[29]

---

21 BGH, NJW 1986, 2108 = MDR 1986, 930.
22 BGH, NJW 1986, 53.
23 BGH, NJW 2000, 1108 = MDR 2000, 341 = WM 2000, 186 = ZIP 2000, 204 = WuB H. 5/2000 VII A. § 286 ZPO 1.00 *Heinrich*.
24 BGH, Urteil vom 29.1.2016, V ZR 285/14; BGH, Urteil vom 19.4.2013, V ZR 47/12, Rpfleger 2013, 558 = NJW 2013, 2894; BGH, NJW-RR 1996, 234 = KTS 1996, 318 = WM 1996, 1493; BGH, NJW 1992, 1620 = MDR 1992, 470; BGH, NJW 1985, 800 = Rpfleger 1985, 103; BGH, NJW 1991, 305 = Rpfleger 1991, 105; MünchKomm/*Eickmann*, BGB § 1191 Rdn. 13 ff.
25 BGH, NJW 1977, 247; BGH, NJW 1989, 1732; MünchKomm/*Eickmann*, BGB § 1191 Rdn. 16 ff.
26 Deshalb ist auch für die Klage des Eigentümers gegen den Grundschuldgläubiger der Gerichtsstand nach § 24 ZPO nicht gegeben, BGH, NJW 1970, 1789 = Rpfleger 1970, 330 = KTS 1971, 43.
27 Bedenklich: MünchKomm/*Eickmann*, BGB § 1191 Rdn. 131.
28 BGH, WM 1974, 47; 1976, 666; NJW 1986, 53.
29 MünchKomm/*Eickmann*, BGB § 1191 Rdn. 139.

Der Eigentümer kann gegen die Inanspruchnahme durch den **Zessionar** einer 14
Grundschuld den **Rückübertragungsanspruch** nur dann geltend machen, wenn
der Zessionar den Sicherungscharakter und die Nichtvalutierung der Grundschuld kannte.[30] Hatte der Inhaber einer Sicherungsgrundschuld diese nach dem Sicherungsvertrag ordnungsgemäß zu Verwertungszwecken veräußert, hat der Sicherungsgeber auch dann keinen Rückgewährsanspruch, wenn dieser die Grundschuld zurück erwirbt.[31]

b) Teilweise Valutierung

Bei nur teilweise valutierter Sicherungsgrundschuld hat der Sicherungsgeber 15
einen Anspruch auf teilweise Rückgewähr, wenn der Sicherungszweck insoweit endgültig entfallen ist.[32] Ein Anspruch auf teilweise Rückgewähr besteht jedoch dann nicht, wenn der Sicherungszweck fortbesteht.[33] Der Sicherungsnehmer ist nach Maßgabe des allgemeinen Schuldrechts zum Schadensersatz verpflichtet, wenn er den durch den endgültigen Wegfall des Sicherungszwecks aufschiebend bedingten Anspruch auf Rückgewähr einer Sicherungsgrundschuld nach Bedingungseintritt schuldhaft nicht erfüllt; ist der Rückgewähranspruch – etwa an einen nachrangigen Grundpfandgläubiger – abgetreten worden, steht der Anspruch auf Schadensersatz dem Zessionar zu. Ob der Sicherungszweck endgültig weggefallen ist, richtet sich nach der Sicherungsvereinbarung; auch wenn diese eine Revalutierung der Grundschuld erlaubt, tritt die aufschiebende Bedingung jedenfalls mit dem endgültigen Ende der Geschäftsbeziehung ein. Nach einer dem Sicherungsnehmer angezeigten Abtretung kann die Sicherungsvereinbarung nur unter Mitwirkung des Zessionars inhaltlich geändert werden, soweit die Änderung den Rückgewähranspruch einschließlich der aufschiebenden Bedingung betrifft, unter der dieser steht.[34] Ersteigert ein Ehegatte das im Miteigentum beider stehende Anwesen und werden dabei zum Teil nicht mehr valutierte Grundschulden bei Feststellung des geringsten Gebots berücksichtigt, so stehen dem anderen Ehegatten lediglich entsprechende Rückgewährsansprüche gegen den jeweiligen Grundschuldgläubiger, jedoch kein Anspruch aus den §§ 812 ff. BGB gegen den ersteigernden Ehegatten zu.[35] Anders ist dies dann, wenn der ersteigernde Miteigentümer bereits eine Löschungsbewilligung hinsichtlich der Grundschuld in Händen hat, von dieser aber erst nach der Zuschlagserteilung Gebrauch macht. In diesem Fall hat der frühere Miteigentümer einen bereicherungsrechtlichen Ausgleichsanspruch aus § 816 Abs. 2 BGB.[36]

Der Sicherungszweck hinsichtlich des nicht mehr valutierten Teils einer 16
Grundschuld entfällt, und der Rückgewähranspruch eines entsprechenden rangletzten[37] Teils der Grundschuld wird fällig, wenn das Kreditverhältnis wirksam gekündigt ist.[38] Im Streitfall hat bei einer nur noch teilweise valutierten Grund-

---

30 BGH, NJW 1972, 1463 = Rpfleger 1972, 396.
31 BGH, NJW 1979, 717 = Rpfleger 1979, 128 = MDR 1979, 281.
32 BGH, NJW-RR 1990, 445.
33 Nach Zuschlag des Grundstücks an einen der Miteigentümer in der Teilungsversteigerung, BGH, NJW-RR 1987, 76 = Rpfleger 1987, 30 = ZIP 1986, 1452.
34 BGH, Urteil vom 19.4.2013, V ZR 47/12, NJW 2013, 2894 = Rpfleger 2013, 558 = DNotZ 2013, 760 = ZIP 2013, 1113.
35 OLG Bamberg, NJW-RR 1997, 81 = FamRZ 1996, 1477.
36 BGH, ZfIR 2008, 205 (*Clemente*).
37 Hierzu *Dempewolf*, NJW 1959, 2148.
38 BGH, NJW 1986, 2108 = MDR 1986, 930.

schuld das Prozessgericht zu bestimmen, welche Sicherheiten freizugeben sind. Dabei ist der Sicherungsnehmer dafür darlegungs- und beweispflichtig, dass seine Entscheidung über die vom Sicherungsgeber beantragte Freigabe von Sicherheiten der Billigkeit entspricht.[39] Auch kann ein Anspruch auf Herausgabe eines Teils der Sicherheiten bestehen, wenn **mehrere Sicherungsgrundschulden** eingetragen sind und der Schuldner Teilleistungen vornimmt.[40] Im Falle **teilweiser Übersicherung** hat der Sicherungsnehmer das Wahlrecht (§ 262 BGB), welche von mehreren selbstständigen Sicherheiten er an den Sicherungsgeber zurückgibt. Er ist grundsätzlich nicht verpflichtet, sich für die Freigabe einer nachrangigen Sicherheit zu entscheiden.[41]

c) **Pfändung und Überweisung**

17   Der Rückgewährsanspruch ist als selbstständiges Vermögensrecht des Sicherungsgebers **abtretbar** (falls nicht im Sicherungsvertrag ausgeschlossen), **verpfändbar** und **pfändbar**.[42] Die **Pfändung** erfolgt insgesamt nach den Vorschriften über die Geldforderung, § 857 Abs. 1, § 829 ZPO. Die Pfändung wird wirksam mit **Zustellung** an den **Drittschuldner**, an die jeweiligen im Grundbuch eingetragenen Grundschuldgläubiger. Die Pfändung bewirkt jedoch kein Recht an der Grundschuld, der Grundschuldgläubiger kann nach wie vor über die Grundschuld verfügen.[43] Die **Verwertung** des gepfändeten Rückgewährsanspruches erfolgt nur durch Überweisung zur Einziehung, da ein Nennwert nicht vorhanden ist.[44] Es wird jedoch auch die Auffassung vertreten, dass eine Überweisung an Zahlungs statt zulässig ist.[45] Der Forderung auf Rückgewähr wird in diesem Fall der gleiche Nennwert wie der der Eigentümergrundschuld zugeschrieben. Diese Verwertungsart hat zur Folge, dass bei Rückgewähr keine Eigentümergrundschuld entsteht, sondern direkt ein Fremdrecht für den Vollstreckungsgläubiger. Dieses Recht ist dann folgerichtig auch nicht dem gesetzlichen Löschungsanspruch eines nachrangigen Grundpfandrechtsgläubigers ausgesetzt. Da sich das Pfandrecht an dem schuldrechtlichen Rückgewährsanspruch im Wege der dinglichen Surrogation jedoch nur bei Rückgewähr durch Rückabtretung an der Grundschuld fortsetzt[46], ist die Überweisung an Zahlungs statt auch nur in diesem Falle zulässig. Da der Rückgewährsanspruch des Eigentümers oftmals an im Range gleichstehende oder nachrangige Rechte abgetreten ist, und pfändet der Vollstreckungsgläubiger den Rückgewährsanspruch des Eigentümers gegen eine erstrangige Grundschuld, geht diese ins Leere, da dem Eigentümer dieser Anspruch nicht mehr zusteht. Auch im Falle der Rückabtretung des Anspruchs an den Eigentümer lebt das Pfandrecht nicht wieder auf.[47] Da die Abtretung nur zu weiteren Sicherungszwecken erfolgt, hat der Eigentümer gegenüber den gleichstehenden oder nachrangigen Gläubigern einen Anspruch auf Rückabtretung, wenn der

---

39 BGH, NJW 1981, 571.
40 LG Ravensburg, BB 1961, 148.
41 BGH, NJW-RR 2003, 45 = DNotZ 2003, 429 = KTS 2002, 720 = MDR 2002, 1200 = WM 2002, 1643 = ZIP 2002, 1390.
42 Hierzu *Hintzen/Wolf*, Rdn. 6.398.
43 OLG Schleswig, Rpfleger 1997, 267.
44 *Stöber*, Forderungspfändung Rdn. 1892; MünchKomm/*Eickmann*, BGB § 1191 Rdn. 132.
45 OLG Braunschweig, JurBüro 1969, 439; *Dempewolf*, NJW 1959, 558.
46 Musielak/Voit/*Becker*, § 857 Rdn. 22.
47 BGH, NJW 1971, 1939.

abgetretene Rückgewährsanspruch nicht mehr benötigt wird.[48] Dieser Anspruch des Eigentümers auf Rückgewähr des abgetretenen Rückgewährsanspruches ist ebenfalls pfändbar und sollte zur Vollständigkeit gleichzeitig mitgepfändet werden, §§ 857, 829 ZPO.[49]

d) Bestehen bleibende Sicherungsgrundschuld

Bleibt eine Sicherungsgrundschuld nach den Versteigerungsbedingungen bestehen, sichert sie weiterhin die Ansprüche des Kreditgebers im bisherigen Umfang. Die Tatsache der Zuschlagserteilung allein führt nicht zur **Fälligkeit** des Rückgewähranspruchs hinsichtlich des nicht valutierten Teils der Sicherungsgrundschuld.[50] Bei einer bestehen bleibenden und nicht oder nur teilweise valutierten Sicherungsgrundschuld kann der Sicherungsnehmer den Rückgewähranspruch nur durch **Abtretung** des nicht valutierten Teils der Grundschuld erfüllen, denn nur sie kommt dem Sicherungsgeber zugute.[51] Bei mehreren – ehemaligen – Miteigentümern hat die Abtretung wegen der gemeinschaftlichen Berechtigung der Miteigentümer an diese gemeinsam zu erfolgen. Auch wenn einer der – ehemaligen – Miteigentümer das Grundstück selbst ersteigert, können die anderen Berechtigten verlangen, dass alle Miteigentümer an der Realisierung des auf Übertragung der Grundschuld an die Miteigentümer gemeinsam gerichteten Anspruchs mitwirken.[52] Die Formularklausel im Sicherungsvertrag, dass dem Sicherungsgeber nur ein Anspruch auf Löschung oder Verzicht zusteht, ist dann unwirksam, wenn die Geltung dieser Klausel nicht für den Fall abgeschlossen ist, dass im Zeitpunkt der Rückgewähr das Eigentum an dem belasteten Grundstück durch Zuschlag in der Zwangsversteigerung gewechselt hat.[53]

18

Befriedigt der **Ersteher** den Gläubiger einer bestehen gebliebenen Grundschuld, steht der auf einen nicht valutierten Teil der Grundschuld entfallene Betrag dem bisherigen Eigentümer des Grundstücks zu.[54] Erteilt der Gläubiger einer nicht oder nur teilweise valutierten Sicherungsgrundschuld dem Ersteher nach Zahlung des valutierten Betrages eine Löschungsbewilligung über den Gesamtbetrag der Grundschuld und lässt dieser sie löschen, hat der frühere Eigentümer wegen der Unmöglichkeit der Verwirklichung des Rückgewähranspruchs einen Bereicherungsanspruch gegen den Ersteher.[55] Ein Anspruch aus § 812 Abs. 1 Satz 1 BGB wegen der Vereitelung seines Rückgewähranspruchs gegen den Grundschuldgläubiger hinsichtlich des vor der Ablösung bereits nicht mehr valutierten Teils der Grundschuld besteht nicht. Der Anspruch kann auch nicht auf eine entsprechende Anwendung von § 50 Abs. 1 Satz 1 gestützt werden. Auf Grundschul-

19

---

48 MünchKomm/*Eickmann*, BGB § 1191 Rdn. 139.
49 OLG Frankfurt, JurBüro 1984, 109.
50 BGH, Rpfleger 1987, 30 = WM 1986, 1441 = ZIP 1986, 1452.
51 BGH, Rpfleger 1988, 495 mit Anm. *Schiffhauer* = WM 1988, 1137 für den Fall, dass durch den Sicherungsvertrag der Rückgewähranspruch nicht auf Verzicht und Löschungsbewilligung reduziert worden ist; liegt eine solche Verkürzung des Rückgewähranspruchs vor, ist sie unwirksam, wenn Sicherungsgeber und Grundstückseigentümer nicht identisch sind.
52 SaarOLG, Beschluss vom 25.2.2015, 5 W 96/14, Rpfleger 2015, 488.
53 BGH, Urteil vom 18.7.2014, V ZR 178/13, Rpfleger 2014, 661 = NJW 2014, 3772; BGH, Rpfl 1989, 295 = BB 1989, 735.
54 BGH, Rpfleger 1989, 120 = NJW-RR 1989, 173.
55 BGH, ZfIR 2008, 205 (*Clemente*); BGH, Rpfleger 1984, 427 = NJW 1974, 2279 = KTS 1975, 115.

den, die im geringsten Gebot berücksichtigt sind und bestehen bleiben, ist die Vorschrift nicht anwendbar.[56] Einer entsprechenden Anwendung auf nicht valutierte Grundschulden steht entgegen, dass § 50 eine Zuzahlungspflicht zugunsten nachrangiger Gläubiger begründet, der Rückgewähranspruch aber dem Sicherungsgeber und nicht den nachrangigen Gläubigern zugutekommen soll.[57] Schadensersatzansprüche oder aus dem Grundsatz der positiven Vertragsverletzung des früheren Eigentümers gegen den Grundschuldgläubiger werden dadurch nicht ausgeschlossen.[58]

20 Sind **persönlicher** und **dinglicher Schuldner identisch**, ist im Regelfall davon auszugehen, dass dann, wenn der Schuldner im Zeitpunkt der Leistung auf die dingliche Schuld berechtigt ist, auch die persönliche Forderung zu befriedigen, mit der Leistung auf die dingliche Schuld in diesem Umfang auch die persönliche Schuld erlischt.[59] Sind persönlicher und dinglicher Schuldner **nicht identisch** und zahlt der Eigentümer nur auf die dingliche Schuld, erlischt die gesicherte Forderung nicht.[60] Befriedigt ein Gesamtschuldner, der im Innenverhältnis von einem anderen Schuldner Ausgleich verlangen kann, den Gläubiger und geht daher die Forderung gegen diesen Schuldner auf ihn über, kann der leistende Schuldner aufgrund entsprechender Anwendung des § 401 BGB vom Gläubiger die Übertragung einer die Forderung gegen alle Gesamtschuldner sichernden Grundschuld, die von dem ausgleichspflichtigen Schuldner bestellt worden ist, verlangen.[61]

III. Bedingte Rechte (Abs. 2 Nr. 1)

1. Allgemeines

21 Wenn die aufschiebende Bedingung ausfällt oder die auflösende Bedingung eintritt, § 158 BGB, ergibt sich für den Ersteher und für die Beteiligten die gleiche Sachlage wie im Falle des Nichtbestehens eines berücksichtigten unbedingten Rechts (siehe → Rdn. 1). Es ist gleichgültig, ob sich der Nichteintritt der aufschiebenden oder der Eintritt der auflösenden Bedingung vor oder nach dem Zuschlag entscheidet[62]; in beiden Fällen ist der Ersteher zuzahlungspflichtig. Kein bedingtes Recht ist die Hypothek für eine bedingte Forderung, weil sie bei Fortfall Eigentümergrundschuld wird.

2. Widerspruch, Vormerkung

22 Durch Widerspruch oder Vormerkung gesicherte Rechte sind zwar nicht bedingt, aber gleichfalls wie bedingte zu behandeln, weil es noch in der Schwebe ist,

---

56 A.A. OLG Hamm, MDR 2002, 1273: liegen dem Ersteher bereits im Zeitpunkt des Zuschlags Löschungsbewilligungen der Grundpfandgläubiger für eingetragene, aber nicht mehr valutierende **Grundschulden** vor, die als bestehen bleibende Rechte in das geringste Gebot aufgenommen worden sind, und bewirkt der Ersteher nach seiner Eintragung als neuer Eigentümer im Grundbuch unter Vorlage dieser Bewilligungen die Löschung der Grundschulden, so können die früheren Eigentümer einen Zuzahlungsanspruch gegen den Ersteher aufgrund einer entsprechenden Anwendung des § 50 Abs. 2 Nr. 1 haben.
57 BGH, Rpfleger 1993, 415 = NJW 1993, 1919 = DNotZ 1994, 48 = MDR 1993, 755.
58 So jetzt BGH, Urteil vom 29.1.2016, V ZR 285/14; hierzu *Räbel*, NJW 1953, 1247; *Rüttger*, NJW 1959, 2147.
59 BGH, Rpfleger 1980, 337 = NJW 1980, 2198 = MDR 1981, 38.
60 BGH, Rpfleger 1981, 286 = NJW 1981, 1554; BGH, MDR 1987, 484.
61 BGH, Rpfleger 1981, 286 = NJW 1981, 1554.
62 Steiner/*Eickmann*, § 50 Rdn. 13.

ob sie bestehen oder entstehen.⁶³ Entsteht das vorgemerkte Recht nach dem Wirksamwerden des Zuschlags oder wird in diesem Zeitpunkt festgestellt, dass das zu Unrecht gelöschte Recht besteht, so hat der Ersteher das Recht zu erfüllen; ist das nicht der Fall, hat der die Zuzahlung zu leisten (hierzu auch → § 48 Rdn. 5). Bieter müssen sich daher bei Abgabe ihrer Gebote darauf einrichten, dass sie ein vorgemerktes oder durch Widerspruch gesichertes Recht wirtschaftlich in voller Höhe zu vertreten haben.

3. Löschungsanspruch

23 Als bedingt ist auch ein bestehen bleibendes Grundpfandrecht zu behandeln, zu welchem eine Löschungsvormerkung (§ 1179 BGB a.F oder n.F.) für den Berechtigten eines erloschenen Recht eingetragen ist.⁶⁴ Gleiches gilt für den gesetzlichen Löschungsanspruch nach §§ 1179a und 1179b BGB. Die Beachtung des Löschungsanspruch setzt seine rechtzeitige Geltendmachung voraus, die ohne Rangverlust (§ 37 Nr. 4) auch noch im Verteilungstermin geschehen kann. Kann der Berechtigte des Löschungsanspruchs das Entstehen des Eigentümerrechts im Verteilungstermin **nicht** in urkundlicher Form **nachweisen**, ist die Anmeldung bzw. Geltendmachung als Widerspruch anzusehen, § 115; es ist dann gem. § 124 zu verfahren. Der Ersteher hat im Falle des zu Recht geltend gemachten Löschungsanspruchs außer dem Bargebot den Kapitalbetrag dieses Rechts insoweit zu zahlen, wie es Eigentümerrecht geworden ist und wie sich der Anspruch des Vormerkungsberechtigten aus der Löschungsvormerkung oder dem gesetzlichen Löschungsanspruch darstellt. Zur Zuteilung und zu weiteren Verfahrensweise siehe → § 125 Rdn. 8. Für den Fall, dass das Recht eines gem. § 1179a BGB Löschungsberechtigten erlischt und gem. § 91 Abs. 2 das Bestehenbleiben des zur Löschung verpflichteten Rechts vereinbart wird siehe → § 91 Rdn. 7, 8 und zu § 130a.

4. Befristete Rechte

24 Mit einem Endtermin (befristet) eingetragene Rechte sind nicht wie bedingte zu behandeln. Tritt der Endtermin vor der Versteigerung ein, ist das Stammrecht nicht in das geringste Gebot aufzunehmen. Anders eventuell rückständige Einzelleistungen, die im bar zu zahlenden Teil zu berücksichtigen sind. Tritt der Endtermin nach der Versteigerung, jedoch vor dem Wirksamwerden des Zuschlags ein, ist der Zuzahlungsfall nach Abs. 1 gegeben. Liegt der Endtermin nach dem Wirksamwerden des Zuschlags, besteht keine Zuzahlungspflicht des Erstehers.⁶⁵

IV. Gesamtgrundpfandrecht (Abs. 2 Nr. 2)

1. Allgemeines

a) Gesamtgrundpfandrecht

25 Es muss sich um Kapitalrechte handeln also Hypotheken, Grundschulden oder Rentenschulden. Das Grundpfandrecht kann bereits als Gesamtrecht bestellt worden sein und zwar durch Belastung mehrerer rechtlich selbstständiger Grundstücke oder Miteigentumsbruchteile.⁶⁶ Auch kann ein Gesamtgrundpfandrecht

---

63 BGHZ 53, 47 = Rpfleger 1970, 60 = NJW 1970, 565.
64 RGZ 57, 209.
65 Steiner/*Eickmann*, § 50 Rdn. 14.
66 BGH, NJW 1961, 1352 = Rpfleger 1961, 353 = MDR 1961, 673.

zugunsten von Eigentümern in Bruchteils- und Alleineigentum mit der Wirkung bestellt werden, dass es zugleich Eigentümer- und Fremdgrundschuld ist.[67] Das Gesamtgrundpfandrecht kann auch nachträglich, z.b. durch Teilung des Grundstücks, Übertragung eines Miteigentumsbruchteils, Umwandlung eines Grundstückes in Wohnungseigentum oder Wohnungserbbaurecht (§§ 3, 8, 30 WEG)[68] entstehen.

b) **Aufnahme im geringsten Gebot**

26 Entsprechend dem Wesen des Gesamtgrundpfandrechts, § 1132 Abs. 1 BGB, ist es beim Vorliegen der Voraussetzungen des § 44 Abs. 1, § 52 in voller Höhe in das geringste Gebot aufzunehmen. Dies gilt auch dann, wenn nur ein mitbelasteter ideeller Miteigentumsanteil (z.B. der $^1/_2$ Anteil eines Ehegatten) versteigert wird.[69] Hierbei besteht die Möglichkeit, dass der Grundpfandrechtsgläubiger nicht aus dem versteigerten Grundstück, sondern aus einem anderen mitbelasteten Grundstück befriedigt wird. Dadurch fällt die Übernahmepflicht des Erstehers noch nicht grundsätzlich weg, weil möglicherweise das Gesamtrecht am versteigerten Grundstück nur in die Hand eines anderen Gläubigers gelangt. Nur wenn das Gesamtrecht an dem versteigerten Grundstück nach den **besonderen Vorschriften** über die **Gesamthypothek** erlischt, findet die besondere Zwangsversteigerungsbedingung nach Abs. 2 Nr. 2 Anwendung, nur dann ist der Ersteher zuzahlungspflichtig. Das gilt auch für den Fall, dass alle belasteten Grundstücke zu einem Gesamtgebot zugeschlagen werden und bei einem Grundstück das Gesamtrecht in das geringste Gebot aufgenommen wird, bei den anderen aber wegfällt.[70] Werden in einem nicht gem. § 18 verbundenen Verfahren die beiden ideellen Miteigentumsanteile an einem Grundstück versteigert und erhält den Zuschlag derselbe Ersteher, so wird ein bestehen gebliebenes Gesamtgrundpfandrecht zum Einzelrecht mit der Folge, dass **kein Zuzahlungsfall** vorliegt.[71]

c) **Voraussetzung der Zuzahlungspflicht**

27 Voraussetzung der Zuzahlungspflicht ist das Erlöschen des Gesamtgrundpfandrechts auf dem versteigerten Grundstück. Deshalb tritt sie dann nicht ein, wenn die auf dem versteigerten Grundstück bestehen gebliebene **Gesamtgrundschuld** eine Forderung sichert und diese weggefallen ist, denn die Gesamtgrundschuld erlischt als forderungsunabhängiges Recht dadurch nicht; vielmehr besteht in diesem Fall einer Rückgewährsverpflichtung, der Rückgewährsanspruch ist zu erfüllen.[72]

2. **Verteilung gemäß § 1172 Abs. 2 BGB**

28 Ist die Forderung, für die eine Gesamthypothek eingetragen ist, nicht entstanden oder erloschen oder ist der Brief nicht übergeben, steht die Gesamthypothek als Gesamtgrundschuld den Eigentümern der belasteten Grundstücke gemeinschaftlich zu. Jeder von ihnen kann die Aufhebung der Gemeinschaft und die Verteilung auf die einzelnen Grundstücke fordern. Die Verteilung erfolgt mangels

---

67 BayObLGZ 1962, 184 = NJW 1962, 1725.
68 OLG Oldenburg, NJW-RR 1989, 273.
69 RGZ 123, 74.
70 BGHZ 46, 246 = Rpfleger 1967, 211 = MDR 1967, 292.
71 LG Oldenburg, KTS 1978, 123.
72 *Stöber*, ZVG § 50 Rdn. 2.3 gegen LG Freiburg, NJW-RR 1987, 1420.

anderweitiger Vereinbarung nach den Grundstückswerten und unter Abzug der Belastungen, die der Gesamthypothek im Range vorgehen. Jeder Eigentümer erwirbt den auf sein Grundstück entfallenden Teil als Einzelgrundschuld, im Übrigen erlischt das Recht. Die Zuzahlungspflicht des Erstehers besteht in Höhe der Differenz des bestehen gebliebenen Gesamtrechts zum Betrag der Einzelgrundschuld.

3. Befriedigung durch einen der Eigentümer, § 1173 BGB

Wird der Gläubiger, für den neben dem zu versteigernden Grundstück noch ein weiteres haftet, vom Eigentümer des Letzteren befriedigt, erwirbt dieser die Gesamthypothek an seinem Grundstück in vollem Umfang, und zwar als Hypothek, wenn er nicht zugleich persönlicher Schuldner war, sonst als Grundschuld. Soweit er vom Eigentümer des mitbelasteten Grundstücks oder dessen Rechtsvorgänger Ersatz verlangen kann, geht die Gesamthypothek an dessen Grundstück als Hypothek für die Ersatzforderung auf ihn über und ist insoweit mit der Hypothek an seinem Grundstück Gesamthypothek. Eine Zuzahlungspflicht des Erstehers tritt nicht ein. Kann der Gläubiger keinen Ersatz verlangen, erlischt die Gesamthypothek am anderen Grundstück; dessen Ersteher wird zuzahlungspflichtig, wenn die Gesamthypothek im geringsten Gebot berücksichtigt ist.[73] 29

4. Befriedigung des Gesamtgläubigers, §§ 1181, 1182 BGB

Bei Befriedigung des Gesamtgläubigers aus einem der Grundstücke, §§ 1181, 1182 BGB durch Zwangsversteigerung, Zwangsverwaltung oder Vollstreckung in mitverhaftete Gegenstände, erlischt die Gesamthypothek in der Regel an allen Grundstücken. Soweit der Eigentümer des Grundstücks, aus dem der Gläubiger befriedigt wird, vom Eigentümer eines mitbelasteten Grundstücks oder einem Rechtsvorgänger Ersatz verlangen kann, geht die Hypothek am mitbelasteten Grundstück als Einzelhypothek für die Ersatzforderung mit der Einschränkung nach § 1182 Satz 2 BGB auf ihn über. Frei werden also das Grundstück, aus dem die Befriedigung erfolgt und die anderen Grundstücke, soweit keine Ersatzforderung besteht.[74] Hinsichtlich des freigewordenen Betrages besteht die Zuzahlungspflicht des Erstehers. 30

5. Befriedigung durch den persönlichen Schuldner, nicht Eigentümer

Die Vorschrift über die Befriedigung durch den persönlichen Schuldner, der nicht Eigentümer eines belasteten Grundstücks ist, § 1164 BGB, wird durch § 1174 BGB ergänzt für den Fall, dass die Forderung durch eine Gesamthypothek an mehreren Grundstücken gesichert ist, von denen keines dem persönlichen Schuldner gehört. 31

Wenn der Schuldner gegenüber keinem der Eigentümer einen Ersatzanspruch hat, verwandelt sich die Gesamthypothek mit der Befriedigung des Gläubigers in einer Gesamtgrundschuld, die den Eigentümern gemeinschaftlich zusteht; es liegt dann der Fall nach → Rdn. 28 vor. 32

---

73 RGZ 81, 71; 89, 77.
74 RGZ 56, 322; 77, 149; 87, 71; 89, 77.

33   Wenn er gegen alle Eigentümer einen Ersatzanspruch in voller Höhe hat, geht die Gesamthypothek als eine solche für den Ersatzanspruch auf ihn über; sie erlischt nicht, es wechselt nur der Gläubiger.

34   Wenn er gegen alle Eigentümer einen Ersatzanspruch in der Weise hat, dass ihm jeder nur für einen anderen Teilbetrag haftet, so geht die Gesamthypothek je in Höhe des Ersatzanspruchs als Einzelhypothek für diesen auf ihn über und erlischt im Übrigen.

35   Wenn er nur vom Eigentümer eines Grundstücks, aber in voller Höhe Ersatz verlangen kann, erwirbt er die Hypothek am Grundstück des Ersatzpflichtigen als Einzelhypothek für seine Ersatzforderung, während sie an den anderen erlischt. Entsprechendes gilt, wenn ihm die Eigentümer mehrerer, aber nicht aller Grundstücke ersatzpflichtig sind.

36   Wenn er nur einen Teil seiner Zahlung ersetzt verlangen kann und wenn ihm alle Eigentümer als Gesamtschuldner für diesen Teil haften, erwirbt er die Gesamthypothek in Höhe der Ersatzforderung als Gesamthypothek für diese an allen Grundstücken; im Übrigen fällt sie den Eigentümern als Gesamtgrundschuld gemeinschaftlich zu; s. weiter → Rdn. 28.

37   Vorstehendes gilt auch in dem Fall, in dem der persönliche Schuldner den Gläubiger nicht befriedigt, sofern sich aber bei der Gesamthypothek Forderung und Schuld in einer Person vereinigen.

38   Soweit in den vorstehend aufgeführten Fällen die bestehen gebliebene Gesamthypothek erlischt, besteht die Zuzahlungspflicht des Erstehers.

6. Verzicht des Gläubigers

39   Verzichtet der Gläubiger auf das Gesamtgrundpfandrecht, § 1175 Abs. 1 BGB, auf allen belasteten Grundstücken, steht das Recht den Eigentümern als Gesamtgrundschuld gemeinschaftlich zu; s. weiter → Rdn. 28. Bezieht sich der Verzicht nur auf **ein Grundstück**, erlischt das Recht an diesem, der Ersteher dieses Grundstücks ist zuzahlungspflichtig.

40   Gleiches gilt im Falle des **Ausschlusses** des Gläubigers (§ 1170 BGB), § 1175 Abs. 2 BGB.

V. Persönliche Haftung des Erstehers (Abs. 3)

41   Eine persönliche Haftung des Erstehers, Abs. 3, kann nur gem. § 53 entstehen. Sie scheidet für die Fälle aus, in denen eine Forderung überhaupt nicht besteht oder der Schuldner nicht persönlich haftet, also in den Fällen der §§ 1172–1174, 1182 BGB. Es bleiben nur Verzicht (§ 1175 BGB) und Ausschluss des Gläubigers (§ 1170 BGB) übrig. Jedoch befreit der Fortfall des dinglichen Rechts nicht von der nach § 53 übernommenen Schuld und deshalb ist der Ersteher hier von der Zuzahlungspflicht befreit. Aber auch bei dieser Sachlage besteht die Möglichkeit, dass der Gläubiger, dem die persönliche Forderung trotz des Verzichts auf die Hypothek verblieben ist, von einem anderen Eigentümer befriedigt wird, der keinen Rückgriff gegen den Ersteher hat. Dieser wird damit auch von der persönlichen Schuld frei und würde ohne Zuzahlungspflicht bereichert sein. Deshalb gilt die in Abs. 3 ausgesprochene Ausnahme von der Regel nach dessen Schlussworten insoweit nicht, als der Ersteher bereichert ist.

VI. Behandlung des Zuzahlungsbetrages
1. Weitergeltung der Hypothekenbedingungen

§ 50 schützt die Beteiligten vor einer ungerechtfertigten Bereicherung des Erstehers, hindert aber andererseits die Verschlechterung seiner Rechtslage. 42

Abs. 1 Satz 2 bestimmt daher, dass der Zuzahlungsbetrag nicht im Verteilungstermin bar zu zahlen ist, sondern das hinsichtlich der Verzinslichkeit, des Zinssatzes, der Fälligkeit, der Kündigung und des Zahlungsortes die für das berücksichtigte Recht getroffenen Bestimmungen weiterhin maßgebend bleiben. Leistung und Mitverteilung des Zuzahlungsbetrages im Verteilungstermin sind jedoch nicht ausgeschlossen, sofern die Voraussetzungen vorliegen und nachgewiesen sind und der Ersteher den Betrag bis zum Verteilungstermin eingezahlt hat.[75] Gegen den Anspruch auf Zuzahlung ist die Einrede der Arglist zugelassen, sofern sie sich auf Tatumstände stützt, die von der gesetzlichen Regelung nicht umfasst sind, die insbesondere außerhalb des Zwangsversteigerungsverfahrens liegen. 43

2. Höhe des Zuzahlungsbetrages

Die Höhe des Zuzahlungsbetrages kann nicht immer umfangmäßig eindeutig beziffert werden, so z.B. nicht bei der Gesamthypothek. Sie ergibt sich aus dem Stammbetrag bei Hypotheken und Grundschulden und aus der Ablösungssumme bei Rentenschulden. Bei Wegfall eines Teilbetrages richtet sich die Höhe nach diesem. 44

3. Verteilung des Zuzahlungsbetrages

Die Verteilung des Zuzahlungsbetrages erfolgt gem. § 125 durch Übertragung der Forderung gegen den Ersteher auf die zunächst ausfallenden Berechtigten, sofern das Vorliegen des Tatbestandes nach § 50 dem Vollstreckungsgericht spätestens im Verteilungstermin bekannt geworden ist. Ein Widerspruch eines anspruchsberechtigten Beteiligten ist nicht Voraussetzung für die Berücksichtigung. Unterlässt das Vollstreckungsgericht die Verteilung des Zuzahlungsbetrages, kann der Teilungsplan angefochten werden (siehe hierzu → § 113 Rdn. 13, 14). Wurde die Anfechtung versäumt, müssen die Berechtigten den Zuzahlungsbetrag gegen den Ersteher im Klagewege durchsetzen, Anspruchsgrundlage ist § 50.[76] Eine Übertragung des Anspruchs durch das Vollstreckungsgericht oder einer Abtretung durch den Schuldner ist nicht erforderlich. Eine Nachtragsverteilung findet nicht statt, dass ZVG sieht sie nicht vor.[77] 45

---

75 So auch *Böttcher*, §§ 50, 51 Rdn. 39.
76 BGH, NJW 1966, 154 = Rpfleger 1966, 206.
77 Steiner/*Eickmann*, § 50 Rdn. 48.

§ 51 »Erhöhung des zu zahlenden Betrages bei Nichthypothekenrechten«

(1) ¹Ist das berücksichtigte Recht nicht eine Hypothek, Grundschuld oder Rentenschuld, so finden die Vorschriften des § 50 entsprechende Anwendung. ²Der Ersteher hat statt des Kapitals den Betrag, um welchen sich der Wert des Grundstücks erhöht, drei Monate nach erfolgter Kündigung zu zahlen und von dem Zuschlag an zu verzinsen.

(2) Der Betrag soll von dem Gerichte bei der Feststellung des geringsten Gebots bestimmt werden.

Übersicht   Rdn.
I.   Allgemeines   1
II. Anwendungsbereich   3
     1. Erlöschen steht fest   3
     2. Erlöschen steht nicht fest..................................   4
        a) Zuzahlungspflicht.......................................   5
        b) Bedingtes Recht   7
        c) Altenteil..   8
        d) Gesamtrecht   9
III. Festsetzung des Zuzahlungsbetrages (Abs. 2).........................   10
     1. Verfahren   10
     2. Festsetzung als gesetzliche Bedingung........................   13
     3. Unterbliebene Festsetzung   14
IV. Höhe des Zuzahlungsbetrages   15
     1. Allgemein...   15
     2. Dienstbarkeit   16
     3. Beschränkte persönliche Dienstbarkeit   18
     4. Mitbenutzungsrechte im Beitrittsgebiet   21
     5. Nießbrauch..   23
     6. Reallast   25
     7. Altenteil   28
     8. Vorkaufsrecht...   31
     9. Erbbaurecht   37
     10. Erbbauzinsreallast   39
     11. Dauerwohnrecht   41
     12. Vormerkung..   43
     13. Auflassungsvormerkung...................................   45
     14. Vereinbarung nach § 1010 BGB   47
V.   Verteilung des Zuzahlungsbetrages   49
VI. Zahlung..   50

I. Allgemeines

1   Die § 50 zugrunde liegenden Erwägungen (Verhinderung der ungerechtfertigten Bereicherung des Erstehers zum Nachteil der Beteiligten) treffen auch zu, wenn das im geringsten Gebot als bestehen bleibend berücksichtigte Recht nicht ein Grundpfandrecht, sondern ein anderes begrenztes dingliches Recht (z.B. Dienstbarkeit, Reallast pp.) ist. Die Vorschrift ist ebenfalls auf die Eigentumsvormerkung (Auflassungsvormerkung) anzuwenden (hierzu auch → § 48 Rdn. 6).[1] Vom Grundgedanken her rechtfertigt sich die entsprechende Anwendung (Abs. 1

---
1   BGHZ 36, 107 = Rpfleger 1967, 9 = NJW 1967, 566.

Satz 1) des § 50 auf Rechte, die in Abteilung II des Grundbuchs eingetragen werden. Zuzahlungsbetrag ist der Betrag, um den sich der Wert des Grundstücks bei Wegfall des Rechts erhöht. Damit der Bieter diese Möglichkeit der Zuzahlung schon bei Abgabe seines Gebotes richtig einschätzen kann, schreibt Abs. 2 in Form einer Sollvorschrift die Festsetzung dieses Zuzahlungsbetrages durch das Vollstreckungsgericht bei der Feststellung des geringsten Gebotes vor.

Auch für **Eigentümerrechte** (z.B. Grunddienstbarkeit[2], beschränkte persönliche Dienstbarkeit[3], Dauerwohnrecht[4], Erbbaurecht[5], Nießbrauch[6], Reallast[7], Vorkaufsrecht[8]) ist gemäß Abs. 2 ein Zuzahlungsbetrag festzusetzen.

II. Anwendungsbereich

1. Erlöschen steht fest

Wird das Erlöschen eines Rechtes der Abteilung II des Grundbuches im Zwangsversteigerungstermin urkundlich nachgewiesen (z.B. durch Vorlegung der Sterbeurkunde eines Nießbrauchberechtigten oder eines Wohnungsberechtigten), ist das Recht bei der Feststellung des geringsten Gebotes nicht zu berücksichtigen (hierzu → § 45 Rdn. 6).

2. Erlöschen steht nicht fest

Steht das Erlöschen eines Rechtes der Abteilung II des Grundbuches bei Feststellung des geringsten Gebotes nicht fest, ist es unter der Voraussetzung der §§ 44, 52 Abs. 1 als bestehen bleibendes Recht in das geringste Gebot aufzunehmen. Der Ersteher hat es so zu übernehmen und zu dulden, wie es eingetragen ist.

a) Zuzahlungspflicht

Ist das Recht als bestehen bleibend in das geringste Gebot aufgenommen worden und ist es vor dem Wirksamwerden des Zuschlags (§§ 89, 104) erloschen oder war es in diesem Zeitpunkt aus öffentlich-rechtlichen Gründen unwirksam[9], tritt die Zuzahlungspflicht des Erstehers ein. Der Grund des Nichtbestehens kann z.B. in der Nichtigkeit der Einigung über die Bestellung des Rechtes oder darin liegen, dass es **vor** dem Zuschlag erloschen ist. Beispielhaft ist eine auf dem ganzen Grundstück eingetragene Dienstbarkeit auf dem nicht versteigerten Bruchteil als inhaltlich unzulässiges Recht zu löschen (§ 53 Abs. 1 Satz 2 GBO), wenn sie auf dem versteigerten Bruchteil durch Zuschlag erloschen ist.[10] Auch kann das Erlöschen außerhalb des Grundbuchs durch den Tod des Berechtigten in Betracht kommen, z.B. beschränkte persönliche Dienstbarkeit, §§ 1090, 1061 Abs. 2 BGB und hier insbesondere das in der Praxis häufig vorkommende Wohnungsrecht, § 1093 BGB, der Nießbrauch, § 1061 BGB, das subjektiv-persönliche Vorkaufs-

---

2 RGZ 142, 234 = DNotZ 1934, 80.
3 BGHZ 41, 209 = NJW 1964, 1226 = Rpfleger 1964, 310; *Stöber,* ZVG § 51 Rdn. 4.5.
4 OLG Düsseldorf, NJW 1957, 1194 = DNotZ 1958, 423.
5 BGH, NJW 1982, 2381 = Rpfleger 1982, 143.
6 LG Koblenz, Rpfleger 1962, 16; LG Stade, NJW 1968, 1678; LG Hamburg, DNotZ 1969, 39.
7 Palandt/*Bassenge,* § 1105 Rdn. 3.
8 BayObLG, Rpfleger 1984, 142 = MDR 1984, 144.
9 BGH, NJW 1966, 154 = Rpfleger 1966, 206 = MDR 1966, 46.
10 KG, Rpfleger 1975, 68 = MDR 1975, 151 = DNotZ 1975, 105.

recht, § 1098 Abs. 1, § 473 BGB, die subjektiv-persönlich bestellte Reallast, das Altenteil (dazu nachfolgend → Rdn. 8).

6 Tritt das Erlöschen eines solchen Rechtes **nach** dem Wirksamwerden des Zuschlags (§§ 89, 104) ein, tritt die Zuzahlungspflicht **nicht** ein.[11]

b) **Bedingtes Recht**

7 Ist das als bestehen bleibend berücksichtigte Recht bedingt und ist **vor oder nach** Wirksamwerden des Zuschlags (§§ 89, 104) die aufschiebende Bedingung ausgefallen oder die auflösende eingetreten, ist der Ersteher zuzahlungspflichtig. Das ergibt sich aus der durch Abs. 1 Satz 1 angeordneten entsprechenden Anwendung von § 50 Abs. 2 Nr. 1 (siehe dazu → § 50 Rdn. 21 und zu § 48).

c) **Altenteil**

8 Ob § 51 Abs. 2 auch dann anzuwenden ist, wenn ein Altenteil gem. § 9 Abs. 1 EGZVG **außerhalb des geringsten Gebotes** bestehen bleibt, ist im Schrifttum umstritten. Die überwiegende Meinung[12] ist gegen eine analoge Anwendung der §§ 50, 51, da nach Wortlaut und Zweck dafür kein Raum bestehe. Dem kann nicht gefolgt werden, denn der gesetzgeberische Grund der Regelungen in § 51 besteht in gleicher Weise auch für das außerhalb des geringsten Gebots bestehen bleibende Altenteil.[13] Gleiches gilt für die unter § 9 Abs. 1 EGZVG fallenden altrechtlichen Dienstbarkeiten.[14]

d) **Gesamtrecht**

9 Anders als Grundpfandrechte sind Rechte, eingetragen in Abteilung II des Grundbuches, grundsätzlich nicht gesamtrechtsfähig. Ausnahme ist die **Reallast**, die als Gesamtrecht in das Grundbuch eingetragen werden kann.[15] Wird der Berechtigte im Wege der Zwangsvollstreckung aus einem der belasteten Grundstücke befriedigt, erlischt die Reallast, falls nicht die entsprechend anwendbaren Ausnahmen der § 1173 Abs. 2, § 1182 BGB vorliegen. Diese Rechtslage hat zur Folge, dass § 50 Abs. 2 Nr. 2 auf die Gesamtreallast analog anzuwenden ist und die Zuzahlungspflicht des Erstehers auch dann besteht, wenn die Gesamtreallast auf dem versteigerten Grundstück nach dem Wirksamwerden des Zuschlags aus den genannten Gründen erlischt.[16]

III. Festsetzung des Zuzahlungsbetrages (Abs. 2)

1. Verfahren

10 Die Festsetzung des Zuzahlungsbetrages erfolgt durch das Vollstreckungsgericht bei Feststellung des geringsten Gebotes, sofern die Anwendung des § 51

---

11 Diese Rechtslage kann damit gerechtfertigt werden, dass der Ersteher letztlich auch das Risiko zu vertreten hat, dass der Berechtigte eines solchen Rechtes die statistische Lebenserwartung ganz erheblich überlebt.
12 S.a. *Stöber*, ZVG § 51 Rdn. 4.1.
13 So auch *Schiffhauer*, Rpfleger 1986, 326; *Löhnig/Siwonia*, § 51 Rdn. 8.
14 Ebenso für eine analoge Anwendung Steiner/*Eickmann*, § 51 Rdn. 5, weil es sich um ein aus dem Grundbuch nicht ersichtliches Recht handelt und Depré/*Bachmann*, § 51 Rdn. 12.
15 BayObLG, Rpfleger 1981, 353 = MDR 1981, 759; OLG Oldenburg, Rpfleger 1978, 411.
16 So auch Steiner/*Eickmann*, § 51 Rdn. 21; *Stöber*, ZVG-Handbuch 516.

Abs. 1 infrage kommt. Es ist der Betrag festzusetzen, um den sich der Wert des Grundstücks durch Wegfall des Rechts erhöht (objektiver Bewertung).[17] Eine Anmeldung des Berechtigten ist ohne Bedeutung. Das Gleiche gilt für einen gem. § 882 BGB im Grundbuch bei dem Recht eingetragenen Höchstbetrag als Wertersatz.[18] In keinem Falle maßgeblich ist auch der zur Kostenberechnung bei der Eintragung des Rechtes im Grundbuch angegebene Betrag.

Das Vollstreckungsgericht kann zur Ermittlung des Zuzahlungsbetrages einen Termin gem. § 62 bestimmen.[19] Regelmäßig wird das Vollstreckungsgericht in schwierigen Fällen einen Sachverständigen hinzuziehen. Die Höhe des Zuzahlungsbetrages ist immer vom Einzelfall abhängig. Das Vollstreckungsgericht hat vor seiner Festsetzung die im Zwangsversteigerungstermin erschienenen Beteiligten zu hören. Eine vorherige Anhörung nicht erschienener Beteiligten bedarf es nicht, denn die Festsetzung des Zuzahlungsbetrages ist gesetzliche Versteigerungsbedingung[20] und nach § 66 Abs. 1 sind dazu nur die im Zwangsversteigerungstermin **anwesenden** Beteiligten zu hören. Eingehende Belehrung der Beteiligten über die Bedeutung des Zuzahlungsbetrages ist zu empfehlen, da hierdurch erfahrungsgemäß manche Einwendung ausgeschlossen wird. 11

Jeder neue Zwangsversteigerungstermin verlangt eine erneute Festsetzung des Zuzahlungsbetrages, wobei regelmäßig auf die Ermittlungen einer früheren Festsetzung zurückgegriffen werden kann. 12

2. Festsetzung als gesetzliche Bedingung

Abs. 2 ist eine Sollvorschrift, stellt aber eine gesetzliche Zwangsversteigerungsbedingung dar.[21] Unterlassene oder unrichtige Festsetzung ist daher gem. § 83 Nr. 1 i.V.m. § 84 Abs. 1 bei Beeinträchtigung[22] eines Beteiligten ein Zuschlagsversagungsgrund und gem. § 100 Abs. 1 ein Grund zur Zuschlagsanfechtung.[23] Wird bei unrichtiger Festsetzung der Zuschlagsbeschluss nicht angefochten, kann sie auf dem Prozesswege nicht mehr angegriffen werden; die **Festsetzung** ist für das Prozessgericht **bindend**.[24] Darüber hinaus hat die Festsetzung des Zuzahlungsbetrages Bedeutung für eine Zuschlagsversagung gem. § 74a Abs. 1 oder § 85a Abs. 1[25] und für die Befriedigungsfiktion gemäß § 114a. 13

3. Unterbliebene Festsetzung

Ist die Festsetzung des Zuzahlungsbetrages bei Feststellung des geringsten Gebotes unterblieben, hat sie im Verteilungstermin zu erfolgen. Sie ist dann aber nicht mehr gesetzliche Zwangsversteigerungsbedingung und bindend auch nicht das Prozessgericht. 14

---

17 Hierzu *Schiffauer*, Rpfleger 1975, 187.
18 OLG Hamm, Rpfleger 1984, 30; *Schiffauer*, Rpfleger 1975, 187.
19 OLG Celle, Rpfleger 1951, 216.
20 BGH, NJW 1966, 154 = Rpfleger 1966, 206.
21 OLG Celle, Rpfleger 1951, 139.
22 Hierzu *Schiffauer*, Rpfleger 1975, 187.
23 OLG Hamm, Rpfleger 1984, 30.
24 BGH, NJW 1966, 154 = Rpfleger 1966, 206.
25 Hierzu LG Hamburg, Rpfleger 2003, 142.

IV. Höhe des Zuzahlungsbetrages
1. Allgemein

15 Die Höhe des festzusetzenden Zuzahlungsbetrages ist vom Einzelfall abhängig; allgemeine Regeln können hierzu nicht aufgestellt werden.[26] Die Wertminderung des belasteten Grundstücks durch Rechte der Abteilung II des Grundbuches werden im Allgemeinen die Gutachterausschüsse gemäß BauGB oder der Sachverständige zur Verkehrswertermittlung unter Berücksichtigung der Gepflogenheiten des Grundstücksmarktes zuverlässig angeben können.

2. Dienstbarkeit

16 Die Grunddienstbarkeit ist ein **subjektiv-dingliches** Recht, es steht dem jeweiligen Eigentümer eines anderen Grundstückes zu (herrschendes Grundstück). Die Grunddienstbarkeit beinhaltet das Recht, dass der Berechtigte das dienende Grundstück in einzelnen Beziehungen benutzen darf oder dass auf dem Grundstück gewisse Handlungen nicht vorgenommen werden dürfen oder dass die Ausübung eines Rechtes ausgeschlossen ist, das sich aus dem Eigentum an dem belasteten Grundstücke dem anderen Grundstücke gegenüber ergibt, § 1018 BGB (z.B. Wegerecht, Recht zur Entnahme von Bodenbestandteilen, Wohnungsbesetzungsrecht, Baubeschränkung, das Verbot, auf dem dienenden Grundstück ein Gebäude zu errichten, Verzicht auf Abwehrrechte gegenüber Immissionen, Verzicht auf Ausgleichsansprüche – Ausgleich von Bergschäden –, Verzicht auf nachbarrechtliche Befugnisse).

17 Es ist nicht möglich, generell festzulegen, mit welchem **Zuzahlungsbetrag** die Grunddienstbarkeit zu bewerten ist.[27] Handelt es sich um alltägliche **Leitungsrechte** für Versorgungsunternehmen, **Wegerechte** für den Nachbarn oder ähnliche Rechte, wird nur ein geringer Betrag festgesetzt.[28] Durch ein sog. Leitungsrecht wird der Verkehrswert eines landwirtschaftlichen Grundstücks um 10 bis 20 % gemindert, wenn durch die verlegte Leitung außer dem die Nutzbarkeit des Grundstücks eingeschränkt ist.[29] In der Praxis werden teilweise für alltägliche und notwendige Rechte Beträge zwischen 5,- € und 500,- € festgesetzt. Das zu übernehmende Recht wird das Versteigerungsergebnis regelmäßig nicht beeinflussen. Anders wird es sich verhalten, wenn die Dienstbarkeit zum Inhalt das Recht zur Entnahme von Bodenbestandteilen oder Bau- bzw. Nutzungsbeschränkungen hat.

3. Beschränkte persönliche Dienstbarkeit

18 Inhaltsmäßig unterscheidet sich die beschränkte persönliche Dienstbarkeit nicht von der Grunddienstbarkeit, §§ 1090 ff. BGB. Im Gegensatz zur Grunddienstbarkeit ist sie jedoch nicht zugunsten des jeweiligen Eigentümers eines anderen Grundstückes bestellt, sondern für eine bestimmte natürliche oder juristische Person, d.h. subjektiv persönlich. Die beschränkte persönliche Dienstbarkeit ist nicht vererblich und **nicht übertragbar**, sie erlischt mit dem Tode des Berechtigten bzw. mit dem Erlöschen der juristischen Person, § 1090 Abs. 2, § 1061 BGB.

---

26 So auch *Stöber*, ZVG § 51 Rdn. 3.2.
27 Vgl. BGH, NJW 1993, 457.
28 Vgl. zum Wegerecht, BGH, NJW 1982, 2179 u. OLG Hamm, Rpfleger 1984, 30.
29 OLG Hamm, MDR 1982, 759.

Ein in der Praxis häufig vorkommendes Recht in diesem Zusammenhang ist das **Wohnungsrecht, § 1093 BGB**. Hiernach kann der Berechtigte das Gebäude oder einen Teil des Gebäudes unter Ausschluss des Eigentümers als Wohnung nutzen. Das Wohnungsrecht kann unter Umständen auch ein **Altenteil** beinhalten, auch wenn dies wortwörtlich im Grundbuch nicht eingetragen ist.[30] Handelt es sich um ein Altenteil, ist die Vorschrift des § 9 EGZVG zu beachten (hierzu dort → Rdn. 4 ff.). 19

Handelt es sich um alltägliche Dienstbarkeiten wie z.B. Leitungsrechte für Versorgungsunternehmen, Wegerechte für den Nachbarn, oder Wohnungsbelegungsrechte bei Miethäusern, wird der **Zuzahlungsbetrag** regelmäßig niedrig ausfallen. Umgekehrt wird ein vom Ersteher zu übernehmendes **Wohnungsrecht** den Versteigerungserlös erfahrungsgemäß erheblich mindern. Der Ersatzwert wird regelmäßig aus dem Jahreswert der Nutzungen, multipliziert mit der statistischen Lebenserwartung des Berechtigten zu ermitteln sein. Ein solches Recht im Rahmen einer teleologischen Reduktion zur Vermeidung einer doppelten Berücksichtigung beim Verkehrswert und im geringsten Gebot mit Null zu bewerten[31], ist nicht richtig[32]. Die Übernahme eines bestehen bleibenden Rechts ist Teil der Gegenleistung des Erstehers für das Grundstück. Als gesetzliche Versteigerungsbedingung ist der Zuzahlungsbetrag in den Fällen des § 51 Abs. 1 nach Abs. 2 zwingend festzusetzen. Dies ist unabhängig davon, ob der Fall der Zuzahlung tatsächlich in Betracht kommt. In keinem Falle darf der ermittelte Wert vom Verkehrswert in Abzug gebracht werden. Eine unzulässige Doppelberücksichtigung des Rechts lässt sich nur dadurch vermeiden, indem das Recht bei der Verkehrswertfestsetzung nicht berücksichtigt wird und mit der ganz unbestrittenen Meinung „den Kapitalwert der bestehen bleibenden Rechte" i.S.v. §§ 74a, 85a, 114a gleichsetzt mit dem Zuzahlungsbetrag nach § 51 Abs. 2. 20

4. Mitbenutzungsrechte im Beitrittsgebiet

Nach §§ 321, 322 ZGB-DDR konnten im Grundbuch Mitbenutzungsrechte (z.B. Lagerung von Baumaterial, Aufstellen von Gerüsten) eingetragen werden, Dienstbarkeiten entsprechend dem BGB waren fremd. Ein **Wege- oder Überfahrrecht** konnte im Grundbuch eingetragen werden, § 322 ZGB-DDR. Diese **dauerhaften** Mitbenutzungsrechte gelten als dingliche Rechte am Grundstück, Art. 233 § 5 EGBGB.[33] Mitbenutzungsrechte i.S.d. § 321 Abs. 1-3, § 322 ZGB gelten als Rechte an dem belasteten Grundstück. Sie sind als beschränkte dingliche Rechte im Sinne des BGB anzusehen, sie bleiben daher mit ihrem bisherigen Inhalt bestehen (z.B. Übergang auf den Rechtsnachfolger des Nutzungsberechtigten gem. § 322 Abs. 2 ZGB, Erlöschen nach § 322 Abs. 3 ZGB, Unkündbarkeit nach § 81 ZGB, sofern nichts anderes vereinbart wurde). Zur Feststellung des **Zuzahlungsbetrages** solcher Rechte kann auf die Ausführungen der Dienstbarkeit verwiesen werden (s. → Rdn. 16, 17). 21

---

30   OLG Schleswig, Rpfleger 1980, 348; OLG Hamm, Rpfleger 1986, 270; LG Frankenthal, Rpfleger 1989, 324.
31   So aber LG Heilbronn, Rpfleger 2004, 56 mit abl. Anm. *Hintzen* und erneut Rpfleger 2004, 56 ff. m. abl. Anm. *Hintzen.*
32   So auch *Böttcher*, §§ 50, 51 Rdn. 28.
33   Zum Eintragungsverfahren im Grundbuch vgl. *Böhringer*, Besonderheiten des Liegenschaftsrechts, Rdn. 657 ff. und insbesondere zur Regelung und Eintragung des Ranges im Grundbuch Rdn. 667 ff.

22 Nicht eingetragene Mitbenutzungsrechte sind am 31.12.2000 erloschen, Art. 233 § 5 Abs. 2 EGBGB i.V.m. § 13 Abs. 1 SachenR-DV und Art. 1 Abs. 1 Nr. 1 EFG[34] sowie dem 2. EFG, ihr Rang richtet sich nach Art. 233 § 5 Abs. 3 und § 9 Abs. 2 EGBGB i.V.m. § 8 Abs. 2 GBBerG.[35]

5. Nießbrauch

23 Der Nießbrauch gibt dem Berechtigten das Recht, sämtliche Nutzungen der Sache zu ziehen, §§ 1030 ff. BGB. Der Nießbrauch ist ein höchstpersönliches Recht, kraft Gesetzes nicht übertragbar und **erlischt** mit dem **Tode** des Berechtigten, § 1061 BGB. Auch ein Quotennießbrauch ist zulässig.[36]

24 Der festzusetzende **Zuzahlungsbetrag** wird regelmäßig sehr hoch veranschlagt (jährlicher Nutzungswert multipliziert mit der Restdauer, im Zweifel die Lebenserwartung des Berechtigten; vgl. → § 92 Rdn. 10 ff.). Das Bestehenbleiben eines Nießbrauchrechtes ist regelmäßig ein Hindernis dafür, dass überhaupt Gebote abgegeben werden. Etwas anderes kann allenfalls dann gelten, wenn der Nießbrauchsberechtigte bereits sehr alt ist, da der Nießbrauch kraft Gesetzes mit dem Tode des Berechtigten erlischt.

6. Reallast

25 Die Reallast gibt dem Berechtigten das Recht, wiederkehrende Leistungen aus dem Grundstück zu verlangen, §§ 1105 ff. BGB. Die Leistungen müssen aber nicht in Natur aus dem Grundstück erbracht werden, das Grundstück haftet nur für ihre Entrichtung. Inhalt der Reallast können Leistungen in Geld, Naturalien oder Handlungen sein. Die Verpflichtung des Grundstückseigentümers auf Unterlassung kann nicht durch eine Reallast gesichert werden.[37] Bei Leistungen in Geld handelt es sich überwiegend um **Rentenzahlungen.** Diese Rentenzahlungen sind weiterhin oftmals **wertgesichert,** sie erhöhen oder ermäßigen sich, § 1105 Abs. 1 S. 2 BGB, z.B. entsprechend der Änderung des vom Statistischen Bundesamt festgestellten Verbraucherpreisindex für Deutschland.[38] Naturalleistungen,

---

34 BGBl 1996, I 2028.
35 Im Zweifel der 25.12.1993; vgl. Eickmann/*Böhringer,* § 8 GBBerG Rdn. 55.
36 LG Wuppertal, Rpfleger 1995, 209.
37 BayObLG, Rpfleger 1960, 402.
38 Bis zum 31.12.1998 war eine Genehmigung zur Werterhöhung nach § 3 WährG erforderlich. Mit Einführung des Euro zum 1.1.1999 wurde § 3 WährG durch Art. 9 § 1 EuroEG aufgehoben. Aus stabilitäts-, preis- und verbraucherpolitischen Gründen wurde die bisherige Regelung durch § 2 PaPkG (Preisangaben- und Preisklauselgesetz) und der dazu erlassenen Preisklauselverordnung (PrKV) ersetzt. Das PaPkG – bei einhergehender Aufhebung der PrKV – wurde ersetzt durch das Gesetz über das Verbot der Verwendung von Preisklauseln bei der Bestimmung von Geldschulden (Preisklauselgesetz = PrKG) vom 7. September 2007 (BGBl I 2246, 2247), zuletzt geändert durch Art. 8 Abs. 8 des Gesetzes vom 29. Juli 2009 (BGBl I 2355). § 2 PaPkG fixierte ein Indexierungsverbot mit Genehmigungsvorbehalt. Grundsätzlich durfte der Betrag von Geldschulden nicht unmittelbar und selbsttätig durch den Preis oder Wert von anderen Gütern oder Leistungen bestimmt werden, die mit den vereinbarten Gütern oder Leistungen nicht vergleichbar sind. Auf Antrag waren Genehmigungen von Ausnahmen vorgesehen. Das PrKG ersetzt das bisherige Genehmigungserfordernis für Ausnahmen vom gesetzlichen Verbot seitens des BAFA (Bundesamt für Wirtschaft und Ausfuhrkontrolle) durch unmittelbar im Gesetz geregelte Legalausnahmen. Ein behördliches Genehmigungsverfahren entfällt. Die Vertragsparteien haben selbst zu prüfen, ob die vereinbarten Klauseln rechtmäßig sind. Hierzu wurden die ehemali-

die durch die Reallast gesichert werden, kommen in der Praxis nur selten noch vor. Handlungen zum Inhalt der Reallast werden meist in Form einer **Pflegeverpflichtung** oder einer Unterhaltungsverpflichtung einer Mauer, Brücke, Gebäude, Zaunes oder Weges bestellt.³⁹

Die Reallast kann sowohl **subjektiv-dinglich** als auch **subjektiv-persönlich** 26 bestellt werden. Ist der Berechtigte der Reallast der jeweilige Eigentümer eines anderen Grundstückes (subjektiv-dinglich), gehört sie zum wesentlichen Bestandteil des herrschenden Grundstückes, § 96 BGB, ist somit nicht übertragbar und unterliegt auch nicht der Vollstreckung durch Pfändung, § 851 Abs. 1 ZPO. Ist der Reallastberechtigte eine natürliche oder juristische Person **(subjektiv-persönlich)**, ist sie übertragbar, sie erlischt nicht mit dem Tode bzw. Erlöschen des Berechtigten. Etwas anderes gilt nur dann, wenn die Einzelleistungen aus der Reallast höchstpersönlicher Natur sind (z.B. Pflegeverpflichtung, Beköstigung). Wie bei dem Nießbrauchsrecht, kann auch die Reallast tatsächlich ein **Altenteil** darstellen, auch wenn der Sammelbegriff „Altenteil" im Grundbuch nicht wörtlich eingetragen ist.

Der **Zuzahlungsbetrag**, also die Wertminderung des Grundstückes wird sich 27 in erster Linie an der Bewertung und Kapitalisierung der wiederkehrenden Leistungen ausrichten. Die Leistungen in Naturalien oder Handlungen sind hierbei in Geldleistung umzuwandeln. Weiter zu berücksichtigen sind vereinbarte Befristungen oder Bedingungen bei der Reallast. Ist das Recht auf die Lebensdauer einer bestimmten Person beschränkt, ist deren statistische Lebenserwartung nach der durchschnittlichen Lebenserwartungstabelle (vgl. → § 92 Rdn. 39) zu ermitteln. Die Höhe der Wertminderung des Grundstückes kann generell nicht festgelegt werden. Sie wird sich immer nach dem jeweiligen Grundstücksmarkt bei Veräußerung ohne die wertmindernde Belastung ergeben.

7. Altenteil

Das Altenteil (Leibgeding, Leibzucht) ist kein eigenständiges dingliches Recht. 28 Der Begriff Altenteil wird in verschiedenen gesetzlichen Vorschriften verwendet, Art. 96 EGBGB, § 49 GBO, § 9 EGZVG. Es ist ein Sammelbegriff von Nutzungen und Leistungen, die aus und auf dem Grundstück zu gewähren sind. Das Altenteil ist allgemein langfristig, meistens lebenslänglich bestellt und dient der persönlichen Versorgung des Berechtigten.⁴⁰ Die einzelnen Nutzungen und Leistungen, die den Inhalt des Altenteils darstellen, können nur aus dem Kreis des Numerus Clausus des Sachenrechts kommen, d.h.: beschränkte persönliche Dienstbarkeit, Reallast oder Nießbrauchsrecht. § 49 GBO gestattet die Eintragung unter der Sammelbezeichnung Altenteil, um eine Einzelabsicherung dieser Rechte im Grundbuch zu vermeiden.

---

gen Ausnahmen vom Indexierungsverbot unmittelbar in §§ 2 bis 7 PrKG eingefügt und erweitert um die Möglichkeit der Vereinbarung von Wertsicherungsklauseln bei Zahlungen auf Lebenszeit eines dritten Vertragsbeteiligten (§ 3 Abs. 1 Nr. 1a PrKG); *Schöner/Stöber*, Rdn. 3254 ff., 3276; BGH, Rpfleger 1990, 452; OLG Oldenburg, Rpfleger 1991, 450; BayObLG, Rpfleger 1993, 485.

39 Im Einzelnen *Schöner/Stöber*, Rdn. 3256 ff.
40 RGZ 162, 57; BGH, NJW-RR 1989, 451; *Schöner/Stöber*, Rdn. 1320 ff.; zum Inhalt des Altenteils vgl. auch BGH, Rpfleger 2007, 614 = NJW-RR 2007, 1390 = DNotZ 2008, 25; BGH, NJW 2003, 1325 = ZEV 2003, 210 = MDR 2003, 348 = WM 2003, 1483 = NotBZ 2003, 117 = ZNotP 2003, 223; BGH, Rpfleger 1994, 347 = NJW 1994, 1158 = ZEV 1994, 166 = FamRZ 1994, 626 = MDR 1994, 478 = WM 1994, 1134; BayObLG, Rpfleger 1993, 443.

29 Nach § 9 EGZVG kann durch **Landesrecht** bestimmt werden, dass das Altenteil abweichend von den gesetzlichen Versteigerungsbedingungen auch dann bestehen bleibt, wenn es grundsätzlich nicht in das geringste Gebot fällt und somit erlöschen würde (hierzu → § 9 EGZVG Rdn. 10).

30 Der Inhalt des Altenteils bestimmt den **Zuzahlungsbetrag**, den das Versteigerungsgericht festzusetzen hat. Bei der Wertdifferenz zwischen dem Verkauf des Grundstückes mit oder ohne Altenteil sind sämtliche Einzelfaktoren zu berücksichtigen. Hierbei kann auf die Ausführungen zur beschränkten persönlichen Dienstbarkeit (vgl. → Rdn. 18), zum Wohnungsrecht (vgl. → Rdn. 19), zur Reallast (vgl. → Rdn. 25) und zum Nießbrauch (vgl. → Rdn. 23, 24) verwiesen werden. Sofern das Altenteil mehrere dieser Rechte umfasst, sind die Einzelleistungen zu summieren.

8. Vorkaufsrecht

31 Das dingliche Vorkaufsrecht (§§ 1094 ff. BGB) gibt dem Vorkaufsberechtigten das Recht, bei einem Verkauf des Grundstückes durch den Eigentümer an einen Dritten die Übereignung des Grundstückes zu den Bedingungen des abgeschlossenen Kaufvertrages zu verlangen. Das Vorkaufsrecht kann sowohl **subjektiv-dinglich** zugunsten des jeweiligen Eigentümers des herrschenden Grundstückes als auch **subjektiv-persönlich**, zugunsten einer bestimmten natürlichen oder juristischen Person, bestellt werden. Grundsätzlich beschränkt sich das Vorkaufsrecht auf einen Verkaufsfall. Es kann jedoch auch für mehrere oder für alle Verkaufsfälle bestellt werden, § 1097 BGB.

32 Ist das Vorkaufsrecht nur für **einen Verkaufsfall** bestellt, kann es in der Zwangsversteigerung nicht ausgeübt werden und erlischt ersatzlos.[41] Es stellt somit kein Versteigerungshindernis dar und ist auch nicht zu bewerten, §§ 1098, 471 BGB.[42] Es hat in der Zwangsversteigerung keinen Bestand.[43] Mit anderen Worten liegt zwar in der Zwangsversteigerung ein „Verkaufsfall" im Sinne des Vorkaufsrechts vor, aber eben kein solcher, der das Vorkaufsrecht auslöst. Ist das Vorkaufsrecht nur für einen einzigen Verkaufsfall bestellt, erlischt es mithin durch den Zuschlag in der Zwangsversteigerung. Mit der Zwangsversteigerung ist nämlich der eine Verkaufsfall, für den das Vorkaufsrecht bestellt ist, verbraucht. Die Parteien können deshalb abweichend von § 471 BGB nicht vereinbaren, dass die Zwangsversteigerung einen Vorkaufsfall darstellen soll. Ist das Vorkaufsrecht für **mehrere oder für alle Verkaufsfälle** bestellt, kann es in der Zwangsversteigerung zwar nicht ausgeübt werden[44], da es sich hierbei nicht um einen Verkaufsfall handelt, aber es bleibt je nach den Versteigerungsbedingungen bestehen oder erlischt.

33 Der **Zuzahlungsbetrag**, um den sich der Wert des Grundstückes bei einem Verkauf mit dem Vorkaufsrecht mindert, ist nicht mit dem Verkehrswert des Grundstückes anzunehmen. Der Ersteher, der das Grundstück – belastet mit dem Vorkaufsrecht – ersteigert, ist nicht gehindert, über das Grundstück zu verfügen. Das Vorkaufsrecht kann erst dann ausgeübt werden, wenn der Ersteher selbst das Grundstück weiter veräußern will. Es ist daher regelmäßig kein Versteigerungs-

---

41 OLG Köln, Beschluss vom 6.3.2015, 2 Wx 387/14, Rpfleger 2015, 718.
42 Stöber, ZVG § 81 Rdn. 10.2; Steiner/Eickmann, § 92 Rdn. 48; Böttcher, §§ 44, 45 Rdn. 74; LG Frankenthal, Rpfleger 1984, 183.
43 PfälzOLG Zweibrücken, Rpfleger 2011, 491.
44 Für viele: MünchKomm/Westermann, BGB, § 1097 Rdn. 5.

hindernis und nur mit einem geringen Wertbetrag (2–3 % des Verkehrswertes) anzunehmen.[45]

Nach den §§ 306–309 ZGB-DDR konnte auch im **Beitrittsgebiet** der Grundstückseigentümer ein dingliches Vorkaufsrecht einräumen. Die nähere Ausgestaltung des Rechts entspricht im Wesentlichen den Vorschriften des BGB. Nach Art. 233 § 3 Abs. 1 S. 1 EGBGB blieb das im Grundbuch eingetragene Vorkaufsrecht mit seinem Inhalt und Rang nach wie vor bestehen. Ab 1.10.1994 sind die Vorschriften §§ 1094 bis 1104 BGB anzuwenden, Art. 233 § 3 Abs. 4 EGBGB. Die Vorkaufsrechte können inhaltlich geändert werden, ohne dass eine Neubegründung erfolgen müsste, §§ 877, 873, 874 BGB. Das Recht kann subjektiv-dinglich, für mehrere oder für alle Verkaufsfälle, übertragbar und vererblich gestaltet werden. Es ist somit in der Zwangsversteigerung wie zuvor beschrieben zu behandeln. 34

Neue bundesgesetzliche Vorkaufsrechte bestehen in den **neuen Ländern** nach §§ 20, 20a VermG. Dieses Vorkaufsrecht entsteht mit bestandskräftigem Bescheid des Amtes zur Regelung offener Vermögensfragen und konstitutiver Eintragung im Grundbuch. Das Vorkaufsrecht hat den gesetzlichen Inhalt der §§ 463 bis 472, 875, 1098 Abs. 1 Satz 2 und Abs. 2 sowie der §§ 1099 bis 1102, 1103 Abs. 2 und § 1104 BGB. Das Vorkaufsrecht beschränkt sich auf einen Verkaufsfall, also auf den Fall des Verkaufs durch den vorkaufsverpflichteten Eigentümer. Das Vorkaufsrecht erlischt, wenn der Berechtigte nicht mehr Mieter/Nutzer ist, wobei § 563a BGB unberührt bleibt. Das Vorkaufsrecht ist auf den Verkaufsfall beschränkt, der während des Miet-/Nutzungsverhältnisses des Vorkaufsberechtigten eintritt. Es erlischt auch durch den Zuschlag in der Zwangsversteigerung. 35

Nach § 57 SchuldRAnpG hat der Nutzer eines Grundstücks ein gesetzlich begründetes, lediglich schuldrechtlich wirkendes Vorkaufsrecht, das als solches nicht im Grundbuch eintragbar ist. Dieses Vorkaufsrecht hat keine Vormerkungswirkung nach § 1098 Abs. 2 BGB. 36

9. Erbbaurecht

Das Erbbaurecht gibt dem Berechtigten das veräußerliche und vererbliche dingliche Recht, auf oder unter der Oberfläche des Grundstückes ein Bauwerk zu errichten oder zu haben. Auf das Erbbaurecht finden die sich auf Grundstücke beziehenden Vorschriften Anwendung, § 11 Abs. 1 ErbbauRG. Nach Entstehen des Rechtes durch Eintragung im Grundbuch ist für das Erbbaurecht selbst ein gesondertes Erbbaugrundbuch anzulegen. Da das Erbbaurecht nach § 10 Abs. 1 ErbbauRG immer nur ausschließlich zur **ersten Rangstelle** bestellt werden kann, könnte es nach den Versteigerungsbedingungen nur dann erlöschen, wenn ein Berechtigter der Rangklasse 1 bis 3 des § 10 Abs. 1 das Verfahren betreiben würde. Aber auch dann bleibt es in jedem Fall bestehen und ist vom Ersteher zu übernehmen, § 25 ErbbauRG. 37

Der **Zuzahlungsbetrag** errechnet sich aus dem jährlichen Monatswert multipliziert mit der Restdauer des Erbbaurechtes.[46] Dieser Betrag wird regelmäßig so 38

---

45 Steiner/*Eickmann*, § 51 Rdn. 32.
46 *Stöber*, ZVG § 51 Rdn. 4.6; Löhnig/*Siwonia*, § 51 Rdn. 12; a.A.: Wert in Richtung 0,– €
Helwich, Rpfleger 1989, 389; *Böttcher*, §§ 50, 51 Rdn. 30; Storz, ZVG B 6.2.4; anders
Streuer, Rpfleger 1997, 141, 146: dem Wert des Bauwerks ist der Wert des „reinen"
Erbbaurechts als Wert des Besitzrechts am Boden hinzuzurechnen, der geschuldete
Erbbauzins ist nicht zu beachten.

hoch sein, dass das Erbbaurecht praktisch wie ein „Versteigerungshindernis" wirkt. Bietinteressenten werden nur dann Interesse zeigen, wenn der Erbbauzins (als Gegenleistung für die Gewährung des Erbbaurechts) wirtschaftlich attraktiv ist.

10. Erbbauzinsreallast

39 Regelmäßig wird im Erbbaugrundbuch zugunsten des Grundstückseigentümers eine Erbbauzinsreallast (früher noch eine Vormerkung auf Erhöhung des Erbbauzinses) eingetragen. Regelmäßig wird zum Inhalt der Erbbauzinsreallast eine Werterhöhung nach § 9 Abs. 1 ErbbauRG – wie bei der Reallast – vereinbart.

40 Zur Ermittlung des **Zuzahlungsbetrages** kann auf die Ausführungen zur Reallast (→ Rdn. 25) verwiesen werden. Da die Erbbauzinsreallast stets subjektivdinglich bestellt ist, ist der Zuzahlungsbetrag zu errechnen aus dem Jahreswert multipliziert mit der Restlaufzeit des Erbbaurechtes; ein Zwischenzins ist nicht abzuziehen.[47]

11. Dauerwohnrecht

41 Das Dauerwohnrecht bzw. Dauernutzungsrecht, §§ 31 ff. WEG, gibt dem Berechtigten das Recht, unter Ausschluss des Eigentümers eine bestimmte Wohnung in einem Gebäude auf dem Grundstück zu bewohnen. Das Dauernutzungsrecht bezieht sich auf andere als zu Wohnzwecken dienende Räume. Inhaltlich steht das Dauerwohnrecht somit dem Wohnungsrecht nach § 1093 BGB gleich. Darüber hinaus ist das Dauerwohnrecht jedoch kraft Gesetzes **veräußerlich** und **vererblich**, § 33 Abs. 1 WEG. Es erlischt somit nicht beim Tode des Berechtigten.

42 Da die Lebenszeit des Berechtigten für das Recht keine Bedeutung hat, ist diese bei dem festzustellenden **Zuzahlungsbetrag** unbeachtlich.[48] Die Wertdifferenz des Grundstückes bei einem Verkauf mit oder ohne Dauerwohnrecht richtet sich im Einzelfall nach dem Umfang, in dem der Eigentümer mit seinen Rechten ausgeschlossen wird.

12. Vormerkung

43 Die Vormerkung nach § 883 BGB sichert den Anspruch des Berechtigten auf Einräumung oder Aufhebung eines Rechtes an einem Grundstück oder an einem das Grundstück belastenden Recht oder auf Änderung des Inhalts oder des Ranges eines solchen Rechtes.

44 Der **Zuzahlungsbetrag** dinglicher Rechte (sowohl in Abteilung II als auch III des Grundbuches), die durch eine Vormerkung gesichert werden, ist wie eingetragene Rechte zu berücksichtigen, § 48 (s. dort). Es kann hierbei auf die jeweiligen Ausführungen des vorgemerkten Rechtes verwiesen werden.

13. Auflassungsvormerkung

45 Die Auflassungsvormerkung (Eigentumsvormerkung) sichert den Anspruch des Käufers auf **Auflassung** (sofern diese nicht bereits vorliegt) und **Eigentumsumschreibung** des Grundstückes. Sie kann auch das Recht zum **Wiederkauf**

---

47 Böttcher, §§ 50, 51 Rdn. 25.
48 Stöber, ZVG § 51 Rdn. 4.4; Böttcher, §§ 50, 51 Rdn. 29; a.A.: Steiner/Eickmann, § 51 Rdn. 26.

oder **Rückkauf** des Grundstückes sichern, § 456 BGB.[49] Verfügungen, die nach der Vormerkung im Grundbuch eingetragen werden, sind dem Käufer bzw. Wiederkäufer gegenüber unwirksam.

Da die Auflassungsvormerkung wie das Vollrecht behandelt wird, § 48, ist sie so zu berücksichtigen, als wenn der Berechtigte der Vormerkung bereits im Grundbuch als Eigentümer eingetragen wäre. Sie stellt damit praktisch ein Hindernis dar, da grundsätzlich kein Bieter dieses Grundstück ersteigern wird. Der Ersteher läuft jederzeit Gefahr, das Grundstück an den Vormerkungsberechtigten wieder herausgeben zu müssen. Auch der **Zuzahlungsbetrag** ist sehr hoch anzusetzen. Er errechnet sich aus dem Verkehrswert des Grundstücks unter Abzug der der Vormerkung vorgehenden Rechte.[50] Ist der vorgemerkte Anspruch durch Ausfall der aufschiebenden Bedingung nach Zuschlagserteilung nicht entstanden, mindert sich der Zuzahlungsbetrag um den Betrag, der von dem Ersteher zur Nichtentstehung des Anspruchs aufgewendet werden muss.[51] Falls die Vormerkung wegen erfolgter Erfüllung materiell-rechtlich nicht mehr besteht und sofern dies durch Urkunden beweissicher nachgewiesen ist, dürfte es auch zulässig sein, die Vormerkung nicht ins geringste Gebot zu übernehmen, andernfalls ist der Zuzahlungsbetrag auf 0,– € festzusetzen, es ist dann Aufgabe der Beteiligten die Löschung im Grundbuch zu veranlassen.[52]

14. Vereinbarung nach § 1010 BGB

Die Miteigentümer eines Grundstückes nach Bruchteilen können die Verwaltung und Benutzung des Grundstückes vertraglich regeln. Sie können insbesondere den Ausschluss oder die Beschränkung des Rechtes, Aufhebung der Gemeinschaft zu verlangen, vereinbaren. Diese Vereinbarung wirkt gegenüber einem Sonderrechtsnachfolger im Miteigentum nur durch Eintragung dieser Vereinbarung auf den jeweiligen Anteilen der Miteigentümer, § 1010 Abs. 1 BGB. Die Eintragung ist keine Verfügungsbeschränkung, sondern eine echte Belastung der Grundstücksanteile, ähnlich einer Grunddienstbarkeit.[53]

Ersteigert ein Bietinteressent das gesamte Grundstück, endet mit dem Zuschlag die Miteigentümergemeinschaft. Die Anteilsbelastung ist damit gegenstandslos geworden. Der **Zuzahlungsbetrag** ist mit 0,– € anzunehmen.[54] Wird nur ein Miteigentumsanteil versteigert, tritt der Ersteher in die Gemeinschaft ein, er unterliegt nunmehr den Vereinbarungen der Miteigentümer. Die Wertdifferenz zwischen einem Verkauf des Grundstückes mit und ohne diese Anteilsbelastung ergibt sich aus dem Wert der vereinbarten Beschränkungen.

---

49 Hierzu BGH, Beschluss vom 10.5.2012, V ZB 156/11= Rpfleger 2012, 558; Münch-Komm/*Kohler*, § 883 Rdn. 27, 33.
50 BGH, NJW 1967, 566 = Rpfleger 1967, 9; BGH, NJW-RR 1987, 891 = Rpfleger 1987, 426; OLG Düsseldorf, Rpfleger 1991, 471; *Stöber*, ZVG § 51 Rdn. 4.2; Steiner/*Eickmann*, § 51 Rdn. 24.
51 BGH, Beschluss vom 10.5.2012, V ZB 156/11= Rpfleger 2012, 558 und BGH, NJW 1967, 566 = Rpfleger 1967, 9.
52 gehört nicht ins geringste Gebot: *Stöber*, ZVG § 51 Rdn. 4.2; *Böttcher*, §§ 50, 51 Rdn. 27; Depré/*Bachmann*, § 51 Rdn. 15.
53 LG Zweibrücken, Rpfleger 1965, 56; *Schöner/Stöber*, Rdn. 1470; *Döbler*, MittRhNotK 1983, 181, 189.
54 *Döbler*, MittRhNotK 1983, 181.

V. Verteilung des Zuzahlungsbetrages

49 Wegen der Verteilung des Zuzahlungsbetrages und der Aktivlegitimation des nächstausgefallenen Berechtigten sowie in dem Fall, dass die Verteilung unterblieben ist, siehe → § 50 Rdn. 45.

VI. Zahlung

50 Die gemäß Abs. 2 festgesetzte Zuzahlung ist 3 Monate nach Kündigung fällig. Kündigungsberechtigt ist derjenige, dem der Anspruch bei der Erlösverteilung übertragen wurde (→ § 50 Rdn. 45). Der Ersteher kann auch ohne Kündigung zahlen (→ § 50 Rdn. 45). Der Zuzahlungsbetrag ist vom Zeitpunkt des Wirksamwerdens des Zuschlags (§§ 89, 104) – diesem Tag eingerechnet – mit 4 % zu verzinsen, § 246 BGB. Die Zahlung kann der Ersteher von der Löschung des Rechts oder der Aushändigung der dazu erforderlichen Urkunden abhängig machen.[55]

---

55 *Stöber*, ZVG § 51 Rdn. 6.2; *Schiffhauer*, Rpfleger 1975, 187; a.A. Steiner/*Eickmann*, § 51 Rdn. 34.

§ 52 »Bestehen bleibende Rechte«

(1) ¹Ein Recht bleibt insoweit bestehen, als es bei der Feststellung des geringsten Gebots berücksichtigt und nicht durch Zahlung zu decken ist. ²Im übrigen erlöschen die Rechte.

(2) ¹Das Recht auf eine der in den §§ 912 bis 917 des Bürgerlichen Gesetzbuchs bezeichneten Renten bleibt auch dann bestehen, wenn es bei der Feststellung des geringsten Gebots nicht berücksichtigt ist. ²Satz 1 ist entsprechend anzuwenden auf
a) den Erbbauzins, wenn nach § 9 Abs. 3 des Erbbaurechtsgesetzes das Bestehenbleiben des Erbbauzinses als Inhalt der Reallast vereinbart worden ist;
b) Grunddienstbarkeiten und beschränkte persönliche Dienstbarkeiten, die auf dem Grundstück als Ganzem lasten, wenn in ein Wohnungseigentum mit dem Rang nach § 10 Abs. 1 Nr. 2 vollstreckt wird und diesen kein anderes Recht der Rangklasse 4 vorgeht, aus dem die Versteigerung betrieben werden kann.

Übersicht	Rdn.
I. Allgemeines	1
II. Durch Zahlung zu deckende Rechte	5
III. Nicht berücksichtigte Rechte	6
IV. Persönliche Forderung	7
V. Ausnahmen und Besonderheiten	8
1. Allgemein	8
2. Überbau- und Notwegrente	9
3. Erbbaurecht	10
4. Erbbauzins	12
5. Dienstbarkeiten	15
6. Reallast	18
7. Altenteil, altrechtliche Dienstbarkeiten	19
8. Dauerwohn- bzw. Dauernutzungsrecht	21
9. Mitbenutzungsrechte im Beitrittsgebiet	22
10. Vorkaufsrecht	23
11. Bodenschutzlastvermerk	26
12. Baulast	27

I. Allgemeines

Die Regelung des § 52 schließt an den Deckungsgrundsatz des § 44 Abs. 1 und an § 49 Abs. 1 an. Sie dient der Klarstellung der Rechtslage des Erstehers: Die im geringsten Gebot berücksichtigen und nicht durch Zahlung zu deckenden Rechte bleiben bestehen und zwar mit allen Nebeneintragungen (z.B. Rangänderungen, Pfandrechten und Zinsansprüchen[1]) und mit den eventuellen entstehenden Eigentümerrechten.[2] Gleichzeitig ist in Abs. 1 Satz 2 bestimmt, dass alle anderen Rechte erlöschen, der Ersteher somit das Grundstück insoweit lastenfrei erwirbt. Bestehen bleiben nur die im geringsten Gebot berücksichtigten Stammrechte; ihre Fälligkeiten bleiben unberührt. Zur Anmeldung der Kündigung bestehen bleibender Rechte siehe § 54.

1

---

1 LG Stuttgart, Urteil vom 19.3.2013, 21 O 379/12, Rpfleger 2013, 469.
2 Aktuell BGH, Beschluss vom 10.5.2012, V ZB 156/11 zur Pfändung eines vorgemerkten Auflassungsanspruchs; BGH, NJW 1961, 1251 = Rpfleger 1961, 353.

2   Eine Ausnahme (Abs. 2) besteht für die Überbau- und Notwegrente, die vom Ersteher auch dann zu tragen ist, wenn sie nicht im geringsten Gebot berücksichtigt worden ist; Gleiches gilt für einige andere Rechte und Lasten gem. besonderer gesetzlicher Regelungen (hierzu nachfolgend → Rdn. 8 ff.).

3   Abs. 2 Satz 2 wurde mit Inkrafttreten des SachRÄndG zum 1.10.1994 (BGBl I 2457) als Folge der Änderung zu § 9 Abs. 2 ErbbauRG eingeführt, ab dem Zuschlag muss der Ersteher den Erbbauzins zahlen.

4   Abs. 2 Satz 2 ist durch Art. 2 Nr. 1 Buchst. a WEGuaÄndG neu gefasst worden. Die Neufassung für Grunddienstbarkeiten und beschränkte persönliche Dienstbarkeiten gilt seit dem 1. Juli 2007 (Art. 4 Satz 2 WEGuaÄndG). Auf die zu diesem Zeitpunkt anhängig gewesenen Zwangsversteigerungsverfahren ist die bisherige Fassung von Abs. 2 Satz 2 anzuwenden (§ 62 Abs. 1 WEG).

II. Durch Zahlung zu deckende Rechte

5   Soweit Rechte zwar im geringsten Gebot berücksichtigt, aber nach § 49 Abs. 1, § 59 durch Zahlung zu decken sind, ist ihre Geltendmachung gegen den Ersteher ausgeschlossen. Die Berechtigten können sich nur an den Zwangsversteigerungserlös halten[3], soweit sie sich auf die Zeit vor dem Zuschlag beziehen; im Übrigen siehe → § 56 Rdn. 6 ff.).

III. Nicht berücksichtigte Rechte

6   Rechte, die nicht im geringsten Gebot berücksichtigt werden, erlöschen durch den Zuschlag, der Ersteher erwirbt das Grundstück insoweit lastenfrei. Das gilt auch dann, wenn ein Recht zu Unrecht im geringsten Gebot nicht berücksichtigt wurde und eine Zuschlagsanfechtung, § 83 Nr. 1, § 100 Abs. 1, unterblieben ist. Der Berechtigte hat in diesem Falle kraft Surrogation nur den Anspruch auf den Zwangsversteigerungserlös im bisherigen Rang seines Rechts.[4] Wegen eines fälschlich als bestehen bleibend und in das geringste Gebot aufgenommen Rechts siehe → § 50 Rdn. 3.

IV. Persönliche Forderung

7   Eine mit dem dinglichen Recht verbundene persönliche Forderung bleibt vom Zuschlag unberührt. Die Befreiung des persönlichen Schuldners kann nur durch Schuldübernahme des Erstehers gem. §§ 53, 91 Abs. 2, 3 oder dadurch eintreten, dass der Gläubiger aus dem Zwangsversteigerung Erlös befriedigt wird oder als befriedigt gilt, §§ 117, 118 Abs. 2.

V. Ausnahmen und Besonderheiten
1. Allgemein

8   Bestimmte Lasten und Rechte bleiben bestehen, auch wenn sie im geringsten Gebot nicht berücksichtigt sind. Eine Anmeldung gem. § 37 Nr. 4 ist nicht erforderlich. Sind Rechte dieser Art dem Vollstreckungsgericht in irgendeiner Weise bekannt geworden, so ist hierauf im Versteigerungstermin hinzuweisen, § 139 ZPO.

---

3   RGZ 86, 357.
4   RGZ 59, 266, *Böttcher* § 52 Rdn. 2.

2. Überbau- und Notwegrente

Abs. 2 verweist auf die in §§ 912–917 BGB geregelten Renten für Überbau und Notweg. Der Ersteher hat diese vom Zuschlag an zu tragen (§ 56 Satz 2), auch wenn hierauf im Zwangsversteigerungstermin nicht näher hingewiesen wurde.

3. Erbbaurecht

Das Erbbaurecht kann nach § 10 Abs. 1 ErbbauRG immer nur ausschließlich zur **ersten Rangstelle** bestellt werden kann. Hiervon unabhängig könnte es aber nach den Versteigerungsbedingungen erlöschen, wenn ein Berechtigter der Rangklasse 2 oder 3 des § 10 Abs. 1 das Verfahren betreiben würde. Aber auch dann bleibt es kraft gesetzlicher Regelungen in jedem Fall bestehen und ist vom Ersteher zu übernehmen, § 25 ErbbauRG.

Zwar wurden im **Beitrittsgebiet** die Vorschriften über die Errichtung eines Erbbaurechts am 1.1.1976 aufgehoben, jedoch bleiben die getroffenen Vereinbarungen bestehender Erbbaurechte erhalten, auch nach dem Beitritt hat sich hieran nichts geändert.[5] Die Laufzeit des Erbbaurechts richtet sich nach § 112 SachenRBerG. Die Rechte aus § 5 Abs. 2 EG-ZGB (z.B. Vorkaufsrecht des Erbbauberechtigten) bestehen nicht mehr, § 112 Abs. 4 SachenRBerG. Es gilt im vollen Umfang die ErbbauRG.

4. Erbbauzins

Bei der im Erbbaugrundbuch eingetragenen Erbbauzinsreallast kann nach § 9 Abs. 3 ErbbauRG das Bestehenbleiben einer nachrangigen Erbbauzinsreallast mit ihrem Hauptanspruch in der Zwangsversteigerung **vereinbart** werden.[6] Hierdurch wird die Folge des Erlöschens der Erbbauzinsreallast durch Rangrücktritt hinter ein anderes dingliches Grundpfandrecht, aus welchem dann vorrangig die Zwangsversteigerung betrieben wird, vermieden. Gleiches gilt, wenn das Verfahren aus der (neuen) Rangklasse 2 von § 10 Abs. 1 betrieben wird (Hausgelder der WE-Gemeinschaft), § 9 Abs. 3 Nr. 1 ErbbauRG wurde insoweit erweitert (zur WEG-Novelle vgl. zuvor → Rdn. 4 und → § 10 Rdn. 19)[7].

Das **Erlöschen** der Erbbauzinsreallast tritt jedoch dann ein, wenn aus der Rangklasse 3 nach § 10 Abs. 1 das Verfahren betrieben wird. Hier bleibt dem Berechtigten der Erbbauzinsreallast nur die Möglichkeit der Ablösung des betreibenden Gläubigers, § 268 BGB.[8]

Die Vereinbarung bezieht sich aber nur auf das **Stammrecht** als solches (vgl. § 9 Abs. 3 Nr. 1 ErbbauRG „… mit ihrem Hauptanspruch …"). Die aus der Erbbauzinsreallast geschuldeten laufenden und rückständigen Leistungen sind vom schuldnerischen Erbbauberechtigten zu zahlen und somit nach wie vor in den bar zu zahlenden Teil des geringsten Gebotes aufzunehmen; hierbei bleibt die alte Rangstelle erhalten.[9]

---

5 Vgl. *Böhringer*, Besonderheiten des Liegenschaftsrechts, Rdn. 698.
6 Hierzu *Stöber*, Rpfleger 1996, 136; *Klawikowski*, Rpfleger 1995, 145; *Bräuer*, Rpfleger 2004, 401.
7 Hierzu *Böhringer/Hintzen*, Rpfleger 2007, 353 ff.; *Schneider*, ZfIR 2007, 168; MünchKomm/*von Oefele/Heinemann*, ErbbauRG § 9 Rdn. 27.
8 Vgl. auch *Mohrbutter/Mohrbutter*, ZIP 1995, 806.
9 Vgl. *Mohrbutter/Mohrbutter*, ZIP 1995, 806; *Böttcher*, § 52 Rdn. 7.

5. Dienstbarkeiten

15 Im Zwangsversteigerungsverfahren erlöschen mit Zuschlag die dem Anspruch des betreibenden Gläubigers nachgehenden Rechte, § 91 Abs. 1. Betroffen davon sind auch Dienstbarkeiten, die nicht nur auf einem versteigerten Wohnungs- bzw. Teileigentum selbst, sondern auch auf den übrigen Miteigentumsanteilen lasten (Belastung des Grundstücks als Ganzem), hierzu → § 91 Rdn. 9. Das Erlöschen kann in einem solchen Fall auch über § 59 als abweichende Versteigerungsbedingung verhindert werden. Beteiligte, deren Rechte durch die Abweichung betroffen sind, müssen dem abweichenden Ausgebot zustimmen (hierzu → § 59 Rdn. 52 ff.), im Zweifel erfolgt ein Doppelausgebot, § 59 Abs. 2. Die Gefahr des Erlöschens solcher Rechte besteht insbesondere durch die Einführung des Vorrangs in Rangklasse 2 des § 10 Abs. 1 für Hausgeldforderungen der WE-Gemeinschaft.

16 Abs. 2 Satz 2 Buchst. b (neu) – zum Inkrafttreten s. → Rdn. 4 – sieht deshalb für Grunddienstbarkeiten und beschränkte persönliche Dienstbarkeiten, die auf dem Grundstück als Ganzem lasten, vor, dass sie entsprechend Satz 1 auch ohne Berücksichtigung im geringsten Gebot bestehen bleiben, wenn aus dem Vorrecht der Rangklasse 2 des § 10 Abs. 1 vollstreckt wird, § 10 Abs. 3 (neu). Das Bestehenbleiben ist jedoch auf die Fälle beschränkt, in denen diesen Rechten kein Recht der Rangklasse 4 vorgeht, aus dem die Versteigerung betrieben werden kann. Ansonsten würde den Dienstbarkeiten durch das Bestehenbleiben faktisch generell ein Vorrang vor anderen in der Abteilung II oder III des Grundbuchs eingetragenen Rechten eingeräumt. Soweit sie nicht auf eine erstrangige Eintragung hingewirkt haben, haben sie schon bisher in Kauf genommen, im Zwangsversteigerungsverfahren – bei Betreiben aus einem vorrangigen Recht – zu erlöschen.

17 Wird das Verfahren jedoch aus der Rangklasse 3 des § 10 Abs. 1 betreiben, gilt hinsichtlich des Erlöschens das Gleiche, allerdings bleibt es dann auch dabei, § 91 Abs. 1. Abhilfe ist hier nur über § 59 möglich. Der Gesetzgeber sah hier jedoch keinen Regelungsbedarf, da Ansprüche aus der Rangklasse 3 *praktisch keine Rolle spielen* (so in der Begründung).

6. Reallast

18 Eine Vereinbarung in Abweichung der Rangfolge nach § 12, dass im Falle der Zwangsversteigerung aus der **Reallast** das Stammrecht in das geringste Gebot aufzunehmen sei, ist nicht möglich. Die Beteiligten können nicht ein materielles Rangverhältnis zwischen mehreren Teilen der Reallastberechtigung in der Weise begründen, dass bei Vollstreckung fälliger Einzelleistungen in das haftende Grundstück das Stammrecht als dem Anspruch des Gläubigers vorgehend nach § 44 in das geringste Gebot aufgenommen werden kann.[10]

7. Altenteil, altrechtliche Dienstbarkeiten

19 Bei einem **Altenteil** kann nicht ohne Weiteres von dem Bestehenbleiben oder Erlöschen des Rechtes ausgegangen werden. Nach § 9 EGZVG kann durch **Landesrecht** bestimmt werden, dass das Altenteil abweichend von den gesetzlichen Versteigerungsbedingungen auch dann bestehen bleibt, wenn es grundsätzlich

---

10 OLG Hamm, Rpfleger 2003, 24 = FGPrax 2002, 201 = ZfIR 2002, 994 = ZNotP 2003, 31 = RNotZ 2002, 576; LG Münster, Rpfleger 2002, 435 = InVo 2002, 254.

nicht in das geringste Gebot fällt und somit erlöschen würde (hierzu → § 9 EGZVG Rdn. 10). Gleiches gilt für **altrechtliche Dienstbarkeiten** (hierzu → § 9 EGZVG Rdn. 3).

Wird allerdings die Zwangsversteigerung des Grundstücks angeordnet und danach vom Eigentümer ein Altenteil bewilligt und zeitlich hinter dem Zwangsversteigerungsvermerk im Grundbuch eingetragen, ist es dem betreibenden Gläubiger gegenüber unwirksam und erlischt mit dem Zuschlag, § 9 Abs. 1 EGZVG i.V.m. dem Landesrecht findet in diesem Fall keine Anwendung.[11]   20

8. Dauerwohn- bzw. Dauernutzungsrecht

Als Inhalt des Dauerwohn- bzw. Dauernutzungsrechts kann **vereinbart** werden, dass das Recht im Falle der Zwangsversteigerung des Grundstückes abweichend von den gesetzlichen Versteigerungsbedingungen auch dann bestehen bleiben soll, wenn der Gläubiger wegen eines dem Recht im Range vorgehenden Grundpfandrechtes oder Reallast die Zwangsversteigerung betreibt. Diese Vereinbarung bedarf jedoch zu ihrer Wirksamkeit der Zustimmung der dem Dauerwohnrecht bzw. Dauernutzungsrecht im Range vorgehenden oder gleichstehenden Grundpfandrechtsgläubiger oder Reallastberechtigten, § 39 WEG. Sofern ein Gläubiger der Rangklasse 1 bis 3 des § 10 Abs. 1 die Zwangsversteigerung betreibt, ist diese Vereinbarung jedoch wirkungslos, das Recht erlischt dann in jedem Falle.[12]   21

9. Mitbenutzungsrechte im Beitrittsgebiet

Zu den Mitbenutzungsrechten nach §§ 321, 322 ZGB-DDR vgl. → § 51 Rdn. 21.   22

10. Vorkaufsrecht

Ist ein **dingliches** Vorkaufsrecht (§§ 1094 ff. BGB) nur für einen Verkaufsfall bestellt, kann es in der Zwangsversteigerung nicht ausgeübt werden und erlischt ersatzlos.[13] Ist das Vorkaufsrecht für mehrere oder für alle Verkaufsfälle bestellt, kann es in der Zwangsversteigerung zwar nicht ausgeübt werden[14], da es sich hierbei nicht um einen Verkaufsfall handelt, aber es bleibt je nach den Versteigerungsbedingungen bestehen oder erlischt.   23

Nach den §§ 306–309 ZGB-DDR konnte auch im **Beitrittsgebiet** der Grundstückseigentümer ein dingliches Vorkaufsrecht einräumen. Die nähere Ausgestaltung des Rechts entspricht im Wesentlichen den Vorschriften des BGB. Nach Art. 233 § 3 Abs. 1 S. 1 EGBGB blieb das im Grundbuch eingetragene Vorkaufsrecht mit seinem Inhalt und Rang nach wie vor bestehen. Ab 1.10.1994 sind die Vorschriften §§ 1094 bis 1104 BGB anzuwenden, Art. 233 § 3 Abs. 4 EGBGB. Die Vorkaufsrechte können inhaltlich geändert werden, ohne dass eine Neubegründung erfolgen müsste, §§ 877, 873, 874 BGB. Das Recht kann subjektiv-dinglich, für mehrere oder für alle Verkaufsfälle, übertragbar und vererblich gestaltet werden. Neue bundesgesetzliche Vorkaufsrechte bestehen in den neuen Ländern nach §§ **20, 20a VermG**. Dieses Vorkaufsrecht entsteht mit bestandskräftigem Beschluss   24

---

11 OLG Hamm, Rpfleger 2001, 254.
12 MünchKomm/*Engelhardt*, § 39 WEG Rdn. 1.
13 OLG Köln, Beschluss vom 6.3.2015, 2 Wx 387/14, Rpfleger 2015, 718.
14 Soergel/*Stürner*, § 1097 Rdn. 3; MünchKomm/*Westermann*, BGB, § 1097 Rdn. 5.

des Amtes zur Regelung offener Vermögensfragen und konstitutiver Eintragung im Grundbuch. Das Vorkaufsrecht hat den gesetzlichen Inhalt der §§ 463 bis 472, 875, 1098 Abs. 1 Satz 2 und Abs. 2 sowie der §§ 1099 bis 1102, 1103 Abs. 2 und § 1104 BGB. Das Vorkaufsrecht beschränkt sich auf einen Verkaufsfall, also auf den Fall des Verkaufs durch den vorkaufsverpflichteten Eigentümer. Das Vorkaufsrecht erlischt, wenn der Berechtigte nicht mehr Mieter/Nutzer ist, wobei § 563a BGB unberührt bleibt. Das Vorkaufsrecht ist auf den Verkaufsfall beschränkt, der während des Miet-/Nutzungsverhältnisses des Vorkaufsberechtigten eintritt. Es erlischt auch durch den Zuschlag in der Zwangsversteigerung. Nach § 57 SchuldRAnpG hat der Nutzer eines Grundstücks ein gesetzlich begründetes, lediglich schuldrechtlich wirkendes Vorkaufsrecht, das als solches nicht im Grundbuch eintragbar ist. Dieses Vorkaufsrecht hat keine Vormerkungswirkung nach § 1098 Abs. 2 BGB.

25 Das Vorkaufsrecht **nach §§ 24 ff. BauGB** ist zwar in seiner Ausübung in der Zwangsversteigerung ausgeschlossen, doch geht es durch den Zuschlag nicht unter und ist daher bei einer Veräußerung durch den Ersteher ausübbar.

11. Bodenschutzlastvermerk

26 Am 17.3.1998 wurde das Gesetz zum Schutz des Bodens (Bundesbodenschutzgesetz – BBodSchG; BGBl I 502) verkündet. Der Betrag ruht als **öffentliche Last** auf dem Grundstück. Es kann aber auch die Eintragung eines **Bodenschutzlastvermerks** im Grundbuch in Abteilung II vermerkt werden, §§ 93a, b GBV. Der Wertausgleich ist als öffentliche Last in Rangklasse 3 des § 10 Abs. 1 zu berücksichtigen. Hierzu und zu den Auswirkungen in der Zwangsversteigerung siehe → § 10 Rdn. 33.

12. Baulast

27 Die öffentliche **Baulast** ist ein eigenständiges Rechtsinstitut des Landesrechts (außer in Bayern und Brandenburg). Die öffentliche Baulast erlischt nicht durch Zuschlag in der Zwangsversteigerung.[15] Sie kann daher auch nicht in der Rangklasse 3 des § 10 Abs. 1 als bevorrechtigte Forderung angemeldet werden.[16]

---

15 BVerwG, Rpfleger 1993, 208; OVG Hamburg, Rpfleger 1993, 209; OVG Münster, NJW 1994, 3370 LS. und NJW 1996, 1362, hierzu auch *Alff*, Rpfleger 1993, 361.
16 *Böttcher*, § 10 Rdn. 43 m.w.N.

§ 53 »Schuldübernahme«

(1) Haftet bei einer Hypothek, die bestehenbleibt, der Schuldner zugleich persönlich, so übernimmt der Ersteher die Schuld in Höhe der Hypothek; die Vorschriften des § 416 des Bürgerlichen Gesetzbuchs finden mit der Maßgabe entsprechende Anwendung, daß als Veräußerer im Sinne dieser Vorschriften der Schuldner anzusehen ist.

(2) Das gleiche gilt, wenn bei einer Grundschuld oder Rentenschuld, die bestehenbleibt, der Schuldner zugleich persönlich haftet, sofern er spätestens im Versteigerungstermine vor der Aufforderung zur Abgabe von Geboten die gegen ihn bestehende Forderung unter Angabe ihres Betrags und Grundes angemeldet und auf Verlangen des Gerichts oder eines Beteiligten glaubhaft gemacht hat.

Übersicht

		Rdn.
I.	Allgemeines	1
II.	Schuldübernahme	2
	1. Allgemein	2
	2. Voraussetzungen	3
	a) Bestehen bleibende Hypothek	3
	b) Persönliche Haftung	4
	3. Genehmigung des Gläubigers	6
	4. Fiktion der Genehmigung; Genehmigung durch schlüssiges Verhalten	8
III.	Verhältnis zwischen Ersteher und Schuldner	13
IV.	Verhältnis des Gläubigers zum Ersteher, Schuldner, Bürgen	16
V.	Grundschuld, Rentenschuld	19
VI.	Reallast	23

I. Allgemeines

Der Regelungszweck besteht darin, dass der Schuldner, der sein Grundstück verliert, bei einer nach den Versteigerungsbedingungen vom Ersteher zu übernehmenden Hypothek von der weiteren Inanspruchnahme seiner persönlichen Verbindlichkeiten geschützt wird[1]. Es handelt sich um eine gesetzliche Schuldübernahme, die auch bei der grundsätzlich forderungsunabhängigen Grundschuld unter den Voraussetzungen nach Abs. 2 eintritt.

II. Schuldübernahme
1. Allgemein

Es ist ein Gebot der Billigkeit, dass der Ersteher die Schuld des Grundeigentümers, die durch die bestehen bleibende Hypothek gesichert wird, in deren Höhe übernimmt, wie dies bei Kaufverträgen über Grundstücke üblich ist.[2] Diese gesetzliche Regelung ergänzt den das Zwangsversteigerungsverfahren beherrschenden Deckungs- und Übernahmegrundsatz (§§ 44, 52), der auch in der Teilungsversteigerung gilt (§ 180 Abs. 1, § 182). Aus Sinn und Zweck des § 53 Abs. 1 ergibt sich, dass diese Vorschrift auch bei **Identität** von **Gläubiger** und **Ersteher** gilt.[3]

---
1 BGH, Rpfleger 1996, 520 = NJW 1996, 2310 = DNotZ 1997, 715 = KTS 1996, 482 = MDR 1996, 1178 = WM 1996, 1470 = ZIP 1996, 1268.
2 Denkschrift S. 47.
3 BGH, Rpfleger 1996, 520 = NJW 1996, 2310 = DNotZ 1997, 715 = KTS 1996, 482 = MDR 1996, 1178 = WM 1996, 1470 = ZIP 1996, 1268.

Erstrebt wird mit dieser Regelung eine private, nicht kumulative, Schuldübernahme[4], unbeschadet des Rechts des Gläubigers, die Schuldübernahme abzulehnen, § 416 BGB.

2. Voraussetzungen
a) Bestehen bleibende Hypothek

3   Die Hypothek muss nach den Versteigerungsbedingungen in das geringste Gebot aufgenommen sein und somit bestehen bleiben, § 45. Gleiches gilt, wenn das Bestehenbleiben nach § 59 im Wege abweichender Feststellungen im geringsten Gebot festgelegte wurde.[5] Keine Anwendung findet die Vorschrift auf eine nach § 91 Abs. 2 zwischen Ersteher und Hypothekengläubiger vereinbarte **Liegenbelassung** der Hypothek.[6] Ist die Hypothek durch den Zuschlag erloschen, kommt die Übernahme der ihr zugrunde liegenden persönlichen Schuld durch den Ersteher nicht infrage.

b) Persönliche Haftung

4   Der Schuldner muss zum Zeitpunkt des Zuschlags dem Gläubiger persönlich haften. Dies trifft auch dann zu, wenn der Ersteher eines Grundstücks zugleich Gläubiger einer bestehen bleibenden Hypothek ist. Die Vereinigung zwischen Gläubiger und Schuldner tritt mit Zuschlagserteilung ein; die durch die Hypothek gesicherte Forderung erlischt in Höhe der Hypothek.[7] Schuldner ist derjenige, gegen den sich das Verfahren richtet, ein neu eingetretener Eigentümer nur dann, wenn der Vollstreckungstitel gegen ihn umgeschrieben, ihm zugestellt und dem Vollstreckungsgericht vorgelegt wird, §§ 9, 26.[8]

5   Die Vorschrift findet **keine Anwendung**, wenn der Eigentümer des Grundstücks (Vollstreckungsschuldner) die Hypothek für eine fremde Schuld bestellt hat[9] oder bei der Zwangsversteigerung eines herrenlosen Grundstücks.[10] Die Voraussetzungen liegen auch nicht vor, wenn der Vollstreckungsschuldner (Grundstückseigentümer) sich nur gegenüber dem persönlichen Schuldner im Rahmen einer Erfüllungsübernahme (§§ 329, 415 Abs. 3 BGB) verpflichtet hat.[11] In diesem Falle kann der Gläubiger die Schuldübernahme nach dem Zuschlag nicht mehr mit Wirkung gegen den Ersteher genehmigen. Wenn bei einer **Sicherungshypothek** Ansprüche, für die sie bestellt war, erst nach dem Zuschlag entstehen, kommt die Übernahme einer persönlichen Schuld für den Ersteher ebenfalls nicht mehr infrage; ihn trifft die persönliche Haftung dafür nicht.[12]

---

4   Kritisch dazu Steiner/*Eickmann*, § 53 Rdn. 1 ff.
5   *Stöber*, ZVG § 53 Rdn. 2.1.
6   BGH, NJW 1981, 1601; Steiner/*Eickmann*, § 53 Rdn. 7; *Stöber*, ZVG § 53 Rdn. 2.1; *Böttcher*, § 53 Rdn. 2.
7   BGH, Rpfleger 1996, 520 = NJW 1996, 2310 = DNotZ 1997, 715 = KTS 1996, 482 = MDR 1996, 1178 = WM 1996, 1470 = ZIP 1996, 1268; *Stöber*, ZVG § 53 Rdn. 2.8.
8   A.A. Steiner/*Eickmann*, § 53 Rdn. 9, analoge Anwendung des § 53 auch ohne Titelumschreibung; auch *Böttcher*, § 53 Rdn. 3.
9   Steiner/*Eickmann*, § 53 Rdn. 8; *Stöber*, ZVG § 53 Rdn. 2.1.
10 *Stöber*, ZVG § 53 Rdn. 2. 9.
11 Steiner/*Eickmann*, § 53 Rdn. 8; *Stöber*, ZVG § 53 Rdn. 2.1.
12 RGZ 80, 350; wegen der Zulässigkeit der Bestellung einer Sicherungshypothek für mehrere Forderungen gegen verschiedene, nicht in Verpflichtungsgemeinschaft stehende Schuldner: RGZ 126, 72.

3. Genehmigung des Gläubigers

Liegen die Voraussetzungen (s. zuvor → Rdn. 3 ff.) vor, geht nicht ohne Weiteres die persönliche Schuld mit dem Zuschlag auf den Ersteher über. Dem Gläubiger kann der Ersteher aber nicht gegen seinen Willen als neuer Schuldner aufgenötigt werden. Voraussetzung ist in jedem Falle die Genehmigung durch den Gläubiger.[13] Trotz grundsätzlicher Rückwirkung der Genehmigung wird der Schuldner aber nur von der Haftung für solche Verbindlichkeiten frei, die zum Zeitpunkt der Genehmigung noch bestanden.[14] Neben dem in Abs. 1 ausdrücklich für anwendbar erklärten § 416 BGB sind auch die §§ 414, 415 BGB anwendbar. Die Genehmigung des Gläubigers bewirkt dann ipso jure die private Schuldübernahme. Ist der Hypothekengläubiger selbst Ersteher, bedarf es keiner ausdrücklichen Genehmigung. Der Vollstreckungsschuldner wird in diesem Falle sogleich frei; in der Person des Erstehers vereinigen sich Forderung und Schuld und erlöschen regelmäßig, sofern nicht Rechte Dritter an der Forderung etwas anderes bewirken.[15] Die Schuldübernahme kann durch Vereinbarung zwischen Schuldner und Gläubiger ausgeschlossen werden.

6

Der Hypothekengläubiger kann die Schuldübernahme gemäß § 414 BGB (**Vertrag** mit dem Ersteher) oder gemäß § 415 BGB (**Erklärung** gegenüber Schuldner oder Ersteher nach Mitteilung der Schuldübernahme) genehmigen.[16] In diesem Fall bedarf es der Förmlichkeiten nach § 416 BGB nicht.[17] Ist das Bestehenbleiben einer Hypothek gem. § 59 als besondere Versteigerungsbedingung festgestellt worden, liegt hierin im Zweifel die im Voraus erklärte Einwilligung des Gläubigers in die Schuldübernahme.

7

4. Fiktion der Genehmigung; Genehmigung durch schlüssiges Verhalten

Solange die Genehmigung noch nicht erklärt ist, bleibt die Befreiung des Schuldners in der Schwebe. Er kann sich nach den Regeln des § 416 BGB Gewissheit verschaffen. Der Kern dieser Vorschrift liegt darin, dass der Gläubiger zu einer Erklärung über die Genehmigung mit der Maßgabe gezwungen werden kann, dass die Genehmigung als erteilt gilt, wenn er nicht widerspricht (§ 416 Abs. 1 Satz 2 BGB).[18]

8

Die entsprechende Anwendung von § 416 BGB ergibt, dass der Schuldner als Veräußerer gilt, § 53 Abs. 1 Hs. 2. Die Fiktion tritt gegen den Gläubiger nur ein, wenn ihm der Schuldner die Schuldübernahme mitteilt. Die Mitteilung des Erstehers entfaltet im Hinblick auf § 416 BGB keine Wirkungen.[19] In einer solchen Mitteilung liegt das Angebot zu einem Vertrag nach § 414 BGB, dessen Annahme aus dem Schweigen des Gläubigers jedoch nicht ohne Weiteres zu folgern ist.[20] Eine Mitteilung an den im Grundbuch eingetragenen Nichtgläubiger ist wirkungslos,

9

---

13 Steiner/*Eickmann*, § 53 Rdn. 13; *Stöber*, ZVG § 53 Rdn. 2.2; insgesamt auch *Scholtz*, ZfIR 1999, 165.
14 SchlHOLG Schleswig, SchlHA 2004, 103 = InVo 2004, 297.
15 BGH, Rpfleger 1996, 520 = NJW 1996, 2310 = DNotZ 1997, 715 = KTS 1996, 482 = MDR 1996, 1178 = WM 1996, 1470 = ZIP 1996, 1268.
16 RGZ 125, 100; 136, 91.
17 RGZ 63, 42.
18 RGZ 63, 42; 64, 311.
19 Steiner/*Eickmann*, § 53 Rdn. 20.
20 RGZ 63, 42.

es sei denn, dieser würde später die Forderung erwerben. § 893 BGB ist jedoch nicht anwendbar.[21] Bei einer abgetretenen Forderung gilt § 407 BGB.[22]

10 Die Mitteilung kann alsbald nach dem Zuschlag erfolgen, da mit dem Zuschlag der Ersteher Eigentümer geworden ist, § 90 Abs. 1.[23] Sie kann aber auch noch nach der Weiterveräußerung des Grundstücks durch den Ersteher und nach dem Ausfall der Hypothek in einer späteren Zwangsversteigerung erfolgen.[24]

11 Die Mitteilung muss **schriftlich** erfolgen und den Hinweis enthalten, dass der Ersteher an die Stelle des Schuldners tritt, wenn nicht der Gläubiger die Verweigerung innerhalb von sechs Monaten erklärt. Der Ersteher hat ein Recht darauf, dass die Mitteilung erfolgt und dass er vom Erfolg Kenntnis erhält, § 416 Abs. 3 BGB.

12 Die Genehmigung nach § 415 BGB ist auch durch **konkludentes Handeln** des Gläubigers möglich, wenn dieses nach Treu und Glauben nur durch das Einverständnis des Gläubigers mit der Schuldübernahme zu erklären ist. Die Kündigung der Hypothek und die Entgegennahme von Hypothekenzinsen ergeben jedoch das Einverständnis nicht schlüssig.[25] Eine Genehmigung liegt beispielhaft darin, dass der Gläubiger gegen den Ersteher Klage erhebt[26], die Aufrechnung erklärt[27] oder eine Stundungsvereinbarung mit dem Ersteher trifft[28].

III. Verhältnis zwischen Ersteher und Schuldner

13 Solange die Genehmigung noch aussteht oder wenn sie versagt wird, wirkt die Versteigerungsbedingung gegenüber dem Ersteher als **Erfüllungsübernahme** nach § 415 Abs. 3, § 329 BGB. Er ist dem Schuldner zur Befriedigung des Gläubigers verpflichtet, während der Schuldner dem Gläubiger gegenüber weiter haftet.

14 **Befriedigt** der **Schuldner** den Gläubiger, geht die Hypothek, die sich mit der Ersatzforderung gegen den Ersteher verbindet, nach § 1164 BGB auf ihn über. **Befriedigt** der **Ersteher** den Gläubiger, ist dies im Regelfall als Leistung auf die Schuld des Schuldners anzusehen.[29] Dadurch erlischt die Forderung, die Hypothek wird nach §§ 1163, 1177 BGB Eigentümergrundschuld.

15 Bleibt eine für den Ersteher eingetragene Sicherungshypothek nach den Versteigerungsbedingungen bestehen, kann der Ersteher einen von den anderen Gläubigern nicht in Anspruch genommenen Teil des Bargebotes nicht auf seine Forderung an den Schuldner verrechnen, sondern muss ihn dem Schuldner auszahlen. Anders ist dies, wenn die Zwangsversteigerung aus einer titulierten persönlichen Forderung betrieben wird (Rangklasse 5 des § 10 Abs. 1), für die sogleich eine **Zwangssicherungshypothek** im Grundbuch eingetragen ist, die dann gem. § 44 ins geringste Gebot fällt. Hat der Vollstreckungsgläubiger die Schuldübernahme nicht genehmigt nach Zuschlagserteilung, ist der frühere Eigentümer persönlicher Schuldner der hypothekarisch gesicherten Forderung geblieben. Durch die Erlös-

---

21 Steiner/*Eickmann*, § 53 Rdn. 21.
22 RGZ 67, 412; 80, 92.
23 Ebenso Steiner/*Eickmann*, § 53 Rdn. 22.
24 RGZ 56, 200.
25 RGZ 63, 44.
26 BGH, WM 1975, 331; Steiner/*Eickmann*, § 53 Rdn. 17.
27 Steiner/*Eickmann*, § 53 Rdn. 17.
28 *Böttcher*, § 53 Rdn. 7.
29 RGZ 80, 317.

zuteilung als Surrogat für das Grundstück wird die Forderung getilgt, sie ist damit erloschen, § 362 BGB. Das Erlöschen der Forderung hat jedoch nicht das Entstehen einer Eigentümergrundschuld zur Folge (dann wäre der Ersteher zuzahlungspflichtig gemäß § 50). Infolge der Nichtgenehmigung der Schuldübernahme hat der frühere Eigentümer (= Schuldner) einen **Schuldbefreiungsanspruch** gegenüber dem Ersteher. Es findet eine gesetzliche Forderungsauswechslung statt, § 1164 Abs. 1 BGB, die Zwangssicherungshypothek geht auf den früheren Eigentümer (= Schuldner) über und sichert den Ersatzanspruch aus § 416 BGB gegenüber dem Ersteher, der ab Zuschlag Eigentümer des Grundstückes geworden ist.[30] Sofern der Gläubiger die Schuldübernahme **genehmigt**, hat er keinen Anspruch mehr gegen den alten Eigentümer (= Schuldner). Mit Wirksamkeit der Genehmigung tritt ein Wechsel in der Person des Forderungsschuldners ein. Der Ersteher als neuer Eigentümer des Grundstückes hat nicht nur die Zwangssicherungshypothek dinglich, sondern auch die zugrunde liegende Forderung übernommen.[31] Eine Zuteilung aus dem Versteigerungserlös als Surrogat für das Grundstück darf in Rangklasse 5 nun nicht mehr erfolgen.[32] **Ersteigert** der **Vollstreckungsgläubiger** das Grundstück selbst, geht die hypothekarisch gesicherte Forderung ebenfalls auf den Ersteher (= Gläubiger) über, § 53. Eine Genehmigung dieser Schuldübernahme nach § 416 Abs. 1 BGB ist nicht erforderlich, da der Gläubiger selber die Schuld übernimmt. Die Forderung ist nunmehr durch Konfusion erloschen. Die Zwangssicherungshypothek wandelt sich kraft Gesetzes in eine Eigentümergrundschuld um.[33]

IV. Verhältnis des Gläubigers zum Ersteher, Schuldner, Bürgen

Solange der Gläubiger die Schuldübernahme noch nicht genehmigt oder wenn er die Genehmigung versagt hat, haftet ihm der Schuldner persönlich, der Ersteher dinglich. Durch die Genehmigung geht die persönliche Schuld so auf den Ersteher über, wie sie in der Person des Schuldners bestand, aber nur in Höhe der Hypothek. Über die Einreden, die der Ersteher den Gläubiger entgegenhalten darf, entscheidet § 417 BGB. **16**

Ein **vor** dem Zuschlag ergangenes Urteil zwischen dem Gläubiger und dem ursprünglichen Eigentümer als dem persönlichen Schuldner wirkt bei Rechtskraft auch gegen den Ersteher, der wegen der Anrechnung der Hypothek auf das geringste Gebot keines Schutzes bedarf.[34] Ergeht das Urteil **nach** dem Erwerb in der Zwangsversteigerung und der Schuldübernahme, darf der ursprüngliche Schuldner nicht mehr verurteilt werden.[35] Darüber hinaus kann auch keine Rechtskrafterstreckung eintreten.[36] **17**

Bestand zusätzlich eine **Bürgschaft** für die persönliche Schuld und hat der Bürge in die Schuldübernahme nicht eingewilligt, erlischt die Bürgschaft. Ebenso erlischt, falls für die Forderung eine **Gesamthypothek** an einem anderen Grundstück be- **18**

---

30 Steiner/*Teufel*, § 114 Rdn. 68.
31 RGZ 56, 200; 75, 339.
32 Steiner/*Teufel*, § 114 Rdn. 68.
33 Vgl. MünchKomm/*Wenzel*, BGB vor § 362 Rdn. 4.
34 A.A. BGH, NJW 1960, 1348 und ihm folgend *Stöber*, ZVG § 53 Rdn. 2.6. Nach Steiner/*Eickmann*, § 53 Rdn. 30 kommt eine Rechtskrafterstreckung aufgrund einer „Schuldnachfolge in die persönliche Forderung" in Betracht.
35 Keine Prozessstandschaft, BGHZ 61, 140.
36 BGH, NJW 1960, 1348.

stand, auch die Hypothek an diesem Grundstück, §§ 418, 1175 Abs. 1 Satz 2 BGB.[37] Die Gesamthypothek erlischt aber dann nicht, wenn mit ihr ein anderes Grundstück des Schuldners belastet ist, denn dieser ist an die gesetzliche Versteigerungsbedingung des § 53 gebunden[38]. Für den Gläubiger ist deshalb Vorsicht geboten.

V. Grundschuld, Rentenschuld

19 Die Grundschuld (ebenso die Rentenschuld, die aber in der Praxis nicht mehr vorkommt) setzt rechtlich keine persönliche Forderung des Gläubigers an den Schuldner voraus. Die Grundschuld ist forderungsunabhängig (§ 1191 Abs. 1 BGB), dient in der Praxis jedoch regelmäßig der Sicherung von Krediten, insbesondere Realkrediten (sog. **Sicherungsgrundschuld**). Sofern die Grundschuld – im seltenen Fall – keine Forderung sichert, spricht man von einer **isolierten Grundschuld**. Auf den Fall einer isolierten Grundschuld findet § 53 keine Anwendung.[39]

20 Im Falle einer Sicherungsgrundschuld besteht auch hier eine Übernahmepflicht durch den Ersteher, § 53 Abs. 2. Im Gegensatz zur Hypothek tritt eine Schuldübernahme nur dann ein, wenn der Schuldner spätestens im Zwangsversteigerungstermin vor der Aufforderung zur Abgabe von Geboten (§ 66 Abs. 2) die gegen ihn bestehende Forderung unter Angabe ihres Betrages und Grundes sowie ihres Zusammenhangs mit der Grundschuld angemeldet und auf Verlangen eines **Beteiligten**[40] oder des Vollstreckungsgerichts glaubhaft gemacht hat.

21 Der Ersteher des Grundstücks, der aus der bestehen gebliebenen Grundschuld dinglich in Anspruch genommen wird, kann dem Grundschuldgläubiger keine Einreden entgegensetzen, die sich aus dem zwischen dem früheren Eigentümer (Sicherungsgeber) und dem Gläubiger (Sicherungsnehmer) abgeschlossenen Sicherungsvertrag ergeben.[41] Nur wenn die persönliche Schuld (es kommt auf die tatsächliche Valuta an) auf den Ersteher übergegangen ist, sind auch (insoweit) die **Rückgewähransprüche** gegen den Gläubiger übergegangen.[42]

22 Eine Anmeldung durch den Gläubiger ist ebenso wirkungslos wie eine verspätete Anmeldung des Schuldners. Ist die Anmeldung unterblieben und wird der persönliche Schuldner vom Grundschuldgläubiger in Anspruch genommen, hat er gegen den Ersteher keinen Anspruch aus ungerechtfertigter Bereicherung. An insoweit vertretene frühere Entscheidungen des *BGH*[43] sieht sich die neuere Rechtsprechung nicht mehr gebunden.[44] Eine Befreiung des Erstehers von der dinglichen Haftung tritt nicht ein.

---

37 RGZ 84, 378 für den Fall, dass der Ersteher nach § 52 eine ihm selbst zustehende bestehen bleibende Hypothek übernimmt.
38 So Steiner/*Eickmann*, § 53 Rdn. 33.
39 Steiner/*Eickmann*, § 53 Rdn. 34.
40 Hierunter sind nur solche Beteiligte zu verstehen, die ein Interesse am Ausschluss der Schuldübernahme haben können, z.B. die nicht im geringsten Gebot stehenden Gläubiger, Mieter oder Pächter; so auch Steiner/*Eickmann*, § 53 Rdn. 38; *Stöber*, ZVG § 53 Rdn. 3.1.; a.A. Depré/*Bachmann*, § 53 Rdn. 13 Fn. 19.
41 BGH, NJW 2003, 2673 = Rpfleger 2003, 522 = DNotZ 2003, 707 = KTS 2003, 706 = MDR 2003, 943 = WM 2003, 1365 = ZfIR 2003, 606.
42 *Stöber*, ZVG § 53 Rdn. 3.2.
43 BGHZ 56, 22 = NJW 1971, 1750; BGHZ 64, 170 = NJW 1975, 1126.
44 BGH, NJW 2003, 2673 = Rpfleger 2003, 522 = DNotZ 2003, 707 = KTS 2003, 706 = MDR 2003, 943 = WM 2003, 1365 = ZfIR 2003, 606; Löhnig/*Siwonia*, § 53 Rdn. 9.

VI. Reallast

Auf die Reallast bezieht sich § 53 nicht.[45] Dem Schuldner, der die Reallast bestellt hat, bietet § 1108 BGB Schutz. Wegen dieser Regelung der persönlichen Haftung ist § 53 auch nicht analog anwendbar.[46] Nach § 1108 BGB tritt neben die bestehen bleibende Schuld des bisherigen persönlichen Schuldners zusätzlich auch die persönliche Haftung des Erstehers. Schuldner und Ersteher haften gegenüber dem Gläubiger als Gesamtschuldner. Wird der bestellende Schuldner vom Gläubiger für eine während des Eigentums des Erstehers fällig gewordene Leistung aus der gesicherten Forderung in Anspruch genommen, hat er nach § 426 BGB einen Rückgriffsanspruch gegen den Ersteher. Hierbei ist von einer vollen Ausgleichspflicht des Erstehers auszugehen.[47]

Auch für **andere Rechte** kommt eine Schuldübernahme nach § 53 nicht in Betracht. Zur Schuldübernahme beim Heimfall eines Erbbaurechts vgl. § 33 ErbbauRG.

---

45 RGZ 60, 56; Steiner/*Eickmann*, § 53 Rdn. 47; *Stöber*, ZVG § 53 Rdn. 3.3; *Böttcher*, § 53 Rdn. 1.
46 Steiner/*Eickmann*, § 53 Rdn. 47.
47 Gegen BGHZ 58, 191, 198, der von einer Haftung im Innenverhältnis zu gleichen Teilen ausgeht.

§ 54 »Kündigung von Grundpfandrechten«

(1) Die von dem Gläubiger dem Eigentümer oder von diesem dem Gläubiger erklärte Kündigung einer Hypothek, einer Grundschuld oder einer Rentenschuld ist dem Ersteher gegenüber nur wirksam, wenn sie spätestens in dem Versteigerungstermine vor der Aufforderung zur Abgabe von Geboten erfolgt und bei dem Gericht angemeldet worden ist.

(2) Das gleiche gilt von einer aus dem Grundbuche nicht ersichtlichen Tatsache, in Folge deren der Anspruch vor der Zeit geltend gemacht werden kann.

I. Allgemeines

1 Der Regelungszweck besteht darin, dass der Ersteher davon ausgehen kann, dass er eine in das geringste Gebot aufgenommene Hypothek, Grundschuld oder Rentenschuld, die er nach den Versteigerungsbedingungen übernehmen muss, zunächst nicht zu tilgen braucht. Kündigungen und andere die Fälligkeit „vor der Zeit" herbeiführenden Tatsachen, die nicht aus dem Grundbuch selbst oder der in Bezug genommenen Eintragungsbewilligung hervorgehen, werden deshalb dem Ersteher gegenüber nur wirksam, wenn sie rechtzeitig geltend gemacht und damit erkennbar sind. Der in Abs. 1 bezeichnete Gläubiger ist hier nicht wie sonst der betreibende Gläubiger, sondern der Gläubiger des Grundpfandrechts.

II. Tatbestandsvoraussetzungen

1. Kündigung

2 Die in Abs. 1 erklärte Kündigung bezieht sich nur auf den dinglichen Anspruch des Grundpfandrechts[1], § 1141 BGB (Hypothek), § 1193 BGB (Grundschuld). Bei der Sicherungshypothek genügt wegen § 1185 Abs. 2 BGB die Kündigung der Forderung.[2] Durch § 54 wird weder ein neues Kündigungsrecht geschaffen noch die Zulässigkeit einer Kündigung geregelt[3]; die Vorschrift setzt vielmehr eine rechtswirksame Kündigung voraus. Eine Kündigung, die nicht dem Eigentümer gegenüber oder von diesem bewirkt worden ist, wirkt nicht gegen den Ersteher.

2. Andere Tatsachen (Abs. 2)

3 Andere Tatsachen, welche die vorzeitige Fälligkeit herbeiführen, bedürfen gleichfalls der Anmeldung, wenn sie nicht aus dem Grundbuch oder der in Bezug genommenen Eintragungsbewilligung hervorgehen. Häufig trifft dies z.B. auf eine Vereinbarung der sofortigen Fälligkeit im Wege der Zwangsvollstreckung oder einer Rangänderung zu. Von vorzeitiger Fälligkeit ist nicht die Rede, wenn sie an den Eintritt eines bestimmten Kalendertages oder eines anderen relativ bestimmten Ereignisses geknüpft ist, z.B. Volljährigkeit, Heirat, Tod oder dergleichen.

III. Anmeldung

4 Die Anmeldung bedarf keiner besonderen Form, muss allerdings schriftlich oder zu Protokoll der Geschäftsstelle oder spätestens bis zur Aufforderung zur Abgabe von Geboten (§ 66 Abs. 2) zu Protokoll im Zwangsversteigerungstermin

---

1 Über die Kündigung einer Rentenschuld durch den Vollstreckungsschuldner s. RGZ 86, 255.
2 RGZ 11, 401; Steiner/*Eickmann*, § 54 Rdn. 7.
3 *Stöber*, ZVG § 54 Rdn. 2.6.

erklärt werden und den Grund der Fälligkeit angeben. Die Anmeldung kann vom Gläubiger oder Schuldner ausgehen, aber auch von einem Dritten, der ein rechtliches Interesse daran haben kann, dass die Kündigung gegen den Ersteher wirksam ist, z.B. Pfandgläubiger oder Mitverpflichtete.[4] Eine Glaubhaftmachung ist nicht erforderlich. Die Anmeldung ist im Zwangsversteigerungstermin bekannt zu geben, § 66 Abs. 1. Eine weitere Verpflichtung hat das Vollstreckungsgericht nicht. Unterbleibt die Bekanntmachung, wirkt sie nicht gegen den Ersteher,[5] es sei denn, dass dem Ersteher die Grundpfandrechtsfälligkeit anderweitig bekannt geworden ist.[6] Sie ersetzt nicht die Kündigung, denn das Gesetz verlangt, dass diese erfolgt und angemeldet ist. Ist die Anmeldung unterblieben oder nicht rechtzeitig erfolgt, kann die Fälligkeit dem Ersteher nur dann entgegengesetzt werden, wenn er auf anderem Wege Kenntnis erlangt hat.[7]

IV. Rechtskraftwirkung nach § 325 Abs. 3 ZPO

Gegen den Ersteher wirkt ein Urteil gegen den Vollstreckungsschuldner, dass den dinglichen Anspruch aus einer eingetragenen Hypothek, Grundschuld, Rentenschuld (§ 1147 BGB) oder Reallast betrifft nur dann, wenn die Rechtshängigkeit des Anspruchs spätestens im Zwangsversteigerungstermin bis zu Aufforderung zur Abgabe von Geboten (§ 66 Abs. 2) angemeldet wurde, § 325 Abs. 3 Satz 2 ZPO. Die Kenntnis des Erstehers genügt nicht.[8] Versäumt der Gläubiger die Anmeldung, muss er gegen den Ersteher erneut klagen, die Vollstreckungsklausel kann gegen diesen zu seinen Gunsten nicht erteilt werden. Die Rechtshängigkeit des Anspruchs kann nicht mehr angemeldet werden, wenn die Rechtskraft vor der Anordnung des Zwangsversteigerungsverfahrens bereits eingetreten ist.[9] In diesem Fall ist jedoch das rechtskräftige Urteil als anmeldungspflichtige Tatsache i.S.v. Abs. 2 anzusehen.[10]

---

4 Steiner/*Eickmann*, § 54 Rdn. 12; *Stöber*, ZVG im § 54 Rdn. 2.2.
5 A.A. *Stöber*, ZVG § 54 Rdn. 2.2, auch ohne Bekanntmachung tritt die Wirkung ein; ebenso Depré/*Bachmann*, § 54 Rdn. 4.
6 *Böttcher*, § 54 Rdn. 3.
7 *Böttcher*, § 54 Rdn. 4; a.A. *Stöber*, ZVG Rdn. 2.3.
8 RGZ 122, 156; Steiner/*Eickmann*, § 54 Rdn. 17.
9 Steiner/*Eickmann*, § 54 Rdn. 19; *Böttcher*, § 54 Rdn. 7; a.A. *Stöber*, ZVG § 54 Rdn. 4.2. Der Hinweis von Depré/*Bachmann* § 54 Rdn. 9 Fn. 7 ist nicht richtig, da es nicht um die Anmeldung der Rechtskraft vor dem Versteigerungstermin geht, sondern (s.o. → Rdn. 5) vor der Anordnung des Zwangsversteigerungsverfahrens.
10 Steiner/*Eickmann*, § 54 Rdn. 19.

§ 55 »Gegenstand der Versteigerung«

(1) Die Versteigerung des Grundstücks erstreckt sich auf alle Gegenstände, deren Beschlagnahme noch wirksam ist.

(2) Auf Zubehörstücke, die sich im Besitze des Schuldners oder eines neu eingetretenen Eigentümers befinden, erstreckt sich die Versteigerung auch dann, wenn sie einem Dritten gehören, es sei denn, daß dieser sein Recht nach Maßgabe des § 37 Nr. 5 geltend gemacht hat.

Übersicht

		Rdn.
I.	Allgemeines	1
II.	Gegenstand der Versteigerung	2
	1. Beschlagnahmeumfang	2
	2. Überbau	5
	3. Maßgeblicher Zeitpunkt	7
	4. Anderweitige Regelung	9
III.	Zubehör	11
	1. Beschlagnahmeumfang, Enthaftung	11
	2. Fremdzubehör	14
	3. Eigentumsvorbehalt, Anwartschaftsrecht	16
IV.	Dritteigentümer	17
	1. Allgemein	17
	2. Geltendmachung des Eigentums	18
	3. Verlust des Eigentums	21
	4. Streitiger Beschlagnahmeumfang	24
V.	Vorbehalt im Zuschlagsbeschluss	25
VI.	Besonderheiten	26

I. Allgemeines

1   Der Regelungszweck besteht darin zu bestimmen, auf welche Gegenstände sich die Zwangsversteigerung erstreckt und welche Gegenstände (= Sachen und Rechte) der Ersteher mit dem Zuschlag erwirbt, § 90. Praktisch besonders wichtig ist Abs. 2, der Abs. 1 zugunsten des Beschlagnahmegläubigers und des Erstehers erweitert, hiernach wird auch in dem dort genannten Fall Fremdzubehör mitversteigert. Die Vorschrift gilt für alle Versteigerungsverfahren mit Besonderheiten für die Insolvenzverwalterversteigerung und die Nachlassversteigerung (§§ 172, 173, 176).

II. Gegenstand der Versteigerung

1. Beschlagnahmeumfang

2   Zu den gesetzlichen Versteigerungsbedingungen gehört die Festlegung des Umfangs der Versteigerung, konkret die Angabe der diejenigen Gegenstände, die von der Zwangsversteigerung erfasst werden. Mit Erteilung des Zuschlags in der Zwangsversteigerung wird der Ersteher Eigentümer des Grundstückes. Mit dem Grundstück erwirbt er zugleich die Gegenstände, auf welche sich die Versteigerung erstreckt, § 90 Abs. 2. Unter Verweisung auf § 55 erstreckt sich die Versteigerung auf alle diejenigen Gegenstände, deren Beschlagnahme noch wirksam ist.[1] Hierzu gehören die wesentlichen Bestandteile des Grundstückes, Zubehör (Leasinggegenstände[2]), subjektiv-dingliche Rechte und die von der Beschlagnahme

---

1   BGH, NJW 1972, 1187 = Rpfleger 1972, 248.
2   *Gerken*, Rpfleger 1999, 209.

umfassten Versicherungsforderungen (hierzu → § 20 Rdn. 38). Grundlegende Vorschrift ist hierzu § 865 ZPO, der das Verhältnis der Mobiliar- zur Immobiliarzwangsvollstreckung abgegrenzt. Hiernach umfasst die Immobiliarzwangsvollstreckung auch die Gegenstände, auf die sich bei Grundstücken und Berechtigungen die Hypothek erstreckt (**Hypothekenhaftungsverband, §§ 1120 ff. BGB**).

Die **Milchquotenverordnung** – (MilchQuotV[3]) dient der Durchführung der Rechtsakte der Europäischen Gemeinschaft oder der Europäischen Union über das Quotensystem für Milch und andere Milcherzeugnisse (EU-Milchquotenregelung). Als Betriebssitz im Sinne der MilchQuotV gilt der Ort der Person, am diese die Milchkühe hält und die sächlichen Produktionsmittel vorhanden sind (Produktionsstätte), § 3 MilchQuotV. Ist in der EU-Milchquotenregelung oder in der MilchQuotV die Einziehung einer Quote vorgesehen, wird die betreffende Quote im Falle einer einzelbetrieblichen Quote für Lieferungen (Anlieferungsquote) in die jeweilige Landesreserve und im Falle einer einzelbetrieblichen Quote für Direktverkäufe (Direktverkaufsquote) in die Bundesreserve eingezogen, soweit in dieser Verordnung nichts anderes bestimmt ist, § 6 Abs. 1 MilchQuotV. Regelmäßig obliegt die Zuteilung und Einziehung von Anlieferungsquoten sowie die Einziehung von Direktverkaufsquoten den zuständigen Landesstellen und die Zuteilung von Direktverkaufsquoten den Hauptzollämtern. Eine eingezogene Direktverkaufsquote überweist das Land der Bundesreserve, § 6 Abs. 3 MilchQuotV. Milchquoten können nur im Rahmen und nach Maßgabe der in der MilchQuotV vorgesehenen Möglichkeiten **übertragen** werden, § 8 Abs. 1 MilchQuotV. Regelmäßig hat eine Übertragung *flächenungebunden* und *betriebsungebunden*, dauerhaft sowie schriftlich zu erfolgen. Das Übertragungsstellenverfahren für Anlieferungsquoten ist im Einzelnen geregelt in §§ 11–20 MilchQuotV. Quoten können auch im Wege gesetzlicher oder gewillkürter Erbfolge oder bei der Übergabe eines Betriebes im Wege der vorweggenommenen Erbfolge übertragen werden, § 21 MilchQuotV. Wird ein Betrieb, der als selbstständige Produktionseinheit zur Milcherzeugung in Höhe von mindestens 50 vom Hundert seiner Quote bewirtschaftet wird, auf eine natürliche oder juristische Person dauerhaft übertragen oder einer solchen Person durch Verpachtung oder in anderer Weise zeitweilig überlassen, kann eine Quote, die dem Betriebsinhaber zur Verfügung steht, ganz oder teilweise mit übertragen werden. Die Übertragung der Quote muss als Bestandteil einer schriftlichen Betriebsübertragung oder -überlassung vereinbart werden, § 22 Abs. 1 MilchQuotV. Dies würde, wenn überhaupt, in den Aufgabenbereich des Zwangsverwalters oder Insolvenzverwalters fallen. Die Milchquote gehört in keinem Falle zu den mit dem Eigentum am Grundstück verbundenen Rechten i.S.v. § 96 BGB. Die Milchquote ist personenbezogen, d.h. einer bestimmten Person zugeteilt, und **nicht grundstücksbezogen**, sodass die Beschlagnahme sich hierauf nicht erstreckt[4]. Die zwangsweise Übertragung einer Milchquote zur wirtschaftlichen Verwertung insbesondere im Rahmen einer Zwangsvollstreckung oder eines Insolvenzverfahrens ist nach Maßgabe der in der MilchQuotV vorgesehenen Übertragungsarten möglich, soweit der Inhaber der Quote seine Quote **nicht mehr zur Milcherzeugung benötigt**. Die Quote wird

---

3   Verordnung zur Durchführung der EU-Milchquotenregelung (Milchquotenverordnung – MilchQuotV) – Milchquotenverordnung in der Fassung der Bekanntmachung vom 3.5.2011 (BGBl I 775), zuletzt geändert durch Art. 401 der VO vom 31.8.2015 (BGBl I 1474).
4   BGH, NJW 1997, 2316 = WM 1997, 1991; BGH, NJW 1991, 3280 = Rpfleger 1991, 429.

insbesondere nicht mehr zur Milcherzeugung benötigt, wenn der Inhaber der Quote über keinen Milcherzeugungsbetrieb verfügt oder sein Milcherzeugungsbetrieb im Rahmen der wirtschaftlichen Verwertung aufgelöst oder zusammen mit der Quote nach § 22 Abs. 1 Satz 1 MilchQuotV übertragen wird, § 26 MilchQuotV.

3 **Zubehör** unterliegt nicht der Mobiliarpfändung, § 865 Abs. 2 S. 1 ZPO. Zubehör sind bewegliche Sachen, die, ohne Bestandteil der Hauptsache zu sein, dem wirtschaftlichen Zweck der Hauptsache zu dienen bestimmt sind und zu ihr in einem dieser Bestimmung entsprechenden räumlichen Verhältnis stehen, § 97 Abs. 1 S. 1 BGB. Die gesetzliche Bestimmung der Unpfändbarkeit von Zubehör liegt darin, die wirtschaftliche Einheit der Hauptsache nicht zu zerschlagen.[5] Für die Frage, ob die Zubehörgegenstände dem Haftungsverband einer Hypothek unterliegen, kommt es nicht darauf an, dass an dem Grundstück eine Hypothek bzw. eine Grundschuld eingetragen ist.[6] Diese Frage ist unabhängig von dem konkreten Belastungsstand des Grundstückes völlig abstrakt zu sehen (hierzu → § 20 Rdn. 16). Außer Zubehörgegenstände, also Erzeugnisse, Früchte und sonstige Bestandteile eines Grundstückes, unterliegen diese der Zwangsvollstreckung in das bewegliche Vermögen, solange nicht ihre Beschlagnahme im Wege der Zwangsvollstreckung in das unbewegliche Vermögen erfolgt ist, § 865 Abs. 2 S. 2 ZPO. Über diese Gegenstände kann der Eigentümer somit auch unbeschadet des Hypothekenhaftungsverbandes jederzeit verfügen, sie unterliegen auch immer der Sachpfändung durch den Gerichtsvollzieher. Erst nach Anordnung der Zwangsversteigerung werden sie von der Beschlagnahme erfasst. Weitere Verfügungen, auch im Wege der Zwangsvollstreckung, sind dem Beschlagnahmegläubiger gegenüber danach unwirksam.[7]

4 Soweit nichts anderes bestimmt ist (eventuelle Abweichungen über § 59) erwirbt der Ersteher mit dem Zuschlag die Gegenstände, auf welche sich die **Beschlagnahme** erstreckt (hierzu → § 20 Rdn. 1 ff.). Beschlagnahme ist die aus der Zwangsversteigerung, die Beschlagnahme bzw. der Umfang der Beschlagnahme in einer parallel laufenden **Zwangsverwaltung** ist nicht maßgebend.[8]

2. Überbau

5 Auch ein **Überbau** kann wesentlicher Bestandteil des zu versteigernden Grundstückes sein. Zu unterscheiden ist, ob es sich um einen **entschuldigten** oder **unentschuldigten** Überbau handelt oder um einen **Eigengrenzüberbau** (hierzu → § 20 Rdn. 10). Bei einem **entschuldigten Überbau** verbleibt das Eigentum an dem überbauten Gebäude dem Eigentümer des Grundstücks, von dem der Überbau ausgeht, der Grundstücksanteil steht im Eigentum des Nachbarn. Die Zwangsversteigerung des Grundstücks, von dem der Überbau ausgeht, erfasst somit das gesamte Gebäude. In der Zwangsversteigerung des Grundstücks, auf den der Überbau hineinragt, erfasst nicht den Gebäudeanteil. Ebenso ist der **Eigengrenzüberbau** zu behandeln. Der überbaute Gebäudeteil ist wesentlicher Bestandteil des Grundstücks, von dem der Überbau ausgeht.[9]

---

5 Zöller/*Stöber*, § 865 Rdn. 9.
6 H.M., z.B. Musielak/Voit/*Becker*, § 865 Rdn. 8.
7 Zöller/*Stöber*, § 865 Rdn. 10.
8 RGZ 64, 415; Steiner/*Teufel*, § 54 Rdn. 5; *Stöber*, ZVG § 50 Rdn. 2.5.
9 So auch BGH, Rpfleger 2002, 71 = NJW 2002, 54 = DNotZ 2002, 290 = NZM 2002, 43 = MDR 2002, 22 = WM 2002, 603 = NotBZ 2002, 28; *Stöber*, ZVG § 55 Rdn. 6.3.

Bei einem **unentschuldigten Überbau** teilt die Grundstücksgrenze zum 6
Nachbargrundstück auch das überbaute Gebäude.[10] Das Eigentum an dem überbauten Gebäude gebührt dem Eigentümer des überbauten Grundstücks. Diese Grundsätze gelten auch bei einer nachträglichen **Grundstücksteilung,** sofern die gemeinsame Grenze durch ein einheitliches Gebäude verläuft. Die Zwangsversteigerung eines der Grundstücke erfasst immer nur den darauf befindlichen Gebäudeteil.

3. Maßgeblicher Zeitpunkt

Grundvoraussetzung des Rechtserwerbs durch Zuschlag ist, dass die Beschlagnahme noch wirksam ist. Maßgeblicher **Zeitpunkt** ist der Beginn der Bietzeit im Versteigerungstermin, also die Aufforderung zur Abgabe von Geboten (§ 66 Abs. 2).[11] In diesem Zeitpunkt müssen die Versteigerungsbedingungen feststehen, für Bietinteressenten muss feststehen, worauf sie und in welcher Höhe konkret Gebote abgegeben werden (s. hierzu auch → Rdn. 18).

Eine anschließende **Entfernung** ist auch dann unschädlich, wenn sie vor dem 8
Zuschlag erfolgt.[12] Die nach §§ 20–24 von der Beschlagnahme nicht betroffenen, freigewordenen oder untergegangenen Gegenstände sind von der Zwangsversteigerung ausgeschlossen. Beruht der Untergang auf Verschulden eines Dritten, fällt die deshalb bestehende Ersatzforderung nicht unter die Beschlagnahme. Die Zwangsversteigerung erstreckt sich auch nicht auf diejenigen Gegenstände, für die das Verfahren aufgehoben oder vorläufig eingestellt worden ist. Eine vertragsmäßige Einschränkung des Umfangs der Beschlagnahme und dinglichen Wirkung ist nicht zulässig (Ausnahme: § 59).[13]

4. Anderweitige Regelung

Die Versteigerungsbedingungen nach § 55 können auf zweifache Weise anders 9
geregelt werden. **Erstens** kann nach § 59 bestimmt werden, dass Gegenstände mitversteigert werden, die nach den gesetzlichen Versteigerungsbedingungen von der Versteigerung nicht erfasst werden und umgekehrt, dass Gegenstände, die an sich mit zu versteigern sind, von der Versteigerung ausgeschlossen bleiben. Im ersten Falle ist die Zustimmung des Eigentümers zwingend. Weiterhin muss konkret bestimmt werden, welcher Teil des Gesamterlöses auf den betreffenden Gegenstand entfällt und wie dieser Erlösteil verwendet werden soll. Im zweiten Fall ist die Zustimmung derjenigen Beteiligten notwendig, deren Rechte durch die Abweichung betroffen werden.

Zweitens kann das Vollstreckungsgericht nach § 65 auf Antrag anordnen, dass 10
eine Forderung oder eine bewegliche Sache von der Versteigerung ausgeschlossen und besonders versteigert wird (hierzu § 65).

III. Zubehör

1. Beschlagnahmeumfang, Enthaftung

Die Zubehöreigenschaft bemisst sich nach §§ 97, 98 BGB (hierzu → § 20 Rdn. 11
16). Die subjektive Meinung des Bieters, der eine Sache irrtümlich für Zubehör

---

10 BGH, NJW 1958, 1182; NJW 1963, 1868.
11 BGHZ 58, 309 = Rpfleger 1972, 248 = NJW 1972, 1187.
12 BGHZ 58, 309.
13 RGZ 125, 365; LG Frankfurt a.M., Rpfleger 1989, 269.

hält, ist nicht maßgebend. Zum mitversteigerten Zubehör gehört auch dasjenige, dass erst im Laufe des Verfahrens vom Schuldner oder einem neuen Eigentümer oder vom Zwangsverwalter dem Grundstück einverleibt wurde.

12 Zubehör unterliegt nur dann der Beschlagnahme in der Zwangsversteigerung (Hypothekenhaftungsverband), wenn es zuvor im Eigentum des Grundstückseigentümers gestanden haben, § 1120 BGB. Nach § 1121 Abs. 1 BGB werden Zubehörgegenstände von der Haftung frei, wenn sie **veräußert und** vom Grundstück **entfernt** werden, bevor sie zugunsten des Gläubigers in Beschlag genommen worden sind. Hierbei muss die Entfernung von dem Grundstück grundsätzlich **vor** der **Beschlagnahme** erfolgen.[14] Entfernt der Erwerber die Zubehörgegenstände von dem Grundstück, so ist eine vor der Entfernung erfolgte Beschlagnahme ihm gegenüber nur wirksam, wenn er bei der Entfernung in Ansehung der Beschlagnahme nicht im **guten Glauben** ist, § 1121 Abs. 2 S. 2 BGB.

13 Zubehörgegenstände werden von der Haftung **nicht** frei, wenn sie zwar veräußert jedoch vom Grundstück nicht entfernt wurden.[15] Andererseits werden Zubehörgegenstände auch ohne Veräußerung von der Haftung frei, wenn die Zubehöreigenschaft innerhalb der Grenzen einer **ordnungsgemäßen Wirtschaft** vor der Beschlagnahme aufgehoben wurde, § 1122 Abs. 2 BGB. Ehemaliges Zubehör folgt insoweit den Regeln des aktuellen Zubehörs. Eine entsprechende Vorschrift findet sich in § 23 Abs. 1 S. 2, wonach der Schuldner über beschlagnahmte bewegliche Sachen in den Grenzen einer ordnungsgemäßen Wirtschaft auch dem Gläubiger gegenüber verfügen kann. Kommt es bei der Entfernung eines Zubehörgegenstandes auf den guten Glauben des Erwerbers an, wird dieser durch § 23 Abs. 2 erschwert. Hiernach reicht die Kenntnis vom Versteigerungsantrag bereits für die Bösgläubigkeit aus. Dabei gilt die Beschlagnahme in Ansehung der mithaftenden beweglichen Sachen als bekannt, sobald der Zwangsversteigerungsvermerk im Grundbuch eingetragen ist, § 23 Abs. 2 S. 2. Wird im Laufe der Zwangsversteigerung fremdes Zubehör **gepfändet** und von der Versteigerung nicht ausdrücklich durch Aufhebung oder Einstellung ausgenommen, erlischt das Pfändungspfandrecht mit dem rechtskräftigen Zuschlagsbeschluss.[16]

2. Fremdzubehör

14 Praktisch besonders wichtig ist die Vorschrift des Abs. 2, die Abs. 1 zugunsten des Beschlagnahmegläubigers und des Erstehers erweitert. Grundsätzlich wird Zubehör, dass nicht in das Eigentum des Grundstückseigentümers gelangt ist, von der Beschlagnahme nicht erfasst. Befinden sich jedoch Zubehörgegenstände zur Zeit der Versteigerung (vorstehend → Rdn. 12, 13) im **unmittelbaren** oder **mittelbaren Besitz** des Schuldners[17] oder eines neu eingetretenen Eigentümers, werden sie trotzdem mitversteigert und der Zuschlag erteilt, sofern der Dritteigentümer nicht die Einstellung hinsichtlich der Zubehörgegenstände nach § 37 Nr. 5 rechtzeitig herbeigeführt hat (nachst. → Rdn. 17 ff.).[18] Der Grund dieser formell

---

14 Hierzu MünchKomm/*Eickmann*, BGB § 1121 Rdn. 24 ff.
15 BGH, WM 1985, 138 = ZIP 1985, 312.
16 LG Lüneburg, DGVZ 1952, 76.
17 Es genügt bei lediglich abgestellten Fahrzeugen auf dem Versteigerungsgrundstück nicht, dass für den Bieter der Eindruck erweckt wurde, es handele sich um Grundstückszubehör; der Schuldner muss Besitz an den Gegenständen i.S.d. §§ 854 ff. BGB haben, so OLG Frankfurt, BeckRS 2007, 16199 = ZMR 2008, 145.
18 Insgesamt mit Beispielen *Hintzen/Wolf*, Rdn. 11.294 ff.

ausgerichteten Regelung ist, dass jeder Bietinteressent, der das Grundstück ersteigern will, sicher sein muss, dass er mit dem Zuschlag auch all diejenigen Gegenstände erwirbt, die sich auf dem Grundstück befinden.[19] Dem neu eingetretenen Eigentümer steht der noch nicht eingetragene Käufer des Grundstücks gleich, wenn er dieses in Besitz genommen hat. Im Übrigen schließt für die Bieter erkennbarer Besitz eines Dritten die Mitversteigerung und dem Eigentumsübergang aus.[20] Dies gilt insbesondere für den Besitz des Mieters, Pächters oder Nießbrauchers.[21]

Besitz im Sinne des Abs. 2 ist nicht im technischen Sinne des BGB aufzufassen. 15
Ausreichend ist auch der „Scheinbesitz". Entscheidend ist die tatsächliche Lage, wie sie sich dem Bieter darstellt, d.h. die räumliche Herrschaft des Schuldners (= Grundstückseigentümer) über Zubehörgegenstände. Diese ergibt durch Übertragung des mittelbaren Besitzes auf einen Dritten nicht verloren. Andererseits reicht eine Besitzdienerschaft nicht aus.[22]

3. Eigentumsvorbehalt, Anwartschaftsrecht

Die Beschlagnahme erstreckt sich auch auf Zubehörgegenstände, die der 16
Schuldner (= Grundstückseigentümer) unter Eigentumsvorbehalt erworben hat.[23]
Zwar ist der Schuldner noch nicht (Voll-)Eigentümer, hat jedoch bereits ein Anwartschaftsrecht erworben (hierzu → § 20 Rdn. 34). Die Beschlagnahme erfasst das Anwartschaftsrecht und nicht das Zubehör selbst.[24] Gegen die Mitversteigerung des Anwartschaftsrechts selbst kann der Vorbehaltseigentümer nicht vorgehen, er muss seine Rechte auf das Eigentum an dem Zubehörgegenstand geltend machen. Kommt es nicht zur einer Einstellung, Aufhebung oder Freigabe in den Gegenstand, erwirbt der Ersteher mit dem Zuschlag das Anwartschaftsrecht. Er kann dann den Bedingungseintritt herbeiführen und erwirbt endgültig Eigentum.[25]

IV. Dritteigentümer

1. Allgemein

Der Dritteigentümer kann sein Recht an Zubehörgegenständen nur dadurch 17
wahren, dass er die Gegenstände vor Beginn der Versteigerung in seinen eigenen offenkundigen Besitz zurück bringt. Ist dies nicht geschehen oder möglich, muss der Dritteigentümer sein der Versteigerung entgegenstehendes Recht vor Erteilung des Zuschlages geltend machen bzw. durchsetzen, er muss die Aufhebung oder einstweilige Einstellung des Verfahrens herbeiführen, § 37 Nr. 5. Der Gegenstand wird in diesem Fall auch dann nicht mitversteigert, wenn er weiter im Besitz des Schuldners verbleibt.[26] Eine Erwähnung ist im Zuschlagbeschluss nicht erforderlich[27], jedoch zweckmäßig.[28] Andernfalls wird der Gegenstand von der Versteigerung erfasst, auch wenn alle Beteiligten gegenteiliger Auffassung sind.

---

19 BGH, NJW 1969, 2135 = Rpfleger 1969, 289.
20 RGZ 49, 253.
21 *Stöber*, ZVG § 55 Rdn. 3.2.
22 Steiner/*Teufel*, § 55 Rdn. 16.
23 BGHZ 35, 85 = NJW 1961, 1349.
24 *Graba*/*Teufel*, Rpfleger 1979, 401.
25 *Böttcher*, § 55 Rdn. 3; *Stöber*, ZVG § 55 Rdn. 3.11 und 12.
26 Steiner/*Teufel*, § 50 Rdn. 21.
27 RGZ 127, 272.
28 Steiner/*Teufel*, § 50 Rdn. 16.

2. Geltendmachung des Eigentums

18 Um keinen Rechtsverlust zu erleiden, muss der Dritteigentümer seine Rechte rechtzeitig wahrnehmen. Nach dem Gesetzeswortlaut bedeutet rechtzeitig bis vor Erteilung des Zuschlags. Aus anderen Vorschriften, z.B. § 66 Abs. 2, § 63 Abs. 4 Satz 2 oder § 59 Abs. 1 ist erkennbar, dass der Wille des Gesetzgebers dahin geht, vor Beginn der Bietzeit (§ 73) für Klarheit zu sorgen, was Gegenstand der Versteigerung ist und unter welchen Bedingungen Bieter das Grundstück erwerben können. Wenn der Dritteigentümer seine Rechte vor Beginn der Bietzeit geltend macht (konkret s. nachfolgend), wird der Gegenstand nicht mit versteigert. Allerdings soll dies automatisch eine Herabsetzung des Verkehrswertes zur Folge haben, sodass der anberaumte Termin abzusetzen ist, es soll zuvor eine erneute Terminsbekanntgabe notwendig werden.[29] Nach BGH[30] muss der geänderte Verkehrswert über 10 % vom bisherigen Wert abweichen, andernfalls ist kann die Abweichung noch als „unwesentlich" bewertet werden. Diesen Ansichten kann so nicht gefolgt werden, insbesondere dann nicht, wenn die Zubehörgegenstände gesondert bewertet wurden und dies auch in dem Beschluss über die Verkehrswertfestsetzung nach § 74a Abs. 5 erkennbar ist. Der Verkehrswert wird regelmäßig zusammen mit der Terminsbestimmung veröffentlicht. Aus § 68 Abs. 1 Satz 1 kann entnommen werden, dass die notwendige Sicherheitsleistung 10 % des „in der Terminsbestimmung" genannten Verkehrswertes beträgt. Ändert sich der Wert bis zum Termin nach oben wie nach unten, ist dies für die Höhe der Sicherheitsleistung nicht relevant. Der Gesetzgeber hat somit Änderungen des Verkehrswertes bis bzw. im Termin gesetzlich im Blick. Muss der Verkehrswert somit nach oben oder nach unten geändert werden, wird dies vor Beginn der Versteigerung bekannt gemacht. Auf das Verfahren hat dies keinen Einfluss. Erfolgt die Geltendmachung des Dritteigentümers während der Bietzeit, kann diese abgebrochen und unter den geänderten Bedingungen neu begonnen werden.[31] Bei Geltendmachung nach Schluss der Versteigerung ist der Zuschlag zu versagen, da sich die Versteigerungsbedingungen geändert haben (Ausnahme: der Meistbietende genehmigt die Herausnahme des Gegenstandes).[32]

Eine einfache **Anmeldung reicht nicht.** Für die **Aufhebung oder Einstellung** in den Zubehörgegenstand hat der Dritteigentümer folgende Möglichkeiten:

- Alle betreibenden Gläubiger nehmen ihren Versteigerungsantrag bzgl. des Zubehörgegenstandes zurück, mit der Folge, dass das Zwangsversteigerungsverfahren diesbezüglich aufgehoben wird.
- Alle betreibenden Gläubiger bewilligen die Einstellung bzgl. des Zubehörgegenstandes, mit der Folge, dass auch das Vollstreckungsgericht das Verfahren insoweit einstellt.
- Der Dritteigentümer legt eine Entscheidung des Prozessgerichtes im Wege der Drittwiderspruchsklage vor, § 771 Abs. 3, §§ 769, 775, 776 ZPO, die das Vollstreckungsgericht dann entsprechend dem Inhalt der Entscheidung umsetzt.

---

29 LG Rostock, Beschluss vom 24.3.2011, 3 T 343/10, Rpfleger 2011, 625.
30 BGH, Rpfleger 2008, 588 = NJW-RR 2008, 1741 = WM 2008, 1833 = ZfIR 2008, 685
31 *Böttcher*, § 55 Rdn. 12; a.A. *Stöber*, ZVG § 55 Rdn. 3.5; Depré/*Bachmann*, § 55 Rdn. 16, der Termin wird durchgeführt, der Zuschlag ist dann zu versagen.
32 *Stöber*, ZVG § 55 Rdn. 3.5.

■ In dringenden Fällen kann auch das Vollstreckungsgericht das Verfahren in den Zubehörgegenstand einstweilen einstellen, unter der Bestimmung einer Frist, innerhalb der die Entscheidung des Prozessgerichtes beizubringen ist, § 769 Abs. 2 ZPO.

(Zur Problematik der Änderung des Verkehrswertes s. → § 74a Rdn. 59).

Hat das Vollstreckungsgericht die Versteigerung in den Zubehörgegenstand einstweilen eingestellt, bleibt die Beschlagnahme auch über den Zuschlag hinaus wirksam, der Gegenstand ist dann separat zu versteigern. Voraussetzung ist hierfür natürlich, dass der oder die Gläubiger noch nicht vollständig befriedigt sind. Der Gläubiger muss allerdings die Fortsetzung des Verfahrens beantragen (hierzu → § 37 Rdn. 29, 30).

Hat das Vollstreckungsgericht nach Zustimmung aller betreibenden Gläubiger das Verfahren in einen Zubehörgegenstand aufgehoben und ist zwischenzeitlich der Zuschlag erteilt worden, ist die Beschlagnahme in diesen Gegenstand erloschen, für eine abgesonderte Versteigerung ist jetzt kein Raum mehr. Der Gläubiger kann nunmehr nur noch im Wege der Mobiliarvollstreckung in den Zubehörgegenstand versuchen, seinen Titel zu vollstrecken.[33]

3. Verlust des Eigentums

Der Dritte verliert sein Eigentum endgültig und kann sich nur noch an den Erlös halten, § 90.[34] Eine Freigabe oder Einstellung ist jetzt nicht mehr möglich (hierzu → § 37 Rdn. 31). Im Wege der **dinglichen Surrogation** setzt sich das Dritteigentum am Versteigerungserlös fort. Der Dritteigentümer muss seinen Anspruch im **Verteilungsverfahren** weiter verfolgen. Einen Rangverlust nach § 110 erleidet der Dritteigentümer nicht.[35] Meldet daher der Dritteigentümer seinen finanziellen Anspruch zum Verteilungsverfahren an und keiner der am Versteigerungserlös Berechtigten widerspricht, wird der Anspruch des Dritteigentümers zuerst zugeteilt, der Resterlös wird dann nach dem Teilungsplan verteilt. Wird keine einvernehmliche Einigung erzielt, muss der Dritteigentümer seine Rechte durch **Widerspruch** gegen den Teilungsplan verfolgen.[36] Entscheidend für das Rechtsschutzinteresse im Hinblick auf die Widerspruchsklage ist zu prüfen, in welcher Höhe der Dritteigentümer Widerspruch einlegen und gegen wen er gegebenenfalls die Widerspruchsklage einreichen muss, § 115 ZVG, §§ 876 ff. ZPO. Der Versteigerungserlös ist nicht nur Surrogat für das Grundstück, sondern auch für die mitversteigerten Zubehörstücke. Der Erlös gehört damit dem (noch) Eigentümer, aber auch teilweise dem Dritteigentümer, dessen Eigentumsrechte sich an dem Erlös fortsetzen. Der Dritteigentümer hat somit keinen Anspruch auf den gesamten Erlöswert für den mitversteigerten Zubehörgegenstand, sondern nur einen Anspruch auf den Anteil, der auch anteilig als Erlös für das gesamte Grundstück erzielt worden ist.[37] **Berechnungsformel:**[38]

---

33 OLG Hamm, Rpfleger 1994, 176.
34 *Stöber*, ZVG § 90 Rdn. 5; Steiner/*Eickmann*, § 90 Rdn. 10.
35 *Stöber*, ZVG § 92 Rdn. 8.1.
36 Steiner/*Teufel*, § 55 Rdn. 29; *Muth*, Kap. 2 B Rdn. 73; *Böttcher*, § 55 Rdn. 16.
37 *Storz*, ZVG B 2.5.2.2.
38 Für viele: Steiner/*Teufel*, § 55 Rdn. 27.

$$\frac{M \times Z}{G + Z}\qquad\begin{aligned}M &= (\text{Meistgebot} = \text{Bar-} + \text{bestehen bleibender Teil}) \\ Z &= (\text{Zubehör, Wert}) \\ G &= (\text{Grundstückswert})\end{aligned}$$

22 Erhoben wird der Widerspruch gegen den zuletzt zugeteilten Gläubiger, da sich dessen Erlösanteil um den dem Dritteigentümer zuzuteilenden Betrag schmälert.[39] Das Vollstreckungsgericht wird den vom Widerspruch betroffenen Betrag für den Dritteigentümer und den zuletzt zugeteilten Gläubiger hinterlegen. Der Dritteigentümer muss dann binnen eines Monats die **Klageerhebung** im Widerspruchsprozess nachweisen, anderenfalls die Ausführung des Planes ohne Rücksicht auf den Widerspruch angeordnet wird, § 878 Abs. 1 ZPO (vgl. → § 115 Rdn. 44).

23 Hat der Dritteigentümer weder eine rechtzeitige Freigabe in den Zubehörgegenstand erwirkt, noch im Verteilungsverfahren rechtzeitig Widerspruch erhoben, kommt nur noch ein Bereicherungsanspruch des Dritten gegen den Gläubiger in Betracht, der als Letzter aus dem Erlös befriedigt wurde.[40] Ein Anspruch gegen den Ersteher besteht nicht.[41] Bösgläubigkeit des Erstehers verhindert den Eigentumserwerb nicht, da ein originärer Erwerb vorliegt und keine Anwendbarkeit von § 926 Abs. 2, § 932 BGB gegeben ist.[42] Bei arglistigem Verhalten des Erstehers kommt allenfalls eine Haftung aus § 826 BGB in Betracht.[43]

4. Streitiger Beschlagnahmeumfang

24 Ist streitig, ob ein Zubehörgegenstand vom Beschlagnahmeumfang ergriffen und deshalb mit zu versteigern ist, kann das Vollstreckungsgericht dies nicht entscheiden. Der Streit muss im Prozesswege entschieden werden.[44] Gegenstände, deren Zubehöreigenschaft zweifelhaft ist, können gem. § 59 mitversteigert werden, wenn der hiervon betroffene Dritte zustimmt (hierzu → § 59 Rdn. 31 ff.).[45] Unerheblich ist, ob der Gegenstand bei der Festsetzung des Grundstückswertes (§ 74a Abs. 5) berücksichtigt worden ist oder nicht. Ebenfalls unmaßgeblich ist eine Meinungsäußerung des Vollstreckungsgerichts.[46]

V. Vorbehalt im Zuschlagsbeschluss

25 Wenn das Vollstreckungsgericht ohne Einstellung des Verfahrens den Zuschlag unter dem Vorbehalt des angemeldeten Rechts in dem Sinne erteilt, dass der Dritteigentümer sein Recht weiter gegen den Ersteher geltend machen kann, so ist dieses Verfahren unzulässig. Dennoch wirkt dieser Vorbehalt gegen den Ersteher, wenn der Zuschlagsbeschluss mit einem solchen Vorbehalt rechtskräftig wird.[47]

---

39 OLG Celle, Rpfleger 1993, 363; Steiner/*Teufel*, § 55 Rdn. 29.
40 BGH, NJW 1962, 1498.
41 Steiner/*Teufel*, § 55 Rdn. 31; *Muth,* Kap. 2 B Rdn. 74.
42 RGZ 67, 380; 72, 358.
43 RGZ 69, 277; Steiner/*Teufel*, § 50 Rdn. 24.
44 RGZ 39, 292; *Stöber,* ZVG § 55 Rdn. 3.7.
45 Steiner/*Teufel*, § 55 Rdn. 24.
46 OLG Hamm, JurBüro 1967, 1026; *Stöber,* ZVG § 50 Rdn. 3.7; *Dorn,* Rpfleger 1987, 143.
47 RGZ 67, 380; 127, 272; kritisch hierzu Steiner/*Teufel*, § 55 Rdn. 9.

VI. Besonderheiten

Ist eine Sache Zubehör **mehrerer Grundstücke,** von denen nur das eine versteigert wird, schließt das den Erwerb durch den Ersteher nicht aus.   26

Auf **Scheinbestandteile** und **Scheinzubehör** ist § 50 Abs. 2 nicht anwendbar; es gilt § 97 Abs. 2 BGB.[48]   27

§ 739 **ZPO,** der die Zwangsvollstreckung in das bewegliche Vermögen betrifft, ist in der Zwangsversteigerung nicht zu beachten, wenn Zubehörgegenstände im Verfahren beschlagnahmt werden.[49]   28

Für die **Zwangsverwaltung** gilt § 55 Abs. 2 nicht, hierbei handelt es sich um eine typische Folge der Versteigerung und nicht der Zwangsverwaltung.[50]   29

---

48   Vgl. Nachweise bei BGH, NJW 1962, 1498.
49   OLG Bamberg, FamRZ 1982, 391; LG Coburg, FamRZ 1962, 387; Steiner/*Teufel,* § 55 Rdn. 13; *Stöber,* ZVG § 55 Rdn. 3.3.
50   BGH, Rpfleger 1985, 161 = ZIP 1985, 312.

§ 56 »Gefahrübergang«

¹Die Gefahr des zufälligen Unterganges geht in Ansehung des Grundstücks mit dem Zuschlag, in Ansehung der übrigen Gegenstände mit dem Schlusse der Versteigerung auf den Ersteher über. ²Von dem Zuschlag an gebühren dem Ersteher die Nutzungen und trägt er die Lasten. ³Ein Anspruch auf Gewährleistung findet nicht statt.

Übersicht

	Rdn.
I. Allgemeines	1
II. Gefahrübergang	2
1. Untergang	2
2. Mitversteigerte Gegenstände	3
3. Erzeugnisse, wesentliche Bestandteile	4
III. Nutzungen	5
IV. Lastentragung	6
1. Allgemein	6
2. Besonderheiten	8
a) Energieversorgung	8
b) Erschließungskosten u.a.	9
c) Wohnungseigentum	10
d) Betriebsgrundstück	15
e) Versicherung	16
f) Baulast	18
V. Gewährleistung	19

I. Allgemeines

1 Die Vorschrift, die für alle Versteigerungsarten gilt, ist gesetzliche Versteigerungsbedingung und regelt den Gefahrübergang, den Anspruch auf die Nutzungen und die Lastentragung sowie den Gewährleistungsausschluss. § 56 lehnt sich an § 446 BGB[1] an, verlegt aber den Zeitpunkt des Gefahrüberganges hinsichtlich des **Grundstücks** auf den Zuschlag (§§ 89, 90, 104), in Ansehung der **übrigen Gegenstände** bereits auf den Schluss der Versteigerung, § 73 Abs. 2. Die Regelung weist somit folgende Struktur auf: Geht das Grundstück ganz oder zum Teil vor Wirksamwerden des Zuschlags (§§ 89, 104) unter, ist der Ersteher an sein Gebot nicht gebunden, der Zuschlag ist zu versagen, § 83 Nr. 6[2]; wird er dennoch erteilt, kann der Ersteher den Zuschlag anfechten; wird der Zuschlag rechtskräftig, hat der Ersteher das Meistgebot zu erfüllen. Tritt dagegen bloß eine Verschlechterung vor der Zuschlagserteilung auf, muss der Ersteher dies hinnehmen, er hat das Meistgebot zu erfüllen, § 56 Satz 3.[3] Für die übrigen Gegenstände liegt die Zäsur nach dem Schluss der Versteigerung (hierzu → § 73 Rdn. 10).

II. Gefahrübergang

1. Untergang

2 Der Gefahrübergang nach § 56 S. 1 bedeutet für den Ersteher, dass er sowohl den tatsächlichen Untergang (z.B. Sturmflut), den rechtlichen Untergang (z.B.

---

1 Nach *Stöber*, ZVG § 56 Rdn. 2.1 kommt § 445 BGB, Haftungsbegrenzung bei öffentlichen Versteigerungen, in Betracht.
2 *Stöber*, ZVG § 56 Rdn. 2.2; *Böttcher*, § 56 Rdn. 4.
3 LG Frankfurt a.M., Rpfleger 1989, 296.

Enteignung) oder den wirtschaftlichen Untergang (z.B. Feuerschaden) zu vertreten hat. **Zufällig** ist der Untergang, wenn er von keinem Beteiligten zu vertreten ist. Im Übrigen wirft diese für Grundstücke bedeutsame Unterscheidung zwischen (vollständigem oder partiellen) Untergang und (bloßer) Verschlechterung praktische Abgrenzungsschwierigkeiten auf. Ein **vollständiger Untergang** liegt in tatsächlicher Hinsicht nur dann vor, wenn die Grundfläche vom Erdboden verschwunden ist, z.b. ein Teil des Festlandes verschwindet durch Ausweitung des Meeres oder eines Sees oder eine Insel verschwindet auf Dauer.[4] Sind Teile des Grundstücks zerstört worden, die ihm seine Eigenart oder seinen Wert verliehen haben, liegt ein partieller Untergang vor. Der Begriff des Unterganges ist allerdings nicht zu weit auszulegen. Die Vernichtung eines *einfachen* Hauses durch Feuer oder Hochwasser dürfte noch nicht hierunter zu fassen sein[5], die Vernichtung einer Produktionsstätte hingegen wohl.[6] Ob ein **partieller** Untergang oder nur eine **Verschlechterung** vorliegt, hat das Vollstreckungsgericht vor dem Zuschlag oder im Verfahren der Zuschlagsbeschwerde aufzuklären.

2. Mitversteigerte Gegenstände

Hinsichtlich der mitversteigerten Gegenstände geht die Gefahr mit dem 3
Schluss der Versteigerung (§ 73 Abs. 2) auf den Ersteher über. Welche Gegenstände hier in Betracht kommen, ergibt sich aus § 55. Soweit sie von der Beschlagnahme frei geworden, untergegangen, oder nicht mit versteigert werden, ist die Unkenntnis des Erstehers regelmäßig rechtlich belanglos, er kann deshalb keine Minderung verlangen, allenfalls sein Gebot nach § 119 BGB anfechten[7] (hierzu → § 71 Rdn. 15 ff.).

3. Erzeugnisse, wesentliche Bestandteile

Die nicht getrennten Erzeugnisse und die sonstigen **wesentlichen Bestandteile** 4
teilen das sachenrechtliche Schicksal des Grundstücks, §§ 93 ff. BGB. Ein zufälliges Ereignis, z.B. Vernichtung der Ernte aufgrund Hagel oder Sturm, Vernichtung eines Nebengebäudes durch Feuer, befreit den Ersteher nicht von seiner gesamten Zahlungspflicht. Nicht getrennte Erzeugnisse und wesentliche Bestandteile teilen das rechtliche Schicksal des Grundstücks, sie besitzen vor der Trennung keine eigene rechtliche Existenz. Rechtlich tritt nur eine Verschlechterung des Grundstücks ein, für die, da das Grundstück selbst nicht untergegangen ist, dem Ersteher keine Gewähr geleistet wird.

III. Nutzungen

Die Nutzungen (z.B. Früchte, Gebrauchsvorteile, §§ 99, 100 BGB) gebühren 5
dem Ersteher ab dem Zuschlag. Damit wird dessen Nutzungsrecht im Verhältnis zum Schuldner (nicht z.B. zum Pächter) geregelt. Die Auseinandersetzung erfolgt nach § 101 BGB. Doch folgt aus § 55 in Verbindung mit den Vorschriften über den

---

4 Steiner/*Teufel*, § 46 Rdn. 9.
5 So auch Löhnig/*Gietl*, § 56 Rdn. 3; a.A. *Stöber*, ZVG § 56 Rdn. 2.2.
6 Hierzu LG Frankfurt a.M. Rpfleger 1989, 296; großzügiger in der Auslegung Steiner/*Teufel*, § 56 Rdn. 10.
7 Nach Steiner/*Teufel*, § 56 Rdn. 13 soll bei mitversteigerten Gegenständen dasselbe gelten wie beim Grundstück selbst. Waren die Gegenstände von entscheidender Bedeutung für die Wertbildung und die Nutzung des Grundstückes, soll auch hier der Zuschlag zu versagen sein.

Umfang der Beschlagnahme insofern etwas anderes, als die ordnungswidrig vor dem Zuschlag getrennten Erzeugnisse (§ 23 Abs. 1 Satz 2) und die ordnungsmäßig getrennten, jedoch noch nicht veräußerten und vom Grundstück entfernten Erzeugnisse nur erfasst werden, soweit sie Zubehör sind, § 21 Abs. 1, § 20 Abs. 2 ZVG, § 1120 BGB. Die **Miete oder Pacht** (§ 101 Nr. 2 Hs. 2 BGB) gebühren dem Schuldner bis zum Tage des Zuschlags, wobei dieser Tage selbst nicht mitzurechnen ist.[8] Hat er sie weiter hinaus erhoben oder ist die Vorausverfügung (Pfändung, Abtretung) gegen den Ersteher wirksam, hat dieser insoweit nur einen Ausgleichsanspruch gegen den Schuldner (vgl. zu § 57b). § 566c BGB (§ 574 BGB a.F.) steht der Nutzungsverteilung nach § 56 jedenfalls dann nicht entgegen, wenn die Miete trotz Vorauszahlungsvereinbarung tatsächlich noch nicht gezahlt worden ist.[9] Zu den Versteigerungsbedingungen gehören auch alle Pflichten, in die der Ersteher eintreten muss. Zu diesen Pflichten gehört gemäß § 57 ZVG die Verpflichtung zur Rückzahlung einer vom Mieter gewährten Sicherheit (§§ 566 a, 578 Abs. 1, 2 BGB). Der Ersteher hat die Verpflichtung bei eintretender Rückzahlungsreife zu erfüllen. Ob und unter welchen Voraussetzungen der Ersteher seinerseits anschließend bei dem Voreigentümer Rückgriff nehmen kann, mag dahinstehen. Die Pflicht zur Erfüllung der in die Versteigerungsbedingungen fallenden Mieterrechte hängt davon nicht ab.[10]

IV. Lastentragung

1. Allgemein

6   Sowohl öffentliche wie privatrechtliche Lasten gehen mit dem Zuschlag auf den Ersteher über. Regelmäßig **wiederkehrende Verpflichtungen** (z.B. Grundsteuer[11], Feuerversicherungsprämien, Zinsen, Reallastrente[12], Altenteilsleistung) sind nach dem Verhältnis der Dauer der Verpflichtung zu tragen, § 103 BGB.[13] Bleibt ein dingliches Recht, insbesondere eine Grundschuld, nach den Versteigerungsbedingungen bestehen, ist dieses Recht mit den im Grundbuch eingetragenen Zinsen vom Ersteher zu zahlen (Teil des Gebotes, s. → § 50 Rdn. 1). Erwirbt der Ersteher in der Zwangsversteigerung ein Grundstück unter Übernahme einer nach den Versteigerungsbedingungen bestehen gebliebenen Grundschuld, ist der Grundschuldgläubiger berechtigt, den vollen dinglichen Zinsbetrag ab Zuschlag gegenüber dem Ersteher geltend zu machen.[14]

Die **Grundsteuer** ruht auf dem Steuergegenstand als öffentliche Last, § 12 GrStG. Sie wird nach den Verhältnissen zu Beginn des Kalenderjahres festgesetzt, sie entsteht mit dem Beginn des Kalenderjahres, für das die Steuer festzusetzen ist, § 9 GrStG. Schuldner der Grundsteuer ist derjenige, dem der Steuergegenstand bei der Feststellung des Einheitswerts zugerechnet ist, § 10 Abs. 1 GrStG. Eine Zurechnungsfortschreibung des Einheitswerts auf den Erwerber kann erst auf den Beginn des Kalenderjahres, das auf die Änderung folgt, vorge-

---

8   *Stöber*, ZVG § 56 Rdn. 3.1.
9   OLG Celle, Rpfleger 1979, 32.
10 BGH, Urteil vom 7.3.2012, XII ZR 13/10, Rpfleger 2012, 399.
11 BVerwG, NJW 1993, 871; OVG Lüneburg, Rpfleger 1990, 377 m. Anm. *Hornung*; VG Lüneburg, Urteil vom 26.2.2014, 2 A 220/13, BeckRS 2014, 48307.
12 Hierzu BGH, NJW 1993, 2617 = MDR 1993, 1242 = WM 1993, 1962.
13 Hierzu BGH, Rpfleger 2009, 635 = WM 2009, 1438 = NJW-RR 2010, 214.
14 LG Stuttgart, Urteil vom 19.3.2013, 21 O 379/12, Rpfleger 2013, 469; kritisch *Grziwotz*, ZfIR 2012, 774.

nommen werden.¹⁵ Wird ein Steuergegenstand ganz oder zu einem Teil einer anderen Person übereignet, so haftet der Erwerber neben dem früheren Eigentümer für die auf den Steuergegenstand oder Teil des Steuergegenstandes entfallende Grundsteuer, die für die Zeit seit dem Beginn des letzten vor der Übereignung liegenden Kalenderjahres zu entrichten ist. Das gilt nicht für Erwerbe aus einer Insolvenzmasse und für Erwerbe im Vollstreckungsverfahren, § 11 Abs. 2 GrStG. Der Ersteher haftet somit dinglich mit dem Grundstück (nicht persönlich¹⁶) für die **Grundsteuern**, die auf die Zeit ab Zuschlag bis zum Ende des laufenden Kalenderjahres entfallen. Die Gemeinde kann die Haftung durch Duldungsbescheid geltend machen.¹⁷

Allerdings haftet der Ersteher nicht für eine nach dem Zuschlag festgesetzte und deshalb nicht angemeldete Grundsteuernachforderung.¹⁸ Diese Lasten treffen den Schuldner bis zu dem Tag vor dem Zuschlag einschließlich, den Ersteher ab dem Tage des Zuschlags (§§ 89, 104). Der Ersteher haftet auch nicht dinglich für einen vor dem Zuschlag entstandenen Anspruch der Gemeinde auf **höhere Grundsteuern**, den die Gemeinde zum Versteigerungstermin nicht angemeldet hat und möglicherweise auch nicht anmelden konnte, weil das Finanzamt bis zu diesem Zeitpunkt den höheren Grundsteuermessbetrag noch nicht festgesetzt hatte.¹⁹ Diese Entscheidung muss auch für rückständige Erschließungskosten gelten. Auch diese hätten rechtzeitig angemeldet werden können, um in der bevorrechtigten Rangklasse 3 des § 10 Abs. 1 Berücksichtigung zu finden. Dasselbe muss auch für den **Ausgleichsbetrag** nach dem **Bundesbodenschutzgesetz** gelten, da dieser Betrag als öffentliche Last auf dem Grundstück ruht (hierzu → § 10 Rdn. 33). Der Wertausgleich wird als öffentliche Last in Rangklasse 3 des § 10 Abs. 1 berücksichtigt. Der Betrag kann zum Verfahren angemeldet werden oder aus diesem Anspruch wird das Verfahren betrieben. 7

2. Besonderheiten

a) Energieversorgung

Ein Energieversorgungsunternehmen kann vom Ersteher weder einen Baukostenzuschuss noch die vom Voreigentümer (= Schuldner) veranlassten Kosten für die Erstellung des Hausanschlusses verlangen.²⁰ Hat der Grundstückseigentümer mit dem Versorgungsunternehmen für Gas und Wasser einen Anschlussvertrag geschlossen, und ist der Anschluss hergestellt, so richtet sich die Forderung des Versorgungsunternehmens wegen der **Anschlusskosten** ohne besondere Vereinbarung nicht gegen den Ersteher des Grundstückes, wenn dieser Versorgungsleistungen über den Anschluss erstmals nach der Zuschlagserteilung in Anspruch nimmt.²¹ Dies gilt auch für einen Anspruch auf Zahlung des **Baukostenzuschusses** und der **Hausanschlusskosten**; ohne besondere Vereinbarung haftet hierfür 8

---

15 VG Lüneburg, Urteil vom 26.2.2014, 2 A 220/13, BeckRS 2014, 48307.
16 VG Lüneburg, Urteil vom 26.2.2014, 2 A 220/13, BeckRS 2014, 48307; VGH München, NJW-RR 2011, 596 Ls.
17 BVerwG, NJW 1993, 871 = Rpfleger 1992, 443; OVG Lüneburg, Rpfleger 1990, 377 m. Anm. *Hornung*.
18 BVerwG, NJW 1985, 756; OVG Rheinland-Pfalz, KTS 1982, 484; *Storz*, ZVG, D 5.3.6.
19 BVerwG, Rpfleger 1985, 35.
20 BGH, Rpfleger 1988, 274 m. Anm. *Hagemann*.
21 BGH, Rpfleger 1990, 309.

nicht der Ersteher, der den Stromanschluss erstmals in Anspruch nimmt, wenn der frühere Eigentümer keinerlei Zahlung geleistet und das Unternehmen daraufhin den Vertrag **gekündigt** hat.[22]

b) Erschließungskosten u.a.

9 **Einmalige** Lasten (z.B. Erschließungskosten, Anschlusskosten[23], sonstige Straßenkostenbeiträge) treffen denjenigen, in dessen Zeitraum sie fällig werden.[24] Voraussetzung ist, dass es sich bei diesen Beträgen nach der jeweiligen Ortssatzung bzw. den Kommunalabgabengesetzen um eine öffentliche Last handelt. Beitragspflichtig ist derjenige, der im Zeitpunkt der Bekanntgabe des Beitragsbescheids Eigentümer des Grundstücks ist. Ist das Grundstück mit einem Erbbaurecht belastet, so ist der Erbbauberechtigte anstelle des Eigentümers beitragspflichtig. Ist das Grundstück mit einem dinglichen Nutzungsrecht nach Art. 233 § 4 EGBGB belastet, so ist der Inhaber dieses Rechts anstelle des Eigentümers beitragspflichtig. Mehrere Beitragspflichtige haften als Gesamtschuldner; bei Wohnungs- und Teileigentum sind die einzelnen Wohnungs- und Teileigentümer nur entsprechend ihrem Miteigentumsanteil beitragspflichtig, § 134 Abs. 1 BauGB. Der Beitrag ruht als öffentliche Last auf dem Grundstück (Erbbaurecht, dinglichem Nutzungsrecht, Wohnungs- oder dem Teileigentum), § 134 Abs. 2 BauGB. Der Ersteher trägt die Erschließungskosten, die erst nach dem Zuschlag fällig werden auch dann, wenn der Vollstreckungsschuldner zur Vorausleistung verpflichtet war, diesen Betrag aber nicht gezahlt hat. Für die Vorausleistung haftet neben dem Schuldner auch dinglich das Grundstück.[25]

c) Wohnungseigentum

10 Erwirbt der Ersteher ein Wohnungs- und/oder Teileigentum ist er mit dem Zuschlag neuer Wohnungseigentümer geworden. Er ist aber grundsätzlich nicht verpflichtet, die auf die Zeit vor dem Erwerb entfallenen **Hausgelder** (= Wohngelder) zu zahlen.[26] Das in § 10 Abs. 1 Nr. 2 enthaltene Vorrecht begründet kein dingliches Recht der Wohnungseigentümergemeinschaft.[27] Der vom BGH selbst gewählte Leitsatz ist missverständlich. Richtigerweise müsste er lauten: „Das in § 10 Abs. 1 Nr. 2 enthaltene Vorrecht **begründet keine dingliche Haftung** der Wohnungseigentümergemeinschaft gegenüber einem Käufer des Wohnungseigentums." Den Ersteher in der Zwangsversteigerung kann diese dingliche Haftung nicht treffen, für ihn gilt § 56 S. 2: Die bis zum Zuschlag fällig gewordenen Beträge sind bei rechtzeitiger Anmeldung aus dem Versteigerungserlös zu entnehmen. Bei unterlassener Anmeldung erlischt die dingliche Haftung mit Zuschlagserteilung. Eine Bestimmung in der Teilungserklärung, nach der der Erwerber für Hausgeldrückstände des Veräußerers haftet, kann nicht dahin gehend ausgelegt werden,

---

22 BGH, Rpfleger 1991, 213.
23 BGH, Rpfleger 1990, 309.
24 RGZ 86, 357; *Stöber*, ZVG § 56 Rdn. 3.5.
25 OVG Münster, KTS 1983, 153.
26 BGH, NJW 1987, 1638 = Rpfleger 1987, 208; BGH, Rpfleger 1985, 409; BGH, NJW 1984, 308 = Rpfleger 1984, 76; OLG Karlsruhe, MDR 1979, 58; OLG Bamberg, MDR 1977, 230.; vgl. hierzu auch BGH, Beschluss vom 13.9.2013, V ZR 209/12, Rpfleger 2014, 31 zur dinglichen Haftung beim rechtsgeschäftlichen Erwerb (Kauf).
27 BGH, Beschluss vom 13.9.2013, V ZR 209/12, Rpfleger 2014, 31; hierzu auch *Schneider*, ZWE 2014, 61.

dass auch der Erwerb im Wege der Zwangsversteigerung erfasst wird.[28] Sieht die Teilungserklärung ausdrücklich auch die Haftung des Erstehers vor, verstößt diese Regelung gegen § 56 Satz 2 und ist damit nichtig.[29] Ebenfalls nichtig ist ein Eigentümerbeschluss, der (isoliert) eine Haftung des Erstehers für Hausgeldrückstände vorsieht.[30]

Allerdings ist nach der Rechtsprechung des BGH der maßgebliche Zeitpunkt für die Beurteilung der Rückständigkeit dahin zu präzisieren, dass es insoweit auf den die **Fälligkeit** der gegenseitigen Beitragspflicht herbeiführenden Beschluss der Wohnungseigentümer ankommt.[31] Sowohl der rechtsgeschäftliche Erwerber einer Eigentumswohnung[32] als auch der Ersteher in der Zwangsversteigerung haftet für Nachforderungen aus Abrechnungen für frühere Wirtschaftsjahre, sofern der Beschluss, durch den die Nachforderung begründet wird, nach dem Eigentumswechsel bzw. nach dem Zuschlag gefasst wurde.[33] Danach hat der Ersteher in der Zwangsversteigerung mit der Inanspruchnahme für Hausgeldrückstände des Schuldners zu rechnen, sofern die Wohnungseigentümergemeinschaft **nach** dem **Zuschlag** über diese Beträge oder eine Nachforderung **beschließt**. Die Verpflichtung der Wohnungseigentümer zur Zahlung von Beitragsvorschüssen gelangt jedoch nicht schon mit Entstehung der Lasten und Kosten, sondern nach § 28 Abs. 2, 5 WEG erst durch den Beschluss der Wohnungseigentümer über den Wirtschaftsplan zur Entstehung. Nach der Rechtsprechung des *BGH*[34] hat der Beschluss hinsichtlich etwaiger Zahlungsrückstände aus dem Wirtschaftsplan regelmäßig nur eine diesen Plan bestätigende oder verstärkende Wirkung. Eine Schuldumschaffung im Sinne einer Novation, d.h. eine Aufhebung des Beschlusses über den Wirtschaftsplan und vollständige Ersetzung durch den Beschluss über die Jahresabrechnung, ist damit grundsätzlich nicht verbunden. Eine Novation liefe auf die schuldbefreiende Übernahme der Altschulden des Veräußerers durch den Erwerber hinaus. Eine solche privative Schuldübernahme kann nur durch individuelles Rechtsgeschäft, nicht dagegen durch „organschaftlichen" Gesamtakt begründet werden, weil es hierfür an einer Rechtsgrundlage fehlt. Dies gilt in gleicher Weise für die Frage der Begründung einer **Haftung** des Erstehers für die **Beitragsrückstände** seines Rechtsvorgängers. Ansonsten hätte ein Abrechnungsbeschluss – mit Ausnahme der Abrechnungsspitze – eine unterschiedliche Bedeutung gegen den verbliebenen Eigentümer und den Erwerber: Während gegen den verbliebenen Eigentümer nur die Abrechnungsspitze ergänzend festgelegt wird, würde gegen den Erwerber zusätzlich ein Abrechnungsrückstand neu begründet, eventuell unter dem Vorbehalt einer erfolgreichen Beschlussanfechtung. Gleichzeitig müsste dem Beschluss wegen derselben Forderung in Bezug auf ausgeschiedene oder verbliebene Eigentümer „bestätigende oder verstärkende" Wirkung zukommen.

---

28   BGHZ 88, 302 = Rpfleger 1984, 70 mit Anm. *Schiffhauer*; BayObLG, Rpfleger 1979, 352; *Stöber*, ZVG § 56 Rdn. 5.3.
29   BGH, NJW 1987, 1638; OLG Düsseldorf, Rpfleger 1986, 113; *Ebeling*, Rpfleger 1986, 125; *Stöber*, ZVG § 56 Rdn. 5.3.
30   BayObLG, Rpfleger 1984, 428 = DNotZ 1985, 416.
31   BGH, NJW 1985, 912 = Rpfleger 1985, 23 insoweit Abweichung von der früheren Rechtsprechung.
32   Zuletzt BGH, Rpfleger 1994, 498.
33   BGH, Rpfleger 1988, 357 = NJW 1988, 1910.
34   BGH, Rpfleger 2000, 78 = NJW 1999, 3713 = DNotZ 2000, 198 = NZM 1999, 1101 = KTS 2000, 146 = WM 1999, 2507 = ZMR 1999, 834 = InVo 2000, 253 = ZfIR 1999, 914.

12   Der Ersteher haftet auch für eine vor dem Versteigerungstermin von der Wohnungseigentümergemeinschaft beschlossene, aber – gem. Beschluss – erst nach dem Zuschlag fällige **Sonderumlage**.[35] Nach Auffassung des BayObLG[36] ist selbst der Nachforderungsbeschluss der Wohnungseigentümer dann nicht sittenwidrig, wenn die Beschlussfassung solange hinausgezögert wird, bis der Eigentumserwerb des Erstehers in der Zwangsversteigerung erfolgt ist; ein eventueller Rechtsmissbrauch muss der Ersteher durch Anfechtung des Eigentümerbeschlusses rügen.[37] Hierdurch kann den Ersteher einer Eigentumswohnung eine erhebliche, nicht kalkulierbare Haftung für Verbindlichkeiten treffen, die über mehrere Jahre zurückliegt.

13   Nach einer Entscheidung des KG[38] können aber bereits fällig gewordene Ansprüche der Wohnungseigentümerschaft gegen den nach der Teilungserklärung instandhaltungspflichtigen Dachausbauberechtigten, der bereits während des Ausbaus Schäden am Gemeinschaftseigentum verursacht hat, nicht gegen den Ersteher, der sein Wohnungseigentum durch Zuschlag nach § 90 erworben hat, als Nachfolger im Eigentum geltend gemacht werden.

14   Da die Wohnungseigentümer bei der Beschlussfassung über Wirtschaftspläne, Jahresabrechnungen und Sonderumlagen in der Einzelabrechnung den zahlungsunfähigen Wohnungseigentümer, bevor dessen endgültiger finanzieller Ausfall feststeht, einbeziehen müssen, können sie nach Feststehen des Ausfalls die insgesamt entstandenen Wohngeldrückstände (im Wege eines „Nachtragshaushalts") durch Eigentümerbeschluss unter sich aufteilen, und zwar nach dem allgemeinen Kostenverteilungsschlüssel auf die bei Beschlussfassung vorhandenen Wohnungseigentümer und unter Einschluss eines Wohnungseigentümers, der seine Wohnung zwischenzeitlich ersteigert hat und der damit erstmals durch eine solche Sonderumlage belastet wird. Für die **Nachtragsumlage** muss die Zusammensetzung der aufgelaufenen Wohngeldrückstände genau nach den zwischenzeitlichen Wirtschaftsplänen und Jahresabrechnungen und auch nach den Wohnungen des zahlungsunfähigen Wohnungseigentümers festgestellt werden. Eventuelle zwischenzeitliche Liquiditätsumlagen mit oder ohne den zahlungsunfähigen Wohnungseigentümer sind als vorläufige Verwaltungsmaßnahmen nicht notwendig, aber auch nicht hinderlich für die endgültige Abrechnung der Wohngeldausfälle. Der Ersteher ist nur mit seiner Kostenquote an den umgelegten Wohngeldrückständen zu beteiligen.[39]

d)   **Betriebsgrundstück**

15   Sehr umstritten sind die Befugnisse des Zwangsverwalters im Rahmen einer Betriebsfortführung (hierzu → § 152 Rdn. 49). Grundstücksbezogene Unternehmen, wie etwa Hotel, Gaststätte, Freizeitpark lassen sich einerseits von dem beschlagnahmten Grundstück nicht lösen, andererseits kann auch das Grundstück in der Regel wirtschaftlich sinnvoll nur zu dem Zweck genutzt werden, für das es be-

---

35   OLG Köln, NZM 2002, 351; LG Saarbrücken, NJW-RR 2009, 1167 = NZM 2009, 590.
36   BayObLG, Rpfleger 1995, 123.
37   So auch LG Saarbrücken, NJW-RR 2009, 1167 = NZM 2009, 590.
38   KG, NJW-RR 2002, 1524 = NZM 2003, 113 = FGPrax 2002, 204 = WuM 2002, 441 = ZMR 2002, 860 = ZfIR 2002, 998.
39   KG, NJW-RR 2003, 443 = NZM 2003, 116 = WuM 2002, 105 = ZMR 2003, 292 = GE 2003, 193.

sonders eingerichtet ist. Nach BGH[40] ist der Zwangsverwalter im Einzelfall befugt ist, einen auf dem beschlagnahmten Grundstück geführten grundstücksbezogenen Gewerbebetrieb des Schuldners fortzuführen, wenn dies zur ordnungsgemäßen Nutzung des Grundstücks erforderlich ist und er dabei nicht in Rechte des Schuldners an Betriebsmitteln eingreift, die unabhängig von ihrer Zugehörigkeit zu dem Gewerbebetrieb absolut geschützt sind. Übernimmt der Ersteher eines Betriebsgrundstückes nach dem Zuschlag den bis dahin vom Zwangsverwalter fortgeführten Gewerbebetrieb des Schuldners, tritt er in die mit dem Zwangsverwalter bestehenden Arbeitsverhältnisse ein.[41] Kündigt der Zwangsverwalter eines Grundstücks den Pachtvertrag über ein auf dem Grundstück betriebenes Hotel und führt er den Hotelbetrieb dann selbst weiter, so liegt ein Betriebsübergang vom früheren Pächter auf den Zwangsverwalter vor.[42]

e) **Versicherung**

Der Übergang mit dem Grundstück zusammenhängender Versicherungen wird durch die §§ 95 ff. VVG (§§ 69 ff. VVG a.F.) geregelt, die gem. § 99 VVG (§ 73 VVG a.F.) bei einem Erwerb im Wege der Zwangsversteigerung entsprechend anzuwenden sind. Für den Beitrag des bei Erteilung des Zuschlags laufenden Versicherungszeitraums haften der Schuldner und der Ersteher als Gesamtschuldner, § 95 Abs. 2 VVG (§ 69 Abs. 2 VVG a.F.). Im Innenverhältnis richtet sich die Verteilung nach § 103 BGB.[43]

Die Beschlagnahme in der Zwangsversteigerung umfasst auch eine Versicherungsforderung aufgrund einer vom Zwangsverwalter gemäß § 152 abgeschlossenen **Feuerversicherung**. Erfolgt die Auszahlung des Versicherungsbetrages an den Zwangsverwalter, erfasst die Beschlagnahme im Wege dinglicher Surrogation den Anspruch des Eigentümers auf Auszahlung nach Beendigung der Zwangsverwaltung.[44] Dieser Anspruch wird vom Ersteher miterworben, wenn er von den Versteigerungsbedingungen mit umfasst ist und im Zuschlagsbeschluss benannt wird. Ist er von den Versteigerungsbedingungen nicht mit umfasst, erwirbt ihn der Ersteher nicht aufgrund eines fehlerhaften rechtskräftigen Zuschlagsbeschlusses, der den frühen, inzwischen durch Zahlung erloschenen Anspruch gegen den Feuerversicherer dem Erwerber zuschlägt.

f) **Baulast**

Öffentlichen Baulasten nach Landes- oder Bundesrecht (außer in Bayern und Brandenburg) erlöschen nicht durch den Zuschlag.[45] Sie können auch nicht in der Rangklasse 3 als bevorrechtigte Forderung angemeldet werden; sie stehen unab-

---

40 BGH, Rpfleger 2005, 557 = ZInsO 2005, 771 = NJW-RR 2005, 1175 = NZM 2006, 73 = MDR 2005, 1251 = WM 2005, 1418 = ZIP 2005, 1195 = InVo 2005, 521 = WuB H. 10/2005 VI E. § 152 ZVG 2.05 *Brehm* = ZfIR 2005, 560; hierzu auch *Förster*, ZInsO 2005, 746.
41 BAG, WM 1984, 673 = ZIP 1984, 623.
42 BAG, Rpfleger 2012, 165 = NJW 2011, 3596.
43 Hierzu BGH, Rpfleger 2009, 635 = WM 2009, 1438 = NJW-RR 2010, 214; *Stöber*, ZVG § 56 Rdn. 3.9.
44 SchlHOLG Schleswig, SchlHA 2001, 19 = InVo 2001, 76.
45 BVerwG, NJW 1993, 480 = Rpfleger 1993, 208; OVG Hamburg, Rpfleger 1993, 209; OVG Münster, NJW 1994, 3370 LS.; a.A. *Böttcher*, § 56 Rdn. 7; *Depré/Bachmann*, § 56 Rdn. 19.

hängig von allen Ansprüchen und Rechten nicht innerhalb der Rangklassen des § 10 Abs. 1 und damit auch nicht in einem Rangverhältnis zu den betreibenden Gläubigern.[46] Baulasten treffen den Ersteher.

V. Gewährleistung

19 Einen Anspruch auf Gewährleistung für Rechts- oder Sachmängel hat der Ersteher nicht. Eine **Anfechtung**[47] wegen Irrtums über eine verkehrswesentliche Eigenschaft des Grundstücks kommt somit nicht in Betracht[48], sofern das Fehlen der Eigenschaft einen Sachmangel begründet (konkret wurde die Anfechtung darauf gestützt, dass die Wohnfläche des Gebäudes lediglich halb so groß war wie die im Verkehrswertgutachten und in den Terminsbekanntmachungen angegebene Fläche).[49] Lage und Beschaffenheit eines Grundstücks gehören nicht zu den Versteigerungsbedingungen. Bei Fehlvorstellungen über das Grundstück ist die Anfechtung des Gebotes ausgeschlossen, wenn der Bieter sich über verkehrswesentliche Eigenschaften des Grundstücks, z.b. die Eigenschaft eines Seegrundstücks irrt.[50] Denn bei der Zulassung der Anfechtung über eine verkehrswesentliche Eigenschaft würde der Ausschluss der Mängelgewährleistung nach § 56 S. 3 umgangen. Daher berechtigen Irrtümer über den Wert des Versteigerungsobjektes oder Grundstücksmängel nicht zu einer Irrtumsanfechtung. Bewirtschaftungskosten spielen bei der Festsetzung des Verkehrswertes regelmäßig eine untergeordnete Rolle, sodass sie auch nicht als verkehrswesentliche Eigenschaften angesehen werden können.[51]

20 Der Ersteher hat auch keinen Bereicherungsanspruch gegen den Vollstreckungsgläubiger.[52] Für Rechtsmängel ist diese Versteigerungsbedingung nur von geringer Bedeutung, da nach § 52 die im geringsten Gebot nicht berücksichtigten Rechte Dritter erlöschen (hierzu → § 52 Rdn. 6 auch zu Ausnahmen). Es ist ohne Bedeutung, wann die Mängel vorhanden waren oder sich herausgestellt haben oder ob sie dem Schuldner oder dem Gläubiger bekannt waren. Auch wenn der Mangel während der Beschlagnahme von einem Beteiligten verschuldet worden ist, hat der Ersteher keinen Ersatzanspruch. Jedoch kommt bei Arglist des Vollstreckungsgläubigers oder eines anderen Beteiligten ein Schadensersatzanspruch in Betracht, § 826 BGB. Eine Haftung dieser Beteiligten kann sich auch aus einem abgegebenen Garantieversprechen ergeben.[53] Bei Abtretung des Meistgebots an einen Dritten gilt im Verhältnis zwischen dem Meistbietenden und dem Ersteher § 56 Satz 3 nur, soweit dies von den Vertragschließenden auch tatsächlich gewollt ist.

---

46 A.A. *Stöber,* § 66 Rdn. 6.5; *Böttcher,* § 56 Rdn. 7.
47 Hierzu grundsätzlich BGH, Rpfleger 1984, 243.
48 LG Bielefeld, MDR 1978, 678; LG Frankfurt a.M., Rpfleger 1989, 296.
49 BGH, Rpfleger 2008, 92 = NJW-RR 2008, 222 = WM 2007, 2330 = ZfIR 2008, 203 (*Zipperer*).
50 LG Neuruppin, Rpfleger 2002, 40.
51 Vgl. OLG Hamm, Rpfleger 1998, 438; LG Bielefeld, MDR 1978, 678.
52 Steiner/*Teufel,* § 56 Rdn. 19.
53 Steiner/*Teufel,* § 56 Rdn. 19.

§ 57 »Mieter und Pächter«

Ist das Grundstück einem Mieter oder Pächter überlassen, so finden die Vorschriften der §§ 566, 566a, 566b Abs. 1, §§ 566c und 566d des Bürgerlichen Gesetzbuchs nach Maßgabe der §§ 57a und 57b entsprechende Anwendung.

Übersicht
	Rdn.
I. Allgemein	1
1. Rechtsentwicklung	1
2. Regelungsgegenstand	2
3. Regelungsbereich	5
4. Rechtsstellung des Erstehers	6
5. Übersicht über die Miet- und Pachtrechtsverhältnisse	7
II. Überlassung des Grundstücks an den Mieter oder Pächter	8
III. Eintritt des Erstehers in die Miet- und Pachtverträge	9
1. Mietverhältnis	9
2. Pachtverhältnis	19
IV. Haftung des Schuldners	20
V. Nießbrauch und Dauerwohnrecht	21
VI. Jagd- und Fischereipachtverträge	22
VII. Wohnungsförderung	23

I. Allgemein

1. Rechtsentwicklung

Die Regelungen der §§ 57 ff. sind durch das 2. JuModG[1] zum 1.2.2007 erheblich geändert worden, indem die §§ 57c und d aufgehoben worden sind. Zum anderen werden sie beeinflusst durch die Änderungen der mietrechtlichen Vorschriften, insbesondere das Mietrechtsreformgesetz[2], welches zum 1.9.2001 in Kraft getreten ist und das private Wohnraummietrecht im BGB zusammengefasst hat.

Die Aufhebung der §§ 57c und d ist mit Inkrafttreten sofort wirksam geworden, sodass sie auch in laufenden Verfahren zu berücksichtigen sind[3].

Nachfolgend wird vorrangig auf die im Rahmen der Zwangsversteigerung relevanten Regelungen, die Kündigungsfristen, den Übergang des Mietverhältnisses, insbesondere die Regelungen der §§ 547, 566 ff. BGB (s. § 57b) eingegangen und darüber hinaus auf die mietrechtliche Literatur verwiesen. Auf die Rechtslage vor den Änderungen, insbesondere der Abschaffung der §§ 57c und d wird lediglich für den Fall des Sachzusammenhangs eingegangen und ansonsten ebenfalls auf die frühere Literatur sowie die 12. Auflage verwiesen.

2. Regelungsgegenstand

§§ 57–57b regeln die Rechte der Mieter und Pächter im Zwangsversteigerungsverfahren[4]. Nach § 57 bleibt das Miet- bzw. Pachtverhältnis (§§ 535 ff., 581 ff. BGB) unberührt, jedoch wird dem Ersteher ein Ausnahmekündigungsrecht ein-

---

1 BGBl I 2006, 3116, Art. 11, 28.
2 BGBl I 2001, 1149.
3 BGH, ZfIR 2009, 884 = WuM 2009, 590.
4 Vgl. hierzu BGH, U. v. 30.10.2013, XII ZR 113/12, Rpfleger 2014, 144 = ZfIR 2014, 274 = WuM 2014, 155 m. Anm. *Blank*.

geräumt (§ 57a)[5]. § 57b behandelt Vorausverfügungen und Rechtsgeschäfte über Miet- bzw. Pachtzins.
Durch § 57c wurde bis zum 31.1.2007 das Kündigungsrecht des Erstehers (§ 57a) eingeschränkt, während § 57d dem Vollstreckungsgericht Ermittlungen und Aufforderungen auferlegte. Beide Vorschriften sind durch das 2. JuModG ab dem 1.2.2007 aufgehoben worden. Die sich hieraus ergebenden Folgen werden unter § 57b dargestellt (→ Rdn. 4 ff.), die den Ersteher jedoch nur eingeschränkt begünstigen.

3   §§ 57–57b sind auch anwendbar bei der Zwangsversteigerung eines **Erbbaurechts**[6], sowie in dem Fall, dass ein dinglich Nutzungsberechtigter, z.B. ein **Nießbraucher**, vermietet oder verpachtet hat und das dingliche Recht als nachrangiges Recht erlischt (§ 1056 BGB)[7]. Besteht der Nießbrauch fort, bleiben die vom Nutzungsberechtigten abgeschlossenen Miet- oder Pachtverträge bereits ohne Anwendung des § 57 bestehen[8].

4   Die §§ 57 ff. finden auch auf Mietverhältnisse Anwendung, die durch die frühere HausratsVO und ab dem 1.9.2009 durch § 1568a BGB begründet worden sind[9], jedoch nicht auf den Ehegatten, dem das Objekt während der Trennung freiwillig überlassen wurde, ohne Partei des Mietvertrages zu sein. Liegen **gemischte Verträge** vor[10], kommt es auf deren Schwerpunkt an[11].

Außerhalb der Zwangsverwaltung kann der Schuldner gemäß § 24 innerhalb ordnungsgemäßer Wirtschaft Mietverträge abschließen. Der Abschluss kann gegenüber Gläubiger und Ersteher bei Missbrauch (z.B. zu niedrige Miete) unwirksam sein (vgl. → § 24 Rdn. 9, str.)[12].

Der BGH hat einer Bank, die das Objekt ersteigert hat, das Kündigungsrecht zugestanden, wenn der Mieter seine Rechtsposition durch ein wegen Gläubigerbenachteiligung anfechtbares Rechtsgeschäft erlangt hat und sie durch den Fortbestand erhebliche Nachteile erleidet[13].

3. Regelungsbereich

5   Gemäß § 183 ist in der Teilungsversteigerung nur § 57 anwendbar, anders jedoch im Rahmen der §§ 172 und 175. Für die Zwangsverwaltung gelten die §§ 57 ff. nicht. Hier ist auf die besonderen Regelungen zu verweisen (§ 152 Abs. 2) sowie die §§ 1123 ff. BGB

4. Rechtsstellung des Erstehers

6   Der Ersteher wird aufgrund des § 57 **wie** ein derivativer Erwerber des Grundstücks behandelt (§ 566 BGB „Kauf bricht nicht Miete"), ist aber im Übrigen nicht

---

5   Hierzu BGH, DGVZ 2008, 170.
6   BGH, WM 1960, 1125.
7   Steiner/*Teufel*, §§ 57 ff. Rdn. 15; *Stöber*, ZVG § 57 Rdn. 7.2; *Böttcher*, §§ 57–57b Rdn. 2; a.A. Depré/*Bachmann*, Rdn. 60.
8   KG, OLG 39, 240.
9   BayObLGZ 1973, 241.
10 Vgl. hierzu ausführlich MünchKomm/*Häublein*, BGB vor §§ 535, Rdn. 23 ff.
11 BGH, Rpfleger 1982, 32.
12 LG Kassel, NJW-RR 1990, 976; Steiner/*Teufel*, §§ 57 ff. Rdn. 23; *Böttcher*, §§ 57–57b Rdn. 2; a.A. *Stöber*, ZVG § 24 Rdn. 2.4; *Eickmann*, ZVG § 19 I 1.
13 NJW-RR 2008, 869 = NZM 2008, 281 = ZIP 2009, 714.

Rechtsnachfolger des Schuldners[14]. Insoweit wird auf → Rdn. 9 ff. verwiesen. Voraussetzung ist die **Identität** von Eigentümer/Schuldner und Vermieter[15].

5. Übersicht über die Miet- und Pachtrechtsverhältnisse

▪ Wohnraummietverhältnisse	§§ 549–577a sowie §§ 536 Abs. 4, 547 Abs. 2 BGB.
▪ Geschäftsraummietverhältnisse	§ 580a 2 BGB (Kündigungsfristen).
▪ Raummietverhältnisse, soweit sie nicht Wohn- oder Geschäftsräume sind.	Anwendbar sind die Vorschriften über Geschäftsräume und § 580a Abs. 1 BGB.
▪ Grundstücksmietverhältnisse	Allgemeine Vorschriften sowie § 578 Abs. 1, § 579 ff. BGB
▪ Mischmietverhältnisse	Schwerpunkt[16]
▪ Pachtverträge	§§ 581 ff. BGB mit Sonderregelungen (u.a.) zum Inventar
▪ Landpachtverträge	§§ 585 ff. BGB mit besonderen Kündigungsregelungen

7

II. Überlassung des Grundstücks an den Mieter oder Pächter

Voraussetzung für die Anwendung der §§ 57–57b ist neben der Zuschlagserteilung, dass das Grundstück bereits vor dem Versteigerungstermin dem Mieter (Pächter) vom Vollstreckungsschuldner oder dessen gesetzlichen Vertreter zum Miet- oder Pachtbesitz überlassen worden war[17], wobei der Begriff „überlassen" in demselben Sinn zu verstehen ist wie in § 571 BGB (ausführlich → § 152 Rdn. 117 ff.). Die Überlassung durch den Vollstreckungsschuldner kann nach Beschlagnahme dem Gläubiger gegenüber allerdings nur in den Grenzen ordnungsmäßiger Wirtschaft (§ 24) wirksam sein. Genügt sie diesen Anforderungen nicht, kann auch der Ersteher die Unwirksamkeit oder Schadensersatzansprüche (→ § 24 Rdn. 9) geltend machen, sofern der Gläubiger nicht nachträglich genehmigt. Zur Vermietung durch den **Zwangsverwalter** s. → § 152 Rdn. 116 ff.

8

Ist die Überlassung bis spätestens zur Aufstellung der Versteigerungsbedingungen (§ 66), bzw. bis zur Aufforderung zur Abgabe von Geboten (§ 66 Abs. 2) noch nicht erfolgt oder der Mietbesitz freiwillig wieder aufgegeben, so bindet der Mietvertrag den Ersteher nicht[18], vorbehaltlich einer abweichenden Zwangsversteigerungsbedingung (§ 59), an welcher der Schuldner wegen eines ihm sonst drohenden Schadensersatzanspruchs des Mieters Interesse haben kann[19]. Ist die Überlassung an die Mieter (Pächter) durch den Ersteher nach § 59 zur Bedingung gemacht worden, so tritt der Ersteher nach §§ 566, 578 BGB (analog) in alle Rechte und Pflichten aus dem Mietverhältnis ein[20].

---

14 Steiner/*Teufel*, §§ 57 ff. Rdn. 6 und 28.
15 Zuletzt BGH, NJW-RR 2010, 1095 = NZM 2010, 471 = ZfIR 2010, 500.
16 Vgl. hierzu Palandt/*Weidenkaff*, vor § 535 Rdn. 100 ff.; MünchKomm/*Häublein*, BGB vor § 535 Rdn. 23 ff.
17 BGH, DGVZ 2008, 170, § 57 als § 93 Abs. 1 S. 2 entgegenstehendes Recht.
18 *Stöber*, ZVG § 57 Rdn. 3.3; *Böttcher*, §§ 57–57b Rdn. 3; Depré/*Bachmann*, Rdn. 6.
19 Vgl. RGZ 94, 279.
20 Steiner/*Teufel*, §§ 57 ff. Rdn. 22 f.

III. Eintritt des Erstehers in die Miet- und Pachtverträge
1. Mietverhältnis

9 Liegen die Voraussetzungen der Ziff. II vor, so bestimmen sich die Rechte und Pflichten des Erstehers gegenüber dem Mieter nach dem Mietverhältnis, wie es zur Zeit des Zuschlags zwischen dem Schuldner und dem Mieter bestanden hat, vorbehaltlich der sich aus §§ 57–57b ergebenden Besonderheiten. § 57 ZVG i.V.m. § 566 BGB finden darüber hinaus nur Anwendung, wenn zwischen Vermieter und Eigentümer Identität besteht[21]. Steht das Grundstück im Eigentum mehrerer Personen, die in einer Gemeinschaft oder Gesellschaft verbunden sind, ist die Identität nur gewahrt, wenn alle Eigentümer Vermieter sind. Bei mehrfachen Erwerben muss die Identität auch in der Kette gewahrt bleiben[22].

Nachweisliche mündliche Änderungen und Ergänzungen muss der Ersteher gegen sich gelten lassen, auch wenn er sie nicht gekannt hatte. Mit Urteil vom 18.9.2013 setzt sich der BGH ausführlich mit den Anforderungen in einer Beweisaufnahme zum Nachweis eines Mietvertrages auseinander, insbesondere wenn dem Ersteher nachteilige Regelungen entgegengehalten werden[23].

Grundsätzlich ist für den Ersteher nur das Miet- oder Pachtverhältnis selbst von Bedeutung, nicht auch solche Vereinbarungen, die zusammen mit dem Mietvertrag geschlossen wurden, auch wenn ein enger wirtschaftlicher Zusammenhang besteht[24]. Nicht unmittelbar zum Mietvertrag gehören auch Darlehensverträge.

10 Aufgrund des Wegfalls der §§ 57c, d muss der Ersteher Mietvorauszahlungen oder Baukostenzuschüsse nach den mietrechtlichen Regelungen gegen sich gelten lassen, insbesondere nach § 547 BGB (vgl. → § 57b Rdn. 4 insbesondere zur Kritik an dieser Änderung). Bei vorzeitiger Beendigung des Mietverhältnisses ist der Ersteher Bereicherungsschuldner des Baukostenzuschusses[25] (→ § 152, Rdn. 173 ff.)

Der Anspruch aus einem Wettbewerbsverbot geht nicht über[26], wohl aber die Vereinbarung mit dem Mieter, dass dieser eine Hypothek während des Bestehens des Mietvertrags nicht kündigen darf[27]. Hatte der Schuldner möbliert vermietet, so hat der Ersteher nur die Wohnung, nicht aber Möbel zu gewähren, ebenso wenig bei einem Pachtvertrage das Inventar, wenn er diese Gegenstände nicht mit erworben hat. Die vom Vermieter übernommene Verpflichtung zur Übernahme vom Mieter eingebauter Einrichtungsgegenstände trifft beim Auszug den Ersteher[28], ebenso die Verpflichtung zur Übernahme anderer Inventarstücke[29].

11 Hat der Ersteher nur einen **Miteigentumsanteil** erworben und ist der Mietvertrag von mehreren Miteigentümern unterschrieben worden, tritt der Erste-

---

21 BGH, NJW-RR 2010, 1095 = ZfIR 2010, 500.
22 Hierzu ausführlich OLG Saarbrücken, U. v. 15.5.2013, 2 U 7/13, ZMR 2014, 35 = MietRB 2013, 260.
23 VIII ZR 297, 12, ZfIR 2014, 106 = NJW-RR 2014, 11.
24 RG, JW 1939, 286; BGH, NJW 1965, 2198; BGHZ 48, 244.
25 Vgl. hierzu BGH, BGHZ 180, 293 = Rpfleger 2009, 582 = ZfIR 2009, 607; ausführlich *Abramenko*, ZfIR 2014, 833, insbesondere auch zu der (missbräuchlichen) Gestaltung, dass Bruchteilseigentümer wechselseitig ihre Bruchteile vermieten.
26 RG, JW 1906, 58.
27 RGZ 71, 404.
28 LG Hamburg, ZMR 1977, 210 zu Heizungsanlage.
29 BGH, NJW 1965, 2198; Steiner/*Teufel*, §§ 57 ff. Rdn. 29; *Stöber*, ZVG § 57 Rdn. 3.6.

her nur dann in den Mietvertrag ein, wenn die anderen Miteigentümer zustimmen[30].

Das Sonderkündigungsrecht kann aber ausgeübt werden, wenn das aus **Wohnungseigentum** bestehende Objekt **insgesamt vermietet** ist und der Ersteher nur eine Einheit ersteigert hat[31]. Zunächst kann hierbei eine Vermietergemeinschaft entstehen, wobei die Kündigung einer Teilfläche im Rahmen von § 57a grundsätzlich wirksam ist. Bei § 57a handelt es sich um eine Ausnahmeregelung, da hier aufgrund des Regelungszusammenhangs das Interesse des Mieters dem Realkredit untergeordnet ist. Der Mieter kann seine Rechte – außerhalb der Wohnraummiete – durch die Beantragung abgesonderter Versteigerungsbedingungen gem. §§ 9 Nr. 2, 59 Abs. 1 S. 1 ZVG ausreichen wahren. Handelt es sich um eine gewerbliche Zwischenvermietung, muss der Ersteher jedoch auch gegenüber dem Endmieter kündigen, da hier – anders als bei einer Untervermietung – nach der Kündigung des Hauptmietvertrages ein Eintritt in den Endvertrag erfolgt.

Ab dem Zuschlag kann der Mieter aus dem Gesichtspunkt des Vertrauensschutzes (Zuschlag als staatlicher Hoheitsakt) mit befreiender Wirkung an den Ersteher zahlen, auch wenn der Zuschlag später aufgehoben wird[32]. Über die Wirksamkeit von Vorausverfügungen vgl. → § 57b Rdn. 14 ff.

Bei Schadensersatzansprüchen wegen **schuldhafter Verschlechterung der Mieträume** ist zu unterscheiden. Unstreitig stehen diese dem Ersteher zu, soweit die Schäden nach dem Zuschlag, also dem für den Eigentumsübergang maßgeblichen Zeitpunkt (vgl. § 90 Abs. 1) eingetreten oder fällig geworden sind. Für den Fall der rechtsgeschäftlichen Veräußerung hat der BGH entschieden, dass Schadensersatzansprüche dem (früheren) Vermieter zustehen, wenn diese bereits **vor dem Eigentumswechsel** entstanden und fällig geworden sind[33]. Diese überzeugenden Ausführungen, die im Einklang mit der früheren Rechtsprechung zu § 571 BGB a.F. stehen, müssen auch für den Fall des Erwerbs in der Zwangsversteigerung gelten[34]. 12

Ansprüche aus einem Wegnahmerecht gehen ebenfalls auf den Ersteher über. Das Wegnahmerecht steht der Versteigerung nicht entgegen[35]. Zu Besonderheiten des **Wegnahmerechts,** welches weiter gilt, wird auf *Heitgreß*[36] verwiesen und bezüglich der Ansprüche des Erwerbers auf Übergabe von **Mietvertragsurkunden** bzw. Einsichtnahme auf *Liebl-Wachsmuth*[37]. 13

Zu beachten sind Rechte an Anlagen, die erneuerbare Energie produzieren, insbesondere **Photovoltaikanlagen.** Steht die Anlage in Dritteigentum (z.B. Leasing, Miete), muss der Eigentümer seine Rechte im Hinblick auf § 55 Abs. 2 wahren. Darüber hinaus kann der Ersteher auch insoweit ein Sonderkündigungsrecht ausüben, wenn es sich um einen Mietvertrag handelt. Der Eigentümer kann hier nur für eine Absicherung durch eine Grunddienstbarkeit sorgen oder einen Antrag auf abgeänderte Versteigerungsbedingungen gem. § 59[38].

---

30 OLG Karlsruhe, NJW 1981, 1278.
31 Ausführlich BGH, U. v.30.10.2013, XII ZR 113/12, Rpfleger 2014, 144 = ZfIR 2014, 193.
32 Bei Aufhebung bis zur Kenntniserlangung; ebenso *Stöber*, ZVG § 57 Rdn. 3.7; *Böttcher*, §§ 57–57b Rdn. 5.
33 NJW 1989, 451 = WM 1989, 318 ff.
34 So auch *Stöber*, ZVG § 57 Rdn. 3.6.
35 AG Warendorf, WuM 1980, 291.
36 WuM 1982, 31 ff.
37 ZMR 1984, 145 ff.
38 Hierzu *Goldbach*, ZfIR 2014, 787.

14 Der Anspruch auf Rückgabe der **Kaution** richtet sich grundsätzlich gegen den Ersteher. Die Regelung des § 566a BGB ist anwendbar[39], einschließlich der Ersatzhaftung des Schuldners nach § 566a Abs. 3 BGB. Die Verpflichtung dürfte lediglich dann nicht bestehen, wenn der Voreigentümer (Schuldner) vor dem 1.9.2001 erworben hatte und die Kaution von dem Mieter nicht an ihn gezahlt wurde, sondern an seinen Voreigentümer und er auch nicht die Verpflichtung zur Rückgewähr übernommen hat (§ 572 BGB a.F.)[40]. Ist die fällige Kaution noch nicht gezahlt, steht sie dem Ersteher zu. Ist die Kaution nicht als Barkaution gezahlt worden, sondern in Form einer Bürgschaft, gehen die Rechte aus der Bürgschaft auf den Ersteher über[41]. Das Gleiche dürfte für ein verpfändetes Sparbuch gelten. Ist die Kaution auf einem Sonderkonto angelegt erfolgt ein gesetzlicher Inhaberwechsel[42]. Ansonsten kann der Ersteher von dem Schuldner die Herauszahlung des an ihn geleisteten Geldbetrages verlangen[43] (zu Fragen der Kaution in der Zwangsverwaltung → § 152 Rdn. 164 ff.).

15 Der Mieter oder Pächter eines Grundstücks, der bei Abschluss des Vertrages als Miteigentümer bereits einen Teil der Verfügungsbefugnis innehatte, kann sich gegenüber dem Räumungsbegehren des Erstehers nicht auf § 57 und § 566 BGB berufen[44].

Wird im Falle der Kündigung das Hauptmietverhältnis beendet, endet auch das **Untermietverhältnis**[45].

16 Die **Rechte des Mieters** ändern sich durch die Zuschlagserteilung grundsätzlich nicht. Ihm steht auch kein Sonderkündigungsrecht zu. Kündigt der Mieter gegenüber dem Ersteher, bleibt die Kündigung auch im Fall der Aufhebung des Zuschlagsbeschlusses wirksam.

17 Bezüglich der **Rechtsverhältnisse auf dem Gebiet der ehemaligen DDR** wird auf → § 20 Rdn. 24 ff. und § 9a EGZVG verwiesen.

18 Für Gewerberäume sind die Übergangsregelungen aufgehoben[46] und einheitlich durch (nunmehr) § 580a Abs. 2 BGB geregelt. Sonderregelungen zur sogenannten Vermieterkündigung, Preisbindung oder Werkmietwohnung sind ebenfalls nicht mehr relevant.

2. Pachtverhältnis

19 Im Rahmen eines Pachtverhältnisses gelten die vorstehenden Ausführungen zum Mietverhältnis entsprechend[47]. Es sind jedoch Besonderheiten bezüglich des Inventars zu berücksichtigen, wenn es Gegenstand des Pachtvertrages ist.

Hat der Pächter das Inventar zum Schätzwert übernommen, mit der Verpflichtung des Verpächters es bei Pachtende zum Schätzwert zurückzunehmen, wird

---

39 BGH, NJW, 2012, 1353 = WuM 2012, 278, auch bei Insolvenz des Voreigentümers; Palandt/*Weidenkaff*; § 566a Rdn. 2.
40 Vgl. BGH, Rpfleger 2005, 459 = NJW-RR 2005, 962.
41 KG, OLG 25, 20.
42 OLG Düsseldorf, NJW-RR 1997, 1170 für rechtsgeschäftlichen Übergang.
43 OLG Hamburg, MDR 1979, 1015.
44 Vgl. LG Bayreuth, NJW 1965, 2210, allerdings lediglich beschränkt auf den Fall, dass die ZV mit Willen des Pächters erfolgt ist; ebenso Steiner/*Teufel*, §§ 57 ff. Rdn. 30; *Stöber*, ZVG § 57 Rdn. 3.12.
45 BGHZ 84, 90, 95.
46 G. v. 29.10.1993, BGBl I 1993, 1838.
47 *Stöber*, ZVG § 57 Rdn. 3.10.

der Ersteher Eigentümer[48], ebenso, wenn der Pächter während der Pachtzeit Eigentümer sein sollte und der Ersteher das Inventar zum Ende der Pachtzeit übernehmen muss. Etwas anderes gilt nur, wenn der Pächter das Inventar vom Schuldner während der Pachtzeit ohne Bedingung zu Eigentum erworben hat. Des Weiteren können Mischverhältnisse vorliegen. Für eine etwaige Kaution gelten die mietvertraglichen Regelungen entsprechend (→ Rdn. 14).

IV. Haftung des Schuldners

Hat der Schuldner den Mietvertrag abgeschlossen, so wird er als Vermieter 20 durch den Zuschlag von seiner vertragsmäßigen Haftung nicht ohne Weiteres frei. Für Verbindlichkeiten vor dem Zuschlag haftet er ohnehin weiter. Wenn sich der Ersteher durch Nichterfüllung seiner Vertragspflichten dem Mieter gegenüber schadensersatzpflichtig macht, haftet neben ihm der Schuldner wie ein Bürge, der auf die Einrede der Vorausklage verzichtet hat (§ 566 Abs. 2 S. 1 BGB). Wegen der Haftung bei Kündigung des Erstehers vgl. → § 57a Rdn. 14. Von seiner Haftung kann er sich für die Zukunft gemäß § 566 Abs. 2 S. 2 BGB befreien.

V. Nießbrauch und Dauerwohnrecht

Auf einen **Nießbrauch** kommen §§ 57–57b nicht zur Anwendung, ebenso wenig 21 auf ein **Dauerwohnrecht** i.S.d. §§ 31 ff. WEG, da dieses kein Mietverhältnis, sondern ein dingliches Recht ist und überdies die Sonderregelung der §§ 36 ff. WEG gilt[49]. Auf ein in der Zwangsversteigerung erlöschendes Dauerwohnrecht ist § 57 auch nicht entsprechend anwendbar[50]. Etwas anderes gilt jedoch, wenn dem Mieter **aufgrund Mietvertrags ein dingliches Wohnrecht** bestellt war, das in der Zwangsversteigerung erlischt; in diesem Falle bleibt der Mietvertrag nach den allgemeinen Regelungen in Kraft und der Mieter behält seine Rechte hieraus, während der Ersteher in das Mietverhältnis eintritt[51].

VI. Jagd- und Fischereipachtverträge

Für **Jagdpachtverträge** und **Fischereipachtverträge**[52], bei denen eine Über- 22 lassung des Grundstücks i.S.d. § 57 nicht stattfindet, gelten § 57 und § 566 BGB entsprechend. Für Jagdpachtverträge ergibt sich eine Modifikation aus § 14 BJagdG[53].

VII. Wohnungsförderung

Im Rahmen der Wohnungsförderung ist der Ersteher an die sich hieraus erge- 23 benden Bindungen gebunden (vgl. auch → § 57a Rdn. 20 ff., wobei die Altfälle von

---

48 BGH, NJW 1965, 2198.
49 OLG Frankfurt, Rpfleger 1960, 409; Steiner/*Teufel*, §§ 57 ff. Rdn. 13; *Stöber*, ZVG § 57 Rdn. 7.1 f.
50 OLG Frankfurt, Rpfleger 1960, 409; Zur Abgrenzung von Miete und Wohnrecht vgl. LG Stuttgart, BWNotZ 1979, 174, 175 (lebenslänglicher Mietvertrag gegen unzureichendes Entgelt).
51 *Stöber*, ZVG § 57 Rdn. 3.13; Steiner/*Teufel*, §§ 57 ff. Rdn. 20; krit. *Roquette*, NJW 1957, 525, 526.
52 Vgl. KG, JW 1934, 1252.
53 Vgl. *Stöber*, ZVG § 57 Rdn. 6 auch zu Gemeinschaftsjagdbezirk und der sich hieraus ergebenden Mitgliedschaft der Jagdgenossenschaft.

der seit dem 1.1.2002 geltenden Reform des Wohnungsbaurechts durch das Inkrafttreten des WoFG[54] zu unterscheiden sind[55]).

24 Insbesondere aus dem WoBindG[56] können sich Mietpreis- und Belegungsbindungen ergeben. Im Fall der Zwangsversteigerung gelten die Objekte bis zum Ablauf des 3. Jahres nach dem Kalenderjahr, in dem der Zuschlag erfolgt ist als öffentlich gefördert, wenn die Grundpfandrechte für die öffentlichen Mittel mit dem Zuschlag erlöschen (§ 29 WoFG, § 17 WoBindG). Erlöschen sie nicht, gelten die Förderfristen der §§ 15, 16 WoBindG. Bei Zuschüssen sind die Objekte lediglich bis zum Zuschlag gefördert. Bis zum Ablauf des Förderzeitraums sind die Kündigung und die Mieterhöhung nur eingeschränkt möglich. Dies wird nur bei Darlegung eines berechtigten Interesses zugelassen, z.B. Eigenbedarf (§ 573 Abs. 2 Nr. 2 BGB)[57]. Etwas anderes kann nur für mit Behörden vertraglich vereinbarte Belegungsrechte gelten[58].

---

54 BGBl I 2001, 2376, zuletzt geändert zum 1.1.2007, BGBl I 2006, 2748.
55 Hierzu ausführlich MünchKomm/*Häublein*, BGB vor § 535 Rdn. 74 ff.
56 BGBl I 2001, 2404 geändert zum 1.1.2007, BGBl I 2006, 2098.
57 BVerfG, ZMR 1989, 410; BGHZ 84, 90.
58 *Stöber*, ZVG § 57 Rdn. 3.6.

§ 57a »Kündigungsrecht des Erstehers«

¹Der Ersteher ist berechtigt, das Miet- oder Pachtverhältnis unter Einhaltung der gesetzlichen Frist zu kündigen. ²Die Kündigung ist ausgeschlossen, wenn sie nicht für den ersten Termin erfolgt, für den sie zulässig ist.

Übersicht	Rdn.
I. Kündigungsrecht	1
1. Allgemein	1
2. Kündigungsfristen	3
a) Wohnraum	3
b) Geschäftsraum	4
c) Pachtvertrag	5
3. Berechtigter	6
4. Ausschluss	7
II. Zeitliche Beschränkung	10
1. Allgemeines	10
2. Kündigung vor Rechtskraft	12
3. Ausschließung des Kündigungsrechts	13
4. Schadensersatzpflicht des Vermieters	14
III. Mieter-, Pacht- und Vollstreckungsschutz	15
1. Allgemein	15
2. Mieterschutz nach § 573 BGB	16
3. Mieterschutz nach § 574 BGB	19
4. Wohnungsförderung	20
5. Kleingärten	21
6. Landpachtvertrag	22
7. Vollstreckungsschuldner	23
IV. Sonderfälle	24
1. Untermiete/-pacht	24
2. Ersteigerung eines Grundstücksbruchteils	25
3. Rückzahlungsverpflichtung	26

I. Kündigungsrecht

1. Allgemein

Rechtsgrundlage ist für Wohnraum das Mietrechtsreformgesetz (→ § 57 Rdn. 1, 7), welches zum 1.9.2001 in Kraft getreten ist mit den Übergangsvorschriften[1] in Art. 229 § 3 EGBGB. Die Abschaffung der §§ 57c und d zum 1.2.2007 wurde sofort wirksam und gilt auch für laufende Verfahren[2]. 1

Die früher vorliegend relevante Einschränkung des vertraglichen Kündigungsrechtes hat durch die Einschränkung der Zeitmietverträge (§ 575 BGB) an Bedeutung verloren, es sei denn der Vermieter ist an einen unzulässigen Zeitmietvertrag einseitig gebunden.

Durch den Wegfall der §§ 57c und d bleibt dem Mieter letztlich nur der Anspruch aus § 547 BGB, wenn entsprechende Leistungen nachgewiesen sind, da nach der gesetzlichen Systematik ein Sonderkündigungsrecht nunmehr nicht ausgeschlossen werden kann.

Bedeutung hat die Vorschrift deshalb noch bei den aufgrund der Laufzeit des Mietvertrages gesetzlich verlängerten Kündigungsfristen, die ebenfalls verkürzt 2

---

1 EGBGB Art. 229 § 3.
2 BGH, ZfIR 2009, 884 = WuM 2009, 590.

werden, oder zulässigen Zeitmietverträgen (§ 575 BGB), ggf. bei einem befristeten Verzicht des Vermieters auf die Ausübung des Kündigungsrechts.

Im Falle des **Eigenbedarfs** kann der Ersteher darüber hinaus auch nach dem ersten Kündigungstermin noch aus diesem Grund kündigen, muss sich dann lediglich eine eventuell verlängerte Kündigungsfrist oder eine zulässige Befristung entgegenhalten lassen. Neben diesen Ausnahmen hat die Regelung deshalb vorrangig für die sonstigen Nutzungsverhältnisse Bedeutung, denen kein Wohnraum zugrunde liegt.

Begrenzungen und Ausnahmen werden nachfolgend dargestellt (vgl. ferner → § 57b Rdn. 1, 5), ebenso wie die Kündigungsfristen für sonstige Nutzungsverhältnisse.

Bei der Verschiedenheit der Kündigungsvorschriften ist die Unterscheidung Miete oder Pacht wichtig. Sie kann nur nach den **tatsächlichen Verhältnissen** des Einzelfalles getroffen werden[3]. Sind gewerbliche Räume überlassen worden, so ist entscheidend, ob diese bereits beim Vertragsschluss so beschaffen waren, dass sie alsbald mit Erträgen zu benutzen waren[4]. Zur Anwendung auf vergleichbare Verfahren und Nutzungsverhältnisse wird auf → § 57 Rdn. 3 ff. und 21 ff. verwiesen[5].

2. Kündigungsfristen

a) Wohnraum

3   Die Kündigung hat schriftlich zu erfolgen (§ 568 BGB, beachte § 132 Abs. 1 BGB).

Die **Kündigungsfrist** muss gemäß der Sonderregelung des § 573d und § 575a BGB grundsätzlich am 3. Werktag eines Monats zum Ablauf des übernächsten Monats ausgesprochen werden. Eine Ausnahme gilt für § 549 Abs. 2 Nr. 2 BGB bei Vermietung von möbliertem, nicht zum dauernden Gebrauch für eine Familie bestimmtem Wohnraum der spätestens am 15. eines Monats für den Ablauf dieses Monats gekündigt werden kann.

Das Sonderkündigungsrecht ist durch die **Mieterschutzbestimmungen** beschränkt. Diese werden gesondert unter → Rdn. 16 ff. dargestellt.

b) Geschäftsraum

4   Die Kündigungsfristen bei Geschäftsräumen regelt § 580a Abs. 2 BGB, wonach die Kündigung gesetzlich am 3. Werktag eines Kalendervierteljahres zum Ablauf des nächsten Kalendervierteljahres zulässig ist. § 580a Abs. 1 BGB regelt des Weiteren Fristen für Grundstücke oder Räume, die keine Geschäftsräume (und keine Wohnräume) sind (vgl. hierzu auch → § 57 Rdn. 9, 11).

c) Pachtvertrag

5   Beim **Pachtvertrag** ist die Kündigung halbjährlich und nur für den Schluss des Pacht- (nicht Kalender- oder Wirtschafts-)jahres zulässig. Sie muss spätestens am 3. Werktag des Halbjahres erfolgen, mit dessen Ablauf die Pacht enden soll (§ 584 BGB). Die Frist des § 584 gilt auch für die Kündigung von Pachtverhältnissen von

---

3   Vgl. MünchKomm/*Häublein*, BGB vor § 535 Rdn. 3 ff. und zu Mischverträgen Rdn. 23 ff.
4   Ständige Rechtsprechung, RGZ 109, 206.
5   Vgl. auch *Stöber*, ZVG § 57a Rdn. 1.2.

unbestimmter Dauer⁶. Für die **Landpacht** (§§ 585 ff. BGB) gelten seit dem 1. 7. 1986 besondere Kündigungsbestimmungen (§§ 594a ff. BGB, u.a. Schriftform). Das frühere LandpachtG wurde aufgehoben.

3. Berechtigter

Das **besondere** Kündigungsrecht nach § 57a hat nur der Ersteher, nicht der neben diesem haftende Meistbietende (§ 81 Abs. 2–4)⁷ und nicht der Mieter oder Pächter selbst. Wenn der Schuldner das Grundstück ersteht, kann er nicht nach § 57a kündigen, weil er als Vermieter dem Mieter auf Vertragserfüllung haftet.

4. Ausschluss

Das Kündigungsrecht des Erstehers nach § 57a war gem. § 57c Abs. 1 ausgeschlossen, wenn im Zwangsversteigerungsverfahren die Formvorschrift des § 57d nicht beachtet wurde. Aufgrund der **Aufhebung der §§ 57c und d** durch das 2. JuModG ist dieser Ausschlussgrund nicht mehr relevant⁸ (→ § 57b Rdn. 4).

In Ausnahmefällen kann die Kündigung nach § 57a eine unzulässige Rechtsausübung darstellen, beispielsweise dann, wenn die Zwangsversteigerung ausschließlich zu dem Zweck betrieben wird, die Mietverträge zu kündigen⁹. Ersteht die Bank, hat sie jedoch ein Kündigungsrecht, wenn der Mieter seine Rechtsposition durch ein anfechtbares Rechtsgeschäft erlangt hat und die Bank durch die Fortsetzung erhebliche Nachteile erleiden würde¹⁰.

Bei der **Teilungsversteigerung** besteht kein Kündigungsrecht (§ 183).

II. Zeitliche Beschränkung

1. Allgemeines

Die Kündigung kann nur für den **ersten Termin** ausgesprochen werden, für welchen sie zulässig ist (S. 2). Der nächste Termin bestimmt sich nach dem Tage des Zuschlags. Daher muss der Ersteher einen Mietvertrag grundsätzlich spätestens am nächsten dem Zuschlag folgenden Kündigungstermin (s. → Rdn. 3 ff.) wirksam kündigen. Maßgeblich ist die Verkündung (§ 89) oder die Zustellung (§ 104) des Zuschlagsbeschlusses, nicht die Rechtskraft¹¹. Ist z.B. der Zuschlag am 2.7. erteilt, muss bei Wohnraum grundsätzlich am 3.7. (3. Werktag) gekündigt werden. Der Ersteher muss sich nach dem Zuschlag **unverzüglich** über die Kündigung schlüssig werden. Allerdings ist ihm auch nach dem Zuschlag noch eine gewisse Zeit für die Prüfung der Sach- und Rechtslage zuzubilligen. Entscheidend ist also nicht die rein rechnerische Möglichkeit der Kündigung, sondern die tatsächliche **ohne schuldhaftes Zögern** mögliche¹². Wenn

---

6   OLG Celle, NJW-RR 1989, 80; Palandt/*Weidenkaff*, BGB § 584 Rdn. 1.
7   Vgl. Steiner/*Teufel*, §§ 57 ff. Rdn. 48.
8   Vgl. hierzu *Abramenko*, ZfIR 2014, 833, Die Auferstehung einer Toten? Die Mietvorauszahlung nach Abschaffung der §§ 57c, d ZVG.
9   BGH, Rpfleger 1978, 304 = MDR 1979, 51; weitere Beispiele RG, JW 1927, 1407; RGZ 90, 350 (Schadensersatzanspruch bei komplottmäßiger Kündigung); KG, OLGZ 1973, 1.
10 BGH, NJW-RR 2008, 869 = NZM 2008, 281 = ZIP 2008, 714.
11 RGZ 151, 159.
12 H.M., vgl. OLG Düsseldorf, Rpfleger 1987, 513; LG Stuttgart, BWNotZ 1979, 174; Steiner/*Teufel*, §§ 57 ff. Rdn. 46; *Stöber*, ZVG § 57a Rdn. 5.2.

also bei Beobachtung der erforderlichen Sorgfalt die Benutzung des ersten Termins nicht möglich war, kann noch wirksam zum nächsten gekündigt werden[13]. Ein Zeitraum von einem Tag ist danach zu kurz. Insoweit wird ihm bis zu einer Woche zugebilligt[14].

11   Schwierigkeiten können sich bei einer parallelen Zwangsverwaltung ergeben, da diese nicht mit dem Zuschlag aufgehoben wird (→ § 161 Rdn. 44 ff., 48, 51). Auch hier kann nur der Ersteher die Kündigung aussprechen[15].

2. Kündigung vor Rechtskraft

12   Wird der Zuschlag auf Beschwerde aufgehoben, versagt oder einem anderen erteilt, bleibt die Kündigung mit Rücksicht auf die Rechtssicherheit wirksam[16].

3. Ausschließung des Kündigungsrechts

13   Der Mieter oder Pächter kann seine durch das Kündigungsrecht bedrohten Interessen durch Anmeldung seines Miet- und Pachtrechts gemäß § 9 und durch das Verlangen der Ausschließung des Kündigungsrechts gemäß § 59 wahren. Das gleiche Recht haben der Vollstreckungsschuldner und andere Beteiligte. Wird infolge dieser Bedingung bei dem hiernach erforderlichen doppelten Ausgebot des § 59 Abs. 2 ein geringeres Gebot erzielt als ohne sie, so verbleibt es bei der gesetzlichen Versteigerungsbedingung des § 57a.

4. Schadensersatzpflicht des Vermieters

14   Wenn der Ersteher nach § 57a kündigt, haftet der Vermieter (Schuldner) dem Mieter auf Schadensersatz wegen Nichterfüllung[17] (→ § 57 Rdn. 20). Hingegen haftet der nach § 57a selbst gekündigte Mieter einem Untermieter nicht, falls die vorzeitige Kündigung dem Mieter die Erfüllung des Untermietvertrags unmöglich macht[18]. Der Ersteher haftet in diesen Fällen nicht. Handelt es sich um eine gewerbliche Zwischenvermietung, muss der Ersteher jedoch auch gegenüber dem Endmieter kündigen, da hier – anders als bei einer Untervermietung – nach der Kündigung des Hauptmietvertrages ein Eintritt in den Endvertrag erfolgt[19].

III. Mieter-, Pacht- und Vollstreckungsschutz

1. Allgemein

15   Das Kündigungsrecht des Erstehers ist wie jedes andere Kündigungsrecht – im Gegensatz zu der Räumungsvollstreckung gegen den Schuldner nach § 93 – beschränkt durch die Mieter-(Pächter-)Schutzbestimmungen[20]. Des Weiteren kann das außerordentliche Kündigungsrecht durch **abweichende Versteigerungsbedingungen** ausgeschlossen werden (→ § 59 Rdn. 35).

---

13   RGZ 98, 273; 103, 274; LG Braunschweig, MDR 1961, 417 = NdsRpfl 1961, 87.
14   OLG Oldenburg, ZfIR 2002, 1027; vgl. BGH, Rpfleger 2002, 133 = NJW 2002, 1194 = ZIP 2002, 174.
15   *Stöber*, ZVG § 57 Rdn. 2.8.; ebenso und zu Gestaltungsmöglichkeiten *Wedekind/Wedekind*, Rdn. 1753 ff.
16   H.M., vgl. Steiner/*Teufel*, §§ 57 ff. Rdn. 47 ff.; *Stöber*, ZVG § 57a Rdn. 2.9; *Böttcher*, §§ 57–57b Rdn. 9; Depré/*Bachmann*, Rdn. 14.
17   RGZ 63, 66.
18   RGZ 65, 29.
19   Hierzu BGH, U. v. 30.10.2013, XII ZR 113/12, Rpfleger 2014, 144 = ZfIR 2014, 193.
20   BGHZ 84, 90, 100.

2. Mieterschutz nach § 573 BGB

Die Vorschrift findet uneingeschränkt Anwendung[21]. Das hiernach erforderliche „berechtigte Interesse" kann naturgemäß nicht auf den Tatbestand gestützt werden, der gerade dem gesetzlichen Kündigungsrecht aus § 57a zugrunde liegt[22]. Das Gesetz spricht als Beispielfälle den sog. **Eigenbedarf** und das **wirtschaftliche Nutzungsinteresse** an. Daneben kommen auch andere, gleich schwerwiegende Interessen infrage. Wegen der Einzelheiten wird vorliegend auf die mietrechtliche Literatur verwiesen[23]. 16

Der Berücksichtigung des **Eigenbedarfs** steht nicht entgegen, wenn dieser bereits zum Zeitpunkt der Ersteigerung vorgelegen hat. Ein Ausschluss des Kündigungsrechts lässt sich nur unter den Voraussetzungen des Verstoßes gegen Treu und Glauben begründen, wenn also praktisch der Eigenbedarf absichtlich herbeigeführt worden ist, um die Kündigungssituation zu ermöglichen[24]. Andererseits reicht für die Annahme eines Eigenbedarfs die Absicht des Vermieters, in den vermieteten Räumen selbst wohnen zu wollen oder eine der in § 573 Abs. 2 Nr. 2 BGB genannten Personen wohnen zu lassen, nur aus, wenn hierfür vernünftige Gründe vorliegen. Auf eine unzureichende Unterbringung des Vermieters kommt es nicht an[25]. Jedoch lässt sich ein berechtigtes Interesse an der Räumung einer Eigentumswohnung nicht mit der Absicht des Erwerbers (Hypothekenbank), die Wohnung zu verkaufen, begründen, wenn die Mietzahlungen zur Unkostendeckung und für eine Rendite ausreichen[26]. 17

Nach § 573 Abs. 1 S. 2 BGB ist eine Kündigung zum Zwecke der Mieterhöhung ausgeschlossen. Die entsprechende Regelung des MHG und dieses selbst sind im Rahmen des MietRRG zum 1.9.2001 in das BGB integriert worden unter Beibehaltung des wesentlichen Regelungsinhaltes (§§ 557–561 BGB)[27]. Auch die Regelung des § 577a BGB im Falle der **Wohnungsumwandlung** hat der Ersteher gegen sich gelten zu lassen[28]. 18

3. Mieterschutz nach § 574 BGB

Mit der h.M. ist anzuerkennen, dass der Mieter einer nach § 57a durch den Ersteher erklärten Kündigung gemäß § 574 BGB widersprechen kann[29]. Eine Verlängerung ist höchstens bis zum vertraglich bestimmten Zeitpunkt bei noch bestehenden Zeitmietverträgen möglich (§ 575a Abs. 2 BGB), ansonsten gemäß § 574a BGB. Der **Zweck** der Kündigungsvorschriften, den vertragstreuen Mieter vor ei- 19

---

21 BVerfG, ZMR 1989, 410; BGHZ 84, 90, 100 f.; LG Hamburg, ZMR 1975, 121; *Witthinrich*, Rpfleger 1987, 98; *Stöber*, ZVG § 57a Rdn. 6.1.
22 LG Hamburg, ZMR 1975, 121.
23 U.a. Palandt/*Weidenkaff*, § 573 Rdn. 23 ff.; MünchKomm/*Häublein*, BGB § 573 Rdn. 66 ff., zur Entstehungsgeschichte und Übergangsregelungen, Rdn. 12 ff.
24 Vgl. BGH, DB 1978, 2067 f.
25 BGH, NJW 1988, 904; dazu *Finger*, ZMR 1988, 401; dass § 564b Abs. 2 Nr. 2 BGB im Hinblick auf Art. 14 I 1 GG dahin auszulegen ist, dass die Entscheidung des Eigentümers über seinen Wohnbedarf grundsätzlich zu achten ist, BVerfG, NJW 1989, 970.
26 LG Berlin, NJW-RR 1988, 527.
27 Vgl. MünchKomm/*Artz*, BGB § 557 Rdn. 12 ff.
28 *Stöber*, ZVG § 57a Rdn. 6.5.
29 So mit ausführlicher Darstellung des Meinungsstandes BGHZ 84, 90, 100 f.; *Witthinrich*, Rpfleger 1987, 98; *Stöber*, ZVG § 57a Rdn. 6.2; a.A. vor allem OLG Oldenburg, NJW 1973, 1841 = Rpfleger 1973, 425; Steiner/*Teufel*, §§ 57 ff. Rdn. 44.

ner Kündigung zu schützen, gebietet es, auch die Sonderkündigung nach § 57a nur unter den Voraussetzungen der Mieterschutzregelungen zuzulassen[30].

4. Wohnungsförderung

20 Nach § 17 WoBindG[31], das für neu geschaffene **öffentlich geförderte Wohnungen** gilt, dauert die Eigenschaft als Sozialwohnung (§ 1 WoBindG) auch bei einer Zwangsversteigerung bis zu drei Jahren nach dem Jahr des Zuschlags, wenn das Grundpfandrecht erlischt, ansonsten bis zum Ablauf des Förderzeitraumes (§§ 15, 16 WoBindG, → § 57 Rdn. 24 ff.), sodass auch sich hieraus ergebende Einschränkungen der Nutzung im Hinblick auf die Kündigung zu berücksichtigen sind[32].

5. Kleingärten

21 Der **Kleingärtnern** zustehende Kündigungsschutz ist jetzt in §§ 8–11 BKleingG[33] geregelt. Nach § 13 BKleingG sind Vereinbarungen, die für den Pächter insoweit nachteilige Abweichungen enthalten, nichtig. Das Kündigungsrecht des § 57a besteht gleichwohl (Schriftform)[34].

6. Landpachtvertrag

22 Das frühere LPachtG ist mit Wirkung vom 30.6.1986 aufgehoben; seitdem gelten die besonderen Kündigungsschutzbestimmungen der §§ 594a ff. BGB.

7. Vollstreckungsschuldner

23 Dem **Vollstreckungsschuldner als solchem** steht der Mieterschutz nicht zu; im Einzelfall kann ihm bei der Vollstreckung aus dem Zuschlagsbeschluss nur Schutz nach § 765a ZPO gewährt werden (vgl. → § 93 Rdn. 19 f.)[35].

IV. Sonderfälle

1. Untermiete/-pacht

24 Tritt der Ersteher in das Mietverhältnis ein, ist er auch an eine **Erlaubnis zur Untervermietung** (§ 540 BGB) gebunden. Bei außerordentlicher Kündigung nach § 57a gilt dasselbe wie bei ordentlicher Kündigung. Der Ersteher kann das Grundstück auch vom Untermieter zurückfordern, da das Untermietverhältnis mit dem Hauptmietverhältnis erloschen ist. Etwas anderes gilt im Fall der gewerblichen Untervermietung[36]. Eine Herausgabevollstreckung ist nach § 93 Abs. 1 S. 2 nicht möglich (dort, → Rdn. 22 ff.). Der Erwerber ist bei einer Kündigung nach

---

30   BGHZ 84, 90, 100 f.
31   BGBl I 1982, 972.
32   Zur Behandlung der Wohnungsbindung bei den Versteigerungsbedingungen vgl. LG Siegen, Rpfleger 1969, 173.
33   BGBl I 1983, 210, zuletzt geändert, BGBl 2006 I 2146; kommentiert u.a. *Ernst-Zinkahn-Bielenberg*, BauGB, Teil H.
34   So auch *Stang*, BKleingG, vor §§ 8–11 Rdn. 10: Sonderkündigungsrecht wird nicht ausgeschlossen, jedoch ist ein Kündigungsgrund nach BKleingG erforderlich; ebenfalls *Stöber*, ZVG, § 57a Rdn. 6.6.
35   S.a. BVerfG, FamRZ 2007, 107.
36   Hierzu BGH, U. v. 30.10.2013, XII ZR 113/12, Rpfleger 2014, 144 = ZfIR 2014, 193; vgl. auch *Stöber*, ZVG § 57a Rdn. 6.4.

§ 57a nicht an ein im Hauptmietvertrag zugunsten des Untermieters vereinbartes Eintrittsrecht gebunden[37].

2. Ersteigerung eines Grundstücksbruchteils

Der Ersteher eines **ideellen Bruchteils** tritt mit dem Zuschlag in die Bruchteils- 25 gemeinschaft ein. Seine Rechte sind durch die der Miteigentümer beschränkt. Die Verwaltung (z.b. Verpachtung) des Grundstücks steht allen Miteigentümern gemeinschaftlich zu und kann durch Stimmenmehrheit geregelt werden. Der einzelne Miteigentümer, also auch der Ersteher, kann nur kündigen, wenn er die Mehrheit hat (§ 745 Abs. 1 S. 2 BGB), dann allerdings nicht nach § 57a, sondern nur aufgrund des Vertrags[38]. Bei der Zwangsversteigerung eines **realen Grundstückteils** soll § 57a eingreifen[39]. Das Sonderkündigungsrecht kann aber ausgeübt werden, wenn das aus **Wohnungseigentum** bestehende Objekt **insgesamt vermietet** ist und der Ersteher nur eine Einheit ersteigert hat[40].

3. Rückzahlungsverpflichtung

Eine Verpflichtung des Erstehers **zur Rückzahlung von Vorausleistungen** 26 des Mieters gemäß § 547 Abs. 1 BGB kann insbesondere bei nicht abgewohnten Baukostenzuschüssen bestehen (vgl. → § 57b Rdn. 15). Die Rückerstattungspflicht des Erstehers kann bei einem Mietverhältnis über Wohnraum durch Vereinbarung zwischen Vermieter und Mieter nicht ausgeschlossen werden (§ 547 Abs. 2 BGB). Das gilt auch für einen Ersteher in der Zwangsversteigerung[41]. Bereicherungsschuldner ist der Ersteher und nicht der ursprüngliche Vermieter[42]. Bei Geschäftsräumen ist eine abweichende Vereinbarung möglich[43]. Problematisch kann hier die Formunwirksamkeit von befristeten Verträgen sein, die im Falle der Beendigung die Rückzahlungsverpflichtung auslösen[44].

---

37 Zutreffend LG München I, WuM 1989, 411.
38 Steiner/*Teufel*, §§ 57 ff. Rdn. 50.
39 RGZ 124, 195; Steiner/*Teufel*, §§ 57 ff. Rdn. 49.
40 Ausführlich BGH, U. v.30.10.2013, XII ZR 113/12, Rpfleger 2014, 144 = ZfIR 2014, 193.
41 BGHZ 53, 35 = NJW 1970, 93; vgl. auch *Hintzen*, IGZInfo 3/2007, 88 ff.
42 BGH, BGHZ 180, 293 = Rpfleger 2009, 582 = ZfIR 2009, 607; vgl. hierzu *Abramenko*, ZfIR 2009, 833, Die Auferstehung einer Toten? Die Mietvorauszahlung nach Abschaffung der §§ 57c, d ZVG.
43 BGH, ZMR 1970, 212.
44 Hierzu BGH, BGHZ 180, 293 = Rpfleger 2009, 582 = ZfIR 2009, 607.

§ 57b »Vorausverfügung über Miete oder Pacht«

(1) ¹Soweit nach den Vorschriften des § 566b Abs. 1 und der §§ 566c, 566d des Bürgerlichen Gesetzbuchs für die Wirkung von Verfügungen und Rechtsgeschäften über die Miete oder Pacht der Übergang des Eigentums in Betracht kommt, ist an dessen Stelle die Beschlagnahme des Grundstücks maßgebend. ²Ist dem Mieter oder Pächter der Beschluß, durch den die Zwangsversteigerung angeordnet wird, zugestellt, so gilt mit der Zustellung die Beschlagnahme als dem Mieter oder Pächter bekannt; die Zustellung erfolgt auf Antrag des Gläubigers an die von ihm bezeichneten Personen. ³Dem Beschlusse soll eine Belehrung über die Bedeutung der Beschlagnahme für den Mieter oder Pächter beigefügt werden. ⁴Das Gericht hat auf Antrag des Gläubigers zur Feststellung der Mieter und Pächter eines Grundstücks Ermittlungen zu veranlassen; es kann damit einen Gerichtsvollzieher oder einen sonstigen Beamten beauftragen, auch die zuständige örtliche Behörde um Mitteilung der ihr bekannten Mieter und Pächter ersuchen.

(2) ¹Der Beschlagnahme zum Zwecke der Zwangsversteigerung steht die Beschlagnahme zum Zwecke der Zwangsverwaltung gleich, wenn sie bis zum Zuschlag fortgedauert hat. ²Ist dem Mieter oder Pächter der Beschluß, durch den ihm verboten wird, an den Schuldner zu zahlen, zugestellt, so gilt mit der Zustellung die Beschlagnahme als dem Mieter oder Pächter bekannt.

(3) Auf Verfügungen und Rechtsgeschäfte des Zwangsverwalters finden diese Vorschriften keine Anwendung.

Übersicht Rdn.
I. Allgemein 1
II. Anwendungsbereich 5
   1. Allgemein 5
   2. Abgrenzungskriterien 7
   3. § 566b BGB 8
   4. § 566c BGB 10
   5. § 566d BGB 11
III. Wirkung gegen den Ersteher 12
   1. Beschlagnahme 12
   2. Zeitpunkt 13
   3. Mietvorauszahlungen als Vorausverfügungen 14
   4. Schutz des Erstehers 18
      a) Zustellung an den Mieter 18
      b) Zahlungsverbot 20
      c) Anderweitige Kenntnis 21
IV. Rechtsstellung des Mieters 22
V. Rechtshandlungen des Zwangsverwalters 24

I. Allgemein

1 Da der Erwerber nach § 566 Abs. 1 BGB kraft Gesetzes in das Mietverhältnis eintritt, müsste ihm ohne die §§ 566b ff. BGB vom Tage des Eigentumserwerbs an die Mietzins allein zustehen, alle Vorausverfügungen des Vermieters wären demgemäß unwirksam. Das Gesetz schränkt in §§ 566b ff. BGB diese Folge ein, setzt dabei aber der Wirksamkeit enge Grenzen. Vorausverfügungen sind danach regelmäßig nur für den Kalendermonat wirksam, in dem der Mieter (Pächter) vom Eigentumswechsel Kenntnis erlangt. Nur wenn sich dieser erst nach dem 15.

Tage des Monats vollzieht oder der Mieter dann erst Kenntnis von ihm erlangt, wirken sie gegen den Erwerber des Grundstücks noch für den folgenden Kalendermonat.

In den Grenzen der §§ 566b ff. BGB wirksame Vorausverfügungen beschränkt 2 § 57b durch Vorverlegung des maßgeblichen **Berechnungszeitpunktes**. Es kommt nicht – wie nach den Regelungen des BGB – auf den Eigentumswechsel (Zuschlag) bzw. die Kenntnis des Mieters hiervon an, sondern auf die **Beschlagnahme** bzw. die Kenntnis des Mieters von ihr. Damit wird erreicht, dass der Mietzins vom Tage des Zuschlags an regelmäßig dem Ersteher zur Verfügung steht.

Regelungsgegenstand: 3

- § 566b BGB betrifft **Vorausverfügungen des Vermieters** (Schuldner).
- § 566c BGB betrifft **Vereinbarungen des Vermieters** (Schuldner) mit dem Mieter über die Mietforderung.
- § 566d BGB regelt die **Aufrechnungsbefugnis des Mieters.**

Aufgrund des Sachzusammenhangs wird vorliegend des Weiteren § **547 BGB** behandelt, der **Erstattungsansprüche von im Voraus entrichteter Miete** behandelt, u.a. in Form von **Baukostenzuschüssen.**

Die Vorschrift des § 547 BGB dürfte im Hinblick auf den **Wegfall der §§ 57c** 4 **und d ab dem 1.2.2007 durch das 2. JuModG** (→ § 57 Rdn. 1 ff.) Bedeutung erlangen. Es ist unbestritten, dass die §§ 57c, d in erheblichem Maße zu **Missbrauch** geführt haben. Soweit ersichtlich ist die Aufhebung auch nur hierauf gestützt worden. Inwieweit mit der Aufhebung aber „das Kind mit dem Bade ausgeschüttet" wurde, muss die Praxis zeigen[1]. § 547 BGB gilt (insoweit unstr.) auch gegenüber dem Erwerber in der Zwangsversteigerung[2] und ist im Rahmen von Wohnraummietverträgen zwingend. Aus der Existenz der §§ 57c und d ergaben sich für den Ersteher zumindest Hinweise und eine Warnfunktion, die er bei Abgabe seines Gebotes berücksichtigen konnte. Darüber hinaus ist festzustellen, dass diese Vorschriften nicht ausschließlich missbräuchlich angewendet wurden und z.B. bei gewerblichen Mietverhältnissen zum tragen kamen. Der Nachteil des § 57c bestand bei begründeter Forderung des Mieters in der Fortsetzung der Nutzung auf der Grundlage der gesetzlichen Berechnungen. Macht der Ersteher von seinem Sonderkündigungsrecht Gebrauch, möglicherweise ohne Kenntnis etwaiger Mieterleistungen, ist er im Rahmen der Neuregelung den Erstattungsansprüchen des Mieters ausgesetzt. Wegen der allgemeinen Voraussetzungen des § 547 BGB wird vorliegend auf die mietrechtliche Literatur verwiesen[3].

---

1 Ausführlich *Thrum*, IGZInfo 2009, 6 und *Abramenko*, ZfIR 2014, 833, insbesondere auch zu der (missbräuchlichen) Gestaltung, dass Bruchteilseigentümer wechselseitig ihre Bruchteile vermieten.
2 BGHZ 53, 35; ebenso MünchKomm/*Bieber*, BGB § 547 Rdn. 3; Palandt/*Weidenkaff*, § 547 Rdn. 4, s. zu Scheingeschäften bei § 57c LG Heilbronn, IGZInfo 3/2007, 116 m. Anm. *Schmidberger* auch zu § 547 BGB.
3 U.a. MünchKomm/*Bieber*, BGB, § 547 Rdn. 4 ff.; Palandt/*Weidenkaff*, § 547 Rdn. 4 ff.

II. Anwendungsbereich
1. Allgemein

5 § 57b setzt das Vorliegen der Tatbestände §§ 566b–566d BGB voraus. Hier bildet insbesondere die Konkretisierung des Inhaltes der §§ 566b und 566c BGB wegen gegenseitiger Abgrenzungsschwierigkeiten Probleme.

6 In der **Teilungsversteigerung** (§§ 180 ff.) gilt § 57b Abs. 1 S. 1 nicht (§ 183, i.Ü. → § 57 Rdn. 5).

2. Abgrenzungskriterien

7 Die sprachliche Fassung der §§ 566b und c BGB lässt Überschneidungen im Anwendungsbereich zu. Nach herrschender und zutreffender Ansicht bezieht sich § 566b BGB nur auf **einseitige** Verfügungen des Vermieters (z.B. Aufrechnung) und auf durch Vereinbarung mit **Dritten getroffene Verfügungen**. Demgegenüber gilt § 566c BGB ausschließlich für Rechtsgeschäfte zwischen **Vermieter und Mieter**.

3. § 566b BGB

8 Unter § 566b BGB fallen vor allem Abtretungen und Verpfändungen der Mietzinsforderungen, ihnen gleichgestellt die Pfändung durch Gläubiger des Vermieters, ferner die vom Vermieter dem Mieter gegenüber (einseitig) erklärte Aufrechnung, §§ 387, 388 BGB[4]. § 566b Abs. 2 BGB gilt für die Zwangsversteigerung nicht. Der Ersteher braucht daher eine Verfügung für eine spätere Zeit auch dann nicht gegen sich gelten zu lassen, wenn er diese zur Zeit des Zuschlags gekannt hat.

9 Neben den Verfügungen des Eigentümers kommen solche des **Nießbrauchers** in Betracht, falls sein Nießbrauch durch den Zuschlag erlischt (andernfalls wird der Ersteher von ihnen nicht berührt, vgl. → § 57 Rdn. 21), ferner solche (nach Güterstand) des Ehegatten des Eigentümers, des Inhabers der elterlichen Gewalt oder des Insolvenzverwalters. Zu Verfügungen des Zwangsverwalters wird auf → Rdn. 24 verwiesen.

4. § 566c BGB

10 Die wichtigsten Fälle der in § 566c BGB geregelten Rechtsgeschäfte zwischen Mieter und Vermieter, die nach dem gemäß § 57b anstelle des Eigentumsübergangs maßgeblichen Zeitpunkt vorgenommen werden, sind **Tilgung** der Mietzinsforderung durch Vorauszahlung, Stundung, Erlass, Annahme an Erfüllung statt, Vergleich und Aufrechnungsvertrag[5], ferner die schenkweise erfolgte Beschränkung des Mietzinses auf einen sehr niedrigen Betrag[6]. Hierher gehören auch die Rechtsgeschäfte, die mit dem Rechtsnachfolger des Schuldners (Zessionars, Vollstreckungsgläubigers kraft Pfändung und Überweisung) abgeschlossen werden, und zwar auch dann, wenn die Abtretung oder Pfändung die Wirksamkeit gegen den Ersteher verloren hatte, vorausgesetzt wird nur, dass dem Mieter zur Zeit der Zahlung die Beschlagnahme noch unbekannt war. Handelt es sich nicht um eine Tilgung des Mietzinses für eine spätere Zeit, sondern um dessen niedrigere Festsetzung im Hinblick auf gewisse Leistungen des Mieters, liegt keine Vorausver-

---

4 Vgl. zu den erfassten Verfügungen MünchKomm/*Häublein*, BGB § 566b Rdn. 8.
5 Steiner/*Teufel*, §§ 57 ff. Rdn. 97.
6 LG Stuttgart, BWNotZ 1979, 174, 175.

fügung vor[7]. Die Abgrenzung zum Teilerlass künftiger Mieten erscheint dabei jedoch recht problematisch.

5. § 566d BGB

Soweit Rechtsgeschäfte zwischen Mietern und Vermietern nach § 566d BGB über den Mietzins wirksam sind, kann der Mieter gegen die Mietzinsforderung des Erstehers auch eine ihm gegen den Vermieter zustehende Forderung aufrechnen. § 566d BGB zieht insoweit die Konsequenz daraus, dass der Mieter seine Zahlungsverpflichtung auch durch das Erfüllungssurrogat Aufrechnung erbringen kann. § 566d S. 2 BGB entspricht § 406 BGB.

III. Wirkung gegen den Ersteher

1. Beschlagnahme

Auch wenn Miet- und Pachtzinsforderungen nicht von der Zwangsversteigerungsbeschlagnahme ergriffen werden, so bestimmt sich der Zeitraum, für den eine Vorausverfügung gegen den Ersteher wirksam ist, nach diesem Beschlagnahmezeitpunkt (→ Rdn. 13). Liegen mehrere Beschlagnahmen vor, so kann sich der Ersteher auf jede von ihnen berufen. Dem Zwangsversteigerungsbeschlag wird durch Abs. 2 die Beschlagnahme zum Zwecke der Zwangsverwaltung gleichgestellt, falls diese bis zum Zuschlag fortgedauert hat[8]. Es kommt nicht darauf an, ob die Verfügung vor oder nach der Beschlagnahme erfolgt ist[9].

2. Zeitpunkt

Dem Ersteher gegenüber wirken die Rechtsgeschäfte der §§ 566b und 566c BGB nur für den zur Zeit der Beschlagnahme laufenden Kalendermonat und, wenn die Beschlagnahme nach dem 15. Tag des Monats erfolgte, auch für den folgenden Kalendermonat. Die relevanten Verfügungen wirken für denjenigen Monat, in dem der Mieter oder Pächter Kenntnis vom Beschlag erlangt, bzw. bei Kenntnis erst nach dem 15. eines Monats auch für den folgenden.

Der Mieter kann daher mit befreiender Wirkung die Mietzinsschuld durch Zahlung an den Gläubiger (Zessionar, Pfändungsgläubiger) oder durch Aufrechnung mit einer Gegenforderung nur für denselben (u.U. auch für den folgenden) Kalendermonat tilgen, in dem er Kenntnis vom Beschlag erlangt hat. Soweit er damit den Mietzins für die Zeit nach dem Zuschlag tilgt, kann sich der Ersteher nicht an ihn, sondern nur an den Empfänger halten.

3. Mietvorauszahlungen als Vorausverfügungen

Der BGH hat die Rechtsprechung des RG[10], dass keine Vorausverfügung vorliege, wenn der Mietzins nach dem Mietvertrag in voller Höhe zu einem Zeitpunkt vor dem Erwerb des Grundstücks vorausbezahlt werden musste und gezahlt worden sei, eingeschränkt[11]. Auch wenn der vorausbezahlte Mietzins schon im Mietvertrag selbst vereinbart und fällig gestellt worden ist, so ist eine Vorausentrichtung dem Ersteher gegenüber lediglich im Rahmen des § 566c BGB wirksam,

---

7 RGZ 136, 407, 414 f. = JW 1932, 2984 mit Anm. *Müller.*
8 Vgl. auch RGZ 64, 415.
9 So zutreffend *Stöber*, ZVG § 57b Rdn. 5.2.
10 Zuletzt RGZ 144, 194, 197.
11 BGHZ 37, 346 = NJW 1962, 1860, bestätigt NJW 1967, 555.

sofern der Mietzins nach periodischen Zeitabschnitten (Monaten usw.) bemessen war, d.h. nicht in einem Einmalbetrag[12] (s. hierzu ausführlich → § 152 Rdn. 173 ff.).

15 Etwas anderes gilt nur dann, wenn die Vorauszahlung (auch Mieterdarlehen) als Baukostenzuschuss verwendet werden sollte und auch – nachweislich – verwandt worden ist[13], da hieraus i.d.R. eine **Werterhöhung** zu verzeichnen ist (→ § 152 Rdn. 176). Nur in diesem Umfang ist der Ersteher bei einer Kündigung nach § 57a aus § 547 BGB zur Rückzahlung verpflichtet, wenn die Vereinbarung ihm gegenüber nach den §§ 566b und 566c BGB wirksam ist[14], eine Folge, die bis zum 1.2.2007 durch die Sonderregelung des § 57c i.d.R. ausgeschlossen war. Voraussetzung ist, dass der Mieter tatsächliche Beiträge aus seinem Vermögen erbracht hat[15].

16 Der Ersteher braucht eine von dem Mieter des Objektes an den Voreigentümer geleistete Mietvorauszahlung gegen sich regelmäßig nicht gelten zu lassen, wenn die vermieteten Räume längst **vor** dem Abschluss des eine Vorauszahlungsverpflichtung enthaltenden Mietvertrages fertig gestellt und schon von einer anderen Mietpartei bewohnt waren, der voraus gezahlte Mietzins auf die Mietsache nicht verwendet worden ist und der Mieter aus freien Stücken das Mietverhältnis alsbald nach dem Eigentumswechsel beendet hat[16]. Es hängt von den Umständen des Einzelfalles ab, ob der Ersteher, der zugleich Hypothekengläubiger ist, eine von dem Mieter des Objektes an den Voreigentümer geleistete Mietvorauszahlung gegen sich gelten lassen muss.

17 Besonderheiten können sich darüber hinaus bei sogenannten verlorenen Baukostenzuschüssen ergeben und bei Sachverhalten, in denen das WoBindG (→ § 57 Rdn. 24 ff.) eingreift[17].

In allen diesen Fällen ist die Wirksamkeit entsprechender Vereinbarung aufgrund der **Missbrauchsgefahr** einer besonderen Prüfung zu unterziehen. Mit Urteil vom 18.9.2013 setzt sich der BGH ausführlich mit den Anforderungen in einer Beweisaufnahme zum Nachweis eines Mietvertrages auseinander, insbesondere wenn dem Ersteher nachteilige Regelungen entgegengehalten werden[18].

4. Schutz des Erstehers
a) Zustellung an den Mieter

18 Der Ersteher ist in den Fällen der §§ 566c und 566d BGB umso mehr gesichert, je früher der **Mieter** (Pächter) vom Beschlag **Kenntnis** erlangt. Deshalb ist bestimmt, dass die Zwangsversteigerungsanordnung auf Antrag des Gläubigers an die von ihm als Mieter oder Pächter bezeichneten Personen **von Amts wegen zuzustellen** ist (§§ 3 ff.) und dass mit der Zustellung der Beschlag als dem Mieter unwiderlegbar bekannt gilt (Abs. 1 S. 2, Abs. 2 S. 2). Das Vollstreckungsgericht hat

---

12 Vgl. nunmehr BGHZ 137, 106; BGH, NJW 2007, 2919 = WuM 2007, 467 und im Vergleich zu §§ 1123 ff. BGB → § 152 Rdn. 173 ff.
13 BGH, NJW-RR 2002, 1304; ausführlich zu Baukostenzuschüssen *Stöber*, ZVG § 57b Rdn. 7.3 ff.
14 BGH, BGHZ 180, 293 = Rpfleger 2009, 582 = ZfIR 2009, 607; vgl. *Stöber*, ZVG § 57b Rdn. 7.6; vgl. auch *Hintzen*, IGZInfo 2007, 88 ff.
15 BGH, NJW-RR 2012, 525 = ZfIR 2012, 325 = IGZInfo 2012, 93.
16 OLG Nürnberg, Rpfleger 1955, 188 mit im Ergebnis zust. Anm. von *Bruhn*.
17 Vgl. MünchKomm/*Bieber*, BGB § 547 Rdn. 4 und 16; *Stöber*, ZVG § 57b Rdn. 7.7.
18 VIII ZR 297, 12, ZfIR 2014, 106 = NJW-RR 2014, 11.

ferner auf Antrag des Gläubigers zur Feststellung der Mieter die erforderlichen Ermittlungen anzustellen, es kann damit einen Gerichtsvollzieher oder einen sonstigen Beamten beauftragen, auch die zuständige örtliche Behörde (z.b. das Gemeindeamt, das Meldeamt) oder den Zwangsverwalter bei gleichzeitig anhängiger Zwangsverwaltung um Mitteilung der dort bekannten Mieter ersuchen (Abs. 1 S. 4). Diese Ermittlung und Zustellung bildet eine dem Gläubiger gegenüber bestehende Amtspflicht des Vollstreckungsgerichts, deren schuldhafte Verletzung nach Art. 34 GG i.V.m. § 839 BGB zum Schadensersatz verpflichtet. Vermietet der Schuldner im Laufe des Verfahrens neu, so ist die Zwangsversteigerungsanordnung auch an den neuen Mieter zuzustellen, falls dieser dem Vollstreckungsgericht bekannt wird. Neue Ermittlungen von Amts wegen sind nur anzustellen, wenn die bisherigen neue Mietabschlüsse erwarten ließen.

Die Gebühren des Gerichtsvollziehers sind der Masse vorweg zu entnehmen (§ 109). 19

b) Zahlungsverbot

Kenntnis von der Beschlagnahme ist bei einer bis zum Zuschlage fortdauernden Zwangsverwaltung **auch dann anzunehmen,** wenn dem Mieter gemäß §§ 22 Abs. 2, 148, 151 Abs. 3 ein Zahlungsverbot durch das Vollstreckungsgericht zugestellt worden ist (Abs. 2 S. 2). 20

c) Anderweitige Kenntnis

Unabhängig davon steht es dem Ersteher stets offen, auf sonstige Weise den Beweis zu erbringen, dass der Mieter vom Beschlag konkrete Kenntnis erlangt hat. Das gilt insbesondere für die Fälle, in denen eine Zustellung der Zwangsversteigerungsanordnung unterblieben oder nicht ordnungsgemäß erfolgt ist. Die Art und Weise, wie der Mieter Kenntnis erlangt hat, ist unerheblich. Ein Kennenmüssen reicht jedoch nicht aus[19]. Eine Zustellung der Zwangsversteigerungsanordnung oder des Zahlungsverbots durch den **Gläubiger** oder den **Zwangsverwalter** führt nicht zwingend zur Annahme einer Kenntnis vom Beschlag. Dagegen kann der Gläubiger durch eine Vorpfändung (§ 845 ZPO), durch eigene Tätigkeit die Beschlagnahme dem Drittschuldner gegenüber wirksam werden lassen (vgl. auch § 22 Abs. 2 S. 3). Erforderlich ist dann allerdings die Zustellung des Zahlungsverbots innerhalb eines Monats (vgl. → § 22 Rdn. 11, § 845 Abs. 2 ZPO). 21

IV. Rechtsstellung des Mieters

Wird nach der Beschlagnahme eine vertragsmäßige Vorauszahlung von Mietzins fällig, so kann der Mieter den geschuldeten Betrag nach § 372 BGB **hinterlegen**[20]. Wirklich gesichert ist er nur, wenn er jeweils nicht mehr als einen Monatszins zu zahlen braucht und zahlt. Hat er für einen längeren Zeitraum vorauszuzahlen oder darf er nach dem Vertrag auf den Mietzins eine Forderung verrechnen, so läuft er bei einer der Zahlung oder Verrechnung alsbald nachfolgenden Beschlagnahme Gefahr, dass seine Zahlung oder Aufrechnung nur für den Kalendermonat wirksam ist, in welchem er vom Beschlag erfährt, und dass er, so- 22

---

19 *Stöber,* ZVG § 57b Rdn. 3.3.
20 Einschränkend Steiner/*Teufel,* §§ 57 ff. Rdn. 35: lediglich im Hinblick auf die Gefahr bei einer Zahlung vor Rechtskraft des Zuschlagsbeschlusses. Dem ist zuzustimmen; für längerfristige Vorauszahlungen s.o. im Text.

weit er weiter getilgt hat, an den Ersteher nochmals zahlen muss und insoweit seine Zahlung nur vom Empfänger zurückfordern kann, ohne von vornherein diesem die fällige Vorauszahlung verweigern zu können, solange die Beschlagnahme noch nicht erfolgt ist. Immerhin kann er seinen Rückforderungsanspruch gegen den Schuldner schon vor dem Zuschlag durch Arrest sichern.

23 Zur Erleichterung der schwierigen Lage des Mieters schreibt Abs. 1 S. 3 als Ordnungsvorschrift vor, dass dem Mieter bei Zustellung der Zwangsversteigerungsanordnung (→ Rdn. 18) von Amts wegen auch eine **Belehrung** über die Bedeutung des Beschlags zugestellt werden soll. Die Unterlassung beeinträchtigt die Wirkung der Zustellung der Zwangsversteigerungsanordnung nicht[21], kann jedoch zur Amtshaftung führen.

V. Rechtshandlungen des Zwangsverwalters

24 Nach Abs. 3 finden die Vorschriften der Abs. 1 und 2 auf Verfügungen und Rechtsgeschäfte des Zwangsverwalters keine Anwendung. Die Einziehung des Mietzinses ist daher noch für den Kalendermonat wirksam, in dem der Mieter vom **Zuschlag** Kenntnis erlangt, bzw. bei Kenntniserlangung nach dem 15. eines Monats auch noch für den folgenden Kalendermonat. Soweit der Verwalter Mietzinsen eingenommen hat, die auf die Zeit nach dem Zuschlag entfallen, hat er diesen Betrag dem Ersteher herauszugeben. Das Verhältnis des Mieters zum Zwangsverwalter wird nicht durch die §§ 57 ff. geregelt, sondern durch die §§ 1123 ff. (hierzu → § 152 Rdn. 116 ff.).

§ 57c »Einschränkung des Kündigungsrechts«

Aufgehoben mit Wirkung vom 1.2.2007 durch Art. 11 Nr. 5 des Zweiten Gesetzes zur Modernisierung der Justiz (2. JuModG) vom 22. Dezember 2006 (BGBl I 3416).

§ 57d »Aufforderung und Anmeldung«

Aufgehoben mit Wirkung vom 1.2.2007 durch Art. 11 Nr. 5 des Zweiten Gesetzes zur Modernisierung der Justiz (2. JuModG) vom 22. Dezember 2006 (BGBl I 3416).

---

21 Steiner/*Teufel*, §§ 57 ff. Rdn. 107.

§ 58 »Kosten des Zuschlagsbeschlusses«

Die Kosten des Beschlusses, durch welchen der Zuschlag erteilt wird, fallen dem Ersteher zur Last.

Übersicht

		Rdn.
I.	Allgemeines	1
II.	Die Gerichtskosten	2
	1. Gebühren und Auslagen	2
	2. Geschäftswert	3
	3. Gebührenfreiheit	4
	4. Fälligkeit	5
	5. Kostenschuldner	6
III.	Eintragungskosten	8
	1. Gebühr	8
	2. Geschäftswert	9
	3. Löschungen	10
	4. Sicherungshypotheken	11
IV.	Grunderwerbsteuer	12
	1. Steuerpflicht	12
	2. Berechnung der Grunderwerbsteuer	13
	3. Fälligkeit	18
	4. Steuerschuldner	19
V.	Umsatzsteuer	21
VI.	Maklervergütung	24

I. Allgemeines

Die Regelung des § 58 entspricht § 448 Abs. 2 BGB, der dem rechtsgeschäftlichen Erwerber eines Grundstücks die durch den Erwerb entstehenden Kosten aufbürdet. Die Kosten für die Erteilung des Zuschlags dürfen nicht dem Zwangsversteigerungserlös entnommen werden, § 109 Abs. 1[1]. Als gesetzliche Zwangsversteigerungsbedingung kann gem. § 59 eine Abweichung von der Regelung des § 58 bestimmt werden. Folgende Kosten können den Ersteher (zusätzlich zum Bargebot) belasten: **Gerichtskosten** für die Erteilung des Zuschlags (→ Rdn. 2) und für die Eintragung der Eigentumsumschreibung im Grundbuch (→ Rdn. 8), **Grunderwerbsteuer** (→ Rdn. 12), **Maklerprovision** (→ Rdn. 24). Im Falle der Nichtzahlung des Bargebots hat der Ersteher auch die Kosten der gem. § 128 einzutragenden Sicherungshypotheken zu tragen (Vorbemerkung 1.4 Ziffer 2.2 zu GNotKG KV). 1

II. Die Gerichtskosten

1. Gebühren und Auslagen

Die Gebühr für die Erteilung des Zuschlages beträgt 0,5 (GKG KV 2214). Die Zuschlagsversagung ist in allen Fällen gebührenfrei. Die durch die Zustellung des Zuschlagsbeschlusses entstehenden Auslagen (GKG KV 9002) fallen unter § 109, denn die Zustellung des Zuschlagsbeschlusses ist nicht Voraussetzung seines Wirksamwerdens, muss vielmehr als ein zum Verfahren als solchem gehörender Vorgang angesehen werden.[2] Die Rechtskraft des Zuschlagsbe- 2

---

[1] LG Freiburg, Rpfleger 1991, 382.
[2] *Stöber*, ZVG § 58 Rdn. 3.

schlusses ist Voraussetzung für das Ersuchen auf Grundbuchberichtigung, § 130 Abs. 1.

2. Geschäftswert

3   Der Wert für die Erteilung des Zuschlags bestimmt sich nach dem Gebot ohne Zinsen, für das der Zuschlag erteilt ist, einschließlich des Werts der nach den Versteigerungsbedingungen bestehen bleibenden Rechte (bei Grundpfandrechten ist stets der Nominalbetrag anzusetzen, bei Rechten in Abt. II der Wert nach §§ 50, 51;[3] unerheblich ist der Wert eines liegenbelassenen Rechts nach § 91 Abs. 2 zuzüglich des Betrags, in dessen Höhe der Ersteher nach § 114a als aus dem Grundstück befriedigt gilt, § 54 Abs. 2 GKG. Die Befriedigungswirkung des § 114a ist bei der Wertberechnung auch dann zu berücksichtigen, wenn der unter § 114a fallende Berechtigte die Rechte aus dem Meistgebot abtritt (§ 81 Abs. 2) und der Zessionar nicht unter § 114a fällt.[4] Gleiches hat für den umgekehrten Fall zu gelten, weil auch hier die Befriedigungsfiktion gemäß § 114a eintritt (hierzu → § 114a Rdn. 19 ff.). Für den Fall, dass der Zuschlag einer Tochtergesellschaft des unter § 114a fallenden Beteiligten erteilt wird, kommt es auf eine möglicherweise eintretende fiktive Befriedigung nicht an, denn die materiell-rechtliche Frage, ob in diesem Fall die Befriedigungsfiktion tatsächlich eintritt, hat nicht das Vollstreckungsgericht, sondern das Prozessgericht zu klären.[5]

3. Gebührenfreiheit

4   Ist der Ersteher von den Gebühren **befreit**, gilt dies auch für den Eigentumserwerb durch Zuschlag.

4. Fälligkeit

5   Die **Fälligkeit** der Gebühr für die Erteilung des Zuschlags (GKG KV 2214) tritt mit dessen Verkündung ein (§ 7 Abs. 1 GKG) und, wenn der Zuschlag von dem Beschwerdegericht erteilt wird, mit der Zustellung des Beschlusses an den Ersteher.

5. Kostenschuldner

6   **Kostenschuldner** für die Erteilung des Zuschlags ist der Ersteher, § 26 Abs. 2 Satz 1 GKG; die Regelung des § 29 Nr. 3 GKG – Haftung für die Kostenschuld eines anderen kraft Gesetzes – bleibt unberührt. Hierzu gehören auch die Auslagen für die Zustellung des Beschlusses an die im Termin nicht erschienen Beteiligten.[6]

7   Im Fall der Abtretung der Rechte aus dem Meistgebot (§ 81 Abs. 2) oder der Erklärung, für einen Dritten geboten zu haben (§ 81 Abs. 3), haften der Meistbietende und der Ersteher als Gesamtschuldner, § 26 Abs. 2 Satz 2 GKG. **Mehrere Kostenschuldner** haften als Gesamtschuldner, § 31 Abs. 1 GKG.

---

3   Der nach § 51 Abs. 2 festgesetzte Ersatzwert für ein bestehen bleibendes Erbbaurecht ist dem Meistgebot nicht hinzuzurechnen, da der Wert des nicht ablösbaren Erbbaurechts den Verkehrswert des Grundstücks nicht erhöht, so KG, Rpfleger 2009, 532.
4   LG Lüneburg, Rpfleger 1988, 113.
5   Hierzu LG Landau, Rpfleger 2001, 366.
6   LG Freiburg, Rpfleger 1991, 382.

III. Eintragungskosten

1. Gebühr

Die Gebühr für die Eintragung des Erstehers als neuer Eigentümer im Grundbuch hat dieser zu tragen, GNotKG KV 14110, Vorbemerkung 1.4 Ziffer 2.2. Für diese Gebühr haftet der Ersteher ausschließlich, § 23 Ziffer 12 GNotKG. War der Ersteher zuvor schon als Eigentümer eingetragen, entsteht die volle Gebühr gem. GNotKG KV 14110 erneut, es handelt sich um einen originären neuen Rechtserwerb.[7]

8

2. Geschäftswert

Der Geschäftswert für die Gebührenberechnung ergibt sich aus § 46 Abs. 1 GNotKG. Hiernach bestimmt sich der Wert für die Eintragung als Eigentümer nach dem Preis, der im gewöhnlichen Geschäftsverkehr nach der Beschaffenheit der Sache unter Berücksichtigung aller den Preis beeinflussenden Umstände bei einer Veräußerung zu erzielen wäre (Verkehrswert). Steht der Verkehrswert nicht fest, ist er nach § 46 Abs. 2 und 3 GNotKG zu bestimmen nach dem Inhalt des Geschäfts, nach den Angaben der Beteiligten, anhand von sonstigen amtlich bekannten Tatsachen oder Vergleichswerten aufgrund einer amtlichen Auskunft oder anhand offenkundiger Tatsachen. Bei der Bestimmung des Verkehrswerts eines Grundstücks können auch herangezogen werden im Grundbuch eingetragene Belastungen, aus den Grundakten ersichtliche Tatsachen oder Vergleichswerte oder für Zwecke der Steuererhebung festgesetzte Werte, insbesondere der Einheitswert. In keinem Falle findet eine Beweisaufnahme zur Feststellung des Verkehrswerts statt, § 46 Abs. 4 GNotKG. Der Einheitswert wird in der Zwangsversteigerung regelmäßig nicht in Betracht kommen, da sich andere Anhaltspunkte aus dem festgesetzten Verkehrswert, § 74a Abs. 5, und aus dem abgegebenen Meistgebot unter Einschluss der bestehen bleibenden Rechte ergeben. Überwiegend wird als Geschäftswert für die Eintragungsgebühr der gem. § 74a Abs. 5 festgesetzte Grundstückswert angesehen[8], wenn dieser höher ist als das Meistgebot unter Einschluss der bestehen bleibenden Rechte.[9] Es empfiehlt sich daher, in dem Ersuchen auf Grundbuchberichtigung gem. § 130 den festgesetzten Verkehrswert des Grundstückes dem Grundbuchamt mitzuteilen. Der Wert des **Grundstückszubehörs** ist vom festgesetzten Verkehrswert abzuziehen.[10] Eine Abweichung von dem festgesetzten Grundstückswert ist dann geboten, wenn sich der Verkehrswert des Grundstücks zwischen Festsetzung und der Grundbuchberichtigung *wesentlich* geändert hat.[11] Bei der Zwangsversteigerung von Grundstücken kann nicht davon ausgegangen werden, dass Grundstücksbelastungen, denen Beleihungen durch Kreditinstitute zugrunde liegen, einen ausreichenden Anlass dafür bieten, dass der Grundstückswert ihnen entsprechen würde; Kreditinstitute sind in aller Regel an eigene Beleihungsgrenzen gebunden.[12] Zutreffende Anhaltspunkte sind und blei-

9

---

7 OLG Jena, ZfIR 2011, 501 LS.; OLG Düsseldorf, Rpfleger 1989, 250 = MDR 1989, 366.
8 OLG Jena, ZfIR 2011, 501 LS.; OLG Frankfurt, InVo 2005, 38; OLG Düsseldorf, Rpfleger 2002, 592; OLG Stuttgart, Rpfleger 1991, 30; BayObLG, Rpfleger 1996, 129; OLG Zweibrücken, Rpfleger 1988, 409; BayObLG, Rpfleger 1978, 126 und 436; OLG Düsseldorf, Rpfleger 1971, 118.
9 KG, Rpfleger 2009, 532.
10 BayObLG, Rpfleger 1978, 436.
11 OLG Düsseldorf, Rpfleger 2006, 341 LS.; BayObLG, Rpfleger 1986, 158; BayObLG, Rpfleger 1978, 436; LG Oldenburg, Rpfleger 1986, 451.
12 So aber LG Düsseldorf, Rpfleger 1987, 62.

ben der Verkehrswert des Grundstücks und das Versteigerungsergebnis; sind diese Werte wesentlich niedriger als die Beleihung durch Kreditinstitute, ist entweder ein Beleihungsfehler zu vermuten oder es existieren weitere Sicherheiten, die für das Vollstreckungsgericht und das Grundbuchamt nicht erkennbar sind.

3. Löschungen

10 Die Löschung des Zwangsversteigerungsvermerks und der Rechte, die durch den Zuschlag erloschen sind, erfolgen gebührenfrei, Vorbemerkung 1.4 Ziffer 2.2 GNotKG KV.

4. Sicherungshypotheken

11 Für die Eintragung von Sicherungshypotheken für Forderungen gegen den Ersteher (§§ 128, 130) entsteht die Gebühr nach GNotKG KV 14121 i.V.m. Vorbemerkung 1.4 Ziffer 2.2 GNotKG KV. Die Gebühr ist für jede Hypothek gesondert zu berechnen. Für sie haftet neben dem Gläubiger der Hypothek auch der Ersteher, § 23 Ziffer 13 GNotKG, beide als Gesamtschuldner, § 32 GNotKG.

IV. Grunderwerbsteuer

1. Steuerpflicht

12 Die Grunderwerbsteuer gehört ebenfalls zu den Zuschlagskosten. Die Steuer beträgt zurzeit zwischen 3,5 und 6,5 v.H., je nach Bundesland (§ 11 Abs. 1 GrEStG[13] sieht nach wie vor 3,5 v.H. vor). Steuerpflichtig sind:

- das Meistgebot im Zwangsversteigerungsverfahren, § 1 Abs. 1 Nr. 4 GrEStG[14],
- ein Rechtsgeschäft, das den Anspruch auf Abtretung eines Übereignungsanspruchs oder der Rechte aus einem Meistgebot begründet, § 1 Abs. 1 Nr. 5 GrEStG,
- die Abtretung eines der in den Nummern 5 (und 6) bezeichneten Rechte, wenn kein Rechtsgeschäft vorausgegangen ist, das den Anspruch auf Abtretung der Rechte begründet, § 1 Abs. 1 Nr. 7 GrEStG.

2. Berechnung der Grunderwerbsteuer

13 Die Grunderwerbsteuer bemisst sich nach dem Wert der **Gegenleistung**, § 8 Abs. 1 GrEStG. Nach § 9 GrEStG gelten als Gegenleistung:

- beim Meistgebot im Zwangsversteigerungsverfahren das Meistgebot einschließlich der Rechte, die nach den Versteigerungsbedingungen bestehen bleiben (§ 9 Abs. 1 Nr. 4 GrEStG)[15],
- bei der Abtretung der Rechte aus dem Meistgebot[16] die Übernahme der Verpflichtung aus dem Meistgebot, zusätzliche Leistungen, zu denen sich der

---

13 In der Fassung der Bekanntmachung vom 26.2.1997, BGBl I 18, 1804, zuletzt geändert durch Art. 9 des Gesetzes vom 1.11.2011, BGBl I 2131). Der Steuersatz ist aufgrund länderspezifischer Regelungen unterschiedlich.
14 Hierzu FG Düsseldorf, DStRE 2000, 1337.
15 BFH/NV 2009, 46.
16 Hierzu FG Düsseldorf, DStRE 2000, 1337.

Erwerber gegenüber dem Meistbietenden verpflichtet, sind dem Meistgebot hinzuzurechnen, Leistungen, die der Meistbietende dem Erwerber gegenüber übernimmt, sind abzusetzen (§ 9 Abs. 1 Nr. 5 GrEStG),

- bei der Abtretung des Übereignungsanspruchs die Übernahme der Verpflichtung aus dem Rechtsgeschäft, das den Übereignungsanspruch begründet hat, einschließlich der besonderen Leistungen, zu denen sich der Übernehmer dem Abtretenden gegenüber verpflichtet, Leistungen, die der Abtretende dem Übernehmer gegenüber übernimmt, sind abzusetzen (§ 9 Abs. 1 Nr. 6 GrEStG).

Zur **Gegenleistung** gehört auch der Betrag, denen der Meistbietende dem Grundstückseigentümer oder Insolvenzverwalter dafür zahlt, dass dieser den Zuschlag nicht durch Anwendung der ihm als Antragsteller zustehenden Rechte verhindert[17]; Gleiches gilt für den Fall, dass der Meistbietende dem bestbetreibenden Gläubiger einen Betrag zahlt, damit dieser nicht die einstweilige Einstellung des Verfahrens bewilligt und es zur Zuschlagsversagung gem. § 33 kommt.

Zu den bestehen bleibenden Rechten gehören auch diejenigen, die durch abweichende Zwangsversteigerungsbedingungen (§ 59) nicht erloschen sind.[18] Auch solche bestehen gebliebenen Grundpfandrechte sind der Gegenleistung in Höhe ihres Nennwertes[19] zuzurechnen, die der Meistbietende kurz vor der Versteigerung unter ihrem Nennwert erworben hat.[20] Wird das Grundstück mehrfach ausgeboten (z.B. § 59 Abs. 2, § 63 Abs. 2, § 64 Abs. 2, § 9 Abs. 2 EGZVG), bestimmt sich die Gegenleistung nach dem Meistgebot, zu dem der Zuschlag erteilt wurde. Sicherungsgrundschulden, die nach den Zwangsversteigerungsbedingungen bestehen bleiben, sind stets mit ihrem Nominalbetrag als Gegenleistung zu berücksichtigen.

Im Falle des Zuschlags an einen Beteiligten, der sich die Befriedigungsfiktion nach § 114a anrechnen lassen muss, ist auch dieser Betrag der Gegenleistung zuzurechnen.[21]

Befreiungstatbestände ergeben sich aus §§ 3, 4 GrEStG.

3. Fälligkeit

Die Steuer wird einen Monat nach der Bekanntgabe des Steuerbescheids fällig. Das Finanzamt darf eine längere Zahlungsfrist setzen, § 15 GrEStG.

4. Steuerschuldner

Steuerschuldner ist der Meistbietende, § 13 Nr. 4 GrEStG. Im Falle der verdeckten Vertretung (§ 81 Abs. 3) oder der Abtretung der Rechte aus dem Meistgebot (§ 81 Abs. 2) liegen steuerlich zwei Erwerbsvorgänge vor. Bei der Rückabtretung der Rechte aus dem Meistgebot handelt es sich um einen weiteren steuerpflichtigen Erwerbsvorgang (s. zuvor → Rdn. 12).

---

17 BFH, KTS 1982, 290.
18 FG Münster, EFG 1985, 462.
19 BFH/NV 2009, 214; BFH/NV 2007, 1538.
20 BFHE 143, 158 = BB 1985, 1715.
21 BFH/NV 2013, 1813; BFH/NV 2013, 1500; BFH/NV 2009, 46; BFHE 145, 95 = Rpfleger 1986, 189 = ZIP 1986, 495; FG Düsseldorf, EFG 2011, 732; zur Verfassungskonformität dieser Rechtsprechung s. BVerfG, NJW 1990, 2375.

20 Der Erwerbsvorgang kann dadurch rückgängig gemacht werden, dass der Meistbietende seine Rechte aus dem Meistgebot an den Vollstreckungsschuldner gem. § 81 Abs. 2 abtritt.[22]

V. Umsatzsteuer

21 Erwerbsvorgänge, die unter die Grunderwerbssteuer fallen, sind von der Zahlung der Umsatzsteuer befreit, § 4 Nr. 9a UStG. Umsatzsteuerrechtlich stellt die Zwangsversteigerung eines Grundstückes keine Lieferung des Eigentümers an das jeweilige Bundesland und keine Lieferung dieses Landes an den Ersteher dar, sondern es liegt eine direkte Lieferung vom Eigentümer an den Ersteher vor.[23] Hiernach ist die Lieferung des Grundstückes von der Umsatzsteuerpflicht befreit. Mitversteigertes Zubehör kann allerdings die Umsatzsteuerpflicht auslösen.[24]

22 Der Eigentümer kann auf die Befreiung von der Umsatzsteuerpflicht verzichten, der **Verzicht** kann auch noch nach Abschluss des Versteigerungsverfahrens erklärt werden.[25] Der Ersteher eines Grundstückes kann daher umsatzsteuerlich als Unternehmer die Umsatzsteuer als Vorsteuer abziehen.[26] Die Umsatzsteuer ist vom Ersteher als Leistungsempfänger einzubehalten und an das für ihn zuständige Finanzamt abzuführen, § 13b UStG.[27]

23 Die Frage, ob es sich beim Meistgebot in der Zwangsversteigerung um einen Netto- oder um einen Bruttobetrag handelt, wurde streitig beurteilt. Nach einer Meinung[28] handelt es sich bei dem Barmeistgebot um einen Nettobetrag, Umsatzsteuer ist darin nicht enthalten. Nach anderer Meinung[29] erstreckt sich bei der Zwangsversteigerung eines Betriebsgrundstücks mit Zubehör die Steuerfreiheit nach § 4 Nr. 9a UStG nur auf das Grundstück, nicht auf das Zubehör. Das Meistgebot im Zwangsversteigerungsverfahren umfasst auch die auf das Zubehör entfallende Umsatzsteuer (Bruttobetrag). Der **BGH**[30] hat sich in einem Grundsatzurteil festgelegt, dass das Meistgebot in der Zwangsversteigerung von Grundstücken (nebst Zubehör) ein **Nettobetrag** ist. Das ZVG gebietet diese Rechtsauffassung. Für die Erlösverteilung muss das gesamte Meistgebot einschließlich der eventuell anfallenden Zinsen vom Zuschlag bis zum Verteilungstermin an das Gericht gezahlt werden.[31] Die Bezeichnung des baren Meistgebots ist wesentlicher Inhalt des Zuschlagsbeschlusses, § 82. Er begründet und bestimmt die Zahlungspflicht des Erstehers, § 49. Der Zuschlagsbeschluss legt unmittelbar auch die Teilungsmasse fest, auf die die nach § 10 am Grundstück Berechtigten Anspruch haben. Das

---

22 BFHE 141, 333 = BB 1985, 1716.
23 BFH, ZIP 1986, 991; BFH, BStBl II 1973, 503.
24 *Stöber*, ZVG § 81 Rdn. 7.10.
25 BFH, NJW 1994, 1176.
26 BFH, NJW 1994, 1176.
27 Zu den Voraussetzungen im Einzelnen vgl. Storz/*Kiderlen*, ZVG, D 5.3.4; *Gaßner*, Rpfleger 1998, 455, 457; *Onusseit*, Rpfleger 1995, 1.
28 LG Waldshut-Tiengen, Rpfleger 2001, 510.
29 OLG Karlsruhe, Rpfleger 2002, 531.
30 Vom 3.4.2003, Rpfleger 2003, 450 = NJW 2003, 2238 = KTS 2003, 687 = MDR 2003, 953 = WM 2003, 943 = ZIP 2003, 1109 = InVo 2003, 333 = WuB H. 8/2003 VI F. § 49 ZVG 1.03 *Hintzen* = ZfIR 2003, 653.
31 *Stöber*, ZVG § 81 Rdn. 7.12; Storz/*Kiderlen*, ZVG, D 5.3.4; a.A. *Onusseit*, Rpfleger 1995, 1; differenziert *Gaßner*, Rpfleger 1998, 455, 459, der die steuerliche Option des Schuldners gemäß § 9 UStG im Zwangsversteigerungsverfahren durch eine abweichende Versteigerungsbedingung ermöglichen will.

Zwangsversteigerungsrecht sieht nicht vor, diesen zur Verteilung an die berechtigten Gläubiger bestimmten Betrag aus steuerrechtlichen Gründen zu schmälern, indem an die Berechtigten nur ein um die Umsatzsteuer geminderter Betrag des Meistgebots zur Verteilung kommt. Nach § 9 Abs. 3 UStG ist der Verzicht auf Steuerbefreiung nach Absatz 1 bei Lieferungen von Grundstücken (§ 4 Nr. 9 Buchstabe a UStG) im Zwangsversteigerungsverfahren durch den Vollstreckungsschuldner an den Ersteher bis zur Aufforderung zur Abgabe von Geboten im Versteigerungstermin zulässig.

VI. Maklervergütung

Die Pflicht zur Zahlung einer eventuellen Maklervergütung dürfte regelmäßig den Ersteher treffen. Rechtsgrundlage ist allerdings nicht § 58, sondern der zwischen dem Makler und dem Ersteher abgeschlossene Vertrag. Der Erwerb eines Grundstücks in der Zwangsversteigerung begründet keine Provisionspflicht für das von dem Makler benannte Grundstück, es sei denn, der Erwerb in der Zwangsversteigerung wird durch Individualvereinbarung dem Abschluss eines Grundstückskaufvertrags gleichgestellt.[32] Teilweise wird dies aber auch „großzügiger" gesehen. Hiernach besteht der Vergütungsanspruch des Maklers auch dann, wenn sein Auftraggeber das ihm nachgewiesene Grundstück nicht – wie zunächst übereinstimmend vorausgesetzt – im Wege des freihändigen Verkaufs durch den Eigentümer, sondern durch Zuschlag in der Zwangsversteigerung erwirbt; grundsätzlich ist von der wirtschaftlichen Gleichartigkeit beider Erwerbsarten auszugehen.[33]

24

Betreibt eine Bank die Zwangsversteigerung eines Grundstücks aus einem ihr zustehenden Grundpfandrecht, macht sie sich wegen positiver Verletzung des Sicherungsvertrags gegenüber dem Schuldner schadensersatzpflichtig, wenn sie im Falle eines freihändigen Verkaufs den Kaufpreis durch die Vereinbarung einer Maklerprovision mit dem Käufer mindert.[34]

25

---

32 OLG Jena, Urteil vom 4.6.2014, 2 U 1014/13, BeckRS 2014, 11854; OLG Frankfurt, NJW-RR 2009, 281 = NZM 2009, 445.
33 OLG Koblenz, NJW-RR 1989, 1210 = WM 1989, 1658; OLG Köln, NJW-RR 1989, 247; OLG Hamburg, MDR 1988, 408; OLG Frankfurt, NJW 1986, 2117 = MDR 1986, 850.
34 BGH, NJW 1997, 2672 = DNotZ 1998, 287 = MDR 1997, 959 = WM 1997, 1474 = ZIP 1997, 1448 = ZfIR 1997, 455.

§ 59 »Abweichende Feststellung des geringsten Gebots und der Versteigerungsbedingungen«

(1) ¹Jeder Beteiligte kann spätestens im Versteigerungstermin vor der Aufforderung zur Abgabe von Geboten eine von den gesetzlichen Vorschriften abweichende Feststellung des geringsten Gebots und der Versteigerungsbedingungen verlangen. ²Der Antrag kann spätestens zu dem in Satz 1 genannten Zeitpunkt zurückgenommen werden. ³Wird durch die Abweichung das Recht eines anderen Beteiligten beeinträchtigt, so ist dessen Zustimmung erforderlich.

(2) Sofern nicht feststeht, ob das Recht durch die Abweichung beeinträchtigt wird, ist das Grundstück mit der verlangten Abweichung und ohne sie auszubieten.

(3) Soll das Fortbestehen eines Rechtes bestimmt werden, das nach § 52 erlöschen würde, so bedarf es nicht der Zustimmung eines nachstehenden Beteiligten.

Übersicht

		Rdn.
I.	Allgemeines.	1
II.	Abweichungsverlangen	5
	1. Antrag	5
	2. Rechtsmissbrauch.	7
III.	Verfahren	9
	1. Abweichungsverlangen durch Beteiligte	9
	2. Form	10
	3. Rechtliches Gehör	11
	4. Mehrere Abweichungen.	12
	5. Zeitpunkt	13
	6. Unterbrechung oder Vertagung des Termins.	17
	7. Sicherheitsleistung	19
	8. Schluss der Versteigerung	20
IV.	Einzelne Abweichungen	21
	1. Allgemein	21
	2. Unabänderbare Verfahrensvorschriften	22
	3. Einzelfälle aus Rechtsprechung, Praxis und Schrifttum	23
	a) Erhöhte Verzinsung des Bargebots.	23
	b) Erhöhte Verzinsung im Falle der Forderungsübertragung.	25
	c) Höhe der Gebote	27
	d) Persönliche Ansprüche	28
	e) Beschränkungen gemäß WoBindG	29
	f) Versteigerungsgegenstand	31
	g) Befriedigungsrangfolge	34
	h) Mieter und Pächter.	35
	i) Sicherheitsleistung	37
	j) Zahlungsfristen	38
	k) Zahlung des Bargebots	39
	l) Flurbereinigung	40
	m) Bestehenbleiben eines erlöschenden Rechts, Zustimmung (Abs. 3) ...	41
	n) Erlöschen eines bestehen bleibenden Rechts	47
	o) Rangänderung.	48
	p) Gesamtausgebot, Gruppenausgebot.	49
	q) Altenteil	50
	r) Dauerwohnrecht.	51
V.	Zustimmung, Doppelausgebot	52
	1. Offene Beeinträchtigung	52

    2. Erforderliche Zustimmung 54
       a) Form 54
       b) Nicht erschienene Beteiligte 55
       c) Widerruf 56
       d) Gesetzlicher Vertreter 57
       e) Keine Zustimmung... 58
       f) Zustimmung liegt vor...................................... 59
    3. Doppelausgebot 60
VI. Zuschlagsentscheidung 61
    1. Allgemein 61
    2. Gebote auf gesetzliches Ausgebot 62
    3. Gebote auf mehrere Ausgebote............................... 63
       a) Anhörung der Beteiligten 63
       b) Vergleich der Meistgebote 64
       c) Keine Beeinträchtigung.................................... 65
       d) Beeinträchtigung steht fest................................. 66
    4. Gebote auf abweichendes Ausgebot........................... 69
    5. Inhalt des Zuschlagsbeschlusses 70
VII. Rechtsbehelf 71

I. Allgemeines

Die Bedingungen, unter welchen sich der Eigentumswechsel vollzieht und wie sich die Rechtslage des Erstehers und der Beteiligten durch den Zuschlag gestaltet, sind relativ starr. Da das ZVG aber nur den Interessen der Beteiligten dienen will, haben sie (nicht die Bietinteressenten) mit § 59 die Möglichkeit, andere Bedingungen zu fordern, falls durch die gesetzlichen Regelungen ihre Interessen nicht hinreichend gewahrt werden. Solche Abweichungen, sofern sie im zulässigen Rahmen möglich sind, zu veranlassen, ist allein Sache der Beteiligten.[1] Mit der Regelung in § 59 ist auch der Gedanke verknüpft, durch abweichende Zwangsversteigerungsbedingungen ein möglichst gutes wirtschaftliches Ergebnis zu erzielen.[2] In der gerichtlichen Praxis ist jedoch immer wieder zu beobachten, dass diese Vorschrift zum Nachteil anderer Beteiligter missbraucht wird. Hinzu kommt, dass zwischen Vollstreckungsgericht und den Beteiligten oftmals Unklarheit herrscht, welche Änderungen mit Zustimmung welcher Beteiligten zulässig sind.[3] Durch ein oder mehrere Abweichungsverlangen kann eine an sich rechtlich einfache Zwangsversteigerung kompliziert und für viele Beteiligten schwer durchschaubar werden. Ein geschickt taktierender Gläubiger oder der Schuldner kann durch zahlreiche Änderungsverlangen mehrere **Doppelausgebote** erreichen, die das Verfahren sehr schnell unübersichtlich werden lassen. Ein zunächst vorhandenes Bietinteresse geht verloren und von einer echten Bieterkonkurrenz kann nicht mehr die Rede sein. Selbst die Hinweis- und Belehrungspflicht des Vollstreckungsgerichts kann häufig die rechtlichen und wirtschaftlichen Auswirkungen der verschiedenen Ausgebote den Bietinteressenten nicht mehr transparent machen. Das Ziel des Verfahrens, ein möglichst wirtschaftlich gutes Ergebnis zu erzielen, wird hierdurch konterkariert.

Steht nicht fest, ob ein Recht durch die Abweichung beeinträchtigt wird oder nicht, ist das Grundstück mit der verlangten Abweichung und ohne sie auszubie-

---

1   OLG Celle, Rpfleger 1951, 216; Anregungen des Vollstreckungsgerichts, eventuell in einem Erörterungstermin (§ 62), sind dadurch nicht ausgeschlossen.
2   So Steiner/*Storz*, § 59 Rdn. 1.
3   Hierzu *Muth*, JurBüro 1985, 13.

ten, § 59 Abs. 2 (Doppelausgebot). Erst wenn erkennbar ist, dass die Anträge nur zur Verfahrensverzögerung oder Verwirrung der Beteiligten gestellt werden, können diese evtl. wegen Missbrauchs zurückgewiesen werden.[4] Missbrauchs- und Verwirrungsmöglichkeiten ergaben sich in der Vergangenheit insbesondere dadurch, dass ein solches Abweichungsverlangen nicht nur vor Beginn des Termins, sondern auch bis zum Schluss der Versteigerung, § 73 Abs. 2, gestellt werden konnte. Dies führte dazu, dass die bereits begonnene Bietzeit zwar nicht abgebrochen wurde, aber für das Abweichungsverlangen eine neue Bietzeit begann. Bereits abgegebene Anmeldungen behielten ihre Gültigkeit. Neue Anmeldungen in der neuen Bietzeit sollten ohne Rangverluste noch möglich sein (insgesamt alles streitig). Mit guten Gründen wurde daher auch die ersatzlose Streichung des § 59 verlangt.[5]

3 Vor diesem Hintergrund wurde Abs. 1 Satz 1 neu gefasst, Satz 2 angefügt durch den am 1.8.1998 in Kraft getretenen Art. 1 des Gesetzes zur Änderung des Gesetzes über die Zwangsversteigerung und die Zwangsverwaltung und anderer Gesetze vom 18.2.1998 (BGBl I 866). Die zeitliche Begrenzung des Antrags auf Feststellung des von den gesetzlichen Vorschriften abweichenden geringsten Gebots und der Versteigerungsbedingungen auf den Beginn der Bietzeit sollten nach der Gesetzesbegründung dazu dienen, eine Reihe von Problemen aus dem Weg zu räumen und Missbrauchsmöglichkeiten zu verhindern. Entsprechendes soll bei der Rücknahme des Antrags gelten. Die Änderungen sind insoweit zu begrüßen, als jetzt mit Beginn der Bietzeit für alle Beteiligten am Verfahren feststeht, auf welcher Grundlage das Grundstück versteigert wird.

4 Die Regelung des § 59 darf nicht mit der des § 9 Abs. 2 EGZVG (Erlöschen eines nachrangigen Altenteils) verwechselt werden; wegen Einzelheiten hierzu s. → § 9 EGZVG Rdn. 10 ff.

II. Abweichungsverlangen

1. Antrag

5 Abweichungen setzen das **Verlangen** eines **Beteiligten**[6] voraus. Eine Feststellung eines Abweichungsverlangens von Amts wegen ist unzulässig; Anregungen des Vollstreckungsgerichts werden dadurch nicht ausgeschlossen. Das Vollstreckungsgericht sollte hierbei jedoch größtmögliche Zurückhaltung wahren und bei Unklarheiten gem. § 139 ZPO umfassend aufklären.

6 Das Verlangen ist eine verstärkte Form des **Antrags**, ein Ermessensspielraum des Vollstreckungsgerichts wird hierdurch ausgeschlossen. Eine Ablehnung kommt nur dann in Betracht, wenn das Verlangen rechtsmissbräuchlich ist (hierzu → Rdn. 7, 8).

2. Rechtsmissbrauch

7 Ein geschickt taktierender Gläubiger oder der Schuldner kann durch zahlreiche Änderungsverlangen mehrere **Doppelausgebote** (hierzu → Rdn. 2) erreichen, die

---

4 Vgl. BGH, NJW 1979, 162; OLG München, Rpfleger 1984, 363; OLG Koblenz, Rpfleger 1985, 499.
5 *Schiffhauer*, Rpfleger 1986, 326.
6 Dazu gehören auch Mieter und Pächter, BGH, Rpfleger 1971, 102 = MDR 1971, 287 = KTS 1971, 204.

das Verfahren unübersichtlich machen können. Dadurch werden Bietinteressenten verunsichert, und das Versteigerungsverfahren verläuft unter Umständen ergebnislos. Der Antragsteller muss daher auf Verlangen die von ihm gewollte Abweichung sachlich begründen und erläutern. Ist erkennbar, dass die Anträge nur zur Verfahrensverzögerung oder Verwirrung der Beteiligten gestellt werden, können diese wegen **Rechtsmissbrauch** zurückgewiesen werden.[7] Dies hat das Vollstreckungsgericht von Amts wegen zu beachten.[8] Die Gebote von Treu und Glauben (§ 242 BGB) gelten im Zivilprozess und damit über § 869 ZPO auch in der Zwangsversteigerung. Der *BGH*[9] hat in einer (zu den aufgehobenen §§ 60, 61 ergangenen) Entscheidungen eindeutig klargestellt, dass das Verhalten eines Beteiligten nicht schon darum dem Vorwurf der Sittenwidrigkeit entzogen ist, dass er sich dafür – formal – auf das ZVG berufen kann, denn dieses erlaubt – wie jede Rechtsordnung – nur einen mit dem guten Sitten zu vereinbarenden Gebrauch seiner Rechte.[10] Rechtsmissbrauch bzw. Sittenwidrigkeit wird häufig nicht bei der Antragstellung eines Beteiligten deutlich, dass Vollstreckungsgericht ist jedoch gehalten, umfassend nachzufragen und aufzuklären, der Antragsteller ist gehalten, sich eindeutig zu erklären.

Abweichungsverlangen können auch dann gegen § 226 BGB verstoßen und sind vom Vollstreckungsgericht zurückzuweisen, wenn sie erkennbar in der Absicht gestellt sind, andere Beteiligte über die wirtschaftliche Tragweite der verschiedenen Abweichungen zu täuschen oder wenn ihre Stellung in einem gem. § 62 anberaumten Erörterungstermin dem Beteiligten zuzumuten war.[11] 8

III. Verfahren
1. Abweichungsverlangen durch Beteiligte

Abweichungen – auch mehrere – kann nach Abs. 1 Satz 1 nur ein Beteiligter 9
verlangen. Es gilt auch hier der Beteiligtenbegriff nach § 9. Auch ein Mieter oder Pächter ist berechtigt eine Abweichung zu verlangen, wenn z.B. eine von § 57a abweichende Kündigungsregelung durchgesetzt werden soll. Bietinteressenten können keine Abweichung verlangen, sie sind darauf angewiesen, sich mit einem Beteiligten insoweit abzusprechen.

2. Form

Eine besondere Form ist für ein Abweichungsverlangen nicht vorgeschrie- 10
ben. Es kann schriftlich oder zu Protokoll der Geschäftsstelle oder auch im Zwangsversteigerungstermin oder in einem Vortermin (§ 62) zu Protokoll des Vollstreckungsgerichts erklärt werden. Bei unklaren oder unverständlichen Erklärungen hat das Vollstreckungsgericht aufzuklären, § 139 ZPO. Unbegründete Anträge, die rechtsmissbräuchlich sind, sind durch Beschluss zurückzuweisen.

---

7   BGH, NJW 1979, 162 = WM 1978, 1392 = KTS 1979, 190; OLG München, Rpfleger 1984, 363; OLG Koblenz, Rpfleger 1985, 499; *Schiffhauer*, Rpfleger 1986, 326.
8   OLG Hamm, FamRZ 1979, 849.
9   BGH, NJW 1979, 162 = WM 1978, 1392 = KTS 1979, 190.
10 BGHZ 3, 94 = NJW 1951, 917 = MDR 1951, 667.
11 LG Oldenburg, Rpfleger 1976, 225.

3. Rechtliches Gehör

11 Die zulässigerweise gestellten Abweichungsverlangen sind mit den erschienenen Beteiligten im Versteigerungstermin zu erörtern, ihnen ist rechtliches Gehör zu gewähren. Stellungnahmen und weitere Anträge hierzu sind ebenfalls zu protokollieren. Rechtsmissbrauch ist hierbei auszuschließen. Das setzt die Darlegung der Auswirkungen eines Abweichungsverlangen ebenso voraus wie die umfassende Erläuterung des Ergebnisses gegenüber den Beteiligten, die im Zwangsversteigerungsgeschäft nicht so versiert sind; eine fehlende und/oder auch umfassende Aufklärung und Belehrung kann ein Zuschlagsversagungsgrund (§ 83 Nr. 6) sein.[12]

4. Mehrere Abweichungen

12 Mehrere Abweichungsverlangen sind zulässig. Sie können von einem oder auch mehreren Beteiligten gestellt werden. Jedes Abweichungsverlangen ist einzeln zu erörtern. Die Reihenfolge der Erörterungen steht im Ermessen des Vollstreckungsgerichts. Auch ist zu erörtern, welche der mehreren Abweichungsverlangen in *einem* Ausgebot zusammengefasst werden sollen und können.[13]

5. Zeitpunkt

13 Abweichungen verlangen können **vor** dem **Zwangsversteigerungstermin** gestellt werden, insbesondere auch in einem Vortermin nach § 62.

14 **Nach** Schluss der **Versteigerung** (§ 73 Abs. 2) ist ein Abweichungsverlangen unzulässig; ein trotzdem gestellter Antrag ist zu protokollieren, mit dem Beteiligten zu erörtern und durch begründeten Beschluss zurückzuweisen.

15 Seit der Neuregelung ab dem 1.8.1998 (hierzu → Rdn. 3) können Abweichungen im Zwangsversteigerungstermin nur noch **bis zur Aufforderung zur Abgabe von Geboten** (§ 66 Abs. 2) gestellt werden (Abs. 1 Satz 1). Auch die **Rücknahme** eines gestellten Antrags kann im Zwangsversteigerungstermin nur bis zu Beginn der Bietzeit erfolgen (Abs. 1 Satz 2).[14] Dies gilt auch für einen **Widerruf** des Abweichungsverlangens. Dieser ist unbeachtlich, sobald das geringste Gebot und die Zwangsvollstreckungsbedingungen festgestellt worden sind und das Gericht zur Abgabe von Geboten aufgefordert hat. Mit Beginn der Bietzeit muss für alle Beteiligten am Verfahren feststehen, auf welcher Grundlage das Grundstück versteigert wird. Spätere Abweichungsverlangen unterbrechen die einmal begonnene Bietzeit nicht. Werden dennoch weitere Anträge gestellt, sollte das Vollstreckungsgericht auf die Unzulässigkeit hinweisen; besteht ein Beteiligter auf seinem Antrag, ist dieser zu protokollieren und durch Beschluss als unzulässig zurückzuweisen.[15]

16 Sehr umstritten war bisher die Frage, ob der Ausschluss weiterer Anmeldungen (§ 66 Abs. 2) für den gesamten aktuellen Zwangsversteigerungstermin gilt oder ob im Falle weiterer Ausgebote gem. § 59 für jedes weitere Ausgebot neue Anmeldungen ohne Rangverlust zulässig sind.[16] Durch die Einfügung des Ausschluss-

---

12 Z.B. OLG Zweibrücken, Rpfleger 1978, 107; *Schiffhauer*, Rpfleger 1975, 145.
13 *Stöber*, ZVG § 59 Rdn. 3.7; Löhnig/*Siwonia*, § 59 Rdn. 8.
14 Vgl. hierzu *Hintzen*, Rpfleger 1998, 148 ff.; *Storz*, ZVG D 2.1.1.
15 Löhnig/*Siwonia*, § 59 Rdn. 5; *Böttcher*, Rpfleger § 59 Rdn. 7; A.A. *Stöber*, ZVG § 59 Rdn. 3.3, ein verspäteter Antrag ist nicht gesondert zurückzuweisen.
16 Hierzu 12. Auflage § 59 Rdn. 13; *Stöber*, ZIP 1981, 944 gegen *Storz*, ZIP 1982, 416; *Schiffhauer*, Rpfleger 1986, 326.

zeitpunktes in Abs. 1 Satz 1 (ab dem 1.8.1998) ist die Frage entschieden[17]. Richtig kann nur sein, dass Änderungen der Zwangsversteigerungsbedingungen während der Bietzeit unzulässig sind. Nach Beginn der Bietzeit müssen die Versteigerungsbedingungen für alle Ausgebotsarten feststehen. Der Versteigerungstermin ist eine Einheit und verliert diese Eigenschaft nicht dadurch, dass mehrere Ausgebote erfolgen. Der Ausschluss weiterer Anmeldungen, § 66 Abs. 2, gilt für den gesamten Termin und auch für solche Ausgebote, die in diesem Moment nicht aktuell sind. Sinn der Gesetzesänderung war die verbesserte Rechtssicherheit und die Verhinderung von Rechtsmissbrauch.

6. Unterbrechung oder Vertagung des Termins

Nicht selten dürfte das Vollstreckungsgericht über die im Zwangsversteigerungstermin gestellten Anträge auf Abweichungen nicht sogleich entscheiden können, möglicherweise ist auch eine Neuberechnung des bereits vorbereiteten geringsten Gebotes erforderlich. Das Vollstreckungsgericht kann den Zwangsversteigerungstermin jederzeit unterbrechen.[18] **Unterbrechung** bedeutet, dass zwischen einzelnen Abschnitten eines zusammenhängenden Termins ein verhandlungsfreier Zeitraum eingeschoben wird.[19] Im Einzelnen hierzu → § 66 Rdn. 11 ff.

Von der Unterbrechung zu unterscheiden ist die **Vertagung**, § 227 ZPO. Vertagung bedeutet die Bestimmung eines neuen Termins, nachdem der anberaumte Termin bereits begonnen hat.[20] Dies bedeutet, dass der Termin am Folgetag oder auch einige Tage später fortgesetzt wird (zur Einhaltung der Frist gem. → § 43 vgl. dort Rdn. 17). Im Einzelnen hierzu → § 66 Rdn. 11 ff.

7. Sicherheitsleistung

Liegen mehrere zulässige Ausgebotsformen vor und bietet ein Interessent auf eines der Gebote, kann ein Beteiligter von ihm Sicherheitsleistung (§§ 67 ff.) verlangen. Die Sicherheit ist zu leisten, sofern hierfür die Voraussetzungen vorliegen (s. hierzu → § 67 Rdn. 4 ff.). Das einmal für ein Gebot gestellte Verlangen nach Sicherheit gilt grundsätzlich für alle weiteren Gebote desselben Bieters in dem anstehenden Zwangsversteigerungstermin, ohne Rücksicht darauf, auf welche Ausgebotsform er bietet. Aus § 67 Abs. 1 Satz 2 ergibt sich eindeutig, dass nur auf die Person des Bieters abzustellen ist, nicht jedoch auf die Ausgebotsform; das Verlangen nach Sicherheitsleistung zielt auf die Bonität des Bieters. Ein Bieter, der auf verschiedene Ausgebote nach § 59 bietet, braucht nur **einmal Sicherheit** zu leisten, nicht für jedes abweichende Ausgebot in voller Höhe. Es handelt sich bei § 59

---

17 Es ist nach dem Gesetzeswortlaut nicht mehr vertretbar, dass für ein Abweichungsverlangen das geringste Gebot neu zu verkünden ist und die Bietzeit neu zu laufen beginnt. Die Versteigerung zu den bereits festgestellten Bedingungen läuft nicht – mehr – daneben weiter, unabhängig davon, ob hier bereits Gebote abgegeben wurden oder nicht. Zur früheren Rechtslage: *Muth*, Rpfleger 1987, 397; differenziert: *Storz*, ZIP 1982, 416; Steiner/*Storz*, § 59 Rdn. 60; anders jedoch für den Fall, dass in der 1. Bietzeit noch kein Gebot abgegeben wurde, dann abbrechen und neu beginnen. Die Auffassung, dass die Versteigerung abzubrechen und die Gebote sämtlich neu aufzustellen sind und auch die Bietzeit neu zu beginnen hat, wurde auch früher in jedem Falle abgelehnt. Bei Zulassung durfte die bereits laufende Versteigerung jedoch nicht vor Ablauf der neuen Bietzeit für das Abweichungsverlangen beendet werden.
18 So auch *Böttcher*, § 59 Rdn. 2.
19 OLG Köln, Rpfleger 1984, 280 = OLGZ 1984, 245.
20 Musielak/Voit/*Stadler*, § 227 Rdn. 3.

nach wie vor um dasselbe Grundstück, nur in einer abweichenden Gebotsform (anders bei der Versteigerung mehrerer Grundstücke, hierzu → § 67 Rdn. 11, 12). Der Zuschlag kann nur auf ein Meistgebot erteilt werden. Eine Erklärung dahin gehend, dass die bereits geleistete Sicherheit auch für die weiteren Gebote gelten soll, bedarf es daher nicht. Das Vollstreckungsgericht hat lediglich festzustellen, ob die geleistete Sicherheit einmal in der geforderten Höhe geleistet ist.

8. Schluss der Versteigerung

20 Nach § 73 Abs. 1 müssen zwischen der Aufforderung zur Abgabe von Geboten (§ 66 Abs. 2) und dem Schluss der Versteigerung (§ 73 Abs. 2) mindestens 30 Minuten liegen. Liegen mehrere Ausgebotsformen vor, sind diese stets nebeneinander auszubieten[21], der Schluss der Versteigerung ist hinsichtlich sämtlicher Ausgebotsformen zu einem einheitlichen Zeitpunkt zu verkünden.[22] Dies ist schon deswegen gerechtfertigt, da nur so im Interesse einer bestmöglichen Grundstücksverwertung die Konkurrenzsituation der Bieter bis zum letzten Moment aufrechterhalten wird. In der Nichtbeachtung kann ein Zuschlagsversagungsgrund nach § 83 Nr. 7 liegen.

IV. Einzelne Abweichungen

1. Allgemein

21 Nach dem Wortlaut von Abs. 1 Satz 1 können Abweichungen nur von den gesetzlichen Vorschriften über die Feststellung des geringsten Gebotes und der Zwangsversteigerungsbedingungen, das sind die Regelungen der §§ 44–65, beantragt werden. Teilweise wird dieser strengen Auffassung nicht gefolgt und auch die Abweichung anderer Regelungen bejaht, z.B. § 21 Abs. 3, §§ 67 ff., §§ 74a, 74b, 87, 90 ff., 107 ff., 118, 128, 132, 133, soweit nicht zwingende Vorschriften entgegenstehen.[23] Die restriktive Auslegung von § 59 grenzt die Möglichkeiten, Abweichungen zu verlangen, erheblich ein, vermindert dadurch Fälle von Rechtsmissbrauch, dient somit der Rechtssicherheit. Als Ausnahmevorschrift sollte § 59 schon vom Ansatz her eng ausgelegt werden.[24]

2. Unabänderbare Verfahrensvorschriften

22 Grundlegende, **zwingende Verfahrensvorschriften**[25] können nicht abgeändert werden, und zwar auch dann nicht, wenn sämtliche Beteiligte zustimmen. Zwingend und somit nicht abänderbar sind:

- Abweichungen über die Höhe des Übergebotes, z.B. dass das vorhergehende Gebot um mindestens x € höher liegen soll,[26]
- die Mindestdauer der Versteigerung von 30 Minuten, § 73 Abs. 1 S. 1,

---

21 BGH, Beschluss vom 1.12.2011, V ZB 186/11 (zu § 9 Abs. 2 EGZVG, aber durchaus vergleichbar), Rpfleger 2012, 331 mit Anm. *Hintzen*.
22 Zu § 63 bereits deutlich: BGH, Rpfleger 2003, 452 = NJW-RR 2003, 1077 = KTS 2003, 701 = MDR 2003, 1074 = WM 2003, 1181 = InVo 2003, 451 = ZfIR 2003, 743.
23 Hierzu Steiner/*Storz*, § 59 Rdn. 9.
24 Löhnig/*Siwonia*, § 59 Rdn. 2; *Böttcher*, § 59 Rdn. 8.
25 Hierzu Steiner/*Storz*, § 59 Rdn. 7; *Stöber*, ZVG § 59 Rdn. 2.5.
26 *Stöber*, ZVG § 59 Rdn. 5.14; *Böttcher*, § 59 Rdn. 8; unzutreffend somit: OLG Oldenburg, Rpfleger 1981, 315; Steiner/*Storz*, § 59 Rdn. 23; Storz/*Kiderlen*, ZVG, D 2.3.2; vgl. auch LG Aurich, Rpfleger 1981, 153: Erhöhung zu je 1.000,- €.

- die Vollstreckbarkeit des Zuschlagbeschlusses, § 93,[27]
- Abänderungen über die gesetzlich geregelte Art und Höhe der Sicherheitsleistung,[28]
- Befriedigungsreihenfolge, §§ 10, 109,[29]
- Rangfolge nach § 12, z.b. dass im Falle der Zwangsversteigerung aus der **Reallast** das Stammrecht in das geringste Gebot aufzunehmen ist.[30]

3. Einzelfälle aus Rechtsprechung, Praxis und Schrifttum

a) Erhöhte Verzinsung des Bargebots[31]

Das Bargebot ist vom Zuschlag bis zum Verteilungstermin grundsätzlich mit dem gesetzlichen Zinssatz von 4 % zu verzinsen, § 49 Abs. 2 ZVG i.V.m. § 246 BGB. Gerade in einer wirtschaftlichen Phase, in der auch die Kreditzinsen sehr hoch sind, kann es sich anbieten, diesen Zinssatz zu erhöhen (z.b. statt mit 4 % nebst 10 %).[32] Das Abweichungsverlangen ist zulässig. Es hat ein **Doppelausgebot** stattzufinden, § 59 Abs. 2.[33]

23

Ist auf beide Ausgebote ein wirksames Meistgebot erzielt worden, ist bei der Prüfung der Frage der Beeinträchtigung nicht auf einen hypothetischen Verteilungstermin abzustellen[34], sondern es ist mit Rücksicht auf die Möglichkeit der Hinterlegung des Bargebot schon am Tage des Zuschlages (§ 49 Abs. 3) der Zuschlagszeitpunkt maßgebend.[35]

24

b) Erhöhte Verzinsung im Falle der Forderungsübertragung

Zahlt der Ersteher das bare Meistgebot nicht, ist der Teilungsplan dadurch auszuführen, dass die Forderung gegen den Ersteher auf die Berechtigten übertragen wird, § 118 Abs. 1. Für die übertragene Forderung ist eine Sicherungshypothek an dem Grundstück einzutragen, § 128 Abs. 1. Die Verzinsung der übertragenen Forderung beträgt (mindestens, hierzu nachfolgend → Rdn. 26) 4 %, § 49 Abs. 2. Das Abweichungsverlangen führt in jedem Falle zum Doppelausgebot.[36]

25

Fall des LG Aurich[37]: Das Vollstreckungsgericht hatte dem Abweichungsverlangen auf eine Höherverzinsung der übertragene Forderung mit 15 % und damit auch der Sicherungshypothek nach § 128 ohne Weiteres entsprochen und zwar ohne Doppelausgebot. In der Begründung führte das Landgericht aus, dass im Falle einer Wiederversteigerung eine wirtschaftliche Schädigung der nachgehenden Rechte eintreten kann, meint aber, im konkreten Falle eine Beeinträchtigung ausschließen zu können, da der Meistbieten-

---

27 *Böttcher,* § 59 Rdn. 8.
28 *Stöber,* ZVG § 59 Rdn. 5.13; *Böttcher,* § 59 Rdn. 8; a.A. Steiner/*Storz,* § 69 Rdn. 22.
29 *Böttcher,* § 59 Rdn. 8; nach a.A. ist die Änderung zulässig, führt dann jedoch zu einem Doppelausgebot, *Stöber,* ZVG § 59 Rdn. 5.11a; Steiner/*Storz,* § 59 Rdn. 19.
30 OLG Hamm, Rpfleger 2003, 24 = FGPrax 2002, 201 = ZfIR 2002, 994 = ZNotP 2003, 31 = RNotZ 2002, 576. LG Münster, Rpfleger 2002, 435 = InVo 2002, 254.
31 Hierzu Steiner/*Storz,* § 59 Rdn. 25.
32 LG Freiburg, Rpfleger 1975, 105.
33 LG Freiburg, Rpfleger 1975, 105; LG Münster, Rpfleger 1982, 77.
34 So aber LG Freiburg, Rpfleger 1975, 105 mit ablehnender Anm. *Schiffhauer,* Rpfleger 1975, 105, 106.
35 LG Münster, Rpfleger 1982, 77; Steiner/*Storz,* § 59 Rdn. 25; *Stöber,* ZVG § 59 Rdn. 5.19.
36 LG Aurich, Rpfleger 1981, 153; *Schiffhauer,* Rpfleger 1986, 326, 339.
37 Rpfleger 1981, 153 mit Anm. *Schiffhauer.*

de hinreichend solvent sei. Darauf kann es aber nicht ankommen, denn die Bonität des Meistbietenden garantiert nicht die Zahlung des Bargebots im Verteilungstermin. Wenn der Zuschlag auf die abweichende Ausgebotsform erteilt werden soll, darf dies nur mit Zustimmung aller Beteiligten geschehen, die eine Zuteilung erhalten.[38]

26   In der Praxis hat sich ein Abweichungsverlangen auf Höherverzinsung weitgehend entschärft. Nach § 288 Abs. 1 BGB ist eine Geldschuld während des Verzugs zu verzinsen. Der Verzugszinssatz beträgt für das Jahr 5 %-Punkte über dem Basiszinssatz. Der Basiszinssatz ist in § 247 BGB festgelegt. Er verändert sich zum 1. Januar und 1. Juli eines jeden Jahres um die Prozentpunkte, um welche die Bezugsgröße seit der letzten Veränderung des Basiszinssatzes gestiegen oder gefallen ist. Bezugsgröße ist der Zinssatz für die jüngste Hauptrefinanzierungsoperation der Europäischen Zentralbank vor dem ersten Kalendertag des betreffenden Halbjahres. Die Deutsche Bundesbank gibt den geltenden Basiszinssatz unverzüglich nach den in Absatz 1 Satz 2 genannten Zeitpunkten im Bundesanzeiger bekannt. Beide Vorschriften dienen der Umsetzung von Art. 3 der Richtlinie 2000/35/EG des Europäischen Parlaments und des Rates vom 29.7.2000 zur Bekämpfung von Zahlungsverzug im Geschäftsverkehr (ABl EG Nr. L 200 S. 35). Einer Forderungsübertragung und die Eintragung der Sicherungshypothek erfolgt in jedem Falle mit dem gesetzlichen Zinssatz von 4 %, wenn nicht 5 %-Punkte über Basiszins angeordnet werden. Verschiedene Landgerichte[39] vertreten die Meinung, dass durch die Nichtzahlung des Erstehers zum Verteilungstermin dieser in Verzug gerät mit der Folge des Anfalls der gesetzlichen erhöhten Verzugszinsen. In der Literatur[40] wird dies teilweise differenzierter gesehen. Der Ausspruch der Verzinsung der gemäß § 118 übertragenen Forderung hat seinen Grund in § 49 Abs. 2. Der Zinssatz beträgt daher nur 4 %.[41] Den Verzug des Erstehers herbeizuführen ist vom Gesetz nicht dem Vollstreckungsgericht zugewiesen. Das Gericht prüft auch nicht die Voraussetzungen des Verzugs. In seinem Ersuchen an das Grundbuchamt auf Eintragung der Sicherungshypothek (§ 130) hat das Vollstreckungsgericht nur den gesetzlichen Zinssatz von 4 % anzugeben. Im Fall des Verzugs des Erstehers haftet das Grundstück kraft der Hypothek auch für die Verzugszinsen als gesetzliche Zinsen (§ 1118 BGB); einer Eintragung des Verzugszinssatzes bedarf es nicht. Die gesetzliche Haftung des Grundstücks auch für die erhöhten Verzugszinsen stellt eine erhebliche, über die in § 1119 Abs. 1 BGB festgelegte Grenze hinausgehende Beeinträchtigung nachrangiger dinglicher Rechte dar. Eine Rechtfertigung dieser Beeinträchtigung ist der Neuregelung nicht zu entnehmen (hierzu auch → § 118 Rdn. 18).

c)   Höhe der Gebote

27   Um welchen Betrag ein Gebot das Vorherige überschreiten muss, sagt das ZVG nicht. Deshalb ist 1 Cent ausreichend.[42] Werden Übergebote nur in dieser Höhe abgegeben, hat das Vollstreckungsgericht dem mit § 226 BGB zu begegnen. Nach § 72 Abs. 2 führt jedes Übergebot zum Erlöschen des vorhergehenden Gebotes, es

---

38   Hierzu *Schiffhauer*, Rpfleger 1986, 326; *Stöber*, ZVG § 59 Rdn. 5.20.
39   LG Verden, NdsRpfl 2010, 357; LG Wuppertal, Rpfleger 2009, 166; LG Hannover, Rpfleger 2005, 324; LG Augsburg, Rpfleger 2002, 374; LG Kempten und LG Berlin, beide Rpfleger 2001, 192.
40   *Streuer*, Rpfleger 2001, 401; differenziert insgesamt *Petershagen*, Rpfleger 209, 442.
41   So auch LG Kiel, Rpfleger 2010, 618.
42   Steiner/*Storz*, § 59 Rdn. 23; *Böttcher*, § 59 Rdn. 8.

handelt sich um eine zwingende Verfahrensvorschrift, die der Disposition der Beteiligten entzogen ist (siehe zuvor → Rdn. 22).

d) **Persönliche Ansprüche**

Persönliche Ansprüche, die nicht unter § 10 Abs. 1 Nr. 5 fallen, haben keinen Anspruch auf Befriedigung aus dem Versteigerungserlös. Ihnen kann diese Eigenschaft auch nicht über § 59 beigelegt werden.[43] 28

e) **Beschränkungen gemäß WoBindG**

Nach § 17 Abs. 1 WoBindG[44] gelten bei der Zwangsversteigerung die Wohnungen, für die öffentliche Mittel als Darlehen bewilligt worden sind, bis zum Ablauf des dritten Kalenderjahres nach dem Kalenderjahr, in dem der Zuschlag erteilt worden ist, als öffentlich gefördert, sofern die wegen der öffentlichen Mittel begründeten Grundpfandrechte mit dem Zuschlag erlöschen; abweichend hiervon gilt ein Eigenheim, eine Eigensiedlung oder eine eigengenutzte Eigentumswohnung im Sinne des § 16 Abs. 5 WoBindG nur bis zum Zuschlag als öffentlich gefördert, sofern die wegen der öffentlichen Mittel begründeten Grundpfandrechte mit dem Zuschlag erlöschen. Sind die öffentlichen Mittel lediglich als Zuschüsse bewilligt worden, so gelten die Wohnungen bis zum Zuschlag als öffentlich gefördert. Soweit nach den Vorschriften des § 15 oder des § 16 WoBindG die Wohnungen nur bis zu einem früheren Zeitpunkt als öffentlich gefördert gelten, ist dieser Zeitpunkt maßgebend. Nach § 17 Abs. 2 WoBindG gilt: Sind die wegen der öffentlichen Mittel begründeten Grundpfandrechte mit dem Zuschlag nicht erloschen, so gelten die Wohnungen bis zu dem sich aus § 15 oder § 16 WoBindG ergebenden Zeitpunkt als öffentlich gefördert. 29

Diese Beschränkungen gelten auch gegenüber dem Ersteher in der Zwangsversteigerung. Das Bestehen oder Nichtbestehen einer Wohnungsbindung gehört nicht zu den Zwangsversteigerungsbedingungen. Die Feststellung einer Abweichung gemäß § 59 dahin gehend, dass der Ersteher der Wohnungsbindung nicht unterliegt, ist unzulässig.[45] 30

f) **Versteigerungsgegenstand**

Der Versteigerungsgegenstand ergibt sich aus § 55. Der Umfang des Versteigerungsgegenstandes kann durch ein Abweichungsverlangen gem. § 59 zwar **verkleinert**, aber nicht vergrößert werden.[46] 31

Wenn eine **bewegliche Sache** oder eine Forderung besonders versteigert oder gesondert verwertet werden soll (§ 65), schließt die Regelung des § 65 die Anwendbarkeit des § 59 aus. Soweit § 65 nicht einschlägig ist, kann gem. § 59 die Herausnahme von beschlagnahmten Gegenständen aus der Zwangsversteigerung verlangt werden (nicht jedoch wesentliche Bestandteile des Grundstücks). Das Abweichungsverlangen führt in jedem Falle zu einem **Doppelausgebot**.[47] 32

---

43 Steiner/*Storz*, § 59 Rdn. 7; *Böttcher*, § 59 Rdn. 8.
44 Wohnungsbindungsgesetz (WoBindG) in der ab 1.1.2002 geltenden Fassung der Neufassungsbekanntmachung vom 13.9.2001, BGBl I 2404. Zuletzt geändert durch Art. 126 VO vom 31.8.2015 (BGBl I 1474).
45 LG Siegen, Rpfleger 1969, 173.
46 *Schiffhauer*, Rpfleger 1986, 326.
47 Steiner/*Storz*, § 65 Rdn. 6.

33 Ein auf dem Grundstück befindlicher **Gewerbebetrieb** wird grundsätzlich von der Versteigerung nicht erfasst. Teilweise wird hierzu die Meinung vertreten, dass über § 59 im Wege der Abweichung die Mitversteigerung eines Gewerbebetriebes verlangt und auch bestimmt werden kann, zu welchem Betrag er zu übernehmen ist.[48] Dieser Ansicht kann nicht zugestimmt werden.[49] Das Vollstreckungsgericht müsste sich in einem solchen Falle und völlig unzulässig damit befassen, welche Rechte Dritter (z.B. durch Sicherungsübereignung, Eigentumsvorbehalt, Leasingvertrag, Patente usw.) mit dem Gewerbebetrieb im Zusammenhang stehen und es wären Umfang und Rechtsschicksal bestehender Forderungen des Gewerbebetriebes zu klären. Durch die Einbeziehung eines Gewerbebetriebes in die Versteigerung würde das Vollstreckungsgericht in unzulässiger Weise in die Rechte Dritter eingreifen. Völlig unklar bleiben auch die Fragen, wie verfahren werden soll, wenn der Ersteher des Grundstücks unter Einschluss des mitversteigerten Gewerbebetriebes das Bargebot nicht zahlt.[50]

g) Befriedigungsrangfolge

34 Die einschlägigen Bestimmungen der §§ 10, 109 gehören nicht zu den Vorschriften über das geringste Gebot und der Zwangsversteigerungsbedingungen; deshalb ist eine Abänderung gemäß § 59 unzulässig (siehe zuvor → Rdn. 22). Vertritt man die gegenteilige Ansicht, setzt die Feststellung der Abweichung die Zustimmung desjenigen voraus, der seinen besseren Rang verlieren soll, es liegt eine offene Beeinträchtigung vor (siehe nachfolgend → Rdn. 52). Die Beeinträchtigung liegt bereits alleine in der Tatsache des Rangverlustes. Ein Doppelausgebot kann nicht in Betracht kommen, da auch bei voller Deckung des im Rang zurückgesetzten Rechts die Beeinträchtigung von der Zahlung des Bargebots, mithin von der Situation des Rechts in einer eventuellen Wiederversteigerung, abhängt.[51]

h) Mieter und Pächter

35 Mieter und Pächter können zur Verbesserung ihrer Rechtsposition dem Ersteher gegenüber Abweichungen von den §§ 57 ff. verlangen (wegen § 183 nicht aber in der Teilungsversteigerung[52]). Die Einschränkung des Ausnahmenkündigungsrechts des Erstehers kann das Bietinteresse erheblich beeinträchtigen.

36 Falls nicht sämtliche Beteiligte, einschließlich des Schuldners, einer Abweichung zustimmen, muss gemäß Abs. 2 ein **Doppelausgebot** erfolgen. In dem Verlangen auf Feststellung einer Abweichung ist die gem. § 9 Nr. 2 zur Erlangung der Beteiligtenstellung erforderliche Anmeldung zu sehen. Untermieter bzw. -pächter können auch durch eine Anmeldung die Beteiligtenstellung nicht erlangen[53], sind somit auch nicht berechtigt, ein Abweichungsverlangen zu stellen.

i) Sicherheitsleistung

37 Die Vorschriften über die Sicherheitsleistung (§§ 67–70, 184) gehören gesetzlich nicht zu den Versteigerungsbedingungen und sind daher auch nicht einer Ab-

---

48 Steiner/*Storz*, § 59 Rdn. 15; *Riedel*, JurBüro 1961, 425.
49 *Stöber*, ZVG § 59 Rdn. 5.8; *Schiffhauer*, Rpfleger 1986, 326.
50 Hierzu *Schiffhauer*, Rpfleger 1986, 326.
51 *Schiffhauer*, Rpfleger 1986, 326.
52 BGH, Rpfleger 2012, 704.
53 Steiner/*Hagemann*, §§ 9 Rdn. 87.

änderung zugänglich (siehe zuvor → Rdn. 22). Teilweise wird jedoch die Auffassung vertreten, die Bestimmungen über die Sicherheitsleistung zählen zu den Zwangsversteigerungsbedingungen im weiteren Sinne und sind daher nach § 59 abänderbar.[54] Ein Bedürfnis zu einer solchen extensiven Auslegung besteht jedoch nicht.

j) Zahlungsfristen

Die Bestimmungen über Zahlungsfristen sind durch Gesetz vom 1.2.1979[55] 38 aufgehoben worden (früher §§ 60, 61). Eine diesen Bestimmungen entsprechende Vereinbarungen gem. § 59 ist unzulässig.[56] Es kann nicht in der Absicht des Gesetzgebers liegen, die aus guten Gründen aufgehobenen Vorschriften durch § 59 wieder als abweichende Versteigerungsbedingungen in das Verfahren einzubringen.

k) Zahlung des Bargebots

Eine abweichende Zwangsversteigerungsbedingung dahin gehend, dass die 39 Zahlung des Bargebots auch durch Bankbürgschaft erfolgen kann, ist unzulässig.[57]

l) Flurbereinigung

Ein schwebendes **Flurbereinigungsverfahren** ist auf die Durchführung der 40 Zwangsversteigerung eines Einlagegrundstückes ohne Einfluss. Eine auf vorläufiger Besitzeinweisung vom Schuldner vorgenommene Bebauung des Abfindungsgrundstückes kann nur durch eine abweichende Versteigerungsbedingung berücksichtigt werden.[58]

m) Bestehenbleiben eines erlöschenden Rechts, Zustimmung (Abs. 3)

Das Abweichungsverlangen über das Fortbestehen eines Rechtes, das nach den 41 Versteigerungsbedingungen erlöschen würde, kommt in der Praxis durchaus häufiger vor (zur Erbbauzinsreallast siehe nachfolgend → Rdn. 45).

Die Frage der **Zustimmung** ist teilweise in § 59 Abs. 3 geregelt. Hierin wird auf 42 die Zustimmung eines dem von der Abweichung betroffenen Rechts **im Range nachgehenden** Beteiligten verzichtet. Die Zustimmung des nachstehenden Beteiligten ist nicht erforderlich, da dieser hiervon nicht betroffen ist.[59]

Eine Beeinträchtigung des Inhabers des Rechts, welches bestehen bleiben soll, 43 ist nicht auszuschließen.[60] Das Bestehenbleiben alleine sagt nichts darüber aus, ob dies für den Inhaber vorteilhaft ist; wird das Abweichungsverlangen von ihm gestellt, ist hierin seine Zustimmung zu sehen. Ein Doppelausgebot ist dann regel-

---

54 Steiner/*Storz*, § 69 Rdn. 22.
55 BGBl I 127.
56 A.A. Steiner/*Storz*, § 59 Rdn. 17.
57 *Schiffhauer*, Rpfleger 1986, 326.
58 OLG Hamm, Rpfleger 1987, 258; vgl. hierzu aber auch kritisch Dassler/*Schiffhauer*, 12. Auflage, § 59 Rdn. 37.
59 *Nussbaum*, (S. 108) hält die geltende Fassung für ein Versehen des Gesetzgebers. *Muth*, JurBüro 1985, 13 hält Abs. 3 lediglich für eine widerlegbare Vermutung; die mögliche Beeinträchtigung des dem Range nachgehenden Beteiligten kann nur durch ein Doppelausgebot geklärt werden.
60 *Stöber*, ZVG § 59 Rdn. 7.1.

mäßig nicht notwendig. Dies kann aber erforderlich sein, wenn ein „**Zwischenberechtigter**" der Abweichung nicht zugestimmt hat.[61]
Geht dem Recht, welches, statt zu erlöschen, jetzt bestehen bleiben soll, ein anderes Recht im Rang vor, ist die (Nicht)Beeinträchtigung erst erkennbar, wenn das Meistgebot vorliegt.

44 Umstritten ist, ob auch die **Zustimmung des Eigentümers** erforderlich ist. Teilweise wird ohne jede Begründung angenommen, dass mit der Regelung in Abs. 3 auch die Zustimmung des Schuldners nicht erforderlich ist.[62] Abgesehen davon, dass diese Ansicht im Gesetz keine Stütze findet, kann sie für den Schuldner zu einem wirtschaftlichen untragbaren Ergebnis führen; seine Zustimmung ist daher notwendig.[63]

45 Das Abweichungsverlangen auf Bestehenbleiben eines nach den Versteigerungsbedingungen erlöschenden Rechtes trifft oftmals auf das Erlöschen der **Erbbauzinsreallast** bei der Versteigerung eines Erbbaurechtes zu. Der Grundstückseigentümer als Berechtigter der Erbbauzinsreallast hat früher häufig den finanzierenden Grundpfandrechtsgläubigern den Vorrang eingeräumt, mit der Folge, dass der Erbbauzins bei einer Versteigerung aus dem vorrangigen Grundpfandrecht erlischt. Nach § 9 Abs. 3 ErbbauRG kann das Bestehenbleiben einer nachrangigen Erbbauzinsreallast **mit ihrem Hauptanspruch** in der Zwangsversteigerung vereinbart werden. Hierdurch wird die Folge des Erlöschens der Erbbauzinsreallast durch Rangrücktritt hinter ein anderes dingliches Grundpfandrecht, aus welchem dann vorrangig die Zwangsversteigerung betrieben wird, vermieden (vgl. → § 52 Rdn. 12).

46 Zur Erhaltung einer nachrangigen Erbbauzinsreallast (nach altem Recht) bedient sich die Praxis häufig einer sog. **Stillhalteerklärung**. Dabei handelt es sich um eine schuldrechtliche Vereinbarung zwischen dem Berechtigten aus dem Erbbauzins und dem Gläubiger eines nachrangigen Grundpfandrechtes. Die Stillhalteerklärung hat u.a. zum Inhalt, dass nur der laufende und rückständige Erbbauzins geltend gemacht wird und der vorrangige Grundpfandrechtsgläubiger dem Verlangen des nachrangigen Reallastberechtigten auf Bestehenbleiben des Erbbauzinses gem. § 59 Abs. 1 Satz 3 zustimmt. Die Folge ist, dass sich das geringste Gebot erhöht. Die Frage der Beeinträchtigung kann nur durch ein Doppelausgebot geklärt werden (Abs. 2).

n) Erlöschen eines bestehen bleibenden Rechts

47 In jedem Fall (sofern ein entsprechender Antrag in der Praxis überhaupt gestellt wird) liegt eine Beeinträchtigung des Inhabers dieses Rechts vor. Wird der Antrag von dem Inhaber des Rechtes selbst gestellt, ist hierin seine Zustimmung zu sehen. Durch das Erlöschen eines bestehen bleibenden Rechts wird der Rang des Rechtes nicht verändert. Folgerichtig wird das erlöschende Recht nunmehr im Bargebot berücksichtigt, das sich wesentlich erhöhen wird, da insbesondere nunmehr auch die Zinsen bis zum voraussichtlichen Verteilungstermin zu berücksich-

---

61 *Stöber*, ZVG § 59 Rdn. 7.2.
62 So *Stöber*, ZVG § 59 Rdn. 7.1; Steiner/*Storz*, § 59 Rdn. 33.
63 LG Arnsberg, Rpfleger 2005, 42; *Böttcher*, § 59 Rdn. 20; *Mayer*, Rpfleger 2003, 381; *Schiffhauer*, Rpfleger 1986, 326, 336; vgl. hierzu auch *Muth*, JurBüro 1985, 13, der § 59 Abs. 3 für verfassungswidrig hält.; offen gelassen Depré/*Bachmann*, § 59 Rdn. 38 ff.

tigen sind. Hierdurch können nachrangige Berechtigte und der Eigentümer beeinträchtigt sein; Folge ist in jedem Falle ein **Doppelausgebot**.[64]

o) Rangänderung

Das Verlangen nach einer Rangänderung im Wege der Abweichung ist grundsätzlich zulässig. Regelmäßig führt dieses aufgrund der nicht auszuschließenden Beeinträchtigung anderer Beteiligter zu einem **Doppelausgebot**. Von Amts wegen muss ein Doppelausgebot erlassen werden, wenn an einem Rangtausch, durch den ein relatives Rangverhältnis gegenüber einem Zwischenrecht entsteht, ein nicht auf Zahlung eines Geldbetrages gerichtetes Recht beteiligt ist, z.B. Wohnrecht, Nießbrauch, Reallast.[65]

Ist ein Anfechtungsgegner verurteilt worden, von seinem Recht an einem Grundstück gegenüber einem nachrangigen Grundpfandgläubiger keinen Gebrauch zu machen, kann dieser in der Zwangsversteigerung verlangen, dass das ihm vorgehende Recht abweichend von § 44 Abs. 1 nicht in das geringste Gebot aufgenommen wird. Einer Zustimmung des Anfechtungsgegners bedarf es nicht.[66] Durch die Verurteilung des Anfechtungsgegners, von dem anfechtbar erworbenen Recht gegenüber dem Anfechtungsgegner keinen Gebrauch zu machen, soll die Zugriffslage wiederhergestellt werden, die ohne die anfechtbare Rechtshandlung bestehen würde. Der Antragsteller kann daher verlangen, dass ein anfechtbar erworbenes vorrangiges Recht bei der Aufstellung des geringsten Gebots wie ein dem eigenen Recht nachgehendes Recht behandelt und daher nicht in das geringste Gebot aufgenommen wird.

p) Gesamtausgebot, Gruppenausgebot

Das Verlangen nach Gruppen- und/oder Gesamtausgeboten ist gesetzlich ausdrücklich in §§ 63, 64 geregelt. Zum Antrag und zu den Folgen s. dort insbes. → § 63 Rdn. 13 ff. und § 64 Rdn. 5 ff.

q) Altenteil

Regelungen über das Altenteil, welches nach landesrechtlichen Vorschriften auch dann bestehen bleibt, wenn es nicht in das geringste Gebot fällt, finden sich dem § 9 Abs. 2 EGZVG. Zum Antrag und zu den Folgen s. → § 63 Rdn. 13 ff. und § 64 Rdn. 5 ff.

r) Dauerwohnrecht

Abweichungen über das Bestehenbleiben bzw. Erlöschen eines Dauerwohnrechtes nach § 39 WEG sind grundsätzlich zulässig.[67] Da eine Beeinträchtigung nicht ausgeschlossen werden kann, erfolgt regelmäßig ein Doppelausgebot.[68]

---

64   Ebenso *Stöber*, ZVG § 59 Rdn. 5.6.
65   OLG Hamm, Rpfleger 1985, 246.
66   BGH, Beschluss vom 12.9.2013, V ZB 195/12, Rpfleger 2014, 96.
67   Steiner/*Storz*, § 59 Rdn. 11; LG Arnsberg, Rpfleger 1984, 427.
68   Steiner/*Storz*, § 59 Rdn. 36; LG Arnsberg, Rpfleger 1984, 427.

V. Zustimmung, Doppelausgebot
1. Offene Beeinträchtigung

52 Abs. 1 Satz 3 bestimmt, dass im Falle der Beeinträchtigung eines Beteiligten durch ein Abweichungsverlangen die Abweichung nur mit seiner Zustimmung zugelassen werden darf (**offene Beeinträchtigung**). Bis heute fehlt es an einem praktischen Kriterium für die Feststellung der Beeinträchtigung.[69] Eine Beeinträchtigung liegt dann vor, wenn ein Beteiligter (§ 9) in irgendeiner Weise in seiner materiellen oder formellen Rechtsposition nachteilig berührt wird. Diese Beeinträchtigung kann sich darin ausdrücken, dass ein Beteiligter durch die Abweichung eine geringere Befriedigungsaussicht hat oder in sein Recht eingegriffen wird, er sich z.B. mit Barzahlung zufrieden geben soll, obgleich sein Recht nach den gesetzlichen Versteigerungsbedingungen als bestehen bleibend in das geringste Gebot aufzunehmen ist. Ob eine Beeinträchtigung vorliegt, ist nach allen Gesichtspunkten zu überdenken[70], auch im Hinblick auf eine mögliche Wiederversteigerung (§ 133)[71] und den dann regelmäßig neu eingetragenen Sicherungshypotheken nach §§ 118, 128.

53 Grundsätzlich ist davon auszugehen, dass jeder Beteiligte einen Anspruch auf Einhaltung der gesetzlichen Zwangsversteigerungsbedingungen hat. Wer diesen grundsätzlichen Anspruch infrage stellt[72], riskiert bereits erhebliche Unsicherheiten bei der Beleihung eines Grundstücks. Diese erfolgt immer unter dem Gesichtspunkt der notfalls erforderlichen Verwertung durch Zwangsversteigerung bzw. Zwangsverwaltung; ihre wirtschaftlichen Auswirkungen sind jedoch nur dann einigermaßen sicher einzuschätzen, wenn man sich auf ein kalkulierbares Recht, die *gesetzlichen* Zwangsversteigerungsbedingungen, verlassen kann.

2. Erforderliche Zustimmung
a) Form

54 Liegt eine offene Beeinträchtigung eines Beteiligten vor, darf das Abweichungsverlangen nur dann berücksichtigt werden, wenn der beeinträchtigte Beteiligte zustimmt. Die Zustimmung ist ausdrücklich zu erklären, Stillschweigen ist keine Zustimmung.[73] Im Einzelfall kann die Zustimmung auch in einer sonstigen schlüssigen Erklärung liegen.[74] Die Zustimmung kann bereits im Vortermin (§ 62) oder im Zwangsversteigerungstermin mündlich erklärt werden, sie ist dann ordnungsgemäß zu protokollieren.

b) Nicht erschienene Beteiligte

55 Vielfach wird die Ansicht vertreten, dass die Zustimmung eines nicht im Termin erschienenen Beteiligten in öffentlich beglaubigter Form nachzuweisen ist[75]; zur Begründung wird auf § 84 Abs. 2 verwiesen. Dieser Auffassung kann nicht gefolgt werden.[76] Das Abweichungsverlangen ist eine prozessuale Erklärung, die

---

69 *Muth*, Rpfleger 1987, 397.
70 *Stöber*, ZVG § 59 Rdn. 4.2.
71 *Schiffhauer*, Rpfleger 1981, 155.
72 So *Muth*, Rpfleger 1987, 397.
73 *Stöber*, ZVG § 59 Rdn. 4.3.
74 LG Aurich, Rpfleger 1980, 306.
75 Z.B. Steiner/*Storz*, § 59 Rdn. 42; *Stöber*, ZVG § 59 Rdn. 4.3.
76 So bereits ausführlich *Schiffhauer*, Rpfleger 1986, 326; Löhnig/*Siwonia*, § 59 Rdn. 12.

keiner „besonderen" Form bedarf. Ebenso ist auch die Zustimmung des Beeinträchtigten eine prozessuale Erklärung, die ebenfalls formfrei abgegeben werden kann. § 84 Abs. 2 kann nicht herangezogen werden, denn dort geht es nicht um eine prozessuale Erklärung im laufenden Verfahren, sondern um die Elimination eines Verfahrensfehlers, der ansonsten zur Zuschlagsversagung führen würde. Die in § 84 Abs. 2 verlangte notariell beglaubigte Form hat Ausnahmecharakter und kann daher auf andere Sachverhalte im Wege der Analogie nicht angewandt werden; eine Gesetzeslücke besteht nicht. Die Zustimmung eines Beeinträchtigten kann daher formfrei erklärt werden.

c) **Widerruf**

Die Zustimmung eines Beeinträchtigten ist frei widerruflich. Wie jede Prozesshandlung, die nicht sogleich Verfahrensfolgen für andere Beteiligte hat, kann auch die erklärte Zustimmung bis zur Aufforderung zur Abgabe von Geboten (§ 66 Abs. 2) widerrufen werden. Der Widerruf kann formfrei – wie die Zustimmung selbst – erklärt werden. 56

d) **Gesetzlicher Vertreter**

Ist die Zustimmung von einem gesetzlichen Vertreter erklärt und hat die Zustimmung Folgen, die denen einer rechtsgeschäftlichen Verfügung nach §§ 1812, 1821, 1822 i.V.m. § 1643 BGB entspricht, hat der gesetzliche Vertreter die betreuungs- bzw. familiengerichtliche Genehmigung beizubringen (z.B. Bestehenbleiben eines erlöschenden Rechts).[77] 57

e) **Keine Zustimmung**

Liegt bei offener Beeinträchtigung keine Zustimmung des beeinträchtigten Beteiligten vor, ist das Abweichungsverlangen durch begründeten Beschluss zurückzuweisen. Ein Doppelausgebot nach Abs. 2 kommt nicht in Betracht. Das Grundstück wird nur unter den gesetzlichen Bedingungen versteigert. 58

f) **Zustimmung liegt vor**

Liegt die erforderliche Zustimmung eines beeinträchtigten Beteiligten bis zur Aufforderung zur Abgabe von Geboten (§ 66 Abs. 2) vor, wird das Grundstück nur mit der Abweichung ausgeboten. Ein Doppelausgebot kommt nicht in Betracht; dies ergibt sich aus dem Zusammenspiel von Abs. 1 Satz 3 und Abs. 2. 59

3. **Doppelausgebot**

Eine offene Beeinträchtigung ist nur selten bei Abweichungsverlangen sofort feststellbar, die Beeinträchtigung ist überwiegend von dem Ergebnis der Versteigerung abhängig. Bei Ungewissheit über die Beeinträchtigung hat nach Abs. 2 zwingend ein **Doppelausgebot** zu erfolgen, einmal mit den gesetzlichen Bedingungen und einmal mit der verlangten Abweichung. Geboten werden kann dann getrennt oder wahlweise auf die verschiedenen Ausgebote. Die Bieter sind an ihre jeweiligen Gebote gebunden. Die Versteigerungsergebnisse der mehreren Meistgebote sind die Grundlage für die Frage, ob die verlangte Abweichung das Recht 60

---

77 *Stöber*, ZVG § 59 Rdn. 4.3; *Eickmann*, Rpfleger 1983, 199.

eines Beteiligten beeinträchtigt und wer der Beeinträchtigte ist. Zur Frage der Zuschlagsentscheidung s. nachfolgend → Rdn. 62 ff.

VI. Zuschlagsentscheidung

1. Allgemein

61 Probleme bei der Zuschlagsentscheidung kann es nur dann geben, wenn die Beeinträchtigung eines Beteiligten unklar war, der Beeinträchtigte der Abweichung nicht zugestimmt hat und deshalb das Grundstück doppelt ausgeboten wurde.

2. Gebote auf gesetzliches Ausgebot

62 Wurde nur auf das Ausgebot unter den gesetzlichen Versteigerungsbedingungen geboten, ist auf dieses Meistgebot der Zuschlag zu erteilen.

3. Gebote auf mehrere Ausgebote

a) Anhörung der Beteiligten

63 Liegen nach Schluss der Versteigerung Meistgebote auf alle Ausgebotsformen vor, sind sie miteinander zu vergleichen. Der Vergleich ergibt, ob die Abweichung das Recht eines Beteiligten beeinträchtigt; dies kann zeitraubend und kompliziert sein.[78] Nach Schluss der Versteigerung sind die Beteiligten über den Zuschlag zu hören, § 74. Regelmäßig wird es sich empfehlen, über den Zuschlag nicht sofort, sondern in einem besonderen Verkündungstermin (§ 87) zu entscheiden.

b) Vergleich der Meistgebote

64 Liegen Gebote sowohl auf das gesetzliche Ausgebot als auch auf das abweichende Ausgebot vor, sind die abgegebenen Gebote in ihrem wirtschaftlichen Wert zu vergleichen.[79] Der Vergleich mehrerer Meistgebote hat unter Einschluss des Wertes der bestehen bleibenden Rechte zu erfolgen. Grundpfandrechte sind hierbei mit ihrem Nominalbetrag zu berücksichtigen. Rechte der Abt. II des Grundbuches sind mit ihrem nach § 51 Abs. 2 festgesetzten Zuzahlungsbetrag in die Vergleichsrechnung einzustellen.[80] Kommt es für die Klärung der Zuschlagsfrage darauf an, welches Gebot das höhere ist, ist auf den Zeitpunkt der Zuschlagsentscheidung abzustellen.[81]

c) Keine Beeinträchtigung

65 Der Vergleich der Meistgebote ergibt die Tatsachen der Beeinträchtigung und der beeinträchtigten Person. Ist die **Beeinträchtigung** in völlig **gleicher Weise** gegeben, ist der Zuschlag auf das Meistgebot mit der Abweichung zu erteilen. Ergibt der Vergleich, dass durch die Abweichung niemand in höherem Maße als bei den gesetzlichen Bedingungen beeinträchtigt ist, hat die Abweichung Vorrang.[82]

---

78 So auch Steiner/*Storz*, § 59 Rdn. 53.
79 OLG Celle, Rpfleger 2010, 532.
80 *Stöber*, ZVG § 59 Rdn. 6.5; Steiner/*Storz*, § 59 Rdn. 52.
81 LG Münster, Rpfleger 1982, 77.
82 *Stöber*, ZVG § 59 Rdn. 6.2; Steiner/*Storz*, § 59 Rdn. 50.

d) Beeinträchtigung steht fest

66 Wird durch den Vergleich der Meistgebote festgestellt, dass ein Beteiligter durch die Abweichung beeinträchtigt ist, kann der Zuschlag grundsätzlich nur auf das Meistgebot unter den gesetzlichen Bedingungen erteilt werden.

67 Dies gilt in jedem Falle dann, wenn der Beeinträchtigte der Zuschlagserteilung auf die Abweichung nicht zustimmt. Die Zulassung eines Doppelausgebots ändert nichts daran, dass gemäß § 59 Abs. 1 Satz 3 stets die **Zustimmung** desjenigen Beteiligten erforderlich ist, dessen Recht durch die Abweichung beeinträchtigt ist. Bei der Zustimmung handelt es sich um die Genehmigung eines fehlerhaften Verfahrens, bedarf nach § 84 Abs. 2 der öffentlich beglaubigten Form, sofern sie nicht zu Protokoll des Vollstreckungsgerichts erklärt wird.

68 Beeinträchtigt ist auch der **Schuldner**, wenn mittels der abweichenden Bedingung weniger Schulden als gesetzlich – durch höheres Gebot – getilgt werden oder gar kein wirksames Gebot abgegeben worden wäre.[83] Soll ein nach den Versteigerungsbedingungen bestehen bleibendes Recht auf Antrag eines Beteiligten erlöschen, kann der Zuschlag hierauf nur dann erteilt werden, wenn auch die Zustimmung des Schuldners vorliegt.[84]

4. Gebote auf abweichendes Ausgebot

69 Umstritten ist nach wie vor die Frage, auf welches Gebot der Zuschlag zu erteilen ist, wenn nur ein **Meistgebot auf die Abweichung** abgegeben wurde. Ist eine Beeinträchtigung nicht festzustellen, kann der Zuschlag auf die Abweichung erteilt werden, wenn auf das geringste Gebot nach den gesetzlichen Versteigerungsbedingungen kein Meistgebot erteilt wurde.[85] Richtig ist, dass das Doppelausgebot der Klärung dienen soll, ob eine Beeinträchtigung vorliegt, weil sie bei Zulassung des Ausgebots nicht offen erkennbar war. Das Doppelausgebot dient somit der Klärung der Frage der Beeinträchtigung und kann, wenn die Beeinträchtigung nunmehr offenbar geworden ist, kein anderes Ergebnis erbringen als eine von vornherein erkennbare Beeinträchtigung. Führt das Doppelausgebot zu dem Ergebnis, dass nur auf die Abweichung geboten wurde, das Ausgebot unter den gesetzlichen Bedingungen für die Interessenten somit nicht relevant war, ist bei der Zuschlagsentscheidung nur zu prüfen, ob ein Beteiligter, nunmehr in Kenntnis des Meistgebotes, beeinträchtigt ist oder nicht. Liegt keine Beeinträchtigung vor oder steht diese zumindest nicht sicher fest[86], ist der Zuschlag im Zweifel zu erteilen[87]. Der BGH stellt offenbar bei der Prüfung der möglichen Beeinträchtigung auf den Zeitpunkt der Zuschlagsentscheidung ab. Hierbei wird dann auch unterstellt, dass das Meistgebot – später – gezahlt wird.

Für „Versteigerungsverhinderer" bietet sich hier die Gelegenheit, sehr hohe Gebote abzugeben, sodass niemand finanziell beeinträchtigt ist, zum Verteilungstermin erfolgt aber keine Zahlung des baren Meistgebots. Erkennt das Vollstre-

---

83 LG Rostock – 2 T 144 u. 126/00 – Rpfleger 2001, 509.
84 LG Arnsberg, Rpfleger 2005, 42.
85 LG Arnsberg, Rpfleger 1984, 427; Steiner/Storz, § 59 Rdn. 54; Muth, Rpfleger 1987, 397, 401; Böttcher, § 59 Rdn. 14, der aber als Beispiel ein Gebot von 0,– € anführt, somit von einem Gebot ausgeht; Stöber, § 59 Rdn. 6.3; a.A. Schiffhauer, Rpfleger 1986, 326, 338.
86 Hierzu LG Berlin, Rpfleger 2006, 93.
87 BGH, Rpfleger 2012, 336 = NJW-RR 2012, 220 = ZfIR 2012, 331.

ckungsgericht solche Bietmanipulationen, ist zu überlegen, das bare Meistgebot vor der Zuschlagserteilung einzufordern (ähnlich der Regelung zu § 68 Abs. 3 und 4). Stimmt der Beeinträchtigte zu, kann der Zuschlag ebenfalls erteilt werden; stimmt der Beeinträchtigte nicht zu, ist der Zuschlag zu versagen. Für die Zuschlagserteilung sind weder Gebote auf beide Ausgebotsarten noch der Beweis, dass eine Benachteiligung ausgeschlossen ist, notwendig.[88]

5. Inhalt des Zuschlagsbeschlusses

70 Im Zuschlagsbeschluss sind nach § 82 die Zwangsversteigerungsbedingungen zu bezeichnen (hierzu → § 82 Rdn. 12). Werden keine Bedingungen aufgeführt, gelten die Gesetzlichen. Abweichungen müssen im Zuschlagsbeschluss ausdrücklich aufgeführt werden, sofern der Zuschlag auf das Meistgebot mit der Abweichung erteilt wird. Der Zuschlagsbeschluss ist zu begründen. Die Begründung hat sich insbesondere darüber auszulassen, warum bei mehreren Meistgeboten auf verschiedene Ausgebotsformen der Zuschlag auf ein bestimmtes Meistgebot erteilt wurde.

VII. Rechtsbehelf

71 Wird eine verlangte und zulässige Abweichung nicht zugelassen, liegt hierin ein Zuschlagsversagungsgrund, § 83 Nr. 1. Hierbei genügt bereits die Möglichkeit ein besseres Meistgebot durch die Abweichung zu erlangen. Nur wenn eine Beeinträchtigung eines Beteiligten durch das fehlerhafte Verhalten völlig auszuschließen ist, kann gem. § 84 der Zuschlag trotz des Mangels erteilt werden.[89] Bei Verfahrensmängeln ist eine Heilung stets gem. § 84 Abs. 2 möglich. Der Ersteher, der nicht zugleich Beteiligter ist, ist nicht beschwerdeberechtigt, wenn ein an sich zulässiges Doppelausgebot unterblieben ist.

72 Die Aufstellung eines überflüssigen Ausgebots ist grundsätzlich unschädlich.[90] Hierbei ist jedoch Vorsicht geboten, denn im Einzelfall kann dies dazu führen, dass keines der beiden Meistgebote zuschlagsfähig ist, weil sie nicht miteinander vergleichbar sind.[91]

§ 60 »Zahlungsfristen«

§ 61 »Zahlungsfristen«

Aufgehoben durch Gesetz vom 1.2.1979 (BGBl I 127).

---

88 LG Berlin, Rpfleger 2006, 93.
89 OLG Stuttgart, Rpfleger 1988, 200.
90 Steiner/*Storz*, § 59 Rdn. 66.
91 Hierzu *Schiffhauer*, Rpfleger 1986, 326.

§ 62 »Erörterungen der Beteiligten über das geringste Gebot und die Versteigerungsbedingungen«

Das Gericht kann schon vor dem Versteigerungstermin Erörterungen der Beteiligten über das geringste Gebot und die Versteigerungsbedingungen veranlassen, zu diesem Zwecke auch einen besonderen Termin bestimmen.

I. Allgemeines

Das geringste Gebot und die Zwangsversteigerungsbedingungen werden endgültig erst im Zwangsversteigerungstermin festgesetzt. Gelegentlich können zur Entlastung des Zwangsversteigerungstermins vorbereitende Erörterungen notwendig und zweckmäßig sein. Solche Erörterungen können sich beispielhaft beziehen auf die vom Vollstreckungsgericht vorzunehmenden Festsetzungen nach §§ 46, 51 Abs. 2 oder auf die Zweckmäßigkeit mehrfacher Ausgebote nach §§ 63, 64, eventuell abweichende Versteigerungsbedingungen oder auch auf streitige Rechtsfragen. Das Ergebnis der Erörterung ist für den Versteigerungstermin nicht bindend. In der Praxis hat § 62 daher auch keine allzu große Bedeutung erlangt, obwohl er sich insbesondere im Verfahren der Teilungsversteigerung häufiger anbieten würde. Er kann und wird in geeigneten Fällen dazu benutzt, mit den Beteiligten eine auch wirtschaftlich befriedigende Lösung zu suchen, ihnen Hinweise und Belehrungen (§ 139 ZPO) zu geben oder eventuell auch eine vergleichsweise Erledigung zu versuchen. 1

II. Anberaumung des Erörterungstermins

1. Terminsbestimmung

Die Anberaumung des Erörterungstermins (= Vortermin) erfolgt in jedem Falle von Amts wegen, kann selbstverständlich von Beteiligten angeregt werden. Es können auch mehrere Termine bestimmt werden. 2

2. Terminsladung

Das Vollstreckungsgericht hat die Beteiligten zu dem Erörterungstermin **formlos** zu laden. Es müssen hierbei nicht sämtliche Beteiligte geladen werden. In der Ladung ist anzugeben, welche Einzelfragen oder Fragenkomplexe erörtert werden sollen. Auch sollte angegeben werden, warum das Vollstreckungsgericht diese Fragen mit den Beteiligten erörtern will. Für die Beteiligten besteht kein Teilnahmezwang, das Ausbleiben hat keine Rechtsnachteile. Das persönliche Erscheinen des Schuldners bzw. Antragsgegners in der Teilungsversteigerung kann nicht angeordnet werden.[1] 3

III. Erörterungstermin

1. Ergebnis des Termins

Der Erörterungstermin ist **nicht öffentlich**. Das Ergebnis der Erörterung ist in einem Protokoll festzuhalten. Die entscheidende Schwäche des § 66 besteht darin, dass das Ergebnis der Erörterung für den späteren Zwangsversteigerungstermin nicht bindend ist. Ausnahmsweise können Anträge eines Beteiligten auf Feststel- 4

---

1 *Stöber*, ZVG § 62 Rdn. 3.3; a.A. *Böttcher*, § 62 Rdn. 1.

lung abweichender Zwangsversteigerungsbedingungen nach § 59 eine unzulässige Rechtsausübung (§ 226 BGB) darstellen und zur Zurückweisung führen, wenn diese in einem anberaumten Erörterungstermin bereits hätten gestellt werden können.[2]

2. Vergleichsregelung

5   Die Aussichten auf eine vergleichsweise Erledigung[3] dürften weniger in der Vollstreckungsversteigerung dafür aber nicht selten in einer Teilungsversteigerung (§§ 180 ff.) in Betracht kommen. Kommt es zum Vergleichsabschluss vor dem Vollstreckungsgericht, obliegt ihm die gleiche Aufklärungs- und Belehrungspflicht, die ansonsten den Notar trifft.[4] Die Vergleichsbereitschaft der Beteiligten muss sich im Zeitraum vor dem Zwangsvollstreckungstermin abzeichnen. Ist dies erkennbar, ist der Erörterungstermin anzuberaumen. Sind die Einzelheiten bereits vorher besprochen worden, kann der Vergleich direkt im Erörterungstermin beurkundet werden; ansonsten kann auch ein weiterer Erörterungstermin bestimmt werden, sofern dies vor dem bereits terminierten Versteigerungstermin noch möglich ist. Der Versteigerungstermin sollte in keinem Falle vorschnell abgesetzt werden.

6   **Zuständig** zur Beurkundung ist funktionell der Rechtspfleger.[5] Im Falle der Grundstücksübertragung enthält die Beurkundung sowohl den schuldrechtlichen Vertrag als auch die Auflassung (siehe auch § 127a BGB).

7   Sind die Beteiligten durch Rechtsanwälte vertreten, ermächtigt die Prozessvollmacht auch zum Abschluss eines Vergleichs (§ 81 ZPO). Die Prozessvollmacht ist formfrei, unabhängig davon, dass der Vergleich die Auflassung (§§ 873, 925 BGB) enthält.

IV. Kosten

8   Die Tätigkeit des **Vollstreckungsgerichts** wird durch die allgemeine Verfahrensgebühr nach GKG KV 2211 (0,5 Gebühr) abgegolten. Auslagen fallen unter § 109. Gebühren nach der KostO, insbesondere Beurkundungsgebühren, fallen nicht an.

9   Die Tätigkeit des **Rechtsanwalts** wird zunächst durch die **Verfahrensgebühr** nach RVG VV 3311 Nr. 1 (0,4 Gebühr) abgegolten. Daneben kann der Rechtsanwalt eine **Einigungsgebühr** nach RVG VV 1000, 1003 erhalten, wenn es zu einem Vergleichsabschluss kommt.[6] Die Einigungsgebühr entsteht für die Mitwirkung beim Abschluss eines Vertrags, durch den der Streit oder die Ungewissheit der Parteien über ein Rechtsverhältnis beseitigt wird, es sei denn, der Vertrag beschränkt sich ausschließlich auf ein Anerkenntnis oder einen Verzicht; sie entsteht weiter auch für die Mitwirkung bei Vertragsverhandlungen, es sei denn, dass diese für den Abschluss des Vertrags nicht ursächlich war. Eine Einigungsgebühr fällt

---

2   Hierzu LG Oldenburg, Rpfleger 1976, 225.
3   Hierzu auch *Schiffhauer*, ZIP 1982, 526.
4   Zur Aufklärung über die Bedeutung von § 1365 Abs. 1 BGB, siehe BGHZ 64, 246 = MDR 1975, 834.
5   Hierzu OLG Nürnberg, Rpfleger 1972, 305; Palandt/*Ellenberger*, § 127a Rdn. 2 m.w.N.; *Arnold/Meyer-Stolte/Rellermeyer/Hintzen/Georg*, RPflG § 3 Rdn. 77 und § 4 Rdn. 19; *Hornung*, Rpfleger 1972, 203; *Bassenge*, Rpfleger 1972, 241.
6   Gilt auch in der Zwangsvollstreckung, vgl. OLG Zweibrücken, InVo 1999, 326 = Jur-Büro 1999, 80.

(im Gegensatz zur Vergleichsgebühr nach dem früheren § 23 BRAGO) auch dann an, wenn die materiell-rechtlichen Voraussetzungen eines Vergleichs gem. § 779 BGB – insbesondere also das gegenseitige Nachgeben – nicht vorliegen.[7] Die einem Gläubiger entstehenden Kosten fallen unter § 10 Abs. 2.

---

[7] Vgl. dazu ausführlich AnwK-RVG/*Onderka/Schafhausen/N. Schneider/Thiel*, VV 1000 Rdn. 64 ff.

§ 63 »Einzel- und Gesamtausgebot mehrerer Grundstücke«

(1) ¹Mehrere in demselben Verfahren zu versteigernde Grundstücke sind einzeln auszubieten. ²Grundstücke, die mit einem einheitlichen Bauwerk überbaut sind, können auch gemeinsam ausgeboten werden.

(2) ¹Jeder Beteiligte kann spätestens im Versteigerungstermin vor der Aufforderung zur Abgabe von Geboten verlangen, daß neben dem Einzelausgebot alle Grundstücke zusammen ausgeboten werden (Gesamtausgebot). ²Sofern einige Grundstücke mit einem und demselben Recht belastet sind, kann jeder Beteiligte auch verlangen, daß diese Grundstücke gemeinsam ausgeboten werden (Gruppenausgebot). ³Auf Antrag kann das Gericht auch in anderen Fällen das Gesamtausgebot einiger der Grundstücke anordnen (Gruppenausgebot).

(3) ¹Wird bei dem Einzelausgebot auf eines der Grundstücke ein Meistgebot abgegeben, das mehr beträgt als das geringste Gebot für dieses Grundstück, so erhöht sich bei dem Gesamtausgebote das geringste Gebot um den Mehrbetrag. ²Der Zuschlag wird auf Grund des Gesamtausgebots nur erteilt, wenn das Meistgebot höher ist als das Gesamtergebnis der Einzelausgebote.

(4) ¹Das Einzelausgebot unterbleibt, wenn die anwesenden Beteiligten, deren Rechte bei der Feststellung des geringsten Gebots nicht zu berücksichtigen sind, hierauf verzichtet haben. ²Dieser Verzicht ist bis spätestens vor der Aufforderung zur Abgabe von Geboten zu erklären.

Übersicht		Rdn.
I.	Allgemeines	1
II.	Einzelausgebot (Abs. 1 Satz 1)	7
	1. Grundsatz	7
	2. Verzicht auf Einzelausgebot (Abs. 4)	8
	3. Wohnungs- und Teileigentum	10
III.	Gesamtausgebot	11
	1. Einheitlich überbaute Grundstücke (Abs. 1 Satz 2)	11
	2. Gesamtausgebot auf Antrag	13
IV.	Gruppenausgebot	16
V.	Geringstes Gebot	18
	1. Einzelausgebot	18
	2. Gesamtausgebot	20
VI.	Meistgebot (Abs. 3 Satz 1)	21
	1. Erhöhung des Meistgebots	21
	2. Meistgebot und Zuschlag	23
VII.	Verfahren im Termin	31
	1. Verfahrensablauf	31
	2. Schluss der Versteigerung	32
VIII.	Zuschlagsentscheidung	33
	1. Allgemein	33
	2. Gesamtausgebot	34
	3. Einzelausgebote	35
	4. Einzel- und Gesamtausgebot (Gruppenausgebot)	38
	5. Weitere Ergebnismöglichkeiten	41
	a) Kein Gebot auf Einzelausgebote	41
	b) Teilweise einstweilige Einstellung (§ 30)	42
	c) 50 %-Grenze und 70 %-Grenze	44
	d) Einstweilige Einstellung (§ 76)	48
IX.	Rechtsbehelf	51

I. Allgemeines

Die §§ 63, 64 regeln die Zwangsversteigerung mehrerer rechtlich selbstständiger Grundstücke (hierzu → vor § 15 Rdn. 2) bzw. grundstücksgleicher Rechte in einem gem. § 18 verbundenen Verfahren.[1] Die Verfahrensverbindung kann das Vollstreckungsgericht in jeder Lage des Verfahrens, also auch noch im Zwangsversteigerungstermin, aufheben, wenn sie sich z.b. nachträglich als unzulässig, unzweckmäßig oder rechtsmissbräuchlich herausstellt. In engem Zusammenhang steht § 76 (Einstellung des Verfahrens wegen Deckung des Gläubigers aus einem Einzelausgebot) und §§ 112, 122, die die Erlösverteilung nach Zuschlag auf ein Gesamtausgebot regeln.

Die verschiedenen Ausgebotsmöglichkeiten nach § 63 bezwecken die Erreichung eines wirtschaftlich bestmöglichen Ergebnisses. Das Gesetz geht hierbei von der Regel des Einzelausgebots der Grundstücke aus, unabhängig davon, dass rechtlich selbstständige Grundstücke eine wirtschaftliche Einheit bilden können. Durch den am 1.8.1998 in Kraft getretenen Art. 1 des Gesetzes zur Änderung des Gesetzes über die Zwangsversteigerung und die Zwangsverwaltung und anderer Gesetze vom 18.2.1998 (BGBl I 866) wurde Abs. 1 Satz 2 neu eingefügt. Die nunmehr eingeräumte Möglichkeit, Grundstücke bei einer einheitlichen Überbauung gemeinsam ausbieten zu können, soll der Vereinfachung und Beschleunigung des Verfahrens dienen.

Weiter lässt Abs. 2 ein Gesamtausgebot aller Grundstücke (→ Rdn. 11 ff.) und das Ausgebot von Grundstücksgruppen (→ Rdn. 16) zu. Auch diesen Variationsmöglichkeiten liegt der Gedanke zugrunde, dass das Bietinteresse zunimmt, wenn wirtschaftliche Einheiten zusammen ausgeboten werden. Andererseits schließt – wie in der Praxis immer wieder zu beobachten – § 63 Missbrauchsmöglichkeiten nicht aus.[2] Alleine bei drei Grundstücken (A, B, C) sind folgende Ausgebote möglich: (1) Gesamtausgebot, (3) Einzelausgebote, (3) Gruppenausgebote AB, AC und BC, insgesamt somit sieben verschiedene Gebotsarten.[3] Kreditinstitute können und sollten Situationen dieser Art, die sich bei mehr als zwei Grundstücken zwangsläufig einstellen, dadurch vermeiden, dass sie vor einer Beleihung darauf hinwirken, dass eine wirtschaftliche Einheit immer nur als *ein* rechtlich selbstständiges Grundstück im Grundbuch ausgewiesen wird (hierzu → vor § 15 Rdn. 2 ff.).

Ebenfalls durch das Gesetz vom 18.2.1998 (BGBl I 866) wurde Abs. 2 neu gefasst, Abs. 3 aufgehoben und der bisherige Abs. 4 jetzt Abs. 3. Die neu aufgenommene Zeitgrenze zur Stellung des Antrags auf Einzelausgebote führt in der Tat dazu, dass der bisherige Abs. 3 als überflüssig gestrichen werden konnte. Nach der bis dahin herrschenden Meinung konnten die Anträge auf Erstellung eines Gesamt- oder Gruppenausgebots bis zum Schluss der (ehemaligen) Bietstunde gestellt werden. Damit waren weitere Missbrauchsmöglichkeiten gegeben. Die Änderungen (gleichermaßen wie bei → § 59, siehe dort Rdn. 3) sind insoweit zu begrüßen, als jetzt mit Beginn der Bietzeit für alle Beteiligten des Verfahrens feststeht, welche Ausgebote vorliegen.

Ebenfalls streitig war die Frage, bis wann die Beteiligten auf die Einzelausgebote verzichten können. Auch hierzu wurde Abs. 4 neu gefasst (siehe zuvor, BGBl I 866), auch der Verzicht muss vor Beginn der Bietzeit feststehen.[4]

---

1 Hierzu auch BGH, Rpfleger 1987, 29; *Traub*, ZfIR 2011, 857.
2 So auch Steiner/*Storz*, § 63 Rdn. 28; dazu auch *Muth*, 1 M Rdn. 4.
3 Mit Beispielen auch *Muth*, Rpfleger 1990, 502.
4 Zu den Neuregelungen *Hintzen*, Rpfleger 1998, 148.

6   Der Abs. 3 gibt Regeln über das geringste Gebot und etwas systemwidrig zur Zuschlagsentscheidung. Für das geringste Gebot ist das Gruppenausgebot im Verhältnis zum Einzelausgebot ein Gesamtausgebot und im Verhältnis zum Gesamtausgebot als Einzelausgebot anzusehen. § 64 behandelt einen Sonderfall des Einzelausgebots, wenn die mehreren Grundstücke mit einer dem Gläubiger vorgehenden Gesamtgrundpfandrecht belastet sind. Die Erlösverteilung beim Zuschlag auf das Gesamtausgebot regeln dann §§ 112, 122.

II. Einzelausgebot (Abs. 1 Satz 1)
1. Grundsatz

7   Das Einzelausgebot mehrerer Grundstücke ist die Regel (Abs. 1). Dieser Grundsatz ist auch dann einzuhalten, wenn es sich um ideelle Miteigentumsanteile handelt (z.b. bei Ehegatten oder Partnern zu je $^1/_2$ Anteilen), da diese sachenrechtlich den rechtlich selbstständigen Grundstücken gleichgestellt sind.[5] Allerdings führt dies in der Praxis bei Bietinteressenten regelmäßig zu Unverständnis, wenn z.B. ein den Ehegatten zu je $^1/_2$ Anteil gehörendes Hausgrundstück versteigert wird und das Vollstreckungsgericht von Amts wegen das Grundstück einheitlich (Gesamtausgebot) und die den Ehegatten gehörenden $^1/_2$ Anteile als Einzelausgebote ausbietet. Diese Rechtslage kann auch zum Problem bei der Zuschlagsentscheidung werden.[6] Zwar kann nach Abs. 1 Satz 2 das mit einem einheitlichen Bauwerk überbaute Grundstück als Gesamtausgebot ausgeboten werden, der Verzicht auf die Einzelausgebote nach Abs. 4 muss aber ausdrücklich erklärt werden. Das Vollstreckungsgericht sollte in geeigneten Fällen hierauf dringen und die anwesenden Beteiligten über die Situation aufklären (§ 139 ZPO). Die zivilprozessuale Hinweispflicht gilt auch im Verfahren nach dem Zwangsversteigerungsgesetz. Sie erfordert aber nicht allgemeine Ausführungen über die Rechte der Beteiligten, sondern kommt in erster Linie zum Tragen, wenn das Gericht Anlass zu der Annahme hat, dass ein Beteiligter die Rechtslage falsch einschätzt und ihm deshalb ein Rechtsnachteil droht.[7] Für eine Aufklärung des Schuldners über die rechtliche Wirkung seiner Zustimmung zu dem Antrag eines Beteiligten, die beiden Miteigentumshälften nur gemeinsam unter Verzicht auf Einzelausgebote auszubieten, bestand nach Ansicht des BGH kein Anlass. Es gab keine Anhaltspunkte, die darauf hindeuteten, dem Schuldner könnte der Unterschied zwischen einem Einzelausgebot und einem Gesamtausgebot nicht bekannt gewesen sein oder er könnte sich darüber im Unklaren gewesen sein, dass seine Zustimmung zu dem Antrag der Beteiligten das Unterbleiben eines Einzelausgebots zur Folge hat. Ebenso wenig ergibt sich, dass der Schuldner irrtümlich davon ausging, seine auf Nachfrage des Vollstreckungsgerichts ausdrücklich erklärte Zustimmung zu einem Verzicht auf ein Einzelausgebot sei rechtlich unbeachtlich, und dass er daher über die Wirkungen eines Verzichts hätte aufgeklärt werden müssen.

---

5   BGH, Rpfleger 2009, 98 = NJW-RR 2009, 158 = WM 2009.
6   Hierzu LG Aurich, Rpfleger 1980, 306, dort hatte das Vollstreckungsgericht nur das Gesamtausgebot zugelassen und auf die Einzelausgebote der Miteigentumsanteile der Ehegatten verzichtet, obwohl der Verzicht nur von der betreibenden Gläubigerin beantragt worden war, die im Termin anwesenden Beteiligten hierzu jedoch keine Erklärung abgegeben hatten.
7   BGH, Beschluss vom 10.10.2013, V ZB 181/12, Rpfleger 2014, 95.

Bei der Grundstücksversteigerung zum Zweck der Aufhebung der Gemeinschaft ist das Einzelausgebot der Miteigentumsanteile unzulässig.[8]

2. Verzicht auf Einzelausgebot (Abs. 4)

Einzelausgebote unterbleiben nur dann, wenn die im Zwangsversteigerungstermin anwesenden, mit ihren Ansprüchen **nicht im geringsten Gebot stehenden**, Beteiligten zustimmen (Abs. 4 Satz 1). Das Vollstreckungsgericht muss hierüber genau aufklären.[9] Der Verzicht kann sich hierbei auch nur auf einige Einzelausgebote beziehen, ein Verzicht auf alle Einzelausgebote ist nicht zwingend.[10] Auch der anwesende Schuldner muss zustimmen,[11] zumindest darf er keine Einwände geltend machen.[12] Erscheint der Schuldner im Versteigerungstermin zwar vor der Aufforderung zur Abgabe von Geboten, aber nach Verkündung des Beschlusses über die Zulassung eines Gesamtausgebots, dürfen Einzelausgebote nur dann unterbleiben, wenn der Schuldner seinen Verzicht ausdrücklich erklärt.[13] Der Beschluss über den Verzicht auf Einzelausgebote wird erst nach Aufforderung zur Abgabe von Geboten bindend. Trägt ein Beteiligter, dessen Recht außerhalb des geringsten Gebots zu berücksichtigen ist, vor, nach Beginn des Versteigerungstermin aber noch vor Aufforderung des Gerichts zur Abgabe von Geboten erschienen zu sein und hätte er demnach seinen Verzicht auf Einzelausgebote noch erklären können, verletzt es sein Recht auf rechtliches Gehör, wenn dieser Vortrag unberücksichtigt bleibt.[14] Mieter und Pächter gehören nicht zu den Beteiligten, sie sind Beteiligte gemäß § 9 Nr. 2.[15] Sobald alle zustimmungspflichtigen Beteiligten den Verzicht erklärt haben, erfolgt nur ein Gesamtausgebot (Gruppenausgebot). Sämtliche Erklärungen müssen spätestens vor der Aufforderung zur Abgabe von Geboten (§ 66 Abs. 2) vorliegen. Beteiligte, die erst nach Beginn der Bietzeit erscheinen, werden nicht weiter zu einem möglichen Verzicht befragt. Dieser zeitliche Ausschluss (wie in § 59 Abs. 1 Satz 1) wird als Versteigerungsbedingung vor Beginn der Bietzeit festgestellt. Der Verzicht ist unwiderruflich, sobald das Vollstreckungsgericht mit der Bietzeit begonnen hat.[16]

Der Verzicht nach Abs. 4 muss im Zwangsversteigerungstermin ausdrücklich erklärt und protokolliert werden. Zeitlich vorher eingegangene schriftliche Erklärungen oder solche, die in einem Termin gem. § 62 abgegeben wurden, haben keine rechtliche Bedeutung. Den Verzicht durch schlüssiges Handeln anzunehmen ist riskant[17]; das Vollstreckungsgericht sollte die Beteiligten zu eindeutigen Erklärungen veranlassen. Aus Zweckmäßigkeitsgründen darf ein an sich erforderliches

---

8   BGH, Rpfleger 2009, 579 = NJW-RR 2009, 1026 = DNotZ 2010, 54 = WM 2009, 1617 = FamRZ 2009, 1317.
9   LG Karlsruhe, Beschluss vom 18.9.2012, 11 T 199/12 n.V.
10 BGH, Rpfleger 2007, 95 = NJW-RR 2007, 1139 = WM 2006, 2371; Böttcher, ZfIR 2007, 147.
11 OLG Saarbrücken, Rpfleger 1992, 123 mit Anm. Hintzen.
12 LG Kiel, SchlHA 2005, 56.
13 LG Aurich, Rpfleger 2009, 166.
14 BVerfG, Beschluss vom 26.9.2012, 2 BvR 938/12 mit Anm. Ertle/Strauß, ZfIR 2012, 881.
15 So auch Steiner/Storz, § 63 Rdn. 13; Stöber, ZVG § 63 Rdn. 2.1; Böttcher, § 63 Rdn. 3.
16 BVerfG, Beschluss vom 26.9.2012, 2 BvR 938/12, ZfIR 2012, 881; Stöber, ZVG § 63 Rdn. 2.3; a.A. für den Fall, dass alle Beteiligten den Verzicht widerrufen, Steiner/Storz, § 63 Rdn. 14.
17 LG Aurich, Rpfleger 1980, 306.

Einzelausgebot nicht unterbleiben.[18] Schweigen (z.B. des anwesenden Schuldners) ist keine Zustimmung, hierin ist noch nicht einmal ein schlüssiges Handeln zu sehen. Der Verzicht auf eine Einzelausbietung setzt ein positives Tun mit eindeutigem Erklärungsgehalt voraus; der Verzicht ist stets zu protokollieren (§§ 78, 80).[19] Der Verzicht auf Einzelausgebote muss im Protokoll über den Versteigerungstermin festgestellt, aber nicht vorgelesen und genehmigt werden.[20] Ergibt die Feststellung, dass der Schuldner seine Zustimmung *durch ein Kopfnicken* zum Ausdruck gebracht hat, reicht dies aus. Ausnahmsweise kann ein Einzelausgebot auch ohne Zustimmung der anwesenden Beteiligten unterbleiben, wenn die Versagung der Zustimmung **rechtsmissbräuchlich** ausschließlich zur Verhinderung einer ordnungsgemäßen Durchführung des Zwangsversteigerungsverfahrens geschieht.[21]

3. Wohnungs- und Teileigentum

10   Ob § 63 auch bei Teilung eines Grundstücks nach Beschlagnahme bzw. bei Bildung von Wohnungs- und/oder Teileigentum zu beachten ist, ist umstritten. Die Streitfrage ist hier bereits, ob die **Teilung** bzw. **Umwandlung** eines Grundstücks eine Verfügung darstellt, die dem Beschlagnahmegläubiger gegenüber unwirksam ist (hierzu ausführlich → § 23 Rdn. 16). Nach hiesiger Auffassung ist die Frage der Unwirksamkeit einer solchen Verfügung wegen der ungünstigen Auswirkungen für den Beschlagnahmegläubiger zu bejahen. Erfolgt die Teilung des Grundstückes oder die Umwandlung in Wohnungseigentum nach dem Wirksamwerden der Beschlagnahme, ist dies für das laufende Versteigerungsverfahren unerheblich.[22] Es wird das ursprüngliche Grundstück versteigert und gegebenenfalls auch zugeschlagen, es liegt kein Fall von Einzel- oder Gesamtausgeboten vor.[23] Stimmt der betreibende Gläubiger der Teilung bzw. Umwandlung zu, werden die rechtlich selbstständigen Grundstücke oder Wohnungs- bzw. Teileigentumsrechte versteigert. Dann sind neue Verkehrswerte festzusetzen, der Termin ist neu zu bestimmen und es sind bei entsprechender Antragstellung die geringsten Gebote nach §§ 63, 64 aufzustellen.[24]

III. Gesamtausgebot

1. Einheitlich überbaute Grundstücke (Abs. 1 Satz 2)

11   Die in dem geänderten Abs. 1 (hierzu Rdn. 2) eingeräumte Möglichkeit, Grundstücke bei einer einheitlichen Überbauung gemeinsam ausbieten zu können, soll der Vereinfachung und Beschleunigung des Verfahrens dienen. Damit

---

18   *Stöber,* ZVG § 63 Rdn. 2.1; fehlerhaft LG Kiel, SchlHA 1978, 218.
19   BGH, Rpfleger 2009, 98 = NJW-RR 2009, 158 = WM 2009, 271.
20   BGH, Rpfleger 2011, 41 = NJW-RR 2010, 1458.
21   OLG Karlsruhe, Rpfleger 1994, 376.
22   Differenziert hierzu *Storz/Kiderlen,* ZVG B 5.3.1 a.E.
23   So auch BGH, Beschluss vom 5.6.2014, V ZB 16/14, Rpfleger 2014, 689 zu Teilung und Vereinigung von Grundstücken; LG Würzburg, Rpfleger 1989, 117 mit zustimmender Anm. *Meyer-Stolte;* OLG Frankfurt, EWiR 1987, 627 – *Eickmann;* LG Wuppertal, Rpfleger 1987, 367; *Stöber,* ZVG § 23 Rdn. 2.2; a.A. LG Essen, Rpfleger 1989, 116, die jedoch abzulehnen ist, da hier die Aufteilung nur zu dem Zweck vorgenommen wurde, das Zwangsversteigerungsverfahren zu verzögern. Das auf dem Grundstück aufstehende Gebäude war bereits abbruchreif und die Bildung von Teileigentumsrechten daher wirtschaftlich gesehen sinnlos.
24   *Böttcher,* § 23 Rdn. 11.

wird dem Vollstreckungsgericht die Möglichkeit eingeräumt, **ohne Antrag** ein Gesamtausgebot aufzustellen (der praktisch häufigste Fall dürfte das gemeinsame Hausgrundstück von Ehegatten oder Partnern sein, die zu Miteigentumsanteilen als Eigentümer eingetragen sind). Die Zulassung des Gesamtausgebots liegt im Ermessen des Vollstreckungsgerichts, dass dieses Ermessen im Hinblick auf das Ergebnis, die wirtschaftlich bestmögliche Versteigerung, auszuüben hat.[25] Ob ein über mehrere oder alle Grundstücke sich erstreckendes **einheitliches Bauwerk** vorliegt, wird sich regelmäßig aus dem Gutachten zur Verkehrswertfestsetzung ergeben. Das Bauwerk muss sich als Einheit über mehrere Grundstücke erstrecken; eine Wirtschaftseinheit, die aus mehreren selbstständigen Bauwerken besteht, die sich auf die jeweiligen Einzelgrundstücke verteilen, fällt nicht hierunter. Ein entschuldigter **Überbau** und ein Eigengrenzüberbau (hierzu → § 55 Rdn. 5 ff.) sind keine einheitlichen Überbauung über mehrere Grundstücke.[26] Sind nur einige der zu versteigernden Grundstücke einheitlich überbaut, ist ein Gruppenausgebot aufzustellen.

Die Entscheidung, ein Gesamtausgebot bzw. Gruppenausgebot aufzustellen, trifft das Vollstreckungsgericht von Amts wegen. Ob **daneben die Einzelausgebote** entfallen, ist dem Gesetzestext nicht eindeutig zu entnehmen. Abs. 1 Satz 2 wurde zur Vereinfachung und Beschleunigung des Zwangsversteigerungsverfahrens eingeführt. Keine Änderung wurde jedoch an dem Text in Abs. 4 Satz 1 vorgenommen, der ein Unterbleiben von Einzelausgeboten nur dann vorsieht, wenn hierauf ausdrücklich verzichtet wird. Ausdrücklich geregelt wurde der zeitliche Ausschluss vor Beginn der Bietzeit. Es kann daher nicht unterstellt werden, dass dem Gesetzgeber der Regelungszusammenhang zwischen dem Grundsatz der Einzelversteigerung und der Gesamtversteigerung nicht bekannt oder entgangen ist. Es muss daher auch bei Abs. 1 Satz 2 davon ausgegangen werden, dass im Falle einer einheitlichen Bebauung ein Gesamtausgebot und zusätzlich Einzelausgebote auf zu stellen sind.[27] Richtig ist, dass das Gericht auch bis zur Änderung (ab dem 1.8.1998, siehe → Rdn. 4) schon immer die Möglichkeit hatte, vor und im Versteigerungstermin bei den Beteiligten auf ein Gesamtausgebot hinzuwirken. Hieraus jedoch den Schluss zu ziehen, Einzelausgebote nur bei Verzicht durch die Beteiligten auszuschließen, stelle für die Praxis so gut wie keine Erleichterung dar[28], lässt den Zweck der Vorschrift (hierzu → Rdn. 2) außer Acht. Es ist Aufgabe des Vollstreckungsgerichts, die anwesenden Beteiligten umfassend aufzuklären und auf den Verzicht auf die Einzelausgebote hinzuwirken. Wird der Verzicht **rechtsmissbräuchlich** nicht erklärt, kann das Vollstreckungsgericht das Gesamtausgebot auch ohne die Einzelausgebote aufstellen, dies sollte umfassend protokolliert werden.[29]

2. Gesamtausgebot auf Antrag

Liegt keine einheitliche Überbauung vor, setzt das Gesamtausgebot einen **Antrag** (verlangen) eines Beteiligten (neben Gläubiger auch der Schuldner sowie Mieter und Pächter, § 9) voraus; ein Gesamtausgebot von Amts wegen erfolgt

---

25 Hierzu *Hornung*, NJW 1999, 460.
26 So auch *Stöber*, ZVG § 63 Rdn. 3.2.
27 So auch OLG Jena, Rpfleger 2000, 509; *Stöber*, ZVG § 63 Rdn. 3.1; *Böttcher*, § 63 Rdn. 3a.
28 So aber *Fisch*, Rpfleger 2002, 637 mit einem Praxisbeispiel.
29 OLG Karlsruhe, Rpfleger 1994, 376.

grundsätzlich nicht. Der Antrag setzt keine Begründung durch den Beteiligten voraus. Nur wenn eine unzulässige Rechtsausübung in Betracht kommt (§§ 138, 226, 242, 826 BGB), hat der Beteiligte auf Verlangen seinen Antrag zu begründen; der Antrag ist durch begründeten Beschluss des Vollstreckungsgerichts zurückzuweisen.[30]

14 Der Antrag ist **spätestens** im Versteigerungstermin bis vor der Aufforderung zur Abgabe von Geboten zu stellen (Abs. 2 Satz 1). Wird der Antrag im Versteigerungstermin gestellt, ist er zu protokollieren. Er kann aber auch vor dem Termin schriftlich oder in einem Termin nach § 62 zu Protokoll gestellt werden. Der Zeitpunkt einer eventuellen **Rücknahme** des Antrages, ist in § 63 Abs. 2 nicht ausdrücklich geregelt (anders in § 59 Abs. 1 Satz 2). Aus dem gemeinsamen Regelungszweck beider Vorschriften, dass die Versteigerungsbedingungen vor der Aufforderung zur Abgabe von Geboten (§ 66 Abs. 2) für alle Beteiligten und insbesondere auch die Bietinteressenten feststehen sollen, ergibt sich eindeutig, dass auch eine Rücknahme des Antrages auf das Gesamtausgebot nur bis zu Aufforderung zur Abgabe von Geboten erfolgen kann.[31]

15 Einzelausgebote, Gruppenausgebote und das Gesamtausgebot müssen vor der Aufforderung zur Abgabe von Geboten feststehen; das Vollstreckungsgericht fordert einheitlich zu Abgabe von Geboten auf die verschiedenen Ausgebote auf.[32]

IV. Gruppenausgebot

16 Nach Abs. 2 Satz 2 kann jeder Beteiligte (neben Gläubiger auch der Schuldner sowie Mieter und Pächter, § 9) beantragen (verlangen), dass einige Grundstücke gemeinsam ausgeboten werden (Gruppenausgebote). Voraussetzung hierfür ist, dass diese Grundstücke mit ein und demselben Recht belastet sind. Das Gruppenausgebot wird nicht von Amts wegen aufgestellt. Verfahrensrechtlich gilt hierzu das zum Gesamtausgebot gesagte (s. → Rdn. 13).

17 Liegen die Voraussetzungen einer Gesamtbelastung mehrerer Grundstücke vor, und wird der Antrag auf ein Gruppenausgebot gestellt, hat das Vollstreckungsgericht dem Verlangen stattzugeben, ein Ermessensspielraum besteht in diesem Falle nicht. Der Gesetzgeber geht offenbar davon aus, dass Gesamtbelastungen ein sicheres Indiz für eine wirtschaftliche Einheit der belasteten Grundstücke darstellen.[33] Im Übrigen bleibt die Zulassung weiterer Gruppenausgebote (Abs. 2 Satz 3) dem pflichtgemäßen Ermessen des Vollstreckungsgerichts überlassen. Der Antragsteller hat darzulegen, warum er das Ausgebot einer bestimmten Grundstücksgruppe verlangt. Häufig werden die wirtschaftliche Einheit der Grundstücksgruppe oder die einheitliche Überbauung oder bei Wohnungseigentumseinheiten, wenn diese gemeinsam erworben werden sollen, der Grund für ein Gruppenausgebot sein.

---

30 So auch Steiner/*Storz*, § 63 Rdn. 17.
31 So auch *Stöber*, ZVG § 63 Rdn. 4.4.
32 *Stöber*, ZVG in § 63 Rdn. 5.1; die bis zum 1.8.1998 häufig zu beobachtende Handhabe, Gruppen- und/oder ein Gesamtausgebot oder umgekehrt während der Bietstunde zu stellen oder zurückzunehmen, sind nunmehr ausgeschlossen.
33 Die Beleihungspraxis der Kreditinstitute geht jedoch häufig andere Wege.

V. Geringstes Gebot
1. Einzelausgebot

Sowohl für Einzelausgebote wie für Gruppen- und Gesamtausgebot sind jeweils gesonderte geringste Gebote aufzustellen. Soweit dabei keine Gesamtrechte infrage kommen, ist das geringste Gebot des Gesamtausgebots gleich der Summe der geringsten Gebote der Einzelausgebote. 18

In den geringsten Geboten der Einzelausgebote sind die Kosten nach § 109 Abs. 1 entsprechend den Grundstückswerten (§ 74a Abs. 5) auf die einzelnen Grundstücke aufzuteilen. Gleiches gilt für die Ansprüche des § 10 Abs. 1 Nr. 1–3, falls sie alle oder mehrere Grundstücke belasten und eine andere Aufteilung nicht möglich ist bzw. von den Berechtigten beantragt wird.[34] Anmeldungen müssen für jedes Grundstück gesondert erfolgen. Sind alle oder mehrere Grundstücke mit einem Gesamtrecht belastet, welches nach den Versteigerungsbedingungen bestehen bleibt und somit im geringsten Gebot zu berücksichtigen ist, ist dieses Gesamtrecht bei jedem Einzelausgebot jeweils in voller Höhe aufzunehmen, da der Gläubiger berechtigt ist, sich aus jedem Grundstück in voller Höhe zu befriedigen (Aufteilung erfolgt nach § 64); genauso ist mit Ansprüchen nach § 10 Abs. 1 Nr. 4 (und eventuell Ansprüche aus Rangklasse 5) zu verfahren. Bei einem **Gruppenausgebot**, welches im Verhältnis zum Gesamtausgebot wie ein Einzelausgebot zu betrachten ist, ist in gleicher Weise zu verfahren.[35] 19

2. Gesamtausgebot

In das geringste Gebot des Gesamtausgebots sind die Kosten des § 109 Abs. 1 in vollem Umfang aufzunehmen. Ansprüche des § 10 Abs. 1 sind ebenfalls in vollem Umfange zu berücksichtigen, unabhängig davon, ob eine Aufteilung auf die einzelnen Grundstücke möglich oder beantragt ist. Gleiches gilt für dingliche Rechte, die nach den Versteigerungsbedingungen bestehen bleiben; im geringsten Gebot wird ein bestehen bleibendes Recht nur einmal berücksichtigt, unabhängig davon, auf welchem oder welchen Grundstücken es lastet. Entsprechendes gilt beim **Gruppenausgebot**, wenn eine Grundstücksgruppe mit einem Gesamtrecht belastet ist. 20

VI. Meistgebot (Abs. 3 Satz 1)
1. Erhöhung des Meistgebots

Soweit auf ein **Einzelausgebot** geboten wird, und dieses Meistgebot das festgestellte geringste Gebot übersteigt, erhöht sich gleichermaßen das **geringste** Gebot des Gesamtausgebots um diesen Mehrbetrag; Gleiches gilt für ein Gruppenausgebot, bei dem das Einzelgrundstück berücksichtigt ist. Der Grund liegt darin, dass dem am einzeln ausgebotenen Grundstück Berechtigten, welcher dem Gläubiger im Range gleich- oder nachsteht, die aus der Einzelversteigerung zu erwartenden Vorteile auch bei der Zuschlagserteilung aufgrund des Gesamtausgebotes gesichert bleiben. 21

Das **geringste** Gebot eines **Gruppenausgebots** ist hinsichtlich des Mehrbetrages nach Abs. 3 Satz 1 zu den Einzelausgeboten wie ein Gesamtausgebot zu behandeln. Andererseits führt ein Gebot, dass das geringste Gebot eines Grup- 22

---

34 *Böttcher,* § 63 Rdn. 2.
35 Hierzu mit Beispielen *Hintzen/Wolf,* Rdn. 11.615 ff.

penausgebots übersteigt, zu einer Erhöhung des Gesamtausgebots. Das Gruppenausgebot ist im Verhältnis zum Gesamtausgebot wie ein Einzelausgebot zu behandeln.

2. Meistgebot und Zuschlag

23 Die Hinzurechnung des Mehrbetrages hat während der Versteigerung laufend zu geschehen. Der rechnerische Erhöhungsbetrag nach Abs. 3 S. 1 ist nicht Teil des geringsten Gebotes. Dieser Mehrbetrag ist zunächst nur ein Rechnungsposten. Es handelt sich um eine gesetzliche **Versteigerungsbedingung** dahin gehend, dass zu dem geringsten Gebot ein **weiterer Betrag** zu zahlen ist. Er ist immer nur im bar zu zahlenden Teil zu berücksichtigen. Es wird hierdurch für spätere Gebote ein neuer **Mindestbarbetrag** festgelegt.[36]

24 Ist bereits auf das Gesamtausgebot geboten wurden, und wird danach auf die Einzelausgebote oder ein Gruppenausgebot geboten, kann die Situation eintreten, dass nach Hinzurechnung des Mehrbetrages das geringste Gebot des Gesamtausgebotes nunmehr höher ist als das bereits auf das Gesamtausgebot vorher abgegebene Gebot. Dadurch tritt aber eine Unwirksamkeit des bereits abgegebenen Gebotes nicht ein[37], denn das Gebot war bei seiner Abgabe wirksam.

25 Nicht richtig ist daher die Auffassung des *LG Bielefeld*[38]: *„Wird zunächst auf das Gesamtausgebot und danach auf die Einzelausgebote geboten, so wird das zuerst abgegebene Gebot auf das Gesamtausgebot nachträglich unwirksam, wenn es das um den Mehrbetrag nach § 63 Abs. 4 S. 1 ZVG a.F. (jetzt Abs. 3 Satz 1) erhöhte geringste Gebot im Gesamtausgebot nicht erreicht. Der Zuschlag kann dann nur auf die Meistgebote im Einzelausgebot erteilt werden".* Zur Verdeutlichung lag der Entscheidung folgender Sachverhalt zugrunde:

> A. betreibt die Teilungsversteigerung der Grundstücke 1–4. Neben dem Einzelausgebot wurde auch das Gruppenausgebot (Gruppe I bestehend aus den Grundstücken 1 und 2, Gruppe II bestehend aus den Grundstücken 3 und 4) und das Gesamtausgebot angeordnet. Im Verlauf der Bietstunde hat B. zunächst ein Gruppengebot betreffend die Grundstücke 1 und 2 in Höhe von 20.000,- abgegeben. Das AG hat daraufhin bekannt gegeben, dass sich das geringste Gebot im Gesamtausgebot nunmehr auf 56.901,- erhöht hat; A. bot nunmehr im Gesamtausgebot 57.000,-. B. gab sodann auf die Grundstücke 1 und 2 ein Gruppengebot in Höhe von 22.000,- ab. Das AG gab nun bekannt, dass sich das geringste Gebot im Gesamtausgebot auf 58.901,- erhöht hat. Danach wurde ein Gebot auf das Gesamtausgebot nicht mehr abgegeben. Auf das Gruppenausgebot betreffend die Grundstücke 3 und 4 und auf die Einzelausgebote wurden überhaupt keine Gebote abgegeben.

26 Die Hinzurechnung des Mehrbetrages führt nicht zu einer rückwirkenden Unwirksamkeit eines bereits abgegebenen Gebotes, erhöht nur das geringste Gebot für das danach abzugebende Gebot auf das Gesamtausgebot.

27 Wird allerdings kein weiteres Gebot auf das Gesamtausgebot abgegeben, ist streitig, ob das Gesamtausgebot nunmehr noch zuschlagsfähig ist. **Vorher** ist aber die Frage zu beantworten, ob diese Variante überhaupt beim Vergleich der Einzelmeistgebote mit dem Gesamtmeistgebot in Betracht kommt[39] (im konkreten Fall

---

36 So auch *Hagemann*, Rpfleger 1988, 33, 34.
37 *Stöber*, ZVG § 63 Rdn. 6.2; Steiner/*Storz*, § 63 Rdn. 45; *Böttcher*, § 63 Rdn. 12.
38 Rpfleger 1988, 32 mit zust. Anm. *Hagemann*.
39 So auch LG Bielefeld, Rpfleger 1988, 32 mit zust. Anm. *Hagemann*.

war auf das Einzel[gruppen]ausgebot der Grundstücke 3 und 4 kein Gebot abgegeben worden; zunächst hätte daher eine Erörterung der Frage stattfinden müssen, ob bei dem Vergleich nach § 63 Abs. 3 S. 2 das Einzelausgebot mit dem Wert „null" anzusetzen ist, hierzu nachfolgend → Rdn. 41). Dies hat der **BGH**[40] mit seiner Aussage bestätigt, wonach der nach § 63 Abs. 3 S. 2 vorgeschriebene Vergleich auch dann vorzunehmen ist, wenn entweder für einige der versteigerten Grundstücke auf Einzelausgebote keine Gebote abgegeben wurden oder wenn diese Grundstücke aufgrund eines Verzichts der Beteiligten nach § 63 Abs. 4 Satz 1 nicht einzeln ausgeboten worden sind.

Unterstellt die Tatsache, dass der Vergleich nach § 63 Abs. 3 S. 2 zugunsten des Gesamtmeistgebots ausgeht, ist der Zuschlag auf das Gesamtausgebot zu versagen, er kann nur auf die Einzelausgebote erfolgen.[41] Es liegt ein Versagungsgrund nach § 83 Nr. 1 analog vor.[42] Nach anderer Auffassung[43] hat das Vollstreckungsgericht bei Erteilung des Zuschlags zu prüfen, ob die abgegebenen Gebote noch wirksam sind; stellt das Vollstreckungsgericht bei dieser Prüfung fest, dass das abgegebene Gebot das maßgebliche geringste Gebot nicht erreicht, liegt ein Versagungsgrund nach § 83 Nr. 6 vor.[44] Hierbei ist allerdings zu berücksichtigen, dass bei einem Versagungsgrund nach § 83 Nr. 6 eine Heilungsmöglichkeit nach § 84 nicht gegeben ist, es liegt dann ein absoluter Versagungsgrund vor. Dem kann aber auch nicht zugestimmt werden, denn die Zwangsversteigerung oder ihre Fortsetzung ist nicht aus sonstigem Grunde unzulässig. Es ist von einem Versagungsgrund nach § 83 Nr. 1 auszugehen. Der *BGH*[45] hat sich ebenfalls für einen Versagungsgrund nach § 83 Nr. 1 ausgesprochen: *„… erreicht das Gesamtmeistgebot nicht das nach § 63 Abs. 3 Satz 1 um den Mehrbetrag erhöhte geringste Gebot, was aber Voraussetzung für die Erteilung des Zuschlags auf das Gesamtmeistgebot ist, ist der Zuschlag nach § 83 Nr. 1 zu versagen."* 28

Dass die Gesetzeslage nicht immer dazu führt, dass dem Grundsatz der wirtschaftlich bestmöglichen Versteigerung Genüge getan wird und zur Verdeutlichung des zuvor Gesagten, folgende **Beispiele:** 29

Ausgangsfall (ohne bestehen bleibende Rechte):
Grundstück 1:	geringstes Bargebot:	10.000,- €
Grundstück 2:	geringstes Bargebot:	20.000,- €
Gesamtausgebot:	geringstes Bargebot:	25.000,- €
geboten wird auf das Gesamtausgebot ein Betrag von:		30.000,- €
danach Gebot auf Grundstück 1 ein Betrag von:		13.000,- €
danach Gebot auf Grundstück 2 ein Betrag von:		20.000,- €

---

40 BGH, Rpfleger 2007, 95 = WM 2006, 2371 = NJW-RR 2007, 1139; *Böttcher,* ZfIR 2007, 147.
41 Nach *Bachmann,* Rpfleger 1992, 3 und auch *Depré/Bachmann,* § 63 Rdn. 29 kann der Zuschlag dann auch nicht auf die Einzelausgebote erfolgen, da hierdurch § 63 Abs. 3 Satz 2 verletzt ist. Er hält die Zuschlagserteilung auf das vorherige wirksame Gesamtausgebot für möglich, da der Mehrbetrag nur für die Zukunft Wirkung entfaltet.
42 *Löhnig/Siwonia,* § 63 Rdn. 15; Vgl. hierzu auch *Bachmann,* Rpfleger 1992, 3; *Heidrich/Bachmann,* Rpfleger 1993, 11.
43 *Stöber,* ZVG § 63 Rdn. 7.4.
44 So auch *Böttcher,* § 63 Rdn. 17, der sich *Stöber* anschließt.
45 BGH, Rpfleger 2007, 95 = WM 2006, 2371 = NJW-RR 2007, 1139.

Folge: Durch das Gebot auf Grundstück 1 ergibt sich ein Mehrbetrag von 3.000,- €, es erhöht sich das geringste Bargebot des Gesamtausgebotes somit auf 28.000,- €. Dies hat aber keine Auswirkungen, da das abgegebene Meistgebot bereits 30.000,- € beträgt.

Abwandlung 1:
geboten wird auf das Gesamtausgebot ein Betrag von:	30.000,- €
danach Gebot auf Grundstück 1 ein Betrag von:	18.000,- €
danach Gebot auf Grundstück 2 ein Betrag von:	20.000,- €

Folge: Durch das Gebot auf Grundstück 1 ergibt sich ein Mehrbetrag von 8.000,- €, es erhöht sich das geringste Bargebot des Gesamtausgebotes somit auf 33.000,- €. Beim nächsten Gebot hierauf muss dieser Betrag mindestens geboten werden. Das Gebot auf Grundstück 2 ergibt keinen Mehrbetrag.

Abwandlung 2:
geboten wird auf das Gesamtausgebot ein Betrag von:	30.000,- €
danach Gebot auf Grundstück 1 ein Betrag von:	18.000,- €
danach Gebot auf Grundstück 2 ein Betrag von:	20.000,- €
danach Gebot auf Gesamtausgebot von:	31.000,- €

Da das Gebot von 31.000,- € das um den Mehrbetrag erhöhte geringste Gebot im Gesamtausgebot über 33.000,- € nicht erreicht, ist das Gebot zurückzuweisen, § 71 Abs. 1.[46]

30   Nach *Bachmann*[47] (anders aber der BGH[48]) ist der Zuschlag nunmehr auf das vorherige wirksame Gebot im Gesamtausgebot zu erteilen. Das kann vorliegend aber deswegen nicht in Betracht kommen, da die Summe der Einzelausgebote (18.000,- + 20.000,-) mit 38.000,- € höher ist als das Gebot auf das Gesamtausgebot mit 30.000,- € (§ 63 Abs. 3 S. 2). Die Situation – wie sie *Bachmann* schildert – könnte dann in Betracht kommen, wenn auf Grundstück 2 kein Gebot vorliegt. Nimmt man dieses Grundstück dann mit dem Wert „null" an, (hierzu → Rdn. 41) ergibt der Vergleich nach § 63 Abs. 3 S. 2 den Zuschlag auf das Gesamtausgebot über 30.000,- €. Da es aber ein – wenn auch unwirksames – Übergebot von 31.000,- € gegeben hat, kann diesem Ergebnis nicht zugestimmt werden; es gibt einen Bieter, der mehr bieten wollte als die 30.000,- €. Der Zuschlag kann dann auf das Gesamtausgebot nicht erteilt werden. Ob dies allerdings gewollt ist, ist eine andere Frage, hier ist der Gesetzgeber gefordert.

VII. Verfahren im Termin

1. Verfahrensablauf

31   Eine Reihenfolge der Ausgebote gibt es nicht (der frühere Abs. 3 wurde mit Wirkung ab dem 1.8.1998 abgeschafft). Das Vollstreckungsgericht fordert einheitlich zur Abgabe von Geboten auf, sämtliche Ausgebotsarten sind vor Beginn der Bietzeit festzustellen. Bei Vorliegen mehrerer Ausgebotsarten hat das Vollstreckungsgericht in besonderer Weise die Beteiligten und die Bietinteressenten über die Gebotsabgabe aufzuklären. Gleiches gilt für einen Mehrbetrag (Abs. 3 Satz 1), dessen Bedeutung und Auswirkung nicht versierten Beteiligten nur schwer zu er-

---

46   So auch *Stöber*, ZVG § 63 Rdn. 7.4 (letztes Beispiel).
47   Rpfleger 1992, 3.
48   BGH, Rpfleger 2007, 95 = WM 2006, 2371 = NJW-RR 2007, 1139.

klären ist. Eine Reihenfolge der Gebotsabgabe auf die vorliegenden Ausgebotsarten gibt es nicht. Im Hinblick auf eventuelle Mehrbeträge nach Abs. 3 Satz 1 hat das Vollstreckungsgericht ständig mitzurechnen und den Beteiligten umgehend mitzuteilen, um welchen Betrag sich bei der nächsten Gebotsabgabe das Gruppen- oder Gesamtausgebot erhöht hat. Wenn allerdings gefordert wird[49], das Vollstreckungsgericht habe auch in jeder Verfahrenslage die selbstverständliche Amtspflicht, das jeweilige mögliche Versteigerungsergebnis zu erörtern, geht dies sicherlich zu weit. Auskunft darüber zu geben, wer nach der jeweiligen Verfahrenslage gerade den Zuschlag bekommen könnte, gebietet weder das Gesetz noch ist hierin eine Amtspflicht zu sehen. In der gerichtlichen Praxis mag dies in einfach gelagerten Fällen möglich sein, ist aber sicherlich nicht der Regelfall. Gegenstand der Bietzeit ist auch nicht die Erörterung über die Zuschlagsentscheidung. Den Beteiligten und den Bietinteressenten ist zunächst nur Auskunft über die jeweilige Höhe der geringsten Gebote zu erteilen. Das Gericht würde auch seine Neutralitätspflicht verletzen, wenn es Hinweise zur möglichen Zuschlagserteilung oder sogar Hinweise zu Gebotsabgabe auf die einzelnen Ausgebotsarten zum Zwecke der Zuschlagserteilung geben würde. Solche Hinweise sind auch im Hinblick auf § 79 nicht gerechtfertigt. Gerade bei der Versteigerung mehrerer Grundstücke wird das Vollstreckungsgericht über den Zuschlag regelmäßig nicht nach Schluss der Versteigerung entscheiden, sondern einen besonderen Termin gem. § 87 Abs. 1 anberaumen. Je nach Fallsituationen ist die Frage der Zuschlagserteilung sehr strittig,[50] unrichtige Hinweise führen eher zu einer Amtshaftung, als keine. Durch die Bestimmung eines besonderen Verkündungstermins zum Zuschlag hat nicht nur das Vollstreckungsgericht die Möglichkeit gründlicher Überprüfung, sondern es wird auch den Verfahrensbeteiligten die Möglichkeit eingeräumt, in geeigneter Weise (z.B. Ablösung oder einstweilige Einstellung) interessengerecht zu reagieren.

2. Schluss der Versteigerung

Haben Einzel- und Gesamt- oder Gruppenausgebote stattgefunden, ist die Versteigerung hinsichtlich sämtlicher Ausgebote zu einem einheitlichen Zeitpunkt zu schließen, es ist stets ein **gemeinsamer Versteigerungsschluss** zu bestimmen. Es liegt ein Verstoß gegen § 73 Abs. 1 Satz 2 vor, wenn der amtierende Rechtspfleger das jeweils abgegebene höchste Einzel-, Gesamt- oder Gruppenausgebot durch dreimaligen Aufruf verkündet und nach Eintrag der genauen Uhrzeit im Protokoll insoweit die Versteigerung jeweils gesondert schließt.[51] Wegen eines solchen Verfahrensfehlers ist der Zuschlag zu versagen.[52] Den Beteiligten und den Bietinteressenten muss bis zum letzten Moment die Möglichkeit erhalten bleiben, durch Abgabe von Geboten das Versteigerungsergebnis entsprechend ihrer Interessenlage zu beeinflussen.

---

49 So *Stöber*, ZVG Rdn. 5.3.
50 *Stöber*, ZVG § 63 Rdn. 7.1 ff., der diesen Aspekt bei seinen Ausführungen in Rdn. 5.3 möglicherweise übersieht.
51 LG Berlin, Rpfleger 1995, 80.
52 BGH, Rpfleger 2003, 452 = NJW-RR 2003, 1077 = KTS 2003, 701 = MDR 2003, 1074 = WM 2003, 1181 = ZfIR 2003, 743; LG Kassel, Rpfleger 2007, 97.

VIII. Zuschlagsentscheidung
1. Allgemein

33 Nach § 81 Abs. 1 ist der Zuschlag stets auf das höchste Gebot zu erteilen. Bei der Versteigerung mehrerer Grundstücke in demselben Verfahren haben grundsätzlich die Einzelausgebote Vorrang, § 63 Abs. 1 Satz 1. Dem folgt § 63 Abs. 3 Satz 2, auf das Meistgebot im Gesamtausgebot kann der Zuschlag nur erteilt werden, wenn dieses Meistgebot höher ist als das Gesamtergebnis der Einzelausgebote.

2. Gesamtausgebot

34 Hat nur ein Gesamtausgebot stattgefunden (Abs. 4 Satz 1 oder auch Abs. 1 Satz 2), kann selbstverständlich nur auf das darauf erzielte Meistgebot der Zuschlag erteilt werden. Erfolgte neben den Einzelausgeboten auf Verlangen auch ein Gesamtausgebot, es wurde allerdings nur ein Meistgebot auf das Gesamtausgebot erzielt, kann nur hierauf der Zuschlag erteilt werden. Im Ergebnis hat die Versteigerung gezeigt, dass durch Einzelausgebote eine Verwertung der Grundstücke nicht möglich ist.

3. Einzelausgebote

35 Wurden nur Einzelausgebote der Grundstücke aufgestellt und kein Gesamtausgebot, kann selbstverständlich der Zuschlag nur auf die Meistgebote der Einzelausgebote erteilt werden. Erfolgte neben den Einzelausgeboten auf Verlangen auch ein Gesamtausgebot, auf Letzteres erfolgte jedoch kein Gebot, so hat der Zuschlag auf die Einzelausgebote zu erfolgen.

36 Ist auf einige der Grundstücke kein Gebot abgegeben worden oder sind darauf abgegebene Gebote erloschen, ist hinsichtlich dieser Grundstücke gem. § 77 zu verfahren (einstweilige Einstellung, Verfahrensaufhebung, Fortsetzung als Zwangsverwaltung).

37 **Vorab** ist jedoch gem. § 76 zu prüfen, ob auf eines oder einige der Grundstücke bereits so viel geboten worden ist, dass die Ansprüche des Gläubigers gedeckt sind und daher hinsichtlich der anderen Grundstücke die einstweilige Einstellung in Betracht kommt (hierzu nachfolgend → Rdn. 48).

4. Einzel- und Gesamtausgebot (Gruppenausgebot)

38 Hat neben den Einzelausgeboten auch das Gesamtausgebot stattgefunden und sind auf alle Ausgebotsarten zuschlagsfähige Meistgebot erzielten worden, muss das Ergebnis auf das Gesamtausgebot mit dem Gesamtergebnis der Einzelausgebote verglichen werden. Sollte das Ergebnis des Gesamtausgebots höher sein als die Summe der Einzelausgebote, ist der Zuschlag auf das Gesamtausgebot zu erteilen, Abs. 3 S. 2. Sind die Ergebnisse gleich, ist der Zuschlag auf die Einzelausgebote zu erteilen, denn auf das Meistgebot im Gesamtausgebot darf der Zuschlag nur erteilt werden, wenn das Ergebnis *höher* ist.

39 Bei dem Vergleich ist ein **Gruppenausgebot** zum Gesamtausgebot zu behandeln wie ein Einzelausgebot und ein Gruppenausgebot zu den Einzelausgeboten wie ein Gesamtausgebot. Zu vergleichen sind daher zunächst die Ergebnisse der Meistgebote der Einzelausgebote mit dem jeweiligen Gruppenausgebot; ergibt sich die Tatsache, dass das Gruppenausgebot höher ist als die Summe der Einzelausgebote, sind diese letzteren für den weiteren Vergleich unbeachtlich geworden. Nunmehr sind die Gruppenausgebote mit dem Gesamtausgebot zu vergleichen.

Weiterhin ist bei dem Vergleich nicht nur das Bargebot, sondern auch der Wert 40
der bestehen bleibenden Rechte mit einzubeziehen, der Vergleich bezieht sich immer auf das Meistgebot (bestehen bleibende Rechte und Bargebot).[53]

5. Weitere Ergebnismöglichkeiten
a) Kein Gebot auf Einzelausgebote

Gesetzlich nicht geregelt ist die Zuschlagsentscheidung, wenn auf ein oder 41
mehrere Einzelausgebote kein Gebot abgegeben wurde. Werden mehrere Grundstücke sowohl einzeln als auch gemeinsam ausgeboten und liegen Meistgebote bezüglich des Gesamtausgebots und einiger Einzelausgebote vor, dann sind die übrigen Grundstücke (z.b. weil sie für sich allein wertlos sind) bei der Vergleichsrechnung nach Abs. 3 S. 2 mit „null" anzusetzen.[54] Im Ergebnis hat dies der *BGH*[55] mit seiner Aussage zum Verzicht auf einige Einzelausgebote bestätigt (s. zuvor → Rdn. 27). Diese Auffassung nimmt bewusst in Kauf, dass damit möglicherweise das Meistgebot im Gesamtausgebot höher ist als die Summe der abgegebenen Meistgebote auf die Einzelgrundstücke, der Zuschlag somit auf das Gesamtausgebot erteilt wird und damit auch die Grundstücke versteigert werden, auf die kein Gebot abgegeben wurde (grundsätzlich ein Fall von § 77 Abs. 1).[56]

b) Teilweise einstweilige Einstellung (§ 30)

Sind auf die Einzelausgebote und auf das Gesamtausgebot zuschlagsfähige 42
Meistgebote abgegeben worden, und bewilligt der bestbetreibende Gläubiger nach Schluss der Versteigerung (§ 73 Abs. 2) auch nur hinsichtlich eines Grundstücks die einstweilige Einstellung (§ 30), kann der Zuschlag auf das Gesamtausgebot nicht erteilt werden, da nunmehr eine Änderung des geringsten Gebotes eingetreten ist[57] (durch das Bestehenbleiben des Rechtes des bestbetreibenden Gläubigers). Es kann aber auch nicht der Zuschlag auf die hinsichtlich der von der einstweiligen Einstellung nicht betroffenen Grundstücke im Einzelausgebot erteilt werden, da nunmehr eine Vergleichsmöglichkeit nicht mehr gegeben ist und ansonsten Abs. 3 Satz 2 verletzt ist.[58] Zuzugeben ist, dass es hierdurch zu einer wirtschaftlichen Benachteiligung des Schuldners kommen kann.

Nimmt der bestbetreibende Gläubiger von der einstweiligen Einstellung hingegen nur *ein* Grundstück aus, ist auf das Einzelausgebot dieses Grundstücks der 43
Zuschlag zu erteilen[59], denn dieses Ergebnis hätte der bestbetreibende Gläubiger auch durch eine entsprechende Bewilligung der einstweiligen Einstellung vor Schluss der Versteigerung erreichen können; dann wäre nämlich nur dieses Grundstück ausgeboten worden.

---

53 OLG Koblenz, Rpfleger 1963, 53.
54 OLG Frankfurt, Rpfleger 1995, 512; OLG Hamm, Rpfleger 1959, 57; so auch *Hock/Klein/Hilbert/Deimann*, Rdn. 1042.
55 BGH, Rpfleger 2007, 95 = WM 2006, 2371 = NJW-RR 2007, 1139; *Böttcher*, ZfIR 2007, 147.
56 Möglicherweise handelt es sich hierbei eine Regelungslücke, die aber nur der Gesetzgeber schließen kann.
57 OLG Köln, Rpfleger 1971, 326 mit Anm. *Stöber;* OLG Hamm, Rpfleger 1972, 149.
58 OLG Stuttgart, Rpfleger 2002, 165; *Stöber*, Rpfleger 1971, 326; *Böttcher*, § 63 Rdn. 16; a.A. OLG Köln, Rpfleger 1971, 326; OLG Celle, Rpfleger 1989, 471.
59 So auch *Böttcher*, § 63 Rdn. 16; a.A. OLG Hamm, Rpfleger 1972, 149; Steiner/*Storz*, § 63 Rdn. 53.

c) 50 %-Grenze und 70 %-Grenze

44 Sämtliche Gebote sind zunächst unter dem Gesichtspunkt des § 85a Abs. 1 von Amts wegen zu überprüfen. Gleiches gilt, wenn ein Antrag auf Zuschlagsversagung nach § 74a Abs. 1 gestellt wird. Ist die Summe der Einzelausgebote niedriger als das Meistgebot auf das Gesamtausgebot, ist dennoch auf die Einzelausgebote der Zuschlag zu erteilen, wenn das Meistgebot beim Gesamtausgebot unter 50 % des Verkehrswertes liegt und somit hierauf der Zuschlagsversagungsgrund nach § 85a Abs. 1 vorliegt oder der Zuschlag auf Antrag nach § 74a Abs. 1 zu versagen ist.[60] Werden mehrere Grundstücke sowohl einzeln als auch gemeinsam ausgeboten und ist dem nach § 63 Abs. 3 Satz 2 höheren Gesamtmeistgebot wegen Nichterreichens der Wertgrenze des § 85a der Zuschlag zu versagen, ist auf die Einzelmeistgebote zurückzugreifen.[61]

45 Hierbei kann es zu der Situation kommen, dass z.B. im ersten Versteigerungstermin nur Einzelausgebote erstellt werden oder auch daneben das Gesamt(gruppen-)ausgebot, Gebote aber nur auf die Einzelausgebote oder nur auf das Gesamt- oder ein oder mehrere Gruppenausgebote erfolgen und hierauf der Zuschlag von Amts wegen nach § 85a Abs. 1 oder auf Antrag nach § 74 Abs. 1 versagt wird. Im nachfolgenden – zweiten – Versteigerungstermin (§ 74a Abs. 3 S. 1, § 85a Abs. 3 S. 2) ist eine Zuschlagsversagung wegen Nichterreichens der 50 % bzw. 70 %-Grenze nicht mehr zulässig, § 74a Abs. 4, § 85a Abs. 2 S. 2 (hierzu näher → § 74a Rdn. 28 und → § 85a Rdn. 39). Dies gilt aber nur für die Ausgebote, auf die im ersten Termin auch tatsächlich Gebote abgegeben wurden. Der Gesetzeswortlaut ist ebenso eindeutig wie auch der Gesetzeszweck. Wird im ersten Versteigerungstermin ein Ausgebot zugelassen bzw. erstellt und wird hierauf kein Gebot abgegeben, ist das Verfahren insoweit ergebnislos und nach § 77 Abs. 1 ZVG zu verfahren. Der dann folgende sog. 2. Termin ist für dieses Ausgebot nach wie vor der sog. 1. Termin, die Wertgrenzen nach § 74a Abs. 1 und § 85a Abs. 1 finden Anwendung. Eine Zuschlagsversagung aus den Gründen der § 74a Abs. 1 und § 85a Abs. 1 auf Einzelausgebote hat keine Auswirkung auf ein Gesamt(gruppen-)ausgebot, auf das zunächst überhaupt kein Gebot oder das erstmals in einem späteren Termin aufgestellt wird (Gleiches gilt natürlich für Gebote in umgekehrter Reihenfolge). Die Wertgrenzen nach § 74a Abs. 1 und § 85a Abs. 1 sind für jedes Ausgebot in dem für dieses Ausgebot 1. Termin anzuwenden und zu beachten.

46 Muss aus den Gründen des § 85a Abs. 1 oder auf Antrag nach § 74a Abs. 1 hinsichtlich eines oder einiger Grundstücke der Zuschlag versagt werden, so dürfen diese bei dem anzustellenden Vergleich mit dem Meistgebot des Gesamtausgebots nicht mit dem Wert „null" in die Berechnung einzustellen sein. Dies wäre auch bedenklich, da die Zielrichtung hierbei in erster Linie der Grundstücksverschleuderung vorbeugen soll.[62] Im Übrigen würde dies auch dazu führen, das nunmehr bei dem Vergleich der Summe der Einzelausgebote mit dem Gesamtausgebot die Gefahr besteht, dass wegen des Wertes Null der Zuschlag auf das Gesamtausgebot erteilt werden muss, obwohl die Einzelausgebote zusammengerechnet ursprünglich höher waren.

---

60 OLG Frankfurt, Rpfleger 1995, 512, für den Fall des § 85a Abs. 1.
61 BGH, Beschluss vom 18.10.2012, V ZB 13/12, Rpfleger 2013, 106 mit Anm. *Alff* = NJW-RR 2013, 17.
62 So auch *Stöber*, ZVG § 63 Rdn. 7. 7.

Beispiel[63]:

	Einzelausgebot	Einzelausgebot	Gesamtausgebot
Grundstück:	1	2	1 + 2 zus.
Verkehrswert:	100.000,- €	500.000,- €	600.000,- €
best. bleibende Rechte:	keine	keine	keine
Gebote:	30.000,- €	400.000,- €	420.000,- €

Die Summe der Einzelausgebote ist mit 430.000,- € höher als das Gesamtausgebot über 420.000,- €. Da auf Grundstück 1 jedoch weniger als die Hälfte des Verkehrswertes geboten wurde, wäre eigentlich der Zuschlag hierauf zu versagen. Wird dieses Grundstück nunmehr mit dem Wert null in den Vergleich zum Gesamtausgebot eingestellt, ist dieses mit 420.000,- € höher. Dieses Ergebnis kann nicht gewollt sein. Der Zuschlag ist auf die Einzelausgebote zu erteilen, § 85a Abs. 1 kann hier keine Anwendung finden.[64]

d) **Einstweilige Einstellung (§ 76)**

Vor der Zuschlagsprüfung ist weiter § 76 zu beachten. Auf das Gesamtausgebot kann der Zuschlag dann nicht erteilt werden, wenn das Meistgebot auf eines oder mehrere Grundstücke so hoch ist, dass die Ansprüche des Gläubigers befriedigt werden und deshalb gem. § 76 die einstweilige Einstellung hinsichtlich der übrigen Grundstücke zu erfolgen hat.[65] Hierdurch soll sichergestellt werden, dass der Eingriff in das Eigentum des Schuldners so gering wie möglich ausfällt.[66] Eine Vergleichsmöglichkeit besteht nicht; der Zuschlag ist auf die Meistgebote der Einzelausgebote zu erteilen, soweit hierauf keine Einstellung gem. § 76 erfolgt.

Durch das Gebot müssen gedeckt werden können:

- die Verfahrenskosten,
- die Ansprüche aus dem bar zu zahlenden Teil des geringsten Gebotes
- die Gesamtansprüche aller betreibenden Gläubiger (Kosten, Zinsen bis einen Tag vor Verteilungstermin, Hauptanspruch).

Mit dem betreibenden Gläubiger sind alle Gläubiger gemeint, für die der Versteigerungstermin durchgeführt werden kann, die ihr Verfahren nicht einstweilen eingestellt oder rechtzeitig vier Wochen vor dem Termin wieder fortgesetzt haben.[67] Betreiben mehrere Gläubiger aus verschiedenem Rang und ist z.B. ein Zwischenberechtigter vorhanden, der das Verfahren nicht betreibt, muss auch dieser durch das Gebot gedeckt werden, da ein nachrangiger betreibender Gläubiger erst dann zugeteilt werden kann, wenn alle vorrangigen Berechtigten gedeckt sind.[68]

---

63 Entnommen aus *Hintzen/Wolf*, Rdn. 11.645.
64 Vertretbar dürfte allerdings auch sein, den Zuschlag insgesamt zu versagen und einen neuen Termin zu bestimmen, in dem dann die Wertgrenzen nicht mehr gelten; das Ergebnis könnte dann natürlich für den Schuldner noch ungünstiger ausfallen. Dies gilt gleichermaßen für § 74a Abs. 1. Auch zu diesen unbilligen Ergebnissen ist der Gesetzgeber gefordert für Klarheit zu sorgen.
65 Hierzu auch Steiner/*Storz*, § 63 Rdn. 58.
66 *Böttcher*, § 76 Rdn. 1.
67 *Stöber*, ZVG § 76 Rdn. 2.5; *Böttcher*, § 76 Rdn. 3.
68 So auch *Stöber*, ZVG § 76 Rdn. 2.5; *Böttcher*, § 76 Rdn. 4.

IX. Rechtsbehelf

51 Ein Verstoß gegen Abs. 1 Satz 1, Abs. 2 Satz 1 und 2, Abs. 4 ist ein Zuschlagsversagungsgrund nach § 83 Nr. 2 (der dortige Wortlaut ist ungenau und nicht sprachlich an die Änderungen in § 63 Abs. 1 und Abs. 2 angepasst[69]) bzw. ein Grund zur Anfechtung des Zuschlages (§ 100 Abs. 1), falls nicht Heilung nach § 84 eintritt. Der Ersteher hat wegen der Unterlassung der Einzelausgebote kein Rechtsmittel, wohl aber ein Beteiligter. Soweit die Zulassung eines Gesamtausgebots bei einheitlicher Überbauung (Abs. 1 Satz 2) im Ermessen des Vollstreckungsgerichts liegt, ist eine Anfechtung des Zuschlags nur im Falle eines Ermessensmissbrauchs zulässig.[70]

---

69 Hierzu auch *Stöber*, ZVG § 83 Rdn. 3.2.
70 So auch Steiner/*Storz*, § 63 Rdn. 59.

§ 64 »Gesamthypothek«

(1) ¹Werden mehrere Grundstücke, die mit einer dem Anspruche des Gläubigers vorgehenden Gesamthypothek belastet sind, in demselben Verfahren versteigert, so ist auf Antrag die Gesamthypothek bei der Feststellung des geringsten Gebots für das einzelne Grundstück nur zu dem Teilbetrage zu berücksichtigen, der dem Verhältnisse des Wertes des Grundstücks zu dem Werte der sämtlichen Grundstücke entspricht; der Wert wird unter Abzug der Belastungen berechnet, die der Gesamthypothek im Range vorgehen und bestehen bleiben. ²Antragsberechtigt sind der Gläubiger, der Eigentümer und jeder dem Hypothekengläubiger gleich- oder nachstehende Beteiligte.

(2) ¹Wird der im Absatz 1 bezeichnete Antrag gestellt, so kann der Hypothekengläubiger bis zum Schlusse der Verhandlung im Versteigerungstermine verlangen, daß bei der Feststellung des geringsten Gebots für die Grundstücke nur die seinem Anspruche vorgehenden Rechte berücksichtigt werden; in diesem Falle sind die Grundstücke auch mit der verlangten Abweichung auszubieten. ²Erklärt sich nach erfolgtem Ausgebote der Hypothekengläubiger der Aufforderung des Gerichts ungeachtet nicht darüber, welches Ausgebot für die Erteilung des Zuschlags maßgebend sein soll, so verbleibt es bei der auf Grund des Absatzes 1 erfolgten Feststellung des geringsten Gebots.

(3) Diese Vorschriften finden entsprechende Anwendung, wenn die Grundstücke mit einer und derselben Grundschuld oder Rentenschuld belastet sind.

Übersicht

		Rdn.
I.	Allgemeines	1
II.	Verteilung des Gesamtgrundpfandrechts (Abs. 1)	4
	1. Verfahrensverbindung	4
	2. Antrag	5
	3. Verteilungsmaßstab	11
III.	Geringstes Gebot und Zuschlag	18
	1. Geringstes Gebot	18
	2. Zuschlag	19
IV.	Gegenantrag (Abs. 2)	20
	1. Allgemein	20
	2. Antrag	21
	3. Weitere geringste Gebote	24
	4. Gebotsabgabe, Mehrbetrag	25
	5. Schluss der Versteigerung	28
	6. Wahlrecht und Zuschlag	30
	7. Verhältnis zu § 63	33
V.	Persönliche Ansprüche	39
VI.	Andere Verteilungsmöglichkeiten	40
VII.	Rechtsbehelf	42

I. Allgemeines

Die Bestimmung des § 64 ist im Zusammenhang mit § 63 (s. dort → Rdn. 1) zu sehen. Auch § 64 ist nur in einem gem. § 18 verbundenen Verfahren anwendbar. Es entspricht dem Wesen eines Gesamtgrundpfandrechts – die Vorschrift ist auf Hypotheken, Grundschulden oder Rentenschulden anwendbar, Abs. 3 – dass es, falls es nach den Versteigerungsbedingungen bestehen bleibt, im geringsten Gebot der jeweiligen Einzelausgebote *in voller Höhe* zu berücksichtigen ist (siehe § 1132 Abs. 1 BGB). Das kann dazu führen, dass Gebote auf die Einzelausgebote nicht abgegeben werden. In jedem Falle werden die baren Meistgebote relativ niedrig ausfallen. Jeder Bieter muss bei seinen wirtschaftlichen Überlegungen das Gesamtgrundpfandrecht in voller Höhe in Rechnung stellen, da er das Recht im Falle der Zuschlagserteilung in voller Höhe übernehmen muss, sei es auch nur gem. § 50 Abs. 2 Nr. 2. Für den ausfallenden Berechtigten ergibt sich dadurch zwar eine Befriedigungsmöglichkeit, aber nur eine bedingte und in ungewisse Zukunft verschobene. § 64 will hier dadurch abhelfen, dass:

- Abs. 1 die Verteilung des Gesamtgrundpfandrechts zu je einem Teilbetrag auf die mehreren Grundstücke auch gegen den Willen des Gläubigers des Gesamtgrundpfandrechts vorsieht (s. → Rdn. 5, 6);
- Abs. 2 diesem Gläubiger des Gesamtgrundpfandrechts zum Ausgleich für den hierin liegenden erheblichen Eingriff in seine Rechte das Recht gibt, zu verlangen, dass bei der Aufstellung des geringsten Gebots nur die ihm vorgehenden Rechte berücksichtigt und die Grundstücke mit dieser Maßgabe ebenfalls (doppelt) ausgeboten werden.

2 Die Folge der Verteilung nach Abs. 1 ist, dass sich das Gesamtgrundpfandrecht in einzelne Rechte für Teilbeträge auflöst, die nur zusammen den Betrag des Gesamtgrundpfandrechts ergeben. Reagiert der Gläubiger des aufgeteilten Gesamtgrundpfandrechts i.S.v. Abs. 2, wird der Deckungsgrundsatz bei der Zuschlagserteilung in § 83 Nr. 3 gesichert, vorausgesetzt, der Ersteher zahlt das bare Meistgebot.

3 Die Regelung des § 64 birgt erhebliche **Gefahren** in sich; Bietmanipulationen zum Nachteil der Beteiligten sind nicht ausgeschlossen.[1] Der Gläubiger eines Gesamtgrundpfandrechts, dessen Recht dem bestbetreibenden Gläubiger im Range vorgeht, kann sich wegen der Antragsmöglichkeit nach Abs. 1 nicht darauf verlassen, dass sein Recht als Gesamtrecht mit den weitreichenden Möglichkeiten nach § 1132 Abs. 1 Satz 2 bestehen bleibt, obwohl es im geringsten Gebot berücksichtigt wird. Er kann, falls er die Möglichkeit der Stellung des Gegenantrags gemäß Abs. 2 nicht wahrnimmt, die Situation vorfinden, dass sein Gesamtrecht in Einzelrechte auch gegen seinen Willen aufgeteilt wurde und sich damit seine Befriedigungschancen verschlechtert haben. In keinem Falle darf der Gläubiger dem Versteigerungstermin fern bleiben, da er ansonsten die Situation nicht erkennt und auch keinen Gegenantrag nach Abs. 2 stellen kann. Er kann sich nicht auf das Bestehenbleiben seines Rechts verlassen, denn im Falle der Antragstellung gemäß Abs. 2 kann er nicht die Wiederherstellung des alten Zustandes erreichen, sondern sein Recht erlischt (hierbei wird der Deckungsgrundsatz durchbrochen, siehe → § 44 Rdn. 2) und er erhält Befriedigung aus dem baren Meistgebot (§ 83 Nr. 3).

II. Verteilung des Gesamtgrundpfandrechts (Abs. 1)
1. Verfahrensverbindung

4 Als Folgeregelung zu § 63 kommt auch § 64 nur in einem gem. § 18 verbundenen Verfahren in Betracht (siehe → § 63 Rdn. 1).

---

1 Hierzu *Büchmann*, ZIP 1986, 1357.

2. Antrag

Die Verteilung des Gesamtgrundpfandrechts (s. Abs. 3) erfolgt nur auf **Antrag**. Eine Verteilung von Amts wegen findet nicht statt. Das schließt jedoch nicht aus, dass das Vollstreckungsgericht im Versteigerungstermin nach Aufklärung und Belehrung über die rechtliche Situation eine Verteilung anregt; auch kann es geboten sein, die Rechtslage und die Möglichkeiten in einem Termin gem. § 62 zu erörtern.

Antragsberechtigt sind der Schuldner (= Grundstückseigentümer) und jeder dem Gesamtrechtsgläubiger im Range gleich- oder nachrangige Berechtigte (Abs. 1 S. 2). Antragsberechtigt ist insbesondere der bestbetreibende Gläubiger. Der Gesamtrechtsgläubiger, dessen Recht verteilt werden soll, ist nicht antragsberechtigt; er kann sein Recht gem. § 1132 Abs. 2 BGB verteilen, dies bedarf jedoch der Eintragung im Grundbuch. Sein Antragsrecht kommt nur dann in Betracht, wenn es sich um ein Eigentümerrecht handelt (dann wird der Antrag als Grundstückseigentümer gestellt) oder er selbst Gläubiger eines weiteren Rechts ist, dass seinem eigenen Gesamtgrundpfandrecht im Range nachgeht oder gleichsteht. Die Zurückweisung eines Antrags im Versteigerungstermin ist unanfechtbar.[2] Mieter und Pächter haben kein Antragsrecht.[3]

Der Antrag kann **formlos** gestellt werden, im Zwangsversteigerungstermin ist er zu protokollieren, ebenfalls in dieser Form in einem Erörterungstermin gem. § 62. Er kann aber auch schriftlich zum Zwangsversteigerungstermin eingereicht oder zu Protokoll der Geschäftsstelle erklärt werden. Anwesenheit des Antragstellers im Zwangsversteigerungstermin ist nicht erforderlich.

Der Antrag kann nur bis **spätestens** zur **Aufforderung zur Abgabe von Geboten gestellt** und nur bis zu diesem Zeitpunkt wieder **zurückgenommen** werden.[4] Durch den am 1.8.1998 in Kraft getretenen Art. 1 des Gesetzes zur Änderung des Gesetzes über die Zwangsversteigerung und die Zwangsverwaltung und anderer Gesetze vom 18.2.1998 (BGBl I 866) wurde u.a. in § 59 Abs. 1 S. 1 und § 63 Abs. 2 S. 1 eine Zeitgrenze zur Stellung des Antrags auf Abweichung bzw. auf Einzelausgebote eingeführt. Nach der bis dahin herrschenden Meinung konnten die Anträge auf Abweichung bzw. Erstellung eines Gesamt- oder Gruppenausgebots bis zum Schluss der (ehemaligen) Bietstunde gestellt werden. Damit waren häufig Missbrauchsmöglichkeiten gegeben. Die Änderungen sollten genau dies verhindern. Ziel war u.a., dass mit Beginn der Bietzeit für alle Beteiligten des Verfahrens feststeht, welche Ausgebote vorliegen. Der Ausschluss der Antragstellung mit Beginn der Bietzeit wurde in § 64 nicht übernommen.[5] Damit die Versteigerungsbedingungen bis spätestens vor Beginn der Bietzeit endgültig feststehen, wäre auch hier die Einfügung einer Zeitgrenze dringend notwendig gewesen. Die Anträge auf Verteilung gem. § 64 Abs. 1 und ein eventueller Gegenantrag gem. § 64 Abs. 2 sollten spätestens vor Beginn der Bietzeit gestellt sein. Der nunmehr vorliegende Widerspruch zu § 59 Abs. 1 Satz 1 und § 63 Abs. 2 Satz 1 kann nicht gewollt ge-

---

2   LG Krefeld, Rpfleger 1987, 323.
3   Steiner/*Storz*, § 64 Rdn. 9; *Stöber*, ZVG § 64 Rdn. 3.3; *Böttcher*, § 64 Rdn. 2.
4   Diese Frage ist umstritten, s. LG Krefeld, Rpfleger 1987, 323; *Stöber*, ZVG § 64 Rdn. 3.4 m.w.N.; *Böttcher*, § 64 Rdn. 2; *Depré/Bachmann*, § 64 Rdn. 8, überwiegend wird aber der Antrag vor Beginn der Bietzeit verlangt.
5   Hierzu *Hintzen*, Rpfleger 1998, 148 ff.

wesen sein, es dürfte sich um ein offensichtliches Versehen des Gesetzgebers handeln.[6]

9 Der Antrag gemäß Abs. 1 ist auch dann zulässig, wenn das zu verteilende Gesamtrecht auch noch andere als die zur Zwangsversteigerung stehenden Grundstücke belastet.

10 Sind die zu versteigernden Grundstücke mit **mehreren Gesamtgrundpfandrechten** belastet, können sämtliche oder auch nur einige dieser Rechte verteilt werden; für jedes Gesamtgrundpfandrecht, dass verteilt werden soll, ist ein Antrag erforderlich.

3. Verteilungsmaßstab

11 Der Verteilungsmaßstab ergibt sich aus Abs. 1 Satz 1: Das Gesamtgrundpfandrecht ist im Verhältnis des Wertes des jeweiligen Einzelgrundstücks zu dem Gesamtwert aller Grundstücke aufzuteilen. Diese Regelung entspricht der Verteilung gem. § 1132 Abs. 2, § 1172 Abs. 2 BGB. Weiter wird der Wert unter Abzug der Belastung berechnet, die dem Gesamtgrundpfandrecht im Range vorgehen und nach den Versteigerungsbedingungen bestehen bleiben.

12 Auszugehen ist bei der Berechnung von den **Werten** der einzelnen Grundstücke. Maßgeblich ist hierbei der nach § 74a Abs. 5 festgesetzte **Verkehrswert**.[7]

13 Von den Grundstückswerten sind nach Abs. 1 die **Belastungen abzuziehen**, die dem Gesamtgrundpfandrecht im Range vorgehen und nach den Versteigerungsbedingungen bestehen bleiben. Verfahrenskosten (§ 109) und vorgehende Ansprüche der Rangklassen 1–3 des § 10 Abs. 1 bleiben unberücksichtigt. Bei Hypotheken und Grundschulden kommt der Kapitalbetrag (keine Kosten und keine Zinsen), bei Rentenschulden die Ablösesumme und bei den übrigen Rechten, insbesondere Rechte der Abteilung II des Grundbuches, der für das Recht gem. § 51 Abs. 2 festgesetzte Zuzahlungsbetrag in Betracht. Ein Vorgehendes, jedoch nach § 59 erlöschendes Recht, ist nicht abzuziehen, denn es bleibt nicht bestehen. Ein nicht aufgeteiltes vorgehendes Gesamtgrundpfandrecht ist bei jedem Grundstück in voller Höhe in Abzug zu bringen. Teilweise wird die Ansicht vertreten, dass ein **Erbbaurecht** wegen des als Gegenleistung zu zahlenden Erbbauzinses keine Belastung im Sinne des Abs. 1 darstelle.[8] Dem kann in der Allgemeinheit so nicht zugestimmt werden, denn es gibt auch Erbbaurechte, für die kein Erbbauzins zu zahlen ist oder es kann sich (aus welchen Gründen auch immer) um einen Erbbauzins handeln, der weit unterhalb üblicher Leistungen liegt. Die Entscheidung wird im Einzelfall zu treffen sein.

14 Bei der Verteilung gemäß Abs. 1 kommen nur diejenigen mit dem Gesamtgrundpfandrecht belasteten Grundstücke in Betracht, die in demselben Verfahren (§ 18) versteigert werden sollen.

15 Sind **mehrere Gesamtgrundpfandrechte** zu verteilen, ist mit der Berechnung des Verteilungsmaßstabes und der Aufteilung bei dem rangbesseren Recht zu beginnen. Der Verteilungsmaßstab ist **für jedes Recht neu zu berechnen**. Vorgehen-

---

6 Wahrscheinlich wird es daran liegen, dass § 64 in der gerichtlichen Praxis nur eine geringe Bedeutung hat und damit dem Fokus des Gesetzgebers entgangen ist.
7 Steiner/*Storz*, § 64 Rdn. 19; *Böttcher*, § 64 Rdn. 3; *Stöber*, ZVG § 64 Rdn. 4.8, der auch die veraltete heute nicht mehr vertretene Rechtsansicht erörtert und zitiert.
8 Steiner/*Storz*, § 64 Rdn. 23.

de und bereits aufgeteilte Gesamtgrundpfandrechte sind dabei nur in Höhe des auf dieses Grundstück zugeteilten Teilbetrages zu berücksichtigen.

Ergibt die Berechnung, dass der **Wert aller Grundstücke** durch bestehen bleibende Vorbelastungen **erschöpft** ist, oder bleibt nur ein Grundstück übrig, besteht kein Antragsrecht nach Abs. 1.[9] **16**

Entsprechend dem Verteilungsmaßstab für das bestehen bleibende Recht erfolgt auch die Verteilung im bar zu zahlenden Teil des geringsten Gebotes; **Kosten** und **Zinsen** der jeweiligen Rechte sind mit demselben Verteilungsmaßstab aufzuteilen. **17**

Zur Verdeutlichung Beispiel[10]:

	Grundstück 1		Grundstück 2
Wert:	(50.000,– €)		(50.000,– €)
Bestehen bleibende Rechte:			
Abt. III/1	10.000,– €		
Abt. III/2	18.000,– €	– Gesamtrecht –	18.000,– €
Abt. III/3	27.000,– €	– Gesamtrecht –	27.000,– €
Nach der Verteilung:			
Abt. III/1	10.000,– €		
Abt. III/2 (40:50)	8.000,– €		10.000,– €
Abt. III/3 (32:40)	12.000,– €		15.000,– €

Bar zu zahlender Teil:

Kosten des Verfahrens – angenommen –:		3.000,– €
Stadt mit Grundsteuern:	auf Grundstück 1	7.000,– €
	auf Grundstück 2	1.600,– €
Zinsen aus dem Recht III/1 – angenommen –		10.000,– €
Zinsen aus dem Recht III/2 – angenommen –		6.000,– €
Zinsen aus dem Recht III/3 – angenommen –		2.400,– €
		30.000,– €

Nach der Verteilung:

Verfahrenskosten	1.500,– €	1.500,– €
Stadt	7.000,– €	1.600,– €
III/1 Zinsen	10.000,– €	-----------
III/2 Zinsen (40:50)	2.666,67 €	3.333,33 €
III/3 Zinsen (32:40)	1.066,67 €	1.333,33 €
	22.233,34 €	7.766,66 €

---

9 So auch Steiner/*Storz*, § 64 Rdn. 24; *Stöber*, ZVG § 64 Rdn. 4.4.
10 Entnommen in abgewandelter Form aus *Hintzen/Wolf*, Rdn. 11.621.

III. Geringstes Gebot und Zuschlag
1. Geringstes Gebot

18 Durch die Verteilung (Abs. 1) wird das Gesamtgrundpfandrecht in Einzelrechte aufgeteilt. Nur diese Einzelrechte sind als bestehen bleibende Rechte im geringsten Gebot der Einzelausgebote zu berücksichtigen.

2. Zuschlag

19 Wird der Zuschlag auf die Einzelausgebote nach Verteilung der Gesamtgrundpfandrechte erteilt, folgt aus § 52 Abs. 1 Satz 2 das Erlöschen des Gesamtgrundpfandrechts zu den nicht auf die einzelnen Grundstücke verteilten Beträgen; statt eines Gesamtgrundpfandrechts bleiben nur die Einzelrechte an jedem Grundstück bestehen. Wird der Zuschlag nur bei einem oder einigen der mitbelasteten Grundstücke erteilt, verbleibt es bei der Gesamtbelastung an den nicht zugeschlagen Grundstücken; auch im Verhältnis zu den Einzelrechten an den zugeschlagen Grundstücken bleibt sie insoweit Gesamtrecht, als sich die Beträge decken.

IV. Gegenantrag (Abs. 2)
1. Allgemein

20 Das Verfahren nach Abs. 1 führt für den Gläubiger eines Gesamtgrundpfandrechts dazu, dass sein Gesamtrecht in Einzelrechte aufgeteilt wird. Das Recht, sich voll aus jedem Grundstück befriedigen zu können, ist damit verloren. Folge davon kann sein, dass nach der Zuschlagserteilung die bestehen bleibenden Einzelrechte bei einer späteren Zwangsversteigerung eines Grundstücks ausfallen. Abs. 2 bietet dem Gesamtrechtsgläubiger für die ihm drohenden Nachteile einen gewissen Ausgleich.

2. Antrag

21 Der Gläubiger, dessen Recht mehr oder weniger zwangsweise verteilt wurde, kann **verlangen** (Antrag), dass auch Gebote aufzustellen sind und zugelassen werden, bei denen nur noch die ihm im Range vorgehenden Ansprüche im geringsten Gebot berücksichtigt werden. Er wird damit praktisch so behandelt, als wäre er der bestbetreibende Gläubiger. Dieses Verlangen ist nur zulässig, wenn eine Aufteilung seines Gesamtgrundpfandrechts gemäß Abs. 1 erfolgte und der Antrag nicht zurückgenommen wurde.

22 Der Antrag kann – ebenso wie der Antrag nach Abs. 1 (zuvor → Rdn. 8) – nur bis **spätestens** zur **Aufforderung zur Abgabe von Geboten** gestellt und nur bis zu diesem Zeitpunkt wieder **zurückgenommen** werden.[11] Die fehlende Einfügung „bis zur Aufforderung zur Abgabe von Geboten" beruht offensichtlich auf einem Versehen des Gesetzgebers.[12]

---

[11] So auch *Böttcher*, § 64 Rdn. 5; Depré/Bachmann, § 64 Rdn. 15; nach *Stöber*, ZVG § 64 Rdn. 5.3 bis zum Zeitpunkt nach § 73 Abs. 2, da die gesetzliche Regelung in § 63 hier nicht übernommen wurde; Steiner/Storz, § 64 Rdn. 35.

[12] Folgt man dem Gesetzeswortlaut, kommt man zu dem völlig systemwidrigen Ergebnis, dass der Gegenantrag selbst dann noch zulässig ist, wenn bereits der Schluss der Versteigerung (§ 73 Abs. 2) verkündet wurde mit der Folge, dass eine bereits geschlossene Versteigerung wieder eröffnet werden müsste.

Der Gegenantrag kann – ebenso wie der Antrag nach Abs. 1 – **formlos** gestellt 23
werden, im Zwangsversteigerungstermin ist er zu protokollieren, ebenfalls in dieser Form in einem Erörterungstermin gem. § 62. Er kann aber auch schriftlich zum Zwangsversteigerungstermin eingereicht oder zu Protokoll der Geschäftsstelle erklärt werden. Anwesenheit des Antragstellers im Zwangsversteigerungstermin ist hierfür nicht erforderlich (zum Wahlrecht s. aber → Rdn. 30).

3. Weitere geringste Gebote

Der zulässige Gegenantrag hat zur Folge, dass weitere geringste Gebote festgestellt werden müssen. In diesen geringsten Geboten werden als bestehen bleibend 24
nur die Rechte berücksichtigt, die dem Berechtigten im Range vorgehen, der den Gegenantrag gestellt hat. Er wird damit praktisch so behandelt, als wäre er der bestbetreibende Gläubiger. Das hat die Durchbrechung des Deckungsgrundsatzes (→ § 44 Rdn. 2) zur Folge; die Berechtigten der dadurch betroffenen Rechte werden bei der Zuschlagsentscheidung durch § 83 Nr. 3 geschützt.

4. Gebotsabgabe, Mehrbetrag

Das Verfahren zu Gebotsabgabe regelt § 63. Bei der Gebotsabgabe muss jeder 25
Bieter genau erklären, auf welches Ausgebot er konkret bieten will. Sämtliche Vorgänge sind sorgfältig zu protokollieren.

Wird auf ein Einzelausgebot mehr geboten als das geringste Gebot, erhöht sich 26
bei dem Gesamtausgebot das geringste Gebot um den **Mehrbetrag**, § 63 Abs. 3 Satz 1. Hierbei ist gleichgültig, ob es sich um einen Mehrbetrag bei einem Einzelausgebot nach § 63 Abs. 1 oder § 64 Abs. 1 handelt. Für ein Einzelausgebot nach § 64 Abs. 2 gilt das nicht. Diese Gebote stehen nicht als einziges Ausgebot neben einem Gesamtausgebot, sondern stehen vielmehr neben den Einzelausgeboten nach Abs. 1 (der Gläubiger muss sich zur Zuschlagsentscheidung nach Abs. 2 S. 2 zwischen Abs. 1 und Abs. 2 entscheiden). Wenn ein Gebot auf die Ausgebote nach Abs. 1 zu einer Erhöhung beim Gesamtausgebot führt, kann ein Gebot auf das Ausgebot des Abs. 2 nicht zu einer weiteren Erhöhung führen.[13]

Bei der Abgabe eines höheren Gebotes auf die geringsten Gebote nach dem Ge- 27
genantrag nach Abs. 2 erhöht sich das Gesamtausgebot um den Mehrbetrag nach § 63 Abs. 3 Satz 1 erst dann, wenn bei einem Einzelausgebot auf eines der Grundstücke ein Gebot abgegeben wird, das mehr beträgt als das nach Abs. 1 für dieses Grundstück festgestellte geringste Gebot.[14]

5. Schluss der Versteigerung

Die Grundstücke sind nunmehr neben den bereits vorliegenden geringsten Ge- 28
boten auch unter Berücksichtigung des Gegenantrages auszubieten. Für alle Gebotsarten beginnt die Bietzeit einheitlich und ist solange fortzuführen, bis keine weiteren Gebote abgegeben werden. Der Schluss der Versteigerung ist für alle Gebotsarten zu einem **einheitlichen Zeitpunkt** zu verkünden. Es liegt ein Verstoß gegen § 73 Abs. 1 Satz 2 vor, wenn der amtierende Rechtspfleger das jeweils abgegebene höchste Einzel-, Gesamt- oder Gruppenausgebot durch dreimaligen Auf-

---

13 Stöber, ZVG § 64 Rdn. 6.1; Bachmann, Rpfleger 1992, 3.
14 Dieser Fall ist kaum praxisrelevant; Judikatur hierzu gibt es nicht; hierzu Stöber, ZVG § 64 Rdn. 6.2 und 6.3 auch zur abweichenden Meinungen in der Literatur, insbesondere Bachmann, Rpfleger 1992, 3; auch Böttcher, § 64 Rdn. 9.

ruf verkündet und nach Eintrag der genauen Uhrzeit im Protokoll insoweit die Versteigerung schließt.[15] Wegen eines solchen Verfahrensfehlers ist der Zuschlag zu versagen.[16] Den Beteiligten und den Bietinteressenten muss bis zum letzten Moment die Möglichkeit erhalten bleiben, durch Abgabe von Geboten das Versteigerungsergebnis entsprechend ihrer Interessenlage zu beeinflussen.

29 Hatte der den Gegenantrag stellende Gesamtrechtsgläubiger vor Beginn der Bietzeit erklärt, dass der den Zuschlag auf das Ausgebot gemäß Abs. 2 verlangt, erübrigt sich das Ausgebot gemäß Abs. 1.

6. Wahlrecht und Zuschlag

30 Werden die Grundstücke sowohl nach Abs. 1 und nach Abs. 2 einzeln ausgeboten, hat der Gesamtgrundpfandrechtsgläubiger, der den Gegenantrag gestellt hat, ohne Rücksicht auf das bessere Zwangsversteigerungsergebnis das **Wahlrecht**, welches **Ausgebot für den Zuschlag** maßgebend sein soll (Abs. 2 S. 2). Wählt der Gläubiger die Zuschlagserteilung auf die Gebote nach Abs. 2, gehen die geringsten Gebote nach Abs. 1 unter, sie sind für die Zuschlagserteilung nicht mehr maßgebend. Verlangt der Gläubiger nicht den Zuschlag auf Abs. 2, bleibt es bei den geringsten Geboten nach Abs. 1 und die Gesamtgrundpfandrechte werden in Einzelrechte quotenmäßig verteilt. Haben **mehrere** ranggleiche **Berechtigte** den Gegenantrag gestellt, können sie das Wahlrecht nur gemeinsam ausüben[17], eine Mehrheitsentscheidung gibt es nicht. Bei fehlender Einstimmigkeit ist das Wahlrecht nicht ausgeübt und für die Zuschlagsentscheidung sind nur die geringsten Gebote nach Abs. 1 maßgebend.

31 Das Vollstreckungsgericht hat den Berechtigten zur Ausübung des Wahlrechts **ausdrücklich aufzufordern**. Aufforderung und Ergebnis sind im Protokoll festzuhalten. Aufforderung und Ausübung des Wahlrechts müssen im Zwangsversteigerungstermin bei Anwesenheit der Berechtigten ausgeübt werden, der Berechtigte muss daher im Termin anwesend sein[18], später kann das Wahlrecht nicht ausgeübt werden. Wählt der Berechtigte nicht, sind für die Zuschlagsentscheidung nur die Gebote nach Abs. 1 maßgebend.

32 Entscheidet sich der Berechtigte bei seiner Wahl für den Zuschlag auf das **Ausgebot nach Abs. 2,** ist gemäß § 83 Nr. 3 zu prüfen, ob eine zur Zuschlagsentscheidung führende Beeinträchtigung in diesem Sinne vorliegt. Um den Zuschlag erteilen zu können, muss so viel auf die Ausgebote nach Abs. 2 geboten werden, dass auch die Ansprüche vor dem eigentlich bestbetreibenden Gläubiger gedeckt sind. Diese Deckung erfolgt allerdings im Bargebot, da die Rechte nicht bestehen bleiben, sondern erlöschen (siehe → § 83 Rdn. 15).

---

15 LG Berlin, Rpfleger 1995, 80.
16 BGH, Rpfleger 2003, 452 = NJW-RR 2003, 1077 = KTS 2003, 701 = MDR 2003, 1074 = WM 2003, 1181 = ZfIR 2003, 743.
17 Steiner/*Storz*, § 64 Rdn. 42.
18 *Stöber*, ZVG § 64 Rdn. 7.2; a.A. *Böttcher*, § 64 Rdn. 10; Steiner/*Storz*, § 64 Rdn. 39, der eine schriftliche Aufforderung zur Ausübung des Wahlrechts mit kurzer Fristsetzung für genügend hält.

7. Verhältnis zu § 63

Die geringsten Gebote nach § 64 sind regelmäßig Folge der geringsten Gebote nach § 63. Bei 3 Grundstücken können daher beispielhaft folgende Ausgebote vorliegen: 33

- Gesamtausgebot aller drei Grundstücke (1),
- Einzelausgebote nach § 63 Abs. 1 (3),
- Einzelausgebote nach § 64 Abs. 1 (3),
- Einzelausgebote nach § 64 Abs. 2 (3).

Es können noch weitere Gebote in Form von Gruppenausgeboten (§ 63 Abs. 2 Satz 2 i.V.m. § 64) vorliegen. 34

Werden Anträge gem. § 64 gestellt, gehen diese Ausgebote als abweichende Versteigerungsbedingung den Einzelausgeboten gem. § 63 Abs. 1 S. 1 vor. 35

Nach Schluss der Versteigerung ist zunächst zu klären, ob der Antrag auf Zuschlagserteilung nach § 64 Abs. 1 oder Abs. 2 gestellt wird. 36

Danach ist bei den Einzelausgeboten gem. § 64 Abs. 1 der Vergleich mit dem Gesamtausgebot vorzunehmen, § 63 Abs. 3 Satz 2. Sollte das Ergebnis des Gesamtausgebots höher sein als die Summe der Einzelausgebote, ist der Zuschlag auf das Gesamtausgebot zu erteilen. 37

Gleiches gilt bei der Wahl nach § 64 Abs. 2. Sollte das Ergebnis des Gesamtausgebots höher sein als die Summe der Einzelausgebote, ist der Zuschlag auf das Gesamtausgebot zu erteilen. Sollten die Einzelausgebote höher sein, ist unter Beachtung von § 83 Nr. 3 der Zuschlag zu erteilen oder zu versagen; im letzteren Fall wäre die Zwangsversteigerung ergebnislos verlaufen.[19] 38

V. Persönliche Ansprüche

Die Anwendung des § 64 kann auf Ansprüche der Rangklasse 5 des § 10 Abs. 1 in Betracht kommen, wenn der rangbeste persönliche Gläubiger die Einstellung der Zwangsversteigerung bewilligt hat und ein nachgehender dinglicher Gläubiger (Rangklasse 6 des § 10 Abs. 1) die Verteilung nach Abs. 1 beantragt[20] (in der gerichtlichen Praxis sicherlich ein sehr seltener Fall). Wird in diesem Fall die Forderung des zur Zeit nicht betreibenden persönlichen Gläubigers durch die Summe der zuschlagsfähigen Meistgebote nicht voll gedeckt, ist der Zuschlag zu versagen, auch wenn ein Doppelausgebot nach Abs. 2 nicht stattgefunden hat.[21] 39

VI. Andere Verteilungsmöglichkeiten

Der Gläubiger des Gesamtgrundpfandrechts kann auch die **Verteilung nach § 1132 Abs. 2** BGB vornehmen oder das Gesamtgrundpfandrecht durch Verzichtserklärung (§§ 1168, 1175 BGB) auflösen. Diese rechtsgeschäftlichen Erklärungen werden jedoch erst mit der Grundbucheintragung wirksam. Einen Antrag aus § 64 Abs. 1 kann der Gläubiger daher nur dadurch ausschließen, dass er spätestens im Versteigerungstermin nachweist, dass die Verteilung in das Grundbuch eingetragen ist und als Gesamtrecht nicht mehr besteht.[22] 40

---

19 *Stöber*, ZVG § 64 Rdn. 6.3; Steiner/*Storz*, § 64 Rdn. 45.
20 *Stöber*, ZVG § 64 Rdn. 2.3.
21 AG Gemünd (Eifel), Rpfleger 1957, 88.
22 RGZ 55, 340; 66, 285; 73, 53; *Böttcher*, § 64 Rdn. 2.

41 Der Gläubiger des Gesamtgrundpfandrechts kann auch im Wege der **Abweichung gem.** § 59 beantragen, dass sein Gesamtrecht im geringsten Gebot bei den einzelnen Grundstücken nur zu einem Teilbetrag zu berücksichtigen ist. Eine solche Abweichung bedarf der Zustimmung der gleich- und nachstehenden Berechtigten und des Eigentümers. Eine Verteilung nach Abs. 1 macht den Antrag gem. § 59 jedoch unzulässig.[23]

VII. Rechtsbehelf

42 Die Zurückweisung des Antrags gemäß Abs. 1 oder Abs. 2 kann nur durch Anfechtung der Zuschlagsentscheidung gerügt werden (§ 83 Nr. 1, § 84).[24]

---

23 So auch Steiner/*Storz*, § 64 Rdn. 26; *Stöber*, ZVG § 64 Rdn. 4.5.
24 LG Krefeld, Rpfleger 1987, 323.

§ 65 »Besondere Versteigerung; anderweitige Verwertung«

(1) ¹Das Gericht kann auf Antrag anordnen, daß eine Forderung oder eine bewegliche Sache von der Versteigerung des Grundstücks ausgeschlossen und besonders versteigert werden soll. ²Auf Antrag kann auch eine andere Art der Verwertung angeordnet, insbesondere zur Einziehung einer Forderung ein Vertreter bestellt oder die Forderung eines Beteiligten mit dessen Zustimmung an Zahlungs Statt überwiesen werden. ³Die Vorschriften der §§ 817, 820 *[richtig: § 817a Abs. 3*]*, 835 der Zivilprozeßordnung finden entsprechende Anwendung. ⁴Der Erlös ist zu hinterlegen.

(2) Die besondere Versteigerung oder die anderweitige Verwertung ist nur zulässig, wenn das geringste Gebot erreicht ist.

---

* § 820 ZPO ist aufgehoben, hierzu → Rdn. 2

I. Allgemeines

Regelmäßig sind mit dem Grundstück sämtliche Gegenstände zu versteigern, deren Beschlagnahme im Zeitpunkt der Versteigerung noch wirksam ist, § 55 Abs. 1. Bei Zubehörgegenständen erstreckt sich die Zwangsversteigerung auch auf solche, die sich nicht im Besitz des Schuldners oder dessen neu eingetretenen Eigentümers befinden, es sei denn, der Dritteigentümer hat seine Rechte rechtzeitig gem. § 37 Nr. 5 geltend gemacht, § 55 Abs. 2. Abweichungen von dieser Regelung lässt § 65 in Form einer *Kannbestimmung* zu. Ziel dieser Vorschrift ist, einen höheren Zwangsversteigerungserlös zu erzielen oder solche Gegenstände aus der Versteigerung herauszuhalten, die von einem Dritten beansprucht werden.[1] Eine Regelung im Wege abweichender Zwangsversteigerungsbedingung gem. § 59 wird durch § 65 ausgeschlossen.[2] 1

Der im ehemaligen Abs. 3 genannte § 820 ZPO wurde aufgehoben durch das Gesetz über Maßnahmen auf dem Gebiet der Zwangsvollstreckung vom 20.8.1953 (BGBl I 952). Der frühere Inhalt von § 820 wurde in Abs. 3 des mit dem gleichen Gesetz eingefügten § 817a ZPO aufgenommen. 2

Große praktische Bedeutung hat § 65 nicht erlangt. 3

II. Antrag

Eine Anordnung gem. § 65 setzt stets einen **Antrag** voraus (Abs. 1 S. 1). Aus dem Antrag muss sich die zutreffende Anordnung (z.B. besondere Versteigerung von Zubehörgegenständen durch den Gerichtsvollzieher) eindeutig ergeben. Gleiches gilt für eine andere Art der Verwertung (Abs. 1 S. 2). Das Vollstreckungsgericht sollte auf eine eindeutige Antragstellung hinwirken, § 139 ZPO. 4

Antragsberechtigt ist nur derjenige, der ein Interesse an der gesonderten Verwertung haben kann, also nicht Mieter oder Pächter[3] und regelmäßig auch nicht Beteiligte, die im geringsten Gebot berücksichtigt werden, da sie in jedem Falle durch die Grundstücksversteigerung befriedigt bzw. berücksichtigt werden und 5

---

1 Hierzu Denkschrift S. 51.
2 So auch Steiner/*Storz*, Rdn. 2; *Stöber*, ZVG § 65 Rdn. 1.2.
3 So auch *Stöber*, ZVG § 65 Rdn. 2.

mindestens das geringste Gebot geboten werden muss (Abs. 2).[4] Der Zustimmung anderer Beteiligter bedarf es nicht (hierzu auch nachfolgend → Rdn. 14).

6   Der Antrag kann **formfrei** gestellt werden. Er ist **spätestens** im Versteigerungstermin bis vor der Aufforderung zur Abgabe von Geboten zu stellen[5] (§ 66 Abs. 2). Wird der Antrag im Versteigerungstermin gestellt, ist er zu protokollieren. Er kann aber auch vor dem Termin schriftlich oder in einem Termin nach § 62 zu Protokoll gestellt werden. In jedem Falle müssen die Versteigerungsbedingungen vor der Aufforderung zur Abgabe von Geboten für alle Beteiligten und insbesondere auch die Bietinteressenten feststehen (dies ergibt sich bereits aus den Regelungszweck der Einfügung des zeitlichen Ausschlusses in § 59 Abs. 1 Satz 1 oder auch § 63 Abs. 2 Satz 1). Sobald die Anordnung des Vollstreckungsgerichts ergangen ist, kann der Antrag nicht mehr widerrufen werden.

III. Anordnung

1. Rechtliches Gehör

7   Vor der Anordnung ist den im Zwangsversteigerungstermin anwesenden Beteiligten rechtliches Gehör zu gewähren. Die Anordnung kann jedoch auch schon vor dem Zwangsversteigerungstermin getroffen werden[6]; auch in diesem Falle ist den möglicherweise Betroffenen rechtliches Gehör zu gewähren.

2. Entscheidung des Gerichts

8   Die Anordnung steht im pflichtgemäßen Ermessen des Vollstreckungsgerichts (siehe Abs. 1 Satz 1 „kann"). Das Vollstreckungsgericht ist nur an den Inhalt des Antrages i.S.v. Abs. 1 Satz 1 oder Satz 2 gebunden. Die Anordnung ergeht durch Beschluss.

9   Hat das Versteigerungsgericht nach Zustimmung aller betreibenden Gläubiger das Verfahren in einzelne Zubehörgegenstände aufgehoben, und ist zwischenzeitlich der Zuschlag erteilt worden, ist für eine abgesonderte Versteigerung der Zubehörgegenstände kein Raum mehr. Der Gläubiger kann aus den Zubehörgegenständen wegen seines dinglichen Rechts nur noch im Wege der Mobiliarzwangsvollstreckung seine Befriedigung suchen.[7]

10 Die Anordnung ist geboten, wenn die Einzelversteigerung oder eine andere Verwertung ein besseres Ergebnis erwarten lässt. Sie ist nur für Forderungen und bewegliche Sachen zulässig und kann sich darauf beschränken, dass der Gegenstand nur von der Versteigerung des Grundstückes ausgeschlossen und später vom Vollstreckungsgericht in demselben oder in einem neuen Termin versteigert wird. Die Anordnung kann aber auch bei einem entsprechenden Antrag eine **andere Art der Verwertung** vorsehen (z.B. freihändiger Verkauf durch den Gerichtsvollzieher). Das Vollstreckungsgericht hat in jedem Falle die Interessen der Grundpfandrechtsgläubiger von Amts wegen zu beachten.[8]

---

4   So Steiner/*Storz*, § 65 Rdn. 14; Löhnig/*Siwonia*, § 65 Rdn. 3; a.A. *Böttcher*, § 65 Rdn. 3; *Stöber*, ZVG § 65 Rdn. 2, der auch Beteiligte außerhalb des geringsten Gebotes für antragsberechtigt hält.
5   *Stöber*, ZVG Rdn. 2.2; *Böttcher*, § 65 Rdn. 3; nicht überzeugend daher Steiner/*Storz*, § 65 Rdn. 15; *Muth*, A Rdn. 7.
6   RGZ 125, 308.
7   OLG Hamm Rpfleger 1994, 176.
8   So auch *Stöber*, ZVG § 65 Rdn. 3.2.

Die Anordnung ist streng vom Vollzug der Anordnung zu unterscheiden (hierzu nachfolgend → Rdn. 14). 11

3. Grundstückswert

Ist eine Anordnung gem. Abs. 1 ergangen, hat wegen veränderter Umstände die 12
Neufestsetzung des Grundstückswertes (§ 74a Abs. 5) zu erfolgen, vorausgesetzt, der Gegenstand oder die Forderung wurde bei der Verkehrswertfestsetzung mit einbezogen. Ob die Verkehrswertfestsetzung bei der Versteigerung rechtskräftig sein muss vgl. → § 74a Rdn. 59 (eine *absolute* Rechtskraft lässt sich nicht immer realisieren).[9]

IV. Vollzug der Anordnung

1. Zeitpunkt

Der Vollzug der getroffenen Anordnung nach Abs. 1 ist erst nach dem Schluss 13
der Versteigerung (§ 73 Abs. 2) zulässig und es muss bei der Versteigerung des Grundstücks mindestens das geringste Gebot erreicht worden sein (Abs. 2). Ist das nicht der Fall, wird die Anordnung ohne Weiteres hinfällig[10]; das Grundstück ist nunmehr mit den vorher ausgenommenen Gegenständen auszubieten. Es muss eine neue Bietzeit (§ 73 Abs. 1) beginnen. Es wird die Ansicht vertreten[11], dass der Vollzug der Anordnung sogleich nach Erreichen des geringsten Gebotes bereits zulässig ist. Dem kann jedoch nicht zugestimmt werden.[12] Zweck des § 65 ist die Erzielung eines möglichst hohen Versteigerungsergebnisses. Dieser Gesetzeszweck wird dann vereitelt, wenn nur das geringste Gebot geboten, gleichzeitig in diesem Zwangsversteigerungstermin der unter die Anordnung fallende Gegenstand separat versteigert wird, der Eigentumsübergang gem. § 817 ZPO erfolgt und hinsichtlich des Grundstücks der Zuschlag gem. § 85a Abs. 1 oder § 74a Abs. 1 zu versagen ist.

2. Verfahren

Der Vollzug ist grundsätzlich Sache des Vollstreckungsgerichts. Das Gericht 14
kann den Vollzug auch einem **Gerichtsvollzieher** (gegen die üblichen Gerichtsvollzieherkosten) übertragen (häufig sicherlich die besser geeignete Person). Für die Versteigerung sind die §§ 817, 817a ZPO, § 156 BGB entsprechend anzuwenden. Es findet keine besondere Festsetzung des Verkehrswertes des Gegenstandes nach § 74a Abs. 5 statt; auch sind hinsichtlich des Gegenstandes die § 85a Abs. 1 und § 74a Abs. 1 nicht anwendbar, es gilt das Mindestgebot in § 817a Abs. 1 Satz 1 ZPO. Bei der besonderen Versteigerung geht das Eigentum (abweichend von § 90) mit der Übergabe auf den Ersteher über.[13] Eine Forderung kann einem anspruchsberechtigten Gläubiger an Zahlung statt überwiesen werden (§ 835 ZPO),

---

9   Das LG Rostock, Rpfleger 2011, 625 sieht bei der Herausnahme von Inventargegenständen aus der Versteigerung und der Änderung des Verkehrswertes eine Verletzung von § 43 Abs. 1 (Terminsbekanntmachung) mit der Folge der Zuschlagsversagung nach § 83 Nr. 7 ZVG.
10 A.A. *Stöber*, ZVG § 65 Rdn. 3.7, einstweilige Einstellung erlassen.
11 Steiner/*Storz*, § 65 Rdn. 17; *Stöber*, ZVG § 65 Rdn. 3.3 und 3.5; *Böttcher*, § 65 Rdn. 5; Depré/*Bachmann*, § 65 Rdn. 9.
12 So auch Löhnig/*Siwonia*, § 65 Rdn. 8.
13 *Heinz*, DGVZ 1985, 17; *Stöber*, ZVG § 65 Rdn. 3.6.

nicht jedoch gegen seinen Willen. Der Überweisungsbeschluss wird den Beteiligten von Amts wegen zugestellt; für die Zustellung an den Drittschuldner hat er selbst zu sorgen.

15 Die **Verteilung** des **Erlöses** für den Gegenstand erfolgt zusammen mit dem Erlös für das versteigerte Grundstück; solange ist der Erlös für den Gegenstand zu hinterlegen (§ 65 Abs. 1 Satz 4). Wegen der Zuziehung des Erlöses zur Teilungsmasse siehe → § 107 Rdn. 6.

V. Schutz des Grundpfandrechtsgläubigers

16 Bleibt das Recht eines Grundpfandrechtsgläubigers nach den Zwangsversteigerungsbedingungen bestehen, kann eine Maßnahme nach § 65 die Sicherheit seines Rechts gefährden, §§ 1134, 1135 BGB. Hierauf hat das Vollstreckungsgericht von Amts wegen zu achten[14]; der Gewährung rechtlichen Gehörs (zuvor → Rdn. 7) der von der Maßnahme des § 65 möglicherweise beeinträchtigten Grundpfandrechtsgläubiger kommt somit eine besondere Bedeutung zu. Schadensersatzansprüche gegen den Antragsteller oder gegen den Staat sind ansonsten nicht ausgeschlossen.

VI. Befriedigung des Gläubigers

17 Eine Anordnung nach § 65 ist unzulässig, wenn der Gläubiger schon durch die Versteigerung befriedigt wird oder (z.B. gem. § 114a[15]) als befriedigt gilt. Hieraus ergibt sich eindeutig, dass der Vollzug der Anordnung erst nach Schluss der Grundstücksversteigerung erfolgen darf (hierzu → Rdn. 13). Die auch hier analog anzuwendenden Grundgedanken in § 76 und § 803 Abs. 1 Satz 2, § 818 ZPO garantieren dem Schuldner, dass die Zwangsvollstreckung nicht weiter fortgesetzt wird, als dies zur Befriedigung des Gläubigers notwendig ist.

18 Daraus, dass ein Grundpfandrecht durch Zuschlag erloschen ist, folgt nicht auch, dass es an dem von der Mitversteigerung ausgeschlossenen Zubehör erlischt[16]. Für die aus dem Erlös befriedigten Grundpfandrechte wird das Zubehör von der Haftung frei, und zwar auch für die, deren Bestehenbleiben gem. § 91 Abs. 2 vereinbart wurde, den sie gelten als befriedigt. Gleiches gilt, soweit die Befriedigungsfiktion nach § 114a reicht. Will sich ein ausgefallener Gläubiger aus dem Zubehör befriedigen, muss er die Zwangsvollstreckung in den Gegenstand im Wege der Mobiliarvollstreckung betreiben.[17]

VII. Einstweilige Einstellung

19 Die einstweilige Einstellung in Zubehörgegenstände hat keine Anordnung gem. § 65 zur Folge. Wegen Einzelheiten zur einstweiligen Einstellung hinsichtlich Zubehör und zur Frage der Verwertung nach Erledigung der Einstellung siehe → § 37 Rdn. 29 ff.

---

14 A.A. *Stöber*, ZVG § 65 Rdn. 2.4, der dem Grundpfandrechtsgläubiger nur ein Widerspruchsrecht einräumt; so wohl auch *Böttcher*, § 65 Rdn. 3.
15 Hierzu *Stöber*, ZVG § 65 Rdn. 3.7.
16 RGZ 55, 414; 70, 193.
17 Hierzu auch OLG Hamm, Rpfleger 1994, 176.

VIII. Rechtsbehelf

Die Anordnung nach Abs. 1 ist mit der Erinnerung nach § 766 ZPO anfechtbar[18]; gerügt werden kann z.b. die fehlerhafte Ermessensausübung des Vollstreckungsgerichts. Die Erinnerung kann nicht darauf gestützt werden, das Dritteigentum an der von der gesonderten Verwertung betroffenen Zubehör besteht[19], hierbei handelt es sich um einen materiell-rechtlichen Einwand, der Dritteigentümer muss im Wege der Klage vorgehen, § 771 ZPO. Anders ist dies dann, wenn der Dritteigentümer die Art und Weise der Zwangsvollstreckung rügt, z.b. die fehlerhafte Bewertung des Zubehörs durch den Gerichtsvollzieher nach § 813 ZPO.[20]

Wird der Antrag nach Abs. 1 durch das Vollstreckungsgericht abgelehnt, kann dies nur durch Anfechtung der Zuschlagsentscheidung (§ 83 Nr. 1, § 100 Abs. 1) gerügt werden.

---

18   LG Frankenthal, Rpfleger 1986, 146.
19   LG Berlin, Rpfleger 1978, 268.
20   LG Berlin, Rpfleger 1988, 268.

V. Versteigerung

§ 66 »Verfahren im Versteigerungstermin«

(1) In dem Versteigerungstermine werden nach dem Aufrufe der Sache die das Grundstück betreffenden Nachweisungen, die das Verfahren betreibenden Gläubiger, deren Ansprüche, die Zeit der Beschlagnahme, der vom Gericht festgesetzte Wert des Grundstücks und die erfolgten Anmeldungen bekanntgemacht, hierauf das geringste Gebot und die Versteigerungsbedingungen nach Anhörung der anwesenden Beteiligten, nötigenfalls mit Hilfe eines Rechnungsverständigen, unter Bezeichnung der einzelnen Rechte festgestellt und die erfolgten Feststellungen verlesen.

(2) Nachdem dies geschehen, hat das Gericht auf die bevorstehende Ausschließung weiterer Anmeldungen hinzuweisen und sodann zur Abgabe von Geboten aufzufordern.

Übersicht

		Rdn.
I.	Allgemeines	1
II.	Versteigerungstermin	2
	1. Ablauf	2
	2. Öffentlichkeit	4
	3. Sitzungsleitung	5
	4. Ort und Zeitpunkt des Versteigerungstermins	6
	5. Verlegung des Termins	9
	6. Unterbrechung oder Vertagung des Termins	11
	7. Mehrere Verfahren in einem Termin	16
	8. Ablehnung wegen Befangenheit	20
III.	Aufruf, Bekanntmachungen, Anmeldungen, Hinweise	24
	1. Aufruf der Sache	24
	2. Bekanntmachungen	27
	3. Anmeldungen	29
	4. Allgemeine Hinweise	34
	a) Grunderwerbsteuer	35
	b) Umsatzsteuer	36
	c) Erbbaurecht	37
	d) Wohnungseigentum	38
	e) Überbau, Überbaurente	39
	f) Baulast	41
	5. Hinweis- und Belehrungspflicht	42
IV.	Geringstes Gebot, Versteigerungsbedingungen	45
	1. Feststellung des geringsten Gebotes	45
	2. Zwangsversteigerungsbedingungen	47
	3. Änderungen des geringsten Gebots und der Bedingungen	48
V.	Ausschluss weiterer Anmeldungen, Aufforderung zu Geboten	51
	1. Ausschluss weiterer Anmeldungen	51
	2. Aufforderung zu Geboten	53
VI.	Bietpflicht, Ausbietungsgarantie	54
	1. Bietpflicht	54
	2. Ausbietungsgarantie	55

I. Allgemeines

1   Der 5. Abschnitt behandelt das Versteigerungsgeschäft als solches: Ablauf des Termins (§§ 66, 73), Sicherheitsverlangen und Sicherheitsleistung (§§ 67–70), Wirksamkeit und Erlöschen von Geboten (§§ 71, 72), Verhandlung über den Zu-

schlag (§ 74), Versagung des Zuschlags auf Antrag (§ 74a), Einstellungsvarianten (§§ 75–77) und die Protokollierungspflicht (§ 78). § 66 findet auf alle Versteigerungsverfahren Anwendung.

II. Versteigerungstermin

1. Ablauf

Die Verhandlung im Versteigerungstermin gliedert sich in 3 Abschnitte: 2
(1) Vorbereitung der Versteigerung bis zur Aufforderung zur Abgabe von Geboten;
(2) Beginn der Bietzeit bis zum Schluss der Versteigerung, §§ 67–73[1];
(3) Verhandlung über das Versteigerungsergebnis, insbesondere zur Zuschlagserteilung, §§ 74, 74a Abs. 1, 2, §§ 74b, 78, 87 Abs. 3. Eingeschlossen sind in den §§ 75–77 Bestimmungen über die einstweilige Einstellung des Verfahrens bei Zahlung an das Gericht, bei Deckung des Gläubigers und bei Ergebnislosigkeit der Versteigerung.

Sollte der Versteigerungstermin aufgehoben werden, kann der entsprechende Beschluss nicht von seiner Rechtskraft abhängig gemacht werden, weil der Aufhebungsbeschluss unanfechtbar ist (§ 227 Abs. 4 S. 3 ZPO). Dies gilt selbst dann, wenn die Terminsaufhebung in einem gemeinsamen Beschluss mit der Einstellung des Verfahrens nach § 765a ZPO erfolgt und dieser Beschluss erst mit seiner Rechtskraft wirksam werden soll.[2]

Den Beteiligten ist grundsätzlich zu empfehlen, den Versteigerungstermin entweder persönlich wahrzunehmen oder sich durch einen geeigneten Vertreter[3] vertreten zu lassen. Der Rechtspfleger sollte auf der Hinzuziehung eines Protokollführers bestehen, wenn die Voraussetzungen nach § 159 Abs. 1 S. 2 ZPO vorliegen.

2. Öffentlichkeit

Der Termin ist öffentlich. Das Gebot der Öffentlichkeit folgt allerdings nicht 4 unmittelbar aus § 169 Satz 1 GVG.[4] Die Vorschriften über die Öffentlichkeit gelten unmittelbar nur für das Verfahren vor den ordentlichen Gerichten in Zivil- und Strafsachen (§ 2 EGGVG). Öffentlich ist die Verhandlung nur vor dem „erkennenden" Gericht. Hierdurch ist zugleich klargestellt, dass mangels anderer Vorschriften alle anderen Verhandlungen nicht öffentlich sind, insbesondere Verhandlungen vor dem beauftragten oder vor dem ersuchten Richter, und u.a. in allen Zwangsvollstreckungssachen.[5] Das Gebot der Öffentlichkeit des Versteigerungstermins entspricht jedoch schon im Hinblick auf mögliche Bieter einer praktischen Notwendigkeit und dürfte daher unbestritten sein.[6] Fernseh- und

---

1 Zur Erlössteigerung durch Stärkung des Bieterwettbewerbs, zu neuen Vorschlägen z.B. durch ein „Nachgebot", s. insgesamt *Bartels*, § 11 S. 336 ff.
2 LG Gießen, Beschluss vom 10.2.2012, 7 T 471/11, Rpfleger 2012, 399.
3 Zur Sorgfaltspflicht eines Rechtsanwalts, der Gebote in der Zwangsversteigerung für seinen Mandanten durch den Bürovorsteher abgeben lässt, siehe BGH, VersR 1958, 191.
4 So aber Steiner/Storz, § 66 Rdn. 65 *Stöber*, ZVG § 66 Rdn. 3.1.
5 MünchKomm/*Zimmermann*, ZPO § 169 GVG Rdn. 16.
6 OLG Köln, Rpfleger 1987, 167: ... im Zwangsversteigerungsverfahren gilt der Grundsatz der Öffentlichkeit.

Rundfunkaufnahmen sowie Ton- und Filmaufnahmen sind unzulässig, § 169 Satz 2 GVG.[7]

3. Sitzungsleitung

5   Der den Termin leitende Rechtspfleger hat alle Aufgaben der **Sitzungsleitung** und der Aufrechterhaltung der Ordnung, §§ 175 bis 183 GVG. Wegen Ungebühr kann das Vollstreckungsgericht ein Ordnungsgeld (bis zu 1.000,- €, § 178 Abs. 1 Satz 1 GVG) verhängen, einzelnen Personen den Zutritt verwehren oder anwesende Personen entfernen lassen (§ 177 GVG). Ein wiederholt grob ungebührliches Verhalten gegenüber dem Gericht kann im Einzelfall auch die mehrfache Ausschöpfung des Ordnungsmittelrechtsrahmens rechtfertigen.[8] Grundlage der Entscheidung war ein Sachverhalt, der überall in den Versteigerungsterminen jederzeit vorkommen kann. Es geht um das Auftreten von „Beratern", „Beiständen"[9], „Versteigerungsverhinderern" bzw. des Schuldners selbst. Schon vor Beginn des Termins werden potentielle Bietinteressenten eingeschüchtert, während des Termins werden in geringem zeitlichen Abstand dutzende von Anträgen gestellt, letztlich wird der amtierende Rechtspfleger wegen Befangenheit abgelehnt. Die gestellten Anträge bzw. eingereichten Schriftsätze sind regelmäßig vorgefertigt und finden sich überwiegend auch im Internet. Die Entscheidung des OLG Koblenz bestätigt nochmals eindringlich, dass Vollstreckungsgerichte von den Möglichkeiten nach dem GVG in solchen Fällen Gebrauch machen sollten. Dem Rechtspfleger steht allerdings nicht das Recht zu, eine Ordnungshaft zu verhängen oder eine Beeidigung vorzunehmen, § 4 Abs. 2 RPflG. Gegen die getroffenen Anordnungen des Rechtspflegers kann nach § 181 Abs. 1 GVG i.V.m. § 11 Abs. 1 RPflG binnen einer **Frist von einer Woche Beschwerde** eingelegt werden.

4. Ort und Zeitpunkt des Versteigerungstermins

6   Ort und Zeitpunkt des Versteigerungstermins musste sich bereits aus der Terminsbestimmung ergeben, § 37 Nr. 2. Der Grundsatz der Öffentlichkeit einerseits und das Ziel der Zwangsversteigerung andererseits, ein bestmögliches wirtschaftliches Ergebnis für den Schuldner und alle anderen Beteiligten zu erreichen, gebietet es, allen Beteiligten und Bietinteressenten den Zugang zum Verhandlungssaal zu ermöglichen. Einlass in den Verhandlungssaal können nur so viele Personen erhalten, wie dieser nach seiner konkreten Ausgestaltung fasst. Für die Einhaltung der Öffentlichkeit ist zwar die Größe des Verhandlungssaals ohne Bedeutung, wird dem Zweck und Ziel der Zwangsversteigerung jedoch nicht gerecht. Der Rechtspfleger sollte dann den Versteigerungstermin in einen anderen Verhandlungssaal verlegen. Muss der Versteigerungstermin in einen anderen Sitzungssaal verlegt werden, weil z.B. der Publikumsandrang zu groß ist, genügt ein Aushang mit einem entsprechenden Hinweis an beiden Räumen. Es besteht insoweit die Möglichkeit, sich ohne besondere Schwierigkeiten Kenntnis von dem neuen Verhandlungssaal zu verschaffen.[10] Eine Reglementierung des Zugangs zu einem voraussichtlich **überfüllten Sitzungssaal** dahingehend, dass den durch Sicherheitsleistung ausgewiesenen potentiellen Bietern vorrangig Zugang gewährt wird, ist

---

7   So auch *Stöber*, ZVG § 66 Rdn. 3.1.
8   OLG Koblenz, Beschluss vom 28.1.2013, 4 W 669/12 mit Anm. *Traub*, Rpfleger 2013, 565.
9   Hierzu LG Ravensburg, Beschluss vom 21.2.2011, 3 T 40/10, ZfIR 2012, 285 (*Ertle*).
10 LG Essen, Rpfleger 2006, 665.

zulässig. Durch das Offenlassen der Saaltüren kann darüber hinaus, weiteren Personen die Teilnahme an der Verhandlung ermöglicht werden.[11] Wird der Termin auf einen späteren Zeitpunkt verlegt (nicht auf einen früheren Zeitpunkt), z.B. wegen verspätetem Erscheinen aus nicht zu vertretenen Gründen, gilt dies ebenfalls.[12]

Die Auffassung, einen Gerichtswachtmeister oder eine andere geeignete Person während der gesamten Dauer des Versteigerungsverfahrens vor dem ursprünglich vorgesehenen Sitzungssaal zu postieren, um damit absolut sicherzustellen, dass alle Interessenten den neuen Saal finden, ist abzulehnen (hierzu → § 37 Rdn. 11).[13] Ein schriftlicher Hinweis an dem ursprünglichen Versteigerungsort ist ausreichend; durch eine wiederholte Prüfung ist jedoch sicherzustellen, dass der Hinweis während der gesamten Zeit des Versteigerungstermins auch tatsächlich sichtbar aushängt.[14] 7

Die getroffenen Vorkehrungen müssen im Sitzungsprotokoll genau festgehalten werden.[15] 8

5. Verlegung des Termins

In besonders gelagerten Fällen kann auch eine Verlegung des Termins in Betracht kommen.[16] Ein ungenügendes Meistgebot ist sicherlich kein Verlegungsgrund. Auch eine plötzliche Erkrankung des Schuldners begründet für sich alleine kein Verlegungsgrund, insbesondere dann nicht, wenn der Schuldner erst einen Tag vor dem Termin durch Krankheitsatteste belegt, dass er an dem Termin selbst nicht teilnehmen kann. Der Schuldner kann sich auch durch einen Rechtsanwalt vertreten lassen.[17] Es liegt auch kein Verstoß gegen das Rechtsstaatsprinzip nach Art. 20 Abs. 3 GG vor, wenn der Rechtspfleger mit dem Versteigerungstermin pünktlich beginnt, obwohl der Vertreter des Schuldners vorher sein verspätetes Erscheinen bereits angekündigt hatte.[18] 9

Wird der Termin verlegt (z.B. wegen Erkrankung des Rechtspflegers), sind hierfür wiederum die allgemeinen Fristen und Formalien zu beachten (vgl. → § 85 Rdn. 12). 10

6. Unterbrechung oder Vertagung des Termins

Das Vollstreckungsgericht kann den Zwangsversteigerungstermin jederzeit unterbrechen.[19] **Unterbrechung** bedeutet, dass zwischen einzelnen Abschnitten 11

---

11 LG Memmingen, Beschluss vom 20.5.2015, 44 T 510/15, Rpfleger 2015, 720.
12 Zum verfassungsrechtlichen Anspruch auf „faire" Verfahrensführung, hier: zur Terminsverlegung wegen plötzlicher Erkrankung des Schuldners, vgl. auch BVerfG, Rpfleger 1988, 156.
13 So aber OLG Hamm, NJW 1979, 1720 = Rpfleger 1979, 29; Steiner/*Teufel*, §§ 37, 38 Rdn. 31; *Böttcher*, § 66 Rdn. 5; a.A. und zutreffend LG Oldenburg, Rpfleger 1990, 470 unter Aufgabe seiner früheren Ansicht Rpfleger 1985, 311; *Stöber*, ZVG § 66 Rdn. 3.2; *Schiffhauer*, Rpfleger 1985, 312.
14 So auch LG Oldenburg, Rpfleger 1990, 470.
15 LG Oldenburg, Rpfleger 1990, 470; OLG Hamm, NJW 1979, 1720 = Rpfleger 1979, 29.
16 RGZ 125, 304.
17 BVerfG, Rpfleger 1988, 156.
18 OLG Hamm, Rpfleger 1994, 428.
19 *Stöber*, ZVG § 66 Rdn. 11.1; *Böttcher*, § 66 Rdn. 9.

eines zusammenhängenden Termins ein verhandlungsfreier Zeitraum eingeschoben wird.[20] Hiervon kann regelmäßig ausgegangen werden, wenn der Termin, selbst wenn mehrere Unterbrechungen erfolgen, am selben Tage fortgesetzt und zu Ende geführt wird. Eine Unterbrechung liegt aber auch dann noch vor, wenn der Termin am nächsten Tag fortgesetzt wird (was aber grundsätzlich vermieden werden sollte, insbesondere wenn Gläubigervertreter von weit angereist sind). Entscheidendes Merkmal für eine Unterbrechung ist, dass der äußere und inhaltliche Zusammenhang des anberaumten Termins nicht verloren geht. Eine Unterbrechung liegt vor, wenn zwischen den einzelnen Terminsabschnitten ein verhandlungsfreier Zeitraum angeordnet wird, der wenige Minuten, Stunden, aber auch mehrere Tage betragen kann. Erst wenn die Unterbrechung so lange währt, dass der Verhandlungszusammenhang und die erinnerungsmäßige Überschaubarkeit verloren gehen, liegt eine unzulässige Terminsverlegung vor. Hierbei wird eine Unterbrechung bis zu 10 Tagen noch als zulässig anzusehen sein.[21]

12   Eine kurze oder auch längere Terminsunterbrechung ist jederzeit von Amts wegen oder auf Anregung eines Beteiligten zulässig. Dies kann erforderlich sein, wenn z.b. der Rechtspfleger wegen Befangenheit abgelehnt wird oder zahlreiche Anträge gestellt werden, die die Berechnung eines neuen geringsten Gebotes erforderlich machen (z.B. §§ 59, 63, 64) oder damit der amtierende Rechtspfleger genügend Zeit gewinnt, um eine zu treffende Entscheidung hinreichend vorzubereiten und zu überdenken. Kein Beteiligter kann das Versteigerungsgericht zu übereilten Entscheidungen drängen. Der aus Art. 14 Abs. 1 GG resultierende Anspruch auf eine faire Verfahrensführung kann es gebieten, eine Ermessensentscheidung dahingehend zu treffen, ob ein Versteigerungstermin fortzusetzen, zu unterbrechen oder zu vertagen ist, wenn der Vollstreckungsschuldner aufgrund einer staatlichen Zwangsmaßnahme (hier: Verhaftung in einem Verfahren auf Abgabe der eidesstattlichen Versicherung) daran gehindert wird, von seinem Recht auf Anwesenheit und Wahrnehmung seiner Verfahrensrechte im Versteigerungstermin weiteren Gebrauch zu machen.[22]

13   Durch eine Unterbrechung werden die Rechte von Bietern nicht verletzt, denn nur der Meistbietende, der am Schluss der Versteigerung feststellt, hat einen Anspruch auf Zuschlagserteilung. Von einem eigentumsvereitelnden Eingriff in die Position des Meistbietenden[23] kann keine Rede sein, selbst dann nicht, wenn der bisherige Bieter in dem fortgeführten Termin einer völlig anders strukturierten Bieterkonkurrenz gegenübersteht. Es gibt keinen Anspruch auf einem günstigen Grundstückserwerb in der Zwangsversteigerung.

14   Von der Unterbrechung zu unterscheiden ist die **Vertagung**, § 227 ZPO. Vertagung bedeutet die Bestimmung eines neuen Termins, nachdem der anberaumte Termin bereits begonnen hat.[24] Dies bedeutet, dass der Termin am Folgetag oder auch einige Tage später fortgesetzt wird. Entsprechend den zuvor genannten Kriterien zur Unterbrechung muss das Vollstreckungsgericht auch hier darauf achten, dass der Vertagungstermin zeitnah zum Ersttermin erfolgt, da ansonsten der Verhandlungszusammenhang und die erinnerungsmäßige Überschaubarkeit sowohl

---

20   OLG Köln, Rpfleger 1984, 280 = OLGZ 1984, 245.
21   OLG Köln, Rpfleger 1984, 280.
22   BVerfG, Beschluss vom 8.3.2012, 2 BvR 2537/11, NJW 2012, 2500.
23   So aber *Büchmann*, ZIP 1986, 7.
24   Musielak/Voit/*Stadler*, § 227 Rdn. 3.

für die Beteiligten als auch für das Gericht nicht mehr gewährleistet ist. Wünschen auf Vertagung seitens der Beteiligten wird das Vollstreckungsgericht nur dann nachkommen, wenn erkennbar keine Verzögerungstaktik vorliegt. Grundsätzlich muss die Einheitlichkeit des Versteigerungstermins gewährleistet werden.

Sowohl die Unterbrechung als auch die Vertagung sind **verfahrensleitende Maßnahmen** des Vollstreckungsgerichts. Ein **Rechtsmittel** hiergegen **ist nicht vorgesehen,** vgl. § 227 Abs. 4 Satz 3 ZPO. Dies gilt auch dann, wenn der Rechtspfleger die Unterbrechung bzw. Vertagung anberaumt oder abgelehnt hat.[25] Bei einer Unterbrechung oder Vertagung bzw. bei der Ablehnung handelt es sich lediglich um eine verfahrensleitende Verfügung des Gerichtes, durch die in die Rechte der Beteiligten selbst nicht eingegriffen wird. Entsprechende Anträge der Beteiligten können allenfalls als Anregungen gewertet werden, es liegt insoweit keine Sachentscheidung vor.[26]

15

7. Mehrere Verfahren in einem Termin

Vor der Änderung von § 73 Abs. 1 Satz 1, die Bietstunde von 60 Minuten auf mindestens 30 Minuten zu verkürzen (mit Wirkung ab dem 1.8.1998, BGBl I 866), war ein in der Praxis aus Gründen der Zeitersparnis durchaus übliches Vorgehen, **mehrere Verfahren zeitgleich** in einem Termin durchzuführen (hiervon zu unterscheiden, wenn in einem verbundenen Verfahren mehrere Grundstücke zu versteigern sind, § 18). Die steigende Zahl der Versteigerungsverfahren führte vielerorts dazu, mehrere Termine gleichzeitig oder in kurzem zeitlichem Abstand (überlappende Versteigerungstermine) abzuhalten. Die zeitgleiche Abhaltung mehrerer Termine wird sowohl für zulässig gehalten[27] als auch abgelehnt.[28] Bei der **zeitgleichen** Versteigerung mehrerer Grundstücke verlängert sich die Bietzeit in dem Verfahren, in welchem Gebote abgegeben werden, nicht, wenn in demselben Zeitraum in den anderen Verfahren nichts passiert. Die Verlängerung kommt jedoch in Betracht, wenn der geordnete Ablauf der Versteigerung gestört ist, wie zum Beispiel bei der gleichzeitigen Abgabe von Geboten in verschiedenen Verfahren.[29] Der *BGH* setzt hier seine frühere Rechtsprechung[30] fort. Die zeitgleiche Versteigerung mehrerer Grundstücke durch das Vollstreckungsgericht ist auch dann zulässig, wenn die Voraussetzungen für eine Verbindung der Verfahren nach § 18 nicht vorliegen; diese Verfahrensweise widerspricht im Regelfall nicht dem verfassungsrechtlichen Gebot einer fairen Verfahrensgestaltung. Nur wenn im Einzelfall in einem der gleichzeitig durchgeführten Verfahren unvorhergesehene Schwierigkeiten auftauchen, sodass der Rechtspfleger seine Aufmerksamkeit nicht mehr auf die anderen Verfahren richten kann, oder wenn für die Verfahrensbeteiligten und für die Bietinteressenten nicht mehr zu erkennen ist, welche Hinweise

16

---

25   Evtl. kommt § 11 Abs. 2 RPflG in Betracht.
26   Vgl. OLG Hamm, Rpfleger 1995, 161.
27   BGH, Rpfleger 2007, 410 = NJW 2007, 2995; OLG Düsseldorf, Rpfleger 1989, 419; LG Hildesheim, Rpfleger 1986, 311 m. Anm. *Schiffhauer;* Steiner/*Storz,* § 73 Rdn. 14.
28   OLG Köln, Rpfleger 1987, 167 m. Anm. *Meyer-Stolte;* hierzu *Muth,* 9 A Rdn. 55 Fn. 143: Typisches Beispiel für die Unkenntnis eines Obergerichts vom Zwangsversteigerungsgeschäft; OLG Oldenburg, NJW-RR 1988, 1468; *Hagemann,* Rpfleger 1984, 257; *Schiffhauer,* Rpfleger 1986, 311; *Stöber,* ZVG § 66 Rdn. 10; *Eickmann,* § 15 I 2; *Böttcher,* § 66 Rdn. 10 hält diese Vorgehensweise gegen den BGH weiterhin für unzulässig.
29   BGH, Rpfleger 2009, 95 = NJW 2008, 3710 = WM 2009, 270.
30   BGH, Rpfleger 2007, 410 = NJW 2007, 2995.

des Gerichts gerade das sie interessierende Grundstück betreffen, darf der Rechtspfleger mehrere Versteigerungsverfahren nicht zur selben Zeit durchführen, oder er muss – wenn solche Schwierigkeiten in dem Versteigerungstermin auftreten – einzelne Verfahren unterbrechen und die Versteigerungen nacheinander erledigen.

17 Eine andere Variante ist, dass nach Abschluss des Bekanntmachungsteils im ersten Verfahren das weitere Zwangsversteigerungsverfahren aufgerufen wird und etwa im Abstand von 15 Minuten das nächste Verfahren beginnt, sogenannte „überlappende" Versteigerungstermine. Diese Vorgehensweise wird ebenfalls für zulässig angesehen[31] und auch abgelehnt.[32] Diejenigen, die die gleichzeitige oder „überlappende" Terminierung ablehnen, berufen sich im Wesentlichen darauf, dass der einmal begonnene Versteigerungstermin ohne Unterbrechung zu Ende zu führen ist. Das Aufrufen eines weiteren Versteigerungsverfahrens wird als Unterbrechung des zuerst begonnen Termins gesehen, da das Versteigerungsgericht in dem neuen Verfahren zunächst die notwendigen Bekanntmachungen verlesen muss. Hierin wird eine Verletzung der Bietzeit gesehen, § 73 Abs. 1.

18 Unabhängig von dem Meinungsstreit kann alleine in der zeitgleichen oder überlappenden Durchführung mehrerer Verfahren als solcher noch kein Verfahrensverstoß gesehen werden, der per se zur Unzulässigkeit führt.[33] Allerdings ist hier, wie bei der Handhabung der überlappenden Terminierung, immer auf den Einzelfall abzustellen. Wenn das Vollstreckungsgericht im Vorfeld erkennt, dass nur wenige Interessenten für das zu versteigernde Objekt zu erwarten sind oder wenn es sich um die Versteigerung gleichartiger Objekte, wie z.B. mehrere Wohnungseigentumseinheiten handelt, kann eine überlappende Terminierung nicht generell abgelehnt werden. Um eine Zuschlagsversagung zu vermeiden muss das Vollstreckungsgericht in diesem Fall seiner Belehrungs- und allgemeinen Fürsorgepflicht in besonderem Maße nachkommen, insbesondere sind auch die Protokolle mit äußerster Genauigkeit zu führen. Jeder Beteiligte hat jedoch das Recht, eine Unterbrechung der Bietzeit zu beantragen. Insbesondere ist im Protokoll zu vermerken, von wann bis wann in einem anderen Verfahren die nach § 66 vorgeschriebenen Bekanntmachungen verlesen, Erörterungen und Belehrungen vorgenommen, Gebote abgegeben sowie Entscheidungen getroffen werden. Die Bietzeit ist dann um die Zeit der Unterbrechung zu verlängern. Die Anwesenden müssen hierbei genau aufpassen, damit die Bekanntgaben und Gebote zu den einzelnen Verfahren nicht verwechselt werden. Wenn mehrere Verfahren zeitweise nebeneinander laufen, hat das Versteigerungsgericht die Pflicht – und wird dies regelmäßig auch tun –, darauf hinzuweisen, dass jederzeit zu jedem Verfahren Anträge gestellt und Gebote abgegeben werden können und auch Fragen hierzu zulässig sind. Die Bietzeit muss dann über die eigentlichen 30 Minuten hinaus ebenfalls ausreichend verlängert werden, sodass jeder Interessent über 30 Minuten Zeit hatte, Gebote abzugeben.[34]

19 Eine gewisse Entspannung des Problems ist durch die ab 1.8.1998 geschaffene verkürzte Bietzeit auf 30 Minuten eingetreten; die Zeitersparnis durch die Hand-

---

31 LG Bremen, Rpfleger 1988, 373 m. Anm. *Bischoff;* AG Düsseldorf, Rpfleger 1989, 420; *Büchmann,* ZIP 1988, 825.
32 LG Osnabrück, Rpfleger 1987, 471; *Stöber,* ZVG § 66 Rdn. 10.1; *Böttcher,* § 66 Rdn. 10; *Depré/Bachmann,* § 66 Rdn. 14.
33 BGH, Rpfleger 2009, 95 = NJW 2008, 3710 = WM 2009, 270.
34 Vgl. *Hagemann,* Rpfleger 1984, 256; *Schiffhauer,* Rpfleger 1986, 311.

habung zeitgleicher oder überlappender Termine dürfte sich damit auf ein Minimum reduziert haben.

8. Ablehnung wegen Befangenheit

Die Ablehnung wegen Besorgnis der Befangenheit[35] findet gemäß § 42 Abs. 2 ZPO i.V.m. § 10 RPflG nur statt, wenn ein Grund vorliegt, der geeignet ist, Misstrauen gegen die Unparteilichkeit zu rechtfertigen. Diese Gesetzessystematik bestätigt, dass der Rechtspfleger im Rahmen der ihm übertragenen Tätigkeiten richterliche Aufgaben wahrnimmt.[36] Eine diesbezügliche Erklärung ist spätestens nach Feststellung der Erschienenen abzugeben (hierzu nachf. → Rdn. 24 ff.). Es muss sich hierbei um einen objektiven Grund handeln, der vom Standpunkt des Ablehnenden aus die Befürchtung erwecken kann, der Rechtspfleger stehe der Sache nicht unvoreingenommen und damit nicht unparteiisch gegenüber. Rein subjektive, unvernünftige Vorstellungen und Gedankengänge des Antragstellers scheiden als Ablehnungsgrund aus.[37] Entscheidend ist, ob ein Beteiligter bei vernünftiger Würdigung aller Umstände Anlass hat, an der Unvoreingenommenheit des Rechtspflegers zu zweifeln.[38] Die Durchführung des Zwangsversteigerungsverfahren verlangt vom Rechtspfleger Unabhängigkeit, Neutralität und Distanz gegenüber den Verfahrensbeteiligten, insbesondere auch wegen der weitreichenden wirtschaftlichen Auswirkungen und der nicht leicht zugänglichen rechtlichen Schwierigkeiten und strengen Formerfordernisse. Dem amtierenden Rechtspfleger kommt hierbei die Aufgabe zu, durch die Beachtung der Verfahrensvorschriften im Spannungsfeld zwischen den Interessen des Gläubigers und des Schuldners als Träger des Eigentumsrechtes Rechtssicherheit bei gleichmäßiger Wahrung der unterschiedlichen Belange der Verfahrensbeteiligten zu schaffen. Keine Befangenheit ist darin zu sehen, wenn der Richter oder Rechtspfleger an Tagungen zu aktuellen Rechtsfragen teilnimmt und dort seine Meinung bekundet.[39] Dass der Ersteher dem Rechtspfleger im Versteigerungstermin „persönlich bekannt" war, begründet alleine keine Besorgnis der Befangenheit.[40] Freimütige oder saloppe Formulierungen geben grundsätzlich noch keinen Anlass zur Besorgnis der Befangenheit. Dies gilt erst recht, wenn diese Äußerungen unmittelbar anschließend abgemildert werden.[41] Ein Ablehnungsgrund ist glaubhaft gemacht, wenn hierfür eine überwiegende Wahrscheinlichkeit besteht. Ob der geltend gemachte Grund angesichts gegenteiliger Darstellung des abgelehnten Rechtspflegers und übriger Verfahrensbeteiligter glaubhaft gemacht ist, unterliegt der freien Würdigung durch das entscheidende Gericht.[42]

Wird der Rechtspfleger im Laufe des Verfahrens bzw. im Versteigerungstermin wegen Besorgnis der Befangenheit abgelehnt, hindert dies grundsätzlich nicht die weitere Durchführung des Verfahrens vor der Entscheidung über das Ableh-

---

35 Hierzu allgemein *Marx*, Rpfleger 1999, 518.
36 S. BGH, Rpfleger 2003, 453 = NJW-RR 2003, 1220 = MDR 2003, 892 und Rpfleger 2005, 415 = NJW-RR 2005, 1226 = FamRZ 2005, 1564.
37 BGH, Rpfleger 2003, 453 = NJW-RR 2003, 1220= MDR 2003, 892.
38 BVerfG, Rpfleger 2008, 124 = NJW-RR 2008, 512; BVerfG, NJW 1993, 2230 m.w.N.; BGH, NJW-RR 1986, 738.
39 BGH, NJW 2002, 2396.
40 LG Augsburg, Rpfleger 2009, 40.
41 BFH, Beschluss vom 10.3.2015, V B 108/14, BFH/NV 2015, 849.
42 BGH, NJW-RR 2007, 776 = MDR 2007, 669.

nungsgesuch (§ 47 ZPO), solange keine konkrete Entscheidung zu treffen ist.[43] Hin und wieder wird allerdings von Beteiligten versucht, den Versteigerungstermin dadurch zu Fall zu bringen, dass der amtierende Rechtspfleger wegen Befangenheit im Termin abgelehnt wird. Insbesondere erfolgen diese Ablehnungsgesuche dann, wenn er während des Termins im Hinblick auf sich ändernde Verfahrensbedingungen Hinweise an einzelne Beteiligte gibt. Hierin wird zum ein Misstrauen gegen die Unparteilichkeit gesehen. Die Hinweis- oder Aufklärungspflicht führt jedoch nicht zur einseitigen Parteinahme.[44] Selbst Verfahrensverstöße oder fehlerhafte Entscheidungen lassen nicht immer den Schluss der Befangenheit zu.[45] Dies gilt auch, wenn der Rechtspfleger das Terminsprotokoll bereits vorbereitet hat.[46] Eine unverbindliche Äußerung seiner Rechtsmeinung begründet weder die Besorgnis der Befangenheit noch handelt es sich um eine beschwerdefähige Entscheidung.[47]

22 Trotz Vorliegen eines Ablehnungsgesuches ist der **Versteigerungstermin** vom abgelehnten Rechtspfleger **zu Ende zu führen**.[48] Abzulehnen ist die Auffassung, dass ein kurz vor dem Termin wegen Besorgnis der Befangenheit abgelehnter Rechtspfleger diesen nicht mehr durchführen könne.[49] Die **Zuschlagsentscheidung** sollte jedoch **aufgeschoben** werden, bis über das Ablehnungsgesuch rechtskräftig entschieden wurde.[50] In keinem Fall darf anstelle des abgelehnten Rechtspflegers nunmehr ein anderer Rechtspfleger im Termin die Zuschlagsentscheidung treffen.[51] Gegen eine Beschwerdeentscheidung in einem Rechtspflegerablehnungsverfahren gibt es auch im Zwangsversteigerungsverfahren keine weitere Beschwerde.[52]

23 Ein **rechtsmissbräuchliches** Ablehnungsgesuch, das lediglich dazu dient, das Verfahren zu verschleppen, oder verfahrensfremde Ziele verfolgt oder das lediglich ein bereits zurückgewiesenes Ablehnungsgesuch ohne neue Gründe wiederholt,[53] kann der Rechtspfleger selbst als unzulässig verwerfen, weil die Prüfung keine Beurteilung des eigenen Verhaltens des abgelehnten Rechtspflegers voraussetzt und deshalb keine echte inhaltliche Entscheidung in eigener Sache ist; er kann jedoch nicht über den Zuschlag entscheiden.[54] Auch kann in diesem Fall der Zuschlag erteilt werden. Ein rechtsmissbräuchlich gestelltes Ablehnungsgesuch

---

43 *Hintzen in* Arnold/Meyer-Stolte/ Rellermeyer/Hintzen/Georg, § 10 Rdn. 21.
44 BVerfG, NJW 1976, 1391 = Rpfleger 1976, 389 m. Anm. *Stöber* und *Vollkommer* = FamRZ 1976, 439.
45 BayObLG, Rpfleger 1980, 193.
46 LG Göttingen, Rpfleger 1976, 55.
47 KG, FamRZ 1979, 322; BayObLG, Rpfleger 1998, 67.
48 OLG Celle, NJW-RR 1989, 569; LG Aachen, Rpfleger 1986, 59; *Hintzen* in Arnold/ Meyer-Stolte/Rellermeyer/Hintzen/Georg, § 10 Rdn. 21.
49 LG Kiel, Rpfleger 1988, 544 mit zust. Anm. *Wabnitz;* a.A. LG Konstanz, Rpfleger 1983, 409.
50 LG Aachen, Rpfleger 1986, 59; LG Detmold, Rpfleger 1998, 152; *Stöber,* ZVG Einl. 26.3.
51 So auch *Weber* in Anm. zu LG Konstanz, Rpfleger 1983, 492.
52 OLG Karlsruhe, Rpfleger 1995, 402.
53 BVerfGE 11, 1, 3; BGH, NJW 1974, 55; KG, FamRZ 1986, 1022; OLG Frankfurt, NJW-RR 1989, 569.
54 BVerfG, Rpfleger 2008, 124 = NJW-RR 2008, 512; BGH, Rpfleger 2005, 415 = NJW-RR 2005, 1226 = FamRZ 2005, 1564; BayObLG, FamRZ 1993, 1339; OLG Celle, NJW-RR 1989, 569 = NdsRpfl 1989, 77; OLG Koblenz, Rpfleger 1985, 368 mit Anm. *Meyer-Stolte;* OLG Hamm, Rpfleger 1989, 379; LG Bielefeld, Rpfleger 1989, 379.

gegen den Rechtspfleger ist auch dann kein der Zuschlagserteilung entgegenstehender Grund im Sinne von § 83 Nr. 6, wenn der Rechtspfleger davon abgesehen hat, das Gesuch vor der Zuschlagsentscheidung selbst als unzulässig zu verwerfen.[55]

III. Aufruf, Bekanntmachungen, Anmeldungen, Hinweise
1. Aufruf der Sache

Der Versteigerungstermin beginnt mit dem Aufruf der Sache, §§ 869, 220 ZPO. 24
Die **anwesenden Beteiligten** bzw. deren **Vertreter**, nicht auch die erschienenen Bieter, sind im Protokoll namentlich festzuhalten. Erscheinen Beteiligte erst nach dem Aufruf der Sache, muss deren Erscheinen im Protokoll nur dann vermerkt werden, wenn sie sich dem Gericht gegenüber gemeldet haben oder, etwa aus Anlass einer Frage oder eines Antrages, vom Gericht erkannt werden.[56] Eine Pflicht des Vollstreckungsgerichts, jede Person, die nach dem Aufruf der Sache den Saal betritt zu befragen, in welcher Eigenschaft er erscheint, besteht nicht. Bei einem nachträglichen Erscheinen eines Beteiligten ist der genaue Zeitpunkt nicht festzuhalten, es genügt z.b. der Vermerk „nachträglich erschien …". Eine vorübergehende oder die endgültige Entfernung eines Beteiligten vor Ende des Termins ist nicht zu protokollieren, es ist keine permanente Anwesenheitsliste zu führen.[57] Kommt es auf die Befragung oder Stellungnahme eines bestimmten Beteiligten an, der mittlerweile nicht mehr anwesend ist, genügt im Protokoll der Vermerk, dass eine Befragung oder Stellungnahme infolge Abwesenheit nicht mehr möglich ist.[58] Eine weitergehende genauere Feststellung der Anwesenheit ist insbesondere nicht wegen möglicher Genehmigungen von Verfahrensmängeln durch konkludentes Verhalten (Stillschweigen) notwendig, da eine stillschweigende Genehmigung (z.B. zur Heilung von Zuschlagsversagungsgründen, § 84) ausgeschlossen ist (hierzu → § 84 Rdn. 11).

Die **Anwesenheit des Schuldners** im Termin ist nicht notwendig, in jedem 25
Falle nicht erzwingbar. Die Anwesenheit des Schuldners ist freiwillig, das persönliche Erscheinen kann nicht angeordnet werden. Nachteile, die dem Schuldner hierdurch entstehen, hat er selbst zu verantworten. Die Vorführung eines **inhaftierten Beteiligten**, besonders auch des Schuldners, kann vom Vollstreckungsgericht nicht von Amts wegen verfügt werden.[59] Ein inhaftierter Beteiligter muss seinen Wunsch zur Terminsteilnahme gegenüber der Justizvollzugsanstalt bzw. Aufsichtsbehörde bekannt geben, die dann das Erforderliche zu veranlassen hat.[60]

Vertreter haben sich über ihre **Vertretungsmacht** auszuweisen, entsprechende 26
Vollmachten sind vorzulegen und vom Vollstreckungsgericht nach Inhalt und Umfang zu prüfen. Gleiches gilt für einen vorgelegten **Handelsregisterauszug**. Weiter finden über §§ 869 ZPO auch § 157 ZPO und die Vorschriften des RDG (früher RBerG) Anwendung; Vertreter, die geschäftsmäßig, aber ohne Erlaubnis Versteigerungstermine wahrnehmen, können als Verfahrensbevollmächtigte aus-

---

55 BGH, Rpfleger 2007, 619 = NJW-RR 2008, 216.
56 Steiner/*Storz*, § 66 Rdn. 89; *Stöber*, ZVG § 66 Rdn. 4.2.
57 *Stöber*, ZVG § 66 Rdn. 4.2.
58 Steiner/*Storz*, § 66 Rdn. 89.
59 LG Braunschweig, Rpfleger 1969, 933.
60 *Stöber*, ZVG § 66 Rdn. 4.5.

geschlossen werden.[61] Immobilienmakler sind nicht befugt, einen Gläubiger als Beteiligten im Zwangsversteigerungsverfahren zu vertreten. Die Befugnis, Bieter zu vertreten, bleibt davon unberührt.[62] Mit § 79 Abs. 2 ZPO[63] hat der Gesetzgeber die Vertretungsmöglichkeiten im Parteiprozess insgesamt zusammen gefasst. Es begegnet keinen verfassungsrechtlichen Bedenken, den Anwendungsbereich des § 79 Abs. 2 ZPO auch auf die Terminsvertretung von Gläubigern im Zwangsversteigerungsverfahren zu erstrecken.[64] Verstößt ein Bevollmächtigter im Zwangsversteigerungsverfahren gegen das Rechtsberatungsgesetz (a.F.), ist die erteilte Vollmacht nichtig. Die von dem Bevollmächtigten im Verfahren entfalteten Rechtshandlungen sind aber deswegen nicht ebenfalls unwirksam. Der Bevollmächtigte ist nur vom gesamten Verfahren auszuschließen.[65] Wenn der Gläubiger eine Erlaubnis eines Bevollmächtigten zur Rechtsberatung nicht nachgewiesen hat, ist es grundsätzlich nicht von einem Verstoß gegen das Rechtsberatungsgesetz auszugehen, was zu einer Nichtigkeit der erteilten Vollmacht führt. Dies heißt aber nicht, dass die von dem Bevollmächtigten im Verfahren entfalteten Rechtshandlungen auch prozessual unwirksam seien. So argumentiert aber das *LG Chemnitz*[66], das die Nichtigkeit der Vollmacht zur Folge annimmt. Nach *AG Marburg* ist die einem Büroangestellten (Bürovorsteher[67]) eines Rechtsanwalts erteilte **Untervollmacht** zur Vertretung im Zwangsversteigerungstermin wirksam und verstößt insbesondere nicht gegen das Rechtsberatungsgesetz (a.F.).[68]

2. Bekanntmachungen

27 Nach dem Aufruf der Sache erfolgen die das Verfahren betreffenden notwendigen Bekanntmachungen:

- Verlesung des Grundbuchinhalts; hierbei muss selbstverständlich nicht der gesamte Grundbuchinhalt, einschließlich der in Bezug genommenen Eintragungsbewilligung vorgelesen werden; es genügt die Angabe der Art des dinglichen Rechtes und deren wesentlicher Inhalt; Nachfragen der Beteiligten zu weiteren Details ist selbstverständlich nachzukommen;
- Bekanntgabe des Zeitpunkts der ersten Beschlagnahme; dieser Zeitpunkt ist nach § 13 für die Zinsberechnung, insbesondere die Unterscheidung in laufende und rückständige wiederkehrende Leistungen maßgebend;
- Mitteilung des festgesetzten Verkehrswertes des Grundstückes; der festgesetzte Wert ist nach § 74a Abs. 5 insbesondere bei der Versteigerung mehrerer Grundstücke für jedes einzelne Grundstück oder bei einem Gesamtausgebot auch als Gesamtwert bekannt zu geben.

---

61 LG Koblenz, Rpfleger 1986, 396.
62 BGH, Rpfleger 2011, 339 = NJW 2011, 929 = WM 2011, 461.
63 Aufgrund von Art. 8 des Gesetzes zur Neuregelung des Rechtsberatungsrechts vom 12.12.2007 (BGBl I 2840) wurde § 79 ZPO neu gefasst, in Kraft seit dem 1.7.2008.
64 BVerfG v. 20.4.2011 – 1 BvR 624/11 (n.V.).
65 LG Fulda, Rpfleger 2008, 659.
66 LG Chemnitz, Rpfleger 2008, 325 mit zustimmender Anm. *Goldbach*.
67 Es spricht nichts dafür, von der bisherigen Praxis, nach der Bürovorsteher eines Anwalts diesen vertreten dürfen, abzuweichen, so zu Recht *Witte/Jähne*, Rpfleger 2010, 65.
68 AG Marburg, Rpfleger 2008, 591; a.A. *Klawikowski*, Rpfleger 2008, 404.

Die Bekanntmachungen, die Verlesung der Anmeldungen (nachfolgend → 28
Rdn. 29) und die gerichtlichen Hinweise (nachfolgend → Rdn. 34) müssen so klar und verständlich sein, dass die Erschienenen in der Lage sind, diese richtig aufzufassen. Sie sind im Protokoll festzuhalten, § 78.

3. Anmeldungen

Weiter ist nach dem Aufruf der Sache zu verlesen, auf wessen Antrag und we- 29
gen welcher Ansprüche die Versteigerung angeordnet wurde. Die bisher erfolgten **Anmeldungen** der betreibenden Gläubiger bzw. Beteiligten sind daher bekannt zu machen.

Weiter ist bekannt zu geben, wann und für wen die **Beschlagnahme** erfolgt ist, 30
§ 41 Abs. 2, § 43 Abs. 2, auch wenn der sie veranlassende Antrag mittlerweile zurückgenommen wurde. Der Zeitpunkt der Wirksamkeit verschiedener Beschlagnahmen ist wichtig, sofern nach der Anordnung der Zwangsversteigerung weitere Rechte im Grundbuch eingetragen wurden, ein persönlicher Gläubiger dem Verfahren beigetreten ist oder der ursprüngliche Antrag auf Anordnung zurückgenommen wurde, § 44 Abs. 2. Maßgebend ist der tatsächliche Tag der Beschlagnahme, nicht ein irrtümlich als solcher genannter Tag. Nicht mehr zu verlesen sind Erklärungen evtl. **Mieter** und **Pächter**, da § 57d ersatzlos aufgehoben ist.

Zu verlesen sind weiter insbesondere die Anmeldungen der Ansprüche der 31
Rangklassen 1–3 nach § 10 Abs. 1, Ansprüche aus im Grundbuch eingetragenen Rechten nebst wiederkehrenden und einmaligen Leistungen und Kosten der dinglichen Rechtsverfolgung (vgl. § 12), Ansprüche aus nicht eingetragenen Rechten, ferner die Anmeldung einer persönlichen Forderung gem. § 53 Abs. 2, einer Kündigung nach § 54 oder der Rechtshängigkeit nach § 325 Abs. 3 ZPO.

Die erfolgten Anmeldungen sind unabhängig davon bekannt zu geben, ob sie 32
glaubhaft gemacht sind, berechtigt erscheinen, im geringsten Gebot zu berücksichtigen sind oder insgesamt auch nicht.[69]

Erfolgen **weitere, neue Anmeldungen**, sind diese zweckmäßigerweise jetzt 33
entgegenzunehmen und ebenfalls zu verlesen.

4. Allgemeine Hinweise

Neben den üblichen Bekanntmachungen und der Verlesung aller Anmeldun- 34
gen hat das Vollstreckungsgericht – teilweise je nach Einzelfall – **weitere Hinweise** zugeben und insbesondere auch auf Nachfrage über Bedeutung und Auswirkung zu belehren zu:

- **Altenteil**, insbesondere zu den bestehenden länderrechtlichen Besonderheiten s. → § 9 EGZVG Rdn. 4 ff.,
- **Altlasten** s. → § 28 Rdn. 13,
- **Auflassungsvormerkung**, die nach den Versteigerungsbedingungen bestehen bleibt, s. → § 28 Rdn. 15,
- **Bundesversorgungsgesetz** (Sperrvermerk) s. → § 28 Rdn. 14,
- **Dauerwohn-** und **Dauernutzungsrecht**, insbesondere zu Vereinbarungen über das Bestehenbleiben auch außerhalb des geringsten Gebots s. → § 52 Rdn. 41,

---

69 Steiner/*Storz*, § 66 Rdn. 104; *Stöber*, ZVG § 66 Rdn. 5.2 (e).

- **Nacherbenrecht,** Nachlassverbindlichkeit s. → § 28 Rdn. 28, 31,
- **Rechtshängigkeitsvermerk** im Grundbuch s. → § 28 Rdn. 33,
- **Verfügungsbeschränkungen,** ihre Auswirkungen (hierzu → § 28 Rdn. 9), insbesondere zur **Flurbereinigung** (hierzu → § 28 Rdn. 18),
- **Vermögensbeschlagnahme** nach §§ 290, 443 StPO s. → § 28 Rdn. 38,
- **Vorkaufsrecht** s. → § 28 Rdn. 41,
- **Widerspruch** s. → § 28 Rdn. 42,
- **Zubehör,** insbesondere über die Bedeutung von § 55 Abs. 2, s. → § 55 Rdn. 14,
- **Zuzahlungsbetrag** nach §§ 50, 51, insbesondere bei Rechten der Abt. II des Grundbuchs s. → § 50 Rdn. 1 ff., → § 51 Rdn. 15 ff.

a) Grunderwerbsteuer

35 Bei jeder Versteigerung weist das Gericht darauf hin, dass nach dem **Grunderwerbsteuergesetz** im Falle der Erteilung des Zuschlages sowohl die Abgabe des Meistgebotes als auch eine Abtretung der Rechte aus dem Meistgebot grunderwerbsteuerpflichtig ist. Dabei gilt auch die nachträgliche Erklärung des Meistbietenden, für einen Dritten geboten zu haben, als Abtretung des Meistgebotes, § 81 Abs. 3 (hierzu → § 58 Rdn. 12 ff.).

b) Umsatzsteuer

36 Zu Fragen der **Umsatzsteuer** und deren Berücksichtigung, insbesondere auch bezüglich Zubehör und ob es sich bei dem Meistgebot in der Zwangsversteigerung um einen Netto- oder um einen Bruttobetrag[70] handelt vgl. → § 58 Rdn. 21 ff. Hierbei weist das Vollstreckungsgericht nur auf die steuerliche Gesetzeslage hin, entsprechende Anmeldungen werden verlesen.

c) Erbbaurecht

37 Ist als Inhalt des Erbbaurechts vereinbart und ins Grundbuch eingetragen worden, dass das Erbbaurecht nur mit Zustimmung des Grundstückseigentümers veräußert werden darf, § 5 Abs. 1 ErbbauRG, hindert das die Anordnung des Verfahrens nicht. In der Zwangsversteigerung muss eine notwendige Zustimmung vor der Zuschlagserteilung vorgelegt werden, hierauf ist hinzuweisen.[71] Der die Versteigerung des Erbbaurechts betreibende Gläubiger ist für die Vorlage der Zustimmung selbst verantwortlich (hierzu → vor § 15 Rdn. 72).

d) Wohnungseigentum

38 Wurde als Inhalt eines Wohnungs- oder Teileigentums vereinbart, dass der Eigentümer zur Veräußerung der Zustimmung eines Dritten (z.B. Wohnungseigentumsverwalter) bedarf, § 12 Abs. 1 WEG, gilt dies grundsätzlich auch in der Zwangsversteigerung; hierauf ist hinzuweisen. Der die Versteigerung des Wohnungseigentum betreibende Gläubiger ist für die Vorlage der notwendigen Zustimmung verantwortlich (hierzu → vor § 15 Rdn. 91).

---

70 Hierzu BGH, Rpfleger 2003, 450 = NJW 2003, 2238 = KTS 2003, 687 = MDR 2003, 953 = WM 2003, 943 = ZIP 2003, 1109 = InVo 2003, 333 = WuB H. 8/2003 VI F. § 49 ZVG 1.03 *Hintzen* = ZfIR 2003, 653.
71 Hierzu → § 81 Rdn. 42 ff.

e) Überbau, Überbaurente

Ein **Überbau** kann wesentlicher Bestandteil des zu versteigernden Grundstücke sein. An einer Grenzanlage im Sinne der §§ 921, 922 BGB besteht kein hälftiges Miteigentum, sondern entlang der Grundstücksgrenze lotrecht gespaltenes (Allein-)Eigentum der Nachbarn. Gebäude im Sinne des § 912 BGB sind auch andere größere Bauwerke (z.b. Ufermauern an Bundeswasserstraßen), deren Beseitigung eine dem (Teil-)Abriss eines Gebäudes im engeren Sinne vergleichbare Zerschlagung wirtschaftlicher Werte bedeutete; dies alles ist kein Fall eines Überbaus.[72] Zu unterscheiden ist, ob es sich um einen **entschuldigten** oder **unentschuldigten** Überbau handelt oder um einen **Eigengrenzüberbau** (hierzu → § 20 Rdn. 10). Bei einem **entschuldigten Überbau** verbleibt das Eigentum an dem überbauten Gebäude dem Eigentümer des Grundstücks, von dem der Überbau ausgeht, der Grundstücksanteil steht im Eigentum des Nachbarn. In der Zwangsversteigerung des Grundstücks, auf den der Überbau hineinragt, erfasst nicht den Gebäudeanteil. Ebenso ist der **Eigengrenzüberbau** zu behandeln.[73] Bei einem **unentschuldigten Überbau** teilt die Grundstücksgrenze zum Nachbargrundstück auch das überbaute Gebäude.[74] Das Eigentum an dem überbauten Gebäude gebührt dem Eigentümer des überbauten Grundstücks (hierzu näher → § 55 Rdn. 5 und → § 90 Rdn. 8). Eine unterlassene Belehrung kann zur Haftung führen.[75]

§ 52 Abs. 2 verweist auf die in §§ 912–917 BGB geregelten Renten für Überbau und Notweg. Der Ersteher hat diese vom Zuschlag an zu tragen (§ 56 Satz 2), selbst wenn hierauf im Termin nicht näher hingewiesen wurde.

f) Baulast

Die öffentliche **Baulast** ist ein eigenständiges Rechtsinstitut des Landesrechts (außer in Bayern und in Brandenburg). Die öffentliche Baulast erlischt nicht durch Zuschlag in der Zwangsversteigerung.[76] Hierauf sollte in jedem Falle hingewiesen werden.

5. Hinweis- und Belehrungspflicht

Das Zwangsversteigerungsverfahren zeichnet sich durch eine Häufung schwieriger rechtlicher und wirtschaftlicher Probleme aus.[77] Das Verfahren unterliegt einem ausgeprägten Formzwang, zahlreiche Prozessmaximen werden mit sachenrechtlichen Elementen vermischt. *Nußbaum*[78] hat bereits 1916 in seinem grundlegenden Werk zur Zwangsversteigerung und Zwangsverwaltung betont, dass das Versteigerungsrecht auf *kunstvollen Grundsätzen* aufgebaut ist. Diese zu beherrschen bereitet nicht nur den Verfahrensbeteiligten erhebliche Schwierigkeiten, sondern durchaus auch dem Rechtspfleger und nicht zuletzt den Beschwer-

---

72 BGH, Urteil vom 27.3.2015, V ZR 216/13, MDR 2015, 700.
73 So auch BGH, Rpfleger 2002, 71 = NJW 2002, 54 = DNotZ 2002, 290 = NZM 2002, 43 = MDR 2002, 22 = WM 2002, 603 = NotBZ 2002, 28; *Stöber*, ZVG § 55 Rdn. 6.3.
74 BGH, NJW 1958, 1182; NJW 1963, 1868.
75 OLG Köln, Rpfleger 1996, 77.
76 BVerwG, Rpfleger 1993, 208; OVG Hamburg, Rpfleger 1993, 209; OVG Münster, NJW 1994, 3370 LS. und NJW 1996, 1362, hierzu auch *Alff*, Rpfleger 1993, 361 und *Drischler*, Rpfleger 1986, 289.
77 *Schiffhauer*, Rpfleger 1978, 397; Steiner/*Hagemann*, Einl. Rdn. 58.
78 Arthur *Nußbaum*, Die Zwangsversteigerung und Zwangsverwaltung, 1916, S. 11.

degerichten. Das ZVG hat sich in den letzten Jahrzehnten auch zu einer Art „Folgerecht" entwickelt. So finden sich im ZVG auch Einflüsse aus dem Mietrecht, dem Familienrecht, dem Arbeitsrecht und dem Insolvenzrecht. Aber nicht nur der Gesetzgeber, sondern insbesondere auch durch die Rechtsprechung des BVerfG zur „Eigentumsgarantie", zum „Willkürverbot", zum „effektiven Rechtsschutz" oder „rechtlichen Gehör" oder zum „fairen Verfahren" wurden weitere Probleme in das Zwangsvollstreckungsrecht integriert, die wiederum zu unterschiedlichen Meinungen in Rechtsprechung und Schrifttum geführt haben. Das Zwangsversteigerungsrecht ist mittlerweile eine Spezialmaterie, die nur noch von denjenigen beherrscht wird, die ständig oder zumindest häufig damit zu tun haben.[79]

43 Bei den für das Zwangsversteigerungsverfahren zwingend zu beachtenden grundgesetzlich geschützten Rechten des Schuldners hat die **Frage-, Hinweis- und Aufklärungspflicht**, § 139 ZPO, als wichtigster Aspekt der prozessualen Fürsorgepflicht, eine besondere Gewichtung und Bedeutung erlangt. Die Verletzung der Hinweis- und Belehrungspflicht kann zur Zuschlagsversagung nach § 83 Nr. 6 führen (s. auch dort mit Rechtsprechungsbeispielen → Rdn. 29). Es ist völlig unbestritten, dass die Aufklärungs- und Hinweispflicht zu einer der wichtigsten Amtspflichten auch im Zwangsversteigerungsverfahren zählt.[80] Die Erschienenen sind daher über alle Verhältnisse zu unterrichten, die bei der Versteigerung und für die Bemessung der Gebote von Bedeutung sind. Das Vollstreckungsgericht wird sicherlich **vor dem Zwangsversteigerungstermin** schriftlich und **im Termin** mündlich über die Notwendigkeit *rechtzeitiger Anmeldungen* und die Rechtsfolgen unterlassener Anmeldungen belehren, auf die Tragweite eines *Gebotes* hinweisen, wie Gebote abgegeben werden, die Art und den Umfang der *Sicherheitsleistung* erörtern, über die *Wertgrenzen* im ersten und in den folgenden Terminen belehren, auf die $^7/_{10}$-Grenze hinweisen, über die Zuschlagserteilung nach § 85a Abs. 3 belehren und auf eine drohende Verschleuderung bei Zuschlagserteilung hinweisen, Anträge nach § 765a ZPO anregen usw.

44 Unabhängig von den sich aus dem Gesetz ergebenden Hinweispflichten und den weiter üblichen bzw. normalen Hinweisen und Belehrungen die jedes Verfahren mit sich bringt, bleibt das Risiko bestehen, irgendeinen Aspekt zugunsten oder zulasten eines Verfahrensbeteiligten nicht gesehen oder übersehen zu haben. Es muss daher stets darauf geachtet werden, dass sich die Beteiligten *über alle erheblichen Tatsachen vollständig erklären* und *sachdienliche Anträge* stellen, ungenügende Angaben sind rechtzeitig zu *ergänzen*. Der Verhandlungsgrundsatz bedeu-

---

79 *Nußbaum*, (Fn. 53, S. 23) hat hierzu 1916 ausgeführt: Um so mehr wird das Gericht seine Tätigkeit unter dem Gesichtspunkt des nobile officium aufzufassen haben. Gilt es schon in Prozeßsachen des Amtsrichters, eine formalistische Handhabung der Geschäfte zu vermeiden und im Rahmen der richterlichen Pflichten auf eine sachlich ersprießliche Lösung hinzuwirken, so gilt dies im erhöhten Maße für das Immobiliarvollstreckungs- und namentlich für das Zwangsversteigerungsverfahren. Insbesondere sollte der Richter *[jetzt Rechtspfleger]* den Parteien und ihren Vertretern, die sich etwa unerwarteten Schwierigkeiten gegenübersehen, deren Überwindung nicht erschweren, sondern möglichst erleichtern. Der Richter habe die Erledigung des Verfahrens nicht bürokratisch zu betreiben, sondern es obliege ihm eine vermittelnde, ausgleichende und fördernde Tätigkeit.
80 Vgl. auch BVerfG, NJW 1976, 1391 = Rpfleger 1976, 389; BVerfG, NJW 1978, 368 = Rpfleger 1978, 206 = *Vollkommer*, Rpfleger 1976, 393; BGH, Beschluss vom 10.10.2013, V ZB 181/12, Rpfleger 2014, 95; *Schiffhauer*, Rpfleger 1978, 397; *Stöber*, ZVG Einl. 23.3.

tet somit eindeutig nicht, dass das Gericht sich weitgehend passiv verhalten kann. Umgekehrt, die ZPO weist dem Gericht sehr wohl eine aktive Rolle[81] zu. In welcher Weise und in welchem Einzelfall die Aufklärungs- und Hinweispflicht auszuüben ist, lässt sich generell kaum festlegen. Negativ betrachtet erfüllt das Gericht seine Hinweispflicht nach § 139 ZPO jedenfalls nicht, indem es vor oder auch im Termin allgemeine und pauschale Hinweise erteilt. Das Gericht ist verpflichtet, jede Partei auf einen fehlenden Sachvortrag, den es als entscheidungserheblich ansieht, unmissverständlich hinzuweisen. Jeder Partei muss die Möglichkeit eröffnet werden, ihre Sachvorträge oder Anträge zu ergänzen. Es muss sichergestellt sein, dass jedem der Verfahrensbeteiligten der Verfahrensablauf, insbesondere der Terminsablauf, verständlich und nachvollziehbar ist. Auf jede Änderung und jede Besonderheit der Versteigerungsbedingungen ist ausdrücklich hinzuweisen und bei offensichtlichem Unverständnis oder Nichtverstehen nachzufragen. Dies ist unabhängig davon, ob die Beteiligten durch Rechtsanwälte vertreten werden oder nicht. Bei Unklarheiten sollte der Zuschlag niemals sofort erteilt werden. Das Ganze muss im Übrigen im Terminsprotokoll festgehalten werden. Im Zweifel sollte der Grundsatz gelten: Lieber einmal zu viel belehrt, als einmal zu wenig. Dennoch, eine Sicherheit dafür, dass die Auskunft des Vollstreckungsgerichts erschöpfend ist, kann nicht gegeben werden. Wegen schuldhaft falscher oder unvollständiger Angaben bleiben Amtshaftungsansprüche nie ausgeschlossen.

IV. Geringstes Gebot, Versteigerungsbedingungen
1. Feststellung des geringsten Gebotes

Nach der Belehrung der anwesenden Beteiligten und Bietinteressenten hat das Vollstreckungsgericht das geringste Gebot (§§ 44–48) festzusetzen. Regelmäßig hat das Vollstreckungsgericht das entsprechende Zahlenwerk bereits vorbereitet und wird dies verlesen. Eventuell *„bestehen bleibenden Rechte"* und der in jedem Falle zu berechnende *„bar zu zahlende Teil"* des geringsten Gebotes sind getrennt zu verlesen. Auf Nachfrage sind die einzelnen Berechnungen und Ergebnissen zu erläutern. Besondere Sorgfalt ist der Rangfrage zu widmen (hierzu → § 44 Rdn. 49 ff.). 45

Die Verantwortung für die gesetzmäßige Festsetzung des geringsten Gebotes liegt beim zuständigen Rechtspfleger selbst dann, wenn er einen **Rechnungsverständigen** zugezogen hat, § 66 Abs. 1 letzter Hs. Die Zuziehung eines derartigen Rechnungsbeamten muss landesrechtlich zugelassen sein, was aber nur noch in wenigen Ländern der Fall ist. In der gerichtlichen Praxis hat dies so gut wie keine Bedeutung. 46

2. Zwangsversteigerungsbedingungen

Die gesetzlichen Zwangsversteigerungsbedingungen sind in §§ 49–58 geregelt. Soweit es dabei bleibt, genügt die Feststellung, dass die Versteigerung unter den gesetzlichen Bedingungen stattfindet. Soweit hiervon abgewichen werden soll, muss der Inhalt der Abweichung klar und deutlich zum Ausdruck kommen (hierzu → § 59 Rdn. 5 ff.). Insbesondere ist über die Bedeutung eines Doppelaus- 47

---

81 Hierzu allgemein: *Piepenbrock,* Umfang und Bedeutung der richterlichen Hinweispflicht, NJW 1999, 1360.

gebots zu belehren und jedes Ausgebot seinem vollem Umfang nach bekannt zu machen.

3. Änderungen des geringsten Gebots und der Bedingungen

48 In der Vergangenheit konnte es im Laufe des Versteigerungstermins immer wieder zu einer anderweitigen Festsetzung des geringsten Gebotes kommen, insbesondere bei einem Antrag auf abweichende Feststellungen des geringsten Gebotes, § 59, Anträge zu Einzel-, Gruppen- oder Gesamtausgebot, §§ 63, 64. Mit Wirkung ab dem 1.8.1998 (BGBl I 866) wurden § 59 Abs. 1 Satz 1 und 2, § 63 Abs. 2 Satz 1 dahin gehend geändert, das entsprechende Anträge spätestens im Versteigerungstermin vor Beginn der Bietzeit zu stellen sind; dies gilt auch für Anträge nach § 64 (siehe dort → Rdn. 8). Hierdurch sollte insbesondere sichergestellt werden, dass vor Beginn der Bietzeit die Versteigerungsbedingungen und die jeweiligen geringsten Gebote für alle Beteiligten und Bietinteressenten eindeutig feststehen. Die bis dahin diskutierten Streitfragen, ob in diesen Fällen das gesamte in § 66 Abs. 1 und 2 vorgeschriebene Verfahren neu durchzuführen ist, einhergehend mit dem Erlöschen bisheriger Gebote sowie der Möglichkeit neuer oder vergessene Anmeldungen vorzunehmen, haben sich weitgehend durch die Einfügung des zeitlichen Anmeldeausschlusses erledigt.

49 Dennoch kann sich eine Änderung des geringsten Gebotes und der Versteigerungsbedingungen ergeben, wenn z.B. der bestbetreibende Gläubiger während der Versteigerung das **Verfahren einstweilen einstellt** oder seinen **Antrag zurücknimmt**. Wird das Verfahren während der Bietzeit eingestellt oder aufgehoben, muss diese abgebrochen werden. Damit wird aber nicht notwendigerweise der gesamte Termin aufgehoben, sondern zunächst nur unterbrochen.[82] Das geringste Gebot als wichtigste Grundlage der Versteigerung hat sich geändert. Bereits abgegebene Gebote erlöschen, § 72 Abs. 3 (zu Ausnahmen s. → § 83 Rdn. 6 ff.). Soweit die Fristen der §§ 43 Abs. 2, § 44 Abs. 2 eingehalten sind, wird das geringste Gebot nach dem Anspruch des nächsten nunmehr bestrangig betreibenden Gläubigers neu festgesetzt und eine neue Bietzeit durchgeführt. Wegen der Einheitlichkeit des gesamten Termins sind nicht alle Belehrungen und Bekanntmachungen zu wiederholen, in jedem Falle aber müssen das geänderte geringste Gebot und die geänderten Versteigerungsbedingungen festgestellt und verlesen werden. Ein Verstoß ist ein Zuschlagsversagungsgrund nach § 83 Nr. 1.[83] Ohne eine erneute Verlesung des vollständigen neuen geringsten Gebots und der Versteigerungsbedingungen können sich bei den Beteiligten und den Bietinteressenten leicht Missverständnisse darüber einstellen, welche Teile des ursprünglich verlesenen geringsten Gebots und der ursprünglich verlesenen Versteigerungsbedingungen noch gelten und welche davon ersetzt worden sind. Solche Missverständnisse, die sich zum Nachteil des Schuldners auf das Versteigerungsergebnis auswirken können, lassen sich nur vermeiden, wenn das geänderte geringste Gebot und die geänderten Versteigerungsbedingungen vollständig neu verlesen werden.

---

82 Schiffhauer, Rpfleger 1986, 332.
83 BGH, Beschluss vom 18.7.2013, V ZB 13/13, Rpfleger 2014, 36 = WM 2013, 1867.

Weiter folgt daraus das Ergebnis, dass einmal nach § 66 Abs. 2 ausgeschlossene Anmeldungen ausgeschlossen bleiben, die Änderung der Zwangsversteigerungsbedingungen führt nicht dazu, Neuanmeldungen vorzunehmen.[84]

Gleiches gilt auch, wenn das Gericht einen Fehler bei der Berechnung des geringsten Gebots während des Termins bemerkt. Die Bietzeit ist dann von Amts wegen abzubrechen, andernfalls der Zuschlag später zu versagen bzw. durch Anfechtung aufzuheben ist. Auch in diesem Fall ist das gesamte Verfahren gemäß § 66 ab Feststellung des geringsten Gebotes in formell einwandfreier Weise zu wiederholen.[85] Es bleibt aber bei den einmal nach § 66 Abs. 2 ausgeschlossenen Anmeldungen. 50

V. Ausschluss weiterer Anmeldungen, Aufforderung zu Geboten

1. Ausschluss weiterer Anmeldungen

Nach Verlesen der Feststellungen hat das Vollstreckungsgericht auf die Ausschließung weiterer Anmeldungen hinzuweisen (Abs. 2). Der Hinweis auf den **Ausschluss weiterer Anmeldungen** ist der späteste Zeitpunkt, in dem ein Beteiligter noch rechtzeitig und rangwahrend Anmeldungen vornehmen kann, z.B. Kosten der dinglichen Rechtsverfolgung, Zinsen, ein Recht, welches nach dem Zwangsversteigerungsvermerk im Grundbuch eingetragen wurde, Pfändungen, zur Erlangung der Rechtsstellung eines Beteiligten, Kündigung eines Rechtes, die persönliche Forderung zur Schuldübernahme. Es können jetzt weitere Anträge gestellt werden z.B. zum geringsten Gebot, zu den Versteigerungsbedingungen, bei der Versteigerung mehrerer Grundstücke, Einzel- Gruppen- oder Gesamtausgebot, abweichende Versteigerungsbedingungen, Vollstreckungsschutzantrag nach § 765a ZPO. 51

Zeitlich danach erfolgte Anmeldungen sind entgegenzunehmen, führen jedoch zum Rangverlust nach § 110. Der Hinweis auf den Ausschluss weiterer Anmeldungen darf nicht unterbleiben und muss protokolliert werden, andernfalls der Zuschlag zu versagen ist, § 83 Nr. 4. Eine verspätete Anmeldung einer persönlichen Forderungen nach § 53 Abs. 2 sowie der Kündigung, § 54, und Rechtshängigkeit, § 325 Abs. 3 ZPO, ist wirkungslos. 52

2. Aufforderung zu Geboten

Werden nach dem Aufruf zum Ausschluss weiterer Anmeldungen keine Erklärungen abgegeben, fordert das Vollstreckungsgericht zur Abgabe von Geboten auf. Mit der Aufforderung zur Abgabe von Geboten schließt der erste Teil des Termins (siehe zuvor → Rdn. 2). Dieser Zeitpunkt ist im Protokoll auf die Minute genau festzuhalten wegen § 73 Abs. 1 Satz 1 und § 83 Nr. 7. Zwischen der Aufforderung zur Abgabe von Geboten und dem Zeitpunkt, in welchem bzgl. sämtlicher zu versteigernder Grundstücke die Versteigerung abgeschlossen wird, müssen mindestens 30 Minuten liegen, § 73 Abs. 1 S. 1. Anmeldungen, die während dieser Zeit erfolgen, sind entgegenzunehmen, erleiden jedoch einen Rangverlust nach § 110. 53

---

84 *Schiffhauer*, Rpfleger 1986, 332; *Böttcher*, § 66 Rdn. 34; a.A. wohl aber *Stöber*, ZVG § 66 Rdn. 7.4, der dort auf den erneuten Ausschluss weiterer Anmeldungen hinweist; Löhnig/*Steffen*, § 66 Rdn. 16; Depré/*Bachmann*, § 66 Rdn. 58.
85 LG Köln, Rpfleger 1989, 297.

VI. Bietpflicht, Ausbietungsgarantie
1. Bietpflicht

54 Eine Pflicht zur Abgabe von Geboten wird durch das ZVG für niemand begründet.[86] Sie kann sich jedoch aufgrund konkreter Vereinbarungen oder nach Treu und Glauben (§ 242 BGB) als Nebenpflicht eines Schuldverhältnisses ergeben.

2. Ausbietungsgarantie

55 Die Ausbietungsgarantie[87] (zur negativen Bietabsprache s. → § 71 Rdn. 20) ist ein Unterfall des Garantievertrages, der entweder ein gegenseitig oder ein einseitig verpflichtender Vertrag ist. Sie soll unter anderem dem Schutze des Grundpfandrechtsgläubigers gegen Ausfälle in der Zwangsversteigerung dienen.

56 Bei der Ausbietungsgarantie wird unterschieden in „mit schwächerer Wirkung" und „mit stärkerer Wirkung". Eine **Ausbietungsgarantie mit schwächerer Wirkung** bedeutet, der Garant übernimmt die Pflicht, dass dem Gläubiger kein Ausfall in der Zwangsversteigerung entsteht, ggf. ein solcher Ausfall zu ersetzen ist.[88] Die Garantie kann auch darin bestehen, dass der Garant dafür einsteht, dass ein Dritter ein bestimmtes Gebot abgibt und dieses auch erfüllt wird. Eine solche Ausfallgarantie bedarf keiner Form.[89]

57 Bei der sogenannten **Ausbietungsgarantie mit stärkerer Wirkung** verpflichtet sich der Garant selbst zur Abgabe eines Gebotes. Teilweise werden auch derartige Vereinbarungen als Ausbietungsgarantie mit schwächerer Wirkung bezeichnet, die den Garanten nur subsidiär zur Abgabe von Geboten verpflichten soll, und zwar nur dann, wenn tatsächlich ein Ausfall wegen Erteilung des Zuschlags auf ein anderes Gebot droht.[90] Auch in einem solchen Fall, einer sogenannten Ausfallvergütungsgarantie, besteht eine bedingte Pflicht zur Abgabe von Geboten, sodass auch derartige Garantien denen mit stärkerer Wirkung zuzuordnen sind. Die Ausbietungsgarantie mit stärkerer Wirkung ist formbedürftig, § 311b BGB.[91] Die Formbedürftigkeit ist dadurch bedingt, dass der Garant selbst verpflichtet wird, Gebote in Zwangsversteigerungsverfahren abzugeben, die wiederum – wenn auch nur bedingt – auf einen Eigentumserwerb hinauslaufen. Die Nichterfüllung eines solchen stärkeren Garantievertrages verpflichtet den Garanten ggf. zu Schadensersatz, wenn der Gläubiger einen Verlust erleidet.[92]

58 Regelmäßig wird aus dem Schutzgedanken der getroffenen Vereinbarungen zu folgern sein, dass die Verpflichtung des Garanten zur Abgabe von Geboten bis zur Beendigung des gesamten Zwangsversteigerungsverfahrens und eines sich möglicherweise anschließenden Wiederversteigerungsverfahrens fortdauert.[93]

---

86 Steiner/*Storz*, § 66 Rdn. 23.
87 Vgl. *Kiethe*, NZM 2003, 581; *Droste*, MittRhNotK 1995, 37 ff.; *Storz/Kiderlen*, ZVG B 5.3.1.2.
88 *Stöber*, ZVG § 71 Rdn. 8.5; Steiner/*Storz*, § 66 Rdn. 23.
89 *Böttcher*, § 71 Rdn. 51; a.A. LG Göttingen, NJW 1976, 571; einschränkend *Storz/Kiderlen*, ZVG B 5.3.1.3 für den Fall der Ausfallgarantie, da hier ansonsten die Formvorschrift § 311b BGB umgangen wird.
90 So Steiner/*Storz*, § 66 Rdn. 25.
91 BGH, Rpfleger 1983, 81; BGH, NJW-RR 1993, 14; BGH, Rpfleger 1996, 471; OLG Celle, NJW 1977, 52; Steiner/*Storz*, § 66 Rdn. 32; *Böttcher*, § 71 Rdn. 50.
92 Steiner/*Storz*, § 66 Rdn. 35.
93 Differenziert hierzu Steiner/*Storz*, § 66 Rdn. 31.

In der Übernahme der Ausbietungsgarantie durch einen Dritten liegt keine **59** Bürgschaft oder Ausfallbürgschaft. Gewährleistet wird nur, dass der Gläubiger ohne Verlust aus der Versteigerung hervorgeht. Der Dritte braucht nicht selber mitzubieten, wenn der Gläubiger gegen Verluste gesichert ist. Dessen Interesse liegt regelmäßig darin, dass seine Ansprüche in der Zwangsversteigerung gezahlt werden. Die Nichterfüllung verpflichtet allerdings zu Schadensersatz.[94]

Zur Übernahme der Ausbietungsgarantie mit stärkerer Wirkung durch die Eltern eines minderjährigen Kindes ist die Genehmigung nach § 1643 Abs. 1, § 1821 Abs. 1 Nr. 5 BGB erforderlich. **60**

---

[94] RGZ 91, 213; Steiner/*Storz*, § 66 Rdn. 35.

§ 67 »Verlangen einer Sicherheitsleistung vom Bieter«

(1) ¹Ein Beteiligter, dessen Recht durch Nichterfüllung des Gebots beeinträchtigt werden würde, kann Sicherheitsleistung verlangen, jedoch nur sofort nach Abgabe des Gebots. ²Das Verlangen gilt auch für weitere Gebote desselben Bieters.

(2) ¹Steht dem Bieter eine durch das Gebot ganz oder teilweise gedeckte Hypothek, Grundschuld oder Rentenschuld zu, so braucht er Sicherheit nur auf Verlangen des Gläubigers zu leisten. ²Auf Gebote des Schuldners oder eines neu eingetretenen Eigentümers findet diese Vorschrift keine Anwendung.

(3) Für ein Gebot des Bundes, der Deutschen Bundesbank, der Deutschen Genossenschaftsbank, der Deutschen Girozentrale (Deutsche Kommunalbank) oder eines Landes kann Sicherheitsleistung nicht verlangt werden.

Übersicht Rdn.
I. Allgemeines 1
II. Verlangen einer Sicherheit... 4
    1. Antrag 4
    2. Weitere Gebote (Abs. 1 S. 2).. 10
    3. Frist 13
III. Keine Sicherheitsleistung (Abs. 2) 15
IV. Befreiung von der Sicherheitsleistung 18

I. Allgemeines

1 Mit § 67 beginnen die Vorschriften über den Kern des Versteigerungstermins. Die Vorschrift gilt in allen Versteigerungsverfahren, mit Besonderheit bei der Teilungsversteigerung, § 184. §§ 67–70 behandeln die Sicherheitsleistung des Bieters: Voraussetzungen, Höhe, Art und gerichtliches Verfahren. Regelungszweck ist, diejenigen, deren Ansprüche innerhalb des abgegebenen Gebots zu befriedigen sind, gegen den Zuschlag an einen zahlungsunfähigen Bieter zu schützen. Dieser Schutz resultiert aus dem Umstand, dass die Zwangsversteigerung grundsätzlich ohne Bargeld erfolgt. Mit dem Zuschlag wird der Meistbietende Eigentümer, ohne zugleich zahlen zu müssen; die Zahlung erfolgt erst zum Verteilungstermin. Wird der Zuschlag an einen Zahlungsunfähigen erteilt, besteht für die Anspruchsberechtigten die Gefahr, leer auszugehen, insbesondere dann, wenn es zu einer Wiederversteigerung (§§ 118, 128) kommt und bis dahin die eigenen Ansprüche weiter anwachsen.

2 Ob die gesetzliche Regelung tatsächlich dem gewollten Schutz vor insolventen Bietern gerecht wird, muss bezweifelt werden.[1] Die gerichtliche Praxis zeigt immer wieder, dass die Sicherheitsleistung von Bietern erbracht wird, dies aber überhaupt keine Aussage darüber trifft, ob der Bieter im Falle der Erteilung des Zuschlags in der Lage oder überhaupt gewillt ist, das bare Meistgebot zum Verteilungstermin zu zahlen. Die Regelung rechtfertigt sich nur dadurch, dass die potenzielle Verpflichtung zur Sicherheitsleistung zahlungsunfähige Personen im Ansatz davon abhalten soll, selbst Gebote abzugeben.[2]

3 Gebote und Sicherheitsleistung sind gleichermaßen gekennzeichnet durch das Wort „sofort": Die in der Bietzeit abgegebenen Gebote werden *sofort* zugelassen

---

1 Hierzu bereits *Schiffhauer*, Rpfleger 1986, 325.
2 Steiner/*Storz*, § 67 Rdn. 2.

oder *sofort* zurückgewiesen. Sicherheitsleistung muss *sofort* nach Abgabe des Gebotes verlangt werden, über die Sicherheitsleistung ist *sofort* zu entscheiden, und diese ist dann *sofort* zu leisten, § 67 Abs. 1 S. 1, § 70.[3]

II. Verlangen einer Sicherheit

1. Antrag

Die Sicherheitsleistung[4] besteht nicht von Gesetzes wegen, sie ist nur auf Verlangen (= Antrag) eines Beteiligten zu leisten. **Antragsberechtigt** sind Beteiligte (§ 9), deren Rechte durch Nichterfüllung des Gebotes beeinträchtigt würden. Es muss sich also um anspruchsberechtigte Beteiligte handeln, deren Ansprüche aus dem abgegebenen Bargebot zumindest teilweise befriedigt würden. Hierzu gehören auch Beteiligte, deren Recht nach § 52 bestehen bleibt, und zwar auch dann, wenn sie keinen Anspruch auf Befriedigung aus dem Bargebot haben (z.B. wegen Zinsen und dergl.).[5] Auch in diesem Falle kann ihr Recht durch die Nichterfüllung des Gebots beeinträchtigt werden, da bei Nichterfüllung des Gebotes die vorgehenden Ansprüche (Kosten, Zinsen usw.) anwachsen. 4

Auch der **Schuldner** kann Sicherheit verlangen, wenn er aus einem Eigentümerrecht Zahlungen aus dem abgegebenen Gebot verlangen kann (bei Bestehenbleiben des Eigentümerrechts z.B. auch Kosten, bei Erlöschen des Rechts Kosten und Kapital) oder wenn aus dem Bargebot Ansprüche zu zahlen sind, für die er persönlich haftet, oder wenn sich für ihn ein Überschuss ergibt.[6] Ein generelles Antragsrecht steht dem Schuldner allerdings nicht zu.[7] Ist über das Vermögen des Schuldners das **Insolvenzverfahren eröffnet**, ist fraglich, ob er überhaupt das Antragsrecht wahrnehmen kann. Mit der Insolvenzeröffnung geht das Verwaltungs- und Verfügungsrecht auf den Insolvenzverwalter über, § 80 Abs. 1 InsO. Der Insolvenzverwalter ist berechtigt, alle Maßnahmen zu ergreifen, welche dem Insolvenzzweck dienen, insbesondere der größtmöglichen und gleichmäßigen Befriedigung der Insolvenzgläubiger, § 1 InsO. Zweck des Verlangens nach Sicherheitsleistung ist, den Beteiligten gegen ungesicherte Gebote zu schützen. Durch die erbrachte Sicherheitsleistung wird weiterhin zumindest ein Teil der Zuteilung an die Anspruchsberechtigten ermöglicht. Sofern eine etwaige Zuteilung an den Schuldner in Betracht kommt, würde diese Zuteilung in die Insolvenzmasse fallen, sodass das Verwaltungs- und Verfügungsrecht des Insolvenzverwalters nicht geschmälert wird. Dem Verlangen des Schuldners nach Sicherheitsleistung ist somit stattzugeben. 5

Mieter und **Pächter** haben kein Recht, Sicherheit zu verlangen. Ebenfalls nichtberechtigt sind Beteiligte, die aus dem abgegebenen Gebots keine Zuteilung 6

---

3   OLG Hamm, Rpfleger 1987, 469 = NJW-RR 1987, 1016; OLG Düsseldorf, Rpfleger 1989, 167.
4   Hierzu auch *Götz*, ZMR 2008, 353, die es weiterhin für zulässig erachten, dass der Bieter eine Barzahlung als Sicherheit etwa an den Gläubigervertreter erbringt und dieser im Gegenzug darauf verzichtet, eine Sicherheitsleistung zu verlangen. Im Ergebnis ist dies zutreffend, allerdings darf sich dies so nicht im Versteigerungssaal abspielen, hier ist Bargeld ausgeschlossen.
5   *Stöber*, ZVG § 67 Rdn. 2.2; *Böttcher*, §§ 67–70 Rdn. 11.
6   LG Essen, Rpfleger 2006, 31; *Stöber*, ZVG § 67 Rdn. 2.2; Steiner/*Storz*, § 67 Rdn. 13.
7   So OLG Düsseldorf, Rpfleger 1989, 36 m. abl. Anm. *Meyer-Stolte*; a.A. *Hornung*, Rpfleger 2000, 529; *Böttcher*, §§ 67–70 Rdn. 11.

erhalten würden. **Bieter** selbst sind nicht Beteiligte nach § 9 und damit auch nicht antragsberechtigt.

7 Ob im Einzelfall der Bieter zahlungsfähig ist oder nicht, ist ohne Belang, diese Frage hat das Vollstreckungsgericht nicht zu erörtern.

8 Der Antrag muss nicht sofort bei Abgabe des ersten Gebots gestellt werden, die Sicherheitsleistung kann auch bei der späteren Abgabe eines Gebotes des jeweiligen Bieters erstmals verlangt werden. Der Antrag kann auch bis zur tatsächlichen Leistung der Sicherheit **zurückgenommen** werden, eine Rücknahme danach bewirkt nicht, dass die geleistete Sicherheit an den Bieter sofort zurückzuzahlen ist. Antragstellung und Rücknahme sind jeweils im **Protokoll** festzuhalten, § 78.

9 Ob die Voraussetzungen des Antragsrechts vorliegen, kann je nach Höhe des abgegebenen Gebotes ohne genaue Berechnung nicht sofort entschieden werden. Das Gesetz fordert jedoch eine genaue Berechnung. Relativ leicht lässt sich das Antragsrecht derjenigen Beteiligten feststellen, deren Ansprüche sich aus dem geringsten Gebot selbst ergeben. Liegen die abgegebenen Gebote höher als das geringste Gebot, sind auch Beteiligte anspruchsberechtigt, deren Rechte nach den Versteigerungsbedingungen erlöschen und die das Vollstreckungsgericht grundsätzlich erst zwecks Zahlung aus dem Versteigerungserlös zum Verteilungstermin der jeweiligen Höhe nach zu berechnen hat. Die Vorbereitung des Termins erfordert jedoch, dass auch hierzu bereits ein *vorläufiger Teilungsplan* zu fertigen ist, aus der auch je nach Anmeldung bzw. Betreiben Kosten, wiederkehrende Leistungen und der Hauptanspruch derjenigen Berechtigten aufgeführt wird, die außerhalb des geringsten Gebots zu berücksichtigen sind. Nur so kann über die Antragsberechtigung im Termin „sofort" entschieden werden.

Ausnahmsweise kann das Verlangen nach Sicherheitsleistung auch **rechtsmissbräuchlich** sein. Das Verlangen eines Berechtigten nach der Abgabe eines Gebotes zum Nachweis einer Sicherheitsleistung hat im Wesentlichen zwei Zwecke: Sie soll einerseits dem durch die Nichterfüllung des Gebots beeinträchtigten Beteiligten eine gewisse Sicherheit gegen den Ausfall bieten und andererseits „wirklich zahlungsunfähige" Personen von vornherein vom Bieten abhalten. Dieser Zweck wird verfehlt, wenn für das Grundstück nur ein symbolischer Wert von 1 € festgesetzt worden ist. Dann kann der antragsberechtigte Beteiligte auch nur die Leistung einer Sicherheit mit einem Symbolwert von 0,10 € verlangen. Dies kann dem Beteiligten keine Sicherheit gegen einen Ausfall geben und zahlungsunfähige Bieter nicht abschrecken. Zu Recht hat der BGH[8] daher den Antrag auf Erbringung einer Sicherheit als rechtsmissbräuchlich angesehen. Er ist auch nicht mit dem Anliegen zu rechtfertigen, rechtsmissbräuchliche Gebote abzuwenden. Lässt sich mit den im Zwangsversteigerungsverfahren verfügbaren Mitteln feststellen, dass ein Gebot rechtsmissbräuchlich ist, muss es zurückgewiesen werden.

2. Weitere Gebote (Abs. 1 S. 2)

10 Wurde der Antrag auf Sicherheitsleistung gegenüber einem bestimmten Bieter gestellt, und ist die Sicherheitsleistung zu leisten, gilt das **Verlangen** auch für **weitere Gebote** desselben Bieters (Abs. 1 S. 2). Ein weiterer Antrag ist somit nicht notwendig. Soweit nur ein Grundstück oder mehrere Grundstücke im Gesamtausgebot versteigert werden (dies gilt auch bei → § 59, s. dort Rdn. 19) ist diese

---

[8] BGH, Beschluss vom 12.7.2012, V ZB 130/11, Rpfleger 2012, 705 = NJW 2012, 3376.

Regelung nach Änderung der Höhe der Sicherheit in § 68 Abs. 1 Satz 1 (hierzu →
§ 68 Rdn. 1) weitgehend überflüssig. Die Sicherheitsleistung beträgt grundsätzlich
(§ 68 Abs. 1 Satz 1) 10 % des festgesetzten Verkehrswert des Grundstücks und ist
in dieser Höhe sofort zu erbringen. Auch wenn derselbe Bieter weitere Gebote abgibt, die Höhe der Sicherheitsleistung bleibt gleich.[9]

Liegen mehrere zulässige Ausgebotsformen vor, insbesondere bei der Versteigerung mehrerer Grundstücke bei Vorlage von Einzel-, Gruppen- und Gesamtausgebot, ist streitig, wie oft der Bieter Sicherheit leisten muss. Einerseits soll es bei der einmaligen Leistung der Sicherheit verbleiben, auch wenn der Bieter auf verschiedene Ausgebote bietet.[10] Die Sicherheitsleistung soll den Sinn haben „die Beteiligten gegen Gebote zu schützen, deren Verwirklichung eintretendenfalls unsicher sein würde".[11] Aus § 67 Abs. 1 S. 2 ergibt sich eindeutig, dass nur auf die *Person des Bieters* abzustellen ist, nicht jedoch auf die Ausgebotsform; das Verlangen nach Sicherheitsleistung zielt auf die Bonität des Bieters. Ein Bieter, der auf verschiedene Ausgebote bietet, braucht daher nur einmal Sicherheit zu leisten, nicht für jedes Ausgebot in voller Höhe, denn der Zuschlag kann nur auf ein Meistgebot erteilt werden. Eine Erklärung dahin gehend, dass die bereits geleistete Sicherheit auch für die weiteren Gebote gelten soll, bedarf es daher nicht. Das Vollstreckungsgericht hat lediglich festzustellen, ob die geleistete Sicherheit einmal in der geforderten Höhe geleistet ist. Andererseits wird gefordert, dass der Bieter für jede Ausgebotsform, auch für abweichende Gebotsformen nach § 59, immer wieder auf Verlangen Sicherheit leisten muss.[12]

Beide Auffassungen sind, aber nur teilweise, nachvollziehbar. Richtig ist, dass Abs. 1 S. 2 auf die *Person des Bieters* abstellt und dessen Bonität zu prüfen ist. Weiter ist aber auch zu berücksichtigen, dass der Gesetzgeber mit Wirkung ab dem 1.8.1998 die Sicherheitsleistung generell auf 10 % des Grundstücksverkehrswertes festgelegt hat. Bonität auf der einen und der Grundsatz der Einzelzwangsversteigerung auf der anderen Seite lassen daher nur den Schluss zu, dass der Schuldner jeweils für jedes Grundstück, das einzeln versteigert wird, auf Verlangen Sicherheit in Höhe von jeweils 10 % des Verkehrswertes leisten muss. Werden somit z.B. 2 Grundstücke nach § 63 Abs. 1 einzeln ausgeboten, und wird auf jedes Grundstück geboten, hat derselbe Bieter jeweils getrennt Sicherheit zu leisten. Gibt er dann auch auf das Gesamtausgebot ein Gebot ab, hat er keine weitere Sicherheit zu leisten, die Bonität ist bereits für diese Grundstücke geprüft. Umgekehrt gilt, Sicherheit leisten bei der Abgabe auf das Gesamtausgebot und keine weitere Sicherheit bei nachträglichen Geboten auf Einzelausgebote.

3. Frist

Das Antragsrecht, Sicherheitsleistung zu verlangen, erlischt, wenn es nicht *sofort* nach Abgabe des Gebots geltend gemacht wird (Abs. 1 Satz 1). Sofort bedeutet: unmittelbar nach Abgabe und vor Zulassung des Gebots durch das Vollstreckungsgericht. Der Grund hierfür ist die Regelung in § 72 Abs. 1 und § 70 Abs. 2; dürfte für ein nach § 72 Abs. 1 Satz 1 zugelassenes Übergebot nachträglich Sicher-

---

9   Insoweit unklar *Stöber*, ZVG § 67 Rdn. 2.6, wenn es dort heißt: ... und zwar mit dem Betrag, der sich nach dem abgegebenen höchsten Bargebot bemisst.
10 *Schiffhauer*, Rpfleger 1986, 326 ff.
11 Zitiert nach *Schiffhauer*, Rpfleger 1986, 326 Fn. 136.
12 A.A. unklar *Stöber*, ZVG § 67 Rdn. 2.6; *Böttcher*, §§ 67–70 Rdn. 2.

heitsleistung verlangt werden und könnte diese dann nicht sofort erbracht werden, würde die Versteigerung vereitelt werden, weil das diesem Übergebot vorausgehende Gebot erloschen ist, da das weitere Gebot nicht sofort zurückgewiesen wurde (§ 72 Abs. 1 Satz 2). Das Verlangen nach Sicherheitsleistung muss so zeitig gestellt werden, dass das Gebot bei fehlender Zahlung der geforderten Sicherheit noch mit der Wirkung zurückgewiesen werden kann, dass das vorhergehende Gebot nicht erlischt. Eine zu großzügige Auslegung ist hier nicht angebracht, da im Versteigerungstermin unverzüglich Klarheit über die Wirksamkeit oder Unwirksamkeit eines Gebotes herrschen muss. In der gerichtlichen Praxis fordert das Vollstreckungsgericht den Bieter nach Abgabe eines Gebots zunächst auf, sich auszuweisen (Aufnahme der Personalien). Danach wird die Höhe des Gebots regelmäßig vom Rechtspfleger unter Nennung des Namens des Bieters wiederholt; bis zu diesem Zeitpunkt kann das Verlangen nach Sicherheitsleistung jederzeit angebracht werden.

14 Durch die gerichtliche Zulassung (nicht schon Abgabe) eines höheren Gebots erledigt sich das Verlangen nach Sicherheitsleistung. Ein Antrag auf Sicherheitsleistung kann aber nicht schon vorsorglich vor Abgabe des ersten Gebots eines Bieters verlangt werden.[13]

III. Keine Sicherheitsleistung (Abs. 2)

15 Eine besondere Stellung nimmt der Gläubiger eines Grundpfandrechtes (Vormerkung hierzu ist bereits ausreichend) ein, dessen Recht durch das Gebot ganz oder teilweise gedeckt wird; er braucht nur auf Antrag des *betreibenden* Gläubigers (Anordnungs- und Beitrittsgläubiger, für die die Fristen der § 43 Abs. 2, § 44 Abs. 2 eingehalten sind, deren Verfahren somit auch nicht einstweilen eingestellt sind) Sicherheit zu leisten und nur unter der Voraussetzung, dass dessen Recht durch die Nichterfüllung des Gebots beeinträchtigt werden würde[14] (Abs. 2 Satz 1). Sinn der Regelung ist, einem Grundpfandrechtsgläubiger das Mitbieten zu erleichtern und ihm so die Chance einzuräumen, die Gebote auf das Grundstück bis zu einem zur Deckung seines Anspruchs genügenden Betrag zu steigern.

Fraglich ist, ob die Begünstigung nach § 67 Abs. 2 nur so lange in Betracht kommt, „wie der Bieter in sein eigenes Recht hinein bietet". Sobald der Bieter ein höheres Gebot über den Gesamtbetrag seines eigenen Rechtes hinaus abgibt, ist auch ein nachrangiger Berechtigter wiederum bei Nichterfüllung des Gebotes beeinträchtigt i.S.v. § 67 Abs. 1. Bleibt die Frage, ob somit der nach § 67 Abs. 2 grundsätzlich begünstigte Bieter bei einem Gebot über sein eigenes Recht hinaus wiederum nach allgemeinen Grundsätzen auf Verlangen eines Beteiligten Sicherheitsleistung erbringen, wenn dieser Beteiligte aus dem abgegebenen Gebot eine Zuteilung erhalten würde? Nach *Stöber* besteht die Begünstigung fort, wenn das Gebot über die Hypothek des Bieters hinausgeht.[15] Dies überzeugt nicht. Der Grund für die Regelung in § 67 Abs. 2 ist, den Bieter als Gläubiger eines dinglichen Rechtes eine Erleichterung zu gewähren, die Rettung seines eigenen Rechtes zu ermöglichen, indem er Gebote an bzw. in sein eigenes Recht abgibt. Solange die Höhe der Gebote nicht über das eigene Recht hinaus gehen, ist auch kein weiterer Beteiligter nach § 67 Abs. 1 beeinträchtigt. Sobald der begünstigte Bieter jedoch

---

13 So auch Steiner/*Storz*, § 67 Rdn. 21; *Stöber*, ZVG § 67 Rdn. 2.5.
14 So auch *Stöber*, ZVG § 67 Rdn. 3.4.
15 *Stöber*, ZVG, § 67 Rdn. 3.1.

ein Gebot abgibt, welches das eigene Recht betragsmäßig übersteigt, ist der Sinn und Zweck der Begünstigung entfallen. Es muss nunmehr wieder bei der Grundregel nach § 67 Abs. 1 verbleiben, jeder Beteiligte, der jetzt bei Nichtabgabe des Gebotes beeinträchtigt sein würde, ist berechtigt, Sicherheitsleistung zu verlangen.

Unerheblich ist, in welcher Höhe das Recht des Grundpfandrechtsgläubigers gedeckt wird und ob daran ein Pfandrecht oder der Nießbrauch eines Dritten besteht, Letztere sind nicht berechtigt.[16] Das Grundpfandrecht muss dem Gläubiger zustehen; ergibt sich die Berechtigung nicht aus dem Grundbuch, muss er den entsprechenden Nachweis erbringen (z.b. Vorlage einer Abtretungserklärung, Hypotheken- oder Grundschuldbrief). 16

Die mögliche Befreiung von der Sicherheitsleistung gilt **nicht für Gebote des Schuldners** oder eines neu eingetretenen Eigentümers (Abs. 2 Satz 2). In diesem Fall kann Sicherheit verlangt werden. Gleiches gilt auch dann, wenn dem Bieter **kein Grundpfandrecht**, sondern ein anderes dingliches Recht zusteht. 17

IV. Befreiung von der Sicherheitsleistung

Von der Sicherheitsleistung sind nur befreit der Bund, die Länder, die Deutsche Bundesbank, die Deutsche Genossenschaftsbank *(jetzt:* DZ-Bank AG Deutsche Zentralgenossenschaftsbank), die Deutsche Girozentrale *(jetzt:* DekaBank Deutsche Girozentrale) (Abs. 3). Die Befreiung gilt aber auch für Gebote kommunaler Körperschaften, Kreditanstalten und insbesondere auch der öffentlichen Sparkassen (hierzu → § 10 EGZVG Rdn. 1). 18

Sicherheit leisten müssen daher auch die Kreditinstitute, die Verfahrensbeteiligte sind, ein Grundpfandrecht am Grundstück haben, und im Verfahren selbst mitbieten wollen, sofern die Voraussetzungen nach Abs. 2 gegeben sind. 19

Auch mit Einverständnis aller Beteiligten können die Vorschriften über die Sicherheitsleistung nicht nach § 59 dahin geändert werden, dass überhaupt kein Bieter oder nur bestimmte Bieter Sicherheit leisten müssen; die Vorschriften über die Sicherheitsleistung gehören gesetzlich nicht zu den Versteigerungsbedingungen und sind daher auch nicht einer Abänderung zugänglich (siehe → § 59 Rdn. 22). 20

---

16 *Stöber,* ZVG § 67 Rdn. 3.3.

§ 68 »Höhe der Sicherheit«

(1) ¹Die Sicherheit ist für ein Zehntel des in der Terminsbestimmung genannten, anderenfalls des festgesetzten Verkehrswerts zu leisten. ²Übersteigt die Sicherheit nach Satz 1 das Bargebot, ist der überschießende Betrag freizugeben. ³Ist die Sicherheitsleistung durch Überweisung auf das Konto der Gerichtskasse bewirkt, ordnet das Gericht die Auszahlung des überschießenden Betrags an.

(2) Ein Beteiligter, dessen Recht nach § 52 bestehenbleibt, kann darüber hinausgehende Sicherheitsleistung bis zur Höhe des Betrags verlangen, welcher zur Deckung der seinem Rechte vorgehenden Ansprüche durch Zahlung zu berichtigen ist.

(3) Bietet der Schuldner oder ein neu eingetretener Eigentümer des Grundstücks, so kann der Gläubiger darüber hinausgehende Sicherheitsleistung bis zur Höhe des Betrags verlangen, welcher zur Deckung seines Anspruchs durch Zahlung zu berichtigen ist.

(4) Die erhöhte Sicherheitsleistung nach den Absätzen 2 und 3 ist spätestens bis zur Entscheidung über den Zuschlag zu erbringen.

Übersicht

	Rdn.
I. Allgemeines	1
II. Reguläre Sicherheitsleistung (Abs. 1)	3
III. Erhöhte Sicherheitsleistung	7
1. Beteiligter eines bestehen bleibenden Rechts (Abs. 2)	7
2. Gebote des Schuldners oder neu eingetretenen Eigentümers (Abs. 3)	11
3. Leistung der erhöhten Sicherheitsleistung (Abs. 4)	13
a) Allgemein	13
b) „Schwebende Gebote"	14
c) Leistung der Sicherheit	17

I. Allgemeines

1 Die Vorschriften über die Sicherheitsleistung, §§ 67–70, zielen auf die Bonität des Bieters ab. Die Verpflichtung zur Leistung einer Sicherheit soll zahlungsunfähige Personen im Ansatz davon abhalten, selbst Gebote abzugeben (hierzu → § 67 Rdn. 1). Ist das Verlangen eines Beteiligten nach § 67 zur Leistung einer Sicherheit zulässig, ist die Frage der Höhe der zu erbringenden Sicherheitsleistung von entscheidender Bedeutung. Abs. 1 wurde daher neu gefasst, Abs. 2 und 3 geändert durch den am 1.8.1998 in Kraft getretenen Art. 1 des Gesetzes zur Änderung des Gesetzes über die Zwangsversteigerung und die Zwangsverwaltung und anderer Gesetze vom 18.2.1998 (BGBl I 866). Die frühere Höhe der Sicherheit mit $^1/_{10}$ des Bargebotes wurde als nicht mehr zeitgemäß angesehen, sie beträgt jetzt $^1/_{10}$ des festgesetzten Verkehrswertes.

2 Durch das Zweite Gesetz zur Modernisierung der Justiz (2. JuModG) vom 22. Dezember 2006 (BGBl I 3416) wurde Abs. 1 Satz 3 geändert, Satz 4 eingefügt; die Änderungen sind Folge der Abschaffung der baren Sicherheitsleistung (vgl. § 69 Abs. 1). Neu eingefügt wurde Abs. 4; dem Bieter soll es auch nach Abschaffung der baren Sicherheitsleistung möglich bleiben, bei verlangter erhöhter Sicherheitsleistung nach § 68 Abs. 2 oder 3 wirksame Gebote abgeben zu können. Zum Zeitpunkt des Inkrafttretens vgl. § 186. Durch das Gesetz zur Reform der Sachaufklärung in der Zwangsvollstreckung vom 29.7.2009 (BGBl I 2258) wurde der bisherige Abs. 1 Satz 2 gestrichen und die Sätze 3 und 4 wurden zu 2 und 3.

II. Reguläre Sicherheitsleistung (Abs. 1)

Nach Abs. 1 beträgt die Höhe der Sicherheit regelmäßig $^1/_{10}$ des **festgesetzten** **Verkehrswertes** (§ 74a Abs. 5). Regelmäßig ist dies auch der in der Terminsbestimmung mitgeteilte Wert. Vermindert oder erhöht sich der Wert im Termin (z.b. Minderung durch die Herausnahme von Zubehörgegenständen aus der Versteigerung, s. → § 55 Rdn. 18 ff. oder Erhöhung durch Wegfall eines Vermietungsabschlags, weil das Mietverhältnis nach kurz vor dem Versteigerungstermin aufgehoben wurde), verbleibt es dennoch bei dem mitgeteilten und festgesetzten Verkehrswert.[1] Der die Sicherheit verlangende Beteiligte kann jederzeit eine niedrigere Höhe verlangen. Die gesetzliche Neuregelung verhindert eine unnötige Unterbrechung bei der Abgabe von Geboten, da die bis dato fortlaufende Nachschusspflicht der verschiedenen Bieter entfällt.[2] Durch die Änderung wurde auch die unbare Sicherheitsleistung in der gerichtlichen Praxis gefördert, da der Bietinteressent von vornherein den genauen Betrag kennt, für welchen er ggf. Sicherheit zu leisten hat. 3

Die Höhe der Sicherheitsleistung wurde durch Gesetz vom 18.2.1998 (BGBl I 866) geändert und sollte mittlerweile allgemein bekannt sein. Wird von den Bietern Sicherheitsleistung in der gesetzlichen Höhe verlangt, kann ein späterer Bieter sich nicht darauf berufen, dass ihm die **Höhe** der Sicherheitsleistung nicht bekannt gewesen sei.[3] Es ist Sache des Bieters, den notwendigen Sicherheitsbetrag zu beschaffen (hierzu → § 70 Rdn. 5 ff.). Das Vollstreckungsgericht ist nicht gehalten, einem Bieter, der seiner Obliegenheit zur Beschaffung einer Sicherheit nicht nachgekommen ist, im Termin noch Gelegenheit zu geben, diese noch während der Bietzeit beizubringen und – falls dafür erforderlich – die Frist zur Abgabe von Geboten zu verlängern.[4] 4

Mit der Orientierung am Verkehrswert besteht aber auch die Gefahr, dass die Sicherheit höher wird, als das Bargebot selbst. Häufig ist bestbetreibender Gläubiger der im Grundbuch an rangerster Stelle eingetragene Grundpfandrechtsgläubiger. Nach den Versteigerungsbedingungen (§§ 44, 45, 52) bleibt dann kein dingliches Recht bestehen, der bar zu zahlende Teil besteht aus den Verfahrenskosten (§ 109) und anzumeldenden Ansprüchen der Rangklassen 1 bis 3 nach § 10 Abs. 1. Das Bargebot ist in diesem Fall regelmäßig erheblich niedriger als die geforderte Sicherheit von $^1/_{10}$ des festgesetzten Verkehrswerts. Die gleiche Situation tritt ein, wenn ein nominal hohes Recht bestehen bleibt, dessen Gläubiger aber keine Ansprüche im Bargebot geltend macht, sodass nur noch ein geringes Bargebot erforderlich ist. In solchen Fällen ist dann der **überschießende Betrag freizugeben** (Abs. 1 Satz 2).[5] 5

---

1 So auch *Stöber*, ZVG § 68 Rdn. 2.1; *Böttcher*, §§ 67–70 Rdn. 21; a.A. *Hornung*, NJW 1999, 460.
2 Hierzu *Hintzen*, Rpfleger 1998, 148.
3 Brandenbg. OLG, Rpfleger 2001, 610.
4 BGH, Rpfleger 2006, 211 = NJW-RR 2006, 715 = WM 2006, 782.
5 Nach der Begründung zum Entwurf des Bundesrates dürfte der hiermit verbundene Verwaltungsaufwand gegenüber den Vorteilen der Regelung nach Satz 1 vertretbar sein, zumal sich die Notwendigkeit der Rückzahlung bzw. die Freigabe der Bietsicherheit in der Praxis eher selten stellen wird. Hierbei gehen die Gesetzes-Autoren davon aus, dass bei der überwiegenden Zahl der Versteigerungen das Verfahren aus dem rangbesten dinglichen Recht betrieben wird.

6   Im Kontext mit Abs. 1 Satz 1 bedeutet dies jedoch, dass der Bieter zunächst $^{1}/_{10}$ des Verkehrswertes zum Zwecke der Sicherheit leisten muss. Nur so kann die geforderte Bonitätsprüfung ihren Zweck erfüllen. Unbestimmt ist, **wann die Freigabe des überschießenden Betrages** zu erfolgen hat. Es kann sich nur um den Fall handeln, dass der Bieter das Meistgebot abgegeben hat, was erst nach Ende der Bietzeit feststeht, und liegt das bare Meistgebot unter $^{1}/_{10}$ des Verkehrswertes – der Ersteher muss also nach § 107 Abs. 2 auch nur diesen Betrag zahlen – ordnet das Gericht die Rückzahlung des überschießenden Betrages an den Meistbietenden an.[6]

III. Erhöhte Sicherheitsleistung
1. Beteiligter eines bestehen bleibenden Rechts (Abs. 2)

7   Ein Beteiligter, dessen Recht nach den Versteigerungsbedingungen bestehen bleibt, § 52, kann verlangen, dass die Sicherheit bis zu dem Betrag geleistet wird, der erforderlich ist, um die ihm **vorgehenden Ansprüche** im Verteilungstermin zu zahlen. Das Verlangen muss **ausdrücklich** gestellt werden. Für einen Beteiligten, dessen Recht nach § 59 oder nach § 9 EGZVG (landesrechtliche Regelungen) bestehen bleibt, gilt diese Ausnahme nicht.[7] Regelungszweck ist, dass durch Nichterfüllung des Gebotes und dadurch bedingtes Anwachsen der dem Beteiligten vorgehenden Ansprüche die Deckung des eigenen Anspruches nicht gefährdet wird. Die Sicherheit muss in der Höhe geleistet werden, dass hierdurch alle Ansprüche im bar zu zahlenden Teil des geringsten Gebotes gedeckt sind, die dem Berechtigten des bestehen bleibenden Rechts rangmäßig vorgehen.

Beispiel:
Bestbetreibender Gläubiger soll der im Grundbuch an 2. Rangstelle eingetragene Grundpfandrechtsgläubiger (III/2) sein. Nach den Versteigerungsbedingungen (§§ 44, 45, 52) bleibt der Gläubiger vorgehende dingliche Recht III/1 bestehen. Der bar zu zahlende Teil besteht aus den Verfahrenskosten (§ 109), den angemeldeten Ansprüchen der Rangklasse 3 des § 10 Abs. 1 und angemeldeten Kosten und wiederkehrenden Leistungen des bestehen bleibenden Grundpfandrechts III/1. Der Verkehrswert nach § 74a Abs. 5 ist festgesetzt auf 300.000,– €. Der Versteigerungstermin soll der 16.3.2016 sein. Der **bar zu zahlende Teil** des geringsten Gebots könnte dann wie folgt berechnet sein (Berechnung als richtig zu unterstellen):

1.	Verfahrenskosten – fiktiv –	4.000,– €
2.	Grundsteuern (Rangklasse 3) – angenommen –	500,– €
3.	Recht III/1:	
	a) Kosten (angemeldet)	500,– €
	b) Zinsen (angemeldet seit dem 1.10.2012)	
	laufende: 1.10.2013–30.3.2016	
	rückst.: 1.10.2012–30.9.2013 = 35.000,– €	
	gesamter Anspruch	35.500,– €
	Bargebot somit	**40.000,– €**

8   Berechtigt, erhöhte Sicherheit nach Abs. 2 zu verlangen, ist der Beteiligte des bestehen bleibenden Rechts III/1. Ein Bieter muss Sicherheit in Höhe der Beträge leisten, die im bar zu zahlenden Teil des geringsten Gebotes dem Berechtigten des

---

6   Stöber, ZVG § 68 Rdn. 2.4 u. 2.5; Böttcher, §§ 67–70 Rdn. 21.
7   Steiner/Storz, § 68 Rdn. 12.

bestehen bleibenden Rechts vorgehen. Im vorgehenden Beispiel sind dies die Verfahrenskosten und der Betrag der Rangklasse 3 (zusammen 4.500,– €).

Regelmäßig dürfte aber die reguläre Sicherheit nach Abs. 1 mit $^1/_{10}$ des festgesetzten Verkehrswertes (im Beispiel sind dies 30.000,– €) deutlich höher sein als die Summe der Beträge, die dem antragstellenden Gläubiger (nach Abs. 2) im bar zu zahlenden Teil des geringsten Gebotes rangmäßig vorgehen (in der gerichtlichen Praxis ist dies regelmäßig Folge der Neuregelung in Abs. 1, die erhöhte Sicherheit nach Abs. 2 kommt nur noch selten zum Zuge; z.B. wenn im vorgehenden Beispiel auch noch das Recht Abt. III Nr. 2 bestehen bleiben würde, bestbetreibender Gläubiger somit der Gläubiger des Rechts Abt. III Nr. 3 wäre und der Gläubiger des Rechts Nr. 2 dann erhöhte Sicherheit verlangen würde = 40.000,– €). 9

Verlangt ein Beteiligter erhöhte Sicherheit und ist die Sicherheit nach Abs. 1 bereits höher, bleibt es bei der regulären Sicherheit in Höhe von $^1/_{10}$ des Verkehrswertes, da das Verlangen nach einer erhöhten Sicherheit nicht dazu führen darf, dass diese nunmehr niedriger ausfällt.[8] 10

2. Gebote des Schuldners oder neu eingetretenen Eigentümers (Abs. 3)

Ebenfalls abweichend von Abs. 1 kann eine erhöhte Sicherheit verlangt werden, sofern der **Schuldner** selbst oder ein neu eingetretenen **Eigentümer** als Bieter auftritt. Das Verlangen muss **ausdrücklich** gestellt werden. Hierzu gehören auch Gebote des Insolvenzverwalters bei einer von einem Gläubiger betriebenen Zwangsversteigerung des Insolvenzgrundstücks (nicht jedoch in einer Insolvenzversteigerung nach §§ 172 ff.), des Insolvenzschuldners, des Ehegatten in Gütergemeinschaft, dagegen nicht Gebote des Schuldners oder des neu eingetretenen Eigentümers, sofern diese als gesetzliche Vertreter eines Kindes bieten. Das Gesetz geht von der Zulässigkeit solcher Gebote aus und berücksichtigt die dabei entstehende größere Schutzbedürftigkeit des Gläubigers. Sowohl der antragstellende als auch beigetretene Gläubiger können daher erhöhte Sicherheit bis zu dem Betrag fordern, der erforderlich ist, um im Verteilungstermin den betreffenden Anspruch (einschließlich) durch Barzahlung zu befriedigen. In die Berechnung der Höhe der zu leistenden Sicherheit sind zunächst die Beträge des bar zu zahlenden Teils des geringsten Gebotes einzubeziehen und alle weiteren Ansprüche (Kosten, wiederkehrende Leistungen, Hauptanspruch, § 12) aller Berechtigten, die dem verlangenden Gläubiger im Range vorgehen einschließlich sämtlicher Ansprüche des verlangenden Gläubigers selbst. Führt die Berechnung dazu, dass die Summe aller Beträge höher ist als das abgegebene Gebot, beschränkt Letzteres die zu leistende Sicherheit der Höhe nach, niemand kann verpflichtet werden eine Sicherheit zu leisten, die höher ist als das abgegebene Gebot.[9] 11

Bietet der Schuldner zusammen mit einer anderen Person (z.B. Ehegatten, Partner, Kind), mit dem er das Grundstück in Bruchteils- oder Gesamthandsgemeinschaft erwerben will (hierzu → § 71 Rdn. 5), ändert dies nichts an der Anwendbarkeit von Abs. 3. Die Sicherheitsleistung folgt dabei der Pflicht zur Begleichung des Gebotes. Angesichts der gesamtschuldnerischen Zahlungspflicht darf auch die Sicherheit von jedem Bieter in voller Höhe, insgesamt jedoch für das Gebot nur einmal gefordert werden. 12

---

8   *Stöber*, ZVG § 68 Rdn. 3.2.
9   Hierzu mit Beispielen *Hintzen/Wolf*, Rdn. 11.687 ff.

3. Leistung der erhöhten Sicherheitsleistung (Abs. 4)
a) Allgemein

13 Die Einfügung von Abs. 4 (hierzu → Rdn. 2) wird wie folgt begründet: *„Dem Bieter soll es auch nach Abschaffung der baren Sicherheitsleistung möglich bleiben, bei verlangter erhöhter Sicherheitsleistung nach Abs. 2 oder 3 wirksame Gebote abgeben zu können."* Hintergrund ist offensichtlich die Tatsache, dass die reguläre Bietsicherheit von $^1/_{10}$ des festgesetzten Verkehrswertes überall bekannt und der Höhe nach feststeht, eine erhöhte Sicherheitsleistung jedoch in Abhängigkeit von der jeweiligen Konstellation nach Abs. 2 oder Abs. 3 erst im Versteigerungstermin der Höhe nach festgestellt werden kann. Da nach § 69 Abs. 1 Sicherheitsleistung durch Barzahlung ausgeschlossen ist, bleibt keine Möglichkeit, einen fehlenden Geldbetrag bis zum Ende des Versteigerungstermins noch zu beschaffen; dies gilt auch bei Sicherheitsleistung durch Bundesbankschecks oder Verrechnungsschecks bzw. Bürgschaft.[10]

b) „Schwebende Gebote"

14 Mit dieser Regelung verabschiedet sich der Gesetzgeber jedoch von den entscheidenden Grundsätzen zur Wirksamkeit von Geboten nach § 70[11]. Sicherheitsleistung muss *sofort* nach Abgabe des Gebotes verlangt werden, § 67 Abs. 1 S. 1, das Vollstreckungsgericht hat hierüber *sofort* zu entscheiden, § 70 Abs. 1. Das Vollstreckungsgericht hat zu prüfen, ob das Verlangen nach Sicherheitsleistung zulässig ist, ob der Bieter die Sicherheit leisten muss und bejahenfalls in welcher Höhe. Ist die Sicherheitsleistung erforderlich, muss der Bieter diese *sofort* leisten, andernfalls das Gebot zurückzuweisen ist, § 70 Abs. 2 Satz 2. Die Vorschrift ist geprägt von der Zielsetzung, dass über die Zulässigkeit und Wirksamkeit der im Versteigerungstermin abgegebenen Gebote unverzüglich Klarheit herrschen muss (hierzu zuvor → Rdn. 4 mit Hinweis auf BGH s. Fn. 4). Dieser, das gesamte Verfahren im Versteigerungstermin beherrschende Grundsatz, wird nunmehr durchbrochen und führt, insbesondere bei Geboten des Schuldners nach § 68 Abs. 3 (erhöhte Sicherheitsleistung nach § 68 Abs. 2 wird in der Praxis regelmäßig nicht vorkommen, s. zuvor → Rdn. 9) zu *„schwebenden"* Geboten. Sofern eine erhöhte Sicherheitsleistung nach Abs. 2 in Betracht kommt, muss sich jeder Bietinteressent rechtzeitig vorher beim Vollstreckungsgericht erkundigen, ob die Tatbestandsvoraussetzungen hierzu vorliegen. Will der Schuldner oder ein neu eingetretenen Eigentümer Gebote abgegeben, muss er stets mit der erhöhten Sicherheit nach Abs. 3 rechnen und entsprechend disponieren; er kann die reguläre Sicherheit von $^1/_{10}$ des Verkehrswertes bereits vor dem Termin hinterlegen und im Übrigen ausreichend Schecks dabei haben; er muss im Übrigen niemals höhere Sicherheit leisten, als er Gebote abgibt und dies sollte er sicherlich vorher wissen. Führt die Berechnung dazu, dass die Summe aller Beträge höher ist als das abgegebene Gebot, beschränkt Letzteres die zu leistende Sicherheit der Höhe nach, niemand kann verpflichtet werden, eine Sicherheit zu leisten, die höher ist als das abgegebene Gebot.[12] Dies gilt auch für die Gebote des Schuldners, allerdings ist der Schuldner auch nicht schützenswerter als jeder andere Beteiligte auch. Der Gesetzgeber bleibt aufgefordert, die Frage und Entscheidung der Wirksamkeit eines Gebots im

---

10 Insgesamt hierzu *Weis*, ZfIR 2007, 477.
11 Hierzu *Hintzen/Alff*, Rpfleger 2007, 233, 236.
12 Hierzu mit Beispielen *Hintzen/Wolf*, Rdn. 11.687 ff.

Versteigerungstermin wieder herzustellen, nur so kann die zwingend notwendige Rechtssicherheit gewährleistet werden. Daran ändert auch nichts die Tatsache, dass sich die Praxis mittlerweile auf „schwebende" „Gebote, „Untergebote" oder „Zwischengebote" eingestellt hat.[13]

Damit das Gebot des Schuldners (oder eines Beteiligten nach § 68 Abs. 2) überhaupt eine rechtliche Wirkung entfaltet, ist bei einem zulässigen Verlangen nach Sicherheitsleistung der Schuldner verpflichtet, die reguläre Sicherheitsleistung in Höhe von $^1/_{10}$ nach Abs. 1 Satz 1 zu erbringen. Die **darüber hinausgehende (erhöhte) Sicherheitsleistung** muss dann nicht sofort bei Abgabe des Gebotes erbracht werden, sondern spätestens bei der Entscheidung über den Zuschlag. Der fehlende Teilbetrag bis zur Höhe der Gesamtsicherheitsleistung berechtigt das Vollstreckungsgericht nicht, das Gebot nach § 70 Abs. 2 Satz 3 zurückzuweisen. Das Gebot bleibt wirksam. Hinausgeschoben wird die Entscheidung über die Zuschlagsfähigkeit des Gebots.[14] 15

Zu den Auswirkungen auf ein bereits vorliegendes Gebot, welches grundsätzlich durch ein zulässiges Übergebot erloschen ist (§ 72 Abs. 1 Satz 1) und zur Frage, auf welches Gebot nunmehr der Zuschlag zu erteilen ist, vgl. → § 72 Rdn. 13 ff. 16

c) **Leistung der Sicherheit**

Nach Abs. 4 ist die erhöhte Sicherheitsleistung bis zu Entscheidung über den Zuschlag zu erbringen. Die Zuschlagsentscheidung kann entweder im Zwangsversteigerungstermin oder in einem im Zwangsversteigerungstermin bekannt zu gebenden besonderen Termin verkündet werden (§ 87 Abs. 1). Der besondere Verkündungstermin *soll* nicht über *eine* Woche hinaus bestimmt werden (§ 87 Abs. 2). Ein Grund hierfür ist die Wahrung des Deckungsgrundsatzes (hierzu → § 87 Rdn. 1) und die Notwendigkeit einer zeitnahen Entscheidung zur Klärung der Rechtsverhältnisse des Meistbietenden und der Beteiligten. 17

Auch diesen Grundsatz hat der Gesetzgeber mit der Neuregelung aufgegeben. Der Wortlaut von Abs. 4 lässt offen, ob gewollt ist, dass die Zuschlagsentscheidung nunmehr nur noch in einen besonderen Verkündungstermin getroffen wird. Bisher liegt es im Ermessen des Vollstreckungsgerichts, welche der beiden Möglichkeiten es wählt. Ob aus dem Gesichtspunkt des fairen Verfahrens ein besonderer Termin zur Verkündung der Zuschlagsentscheidung anzusetzen ist, richtet sich nach den Umständen des Einzelfalls.[15] Sollte das Vollstreckungsgericht jedoch nach Ende der Bietzeit in der sich anschließenden Verhandlung über den Zuschlag (§ 74) entscheiden wollen, ist dies in der Situation nach Abs. 4 nahezu unmöglich; in diesem Fall würde bei einer sofortigen Zuschlagsentscheidung die Neuregelung ins Leere laufen. Außerdem besteht die Gefahr, dass bei einer Versagung des Zuschlags auf das Gebot des Schuldners die Entscheidung im Rechtsmittelverfahren wieder aufgehoben wird (hierzu § 83 Nr. 6). Das Ermessen des Vollstreckungsgerichts reduziert sich in einer solchen Situation auf die Bestimmung eines beson- 18

---

13 Wenn Depré/*Bachmann*, § 68 Rdn. 17 in Fn. 11 die Auffassung vertreten, der Gesetzgeber gehe inzwischen offenbar selbst davon aus, dass es „schwebend wirksame" Gebote gibt, fehlt hierzu jede Fundstelle. Der Gesetzgeber hat die Änderung ohne große Not und eher ohne gründliche Überlegung getroffen.
14 *Stöber*, ZVG § 68 Rdn. 5.
15 Hierzu BGH, Rpfleger 2004, 434 = NJW-RR 2004, 1074 = MDR 2004, 774 = WM 2004, 901 = InVo 2004, 426 = ZfIR 2004, 1033.

deren Verkündungstermins.[16] Zu den wesentlichen Ausprägungen des Rechtsstaatsprinzips nach Art. 20 GG gehört auch der Anspruch auf eine faire Verfahrensführung.[17] Diesem Anspruch wird es nicht gerecht, die erhöhte Sicherheitsleistung sofort im Anschluss an die Bietzeit zu verlangen mit dem Hinweis, die Leistung muss bis zum Ende des Versteigerungstermins erfolgen, wenn das Gericht sofort über den Zuschlag entscheiden will.[18] Allerdings sollte dieser dann nach § 87 Abs. 2 Satz 1 nicht über eine Woche hinaus bestimmt werden; dies ist Zeit genug für den Schuldner, den fehlenden Teilbetrag (erhöhte Sicherheitsleistung) zu erbringen. Es muss alsbald Klarheit darüber herrschen, wer den Zuschlag erhält oder ob der Zuschlag versagt wird.

19   Da von dieser noch zu erbringenden erhöhten Sicherheitsleistung die Zuschlagsfähigkeit des Gebots abhängt, hat dies auch Folgen mit Blick auf die auf Antrag zu erbringende Sicherheitsleistung des Bieters, dessen Gebot vom Schuldner (oder neu eingetretenen Eigentümer) überboten wurde. Auch dieses (Untergebot) ist noch in der „Schwebe" (hierzu → § 72 Rdn. 13 ff.). Auch die erbrachte Sicherheitsleistung dieses Bieters kann nicht zurückgezahlt werden, da hiervon die Wirksamkeit des Gebots und damit auch die Möglichkeit der Erteilung des Zuschlags hierauf abhängt.

---

16   Im Ergebnis auch *Böttcher*, §§ 67-70 Rdn. 52; Depré/*Bachmann*, § 68 Rdn. 19.
17   Vgl. BVerfG, Rpfleger 1988, 156; BVerfGE 78, 123.
18   So aber Löhnig/*Steffen*, § 68 Rdn. 6.

§ 69 »Art der Sicherheitsleistung«

(1) Eine Sicherheitsleistung durch Barzahlung ist ausgeschlossen.

(2) ¹Zur Sicherheitsleistung sind Bundesbankschecks und Verrechnungsschecks geeignet, die frühestens am dritten Werktag vor dem Versteigerungstermin ausgestellt worden sind. ²Dies gilt nur, wenn sie von einem im Geltungsbereich dieses Gesetzes zum Betreiben von Bankgeschäften berechtigten Kreditinstitut oder der Bundesbank ausgestellt und im Inland zahlbar sind. ³Als berechtigt im Sinne dieser Vorschrift gelten Kreditinstitute, die in der Liste der zugelassenen Kreditinstitute gemäß Artikel 3 Abs. 7 und Artikel 10 Abs. 2 der Richtlinie 77/780/EWG des Rates vom 12. Dezember 1977 zur Koordinierung der Rechts- und Verwaltungsvorschriften über die Aufnahme und Ausübung der Tätigkeit der Kreditinstitute (ABl. EG Nr. L 322 S. 30) aufgeführt sind.

(3) ¹Als Sicherheitsleistung ist eine unbefristete, unbedingte und selbstschuldnerische Bürgschaft eines Kreditinstituts im Sinne des Absatzes 2 zuzulassen, wenn die Verpflichtung aus der Bürgschaft im Inland zu erfüllen ist. ²Dies gilt nicht für Gebote des Schuldners oder eines neu eingetretenen Eigentümers.

(4) Die Sicherheitsleistung kann durch Überweisung auf ein Konto der Gerichtskasse bewirkt werden, wenn der Betrag der Gerichtskasse vor dem Versteigerungstermin gutgeschrieben ist und ein Nachweis hierüber im Termin vorliegt.

Übersicht

		Rdn.
I.	Allgemeines	1
II.	Arten der Sicherheitsleistung	5
	1. Bundesbankscheck, Verrechnungsscheck (Abs. 1)	5
	2. Bankbürgschaft (Abs. 3)	8
	3. Überweisung und Nachweis (Abs. 4)	11
	a) Allgemein	11
	b) Überweisung	12
	c) Nachweis	13
	d) Hinterlegung	16
	e) Wirkung	21
III.	Andere Arten der Sicherheit	26

I. Allgemeines

Die für alle Versteigerungsverfahren geltende Vorschrift über die Art der Sicherheitsleistung wurde zunächst neu gefasst durch den am 1.8.1998 in Kraft getretenen Art. 1 des Gesetzes zur Änderung des Gesetzes über die Zwangsversteigerung und die Zwangsverwaltung und anderer Gesetze vom 18.2.1998 (BGBl I 866). Durch das Zweite Gesetz zur Modernisierung der Justiz (2. JuModG) vom 22.12.2006 (BGBl I 3416) wurde die Vorschrift erneut grundlegend geändert; zum Zeitpunkt des Inkrafttretens vgl. § 186.

Mit den Gesetzesänderungen wurde die Möglichkeit der Sicherheitsleistung durch Bargeld ausgeschlossen und auf praktikable und zeitgemäße unbare Zahlungsmittel geändert. Die frühere Möglichkeit der Sicherheitsleistung durch Wertpapiere hatte in der Praxis keine oder nur eine untergeordnete Rolle gespielt[1] und wurde daher gestrichen. Insbesondere wegen der Sicherheitsrisiken für die Inter-

---
1 Vgl. *Klawikowski*, Rpfleger 1997, 202 ff.

essenten bei der Mitnahme von Bargeld werden auch Verrechnungsschecks als unbare Zahlungsmittel zugelassen.

3 Mit der Regelung in Abs. 3 wird klargestellt, dass eine Sicherheitsleistung nur durch Bankbürgschaft möglich ist. Hierdurch wird das Versteigerungsgericht von der Prüfung der Frage der Tauglichkeit des privaten Bürgen entlastet. Der Hinweis, die Verpflichtung aus der Bürgschaft im Inland zu erfüllen, dient dazu, dass der Bürge notfalls auch im Inland gerichtlich in Anspruch genommen werden kann.

4 Die zugelassene Sicherheitsleistung durch Überweisung von Geld, geregelt in dem neuen Abs. 4, stellt klar, dass die Sicherheitsleistung durch Zahlung von Geld nunmehr die Ausnahme darstellen soll.

II. Arten der Sicherheitsleistung
1. Bundesbankscheck, Verrechnungsscheck (Abs. 1)

5 Die Sicherheitsleistung durch Übergabe von Bargeld an das Gericht, was in der gerichtlichen Praxis ständige Handhabe war, stellte ein Sicherheitsrisiko dar. Dieses Risiko bestand nicht nur für den Bieter selbst, sondern gleichermaßen auch für das Gericht, wenn von mehreren Bietern nicht unerhebliche Barbeträge im Versteigerungstermin offen zugänglich waren. Infolge der Neuregelung (zuvor → Rdn. 2) in Abs. 1 ist durch den Gesetzgeber klargestellt, dass die bare Sicherheitsleistung ausgeschlossen und ausschließlich die unbare Sicherheitsleistung zulässig ist. In erster Linie ist eine geforderte Sicherheit durch **Bundesbankschecks** oder **Verrechnungsschecks** zu leisten.

6 Sofern die Deutsche Bundesbank (regionale Hauptverwaltungen[2]) nach Deckung den Scheck bestätigt, ist sie dem Inhaber zur Einlösung verpflichtet (§ 23 Abs. 1 Satz 2 BundesbankG).

Nach dem durch das 2. JuModG geänderten Wortlaut des § 69 Abs. 2 genügt auch ein „unbestätigter" Scheck.

Privatpersonen können diese Schecks über ihre Hausbank erhalten. Um die vorgeschriebene Vorlegungsfrist sicher zu stellen, ist der Scheck als Sicherheit nur geeignet, wenn er frühestens am 3. Werktag vor dem Versteigerungstermin ausgestellt worden ist. Dadurch wird die **Vorlegungsfrist** gewahrt.[3] Bei der Fristberechnung ist der Samstag als Werktag anzusehen.[4] Fällt das Ende der Frist auf einen Samstag, und ist der Versteigerungstermin am darauf folgenden Montag, ist die Frist bzw. der Scheck ausreichend. Damit diese recht kurze Frist nicht im Versteigerungstermin verstrichen ist, sollte der Bietinteressent die Ausstellung dieses

---

2   Sie stellen die 9 Untergliederungen der Deutschen Bundesbank dar und traten mit Wirkung vom 30.4.2002 an die Stelle der bisherigen Landeszentralbanken. Sie haben ihren Sitz in: Berlin (für die Länder Berlin und Brandenburg), Düsseldorf (für Nordrhein-Westfalen), Frankfurt am Main (für Hessen), Hamburg (für die Freie und Hansestadt Hamburg und die Länder Mecklenburg-Vorpommern und Schleswig-Holstein), Hannover (für die Freie Hansestadt Bremen und die Länder Niedersachsen und Sachsen-Anhalt), Leipzig (für die Freistaaten Sachsen und Thüringen), Mainz (für Rheinland-Pfalz und das Saarland), München (für den Freistaat Bayern) und Stuttgart (für Baden-Württemberg). Ihnen nachgeordnet sind 126 Filialen (Zweigstellen) in den größeren Städten Deutschlands.
3   Hierzu BGH, Rpfleger 2006, 665 = NJW-RR 2007, 143; *Stöber*, ZVG § 69 Rdn. 2.3; *Prost*, NJW 1959, 1949.
4   Hierzu *Rellermeyer*, Rpfleger 2012, 181 mit zahlreichen Beispielen und Tabellen.

Schecks ein paar Tage vor dem Termin bei seiner Hausbank unter Hinweis auf das Datum des Termins beantragen. In der Praxis spielen diese Schecks eine große Rolle, da sie für den Inhaber viele Vorteile bieten: sie sind auch für Privatpersonen zügig und preisgünstig über die Hausbank zu beschaffen, der Inhaber ist vor Verlust und Diebstahl geschützt, wird die Sicherheit nicht mehr benötigt, kann sie problemlos zurückgegeben werden.

Seit dem 1.8.1998 (zuvor → Rdn. 1) werden nunmehr auch **Verrechnungsschecks** als unbare Zahlungsmittel zugelassen. Die von einem Geldinstitut ausgestellten Verrechnungsschecks unterscheiden sich nicht von den Schecks, die von natürlichen Personen ausgestellt werden. Die Schecks werden jeweils anstelle von Bargeld verwendet und sie führen zu einer Vermehrung der Menge der Zahlungsmittel, ohne dass die Deutsche Bundesbank die Möglichkeit der Kontrolle hierüber hat. Es ist jedoch unbestritten, dass in zahlreichen Bereichen des Wirtschaftslebens der bargeldlose Zahlungsverkehr die Verwendung von Barmitteln in den Hintergrund gedrängt hat. Aufgrund der kurzen **Vorlegungsfrist** (hierzu § 29 ScheckG, zuvor → Rdn. 6) besteht auch nicht die Gefahr, dass die Verwendung der Schecks für den Geldumlauf negative Auswirkungen haben könnte. Die Möglichkeit der Sicherheitsleistung wird allerdings auf Schecks beschränkt, die von Kreditinstituten ausgestellt sind, die im Geltungsbereich dieses Gesetzes zum Betreiben von Bankgeschäften berechtigt sind. Ferner müssen die Schecks im Inland zahlbar sein, um den Aussteller ggf. im Inland gerichtlich in Anspruch nehmen zu können. Die in Abs. 1 Satz 3 bezeichneten Kreditinstitute werden in einer von der Europäischen Kommission herausgegebenen Liste der zugelassenen Kreditinstitute, die regelmäßig aktualisiert wird, aufgeführt (aktuell: Richtlinie 2002/12/EG des Europäischen Parlaments und des Rates vom 20.3.2000 über die Aufnahme und Ausübung der Tätigkeiten der Kreditinstitute – ABl EG 2000 Nr. L 126 S. 1). Auch wenn diese Liste nicht unbedingt vollständig ist, ist jedenfalls die weitaus überwiegende Zahl der in den Mitgliedstaaten der Europäischen Gemeinschaft zugelassenen Kreditinstitute hierin enthalten. Die Liste der zugelassenen Kreditinstitute soll auch nicht als abschließend verstanden sein, auch Verrechnungsschecks anderer Kreditinstitute können gleichwohl zugelassen werden.[5]

2. Bankbürgschaft (Abs. 3)

Mit der Regelung in § 69 Abs. 3 wird klargestellt, dass eine Sicherheitsleistung durch Bürgschaft nur durch **Bankbürgschaft** möglich ist. Hierdurch wird das Vollstreckungsgericht von der Prüfung der Frage der Tauglichkeit des privaten Bürgen entlastet. Die Bürgschaftserklärung muss **unbefristet, unbedingt** und **selbstschuldnerisch** (§ 773 Abs. 1, 774 BGB) sein. Bürgschaften der Banken als Vollkaufleute (§ 1 HGB) sind per Gesetz selbstschuldnerisch (§§ 349, 350 HGB). Eine Ausfallbürgschaft genügt daher nicht. Der Hinweis, die Verpflichtung aus der Bürgschaft im Inland zu erfüllen, dient dazu, dass der Bürge notfalls auch im Inland gerichtlich in Anspruch genommen werden kann. Die Bürgschaftserklärung wird regelmäßig **schriftlich** erfolgen (vgl. § 766 BGB). Allerdings ist die Bank oder Sparkasse Vollkaufmann und von daher ihre Bürgschaftserklärung auch formlos gültig (§§ 343, 350 HGB), sodass eine **mündliche** Bürgschaftserklä-

---

5   Hierzu *Hintzen*, Rpfleger 1998, 148.

rung ausreicht[6]; diese ist dann im Termin zu Protokoll zunehmen, einer Unterschrift bedarf es nicht.[7]

9 Nicht zulässig ist die Vorgehensweise, dass ein Vertreter einer Bank oder Versicherung für das von ihm vertretene Unternehmen die Bürgschaft selbst übernimmt und den Vermögensnachweis mit einer vorgelegten Rückbürgschaft des Unternehmens führt. Hier tritt derjenige, der Sicherheit leisten muss, für sich selbst als Bürge auf, das ist unzulässig.[8]

10 Der Nachweis der Sicherheitsleistung durch Bankbürgschaft gilt nicht für Gebote des Schuldners oder eines neu eingetretenen Eigentümers (Abs. 3 Satz 2). Diese durch nichts begründete Ausnahme verweist den Schuldner oder einen neu eingetretenen Eigentümer auf die Nachweise nach Abs. 1 (Bundesbankscheck, Verrechnungsscheck) oder Abs. 3 (Hinterlegung von Geld).[9]

3. Überweisung und Nachweis (Abs. 4)

a) Allgemein

11 Die Begründung zur Neufassung des bisherigen Abs. 3 (alt) in den jetzt geltenden Abs. 4 (neu) lautet: *„Nach § 67 können Beteiligte unter bestimmten Voraussetzungen von dem Bieter Sicherheitsleistung (10 % des Verkehrswerts des zu versteigernden Grundstücks) verlangen. § 69 geht derzeit von dem Grundsatz der baren Sicherheitsleistung aus und ermöglicht darüber hinaus bestimmte Formen der unbaren Sicherheitsleistung. Mit den vorgeschlagenen Änderungen soll die bare Sicherheitsleistung ausgeschlossen werden und ausschließlich die unbare Sicherheitsleistung zulässig sein."* Die Neuregelungen bringen auch weiterhin zahlreiche praktische, aber auch rechtliche Probleme mit sich.[10] Mit dem Begriff „Konto der Gerichtskasse" ist nicht unbedingt ein spezielles Konto bei dem Amtsgericht am Ort des Vollstreckungsgerichts gemeint. Der Gesetzgeber verwendet diesen Begriff ohne nähere Definition. Es kann sich hierbei auch um eine Gerichtszahlstelle, ein Zentralkonto bzw. ein allgemeines Justizkonto handeln, welches allgemein zur Buchung von Geldbeträgen genutzt wird. Es ist Aufgabe des Bieters, sich hierüber zu informieren. Weiterhin muss der überwiesene Betrag rechtzeitig vor dem Versteigerungstermin dem Konto gutgeschrieben sein. Auch hier ist es Aufgabe des Bieters, die Buchungszeiten zwischen dem beteiligten Kreditinstitut und der Gerichtskasse bei der Überweisung zu berücksichtigen. Weiterhin muss ein entsprechender Nachweis über den Zahlungseingang erstellt werden (der gesamte Zeitraum hierfür kann zwischen einer Woche oder auch mehreren Wochen betragen, auch hierauf muss der Bieter achten). Eine Belehrung oder verbindliche Aussage des Vollstreckungsgerichts erfolgt nicht.

b) Überweisung

12 Unklar ist, ob der Bieter bei der Überweisung auf das Konto der Gerichtskasse das konkrete Zwangsversteigerungsverfahren mit Aktenzeichen angeben muss, damit der überwiesene Betrag diesem Verfahren zugeordnet werden kann. Ohne konkrete Angabe werden eine Buchung des überwiesenen Betrages und ein Zah-

---

6 *Stöber*, ZVG § 69 Rdn. 3; *Steiner/Storz*, § 69 Rdn. 18.
7 *Stöber*, ZVG § 69 Rdn. 3.4.
8 So auch kritisch *Eickmann/Böttcher*, § 15 III 4.
9 Hierzu auch kritisch *Böttcher*, §§ 67–70 Rdn. 44.
10 Hierzu *Hintzen/Alff*, Rpfleger 2007, 233, 234.

lungsnachweis jedoch nicht erstellt werden können. Allerdings führt dies nicht dazu, dass der Nachweis nur für das angegebene Zwangsversteigerungsverfahren geeignet ist. Es ist die alleinige Entscheidung des Bieters, ob er überhaupt in dem Versteigerungstermin Gebote abgeben will. Es ist durchaus möglich, dass er in einem Versteigerungstermin ein Gebot abgibt, nach entsprechender Aufforderung den Nachweis der Sicherheitsleistung erbringt, dann aber im Ergebnis nicht Meistbietender bleibt, die Sicherheitsleistung somit nicht mehr benötigt wird und er nunmehr in einem ebenfalls am selben Tag (oder auch später) terminierten anderen Versteigerungsverfahren nochmals mitbieten will. Es kann keinem Bieter zugemutet werden, mehrfach Sicherheitsleistung durch Überweisung zu leisten. Der Gesetzgeber wollte mit der Neuregelung lediglich Sicherheitsrisiken durch Bargeld vermeiden, nicht jedoch Erschwernisse einbauen, die dazu führen, dass Bieter letztlich sogar von der Abgabe von Geboten ausgeschlossen werden. Der Nachweis über die Überweisung auf ein Konto der Gerichtskasse muss im Ergebnis „wie ein Scheck" im Sinne von Abs. 2 gehandhabt werden.

c) Nachweis

Der Wortlaut von Abs. 4 lässt auch offen, ob der Zahlungsnachweis von Amts wegen von der Gerichtskasse an das Vollstreckungsgericht weitergegeben wird. Dies widerspricht dem Grunde nach dem Regelungszweck der Sicherheitsleistung. Nach § 70 Abs. 2 Satz 1 ist es ausschließlich Aufgabe des Bieters, den Nachweis der geforderten Sicherheitsleistung zu erbringen. Unterbleibt der Nachweis, ist das Gebot zurückzuweisen, § 70 Abs. 2 Satz 3. Die Neufassung von § 70 Abs. 2 Satz 2 stellt klar, dass die Sicherheitsleistung auch durch Überweisung auf ein Konto der Gerichtskasse zu erfolgen hat. Keine Änderung erfolgte jedoch hinsichtlich der Nachweispflicht, diese obliegt nach wie vor dem Bieter. Es ist Aufgabe des Bieters, die Sicherheitsleistung nicht nur so zeitig auf ein Konto der Gerichtskasse zu überweisen, dass der Betrag rechtzeitig gutgeschrieben wird, sondern auch dafür Sorge zu tragen, dass im Versteigerungstermin der Einzahlungsnachweis vorliegt, aus dem der überwiesene Betrag der Höhe nach erkennbar ist. Der Nachweis ist auch dann erbracht, wenn eine **Quittung der Gerichtszahlstelle** vorgelegt wird, aus der sich ergibt, dass der erforderliche Geldbetrag nicht überwiesen, sondern bar eingezahlt wurde.[11] Den Nachweis kann der Bieter auch selbst führen, in dem er den Einzahlungsnachweis in Händen hat und vorlegt. Hieraus folgt, dass auch eine Zuordnung zu einem konkreten Zwangsversteigerungsverfahren nicht zwingend ist. Eine Sicherheitsleistung kann auch durch eine Bareinzahlung auf ein bei einem Kreditinstitut geführten Konto der Gerichtskasse erbracht werden kann. Allerdings muss der Betrag vor dem Versteigerungstermin gutgeschrieben sein und ein Nachweis hierüber im Termin vorliegen (konkret wurde die Einzahlung erst während des Termins vorgenommen und der Nachweis der Gutschrift fehlte auch).[12]

Wird der Beleg zum Nachweis der Sicherheitsleistung im Zwangsversteigerungstermin nicht benötigt oder gibt der Bieter kein Gebot ab, kann er mit dem Einzahlungsnachweis in einem anderen Zwangsversteigerungsverfahren ebenfalls Sicherheitsleistung nachweisen (zuvor → Rdn. 12). Es ist auch nicht Aufgabe des Vollstreckungsgerichts die Rückzahlung einer nicht oder nicht mehr benötigten

---

11 LG Berlin, Rpfleger 2008, 660.
12 BGH, Beschluss vom 28.2.2013, V ZB 164/12, Rpfleger 2013, 560.

Sicherheitsleistung durch eine förmliche Auszahlungsanordnung an die Gerichtskasse anzuordnen (z.B. hinsichtlich eines Interessenten, der kein Gebot abgegeben hat und somit als Bieter nicht in Erscheinung getreten ist). Nach Aussage des *BGH* muss es einem Bieter möglich sein, die Sicherheit durch Verweis auf den dem Vollstreckungsgericht in einem anderen Verfahren zuvor übergebenen **Scheck** zu erbringen. Der Bieter kann mittels eines Schecks mehrfach Sicherheit leisten, wenn im Versteigerungstermin ohne Weiteres festgestellt werden kann, dass der Scheck den gesetzlichen Anforderungen entspricht und einen unverbrauchten Wert in ausreichender Höhe verkörpert.[13] Das folgt aus der bei der Übergabe des Schecks konkludent abgegebenen Verwendungsbestimmung. Leistet ein Bieter die Sicherheit mittels eines Schecks, dessen Betrag höher ist als die erforderliche Sicherheitsleistung, kann er bestimmen, in welcher Höhe die Sicherheit erbracht werden soll. Fehlt eine ausdrückliche Erklärung des Bieters, ist anzunehmen, dass er Sicherheit nur in Höhe des nach § 68 erforderlichen Betrages leisten will, sofern sich aus den Umständen nicht ausnahmsweise etwas anderes ergibt. Denn weder besteht Anlass für eine höhere als die gesetzlich vorgesehene Sicherheitsleistung noch kann angenommen werden, dass der Bieter in der Erwartung, Meistbietender zu bleiben, bereits Teilzahlungen auf das (künftige) bare Meistgebot zu erbringen beabsichtigt. Der nicht verbrauchte Scheckbetrag kann damit für eine weitere Sicherheit verwendet werden.[14] Nur wenn das gesamte Verfahren nach Abs. 4 in relativ unkomplizierter Form (insbesondere durch die Gerichtskassen) gehandhabt wird, wird dem gewollten Zweck der Modernisierung und Vereinfachung Rechnung getragen.[15]

14 Nach § 1 des Gesetzes über den Zahlungsverkehr mit Gerichten und Justizbehörden (ZahlVGJG)[16] werden die Landesregierungen ermächtigt, durch Rechtsverordnung zu bestimmen, in welchen Fällen Zahlungen an Gerichte und Justizbehörden der Länder unbar zu leisten sind.[17] In den Rechtsverordnungen ist zu bestimmen, in welcher Weise unbare Zahlungen an die Gerichte und Justizbehörden erfolgen können und nachzuweisen sind. Es bleibt zu hoffen, dass die Regelungswerke das Verfahren nicht insgesamt so kompliziert werden lassen, dass die Sicherheitsleistung durch Überweisung auf ein Konto der Gerichtskasse in der Praxis nur noch als Ausnahmefall existiert.

15 Die **Barzahlung** ist aber zu gewährleisten, wenn dem Zahlungspflichtigen eine **unbare Zahlung nicht möglich oder wenn Eile geboten** ist, dies muss in den Rechtsverordnungen als Ausnahme verankert sein, § 1 Abs. 3 ZahlVGJG. Beruft

---

13 BGH, Rpfleger 2008, 515 = NJW-RR 2008, 1597 = WM 2008, 1323.
14 Vgl. dazu *Hintzen*, Rpfleger 2007, 233, 234 f.
15 In der Praxis geben die Gerichtskassen den Zahlungsnachweis per Zahlungsanzeige oder per E-Mail zur Versteigerungsakte, eine Aushändigung des Zahlungsnachweises an den Einzahler kommt nicht in Betracht. Auch verlangen die Gerichtskassen für eine Rücküberweisung eine Auszahlungsanordnung des Rechtspflegers des Vollstreckungsgerichts. Dies alles ist Folge der völlig undurchdachten gesetzlichen Neuregelung und zeigt die Unkenntnis der tatsächlichen Gegebenheiten.
16 Eingeführt durch das Zweite Gesetz zur Modernisierung der Justiz (2. JuModG) vom 22.12.2006 (BGBl I 3416).
17 Die Landesregierungen können durch Rechtsverordnung die Ermächtigung auf die Landesjustizverwaltungen übertragen. Das Bundesministerium der Justiz wird ermächtigt, durch Rechtsverordnung ohne Zustimmung des Bundesrates zu bestimmen, in welchen Fällen Zahlungen durch die Gerichte und Justizbehörden des Bundes oder an Gerichte und Justizbehörden des Bundes unbar zu leisten sind.

sich ein Bieter darauf, dass ihm eine unbare Zahlung nicht möglich oder Eile geboten ist, ist dies jedoch grundsätzlich ablehnend zu bescheiden.[18] Selbst wenn der Bieter über kein Konto verfügen sollte, bleibt ihm immer noch die Möglichkeit, mit Bargeld zu einer Bank zu gehen und dort eine Bareinzahlung mit dem Zweck der Überweisung vorzunehmen. Die Eilbedürftigkeit dürfte ebenfalls nicht gegeben sein, der Versteigerungstermin ist so rechtzeitig bekannt gemacht, dass jeder Interessent genügend Zeit hat, die Sicherheitsleistung unbar zu leisten. Es ist auch nach der Neuregelung von dem Grundsatz auszugehen, dass die Sicherheitsleistung *sofort* bei Abgabe des Gebotes zu leisten ist (§ 70 Abs. 2 Satz 1), nach § 69 Abs. 1 ist Barzahlung jedoch ausgeschlossen[19].

d) Hinterlegung

Nach dem bisherigen Abs. 3 Satz 1 (alt) konnte die Sicherheitsleistung auch durch Hinterlegung von Geld bewirkt werden, sie konnte bereits vor dem Versteigerungstermin erfolgen (§ 70 Abs. 2 Satz 2 a.F.); die Übergabe an das Gericht hatte die Wirkung der Hinterlegung (bisheriger Abs. 3 Satz 2). **16**

Nach der Neuregelung in Abs. 4 erfolgt die Sicherheitsleistung nunmehr durch rechtzeitige Überweisung auf ein Konto der Gerichtskasse; Barzahlung ist ausgeschlossen (Abs. 1). **17**

Offen bleibt die Frage, ob die Überweisung der Sicherheitsleistung auf ein Konto der Gerichtskasse die Wirkung einer Hinterlegung hat? Es muss unterstellt werden, dass der Gesetzgeber entsprechend dem Wortlaut von Abs. 4 einer Überweisung keine Hinterlegungswirkung beimessen wollte. Eine vom Ersteher rechtzeitig vor dem Versteigerungstermin geleistete Bietsicherheit hat nicht die Wirkung des § 49 Abs. 4, dort geht es um das bare Meistgebot. Dies ergibt sich auch im Zusammenhang mit der Neuregelung in den § 107 Abs. 3. Hier wird nur geregelt, dass ein zum Nachweis der Sicherheitsleistung überwiesener Betrag auf die Zahlungen des baren Meistgebots zum Verteilungstermin angerechnet wird. Der Ersteher kann das bare Meistgebot ganz oder teilweise hinterlegen unter Verzicht auf die Rücknahme und sich so von seiner Verbindlichkeit befreien, § 49 Abs. 4 (eher selten). **18**

Üblich war es bisher, dass die im Versteigerungstermin erbrachte Sicherheitsleistung als Teil des Meistgebots mit der Wirkung einer Hinterlegung vom Vollstreckungsgericht einbehalten wurde; nach dem bisherigen Abs. 3 Satz 2 (alt) hatte die Übergabe an das Gericht die Wirkung der Hinterlegung. Verzichtete der Meistbietende im Versteigerungstermin zu Protokoll auf die Rücknahme des Betrages, wurde er hinsichtlich dieses Teilbetrages von seiner Verbindlichkeit i.S.v. **19**

---

18 *Gaüllein*, Rpfleger 2014, 5, weder der Gesetzeswortlaut der § 49 Abs. 3 und § 69 Abs. 4 noch deren systematische Auslegung sprechen für eine Barzahlung in der Gerichtszahlstelle. Und auch die Gesetzesbegründung schafft eindeutig Klarheit über den wirklichen Willen des Gesetzgebers. Bei aller Kompliziertheit, die die Abwicklung und Rückabwicklung von unbaren Zahlungsvorgängen möglicherweise mit sich bringen, ist es keine Lösung, der Einfachheit halber wieder mit Bargeld im Gerichtsgebäude zu erscheinen. Sie öffnet eben jenen Sicherheitsrisiken Tür und Tor, die man zu vermeiden versuchte.

19 Dem Regelungszweck entgegen ist bereits in der Praxis vereinzelt vorgekommen, dass der Bieter die Sicherheitsleistung in bar mit sich führt und dem verlangenden Gläubiger im Termin aushändigt und dieser dann sein Sicherheitsverlangen zurücknimmt. Auf diese Weise ist Bargeld wieder im Termin vorhanden!

§ 49 Abs. 4 befreit. Mit Erteilung des Zuschlags entfiel die Verzinsungspflicht des hinterlegten Betrages nach § 49 Abs. 2 (nicht bei Bankbürgschaft, hier endet die Verzinsungspflicht nicht). An dieser bisher geübten und bewährten Praxis sollte trotz der (misslungenen) Neuregelungen festgehalten werden. Sofern der Meistbietende die Sicherheitsleistung zum Versteigerungstermin rechtzeitig auf ein Konto der Gerichtskasse erwiesen hat, und erklärt er dem Vollstreckungsgericht gegenüber ausdrücklich den Verzicht auf die Rücknahme des Betrages, gilt dieser Betrag als Teilzahlung auf das Meistgebot nach § 107; damit entfällt – wie bisher – die Verzinsungspflicht nach § 49 Abs. 2.

20 Fraglich ist, ob der bereits überwiesene Betrag einer förmlichen Hinterlegung zugeführt werden muss. § 69 Abs. 3 S. 2 ZVG (a.F.) wurde zwar nicht in den neuen Abs. 4 übernommen. Dabei kann es sich aber nur um ein redaktionelles Versehen handeln: es gibt keinen sachlichen Grund, die bisherige Barsicherheit und die nunmehr vorher zu überweisende Sicherheitsleistung insoweit unterschiedlich zu behandeln. Eine förmliche Hinterlegung durch das Vollstreckungsgericht für den kurzen Zeitraum bis zum Verteilungstermin liefe auf eine sinnlose Bürokratisierung hinaus und würde die Ziele des „Modernisierungsgesetzes" konterkarieren. Das Vollstreckungsgericht hat den Bieter gem. § 139 ZPO auf diese Möglichkeit hinzuweisen.

e) **Wirkung**

21 Mit der Erklärung des Bieters über den Rücknahmeverzicht des bereits überwiesenen Betrages kann das Vollstreckungsgericht darüber verfügen, es tritt die Wirkung des § 233 BGB ein. Verfügungsmacht im Verteilungstermin ist gem. § 107 Abs. 3, § 117 Abs. 1, 3 für den Fall erforderlich, dass der Bieter das Bargebot nicht zahlt. Im Kern handelt es sich um eine prozessuale Sicherheitsleistung i.S.v. § 108 ZPO, lediglich modifiziert durch § 69.

22 Als Wirkung der Hinterlegung entsteht ein Pfandrecht. Das Pfandrecht steht nicht nur dem Beteiligten zu, der die Sicherheit verlangt hat, sondern auch allen übrigen Beteiligten, die insoweit einen zu befriedigenden Anspruch bis zur Höhe der Sicherheit haben. Daher kann der Antragsteller sein Verlangen nach Sicherheit ohne Zustimmung dieser anderen Beteiligten dann nicht mehr zurücknehmen, sobald die Sicherheit geleistet ist.

23 Das Pfandrecht hat als Sicherung für den Fall Bedeutung, dass der Zuschlag auf das abgegebene Meistgebot erteilt wird. Es erlischt, wenn das Gebot auch erlischt, z.B. infolge eines zulässigen Übergebots oder wenn feststeht, dass der Zuschlag auf das Meistgebot nicht erteilt wird (z.B. Versagungsgründe nach § 83). Die Sicherheit ist in diesem Falle dem Bieter zurückzugeben, allerdings erst nach der Versagungsbeschluss Rechtskraft erlangt hat.

24 Eine Sicherheit, deren Haftung zweifelsfrei erloschen ist, wird regelmäßig nach Schluss der Versteigerung an den Berechtigten zurückgegeben. Sämtliche Vorgänge hierzu sind zu protokollieren, § 78.

25 Erfolgt die Rückgabe der Sicherheit zu Unrecht, erlischt das Pfandrecht, § 1253 Abs. 1, § 1257, 233 BGB; die Wirksamkeit des Gebots ist hiervon unabhängig.

III. Andere Arten der Sicherheit

26 Nach der Neuregelung seit dem 1.8.1998 (siehe zuvor → Rdn. 1) ist die Art der Sicherheitsleistung durch Bundesbankscheck, Verrechnungsscheck, Bürgschaft,

Überweisung von Geld abschließend geregelt. Andere Arten der Sicherheitsleistung sind nicht mehr vorgesehen. Eine Sicherheitsleistung durch Übergabe eines Sparkassenbuches[20], Wertpapiere[21], Grundpfandrechtbriefe, Gold, Münzen etc. kommt nicht mehr in Betracht, auch nicht mit ausdrücklicher Zustimmung des die Sicherheit Verlangenden.[22] Kreditkarten jeder Art können mangels gesetzlicher Zulassung ebenfalls nicht akzeptiert werden. Dem Wortlaut des Gesetzes, den Umständen seiner Entstehung sowie den nach den Materialien verfolgten Zwecken der Gesetzesänderung aus dem Jahre 1998 ist zu entnehmen, dass in dem Versteigerungstermin nur die in § 69 selbst bezeichneten Sicherheiten zugelassen sind, es liegt keine Regelungslücke vor.[23]

---

20 Hierzu 12. Auflage, § 69 Rdn. 5.
21 Hierzu 12. Auflage, § 69 Rdn. 2.
22 So aber *Stöber*, ZVG § 69 Rdn. 5.2; *Böttcher*, §§ 67–70 Rdn. 47, 48.
23 BGH, Rpfleger 2006, 211.

§ 70 »Sofortige Entscheidung über Sicherheitsleistung; sofortige Leistung«

(1) Das Gericht hat über die Sicherheitsleistung sofort zu entscheiden.
(2) ¹Erklärt das Gericht die Sicherheit für erforderlich, so ist sie sofort zu leisten. ²Die Sicherheitsleistung durch Überweisung auf ein Konto der Gerichtskasse muss bereits vor dem Versteigerungstermin erfolgen. ³Unterbleibt die Leistung, so ist das Gebot zurückzuweisen.
(3) Wird das Gebot ohne Sicherheitsleistung zugelassen und von dem Beteiligten, welcher die Sicherheit verlangt hat, nicht sofort Widerspruch erhoben, so gilt das Verlangen als zurückgenommen.

I. Allgemeines

1 § 70 behandelt das gerichtliche Verfahren über die nach § 67 verlangte Sicherheitsleistung. Durch das Zweite Gesetz zur Modernisierung der Justiz (2. JuModG) vom 22.12.2006 (BGBl I 3416) wurde Abs. 2 Satz 2 neu gefasst; die Änderung ist Folge der vorgesehenen Änderungen des § 69. Zum Zeitpunkt des Inkrafttretens vgl. § 186.

2 Sicherheitsleistung muss *sofort* nach Abgabe des Gebotes verlangt werden, § 67 Abs. 1 S. 1, das Vollstreckungsgericht hat hierüber sofort zu entscheiden (Abs. 1). Das Vollstreckungsgericht hat zu prüfen, ob das Verlangen nach Sicherheitsleistung zulässig ist, ob der Bieter die Sicherheit leisten muss und bejahenfalls in welcher Höhe. Ist die Sicherheitsleistung erforderlich, muss der Bieter diese sofort leisten, andernfalls das Gebot zurückzuweisen ist (Abs. 2). Lässt das Vollstreckungsgericht das Gebot ohne Sicherheitsleistung zu, obwohl Sicherheit verlangt war, muss der die Sicherheit verlangende Beteiligte sofort widersprechen, andernfalls fingiert wird, dass er sein Verlangen nicht weiter aufrecht hält (Abs. 3). Die Vorschrift ist geprägt von der Zielsetzung, dass über die Zulässigkeit und Wirksamkeit der im Versteigerungstermin abgegebenen Gebote unverzüglich Klarheit herrschen muss (hierzu → § 68 Rdn. 14).

II. Entscheidung über die Sicherheitsleistung (Abs. 1)

3 Verlangt ein Beteiligter für ein Gebot Sicherheit, hat das Vollstreckungsgericht hierüber sofort zu entscheiden. Das Vollstreckungsgericht hat zu prüfen, ob das Verlangen des Beteiligten berechtigt und rechtzeitig gestellt ist. Das Gericht hat hierbei keinen Ermessensspielraum und darf auch nicht eigene Erkenntnisse über die Bonität des Bietenden berücksichtigen.[1] Hat das Vollstreckungsgericht nach der Abgabe eines Gebotes die Personalien des Bieters aufgenommen und wird nunmehr Sicherheitsleistung verlangt, muss hierüber unmittelbar danach entschieden werden. Von der Entscheidung hängt im Ergebnis, vorbehaltlich der Leistung der Sicherheit durch den Bieter, die Wirksamkeit des Gebots ab. Regelmäßig ist die Frage der Berechtigung relativ leicht festzustellen; sind hierzu jedoch Berechnungen anzustellen, muss die Unterbrechung der laufenden Bietzeit auf einen möglichst kurzen Zeitraum beschränkt werden. Die betreffenden Vorgänge (Verlangen nach Sicherheit, Leistung der Sicherheit, Widerspruch) sind mit der Entscheidung des Vollstreckungsgerichts genau zu protokollieren, §§ 78, 80. Die Entscheidung muss nicht förmlich durch Beschluss ergehen, sie kann auch kon-

---
1 Steiner/*Storz*, § 70 Rdn. 3; *Stöber*, ZVG § 70 Rdn. 2.1.

kludent durch vorbehaltlose Entgegennahme des Gebotes erfolgen, hierin liegt dann die Zurückweisung des Sicherheitsverlangens.

Im Zwangsversteigerungstermin sind alle Beteiligten und auch Bieter daran interessiert, alsbald Klarheit zu haben, ob ein Gebot wirksam ist oder nicht. Die Entscheidung muss sofort getroffen werden. Es ist unzulässig, Sicherheitsleistung bis zum Ende der Bietzeit zuzulassen; der Bieter, dessen Gebot wegen einer nicht geleisteten Sicherheit zurückgewiesen wird, kann nach Beschaffung der Sicherheit bis zum Ende der Bietzeit stets weitere Gebote abgegeben. 4

III. Leistung der Sicherheit (Abs. 2)

Ist das Verlangen nach Sicherheit berechtigt, hat das Vollstreckungsgericht die 5
zu leistende Sicherheit der Höhe nach sofort anzugeben und den Bieter aufzufordern, diese sofort zu leisten. Über die Frage, was unter dem Begriff „sofort" nach Abs. 2 S. 1 zu verstehen ist, werden unterschiedliche Aussagen getroffen. Sofort soll auch dann vorliegen, wenn sie innerhalb einer kurzen, das Verfahren nicht wesentlich verzögernden Frist beigebracht wird.[2] Ist der Bieter auf eine Sicherheitsleistung nicht vorbereitet gewesen, und kann sie erst längstens binnen einer halben Stunde beschaffen, ist dies andererseits nicht mehr rechtzeitig, hierauf hat er keinen Anspruch.[3] Weiter wurde entschieden, dass es Sache des Bieters sei, das Gericht bei Erkennen der fehlenden Sicherheit um eine kurze Unterbrechung des Termins zu bitten, um den notwendigen Sicherheitsbetrag zu beschaffen.[4] Das Vollstreckungsgericht habe die Beteiligten auf diese Möglichkeit hinzuweisen (§ 139 ZPO) und auf Antrag eines Bieters die Bietzeit entsprechend zu verlängern, damit dieser noch in der Lage ist, die für die Abgabe von Geboten geforderte Sicherheit beibringen zu können. Kommt das Vollstreckungsgericht dieser Hinweis- und Belehrungspflicht nicht nach, so soll hierin sogar ein Grund zur Versagung des Zuschlags nach § 83 Nr. 6 liegen, der im Beschwerdeverfahren nach § 100 Abs. 3 von Amts wegen zu beachten sei.[5]

Diesen Auffassungen kann nicht gefolgt werden. Der Gesetzgeber hat mit Wirkung ab dem 1.8.1998 (BGBl I 866) die Höhe und die Art der Sicherheitsleistung 6
umfassend geändert. Die Höhe der Sicherheit hängt nach § 68 Abs. 1 grundsätzlich nicht (mehr) vom Gebot des Bieters ab, sondern besteht regelmäßig in Höhe von $^1/_{10}$ des festgesetzten Verkehrswertes. Ein Bedürfnis für Hinweise des Vollstreckungsgerichts in Bezug auf den Umfang und die Eignung der für Gebote zu stellenden Sicherheiten besteht daher nicht mehr. Die nach § 69 zugelassenen Arten der Sicherheitsleistung lassen die bis dahin erforderliche Bonitätsprüfung entfallen (hierzu → § 69 Rdn. 5 ff.). Der Bieter weiß somit genau, in welcher Höhe und welcher Art Sicherheit zu leisten ist. Gleichzeitig mit Wirkung ab dem 1.8.1998 wurde im Interesse der Effektivität des Termins die Bietzeit von mindestens 60 auf 30 Minuten verkürzt, § 73 Abs. 1. Die Frist für die Abgabe von Geboten ist in der Regel nunmehr zu kurz, um sich eine erforderliche Sicherheit erst dann noch zu beschaffen. Das ist vom Gesetzgeber bei der Verkürzung der Min-

---

2 OLG Hamm, Rpfleger 1987, 469 = NJW-RR 1987, 1016; OLG Stuttgart, Rpfleger 1983, 493 = ZIP 1983, 1390; OLG Zweibrücken, Rpfleger 1978, 107, 108; LG Neuruppin, NJOZ 2001, 1158; LG Münster, MDR 1958, 173; *Stöber*, ZVG § 70 Rdn. 3.2.
3 OLG Düsseldorf, Rpfleger 1989, 167.
4 OLG Brandenburg, Rpfleger 2001, 610.
5 OLG Zweibrücken, Rpfleger 1978, 107, 108; OLG Stuttgart, Rpfleger 1983, 493; OLG Hamm, Rpfleger 1987, 469 = NJW-RR 1987, 1016.

destfrist für die Abgabe von Geboten gesehen und im Hinblick auf den rationellen Einsatzes der Arbeitskraft der Vollstreckungsgerichte so geregelt worden. Bietinteressenten müssen sich – und können dies auch jederzeit – vor dem Termin über Höhe und Art der Sicherheitsleistung informieren und diese beschaffen. Die Bietzeit ist jedenfalls nicht so zu bestimmen, dass solche Versäumnisse eines Bieters aufgefangen werden könnten.[6] Es besteht vor diesem Hintergrund und der Zielsetzung der getroffenen Änderungen zur Effektivität des Termins keinerlei Bedürfnis, einem Bieter, der seiner Obliegenheit zur Beschaffung einer geeigneten Sicherheit vor dem Termin nicht nachgekommen ist, im Termin noch Gelegenheit zu geben, diese während der Bietzeit zu beschaffen und – falls dafür erforderlich – die Frist zur Abgabe von Geboten zu verlängern. Hierhin ist auch kein Grund zur Versagung des Zuschlags nach § 83 Nr. 6 zu sehen. Der Rechtspfleger muss keine Hinweise auf einen Antrag zur Verlängerung der Frist zur Abgabe von Geboten zwecks Beschaffung der Sicherheit erteilten und auch keine Terminsverlängerung gewähren.[7] Die bisherigen Handhabungen haben wiederholt zu Unsicherheit im Termin und nicht zuletzt auch zu einer nicht begründbaren Ungleichbehandlung mancher der Bieter geführt; sie sind abzulehnen.

7   Das Vollstreckungsgericht hat die geeigneten Sicherheitsmittel zu **prüfen** bzw. in **Empfang** zu **nehmen** und während des Termins vorläufig zu **verwahren**. Das Verfahren darf hierdurch nicht aufgehalten werden; eine kurze Aussprache über die Art der Sicherheit wird dadurch nicht ausgeschlossen. Es ist sorgfältig darauf zu achten, dass die jeweilige Sicherheit eines jeden Bieters getrennt gehalten wird. Alle Vorgänge sind zu protokollieren, § 78.

8   Die **Übergabe von Geld** an das Gericht bildete in der Praxis bisher die Regel. Nach der Neufassung von Abs. 2 Satz 2 (hierzu → Rdn. 1) i.V.m. § 69 Abs. 1 ist eine Sicherheitsleistung durch Barzahlung ausgeschlossen, sie kann durch Überweisung auf ein Konto der Gerichtskasse bewirkt werden, dies muss bereits **vor** dem Versteigerungstermin erfolgen.[8] Zur Wirkung des bereits überwiesenen Betrages bei Verzicht auf die Rücknahme s. → § 69 Rdn. 18 ff.

9   Wird die Sicherheit sofort geleistet bzw. der Nachweis sofort erbracht, wird das Gebot zugelassen, andernfalls zurückgewiesen. Regelmäßig wird nach Protokollierung der geleisteten Sicherheit das Vollstreckungsgericht die Höhe des Gebots unter Nennung des Namens des Bieters zur Klarheit allen Anwesenden nochmals mitteilen.

10 Wird das Gebot **zurückgewiesen**, erlischt es, wenn der Bieter oder ein Beteiligter nicht sofort **widerspricht**, § 72 Abs. 2.[9] Nach Widerspruch bleibt die Wirksamkeit des Gebotes in der Schwebe. Die Entscheidung erledigt sich von selbst durch widerspruchslose Zulassung eines Übergebots, § 72 Abs. 1. Ansonsten ist über das Gebot bei Erteilung oder Versagung des Zuschlags zu entscheiden, denn auf ein Gebot, für das Sicherheit verlangt und nicht geleistet worden ist, darf der Zuschlag nicht erteilt werden.

IV. Gebot ohne Sicherheitsleistung (Abs. 3)

11 Wird das abgegebene Gebot ohne Sicherheitsleistung zugelassen, muss der die Sicherheit verlangende Beteiligte sofort widersprechen, um sich die Rüge des Feh-

---

6   BT-Drucks. 13/7383, S. 9.
7   Eindeutig jetzt BGH, Rpfleger 2006, 211 = WM 2006, 782 = NJW-RR 2006, 715.
8   BGH, Beschluss vom 28.2.2013, V ZB 164/12, Rpfleger 2013, 560.
9   BGH v. 14.2.2008, V ZB 80/07 (BeckRS 2008, 04130).

lens der Sicherheitsleistung zu erhalten (Abs. 3). Widerspricht er nicht sofort, gilt sein Verlangen nach Sicherheit als zurückgenommen.

V. Rückgabe der Sicherheit

Die entgegen genommenen Sicherheiten bleiben bis zum Schluss des Termins in gerichtlicher Verwahrung. Sicherheiten für Gebote, die nach § 72 erloschen sind, werden frei und sind daher – in entsprechender Anwendung von § 109 ZPO – zurückzugeben. Hierzu bedarf es keines Antrags. Eine ausdrückliche Entscheidung für die Rückgabe ist unüblich, der Vorgang wird im Terminsprotokoll festgehalten. Bei Untergang des Gebots durch Zuschlagsversagung erfolgt die Rückgabe der Sicherheit erst nach Rechtskraft der Entscheidung über den Zuschlag.

Ob die geleistete Sicherheit für das Meistgebot noch benötigt wird, entscheidet sich frühestens im Verteilungstermin. Eine vorherige Rückgabe der Sicherheit ist daher nicht zulässig, selbst wenn der Antragsteller einwilligt. Nur bei Zustimmung aller Eventualberechtigten (hierzu → § 69 Rdn. 24) kann eine vorzeitige Rückgabe erfolgen, das Pfandrecht an der Sicherheit erlischt dann (§ 1253 Abs. 1, §§ 1257, 233 BGB).

Die Überweisung und Hinterlegung von Geld befreit nicht von der Verpflichtung zur Zahlung des Meistgebots (§ 49 Abs. 1) und von der Verpflichtung zur Verzinsung (§ 49 Abs. 2). Der Meistbietende kann jedoch bestimmen, dass der zunächst als Sicherheit überwiesene bzw. geleistete Betrag für den Fall der Rechtskraft des Zuschlagsbeschlusses in Anrechnung auf das Bargebot unter Rücknahmeverzicht hinterlegt sein soll. Bei Abgabe dieser Erklärung, die zu Protokoll zu nehmen ist, entfällt wegen der gezahlten Beträge die Verzinsungspflicht (§ 49 Abs. 3). Auf diese Möglichkeit sollte der Meistbietende hingewiesen werden (hierzu → § 69 Rdn. 18 ff.).

VI. Rechtsbehelf

Die Entscheidung über die Sicherheitsleistung kann selbstständig nicht angefochten werden.[10] Es gilt auch nicht § 11 Abs. 2 RPflG, da das Gesetz ausdrücklich nur den Widerspruch nach Abs. 3 zulässt. Bei der Entscheidung über den Zuschlag ist das Vollstreckungsgericht an eine frühere Entscheidung nicht gebunden, § 79. Entscheidet das Vollstreckungsgericht in demselben Sinne und erteilt den Zuschlag auf das mit dem Widerspruch behaftete Gebot, kann der Widersprechende hiergegen sofortige Beschwerde erheben, §§ 100, 81 ZVG i.V.m. § 11 Abs. 1 RPflG.[11] Weist das Vollstreckungsgericht das Gebot mangels Sicherheitsleistung zurück und wird hiergegen Widerspruch erhoben, ist das Gebot zwar noch nicht erloschen (§ 72 Abs. 2), aber das Gebot ist bei notwendiger Sicherheitsleistung, die ja nicht geleistet wurde, nicht zuschlagsfähig, auch nicht im Beschwerdeverfahren.

Der Bieter kann, um der Anfechtung des Zuschlags vorzubeugen, freiwillig Sicherheit leisten. Wird eine Sicherheit, auch nach Beendigung der Versteigerung, widerspruchslos an den Bieter zurückgezahlt, bleibt das Gebot wirksam.[12]

---

10 Steiner/*Storz*, § 70 Rdn. 19, 20; *Stöber*, ZVG § 70 Rdn. 4.1.
11 So auch *Stöber*, ZVG § 70 Rdn. 4.2.
12 Hierzu OLG Koblenz, Rpfleger 1963, 53; LG Verden, Rpfleger 1974, 31 mit Anm. *Schiffhauer*.

§ 71 »Zurückweisung eines unwirksamen Gebots«

(1) Ein unwirksames Gebot ist zurückzuweisen.

(2) Ist die Wirksamkeit eines Gebots von der Vertretungsmacht desjenigen, welcher das Gebot für den Bieter abgegeben hat, oder von der Zustimmung eines anderen oder einer Behörde abhängig, so erfolgt die Zurückweisung, sofern nicht die Vertretungsmacht oder die Zustimmung bei dem Gericht offenkundig ist oder durch eine öffentlich beglaubigte Urkunde sofort nachgewiesen wird.

Übersicht

		Rdn.
I.	Allgemeines	1
II.	Abgabe von Geboten	2
	1. Grundsatz der Mündlichkeit	2
	2. Gegenstand und Höhe des Gebots	3
	3. Bieter, Bietergemeinschaft	4
	4. Ausländer	6
III.	Unwirksame Gebote (Abs. 1)	9
	1. Allgemein	9
	2. Geschäftsunfähigkeit	13
	3. Rechtsmissbrauch	14
	4. Anfechtung wegen Irrtum, Täuschung, Drohung	15
	a) Irrtum	15
	b) Anfechtungsfrist, Adressat	16
	c) Schadensersatz	18
	d) Täuschung und Drohung	19
	5. Bietabkommen	20
	6. Weitere Fälle der Unwirksamkeit	22
IV.	Vertretungsmacht (Abs. 2)	31
	1. Allgemein	31
	2. Offene Vertretungsmacht	33
	3. Einzelfälle	37
	a) Juristische Personen, OHG, KG, Partnerschaftsgesellschaft pp.	37
	b) Vor-GmbH	39
	c) Verein	40
	d) Sparkasse	41
	4. Gemeinde	42
V.	Zustimmung (Abs. 2)	43
	1. Allgemein	43
	2. Einzelfälle	44
	a) Ehegatten	44
	b) Gesetzlicher Vertreter	45
	c) Hypothekenbanken	48
	d) Innung, Kreishandwerkerschaft	49
	e) Insolvenzverwalter	51
	f) Kirchen	52
	g) Testamentsvollstrecker	53
	h) Träger der Sozialversicherung	54
	i) Versicherung, Bausparkasse	55
	j) Zwangsverwalter	56

I. Allgemeines

1 Die für alle Versteigerungsverfahren geltende Vorschrift regelt die Wirksamkeit von Geboten. Unwirksame Gebote sind unverzüglich zurückzuweisen, damit für alle Beteiligten und auch Bietinteressenten im Versteigerungstermin unverzüglich

Klarheit herrscht (Abs. 1). Werden Gebote im Namen einer anderen Person abgegeben, muss die Vertretungsmacht oder die Zustimmung des Dritten bei der Abgabe des Gebotes unverzüglich nachgewiesen bzw. vorgelegt werden, andernfalls das Gebot ebenfalls zurückgewiesen wird (Abs. 2).

II. Abgabe von Geboten

1. Grundsatz der Mündlichkeit

Ein Gebot wird im Zwangsversteigerungstermin grundsätzlich **mündlich** abgegeben. Ein vor dem Termin dem Vollstreckungsgericht überreichtes schriftliches Gebot ist unzulässig und unwirksam. Das im Termin mündlich abgegebene Gebot wird in dem Augenblick wirksam, in dem der den Termin leitende Rechtspfleger es hört.[1] Die Wirksamkeit des Gebotes hängt nicht von der Protokollierung ab. Ein nicht protokolliertes Gebot kann jedoch nicht Grundlage der Entscheidung über den Zuschlag sein, § 80. Stumme Personen können im Termin ihre Gebote dem Vollstreckungsgericht schriftlich überreichen, § 186 GVG. Gebote sind in deutscher Sprache abzugeben, § 184 GVG.

2

2. Gegenstand und Höhe des Gebots

Das geringste Gebot als Grundlage der Versteigerung setzt sich zusammen aus *eventuell* bestehen bleibenden Rechten (§ 52, abhängig von dem besten betreibenden Gläubiger) und dem bar zu zahlenden Teil, § 49 Abs. 1 S. 1. **Gebote**, die im Termin abgegeben werden, **beziehen sich nur auf den bar zu zahlenden Teil** des geringsten Gebotes. Das erste Gebot ist daher nur zulässig und wirksam, wenn es mindestens das geringste Bargebot umfasst, § 49 Abs. 1. Die nach den Versteigerungsbedingungen bestehen bleibenden dinglichen Rechte müssen bei der Abgabe eines Gebotes der Höhe nach mit berücksichtigt werden. Diese Rechte bleiben bestehen und sind vom Ersteher zu übernehmen. Ergibt sich für den Rechtspfleger aus einem als Gebot bezeichneten Betrag eines (ausländischen) Bieters, dass hiermit die Summe genannt wurde, der der Bieter insgesamt für die Immobilie aufzuwenden bereit ist, und liegt diese unter den zu übernehmenden Grundschulden, so fehlt es an einem wirksamen Gebot. Einer Anfechtung bedarf es dann nicht.[2]

3

Beispiel:
Nach den Versteigerungsbedingungen soll die im Grundbuch Abt. III Nr. 1 eingetragene Grundschuld über 100.000,- € nebst 15 % Zinsen bestehen bleiben. Der bar zu zahlende Teil des geringsten Gebotes, bestehend aus den Verfahrenskosten und eventuell angemeldeten Ansprüchen der Rangklasse 1 bis 3 des § 10 Abs. 1 und den Zinsen des bestehen bleibenden Rechts III Nr. 1, soll 22.000,- € betragen.
Das erste wirksam abgegebene Gebot muss mindestens 22.000,- € betragen.
Geboten sind dann tatsächlich neben dem Bargebot auch das bestehen bleibende Recht, somit insgesamt 122.000,- €. Gleichzeitig darf der Bietinteressent nicht vergessen, dass auch noch 15 % Zinsen aus dem Recht III/1 zumindest mit dinglicher Haftung ab dem Zuschlag übernommen werden.

---

1 Vgl. für private Willenserklärungen Palandt/*Ellenberger*, § 130 BGB, Rdn. 14.
2 LG Hamburg, Beschluss vom 22.10.2010, 328 T 71/10, BeckRS 2011, 05116 = ZMR 2011, 210.

3. Bieter, Bietergemeinschaft

4 Nach Abgabe des Gebotes muss sich der **Bieter** ausweisen. Er ist mit Namen, Anschrift und Geburtsdatum bzw. Beruf in das Protokoll aufzunehmen, § 78; diese Daten werden auch benötigt im Hinblick auf die Berichtigung des Grundbuches, falls dem Bieter der Zuschlag erteilt wird und er damit Eigentümer geworden ist. Bei einem **Einzelkaufmann**, der unter seiner Firma Gebote abgegeben kann, muss dennoch der bürgerliche Name angegeben werden.[3]

5 Selbstverständlich können Gebote auch von einer **Bietergemeinschaft** abgegeben werden. Dies gilt auch für eine **Gesellschaft bürgerlichen Rechts**, die durch Teilnahme am Rechtsverkehr eigene Rechte und Pflichten begründen kann.[4] Hierbei muss der Erwerbswille aller Personen eindeutig feststehen; wird das Gebot üblicherweise von einer Person abgegeben, müssen sich alle weiteren Personen der Bietergemeinschaft ebenfalls ausdrücklich mit diesem Gebot einverstanden erklären (der gemeinsame Erwerbswille muss dem Vollstreckungsgericht gegenüber mündlich oder durch eindeutige Handzeichen erkennbar gemacht werden). Wird ein Gebot von **mehreren Personen** abgegeben, müssen sie das für die Gemeinschaft maßgebende Rechtsverhältnis bezeichnen (§ 47 GBO, z.B. in Gesellschaft bürgerlichen Rechts, zu je $^1/_2$-Anteil pp.).[5]

Mit seinem Urteil vom 25.9.2006[6] stellte der II. Zivilsenat des BGH die Grundbuchfähigkeit der GbR fest. Sind im Grundbuch die Gesellschafter einer Gesellschaft bürgerlichen Rechts mit dem Zusatz „als Gesellschafter bürgerlichen Rechts" als Eigentümer eingetragen, so ist die Gesellschaft Eigentümerin des Grundstücks. Auf die Frage, ob die Gesellschaft auch selbst in das Grundbuch eingetragen werden könnte, ging er dabei nicht ein. Mit Beschluss vom 4.12.2008[7] erkannte der V. Zivilsenat des BGH dann auch auf die formelle Grundbuchfähigkeit der GbR. Er stellt fest, dass die GbR unter der Bezeichnung in das Grundbuch eingetragen werden, die ihre Gesellschafter im Gesellschaftsvertrag für sie vorgesehen haben. Sieht der Gesellschaftsvertrag keine Bezeichnung der GbR vor, wird die GbR als „Gesellschaft des bürgerlichen Rechts, bestehend aus …" und den Namen ihrer Gesellschafter eingetragen. Nicht zuletzt diese Rechtsprechung des BGH veranlasste den Gesetzgeber zu den GbR-Regelungen im Rahmen des ERVGBG[8]. Verfahrensrechtlich wurde Absatz 2 von § 47 GBO neu geschaffen und materiell wurde neu eingefügt § 899a BGB. In Erweiterung der Norm des § 891 Abs. 1 BGB statuiert die Vorschrift des § 899a Satz 1 BGB nunmehr auch eine gesetzliche Vermutung für die Richtigkeit und Vollständigkeit des im Grundbuch verlautbarten Gesellschafterbestandes, was die Möglichkeit eines

---

3 *Böttcher*, § 71 Rdn. 12.
4 BGH, NJW 2001, 1056 = Rpfleger 2001, 246 = MDR 2001, 459 = WM 2001, 408 = ZIP 2001, 330; OLG Nürnberg, Beschluss vom 5.5.2014, 15 W 788/14, Rpfleger 2014, 619.
5 Vgl. *Stöber*, ZVG § 71 Rdn. 4; *Steiner/Storz*, § 71 Rdn. 78.
6 BGH, Rpfleger 2007, 23 = NJW 2006, 3716 = DNotZ 2007, 118 = MittBayNot 2007, 118 = NotBZ 2007, 21.
7 BGH, Rpfleger 2009, 141 m. Anm. *Bestelmeyer* = NJW 2009, 594 = DNotI-Report 2009, 12 = ZEV 2009, 91 m. Anm. *Langenfeld* = DNotZ 2009, 115 m. Anm. *Hertel* = MittBayNot 2009, 225 = FGPrax 2009, 6 = NotBZ 2009, 98 = ZfIR 2009, 93 m. Anm. *Volmer*.
8 Gesetz zur Einführung des elektronischen Rechtsverkehrs und der elektronischen Akte im Grundbuchverfahren sowie zur Änderung weiterer grundbuch-, register- und kostenrechtlicher Vorschriften vom 11.8.2009 (BGBl I 2713).

gutgläubigen Erwerbs bei der Verfügung einer fehlerhaft vertretenen GbR eröffnet (§ 899a Satz 2 BGB). Diese Vermutung setzt voraus, dass die GbR bereits unter Benennung ihrer Gesellschafter als Rechtsinhaber im Grundbuch eingetragen ist. Sie gilt demnach nur, wenn die GbR auf der Verfügungsseite, nicht jedoch, wenn sie auf der Erwerberseite steht. Zum Nachweis des Bestehens einer GbR auf Erwerberseite entschied dann der V. Senat des BGH am 28.4.2011[9], dass, wenn eine GbR Grundstücks- oder Wohnungseigentum erwirbt, es für die Eintragung des Eigentumswechsels in das Grundbuch ausreicht, wenn die GbR und ihre Gesellschafter in der notariellen Auflassungsverhandlung benannt sind und die für die GbR Handelnden erklären, dass sie deren alleinige Gesellschafter sind; weiterer Nachweise der Existenz, der Identität und der Vertretungsverhältnisse dieser GbR bedarf es gegenüber dem Grundbuchamt nicht.[10] Im Ergebnis gilt dies auch im Versteigerungstermin bei der Abgabe von Geboten, die immer auf den Erwerb zielen (hierzu auch → vor § 15 Rdn. 34).

4. Ausländer

Ausländische Privatpersonen und ausländische juristische Personen können jederzeit Gebote abgeben. Vorschriften, die den Erwerb von Rechten durch Ausländer oder durch juristische Personen, die ihren satzungsmäßigen Sitz, ihre Hauptverwaltung oder ihre Hauptniederlassung nicht im Bundesgebiet haben, beschränken oder von einer Genehmigung abhängig machen, finden ab dem 30.7.1998 keine Anwendung mehr, Art. 86 EGBGB.[11]

Werden von **verheirateten** ausländischen Staatsangehörigen Gebote abgegeben, sind die güterrechtlichen Besonderheiten zu berücksichtigen. Die Rechtsfähigkeit und die Geschäftsfähigkeit einer Personen unterliegen dem Recht des Staates, dem die Personen angehört; dies gilt auch, soweit die Geschäftsfähigkeit durch Eheschließung erweitert wird, Art. 7 Abs. 1 EGBGB. Bei Grundstücksverfügungen lässt Art. 12 Satz 2 EGBGB Art. 7 EGBGB mit seiner Verweisung auf das Heimatrecht der Partei unberührt. Den Ausschluss des Verkehrsschutzes bei Verfügungen über Grundstücke begründet der Gesetzgeber mit der gesteigerten Bedeutung des Geschäfts für den Verfügenden und dem zugleich schwächeren Bedürfnis für den

---

9   BGH, Rpfleger 2011, 483 mit Anm. *Demharter* = NJW 2011, 1958 = DNotZ 2011, 711.
10 Damit ist auch die kritische Entscheidung des OLG Köln, NJW-RR 2011, 452 = NZG 2011, 297 = WM 2010, 424 überholt: Beim rechtsgeschäftlichen Erwerb von Grundeigentum durch eine GbR setzt die Umschreibung des Eigentums auf die Gesellschaft voraus, dass deren Existenz, Identität und Vertretungsverhältnisse nachgewiesen sind. Dass für die Gesellschaft – auf einseitige Bewilligung des Veräußerers – eine Auflassungsvormerkung im Grundbuch eingetragen ist, genügt dafür nicht. Beim rechtsgeschäftlichen Erwerb ist die Eintragung im Grundbuch kein bloßer Folgetatbestand des materiell-rechtlichen Geschäfts, sondern durch § 873 Abs. 1 BGB in den Erwerbstatbestand eingebunden. Dieser Regelungszusammenhang verkennt, wer dem Grundbuch(recht) bei diesem Erwerb nur eine dienende Funktion zubilligt. An die wesentlichen Grundstrukturen der gesetzlichen Regelung ist die Rechtsprechung auch dann gebunden, wenn sie Rechtsfortbildung betreibt. Der Erwerb von Grundeigentum durch Zuschlag im Versteigerungsverfahren vollzieht sich außerhalb des Grundbuchs; die Umschreibung des Eigentums ist hier eine Berichtigung. Mithin hat das Vollstreckungsgericht vor der Erteilung des Zuschlags an eine Gesellschaft bürgerlichen Rechts zu prüfen, ob sie existiert und wie sie vertreten wird.
11 Zu speziellen gesetzlichen Regelungen der Länder vgl. MünchKomm/*Säcker*, BGB, Art. 86 EGBGB Rdn. 2.

Verkehrsschutz.¹² Das Vollstreckungsgericht wird diese Besonderheiten beachten müssen. Ist dem Vollstreckungsgericht sicher bekannt, dass die Erwerbsfähigkeit nicht gegeben ist, oder dass Bieter in dem von ihnen angegebenen Erwerbsverhältnis nicht erwerben können, ist das Gebot zurückzuweisen.¹³

8   Art. 2 Abs. 3 i.V.m. Art. 1 Nr. 2 Verordnung (EG) Nr. 881/2002 des Rates vom 27.5.2002¹⁴ über die Anwendung bestimmter spezifischer restriktiver Maßnahmen gegen bestimmte Personen und Organisationen, die mit **Osama bin Laden,** dem **Al-Qaida-Netzwerk** und den **Taliban** in Verbindung stehen, stellt ein vor deutschen Gerichten zu beachtendes relatives Veräußerungsverbot dar.¹⁵ In Art. 1 der VO wird der Begriff „**Gelder**" definiert. Hierbei handelt es sich um finanzielle Vermögenswerte oder wirtschaftliche Vorteile jeder Art angefangen von Bargeld über Geldanweisung, Schuldverschreibung, Wertpapiere, Aktien, Kredite, Bürgschaften, Sicherungsübereignungen usw. Weiter wird der Begriff „**wirtschaftliche Ressourcen**" definiert mit Vermögenswerten jeder Art, unabhängig davon, ob sie immateriell oder materiell, beweglich oder unbeweglich sind. Letztlich wird noch definiert „**einfrieren** von Geldern und von wirtschaftliche Ressourcen". Hierunter ist die Verhinderung jeglicher Form von Bewegungen, Veränderungen, Verwendungen, Verkauf, vermieten, verpfänden usw. zu verstehen. Das alles läuft dann auf Art. 2 hinaus. Hier wird angeordnet, dass alle **Gelder** und **wirtschaftlichen Ressourcen eingefroren** werden. Gelder dürfen weder direkt noch indirekt zur Verfügung gestellt oder zugute kommen. Betroffen von diesen Maßnahmen sind alle **natürlichen** und **juristischen Personen, Gruppen** und **Organisationen,** die in einem Anhang namentlich benannt sind. Die in der vom BKA geführten Liste und dort aufgelisteten Personen dürfen keine Grundstücke rechtsgeschäftlich erwerben, sie dürfen auch nicht Grundstücke im Wege der Zwangsversteigerung ersteigern. Bereits bei der Abgabe von Geboten muss der Rechtspfleger hierauf achten.

III. Unwirksame Gebote (Abs. 1)
1. Allgemein

9   Gebote, die erkennbar unwirksam sind, müssen sogleich zurückgewiesen werden.¹⁶ Hierdurch soll verhindert werden, dass durch eine widerspruchslose Zulassung eines Gebots, auf das der Zuschlag nicht erteilt werden kann, das zuvor abgegebene Gebot erlischt und, falls kein weiteres Gebot abgegeben wird, die Versteigerung damit ergebnislos bleibt. Auf Gebote, die zunächst wirksam abgegeben worden sind und ihre Wirksamkeit nur infolge eines späteren Ereignisses verlieren, wie z.B. die Zulassung eines Übergebots, Zurückweisung mangels Sicherheitsleistung (§ 70 Abs. 2 Satz 3, § 72 Abs. 2), Einstellung des Verfahrens, bezieht sich die Vorschrift nicht.

---

12   Vgl. MünchKomm/*Spellenberg*, BGB, Art. 12 EGBGB Rdn. 83.
13   *Stöber*, ZVG § 71 Rdn. 7.1.
14   Abgedruckt im Amtsblatt der Europäischen Gemeinschaft vom 29.5.2002.
15   LG Berlin, Rpfleger 2006, 183, bestätigt durch EuGH, Rpfleger 2008, 17 = DNotZ 2008, 688.
16   Die teilrechtsfähige Wohnungseigentümergemeinschaft, vertreten durch den Verwalter, kann kein wirksames Gebot zum Erwerb von Sondereigentum (hier: Teileigentum) abgeben, da Sondereigentum nicht Bestandteil des Verwaltungsvermögens sein kann, LG Nürnberg-Fürth, ZMR 2006, 812.

Gebote in der Zwangsversteigerung, die unter der Hälfte des Grundstücks- 10
werts liegen, sind nicht allein aus diesem Grund unwirksam und zurückzuweisen;
gibt ein an dem Erwerb des Grundstücks interessierter Bieter ein solches Gebot
nur ab, um die Rechtsfolgen des § 85a Abs. 1 und Abs. 2 ZVG herbeizuführen, ist
das weder rechtsmissbräuchlich noch ist das Gebot unwirksam oder ein Scheingebot.[17] Allerdings ist das Eigengebot eines Gläubigervertreters unwirksam und zurückzuweisen, wenn er ohne **Erwerbsabsicht** das Gebot nur abgibt, damit der Zuschlag versagt wird und in einem folgenden Termin die Wertgrenzen nach § 85a Abs. 1 und § 74a Abs. 1 nicht mehr gelten[18] (hierzu insgesamt → § 85a Rdn. 8 ff.).

Gebote in der Versteigerung werden als **privatrechtliche Willenserklärung** 11
mit dem Inhalt verstanden, das Grundstück unter den festgesetzten Zwangsversteigerungsbedingungen für den gebotenen Betrag zu Eigentum zu erwerben.[19]
Gebote unterliegen zur Wirksamkeit den Anforderungen des BGB, somit auch
den Möglichkeiten der Anfechtung nach §§ 119, 123 (nachfolgend → Rdn. 15
ff.).[20] Nach anderer Auffassung[21] ist das Gebot eine **Prozesshandlung** in der Form
eines verfahrensrechtlichen Antrags auf Zuschlagserteilung, deren Voraussetzungen und Wirkungen vom Verfahrensrecht geregelt werden[22]; dieser Auffassung
folgend, ist ein Gebot auch nicht anfechtbar, im Zweifel liegt kein Inhaltsirrtum
vor, sondern ein unerheblicher Rechtsirrtum.[23] Der BGH hat die Frage des Gebotes als Willenserklärung oder als Verfahrenserklärung nach wie vor offen gelassen.[24]

Die Frage der Wirksamkeit oder Unwirksamkeit eines Gebotes regelt das ZVG 12
weitgehend selbst. Neben materiell-rechtlichen Gründen der Unwirksamkeit
kommen auch verfahrensrechtliche Gründe in Betracht. Wird die Unwirksamkeit
eines Gebotes im Versteigerungstermin nicht erkannt, hat dies nicht unmittelbar
die Unwirksamkeit des auf dieses Gebot erteilten Zuschlags zur Folge. Die Unwirksamkeit des Gebots kann nur durch Anfechtung des Zuschlages geltend
gemacht werden, somit auch nur bis zur Rechtskraft des Zuschlages. Danach sind
etwaige Unwirksamkeitsgründe auch nicht mehr außerhalb des Zwangsversteigerungsverfahrens geltend zu machen.[25]

---

17 BGH, Rpfleger 2006, 144 mit abl. Anm. *Hintzen* = NZM 2006, 194 = WM 2006, 237 = ZfIR 2006, 652 mit abl. Anm. *Eickmann*.
18 BGH, Rpfleger 2007, 483 = NJW 2007, 3279 in Fortführung von BGH (Fn. 11); so bereits *Hornung*, Rpfleger 2000, 363; weitgehend überholt damit LG Potsdam, Rpfleger 2007, 337; LG Detmold, Rpfleger 2006, 491; AG Tostedt, Rpfleger 2006, 492; AG Stade, Rpfleger 2006, 275; *Groß* in Anmerkung zu BGH, Rpfleger 2007, 93; a.A. LG Dessau, Rpfleger 2006, 557.
19 BGH, Rpfleger 2006, 144 = NZM 2006, 194 = WM 2006, 237 = ZfIR 2006, 652; OLG Hamm, Rpfleger 1998, 438; OLG Frankfurt, Rpfleger 1980, 441; LG Neuruppin, Rpfleger 2002, 40; LG Krefeld, Rpfleger 1989, 166; Steiner/*Storz*, § 71 Rdn. 3.
20 BGH, NJW 1984, 1950.
21 Zur Meinungsvielfalt s.a. *Stöber*, ZVG § 71 Rdn. 2.1; *Böttcher*, § 71 Rdn. 4; *Eickmann*, ZfIR 2006, 653 m.w.N.
22 Differenziert *Böttcher*, § 71 Rdn. 2; so auch *Stadlhofer-Wissinger*, Das Gebot in der Zwangsversteigerung, 1993.
23 *Böttcher*, § 71 Rdn. 44.
24 BGH, Rpfleger 2008, 515 = NJW 2008, 2442 und auch Rpfleger 2008, 92 = NJW-RR 2008, 222, 223.
25 RGZ 54, 308.

2. Geschäftsunfähigkeit

13   Gebote eines Geschäftsunfähigen oder vorübergehend Unzurechnungsfähigen (§§ 104, 105 Abs. 2 BGB) sind unwirksam. Ebenfalls unwirksam sind Gebote, die tatsächlich nicht ernst gemeint sind, die aber in der Absicht abgegeben werden, der Mangel der Ernstlichkeit werde nicht erkannt (§ 118 BGB); solche Gebote lösen jedoch eine Schadensersatzpflicht aus (§ 122 BGB).

3. Rechtsmissbrauch

14   Gebote, die in der Absicht abgegeben werden, im Falle des Meistgebotes hierauf keine Zahlung leisten zu wollen, sind ebenfalls unwirksam und als rechtsmissbräuchlich zurückzuweisen.[26] Eine Zurückweisung aus diesem Grunde muss jedoch auf Ausnahmefälle beschränkt bleiben und der Rechtsmissbrauch daher durch offenkundige, nachprüfbare Tatsachen eindeutig belegt sein. Der Rechtspfleger hat die Gewährung des rechtlichen Gehörs sowie die wesentlichen Gründe der Zurückweisung im Protokoll des Versteigerungstermins festzuhalten.[27] Das Gebot eines Bieters ist wegen Sittenwidrigkeit unwirksam, wenn aufgrund der Umstände davon auszugehen ist, dass der Bieter das abgegebene Gebot nicht erfüllen wird.[28] Rechtsmissbräuchlich kann auch eine Verabredung unter mehreren Bietern sein, das jeweils abgegebene Gebot nur jeweils um 1 Cent zu überbieten, um so das Verfahren in die Länge zu ziehen mit der Absicht, dass potenzielle Bietinteressenten irgendwann die Versteigerung verlassen (ein in der Praxis nicht unüblicher Fall).[29]

In diesem Zusammenhang steht auch eine strafrechtliche Entscheidung des OLG Rostock. Die Abgabe von Geboten und das Ersteigern in der Zwangsversteigerung durch einen Bieter, der einerseits selbst Gebote abgibt oder andere Personen bieten lässt, die in verdeckter Treuhandschaft (aufgrund nichtiger Treuhandverträge) für ihn oder von ihm gegründete Firmen handeln, erfüllen den Tatbestand des Betruges nach § 263 StGB zulasten der betreibenden Gläubigers und der im Versteigerungstermin unterlegenen Mitbieter, wenn von vornherein feststeht, dass das Meistgebot nicht gezahlt wird oder wegen Vermögensverfalls nicht gezahlt werden kann.[30] Nach dem Sachverhalt trat der Angeklagte in verschiedenen Zwangsversteigerungsverfahren, die sein eigenes Eigentum oder das Eigentum ihm nahe stehender Personen oder von ihm beherrschte Gesellschaften betrafen, immer wieder als Bieter auf. Er befand sich schon lange in finanziellen Schwierigkeiten, was dem Vollstreckungsgericht bekannt war. Daher hatte das Vollstreckungsgericht in der Vergangenheit bereits Gebote des Angeklagten wegen bekannter Zahlungsunfähigkeit als unzulässig zurückgewiesen. Daraufhin änderte er seine Strategie und lies Gebote nunmehr in verdeckter Treuhandschaft durch ihm bekannte Personen abgeben. Damit verfolgte er das Ziel, die Ersteigerung durch Dritte zu verhindern und sich stattdessen seinen Einfluss auf die Grundstücke durch Ersteigerung durch seinen Einfluss unterliegende und zum Teil durch Treuhandverträge an ihn gebundene Personen zu erhalten. Letztlich sollten die Grundstücke in einer von ihm beherrschte Gesellschaft überführt und damit für ihn vorteilhafte Geschäfte gemacht werden, sei es durch Neubelastung oder durch Weiterverkauf.

---

26   OLG Nürnberg, Rpfleger 1999, 87; AG Dortmund, Rpfleger 1994, 119.
27   LG Lüneburg, Rpfleger 2007, 419.
28   LG Mainz, JurBüro 2001, 214.
29   Hierzu *Schiffhauer*, Rpfleger 1986, 326.
30   OLG Rostock, Urteil vom 18.10.2013, 1 Ss 9/13 (11/13), Rpfleger 2015, 160.

4. Anfechtung wegen Irrtum, Täuschung, Drohung
a) Irrtum

Befand sich der Bieter bei der Abgabe seines Gebotes über dessen Inhalt im Irrtum oder wollte er eine Erklärung dieses Inhalts nicht abgeben, kann er das Gebot anfechten (§ 119 BGB), falls anzunehmen ist, dass er es bei Kenntnis der Sachlage und bei verständiger Würdigung des Falles nicht abgegeben haben würde (a.A. s. zuvor → Rdn. 11). Der Bieter kann sein Gebot aber nicht wegen einer Fehlvorstellung über den Umfang der nach den Versteigerungsbedingungen bestehen bleibenden Rechte gem. § 119 Abs. 1 BGB anfechten.[31] Anfechtbar ist das Gebot bei einem Irrtum über wesentliche Eigenschaften des Zwangsversteigerungsgegenstandes. Beispielhaft anfechtbar ist ein Gebot, wenn der Bieter bei der Versteigerung mehrerer Grundstücke auf ein bestimmtes Einzelgrundstück bieten möchte, tatsächlich aber versehentlich auf ein anderes Grundstück bietet. Eine Anfechtung kommt jedoch nicht in Betracht, wenn der Irrtum über die Versteigerungsbedingungen darauf beruht, dass der Bieter sich nicht hinreichend informiert hat. Wer bewusst eine Erklärung abgibt, deren rechtliche oder wirtschaftliche Bedeutung er nicht kennt oder nicht zu kennen vermag, kann sich grundsätzlich nicht hinterher auf seine Unwissenheit berufen.[32] Eine Anfechtung ist weiterhin **ausgeschlossen**, wenn der Bieter sich über **verkehrswesentliche Eigenschaften** des Grundstücks irrt. Irrtümer über Grundstücksmängel berechtigen nicht zur Irrtumsanfechtung, z.B. Lage und Beschaffenheit eines Grundstücks gehören nicht zu den Versteigerungsbedingungen.[33] Ein Anspruch auf Gewährleistung findet in der Zwangsversteigerung nicht statt, § 56 Satz 3. Eine Zulassung der Anfechtung würde den Ausschluss der Gewährleistung umgehen.[34] Der Haftungsausschluss nach § 56 Satz 3 hat zur Folge, dass der Ersteher den Zuschlag auch nicht wegen Irrtums über eine verkehrswesentliche Eigenschaft nach § 119 Abs. 2 BGB anfechten kann, sofern das Fehlen der Eigenschaft einen Sachmangel begründet.[35]

b) Anfechtungsfrist, Adressat

Die Anfechtung wegen Irrtums muss **unverzüglich** entweder noch im Zwangsversteigerungstermin oder, wenn der Irrtum erst später erkannt wird, sodann umgehend erfolgen, § 121 BGB.[36] Wird der Anfechtungsgrund erst 9 Tage

---

31 BGH, Rpfleger 2008, 515 = NJW 2008, 2442 und auch Rpfleger 2008, 92 = NJW-RR 2008, 222, 223; anders wohl OLG Hamm, Rpfleger 1972, 378; LG Krefeld, Rpfleger 1989, 166; hierzu auch *Schiffhauer*, Rpfleger 1972, 341.
32 OLG Frankfurt, Rpfleger 1980, 441.
33 LG Neuruppin, Rpfleger 2002, 40.
34 LG Neuruppin, Rpfleger 2002, 40; LG Bonn, JurBüro 1981, 1885; Steiner/*Storz*, § 71 Rdn. 97.
35 BGH, Rpfleger 2008, 92 = NJW-RR 2008, 222 = WM 2007, 2330 = ZfIR 2008, 203 mit Anm. *Zipperer* (konkret wurde die Anfechtung darauf gestützt, dass die Wohnfläche des Gebäudes lediglich halb so groß war wie die im Verkehrswertgutachten und in den Terminsbekanntmachungen angegebene Fläche. Dies ist ein Irrtum über eine verkehrswesentliche Eigenschaft des Versteigerungsobjekts. Besteht die Flächenabweichung, liegt darin ein Sachmangel, der bei einem rechtsgeschäftlichen Erwerb Ansprüche des Käufers begründet. Da solche Ansprüche bei einem Erwerb in der Zwangsversteigerung nicht bestehen (§ 56 Satz 3), scheidet eine Irrtumsanfechtung in diesem Fall aus.
36 OLG Frankfurt, Rpfleger 1980, 441; LG Krefeld, Rpfleger 1989, 166; LG Frankfurt a.M., Rpfleger 1989, 296.

nach Bekanntwerden geltend gemacht, ist die Anfechtung verspätet.[37] Liegen die Voraussetzungen nach § 119 BGB vor, ist das angefochtene Gebot nichtig, § 142 Abs. 1 BGB und nach § 71 Abs. 1 zurückzuweisen. Eine Anfechtung erledigt sich von selbst, wenn das Gebot durch widerspruchslose Zulassung eines Übergebots oder aus sonstigen Gründen erlischt.

17 Die Anfechtung kann nur gegenüber dem **Vollstreckungsgericht** bzw. dem Beschwerdegericht im Verfahren selbst erfolgen.[38] Eine Klage ist ausgeschlossen. Der Anfechtende hat den Irrtum zu beweisen. Das Vollstreckungsgericht entscheidet durch begründeten Beschluss nach freier richterlicher Überzeugung.[39] Erkennt der Bieter den Irrtum erst später, kann das Gebot auch noch mit der Zuschlagsbeschwerde angefochten werden.[40] In diesem Fall hat das Beschwerdegericht über die Anfechtung und ihre Wirkung zu entscheiden. Wird das angefochtene Gebot zurückgewiesen, kann ein hierdurch benachteiligter Beteiligter widersprechen und den Zuschlag auf das vorhergehende Gebot anfechten.[41] Über Tatsachen, aus denen die Unwirksamkeit eines Gebots folgen kann, muss das Vollstreckungsgericht sofort nach Kenntnis im Termin entscheiden. Es darf insbesondere keine alternativen Gebote zulassen.[42] Wird das angefochtene Gebot nicht sofort zurückgewiesen, sind trotz der materiell-rechtlichen Regelungen des § 142 Abs. 1 BGB aus verfahrensrechtlichen Gründen der Sicherheit und Klarheit im Termin nachfolgend abgegebene Gebote, die niedriger sind, unwirksam.

c) Schadensersatz

18 Eine wirksame Anfechtung kann zu einer **Schadensersatzpflicht** des Anfechtenden führen, § 122 Abs. 1 BGB. Diese Schadensersatzpflicht besteht auch demjenigen gegenüber, der im Vertrauen auf die Wirksamkeit des Meistgebotes diesem nicht widersprochen hat.[43] Im Übrigen kann ein Schadensersatzanspruch des Bieters gegenüber einem von ihm zugezogenen Verfahrensbevollmächtigten bestehen, wenn dieser nicht über einen möglichen Irrtum des Bieters rechtzeitig aufgeklärt hat.[44]

d) Täuschung und Drohung

19 Die gleichen Voraussetzungen zur Anfechtung wegen Irrtum gelten entsprechend auch für eine Anfechtung wegen Drohung (wird wohl nie vorkommen) oder arglistiger Täuschung, § 123 BGB. Allerdings ist der Anwendungsbereich beschränkt, da eine Anfechtung wegen Täuschung nur infrage kommt, wenn das Vollstreckungsgericht die Täuschung verübt oder doch zumindest kennt oder kennen muss, § 123 Abs. 2 BGB.[45] Die Frist für eine solche Anfechtung beträgt nach § 124 Abs. 1 BGB 1 Jahr.

---

37 LG Krefeld, Rpfleger 1989, 166.
38 *Stöber*, ZVG § 71 Rdn. 3.2.
39 RGZ 54, 308.
40 OLG Frankfurt, Rpfleger 1980, 441; hierzu auch *Schiffhauer*, Rpfleger 1972, 341.
41 RGZ 54, 308.
42 OLG Hamm, Rpfleger 1972, 378 = KTS 1972, 56; *Schiffhauer*, Rpfleger 1972, 341.
43 BGH, NJW 1984, 1950.
44 Hierzu *Leßmann*, JuS 1986, 112.
45 LG Bonn, JurBüro 1981, 1885; nach *Stöber*, ZVG § 71 Rdn. 3.1 scheidet eine Anfechtung nach § 123 BGB nach Sachlage aus; ohne eine derartige Einschränkung Steiner/Storz, § 71 Rdn. 97.

5. Bietabkommen

Eine **Bietabsprache** (negatives Bietabkommen[46]) hat den Zweck, Bietinteressenten vom Bieten abzuhalten, um damit einem anderen einen möglichst günstigen Erwerb zu ermöglichen, indem die Gebote relativ klein gehalten oder sogar ganz ausgeschaltet werden. Ob eine solche Absprache sittenwidrig ist, ergibt sich regelmäßig nur aus den Umständen des Einzelfalles, insbesondere aus Inhalt, Beweggrund und Zweck der Absprache.[47] Lässt sich z.b. der einzige in Betracht kommende Interessent durch ein Bietabkommen sein Bietrecht abkaufen, und entzieht dadurch erhebliche Zahlungen dem Zwangsversteigerungsverfahren, ist dieses Abkommen unwirksam.[48] Die Vertragsparteien eines solchen Bietabkommens machen sich den Verfahrensbeteiligten und dem Grundstückseigentümer gegenüber schadensersatzpflichtig. Allerdings ist dies immer außerhalb des Zwangsversteigerungsverfahrens durchzusetzen.[49] Sittenwidrig ist auch ein entsprechender Vertrag nicht erst, wenn er die Ausschaltung aller Bieter bezweckt, sondern bereits dann, wenn die Konkurrenz der Bieter nur geschmälert und insbesondere ein solcher Bieter ausgeschaltet werden soll, der bereit und in der Lage wäre, mehr zu bieten als die anderen.[50] Eine sittenwidrige Absprache liegt auch vor, wenn durch sie Beteiligte schutzlos gestellt werden, die in besonderem Maße auf die Redlichkeit angewiesen sind.[51] **Beispielhaft** ist Sittenwidrigkeit gegeben, wenn jemand gegen eine Sonderzahlung auf den Wert des Grundstückes von der Abgabe von Geboten abgehalten wird und die Zahlungen dem Schuldner nicht zugutekommen.[52] Sittenwidrig ist ein solches Bietabkommen u.a. auch dann, wenn die Konkurrenz der Bieter geschmälert wird, indem mindestens ein Bieter, der mehr als andere bieten wollte, von der Teilnahme am Termin abgehalten wird.[53] Ein negatives Bietabkommen soll auch dann wegen Sittenwidrigkeit nichtig sein, wenn dadurch Rechte nicht eingeweihter vorrangiger Grundpfandrechtsgläubiger verkürzt oder geschmälert werden. Dabei soll sogar unerheblich sein, ob der benachteiligte Dritte die Möglichkeit wahrgenommen hat, selbst zu bieten.[54] Dem kann in dieser allgemeinen Aussage nicht zugestimmt werden. Niemand ist im Zwangsversteigerungsverfahren gezwungen Gebote abzugeben. Ebenso gibt es grundsätzlich keine gesetzliche Regelung, dass bestimmte Personen von der Gebotsabgabe ausgeschlossen werden können. Derartige Verpflichtungen können sich allenfalls aufgrund vertraglicher Regelungen ergeben.[55] Ein Gebot, das in

---

46 Vgl. *Droste*, MittRhNotK 1995, 37 ff.; *Storz*, ZVG B 5.3.1.1.
47 OLG Celle, NJW 1969, 1764; OLG Köln, NJW 1978, 47; OLG Karlsruhe, Rpfleger 1993, 413; Steiner/*Storz*, § 66 Rdn. 46; *Stöber*, ZVG § 71 Rdn. 8.7.
48 OLG Frankfurt, ZIP 1989, 399.
49 *Stöber*, ZVG § 71 Rdn. 8.7.
50 BGH, NJW 1961, 1012.
51 BGH, NJW 1979, 162.
52 OLG Köln, NJW 1978, 46; OLG Celle, NJW 1978, 1764.
53 LG Saarbrücken, Rpfleger 2000, 80.
54 OLG Koblenz, Rpfleger 2002, 637.
55 In dem Fall des OLG Koblenz wurde durch das Bietabkommen niemand der Anwesenden von der Abgabe von Geboten abgehalten. Auch dürfte es ausgeschlossen gewesen sein, dass die angeblich benachteiligte Bank bei Kenntnis der Vereinbarung selbst mehr als 70 % des Verkehrswertes geboten hätte, tatsächlich war genau diese Wertgrenze geboten worden. Aufgrund der negativen Entscheidung des OLG wurde allenfalls der Schuldner geschädigt. Es bleibt die Frage offen, warum die angeblich benachteiligte Bank nicht ebenfalls ein Bietabkommen mit potenziellen Interessenten geschlossen hat?

Ausführung einer nichtigen Ausbietungsgarantie abgegeben wird, ist nicht unwirksam. Es begründet jedoch einer Schadensersatzpflicht gegenüber dem Schuldner, § 826 BGB. Auch eine Anfechtung des Zuschlages kann hierauf nicht gestützt werden.[56]

21 Verpflichtet sich ein Miteigentümer eines Grundstücks gegenüber einem Dritten, einen Antrag auf **Teilungsversteigerung** zustellen und in dem Termin keine Gebote abzugeben, um damit dem Dritten das Eigentum an dem gesamten Grundstück zu verschaffen, bedarf ein solcher Vertrag der notariellen Beurkundung.[57]

6. Weitere Fälle der Unwirksamkeit

22 In eigener Sache darf der den Termin leitende **Rechtspfleger** und der im Termin hinzugezogene **Protokollführer** keine Gebote abgegeben, diese sind unwirksam.[58]

23 Ein Gebot, welches das geringste Gebot nicht erreicht ist unwirksam (zum sog. **Untergebot** siehe → § 72 Rdn. 19).

24 Gebote sind stets in inländischer **Währung** (Euro) abzugeben; dies gilt auch dann, wenn im Grundbuch Grundpfandrechte in fremder Währung eingetragen sein sollten.[59]

25 Gegenstand des Gebotes sind die festgelegten Zwangsversteigerungsbedingungen. Nur hierauf kann auch der Zuschlag erteilt werden. Wenn ein Bieter unter anderen Bedingungen bietet, kann er nur die entsprechende **Änderungen** der Zwangsversteigerungsbedingungen anregen (Ausschluss der Änderung nach Beginn der Bietzeit, vgl. → § 59 Rdn. 13 ff.), er kann aber nicht wirksam unter abweichenden Bedingungen bieten.

26 Unwirksam sind auch **bedingte** oder **befristete** Gebote.[60]

27 **Gleichzeitig abgegebene gleiche Gebote** kann es nicht geben (praxisfremd). Es gibt auch kein Losentscheid.[61] Gebote können im Termin nur nacheinander abgegeben werden; ein weiteres Gebot muss aber höher sein, als das vorherige, es muss ein Übergebot sein, § 72 Abs. 1 (hierzu auch → § 81 Rdn. 8).

28 Gebote des **Schuldners** selbst oder des nach Beschlagnahme neu eingetretenen Eigentümers sind grundsätzlich wirksam; wird ein solches Gebot jedoch in der Absicht abgegeben, im Falle des Meistgebotes hierauf keine Zahlung leisten zu wollen bzw. zu können, ist es als rechtsmissbräuchlich zurückzuweisen.[62]

29 Fraglich ist auch, ob ein Gebot wirksam ist, wenn über das **Vermögen des Schuldners** das **Insolvenzverfahren** eröffnet ist. Das Gebot, gerichtet auf den Erwerb des Grundstückes, erfolgt nach Insolvenzeröffnung. Nach § 35 InsO erfasst das Insolvenzverfahren das gesamte Vermögen des Schuldners, dass diesem zur Zeit der Eröffnung des Verfahrens gehört und dass er während des Verfahrens er-

---

56 Stöber, ZVG § 71 Rdn. 8.8.
57 OLG Hamm, MDR 1974, 311; zur Form auch generell BGH, Rpfleger 1996, 471.
58 Böttcher, § 71 Rdn. 47.
59 Stöber, ZVG § 71 Rdn. 2.2.
60 Böttcher, § 71 Rdn. 7.
61 So auch Stöber, ZVG § 72 Rdn. 2.3; anders wohl OLG Bamberg, MDR 1951, 685; Steiner/Storz, § 81 Rdn. 16; Böttcher, § 72 Rdn. 2.
62 OLG Nürnberg, Rpfleger 1999, 87; LG Mainz, JurBüro 2001, 214; AG Dortmund, Rpfleger 1994, 119.

langt. Auch der Neuerwerb fällt somit in die Insolvenzmasse. Ein Erwerb des Schuldners mit Mitteln der Insolvenzmasse dürfte ausgeschlossen sein, da dies der Verfügungsbefugnis des Insolvenzverwalters unterliegt. Es kommt somit nur ein Erwerb mithilfe seines insolvenzfreien Vermögens in Betracht. Aber auch die hiermit erworbenen Gegenstände fallen wiederum in die Insolvenzmasse. Die Entscheidungsbefugnis hierzu dürfte grundsätzlich beim Schuldner liegen. Allerdings ist dem Insolvenzverwalter die Kompetenz zuzuerkennen, den Erwerb mit Wirkung für die Masse zurückzuweisen, wenn dadurch wiederum die Masse belastet wird.[63] Diese Ungewissheit führt jedoch dazu, dass das Gebot als unwirksam zurückgewiesen werden muss.

Das Gebot eines **Strohmannes** ist nicht sittenwidrig, das Gebot ist zunächst zulässig.[64] Die Beteiligten haben keinen Anspruch darauf, dass sich ein Bieter über sein Gebot erklärt. 30

IV. Vertretungsmacht (Abs. 2)
1. Allgemein

Grundsätzlich kann im Termin geboten werden 31

- einzeln oder gemeinsam für sich selbst (hierzu zuvor → Rdn. 4, 5),
- zunächst für sich selbst, nachträglich wird der Vollmachtgeber genannt (verdeckte Vertretungsmacht, § 81 Abs. 3),
- zunächst für sich selbst, mit der Absicht der Abtretung der Rechte aus dem Meistgebot an einen Dritten (§ 81 Abs. 2)
- in Vertretung für einen Dritten mit Vollmacht (offene Vertretungsmacht, § 71 Abs. 2).

Weiter regelt Abs. 2 die Wirksamkeit der Gebote, sofern diese von der Zustimmung eines anderen oder eine Behörde abhängt. Den unwirksamen Geboten (zuvor → Rdn. 9 ff.) werden die Fälle gleichgestellt, in denen die Wirksamkeit des Gebots und die Möglichkeit des Erwerbs von der Vertretungsmacht des Vertreters oder von der Zustimmung einer anderen Person oder Behörde abhängig ist, die Vertretungsmacht oder die Zustimmung jedoch nicht genügend oder nicht rechtzeitig nachgewiesen wurde. 32

2. Offene Vertretungsmacht

Unter Abs. 2 fallen Gebote eines Vertreters, § 164 Abs. 1 BGB, der direkt bei Abgabe des Gebotes **offen** im Namen eines anderen bietet; hierbei ist gleichgültig, ob der Vertreter gesetzlicher oder gewillkürter Vertreter ist. 33

Wird das Gebot durch einen Vertreter abgegeben, muss dieser die Bietvollmacht in öffentlich beglaubigter Form vorlegen (Abs. 2), sofern die Vertretungsmacht bei Gericht nicht offenkundig ist. Die öffentliche Form ersetzt die öffentliche Beglaubigung nach § 129 BGB.[65] Ob die Vertretungsmacht eines Bieters durch eine öffentliche oder öffentlich beglaubigte Urkunde nachgewiesen ist, hat das Vollstreckungsgericht anhand der formellen Beweiskraft der vorgelegten Urkun- 34

---

63 Vgl. MünchKomm/*Lwowski*, InsO § 35 Rdn. 45, 53.
64 BGH, NJW 1992, 1702 = Rpfleger 1992, 264.
65 BGH, Rpfleger 2011, 544 = NJW-RR 2011, 953 = WuB H. 10/2011 VI E. § 71 ZVG 1.11 *Hintzen*.

de zu prüfen.⁶⁶ Eine im Ausland ausgestellte Vollmacht muss den Formerfordernissen der Ortsform (des Rechtes des Sitzes der ausländischen Urkundsperson) entsprechen (Art. 11 Abs. 1 EGBGB). Eine Änderung der Bietvollmacht während der Bietzeit durch den Bevollmächtigten führt zur Zurückweisung seiner Gebote.⁶⁷ Für die Form der Vollmacht einer Behörde, z.b. der Sparkassen, genügt Schriftform mit Unterschrift und Siegel. Die Frage, ob der mit schriftlicher Vollmacht versehene Bieter Vertretungsmacht hat, entscheidet sich nach dem **Inhalt** der **Bietvollmacht**, wobei die Vollmacht auch nach § 133 BGB auslegungsfähig ist. Es genügt auch eine öffentlich beglaubigte Generalvollmacht.

35   Die **Vollmacht** ist **sofort** bei Gebotsabgabe vorzulegen, eine Nachreichung bis zum Ende der Bietzeit oder sogar bis zum Zuschlag in einem besonderen Zuschlagsverkündungstermin (§ 87) ist nicht ausreichend.⁶⁸ Der Vertretungsnachweis ist ohne Aufforderung des Gerichts von dem Bieter vorzulegen. Jeder Bieter muss selbst dafür Sorge tragen, die erforderlichen Nachweise zu erbringen. Gelingt der Vertretungsnachweis durch öffentliche Urkunde nicht oder nicht rechtzeitig, ist das Gebot unwirksam und zurückzuweisen. Der Zuschlag kann hierauf nicht erteilt werden, selbst wenn der Zurückweisung widersprochen und der Nachweis nachträglich erbracht wird.⁶⁹ Wird der Vertretungsnachweis nicht vorgelegt oder ist er nicht ausreichend, kann der Vertreter für sich selbst bieten und die Rechte aus dem Meistgebot nach § 81 Abs. 2 abtreten.

36   **Offenkundig** (§ 291 ZPO) ist eine Vertretungsmacht dem Gericht gegenüber nur dann, wenn dem amtierenden Rechtspfleger die Vollmacht dienstlich bekannt ist, z.B. aus den Verfahrensakten oder den beigezogenen Grundakten. Liegt die Vollmacht in den Generalakten des Gerichts, muss dafür Sorge getragen werden, dass diese Akten im Versteigerungstermin dem Gericht vorgelegt werden. Eine Bezugnahme auf andere Akten oder Register bei demselben Amtsgericht genügt nicht, da hierin keine Offenkundigkeit gesehen werden kann. Offenkundig ist die Situation, wenn bei Abgabe des Gebotes durch einen Vertreter der Vertretene gleichzeitig anwesend ist und der Vertreter erkennbar in dessen Namen handelt (z.B. der Sohn für seine gleichzeitig anwesende Mutter).

3.   Einzelfälle
a)   **Juristische Personen, OHG, KG, Partnerschaftsgesellschaft pp.**

37   Der Nachweis über die Vertretungsberechtigung einer im Handelsregister eingetragenen Gesellschaft wird alternativ durch ein Zeugnis des Registergerichts über die Eintragung geführt (§ 9 Abs. 3 HGB, § 5 PartGG), durch Vorlage eines beglaubigten Handelsregisterauszuges oder durch eine Notarbescheinigung (§ 31 BNotO, § 39 BeurkG). Die Beweiskraft einer notariellen Urkunde erstreckt sich nur darauf, dass die beurkundete Erklärung von der in der Niederschrift benannten Person abgegeben worden ist, nicht aber auf die inhaltliche Richtigkeit der Erklärung. Die im Termin vorgelegte notariell beurkundete Bietvollmacht erbringt als öffentliche Urkunde daher nur den Beweis dafür, dass eine bestimmte Person an dem angegebenen Tag z.B. erklärt hat, Geschäftsführer einer GmbH zu sein.

---

66   BGH, Beschluss vom 16.2.2012, V ZB 48/11, Rpfleger 2012, 334.
67   LG Lüneburg, Rpfleger 1988, 112.
68   OLG Koblenz, Rpfleger 1988, 75 = ZIP 1987, 1531; LG Koblenz, Rpfleger 1987, 425 m. Anm. *Storz*.
69   OLG Koblenz, Rpfleger 1988, 75 = ZIP 1987, 1531.

Dass der Geschäftsführer auch berechtigt war, die GmbH zu vertreten, beweist die Urkunde nicht. Dies muss durch eine weitere öffentliche oder öffentlich beglaubigte Urkunde nachgewiesen werden müssen, beispielsweise durch Vorlage eines beglaubigten Handelsregisterauszuges (§ 9 Abs. 3 HGB) oder einer notariellen Bescheinigung nach § 21 BNotO. Der **gesetzliche Vertreter** oder der Prokurist einer juristischen Person hat seine Vertretungsberechtigung durch Vorlage eines Handelsregisterauszuges **neueren Datums** oder einer entsprechenden **Notarbescheinigung** nachzuweisen.[70] In keinem Falle hat das Vollstreckungsgericht die Pflicht, den Termin zu unterbrechen, um selbst beim Registergericht mit den zur Verfügung stehenden technischen Mitteln den Nachweis abzufragen. Unstreitig ist, dass das Zeugnis nicht zu alt sein darf, da die Vertretungsberechtigung zwischenzeitlich weggefallen sein oder sich geändert haben kann. Sicherlich nicht generell verlangt werden kann ein Zeugnis, das am selben Tag ausgestellt ist, an dem es zu Nachweiszwecken vorgelegt wird. Das KG[71] hat in einer älteren Entscheidung ein zwei Tage altes Zeugnis als ausreichend angesehen. Eine 12 Tage alte notarielle Bescheinigung reicht aus.[72] Ein zeitlicher Anhaltspunkt kann auch § 15 Abs. 2 HGB sein. Danach kann eine Frist von 15 Tagen akzeptiert werden. Teilweise wird die Frist auch bis auf 5–6 Wochen ausgedehnt.[73] Ein vier Wochen alter Handelsregisterauszug kann als Vertretungsnachweis dann nicht ausreichend sein, wenn weitere Umstände hinzukommen, die gegen die Eindeutigkeit des Nachweises sprechen.[74] Kriterium im Einzelfall ist auch sicherlich die Tatsache, ob sich aus dem Registerauszug ergibt, dass die Vertretungsberechtigung bisher häufig gewechselt hat oder bereits seit Monaten oder Jahren keinerlei Veränderung erfahren hat. Je nach den Umständen des Einzelfalles wird man die Zeitspanne kürzer oder länger als ausreichend tolerieren können.[75]

Die Europäische Wirtschaftliche Interessenvereinigung (EWIV) ist als Handelsgeschäft der OHG weitgehend gleichgestellt. Sie kann unter Ihrer Firma Gebote abgegeben. Der Vertretungsnachweis wird mit einer Abschrift aus dem Handelsregister oder einem Zeugnis des Gerichts geführt. 38

b) Vor-GmbH

Nach heutigem Stand von Praxis und Lehre wird die Vor-GmbH als Träger von Rechten und Pflichten anerkannt. Die bereits durch Gesellschaftsvertrag gegründete, aber noch nicht eingetragene GmbH (Vor-GmbH) stellt nach Rechtsprechung des BGH ein Rechtsgebilde eigener Art dar, das als notwendige Vorstufe 39

---

70   *Stöber,* ZVG § 71 Rdn. 6.4; OLG Hamm, Rpfleger 1990, 85 u. 218 m. kritischer Anm. *Hintzen.*
71   KG, JFG 17, 228.
72   AG Langen, Rpfleger 1982, 63.
73   *Mayers,* Rpfleger 1989, 143, 144.
74   LG Mainz, Rpfleger 2000, 287 = JurBüro 2000, 493; konkret war die von dem Bieter im Termin vorgelegte Bietvollmacht auf neutralem Papier, d.h. nicht auf Geschäftspapier verfasst. Zudem fehlte die Angabe einer Handelsregisternummer, die eine Zuordnung der bevollmächtigenden GmbH zu der im Handelsregister eingetragenen Firma ermöglicht hätte. Der vorgelegte Handelsregisterauszug wies als Gericht Nürnberg aus und bestimmte den Sitz der in diesem Auszug genannten Firma in Schwabach. Die in der Bevollmächtigung angegebene Adresse des Geschäftssitzes war München, sodass nicht offensichtlich war, dass es sich bei der im Handelsregister genannten Firma und der in der Bietvollmacht aufgeführten Firma um die identische handelte.
75   Ähnlich *Assenmacher,* Rpfleger 1990, 195.

zur juristischen Person dem Recht der eingetragenen GmbH schon insoweit untersteht, als es mit ihrem besonderen Zweck vereinbar ist und nicht die Rechtsfähigkeit voraussetzt.[76] Dieses Rechtsgebilde ist nach heute nahezu einhellig vertretener Meinung zum Auftreten und Handeln im Rechts- und Geschäftsverkehr in weiten Umfang berechtigt und dabei – abgesehen von der Rechtsfähigkeit im engeren Sinne – einer juristischen Person bereits weitgehend angenähert. Das gilt für das gesamte materielle und formelle Recht, also auch für die Grundbuchfähigkeit. Die Fähigkeit der Vor-GmbH zur Entgegennahme der Auflassung eines Sacheinlagegrundstücks wird heute mit Recht ebenso bejaht wie die Eintragungsfähigkeit der Vor-GmbH als Eigentümerin oder die Vormerkungsfähigkeit von Ansprüchen einer Vor-GmbH. Eine GmbH in Gründung (sog. Vor-GmbH[77]) kann Eigentümer eines Grundstücks sein[78], somit auch im Versteigerungstermin wirksam Gebote abgeben. Die GmbH in Gründung ist als vollwertiger Träger von Rechten und Pflichten anzusehen. Für sie handelt der (Vor-)Geschäftsführer, der sich in der Form von § 71 Abs. 2 ausweisen muss. Wird die Vor-GmbH bis zur Zuschlagserteilung (eventuell Abschluss des Beschwerdeverfahrens) im Handelsregister als GmbH eingetragen, ist der Zuschlag der GmbH und nicht mehr der GmbH in Gründung zu erteilen.[79]

c) Verein

40 Der Nachweis über die Vertretungsberechtigung eines im Vereinsregister eingetragenen Vereins wird alternativ durch ein Zeugnis des Registergerichts über die Eintragung, durch Vorlage eines beglaubigten Vereinsregisterauszugs oder durch eine Notarbescheinigung geführt (vgl. § 69 BGB; hierzu auch zuvor → Rdn. 37). Bei eingetragenen Vereinen bedarf der Vorstand nach der Satzung zum Erwerb eines Grundstücks oftmals der Zustimmung der Mitgliederversammlung. Diese Zustimmung ist von dem Vertreter neben seiner Bietvollmacht in Form des § 71 Abs. 2 nachzuweisen.[80]

d) Sparkasse

41 Für die Form der Vollmacht einer Sparkasse genügt Schriftform mit Unterschrift und Siegel (vgl. § 29 Abs. 3 GBO), da die nach Landesrecht als Behörden

---

76 Vgl. BGH, WM 2009, 1288 = ZIP 2009, 1273; BGH, NJW 2008, 2441 = ZIP 2008, 1025; BGH, Rpfleger 2004, 118 = NJW-RR 2004, 258 = GmbHR 2003, 1488 = WM 2004, 39; BGH, Rpfleger 2002, 450 = WM 2002, 967; BGH, NJW 1993, 459 = Rpfleger 1993, 247; BGHZ 51, 30, 32 = Rpfleger 1969, 13; und BGHZ 80, 212, 214 = Rpfleger 1981, 348.
77 Hierzu BayObLG, Rpfleger 1987, 407.
78 BGHZ 45, 339 = NJW 1966, 1311 = DNotZ 1967, 381; BGHZ 80, 129; BayObLGZ 1979, 172 = DNotZ 1979, 503 = Rpfleger 1979, 303 = DB 1979, 1500; OLG Hamm, DNotZ 1981, 582 = Rpfleger 1981, 296 = MDR 1981, 758; BayObLGZ 1985, 368 = DNotZ 1986, 177 = Rpfleger 1986, 96 = BB 1986, 549 = GmbHR 1986, 118 = MittBayNot 1986, 37 = DB 1986, 106 = ZIP 1985, 1487; BayObLG, NJW-RR 1987, 334 = Rpfleger 1987, 57; BayObLG, Rpfleger 1987, 407; LG Nürnberg-Fürth, Rpfleger 1986, 254 = MittRhNotK 1985, 127 = BWNotZ 1985, 125 = GmbHR 1986, 48; LG München II, NJW-RR 1987, 1519; *Groß*, BWNotZ 1981, 98; *Priester*, DNotZ 1980, 522; *Böhringer*, Rpfleger 1988, 446.
79 LG München, II NJW-RR 1987, 1519.
80 OLG Hamm, NJW 1988, 73.

geltenden Sparkassenvorstände unterschriebene und mit ihrem Stempel versehene Bietvollmachten in öffentlichen Urkunden ausstellen können.[81]

4. Gemeinde

Die Vertretungsbefugnis beim Handeln für eine Gemeinde richtet sich nach den landesrechtlichen Gemeindeordnungen. Die gerichtliche Beurkundung des Bietvorganges im Zwangsversteigerungstermin ersetzt gemeindliche Formvorschriften (z.b. Schriftform und Dienstsiegels für Rechtsgeschäfte), da im Zwangsversteigerungsverfahren Gebote stets nur mündlich zu Protokoll erklärt werden können.[82] Der erste Bürgermeister einer (bayerischen) Gemeinde, der für diese ein Gebot abgibt, muss sofort eine Ausfertigung des ihn ermächtigenden Gemeinderatsbeschlusses vorlegen, andernfalls das Gebot unwirksam ist.[83] Sieht die Gemeindeordnung vor, dass die rechtsgeschäftliche Vertretung von zwei Personen vorzunehmen ist, müssen entweder beide Personen im Versteigerungstermin erscheinen und gemeinsam bieten, oder entsprechende Vollmachten vorgelegt werden, wobei beide Vertreter gemeinsam einen Dritten (z.b. einen Bediensteten) zur Abgabe von Geboten bevollmächtigen können.[84] Bestimmt die Gemeindeordnung, dass ein Grundstückserwerb eines Beschlusses des Gemeinderates bedarf, gehört dies zum Innenverhältnis, dem Vollstreckungsgericht gegenüber ist dieser Nachweis nicht zu erbringen. 42

V. Zustimmung (Abs. 2)

1. Allgemein

Soweit die Zustimmung eines anderen oder einer Behörde aus öffentlich-rechtlichen oder privatrechtlichen Gründen erforderlich ist, muss dieser bei Abgabe des Gebotes entweder offenkundig oder durch öffentliche Urkunden sofort nachgewiesen sein, andernfalls das Gebot unwirksam und zurückzuweisen ist. Es gelten die gleichen Grundsätze wie zum Nachweis der Vertretungsmacht. 43

2. Einzelfälle

a) Ehegatten

Ehegatten können auch ohne Zustimmung des anderen wirksam Gebote abgeben. Ein im gesetzlichen Güterstand der Zugewinngemeinschaft lebender Ehegatte bedarf dabei selbst dann nicht der Zustimmung des Ehepartners, wenn das zu zahlende Gebot sein gesamtes Vermögen darstellt.[85] Die Eingehung von Zahlungsverbindlichkeiten fällt nicht unter § 1365 BGB, selbst wenn hierdurch das gesamte Vermögen aufgezehrt wird.[86] Entsprechendes gilt bei der Gütergemeinschaft; § 1423 BGB ist ebenfalls nicht anwendbar.[87] 44

---

81 BGH, Rpfleger 2011, 544 = NJW-RR 2011, 953 = WuB H. 10/2011 VI E. § 71 ZVG 1.11 *Hintzen*.
82 Hierzu insgesamt *Glotzbach/Goldbach*, Immobiliarvollstreckung, Rdn. 366.
83 VGH München, Beschluss vom 31.8.2011, 8 ZB 11.549, BeckRS 2011, 56929; AG Bayreuth, Rpfleger 1969, 397; Steiner/*Storz*, § 71 Rdn. 26.
84 Vgl. OLG Düsseldorf, Beschluss vom 21.11.2003, 3 Wx 312/03, Rpfleger 2004, 283.
85 LG Freiburg, Rpfleger 1973, 302; Steiner/*Storz*, § 71 Rdn. 41.
86 MünchKomm/*Koch*, BGB, § 1365 Rdn. 43 m.w.N.
87 MünchKomm/*Kanzleiter*, BGB, § 1423 Rdn. 2.

b) Gesetzlicher Vertreter

45 Die **Eltern** eines minderjährigen Kindes können für dieses nur gemeinsam bieten, § 1626 Abs. 1 BGB. Die Eltern bedürfen zur Abgabe von Geboten für ihr Kind der **familiengerichtlichen** Genehmigung, § 1821 Abs. 1 Nr. 5, § 1643 Abs. 1 BGB.

46 Das Gleiche gilt für die Abgabe eines Gebotes durch den **Vormund** oder einen **Pfleger** für den Pflegling bzw. Betreuten; zuständig ist dann jedoch das Betreuungsgericht.[88]

47 Ist ein Bieter in der Geschäftsfähigkeit beschränkt (§§ 106, 114 BGB) ist sein Gebot ohne Einwilligung des gesetzlichen Vertreters unwirksam. Ist dies erkennbar, ist das Gebot zurückzuweisen, bleibt aber auch ohne Zurückweisung unwirksam (§ 111 BGB). Die Einwilligung muss sofort bei Abgabe des Gebotes vorliegen.

c) Hypothekenbanken

48 Das Hypothekenbankgesetz regelte die Rechte und Pflichten der Hypothekenbanken in Deutschland. Zuletzt gültig war das HBG in der Fassung der Bekanntmachung vom 9. September 1998 (BGBl I 2674), zuletzt geändert durch Art. 8 des Gesetzes vom 5. April 2004 (BGBl I 502). Nach § 5 Abs. 4 HypothekenbankenG sollten Hypothekenbanken Grundstücke nur zur Verhütung von Verlusten oder zur Beschaffung von Geschäftsräumen bzw. Dienstwohnungen erwerben. Dies waren aber nur intern wirkende Vorschriften, die von den Banken im Zwangsversteigerungstermin abgegebene Gebote nicht unwirksam machten.[89] Das HBG ist am 19.7.2005 außer Kraft getreten und durch das Gesetz zur Neuordnung des Pfandbriefrechts vom 22.5.2005 (BGBl I 2005, 1373) ersetzt worden.

d) Innung, Kreishandwerkerschaft

49 Der Vorstand vertritt die **Handwerksinnung** gerichtlich und außergerichtlich. Durch die Satzung kann die Vertretung einem oder mehreren Mitgliedern des Vorstands oder dem Geschäftsführer übertragen werden, § 66 Abs. 3 HwO (Handwerksordnung in der Fassung der Bekanntmachung vom 24.9.1998, BGBl I 3074 und 2006 I 2095, zuletzt geändert durch Art. 283 VO vom 31.8.2015, BGBl I 1474). Als Ausweis genügt bei allen Rechtsgeschäften die Bescheinigung der Handwerkskammer, dass die darin bezeichneten Personen zurzeit den Vorstand bilden, § 66 Abs. 3 S. 3 HwO. Gebote sind nur mit Genehmigung der Handwerkskammer zulässig, § 61 Abs. 3 HwO. Die Genehmigung muss dem Vollstreckungsgericht gegenüber aber nicht vorgelegt werden, sie wirkt nur intern.[90]

50 Auf die **Kreishandwerkerschaft** findet § 66 HwO Anwendung, § 89 Abs. 1 Nr. 5 HwO. Als Ausweis des Vorstands einer **Handwerkskammer** genügt eine Bescheinigung der obersten Landesbehörde, dass die darin bezeichneten Personen zurzeit den Vorstand bilden, § 108 Abs. 6 HwO; dem Vorstand obliegt die Verwaltung der Handwerkskammer; Präsident und Hauptgeschäftsführer vertreten die Handwerkskammer gerichtlich und außergerichtlich, das Nähere regelt die Satzung, die auch bestimmen kann, dass die Handwerkskammer durch zwei Vor-

---

88 *Stöber*, ZVG § 71 Rdn. 7.4; Steiner/*Storz*, § 71 Rdn. 19.
89 Steiner/*Storz*, § 71 Rdn. 55; *Böttcher*, § 71 Rdn. 31; a.A. *Stöber*, ZVG § 71 Rdn. 7.11.
90 A.A. *Stöber*, ZVG § 71 Rdn. 7.12.

standsmitglieder vertreten wird, § 109 HwO. Der Erwerb eines Grundstücks bedarf der Beschlussfassung der Vollversammlung, § 106 Abs. 1 Nr. 9, Abs. 2 HwO. Die erforderliche Genehmigung wirkt nur intern, das Vollstreckungsgericht hat diese nicht zu prüfen.[91]

e) Insolvenzverwalter

Der Insolvenzverwalter ist nach § 80 Abs. 1 InsO verwaltungs- und verfügungsbefugt. Für Rechtshandlungen von besonderer Bedeutung hat er die Zustimmung des Gläubigerausschusses einzuholen, falls ein solcher nicht bestellt ist, der Gläubigerversammlung, § 160 Abs. 1 InsO. Aber auch ohne diese Zustimmung sind das Rechtsgeschäft, und damit auch die Abgabe eines Gebotes, wirksam.[92]   51

f) Kirchen

Vertreter der Kirchen können ein wirksames Gebotes nur mit Genehmigung der Aufsichtsbehörde abgeben.[93] Ohne eine vorgelegte Genehmigung ist das Gebot zurückzuweisen.[94]   52

g) Testamentsvollstrecker

Ein Testamentsvollstrecker bedarf keiner Zustimmung zur Abgabe von Geboten; er handelt im Rahmen einer ordnungsgemäßen Verwaltung alleinverantwortlich, §§ 2206, 2211, 2216 BGB.   53

h) Träger der Sozialversicherung

Diese bedürfen zur Abgabe von Geboten der Genehmigung der Aufsichtsbehörde, § 85 Abs. 1 Satz 1 SGB IV. Ohne Vorlage der erforderlichen Genehmigung ist ein Gebot zurückzuweisen.   54

i) Versicherung, Bausparkasse

Bei einer Versicherungs-AG oder einem Versicherungsverein auf Gegenseitigkeit ist eine Genehmigung der Aufsichtsbehörde nicht erforderlich, § 54 VAG. Dies gilt auch für Bausparkassen.[95]   55

j) Zwangsverwalter

Der Zwangsverwalter, §§ 146, 152, hat keine Verfügungsbefugnis über das Grundstück selbst. Er zieht die Nutzungen und verteilt diese entsprechend dem Teilungsplan. Er kann für die verwaltete Masse keine Gebote abgegeben.   56

---

91 *Stöber*, ZVG § 71 Rdn. 7.10.
92 MünchKomm/*Görg/Jansen*, InsO § 160 Rdn. 36 ff.
93 Jede Kirchenbehörde hat eigene Regelungen, die sich jedoch nahezu gleichen, z.B. nach dem Kirchengesetz über Grundstücke in der Evangelischen Kirche in Mitteldeutschland (Grundstücksgesetz – GrdstG) vom 20.11.2010 (ABl S. 316) oder aufgrund der Bekanntmachung des Kirchlichen Vermögensverwaltungsgesetzes über die Geschäftsanweisung für die Arbeit der Kirchenvorstände im Erzbistum Berlin vom 11.1.2007 (Gesetz- und Verordnungsblatt für das Land Brandenburg vom 18.1.2007 S. 38); *Böttcher*, § 71 Rdn. 33.
94 *Stöber*, ZVG § 71 Rdn. 7.15.
95 *Böttcher*, § 71 Rdn. 26.

§ 72 »Erlöschen eines Gebots; Übergebot«

(1) ¹Ein Gebot erlischt, wenn ein Übergebot zugelassen wird und ein Beteiligter der Zulassung nicht sofort widerspricht. ²Das Übergebot gilt als zugelassen, wenn es nicht sofort zurückgewiesen wird.
(2) Ein Gebot erlischt auch dann, wenn es zurückgewiesen wird und der Bieter oder ein Beteiligter der Zurückweisung nicht sofort widerspricht.
(3) Das gleiche gilt, wenn das Verfahren einstweilen eingestellt oder der Termin aufgehoben wird.
(4) Ein Gebot erlischt nicht, wenn für ein zugelassenes Übergebot die nach § 68 Abs. 2 und 3 zu erbringende Sicherheitsleistung nicht bis zur Entscheidung über den Zuschlag geleistet worden ist.

Übersicht	Rdn.
I. Allgemeines	1
II. Übergebot (Abs. 1)	4
1. Zulassung des Übergebots	4
2. Wirkung des Übergebots, Widerspruch	5
III. Zurückweisung des Gebots (Abs. 2)	6
IV. Einstweilige Einstellung, Terminsaufhebung (Abs. 3)	9
V. Wirksamkeit des Gebots trotz fehlender Sicherheitsleistung (Abs. 4)	13
1. Auswirkungen im Verfahren	13
2. Zuschlagsentscheidung	20

I. Allgemeines

1 Die für alle Versteigerungsverfahren geltende Vorschrift regelt die Bindung des Bieters an sein Gebot; § 156 BGB ist nicht anwendbar. Der Bieter ist an sein Gebot gebunden, sobald er es abgegeben hat und es nicht unwirksam ist (§ 71). Ein wirksames Gebot kann nicht zurückgenommen werden, selbst dann nicht, wenn sich alle Beteiligten über die Rücknahme einigen.[1] Der Bieter ist an sein Gebot solange gebunden, bis einer der in § 72 aufgezählten Erlöschensgründe eintritt.

2 Alle rechtserheblichen Vorgänge (Übergebot, Wirksamkeit, Zurückweisung, Widerspruch, einstweilige Einstellung, Aufhebung des Termins) sind in das **Sitzungsprotokoll** aufzunehmen, §§ 78, 80. Wenn das Protokoll nur die Zurückweisung eines Gebots, nicht aber den Widerspruch dagegen erwähnt, kann dieser bei der Entscheidung über den Zuschlag nicht berücksichtigt werden.

3 Durch das Zweite Gesetz zur Modernisierung der Justiz (2. JuModG) vom 22.12.2006 (BGBl I 3416) wurde Abs. 4 eingeführt. Zum Zeitpunkt des Inkrafttretens vgl. § 186.

II. Übergebot (Abs. 1)
1. Zulassung des Übergebots

4 Ein wirksames Gebot bleibt solange bestehen, bis ein wirksames **Übergebot zugelassen** wird und ein Beteiligter der Zulassung nicht sofort widerspricht (Abs. 1 Satz 1). Ein Übergebot gilt als zugelassen, wenn es vom Vollstreckungsgericht nicht sofort zurückgewiesen wird (Abs. 1 Satz 2). Für das Übergebot gelten die gleichen Regeln wie zur Wirksamkeit des Gebots nach § 71. Das im Termin

---

1 Steiner/*Storz*, § 72 Rdn. 1; *Stöber*, ZVG § 72 Rdn. 2.2.

mündlich abzugebende Übergebot wird in dem Augenblick wirksam, in dem der den Termin leitende Rechtspfleger es hört (hierzu → § 71 Rdn. 2). Hängt das Übergebot von der Vertretungsmacht oder einer Zustimmung ab, gilt auch hier § 71 Abs. 2.

2. Wirkung des Übergebots, Widerspruch

Die Zulassung des Übergebots bewirkt das Erlöschen des früheren Gebots 5 auch dann, wenn die Zulassung zu Unrecht erfolgt, mit der Folge, dass dann der Zuschlag möglicherweise auf keines der beiden Gebote erteilt werden kann. Gegen die Zulassung eines Übergebots kann ein **Beteiligter,** nicht aber der überbotene Bieter[2], **widersprechen,** sodass das Erlöschen des früheren Gebots verhindert wird; in diesem Falle bleibt das vorherige Gebot in der Schwebe und kann bei der Zuschlagsentscheidung berücksichtigt werden.[3] Der Widerspruch kann nicht zurückgenommen werden, da ansonsten die Fortwirkung des Gebots wegfällt; ebenso wie die Bindung an ein zugelassenes Gebot gilt auch hier die Bindung an den erklärten Widerspruch.[4] Die so verlängerte Bindung an ein Gebot endet, wenn ein weiteres Übergebot zugelassen wird und hiergegen kein Widerspruch erhoben wird. Ein wirksames Gebot kann selbstverständlich auch von demselben Bieter überboten werden (möglicherweise bestehen Absprachen zwischen Bieter und den betreibenden Gläubigern oder es sollen die Grenzen nach § 74a Abs. 1, § 85a Abs. 1 eingehalten werden). Entscheidet der amtierende Rechtspfleger über einen Widerspruch gegen ein Gebot nicht sofort, sondern kündigt die Entscheidung in einem zu bestimmenden Zuschlagsverkündungstermin (§ 87) an, muss er die anwesenden Bieter nach § 139 ZPO darauf hinweisen, dass nunmehr folgende Übergebote nach § 72 Abs. 1 das Gebot, gegen dass sich der Widerspruch richtet, unabhängig von seiner Wirksamkeit und Zulässigkeit zum Erlöschen bringen; unterlässt er diese Hinweispflicht, kann dies einen Amtshaftungsanspruch des Bieters begründen, der sich in Verkennung des § 72 Abs. 1 nun selbst überbietet und daher den Zuschlag zu einem unnötig hohen Gebot erhält.[5]

III. Zurückweisung des Gebots (Abs. 2)

Ein unwirksames Gebot ist zurückzuweisen, § 71. Mit der Zurückweisung er- 6 lischt das Gebot, sofern nicht der **Bieter** oder ein **Beteiligter** der Zurückweisung sofort widerspricht.[6] Dabei kommt es auch nicht darauf an, ob das zurückgewiesene Gebot tatsächlich unwirksam war. Wird kein Widerspruch erhoben, ist anzunehmen, dass kein Interesse an diesem Gebot besteht. Das gilt auch dann, wenn die Zurückweisung zu Unrecht erfolgt. Der Widerspruch eines Bieters gegen die Zurückweisung seines Gebotes kann auch in der Abgabe eines neuen Gebotes desselben Bieters liegen[7]; dies erlangt Bedeutung, wenn das Übergebot nach Abs. 2 erlischt. Der Zuschlag kann nicht wegen ungerechtfertigter Zurückweisung eines früheren Gebotes angefochten werden, auch wenn der Bieter deshalb nicht weiter geboten hat. Es muss der Zurückweisung sofort widersprochen werden, nur so dauert die Bindung an das Gebot fort.

---

2   OLG Koblenz, ZIP 1987, 1531 und LG Koblenz, Rpfleger 1987, 425 mit Anm. *Storz.*
3   Hierzu BGH, Rpfleger 1984, 243 = NJW 1984, 1950.
4   *Stöber,* ZVG § 72 Rdn. 5.6; *Böttcher,* § 72 Rdn. 2; a.A. Steiner/*Storz,* § 72 Rdn. 10.
5   OLG Frankfurt, InVo 2004, 203.
6   BGH v. 14.2.2008, V ZB 80/07 (BeckRS 2008, 04130); OLG Hamm, 1987, 469.
7   LG Münster, NJW 1958, 149 = MDR 1958, 173.

7 Liegt ein wirksames Gebot vor und wird dann ein Übergebot abgegeben, das vom Vollstreckungsgericht zurückgewiesen wird und wird weiter hiergegen sofort Widerspruch erhoben, bleibt das zurückgewiesene Gebot in der Schwebe. Gleichfalls nicht erloschen ist das vorhergehende Gebot (Beispiel: Gebot 10.000,– €, Übergebot 12.000,– €, Zurückweisung und hiergegen Widerspruch). Weitere Gebote können abgegeben werden, sofern sie das erste Gebot (im Beispiel 10.000,– €) übersteigen (z.B. 11.000,– €), sie müssen nicht höher sein als das zurückgewiesene Übergebot (im Beispiel 12.000,– €). Erst mit dem Zuschlag oder im Rechtsmittelverfahren ist die Entscheidung zu treffen, welches Meistgebot den Zuschlag erhält (im Beispiel das Gebot über 12.000,– €, sofern die Zurückweisung des Gebots zu Unrecht erfolgte, andernfalls das Gebot über 11.000,– €).[8]

8 Abs. 2 gilt entsprechend, wenn das Vollstreckungsgericht ein wegen Irrtums angefochtenes Gebot nicht ausdrücklich nach § 71 Abs. 1 zurückgewiesen hat, sondern es stillschweigend als nicht vorhanden behandelt hat.

IV. Einstweilige Einstellung, Terminsaufhebung (Abs. 3)

9 Gebote erlöschen auch dann, wenn das Verfahren einstweilen eingestellt oder der Zwangsversteigerungstermin aufgehoben wird, ebenfalls bei Verfahrensaufhebung. Einstellung und Aufhebung können sich stützen auf: §§ 28, 29, 30, 30a, 30c, 30d, 31, 75, 76 ZVG, § 765a ZPO. Hierbei ist nach Schluss der Versteigerung (§ 73 Abs. 2 Satz 1) der Zuschlag zu versagen, § 33. Das Erlöschen der Gebote tritt ein, wenn die Einstellung oder Aufhebung gegenüber dem bestrangig betreibenden Gläubiger, dessen Anspruch dem geringsten Gebot zugrunde gelegt wurde, erfolgt, mit der Folge, dass ein neues geringstes Gebot aufzustellen und eine neue Bietzeit einzuhalten ist (zur Ausnahme → § 33 Rdn. 9 ff.). Wird einem Gläubiger gegenüber das Verfahren eingestellt oder aufgehoben, dessen Anspruch dem geringsten Gebot nicht zugrunde liegt, läuft das Verfahren weiter, da sich keine Änderungen hinsichtlich des geringsten Gebotes ergeben.[9] Die Versagung des Zuschlags nach § 33 bewirkt das Erlöschen des Gebots erst mit der Rechtskraft des Versagungsbeschlusses (→ § 33 Rdn. 14).

10 Die Bestimmung eines besonderen **Verkündungstermins** nach § 87 führt nicht zum Erlöschen des Gebots, hierdurch wird nur die Entscheidung über den Zuschlag befristet hinausgeschoben.

11 Auch die **Vertagung** des Termins (§ 227 ZPO) steht weder der einstweiligen Einstellung noch der Aufhebung des Verfahrens gleich, Gebote bleiben bestehen.[10]

12 Wird ein Grundstück **mehrfach ausgeboten,** z.B. aufgrund abweichender Versteigerungsbedingung nach § 59, bewirkt der Übergang von dem einen zum anderen Ausgebot nicht das Erlöschen der jeweiligen Gebote.[11] Erst die Zuschlagsentscheidung auf eines der Ausgebote führt zum Erlöschen der Gebote auf das Ausgebot, das den Zuschlag nicht erhalten hat.

---

8 So auch *Stöber*, ZVG Rdn. 5.5.
9 *Stöber*, ZVG § 72 Rdn. 4.1.
10 *Schiffhauer*, Rpfleger 1986, 330; *Büchmann*, ZIP 1986, 12.
11 BGH, Beschluss v. 16.2.2012 – V ZB 48/11, Rpfleger 2012, 334.

V. Wirksamkeit des Gebots trotz fehlender Sicherheitsleistung (Abs. 4)
1. Auswirkungen im Verfahren

Die Einfügung von Abs. 4 (hierzu → Rdn. 3) begründet der Gesetzgeber wie 13
folgt: „*Die Ergänzung wird als Folge von § 68 Abs. 4 erforderlich, da sonst bei Nichtleistung der erhöhten Sicherheitsleistung bis zum Zuschlagstermin kein wirksames Gebot vorliegen würde, dem der Zuschlag erteilt werden könnte. Die vorgeschlagene Verfahrensweise entspricht derjenigen bei Einzel- und Gesamtausgeboten (§§ 63 und 64). Auch in diesem Fall bleiben mehrere Gebote bis zur Zuschlagsentscheidung wirksam.*" Mit dieser Regelung durchbricht der Gesetzgeber die entscheidenden Grundsätzen zur Wirksamkeit von Geboten im Versteigerungstermin, sofern das Gebot von dem Nachweis einer zu erbringenden Sicherheitsleistung abhängt, § 70 (hierzu → § 68 Rdn. 14). Schon dadurch zeigt sich, dass der herangezogene Vergleich bei Einzel- und Gesamtausgeboten hinkt, da hier mehrere Gebote bei einem Grundstück vorliegen, über deren Wirksamkeit Unklarheit herrscht und nicht wirksame Gebote bei mehreren Grundstücken. Das Vollstreckungsgericht hat zu prüfen, ob das Verlangen nach Sicherheitsleistung zulässig ist, ob der Bieter die Sicherheit leisten muss und bejahenfalls in welcher Höhe. Ist die Sicherheitsleistung erforderlich, muss der Bieter diese *sofort* leisten, andernfalls das Gebot zurückzuweisen ist, § 70 Abs. 2 Satz 2. Über die Zulässigkeit und Wirksamkeit der im Versteigerungstermin abgegebenen Gebote muss unverzüglich Klarheit herrschen, andernfalls für Bietinteressenten das wirtschaftliche Risiko, weitere Gebote abzugeben ohne zu wissen, ob diese zuschlagsfähig sind oder nicht, unkalkulierbar wird. Die Neuregelung in § 68 Abs. 4 und in § 72 Abs. 4 führt zu „*schwebenden*" Geboten (hierzu → § 68 Rdn. 14).

Die Neuregelung hat unmittelbar Auswirkungen auf die Wirksamkeit und Zu- 14
schlagsfähigkeit von im Versteigerungstermin abgegebenen Geboten.

Beispiel:
Verkehrswert des Grundstücks: 200.000,- €
Nach den Versteigerungsbedingungen bleiben keine dinglichen Rechte bestehen;
Der bar zu zahlende Teil des geringsten Gebots beträgt: 10.000,- €.
Der im Grundbuch eingetragene erstrangige Grundschuldgläubiger betreibt die Zwangsversteigerung, sein gesamter Anspruch einschließlich Kosten und Zinsen soll betragen: 150.000,- €

In folgender Reihenfolge werden Gebote bzw. Anträge abgegeben:
(1) der Bieter A bietet 100.000,- € und weist auf Verlangen die Sicherheitsleistung über 20.000,- € nach;
(2) danach bietet der Schuldner (= Eigentümer) einen Betrag von 195.000,- €;
(3) der betreibende Grundschuldgläubiger verlangt von dem Schuldner erhöhte Sicherheitsleistung nach § 68 Abs. 3;
(4) der Schuldner weist die reguläre Sicherheitsleistung (§ 68 Abs. 1 Satz 1) über 20.000,- € nach, der Differenzbetrag der erhöhten Sicherheitsleistung (§ 68 Abs. 3) über 130.000,- € wird nicht nachgewiesen;
(5) der Bieter B bietet 140.000,- € und weist auf Verlangen die Sicherheitsleistung über 20.000,- € nach.

zu (1): 15
Das Gebot des Bieters A ist wirksam, die erforderliche Sicherheit (§ 68 Abs. 1 Satz 1) ist nachgewiesen.

16 zu (2–4):

Auch der Schuldner ist berechtigt, im Versteigerungstermin Gebote abzugeben (zu Unwirksamkeit oder Rechtsmissbrauch s. → § 71 Rdn. 14). Das Gebot ist zulässig, es handelt sich um ein Übergebot nach Abs. 1 Satz 1. Die Zulassung des Gebots hängt aber weiterhin von dem Nachweis der verlangten Sicherheitsleistung ab, § 70 Abs. 2 Satz 1. Wird die Sicherheit sofort geleistet bzw. der Nachweis sofort erbracht, wird das Gebot zugelassen, andernfalls zurückgewiesen. Damit das Gebot des Schuldners überhaupt rechtliche Wirkung entfaltet, ist der Schuldner verpflichtet, die reguläre Sicherheitsleistung in Höhe von $^1/_{10}$ nach § 68 Abs. 1 Satz 1 zu erbringen (dies hat er in dem Beispiel getan). Nach der Neuregelung in Abs. 4 muss der Schuldner die **darüber hinausgehende (erhöhte) Sicherheitsleistung** nicht sofort bei Abgabe des Gebotes nachweisen bzw. erbringen, sondern erst spätestens bei der Entscheidung über den Zuschlag. Der fehlende Teilbetrag bis zur Höhe der Gesamtsicherheitsleistung berechtigt das Vollstreckungsgericht nicht, das Gebot nach § 70 Abs. 2 Satz 3 zurückzuweisen. Das Gebot ist daher unter der entsprechenden Bedingung zuzulassen. Hinausgeschoben wird die Entscheidung über die Zuschlagsfähigkeit des Gebots (hierzu nachfolgend → Rdn. 20).

17 Ein Gebot erlischt, wenn ein Übergebot zugelassen wird, Abs. 1 Satz 1. Infolge der Neuregelung in Abs. 4 ist dieser Grundsatz jedoch durchbrochen. Das zugelassene Übergebot des Schuldners, welches noch von dem Nachweis der erhöhten Sicherheitsleistung abhängt, kann (noch) nicht die Rechtswirkung entfalten, dass das vorherige Gebot erloschen ist. Das Erlöschen tritt erst dann ein, wenn das Übergebot des Schuldners endgültig wirksam ist, die Entscheidung kann erst mit der Zuschlagsentscheidung getroffen werden. Insoweit sind beide Gebote nunmehr bedingt, eine sofortige Entscheidung über die Wirksamkeit oder Unwirksamkeit der Gebote kann das Vollstreckungsgericht nicht treffen, beide Gebote sind „*schwebend*". Nach Beendigung des Versteigerungstermins kann auch die von dem Bieter A erbrachte und nachgewiesene Sicherheitsleistung nicht zurückgegeben werden, es besteht die Möglichkeit, dass das Gebot des Bieters A den Zuschlag erhält, wenn der Schuldner die geforderte erhöhte Sicherheitsleistung nicht nachweist. Diese für den Bieter missliche und nicht kalkulierbare Situation muss nach der Neuregelung hingenommen werden.

18 Erbringt der Schuldner die erhöhte Sicherheitsleistung bis zur Entscheidung über den Zuschlag nicht, ist das Gebot des Schuldners unwirksam und nach § 70 Abs. 2 Satz 3 zurückzuweisen.[12] Da nunmehr kein Übergebot vorliegt, ist das darunter liegende Gebot endgültig wirksam und Grundlage für die Zuschlagsentscheidung (hierzu nachfolgend → Rdn. 20).

19 zu (5):

Die Möglichkeit, die dem Schuldner durch die Neuregelung in Abs. 4 eingeräumt wird, kann dazu führen, dass er (wie in dem Beispiel) ein Gebot in einer Höhe abgibt, welches von den übrigen Bietern mit großer Sicherheit nicht überboten wird. Um ein solches Gebot des Schuldners auf die Ernsthaftigkeit zu prüfen, kann von dem Gläubiger nach § 68 Abs. 3 erhöhte Sicherheitsleistung verlangt werden. Da der Schuldner – wie die bisherige Praxis gezeigt hat – regelmäßig eine Sicherheitsleistung in der geforderten Höhe nicht erbringen bzw. nachweisen konnte, war das Gebot nach § 70 Abs. 2 Satz 3 zurückzuweisen. Die Entscheidung

---

[12] Nach Depré/*Bachmann*, § 72 Rdn. 16 ist der Zuschlag zu versagen; dies wird für systemwidrig gehalten, s. Fn. 5.

über das Gebot des Schuldners in einer solchen Situation wird nach der Neuregelung nunmehr auf den Zeitpunkt der Zuschlagsentscheidung hinausgeschoben. Damit ein weiteres Gebot überhaupt zugelassen werden kann, muss es sich nach Abs. 1 Satz 1 um ein **Übergebot** handeln. Es ist praxisfremd zu glauben, dass bei einem vorliegenden Gebot, welches den Verkehrswert nahezu erreicht oder sogar übersteigt, weitere Gebote abgegeben werden. Es ist ebenfalls mehr als unwahrscheinlich, dass der Schuldner die erhöhte Sicherheitsleistung bis zur Entscheidung über den Zuschlag erbringen wird. Mit dieser Vorgehensweise hätte der Schuldner erreicht, dass weitere Interessenten an dem Grundstück von der Abgabe von Geboten ausgeschlossen werden. Ob der Gesetzgeber diese Situation bedacht hat, ist zweifelhaft.[13]

Fraglich ist, ob auch nach einem (überhöhten) Gebot des Schuldners weitere Gebote abgegeben werden können, die jedoch kein Übergebot zum Gebot des Schuldners darstellen (in dem Beispiel bietet der Bieter B 140.000,- € = $^7/_{10}$ des Verkehrswerts des Grundstücks). Hätte der Schuldner sein Gebot nicht abgegeben, wäre das Gebot des Bieters B ein wirksames Übergebot zu dem Gebot des Bieters A. Jetzt ist es ein „*Zwischengebot*", dessen Zulassung eigentlich abzulehnen ist (der Schuldner kann auch direkt als Erster ein völlig überhöhtes Gebot abgeben, dann wäre das Gebot des Bieters B ein „*Untergebot*"). Nach Abs. 1 Satz 1 erlischt ein Gebot, wenn ein **Übergebot zugelassen** wird und ein Beteiligter der Zulassung nicht sofort widerspricht. Das im Termin mündlich abgegebene Gebot wird in dem Augenblick wirksam, in dem der den Termin leitende Rechtspfleger es hört (hierzu → § 71 Rdn. 2). Die Zulassung eines Gebots setzt jedoch voraus, dass das Gebot zulässig und wirksam ist. Hängt die Wirksamkeit des Gebots von dem Nachweis einer zu erbringenden Sicherheitsleistung ab, muss diese erst nachgewiesen werden. Bei einer verlangten erhöhten Sicherheitsleistung (§ 68 Abs. 2, 3) ist die Zulassung des Gebots nur von der regulären Sicherheitsleistung nach § 68 Abs. 1 Satz 1 abhängig. Der Wortlaut der Neuregelung in Abs. 4 spricht von einem *zugelassen Übergebot*, das erst dann erlischt, wenn die erhöhte Sicherheitsleistung nicht geleistet wird. Auch bei dem Übergebot des Schuldners handelt es sich somit nach dem Willen des Gesetzgebers um ein zugelassenes Übergebot. Damit können weitere Gebote nur zugelassen werden, wenn diese wiederum ein Übergebot sind. Ein betragsmäßig darunter liegendes Gebot (Untergebot oder Zwischengebot) ist eigentlich unzulässig und müsste folgerichtig sofort zurückgewiesen werden (was aber nicht gemacht wird, s. nachfolgend).

Dem Schuldner ist damit ein versteigerungsverhinderndes Verhalten geradezu an die Hand gegeben worden. Diese verunglückte gesetzliche Regelung wird von der Praxis aber korrigiert. Die überwiegende Meinung lässt daher auch nach dem Gebot des Schuldners geringere, unter dem Gebot des Schuldners liegende Gebote zu: „Das nachfolgende geringere Gebot ist ebenso wirksam wie ein vorausgehendes minderes Gebot nicht erloschen ist, so lange für das Übergebot die erhöhte Sicherheit nicht geleistet ist".[14] Als Begründung wird angeführt, andernfalls der Schuldner es in der Hand habe, andere wirksame Gebote und letztlich die Versteigerung zu verhindern.[15] Wenn lediglich auf die Missbrauchsmöglichkeiten des

19.1

---

13   Eine eher misslungene Regelung, die die Unkenntnis vom Versteigerungsverfahren deutlich macht.
14   So *Stöber*, ZVG § 72 Rdn. 6.2.
15   So auch Löhnig/*Steffen*, § 72 Rdn. 9 und *Böttcher*, §§ 67–70 Rdn. 52 a–c, jeweils ohne nähere Begründung „muss zulässig sein"; Depré/*Bachmann*, § 68 Rdn. 21, „das kann nicht richtig sein".

Schuldners hingewiesen wird, wird letztlich die eindeutige, wenn auch völlig verunglückte, gesetzliche Regelung praxisgerecht passend gemacht (wenn der Gesetzgeber patzt, wird es die Praxis schon richten). Die Gerichte sind aber an das Gesetz gebunden. Zu hinterfragen ist, ob das Gebot des Schuldners in einer solchen Situation nicht unwirksam ist?

19.2 Ein rechtsmissbräuchliches Gebot ist unwirksam. Der Grundsatz von Treu und Glauben (§ 242 BGB) gilt auch im Vollstreckungsverfahren. Er verpflichtet die Parteien zu redlicher Prozessführung und verbietet insbesondere den Missbrauch prozessualer Befugnisse.[16] Rechtsmissbräuchlich und damit unzulässig ist die Ausübung solcher Befugnisse, wenn sie nicht den gesetzlich vorgesehenen, sondern anderen, nicht notwendig unerlaubten, aber funktionsfremden und rechtlich zu missbilligenden Zwecken dient.[17] Beispielhaft gilt das auch für Anträge und Rechtsmittel des Schuldners, mit denen dieser keinen Rechtsschutz sucht, sondern das Verfahren verzögern will.[18] Rechtsmissbräuchlich handelt auch ein Bieter, der ein Gebot nicht zum Zwecke des Rechtserwerbs abgibt, sondern andere, rechtlich zu missbilligende Zwecke verfolgt. Die Instanzgerichte haben schon früher Gebote eines zahlungsunfähigen oder unwilligen Bieters allgemein als rechtsmissbräuchlich angesehen, wenn es in der Absicht abgegeben wird, die Verwertung des Grundstücks zu hintertreiben.[19] Missbräuchlich ist nicht, das Bietrecht durch Abgabe von (taktischen) Geboten so zu nutzen, um zu erreichen, dass in der Versteigerung Bietkonkurrenten höhere Gebote abgeben, da insoweit der Verwertungserlös gesteigert wird. Missbräuchlich handelt der Schuldner als Bieter aber dann, wenn er seine verfahrensrechtliche Position so nutzt, dass durch ein völlig überhöhtes Gebot Bietkonkurrenten von der Abgabe höherer Gebote ausgeschlossen werden. Letztlich bleibt der Schuldner dann Meistbietender mit dem Recht der Zuschlagserteilung, zahlt aber die erhöhte Sicherheitsleistung nicht und das Verfahren endet ergebnislos, § 77. Die Konkurrenz der Bieter ist ein wesentliches Element der Zwangsversteigerung. Wenn diese Konkurrenz entfällt bzw. ausgeschaltet werden kann, läuft dies dem Ziel der Zwangsversteigerung zuwider. Wenn mit Rücksicht auf die gesetzlichen Schuldnerschutzmechanismen jedenfalls die Grenze zum Rechtsmissbrauch überschritten wird, wenn ein Terminsvertreter eines zur Befriedigung aus dem Grundstück berechtigten Gläubigers von seinem eigenen Bietrecht Gebrauch macht, um zugunsten des Gläubigers den von § 85a bezweckten Schuldnerschutz zu unterlaufen[20], ist umgekehrt die Grenze zum Missbrauch auch dann überschritten, wenn der Schuldner überhöhte Gebote abgibt, um so potenzielle Bieter abzuschrecken, nur mit dem Ziel, die Versteigerung zu verhindern. Die gesetzlichen Regeln zur Höhe und zum Nachweis der Sicherheitsleistung auf Verlangen eines Berechtigten (§§ 67–69) sind bekannt; wenn nicht, ist jeder Bieter gehalten, sich vor der Teilnahme an einem Versteigerungstermin kundig zu machen. Die Regelung nach § 68 Abs. 3 ist sicherlich eine Spezialnorm, von der aber, wie bei jeder anderen gesetzlichen Norm, davon auszugehen ist, dass der Adressat diese kennt (Unwissenheit schützt vor Strafe nicht). Der Ge-

---

16 BGH, Rpfleger 2007, 483 = NJW 2007, 3279; BGH, NJW 2006, 3214, 3215.
17 Zitat aus BGH, Rpfleger 2007, 483 = NJW 2007, 3279.
18 Vgl. OLG Köln, Rpfleger 1980, 233, 234; LG Trier, Rpfleger 1991, 70 f.; ebenso Stöber, ZVG Einl. Rdn. 8.7.
19 OLG Naumburg, Rpfleger 2002, 324, 325; OLG Nürnberg, Rpfleger 1999, 87; AG Dortmund, Rpfleger 1994, 119.
20 BGH, Rpfleger 2007, 483 = NJW 2007, 3279.

setzgeber setzt voraus, dass sich jeder über die Gesetzeslage kundig macht. Der Schuldner muss damit rechnen, wenn er selbst Gebote abgibt, dass von ihm über die „normale" auch die „erhöhte" Sicherheitsleistung verlangt werden kann. Hierauf hat er sich einzurichten. Da letztlich die Höhe des Gebotes auch die Höhe der Sicherheitsleistung begrenzt, steht der Schuldner auch nicht vor der Frage unkalkulierbarer Berechnungen. Es bleibt daher letztlich die Prüfung, ob das Gebot des Schuldners im Einzelfall nicht direkt als rechtsmissbräuchlich zurückzuweisen ist. Letztlich aber sollte der Gesetzgeber alsbald wieder für Rechtssicherheit sorgen und § 72 Abs. 4 korrigieren.

2. Zuschlagsentscheidung

Wird die nach § 68 Abs. 2 und 3 zu erbringende Sicherheitsleistung nicht bis zur Entscheidung über den Zuschlag geleistet, erlischt das Gebot (Umkehrschluss aus Abs. 4). Es liegt nunmehr kein Übergebot mehr vor. Weitere Rechtsfolge ist, dass ein vorheriges zugelassenes Gebot jetzt wirksam ist. Das Vollstreckungsgericht hat in dieser Situation die Zuschlagsfähigkeit zu prüfen. Wird die Zuschlagsfähigkeit bejaht, ist der Zuschlag zu erteilen; in der Zuschlagsentscheidung sollte zugleich das Erlöschen des Übergebots und damit dessen fehlende Zuschlagsfähigkeit festgestellt werden. **20**

Allerdings kann der Zuschlag nur dann erteilt werden, wenn **kein Versagungsgrund** nach § 83 (Heilungsmöglichkeit der Versagungsgründe in Nr. 1 bis 5 nach § 84) vorliegt (zur Neuregelung von § 83 Nr. 8 s. dort → Rdn. 38 ff.). **21**

Insbesondere werden die Gründe einer Zuschlagsversagung nach Nr. 6 von § 83 relevant (Verschleuderung des Grundbesitzes, Verletzung der Eigentumsgarantie aus Art. 14 GG, Hinweis- und Belehrungspflicht nach § 139 ZPO). Die Situation der Zuschlagsentscheidung auf das vorherige Gebot, wenn das Übergebot des Schuldners mangels Nachweis der geforderten Sicherheitsleistung nach Abs. 4 erloschen ist, hat der Schuldner durch sein Verhalten selbst verursacht. Liegt zunächst ein wirksames Gebot vor (Beispiel zu 5, zuvor → Rdn. 19), und wird dieses Gebot der Zuschlagsentscheidung zugrunde gelegt, entbindet dies nicht das Vollstreckungsgericht von der Prüfung der Frage, ob beispielhaft eine Verschleuderung des Grundbesitzes vorliegt, mithin ein Versagungsgrund nach § 83 Nr. 6 vorliegt (Beschwerdegrund nach § 100). Ebenfalls sollte der den Versteigerungstermin leitende Rechtspfleger in einer solchen Situation seiner Hinweis- und Belehrungspflicht in besonderer Weise nachkommen (z.B. sollte der Bieter darüber belehrt werden, dass trotz des Übergebots des Schuldners sein Gebot noch nicht erloschen ist, der Schuldner sollte darauf hingewiesen werden, dass bei der geforderten erhöhten Sicherheitsleistung, wenn diese dann nicht erbracht wird, der Zuschlag auf das vorherige Gebot erteilt wird und Einwände hiergegen vom Schuldner nur noch in berechtigten Ausnahmefällen durchgreifen). **22**

§ 73 »Stundenfrist; Verkündung des letzten Gebots und Schluss der Versteigerung«

(1) ¹Zwischen der Aufforderung zur Abgabe von Geboten und dem Zeitpunkt, in welchem bezüglich sämtlicher zu versteigernder Grundstücke die Versteigerung geschlossen wird, müssen 30 Minuten liegen. ²Die Versteigerung muß so lange fortgesetzt werden, bis der Aufforderung des Gerichts ungeachtet ein Gebot nicht mehr abgegeben wird.
(2) ¹Das Gericht hat das letzte Gebot und den Schluß der Versteigerung zu verkünden. ²Die Verkündung des letzten Gebots soll mittels dreimaligen Aufrufs erfolgen.

I. Allgemeines

1 Die für alle Versteigerungsverfahren geltende Vorschrift über die Mindestdauer der Bietzeit wurde in Abs. 1 geändert durch den am 1.8.1998 in Kraft getretenen Art. 1 des Gesetzes zur Änderung des Gesetzes über die Zwangsversteigerung und die Zwangsverwaltung und anderer Gesetze vom 18.2.1998 (BGBl I 866), die bisherige Mindestdauer von 60 Minuten wurde auf 30 Minuten verkürzt. Die Verkürzung der früheren Bietstunde um die Hälfte wurde insbesondere auf vielfachen Vorschlag der gerichtlichen Praxis umgesetzt. Die Mindestdauer der Bietzeit soll einer übereilten Erledigung der Versteigerung vorbeugen. Die Bietzeit dient dazu, Fragen zu stellen, Probleme zu klären und vor allem den Beteiligten wie den Interessenten eine Überlegungsfrist zu gewähren[1]. Viele Versteigerungstermine zeigten jedoch, dass der Zeitraum von einer Stunde für diesen Zweck zu lang war. In der überwiegenden Zahl der Fälle werden Gebote (früher wie heute) erstmals erst gegen Ende der Bietzeit abgegeben. Nach der Begründung des Bundesrates wurde durch das Einhalten der vollen Bietstunde Arbeitskraft der Vollstreckungsgerichte unnötig gebunden, die anders sinnvoller eingesetzt werden könnte.[2]

II. Dauer der Versteigerung (Abs. 1)

1. Mindestdauer

2 Die Verhandlung im Versteigerungstermin gliedert sich in 3 Abschnitte:
(1) Vorbereitung der Versteigerung bis zur Aufforderung zur Abgabe von Geboten,
(2) Beginn der Bietzeit bis zum Schluss der Versteigerung und
(3) Verhandlung über das Versteigerungsergebnis (hierzu → § 66 Rdn. 2).

In der Vorbereitung des Termins erfolgen nach Aufruf der Sache, Feststellung der anwesenden Beteiligten, notwendige Bekanntmachungen (hierzu → § 66 Rdn. 24), Belehrungen, Feststellung der Versteigerungsbedingungen und insbesondere Hinweis auf den Ausschluss weiterer Anmeldungen nach § 66 Abs. 2. Erfolgen keine weiteren Anmeldungen, beginnt die eigentliche **Bietzeit** von **mindestens 30 Minuten** (Abs. 1 Satz 1). Die Frist beginnt mit der Aufforderung des Gerichts zur Abgabe von Geboten und endet mit der Verkündung des Beschlusses, dass die Versteigerung geschlossen wird. Dazwischen müssen volle 30 Minuten liegen, die Bietzeit darf also frühestens nach Ablauf von 30 Minuten geschlossen werden.

---

1 Hierzu *Hornung*, KTS 1973, 239.
2 Zur Kritik *Stöber*, ZVG § 73 Rdn. 2.13.

Hierbei spielt es keine Rolle, ob überhaupt irgendein Beteiligter oder Bietinteressent anwesend ist, die Mindestzeit ist immer einzuhalten. Maßgebend für die Uhrzeit, also Beginn und Ende der Bietzeit, ist die Uhr des den Termin leitenden Rechtspflegers (und nicht die Uhren der Anwesenden oder einer im Saal angebrachten Uhr[3]). Erscheinen Interessenten erst nach Beginn der Bietzeit, müssen diese sich über den Verfahrensstand, insbesondere über bereits abgegebene Gebote, erkundigen. Die Bietzeit wird hierdurch aber nicht verlängert (wer zu spät kommt, trägt hierfür selbst die Verantwortung). Es findet auch keine Verlängerung statt, wenn Bietinteressenten sich angekündigt haben oder noch zu erwarten sind.[4] Dies schließt natürlich nicht aus, dass der Rechtspfleger dennoch so handelt, jedenfalls ist dies kein Zuschlagsversagungsgrund, wenn ein Bieter den Schluss der Versteigerung verlangt, um so das Grundstück zu dem von ihm abgegebenen Meistgebot zu erhalten, da es einen Zuschlagsanspruch zu einem bestimmten Gebot nicht gibt. Der aus Art. 14 Abs. 1 GG resultierende Anspruch auf eine faire Verfahrensführung kann es gebieten, eine Ermessensentscheidung dahingehend zu treffen, ob ein Versteigerungstermin fortzusetzen, zu unterbrechen oder zu vertagen ist, wenn der Vollstreckungsschuldner aufgrund einer staatlichen Zwangsmaßnahme (hier: Verhaftung in einem Verfahren auf Abgabe der eidesstattlichen Versicherung) daran gehindert wird, von seinem Recht auf Anwesenheit und Wahrnehmung seiner Verfahrensrechte im Versteigerungstermin weiteren Gebrauch zu machen.[5]

Nach Schluss der Versteigerung wird dann über den Zuschlag verhandelt bzw. 3 Anträge zum Zuschlag gestellt, der Zuschlag erteilt oder versagt oder es wird ein besonderer Verkündungstermin bestimmt, § 87. Der Zeitpunkt über den Beginn der Aufforderung zur Abgabe von Geboten und den Schluss der Versteigerung muss im Protokoll genau festgestellt werden, §§ 78, 80. Die Mindestdauer darf nicht unterschritten werden, andernfalls der Zuschlag ohne Möglichkeit einer Heilung zu versagen ist, § 83 Nr. 7.

Ergibt sich während der Versteigerung eine **Änderung** des **geringsten Gebots** 4 und der **Versteigerungsbedingungen**, z.B. wenn der bestbetreibende Gläubiger während der Versteigerung das Verfahren einstweilen einstellt oder seinen Antrag zurücknimmt, wird das Verfahren während der Bietzeit eingestellt oder aufgehoben, die Bietzeit muss abgebrochen werden. Damit wird aber nicht notwendigerweise der gesamte Termin aufgehoben, sondern zunächst nur unterbrochen.[6] Das geringste Gebot als wichtigste Grundlage der Versteigerung hat sich geändert. Bereits abgegebene Gebote erlöschen, § 72 Abs. 3 (zu Ausnahmen s. → § 33 Rdn. 9 ff.). Soweit die Fristen der § 43 Abs. 2, § 44 Abs. 2 eingehalten sind, wird das geringste Gebot nach dem Anspruch des nächsten nunmehr bestrangig betreibenden Gläubigers neu festgesetzt und eine **neue Bietzeit** durchgeführt. Wegen der Einheitlichkeit des gesamten Termins sind nicht alle Belehrungen und Bekanntmachungen zu wiederholen und Feststellungen zu verlesen, sondern nur die

---

3   Anders lautende Hinweise bei *Stöber*, ZVG § 73 Rdn. 2.3 sind nicht Praxis. Selbst das OLG Hamm, Rpfleger 1989, 379, 380 führt hierzu aus: ... dass „von Amts wegen ... die Uhrzeit geeicht festzustellen" gewesen wäre, ist so abwegig, dass der Senat hierauf nicht weiter eingeht.
4   So aber *Stöber*, ZVG § 73 Rdn. 2.13 unter massiver Kritik an der gesetzlichen Verkürzung der Bietzeit auf 30 Minuten.
5   BVerfG, Beschluss vom 8.3.2012, 2 BvR 2537/11, NJW 2012, 2500.
6   *Schiffhauer*, Rpfleger 1986, 332.

von der Änderung betroffenen, in jedem Falle aber müssen das geänderte geringste Gebot und die geänderten Versteigerungsbedingungen festgestellt und verlesen werden[7] (hierzu und zur Frage ob dann Neuanmeldungen möglich sind, → § 66 Rdn. 49). Gleiches gilt, wenn das Gericht einen Fehler bei der Berechnung des geringsten Gebots während des Termins bemerkt; auch in diesem Fall ist das gesamte Verfahren gemäß § 66 ab Feststellung des geringsten Gebotes in formell einwandfreier Weise zu wiederholen.[8]

5   Der den Termin leitende Rechtspfleger muss während der ganzen Dauer des Termins zur Entgegennahme von Geboten bereit und **anwesend** sein, ohne Unterbrechung des Termins darf er den Raum nicht verlassen. Jede Entfernung aus dem Raum bewirkt eine **Unterbrechung**, deren Zeitdauer nicht in die Dauer der Versteigerung eingerechnet werden darf. Dabei besteht kein Unterschied, ob der Rechtspfleger sich nur wenige Schritte von dem Ort des Termins entfernt und schnell wieder herbeigerufen werden kann oder nicht.[9] Hinweise und allgemeine Belehrungen nach Aufforderung zur Abgabe von Geboten unterbrechen die Bietzeit nicht, sofern der Rechtspfleger ständig zu Entgegennahme von Geboten bereit bleibt.[10]

6   Die **Entfernung** des **Protokollführers** ist unschädlich (§ 159 Abs. 1 Satz 2 ZPO), ebenfalls die Entfernung eines zum Termin zugezogenen **Rechnungsverständigen** (§ 66 Abs. 1), da deren Anwesenheit nicht zwingend ist.

2. Fortdauer der Bietzeit (Abs. 1 Satz 2)

7   Die Bietzeit von mindestens 30 Minuten nach Abs. 1 Satz 1 ist keine Ausschlussfrist. Das Vollstreckungsgericht muss die Versteigerung solange fortführen, bis keine weiteren Gebote abgegeben werden. Auch die Verkürzung der früheren Bietstunde hat hierauf keinen Einfluss; je nach Situation muss die Bietzeit solange verlängert werden, bis trotz ausdrücklicher Aufforderung des Gerichts ungeachtet keine weiteren Gebote mehr abgegeben werden. Die Aufforderung darf nicht unterbleiben, sie muss sich aus dem Protokoll ergeben, andernfalls der Zuschlag zu versagen ist.[11] Selbstverständlich kann das Vollstreckungsgericht die im Termin anwesenden Personen während der Mindest-Bietzeit zur Abgabe von Geboten auffordern, jedoch nicht mit dem Hinweis (Drohung), dass nach Ablauf von 30 Minuten die Bietzeit definitiv geschlossen werde. Wird ein Termin bis zum üblichen Ende eines Tages (Schließung des Gerichts) nicht beendet, nach wie vor werden jedoch Gebote abgegeben, ist der Termin zu vertagen, § 227 ZPO und – wenn möglich – am Folgetag fortzusetzen (zur Vertagung → § 66 Rdn. 14).

8   Werden **mehrere Verfahren zeitgleich** in einem Termin durchgeführt (hiervon zu unterscheiden, wenn in einem verbundenen Verfahren mehrere Grundstücke zu versteigern sind, § 18) oder sie werden „**überlappend**" angesetzt und begonnen, liegt hierin kein genereller Verfahrensverstoß.[12] Die zeitgleiche Abhaltung mehrerer Termine sollte jedoch tunlichst vermieden werden. Allerdings ist hier,

---

7   BGH, Beschluss vom 18.7.2013, V ZB 13/13, Rpfleger 2014, 36 = WM 2013, 1867.
8   LG Köln, Rpfleger 1989, 297.
9   RGZ 154, 397.
10 OLG München, Rpfleger 1977, 69.
11 LG Traunstein, MDR 1955, 48 bzw. berichtigt S. 117.
12 BGH, Rpfleger 2009, 95 = NJW 2008, 3710 = WM 2009, 270; BGH, Rpfleger 2007, 410 = NJW 2007, 2995.

wie bei der Handhabung der überlappenden Terminierung, immer auf den Einzelfall abzustellen. In jedem Falle muss die Bietzeit dann über die eigentlichen 30 Minuten hinaus ausreichend **verlängert** werden, sodass jeder Interessent über 30 Minuten Zeit hat zu jedem Ausgebot Gebote abzugeben (hierzu ausführlich → § 66 Rdn. 16 ff.).[13]

3. Versteigerung mehrerer Grundstücke

Das Einzelausgebot mehrerer Grundstücke ist die Regel (§ 63 Abs. 1). Auf Antrag, der spätestens im Versteigerungstermin **bis vor der Aufforderung zur Abgabe von Geboten** zu stellen ist (§ 63 Abs. 2 Satz 1 und 2), kann auch ein Gesamt- und Gruppenausgebot erfolgen (hierzu insgesamt → § 63 Rdn. 8, 11). Bis zur Aufforderung zur Abgabe von Geboten müssen die Ausgebotsarten feststehen. Das Vollstreckungsgericht fordert daher auch einheitlich zur Abgabe von Geboten auf. Die Bietzeit wird hierdurch nicht vervielfältigt, sondern beträgt unabhängig von der Zahl der Ausgebote nur einmal mindestens 30 Minuten, und ist solange fortzusetzen, wie weitere Gebote abgegeben werden.

III. Schluss der Versteigerung (Abs. 2)

Die Versteigerung muss solange fortgesetzt werden, bis trotz Aufforderung durch das Vollstreckungsgericht kein Gebot mehr abgegeben wird (Abs. 1 Satz 2). Das letzte Gebot ist mittels dreimaligen Aufrufs bekannt zu geben. Die Bekanntgabe des Gebots erfolgt regelmäßig mit dem Namen des Bieters. Danach hat das Vollstreckungsgericht **erneut zu fragen,** ob weitere Gebote abgegeben werden. Wird nunmehr ein weiteres Gebot abgegeben, muss das Prozedere erneut wiederholt werden. Erst wenn definitiv kein weiteres Gebot erfolgt, ist der Schluss der Versteigerung zu verkünden (Abs. 2). Vergisst der Rechtspfleger nochmals zur Abgabe von Geboten aufzufordern, ist der Zuschlag zu versagen.[14] Ein Verstoß gegen § 73 Abs. 1 stellt nach § 83 Nr. 7 einen zwingenden Grund zur Versagung des Zuschlags (und nach § 100 Abs. 1 damit einen Beschwerdegrund) dar. Wird kein Gebot im Termin abgegeben, erübrigt sich die Verkündung.

Liegen bei der Versteigerung mehrerer Grundstücke (§§ 63, 64) oder bei der Versteigerung mit abweichenden Ausgeboten (§ 59) Gebote auf die jeweiligen verschiedenen Ausgebotsarten vor, muss der dreimalige Aufruf bei jedem Ausgebot gesondert erfolgen und jeweils erneut gefragt werden, ob weitere Gebote abgegeben werden.

Die erneute Aufforderung zur Abgabe von Geboten und der Schluss der Versteigerung sind genau zu **protokollieren,** §§ 78, 80. Unterbleibt die Verkündung des Schlusses der Versteigerung, so kann sie in dem Beginn der Verhandlung über den Zuschlag nach § 74 gesehen werden. § 73 Abs. 2 ist als Ordnungsvorschrift zu verstehen.[15]

Haben Einzel- und Gesamt- oder Gruppenausgebote stattgefunden, ist die Versteigerung hinsichtlich sämtlicher Ausgebote zu einem einheitlichen Zeitpunkt zu schließen, es ist stets ein **gemeinsamer Versteigerungsschluss** zu bestimmen. Es liegt ein Verstoß gegen § 73 Abs. 1 Satz 2 vor, wenn der amtierende Rechtspfle-

---

13 Vgl. *Hagemann,* Rpfleger 1984, 256; *Schiffhauer,* Rpfleger 1986, 311.
14 OLG Karlsruhe, Rpfleger 1998, 79 = MDR 1998, 60 = InVo 1998, 139; a.A. LG Kassel, Rpfleger 1984, 474 mit zustimmender Anm. *Storz.*
15 *Stöber,* ZVG § 73 Rdn. 3.1.

ger das jeweils abgegebene höchste Einzel-, Gesamt- oder Gruppenausgebot durch dreimaligen Aufruf verkündet und nach Eintragung der genauen Uhrzeit im Protokoll insoweit die Versteigerung jeweils gesondert schließt.[16] Wegen eines solchen Verfahrensfehlers ist der Zuschlag zu versagen.[17] Den Beteiligten und den Bietinteressenten muss bis zum letzten Moment die Möglichkeit erhalten bleiben, durch Abgabe von Geboten das Versteigerungsergebnis entsprechend ihrer Interessenlage zu beeinflussen.

14 Mit dem Schluss der Versteigerung ist die Bietzeit beendet, es können keine weiteren Gebote mehr abgegeben werden[18], auch ein Wiedereintritt in die Bietzeit mit Zustimmung aller Beteiligten und des Meistbietenden ist ausgeschlossen.

15 Nach der Verkündung des Schlusses der Versteigerung Beginn der 3. Verfahrensabschnitt des Termins (zuvor → Rdn. 2). Der Versteigerungstermin ist mit dem Schluss der Versteigerung noch nicht beendet, nunmehr wird über den Zuschlag verhandelt, Anträge hierzu können gestellt werden, das Vollstreckungsgericht kann den Zuschlag sofort erteilen oder versagen oder einem besonderen Verkündungstermin bestimmen, § 87. Die Beteiligten und der Meistbietende bleiben üblicherweise noch anwesend, die übrigen Bietinteressenten verlassen regelmäßig nach Schluss der Versteigerung den Terminssaal.

---

16 LG Berlin, Rpfleger 1995, 80.
17 BGH, Rpfleger 2003, 452 = NJW-RR 2003, 1077 = KTS 2003, 701 = MDR 2003, 1074 = WM 2003, 1181 = InVo 2003, 451 = ZfIR 2003, 743.
18 *Böttcher*, § 73 Rdn. 2.

§ 74 »Anhörung der Beteiligten über den Zuschlag«

Nach dem Schlusse der Versteigerung sind die anwesenden Beteiligten über den Zuschlag zu hören.

I. Allgemeines

Die für alle Versteigerungsverfahren geltende Vorschrift dient dazu, den nach dem Schluss der Versteigerung im Termin anwesenden Beteiligten die Möglichkeit einzuräumen, sich zur anstehenden Entscheidung über den Zuschlag zu äußern und gegebenenfalls Anträge zustellen.

II. Anhörung über den Zuschlag, Anträge

1. Anhörung

Zur Vorbereitung der Entscheidung über den Zuschlag ist den **anwesenden Beteiligten** Gelegenheit zu geben, sich hierzu zu äußern, Anträge zu stellen, Widerspruch zu erheben, sonstige Erklärungen abzugeben oder Beweismittel zu benennen. Zu den Beteiligten gehört auch der **Bieter**, dessen Gebot noch wirksam und dass für die Zuschlagsentscheidung maßgebend ist. Die angebotenen – entscheidungserheblichen – Beweise hat das Vollstreckungsgericht zu erheben, hierzu gehört auch eine Parteivernehmung. Die Beweiserhebung erfolgt nach den Regeln der ZPO.[1] Die Verkündung des Zuschlagsbeschlusses ist insoweit auszusetzen.

Hauptzweck der Anhörung der Beteiligten ist, einer Anfechtung der Zuschlagsentscheidung vorzubeugen. Die in § 83 aufgeführten **Versagungsgründe** sind zwar von Amts wegen zu beachten, wirken jedoch nicht alle absolut, die Versagungsgründe nach § 83 Nr. 1–5 sind heilbar durch Genehmigung, § 84 Abs. 1.

2. Anträge

In der Verhandlung über den Zuschlag können beispielhaft Anträge zur Versagung des Zuschlags wegen Nichterreichens der 70 %-Grenze nach § 74a Abs. 1, wegen unbilliger Härte nach § 765a ZPO oder auch aus den Gründen nach §§ 75, 76, 77 gestellt werden. Eine Verletzung des Willkürverbots kommt in Betracht, wenn im konkreten Fall ein einfachrechtlich gebotener und für den Betroffenen besonders wichtiger Hinweis im Zwangsversteigerungsverfahren unterblieben ist. Das Bestehen der Antragsberechtigung nach § 74a Abs. 1 Satz 1 ist nicht von einer Anmeldung des Rechts nach § 9 Nr. 2 abhängig.[2] Nach Ansicht des BVerfG hat das Amtsgericht die Beschwerdeführerin in ihrem aus Art. 3 Abs. 1 GG folgenden Grundrecht auf willkürfreie Rechtsanwendung verletzt, indem es sie im Versteigerungstermin nach Stellung des Antrags auf Versagung des Zuschlags gemäß § 74a Abs. 1 Satz 1 und vor Verkündung des diesen Antrag (konkludent) zurückweisenden Zuschlagsbeschlusses nicht aus ihrer aus Sicht für das Bestehen eines Antragsrechts notwendige Erfordernis einer (ausdrücklichen) Anmeldung der Grundschuld nach § 9 Nr. 2 hingewiesen hat. In besonders gelagerten *Einzelfällen* ist der Rechtspfleger gem. § 139 ZPO auch verpflichtet, bei einem erheblich unter dem Grundstückswert liegenden Meistgebot auf die Möglichkeit eines Voll-

---

1 RGZ 54, 308.
2 BVerfG, Beschluss vom 26.10.2011, 2 BvR 1856/10, Rpfleger 2012, 217.

streckungsschutzantrages nach § 765a ZPO hinzuweisen.[3] Eine entsprechende Aufklärungspflicht und die Anregung eines solchen Antrages kann jedoch nur dann angenommen werden, wenn der im Verfahren anwesende Antragsberechtigte erkennbar nicht fähig ist, den ihm bei Unterlassen des Antrages drohenden erheblichen Nachteil zu erkennen und seine Rechte wahrzunehmen. Drängt sich in der Verhandlung über den Zuschlag die Vermutung auf, dass einer der Beteiligten die für ihn nachteiligen Folgen der Zuschlagserteilung (hier: Erlöschen des dinglichen Rechtes des bestbetreibenden Gläubigers beim Meistgebot eines nachrangigen Gläubigers) nicht erkennt, so hat der amtierende Rechtspfleger auf die Rechtsfolgen hinzuweisen und Anträge nach §§ 74a, 30 anzuregen.[4] (zur Hinweis- und Belehrungspflicht im Termin s. → § 66 Rdn. 42; zur Zuschlagsversagung im Einzelfall s. → § 83 Rdn. 27 ff.).

5 Für einzelne Anträge ist die Verhandlung über den Zuschlag der letztmögliche Zeitpunkt, eine Antragstellung erst in einem besonderen Verkündungstermin nach § 87 ist verspätet.

6 Die anwesenden Beteiligten können nicht bestimmen, dass der Zuschlag auf ein bestimmtes Gebot zu erteilen ist, über die Zuschlagserteilung entscheidet allein das Vollstreckungsgericht, wobei es bei der Beschlussfassung an eine frühere Entscheidung nicht gebunden ist, § 79.

3. Ausgeschlossene Anträge

7 Nach Schluss der Versteigerung in der Verhandlung über den Zuschlag können keine weiteren Gebote mehr abgegeben werden. Ebenfalls nicht mehr möglich ist die Leistung einer Sicherheit zu verlangen oder eine vorher verlangte Sicherheit nunmehr beizubringen (hierzu → § 70 Rdn. 2)[5], anders jedoch bei der *erhöhten Sicherheitsleistung* nach § 68 Abs. 2, 3, da diese nach § 68 Abs. 4 bis zur Erteilung des Zuschlags erbracht werden kann (hierzu → § 72 Rdn. 13 ff.). Auch ein Widerspruch gegen die Zulassung oder Zurückweisung eines Gebots ist ausgeschlossen, ebenso wie die Beibringung des Nachweises der Vertretungsmacht oder der Zustimmung in den Fällen des § 71 Abs. 2 (siehe → § 71 Rdn. 35). Nach Schluss der Versteigerung ist auch ein Antrag nach § 64 Abs. 2 unzulässig.[6]

4. Weitere Anmeldungen, Anträge

8 Anmeldungen sollten grundsätzlich spätestens im Versteigerungstermin bis zur Aufforderung zur Abgabe von Geboten erfolgen, § 37 Nr. 4, § 66 Abs. 2. Hierbei handelt es sich aber nicht um eine Ausschlussfrist. Anmeldungen können jederzeit auch nach der Aufforderung zur Abgabe von Geboten und damit auch in der Verhandlung über den Zuschlag gestellt werden, ebenso kann eine Glaubhaftmachung erfolgen. Solche Anmeldungen bleiben jedoch ohne Einfluss auf das geringste Gebot und den Zuschlag, §§ 110, 114.

---

3   Hierzu BVerfG, mit Sondervotum *Geiger,* in BVerfGE 42, 64 ff. = NJW 1976, 1391 = Rpfleger 1976, 389 mit Anm. *Stöber* und *Vollkommer;* auch OLG Hamm, Rpfleger 2002, 39 = ZfIR 2002, 242 = InVo 2001, 451; OLG Celle, ZIP 1981, 1005; LG Krefeld, Rpfleger 1988, 375.
4   BVerfG, NJW 1993, 1699 = KTS 1993, 137 = Rpfleger 1993, 32 mit kritischer Würdigung *Hintzen.*
5   Eindeutig jetzt BGH, Rpfleger 2006, 211 = NJW-RR 2006, 715 = WM 2006, 782; WuB H. 10/2006 VI E. § 69 ZVG 1.06 *Hintzen.*
6   Steiner/*Storz,* § 74 Rdn. 12; *Stöber,* ZVG § 74 Rdn. 2.4.

Zulässig ist jetzt noch die Geltendmachung eines die Versteigerung hindernden 9
Rechts nach § 37 Nr. 5. Ebenfalls zulässig ist ein Antrag auf Bestimmung eines
neuen Termins nach § 85, da dort ausdrücklich als Zeitpunkt „vor dem Schluss der
Verhandlung" genannt ist.

III. Schluss der Verhandlung

Den Schluss der Verhandlung über den Zuschlag bildet entweder der verkün- 10
dete Beschluss über die Erteilung oder Versagung des Zuschlages (§ 89) oder die
Verkündung über die Anberaumung eines besonderen Termins nach § 87. Im Falle des § 87 Abs. 3 ist erneut rechtliches Gehör zu gewähren (siehe → § 87 Rdn.
17).

Eine Verletzung von § 74 führt alleine noch nicht zur Versagung des Zu- 11
schlags, es handelt sich lediglich um eine Ordnungsvorschrift. Allerdings kann
die Verletzung des rechtlichen Gehörs nach Art. 103 GG zur Zuschlagsanfechtung führen.[7]

---

7   Steiner/*Storz*, § 74 Rdn. 5; *Stöber*, ZVG § 74 Rdn. 2.1; zum rechtlichen Gehör durch
    den Rechtspfleger BVerfGE 101, 397 = NJW 2000, 1709 = Rpfleger 2000, 205 = MDR
    2000, 655 = FamRZ 2000, 731 = DNotZ 2000, 387; hierzu *Heß/Vollkommer*, JZ 2000,
    783; *Sonnenfeld, Eickmann* und *Dümig*, Rpfleger 2000, 245 ff.

§ 74a »Antrag auf Versagung des Zuschlags«

(1) ¹Bleibt das abgegebene Meistgebot einschließlich des Kapitalwertes der nach den Versteigerungsbedingungen bestehenbleibenden Rechte unter sieben Zehnteilen des Grundstückswertes, so kann ein Berechtigter, dessen Anspruch ganz oder teilweise durch das Meistgebot nicht gedeckt ist, aber bei einem Gebot in der genannten Höhe voraussichtlich gedeckt sein würde, die Versagung des Zuschlags beantragen. ²Der Antrag ist abzulehnen, wenn der betreibende Gläubiger widerspricht und glaubhaft macht, daß ihm durch die Versagung des Zuschlags ein unverhältnismäßiger Nachteil erwachsen würde.

(2) Der Antrag auf Versagung des Zuschlags kann nur bis zum Schluß der Verhandlung über den Zuschlag gestellt werden; das gleiche gilt von der Erklärung des Widerspruchs.

(3) ¹Wird der Zuschlag gemäß Absatz 1 versagt, so ist von Amts wegen ein neuer Versteigerungstermin zu bestimmen. ²Der Zeitraum zwischen den beiden Terminen soll, sofern nicht nach den besonderen Verhältnissen des Einzelfalles etwas anderes geboten ist, mindestens drei Monate betragen, darf aber sechs Monate nicht übersteigen.

(4) In dem neuen Versteigerungstermin darf der Zuschlag weder aus den Gründen des Absatzes 1 noch aus denen des § 85a Abs. 1 versagt werden.

(5) ¹Der Grundstückswert (Verkehrswert) wird vom Vollstreckungsgericht, nötigenfalls nach Anhörung von Sachverständigen, festgesetzt. ²Der Wert der beweglichen Gegenstände, auf die sich die Versteigerung erstreckt, ist unter Würdigung aller Verhältnisse frei zu schätzen. ³Der Beschluß über die Festsetzung des Grundstückswertes ist mit der sofortigen Beschwerde anfechtbar. ⁴Der Zuschlag oder die Versagung des Zuschlags können mit der Begründung, daß der Grundstückswert unrichtig festgesetzt sei, nicht angefochten werden.

Übersicht	Rdn.
I. Allgemeines	1
II. Regelungszweck	3
1. 70%-Grenze	3
2. Anwendungsbereich	4
III. Voraussetzungen (Abs. 1)	6
1. Feststellung der $^{7}/_{10}$-Grenze	6
2. Anspruch des Gläubigers	9
3. Berechnung	11
4. Mehrere Grundstücke	12
5. Antragsberechtigung	13
a) Grundvoraussetzung	13
b) Betreibender Gläubiger	15
6. Fehlende oder eingeschränkte Antragsberechtigung	16
7. Zeitpunkt des Antrags (Abs. 2)	23
IV. Entscheidung, Rechtsfolge	24
1. Ablehnung des Antrags	24
2. Stattgebende Entscheidung	26
3. Neuer Termin	27
4. Einmaligkeit	28
V. Rechtsbehelf	31
VI. Verkehrswert (Abs. 5)	32
1. Allgemeines	32
2. Ermittlung des Verkehrswerts	34

a) Grundstück.. 34
b) Zubehör.. 38
c) Art und Weise der Ermittlung.............................. 40
d) Sachverständiger... 43
e) Wertermittlungsmethode................................... 46
f) Grundstücksbelastungen................................... 48
g) Besichtigung des Grundstücks.............................. 50
3. Gerichtliche Festsetzung..................................... 53
   a) Gerichtliche Prüfung.................................... 53
   b) Rechtliches Gehör...................................... 56
   c) Zeitpunkt der Festsetzung................................ 57
   d) Wertfestsetzungsbeschluss, Rechtskraft...................... 58
   e) Anpassung... 60
   f) Fehlerhafter Verkehrswert................................ 65
4. Rechtsmittel (Abs. 5 S. 3)..................................... 72

I. Allgemeines

Ziel des Zwangsversteigerungsverfahrens ist, das Grundstück zu für den Schuldner, und damit auch für die Gläubiger, günstigen wirtschaftlichen Bedingungen zu versteigern. Um ein unbilliges Versteigerungsergebnis zu verhindern, wurde mit Wirkung vom 1.7.1979 durch die Einfügung von § 85a zumindest für den ersten Termin eine absolute Mindestgrenze als Ergebnis vorgeschrieben. Diese Mindestgrenze gilt aber nur für den ersten Versteigerungstermin, ein unbilliges Ergebnis danach kann der Schuldner nur über § 765a ZPO angreifen. Parallel zu diesem Schuldnerschutz bietet das Gesetz in §§ 74a, 74b den nachrangigen Gläubigern einen gewissen Schutz vor einem für sie unwirtschaftlichen Ergebnis. Dieser spezielle Gläubigerschutz wirkt sich mittelbar auf den Schuldner aus, der im Umfang einer größeren Befriedigung der Gläubiger von seiner Verbindlichkeit diesen gegenüber befreit wird.

Über die Tatsache und die Voraussetzungen des Antragsrechts hat das Vollstreckungsgericht zu **belehren,** wenn sich in der Verhandlung über den Zuschlag die Vermutung aufdrängen muss, dass ein Beteiligter die für ihn nachteiligen Folgen der Zuschlagserteilung nicht erkennt, § 139 ZPO. Der Rechtspfleger muss einen Antrag nach § 74a Abs. 1 anregen, andernfalls die Zuschlagserteilung auf einer unzulässigen Fortsetzung des Versteigerungsverfahrens nach der Unterlassung des gebotenen Hinweises in der vorgeschriebenen Anhörung über den Zuschlag beruht.[1]

II. Regelungszweck

1. 70 %-Grenze

Die Vorschrift zieht die Schutzgrenze bei einem Betrag von 70 % des festgesetzten Grundstückswertes (Abs. 1 i.V.m. Abs. 5). Erreicht das Meistgebot diese Wertgrenzen nicht, kann ein Berechtigter, dessen Anspruch durch dieses Meistgebot nicht gedeckt ist, der aber bei einem Meistgebot in Höhe von $7/_{10}$ des Verkehrswertes gedeckt sein würde, einen Antrag auf Versagung des Zuschlags stellen. Wird dem Antrag stattgegeben, ist von Amts wegen ein neuer Versteigerungstermin zu bestimmen (Abs. 3 Satz 1).

---

1 BVerfG, Rpfleger 2012, 217 = NJW-RR 2012, 302; BVerfG, NJW 1993, 1699 = KTS 1993, 137 = Rpfleger 1993, 32 m. Anm. *Hintzen*.

2. Anwendungsbereich

4 Die Regelung in § 74a gilt für alle Arten der Zwangsversteigerung, insbesondere auch für die Zwangsversteigerung von **Bruchteilseigentum** an einem Grundstück, eines **Erbbaurechts**, oder die besonders ausgestalteten Verfahren nach §§ 172 ff. (Insolvenzverwalterversteigerung, Nachlassversteigerung, Teilungsversteigerung)[2], wobei die Anwendung in der **Teilungsversteigerung** nur in begrenzten Ausnahmefällen in Betracht kommt (hierzu in → § 180 Rdn. 112). Auch bei der Insolvenzverwalterversteigerung ist trotz der grundsätzlichen Anwendbarkeit die praktische Bedeutung gering, weil § 74a nur eingreift, wenn es zu einem Doppelausgebot (§§ 174, 174a) kommt (hierzu → § 174 Rdn. 10, 14); grundsätzlich bleiben bei der Insolvenzverwalterversteigerung alle dinglichen Belastungen am Grundstück bestehen, eine Beeinträchtigung eines Berechtigten am Grundstück kommt somit nicht in Betracht. Anders ist dies dann, wenn das geringste Gebot nach dem Anspruch eines Berechtigten (§ 174) oder dem angemeldeten Anspruch aus der Rangklasse 1a des § 10 Abs. 1 (§ 174a) aufgestellt wird und damit nachrangige Berechtigte Gefahr laufen, mit ihrem Anspruch auszufallen. Für die Zwangsversteigerung von **Luftfahrzeugen** gelten §§ 74a, 74b entsprechend, § 171a.

5 Die §§ 74a, 74b sind **nicht anwendbar** auf **freiwillige Versteigerungsverfahren** nach Landesrecht, da bei diesen mangels Zwangs zur Versteigerung insoweit kein Bedürfnis vorliegt. Ebenfalls nicht anwendbar sind §§ 74a, 74b auf die Zwangsversteigerung von **Seeschiffen**, § 169a. Gleiches gilt für die Vorschriften über die Versteigerung von **Binnenschiffen**. Bei Binnenschiffen gelten keine Sondervorschriften mehr.[3]

III. Voraussetzungen (Abs. 1)

1. Feststellung der $^{7}/_{10}$-Grenze

6 Die Voraussetzungen eines Antrages nach Abs. 1 sind aufgrund der Situation zum Zeitpunkt des Schlusses der Versteigerung (§ 73 Abs. 2) und vor der Entscheidung über den Zuschlag zu prüfen. Spätere Veränderungen sind unbeachtlich.

7 Es ist zunächst der Betrag in Höhe von 70 % des nach Abs. 5 festgesetzten Verkehrswertes zu berechnen. Sodann ist das Meistgebot festzustellen: die Summe aus dem höchsten gültig abgegebenen Bargebot und dem Kapitalwert der nach den Versteigerungsbedingungen bestehen bleibenden Rechte, hierbei ist bei Rechten der Abteilung II des Grundbuches der Wert nach § 51 Abs. 2 maßgeblich.[4] Ebenfalls hinzuzurechnen sind Rechte, die außerhalb des geringsten Gebots, aber nach den Versteigerungsbedingungen, bestehen bleiben, z.B. das Altenteil aufgrund länderrechtlicher Besonderheiten, § 9 EGZVG oder auch die vereinbarungsgemäß bestehen bleibende Erbbauzinsreallast[5]. Nicht aber Rechte aufgrund Vereinbarung nach § 91 Abs. 2.

---

2 Stöber, ZVG § 74a Rdn. 2.1–4.
3 Das Gesetz über Vollstreckungsschutz für die Binnenschifffahrt in der im BGBl III, Gliederungsnummer 310-15, veröffentlichten bereinigten Fassung ab 1.1.1964, zuletzt geändert durch Art. 59 des Gesetzes vom 19.4.2006 (BGBl I 866) wurde durch Art. 21 des Gesetzes über die weitere Bereinigung von Bundesrecht v. 8.12.2010 (BGBl I 1864) ersatzlos aufgehoben.
4 Steiner/Storz, § 74a Rdn. 34; Meerhoff, ZfIR 2013, 494.
5 LG Hamburg, Rpfleger 2003, 142.

Das so errechnete Meistgebot muss unter $^7/_{10}$ des Grundstückswertes liegen 8
und der Antragsteller hierdurch ganz oder zumindest teilweise einen Ausfall erleiden. Ob hierbei ein ganz geringer Betrag unter diesen Kriterien als Rechtsmissbrauch unbeachtet bleiben kann, richtet sich nach allgemeinen Regeln.

Beispiel:
Im Grundbuch sind nachfolgende Rechte eingetragen:
III/1: 400.000,- € Grundschuld nebst 15 % Zinsen
III/2: 100.000,- € Grundschuld nebst 15 % Zinsen
III/3:   50.000,- € Grundschuld nebst 10 % Zinsen

Das Versteigerungsverfahren wird von dem Gläubiger des Rechtes III/1 betrieben. In das geringste Gebot sind somit **keine bestehen bleibenden Rechte** aufzunehmen. In den bar zu zahlenden Teil des geringsten Gebotes fallen nur die **Verfahrenskosten** und angemeldete **Ansprüche der Rangklasse 1–3** des § 10.

Geringstes Gebot – angenommen – **bar zu zahlender Teil**	20.000,- €
Verkehrswert des Grundstückes:	1.000.000,- €
$^7/_{10}$ Grenze:	700.000,- €

Zum Versteigerungstermin haben angemeldet:
Der Gläubiger des Rechtes III/1 den Kapitalbetrag nebst Zinsen über 100.000,- €,
der Gläubiger des Rechtes III/2 den Kapitalbetrag nebst 20.000,- € Zinsen,
der Gläubiger des Rechtes III/3 den Kapitalbetrag nebst 5.000,- € Zinsen.
(Hinweis: Die Zinsen sind hierbei bis zu 1 Tag vor dem voraussichtlichen Verteilungstermin zu berechnen, s. → Rdn. 11.)
Gebot: Im Versteigerungstermin bietet ein Interessent 520.000,- €.

Der Gläubiger des Rechtes III/1 hat **kein** Antragsrecht, da er bei dem Gebot über 520.000,- € nach Berichtigung der Ansprüche im Bargebot über 20.000,- € in voller Höhe über 500.000,- € befriedigt wird. **Antragsberechtigt** ist der Gläubiger des Rechtes III/2 der bei einem fiktiven Meistgebot von 700.000,- € in voller Höhe befriedigt werden würde (700.000,- € minus 520.000,- € vorrangige Ansprüche). Ebenfalls antragsberechtigt ist auch der Gläubiger des Rechtes III/3, der bei einem fiktiven Meistgebot von 700.000,- € noch einen Betrag von 60.000,- € erhalten würde (700.000,- € minus 20.000,- € Bargebot, minus 500.000,- € für III/1, minus 120.000,- € für III/2).

2. Anspruch des Gläubigers

Ein Pfändungsgläubiger oder Zessionar des Rückgewähranspruchs erleidet 9
auch dann keinen Ausfall, der ihn zu einem Antrag nach § 74a Abs. 1 berechtigt, wenn die 70 %-Grenze nur dadurch ausgeschöpft ist, dass der vorrangige Grundschuldgläubiger seine Sicherungsgrundschuld über den Bestand der persönlichen Forderung hinaus in voller Höhe angemeldet hat.[6]

Insbesondere bei einer **Sicherungsgrundschuld** war lange Zeit strittig, welcher 10
Betrag des Gläubigers bei § 74a Abs. 1 und bei § 85a Abs. 3 zu berücksichtigen ist: der Nominalbetrag einschließlich der dinglichen Zinsen oder lediglich der der Grundschuld zugrunde liegende gesicherte persönliche Anspruch.[7] Bei dem for-

---

6   LG Düsseldorf, Rpfleger 1974, 124 mit den zustimmender Anm. *Schiffhauer; Stöber,* ZVG § 74a Rdn. 3.15.
7   Die Höhe der Valutierung der Grundschuld ist maßgebend, wird vertreten von OLG Schleswig, Rpfleger 1985, 372; LG Flensburg, Rpfleger 1985, 372; LG Trier, Rpfleger 1985, 451 m. Anm. *Scherer;* OLG Koblenz, Rpfleger 1991, 468 m. abl. Anm. *Hintzen; Ebeling,* Rpfleger 1985, 279.

mal ausgerichteten Zwangsversteigerungsverfahren kann jedoch ausschließlich der **Nominalbetrag der Grundschuld** berücksichtigt werden. Es ist nicht Aufgabe des Vollstreckungsgerichts, zu erfragen bzw. zu erforschen, in welcher Höhe die der Grundschuld zugrunde liegende Forderung noch besteht.[8] Die schuldrechtlichen Vereinbarungen zwischen Sicherungsgeber und Sicherungsnehmer und eventuelle Befriedigungsfragen sind materiell-rechtlicher Natur und ausschließlich durch das Prozessgericht zu klären.[9] Nach der Entscheidung des **BGH**[10] dürfte die Rechtsfrage geklärt sein. Sie stellt sich sowohl bei § 74a Abs. 1 Satz 1 als auch bei § 85a Abs. 3 gleich dar und kann daher nur einheitlich beantwortet werden. Es ist auf den Nominalbetrag der Grundschuld abzustellen (Kapital nebst Zinsen und anderen Nebenleistungen).

3. Berechnung

11   Bei der Berechnung, ob der Antragsteller bei einem Gebot in Höhe von $^7/_{10}$ des Verkehrswertes noch ganz oder teilweise eine Zahlung erlangen würde, ist darauf abzustellen, wie sich in dem mutmaßlichen Verteilungstermin (also etwa 4–6 Wochen nach dem Versteigerungstermin) die Erlösverteilung gestalten würde. § 47, wonach laufende Beträge wiederkehrender Leistungen bei der Berechnung des geringsten Gebots nur für die Zeit bis zum Ablauf von zwei Wochen nach dem Versteigerungstermin zu berechnen sind, gilt hier nicht. Bargebotzinsen, § 49 Abs. 2, sind nicht zu berücksichtigen, da sich der Ersteher hiervon bereits am Tage des Zuschlags durch Hinterlegung unter Verzicht auf die Rücknahme befreien kann.[11] Soweit Ansprüche nur auf Anmeldung zu berücksichtigen sind, § 114, können sie bei der Berechnung nur beachtet werden, sofern eine Anmeldung bereits vorliegt. Ob sich durch spätere Anmeldungen die Berechnung verschieben würde, hat bei der Entscheidung über den Antrag nach Abs. 1 außer Betracht zu bleiben. Die Berechnung ist und bleibt insoweit hypothetisch, es kann nur eine fiktive Verteilung bei der Berechnung zugrunde gelegt werden. Im Hinblick auf den Bestand und die Rangfolge der dinglichen Rechte ist auf die Eintragung im Grundbuch abzustellen, deren Richtigkeit das Vollstreckungsgericht nicht zu prüfen hat.

4. Mehrere Grundstücke

12   Werden mehrere Grundstücke oder Miteigentumsbruchteile in demselben Verfahren versteigert, gilt Folgendes: findet ein Einzel- und ein Gesamt(Gruppen-)ausgebot statt, wäre aber nach § 63 Abs. 3 Satz 2 nur das beim Einzelausgebot abgegebene Meistgebot zu berücksichtigen, oder findet nur ein Einzelausgebot statt, ist zunächst für jedes Grundstück gesondert zu prüfen, ob das darauf abgegebene Meistgebot die 70 %-Grenze erreicht (Abs. 1). § 74a besagt allerdings nichts darüber, wie zu verfahren ist, wenn nur ein Gesamtausgebot (Gruppenausgebot)

---

8   *Hintzen* in Anm. zu OLG Koblenz, Rpfleger 1991, 468; so überzeugend auch *Muth*, Rpfleger 1985, 45.
9   LG Lüneburg, Rpfleger 1986, 188; LG Hanau, Rpfleger 1988, 77; LG Frankfurt a.M., Rpfleger 1988, 35; LG München, KTS 1986, 83; *Muth*, Rpfleger 1985, 45; *Bauch*, Rpfleger 1986, 59; *Brendle*, Rpfleger 1986, 61; *Hennings*, Rpfleger 1986, 234; *Eickmann*, KTS 1987, 617; *Storz/Kiderlen*, D 4.3.1; *Stöber*, ZVG § 85a Rdn. 4.3; *Böttcher*, § 85a Rdn. 9.
10   BGH, Rpfleger 2004, 433 = NJW 2004, 1803 = MDR 2004, 771 = WM 2004, 902 = ZIP 2004, 874 = InVo 2004, 428 = ZNotP 2004, 332.
11   *Stöber*, ZVG § 74a Rdn. 3.2; *Böttcher*, § 74a Rdn. 2; a.A. Steiner/*Storz*, § 74a Rdn. 34.

stattfindet oder wenn im Falle eines Doppelausgebots nach § 63 Abs. 2 nur das Meistgebot auf das Gesamtausgebot für die Erteilung des Zuschlags in Betracht kommt. Im letzteren Falle kann es vorkommen, dass das beim Einzelausgebot eines der Grundstücke abgegebene Meistgebot den Anspruch eines in der $7/_{10}$-Grenze stehenden Berechtigten deckt, während die Erteilung des Zuschlags an den Meistbietenden des Gesamtausgebots, dessen Gebot nach § 63 Abs. 3 Satz 2 die Summe der Einzelausgebote übersteigt, bei der Verteilung des Erlöses nach § 112 dazu führt, dass dieser Berechtigte einen Ausfall erleidet. Das Interesse der Gesamtheit der Beteiligten an der Erteilung des Zuschlags auf das im Gesamtergebnis günstigere Gebot des Meistbietenden beim Gesamtausgebot wird jedoch dem Interesse dieses einzelnen Berechtigten voranzustellen sein. Dieser kann den Antrag nach § 74a daher nur stellen, wenn das Gesamtmeistgebot einschließlich des Kapitalwertes der an allen mitversteigerten Grundstücken bestehen bleibenden Rechte hinter $7/_{10}$ der Summe aller Grundstückswerte zurückbleibt.[12] Entscheidend ist dann, ob er bei einem $7/_{10}$ des gesamten Werts aller Grundstücke erreichenden Gesamtmeistgebot nach Verteilung des Erlöses auf die einzelnen Grundstücke nach § 112 mehr erhalten würde.

5. Antragsberechtigung

a) Grundvoraussetzung

Antragsberechtigt sind unter der Voraussetzung des Abs. 1 nicht nur Inhaber dinglicher Rechte, sondern alle, die einen Anspruch auf Befriedigung aus dem Grundstück haben.[13] Persönliche Forderungen gewähren nur dann ein Antragsrecht, wenn der Gläubiger nach der Art des Anspruchs (§ 10 Abs. 1 Nr. 1–3) oder dadurch, dass er die Beschlagnahme des Grundstücks bewirkt hat (§ 10 Abs. 1 Nr. 5), ein Recht auf Befriedigung aus dem Grundstück hat. Soweit ein Dritter einen Gläubiger eines Grundpfandrechtes nach §§ 268, 1150 BGB befriedigt, erwirbt er das Recht nach § 1153 Abs. 1, § 1192 BGB ganz oder teilweise mit dem Range hinter dem Rest (§ 268 Abs. 3 Satz 2 BGB) und ist damit, soweit er noch in die 70 %-Grenze fällt, antragsberechtigt.[14] Der Umstand, dass das Recht dem betreibenden Gläubiger gegenüber infolge der Beschlagnahme des Grundstücks unwirksam ist, er also erst nach Anordnung der Zwangsversteigerung das Recht am Grundstück erworben hat, steht dem Antragsrecht nicht entgegen; auch die Ansprüche aus den Rangklassen 6–8 des § 10 Abs. 1 gehören zu den aus dem Meistgebot zu deckenden Ansprüchen.[15] Ist das Recht mit einem Pfandrecht belastet, steht das Antragsrecht sowohl dem Pfandgläubiger als auch dem Berechtigten zu. Antragsberechtigt ist auch der Inhaber eines durch Vormerkung gesicherten Anspruchs.[16] Das Bestehen der Antragsberechtigung ist nicht von einer Anmeldung des Rechts nach § 9 Nr. 2 abhängig.[17] Der namens eines Berechtigten von einem **vollmachtlosen**

---

12 So auch Steiner/*Storz*, § 74a Rdn. 39; *Stöber*, ZVG § 74a Rdn. 3.4.
13 Nicht nur Beteiligte, da das Gesetz selbst von „Berechtigter" spricht, BVerfG, Rpfleger 2012, 217 = NJW-RR 2012, 302; Steiner/*Storz*, § 74a Rdn. 20; *Stöber*, ZVG § 74a Rdn. 3.5.
14 So auch *Stöber*, ZVG § 74a Rdn. 3.5.
15 *Stöber*, ZVG § 74a Rdn. 3.5.
16 So auch Steiner/*Storz*, § 74a Rdn. 23; *Stöber*, ZVG § 74a Rdn. 3.8; zum Recht des Auflassungsvormerkungsberechtigten für den Fall der Ablösung vgl. BGH, NJW 1994, 1475 = Rpfleger 1994, 374.
17 BVerfG, Beschluss vom 26.10.2011, 2 BvR 1856/10, Rpfleger 2012, 217.

Vertreter gestellte Versagungsantrag kann von dem Berechtigten – sofern der Antrag nicht bereits wegen des Vollmachtsmangels zurückgewiesen worden ist – auch nach dem Schluss der Verhandlung über den Zuschlag mit rückwirkender Kraft genehmigt werden.[18] Nicht antragsberechtigt ist jedoch der Berechtigte einer **Löschungsvormerkung** nach § 1179a Abs. 1 BGB oder eines eingetragenen **Widerspruchs** gegen ein dingliches Recht.[19]

14 Sind **mehrere Beteiligte berechtigt**, den Antrag auf Versagung des Zuschlags zu stellen (s. zuvor Beispiel → Rdn. 8), muss jeder einen eigenen Antrag stellen. Hierbei ist es sinnvoll, den Antrag zuerst zu stellen. In der Praxis kommt es immer wieder vor, dass die übrigen Berechtigten dann regelmäßig selbst keinen entsprechenden Antrag stellen. Wird dann ein besonderer Verkündungstermin (§ 87) bestimmt, können weitere Antragsberechtigte in diesem Termin keinen eigenen Antrag mehr stellen. Derjenige Gläubiger, der aber den Antrag gestellt hat, kann ihn auch in dem besonderen Verkündungstermin noch zurücknehmen. Er hat damit ein taktisches Mittel in der Hand, um unter Umständen außerhalb des Verfahrens eine Zuzahlung zu dem abgegebenen baren Meistgebot zu erreichen.[20] Die Gegenmeinung, insbesondere auch der *BGH*[21], sieht hierin eine Umgehung der Grunderwerbsteuerpflicht und ein Vorenthalten entsprechender Kostenbeträge von dem Mehrbetrag für den Fiskus. Nach Aussage des BGH ist das Verhalten des Gläubigers schädigend zulasten des Schuldners oder zwischenberechtigter Dritter und sind derartige Absprachen als sittenwidrig und somit unwirksam einzustufen. Das Vollstreckungsgericht habe daher eine gerichtliche Aufklärungs- und Hinweispflicht; erkennt es, dass der Gläubiger möglicherweise in ein Nachverhandeln einsteigen wird, so ist es sowohl gegenüber dem Meistbietenden als auch dem Schuldner und evtl. Zwischenberechtigten verpflichtet, diese über die Gefahren und Unsicherheiten aufzuklären. Dem kann nicht gefolgt werden. Entzieht der Meistbietende dem Fiskus Steuern und Kostenbeträge, ist er zur Nachzahlung verpflichtet, strafrechtliche Aspekte bleiben zu prüfen. Hierfür ist aber das Vollstreckungsgericht nicht verantwortlich. Eine höhere Zahlung kann im Übrigen niemals zulasten des Schuldners gehen, da er insoweit von weiteren Zahlungsverpflichtungen befreit wird (jedenfalls kann nicht unterstellt werden, dass der Berechtigte den weiteren Zahlbetrag dem Schuldner nicht gut schreibt). Zwischenberechtigte Dritte müssen selbst einen Antrag nach § 74a Abs. 1 stellen und haben damit dieselben Möglichkeiten wie jeder weitere Antragsberechtigte. Auch wird die Aufklärungs- und Hinweispflicht überspannt, wollte man das Vollstreckungsgericht hierfür verantwortlich machen, wenn Beteiligte außerhalb jeder Kenntnis des Gerichts privatrechtliche Absprachen treffen, die sich dann als unwirksam oder nichtig herausstellen.

Die Aussage des BGH, die Ablehnung des Zuschlags biete die Chance für den Schuldner zu einem neuen Versteigerungstermin und damit auch die Chance auf ein insgesamt höheres Gebot, verkennt die Realität. Wird der Zuschlag aus den

---

18 BGH, Beschluss vom 16.5.2013, V ZB 24/12, Rpfleger 2013, 632.
19 So auch Steiner/*Storz*, § 74a Rdn. 23; *Stöber*, ZVG § 74a Rdn. 3.8.
20 Die „Drohung" mit dem Zuschlagsversagungsantrag ist durchaus ein legitimes Mittel, auch in der Verhandlung über den Zuschlag eine weitere Zahlung über das bare Meistgebot hinaus zu erreichen; hierzu *Hintzen/Wolf*, Rdn. 11.773; *Storz/Kiderlen*, ZVG D TH 4.4.4.2.
21 BGH, Beschluss vom 31.5.2012, V ZB 207/11, Rpfleger 2012, 640 mit Anm. *Ertle*, Rpfleger 2013, 41; *Kirsch*, Rpfleger 2006, 373.

Gründen des § 74a Abs. 1 versagt, gelten die Mindestgrenzen nach § 74a Abs. 1 und § 85a Abs. 1 im weiteren Termin nicht mehr. Die angebliche Chance auf ein höheres Gebot weicht der Realität auf einen Zuschlag zu einem noch niedrigeren Gebot. Auch ist der Zeitraum bis zum neuen Termin nicht günstig für den Schuldner, Schuldzinsen laufen weiter, die Schulden werden mehr.

b) Betreibender Gläubiger

Auch der die Zwangsversteigerung betreibende Gläubiger, insbesondere der bestrangig betreibende Gläubiger, ist antragsberechtigt.[22] Dies gilt nach ganz überwiegender Meinung jedenfalls dann, wenn mehrere Gläubiger die Zwangsversteigerung betreiben. Teilweise wird jedoch die Auffassung vertreten, dass das Antragsrecht nach § 74a Abs. 1 für einen allein betreibenden Gläubiger nicht gilt. Der die Zwangsversteigerung **allein betreibende Gläubiger** könne jederzeit die einstweilige Einstellung nach § 30 bewilligen, ein Antragsrecht nach § 74a benötige dieser Gläubiger nicht. Werde die Zwangsversteigerung jedoch von mehreren Gläubigern betrieben, so reicht die Bewilligung der einstweiligen Einstellung nach § 30 durch einen Gläubiger nicht aus, um die Erteilung des Zuschlags zu verhindern. Dies kommt nur dann in Betracht, wenn die Einstellung von dem bestrangig betreibenden Gläubiger bewilligt werde. Betreiben mehrere Gläubiger kann einer von ihnen daher im Verhältnis zu den übrigen betreibenden Gläubigern den Antrag nach § 74a Abs. 1 stellen.[23] Dieser Auffassung kann nicht gefolgt werden. Das Antragsrecht steht grundsätzlich jedem betreibenden Gläubiger zu, somit auch dann, wenn er der allein betreibende Gläubiger ist.[24] Die Möglichkeit für den betreibenden Gläubiger, über eine einstweilige Einstellung nach § 30 die Zuschlagsversagung zu erreichen greift dann nicht mehr, wenn die Einstellung (zum Wohl des Schuldners) zuvor bereits zweimal bewilligt wurde. Das Einstellungsrecht eines nachrangig betreibenden Gläubigers hat im Übrigen keine Auswirkung auf den Fortgang des Verfahrens, da sich das geringste Gebot ausschließlich nach dem bestrangig betreibenden Gläubiger richtet. Eine Benachteiligung eines nachrangigen – zum bestrangig betreibenden – Gläubigers ist durch nichts gerechtfertigt. Hiervon unabhängig sieht § 74a einen solchen Ausschluss auch nicht vor. Das Antragsrecht steht vielmehr jedem *Berechtigten* zu, dessen Anspruch ganz oder teilweise durch das Meistgebot nicht gedeckt ist, bei einem Gebot in Höhe von 70 % des Verkehrswertes aber gedeckt werden würde. Der Gesetzgeber spricht ausdrücklich nicht von *Gläubiger*, und macht auch keine entsprechende Ausnahme.

6. Fehlende oder eingeschränkte Antragsberechtigung

Nicht antragsberechtigt ist der **Schuldner**. Auch in dem Falle, dass sich für ihn bei einem abgegebenen Gebot kein Überschuss, wohl aber bei einem Gebot in Höhe von 70 % des Grundstückswertes ergeben würde, ergibt kein Antragsrecht, da es sich hierbei nicht um einen aus dem Meistgebot zu deckenden Anspruch handelt. Dem Schuldner verbleibt das generelle Antragsrecht nach § 765a ZPO. Ebenfalls kein Antragsrecht hat ein Gläubiger des Schuldners, der den Anspruch auf den Überschuss gepfändet hat.

---

22 Zur Hinweispflicht für das Antragsrecht BVerfG, NJW 1993, 1699 = KTS 1993, 137 = Rpfleger 1993, 32 m. Anm. *Hintzen*.
23 So insbesondere BGHZ 46, 107 = NJW 1966, 2403 = Rpfleger 1967, 109.
24 LG Oldenburg, Rpfleger 1974, 324; Steiner/*Storz*, § 74a Rdn. 20; *Stöber*, ZVG § 74a Rdn. 3.7; *Böttcher*, § 74a Rdn. 6; *Mayer*, Rpfleger 1983, 265.

17 **Ausnahmsweise** ist der Schuldner dann antragsberechtigt, wenn er selbst aus einem **Eigentümerrecht** am Grundstück berechtigt ist, insoweit hat er einen aus dem Meistgebot zu deckenden Anspruch.[25] Ebenfalls antragsberechtigt ist derjenige, der ein Pfandrecht an dem Eigentümerrecht hat. Bei einer Sicherungsgrundschuld hat das Erlöschen der persönlichen Forderung nicht den Erwerb eines Eigentümerrechts zur Folge (anders als bei einer Hypothek). Daher steht das Antragsrecht formell dem Gläubiger der Grundschuld zu, obwohl er schuldrechtlich gegen den Schuldner keinerlei Ansprüche mehr hat. Möglicherweise kann sich für den Grundschuldgläubiger aus seinen vertraglichen Abreden die Verpflichtung ergeben, dass Antragsrecht auszuüben, wenn die Grundschuld ganz oder teilweise nicht mehr valutiert.

18 Der Schuldner als Berechtigter des **Rückgewähranspruchs** hat ebenso wenig ein Antragsrecht wie der Pfändungsgläubiger oder Zessionar, es handelt sich nur um einen schuldrechtlichen Anspruch, das Antragsrecht steht dem Grundschuldgläubiger zu.

19 Überwiegend wird vertreten, dass der **Meistbietende** kein Antragsrecht habe, auch wenn er gleichzeitig ein dinglich Berechtigter ist und als solcher nach § 74a Abs. 1 antragsberechtigt sein könnte. Begründet wird dies damit, dass der Antrag nach § 74a Abs. 1 eine dem Gebot inhaltlich entgegengesetzte Erklärung enthalte.[26] In dieser Allgemeinheit kann dem nicht zugestimmt werden. Ein dinglich Berechtigter kann im Termin jederzeit selbst Gebote abgeben, beispielhaft um das Bietgeschäft in Gang zu setzen oder um auf diese Weise möglicherweise das Geschehen zu beeinflussen. Bleibt der Berechtigter dann mit seinem Gebot Meistbietender, kann ihm das Antragsrecht nach § 74a Abs. 1 nicht abgesprochen werden, da sich die Situation nach Schluss der Versteigerung bei der Verhandlung über den Zuschlag anders darstellt. Das Antragsrecht ist nur dann zu verneinen, wenn der Berechtigte rechtsmissbräuchlich handelt (zur Rechtsmissbräuchlichkeit, insbesondere zur fehlenden Erwerbsabsicht s. → § 71 Rdn. 14 und → § 85a Rdn. 8).[27]

20 **Mieter** und **Pächter** sind nicht dinglich berechtigt, haben insoweit **kein** Antragsrecht.[28] Ebenso wenig antragsberechtigt ist derjenige, der hinsichtlich des Grundstücks oder der Zubehörstücke nach § 771 ZPO ein Drittwiderspruchsrecht hat; er muss seine Recht nach § 37 Nr. 5 rechtzeitig geltend machen, der betreffende Gegenstand wird dann aus der Versteigerung ausgenommen, andernfalls er bei der Versteigerung ein nichtbeteiligter Dritter ist und seine Ansprüche nur bei der Erlösverteilung geltend machen kann.[29]

21 Der **Insolvenzverwalter** (§§ 172 ff.) ist nur dann antragsberechtigt, wenn er den Antrag aus einem Eigentümergrundpfandrecht des Schuldners stellt.[30] Bei einer Insolvenzverwalterversteigerung hat ein Gläubiger kein Antragsrecht, wenn er gegen den Insolvenzschuldner ein vom Insolvenzverwalter anerkanntes Recht auf Befriedigung aus dem Grundstück hat und nach § 174 beantragt, dass bei der Feststellung des geringsten Gebots nur die seinem Anspruch vorgehenden Rechte

---

25 BGH, NJW-RR 1988, 1206; Steiner/Storz, § 74a Rdn. 24; Stöber, ZVG § 74a Rdn. 3.6.
26 Stöber, ZVG § 74a Rdn. 3.9; Böttcher, § 74a Rdn. 10, ohne Begründung; Depré/Bachmann, § 74 Rdn. 45 sieht hierin ein widersprüchliches Verhalten.
27 Hierzu auch OLG Koblenz, Rpfleger 1999, 407.
28 BGH, Rpfleger 1971, 102 = KTS 1971, 205.
29 Stöber, ZVG § 74a Rdn. 3.14.
30 Steiner/Storz, § 74a Rdn. 25, 27; Stöber, ZVG § 74a Rdn. 3.12.

berücksichtigt werden. In diesem Fall erfolgt ein Doppelausgebot; der Zuschlag ist auf der Grundlage des nach dem Antrag des Gläubigers festgestellten geringsten Gebots zu erteilen (hierzu → § 174 Rdn. 14). Erreicht das auf dieser Grundlage abgegebenen Meistgebot nicht $^{7}/_{10}$ des Verkehrswertes, können die dem Antragsteller nachfolgenden dinglich Berechtigten den Antrag nach § 74a Abs. 1 stellen.[31]

Bei der **Teilungsversteigerung** (§§ 180 ff.) haben die jeweilige Miteigentümer, gegen die das Verfahren betrieben wird, kein Antragsrecht. Ebenso wie der Schuldner selbst, haben sie keinen aus dem Meistgebot zu befriedigenden Anspruch. Sie sind auf die Einstellungsmöglichkeit nach § 180 Abs. 2 zu verweisen. Antragsberechtigt sind daher auch hier nur solche dinglich Berechtigten, die einen aus dem Meistgebot zu befriedigenden Anspruch haben (hierzu → § 182 Rdn. 6 ff.).   22

7. Zeitpunkt des Antrags (Abs. 2)

Der Antrag muss schriftlich (verlesen im Termin) oder mündlich zu Protokoll (§§ 78, 80) bis spätestens zum Schluss der Verhandlung über den Zuschlag gestellt werden (Abs. 2). Anträge *vor* Abgabe eines Gebots noch während der Bietzeit sind unzulässig. Der Antragsberechtigte muss nicht erst das Meistgebot abwarten, der Antrag ist *nach* Abgabe eines wirksamen Gebotes zulässig, somit bereits während der Bietzeit (in der Praxis unüblich). Ein späteres wirksames Übergebot entzieht dem gestellten Antrag die Rechtsgrundlage, da der Versagungsantrag sich immer nur gegen ein bestimmtes Gebot richtet. Rechtzeitig ist der Antrag dann gestellt, wenn das Meistgebot vorliegt (praktisch der Regelfall), das Vollstreckungsgericht die Versteigerung geschlossen hat und nunmehr über den Zuschlag verhandelt wird (§ 74). Ein Antrag, der erst in einem besonderen **Verkündungstermin** gestellt wird (§ 87) ist **verspätet** und als unzulässig zurückzuweisen.[32] Der Antrag kann bis zur Entscheidung über den Zuschlag zurückgenommen werden, somit auch rechtzeitig in einem besonderen Verkündungstermin.[33] Der Antragsberechtigte kann auf das Antragsrecht im Voraus wirksam **verzichten**, sofern nicht im Einzelfall Gründe nach § 138 BGB entgegenstehen.[34] Ob der erklärte Verzicht im Zweifel auch für spätere Zwangsversteigerungstermine wirksam bleibt, ist sorgfältig aufzuklären.   23

IV. Entscheidung, Rechtsfolge
1. Ablehnung des Antrags

Wird der Antrag nach Abs. 1 abgelehnt, ist der Zuschlag zu erteilen. Die **Begründung** der Ablehnung erfolgt in der Zuschlagserteilung. Der Antrag kann nur dann abgelehnt werden, wenn er entweder **unzulässig** (rechtsmissbräuchlich) oder verspätet (zuvor → Rdn. 14 ff.) oder **unbegründet** ist (volle Befriedigung bei dem abgegebenen Meistgebot oder fehlende Befriedigung bei einem fiktiven Meistgebot in Höhe von $^{7}/_{10}$ des Verkehrswertes).   24

Ebenfalls ist der Antrag abzulehnen, wenn dem Antrag erfolgreich **widersprochen** wird, Abs. 2 letzter Hs. Der Antrag ist abzulehnen, wenn der **betreibende**   25

---

31 So auch LG Göttingen, NJW 1956, 428; Steiner/*Storz*, § 74a Rdn. 28.
32 *Stöber*, ZVG § 74a Rdn. 4.1.
33 LG Oldenburg, KTS 1971, 60; Steiner/*Storz*, § 74a Rdn. 47; *Stöber*, ZVG § 74a Rdn. 4.5.
34 Steiner/*Storz*, § 74a Rdn. 14; *Stöber*, ZVG § 74a Rdn. 4.5; *Böttcher*, § 74a Rdn. 19.

Gläubiger[35] widerspricht und glaubhaft macht (§ 294 ZPO), dass ihm durch die Versagung des Zuschlages ein unverhältnismäßiger Nachteil erwachsen würde (z.B. hoher Zinsverlust). Der Widerspruch kann bis zur Entscheidung über den Antrag zurückgenommen werden. Besondere Zusagen des Meistbietenden, die dinglich Berechtigten über den Betrag des abgegebenen Meistgebots hinaus bis zum vollen Betrag der $^{7}/_{10}$-Grenze zu befriedigen, können die positive Entscheidung über den Antrag jedoch nicht verhindern.

2. Stattgebende Entscheidung

26 Wird dem Antrag nach § 74a Abs. 1 entsprochen, ist der Zuschlag mit entsprechender Begründung zu versagen. Der Versagungsbeschluss ist zu verkünden, § 87 Abs. 1, er wird den Beteiligten und dem Meistbietenden nicht zugestellt, § 98; dies gilt auch dann, wenn die Beteiligten und der Meistbietende in dem Verkündungstermin nicht anwesend sind.

3. Neuer Termin

27 Wird der Zuschlag aus den Gründen nach § 74a Abs. 1 versagt, ist von Amts wegen ein **neuer Versteigerungstermin** zu bestimmen, § 74a Abs. 3 S. 1. Der Termin kann sofort bestimmt und bekannt gemacht werden. Die Rechtskraft des Versagungsbeschlusses ist nicht abzuwarten.[36] Regelmäßig wird der Termin soweit im Voraus bestimmt, dass eine eventuelle Beschwerdeentscheidung jederzeit vorher ergehen kann. Der Zeitraum zwischen den beiden Terminen soll regelmäßig zwischen 3 bis 6 Monate betragen, § 74a Abs. 3 S. 2. Er muss aber vor Ablauf von sechs Monaten nach dem ersten Termin abgehalten werden.[37] § 36 Abs. 2 gilt neben der Sonderregelung nach § 74a Abs. 3 Satz 2 nicht. Die 6-Wochenfrist nach § 43 Abs. 1 Satz 1 ist einzuhalten, ohne die Möglichkeit einer Abkürzung.[38] Es ist **kein Fortsetzungsantrag** der betreibenden Gläubiger notwendig.

4. Einmaligkeit

28 Wird von Amts wegen ein neuer Versteigerungstermin bestimmt, darf der Zuschlag aus den Gründen des § 74a Abs. 1 in diesem sog. zweiten Termin nicht mehr versagt werden, § 74a Abs. 4. Dies gilt auch dann, wenn in dem ersten Termin der Zuschlag von Amts wegen wegen Nichterreichens der $^{5}/_{10}$-Grenze nach § 85a Abs. 1 versagt wurde, § 85a Abs. 2 S. 2. Die beiden Termine (sog. 1. und 2. Termin) müssen aber nicht unmittelbar aufeinander folgen. Wird z.B. in einem zweiten Termin der Zuschlag versagt, weil der bestbetreibende Gläubiger die einstweilige Einstellung bewilligt, § 33, kann in dem daraufhin folgenden dritten Versteigerungstermin nach wie vor kein Versagungsantrag nach § 74a Abs. 1 mehr gestellt werden. Die Einmaligkeit der Stellung eines solchen Antrages gilt für das gesamte Zwangsversteigerungsverfahren.[39] Wurden z.B. im ersten Termin keine Gebote abgegeben, mithin handelt es sich um einen ergebnislosen Zwangsversteigerungstermin nach § 77, oder wurde der Zuschlag nach § 33 oder nach § 765a ZPO ver-

---

35 Stöber, ZVG § 74a Rdn. 5.1.
36 So auch *Stöber*, ZVG § 74a Rdn. 6.2.
37 AG Neuruppin, Rpfleger 2005, 273.
38 *Stöber*, ZVG § 74a Rdn. 6.2.
39 Steiner/*Storz*, § 74a Rdn. 42, 44.

sagt, bleibt das Antragsrecht nach § 74a (und auch § 85a Abs. 1) im sog. 2. Termin erhalten (dieser ist insoweit für §§ 74a, 85a nach wie vor der 1. Termin).[40]

Das Antragsrecht kann **nochmals entstehen**, wenn der Verkehrswert nachträglich erhöht wird und nunmehr neue Gläubiger antragsberechtigt werden.[41] Nach einer Entscheidung des **BGH**[42] fehlt im weiteren Zwangsversteigerungsverfahren das Rechtsschutzinteresse für eine Anpassung des festgesetzten Grundstückswertes an veränderte Umstände, wenn im ersten Versteigerungstermin das Meistgebot nicht $^7/_{10}$ des rechtskräftig festgesetzten Grundstückswertes erreicht und deshalb der Zuschlag gemäß § 74a Abs. 1 Satz 1 versagt wird. Nach Auffassung des BGH folgt aus dem „Grundsatz der Einmaligkeit" sowohl in § 85a als auch in § 74a, dass in diesem Verfahrensstadium der Verkehrswert für das weitere Zwangsvollstreckungsverfahren keine rechtliche Bedeutung mehr hat und deshalb für eine Anpassung des Verkehrswertes an veränderte Umstände das Rechtsschutzinteresse fehlt. Eine Neufestsetzung des Verkehrswertes bei nachträglich eingetretenen Wertveränderungen führt zu einer dem Gesetz widersprechenden zeitlichen Verzögerung der Versteigerung, die nicht hinnehmbar ist. Der Gefahr der sittenwidrigen Verschleuderung in einem späteren Versteigerungstermin infolge nachträglicher erheblicher Wertveränderungen kann der Schuldner mit einem Antrag gemäß § 765a ZPO begegnen. In der Praxis dürfte damit ein nachträgliches Antragsrecht ausgeschlossen sein. 29

Zur Handhabung bei der Versteigerung mehrerer Grundstücke siehe → § 63 Rdn. 44 ff. 30

V. Rechtsbehelf

Gegen die Entscheidung über die Erteilung oder Versagung des Zuschlags ist die sofortige Beschwerde gegeben, § 11 Abs. 1 RPflG, § 793 ZPO, §§ 95 ff. ZVG. Bei der Erteilung des Zuschlags ist der Antragsteller beschwerdeberechtigt, bei Versagung des Zuschlags der betreibende Gläubiger, der Meistbietende bzw. die gem. § 81 Abs. 2 und 3 Berechtigten, sofern mit der Beschwerde nicht lediglich die Nichtberücksichtigung eines Widerspruchs nach § 74a Abs. 1 Satz 2 gerügt wird; im letzteren Falle ist allein der widersprechende Gläubiger beschwerdeberechtigt. 31

VI. Verkehrswert (Abs. 5)
1. Allgemein

In jedem Zwangsversteigerungsverfahren ist der Grundstückswert (Verkehrswert) vom Vollstreckungsgericht festzusetzen, § 74a Abs. 5. Die Wertermittlung und -festsetzung soll einer Verschleuderung des beschlagnahmten Grundstücks entgegenwirken und den Bietinteressenten eine Orientierungshilfe für ihre Entscheidung geben,[43] sie muss auf eine sachgerechte Bewertung des Grundstücks ausgerichtet sein. Das Vollstreckungsgericht ist deshalb verpflichtet, alle den 32

---

40 LG Mainz, Rpfleger 2007, 218 mit Anm. *Krainhöfner*, Rpfleger 2007, 422; auch *Böttcher*, § 74a Rdn. 18; *Hornung*, Rpfleger 2000, 363 gegen *Kirsch*, Rpfleger 2000, 147.
41 *Stöber*, ZVG § 74a Rdn. 4.3; *Böttcher*, § 74a Rdn. 2.
42 Rpfleger 2004, 172 = NJW-RR 2004, 302 = KTS 2004, 457 = MDR 2004, 294 = WM 2004, 98 = InVo 2004, 201 = ZfIR 2004, 167.
43 BGH, Rpfleger 2006, 554 = NJW-RR 2006, 1389 = InVo 2006, 409; BGH, Rpfleger 2006, 551 mit Anm. *Alff* = WM 2006, 867 = NJW 2006, 1733; BGH, Rpfleger 2003, 310 = WM 2003, 2053.

Grundstückswert beeinflussenden Umstände tatsächlicher und rechtlicher Art sorgfältig zu ermitteln und bei der Wertfestsetzung zu berücksichtigen. Nach den Zwangsversteigerungsbedingungen ist der festgesetzte Wert insbesondere maßgebend zur Errechnung der $^{7}/_{10}$-Grenze (§ 74a Abs. 1, Antrag auf Versagung des Zuschlags), für die Versagung des Zuschlags von Amts wegen bei einem Meistgebot unter $^{5}/_{10}$ des Verkehrswertes (§ 85a Abs. 1), für die Verteilung eines im geringsten Gebot stehenden Gesamtrechtes (§ 64), für die Verteilung des Erlöses beim Gesamtausgebot (§ 112 Abs. 2), für die Feststellung des Rechtes, Antrag auf Zuschlagsversagung nach § 85 Abs. 1 zu stellen, für die Entscheidung nach § 30a (allerdings liegt im Zeitpunkt dieser Entscheidung noch kein Verkehrswert vor) und auch für die Berechnung der **Gerichts-** und **Rechtsanwaltskosten** (hierzu → § 58 Rdn. 3, 9). Von besonderer Bedeutung, insbesondere für Grundpfandrechtsgläubiger ist der Verkehrswert für die Zuschlagserteilung unter $^{5}/_{10}$ des Verkehrswertes (§ 85a Abs. 3) und damit korrespondierend für die fiktive Befriedigung als Ersteher des Grundstückes (§ 114a).[44] Gleichermaßen kommt dem Verkehrswert besondere Bedeutung zu im Falle der Stellung eines Vollstreckungsschutzantrags durch den Schuldner nach § 765a ZPO mit dem Ziel der Zuschlagsversagung bei Verschleuderung des Grundstückes. Der festgesetzte Verkehrswert ist aber auch Ausgangspunkt und Orientierungsmaßstab für **Bietinteressenten** bei der Überlegung, das Grundstück zu ersteigern oder nicht.

33   Der bisherige Abs. 5 Satz 3 zweiter Hs. (... eine weitere Beschwerde findet nicht statt) wurde gestrichen durch den am 1.1.2002 in Kraft getretenen Art. 9 Nr. 2 des Gesetzes zur Reform des Zivilprozesses (Zivilprozessreformgesetz – ZPO-RG) vom 27.7.2001 (BGBl I 1887). Korrespondierend hierzu wurden auch die §§ 95, 96, 100, 101 und 103 geändert, gegen Entscheidungen ist grundsätzlich die sofortige Beschwerde und gegen die Beschwerdeentscheidung unter den Voraussetzungen nach § 574 ZPO die Rechtsbeschwerde zum BGH gegeben.

2. Ermittlung des Verkehrswerts
a) Grundstück

34   Der Grundstückswert ist nach Abs. 5 der Verkehrswert, d.h. der Preis, der bei einer freihändigen Veräußerung bei Grundstücken gleicher Art unter Berücksichtigung der öffentlichen und zeitlichen Verhältnisse voraussichtlich gezielt würde. Der **Verkehrswert** wird durch den Preis bestimmt, der in dem Zeitpunkt, auf den sich die Ermittlung bezieht, im gewöhnlichen Geschäftsverkehr nach den rechtlichen Gegebenheiten und tatsächlichen Eigenschaften, der sonstigen Beschaffenheit und der Lage des Grundstücks oder des sonstigen Gegenstandes der Wertmittlung ohne Rücksicht auf ungewöhnliche oder persönliche Verhältnisse zu erzielen wäre, § 194 BauGB. Die Wertermittlung und -festsetzung soll einer Verschleuderung des beschlagnahmten Grundstücks entgegenwirken und den Bietinteressenten eine Orientierungshilfe für ihre Gebote geben; sie muss daher auf eine sachgerechte Bewertung des Grundstücks ausgerichtet sein. Das Vollstreckungsgericht ist deshalb verpflichtet, alle den Grundstückswert beeinflussenden Umstände tatsächlicher und rechtlicher Art sorgfältig zu ermitteln und bei der Wertfestsetzung zu berücksichtigen.[45] Die untere Bodenschutzbehörde ist verpflichtet, im Rahmen von Zwangsversteigerungsverfahren dem Vollstreckungsge-

---

44   Hierzu auch *Budde,* Rpfleger 1991, 189.
45   LG Berlin, WM 2010, 1990.

richt oder dem von ihm beauftragten Sachverständigen im Wege der Amtshilfe Auskunft über die ihr vorliegenden Informationen über gesundheits- oder umweltschädliche Veränderungen der natürlichen Bodenbeschaffenheit des Versteigerungsobjekts (Altlasten) zu erteilen. Sie darf die Auskunft nicht von der Zustimmung betroffener Personen abhängig machen. Die Amtshilfepflicht der Verwaltungsbehörden gegenüber den Gerichten folgt unmittelbar aus Art. 35 Abs. 1 GG. Sofern keine Sonderregelungen bestehen, wird sie durch die gesetzlichen Vorschriften über die Amtshilfe der Behörden untereinander als Ausdruck allgemeiner Rechtsgedanken konkretisiert.[46]

Der Verkehrswert wird nicht nur für bebaute und unbebaute Grundstücke ermittelt, sondern auch für Wohnungs- und Teileigentum oder grundstücksgleiche Rechte, die der Versteigerung unterliegen, z.b. Erbbaurecht.[47] Ein zu einer Wohnung gehöriger Stellplatz, der grundbuchrechtlich einem gesonderten Miteigentumsanteil zugewiesen ist, kann bei der Wertermittlung für die Wohnung nicht berücksichtigt werden, auch wenn die Wohnung und der Tiefgaragenstellplatz eine wirtschaftliche Einheit darstellen mögen. Dies trifft insbesondere dann zu, wenn der separate Stellplatz mangels Antrag nicht beschlagnahmt ist. Ein im Wege des Sondernutzungsrechts gebuchter Stellplatz im Freien wirkt sich auf den Verkehrswert der Wohnung nicht werterhöhend aus, wenn dieser nicht angelegt worden ist.[48] 35

Bei der Versteigerung **mehrerer** rechtlich selbstständige **Grundstücke** oder grundstücksgleicher Rechte ist jeweils ein gesonderter Verkehrswert festzusetzen. Gleiches gilt für ein Gesamtausgebot und für jedes Gruppenausgebot.[49] Werden die Anträge zur Erstellung eines Gesamt- oder Gruppenausgebots erst im Versteigerungstermin gestellt, wird auch der Wert dann erst zweckmäßigerweise festgesetzt.[50] 36

Ein schwebendes **Flurbereinigungsverfahren** hat auf die Zwangsversteigerung keinen Einfluss. Das Grundstück wird grundsätzlich in seinem gegenwärtigen Zustand bewertet.[51] Hat allerdings das Abfindungsgrundstück, z.B. wegen zwischenzeitlicher Bebauung, einen höheren wirtschaftlichen Wert, ist auf diesen abzustellen, wie sich aus dem der Abfindung zugrunde liegenden Surrogationsgedanken ergibt. 37

b) Zubehör

Gegenstände, Zubehör und Bestandteile sind mit zu bewerten, soweit sie versteigert werden.[52] Zu schätzen ist insbesondere der Wert aller beweglichen Sachen, auf die sich die Zwangsversteigerung erstreckt, §§ 55, 20, 21. Über die Frage, ob es sich bei einem Gegenstand in der Zwangsversteigerung um Zubehör oder um wesentlichen Bestandteil des Grundstücks handelt, entscheidet jedoch das Prozessgericht und nicht das Vollstreckungsgericht.[53] 38

---

46   AG Duisburg, Rpfleger 2012, 276.
47   *Stöber*, ZVG § 74a Rdn. 7.7 für Erbbaurecht.
48   LG Heilbronn, ZfIR 2011, 689 LS.
49   Steiner/*Storz*, § 74a Rdn. 70; *Stöber*, ZVG § 74a Rdn. 7.10; *Böttcher*, § 74a Rdn. 30.
50   OLG Hamm, Rpfleger 1959, 57.
51   OLG Hamm, Rpfleger 1987, 258.
52   Steiner/*Storz*, § 74a Rdn. 71.
53   LG Leipzig, Rpfleger 2001, 610.

39 Der Wert der beweglichen Gegenstände, auf die sich die Versteigerung erstreckt, ist unter Würdigung aller Umstände frei zu schätzen.[54] Die Bewertung der **Zubehörgegenstände** gewinnt durch das eigenständige Verwertungsrecht auch an absonderungsberechtigten Gegenständen durch den Insolvenzverwalters, §§ 166 ff. InsO eine besondere Bedeutung. Der Insolvenzverwalter kann 4 % Feststellungskosten der Zubehörgegenstände in Rangklasse 1a nach § 10 Abs. 1 geltend machen (vgl. → § 10 Rdn. 13 ff.). Der Wert der Zubehörgegenstände ist auch Beschluss über die Festsetzung gesondert zu erwähnen, jedoch nicht einzeln aufzuführen. Eine genaue Aufschlüsselung der Einzelwerte sollte sich jedoch aus dem Gutachten bzw. der Zwangsversteigerungsakte ergeben; dies kann notwendig werden, wenn beispielhaft einzelne Zubehörgegenstände im Zwangsversteigerungstermin aus der Versteigerung ausgenommen werden (Freigabe, einstweilige Einstellung) und der Verkehrswert sofort neu festzusetzen ist[55] (zur Rechtskraft s. nachfolgend → Rdn. 58).

c) Art und Weise der Ermittlung

40 Das Vollstreckungsgericht hat die Wertermittlung zur Vorbereitung der Wertfestsetzung selbstständig von Amts wegen vorzunehmen. Die Beteiligten können hierauf nicht verzichten. Der Verkehrswert ist insbesondere nach Einfügung von § 85a durch das Gesetz vom 20.8.1953 (BGBl I 952) zwingend notwendig. Auch in der Teilungsversteigerung kann die Notwendigkeit der Ermittlung eines objektiven Werts nicht mehr verneint werden (hierzu → § 180 Rdn. 111).

41 Art und Weise der Wertermittlung sind nicht zwingend vorgeschrieben. Es gelten die Grundsätze des Amtsverfahrens und der freien Beweiswürdigung (§§ 869, 286 ZPO). Die Einholung eines Sachverständigengutachtens ist nicht zwingend.[56] Die Beteiligten können selbst Gutachten vorlegen, die vom Gericht frei zu würdigen sind (§ 286 ZPO). Ein **privat vorgelegtes Gutachten**, das mit schlüssiger, nachvollziehbarer und abgewogener Argumentation den Verkehrswert des Grundstücks bemisst, kann als taugliche Grundlage für die gerichtliche Wertfestsetzung herangezogen werden.[57] Auch wenn alle Beteiligten nach Anhörung dem selbst vorgelegten Gutachten zustimmen, ist das Gericht hieran nicht gebunden. Ist das Gutachten von einem Gutachterausschuss erstellt worden, muss ein Mitglied kein Bediensteter der Finanzbehörde sein. Regelmäßig wird das Vollstreckungsgericht jedoch einen geeigneten Sachverständigen mit der Wertermittlung beauftragen.

42 Das Vollstreckungsgericht kann nach Anhörung und Zustimmung der Beteiligten auch dann auf ein noch einzuholendes Gutachten verzichten, wenn ihm aufgrund von bereits vorliegenden Gutachten aus Parallelverfahren (z.B. vergleichbare Eigentumswohnung in derselben Wohnanlage) für die Festsetzung hinreichende Daten vorliegen.

---

54 Steiner/*Storz*, § 74a Rdn. 71.
55 Nach LG Rostock, Beschluss vom 24.3.2011, 3 T 343/10, Rpfleger 2011, 625 ist der anberaumte Termin abzusetzen, wenn Inventargegenstände im Versteigerungstermin aus der Versteigerung ausgenommen werden und der Verkehrswert insgesamt herabgesetzt wird. Dies ist abzulehnen, hierzu ausführlich → § 55 Rdn. 18.
56 LG Hildesheim, Rpfleger 2004, 236.
57 *Stöber*, ZVG § 74a Rdn. 7.8.

d) Sachverständiger

Für alle Beteiligten und ebenso für das Vollstreckungsgericht ist ein aussagekräftiges Gutachten mit einem objektiv ermittelten Verkehrswert als Grundlage für die Entscheidung über die Festsetzung des Verkehrswertes unabdingbar. Die Gerichte sind auf qualitativ hochwertige Gutachten angewiesen.[58] Regelmäßig wird das Vollstreckungsgericht zur Erstellung des Gutachtens einen bei Gericht zugelassenen vereidigten **Sachverständigen** beauftragen. Die Auswahl trifft das Vollstreckungsgericht. Weder die Auswahl noch die Beauftragung eines Sachverständigen ist von den Beteiligten mit der Vollstreckungserinnerung nach § 766 ZPO gesondert anfechtbar.[59] Der bestellte Sachverständige kann abgelehnt werden, § 406 ZPO; über die Ablehnung sollte vor Erstellung des Gutachtens, in jedem Falle vor der Festsetzung des Verkehrswerts, entschieden werden; zuständig ist das Vollstreckungsgericht (= Rechtspfleger).[60]

Daneben sind auch die **Gutachterausschüsse** zu Wertermittlungen befugt, §§ 136 ff. BauGB.[61] Zur Ermittlung von Grundstückswerten und für sonstige Wertermittlungen werden bei den Städten bzw. Gemeinden selbständige, unabhängige **Gutachterausschüsse** gebildet. Diese sind jedoch keine Berufssachverständige.[62] Für die Richtigkeit des Wertgutachtens, das der Verkehrswertfestsetzung zugrunde gelegt wird, kann der Ersteher jedoch nicht gegen den Gutachterausschuss aus Amtspflichtverletzung vorgehen[63] (zur **Haftung** nachfolgend → Rdn. 65 ff.). Im Übrigen ist jeder Vertrag, durch den sich jemand verpflichtet, Eigentum an einem Grundstück gegen Entgelt zu übertragen, dem Gutachterausschuss zu übersenden. Auskünfte aus der Kaufpreissammlung sind bei berechtigtem Interesse nach Maßgabe landesrechtlicher Vorschriften zu erteilen, § 195 Abs. 3 BauGB. Aufgrund der Kaufpreissammlung sind für jedes Gemeindegebiet durchschnittliche Lagewerte für den Boden zu ermitteln (Bodenrichtwerte). Die Bodenrichtwerte sind zu veröffentlichen, jedermann kann von der Geschäftsstelle Auskunft über die Bodenrichtwerte verlangen, § 196 Abs. 3 BauGB.

Der Sachverständige hat das Gutachten **zeitnah** zu erstellen (zum Zeitpunkt der Festsetzung des Verkehrswertes s. nachfolgend → Rdn. 57). Regelmäßig dürfte ein Zeitraum von vier bis acht Wochen ausreichend sein.[64] Ist dieser Zeitraum nicht einzuhalten, sollte der Sachverständige, unabhängig von dem Grund und der Verantwortung für die Verzögerung, das Vollstreckungsgericht hierüber unverzüglich informieren. Das Vollstreckungsgericht ist gehalten, das gesamte Verfahren zügig zu gestalten und zu leiten.[65] Ein Sachverständiger, der wiederholt das zu erstellende Gutachten verspätet erstellt und hierfür auch keine nachvollziehbaren

---

58 Hierzu *Fischer/Lorenz/Biederbeck*, Rpfleger 2002, 337; Zur Ermittlung des Wertes eines vom Inhaber geführten Privathotels vgl. *Metz*, Rpfleger 2010, 13.
59 OLG Stuttgart, Rpfleger 2000, 227.
60 Hierzu BayObLG, Rpfleger 1982, 433; OLG Frankfurt, ZIP 1982, 1489; *Böttcher* § 74a Rdn. 28.
61 BGH, NJW 1974, 701 = Rpfleger 1974, 185.
62 LG Freiburg, Rpfleger 1994, 377.
63 Vgl. hierzu für die Mitglieder des hessischen Ortsgerichts: BGH, Rpfleger 1991, 119; OLG Frankfurt, NJW 1990, 1486 = Rpfleger 1990, 31; LG Kassel, Rpfleger 1988, 323.
64 Aus der Praxis werden Zeiträume von drei bis sechs Monaten berichtet, die in jedem Falle zu lang sind; LG Rostock, Rpfleger 2001, 40: 20 Monate sind zu lang.
65 Hierzu BGH, Rpfleger 2004, 172 = NJW-RR 2004, 302 = KTS 2004, 457 = MDR 2004, 294 = WM 2004, 98 = InVo 2004, 201 = ZfIR 2004, 167.

Gründe mitteilt, sollte vom Vollstreckungsgericht zukünftig nicht weiter im Kreis der potenziellen Sachverständigen berücksichtigt werden.

e) **Wertermittlungsmethode**

46 Am 1.7.2010 trat die „Immobilienwertermittlungsverordnung – ImmoWertV" (v. 19.5.2010, BGBl 2010 I 639) in Kraft und löste die Wertermittlungsverordnung vom 6.12.1988 (WertV 1988) ab. Überall dort, wo Verkehrswerte von Grundstücken, ihrer Bestandteile sowie des Zubehörs ermittelt werden, richtet sich das Verfahren jetzt nach den neuen, in der ImmoWertV enthaltenen Vorschriften. Zugleich enthält die ImmoWertV Regelungen für die Ableitung von Daten, die für die Wertermittlung erforderlich sind. Ein wichtiges Beispiel für diese Daten sind die Bodenrichtwerte, die für die steuerliche Bewertung von besonderer Bedeutung sind (vgl. § 145 Abs. 3, § 179 BewG). „Regelungstechnisch" ergänzt die ImmoWertV die einschlägigen Vorschriften des Baugesetzbuchs (vgl. §§ 192 ff. BauGB).

Der Verkehrswert wird je nach Bebauung und Benutzung des Grundstücks nach unterschiedlichen Wertermittlungsmethoden[66] ermittelt, § 8 ImmoWertV: dem **Sachwertverfahren**, §§ 21–23 ImmoWertV (z.B. bei Einfamilienhäusern, Industriegrundstück)[67], dem **Ertragswertverfahren**, §§ 17–20 ImmoWertV (z.B. bei vermieteten Objekten, Hotel)[68], dem aus Sach- und Ertragswert errechneten **Vergleichswertverfahren**, § 15 ImmoWertV einschließlich des Verfahrens zur Bodenwertermittlung, § 16 ImmoWertV (z.B. bei frei finanziertem Rentenwohnhaus)[69]. Der Verkehrswert ist aus dem Ergebnis des oder der herangezogenen Verfahren unter Würdigung seines oder ihrer Aussagefähigkeit zu ermitteln, § 8 ImmoWertV.[70] Auszuwählen ist das Wertermittlungsverfahren nach der Lage des Einzelfalls unter Berücksichtigung der im gewöhnlichen Geschäftsverkehr bestehenden Gepflogenheiten, die Wahl ist zu begründen, § 8 ImmoWertV.[71] Die ImmoWertV gilt nicht nur bei Wertermittlungen in Durchführung des Baugesetzbuches, sondern enthält für nahezu alle Bereiche anerkannte Grundsätze für die Ermittlung des Verkehrswerts von Grundstücken. Die positive Beantwortung einer **Bauvoranfrage** für das Grundstück kann sich **werterhöhend** auswirken,[72] **wertmindernd** wirken sich insbesondere auch Altlasten, z.B. Ablagerungen, Versickerungen im Erdreich aus.[73] In einem landwirtschaftlichen Betrieb ist die mit der Milchwirtschaft zugeteilte Milchreferenzmenge nicht als wertbildender Faktor zu berücksichtigen.[74]

47 Besteht bei einem Grundstück ein ernst zu nehmender Verdacht auf **Altlasten**[75], muss das Vollstreckungsgericht bei der Verkehrswertermittlung den Ver-

---

66 Hierzu allgemein *Metz*, Rpfleger 2010, 13; *Schulz*, Rpfleger 1987, 411; *Büchmann*, ZIP 1985, 138; *Drischler*, Rpfleger 1983, 99.
67 Vgl. OLG Köln, MDR 1963, 411; LG Mönchengladbach, Rpfleger 2003, 379.
68 Vgl. BGH, Rpfleger 2005, 40; LG Kempten, Rpfleger 1998, 359.
69 LG München, WM 1985, 275.
70 *Schulz*, Rpfleger 1987, 441.
71 BGH, Rpfleger 2005, 40 = NJW 2004, 2671 = NZM 2004, 709 = MDR 2005, 27 = ZIP 2004, 1758 = ZfIR 2004, 805; BGH, Rpfleger 2001, 311 = NJW-RR 2001, 732 = NZM 2001, 440 = KTS 2001, 512 = MDR 2001, 625 = WM 2001, 997 = InVo 2001, 347 = ZfIR 2001, 459.
72 OLG Köln, Rpfleger 1983, 362.
73 Vgl. *Engels*, Rpfleger 2010, 557; *Dorn*, Rpfleger 1988, 298.
74 LG Lüneburg, Rpfleger 1991, 428.
75 *Engels*, Rpfleger 2010, 557.

dachtsmomenten nachgehen und alle zumutbaren Erkenntnisquellen über die Bodenbeschaffenheit nutzen.[76] Wie sich aus der ImmoWertV entnehmen lässt, gehört zu den wertbeeinflussenden Eigenschaften eines Grundstücks die Beschaffenheit des Bodens und dessen Belastung mit Ablagerungen (§§ 4, 5, 6 und 16 ImmoWertV). Bestehen ernst zu nehmende Anhaltspunkte, dass der Boden eines beschlagnahmten Grundstücks verunreinigt sein könnte, ist das Vollstreckungsgericht grundsätzlich gehalten, mithilfe eines Sachverständigen zu ermitteln, ob eine Kontaminierung vorliegt und wie schwerwiegend diese gegebenenfalls ist. Hierbei muss auch in Kauf genommen werden, dass möglicherweise erhebliche Kosten anfallen. Kosten für ein Bodengutachten sind jedenfalls dann aufzuwenden, wenn sie in einem angemessenen Verhältnis zu den Auswirkungen stehen, die das Gutachten auch angesichts der Aussagekraft vorhandener Unterlagen auf den festzusetzenden Verkehrswert haben kann. Da eine richtige und vollständige Wertfestsetzung maßgeblich dazu beiträgt, dass die Versteigerung zu einem angemessenen Verwertungserlös führt, müssen die dafür notwendigen Kosten (§ 109) zulasten des Versteigerungserlöses aufgebracht werden, wenn sie nicht unverhältnismäßig sind.

f) Grundstücksbelastungen

Grundstücksbelastungen sind bei der Ermittlung und Festsetzung des Verkehrswertes grundsätzlich **nicht als wertmindernde Faktoren** zu berücksichtigen.[77] Bereits der Auftrag an den Sachverständigen zielt auf den Verkehrswert des *unbelasteten* Grundstücks. Nach den Versteigerungsbedingungen bestehen bleibende Rechte werden nach §§ 50, 51 berücksichtigt. § 6 Abs. 2 ImmoWertV (... Als wertbeeinflussende Rechte und Belastungen kommen insbesondere Dienstbarkeiten, Nutzungsrechte, Baulasten sowie wohnungs- und mietrechtliche Bindungen in Betracht ...) würde missverstanden, wenn Dienstbarkeiten oder Nutzungsrecht wie z.b. das Nießbrauchsrecht als wertmindernde Faktoren in den Verkehrswert ebenfalls wertmindernd einfließen. Dies würde zu einer unzulässigen „Doppelminderung" führen.

Ein solches Recht (z.B. ein Nießbrauchsrecht oder ein Wohnungsrecht) im Rahmen einer teleologischen Reduktion zur Vermeidung einer doppelten Berücksichtigung beim Verkehrswert und im geringsten Gebot mit null zu bewerten[78], ist nicht richtig[79]. Die Übernahme eines bestehen bleibenden Rechts ist Teil der Gegenleistung des Erstehers für das Grundstück. Als gesetzliche Versteigerungsbedingung ist der Zuzahlungsbetrag in den Fällen des § 51 Abs. 1 nach Abs. 2 zwingend festzusetzen. In keinem Falle kann der ermittelte Wert vom Verkehrswert in Abzug gebracht werden. Eine unzulässige Doppelberücksichtigung des Rechts lässt sich nur dadurch vermeiden, indem das Recht bei der Verkehrswertfestsetzung nicht berücksichtigt wird und man mit der ganz unbestrittenen Meinung „den Kapitalwert der bestehen bleibenden Rechte" i.S.v. §§ 74a, 85a, 114a gleichsetzt mit dem Zuzahlungsbetrag nach § 51 Abs. 2.

---

76   BGH, Rpfleger 2006, 554 = NJW-RR 2006, 1389 = WM 2006, 1727; *Stöber,* ZVG § 74a Rdn. 7.4 (d).
77   *Stöber,* ZVG § 74a Rdn. 7.4 (e).
78   So aber LG Heilbronn, Rpfleger 2004, 56 mit abl. Anm. *Hintzen* und erneut Rpfleger 2004, 56 ff. m. abl. Anm. *Hintzen.*
79   So auch *Stöber,* ZVG § 74a Rdn. 7.4 (e); *Böttcher,* §§ 50, 51 Rdn. 28; *Alff,* Rpfleger 2003, 113.

Gleiches gilt für Eintragungen im Baulastverzeichnis. Das Rechtsinstitut der **Baulast** ist in der Mehrzahl der Länder der Bundesrepublik durch die entsprechenden Landesbauordnungen geschaffen worden.[80] Baulasten werden nicht im Grundbuch eingetragen. Für den Erwerber kann das Bestehen einer Baulast je nach deren Inhalt und Umfang eine erhebliche Belastung bedeuten. Baulasten werden in der Versteigerung jedoch **nicht berücksichtigt**[81], sie stehen außerhalb des geringsten Gebots. Jeder Erwerber eines Grundstücks muss sich über das Bestehen einer Eintragung im Baulastverzeichnis selbstverantwortlich erkundigen. Auch bei einem **Erbbaurecht** werden keine Grundstücksbelastungen abgezogen. Das Erbbaurecht besteht inhaltlich aus dem Bauwerk und dem Recht auf Nutzung des Grundstücks. Der Wert bestimmt sich daher nach dem Wert des Gebäudes unter Berücksichtigung der Laufzeit des Erbbaurechts.[82]

g) Besichtigung des Grundstücks

50 Zur ordnungsgemäßen Bewertung wird der Sachverständige regelmäßig eine **Besichtigung vor Ort** vornehmen, insbesondere auch versuchen, das Objekt von innen zu begehen. An der Besichtigung des Grundstücks und des Bauobjektes dürfen der Schuldner und der Gläubiger teilnehmen, sie sind daher rechtzeitig durch den Sachverständigen von dem Termin zu unterrichten.[83] Gleiches gilt auch für den Rechtspfleger beim Vollstreckungsgericht, auch wenn nicht verkannt werden soll, dass sich eine Teilnahme aus Gründen der täglichen Arbeitsbelastung selten realisieren lässt und auch bei Routinebewertungen nicht erforderlich ist, anders bei umfangreichen und komplizierten Begutachtungen.

51 Den **Zutritt** zu dem Grundstück kann jedoch der Sachverständige selbst nicht und auch nicht mithilfe des Vollstreckungsgerichts erzwingen.[84] Verweigert der Schuldner den Zutritt zu den Räumlichkeiten des Versteigerungsobjekts, hat das Gericht die Festsetzung des Verkehrswertes nach dem äußeren Anschein und den amtlichen Unterlagen vorzunehmen. Die Festsetzung des Verkehrswertes kann dann jedoch nicht mit der Begründung der Unrichtigkeit des Werts angefochten werden.[85] Eine solche Verkehrswertbeschwerde des Schuldners ist mangels Rechtsschutzbedürfnisses bereits unzulässig. Dies gilt zumindest dann, wenn kein rechtfertigender Grund für die Verweigerungshaltung des Schuldners vorliegt und die Verkehrswertfestsetzung nicht offensichtlich an einem schwerwiegenden Mangel leidet.[86]

52 In der Praxis ist immer wieder zu beobachten, dass, wenn der Schuldner den Zutritt nicht gestattet, der Gläubiger die Anordnung der Zwangsverwaltung beantragt. Ob die angeordnete **Zwangsverwaltung** im Ergebnis dazu führt, dass in der parallel laufenden Zwangsversteigerung der Zutritt zu dem Grundstück des Schuldners gegen dessen Willen erreicht wird, ist nicht immer gewährleistet. Ein

---

80 Baulastenverzeichnisse sind bei den Baubehörden der Landkreise und Städte einzusehen. In Bayern und Brandenburg gibt es ein solches Verzeichnis nicht.
81 Anders Löhnig/*Steffen*, § 74a Rdn. 13, aber nicht richtig, der sich auch zu Unrecht auf *Stöber*, ZVG § 74a Rdn. 7.4 beruft.
82 *Stöber*, ZVG § 74a Rdn. 7.7.
83 *Stöber*, ZVG § 74a Rdn. 10.5.
84 Steiner/*Storz*, § 74a Rdn. 86; OLG Koblenz, NJW 1968, 897.
85 LVerfGH Berlin, Rpfleger 2007, 491; LG Dortmund, Rpfleger 2000, 466; LG Göttingen, Rpfleger 1998, 213.
86 LG Lüneburg, Rpfleger 2008, 38.

entsprechender Durchsuchungsbeschluss kann nicht erlassen werden.[87] Auch ist es nicht Aufgabe des bestellten Zwangsverwalters, dem Gutachter den Zutritt zu verschaffen (unabhängig davon, dass dies dann in der Praxis häufig gestattet wird). Wird die Zwangsverwaltung angeordnet, muss der Schuldner unter Umständen auf Antrag das Grundstück räumen, § 149 Abs. 2. Der Zwangsverwalter hat insbesondere die Pflicht, sich selbst den Besitz des Grundstücks zu verschaffen, § 150 Abs. 2. Regelmäßig wird daher der Zwangsverwalter einem Gutachter den Zutritt zu dem Grundstück gestatten.

3. Gerichtliche Festsetzung
a) Gerichtliche Prüfung

Bei der Festsetzung des Verkehrswerts hat das Vollstreckungsgericht zu prüfen, ob der Sachverständige sachkundig und frei von Widersprüchen nach allgemein gültigen Regeln den Wert ermittelt hat.[88] Allerdings darf das Gericht einem Sachverständigengutachten z.b. dann nicht folgen, wenn hierin im Rahmen der Ertragswertmethode auf Vergleichsmieten (Rohertrag) abgestellt wird, ohne die Vergleichsobjekte und Vergleichspreise zu nennen.[89] Ein **privat vorgelegtes Gutachten** ist auf Schlüssigkeit, Nachvollziehbarkeit und abgewogener Argumentation zu prüfen. Zur fehlerhaften Verkehrswertfestsetzung s. nachfolgend → Rdn. 65 ff. 53

Die Festsetzung erfolgt für und gegen alle das Zwangsversteigerungsverfahren betreibenden Gläubiger und steht für das gesamte Verfahren fest.[90] 54

Regelmäßig ist der Stichtag der Bewertung derjenige, an dem die tatsächliche Besichtigung durch den Sachverständigen stattgefunden hat. Dieser Zeitpunkt deckt sich naturgemäß nicht mit dem Zeitpunkt der Festsetzung durch das Vollstreckungsgericht. Die Zeitspanne ist in der Regel aber nicht so groß, dass sich der Verkehrswert geändert hat. Die Wertfestsetzung durch das Vollstreckungsgericht wird meistens nicht durch Zeitablauf beeinflusst. 55

b) Rechtliches Gehör

Vor der Festsetzung hat das Vollstreckungsgericht rechtliches Gehör zu gewähren.[91] Art. 103 Abs. 1 GG verlangt, dass der gerichtlichen Entscheidung nur solche Tatsachen und Beweisergebnisse zugrunde gelegt werden können, zu denen sich die Beteiligten vorher äußern konnten.[92] Vor der gerichtlichen Festsetzung hat das Vollstreckungsgericht daher allen Beteiligten das maßgebliche Gutachten zur Stellungnahme zu übersenden und sie darauf hinzuweisen, dass eine Festsetzung in bestimmter Höhe beabsichtigt ist. Hierbei ist auf den Zeitpunkt der Festsetzung abzustellen; späteren Beteiligten ist der Beschluss nur zu übersenden. Statt der Übersendung des Gutachtens genügt auch die Möglichkeit zur Einsichtnahme auf der Geschäftsstelle, hierbei ist dann eine ausreichende Frist zur Stellungnahme einzuräumen. Die Beschwerde gegen die Erteilung des Zuschlags kann dann nicht auf die Verletzung des rechtlichen Gehörs wegen verspäteter Zustellung des Wert- 56

---

87 LG Ellwangen, Rpfleger 1995, 427.
88 LG Braunschweig, Rpfleger 1997, 448.
89 BGH, Rpfleger 1995, 80.
90 Steiner/*Storz*, § 74a Rdn. 80.
91 Hierzu BVerfG, Rpfleger 1964, 41 = MDR 1963, 738.
92 BVerfG, NJW 1957, 17 = Rpfleger 1957, 11 = MDR 1957, 84.

festsetzungsbeschlusses gestützt werden, wenn der Beschwerdeführer die Möglichkeit einer Anfechtung dieses Beschlusses nicht selbst wahrgenommen hat.[93]

c) **Zeitpunkt der Festsetzung**

57 Der Zeitpunkt der Festsetzung des Verkehrswerts nach Abs. 5 ist gesetzlich nicht eindeutig geregelt. Zur Erstellung eines zeitnahen Gutachtens s. zuvor → Rdn. 45. Wann genau das Vollstreckungsgericht den Verkehrswert festsetzen soll, wird daher uneinheitlich beantwortet. Nach § 38 Abs. 1 S. 1 soll die Terminsbestimmung u.a. auch den Verkehrswert des Grundstücks enthalten (hierzu → § 38 Rdn. 7). Das Gesetz orientiert sich damit an der bereits vielfach geübten Rechtspraxis.[94] Allerdings handelt es sich bei § 38 um eine Soll-Vorschrift[95], die dort genannten Angaben sind nicht zwingend zu veröffentlichen. In der gerichtlichen Praxis beginnt das Vollstreckungsgericht so rechtzeitig mit den Ermittlungen, dass der Wert festgesetzt ist und regelmäßig mit der Terminsbestimmung veröffentlicht wird. Er wird so rechtzeitig festgesetzt, dass zwischen der Festsetzung und dem Versteigerungstermin von den Beteiligten noch Rechtsmittel eingelegt werden und auch eine eventuelle Beschwerdeentscheidung noch ergehen kann.[96] Zur Frage der Rechtskraft des Festsetzungsbeschlusses bereits bei der Terminsbestimmung oder erst beim Zuschlag s. nachfolgend → Rdn. 59.

d) **Wertfestsetzungsbeschluss, Rechtskraft**

58 Der Verkehrswert ist durch **Beschluss** festzusetzen (Abs. 5 Satz 3). Der Beschluss ist zu begründen, er ist rechtsmittelfähig (Abs. 5 Satz 3).[97] Der Beschluss ist allen Beteiligten zuzustellen, § 329 Abs. 3 ZPO, wenn er nicht verkündet wird.[98] Die Bekanntmachung ist erforderlich, eine Unterlassung führt zur Zuschlagsversagung nach § 83 Nr. 1 mit Heilungsmöglichkeit nach § 84. Die Wertfestsetzung soll zugleich mit der Terminsbestimmung veröffentlicht werden, § 38 Abs. 1 Satz 1. Im Versteigerungstermin wird der Wert vor Beginn der Bietzeit nochmals allen Anwesenden mitgeteilt, § 66 Abs. 1.

59 Einem Gläubiger, der erst nach der Verkehrswertfestsetzung dem Verfahren beitritt, ist der Beschluss ebenfalls zustellen.[99] Das Vollstreckungsgericht ist hierdurch jedoch rechtlich nicht gehindert, einen Versteigerungstermin zu bestimmen oder einen bereits anberaumten Termin durchzuführen. Der Beitritt eines weiteren Gläubigers hindert den Fortgang des Verfahrens nicht (vgl. § 44 Abs. 2). Umstritten ist, ob der Wertfestsetzungsbeschluss bei der Zuschlagserteilung (formelle) **Rechtskraft**[100] erlangt haben muss.[101] Der Wertfestsetzungsbeschluss kann mit

---

93 LG Saarbrücken, JurBüro 1984, 1263.
94 *Hintzen*, Rpfleger 1998, 148.
95 *Stöber*, ZVG § 38 Rdn. 1.3.
96 Steiner/*Storz*, § 74a Rdn. 98, 99.
97 OLG Celle, NJW 1966, 936; LG Stade, KTS 1972, 203; LG Aachen, Rpfleger 1959, 321.
98 OLG Hamm, Rpfleger 1991, 73; *Stöber*, ZVG § 74a Rdn. 7.18.
99 *Stöber*, ZVG § 74a Rdn. 7.18; *Budde*, Rpfleger 1991, 189.
100 BGH, Rpfleger 2008, 214 = NJW-RR 2008, 944 = WM 2008, 33, keine materielle Rechtskraft; OLG Köln, Rpfleger 1993, 258; LG Münster, Rpfleger 2010, 44.
101 Nein: *Stöber*, Rpfleger 1969, 221; *Stöber*, ZVG § 74a Rdn. 9.8 und 9.9; Steiner/*Storz*, § 74a Rdn. 120; ja: *Budde*, Rpfleger 1991, 189; OLG München, Rpfleger 1969, 250; OLG Düsseldorf, Rpfleger 1981, 69, OLG Braunschweig, NdsRpfl 1984, 259; LG Coburg, Rpfleger 1999, 553; LG Osnabrück, Rpfleger 1992, 209 mit abl. Anm. *Hornung*.

der Zuschlagsbeschwerde nicht (erneut) angefochten werden kann (Abs. 5 Satz 4), die Unrichtigkeit des festgesetzten Grundstückswerts gehört nicht zu den Zuschlagsversagungsgründen nach § 83.[102] Rechtskraft der Wertfestsetzung ist in der gerichtlichen Praxis zwar wünschenswert und das Vollstreckungsgericht sollte alle dafür erforderlichen Maßnahmen rechtzeitig ergreifen, ist aber nicht immer zu erreichen.[103] Es wird immer wieder den Fall geben, in denen sich die *absolute* Rechtskraft nicht realisieren lässt (z.b. späterer Beitritt, Wertanpassung, Wohnräume werden kurz vor dem Termin mietfrei, Herausnahme von Zubehörgegenständen aus der Versteigerung[104] etc.). In vielen Fällen wird es nur eine *relative* Rechtskraft geben.[105] Führt ein Versteigerungstermin zu einem zuschlagsfähigen Meistgebot, sollte (muss aber nicht) die Entscheidung über die Zuschlagserteilung durch Anberaumung eines Verkündungstermins so lange hinausgeschoben werden, bis entweder die formelle Rechtskraft des Wertfestsetzungsbeschlusses eingetreten ist oder die Beschwerdeentscheidung gemäß § 74a Abs. 5 Satz 3 vorliegt, sofern nicht eine Rechtsbeeinträchtigung des beschwerdeberechtigten Beteiligten ausgeschlossen werden kann.[106] Wird der Zuschlag erteilt, obwohl keine rechtskräftige Wertfestsetzung vorliegt (z.B. wenn ein Zubehörgegenstand aus der Versteigerung herausgenommen wird und der Verkehrswert um den Zubehörwert – der bereits vorher gesondert ermittelt wurde – gemindert wurde), stellt sich die Frage der möglichen Zuschlagsanfechtung nach § 83 Nr. 5 (nicht Nr. 1).[107] Ich würde dies verneinen, auch wenn die Entscheidung im Einzelfall getroffen werden muss. Eine Beeinträchtigung eines Beteiligten ist nicht erkennbar, da der Gegenstand weiterhin der Beschlagnahme unterliegt und dann nach § 65 gesondert verwertet wird. Vorsichtshalber sollte die Genehmigung der betroffenen Beteiligten nach § 84 eingeholt werden.

e) Anpassung

War das Verfahren vor Durchführung des ersten Zwangsversteigerungstermins einstweilen eingestellt worden, muss bei späterer Fortsetzung der Grundstückswert neu festgesetzt werden, wenn Anhaltspunkte dafür vorhanden sind, dass der bisherige Wert nicht mehr zutreffend ist. Veränderte Verhältnisse, sowohl positive wie negative, erfordern eine Überprüfung des festgesetzten Wertes, auch wenn der Wert grundsätzlich für das gesamte Verfahren festgesetzt wird.[108] Werden dem Gericht **neue Tatsachen** bekannt, die sowohl eine Erhöhung als auch eine Ermäßi-

---

102 LG Kempten, Rpfleger 1998, 358; LG Lüneburg, Rpfleger 1998, 169; a.A. OLG Hamm, Rpfleger 2000, 120 nach § 83 Nr. 1 und 5 ZVG; *Böttcher*, § 74a Rdn. 36 im Anschluss an OLG Hamm, widersprüchlich aber zu Rdn. 38 und 45.
103 *Hornung*, Rpfleger 1992, 209 in Anm. zu LG Osnabrück; *Böttcher*, § 74a Rdn. 34.
104 Das LG Rostock, Rpfleger 2011, 625 sieht bei der Herausnahme von Inventargegenständen aus der Versteigerung und der Änderung des Verkehrswertes eine Verletzung von § 43 Abs. 1 (Terminsbekanntmachung) mit der Folge der Zuschlagsversagung nach § 83 Nr. 7 ZVG. Dem kann so aber nicht gefolgt werden.
105 *Stöber*, ZVG § 74a Rdn. 7.12 und 13.
106 LG Coburg, Rpfleger 1999, 553; *Stöber*, ZVG § 74a Rdn. 9.8; für *Budde*, Rpfleger 1991, 189 ist dies ein Muss; ebenso wohl LG Osnabrück, Rpfleger 1992, 209.
107 *Stöber*, ZVG § 74a Rdn. 9.10 und 9.11; *Budde*, Rpfleger 1991, 189.
108 *Böttcher*, § 74a Rdn. 38; z.B. Verfahrensdauer über 5 Jahre, Vorlage einer Bescheinigung des Bauordnungsamtes, wonach aufgrund einer Bauvoranfrage das Bauvorhaben nunmehr bedenkenfrei ist; OLG Hamm, Rpfleger 1977, 452; OLG Koblenz, Rpfleger 1985, 410; OLG Köln, Rpfleger 1983, 362 = ZIP 1983, 999.

gung des rechtskräftig festgesetzten Verkehrswerts rechtfertigen, besteht eine Anpassungspflicht.[109]

61 Auch die **formelle Rechtskraft** des Wertfestsetzungsbeschlusses steht einer Änderung nicht entgegen, wenn neue Tatsachen, die durch sofortige Beschwerde nach § 74a Abs. 5 Satz 3 nicht mehr geltend gemacht werden können, die Festsetzung eines anderen Wertes erfordern. Ändern sich die tatsächlichen Umstände, auf denen die Festsetzung beruht, muss das Vollstreckungsgericht die Festsetzung an die Änderung der Umstände anpassen. Das kann aber nicht in den Gründen des Zuschlagsbeschlusses erfolgen, sondern muss vor dem Versteigerungstermin und so rechtzeitig geschehen, dass die Beteiligten die geänderte Festsetzung in dem hierfür nach § 74a Abs. 5 Satz 2 vorgesehenen Verfahren überprüfen können.[110] Werden neue Tatsachen (z.b. Schäden durch Feuer, Unwetter oder Werterhöhung durch Anbau, Renovierung oder auch Wertminderung oder Werterhöhung infolge veränderter Infrastruktur) bekannt, die eine Veränderung des rechtskräftig festgesetzten Verkehrswertes rechtfertigen, trifft das Vollstreckungsgericht eine Anpassungspflicht.[111] Wird z.b. nach rechtskräftiger Festsetzung des Verkehrswerts für eine zur Zwangsversteigerung stehende Eigentumswohnung ein Sondernutzungsrecht an einem ihr zugeordneten Pkw-Stellplatz eingetragen, so erfordert dieses nach der Verkehrsanschauung mit Blick auf das gesamte Versteigerungsobjekt wesentliche Bewertungsmerkmal eine Wertanpassung von Amts wegen auch in dem nach Zuschlagsverweigerung wegen Nichterreichens der $^{7}/_{10}$-Grenze anberaumten weiteren Versteigerungstermin.[112] Ist gerichtsbekannt, dass seit der letzten Wertfestsetzung bis zum Versteigerungstermin auf dem Grundstücksmarkt der betreffenden Region eine Wertsteigerung von mindestens 10 % eingetreten ist, kann sich eine Anpassungspflicht ergeben.[113] Hält der Sachverständige selbst die vorgetragenen Mängel an dem begutachteten Objekt für beachtlich und eine zusätzliche Begutachtung für erforderlich, ist das Gericht verpflichtet den Einwendungen nachzugehen.[114]

62 Nach Auffassung des **BGH**[115] ist eine Anpassung des festgesetzten Grundstückswerts an veränderte Umstände dann nicht mehr erforderlich, wenn im ersten Versteigerungstermin das Meistgebot nicht $^{7}/_{10}$ des rechtskräftig festgesetzten Grundstückswerts erreicht und deshalb der Zuschlag gemäß § 74a Abs. 1 Satz 1 versagt wird; im weiteren Zwangsversteigerungsverfahren fehle dann das Rechtsschutzinteresse für eine Anpassung des festgesetzten Grundstückswertes.[116] Aus dem „Grundsatz der Einmaligkeit" sowohl in § 85a als auch in § 74a folgert der BGH, dass in diesem Verfahrensstadium der Verkehrswert für das weitere Zwangsvollstreckungsverfahren keine rechtliche Bedeutung mehr hat und deshalb für eine Anpassung des Verkehrswertes an veränderte Umstände das Rechtsschutz-

---

109 OLG Köln, Rpfleger 1983, 362; OLG Koblenz, Rpfleger 1985, 410; *Storz*, zu LG Kassel, Rpfleger 1984, 470.
110 BGH, Rpfleger 2008, 214 = NJW-RR 2008, 944 = WM 2008, 33.
111 So auch *Stöber*, ZVG § 74a Rdn. 7.20.
112 OLG Düsseldorf, Rpfleger 2000, 559 = InVo 2000, 437.
113 OLG Köln, Rpfleger 1993, 258; OLG Hamm, Rpfleger 1977, 452 viereinhalb Jahre zwischen Festsetzung und Versteigerungstermin.
114 LG Augsburg, Rpfleger 2000, 559.
115 BGH, Rpfleger 2004, 172 = NJW-RR 2004, 302 = KTS 2004, 457 = MDR 2004, 294 = WM 2004, 98 = InVo 2004, 201 = ZfIR 2004, 167.
116 Auch LG Mönchengladbach, Rpfleger 2003, 524.

interesse fehlt. Eine Neufestsetzung des Verkehrswertes bei nachträglich eingetretenen Wertveränderungen führe zu einer dem Gesetz widersprechenden zeitlichen Verzögerung der Versteigerung, die nicht hinnehmbar ist. Der Gefahr der sittenwidrigen Verschleuderung in einem späteren Versteigerungstermin infolge nachträglicher erheblicher Wertveränderungen könne der Schuldner mit einem Antrag gemäß § 765a ZPO begegnen. Auch die Bieter seien nicht schützenswert. *In dieser Allgemeinheit kann dem nicht gefolgt werden.* In der Praxis ist einem Bietinteressenten kaum zu vermitteln, dass der Wertfestsetzungsbeschluss im Versteigerungsverfahren keine verlässliche Entscheidungsgrundlage bieten kann, weil er sich – wie insbesondere der Gewährleistungsausschluss gemäß § 56 Satz 3 zeigt – bei nicht berücksichtigten Mängeln auf dessen Richtigkeit nicht verlassen kann. Nach Meinung des BGH wird der Bieter die für seine Entschließungen entscheidenden Gesichtspunkte selbst ermitteln und dabei auch eventuell seit Erlass des Wertfestsetzungsbeschlusses eingetretene Änderungen bedenken. Dies ist nicht Realität. Auch wenn die Wertgrenzen nach § 85a Abs. 1 und § 74a Abs. 1 bei Versagung des Zuschlags im ersten Versteigerungstermin im weiteren Verlauf des Verfahrens nicht mehr gelten, ist der festgesetzte Verkehrswert maßgeblicher Orientierungspunkt für die Abgabe von Geboten. Er wird weiter benötigt bei der Versteigerung mehrerer Grundstücke und einer vorzunehmenden Aufteilung nach § 64 Abs. 1, bei der Erteilung des Zuschlages auf ein Gesamtausgebot für eine Aufteilung nach § 112 Abs. 2, und nicht zuletzt für eine Entscheidung nach § 765a ZPO in Anbetracht einer möglichen Grundstücksverschleuderung. Ein Versteigerungsverfahren dauert regelmäßig mehrere Jahre, hat sich der festgesetzte Verkehrswert entscheidend geändert (zu möglichen Gründen s. zuvor → Rdn. 60), gebietet bereits der Grundrechtsschutz nach Art. 14 GG[117] (sowohl für Schuldner als auch Gläubiger) den Verkehrswert zu überprüfen und gegebenenfalls erneut festzusetzen.[118]

In einer weiteren Entscheidung beschäftigt sich der BGH[119] mit der Frage, wie sich die Verkehrswertfestsetzung zur Befriedigungsfiktion nach § 114a verhält. Wird der Zuschlag versagt, weil das Meistgebot nicht $^{7}/_{10}$ oder $^{5}/_{10}$ des Grundstückswertes erreicht, so ist die (überholte) Festsetzung in dieser Hinsicht für das Prozessgericht bei Anwendung des § 114a nicht bindend. Diese Entscheidung ist in Fortführung der Auffassung, dass im weiteren Verlauf eines Versteigerungsverfahrens das Rechtsschutzinteresse für eine Anpassung des festgesetzten Grundstückswertes an veränderte Umstände entfällt, folgerichtig (zur Kritik s. zuvor).

Ändert das Vollstreckungsgericht den Verkehrswert, ist dieser Änderungsbeschluss nach Abs. 5 Satz 3 mit der **sofortigen Beschwerde** anfechtbar.[120] Die Mitteilung des Vollstreckungsgerichts, den festgesetzten Verkehrswert nicht abzuändern, ist nicht erneut mit der Beschwerde anfechtbar.[121] Unterlässt das Vollstreckungsgericht eine Anpassung, kann hierin einen Zuschlagsversagungsgrund liegen, sofern der Zuschlag hierauf beruht.[122] Die Ablehnung eines berech-

---

117 Hierzu auch *Budde*, Rpfleger 1991, 189.
118 A.A. wohl *Stöber*, ZVG § 74a Rdn. 7.20 (e) im Hinblick auf BGH, Rpfleger 2004, 172 = NJW-RR 2004, 302 = KTS 2004, 457 = MDR 2004, 294 = WM 2004, 98 = InVo 2004, 201 = ZfIR 2004, 167.
119 Rpfleger 2004, 433 = NJW-RR 2004, 666 = WM 2004, 755 = InVo 2004, 292.
120 LG Kassel, Rpfleger 1984, 474 mit Anm. *Storz*.
121 LG Berlin, Rpfleger 2008, 518.
122 OLG Koblenz, Rpfleger 1985, 410; OLG Köln, ZIP 1983, 999.

tigten Antrags auf Wertfestsetzung ist eine Verletzung der Vorschriften über die Feststellung der Zwangsversteigerungsbedingungen, sodass eine Anfechtung des Zuschlages in Betracht kommt (hierzu → § 83 Rdn. 8 ff.).[123] Unterlässt der Schuldner jedoch eine Anfechtung des Wertfestsetzungsbeschlusses, obwohl der von der gerichtlichen Festsetzung in Kenntnis gesetzt wurde, ist das Vollstreckungsgericht nicht verpflichtet, auf seinen Antrag hin den Verkehrswert erneut zu überprüfen.[124]

f) Fehlerhafter Verkehrswert

65 Das Vollstreckungsgericht wird sich bei der Festsetzung des Verkehrswertes regelmäßig an die Angaben im Sachverständigengutachten halten, sofern keine Einwendungen der Beteiligten vorliegen. Dies schließt Schadensersatzansprüche nach § 839 BGB regelmäßig aus. Eine Haftung für die Tätigkeit eines Rechtspflegers im Zwangsversteigerungsverfahren, der hierbei richterliche Aufgaben wahrnimmt und dabei sachlich unabhängig (§ 9 RPflG) ist, besteht nur bei Vorsatz und grober Fahrlässigkeit. Eine Haftung für eine unrichtige Wertfestsetzung durch den Rechtspfleger aufgrund eines fehlerhaften Gutachtens eines gerichtlich bestellten Sachverständigen setzt daher voraus, dass die Fehlerhaftigkeit für den Rechtspfleger nur aufgrund Vorsatzes oder grober Fahrlässigkeit nicht erkennbar war.[125]

66 Stützt ein Beteiligter einen Schadensersatzanspruch auf die unrichtige Festsetzung des Verkehrswertes des Versteigerungsobjekts, so entfällt die Ersatzpflicht, wenn er es schuldhaft unterlassen hat, den Beschluss rechtzeitig anzufechten. Der Beschluss über die Festsetzung des Grundstückswerts ist mit der sofortigen Beschwerde angreifbar, § 74a Abs. 5 Satz 3. Mit diesem Rechtsmittel können Beteiligte, insbesondere der Schuldner, eine Heraufsetzung des Wertes und damit eine Beseitigung der behaupteten Pflichtverletzung und ihrer Folgen erwirken. Nimmt stattdessen der Beteiligte die Wertfestsetzung hin, hat er die verkehrserforderliche Sorgfalt bei der Wahrnehmung seiner eigenen Interessen außer Acht gelassen. Dies hat zur Folge, dass eine Schadensersatzpflicht des Landes bereits nach § 839 Abs. 3 BGB ausgeschlossen ist, ob tatsächlich eine Amtspflichtverletzung vorliegt ist unerheblich.[126]

67 Stellt sich nach Abschluss des Verfahrens die Fehlerhaftigkeit der Verkehrswertfestsetzung heraus, stellt sich die Frage, ob der gerichtlich **beauftragte Sachverständige** gegenüber dem Ersteher haftet. Nach § 839a Abs. 1 BGB[127] gilt: Erstattet ein vom Gericht ernannter Sachverständiger vorsätzlich oder grob fahrlässig ein unrichtiges Gutachten, so ist er zum Ersatz des Schadens verpflichtet, der einem Verfahrensbeteiligten durch eine gerichtliche Entscheidung entsteht, die auf diesem Gutachten beruht. Nach § 839a Abs. 2 i.V.m. § 839 Abs. 3 BGB tritt die Ersatzpflicht nicht ein, wenn der Verletzte vorsätzlich oder fahrlässig unterlassen hat, den Schaden durch Gebrauch eines Rechtsmittels abzuwenden. § 839a BGB hat damit vier Voraussetzungen: *erstens* vorsätzlich oder grob

---

123 OLG Braunschweig, NJW 1960, 205.
124 OLG Koblenz, KTS 1983, 690.
125 OLG Frankfurt, MDR 2005, 1051.
126 BGH, Rpfleger 1991, 12.
127 Eingefügt durch den am 1.8.2002 in Kraft getretenen Art. 2 Nr. 5 des zweiten Gesetzes zur Änderung schadensersatzrechtlicher Vorschriften vom 19.7.2002 (BGBl I 2674); hierzu kritisch *Wagner/Thole*, VersR 2004, 275 ff.

fahrlässig unrichtiges Gutachten, *zweitens* eine darauf beruhende unrichtige gerichtliche Entscheidung, *drittens* Ursächlichkeit für Vermögensschaden und *viertens* zulasten eines Verfahrensbeteiligten.

Die **Amtspflichten**, die der im Rahmen eines Zwangsversteigerungsverfahrens vom Gericht mit der Wertermittlung beauftragte Gutachterausschuss wahrzunehmen hat, können zugunsten des Erstehers **drittgerichtet** sein.[128] Der Ersteher darf, selbst wenn ihm keine Mängelgewährleistungsansprüche zustehen, in schutzwürdiger Weise darauf vertrauen, dass das Gericht bei der Festsetzung des Grundstückswerts, der die Grundlage für die Höhe des Gebots bildet, mit der erforderlichen Sorgfalt verfahren hat.[129]

68

In seinem Urteil vom 20.5.2003 sieht der **BGH**[130] die Haftung noch differenziert. Allerdings galt für den BGH in diesem Fall § 839a BGB noch nicht, weil die Gesetzesänderung nur greift, wenn das schädigende Ereignis nach dem 31.7.2002 eingetreten ist,[131] der Kläger hatte das Grundstück aber bereits am 16.5.2000 ersteigert. Nach bisherigem Recht werden gerichtliche Sachverständige, auch wenn sie öffentlich bestellt sind, durch die gerichtliche Beauftragung nicht Beamte im haftungsrechtlichen Sinn. Sie haften deshalb, wenn sie schuldhaft ein objektiv unrichtiges Gutachten erstatten, nicht nach § 839 BGB. Etwas anderes gilt, wenn die Erstattung von gerichtlichen Sachverständigengutachten – wie etwa beim Gutachterausschuss – im Rahmen einer normalen Amtstätigkeit erfolgt. Konkret war der Sachverständigen zwar aufgrund der öffentlichen Bestellung zur Übernahme des Auftrags aufgrund seiner Ernennung verpflichtet (§ 407 Abs. 1 ZPO), doch bleibt er weiterhin Privatperson und haftet deshalb für Vermögensschäden aufgrund eines fehlerhaften Gutachtens lediglich unter den Voraussetzungen des § 826 BGB.[132]

69

Anders sieht der **BGH** das in seinem Urteil vom 9.3.2006.[133] Als schadensstiftende gerichtliche Entscheidung, die auf dem Gutachten beruht, ist der Zuschlagsbeschluss anzusehen, durch den der Ersteher nicht nur das Eigentum an dem Grundstück erwirbt (§ 90), sondern im Gegenzug die Verpflichtung zur Zahlung des baren Meistgebots trägt. Zu dem ersatzfähigen Schaden gehört jeder durch das unrichtige Gutachten und die darauf beruhende gerichtliche Entscheidung adäquat verursachte und in den Schutzbereich der verletzten Sachverständigenpflicht fallende Vermögensschaden. Der zu leistende Schadensersatz soll die Vermögenslage herstellen, die bei pflichtgemäßem Verhalten des Sachverständigen eingetreten wäre, d.h. wenn der Grundstückswert korrekt ermittelt worden wäre. Dies bedeutet, dass der Geschädigte nicht lediglich einen Anspruch darauf hat, so gestellt zu werden, als hätte er das Objekt nicht ersteigert. Vielmehr bleibt es dem Geschädigten vom Ansatz her unbenommen, geltend zu machen, dass er bei kor-

70

---

128 BGH, Rpfleger 2003, 310 = NZM 2003, 411 = KTS 2003, 513 = MDR 2003, 628 = WM 2003, 2053 = InVo 2003, 338 = ZfIR 2003, 260.
129 Rpfleger 2003, 520 = NJW 2003, 2825 = KTS 2003, 703 = MDR 2003, 1180 = WM 2003, 2249 = InVo 2003, 452 = ZfIR 2004, 80.
130 Rpfleger 2003, 520 = NJW 2003, 2825 = KTS 2003, 703 = MDR 2003, 1180 = WM 2003, 2249 = InVo 2003, 452 = ZfIR 2004, 80.
131 Vgl. Art. 229 § 8 Abs. 1 EGBGB in der Fassung des Art. 12 des Zweiten Gesetzes zur Änderung schadensersatzrechtlicher Vorschriften.
132 Ebenso KG, GE 2002, 1193; in diesem Sinne auch OLG Brandenburg, MDR 2000, 1076 = WM 2001, 1920.
133 Rpfleger 2006, 551 mit Anm. *Alff* = WM 2006, 867 = NJW 2006, 1733.

rekter Wertfestsetzung das Grundstück zu einem niedrigeren Meistgebot hätte ersteigern können. Den Differenzbetrag kann er als Schadensersatz beanspruchen. Dies gilt auch dann, wenn das tatsächliche Meistgebot unter dem Verkehrswert liegt. Der Umstand, dass der Geschädigte möglicherweise eine objektiv adäquate Gegenleistung erhalten hat, schließt es nicht aus, dass er bei korrekter Wertfestsetzung mit einem noch geringeren Gebot hätte zum Zuge kommen können und die Mehraufwendungen damit erspart hätte. Den Gründen des BGH kann *nicht gefolgt werden*. Der Zuschlag beruht nicht auf dem – unrichtigen – Gutachten eines Sachverständigen. Der Grundstückswert wird aus anderen Gründen benötigt (s. zuvor → Rdn. 32). Bei der Zuschlagsentscheidung ist das Vollstreckungsgericht an eine vorher getroffene Entscheidung nicht gebunden, § 79. Der Zuschlag ist zu versagen, wenn Gründe nach § 83 vorliegen, und eine Heilung nach § 84 nicht in Betracht kommt oder möglich ist. Weiter kann es durchaus vorkommen, dass ein Gutachten zur Ermittlung des Verkehrswertes nicht in Auftrag gegeben wird (hierzu zuvor → Rdn. 41). Selbst das Gesetz schreibt die Inanspruchnahme eines Sachverständigen nicht zwingend voraus (§ 74a Abs. 5 Satz 1 *„nötigenfalls"*). Ein unrichtiges Gutachten kann sich unmittelbar auf den Verkehrswertbeschluss auswirken, ist aber keine unmittelbare Grundlage für die Zuschlagsentscheidung. Anders als der BGH meint, ist der Zuschlagsbeschluss auch nicht die gerichtliche Streitentscheidung über konkurrierende Gebote. Der Zuschlag ist auf das Meistgebot zu erteilen (§ 81 Abs. 1). Nur wenn der Zulassung eines Übergebotes (§ 72 Abs. 1) oder der Zurückweisung eines Gebotes (§ 72 Abs. 2) widersprochen wird, trifft das Vollstreckungsgericht mit der Zuschlagserteilung eine Entscheidung über miteinander konkurrierende Gebote. Aber selbst dann basiert die Entscheidung nicht unmittelbar auf dem Gutachten.[134] Der Kausalitätsschluss des BGH trifft daher nicht zu, eine Haftung des Sachverständigen gegenüber dem Ersteher nach § 839a BGB scheitert an der fehlenden Kausalität des Zuschlagsbeschlusses für einen möglichen Schaden des Grundstückserwerbers, Schadensersatz kann daher nur nach § 826 BGB in Betracht kommen.

71 Auch nach der Einführung von § 839a BGB verbleibt es dabei, dass gegen den mit einem Wertgutachten im Zwangsversteigerungsverfahren beauftragten Sachverständigen vertragliche oder vertragsähnliche Ansprüche der Verfahrensbeteiligten nicht bestehen. Bei einem unrichtigen Verkehrswertgutachten ist zu berücksichtigen, dass dieses der Feststellung des Verkehrswerts des Versteigerungsobjekts dient und gerade auch in dieser Hinsicht, also bezüglich des festgestellten Verkehrswerts, „unrichtig" sein muss.[135] Baumängel und Bauschäden haben in diesem Zusammenhang insoweit Bedeutung, als sie sich auf den Verkehrswert auswirken. Anders als der speziell mit der Feststellung von Baumängeln beauftragte – und diesbezüglich besonders sachkundige – Gutachter darf sich der Verkehrswertgutachter im Allgemeinen mit der Inaugenscheinnahme des Versteigerungsobjekts begnügen und muss erst dann weitere Ermittlungen zu etwaigen Mängeln anstellen oder entsprechende Hinweise geben, wenn hierzu nach den Umständen des konkreten Falls Anlass besteht. Bei der Ermittlung des Verkehrswerts eines (bebauten) Grundstücks sind kleinere Diskrepanzen zwischen dem vom Regressgericht festgestellten und dem vom Sachverständigen ermittelten Verkehrswert unvermeidbar; sie dürfen nicht ohne weiteres zulasten des Sachverständigen ge-

---

134 So auch *Alff*, in Anm. zu BGH, Rpfleger 2006, 551.
135 BGH, Urteil vom 10.10.2013, III ZR 345/12, Rpfleger 2014, 146.

hen. Grobe Fahrlässigkeit erfordert, dass der Gutachter unbeachtet gelassen hat, was jedem Sachkundigen einleuchten muss, und dass seine Pflichtverletzung schlechthin unentschuldbar ist. Maßgebend ist hierbei nicht der Sorgfaltsmaßstab eines Bauschadenssachverständigen, sondern der Sorgfaltsmaßstab eines Verkehrswertgutachters. Sieht der Sachverständige von einer Besichtigung des Versteigerungsobjekts ab, weil ihm z.b. der Zutritt nicht gestattet wird, und weist er im Gutachten ausdrücklich darauf hin, können Ansprüche nach § 839a BGB nicht auf die unterbliebene Besichtigung gestützt werden.[136] Für die sachliche Richtigkeit eines Verkehrswertgutachtens im Rahmen eines Zwangsversteigerungsverfahrens kommt es nur darauf an, ob der Verkehrswert richtig geschätzt worden ist, wobei Abweichungen von 12,5 % sich noch im tolerablen Rahmen halten. Die Feststellung von Baumängeln gehört nicht zur Sachverständigenpflicht, sie haben im Rahmen eines solchen Gutachtens nur Bedeutung für die Feststellung des Verkehrswertes, weshalb sich ein Ersteigerer insoweit nicht auf die Richtigkeit und Vollständigkeit des Gutachtens berufen kann.[137]

4. Rechtsmittel (Abs. 5 S. 3)

Gegen die Festsetzung findet das Rechtsmittel der **sofortigen Beschwerde** binnen zwei Wochen nach Zustellung[138] (nicht Verkündung) statt (Abs. 5 S. 3). Eine telefonische Einlegung einer sofortigen Beschwerde zu Protokoll der Geschäftsstelle ist unzulässig.[139] **Beschwerdeberechtigt** sind alle Verfahrensbeteiligten i.S.v. § 9, insbesondere Gläubiger und Schuldner, nicht aber Mieter und Pächter.[140] Das Beschwerderecht des Gläubigers ist hierbei unabhängig davon, ob er mit seinem eigenen Anspruch innerhalb oder außerhalb der $^7/_{10}$-Grenze des § 74a Abs. 1 steht.[141] Die sofortige Beschwerde eines Schuldners, über dessen Vermögen ein **Insolvenzverfahren** eröffnet worden ist, ist unzulässig. Von der Eröffnung des Insolvenzverfahrens über das Vermögen des Schuldners und der Bestellung eines Insolvenzverfahrens an ist der Schuldner nicht mehr Beteiligter des Zwangsversteigerungsverfahrens; seine Stelle wird von dem Verwalter im Insolvenzverfahren eingenommen. Hält der Schuldner die Festsetzung des Verkehrswertes für ein Gebäude für unrichtig, kann er nach Auffassung des *BGH*[142] den Insolvenzverwalter hierauf hinweisen und diesen so veranlassen, die Festsetzung zu prüfen und gegebenenfalls anzufechten. Sieht der Verwalter hiervon ab, ist dies durch seine Befugnisse gedeckt. Dem Schuldner ein Recht zur Anfechtung einzuräumen, würde einen Eingriff in die Befugnisse des Verwalters bedeuten und hätte zur Folge, dass der Schuldner das Versteigerungs- und damit das Insolvenzverfahren in nicht gebotener Weise erschweren und verzögern könnte. Nach der Freigabe des Grundstücks durch den Insolvenzverwalter wird der Schuldner wieder Beteiligter im Sinne von § 9. Deshalb muss jetzt ihm und nicht mehr dem Insolvenzverwalter der Wertfestsetzungsbeschluss zugestellt werden. Unterlässt der Rechtspfleger dies, handelt er amtspflichtwidrig.[143] Wird ein mit einem **Erbbaurecht** belastetes

72

---

136 OLG Celle, BauR 2004, 1481.
137 SchlHOLG Schleswig, SchlHA 2008, 19.
138 *Stöber*, ZVG § 74a Rdn. 7.18; *Böttcher*, § 74a Rdn. 40.
139 LG Münster, Rpfleger 2010, 44.
140 *Stöber*, ZVG §74a Rdn. 9.2.
141 Unrichtig insoweit: LG Lüneburg, Rpfleger 1985, 371.
142 BGH, Rpfleger 2008, 590 = WM 2008, 1789 = NZI 2008, 613 = ZInsO 2008, 741.
143 BGH, Rpfleger 2009, 335 = NJW-RR 2009, 601.

Grundstück zwangsversteigert, ist der Erbbauberechtigte nicht beschwerdeberechtigt.[144]

73 Mit der Beschwerde kann sowohl eine **Herauf-** als auch eine **Herabsetzung** begehrt werden, sofern zu letzterem ein wirtschaftliches Interesse besteht.[145] Verweigert der Schuldner dem gerichtlich bestellten Gutachter den Zutritt zu den Räumlichkeiten des Versteigerungsobjekts, kann die Festsetzung des Verkehrswertes nicht mit der Begründung der Unrichtigkeit des Wertes angefochten werden.[146] Mit dem Einwand, der vom Versteigerungsgericht festgestellte Verkehrswert sei wesentlich zu niedrig festgesetzt worden, kann der Schuldner später im Zuschlagsverfahren nicht mehr gehört werden.[147] Dem Eigentümer einer zur Wohnungseigentümergemeinschaft gehörenden Wohnung fehlt für eine sofortige Beschwerde gegen die Verkehrswertfestsetzung einer anderen, nicht in seinem Eigentum stehenden Wohnung der Wohnungseigentümergemeinschaft das Rechtsschutzbedürfnis, wenn er die Festsetzung eines niedrigeren Verkehrswerts fordert.[148]

74 Ändert das Vollstreckungsgericht den Wert ab, ist allen Beteiligten erneut rechtliches Gehör zu gewähren, der **Änderungsbeschluss** ist dann wiederum allen Beteiligten zuzustellen. Gegen den Änderungsbeschluss kann ebenfalls wiederum sofortige Beschwerde eingelegt werden. Unterlässt das Gericht eine Anpassung, liegt hierin ein Zuschlagsversagungsgrund, wenn der Zuschlag hierauf beruht.[149] Die Mitteilung des Vollstreckungsgerichts, den festgesetzten Verkehrswert nicht abzuändern, ist nicht erneut mit der Beschwerde anfechtbar.[150]

75 Gegen die Beschwerdeentscheidung kann unter den Voraussetzungen nach § 574 Abs. 1 Nr. 2 ZPO Rechtsbeschwerde zum BGH erhoben werden.

---

144 BGH, WM 2007, 1748 = NZM 2007, 663.
145 BGH, NZM 2004, 479 = MDR 2004, 1023 = WM 2004, 1040 = InVo 2004, 427; OLG Hamm, Rpfleger 2000, 120; LG Augsburg, Rpfleger 2000, 559; Steiner/*Storz*, § 74a Rdn. 116; *Schiffhauer* Rpfleger 1973, 81; *ders.*, Rpfleger 1974, 324; *Böttcher*, § 74a Rdn. 42; unrichtig insoweit: LG Frankfurt a.M., Rpfleger 1974, 324; LG Köln, Rpfleger 1989, 75; LG Osnabrück, Rpfleger 1992, 209 m. Anm. *Hornung*.
146 LG Dortmund, Rpfleger 2000, 466; LG Göttingen, Rpfleger 1998, 213.
147 LG Kempten, Rpfleger 1998, 358; LG Lüneburg, Rpfleger 1998, 169.
148 LG Göttingen, NZM 2001, 1141 = InVo 2002, 112.
149 OLG Koblenz, Rpfleger 1985, 410; LG Osnabrück, Rpfleger 1992, 209; OLG Oldenburg, Rpfleger 1992, 209.
150 LG Berlin, Rpfleger 2008, 518.

§ 74b »Meistgebot von einem zur Befriedigung aus dem Grundstück Berechtigten«

Ist das Meistgebot von einem zur Befriedigung aus dem Grundstück Berechtigten abgegeben worden, so findet § 74a keine Anwendung, wenn das Gebot einschließlich des Kapitalwertes der nach den Versteigerungsbedingungen bestehenbleibenden Rechte zusammen mit dem Betrage, mit dem der Meistbietende bei der Verteilung des Erlöses ausfallen würde, sieben Zehnteile des Grundstückwertes erreicht und dieser Betrag im Range unmittelbar hinter dem letzten Betrage steht, der durch das Gebot noch gedeckt ist.

I. Allgemeines

Zweck der Vorschrift ist die Einschränkung von § 74a in den Fällen, in denen das Grundstück mit gleichrangigen Rechten belastet ist und einer der Gläubiger dieser Rechte das Meistgebot abgibt. Allerdings schützt die Norm nicht alleine den nicht mitbietenden Gläubiger. §§ 74a und 74b dienen zwar vornehmlich, aber nicht ausschließlich dem Schutz der Gläubiger; auch der Schuldner wird durch die Einhaltung der $^7/_{10}$-Grenze mittelbar geschützt. Allerdings ist § 74b von sehr geringer Bedeutung, in der gerichtlichen Praxis findet er nahezu keine Anwendung. Würde § 74b fehlen, wäre die Rechtslage auch nicht anders.[1]

II. Anwendungsfall

Gibt ein aus dem Grundstück zu befriedigender Berechtigter (§ 10 Abs. 1) das Meistgebot ab, ist die Anwendung von § 74a ausgeschlossen, wenn das bare Meistgebot, der Kapitalwert der nach den Versteigerungsbedingungen bestehen bleibenden Rechte und der Betrag, mit dem der Meistbietende bei der Verteilung des Erlöses ausfallen würde, zusammen $^7/_{10}$ des Grundstückswertes erreichen. Die Anwendung von § 74b setzt dabei voraus, dass der Betrag, mit dem der meistbietende Grundpfandrechtsgläubiger ausfällt, **im Range unmittelbar hinter** dem letzten Betrag steht, der durch das Gebot noch gedeckt wird.[2] Ist dies nicht der Fall, wird § 74a nicht ausgeschlossen, sodass auch die innerhalb der $^7/_{10}$-Grenze stehenden Grundpfandrechtsgläubiger, die nicht in der Lage sind, ihre Rechte auszubieten, geschützt werden. Bei der Frage, ob unter dem „Ausfallbetrag" der gesamte nicht befriedigte Anspruch oder nur der Anteil des Bieters an der Differenz von tatsächlichem Meistgebot und einem fiktiven $^7/_{10}$-Gebot zu berücksichtigen ist, hat sich der BGH[3] klar für die erste Alternative entschieden.

Ausgangsdaten:

Grundstückswert:	200.000,- €
$^7/_{10}$-Grenze:	140.000,- €
Verfahrenskosten:	10.000,- €

Rangfolge der Grundpfandrechte	Kapitalbetrag	Nebenleistungen
Grundschuld Abt. III Nr. 1	60.000,- €	10.000,- €
Grundschuld Abt. III Nr. 2	60.000,- €	10.000,- €
Grundschuld Abt. III Nr. 3	55.000,- €	15.000,- €

---

1 BGHZ 46, 107 = NJW 1966, 2403 = Rpfleger 1967, 109; *Alff*, ZfIR 2011, 274.
2 BGH, Rpfleger 2012, 456 mit Anm. *Alff* = NJW-RR 2012, 533.
3 BGH, Rpfleger 2012, 456 mit Anm. *Alff* = NJW-RR 2012, 533.

Beispiel 1:
Der Gläubiger der Grundschuld Nr. 2 ist bestrangig betreibender Gläubiger. Das geringste Gebot setzt sich somit zusammen aus:

Bestehen bleibendes Recht		Bargebot
	Verfahrenskosten:	10.000,- €
Grundschuld Abt. III Nr. 1: 60.000,- €	Nebenleistungen von III/1:	10.000,- €
	zusammen:	20.000,- €

3   Gibt der bestrangig betreibende Gläubiger Nr. 2 ein bares Meistgebot in Höhe von 20.000,- € ab, hat er zusammen mit dem bestehen bleibenden Grundpfandrecht Nr. 1 ein Meistgebot in Höhe von 80.000,- € abgegeben; hinzuzurechnen ist der Betrag, mit dem der Meistbietende Nr. 2 ausfällt (hier: Kapitalbetrag 60.000,- € + Nebenleistungen 10.000,- €), insgesamt ergibt sich somit ein Betrag von 150.000,- €.

4   Der nachrangige Grundschuldgläubiger Nr. 3 kann keinen Versagungsantrag stellen, da die $^7/_{10}$-Grenze von 140.000,- € überschritten ist, und er selbst bei der Erlösverteilung ausfällt.

Beispiel 2:
Der Gläubiger der Grundschuld Nr. 1 ist bestrangig betreibender Gläubiger. Das geringste Gebot setzt sich somit zusammen aus:

Bestehen bleibendes Recht		Bargebot
-------keine-------	Verfahrenskosten:	10.000,- €

5   Gibt der Gläubiger der Grundschuld Nr. 3 ein bares Meistgebot über 80.000,-€ ab, ist dies auch das endgültige Meistgebot, da nach den Versteigerungsbedingungen keine Grundpfandrechte bestehen bleiben. Der Ausfall des Gläubigers Nr. 3 beträgt 70.000,- € (Grundpfandrecht 55.000,- € + Nebenleistungen 15.000,- €), er muss sich die Rechte Nr. 1 und 2 vorgehen lassen.

6   Aus dem Meistgebot über 80.000,- € sind zunächst die Verfahrenskosten zu zahlen, der Restbetrag über 70.000,- € entfällt in der Rangfolge auf das Grundpfandrecht Nr. 1. Der Gläubiger des Grundpfandrechtes Nr. 2 fällt in voller Höhe mit seinem Anspruch aus. Er kann einen Versagungsantrag nach § 74a Abs. 1 stellen, da er bei einem Gebot in Höhe von $^7/_{10}$ des Verkehrswerts (= 140.000,- €) einen Betrag von 60.000,- € erhalten hätte.

7   § 74b findet keine Anwendung; der Ausfall des Gläubigers Nr. 3 (Kapitalbetrag 55.000,- € + Nebenleistungen 15.000,- €) über 70.000,- € kann seinem Gebot über 80.000,- € nicht hinzugerechnet werden, da der Betrag nicht **unmittelbar im Range** dem folgt, der dem Gläubiger Nr. 1 gebührt.

8   Hierbei ist es auch unerheblich, wenn z.B. der nachfolgende Gläubiger des Rechtes Nr. 3 von der Ablösungsbefugnis nach §§ 268, 1150 BGB Gebrauch macht und das vorrangige Recht Nr. 2 ablöst.[4] Im Beispiel Nr. 2 folgt der Ausfall des Rechtes Nr. 3 nicht unmittelbar dem Betrag, der aus dem Erlös noch zuletzt zugeteilt werden kann.

---

4   *Stöber*, ZVG § 74b Rdn. 2.1; Steiner/*Storz*, § 74b Rdn. 8.

Beispiel 3:
Bei den Ausgangsdaten (zuvor → Rdn. 2) sollen nunmehr die Rechte Nr. 2 und Nr. 3 **gleichrangig** sein.

Der Gläubiger der Grundschuld Nr. 2 ist bestrangig betreibender Gläubiger. Das geringste Gebot setzt sich somit zusammen aus:

Bestehen bleibendes Recht		Bargebot
	Verfahrenskosten:	10.000,- €
Grundschuld Abt. III Nr. 1: 60.000,- €	Nebenleistungen von III/1:	10.000,- €
	zusammen:	20.000,- €

Gibt der Gläubiger der Grundschuld Nr. 2 ein bares Meistgebot in Höhe von 20.000,- € ab, hat er zusammen mit der Grundschuld Nr. 1 ein Meistgebot in Höhe von 80.000,- € abgegeben. Der Zuschlag kann erteilt werden, zusammen mit seinem Ausfall über 70.000,- € (Grundschuld 60.000,- € + Nebenleistungen 10.000,- €) ist die $^5/_{10}$-Grenze nach § 85a Abs. 1 i.V.m. Abs. 3 erreicht. Gleichfalls erreicht ist die $^7/_{10}$-Grenze. Auch der Gläubiger der Grundschuld Nr. 3 liegt innerhalb der $^7/_{10}$-Grenze, kann der Zuschlagserteilung jedoch nicht widersprechen. Im Falle gleichrangiger Belastungen bleibt der gesamte Ausfall eines mit dem meistbietenden Gläubiger gleichrangigen Gläubigers unberücksichtigt, wenn der Meistbietende mit dem auf ihn entfallenden Erlös die $^7/_{10}$-Grenze erreicht. 9

Wird die $^7/_{10}$-Grenze dagegen erst unter Hinzurechnung des Ausfall des gleichrangigen Gläubigers, der jedoch nicht zugleich Meistbietender ist, erreicht, greift § 74b nicht, sodass wieder § 74a anwendbar ist,[5] (wenn also z.B. der Gläubiger der Grundschuld Nr. 2 nur einen Anspruch über zusammengerechnet 50.000,- € hätte, könnte der Gläubiger der Grundschuld Nr. 3 einen Versagungsantrag nach § 74a Abs. 1 stellen). 10

III. Besonderheiten

1. Pfandrecht am Grundpfandrecht

Handelt es sich bei dem antragsberechtigten Gläubiger eines Grundpfandrechts um den Eigentümer als Inhaber einer Eigentümergrundschuld oder besteht an dem Grundpfandrecht ein Pfandrecht, muss unterschieden werden: ist die durch Pfand gesicherte Forderung bereits fällig oder war das Recht einem Gläubiger zur Einziehung überwiesen, ist dieser wie der Inhaber des Rechts zu behandeln. Der Schuldner oder Gläubiger selbst als Berechtigter des Rechts kann in diesem Fall die Versagung des Zuschlags nicht erwirken; anders, wenn der Berechtigte das Recht auf Befriedigung aus dem Recht noch nicht erlangt hat, in diesem Fall bleibt der Schuldner/Gläubiger selbst antragsberechtigt. 11

2. Abtretung der Rechte aus dem Meistgebot und verdeckte Vertretung

Werden die Rechte aus dem Meistgebot abgetreten (§ 81 Abs. 2) oder hat der Meistbietende tatsächlich für einen anderen geboten und wird dies offen gelegt (§ 81 Abs. 3) wird nicht dem Meistbietenden der Zuschlag erteilt, sondern dem Zessionar. Beide haften als Gesamtschuldner, § 81 Abs. 4. Meistbietender und Zessionar sind nicht zu einem $^7/_{10}$-Antrag berechtigt, der Meistbietende (Zedent/ Beauftragter) nicht, weil er geboten hat, der Ersteher (Zessionar/Auftraggeber) 12

---

5 BGHZ 46, 107 = NJW 1966, 2403 = Rpfleger 1967, 109; *Stöber*, ZVG § 74b Rdn. 1.2.

nicht, weil er sich nach Treu und Glauben sowie nach Sinn und Zweck des § 81 wie der Meistbietende behandeln lassen muss.[6]

13 Ist Meistbietender ein Dritter, der Zessionar oder verdeckte Auftraggeber jedoch ein dinglich Berechtigter, bei dem die Voraussetzungen des § 74b gegeben sind, ist § 74a ausgeschlossen, der Zuschlag ist dem Zessionar oder Auftraggeber zu erteilen. Der Wertunterschied zwischen dem Meistgebot und dem Betrag in Höhe von $7/_{10}$ des Grundstückswertes ist nach § 114a auf die persönliche Forderung des Erstehers zu verrechnen.

14 Ist der Zedent oder Beauftragte, der das Meistgebot abgegeben hat, Gläubiger eines unmittelbar vorrangigen Grundpfandrechts, ergibt sich anhand nachstehenden **Beispiels** Folgendes:

Grundstückswert:	200.000,– €
$7/_{10}$-Grenze:	140.000,– €
Verfahrenskosten:	4.000,– €
Grundschuld Nr. 1:	20.000,– €
Grundschuld Nr. 2:	20.000,– €
Grundschuld Nr. 3:	120.000,– €
Grundschuld Nr. 4:	20.000,– €

15 Betreibt der Gläubiger der Grundschuld Nr. 1 die Zwangsversteigerung und bietet der Gläubiger der Grundschuld Nr. 2 einen Betrag von 24.000,– € (damit sind gedeckt die Verfahrenskosten und die Grundschuld Nr. 1) und tritt seine Rechte aus dem Meistgebot an den Gläubiger der Grundschuld Nr. 3 ab, könnte der Gläubiger der Grundschuld Nr. 2 einen Antrag nach § 74a stellen. Er wird und kann ihn jedoch wegen seiner Vereinbarung mit dem Gläubiger des Rechtes Nr. 3 nicht stellen.[7] Der Gläubiger der Grundschuld Nr. 4 kann den Antrag nach § 74a deswegen nicht stellen, weil auch bei einem Gebot in Höhe von $7/_{10}$ des Grundstückswertes keine Zuteilung erhalten würde.

16 Wäre das Grundpfandrecht Nr. 3 betragsmäßig kleiner, dann könnte der Gläubiger des Rechtes Nr. 4 den Antrag auf jeden Fall stellen, wobei es gleichgültig ist, ob die Grundschuld Nr. 3 dem gebotenen Betrag über 24.000,– € zugerechnet wird oder nicht.

17 Ist Meistbietender ein dinglich Berechtigter, bei dem die Voraussetzungen des § 74b vorliegen, und tritt er die Rechte aus dem Meistgebot an einen Dritten ab, ergibt sich Folgendes:

Grundstückswert:	200.000,– €
$7/_{10}$-Grenze:	140.000,– €
Verfahrenskosten:	4.000,– €
Grundschuld Nr. 1:	80.000,– €
Grundschuld Nr. 2:	60.000,– €
Grundschuld Nr. 3:	20.000,– €

6　Steiner/*Storz*, § 74b Rdn. 11.
7　So auch *Stöber*, ZVG § 74b Rdn. 2.2 (Beispiel e).

Hierbei ist zunächst zu beachten dass der Antrag nach § 74a Abs. 2 nur bis zum **18** Schluss der Verhandlung über den Zuschlag gestellt werden kann; die Abtretung der Rechte aus dem Meistgebot kann dagegen bis zur Verkündung des Zuschlagsbeschlusses erfolgen. Hat der Gläubiger der Grundschuld Nr. 2 den betreibenden Gläubiger des Rechtes Nr. 1 in voller Höhe ausgeboten, indem er ein Gebot von 84.000,- € geboten hat, kann der Gläubiger des Rechtes Nr. 3 den Versagungsantrag nicht stellen, da die Voraussetzungen des § 74b vorliegen.

Tritt der Gläubiger des Rechtes Nr. 2 die Rechte aus dem Meistgebot an einen Dritten ab, sind drei Lösungen denkbar: **19**
1. Der Zuschlag an den Dritten ist auf Antrag des Gläubigers des Rechtes Nr. 3 nach § 74a zu versagen.
2. Der Zuschlag an den Dritten wird ohne Anrechnung der Wertspanne zwischen dem Meistgebot und dem $7/_{10}$ des Grundstückswertes auf die Forderungen des meistbietenden Gläubigers des Rechtes Nr. 2 nach § 114a erteilt.
3. Der Zuschlag an den Dritten wird unter Anrechnung der Wertspanne auf die Forderung des meistbietenden Gläubigers des Rechtes Nr. 2 erteilt.

Die Lösung zu 1 würde gegen § 81 verstoßen und die Regelung der §§ 74b, **20** 114a unterlaufen; auch die Lösung zu 2 ist nicht möglich, da auf diese Weise die Anrechnungsvorschrift des § 114a durch Abtretung des Meistgebots umgangen werden könnte. Richtig erscheint nur die Lösung zu 3: nach § 81 Abs. 4 haften Ersteher und der Meistbietende als Gesamtschuldner. Der Grundgedanke der §§ 74a und b ergibt, dass im Verhältnis zwischen dem Schuldner und dem dinglich Berechtigten, der das Grundstück ersteigert, hinsichtlich der Verrechnung auf die persönliche Forderung so zu verfahren ist, als wären tatsächlich $7/_{10}$ des Grundstückswertes geboten worden. Hieraus ergibt sich für die Fälle des § 81 Abs. 2 und 3 dass die Abtretung des Meistgebots und auch das Gebot in verdeckter Vertretung hinsichtlich der Verrechnung auf die persönliche Forderung so zu behandeln sind, wie wenn von dem Meistbietenden und dem Ersteher ein gemeinsames, gesamtschuldnerisches Gebot in Höhe von $7/_{10}$ des Grundstückswertes abgegeben wäre; der Betrag der Wertspanne zwischen Meistgebot und der $7/_{10}$-Grenze ist auf die ihnen zustehenden persönlichen Forderungen so zu verrechnen, als wäre ein Gebot in Höhe von $7/_{10}$ des Grundstückswertes abgegeben und verteilt worden. In dem oben angeführten Beispiel ist daher der Zuschlag an den Dritten zu erteilen, wobei die persönliche Forderung des Gläubigers des Rechtes Nr. 2 nach § 114a bis zu Höhe von $7/_{10}$ des Grundstückswertes (140.000,- € - 80.000,- € = Wertspanne in Höhe von 60.000,- €), in voller Höhe erlischt.[8]

Bei Gleichrangigkeit gelten insoweit keine Besonderheiten; wenn unter Hinzu- **21** rechnung des Ausfalls bei dem Meistbietenden (Zedenten/Beauftragten) die $7/_{10}$-Grenze erreicht ist, kann ein diesem gleichrangiger Berechtigter ungeachtet seines Ausfalls den Zuschlag an den Zessionar/Auftraggeber nicht mit einem Antrag nach § 74a verhindern.

---

8 So auch Steiner/*Storz* § 74b Rdn. 18; *Stöber*, ZVG § 74b Rdn. 2.2 (Beispiel e).

§ 75 »Einstweilige Einstellung im Termin«

Das Verfahren wird eingestellt, wenn der Schuldner im Versteigerungstermin einen Einzahlungs- oder Überweisungsnachweis einer Bank oder Sparkasse oder eine öffentliche Urkunde vorlegt, aus der sich ergibt, dass der Schuldner oder ein Dritter, der berechtigt ist, den Gläubiger zu befriedigen, den zur Befriedigung und zur Deckung der Kosten erforderlichen Betrag an die Gerichtskasse gezahlt hat.

Übersicht

		Rdn.
I.	Allgemeines	1
II.	Zahlung an die Gerichtskasse	2
	1. Allgemein	2
	2. Nachweis	4
	3. Teilzahlung	6
	4. Zahlungsberechtigter	7
	5. Adressat und Zeitpunkt der Zahlung	9
	6. Verwendung der Zahlung	12
	7. Rechtsfolgen der Zahlung	14
	a) Forderungsübergang	14
	b) Gerichtliches Verfahren	16
III.	Rechtsbehelfe	20
IV.	Ablösung des Gläubigers	21
	1. Ablösungsrecht	21
	2. Insolvenzansprüche	23
	3. Zweck der Ablösung	25
	4. Ablösungsberechtigter	30
	5. Auskunft und Forderungshöhe	31
	6. Nachweis der Zahlung	35
	7. Wirkung der Zahlung an den Gläubiger	36
	8. Folgen der Ablösung im Verfahren	41

I. Allgemeines

1 Durch das Zweite Gesetz zur Modernisierung der Justiz (2. JuModG) vom 22.12.2006 (BGBl I 3416) wurde die Vorschrift völlig neu gefasst. Zum Zeitpunkt des Inkrafttretens vgl. § 186. Die vorgeschlagene Änderung schließt auch für den Fall einer Zahlung des Schuldners oder eines Dritten, der berechtigt ist, den Gläubiger zu befriedigen, eine bare Zahlung an das Gericht aus. Die Regelung orientiert sich an den §§ 775 Nr. 5 und § 776 ZPO. Das Gesetz will dem Schuldner die Möglichkeit der Zahlung seiner Schuld bis zur Verkündung des Zuschlags offen halten. Bei Nachweis der Zahlung hat das Vollstreckungsgericht das Verfahren einstweilen einzustellen oder der Zuschlag wird nach § 33 versagt. Die Vorschrift gilt nicht für die Verfahren nach §§ 172, 175, 180.

II. Zahlung an die Gerichtskasse
1. Allgemein

2 Die Einstellung hat zu erfolgen, wenn der Einzahlungs- oder Überweisungsnachweis einer Bank oder Sparkasse oder eine öffentliche Urkunde vorgelegt wird, woraus sich ergibt, dass der Schuldner oder ein Dritter den zur Befriedigung des Gläubigers erforderlichen Betrag und die Verfahrenskosten (§ 109) an die Gerichtskasse gezahlt hat. Die Zahlung an die Gerichtskasse ist nicht schon Befriedigung des Gläubigers.

Der Zahlungsbetrag muss umfassen: die gerichtlichen Kosten des Verfahrens 3
(§ 109) und den Gesamtbetrag der Gläubigerforderung einschließlich Zinsen und
Kosten, wie er sich aus dem Anordnungsantrag bzw. Beitrittsantrag zum Zwangsversteigerungsverfahren ergibt. Neben den Verfahrenskosten muss der gesamte
Betrag gezahlt werden, wegen dessen die Vollstreckung betrieben wird. Das Vollstreckungsgericht hat hierzu die Kosten des Verfahrens bis zur Zahlung zu schätzen und insbesondere die Zinsen des Gläubigers zu berechnen. Ein geringfügiger
Fehlbetrag ist unschädlich. Bei dem Betreiben des Gläubigers aus einer Grundschuld ist der Nennbetrag der Grundschuld maßgeblich, die tatsächliche Höhe der
geschuldeten Forderung ist unerheblich.[1] Beantragt der Gläubiger die Zwangsversteigerung des Grundstücks auch wegen der Kosten der gegenwärtigen Rechtsverfolgung, umfasst der zu seiner Befriedigung erforderliche Betrag im Sinne des
§ 268 Abs. 1 BGB auch die von ihm verauslagten Kosten des Zwangsversteigerungsverfahrens. Ein Fehlbetrag bei der Ablösung kann nach Treu und Glauben
dann unschädlich sein, wenn er sowohl absolut als auch als relativ geringfügig ist.[2]
Letzteres sah der BGH aber nicht mehr gegeben, wenn der Fehlbetrag knapp
4.000 Euro beträgt.

2. Nachweis

Es ist das Original oder eine Ausfertigung des entsprechenden Belegs über die 4
Zahlung an die Gerichtskasse vorzulegen. Nicht hingegen genügt der Nachweis
über die Absendung eines Wertbriefes oder Schecks, Kontoauszug mit erfolgter
Abbuchung, Durchschrift des Überweisungsauftrags (und zwar auch dann nicht,
wenn er mit einem Eingangsstempel der Bank versehen ist[3]).

Nach dem Wortlaut der Neufassung kann nur der Schuldner den Nachweis er- 5
bringen, kein Dritter. Das Versteigerungsverfahren ist aber auch dann von Amts
wegen einzustellen, wenn ein Dritter, der berechtigt ist, den Gläubiger zu befriedigen, den Nachweis über die Zahlung des zur Befriedigung und zur Deckung der
Kosten erforderlichen Betrages an die Gerichtskasse im Versteigerungstermin
vorlegt.[4] Der Gesetzeswortlaut ist eher ein Redaktionsversehen. Zwar spricht § 75
nur den Zahlungsnachweis des Schuldners als Voraussetzung für die Einstellung
des Verfahrens von Amts wegen an. Aus dem Wortlaut der Vorschrift ergeben sich
jedoch bereits zahlreiche Anhaltspunkte dafür, dass (wie zuvor) auch ein ablösungsberechtigter Gläubiger die Einstellung des Verfahrens durch Zahlung an die
Gerichtskasse herbeiführen kann und die Erwähnung eines Nachweises der Zahlung (allein) durch den Schuldner auf einem redaktionellen Versehen beruht. Die
Zahlung durch den ablösungsberechtigten Dritten ist auch in der neuen Fassung
Grund für die Einstellung des Verfahrens. Hat der Inhaber einer Grundschuld zur
Ablösung des Rechts, aus dem die Zwangsversteigerung betrieben wird, an die
Gerichtskasse gezahlt, ist das Verfahren nicht auf Antrag, sondern von Amts we-
gen einzustellen. Diese Umstände sprechen für ein Redaktionsversehen. Es ist
nämlich nicht nachvollziehbar, warum nur der Schuldner (und nicht auch der
Gläubiger, der die Zahlung geleistet hat) im Termin den Nachweis für einen von

---

1 BGH, Rpfleger 2005, 555 = NJW 2005, 2398; BGH, Rpfleger 2004, 433 = NJW 2004,
   1803 = MDR 2004, 771 = WM 2004, 902 = ZIP 2004, 874 = InVo 2004, 428 = ZNotP
   2004, 332.
2 BGH, Beschluss vom 12.9.2013, V ZB 161/12, Rpfleger 2014, 93.
3 LG Düsseldorf, DGVZ 1990, 140.
4 BGH, Rpfleger 2009, 96 = NJW 2009, 81 = WM 2009, 82 = ZfIR 2009, 212.

dem Vollstreckungsgericht von Amts wegen zu berücksichtigenden Einstellungsgrund soll vorlegen dürfen.

3. Teilzahlung

6   Eine Teilzahlung hat das Vollstreckungsgericht zurückzuweisen. Betreiben **mehrere Gläubiger** die Zwangsversteigerung und wird die Zahlung nur zur Befriedigung eines der Gläubiger geleistet, kann das Verfahren auch nur in Bezug auf diesen Gläubiger eingestellt werden.[5] Dies kann dann eine Änderung des geringsten Gebotes zur Folge haben. Bei der Zahlung ist auch der Befriedigungsrang der vollstreckbaren Forderung zu berücksichtigen.[6] Keine unzulässige Teilzahlung liegt vor, wenn der Gläubiger das Verfahren aus mehreren Rangklassen betreibt (z.B. Rangklasse 4 und 5 oder 2 und 5 bzw. 3 und 5) und die Zahlung nur zur Ablösung der Ansprüche aus einer Rangklasse gezahlt wird. Die Ansprüche des Gläubigers in verschiedenen Rangklassen sind jeweilig als selbstständige Ansprüche zu behandeln.[7] Gleiches gilt, wenn der Gläubiger wegen mehrerer Ansprüche das Verfahren getrennt betreibt (Anordnungs- und Beitrittsantrag oder mehrere Beitrittsanträge), es handelt sich hierbei um selbstständige Vollstreckungsverfahren.[8] Ebenfalls keine Teilzahlung liegt vor, wenn der Gläubiger nur wegen eines konkreten Teilbetrages aus dem im Grundbuch eingetragenen Grundpfandrecht die Versteigerung betreibt und nur dieser Teilbetrag gezahlt wird.

4. Zahlungsberechtigter

7   Zur Zahlung berechtigt ist außer dem Schuldner jeder Dritte, der Gefahr läuft, durch die Versteigerung sein Recht zu verlieren, §§ 268, 1142, 1150, 1192 BGB (siehe nachfolgend → Rdn. 21). Dies gilt auch für den Mieter oder Pächter als Besitzer des Grundbesitzes. Nicht zur Zahlung berechtigt sind daher die Gläubiger, deren Rechte bzw. Ansprüche im geringsten Gebot bereits berücksichtigt sind und auch nicht ein Dritter, der nach § 267 BGB für den Schuldner zahlen will. Auch kein zahlungsberechtigter Dritter ist bei einem mit einer Grundschuld belasteten Grundstück der Zessionar des schuldrechtlichen Rückgewähranspruchs.[9] Die im geringsten Gebot stehenden Berechtigten haben das Recht zur Zahlung nur, wenn sie hier Rückstände von Nebenleistungen zu fordern haben, die ansonsten in einer nachrangigen Rangklasse (z.B. 7 oder 8 des § 10 Abs. 1) berücksichtigt werden können.

8   Sind **mehrere Personen** zahlungsberechtigt, schließt grundsätzlich derjenige, der zuerst zahlt, die anderen aus.[10] Allerdings wird die Reihenfolge, in der mehrere (Ablösungs-) Zahlungen bei der Einstellung zu berücksichtigen sind, nicht allein von ihrem Eingang bei der Gerichtskasse bestimmt. Bei der Zahlung eines Ablö-

---

5   OLG Köln, Rpfleger 1990, 176.
6   Vgl. BGH, Rpfleger 1990, 16 = NJW 1990, 258 = ZIP 1989, 1449.
7   BGH, Beschluss vom 6.10.2011, V ZB 18/11, Rpfleger 2012, 271 = NJW-RR 2012, 87 = NZI 2011, 939; So auch *Stöber*, ZVG § 75 Rdn. 2.4 (b) und (d); hierzu auch OLG München, Rpfleger 2008, 253, 254 und Löhnig/*Steffen*, § 75 Rdn. 10, beide aber nicht richtig, wenn davon gesprochen wird, dass ein Betreiben in Rangklasse 8 erfolgt. In dieser Rangklasse (auch in Rangklasse 7) werden nur angemeldete Ansprüche berücksichtigt. Wenn der Gläubiger betreibt, ist er mindestens in Rangklasse 5.
8   *Stöber*, ZVG § 75 Rdn. 2.4 (d).
9   OLG Köln, Rpfleger 1988, 324.
10 Steiner/*Storz*, § 75 Rdn. 46; *Stöber*, ZVG § 75 Rdn. 2.5.

sungsberechtigten, der seine Ansprüche im Verfahren bislang nicht angemeldet und belegt hat, ist zunächst die Vorlage eines Nachweises seiner Ablösungsberechtigung notwendig. Fehlt dieser, ist seine Zahlung rechtlich nicht die erste, die die Einstellung erlaubt, sondern nachrangig. Gehen jedoch mehrere **geeignete** Zahlungen ein, ist Grundlage der Einstellung die zuerst eingegangene ordnungsgemäße Zahlung. Ordnungsgemäß ist die Zahlung eines Ablösungsberechtigten nur, wenn dieser seine Ablösungsberechtigung vor der Zahlung nachweist. Besteht Streit darüber, welche Zahlung in diesem Sinne maßgeblich ist, muss das Vollstreckungsgericht – gegebenenfalls auch nach Aufhebung des Verfahrens – dem Schuldner und den anderen Einzahlern rechtliches Gehör gewähren und eine beschwerdefähige Entscheidung treffen. Danach bestimmen sich dann die materiell-rechtlichen Wirkungen der erfolgten Zahlungen.[11]

5. Adressat und Zeitpunkt der Zahlung

Eine direkte Zahlung – wie bisher – an das Vollstreckungsgericht ist ausgeschlossen. Der Gesetzgeber setzt damit auch hier die ausschließlich unbare Zahlungsweise um. Die rechtzeitige Zahlung an die Gerichtskasse ist im Versteigerungstermin nachzuweisen. Das Vollstreckungsgericht hat nur die Zahlungsberechtigung zu prüfen und, falls es diese verneint, die Einstellung abzulehnen. Zahlung kann nur auf *betreibende* Ansprüche erfolgen; die Zahlung auf einen Anspruch eines Gläubigers, dessen Verfahren einstweilen eingestellt ist, hat das Vollstreckungsgericht abzulehnen.[12]

9

Das Vollstreckungsgericht hat den Zahlungsnachweis ab Beginn des Versteigerungstermins, somit ab dem Aufruf der Versteigerung (hierzu → § 66 Rdn. 24) entgegennehmen. Ein Nachweis vor dem Termin ist abzulehnen. Der Nachweis kann bis zur Verkündung des Zuschlags erfolgen, somit auch in einem besonderen Verkündungstermin (§ 87). Folglich kann die Überweisung auf die Gerichtskasse auch jederzeit außerhalb des Termins zwischen dem Versteigerungstermin und dem Verkündungstermin erfolgen.[13]

10

§ 75 erstreckt sich nicht auf den Fall, dass die Zahlung unmittelbar an den Gläubiger geleistet wird (hierzu nachfolgend → Rdn. 36). Aufgrund einer unmittelbaren Zahlung an den Gläubiger kann das Vollstreckungsgericht das Verfahren gem. § 775 Nr. 4, 5 ZPO einstweilen einstellen, sofern der Gläubiger seinen Antrag nicht zurücknimmt. Der Schuldner kann aber auch die einstweilige Einstellung bzw. Aufhebung durch das Prozessgericht gem. §§ 767, 769 Abs. 1 ZPO erwirken.

11

6. Verwendung der Zahlung

Von dem gezahlten Betrag wird der zur Deckung der Verfahrenskosten (§ 109) erforderliche Betrag von der Gerichtskasse einbehalten. Der darüber hinausgehende Betrag steht dem Gläubiger zu. Der Zahlende hat ein Recht auf Quittung (§ 368 BGB) und auf Aushändigung der Urkunden (§ 1144 BGB); § 117 Abs. 2 findet insoweit keine Anwendung. Die Befreiung des Schuldners tritt erst ein, wenn das Geld an den Gläubiger gezahlt oder für ihn nach § 378 BGB hinterlegt ist.

12

Besteht der Gläubiger trotz Befriedigung auf Fortsetzung des Verfahrens, muss der Schuldner nach §§ 767, 769 Abs. 1 ZPO vorgehen. Das Verfahren wird erst

13

---

11 BGH, Rpfleger 2012, 160 = WM 2012, 80.
12 *Böttcher*, § 75 Rdn. 2.
13 *Stöber*, ZVG § 75 Rdn. 2.2 zum bisherigen Verfahren.

dann endgültig erledigt, wenn der Versteigerungsantrag zurückgenommen wird oder durch Aufhebung des Verfahrens nach Vorlage einer Entscheidung des Prozessgerichtes, §§ 767, 69 Abs. 1 ZPO, oder der Gläubiger hat die Frist nach § 31 verstreichen lassen.

7. Rechtsfolgen der Zahlung
a) Forderungsübergang

14 Das Vollstreckungsgericht hat den über die Verfahrenskosten hinausgehenden Betrag an den Empfangsberechtigten auszuzahlen. Mit Empfang des Geldes tritt Befriedigungswirkung ein (§ 362 Abs. 1 BGB). Soweit der Dritte Zahlung leistet, geht die Forderung kraft Gesetzes auf ihn über, § 268 Abs. 3 BGB, bei einer Hypothek auch diese, §§ 1150, 1153 BGB. Wird Zahlung auf ein Briefgrundpfandrecht geleistet, erfolgt die Aushändigung des Geldes nach Vorlage des Briefes, § 1160 BGB.

15 Eine infolge der Zahlung notwendige Grundbuchberichtigung oder Löschung veranlasst das Vollstreckungsgericht nicht.

b) Gerichtliches Verfahren

16 Wird das Verfahren von nur **einem Gläubiger** betrieben, ist dieses einstweilen einzustellen. Bereits im Termin abgegebene Gebote erlöschen, § 72 Abs. 3. Wird das Verfahren von **mehreren Gläubigern** betrieben, wird das gesamte Versteigerungsverfahren eingestellt, wenn alle betreibenden Gläubiger gezahlt werden. Wird nur ein Gläubiger gezahlt, wird auch nur dieses Verfahren einstweilen eingestellt. Handelt es sich um den Gläubiger eines nachrangigen Anspruchs, dessen Anspruch nicht Grundlage des geringsten Gebots ist, ist zwar dessen Verfahren einstweilen einzustellen, auf das Versteigerungsverfahren selbst hat dies keinen Einfluss. Die Zahlung auf den Anspruch des bestrangig betreibenden Gläubigers und die damit verbundene einstweilige Einstellung führt zum Erlöschen bereits abgegebener Gebote, § 72 Abs. 3. Stellt das Vollstreckungsgericht hiernach ein neues geringstes Gebot auf, sofern ein weiterer nachrangiger Gläubiger das Verfahren betreibt, sind die Ansprüche, auf die Zahlung erfolgte, in das neue geringste Gebot aufzunehmen. Für das neue geringste Gebot beginnt eine neue Bietzeit.

17 Erfolgt der Nachweis der Zahlung erst nach dem Schluss der Versteigerung, kann ein neues geringstes Gebot nicht aufgestellt werden. Wird der Anspruch des bestrangig betreibenden Gläubigers gezahlt, ist der Zuschlag zu versagen, § 33. Zahlungen auf andere betreibenden Gläubiger verhindern die Zuschlagserteilung nicht.

18 Zahlungen nach Erteilung des Zuschlags haben auf das Verfahren keinerlei Einfluss.

19 Eine einstweilige Einstellung erfolgt durch verkündeten Beschluss, der nach § 32 zuzustellen ist; er muss die Belehrung nach § 31 enthalten. Das eingestellte Verfahren wird nur auf Antrag fortgesetzt, § 31 Abs. 1; über die Rechtzeitigkeit der Antragstellung hat das Vollstreckungsgericht zu belehren, § 31 Abs. 3.

III. Rechtsbehelfe

20 Gegen die einstweilige Einstellung des Verfahrens bzw. Versagung des Zuschlags kann sofortige Beschwerde erhoben werden, § 11 Abs. 1 RPflG, § 793

ZPO. Lehnt das Vollstreckungsgericht die Einstellung des Verfahrens ab und erteilt den Zuschlag, kann der Schuldner oder der zahlungsberechtigte Dritte hiergegen sofortige Beschwerde einlegen.

IV. Ablösung des Gläubigers

1. Ablösungsrecht

Verlangt ein Gläubiger Befriedigung aus dem Grundstück, kann jeder, der Gefahr läuft, durch die Zwangsvollstreckung ein Recht an dem Grundstück zu verlieren, den Gläubiger befriedigen, §§ 1150, 268 BGB. Das Ablösungsrecht nach § 268 BGB steht dem Gläubiger eines Grundpfandrechts an dem Grundstück des Schuldners auch dann zu, wenn das Grundpfandrecht erst nach der Anordnung der Zwangsversteigerung entstanden ist.[14] Abgelöst werden kann daher jeder Gläubiger, der das Zwangsversteigerungsverfahren betreibt. Betreibt der Gläubiger die Zwangsversteigerung aus Ansprüchen, die in verschiedene Rangklassen des § 10 Abs. 1 fallen, kann sich der Dritte darauf beschränken, die einer Rangklasse zugeordneten Forderungen abzulösen.[15] Bei der Ablösung eines Rechts mit Zwischenrechten braucht sich der Inhaber eines Zwischenrechts die **Rangänderungen**, die erst nach der Eintragung seines Rechts in das Grundbuch wirksam geworden sind, nicht entgegenhalten lassen. Er kann unabhängig davon, aus welchem der nach der Rangänderung vorrangig gewordenen Rechte die Vollstreckung in das Grundstück betrieben wird, das vorrangige Recht insgesamt ablösen. Dabei geht das abgelöste Recht gemäß §§ 1150, 268 Abs. 3 Satz 1 BGB mit dem Inhalt und dem Rang auf den Ablösenden über, den dieses Recht im Zeitpunkt der Eintragung des Zwischenrechts hatte.[16]

Dies kann sowohl ein dinglicher Gläubiger aus Rangklasse 4 als auch ein persönlicher Gläubiger aus Rangklasse 5 (auch Berechtigte aus Rangklasse 2 oder 3, s. → Rdn. 22) sein.[17] Ein Grundpfandrecht kann darüber hinaus bereits dann abgelöst werden, wenn der Gläubiger Befriedigung aus dem Grundstück verlangt, also insbesondere die **Versteigerung angedroht** hat, aber auch eine Kündigung des Rechtes ist bereits genügend.[18] Eine Ablösung ist somit nicht mehr möglich, wenn ein betreibender Gläubiger sein Verfahren hat einstweilen einstellen lassen.[19]

Abgelöst werden kann auch eine **öffentliche Grundstückslast** in Rangklasse 3 oder **Ansprüche der Wohnungseigentümergemeinschaft** in Rangklasse 2 nach § 10 Abs. 1, wenn hieraus das Verfahren betrieben wird, Androhung reicht nicht.[20] Hat die Wohnungseigentümergemeinschaft das Vorrecht der Zuordnung ihrer Forderungen zu der Rangklasse 2 des § 10 Abs. 1 in voller Höhe in Anspruch genommen, steht ihr nach der **Ablösung** der Forderungen dieses Vorrecht in demselben Zwangsversteigerungsverfahren nicht nochmals zu.[21] Ein nachrangiger Gläubiger ist nach § 268 Abs. 1 Satz 1 BGB berechtigt, den bevorrechtigten An-

---

14 BGH, Rpfleger 2007, 93 = NJW-RR 2007, 165.
15 BGH, Rpfleger 2012, 271 = NJW-RR 2012, 87 = NZI 2011, 939.
16 BGH, Beschluss vom 28.2.2013, V ZB 18/12, Rpfleger 2013, 464.
17 *Stöber*, ZVG § 15 Rdn. 20.13.
18 *Böttcher*, § 75 Rdn. 16; a.A. *Stöber*, ZVG § 15 Rdn. 20.1.
19 Steiner/*Storz*, § 75 Rdn. 30.
20 BGH, Rpfleger 2012, 271 = NJW-RR 2012, 87 = NZI 2011, 939; BGH, NJW 1956, 1197; BGH, MDR 1971, 205 = KTS 1971, 192; Steiner/*Storz*, § 75 Rdn. 29.
21 BGH, Rpfleger 2010, 333 = NJW 2010, 3169 = NZM 2010, 324; so auch LG Köln, Rpfleger 2010, 43.

spruch aus der Rangklasse 2 anstelle des Schuldners zu zahlen. Die Zahlung führt nach § 268 Abs. 3 Satz 1 BGB zum Übergang der Forderung gegen die Schuldner auf den Ablösenden. Nach den Regelungen in §§ 401, 412 BGB geht damit auch das Vorrecht der Zuordnung der Ansprüche in der Rangklasse 2 des § 10 Abs. 1 ebenfalls über. Die Rangklasse 2 ist damit weiterhin „besetzt" und wird nicht erneut für weitere Ansprüche der WE-Gemeinschaft frei. Ein weiterer Beitrittsantrag der Wohnungseigentümergemeinschaft wegen weiterer titulierter Forderungen kann nur in Rangklasse 5 des § 10 Abs. 1 erfolgen.[22] Der ablösende Gläubiger kann den Ablösebetrag in der Rangklasse 2 anmelden oder nach Titelumschreibung und Zustellung sogar selbst aus dieser bevorrechtigten Position das Verfahren betreiben.

Anders ist die Rechtsfolge, wenn der **Schuldner** selbst die Hausgeldansprüche der Wohnungseigentümergemeinschaft **zahlt**. Diese sind nicht uneingeschränkt der Rangklasse 2 zugeordnet und gehen deshalb den Ansprüchen der Gläubiger anderer Rangklassen nur bis zu dem in § 10 Abs. 1 Nr. 2 Satz 3 bestimmten Höchstbetrag vor. Diese Begrenzung des Vorrangs hat zur Folge, dass bei der Verteilung des Erlösüberschusses Hausgeldansprüche nur in Höhe von maximal 5 % des festgesetzten Verkehrswerts vor den Ansprüchen anderer Gläubiger aus den nachfolgenden Rangklassen 3 und 4 zu befriedigen sind. Die Wohnungseigentümergemeinschaft darf aus dem Versteigerungserlös vor den Gläubigern mit Ansprüchen aus den Rangklassen 3 und 4 keine diesen Höchstbetrag übersteigenden Zuteilungen oder Zahlungen erhalten. Zahlt der Schuldner selbst im Verlauf des Zwangsversteigerungsverfahrens auf die angemeldeten Hausgeldansprüche, erfolgt kein Forderungsübergang. Die von dem Schuldner gezahlten Hausgelder vermindern – im Unterschied zu den Zahlungen ablösungsberechtigter Dritter nach § 268 BGB – nicht den Höchstbetrag nach § 10 Abs. 1 Nr. 2 Satz 3, bis zu dem die Hausgeldansprüche der Wohnungseigentümergemeinschaft aus der Rangklasse 2 zu befriedigen sind.[23] Denn wenn der Schuldner die geschuldete Leistung – hier die Zahlung des rückständigen Wohngelds – endgültig an den Gläubiger bewirkt, erlischt das Schuldverhältnis gemäß § 362 Abs. 1 BGB.

2. Insolvenzansprüche

23 Ist über das Vermögen des Schuldners das Insolvenzverfahren eröffnet, haben ein Recht auf Befriedigung in der Zwangsversteigerung nach § 10 Abs. 1 Nr. 1a die zur Insolvenzmasse gehörenden Ansprüche auf Ersatz der Kosten der Feststellung der beweglichen Gegenstände, auf die sich die Versteigerung erstreckt (vgl. §§ 166, 170, 171 Abs. 1 InsO); diese Kosten sind pauschal mit 4 % des nach § 74a Abs. 5 festgesetzten Wertes zu berücksichtigen. Der Insolvenzverwalter kann diesen Betrag zum Zwangsversteigerungsverfahren anmelden (hierzu → § 10 Rdn. 13 ff.). Ob auf diese Ansprüche die gleichen Grundsätze zum Recht der Ablösung geltend gemacht werden können, ist zweifelhaft.[24] Überwiegend wird vertreten, dass eine Ablösung dann zulässig und möglich ist, sobald der Insolvenzverwalter von seinem Antragsrecht nach § 174a Gebrauch macht, und verlangt, dass nur ein solches geringstes Gebot aufzustellen ist, bei dem lediglich die seinem Anspruch

---

22 LG Köln, Rpfleger 2010, 43.
23 BGH, Beschluss vom 14.6.2012, V ZB 194/11, Rpfleger 2012, 701.
24 So aber Uhlenbruck/*Brinkmann*, § 165 Rdn. 24 a.E.; MünchKomm/*Tetzlaff*, InsO, § 165 Rdn. 173.

vorgehenden Beträge ins geringste Gebot fallen. Regelmäßig besteht das geringste Gebot dann nur aus den Verfahrenskosten, soweit Ansprüche der Rangklasse 1 nicht angemeldet sind. Das Ablösungsrecht setzt aber das **Betreiben** der Zwangsvollstreckung wegen einer Geldforderung in einen dem Schuldner gehörenden Gegenstand voraus, § 268 Abs. 1 Satz 1 BGB. Das Gesetz definiert den Begriff „betreiben" nicht ausdrücklich. Unbestritten betreibt ein Gläubiger die Zwangsvollstreckung, indem er diese auf Antrag[25] einleitet (Auftragserteilung an den Gerichtsvollzieher, Antrag auf Erlass eines Pfändungsbeschlusses). Auch die Zwangsversteigerung wird nur auf Antrag angeordnet, oder der Gläubiger tritt dem Verfahren bei, §§ 15, 27.

Der Gesetzgeber hat für die besonderen Verfahren nach §§ 172 ff. die allgemeinen Vorschriften des ZVG für entsprechend anwendbar erklärt, und so dieselben Verfahrensregeln und damit den Ablauf der Zwangsversteigerung in gleicher Weise regeln wollen wie eine Forderungsversteigerung. Mit dem Betreiben der Zwangsvollstreckung wegen einer Geldforderung durch den Gläubiger kann das Antragsrecht nach § 174a jedoch nicht gleichgesetzt werden. Die Antragstellung durch den Insolvenzverwalter führt zur Erstellung eines abweichenden geringsten Gebots (Doppelausgebot, vergleichbar der Rechtsfolge nach §§ 59 oder 64 Abs. 2). Der Verwalter übernimmt mit seinem Antragsrecht nach § 174a nicht die Stellung eines bestrangig betreibenden Gläubigers wie der Vollstreckungsgläubiger. Dies zeigen auch die Rechtsfolgen der Ablösung. Gehen die angemeldeten Feststellungskosten nach der Ablösung auf einen nachrangigen Grundpfandgläubiger über, kann dieser aus der Rangklasse 1a das Verfahren nicht betreiben, er hat auch kein Antragsrecht im Sinne des § 174a. Das geringste Gebot ist daher wieder nach den Grundsätzen der §§ 172, 174 ZVG aufzustellen. Eine Ablösung der Ansprüche der Rangklasse 1a führt im Ergebnis nur dazu, dass die Insolvenzmasse um die Feststellungskosten angereichert wird. Dies kann aber nicht ausschließlich der Sinngehalt der Regelung des § 174a sein. Auch in der Regierungsbegründung wird ausgeführt, dass der Verwalter von seinem Antragsrecht insbesondere dann Gebrauch machen wird, wenn sich andernfalls wegen der hohen Belastungen des Grundstücks kein Bieter in der Zwangsversteigerung finden wird. Sinn der Vorschrift ist eine aussichtslose freihändige Veräußerung durch Zwangsversteigerung zu ermöglichen und den Ausfallbetrag des absonderungsberechtigten Gläubiger festzustellen, § 52 InsO. Gibt man den nachrangigen Gläubigern ein Ablösungsrecht, aber kein Betreibungsrecht aus der Rangklasse 1a, besteht die Gefahr, dass das Grundstück wieder unversteigerbar wird. Das eigentliche Ziel der Norm wird damit konterkariert. Eine analoge Anwendung von § 268 BGB scheitert somit an dem Normzweck der verschiedenen Regelungstatbestände.[26]

3. Zweck der Ablösung

Zweck der Ablösung nach §§ 1150, 1192 Abs. 1, § 268 BGB und auch § 75 ZVG ist, den Verlust des Grundstücks durch Zwangsversteigerung zu verhindern, indem nicht aus dem Grundstück selbst, sondern aus sonstigem Vermögen gezahlt wird. Regelmäßig geht es daher um die Ablösung des bestrangig betreibenden Gläubigers. Im Vordergrund steht der Erhalt des Haftungsgegenstandes zuguns-

---

25 Palandt/*Grüneberg,* § 268 Rdn. 2.
26 Eine planwidrige Regelungslücke besteht nicht. De lege ferenda ist der Gesetzgeber aufzufordern, § 174a bei nächster Gelegenheit aufzuheben.

ten des rangschlechteren Gläubigers, der zugleich die Gefahr abwenden möchte, mit seinem nachrangigen Grundpfandrecht auszufallen.

26 Dennoch setzt das Ablösungsrecht nicht unbedingt voraus, dass der Ablösende die Zwangsvollstreckung verhindern will. Ein dinglich Berechtigter ist zur Ablösung eines vorrangigen Rechtes auch dann befugt, wenn er die Zwangsversteigerung aus einem nachrangigen Recht betreibt und fortführen will.[27] In erster Linie jedoch spielt die Bedeutung des bestrangigen Gläubigers eine Rolle. Nach dem Anspruch dieses Gläubigers richtet sich das geringste Gebot, § 44 Abs. 1, alle dem bestrangig betreibenden Gläubiger vorgehenden Rechte bleiben bestehen, er selbst, gleichrangige und nachrangige Ansprüche erlöschen. Die Ausgangslage – Höhe des geringsten Gebots – kann mitentscheidend für die Höhe des Meistgebots sein.

27 Der Versteigerungstermin wird nach dem Anspruch des bestrangig -betreibenden Gläubigers durchgeführt. Stellt dieser nach Schluss der Versteigerung, aber vor dem Zuschlag, das Verfahren einstweilen ein, ist der Zuschlag zu versagen, § 33. Der Ablösende geht grundsätzlich kein weiteres finanzielles Risiko ein, da er in die Position des bestrangig betreibenden Gläubigers eintritt und somit regelmäßig eine gesicherte Rangposition erlangt.[28]

28 Die Möglichkeit der einstweiligen Einstellung im Versteigerungstermin mit der Folge der Zuschlagsversagung kann dazu benutzt werden, unter Umständen höhere Gebote durchzusetzen.

29 Bei der Versteigerung mehrerer Grundstücke kann sich für einen nachrangigen Gläubiger, der nur einen Anspruch in eines der Grundstücke hat, nach der Ablösung die Wahlmöglichkeit nach § 1132 BGB ergeben.

4. Ablösungsberechtigter

30 Das Ablösungsrecht steht jedem zu, der durch die Zwangsversteigerung Gefahr läuft, ein Recht an dem Grundstück zu verlieren.[29] Es steht auch dem Gläubiger eines Grundpfandrechts an dem Grundstück des Schuldners zu, wenn das Grundpfandrecht erst nach der Anordnung der Zwangsversteigerung entstanden ist.[30] Ist der Schuldner vollstreckbar verpflichtet, die Zwangsvollstreckung in sein Grundstück wegen eines **zuletzt zu zahlenden Teilbetrags** einer Grundschuld zu dulden, ist zur Befriedigung des Gläubigers im Sinne von § 775 Nr. 5 ZPO nur die Zahlung dieses Teilbetrags nebst Kosten, nicht aber die vollständige Ablösung der Grundschuld erforderlich.[31] Es stellt nach Auffassung des *BGH*[32] keinen Rechtsmissbrauch dar, wenn der Gläubiger die Zwangsversteigerung aus mehreren Grundpfandrechten betreibt und der ablösungsberechtigte Ehepartner des Schuldners hiervon lediglich das Recht mit dem besten Rang ablöst.

---

27 OLG Köln, Rpfleger 1989, 298; *Böttcher*, § 75 Rdn. 16 m.w.N.
28 *Storz/Kiderlen*, ZVG B 7.1.1.
29 OLG Köln, Rpfleger 1989, 298; Steiner/*Storz*, § 75 Rdn. 33.
30 BGH, Rpfleger 2007, 93 = WM 2006, 2316 =NJW-RR 2007, 165 = DNotZ 2007, 37 = WuB IV A. § 268 BGB 1.07 *Hintzen*; auch *Böttcher*, ZfIR 2007, 201.
31 BGH, 2007, 488 = NZM 2007, 459 = WM 2007, 1127.
32 BGH, Rpfleger 2010, 609 = NJW-RR 2010, 1314.

Berechtigt sind:

- jeder dingliche Gläubiger am Grundstück, dessen Anspruch gleich oder nachrangig zum bestrangig betreibenden Gläubiger steht, unabhängig davon, dass das Recht des Ablösenden erst nach der Beschlagnahme im Grundbuch eingetragen wird[33], sofern es rechtzeitig zum Verfahren angemeldet ist,
- der Eigentümer als Gläubiger einer Eigentümergrundschuld,
- der Gläubiger einer Zwangssicherungshypothek,
- der Eigentümer (der nicht zugleich persönlicher Schuldner des abzulösenden Anspruchs ist), da er Gefahr läuft, sein Grundstück zu verlieren,[34]
- ein persönlich betreibender Gläubiger,[35]
- Inhaber von der Zwangsversteigerung entgegenstehenden Rechte, wenn sie ihre Ansprüche rechtzeitig angemeldet haben,[36]
- der Inhaber einer Auflassungsvormerkung, die außerhalb des geringsten Gebots steht;[37]
- Mieter und Pächter.[38]

5. Auskunft und Forderungshöhe

Um den richtigen Ablösungsbetrag zu ermitteln, kann auf die Mitteilung nach § 41 Abs. 2 (4-Wochen-Nachricht) zurückgegriffen werden. Weitere Anhaltspunkte ergeben sich aus der Versteigerungsakte, in der die geltend gemachten Forderungsansprüche angemeldet wurden. 31

Grundsätzlich ist eine Auskunftspflicht des Gläubigers über die Höhe seines Anspruchs gegenüber dem Ablöseberechtigten anzuerkennen.[39] Auch ein Grundschuldgläubiger ist dem Eigentümer gegenüber verpflichtet, Auskünfte über die Höhe der persönlichen Forderung zu geben, damit dieser in die Lage versetzt wird, von seinem Ablösungsrecht Gebrauch zu machen, § 1142 BGB.[40] Dieser dem Schuldner zustehende Auskunftsanspruch ist auch auf einen ablösungsberechtigten Gläubiger zu übertragen. 32

Macht ein nachrangiger Grundschuldgläubiger von seinem gesetzlichen Ablösungsrecht Gebrauch, muss er den vorrangigen Grundschuldgläubiger selbst dann **in voller Höhe des dinglichen Rechts befriedigen**, auch wenn eine entsprechende persönliche Forderung, deren Sicherung das vorrangige Grundpfandrecht dient, nicht besteht.[41] Sofern der vorrangige Grundschuldgläubiger aufgrund der Ablösung des dinglichen Rechts einen Übererlös erzielen sollte, findet zwischen den 33

---

33 BGH, Rpfleger 2007, 93 = WM 2006, 2316, die Eintragung nach der Beschlagnahme führt nach § 23 Abs. 1 Satz 1 ZVG, § 135 Abs. 1, § 136 BGB lediglich zur relativen Unwirksamkeit des Rechts gegenüber dem betreibenden Gläubiger, im Übrigen hinderte die Beschlagnahme das Entstehen des Rechts nicht.
34 LG Verden, Rpfleger 1973, 296 mit Anm. *Schiffhauer; Böttcher,* § 75 Rdn. 25; a.A. *Stöber,* ZVG § 15 Rdn. 20.2.
35 Steiner/*Storz,* § 75 Rdn. 40; *Stöber,* ZVG § 15 Rdn. 20.9.
36 *Stöber,* ZVG § 15 Rdn. 20.10; *Böttcher,* § 75 Rdn. 27.
37 BGH, NJW 1994, 1475 = Rpfleger 1994, 374.
38 *Böttcher,* § 75 Rdn. 28.
39 Hierzu RGZ 91, 341.
40 OLG Karlsruhe, Rpfleger 1981, 407.
41 BGH, Rpfleger 2005, 555 = NJW 2005, 2398.

beiden Grundschuldgläubigern kein bereicherungsrechtlicher Ausgleich statt. Der Anspruch auf Auskehrung des Übererlöses gebührt stattdessen allein dem Schuldner und Eigentümer des Grundstücks. Dieser hat in seiner Eigenschaft als Sicherungsgeber auf Grundlage des geschlossenen Sicherungsvertrages einen Anspruch auf Rückgewähr des nicht valutierten Teils der Grundschuld. Kann der Gläubiger den Anspruch nicht mehr erfüllen, weil die Grundschuld kraft Gesetzes auf den Ablösenden übergegangen ist, tritt an dessen Stelle der Anspruch auf den entsprechenden Teil des Erlöses als Ausgleich für die über den Sicherungszweck hinausgehende dingliche Belastung des Grundstücks.[42]

34 Verweigert der Grundpfandrechtsgläubiger die Auskunft, und kann eine Ablösung gemäß §§ 268, 1150 BGB nicht vorgenommen werden, bleibt dem ablösungsberechtigten Gläubiger nur die Zahlung an das Versteigerungsgericht vor dem Termin, § 75.

6. Nachweis der Zahlung

35 Auf Antrag des Dritten kann die einstweilige Einstellung des Zwangsversteigerungsverfahrens nach § 30 Abs. 1 nur erfolgen, wenn die Ablösung gegenüber dem Vollstreckungsgericht nachgewiesen wird. Zum Nachweis ist die Umschreibung des Vollstreckungstitels und Zustellung nicht erforderlich.[43] Die Ablösung kann insbesondere durch Vorlage von Urkunden nachgewiesen werden. Ist der Beweisführer dabei nicht in der Lage, das Original der Urkunde vorzulegen, genügt die Übermittlung derselben per Telefax. Die Telekopie ist zwar nicht mit der formalen Beweiskraft des § 416 ZPO ausgestattet. Grundsätzlich stellt sie jedoch in einem gerichtlichen Verfahren ein zulässiges Beweismittel dar, das der freien Beweiswürdigung durch das Gericht unterliegt.[44]

7. Wirkung der Zahlung an den Gläubiger

36 Aus den §§ 1192, 1150, 268 Abs. 3 S. 2 BGB folgt kein Recht eines Gläubigers, die von einem Dritten zur Ablösung seines Sicherungsrechts erbrachte Leistung zurückzuweisen.[45] Befriedigt der Ablösende den Gläubiger, geht die Forderung mit allen Nebenrechten auf ihn über, § 268 Abs. 3 S. 1 BGB. Besteht für die Forderung eine Hypothek, geht diese kraft Gesetzes mit über, §§ 401, 412, 1153 Abs. 1 BGB. Die Ablösung einer Forderung hat auf die hierfür zur Sicherheit bestellte Grundschuld keinen Einfluss, da diese insoweit von der Forderung abstrakt bestellt ist. Erfolgt die Ablösung der Grundschuld selbst, besteht hinsichtlich der gesicherten Forderung ein Anspruch auf Übertragung derselben. Die Ansprüche auf Rückgewähr einer vorrangigen Grundschuld gehen nach Ablösung nicht mit über, sie sind keine Nebenrechte der abgelösten Grundschuld.[46]

37 Erfolgt nur eine **Teilablösung** des Gläubigers, kann der Übergang nicht zum Nachteil des Gläubigers geltend gemacht werden; die dem Gläubiger verbleibende Restforderung hat Vorrang vor dem abgelösten Teilbetrag.[47] Dies gilt auch dann,

---

42 OLG Koblenz, NJW-RR 2000, 579.
43 BGH, Rpfleger 2007, 93; Steiner/*Storz*, § 75 Rdn. 64; *Stöber*, ZVG § 15 Rdn. 20.21.
44 Vgl. BGH, Rpfleger 2007, 93 = WM 2006, 2316= NJW-RR 2007, 165 = DNotZ 2007, 37 = WuB H. 3/2007 IV A. § 268 BGB 1.07 *Hintzen*; BGH, NJW 1980, 1047, 1048; BGH, WM 1986, 400, 401; BGH, NJW 1990, 1170, 1171.
45 LG Memmingen, NJW-RR 1998, 1512.
46 BGH, Rpfleger 1988, 306.
47 *Stöber*, ZVG § 15 Rdn. 20.20.

wenn aus einem erstrangigen Teilbetrag einer Grundschuld das Verfahren betrieben wird und ein nachrangiger Gläubiger diesen Teilbetrag ablöst; auch in diesem Fall erwirbt er gleichwohl eine entsprechende letztrangige Teilgrundschuld.[48]

Mit der Ablösung geht auch die Rechtsstellung des Abgelösten auf den Ablösenden über.[49] Aus dem abgelösten Anspruch muss nicht erneut der Beitritt zum Verfahren erklärt werden, die Ablösung muss nur rechtzeitig angemeldet und gegebenenfalls glaubhaft gemacht werden. Für die **Beteiligtenstellung** des Ablösenden ist eine Umschreibung des Vollstreckungstitels und Zustellung nicht erforderlich.[50] Nach Anmeldung der Ablösung kann ein **Antrag auf einstweilige Einstellung** des Verfahrens gestellt werden. Der umgeschriebene Vollstreckungstitel, § 727 ZPO, nebst Zustellung, § 750 Abs. 2 ZPO, ist erst dann vorzulegen, wenn der Ablösende weitere Anträge zum Verfahrensfortgang stellt.[51] Ohne Nachweis der Klauselumschreibung und Zustellung bleibt jedoch der bisherige Gläubiger Beteiligter des Verfahrens. Auch er soll nach wie vor befugt sein, die Einstellung des Verfahrens zu bewilligen.[52] Diese Auffassung ist jedoch abzulehnen, das Einstellungsrecht steht nur dem neuen Gläubiger zu. 38

Mit der Ablösung ist auch die **Rangposition** des Abgelösten auf den Gläubiger übergegangen. Dies gilt auch bei der Ablösung einer öffentlichen Last in Rangklasse 3 oder der Ansprüche der Wohnungseigentümergemeinschaft in Rangklasse 2 des § 10 Abs. 1.[53] Der von der Stadt oder Gemeinde im Verwaltungszwangsverfahren erstellte Titel kann jedoch nicht auf den Ablösenden umgeschrieben werden. In diesem Fall ist im Prozesswege ein neuer Titel zu erstreiten.[54] Die bevorrechtigte Rangklasse geht jedoch nicht verloren. 39

Erfolgt der Gläubigerwechsel durch Ablösung während des laufenden Versteigerungsverfahrens, aber außerhalb des Versteigerungstermins, ist dem Schuldner hiervon bei nächster Gelegenheit Mitteilung zu machen. Der Gläubigerwechsel eröffnet für den Schuldner jedoch nicht die Möglichkeit, einen neuen Einstellungsantrag nach §§ 30a ff. zu stellen.[55] 40

8. Folgen der Ablösung im Verfahren

Die Ablösung und die anschließende einstweilige Einstellung des Verfahrens, insbesondere **nach Schluss der Bietzeit**, führt zur Zuschlagsversagung, § 33, sofern der abgelöste Berechtigte bestrangig betreibender Gläubiger war und sich das geringste Gebot nach ihm ausgerichtet hat.[56] Dies soll jedoch dann nicht gelten, wenn der Schuldner bei einem berichtigten geringsten Gebot zwar eine Eigentümergrundschuld erworben hätte, aber den nachrangigen Gläubigern zur 41

---

48 BGH, Rpfleger 1990, 16 mit abl. Anmerkung *Muth*, Rpfleger 1990, 378.
49 OLG Düsseldorf, Rpfleger 1987, 75 = NJW-RR 1987, 247; OLG Düsseldorf u. OLG Bremen, Rpfleger 1987, 381 m. Anm. *Bischoff* u. *Bobenhausen*.
50 Steiner/*Storz*, § 75 Rdn. 64; *Stöber*, ZVG § 15 Rdn. 20.21.
51 BGH, Rpfleger 2007, 93 = WM 2006, 2316; OLG Düsseldorf, Rpfleger 1987, 75; *Stöber*, ZVG § 15 Rdn. 20.24.
52 OLG Bremen, Rpfleger 1987, 381; OLG Düsseldorf, Rpfleger 1987, 75; *Böttcher* § 75 Rdn. 37.
53 Steiner/*Storz*, § 75 Rdn. 62; *Muth*, Kap. 4 A Rdn. 33.
54 *Stöber*, ZVG § 15 Rdn. 20.26 m.w.N.
55 Steiner/*Storz*, § 75 Rdn. 72.
56 OLG Hamm, Rpfleger 1987, 75.

Löschung dieses Rechts verpflichtet gewesen wäre, sodass der Ersteher einen entsprechenden Betrag hätten nachzahlen müssen.[57]

42 Bei der Einstellung **während des Termins** ist dieser grundsätzlich zu unterbrechen, da das geringste Gebot nicht mehr stimmt.[58] Es ist dann ein neues geringstes Gebot aufzustellen, sofern noch ein weiterer betreibender Gläubiger vorhanden ist, für den die Voraussetzungen nach § 43 gegeben sind und es beginnt eine neue Bietzeit.

43 Die Ablösung und Einstellung führt jedoch **nicht** zur **Zuschlagsversagung**, wenn keiner der Beteiligten in seinen Rechten beeinträchtigt ist. Dies ist beispielhaft dann der Fall, wenn eine öffentliche Last aus Rangklasse 3 von einem Gläubiger der Rangklasse 4 abgelöst wird, da sich das geringste Gebot hierdurch nicht wesentlich ändert[59] bzw. die Ablösung führt nur zur Erhöhung des Bargebots.[60] Diese Argumentation greift dann nicht, wenn nach Ablösung und einstweiliger Einstellung nunmehr ein dingliches Recht bestehen bleibt, da dadurch das geringste Gebot wesentlich verändert würde (hierzu → § 33 Rdn. 9 ff. und → § 83 Rdn. 7).

---

57 OLG Stuttgart, Rpfleger 1997, 397.
58 OLG Köln, Rpfleger 1990, 176 m. Anm. *Storz* = ZIP 1989, 1430.
59 LG Waldshut-Tiengen, Rpfleger 1986, 102.
60 OLG Köln, Rpfleger 1990, 176; LG Kassel, Rpfleger 2000, 408; LG Mosbach, Rpfleger 1992, 360; ablehnend Storz/*Kiderlen*, ZVG B 7.5.1.

§ 76 »Einstweilige Einstellung wegen Deckung des Gläubigers aus einem Einzelausgebot«

(1) Wird bei der Versteigerung mehrerer Grundstücke auf eines oder einige so viel geboten, daß der Anspruch des Gläubigers gedeckt ist, so wird das Verfahren in Ansehung der übrigen Grundstücke einstweilen eingestellt; die Einstellung unterbleibt, wenn sie dem berechtigten Interesse des Gläubigers widerspricht.

(2) ¹Ist die einstweilige Einstellung erfolgt, so kann der Gläubiger die Fortsetzung des Verfahrens verlangen, wenn er ein berechtigtes Interesse daran hat, insbesondere wenn er im Verteilungstermine nicht befriedigt worden ist. ²Beantragt der Gläubiger die Fortsetzung nicht vor dem Ablaufe von drei Monaten nach dem Verteilungstermine, so gilt der Versteigerungsantrag als zurückgenommen.

I. Allgemeines

Ausgangssituation für die Anwendung dieser Vorschrift, die jedoch nicht für die Verfahren nach §§ 172, 175, 180 gilt, ist die Versteigerung mehrerer Grundstücke. Ist zu erwarten, dass das Meistgebot auf eines oder einige der Grundstücke so hoch ist, dass hierdurch der Anspruch des Gläubigers gedeckt ist, ist das Verfahren in Ansehung der übrigen Grundstücke einstweilen einzustellen. Es soll sichergestellt werden, dass der Eingriff in das Eigentum des Schuldners so gering wie möglich ausfällt.[1] 1

II. Voraussetzungen

1. Versteigerung mehrerer Grundstücke

Die Teileinstellung wegen Deckung des Gläubigeranspruchs hat mehrere Voraussetzungen. Zunächst müssen mehrerer Grundstücke, grundstücksgleiche Rechte oder mehrere ideelle Grundstücksbruchteile in einem Verfahren versteigert werden, §§ 18, 63, 64. Findet unter den Voraussetzungen nach § 63 Abs. 4 kein Einzelausgebot statt, sondern nur ein Gesamtausgebot oder werden mehrere Grundstücke des Schuldners in verschiedenen Verfahren versteigert, ist § 76 nicht anwendbar.[2] 2

2. Deckung des Gläubigeranspruchs

Ebenso wie bei der Zwangsvollstreckung in das bewegliche Vermögen darf eine Versteigerung nicht weiter ausgedehnt werden, als es zu Befriedigung des Gläubigers und zu Deckung der Kosten erforderlich ist (vgl. § 803 Abs. 1 ZPO); nach § 818 ZPO ist die Versteigerung einzustellen, sobald der Erlös zu Befriedigung des Gläubigers und zu Deckung der Kosten ausreicht. Diese Grundsätze werden durch § 76 auch in der Zwangsvollstreckung in das unbewegliche Vermögen umgesetzt. Der Anspruch des Gläubigers muss bereits durch die Versteigerung eines oder einige der Grundstücke gedeckt sein, eine weitergehende Zwangsversteigerung soll zum Schutz des Schuldners dann unterbleiben. Der Anspruch ist regelmäßig dann gedeckt, wenn das abgegebene Bargebot um diesen Betrag (Gläubigeranspruch) das geringste Gebot übersteigt. 3

---

1 Hierzu insgesamt *Muth*, Rpfleger 1993, 268; *Höfler*, BayNotZ 1933, 145, 148 f.; *Mayer*, Rpfleger 1983, 265, 267.
2 Steiner/*Storz*, § 76 Rdn. 3; *Stöber*, ZVG § 76 Rdn. 2.1.

4 Durch das abgegebene Gebot (ohne Meistgebotszinsen[3]) müssen gedeckt werden können:

- die Verfahrenskosten, § 109,
- die Ansprüche aus dem bar zu zahlenden Teil des geringsten Gebots (bares Mindestgebot),
- die Gesamtansprüche aller betreibender Gläubiger (Kosten, Zinsen, Hauptanspruch); die Zinsen sind bis zum Vortag (dieser Tag eingeschlossen) des voraussichtlichen Verteilungstermin zu berechnen.

5 Mit dem „Gläubiger" sind **alle betreibenden Gläubiger** gemeint, für die der Versteigerungstermin durchgeführt werden kann, die ihr Verfahren nicht einstweilen eingestellt oder rechtzeitig vier Wochen vor dem Termin wieder fortgesetzt haben, § 43 Abs. 2, §§ 44, 45.[4] Betreiben mehrere Gläubiger aus verschiedenem Rang und ist z.b. ein Zwischenberechtigter vorhanden, der das Verfahren nicht betreibt, muss auch dieser durch das Gebot gedeckt werden, da ein nachrangiger betreibender Gläubiger erst dann eine Zuteilung erhält, wenn alle vorrangigen Berechtigten gezahlt sind.[5]

3. Berechtigtes Interesse des Gläubigers

6 Die Einstellung hat zu unterbleiben, wenn sie dem berechtigten Interesse des Gläubigers widerspricht. Der anwesende Gläubiger muss daher vor der Einstellung gehört werden, um gegebenenfalls sein Interesse an der Fortsetzung des Verfahrens hinsichtlich der übrigen Grundstücke darzulegen. Dieses ist beispielhaft dann anzuerkennen, wenn zu erwarten ist, dass der Zuschlag angefochten und somit eine Befriedigung infrage gestellt oder erheblich verzögert wird, oder wenn die begründete Gefahr besteht, dass das bare Meistgebot im Verteilungstermin nicht gezahlt wird (Abs. 2 S. 1). Die Schutzwürdigkeit der Gläubigerinteressen ist unter Berücksichtigung auch der Interessen des Schuldners zu beurteilen; auch dieser ist zu hören.[6]

III. Verfahren

1. Einstellung von Amts wegen

7 Liegen die Voraussetzungen (zuvor → Rdn. 4) vor, erfolgt die Einstellung von Amts wegen. Unter Berücksichtigung der schutzwürdigen Interessen des Schuldners erfolgt die Einstellung auch gegen den Willen des Schuldners.[7] Der Schuldner ist vorher anzuhören.[8] Der Schuldner kann sich auch nicht erfolgreich auf das Verbot der Überpfändung nach § 803 ZPO berufen. Zu § 803 Abs. 2 ZPO hat der **BGH**[9] entschieden, dass diese Vorschrift bei der Zwangsvollstreckung in das un-

---

3 Stöber, ZVG § 76 Rdn. 2.3; Depré/Bachmann, § 76 Rdn. 3; Muth, Rpfleger 1993, 268.
4 Stöber, ZVG § 76 Rdn. 2.5; Böttcher, § 76 Rdn. 3.
5 OLG München, Rpfleger 1993, 121; so auch Stöber, ZVG § 76 Rdn. 2.5; Böttcher, § 76 Rdn. 4; a.A. Muth, Rpfleger 1993, 268.
6 OLG München, Rpfleger 1993, 121.
7 Stöber, ZVG § 76 Rdn. 2.2; a.A. Muth, Rpfleger 1993, 268.
8 OLG München, Rpfleger 1993, 121.
9 Zur Zwangsversteigerung: BGH, Rpfleger 2004, 302 = NZM 2004, 347 = WM 2004, 646 = InVo 2004, 290 = ZfIR 2004, 440; zur Zwangsverwaltung: BGH, Rpfleger 2002, 578 = BGHZ 151, 384 = KTS 2003, 166 = MDR 2002, 1213 = WM 2002, 1809 = ZIP 2002, 1595 = InVo 2003, 41 = ZfIR 2002, 753.

bewegliche Vermögen keine Anwendung findet, eine Regelungslücke besteht insoweit nicht.[10] Bei der zu entscheidenden Grundsatzfrage ging es um die Aussichtslosigkeit der Zwangsversteigerung, insbesondere dann, wenn dem das Verfahren betreibenden Gläubiger so hohe Ansprüche im Range vorgehen, dass sogar der Verkehrswert des Grundstückes überstiegen wird. Dass die Zwangsversteigerung auch bei hohen Vorbelastungen Platz greifen soll, verdeutlicht § 77 Abs. 2, der die Fortsetzung eines Zwangsversteigerungsverfahrens als Zwangsverwaltung bestimmt, wenn die Zwangsversteigerung auch in einem zweiten Termin ergebnislos bleibt. Ob auch § 803 Abs. 1 ZPO keine unmittelbare Anwendung findet, kann dahinstehen, der dort zum Tragen kommende Rechtsgrundsatz wird gerade durch § 76 bei der Zwangsvollstreckung in das unbewegliche Vermögen umgesetzt (siehe oben → Rdn. 3).

2. Brandversicherungssumme

In entsprechender Anwendung von § 76 erfolgt eine Einstellung auch dann, 8 wenn eine dem Vollstreckungsschuldner zustehende, nicht zweckgebundene **Brandversicherungssumme** (hierzu → § 20 Rdn. 38 ff.) zur Verfügung des Vollstreckungsgerichts gezahlt wird. Übersteigt diese den Betrag, der zu Befriedigung des bzw. der betreibenden Gläubiger, der vorgehenden und gleichstehenden Rechte erforderlich ist, so ist die Zwangsversteigerung nur hinsichtlich der Versicherungssumme fortzusetzen und hinsichtlich des Grundstücks einzustellen.[11]

3. Zeitpunkt der Einstellung

Die Einstellung durch das Vollstreckungsgericht kann schon im Laufe der Einzelversteigerung vor deren Schluss, aber auch erst nach Schluss der Versteigerung aller Grundstücke erfolgen. Im Regelfall wird es sich empfehlen, die Versteigerung aller Grundstücke zunächst durchzuführen und erst nach Schluss der Versteigerung, auch in einem besonderen Verkündungstermin[12], die Entscheidung über die Einstellung zu treffen.[13] Im Beschwerdeverfahren könnte dann der Zuschlag für ein Grundstück erteilt werden, hinsichtlich dessen das Verfahren in Form der Zuschlagsversagung einstweilen eingestellt war; § 72 Abs. 3 steht dem nicht entgegen (vgl. nachfolgend → Rdn. 12). Auch ist nach Durchführung der Versteigerung sämtlicher Grundstücke besser zu erkennen, hinsichtlich welcher Grundstücke die Einstellung für den Gläubiger und Schuldner am vorteilhaftesten ist.

Ergibt sich nach Schluss der Einzelversteigerung, dass die Meistgebote mehrerer Grundstücke ausreichen, den Gläubigeranspruch zu decken, hat das Vollstreckungsgericht die anwesenden Beteiligten anzuhören und dann nach pflichtgemäßem Ermessen die Grundstücke zu bestimmen, hinsichtlich derer das Verfahren einstweilen einzustellen ist. Dem betreibenden Gläubiger bleibt es unbenommen, selbst die Einstellung des Verfahrens hinsichtlich des einen oder anderen Grundstückes zu bewilligen, § 30 Abs. 1. Bei der Entscheidung muss das Vollstreckungs-

---

10 In diesem Sinne bereits früher: LG Berlin, Rpfleger 1987, 209; OLG Hamm, LG Münster beide Rpfleger 1989, 34; LG Krefeld, Rpfleger 1994, 35; a.A. aber überholt LG Augsburg, Rpfleger 1986, 146; LG Bielefeld, Rpfleger 1987, 424; LG Regensburg, NJW-RR 1988, 447; LG Düsseldorf, JurBüro 1987, 786; OLG Düsseldorf, Rpfleger 1989, 470.
11 BGH, NJW 1967, 568 = Rpfleger 1967, 109.
12 OLG München, Rpfleger 1993, 121.
13 *Stöber*, ZVG § 76 Rdn. 2.4; *Muth*, Rpfleger 1993, 268.

gericht eindeutig zum Ausdruck bringen, ob die Einstellung auf Bewilligung des Gläubigers nach § 30 oder gem. § 76 wegen Deckung des Anspruchs des Gläubigers erfolgt, da die Fortsetzung des Verfahrens jeweils anders geregelt ist (siehe nachfolgend → Rdn. 13).

11 Die Entscheidung ergeht durch verkündeten Beschluss, der zuzustellen ist, § 32.

4. Wirkung der Einstellung

12 Soweit das Verfahren einstweilen eingestellt ist, bleiben die Wirkungen der Beschlagnahme bis zur endgültigen Aufhebung des Verfahrens bestehen. Die Aufhebung wird wirksam mit dem zugestellten[14] Aufhebungsbeschluss[15]. Waren im Termin auf Grundstücke, bei denen das Verfahren einstweilen eingestellt wurde, bereits Gebote abgegeben, erlöschen diese mit der Einstellung, § 72 Abs. 3, es sei denn, die Entscheidung ergeht erst nach Schluss der Versteigerung gemäß § 33 durch Versagung des Zuschlags. Wird der Versagungsbeschluss im nachfolgenden Beschwerdeverfahren durch das Beschwerdegericht aufgehoben, kann der Zuschlag erteilt werden. Dies kommt aber dann nicht in Betracht, wenn das Verfahren auf Antrag des Gläubigers fortgesetzt wird.

5. Fortsetzung des Verfahrens
a) Antrag des Gläubigers

13 Das eingestellte Verfahren wird nur auf Antrag des Gläubigers fortgesetzt. Anders als in den Fällen der §§ 30, 75, 77 i.V.m. § 31 genügt der Antrag des Gläubigers alleine jedoch nicht, erforderlich ist nach Abs. 2 Satz 1 ein „berechtigtes Interesse" (zuvor → Rdn. 10). Ob ein solches Interesse vorliegt, entscheidet das Vollstreckungsgericht nach pflichtgemäßem Ermessen.

b) Zeitpunkt des Antrages

14 Der Fortsetzungsantrag kann schon vor dem Verteilungstermin, muss aber spätestens innerhalb von drei Monaten nach diesem Terminen gestellt werden (Abs. 2 Satz 2). Eine Belehrung hierüber erfolgt nicht. Zahlt der Ersteher das Meistgebot nicht und wird die Forderung gegen den Ersteher übertragen (§ 118), steht dies der Antragstellung erst dann entgegen, wenn die Befriedigungswirkung nach § 118 Abs. 2 eingetreten ist. Wird der Antrag vorher gestellt, ist hierin zugleich der Verzicht auf die Rechte aus der Übertragung nach § 118 Abs. 2 zu sehen.

15 Wird der Fortsetzungsantrag nicht innerhalb von drei Monaten gestellt, gilt der Versteigerungsantrag, soweit die Einstellung erfolgte, als zurückgenommen (Abs. 2 Satz 2). Die Wirkungen der Beschlagnahme sind dann entfallen. Das Vollstreckungsgericht hat in diesem Falle das Verfahren von Amts wegen aufzuheben, §§ 29, 34.

---

14 *Hintzen*, Rpfleger 2009, 68; *Stöber*, ZVG § 29 Rdn. 2.6; Löhnig/*Jobst*, § 29 Rdn. 9.
15 BGH, Rpfleger 2008, 586 = NJW 2008, 3067 = DNotZ 2009, 43 = NZM 2008, 741 = WM 2008, 1882 = ZIP 2009, 195 = ZfIR 2008, 876 = IGZInfo 2008, 180; anders noch LG Meiningen, Rpfleger 2008, 382, aber wohl überholt.

IV. Rechtsbehelf

Gegen die einstweilige Einstellung bzw. die Zuschlagsversagung kann der Gläubiger mit der sofortigen Beschwerde vorgehen, § 11 Abs. 1 RPflG, § 793 ZPO. Dem Meistbietenden steht gegen die einstweilige Einstellung kein Beschwerderecht zu, nur gegen die Zuschlagsversagung. Gegen die unterlassene Einstellung und damit Erteilung des Zuschlags können der Schuldner und ein neu eingetretener Eigentümer sofortige Beschwerde erheben, § 83 Nr. 5, § 100. 16

Gegen die Zurückweisung des Antrags auf Fortsetzung des Verfahrens kann der Gläubiger sofortige Beschwerde erheben § 11 Abs. 1 RPflG, § 793 ZPO; Gleiches gilt für den Schuldner gegen die Fortsetzung des Verfahrens. 17

§ 77 »Einstellung des Verfahrens wegen Mangels an Geboten«

(1) Ist ein Gebot nicht abgegeben oder sind sämtliche Gebote erloschen, so wird das Verfahren einstweilen eingestellt.

(2) ¹Bleibt die Versteigerung in einem zweiten Termine gleichfalls ergebnislos, so wird das Verfahren aufgehoben. ²Liegen die Voraussetzungen für die Anordnung der Zwangsverwaltung vor, so kann auf Antrag des Gläubigers das Gericht anordnen, daß das Verfahren als Zwangsverwaltung fortgesetzt wird. ³In einem solchen Falle bleiben die Wirkungen der für die Zwangsversteigerung erfolgten Beschlagnahme bestehen; die Vorschrift des § 155 Abs. 1 findet jedoch auf die Kosten der Zwangsversteigerung keine Anwendung.

I. Allgemeines

1   Die Vorschrift, die für alle Versteigerungsverfahren gilt, mit Ausnahme der Überleitung in eine Zwangsverwaltung nach Abs. 2 Satz 2 für die Verfahren nach §§ 172, 175, 180, regelt die Verfahrensfolge, wenn die Versteigerung im ersten und in einem zweiten Termin ergebnislos bleibt.

II. Ergebnislosigkeit

2   Ergebnislosigkeit der Versteigerung im Sinne von Abs. 1 und Abs. 2 Satz 1 liegt vor, wenn kein Gebot abgegeben oder sämtliche Gebote erloschen sind. Der erste Fall ist dann gegeben, wenn niemand im Termin erschienen ist oder von dem oder den Erschienenen kein Gebot abgegeben wurde. Ergebnislos ist der Termin auch dann, wenn das **Eigengebot des Gläubigervertreters** als rechtsmissbräuchlich und deshalb unwirksam zurück gewiesen wird (hierzu → § 85a Rdn. 8 bis 12.2). Ist ein Gebot unwirksam (§ 71), ist zu unterscheiden, ob es zugelassen oder zurückgewiesen wurde. Wurde das Gebot zugelassen, ist nicht nach § 77 zu verfahren; nach Schluss der Versteigerung (§ 73 Abs. 2) ist der Zuschlag zu versagen (hierzu → § 83 Rdn. 6 ff.). Wurde das unwirksame Gebot zurückgewiesen, und erfolgte kein Widerspruch nach § 72 Abs. 2, ist das Gebot erloschen. Wird ein Widerspruch gegen die Zurückweisung erhoben, ist hierüber mit dem Zuschlag zu entscheiden, § 77 findet keine Anwendung. Bewilligt der Gläubiger die Einstellung, ist das Verfahren einstweilen einzustellen, § 30 Abs. 1 Satz 1. Das hat nach § 72 Abs. 3 zur Folge, dass ein Gebot erlischt. Zwar macht § 33 hiervon eine Ausnahme, wenn nach dem Schluss der Versteigerung ein Grund zur einstweiligen Einstellung des Verfahrens besteht. Die Entscheidung kann dann nur durch Versagung des Zuschlags erfolgen. Das hindert indes nur vorübergehend das Erlöschen des Gebots, nämlich bis zur Rechtskraft des Versagungsbeschlusses, § 86. Spätestens dann erweist sich auch in diesem Fall die Versteigerung als ergebnislos.[1]

3   § 77 ist auch dann nicht anzuwenden, wenn die Voraussetzungen der § 74a Abs. 1, § 85a Abs. 1 vorliegen. § 77 einerseits und die §§ 74a, 85a andererseits schließen sich innerhalb eines Versteigerungstermins gegenseitig aus, da Letztere ein wirksames Gebot voraussetzen, während bei § 77 das Fehlen eines wirksamen Gebotes Tatbestandsvoraussetzung ist. Wurde im Versteigerungstermin das Verfahren nach § 77 Abs. 1 eingestellt, kann in einem nächsten Termin der Zuschlag aus den Gründen der §§ 74a oder 85a versagt werden.[2] Wurde der Zuschlag im

---

1   BGH, Rpfleger 2008, 146 = NJW-RR 2008, 360.
2   LG Mainz, Rpfleger 2007, 218 mit Anm. *Krainhöfer*, Rpfleger 2007, 421.

Versteigerungstermin entweder nach § 74a Abs. 1 oder nach § 85a Abs. 1 versagt, kann in dem von Amts wegen zu bestimmenden weiteren Versteigerungstermin § 77 zur Anwendung kommen. Keine Ergebnislosigkeit der Versteigerung liegt dann vor, wenn der Zuschlag auf Antrag des Schuldners nach § 765a ZPO versagt wird.[3]

III. Einstweilige Einstellung
1. Einstellungsbeschluss

Liegen die Voraussetzungen nach Abs. 1 vor, kommt es nicht zum Schluss der Versteigerung im Sinne von § 73 Abs. 2. Eine Entscheidung durch Versagung des Zuschlags nach § 33 findet nicht statt. Nach Ablauf der Bietzeit (§ 73 Abs. 1 Satz 1) hat das Vollstreckungsgericht die Ergebnislosigkeit durch Beschluss festzustellen. Der Beschluss ist zu verkünden und nach § 32 zuzustellen.

Der Gläubiger kann gegen den Einstellungsbeschluss mit der sofortigen Beschwerde vorgehen, § 11 Abs. 1 RPflG, § 793 ZPO. Er kann diese insbesondere auch darauf stützen, dass die Nichtabgabe eines Gebotes auf die unrichtige Feststellung des geringsten Gebots zurückzuführen sei[4]; auch der Einstellungsbeschluss setzt zwingend ein ordnungsgemäßes geringstes Gebot voraus. Gleiches gilt, wenn die Frist nach § 44 Abs. 2, die sich auch auf den Fortsetzungsbeschluss bezieht, nicht beachtet wurde. Hebt das Beschwerdegericht den Einstellungsbeschluss auf, hat das Vollstreckungsgericht einen neuen Zwangsversteigerungstermin zu bestimmen.

2. Wirkung der einstweiligen Einstellung

Evtl. im Termin abgegebene Gebote sind mit der Einstellung erloschen, § 72 Abs. 3. Das Verfahren wird nur auf Antrag fortgesetzt, § 31 Abs. 1 Satz 1. Das Vollstreckungsgericht hat über die Fortsetzung auf Antrag und die einzuhaltende Frist zu belehren, § 31 Abs. 3.

Die Wirkungen des § 77 Abs. 1 tritt nicht ein, wenn der Gläubiger vorher die Einstellung bewilligt, § 30 Abs. 1. In einem zweiten Termin (Abs. 2 Satz 1) besteht der Vorrang der Einstellung durch den Gläubiger nach § 30 allerdings nur bis zum Schluss der Versteigerung (§ 73 Abs. 2). Mit dem Schluss der Versteigerung in einem zweiten Termin verliert der Gläubiger sein Einstellungsrecht (§ 77 Abs. 2 Satz 1 als Rechtsfolge zwingend die Aufhebung des Verfahrens vorsieht), eine Einstellung des Verfahrens kommt nicht mehr in Betracht.[5] Insoweit hat der Gesetzgeber eine Interessenabwägung gegen den Gläubiger und zugunsten der übrigen Verfahrensbeteiligten getroffen.

Die Wirkung tritt gegenüber allen betreibenden Gläubigern ein, für die der Termin durchgeführt wird (Fristwahrung nach § 43 Abs. 2). Da die Wirkung nach § 77 Abs. 2 nur gegenüber den Gläubigern eintritt, für die auch der erste Termin

---

3 So auch *Stöber*, ZVG § 77 Rdn. 2.1; Steiner/*Storz*, § 77 Rdn. 3.
4 LG Frankfurt a.M., NJW 1959, 1442 mit Anm. *Hoche*.
5 AG und LG Mainz, Rpfleger 1988, 376; *Stöber*, ZVG § 77 Rdn. 2.4; a.A., aber nicht überzeugend Löhnig/*Steffen*, § 77 Rdn. 2, anders auch Löhnig/*Strauß*, § 30 Rdn. 1 und 4, der zu Recht auf die Dispositionsmaxime des Gläubigers abstellt und eine einstweilige Einstellung im ersten Termin bis unmittelbar vor Verkündung eines Zuschlags zulässt, also über das Terminsende hinaus. Ganz deutlich dann in Rdn. 17: § 30 geht § 77 vor.

ergebnislos verlaufen ist, empfiehlt es sich, die Gläubiger, auf die sich die Einstellung bezieht, bereits im (ersten) Beschluss ausdrücklich zu bezeichnen. Dies dient der Rechtsklarheit und erleichtert im nächsten Termin die Feststellung, für welche Gläubiger dies der zweite Termin im Sinne von § 77 Abs. 2 ist.

IV. Fortsetzung des Verfahrens

9   Dem Gesetz nach bedeutet ein erster ergebnisloser Termin nicht, von der Versteigerung insgesamt bereits Abstand zu nehmen. Allerdings verbleibt die Entscheidung dem Gläubiger, ob das Verfahren Fortgang nimmt. Zur Fortsetzung des Verfahrens ist ein Antrag des Gläubigers notwendig, § 31 Abs. 1. Für die erneute Terminsbestimmung gelten die §§ 36–43. Auch für den Fortsetzungsbeschluss ist § 44 Abs. 2 zu beachten. Das Antragsrecht steht dem Gläubiger auch dann zu, wenn er in einem früheren Abschnitt des Verfahrens die einstweilige Einstellung bewilligt hatte.

10 Wird das Verfahren von **mehreren Gläubigern** betrieben, und beantragt nur einer von diesen die Fortsetzung, dann wirkt diese auch nur für ihn allein; nach Ablauf der Fortsetzungsfrist ist das Verfahren bzgl. der anderen Gläubiger endgültig aufzuheben. Jeder Gläubiger muss also einen eigenen Fortsetzungsantrag stellen. Das Gleiche gilt, wenn der alleinige Gläubiger den Fortsetzungsantrag nicht fristgemäß stellt. Das Vollstreckungsgericht hat dann nach den §§ 32, 34 zu verfahren.

V. Ergebnislosigkeit des zweiten Termins (Abs. 2 Satz 1)

11 Bleibt die Versteigerung in einem zweiten Termin ergebnislos, ist das Verfahren von Amts wegen aufzuheben. Der Gesetzgeber unterstellt mit dieser Regelung, dass die vom Gläubiger betriebene Zwangsversteigerung offensichtlich nicht durchführbar ist. Das Ergebnis des zweiten Termins muss sich auf **dasselbe Grundstück** beziehen. Werden mehrere Grundstücke in einem Verfahren (§ 18) versteigert, ist es unerheblich, dass im ersten Termin nur ein Gesamtausgebot aller Grundstücke erfolgte, in dem weiteren Termin auch Einzelausgebote zugelassen wurden (oder umgekehrt). Beide Termine müssen sich nur auf dasselbe Versteigerungsobjekt beziehen; nicht erforderlich ist, dass bei den Terminen das gleiche geringste Gebot zugrunde liegt.[6] Entscheidend ist, dass sich die Termine unabhängig von der Ausgebotsart auf dasselbe Grundstück beziehen.[7]

12 Wird das Verfahren von mehreren Gläubigern betrieben, ist die Ergebnislosigkeit des zweiten Termins nur für die Gläubiger gegeben, für die auch bereits der erste Termin erfolglos verlaufen ist. Die betreibenden Gläubiger müssen im zweiten Termin dieselben sein, wie im ersten Termin.[8]

13 Wird im zweiten Termin ein Gebot abgegeben, hierauf der Zuschlag jedoch nicht erteilt, weil z.B. ein nicht heilbarer Verfahrensmangel vorliegt, ist der Zuschlag zu versagen, mit der Wirkung nach § 86; § 77 Abs. 2 Satz 1 findet keine Anwendung. Abs. 2 Satz 1 regelt nur den Fall, dass die Ergebnislosigkeit i.S.v. Abs. 1 ein zweites Mal eintritt. Unerheblich ist hierbei, ob die Ergebnislosigkeit der Versteigerung im ersten Termin auf einem Verfahrensfehler beruhte. Sofern der Gläu-

---

6   LG Chemnitz, Rpfleger 2003, 205.
7   Stöber, ZVG § 77 Rdn. 2.5.
8   LG Chemnitz, Rpfleger 2003, 205.

biger dies nicht mit der sofortigen Beschwerde geltend gemacht hat, bleibt es bei der Rechtsfolge nach § 77 Abs. 2.

Für den Aufhebungsbeschluss gelten die üblichen Regeln nach §§ 32, 34. Zu Rechtsbehelfen und der Möglichkeit einer Bewilligung der einstweiligen Einstellung durch den Gläubiger vgl. zuvor → Rdn. 5, 7.

VI. Fortsetzung als Zwangsverwaltung

1. Voraussetzung

Der Gläubiger kann die Aufhebung der Zwangsversteigerung vermeiden, in dem er einen Antrag auf Überleitung in eine Zwangsverwaltung stellt. Deren Voraussetzungen (§§ 146 ff.) liegen regelmäßig vor. Ein Miet- oder Pachtbesitz eines Dritten am Grundstück steht der Anordnung der Zwangsverwaltung nicht entgegen. Allerdings dürfen der Anordnung einer Zwangsverwaltung keine Hindernisse entgegenstehen (hierzu → § 146 Rdn. 18 ff.). Das Vorliegen der Voraussetzungen zur Anordnung der Zwangsverwaltung hat das Vollstreckungsgericht von Amts wegen zu prüfen.

2. Antragstellung

Zur Überleitung des Zwangsversteigerungsverfahrens in eine Zwangsverwaltung muss der Gläubiger einen Antrag stellen (Abs. 2 Satz 2). Der Antrag kann nach Ende der Bietzeit (§ 73 Abs. 1 Satz 1), aber auch später gestellt werden, muss aber bis zum Schluss der Versteigerung vorliegen.[9] Der Antrag kann nicht im Wege der Beschwerde nachgeholt werden. Zulässig ist die Antragstellung auch bereits vor dem Versteigerungstermin schriftlich für den Fall, dass die Voraussetzungen nach Abs. 2 vorliegen. Der Antrag kann sich bei mehreren Grundstücken auch nur auf einzelne davon beziehen.

Die nicht antragsberechtigten betreibenden Gläubiger können sich dem Antrag anschließen. Dann wird das Verfahren auch für sie als Zwangsverwaltung fortgesetzt. Schließen sie sich nicht an, gilt die Überleitung in die Zwangsverwaltung ihnen gegenüber als einstweilige Einstellung des Versteigerungsverfahrens.

3. Beschluss

Liegt ein rechtzeitiger Antrag vor, und sind die Voraussetzungen für die Anordnung der Zwangsverwaltung gegeben, hat das Vollstreckungsgericht dem Antrag des Gläubigers stattzugeben, ein Ermessen („kann") besteht insoweit nicht. Der Beschluss des Vollstreckungsgerichts lautet inhaltlich, dass das Verfahren gem. § 77 als Zwangsverwaltung fortgesetzt wird. Damit ist das Verfahren der Zwangsversteigerung als solches erledigt. Eine förmliche Aufhebung des Verfahrens erfolgt nicht, auch wird der Zwangsversteigerungsvermerk im Grundbuch nicht gelöscht. Das Vollstreckungsgericht hat das Grundbuchamt um die Eintragung eines Vermerks zu ersuchen, dass das Verfahren als Zwangsverwaltung fortgesetzt wird (§ 19 i.V.m. § 146 Abs. 1). Bleibt das Zwangsversteigerungsverfahren für einen weiteren betreibenden Gläubiger erhalten, ein Fall von Abs. 2 ist für diesen Gläubiger (noch) nicht gegeben, muss neben dem bereits eingetragenen

---

[9] Hierzu *Schiffhauer*, in Anm. zu LG Oldenburg, KTS 1970, 234; ferner LG Krefeld, Rpfleger 1986, 233; a.A. *Stöber*, ZVG § 77 Rdn. 3.2, bis zur Verkündung des Überleitungsbeschlusses.

Zwangsversteigerungsvermerk ein gesonderter Zwangsverwaltungsvermerk im Grundbuch eingetragen werden. Der Beschluss ist dem Gläubiger mitzuteilen, dem Schuldner zuzustellen. Für das weitere Verfahren gelten dann die besonderen Vorschriften über die Zwangsverwaltung, §§ 146 ff.

4. Wirkung des Beschlusses

19   Die Wirkung des Überleitungsbeschlusses ist die Erweiterung der Beschlagnahme, § 148 Abs. 1, für deren Beginn die Vorschriften §§ 22, 151 gelten. Weiterhin bleiben die Wirkungen der Beschlagnahme aus der Zwangsversteigerung bestehen, § 77 Abs. 2 Satz 3. Bedeutsam für den Gläubiger ist, dass somit der Tag der ersten Beschlagnahme, insbesondere für die Berechnung der Nebenleistungen nach § 13 auch in der Zwangsverwaltung weiter gilt. Umgekehrt, § 13 Abs. 4, kann nicht in Betracht kommen, da es keine (Rück-)Überleitung in die Zwangsversteigerung gibt, das Versteigerungsverfahren war zweimal ergebnislos verlaufen, es muss neu angeordnet werden.[10]

20   Werden mehrere Verfahren in eine Zwangsverwaltung übergeleitet, gilt die erste Überleitung als Anordnungsbeschluss, die weiteren sind dann Beitrittsbeschlüsse. War bereits im Zeitpunkt der ersten Überleitung eine Zwangsverwaltung angeordnet, wirkt die Überleitung wie ein Beitrittsbeschluss.

21   Die **Kosten** des ergebnislosen Zwangsversteigerungsverfahrens können vom Gläubiger in der Zwangsverwaltung nicht an bevorzugter Rangstelle nach § 155 Abs. 1 vorweg aus der Masse entnommen werden, wohl aber als Kosten der dinglichen Rechtsverfolgung im Range des Anspruchs des Gläubigers (§§ 10, 12).

---

10   *Stöber*, ZVG § 77 Rdn. 3.9.

§ 78 »Protokoll«

Vorgänge in dem Termine, die für die Entscheidung über den Zuschlag oder für das Recht eines Beteiligten in Betracht kommen, sind durch das Protokoll festzustellen; bleibt streitig, ob oder für welches Gebot der Zuschlag zu erteilen ist, so ist das Sachverhältnis mit den gestellten Anträgen in das Protokoll aufzunehmen.

I. Allgemeines

Die Vorschrift, die für alle Versteigerungsverfahren gilt, ergänzt die für jeden Termin anwendbaren §§ 159–164, 510a i.V.m. § 869 ZPO hinsichtlich des Versteigerungsprotokolls. Das Protokoll hat für die Zuschlagsentscheidung besondere Bedeutung, denn dabei dürfen nach § 80 nur solche Vorgänge im Zwangsversteigerungstermin berücksichtigt werden, die sich aus dem Protokoll gegeben. Eine fehlerhafte Protokollierung kann zu Schadensersatzpflicht des Staates führen, Art. 34 GG, § 839 BGB. Von daher sollte der Grundsatz gelten, eher mehr als zu wenig zu protokollieren. 1

II. Protokollführer

1. Hinzuziehung

Der Rechtspfleger sollte im Versteigerungstermin auf der Hinzuziehung eines Protokollführers bestehen, wenn die Voraussetzungen nach § 159 Abs. 1 S. 2 ZPO vorliegen. Die Hinzuziehung eines Protokollführers gewährleistet, dass der den Termin leitende Rechtspfleger sich mit ungeteilter Aufmerksamkeit der Verhandlungsleitung widmen kann. In den meisten Fällen wird der Rechtspfleger bereits im Vorfeld des Termins erkennen können, ob es sich um einen einfach gelagerten Versteigerungsfall handelt oder ob beispielhaft mit verschiedenen Anträgen oder mit großem Bietinteresse zu rechnen ist. 2

Die Hinzuziehung eines Protokollführers liegt im Ermessen des den Versteigerungstermin leitenden Rechtspflegers; sie geschieht formfrei und ist nicht zu begründen. Das Protokoll wird von dem Urkundsbeamten der Geschäftsstelle in eigener Verantwortung (§ 163 Abs. 1 Satz 1 ZPO) geführt, der Rechtspfleger kann jedoch Anordnungen zum Inhalt geben oder auch bestimmte Anträge oder Vorgänge wörtlich vorgeben.[1] Entscheidet sich der Rechtspfleger für die Hinzuziehung eines Protokollführers, ist die Justizverwaltung verpflichtet, eine geeignete Person zeitgerecht zum Termin zur Verfügung zu stellen.[2] 3

2. Vorläufige Aufzeichnung

Eine vorläufige Aufzeichnung des Protokolls (§ 160a ZPO) ist grundsätzlich zulässig.[3] Wird auf die Hinzuziehung des Urkundsbeamten als Protokollführer verzichtet, muss der Rechtspfleger entweder das Protokoll selbst anfertigen oder eine vorläufige Aufzeichnung auf einen Ton- oder Datenträger vornehmen, § 160a Abs. 1 ZPO. Dies ist jedoch nicht zu empfehlen, da, anders als in den üblichen amtsgerichtlichen Sitzungen, § 66 Abs. 1 für den Zwangsversteigerungstermin die 4

---

1 Hierzu Musielak/Voit/*Stadler,* § 159 Rdn. 6.
2 Ein Zwang zum Rückgriff auf ein Diktiergerät ist unzulässig: BGH, NJW 1988, 417; Musielak/Voit/*Stadler,* § 159 Rdn. 7.
3 So auch *Vollkommer,* NJW 1976, 30.

Verlesung der erfolgten Feststellungen vorschreibt, diese Vorschrift ist lex specialis gegenüber § 162 Abs. 1 S. 2, 3 ZPO.

III. Terminsprotokoll

1. Inhalt des Protokolls

5   Neben den Förmlichkeiten der §§ 159, 160, 162, 163 ZPO sind der Verhandlungsverlauf im Zwangsversteigerungstermin, die Vorbereitung des Termins, die Gewährung rechtlichen Gehörs sowie Hinweise des Vollstreckungsgerichts gem. § 139 ZPO wiederzugeben. Im Fall der Verlegung des Versteigerungstermins in einen anderen Sitzungssaal sind die vom Vollstreckungsgericht getroffenen Maßnahmen im Protokoll festzuhalten (hierzu → § 37 Rdn. 11). Muss der Versteigerungstermin abgebrochen, das geringste Gebot neu berechnet, neue Versteigerungsbedingungen verkündet werden und die Bietzeit beginnt neu zu laufen, sind auch diese Vorgänge genau zu protokollieren.[4] Nach einem Abbruch der Bietzeit müssen insbesondere das geänderte geringste Gebot und die geänderten Versteigerungsbedingungen festgestellt und verlesen werden. Ein Verstoß gegen § 66 Abs. 1 ist ein Zuschlagsversagungsgrund nach § 83 Nr. 1.[5]

6   Weiter müssen auch sonst alle für die Zuschlagsentscheidung erheblichen Vorgänge (z.B. zu Anträgen, Erklärungen und den Folgewirkungen nach §§ 63, 64, 74a, 75, 76, 77, 81, 85, 85a, 91 Abs. 2) protokolliert werden. Nach § 80 sind bei der Entscheidung über den Zuschlag nur solche Vorgänge zu berücksichtigen, die aus dem Protokoll ersichtlich sind. Beispielhaft setzt der Verzicht auf eine Einzelausbietung nach § 63 Abs. 4 ein positives Tun mit eindeutigem Erklärungsgehalt voraus; der Verzicht ist daher stets zu protokollieren.[6] Der Verzicht auf Einzelausgebote muss im Protokoll festgestellt, aber nicht vorgelesen und genehmigt werden, so der *BGH*.[7] Ergibt die Feststellung, dass der Schuldner seine Zustimmung *durch ein Kopfnicken* zum Ausdruck gebracht hat, reicht dies aus.

7   Soweit sich ein abgegebenes Gebot, ein Verlangen nach Sicherheitsleistung, ein Widerspruch usw. durch widerspruchslose Zulassung eines Übergebots zweifelsfrei erledigt hat, bedarf es der Protokollierung dieser Vorgänge nicht.[8] Bleibt allerdings streitig, ob ein Gebot für den Zuschlag noch in Betracht kommt, ist das Sachverhältnis mit allen Anträgen stets genau zu protokollieren.

8   Unerlässlich ist die Feststellung, dass das letzte Gebot durch dreimaligen Aufruf verkündet worden ist und das ungeachtet der Aufforderung des Vollstreckungsgerichts weitere Gebote abzugeben, nicht weiter geboten wurde; auch die Verkündung des Schlusses der Versteigerung muss sich aus dem Protokoll geben, § 73 Abs. 2.

9   Das Protokoll muss angeben, welcher Beschluss hinsichtlich des Zuschlags verkündet worden ist.

10   Jeder Bieter ist einmal mit genauer Angabe von Vor- und Nachname, Geburtsdatum (entsprechend § 15 GBV) und Anschrift zu bezeichnen; bei der weiteren

---

4   Hierzu LG Köln, Rpfleger 1989, 297.
5   BGH, Beschluss vom 18.7.2013, V ZB 13/13, Rpfleger 2014, 36.
6   BGH, Rpfleger 2009, 98 = NJW-RR 2009, 158 = WM 2009, 271.
7   BGH, Rpfleger 2011, 41 = NJW-RR 2010, 1458.
8   OLG Hamm, Rpfleger 1959, 57.

Abgabe von Geboten genügt nur noch der Name des Bieters im Protokoll. Bei einer Bietergemeinschaft ist deren Rechtsverhältnis zwingend anzugeben.

Eine Beweisaufnahme, z.b. vor der Entscheidung eines auf § 765a ZPO gestützten Vollstreckungsschutzantrags, ist nicht in allen Einzelheiten, zumindest aber das Ergebnis zu protokollieren. 11

Anträge, die im Versteigerungstermin gestellt werden, können als Anlage zum Protokoll genommen werden, § 160 Abs. 5 ZPO. Gleiches gilt von Rechtsmitteln, die aber auch zu Protokoll erklärt werden können.[9] 12

Zur Protokollierung eines Vergleichs vgl. → § 62 Rdn. 5. 13

2. Verlesung des Protokolls

Die Verlesung des Protokolls ist nur wegen der in § 66 Abs. 1 erwähnten Feststellungen vorgeschrieben; dies steht der Anwendung einer vorläufigen Protokollaufzeichnung nach § 160a ZPO entgegen (zuvor → Rdn. 4). Auch müssen Anträge und Erklärungen, deren Feststellungen nach § 78 erforderlich ist, vorgelesen und zur Durchsicht vorgelegt werden, § 162 Abs. 1 Satz 1 ZPO. 14

3. Beweiskraft

Die Einhaltung der vorgeschriebenen Förmlichkeiten ist nur durch das Protokoll beweisbar. Die Beweiskraft des Protokolls bezieht sich nur auf die Feststellungen zum äußeren Hergang des Verfahrensablaufs, nicht aber zum Inhalt des Protokolls nach § 160 Abs. 3 Nr. 4 bis 6 und Nr. 10 ZPO sowie Abschluss und Inhalt eines Vergleichs nach Abs. 3 Nr. 1.[10] Gegen seinen diese Förmlichkeiten betreffenden Inhalt ist nur der Nachweis der Fälschung zulässig, § 165 S. 2 ZPO; dann muss aber wissentlich falsch beurkundet oder die Niederschrift nachträglich vorsätzlich gefälscht worden sein. 15

Für einen Gegenbeweis ist zwischen den Vorgängen, die für die Entscheidung des Zuschlags in Betracht kommen (hierzu → § 80 Rdn. 4 ff.) und anderen Vorgängen zu unterscheiden. Bei Letzteren ist der Nachweis der Unrichtigkeit oder Unvollständigkeit unbeschränkt zulässig. 16

Das Protokoll bringt für das Zwangsversteigerungsverfahren den vollen Beweis, dass ein nichtbeurkundeter Vorgang nicht stattgefunden hat. Zweifel an der Richtigkeit des Protokolls genügen nicht, um die Beweiskraft zu zerstören.[11] Hierzu ist zunächst eine Berichtigung nach § 164 ZPO zu erwirken. Ist ein nichtbeurkundeter Vorgang streitig, weist das Protokoll insoweit offensichtliche Lücken auf, ist der betroffene Vorgang im Wege freier Beweiswürdigung zu ermitteln.[12] 17

4. Protokollberichtigung

Die Berichtigung des abgeschlossenen und unterschriebenen Protokolls ist gem. § 164 ZPO zulässig.[13] Auf die Art der Unrichtigkeit kommt es nicht an. Die Berichtigung erfolgt von Amts wegen, Anregungen auf Berichtigung hat das Voll- 18

---

9 Hierzu OLG Hamm, NJW 1976, 763; a.A. OLG München, Rpfleger 1966, 11 und LG Berlin, Rpfleger 1974, 407.
10 Hierzu näher Musielak/Voit/*Stadler*, § 165 Rdn. 2.
11 OLG Saarbrücken, NJW 1972, 61.
12 BGH, NJW 1963, 1060 = MDR 1963, 481; Musielak/Voit/*Stadler*, § 165 Rdn. 5.
13 OLG Hamm, Rpfleger 1979, 29 = KTS 1979, 108.

streckungsgericht nachzugehen und über sie zu entscheiden. Die Berichtigung kann sowohl formelle als auch sachliche Fehler beinhalten. Vorgelesene und genehmigte Feststellungen können grundsätzlich nicht mehr berichtigt werden.[14] Vor der Berichtigung ist demjenigen rechtliches Gehör zu gewähren, der von der vorgesehenen Berichtigung betroffen wird, § 164 Abs. 2 ZPO. Wegen der weit reichenden Bedeutung des Terminsprotokolls in der Zwangsversteigerung ist für eine großzügige Anwendung von § 164 ZPO kein Raum.

19   Eine Protokollberichtigung kann selbst dann erfolgen, wenn die Zuschlagsanfechtung auf den angegriffenen Punkt im Protokoll gestützten wird, ihr wird dadurch der Boden entzogen. Nach Rechtskraft des Zuschlagsbeschlusses kommt eine Berichtigung des Protokolls wegen solcher Punkte nicht mehr in Betracht, auf die sich der Beschluss stützt[15], denn er ist nicht mehr abänderbar und ist, auch wenn er fehlerhaft sein sollte, für die Rechtsbeziehungen der Beteiligten unbedingt maßgebend (hierzu auch → § 82 Rdn. 4). Das ordnungsgemäß berichtigte Protokoll hat wiederum volle Beweiskraft.

5. Rechtsbehelf

20   Die Berichtigung des Protokolls und die Ablehnung der Berichtigung unterliegen grundsätzlich keinem Rechtsmittel.[16] Sofortige Beschwerde ist ausnahmsweise dann zulässig, wenn ein Berichtigungsantrag als unzulässig zurückgewiesen worden ist[17], wenn über die Berichtigung eine hierzu nicht berufene Person entschieden hat[18] oder wenn der Rechtspfleger, der von der Möglichkeit nach § 159 Abs. 1 Satz 2 ZPO (Protokollführer) keinen Gebrauch gemacht hat, entgegen § 164 Abs. 3 ZPO die Protokollberichtigung allein vorgenommen hat.[19] Auch findet § 11 Abs. 2 Satz 1 RPflG keine Anwendung.[20] Nur die Personen können die Berichtigung vornehmen, die für das Protokoll und seinen Inhalt verantwortlich sind, nicht das Beschwerdegericht oder eine andere Person, die mangels Teilnahme an dem Termin die Richtigkeit des Protokolls nicht selbst beurteilen kann.[21]

---

14   OLG Hamm, Rpfleger 1983, 410.
15   *Stöber*, ZVG § 78 Rdn. 3.1.
16   BGH, NJW-RR 2005, 214 = MDR 2005, 46; OLG Nürnberg, MDR 1963, 603; OLG Frankfurt, Rpfleger 1978, 459; OLG Hamm, Rpfleger 1984, 193; OLG Karlsruhe, Rpfleger 1994, 311.
17   OLG Düsseldorf, NJW-RR 2002, 863; OLG Frankfurt, Rpfleger 1978, 454.
18   LAG Hamm, MDR 1988, 172.
19   OLG Koblenz, MDR 1986, 593.
20   *Stöber*, ZVG § 78 Rdn. 3.3.
21   OLG Frankfurt, Rpfleger 1978, 454.

VI. Entscheidung über den Zuschlag

§ 79 »Keine Bindung an Vorentscheidungen«

Bei der Beschlußfassung über den Zuschlag ist das Gericht an eine Entscheidung, die es vorher getroffen hat, nicht gebunden.

I. Allgemeines

Bei der Beschlussfassung über den Zuschlag ist das Vollstreckungsgericht an eine vorher getroffene Entscheidung auch dann nicht gebunden, wenn diese nach § 95 ZVG anfechtbar war, aber nicht angefochten worden ist.[1] Die für alle Versteigerungsverfahren geltende Regelung des § 79 steht in engem Zusammenhang mit § 95. Sollte das Vollstreckungsgericht auch an die nicht in § 95 genannten Vorentscheidungen (z.B. Feststellung des geringsten Gebotes, der Zwangsversteigerungsbedingungen, Zulassung oder Zurückweisung eines Gebots usw.) gebunden sein, müsste die selbstständige Anfechtung vor der Zuschlagsentscheidung zugelassen werden. Um der mit einem solchen Verfahren verbundenen Gefahr der Verfahrensverschleppung entgegen zu wirken, lässt § 79 die Anfechtung solcher Vorentscheidungen nur als Beschwerde gegen die Zuschlagsentscheidung zu und gibt dem Vollstreckungsgericht ohne Rücksicht auf getroffene Vorentscheidungen die volle Entscheidungsfreiheit über den Zuschlag. Das verpflichtet andererseits das Vollstreckungsgericht, vor der Zuschlagsentscheidung sämtliche Vorentscheidungen nochmals zu überprüfen, soweit es an diese nicht gebunden ist.

II. Entscheidungsfreiheit

1. Vorentscheidungen

Vor der Beschlussfassung über den Zuschlag hat das Vollstreckungsgericht die anwesenden Beteiligten anzuhören, § 74. Bei der Beschlussfassung hat das Vollstreckungsgericht die Entscheidungsfreiheit nach § 79.

Ob das Vollstreckungsgericht *bis dahin* an seine Vorentscheidungen gebunden ist, bestimmen die allgemeinen Regeln der ZPO. Danach kann eine nicht beschwerdefähige Entscheidung jederzeit vor der Zuschlagsentscheidung abgeändert werden. Die Änderung eine Entscheidung beseitigt jedoch nicht bereits eingetretene Wirkungen. Aber auch an Entscheidungen, die der sofortigen Beschwerde unterliegen, ist das Vollstreckungsgericht bei der Zuschlagsentscheidung nicht gebunden (der bisherige § 577 Abs. 3 ZPO wurde mit dem ZPO-RG aufgehoben); eine eingetretene Rechtskraft hindert nicht eine anders lautende Entscheidung mit der Zuschlagsentscheidung.[2]

2. Nachprüfung des Verfahrens

Unter Berücksichtigung von § 80 muss das Vollstreckungsgericht vor der Zuschlagsentscheidung das gesamte bisherige Verfahren nochmals auf seine Rechtmäßigkeit nachprüfen.[3] Wird eine unrichtige Vorentscheidung erkannt, muss das Gericht der neuen Erkenntnis stattgeben. So kann das Vollstreckungsgericht auf ein zurückgewiesenes, aber nicht erloschenes Gebot (§ 72 Abs. 1, 2) den Zuschlag

---

1 BGH, Rpfleger 2007, 155 = NJW-RR 2007, 194 = ZfIR 2007, 506.
2 *Stöber,* ZVG § 79 Rdn. 4.2.
3 Hierzu OLG Hamm, Rpfleger 1960, 410.

erteilen, den Zuschlag wegen unrichtiger Feststellung des geringsten Gebotes oder der Zwangsversteigerungsbedingungen versagen oder auch über einen unerledigten Antrag nach § 37 Nr. 5 entscheiden.

3. Unabänderbare Entscheidungen

5   Nicht anwendbar ist § 79 auf solche Verfahren, die innerhalb des Zwangsversteigerungsverfahrens mit besonderen Rechtsmitteln ausgestaltet sind. So findet § 79 keine Anwendung auf das Einstellungsverfahren gem. §§ 30a ff. oder § 180 Abs. 2, 3; Wiedereinsetzung in den vorigen Stand (§§ 233 ff. ZPO) ist dadurch nicht ausgeschlossen. Gleiches gilt im Falle der Entscheidung über einen Vollstreckungsschutzantrag nach § 765a ZPO. Ist ein auf § 765a ZPO gestützte Antrag rechtskräftig zurückgewiesen worden, ist ein erneuter Antrag, der die Zuschlagsversagung zum Ziel hat, nicht unzulässig, wenn er auf neue Tatsachen gestützt wird. Ebenfalls hierher gehört das Verfahren der Festsetzung des Grundstückswerts (vgl. § 74a Abs. 5 Satz 3).

4. Vorentscheidung des Beschwerdegerichts

6   Das Vollstreckungsgericht ist selbstverständlich auch an eine Vorentscheidung des Beschwerdegerichts gebunden[4], allerdings nur hinsichtlich der entschiedenen Fragestellung. Der das Versteigerungsverfahren leitende Rechtspfleger ist jedoch nicht an seine eigenen Entscheidungen gebunden[5]. Das Beschwerdegericht ist, wenn es über den Zuschlag selbst zu entscheiden hat, an seine Vorentscheidung nicht gebunden, wohl aber an die Vorentscheidung, die im Wege der Rechtsbeschwerde ergangen ist.

---

4   KG, Rpfleger 1966, 310.
5   *Stöber*, ZVG § 79 Rdn. 4.1.

§ 80 »Nicht protokollierte Vorgänge im Versteigerungstermin«

Vorgänge in dem Versteigerungstermine, die nicht aus dem Protokoll ersichtlich sind, werden bei der Entscheidung über den Zuschlag nicht berücksichtigt.

I. Allgemeines

Die Zuschlagsentscheidung ist mit ihren weit reichenden Folgen (§§ 90, 91) die wichtigste Entscheidung im Zwangsversteigerungsverfahren. § 80 bestimmt daher als Grundlage und zum Nachweis aller Vorgänge im Zwangsversteigerungstermin das Zwangsversteigerungsprotokoll. Hierdurch wird § 79 insoweit eingeschränkt, dass nicht protokollierte Vorgänge bei der Zuschlagsentscheidung auch nicht zu berücksichtigen sind[1]; die bereits durch § 78 erkennbare Bedeutung des Protokolls wird hierdurch noch besonders hervorgehoben. Fehler bzw. Mängel bei der Protokollierung können zu Schadensersatzansprüchen führen. 1

Eine Offenkundigkeit nach § 71 Abs. 2 (Vertretungsmacht oder Zustimmung) fällt begrifflich nicht unter § 80. Gleiches gilt für § 81 Abs. 2 und 3 (Abtretung der Rechte aus dem Meistgebot, verdeckte Vertretung). 2

II. Vorgänge im Termin

Als „Vorgänge" im Versteigerungstermin kommen außer den Förmlichkeiten des Verfahrens insbesondere in Betracht, die im Termin erfolgte Anmeldung oder Glaubhaftmachung eines Anspruchs, die Feststellung des geringsten Gebots und der Versteigerungsbedingungen, insbesondere wenn diese sich ändern[2], das Verlangen nach und die Leistung von Sicherheit, die Abgabe, Zulassung und Zurückweisung von Geboten, der Widerspruch hiergegen, die Erstellung des Einzel-, Gruppen- und Gesamtausgebotes, Anträge nach § 64, die Anhörung nach § 74 und die dabei gestellten Anträge, Anträge aus §§ 74a, b. Beispielhaft setzt der Verzicht auf eine Einzelausbietung nach § 63 Abs. 4 ein positives Tun mit eindeutigem Erklärungsgehalt voraus; der Verzicht ist daher stets zu protokollieren.[3] Der Verzicht auf Einzelausgebote muss im Protokoll festgestellt, aber nicht vorgelesen und genehmigt werden.[4] 3

III. Protokoll

1. Entscheidungsgrundlage

Grundlage der Zuschlagsentscheidung ist hinsichtlich der Vorgänge im Versteigerungstermin nicht der tatsächliche Hergang, sondern das Protokoll[5] (hierzu → § 78 Rdn. 5 ff.). Vorgänge im Versteigerungstermin, die nicht aus dem Protokoll ersichtlich sind, werden bei der Entscheidung über den Zuschlag nicht berücksichtigt. Maßgebend für die Zuschlagserteilung oder -versagung ist allein das protokollierte, und nicht das tatsächliche Geschehen in dem Versteigerungstermin.[6] Diese Vorschrift schließt indes die Berücksichtigung des tatsächlichen Verfahrensherganges nicht aus. Allerdings steht § 80 der Berücksichtigung bestimmter Verfahrensmängel (Verletzung des Anspruchs auf Gewährung rechtlichen Gehörs und 4

---

1 OLG Köln, Rpfleger 1983, 411 = KTS 1983, 651.
2 BGH, Beschluss vom 18.7.2013, V ZB 13/13, Rpfleger 2014, 36.
3 BGH, Rpfleger 2009, 98 = NJW-RR 2009, 158 = WM 2009, 271.
4 BGH, Rpfleger 2011, 41 = NJW-RR 2010, 1458.
5 LG Aachen, Rpfleger 1986, 59.
6 BGH, Beschluss vom 22.3.2007, V ZB 138/06, Rpfleger 2007, 410 = NJW 2007, 2995.

der Aufklärungspflicht des Gerichts) nicht entgegen.[7] Die Verletzung des Anspruchs auf Gewährung rechtlichen Gehörs stellt nicht lediglich einen Verfahrensfehler, sondern zugleich eine Verletzung des Grundrechts aus Art. 103 Abs. 1 GG dar. § 80 als Verfahrensvorschrift ist nicht vorrangig vor Verfassungsrecht zu behandeln. Die Grundrechte binden die Rechtsprechung als unmittelbar geltendes Recht (Art. 1 Abs. 3 GG). Danach ist § 80 nicht anzuwenden, wenn dem Vollstreckungsgericht ein Verfahrensfehler unterlaufen ist, der sich zugleich als Grundrechtsverletzung darstellt; hierbei reicht ein objektiver Verstoß, ohne dass ein subjektiver Schuldvorwurf erforderlich ist.[8]

5   Ein Gegenbeweis hat nur die Wirkung, dass der unrichtig protokollierte Vorgang außer Betracht zu bleiben hat. Der richtige Vorgang, ob er bewiesen ist oder nicht, bleibt unbeachtet, weil er sich nicht aus dem Protokoll ergibt.[9] Abhilfe ist nur durch eine Protokollberichtigung möglich, § 164 ZPO.[10] Enthält das Protokoll die Feststellung, dass die maßgebliche Sitzung öffentlich stattfand und fehlen Angaben, dass etwa durch Beschluss die Öffentlichkeit ausgeschlossen wurde, liegt ein in sich vollständiges und der Auslegung nicht fähiges Protokoll vor, durch das bestätigt ist, dass die Sitzung des Vollstreckungsgerichts tatsächlich öffentlich stattgefunden hat. Gegen diese Förmlichkeit ist gemäß § 165 Satz 2 ZPO nur der Nachweis der Fälschung zulässig.[11]

6   Das Beschwerdegericht verstößt im Rahmen einer Zuschlagsbeschwerde gegen die Pflicht zur Gewährung rechtlichen Gehörs, wenn es über die Beschwerde entscheidet, bevor vom Vollstreckungsgericht über den vom Beschwerdeführer zugleich eingereichten Antrag auf Berichtigung des Protokolls über den Versteigerungstermin entschieden wurde.[12] Gerade im Hinblick auf die besondere Bedeutung, die § 80 dem Protokoll beimisst, ist das Zuwarten bis zur Entscheidung über eine Protokollberichtigung auch keine unvertretbare Verzögerung des Beschwerdeverfahrens.

2. Auslegung

7   Das Protokoll ist auslegungsfähig. Ein Vorgang ist auch dann aus dem Protokoll ersichtlich, wenn er sich ohne ausdrückliche Feststellung aus dem Sinn und Zusammenhang des Protokolls unzweideutig ergibt. Die Auslegung, bei der auch auf nicht protokollierte Vorgänge zurückgegriffen werden kann, findet ihre Grenze darin, dass nicht ein Tatbestand hergestellt werden darf, der mit dem Protokoll in Widerspruch steht oder aus ihm nicht herausgelesen werden kann.

3. Zuschlagsentscheidung

8   Die Zuschlagsentscheidung ergeht nicht aufgrund mündlicher Verhandlung, sondern aufgrund des Versteigerungsprotokolls.[13] Nur für die Zuschlagsentscheidung bleiben nicht protokollierte Vorgänge unberücksichtigt. Soweit sie für andere Fragen rechtserheblich sind (z.B. Schadensersatzansprüchen) ist der Nachweis auch durch andere Beweismittel zulässig.[14]

---

7   OLG Köln, Rpfleger 1983, 411 = KTS 1983, 651; OLG Hamm, Rpfleger 1990, 85; *Stöber*, ZVG § 80 Rdn. 2.1.
8   OLG Celle, Rpfleger 1979, 116, 117.
9   *Böttcher*, § 80 Rdn. 1.
10 OLG Karlsruhe, Rpfleger 1994, 311.
11 LG Augsburg, Rpfleger 2009, 40.
12 OLG Karlsruhe, Rpfleger 1994, 311.
13 LG Aachen, Rpfleger 1986, 59.
14 BGH, NJW 1963, 1060.

§ 81 »Zuschlagsberechtigter«

(1) Der Zuschlag ist dem Meistbietenden zu erteilen.
(2) Hat der Meistbietende das Recht aus dem Meistgebot an einen anderen abgetreten und dieser die Verpflichtung aus dem Meistgebot übernommen, so ist, wenn die Erklärungen im Versteigerungstermin abgegeben oder nachträglich durch öffentlich beglaubigte Urkunden nachgewiesen werden, der Zuschlag nicht dem Meistbietenden, sondern dem anderen zu erteilen.
(3) Erklärt der Meistbietende im Termin oder nachträglich in einer öffentlich beglaubigten Urkunde, daß er für einen anderen geboten habe, so ist diesem der Zuschlag zu erteilen, wenn die Vertretungsmacht des Meistbietenden oder die Zustimmung des anderen entweder bei dem Gericht offenkundig ist oder durch eine öffentlich beglaubigte Urkunde nachgewiesen wird.
(4) Wird der Zuschlag erteilt, so haften der Meistbietende und der Ersteher als Gesamtschuldner.

Übersicht		Rdn.
I.	Allgemeines	1
II.	Zuschlagsberechtigter	2
	1. Meistbietender	2
	2. Pfändung und Verpfändung	10
	3. Besonderheiten	11
	a) Geschäftsunfähigkeit	11
	b) Tod des Meistbietenden	12
	c) Insolvenz	13
	d) Vor-GmbH	14
III.	Abtretung der Rechte aus dem Meistgebot (Abs. 2)	15
	1. Allgemein	15
	2. Voraussetzung	16
	3. Formgerechte Erklärungen	19
	4. Zuschlagserteilung	23
	5. Gesamtschuldnerische Haftung	26
IV.	Verdeckte Vertretung (Abs. 3)	30
	1. Allgemein	30
	2. Abgrenzung zu § 71 Abs. 2	31
V.	Vollstreckungsschutz gem. § 765a ZPO	34
VI.	Genehmigungen, Vorkaufsrechte	39
	1. Flurbereinigung, Umlegung	39
	2. Land- oder forstwirtschaftliche Grundstücke	41
	3. Erbbaurecht	42
	4. Wohnungseigentum	47
	5. Vorkaufsrecht	50

I. Allgemeines

Das Zwangsversteigerungsverfahren hat im Interesse der Beteiligten ein möglichst hohes Gebot zum Ziel. Die für alle Versteigerungsverfahren geltende Vorschrift stellt klar, dass demjenigen der Zuschlag zu erteilen ist, der das höchste Gebot abgegeben hat (= Meistbietender). Mit Abgabe des Meistgebots hat der Meistbietende einen Anspruch auf Zuschlagserteilung.[1] Die Rechte aus dem Meistgebot mit dem Anspruch auf Zuschlagserteilung kann der Meistbietende an

---
1 BGH, NJW 1990, 3141 = Rpfleger 1990, 471.

einen Dritten abtreten (Abs. 2); Meistbietender und Ersteher haften als Gesamtschuldner (Abs. 4). Den Inhalt des Zuschlagsbeschlusses regelt § 82. Hat der Meistbietende in verdeckter Vertretung für einen anderen geboten, regelt Abs. 3 die zu beachtenden Förmlichkeiten, damit der Zuschlag dem Dritten erteilt werden kann; auch hier haften der Meistbietende und der Dritte als Gesamtschuldner. Beide Möglichkeiten (verdeckte Vertretung und Abtretung der Rechte aus dem Meistgebot) sind in der Praxis häufig anzutreffen, entsprechen einem praktischen Bedürfnis und zeichnen sich durch einfache Handhabung aus.

II. Zuschlagsberechtigter

1. Meistbietender

2 Liegen keine Zuschlagsversagungsgründe vor, ist der Zuschlag dem **Meistbietenden** zu erteilen, § 81 Abs. 1. Meistbietender ist derjenige, der das höchste wirksame Gebot abgegeben hat. Der Meistbietende hat einen öffentlich-rechtlichen Anspruch auf den Zuschlag[2], den er aber nur durch Anfechtung der Versagung des Zuschlags geltend machen kann, § 97 Abs. 1.[3]

3 Der Anspruch des Meistbietenden auf den Zuschlag besteht nur in den Grenzen, die sich aus den besonderen Rechten der Beteiligten ergeben, und fällt fort, wenn der Zwangsversteigerungsantrag zurückgenommen oder die einstweilige Einstellung des Verfahrens erfolgt (s. § 33, insbesondere wenn nur Zubehörgegenstände betroffen sind, → § 33 Rdn. 4). Ein Anspruch auf Erteilung des Zuschlags besteht nicht im Verfahren nach § 85a Abs. 1 oder wenn ein zulässiger Antrag nach § 74a Abs. 1 oder § 85 gestellt ist.

4 Die Zuschlagserteilung wird nicht dadurch gehindert, dass eine vorangegangene Entscheidung (z.B. Ablehnung eines Vollstreckungsschutzantrages nach § 765a ZPO oder eine einstweilige Einstellung gem. § 75 nach Ablösung[4]) angefochten oder über die Anfechtung noch nicht entschieden worden ist.

5 Nur der Meistbietende hat einen Anspruch auf Erteilung des Zuschlags (Abs. 1). Er muss also das zahlenmäßig höchste Gebot abgegeben haben. Ob ein Bieter sich die **Befriedigungsfiktion** nach § 114a zurechnen lassen muss und er zahlenmäßig weniger geboten hat, bei Berücksichtigung der Befriedigungsfiktion jedoch wirtschaftlich mehr als ein anderer Bieter geboten hat, ist unbeachtlich.[5] Das Vollstreckungsgericht hat sich mit der materiell-rechtlichen Befriedigungsfiktion nach § 114a nur ausnahmsweise zu befassen und sich grundsätzlich nur nach dem formellen Recht zu richten. Die gesetzliche Aussage in Abs. 1 ist eindeutig.[6]

6 Das Meistgebot muss wirksam (§ 71) und darf nicht erloschen (§ 72) sein, andernfalls gilt das nächsthöchste wirksame und noch nicht erloschene Gebot als Meistgebot, auch wenn es nicht dreimal aufgerufen worden ist; § 73 Abs. 2 ist nur eine Ordnungsvorschrift und führt bei seiner Verletzung nicht zur Zuschlagsversagung (in § 83 nicht aufgeführt).

---

2   Hierzu BGH, Rpfleger 2002, 38 = KTS 2002, 189 = MDR 2001, 1350 = WM 2002, 92; BGH, NJW 1990, 3141 = Rpfleger 1990, 471.
3   RGZ 76, 350.
4   Hierzu OLG Köln, Rpfleger 1989, 298.
5   *Stöber*, ZVG § 81 Rdn. 3.2; *Böttcher*, § 81 Rdn. 2.
6   Hierzu auch *Ebeling*, Rpfleger 1986, 314 mit überzeugender Begründung gegen LG Darmstadt, Rpfleger 1986, 314.

Der Zuschlag darf in keinem Falle unter dem Vorbehalt der nachträglichen Beibringung einer Zustimmung oder Vollmacht (§ 71 Abs. 2) erteilt werden.[7] 7

Gleichzeitig abgegebene und damit **zahlenmäßig gleichhohe Gebote** kann es nicht geben (praxisfremd). Es gibt auch kein Losentscheid.[8] Gebote können im Termin nur nacheinander abgegeben werden; ein weiteres Gebot muss höher sein, als das vorherige, es muss ein Übergebot sein, § 72 Abs. 1 (zu sog. „Untergeboten" s. → § 72 Rdn. 19). 8

Der Meistbietende ist zwar nicht Verfahrensbeteiligter nach § 9, das Vollstreckungsgericht ist aber auch ihm gegenüber zur Einhaltung der gesetzlichen Vorschriften verpflichtet[9], insbesondere besteht die allgemeine Belehrungspflicht aus § 139 ZPO. Die Amtspflichten des das Zwangsversteigerungsverfahren leitenden Rechtspflegers zur Einhaltung der gesetzlichen Vorschriften bestehen auch gegenüber dem Meistbietenden; er ist mithin Dritter im Sinne des § 839 BGB.[10] 9

2. Pfändung und Verpfändung

Der Anspruch auf Erteilung des Meistgebots ist gegenüber dem Ersteher pfändbar und verpfändbar, §§ 857, 851 Abs. 1 ZPO, § 400 BGB.[11] Der Pfändungsgläubiger muss die Übernahme der Verpflichtung aus dem Meistgebot nicht erklären.[12] Die Pfändung ist Rechtspfändung nach § 857 Abs. 1, 2 ZPO. Ein Drittschuldner ist nicht vorhanden, insbesondere nicht das Vollstreckungsgericht. Die Pfändung, die spätestens vor der Zuschlagserteilung wirksam sein muss, bewirkt nach der Zuschlagserteilung die Entstehung einer Sicherungshypothek für den Gläubiger in Höhe seiner titulierten Forderung, § 848 Abs. 2 ZPO bzw. § 1287 S. 2 BGB. Ein Sequester nach § 848 Abs. 1 ZPO ist nicht zu bestellen, denn auf der Seite des Erstehers sind keinerlei Erklärungen abzugeben, die zur Rechtsbegründung notwendig sind, der Pfändungsgläubiger erwirbt mit dem Zuschlag eine Sicherungshypothek kraft Gesetzes. Die Eintragung kann der Gläubiger selbst beim Grundbuchamt beantragen.[13] Die Sicherungshypothek hat Rang nach den nach den Versteigerungsbedingungen bestehen bleibenden Rechten und eventuellen Sicherungshypotheken gem. § 128. 10

3. Besonderheiten
a) Geschäftsunfähigkeit

Ist dem Vollstreckungsgericht bekannt, dass der Meistbietende nach Abgabe seines Gebots geschäftsunfähig geworden ist, ist ihm dennoch der Zuschlag zu erteilen. Der Zuschlagsbeschluss ist seinem gesetzlichen Vertreter zuzustellen. 11

---

7 OLG Koblenz, Rpfleger 1988, 75 = ZIP 1987, 1531; LG Koblenz, Rpfleger 1987, 425 m. Anm. *Storz;* OLG Frankfurt, Rpfleger 1967, 51.
8 *Stöber,* ZVG § 72 Rdn. 2.3; anders wohl OLG Bamberg, MDR 1951, 685; Steiner/ Storz, § 81 Rdn. 16; *Böttcher,* § 72 Rdn. 2.
9 RGZ 127, 153; 129, 23; BGH, Rpfleger 2002, 38.
10 BGH, Rpfleger 2002, 38 = NJW-RR 2002, 307.
11 LG Köln, NJW-RR 1986, 1058; Steiner/*Storz,* § 81 Rdn. 8; *Stöber,* ZVG § 81 Rdn. 3.7; *Böttcher,* § 81 Rdn. 4; *Riedel/Krammer,* Rpfleger 1989, 144.
12 *Böttcher,* § 81 Rdn. 3; *Riedel/Krammer,* Rpfleger 1989, 144.
13 *Böttcher,* § 130 Rdn. 12; *Depré/Bachmann,* § 81 Rdn. 9; a.A. *Stöber,* § 81 Rdn. 3.7, das Vollstreckungsgericht muss hierzu ersuchen.

b) Tod des Meistbietenden

12 Ist dem Vollstreckungsgericht der Tod des Meistbietenden bekannt geworden, ist der Zuschlag seinen Erben zu erteilen (notfalls den unbekannten Erben, vertreten durch einen Nachlasspfleger, dessen Bestellung das Vollstreckungsgericht beim Nachlassgericht anzuregen hat).[14] Ist der Zuschlag aus Unkenntnis des Vollstreckungsgerichts dem Verstorbenen erteilt, so wirkt dieser für und gegen seinen Erben.

c) Insolvenz

13 Wird über das Vermögen des Meistbietenden das Insolvenzverfahren eröffnet, ist dennoch dem Meistbietenden der Zuschlag zu erteilen und nicht dem Insolvenzverwalter. Das ersteigerte Grundstück gehört zu Insolvenzmasse, § 35 InsO. Der Zuschlagsbeschluss ist dem Insolvenzverwalter zuzustellen, der auch für die Eintragung des Insolvenzvermerks zu sorgen hat, falls er das Grundstück nicht aus der Masse freigibt. Der Anspruch auf Zahlung des Meistgebotes ist Insolvenzforderung mit dem Recht auf abgesonderte Befriedigung, § 49 InsO. Die Eintragung von Sicherungshypotheken (§ 128) wird durch §§ 89, 88 nicht gehindert; die Gläubigeransprüche fallen unter § 49 InsO.

d) Vor-GmbH

14 Eine GmbH in Gründung (sog. Vor-GmbH[15]) kann Eigentümer eines Grundstücks sein[16], somit auch im Versteigerungstermin wirksam Gebote abgeben (hierzu → § 71 Rdn. 39). Wird die Vor-GmbH bis zur Zuschlagserteilung (eventuell Abschluss des Beschwerdeverfahrens) im Handelsregister als GmbH eingetragen, ist der Zuschlag der GmbH und nicht mehr der GmbH in Gründung zu erteilen.[17]

III. Abtretung der Rechte aus dem Meistgebot (Abs. 2)
1. Allgemein

15 Den öffentlich-rechtlichen Anspruch aus dem Meistgebot auf Erteilung des Zuschlags kann der Meistbietende vor der Zuschlagserteilung an einen Dritten abtreten (Abs. 2). Diese Regelung entspricht einem praktischen Bedürfnis, das insbesondere dann gegeben ist, wenn ein dinglich Berechtigter (z.B. eine Bank) das Meistgebot abgegeben hat und an einer schnellen Weiterveräußerung interessiert ist. Wird dies vom Meistbietenden (glaubhaft) vorgetragen, ist das Vollstreckungsgericht nach Abwägung der Interessen aller Beteiligten regelmäßig bereit, über den Zuschlag nicht sofort zu entscheiden, sondern erst in einem besonderen Verkündungstermin, wobei die Frist nach § 87 Abs. 2 angemessen verlängert wird.

---

14 *Stöber*, ZVG § 81 Rdn. 3.4; *Böttcher*, § 81 Rdn. 14.
15 Hierzu BayObLG, Rpfleger 1987, 407.
16 BGH, WM 2009, 1288 = ZIP 2009, 1273; BGH, NJW 2008, 2441 = ZIP 2008, 1025; BGHZ 45, 339 = NJW 1966, 1311 = DNotZ 1967, 381; BGHZ 80, 129; BayObLGZ 1979, 172 = DNotZ 1979, 503 = Rpfleger 1979, 303 = DB 1979, 1500; OLG Hamm, DNotZ 1981, 582 = Rpfleger 1981, 296 = MDR 1981, 758; BayObLGZ 1985, 368 = DNotZ 1986, 177 = Rpfleger 1986, 96 = BB 1986, 549 = GmbHR 1986, 118 = MittBayNot 1986, 37 = DB 1986, 106 = ZIP 1985, 1487; BayObLG, NJW-RR 1987, 334 = Rpfleger 1987, 57; BayObLG, Rpfleger 1987, 407; Nürnberg-Fürth, Rpfleger 1986, 254 = MittRhNotK 1985, 127 = BWNotZ 1985, 125 = GmbHR 1986, 48; LG München II, NJW-RR 1987, 1519; *Groß*, BWNotZ 1981, 98; *Priester*, DNotZ 1980, 522; *Böhringer*, Rpfleger 1988, 446.
17 LG München II, NJW-RR 1987, 1519.

2. Voraussetzung

Die Berücksichtigung der Abtretung der Rechte aus dem Meistgebot im Zwangsversteigerungsverfahren hat zur Voraussetzung, dass der Meistbietende erklärt, er habe das Recht auf einen anderen übertragen, und der andere, er habe die Verpflichtung aus dem Meistgebot übernommen. Der Zessionar muss ausdrücklich die Verpflichtungen aus dem Meistgebot übernehmen. Eine bloße Annahme der Abtretungserklärung ist nicht ausreichend.[18] Das schuldrechtliche Verpflichtungsgeschäft hat das Vollstreckungsgericht nicht zu interessieren[19], ist ihm auch nicht vorzulegen. Es regelt lediglich die Rechtsbeziehung zwischen dem Zedenten und dem Zessionar. Ein Verstoß gegen § 81 Abs. 2 fällt auch nicht unter § 83 Nr. 6. Die fehlende Übernahme der Verpflichtung aus dem Meistgebot betrifft in erster Linie nur den Ersteher sowie den Meistbietenden. Es soll gesichert sein, dass die Verpflichtung des Meistbietenden aus der Abgabe des höchsten Gebotes auf den Abtretungsempfänger und späteren Ersteher übergehen soll, damit der Meistbietende aus dieser Verpflichtung entlassen wird. Im Vordergrund stehen somit die Interessen des Erstehers wie auch des Abtretungsempfängers; der Schutz der Gläubiger sowie des Eigentümers ist allenfalls mittelbar dadurch berührt, das diese bei Ausfall des späteren Erstehers nicht ohne Weiteres den ihnen zustehenden Erlös erhalten können.

16

In der Person des Zessionars müssen die Voraussetzungen vorliegen, unter welchen ein Gebot von ihm wirksam ist. Ferner darf es nicht infolge Anfechtung wegen Irrtums oder Betrugs nichtig sein. Ist die Abtretung gezielt und methodisch vorgenommen worden, um gesetzliche Vorschriften zu umgehen und ist erkennbar, dass das Meistgebot nicht gezahlt wird, ist die Abtretung als **rechtsmissbräuchlich** zu bewerten und zurückzuweisen.[20] Grundsätzlich aber ist der Zuschlag wirksam, auch wenn die Abtretung nur zum Schein erfolgte.[21]

17

Sind an der Abtretung der Rechte aus dem Meistgebot, Eltern, Vormünder, Pfleger oder Betreuer als gesetzliche Vertreter des Zedenten oder des Zessionars beteiligt, ist stets eine betreuungs-/familiengerichtliche Genehmigung erforderlich, §§ 1643, 1908i, 1821 Abs. 1 Nr. 2, 5 BGB.[22]

18

3. Formgerechte Erklärungen

Die Abtretungserklärung und die Übernahmeerklärung der Verpflichtung aus dem Meistgebot können bereits im Versteigerungstermin oder im Zuschlagsverkündungstermin[23] (§ 87 Abs. 2, als Fortsetzung des Zwangsversteigerungstermins) mündlich abgegeben und protokolliert werden. Eine gleichzeitige Anwesenheit des Zedenten und des Zessionars ist nicht erforderlich. Erfolgen die Erklärungen nicht zu Protokoll, müssen sie durch eine öffentlich beglaubigte Urkunde nachgewiesen werden.[24] Vollmachten sind zumindest in notariell beglaubigter Form vorzulegen. Dem Formerfordernis nach Abs. 2 wird durch ein Faxschreiben oder eine Erklärung per E-Mail nicht Genüge getan. Nicht formge-

19

---

18 RGZ 40, 316; LG Heilbronn, Rpfleger 1996, 78.
19 Hierzu *Hornung*, Rpfleger 1972, 209.
20 AG, LG und OLG Bremen, Rpfleger 1999, 88.
21 OLG Karlsruhe, MDR 1954, 112.
22 Hierzu *Eickmann*, Rpfleger 1983, 199; *Brüggemann*, FamRZ 1990, 5.
23 LG Braunschweig, Rpfleger 1999, 554.
24 *Stöber*, ZVG § 81 Rdn. 4.2; Steiner/Storz, § 81 Rdn. 48.

rechte Erklärungen sind regelmäßig ein Grund zur Vertagung des Zuschlagsverkündungstermins. In einem solchen Fall wird auch der Meistbietende das Vollstreckungsgericht bitten, einen gesonderten Termin zu bestimmen, um die formgerechten Erklärungen noch vorlegen zu können.

20 Zedent und Zessionar können ihre Erklärungen nach Eingang beim Vollstreckungsgericht nicht **widerrufen**. Soll nach Abtretung der Rechte aus dem Meistgebot doch dem Meistbietenden der Zuschlag erteilt werden, muss der Zessionar die Rechte aus dem Meistgebot an den Zedenten abtreten, dass hat wiederum unter Beachtung des Abs. 2 zu erfolgen.

21 Eine **mehrfache Abtretung** der Rechte aus dem Meistgebot ist zulässig (insbesondere zur Haftung nachfolgend → Rdn. 26).

22 Zulässig ist auch die **teilweise Abtretung** des Anspruchs (z.B. hinsichtlich eines ideellen Grundstücksbruchteils[25] oder eines rechtlich selbstständigen Grundstücks bei Vorliegen eines wirksamen Meistgebots auf ein Einzelausgebot[26]), auch Abtretung an mehrere Personen unter Beachtung von § 47 GBO. Eine Abtretung eines **realen Teils** eines Grundstücks, das nicht rechtlich selbstständig ist, kann nicht erfolgen, denn der Meistbietende hätte alleine darauf auch nicht bieten können.

4. Zuschlagserteilung

23 Liegen die erforderlichen Erklärungen vor, muss das Vollstreckungsgericht dem anderen den Zuschlag erteilen.[27] Dadurch wird seine Haftung als Ersteher wirksam. Neben ihm haftet der Meistbietende aufgrund seines Meistgebots, aber nur für die Zahlung des Meistgebots (Zwangsvollstreckung gem. § 132), nicht für solche Verpflichtungen, die dem Ersteher in seiner Eigenschaft als Eigentümer obliegen.[28]

24 Das Meistgebot unterliegt der **Grunderwerbsteuer** (hierzu → § 58 Rdn. 12 ff.). Werden die Rechte aus dem Meistgebot an einen Dritten abgetreten, fällt die Grunderwerbsteuer zweimal an (§ 1 Abs. 1 Nr. 4, 5 GrEStG).

25 Zur **Umsatzsteuer** (Meistgebot als Netto- oder Bruttobetrag) vgl. → § 58 Rdn. 21.

5. Gesamtschuldnerische Haftung

26 Der Ersteher haftet neben dem Meistbietenden als Gesamtschuldner, § 81 Abs. 4. Die Haftung beschränkt sich jedoch auf die Verpflichtungen aus dem baren Meistgebot und für die Kosten des Zuschlags[29] und nicht auch für eventuelle Zuzahlungspflichten nach §§ 50, 51 oder für die nach § 53 übernommene persönliche Schuld, hierfür haftet der Zessionar alleine.[30] Die gesamtschuldnerische Haftung besteht auch dann, wenn sie entgegen § 82 im Zuschlagsbeschluss nicht zum Ausdruck gekommen ist.[31] Es besteht keine Gewährleistungspflicht des Zedenten,

---

25 LG Braunschweig, Rpfleger 1999, 554.
26 So auch *Stöber*, ZVG § 81 Rdn. 4.1.
27 OLG Frankfurt, WM 1988, 38.
28 RGZ 125, 100.
29 *Stöber*, ZVG § 81 Rdn. 6; Steiner/*Storz*, § 81 Rdn. 50; *Helwich*, Rpfleger 1988, 467.
30 *Böttcher*, § 81 Rdn. 22.
31 Steiner/*Storz*, § 81 Rdn. 51; *Böttcher*, § 81 Rdn. 22.

abweichende vertragliche Vereinbarungen zwischen ihm und dem Zessionar bleiben hiervon unberührt.

Die Abtretung der Rechte aus dem Meistgebot kann mehrfach erfolgen. Bei der 27
zulässigen **mehrfachen Abtretung** haften die Zwischenpersonen nicht. Abs. 4 sieht ausdrücklich nur eine Haftung des Meistbietenden und des Erstehers vor.[32] Der Zedent wird sich dem Zessionar gegenüber abzusichern haben, um für den Fall, dass der Ersteher seiner Zahlungspflicht im Verteilungstermin nicht nachkommt, keinen Schaden erleidet. Wird im Falle der Nichtzahlung des Erstehers der Meistbietende in Anspruch genommen und zahlt dieser das Bargebot, erfolgt keine dingliche Absicherung seiner Ansprüche gegen den Ersteher.[33] Die schuldrechtlichen Beziehungen zwischen dem Zedenten und dem Zessionar sind dem Vollstreckungsgericht nicht bekannt und wären auch nicht weiter zu berücksichtigen.

Kann der Zuschlag nur bei Vorliegen besonderer **Genehmigungen** (hierzu → 28
§ 71 Rdn. 43 ff.) erteilt werden, sind diese vom Zessionar beizubringen.

Ist dem Zessionar der Zuschlag erteilt, kann das Eigentum am Grundstück 29
rechtsgeschäftlich nur noch durch Auflassung und Eintragung auf einen anderen übergehen, §§ 873, 925 BGB.

IV. Verdeckte Vertretung (Abs. 3)
1. Allgemein

Im Fall des Abs. 3 bietet der Bieter zunächst im eigenen Namen und erklärt erst 30
nach dem Schluss der Versteigerung, dass er in Vertretung eines anderen geboten habe (verdeckte Vertretung). Die verdeckte Vertretung ist nicht zu verwechseln mit der offenen Vertretung nach § 71 Abs. 2 (s. nachfolgend → Rdn. 31). Die Erklärung des Meistbietenden kann im Zwangsversteigerungstermin zu Protokoll gegeben werden oder ist bis zur Zuschlagserteilung zumindest in einer öffentlich beglaubigten Urkunde nachzuweisen. Die Vertretungsmacht des Meistbietenden für den Dritten ist, falls sie nicht offenkundig ist, ebenfalls in öffentlich beglaubigter Urkunde nachzuweisen, sofern der Dritte nicht formgerecht den Erklärungen des Meistbietenden zustimmt. Mit dieser Verfahrensweise wird das Vorschieben eines Strohmannes gesetzlich sanktioniert. Die Beteiligten sind durch die **gesamtschuldnerische Haftung** des Meistbietenden mit dem Ersteher nach Abs. 4 ausreichend geschützt. Der Bieter kann auch für sich und einen verdeckten Vollmachtgeber (z.B. zu je $^1/_2$ Anteil) bieten.

2. Abgrenzung zu § 71 Abs. 2

Der Unterschied zu § 71 Abs. 2 zeigt sich besonders in den Folgen der Nicht- 31
erbringung des Nachweises der Vertretungsmacht oder in der Genehmigung. Der Nachweis der Vertretungsmacht muss bei der Abgabe des Gebotes im Versteigerungstermin sofort erfolgen, andernfalls das Gebot unwirksam und zurückzuweisen ist (→ § 71 Rdn. 31 ff.). Ein nachträglicher Nachweis der Vertretungsmacht nach Schluss der Versteigerung bis zur Erteilung des Zuschlags ist ohne jede Wirkung. Nach § 71 Abs. 2 wird das Gebot als unwirksam zurückgewiesen. Anders

---

32 A.A. *Stöber*, ZVG § 81 Rdn. 6; *Böttcher*, § 81 Rdn. 22; *Löhnig/Cranshaw*, § 81 Rdn. 15.
33 *Helwich*, Rpfleger 1988, 467 und 1989, 316 hält diese Rechtslage für bedenklich und rechtlich inkonsequent; s.a. *Strauch*, Rpfleger 1989, 314.

im Fall des § 81 Abs. 3: Hier bleibt das Gebot wirksam, aber als eigenes Gebot des Bieters, dem dann auch der Zuschlag zu erteilen ist, wenn er das Meistgebot abgegeben hat.

32 Wird im Fall nach § 71 Abs. 2 das Gebot zurückgewiesen, kann der Bieter im eigenen Namen weitere Gebote abgegeben, und dann gem. § 81 Abs. 3 erklären, dass er für einen anderen geboten habe, vorausgesetzt, dass er die Vertretungsmacht vor dem Zuschlag nachweist. In diesem Fall wird das Vollstreckungsgericht regelmäßig einen besonderen Zuschlagsverkündungstermin anberaumen. Der Bieter, der nach § 81 Abs. 3 vorgeht, muss sich über die Bedeutung der Rechtsfolgen im Klaren sein.

33 Wird der Zuschlag nicht dem Meistbietenden, sondern dem Dritten erteilt, haftet der Ersteher neben dem Meistbietenden als Gesamtschuldner, § 81 Abs. 4. Wie nach Abs. 2 bei der Abtretung der Rechte aus dem Meistgebot beschränkt sich die Haftung jedoch auf die Verpflichtungen aus dem baren Meistgebot und für die Kosten des Zuschlages[34] und nicht auch für eventuelle Zuzahlungspflichten nach §§ 50, 51 oder für die nach § 53 übernommene persönliche Schuld. Erklärt der Meistbietende, nicht für sich, sondern für einen Dritten geboten zu haben, fällt die **Grunderwerbsteuer** (hierzu → § 58 Rdn. 12 ff.) zweimal an (§ 1 Abs. 1 Nr. 4, 5 GrEStG).[35]

V. Vollstreckungsschutz gem. § 765a ZPO

34 Ein Antrag nach § 765a ZPO kann ohne Einhaltung einer Frist jederzeit gestellt werden. Das Rechtsschutzinteresse für einen Vollstreckungsschutzantrag besteht nicht erst ab Beginn der Zwangsvollstreckung, sondern schon dann, wenn die Zwangsvollstreckung droht, also grundsätzlich **ab Existenz des Titels**. Mit § 765a ZPO kann auch die Unterlassung der Zwangsvollstreckung begehrt und erreicht werden.[36] In der Zwangsversteigerung ist der Antrag jedoch nur zulässig bis zur Verkündung des Zuschlags. Der Antrag muss vor der Entscheidung über den Zuschlag gestellt werden, weil im Rahmen der Zuschlagsbeschwerde gem. § 100 grundsätzlich keine neuen Tatsachen berücksichtigt werden können.[37] Davon ist jedoch angesichts des Bedeutungsgehalts des Art. 2 Abs. 2 GG insoweit eine Ausnahme zu machen, als im Zuschlagsbeschwerdeverfahren eine **Suizidgefahr** substanziiert vorgetragen wird.[38] Ist ein auf § 765a ZPO gestützter Vollstreckungsschutzantrag kurz vor dem Zwangsversteigerungstermin gestellt worden, kann über ihn gleichzeitig mit dem Zuschlagsbeschluss entschieden werden.[39] Auch kann der Zuschlag schon erteilt werden, bevor über die Beschwerde gegen einen den Antrag ablehnenden Beschluss entschieden worden ist[40], da die Beschwerde keine aufschiebende Wirkung hat (§ 570 Abs. 1 ZPO).

---

34 *Stöber*, ZVG § 81 Rdn. 6; Steiner/*Storz*, § 81 Rdn. 50; *Helwich*, Rpfleger 1988, 467.
35 BFH, ZIP 1980, 691.
36 Vgl. BVerfG, InVo 2004, 236 = NJW 2004, 49; OLG Saarbrücken, Rpfleger 2003, 37 = InVo 2003, 254; LG Heilbronn, WuM 1993, 364; eingehend Schuschke/*Walker*, § 765a Rdn. 29.
37 BGHZ 44, 138; Schuschke/*Walker*, § 765a Rdn. 29 m.w.N.
38 BGH, Rpfleger 2006, 147 = InVo 2006, 165 = FamRZ 2006, 265; Schuschke/*Walker*, § 765a Rdn. 29.
39 OLG Celle, Rpfleger 1987, 166.
40 BGH, NJW 1965, 2107 = Rpfleger 1965, 302.

Zur Begründung des auf § 765a ZPO gestützten Antrags siehe → § 30a Rdn. 35
20 ff. Trägt der Schuldner vor, die Erteilung des Zuschlags zu dem abgegebenen
Meistgebot sei eine sittenwidrige **Verschleuderung**[41] des Grundstücks (hierzu →
§ 83 Rdn. 25 ff.), ist dieser Einwand durch die Mindestgrenze nach § 85a Abs. 1
zwar nicht beseitigt worden, aber doch stark eingeschränkt. Eine sittenwidrige
Härte erfolgt nicht aus der Erwartung des Schuldners, aufgrund der Besonderheiten des Objekts werde der bei der Versteigerung zu erwartende Erlös weit unter
dem Marktwert des Objekts liegen. Eine ergänzende Anwendung des § 765a ZPO
neben § 85a wegen Verschleuderung des Grundbesitzes kommt erst in Betracht,
wenn feststeht, in welchem Maß ein abgegebenes Meistgebot hinter dem festgesetzten Verkehrswert zurückbleibt.[42] Führt die Erteilung des Zuschlags nach Maßgabe der im Versteigerungstermin vorliegenden Voraussetzungen zu einer Verschleuderung des Grundbesitzes, so ist das Vollstreckungsgericht in der Regel
verpflichtet, einen besonderen Termin zur Verkündung der Entscheidung über
den Zuschlag anzuberaumen.[43] Unter Hinweis auf die Eigentumsgarantie des
Grundgesetzes, sind die Gerichte verpflichtet, die Verhandlung fair zu führen und
dem Eigentümer einen effektiven Rechtsschutz zu gewähren.

Die Vorlage eines notariellen Kaufvertragsentwurfs und die Bestimmung eines 36
Beurkundungstermins unter Bezeichnung noch nicht erfüllter Bedingungen ist
nicht ausreichend, um ernsthafte Verkaufsverhandlungen glaubhaft zu machen;
die Zuschlagserteilung ist in keinem Falle als sittenwidrig anzusehen, § 765a
ZPO.[44]

Zu einem Antrag des Schuldners gem. § 765a ZPO ist dem Gläubiger stets 37
rechtliches Gehör zu gewähren. Geschieht dies nach Schluss der Versteigerung bei
Anhörung über den Zuschlag (§ 74) oder in einem besonderen Verkündungstermin (§ 87 Abs. 1), so hat das in nichtöffentlicher Sitzung zu erfolgen. Das gilt
selbstverständlich auch für notwendige Beweisaufnahmen durch Vernehmung
von Zeugen usw.

Die Entscheidung wird regelmäßig in einem besonderen Termin gem. § 87 38
Abs. 1 ergehen. Bis zur Entscheidung hat das Vollstreckungsgericht alle Tatsachen
zu berücksichtigen, die ihm bis dahin bekannt werden, andernfalls eine Verletzung
des Anspruchs auf rechtliches Gehör vorliegt.[45] Beabsichtigt das Vollstreckungsgericht dem Antrag nach § 765a ZPO stattzugeben, kann die Entscheidung nur
durch Versagung des Zuschlags erfolgen (§ 33).

VI. Genehmigungen, Vorkaufsrechte
1. Flurbereinigung, Umlegung

Ein Teilnehmer des **Flurbereinigungsverfahrens** kann mit seiner Zustimmung 39
statt in Land ganz oder teilweise in Geld abgefunden werden. Ist der Flurberein-

---

41 Bei einem Gebot unter $^1/_3$ des Verkehrswertes: BGH, Rpfleger 2011, 544 = NJW-RR 2011, 953 = WuB H. 10/2011 VI E. § 71 ZVG 1.11 *Hintzen*. Bei einem Gebot in Höhe von 26 % des Verkehrswertes: BGH, Beschluss vom 14.7.2011, V ZB 25/11, Rpfleger 2011, 682.
42 OLG Hamm, Rpfleger 2002, 39.
43 BGH, Rpfleger 2005, 151 = NZM 2005, 190 = NZI 2005, 181 = JurBüro 2005, 213 = MDR 2005, 353 = WM 2005, 136 = ZfIR 2005, 295 mit Anm. *Dümig*.
44 LG Bayreuth, Rpfleger 2001, 367.
45 Hierzu OLG Düsseldorf, NJW-RR 1988, 319.

gungsplan unanfechtbar geworden, ordnet die Flurbereinigungsbehörde die Ausführung an (Ausführungsanordnung, § 61 FlurbG). Zu dem in der Ausführungsanordnung zu bestimmenden Zeitpunkt tritt der im Flurbereinigungsplan vorgesehene neue Rechtszustand an die Stelle des bisherigen. Bis zu diesem Zeitpunkt kann der Zuschlag auf das Einlagegrundstück erteilt werden, später nur noch auf das Ersatzgrundstück oder der Zuschlag bezieht sich nur noch auf die Geldabfindung. Es empfiehlt sich daher, im Zuschlagsbeschluss auf das laufende Flurbereinigungsverfahren hinzuweisen.

40 Nach § 45 BauGB können zur Erschließung oder Neugestaltung von Gebieten bebaute und unbebaute Grundstücke durch Umlegung in der Weise neu geordnet werden, dass nach Lage, Form und Größe für die bauliche oder sonstige Nutzung zweckmäßig gestaltete Grundstücke entstehen. Die **Umlegungsstelle** hat ortsüblich bekannt zu machen, in welchem Zeitpunkt der Umlegungsplan unanfechtbar geworden ist, § 71 BauGB. Das Umlegungsverfahren hindert die Erteilung des Zuschlags nicht. An die Stelle des in der Umlegungsmasse (§ 55 Abs. 1 BauGB) befindlichen und versteigerten Grundstücks tritt das neue, zugeteilte Grundstück.

2. Land- oder forstwirtschaftliche Grundstücke

41 Nach § 37 GrdstVG wird die Bundesregierung ermächtigt, zur Verhinderung von Missbräuchen, welche die Wirksamkeit dieses Gesetzes erheblich beeinträchtigen, für die Veräußerung der durch § 1 GrdstVG betroffenen Grundstücke im Wege der Zwangsversteigerung durch Rechtsverordnung zu bestimmen, dass die Abgabe von Geboten und die Erteilung des Zuschlags an einen anderen als den Meistbietenden allgemein oder unter bestimmten sachlichen oder örtlichen Voraussetzungen von einer Bieterlaubnis der Genehmigungsbehörde abhängt. Da die Bundesregierung von dieser Ermächtigung bislang keinen Gebrauch gemacht hat, ist auch eine Bietgenehmigung nicht erforderlich. Damit jedoch Missbrauch ausgeschlossen ist, wird teilweise vertreten, dass die Genehmigungsbehörde befugt ist, auch nach Rechtskraft des Zuschlagsbeschlusses und nach Grundbuchberichtigung (§ 130) einen Widerspruch nach § 7 GrdstVG im Grundbuch eintragen zu lassen.[46] Dieser Ansicht kann nicht gefolgt werden.[47] Auch kann dem Missbrauch der Genehmigungsfreiheit nicht durch Zurückweisung des Gebots im Versteigerungstermin begegnet werden, dass ZVG bietet hierfür keine Handhabe, der Verordnungsgeber ist insoweit gefordert. Ob eine Umgehung des rechtsgeschäftlichen Genehmigungszwangs tatsächlich rechtsmissbräuchlich ist, wird nur ausnahmsweise nachzuweisen sein. Kein Rechtsmissbrauch liegt jedenfalls darin, wenn es dem Gläubiger um die Befriedigung seines titulierten Anspruchs geht.[48]

3. Erbbaurecht

42 Nach § 5 Abs. 1 ErbbauRG kann als Inhalt des Erbbaurechts u.a. vereinbart werden, dass der Erbbauberechtigte zur Veräußerung des Erbbaurechts der Zustimmung des Grundstückseigentümers bedarf. Diese Zustimmung ist nach § 8 ErbbauRG auch im Falle der Veräußerung im Wege der Zwangsvollstreckung erforderlich. Wird die Zwangsversteigerung des Erbbaurechts durch den Grund-

---

46 LG Düsseldorf, RdL 1965, 2.
47 OLG Stuttgart, Rpfleger 1981, 241.
48 Hierzu *Schiffhauer*, RdL 1965, 228 und 1967, 149; OLG Karlsruhe, RdL 1966, 153; *Pfeiffer*, RdL 1966, 286.

stückseigentümer selbst betreiben, schließt dies nicht aus, dass er seine Zustimmung zur Erteilung des Zuschlags unter Hinweis auf § 7 Abs. 1 ErbbauRG verweigern kann.[49] Für die Zustimmung des Grundstückseigentümers genügt einfache Schriftform.[50] Die Genehmigung kann auch bereits im Voraus erteilt werden[51], allerdings kann der Eigentümer seine Zustimmung bis zur Erteilung des Zuschlags widerrufen, § 183 BGB.[52] In der Zwangsversteigerung muss eine notwendige Zustimmung vor der Zuschlagserteilung erteilt bzw. nach § 7 Abs. 3 ErbbauRG ersetzt sein[53] und dem Vollstreckungsgericht[54] vorgelegt werden, hierauf hat das Gericht hinzuweisen.

Der die Versteigerung des Erbbaurechts betreibende Gläubiger ist für die Vorlage der Zustimmung selbst verantwortlich. Verweigert der Eigentümer die Zustimmung, kann sie durch das Amtsgericht ersetzt werden, § 7 ErbbauRG.[55] Der **Ersetzungsantrag** nach § 7 Abs. 3 ErbbauRG kann von dem betreibenden Gläubiger oder auch vom Erbbauberechtigten gestellt werden; der Meistbietende hat kein Antragsrecht.[56] Zur Stellung des Antrags auf Ersetzung muss der betreibende Gläubiger nicht vorher den Anspruch auf Zustimmung nach § 7 Abs. 3 ErbbauRG pfänden und sich zur Einziehung überweisen lassen.[57]

43

Bei der Beleihung eines Erbbaurechts verlangten in der Vergangenheit die Kreditgläubiger durchweg die Einräumung des Vorrangs ihrer Grundpfandrechte vor den Erbbauzins. Im Falle der Zwangsversteigerung hat das häufig zur Folge, dass der Erbbauzins infolge des Nachrangs zu dem betreibenden Gläubiger nach den Versteigerungsbedingungen erlischt und weiterhin eine Zuteilung auf den Erbbauzins mangels ausreichender Teilungsmasse nicht oder nur teilweise erfolgt. In dieser Situation verweigerten dann die Grundstückseigentümer die notwendige Zustimmung zum Zuschlag, sofern der Meistbietende nicht bereit war, in die schuldrechtlichen Verpflichtungen des zahlungsunfähigen Erbbauberechtigten hinsichtlich des Erbbauzinses einzutreten. Allerdings rechtfertigt diese Sachlage nicht die Verweigerung der Zustimmung und führt auf Antrag zur Ersetzung der Zustimmung, denn der ersatzlose Verlust des Erbbauzinses ist eine unmittelbare Folge des Nachrangs zum Grundpfandrecht, dem der Erbbauzinsberechtigte selbst zugestimmt hat.[58] War eine wegen Rangrücktritts nicht in das geringste Gebot fallende Erbbauzinslast infolge Zuschlags in der Zwangsversteigerung erlo-

44

---

49 BayObLGZ 1960, 167 = DNotZ 1961, 266.
50 *Stöber*, ZVG § 15 Rdn. 13.9.
51 *Kappelhoff*, Rpfleger 1985, 281. Die Zustimmung zur Veräußerung des Erbbaurechts im Wege der Zwangsvollstreckung ist als Inhaltsänderung des Erbbaurechts auch eintragungsfähig im Grundbuch, OLG Köln, Rpfleger 1969, 300.
52 BGH, NJW 1963, 36 = Rpfleger 1963, 378 = MDR 1963, 32; LG Essen, KTS 1977, 191.
53 BGHZ 33, 76 = NJW 1960, 2093 = Rpfleger 1961, 192.
54 Eine Stellungnahme der Beteiligten ist nicht notwendig, da die Zustimmung lediglich dem Schutz des Grundstückseigentümers dient und nicht dem Schutz der Beteiligten, abzulehnen ist daher die Auffassung von *Schröder*, JurBüro 1989, 710 und OLG Hamm, JurBüro 1989, 708.
55 OLG Frankfurt, NJW-RR 2006, 387; OLG Celle, Rpfleger 1983, 270; OLG Hamm, Rpfleger 1985, 291; BayObLG, Rpfleger 1989, 97; OLG Hamm, Rpfleger 1994, 19.
56 OLG Köln, Rpfleger 1969, 300.
57 BGH, NJW 1987, 1942 = Rpfleger 1987, 257; *Stöber*, ZVG Einl. 64.5; so aber noch BGH, NJW 1960, 2093 = Rpfleger 1961, 192.
58 BGH, NJW 1987, 1942 = Rpfleger 1987, 257; OLG Köln, OLGZ 1969, 228; KG, Rpfleger 1984, 282 = MDR 1984, 581.

schen, so kann der Ersteher, der das Erbbaurecht später an einen Dritten veräußert, vom Grundstückseigentümer die Zustimmung zu dieser Veräußerung auch dann verlangen, wenn der Erwerber die schuldrechtliche Verpflichtung zur Zahlung des Erbbauzinses nicht übernimmt, es sei denn, der Ersteher hätte sich gegenüber dem Eigentümer zur Zahlung des Erbbauzinses schuldrechtlich verpflichtet und es wäre weiterhin eine Verpflichtung des Erstehers begründet worden, späteren Erwerbern des Erbbaurechts die schuldrechtliche Zinsverpflichtung „weiterzugeben".[59] Diese Entscheidung des OLG Düsseldorf bestätigt die bisherige Linie aller früheren Entscheidungen zur Frage, was ist die Folge, wenn die Erbbauzinsreallast in der Zwangsversteigerung erlischt. Die Situation hat der Erbbaurechtsausgeber selbst zu vertreten, wenn er einer Belastung des Erbbaurechts mit einem Grundpfandrecht, das den Vorrang gegenüber der Erbbauzinsreallast hat, zugestimmt hat. Von den gesetzlichen Regelungen zur Befriedigung aus Grundpfandrechten einerseits und zum Erlöschen nachrangiger Rechte mit dem Zuschlag andererseits, müssen sowohl der Grundschuldgläubiger als auch der Grundstückseigentümer, der der Belastung eines auf seinem Grundstück ruhenden Erbbaurechts mit einer Grundschuld zustimmt, die seiner Erbbauzinsreallast im Range vorgeht, ausgehen.

45 Nach § 9 Abs. 3 ErbbauRG kann das Bestehenbleiben einer nachrangigen Erbbauzinsreallast **mit ihrem Hauptanspruch** in der Zwangsversteigerung vereinbart werden. Hierdurch wird die Folge des Erlöschens der Erbbauzinsreallast durch Rangrücktritt hinter ein anderes dingliches Grundpfandrecht, aus welchem dann vorrangig die Zwangsversteigerung betrieben wird, vermieden (vgl. → § 52 Rdn. 12 ff. und zu eventuellen abweichenden Versteigerungsbedingungen → § 59 Rdn. 45).

46 Ist gem. § 5 Abs. 2 ErbbauRG vereinbart, dass zur Belastung des Erbbaurechts mit Grundpfandrechten usw. die Zustimmung des Eigentümers erforderlich ist, und wird aus einem genehmigten Recht die Zwangsversteigerung betrieben, ist in der Zustimmung zur Belastung nicht auch zugleich die Zustimmung zur Zuschlagserteilung zu ersehen.[60]

4. Wohnungseigentum

47 Als Inhalt des Sondereigentums kann vereinbart werden, dass ein Wohnungseigentümer zur Veräußerung seines Wohnungseigentums bzw. Teileigentums der Zustimmung der anderen Wohnungseigentümer oder des Verwalters bedarf, § 12 Abs. 1 WEG. Von dieser Veräußerungsbeschränkung werden zum Teil auch Ausnahmen gemacht, z.B. bei Veräußerungen durch den Insolvenzverwalter, im Wege der Zwangsversteigerung, bei Veräußerung an den Ehegatten[61] oder an Abkömmlinge bis zu einem gewissen Grad in der Seitenlinie.[62]

48 Die Zustimmung darf nur aus einem wichtigen Grunde verweigert werden, § 12 Abs. 2 Satz 1 WEG. Wird die Zustimmung grundlos verweigert, kann sie durch richterliche Entscheidung ersetzt werden. Für die Zustimmung ist einfache Schriftform ausreichend. Zustimmung oder rechtskräftige Ersetzung müssen bis zur Erteilung des Zuschlags dem Vollstreckungsgericht vorliegen. Der betreiben-

---

59 OLG Düsseldorf, Beschluss vom 20.6.2013, I-3 Wx 85/12, Rpfleger 2013, 698.
60 BGH, NJW 1960, 2093 = Rpfleger 1961, 192.
61 Vgl. KG, Rpfleger 2011, 431 LS.; SchlHOLG, Rpfleger 1994, 19.
62 Zur Zustimmungsersetzung vgl. PfälzOLG Zweibrücken, Rpfleger 1994, 459.

de Gläubiger ist befugt, den Anspruch des Wohnungseigentümers auf Zustimmung zur Veräußerung des Wohnungseigentums selbstständig auszuüben.[63]

Erfolgt die Vereinbarung nach § 12 Abs. 1 WEG erst nach der Eintragung eines Grundpfandrechts, ist zur Wirksamkeit der Vereinbarung im Hinblick auf §§ 877, 876 BGB die Zustimmung des Grundpfandrechtsgläubigers erforderlich. Dies hat zur Folge, dass beim betreiben der Zwangsversteigerung aus einem solchen Recht vor Zuschlagserteilung die Zustimmung dem Vollstreckungsgericht vorliegen oder sie rechtskräftig ersetzt sein muss.[64]   49

5. Vorkaufsrecht

Das Vorkaufsrecht nach **§§ 1094 ff. BGB** kann bei dem Verkauf im Wege der Zwangsvollstreckung oder aus einer Insolvenzmasse nicht ausgeübt werden, §§ 1098, 471 BGB (anders daher bei der Zwangsversteigerung gem. §§ 175 ff., hierzu → § 176). Zum Vorkaufsrecht in der **Teilungsversteigerung** (§§ 180 ff.) vgl. dort → § 180 Rdn. 139. Keine Wirkung hat das vertragliche Vorkaufsrecht, wenn der Zuschlag einem Miteigentümer erteilt werden soll.[65]   50

Das Grundbuchamt hat bei der Ausführung des Ersuchens gem. § 130 kein Recht, die Nichtausübung des Vorkaufsrechts zu prüfen (hierzu → § 130 Rdn. 12).   51

Das Vorkaufsrecht **gem. §§ 24 ff. BauGB** (das Vorkaufsrecht steht der Gemeinde nicht zu beim Kauf von Rechten nach dem WEG und von Erbbaurechten, § 24 Abs. 2 BauGB) kann in allen Verfahren der Zwangsversteigerung nicht ausgeübt werden, es hat keine dingliche Wirkung. Weder die Abgabe des Meistgebots noch die Erteilung des Zuschlags sind als Verkaufsfälle im Sinne des BauGB zu werten, deshalb erfolgt auch keine Mitteilung des Meistgebots an die Gemeinde bzw. Stadt, es besteht keine Notwendigkeit eines Verzichts der Behörde.[66]   52

---

63 BGH, Beschluss vom 21.11.2013, V ZR 269/12, Rpfleger 2014, 438.
64 *Stöber,* ZVG § 15 Rdn. 45.5; Steiner/*Hagemann,* §§ 15, 16 Rdn. 194.
65 BGH, NJW 1954, 1035.
66 *Stöber,* NJW 1988, 3121; *Böttcher,* § 81 Rdn. 9.

§ 82 »Inhalt des Zuschlagsbeschlusses«

In dem Beschlusse, durch welchen der Zuschlag erteilt wird, sind das Grundstück, der Ersteher, das Gebot und die Versteigerungsbedingungen zu bezeichnen; auch sind im Falle des § 69 Abs. 3 der Bürge unter Angabe der Höhe seiner Schuld und im Falle des § 81 Abs. 4 der Meistbietende für mithaftend zu erklären.

I. Allgemeines

1   Die Zuschlagserteilung mit ihren weit reichenden Rechtsfolgen ist die wichtigste Entscheidung im Zwangsversteigerungsverfahren. Der Zuschlag ergeht durch Beschluss. § 82 bestimmt im Interesse der Rechtssicherheit zwingend den Mindestinhalt des Beschlusses. Die Vorschrift gilt in allen Verfahren nach dem ZVG.

II. Rechtsnatur des Zuschlags

1. Rechtsprechungscharakter

2   Der (rechtskräftige) Zuschlagsbeschluss hat die Bedeutung eines Richterspruchs, der bestimmend ist für die Rechtsstellung des Erstehers und für die Änderungen, die durch den Zuschlag an den Rechten der Beteiligten eintreten.[1] Deswegen tritt der Eigentumswechsel auch dann ein, wenn das Grundbuch unrichtig war und das Eigentum einer anderen Person als des Schuldners zugeschlagen wurde. In diesem Fall wird eine von der rechtmäßigen Grenze abweichende Katastergrenze (Buchgrenze) durch den Zuschlag zur rechtmäßigen Grenze, ohne dass es auf guten oder bösen Glauben des Erwerbers ankommt.[2] Die Zuschlagsentscheidung ist Rechtsprechung im materiellen Sinne (Art. 92 GG), auch wenn sie nahezu immer vom Rechtspfleger getroffen wird.[3] Die Zuschlagserteilung ist ein konstitutiv wirkender Staatshoheitsakt, der Eigentum nicht überträgt, sondern frei von nicht ausdrücklich bestehen bleibenden Rechten begründet. Der Ersteher erwirbt Eigentum originär, nicht als Rechtsnachfolger des Schuldners.[4] Die Entscheidung gehört zur Rechtsprechung im engeren Sinne mit echtem Rechtsprechungscharakter, die das typische Merkmal der materiellen Rechtskraftfähigkeit aufweist.[5] Das BVerfG[6] hält den durch den Rechtspfleger erlassenen Zuschlagsbeschluss verfassungsrechtlich für unbedenklich, denn es hat sich mehrfach mit solchen Beschlüssen befasst und die Zuständigkeit des Rechtspflegers nicht angezweifelt.[7]

3   Die Wirkungen des Zuschlags treten unabhängig von der späteren Grundbuchberichtigung (§ 130) ein. Der Ersteher ist grundsätzlich nicht Rechtsnachfolger des Vollstreckungsschuldners, aber doch in einzelnen Beziehungen wie ein solcher zu behandeln.[8]

---

1   BGH, Rpfleger 1970, 60 = NJW 1970, 565; NJW 1971, 1751 = Rpfleger 1971, 212 = KTS 1971, 263; anders BGH, Rpfleger 2010, 277 = NJW-RR 2010, 1366.
2   OLG Brandenburg, Urteil vom 28.6.2012, 5 U 151/09, NZI 2012, 774.
3   *Lindacher*, Rpfleger 1987, 45; *Gaul*, Rpfleger 1971, 47; *Eickmann*, Rpfleger 1976, 152; *Stöber*, Rpfleger 1976, 329; *Stöber*, ZVG § 79 Rdn. 2.3; *Böttcher*, § 90 Rdn. 2.
4   BGH, Rpfleger 1986, 396 = ZIP 1986, 926.
5   BGH, Rpfleger 1970, 60 = NJW 1970, 565 = MDR 1970, 222; Gaul/Schilken/*Becker-Eberhard*, § 2 II.3.
6   NJW 1979, 534.
7   Hierzu umfassend *Georg* in Arnold/Meyer-Stolte/Rellermeyer/Hintzen/*Georg*, RPflG, § 1 Rdn. 34 ff., 79; auch *Klüsener*, RpflStud 1987, 25.
8   RGZ 89, 77.

2. Rechtskraft

Die rechtliche Tragweite des den Zuschlagsbeschluss bekundeten Willens des 4
Vollstreckungsgerichts unterliegt der Nachprüfung durch die Instanzgerichte. Dieser Wille ist, weil der Zuschlag der Rechtskraft fähig ist, für die Gestaltung der Rechtsbeziehungen der Beteiligten unbedingt maßgebend, unabhängig davon, ob er mit dem Gesetz in Einklang steht oder grobe Rechtsverstöße enthält.[9] Wird der Beschluss nicht angefochten oder abgeändert, haben die Beteiligten auch die u.U. rechtswidrige Gestaltung ihrer gegenseitigen Rechtsbeziehungen gegen sich gelten zu lassen. Eine Anfechtung durch Klage ist ausgeschlossen.[10] Auch wenn der Rechtspfleger kraft Gesetzes von der Ausübung seines Amtes ausgeschlossen war, kann dies nur durch eine Beschwerde gegen den Zuschlagsbeschluss geltend gemacht werden.[11]

Ein rechtskräftiger Zuschlagsbeschluss kann nicht aufgehoben werden, auch 5
nicht nach § 765a ZPO.[12] Der BGH führt unmissverständlich aus, dass eine Aufhebung nach Rechtskraft nur in Betracht kommt, wenn das Verfahrensrecht die Aufhebung zuließe. Daran fehlt es im ZVG. Die Verkündung der Entscheidung hindert gemäß § 318 ZPO das Vollstreckungsgericht an einer Aufhebung. Ist die Entscheidung rechtskräftig geworden, scheidet ihre Aufhebung auch im Rechtsmittelverfahren aus. Der Zuschlagsbeschluss ist eine hoheitliche Maßnahme, die in der Person des Zuschlagsbegünstigten Eigentum schafft und das Recht, aus dem die Zwangsversteigerung betrieben wird, und die diesem nachgehenden Rechte als Rechte an dem Grundstück erlöschen lässt, § 52 Abs. 1, § 91 Abs. 1. Einen Wegfall dieser Wirkungen nach Eintritt der Rechtskraft des Zuschlagsbeschlusses sieht das ZVG nicht vor. Sie würde eine Enteignung des Zuschlagsbegünstigten bedeuten, für die es an einer Grundlage fehlt. Der rechtskräftige Zuschlagsbeschluss kann auch dann nicht mehr aufgehoben oder geändert werden, wenn sich herausstellt, dass eine zur Zuschlagserteilung erforderliche Genehmigung erschlichen war.[13] Auch eine Scheinabtretung der Rechte aus dem Meistgebot beeinträchtigten nicht die Rechtswirkungen des Zuschlags.[14]

3. Haftungsfragen

Der Zuschlag bildet einen selbstständigen Rechtsgrund. Eine rechtlose Bereicherung des Erstehers kommt somit nicht in Betracht.[15] **Schadensersatzansprüche** wegen Arglist sind auch nach Rechtskraft des Zuschlagsbeschlusses möglich.[16] Im Einzelfall kann die Berufung auf einen rechtskräftigen Zuschlagsbeschluss eine unzulässige Rechtsausübung darstellen.[17] Die vom BGH aufgestellten Grundsätze sind auch dann anzuwenden, wenn der Zuschlagsbeschluss zwar nicht selbst unrichtig ist, aber auf einer fehlerhaften Festsetzung des Grundstückswertes (§ 74a Abs. 5) beruht.[18]

---

9 OLG Köln, NJOZ 2004, 2898.
10 RGZ 67, 380; 70, 399; 74, 201; 129, 155.
11 RGZ 73, 194.
12 BGH, Beschluss vom 1.10.2009, V ZB 37/09, Rpfleger 2010,101 = NJW-RR 2010, 232 = WM 2010, 522 = FamRZ 2009, 2079.
13 BGH, BB 1960, 645 = WM 1960, 25, 26.
14 OLG Karlsruhe, MDR 1954, 112; OLG Düsseldorf, MDR 1971, 495.
15 RGZ 61, 362; 69, 277; 129, 155.
16 BGH, NJW 1961, 1012; NJW 1979, 162.
17 BGH, NJW 1970, 565 = Rpfleger 1970, 60; dazu kritisch *Häsemeyer,* KTS 1971, 22.
18 BGH, Rpfleger 1971, 212 = MDR 1971, 567.

7 Unabhängig von der Rechtsnatur des Zuschlags kann wegen schuldhafter Verletzung der Amtspflicht des Rechtspflegers der Staat in Anspruch genommen werden, § 839 BGB, Art. 34 GG.

III. Form und Inhalt des Zuschlagsbeschlusses
1. Grundstück

8 Die Bezeichnung des **Grundstücks** hat in einer jeden Zweifel ausschließenden Weise, zweckmäßigerweise nach dem Grundbuch, zu erfolgen. Zum Grundstück gehörende subjektiv-dingliche Rechte sollten mit erwähnt werden.[19] Gleiches gilt für die nach den Versteigerungsbedingungen bestehen bleibenden Rechte (sind auch im Teilungsplan extra aufzuführen, § 113 Abs. 2).

2. Zubehör

9 Die Erwähnung der Einstellung oder Aufhebung hinsichtlich **Zubehörgegenstände** ist zwar zweckmäßig[20], aber nicht zwingend erforderlich, denn der Zuschlag erfasst alle Gegenstände, auf die sich nach § 55 die Versteigerung erstreckt.

3. Ersteher

10 Der **Ersteher** ist (entsprechend § 15 Abs. 1 GBV im Hinblick auf das Ersuchen nach § 130) mit Vor- und Zuname, Geburtsdatum und vollständiger Anschrift (nicht Beruf, da nahezu ohne Aussagekraft) zu bezeichnen. Bei juristischen Personen ist neben der Rechtsform auch der gesetzliche Vertreter zu nennen (§ 313 Abs. 1 Nr. 1 ZPO). Wird mehreren Personen der Zuschlag erteilt, ist wegen § 47 Abs. 1 GBO das Rechtsverhältnis eindeutig anzugeben. Bei einer Gesellschaft bürgerlichen Rechts sind mit Blick auf § 47 Abs. 2 GBO auch alle Gesellschafter genau zu bezeichnen (hierzu auch → § 66 Rdn. 5). Testamentsvollstreckung oder Nachlassverwaltung sind im Zuschlagsbeschluss zu erwähnen. Ist der im Grundbuch eingetragene Eigentümer selbst der Ersteher, gilt das Gleiche; war er nicht Eigentümer, wird er es durch den Zuschlag.

4. Bares Meistgebot

11 Das bare Meistgebot ist im Zuschlagsbeschluss anzugeben. Die Angabe der nach den Zwangsversteigerungsbedingungen **bestehen bleibenden Rechte** ist zwar nicht vorgeschrieben, jedoch dringend zu empfehlen[21]; die Praxis verfährt auch durchweg so.

5. Versteigerungsbedingungen

12 Die Versteigerungsbedingungen sind notwendiger Bestandteil des Zuschlagsbeschlusses. Erfolgen hierzu keine Angaben, gelten die gesetzlichen Bedingungen. Angegeben werde sollte die Verzinsungspflicht nach § 49 Abs. 2 und die Kostentragungspflicht, § 58. **Abweichungen** müssen klar und eindeutig im Beschluss zum Ausdruck kommen; eine Verweisung auf das Zwangsversteigerungsprotokoll ist zwar nicht ausgeschlossen, aber nicht zu empfehlen. Die Übernahme einer sich weder unmittelbar noch mittelbar aus dem Zuschlagsbeschluss ergebenden Bedin-

---

19 *Stöber*, ZVG § 82 Rdn. 2.11.
20 So auch *Stöber*, ZVG § 82 Rdn. 2.6.
21 *Stöber*, ZVG § 82 Rdn. 2.5; *Böttcher*, § 82 Rdn. 5 „zwingend".

gung aus dem Zwangsversteigerungsprotokoll ist unzulässig. Zulässig ist es aber, Vorgänge aus dem Zwangsversteigerungstermin zur Erläuterung eines im Beschluss zum Ausdruck gekommenen Willens des Vollstreckungsgerichts heranzuziehen.[22] Rechtswirkungen, die kraft Gesetzes an den Zuschlag geknüpft sind, gehören nicht in dem Beschluss. Für den Fall des Erlöschens eines **Altenteils** s. → § 9 EGZVG Rdn. 20.

6. Begründung

Eine Unterscheidung im Zuschlagsbeschluss zwischen Tenor, Tatbestand und Gründe ist gesetzlich nicht vorgeschrieben. Dies gebietet sich aber dann, wenn Streitpunkte entschieden werden (z.B. Antrag nach § 74a Abs. 1 oder § 765a ZPO). In diesem Fall ist eine Begründung zwingend, um im Falle der Beschwerde eine Nachprüfung zu ermöglichen. Um der Gewährung rechtlichen Gehörs (Art. 103 GG) gerecht zu werden, sind eingehende Schriftsätze der Beteiligten bis zur Verkündung der Zuschlagsentscheidung zu berücksichtigen und erkennbar in der Begründung der Entscheidung zu verwerten, andernfalls ein Verfahrensfehler vorliegt[23]; dies gilt auch dann, wenn der Schriftsatz durch ein Versehen der Geschäftsstelle dem Rechtspfleger nicht vorgelegt wurde.[24] 13

7. Unterschrift

Der Zuschlagsbeschluss ist grundsätzlich von dem Rechtspfleger zu erlassen 14 und zu unterschreiben[25], der den Versteigerungstermin geleitet hat. Er kann aber auch von einem anderen Rechtspfleger ergehen.[26] An die Unterschrift sind dieselben Anforderungen zu stellen, die an die Unterzeichnung bestimmender Schriftsätze durch Rechtsanwälte gestellt werden.[27]

8. Angabe des Bürgen, Mithafterklärung des Meistbietenden

Wird im Zwangsversteigerungstermin eine Sicherheitsleistung gefordert und 15 ist diese zu erbringen, kann sie durch eine selbstschuldnerische Bürgschaft eines Kreditinstituts gestellt werden (§ 69 Abs. 3). Der Bürge ist mit vollständiger Rechtsbezeichnung und Anschrift im Zuschlagsbeschluss zu nennen. Ebenfalls ist die Höhe der Schuld des Bürgen anzugeben.

Wird der Zuschlag nicht dem Meistbietenden sondern einem Dritten nach Ab- 16 tretung der Rechte aus dem Meistgebot (§ 81 Abs. 2) oder bei Nachweis der Vertretungsmacht oder der Zustimmung (verdeckte Vertretung, § 81 Abs. 3) erteilt, haften der Meistbietende und der Ersteher als Gesamtschuldner, § 81 Abs. 4. Die Mithafterklärung des Meistbietenden, dieser mit vollständigem Namen und Anschrift, ist ebenfalls im Zuschlagsbeschluss zu nennen.

In beiden Fällen sind diese Angaben erforderlich, um den Zuschlagsbeschluss 17 gem. § 132 als Vollstreckungstitel gegen den Meistbietenden oder Bürgen benutzen zu können. Die Mithaft des Meistbietenden wird durch den Ausspruch im Zu-

---

22 RGZ 60, 48; 129, 163; 153, 252.
23 OLG Hamm, Rpfleger 1960, 410.
24 BVerfG, MDR 1978, 201.
25 Zur Bezeichnung des Rechtspflegers siehe § 12 RPflG.
26 BGH, Rpfleger 2010, 277 = NJW-RR 2010, 1366; LG Aachen, Rpfleger 1986, 59.
27 Hierzu BGH, NJW 1988, 713; NJW 1989, 588; KG, NJW 1988, 2807; OLG Köln, NJW 1988, 258.

schlagsbeschluss allerdings nicht begründet, sondern ergibt sich bereits kraft Gesetzes aus § 81 Abs. 4 (hierzu → § 81 Rdn. 26 ff.).

IV. Sonstiges

18 **Schreib- und Rechenfehler** oder sonstige offenbare Unrichtigkeiten können gem. § 319 ZPO berichtigt werden.[28] Andere sachliche Änderungen (z.b. durch Ergänzungsbeschluss) sind unzulässig.[29]

19 Ein inhaltlich unklarer Zuschlagsbeschluss unterliegt wie jede gerichtliche Entscheidung der **Auslegung**.[30]

20 Der Zuschlagsbeschluss unterliegt der sofortigen Beschwerde, § 11 Abs. 1 RPflG, §§ 96 ff.

---

28 OLG Hamm, Rpfleger 1976, 146 = NJW 1976, 1754.
29 RGZ 129, 155.
30 BGH, Rpfleger 1996, 417.

§ 83 »Versagung des Zuschlags«

Der Zuschlag ist zu versagen:
1. wenn die Vorschrift des § 43 Abs. 2 oder eine der Vorschriften über die Feststellung des geringsten Gebots oder der Versteigerungsbedingungen verletzt ist;
2. wenn bei der Versteigerung mehrerer Grundstücke das Einzelausgebot oder das Gesamtausgebot den Vorschriften des § 63 Abs. 1, Abs. 2 Satz 1, Abs. 4 zuwider unterblieben ist;
3. wenn in den Fällen des § 64 Abs. 2 Satz 1, Abs. 3 die Hypothek, Grundschuld oder Rentenschuld oder das Recht eines gleich- oder nachstehenden Beteiligten, der dem Gläubiger vorgeht, durch das Gesamtergebnis der Einzelausgebote nicht gedeckt werden;
4. wenn die nach der Aufforderung zur Abgabe von Geboten erfolgte Anmeldung oder Glaubhaftmachung eines Rechtes ohne Beachtung der Vorschrift des § 66 Abs. 2 zurückgewiesen ist;
5. wenn der Zwangsversteigerung oder der Fortsetzung des Verfahrens das Recht eines Beteiligten entgegensteht;
6. wenn die Zwangsversteigerung oder die Fortsetzung des Verfahrens aus einem sonstigen Grunde unzulässig ist;
7. wenn eine der Vorschriften des § 43 Abs. 1 oder des § 73 Abs. 1 verletzt ist;
8. wenn die nach § 68 Abs. 2 und 3 verlangte Sicherheitsleistung nicht bis zur Entscheidung über den Zuschlag geleistet worden ist.

Übersicht

	Rdn.
I. Allgemeines	1
II. Versagungsgründe	4
1. Nr. 1	4
a) Benachrichtigungs- und Zustellungsfrist	4
b) Geringstes Gebot	6
c) Zwangsversteigerungsbedingungen	8
d) Verkehrswert	10
2. Nr. 2	12
3. Nr. 3	15
4. Nr. 4	20
5. Nr. 5	21
6. Nr. 6	22
a) Allgemein	22
b) Verschleuderung	25
c) Faire Verfahrensführung, Hinweis- und Belehrungspflicht	27
d) Ablehnung wegen Befangenheit	34
7. Nr. 7	35
a) Frist zur öffentlichen Bekanntmachung	35
b) Nichteinhaltung der Bietzeit	36
8. Nr. 8	38
III. Folgen der Zuschlagsversagung	44

I. Allgemeines

Vor der Zuschlagsentscheidung hat das Vollstreckungsgericht die Gesetzmäßigkeit des Verfahrens nachzuprüfen. Hierbei ist das Vollstreckungsgericht an eigene Vorentscheidungen nicht gebunden, § 79. Die Überprüfung des Verfahrens erfolgt von Amts wegen; Einwendungen, Rügen oder Widersprüche der Beteiligten haben für das Vollstreckungsgericht nur die Bedeutung einer Anregung.

2   § 83 führt die von Amts wegen zu berücksichtigenden Verfahrensmängel auf, die zur Zuschlagsversagung führen. Hierbei sind die Mängel unter Nr. 1–5 heilbar, wenn durch den Zuschlag das Recht eines Beteiligten nicht beeinträchtigt wird, § 84. Bei Mängeln unter Nr. 6 und 7 ist eine Heilung ausgeschlossen. Gleiches gilt für Nr. 8. Durch das Zweite Gesetz zur Modernisierung der Justiz (2. JuModG) vom 22.12.2006 (BGBl I 3416) wurde Nr. 8 neu eingeführt. Zum Zeitpunkt des Inkrafttretens vgl. § 186. Zuschlagsversagungsgründe sind zugleich auch Beschwerdegründe, § 100 Abs. 1. Die absoluten Versagungsgründe der Nr. 6, 7 sind bei der Zuschlagsbeschwerde von Amts wegen zu berücksichtigen, § 100 Abs. 3 (allerdings wurde Nr. 8 hier nicht ergänzt, hierzu nachfolgend → Rdn. 42). Hierbei zeigt sich die Formstrenge des ZVG besonders deutlich. Die Zuschlagsversagungsgründe basieren durchweg auf Formfehlern, die wirtschaftliche Interessenlage der Beteiligten bleibt hierbei nahezu unberücksichtigt mit der Folge, dass auf ein wirtschaftlich vernünftiges Meistgebot dennoch nicht der Zuschlag erteilt werden darf, weil ein unter Nr. 6 und 7 fallender Versagungsgrund vom Vollstreckungsgericht oder bei der Zuschlagsbeschwerde entdeckt wird.

3   Nach Rechtskraft des Zuschlagsbeschlusses sind sämtliche Versagungsgründe unbeachtlich (hierzu → § 82 Rdn. 4).

II. Versagungsgründe
1. Nr. 1
a) Benachrichtigungs- und Zustellungsfrist

4   Der Zuschlag ist zu versagen, wenn die **Benachrichtigungs- und -Zustellungsfrist** nach § 43 Abs. 2 nicht eingehalten ist (hierzu auch → § 43 Rdn. 11).

5   Hierunter fällt auch die Zuschlagsversagung, wenn der Anordnungs- oder Beitrittsbeschluss in einem wesentlichen Punkt unvollständig ist. Gleiches gilt insbesondere bei der Terminsbestimmung. Die öffentliche Bekanntmachung des Versteigerungstermins ist vollständig und rechtzeitig vorzunehmen, andernfalls der Zuschlag zu versagen ist.[1] Zur Frage der erneuten Terminsveröffentlichung bei Änderung des Verkehrswertes s. → § 55 Rdn. 18. Eine genaue **Bezeichnung des zu versteigernden Grundstücks** ist in jedem Falle unabdingbar. Entspricht diese nicht den Anforderungen nach § 37 liegt regelmäßig ein Mangel nach Nr. 7 vor, der unheilbar ist (zum Inhalt der Terminsbestimmung s. → § 37 Rdn. 4 ff.). Ein Verstoß gegen § 41 Abs. 2 ist regelmäßig unschädlich (hierzu → § 41 Rdn. 12).

b) Geringstes Gebot

6   Der Zuschlag ist zu versagen, wenn eine der Vorschriften über die **Feststellung des geringsten Gebots** verletzt ist, §§ 44–48, z.B. fehlerhafte Feststellung der bestehenden bleibenden Rechte infolge unrichtiger Beurteilung des Rangverhältnisses[2], unrichtige Berechnung des Bargebots[3], unterlassene oder unrichtige Festsetzung des Zuzahlungsbetrages aus § 51 Abs. 2[4], ein erloschenes Recht wird

---

1   OLG Hamm, Rpfleger 2000, 172.
2   RGZ 86, 357.
3   LG Frankfurt a.M., Rpfleger 1988, 494 = NJW-RR 1988, 1276.
4   OLG Hamm, Rpfleger 1984, 30.

versehentlich im geringsten Gebot berücksichtigt (hierzu → § 45 Rdn. 6), fehlerhafte Umrechnung von Naturalleistungen, § 46, keine erneute Verlesung des geänderten geringsten Gebots nach Abbruch der Bietzeit,[5] ebenso die Nichtbeachtung von § 48 oder ein Verstoß gegen die Regeln nach § 44 (hierzu § 44). Die fehlerhafte Bezeichnung einer Nebenforderung des zu vollstreckenden Anspruchs im Anordnungs- oder Beitrittsbeschluss des Vollstreckungsgerichts stellt keinen Zuschlagsversagungsgrund nach § 83 Nr. 1 dar.[6]

Die **Ablösung des bestrangig betreibenden Gläubigers** und die sodann erklärte Einstellung des Verfahrens führt zu einer Änderung des geringsten Gebots (hierzu → § 75 Rdn. 36 ff.). Eine Zuschlagsversagung wegen Verstoß gegen § 83 Nr. 1 kommt jedoch dann nicht in Betracht, wenn keiner der Beteiligten in seinen Rechten beeinträchtigt ist, § 84 Abs. 1 (hierzu → § 33 Rdn. 10). Bei einem sog. Doppelausgebot auf einen Antrag nach § 59 hin, muss es sich um eine Abweichung von den gesetzlichen Bedingungen halten. Entspricht die verlangte abweichende Bedingung bereits der gesetzlichen Bedingung, liegt der Zuschlagsversagungsgrund des § 83 Nr. 1 vor.[7]

c) **Zwangsversteigerungsbedingungen**

Ebenfalls zur Zuschlagsversagung führt ein Verstoß gegen die Feststellung der Zwangsversteigerungsbedingungen, §§ 49–65[8], z.B. die unterlassene Feststellung und Verlesung des geringsten Gebots und der Versteigerungsbedingungen (§ 66 Abs. 1), auch im Falle einer Neufeststellung nach Abbruch der Bietzeit[9] oder auch die Zulassung eines Doppelausgebots aufgrund einer beantragten Abweichung, die aber mangels gesetzlicher Regelung keine Abweichung ist[9a].

Zur Hinzurechnung des Mehrbetrages beim **Gesamtausgebot** nach Geboten auf Einzelausgebote i.S.v. § 63 Abs. 3 Satz 1, zur Behandlung des Erhöhungsbetrag als Rechnungsposten im geringsten Gebot und damit als gesetzliche **Versteigerungsbedingung**, zur Festlegung des neuen Mindestbarbetrags für spätere Gebote vgl. → § 63 Rdn. 21. Ist bereits auf das Gesamtausgebot geboten wurden, und wird danach auf die Einzelausgebote oder ein Gruppenausgebot geboten, kann die Situation eintreten, dass nach Hinzurechnung des Mehrbetrages das geringste Gebot des Gesamtausgebots nunmehr höher ist als das bereits auf das Gesamtausgebot vorher abgegebene Gebot. Dadurch tritt aber eine Unwirksamkeit des bereits abgegebenen Gebotes nicht ein[10], denn das Gebot war bei seiner Abgabe wirksam, es ist aber nicht mehr zuschlagsfähig. Umstritten ist der Zuschlagsversagungsgrund, entweder ein Grund nach § 83 Nr. 1 analog[11] oder nach Nr. 6.[12]

---

5   BGH, Beschluss vom 18.7.2013, V ZB 13/13, Rpfleger 2014, 36.
6   BGH, Rpfleger 2011, 544 = NJW-RR 2011, 953 = WM 2011, 1024 = WuB H. 10/2011 VI E. § 71 ZVG 1.11 *Hintzen*.
7   BGH, Beschluss vom 19.7.2012, V ZB 265/11, Rpfleger 2012, 704.
8   Zur fehlerhaften Aufforderung an Mieter oder Pächter gem. § 57d (alt), wenn Zweifel darüber bestehen, ob die in § 57c (alt) vorgesehene Beschränkung des Kündigungsrechts des Erstehers in Betracht kommt, LG Berlin, Rpfleger 1977, 69; §§ 57c und d sind ab dem 1.2.2007 allerdings aufgehoben worden, hierzu → § 57 Rdn. 1.
9   LG Köln, Rpfleger 1989, 297.
9a BGH, Beschluss vom 19.7.2012, V ZB 265/11, Rpfleger 2012, 704.
10 *Stöber*, ZVG § 63 Rdn. 4.2; *Steiner/Storz*, § 63 Rdn. 45; *Böttcher*, § 63 Rdn. 12.
11 Vgl. hierzu auch *Bachmann*, Rpfleger 1992, 3; *Heidrich/Bachmann*, Rpfleger 1993, 11.
12 *Stöber*, ZVG § 63 Rdn. 7.4; so auch *Böttcher*, § 63 Rdn. 17.

d) Verkehrswert

10 Der Beschluss über die Festsetzung des Verkehrswerts, § 74a Abs. 5, ist allen Beteiligten zuzustellen (§ 329 Abs. 3 ZPO), wenn er nicht verkündet wird.[13] Die Bekanntmachung ist erforderlich, eine Unterlassung führt zur Zuschlagsversagung nach § 83 Nr. 1 mit Heilungsmöglichkeit nach § 84. Wird das Meistgebot zu einem anderen Verkehrswert als dem später festgesetzten abgegeben, liegt kein Versagungsgrund vor, wenn sich die Änderungen mit Rücksicht auf § 114a nicht auf die Tilgung der Schulden auswirkt.[14]

11 Umstritten ist, ob der Wertfestsetzungsbeschluss bei der Zuschlagserteilung (formelle) **Rechtskraft**[15] erlangt haben muss[16] (hierzu auch → § 74a Rdn. 58). Eine Unrichtigkeit des festgesetzten Grundstückswert gehört nicht zu den Zuschlagsversagungsgründen nach § 83.[17] Zur *relativen* Rechtskraft vgl. → § 74a Rdn. 59. Führt ein Versteigerungstermin zu einem zuschlagsfähigen Meistgebot, sollte (muss aber nicht) die Entscheidung über die Zuschlagserteilung durch Anberaumung eines Verkündungstermins so lange hinausgeschoben werden, bis entweder die formelle Rechtskraft des Wertfestsetzungsbeschlusses eingetreten ist oder die Beschwerdeentscheidung gemäß § 74a Abs. 5 S. 3 vorliegt, sofern nicht eine Rechtsbeeinträchtigung des beschwerdeberechtigten Beteiligten ausgeschlossen werden kann.[18] Wird der Zuschlag erteilt, obwohl keine rechtskräftige Wertfestsetzung vorliegt (was aber tunlichst vermieden werden sollte), können diejenigen Beteiligten, denen gegenüber keine Rechtskraft vorliegt, den Zuschlag aus den Gründen des § 83 Nr. 5 (nicht Nr. 1) anfechten.[19] Zur Anpassung des Verkehrswertes an veränderte Umstände und hier insbesondere zur Rechtsauffassung des **BGH**[20] (eine Anpassung des festgesetzten Grundstückswerts an veränderte Umstände ist dann nicht mehr erforderlich, wenn im ersten Versteigerungstermin das Meistgebot nicht $7/_{10}$ des rechtskräftig festgesetzten Grundstückswerts erreicht und deshalb der Zuschlag gemäß § 74a Abs. 1 Satz 1 versagt wird; im weiteren Zwangsversteigerungsverfahren fehlt dann das Rechtsschutzinteresse für eine Anpassung des festgesetzten Grundstückswertes) vgl. → § 74a Rdn. 60 ff.

2. Nr. 2

12 Der Zuschlag ist bei der Versteigerung mehrerer Grundstücke dann zu versagen, wenn das Einzelausgebot oder das Gesamtausgebot entsprechend § 63

---

13 OLG Hamm, Rpfleger 1991, 73; *Stöber,* ZVG § 74a Rdn. 7.18.
14 OLG Koblenz, MDR 1986, 682.
15 OLG Köln Rpfleger 1993, 258.
16 Nein: *Stöber,* Rpfleger 1969, 221; *Stöber,* ZVG § 74a Rdn. 9.8 und 9.9; Steiner/*Storz,* § 74a Rdn. 120; ja: *Budde,* Rpfleger 1991, 189; OLG München, Rpfleger 1969, 250; OLG Düsseldorf, Rpfleger 1981, 69, OLG Braunschweig, NdsRpfl 1984, 259; LG Coburg, Rpfleger 1999, 553; LG Osnabrück, Rpfleger 1992, 209 mit abl. Anm. *Hornung.*
17 LG Kempten, Rpfleger 1998, 358; LG Lüneburg, Rpfleger 1998, 169; a.A. OLG Hamm, Rpfleger 2000, 120 nach § 83 Nr. 1 und 5 ZVG; *Böttcher,* § 74a Rdn. 36 im Anschluss an OLG Hamm, widersprüchlich aber zu Rdn. 38 und 45.
18 LG Coburg, Rpfleger 1999, 553; *Stöber,* ZVG § 74a Rdn. 9.8; für *Budde,* Rpfleger 1991, 189 ist dies ein Muss; ebenso wohl LG Osnabrück, Rpfleger 1992, 209.
19 *Stöber,* ZVG § 74a Rdn. 9.10 und 9.11; *Budde,* Rpfleger 1991, 189.
20 BGH, Rpfleger 2004, 172 = NJW-RR 2004, 302 = KTS 2004, 457 = MDR 2004, 294 = WM 2004, 98 = InVo 2004, 201 = ZfIR 2004, 167.

Abs. 1, Abs. 2 Satz 1, Abs. 4 unterblieben ist. Der Verzicht auf eine Einzelausbietung setzt ein positives Tun mit eindeutigem Erklärungsgehalt voraus; der Verzicht ist stets zu protokollieren (§§ 78, 80). Der Verzicht auf Einzelausgebote muss im Protokoll über den Versteigerungstermin festgestellt, aber nicht vorgelesen und genehmigt werden.[21] Durch den am 1.8.1998 in Kraft getretenen Art. 1 des Gesetzes zur Änderung des Gesetzes über die Zwangsversteigerung und die Zwangsverwaltung und anderer Gesetze vom 18.2.1998 (BGBl I 866) wurde § 63 wesentlich geändert (siehe → § 63 Rdn. 2 ff.). Die Anpassung der Bezugnahme in § 83 Nr. 2 wurde dabei übersehen. Nr. 2 wurde daher geändert durch den am 1.9.2004 in Kraft getretenen Art. 10 Nr. 2, Art. 14 des Ersten Gesetzes zur Modernisierung der Justiz (1. Justizmodernisierungsgesetz) vom 24.8.2004 (BGBl I 2198).

Die Anpassung ist nach wie vor nicht korrekt. Nach § 63 Abs. 1 Satz 1 werden mehrere in demselben Verfahren zu versteigernden Grundstücke einzeln ausgeboten. Nach § 63 Abs. 1 Satz 2 können Grundstücke, die mit einem einheitlichen Bauwerk überbaut sind, auch gemeinsam ausgeboten werden. Bei einem Verstoß gegen den Satz 2 liegt jedoch kein Zuschlagsversagungsgrund vor.[22] Die Zulassung des Gesamtausgebots liegt im *Ermessen* des Vollstreckungsgerichts, dass dieses Ermessen im Hinblick auf das Ergebnis, die wirtschaftlich bestmögliche Versteigerung, auszuüben hat.[23] Die in § 63 Abs. 1 Satz 2 eingeräumte Möglichkeit, Grundstücke bei einer einheitlichen Überbauung gemeinsam ausbieten zu können, soll der Vereinfachung und Beschleunigung des Verfahrens dienen. Damit wird dem Vollstreckungsgericht die Möglichkeit eingeräumt, **ohne Antrag** ein Gesamtausgebot aufzustellen. Ein Zuschlagsversagungsgrund liegt nur dann vor, wenn das Vollstreckungsgericht einem zulässig gestellten Antrag nicht entspricht. 13

Auch die Bezugnahme auf § 63 Abs. 2 Satz 1 ist nicht korrekt. Hiernach kann jeder Beteiligte spätestens im Versteigerungstermin vor der Aufforderung zur Abgabe von Geboten verlangen, dass neben dem Einzelausgebot alle Grundstücke zusammen ausgeboten werden (Gesamtausgebot). Bei der Bezugnahme auf § 63 Abs. 2 Satz 1 wurde übersehen, dass das Verlangen nach einem **Gruppenausgebot** nunmehr in Satz 2 geregelt ist. Das Gruppenausgebot ist im Verhältnis zum Einzelausgebot wie ein Gesamtausgebot anzusehen (hierzu → § 63 Rdn. 22). Ein Zuschlagsversagungsgrund liegt daher auch dann vor, wenn trotz eines zulässigen Antrags auf Erstellung eines Gruppenausgebots, dieses unterblieben ist.[24] 14

3. Nr. 3

Der Zuschlag ist zu versagen, wenn ein Verstoß gegen den Deckungsgrundsatz im Falle des § 64 Abs. 2 Satz 1, Abs. 3 vorliegt. Werden die Grundstücke sowohl nach § 64 Abs. 1 und nach Abs. 2 einzeln ausgeboten, hat der Gesamtgrundpfandrechtsgläubiger, der den Gegenantrag nach Abs. 2 gestellt hat, ohne Rücksicht auf das bessere Zwangsversteigerungsergebnis das Wahlrecht, welches Ausgebot für den Zuschlag maßgebend sein soll (siehe → § 64 Rdn. 30). Wählt der Gläubiger die Zuschlagserteilung auf die Gebote nach § 64 Abs. 2, gehen die geringsten Gebote 15

---

21   BGH, Rpfleger 2011, 41 = NJW-RR 2010, 1458.
22   So auch *Stöber*, ZVG § 83 Rdn. 3.2; *Böttcher* § 83 Rdn. 3.
23   Hierzu *Hornung*, NJW 1999, 460.
24   So auch *Stöber*, ZVG § 83 Rdn. 3.2.

nach § 64 Abs. 1 unter, sie sind für die Zuschlagserteilung nicht mehr maßgebend. Verlangt der Gläubiger nicht den Zuschlag auf Abs. 2, bleibt es bei den geringsten Geboten nach Abs. 1 und die Gesamtgrundpfandrechte werden in Einzelrechte quotenmäßig verteilt; in diesem Fall spielt § 83 Nr. 3 keine Rolle mehr. Nur wenn der Gesamtgrundpfandrechtsgläubiger den Antrag gem. § 64 Abs. 2 gestellt hat und bei Vorlage der Meistgebote erklärt, dass diese Ausgebote für die Zuschlagserteilung maßgebend sein sollen, greift § 83 Nr. 3. Entscheidet sich der Berechtigte bei seiner Wahl für den Zuschlag auf das Ausgebot nach § 64 Abs. 2, ist zu prüfen, ob eine zur Zuschlagsentscheidung führende Beeinträchtigung nach § 83 Nr. 3 vorliegt. Um den Zuschlag erteilen zu können, muss so viel auf die Ausgebote nach § 64 Abs. 2 geboten worden sein, dass auch die Ansprüche vor dem eigentlich bestbetreibenden Gläubiger gedeckt sind. Diese Deckung erfolgt allerdings im Bargebot, da die Rechte nicht bestehen bleiben, sondern erlöschen.

Beispiel 1:

Grundstücke		I	II	III
Bar zu zahlender Teil		3.000,- €	2.000,- €	1.000,- €
Belastungen:				
Gesamtgrundschuld	A	60.000,- €	60.000,- €	60.000,- €
Grundschuld	B	40.000,- €	–	–
Grundschuld	C	–	20.000,- €	–
Grundschuld	D	–	–	10.000,- €
Gesamtgrundschuld	E	30.000,- €	30.000,- €	30.000,- €
Grundschuld	F	20.000,- €	–	–
Grundschuld	G	–	20.000,- €	–
Grundschuld	H	–	–	20.000,- €

E ist Gläubiger der Zwangsversteigerung und stellt den Antrag gem. § 64 Abs. 1.
A stellt den Gegenantrag nach § 64 Abs. 2.

Beim Einzelausgebot müssen zur Wahrung des Deckungsgrundsatzes die dem E vorgehenden Ansprüche gedeckt sein, somit:

	103.000,- €	82.000,- €	71.000,- €

Angenommen es wurden tatsächlich geboten (geringstes Gebot gem. § 64 Abs. 2):

	43.000,- €	42.000,- €	51.000,- €

Hieraus würden dann zunächst die dem A vorgehenden Ansprüche gedeckt:

	- 3.000,- €	- 2.000,- €	- 1.000,- €
verbleiben	40.000,- €	40.000,- €	50.000,- €

würde nun A erhalten[25]
(§ 1132 BGB)

	–	- 20.000,- €	- 40.000,- €
verbleiben	40.000,- €	20.000,- €	10.000,- €

---

25 Zum Wahlrecht des Gläubigers gem. § 1132 BGB siehe nachfolgend → Rdn. 18.

Daraus könnten die Ansprüche der Gläubiger B, C und D gedeckt werden. Das 16
Gesamtergebnis deckt somit alle dem Gläubiger E vorgehenden Ansprüche. Zwischenrechte dürfen selbstverständlich nicht aus dem Erlösüberschuss eines mit ihm nicht belasteten Grundstücks gedeckt werden.

Beispiel 2:
Sind im Beispiel 1 die Einzelmeistgebote jeweils um 10.000,- höher, ergibt sich folgende Situation:

Grundstücke	I	II	III
Geringstes Gebot bei Einzelausgebote	103.000,- €	82.000,- €	71.000,- €

Angenommen es werden tatsächlich geboten (geringstes Gebot gem. § 64 Abs. 2):

	53.000,- €	52.000,- €	61.000,- €

Hieraus werden dann zunächst die dem A vorgehenden Ansprüche gedeckt:

	- 3.000,- €	- 2.000,- €	- 1.000,- €
verbleiben	50.000,- €	50.000,- €	60.000,- €

Für die Befriedigung der dem A nachgehenden Ansprüche kommt es nun ent- 17
scheidend darauf an, aus welchem Grundstück (oder aus welchen Grundstücken) er in Höhe welcher Teilbeträge befriedigt werden wird, wie er (Gleiches gilt für den Gesamtgrundschuldgläubiger F) wählt und – als entscheidende Vorfrage – inwieweit ihm ein Wahlrecht verbleibt.

Die Deckung der dem Gläubiger vorgehenden Rechte setzt im Beispiel 1 vor- 18
aus, dass A genötigt werden darf, auf Befriedigung aus dem Erlös auf Grundstück I zu verzichten und Deckung aus den Erlösen der Grundstücke II und III in der angegebenen Weise anzunehmen. Bejaht man das, wird das ihm nach § 1132 BGB zustehende Wahlrecht beseitigt. Gleichwohl wird man, da § 83 Nr. 3 den Zuschlag gestattet, wenn die Deckung aller dem Gläubiger vorgehenden Rechte nach dem Gesamtergebnis der Einzelversteigerung möglich ist, wie im Beispiel 1, hierin die stillschweigende Einschränkung des Wahlrechts bis zu dessen völliger Entziehung erblicken müssen, soweit nicht ein Mehrerlös über den Mindestbedarf hinaus dem Wahlrecht noch Raum lässt. Dem entspricht der Zweck des § 64 Abs. 2, der dem Gesamtgläubiger nichts anderes als die volle Befriedigung sichern soll. Die Gesamthaft der mehreren Grundstückserlöse für A besteht nur insoweit fort, als sie für die Gesamtgrundschuld zur Verfügung stehen, d.h. soweit sie nicht zu Deckung von Zwischenrechten gebraucht werden. Nur insoweit bleibt dem A das Recht, zu bestimmen, aus welchem Erlös er befriedigt sein will, und nur insoweit kommt, wenn er die Bestimmung unterlässt, der Verteilungsmaßstab (nicht des § 64 Abs. 1, sondern) des § 122 zur entsprechenden Anwendung. Sein Wahlrecht braucht er erst im Verteilungstermin auszuüben (hierzu und über die Verteilung für den Fall, dass er keine Wahl trifft, → § 122 Rdn. 3 ff.).

Entscheidet sich der Gesamtgläubiger für den Zuschlag auf das von ihm nach 19
§ 64 Abs. 2 beantragte Ausgebot, muss der Zuschlag auf alle Grundstücke erteilt werden, wenn der Gesamterlös die Deckung aller dem Gläubiger vorgehenden Rechte (hierzu zuvor → Rdn. 18) ermöglicht, vorausgesetzt, dass bei jedem einzel-

nen Grundstücke nicht das gem. § 64 Abs. 2 festgesetzte geringste Gebot erreicht worden ist, sondern ferner aus dem Einzelerlös die dem Gläubiger vorgehenden Zwischenrechte befriedigt werden können. Soweit ein Einzelerlös hierzu nicht ausreicht, kann der Zuschlag auf das Meistgebot bei diesem Grundstücke nicht erteilt werden. Ob damit auch der Zuschlag auf den anderen Grundstücken versagt werden muss, hängt davon ab, ob das Gesamtergebnis der Einzelversteigerungen bei diesen Grundstücken die dem Gläubiger vorgehenden Ansprüche deckt.

4. Nr. 4

20 Der Zuschlag bis zu versagen, wenn die Zurückweisung einer Anmeldung oder Glaubhaftmachung ohne vorherigen Hinweis auf deren Ausschließung gem. § 66 Abs. 2 erfolgt. Die bloße Unterlassung des Hinweises ist kein Versagungsgrund, wenn nicht eine Zurückweisung wegen verspäteter Anmeldung hinzutritt. Die Berücksichtigung einer verspäteten Anmeldung trotz vorherigen Hinweises fällt nicht unter Nr. 4, eventuell aber unter Nr. 1.

5. Nr. 5

21 Der Zuschlag ist zu versagen, wenn der Zwangsversteigerung oder der Fortsetzung des Verfahrens das Recht eines Beteiligten entgegensteht. Hierzu gehören:

- Von Amts wegen zu berücksichtigende Rechte, § 28 (siehe dort).
- Nach § 37 Nr. 5 angemeldete Rechte; auf diesen Versagungsgrund kann sich jedoch nur derjenige berufen, dem das Recht zusteht.
- Im Übrigen fallen unter Nr. 5 alle Gesetzesverletzungen, durch die lediglich bestimmte Rechte betroffen werden, Betroffener und Umfang der Beeinträchtigung müssen feststehen.

6. Nr. 6

a) Allgemein

22 Hierbei handelt es sich um eine Auffangvorschrift, der Zuschlag ist zu versagen, wenn sonstige Gründe zu Unzulässigkeit des Verfahrens führen. Dieser Grund liegt beim Fehlen sowohl materieller als auch formeller Voraussetzungen vor. Der Umfang der Beeinträchtigung lässt sich somit nicht mit Sicherheit überblicken.

Beispiele:

- Fehlen der **Ausfertigung des Titels** im Versteigerungstermin, da dieser grundsätzlich im gesamten Verfahren vorliegen muss; legt der Gläubiger die Ausfertigung aber spätestens im Verfahren über die Zuschlagsbeschwerde vor, so ist der Zuschlag nicht zu versagen, wenn festgestellt wird, dass der Titel während des gesamten Zwangsversteigerungsverfahrens unverändert Bestand hatte[26] (Allerdings ist diese Aussage im Zusammenhang mit Nr. 6 missverständlich. Ein Versagungsgrund nach Nr. 6 ist unheilbar. Daran, an das Gesetz, sind auch die Gerichte gebunden. Der BGH bringt – oder will – zum Ausdruck, dass kein Versagungsgrund gegeben ist, wenn der Titel nachträglich vorgelegt wird. Dann aber hätte ein Versagungsgrund nach Nr. 5 näher gelegen; hier wäre auch eine Heilung möglich). Im Verfahren der sofortigen Beschwerde nicht mehr heilbar ist nach Ansicht des BGH[27] ein Mangel

---

26 BGH, Rpfleger 2004, 368 = NJW-RR 2004, 1366 = MDR 2004, 774 = WM 2004, 838 = ZfIR 2004, 489; kritisch Stöber, ZVG § 83 Rdn. 2.1.
27 BGH, Rpfleger 2010, 437 = NJW-RR 2010, 1100 = DNotZ 2011, 113.

des Titels (hier: fehlende Erteilung und Zustellung der Rechtsnachfolgeklausel). Dieser kann nur bis zur Erteilung des Zuschlags geheilt werden.
- Fehlen der **Zustellung des Titels** nach Gesamtrechtsnachfolge auf Gläubigerseite an den Schuldner.[28] Durch Nachholung der unterbliebenen Förmlichkeit kann aber Heilung eintreten, wenn Rechte von Beteiligten nicht beeinträchtigt werden[29]. Nach Ansicht des BGH[30] können Mängel bei der Zustellung des Vollstreckungstitels (hier: fehlende Zustellung eines Registerauszugs bei Rechtsnachfolge auf Gläubigerseite aufgrund einer Eintragung im Genossenschaftsregister) nur in dem laufenden Versteigerungsverfahren bis zur Zuschlagserteilung, nicht aber in einem nachfolgenden Beschwerdeverfahren rückwirkend beseitigt werden.
- **Prozessunfähigkeit** des Schuldners[31]
- fehlende **Prozessfähigkeit** des Gläubigers[32]
- **Enteignung** oder Untergang des Grundstücks[33]
- Unzulässigkeit der Fortsetzung eines eingestellt gewesenen Verfahrens[34]
- unterlassene Entscheidung über einen Antrag nach § 765a ZPO[35]
- Ablehnung einer kurzen Verschiebung der Zuschlagsentscheidung bei übereinstimmenden **Antrag von Gläubiger** und Schuldner (hier: um 30 Minuten), obwohl begründete Aussicht besteht, dass es anschließend zur einstweiligen Einstellung kommt[36]
- Der Zuschlag ist zu versagen, wenn die Gefahr einer mit dem Eigentumsverlust verbundenen konkreten Gefahr für das Leben des Schuldners oder eines nahen Angehörigen besteht und ein entsprechender Vollstreckungsschutzantrag vorliegt[37]; zur drohenden **Selbstmordgefahr** des Schuldners s. → § 30a Rdn. 34 ff.
- Ein Zuschlagsversagungsgrund kann dann vorliegen, wenn das Vollstreckungsgericht den Zuschlag auf das von einem Vertreter abgegebene Gebot erteilt hat, das es bei richtiger Sachbehandlung wegen des fehlenden Nachweises der **Vertretungsmacht in** der in § 71 Abs. 2 vorgeschriebenen Form hätte zurückweisen.[38]
- Wird die Zuschlagsentscheidung entgegen der Regelung in § 87 Abs. 1 nicht verkündet, ist sie gleichwohl wirksam, wenn das Versteigerungsgericht sie den Verfahrensbeteiligten zum Zweck der Verlautbarung förmlich zugestellt hat; der Verfahrensfehler führt allerdings zur Aufhebung der Entscheidung im Beschwerdeverfahren, wenn sie auf der Verletzung des Verfahrensrechts beruht, ohne den Fehler also anders ausgefallen wäre.[39]

Auch eine **Bietabsprache** (negatives Bietabkommen[40]) kann zur Zuschlagsversagung führen (zur Ausbietungsgarantie s. → § 66 Rdn. 54). Ein negatives Bietab- 23

---

28 BGH, Rpfleger 2007, 331 = WM 2007, 655.
29 BGH, Rpfleger 2008, 433 = NJW-RR 2008, 1018 = NZM 2008, 541 = ZfIR 2008, 468 mit Anm. *Zimmer.*
30 BGH, Beschluss vom 21.11.2013, V ZB 109/13, Rpfleger 2014, 215, Bestätigung von BGH, Beschluss vom 18.3.2010, V ZB 124/09, Rpfleger 2010, 437; Aufgabe von BGH, Beschluss vom 8.11.2012, V ZB 124/12, BGHZ 195, 292, 297 Rdn. 11 = Rpfleger 2013, 225.
31 OLG Hamm, Rpfleger 1990, 131 = MDR 1990, 347.
32 Die Prozessfähigkeit des betreibenden Gläubigers ist eine Vollstreckungsvoraussetzung, OLG Stuttgart, Rpfleger 1996, 36.
33 Eine Verschlechterung des Grundstücks zwischen Versteigerung und Zuschlag rechtfertigt mit Rücksicht auf § 56 Satz 3 keine Versagung des Zuschlags, LG Frankfurt a.M., Rpfleger 1989, 296.
34 KG, JW 1930, 2814.
35 OLG Hamm, Rpfleger 1960, 410; OLG Nürnberg, NJW 1954, 722.
36 OLG Düsseldorf, Rpfleger 1994, 429.
37 BGH, Beschluss vom 17.8.2011, V ZB 128/11, NJW-RR 2011, 1459.
38 BGH, Beschluss vom 7.4.2011, V ZB 207/10, Rpfleger 2011, 544 = NJW-RR 2011, 953.
39 BGH, Beschluss vom 15.12.2011, V ZB 124/11, Rpfleger 2012, 337.
40 Vgl. *Droste,* MittRhNotK 1995, 37 ff.; *Storz,* ZVG B 5.3.1.1.

kommen hat den Zweck, Bietinteressenten vom Bieten abzuhalten, um damit einem anderen einen möglichst günstigen Erwerb zu ermöglichen, indem die Gebote relativ klein gehalten oder sogar ganz ausgeschaltet werden. Sittenwidrig ist ein solches Bietabkommen u.a. dann, wenn die Konkurrenz der Bieter geschmälert wird, indem mindestens ein Bieter, der mehr als andere bieten wollte, von der Teilnahme am Termin abgehalten wird.[41] Ob eine solche Absprache sittenwidrig ist, ergibt sich jedoch regelmäßig nur aus den Umständen des Einzelfalles, insbesondere aus Inhalt Beweggrund und Zweck der Absprache.[42] Hierzu insgesamt → § 71 Rdn. 20.

24 Wer als Bieter im Zwangsversteigerungsverfahren eine ihm günstige Rechtslage in unlauterer Weise geschaffen hat, handelt **sittenwidrig**, wenn er diese Rechtslage ausnutzt, um zulasten anderer Vorteile zu erzielen. Wird in einem Zwangsversteigerungsverfahren der Zuschlag an einen zahlungsunfähigen oder jedenfalls zahlungsunwilligen Bieter herbeigeführt, damit ein Wiederversteigerungsverfahren stattfindet, in dem das Verschleuderungsverbot des § 85a Abs. 1 im Hinblick auf § 85a Abs. 3 vom Meistbietenden umgangen wird, ist der Zuschlag im Wiederversteigerungsverfahren zu versagen. Sofern ein Bieter mit diesen Absichten handelt, ist sein Verhalten sittenwidrig.[43] Beruht das Vorgehen des Bieters auf der Absprache mit einem Dritten, kann dieser in der Wiederversteigerung keine Vorteile daraus herleiten, denn auch im Zwangsversteigerungsverfahren darf niemand eine ihm günstige formelle Rechtslage ausnutzen, die er selbst in unlauterer Weise geschaffen hat, um zulasten anderer Vorteile zu erzielen.[44]

b) Verschleuderung

25 Weiter fällt unter Nr. 6 ein völlig unzureichendes Zwangsversteigerungsergebnis (**Verschleuderung**), dass bei Erteilung des Zuschlags zur Verletzung der Eigentumsgarantie aus Art. 14 GG führt.[45] Eine sittenwidrige Verschleuderung des Grundstücks (hierzu auch → § 81 Rdn. 35) ist durch die Mindestgrenze nach § 85a Abs. 1 zwar nicht beseitigt worden, aber doch stark eingeschränkt. Eine sittenwidrige Härte erfolgt **nicht** aus der Erwartung des Schuldners, aufgrund der Besonderheiten des Objekts werde der bei der Versteigerung zu erwartende Erlös weit unter dem Marktwert des Objekts liegen.[46] Eine Versagung des Zuschlags hat dann nicht zu erfolgen, wenn der Vermögensverlust des Schuldners durch den Zuschlag nicht außer Verhältnis zum Anspruch des Gläubigers steht und der anwaltlich vertretenen Schuldner den Verlust seines Vermögens erkannt und die Möglichkeit gehabt hat, verfahrensgerecht zu reagieren.[47] Bei der Gefahr einer Verschleuderung des Grundbesitzes kann sich die Pflicht ergeben, einen gesonderten Verkündungs-

---

41 LG Saarbrücken, Rpfleger 2000, 80.
42 OLG Celle, NJW 1969, 1764; OLG Köln, NJW 1978, 47; OLG Karlsruhe, Rpfleger 1993, 413; Steiner/*Storz*, § 66 Rdn. 46; *Stöber*, ZVG § 71 Rdn. 8.8.
43 Vgl. OLG Nürnberg, Rpfleger 1999, 87; LG Essen, Rpfleger 1995, 34; AG Bremen, Rpfleger 1999, 88; AG Dortmund, Rpfleger 1994, 119.
44 OLG Naumburg, Rpfleger 2002, 324.
45 BVerfG, NJW 1978, 368 = Rpfleger 1978, 206 = KTS 1978, 157; Rpfleger 1979, 296 = WM 1979, 641; ferner *Stöber*, Rpfleger 1976, 393; *Quack*, Rpfleger 1978, 617; *Schneider*, MDR 1979, 622. Nach OLG Celle, Rpfleger 1979, 390 kommt eine Versagung des Zuschlags nicht in Betracht, auch wenn das Ergebnis wesentlich niedriger liegt als der Verkehrswert.
46 OLG Hamm, Rpfleger 2002, 39.
47 OLG Schleswig, Rpfleger 1979, 470.

termin für den Zuschlag anzuberaumen, um dem Schuldner Gelegenheit zu geben, durch einen Vollstreckungsschutzantrag den Zuschlag zu verhindern, was insbesondere dann in Betracht kommt, wenn konkret dargelegt wird, dass mit einer günstigeren Verwertung zu rechnen ist[48] (hierzu auch → § 30a Rdn. 31 ff.). Unter Hinweis auf die Eigentumsgarantie des Grundgesetzes, sind die Gerichte verpflichtet, die Verhandlung fair zu führen und dem Eigentümer einen effektiven Rechtsschutz zu gewähren.[49]

Bei welchem Meistgebot tatsächlich von einer Verschleuderung des Grundstücks auszugehen ist, kann nur im Einzelfall entschieden werden. Da im ersten Termin zur Versteigerung des Grundstückes von Amts wegen eine $^5/_{10}$-Grenze zu beachten ist, § 85a Abs. 1, kann oberhalb dieser Grenze keine Verschleuderung des Grundstückes vorliegen.[50] Hieraus ist weiterhin zu schließen, dass der Gesetzgeber in den weiteren Versteigerungsterminen eine Zuschlagserteilung auch unter 50 % des Verkehrswertes für zulässig hält. Beträgt das Meistgebot zwar unter 50 % aber über 40 % des Grundstückswerts liegt noch keine Verschleuderung vor.[51] Der Zuschlag zu einem Meistgebot von etwa 39 % des Verkehrswertes stellt dann jedoch eine Verschleuderung dar, wenn aus der Abgabe eines bei 60 % des Wertes liegenden Meistgebotes in einem früheren Termin zu ersehen ist, dass auch ein höheres Gebot möglich erscheint.[52] Ein Gläubiger, der im ersten Versteigerungstermin die gesetzlichen Mindestgrenzen durch ein Eigengebot des Terminsvertreters zu Fall bringen lässt, kann gegen den Grundsatz des fairen Verfahrens verstoßen, wenn dann in einem späteren Termin das abgegebene Meistgebot nur 37 % des Grundstückswertes beträgt.[53] Liegt das Meistgebot jedoch unter einem Drittel des Grundstückswertes kann regelmäßig von einer Verschleuderung ausgegangen werden.[54] Eine drohende Verschleuderung des Grundstücks führt nur dann zur Versagung des Zuschlags, wenn der Zuschlag auf dem Verfahrensfehler beruht.[55] Konkret hatte das Vollstreckungsgericht den Zuschlag in Höhe von 26 % des Verkehrswertes erteilt. Dies kommt einer Verschleuderung des Grundbesitzes gleich. Andererseits handelte es sich bereits um den sechsten Versteigerungstermin nach einer mehr als fünfjährigen Verfahrensdauer. Beträgt das Meistgebot im dritten Zwangsversteigerungstermin lediglich 7 % des Verkehrswerts, ist das Vollstreckungsgericht bei Abwesenheit des Schuldners im Versteigerungstermin grundsätzlich verpflichtet, einen gesonderten Zuschlagstermin anzuberaumen. Hierdurch soll dem Schuldner Gelegenheit gegeben werden, durch einen Vollstreckungsschutzantrag den Zuschlag zu verhindern. Etwas anderes kann nur dann gelten, wenn der Vollstreckungsschutzantrag von vornherein aussichtslos ist.[56]

---

48 BVerfGE 46, 325 = Rpfleger 1978, 206; BGH, Rpfleger 2005, 151 = InVo 2005, 252 = MDR 2005, 353; LG Mönchengladbach, Rpfleger 2004, 436 = JurBüro 2004, 394.
49 BGH, Rpfleger 2005, 151 = NZM 2005, 139 = NZI 2005, 181 = JurBüro 2005, 213 = MDR 2005, 353 = WM 2005, 136 = ZfIR 2005, 295 mit Anm. *Dümig*.
50 OLG Hamm, Rpfleger 1992, 211 mit 56 % des Verkehrswertes; OLG Karlsruhe, Rpfleger 1993, 413 mit 62 % des Grundstückswertes; LG Augsburg, Rpfleger 2009, 40 mit 53 %.
51 OLG Hamm, Rpfleger 1976, 146; OLG Frankfurt, Rpfleger 1976, 25.
52 OLG Düsseldorf, Rpfleger 1989, 36; OLG Frankfurt, Rpfleger 1986, 25; OLG Celle, ZIP 1981, 1005; LG Krefeld, Rpfleger 1988, 375.
53 LG Neubrandenburg, Rpfleger 2005, 42 mit kritischer Anm. *Alff*.
54 BGH, Rpfleger 2011, 544 = NJW-RR 2011, 953 = WuB H. 10/2011 VI E. § 71 ZVG 1.11 *Hintzen*.
55 BGH, Beschluss vom 14.7.2011, V ZB 25/11, Rpfleger 2011, 682.
56 LG Mönchengladbach, Rpfleger 2004, 436 = JurBüro 2004, 394.

c) Faire Verfahrensführung, Hinweis- und Belehrungspflicht

27 Das Rechtsstaatsprinzip nach Art. 20 GG sichert den Beteiligten ein **faires Verfahren**. Gesichert werden soll hierdurch, dass Beteiligte weder mit Verfahrenstricks arbeiten, noch die Unwissenheit einzelner Beteiligter durch formale Positionen geschickt ausgenutzt wird. Der Schuldner, aber auch alle anderen Beteiligten, haben einen Anspruch auf eine faire Verfahrensführung[57]; eine Verletzung dieses Anspruchs stellt einen Versagungsgrund nach Nr. 6 dar. Die allgemeine prozessuale Fürsorgepflicht der Gerichte erfordert ein aktives Tun des Vollstreckungsgerichts im Einzelfall. Allgemein gilt, dass das Vollstreckungsgericht handelnd eingreifen muss, wenn das Verfahren unter Verletzung von Grundrechten das Verfahrensziel zu verfehlen droht.[58] Mit einem seltenen Fall der **„Nichtteilnahme am Termin"** musste sich das BVerfG[59] beschäftigen. Der Schuldner war zunächst im Versteigerungstermin persönlich anwesend. Kurz nach Eröffnung der Bietzeit betrat ein Gerichtsvollzieher in Begleitung von zwei Justizbeamten den Sitzungssaal und forderte den Schuldner auf, den Saal zu verlassen und in sein Geschäftszimmer mitzukommen. Der hiervon überraschte Schuldner leistete, auch im Hinblick auf die Anwesenheit der Wachtmeister, der Aufforderung Folge. Nachdem er im verschlossenen Dienstzimmer des Gerichtsvollziehers die eidesstattliche Versicherung abgegeben hatte – der Vorgang dauerte etwa 20 bis 30 Minuten –, ließ ihn der Gerichtsvollzieher wieder frei. Der Schuldner kehrte umgehend in den Sitzungssaal zurück, in dem die Versteigerung stattfand. Der Zuschlagsbeschluss war jedoch bereits verkündet worden. Das BVerfG hat den Zuschlag wieder aufgehoben. Der aus Art. 14 Abs. 1 GG resultierende Anspruch auf eine faire Verfahrensführung kann es gebieten, eine Ermessensentscheidung dahingehend zu treffen, ob ein Versteigerungstermin fortzusetzen, zu unterbrechen oder zu vertagen ist, wenn der Vollstreckungsschuldner aufgrund einer staatlichen Zwangsmaßnahme (hier: Verhaftung in einem Verfahren auf Abgabe der eidesstattlichen Versicherung) daran gehindert wird, von seinem Recht auf Anwesenheit und Wahrnehmung seiner Verfahrensrechte im Versteigerungstermin weiteren Gebrauch zu machen. Unklar bleibt, warum das Vollstreckungsgericht die Bietzeit nach Absprache mit dem Gerichtsvollzieher nicht verlängert hat oder nicht zumindest das Landgericht nicht zumindest die Rechtsbeschwerde zugelassen hat. Nach Ansicht des BGH[60] führen außerhalb des Versteigerungsverfahrens vereinbarte **Zuzahlungen des Meistbietenden** an den betreibenden Gläubiger, die diesen dazu veranlassen sollen, einen Einstellungsantrag nach § 74a Abs. 1 zurückzunehmen oder nicht zu stellen, die Rechte des Schuldners und führen zu einer Versagung des Zuschlags. Es ist ermessensfehlerhaft, wenn das Vollstreckungsgericht von einer Entscheidung über den Zuschlag im Versteigerungstermin nur deshalb absieht, weil der betreibende Gläubiger Gelegenheit erhalten möchte, mit dem Meistbietenden über eine solche Zuzahlung zu verhandeln. Ich vermag der generellen Aussage des BGH in dieser Form nicht zuzustimmen (hierzu → § 74a Rdn. 14).

28 Zur fairen Verfahrensführung gehört auch die **Frage-, Hinweis- und Aufklärungspflicht, § 139 ZPO**. Es ist völlig unbestritten, dass die Aufklärungs- und

---

57 BVerfG, NJW 1978, 368 = Rpfleger 1978, 206 = KTS 1978, 157; OLG Hamm, Rpfleger 1990, 85, hierzu *Hintzen*, Rpfleger 1990, 218.
58 So *Vollkommer*, Rpfleger 1976, 393.
59 BVerfG, Beschluss vom 8.3.2012, 2 BvR 2537/11, NJW 2012, 2500.
60 BGH, Beschluss vom 31.5.2012, V ZB 207/11, Rpfleger 2012, 640 mit Anm. *Ertle* Rpfleger 2013, 41.

Hinweispflicht zu einer der wichtigsten Amtspflichten im Zwangsversteigerungsverfahren zählt.[61] Die Verletzung der Hinweis- und Belehrungspflicht kann zur Zuschlagsversagung nach § 83 Nr. 6 führen (s. auch → § 66 Rdn. 42). Ein Verstoß des Vollstreckungsgerichts gegen die ihm im Zwangsversteigerungsverfahren obliegende Pflicht zur umfassenden tatsächlichen und rechtlichen Klärung aller für die Zuschlagsentscheidung erheblichen Gesichtspunkte führt zur Versagung des Zuschlags.[62] Das BVerfG[63] führt jedoch auch aus, dass nicht jeder Verstoß gegen die Hinweispflicht nach § 139 ZPO zugleich schon eine Verletzung des Art. 3 Abs. 1 oder des Art. 103 Abs. 1 GG darstellt. Eine allgemeine Frage- und Aufklärungspflicht des Richters oder Rechtspflegers lässt sich aus der Verfassung nicht ableiten.[64] § 139 ZPO geht in seiner Regelungsfolge über das durch Art. 103 Abs. 1 GG gewährleistete verfassungsrechtliche Minimum hinaus.[65] Das BVerfG geht im Zwangsversteigerungsverfahren von einem Verfassungsverstoß gegen Art. 3 Abs. 1 GG aber dann aus, wenn im konkreten Fall die Ausübung der Hinweispflicht aus Erwägungen verneint wird, die bei verständiger Würdigung der das Grundgesetz beherrschenden Gedanken nicht mehr verständlich ist und von daher den Schluss nahe legt, dass dies auf sachfremden Erwägungen beruht.[66] Auch für die Handhabung des Verfahrensrechts zieht danach das Willkürverbot der Ausfüllung der den Gerichten eingeräumten Ermessens- und Beurteilungsspielräume äußerste Grenzen. Das Verfahrensrecht dient der Herbeiführung gesetzmäßiger und unter diesem Blickpunkt richtiger, aber auch materiell gerechter Entscheidungen.

Auch darf das Versteigerungsgericht das Verfahrensrecht nicht **willkürlich** anwenden. Dies bedingt, dass das Versteigerungsgericht eine Hinweis- und Belehrungspflicht trifft, wobei die Grenzen immer durch die verfassungsrechtliche **Neutralitätspflicht** des Rechtspflegers gezogen werden muss.[67] Wo genau hierbei die Grenzen zu ziehen sind, kann nur im Einzelfall gesehen werden.[68] Wo, wann, wer zu belehren ist und welche konkreten Hinweise in welcher Verfahrenssituation durch das Versteigerungsgericht zu geben sind, wird immer eine Gratwanderung zwischen den unterschiedlichen Interessen der Beteiligten bleiben.[69] Es muss im gesamten Verfahren stets darauf geachtet werden, dass sich die Beteiligten *über alle erheblichen Tatsachen vollständig erklären* und *sachdienliche Anträge* stellen, ungenügende Angaben sind rechtzeitig zu *ergänzen*. In welcher Weise und in welchem Einzelfall die Aufklärungs- und Hinweispflicht auszuüben ist, lässt sich ge-

---

61 Vgl. auch BVerfG, NJW 1976, 1391 = Rpfleger 1976, 389; BVerfG, NJW 1978, 368 = Rpfleger 1978, 206 = *Vollkommer*, Rpfleger 1976, 393; *Schiffhauer*, Rpfleger 1978, 397; *Stöber*, ZVG Einl. 23.3.
62 BGH, Rpfleger 2007, 93 = WM 2006, 2316 = NJW-RR 2007, 165 = DNotZ 2007, 37 = WuB H. 3/2007 IV A. § 268 BGB 1.07 *Hintzen*.
63 BVerfG, Rpfleger 1993, 32 m. kritischer Anm. *Hintzen*.
64 Vgl. BVerfGE 66, 116, 147; 74, 1, 6.
65 Vgl. BVerfGE 60, 305, 310.
66 Vgl. BVerfGE 42, 64, 74 = Rpfleger 1976, 389. Bei Beachtung dieses Maßstabes sah das BVerfG im konkreten Fall Art. 3 Abs. 1 GG als verletzt an. Die Zuschlagserteilung beruhte auf einer unzulässigen Fortsetzung des Versteigerungsverfahrens nach der Unterlassung des gebotenen Hinweises in der vorgeschriebenen Anhörung über den Zuschlag. Das Unterbleiben des Hinweises war sachlich nicht mehr verständlich.
67 BVerfG, NJW 1976, 1391 = Rpfleger 1976, 389; BVerfG, NJW 1979, 538 = Rpfleger 1979, 12; *Vollkommer*, Rpfleger 1982, 1 ff.; *Muth*, Rpfleger 1986, 417; *Stöber*, ZVG Einl. Rdn. 7; *Böttcher*, Einl. Rdn. 32.
68 BVerfG, NJW 1976, 1391 = Rpfleger 1976, 389.
69 So *Hintzen*, Rpfleger 1993, 33, 34 in Anm. zu BVerfG.

nerell kaum festlegen. Das Gericht ist verpflichtet, jede Partei auf einen fehlenden Sachvortrag, den es als entscheidungserheblich ansieht, unmissverständlich hinzuweisen. Jeder Partei muss die Möglichkeit eröffnet werden, ihre Sachvorträge oder Anträge zu ergänzen. Es muss sichergestellt sein, dass jedem der Verfahrensbeteiligten der Verfahrensablauf, insbesondere der Terminsablauf, verständlich und nachvollziehbar ist. Auf jede Änderung und jede Besonderheit der Versteigerungsbedingungen ist ausdrücklich hinzuweisen und bei offensichtlichem Unverständnis oder Nichtverstehen nachzufragen. Dies ist unabhängig davon, ob die Beteiligten durch Rechtsanwälte vertreten werden oder nicht.

Beispiele:

- Kann der Schuldner aufgrund seines **Alters** und einer schweren **Gehbehinderung** den Zwangsversteigerungstermin nicht wahrnehmen, darf der Zuschlag nicht sofort erteilt werden, bevor nicht dem Schuldner ausreichend Gelegenheit gegeben wird, einen Vollstreckungsschutzantrag zu stellen, § 765a ZPO.[70]
- Entscheidet das Versteigerungsgericht erst mit der Zuschlagserteilung über einen seit Monaten vorliegenden Einstellungsantrag des Schuldners gemäß § 30a, liegt hierin ein Verstoß gegen den grundrechtlichen Anspruch auf **effektiven Rechtsschutz**.[71]
- Drängt sich in der Verhandlung über den Zuschlag die Vermutung auf, dass einer der Beteiligten die für ihn nachteiligen Folgen der Zuschlagserteilung (hier: **Erlöschen des dinglichen Rechtes** des bestbetreibenden Gläubigers bei Meistgebot eines nachrangigen Gläubigers) nicht erkennt, ist er auf die Rechtsfolgen hinzuweisen, um Anträge nach §§ 74a, 30 anzuregen.[72]
- Das Versteigerungsgericht darf keine offensichtlich unvollständigen und insgesamt **irreführende Auskünfte** (hier zur Verpfändung eines Nacherbenrechts) erteilen, andernfalls § 139 ZPO falsch angewandt wird. Nach ständiger Rechtsprechung des BGH kann sich aber der Bürger im Allgemeinen auf die Richtigkeit einer amtlichen Belehrung verlassen und braucht nicht klüger zu sein als der fachkundige Beamte selbst.[73]

---

70 BVerfG, NJW 1978, 368 = Rpfleger 1978, 206.
71 BVerfG, NJW 1979, 534 = Rpfleger 1979, 296.
72 BVerfG, Rpfleger 1993, 32 m. kritischer Anm. *Hintzen:* Nach dem Sachverhalt wurde das Verfahren von der Gl. III/2 (Mutter) betrieben und zwar bestrangig. Die Grundschuld III/1 blieb bestehen. Im Termin tritt für die Gl. deren Sohn auf und bietet 10.250,- €. Die nachrangige Gl. des Rechtes III/3 überbietet und bleibt mit 13.000,- € Meistbietende. Die Gl. III/2 rügt die Verfahrensweise des Rechtspflegers mit der Begründung, ihr Sohn sei im Termin falsch belehrt worden, er sei der Auffassung gewesen, dass bei einem Gebot der nachrangigen Gl. III/3 das eigene Recht III/2 bestehen bleiben würde; bei Kenntnis der wirklichen Sachlage hätte er bis zur Höhe des Rechtes III/2 mitgeboten, da sich in dieser Höhe eine nachträgliche Verrechnungsmöglichkeit geboten hätte.
73 BGH, Rpfleger 2000, 403 = NJW 2000, 3358. Konkret stellte der BGH fest, dass ein Nacherben- und Verpfändungsvermerk bei der Feststellung des geringsten Gebotes nicht hätte berücksichtigt werden dürfen. Infolgedessen war auch kein Zuzahlungsbetrag gem. §§ 50, 51 ZVG festzusetzen gewesen. In das geringste Gebot können nur Rechte am Grundstück aufgenommen werden, nicht aber ein Nacherbenvermerk, der lediglich eine Verfügungsbeschränkung zulasten des Vorerben beinhaltet. Der Ersteher ist daher zu einer Zuzahlung nicht verpflichtet. Bei richtiger Handhabung hätte der Ersteher somit ein wesentlich höheres Bargebot abgegeben. Aus den Gründen der Entscheidung ist erkennbar, dass der Kläger auf eine dem Vollstreckungsgericht überreichte Korrespondenz hinsichtlich der Problematik des Zuzahlungsbetrages verwiesen hat. Das Versteigerungsgericht hat aber offensichtlich hierzu unvollständige und insgesamt irreführende Auskünfte erteilt und somit § 139 ZPO falsch angewandt.

- Fehlende Belehrungen und Hinweise zur **Sicherheitsleistung** haben bereits mehrfach zur Zuschlagsversagung geführt. Werden Euroschecks nicht als taugliches Mittel zur Leistung einer Bietsicherheit zugelassen, muss dem Bieter Gelegenheit gegeben werden, binnen einer kurzen Frist diese Euroschecks bei einer nahe gelegenen Bank einzulösen (was mit Blick auf die unbare Zahlungsweise sich jetzt erledigt haben wird, hierzu → § 69 Rdn. 11 ff.). Das Gebot darf nicht sofort zurückgewiesen werden.[74] Andererseits ist zu berücksichtigen, dass nach dem Gesetz die Sicherheit sofort zu erbringen ist, § 70 Abs. 2 S. 1, andernfalls das Gebot zurückzuweisen ist, § 70 Abs. 2 S. 2. Die Höhe der Sicherheitsleistung wurde durch Gesetz vom 18.2.1998 (BGBl I 866) geändert und sollte mittlerweile allgemein bekannt sein. Wird von den Bietern Sicherheitsleistung in der gesetzlichen Höhe verlangt, kann ein späterer Bieter sich nicht darauf berufen, dass ihm die **Höhe** der Sicherheitsleistung nicht bekannt gewesen sei.[75] Es ist Sache des Bieters, den notwendigen Sicherheitsbetrag zu beschaffen. Das Vollstreckungsgericht ist nicht gehalten, einem Bieter, der seiner Obliegenheit zur Beschaffung einer Sicherheit nicht nachgekommen ist, im Termin noch Gelegenheit zu geben, diese noch während der Bietzeit beizubringen und – falls dafür erforderlich – die Frist zur Abgabe von Geboten zu verlängern[76] (hierzu → § 68 Rdn. 4).
- Bei der Zwangsversteigerung eines mit einem **Altenteil** belasteten Grundstücks trifft das Versteigerungsgericht die Amtspflicht gegenüber den beteiligten Gläubigern und den Bietern darauf hinzuweisen, dass das Altenteil nur dann erlischt, wenn dies ausdrücklich in den Versteigerungsbedingungen und im Zuschlagsbeschluss festgehalten ist.[77] Bei den bestehenden landesrechtlichen Besonderheiten zum Altenteil besteht für den Rechtspfleger im Versteigerungstermin eine Hinweispflicht auf die Besonderheiten des Altenteils gemäß § 9 EGZVG.[78]
- Der gesetzliche Vertreter oder der Prokurist einer juristischen Person hat seine **Vertretungsberechtigung** im Versteigerungstermin zur Gebotsabgabe durch Vorlage eines Handelsregisterauszuges neueren Datums oder einer entsprechenden Notarbescheinigung nachzuweisen; fehlt ein solcher Nachweis, soll das Vollstreckungsgericht verpflichtet sein, den Termin zu unterbrechen, um selbst beim Registergericht mit den zur Verfügung stehenden technischen Mitteln den Nachweis abzufragen[79] (als zu weitgehend abzulehnen, hierzu → § 71 Rdn. 37).
- Ist der **Rechtsanwalt** des Schuldners bei Ende der Bietzeit nicht anwesend, darf der Zuschlag nicht sofort erteilt werden, bevor nicht dem Anwalt Gelegenheit gegeben wurde, einen Antrag gem. § 765a ZPO zustellen, sofern dieser nicht offensichtlich aussichtslos ist.[80]
- Ist dem Rechtspfleger eine **Unrichtigkeit** des **Verkehrswertgutachtens** (hier: Ausweisung der Bruttomieten irrig als Nettomieten) bekannt, so hat er die Bietinteressenten, die regelmäßig ihre Investitionsüberlegungen vorwiegend auf dem Gutachten aufbauen, auf diesen Fehler hinzuweisen.[81]
- Werden zwei Parzellen, die im Wege des **Eigengrenzüberbaus** mit Aufbauten versehen worden sind, im Zwangsversteigerungsverfahren einzeln ausgeboten, obliegt

---

74 OLG Zweibrücken, Rpfleger 1978, 107, 108; OLG Celle, Rpfleger 1982, 388 = ZIP 1982, 954.
75 Brandenbg. OLG, Rpfleger 2001, 610.
76 BGH, Rpfleger 2006, 211 = NJW-RR 2006, 715 = WM 2006, 782.
77 BGH, Rpfleger 1991, 329.
78 So auch Steiner/Storz, § 82 Rdn. 13; *Böttcher*, § 52 Rdn. 12, § 66 Rdn. 22; *Eickmann*, § 16 IV 2d; vielfach wird auch empfohlen, das Bestehenbleiben eines nachrangigen Altenteils ausdrücklich in den Zuschlagsbeschluss aufzunehmen, obwohl die Aufnahme der gesetzlichen Versteigerungsbedingungen an sich nicht zwingend erforderlich ist.
79 OLG Hamm, Rpfleger 1990, 85 u. 218 m. kritischer Anm. *Hintzen*.
80 OLG Celle, Rpfleger 1979, 116 = KTS 1979, 320.
81 OLG Oldenburg, Rpfleger 1989, 381.

dem Rechtspfleger gegenüber den Bietern die Amtspflicht, darauf hinzuweisen, dass nach gefestigter höchstrichterlicher Rechtsprechung das Eigentum an den Aufbauten ausschließlich demjenigen Bieter zufällt, der das Stammgrundstück erwirbt.[82] Die Überbausituation ist vergleichbar mit der Situation, wenn der Bieter das Grundstück mit einer Belastung zu erwerben droht, die nach seiner Vorstellung mit dem Zuschlag erlöschen sollte.[83]

- Allein der zutreffende Hinweis des Rechtspflegers vor Beginn der Bietzeit, möglicherweise komme es zu einer **Verfahrenseinstellung**, ist jedoch auch dann nicht von Bedeutung, wenn infolge dieses Hinweises etwaige Bieter den Saal verlassen.[84] Kann aus den gesamten Vorgängen vor dem Versteigerungstermin geschlossen werden, dass bei dem betreibenden Gläubiger eine grundsätzliche Bereitschaft zur Einstellung des Verfahrens besteht, ist hierauf hinzuweisen und zwar schon aus der anerkannten Fürsorgepflicht gegenüber den Bietenden und im Termin anwesenden Interessenten. Falls es tatsächlich zu einer Einstellung des Verfahrens, möglicherweise durch Bewilligungserklärungen im Termin, gekommen wäre, hätte ohne die vorherige Aufklärung des Rechtspflegers über den Verfahrensstand auch bei den anwesenden Bietern eine gewisse Irritation eintreten können.

- Im Falle der **Rechtsnachfolge auf Gläubigerseite** setzt die Fortsetzung des Verfahrens durch den Rechtsnachfolger die Zustellung der diesem gemäß § 727 Abs. 1 ZPO erteilten vollstreckbaren Ausfertigung des Vollstreckungstitels an den Schuldner voraus; die Nachholung dieser Zustellung im Zuschlagsbeschwerdeverfahren lässt den Zuschlagsversagungsgrund nach § 83 Nr. 6 ZVG nicht mit Rückwirkung auf den Zeitpunkt des Versteigerungstermins entfallen, macht allerdings die Fortsetzung des Versteigerungsverfahrens durch den neuen Gläubiger jedenfalls ex nunc zulässig.[85]

- Weicht das Vollstreckungsgericht aufgrund der im Verkündungstermin vorgelegten Erklärungen (hier: Aufdeckung verdeckter Vollmacht) von einer zuvor in einem Telefongespräch geäußerten Rechtsmeinung ab, so hat es hierzu auch die im Verkündungstermin nicht anwesenden Beteiligten zu hören, andernfalls ein Verstoß gegen die Hinweispflicht vorliegt.[86]

- Es liegt ein Verstoß gegen den verfassungsrechtlich geschützten Anspruch auf eine faire Verfahrensdurchführung vor, wenn in einer vom Vollstreckungsgericht veran-

---

82 OLG Köln, Rpfleger 1996, 77. Nach Auffassung des OLG Köln handelt es sich zwar nicht um eine „spezielle Konsequenz" aus bestimmten Vorschriften des Zwangsversteigerungsrechts, sondern um Wirkungen des materiellen Rechts. Auf diesen Unterschied kommt es aber für die Beurteilung der Hinweispflicht nicht an. Maßgebend sind die Bedeutung der Sache, die Interessenlage und der jeweilige Kenntnisstand der Beteiligten. Das Interesse des Bieters ist erkennbar darauf gerichtet, möglichst genau und zuverlässig abschätzen zu können, welchen Gegenwert er für sein Gebot im Falle des Zuschlags erhält. Dabei fällt die Bewertung des Grundstücks einschließlich der Beschaffung der dazu erforderlichen Kenntnisse, wozu auch die Einholung von Rechtsrat gehören kann, wenn die Bewertung von der Klärung bestimmter Rechtsfragen abhängig ist, zwar regelmäßig in den Aufgaben- und Risikobereich des Bieters. Bei rechtsunkundigen Personen besteht aber die Gefahr, dass sie einen bewertungsrelevanten rechtlichen Aspekt gar nicht erkennen und deshalb keinen Anlass sehen, sich rechtlich beraten zu lassen. Solche Personen, aber auch Rechtskundige, die sich erkennbar in einem Irrtum befinden, sind auf Hinweise des Gerichts angewiesen. Das OLG betont in seiner Entscheidung ausdrücklich, dass der Rechtspfleger mit den Überbauregeln vertraut sein muss, da jeder Amtsinhaber über diejenigen Rechts- und Verwaltungskenntnisse verfügen muss, die zur Führung seines Amtes erforderlich sind (BGH, VersR 1984, 849, 850; NJW 1981, 2759, 2760).
83 BGH, NJW 1991, 2759.
84 LG Heilbronn, Rpfleger 1996, 78.
85 OLG Hamm, Rpfleger 2000, 171.
86 LG Bonn, Rpfleger 1989, 211.

lassten Veröffentlichung der Terminsbestimmung in der örtlichen Tagespresse die Uhrzeit unzutreffend mit 14 Uhr statt richtig mit 13 Uhr wiedergegeben und gleichwohl bereits um 13.45 Uhr der Schluss der Versteigerung verkündet worden ist.[87]
- Eine Verletzung des Willkürverbots kommt in Betracht, wenn im konkreten Fall ein einfachrechtlich gebotener und für den Betroffenen besonders **wichtiger Hinweis** im Zwangsversteigerungsverfahren unterblieben ist. Das Bestehen der **Antragsberechtigung** nach § 74a Abs. 1 Satz 1 ist nicht von einer Anmeldung des Rechts nach § 9 Nr. 2 abhängig. Nach Ansicht des BVerfG[88] hat das Amtsgericht die Beschwerdeführerin in ihrem aus Art. 3 Abs. 1 GG folgenden Grundrecht auf willkürfreie Rechtsanwendung verletzt, indem es sie im Versteigerungstermin nach Stellung des Antrags auf Versagung des Zuschlags gemäß § 74a Abs. 1 Satz 1 und vor Verkündung des diesen Antrag (konkludent) zurückweisenden Zuschlagsbeschlusses nicht auf das aus seiner Sicht für das Bestehen eines Antragsrechts notwendige Erfordernis einer (ausdrücklichen) Anmeldung der Grundschuld nach § 9 Nr. 2 hingewiesen hat.
- Die zivilprozessuale Hinweispflicht erfordert nicht allgemeine Ausführungen über die Rechte der Beteiligten, sondern kommt in erster Linie zum Tragen, wenn das Gericht Anlass zu der Annahme hat, dass ein Beteiligter die Rechtslage falsch einschätzt und ihm deshalb ein Rechtsnachteil droht.[89] Nach dem Sachverhalt geht es u.a. um die Frage, ob der Verzicht des Schuldners (= Miteigentümer zu $^1/_2$ Anteil) auf das Einzelausgebot der beiden Miteigentumsanteile wirksam ist oder nicht. Für eine Aufklärung des Schuldners über die rechtliche Wirkung seiner Zustimmung zu dem Antrag der Beteiligten, die beiden Miteigentumshälften nur gemeinsam unter Verzicht auf Einzelausgebote auszubieten, bestand kein Anlass. Es gab keine Anhaltspunkte, die darauf hindeuteten, dem Schuldner könnte der Unterschied zwischen einem Einzelausgebot und einem Gesamtausgebot nicht bekannt gewesen sein oder er könnte sich darüber im Unklaren gewesen sein, dass seine Zustimmung zu dem Antrag der Beteiligten das Unterbleiben eines Einzelausgebots zur Folge hat.

Es liegt jedoch kein Verfahrensverstoß vor, wenn: 30
- über einen Antrag auf Zuschlagsversagung nach § 765a ZPO erst mit der Zuschlagserteilung entschieden wurde. Die Vorlage eines notariellen **Kaufvertragsentwurfs** und die Bestimmung eines Beurkundungstermins unter Bezeichnung noch nicht erfüllter Bedingungen ist nicht ausreichend, um ernsthafte Verkaufsverhandlungen glaubhaft zu machen.[90]
- wenn der Rechtspfleger mit dem Versteigerungstermin pünktlich beginnt, obwohl der Vertreter des Schuldners vorher sein verspätetes Erscheinen bereits angekündigt hatte.[91]
- die Soll-Vorschrift des § 30b Abs. 4 nicht beachtet wurde. Der Fehler begründet nur dann einen Zuschlagsversagungsgrund, wenn schutzwürdige Belange des Schuldners beeinträchtigt worden sind. Die unterbliebene Belehrung über das Recht, einen Einstellungsantrag nach § 30a zu stellen, steht der Erteilung des Zuschlags grundsätzlich nicht entgegen.[92]

Hat das Vollstreckungsgericht den Zuschlag im ersten Termin nach § 85a 31 Abs. 1 – ohne dass dies angefochten worden ist – versagt, obwohl es das Gebot wegen Rechtsmissbrauchs nach § 71 Abs. 1 hätte zurückweisen müssen, so richtet sich das weitere Verfahren nicht danach, wie bei richtiger Beurteilung zu verfahren

---

87 OLG Oldenburg, InVo 2001, 348.
88 BVerfG, Beschluss vom 26.10.2011, 2 BvR 1856/10, Rpfleger 2012, 217.
89 BGH, Beschluss vom 10.10.2013, V ZB 181/12, Rpfleger 2014, 95.
90 LG Bayreuth, Rpfleger 2001, 367.
91 OLG Hamm, Rpfleger 1994, 428.
92 BGH, Rpfleger 2009, 403 = WM 2009, 903.

gewesen wäre, sondern nach der formell rechtskräftig gewordenen, wenn auch falschen Zwischenentscheidung.[93] Trotz eines Verfahrensfehlers durch das Vollstreckungsgericht (hier: Fortsetzung des Verfahrens von Amts wegen, obwohl es eigentlich eines Antrages bedurft hätte) kann der Zuschlag erteilt werden, wenn der betreibende Gläubiger bei der Anhörung über den Zuschlag (§ 74) das Verfahren genehmigt. Die Genehmigung kann auch mit der Zustimmung des Gläubigers zur Erteilung des Zuschlags an den Meistbietenden erklärt sein. Die fehlerhafte Fortsetzung des Verfahrens von Amts wegen führt nicht zu einem Zuschlagsversagungsgrund nach § 83 Nr. 6, da für das Vollstreckungsgericht sich das weitere Verfahren nach der formell rechtskräftig gewordenen Zwischenentscheidung bestimmt.[94] Die Amtspflicht des Versteigerungsgerichts zur Einhaltung der gesetzlichen Vorschriften im Zwangsversteigerungsverfahren schützt auch den **Meistbietenden**; er ist mithin „Dritter" im Sinne des § 839 BGB. Der Schutzzweck dieser Amtspflicht umfasst jedoch nicht den entgangenen Gewinn, wenn der Zuschlagsbeschluss wegen eines Zustellungsfehlers wieder aufgehoben wird. Verletzt der Rechtspfleger (als Beamter) vorsätzlich oder fahrlässig die ihm einem Dritten gegenüber obliegende Amtspflicht, so hat er dem Dritten den daraus entstehenden Schaden zu ersetzen, § 839 Abs. 1 S. 1 BGB.[95] Bereits nach der Rechtsprechung des Reichsgerichts und in ständiger weiterer Rechtsprechung betont der **BGH**[96], das die Amtspflichten des das Zwangsversteigerungsverfahren leitenden Rechtspflegers zur Einhaltung der gesetzlichen Vorschriften auch gegenüber dem **Meistbietenden** gelten, er ist Dritter im Sinne des § 839 BGB.

32 Vor diesem Hintergrund obliegen dem Versteigerungsgericht aber grundsätzlich keine Amtspflichten gegenüber dem **Zedenten** eines zur Sicherheit an den Vollstreckungsgläubiger abgetretenen **Grundpfandrechts**. Ungeachtet der fiduziarischen Natur des Rechtsverhältnisses zwischen Sicherungsgeber und Sicherungsnehmer bestehen zwischen beiden grundsätzlich nur schuldrechtliche Beziehungen, während nach außen der Sicherungsnehmer alleiniger Rechtsinhaber ist. Am Verfahren zur Zwangsversteigerung nimmt als Hypotheken- oder Grundschuldgläubiger allein der Sicherungsnehmer teil.[97]

33 Bei der Festsetzung des geringsten Gebots obliegen die Amtspflichten des Vollstreckungsgerichts allerdings auch gegenüber dem Vollstreckungsschuldner.[98]

d) Ablehnung wegen Befangenheit

34 Gibt der Rechtspfleger aufklärende oder belehrende Hinweise, insbesondere im Hinblick auf sich ändernde Verfahrensbedingungen, wird hierin von Beteiligten häufig ein Misstrauen gegen die Unparteilichkeit gesehen. Wird der Rechtspfleger wegen Besorgnis der Befangenheit abgelehnt, hindert dies aber nicht die weitere Durchführung des Verfahrens vor der Entscheidung über das Ableh-

---

93 BGH, Rpfleger 2007, 617 = NJW 2007, 3360 = WM 2007, 1747.
94 BGH, Rpfleger 2010, 226 = NJW 2010, 2217.
95 BGH, WM 2001, 872, 873.
96 BGH, Rpfleger 2002, 38 = NJW-RR 2002, 307 = KTS 2002, 189 = MDR 2001, 1350 = WM 2002, 92 = InVo 2001, 416 = ZfIR 2001, 1028.
97 BGH, Rpfleger 2001, 609 = NJW-RR 2002, 124 = KTS 2002, 187 = MDR 2001, 1351 = WM 2001, 1711 = InVo 2001, 417 = ZfIR 2001, 777.
98 BGH, Rpfleger 2000, 403 = NJW 2000, 3358 = DNotZ 2000, 705 = FamRZ 2000, 1149 = KTS 2000, 665 = MDR 2000, 883 = WM 2000, 1023 = InVo 2000, 434 = ZfIR 2000, 828.

nungsgesuch (§ 47 ZPO), solange keine konkrete Entscheidung zu treffen ist.[99] Die Hinweis- oder Aufklärungspflicht führt jedoch nicht zur einseitigen Parteinahme.[100] Selbst Verfahrensverstöße oder fehlerhafte Entscheidungen lassen nicht immer den Schluss der Befangenheit zu.[101] Dies gilt auch, wenn der Rechtspfleger das Terminsprotokoll bereits vorbereitet hat.[102] Eine unverbindliche Äußerung seiner Rechtsmeinung begründet weder die Besorgnis der Befangenheit noch handelt es sich um eine beschwerdefähige Entscheidung.[103] Die rechtsmissbräuchliche Ablehnung des Rechtspflegers kann nicht als sonstiger – der Zuschlagserteilung einstweilen entgegenstehender – Grund i.S.v. § 83 Nr. 6 anerkannt werden; das gilt auch dann, wenn der Rechtspfleger davon abgesehen hat, das Ablehnungsgesuch vor der Entscheidung über den Zuschlag selbst als unzulässig zu verwerfen[104] (hierzu insgesamt → § 66 Rdn. 20 ff.).

7. Nr. 7
a) Frist zur öffentlichen Bekanntmachung

Eine Verletzung der Bekanntmachungsfrist des § 43 Abs. 1 führt zur Zuschlagsversagung. Die Zwangsversteigerung darf nur dann erfolgen, wenn der Zwangsversteigerungstermin mindestens 6 Wochen (nach einstweiliger Einstellung 4 Wochen) vorher öffentlich bekannt gemacht worden ist den (hierzu § 39). Diese Fristen müssen auch im Falle der Terminsverlegung (§ 227 ZPO; s.a. → § 66 Rdn. 9 ff.) eingehalten werden.[105] Die vollständige Terminsbestimmung muss, soweit es sich um ihren wesentlichen Inhalt handelt, veröffentlicht werden (→ § 37 Rdn. 4 ff. mit Beispielen zur Zuschlagsversagung). Das *LG Rostock*[106] sieht bei der Herausnahme von Inventargegenständen aus der Versteigerung und der Änderung des Verkehrswertes eine Verletzung von § 43 Abs. 1 (Terminsbekanntmachung) mit der Folge der Zuschlagsversagung nach § 83 Nr. 7.

35

Ein völliges Unterlassen der öffentlichen Bekanntmachung im Amtsblatt bzw. Internet ist ein absoluter Zuschlagsversagungsgrund[107], wenn nicht ein Fall des § 39 Abs. 2 vorliegt. Zur Verletzung des § 43 Abs. 1, wenn der Zwangsversteigerungstermin an einer anderen Stelle als der in der Bekanntmachung angekündigt stattfindet und nichts ausreichende Maßnahme getroffen wurden, damit jeder Beteiligte und Interessent dem neuen Versteigerungsort findet hier → § 66 Rdn. 6 ff. Ein Verstoß gegen die Ordnungsvorschriften der §§ 38, 40, 41 Abs. 2 oder gegen die aufgrund des § 6 EGZVG erlassenen Vorschriften führt nicht zur Versagung des Zuschlags.

b) Nichteinhaltung der Bietzeit

Wird die Bietzeit nach § 73 Abs. 1 nicht eingehalten, liegt ein absoluter Zuschlagsversagungsgrund vor (hierzu → § 73 Rdn. 2). Unterlässt es der Rechtspfle-

36

---

99 *Hintzen* in Arnold/Meyer-Stolte/Rellermeyer/Hintzen/Georg, § 10 Rdn. 21.
100 BVerfG, NJW 1976, 1391 = Rpfleger 1976, 389 m. Anm. *Stöber* und *Vollkommer* = FamRZ 1976, 439.
101 BayObLG, Rpfleger 1980, 193.
102 LG Göttingen, Rpfleger 1976, 55.
103 KG, FamRZ 1979, 322; BayObLG, Rpfleger 1998, 67.
104 BGH, Rpfleger 2007, 619 = NJW-RR 2008, 216.
105 OLG Celle, MDR 1954, 557.
106 Rpfleger 2011, 625.
107 OLG Hamm, Rpfleger 1979, 32 = NJW 1979, 170.

ger, nach dem letzten Gebot vor der Erteilung des Zuschlags nochmals zur Abgabe von Geboten aufzufordern, obwohl die Möglichkeit besteht, dass ein weiteres Gebot abgegeben wird, stellt dies auch einen Verstoß gegen § 73 Abs. 1 S. 2 dar, der nach § 83 Nr. 7 zur Versagung des Zuschlags führt.[108]

37 Zur Einhaltung der Bietzeit, wenn mehrere Verfahren in einem Termin (sog. überlappende oder zeitgleiche Terminierung) durchgeführt werden, siehe → § 66 Rdn. 16 ff.

8. Nr. 8

38 Die Einfügung von Nr. 8 (hierzu → Rdn. 2) wird kurz wie folgt begründet: *§ 83 bedarf infolge der Einfügung des § 68 Abs. 4 ebenfalls der Ergänzung.* Diese Schlussfolgerung ist nicht richtig. Hierbei wird die Gesamtstruktur des ZVG offensichtlich nicht erkannt.[109] Ein wirksames Gebot bleibt solange bestehen, bis ein wirksames Übergebot zugelassen wird und ein Beteiligter der Zulassung nicht sofort widerspricht (§ 72 Abs. 1 Satz 1). Die Zulassung des Übergebots bewirkt das Erlöschen des früheren Gebots. Ein unwirksames Gebot ist zurückzuweisen, § 71 Abs. 1. Hängt die Wirksamkeit eines Gebots vom Nachweis einer geforderten Sicherheitsleistung ab, muss diese sofort geleistet werden, § 70 Abs. 2 Satz 1, andernfalls das Gebot zurückgewiesen wird, § 70 Abs. 2 Satz 3. Infolge der Neuregelung in § 68 Abs. 4 wird der Zeitpunkt der Entscheidung über die Wirksamkeit des Gebots lediglich hinausgeschoben, die Entscheidung ist nicht sofort nach Abgabe des Gebots zu treffen, sondern mit der Entscheidung über den Zuschlag. Wird die erhöhte Sicherheitsleistung bis zur Entscheidung über den Zuschlag nicht erbracht, ist das Gebot unwirksam und nach § 70 Abs. 2 Satz 3 zurückzuweisen. Da nunmehr kein Übergebot vorliegt, ist das darunter liegende Gebot endgültig wirksam und Grundlage für die Zuschlagsentscheidung. An dieser grundsätzlichen Systematik der Abgabe, Wirksamkeit und Erlöschen von Geboten hat sich auch durch die Einfügung von Abs. 4 in § 68 nichts geändert. Liegt mangels Nachweises einer geforderten Sicherheitsleistung kein wirksames Gebot vor, kann hierauf denklogisch auch kein Zuschlag erteilt werden. Die Einfügung von Nr. 8 in § 83 ist überflüssig, die zu treffende Entscheidung ergibt sich bereits zwingend aus dem Zusammenspiel der §§ 70–72.[110]

39 Der Gesetzgeber ist aufgefordert, **Nr. 8 von § 83 wieder aufzuheben**, die gesetzessystematisch korrekte Anwendung dieser Norm führt (1) zu einem nicht gewollten Ergebnis bei der Zuschlagsentscheidung und (2) zu einer Regelungslücke im Beschwerderecht.

40 (1) Vor der Zuschlagsentscheidung hat das Vollstreckungsgericht von Amts wegen die Gesetzmäßigkeit des Verfahrens nachzuprüfen. Hierbei ist das Vollstreckungsgericht an eigene Vorentscheidungen nicht gebunden, § 79. Die zu prüfenden Verfahrensmängel, die zur Versagung des Zuschlags führen können, ergeben sich aus § 83. Hierbei ist zu unterscheiden:

---

108 OLG Karlsruhe, Rpfleger 1998, 79.
109 Man könnte auch sagen: nicht verstanden; anders lassen sich die Fehlleistungen hinsichtlich der Auswirkungen der geänderten Vorschriften (§ 68 Abs. 4, § 69 Abs. 4, § 72 Abs. 4) nicht erklären; hierzu *Hintzen/Alff*, Pfleger 2007, 233 ff.
110 So auch Löhnig/*Cranshaw*, § 83 Rdn. 51; letztlich auch *Stöber*, ZVG § 83 Rdn. 5, der aber offen lässt, welchen Regelungssinn die Nr. 8 ergeben soll.

- Mängel nach Nr. 1 bis 5 sind heilbar, wenn durch den Zuschlag das Recht eines Beteiligten nicht beeinträchtigt wird, § 84,
- Mängel nach Nr. 6 und 7 sind unheilbar; Gleiches gilt nach der Neuregelung auch für einen Mangel nach Nr. 8 (der aber dem Grunde nach einen heilbaren Mangel nach § 84 darstellt).

Insbesondere bei den in Nr. 6 und 7 geregelten Fällen zeigt sich die Formstrenge des ZVG besonders deutlich. Liegt ein Mangel nach Nr. 6 und 7 (hierzu zuvor) vor, bleibt die wirtschaftliche Interessenlage der Beteiligten nahezu unberücksichtigt mit der Folge, dass auf ein wirtschaftlich vernünftiges Meistgebot dennoch nicht der Zuschlag erteilt werden darf. Mängel nach Nr. 6 und 7 sind im Beschwerdeverfahren von Amts wegen zu berücksichtigen, § 100 Abs. 3, und führen grundsätzlich zur Aufhebung der den Zuschlag erteilenden Entscheidung.[111] Unter Berücksichtigung dieser bestehenden Gesetzessystematik des ZVG ist bei der Anwendung von Nr. 8 der Zuschlag zu versagen. Hierbei bezieht sich die Zuschlagsversagung im Hinblick auf den Verfahrensmangel auf das Verfahren insgesamt. Dieses Ergebnis ist sicherlich nicht gewollt. Beabsichtigt war die Versagung des Zuschlags auf das Gebot, das mangels Nachweis der erhöhten Sicherheitsleistung nach § 68 Abs. 2 und 3, nicht wirksam ist; damit sollte jedoch eine generelle Versagung des Zuschlags nicht verbunden sein. Allerdings sind die Gerichte gehalten, die Gesetze so anzuwenden, wie sie Gesetz geworden sind und nicht, wie sie beabsichtigt oder gewollt sind.

(2) Die Verkennung der Gesamtsystematik des ZVG zeigt sich weiter darin, dass die Folgewirkung der Einfügung von Nr. 8 im Beschwerderecht nicht fortgeführt oder übersehen wurde; von einer bewussten Nichtregelung kann nicht ausgegangen werden. Die maßgeblichen Gesetzesverletzungen, mit denen die Beschwerde begründet werden kann, werden in § 100 grundsätzlich abschließend aufgezählt. Nach den Vorstellungen des Gesetzgebers sind materiell ob die Fälle berücksichtigt, in denen sich die unrichtige Entscheidung über den Zuschlag auf eine Gesetzesverletzung zurückführen lässt (hierzu → Rdn. 1, 2). Das Beschwerdegericht muss von Amts wegen prüfen, ob die Versagungsgründe nach § 83 Nr. 6, 7 vorliegen. Insoweit findet § 100 Abs. 2 keine Anwendung. Der Rechtsmittelführer muss durch den Zuschlag selbst nicht beschwert sein.[112] Auf die wirtschaftliche Interessenlage der Beteiligten kommt es nicht an, selbst das Meistgebot kann wirtschaftlich noch so gut sein, Mängel nach Nr. 6 und 7 führen aus rechtsstaatlichen Gründen grundsätzlich zur Aufhebung der den Zuschlag erteilenden Entscheidung. Dies ist auch der Grund, warum die Versagungsgründe nach § 83 Nr. 6, 7 nicht heilbar sind, § 84. Ein Mangel i.S.v. Nr. 8 ist nach der bestehenden Gesetzeslage, da in § 84 nicht aufgeführt, ein nicht heilbarer Mangel, der zwingend zur Versagung des Zuschlags führt. Allerdings ist er wiederum kein so gravierender Mangel, dass er im Rahmen eines Beschwerdeverfahrens von Amts wegen zu prüfen ist, da § 100 Abs. 3 eine entsprechende Regelung nicht vorsieht (so jedenfalls die derzeitige Gesetzeslage). Dieser Widerspruch ist nicht zu erklären.

Da die Neuregelung in Nr. 8 in § 83 im Kontext mit § 84 und § 100 systemwidrig, und auch vom Ergebnis her überflüssig ist (zuvor → Rdn. 39), sollte sie um-

---

111 Zuletzt BGH, Rpfleger 2007, 93 = WM 2006, 2316.
112 OLG Köln, Rpfleger 1989, 298; OLG Koblenz, NJW 1959, 1833; LG Itzehoe, SchlHA 1969, 232.

gehend wieder aufgehoben werden. Den Gerichten kann nur empfohlen werden, eine Versagung des Zuschlags nicht über Nr. 8 von § 83 zu treffen (zur Entscheidung über den Zuschlag s. → § 72 Rdn. 20).

III. Folgen der Zuschlagsversagung

44 Wird der Zuschlag gemäß § 83 versagt, hat dies nicht einen neuen Zwangsversteigerungstermin von Amts wegen zur Folge. Das Vollstreckungsgericht muss abwarten, ob der Gläubiger einen Antrag auf Fortsetzung des Verfahrens stellt, sofern dieser zulässig ist (siehe hierzu § 86).

§ 84 »Keine Versagung des Zuschlags«

(1) Die im § 83 Nr. 1 bis 5 bezeichneten Versagungsgründe stehen der Erteilung des Zuschlags nicht entgegen, wenn das Recht des Beteiligten durch den Zuschlag nicht beeinträchtigt wird oder wenn der Beteiligte das Verfahren genehmigt.
(2) Die Genehmigung ist durch eine öffentlich beglaubigte Urkunde nachzuweisen.

I. Allgemeines

Die in § 83 aufgeführten Zuschlagsversagungsgründe hat das Vollstreckungsgericht von Amts wegen zu beachten. Liegen die in § 83 Nr. 1–5 aufgeführten Mängel vor, sind Umfang und Person der Beeinträchtigung festzustellen. Es ist prozessökonomisch unsinnig, bei Vorliegen bestimmter Mängel den Zuschlag zu versagen, obwohl niemand beeinträchtigt ist oder ein Beeinträchtigter das fehlerhafte Verfahren genehmigt. § 84 entspricht somit nicht nur einem praktischen Bedürfnis, sondern wird auch dem Sinn und Zweck des Verfahrens gerecht, ein wirtschaftlich gutes Ergebnis auch zu sichern. Bei den Versagungsgründen nach § 83 Nr. 6 und 7 sind Beeinträchtigung und Beeinträchtigte unbekannt; daher sind diese Mängel unheilbar, sie führen ausnahmslos zu Versagung des Zuschlags (zu Nr. 8 von § 83 s. dort → Rdn. 38 ff.). Notwendige Folge ist, dass sie das Beschwerdegericht von Amts wegen zu berücksichtigen hat (§ 100 Abs. 3), während Mängel der Nrn. 1–5 nur auf Rüge des Beeinträchtigten zu beachten sind.

II. Keine Beeinträchtigung durch Verfahrensmängel
1. Beeinträchtigung von Beteiligten

Mängel der in § 83 Nr. 1–5 bezeichneten Art hindern den Zuschlag nicht, wenn das Recht des Beteiligten durch den Zuschlag nicht oder nicht infolge des Mangels beeinträchtigt wird. Liegt ein Verfahrensmangel vor, ist zunächst festzustellen, ob er unter die Nrn. 1–5 des § 83 fällt (wegen Einzelheiten s. dort). Bei Vorliegen von Mängel der Nrn. 6, 7 muss der Zuschlag zwingend versagt werden (zu Nr. 8 von § 83 s. dort → Rdn. 38 ff.). Allerdings sieht der BGH dies im Falle der Nr. 6 nicht immer so streng. Die **Ausfertigung des Titels** muss spätestens im Versteigerungstermin, aber auch grundsätzlich im gesamten Verfahren vorliegen; legt der Gläubiger die Ausfertigung aber erst spätestens im Verfahren über die Zuschlagsbeschwerde vor, so ist der Zuschlag dennoch nicht zu versagen, wenn festgestellt wird, dass der Titel während des gesamten Zwangsversteigerungsverfahrens unverändert Bestand hatte.[1] Diese Aussage ist im Zusammenhang mit Nr. 6 missverständlich. Ein Versagungsgrund nach Nr. 6 ist unheilbar. Daran, as das Gesetz, sind auch die Gerichte gebunden. Der BGH bringt – oder will – zum Ausdruck bringen, dass kein Versagungsgrund gegeben ist, wenn der Titel nachträglich vorgelegt wird. Dann aber hätte ein Versagungsgrund nach Nr. 5 näher gelegen; hier wäre auch eine Heilung möglich. Ein weiteres Mal weicht der BGH Fehler nach Nr. 6 auf, wenn es sich um einen Verfahrensfehler handelt, der aber durch Nachholung der unterbliebenen Förmlichkeit geheilt werden kann und wenn Rechte von Beteiligten nicht beeinträchtigt werden. Das trifft in der Regel für Mängel bei

---

1 BGH, Rpfleger 2004, 368 = NJW-RR 2004, 1366 = MDR 2004, 774 = WM 2004, 838 = InVo 2004, 293 = ZfIR 2004, 489; kritisch *Stöber*, ZVG § 83 Rdn. 2.1.

der Titelzustellung zu (hier: unterbliebene Zustellung der Vollmacht für eine Vollstreckungsunterwerfung).[2]

3   Werden Verfahrensmängel festgestellt, die den Nrn. 1–5 des § 83 zuzuordnen sind, ist zu prüfen, ob durch den Mangel ein Beteiligter beeinträchtigt wird. Die Möglichkeit einer Beeinträchtigung reicht bereits aus.[3] Nur wenn eine Beeinträchtigung mit *an Gewissheit grenzender Wahrscheinlichkeit ausgeschlossen* ist, kann der Zuschlag erteilt werden[4], ansonsten ist eine Genehmigung nach Abs. 2 erforderlich. Der Zuschlag kann auch bei fehlerhafter Berechnung des bar zu zahlenden Teils des geringsten Gebotes erteilt werden, wenn auch bei richtiger Berechnung ein anderes Meistgebot nicht abgegeben worden wäre.[5] Keine Beeinträchtigung ist darin zu sehen, dass durch den Zuschlag in der Person des Erstehers ein anderer dinglicher Schuldner an die Stelle des Bisherigen tritt[6], denn auf dem Eigentumswechsel hat der Berechtigte auch bei rechtsgeschäftlicher Veräußerung keinen Einfluss. Ebenfalls keine Beeinträchtigung liegt vor, wenn ein Recht bestehen bleibt oder aus dem Zwangsversteigerungserlös voll befriedigt wird, anders aber, wenn der Beteiligte Anspruch auf Bestehenbleiben seines Rechts hat und durch das Meistgebot nach Zuschlagserteilung abgefunden werden soll[7] oder umgekehrt.

4   Eine Beeinträchtigung wird nicht dadurch ausgeschlossen, dass ein Beteiligter oder der Meistbietende dem von einem Verfahrensmangel betroffenen Beteiligten eine entsprechende Sicherheit anbietet.

5   Sind die Zwangsversteigerungsbedingungen unter Verstoß gegen § 59 abgeändert worden, kann derjenige, der auch sonst keinerlei Aussicht auf Befriedigung gehabt hätte, eine Versagung des Zuschlags nicht verlangen, auch nicht mit der Begründung, dass bei einem möglicherweise höheren Gebot der Schuldner weniger Schulden hätte und sich dadurch die Aussichten des ausgefallenen Beteiligten auf spätere Realisierung seiner Forderung gebessert hätten.[8]

6   Wird der **bestrangig betreibende Gläubiger abgelöst** und das Verfahren aus dieser Rangposition eingestellt, hat sich im Nachhinein das geringste Gebot geändert; hierin ist regelmäßig ein Verfahrensmangel nach § 83 Nr. 1 zu sehen. Ob dieser Mangel der Erteilung des Zuschlags allerdings entgegensteht, da möglicherweise keine Beeinträchtigung eines Beteiligten vorliegt, ist umstritten (hierzu umfassend → § 33 Rdn. 10).

2. Beeinträchtigung des Schuldners

7   Die Rechte des Schuldners (neu eingetretenen Eigentümers, § 9 Nr. 2) werden beeinträchtigt, wenn es ohne den Mangel nicht zur Erteilung des Zuschlags käme oder wenn bei fehlerfreiem Verfahren ein besseres Ergebnis zu erwarten wäre. Eine Rechtsbeeinträchtigung des Schuldners liegt bereits dann vor, wenn nicht ausgeschlossen werden kann, dass bei einer erneuten Versteigerung aufgrund eines

---

2   BGH, Rpfleger 2008, 433 = NJW-RR 2008, 1018 = NZM 2008, 541 = ZfIR 2008, 468 mit Anm. *Zimmer*.
3   *Stöber*, ZVG § 84 Rdn. 2.2.
4   OLG Hamm, Rpfleger 1985, 246.
5   OLG Köln, Rpfleger 1990, 176 mit Anm. *Storz*; LG Frankfurt a.M., Rpfleger 1988, 494 = NJW-RR 1988, 1267.
6   A.A. LG Berlin, WM 1959, 1205.
7   AG Bamberg, Rpfleger 1968, 98.
8   OLG Stuttgart, Rpfleger 1988, 200.

anderweitig festgesetzten Verkehrswertes ein höheres Meistgebot erzielt werden kann.⁹

Da der Zuschlag trotz des Mangels nur erteilt werden darf, wenn eine ursächliche Beeinträchtigung nicht vorliegt, kann die Beeinträchtigung des Schuldners nur dann als ausgeschlossen gelten, wenn der Mangel ausschließlich das Recht eines anderen betrifft, der das Verfahren genehmigt oder selbst nicht vom Mangel beeinträchtigt wird. Dadurch, dass das Meistgebot den Grundstückswert erreicht oder sogar übersteigt, wird die Beeinträchtigung des Schuldners nicht ausgeschlossen. Nur weil der Schuldner die Ladung zum Versteigerungstermin nicht erhalten hat, soll der Zuschlag nicht zu versagen bzw. aufzuheben sein; zwar liegt hierin ein Mangel nach § 83 Nr. 1, § 43 Abs. 2, aber es liegt keine Beeinträchtigung vor. Eine Beeinträchtigung des Schuldners kann regelmäßig mit einer an Sicherheit grenzenden Wahrscheinlichkeit ausgeschlossen werden, da es auch bei Anwesenheit des Schuldners im Termin kein besseres Ergebnis der Zwangsversteigerung geben wird.¹⁰ Dies ist jedoch abzulehnen, da es sich um eine unbewiesene Prognose handelt und im Übrigen auch kein Verstoß gegen § 83 Nr. 1, sondern gegen Nr. 6 vorliegt, die unheilbar ist.¹¹

III. Genehmigung des Verfahrens

1. Genehmigungserklärung

Die Genehmigung des Verfahrens muss von dem Beteiligten (auch vom Schuldner) erklärt werden, der vom Mangel betroffen ist. Die Genehmigung ist eine Prozesshandlung, die auch der Prozessbevollmächtigte vornehmen kann (seine Vollmacht bedarf nicht der Form nach Abs. 2) und muss entweder gegenüber dem Vollstreckungsgericht erklärt und protokolliert werden, oder durch einen notariell beglaubigte oder eine notariell beurkundete Erklärung nachgewiesen werden. Die Befugnis des Vollstreckungsgerichts zur Protokollierung der Erklärung im Zwangsversteigerungstermin oder auch im Verkündungstermin nach § 87 ist durch das BeurkG nicht beseitigt worden.¹²

Die Genehmigung kann nur bis zur Verkündung der Entscheidung über den Zuschlag erklärt bzw. nachgewiesen werden.¹³

2. Stillschweigende Genehmigung

Eine stillschweigende Genehmigung ist ausgeschlossen. Das Schweigen eines Beteiligten bei der Verhandlung gem. § 74 hat keine Genehmigungswirkung, auch wenn der Beteiligte den Mangel kennt. Zwar ist jede Erklärung eines Beteiligten auslegungsfähig, wird die Genehmigung jedoch aus einer anderen Erklärung des Beteiligten abgeleitet, muss diese der Form nach Abs. 2 entsprechen. Das Vollstreckungsgericht kann im Rahmen seiner Hinweis- und Belehrungspflicht nach § 139 ZPO verpflichtet sein, Genehmigungen anzuregen, um wirtschaftliche Nachteile eines Beteiligten abzuwenden.

---

9   OLG Hamm, Rpfleger 2000, 120 = InVo 2000, 182.
10 So LG Berlin, Rpfleger 1997, 123.
11 So auch *Stöber*, ZVG § 84 Rdn. 2.4.
12 Hierzu *Hornung*, Rpfleger 1972, 210.
13 *Böttcher*, § 84 Rdn. 3.

3. Wirkung der Genehmigung

12 Die Genehmigung ist unwiderruflich.[14] Wird sie erteilt, kann der Betroffene den Mangel nicht mehr mit der Beschwerde gegen die Zuschlagserteilung geltend machen. Der Zuschlag kann jedoch dann angefochten werden, falls die Genehmigung nicht uneingeschränkt erklärt wurde.

---

14 *Stöber*, ZVG § 84 Rdn. 3.2.

§ 85 »Versagung des Zuschlags bei Antrag auf neuen Versteigerungstermin«

(1) ¹Der Zuschlag ist zu versagen, wenn vor dem Schlusse der Verhandlung ein Beteiligter, dessen Recht durch den Zuschlag beeinträchtigt werden würde und der nicht zu den Berechtigten des § 74a Abs. 1 gehört, die Bestimmung eines neuen Versteigerungstermins beantragt und sich zugleich zum Ersatze des durch die Versagung des Zuschlages entstehenden Schadens verpflichtet, auch auf Verlangen eines anderen Beteiligten Sicherheit leistet. ²Vorschriften des § 67 Abs. 3 und des § 69 sind entsprechend anzuwenden. ³Die Sicherheit ist in Höhe des bis zum Verteilungstermin zu berichtigenden Teils des bisherigen Meistgebots zu leisten.

(2) Die neue Terminsbestimmung ist auch dem Meistbietenden zuzustellen.

(3) Für die weitere Versteigerung gilt das bisherige Meistgebot mit Zinsen von dem durch Zahlung zu berichtigenden Teile des Meistgebots unter Hinzurechnung derjenigen Mehrkosten, welche aus dem Versteigerungserlöse zu entnehmen sind, als ein von dem Beteiligten abgegebenes Gebot.

(4) In dem fortgesetzten Verfahren findet die Vorschrift des Absatzes 1 keine Anwendung.

I. Allgemeines

Vorübergehende Umstände können dazu führen, dass das Zwangsversteigerungsergebnis hinter dem Grundstückswert erheblich zurückbleibt und deshalb eine Zuschlagserteilung zu einer wirtschaftlichen Beeinträchtigung von Beteiligten führen wird. Dem will § 85 – der in allen Versteigerungsverfahren gilt – dadurch begegnen, dass er unter größtmöglicher Absicherung der anderen Beteiligten einen neuen Zwangsversteigerungstermin erzwingbar macht. Dabei ist das Risiko des den Antrag gem. § 85 stellenden Beteiligten erheblich; regelmäßig kann er die Anberaumung eines neuen Zwangsversteigerungstermins – bei Berücksichtigung der Lage im Einzelfall – mit wesentlich geringerem Risiko in anderer Weise, z.B. durch Bewilligung der einstweiligen Einstellung, Rücknahme des Zwangsversteigerungsantrags (evtl. in Verbindung mit einer Ablösung des bestrangig betreibenden Gläubigers) nach Schluss der Versteigerung erreichen. Aus diesem Grunde hat § 85 keine praktische Bedeutung erlangen können; einer ersatzlosen Streichung steht nichts im Wege.

Durch das Zweite Gesetz zur Modernisierung der Justiz (2. JuModG) vom 22.12.2006 (BGBl I 3416) wurde Abs. 1 Satz 3 neu formuliert. Die Änderung ist Folge der Änderung des § 49. Zum Zeitpunkt des Inkrafttretens vgl. § 186.

II. Zuschlagsversagung
1. Allgemein

Voraussetzungen der Zuschlagsversagung nach § 85 sind:

- Antrag eines Beteiligten,
- Ausschluss anderer von Amts wegen zu beachtender Zuschlagsversagungsgründe (z.B. nach §§ 81, 83, 85a),
- Übernahme der Schadensersatzpflicht,
- auf Verlangen Sicherheitsleistung.

2. Antrag auf Zuschlagsversagung

4 Den Antrag auf Versagung des Zuschlags kann ein **Beteiligter** (§ 9) stellen, dessen Recht durch den Zuschlag beeinträchtigt werden würde und der nicht zu den Berechtigten nach § 74a Abs. 1 gehört. Beteiligte sind somit der Gläubiger, die ihm gleich- oder nachstehenden Berechtigten, der Schuldner oder auch ein neu eingetretener Eigentümer. Ob eine Beeinträchtigung vorliegt, muss im Einzelfall mittels einer genauen Berechnung geprüft werden. Auf die Motive des Antragstellers kommt es nicht an; deshalb kann ein Versagungsantrag nicht aus dem Grunde zurückgewiesen werden, weil er erkennbar in Verschleppungsabsicht gestellt worden ist. Bei gleichzeitigem Antrag nach § 74a Abs. 1 und § 85, ist vorrangig über den von dem Besserrangigen gestellten Antrag nach § 74a zu entscheiden.[1]

5 (Randnummer nicht belegt.)

6 Antragsberechtigt ist auch der **Schuldner** (neu eingetretene Eigentümer, § 9 Nr. 2), wenn er dadurch beeinträchtigt wird, dass das Meistgebot den Grundstückswert nicht erreicht. Beim Grundstückswert ist von dem nach § 74a Abs. 5 festgesetzten Wert auszugehen. Der Schuldner ist auch dann beeinträchtigt, wenn ein Gläubiger ausfällt, dem er persönlich haftet, aber nicht schon dadurch allein, dass er das Eigentum durch den Zuschlag verliert, weil das durch die Wiederholung der Versteigerung und ein besseres Ergebnis nicht ausgeschlossen wird. Stellt der Schuldner den Antrag nach § 85 in Täuschungsabsicht in einer Form, die nicht ohne Weiteres erkennen lässt, dass es sich um einen Antrag nach § 85 handelt, kann der Schuldner die Anfechtung des Zuschlags nicht darauf stützen, dass § 85 unbeachtet geblieben ist.[2] Stellt er einen Antrag auf Versagung des Zuschlags, ist es auch für das Vollstreckungsgericht naheliegender, hierin einen Antrag nach § 765a ZPO zu sehen[3]. Das Vollstreckungsgericht ist im Einzelfall zu Hinweisen und Aufklärung gem. § 139 ZPO verpflichtet.

3. Zeitpunkt des Antrages

7 Der Antrag auf Versagung des Zuschlags kann nur im Zwangsversteigerungstermin vor Schluss der Verhandlung über den Zuschlag (§ 74) gestellt werden, nicht auch in einem besonderen Verkündungstermin nach § 87. Der Antrag ist zu protokollieren, danach kann er nicht mehr zurückgenommen werden (der Antrag gilt als Gebot, Abs. 3). Die erschienenen Beteiligten sind zu dem Antrag zu hören.

4. Übernahme der Schadensersatzpflicht

8 Zugleich mit der Stellung des Antrags auf Versagung des Zuschlags muss der Beteiligte die Schadensersatzpflicht übernehmen (Abs. 1 Satz 1). Eltern, Vormund, Pfleger Betreuer benötigen dazu die **betreuungs- bzw. familiengerichtliche Genehmigung**.[4] Die Übernahme der Schadensersatzpflicht steht nach Abs. 3 einem abgegebenen Gebot gleich. Deshalb ist die Übernahmeerklärung des erschienenen Beteiligten in das Protokoll über die Zwangsversteigerung aufzunehmen oder in notariell beglaubigter Form nachzuweisen[5]. Auch muss ein Bevollmächtigter

---

1 *Stöber*, ZVG § 74a Rdn. 11.2; *Böttcher*, § 85 Rdn. 1; a.A. Steiner/*Storz*, § 74a Rdn. 63.
2 KG, JW 1934, 2633.
3 Hierzu OLG Oldenburg, KTS 1974, 240 mit Anm. *Mohrbutter*, der in diesem Fall die Umdeutung allerdings für sehr bedenklich hält.
4 So auch Steiner/*Storz*, § 85 Rdn. 9; *Stöber*, ZVG § 85 Rdn. 2.2; *Böttcher*, § 85 Rdn. 6.
5 A.A. *Stöber*, ZVG § 85 Rdn. 2.3.

durch notariell beglaubigte Urkunde seine Berechtigung zur Übernahme der Schadensersatzverpflichtung nachweisen.

5. Schadensersatz

Die Erklärung (zuvor → Rdn. 8) erzeugt kraft Gesetzes für jeden Beteiligten den Anspruch auf Ersatz des ihm durch die Versagung des Zuschlags entstehenden Schaden. Er kann dadurch entstehen, dass: 9

- im neuen Zwangsversteigerungstermin überhaupt kein zulässiges Gebot erzielt wird, oder
- das Meistgebot im neuen Termin die Ansprüche der Beteiligten in geringerem Umfang deckt. Das kann infolge Anwachsens von Nebenleistungen und in der Anmeldung neuer Ansprüche begründet sein. Ersatzberechtigt ist jeder Beteiligte, der bei der 2. Versteigerung einen Ausfall erleidet, den er bei der 1. Versteigerung nicht erlitten haben würde, und zwar in Höhe dieses Ausfalls.

In beiden Fällen trägt der Ersatzpflichtige die Gefahr des zufälligen Untergangs und der zufälligen Verschlechterung des Grundstücks. Gegen die Ersatzpflicht kann er einwenden, dass der Zuschlag im 1. Termin auch ohne seinen Antrag nicht hätte erteilt werden dürfen. Eventuelle Ersatzansprüche sind außerhalb des Zwangsversteigerungsverfahrens geltend zu machen. 10

6. Sicherheitsleistung

Zur Sicherheitsleistung ist der Ersatzpflichtige, wenn er nicht nach § 67 Abs. 3 oder nach § 10 EGZVG befreit ist, nur auf Verlangen eines anderen Beteiligten verpflichtet. Für die Höhe der Sicherheitsleistung ist Abs. 1 Satz 3 und für die Art der Sicherheitsleistung § 69 maßgebend. Das Verlangen nach Sicherheit kann nur ihm Zwangsversteigerungstermin gestellt werden. Die Sicherheit ist bis zur Entscheidung über den Zuschlag (somit nach der Änderung zu § 69 Abs. 4 wohl nur in einem Verkündungstermin) zu leisten. Die Rückgabe richtet sich nach § 109 ZPO. 11

7. Zuschlagsversagung, neuer Termin

Liegen die Voraussetzungen vor (zuvor → Rdn. 3 ff.) ist der Zuschlag zu versagen, das Meistgebot erlischt. Es ist von Amts wegen ein neuer Versteigerungstermin zu bestimmen. Es gelten die Vorschriften der §§ 36–43. Die Terminsbestimmung ist auch dem (bisherigen) Meistbietenden zuzustellen (Abs. 2). Für den neuen Termin ist regelmäßig ein neues geringstes Gebot aufzustellen, dass im Regelfall höher ausfallen wird. Die bisherigen Anmeldungen bleiben wirksam, weitere Anmeldungen sind ohne Rangverlust (§ 110) zulässig. 12

III. Fiktion eines Gebotes des Antragstellers (Abs. 3)

Da durch die Versagung des Zuschlags die bisherigen Gebote erloschen sind, könnte möglicherweise im 2. Termin überhaupt kein Gebot abgegeben werden auf das der Zuschlag erteilt werden könnte. Der Gläubiger hätte dann nur den Schadensersatzanspruch. Abs. 3 regelt daher, dass das bisherige Meistgebot zuzüglich 4 % Zinsen (§ 49 Abs. 2 ZVG, § 246 BGB) vom Bargebot (gerechnet vom 1. Zwangsversteigerungstermin einschließlich bis zum 2. Termin, der Tag selbst nicht eingerechnet) und die dem Erlös zu entnehmenden Mehrkosten (Kosten der 13

Bekanntmachung usw.) als Gebot des Antragstellers im neuen Termin gilt, und zwar auch dann, wenn er in diesem 2. Termin nicht erscheint.

14 Abs. 3 versagt, wenn das fingierte Gebot das neu festgesetzte geringste Gebot nicht erreicht oder wenn das Ausgebot unter anderen Zwangsversteigerungsbedingungen erfolgt als im 1. Termin. In diesem Fall bleibt nur die Schadensersatzpflicht übrig, wenn kein zulässiges oder kein Gebot erreicht wird, dass die Ansprüche der Beteiligten in gleichem Umfang decken wie das Meistgebot des 1. Termins. Tritt der Antragsteller im 2. Termin als Bieter auf, ist er für sein neues Gebot – ohne Rücksicht auf die nach § 85 Abs. 1 geleistete Sicherheit – nach den gesetzlichen Regeln erneut zu Sicherheit auf Verlangen verpflichtet.

IV. Grundsatz der Einmaligkeit (Abs. 4)

15 Für eine Versagung des Zuschlags gem. § 85 Abs. 1 gilt nach Abs. 4 der Grundsatz der Einmaligkeit. Dadurch wird eine Verfahrensverschleppung verhindert.

V. Zuschlagsversagung im 2. Termin

16 Wird der Zuschlag in 2. Termin versagt, z.B. gem. §§ 33 oder 83, schließt dies eine Fortsetzung des Verfahrens nicht aus. § 77 Abs. 1 Satz 1 gilt insoweit nicht. Der Gläubiger kann die **Fortsetzung** der Zwangsversteigerung gem. § 86 betreiben. Wird das Verfahren fortgesetzt, wirkt die Fiktion des Gebots des Antragstellers gem. Abs. 3 und seine Schadensersatzpflicht auch für das fortgesetzte Verfahren fort.

17 Die Versagung des Zuschlags gem. § 85 Abs. 1 ist streng zu unterscheiden von einer **Verlegung** des Zwangsversteigerungstermins (hierzu → § 66 Rdn. 9) und der **Unterbrechung** (hierzu → § 66 Rdn. 11).

§ 85a »Versagung des Zuschlags bei zu geringem Meistgebot«

(1) Der Zuschlag ist ferner zu versagen, wenn das abgegebene Meistgebot einschließlich des Kapitalwertes der nach den Versteigerungsbedingungen bestehenbleibenden Rechte die Hälfte des Grundstückswertes nicht erreicht.

(2) ¹§ 74a Abs. 3, 5 ist entsprechend anzuwenden. ²In dem neuen Versteigerungstermin darf der Zuschlag weder aus den Gründen des Absatzes 1 noch aus denen des § 74a Abs. 1 versagt werden.

(3) Ist das Meistgebot von einem zur Befriedigung aus dem Grundstück Berechtigten abgegeben worden, so ist Absatz 1 nicht anzuwenden, wenn das Gebot einschließlich des Kapitalwertes der nach den Versteigerungsbedingungen bestehenbleibenden Rechte zusammen mit dem Betrage, mit dem der Meistbietende bei der Verteilung des Erlöses ausfallen würde, die Hälfte des Grundstückswertes erreicht.

Übersicht   Rdn.
I.   Allgemeines   1
II. Zuschlagsversagung (Abs. 1)...   5
     1. Allgemein   5
     2. Voraussetzung...   7
     3. Scheingebot...   8
     4. Verlangen nach Sicherheitsleistung.............................   13
     5. Orientierung am Grundstückswert   14
     6. Hinzurechnung der bestehen bleibenden Rechte   15
     7. Mehrere Grundstücke   18
     8. Zuschlagsversagungsbeschluss   20
III. Zuschlagserteilung nach Abs. 3....................................   23
     1. Allgemein   23
     2. Befriedigungsberechtigter aus dem Grundstück..................   25
     3. Feststellung des Ausfallbetrages   26
     4. Zwischenrechte..   29
     5. Hinweis- und Belehrungspflicht.................................   30
     6. Abtretung der Rechte aus dem Meistgebot   31
     7. Meistgebot in verdeckter Vertretung   35
IV. Weiteres Verfahren nach Zuschlagsversagung.........................   36
V.   Grundsatz der Einmaligkeit   39

I. Allgemeines

Ein unzureichendes Zwangsversteigerungsergebnis kann zur Versagung des Zuschlags[1] führen (**Verschleuderung**), hierzu → § 83 Rdn. 25. Die Bestimmung des § 85a ist durch das Gesetz vom 1.2.1979 (BGBl I 127) eingeführt worden. Ziel des Gesetzes ist, insbesondere den Schuldner vor einer Verschleuderung des Grundstücks zu schützen. Eine sittenwidrige Verschleuderung des Grundstücks ist durch die Mindestgrenze nach § 85a Abs. 1 zwar nicht beseitigt worden, aber doch stark eingeschränkt. Da im ersten Termin zur Versteigerung des Grundstücks von Amts wegen die $^5/_{10}$-Grenze zu beachten ist (Abs. 1), kann oberhalb

---

1 BVerfG, NJW 1978, 368 = Rpfleger 1978, 206 = KTS 1978, 157; Rpfleger 1979, 296 = WM 1979, 641; ferner *Stöber*, Rpfleger 1976, 393; *Quack*, Rpfleger 1978, 197; *Schneider*, MDR 1979, 622. Nach OLG Celle, Rpfleger 1979, 390 kommt eine Versagung des Zuschlags nicht in Betracht, auch wenn das Ergebnis wesentlich niedriger liegt als der Verkehrswert.

dieser Grenze keine Verschleuderung des Grundstücks vorliegen.[2] § 85a schließt die Anwendung des § 765a ZPO zwar nicht aus, reduziert seine Anwendungsmöglichkeit jedoch erheblich.

2   Um Verfahrensverzögerungen, die als Folge einer Versagung des Zuschlags gemäß Abs. 1 eintreten und die für die Beteiligten, insbesondere für die Gläubiger, wirtschaftliche Nachteile haben können, werden dadurch in Grenzen gehalten, dass für die Anwendung von Abs. 1 der **Grundsatz der Einmaligkeit** gilt (Abs. 2 Satz 2). Verstärkt wird dieser Grundsatz noch dadurch, dass diese Einmaligkeit kombiniert wird mit der dann ebenfalls ausgeschlossenen Versagungsmöglichkeit des Zuschlags gem. § 74a Abs. 1.

3   Für den Fall, dass ein Beteiligter Meistbietender bleibt, der einen Anspruch auf Befriedigung aus dem Erlös hat und damit ganz oder teilweise ausfällt, gibt Abs. 3 eine Sonderregelung und lässt die Erteilung des Zuschlags auch dann zu, denn das Meistgebot 50 % des Grundstückswerts nicht erreicht. Diese Regelung steht in unmittelbarem Zusammenhang mit § 114a.

4   § 85a gilt in allen Zwangsversteigerungsverfahren. Im Falle der Zwangsversteigerung von Seeschiffen schließt § 169a die Anwendung des § 85a aus.

II. Zuschlagsversagung (Abs. 1)

1. Allgemein

5   Der Zuschlagsversagungsgrund nach Abs. 1 ist absolut zwingend. Die Beteiligten können auf die Anwendung von Abs. 1 nicht verzichten, auch nicht eine entsprechende abweichende Zwangsversteigerungsbedingung nach § 59 erwirken.[3] Auf die Interessenlage des betreibenden Gläubigers kommt es, anders als im Fall des § 74a Abs. 1, hier nicht ein.

6   Liegen die Voraussetzungen der Zuschlagsversagung nach Abs. 1 vor, bewilligt jedoch der bestbetreibende Gläubiger nach Schluss der Versteigerung die einstweilige Einstellung des Verfahrens oder nimmt er seinen Zwangsversteigerungsantrag zurück, ist der Zuschlag gem. § 33 zu versagen. Die Dispositionsbefugnis des Gläubigers hat Vorrang vor der von Amts wegen vorzunehmenden Zuschlagsversagung nach Abs. 1. Hierdurch kann der Gläubiger den Wegfall der 50 % oder 70 %-Grenze verhindern. Ein Gläubiger handelt auch nicht rechtsmissbräuchlich, wenn er im Versteigerungstermin zunächst ein nicht zuschlagsfähiges Gebot abgibt und dann nach Schluss der Versteigerung Versagung des Zuschlags nach § 74a Abs. 1 beantragt.[4]

2. Voraussetzung

7   Die Versagung des Zuschlags gemäß Abs. 1 erfolgt von Amts wegen. Voraussetzung ist ein wirksames (bares) Meistgebot, dass einschließlich des Kapitalwertes der nach den Zwangsversteigerungsbedingungen bestehen bleibenden Rechte 50 % des Grundstückswertes (§ 74a Abs. 5) nicht erreicht hat. Nach § 66 Abs. 1 hat das Vollstreckungsgericht vor der Aufforderung zur Abgabe von Geboten den

---

2   OLG Hamm, Rpfleger 1992, 211 mit 56 % des Verkehrswertes; OLG Karlsruhe, Rpfleger 1993, 413 mit 62 % des Grundstückswertes; LG Augsburg, Rpfleger 2009, 40 mit 53 %; s. auch → § 83 Rdn. 25, 26.
3   So auch *Stöber*, ZVG § 85a Rdn. 2.8.
4   OLG Koblenz, Rpfleger 1999, 407.

festgesetzten Wert des Grundstücks bekannt zu machen. Bei dieser Gelegenheit wird es gem. § 139 ZPO auf die Bedeutung des festgesetzten Grundstückswerts im Hinblick auf die Möglichkeiten der Zuschlagsversagung sowohl gem. § 74a als auch § 85a hinweisen (hierzu → § 66 Rdn. 34 ff.).

3. Scheingebot

In der gerichtlichen Praxis wird der „erste" Zwangsversteigerungstermin häufig dazu benutzt, die Grenzen der §§ 74a und 85a zu beseitigen, um im nächsten Zwangsversteigerungstermin den Erwerb des Grundstücks unterhalb von 50 % des Grundstückswertes zu versuchen (vielfach tritt dieser Effekt jedoch tatsächlich nicht ein). Werden im Zwangsversteigerungstermin keine Gebote von Interessenten abgegeben, geben die Terminsvertreter der Gläubiger ein Gebot *im eigenen Namen* unter 50 % des Verkehrswertes ab, um so die Versagung des Zuschlags zu erreichen.[5] Gebote, die erkennbar unwirksam sind, müssen sogleich zurückgewiesen werden (hierzu → § 71 Rdn. 9). Ein unter 50 % des Grundstückswertes liegendes Gebot kann grundsätzlich nicht als **Scheingebot** zurückgewiesen werden; das darf auch dann nicht geschehen, wenn es erkennbar in der Absicht abgegeben wurde, die Grenze nach Abs. 1 zu beseitigen.[6] Gebote in der Zwangsversteigerung, die unter der Hälfte des Grundstückswerts liegen, sind nicht allein aus diesem Grund unwirksam und zurückzuweisen. Gibt ein an dem Erwerb des Grundstücks interessierter Bieter ein solches Gebot nur ab, um die Rechtsfolgen des § 85a Abs. 1 und Abs. 2 ZVG herbeizuführen, ist das weder rechtsmissbräuchlich noch ist das Gebot unwirksam oder ein Scheingebot.[7] Der *BGH*[8] betont ausdrücklich, dass das Gebot auch nicht dadurch unwirksam wird, wenn der Bieter dies ausschließlich in der Absicht abgibt, einen weiteren Versteigerungstermin zu erreichen. Der Bieter gibt kein Scheingebot ab. Er nimmt lediglich die von dem Gesetz eröffnete Möglichkeit wahr, das Grundstück nach einer Zuschlagsversagung in einem weiteren Termin für weniger als die Hälfte des Grundstückswerts zu ersteigern.

Dies gilt allerdings nicht, wenn der anwesende Vertreter eines Gläubigers ein sog. Eigengebot abgibt. Das **Eigengebot des Gläubigervertreters** ist rechtsmissbräuchlich und deshalb unwirksam, weil es ausschließlich zu dem Zweck abgegeben wird, die Wertgrenze des § 85a Abs. 1 in einem neuen Versteigerungstermin zu Fall zu bringen.[9] Der BGH führt u.a. aus, dass vieles dafür spricht, dass dem Gläubiger bei der Abgabe taktischer Gebote engere Grenzen gezogen sind und dass er bereits dann rechtsmissbräuchlich handelt, wenn er in dem ersten Versteigerungstermin mangels Bietinteressenten ein nicht zuschlagsfähiges Gebot unter der Hälfte des Verkehrswerts abgibt, damit das Grundstück von ihm in einem

---

5   Nach LG Neubrandenburg, Rpfleger 2005, 42 gilt: Ein Gläubiger, der im ersten Versteigerungstermin die gesetzlichen Mindestgrenzen durch ein Eigengebot des Terminsvertreters zu Fall bringen lässt, verstößt gegen den Grundsatz des fairen Verfahrens.
6   LG Kassel, Rpfleger 1986, 397.
7   BGH, Rpfleger 2006, 144 mit abl. Anm. *Hintzen* = NJW 2006, 1355 = NZM 2006, 194 = WM 2006, 237 = ZfIR 2006, 652 mit abl. Anm. *Eickmann; Stöber*, ZVG § 85a Rdn. 2.3.
8   Fn. 7; hierzu kritisch auch *Hasselblatt*, NJW 2006, 1320; *Eickmann*, ZfIR 2006, 653; *Weis*, BKR 2006, 120; *Groß*, Rpfleger 2007, 91.
9   BGH, Rpfleger 2007, 483 = NJW 2007, 3279 in Fortführung der Entscheidung Fn. 7, jetzt mit ausführlicher Begründung.

neuen Versteigerungstermin ohne Rücksicht auf die Wertgrenze des § 85a Abs. 1 verwertet werden kann. Missbilligenswert kann dieses Verhalten deswegen sein, weil das ZVG nach seiner Systematik und seiner Zweckrichtung dem Gläubiger eine solche Verfahrensweise an sich nicht offen hält. Ihm gegenüber soll das durch § 85a Abs. 1 geschützte Interesse des Schuldners nämlich nach der Konzeption des Gesetzes erst zurücktreten, wenn es sich schon einmal gegen ein tatsächlich vorhandenes Erwerbsinteresse durchgesetzt hat.

10 Nach der (ersten) Entscheidung des BGH sind viele Gläubigerbanken dazu übergegangen, Gebote von dritten Personen abgeben zu lassen, die hierzu beauftragt waren. Auch dies lehnt der BGH ab. Die missbräuchliche Abgabe eines Eigengebots setzt keine Weisung des Gläubigers zum Bietverhalten seines Terminvertreters voraus. Der Gläubiger muss sich das Verhalten seines Vertreters (gleich in welcher Funktion er nach außen auftritt) jedenfalls nach dem Rechtsgedanken des § 278 BGB zurechnen lassen. Auch hier ist zu unterstellen, dass ein solcher Bieter mit seinem Gebot lediglich die Umgehung des in § 85a Abs. 1 zum Ausdruck kommenden Schuldnerschutzes beabsichtigt.

11 Die an die Vertretung des Gläubigers geknüpfte Vermutung führt auch nicht zu einer unzumutbaren Beschränkung des Bietrechts. Der Terminvertreter kann im Einzelfall der Zurückweisung seines Gebots nach § 72 Abs. 2 widersprechen und ein gesetzeskonformes Interesse an seinem Gebot glaubhaft machen.

12 Die tatsächliche Folge aus dem Regelungszusammenhang der §§ 85a, 74a und 77 kann sein, dass ohne Zuschlagsversagung nach § 74a Abs. 1 oder § 85a Abs. 1 das Verfahren als ergebnislose Versteigerung nach § 77 endet und aufgehoben oder auf Antrag des Gläubigers als Zwangsverwaltung fortgesetzt wird. Dies aber fällt nach Auffassung des BGH in den Risikobereich des Gläubigers, während der Schuldner nach einer ergebnislosen Versteigerung weiterhin durch die Wertgrenzen der §§ 74a, 85a vor einer Verschleuderung des Grundstücks geschützt wird. Diese gesetzliche Risikoverteilung würde aber unterlaufen, wäre es dem Gläubiger gestattet, nur deshalb ein Gebot abzugeben, um das Verfahren ohne Rücksicht auf die Wertgrenzen fortsetzen zu können. Auf diese Situation muss sich der Gläubiger einstellen (oder bereits bei der Kreditvergabe noch sorgfältiger die mögliche Risikosituation je nach Kreditnehmer oder Kreditobjekt zu analysieren).

Ob § 85a allerdings der aktuellen Lage auf dem Grundstücksmarkt und den Folgen in der Zwangsversteigerung noch oder nicht mehr gerecht wird, hat der Gesetzgeber zu entscheiden; hier besteht sicherlich Handlungsbedarf.[10]

12.1 Der BGH setzt seine Rechtsprechung konsequent fort. Er entschied erneut, dass Gebote eines Beauftragten des Gläubigers, das ausschließlich darauf gerichtet ist, zugunsten des Gläubigers und zulasten des Schuldners die Rechtsfolgen von § 85a Abs. 1 und Abs. 2 herbeizuführen, unwirksam sind. Ob der Bieter zur Vertretung des Gläubigers berechtigt ist, ist insoweit ohne Bedeutung.[11] Ein Eigenge-

---

10 Zur Kritik am BGH vgl. *Wedekind*, ZfIR 2012, 162; nach *Groß*, Rpfleger 2008, 545 sind die Eigengebote des Terminvertreters wirksam. Der Auffassung, der Auftritt des Terminvertreters erkläre sich vor dem Hintergrund der §§ 85a, 114a, dem Gläubiger komme es darauf an, die Vertretungswirkung (§ 164 Abs. 1 BGB) und damit die Befriedigungsfiktion des § 114a zu vermeiden, kann in dieser Allgemeinheit nicht beigepflichtet werden; so auch Löhnig/*Cranshaw*, § 85a Rdn. 28, Fn. 50.

11 BGH, Rpfleger 2008, 587 = ZfIR 2008, 684; inhaltlich auch im BGH, Rpfleger 2008, 214 = NJW-RR 2008, 944.

bot eines Gläubigervertreters ist nicht geeignet, die Rechtsfolgen des § 85a Abs. 1 und 2 herbeizuführen. Das Gebot muss zurückgewiesen werden. Die dem Schutz des Schuldners dienende Wertgrenze des § 85a Abs. 1 gilt dann weiter im zweiten Termin. Bewilligt der Gläubiger die Einstellung, ist das Verfahren einstweilen einzustellen, § 30 Abs. 1 Satz 1. Das hat nach § 72 Abs. 3 zur Folge, dass ein Gebot erlischt. Zwar macht § 33 hiervon eine Ausnahme, wenn nach dem Schluss der Versteigerung ein Grund zur einstweiligen Einstellung des Verfahrens besteht. Die Entscheidung kann dann nur durch Versagung des Zuschlags erfolgen. Das hindert indes nur vorübergehend das Erlöschen des Gebots, nämlich bis zur Rechtskraft des Versagungsbeschlusses, § 86. Spätestens dann erweist sich auch in diesem Fall die Versteigerung als ergebnislos. Eine ergebnislose Versteigerung wird aber von den Regeln über die Zuschlagsversagung nach § 85a nicht erfasst und führt deshalb auch nicht zu einem Wegfall der Wertgrenzen.[12]

Versagt das Vollstreckungsgericht rechtsfehlerhaft den Zuschlag auf ein unwirksames Gebot nach § 85a Abs. 1, statt es nach § 71 Abs. 1 zurückzuweisen, so kann der Schuldner diese Entscheidung entgegen dem Wortlaut des § 97 Abs. 1 mit der sofortigen Beschwerde anfechten.[13] Andererseits ist ein Gebot, das objektiv nicht geeignet ist, den von § 85a intendierten Schuldnerschutz zu verkürzen, nicht dadurch rechtsmissbräuchlich, dass auf der Grundlage rechtsirriger Vorstellungen der Gläubigerin von einer Verkürzung des Schuldnerschutzes auszugehen wäre.[14] Der Wegfall der $^5/_{10}$-Grenze setzt voraus, dass in dem ersten Versteigerungstermin ein wirksames Gebot abgegeben wird (was konkret auch geschehen war). Das Gericht hatte den Zuschlag fälschlicherweise versagt. Das Gebot des Gläubigers war daher objektiv nicht geeignet, den von § 85a Abs. 1 intendierten Schuldnerschutz zu verkürzen. Hätte der Gläubiger im ersten Termin ein über $^5/_{10}$ liegendes Gebot abgegeben und wäre gleichwohl der Zuschlag (rechtsfehlerhaft) versagt worden, hätte dies nicht dazu geführt, dass diese Grenze auch in dem zweiten Termin zu beachten gewesen wäre. Nichts anderes kann gelten, wenn das Gebot zwar diese Grenze nicht erreicht, es aber so hoch ist, dass die Anrechnung nach § 85a Abs. 3 zur Erteilung des Zuschlags hätte führen müssen. Auch dann liegt ein zuschlagsfähiges Gebot vor, weil infolge der Befriedigungswirkung nach § 114a auch in diesem Falle von einem Verwertungserlös auszugehen ist, der die Hälfte des Grundstückswerts übersteigt. 12.2

4. Verlangen nach Sicherheitsleistung

Auch bei einem Gebot unter 50 % des Grundstückswerts ist, wenn die übrigen Voraussetzungen vorliegen, das Verlangen nach Sicherheitsleistung zulässig. Es lässt sich bei Abgabe des Gebots nicht sofort überblicken, ob auf dieses Gebot der Zuschlag gemäß Abs. 3 noch zu erteilen ist. Vor der Entscheidung über den Zuschlag kann nachgewiesen werden, dass dem Meistbietenden ein unter Abs. 3 fallendes Recht abgetreten wurde (hierzu nachfolgend → Rdn. 31) oder dass der Meistbietende für einen anderen geboten hat (§ 81 Abs. 3). 13

---

12 BGH, Rpfleger 2008, 146 = NJW-RR 2008, 360 = WM 2007, 2329 = ZfIR 2008, 150.
13 BGH, Rpfleger 2008, 147 = NJW-RR 2008, 688 = WM 2008, 304.
14 BGH, Rpfleger 2009, 39 = NJW-RR 2009, 25.

5. Orientierung am Grundstückswert

14 Der Zwang zur Zuschlagsversagung nach Abs. 1 orientiert sich an dem Grundstückswert, den das Vollstreckungsgericht gem. § 74a Abs. 5 festgesetzt hat. Eine Rechtskraft des Wertfestsetzungsbeschlusses ist weder zur Erteilung des Zuschlags (hierzu auch → § 83 Rdn. 11) noch zur Versagung gemäß Abs. 1 erforderlich. Ist der Wertfestsetzungsbeschluss nach § 74a Abs. 5 noch nicht rechtskräftig, und muss mit seiner Anfechtung gerechnet werden, wird das Vollstreckungsgericht regelmäßig die Rechtskraft des Beschlusses abwarten und einen besonderen Verkündungstermin zu Entscheidung über den Zuschlag anberaumen (§ 87).[15]

6. Hinzurechnung der bestehen bleibenden Rechte

15 Bei der Prüfung der Frage, ob die Hälfte des Grundstückswerts erreicht ist, ist dem abgegebenen (baren) Meistgebot der Wert der bestehen bleibenden Rechte hinzu zu rechnen. Hierbei handelt es sich um die Rechte, die nach den gesetzlichen Zwangsversteigerungsbedingungen oder aufgrund einer Abweichung (§ 59) bestehen bleiben, §§ 52, 91 Abs. 1 und § 9 EGZVG. Nicht hinzuzurechnen ist ein Recht, dass aufgrund einer Vereinbarung nach § 91 Abs. 2 bestehen bleiben soll, es werden nur Rechte berücksichtigt, die nach den *gesetzlichen* Versteigerungsbedingungen bestehen bleiben.[16]

16 **Hypotheken** und **Grundschulden** sind mit dem im Grundbuch eingetragenen **Kapitalbetrag**, Rentenschulden mit der Ablösungssumme, zu berücksichtigen. Hierbei ist es unerheblich, ob aus diesen Rechten bereits Eigentümergrundschulden geworden sind oder ob es sich um ein neueres Recht im Sinne von § 1192 Abs. 1a BGB (Sicherungsgrundschuld) handelt oder ob dem Schuldner einer Sicherungsgrundschuld Rückgewähransprüche zustehen, denn der Ersteher, der diese Rechte nach den Versteigerungsbedingungen übernimmt, hat für diese Rechte in voller Höhe einzustehen. Bei Berechnung der Grundschuld ist stets auf den Nominalbetrag abzustellen, die Höhe der dem Grundschuldgläubiger noch zustehenden Forderung (schuldrechtliche Lösung) ist nicht entscheidend.[17] Denn hierbei ist es rechtlich unerheblich, und auch im Zwangsversteigerungsverfahren nicht zu klären, wer Gläubiger des Rechts ist.

17 Bei bestehen bleibenden **Rechten der Abteilung II** des Grundbuchs ist als Wert der gem. § 51 Abs. 2 festgesetzte **Zuzahlungsbetrag** in die Berechnung einzustellen[18] (hierzu → § 51 Rdn. 15 ff.); ist diese Festsetzung unterblieben, muss das Vollstreckungsgericht bei der Entscheidung über den Zuschlag einen Zuzahlungsbetrag noch festsetzen, der dann jedoch nur für die Entscheidung über den Zuschlag Bedeutung erlangt.

7. Mehrere Grundstücke

18 Sind mehrere Grundstücke in einem Verfahren versteigert worden und liegen Einzelausgebote vor, muss die Prüfung nach Abs. 1 für jedes Einzelausgebot erfolgen; Gleiches gilt, wenn bei einem Doppelausgebot für den Zuschlag nur die

---

15 So auch Steiner/*Storz*, § 85a Rdn. 14; hierzu auch OLG Düsseldorf, NJW 1981, 235.
16 *Stöber*, ZVG § 85a Rdn. 2.2; *Böttcher*, § 85a Rdn. 3.
17 BGH, Rpfleger 2004, 433 = = NJW 2004, 1803 = MDR 2004, 771 = WM 2004, 902 = ZIP 2004, 874 = InVo 2004, 428 = ZNotP 2004, 332; so auch Löhnig/*Cranshaw*, § 85a Rdn. 7.
18 LG Hamburg, Rpfleger 2003, 142.

Einzelausgebote in Betracht kommen. Kommt nur das Gesamtausgebot in Betracht, ist Abs. 1 auch nur hierauf anzuwenden.

Zu den Problemen der Zuschlagsprüfung bzw. -erteilung, wenn auf ein Einzelausgebot überhaupt kein Gebot vorliegt, oder zur Situation, dass z.B. im ersten Versteigerungstermin nur Einzelausgebote erstellt werden oder auch daneben das Gesamt(gruppen-)ausgebot, Gebote aber nur auf die Einzelausgebote oder nur auf das Gesamt- oder ein oder mehrere Gruppenausgebote erfolgen und hierauf der Zuschlag von Amts wegen nach Abs. 1 oder auf Antrag nach § 74 Abs. 1 versagt wird und zu den Auswirkungen für den nachfolgenden – zweiten – Termin s. insgesamt → § 63 Rdn. 33 ff.

8. Zuschlagsversagungsbeschluss

Die Zuschlagsversagung erfolgt durch begründeten Beschluss. Die Versagung erfolgt allein aus dem Grund nach Abs. 1. Den im Zwangsversteigerungstermin erschienenen Beteiligten ist vor der Entscheidung rechtliches Gehör zu gewähren (§ 74, Verhandlung über den Zuschlag).

Der Versagungsbeschluss ist im Zwangsversteigerungstermin oder in einem besonderen Verkündungstermin (§ 87) zu verkünden. Es erfolgt keine Zustellung des Versagungsbeschlusses (hierzu → § 88 Rdn. 6). Die Beschwerdefrist beginnt mit der Verkündung des Beschlusses.

Die rechtskräftige Versagung des Zuschlags hat das Erlöschen der Gebote zur Folge. Der Versagungsbeschluss hat nicht die Wirkung einer einstweiligen Einstellung oder Aufhebung des Verfahrens; wegen des weiteren Verfahrens des Vollstreckungsgerichts s. nachfolgend → Rdn. 36 ff.

III. Zuschlagserteilung nach Abs. 3
1. Allgemein

Nach Abs. 3 ist der Zuschlag auch bei einem Gebot unter 50 % des Grundstückswerts zu erteilen, wenn das Meistgebot von einem zur Befriedigung aus dem Grundstück Berechtigten abgegeben worden ist und sein (bares) Gebot, einschließlich des Wertes der bestehen bleibenden Rechte zusammen mit dem Betrag, mit dem der Meistbietende bei der Verteilung des Erlöses ausfallen würde, die Hälfte des Grundstückswerts erreicht. Ein solcher Befriedigungsberechtigter muss somit nicht ein Gebot in Höhe von 50 % des Verkehrswertes abgeben.

Maßgeblich ist die Rechtslage im Zeitpunkt der Entscheidung über den Zuschlag. Der Meistbietende kann daher den Fall des Abs. 3 zwischen Schluss der Versteigerung und der Zuschlagsentscheidung dadurch herbeiführen, dass er sich ein nach den Zwangsversteigerungsbedingungen erlöschendes Recht abtreten lässt und diese Abtretung dem Vollstreckungsgericht vor der Entscheidung über den Zuschlag nachweist. Nach einer Entscheidung des LG Magdeburg[19] handelt ein Bieter eines unter $^{5}/_{10}$ des Verkehrswerts liegenden Gebots, der außerhalb des Grundbuchs ein Recht auf Befriedigung aus dem Grundstück erworben hat, nicht rechtsmissbräuchlich, wenn er zunächst eine Zuschlagsversagung nach § 85a Abs. 1 in Kauf nimmt und dann erst im Beschwerdeverfahren sein Befriedigungsrecht am Grundstück und damit die Voraussetzungen des § 85a Abs. 3 offenlegt. Konkret ist die Vorgehensweise des Meistbietenden bewusst kalkuliert herbeigeführt.

---

19 LG Magdeburg, Beschluss vom 20.5.2014, 3 T 123/14, Rpfleger 2014, 535.

Hätte der Bieter im Anschluss an die Versteigerung während der Verhandlung über den Zuschlag das ihm zustehende Grundpfandrecht offengelegt, hätte der betreibende Gläubiger den Zuschlag durch eine Einstellungsbewilligung oder einen Antrag nach § 74a Abs. 1 verhindern können. Das Landgericht hat das Verhalten des Bieters aber nicht als rechtsmissbräuchlich eingestuft. Nicht gefolgt werden kann aber der Argumentation, dass die Befriedigungsberechtigung auch noch im Beschwerdeverfahren über den Zuschlag nachgewiesen werden kann. Auch im Beschwerdeverfahren können nur Tatsachen berücksichtigt werden, die bereits bei der Zuschlagsentscheidung bekannt waren, andernfalls die Zuschlagsentscheidung bewusst falsch herbeigeführt werden kann.[20]

2. Befriedigungsberechtigter aus dem Grundstück

25   Zur Befriedigung aus dem Grundstück berechtigt sind diejenigen, für die Rechte im Grundbuch eingetragen sind, die nach den Zwangsversteigerungsbedingungen **nicht bestehen bleiben**. Dazu zählen auch solche Rechte, die nach Eintragung des Zwangsversteigerungsvermerks in das Grundbuch eingetragen und gem. § 9 Nr. 2 rechtzeitig angemeldet wurden. Bei den Berechtigten kommen alle in Betracht, unabhängig davon, ob sie in der II. oder III. Abteilung des Grundbuches eingetragen sind. Weiter hierzu gehört auch ein Gläubiger, der die Zwangsversteigerung wegen eines Anspruchs in Rangklasse 5 nach § 10 Abs. 1 betreibt, denn auch er ist ein zu Befriedigung aus dem Grundstück Berechtigter.

Beispiel[21]:
Im Grundbuch sind nachfolgende Rechte eingetragen:
III/1:   400.000,- € Grundschuld nebst 15 % Zinsen
III/2:   200.000,- € Grundschuld nebst 15 % Zinsen
III/3:   150.000,- € Grundschuld nebst 15 % Zinsen

Verkehrswert des Grundstückes:	1.000.000,- €
$7/_{10}$ Grenze:	700.000,- €
$5/_{10}$ Grenze:	500.000,- €

Das Versteigerungsverfahren wird von dem Gläubiger des Rechtes III/1 betrieben. In das geringste Gebot sind somit **keine bestehen bleibenden Rechte** aufzunehmen. In den bar zu zahlenden Teil des geringsten Gebotes fallen nur die **Verfahrenskosten** und angemeldete **Ansprüche der Rangklasse 1–3** des § 10 Abs. 1.
Geringstes Gebot – angenommen – **bar zu zahlender Teil**   20.000,- €

Zum Versteigerungstermin haben angemeldet:
Gläubiger Recht III/1 Kapitalbetrag 400.000,- € nebst Zinsen über 100.000,- €,
Gläubiger Recht III/2 Kapitalbetrag 200.000,- € nebst 50.000,- € Zinsen.
Gebot: Im Versteigerungstermin bietet der Gläubiger des Rechtes III/1: 20.000,- €.

Folge: Das abgegebene (bare) Meistgebot über 20.000,- € einschließlich des Ausfalles des Meistbietenden (Gläubiger des Rechts III/1) über 500.000,- € beträgt insgesamt 520.000,- €. Damit ist die $5/_{10}$ Grenze (500.000,- €) überschritten, der Zuschlag ist zu erteilen, § 85a Abs. 3.

---

20   So auch *Alff* in Anm. zu LG Magdeburg, Rpfleger 2014, 535.
21   Entnommen aus *Hintzen/Wolf*, Rdn. 11.809.

3. Feststellung des Ausfallbetrages

Die Feststellung des Betrages, mit dem der Meistbietende bei der Erlösverteilung ausfallen würde, kann in einfachen Fällen durch überschlägige Berechnung erfolgen. Ist dies nicht möglich, muss das Vollstreckungsgericht einen vorläufigen Teilungsplan, abgestellt auf den mutmaßlichen Verteilungstermin, erstellen. Hierbei sind Zinsen aus dem Bargebot (§ 49 Abs. 2) nicht hinzuzurechnen[22], denn der Ersteher kann sich durch Hinterlegung gem. § 49 Abs. 3 bereits vom Tag des Zuschlags an von der Zinszahlungspflicht befreien.[23] Bei der Aufstellung des vorläufigen Teilungsplans ist genau nach den Regeln zu verfahren, die bei der Aufstellung des tatsächlichen Teilungsplans einzuhalten sind. 26

Bei **Hypotheken** und **Grundschulden** sind sämtliche geltend gemachten **Zinsen** neben dem Kapitalbetrag eines dinglichen Rechtes zu berücksichtigen, unabhängig davon, ob diese in der Rangklasse 4 des § 10 Abs. 1 bei dem Recht, oder ältere Zinsen in Rangklasse 5 oder sogar 6 – möglicherweise sogar 9 – fallen.[24] Strittig war (bisher), insbesondere bei einer **Sicherungsgrundschuld**, welcher ausfallende Betrag des Meistbietenden zu berücksichtigen ist: ist bei dem Ausfallbetrag auf den Nominalbetrag einschließlich der dinglichen Zinsen oder lediglich auf die der Grundschuld zugrunde liegenden gesicherten persönlichen Forderung abzustellen?[25] Bei dem formal ausgerichteten Zwangsversteigerungsverfahren kann jedoch ausschließlich der **Nominalbetrag der Grundschuld** berücksichtigt werden. Es ist nicht Aufgabe des Vollstreckungsgerichts, zu erfragen bzw. zu erforschen, in welcher Höhe die der Grundschuld zugrunde liegende Forderung noch besteht.[26] Die schuldrechtlichen Vereinbarungen zwischen Sicherungsgeber und Sicherungsnehmer und eventuelle Befriedigungsfragen sind materiell-rechtlicher Natur und ausschließlich durch das Prozessgericht zu klären.[27] Letzterer Auffassung hat sich auch der **BGH**[28] angeschlossen; die Rechtsfrage sollte jetzt geklärt sein. Das Problem stellt sich auch bei § 74a Abs. 1 Satz 1. Der BGH stellt klar, dass diese Frage für beide Vorschriften nur einheitlich beantwortet werden kann. Es ist auf den Nominalbetrag der Grundschuld abzustellen (Kapital nebst Zinsen und anderen Nebenleistungen). 27

Offen bleibt dann die Frage, wie der Gefahr begegnet werden kann, dass die zum Schutz des Schuldners geschaffene Vorschrift unterlaufen wird, wenn der persönliche Anspruch geringer ist als der dingliche und wenn bei Berücksichti- 28

---

22 A.A. LG Frankfurt a.M., Rpfleger 1988, 35.
23 Hierzu auch *Schiffhauer*, Rpfleger 1975, 105.
24 So *Hintzen* in ablehnender Anmerkung zu LG Verden, Rpfleger 1994, 34; wohl auch *Storz*, D 4.3.1.
25 Die Höhe der Valutierung der Grundschuld ist maßgebend, wird vertreten von OLG Schleswig, Rpfleger 1985, 372; LG Flensburg, Rpfleger 1985, 372; LG Trier, Rpfleger 1985, 451 m. Anm. *Scherer*; OLG Koblenz, Rpfleger 1991, 468 m. abl. Anm. *Hintzen*; *Ebeling*, Rpfleger 1985, 279.
26 *Hintzen* in Anm. zu OLG Koblenz, Rpfleger 1991, 468; so überzeugend auch *Muth*, Rpfleger 1985, 45.
27 LG Landau, Rpfleger 2001, 366; LG Lüneburg, Rpfleger 1986, 188; LG Hanau, Rpfleger 1988, 77; LG Frankfurt a.M., Rpfleger 1988, 35; LG München, KTS 1986, 83; *Muth*, Rpfleger 1985, 45; *Bauch*, Rpfleger 1986, 59; *Brendle*, Rpfleger 1986, 61; *Hennings*, Rpfleger 1986, 234; *Eickmann*, KTS 1987, 617; *Storz/Kiderlen*, D 4.3.1; *Stöber*, ZVG § 85a Rdn. 4.3; *Böttcher*, § 85a Rdn. 9.
28 BGH, Rpfleger 2004, 433 = NJW 2004, 1803 = MDR 2004, 771 = WM 2004, 902 = ZIP 2004, 874 = InVo 2004, 428 = ZNotP 2004, 332.

gung des geringeren persönlichen Anspruchs eine Zuschlagserteilung nach Abs. 3 nicht in Betracht kommen würde. Abzulehnen ist die Ansicht[29], der Schuldner habe in diesem Fall die Möglichkeit der Zuschlagsbeschwerde (§ 100 Abs. 1).[30] Das Problem wird hierbei nur vom Vollstreckungsgericht auf das Beschwerdegericht verlagert. Das Beschwerdegericht kann ebenso wenig wie das Vollstreckungsgericht Feststellung treffen, die allein in die Zuständigkeit des Prozessgerichts fallen. Nach anderer Ansicht soll dem Schuldner über einen Vollstreckungsschutzantrag nach § 765a ZPO geholfen werden.[31] Zunächst setzt diese Möglichkeit voraus, dass der Schuldner einen solchen Antrag stellt. Aber auch bei dieser Entscheidungsfindung sind die Beweismöglichkeiten eingeschränkt. Eine andere Möglichkeit für den Schuldner ist, gegen den Ersteher Vollstreckungsgegenklage nach § 767 ZPO zu erheben.[32] Bei der Anhörung über den Zuschlag gemäß § 74 könnte der Schuldner eine einstweilige Einstellung durch das Vollstreckungsgericht gem. §§ 767, 769 Abs. 2 ZPO erwirken und dadurch die sofortige Erteilung des Zuschlags verhindern.[33] Festzuhalten bleibt, dass das Vollstreckungsgericht die Frage nicht abschließend klären kann und auch nicht klären muss. Bei nur teilweiser Valutierung ist der Ersteher in Höhe des Differenzbetrages (bis zu 50 % des Grundstückswertes) ungerechtfertigt bereichert und muss das zu Unrecht Erlangte aufgrund des Sicherungsvertrages oder gem. §§ 812, 818, 819 Abs. 1 BGB an den Schuldner herausgeben.[34] Schadensersatzansprüche des Schuldners gegen den Ersteher nach § 823 Abs. 2 BGB sind nicht gegeben.[35] Dieser Ansicht hat sich auch der *BGH* angeschlossen. Wer als Berechtigter aus dem Grundstück Meistbietender bleibt und unter Einbeziehung seines Ausfalls den Zuschlag erhält, erlangt den gesetzlichen **Bietvorteil** ohne rechtlichen Grund, soweit seine ausgefallene Grundschuld nicht (mehr) valutiert. Die Herausgabe des Erlangten steht demjenigen zu, dem bei einem um den rechtsgrundlosen Bietvorteil erhöhten Bargebot der Mehrerlös im Teilungsverfahren und nach Erfüllung schuldrechtlicher Rückgewährspflichten zugefallen wäre.[36]

4. Zwischenrechte

29 Bei der Berechnung nach Abs. 3 werden nicht in das geringste Gebot fallende Ansprüche und Rechte, die dem Meistbietenden im Range vorgehen oder gleichstehen (sog. Zwischenrechte) nicht berücksichtigt. Dies ist in Anwendung von § 114a Satz 2 unbestritten.[37] Die Berechtigten der nicht in das geringste Gebot aufzunehmenden Zwischenrechte können nicht darauf vertrauen, sie könnten keinen Ausfall erleiden, da der Zuschlag nur bei 50 % des Grundstückswertes erteilt werden dürfe und sich ihre Ansprüche innerhalb dieser Grenze befinden. Diesen Be-

---

29 So aber *Hennings*, Rpfleger 1986, 234.
30 Ablehnend mit überzeugender Begründung *Muth*, Rpfleger 1985, 45.
31 LG Frankfurt a.M., Rpfleger 1988, 35.
32 So wohl auch BGH, NJOZ 2004, 1208.
33 Das LG Hanau, Rpfleger 1988, 77 hält diesen Weg für nicht geeignet, da hierbei die Abstraktheit der Grundschuld von der Forderung nicht eingehalten wird.
34 So insbesondere *Muth*, Rpfleger 1985, 45; *Brendle*, Rpfleger 1986, 61 und wohl auch LG Hanau, Rpfleger 1988, 77.
35 *Muth*, Rpfleger 1985, 45; *Scherer*, 1984, 259.
36 BGH, Rpfleger 2012, 92 = ZInsO 2011, 2144 = ZfIR 2012, 72; ablehnend hierzu *Stöber*, ZVG § 114a Rdn. 3.7 (b).
37 *Stöber*, ZVG § 85a Rdn. 4.5; *Böttcher*, § 85a Rdn. 11; *Muth*, Rpfleger 1985, 45; *Ebeling*, Rpfleger 1985, 279.

rechtigten ist ausdrücklich zu raten, wenn sie ihre Rechte ordnungsgemäß wahrnehmen wollen, nicht auf die Wahrnehmung des Zwangsversteigerungstermins zu verzichten, denn nur in diesem Termin ist ein Versagungsantrag nach § 74a Abs. 1 möglich. Zur Hinweis- und Belehrungspflicht des Vollstreckungsgerichts siehe nachfolgend → Rdn. 30.

Beispiel[38]:
Im Grundbuch sind nachfolgende Rechte eingetragen:
III/1: 400.000,- € Grundschuld nebst 15 % Zinsen
III/2: 200.000,- € Grundschuld nebst 15 % Zinsen
III/3: 150.000,- € Grundschuld nebst 15 % Zinsen

Verkehrswert des Grundstückes:	1.000.000,- €
$7/_{10}$ Grenze:	700.000,- €
$5/_{10}$ Grenze:	500.000,- €

Das Versteigerungsverfahren wird von dem Gläubiger des Rechtes III/1 betrieben. In das geringste Gebot sind somit **keine bestehen bleibenden Rechte** aufzunehmen. In den bar zu zahlenden Teil des geringsten Gebotes fallen nur die **Verfahrenskosten** und angemeldete **Ansprüche der Rangklasse 1-3** des § 10 Abs. 1.

Geringstes Gebot – angenommen – **bar zu zahlender Teil**   20.000,- €

Zum Versteigerungstermin haben angemeldet:
Der Gläubiger des Rechtes III/1 den Kapitalbetrag 400.000,- € nebst Zinsen über 100.000,- €,
der Gläubiger des Rechtes III/2 den Kapitalbetrag 200.000,- € nebst 50.000,- € Zinsen,
der Gläubiger des Rechtes III/3 den Kapitalbetrag 150.000,- € nebst 30.000,- € Zinsen.

Gebot: Im Versteigerungstermin bietet der Gläubiger des Rechtes III/3 ein bares Meistgebot von 320.000,- €. Mit diesem Betrag bleibt er Meistbietender.

Folge: Der Gesamterlös über 320.000,- € ist zunächst auf die Verfahrenskosten mit 20.000,- €, danach auf den Anspruch des Gläubigers III/1 mit restlichen 300.000,00,- € zu verteilen. Der Gläubiger des Rechtes III/1 fällt somit teilweise über 200.000,- € aus, die Gläubiger der Rechte III/2 und III/3 jeweils in voller Höhe.

Bei einem fiktiven Gebot von $7/_{10}$ des Verkehrswertes über 700.000,- €, wären nach Abzug des Meistgebotes über 320.000,- € noch weitere 480.000,- € zu verteilen. Bei der Frage der Befriedigungsfiktion werden dem Ersteher vorgehende oder gleichstehende Rechte, die erlöschen, nicht berücksichtigt, § 114a Satz 2. Der Differenzbetrag entfällt somit sogleich auf den Anspruch des Erstehers (III/3). Der Gläubiger des Rechtes III/3 hat als Ersteher insgesamt einen Anspruch über 180.000,- €. Bei einem fiktiven Gebot von 700.000,- € würde er somit in voller Höhe befriedigt. Der Ausfall über 180.000,- € ist somit dem abgegebenen baren Meistgebot über 320.000,- € hinzuzurechnen mit der Folge, dass das Meistgebot einschließlich des Ausfalles des Meistbietenden insgesamt $5/_{10}$ des Verkehrswertes umfasst. Der Zuschlag kann daher nicht aus den Gründen des § 85a Abs. 1 versagt werden.
Die Benachteiligten sind in diesem Fall – zumindest teilweise – der Gläubiger des Rechtes III/1 und insbesondere der Gläubiger des Zwischenrechtes III/2. Sind beide Gläubiger im Termin anwesend, können sie noch rechtzeitig einen **Zuschlagsversagungsantrag** nach § 74a wegen Nichterreichens der $7/_{10}$-Grenze stellen.

---

38   Entnommen aus *Hintzen/Wolf*, Rdn. 11.813.

5. Hinweis- und Belehrungspflicht

30 § 85a wurde durch das Gesetz vom 1.2.1979 (BGBl I 127) in das ZVG eingefügt. Abs. 3 hat danach vielfach die Gerichte beschäftigt. Das *OLG Hamm* hat die Erteilung des Zuschlags wieder aufgehoben, weil ein durch das Gebot nicht gedeckter Zwischenberechtigter den Ausfall des eigenen – rangbesseren – Rechtes nicht erkannt hat; das Vollstreckungsgericht hat gegen seine Hinweis- und Belehrungspflicht verstoßen, wenn es einen vorrangigen Gläubiger auf diese für ihn nachteilige Situation nicht hinweist.[39] Ist offensichtlich, dass ein Beteiligter die ihm nachteilige Rechtslage aus Abs. 3 nicht erkennt oder ihre Folgen nicht richtig einschätzt, muss das Gericht ihn belehren.[40] Es besteht jedoch keine gerichtliche Fürsorgepflicht dahin gehend, vor Erteilung des Zuschlags der vorrangig betreibenden Gemeinde, deren Vertreter im Termin nicht erschienen war, auf die Folgen aus Abs. 3 hinzuweisen.[41] Die Hinweispflicht soll auch dann nicht gelten, wenn es sich bei dem Gläubiger um eine erfahrene Gläubigerbank handelt, die regelmäßig an Zwangsversteigerungsterminen teilnimmt.[42] Um der Gefahr einer Versagung des Zuschlags aus dem nicht heilbaren Grund nach § 83 Nr. 6 vorzubeugen, sollte das Vollstreckungsgericht über die Anwendung und Rechtsfolgen von Abs. 3 im Zwangsversteigerungstermin ausführlich belehren, unabhängig davon, ob die anwesenden Beteiligten erfahrene Terminsvertreter oder ob der einzelne Beteiligte durch einen Rechtsanwalt vertreten ist oder nicht (ausführlich zur Hinweis- und Belehrungspflicht → § 66 Rdn. 42).

6. Abtretung der Rechte aus dem Meistgebot

31 Bei der Anwendung von Abs. 3 ergeben sich weitere Probleme, wenn die Rechte aus dem Meistgebot abgetreten werden. Tritt der Meistbietende nach dem Schluss der Versteigerung sein Recht aus dem Meistgebot an einen Dritten ab und übernimmt dieser die Verpflichtung aus dem Meistgebot, wird der Zuschlag nicht dem Meistbietenden, sondern dem Dritten erteilt, § 81 Abs. 2. Streitig ist, welcher Betrag nach Abs. 3 bei der Errechnung der $^5/_{10}$-Grenze zu dem abgegebenen Meistgebot hinzuzurechnen ist. Hierbei sind folgende Möglichkeiten zu unterscheiden:

(1) Ein aus dem Grundstück zur Befriedigung berechtigter Gläubiger gibt ein Meistgebot unter $^5/_{10}$ des Verkehrswertes ab, welches aber zusammen mit dem Ausfallbetrag die Grenze erreicht und der Zuschlag nach § 85a Abs. 3 erteilt werden könnte. Vor Zuschlagserteilung tritt er seine Rechte aus dem Meistgebot an einen Dritten ab.

(2) Ein aus dem Grundstück zur Befriedigung berechtigter Gläubiger gibt ein Meistgebot unter $^5/_{10}$ des Verkehrswertes ab, welches aber zusammen mit dem Ausfallbetrag die Grenze erreicht und der Zuschlag nach § 85a Abs. 3 erteilt werden könnte. Vor Zuschlagserteilung tritt er seine Rechte aus dem Meistgebot an einen Dritten ab, der ebenfalls ein aus dem Grundstück zur Befriedigung berechtigter Gläubiger ist.

(3) Ein Dritter bleibt mit einem Gebot unter $^5/_{10}$ des Verkehrswerts Meistbietender. Vor Erteilung des Zuschlages tritt er seine Rechte aus dem Meistge-

---

39 OLG Hamm, Rpfleger 1986, 441 m. abl. Anm. *Muth*, Rpfleger 1986, 417.
40 LG Krefeld, Rpfleger 1988, 34.
41 OLG Oldenburg, Rpfleger 1988, 277.
42 OLG Schleswig, JurBüro 1984, 1263.

bot an einen aus dem Grundstück zur Befriedigung berechtigten Gläubiger ab, für den § 85a Abs. 3 wirken würde.

In **Fall (1)** ist der Zuschlag nach § 85a Abs. 1 zu erteilen, auch wenn der Zessionar kein aus dem Grundstück zur Befriedigung berechtigter Gläubiger ist, der einen Ausfall erleidet. Die Befriedigungsfiktion tritt in der Person des Zedenten ein, er muss sich bei der Abtretung seinen Ausfall finanziell ausgleichen lassen.[43] Tritt ein Gläubiger einer erstrangigen Grundschuld im Grundbuch, der Meistbietender geblieben ist, vor Zuschlagserteilung das Meistgebot an einen Dritten ab, der kein aus dem Grundstück Berechtigter ist, tritt die Befriedigungsfiktion in der Person des Meistbietenden ein.[44] 32

In **Fall (2)** könnte der Zuschlag dann erteilt werden, wenn der Ausfall des Zessionars als ein aus dem Grundstück zur Befriedigung berechtigter Gläubiger zusammen mit dem Meistgebot die $5/10$-Grenze des Verkehrswertes übersteigt. Streitig ist hierbei nur die Frage, welchen Gläubiger die Befriedigungsfiktion nach § 114a trifft. Hier wird die Auffassung vertreten, dass die Befriedigungsfiktion gegenüber beiden gilt.[45] Eine andere Auffassung geht dahin, die Befriedigungsfiktion nur in der Person des Erstehers zu sehen.[46] Nach hiesiger Auffassung tritt innerhalb der $7/10$-Grenze eine Befriedigung sowohl der Ansprüche des Zedenten als auch des Zessionars ein, bedingt durch die Rangfolge des § 10 Abs. 1. 33

In **Fall (3)** kann der Zuschlag ebenfalls erteilt werden. Wäre der Dritte selbst Meistbietender geblieben, hätte der Zuschlag nach § 85a Abs. 1 versagt werden müssen. Nach Abtretung der Rechte aus dem Meistgebot an einen aus dem Grundstück zur Befriedigung berechtigten Gläubiger, der bei der Höhe des Meistgebotes ganz oder teilweise ausfällt, ist dieser Ausfallbetrag dem Meistgebot hinzuzurechnen.[47] Nicht zu folgen ist der Gegenmeinung[48] mit ihrer zu formell ausgerichteten Argumentation, dass der Meistbietende, wenn er keinen Anspruch auf Zuschlagserteilung hat, weil er die Voraussetzung des § 85a Abs. 3 nicht erfüllt, auch keine abtretbaren Ansprüche hat; in der Person des Zessionars könnten daher keine Zuschlagserteilungsgründe entstehen. 34

7. Meistgebot in verdeckter Vertretung

Im Falle der verdeckten Vertretung (§ 81 Abs. 3) bietet der Bevollmächtigte nach außen hin in eigenen Namen, in Wahrheit jedoch sogleich für den Vertretenen, legt seine Vertretungsmacht aber erst nach Schluss der Versteigerung offen; der Zuschlag wird dann dem Vertretenen erteilt. Im Fall des Abs. 3 kommt es deshalb lediglich darauf an, dass die Voraussetzungen des Abs. 3 in der Person des Vertretenen erfüllt sind.[49] In diesem Fall muss das Vollstreckungsgericht darauf achten, dass es nicht zu einer Überraschungsentscheidung für solche Beteiligte 35

---

43 *Stöber,* ZVG § 85a Rdn. 5.2; *Böttcher,* § 85a Rdn. 13.
44 BGH, Rpfleger 1989, 421 = NJW 1989, 2396; vgl. auch OLG Celle, NJW-RR 1989, 639; OLG Düsseldorf, JurBüro 1988, 673.
45 Steiner/*Eickmann,* § 114a Rdn. 11; *Ebeling,* Rpfleger 1988, 400.
46 *Muth,* ZIP 1986, 350, 356.
47 *Stöber,* ZVG § 85a Rdn. 5.3; *Böttcher,* § 85a Rdn. 12; *Muth,* 3 M Rdn. 42; *Rosenberger* zu OLG Koblenz, Rpfleger 1986, 398; *Eickmann,* KTS 1987, 617.
48 OLG Koblenz, Rpfleger 1986, 233; OLG Düsseldorf, JurBüro 1988, 673.
49 So auch *Stöber,* ZVG § 85a Rdn. 5.6; *Ebeling,* Rpfleger 1988, 400; *Rosenberger,* Rpfleger 1986, 398.

kommt, die dem unter Abs. 3 fallenden Beteiligten im Range vorgehen (Hinweispflicht, § 139 ZPO). Ihnen muss die Möglichkeit eingeräumt werden, die Versagung des Zuschlags durch Bewilligung der einstweiligen Einstellung oder Rücknahme des Versteigerungsantrags herbeizuführen.[50]

IV. Weiteres Verfahren nach Zuschlagsversagung

36 Das weitere Verfahren nach der Versagung des Zuschlags richtet sich nach § 85a Abs. 2, der § 74a Abs. 3 für anwendbar erklärt.

37 Die rechtskräftige Versagung des Zuschlags gemäß Abs. 1 hat das Erlöschen der Gebote zur Folge. Sicherheiten sind zurückzugeben. Eine einstweilige Einstellung oder Aufhebung des Verfahrens erfolgt nicht.

38 Das Vollstreckungsgericht hat von Amts wegen einen neuen Zwangsversteigerungstermin zu bestimmen (Abs. 2 i.V.m. § 74a Abs. 3). Der Zeitraum zwischen den beiden Terminen soll, wenn nach den besonderen Verhältnissen des Einzelfalles nicht etwas anderes geboten ist, mindestens drei Monate betragen, darf jedoch sechs Monate nicht überschreiten.[51] In der neuen Terminsbestimmung soll auf die Tatsache der Zuschlagsversagung gemäß Abs. 1 hingewiesen werden (§ 38 Satz 2).

V. Grundsatz der Einmaligkeit

39 Der Grundsatz der Einmaligkeit der Versagung des Zuschlags gilt nicht nur im Falle des Abs. 1, sondern auch dann, wenn der Zuschlag wegen Nichterreichens der $7/_{10}$-Grenze gem. § 74a Abs. 1 versagt worden ist. Damit wollte der Gesetzgeber eine unangemessen lange Verfahrensdauer unterbinden.

40 Die Einmaligkeit der Anwendung von Abs. 1 bezieht sich jedoch nicht auf den einzelnen Gläubiger, sondern auf die Zwangsversteigerung als solche. Ist in der Sache einmal der Zuschlag gem. § 74a Abs. 1 oder § 85a Abs. 1 versagt worden, kann nicht nochmals eine Versagung aus den gleichen Gründen erfolgen. Zuschlagsversagungen aus anderen Gründen (z.B. gem. §§ 33, 77 Abs. 1[52]) werden hierbei nicht berücksichtigt; es gilt also nicht der Grundsatz der *Erstmaligkeit*.[53]

41 Eine **Ausnahme** von dem Grundsatz der Einmaligkeit kann sich dann ergeben, wenn der festgesetzte Grundstückswert nach § 74a Abs. 5 geändert wurde und nunmehr wegen veränderter Umstände ein neuer und höherer Grundstückswert festgesetzt wird. In dem nach Abs. 3 i.V.m. § 74a Abs. 3 zu bestimmenden neuen Zwangsversteigerungstermin gilt nunmehr der neue Grundstückswert mit der Folge, dass dieser Zwangsversteigerungstermin der „erste" Termin im Sinne von Abs. 1 darstellt und bei einem Gebot unter 50 % des nunmehr neuen Grundstückswertes eine nochmalige Versagung des Zuschlags in Betracht kommen kann.[54]

---

50 LG Bonn, Rpfleger 1989, 211.
51 Nach AG Neuruppin, Rpfleger 2005, 273 **muss** der Termin innerhalb von 6 Monaten erfolgen.
52 Die von *Kirsch*, Rpfleger 2000, 147 vertretene Auffassung, der Wortlaut des § 85a lasse zu, dass die Zuschlagsversagung nach § 85a Abs. 2, auch dann ausscheidet, wenn zuvor eine ergebnislose Zwangsversteigerung nach § 77 versucht wurde, ist wegen der Eindeutigkeit des Gesetzes abzulehnen, so auch *Hornung*, Rpfleger 2000, 363 und LG Mainz, Rpfleger 2007, 218.
53 So auch *Stöber*, ZVG § 85a Rdn. 3.3.
54 Steiner/*Storz*, § 85a Rdn. 15.

§ 86 »Wirkung der Zuschlagsversagung«

Die rechtskräftige Versagung des Zuschlags wirkt, wenn die Fortsetzung des Verfahrens zulässig ist, wie eine einstweilige Einstellung, anderenfalls wie die Aufhebung des Verfahrens.

I. Allgemeines

Die Zuschlagsversagung bedeutet noch nicht unbedingt die Beendigung des Verfahrens. § 86, der sich auf alle Fälle der Zuschlagsversagung bezieht, gibt dem rechtskräftigen Versagungsbeschluss nur dann die Wirkung der Aufhebung des Verfahrens, wenn die Fortsetzung der Zwangsversteigerung aus irgendwelchen Gründen unzulässig ist. Ist dies jedoch nicht der Fall, kann das Verfahren nach Stellung eines Fortsetzungsantrags seinen Fortgang nehmen. Hierdurch werden die Beteiligten geschützt, insbesondere durch die Erhaltung der Beschlagnahmewirkungen.

Unbedingt zu beachten ist, dass die Einzelverfahren mehrerer Gläubiger grundsätzlich selbstständig sind (hierzu → § 27 Rdn. 1). Wenn der bestrangig betreibende Gläubiger nach Schluss der Versteigerung seinen Zwangsversteigerungsantrag zurücknimmt, wird zwar der Zuschlag versagt, jedoch hat dies auf das Verfahren eines nachrangigen Gläubigers keinen Einfluss; für diesen Gläubiger muss, wenn die übrigen Voraussetzungen vorliegen, von Amts wegen ein neuer Zwangsversteigerungstermin bestimmt werden.

II. Zuschlagsversagung

1. Wirkung der Zuschlagsversagung

Die Wirkung der rechtskräftigen Zuschlagsversagung muss sich durch Angabe des Versagungsgrundes aus dem Beschluss ergeben, da sich danach die Zulässigkeit der Fortsetzung des Verfahrens richtet.[1] Er bleibt nach Rechtskraft des Beschlusses auch dann maßgebend, wenn seine Unrichtigkeit erkannt wird. Zweckmäßigerweise sollte in dem Versagungsbeschluss angegeben werden, welche Wirkung eintritt.

2. Unzulässigkeit der Fortsetzung

Unzulässig ist die Fortsetzung des Verfahrens, wenn der Zwangsversteigerungsantrag zurückgenommen (§ 29), der Schuldtitel beseitigt oder eine sonstige prozessuale Verfahrensvoraussetzungen endgültig fortgefallen ist oder wenn das Recht eines Dritten der Zwangsversteigerung *dauernd* entgegensteht (§ 28, auch je nach Einzelfall § 83 Nr. 5, 6). Trotz eines Verfahrensfehlers durch das Vollstreckungsgericht (hier: Fortsetzung des Verfahrens von Amts wegen, obwohl es eigentlich eines Antrages bedurft hätte) kann nach Ansicht des *BGH* der Zuschlag erteilt werden, wenn der betreibende Gläubiger bei der Anhörung über den Zuschlag (§ 74) das Verfahren genehmigt. Die Genehmigung kann auch mit der Zustimmung des Gläubigers zur Erteilung des Zuschlags an den Meistbietenden erklärt sein. Die fehlerhafte Fortsetzung des Verfahrens durch eine Terminsbestimmung von Amts wegen führt nicht zu einem Zuschlagsversagungsgrund nach § 83 Nr. 6, da für das Vollstreckungsgericht sich das weitere Verfahren nach der formell rechtskräftig gewordenen (wenn auch fehlerhaften) Zwischenentschei-

---

1 *Stöber,* ZVG § 86 Rdn. 2.1.

dung bestimmt.[2] Die *rechtskräftige* Zuschlagsversagung wirkt wie eine Aufhebung des Verfahrens. Sämtliche Gebote sind damit erloschen. Das Vollstreckungsgericht hat um die Löschung des Zwangsversteigerungsvermerks im Grundbuch zu ersuchen (§ 34). Für den Fall, dass das Verfahren von mehreren Gläubigern betrieben wird, sieht zuvor → Rdn. 2.

3. Zulässigkeit der Fortsetzung

5 Die Fortsetzung des Verfahrens ist zulässig, wenn der Grund der Zuschlagsversagung eine einstweilige Einstellung ist (hierzu → § 33 Rdn. 8), ein wirksames Gebot nicht abgegeben wurde, ein Verstoß im Sinne von § 83 Nr. 1–5 mit Heilung nach § 84 oder § 83 Nr. 7[3] vorliegt oder wenn dem Zuschlag das Recht eines anderen nur *zeitweise* entgegensteht. Der Sachverhalt ist vergleichbar dem, als wäre das Verfahren vorläufig eingestellt und der Einstellungsbeschluss den Beteiligten im Zeitpunkt der Rechtskraft zugestellt worden. Der Gläubiger ist gem. § 31 Abs. 3 zu belehren.

4. Fortsetzung des Verfahrens

6 Hat die Zuschlagsversagung die Wirkung einer einstweiligen Einstellung, kann das Verfahren fortgesetzt werden, allerdings nur auf Antrag des Gläubigers, § 31 Abs. 1. Die Frist zur Fortsetzung des Verfahrens (binnen 6 Monate) beginnt mit der Rechtskraft des Versagungsbeschlusses[4], im Falle des § 76 nach der dortigen Regelung in Abs. 2 (binnen 3 Monate); im Übrigen siehe → § 31 Rdn. 13.

7 Allerdings hat nicht jede Zuschlagsversagung die Wirkung einer einstweiligen Einstellung: hierzu § 74a Abs. 3, §§ 85, 85a Abs. 2 ZVG, § 769 Abs. 2 ZPO; in diesen Fällen ist ein Fortsetzungsantrag überflüssig.

---

2   BGH, Rpfleger 2010, 226 = NJW 2010, 2217.
3   LG Augsburg, Rpfleger 1999, 232.
4   *Stöber*, ZVG § 86 Rdn. 2.6.

§ 87 »Verkündungstermin«

(1) Der Beschluß, durch welchen der Zuschlag erteilt oder versagt wird, ist in dem Versteigerungstermin oder in einem sofort zu bestimmenden Termine zu verkünden.

(2) ¹Der Verkündungstermin soll nicht über eine Woche hinaus bestimmt werden. ²Die Bestimmung des Termins ist zu verkünden und durch Anheftung an die Gerichtstafel bekanntzumachen.

(3) Sind nachträglich Tatsachen oder Beweismittel vorgebracht, so sollen in dem Verkündungstermine die anwesenden Beteiligten hierüber gehört werden.

I. Allgemeines

Durch die §§ 87, 88 wird erreicht, dass die Verfahrensbeteiligten Kenntnis von der Entscheidung über den Zuschlag erhalten oder zumindest sichergestellt ist, dass sie zumindest von dem Termin zur Zuschlagsentscheidung erfahren. Für das Beschwerdeverfahren gilt die Sonderregelung des § 103. Weiterhin bezweckt § 87, dass die Beteiligten und der Meistbietende alsbald nach dem Zwangsversteigerungstermin Klarheit darüber erlangen, ob der Zuschlag erteilt oder versagt wird. Das Vollstreckungsgericht sollte grundsätzlich darauf achten, dass zwischen dem Zwangsversteigerungstermin und der Zuschlagsentscheidung kein zu langer Zeitraum liegt (manchmal lässt sich das nicht völlig verhindern, z.B. wenn noch eine Zustimmung fehlt), ansonsten kann es trotz § 47 zu einer Verletzung des Deckungsgrundsatzes kommen.

1

II. Verkündung der Zuschlagsentscheidung (Abs. 1)

Die Zuschlagsentscheidung kann entweder im Zwangsversteigerungstermin oder in einem im Zwangsversteigerungstermin bekannt zu gebenden besonderen Termin verkündet werden.[1] Der besondere Verkündungstermin *soll* nicht über *eine* Woche hinaus bestimmt werden (Abs. 2). Ein Grund hierfür ist die Wahrung des Deckungsgrundsatzes (siehe → Rdn. 1) und die Notwendigkeit einer zeitnahen Entscheidung zur Klärung der Rechtsverhältnisse des Meistbietenden und der Beteiligten.

2

Welche der beiden Möglichkeiten das Vollstreckungsgericht wählt, liegt in seinem Ermessen. Aus der Gewährleistung des Eigentums und deren Einwirkung auf das Zwangsversteigerungsverfahren lassen sich keine allgemein gültigen Verfahrensregeln herleiten. Ob aus dem Gesichtspunkt des fairen Verfahrens ein besonderer Termin zur Verkündung der Zuschlagsentscheidung anzusetzen ist, richtet sich nach den Umständen des Einzelfalls.[2] Das Nichter-

3

---

1 BGH v. 15.12.2011, V ZB 124/11, Rpfleger 2012, 337, allerdings kann die Zuschlagsentscheidung gleichwohl wirksam sein, wenn das Versteigerungsgericht sie den Verfahrensbeteiligten zum Zweck der Verlautbarung förmlich zugestellt hat; der Verfahrensfehler führt allerdings zur Aufhebung der Entscheidung im Beschwerdeverfahren, wenn sie auf der Verletzung des Verfahrensrechts beruht, ohne den Fehler also anders ausgefallen wäre.

2 BGH, Rpfleger 2004, 434 = NJW-RR 2004, 1074 = MDR 2004, 774 = WM 2004, 901 = InVo 2004, 426 = ZfIR 2004, 1033: Im Fall war der Vater des Schuldners verstorben und 3 Tage vor dem Termin beerdigt worden. Da die Beerdigung aber bereits 3 Tage zuvor erfolgt war, war der Schuldner – so der BGH – durch den Todesfall nicht gehindert, an der Versteigerung teilzunehmen. Zumindest hätte er einen Vertreter mit der Wahrnehmung seiner Interessen beauftragen können.

scheinen des Schuldners im Versteigerungstermin hindert den sofortigen Zuschlag regelmäßig nicht.[3]

4 Das Vollstreckungsgericht ist an Anträge des Meistbietenden und der Beteiligten nicht gebunden, auch können hierüber keine abweichenden Regelungen (§ 59) getroffen werden, § 87 gehört nicht zu den Zwangsversteigerungsbedingungen.[4] Das Ermessen darf jedoch nicht dahin ausgelegt werden, dass die Zuschlagsentscheidung stets in einem besonderen Verkündungstermin verkündet wird, dem Vollstreckungsgericht sollten hierfür nachvollziehbare Gründe vorliegen. Regelmäßig sollte das Vollstreckungsgericht im Zwangsversteigerungstermin sofort über den Zuschlag entscheiden, sowohl dem Rechtspfleger als auch den Beteiligten ist zu diesem Zeitpunkt der Sachverhalt noch am besten in Erinnerung.

III. Besonderer Verkündungstermin (Abs. 2)

1. Notwendigkeit eines Verkündungstermins

5 Ein besonderer Verkündungstermin ist immer dann erforderlich, wenn die Sachlage nicht einfach, der Zwangsversteigerungstermin schwierig verlaufen ist und das Ergebnis einer eingehenden Prüfung bedarf (z.B. mehrere zuschlagsfähige Meistgebote in den Fällen der §§ 59, 63, 76, 174, 176, Vorlage von Anträgen auf Versagung des Zuschlags nach § 74a Abs. 1 ZVG, § 765a ZPO, Notwendigkeit einer Entscheidung gem. § 85a Abs. 1, 3). Auch kann bei der Zwangsversteigerung eines Erbbaurechts die Notwendigkeit der Zustimmung des Eigentümers (hierzu → § 81 Rdn. 42) oder bei einem Wohnungseigentum des Verwalters (hierzu → § 81 Rdn. 47) einen besonderen Verkündungstermin erforderlich machen. Bleibt ein Beteiligter (z.B. ein Grundschuldgläubiger) Meistbietender, und will er die Rechte aus dem Meistgebot an einen Dritten abtreten, wird er nicht selten darum bitten, über den Zuschlag erst in einigen Wochen zu entscheiden; werden die Interessen anderer Beteiligter nicht über Gebühr gefährdet, sollte das Vollstreckungsgericht diesem – begründeten – Anliegen entgegenkommen. Auf einen besonderen Verkündungstermin läuft auch der Nachweis der noch zu erbringenden erhöhten Sicherheitsleistung nach § 68 Abs. 3 und 4 hinaus (s. → § 68 Rdn. 18).

6 Ist das Ergebnis der Versteigerung **wirtschaftlich** völlig **unzulänglich**, kann sogar eine **Pflicht** des Vollstreckungsgerichts bestehen, einen besonderen Verkündungstermin anzuberaumen um die betroffenen – auch die nicht erschienenen – Beteiligten über die wirtschaftliche Bedeutung des Zuschlags zu dem abgegebenen Meistgebot aufzuklären (§ 139 ZPO).[5] Führt die Erteilung des Zuschlags nach Maßgabe der im Versteigerungstermin vorliegenden Voraussetzungen zu einer Verschleuderung des Grundbesitzes, ist das Vollstreckungsgericht in der Regel verpflichtet, einen besonderen Verkündungstermin anzuberaumen (Verkehrswert 290.000,- €, Gebot 35.000,- €)[6]; unter Hinweis auf die Eigentumsgarantie des Grundgesetzes, dass die Gerichte verpflichtet, die Verhandlung fair zu führen und dem Eigentümer einen effektiven Rechtsschutz zu gewähren, ist der besondere Verkündungstermin verpflichtend. Beträgt das Meistgebot im 3. Zwangsversteige-

---

3 BGH, Fn. 2; OLG Frankfurt, Rpfleger 1991, 470.
4 So auch *Stöber*, ZVG § 87 Rdn. 2.1.
5 BVerfG, Rpfleger 1976, 389 = MDR 1976, 820; BVerfGE 46, 325 = Rpfleger 1978, 206; BVerfG, NJW 1979, 534 = Rpfleger 1979, 296; hierzu auch *Stöber*, Rpfleger 1976, 339.
6 BGH, Rpfleger 2005, 151 = NZM 2005, 190 = NZI 2005, 181 = JurBüro 2005, 213 = MDR 2005, 353 = WM 2005, 136 = ZfIR 2005, 295 mit Anm. *Dümig*.

rungstermin lediglich 7 % des Verkehrswertes, und ist der Schuldner im Termin nicht anwesend, muss dem Schuldner Gelegenheit gegeben werden, durch einen Vollstreckungsschutzantrag den Zuschlag zu verhindern. Eines gesonderten Zuschlagstermins bedarf es nur dann nicht, wenn ein Vollstreckungsschutzantrag von vornherein aussichtslos wäre. Das kann allerdings in der Regel nur bei Kenntnis der Begründung des Schutzantrags beurteilt werden.[7] Ein Meistgebot in Höhe von 50 % des Grundstückswerts rechtfertigt keinen besonderen Verkündungstermin; dies gilt auch dann, wenn der einzige betreibende Gläubiger den Versteigerungstermin nicht wahrnimmt.[8]

Stellt der Schuldner erst nach Schluss der Versteigerung (§ 73 Abs. 2) einen Vollstreckungsschutzantrag gem. § 765a ZPO (wegen der Zulässigkeit siehe → § 81 Rdn. 34), und wurde dieser erkennbar nur zum Zwecke der Verzögerung gestellt, sollte das Vollstreckungsgericht den Antrag sofort zurückweisen. Weist das Vollstreckungsgericht einen Antrag gem. § 765a ZPO zurück, muss die Rechtskraft nicht abgewartet werden (hierzu → § 81 Rdn. 34). Zur Frage der Rechtskraft des Wertfestsetzungsbeschlusses (§ 74a Abs. 5) siehe → § 83 Rdn. 11.

2. Bestimmung und Bekanntmachung des Termins

Die Bestimmung des besonderen Verkündungstermins ist zu verkünden, eine Unterlassung ist jedoch unschädlich. Ist die Verkündung versehentlich unterblieben, ist dem im Zwangsversteigerungstermin erschienenen Beteiligten und dem Meistbietenden die Terminsbestimmung zuzustellen. Eine Zustellung an sämtliche Beteiligte ist nicht erforderlich[9], denn die Nichterschienenen würden auch bei ordnungsgemäßem Verfahren (Abs. 2 Satz 2) keine Kenntnis von dem Verkündungstermin erhalten.

Der Verkündungstermin ist durch Anheftung an die Gerichtstafel bekannt zu machen (Abs. 2 Satz 2). Diese Vorschrift ist jedoch keine Wirksamkeitsvoraussetzung der Verkündung.[10] Eine nach § 40 Abs. 1 Satz 2 entsprechende Regelung (Veröffentlichung im Internet statt Anheftung an die Gerichtstafel) ist gesetzlich nicht vorgesehen, aber auch nicht ausgeschlossen.[11]

3. Leitung des Termins

Der Verkündungstermin kann auch von einem anderen Rechtspfleger als dem, der den Zwangsversteigerungstermin geleitet hat, wahrgenommen werden[12]; § 309 ZPO findet keine Anwendung. Die Verkündung erfolgt durch Vorlesen des Zuschlagsbeschlusses durch den Rechtspfleger, auf Anordnung aber auch durch den Urkundsbeamten. Ist niemand von den Beteiligten, auch nicht der Meistbietende erschienen, genügt statt der Vorlesung des Beschlusses die Bezugnahme auf den Beschluss, § 311 Abs. 2 Satz 2 ZPO.[13] Der Beschluss ist mit einem Verkündungsvermerk zu versehen (§ 315 Abs. 3 ZPO).

---

7 LG Mönchengladbach, Rpfleger 2004, 436 = JurBüro 2004, 394.
8 LG Kiel, Rpfleger 1988, 277.
9 OLG Köln, Rpfleger 1997, 34.
10 OLG Köln, Rpfleger 1997, 34 und Rpfleger 1980, 354; Stöber, ZVG § 87 Rdn. 3.2.
11 Stöber, ZVG § 87 Rdn. 3.2.
12 LG Aachen, Rpfleger 1986, 59.
13 Stöber, ZVG § 87 Rdn. 2.2; Böttcher, § 87 Rdn. 2.

4. Protokoll

11 Ebenso wie im Zwangsversteigerungstermin ist auch für den Verkündungstermin ein Protokoll entsprechend §§ 78, 89 aufzunehmen. Neu vorgebrachte Tatsachen und Beweismittel müssen sich aus dem Protokoll ergeben, soweit diese für die Entscheidung über den Zuschlag oder für das Recht eines Beteiligten beachtlich sind.

5. Vertagung

12 Eine Vertagung des Verkündungstermins ist zulässig, sollte jedoch nur bei zwingenden Gründen erfolgen, z.b. wenn das nachträgliche Vorbringen neuer Tatsachen weitere, nicht sofort mögliche, Beweiserhebungen nötig macht oder wenn noch einem Beteiligten rechtliches Gehör zu gewähren ist.[14] Auch die mehrfache Vertagung übersteigt das Ermessen des Vollstreckungsgerichts nicht, wenn Schuldner/Eigentümer und Gläubiger übereinstimmend um eine Vertagung bitten, der Schuldner zwischenzeitlich einen nicht offensichtlich unbegründeten Vollstreckungsschutzantrag gestellt hat und die Vertagung dem Zweck dient, den Grundstückswert weiter aufzuklären.[15] Der Meistbietende hat nach § 81 ein Recht auf Erteilung des Zuschlags unter den gesetzlichen Voraussetzungen erworben und eine Vertagung könnte die Durchsetzung dieses Rechts gefährden. Das Gebot verfassungskonformer Anwendung der Verfahrensvorschriften kann es jedoch im Hinblick auf Art. 14 GG gebieten, auf übereinstimmenden Antrag von Gläubiger und Schuldner die Verkündung der Zuschlagsentscheidung um 30 Minuten zu verschieben, wenn begründete Aussicht besteht, dass es anschließend zur einstweiligen Einstellung kommt.[16]

13 Der neue Verkündungstermin ist sofort zu verkünden und durch Anheftung an die Gerichtstafel bekannt zu machen (Abs. 2 Satz 2). Eine nach § 40 Abs. 1 Satz 2 entsprechende Regelung (Veröffentlichung im Internet statt Anheftung an die Gerichtstafel) ist gesetzlich nicht vorgesehen, aber auch nicht ausgeschlossen.[17] Soll die Vertagung des Verkündungstermins auf Bitten des betreibenden Gläubigers erfolgen, ist zu prüfen, ob hierin nicht eine Bewilligung der einstweiligen Einstellung zu sehen ist; das Vollstreckungsgericht hat gem. § 139 ZPO zu ermitteln.

6. Öffentlichkeit

14 Die Verkündung der Zuschlagsentscheidung ist öffentlich, ebenso wie der Zwangsversteigerungstermin. Dies gilt auch für den besonderen Verkündungstermin, es handelt sich hierbei um die Fortsetzung des Zwangsversteigerungstermins.

7. Unterlassene Verkündung, Beschwerde

15 Wird die Zuschlagsentscheidung entgegen der zwingenden Vorschrift des Abs. 1 nicht verkündet, sondern nur schriftlich zu den Akten genommen und den Beteiligten zugestellt, hat dies auf die rechtliche Existenz der Entscheidung jedoch keinen Einfluss.[18]

---

14 OLG Düsseldorf, Rpfleger 1994, 429.
15 OLG Saarbrücken, Urteil vom 28.11.2013, 4 U 419/12, MDR 2014, 368.
16 OLG Düsseldorf, Rpfleger 1994, 429.
17 *Stöber*, ZVG § 87 Rdn. 3.2.
18 OLG Köln, Rpfleger 1982, 113 = MDR 1982, 330.

Zum Beginn der **Beschwerdefrist** gegen den Zuschlagsbeschluss vgl. § 98. Eine **16**
falsche Rechtsbehelfsbelehrung ist unschädlich, da das ZVG für die Zuschlagsbeschwerde eine gerichtliche Belehrung nicht vorsieht.[19]

IV. Neue Tatsachen und Beweismittel (Abs. 3)

Im Verkündungstermin können **neue** Tatsachen und Beweismittel vorgebracht **17** werden, z.B. Verfahrensmängel nach § 83. Ebenfalls vorgetragen werden können für die Zuschlagsentscheidung erhebliche Tatsachen, die erst nach dem Schluss des Zwangsversteigerungstermins sich ereignet haben oder bekannt geworden sind[20] (z.b. Untergang des Grundstücks, Zurücknahme des Zwangsversteigerungsantrags, Bewilligung der einstweiligen Einstellung, Nachweise gem. § 81 Abs. 2 oder 3, Anträge und Tatsachen zu einem Antrag nach § 765a ZPO). Unzulässig sind solche Rügen oder Prozesshandlungen, die in einem früheren Verfahrensabschnitt vorzutragen bzw. vorzunehmen waren, z.b. Sicherheitsverlangen, Leistung der Sicherheit mit Ausnahme einer erhöhten Sicherheit, Widerspruch gegen Zulassung oder Zurückweisung eines Gebots, Anträge nach § 64 Abs. 2, § 85. Eingegangene Schriftsätze sind jedoch bis zu Verkündung der Entscheidung über den Zuschlag vom Vollstreckungsgericht zur Kenntnis zu nehmen und bei der Entscheidung zu berücksichtigen (hierzu → § 82 Rdn. 13).

---

19 LG Göttingen, Rpfleger 2000, 510.
20 *Stöber*, ZVG § 87 Rdn. 3.7.

§ 88 »Zustellung des Zuschlagsbeschlusses«

¹Der Beschluß, durch welchen der Zuschlag erteilt wird, ist den Beteiligten, soweit sie weder im Versteigerungstermine noch im Verkündungstermin erschienen sind, und dem Ersteher sowie im Falle des § 69 Abs. 3 dem für mithaftend erklärten Bürgen und im Falle des § 81 Abs. 4 dem Meistbietenden zuzustellen. ²Als Beteiligte gelten auch diejenigen, welche das angemeldete Recht noch glaubhaft zu machen haben.

I. Allgemeines

1   Die materielle Wirksamkeit des Zuschlags tritt mit der Verkündung ein, § 89 (Ausnahme: § 104). § 88 hat somit in erster Linie Bedeutung für den Beginn der Rechtsmittelfrist. Weiterhin soll sichergestellt werden, dass die Beteiligten von der Zuschlagserteilung bzw. von dem besonderen Verkündungstermin nach § 87 Abs. 1 Kenntnis erlangen.

II. Zustellung des Zuschlagsbeschlusses

1. Personenkreis

2   Zuzustellen ist nur an den in § 88 bezeichneten Personenkreis.[1] Die Zustellung erfolgt nach den §§ 3–7. Im Übrigen beginnt die Beschwerdefrist, abweichend von § 569 Abs. 1 Satz 2 ZPO, mit der Verkündung des Zuschlags, § 98. Ist ein Prozessbevollmächtigter vorhanden, kann nur an ihn wirksam zugestellt werden, §§ 172, 81 ZPO.

Bestellt das Vollstreckungsgericht auf Antrag einen einstweiligen besonderen Vertreter für die unbekannten Erben des Eigentümers, ist der Zuschlagsbeschluss dem einstweiligen besonderen Vertreter zuzustellen. Dies gilt auch dann, wenn vor der Zuschlagserteilung die Erbfolge geklärt und das Vertreteramt noch nicht erloschen ist. Die Zulässigkeit der Fortsetzung der Zwangsvollstreckung nach dem Tod des Schuldners (§ 779 Abs. 1 ZPO) ist nicht auf die Beendigung einer einzelnen Vollstreckungsmaßnahme beschränkt, sondern erfasst alle aufgrund des gegen den verstorbenen Schuldner erwirkten Vollstreckungstitels gegen den Nachlass gerichteten Vollstreckungsakte, die der Befriedigung des Gläubigers dienen. Dementsprechend ist der nach § 779 Abs. 2 Satz 1 ZPO bestellte einstweilige besondere Vertreter als gesetzlicher Vertreter des Erben zu allen Handlungen befugt, die der Schuldner während der fortgesetzten Zwangsvollstreckung vornehmen könnte. Das Vertreteramt endet mit dem Aufhebungsbeschluss. Anderenfalls können Zweifel darüber auftreten, in welchem Zeitpunkt Handlungen des Vertreters noch wirksam sind. Soweit dadurch die Verfahrensrechte des Erben verkürzt werden, wenn seine Erbenstellung bereits vor diesem Zeitpunkt feststand, ist dies hinzunehmen. Denn der Erbe ist in diesem Fall nicht schutzlos. Er selbst kann unter Vorlage entsprechender Nachweise das Vollstreckungsgericht frühzeitig über den Eintritt der Erbenstellung unterrichten und auch eigene Verfahrenshandlungen vornehmen; in beiden Fällen ist das Vollstreckungsgericht zur Aufhebung der Vertreterbestellung wegen Wegfalls von deren Voraussetzungen verpflichtet. Erhält der Vertreter Kenntnis von der Erbenstellung, darf er von seiner formell weiter bestehenden Vertretungsmacht keinen Gebrauch mehr machen.[2]

---

1   OLG Celle, Rpfleger 1986, 489.
2   BGH, Rpfleger 2010, 40 = NJW 2010, 157.

2. Verzicht auf Zustellung

Ein Verzicht auf die Zustellung ist zulässig (Ausnahme: § 104)[3]. Die Beschwerdefrist beginnt dann mit der Verkündung.[4] 3

3. Ersteher, Meistbietender, Bürge

Der Beschluss über die **Zuschlagserteilung** ist immer dem Ersteher, dem Meistbietenden (§ 81 Abs. 4) und dem für mithaftend erklärten Bürgen (§ 69 Abs. 3) zuzustellen. Beteiligten, zu denen auch diejenigen gehören, die ihr Recht noch glaubhaft zu machen haben (Satz 2) ist der Beschluss zuzustellen, wenn sie weder im Versteigerungs- noch im Verkündungstermin anwesend waren. Wurde der Verkündungstermin vertagt (→ § 87 Rdn. 12), genügt Anwesenheit in einem der Termine.[5] Wer anwesend war, muss sich aus dem Protokoll gegeben.[6] Anwesend im Termin bedeutet nicht, dass man von Beginn bis Ende anwesend war, auch der verspätet erschienene Beteiligte und derjenige, der vor Schluss der Verhandlung den Termin verlassen hat, ist zu den Anwesenden zu zählen. 4

4. Zuschlagsbeschluss

Der Beschluss über die **Erteilung des Zuschlages** ist seit dem 1.7.2014 grundsätzlich nur noch in beglaubigter Abschrift zuzustellen (vgl. § 329 Abs. 1, § 317 Abs. 1 Satz 1 ZPO). Ausfertigungen werden nur auf besonderen Antrag erteilt, § 317 Abs. 2 Satz 1, § 329 Abs. 1 ZPO.[6a] 5

Der Beschluss über die **Versagung des Zuschlages** wird nicht zugestellt, er wird nur verkündet, § 87 Abs. 1. Mit der Verkündung beginnt die Beschwerdefrist, § 98. Für den Bieter, dem der Zuschlag nicht erteilt wird, wirkt die Zuschlagserteilung wie eine Zuschlagsversagung.[7] 6

5. Weitere Mitteilungen

Nach der MiZi[8] (3. Abschnitt VII – Anordnung über Mitteilungen in Zivilsachen) ist das **Finanzamt** zu informieren. 7

Weiter mitzuteilen sind alle Zuschlagsbeschlüsse in Zwangsversteigerungsverfahren (§ 195 Abs. 1, § 200 BauGB) an den zuständigen **Gutachterausschuss**.

---

3 Steiner/*Storz*, § 88 Rdn. 10; *Böttcher*, § 88 Rdn. 1.
4 So auch *Stöber*, ZVG § 88 Rdn. 2.4, der aber auch Bedenken äußert.
5 So sinngemäß auch OLG München, Rpfleger 1956, 103.
6 OLG Köln, Rpfleger 1980, 354 = ZIP 1980, 476.
6a Hierzu auch BGH, Beschluss vom 27.1.2016, XII ZB 684/14 zum Urteil.
7 *Stöber*, ZVG § 88 Rdn. 2.1.
8 Mitteilung in Zivilsachen, Stand 1. Oktober 2014 – 3. Abschnitt Teil **VII. Mitteilungen in Zwangsversteigerungssachen** lautet:
1 Mitteilungen über die Bestimmung des Versteigerungstermins
......
2 Mitteilungen über den Zuschlag zu steuerlichen Zwecken
(1) Mitzuteilen sind alle Zuschlagsbeschlüsse in Zwangsversteigerungsverfahren über Grundstücke und grundstücksgleiche Rechte, z.B. Erbbaurechte und Wohnungseigentum, ohne Rücksicht darauf, ob der Rechtsübergang grunderwerbsteuerpflichtig ist (§ 18 Abs. 1 S. 1 Nr. 3 und Abs. 3 Satz 2 GrEStG).
(2) Die Mitteilungen sind nach amtlich vorgeschriebenem Vordruck (§ 18 Abs. 1 Satz 1 GrEStG) binnen zwei Wochen nach der Verkündung des Zuschlagsbeschlusses zu bewirken. Ihnen ist eine Abschrift des Zuschlagsbeschlusses beizufügen (§ 18 Abs. 1 Satz 2 GrEStG). Die Absendung der Mitteilung ist auf der Urschrift des Zuschlagsbeschlusses zu vermerken (§ 18 Abs. 4 GrEStG).

8 (Diese Randnummer ist nicht belegt.)
9 Weiterhin ist das Vollstreckungsgericht verpflichtet, dem zuständigen **Grundbuchamt** eine Abschrift des Zuschlagsbeschlusses zu übermitteln.[9] Der Zuschlag wird mit der Verkündung wirksam, § 89. Durch den Zuschlag ist der Ersteher Eigentümer des Grundstücks geworden, § 90 Abs. 1. Das Grundbuch ist damit unrichtig geworden. Nur durch die unverzügliche Kenntnis des Grundbuchamtes über die Zuschlagserteilung kann vermieden werden, dass das Grundbuchamt noch Eintragungsanträge des bisherigen Eigentümers bearbeitet oder sogar Anträgen aufgrund eines gegen ihn gerichteten Titels statt gibt; Gleiches gilt für die Gefahr einer Zurückweisung eines Antrages des Erstehers (z.B. auf Eintragung von Grundpfandrechten) mangels Voreintragung (§ 39 GBO).[10]

(Fortsetzung Fn. 8)
(3) Die Mitteilungen sind schriftlich zu richten
1. bei einem Zuschlagsbeschluß, der sich auf ein Grundstück (Erbbaurecht) bezieht, an das Finanzamt, in dessen Bezirk das Grundstück (Erbbaurecht) oder der wertvollste Teil des Grundstücks (Erbbaurechts) liegt (§ 17 Abs. 1, § 18 Abs. 5 GrEStG);
2. bei einem Zuschlagsbeschluß, der sich auf mehrere Grundstücke (Erbbaurechte) bezieht,
a) die im Bezirk eines Finanzamtes liegen, an dieses Finanzamt,
b) die in den Bezirken verschiedener Finanzämter liegen, an das Finanzamt, in dessen Bezirk der wertvollste Grundstücksteil (Erbbaurecht) oder das wertvollste Grundstück (Erbbaurecht) oder der wertvollste Bestand an Grundstücksteilen (Erbbaurechten) oder Grundstücken (Erbbaurechten) liegt (§ 17 Abs. 2 GrEStG).
Eine elektronische Übermittlung der Mitteilungen ist ausgeschlossen.
Anmerkungen: Bei den Mitteilungen sind die Zuständigkeitskonzentrationen der Finanzämter in den einzelnen Ländern zu beachten (vgl. die Suchseite des Bundeszentralamtes für Steuern www.finanzamt.de).
In Baden-Württemberg wird abweichend von Absatz 2 von der Verwendung des amtlichen Vordrucks abgesehen und stattdessen die Anzeige durch Übersendung von zwei Abschriften des Zuschlagsbeschlusses vorgenommen.
In Nordrhein-Westfalen kann aufgrund einer Vereinbarung mit dem Finanzministerium abweichend von Absatz 2 von der Verwendung des amtlichen Vordrucks abgesehen und stattdessen eine Abschrift des Zuschlagsbeschlusses mit einem kurzen Anschreiben übersandt werden.
3 Mitteilungen über den Zuschlag zu Wertermittlungszwecken des Gutachterausschusses
(1) Mitzuteilen sind alle Zuschlagsbeschlüsse in Zwangsversteigerungsverfahren (§ 195 Abs. 1, § 200 BauGB). Gleichzeitig ist der gerichtliche festgesetzte Verkehrswert mitzuteilen.
(2) Die Mitteilungen sind an den zuständigen Gutachterausschuß zu richten.
Anmerkung: Die Gutachterausschüsse (Absatz 2) sind in der Anmerkung zu III/3 aufgeführt.

9   Hierzu auch *Hornung*, Rpfleger 1979, 279.
10 Hierzu auch *Schiffhauer*, Rpfleger 1979, 353.

§ 89 »Wirksamwerden des Zuschlags«

Der Zuschlag wird mit der Verkündung wirksam.

I. Allgemeines

Der Gesetzgeber hat im Interesse der Rechtssicherheit den Zeitpunkt der Verkündung des Zuschlags gewählt und nicht den mehr oder minder ungewissen Zeitpunkt der Rechtskraft (wegen der Folgen der Aufhebung des Zuschlags siehe → § 90 Rdn. 25). 1

II. Wirkungen des Zuschlags

1. Zeitlicher Beginn

Die Wirkungen des Zuschlags beginnen mit der Verkündung, und nicht erst mit seiner Rechtskraft[1] (Ausnahme: § 104). Ist die Verkündung des Zuschlags versehentlich unterblieben, jedoch die Zustellung des Beschlusses erfolgt, treten in analoger Anwendung des § 104 die Wirkungen mit der Zustellung an den Ersteher ein.[2] 2

2. Einzelne Wirkungen

Die Wirkungen des Zuschlags sind in erster Linie: Eigentumserwerbs (§ 90), Erlöschen von Rechten, die nach den Versteigerungsbedingungen nicht bestehen bleiben (§ 91), Wertersatz (§ 92), Zuschlagsbeschluss als Vollstreckungstitel (§ 93). Weitere Wirkungen des Zuschlags sind: Zinszahlungspflicht (§ 49 Abs. 2), Schuldübernahme (§ 53), Übernahme von Lasten, Nutzungen und Gefahr (§ 56), Eintritt in Mietverhältnisse (§ 57), Tragung der Zuschlagskosten (§ 58), Befriedigungsfiktion (§ 114a). Zur Wirkung der Aufhebung einer bis zum Zuschlag andauernden Zwangsverwaltung siehe → § 161 Rdn. 44 ff. 3

3. Aufhebung des Zuschlags

Die Wirkungen des Zuschlags sind nicht auflösend bedingt (§§ 158 ff. BGB) durch die rechtskräftige Aufhebung des Zuschlagsbeschlusses. Es handelt sich hier eine vom Gesetz aufgestellte Voraussetzung der Wirksamkeit des Zuschlags, dessen Wirkungen mit dinglicher Wirkung für die Vergangenheit fortfallen, wenn er rechtskräftig aufgehoben wird (siehe → § 90 Rdn. 27). 4

III. Schutzvorschriften

Da der Ersteher das Eigentum ohne Zahlung erwirbt (§ 90 Abs. 1), Zahlung ist erst zum Verteilungstermin erforderlich, ist zum Schutz der Beteiligten gegen nachteilige rechtliche und tatsächliche Verfügungen des Erstehers vorgesehen: 5

- das Grundstück kann unter gerichtliche Verwaltung genommen werden, bis der Ersteher das bare Meistgebot gezahlt oder hinterlegt hat (§ 94); 6
- die Grundbuchberichtigung erfolgt erst nach Rechtskraft des Zuschlags und Durchführung der Erlösverteilung (§ 130);
- im Falle der Beschwerde gegen die Zuschlagsentscheidung kann das Vollstreckungsgericht oder das Beschwerdegericht (auf Antrag oder von Amts wegen) die Vollziehung des Zuschlagsbeschlusses aussetzen (§ 570 Abs. 2, 3 ZPO).

---

1 RGZ 75, 316.
2 OLG Köln, Rpfleger 1982, 113 = MDR 1982, 330; LG Braunschweig, MDR 1968, 675; unklar *Stöber*, ZVG § 89 Rdn. 2.1; in diesem Sinne wohl auch *Böttcher*, § 89 Rdn. 1.

§ 90 »Eigentumserwerb des Erstehers durch Zuschlag«

(1) Durch den Zuschlag wird der Ersteher Eigentümer des Grundstücks, sofern nicht im Beschwerdewege der Beschluß rechtskräftig aufgehoben wird.
(2) Mit dem Grundstück erwirbt er zugleich die Gegenstände, auf welche sich die Versteigerung erstreckt hat.

Übersicht Rdn.
I. Allgemeines 1
II. Eigentumserwerb 6
 1. Zuschlagsbeschluss 6
 2. Umfang und Grenzen des Grundstücks 7
 3. Überbau 8
 4. Flurbereinigung, Umlegung 13
 5. Sonstige Rechte und Verpflichtungen...................... 15
III. Rechtsfolgen der Zuschlagsaufhebung........................ 25

I. Allgemeines

1   Der Eigentumserwerbs erfolgt unmittelbar durch den Zuschlag (zur Rechtsnatur des Zuschlags s. → § 82 Rdn. 2). Nach allgemeiner Ansicht handelt es sich um einen **originären Eigentumserwerb**.[1] Dies gilt auch, wenn der bisherige Eigentümer selbst Ersteher ist.[2] Die Zuschlagserteilung ist ein konstitutiv wirkender Staatshoheitsakt, der Eigentum nicht überträgt, sondern frei von nicht ausdrücklich bestehen bleibenden Rechten begründet. Der Ersteher erwirbt Eigentum originär, nicht als Rechtsnachfolger des Schuldners.[3] Die Entscheidung gehört zur Rechtsprechung im engeren Sinne mit echtem **Rechtsprechungscharakter**, die das typische Merkmal der materiellen Rechtskraftfähigkeit aufweist[4] (hierzu auch → § 82 Rdn. 2).

2   Der Zuschlag umfasst das Grundstück und die mitversteigerten Gegenstände. Soweit der Versteigerungsgegenstand nicht dem Schuldner, sondern einem Dritten gehört, wird der gem. § 37 Nr. 5 angedrohte Rechtsverlust gegen den Dritten wirksam. Der Zuschlag wirkt auch gegen schuldnerfremdes Eigentum. Zuschlagsbeschlüsse sind – ebenso wie Grundbucheintragungen – zumindest grundsätzlich objektiv „aus sich heraus" auszulegen. Greift ein Zuschlag in schuldnerfremdes Eigentum ein, ist er unwirksam, wenn ein verständiger Eigentümer nach dem Inhalt der veröffentlichten Terminsbestimmung seine Betroffenheit nicht erkennen und deshalb auch bei Beachtung gehöriger Sorgfalt seine Rechte nicht wahren konnte.[5] Der Zuschlag enthält keine ungerechtfertigte Bereicherung des Erste-

---

1   BGH Rpfleger 2004, 644 = NJW 2004, 2900 = MDR 2004, 1379 = WM 2004, 1689 = ZIP 2004, 1619 = InVo 2005, 74; OLG Brandenburg, Urteil vom 28.6.2012, 5 U 151/09, NZI 2012, 774.
2   *Böttcher,* § 90 Rdn. 1.
3   BGH, Rpfleger 1986, 396 = ZIP 1986, 926.
4   So *Gaul/Schilken/Becker-Eberhard,* § 2 II.3; *Böttcher,* § 90 Rdn. 2; BGH, Rpfleger 1970, 60 = NJW 1970, 565 = MDR 1970, 222; anders BGH, Rpfleger 2010, 277 = NJW-RR 2010, 1366.
5   BGH, Urteil vom 8.11.2013, V ZR 155/12, Rpfleger 2014, 216. Dieser Entscheidung lag ein nicht einfacher Sachverhalt zugrunde. Die Klägerin ist Eigentümerin des Grundstücks Flur 1, Flurstück 2 (postalisch D. straße 16). Im Jahr 2007 ersteigerten die Beklagten das südlich angrenzende Nachbargrundstück, das in dem Zuschlagsbeschluss gekennzeichnet ist als das eingetragene Grundstück „lfd. Nr. 1, Flur 1,

hers.⁶ Der Eigentumserwerb durch den Zuschlag ist weder vom guten Glauben des Erstehers⁷, noch von der Zahlung des baren Meistgebots (hierzu → § 89 Rdn. 5) oder der Grundbuchberichtigung (§ 130) abhängig. Der Ersteher ist **nicht Rechtsnachfolger des Schuldners**⁸ im eigentlichen Sinne, wohl aber als solcher im Sinne der §§ 1164, 1165 BGB, §§ 265, 325 Abs. 3 ZPO zu behandeln.⁹

Ansprüche nach dem **Anfechtungsgesetz** können nicht geltend gemacht werden, da der Schuldner im Sinne dieses Gesetzes nichts veräußert bzw. auf oder weggegeben hat.¹⁰ Beruht der Vermögensverlust des Schuldners auf einem hoheitlichen Rechtsakt, so handelt es sich um einen Sachverhalt, den das Anfechtungsgesetz grundsätzlich nicht erfasst. Eine Klage nach §§ 3, 11 AnfG kann nach der höchstrichterlichen Rechtsprechung nicht darauf gestützt werden, dass der Gegner ein Grundstück des Schuldners im Wege des Zuschlags in der Zwangsversteigerung erworben hat.¹¹

Erwerbsvorgänge, die unter das Grunderwerbssteuergesetz fallen, sind von der Zahlung der **Umsatzsteuer** befreit, § 4 Nr. 9a UStG. Umsatzsteuerrechtlich stellt die Zwangsversteigerung eines Grundstückes keine Lieferung des Eigentümers an das jeweilige Bundesland und keine Lieferung dieses Landes an den Ersteher dar, sondern es liegt eine direkte Lieferung vom Eigentümer an den Ersteher vor.¹² Hiernach ist die Lieferung des Grundstückes von der Umsatzsteuerpflicht befreit. Mitversteigertes Zubehör kann allerdings die Umsatzsteuerpflicht auslösen¹³ (hierzu insgesamt → § 58 Rdn. 21).

Die rechtskräftige Aufhebung des Zuschlags beseitigt seine Wirkungen rückwirkend auf den Zeitpunkt der Zuschlagserteilung, das Eigentum des Schuldners lebt wieder auf (hierzu nachfolgend → Rdn. 25 ff.).

Flurstück 1, Gebäude- und Gebäudenebenflächen, D. str. 15, 1.710 qm". In der Bekanntmachung des Versteigerungstermins war das Versteigerungsobjekt darüber hinaus beschrieben worden als ein laut Gutachten mit einem Einfamilienhaus und weiteren Nebengebäuden bebautes Grundstück. Dem genannten (Wert-)Gutachten liegt der tatsächliche Besitzstand zugrunde. Mit wechselseitigen Feststellungsklagen stritten die Parteien darüber, wo die Grundstücksgrenze verläuft. Während die Klägerin der Auffassung ist, ihr Grundstück entspreche dem gegebenen Besitzstand, gehen die Beklagten davon aus, dass sich das ersteigerte Grundstück auf eine Fläche erstreckt, die in den Besitzstand der Klägerin hineinragt und auch deren unlängst saniertes Wohnhaus umfasst. Die Klägerin behauptet, den Beklagten seien bereits vor der Versteigerung Unstimmigkeiten bei den Angaben zum Versteigerungsgegenstand bekannt gewesen. Da dem BGH die zwischen den Parteien umstrittene Frage der Eigentumslage vor dem Zuschlag nicht eindeutig vorgetragen wurde, wurde der Rechtsstreit an das Berufungsgericht zurück verwiesen.

6 RGZ 62, 277.
7 Hierzu RGZ 72, 358.
8 BGH, Rpfleger 1986, 396 = WM 1986, 945 = ZIP 1986, 926; BGH, WM 1960, 25.
9 RGZ 89, 77.
10 BGH, Rpfleger 1986, 396 = WM 1986, 945 = ZIP 1986, 926.
11 BGHZ Rpfleger 2004, 644 = NJW 2004, 2900 = MDR 2004, 1379 = WM 2004, 1689 = ZIP 2004, 1619 = InVo 2005, 74.
12 BFH, ZIP 1986, 991; BFH, BStBl II 1973, 503.
13 *Stöber*, ZVG § 81 Rdn. 7.10.

II. Eigentumserwerb

1. Zuschlagsbeschluss

6   Der Zuschlagsbeschluss bestimmt inhaltlich und rechtlich den Eigentumserwerb des in der Terminsbestimmung bezeichneten und im Versteigerungstermin ausgebotenen Grundstücks.[14] Ein rechtskräftiger Zuschlagsbeschluss kann nicht nach § 765a ZPO aufgehoben werden.[15] Eine Maßnahme der Zwangsvollstreckung kann nach § 765a Abs. 1 ZPO aufzuheben sein, wenn sie unter voller Würdigung der Schutzbedürfnisse des Gläubigers wegen besonderer Umstände für den Schuldner eine Härte bedeutet, die mit den guten Sitten nicht vereinbar ist. Die beantragte Entscheidung würde die Aufhebung eines rechtskräftigen Beschlusses zur Folge haben, was aber nur möglich ist, wenn das Verfahrensrecht eine solche Aufhebung zuließe. Dies gibt es aber nicht. Ist die Zuschlagsentscheidung rechtskräftig geworden, scheidet ihre Aufhebung auch im Rechtsmittelverfahren aus. Eine Aufhebung würde eine Enteignung des Zuschlagbegünstigten bedeuten, für die es an einer Grundlage fehlt. Der Zuschlag ist für die Gestaltung der Rechtsbeziehungen der Beteiligten maßgebend, ohne Rücksicht darauf, ob er mit dem Gesetz in Einklang steht oder grobe Rechtsverstöße enthält. Wird er nicht mit der Beschwerde angefochten und abgeändert, so haben die Beteiligten selbst eine rechtswidrige Gestaltung ihrer gegenseitigen Rechtsbeziehungen gegen sich gelten zu lassen.[16] Allerdings kann ein nicht mit dem gesetzlich gebotenen oder mit unzulässigem Inhalt begründetes Wohnungs- oder Teileigentum nicht durch Zuschlag erworben werden.[17] Ist der Ersteher der Auffassung, dass der Inhalt des Zuschlagsbeschlusses nicht zutrifft, kann er dies nur im Wege der Beschwerde gegen den Zuschlag klären lassen (wegen Berichtigung des Zuschlagsbeschlusses siehe → § 82 Rdn. 18).

2. Umfang und Grenzen des Grundstücks

7   Der Ersteher erwirbt das Grundstück durch den Zuschlag entsprechend dem Inhalt des Grundbuchs und dem amtlichen Verzeichnis im Sinne des § 2 Abs. 2 GBO (Liegenschaftskataster). Wenn sich nach diesen Unterlagen die genaue Grenze in der Natur nicht ermitteln lässt, entscheiden die allgemeinen Vorschriften über Grenzverwirrung (§ 920 BGB). Sollte ein durch Grundbuch und Kataster ausgewiesenes Flurstück in der Natur tatsächlich fehlen, muss es bei diesem Rechtszustand bleiben, der Ersteher hat nichts erworben.[18]

---

14   *Stöber*, ZVG § 90 Rdn. 1.2.
15   BGH, Rpfleger 2010, 101 = NJW-RR 2010, 232.
16   Hierzu OLG Köln, NJOZ 2004, 2898.
17   OLG Düsseldorf, Rpfleger 1986, 121: Der Ersteher hat die im Kellergeschoss des Gebäudes befindliche Sammelgarage (Nr. 15 des Aufteilungsplanes) durch Zuschlag erworben. In dieser Sammelgarage befinden sich abweichend von dem der Teilungserklärung beigefügten Aufteilungsplan nicht 12, sondern lediglich 11 Wageneinstellplätze. Der Einstellplatz Nr. 12 enthält den Öltank für die gemeinschaftliche Zentralheizungsanlage.
18   Zum Umfang des Zuschlags unvermessener Gebäudegrundstücke im Gebiete des ehemaligen Landes Preußen, BGH, Rpfleger 1996, 417 = KTS 1996, 480 = WM 1996, 1376.

3. Überbau

Der Überbau setzt voraus, dass sich ein einheitliches Gebäude auf oder unterhalb der Erdoberfläche auf das Nachbargrundstück erstreckt.[19] Ein **Überbau** kann wesentlicher Bestandteil des zu versteigernden Grundstücke sein (hierzu → § 55 Rdn. 5). Zu unterscheiden ist, ob es sich um einen **entschuldigten** oder **unentschuldigten** Überbau handelt oder um einen **Eigengrenzüberbau** (hierzu → § 20 Rdn. 10). Ein Überbau kann auch vorliegen, wenn nicht auf einem unbebauten Grund und Boden, sondern auf einer Ruinen-Kellermauer jenseits der Grenze gebaut wird.[20] Besteht ein Grundstücksmiteigentum und wurde darauf ein Gebäude errichtet, das unter Verletzung einer vereinbarten Gebrauchsregelung zum Teil sich auf dem Grundstücksteil befindet, das einem anderen Miteigentümer zum Gebrauch überlassen wurde, liegt kein Überbau vor.[21]

8

Bei einem **entschuldigten Überbau** verbleibt das Eigentum an dem überbauten Gebäude dem Eigentümer des Grundstücks, von dem der Überbau ausgeht, der Grundstücksanteil steht im Eigentum des Nachbarn. Die Zwangsversteigerung des Grundstücks, von dem der Überbau ausgeht, erfasst somit das gesamte Gebäude. In der Zwangsversteigerung des Grundstücks, auf den der Überbau hineinragt, erfasst nicht den Gebäudeanteil. Ebenso ist der **Eigengrenzüberbau** zu behandeln. Der überbaute Gebäudeteil ist wesentlicher Bestandteil des Grundstücks, von dem der Überbau ausgeht.[22]

9

Wird ein Gebäude in Ausübung eines Rechtes (z.B. eine Dienstbarkeit) über die Grenze gebaut, sodass der überbaute Bauteil nicht Bestandteil des überbauten Grundstücks wird, kann an den Teilen des Gebäudes Wohnungseigentum begründet werden.[23]

10

Steht bei einem entschuldigten Überbau eine **Giebelmauer** auf der Grundstücksgrenze und ist sie auch Giebelmauer des Nachbarhauses (gleichzeitiger oder späterer Anbau), entsteht an der Giebelmauer Miteigentum.[24] Dieser Grundsatz ist dahin fortentwickelt worden[25], dass beim Anbau eines Gebäudes an einer halbscheidigen Giebelmauer des Nachbarn diese, selbst wenn der Anbau statisch selbstständig errichtet und die Giebelmauer nur als Abschlusswand benutzt wird, im Verhältnis der durch den Anbau benutzten Fläche zur Gesamtfläche der Giebelmauer Miteigentum des Anbauenden wird. Das Miteigentum an einer solchen Giebelmauer geht nach Zerstörung eines der beiden Nachbargebäude nicht unter.[26]

11

Bei einem **unentschuldigten Überbau** teilt die Grundstücksgrenze zum Nachbargrundstück auch das überbaute Gebäude.[27] Das Eigentum an dem überbauten Gebäude gebührt dem Eigentümer des überbauten Grundstücks. Diese Grundsät-

12

---

19 Zum Begriff vgl. BGH, DB 1972, 2298.
20 BGH, NJW 1969, 1481; zur Abgrenzung Überbau oder selbstständiges Gebäude BGH, NJW-RR 1989, 1039.
21 OLG Köln, NJW-RR 1989, 1040.
22 So auch BGH, Rpfleger 2002, 71 = NJW 2002, 54 = DNotZ 2002, 290 = NZM 2002, 43 = MDR 2002, 22 = WM 2002, 603 = NotBZ 2002, 28; RGZ 160, 166; 169, 172; *Stöber*, ZVG § 55 Rdn. 6.3.
23 LG Stade, Rpfleger 1987, 63.
24 BGH, NJW 1962, 149 = MDR 1962, 120; BGH, MDR 1958, 591.
25 OLG Karlsruhe, NJW 1967, 1232.
26 BGH, NJW 1972, 195 und NJW 1965, 811.
27 BGH, NJW 1958, 1182; NJW 1963, 1868.

ze gelten auch bei einer nachträglichen **Grundstücksteilung**, sofern die gemeinsame Grenze durch ein einheitliches Gebäude verläuft. Die Zwangsversteigerung eines der Grundstücke erfasst immer nur den darauf befindlichen Gebäudeteil.

4. Flurbereinigung, Umlegung

13 Liegt das zu versteigernde Grundstück in einem **Flurbereinigungsgebiet**, hindert dies nicht die Erteilung des Zuschlags, selbst dann, wenn der im Grundbuch noch eingetragene Altbesitz des Schuldners durch Eintritt der Rechtskraft der endgültigen oder vorzeitigen Ausführungsanordnung untergegangen ist oder wenn das nach dem Flurbereinigungsplan ausgewiesene Abfindungsgrundstück noch nicht im Grundbuch eingetragen ist, weil die Bestimmungen des Flurbereinigungsplans in Bezug auf den Schuldner noch nicht rechtskräftig sind.[28] Wer ein Grundstück erwirbt, das im Flurbereinigungsgebiet liegt, muss das bis zu seiner Eintragung im Grundbuch oder bis zur Anmeldung des Erwerbs durchgeführte Verfahren gegen sich gelten lassen, § 15 S. 1 FlurbG. Der Ersteher muss das bereits durchgeführte Flurbereinigungsverfahren hinnehmen.[29]

14 Gleiches gilt für das **Umlegungsverfahren** gem. §§ 45 ff. BauGB. Wechselt die Person eines Beteiligten während eines Umlegungsverfahrens, so tritt sein Rechtsnachfolger in dieses Verfahren in dem Zustand ein, in dem es sich im Zeitpunkt des Übergangs des Rechts befindet, § 49 BauGB.

5. Sonstige Rechte und Verpflichtungen

15 Der Ersteher erwirbt ohne Übergabe oder Abtretung alle Gegenstände und Forderungen, auf die sich die Versteigerung erstreckt, § 55 (siehe dort). Zum Erwerb von **Bestandteilen** (wesentliche und nicht wesentliche), **Scheinbestandteile**, subjektiv dingliche Rechte, Erzeugnisse (ungetrennte und getrennte), **Zubehör**, Anwartschaftsrechte, Miete und Pacht, **Versicherungsforderungen**, Entschädigungsansprüche siehe → § 20 Rdn. 38 ff.

16 **Landwirtschaftliche Erzeugnisse**, die von der Beschlagnahme erfasst sind, werden, wenn sie zwar inzwischen geerntet, aber nicht veräußert und entfernt sind, mit dem Zuschlag Eigentum des Erstehers. Maßgebend ist der Zeitpunkt der Versteigerung, nicht des Zuschlags. Hieran ändert auch das gleichzeitige Bestehen einer parallel laufenden Zwangsverwaltung nichts.[30]

17 Eine vertragliche Verpflichtung des **Verpächters** eines **Hofes**, dass bei Ende der Pacht vorhandene Inventar zu übernehmen, geht mit dem Zuschlag grundsätzlich auf den Ersteher über.[31]

18 Ist der Bau einer Wohnung mit **öffentlichen Mitteln** gefördert worden, treten Bindungen des Verfügungsberechtigten nach dem **Wohnungsbindungsgesetz** (WoBindG[32]) §§ 4 ff. ein. Sind die wegen der öffentlichen Mittel begründeten Grundpfandrechte mit dem Zuschlag nicht erloschen, so gelten die Wohnungen bis zu dem sich aus § 15 oder § 16 ergebenden Zeitpunkt als öffentlich gefördert,

---

28 OLG Oldenburg, KTS 1975, 239.
29 OLG Koblenz, Rpfleger 1967, 417.
30 RGZ 143, 33.
31 BGH, NJW 1965, 2198 = WM 1965, 1064.
32 In der ab 1.1.2002 geltenden Fassung der Neufassungsbekanntmachung vom 13.9.2001, BGBl I 2404, zuletzt geändert durch Art. 87 der Verordnung vom 31.10.2006 (BGBl I 2407).

§ 17 Abs. 2 WoBindG.³³ Sofern die wegen der öffentlichen Mittel begründeten Grundpfandrechte mit dem Zuschlag erlöschen, gelten die Wohnungen, für die öffentliche Mittel als Darlehen bewilligt worden sind, bis zum Ablauf des dritten Kalenderjahres nach dem Kalenderjahr, in dem der Zuschlag erteilt worden ist, als öffentlich gefördert, § 17 Abs. 1 WoBindG. Hierzu insgesamt → § 59 Rdn. 29, insbesondere auch zum Ausschluss einer abweichenden Zwangsversteigerungsbedingung.³⁴ Nach § 2 WoBindG findet u.a. auf die Einschränkung der Rechte zur Beendigung von Mietverhältnissen bei der Veräußerung und Umwandlung von öffentlich geförderten Wohnungen § 32 Abs. 2 bis 4 WoFG³⁵ (Wohnraumförderungsgesetz) entsprechende Anwendung. Nach dem bisher geltenden § 2b Abs. 1 WoBindG stand dem **Mieter** einer öffentlich geförderten Wohnung, die in eine Eigentumswohnung umgewandelt wurde oder umgewandelt werden sollte, das gesetzliche Vorkaufsrecht nur für den ersten Verkaufsfall nach Umwandlung der Mietwohnung zu. Nach einer Veräußerung der Eigentumswohnung im Wege der Zwangsvollstreckung (§ 471 BGB) konnte das Vorkaufsrecht vom Mieter nicht mehr ausgeübt werden (§ 2b Abs. 2 Satz 3 WoBindG).³⁶ Die bisherigen §§ 2 und 2b WoBindG sind jedoch weggefallen. § 32 Abs. 2 bis 4 WoFG lautet:

> (2) Die zuständige Stelle hat über die Wohnungen, ihre Nutzung, die jeweiligen Mieter und Vermieter sowie über die Belegungsrechte und die höchstzulässigen Mieten im Sinne des § 3 Abs. 3 bis 5 des Bundesdatenschutzgesetzes oder entsprechender landesrechtlicher Vorschriften Daten zu erheben, zu verarbeiten und zu nutzen, soweit dies zur Sicherung der Zweckbestimmung der Wohnungen und der sonstigen Bestimmungen der Förderzusage erforderlich ist. Der Vermieter und der Mieter sind verpflichtet, der zuständigen Stelle auf Verlangen Auskunft zu erteilen und Einsicht in ihre Unterlagen zu gewähren und ihr die Besichtigung von Grundstücken, Gebäuden und Wohnungen zu gestatten, soweit dies zur Sicherung der Zweckbestimmung der Wohnungen und der sonstigen Bestimmungen der Förderzusage erforderlich ist. Durch Satz 2 wird das Grundrecht der Unverletzlichkeit der Wohnung (Artikel 13 des Grundgesetzes) eingeschränkt.
>
> (3) Der Vermieter hat der zuständigen Stelle die Veräußerung von belegungs- oder mietgebundenen Wohnungen und die Begründung von Wohnungseigentum an solchen Wohnungen unverzüglich schriftlich mitzuteilen. Der Vermieter, der eine Wohnung erworben hat, an der nach der Überlassung an einen Mieter Wohnungseigentum begründet worden ist, darf sich dem Mieter gegenüber auf berechtigte Interessen an der Beendigung des Mietverhältnisses im Sinne des § 573 Abs. 2 Nr. 2 des Bürgerlichen Gesetzbuchs nicht berufen, solange die Wohnung Belegungs- oder Mietbindungen unterliegt; im Übrigen bleibt § 577a Abs. 1 und 2 des Bürgerlichen Gesetzbuchs unberührt, soweit in dieser Bestimmung auf § 573 Abs. 2 Nr. 2 des Bürgerlichen Gesetzbuchs verwiesen wird.
>
> (4) Finanzbehörden und Arbeitgeber haben der zuständigen Stelle Auskunft über die Einkommensverhältnisse der Wohnungsuchenden zu erteilen, soweit dies zur Sicherung der Zweckbestimmung der Wohnungen und der sonstigen Bestimmungen der Förderzusage erforderlich ist und begründete Zweifel an der Richtigkeit der Angaben und der hierzu vorgelegten Nachweise bestehen. Vor einem Auskunftsersuchen an den Arbeitgeber soll dem Wohnungsuchenden Gelegenheit zur Stellungnahme gegeben werden.

---

33 Für den Fall einer Vereinbarung gem. § 91 Abs. 2 gilt dies nicht, OVG NRW, KTS 1983, 653.
34 LG Siegen, Rpfleger 1969, 173.
35 Wohnraumförderungsgesetz vom 13. September 2001 (BGBl I 2376), zuletzt geändert durch Art. 3 Gesetz vom 2.10.2015 (BGBl I 1610).
36 BGH, Rpfleger 1999, 405.

19 Für den Ersteher beginnt die Frist zur Kündigung eines **Versicherungsvertrages** mit dem Zuschlag (§§ 98, 96 VVG). Das gilt auch dann, wenn die Verwaltung des Grundstücks gem. § 94 angeordnet ist; das Kündigungsrecht hat in diesem Fall der Verwalter auszuüben.[37] Anders als der Erfüllungsanspruch auf die Versicherungsleistung fällt ein an seine Stelle tretender **Schadensersatzanspruch** gegen den Gebäudeversicherer wegen eines Brandes aus Verschulden bei Vertragsschluss nicht unter die Hypothekenhaftung; er geht daher auch nicht gem. § 90 Abs. 2, § 55 Abs. 1, § 20 Abs. 2 auf den Ersteher in der Zwangsversteigerung über.[38]

20 Zur Problematik von sog. **Altlasten** (z.B. Schadstoffanreicherung in Boden und Grundwasser, umweltgefährdende Nachwirkungen industrieller Produktion)[39], insbesondere auch zur Berücksichtigung bei der Verkehrswertfestsetzung siehe → § 74a Rdn. 47.

21 **Ausgleichsansprüche** nach § 13 HöfeO[40] sind rein persönliche Ansprüche, die zwar durch Rechtsgeschäft dinglich gesichert werden können, aber nicht kraft Gesetzes dingliche Rechte sind. Nach § 13 Abs. 8 HöfeO werden diese Ausgleichsansprüche auch durch Veräußerung im Wege der Zwangsversteigerung fällig, werden sich wegen Zahlungsunfähigkeit des Schuldners aber wohl nur selten realisieren lassen. Gleiches gilt für ein dem überlebenden Ehegatten gem. § 14 Abs. 2 HöfeO zustehenden Altenteil; es entsteht nicht kraft Gesetzes außerhalb des Grundbuches als dingliches Recht.[41]

22 Die öffentliche **Baulast** ist ein eigenständiges Rechtsinstitut des Landesrechts (außer in Bayern und Brandenburg). Das Landesrecht kann daher auch bestimmen, unter welchen formellen und materiellen Voraussetzungen eine öffentliche Baulast erlischt. Das Bundesrecht ergibt nicht, dass eine öffentliche Baulast aufgrund eines erteilten Zuschlages erlischt.[42]

23 Im Falle der Zwangsversteigerung von **Wohnungseigentum** geht der Anteil des Wohnungseigentümers an den gemeinschaftlichen Geldern (Instandhaltungsrücklage, Hausgeld) nicht auf den Ersteher über.[43] Ein gutgläubiger Erwerb eines Sondernutzungsrechtes kommt von vornherein nicht in Betracht.[44]

24 Der Ersteher eines Grundstücks, der aus einer **bestehen gebliebenen Grundschuld dinglich in Anspruch genommen** wird, kann dem Grundschuldgläubiger grundsätzlich keine Einreden entgegensetzen, die sich aus dem zwischen dem früheren Eigentümer (Sicherungsgeber) und dem Gläubiger (Sicherungsnehmer) abgeschlossenen Sicherungsvertrag ergeben. Auf die tatsächliche Valuta kommt es nicht an. In der Zwangsversteigerung kommt es nach dem Zuschlag zu einer Trennung zwischen persönlicher und dinglicher Schuld. Bei der Versteigerung sind die Rechte der Grundschuldgläubigerin dadurch gewahrt, dass die Grundschuld bei der Feststellung des geringsten Gebots berücksichtigt und vom neuen Eigentümer übernommen wird. Der Ersteher erwirbt ein belastetes Grundstück, hat dafür

---

37 RGZ 86, 187.
38 BGH, NJW 2006, 771 =VersR 2006, 112 = InVo 2006, 168.
39 Hierzu *Engels*, Rpfleger 2010, 557; *Dorn*, Rpfleger 1988, 298.
40 Höfeordnung in der Fassung der Bekanntmachung vom 26.7.1976 (BGBl I S. 1933), zuletzt geändert durch Art. 98 des Gesetzes vom 17.12.2008 (BGBl I 2586).
41 OLG Celle, NJW 1968, 896 = Rpfleger 1968, 92.
42 BVerwG, Rpfleger 1993, 208 = NJW 1993, 480; OVG Hamburg, Rpfleger 1993, 209; hierzu auch *Alff*, Rpfleger 1993, 362.
43 BayObLGZ 1984, 198.
44 BayObLG, Rpfleger 1994, 294, OLG Hamm, NJW 1976, 1752.

aber ein entsprechend geringeres Bargebot nach § 49 Abs. 1 entrichtet; ein Teil des nach den Versteigerungsbedingungen zu erbringenden Gebotes ist durch den nominalen Grundschuldbetrag ersetzt worden. Bleibt eine Grundschuld bestehen, hat der Ersteher aus dem ihm zugeschlagenen Grundstück bei Fälligkeit die Grundschuld zu befriedigen. Allein maßgebend ist die dingliche Schuld. Etwas anders kann sich nur bei den Voraussetzungen nach § 53 Abs. 2 ergeben. Wird die dort geforderte Anmeldung unterlassen, kommt es zu einer Trennung zwischen dinglicher und persönlicher Schuld. Dann aber stehen auch die Rechte aus dem Sicherungsvertrag weiterhin dem Sicherungsgeber zu.[45]

III. Rechtsfolgen der Zuschlagsaufhebung

Jedwede Aufwendung oder Investition in das Grundstück **vor Rechtskraft** des Zuschlags macht der Ersteher auf eigene Gefahr. Da der Rechtserwerb erst mit der Rechtskraft des Zuschlagsbeschlusses unanfechtbar wird, kann die danach erfolgte Zuschlagsaufhebung zu erheblichen tatsächlichen und rechtlichen Schwierigkeiten führen. Die Zuschlagsaufhebung wirkt zurück.[46] Wenn beispielhaft das Vollstreckungsgericht dem Ersteher den Zuschlag erteilt, das Landgericht ihn aber versagt, ist der Ersteher Eigentümer bis zur Rechtskraft des Versagungsbeschlusses; erst mit diesem Zeitpunkt lebt das Eigentum des bisherigen Eigentümers wieder auf, § 90 Abs. 1.[47] Wenn weiterhin der BGH den Beschluss des Vollstreckungsgerichts im Wege der Rechtsbeschwerde wieder herstellt, bleibt der Ersteher Eigentümer. Wird der Zuschlagsbeschluss im Beschwerdeweg rechtskräftig aufgehoben und der Zuschlag zugleich **einem anderen erteilt**, verliert der ursprüngliche Ersteher das Eigentum an den Schuldner rückwirkend zum Zeitpunkt des Wirksamwerdens des Zuschlagsbeschlusses; der neue Ersteher wird mit dem Wirksamwerden der Zuschlagserteilung an ihn Eigentümer. Von diesem Zeitpunkt an besteht zwischen dem ursprünglichen Ersteher, der das Grundstück weiterhin benutzt, und dem neuen Ersteher nach Auffassung des *BGH*[48] ein Eigentümer-Besitzer-Verhältnis. Der neue Ersteher hat einen Anspruch auf Nutzungsherausgabe nach § 987 BGB ab dem Zeitpunkt, in welchem dem ursprünglichen Ersteher die im Beschwerdeweg ergangene Zuschlagsentscheidung zustellt worden ist; bis dahin haftet der ursprüngliche Ersteher nach § 988 BGB.

Noch schwieriger sind die Fälle abzuwickeln, wenn auf Verfassungsbeschwerde hin das BVerfG den Zuschlag teilweise Jahre danach wieder aufhebt.

Auch das LG Potsdam[49] hat einen rechtskräftigen Zuschlagsbeschluss im Wege einer „außerordentlichen" Beschwerde (hierzu → § 96 Rdn. 3 ff.) wieder aufgehoben, da es die Zustellungen an den zu Unrecht bestellten Zustellungsvertreter für den Schuldner für unwirksam gehalten hat. Nach dem Sachverhalt wurde der Zuschlag für ein unbebautes Grundstück am 21.4.2010 erteilt. Fast 4 Jahre später (am 11.3.2014) hob der Einzelrichter am Landgericht den Zuschlagsbeschluss auf, die Rechtsbeschwerde wurde und war aufgrund der Einzelrichterentscheidung nicht

---

45 BGHZ 155, 63 = 2003, 522 = NJW 2003, 2673 = DNotZ 2003, 707 = WM 2003, 1365 = InVo 2003, 454.
46 Brandenbg. OLG, Beschluss vom 9.9.2014, 5 W 142/14, Rpfleger 2015, 97; zu dem Ausgangsfall auch *Steffen*, ZfIR 2014, 757.
47 *Böttcher*, § 90 Rdn. 5.
48 BGH, Rpfleger 2010, 384 = NJW 2010, 2664 = WM 2010, 849 = ZfIR 2010, 374 (*Heinemann*) = ZInsO 2010, 965.
49 Beschluss vom 11.3.2014, 1 T 103/13, ZfIR 2014, 785.

zulässig. Nach der Zuschlagsentscheidung hat der Ersteher das Grundstück baufertig hergestellt und mit einem Wohnhaus bebaut. Fällt das erworbene Eigentum des Erstehers durch Aufhebung des Zuschlags rückwirkend wieder dem ursprünglichen Eigentümer zu, so kommen wegen zwischenzeitlicher Verschlechterungen des Grundstücks Schadensersatzansprüche des ursprünglichen Eigentümers gem. §§ 989, 990 BGB analog ab dem Zeitpunkt in Betracht, ab dem der Ersteher eine begründete Beschwerde gegen den Zuschlag bekannt geworden ist.[50] Umgekehrt entstehen Gegenansprüche des Besitzers (= Erstehers) gegen den ursprünglichen Eigentümer auf Ersatz der Verwendungen, §§ 994–1003 BGB, insbesondere auch ein Anspruch auf Wertersatz für nicht mehr trennbare Gegenstände, z.b. im Falle der Bebauung des Grundstücks.

27 Rechtsänderungen, die durch den Zuschlag unmittelbar herbeigeführt wurden, werden durch die rechtskräftige Aufhebung des Zuschlags hinfällig. Davon zu unterscheiden sind Rechtsänderungen, die durch Verfügungen des Erstehers entstanden sind, z.B. Eintragung von dinglichen Rechten am Grundstück oder Verfügungen über bewegliche Sachen und Forderungen, die der Ersteher mit dem Zuschlag erworben hat. Getroffene Verfügungen sind nicht als Verfügungen eines Nichtberechtigten zu behandeln, da der Ersteher berechtigt war, § 90 Abs. 2. Auch § 161 Abs. 2 BGB tritt nicht unmittelbar ein, da das Recht nicht auflösend bedingt ist.[51] In *entsprechender* Anwendung muss wohl § 185 BGB bzw. § 161 Abs. 2 BGB zur Anwendung kommen, da der Schutz des gutgläubigen Dritten zu wahren ist, der von der Verfügung betroffen wird. Daher müssen die Verfügungen wirksam bleiben unter der Voraussetzung des § 185 BGB und nach den Vorschriften zugunsten derjenigen, welche Rechte von einem Nichtberechtigten herleiten, § 161 Abs. 3 BGB.

28 Im Einzelfall können sicherlich auch als Folge eines Aufhebens des Zuschlags Schadensersatzansprüche aus § 839 BGB, Art. 34 GG in Betracht kommen.[52]

---

50 OLG Celle, NJW 2006, 3440 = NZM 2006, 836 = WM 2006, 2039.
51 *Stöber,* ZVG § 90 Rdn. 2.3.
52 Zur Schadensberechnung siehe BGH, Rpfleger 1987, 118 = NJW-RR 1987, 246.

§ 91 »Erlöschen von Rechten durch den Zuschlag«

(1) Durch den Zuschlag erlöschen unter der im § 90 Abs. 1 bestimmten Voraussetzung die Rechte, welche nicht nach den Versteigerungsbedingungen bestehen bleiben sollen.
(2) Ein Recht an dem Grundstücke bleibt jedoch bestehen, wenn dies zwischen dem Berechtigten und dem Ersteher vereinbart ist und die Erklärungen entweder im Verteilungstermin abgegeben oder, bevor das Grundbuchamt um Berichtigung des Grundbuchs ersucht ist, durch eine öffentlich beglaubigte Urkunde nachgewiesen werden.
(3) ¹Im Falle des Absatzes 2 vermindert sich der durch Zahlung zu berichtigende Teil des Meistgebots um den Betrag, welcher sonst dem Berechtigten gebühren würde. ²Im übrigen wirkt die Vereinbarung wie die Befriedigung des Berechtigten aus dem Grundstücke.
(4) ¹Das Erlöschen eines Rechts, dessen Inhaber zur Zeit des Erlöschens nach § 1179a des Bürgerlichen Gesetzbuchs die Löschung einer bestehenbleibenden Hypothek, Grundschuld oder Rentenschuld verlangen kann, hat nicht das Erlöschen dieses Anspruchs zur Folge. ²Der Anspruch erlischt, wenn der Berechtigte aus dem Grundstück befriedigt wird.

Übersicht		Rdn.
I.	Allgemeines	1
II.	Erlöschen von Rechten	2
	1. Grundsatz	2
	2. Löschungsvormerkung	7
	3. Gesetzlicher Löschungsanspruch	8
	4. Miteigentumsanteil, Grunddienstbarkeit	9
	5. Persönliche Forderung	11
III.	Vereinbarung über die Liegenbelassung eines Rechts	12
	1. Allgemein	12
	2. Gegenstand der Vereinbarung	14
	3. Beteiligte der Vereinbarung	17
	4. Genehmigungen	20
	5. Form der Vereinbarung	23
	6. Zeitpunkt der Vereinbarung	25
	7. Wirkung der Vereinbarung	28
	a) Allgemein	28
	b) Minderung des Meistgebots (Abs. 3 Satz 1)	33
	c) Nebenleistungen	35
	d) Materiell-rechtliche Wirkung (Abs. 3 Satz 2)	37
	e) Teilweise Deckung des Rechts	41

I. Allgemeines

Während § 90 den Eigentumswechsel regelt, gibt § 91 Bestimmungen über die Wirkungen des Zuschlags hinsichtlich des Erlöschens der Rechte am Grundstück und an den mitversteigerten Gegenständen, die nicht nach den §§ 52, 59 ZVG und § 9 EGZVG bestehen bleiben. Grundsätzlich tritt das Erlöschen eines Rechts durch den Zuschlag ein, doch lässt Abs. 2 bei einer entsprechenden Vereinbarung zwischen dem Ersteher und dem Berechtigten ein Wiederaufleben des erloschenen Rechts mit rückwirkender Kraft zu; diese Wirkung tritt auch nach Rechtskraft des Zuschlagsbeschlusses ein. Abs. 3 befasst sich mit den Folgen einer vereinbarten Liegenbelassung. Abs. 4 betrifft ausschließlich den Fall, dass an einem bestehen bleibenden Recht ein gesetzlicher Löschungsanspruch (§ 1179a BGB) zugunsten des Inhabers eines erloschenen Rechts besteht; die dingliche Sicherung des Löschungsanspruchs ist gem. § 130a möglich.

II. Erlöschen von Rechten

1. Grundsatz

2   Eine Folge der Zuschlagserteilung ist das Erlöschen der Rechte, die nach den Zwangsversteigerungsbedingungen (§§ 52, 59) nicht bestehen bleiben. Diejenigen Rechte, die bestehen bleiben, ergeben sich im Allgemeinen aus dem Zuschlagsbeschluss[1], im Zweifel gelten die gesetzlichen Zwangsversteigerungsbedingungen (hierzu → § 82 Rdn. 12).[2] Daraus ergibt sich für ein **Altenteil**, dass das Erlöschen im Zuschlagsbeschluss ausdrücklich erwähnt werden muss, da es nach länderrechtlichen gesetzlichen Zwangsversteigerungsbedingungen bestehen bleibt (hierzu → § 9 EGZVG).

3   Ein zu Unrecht gelöschtes Recht, dass im geringsten Gebot nicht berücksichtigt ist, erlischt endgültig; dies gilt auch für den betreffenden Berichtigungsanspruch, sofern nichts Gegenteiliges gem. § 59 bestimmt wurde.[3] Folgerichtig ist die Eintragung eines Amtswiderspruchs (§ 53 Abs. 1 Satz 1 GBO) gegen die Löschung eines Rechts, das auch nach den Zwangsversteigerungsbedingungen nicht bestehen bleibt, nach der Erteilung des Zuschlags unzulässig.[4]

4   Das Grundpfandrecht des Gläubigers an von der Zwangsversteigerung ausgeschlossenen **Früchten** erlischt nicht dadurch, dass das Recht am Grundstück durch den Zuschlag erlischt.[5]

5   Ein bestehen bleibendes Recht hat der Ersteher so gegen sich gelten zu lassen, wie es im Grundbuch eingetragen steht. Wegen der nach Erteilung des Zuschlags eingetragenen Rechte siehe → § 130 Rdn. 27.

6   An die Stelle der erloschenen Rechte tritt kraft **Surrogation** der Zwangsversteigerungserlös (dazu → § 92 Rdn. 4). Dies gilt auch für ein dem Schuldner gehörendes Eigentümerrecht.[6]

2. Löschungsvormerkung

7   Auch eine Löschungsvormerkung (§ 1179 BGB a.F. und n.F.) wird nicht schon dadurch gegenstandslos, dass das Recht, bei dem sie eingetragen ist, infolge des Zuschlags erlischt. Der Löschungsanspruch setzt sich am Zwangsversteigerungserlös als Surrogat fort[7] (hierzu ausführlich → § 114 Rdn. 75 ff.). Ist das durch die

---

1   *Stöber*, ZVG § 91 Rdn. 2.1.
2   Ein nach § 575 Sächsisches BGB entstandenes Wegerecht (Servitut) ist weder durch das Inkrafttreten des BGB und des DDR-ZGB noch durch die Begründung von Volkseigentum am belasteten Grundstück erloschen. Auch die Zwangsversteigerung des Grundstücks führt nicht zum Untergang des Servituts, wenn dieses Recht nicht im geringsten Gebot aufgeführt ist. Existieren Urkunden zum Umfang des geringsten Gebots nicht mehr, so kann ausnahmsweise auf andere Umstände (Zeugen vom Hörensagen, Wegebenutzungen in der Vergangenheit) zurückgegriffen werden; OLG Dresden, VIZ 2003, 495 = DWW 2002, 232.
3   RGZ 59, 266; 67, 380; 74, 201.
4   BayObLG, Rpfleger 1981, 397 und 1978, 298.
5   RGZ 143, 241.
6   *Piekenbrock*, WM 2009, 969.
7   BGH, NJW 1989, 2536; NJW 1987, 2078; NJW 1963, 1497; NJW 1958, 21.

Löschungsvormerkung begünstigte Recht erloschen und ist sie (weil z.B. das begünstigte Recht volle Zuteilung erhalten hat) hinfällig geworden, ist es nicht im Rahmen des § 130 Sache des Vollstreckungsgerichts, für die Löschung der Löschungsvormerkung zu sorgen.

3. Gesetzlicher Löschungsanspruch

Der gesetzliche Löschungsanspruch nach § 1179a BGB (hierzu allgemein → § 114 Rdn. 93 ff.) bleibt nach der ausdrücklichen Regelung in Abs. 4 dem Berechtigten des Anspruchs auch dann erhalten, wenn sein Recht durch den Zuschlag erloschen ist und er keine oder nur teilweise Befriedigung aus dem Grundstück erlangt hat. Wegen des Einflusses der Befriedigungsfiktion des § 114a siehe dort → Rdn. 18. Der Löschungsanspruch besteht jedoch nur in dem Umfang fort, wie er im Zeitpunkt des Erlöschens des Rechts (durch Wirksamwerden des Zuschlags) bestand, nicht also für den Fall, das Recht und Eigentum sich erst nach Wirksamwerden des Zuschlags vereinigen. Wegen der Sicherung des gesetzlichen Löschungsanspruchs durch eine Löschungsvormerkung siehe § 130a.

8

4. Miteigentumsanteil, Grunddienstbarkeit

Wird nur ein ideeller Miteigentumsanteil versteigert, und zwar aus einem Recht, dass einer das gesamte Grundstück belastenden Grunddienstbarkeit im Rang vorgeht oder gleichsteht, erlischt die Dienstbarkeit nach § 52 Abs. 1, § 91 Abs. 1 auf dem versteigerten Anteil.[8]

9

Unter den zuvor genannten Voraussetzungen gilt dies auch für eine Grunddienstbarkeit, die auf einem in Wohnungseigentum aufgeteilten Grundstück (somit auf allen WE-Einheiten) lastet.[9] Die auf dem nicht versteigerten Anteil verbleibende Grunddienstbarkeit ist als inhaltlich unzulässig von Amts wegen zu löschen, § 53 Abs. 1 Satz 2 GBO.[10] Nach der Neufassung von § 52 Abs. 2 Satz 2 durch Art. 2 Nr. 1 Buchst. a WEGuÄndG gilt dies jedoch für Grunddienstbarkeiten und beschränkte persönliche Dienstbarkeiten in den dort beschriebenen Voraussetzungen nicht mehr. Die Neufassung gilt seit dem 1. Juli 2007 (Art. 4 Satz 2 WEGuÄndG). Auf die zu diesem Zeitpunkt anhängig gewesenen Zwangsversteigerungsverfahren ist die bisherige Fassung von § 52 Abs. 2 Satz 2 anzuwenden (§ 62 Abs. 1 WEG).

10

5. Persönliche Forderung

Bei einer nach dem Zwangsversteigerungsbedingungen erloschenen Hypothek erlischt die zugrunde liegende persönliche Forderung erst mit deren tatsächlicher Befriedigung in der Erlösverteilung oder durch einen anderen Vorgang, der wie die Befriedigung aus dem Grundstück wirkt (z.B. § 114a); im Übrigen besteht die persönliche Forderung weiterhin.[11] Schuldner und Bürge können wegen des Ausfalls nicht einwenden, dass der Gläubiger durch Ausbieten der Hypothek den Ausfall hätte vermeiden können, unter Umständen aber, dass er ihm von der durch ihn betriebenen Zwangsversteigerung keine Nachricht gegeben hat.[12]

11

---

8   KG, Rpfleger 1975, 68 = MDR 1975, 151; *Schiffhauer*, Rpfleger 1975, 187, 194; *Stöber*, ZVG § 91 Rdn. 2.4.
9   OLG Frankfurt, Rpfleger 1979, 149.
10 OLG Düsseldorf, Rpfleger 2011, 81; *Stöber*, ZVG § 91 Rdn. 2.4; *Böttcher*, § 91 Rdn. 2.
11 *Böttcher*, § 91 Rdn. 3.
12 RGZ 89, 77.

III. Vereinbarung über die Liegenbelassung eines Rechts
1. Allgemein

12 Ein nach den Zwangsversteigerungsbedingungen erlöschendes Recht am Grundstück bleibt dann bestehen, wenn dies zwischen dem Berechtigten und dem Ersteher vereinbart ist (Abs. 2). Die Vereinbarung erfolgt zwischen dem Ersteher und dem Berechtigten und hat zur Folge, dass das erloschene Recht wieder auflebt.

13 Die Liegenbelassungsvereinbarung hat für den Ersteher den Vorteil, kostengünstig ein Recht zu erhalten, das er – z.B. bei einem Grundpfandrecht – zur späteren Beleihung des Grundstückes als Sicherheit verwenden kann. Es entstehen keine Grundbucheintragungskosten, keine Kosten für die Erklärungen im Verteilungstermin, und die normalerweise üblichen Notarkosten entfallen ebenfalls.

2. Gegenstand der Vereinbarung

14 Die Vereinbarung kann sich auf jedes **Grundpfandrecht** und auch auf **Rechte der Abt. II des Grundbuches** beziehen. Die Vereinbarung kann das gesamte Recht oder auch nur Teilansprüche umfassen.[13] So kann z.B. auch vereinbart werden, dass ein Recht ohne eine bestimmte Nebenleistung bestehen bleibt; das Vollstreckungsgericht hat in diesem Falle gem. § 130 nur um die Löschung der Nebenleistung zu ersuchen. Die Tatsache, dass ein Recht nicht oder nur teilweise durch das bare Meistgebot gedeckt ist, hindert eine Vereinbarung nach Abs. 2 nicht (zur Berechnung gemäß Abs. 3 siehe nachfolgend → Rdn. 41). Eine Vereinbarung nach Abs. 2 ist auch dann möglich, wenn Ersteher und Berechtigter identisch sind.[14]

15 Eine **Änderung** der **Bedingungen** des Rechts ist jedoch nicht möglich, insbesondere kann der Zinssatz nicht erhöht werden.[15]

16 Das Gesetz behandelt nur die **dingliche Seite** der Liegenbelassung eines Rechts. Inhalt und Umfang der dinglichen Haftung bestimmen sich nach dem ursprünglichen Rechtsverhältnis, das aber gleichzeitig geändert werden kann. Die Änderung der Grundbucheintragung haben die Vertragsschließenden zu veranlassen. Inhalt und Umfang der **persönlichen Haftung** bestimmt sich nach der Vereinbarung[16] in Verbindung mit dem bisherigen Schuldverhältnis. Dies gilt ebenfalls für die Frage, inwieweit Einreden aus dem Schuldverhältnis Bestand haben, § 417 BGB, § 53 findet keine Anwendung. Handelt es sich um eine Hypothek, die liegenbelassen soll, wird der Wille der Vertragsschließenden häufig darauf gerichtet sein, auch die persönliche Schuld zu übernehmen. Ihre Übernahme begründet jedoch keine Rechtsnachfolge. Wird die persönliche Schuld nicht übernommen, wandelt sich die Hypothek in eine Grundschuld und die persönliche Schuld erlischt nach Abs. 3 Satz 2. Die Grundbuchberichtigung ist Sache der Beteiligten.

3. Beteiligte der Vereinbarung

17 Die Vereinbarung über die Liegenbelassung eines Rechts muss zwischen dem Ersteher und dem Berechtigten getroffen werden. Ergibt sich dieser nicht aus dem

---

13 OLG Köln, Rpfleger 1983, 168.
14 BGH, MDR 1981, 568 = WM 1981, 186; NJW 1976, 805.
15 Stöber, ZVG § 91 Rdn. 3.2; Steiner/Eickmann, § 91 Rdn. 45.
16 Zur Vereinbarung der Übernahme der persönlichen Schuld siehe Hornung, Rpfleger 1972, 207.

Grundbuch (z.B. Erbfall oder Briefrecht), ist die Berechtigung dem Vollstreckungsgericht in der Form des § 29 GBO nachzuweisen. Der Gläubiger eines Briefgrundpfandrechts hat sich durch Vorlegung des Briefes und der in § 1154 BGB bezeichneten Urkunden auszuweisen. Ist der Gläubiger im Grundbuch eingetragen, genügt die Briefvorlage.

Berechtigter in diesem Sinne ist auch der **Eventualberechtigte** (§§ 119–121). Auch mit ihm muss die Vereinbarung gemäß Abs. 2 getroffen werden, wenn z.b. ein Nießbrauchsrecht, ein Altenteil, eine auf Lebenszeit des Berechtigten begrenzte Reallast, eine beschränkte persönliche Dienstbarkeit und insbesondere ein Wohnungsrecht bestehen bleiben soll. 18

Ist der Ersteher selbst Inhaber eines erloschenen Rechts, genügt seine einseitige Erklärung, dass das Recht bestehen bleiben soll. Seine Hypothek wird zur Eigentümergrundschuld; es ist Sache des Erstehers die Grundbuchberichtigung zu veranlassen. 19

4. Genehmigungen

Eltern, Vormund, Pfleger oder Betreuer benötigen zur Vereinbarung eine betreuungs- bzw. familiengerichtliche Genehmigung[17], wenn das Kind, der Mündel, Pflegling oder Betreute **Ersteher** des Grundstücks ist, § 1643 Abs. 1, § 1821 Abs. 1 Nr. 1, 1908i, 1915 BGB. Ob die Liegenbelassungsvereinbarung dann als genehmigungsfreie Erwerbsmodalität[18] anzusehen ist, wenn das betroffene Recht durch das abgegebene Meistgebot in vollem Umfange gedeckt ist und sich deshalb das Bargebot gemäß Abs. 3 entsprechend mindert, ist umstritten.[19] Ist das liegenbelassene Recht aus dem Erlös in voller Höhe gedeckt, mindert sich der zu zahlende Erlös um die auf das Recht entfallenen Beträge ab Zuschlag. In diesem Fall ist eine familien- bzw. betreuungsgerichtliche Genehmigung nicht erforderlich, da bereits das Familien- bzw. Betreuungsgericht für die Gebotsabgabe die Genehmigung erteilt hat und das liegenbelassene Recht aus dem Meistgebot durch Übernahme gezahlt wird.[20] 20

Wird das Liegenbelassen eines Rechts vereinbart und der **Gläubiger** ist ein **Mündel, Pflegling oder Betreuter** und handelt hierfür der Vormund bzw. Pfleger oder Betreuer, bedarf die Vereinbarung der Genehmigung nach § 1812 Abs. 1 Nr. 1 BGB (i.V.m. §§ 1908i, 1915 BGB). Es handelt sich hierbei nicht um die Verfügung über ein Recht oder das Grundstück, sondern um den Erlösanspruch als Forderung.[21] Ist der Gläubiger ein **minderjähriges Kind** und handeln die Eltern als gesetzliche Vertreter, ist demzufolge zur Wirksamkeit einer Liegenbelassungs- 21

---

17 Hierzu allgemein *Klüsener*, Rpfleger 1981, 461; *Eickmann*, Rpfleger 1983, 199.
18 BGH, Rpfleger 1958, 13.
19 Die Genehmigungspflicht auch im Falle der Erwerbsmodalität nehmen an: *Stöber*, ZVG § 91 Rdn. 3.7; a.A. *Eickmann*, Rpfleger 1983, 199; Steiner/*Eickmann*, § 91 Rdn. 34; *Brüggemann*, FamRZ 1990, 14; Depré/*Bachmann*, § 91 Rdn. 14.
20 So *Eickmann*, Rpfleger 1983, 199, 203; Steiner/*Eickmann*, § 91 Rdn. 34; *Böttcher*, § 91 Rdn. 9; Depré/*Bachmann*, § 91 Rdn. 14; a.A. *Stöber*, ZVG § 91 Rdn. 3.7: Es geht hier nicht um den Erwerb eines bereits belasteten Grundstücks im Zusammenhang mit einem nach § 1821 Abs. 1 Nr. 5 BGB genehmigungspflichtigen entgeltlichen Grundstückserwerb.
21 So richtig *Stöber*, ZVG § 91 Rdn. 3.7; a.A. Steiner/*Eickmann*, § 91 Rdn. 33; *Böttcher*, § 91 Rdn. 8.

vereinbarung keine familiengerichtliche Genehmigung erforderlich, da § 1812 BGB für die Eltern keine Anwendung findet, § 1643 Abs. 1 BGB.²²

22 Ist Gegenstand der Versteigerung ein **Erbbaurecht**, ist § 5 Abs. 2 ErbbauRG zu beachten. Hat der Grundstückseigentümer bei der ursprünglichen Bestellung eines Rechts (Grundpfandrecht oder Reallast) auf dem Erbbaurecht zugestimmt, bedarf es keiner weiteren Zustimmung des Grundstückseigentümers.²³ Es handelt sich nicht um eine Belastung des Erbbaurechts, das Recht lebt mit rückwirkender Kraft wieder auf. Das gilt auch dann, wenn das betroffene Recht nicht oder nur teilweise durch das Meistgebot gedeckt ist.²⁴ Der Gegenansicht²⁵ kann nicht zugestimmt werden.²⁶ Eine entsprechende Vereinbarung kann bereits vor der Erteilung des Zuschlags erfolgen; sie wird dann wirksam mit dem Zuschlag. Auch ist das Recht in keinem Moment materiell-rechtlich erloschen. Weiterhin ist zu bedenken, dass im Falle der Nichtzahlung des Bargebots (§ 118) für die Eintragung der Sicherungshypothek (§ 128) die Zustimmung des Eigentümers nicht erforderlich ist. Der Fall kann auch nicht mit einer familien- oder betreuungsgerichtlichen Genehmigung verglichen werden, dagegen spricht das besondere Schutzbedürfnis des Kindes bzw. Mündels (Pfleglings, Betreuten).

5. Form der Vereinbarung

23 Die Erklärungen des Erstehers und des Berechtigten müssen entweder mündlich gegenüber dem Vollstreckungsgericht im Zwangsversteigerungs- oder Zuschlagsverkündungs- oder Verteilungstermin abgegeben und protokolliert oder durch notariell beglaubigte Urkunde nachgewiesen werden. Eine gleichzeitige Anwesenheit von Ersteher und Berechtigten ist nicht notwendig. Auch ist eine Prozessvollmacht ausreichend, wenn die Erklärungen zu Protokoll des Vollstreckungsgerichts abgegeben werden, andernfalls eine Vollmacht in notariell beglaubigter Form nachzuweisen ist.

24 Die *schuldrechtliche* Wirkung der Vereinbarung wird durch den Mangel der Form (Abs. 2) nicht berührt; sie wirkt dann aber nicht wie die Befriedigung aus dem Grundstück. Das Vollstreckungsgericht hat die Verteilung entsprechend dem ursprünglichen Teilungsplan durchzuführen und gemäß § 130 Abs. 1 Satz 1 um Löschung des Rechts zu ersuchen.

6. Zeitpunkt der Vereinbarung

25 Die übereinstimmenden Erklärungen der Beteiligten erfolgen entweder im Verteilungstermin oder bevor das Grundbuchamt um Berichtigung des Grundbuches ersucht wird²⁷ (Abs. 2 S. 2). Die Vereinbarung kann nach dem Zuschlag bis zum Verteilungstermin oder auch noch bis zum Eingang des Grundbuchberichtigungsersuchens, § 130, nachgewiesen werden²⁸; in diesem Fall ist das Ersuchen

---

22 *Stöber*, ZVG § 91 Rdn. 3.7.
23 LG Detmold, Rpfleger 2001, 312; *Böttcher*, § 91 Rdn. 7; Depré/*Bachmann*, § 91 Rdn. 15; a.A. *Stöber*, ZVG § 91 Rdn. 3.8.
24 So auch Steiner/*Eickmann*, § 91 Rdn. 35.
25 *Stöber*, ZVG § 91 Rdn. 3.8.
26 So auch LG Detmold, Rpfleger 2001, 312.
27 Sie ist auch dann noch möglich, wenn die 3-Monatsfrist nach § 118 Abs. 2 bereits abgelaufen ist, LG Frankfurt a.M., Rpfleger 1980, 30.
28 LG Frankfurt a.M., Rpfleger 1980, 30; Steiner/*Eickmann*, § 91 Rdn. 38.

zwecks Ergänzung zurückzufordern. Beim Vollstreckungsgericht verspätet eingegangene Erklärungen bleiben unbeachtet, das Recht wird dann gelöscht.

Die Vereinbarung kann auch schon vor der Erteilung des Zuschlags erfolgen. 26
Sie wird dann wirksam mit der Erteilung[29]; im Zuschlagsbeschluss selbst ist sie jedoch nicht zu berücksichtigen.

Soll die getroffene Vereinbarung wieder **aufgehoben** werden, ist das Vollstreckungsgericht hierüber bis zu dem zuvor genannten Zeitpunkt zu informieren, andernfalls bleibt sie unberücksichtigt, sie bedarf der Form des Abs. 2. 27

7. Wirkung der Vereinbarung
a) Allgemein

Das nach den Versteigerungsbedingungen durch den Zuschlag erlöschende 28
Recht (Abs. 1) bleibt aufgrund der Vereinbarung bestehen (Abs. 2). Der bisherige Rang des Rechts bleibt erhalten. Die Vereinbarung wirkt auf den Zeitpunkt des Zuschlags zurück, das Recht gilt als nicht erloschen. Eine Hypothek kann zu Grundschuld werden (zuvor → Rdn. 16). Das aufgrund der Vereinbarung bestehen bleibende Recht behält seinen Rang vor der Sicherungshypothek nach § 128 Abs. 3 Satz 2 (Sicherungshypothek nach Nichtzahlung des Bargebots)[30]; werden jedoch besserrangige erlöschende Rechte wegen Nichtzahlung des Versteigerungserlöses nicht befriedigt, erhalten die dafür einzutragenden Sicherungshypotheken den Rang vor dem liegenbelassenen, jedoch schlechterrangigen Recht.

Der Ersteher übernimmt das Recht wie im Grundbuch eingetragen. Hat sich 29
der bisherige Eigentümer gemäß § 800 i.V.m. § 794 Abs. 1 Nr. 5 ZPO der sofortigen Zwangsvollstreckung gegen den jeweiligen Eigentümer unterworfen und ist dies so im Grundbuch eingetragen, kann nach Grundbuchberichtigung (§ 130) hinsichtlich des dinglichen Anspruchs die Vollstreckungsklausel auf dem Titel gem. § 727 ZPO gegen den Ersteher erteilt werden.

Soweit sich die **Zahlungspflicht** des Erstehers mindert (nachfolgend → Rdn. 30
33 ff.), kommt dies auch dem **Meistbietenden** (§ 81 Abs. 4) zugute.

Die Vereinbarung schließt den **Widerspruch** gegen das von ihr betroffene 31
Recht nicht aus (→ § 115 Rdn. 16).

Entsprechende **Vermerke** auf dem Brief einer Hypothek bzw. Grundschuld 32
oder Vermerke auf dem Titel erfolgen nicht (→ § 127 Rdn. 6).

b) Minderung des Meistgebots (Abs. 3 Satz 1)

Aufgrund der Vereinbarung mindert sich das bare Meistgebot um den Teil, der 33
sonst dem Berechtigten des Rechts gebühren würde. In Höhe des Anteils am Versteigerungserlös, der nach dem Teilungsplan auf das Recht entfallen würde, erbringt der Berechtigte eine Leistung für den Ersteher.[31] Die Vereinbarung wirkt auf den Zeitpunkt des Zuschlags zurück. Eine Vereinbarung über einen darüber hinausgehenden Zeitpunkt ist unzulässig. Da der Ersteher das Grundstück im Zeitpunkt des Zuschlags mit allen Rechten und auch Pflichten übernommen hat, muss er ab diesem Zeitpunkt die wiederkehrenden Leistungen des liegenbelassenen Rechts übernehmen. Im Übrigen haftet hierfür das Grundstück des Schuld-

---

29 Steiner/*Eickmann*, § 91 Rdn. 41.
30 BGH, NJW 1976, 805 = Rpfleger 1976, 10 = KTS 1976, 231.
31 BGH, Rpfleger 1985, 74 = ZIP 1984, 1536 = NJW 1985, 388.

ners, an dessen Stelle nunmehr der Versteigerungserlös im Wege der Surrogation getreten ist. Das bare Meistgebot mindert sich somit nur um die Zinsen ab dem Tage des Zuschlags (einschließlich) bis einen Tag vor dem Verteilungstermin und um den Kapitalbetrag des Rechtes (immer vorausgesetzt, das liegenbelassene Recht erhält auch eine Zuteilung nach dem Teilungsplan). Die **Verzinsung des baren Meistgebots** (§ 49 Abs. 2) ändert sich durch eine Vereinbarung nicht.[32]

34 Die angemeldeten laufenden und rückständigen Zinsen des Rechtes einschließlich der Kosten der dinglichen Rechtsverfolgung müssen nach wie vor aus dem Versteigerungserlös gedeckt werden. Vorrangige und nachrangige Berechtigte werden daher durch die Liegenbelassungsvereinbarung nicht in ihren Rechten tangiert.

Beispiel[33]**:**
Im Grundbuch sind eingetragen:
Abt. III/1   100.000,- € Grundschuld nebst 15 % Zinsen für die A-Bank.
Abt. III/2   20.000,- € Grundschuld nebst 12 % Zinsen für die B-Bank.
Abt. III/3   30.000,- € Grundschuld nebst 15 % Zinsen für die C-Bank.

Das Zwangsversteigerungsverfahren wird bestrangig betrieben von dem Gläubiger des Rechtes Abt. III/2 (B-Bank).

Das **geringste Gebot** setzt sich somit zusammen aus dem
bestehen bleibenden Recht III/1 bar zu zahlenden Teil – fiktiv –
          100.000,- €   50.000,- €

Versteigerungstermin   1.4.2015.
Verteilungstermin   1.7.2015.

Das **bare Meistgebot** beläuft sich auf: 100.000,- €
Anmeldungen:
Der Gläubiger des Rechts III/2 meldet an:
a) Kosten über   500,- €
b) 12 % Zinsen aus 20.000,- €
   vom 1.4.2014 bis 30.6.2015 =   3.000,- €
c) Kapitalbetrag =   20.000,- €   = 23.500,- €

Der Gläubiger des Rechtes III/3 meldet an:
a) Kosten über   500,- €
b) 15 % Zinsen aus
   vom 1.4.2014 bis 30.6.2015 =   30.000,- €
                                                5.625,- €
c) Kapitalbetrag über   30.000,- €   = 36.125,- €

Teilungsmasse:
bares Meistgebot   100.000,- €
zuzüglich 4 % Zinsen vom 1.4.2015 bis 30.6.2015   1.000,- €
Insgesamt   101.000,- €

---
32 BGH, NJW 1970, 1188 = Rpfleger 1970, 219.
33 Entnommen aus *Hintzen/Wolf*, Rdn. 11.910.

Zuteilung:

Teilungsmasse	101.000,- €
Abzug der Ansprüche des geringsten Gebotes über	50.000,- €
verbleiben zur weiteren Verteilung	51.000,- €

Weitere Zuteilung
auf den Anspruch des Rechtes III/2 insgesamt   23.500,- €
auf den Anspruch des Rechtes III/3 – **restliche**   27.500,- €

Hinweis:
Durch den Teilbetrag von 27.500,- € sind von dem Recht III/3 in der Rangfolge des § 12 zunächst die Kosten mit 500,- €, dann die Zinsen mit 5.625,- € und der Kapitalanspruch teilweise mit 21.375,- € gezahlt. Im Übrigen fällt der Berechtigte mit seinem restlichen Kapitalanspruch aus.

Vereinbaren die Beteiligten das Bestehenbleiben des Rechtes Abt. III/2, übernimmt der Ersteher nachfolgende Beträge:

12 % von 20.000,- € vom 1.4.2015 (Zuschlag) bis zum 30.6.2015 (Verteilungstermin)
insgesamt   600,- €
den Kapitalbetrag über   20.000,- €
insgesamt somit   20.600,- €

Um diesen Betrag mindert sich das bare Meistgebot, welches der Ersteher zum Verteilungstermin zahlen muss. Zu zahlen ist daher nur noch ein Betrag von 80.400,- € (101.000,- - 20.600,-).
Die Zuteilung auf den Anspruch des Rechtes Abt. III/2 ändert sich daher wie folgt:
Kosten über   500,- €
12 % Zinsen von 20.000,- € vom 1.4.2014 bis 31.3.2015 =   2.400,- €
insgesamt somit   2.900,- €

Nach Zuteilung der Ansprüche des geringsten Gebotes und nach Abzug dieses Betrags von dem noch zu zahlenden baren Meistgebot über 80.400,- € ergibt sich wiederum ein noch zu verteilender Betrag auf das Recht Abt. III/3 über 27.500,- €. Eine Benachteiligung dieses Berechtigten tritt somit nicht ein.

c) Nebenleistungen

Ist für den Gläubiger einer durch eine Hypothek gesicherte Forderung oder einer Grundschuld ein Anspruch auf eine **Vorfälligkeitsentschädigung** entstanden, geht dieser im Regelfall nicht durch eine Vereinbarung gemäß Abs. 2 unter.[34] Eine geschuldete Vorfälligkeitsentschädigung, deren Liegenbelassung nicht vereinbart wurde, muss der Vollstreckungsschuldner weiterhin begleichen bzw. der Betrag ist aus dem Versteigerungserlös zu decken. Ist bei dem liegenbelassenen Recht eine **einmalige** fällige **Nebenleistung** vereinbart, ist diese vom Bargebot abzuziehen.[35]

Betrifft die Vereinbarung ein Recht, das nicht auf Zahlung eines Kapitalbetrages gerichtet ist und das nicht unter § 92 Abs. 2 fällt, mindert sich das bare Meistgebot um den Ersatzbetrag, der im Falle des Erlöschens des Rechtes gem. § 92

---

34   BGH, Rpfleger 1974, 148 = MDR 1974, 349; a.A. OLG Düsseldorf, KTS 1968, 251.
35   OLG Hamm, Rpfleger 1985, 247; a.A. *Stöber*, ZVG § 91 Rdn. 4.4.

Abs. 1 dem Berechtigten zuzuteilen wäre[36] (hierzu → § 92 Rdn. 19 ff.). Handelt es sich bei dem Recht um einen **Nießbrauch**, eine beschränkte persönliche **Dienstbarkeit** oder eine **Reallast** von unbestimmter Dauer (§ 92 Abs. 2), ist der Betrag für die ersten 3 Monate (§ 92 Abs. 2 Satz 2) sofort abzuziehen, der Rest des Ersatzkapitals als bedingt, mit bedingter Übertragung wegen Nichtzahlung gem. § 120 Abs. 1.

d) Materiell-rechtliche Wirkung (Abs. 3 Satz 2)

37   Die Liegenbelassungsvereinbarung bezieht sich zunächst nur auf den dinglichen Anspruch. Gegenüber dem Vollstreckungsschuldner wirkt die Liegenbelassungsvereinbarung wie die Befriedigung des Berechtigten aus dem Grundstück (Abs. 3 S. 2), ohne dass dadurch das dingliche Recht selbst erlischt (§ 1181 Abs. 1 BGB gilt gerade nicht). Es **erlischt** somit die **persönliche Forderung**. Der bisherige persönliche Schuldner, Bürge und das Faustpfand werden frei. Die Gesamthypothek an dem mithaftenden Grundstück erlischt, wenn nicht der Bürge, der Eigentümer des Faustpfands oder der Eigentümer des mithaftenden Grundstücks vorher in die Vereinbarung einwilligen. Die Einwilligung des Bürgen ist formfrei; die nachträgliche Einwilligung erfordert die Schriftform des § 766 BGB.[37] Soweit ein Dritter für den Fall der Zahlung aus dem Grundstück ersatzpflichtig ist, wird diese wirksam; wegen der Gesamthypothek s. § 1182 BGB. Die zuvor genannten Wirkungen der Vereinbarung berühren nicht das Zwangsversteigerungsverfahren. Soweit sie das Grundbuch unrichtig machen, ist es Sache der Beteiligten, die Berichtigung beim Grundbuchamt zu beantragen.

38   Weiter erlischt die Haftung des von der Zwangsversteigerung ausgeschlossen **Zubehörs**, sofern nicht der Eigentümer in die Vereinbarung einwilligt.

39   Die **persönliche Schuld** geht nur dann auf den Ersteher über, wenn dies ausdrücklich vereinbart wird.[38] Da die Vereinbarung wie die Befriedigung aus dem Grundstück wirkt (Abs. 3 S. 2), ist die durch die **Grundschuld** gesicherte persönliche Forderung dann erloschen, wenn persönlicher und dinglicher Schuldner identisch sind.[39] Ist der Eigentümer nicht persönlicher Schuldner, bleibt die persönliche Forderung zunächst bestehen, der Grundschuldgläubiger muss sie jedoch an den Vollstreckungsschuldner abtreten.[40]

40   In Höhe des Anteils am Versteigerungserlös, der nach dem Teilungsplan auf die Grundschuld entfallen wäre, erbringt der Grundschuldgläubiger eine Leistung für den Ersteher.[41] Vereinbaren die Parteien das Liegenbelassen einer **Sicherungsgrundschuld**, die nur noch teilweise valutiert ist, mindert sich der vom Ersteher zu zahlende Gebotspreis um den vollen Betrag der Grundschuld einschließlich Zinsen ab dem Zuschlag.[42] Auch hier wird der Gläubiger so behandelt, als wäre er im vollen Umfange seines Rechts aus dem Grundstück befriedigt worden. Da der Grundschuldgläubiger somit mehr erhalten hat, als ihm nach der Sicherungsabre-

---

36   BGH, WM 1972, 1032.
37   RGZ 70, 411.
38   Stöber, ZVG § 91 Rdn. 3.12; Steiner/*Eickmann*, § 91 Rdn. 57–59; für Hypothek: BGH, NJW 1981, 1601 = Rpfleger 1981, 140; für Erbbauzinsverpflichtung: LG Münster, Rpfleger 1991, 330 m. Anm. *Meyer-Stolte*.
39   MünchKomm/*Eickmann*, BGB, § 1181 Rdn. 15.
40   BGH, NJW 1981, 1554 = ZIP 1981, 588; BGH, NJW 1987, 838.
41   BGH, Rpfleger 1985, 74 = ZIP 1984, 1536 = NJW 1985, 388.
42   BGH, Rpfleger 1985, 74 = ZIP 1984, 1536 = NJW 1985, 388.

de zustand, muss er den Übererlös an den Grundstückseigentümer auszahlen; der Anspruch auf den Übererlös verwandelt sich in einen Rückzahlungsanspruch in Höhe des Überschusses zwischen Valutierung und Grundschuld.[43]

e) Teilweise Deckung des Rechts

Gegenstand der Vereinbarung nach Abs. 2 kann auch ein Recht sein, das durch das bare Meistgebot nicht oder nur teilweise gedeckt ist. Vereinbaren die Parteien das Liegenbelassen eines Rechts, das durch das Meistgebot nur **teilweise gedeckt** ist, mindert sich das durch den Ersteher zu zahlende bare Meistgebot nur um den Betrag, der tatsächlich auf das Recht entfallen wäre (formelle Wirkung).

Die Befriedigungswirkung (materielle Wirkung) soll jedoch in voller Höhe eintreten.[44] Der Gläubiger des Rechts, der mit der Vereinbarung einverstanden ist, verliert somit unter Umständen ganz oder teilweise seine persönliche Forderung gegen den Schuldner, ohne hierfür grundsätzlich aus dem Versteigerungserlös befriedigt worden zu sein.

Beispiel[45]**:**
Ausgehend von dem Beispiel zuvor → Rdn. 34 vereinbaren nunmehr der Ersteher und der Berechtigte des Rechtes Abt. III/3 das Liegenbelassen dieses Rechts.
Nach Zuteilung des vorrangigen Anspruches Abt. III/2 über insgesamt 23.500,- € verbleibt noch ein zu verteilender Betrag über 27.500,- €. Dieser Betrag ist zunächst auf die Kosten, dann auf die Zinsen und danach auf den Hauptanspruch zuzuteilen. Auf den Kapitalanspruch entfällt ein Betrag von 21.375,- €, Ausfall somit 8.625,- €.

Aufgrund der Liegenbelassungsvereinbarung soll der Gläubiger jedoch auch wegen dieses (Ausfall) Betrages als befriedigt gelten. Bei einer **Sicherungsgrundschuld** wandelt sich der Rückgewährsanspruch in einen Rückzahlungsanspruch in Höhe des Überschusses um.[46] Diese Auslegung des Abs. 3 Satz 2 entspricht nicht dem Sinn der gesetzlichen Regelung.[47] Sie ist auch nicht zwingend, wenn man den 1. und 2. Satz des Abs. 3 im Zusammenhang sieht. Sinn der Regelung ist, die Beteiligten im Falle einer Liegenbelassungsvereinbarung nicht schlechter zu stellen als bei Barzahlung des Erlöses. Wenig hilfreich ist auch die Auffassung, der Schuldner sei in dem Umfang, in dem der Gläubiger bei der Erlösverteilung ausgefallen sei, in sonstiger Weise auf dessen Kosten bereichert und zum Wertersatz verpflichtet, § 812 Abs. 1, § 818 Abs. 2 BGB. Um dem Problem aus dem Wege zu gehen, ist den Beteiligten zu raten, das Liegenbelassen eines Rechtes nur insoweit zu vereinbaren, als das Recht durch das Meistgebot tatsächlich gedeckt ist.[48]

---

43 BGH, NJW 1985, 388 = Rpfleger 1985, 74; BGH, Rpfleger 1989, 120.
44 BGH, NJW 1981, 1006 = Rpfleger 1981, 140 = ZIP 1981, 151; BGH, Rpfleger 1985, 74 = ZIP 1984, 1536 = NJW 1985, 388.
45 Entnommen aus *Hintzen/Wolf*, Rdn. 11.916.
46 BGH, Rpfleger 1985, 74 = ZIP 1984, 1536 = NJW 1985, 388.
47 *Böttcher*, § 91 Rdn. 21; *Muth*, Rpfleger 1990, 2, 4.
48 So *Muth*, Rpfleger 1990, 2, 5.

§ 92 »Anspruch auf Ersatz des Wertes aus Versteigerungserlös«

(1) Erlischt durch den Zuschlag ein Recht, das nicht auf Zahlung eines Kapitals gerichtet ist, so tritt an die Stelle des Rechtes der Anspruch auf Ersatz des Wertes aus dem Versteigerungserlöse.

(2) ¹Der Ersatz für einen Nießbrauch, für eine beschränkte persönliche Dienstbarkeit sowie für eine Reallast von unbestimmter Dauer ist durch Zahlung einer Geldrente zu leisten, die dem Jahreswerte des Rechtes gleichkommt. ²Der Betrag ist für drei Monate vorauszuzahlen. ³Der Anspruch auf eine fällig gewordene Zahlung verbleibt dem Berechtigten auch dann, wenn das Recht auf die Rente vor dem Ablaufe der drei Monate erlischt.

(3) Bei ablösbaren Rechten bestimmt sich der Betrag der Ersatzleistung durch die Ablösungssumme.

Übersicht

		Rdn.
I.	Allgemeines	1
II.	Anspruch auf Ersatz des Wertes	4
	1. Rechtliche Natur des Wertersatzes	4
	2. Grundpfandrecht	6
	3. Ersatz durch Geldrente (Abs. 2)	10
	a) Anwendungsbereich	10
	b) Geldrente	12
	4. Ablösbare Rechte	16
	5. Einmaliger Ersatzbetrag	19
	a) Allgemein	19
	b) Höchstbetrag des Wertersatzes	20
	c) Erbbaurecht	22
	d) Erbbauzinsreallast	23
	e) Reallast von bestimmter Dauer	24
	f) Dauerwohnrecht	25
	g) Grunddienstbarkeit	26
	h) Mitbenutzungsrechte im Beitrittsgebiet	27
	i) Vorkaufsrecht	28
	j) Vereinbarung nach § 1010 BGB	30
	k) Vormerkung	31
	l) Auflassungsvormerkung	33
III.	Anmeldung und Feststellung des Ersatzbetrages	34
	1. Keine Anmeldung	34
	2. Anmeldung	35
	3. Feststellung des Ersatzbetrages	38
Sterbetafel 2010/2012		39

I. Allgemeines

1 Der Surrogationsgrundsatz[1] beherrscht das gesamte ZVG. Mit dem Zuschlag verliert der bisherige Eigentümer das Eigentum am Grundstück (§ 90 Abs. 1) und verlieren die Realberechtigten ihre dinglichen Rechte (§ 91 Abs. 1), soweit sie nicht nach den Zwangsversteigerungsbedingungen bestehen bleiben. Der Surrogationsgrundsatz hat zum Inhalt, dass an die Stelle des versteigerten Grundstücks der Zwangsversteigerungserlös tritt und dass sich daran die erloschenen Rechte als Anspruch auf Befriedigung aus dem Erlös fortsetzen[2] (nachfolgend → Rdn. 4 ff.).

---

1 Dazu bereits ausführlich *Nussbaum*, S. 154.
2 RGZ 88, 304; BGH, NJW 1972, 1135 = Rpfleger 1972, 218.

Direkt zum Ausdruck gekommen ist der Surrogationsgrundsatz in § 37 Nr. 5 und in § 92 Abs. 1; er gilt aber auch für solche erloschenen Rechte, die nicht in der Zahlung eines Kapitals bestehen.

Hypotheken und **Grundschulden** sind materiell-rechtlich auf Zahlung eines Kapitals aus dem Grundstück gerichtet (§ 1113 Abs. 1, § 1191 Abs. 1 BGB). Bei einer – in der Praxis nur selten vorkommenden – Rentenschuld ist der Kapitalbetrag der Rechte durch die Ablösesumme bestimmt (§ 1199 Abs. 2 BGB), es gilt hier Abs. 3. 2

Anders ist dies bei **Rechten der Abteilung II** des Grundbuches, die nicht die Zahlung von Geldbeträgen zum Gegenstand haben, z.B. bei der Dienstbarkeit oder dem Vorkaufsrecht. Inhalt einer Grunddienstbarkeit ist, dass der Berechtigte das Grundstück in einzelnen Beziehungen benutzen darf. Auf diese Benutzung konzentriert sich auch das wirtschaftliche Interesse des Berechtigten; ihm ist an der Benutzung des Grundstücks im Rahmen des dinglichen Rechts gelegen, nicht an der Zahlung eines Geldbetrages. Andererseits haben die Rechte der Abteilung II des Grundbuchs einen materiellen Grundbuchrang, der dazu führen kann, dass die Rechte im geringsten Gebot keine Berücksichtigung finden (§§ 44, 52 Abs. 1) und durch den Zuschlag erlöschen (§ 91 Abs. 1). Dies ist eine zwangsläufige Folge des Grundbuchrangs, die nur durch eine abweichende Zwangsversteigerungsbedingung (§ 59) oder durch eine Liegenbelassungsvereinbarung (§ 91 Abs. 2) verhindert werden kann. Eine abweichende Zwangsversteigerungsbedingung mit dem Ziel, dass das Recht bestehen bleiben soll, wird nur schwer durchsetzbar sein, da die hiervon beeinträchtigten rangmäßig vorgehenden Berechtigten zustimmen müssen (hierzu § 59). Eine Liegenbelassungsvereinbarung muss mit dem Ersteher des Grundstücks vereinbart werden, die Bereitschaft hierzu ist ungewiss. Beide Möglichkeiten sind nur dann Erfolg versprechend, wenn es sich bei dem Recht der Abteilung II um ein solches handelt, dass das Eigentum des Erstehers nur unwesentlich beeinträchtigt oder für die Nutzbarkeit des Grundstücks notwendig ist (z.B. bei Wegerechten oder Leitungsrechten für Energieversorgungsunternehmen). In vielen Fällen wird es jedoch dazu führen, dass auch Rechte der Abteilung II erlöschen. Nach Abs. 1 wandelt sich das erloschene Recht in einen Anspruch auf Ersatz des Wertes aus dem Erlös um. In den Fällen des Abs. 2 wäre es wirtschaftlich nicht vertretbar, wenn anstelle des erloschenen Rechts ein an den Berechtigten auszuzahlendes Ersatzkapital treten würde. Es handelt sich hierbei um Reallasten von unbestimmter Dauer (z.B. Rentenreallast bis zum Tod des Berechtigten) oder um solche Rechte, die materiell-rechtlich mit dem Tode des Berechtigten erlöschen (beschränkte persönliche Dienstbarkeit, Nießbrauch, §§ 1061, 1090 BGB). Hier sieht Abs. 2 die Zahlung einer Geldrente vor, die aus einem gem. § 121 Abs. 1 zu bildenden Ersatzkapital erfolgt; wird dieses Ersatzkapital nicht in vollem Umfange benötigt, fällt es demjenigen zu, der an nächster Rangstelle zahlungsberechtigt und ausgefallen ist (hierzu § 119). 3

II. Anspruch auf Ersatz des Wertes

1. Rechtliche Natur des Wertersatzes

An die Stelle des Rechts tritt der Anspruch auf **Ersatz des Wertes** aus dem Versteigerungserlös (Abs. 1). Der Ersatzanspruch ist auf Zahlung eines Geldbetrages gerichtet und auf den Zwangsversteigerungserlös gegenständlich beschränkt. Der Anspruch erlischt mit der Befriedigung aus dem Grundstück und wird gegenstandslos, wenn endgültig feststeht, dass eine – weitere – Befriedigung nicht in Be- 4 tracht kommt. Als Verpflichteter steht dem Berechtigten der Vollstreckungsschuldner gegenüber, der aber nur mit dem Zwangsversteigerungserlös haftet, vorbehaltlich seiner persönlichen Verpflichtung, die neben dem dinglichen Recht besteht. Der Zwangsversteigerungserlös ist zugunsten der Rechte, die im Zeitpunkt des Zuschlags am Grundstück bestanden, dinglich gebunden (Beschlagnahmewirkung). Die Verfügung darüber steht ausschließlich dem Vollstreckungsgericht zu. Es hat die Zahlung des Erstehers entgegen zunehmen und an die Berechtigten zu verteilen.[3]

5 Das dingliche Grundstücksrecht ist durch den Zuschlag erloschen, die formellen Grundsätze des Grundbuchrechts sind nicht mehr anwendbar. An die Stelle des Rechts ist das Recht auf den Ersatzwert getreten. Die materiellen Bestimmungen, die für das Recht galten, sind auf den Ersatzanspruch insoweit anzuwenden, als es dessen Natur als Geldanspruch zulässt. Der öffentliche Glaube des Grundbuchs schützt das erloschene, aber noch nicht gelöschte Recht nicht mehr.[4] Erhalten bleiben aber in jedem Falle der Grundbuchrang[5], ein Veräußerungsverbot, Nießbrauch und Pfandrechte.[6] Der Ersatzanspruch ist frei **übertragbar, pfändbar** und verpfändbar. Dies gilt auch für Ersatzbeträge aus grundsätzlich nicht übertragbaren Rechten, z.B. für ein Wohnungsrecht.[7]

2. Grundpfandrecht

6 Grundpfandrechte, insbesondere Grundschulden und Hypotheken, sind auf Zahlung einer bestimmten Geldsumme aus dem Grundstück gerichtet. Der Betrag bestimmt sich nach der Grundbucheintragung. Es kommt nicht darauf an, wem das Recht zusteht, insbesondere ob es sich um eine Eigentümerhypothek oder Eigentümergrundschuld handelt.

7 Der Ersatzanspruch ist keine Hypothek oder Grundschuld mehr. Daher kann er formlos übertragen werden, § 1154 BGB findet keine Anwendung mehr.[8] Eine Umwandlung in eine Eigentümergrundschuld ist nicht mehr möglich, unter den gleichen Voraussetzungen entsteht dann ein Eigentümerersatzanspruch im Rahmen des bisherigen Rechts.[9] Entsprechendes gilt unter den Voraussetzungen des § 1164 BGB für den Übergang des Rechts auf den persönlichen Schuldner.

8 **Verzichtet** der Berechtigte auf die Zuteilung aus einer Hypothek oder Grundschuld, rücken nachfolgende Berechtigte nicht auf; die Zuteilung fällt vielmehr dem Schuldner zu.

9 Der Ersatzanspruch für die Hypothek behält deren akzessorischen Charakter.[10] Dem Berechtigten einer **Höchstbetragsicherungshypothek** steht der Ersatzanspruch nur insoweit zu, als Forderungen, die durch sie gesichert worden sind, für ihn entstanden sind und bestehen; im Übrigen gebührt der Anspruch dem Schuldner.

---

3 BGH, NJW 1972, 1135 = Rpfleger 1972, 218.
4 RGZ 76, 373.
5 RGZ 88, 304.
6 BGH, Rpfleger 1961, 291 = MDR 1961, 675.
7 OLG Schleswig, Rpfleger 1997, 256; LG Frankfurt a.M., Rpfleger 1974, 122.
8 RGZ 125, 362; auch BGH, NJW 1964, 813.
9 BGH, Rpfleger 1963, 234 = MDR 1963, 580.
10 RGZ 65, 418.

3. Ersatz durch Geldrente (Abs. 2)

a) Anwendungsbereich

Handelt es sich bei dem erlöschenden Recht um ein Recht mit Versorgungscharakter, ist dieses durch Zahlung einer Geldrente abzufinden. Hierunter fallen insbesondere: **Nießbrauch, beschränkte persönliche Dienstbarkeit** (insbesondere Wohnungsrecht[11]), **Reallast von unbestimmter Dauer.** Auch das **Altenteil** fällt unter Abs. 2, da es sich aus beschränkten persönlichen Dienstbarkeiten und Reallasten von unbestimmter Dauer (auf Lebenszeit begrenzt) zusammensetzen kann (hierzu → § 9 EGZVG).

10

Ob das **Dauerwohnrecht** oder **Dauernutzungsrecht** (§§ 31 ff. WEG) unter Abs. 1 oder Abs. 2 fällt, ist umstritten.[12] Aus der Systematik des Gesetzes kann diese Frage nicht gelöst werden, weil das WEG wesentlich später als das ZVG entstanden ist.[13] Das Dauerwohnrecht ist vererblich (§ 33 Abs. 1 Satz 1 WEG) und kann veräußert werden, es ist ein „beständiges" Recht. Es handelt sich nicht um ein Recht auf Lebenszeit und ist daher mit den in Abs. 2 genannten Rechten nicht zu vergleichen. Wenig Sinn würde auch die Bildung eines Ersatzkapitals beschränkt auf den 25-fachen Jahresbetrag und die Zahlung einer Geldrente daraus (§ 121) haben. Erloschene Dauerwohnrechte und Dauernutzungsrechte sind daher gemäß Abs. 1 mit einem Ersatzkapital abzufinden.

11

b) Geldrente

Für die zu zahlende Geldrente ist ein **Deckungskapital** zu bilden, dass sich zusammensetzt aus der Summe aller künftigen Jahresleistungen, wobei der 25-fache Jahresbetrag nicht überschritten werden darf, § 121 Abs. 1. Die Grenze hat dem Jahreswert des Rechts zu entsprechen. Bei wechselndem Jahreswert entscheidet der Durchschnitt. Bei Rechten auf Lebenszeit ist weiter die Lebenserwartung nach der **statistischen Lebenserwartungstabelle** zu berücksichtigen (vgl. → Rdn. 39).

12

Ziel der §§ 92, 121 ist, dem Berechtigten Wertersatz für das Recht zu geben, das durch den Zuschlag erloschen ist. Die jährliche Rente soll den Berechtigten so stellen, als ob das erloschene Recht weiter bestehen würde. Ein Nießbrauchsrecht berechtigt den Nießbraucher, die Nutzungen der Sache zu ziehen (§ 1030 Abs. 1 BGB). Damit kommt es darauf an, welche Früchte und welche Vorteile der Berechtigte aus dem Gebrauch des Grundstücks ziehen kann (§ 100 BGB). Die Bewertung solcher Gebrauchsvorteile richtet sich nach dem objektiven Wert.[14] **Bemessungsgrundlage** bei einem Nießbrauch ist in der Regel der übliche Pacht- oder Mietzins. Bei reinen Wohngrundstücken kommt eine Bemessung nach der ortsüblichen Miete in Betracht. Gleiches gilt für ein Wohn- oder Wohnungsrecht. Dabei müssen jedoch immer die tatsächlichen Umstände des Rechts berücksichtigt werden. Der Berechtigte soll nicht besser, aber auch nicht schlechter als ohne die Zwangsversteigerung stehen. Bei einem lebenslangen Recht ist daher eine Prognose über eine zukünftige Entwicklung erforderlich. Diese muss sich aber umso

13

---

11 Hierzu BayObLG, Rpfleger 1983, 81.
12 Für Abs. 1: *Stöber*, ZVG § 92 Rdn. 3.1; a.A. Steiner/*Eickmann*, § 92 Rdn. 39 und *Böttcher*, § 92 Rdn. 23 es gilt § 92 Abs. 2.; so auch Depré/*Bachmann*, § 92 Rdn. 35, der von einer „im Vordringen befindlichen Ansicht" spricht, ohne dies aber zu begründen.
13 So auch Steiner/*Eickmann*, § 92 Rdn. 39.
14 BGH, NJW 1995, 2627; Palandt/*Ellenberger*, § 100 Rdn. 2.

mehr an den tatsächlichen Verhältnissen orientieren, je kürzer die verbliebene Laufzeit des Rechts ist.[15]

14 Der Berechtigte erhält die Rente durch **Zuteilung** aus dem Deckungskapital. Die Auszahlung erfolgt jeweils für drei Monate im Voraus (Abs. 2 Satz 2). Ein bereits fälliger Betrag verbleibt dem Berechtigten bzw. seinem Erben auch dann, wenn das Recht auf die Rente vor Ablauf der drei Monate erlischt (Abs. 2 Satz 3). Die Rente für einen erloschenen Nießbrauch kann nicht wegen einer später eingetretenen Ertragsminderung gesenkt werden.[16] Im Übrigen wird das Deckungskapital zunächst hinterlegt. Für den Fall des vorzeitigen Wegfalls des Berechtigten muss eine **Hilfszuteilung** erfolgen (hierzu → § 121 Rdn. 10).

15 Sowohl die Anmeldung eines Wertersatzes als auch der Anspruch auf die monatliche Geldrente müssen spätestens im Verteilungstermin erfolgen (nachfolgend → Rdn. 35). Ist der Geldbetrag (laufende Leistung) aus dem Grundbuch erkennbar ist, bedarf es keiner Anmeldung (§ 114 Abs. 1).[17]

4. Ablösbare Rechte

16 Bei ihnen ist durch Abs. 3 die Ersatzleistung durch die Ablösungssumme bestimmt. Damit wird das Stammrecht abgegolten. Laufende und rückständige Einzelleistungen sind bei der Erlösverteilung wie Zinsen zu behandeln und zu berücksichtigen.

17 Abs. 3 betrifft einmal die im Rechtsverkehr nur selten anzutreffende Rentenschuld (§§ 1199 ff. BGB). § 1199 Abs. 2 BGB schreibt die Angabe der Ablösungssumme im Grundbuch zwingend vor, sie ist maßgebend.[18]

18 Weiter fallen unter Abs. 3 die unter den landesrechtlichen Vorbehalt des Art. 113 EGBGB stehenden ablösbaren Dienstbarkeiten und Reallasten.[19]

5. Einmaliger Ersatzbetrag

a) Allgemein

19 Erlischt durch den Zuschlag ein Recht, das nicht auf Zahlung eines Kapitals gerichtet ist, so tritt an die Stelle des Rechts der Anspruch auf Ersatz des Wertes (Abs. 1). Hierunter fallen insbesondere die Reallast von bestimmter Dauer, Erbbauzinsreallast, Grunddienstbarkeit, Vorkaufsrecht, Vormerkungen und Widersprüche für nicht auf Kapitalzahlung gerichtete Rechte, Auflassungsvormerkung. Bei der Bemessung des Ersatzbetrages kommt es darauf an, welchen wirtschaftlichen Wert das Recht für den Berechtigten hat. Dieser Wert muss nicht identisch sein mit dem nach § 51 Abs. 2 festzusetzenden Zuzahlungsbetrag, denn dort ist der objektive Wert im Hinblick auf die Wertminderung des Grundstückes zu ermitteln.

b) Höchstbetrag des Wertersatzes

20 Ist ein Höchstbetrag als Wertersatz im Grundbuch eingetragen (§ 882 BGB), darf der Ersatzbetrag diesen Wert nicht überschreiten. Meldet der Berechtigte ei-

---

15 Hierzu OLG Karlsruhe, Rpfleger 2005, 686.
16 LG Braunschweig, JW 1933, 1428.
17 *Stöber*, ZVG § 92 Rdn. 3.3.
18 RGZ 86, 259.
19 Hierzu MünchKomm/*Säcker*, BGB Art. 113 EGBGB Rdn. 7.

nen geringeren Betrag an, ist dieser maßgebend.[20] Auch hindert eine Eintragung gem. § 882 BGB nicht den Widerspruch (§§ 115) eines im Range gleich- oder nachstehenden Berechtigten gegen den Teilungsplan.

Von der Möglichkeit des § 882 BGB wird in der Praxis nur selten Gebrauch gemacht, es lässt sich häufig nicht voraussehen, welchen materiellen Wert ein Recht nach mehreren Jahren oder Jahrzehnten hat. Teilweise verpflichtet sich der Berechtigte als Wertersatz eines erloschenen Rechts nur einen bestimmten Betrag aus dem Zwangsversteigerungserlös zu fordern (Bewertungserklärung). Hierbei handelt es sich aber um eine *schuldrechtliche Vereinbarung*, die für das Vollstreckungsgericht unbeachtlich ist. Der Berechtigte kann einen höheren Betrag anmelden, der dann auch in den Teilungsplan einzustellen ist; der Berechtigte hat den über die Bewertungserklärung hinausgehenden Betrag an seinen Vertragspartner auszuzahlen, soweit dieser bei der Erlösverteilung ausfällt.[21]

21

c) Erbbaurecht

Da das Erbbaurecht nach § 10 Abs. 1 ErbbauRG immer nur ausschließlich zur **ersten Rangstelle** bestellt werden kann, könnte es nach den Versteigerungsbedingungen nur dann erlöschen, wenn ein Berechtigter der Rangklasse 1 bis 3 des § 10 Abs. 1 das Verfahren betreiben würde. Aber auch dann bleibt es in jedem Fall bestehen und ist vom Ersteher zu übernehmen, § 25 ErbbauRG. Die Bestimmung eines Ersatzbetrages kommt somit nicht in Betracht.

22

d) Erbbauzinsreallast

Regelmäßig wird im Erbbaugrundbuch zugunsten des Grundstückseigentümers eine Erbbauzinsreallast (früher noch eine Vormerkung auf Erhöhung des Erbbauzinses) eingetragen. Weiterhin wird regelmäßig zum Inhalt der Erbbauzinsreallast eine Werterhöhung nach § 9 Abs. 1 ErbbauRG – wie bei der Reallast – vereinbart. Da die Erbbauzinsreallast stets subjektiv-dinglich bestellt ist, ist der Ersatzbetrag zu errechnen aus dem Jahreswert multipliziert mit der Restlaufzeit des Erbbaurechtes; Zwischenzins (§ 111) ist abzuziehen.[22] Ist eine Wertsicherungsklausel vereinbart und dinglich gesichert, muss sie, bezogen auf dem Zeitpunkt des Wirksamwerden des Zuschlags (a.A. s. → Rdn. 37), Berücksichtigung finden. Maßgebend ist die Anmeldung des Berechtigten oder der sich aus einem Schuldtitel ergebende aktuelle Betrag. Danach möglicherweise eintretende Veränderungen bleiben unberücksichtigt.[23] Ist der Geldbetrag (laufende Leistung) aus dem Grundbuch erkennbar, bedarf es keiner Anmeldung (§ 114 Abs. 1)[24]; erfolgt eine Anmeldung, geht diese vor.

23

Der Wertersatzanspruch, der infolge der Zwangsversteigerung eines Erbbaurechts an die Stelle der Erbbauzinsreallast tritt, steht dem **Zwangsverwalter** des

---

20 *Stöber*, ZVG § 93 Rdn. 3.3; *Böttcher*, § 92 Rdn. 5.
21 So auch Steiner/*Eickmann*, § 92 Rdn. 29.
22 *Böttcher*, § 92 Rdn. 5; nach *Streuer*, Rpfleger 1997, 141 wird der Wert des erlöschenden (§ 92 Abs. 1) und des bestehen bleibenden (§ 51 Abs. 2) Erbbauzinses nach finanzmathematischen Grundsätzen ermittelt, nicht nach § 111; der Diskontierung wird ein marktgerechter Zinssatz zugrunde gelegt; Zinseszinsen sind zu berücksichtigen; so auch *Stöber*, ZVG § 92 Rdn. 6.4.
23 So auch Steiner/*Eickmann*, § 92 Rdn. 47.
24 *Stöber*, ZVG § 92 Rdn. 3.3.

mit dem Erbbaurecht belasteten Grundstücks zu und nicht dem Eigentümer dieses Grundstücks persönlich oder dem Insolvenzverwalter über sein Vermögen.[25]

e) **Reallast von bestimmter Dauer**

24 Unter Abs. 1 fallen nur Reallasten von bestimmter Dauer (zu Reallasten von unbestimmter Dauer s. zuvor → Rdn. 10). Inhalt einer Reallast kann die Leistung in Geld sein (Rentenzahlung), die weiterhin oftmals wertgesichert[26] ist, sie erhöhen oder ermäßigen sich, § 1105 Abs. 1 S. 2 BGB, z.B. entsprechend der Änderung des vom Statistischen Bundesamt festgestellten Verbraucherpreisindex für Deutschland.[27] Naturalleistungen, die durch die Reallast gesichert werden, kommen in der Praxis nur selten noch vor; sie sind nach ortsüblichen Preisen umzurechnen. Handlungen zum Inhalt der Reallast werden meist in Form einer **Pflegeverpflichtung** oder einer **Unterhaltungsverpflichtung** einer Mauer, Brücke, Gebäude, Zaunes oder Weges bestellt. Die Reallast kann sowohl **subjektiv-dinglich** als auch **subjektiv-persönlich** bestellt werden. Der Ersatzbetrag ist zu errechnen aus dem Jahreswert multipliziert mit der Restlaufzeit des Rechts; Zwischenzins (§ 111) ist abzuziehen.[28] Bei Rechten auf Lebenszeit ist weiter die Lebenserwartung nach der **statistischen Lebenserwartungstabelle** zu berücksichtigen (vgl. → Rdn. 39). Ist eine Wertsicherungsklausel vereinbart und dinglich gesichert, muss sie, bezogen auf dem Zeitpunkt des Wirksamwerden des Zuschlags Berücksichtigung finden. Maßgebend ist die Anmeldung des Berechtigten oder der sich aus einem Schuldtitel ergebende aktuelle Betrag. Danach möglicherweise eintretende Veränderungen bleiben unberücksichtigt (s. zuvor Erbbauzinsreallast → Rdn. 23). Ist der Geldbetrag (laufende Leistung) aus dem Grundbuch erkennbar ist, bedarf es keiner Anmeldung (§ 114 Abs. 1)[29]; erfolgt eine Anmeldung, geht diese vor.

---

25 OLG Düsseldorf, Rpfleger 2010, 616 = ZIP 2011, 93 LS.
26 Bis zum 31.12.1998 war eine Genehmigung zur Werterhöhung nach § 3 WährG erforderlich. Mit Einführung des Euro zum 1.1.1999 wurde § 3 WährG durch Art. 9 § 1 EuroEG aufgehoben. Aus stabilitäts-, preis- und verbraucherpolitischen Gründen wurde die bisherige Regelung durch § 2 PaPkG (Preisangaben- und Preisklauselgesetz) und der dazu erlassenen Preisklauselverordnung (PrKV) ersetzt. Das PaPkG – bei einhergehender Aufhebung der PrKV – wurde ersetzt durch das Gesetz über das Verbot der Verwendung von Preisklauseln bei der Bestimmung von Geldschulden (Preisklauselgesetz = PrKG) vom 7. September 2007 (BGBl I 2246, 2247), zuletzt geändert durch Art. 8 des Gesetzes vom 29. Juli 2009 (BGBl I 2355). § 2 PaPkG fixierte ein Indexierungsverbot mit Genehmigungsvorbehalt. Grundsätzlich durfte der Betrag von Geldschulden nicht unmittelbar und selbsttätig durch den Preis oder Wert von anderen Gütern oder Leistungen bestimmt werden, die mit den vereinbarten Gütern oder Leistungen nicht vergleichbar sind. Auf Antrag waren Genehmigungen von Ausnahmen vorgesehen. Das PrKG ersetzt das bisherige Genehmigungserfordernis für Ausnahmen vom gesetzlichen Verbot seitens des BAFA (Bundesamt für Wirtschaft und Ausfuhrkontrolle) durch unmittelbar im Gesetz geregelte Legalausnahmen. Ein behördliches Genehmigungsverfahren entfällt. Die Vertragsparteien haben selbst zu prüfen, ob die vereinbarten Klauseln rechtmäßig sind. Hierzu wurden die ehemaligen Ausnahmen vom Indexierungsverbot unmittelbar in §§ 2 bis 7 PrKG eingefügt und erweitert um die Möglichkeit der Vereinbarung von Wertsicherungsklauseln bei Zahlungen auf Lebenszeit eines dritten Vertragsbeteiligten (§ 3 Abs. 1 Nr. 1a PrKG).
27 *Schöner/Stöber*, Rdn. 3273 ff.; BGH, Rpfleger 1990, 452; OLG Oldenburg, Rpfleger 1991, 450; BayObLG, Rpfleger 1993, 485.
28 *Böttcher*, § 92 Rdn. 28.
29 *Stöber*, ZVG § 92 Rdn. 3.4.

f) Dauerwohnrecht

Das Dauerwohnrecht bzw. Dauernutzungsrecht, §§ 31 ff. WEG, gibt dem Berechtigten das Recht, unter Ausschluss des Eigentümers eine bestimmte Wohnung in einem Gebäude auf dem Grundstück zu bewohnen. Das Dauernutzungsrecht bezieht sich auf andere als zu Wohnzwecken dienende Räume. Inhaltlich steht das Dauerwohnrecht somit dem Wohnungsrecht nach § 1093 BGB gleich. Darüber hinaus ist das Dauerwohnrecht jedoch kraft Gesetzes **veräußerlich** und **vererblich**, § 33 Abs. 1 WEG. Der Ersatzbetrag richtet sich im Einzelfall nach dem Umfang, den der Wegfall des Rechts für den Berechtigten hat; maßgebend wird die Anmeldung des Berechtigten sein.

g) Grunddienstbarkeit

Die Grunddienstbarkeit ist ein **subjektiv-dingliches** Recht und beinhaltet, dass der Berechtigte das dienende Grundstück in einzelnen Beziehungen benutzen darf oder dass auf dem Grundstück gewisse Handlungen nicht vorgenommen werden dürfen oder dass die Ausübung eines Rechtes ausgeschlossen ist, das sich aus dem Eigentum an dem belasteten Grundstücke dem anderen Grundstücke gegenüber ergibt, § 1018 BGB. Auch eine Eigentümergrunddienstbarkeit fällt unter Abs. 1[30]; zur Empfangsberechtigung siehe → § 117 Rdn. 30 ff. Bei der Höhe des Ersatzbetrages wird es entscheidend auf die Anmeldung des Berechtigten ankommen, welchen Wert der Wegfall des Rechtes für den Berechtigten hat.

h) Mitbenutzungsrechte im Beitrittsgebiet

Nach §§ 321, 322 ZGB-DDR konnten im Grundbuch Mitbenutzungsrechte (z.B. Lagerung von Baumaterial, Aufstellen von Gerüsten) eingetragen werden, Dienstbarkeiten entsprechend dem BGB waren fremd. Ein **Wege- oder Überfahrrecht** konnte im Grundbuch eingetragen werden, § 322 ZGB-DDR. Diese **dauerhaften** Mitbenutzungsrechte gelten als dingliche Rechte am Grundstück, Art. 233 § 5 EGBGB.[31] Mitbenutzungsrechte i.S.d. § 321 Abs. 1–3, § 322 ZGB gelten als Rechte an dem belasteten Grundstück. Sie sind als beschränkte dingliche Rechte im Sinne des BGB anzusehen, sie bleiben daher mit ihrem bisherigen Inhalt bestehen (z.B. Übergang auf den Rechtsnachfolger des Nutzungsberechtigten gem. § 322 Abs. 2 ZGB, Erlöschen nach § 322 Abs. 3 ZGB, Unkündbarkeit nach § 81 ZGB, sofern nichts anderes vereinbart wurde). Insgesamt kann wegen solcher Rechte auf die Ausführungen zur Dienstbarkeit verwiesen werden (s. zuvor → Rdn. 26).

i) Vorkaufsrecht

Das dingliche Vorkaufsrecht (§§ 1094 ff. BGB) kann für **einen** oder **mehrere** oder **alle Verkaufsfälle** bestellt werden. Der Ersatzbetrag richtet sich nach dem Interesse des Berechtigten am Fortbestand des Rechts bzw. soll ausgleichen, dass der Berechtigte das Recht nicht mehr ausüben kann. Ist das Vorkaufsrecht nur für einen Verkaufsfall bestellt, erlischt es ersatzlos, da es in der Zwangsversteigerung nicht ausgeübt werden kann, § 471 BGB, es ist kein Ersatzbetrag festzustellen. Es

---

30 Hierzu *Schiffhauer*, Rpfleger 1975, 187.
31 Zum Eintragungsverfahren im Grundbuch vgl. *Böhringer*, Besonderheiten des Liegenschaftsrechts, Rdn. 657 ff. und insbesondere zur Regelung und Eintragung des Ranges im Grundbuch Rdn. 667 ff.

hat in der Zwangsversteigerung keinen Bestand.[32] Mit anderen Worten liegt zwar in der Zwangsversteigerung ein „Verkaufsfall" im Sinne des Vorkaufsrechts, aber eben kein solcher, der das Vorkaufsrecht auslöst. Ist das Vorkaufsrecht nur für einen einzigen Verkaufsfall bestellt erlischt es mithin durch den Zuschlag in der Zwangsversteigerung. Mit der Zwangsversteigerung ist nämlich der eine Verkaufsfall, für den das Vorkaufsrecht bestellt ist, verbraucht. Bei einem Vorkaufsrecht für mehrere oder alle Verkaufsfälle ist der Ersatzbetrag mit 2 % bis 3 % des Verkehrswertes des Grundstückes anzusetzen.[33]

29 Nach den §§ 306–309 ZGB-DDR konnte auch im **Beitrittsgebiet** der Grundstückseigentümer ein dingliches Vorkaufsrecht einräumen (hierzu → § 51 Rdn. 31 ff.). Ab 1.10.1994 sind die Vorschriften §§ 1094 bis 1104 BGB anzuwenden, Art. 233 § 3 Abs. 4 EGBGB. Das Recht kann subjektiv-dinglich, für mehrere oder für alle Verkaufsfälle, übertragbar und vererblich gestaltet werden. Es ist somit in der Zwangsversteigerung wie zuvor beschrieben zu behandeln. Neue bundesgesetzliche Vorkaufsrechte bestehen in den **neuen Ländern** nach §§ 20, 20a VermG (hierzu → § 51 Rdn. 35). Es erlischt durch den Zuschlag in der Zwangsversteigerung.

j) **Vereinbarung nach § 1010 BGB**

30 Eine Eintragung nach § 1010 BGB ist keine Verfügungsbeschränkung, sondern eine echte Belastung der Grundstücksanteile, ähnlich einer Grunddienstbarkeit.[34] Mit der Zuschlagserteilung endet die Miteigentümergemeinschaft. Die Anteilsbelastung ist damit gegenstandslos geworden. Der Ersatzbetrag ist mit 0,– € anzunehmen.

k) **Vormerkung**

31 Die Vormerkung nach § 883 BGB sichert den Anspruch des Berechtigten auf Einräumung oder Aufhebung eines Rechtes an einem Grundstück oder an einem das Grundstück belastenden Rechte oder auf Änderung des Inhalts oder des Ranges eines solchen Rechtes.

32 Der **Ersatzbetrag** dinglicher Rechte (sowohl in Abteilung II als auch III des Grundbuches), die durch eine Vormerkung gesichert werden, sind wie eingetragene Rechte zu berücksichtigen, § 48 (s. dort). Es kann hierbei auf die jeweiligen Ausführungen des vorgemerkten Rechtes verwiesen werden.

l) **Auflassungsvormerkung**

33 Die Auflassungsvormerkung (Eigentumsvormerkung) sichert den Anspruch des Käufers auf **Auflassung** (sofern diese nicht bereits vorliegt) und **Eigentumsumschreibung** des Grundstückes. Sie kann auch das Recht zum **Wiederkauf** oder **Rückkauf** des Grundstückes sichern, § 456 BGB.[35] Ersatzbetrag ist der Überschuss des Erlöses unter Abzug der der Vormerkung vorgehenden Rechte.[36]

---

32   OLG Köln, Beschluss vom 6.3.2015, 2 Wx 387/14, Rpfleger 2015, 718; PfälzOLG Zweibrücken, Rpfleger 2011, 491.
33   LG Hildesheim, Rpfleger 1990, 87; Steiner/*Eickmann*, § 92 Rdn. 49.
34   *Schöner/Stöber*, Rdn. 1470; LG Zweibrücken, Rpfleger 1965, 56; *Döbler*, MittRhNotK 1983, 181, 189.
35   Hierzu MünchKomm/*Kohler*, § 883 Rdn. 27, 33.
36   BGH, Rpfleger 1995, 173; BGH, NJW-RR 1987, 891 = Rpfleger 1987, 426; BGH, NJW 1967, 566 = Rpfleger 1967, 9; OLG Düsseldorf, Rpfleger 1991, 471.

Für eine Rückauflassungsvormerkung ist bei der Bemessung des Ersatzwertes jener wirtschaftliche Wert zugrunde zu legen, welcher ihr im Falle der Geltendmachung des Wiederkaufsrechts im Versteigerungszeitpunkt zugekommen wäre.[37]

Der Ersatzbetrag für die erloschene Auflassungsvormerkung ist nicht um die von dem Vormerkungsberechtigten geschuldete Gegenleistung zu mindern (Differenztheorie).[38] Falls die Vormerkung wegen erfolgter Erfüllung materiell rechtlich nicht mehr besteht, ist der Ersatzbetrag auf 0,- € festzusetzen.[39]

III. Anmeldung und Feststellung des Ersatzbetrages

1. Keine Anmeldung

Ohne Anmeldung kann eine Berücksichtigung nur dann erfolgen, wenn sich 34 der Geldbetrag aus dem Grundbuch (§ 114 Abs. 1) oder der zulässigerweise in Bezug genommenen Eintragungsbewilligung ergibt.[40] Ist der Höchstbetrag des Wertersatzes (§ 882 BGB) im Grundbuch eingetragen, ist dieser als Ersatzbetrag maßgebend. Wird ein geringerer Betrag angemeldet, geht die Anmeldung vor (§ 308 Abs. 1 Satz 1 ZPO).

2. Anmeldung

Im Übrigen (siehe zuvor → Rdn. 34) erfolgt die Berücksichtigung eines Ersatz- 35 betrags nur auf **Anmeldung**.[41] Die Anmeldung kann ohne Rangverlust nach § 110 noch im Verteilungstermin erfolgen, denn das Recht ergibt sich dem Grunde nach aus dem Grundbuch, unbekannt ist nur die Höhe des Ersatzbetrages.[42] Ist eine Anmeldung notwendig, erfolgt diese jedoch nicht, wird auch kein Ersatzbetrag angesetzt, es erfolgt keine Berücksichtigung von Amts wegen.[43] Aus der Anmeldung müssen sich auch die Berechnungsfaktoren ergeben.[44]

Es ist zweckmäßig und mit Rücksicht auf § 139 ZPO auch erforderlich, immer 36 dann, wenn eine Berücksichtigung nur auf Anmeldung erfolgen kann, bei der Zustellung der Terminsbestimmung zum Verteilungstermin die Berechtigten auf diese Rechtslage hinzuweisen.[45]

Für den Teilungsplan ist die Anmeldung maßgebend, es sei denn, der angemel- 37 dete Betrag übersteigt den gem. § 882 BGB eingetragenen Höchstbetrag oder er ist ganz offensichtlich zu hoch. Dann ist entweder der aus dem Grundbuch erkennbare Höchstbetrag oder der nach Ansicht des Vollstreckungsgerichts angemessene Betrag in den Teilungsplan einzustellen und die Anmeldung gem. § 115 Abs. 2 als Widerspruch zu behandeln.[46] Rangmäßig nachgehende Berechtigte, die den be-

---

37 OLG Koblenz, Rpfleger 2012, 219.
38 Hierzu *Wörbelauer*, DNotZ 1963, 721; *Knott*, RhNotK 1967, 586; *Keuk*, NJW 1968, 476; *Blomeyer*, DNotZ 1979, 528; *Stöber*, ZVG § 92 Rdn. 7.3; *Böttcher*, § 92 Rdn. 25.
39 Hierzu → § 51 Rdn. 46.
40 Hierzu BayObLG, Rpfleger 1983, 81; nach OLG Koblenz, Rpfleger 2012, 219 soll es zur Berücksichtigung einer aus dem Grundbuch ersichtlichen Rückauflassungsvormerkung im Teilungsplan keiner Anmeldung bedürfen, da sich der Wert regelmäßig aus dem Grundbuch ergibt.
41 Hierzu insgesamt *Schiffhauer*, Rpfleger 1975, 187.
42 OLG Koblenz, Rpfleger 1984, 242; *Stöber*, ZVG § 92 Rdn. 3.4.
43 Steiner/*Eickmann*, § 92 Rdn. 19; *Schiffhauer*, Rpfleger 1975, 187.
44 Zum Ersatzbetrag für einen Wohnungsrecht siehe BayObLG, Rpfleger 1983, 81.
45 *Stöber*, ZVG in § 92 Rdn. 4.10.
46 *Stöber*, ZVG in § 92 Rdn. 3.5; *Böttcher*, § 92 Rdn. 12.

rücksichtigen Ersatzbetrag für zu hoch halten, können Widerspruch erheben (§ 115 Abs. 1)[47]. Im Übrigen wird wegen der Verteilung auf §§ 119, 120 verwiesen. Für die Bestimmung des Ersatzbetrages in einem Widerspruchprozess ist nach Ansicht des BGH[48] die Sach- und Rechtslage im Zeitpunkt des Verteilungstermins zugrunde zu legen. Dem kann nicht zugestimmt werden, maßgebend ist der Zeitpunkt des Wirksamwerdens des Zuschlags.[49]

3. Feststellung des Ersatzbetrages

38 Sowohl der Anspruch auf Wertersatz (Abs. 1) als auch das zu bestimmende Deckungskapital (Abs. 2) stehen unter der aufschiebenden Bedingung, dass der Vollstreckungsschuldner[50] (= bisherige Eigentümer) und der Berechtigte des Rechts durch Vereinbarung oder durch Vorlage eines Prozessurteils den Betrag feststellen (§ 14). Weder die einseitige Anmeldung des Ersatzbetrages noch das Schweigen des Schuldners führen zu einer für das Vollstreckungsgericht bindenden Feststellung. Solange eine Feststellung nach § 14 nicht erfolgt ist, wird der im Teilungsplan ausgewiesene Betrag hinterlegt (hierzu §§ 119, 120).

---

47 Hierzu *Gaßner*, Rpfleger 1988, 51.
48 NJW 1974, 702 = Rpfleger 1974, 187 = KTS 1974, 168.
49 So auch BayObLG, Rpfleger 1983, 81; Steiner/*Eickmann*, § 92 Rdn. 27; *Stöber*, ZVG § 92 Rdn. 3.2; *Schiffhauer*, Rpfleger 1974, 187; *Böttcher*, § 92 Rdn. 9.
50 *Stöber*, ZVG in § 92 Rdn. 4.12.

Sterbetafel 2010/2012

Männlich Vollendetes Alter			Weiblich Vollendetes Alter	
0	77,72		0	82,80
1	77,01		1	82,06
2	76,03		2	81,08
3	75,05		3	80,09
4	74,06		4	79,10
5	73,07		5	78,11
6	72,07		6	77,12
7	71,08		7	76,12
8	70,09		8	75,13
9	69,09		9	74,14
10	68,10		10	73,14
11	67,11		11	72,15
12	66,11		12	71,15
13	65,12		13	70,16
14	64,13		14	69,16
15	63,14		15	68,17
16	62,15		16	67,18
17	61,16		17	66,19
18	60,18		18	65,20
19	59,21		19	64,21
20	58,24		20	63,22
21	57,27		21	62,24
22	56,30		22	61,25
23	55,34		23	60,26
24	54,37		24	59,28
25	53,40		25	58,29

Männlich			Weiblich	
Vollendetes Alter			Vollendetes Alter	
26	52,43		26	57,30
27	51,46		27	56,32
28	50,49		28	55,33
29	49,52		29	54,34
30	48,55		30	53,36
31	47,58		31	52,37
32	46,61		32	51,39
33	45,65		33	50,41
34	44,68		34	49,42
35	43,72		35	48,44
36	42,75		36	47,47
37	41,79		37	46,49
38	40,83		38	45,51
39	39,87		39	44,54
40	38,92		40	43,57
41	37,97		41	42,60
42	37,02		42	41,63
43	36,08		43	40,66
44	35,14		44	39,70
45	34,21		45	38,75
46	33,28		46	37,79
47	32,36		47	36,85
48	31,45		48	35,90
49	30,55		49	34,97
50	29,65		50	34,04
51	28,77		51	33,11
52	27,90		52	32,19

Männlich			Weiblich	
Vollendetes Alter			Vollendetes Alter	
53	27,03		53	31,28
54	26,18		54	30,37
55	25,34		55	29,46
56	24,51		56	28,57
57	23,69		57	27,67
58	22,87		58	26,78
59	22,07		59	25,90
60	21,28		60	25,03
61	20,50		61	24,15
62	19,72		62	23,29
63	18,96		63	22,43
64	18,21		64	21,58
65	17,46		65	20,74
66	16,73		66	19,90
67	16,00		67	19,07
68	15,28		68	18,25
69	14,57		69	17,42
70	13,87		70	16,61
71	13,18		71	15,80
72	12,50		72	14,99
73	11,83		73	14,20
74	11,18		74	13,43
75	10,54		75	12,67
76	9,92		76	11,92
77	9,33		77	11,20
78	8,76		78	10,50
79	8,21		79	9,83

Männlich			Weiblich	
Vollendetes Alter			Vollendetes Alter	
80	7,68		80	9,17
81	7,18		81	8,55
82	6,70		82	7,95
83	6,24		83	7,37
84	5,80		84	6,83
85	5,38		85	6,31
86	4,99		86	5,83
87	4,62		87	5,37
88	4,28		88	4,95
89	3,96		89	4,57
90	3,66		90	4,21
91	3,39		91	3,89
92	3,15		92	3,60
93	2,93		93	3,33
94	2,73		94	3,09
95	2,55		95	2,87
96	2,39		96	2,67
97	2,25		97	2,50
98	2,13		98	2,33
99	2,01		99	2,19
100	1,90		100	2,06

© Statistisches Bundesamt, Wiesbaden, Vervielfältigung und Verbreitung, auch auszugsweise, mit Quellenangabe gestattet.

§ 93 »Zuschlagsbeschluss als Vollstreckungstitel«

(1) ¹Aus dem Beschlusse, durch welchen der Zuschlag erteilt wird, findet gegen den Besitzer des Grundstücks oder einer mitversteigerten Sache die Zwangsvollstreckung auf Räumung und Herausgabe statt. ²Die Zwangsvollstreckung soll nicht erfolgen, wenn der Besitzer auf Grund eines Rechtes besitzt, das durch den Zuschlag nicht erloschen ist. ³Erfolgt gleichwohl die Zwangsvollstreckung, so kann der Besitzer nach Maßgabe des § 771 der Zivilprozeßordnung Widerspruch erheben.

(2) Zum Ersatze von Verwendungen, die vor dem Zuschlage gemacht sind, ist der Ersteher nicht verpflichtet.

Übersicht
	Rdn.
I. Allgemeines	1
II. Zuschlagsbeschluss als Vollstreckungstitel	3
1. Besitzerwerb am Grundstück	3
2. Vollstreckungstitel	4
3. Vollstreckbare Ausfertigung	5
4. Räumungsschuldner	9
5. Zustellung	14
6. Gerichtsvollzieher	15
7. Durchsuchungsanordnung	16
8. Herausgabe eines Miteigentumsanteils	18
9. Vollstreckungsschutz	19
10. Vollstreckungskosten	21
III. Einschränkung des Rechts des Erstehers (Abs. 1 Satz 2)	22
IV. Widerspruch des Besitzers (Abs. 1 Satz 3)	30
V. Besitzerwerb an versteigerten Sachen	31
VI. Verwendungen in das Grundstück	35

I. Allgemeines

Die für alle Zwangsversteigerungsverfahren geltende Vorschrift[1] regelt in Abs. 1 die Zwangsvollstreckung auf Räumung und Herausgabe und in Abs. 2 materiellrechtliche Fragen des Verwendungsersatzes. Abs. 2 steht in einem inneren Zusammenhang zu § 56; die Regelung rechtssystematisch in § 93 ist eher nicht gelungen.[2]   **1**

Vollstreckungstitel ist nach Abs. 1 die vollstreckbare Ausfertigung des Zuschlagsbeschlusses, dieser muss nicht rechtskräftig sein. Wer ein Recht zum Besitz hat, das durch den Zuschlag nicht erloschen ist (z.B. Miet- oder Pachtrecht, ein nicht erloschenes Nießbrauchsrecht, Wohnungsrecht, Altenteil) wird zunächst durch Abs. 1 Satz 2 geschützt oder muss notfalls mit der Drittwiderspruchsklage (§ 771 ZPO) gegen den Ersteher vorgehen.   **2**

II. Zuschlagsbeschluss als Vollstreckungstitel
1. Besitzerwerb am Grundstück

Der Ersteher wird durch den Zuschlag Eigentümer des Grundstücks, § 90 Abs. 1. Dadurch ist er zum Besitz berechtigt, den er sich selbst zu verschaffen hat, notfalls durch Zwangsvollstreckung.[3]   **3**

---

1   Allgemein zur Thematik *Bauer*, JurBüro 1998, 400.
2   So auch Steiner/*Eickmann*, § 93 Rdn. 1.
3   Hierzu *Schumacher*, DGVZ 1956, 52.

2. Vollstreckungstitel

4   Der Zuschlagsbeschluss ist ein Vollstreckungstitel gegen jeden Besitzer des Grundstücks (Ausnahme s. → Rdn. 12) oder einer mitversteigerten Sache auf Räumung und Herausgabe. Auf die Rechtskraft des Zuschlagsbeschlusses kommt es nicht an, mit Wirksamwerden des Zuschlags (§§ 89, 104) kann die Zwangsvollstreckung erfolgen.[4] Wird gegen die Zuschlagserteilung sofortige Beschwerde eingelegt, kann der Vollzug des Zuschlags einstweilen ausgesetzt werden, § 570 Abs. 2, 3 ZPO. Der Ersteher eines Grundstücks, das nach vorangegangener Zwangsverwaltung zwangsversteigert wird, ist allerdings nicht Rechtsnachfolger eines früheren Zwangsverwalters.[5] Der Zuschlagsbeschluss hat die Bedeutung eines vollstreckbaren Titels und erfasst auch den besitzenden Dritten, soweit diesem kein Recht zum Besitz i.S.v. § 986 BGB zusteht.[6] Nach Ansicht des BGH fehlt für eine Besitzeinweisung ohne Räumung (sog. „Berliner Räumung") die gesetzliche Grundlage. Ein Zuschlagsbeschluss nach § 93 bietet anders als das Vermieterpfandrecht keine gesetzliche Grundlage für eine auf die bloße Besitzeinweisung des Gläubigers begrenzte Vollstreckung, womit der Gläubiger, ohne zugleich Räumung zu begehren, faktischen Schwierigkeiten entgehen will, die daraus resultieren, dass sich Dritte im Objekt aufhalten und sich insoweit auf ein mit dem Schuldner bestehendes (Unter-)Mietverhältnis berufen. Denn es darf nicht allein auf die Sicht des Gläubigers abgestellt werden, der in einer isolierten Herausgabevollstreckung ein Minus gegenüber einer umfassenden Räumungsvollstreckung erkennen mag, weil sich die isolierte Herausgabevollstreckung für den Schuldner als stärkerer Eingriff auswirkt, indem sie ihm die Möglichkeit nimmt, gem. § 885 Abs. 4 ZPO binnen Zweimonatsfrist nach der Räumung jederzeit seine Sachen bei einer öffentlichen Stelle abzufordern.[7] Allerdings wurde § 885 ZPO in Folge des Mietrechtsänderungsgesetzes (in Kraft seit dem 1.5.2013, BGBl I 434) geändert und § 885a ZPO als vorrangige Spezialvorschrift geschaffen. Damit wurde die reine Besitzeinweisung legalisiert. Die Entscheidung des BGH zur Räumung aus dem Zuschlagsbeschluss dürfte damit überholt sein.

3. Vollstreckbare Ausfertigung

5   Wie bei jeder anderen Zwangsvollstreckung auch müssen vor Beginn der Zwangsvollstreckung die allgemeinen **Zwangsvollstreckungsvoraussetzungen** erfüllt sein. Der Zuschlagsbeschluss ist daher mit der Vollstreckungsklausel zu versehen, § 794 Abs. 1 Nr. 3, §§ 795, 723, 724 ZPO. Der Ersteher hat sich vom Urkundsbeamten der Geschäftsstelle eine vollstreckbare Ausfertigung erteilen zu lassen.

6   Der Zuschlagsbeschluss kommt als Vollstreckungstitel aber nicht ausschließlich dem Ersteher zugute. Auch der **Rechtsnachfolger** des Erstehers kann die Erteilung/Umschreibung der Vollstreckungsklausel des Zuschlagsbeschlusses auf sich verlangen, § 727 ZPO[8]; in diesem Fall ist funktionell der Rechtspfleger zuständig, § 20 Nr. 12 RPflG. Gleiches gilt für die Erteilung der Vollstreckungsklau-

---

4   Böttcher, § 93 Rdn. 2.
5   BGH, Beschluss vom 14.6.2012, VII ZB 47/10, Rpfleger 2012, 706 = NJW-RR 2012, 1297.
6   OLG Celle, NZI 2010, 878 = ZfIR 2010, 817.
7   BGH, Beschluss vom 2.10.2012, I ZB 78/11, NZM 2013, 395 = DGVZ 2013, 155.
8   LG Göttingen, Rpfleger 1996, 300.

sel gegen den **besitzenden Dritten**, auch hier liegt ein dem § 727 ZPO rechtsähnlicher Fall vor[9] (hierzu aber nachfolgend → Rdn. 11 ff.).

Eine **Anhörung des Schuldners** erfolgt bei Erteilung der einfachen Klausel nicht (vgl. § 730 ZPO). Dessen Anspruch auf rechtliches Gehör gem. Art. 103 Abs. 1 GG wird durch § 732 ZPO ausreichend gewahrt. In den Fällen der qualifizierten Klauseln gem. § 726 Abs. 1, §§ 727–729 ZPO und §§ 738, 742, 744, 745 ZPO sowie vor Erteilung einer weiteren vollstreckbaren Ausfertigung gem. § 733 ZPO steht es grundsätzlich im pflichtgemäßen Ermessen des Gerichts, ob der Schuldner angehört wird (vgl. § 730 ZPO „kann"). Der Rechtspfleger kann im Rahmen der Ermessensausübung jedoch verpflichtet sein, den Schuldner anzuhören, um so dem Antragsteller den Nachweis durch öffentlich bzw. öffentlich beglaubigte Urkunden zu ersparen.[10]

Besteht eine **Verwaltung gem. § 94**, darf die vollstreckbare Ausfertigung des Zuschlagsbeschlusses nur dem Verwalter erteilt werden, denn das Recht zum Besitz steht nur ihm zu.

4. Räumungsschuldner

Im Titel oder in der Klausel ist der zu räumende **Besitzer** namentlich aufzuführen.[11] Daher muss der Ersteher ihn dem Vollstreckungsgericht nennen und, wenn der Besitz nicht offenkundig (§ 291 ZPO) ist oder der Vollstreckungsschuldner ihn nicht im Klauselerteilungsverfahren zugestanden hat (§ 288 ZPO), durch öffentliche oder öffentlich beglaubigte Urkunden nachweisen. Der Besitz des Zwangsvollstreckungsschuldners ist stets offenkundig.

Wer Vollstreckungsschuldner ist, beurteilt sich nach § 750 Abs. 1 ZPO. Danach kann die Zwangsvollstreckung nur gegen eine Person begonnen werden, die im Titel und in der Vollstreckungsklausel als Vollstreckungsschuldner bezeichnet ist. Damit wird gewährleistet, dass staatlicher Zwang nur zur Durchsetzung eines urkundlich bereits ausgewiesenen Anspruchs erfolgt, und zwar für und gegen die im Titel genannten Personen. Diese allgemeine Voraussetzung jeder Zwangsvollstreckung, kann nicht durch materiell-rechtliche Erwägungen außer Kraft gesetzt werden.[12] Es ist daher ohne Bedeutung, ob der Dritte nach materiellem Recht zur Herausgabe der Mietsache an die Gläubigerin verpflichtet wäre; denn diese Fragen gehören in das Erkenntnisverfahren und nicht in das formalisierte Zwangsvollstreckungsverfahren.[13] Der Gerichtsvollzieher hat nicht das Recht zum Besitz zu beurteilen, sondern allein die tatsächlichen Besitzverhältnisse, gleich wie der Besitz erlangt ist. Sodann ist nur noch zu prüfen, ob sich die Räumungsverpflichtung nach dem vom Gläubiger beigebrachten Titel gegen den von ihm festgestellten (Mit-)Besitzer der Wohnung richtet.

Die Vollstreckung richtet sich in erster Linie gegen den Schuldner als bisherigen Grundstückseigentümer. Waren **mehrere Personen,** z.B. Eheleute, gemeinsam Ei-

---

9   OLG Hamm, Rpfleger 1989, 165; LG Darmstadt, DGVZ 1996, 72; Steiner/*Eickmann*, § 93 Rdn. 37; *Stöber*, ZVG § 93 Rdn. 2.3; a.A.: OLG Frankfurt, Rpfleger 1989, 209.
10 BGH, Rpfleger 2005, 611 = InVo 2005, 503; OLG Stuttgart, Rpfleger 2005, 207.
11 OLG Köln, WM 1994, 285 und DGVZ 1997, 119; zum Gesamtkomplex *Cranshaw/Gietl*, ZfIR 2010, 753.
12 BGH, Rpfleger 2010, 222 = NJW 2010, 2137 = DGVZ 2010, 34; BGH, Rpfleger 2004, 640 = NJW 2004, 3041 = DNotZ 2005, 37 = DGVZ 2004, 138 = FamRZ 2004, 1555 = MDR 2004, 1257 = WM 2004, 1696 = InVo 2004, 504.
13 BGH, WM 2003, 1825 = Rpfleger 2003, 596.

gentümer des Grundstücks, richtet sich der Zuschlagsbeschluss als Räumungstitel ebenfalls gegen alle Miteigentümer. Er richtet sich aber auch gegen den Schuldner und dessen **Familienangehörige** und das Personal.[14] Grundsätzlich ist ein eigener Vollstreckungstitel notwendig, wenn **Angehörige** ihr Besitzrecht von demjenigen ableitet, gegen den der Titel erlassen wurde.[15] Entsprechendes gilt für die **nichteheliche Lebensgemeinschaft.**[16] Soweit kein gesonderter Titel für erforderlich gehalten wird, müssen die (Dritt)Personen, insbesondere die Ehegatte oder andere Familienangehörige, namentlich in der Vollstreckungsklausel aufgeführt sein, da sie ihr Recht zum Besitz vom Vollstreckungsschuldner ableiten (streitig).[17]

12 Es kann wie folgt unterschieden werden: Besteht aufgrund einer entsprechenden Vereinbarung für den Dritten ein **originäres Besitzrecht** (Mit-Mietvertragspartei), ist gegen den Dritten ein gesonderter Titel erforderlich;[18] steht dem Dritten aufgrund **vertraglicher Vereinbarung mit dem Schuldner** ein eigenes Besitzrecht zu (z.B. Untermietvertrag), ist ebenfalls ein gesonderter Titel gegen den Dritten notwendig;[19] ist der Dritte der **Ehegatte oder ein Familienangehöriger** des Schuldners, werden im Hinblick auf einen möglichen Missbrauch hohe Anforderungen an den Nachweis der vertraglichen Vereinbarung gestellt und der Dritte im Zweifel auf die Drittwiderspruchsklage gemäß § 771 ZPO verwiesen[20] (das Missbrauchsproblem stellt sich aber insoweit nicht, als der Ehegatte/Familienangehörige tatsächlichen Mit-Besitz hat); hat ein **Dritter** ansonsten **Mitbesitz** an der Wohnung, kann aus einem Räumungstitel gegen den Mieter der Wohnung nicht gegen einen im Titel nicht aufgeführten Dritten vollstreckt werden.[21] Dies

---

14 OLG Frankfurt, Rpfleger 1989, 209; LG Detmold, DGVZ 1999, 27, sofern sie kein eigenes Besitzrecht haben; LG Berlin, DGVZ 1996, 171; LG Baden-Baden, FamRZ 1993, 227; LG Oldenburg, Rpfleger 1991, 29 m. Anm. *Meyer-Stolte;* LG Lübeck, DGVZ 1990, 91; LG Krefeld, Rpfleger 1987, 259; LG Detmold, Rpfleger 1987, 323; *Stöber,* ZVG § 93 Rdn. 2.2.
15 BGH, Rpfleger 2003, 596 = NJW-RR 2003, 1450 = InVo 2004, 33; BGH, Rpfleger 2004, 640 = NJW 2004, 3041 = InVo 2004, 504; BGH, FamRZ 2005, 269; LG Heilbronn, Rpfleger 2004, 431; Thomas/Putzo/*Seiler,* § 885 Rdn. 4a, b; Zöller/*Stöber,* § 885 Rdn. 6 ff.; a.A.: *Pauly,* ZMR 2005, 337; *Schuschke,* NZM 2005, 10; OLG Düsseldorf, InVo 1998, 262; OLG Köln, InVo 1997, 163; KG, DGVZ 1994, 25; OLG Hamburg, NJW 1992, 3308; LG Oldenburg, DGVZ 1991, 139; LG Berlin, ZMR 1992, 396; LG Hamburg, NJW-RR 1993, 146.
16 LG Lübeck, JurBüro 1992, 196; a.A.: KG, DGVZ 1994, 25; LG Kiel, DGVZ 1992, 42, Zöller/*Stöber,* § 885 Rdn. 10.
17 Bejahend: OLG Köln, WM 1994, 285 und DGVZ 1997, 119; OLG Hamm, Rpfleger 1989, 165; LG Lübeck, DGVZ 1990, 91; *Stöber,* ZVG § 93 Rdn. 2.2; verneinend: OLG Karlsruhe, WuM 1992, 493; LG Detmold, Rpfleger 1987, 323; LG Krefeld, Rpfleger 1987, 259.
18 H.M.: OLG Celle, NZI 2010, 878; OLG Köln, FamRZ 1955, 46; OLG Oldenburg, ZMR 1991, 268 = JurBüro 1991, 1276.
19 H.M.: BGH, Rpfleger 2003, 596 = InVo 2004, 33 = MDR 2004, 53; BGH, NZM 1998, 665; OLG Celle, NJW-RR 1988, 913; OLG Hamm, Rpfleger 1989, 165; LG Hamburg, NJW-RR 1991, 1297; LG Köln, DGVZ 1994, 46; Thomas/Putzo/*Seiler,* § 885 Rdn. 5; a.A. KG, NZM 2003, 05.
20 OLG Frankfurt, Rpfleger 1989, 209; LG Berlin, DGVZ 1993, 173.
21 BGH, Rpfleger 2009, 38 = NJW 2008, 3287 = NZM 2008, 805 = DGVZ 2009, 12, hiernach darf die Räumungsvollstreckung nicht betrieben werden, wenn ein Dritter, der weder im Vollstreckungstitel noch in der diesem beigefügten Vollstreckungsklausel namentlich bezeichnet ist, im Besitz der Mietsache ist. Dies gilt selbst dann, wenn der Verdacht besteht, dem Dritten sei der Besitz nur eingeräumt worden, um die Zwangsräumung zu vereiteln.

trifft in der Praxis häufig zu bei **Ehegatten** und **Lebenspartnern**, von denen nur einer Partei des Mietvertrages ist. Diese seit langem streitige Rechtsfrage hat der BGH[22] nunmehr in diesem Sinne zutreffend entschieden. Maßgebend dafür ist, dass nach richtigem Verständnis der Ehe jeder Ehegatte gleich berechtigten Mitbesitz hat und nicht den Weisungen des anderen Ehegatten unterliegt, der den Mietvertrag abgeschlossen hat. Gleiches gilt sicherlich für Partner einer eingetragenen Lebenspartnerschaft, aber auch für nichteheliche Lebensgemeinschaften.[23] Da solche Personen Mit-Gewahrsam haben, andererseits gem. § 750 Abs. 1 ZPO die Zwangsvollstreckung nur gegen eine Person begonnen werden kann, die im Titel und in der Vollstreckungsklausel als Vollstreckungsschuldner bezeichnet ist, bedarf es zur Räumung Dritter, die Mitbesitz haben, eines eigenen, gegen diese gerichteten Räumungstitels. Dabei kommt es nicht darauf an, ob diese Dritte ein Recht zum Besitz haben, weil der Gerichtsvollzieher nur den tatsächlichen Besitz, nicht aber das Recht zum Besitz prüfen darf[24] (damit hat sich die ältere Rechtsprechung und Literatur erledigt).

Minderjährige **Kinder** oder erwachsene Kinder des Schuldners, die mit ihm in der Wohnung leben und von ihm unterhalten werden, haben nach bislang h.M.[25] hingegen grundsätzlich keinen eigenen Gewahrsam, sodass es eines gesonderten Titels gegen sie daher nicht bedürfe. Minderjährige Kinder, die mit ihren Eltern zusammenleben, haben grundsätzlich keinen Mitbesitz an der gemeinsam genutzten Wohnung. Die Besitzverhältnisse an der Wohnung ändern sich im Regelfall nicht, wenn die Kinder nach Erreichen der Volljährigkeit mit ihren Eltern weiter zusammenleben. Haben Kinder keinen Mitbesitz an der Wohnung erlangt, reicht für eine Räumungsvollstreckung ein Vollstreckungstitel gegen die Eltern aus.[26] Zu Recht wird jedoch darauf hingewiesen, dass bei Kindern ab etwa 14 Jahren im Hinblick auf § 1626 Abs. 2 BGB sowie erwachsenen Kindern es zweifelhaft sein kann, ob die Kinder wirklich nur von den Eltern abgeleiteten Besitz haben[27]; Gleiches gilt für **Hausangestellte, Gäste oder Besucher.**[28]

13

---

22 BGH, Rpfleger 2004, 640 = Fn. 9; sowie FamRZ 2005, 269; ebenso: OLG Frankfurt, InVo 2004, 163 = WuM 2003, 640; OLG Jena, InVo 2002, 158 = WuM 2002, 221; LG Heilbronn, Rpfleger 2004, 431 und InVo 2005, 296 = Rpfleger 2005, 154 zu § 150 Abs. 2 ZVG; LG Trier, ZVI 2005, 434 = NZM 2005, 599 = ZInsO 2005, 780 zu § 148 Abs. 2 InsO; Zöller/*Stöber*, § 885 Rdn. 6; Musielak/Voit/*Lackmann*, § 885 Rdn. 8; a.A. *Pauly*, ZMR 2005, 337; Baumbach/*Hartmann*, § 885 Rdn. 10; kritisch zur BGH-Rechtsprechung *Schuschke*, NZM 2005, 10.

23 BGH, Rpfleger 2008, 509 = NJW 2008, 1959 = NZM 2008, 400 = DGVZ 2008, 168; KG, DGVZ 1994, 25 = MDR 1994, 162; LG Kiel, DGVZ 1992, 42; Zöller/*Stöber*, § 885 Rdn. 10; *Schuschke*, NZM 2005, 681, 686.

24 BGH, Rpfleger 2004, 640 = Fn. 9.

25 KG, DGVZ 1994, 25, 26 = MDR 1994, 162; OLG Hamburg, MDR 1991, 453 = NJW-RR 1991, 909 – die dagegen eingelegte Verfassungsbeschwerde wurde nicht zur Entscheidung angenommen, BVerfG, NJW-RR 1991, 1101; LG Lüneburg, NZM 1998, 232; LG Lüneburg, NJW-RR 1998, 662 = NZM 1998, 232; LG Hamburg, NJW-RR 1993, 146; AG Augsburg, NZM 2005, 480; Zöller/*Stöber*, § 885 Rdn. 7; Musielak/Voit/*Lackmann*, § 885 Rdn. 7.

26 BGH, Rpfleger 2008, 509 = NJW 2008, 1959 = NZM 2008, 400 = DGVZ 2008, 168.

27 *Schuschke*, NZM 2005, 10, 11 und 681, 686; ihm folgend AG Lichtenberg, DGVZ 2005, 188.

28 H.M.: Zöller/*Stöber*, § 885 Rdn. 9; MünchKomm/*Gruber*, ZPO § 885 Rdn. 17, jeweils m.w.N.

5. Zustellung

14 Der Zuschlagsbeschluss muss spätestens vor Beginn der Zwangsvollstreckung dem Schuldner zugestellt werden, § 750 Abs. 1 ZPO. Bei der Zwangsvollstreckung gegen Dritte muss neben dem Vollstreckungstitel auch die Klausel und eventuelle Urkunden zugestellt werden, § 750 Abs. 2 ZPO. Eine Zustellung von Amts wegen ist ausreichend.

6. Gerichtsvollzieher

15 Für die Zwangsräumung des Grundstückes muss der Ersteher den Gerichtsvollzieher beauftragen, § 753 ZPO.

7. Durchsuchungsanordnung

16 Für die Räumungsvollstreckung ist (aufgrund der Änderung ab 1.1.1999) keine besondere **Durchsuchungsanordnung** des Richters mehr erforderlich, § 758a Abs. 2 ZPO. Dies gilt auch dann, wenn der Zuschlagsbeschluss vom Rechtspfleger erlassen wurde.[29]

17 Eine Räumung von Wohnraum zur Unzeit (21–6 Uhr sowie an Sonn- und Feiertagen) erfordert eine gerichtliche Anordnung gem. § 758a Abs. 4 ZPO.[30]

8. Herausgabe eines Miteigentumsanteils

18 Die Herausgabe eines Miteigentumsanteils erfolgt durch Einweisung des Erstehers in den Mitbesitz, wie der vom früheren Miteigentümer neben den anderen Miteigentümern ausgeübt wurde.[31]

9. Vollstreckungsschutz

19 Gegen die Räumungsvollstreckung kann der Schuldner oder ein sonstiger Besitzer nur Vollstreckungsschutz über § 765a ZPO (s. hierzu auch → § 30a Rdn. 31–39) erwirken, da ein Aufschub nach § 721 ZPO nicht mehr anwendbar ist[32]; diese Bestimmung ist nur auf das Erkenntnisverfahren zugeschnitten.

20 Macht der Räumungsschuldner dem Gerichtsvollzieher sowohl das Vorliegen einer sittenwidrigen Härte als auch die Unmöglichkeit der rechtzeitigen Anrufung des Vollstreckungsgerichts glaubhaft, kann der Gerichtsvollzieher die Maßnahmen zur Erwirkung der Herausgabe bis zur Entscheidung des Vollstreckungsgerichts **aussetzen**, allerdings auch in Extremfällen nicht länger als eine Woche (§ 765a Abs. 2 ZPO).

10. Vollstreckungskosten

21 Die mit der Herausgabevollstreckung verbundenen notwendigen Kosten – z.B. die Gerichtsvollzieherkosten, Anwaltskosten, Transport-, Lager- und Verkaufskosten – trägt der Schuldner als Kosten der Zwangsvollstreckung gem. § 788

---

29 BGH, Rpfleger 2011, 452 = NJW-RR 2011, 1095 = WM 2011, 943 = DGVZ 2011, 170 = ZInsO 2011, 742; Thomas/Putzo/*Seiler*, § 758a Rdn. 6; Zöller/*Stöber*, § 758a Rdn. 33; Musielak/Voit/*Lackmann*, § 758a Rdn. 2.

30 BGH, Rpfleger 2004, 715 = InVo 2004, 502 = NJW-RR 2005, 146; *Fischer/Weinert*, DGVZ 2005, 33, 35; *Schultes*, DGVZ 1998, 177, 187; Thomas/Putzo/*Seiler*, § 758a Rdn. 25, 31; a.A. Zöller/*Stöber*, § 758a Rdn. 35.

31 OLG München, NJW 1985, 637; *Eickmann*, DGVZ 1979, 177.

32 Zöller/*Stöber*, § 721 Rdn. 1; Steiner/*Eickmann*, § 93 Rdn. 47.

ZPO. Die notwendigen Kosten der Zwangsvollstreckung können mit dem titulierten Anspruch zugleich mit beigetrieben werden, § 788 Abs. 1 S. 1 ZPO. Dem Gläubiger steht aber ebenfalls das Recht zu, die bisher entstandenen Vollstreckungskosten gem. §§ 103 ff. ZPO gesondert festsetzen zu lassen. Damit entfällt für den Gläubiger der Aufwand, bei jedem Vollstreckungsversuch die bisher entstandenen Kosten nachzuweisen und auf Notwendigkeit durch das jeweilige Vollstreckungsorgan nachprüfen zu lassen. Die Regelung ab dem 1.1.1999[33] stellt fest, dass entweder das **Vollstreckungsgericht** zum Zeitpunkt der Antragstellung einer Vollstreckungshandlung oder das Vollstreckungsgericht der letzten Vollstreckungshandlung für die Festsetzung zuständig ist. Selbst wenn die letzte Vollstreckungshandlung geraume Zeit zurückliegt, kann der Gläubiger anhand einer chronologischen Reihenfolge der Vollstreckungsunterlagen jederzeit nachweisen, in welchem Bezirk er die letzte Vollstreckungshandlung hat durchführen lassen. Auch für die vereinfachte Festsetzung der Vergütung anwaltlicher Tätigkeit im Vollstreckungsverfahren gegen den eigenen Mandanten ist das Vollstreckungsgericht zuständig.[34]

III. Einschränkung des Rechts des Erstehers (Abs. 1 Satz 2)

Die Zwangsvollstreckung soll gegen einen Besitzer ausgeschlossen sein, der seinen Besitz auf ein durch den Zuschlag nicht erloschenes Recht zurückgeführt. Das können bestehen bleibende dinglicher Rechte (z.b. **Nießbrauchsrecht, Wohnungsrecht, Altenteil**), aber auch ein Miet- und Pachtrecht sein. Denn der Ersteher hat in diesen Fällen nur einen Anspruch auf den mittelbaren Besitz. 22

Soweit es sich bei dem zum Besitz berechtigten Recht um ein **dingliches,** nach den Zwangsversteigerungsbedingungen bestehen gebliebenes **Recht** handelt, bereitet die Verweigerung der Vollstreckungsklausel dem Vollstreckungsgericht keine Schwierigkeiten. Kennt das Vollstreckungsgericht das nicht erloschene Recht des Dritten, ist die Vollstreckungsklausel gegen diesen zu versagen. Der Akteninhalt ist hierfür eine sichere Entscheidungsgrundlage. Gegen den Berechtigten eines Altenteils, dessen Recht bestehen geblieben ist, der aber in anderen, als den im Altenteil vorgesehenen Räumen wohnt, kann die Vollstreckungsklausel erteilt werden, wenn ihm die Möglichkeit gegeben wird, die ihm vertragsgemäß zustehenden Räume zu beziehen.[35] 23

Miet- oder Pachtverhältnissen können in der Praxis erhebliche Probleme bilden, denn nicht selten werden solche Verhältnisse bekannt gemacht, die in Wahr- 24

---

33 OLG Dresden, JurBüro 2005, 50; OLG Koblenz = MDR 2004, 835 = Rpfleger 2004, 509; OLG Hamm, JurBüro 2002, 588 = Rpfleger 2002, 541; OLG München, NJW-RR 2002, 431 = FamRZ 2002, 408 = JurBüro 2001, 590 = Rpfleger 2001, 567; OLG Koblenz, JurBüro 2002, 199; OLG Karlsruhe, JurBüro 2001, 371 = Rpfleger 2001, 309 = InVo 2002, 79; KG, DGVZ 2000, 150 = JurBüro 2000, 666 = MDR 2000, 1213 = Rpfleger 2000, 556. Streitig war in der Vergangenheit, wer für die Festsetzung der Kosten zuständig war. Überwiegend wurde die Auffassung vertreten, dass das Prozessgericht des ersten Rechtszuges für die Festsetzung berufen war BGH, NJW 1982, 2070 und NJW 1984, 1968 und NJW 1986, 2438; OLG Koblenz, Rpfleger 1983, 85; LG Berlin, Rpfleger 1986, 67; OLG Stuttgart, Rpfleger 1986, 403; BayObLG, Rpfleger 1989, 918; OLG München, Rpfleger 1990, 37; a.A. LG Frankenthal, Rpfleger 1985, 506; OLG München, Rpfleger 1986, 403.
34 BGH, Rpfleger 2005, 322 = NJW 2005, 1273 = FamRZ 2005, 883 = JurBüro 2005, 421 = MDR 2005, 832 = InVo 2005, 292.
35 OLG Hamm, MDR 1954, 50.

heit fingiert sind, um Bietinteressenten im Versteigerungstermin von der Abgabe von Geboten abzuschrecken.[36] Grundsätzlich muss gegen den Mieter oder Pächter auf Räumung und Herausgabe geklagt werden. Dies gilt selbst dann, wenn dem Ersteher das außerordentliche Kündigungsrecht nach § 57a zur Seite steht (hierzu → § 57a Rdn. 10 ff.). Nur wenn ein Mieter oder Pächter ohne Rechtsgrund besitzt, das Miet- oder Pachtverhältnis zum Zeitpunkt der Zuschlagserteilung bereits beendet war, kann gem. § 93 die Räumung verlangt werden. Die Zwangsvollstreckung aus dem Zuschlagsbeschluss richtet sich somit insbesondere nicht gegen Mieter oder Pächter des Grundstückes (§ 57)[37] oder gegen Mitbesitzer der Wohnung oder Teile davon, die ihr Besitzrecht vom Schuldner ableiten ohne selbst einen Mietvertrag zu haben.[38] Ist dem Mieter das Grundstück überlassen, findet die Vorschrift des § 566 BGB i.V.m. § 578 Abs. 1 BGB Anwendung. Dies setzt allerdings voraus, dass es noch vor der Versteigerung zur Überlassung des Grundstücks durch den Vermieter in Erfüllung seiner Pflichten aus § 535 Abs. 1 BGB gekommen ist; die Besitzeinräumung muss gerade im Hinblick auf das Mietverhältnis erfolgt sein. Denn § 57 ZVG will allein den zum Zeitpunkt des Zuschlags bereits besitzenden Mieter vor einer nachfolgenden Räumung schützen. Wird der Mietvertrag vor Erteilung des Zuschlags abgeschlossen, der Besitz an der Mietsache aber erst danach erlangt, oder findet ein bei Zuschlagserteilung bereits ausgeübter Besitz seine Grundlage nicht in einem Mietverhältnis, kann der Besitzer sich auf die Bestimmung nicht berufen. Vor diesem Hintergrund stellt der **BGH**[39] klar, dass der Besitzer eines Grundstücks, gegen den aus dem Zuschlagsbeschluss die Zwangsvollstreckung auf Räumung und Herausgabe betrieben wird und der Einwand ein durch den Zuschlag nicht erloschenes Recht geltend macht, dem Vollstreckungsgericht zumindest Anhaltspunkte darzutun hat, die ein Besitzrecht zum Zeitpunkt der Zuschlagserteilung nahe legen, andernfalls der Räumungsanspruch Erfolg hat.

25 Ist ein zwangsversteigertes Grundstück vor dem Zeitpunkt, in dem das Vollstreckungsgericht nach § 66 Abs. 2 zur Abgabe von Geboten auffordert, vom **Zwangsverwalter** an eine andere Person als den Schuldner vermietet und diesem auch überlassen worden, so ist auf das Mietverhältnis gem. § 57 die Norm des § 566 BGB entsprechend anzuwenden. Gegen den besitzenden Mieter darf nach § 93 Abs. 1 S. 2 in diesem Fall nicht vollstreckt werden. Ist der Mietvertrag später abgeschlossen oder das Grundstück später überlassen worden, ist der Ersteher weder nach § 57 ZVG, § 566 BGB noch nach anderen Regeln an den Mietvertrag gebunden. Daher kommt in diesem Fall § 93 Abs. 1 S. 1 zur Anwendung.[40]

26 Auch werden von Familienangehörigen oder Dritten **fingierte Miet- oder Pachtverträge** der Räumungsvollstreckung entgegengehalten, die ein Recht zum Besitz beinhalten.[41] Einwendungen des besitzenden Dritten sind bereits im Klauselerteilungsverfahren zum Zuschlagsbeschluss zu prüfen.[42] Bei dem Antrag auf

---

36 Hierzu *Ertle*, Rpfleger 2003, 14; *Witthinrich*, Rpfleger 1986, 46.
37 LG Detmold, Rpfleger 1987, 323.
38 KG, MDR 1994, 162.
39 BGH, Rpfleger 2004, 368 = NZM 2004, 478 = WM 2004, 754 = InVo 2004, 294 = ZfIR 2004, 561.
40 Hierzu *Rimmelspacher*, WM 2004, 1945.
41 LG Köln, Rpfleger 1996, 121 „Scheinvereinbarung".
42 OLG Hamm, Rpfleger 1989, 165.

Erteilung der Klausel sollten jedoch strengere Anforderungen als nur die Anmeldung gestellt werden.[43]

Ist ein behauptetes Mietverhältnis zwischen dem Schuldner und einem Angehörigen mit großer Wahrscheinlichkeit wegen mangelnder Ernsthaftigkeit des Vertragsabschlusses nicht wirksam, dann ist die Klausel auch gegen den Angehörigen zu erteilen.[44] Ein Mietvertrag zwischen Familienangehörigen ist aber nicht schon dann wegen Sittenwidrigkeit nichtig, wenn es sein alleiniger Zweck ist, die Rechtsfolge des § 93 auszuschalten und die sich aus dieser Vorschrift zugunsten des Erstehers ergebenden Rechte zu vereiteln.[45] Von einer **Scheinvereinbarung** kann dann ausgegangen werden, wenn die Parteien des Mietvertrages bis zum Zuschlag Miteigentümer des Grundstückes waren, und danach einem von ihnen den Alleinbesitz eingeräumt haben.[46] Nur wenn Umstände erkennbar sind, die mit großer Wahrscheinlichkeit für den weiterwirkenden Besitz eines Mieters sprechen, kann die Klausel abgelehnt werden; dies gilt insbesondere dann, wenn ein Rechtsstreit über das Bestehen des Mietverhältnisses anhängig ist.[47] Im Übrigen aber ist im Zweifel immer zugunsten des Erstehers zu entscheiden, der Dritte ist auf dem Klageweg nach § 771 ZPO zu verweisen.[48]

War im Falle einer **Teilungsversteigerung** der Mieter oder Pächter Miteigentümer, und hat er die Zwangsversteigerung beantragt, kann die Vollstreckungsklausel auf Räumung und Herausgabe gegen ihn erteilt werden.[49] Überlässt der unterhaltspflichtige Ehemann die in Miteigentum der Ehegatten stehende bisherige Ehewohnung für die Zeit nach der Scheidung der Ehefrau und betreibt er sodann die Teilungsversteigerung, muss der Ersteher diese Nutzungsvereinbarung einem Mietvertrag gleich beachten; eine Vollstreckungsklausel gegen den Ehegatten kann daher nicht erteilt werden.[50]

Ein **volljähriges Kind**, das einen Teil der elterlichen Wohnung als Ausfluss des gewährten Unterhalts bewohnt, hat kein Besitzrecht, das die Zwangsvollstreckung nach Abs. 1 S. 2 hindern würde, auch wenn es für Kost und Logis Zahlungen entrichtet.[51]

IV. Widerspruch des Besitzers (Abs. 1 Satz 3)

Erfolgt die Zwangsvollstreckung gegen den rechtmäßigen unmittelbaren Besitzer, ist er zur Widerspruchsklage (§ 771 ZPO) berechtigt. Das Prozessgericht kann die Zwangsvollstreckung einstweilen einstellen, § 769 Abs. 1 ZPO. Eine einstwei-

---

43 Vgl. *Meyer-Stolte* in Anm. zu LG Krefeld, Rpfleger 1987, 259.
44 OLG Frankfurt, Rpfleger 1989, 209; LG Köln, Rpfleger 1996, 121; vgl. hierzu auch LG Wuppertal, Rpfleger 1993, 81 Wohnung im Souterrain des Hauses, die es nach dem Verkehrswertgutachten aber überhaupt nicht gab, mit 74 qm und einem Mietzins von 380,- €, einschließlich Benutzung des Gartens, der Terrasse und der gesamten Grünanlagen auf Lebenszeit.
45 OLG Düsseldorf, Rpfleger 1996, 229 = NJW-RR 1996, 720 = InVo 1997, 134.
46 LG Freiburg, Rpfleger 1990, 266; zur Strafbarkeit wegen Vollstreckungsvereitelung vgl. AG Dillenburg, Rpfleger 1995, 79 m. Anm. *Eickhoff*.
47 OLG Hamm, Rpfleger 1989, 165.
48 OLG Frankfurt, Rpfleger 1989, 209; LG Freiburg, Rpfleger 1990, 266; Steiner/*Eickmann*, § 93 Rdn. 10.
49 LG Bayreuth, NJW 1966, 2210.
50 AG Mannheim, NJW 1976, 1037.
51 AG Fürth, FamRZ 2003, 1946; a.A. AG Bergisch Gladbach, DGVZ 1994, 46.

lige Einstellung gegenüber dem Schuldner macht auch die Räumungsvollstreckung gegen seinen Ehepartner unzulässig.[52]

V. Besitzerwerb an versteigerten Sachen

31 Handelt es sich um die Zwangsvollstreckung auf Herausgabe des Grundstücks, erfolgt keine Benennung der einzelnen mitversteigerten **Sachen** in der Vollstreckungsklausel. Die Vollstreckung erstreckt sich grundsätzlich auch auf **Zubehör** der herauszugebenden Sache (§§ 97, 98 BGB; hierzu insgesamt → § 20 Rdn. 7–23). Der Gerichtsvollzieher hat bei der Zwangsvollstreckung zu prüfen, ob die wegzunehmenden Sachen (z.b. Zubehör) mitversteigert sind.[53] Bejaht der dies zu Unrecht, kann der Besitzer nach § 766 ZPO vorgehen. Lehnt er die Vollstreckung ab, kann der Ersteher ebenfalls Vollstreckungserinnerung nach § 766 ZPO erheben. Wird der Gerichtsvollzieher hierdurch nicht angewiesen, die Zwangsvollstreckung vorzunehmen, bleibt dem Ersteher nur der Klageweg.

32 Herauszugeben sind auch notwendige **Urkunden** bzw. Beweisurkunden (früher § 444 BGB) über Rechtsverhältnisse wie z.b. Kauf-, Miet- oder Pachtverträge, Versicherungspolicen, Grundsteuerbescheid.

33 Bei der Zwangsvollstreckung gegen einen **Dritten** auf Herausgabe einer mitversteigerten Sache muss diese in der Vollstreckungsklausel bezeichnet sein. Der Ersteher muss den Besitz, wenn er nicht offenkundig ist, durch öffentliche oder öffentlich beglaubigte Urkunden nachweisen. Wenn er das nicht kann oder die Mitversteigerung zweifelhaft ist, ist die Vollstreckungsklausel abzulehnen; es bleibt nur der Klageweg.

34 Mitversteigerte **Forderungen** gehen kraft Gesetzes mit dem Zuschlag auf den Ersteher über (hierzu → § 20 Rdn. 6 ff.). Eine gesonderte Pfändung und Überweisung ist überflüssig und unzulässig.

VI. Verwendungen in das Grundstück

35 Soweit § 999 Abs. 2 BGB Verwendungen **vor dem Zuschlag** betrifft, gilt diese Vorschrift nicht für den Ersteher. Der Besitzer hat daher weder ein Zurückbehaltungsrechts (§ 1000 BGB) noch ein Abtrennungsrecht (§ 997 BGB). Auch hat er wegen seiner Verwendungen keinen Anspruch auf Befriedigung aus dem Zwangsversteigerungserlös.

36 Wegen Verwendungen nach dem (rechtskräftig gewordenen) Zuschlag gelten die allgemeinen Regeln der §§ 994 ff. BGB. Soweit der Besitzer danach ersatzberechtigt ist, kann er die Herausgabe des Grundstücks verweigern, dieses Recht aber nur dadurch geltend machen, dass er wegen der Ersatzansprüche gegen den Ersteher Klage erhebt (§ 771 ZPO) und gegebenenfalls die einstweilige Einstellung (§ 769 Abs. 1 ZPO) beantragt. Der Gerichtsvollzieher darf von sich aus die Einrede der Zurückbehaltung nicht beachten. Eine Erinnerung gegen die Erteilung der Vollstreckungsklausel nach § 732 ZPO kommt nicht in Betracht, da das Zurückbehaltungsrecht materiell-rechtlicher Natur ist.[54]

---

52 LG Münster, DGVZ 1988, 76.
53 *Stöber*, ZVG § 93 Rdn. 2.5; *Böttcher*, § 93 Rdn. 4.
54 OLG Düsseldorf, Rpfleger 1977, 67; LG Bonn, MDR 1961, 153; Steiner/*Eickmann*, § 93 Rdn. 58.

§ 94 »Gerichtliche Verwaltung«

(1) ¹Auf Antrag eines Beteiligten, der Befriedigung aus dem Bargebote zu erwarten hat, ist das Grundstück für Rechnung des Erstehers in gerichtliche Verwaltung zu nehmen, solange nicht die Zahlung oder Hinterlegung erfolgt ist. ²Der Antrag kann schon im Versteigerungstermine gestellt werden.

(2) Auf die Bestellung des Verwalters sowie auf dessen Rechte und Pflichten finden die Vorschriften über die Zwangsverwaltung entsprechende Anwendung.

I. Allgemeines

Der Ersteher wird Eigentümer des Grundstückes und der mitversteigerten Gegenstände durch den Zuschlag (§ 90). Ob das bare Meistgebot im Verteilungstermin gezahlt wird oder nicht, ist unerheblich. Gegen Verfügungen des Erstehers rechtlicher Art – soweit sie das Grundstück betreffen – sind die Beteiligten, die aus dem baren Meistgebot Befriedigung erwarten können, durch § 130 Abs. 3 geschützt (siehe → § 130 Rdn. 40 ff.). An Verfügungen tatsächlicher Art (z.B. Ausbeutung von Bodenbestandteilen, Abholzen eines Waldes, wertmindernde Änderungen der Bewirtschaftungsart usw.) ist der Ersteher nicht gehindert. Auch ist er zur wirksamen Veräußerung von Zubehörgegenständen berechtigt. In der Praxis ist es immer wieder vorgekommen, dass der Ersteher zum Nachteil aller Beteiligten handelt, das bare Meistgebot zum Verteilungstermin nicht zahlt, und ein wirtschaftlich völlig entwertetes Grundstück zur Wiederversteigerung kommt (§ 133). Hier kann § 94 regulierend in Form einer gerichtlichen Verwaltung eingreifen.[1] Es handelt sich nicht um eine gegen den Schuldner gerichtete Zwangsverwaltung, sondern um eine Maßregel gegen den Ersteher zur Sicherung einer ordnungsgemäßen Bewirtschaftung. Allerdings hat § 94 in der Praxis keine große Bedeutung erlangt. Auf Schiffe und Luftfahrzeuge ist § 94 nicht anwendbar, §§ 170, 170g.

II. Voraussetzungen

1. Antrag

Eine gerichtliche Verwaltung wird nur auf Antrag angeordnet, der schriftlich oder zu Protokoll der Geschäftsstelle oder im Zwangsversteigerungstermin zu Protokoll gegeben werden kann. Antragsberechtigt ist jeder Beteiligte, der Befriedigung aus dem baren Meistgebot zu erwarten hat; dies ist notfalls durch eine vorläufige Erlösverteilung zu ermitteln. Nach Abs. 1 Satz 2 kann der Antrag schon im Versteigerungstermin gestellt werden, somit bereits vor der Zuschlagserteilung. Nicht antragsberechtigt sind: Beteiligte, deren Recht in vollem Umfang bestehen bleibt, Berechtigte, die mit ihrem Anspruch ausfallen und der Ersteher selbst. Der Schuldner ist nicht antragsberechtigt, wenn er selbst aus einer ihm zustehenden Eigentümergrundschuld befriedigt wird oder ihm ein Erlösüberschuss zusteht.

Das Antragsrecht entfällt, wenn der Beteiligte Zahlung aus dem Barerlös erhalten hat oder nach § 118 Abs. 2 als befriedigt gilt; doch kann er im letzten Fall gegen den Ersteher die Zwangsverwaltung beantragen (§§ 132, 146) und hat, wenn die Befriedigung noch nicht als erfolgt gilt, die Wahl mit dem Antrag nach § 94.

---

1   Hierzu umfassend *Schmidberger*, Rpfleger 2007, 241.

2. Keine Zahlung

4 Für die Zulässigkeit der Anordnung der gerichtlichen Verwaltung kommt es nicht auf den Besitz an.[2] Antragsvoraussetzung ist, dass die Zahlung oder Hinterlegung desjenigen Teils des baren Meistgebots, aus dem der Beteiligte Befriedigung zu erwarten hat, noch nicht erfolgt ist. Zu ihrer Abwendung genügt es, wenn der Ersteher so viel zahlt oder hinterlegt, dass davon der Antragsteller und die ihm vorgehenden und gleichstehenden Berechtigten gedeckt werden können. Die Hinterlegung unter Verzicht auf das Recht der Rücknahme ist dem Vollstreckungsgericht nachzuweisen.

3. Antragsrücknahme

5 Der Antragsteller kann seinen Antrag jederzeit wieder zurückzunehmen. Die Zustimmung anderer Beteiligter ist hierzu nicht erforderlich.

III. Durchführung der Verwaltung

1. Allgemein

6 Für die gerichtliche Verwaltung nach § 94 sind nicht sämtliche Vorschriften über die Zwangsverwaltung anzuwenden, sondern nur die über die Bestellung des Verwalters und über dessen Rechte und Pflichten (Abs. 2). Entsprechende Anwendung finden daher: §§ 150, 152–154, 151 Abs. 3, §§ 155, 156 Abs. 1 und § 161, nicht dagegen die weiteren Vorschriften, insbesondere § 156 Abs. 2 und §§ 157–160. Im Übrigen sind die Grundsätze der Verwaltung ihrem Gegenstand und Zweck zu entnehmen.[3]

2. Anordnung der Verwaltung

7 Die Verwaltung wird durch Beschluss angeordnet, eine vorherige Anhörung des Erstehers oder anderer Beteiligter findet regelmäßig nicht statt. Die Anordnung darf erst nach der Erteilung des Zuschlags erfolgen. Bei der Versteigerung mehrerer Grundstücke kann sich die Anordnung auf alle oder nur einzelne Grundstücke beziehen. Der Anordnungsbeschluss ist dem Ersteher zuzustellen, dem Antragsteller und dem Schuldner formlos mitzuteilen (§ 329 Abs. 2 Satz 1 ZPO). Es wird kein entsprechender Vermerk im Sinne von § 19 Abs. 2 im Grundbuch eingetragen, § 146 Abs. 2 findet insoweit keine Anwendung.

3. Rechtsbehelf

8 Gegen die Ablehnung des Antrages, sowie gegen die Aufhebung der Verwaltung ist die sofortige Beschwerde gegeben, § 11 Abs. 1 RPflG, § 793 ZPO. Gleiches gilt für die Anordnung, sofern dem Ersteher rechtliches Gehör gewährt wurde, andernfalls kommt die unbefristete Erinnerung nach § 766 ZPO in Betracht.[4]

4. Verwalter

9 Das Vollstreckungsgericht hat einen Verwalter zu bestellen. Hat parallel zur Zwangsversteigerung eine Zwangsverwaltung bis zum Zuschlag bestanden, empfiehlt sich, den bereits bestellten Zwangsverwalter für die Aufgabe der gerichtli-

---

2 LG Dortmund, Rpfleger 1994, 121 mit Anm. *Stumpe*.
3 *Drado*, NZI 2014, 846.
4 LG Köln, JurBüro 1985, 939.

chen Verwaltung einzusetzen.[5] Die Besitzübergabe erfolgt gem. § 151 Abs. 2. Zur Anwendung von Zwang gegen Dritte ist dem Verwalter eine vollstreckbare Ausfertigung des Zuschlagsbeschlusses zu erteilen; gegen den Ersteher genügt der Beschluss über die Anordnung der Verwaltung.

Ist der Ersteher bereits im Besitz des Grundstücks, ist ihm in entsprechender Anwendung von § 149 ein Wohnrecht zu belassen[6], im Übrigen muss er das Grundstück räumen. Der Verwalter hat alle Handlungen vorzunehmen, die notwendig sind, um das Grundstück in seinem wirtschaftlichen Bestand zu erhalten und ordnungsgemäß zu nutzen. Er hat die Nutzungen vom Tage des Zuschlags an zu ziehen und in Geld umzusetzen, § 152. Er kann ein Zahlungsverbot an Pächter und Mieter beantragen, § 151 Abs. 3. Innerhalb des ihm übertragenen Pflichtenkreises ist er zur Ausübung und Wahrnehmung der Rechte und Interessen des Erstehers berufen; er kann Versicherungsverträge sowie Miet- und Pachtverträge kündigen. Der Kündigung eines Mieters hat eine Abstimmung mit dem Ersteher vorauszugehen; solange dieser gegenüber dem Verwalter keine von dem bestehenden Zustand abweichende Vorstellungen äußert, kann in der Unterlassung der Kündigung keine zum Schadensersatz verpflichtende Verletzung der Verwaltungspflichten gesehen werden.[7]

10

Hinsichtlich der Geschäftsführung und Vergütung des Verwalters ist die **Zwangsverwalterverordnung** (ZwVwV) entsprechend anzuwenden.[8] Dem Verwalter steht ein Vergütungsanspruch nur gegen den Ersteher und nicht auch gegen den antragstellenden Gläubiger zu.[9]

11

5. Beschlagnahme

Eine Beschlagnahme im Sinne von § 148 erfolgt nicht. Dem Ersteher ist jedoch die Verfügung über das Grundstück und die mitversteigerten Sachen entzogen. Soweit die Rechte des Verwalters gehen, ruhen die des Erstehers. Der Ersteher hat sich jeder Einmischung in die Geschäftsführung des Verwalters zu enthalten. Ist der mit dem Verhalten des Verwalters nicht einverstanden, muss er sich an das Vollstreckungsgericht wenden. Verfügungen des Erstehers sind dem Verwalter gegenüber und für die Dauer der Verwaltung unwirksam.

12

6. Vorschusszahlungen

Es entstehen keine Gerichtskosten. Diese sind mit der allgemeinen Verfahrensgebühr abgegolten. Die Verwaltung geht zwar auf Rechnung und Gefahr des Erstehers, der Antragsteller ist allerdings für die gerichtliche Verwaltung vorschusspflichtig. Soweit sein Aufwand nicht aus den Überschüssen der Verwaltung gedeckt werden kann, hat er keinen Anspruch auf Befriedigung aus dem Zwangsversteigerungserlös. Die vom Gläubiger aufgewandten Kosten sind insbesondere keine Kosten im Vorrang nach § 10 Abs. 1 Nr. 1, z.B. im Rahmen einer Wiederver-

13

---

5 So auch *Stöber*, ZVG § 94 Rdn. 2.6.
6 *Stöber*, ZVG § 94 Rdn. 3.2; *Böttcher*, § 94 Rdn. 4.
7 OLG Düsseldorf, NJW-RR 1997, 1100.
8 BGH, Rpfleger 2005, 549 = NJW-RR 2005, 1283 = ZInsO 2005, 869, für einen Sequester nach § 848 ZPO.
9 BGH, Urteil vom 26.2.2015, IX ZR 172/14, Rpfleger 2015, 349 = NJW-RR 2015, 629; hierzu auch *Traub*, ZfIR 2015, 273.

steigerung gegen den Ersteher. Die Kosten sind Kosten der dinglichen Rechtsverfolgung im Range des Hauptanspruchs nach § 10 Abs. 2 (s. → § 25 Rdn. 13).

7. Haftung, Aufsicht

14 Der Verwalter haftet allen Beteiligten gegenüber für die im Verkehr erforderliche Sorgfalt. Das Vollstreckungsgericht hat seine Geschäftsführung zu überwachen, kann von ihm Sicherheitsleistung fordern und auch gegen ihn Zwangsgeld verhängen (es gelten §§ 153, 154).

IV. Aufhebung der Verwaltung

1. Beschluss

15 Die Verwaltung ist durch Beschluss des Vollstreckungsgerichts aufzuheben, wenn der Antragsteller den Antrag zurücknimmt oder wenn er einen notwendigen Vorschuss nicht zahlt (§ 161 Abs. 3). Ebenfalls erfolgt die Aufhebung, wenn der Ersteher den zur Deckung des Antragstellers erforderlichen Betrag zahlt oder für ihn unter Verzicht auf das Recht der Rücknahme hinterlegt, wenn der Antragsteller gemäß § 118 Abs. 2 als befriedigt gilt oder wenn eine Aufhebung des Zuschlags rechtskräftig geworden ist.

2. Verwaltungsüberschuss

16 Aus den Einnahmen des Grundstückes sind die laufenden Ausgaben, insbesondere laufende Beträge öffentlicher Lasten, Zinsen usw., soweit sie auf die Zeit nach der Zuschlagserteilung entfallen, und die für den Verwalter festgesetzte Vergütung zu zahlen. Verbleibt nach Beendigung der Verwaltung ein Überschuss, ist dieser an den Ersteher auszuzahlen. Der Überschuss fließt nicht in die Teilungsmasse. Wird die Zuschlagserteilung rechtskräftig aufgehoben, steht ein Überschuss dem Schuldner zu.

VII. Beschwerde

§ 95 »Zulässigkeit der Beschwerde«

Gegen eine Entscheidung, die vor der Beschlußfassung über den Zuschlag erfolgt, kann die sofortige Beschwerde nur eingelegt werden, soweit die Entscheidung die Anordnung, Aufhebung, einstweilige Einstellung oder Fortsetzung des Verfahrens betrifft.

Übersicht

		Rdn.
I.	Allgemeines	1
II.	Anwendung der ZPO	5
	1. Grundsatz	5
	2. Vollstreckungserinnerung (§ 766 ZPO)	7
	a) Abgrenzung zu Klageverfahren	7
	b) Abgrenzung zur Beschwerde	9
	c) Abgrenzung zur sofortigen Erinnerung (§ 11 Abs. 2 RPflG)	12
	d) Verfahrensablauf der Erinnerung	13
	3. Befristete Erinnerung (§ 11 Abs. 2 RPflG)	21
	4. Sofortige Beschwerde (§ 793 ZPO)	29
	5. Rechtsbeschwerde	39
	6. Gegenvorstellung	44
	7. Rechtliches Gehör, Anhörungsrüge	45
III.	Kosten	48
	1. Gerichtskosten	48
	2. Rechtsanwaltskosten	51
IV.	Anwendungsbereich von § 95	54
	1. Zweck der Vorschrift	54
	2. Art des Rechtsbehelfs	56
	3. Gesetzliche Regelung	57
	4. Weitere anfechtbare Entscheidungen	60
	5. Nichtselbstständig anfechtbare Entscheidungen	62

I. Allgemeines

Die Rechtsbehelfe in Verfahren nach dem ZVG bestimmen sich nach den allgemeinen Vorschriften der ZPO (§ 869 ZPO). Das ZVG enthält lediglich Sondervorschriften zu den Rechtsbehelfen (§§ 95–104), die wegen des besonderen Verfahrens notwendig sind. Durch das Zivilprozessreformgesetz (ZPO-RG) vom 27.7.2001[1] wurden umfangreiche Veränderungen in der ZPO eingeführt[2], die dann auch zu Änderungen der §§ 95, 96, § 101 Abs. 2, § 102 geführt haben.

Durch § 95 wird die Beschwerde für vor der Zuschlagsentscheidung ergehende Beschlüsse beschränkt. Gemäß § 95 ist gegen eine Entscheidung, die **vor** der Beschlussfassung über den **Zuschlag** erfolgt, die *sofortige Beschwerde* nur zulässig, wenn die Entscheidung die Anordnung, Aufhebung, einstweilige Einstellung oder Verfahrensfortsetzung betrifft. Die sofortige Beschwerde richtet sich nach § 793 ZPO i.V.m. §§ 567 ff. ZPO. Danach findet gegen Entscheidungen, die im Zwangsvollstreckungsverfahren ohne mündliche Verhandlung ergehen können, die sofortige Beschwerde statt. Durch § 567 ZPO wird die sofortige Beschwerde zur allei-

---

[1] BGBl I 1887; das Gesetz trat großenteils am 1.1.2002 in Kraft (Art. 53 ZPO-RG).
[2] Zu den Auswirkungen auf das ZVG *Hannemann*, Rpfleger 2002, 12.

nigen Beschwerdeart gegen erstinstanzliche Entscheidungen von Amts- und Landgerichten.

3   Die sofortige Beschwerde ist gemäß § 567 Abs. 2 ZPO gegen Entscheidungen über die Verpflichtung zur Tragung der Prozesskosten nur zulässig, wenn der Wert des Beschwerdegegenstandes 200,- € übersteigt.

4   Die Regelung in § 567 Abs. 3 ZPO entspricht dem früheren § 577a Satz 1 und 2 ZPO (Anschlussbeschwerde) und bestimmt, dass der Beschwerdegegner sich der Beschwerde anschließen kann, selbst wenn er auf die Beschwerde verzichtet hat oder die Beschwerdefrist verstrichen ist. Allerdings verliert die Anschließung ihre Wirkung, wenn die Beschwerde zurückgenommen oder als unzulässig verworfen wird.

II. Anwendung der ZPO

1. Grundsatz

5   Anwendbar sind die allgemeinen Bestimmungen der ZPO[3] z.B. über die Ausschließung und Ablehnung von Gerichtspersonen (§§ 41 ff. ZPO), Partei- und Prozessfähigkeit der Beteiligten (§§ 50 ff. ZPO), Prozessbevollmächtigte und Beistände (§§ 78 ff. ZPO), Hinweis- und Belehrungspflichten (§ 139 ZPO), Protokollführung (§§ 159 ff. ZPO), Zustellungen (§§ 166 ff. ZPO).

6   Neben der sofortigen Beschwerde (§§ 567 ff., 793 ZPO) kommen als Rechtsbehelfe in der Zwangsvollstreckung noch in Betracht:

- die Vollstreckungserinnerung (§ 766 ZPO),
- die sofortige Rechtspflegererinnerung (§ 11 Abs. 2 RPflG),
- die Vollstreckungsgegenklage (§ 767 ZPO),
- die Drittwiderspruchsklage (§ 771 ZPO).

2. Vollstreckungserinnerung (§ 766 ZPO)

a) Abgrenzung zu Klageverfahren

7   Mit der Vollstreckungserinnerung (§ 766 ZPO) können Art und Weise bzw. das Verfahren betreffende Vorschriften (formale Fehler) gerügt werden, die dem Vollstreckungsgericht als Vollstreckungsorgan unterlaufen.[4] Ziel ist, die Zwangsvollstreckung wegen des Verfahrensmangels für unzulässig zu erklären oder eine Vollstreckungsmaßnahme aufzuheben. Das unterscheidet sie von der **Vollstreckungsabwehrklage** (§ 767 ZPO), mit der der Schuldner materiell-rechtliche Einwendungen gegen den titulierten Anspruch geltend machen kann. Gleiches gilt zur Abgrenzung von der **Drittwiderspruchsklage** (§ 771 ZPO), mit der ein Dritter Einwendungen materiell-rechtlicher Art gegen Zwangsvollstreckungsmaßnahmen in bestimmte Vermögensgegenstände erheben kann. Derartige materiell-rechtliche Einwendungen sind aber stets außerhalb des Zwangsvollstreckungsverfahrens mit den gesondert geregelten Verfahren der §§ 767, 771 ZPO geltend zu machen.

8   In der Auseinandersetzungsversteigerung wird der (materiell-rechtliche) Einwand der Verfügungsbeschränkung gemäß § 1365 Abs. 1 BGB auch im Rahmen

---

3   Hierzu auch → vor § 15 Rdn. 21 ff. zu den Prozess- und Vollstreckungsvoraussetzungen.
4   BGH, Rpfleger 2010, 33 = NJW-RR 2010, 281 = DGVZ 2009, 203.

des § 766 ZPO zugelassen, allerdings nur, soweit er unstreitig ist[5] (hierzu → § 181 Rdn. 41 ff.).

b) **Abgrenzung zur Beschwerde**

Soweit das Vollstreckungsgericht tätig wird, muss unterschieden werden, ob es sich dabei um eine **Entscheidung** oder eine **Maßnahme** (= Vollstreckungsakt) handelt. Gegen Entscheidungen des Vollstreckungsgerichts (Rechtspfleger oder Richter), ist gemäß § 793 ZPO die sofortige Beschwerde gegeben (nach § 11 Abs. 1 RPflG ist gegen die Entscheidung des Rechtspflegers das Rechtsmittel gegeben, dass nach den allgemeinen verfahrensrechtlichen Vorschriften zulässig ist). Die Erinnerung nach § 766 ZPO betrifft somit nur die Fälle, in denen § 793 ZPO keine Anwendung findet, wenn also keine Entscheidung vorliegt, sondern eine Vollstreckungsmaßnahme.[6]

Für die Abgrenzung zwischen einer **Vollstreckungsentscheidung** und einer **Vollstreckungsmaßnahme** ist nach h.M.[7] wesentlich die Art, wie der Beschluss zustande kommt. Eine Entscheidung liegt vor, wenn das beiderseitige Vorbringen tatsächlich und rechtlich vor Erlass des Beschlusses gewürdigt wurde. Dies ist anzunehmen, wenn das Vollstreckungsgericht dem Antragsgegner rechtliches Gehör vor der Entscheidung[8] über den gestellten Antrag gewährt hat. Für das Vorliegen einer Entscheidung kommt es nicht darauf an, dass der Antragsgegner sich auch tatsächlich geäußert hat, er also von der Möglichkeit zur Äußerung keinen Gebrauch gemacht hat.

Soweit ein **Vollstreckungsantrag** des Gläubigers oder ein Antrag des Schuldners **zurückgewiesen** wurde, ist für die antragstellende Person stets die sofortige Beschwerde gemäß § 793 ZPO und nicht die Vollstreckungserinnerung gemäß § 766 ZPO gegeben.[9] Der Rechtsbehelf der sofortigen Beschwerde steht demjenigen zur Verfügung, dem rechtliches Gehör gewährt wurde; sonstige Personen können ihre Rechte mit der Vollstreckungserinnerung gemäß § 766 ZPO geltend machen.

c) **Abgrenzung zur sofortigen Erinnerung (§ 11 Abs. 2 RPflG)**

Die befristete Erinnerung gemäß § 11 Abs. 2 RPflG betrifft nur die Fälle, in denen nach den allgemeinen verfahrensrechtlichen Vorschriften gegen die Entscheidung **kein Rechtsmittel** gegeben wäre. Dies betrifft sowohl Fälle, in denen durch Gesetz die Entscheidung einer Anfechtung entzogen ist (z.B. § 769 Abs. 2 ZPO), als auch diejenigen, in denen ein an sich statthafter Rechtsbehelf im Einzelfall nicht gegeben ist, z.B. wegen Nichterreichens des Beschwerdewertes (§ 567

---

5   OLG Frankfurt, FamRZ 1997, 1490; LG Lüneburg, FamRZ 1996, 1489; zum Grundbuchverfahren Palandt/*Brudermüller*, § 1365 Rdn. 25.
6   Hierzu ausführlich *Hintzen* in Arnold/Meyer-Stolte/Herrmann/Rellermeyer/Hintzen, § 11 Rdn. 120; *Hintzen/Wolf*, Rdn. 8.9 ff.
7   Vgl. OLG Köln, InVo 1999, 396 = JurBüro 2000, 48; KG, NJW-RR 1986, 1000; *Böttcher*, § 95 Rdn. 15; *Stöber*, ZVG § 95 Rdn. 2; Musielak/Voit/*Lackmann*, § 766 Rdn. 11; *Gaul/Schilken/Becker-Eberhard*, § 37 Rdn. 24 ff.; a.A.: OLG Hamm, Rpfleger 1957, 24, 25.
8   H.M.: OLG Köln, InVo 1999, 396 = JurBüro 2000, 48; KG, NJW-RR 1986, 1000; Musielak/Voit/*Lackmann*, § 766 Rdn. 11; Zöller/*Stöber*, § 766 Rdn. 2.
9   H.M.: vgl. BGH, ZVI 2004, 625 = ZIP 2004, 1379; OLG Hamm, Rpfleger 1957, 24, 25; KG, MDR 1954, 690; OLG Koblenz, NJW-RR 1986, 679; Musielak/Voit/*Lackmann*, § 766 Rdn. 11; Zöller/*Stöber*, § 766 Rdn. 2.

Abs. 2 ZPO). Der Gesetzgeber sah aus verfassungsrechtlichen Erwägungen (Art. 19 Abs. 4 GG) eine Notwendigkeit, dass derartige Entscheidungen einer richterlichen Nachprüfung zugänglich sein müssen. Nicht hierunter fallen aber an sich statthafte Rechtsbehelfe, die im Einzelfall lediglich deshalb unzulässig sind, weil die Form oder die Frist nicht gewahrt ist.[10] Gerügt werden kann auch hier nur die Art und Weise bzw. das Verfahren betreffende Vorschriften (formale Fehler), die dem Vollstreckungsgericht als Vollstreckungsorgan unterlaufen sind, nicht materiell-rechtliche Einwendungen.

d) Verfahrensablauf der Erinnerung

13   Die Erinnerung kann schriftlich oder zu Protokoll der Geschäftsstelle des Vollstreckungsgerichts eingelegt werden (§ 569 Abs. 2 und 3 ZPO analog). Sie unterliegt keinem Anwaltszwang (§ 78 Abs. 3 ZPO, § 13 RPflG). Ein **Antrag** im eigentlichen Sinn ist nicht erforderlich. Zwingend notwendig ist allerdings die Angabe, für wen der Rechtsbehelf eingelegt wird und gegen welche Vollstreckungsmaßnahme er sich richtet. Eine Begründung ist nach zutreffender Auffassung nicht notwendig, aber dringend anzuraten, damit bei der ansonsten von Amts wegen stattfindenden Gesamtüberprüfung[11] der vom Erinnerungsführer für maßgeblich angesehene Umstand nicht übersehen wird. Das Gericht muss die tatsächlichen wie rechtlichen Ausführungen des Erinnerungsführers zur Kenntnis nehmen; dies ist nicht identisch damit, dass das Gericht in seiner Begründung auf jeden Vortrag eingehen müsste.[12]

14   Eine **Frist** zur Einlegung der Erinnerung besteht nicht; nach Beendigung der Zwangsvollstreckung fehlt jedoch das Rechtsschutzinteresse für eine Erinnerung.

15   **Funktionell zuständig** für die Entscheidung über die **Erinnerung** ist der Richter (§ 20 Nr. 17 RPflG). Dem Rechtspfleger, soweit er die Vollstreckungsmaßnahme erlassen hat, steht eine Abhilfebefugnis zu, § 572 Abs. 1 S. 1 ZPO analog.[13] Hilft der Rechtspfleger nicht ab, entscheidet der Richter des Vollstreckungsgerichts. Eine Vorlage an das Rechtsmittelgericht findet nicht statt.[14] Dem Erinnerungsgegner ist vor einer für ihn nachteiligen Abhilfeentscheidung **rechtliches Gehör** zu gewähren. Gegen den Beschluss des Richters kann sofortige Beschwerde gemäß § 793 ZPO eingelegt werden.

16   Hat der Rechtspfleger der Erinnerung abgeholfen, ist dagegen die Vollstreckungserinnerung gemäß § 766 ZPO oder die sofortige Beschwerde gemäß § 11 Abs. 1 RPflG, § 793 ZPO statthaft.

17   Bei der Entscheidungsfindung ist maßgeblich der **Zeitpunkt** der Entscheidung über die Erinnerung (§ 571 Abs. 2 ZPO analog). Die Sach- und Rechtslage in diesem Zeitpunkt ist maßgebend dafür, ob die Vollstreckungsmaßnahme Bestand haben kann. Es ist daher möglich, dass ein bei Einlegung der Erinnerung vorhandener Verfahrensverstoß infolge Heilung nicht mehr besteht und die Erinnerung somit letztlich unbegründet.[15]

---

10 OLG Nürnberg, MDR 2005, 534 = JurBüro 2005, 366.
11 Vgl. MünchKomm/*Schmidt*, ZPO § 766 Rdn. 41 m.w.N.
12 St. Rspr., vgl. BVerfG, NJW 1994, 1208, 1210.
13 H.M.: vgl. Zöller/*Stöber*, § 766 Rdn. 24; Musielak/Voit/*Lackmann*, § 766 Rdn. 28.
14 H.M.: vgl. OLG Köln, InVo 1999, 396 = JurBüro 2000, 48; OLG Düsseldorf, NJW-RR 1993, 831; Musielak/Voit/*Lackmann*, § 766 Rdn. 28.
15 H.M.: vgl. MünchKomm/*Schmidt*, ZPO § 766 Rdn. 46 m.w.N.

Grundlage der Entscheidung sind die offenkundigen, unstreitigen oder von ei- 18
ner Partei vorgetragenen, mit den strengen Beweismitteln der ZPO bewiesenen
Tatsachen. Glaubhaftmachung gemäß § 294 ZPO genügt nicht. Eine Ermittlung
entsprechender Tatsachen von Amts wegen findet über den Bereich der §§ 141 bis
144 ZPO hinaus nicht statt; wohl aber sind die § 273 Abs. 2 Nr. 2, § 437 Abs. 2
ZPO entsprechend anzuwenden, z.b. also Einholung einer dienstlichen Stellungnahme.

Die **Entscheidung** ergeht stets durch begründeten **Beschluss**; eine mündliche 19
Verhandlung ist möglich, aber nicht vorgeschrieben (§ 764 Abs. 3 ZPO). Vor einer
dem Erinnerungsgegner nachteiligen Entscheidung ist diesem rechtliches Gehör
zu gewähren.

Da die Einlegung der Erinnerung keine aufschiebende Wirkung hat, kann das 20
Vollstreckungsgericht (Richter sowie Rechtspfleger im Rahmen der Abhilfebefugnis) auf Antrag oder auch von Amts wegen eine einstweilige Anordnung erlassen (§ 766 Abs. 1 S. 2, § 732 Abs. 2 ZPO). Inhalt kann insbesondere sein, dass
die Zwangsvollstreckung gegen oder ohne Sicherheitsleistung einstweilen eingestellt oder nur gegen Sicherheitsleistung fortgesetzt werden darf. Gegen eine
richterliche einstweilige Anordnung ist kein Rechtsbehelf gegeben (§ 707 Abs. 2
ZPO analog), gegen eine entsprechende Anordnung des Rechtspflegers die befristete Erinnerung gemäß § 11 Abs. 2 RPflG, der der Rechtspfleger abhelfen
kann[16]; ansonsten entscheidet der Richter des Vollstreckungsgerichts abschließend.

3. Befristete Erinnerung (§ 11 Abs. 2 RPflG)

Die befristete Erinnerung betrifft nur die Fälle, in denen nach den allgemeinen 21
verfahrensrechtlichen Vorschriften gegen die Entscheidung kein Rechtsmittel gegeben wäre.

Die Erinnerung kann gemäß § 11 Abs. 2 S. 4 RPflG, § 569 Abs. 2 und 3 ZPO 22
schriftlich oder zu **Protokoll der Geschäftsstelle** des Gerichts eingelegt werden,
das die Entscheidung erlassen hat. Sie unterliegt keinem Anwaltszwang (§ 78
Abs. 3, § 79 ZPO, § 13 RPflG).

Die Erinnerung ist **fristgebunden** (2 Wochen ab Zustellung: § 11 Abs. 2 S. 1 23
RPflG, § 569 Abs. 1 ZPO).

Der Rechtspfleger kann der Erinnerung stets **abhelfen** (§ 11 Abs. 2 S. 2 RPflG), 24
also seine Entscheidung aufheben bzw. abändern, wenn er die Erinnerung für zulässig und begründet erachtet. Anderenfalls legt er sie mit einer begründeten und
von ihm unterzeichneten, nicht nur paraphierten Nichtabhilfeentscheidung dem
Richter vor. Die Nichtabhilfeentscheidung ist eine echte Entscheidung des
Rechtspflegers, die einen zusammenhängenden und lesbaren Text enthalten
muss[17]. Sie kann im Regelfall in der Form eines Nichtabhilfevermerks, aber auch
durch Beschluss ergehen[18]. Auf jeden Fall sollte der Rechtspfleger seine Entscheidung mit dem vollständigen Namen unterzeichnen und nicht lediglich mit seiner

---

16 Vgl. OLG Köln, InVo 1999, 396 = JurBüro 2000, 48; Musielak/Voit/*Lackmann*, § 707
    Rdn. 12 und § 732 Rdn. 10.
17 Zwingend durch Beschluss: OLG München, Rpfleger 1990, 156 = JurBüro 1990, 630
    und Rpfleger 1992, 382 = JurBüro 1992, 688.
18 Insoweit a.A. OLG München, Rpfleger 1990, 156; Dallmayer/*Eickmann*, RPflG § 11
    Rdn. 161; Musielak/Voit/*Lackmann*, ZPO § 104 Rdn. 32: stets durch Beschluss.

Paraphe versehen.[19] Lässt ein Nichtabhilfebeschluss keine auf den Einzelfall bezogene Sachprüfung erkennen, so verfehlt er den Zweck, durch Vorschaltung einer Selbstkontrolle ein Beschwerdeverfahren zu vermeiden und ist keine geeignete Grundlage für ein Beschwerdeverfahren.[20] Der Rechtspfleger hat keine Befugnis, die Erinnerung zurückzuweisen, die Entscheidung über die Erinnerung steht allein dem Richter zu (§ 11 Abs. 2 RPflG).

25 Der **Richter** des Gerichts, dem der Rechtspfleger angehört (§ 28 RPflG) entscheidet über die Erinnerung (es gibt keine Vorlage = „Durchgriffserinnerung" an die Beschwerdeinstanz mehr).

26 Bei der Entscheidung über die Erinnerung müssen neue Tatsachen berücksichtigt werden, § 11 Abs. 2 S. 4 RPflG, § 571 Abs. 2 ZPO.

27 Vor der Entscheidung ist dem Erinnerungsgegner **rechtliches Gehör** zu gewähren. Die Entscheidung ergeht durch begründeten **Beschluss**, § 11 Abs. 2 S. 4 RPflG, § 572 Abs. 4 ZPO.

28 Die Erinnerung hat keine aufschiebende Wirkung. Sowohl der zur Abhilfe berechtigte Rechtspfleger wie der zur Entscheidung berufene Richter können die Vollziehung der angefochtenen Entscheidung aussetzen (§ 11 Abs. 2 S. 4 RPflG, § 570 Abs. 2 und 3 ZPO).

4. Sofortige Beschwerde (§ 793 ZPO)

29 Die sofortige Beschwerde (§ 793 Abs. 1 ZPO) ist statthaft gegen Entscheidungen, die im Zwangsvollstreckungsverfahren *ohne mündliche Verhandlung* ergehen können, gleichgültig, ob eine mündliche Verhandlung tatsächlich stattgefunden hat. In Betracht kommt hier auch eine Tätigkeit des Rechtspflegers, weil gegen dessen Entscheidungen (§ 11 Abs. 1 RPflG) das Rechtsmittel gegeben ist, das nach den allgemeinen verfahrensrechtlichen Bestimmungen zulässig ist.[21] Mit der sofortigen Beschwerde können nur Vollstreckungs*entscheidungen* angegriffen werden, nicht aber Vollstreckungs*maßnahmen* (zur Abgrenzung s. zuvor → Rdn. 9 ff.). Verfügungen wie z.B. Terminsbestimmung, prozessleitende Verfügungen, Anordnung der Beweisaufnahme sind nicht beschwerdefähig, da sie nur vorbereitender Natur sind. Zum Teilungsplan s. → § 113 Rdn. 12 ff. Auf das Verfahren im Übrigen finden die Vorschriften über die Beschwerde (§§ 567 ff. ZPO, in der Zwangsversteigerung §§ 95 bis 104) Anwendung.

30 Die Einlegung der Beschwerde erfolgt durch eine **Beschwerdeschrift**, § 569 Abs. 2 S. 1 ZPO. Ein Rechtsmittel kann in keinem Falle telefonisch zu Protokoll der Geschäftsstelle eingelegt werden.[22]

31 Vor dem Beschwerdegericht (LG/OLG) besteht grundsätzlich **Anwaltszwang**. Jedoch kann die Einlegung auch durch die Partei selbst schriftlich oder durch Erklärung zu Protokoll der Geschäftsstelle erfolgen, wenn der Rechtsstreit im ersten Rechtszug nicht als Anwaltsprozess zu führen ist oder war, wenn die Beschwerde die Prozesskostenhilfe betrifft oder wenn sie von einem Zeugen oder Sachverständigen erhoben wird, § 569 Abs. 3 ZPO. Zuständig für die Aufnahme ist der Urkundsbeamte der Geschäftsstelle (§ 153 GVG bzw. der Rechtspfleger ge-

---

19 Vgl. hierzu allgemein OLG Köln, Rpfleger 1991, 198 = JurBüro 1992, 477; BayObLG, Rpfleger 1989, 188.
20 OLG Frankfurt, Rpfleger 2010, 111.
21 *Stöber*, ZVG § 95 Rdn. 2.3.
22 BGH, Rpfleger 2009, 395 = NJW-RR 2009, 852.

mäß § 24 Abs. 2 Nr. 1 RPflG). Eine weitere Lockerung des Anwaltszwangs besteht zudem gem. § 571 Abs. 4 ZPO insoweit, als in den Fällen, in denen die Beschwerde zu Protokoll der Geschäftsstelle eingelegt werden kann, auch vom Gericht angeforderte schriftliche Erklärungen ebenfalls zu Protokoll der Geschäftsstelle erklärt werden können; in einer mündlichen Verhandlung müssen sich die Parteien jedoch auch in solchen Fällen durch einen Anwalt vertreten lassen.[23]

Die sofortige Beschwerde ist innerhalb einer **Notfrist** von zwei Wochen einzulegen. Die Frist beginnt, sofern nichts Besonderes bestimmt ist, mit der Zustellung der Entscheidung, spätestens mit dem Ablauf von 5 Monaten nach der Beschlussverkündung (§ 569 Abs. 1 S. 1 ZPO). Verkündete Entscheidungen werden somit in jedem Falle durch Zeitablauf unanfechtbar, auch wenn die Zustellung nicht ordnungsgemäß erfolgt ist bzw. erst nach über 5 Monaten bewirkt werden konnte. Liegen die Erfordernisse der Nichtigkeits- oder Restitutionsklage vor, so kann gemäß § 569 Abs. 1 S. 3 ZPO die Beschwerde auch nach Notfristablauf innerhalb der für diese Klagen geltenden Notfristen erhoben werden (dies entspricht der früheren Regelung in § 577 Abs. 2 Satz 3 ZPO, hierzu → § 96 Rdn. 3). 32

Die Einlegung der sofortigen Beschwerde erfolgt bei dem Gericht, das die angefochtene Entscheidung erlassen hat, oder bei dem Beschwerdegericht (§ 569 Abs. 1 S. 1 ZPO). 33

Über die Beschwerde entscheidet das im Rechtszug zunächst höhere Gericht (Beschwerdegericht, § 572 ZPO). Die Entscheidung ergeht durch begründeten **Beschluss**. Dem Gegner ist gemäß Art. 103 Abs. 1 GG vor einer ihm nachteiligen Entscheidung rechtliches Gehör zu gewähren. Die Entscheidung über die sofortige Beschwerde erfolgt durch das Beschwerdegericht als Einzelrichter, wenn die angefochtene Entscheidung von einem Einzelrichter oder – wie im ZVG – vom Rechtspfleger erlassen wurde (§ 568 ZPO). Allerdings sieht das Gesetz eine Rückübertragungsmöglichkeit auf das Beschwerdegericht in Besetzung nach dem GVG vor, wenn die Sache besondere Schwierigkeiten tatsächlicher oder rechtlicher Art aufweist oder die Rechtssache grundsätzliche Bedeutung hat. 34

Der Rechtspfleger/Richter, der die angefochtene Entscheidung erlassen hat, kann der sofortigen Beschwerde abhelfen, § 572 Abs. 1 ZPO. Der Rechtspfleger hat also bei Einlegung der sofortigen Beschwerde seine Entscheidung nochmals zu überprüfen, ob eine Aufhebung oder Berichtigung erforderlich ist. Die Nichtabhilfeentscheidung ist jedenfalls dann näher zu begründen, wenn mit der Beschwerde – zulässiger Weise, vgl. § 571 Abs. 2 ZPO – neues Vorbringen erfolgt. 35

Bei der Entscheidung über die Beschwerde müssen **neue Tatsachen** berücksichtigt werden, §§ 793, 571 Abs. 2 ZPO. Das Gericht kann jedoch für das Vorbringen von Angriffs- und Verteidigungsmitteln eine Frist setzen. 36

Die sofortige Beschwerde hat grundsätzlich keine aufschiebende Wirkung, § 570 Abs. 1 ZPO. Das Gericht kann jedoch gemäß § 570 Abs. 2 ZPO von Amts wegen oder auf Antrag bis zur Vorlage der Beschwerde an das Beschwerdegericht das Gericht oder der Vorsitzende, dessen Entscheidung angefochten wird, nach der Vorlage das Beschwerdegericht (§ 570 Abs. 3 ZPO), durch Beschluss die **Aussetzung der Vollziehung** der angefochtenen Entscheidung anordnen. Darüber hinaus kann das Beschwerdegericht gemäß § 570 Abs. 3 Hs. 1 ZPO weitere An- 37

---

23 Musielak/Voit/*Ball*, § 571 Rdn. 10.

ordnungen erlassen, z.b. die Zwangsvollstreckung gegen Sicherheitsleistung einstellen oder die Fortsetzung nur gegen Sicherheitsleistung gestatten. Ob und welche Maßnahmen gemäß § 570 Abs. 2 und 3 ZPO angeordnet werden, liegt im pflichtgemäßen Ermessen des Gerichts. Es wird eine solche Entscheidung in der Regel erst nach Einreichung der Beschwerdebegründung treffen können.[24] Mit Erlass der Beschwerdeentscheidung werden die vorläufigen Maßnahmen von selbst wirkungslos. Sie können im Übrigen jederzeit von Amts wegen durch das Beschwerdegericht aufgehoben werden.

38 Eine Anfechtung der gemäß § 570 Abs. 3 ZPO getroffenen einstweiligen Anordnung des Beschwerdegerichts ist unzulässig.[25]

5. Rechtsbeschwerde

39 An die Stelle der (früheren) weiteren Beschwerde ist die Rechtsbeschwerde getreten, §§ 574 bis 577 ZPO. Über die Rechtsbeschwerde entscheidet der BGH, § 133 GVG. Die Rechtsbeschwerde ist nur statthaft, wenn dies im Gesetz ausdrücklich bestimmt ist oder das Beschwerdegericht, das Berufungsgericht oder das Oberlandesgericht im ersten Rechtszug sie in dem Beschluss zugelassen hat, § 574 Abs. 1 Nr. 1 und 2 ZPO. Damit ist eine Zulassung durch ein Amtsgericht, aber auch durch den Einzelrichter beim Landgericht[26], ausnahmslos ausgeschlossen. Das gilt auch, wenn das Amtsgericht nach § 11 Abs. 2 RPflG über Erinnerungen gegen Entscheidungen des Rechtspflegers entscheidet.[27] Sofern das Gesetz die Rechtsbeschwerde ausdrücklich vorsieht oder die Rechtsbeschwerde zugelassen wird, ist sie allerdings nur zulässig, wenn die Rechtssache grundsätzliche Bedeutung hat[28] oder der Fortbildung des Rechts oder der Sicherung einer einheitlichen Rechtsprechung dient[29] und somit eine Entscheidung des Rechtsbeschwerdegerichts erfordert, § 574 Abs. 1, 2, 3 ZPO[30] (bei Abweichen des Beschwerdegerichts von der ständigen höchstrichterlichen Rechtsprechung und sofern die Gefahr einer Wiederholung besteht, ist der Zulassungsgrund „Sicherung einer einheitlichen Rechtsprechung" gegeben[31]). Der Umstand, dass ein Schuldner im Zwangsversteigerungsverfahren geltend macht, dass sein Grundrecht auf Leben und körperliche Unversehrtheit verletzt wird, begründet – für sich genommen – keinen Grund für die Zulassung der Rechtsbeschwerde.[32] Die Rechtsbeschwerde bewirkt, dass auch in Beschwerdesachen Fragen grundsätzlicher Bedeutung einer Klärung durch den BGH zugeführt werden können.[33]

40 Die Rechtsbeschwerde ist begründet, wenn entweder eine Verletzung des Bundesrechts vorliegt, auf der die Entscheidung des Beschwerdegerichts beruht, § 576

---

24 BGH, Rpfleger 2002, 374 = InVo 2002, 358 = NJW 2002, 1658.
25 Zöller/*Heßler*, § 570 Rdn. 5 m.w.N.
26 BGH, Beschluss vom 19.8.2014, VI ZB 17/13, NJW 2014, 3520 m.w.N.; BGH, Beschluss vom 28.6.2012, IX ZB 298/11, ZInsO 2012, 1439.
27 BGH, Rpfleger 2007, 22 = NJW-RR 2007, 285.
28 Hierzu BGH, NJW 2002, 3029.
29 Hierzu BGH, NJW 2002, 2945 und NJW 2002, 2473 = Rpfleger 2002, 527 = MDR 2002, 1266 = WM 2002, 1567.
30 BGH, Rpfleger 2011, 97.
31 BGH, NJW 2002, 3783 und NJW 2002, 3029 = KTS 2003, 250 = MDR 2002, 1207 = WM 2002, 1896.
32 BGH, Rpfleger 2011, 225 = NJW-RR 2011, 421 = NZM 2010, 915 = ZfIR 2011, 31.
33 Begr. zum RegE, BT-Drucks. 14/4722 S. 116.

Abs. 1 ZPO, oder eine Gesetzesverletzung vorliegt oder ein absoluter Revisionsgrund gem. §§ 576 Abs. 3, 546, 547 ZPO.

Da das ZVG keine ausdrückliche Zulassung der Rechtsbeschwerde vorsieht, muss diese durch das Beschwerdegericht oder ggf. durch das Rechtsbeschwerdegericht zugelassen werden. Eine **Nichtzulassungsbeschwerde** ist nicht möglich, da das Gesetz diese nicht vorsieht.[34] 41

Gemäß § 575 Abs. 1 S. 1 ZPO ist die Rechtsbeschwerde binnen einer **Notfrist** von einem Monat nach Zustellung des Beschlusses durch Einreichen einer Beschwerdeschrift eines beim BGH zugelassenen Rechtsanwalts[35] beim Rechtsbeschwerdegericht einzulegen. Der Inhalt der Beschwerdeschrift ergibt sich aus § 575 ZPO. Eine Abhilfe des Beschwerdegerichts kommt nicht in Betracht. Der Rechtsbeschwerdeschrift soll gemäß § 575 Abs. 1 S. 3 ZPO eine Ausfertigung oder beglaubigte Abschrift der angefochtenen Entscheidung beigefügt werden. 42

Durch die Änderungen in §§ 101, 102 ZVG wird klargestellt, dass die Rechtsbeschwerde nur dann zulässig ist, wenn das Beschwerdegericht sie in seinem Beschluss zugelassen hat (§ 574 Abs. 1 Nr. 2 ZPO). 43

6. Gegenvorstellung

Die außerordentliche Beschwerde bei greifbarer Gesetzeswidrigkeit[36] ist nicht mehr statthaft. Bei greifbarer Gesetzwidrigkeit hat das Gericht, das die angefochtene Entscheidung erlassen hat, diese auf **Gegenvorstellung** zu korrigieren. Wird ein Verfassungsverstoß nicht beseitigt, kommt allein die Verfassungsbeschwerde in Betracht.[37] Mit der Gegenvorstellung soll eine Entscheidung nochmals durch die Instanz überprüft werden, diese erlassen hat. Im Bereich des ZVG ist allerdings für die Gegenvorstellung kein Raum. Eine der sofortigen Beschwerde unterliegende Entscheidung kann durch eine Gegenvorstellung alleine nicht abgeändert werden.[38] 44

7. Rechtliches Gehör, Anhörungsrüge

Mit Wirkung vom 1.1.2002 wurde mit § 321a ZPO ein besonderer gesetzlicher Rechtsbehelf zur Geltendmachung von Verstößen gegen den Anspruch auf rechtliches Gehör nach Art. 103 Abs. 1 GG geschaffen. Die Anhörungsrüge findet statt, wenn ein Rechtsmittel oder ein anderer Rechtsbehelf gegen die Entscheidung nicht gegeben ist und das Gericht den Anspruch der Partei auf rechtliches Gehör in entscheidungserheblicher Weise verletzt hat (§ 321a Abs. 1 Satz 1 ZPO).[39] Die Anhörungsrüge findet somit nur subsidiär zu anderen Rechtsbehelfen statt.[40] 45

Gegen die fristwahrende Eigenschaft einer Gegenvorstellung, die nach dem Wortlaut des Gesetzes weder als Rechtsmittel noch als Anhörungsrüge zulässig 46

---

34 Zu den Gründen vgl. Zöller/*Ball*, § 574 Rdn. 9.
35 BGH, Beschluss vom 11.2.2015, XII ZB 48/14, NJW 2015, 1385; BGH, NJW-RR 2002, 1721; NJW 2002, 2181 = Rpfleger 2002, 368.
36 Vgl. BGH, NJW 1993, 135 mit zustimmender Anm. *Kempter*, NJW 1993, 2158; NJW 1993, 1865 mit ablehnender Anm. *Chlosta*, NJW 1993, 2160.
37 BGH, ZInsO 2002, 380.
38 So auch *Stöber*, ZVG § 95 Rdn. 2.7.
39 Hierzu BGH, Rpfleger 2011, 73 = DNotZ 2011, 264 = NJW-RR 2011, 424: Ein Verstoß gegen den Anspruch auf rechtliches Gehör liegt auch dann vor, wenn ein Gericht versehentlich einen fristgerecht eingereichten Schriftsatz nicht berücksichtigt.
40 Zöller/*Vollkommer*, § 321a Rdn. 2.

sein kann, spricht, dass die Anhörungsrüge durch Gesetz abschließend geregelt werden sollte, sodass es der Rechtssicherheit und Rechtsklarheit widerspräche, darüber hinaus Gegenvorstellungen als für die Verfassungsbeschwerde fristwahrend anzuerkennen.[41]

47 Nach wie vor nicht ganz geklärt ist aber, ob seit dem Inkrafttreten von § 321a ZPO eine **außerordentliche Beschwerde** überhaupt nicht mehr statthaft ist. Dies wird weitgehend bejaht.[42] Die Gegenmeinung[43] verweist darauf, dass mit der Anhörungsrüge gem. § 321a ZPO der Entscheidung des BVerfG[44] nicht ausreichend Rechnung getragen worden sei, weil damit nur eine Verletzung des rechtlichen Gehörs gem. Art. 103 GG gerügt werden kann, nicht aber auch eine Verletzung sonstiger erheblicher Verfahrensgrundrechte wie z.b. das Willkürverbot, das Gebot des gesetzlichen Richters, der Grundsatz des fairen Verfahrens.[45]

III. Kosten

1. Gerichtskosten

48 Die einzelnen Gebührentatbestände im Rahmen der Zwangsvollstreckung ergeben sich aus GKG KV 2110–2124, die Auslagen aus GKG KV 9000 ff. Danach sind u.a. die Vollstreckungserinnerung nach § 766 ZPO und die Erinnerung nach § 11 Abs. 2 RPflG **gebührenfrei**, weil sie nicht ausdrücklich aufgeführt werden, wobei allerdings Auslagen nach GKG KV 9000 ff. anfallen können.

49 Die Gebühren im Verfahren über **Beschwerden** regeln GKG KV 2240 und 2241. Wenn für die angefochtene Entscheidung eine Festgebühr bestimmt ist und die Beschwerde wird verworfen oder zurückgewiesen fallen 120,- € pauschal an. Wird die Beschwerde nur teilweise verworfen oder zurückgewiesen, kann das Gericht die Gebühr nach billigem Ermessen auf die Hälfte ermäßigen oder bestimmen, dass eine Gebühr nicht zu erheben ist. Für Verfahren über nicht besonders aufgeführte Beschwerden, die nicht nach anderen Vorschriften gebührenfrei sind und soweit die Beschwerde verworfen oder zurückgewiesen wird entsteht eine 1,0 Gebühr. Im Beschwerdeverfahren bestimmt sich der **Wert** gem. § 47 GKG nach den Anträgen des Rechtsmittelführers. Endet das Verfahren, ohne dass solche Anträge eingereicht werden, oder werden, wenn eine Frist für die Rechtsmittelbegründung vorgeschrieben ist, innerhalb dieser Frist Rechtsmittelanträge nicht eingereicht, ist die Beschwer maßgebend. Dabei ist der Streitwert durch den Wert des Streitgegenstands des ersten Rechtszugs begrenzt, es sei denn, er wäre erweitert worden.

50 Die Gebühren im Verfahren der **Rechtsbeschwerde** regeln GKG KV 2242 und 2243. Für Verfahren über Rechtsbeschwerden, wenn für die angefochtene Entscheidung eine Festgebühr bestimmt ist und die Rechtsbeschwerde verworfen oder zurückgewiesen wird, fallen 240,- € pauschal an. Wird die Rechtsbeschwerde

---

41 BVerfG, NJW 2006, 2907.
42 BGH, NJW 2003, 3137; KG, FamRZ 2005, 918 – FGG; BayObLG, FamRZ 2005, 390 – Betreuungsrecht; OLG Köln, NJW-RR 2003, 374 – WEG; BFH, NJW 2004, 2853; BFH/NV 2005, 1830; BFH/NV 2005, 905; BFH/NV 2005, 1861; BFH/NV 2005, 1865; BAG, NJW 2005, 3231; BVerwG, NVwZ 2005, 232; offen gelassen BVerwG, NVwZ 2005, 1201; VGH Mannheim, NJW 2005, 920.
43 BFH, NJW 2005, 3374; *Bloching/Kettinger*, NJW 2005, 860.
44 FamRZ 2003, 995 = NJW 2003, 1924.
45 Hierzu Musielak/Voit/*Wittschier*, § 348a Rdn. 22 m.w.N.

nur teilweise verworfen oder zurückgewiesen, kann das Gericht die Gebühr nach billigem Ermessen auf die Hälfte ermäßigen oder bestimmen, dass eine Gebühr nicht zu erheben ist. Für Verfahren über nicht besonders aufgeführte Rechtsbeschwerden, die nicht nach anderen Vorschriften gebührenfrei sind und soweit die Rechtsbeschwerde verworfen oder zurückgewiesen wird, entsteht eine 2,0 Gebühr. Der Wert bestimmt sich nach § 47 GKG (siehe zuvor → Rdn. 49).

2. Rechtsanwaltskosten

Das Rechtsmittelverfahren in Zwangsvollstreckungsverfahren ist mit den generellen Regelungen zum Beschwerdeverfahren in RVG Teil 3 Abschnitt 5 (VV 3500 ff.) zusammengefasst. Danach erhält der Rechtsanwalt u.a. folgende Gebühren: 51

- VV 3500: eine 0,5 Verfahrensgebühr für Verfahren über die **Beschwerde** und die **Erinnerung**, soweit in diesem Abschnitt keine besonderen Gebühren bestimmt sind.
- VV 3502: einer 1,0 Verfahrensgebühr für das Verfahren über die **Rechtsbeschwerde** (§ 574 ZPO).
- VV 3503: die in VV 3502 angesetzte Gebühr ermäßigt sich auf 0,5, sofern der Auftrag vorzeitig beendet wird.
- VV 3513: eine 0,5 Terminsgebühr.

Unter die Erinnerung in VV 3500 fallen die in § 18 Nr. 3 RVG genannten Erinnerungen gegen Entscheidungen des Rechtspflegers, z.B. nach § 11 Abs. 2 RPflG, aber auch die Vollstreckungserinnerung nach § 766 ZPO gegen Vollstreckungsmaßnahmen; anderseits wird Letztere nicht gesondert vergütet, weil es sich insoweit um dieselbe Angelegenheit handelt, § 18 Nr. 1 RVG. Der Rechtsanwalt erhält daher für das Zwangsvollstreckungsverfahren und die Vollstreckungserinnerung gegen Vollstreckungsmaßnahmen insgesamt eine Gebühr in Höhe von 0,5.[46] 52

Der **Wert** des Erinnerungs- bzw. Beschwerdegegenstandes richtet sich nach § 23 RVG. Er ist nicht stets der gleiche, wie der der Hauptsache. Der Wert richtet sich grundsätzlich nach dem Wert der angefochtenen Entscheidung bzw. nach dem Interesse des Beschwerdeführers, § 23 Abs. 2 RVG. 53

IV. Anwendungsbereich von § 95
1. Zweck der Vorschrift

Die Vorschrift entzieht Entscheidungen des Vollstreckungsgerichts, die vor der Beschlussfassung über den Zuschlag getroffen wurden, weitgehend der selbstständigen Anfechtung. Dem Wortlaut nach findet § 95 in der Zwangsverwaltung keine Anwendung. Gemäß § 95 ist gegen eine Entscheidung, die **vor** der Beschlussfassung über den **Zuschlag** erfolgt, die **sofortige Beschwerde** nur zulässig, wenn die Entscheidung die Anordnung, Aufhebung, einstweilige Einstellung oder Verfahrensfortsetzung betrifft. Alle anderen Entscheidungen können somit als vorläufige **Zwischenbescheide** interpretiert werden, die nur dazu dienen, die Schlussentscheidung über den Zuschlag vorzubereiten. Mit der Entscheidung über den 54

---

46 LG Mönchengladbach, AGS 2006, 119; AnwK-RVG/Schneider/Wolf/Volpert/Mock/Thiel/N. Schneider, § 18 Rdn. 34.

Zuschlag werden alle Zwischenbescheide entweder endgültig aufrechterhalten oder abgeändert. Daher ist auch der Aussage des **BGH**[47] zuzustimmen, dass eine sofortige Beschwerde gegen die Ablehnung des Antrags, den rechtskräftig festgesetzten Grundstückswert (Verkehrswert) abzuändern, mit der Zuschlagserteilung infolge prozessualer Überholung unzulässig wird. Es gibt neben dem Rechtsmittelverfahren gegen den Zuschlagsbeschluss kein besonderes Beschwerdeverfahren gegen die Wertfestsetzung, da nach der Zuschlagsentscheidung der Wertfestsetzung keine selbstständige Bedeutung mehr zukommt. Insoweit korrespondiert § 95 auch mit § 79, der die Bindung des Gerichts bei der Beschlussfassung über den Zuschlag an vorher getroffene Entscheidungen ausdrücklich ausschließt.

55 Die Beschränkung der Anfechtbarkeit dient außerdem einem praktischen Bedürfnis. Ohne sie könnte jeder böswillige Schuldner das Verfahren durch Einlegung einer Vielzahl von Rechtsbehelfen erheblich verzögern. Es kommt in der Praxis aber immer wieder vor, dass ein Schuldner gegen jede Verfügung und jeden Beschluss Rechtsmittel einlegt. Das Vollstreckungsgericht sollte darauf achten, dass hierdurch keine den Gläubiger benachteiligende Verfahrensverzögerung eintritt. Zunächst ist festzuhalten, dass Beschwerden keine aufschiebende Wirkung haben, weitere Entscheidungen in der Sache können daher ergehen. Bei Vorlage an das Beschwerdegericht muss bei querulatorischen Beschwerden auch nicht stets die gesamte Verfahrensakte vorgelegt werden, denn dann ist das Vollstreckungsgericht an weiteren Entscheidungen gehindert; es genügt auch, die Beschwerdeschrift, den Nichtabhilfebeschluss und Kopien des Antrages zu fertigen und vorzulegen. Es ist insgesamt streitig, ob unstatthafte Beschwerden überhaupt an das Beschwerdegericht abgegeben werden müssen oder ob die Vorlage auch unterbleiben darf.[48] Bei eindeutig unstatthaften oder auch sinnlosen Beschwerden sollte das Vollstreckungsgericht einen entsprechenden Aktenvermerk fertigen, die Beschwerde vorläufig unerledigt lassen bis zu dem Zeitpunkt, die eine Entscheidung rechtfertigt. Möglich ist sicherlich auch, alle unstatthaften Beschwerden mit der nächsten statthaften Beschwerde vorzulegen. Auch können Beschwerden, die eindeutig keinen Erfolg haben, bis zum Versteigerungstermin liegen bleiben und zusammen mit dem Zuschlag beschieden werden.[49]

2. Art des Rechtsbehelfs

56 Welcher Rechtsbehelf (sofortige Beschwerde nach § 793 ZPO, sofortige Erinnerung nach § 11 Abs. 2 RPflG, Erinnerung nach § 766 ZPO) im Einzelfall statthaft ist, bestimmt sich nach den allgemeinen Regeln (zuvor → Rdn. 1–4).

3. Gesetzliche Regelung

57 Der Anordnungs- und Fortsetzungsbeschluss kann infolge der ausdrücklichen Bestimmung selbstständig angefochten werden. Gleiches gilt gegen § 27 auch für den Beschluss auf Zulassung eines Beitritts. Auch der Beschluss auf Verbindung und Trennung von Verfahren ist selbstständig anfechtbar (hierzu → § 18 Rdn. 16).[50]

---

47 Rpfleger 2004, 172 = NJW-RR 2004, 302 = KTS 2004, 457 = MDR 2004, 294 = WM 2004, 98 = InVo 2004, 201 = ZfIR 2004, 167.
48 Hierzu insgesamt *Engel*, Rpfleger 1981, 81, 82.
49 So auch *Böttcher*, § 95 Rdn. 2, 3.
50 OLG Hamm, Rpfleger 1987, 467 und 1989, 249.

Weiterhin ausdrücklich anfechtbar sind die einstweilige Einstellung und die Aufhebung des Verfahrens. 58

Sowohl die **Unterbrechung** als auch die **Vertagung** des Versteigerungstermins sind verfahrensleitende Maßnahmen des Vollstreckungsgerichts, ein Rechtsbehelf hiergegen **ist nicht vorgesehen,** vgl. § 227 Abs. 4 Satz 3 ZPO. Dies gilt auch dann, wenn der Rechtspfleger die Unterbrechung bzw. Vertagung anberaumt oder abgelehnt hat.[51] Ausnahmsweise kann dies anders gesehen werden, wenn die Vertagung oder Verlegung des Termins wie eine einstweilige Einstellung des Verfahrens wirkt.[52] Ausnahmsweise kann nach dem Schluss der Versteigerung die Verfahrenshemmung nicht mehr gesondert angefochten werden (§ 33). 59

4. Weitere anfechtbare Entscheidungen

Über den Wortlaut von § 95 hinaus sind weitere Entscheidungen des Vollstreckungsgerichts vor der Zuschlagserteilung selbstständig anfechtbar: einstweilige Einstellung des Verfahrens, § 30b Abs. 3, einstweilige Einstellung auf Antrag des Insolvenzverwalters, § 30d Abs. 3, Aufhebung der einstweiligen Einstellung des Verfahrens, § 30f Abs. 3 Satz 2, Festsetzung des Verkehrswertes, § 74a Abs. 5 Satz 3. Ändert das Vollstreckungsgericht den Verkehrswert, ist dieser Änderungsbeschluss nach § 74a Abs. 5 Satz 3 mit der **sofortigen Beschwerde** anfechtbar.[53] Die Mitteilung des Vollstreckungsgerichts, den festgesetzten Verkehrswert nicht abzuändern, ist nicht erneut mit der Beschwerde anfechtbar.[54] Eine Verkehrswertbeschwerde des Schuldners ist mangels Rechtsschutzbedürfnisses zumindest dann bereits unzulässig, wenn kein rechtfertigender Grund für die Verweigerungshaltung des Schuldners vorliegt, den Zutritt zu den Räumlichkeiten des Versteigerungsobjekts zu dulden und die Verkehrswertfestsetzung nicht offensichtlich an einem schwerwiegenden Mangel leidet.[55] Ebenfalls mit der sofortigen Beschwerde anfechtbar ist eine Entscheidung nach § 765a ZPO (hierzu → § 30a Rdn. 45). Versagt das Vollstreckungsgericht rechtsfehlerhaft den Zuschlag auf ein unwirksames Gebot nach § 85a Abs. 1, statt es nach § 71 Abs. 1 zurückzuweisen, so kann der Schuldner diese Entscheidung entgegen dem Wortlaut des § 97 Abs. 1 mit der sofortigen Beschwerde anfechten.[56] 60

Nach Sinn und Zweck sind weiterhin auch solche Entscheidungen des Vollstreckungsgerichts selbstständig anfechtbar, die mit der Erteilung des Zuschlags nicht in Zusammenhang stehen. Dazu zählen zunächst solche Beschlüsse, die erst **nach** der Erteilung des Zuschlags ergehen, z.B. im Zusammenhang mit der gerichtlichen Verwaltung nach § 94 und der Erlösverteilung nach §§ 108, 113, 115, 116, 130. Außerdem rechnen hierzu Beschlüsse vor Erteilung des Zuschlags, z.B. Ablehnung der Bestimmung des zuständigen Gerichts (§ 2), Entscheidung über die Vergütung und Auslagen eines Zustellungsvertreters (§ 7 Abs. 2) oder die Anordnung oder Ablehnung von Sicherungsmaßnahmen (§ 25). 61

---

51 Evtl. kommt § 11 Abs. 2 RPflG in Betracht.
52 So auch Steiner/*Storz*, § 95 Rdn. 14.
53 LG Kassel, Rpfleger 1984, 474 mit Anm. *Storz*.
54 LG Berlin, Rpfleger 2008, 518.
55 LG Lüneburg, Rpfleger 2008, 38.
56 BGH, Rpfleger 2008, 147 = NJW-RR 2008, 688 = WM 2008, 304.

5. Nichtselbstständig anfechtbare Entscheidungen

62 Grundsätzlich nicht selbstständig angefochten werden können solche Entscheidungen, die dazu dienen, die Entscheidung über den Zuschlag vorzubereiten.[57] Hierzu zählen z.b. die Feststellung des geringsten Gebots und der Versteigerungsbedingungen[58] (§§ 44–65), Zulassung bzw. Zurückweisung eines abgegebenen Gebots oder eines gegen das Gebot erhobenen Widerspruchs (§§ 71, 72). Die Nichtberücksichtigung eines angemeldeten Rechts ist vor dem Zuschlag nicht mit einem förmlichen Rechtsbehelf anfechtbar. Dies gilt auch dann, wenn das Gericht eine **Anmeldung zurückgewiesen** hat. Die Zurückweisung der Anmeldung eines Vorrechts ist vor dem Zuschlag auch nicht mit der Vollstreckungserinnerung anfechtbar, da es sich nicht um eine selbstständige Vollstreckungshandlung handelt. Wie bei der Feststellung des geringsten Gebots handelt es sich vielmehr nur um eine unselbstständige Zwischenentscheidung.[59] Andererseits können vorbereitende Entscheidungen wie z.B. die Terminsbestimmung auch selbstständige Vollstreckungsmaßnahmen darstellen, die ohne vorherige Anhörung ergehen und daher mit der Vollstreckungserinnerung nach § 766 ZPO angegriffen werden können.[60]

---

57 *Stöber*, ZVG § 95 Rdn. 4.5.
58 Zur Ablehnung eines Verteilungsantrags nach § 64 Abs. 1, LG Krefeld, Rpfleger 1987, 323.
59 LG Augsburg, Rpfleger 2001, 92.
60 So auch *Böttcher*, § 95 Rdn. 6.

§ 96 »Anzuwendende Vorschriften«

Auf die Beschwerde gegen die Entscheidung über den Zuschlag finden die Vorschriften der Zivilprozeßordnung über die Beschwerde nur insoweit Anwendung, als nicht in den §§ 97 bis 104 ein anderes vorgeschrieben ist.

I. Allgemeines

Die Vorschrift wurde geändert durch den am 1.1.2002 in Kraft getretenen Art. 9 Nr. 4 des Gesetzes zur Reform des Zivilprozesses (Zivilprozessreformgesetz – ZPO-RG) vom 27.7.2001 (BGBl I 1887) in dem der Verweis auf die Vorschriften über die *sofortige* Beschwerde entfallen ist. Die Vorschrift ordnet an, dass gegen den Beschluss über den Zuschlag die Vorschriften der Beschwerde nach der ZPO Anwendung finden; nach §§ 567 ff. ZPO ist die **sofortige** Beschwerde der Regelfall. Dies gilt auch für Entscheidungen des Rechtspflegers, § 11 Abs. 1 RPflG. Es gelten daher für die Beschwerde, soweit diese zulässig ist (vgl. § 95) die Bestimmungen der §§ 567–572 ZPO, sofern nicht in den §§ 97–104 etwas anderes vorgeschrieben ist.   1

II. Anwendbare Vorschriften

1. Bestimmungen der ZPO

Anwendbar sind die Vorschriften der ZPO zur Beschwerde und zwar: zur Zulässigkeit (§ 567 Abs. 1, 3); zur Zuständigkeit des Beschwerdegerichts (Einzelrichter oder Kollegialgericht, § 568 ZPO); zur Einlegung der Beschwerde (§ 569 ZPO); zur Aussetzung der Vollziehung (§ 570 Abs. 2, 3 ZPO); zur Begründung und der Berücksichtigung neuer Tatsachen (§ 571 ZPO); zur Abhilfebefugnis und zum Verfahren vor dem Beschwerdegericht (§ 572 ZPO) und zur Rechtsbeschwerde (§§ 574 ff. ZPO), sofern diese nach § 574 ZPO zugelassen wurde (zur Beschwerde siehe → § 95 Rdn. 29 und zur Rechtsbeschwerde → § 95 Rdn. 39).   2

2. Außerordentliche Beschwerde (§ 569 Abs. 1 Satz 3 ZPO)

Liegen die Erfordernisse für eine Nichtigkeits- oder Restitutionsklage (§§ 579, 580 ZPO) vor, kann eine **außerordentliche Beschwerde**[1] eingelegt werden, § 569 Abs. 1 Satz 3 ZPO.[2] Diese kommt jedoch nur in Betracht, wenn der Zuschlagsbeschluss zunächst formell rechtskräftig geworden ist. § 569 Abs. 1 S. 3 ZPO eröffnet kein eigenständiges Wiederaufnahmeverfahren, sondern verlängert für die sofortige Beschwerde lediglich die bereits abgelaufene Beschwerdefrist.[3] Daher ist die außerordentliche Beschwerde nur dann begründet, wenn ein Beschwerdegrund nach § 100 geltend gemacht wird. Hierbei ist weiterhin zu berücksichtigen, dass ein geltend gemachter Beschwerdegrund nach § 83 Nr. 1–5 über § 84 heilbar ist. Ist daher bereits im normalen Beschwerdeverfahren über die möglichen Anfechtungsgründe nach § 100 entschieden worden, kommt die außerordentliche Beschwerde nicht in Betracht.[4]   3

---

1 Zum Begriff s. *Stöber*, ZVG § 96 Rdn. 3.2.
2 BGH, Beschluss vom 5.11.2004, IXa ZB 76/04, FamRZ 2005, 200 = BeckRS 2004, 11851; OLG Oldenburg, Beschluss vom 18.10.1989, 2 W 154/88, Rpfleger 1990, 179; a.A. OLG Köln, Beschluss vom 21.11.1974, 2 W 10-11/74, Rpfleger 1975, 406 mit abl. Anm. *Kirberger*.
3 BGH, Beschluss vom 5.11.2004, IXa ZB 76/04, FamRZ 2005, 200 = BeckRS 2004, 11851.
4 *Stöber*, ZVG, § 96 Rdn. 3.4.

3.1 Die außerordentliche Beschwerde kommt in der Praxis nur selten vor, da zusätzlich zu den Beschwerdegründen nach § 100 auch die für die Fristverlängerung notwendigen Voraussetzungen der Nichtigkeits- oder Restitutionsklage vorliegen müssen, § 569 Abs. 1 S. 3 ZPO i.V.m. § 580 Nr. 1–8 und § 581 Abs. 1 ZPO.[5] Das LG Potsdam[6] hat einen rechtskräftigen Zuschlagsbeschluss im Wege einer „außerordentlichen" Beschwerde wieder aufgehoben, da es die Zustellungen an den zu Unrecht bestellten Zustellungsvertreter für den Schuldner für unwirksam gehalten hat. Nach dem Sachverhalt wurde der Zuschlag für ein unbebautes Grundstück am 21.4.2010 erteilt. Fast 4 Jahre später (am 11.3.2014) hob der Einzelrichter am Landgericht den Zuschlagsbeschluss auf, die Rechtsbeschwerde wurde und war aufgrund der Einzelrichterentscheidung nicht zulässig. Nach der Zuschlagsentscheidung hat der Ersteher das Grundstück baufertig hergestellt und mit einem Wohnhaus bebaut. Allerdings hält der BGH einen rechtskräftigen Zuschlagsbeschluss für nicht aufhebbar, auch nicht nach § 765a ZPO.[7] Der Zuschlag erfolgte am 28.7.2008, der Antrag auf Aufhebung wurde am 24.11.2008 gestellt. Der BGH führt unmissverständlich aus, dass eine Aufhebung nach Rechtskraft nur in Betracht kommt, wenn das Verfahrensrecht die Aufhebung zuließe. Daran fehlt es im ZVG. Die Verkündung der Entscheidung hindert gemäß § 318 ZPO das Vollstreckungsgericht an einer Aufhebung. Ist die Entscheidung rechtskräftig geworden, scheidet ihre Aufhebung auch im Rechtsmittelverfahren aus. Der Zuschlagsbeschluss ist eine hoheitliche Maßnahme, die in der Person des Zuschlagsbegünstigten Eigentum schafft und das Recht, aus dem die Zwangsversteigerung betrieben wird, und die diesem nachgehenden Rechte als Rechte an dem Grundstück erlöschen lässt, § 52 Abs. 1, § 91 Abs. 1. Einen Wegfall dieser Wirkungen nach Eintritt der Rechtskraft des Zuschlagsbeschlusses sieht das ZVG nicht vor. Sie würde eine Enteignung des Zuschlagsbegünstigten bedeuten, für die es an einer Grundlage fehlt. Interessant hieran ist die letzte Aussage bezüglich der Enteignung des Erstehers ohne gesetzliche Grundlage. Andererseits ist die Zuschlagsentscheidung, wenn grundgesetzliche Rechte verletzt wurden, auch eine Enteignung des bisherigen Eigentümers. Ob der BGH bei seiner Abwägung auch die grundgesetzlich geschützen Rechte Dritter mit einbezogen hat, die ebenfalls durch den Zuschlag betroffen oder begünstigt werden, bleibt offen. In jedem Falle würde diese Rechtsauffassung weiter gedacht dazu führen, dass eine außerordentliche Beschwerde aufgrund der Besonderheiten der Zuschlagswirkung über die beiden unmittelbar Beteiligten bisheriger Eigentümer und Ersteher hinaus auch für und gegen Dritte nicht in Betracht kommt. Der Ersteher kann sich nach Rechtskraft des Zuschlags darauf verlassen, dass er nunmehr unwiderruflich Eigentümer mit allen Rechten und Pflichten geworden ist und im Falle von berechtigten Gründen für eine nachträgliche Zuschlagsaufhebung der bisherige Eigentümer auf Schadensersatz verwiesen wird, im Regelfall gegen das Land z.B. bei schwerwiegenden Verfahrensfehlern durch das Vollstreckungsgericht.

Die Besonderheit der außerordentlichen Beschwerde liegt darin, dass die Frist der sofortigen Beschwerde von zwei Wochen erweitert wird, sie kann binnen einer **Notfrist von 1 Monat** erhoben werden (§ 586 Abs. 1 ZPO)[8]. Die Frist beginnt mit

---

5   OLG Oldenburg, Rpfleger 1990, 179, der Eigentümer war infolge Geisteskrankheit nicht geschäftsfähig und damit prozessunfähig; hierzu auch *Schneider*, Rpfleger 1976, 384.
6   Beschluss vom 11.3.2014, 1 T 103/13, ZfIR 2014, 785.
7   BGH, Beschluss vom 1.10.2009, V ZB 37/09, Rpfleger 2010, 101 = NJW-RR 2010, 232 = WM 2010, 522 = FamRZ 2009, 2079.
8   *Stöber*, ZVG § 96 Rdn. 3.3.

dem Tag, an dem die Partei von dem Anfechtungsgrund Kenntnis erhalten hat, § 586 Abs. 2 Satz 1 ZPO. Die außerordentliche Beschwerde ist nur dann möglich, denn der Beschwerdeführer die Notfrist für die sofortige Beschwerde versäumt hat und dadurch Rechtskraft eingetreten ist.[9] Im Übrigen müssen aber die sonstigen Voraussetzungen für die sofortige Beschwerde erfüllt sein. Hat die Beschwerde Erfolg, der Zuschlag wird aufgehoben, muss der alte Rechtszustand wiederhergestellt werden, was unabhängig von den praktischen Schwierigkeiten bedeutet, dass der Ersteher im Grundbuch gelöscht und der Schuldner wieder als Eigentümer eingetragen wird, gelöschte Rechte wieder neu eingetragen werden – allerdings im Rang hinter den vom Ersteher begründeten Rechten –, unbrauchbar gemachte Grundpfandrechtbriefe wieder hergestellt werden, der Zwangsversteigerungsvermerk wieder eingetragen wird, das Grundstück vom Ersteher an den Schuldner wieder herauszugeben ist etc. Wegen zwischenzeitlicher Verschlechterungen des Grundstücks kommen Schadensersatzansprüche des ursprünglichen Eigentümers gem. §§ 989, 990 BGB analog ab dem Zeitpunkt in Betracht, ab dem der Ersteher eine begründete Beschwerde gegen den Zuschlag bekannt geworden ist.[10] Umgekehrt entstehen Gegenansprüche des Besitzers (= Erstehers) gegen den ursprünglichen Eigentümer auf Ersatz der Verwendungen, §§ 994–1003 BGB, insbesondere auch einen Anspruch auf Wertersatz für nicht mehr trennbare Gegenstände, z.B. im Falle der Bebauung des Grundstücks. Hat der Ersteher das Grundstück allerdings bereits weiter veräußert und ist der Rechtserwerb unanfechtbar, ist die Nichtigkeitsbeschwerde nicht mehr zulässig, dann bleibt nur Schadensersatz.

Zur **Gegenvorstellung** vgl. → § 95 Rdn. 44. **4**

Zur **Anhörungsrüge** bei Verletzung des Anspruchs auf rechtliches Gehör vgl. **5**
→ § 95 Rdn. 45.

3. Besonderheiten des ZVG

Sonderregelungen betreffen die Befugnis zur Einlegung der Beschwerde (§§ 97, **6**
102); den Beginn der Beschwerdefrist (§ 98); den Gegner des Beschwerdeführers (§ 99); die zugelassenen Beschwerdegründe (§ 101); die Zustellung der Beschwerdeentscheidung (§ 103) sowie das Wirksamwerden des von Beschwerdegericht erteilten Zuschlags (§ 104).

Die Einlegung der Beschwerde hemmt den Eintritt der Rechtskraft für alle Beteiligten und Beschwerdeberechtigten. Für diejenigen, die keine Beschwerde eingelegt haben, wird die Entscheidung nicht schon mit dem Ablauf der Beschwerdefrist rechtskräftig.[11] **7**

III. Beschwerdewert

Der Streitwert der Zuschlagsbeschwerde richtet sich nicht nach § 54 GKG[12], **8**
sondern nach § 47 GKG, in erster Linie nach den Anträgen des Rechtsmittelführers, andernfalls ist die Beschwer, das wirtschaftliche Interesse des Beschwerdeführers am Erfolg seiner Beschwerde, maßgebend.[13]

---

9   Hierzu insgesamt Zöller/*Heßler*, § 569 Rdn. 6 ff.
10 OLG Celle, NJW 2006, 3440 = NZM 2006, 836 = WM 2006, 2039.
11 RGZ 128, 127.
12 OLG Bremen, Rpfleger 1977, 421.
13 OLG Bremen, JurBüro 1984, 89; KG, Rpfleger 1982, 233; OLG Zweibrücken, JurBüro 1981, 112.

§ 97 »Beschwerdeberechtigte«

(1) Die Beschwerde steht im Falle der Erteilung des Zuschlags jedem Beteiligten sowie dem Ersteher und dem für zahlungspflichtig erklärten Dritten, im Falle der Versagung dem Gläubiger zu, in beiden Fällen auch dem Bieter, dessen Gebot nicht erloschen ist, sowie demjenigen, welcher nach § 81 an die Stelle des Bieters treten soll.
(2) Im Falle des § 9 Nr. 2 genügt es, wenn die Anmeldung und Glaubhaftmachung des Rechtes bei dem Beschwerdegericht erfolgt.

I. Allgemeines

1   Die für alle Versteigerungsverfahren geltende Vorschrift bestimmt den Kreis derjenigen abschließend, die gegen die Entscheidung über den Zuschlag Beschwerde einlegen können. Die Beschwerdeberechtigung hängt davon ab, ob und inwieweit der Beschwerdeführer durch die Entscheidung beeinträchtigt ist. Entscheidungserheblich ist, ob der Zuschlag erteilt oder versagt wurde. Fehlt die Beschwerdeberechtigung, ist die Beschwerde als unzulässig zu verwerfen, § 572 Abs. 2 Satz 2 ZPO. Die Beschwerdegründe ergeben sich aus § 100.

II. Zuschlagserteilung

1. Beteiligte

2   Beschwerdeberechtigt sind die Beteiligten nach § 9. Hierzu zählen: der betreibende Gläubiger[1], der Schuldner, der Insolvenzverwalter, die sonstigen Beteiligten nach § 9 Nr. 1. Bei den sog. Anmelde-Beteiligten nach § 9 Nr. 2 reicht es aus, dass das Recht beim Beschwerdegericht angemeldet und gegebenenfalls glaubhaft gemacht wird (§ 97 Abs. 2).[2] Die Anmeldung wirkt allerdings nicht zurück. Erteilt das Vollstreckungsgericht den Zuschlag und weist das Beschwerdegericht die dagegen gerichtete Beschwerde zurück, kann nur der Beschwerdeführer die zugelassene Rechtsbeschwerde einlegen, nicht aber ein anderer Beteiligter i.S.v. § 9, der von seinem Beschwerderecht keinen Gebrauch gemacht hat.[3]

3   Bei Gesamthandsgemeinschaften (z.B. Erbengemeinschaft oder Gütergemeinschaft) ist jeder einzelne Beteiligte beschwerdebefugt. Das gilt auch dann, wenn der Anteil gepfändet ist.[4] Bei einer Gesellschaft bürgerlichen Rechts, die insoweit rechtsfähig ist, ist die Gesellschaft beschwerdeberechtigt. Unabhängig vom Güterstand bedürfen verheiratete Beteiligte keiner Zustimmung des Ehegatten, um die Beschwerde einzulegen.

2. Ersteher, zahlungspflichtiger Dritter

4   Der Ersteher kann die Beschwerde insbesondere darauf stützen, dass der Zuschlag zu anderen Bedingungen als zunächst festgestellt erteilt wurde, dass er nicht Meistbietender geworden sei, da sein Gebot unwirksam, angefochten oder erlo-

---

1   OLG Hamm, Rpfleger 1989, 421.
2   BGH, Rpfleger 2007, 675 = NJW-RR 2008, 146; Nicht beschwerdeberechtigt ist daher der Pächter, der sein Recht nicht angemeldet hat, OLG Koblenz, Rpfleger 1989, 517.
3   BGH, Beschluss vom 5.6.2014, V ZB 16/14, Rpfleger 2014, 689 = NJW-RR 2014, 1279 = Rpfleger 2014, 689.
4   LG Osnabrück, Rpfleger 1962, 102.

schen sei oder dass der Zuschlag einem anderen hätte erteilt werden müssen. Hat der Ersteher das ihm zugeschlagene Grundstück veräußert und der rechtsgeschäftliche Erwerber unanfechtbares Eigentum erworben, weil er die Anfechtbarkeit des Zuschlagsbeschlusses nicht gekannt hat, dann ist eine Zuschlagsbeschwerde nicht mehr zulässig.[5]

Beschwerdeberechtigt ist auch der für mithaftend erklärte Bürge (§ 69 Abs. 3, § 82).[6] 5

3. Bieter, Zessionar, Vertretener

Beschwerdeberechtigt ist jeder Bieter, dessen Gebot nicht erloschen ist (§ 72). 6 Ein erhobener Widerspruch gegen die Zurückweisung des Gebots muss sich aus dem Protokoll gegeben (vgl. §§ 78, 80). Beschwerdeberechtigt ist auch der andere, der nach § 81 Abs. 2 oder 3 an die Stelle des Meistbietenden treten soll. Wurde das Grundstück dem Vertreter selbst anstatt dem Vertretenen zugeschlagen, kann der Vertretene die Erteilung des Zuschlags mit der Beschwerde anfechten.[7] Der Zessionar eines (schuldrechtlichen) Anspruchs auf Rückübertragung einer Grundschuld ist nicht beschwerdebefugt.[8]

III. Zuschlagsversagung

1. Gläubiger

Bei der Versagung des Zuschlags sind nicht alle Beteiligten nach § 9 beschwerdeberechtigt. Die Beschwerdebefugnis steht nur demjenigen zu, der die Erteilung des Zuschlags beanspruchen kann. Hierzu zählen nicht der Schuldner[9] sowie die übrigen Beteiligten außer dem Gläubiger, soweit nicht die Ausnahme nach § 102 vorliegt. Ob die Verneinung des Beschwerderechts des Schuldners generell angenommen werden kann, ist zu bezweifeln. Der Argumentation, der Schuldner habe keinen Anspruch auf die Durchführung des Versteigerungsverfahrens und somit auch nicht auf die Zuschlagserteilung und das Verfahren diene nicht seinem Interesse zur Verwertung seines Eigentums bzw. der Tilgung seiner Verbindlichkeiten durch den Versteigerungserlös, kann so nicht zugestimmt werden. Diese Begründungen werden dem Anliegen des Versteigerungsverfahrens nicht gerecht, insbesondere wenn Gebote über dem festgesetzten Verkehrswert abgegeben werden und der Zuschlag dann wegen – angeblicher – Verfahrensfehler versagt wird.[10] Versagt das Vollstreckungsgericht rechtsfehlerhaft den Zuschlag auf ein unwirksames Gebot nach § 85a Abs. 1, statt es nach § 71 Abs. 1 zurückzuweisen, so kann der Schuldner diese Entscheidung ebenfalls mit der sofortigen Beschwerde anfechten.[11] 7

Beschwerdeberechtigt ist grundsätzlich jeder betreibende Gläubiger. Ein Beitritt zum Verfahren muss vor der Verkündung der Zuschlagsentscheidung wirksam geworden sein.[12] Der betreibende Gläubiger ist nicht beschwerdeberechtigt, 8

---

5 OLG Frankfurt, Rpfleger 1991, 380.
6 Hierzu *Hornung*, Rpfleger 1979, 321.
7 Hierzu KG, Rpfleger 1977, 146 für die OHG.
8 OLG Köln, Rpfleger 1988, 324.
9 OLG Köln, Rpfleger 1997, 176.
10 *Hintzen*, Rpfleger 1997, 150; a.A. *Stöber*, ZVG § 97 Rdn. 2.11.
11 BGH, Rpfleger 2008, 147 = NJW-RR 2008, 688 = WM 2008, 304.
12 Steiner/*Storz*, § 97 Rdn. 14; *Stöber*, ZVG § 97 Rdn. 2.11; *Böttcher*, § 97 Rdn. 6.

wenn sein Verfahren einstweilen eingestellt ist.[13] Gläubiger, die das Verfahren nicht betreiben, sind auch nicht beschwerdeberechtigt gegen die Zuschlagsversagung.[14]

2. Bieter, Zessionar, Vertretener

Wie bei der Erteilung des Zuschlags ist beschwerdeberechtigt der Bieter, dessen Gebot noch nicht erloschen ist (§ 72)[15], sowie diejenigen, die nach § 81 Abs. 2 oder 3 an die Stelle des Meistbietenden treten sollen.

---

13 OLG Nürnberg, NJW 1976, 902 = MDR 1976, 234.
14 Steiner/*Storz*, § 97 Rdn. 14; *Böttcher*, § 97 Rdn. 8; a.A. *Stöber*, ZVG § 97 Rdn. 2.11.
15 Hierzu OLG Koblenz, Rpfleger 1987, 425 = ZIP 1987, 1531 mit Anm. *Storz*.

§ 98 »Beginn der Beschwerdefrist«

¹Die Frist für die Beschwerde gegen einen Beschluß des Vollstreckungsgerichts, durch welchen der Zuschlag versagt wird, beginnt mit der Verkündung des Beschlusses. ²Das gleiche gilt im Falle der Erteilung des Zuschlags für die Beteiligten, welche im Versteigerungstermin oder im Verkündungstermin erschienen waren.

I. Allgemeines

Die für alle Versteigerungsverfahren (mit Besonderheiten bei Luftfahrzeugen, § 171m) geltende Vorschrift enthält eine Ausnahme von dem Grundsatz, dass die Beschwerdefrist von zwei Wochen mit der Zustellung der Entscheidung beginnt (§ 569 Abs. 1 Satz 2 ZPO). Die Vorschrift gilt auch für die außerordentliche Beschwerde nach § 569 Abs. 1 S. 3 ZPO. Der Beschluss über die Versagung des Zuschlags wird nicht zugestellt, der Beschluss über die Erteilung des Zuschlags nicht allen beschwerdeberechtigten Personen (vgl. § 88). Soweit nicht nach § 88 zuzustellen ist, beginnt der Lauf der Notfrist mit der Verkündung der Entscheidung. 1

Wird die Notfrist versäumt, kann bei Vorliegen der Voraussetzungen Wiedereinsetzung in den vorigen Stand beantragt werden, §§ 233–238 ZPO. Eine falsche Rechtsbehelfsbelehrung ist unschädlich, da das ZVG für die Zuschlagsbeschwerde eine gerichtliche Belehrung nicht vorsieht.[1]

Die Frist für die Beschwerde gegen den Zuschlag beginnt analog § 98 Satz 2 auch bei einem Beteiligten, der sein Recht gemäß § 97 Abs. 2 nachträglich im Beschwerdeverfahren anmeldet, mit der Verkündung des Zuschlagsbeschlusses.[2] 2

Nach einer Grundsatzentscheidung des *BGH* gilt für Zwangsversteigerungsverfahren die Pflicht zur Erteilung von **Rechtsmittelbelehrungen**. Für die gemäß §§ 869, 793 ZPO befristeten Rechtsmittel in Zwangsversteigerungsverfahren ergibt sich dies unmittelbar aus der Verfassung. Unterbleibt die Rechtsmittelbelehrung, steht dies **weder der Wirksamkeit der gerichtlichen Entscheidung noch dem Beginn des Laufs der Rechtsmittelfrist entgegen**. Mit dem Gesetz zur Einführung einer Rechtsbehelfsbelehrung im Zivilprozess vom 5.12.2012 gelten u.a. ab dem 1.1.2014 die §§ 232 und 233 ZPO. Jede anfechtbare gerichtliche Entscheidung hat eine Belehrung über das statthafte Rechtsmittel, den Einspruch, den Widerspruch oder die Erinnerung sowie über das Gericht, bei dem der Rechtsbehelf einzulegen ist, über den Sitz des Gerichts und über die einzuhaltende Form und Frist zu enthalten. Dies gilt nicht in Verfahren, in denen sich die Parteien durch einen Rechtsanwalt vertreten lassen müssen, es sei denn, es ist über einen Einspruch oder Widerspruch zu belehren oder die Belehrung ist an einen Zeugen oder Sachverständigen zu richten. War eine Partei ohne ihr Verschulden verhindert, eine Notfrist oder die Frist zur Begründung der Berufung, der Revision, der Nichtzulassungsbeschwerde oder der Rechtsbeschwerde oder die Wiedereinsetzungsfrist des § 234 Abs. 1 ZPO einzuhalten, so ist ihr auf Antrag Wiedereinsetzung in den vorigen Stand zu gewähren. Ein Fehlen des Verschuldens wird vermutet, wenn eine Rechtsbehelfsbelehrung unterblieben oder

---

1 LG Göttingen, Rpfleger 2000, 510.
2 BGH, Rpfleger 2007, 675 = NJW-RR 2008, 146.

fehlerhaft ist. Zu belehren ist über sämtliche Rechtsmittel, also über die Berufung, die Revision, die sofortige Beschwerde, die Rechtsbeschwerde und die Nichtzulassungsbeschwerde, sowie über die übrigen ausdrücklich genannten Rechtsbehelfe, über die aufgrund ihrer Befristung oder ihrer besonderen Funktion zu belehren ist. Bei den nicht fristgebundenen Rechtsbehelfen genügt zur Erfüllung der erforderlichen Belehrung über die Frist der Hinweis, dass keine Frist existiert. Da der Wortlaut der Vorschrift nur anfechtbare Entscheidungen erfasst, muss nicht belehrt werden, wenn kein Rechtsmittel und keiner der genannten Rechtsbehelfe statthaft ist. Zu belehren ist auch über das Gericht, bei dem der Rechtsbehelf einzulegen ist, sowie über dessen Sitz. Die Belehrungspflicht erfasst grundsätzlich auch alle Entscheidungen aus dem Bereich des **Zwangsvollstreckungsrechts**. Für den Vollstreckungsschutzantrag gemäß § 765a ZPO ist keine Belehrungspflicht vorgesehen, der Antrag kennt auch grundsätzlich keine Fristen. Im Anwendungsbereich des ZVG ist neben den zur Anwendung kommenden Rechtsbehelfen der ZPO über das Recht der Zuschlagsbeschwerde gemäß den §§ 95 ff. zu belehren.

Die Beschwerdefrist nach § 569 Abs. 1 Satz 1 ZPO beträgt zwei Wochen; sie beginnt grundsätzlich mit der Zustellung der angefochtenen Entscheidung, § 569 Abs. 1 Satz 2 ZPO. Hiervon weicht das ZVG für die Entscheidung über den Zuschlag ab. Soweit ein Beteiligter an dem Termin zur Verkündung der Entscheidung über den Zuschlag teilgenommen hat, braucht ihm die Entscheidung nicht zugestellt zu werden, § 88. Unabhängig von der Frage der Teilnahme an dem Versteigerungstermin oder dem Verkündungstermin oder auch der Zustellung der Entscheidung beginnt die Frist für die Anfechtung einer Entscheidung, durch die der Zuschlag versagt wird, mit deren Verkündung, § 98 Satz 1. Nach § 98 Satz 2 gilt „das Gleiche ... im Falle der Erteilung des Zuschlags für die Beteiligten, welche im Versteigerungstermin oder im Verkündungstermin erschienen waren". Soweit es sich so verhält, bedarf es der Zustellung des Zuschlagsbeschlusses daher nicht; die Beschwerdefrist beginnt unabhängig von dessen Zustellung mit der Verkündung der Entscheidung über den Zuschlag. Das gilt auch dann, wenn ein Beteiligter zwar nicht an dem Verkündungstermin, wohl jedoch an dem Versteigerungstermin, aufgrund dessen über den Zuschlag zu entscheiden ist, teilgenommen hat und die Entscheidung über den Zuschlag nicht kennt. Zu diesen gesetzlichen Regelungen führt der BGH aus, dass sich diese einem juristischen Laien weder vom Inhalt noch mit dem verfolgten Ziel erschließen. Ohne eine Belehrung seitens des Gerichts ist die gesetzliche Regelung mit dem heutigen Verständnis des verfassungsrechtlich gesicherten Anspruchs auf wirkungsvollen Rechtsschutz nicht vereinbar. Dass der Beginn der Frist zur Anfechtung dieser Entscheidung für den Schuldner davon abhängt, dass er in dem Verkündungstermin vorausgehenden Versteigerungstermin zugegen war, liegt in solchem Maße fern, dass der Schuldner ohne eine Belehrung seitens des Gerichts hiermit nicht rechnen kann. Das Zwangsversteigerungsverfahren gehört nach Ansicht des BGH auch nicht zu den Verfahren, von denen angenommen werden kann, dass sie allgemein vertraut sind. Weil das für die Entscheidungen nach dem Zwangsversteigerungsgesetz eröffnete Rechtsmittel der sofortigen Beschwerde nicht dem Anwaltszwang unterliegt, kann auch nicht davon ausgegangen werden, dass die Beteiligten an einem solchen Verfahren wegen der Anfechtung einer Entscheidung den Rat eines Rechtsanwalts in Anspruch nehmen. Die Belehrung ist daher verpflichtend.

II. Fristbeginn bei Zuschlagsversagung (Satz 1)

Der Lauf der Notfrist beginnt bei Versagung des Zuschlags in der ersten Instanz immer mit der Verkündung des Beschlusses, § 87 Abs. 1. Zur Rechtsmittelbelehrung s. → Rdn. 2.

III. Fristbeginn bei Zuschlagserteilung (Satz 2)

1. Erschienene Beteiligte

Bei der Erteilung des Zuschlages beginnt die Beschwerdefrist mit der Verkündung für diejenigen Beteiligten, die im Versteigerungstermin, auch wenn dieser vertagt wurde[3], oder im Verkündungstermin (§ 87) anwesend waren (auch wenn zugleich über einen Schuldnerschutzantrag nach § 765a ZPO entschieden wurde)[4], auch wenn der Beschluss – irrtümlich – nochmals zugestellt wurde.[5] Die Anwesenheit muss sich aus dem Protokoll ergeben (§§ 78, 80). Für den Fall, dass sich ein Beteiligter vertreten lässt, gilt jedenfalls dann nichts anderes, wenn der Vertreter über eine uneingeschränkte Verfahrensvollmacht verfügt.[6] Der Beteiligte oder sein Vertreter muss nicht während des gesamten Termins anwesend gewesen sein.[7] Anwesend im Termin bedeutet nicht, dass man von Beginn bis Ende anwesend war, auch der verspätet erschienene Beteiligte und derjenige, der vor Schluss der Verhandlung den Termin verlassen hat, ist zu den Anwesenden zu zählen. Es reicht aus, dass entweder der Berechtigte oder sein Bevollmächtigter anwesend ist.[8] Von mehreren Bevollmächtigten muss nur einer anwesend gewesen sein.[9] Wird der Zuschlag im Verkündungstermin bekannt gegeben, muss dieser Termin ordnungsgemäß bekannt gemacht worden sein.[10]

2. Ersteher, Bürge, mithaftender Meistbietender

Auch wenn der Ersteher, der mithaftende Bürge (§ 69 Abs. 3) sowie der mithaftende Meistbietende (§ 81 Abs. 2, 3) im Termin anwesend ist, beginnt die Notfrist immer erst mit der Zustellung (§ 88 Satz 1).[11] Zur Rechtsmittelbelehrung s. → Rdn. 2. Ist eine dieser Personen zugleich am Verfahren beteiligt, beginnt die Frist zu unterschiedlichen Zeitpunkten zu laufen. Ist die Beschwerdefrist für den Beteiligten abgelaufen, kann zwar innerhalb der Frist für den Ersteher noch angefochten werden, mit Erfolg aber nicht mehr aus Gründen, die nur vom Beteiligten geltend gemacht werden können.[12]

3. Nichterschienene Beteiligte

Bei der Erteilung des Zuschlags beginnt die Beschwerdefrist erst mit der Zustellung, sofern die Beteiligten im Versteigerungs- bzw. Verkündungstermin we-

---

3 OLG Hamm, JurBüro 1989, 708; OLG München, Rpfleger 1956, 103.
4 OLG Köln, Rpfleger 1997, 34 und Rpfleger 1980, 354 = ZIP 1980, 476; OLG Hamm, Rpfleger 1991, 262.
5 OLG Celle, Rpfleger 1986, 489.
6 BGH, Rpfleger 2008, 517 = NJW-RR 2008, 1084 = WM 2008, 1567.
7 OLG Hamm, Rpfleger 1991, 262; OLG Köln, JMBl NRW 1966, 103; OLG Koblenz, Rpfleger 1957, 311.
8 OLG Köln, Rpfleger 1997, 34; OLG Hamm, Rpfleger 1991, 262.
9 OLG Frankfurt, Rpfleger 1977, 417 = JurBüro 1978, 107.
10 OLG Köln, Rpfleger 1980, 354 = ZIP 1980, 476.
11 So auch Steiner/*Storz*, § 98 Rdn. 8; *Stöber*, ZVG § 98 Rdn. 2.1.
12 So auch Steiner/*Storz*, § 98 Rdn. 8; *Stöber*, ZVG § 98 Rdn. 2.1.

der erschienen noch ordnungsgemäß vertreten waren (§ 88 Satz 1 ZVG; § 569 Abs. 1 Satz 2 ZPO).

4. Fehlende oder fehlerhafte Zustellung

7 Wurde der Zuschlagsbeschluss entgegen § 88 nicht oder aber fehlerhaft zugestellt, beginnt die Beschwerdefrist spätestens mit dem Ablauf von fünf Monaten nach der Verkündung des Beschlusses[13] (§ 569 Abs. 2 Satz 2 ZPO). Dies gilt auch, wenn der im Versteigerungstermin erschienene Beteiligte prozessunfähig war.[14]

---

13 Hierzu *Hannemann*, Rpfleger 2002, 12.
14 OLG Hamm, Rpfleger 1991, 262 mit Anm. *Meyer-Stolte*.

§ 99 »Gegner des Beschwerdeführers«

(1) Erachtet das Beschwerdegericht eine Gegenerklärung für erforderlich, so hat es zu bestimmen, wer als Gegner des Beschwerdeführers zuzuziehen ist.
(2) Mehrere Beschwerden sind miteinander zu verbinden.

I. Allgemeines

Im Unterschied zum Normalfall kommen als Gegner des Beschwerdeführers bei der Zwangsversteigerung nicht immer dieselben Personen in Betracht.[1] Das Beschwerdegericht hat daher zu bestimmen, wer als Gegner im Beschwerdeverfahren hinzuzuziehen ist (Abs. 1). Damit über mehrere Beschwerden schnell und sachgerecht entschieden werden kann, sind diese miteinander zu verbinden (Abs. 2). Die Bestimmung gilt für alle Versteigerungsverfahren des ZVG.

II. Zuziehung des Beschwerdegegners (Abs. 1)
1. Entscheidung des Gerichts

Der Wortlaut von Abs. 1 bedeutet nicht, dass das Beschwerdegericht einen Gegner des Beschwerdeführers in jedem Falle zu bestimmen und im Verfahren hinzuzuziehen hat. Es steht im **Ermessen** des Beschwerdegerichts, ob es überhaupt einen Beschwerdegegner zuziehen will.[2] Ist die Beschwerde schon aufgrund des Vorbringens des Beschwerdeführers unstatthaft, unzulässig (hierzu § 572 Abs. 2 ZPO) oder offensichtlich unbegründet, kann diese sofort zurückgewiesen werden, die Bestimmung eines Beschwerdegegners ist in diesem Falle entbehrlich. Wurde ein Beschwerdegegner bestimmt, kann in den zuvor genannten Fällen ausnahmsweise von der Anhörung abgesehen werden.[3]

Wurde ein Beschwerdegegner bestimmt bzw. dem Verfahren hinzugezogen, muss grundsätzlich rechtliches Gehör gewährt werden; der Gegner muss Gelegenheit erhalten, sich äußern zu können.[4]

Gegner des Beschwerdeführers sind diejenigen Interessenten, welche durch eine der Beschwerde entsprechende Entscheidung des Beschwerdegerichts benachteiligt werden würden. Unterlässt das Beschwerdegericht eine notwendige Zuziehung eines Beschwerdegegners, ist dies eine Verletzung des Grundsatzes auf Gewährung rechtlichen Gehörs.

2. Beschwerdegegner

Die Zuziehung des Beschwerdegegners wird regelmäßig dadurch erfolgen, dass das Beschwerdegericht die Beschwerdeschrift mit der Bitte übersendet, binnen einer bestimmten Frist hierzu Stellung zu nehmen (§ 571 Abs. 3 Satz 1, 2 ZPO). Wird über die Beschwerde ausnahmsweise mündlich verhandelt, wird der Beschwerdegegner hierzu geladen.

Der Zugezogene ist als Beschwerdegegner Gegenpartei des Beschwerdeführers, er kann sich daher zur Beschwerde äußern und beantragen, diese als unzuläs-

---

1 Hierzu Denkschrift S. 57.
2 BVerfG, NJW-RR 2005, 936; hierzu kritisch *Rimmelspacher/Fleck*, WM 2005, 1777; *Böttcher*, § 99 Rdn. 2.
3 OLG Frankfurt, Rpfleger 1980, 396; *Schneider*, MDR 1986, 642.
4 BVerfG, NJW 1974, 133; OLG Köln, Rpfleger 1985, 498; OLG Frankfurt, Rpfleger 1980, 396.

sig oder als unbegründet zurückzuweisen. Seinen Zurückweisungsantrag darf der Beschwerdegegner jedoch nicht auf einen Grund stützen, der nur das Recht eines anderen betrifft, § 100 Abs. 2.

3. Verfahren des Gerichts

7   Wird das Verfahren – wie üblich – schriftlich durchgeführt, wird eine Gegenäußerung des Beschwerdegegners wiederum dem Beschwerdeführer zur Stellungnahme übersandt. Erklärt sich der Beschwerdegegner nicht oder erscheint er nicht zu einer mündlichen Verhandlung, entscheidet das Gericht nach Lage der Akten. Der Gang des Beschwerdeverfahrens ist weitgehend geregelt in § 572 ZPO.

4. Kosten

8   Grundsätzlich gelten für die Kosten des Beschwerdeverfahrens die allgemeinen Vorschriften, §§ 91 ff. ZPO.[5] Bei einem Fehler des Gerichts dürfen die Kosten nicht dem Beschwerdegegner auferlegt werden.

9   Hat das Beschwerdegericht einen Beschwerdegegner zugezogen, ist dieser nicht Partei des Beschwerdeverfahrens, die Hinzuziehung dient in erster Linie der Gewährung rechtlichen Gehörs.[6] Zulasten oder zugunsten des Zugezogenen kann keine Kostenentscheidung ergehen.[7] Auch Kostenerstattungsansprüche können gegen den Zugezogenen nicht geltend gemacht werden. Will das Beschwerdegericht dennoch einem zugezogenen Gegner die Kosten des Verfahrens auferlegen, wenn dieser Anträge gestellt oder sich sonst aktiv am Beschwerdeverfahren beteiligt hat, ist es verfassungsrechtlich gehalten, den Gegner gem. § 139 Abs. 1, 2 ZPO ausdrücklich auf das Kostenrisiko hinzuweisen.[8]

III. Verbindung mehrerer Beschwerden (Abs. 2)

10 Um widersprechende Entscheidungen zu vermeiden und unnötigen Aufwand zu ersparen, sind mehrere Beschwerden miteinander zu verbinden. Es handelt sich jedoch um eine Ordnungsvorschrift, die bei Zuwiderhandlung keine Zulassung einer Rechtsbeschwerde gerechtfertigt.[9]

---

5   Zöller/Heßler, § 567 Rdn. 51.
6   BVerfG, NJW-RR 2005, 936; OLG Hamm, Rpfleger 1976, 146; OLG Hamburg, MDR 1957, 753; Stöber, ZVG § 99 Rdn. 2.3.
7   Stöber, ZVG § 99 Rdn. 2.5; Böttcher, § 99 Rdn. 2.
8   BVerfG, NJW-RR 2005, 936.
9   Böttcher, § 99 Rdn. 3.

§ 100 »Beschwerdegründe«

(1) Die Beschwerde kann nur darauf gestützt werden, daß eine der Vorschriften der §§ 81, 83 bis 85a verletzt oder daß der Zuschlag unter anderen als den der Versteigerung zugrunde gelegten Bedingungen erteilt ist.
(2) Auf einen Grund, der nur das Recht eines anderen betrifft, kann weder die Beschwerde noch ein Antrag auf deren Zurückweisung gestützt werden.
(3) Die im § 83 Nr. 6, 7 bezeichneten Versagungsgründe hat das Beschwerdegericht von Amts wegen zu berücksichtigen.

I. Allgemeines

Nach § 96 i.V.m. § 793 ZPO ist gegen die Entscheidung über den Zuschlag die sofortige Beschwerde **statthaft**. Die Beschwerdeberechtigung (Beschwer) ergibt sich aus § 97. Die maßgeblichen Gesetzesverletzungen, mit denen die Beschwerde begründet werden kann, werden in § 100 grundsätzlich abschließend aufgezählt. Nach den Vorstellungen des Gesetzgebers sind materiell alle Fälle berücksichtigt, in denen sich die unrichtige Entscheidung über den Zuschlag auf eine Gesetzesverletzung zurückführen lässt. Die Beschwerde kann daher auch nicht auf neue, dem Gericht bei der Erteilung des Zuschlags nicht bekannte Tatsachen und Beweismittel gestützt werden (s. → Rdn. 6). Die Vorschrift gilt für alle Versteigerungsverfahren mit Besonderheiten für Luftfahrzeuge (§ 171m).

II. Beschränkungen der Beschwerde (Abs. 1)
1. Überblick

Die Beschwerde gegen die Zuschlagsentscheidung ist über die Zulässigkeit nach § 97 sowie die Begründetheit nach § 100 Abs. 1 wie folgt eingeschränkt:

- der Beschwerdegrund darf grundsätzlich nicht das Recht eines anderen betreffen (§ 100 Abs. 2 mit Ausnahme in Abs. 3 – hierzu nachfolgend → Rdn. 4),
- die relevanten Vorgänge im Versteigerungstermin können nur durch das Protokoll nachgewiesen werden. Ein anderer tatsächlicher Vorgang wird nur berücksichtigt, wenn das Protokoll insoweit berichtigt wird (hierzu → § 78 Rdn. 10 und → § 80 Rdn. 4),
- zeitlich können nur solche Sachverhalte berücksichtigt werden, die dem Vollstreckungsgericht bei der Entscheidung auch bekannt waren (nachfolgend → Rdn. 6).

Eine Zuschlagsbeschwerde ist mangels Rechtsschutzinteresses unzulässig, wenn feststeht, dass sich der gerügte Verfahrensverstoß auf das Recht des Beschwerdeführers nicht ausgewirkt hat.[1]

Diese Einschränkung betrifft aber nicht Beschwerden gegen die damit im Zusammenhang stehenden Entscheidungen über die Kosten.[2]

---

1 BGH, Rpfleger 2006, 665 = NJW-RR 2007, 143.
2 OLG Bremen, Rpfleger 1985, 160.

2. Beschwerdegrund

4 Ist die Beschwerde fristgerecht und zulässig eingelegt, werden – abgesehen von § 83 Nr. 6, 7 – als Beschwerdegrund nur zugelassen:

- **Verstoß gegen § 81** (Zuschlagsberechtigte). Die in den § 71 Abs. 2 (Vertretungsmacht) und § 81 Abs. 2, 3 (Abtretung des Meistgebots, verdeckte Vertretungsmacht) geforderten Nachweise können in der Beschwerde nicht nachgeholt werden und die Beschwerde damit begründen.
- **Verstoß gegen § 83 Nr. 1–5.** Zu beachten ist die Heilungsmöglichkeit nach § 84.
- **Verstöße gegen § 83 Nr. 6, 7** muss das Beschwerdegericht von Amts wegen beachten (§ 100 Abs. 3); zum „fehlenden" Grund nach Nr. 8 von § 83 s. dort → Rdn. 38.
- **Verstoß gegen § 84.** Ein Mangel nach § 83 Nr. 1–5 kann als zu Unrecht geheilt oder als nicht geheilt angesehen werden.
- **Verstoß gegen §§ 85, 85a.**
- **Zuschlag wird zu anderen als den der Versteigerung zugrunde gelegten Bedingungen erteilt.**

3. Zeitliche Beschränkung

5 Die Beschwerde kann grundsätzlich auf neue Tatsachen und Beweise gestützten werden (§ 571 Abs. 2 Satz 1 ZPO).

6 Für die Beschwerde gegen den Zuschlag gilt das nicht, sofern das ZVG ausdrücklich ein früheres Vorbringen vorschreibt (zum Beispiel: § 37 Nr. 4, 5; §§ 45, 59, 63–65, 67 Abs. 1 Satz 1, § 70 Abs. 2, 3, § 71 Abs. 2, § 72 Abs. 1, 2, § 74a Abs. 2, § 87 Abs. 1, § 174 ZVG, § 9 EGZVG). Gleiches muss gelten, wenn das frühere Vorbringen der Sachlage nach notwendig ist, wie etwa bei einem Vollstreckungsschutzantrag nach § 765a ZPO. Eine Zuschlagsbeschwerde kann nicht neu auf Gründe, die einen Antrag nach § 765a ZPO rechtfertigen könnten, gestützt werden, vielmehr muss sich der Schuldner vor dem Zuschlag darauf berufen haben.[3] Allerdings kann das Grundrecht auf Leben und körperliche Unversehrtheit aus Art. 2 Abs. 2 S. 1 GG es gebieten, eine im Zuge des Verfahrens in der Person des Eigentümers aufgetretene Suizidgefahr auch dann zu berücksichtigen, wenn diese nach der Erteilung des Zuschlags erstmals mit der dagegen gerichteten sofortigen Beschwerde geltend gemacht wurde.[4] Ähnlich sieht dies der BGH in seiner neueren Rechtsprechung. Einer Beschwerde gegen den Zuschlagsbeschluss ist nach § 83 Nr. 6 stattzugeben, wenn wegen eines Vollstreckungsschutzantrags des Schuldners nach § 765a ZPO bereits der Zuschlag wegen einer mit dem Eigentumsverlust verbundenen konkreten Gefahr für das Leben des Schuldners oder eines nahen Angehörigen nicht hätte erteilt werden dürfen.[5]

---

3   BGH, NJW 1965, 2107 = Rpfleger 1965, 302 = WM 1965, 937; OLG Hamm, NJW 1955, 149; LG Frankenthal, Rpfleger 1984, 194; LG Koblenz, NJW 1957, 427; LG Osnabrück, NJW 1959, 682.
4   BVerfG, NJW 2007, 2910 = WM 2007, 1666 = FamRZ 2007, 1717.
5   BGH, Beschluss vom 12.11.2014, V ZB 99/14, Rpfleger 2015, 217; hierzu auch *Schmid*, ZfIR 2014, 838; BGH, Beschluss vom 6.12.2012, V ZB 80/12, NJW-RR 2013, 628 = NZM 2013, 162; BGH, NJW-RR 2011, 1459 = NZM 2011, 786; in diesem Sinne auch BGH, NJW 2009, 80 = NZM 2009, 43.

Aufgrund der enumerativen Aufzählung in § 100 wird überwiegend der Schluss gezogen, dass § 571 Abs. 2 Satz 1 ZPO hier nicht anwendbar ist.[6] Die Zuschlagsbeschwerde kann nicht auf Tatsachen oder Beweise gestützten werden, die dem Vollstreckungsgericht bei seiner Entscheidung unbekannt waren oder die erst zeitlich später eingetreten sind.[7] Unbeachtlich ist daher die Begründung, der betreibende Gläubiger sei zwischenzeitlich befriedigt[8] oder die Einstellungsanordnung des Prozessgerichts werde nunmehr dem Beschwerdegericht bekannt gemacht.[9]

Wurde der Zuschlag versagt, wird vereinzelt neues Vorbringen zugelassen, wie etwa der Antrag auf Versteigerung sei zwischenzeitlich zurückgenommen worden.[10] Dies ist abzulehnen, da insoweit nachträglich weitere Versagungsgründe geschaffen werden. 7

Auch **Gesetzesänderungen** nach der Zuschlagserteilung können grundsätzlich nicht berücksichtigt werden.[11] Der Zuschlag wurde bereits mit der Verkündung wirksam (§ 89). Beachtet werden kann eine solche Änderung nur dann, wenn sie auf den Zeitpunkt der Verkündung zurückwirkt[12] oder der Zuschlag versagt wurde (§ 86).[13] 8

4. Inhalt der Beschwerdeschrift

Betrifft der Beschwerdegrund nach § 100 Abs. 1 das Recht des Beschwerdeführers (Abs. 2), muss dieser Grund in der Beschwerdebegründung bestimmt bezeichnet sein. Diese Ausnahme erklärt sich dadurch, dass das Beschwerdegericht anders als das Vollstreckungsgericht nicht alle Versagungsgründe von Amts wegen prüft. Ohne eine Begründung prüft das Beschwerdegericht von sich aus nur, ob gegen § 83 Nr. 6, 7 (zur fehlenden Nr. 8 s. → § 83 Rdn. 38) verstoßen wurde (Abs. 3). Eine allgemeine Rüge der Verletzung materiellen oder formellen Rechts oder die Aufzählung der in Betracht kommenden Vorschriften reicht nicht aus. 9

III. Rechtliches Interesse (Abs. 2)

Die Beschwerde oder der Antrag auf Zurückweisung durch den Beschwerdegegner kann grundsätzlich nicht auf einen Grund gestützten werden, der nur das Recht eines anderen betrifft (Abs. 2). Eine Ausnahme hiervon sind die nach Abs. 3 zu beachtenden Versagungsgründe von Amts wegen. Die Beschwerde bzw. deren Zurückweisung ist nur dann ausgeschlossen, wenn feststeht, dass der geltend gemachte Grund die Rechte des Beschwerdeführers oder Beschwerdegegners nicht berührt. Beispielhaft kann der in beiden Fällen ausfallende Beteiligte nicht mit Er- 10

---

6 BGH, NJW 1965, 2107 = Rpfleger 1965, 302 = WM 1965, 937; OLG Köln, Rpfleger 1992, 491; OLG Hamm, NJW 1976, 1754 = Rpfleger 1976, 146; OLG Frankfurt, Rpfleger 1975, 326; OLG Schleswig, Rpfleger 1975, 372; OLG Koblenz, MDR 1955, 749.
7 OLG Köln, Rpfleger 1992, 491; OLG Düsseldorf, Rpfleger 1987, 514; so auch *Stöber*, ZVG § 100 Rdn. 2.4; Steiner/*Storz*, § 100 Rdn. 14.
8 KG, JW 1930, 2814.
9 OLG Königsberg, JW 1932, 195.
10 LG Aachen, Rpfleger 1985, 452.
11 So auch *Stöber*, ZVG § 100 Rdn. 2.4 und 2.8; *Böttcher*, § 100 Rdn. 3.
12 OLG Celle, NJW 1953, 588.
13 OLG Oldenburg, KTS 1970, 224 mit Anm. *Schiffhauer*.

folg geltend machen, der Zuschlag hätte nicht dem A, sondern wegen § 81 Abs. 2, 3 dem B erteilt werden müssen.

IV. Prüfung von Amts wegen (Abs. 3)

11 Das Beschwerdegericht muss von Amts wegen prüfen, ob die Versagungsgründe nach § 83 Nr. 6, 7 vorliegen (zum „fehlenden" Grund nach Nr. 8 von § 83 s. dort → Rdn. 38). Insoweit findet § 100 Abs. 2 keine Anwendung. Zu beachten ist, dass die Versagungsgründe nach § 83 Nr. 6, 7 nicht heilbar sind, § 84. Der Rechtsmittelführer muss durch den Zuschlag selbst nicht beschwert sein.[14]

12 Voraussetzung insgesamt ist, dass die Beschwerde von einem Berechtigten (§ 97) form- und fristgerecht eingelegt worden ist; andernfalls wird sie als unzulässig verworfen, § 572 Abs. 2 Satz 2 ZPO.

---

14 OLG Köln, Rpfleger 1989, 298; OLG Koblenz, NJW 1959, 1833; LG Itzehoe, SchlHA 1969, 232.

§ 101 »Begründete Beschwerde; weitere Beschwerde«

(1) Wird die Beschwerde für begründet erachtet, so hat das Beschwerdegericht unter Aufhebung des angefochtenen Beschlusses in der Sache selbst zu entscheiden.

(2) Wird ein Beschluß, durch welchen der Zuschlag erteilt ist, aufgehoben, auf Rechtsbeschwerde aber für begründet erachtet, so ist unter Aufhebung des Beschlusses des Beschwerdegerichts die gegen die Erteilung des Zuschlags erhobene Beschwerde zurückzuweisen.

I. Allgemeines

Das Beschwerdegericht prüft von Amts wegen, ob die Beschwerde an sich statthaft und ob sie in der gesetzlichen Form und Frist eingelegt ist. Fehlt es hieran, wird die Beschwerde als unzulässig verworfen (§ 572 Abs. 2 Satz 2 ZPO). Erachtet das Beschwerdegericht die Beschwerde für begründet, kann es dem Gericht oder Vorsitzenden, von dem die beschwerende Entscheidung erlassen war, die erforderliche Anordnung übertragen (§ 572 Abs. 3 ZPO). Von dieser grundsätzlichen Regelung weicht § 101 Abs. 1 ab. Die Vorschrift gilt für alle Versteigerungsverfahren des ZVG. Im Interesse an einer Verfahrensbeschleunigung muss das Beschwerdegericht selbst entscheiden, insbesondere da wegen der §§ 78, 80, 81, 84, 97 Abs. 2 der Sachverhalt vollständig vorliegt.

Die Beschwerde hat grundsätzlich keine aufschiebende Wirkung, insbesondere wird die Erlösverteilung nicht aufgehalten (§ 570 ZPO). Um zu verhindern, dass der Versteigerungserlös verteilt wird, kann auf Antrag die Ausführung des Teilungsplans bis zur Rechtskraft des Zuschlags ausgesetzt werden, § 116. Regelmäßig wird das Vollstreckungsgericht aber keinen Termin zur Erlösverteilung bestimmen bzw. diesen aufheben, falls der Zuschlag noch nicht rechtskräftig ist.

Abs. 2 wurde geändert durch den am 1.1.2002 in Kraft getretenen Art 9 Nr. 5 des Gesetzes zur Reform des Zivilprozesses (Zivilprozessreformgesetz – ZPO-RG) vom 27.7.2001 (BGBl I 1887) im Hinblick auf die Rechtsbeschwerde nach §§ 574 ff. ZPO.

II. Beschwerdeverfahren (Abs. 1)

Das Beschwerdegericht muss stets in der Sache selbst entscheiden. Es darf somit nicht nur den Zuschlagsbeschluss aufheben, sondern muss den Zuschlag selbst erteilen oder versagen.[1] Die Zuschlagserteilung kann nur zu den Bedingungen des Versteigerungstermins erteilt werden; will das Beschwerdegericht hiervon abweichen, muss der Zuschlag versagt werden.[2]

Verweist das Beschwerdegericht dennoch die Sache an das Amtsgericht zurück, ist dieses hieran gebunden. Dagegen soll aber die Vollstreckungserinnerung gem. § 766 ZPO zum Landgericht gegeben sein, über die dieses dann unter Nachholung der unterlassenen Entscheidung nochmals selbst zu befinden hat.[3] Wird der dann zutreffende Beschluss des Amtsgerichts angefochten, muss das Landgericht die

---

1 LG Lüneburg, Rpfleger 2007, 419; OLG München, Rpfleger 1983, 324; OLG Frankfurt, Rpfleger 1980, 31; OLG Koblenz, NJW 1955, 148.
2 So auch *Stöber*, ZVG § 101 Rdn. 2.5.
3 OLG Hamm, KTS 1970, 228.

vorherige Unzulässigkeit von Amts wegen beachten.[4] Hebt das Landgericht als Beschwerdegericht einen Zuschlagsbeschluss auf, darf es nur den gleichen Kreis der Beteiligten berücksichtigen, der auch für das Vollstreckungsgericht maßgebend war.

III. Weitere Beschwerde, Rechtsbeschwerde (Abs. 2)

6   In Abs. 2 wird der formelle Inhalt der Entscheidung über die Rechtsbeschwerde beschrieben. Hat z.b. das Beschwerdegericht den Zuschlagsbeschluss des Vollstreckungsgerichts aufgehoben und den Zuschlag versagt, der BGH hält die Zuschlagserteilung aber für gerechtfertigt, dann müsste der Beschluss des Beschwerdegerichts aufgehoben und der Zuschlag neu erteilt werden. Stattdessen wird aber unter Aufhebung des Beschlusses des Beschwerdegerichts die gegen den Zuschlag erhobene Beschwerde zurückgewiesen.[5] Damit soll der Eigentumsübergang so in Kraft treten, wie er zuerst, wenn auch noch anfechtbar, mit dem ersten Zuschlagsbeschluss eingetreten war. Wird der Zuschlag vom BGH entgegen Abs. 2 ausdrücklich neu erteilt, gilt nichts anderes. Die Bestimmung ist insoweit überflüssig, da sich diese Wirkung schon aus den §§ 89, 90, 91 ergibt.

7   Das Gebot der eigenen Sachentscheidung gilt grundsätzlich auch für das Gericht der weiteren Beschwerde (jetzt Rechtsbeschwerde)[6]; eine Ausnahme ist aber dann zu machen, wenn die Beschwerdeentscheidung auf schwerwiegenden Verfahrensverstößen beruht.[7] Das gilt auch für einen Verstoß gegen das rechtliche Gehör in den Fällen, in denen wegen der Verletzung des rechtlichen Gehörs das gesamte Vorbringen in der Beschwerdeinstanz unberücksichtigt geblieben ist. Andernfalls würde eine Sachprüfung insgesamt nur auf eine Instanz beschränkt werden, was sich aus dem Beschleunigungsinteresse nicht rechtfertigen lässt.[8]

8   Im umgekehrten Fall, Versagung des Zuschlags durch das Vollstreckungsgericht, dann Zuschlagserteilung durch das Landgericht, kann der BGH je nach Sachlage entweder den Zuschlag versagen oder die erste Beschwerde zurückweisen. Hält der BGH die erste Beschwerde dagegen für unzulässig, ist diese unter Aufhebung des Beschlusses des Beschwerdegerichts zu verwerfen.

---

4   OLG Hamm, KTS 1970, 228.
5   Vgl. OLG Frankfurt, Rpfleger 1995, 512.
6   Steiner/*Storz*, § 101 Rdn. 10.
7   OLG München, Rpfleger 1983, 324; *Stöber*, ZVG, § 101 Rdn. 3.1.
8   OLG Köln, Rpfleger 1990, 434 = MDR 1990, 556.

§ 102 »Berechtigte für weitere Beschwerde«

Hat das Beschwerdegericht den Beschluß, durch welchen der Zuschlag erteilt war, nach der Verteilung des Versteigerungserlöses aufgehoben, so steht die Rechtsbeschwerde, wenn das Beschwerdegericht sie zugelassen hat, auch denjenigen zu, welchen der Erlös zugeteilt ist.

I. Allgemeines

Die für alle Versteigerungsverfahren geltende Vorschrift wurde im Hinblick auf die Einführung der Rechtsbeschwerde (§§ 574 ff. ZPO) geändert durch den am 1.1.2002 in Kraft getretenen Art. 9 Nr. 6 des Gesetzes zur Reform des Zivilprozesses (Zivilprozessreformgesetz – ZPO-RG) vom 27.7.2001 (BGBl I 1887). Grundsätzlich sieht § 105 Abs. 1 vor, die Erlösverteilung schon dann vorzunehmen, wenn der Zuschlag erteilt, aber noch nicht rechtskräftig ist. Wird so verfahren, und versagt das Beschwerdegericht danach den Zuschlag, müssen die Befriedigungsberechtigten die erhaltenen Erlösanteile zurückgeben. Hiervor will § 102 schützen. Die Berechtigten können Rechtsbeschwerde – sofern diese zugelassen wurde – mit dem Ziel einlegen, dass der Zuschlag erteilt bleibt. Beschwerde können ansonsten nur betreibende Gläubiger einlegen (§ 97 Abs. 1).[1]   1

Die Bestimmung macht die mangelnde Konzeption des Gesetzes hinsichtlich des Zusammenhangs von Zuschlag (Eigentumsübergang) und Erlösverteilung undeutlich. Die Vorschrift ist nicht praxisrelevant. Regelmäßig wird das Vollstreckungsgericht keinen Termin zur Erlösverteilung bestimmen bzw. diesen aufheben, falls der Zuschlag noch nicht rechtskräftig ist.   2

II. Voraussetzungen des Beschwerderechts

1. Zuschlagsversagung nach Zuschlagserteilung

Voraussetzung ist zunächst, dass das Vollstreckungsgericht den Zuschlag erteilt hat und dieser dann durch das Beschwerdegericht versagt wurde.   3

2. Verteilung des Versteigerungserlöses

Solange die Ausführung des Teilungsplans gem. § 116 ausgesetzt ist, bleibt der Erlös noch unverteilt.[2] Der Teilungsplan muss vielmehr durch Zahlung (§ 117 Abs. 1), Liegenbelassen (§ 91 Abs. 2) oder durch Forderungsübertragung (§ 118 Abs. 1) ausgeführt sein bzw. der Ersteher muss die Berechtigten außergerichtlich befriedigt haben (§ 144) oder von ihnen als alleiniger Schuldner angenommen sein (§ 143).   4

3. Beschwerdeberechtigung

Beschwerdeberechtigt sind nur solche Beteiligte, die etwas aus dem Versteigerungserlös erhalten haben. Wer mit seinem Anspruch in voller Höhe ausgefallen ist, ist auch nicht beschwerdeberechtigt.   5

4. Beschwerdebegründung

Im Kontext zu § 97 regelt § 102 zunächst nur die Beschwerdebefugnis. Die Beschwerde kann nur dann erfolgreich sein, wenn ein durch § 100 Abs. 1, 3 zugelas-   6

---

1 OLG Hamm, Rpfleger 1989, 421.
2 *Stöber*, ZVG § 102 Rdn. 2.2.

sener Grund geltend gemacht wird. Voraussetzung ist aber grundsätzlich, dass das Beschwerdegericht die Rechtsbeschwerde zugelassen hat. Die Wiederholung dieser Voraussetzung ist überflüssig, da sich dies bereits aus § 574 Abs. 1 Satz 1 Nr. 2 ZPO ergibt.

7 Da dem Beschwerdeführer ein für ihn günstiges Ergebnis erhalten werden soll, muss er auch entgegen § 100 Abs. 2 Rechtsverletzungen geltend machen können, die ihn nicht selbst betreffen.

III. Wirkung der Zuschlagaufhebung auf die Verteilung

8 Wie die Aufhebung der Zuschlagsentscheidung auf das Rechtsverhältnis zwischen Ersteher und den Berechtigten wirkt, die aus dem Versteigerungserlös befriedigt wurden, regelt das ZVG nicht. Grundsätzlich hat das Vollstreckungsgericht alles unternehmen, was möglich ist, um die Folgen des Zuschlags rückgängig zu machen (noch nicht ausgezahlte Beträge zurückhalten, hinterlegte Beträge an den Hinterleger zurückzahlen).[3] Einigen sich die Beteiligten über die Rückgewähr nicht, müssen sie sich letztendlich vor dem Prozessgericht auseinandersetzen. Eine entsprechende Anwendung von § 717 Abs. 2 ZPO ist ausgeschlossen.

---

3 *Stöber*, ZVG § 102 Rdn. 2.3.

§ 103 »Zustellung der Beschwerdeentscheidung«

¹Der Beschluß des Beschwerdegerichts ist, wenn der angefochtene Beschluß aufgehoben oder abgeändert wird, allen Beteiligten und demjenigen Bieter, welchem der Zuschlag verweigert oder erteilt wird, sowie im Falle des § 69 Abs. 3 dem für mithaftend erklärten Bürgen und in den Fällen des § 81 Abs. 2, 3 dem Meistbietenden zuzustellen. ²Wird die Beschwerde zurückgewiesen, so erfolgt die Zustellung des Beschlusses nur an den Beschwerdeführer und den zugezogenen Gegner.

I. Allgemeines

Die für alle Versteigerungsverfahren des ZVG geltende Vorschrift regelt, wie die Beschwerdeentscheidung bekannt zu machen ist. Anders als bei der Entscheidung des Vollstreckungsgerichts wird nicht danach unterschieden, ob der Zuschlag erteilt oder versagt wurde. Maßgeblich ist stattdessen, ob die Beschwerde erfolgreich war oder nicht. Anders als bei § 88 ist der Beschluss, auch wenn die Entscheidung verkündet wurde, zuzustellen.

II. Zustellungsadressat

1. Erfolgreiche Beschwerde

Wird der angefochtene Beschluss aufgehoben oder auch nur abgeändert, ist die Entscheidung allen Beteiligten nach § 9, dem Bieter, dem der Zuschlag verweigert oder erteilt wurde, dem für mithaftend erklärten Bürgen (§ 69 Abs. 3) sowie dem Meistbietenden in den Varianten nach § 81 Abs. 2, 3 zuzustellen.

2. Erfolglose Beschwerde

Wird die Beschwerde als unzulässig verworfen oder als unbegründet zurückgewiesen, ist der Beschluss nur dem Beschwerdeführer sowie dem Beschwerdegegner (§ 99) zuzustellen (S. 2).

III. Ausführung der Zustellung

Die erforderliche Zustellung erfolgt von Amts wegen (§ 3) durch das Beschwerdegericht. Soweit zugelassen (§ 574 Abs. 1 Nr. 2 ZPO) beginnt mit der Zustellung die Frist für die Rechtsbeschwerde (§ 575 Abs. 1 Satz 1 ZPO). Grundsätzlich können die Adressaten auf die Zustellung verzichten. Wegen § 104 kann der Ersteher das nicht, wenn er erst durch Beschluss des Beschwerdegerichts Eigentümer wird.[1]

---

1 *Stöber*, ZVG § 103 Rdn. 2.5; Steiner/*Storz*, § 104 Rdn. 7; *Böttcher*, § 104 Rdn. 1.

§ 104 »Wirksamwerden der Zuschlagserteilung in der Beschwerde«

Der Beschluß, durch welchen das Beschwerdegericht den Zuschlag erteilt, wird erst mit der Zustellung an den Ersteher wirksam.

I. Allgemeines

1 Die Vorschrift gilt für alle Versteigerungsverfahren des ZVG. Der vom Vollstreckungsgericht erteilte Zuschlag wird verkündet (§ 87) und damit wirksam (§ 89). Der vom Beschwerdegericht erteilte Zuschlag wirkt erst mit Zustellung an den Ersteher (§ 103). Bei Zuschlagsversagung ist nicht § 104, sondern § 86 anzuwenden.

II. Voraussetzung

2 Das Beschwerdegericht muss den vom Vollstreckungsgericht versagten Zuschlag erteilt haben. Hat das Vollstreckungsgericht den Zuschlag erteilt, das Landgericht als Beschwerdegericht ihn versagt und der BGH ihn auf Beschwerde wieder hergestellt, gelten grundsätzlich §§ 89, 101 Abs. 2, der Zuschlag bleibt ab Verkündung wirksam, so als wäre er nicht aufgehoben gewesen (vgl. hierzu → § 101 Rdn. 6 ff.). Erteilt der BGH den Zuschlag einem anderen Bieter, gilt § 104.

3 Ändert das Beschwerdegericht nur einzelne Bedingungen des von der Vorinstanz erteilten Zuschlags, ist zu unterscheiden: nicht geänderte Teile wirken schon mit der ursprünglichen Verkündung (§ 89), geänderte Teile wirken erst mit Zustellung der Entscheidung an den Ersteher (§ 104).

VIII. Verteilung des Erlöses

§ 105 »Bestimmung des Verteilungstermins«

(1) Nach der Erteilung des Zuschlags hat das Gericht einen Termin zur Verteilung des Versteigerungserlöses zu bestimmen.
(2) ¹Die Terminsbestimmung ist den Beteiligten und dem Ersteher sowie im Falle des § 69 Abs. 3 dem für mithaftend erklärten Bürgen und in den Fällen des § 81 Abs. 2, 3 dem Meistbietenden zuzustellen. ²Als Beteiligte gelten auch diejenigen, welche das angemeldete Recht noch glaubhaft zu machen haben.
(3) Die Terminsbestimmung soll an die Gerichtstafel angeheftet werden.
(4) Ist die Terminsbestimmung dem Ersteher und im Falle des § 69 Abs. 3 auch dem für mithaftend erklärten Bürgen sowie in den Fällen des § 81 Abs. 2, 3 auch dem Meistbietenden nicht zwei Wochen vor dem Termin zugestellt, so ist der Termin aufzuheben und von neuem zu bestimmen, sofern nicht das Verfahren genehmigt wird.

I. Allgemeines

Der Zwangsversteigerungserlös tritt an die Stelle des versteigerten Grundstücks (Grundsatz der Surrogation, siehe § 92). Der Zwangsversteigerungserlös gebührt daher zunächst dem Schuldner. Seine Forderung gegen den Ersteher ist jedoch in gleicher Weise wie das Grundstück der Beschlagnahme unterworfen und daher, soweit der Erlös zur Befriedigung der am Grundstück Berechtigten benötigt wird, seiner Verfügung entzogen. 1

Die Verteilung des Zwangsversteigerungserlöses ist grundsätzlich Aufgabe des Vollstreckungsgerichts (Ausnahme: außergerichtliche Verteilung, §§ 143 bis 145). Das Verfahren der Erlösverteilung ist in den §§ 105 ff. geregelt, auch für den Fall der Nichtzahlung des Bargebots. 2

Der Verteilungstermin bezweckt die Entgegennahme der Zahlung sowie die Aufstellung und Ausführung des Teilungsplans durch Verteilung des Erlöses, im Falle der Nichtzahlung durch Forderungsübertragung. Soweit es sich um die Verhandlung im Verteilungstermin, die Erledigung erhobener Widersprüche und die Ausführung des Teilungsplans handelt, erfolgt durch § 115 Abs. 1 die entsprechende Anwendung der §§ 876–882 ZPO aus dem Abschnitt über das Verteilungsverfahren. Der Termin ist **nicht öffentlich**. Über den Ablauf des Termins ist ein **Protokoll** zu fertigen. 3

II. Verteilungstermin
1. Anberaumung des Termins

Nachdem das Vollstreckungsgericht den Zuschlag erteilt hat und dieser wirksam geworden ist (§§ 89, 104) wird der Verteilungstermin von Amts wegen bestimmt. Der Zuschlagsbeschluss muss hierzu noch nicht rechtskräftig sein (vgl. hierzu → § 116). Wurde der Zuschlag angefochten, kann das Vollstreckungsgericht oder das Beschwerdegericht die Aufhebung des Verteilungstermins und die Aussetzung der Verteilung anordnen (§ 570 Abs. 2, 3 ZPO). In der gerichtlichen Praxis wird der Verteilungstermin zugleich mit der Zuschlagsverkündung bestimmt, um auf diese Weise den Zuschlagsbeschluss zusammen mit der Terminsbestimmung zustellen zu können (erfahrungsgemäß wird der Zuschlagsbeschluss nur in wenigen Fällen angefochten). 4

2. Terminsfrist (Abs. 2 und 4)

5   Die Terminsbestimmung muss dem Zahlungspflichtigen (dem Ersteher, im Falle des § 69 Abs. 3 dem für mithaftend erklärten Bürgen, dem Zessionar nach § 81 Abs. 2, demjenigen, für den in verdeckter Vertretung geboten wurde nach § 81 Abs. 3) mindestens 2 Wochen (üblicherweise aber 4–6 Wochen, da die Rechtskraft abgewartet wird) vor dem Termin zugestellt sein (Abs. 2 und 4). Der Termin soll auch der Justizkasse zugestellt werden.[1] Die Beteiligten müssten so rechtzeitig von dem Termin Kenntnis erhalten, damit sie ausreichend Zeit haben, ihre Rechtsposition zu Wahrnehmung ihrer Rechte im Verteilungstermin einschätzen zu können. Im Übrigen bestimmt das Vollstreckungsgericht die Frist zwischen Anberaumung des Termins und Termin nach freiem Ermessen. Bei unverhältnismäßiger Verzögerung kann jeder Beteiligte die Vorverlegung des Termins beantragen und gegen deren Ablehnung Erinnerung gem. § 766 ZPO erheben.[2]

6   Wird die Frist nicht eingehalten, ist der Termin aufzuheben und neu zu bestimmen, sofern der Zahlungspflichtige nicht das Verfahren genehmigt (Abs. 4 letzter Hs.). Die Genehmigung kann formfrei erfolgen, auch konkludent z.B. durch Zahlung zum Termin. Erfolgt ohne Einhaltung der Terminsfrist und ohne Genehmigung des Verfahrens die Ausführung des Teilungsplans durch Forderungsübertragung (§ 118), ist dies nicht grundsätzlich unwirksam. Allerdings kann der Zahlungspflichtige den Teilungsplan mit der sofortigen Beschwerde anfechten; die Aufhebung des Verfahrens führt dann zu Unwirksamkeit der Forderungsübertragung. In einem neuen Termin ist ein neuer Teilungsplan aufzustellen und auszuführen, unter Berücksichtigung etwaiger Zahlungen an Beteiligte.

III. Zustellung der Terminsbestimmung

7   Die Terminsbestimmung ist jedem Zahlungspflichtigen (zuvor → Rdn. 5) zuzustellen. Sie ist ferner zuzustellen an alle Beteiligten (§ 9), auch wenn das angemeldete Recht noch glaubhaft zu machen ist. Keine Zustellung erfolgt an Mieter und Pächter, die zwar durch Anmeldung Beteiligte geworden sind (§ 9 Nr. 2), jedoch niemals einen Anspruch auf Befriedigung ihres Anspruchs aus dem Zwangsversteigerungserlös haben.

8   Zustellung der Terminsbestimmung erfolgt nach §§ 3 ff. Eine fehlerhafte Zustellung führt zur Aufhebung des Termins. Auf die Zustellung kann verzichtet werden, der Verzicht ist aktenkundig zu machen. Muss ein neuer Termin bestimmt werden, ist auch dieser wieder den in Abs. 2 Bezeichneten zuzustellen.

IV. Terminsbestimmung (Abs. 3)

9   Die Terminsbestimmung soll (Ordnungsvorschrift) durch Anheftung an die Gerichtstafel (schwarzes Brett oder sog. Glaskasten) veröffentlicht werden (hierzu § 40). Es erfolgt somit keine öffentliche Bekanntmachung, weder im Amtsblatt, Internet oder in Tageszeitungen. Praktische Bedeutung hat die Anheftung der Terminsbestimmung an die Gerichtstafel nicht, sie kann jederzeit unterbleiben.

---

1   *Perger*, Rpfleger 1991, 45.
2   *Stöber*, ZVG § 105 Rdn. 4.5 will auch die Dienstaufsichtsbeschwerde als gegeben ansehen; so auch *Böttcher*, § 105 Rdn. 7.

V. Inhalt der Terminsbestimmung

Über den Inhalt der Terminsbestimmung schweigt das ZVG (§§ 37, 38 sind wegen der anderen Zweckrichtung nicht anwendbar). Nur § 106 regelt für einen Sonderfall Einzelheiten. Üblicherweise ist Inhalt der Terminsbestimmung: Angabe, dass es sich um den Termin zur Erlösverteilung handelt, Terminsort, Terminszeit (Tag und Stunde), Bezeichnung des Gerichtssaales bzw. raumes und ein allgemeiner Hinweis, zur Legitimation erforderliche Urkunden mitzubringen. 10

VI. Verlegung oder Vertagung

Eine Verlegung oder Vertagung des Verteilungstermins (§ 227 ZPO) ist aus erheblichen Gründen (z.B. Erkrankung des verfahrensleitenden Rechtspflegers) möglich. Hierbei ist jedoch stets zu beachten, dass insbesondere durch die weiter laufenden Zinszahlungen der Anspruchsberechtigten der an letzter Stelle aus dem Erlös zu befriedigende Berechtigte geschädigt werden kann.[3] 11

---

3 *Stöber*, ZVG § 105 Rdn. 4.6.

§ 106 »Vorläufiger Teilungsplan«

¹Zur Vorbereitung des Verteilungsverfahrens kann das Gericht in der Terminsbestimmung die Beteiligten auffordern, binnen zwei Wochen eine Berechnung ihrer Ansprüche einzureichen. ²In diesem Falle hat das Gericht nach dem Ablaufe der Frist den Teilungsplan anzufertigen und ihn spätestens drei Tage vor dem Termin auf der Geschäftsstelle zur Einsicht der Beteiligten niederzulegen.

I. Allgemeines

1 Die den §§ 873 ff. ZPO nachgebildete Vorschrift bezweckt die Entlastung des Verteilungstermin. Die im Ermessen des Vollstreckungsgerichts stehende Aufforderung an die Beteiligten zur Einreichung einer Berechnung ihrer Ansprüche ist in die Terminsbestimmung aufzunehmen. Dies beinhaltet jedoch keine neue Möglichkeit einer Anmeldung im Sinne des § 37 Nr. 4.

2 **Praktische Bedeutung hat § 106 nicht erlangt.** Die übliche Verfahrensweise ist wie folgt: das Vollstreckungsgericht **bittet** die Beteiligten in der Bestimmung des Verteilungstermins schon zwei Wochen vor dem offiziellen Verteilungstermin eine genaue Berechnung ihrer Ansprüche vorzulegen (unverbindliche Bitte). Das Vollstreckungsgericht wird den Teilungsplan bereits einige Tage vor dem Termin entwerfen, der aber in keiner Weise verbindlich ist. Es handelt sich um einen **gerichtsinternen Entwurf** im Sinne des § 299 Abs. 4 ZPO.[1] Die Beteiligten haben kein Recht diesen Entwurf einzusehen und auch kein Recht auf Erteilung von Abschriften. Ohne einen Entwurf eines Teilungsplans wird kein Rechtspfleger den Verteilungstermin beginnen. Das Vollstreckungsgericht befasst sich vor dem Verteilungstermin rechtzeitig mit den Anmeldungen, kann auf Unklarheiten hinwirken und insbesondere fehlende Unterlagen (z.B. Grundpfandrechtsbriefe, Vollmachten usw.) anfordern. Der Ersteher wird rechtzeitig darauf hingewiesen, welchen genauen Betrag (einschließlich eventueller Zinsen, § 49 Abs. 2) er zum Termin zahlen muss.

3 Aufgrund der völligen praktischen Bedeutungslosigkeit kann § 106 auch ersatzlos gestrichen werden.

II. Aufforderung

4 Die Aufforderung an die Beteiligten zur Einreichung einer Berechnung ihrer Ansprüche ist nicht mit Androhung von Rechtsnachteilen verbunden. Die Berechnung kann im Verteilungstermin nachgebracht, ergänzt oder auch geändert werden.

III. Vorläufiger Teilungsplan

5 Geht das Vollstreckungsgericht den gesetzlichen Weg nach § 106 und **fordert** die Beteiligten zur Einreichung der Berechnung **auf**, muss es nach Fristablauf einen vorläufigen Teilungsplan zu entwerfen.[2] Dieser soll spätestens 3 Tage vor dem Termin auf der Geschäftsstelle des Vollstreckungsgerichts zur Einsicht ausgelegt werden. Hierauf ist in der Terminsbestimmung hinzuweisen. Die Beteiligten können sich Abschriften davon geben lassen, § 299 Abs. 1 ZPO. Der vorläufige Teilungsplan ist in keiner Richtung bindend, er ist daher auch nicht anfechtbar.

---

1 So auch Steiner/*Teufel,* § 106 Rdn. 16.
2 *Stöber,* ZVG § 106 Rdn. 2.2.

§ 107 »Teilungsmasse«

(1) ¹In dem Verteilungstermin ist festzustellen, wieviel die zu verteilende Masse beträgt. ²Zu der Masse gehört auch der Erlös aus denjenigen Gegenständen, welche im Falle des § 65 besonders versteigert oder anderweit verwertet sind.

(2) ¹Die von dem Ersteher im Termine zu leistende Zahlung erfolgt an das Gericht. ²§ 49 Abs. 3 gilt entsprechend.

(3) Ein Geldbetrag, der zur Sicherheit für das Gebot des Erstehers bei der Gerichtskasse einbezahlt ist, wird auf die Zahlung nach Absatz 2 Satz 1 angerechnet.

Übersicht Rdn.
I. Allgemeines 1
II. Teilungsmasse (Abs. 1) 2
   1. Bargebot 2
   2. Zinsen 3
   3. Erlös aus besonderer Versteigerung 6
   4. Zuzahlungsbetrag nach §§ 50, 51 7
   5. Minderung der Teilungsmasse 8
   6. Weitere Ansprüche 9
III. Zahlung des Erstehers (Abs. 2) 11
   1. Zahlung an das Gericht 11
   2. Weitere Möglichkeiten 13
IV. Aufrechnung des Erstehers 17
V. Sicherheitsleistung (Abs. 3) 19
VI. Rechtsbehelf 21

I. Allgemeines

Die Vorschriften 107–127 regeln den Ablauf und die Tätigkeiten im Verteilungstermin bzw. im Verteilungsverfahren. Auch über den Verteilungstermin ist ein Protokoll zu fertigen, dass sämtliche bedeutsamen Vorgänge festzuhalten hat. § 107 selbst regelt, was zur Teilungsmasse gehört, wie eine Geldsicherheit zu berücksichtigen ist und die Zahlungsweise des Erstehers an das Gericht. Zu Letzterem wurde Abs. 2 Satz 2 angefügt durch den am 1.8.1998 in Kraft getretenen Art. 1 des Gesetzes zur Änderung des Gesetzes über die Zwangsversteigerung und die Zwangsverwaltung und anderer Gesetze vom 18.2.1998 (BGBl I 866). Durch das Zweite Gesetz zur Modernisierung der Justiz (2. JuModG) vom 22.12.2006 (BGBl I 3416) wurde Abs. 3 neu gefasst. Zum Zeitpunkt des Inkrafttretens vgl. § 186. 1

II. Teilungsmasse (Abs. 1)

1. Bargebot

Zur Teilungsmasse gehört in erster Linie das Bargebot (§ 49 Abs. 1). Das Bargebot besteht aus dem durch Zahlung (bzw. Überweisung, § 49 Abs. 3) zu berichtigenden Teil des geringsten Gebots und dem ihn übersteigenden Betrag (bares Meistgebot; vgl. hierzu → § 49 Rdn. 4). 2

2. Zinsen

Ebenfalls zur Teilungsmasse gehören die Zinsen des Bargebots (§ 49 Abs. 2). Der Ersteher hat das Bargebot vom Tage des Wirksamwerdens des Zuschlags (§§ 89, 104) an (dieser Tag wird eingerechnet) nach § 246 BGB mit 4 % zu verzinsen (der 3 erhöhte Zins nach §§ 286, 288, 247 BGB gilt mangels Verzug nicht). Die Verpflichtung der Zinszahlung endet im Verteilungstermin (dieser Tag wird nicht eingerechnet). Zur Zinsberechnung (banktübliche Berechnung) siehe → § 49 Rdn. 12.

4   Erklärt sich der Ersteher, der selbst einen Anspruch aus dem Erlös zu erhalten hat, für befriedigt[1], wird hierdurch die Verzinsungspflicht nur für die Zukunft beseitigt[2]; die Befriedigungserklärung ist nicht als Aufrechnung anzusehen.

5   Hat der Ersteher den zu zahlenden Betrag unter Verzicht auf die Rücknahme hinterlegt, sind eventuelle Hinterlegungszinsen[3] der Teilungsmasse hinzuzurechnen. Erfolgt die Hinterlegung ohne Verzicht auf die Rücknahme, gebühren eventuelle Hinterlegungszinsen dem Hinterleger. Nach *Steffen*[4] stehen die Hinterlegungszinsen im Falle der Hinterlegung des Bargebots ausschließlich dem Hinterleger zu. Weiterhin hat das Zwangsversteigerungsgericht die Hinterlegungszinsen nicht in die Teilungsmasse und damit in den Teilungsplan aufzunehmen. Im Anschluss an den Termin zur Erlösverteilung ist der Teilungsplan auszuführen, das Auszahlungsersuchen an die Hinterlegungsstelle ist zu fertigen und dem Hinterleger (= Ersteher) wird mitgeteilt, dass die evtl. entstandenen Hinterlegungszinsen ihm zustehen. Dem ist in beiden Punkten nicht zu folgen. Die Hinterlegungszinsen sind der Teilungsmasse zuzurechnen, auf die der (bisherige) Eigentümer einen Anspruch hat. Im Wege der Surrogation steht der gesamte zur Verteilung vorhandene Betrag, der dem Alteigentümer gebührt, den daran Berechtigten im Range ihres Anspruchs zu. Die Zinsen sind – entgegen der für das Verteilungsverfahren nach §§ 872 ff. ZPO geäußerten Ansicht des OLG Karlsruhe[5] – den einzelnen gemäß Teilungsplan Berechtigten nicht anteilig zu zahlen, weil die ihnen nach ihren Ansprüchen zustehenden wiederkehrenden Leistungen bereits bis zum Verteilungstermin (bzw. bei bestehen bleibenden Rechten bis zum Zuschlag, weil sie danach vom Ersteher zu tragen sind) zu berücksichtigen sind und so die an vorderen Rangstellen stehenden Gläubiger bereits in vollem Umfang befriedigt werden. Die Hinterlegungszinsen erhöhen die Teilungsmasse, die an die Stelle des Grundstücks getreten ist. Beeinträchtigt durch den Wegfall der Bargebotszinsen wird nur der letzte nicht mehr voll befriedigte bzw. der zuerst ausfallende Gläubiger. Diesem steht daher der durch die Hinterlegungszinsen erhöhte Anteil der Teilungsmasse als letztrangigem Berechtigtem am Grundstück zu. Bei ei-

---

1   *Schiffhauer*, Rpfleger 1988, 498.
2   OLG Schleswig, SchlHAnz 1961, 16; LG Berlin, Rpfleger 1978, 33; a.A. *Stöber*, ZVG § 49 Rdn. 3.3.
3   Zur Aufhebung der Hinterlegungsordnung zum 30.11.2010 (Art. 17 Abs. 2 des 2. BMJBerG – BGBl I 2614) *Rückheim*, Rpfleger 2010, 1; *Rellermeyer*, Rpfleger 2010, 129. Jedes Bundesland hat nunmehr eine eigene Hinterlegungsordnung (HintO), die aber weitgehend deckungsgleich sind. Zum Hinterlegungsrecht in Bayern: *Wiedemann/Armbruster*, Rpfleger 2011, 1.
4   Rpfleger 2011, 360. – Das Problem betrifft im Wesentlichen diejenigen Länder, in denen künftig Beträge taggenau vom Erlass der Annahmeanordnung und Einzahlung des Betrages an bis zum Ablauf des Tages der Auszahlungsverfügung verzinst werden, nämlich Baden-Württemberg (§ 12 HintG vom 11.5.2010, GBl 398), Hessen (§ 12 HintG vom 8.10.2010, GVBl I 306), Nordrhein-Westfalen (§ 12 HintG NRW vom 16.3.2010, GV NRW 192) und Saarland (§ 12 HintG vom 18.11.2010, Amtsbl 1409), während in den übrigen Ländern entweder keine Verzinsung erfolgt oder weiterhin ein Zinsbeginn drei Monate nach Ablauf des Einzahlungsmonats – somit regelmäßig erst nach dem Verteilungstermin – vorgesehen ist.
5   OLG Karlsruhe vom 21.9.2006 (12 U 63/06), OLGR 2006, 943.

nem Erlösüberschuss stehen die Zinsen als Teil des Erlöses dem Alteigentümer zu. Die Hinterlegungsstelle hat den Zinsbetrag zu berechnen und rechtzeitig zum Verteilungstermin mitzuteilen[6]. Falls die Hinterlegungsstelle die Zinsen nach Aufforderung nicht oder nicht rechtzeitig mitteilt, hat der ausfallende Berechtigte einen Anspruch gegen den Fiskus. Für das Versteigerungsgericht ist mit der Ausführung des Teilungsplans das Verfahren erledigt.[7]

3. Erlös aus besonderer Versteigerung

Weiterhin zur Teilungsmasse gehört ein Erlös aus dem nach § 65 gesondert verwerteten Gegenständen. Grundsätzlich ist die Verwertung abzuwarten, bevor der Verteilungstermin bestimmt wird, denn eine Nachtragsverteilung ist dem ZVG fremd. Wenn sich jedoch erhebliche, für die Beteiligten nachteilige Verzögerungen ergeben, ist abweichend von diesem Grundsatz einer Nachtragsverteilung zuzulassen.[8]   6

4. Zuzahlungsbetrag nach §§ 50, 51

Eine vom Ersteher nach den §§ 50, 51 zu leistende Zahlung hat grundsätzlich nicht an das Vollstreckungsgericht zu erfolgen. Die Verteilung richtet sich nach § 125. Wenn die Zahlung bereits im Verteilungstermin erfolgt, ist der Betrag der Teilungsmasse unmittelbar zuzurechnen und nach den üblichen Regeln zu verteilen.   7

5. Minderung der Teilungsmasse

Eine Vereinbarung gem. § 91 Abs. 2 mindert nicht die Verpflichtung der Zinszahlung nach § 49 Abs. 2. Bei der Liegenbelassung handelt es sich um eine Vereinbarung zwischen dem Ersteher und einem Berechtigten und berührt somit nicht das Verhältnis Schuldner-Ersteher.[9]   8

6. Weitere Ansprüche

Zur Teilungsmasse gehören auch Versicherungsgelder, wenn diese beschlagnahmt aber nicht mitversteigert wurden.[10]   9

Nicht zur Teilungsmasse gehören Enteignungsentschädigungen, Schadensersatzansprüche (siehe → § 85 Rdn. 9) und ein Überschuss aus einer Zwangsverwaltung.   10

III. Zahlung des Erstehers (Abs. 2)
1. Zahlung an das Gericht

Die Zahlung des Erstehers oder seines Vertreters hat an das Vollstreckungsgericht zu erfolgen (Abs. 2 Satz 1). Das Vollstreckungsgericht ist nicht Gläubiger des Erstehers und Schuldner des Berechtigten; Gläubiger ist der Vollstreckungs-   11

---

6   Hier mögen praktische Probleme vorhanden sein, dürfen das rechtliche Ergebnis jedoch nicht beeinträchtigen.
7   Hierzu insgesamt *Rellermeyer/Hintzen*, Rpfleger 2011, 473.
8   So auch *Stöber*, ZVG § 107 Rdn. 2.2; Steiner/*Teufel*, § 107 Rdn. 17; *Böttcher*, § 107 Rdn. 5.
9   BGHZ 53, 327 = NJW 1970, 1188 = Rpfleger 1970, 219.
10 *Stöber*, ZVG § 107 Rdn. 2.2; *Böttcher*, § 107 Rdn. 6.

schuldner.[11] Das Vollstreckungsgericht ist auch kein Drittschuldner. Die Berechtigten haben kraft Surrogation nur den Anspruch gegen den Vollstreckungsschuldner auf Zahlung aus dem Versteigerungserlös. Zum Ersteher treten sie erst in ein Forderungsverhältnis, wenn ihnen die Forderung gegen den Ersteher gem. §§ 118, 125 übertragen ist. Bis zur Forderungsübertragung und ihrer Wirkung (hierzu § 118 Abs. 2) bleibt ihr Schuldner der Vollstreckungsschuldner, wenn der Ersteher das Bargebot tatsächlich nicht zahlt. Deshalb kann der Ersteher mit einem Anspruch gegen den Schuldner erst nach der Forderungsübertragung aufrechnen.[12]

12 Die Zahlung des Bargebots hat **vor dem Verteilungstermin** zu erfolgen (hierzu → § 49 Rdn. 8). Nach Einfügung von Abs. 2 Satz 2 unter Hinweis auf § 49 Abs. 3 erfüllt der Ersteher seine Zahlungspflicht durch bargeldlose Überweisung an die Gerichtskasse/Zahlstelle (zum Nachweis der Zahlung s. → § 49 Rdn. 9). Erfolgt kein rechtzeitiger Nachweis des Zahlungseingangs, erfolgt die Ausführung des Teilungsplans nach § 118 durch Forderungsübertragung. Die Zahlung bzw. der Nachweis kann im Verteilungstermin solange erfolgen, als der Teilungsplan noch nicht durch Übertragung der Forderungen gegen den Ersteher ausgeführt ist. Die Einzahlung kann auch mittels Scheck erfolgen. Gezahlt ist das Meistgebot mit Einlösung des Schecks.[13]

2. Weitere Möglichkeiten

13 Der selbst **anspruchsberechtigte Ersteher** hat statt Zahlung die Möglichkeit, den ihm selbst auszuzahlenden Betrag des Bargebots einzubehalten und sich für befriedigt zu erklären (zur Form der Erklärung siehe → § 117 Rdn. 10). Hierbei handelt es sich um eine vereinfachte Zahlung auf die Teilungsmasse.[14] Der Teilungsplan ist insoweit ausgeführt. Wird er später aufgehoben und die Durchführung eines neuen Verteilungstermins angeordnet, ist der Erlös, soweit er von der Befriedigungserklärung betroffen ist, nicht mehr zu verteilen. Das Bargebot ist über den ersten Verteilungstermin hinaus nicht mehr zu verzinsen, § 49 Abs. 2, soweit es dem Ersteher gebührt.[15]

14 Der Ersteher kann weiterhin das Bestehenbleiben des Rechts erklären (hierzu → § 91 Rdn. 12 ff.).

15 Sofern der Ersteher weder das Bargebot zum Verteilungstermin an das Vollstreckungsgericht zahlt noch in sonstiger Weise eine Befriedigungserklärung abgibt, ist ihm die **Forderung** gegen ihn selbst zu **übertragen**, § 118; damit sind Anspruch und Schuld erloschen. Die Eintragung einer Sicherungshypothek nach § 128 kommt daher nicht in Betracht, ausnahmsweise dann, wenn das erloschene dingliche Recht mit dem Recht eines Dritten belastet ist (z.B. Pfändungspfandrecht).

16 In allen zuvor genannten Fällen gilt der Ersteher als aus dem Grundstück befriedigt.

---

11 BGH, NJW 1977, 1287 = Rpfleger 1977, 246 = MDR 1977, 742.
12 So auch Steiner/*Teufel*, § 107 Rdn. 63.
13 *Stöber*, ZVG § 49 Rdn. 3; *Böttcher*, § 49 Rdn. 7; hier auch *Klawikowski*, Rpfleger 1997, 202.
14 *Schiffhauer*, Rpfleger 1988, 498 in Anm. zu BGH, Rpfleger 1988, 495 = NJW-RR 1988, 1146.
15 OLG Schleswig, SchlHA 1961, 16.

IV. Aufrechnung des Erstehers

17 Steht dem Ersteher eine Gegenforderung (Ausfallforderung oder aus einem anderen Rechtsgrund) gegen den Vollstreckungsschuldner zu, ist eine mögliche Aufrechnung nicht ohne Weiteres gegeben, da der Schuldner nicht berechtigt ist, über das Bargebot zu verfügen.[16] Erst wenn zugunsten des Schuldners ein Erlösüberschuss feststeht, der auch von keinem weiteren Beteiligten in Anspruch genommen wird, dieser somit von der Beschlagnahmewirkung befreit wird, kann der Ersteher mit einer fälligen Forderung gegen den Vollstreckungsschuldner aufrechnen. Die Tatsache, dass der Ersteher die Aufrechnungslage erst durch Nichterfüllung seiner Zahlungspflicht herbeigeführt hat, steht der Aufrechnung nicht entgegen.[17] Erkennt der Schuldner die Rechtmäßigkeit der Aufrechnung an, hat das Vollstreckungsgericht nichts zu veranlassen, andernfalls gem. §§ 128, 130 das Grundbuchamt um Eintragung einer Sicherungshypothek für denjenigen zu ersuchen, der zur Zeit des Zuschlags Eigentümer war. Gegen Vollstreckungsmaßnahmen des Schuldners und Gläubigers der Sicherungshypothek kann sich der Ersteher und Eigentümer gem. § 767 ZPO wehren.

18 Gleiches gilt für den Fall, dass der Ersteher mit einer Forderung aufrechnen will, die er gegen einen anderen Beteiligten (z.B. Grundschuldgläubiger) hat, der Befriedigung aus dem Bargebot zu erwarten hat.

V. Sicherheitsleistung (Abs. 3)

19 Abs. 3 behandelt die Sicherheitsleistung, die im Versteigerungstermin nach Aufforderung nachzuweisen ist. Im Hinblick auf die Neuregelungen in § 69 Abs. 4 bzw. § 70 Abs. 2 Satz 2 stellt Abs. 3 fest, dass ein zum Nachweis der Sicherheitsleistung an die Gerichtskasse einbezahlter Betrag als Zahlung auf das bare Meistgebot gilt. Der bereits eingezahlte Betrag gilt als eine im Verteilungstermin geleistete Zahlung, eine Minderung der Verzinsung des Bargebots tritt hierdurch jedoch nicht ein (Ausnahme s. → § 69 Rdn. 16 ff.). Mit der vorgeschlagenen Änderung soll im Interesse der Bietinteressenten erreicht werden, dass Sicherheitsleistungen der Bieter nicht mehr im förmlichen Hinterlegungsverfahren, sondern durch Überweisung an die Gerichtskasse geleistet werden.

20 Wurde die Sicherheitsleistung im Zwangsversteigerungstermin dem Meistbietenden zurückgegeben (z.B. Schecks, Bürgschaft), kann sie nicht bei der Feststellung der Teilungsmasse berücksichtigt werden, eine fehlende Zahlung kann nicht verteilt werden.[18]

VI. Rechtsbehelf

21 Neben dem gesetzlich geregelten Widerspruch nach § 115 wird auch die sofortige Beschwerde oder die sofortige Rechtspflegererinnerung für zulässig angesehen. Gegen die Berechnung bzw. Feststellung der Teilungsmasse (z.B. falsche Berechnung des Bargebots) soll die sofortige Beschwerde gegeben sein[19]. Der BGH

---

16 BGH, Rpfleger 1963, 234 = MDR 1963, 580.
17 RGZ 64, 308; 72, 344; 84, 8.
18 Stöber, ZVG § 107 Rdn. 4; Schiffhauer, Rpfleger 1974, 32; a.A. LG Verden, Rpfleger 1974, 31; Steiner/Teufel, § 107 Rdn. 52, ohne jedoch Hinweise für die praktische Durchführung zu geben.
19 BGH, NJW 1977, 1287 = Rpfleger 1977, 246; a.A. Stöber, ZVG, § 107 Rdn. 2.5, § 115 Rdn. 3.

musste sich damals in seinem Urteil vom 31.3.1977 (VII ZR 336/75) mit der Frage beschäftigen, ob der Ersteher wegen falscher Zinsberechnung auf das bare Meistgebot nach § 49 Abs. 2 einen Bereicherungsanspruch hat. Der Ersteher, der aufgrund einer falschen Berechnung des Bargebots zu viel an das Vollstreckungsgericht gezahlt hat, kann den überzahlten Betrag nach Verteilung des Erlöses nicht vom letztrangig befriedigten Grundpfandgläubiger aus ungerechtfertigter Bereicherung herausverlangen. Der Anspruch kann sich allenfalls gegen den Schuldner richten oder es besteht Staatshaftung. Die Frage des Rechtsmittels gegen die unrichtige Teilungsmasse war nicht Gegenstand der Entscheidung. Die Möglichkeit der sofortigen Beschwerde wird lediglich in einem Satz der Urteilsgründe erwähnt, ohne dies zu problematisieren. Für das Recht der sofortigen Beschwerde nimmt der BGH wiederum Bezug auf seine Entscheidung vom 23.6.1972 (V ZR 125/70). In diesem Urteil geht es um die Frage der Widerspruchsberechtigung gegen einen Teilungsplan, die Frage einer sofortigen Beschwerdemöglichkeit ist weder im Sachverhalt noch in den Urteilsgründen Gegenstand des Verfahrens. Die sofortige Beschwerde ist weder gesetzlich vorgesehen noch sachlich berechtigt. Auch gegen die Berechnung oder die inhaltliche Richtigkeit der Teilungsmasse ist nur der Widerspruch nach § 115 gegeben oder bei offenbarer Unrichtigkeit die Korrektur nach § 319 ZPO gegeben. Zu den Rechtsbehelfen insgesamt s. → § 115 Rdn. 12 ff.

§ 108 »Verwertung hinterlegter Wertpapiere«

(aufgehoben)

Aufgehoben durch den am 1.8.1998 in Kraft getretenen Art. 1 des Gesetzes zur 1
Änderung des Gesetzes über die Zwangsversteigerung und die Zwangsverwaltung
und anderer Gesetze vom 18. Februar 1998 (BGBl I 866).

§ 109 »Kosten des Verfahrens; Überschussverteilung«

(1) Aus dem Versteigerungserlöse sind die Kosten des Verfahrens vorweg zu entnehmen, mit Ausnahme der durch die Anordnung des Verfahrens oder den Beitritt eines Gläubigers, durch den Zuschlag oder durch nachträgliche Verteilungsverhandlungen entstehenden Kosten.
(2) Der Überschuß wird auf die Rechte, welche durch Zahlung zu decken sind, verteilt.

I. Allgemeines

1 Die Vorschrift gilt für alle Zwangsversteigerungsverfahren nach dem ZVG. Die durch die Zwangsversteigerung entstehenden Kosten werden nicht gleichmäßig behandelt. Soweit sie einem Beteiligten entstehen, bestimmen darüber die § 10 Abs. 2, § 12 Nr. 1. Anders § 109, hierbei handelt es sich um die Gerichtskosten des Verfahrens. Die Regelung steht i.V.m. § 44 Abs. 1 und § 49 Abs. 1. Im geringsten Gebot werden diese Kosten in Form einer vorläufigen Berechnung ermittelt (siehe → § 49 Rdn. 6) und berücksichtigt. Stellt sich bei der Erlösverteilung heraus, dass die Kosten in der vorläufigen Berechnung zu niedrig angesetzt waren, tritt ein Rangverlust nach § 110 dennoch nicht ein; wird hierdurch jedoch der Deckungsgrundsatz verletzt, kann dies Schadensersatzansprüche gegen den Staat zur Folge haben. Die Entnahme der in § 109 bezeichneten Kosten im Rang vor allen anderen Ansprüchen des § 10 (sog. Rangklasse 0) findet ihre Rechtfertigung darin, dass sie im Interesse sämtlicher Beteiligter aufzuwenden sind.

II. Kosten
1. Vorweg zu entnehmende Kosten

2 Aus dem Versteigerungserlös vorweg zu entnehmende Kosten sind:

1. Gebühr für das Verfahren im Allgemeinen (GKG KV 2211, eventuelle Ermäßigung bei vorzeitiger Beendigung des Verfahrens, GKG KV 2212).
2. Gebühr für die Abhaltung mindestens eines Versteigerungstermins mit Aufforderung zur Abgabe von Geboten (GKG KV 2213).
3. Gebühr für das Verteilungsverfahren (GKG KV 2215, eventuelle Ermäßigung bei keiner oder nur eingeschränkter Verteilung, GKG KV 2216).
4. Auslagen für Zustellungen (GKG KV 9002).
5. Auslagen für öffentliche Bekanntmachungen (GKG KV 9004).
6. nach dem JVEG zu zahlende Beträge für Sachverständige, insbesondere für das Gutachten zur Festsetzung des Verkehrswertes (§ 74a Abs. 5) (GKG KV 9005).

3 Maßgeblicher Wert für die Berechnung der Gebühr für das Verfahren im Allgemeinen (Ziffer 1) und für die Abhaltung des Versteigerungstermins (Ziffer 2) berechnet sich nach dem festgesetzten Verkehrswert gem. § 74a Abs. 5 (§ 54 Abs. 1 GKG). Hat während des Verfahrens eine Neufestsetzung des Grundstückswerts wegen veränderter Umstände stattgefunden, ist dieser Wert für die Berechnung maßgebend.[1] Die Gebühr für das Verteilungsverfahren (Ziffer 3) bestimmt sich

---

1 LG Paderborn, Rpfleger 1989, 168.

nach dem baren Meistgebot ohne Zinsen, für das der Zuschlag erteilt ist, einschließlich des Wertes der nach den Versteigerungsbedingungen bestehen bleibenden Rechte (§ 54 Abs. 3 GKG); ein durch Vereinbarung gem. § 91 Abs. 2 bestehen bleibendes Recht wird bei der Wertberechnung ebenso nicht berücksichtigt[2] wie Rechte, die außerhalb des geringsten Gebots bestehen bleiben.[3] Wurden mehrere Grundstücke im Gesamtausgebot versteigert, ist der Gesamtwert maßgebend (§ 54 Abs. 4 GKG).

2. Nicht unter § 109 fallende Kosten

Von der Berücksichtigung im Rang vor allen anderen Ansprüchen sind nach Abs. 1 folgende Kosten ausgeschlossen:

a) die durch Anordnung der Zwangsversteigerung oder Zulassung des Beitritts einem Gläubiger entstehenden Kosten (GKG KV 2210 i.V.m. § 26 Abs. 1 GKG), insbesondere auch die gesamten Anwaltskosten. Sie können auch dann nicht der Teilungsmasse vorweg entnommen werden, wenn dem Gläubiger Gebührenfreiheit zusteht oder ihm Prozesskostenhilfe bewilligt wurde (hierzu → § 15 Rdn. 35 ff.).

b) Der Gläubiger kann diese Kosten gemäß § 10 Abs. 2 bei seinem Anspruch geltend machen und muss sie rechtzeitig anmelden (§ 37 Nr. 4), um nicht einen Rangverlust nach § 110 zu erleiden.

c) Die durch den Zuschlag entstandenen Kosten, die gem. § 58 der Ersteher zu tragen hat (→ § 58 Rdn. 2 ff.). Hierzu gehören auch die Auslagen für die Zustellung des Zuschlagsbeschlusses an die nicht erschienenen Beteiligten.[4]

d) die durch eine nachträgliche Verteilung (§§ 139, 141) entstehenden Kosten.

e) die Kosten eines Beschwerdeverfahrens (GKG KV 2240–2243).[5]

f) Auslagen, die nur einer bestimmten Person zur Last fallen, z.B. Auslagen nach GKG KV 9000.

III. Entnahme der Kosten aus der Teilungsmasse

Die Kosten sind an die Gerichtskasse abzuführen, soweit sie nicht durch einen Gläubigervorschuss bereits gedeckt sind.

Soweit ein Gläubiger einen Vorschuss (hierzu § 15 GKG) auf die unter § 109 fallenden Kosten geleistet hat, verlieren diese nicht den Rang vor allen anderen Ansprüchen.[6] Die Berücksichtigung der Gesamtkosten des § 109 erfolgt von Amts wegen; soweit ein Gläubiger einen Vorschuss geleistet hat, muss er diesen nicht zur Berücksichtigung im Verfahren anmelden, ein Rangverlust gem. § 37 Nr. 4, § 110 tritt nicht ein. Der geleistete Vorschuss wird bei der Erlösverteilung dem Gläubiger erstattet, sofern der Zahlungsnachweis geführt ist.[7]

Haben mehrere Gläubiger einen Vorschuss geleistet, haben sie untereinander gleichen Rang. Mehrere Gläubiger haften für einen Vorschuss als Gesamtschuldner. Wird für die Vorschusszahlung nur einer von ihnen in Anspruch genommen,

---

2 LG Krefeld, Rpfleger 1988, 392.
3 *Böttcher*, § 109 Rdn. 2.
4 LG Freiburg, Rpfleger 1991, 382.
5 OLG Koblenz, Rpfleger 2005, 383 = MDR 2005, 599 = InVo 2005, 342.
6 Hierzu *Hornung*, Rpfleger 2000, 529.
7 Hierzu *Hornung*, Rpfleger 2000, 529.

§ 109 Kosten des Verfahrens; Überschussverteilung Rdn. 8–13

hat er den anderen Gläubigern gegenüber einen Ausgleichsanspruch gem. § 426 BGB.

8 Wird das Bargebot nicht gezahlt, haben die Gerichtskosten insgesamt Rang vor allen anderen Ansprüchen; dies gilt auch für die Vorschusszahlung. Ein Restanspruch des Staates hat gleichen Rang mit der Vorschusszahlung des Gläubigers, insbesondere für die gem. § 128 einzutragenden Sicherungshypotheken.[8]

9 Im Falle der Gebührenfreiheit des Gläubigers oder der Bewilligung von Prozesskostenhilfe werden die in § 109 bezeichneten Kosten dem Erlös vorweg entnommen; dieses selbst dann, wenn dadurch der Anspruch des von der Kostenzahlung befreiten Gläubigers ganz oder teilweise ausfällt. Gleiches gilt, wenn der Ersteher Gebührenfreiheit genießt, selbst anspruchsberechtigt ist und durch die gem. § 109 entnommenen Kosten mit seinem Anspruch ganz oder teilweise ausfällt.[9]

IV. Überschuss

10 Der nach Deckung der Gerichtskosten verbleibende Überschuss ist nach näherer Bestimmung der §§ 110 ff. auf die durch Zahlung zu deckenden Rechte zu verteilen.

V. Erlösüberschuss

1. Behandlung des Erlösüberschusses

11 Soweit der Erlös zur Deckung fremder Ansprüche nicht benötigt wird, steht er dem Schuldner zu (Surrogationsgrundsatz[10]). Der Erlösüberschuss ist zunächst noch von der Beschlagnahmewirkung umfasst, muss daher hiervon befreit werden, um so dem Schuldner wieder die Verfügungsbefugnis einzuräumen.[11]

12 Mehreren Vollstreckungsschuldnern steht der Erlösüberschuss gemeinsam zu, auf das frühere Gemeinschaftsverhältnis am Grundstück kommt es nicht ein. Es ist Sache der ehemaligen Miteigentümer, sich über die Auszahlung des Erlösüberschusses zu einigen. Selbstverständlich kann das Vollstreckungsgericht hierbei vermitteln. Wird eine Einigung nicht nachgewiesen, ist der Erlösüberschuss für alle Schuldner gemeinsam zu hinterlegen. Damit ist die Tätigkeit des Vollstreckungsgerichts abgeschlossen, ein Fall nach § 135 liegt nicht vor. Die Auseinandersetzung hat im Streitfall vor dem Prozessgericht zu erfolgen. Die Zuständigkeit des Prozessgerichts, und nicht des Familiengerichts, ist auch dann gegeben, wenn Ehegatten im Güterstand der Zugewinngemeinschaft nach Erhebung der Scheidungsklage wegen des Anspruchs auf Auseinandersetzung des Erlösüberschusses streiten.[12]

13 Wegen der Behandlung des Erlösüberschusses in der Teilungsversteigerung siehe → § 180 Rdn. 154.

---

8 A.A. *Stöber*, ZVG § 109 Rdn. 2.4; *Böttcher*, § 109 Rdn. 3; Steiner/*Teufel*, § 109 Rdn. 13.
9 KG, JW 1935, 2160.
10 Hierzu BGH, Urteil vom 27.4.2012, V ZR 270/10, Rpfleger 2012, 452 = ZfIR 2012, 551.
11 RGZ 72, 346; hierzu auch *Schiffhauer*, Rpfleger 1985, 249.
12 BayObLG, NJW 1980, 149.

2. Pfändung des Erlösüberschusses

Der Erlösüberschuss ist als Geldforderung pfändbar. Die Pfändung ist jedoch vor dem Wirksamwerden des Zuschlags (§§ 89, 104) nicht zulässig[13] und wird durch Zuschlagserteilung auch nicht wirksam. Der Gläubiger ist auf die Eintragung einer Zwangssicherungshypothek mit rechtzeitiger Anmeldung zum Verfahren (§ 37 Nr. 4, § 110) oder auf den Beitritt zum Verfahren angewiesen. 14

Ist der Zuschlag wirksam geworden, erfolgt die Pfändung des Erlösüberschusses gem. § 857 Abs. 1, § 829 ZPO. Der frühere Eigentümer ist der Schuldner, einen Drittschuldner gibt es nicht; daher genügt die Zustellung an den Schuldner alleine, § 857 Abs. 2 ZPO.[14] 15

Um die **Pfändung durchzusetzen**, muss der Vollstreckungsgläubiger spätestens im Verteilungstermin Auszahlung der gepfändeten Beträge an sich verlangen und dem Vollstreckungsgericht eine Ausfertigung des Pfändungs- und Überweisungsbeschlusses samt Zustellungsnachweisen vorlegen (§ 114). Das Vollstreckungsgericht hat zu prüfen, ob der Beschluss wirksam erlassen und den richtigen Personen zugestellt ist. 16

3. Herrenloses Grundstück

Bei der Zwangsversteigerung eines herrenlosen Grundstücks hat der gem. § 787 ZPO bestellte Vertreter den Erlösüberschuss nach Deckung seiner Vergütung und Auslagen auf Anordnung des Vollstreckungsgerichts als herrenloses Gut zu hinterlegen (§ 372 BGB). Das Recht zur Aneignung des aufgegebenen Grundstücks und damit auch des Erlösüberschusses steht dem Landesfiskus zu, § 928 Abs. 2 BGB.[15] 17

4. Vor- und Nacherbschaft

Hat ein Nachlassgläubiger die Zwangsversteigerung eines Grundstücks betrieben, dass im Eigentum des Vorerben steht, ist § 2113 BGB auf den Zwangsversteigerungserlös nicht anzuwenden. Der Schutzgedanke zugunsten der Nacherben führt nicht dazu, dass ein Erlösüberschuss auf einen Sperrkonto eingezahlt werden muss.[16] 18

---

13 RGZ 70, 278; 125, 362; *Stöber*, ZVG § 114 Rdn. 5.20; *Böttcher*, § 117 Rdn. 16, 17.
14 *Stöber*, ZVG § 114 Rdn. 5.20; *Stöber*, Forderungspfändung Rdn. 130; *Böttcher*, § 117 Rdn. 18; *Hintzen/Wolf*, Rdn. 6.420.
15 *Stöber*, ZVG § 114 Rdn. 10.3.
16 LG Göttingen, WM 1965, 1353.

§ 110 »Nachstehende Rechte bei der Verteilung«

Rechte, die ungeachtet der im § 37 Nr. 4 bestimmten Aufforderung nicht rechtzeitig angemeldet oder glaubhaft gemacht worden sind, stehen bei der Verteilung den übrigen Rechten nach.

I. Allgemeines

1   Der in dieser Vorschrift bestimmte Rangverlust bezieht sich nur auf die nach § 37 Nr. 4 anmeldungsbedürftigen Rechte. Sinn der Vorschrift ist, dass jeder Beteiligte im Zeitpunkt der Aufforderung zur Abgabe von Geboten (§ 66 Abs. 2) sicher feststellen kann, was seinem Anspruch *maximal* im Range vorgeht, was also geboten werden muss, damit sein Anspruch gedeckt ist. Der Rechtsnachteil verspäteter Anmeldung oder Glaubhaftmachung besteht darin, dass das Recht im Rang nach sämtlichen anderen Rechten erhält (sog. Rangklasse „9"), was in der Praxis dann regelmäßig zum Ausfall führt. Der Rang mehrerer verspätet angemeldeter oder glaubhaft gemachter Rechte untereinander bestimmt sich wieder nach den §§ 10–12.

2   Ein **Gerichtskostenvorschuss** für die in § 109 aufgeführten Kosten fällt nicht unter die Regelung des § 110, der Vorschuss wird von Amts wegen berücksichtigt.

II. Hinweis auf den Rangverlust

3   Der Rangverlust[1] tritt nur dann ein, wenn auf den Rechtsnachteil in der Terminsbestimmung nach § 37 Nr. 4 hingewiesen wurde.[2] Fehlt der Hinweis oder ist die Terminsbestimmung nicht ordnungsgemäß erfolgt (hierzu → § 37 Rdn. 3), führt dies zur Versagung des Zuschlags nach § 83 Nr. 7. Ist der Zuschlag dann jedoch erteilt und rechtskräftig geworden, müssen alle Ansprüche ohne Rücksicht auf die Zeit ihrer Anmeldung, also auch diejenigen, welche erst im Laufe des Verteilungstermins angemeldet werden, entsprechend ihrem Rang nach §§ 10–12 berücksichtigt werden. Eine Verletzung des Deckungsgrundsatzes muss hingenommen werden, es kommen dann eventuelle Schadensersatzansprüche gegen den Staat in Betracht.

III. Rechtzeitige Anmeldung und Berücksichtigung

4   Ansprüche, die nicht von Amts wegen berücksichtigt werden, müssen **rechtzeitig angemeldet** oder glaubhaft gemacht werden. Der **späteste Zeitpunkt** der Anmeldung bzw. Glaubhaftmachung ist die Aufforderung zur Abgabe von Geboten nach § 66 Abs. 2 im Versteigerungstermin.[3] Bei Versäumung dieses Zeitpunktes ist eine Wiedereinsetzung in den vorherigen Stand nicht möglich, die Tatbestandsvoraussetzungen nach § 233 ZPO liegen nicht vor. Auch eine Nachholung der Anmeldung oder Glaubhaftmachung im Rechtsmittelverfahren ist ausgeschlossen. Beruft sich die Wohnungseigentümergemeinschaft bei einem Beitritt zur Versteigerung auf den Vorrang nach § 10 Abs. 1 Nr. 2 und nimmt diesen dann zurück, heilt eine Anmeldung der Forderungen aus dem Titel, aus dem früher be-

---

1   Allgemein *Traub*, ZfIR 2010, 273.
2   Zum Rangverlust wegen Nichtanmeldung aus dem Schiffsregister nicht ersichtlicher Rechte vgl. BGH, NJW 1961, 1672.
3   *Stöber*, ZVG § 110 Rdn. 2.2; *Böttcher*, § 110 Rdn. 4.

trieben wurde, die erst nach der Aufforderung zur Abgabe von Geboten bei Gericht eingeht, nicht den endgültigen Rangverlust.[4]

Der in § 110 angedrohte **Rechtsnachteil ist endgültig,** einen Bereicherungsanspruch gibt es nicht.[5] Erfolgt keine Anmeldung bis zum Verteilungstermin, § 114, wird das Recht überhaupt nicht berücksichtigt.[6]

Ein **Ersatzbetrag** nach § 92 für ein durch den Zuschlag erloschenes Recht (z.B. Wohnrecht, Nießbrauch, Reallast pp.) gehört nicht zu den vor der Abgabe von Geboten anzumeldenden Rechten.[7] Anzumelden sind nach § 37 Nr. 4 diejenigen Rechte, die zur Zeit der Eintragung des Versteigerungsvermerks nicht aus dem Grundbuch ersichtlich sind. Ist das Recht zeitlich vor dem Versteigerungsvermerks im Grundbuch eingetragen, wird es von Amts wegen berücksichtigt. Der Ersatzbetrag kann ohne Rangverlust nach § 110 noch im Verteilungstermin erfolgen, denn das Recht ergibt sich dem Grunde nach aus dem Grundbuch, unbekannt ist nur die Höhe des Ersatzbetrages (hierzu → § 92 Rdn. 35).[8]

Kosten der Kündigung und/oder Kosten der dinglichen Rechtsverfolgung, § 10 Abs. 2, können zum Versteigerungstermin (hierzu → § 45 Rdn. 15) in einem **Pauschalbetrag** angemeldet werden, die Spezifizierung der einzelnen Kosten erfolgt dann zum Verteilungsverfahren. Ein Fall von § 110 liegt hier nicht vor.

Wird ein **rechtzeitig** angemeldeter Anspruch tatsächlich nicht berücksichtigt, liegt kein Fall von § 110 vor. Der Berechtigte, dessen Recht nicht berücksichtigt wurde, kann den Zuschlag anfechten, § 83 Nr. 7, § 100. In jedem Falle kann er Berücksichtigung seines Rechts im Range seines Anspruchs verlangen, auch wenn dadurch der Deckungsgrundsatz verletzt wird. Handelt es sich um ein Recht, dass aufgrund rechtzeitiger Anmeldung als bestehen bleibendes Recht im geringsten Gebot hätte berücksichtigt werden müssen, muss der Berechtigte das Erlöschen seines Rechts gegen sich gelten lassen, sofern er die Zuschlag nicht angefochten hat. Auch hier kann er Befriedigung im Range seines Rechts verlangen, soweit der Zwangsversteigerungserlös ausreicht. Bei einem Ausfall bleiben nur Schadensersatzansprüche gegen den Staat.[9]

---

4 LG Heilbronn, ZfIR 2010, 288.
5 BGHZ 21, 30, 34.
6 *Stöber*, ZVG § 110 Rdn. 2.3.
7 *Stöber*, ZVG § 110 Rdn. 2.2.
8 OLG Koblenz, Rpfleger 1984, 242; *Stöber*, ZVG § 92 Rdn. 3.4.
9 Vgl. BGH, Rpfleger 2000, 403 = NJW 2000, 3358 = DNotZ 2000, 705 = FamRZ 2000, 1149 = KTS 2000, 665 = WM 2000, 1023 =InVo 2000, 434 zur Nichtberücksichtigung eines Nacherbenvermerks im geringsten Gebot.

§ 111 »Betagter Anspruch«

¹Ein betagter Anspruch gilt als fällig. ²Ist der Anspruch unverzinslich, so gebührt dem Berechtigten nur die Summe, welche mit Hinzurechnung der gesetzlichen Zinsen für die Zeit von der Zahlung bis zur Fälligkeit dem Betrage des Anspruchs gleichkommt; solange die Zeit der Fälligkeit ungewiß ist, gilt der Anspruch als aufschiebend bedingt.

I. Allgemeines

1   Die Regelung des § 111 will für den Fall, dass der genaue Termin der Fälligkeit des Anspruchs feststeht (z.B. Fälligkeit zu einem bestimmten, im Zeitpunkt der Verteilung noch nicht eingetretenen Datum) die Hinterlegung des auf dieses Recht entfallenden Erlösanteils verhindern und vermeiden, dass der Betrag erst nach Fälligkeit dem Berechtigten ausgezahlt wird. Deshalb ist eine betagter (also noch nicht fälliger) dinglicher Anspruch wie ein fälliger zu behandeln (gesetzliche Fiktion). Für den Berechtigten bedeutet dies, dass der Betrag sofort im Verteilungstermin ausgezahlt werden kann. Da der Berechtigte somit allerdings vorzeitig das Kapital erhält, muss er den Abzug der gesetzlichen Zinsen bis zur Fälligkeit hinnehmen.

2   **Betagt** ist ein Anspruch, wenn die Fälligkeit z.B. von einem künftigen **bestimmten Kalendertag** abhängig ist oder von einem künftigen **bestimmten Ereignis**, auch wenn der Termin nicht feststeht (z.B. Tod einer Person). Hängt die Fälligkeit des Anspruchs von einem **unbestimmten Ereignis** ab (z.B. Geburt eines Kindes oder Heirat einer Person), liegt kein Fall von § 111 vor, dieser Anspruch ist **bedingt**, es gelten §§ 119, 120. Ebenfalls wie bedingte Ansprüche werden unverzinsliche betagte Ansprüche behandelt, bei denen der Eintritt der Fälligkeit, aber nicht dessen Zeitpunkt, feststeht (Satz 2 Hs. 2).

3   Die Vorschrift ist nur im Zwangsversteigerungsverfahren auf das dingliche Recht anzuwenden und bezieht sich nicht auf die neben dem dinglichen Anspruch bestehende persönliche Forderung. Ihre Fälligkeit ist ausschließlich nach dem persönlichen Schuldverhältnis zu beurteilen.[1]

4   Soweit als Ersatz eines erloschenen Rechts nach § 92 Abs. 1 der Wert des Rechts oder die Ablösesumme zu gewähren ist, tritt ohne Weiteres die Fälligkeit des Ersatzanspruches ein, auch wenn der Zeitpunkt der Fälligkeit noch nicht eingetreten ist. Der Berechtigte erhält, soweit der Erlös ausreicht, den Ersatzbetrag aus der vorhandenen Teilungsmasse sofort ausbezahlt. Wegen Ersatzansprüche nach § 92 Abs. 2 siehe § 121.

II. Abzug des Zwischenzinses

5   Unverzinsliche Ansprüche, die erst nach dem Zuschlag fällig werden, sind nur unter Abzug des Zwischenzinses zu berücksichtigen. Der Berechtigte erhält nur den Betrag, der zuzüglich der gesetzlichen Zinsen zu 4 % (§ 246 BGB)[2] bis zum tatsächlichen Fälligkeitstag dem Nennbetrag seines Anspruchs gleichkommt. Der Fälligkeitstermin ist aus dem Rechtsverhältnis zwischen Eigentümer und Berechtigten festzustellen. Die Berechnung erfolgt vom Verteilungstermin bis zum ur-

---

1   Hierzu auch grundlegend *Bauch*, Rpfleger 1985, 466.
2   Zum höheren Zinssatz bei Berechnung der Rentenreallast von bestimmter Dauer vgl. *Streuer*, Rpfleger 1997, 141.

sprünglichen Fälligkeitstermin. Die Abzinsung erfolgt nach der **Hoffmanschen Formel:**[3]

$$K = \frac{100 \times N}{100 + (Z \times J)}$$

Hierbei bedeuten:
K = gesuchtes Kapital
N = Nennbetrag
Z = Zins
J = Jahre oder das Jahr mit 365 Tagen

Beispiel:
Monatlicher Geldwert einer Reallast = 100,- €, bei einer Restlaufzeit von 10 Jahren. Der Gesamtwert der Reallast beträgt somit für 10 Jahre 12.000,- €.

Abgezinster Betrag somit:

$$\frac{100 \times 12.000,- €}{100 + (4 \times 10 \text{ Jahre})} = 8.571,- €$$

Ein Abzug des Zwischenzinses erfolgt dann nicht, wenn der Anspruch zwar verzinslich ist, der Zinssatz aber geringer ist als 4 Prozent.[4]

III. Unbekannte Fälligkeit

Bei unbekannter Fälligkeit des betagten unverzinslichen Anspruchs ist der Abzug des Zwischenzinses wegen Fehlens eines festen Zeitpunktes nicht möglich. In diesem Fall ist der Anspruch wie ein aufschiebend bedingter zu behandeln (Satz 2 Hs. 2), in diesem Falle gelten §§ 119, 120.

Ansprüche, die durch Kündigung des Gläubigers fällig werden, sind zwar betagt, ihre Fälligkeit ist aber nicht ungewiss in diesem Sinn. Sie werden behandelt, als würden sie nach Ablauf der Kündigungsfrist, gerechnet vom Verteilungstermin an, fällig.

---

3   *Stöber,* ZVG Tab. 3 m. Bsp.; Steiner/*Teufel,* § 111 Rdn. 25; *Böttcher,* § 111 Rdn. 8.
4   *Böttcher,* § 111 Rdn. 11.

§ 112 »Gesamtausgebot; Verteilung des Erlöses auf einzelne Grundstücke«

(1) Ist bei der Versteigerung mehrerer Grundstücke der Zuschlag auf Grund eines Gesamtausgebots erteilt und wird eine Verteilung des Erlöses auf die einzelnen Grundstücke notwendig, so wird aus dem Erlöse zunächst der Betrag entnommen, welcher zur Deckung der Kosten sowie zur Befriedigung derjenigen bei der Feststellung des geringsten Gebots berücksichtigten und durch Zahlung zu deckenden Rechte erforderlich ist, für welche die Grundstücke ungeteilt haften.

(2) ¹Der Überschuß wird auf die einzelnen Grundstücke nach dem Verhältnisse des Wertes der Grundstücke verteilt. ²Dem Überschusse wird der Betrag der Rechte, welche nach § 91 nicht erlöschen, hinzugerechnet. ³Auf den einem Grundstücke zufallenden Anteil am Erlöse wird der Betrag der Rechte, welche an diesem Grundstücke bestehen bleiben, angerechnet. ⁴Besteht ein solches Recht an mehreren der versteigerten Grundstücke, so ist bei jedem von ihnen nur ein dem Verhältnisse des Wertes der Grundstücke entsprechender Teilbetrag in Anrechnung zu bringen.

(3) Reicht der nach Absatz 2 auf das einzelne Grundstück entfallende Anteil am Erlöse nicht zur Befriedigung derjenigen Ansprüche aus, welche nach Maßgabe des geringsten Gebots durch Zahlung zu berichtigen sind oder welche durch das bei dem Einzelausgebote für das Grundstück erzielte Meistgebot gedeckt werden, so erhöht sich der Anteil um den Fehlbetrag.

Übersicht   Rdn.
I.   Allgemeines 1
II. Notwendigkeit der Bildung von Sondermassen 5
III. Gemeinsame Belastungen 8
IV. Bildung der Sondermassen (Abs. 2) 10
     1. Addition bestehen bleibender Rechte (Abs. 2 Satz 2) 10
     2. Aufteilung des Überschusses (Abs. 2 Satz 1) 11
     3. Anrechnung der Belastungen 12
     4. Verteilung nach § 1132 Abs. 2 BGB 14
     5. Fehlbetrag (Abs. 3) 15
V.   Beispiele 16
     1. Beispiel 1 17
     2. Beispiel 2 (Fehlbetrag) 19
VI. Rechtsbehelf 21

I. Allgemeines

1   Die Bestimmung des § 112 betrifft den Fall, dass mehrere Grundstücke (Miteigentumsbruchteile[1]) in einem gem. § 18 verbundenen Verfahren zum Gesamtausgebot zugeschlagen worden sind (hierzu → § 63 Rdn. 11 ff.) und die Verteilung des Gesamterlöses auf die einzelnen Grundstücke notwendig wird (hierzu nachfolgend → Rdn. 5). Die Vorschrift kann auch dann zur Anwendung kommen, wenn ein einzelnes Grundstück versteigert wird und Belastungen nur an realen Grundstücksteilen bestehen. Die Vorschrift gilt auch in der Teilungsversteigerung bei unterschiedlicher Belastung von Miteigentumsanteilen.

---

1 RGZ 101, 117; BGH, Rpfleger 2010, 279 = NJW-RR 2010, 520 = DNotZ 2010, 777 = FamRZ 2010, 354 mit Anm. *Hintzen*, S. 449.

Gleiches muss auch dann gelten, wenn, wie der BGH mit Beschluss vom 24.11.2005[2] entschieden hat, ein belastetes Grundstück durch **Vereinigung** mit einem anderen Grundstück die Selbstständigkeit verloren hat, die Belastungen jedoch auf dem Teil des neuen Grundstücks ruhen, der vor der Vereinigung Belastungsgegenstand war (hierzu → vor § 15 Rdn. 2 ff.). Der BGH führt am Ende der Entscheidungsgründe aus, dass, sollten die Grundstücksteile verschiedenen Erstehern zugeschlagen werden, das Grundstück durch Hoheitsakt wieder geteilt wird. Ein solcher Fall kann für das Versteigerungsgericht im Rahmen der Erlösverteilung nur über § 112 gelöst werden.

Das im Rahmen der Erlösverteilung einzuhaltende Berechnungsverfahren regelt § 112. Die sich hierbei für jedes Grundstück ergebenden Sondermassen werden nach den üblichen Regelungen (§§ 113 ff.) auf die Berechtigten aufgeteilt; bei erloschenen Gesamtgrundpfandrechten sind weiter die §§ 122, 123 zu beachten. Abweichungen von § 112 sind nur mit Zustimmung aller Beteiligten einschließlich des Schuldners zulässig. Kerngedanke der Vorschrift ist, jedem Grundstück einen seinem Wert entsprechenden Teilbetrag des Gesamterlöses zukommen zu lassen. Dieser Gedanke wird aber nicht vollständig durchgeführt, einmal im Hinblick auf die zu bildende gemeinschaftliche Masse, dann im Hinblick auf die mögliche Verschiedenartigkeit der an den einzelnen Grundstücken bestehen bleibenden Rechte und auf die Möglichkeit einer Verletzung des Deckungsgrundsatzes (hierzu → Rdn. 15). Ob neben dem Gesamtausgebot ein Einzel- oder Gruppenausgebot stattgefunden hat, ist unerheblich.

Die Vorschrift findet auch dann Anwendung, wenn der Zuschlag auf ein oder mehrere Gruppenausgebote erteilt worden ist, denn der Zuschlag auf ein Gruppenausgebot steht im Verhältnis zum Einzelausgebot einem Gesamtausgebot gleich.

II. Notwendigkeit der Bildung von Sondermassen

Ist bei der Versteigerung mehrerer Grundstücke der Zuschlag auf das Gesamtausgebot erteilt worden, ist eine Bildung von Sondermassen nicht erforderlich, wenn:

- nur das geringste Gebot geboten wurde;
- nur Gesamtrechte auf allen Grundstücken vorhanden sind;
- eine abweichende Verteilung vereinbart wurde.

Die Bildung von Sondermassen zur Verteilung des Erlöses auf die einzelnen Grundstücke bzw. Anteile ist daher notwendig, wenn:

- es um die Zuteilung auf erlöschende Rechte geht;
- die Grundstücke oder Anteile unterschiedlich belastet sind;
- der Erlös nicht für alle Berechtigten ausreicht;
- die Grundstücke oder Anteile verschiedenen Eigentümern gehören;
- nachträglich Ansprüche angemeldet werden, die nur ein Grundstück betreffen, § 37 Nr. 5.

---

2 Rpfleger 2006, 150 = NJW 2006, 1000 = DNotZ 2006, 288 = WM 2006, 297 = InVo 2006, 300; hierzu auch WuB H. 6/2006 VI E. § 27 ZVG 1.06 *Hintzen; Dümig*, ZfIR 2006, 220; *Morvilius*, MittBayNot 2006, 227.

7   Bei unterschiedlicher Belastung ist die Bildung von Sondermassen immer erforderlich. Dies ist selbst dann notwendig, wenn das Bargebot sämtliche Rechte deckt und die Grundstücke demselben Eigentümer gehören, da sich für das eine Grundstück ein Überschuss ergeben, bei einem anderen Grundstück ein Gläubiger mit seinem Anspruch ausfallen könnte, der nicht aus dem Überschuss des für ihn nicht haftenden Grundstücks gedeckt werden darf.

III. Gemeinsame Belastungen

8   Ansprüche, die alle Grundstücke gemeinsam belasten, sind von dem Zwangsversteigerungserlös vor Bildung der Sondermassen abzuziehen. Es handelt sich hierbei um die Kosten nach § 109 und um die im geringsten Gebots berücksichtigten Ansprüche, die auf sämtlichen Grundstücken ungeteilt lasten (Ansprüche der Rangklassen 1 und 3[3] und die wiederkehrenden Leistungen eventuell bestehen bleibender Gesamtrechte).

9   Wird das Bargebot nur teilweise vom Ersteher gezahlt, sind zunächst die Kosten und sodann die gesamte Ansprüche nach dem Verhältnis der Grundstückswerte zu berücksichtigen. Die Bildung der gemeinschaftlichen Masse schafft für die daraus zu befriedigenden Ansprüche kein Vorzugsrecht vor anderen Ansprüchen, die Rangordnung nach § 10 wird nicht geändert, sondern ist nur eine vorbereitenden Rechnungsmaßnahme zur Berechnung der Sondermassen.

IV. Bildung der Sondermassen (Abs. 2)
1. Addition bestehen bleibender Rechte (Abs. 2 Satz 2)

10   Zunächst sind aus dem Erlös die gemeinsamen Belastungen (siehe zuvor → Rdn. 8) abzuziehen. Dem verbleibenden Überschuss sind die nach § 91 Abs. 1 bestehen bleibenden Rechte zu addieren. Rechte, die durch Vereinbarung gem. § 91 Abs. 2 oder aufgrund Sonderbestimmungen (z.B. § 9 EGZVG) bestehen bleiben, werden nicht hinzugerechnet.[4] Entgegen dem Wortlaut des Abs. 2 Satz 1 brauchen die an sämtlichen Grundstücken bestehen bleibenden Gesamtbelastungen nicht hinzugerechnet werden, denn sie ändern, weil sie wieder abgesetzt werden, am Gesamtergebnis nichts, vergrößern lediglich die Arbeit der Berechnung.[5] Hypotheken und Grundschulden sind bei der Berechnung mit ihrem Nominalbetrag, Rentenschulden nach der Ablösesumme und Rechte der Abteilung II des Grundbuchs nach dem Ersatzwert[6] nach § 51 Abs. 2 in die Berechnung einzustellen.

2. Aufteilung des Überschusses (Abs. 2 Satz 1)

11   Der nach → Rdn. 10 errechnete Betrag wird auf die einzelnen Grundstücke aufgeteilt. Die Verteilung des Überschusses auf die einzelnen Grundstücke erfolgt nach dem Verhältnis der Verkehrswerte (§ 74a Abs. 5)[7] der jeweiligen Grundstücke (Abs. 2 S. 1).

---

3   *Stöber*, ZVG § 112 Rdn. 3.1; a.A. *Böttcher*, § 112 Rdn. 3, da diese Beträge bereits im geringsten Gebot verteilt worden sind. Im Gesamtausgebot werden sie aber gerade nicht aufgeteilt.
4   So auch Steiner/*Teufel*, § 112 Rdn. 18; *Stöber*, ZVG § 112 Rdn. 4.3; *Böttcher*, § 112 Rdn. 4.
5   So auch *Stöber*, ZVG § 112 Rdn. 4.3.
6   So auch *Stöber*, ZVG § 112 Rdn. 4.4.
7   *Stöber*, ZVG § 112 Rdn. 4.5; Steiner/*Teufel*, § 112 Rdn. 21.

3. Anrechnung der Belastungen

Von dem auf das Einzelgrundstück entfallenden Betrag (zuvor → Rdn. 11) wird sodann der Gesamtbetrag der jeweiligen an dem Grundstück bestehen bleibenden Rechte, soweit sie gem. § 91 Abs. 1 bestehen bleiben, in Abzug gebracht (Abs. 2 Satz 3). Dabei sind Gesamtbelastungen, falls sie bei der Bildung der Sondermassen berücksichtigt worden sind (hierzu → Rdn. 10) bei jedem damit belasteten Grundstück nur zu einem, dem Wert der Grundstücke entsprechenden Teilbetrag, in Ansatz zu bringen (Abs. 2 Satz 4). Die verbleibenden Beträge sind die auf die einzelnen Grundstücke entfallenden **Sondermassen**, die bei den Einzelgrundstücken zur Verteilung kommen. Errechnet sich bei einer Sondermasse ein Fehlbetrag, ergibt sich eine Ausgleichspflicht der anderen Grundstücke (Abs. 3, hierzu nachfolgend → Rdn. 15). 12

Liegt eine Liegenbelassung nach § 91 Abs. 2 vor, kann die rechnerische Berücksichtigung erst jetzt erfolgen. Von den Sondermassen werden Kapital und Zinsen des liegenbelassenen Rechts abgezogen, wenn und soweit diese Ansprüche durch die Sondermasse gedeckt sind. Handelt es sich bei dem nach § 91 Abs. 2 liegenbelassenen Recht um ein Gesamtgrundpfandrecht, ist es nach dem Grundstückswert auf die einzelnen Grundstücke zu verteilen und zu berücksichtigen.[8] 13

4. Verteilung nach § 1132 Abs. 2 BGB

Durch § 112 ist der Gläubiger eines Gesamtgrundpfandrechts nicht gehindert, auch noch nach Erteilung des Zuschlags sein Recht gem. § 1132 Abs. 2 BGB in beliebigerweise auf die einzelnen Grundstücke zu verteilen. Diese Verteilung ist bei der Erlösverteilung jedoch nur dann zu beachten, wenn die Löschung auf den in Betracht kommenden Grundstücken vollzogen ist; §§ 875, 876, 878 BGB, die § 1132 Abs. 2 BGB für entsprechend anwendbar erklärt. Das gilt auch für den Fall, dass ein Gesamtgrundpfandrecht dadurch Eigentümergrundschuld geworden ist, dass dem Gläubiger des Rechts der Zuschlag erteilt wurde.[9] 14

5. Fehlbetrag (Abs. 3)

Bei der nach → Rdn. 12 ermittelten Sondermasse für ein Grundstück kann der Fall eintreten, dass diese niedriger als das dafür festgestellte geringste Gebot oder das bei der Einzelversteigerung dafür erzielte Meistgebot oder der Betrag der darauf anzurechnenden bestehen bleibenden Rechte ist. Für diesen Fall ist nach Abs. 3 der Fehlbetrag aus den anderen Sondermassen zu ergänzen. Dabei ist zu beachten, dass die in Abs. 1 bezeichneten Ansprüche aus der gemeinschaftlichen Masse zu decken sind, der Fehlbetrag sich somit um diese Beträge mindert. Für das Verhältnis, nach welchem die anderen Massen zur Deckung des Fehlbetrages heranzuziehen sind, ist als **Aufteilungsmaßstab** der Verkehrswert der Grundstücke, aus deren Sondermassen der Fehlbetrag entnommen werden soll, maßgebend[10] (entsprechend der Regelung bei der Auseinandersetzung der Miterben, §§ 2055, 2056 BGB). Bei dieser Berechnung muss darauf geachtet werden, dass die Sondermasse des ausgleichspflichtigen Grundstücks nicht ebenfalls notleidend wird. Der Fall, dass ein Fehlbetrag nach diesen Regeln nicht aufgebracht werden könnte, kann im Hinblick auf § 63 Abs. 4 Satz 2 nicht eintreten. 15

---

8 *Stöber*, ZVG § 112 Rdn. 4.7.
9 BGH, WM 1976, 585.
10 *Stöber*, ZVG § 112 Rdn. 5.4; Steiner/*Teufel*, § 112 Rdn. 25.

V. Beispiele

16 Zum besseren Verständnis der Regeln des § 112 und der anzuwendenden Berechnungsmethode nachfolgende Beispiele:

1. Beispiel 1[11]

17 Die Grundstücke 1, 2 und 3 werden im Gesamtausgebot versteigert und zugeschlagen.
Die Verkehrswerte der einzelnen Grundstücke betragen für Grundstück 1: 140.000,- €, für Grundstück 2: 80.000,- € und für Grundstück 3: 20.000,- €.
Grundstück 1 ist mit einem Grundpfandrecht von 40.000 € alleine belastet, im Übrigen sind noch zwei Gesamtgrundpfandrechte über 50.000,- € und 20.000,- € im Grundbuch eingetragen. Nach den Versteigerungsbedingungen bleiben diese Grundpfandrechte bestehen.
Der Zuschlag wurde auf das Gesamtausgebot erteilt.
Das Meistgebot beträgt: 109.000,- €.
Die Teilungsmasse soll unter Hinzurechnung von 4 % ab Zuschlag bis einen Tag vor dem Verteilungstermin einen zu verteilender Erlös ergeben – fiktiv – über: 110.000,- €.

1. Schritt (Vorwegentnahme nach Abs. 1)
Aus der Teilungsmasse in Höhe von   110.000,- €
sind vorweg abzuziehen
- Verfahrenskosten   3.000,- €   (fiktiv)
- Gesamtrecht III/2   6.000,- €   (fiktive Nebenleistungen)
- Gesamtrecht III/3   2.400,- €   (fiktive Nebenleistungen)
                         11.400,- €   - 11.400,- €
                                                                  99.600,- €

2. Schritt (Addition der bestehen bleibenden Rechte nach Abs. 2 Satz 2)
Dem Betrag von 99.600,- € sind hinzuzurechnen
Recht III/1   40.000,- €
Recht III/2[12]   50.000,- €
Recht III/3   20.000,- €
                        110.000,- €   + 110.000,- €
                                                                  209.600,- €

3. Schritt (Aufteilung auf die einzelnen Grundstücke nach Abs. 2 Satz 1)
Nach Verteilung gemäß dem Verhältnis der Verkehrswerte
(140.000,- € zu 80.000,- € zu 20.000,- €) ergeben sich

für Grundstück 1:   122.266,67 €
für Grundstück 2:   69.866,67 €
für Grundstück 3:   17.466,66 €

---

11 Entnommen aus *Hintzen/Wolf*, Rdn. 11.1007.
12 Die Rechte III/2 und III/3 können als Gesamtrechte bei der Berechnung auch weggelassen werden; da sie im nächsten Schritt wieder abgezogen werden, ergibt sich rechnerisch kein abweichendes Ergebnis.

4. Schritt (Anrechnung nach Abs. 2 Satz 3, 4)

Anzurechnen hierauf sind die bestehen bleibenden Rechte aus dem geringsten Gebot, bei Gesamtrechten nach entsprechender Verteilung:

	1 (140.000,– €)	2 (80.000,– €)	3 (20.000,– €)
Erlösanteil	122.266,67 €	69.866,67 €	17.466,66 €
III/1	- 40 000,00 €	–	–
III/2 (14:8:2)	- 29.166,67 €	- 16.666,67 €	- 4.166,66 €
III/3 (14:8:2)	- 11.666,67 €	- 6.666,67 €	- 1.666,66 €
	41.433,33 €	46.533,33 €	11.633,34 €

5. Schritt (weitere Zuteilung)

Diese bereinigten Erlösüberschüsse (zus. 99.600,– €) werden weiter zugeteilt:

III/1 Zinsen (fiktiv)	- 10.000,00 €		
	31.433,33 €	46.533,33 €	11.633,34 €

Die verbleibenden Erlösüberschüsse können auf die nach den Versteigerungsbedingungen erlöschenden Ansprüche zugeteilt werden, soweit er Erlös reicht; bei Gesamtgrundpfandrechten ist § 122 zu beachten.

2. Beispiel 2 (Fehlbetrag)

Wie Ausgangsbeispiel zuvor, nur beträgt das Recht III/1 80.000,– € nebst 20.000,– € Zinsen, und das Meistgebot beträgt 61.400,– € inklusive 4 % Zinsen.

Teilungsmasse:		61.400,– €
Vorweg abzuziehen sind		
- Verfahrenskosten	3.000,– €	
- Gesamtrecht III/2	6.000,– €	
- Gesamtrecht III/3	2.400,– €	
	11.400,– €	- 11.400,– €
		50.000,– €
Hinzurechnung der nicht erlöschenden Rechte		
III/1	80.000,– €	
III/2	50.000,– €	
III/3	20.000,– €	
	150.000,– €	+ 150.000,– €
		200.000,– €

Nach Verteilung gemäß dem Verhältnis der Verkehrswerte (140.000 € zu 80.000 € zu 20.000 €) ergeben sich

für Grundstück 1:	116.666,67 €
für Grundstück 2:	66.666,67 €
für Grundstück 3:	16.666,66 €

Anzurechnen hierauf wieder die bestehen bleibenden Rechte, gegebenenfalls nach deren Verteilung (Abs. 2 S. 3, 4).

	1	2	3
	(140.000,– €)	(80.000,– €)	(20.000,– €)
Erlösanteil	116.666,67 €	66.666,67 €	16.666,66 €
III/1	– 80.000,00 €	–	–
III/2 (14:8:2)	– 29.166,67 €	– 16.666,67 €	– 4.166,66 €
III/3 (14:8:2)	– 11.666,67 €	– 6.666,67 €	– 1.666,66 €
	– 4.166,67 €	43.333,33 €	10.833,34 €

Aus dem Anteil auf dem Grundstück 1 müssen jedoch gedeckt werden die Zinsen III/1 mit 20.000,– €, die nur das Grundstück 1 betreffen und im geringsten Gebot stehen.

Der Fehlbetrag wird aus den Grundstücken 2 und 3 nach dem Verhältnis deren Verkehrswerte entnommen[13], somit ist der Fehlbetrag über 4.166,67 € + 20.000,– € aus dem Grundstück 2 und 3 nach dem Verhältnis 80.000,– € zu 20.000,– € zu entnehmen. Dabei dürfen diese Grundstücke selbstverständlich selbst nicht notleidend werden.

Ergebnis:
aus Grundstück 2:   19.333,33 €
aus Grundstück 3:   4.833,34 €.

Es ergeben sich nach § 112 Abs. 3 folgende Zuteilungsmassen:

	Grundstück 1	Grundstück 2	Grundstück 3
	– 4.166,67 €	43.333,33 €	10.833,34 €
	+ 24.166,67 €	– 19.333,33 €	– 4.833,34 €
	20.000,00 €	24.000,00 €	6.000,00 €

Diese bereinigten Erlösüberschüsse (von insgesamt 50.000,– €) werden nunmehr zugeteilt:

| III/1 Zinsen | – 20.000,– € | | |
| | 0,– € | 24.000,– € | 6.000,– € |

danach auf die erlöschenden Rechte, soweit der Erlös ausreicht.

20 Diejenigen Beteiligten, die infolge dieser Zuteilungsmethode einen Ausfall erleiden, dass die Sondermasse des Grundstückes, das für ihre Ansprüche haftet, zugunsten der notleidenden Sondermasse gemindert wird, haben keinen Bereicherungsanspruch gegen den Beteiligten, der aus dem ausgeglichenen Fehlbetrag der Sondermasse befriedigt wird, denn er hat nicht ohne Rechtsgrund erlangt, sondern aufgrund zwingender gesetzlicher Vorschriften.[14]

VI. Rechtsbehelf

21 Einwendungen gegen die erfolgte oder unterlassene Bildung der Sondermasse können durch Widerspruch gegen den Teilungsplan verfolgt werden (hierzu → § 113 Rdn. 12 ff.).

---

13   H.M.; a.A.: nach dem Verhältnis deren Resterlöse, *Drischler*, in RpflJB 1962, 322 ff.
14   *Stöber*, ZVG § 112 Rdn. 5.6.

§ 113 »Aufstellung des Teilungsplanes«

(1) In dem Verteilungstermine wird nach Anhörung der anwesenden Beteiligten von dem Gerichte, nötigenfalls mit Hilfe eines Rechnungsverständigen, der Teilungsplan aufgestellt.
(2) In dem Plane sind auch die nach § 91 nicht erlöschenden Rechte anzugeben.

I. Allgemeines

Der Teilungsplan bestimmt, wie – in welcher Höhe und in welchem Rang – der Versteigerungserlös an die Berechtigten verteilt werden soll. Der *BGH*[1] sieht den Teilungsplan als Beschluss an, der zuzustellen ist. Mangels Sonderregelungen über die Zustellung dieser Entscheidung im Zwangsversteigerungsgesetz gilt § 329 Abs. 3 ZPO (hierzu → § 117 Rdn. 29). Die Verteilung ist jedoch nur vorläufig, wenn Widerspruch gegen den Teilungsplan erhoben wird (§ 124) und wenn die Geltendmachung eines bessern Rechts auch ohne Widerspruch außerhalb der Zwangsvollstreckung erfolgt (hierbei besteht jedoch die Gefahr, dass eine spätere Zwangsvollstreckung wegen Mittellosigkeit des Gegners ins Leere läuft, während bei Erhebung rechtzeitigen Widerspruchs der streitige Erlösanteil hinterlegt wird und somit in jedem Falle zur Auszahlung zur Verfügung steht). Die gesetzlichen Regeln über die Aufstellung des Teilungsplans ergeben sich aus §§ 113–115, 119, 121–126.

Der Teilungsplan ist eine formelle Entscheidung des Vollstreckungsgerichts, er hat nicht die Bedeutung eines Richterspruchs, wie etwa der Zuschlagsbeschluss (hierzu → § 82 Rdn. 2)[2].

Nachtragsverteilungen sind grundsätzlich unzulässig.[3] Ausnahmsweise könnte eine solche Verteilung dann in Betracht kommen, wenn eine besondere Versteigerung einzelner Gegenstände gem. § 65 sich erheblich verzögert. Grundsätzlich jedoch ist die Verwertung abzuwarten, bevor der Verteilungstermin bestimmt wird (hierzu → § 107 Rdn. 6). Wenn z.B. zurückgezahlte Gelder oder Zuzahlungen nach §§ 50, 51 zusätzlich zu verteilen sind, handelt es sich nicht um eine Nachtragsverteilung, sondern um die nachträgliche Ausführung des bereits aufgestellten Teilungsplans.

II. Inhalt des Teilungsplanes

Der Teilungsplan sollte inhaltlich so aufgestellt sein, dass er aus sich heraus selbst nachvollziehbar ist.[4] Teilweise ergibt sich der Inhalt aus dem Gesetz, stets jedoch ist auf den Einzelfall abzustellen. Folgende **Gliederung** eines Teilungsplans hat sich in der Praxis bewährt[5]:

(1) **Vorbemerkung** (hier werden üblicherweise *stichwortartig* die Daten und Tatsachen erwähnt, die für die Aufstellung des Plans von Bedeutung sind[6]);
(2) Feststellung der **Teilungsmasse**, § 107 Abs. 1;

---

1 BGH, Rpfleger 2009, 401 = NJW-RR 2009, 1427.
2 RGZ 153, 252; OLG Köln, MDR 1969, 401.
3 *Stöber*, ZVG § 113 Rdn. 2.6.
4 Steiner/*Teufel*, § 113 Rdn. 4.
5 Muster eines Plans vgl. *Hintzen/Wolf*, Rdn. 11.1001.
6 *Stöber*, ZVG § 113 Rdn. 3.2, langatmige Ausführungen sind überflüssig, wie z.B. die Erwähnung des Verkehrswertes, Auflistung aller Anmeldungen oder aller Rechte im Grundbuch.

(3) Feststellung der **bestehen bleibenden Rechte** (Abs. 2);
(4) Feststellung der **Schuldenmasse** (hierzu § 114); diese ist grundsätzlich vollständig mit allen Ansprüchen zu berechnen, unabhängig davon, ob der Berechtigte auch tatsächlich eine Zuteilung erhält.[7] Die Praxis verfährt häufig anders, berechnet werden die Ansprüche nur so weit, wie auch tatsächlich der Versteigerungserlös zur Zuteilung ausreicht. Dies erspart zunächst überflüssigen Arbeitsaufwand. Sollte im Verteilungstermin dann eine weitere Berechnung der Schuldenmasse erforderlich werden, muss der Teilungsplan ad hoc neu berechnet und ergänzt werden, notfalls ist der Termin dann zu unterbrechen.
(5) **Zuteilung** der Teilungsmasse auf die einzelnen Ansprüche aus der Schuldenmasse in der dort vorgegebenen Rangfolge; die tatsächliche Ausführung des Teilungsplans erfolgt später nach den §§ 115–118, 123–126.
(6) eventuelle **Hilfsverteilung** s. §§ 119, 120, 121 Abs. 2, §§ 123, 124, 125 Abs. 2, § 126.

5   Reicht der Versteigerungserlös nicht aus, um alle Ansprüche der Beteiligten zu decken (dürfte der Regelfall sein), fallen die jeweiligen Beteiligten ganz oder teilweise mit ihren Ansprüchen aus. Die Angaben über den **Ausfall** gehören jedoch nicht in den Teilungsplan. Wie hoch dieser Ausfall ist, kann jeder Beteiligte feststellen, indem er seine Ansprüche bei der Feststellung der Schuldenmasse mit der tatsächlichen Zuteilung vergleicht.

III. Aufstellung des Teilungsplans
1. Zeitpunkt

6   Grundsätzlich erfolgt die Aufstellung des Teilungsplans im Verteilungstermin. Das Vollstreckungsgericht wird den Teilungsplan regelmäßig bereits einige Tage vor dem Termin entwerfen (gerichtsinterner **Entwurf**, hierzu → § 106 Rdn. 2). Wegen der Möglichkeit der Zuziehung eines Rechnungsverständigen s. → § 66 Rdn. 46.

7   Der Teilungsplan ist in das Terminsprotokoll aufzunehmen oder ihm als Anlage beizufügen (§ 160 Abs. 5 ZPO).

8   Offenbare Unrichtigkeiten können vom Vollstreckungsgericht jederzeit berichtigt werden, § 319 Abs. 1 ZPO.

2. Anhörung der Beteiligten

9   Der Teilungsplan kann erst im Verteilungstermin nach Anhörung der im Termin anwesenden Beteiligten **endgültig festgestellt** werden (Abs. 1). Neue Anmeldungen im Verteilungstermin dürfen zwar nicht zurückgewiesen werden, erleiden jedoch den Rangverlust nach § 110 und werden erst nach allen anderen Ansprüchen berücksichtigt. Die Anhörung dient dazu, erhobene Einwendungen oder überflüssige Widersprüche zu erörtern und zu klären. Die Beteiligten können sich im Rahmen der Anhörung auch über strittige Punkte **vergleichen** (zum Abschluss eines Vergleichs [schriftlich gem. § 278 Abs. 6 ZPO] und zur Zuständigkeit des Rechtspflegers zur Beurkundung siehe → § 62 Rdn. 5, 6).

---

7   So auch *Böttcher,* § 113 Rdn. 5.

3. Teilnahme am Termin

Die Teilnahme am Verteilungstermin kann nicht erzwungen werden. Häufig verzichten Beteiligte auf eine Teilnahme am Verteilungstermin (z.B. zu große Entfernung, Ergebnis steht fest). Oft ergeben sich jedoch noch aus dem Teilungsplan nach Kenntnis der Anmeldungen der einzelnen Gläubiger Vollstreckungsmöglichkeiten, die vorher nicht absehbar waren. Eine Terminsteilnahme ist z.b. unbedingt erforderlich, wenn im Termin noch der gesetzliche Löschungsanspruch nach § 1179a BGB geltend gemacht oder aber Widerspruch gegen die Zuteilung eines vorgehenden Anspruches eingelegt werden soll. Auch wenn die Pfändung eines Rückgewähranspruches gegenüber einer Grundschuld grundsätzlich außerhalb des Zwangsversteigerungsverfahrens durchgesetzt werden muss, kann sich im Verteilungstermin durch eine entsprechende Erklärung (Verzichtserklärung) des Grundschuldgläubigers eine Befriedigungsmöglichkeit ergeben. Falls somit die Befriedigung des eigenen Anspruches noch nicht feststeht, sollte der Termin unbedingt wahrgenommen werden. 10

4. Bestehen bleibende Rechte (Abs. 2)

Im Teilungsplan sind die nach den Versteigerungsbedingungen bestehen bleibenden Rechte gesondert aufzuführen (Abs. 2). Hierzu gehören auch solche Rechte, die aufgrund einer Liegenbelassungsvereinbarung nach § 91 Abs. 2 bestehen bleiben, da ihr Bestehen bestritten werden und dies zu einer zu verteilenden Zuzahlung führen kann (vgl. §§ 50, 51). Ihre Aufnahme in den Teilungsplan sichert weiterhin die Möglichkeit der Anhörung der erschienenen Beteiligten hierüber. 11

IV. Rechtsbehelf

Ergeben sich im Teilungsplan Schreib- oder Berechnungsfehler (z.B. Zinsen vom baren Meistgebot, Nebenleistungen, Deckungskapital nach § 92) können diese wegen offenbarer **Unrichtigkeit** jederzeit korrigiert werden (§ 319 Abs. 1 ZPO). Die Berichtigung hat sowohl von Amts wegen als auch auf Anregung bzw. Antrag hin zu erfolgen. Die Berichtigung muss spätestens bis Abschluss der Verhandlung über den Teilungsplan erfolgen. Danach wird erfolgt die Planausführung §§ 117, 118. 12

Sachliche Einwendungen gegen den Teilungsplan, z.B. Rüge gegen Höhe, Rang oder den Berechtigten eines Anspruchs, sind mithilfe des **Widerspruchs** nach § 115 zu erheben (siehe dort). Materiell-rechtliche Einwendungen gegen den Teilungsplan können nicht im Wege der Beschwerde geltend gemacht werden, da hierfür der Widerspruch vorgesehen ist.[8] 13

Vielfach vertreten wird die Auffassung, dass neben dem Widerspruch nach § 115 auch die sofortige Beschwerde oder die sofortige Rechtspflegererinnerung nach § 11 Abs. 2 RPflG zulässig sein sollen.[9] Dies wird bei formeller Unrichtigkeit des Teilungsplans angenommen. Das OLG Oldenburg[10] entschied im Rahmen einer sofortigen Beschwerde die Frage, ob der Rechtspfleger bei einer ausdrücklichen Minderanmeldung bezüglich Zinsen einer Hypothek die laufenden Zinsen dennoch von Amts wegen im Teilungsplan aufnehmen muss, § 114. Diese Frage 14

---

8   LG Heilbronn, ZfIR 2010, 288.
9   OLG Köln, MDR 1969, 401; *Sievers*, Rpfleger 1989, 53, 54 m.w.N.; Depré/*Bachmann*, § 113 Rdn. 20; *Böttcher*, § 113 Rdn. 10; Löhnig/*Hannemann*, § 113 Rdn. 14.
10 OLG Oldenburg, Rpfleger 1980, 485.

hat aber nichts mit einer formellen Unrichtigkeit des Teilungsplans zu tun, es ging um die Frage der materiellen Berechtigung des Anspruchsberechtigten bzw. der Frage, ob der durch die Minderanmeldung frei gewordene Erlösanteil zu Recht dem nachrangigen Anspruchsberechtigten zugeteilt wurde. Allerdings hat das OLG Oldenburg die Zulässigkeitsfrage nicht problematisiert. Das OLG Düsseldorf[11] sagt allgemein unter Bezugnahme auf ältere Entscheidungen des BGH (inwieweit diese überhaupt einschlägig sind, s. → § 107 Rdn. 21) dass gegen einen Teilungsplan die sofortige Beschwerde nach § 95 ZVG, § 793 ZPO eröffnet ist, soweit gerügt werden soll, der Plan sei unter Verstoß gegen Verfahrensvorschriften nicht nach den gesetzlichen Bestimmungen aufgestellt worden. Demgegenüber dient der Widerspruch ausschließlich der Verfolgung sachlicher Einwendungen gegen einen an sich formell richtigen Plan. Weiter wird ausgeführt, dass Beschwerden, mit denen die Erlösverteilung gerügt wird, nach vollständiger Ausführung des Teilungsplans unzulässig sind.

Soweit die sofortige Beschwerde als Rechtsbehelf für zulässig erachtet wird, stellen sich die Fragen der Zustellung, des Fristbeginns und der Rechtskraft, insbesondere mit Blick auf die Planausführung nach §§ 117, 118. Die **Frist** für die sofortige Beschwerde beginnt nach einer früheren Ansicht mit der Verkündung des Teilungsplans[12], da der Plan regelmäßig nicht zugestellt wurde. Nach Ansicht des *BGH*[13] ist der Teilungsplan jedoch ein Beschluss, der zuzustellen ist, § 329 Abs. 3 ZPO (dies ist aber nicht richtig, hierzu näher → § 117 Rdn. 29). Gleichfalls ist auch eine Rechtsmittelbelehrung zu erteilen; sofern diese unterbleibt, steht dies weder der Wirksamkeit der gerichtlichen Entscheidung noch dem Beginn des Laufs der Rechtsmittelfrist entgegen.[14] Folgt man dieser Ansicht, muss die Planausführung nach §§ 117, 118 bis zur Rechtskraft des Teilungsplans ausgesetzt werden. Wahrscheinlich wegen der damit verbundenen praktischen Probleme wird dann aber vertreten, die Beschwerde habe **keine aufschiebende Wirkung**, der Plan sei sofort auszuführen.[15] Das Vollstreckungsgericht sei aber befugt, eine einstweilige Einstellung anzuordnen. Maßnahmen nach § 570 ZPO sind auch durch das Beschwerdegericht möglich. Wer zu Recht durch den Teilungsplan etwas zugeteilt erhält, erwirkt ein Recht auf Auszahlung, das durch spätere Ereignisse grundsätzlich nicht mehr beeinträchtigt werden kann.[16] Dies alles vermag schon deswegen nicht zu überzeugen, weil die Frist für die sofortige Beschwerde erst mit der Zustellung des Plans beginnt und diese dann auch fristgerecht noch am letzten Tag der laufenden Frist erhoben werden kann. Vorher aber soll bereits die Planausführung zulässig sein. Ist der Plan ausgeführt, ist ein danach eingelegtes Rechtsmittel gegenstandslos.[17] Dieser Zirkelschluss führt unweigerlich zu der zutreffenden Ansicht, dass die

---

11 OLG Düsseldorf, Rpfleger 1995, 265.
12 OLG Stuttgart, Rpfleger 2000, 226: dies gilt jedenfalls dann, wenn der Betroffene der Verkündung des Teilungsplans beigewohnt hat; OLG Karlsruhe, Rpfleger 1995, 427: die Frist für die sofortige Erinnerung beginnt mit dem Tag der Verhandlung über den Teilungsplan; SchlHOLG, SchlHA 1983, 194; Steiner/*Teufel*, § 113 Rdn. 28; *Drischler*, Rpfleger 1989, 359.
13 BGH, Rpfleger 2009, 401 = NJW-RR 2009, 1427.
14 BGH, Rpfleger 2009, 405 = NJW-RR 2009, 890 = NZM 2009, 491 = ZfIR 2009, 523.
15 *Perger*, Rpfleger 1991, 45; *Böttcher*, § 113 Rdn. 10; anders, aber abzulehnen: *Sievers*, Rpfleger 1989, 53, 55, der die Rechtskraft des Teilungsplans abwarten will.
16 BGH, Rpfleger 1992, 32.
17 OLG Düsseldorf, Rpfleger 1995, 265; OLG Köln, Rpfleger 1991, 519 m. Anm. *Meyer-Stolte*; Steiner/*Teufel*, § 113 Rdn. 28; *Böttcher*, § 113 Rdn. 10.

sofortige Beschwerde mit Erfolg nur bis zum Ende der Verhandlung über den Teilungsplan erhoben werden kann. Dann aber kann es auch bei dem Widerspruch nach § 115 und einer Unrichtigkeitsberichtigung nach § 319 ZPO verbleiben. In seiner Entscheidung vom 19.2.2009 spricht der BGH[18] allgemein davon, das Verfahrensverstöße *nach allgemeinen Grundsätzen* mit der sofortigen Beschwerde (§ 793 ZPO) gerügt werden können. Das OLG Stuttgart[19] trifft zutreffend die Aussage, dass der Rechtsbehelf der sofortigen Beschwerde bzw. befristeten Rechtspflegererinnerung gegen den Teilungsplan im ZVG keine ausdrückliche Regelung gefunden hat, sondern ist von Rechtsprechung und Schrifttum *aus allgemeinen Erwägungen* zugelassen worden, um verfahrensrechtlichen Einwendungen Rechnung tragen zu können. Die allgemeinen Grundsätze bzw. die allgemeinen Erwägungen sind jedoch nicht tragfähig. Dies alles führt zu unlösbaren Problemen und ist auch gesetzlich so nicht vorgesehen. Bei formellen Fehlern muss das Vollstreckungsgericht von Amts wegen oder auf Anregung berichtigen. Die Berichtigung muss im Verteilungstermin erfolgen. Wird kein Widerspruch erhoben, ist der Plan auszuführen, §§ 117, 118. Der Teilungsplan ist keine rechtsmittelfähige Entscheidung. Das Gericht bestimmt einen Termin zur Verhandlung über den Teilungsplan. Danach wird der Plan ausgeführt, entweder durch Zahlung an die Berechtigten, § 117, durch Forderungsübertragung, §§ 118, 125 oder durch Hinterlegung, § 117 Abs. 2 Satz 3, §§ 120, 121, 124, 126. Das ZVG ist zwar Teil der ZPO, § 869 ZPO, **der im ZVG speziell geregelte Widerspruch verdrängt aber die Rechtsbehelfe nach der ZPO.** Der Teilungsplan ist Ausdruck der bei der Erlösverteilung maßgeblichen Ansprüche der Berechtigten im Rang nach § 10 Abs. 1 und gleichfalls nach § 110. Er trifft keine Aussage über materiell-rechtliche Fragen. Zur Klärung materiell-rechtlichen Fragen ist speziell der Widerspruch gesetzlich vorgesehen, § 115.[20] Formelle Unrichtigkeiten können berichtigt werden. Der Plan ist keine Entscheidung, die den Beteiligten zugestellt und mit einer Rechtsmittelbelehrung versehen werden muss. Es muss nicht vor Ausführung des Teilungsplans dann konsequent die formelle Rechtskraft abgewartet werden. Die Auffassung, die Beschwerde habe aber dennoch keine aufschiebende Wirkung, der Plan sei sofort auszuführen, ist nicht haltbar. Stöber[21] weist auch zu Recht darauf hin, dass § 793 ZPO vom Wortlaut nicht zutreffend ist. § 793 ZPO ist nur anwendbar, wenn eine gerichtliche *Entscheidung* im Zwangsvollstreckungsverfahren angefochten wird, die *ohne mündliche Verhandlung* ergehen kann. Ob eine mündliche Verhandlung stattgefunden hat, ist nicht maßgeblich; sie muss vom Gesetz nur freigestellt sein[22] Der Verteilungstermin im ZVG ist aber nicht freigestellt. Nach § 105 Abs. 1 hat das Gericht einen Termin zur Verteilung des Erlöses zu bestimmen. Die Terminsbestimmung ist zuzustellen, § 105 Abs. 2. Der endgültige Plan wird nach Anhörung aufgestellt, § 113 Abs. 1. Über den Plan wird verhandelt, § 115 Abs. 1. Die mündliche Verhandlung ist somit keineswegs freigestellt. Die nach (angeblich) allgemeinen Grundsätzen und Erwägungen für zulässig erachtete sofortige Beschwerde oder sofortige Erinnerung sind unzulässig, da weder gesetzlich vorgesehen noch notwendig, es verbleiben die gesetzlichen Möglichkeiten des Widerspruchs, § 115 und der Berichtigung, § 319 ZPO.

---

18 BGH, Rpfleger 2009, 401 = NJW-RR 2009, 1427.
19 OLG Stuttgart, Rpfleger 2000, 226.
20 So richtig *Stöber*, ZVG, § 115 Rdn. 3.2.
21 *Stöber*, ZVG, § 115 Rdn. Rdn. 3.2.
22 Musielak/Voit/*Lackmann*, § 793 Rdn. 2 m.w.N.

§ 114 »Aufzunehmende Ansprüche«

(1) ¹In den Teilungsplan sind Ansprüche, soweit ihr Betrag oder ihr Höchstbetrag zur Zeit der Eintragung des Versteigerungsvermerkes aus dem Grundbuch ersichtlich war, nach dem Inhalte des Buches, im übrigen nur dann aufzunehmen, wenn sie spätestens in dem Termin angemeldet sind. ²Die Ansprüche des Gläubigers gelten als angemeldet, soweit sie sich aus dem Versteigerungsantrag ergeben.

(2) Laufende Beträge wiederkehrender Leistungen, die nach dem Inhalte des Grundbuchs zu entrichten sind, brauchen nicht angemeldet zu werden.

Übersicht

		Rdn.
I.	Allgemeines	1
II.	Berücksichtigung von Amts wegen	5
	1. Voraussetzung	5
	2. Grundpfandrecht ohne Brief	8
	a) Anspruch	8
	b) Abtretung	9
	3. Grundpfandrecht mit Brief	11
	a) Anspruch	11
	b) Abtretung	12
	4. Hypothek	14
	a) Grundsatz	14
	b) Tilgungshypothek	16
	c) Aufbauhypothek	17
	d) Umstellung wertbeständiger Rechte	21
	5. Sicherungshypothek	22
	6. Zwangssicherungshypothek	23
	7. Höchstbetragshypothek	28
	8. Arresthypothek	30
	9. Grundschuld	31
	a) Grundsätzlich	31
	b) Sicherungsgrundschuld	32
	c) Zinsen der Grundschuld	34
	d) Kapital der Grundschuld	38
	e) Rückgewährsanspruch	43
	10. Eigentümergrundschuld	52
	a) Anspruchsberechtigter	52
	b) Zinsen	53
	11. Laufende Beträge wiederkehrender Leistungen	56
III.	Berücksichtigung auf Anmeldung	59
	1. Voraussetzung	59
	2. Anmeldung	61
IV.	Rangfolge	66
	1. Regelmäßige Reihenfolge	66
	2. Rangverschiebungen	68
V.	Löschungsvormerkung	75
	1. Allgemein	75
	2. Inhalt und Umfang der Löschungsvormerkung	79
	3. Auswirkungen der Löschungsvormerkung bei der Erlösverteilung	85
	a) Rechtzeitige Geltendmachung	85
	b) Nachweis und Anerkennung des Anspruchs	87
	c) Zwischenrecht	90
	d) Mehrere Löschungsvormerkungen	92
VI.	Gesetzlicher Löschungsanspruch	93
	1. Allgemein	93

2. Anspruchsberechtigter 94
3. Ausschluss des gesetzlichen Löschungsanspruchs 97
4. Inhalt des Löschungsanspruchs 98
5. Grundpfandrecht bleibt bestehen 102
6. Durchsetzung des gesetzlichen Löschungsanspruchs. 103
VII. Rückübertragungsvormerkung. 109

I. Allgemeines

Ein wichtiger Teil im Teilungsplan (die Vorschrift gilt für alle Versteigerungs- 1
verfahren, mit Ausnahme von Abs. 1 S. 2 für die Teilungsversteigerung) ist die
Feststellung der Ansprüche (sog. Schuldenmasse), die ein Recht auf Befriedigung
aus dem Grundstück haben. Die Feststellung des Anspruchs und die Rangposition
nach § 10 Abs. 1 hat das Vollstreckungsgericht von Amts wegen zu prüfen (siehe
weiter → § 115 Rdn. 14). War die Zulassung eines Beitritts fehlerhaft und hätte
nicht beschlossen werden dürfen, ist auch ein Anspruch auf Befriedigung aus dem
Grundstück (in der Rangklasse 5 von § 10 Abs. 1) nicht entstanden mit der Folge,
dass der Versteigerungserlös nach materiell-rechtlichen Gesichtspunkten zu verteilen ist.[1]

Die Ansprüche sind, ähnlich wie bei der Feststellung des geringsten Gebots 2
(§ 45), teils von Amts wegen (→ Rdn. 5 ff.) und teils auf Anmeldung (→ Rdn. 59 ff.)
zu berücksichtigen. Die Zuteilung erfolgt auf den zu berücksichtigenden Anspruch. Erst bei Ausführung des Teilungsplans hat sich das Vollstreckungsgericht
über die Empfangsberechtigung schlüssig zu werden (hierzu → § 117 Rdn. 4 ff.).

Wesentlich anderer Art ist der Anspruch eines mit seinem Recht nach § 37 3
Nr. 5 ausgeschlossenen Drittberechtigten. Er kann verlangen, dass der ihm gebührende Erlösanteil nicht verteilt, sondern ihm überlassen wird (wegen Einzelheiten
siehe → § 37 Rdn. 32).

Zu den nicht auf Zahlung eines Kapitals gerichteten Rechten (Grunddienstbar- 4
keit, beschränkte persönliche Dienstbarkeit, Nießbrauch, Reallast, Vorkaufsrecht,
Erbbaurecht, Erbbauzinsreallast, Dauerwohnrecht, Mitbenutzungsrechte im Beitrittsgebiet) siehe § 92.

II. Berücksichtigung von Amts wegen
1. Voraussetzung

Eine Berücksichtigung eines Anspruches setzt voraus, dass der **Betrag** oder 5
Höchstbetrag des Anspruchs zur Zeit der Eintragung des Versteigerungsvermerks aus dem Grundbuch ersichtlich war. Wurden das Recht oder der Höchstbetrag erst später eingetragen, kann eine Berücksichtigung nur auf Anmeldung
erfolgen. Maßgebend sind die Grundbucheintragungen mit den zulässigerweise in
Bezug genommenen Bewilligungen (§ 874 BGB), nicht die Abschrift des Grundbuchblatts, § 19. Es genügt, wenn das Recht durch Vormerkung oder Widerspruch
gesichert ist (weiter §§ 119, 120).

Ein nach Eintragung des Zwangsversteigerungsvermerks gelöschtes Recht 6
bleibt unberücksichtigt. Ebenfalls nicht zu berücksichtigen sind Rechte, die materiell-rechtlich erloschen sind und aus denen Rückstände nicht entstehen können
(z.B. Wegfall eines Wegerechts, dass als beschränkte persönliche Dienstbarkeit
eingetragen ist, durch Tod des Berechtigten, § 1090 Abs. 2 i.V.m. § 1061 BGB).

---

1 BGHZ 53, 110 = NJW 1970, 473 = Rpfleger 1970, 87.

7   Ein löschungsreifes, aber noch nicht gelöschtes und auch materiell-rechtlich nicht erloschenes Recht ist grundsätzlich als eingetragenes Recht von Amts wegen zu berücksichtigen.[2]

2. Grundpfandrecht ohne Brief
a) Anspruch

8   Bei einer Hypothek oder Grundschuld ohne Brief ergibt sich der Ersatzanspruch aus dem im Grundbuch eingetragenen Betrag. Bei Gesamtrechten sind die §§ 122, 123 zu beachten.

b) Abtretung

9   Die Abtretung eines brieflosen Rechts *vor dem Zuschlag* wird erst wirksam mit der Eintragung im Grundbuch, §§ 873, 1154 Abs. 3 BGB; die Berücksichtigung des Abtretungsgläubigers kann, wenn die Eintragung erst nach Eintragung des Zwangsversteigerungsvermerks erfolgt ist, nur auf Anmeldung erfolgen, §§ 9, 37 Nr. 4.

10 Nach dem Wirksamwerden des Zuschlages (§§ 89, 104) genügt zur Abtretung des Ersatzanspruchs die formlose Einigung über den Übergang des Anspruchs und (bei der Hypothek) der Forderung. Ist die Abtretung unstreitig oder nachgewiesen, ist der neue Gläubiger bei der Zuteilung zu berücksichtigen, falls er durch Anmeldung seines Rechts Beteiligter geworden ist. Zur Pfändung des Rechts oder des Ersatzanspruches siehe → § 117 Rdn. 13 ff.; zum Verzicht des Berechtigten auf den Anspruch siehe → Rdn 65.

3. Grundpfandrecht mit Brief
a) Anspruch

11 Bei der Briefhypothek oder Briefgrundschuld muss sich der Empfangsberechtigte durch Vorlage des Briefes ausweisen, andernfalls ist nach § 126 zu verfahren.

b) Abtretung

12 Bei Abtretung eines Briefrechts *vor dem Zuschlag* sind weiterhin die in §§ 1154, 1155 BGB erwähnten Urkunden vorzulegen; der Auslegung der Abtretungserklärung sind enge Grenzen gesetzt.[3] Bei einer Teilabtretung ist die Briefübergabe entweder durch Einräumung des Mitbesitzes oder nach Bildung eines Teilbriefes nachzuweisen.[4] Ist der Brief in Verlust geraten, gilt der alte Brief bis zu seiner Kraftloserklärung durch Ausschließungsbeschluss (§ 478 FamFG) als noch vorhanden. Eine Ersatzübergabe (§ 1117 BGB) ist vor diesem Zeitpunkt nicht möglich.[5]

13 Nach dem Wirksamwerden des Zuschlags (§§ 89, 104) genügt zur Abtretung des Ersatzanspruchs die formlose Einigung ohne Briefübergabe. Der Abtretungsgläubiger muss dem Vollstreckungsgericht die Einigung nachweisen und den Brief vorliegen, um sich als Empfangsberechtigter zu legitimieren. Zur Pfändung des

---

2   So auch Steiner/*Teufel*, § 114 Rdn. 21; a.A. *Stöber*, ZVG § 114 Rdn. 5.10.
3   BGH, Rpfleger 1974, 351.
4   RGZ 69, 36; 75, 221; BGHZ 85, 263 = NJW 1982, 568 = Rpfleger 1983, 60.
5   RGZ 84, 314.

Rechts oder des Ersatzanspruchs siehe → § 117 Rdn. 13 ff.; zum Verzicht des Berechtigten auf den Anspruch siehe → Rdn. 65.

4. Hypothek
a) Grundsatz

In der Rangfolge des § 12 werden bei der Hypothek nach Anmeldung berücksichtigt 14

- die Kosten der dinglichen Rechtsverfolgung und
- die rückständigen wiederkehrenden Leistungen.

Von Amts wegen werden in den Teilungsplan aufgenommen, sofern das Recht 15
vor dem Zwangsversteigerungsvermerk im Grundbuch eingetragen wurde, § 114
Abs. 1,

- die laufenden wiederkehrenden Leistungen bis einen Tag vor dem Verteilungstermin und
- der Kapitalanspruch.

b) Tilgungshypothek

Bei einer **Tilgungshypothek** sind in den zu berücksichtigenden wiederkehren- 16
den Leistungen Zinsen und Tilgungsbeträge enthalten. Durch Zahlung aus dem
Erlös erlischt die Hypothek daher in Höhe der Tilgungsanteile, die sich aus den
wiederkehrenden Leistungen ergeben. Bei dem zu berücksichtigenden Kapitalbetrag sind daher diese Tilgungsanteile nicht mehr aufzunehmen.[6]

c) Aufbauhypothek

Zur Sicherung von Krediten, die von Kreditinstituten für Baumaßnahmen ge- 17
geben wurden, konnte das Grundstück mit einer Aufbauhypothek belastet werden, § 456 ZGB-DDR. Diese Aufbauhypothek hat kraft Gesetzes Vorrang vor anderen Hypotheken (also nicht vor Rechten aus Abt. II des Grundbuches),
mehrere Aufbauhypotheken haben Gleichrang, § 456 Abs. 3 ZGB-DDR. Dieses
Vorrangprivileg gilt allerdings nur für vor dem 1.7.1990 beim Liegenschaftsdienst
(Grundbuchamt) beantragte Aufbauhypotheken, vgl. § 3 des 1. ZivilRÄndG.

Nach Art. 233 § 3 Abs. 1 EGBGB bleiben Aufbauhypotheken, die am 18
2.10.1990 bestanden haben, nach Maßgabe des Art. 233 § 6 EGBGB mit ihrem Inhalt und Rang bestehen. Das Rangverhältnis regelt sich nach dem Zeitpunkt der
Eintragung im Grundbuch, Art. 233 § 9 Abs. 1 EGBGB.

Durch Art. 233 § 9 EGBGB wurde im Grundbuch das Rangsystem nach dem 19
BGB übernommen. Aufbauhypotheken, die vor dem 1.7.1990 entstanden sind,
haben nach wie vor Vorrang vor anderen Hypotheken am Grundstück. Seit dem
22.7.1992 (Inkrafttreten des 2. VermRÄndG) sind Rangänderungen möglich.
Mangels Eigentümerfähigkeit der ZGB-Hypotheken ist die Eigentümerzustimmung nach § 880 Abs. 2 S. 2 BGB nicht erforderlich. Gleichzeitig mit einer Rangänderung kann ohne Zustimmung anderer Gläubiger eine Zinserhöhung von bis
zu 13 % in Anspruch genommen werden, Art. 233 § 9 Abs. 3 S. 2 EGBGB; im Übrigen gilt § 1119 BGB.

---

6   *Stöber*, ZVG § 114 Rdn. 5.14 e; Steiner/*Teufel*, § 114 Rdn. 58.

20 Die Eintragung von Abgeltungshypotheken konnte bis zum 31.12.1995 beantragt werden (§ 36a GBMaßnG). Die für die Abgeltungslast eingetragene Hypothek ist nicht eigentümerfähig und stets Buchrecht. Die Löschung der Hypothek kann nach § 105 Abs. 1 Nr. 6 GBV mit einer Löschungsbewilligung der Kreditanstalt für Wiederaufbau oder der Sparkasse erfolgen. Für das Löschungsverfahren gelten Besonderheiten nach §§ 36a, 22–25 GBMaßnG.

d) Umstellung wertbeständiger Rechte

21 Aus einer Hypothek, Grundschuld oder Rentenschuld, die vor dem 1.1.1976 in der Weise bestellt wurde, dass die Höhe der aus dem Grundstück zu zahlenden Geldsumme durch den amtlich festgestellten oder festgesetzten Preis einer bestimmten Menge von Roggen, Weizen oder einer bestimmten Menge sonstiger Waren oder Leistungen oder durch den Gegenwert einer bestimmten Geldsumme in ausländischer Währung bestimmt wird (wertbeständiges Recht), kann nunmehr nur noch die Zahlung eines festzulegenden Geldbetrages verlangt werden, § 1 GBBerG (v. 20.12.1994, BGBl I 2182). Die Umstellungspreise für Feingold und die Roggen- und Weizenpreise sind in § 2 GBBerG festgelegt. Durch § 3 GBBerG war der Gesetzgeber ermächtigt worden, für sonstige Waren oder Leistungen durch Rechtsverordnung Mittelwerte festzulegen. Hiervon wurde mit der SachenR-DV (v. 20.12.1994, BGBl I 3900) Gebrauch gemacht, die Mittelwerte und Marktpreise bei sonstigen wertbeständigen Grundpfandrechten sind in § 12 SachenR-DV festgehalten.

5. Sicherungshypothek

22 Die Sicherungshypothek, §§ 1184 ff. BGB, ist für den eingetragenen Gläubiger anzusetzen. Behauptet der Schuldner, dass die gesicherte Forderung ganz oder teilweise nicht entstanden ist, so ist er auf den Widerspruch gegen den Teilungsplan zu verweisen, § 115 Abs. 1. Nur soweit der Gläubiger ausdrücklich erklärt, dass ihm die Forderung ganz oder teilweise nicht zusteht, ist der Ersatzanspruch insoweit für den Besteller der Hypothek anzusetzen. Bei der rechtsgeschäftlich bestellten Sicherungshypothek ist der Gläubiger im Widerspruchsprozess für das Bestehen seiner Forderung beweispflichtig, § 1184 Abs. 1 BGB.[7]

6. Zwangssicherungshypothek

23 Die Zwangssicherungshypothek gibt dem Gläubiger die gleichen Rechte wie eine rechtsgeschäftlich bestellte Sicherungshypothek, § 1184 BGB; sie unterscheidet sich von dieser nur in den Entstehungsvoraussetzungen. Sowohl der **Kapitalanspruch** des Rechtes als auch **wiederkehrende Leistungen**, die sich aus dem Inhalt des Grundbuches ergeben, werden von Amts wegen berücksichtigt. Rückständige wiederkehrende Leistungen (§ 13 Abs. 1 S. 2) sind jedoch immer anzumelden, § 45 Abs. 2. Da die Zinsen bei dem titulierten Anspruch stets fällig sind, werden diese vom Tage der ersten Beschlagnahme (§ 13 Abs. 1) berechnet. **Rückständige Zinsen** für den Zeitraum vor dem ersten Tag der Beschlagnahme muss der Vollstreckungsgläubiger zum Verfahren anmelden (rechtzeitig zum Versteigerungstermin). Ebenso anzumelden sind die **Kosten der Kündigung** und die **Kosten der dinglichen Rechtsverfolgung**, § 10 Abs. 2. Zu diesen Kosten zählen insbesondere die Gerichtskosten für die Eintragung der Zwangssicherungshypothek

---

7 BGH, NJW 1986, 53; dazu auch OLG Frankfurt, NJW-RR 1988, 206.

im Grundbuch und die dem Rechtsanwalt des Gläubigers entstandenen Vollstreckungskosten, die mit der Zwangssicherungshypothek selbst nicht eingetragen werden können, § 867 Abs. 1 S. 3 ZPO.

Spätester **Zeitpunkt der Anmeldung** ist auch hier im Zwangsversteigerungstermin vor der Aufforderung zur Abgabe von Geboten, § 37 Nr. 4. Ist die Zwangssicherungshypothek zeitlich nach dem Zwangsversteigerungsvermerk im Grundbuch eingetragen, ist sie zum Verfahren rechtzeitig anzumelden, andernfalls wird sie nicht berücksichtigt (§ 45 Abs. 1); bei verspäteter Anmeldung ist der Anspruch nach § 110 zu berücksichtigen. 24

Hängt das Urteil von einer dem Gläubiger zu erbringenden Sicherheitsleistung ab, kann die Zwangssicherungshypothek im Grundbuch im Wege der sogenannten Sicherungsvollstreckung eingetragen werden, § 720a Abs. 1 Buchst. b ZPO. Da die Eintragung der Zwangssicherungshypothek keine Verwertung darstellt, ist der Nachweis der Sicherheitsleistung hierfür nicht erforderlich. Erlischt die Zwangssicherungshypothek nach den Versteigerungsbedingungen und ist genügend Erlös vorhanden, dass hierauf eine Zuteilung erfolgt, kann diese an den Gläubiger nur erfolgen, wenn entweder die Sicherheitsleistung oder die Rechtskraft des Titels nachgewiesen wird.[8] Anderenfalls erfolgt eine bedingte Zuteilung und Hinterlegung des auf die Zwangssicherungshypothek entfallenden Betrages unter der entsprechenden Bedingung, § 119.[9] 25

Steht bei der Erlöserteilung fest, dass die zu berücksichtigende Zwangssicherungshypothek unheilbar **nichtig** (z.B. Eintragung unter 750,- €, § 866 Abs. 3 ZPO oder als Gesamthypothek, § 867 Abs. 2 ZPO[10]) ist, kann eine Erlöszuteilung auf das Recht nicht erfolgen. Die nichtige Zwangssicherungshypothek wird im Teilungsplan nicht berücksichtigt.[11] 26

Bei Fehlen einer Vollstreckungsvoraussetzung kann die Zwangssicherungshypothek nachträglich geheilt werden. Für die Erlöszuteilung im Range des Rechtes ist entscheidend, ob die Heilung mit rückwirkender Wirkung erfolgt oder nicht. Sofern zwischenzeitlich mit Rang nach der Zwangssicherungshypothek weitere Rechte im Grundbuch eingetragen wurden, stellt sich die Frage, ob die Zwangssicherungshypothek den Rang kraft Eintragung behalten hat, § 879 BGB, oder aber nunmehr im Range auf den Zeitpunkt der Heilung des Vollstreckungsmangels zurückfällt. Sofern das Vollstreckungsgericht der Auffassung ist, dass die Zwangssicherungshypothek einen entsprechenden Rangverlust erlitten hat, stimmt die Anmeldung des Vollstreckungsgläubigers mit dem zugebilligten Rang nicht überein. Die Anmeldung gilt dann kraft Gesetzes als Widerspruch gegen den Teilungsplan, § 115 Abs. 2. Wird die Auffassung vertreten, dass die Zwangssicherungshypothek ihren Rang behalten hat, wird der rangmäßig nachfolgende Berechtigte möglicherweise Widerspruch erheben. Wird eine Einigung zwischen den Beteiligten nicht erzielt, ist der strittige Betrag zu hinterlegen. Der Widersprechende muss seinen Anspruch im Wege der Widerspruchsklage weiterverfolgen, § 115 Abs. 1 i.V.m. §§ 876 ff. ZPO. 27

---

8 *Böttcher*, § 117 Rdn. 20.
9 *Böttcher*, § 117 Rdn. 20; *Stöber*, ZVG § 117 Rdn. 6.2; differenzierend nach Kapital u. Nebenleistungen: Steiner/*Teufel*, § 119 Rdn. 5; Depré/*Bachmann*, § 114 Rdn. 64.
10 Hierzu Zöller/*Stöber*, § 866 Rdn. 5 und § 867 Rdn. 18.
11 *Hagemann*, Rpfleger 1982, 165, 168.

7. Höchstbetragshypothek

28 Die Höchstbetragshypothek, § 1190 BGB, belastet das Grundstück nominal in Höhe des eingetragenen Höchstbetrages. Soweit eine zu sichernde Forderung des Gläubigers nicht besteht, ist das Recht eine Eigentümergrundschuld. Kosten der dinglichen Rechtsverfolgung, § 10 Abs. 2, sind in den Höchstbetrag nicht einzurechnen.[12] Für die Höchstbetragshypothek gilt die Vorschrift § 1163 Abs. 1 BGB, wobei zwischen den Fällen, dass die Hypothek nicht zur Entstehung gelangt ist und das sie erlischt, zu unterscheiden ist. Ist die Hypothek nicht zur Entstehung gelangt, steht sie als Grundschuld demjenigen zu, der zur Zeit ihrer Eintragung Eigentümer war. Geht die Hypothek zeitlich später unter, steht sie demjenigen zu, der zur Zeit des Erlöschens der Forderung Eigentümer war.[13] Aber diese Eigentümergrundschuld ist ihrer Natur nach als solche nur eine vorläufige und durch das Entstehen von Gläubigerforderungen auflösend bedingt.

29 Die Höchstbetragshypothek steht solange dem Gläubiger zu, bis das Rechtsverhältnis, zu dessen Sicherung sie bestimmt ist, endgültig beendet ist, und weitere Forderungen nicht mehr entstehen können; das ist spätestens im Zeitpunkt der Erlösverteilung der Fall.[14] Die nach § 1190 Abs. 1 Satz 1 BGB vorbehaltene **Feststellung der Forderung** erfolgt durch Einigung des Gläubigers mit dem Besteller der Hypothek oder durch rechtskräftiges Urteil.[15] Wird sie dem Vollstreckungsgericht bei der Erlösverteilung nachgewiesen, ist der auf die Hypothek entfallende Erlös dem Gläubiger, soweit die Forderung festgestellt ist, zuzuteilen, der Rest gebührt dem Besteller. Soweit dies nicht erfolgt, ist der Nennbetrag für den eingetragenen Gläubiger und den bisherigen Grundstückseigentümer zu hinterlegen, § 117 Abs. 2 S. 3.[16] Sonstige Berechtigte, die Ansprüche auf den Ersatzanspruch der Höchstbetragshypothek erheben, sind auf den Widerspruch zu verweisen. In keinem Falle fällt der nicht valutierte Teil der Höchstbetragshypothek den nachstehenden Berechtigten zu.

8. Arresthypothek

30 Die Arresthypothek ist eine Sicherungshöchstbetragshypothek, § 932 Abs. 1 ZPO, § 1190 BGB. Zinsen können aus der Arresthypothek nicht beansprucht werden, da diese bereits in den Höchstbetrag eingerechnet sind. Kosten der dinglichen Rechtsverfolgung können daneben angemeldet werden. Einen Anspruch aus der Hypothek kann der Gläubiger jedoch nur dann herleiten, wenn die Forderung festgestellt wird. Bis zur **Feststellung der Forderung** handelt es sich um eine auflösend bedingte Eigentümergrundschuld. Berechtigter des Anspruches ist daher der Gläubiger für den Fall, dass die gesicherte Forderung festgestellt wird, andernfalls bei Feststellung der endgültigen Eigentümergrundschuld der alte Eigentümer.[17] Der auf die Arresthypothek entfallene Erlösbetrag wird unter der entsprechenden Bedingung hinterlegt (vgl. die Ausführungen zur Höchstbetragshypothek zuvor → Rdn. 28, 29).

---

12 RGZ 90, 171.
13 RGZ 55, 220; 78, 404.
14 RGZ 125, 133.
15 *Stöber*, ZVG § 114 Rdn. 5.13; Steiner/*Teufel*, § 119, 120 Rdn. 4; hierzu LG Traunstein, Rpfleger 1988, 499.
16 *Stöber*, ZVG § 114 Rdn. 5.13; *Böttcher*, § 117 Rdn. 12.
17 *Stöber*, ZVG § 114 Rdn. 5.3.

9. Grundschuld
a) Grundsätzlich

Die nach den Versteigerungsbedingungen erlöschende Grundschuld wird 31
ebenso behandelt wie die erlöschende Hypothek. Der aus dem Grundbuch ersichtliche Kapitalbetrag und die laufenden wiederkehrenden Leistungen werden von Amts wegen berücksichtigt, Kosten der dinglichen Rechtsverfolgung und rückständige wiederkehrende Leistungen sind grundsätzlich anzumelden, § 114 (s. zuvor → Rdn. 14, 15).

b) Sicherungsgrundschuld

In der Praxis handelt es sich regelmäßig bei der Grundschuld um eine sogenannte 32
Sicherungsgrundschuld. Sie ist Grundschuld im Sinne des § 1192 Abs. 1 BGB. Durch das Risikobegrenzungsgesetz wurde § 1192 Abs. 1a BGB[18] neu geschaffen. Erstmals wird hier der definierte Begriff Sicherungsgrundschuld im Gesetz verwendet. Sie ist ein *abstrakt* dingliches Recht, dass Gläubigerrecht ist somit materiellrechtlich nicht vom Bestand einer persönlichen Forderung abhängig. Auch wenn die Grundschuld eine Forderung nicht verlangt, ist die Bestellung einer abstrakten Grundschuld unüblich. Regelmäßig sichert die Grundschuld wirtschaftlich eine oder mehrere bestimmte festgelegte Forderungen[19] oder auch die Forderung aus einem Kontokorrentverhältnis. Die gegenseitigen Ansprüche des Sicherungsgebers gegen den Gläubiger der Grundschuld und umgekehrt werden im Sicherungsvertrag bzw. in der sog. **Sicherungsabrede**[20] festgehalten (hierzu → § 50 Rdn. 9).

---

18 Eingefügt durch Art. 6 des Gesetzes vom 12.8.2008 (BGBl I 1666); zur Grundschuld und zur Beachtung der Rechtsprechung des BGH insgesamt *Fischer*, ZInsO 2012, 1493.
19 Hierzu bei einer Bausparkasse: BGH, NJW-RR 2005, 985 = MDR 2005, 1124 = WM 2005, 1076 = ZIP 2005, 1024.
20 Im Rahmen einer Vollstreckungsabwehrklage hatte der BGH zum Schutz des Eigentümers entschieden, dass der Zessionar einer Sicherungsgrundschuld aus der Unterwerfungserklärung nur vorgehen kann, wenn er in den Sicherungsvertrag eintritt. Die Prüfung, ob der Zessionar einer Sicherungsgrundschuld in den Sicherungsvertrag eingetreten und damit neuer Titelgläubiger geworden ist, ist nach Ansicht des BGH jedoch dem Klauselerteilungsverfahren durch den Notar vorbehalten (BGH, Rpfleger 2010, 414 = NJW 2010, 2041 = DNotZ 2010, 542 = WM 2010, 1022). Kurze Zeit danach entschied der IX. Senat des BGH genau umgekehrt: Bei der Auslegung einer notariellen Unterwerfungserklärung muss der Notar im Klauselerteilungsverfahren grundsätzlich von dem Wortlaut der Urkunde ausgehen. Ist eine Vollstreckungsbedingung im Sinne des § 726 Abs. 1 ZPO im Wortlaut der notariellen Urkunde nicht angelegt, verbietet sich für den Notar die Annahme einer solchen Bedingung. Dem Notar ist deshalb eine Auslegung verwehrt, die in einer notariellen Urkunde enthaltene Unterwerfungserklärung wegen Ansprüchen aus einer Grundschuld erstrecke sich nur auf Ansprüche aus einer treuhänderisch gebundenen Sicherungsgrundschuld, wenn sie im Wortlaut der notariellen Urkunde nicht angelegt ist. Der Notar muss daher dem Zessionar einer Sicherungsgrundschuld die Klausel als Rechtsnachfolger erteilen, wenn die Rechtsnachfolge in die Ansprüche durch öffentliche oder öffentlich beglaubigte Urkunden nachgewiesen ist. Die Einwendung, die Unterwerfungserklärung erstrecke sich nur auf Ansprüche aus einer treuhänderisch gebundenen Sicherungsgrundschuld und der Zessionar sei nicht in die treuhänderische Bindung eingetreten, kann der Schuldner nur mit der Klage nach § 768 ZPO geltend machen (BGH, Rpfleger 2011, 592 = NJW 2011, 2803 = DNotZ 2011, 751 = WM 2011, 1460 = WuB H. 11/2011 VI D. § 726 ZPO 2.11 *Dieckmann*).

33 Da die Verpflichtungen aus der Sicherungsabrede nur schuldrechtlicher Natur sind, werden sie vom Vollstreckungsgericht nicht geprüft und berücksichtigt.

c) **Zinsen der Grundschuld**

34 Zinsen aus Sicherungsgrundschulden verjähren regulär nach § 195 BGB. Die Verjährung ist nicht bis zum Eintritt des Sicherungsfalles gehemmt.[21] Die Verjährung eines Grundschuldzinsanspruchs wird durch die Stellung eines Zwangsversteigerungsantrags unterbrochen. Handelt es sich bei der Grundschuld um eine Sicherungsgrundschuld, führt das nicht zur Hemmung der Verjährung bis zum Eintritt des Sicherungsfalls.[22] Das Vollstreckungsgericht prüft die Verjährung aber nicht (Einrede).

35 **Rückständige Zinsen** müssen grundsätzlich angemeldet werde, § 114 Abs. 2. Meldet der Gläubiger keine rückständigen Zinsen an, werden diese auch nicht im Teilungsplan aufgenommen.

36 **Laufende Zinsen** werden zwar von Amts wegen berücksichtigt, meldet der Gläubiger jedoch ausdrücklich weniger Zinsen an, wird auch nur dieser Minderbetrag berücksichtigt (**Minderanmeldung oder Hebungsverzicht**).[23] Der Gläubiger kann kraft seines dinglichen Rechts die Zinsen der Grundschuld geltend machen, auch wenn ihm auf die persönliche Forderung vom Schuldner Zinsen gezahlt worden sind, weil durch die Zahlung auf die Zinsen der Forderung nicht die Zinsen der Grundschuld nach § 1192 Abs. 2, § 1178 BGB erlöschen.[24] Auch kann der Gläubiger die Grundschuldzinsen in vollem Umfange geltend machen, selbst wenn er sie zur Abdeckung seiner persönlichen Forderung nicht mehr benötigt.[25] Ist eine Sicherungsgrundschuld vom bisherigen Gläubiger zur Sicherung einer Darlehensverbindlichkeit an einen Dritten abgetreten worden, kann sich der Grundstückseigentümer dem neuen Gläubiger der Grundschuld gegenüber nicht darauf berufen, dass dieser vom bisherigen Gläubiger wegen der Darlehenszinsen befriedigt wurde.[26]

37 Eine Verpflichtung zur Anmeldung nicht mehr benötigter Zinsen hat der Gläubiger nicht, dies bestimmt sich ausschließlich nach der schuldrechtlichen Vereinbarung in der Sicherungsabrede.[27] **Nachrangige Gläubiger** haben allein aufgrund ihrer Rangposition aus dem eigenen Recht keinen Anspruch auf die nicht mehr benötigten, aber dennoch angemeldeten Zinsen einer vorrangigen Grundschuld.[28] Bankübliche Sicherungsverträge enthalten durchweg die Erklärung des Sicherungsgebers, dass der Sicherungsnehmer einen über die persönliche Forderung hinausgehenden Betrag nicht geltend zu machen braucht, sondern auf den über-

---

21 BGH, NJW 1999, 3705 = Rpfleger 2000, 60 = DNotZ 2000, 59 = KTS 2000, 281 = MDR 1999, 1517 = WM 1999, 2253 = ZIP 1999, 1883 = ZfIR 1999, 836 unter Aufgabe der bisherigen Rechtsprechung.
22 BGH, ZfIR 2001, 856.
23 *Stöber*, ZVG § 45 Rdn. 7; Steiner/*Eickmann*, § 45 Rdn. 34; Steiner/*Teufel*, § 114 Rdn. 37; vgl. MünchKomm/*Eickmann*, BGB § 1191 Rdn. 145; LG Frankenthal, Rpfleger 1986, 232.
24 BGH, DNotZ 1966, 98 = WM 1965, 1197.
25 BGH, Rpfleger 2011, 390 = NJW 2011, 1500; BGH, Rpfleger 1981, 292 = NJW 1981, 1505.
26 BGH, NJW 1974, 185 = Rpfleger 1974, 106.
27 *Stöber*, § 114 Rdn. 7.6 (e); Steiner/*Eickmann*, § 114 Rdn. 37.
28 BGH, NJW 1981, 1505 = Rpfleger 1981, 292.

schießenden Teil der Grundschuld verzichten darf.[29] Eine solche Vereinbarung wirkt auch gegenüber dem Zessionar oder Pfandgläubiger, wenn sie vor Abtretung oder Pfändung (Verpfändung) getroffen wurde.[30] Dadurch entfällt die Unsicherheit des Sicherungsnehmers, was er anmelden muss, wenn die Sicherungsgrundschuld nur teilweise valutiert ist. Berechtigt im Rahmen des Sicherungsvertrages ist der Gläubiger aufgrund seines dinglichen Grundschuldrechts in vollem Umfange.

Eine Pflicht zur Wahrnehmung der Interessen des Sicherungsgebers besteht für den Sicherungsnehmer hinsichtlich der Zinsen nur dann, wenn dem Sicherungsgeber nach Erfüllung des Rückgewähranspruchs (z.b. durch Verzicht) ein dinglicher Zinsanspruch zustehen würde[31]; das jedoch ist gem. §§ 1178, 1197 Abs. 2 BGB nicht der Fall. Zinsansprüche können insoweit auch nicht durch Abtretung, Pfändung oder Verpfändung des Rückgewähranspruchs entstehen, denn der Zessionar (Pfandgläubiger) kann nicht mehr Rechte erhalten, als dem Sicherungsgeber zustehen. Seiner Verpflichtung zur Rückgewähr der nicht mehr benötigten Zinsen erfüllt der Grundschuldgläubiger dadurch, dass er sie zum laufenden Zwangsversteigerungsverfahren nicht mehr anmeldet (**Minderanmeldung**).[32] Hat er sie dennoch angemeldet und erhalten und ergibt sich nach Verrechnung der zugeteilten Ansprüche mit der tatsächlichen Forderung ein Erlösüberschuss, muss dieser an den Sicherungsgeber in Erfüllung der Rückgewähransprüche zurückgezahlt werden.[33]

Ob eine Verpflichtung zur Anmeldung auch nicht mehr benötigter Zinsen dann besteht, wenn der Anspruch auf Rückübertragung an einen Dritten abgetreten wurde, ist streitig.[34] Der Rückgewährberechtigte nutzt diese Position möglicherweise zur Stärkung seiner Rechtsposition unabhängig von seinem gesetzlichen Löschungsanspruch nach § 1179a BGB. Eine Nichtgeltendmachung der Zinsen könnte somit Schadensersatzansprüche auslösen (hierzu nachfolgend → Rdn. 37.5).

In drei Entscheidungen aus neuerer Zeit hat sich der BGH zu unterschiedlichen Fallgestaltungen mit der Frage der Verpflichtung zur Geltendmachung nicht mehr benötigter Zinsen beschäftigt. Verneint hat der *BGH* eine solche Pflicht für Zinsen aus einer bestehen gebliebenen Grundschuld, die in einem (Teilungs-)Versteigerungsverfahren gemäß § 56 Satz 2 nach dem Zuschlag neu entstehen. Will der Ersteher des Grundstücks eine in der Zwangs- oder Teilungsversteigerung bestehen gebliebene Grundschuld ablösen, ist der Grundschuldgläubiger aufgrund des durch die Sicherungsabrede begründeten Treuhandverhältnisses mit dem persönlichen Schuldner zur Verwertung der Grundschuld in der Weise verpflichtet, dass dieser von der persönlichen Schuld vollständig befreit wird; weitergehende Pflichten zumindest im Hinblick auf zur Zeit der Ablösung nicht valutierte Grundschuldzinsen treffen den Grundschuldgläubiger nicht.[35] Der BGH sieht somit keine Pflicht zur Vollstreckung nicht valutierter Grundschuldzinsen für Rechnung

---

29 *Clemente*, Rdn. 428 ff.
30 Hierzu *Vollkommer*, NJW 1980, 1052.
31 So auch *Stöber*, ZVG § 114 Rdn. 7.6 f.
32 OLG München, NJW 1980, 1051; Steiner/*Teufel*, § 114 Rdn. 37; *Stöber*, ZVG § 114 Rdn. 7.6 (f).
33 BGH, Rpfleger 1981, 292 = NJW 1981, 505.
34 Hierzu MünchKomm/*Eickmann*, § 1191 Rdn. 151 m.w.N.
35 BGH, Rpfleger 2011, 390 = NJW 2011, 1500.

des Sicherungsgebers. Dem ist zuzustimmen, da sich aus der Grundschuld kein *Zahlungs-* sondern nur ein *Duldungs*anspruch ergibt. Es kann nicht sein, dass eine Bank verpflichtet sein soll, quasi als Inkassobüro des Sicherungsgebers zu fungieren. Die vom BGH zu Recht verneinte Pflicht, die dinglichen Zinsen ab Zuschlag bis zur Zahlung des Grundschuldkapitals gegenüber dem Ersteher geltend zu machen, bedeutet jedoch nicht, dass die Bank bezüglich dieser Zinsen aus dem Treuhandverhältnis zum Sicherungsgeber überhaupt keine Verpflichtungen treffen. Die Bank hat eine Verpflichtung dahin gehend, dass die dinglichen Zinsen ab Zuschlag wirtschaftlich den Alteigentümern zufließen, da der Ersteher das bestehen bleibende Recht nicht nur mit dem Kapital, sondern auch mit den Zinsen ab Zuschlag unter gleichzeitiger Reduzierung seines Gebots übernommen hat. Die Verpflichtung *kann* die Bank dadurch erfüllen, dass sie dem zahlungswilligen Ersteher auch die Zinsen ab Zuschlag in Rechnung stellt und den Betrag den Voreigentümern aushändigt. Die Bank kann aber auch den dinglichen Zinsanspruch durch Abtretung den Alteigentümern zurückgewähren, um diese in die Lage zu versetzen, ihre Rechte gegenüber dem Ersteher selbst zu verfolgen.[36]

37.4 Im Fall einer **Minderanmeldung** einer nach den Versteigerungsbedingungen bestehen gebliebenen Grundschuld durch diesen vorrangigen Grundschuldgläubiger, der selbst das Verfahren nicht betreibt, entschied der *BGH*[37] in diesem Sinne zugunsten des Gläubigers. Die Entscheidung des Gläubigers auf die Geltendmachung der Grundschuldzinsen zu verzichten, bewirkt, dass diese weder bei der Verteilung des Versteigerungserlöses noch bei einer späteren Verwertung des stehen gebliebenen Rechts zugunsten des Grundschuldgläubigers zu berücksichtigen sind und deshalb von diesem nicht an den Sicherungsgeber ausgekehrt werden können. Das hat jedoch keine Verletzung der Pflichten aus dem Sicherungsvertrag zur Folge. Dem ist zuzustimmen. Maßgeblich ist § 1178 Abs. 1 Satz 1 BGB. Die Grundschuldzinsen werden von der auf die Grundschuld gerichteten Pflicht zur Rückgewähr der Grundschuld (Kapital) für den Fall, dass der mit ihr verfolgte Zweck endgültig wegfällt, nicht erfasst. Der Gläubiger ist deshalb nicht verpflichtet, die nicht valutierten Grundschuldzinsen zugunsten des Sicherungsgebers geltend zu machen, weil die von ihm bei der Ausübung seines dinglichen Rechts gegenüber dem Sicherungsgeber zu beachtenden Treuepflichten nicht weiter reichen als die durch den Sicherungsvertrag vorrangig begründete Rückgewährpflicht. Das gilt nicht nur für die unterbliebene Einforderung der zwischen dem Zuschlag und der Ablösung des Rechts entstandenen Grundschuldzinsen, sondern auch für den Fall, dass der Gläubiger bereits im Versteigerungsverfahren von der Geltendmachung der zur Tilgung der persönlichen Schuld nicht benötigten dinglichen Zinsen absieht. Denn bei dem auf diesem entfallenden Anteil an dem Versteigerungserlös handelt es sich lediglich um ein Surrogat des Rückgewährsanspruchs.

37.5 In einer dritten Entscheidung erweitert der *BGH*[38] seine Rechtsauffassung auch auf den Fall, wenn der Grundschuldgläubiger selbst die Zwangsversteigerung betreibt und wenn der Anspruch auf Rückübertragung an einen Dritten abgetreten ist. Auch der die Zwangsversteigerung betreibende Grundschuldgläubiger ist nicht verpflichtet, für die Erfüllung seiner Ansprüche gegen den Schuldner

---

36 Hierzu *Alff*, Rpfleger 2011, 357.
37 BGH, Rpfleger 2012, 269 = DNotZ 2012, 440 = NJW 2012, 686.
38 BGH, Rpfleger 2012, 329 = NJW 2012, 1142.

nicht benötigte Grundschuldzinsen anzumelden, *wenn diese Mehranmeldung für ihn mit Risiken behaftet ist.* Die Abtretung der Ansprüche auf Rückübertragung der Grundschuld an einen Dritten verpflichtet den Gläubiger nicht zur Anmeldung nicht benötigter Grundschuldzinsen, wenn das Absehen von einer Mehranmeldung dazu führt, dass der Zessionar auf die Grundschuldzinsen zugreifen kann. Diese Entscheidung ist insoweit zu relativieren, da der BGH nicht generell von dem Grundsatz abweicht, dass der vorrangige Gläubiger auch eine Verpflichtung einer bestmöglichen Verwertung im Einzelfall hat und weiterhin auch den zur Erfüllung ihrer gesicherten Ansprüche gegen die Schuldnerin nicht benötigten Teil der Grundschuldzinsen geltend zu machen hat.[39] In Rdn. 8 der Entscheidung[40] lässt der BGH ausdrücklich die Frage offen, ob die Bestverwertungspflicht auch die Verpflichtung beinhaltet, im Grundsatz sämtliche Zinsforderungen aus der Grundschuld im Zwangsversteigerungsverfahren geltend zu machen *(... diese Frage muss hier nicht entschieden werden ...).* Die Bestverwertungspflicht ist Ausdruck der Verpflichtung des Grundschuldgläubigers, auf die berechtigten Belange des Sicherungsgebers bei der Verfolgung seines Verwertungsrechts Rücksicht zu nehmen, und besteht nur, soweit nicht seine schutzwürdigen Sicherungsinteressen entgegenstehen.[41] Konkret bestand für die Gläubigerin die Gefahr, durch die Geltendmachung der nicht mehr benötigten Zinsen einer Beteiligten einen Teil des Versteigerungserlöses zu entziehen und dieser für deren Ausfall wegen Verletzung von Pflichten aus einem vertragsähnlichen geschäftlichen Kontakt gemäß § 280 Abs. 1 BGB i.V.m. § 241 Abs. 2 BGB und § 311 Abs. 2 Nr. 3 BGB Schadensersatz leisten zu müssen. Insofern ist auch die einschränkende Leitsatzaussage zu verstehen (*... wenn diese Mehranmeldung für ihn mit Risiken behaftet ist ...*).

d) Kapital der Grundschuld

Das dingliche Grundschuldrecht steht dem Grundschuldgläubiger in Höhe des (Nominal) **Kapitalbetrages** zu, auf die Höhe der persönlichen Forderung des Gläubigers kommt es nicht an. Die Sicherungsgrundschuld ist immer unabhängig von der gesicherten Forderung, auch wenn die Sicherungsabrede die Grundlage für die Bestellung der Grundschuld ist. Selbst wenn die Darlehensforderung erloschen oder überhaupt niemals entstanden ist, entsteht keine Eigentümergrundschuld, die Grundschuld steht nach wie vor dem Gläubiger zu.[42]

Meldet der Grundschuldgläubiger zum Verteilungstermin ein geringeres Grundschuldkapital als das im Grundbuch eingetragene an, oder erklärt er ausdrücklich, er nehme nicht den vollen, auf die Grundschuld entfallenden Erlös, sondern nur einen Teilbetrag in Anspruch, lehnt er einen Verzicht auf das weitergehende Befriedigungsrecht ab, liegt darin eine tatsächliche Beschränkung der Liquidation auf den vom Gläubiger in Anspruch genommenen Betrag.[43] Ein solcher Verzicht ist für das Vollstreckungsgericht unbeachtlich, es hat sich an die dingliche Rechtslage zu halten. Sie geht dahin, dass die Grundschuld dem eingetragenen oder nachgewiesenen Grundschuldgläubiger zusteht. Der **Kapitalanspruch** der Grundschuld wird daher vom Vollstreckungsgericht in jedem Falle in

---

39 Hierzu MünchKomm/*Eickmann*, § 1191 Rdn. 151.
40 BGH, Rpfleger 2012, 329 = NJW 2012, 1142.
41 Hierzu schon BGH, Rpfleger 2012, 269 = DNotZ 2012, 440 = NJW 2012, 686 und umfassend auch *Jähne/Witte*, Rpfleger 2012, 473.
42 BGH, NJW 1982, 928.
43 BGH, WM 1960, 1092.

voller Höhe berücksichtigt. Ein Hebungsverzicht auf die Grundschuld wird nicht berücksichtigt, nimmt der Gläubiger den zugeteilten Betrag nicht an, wird dieser hinterlegt, § 117 Abs. 2 S. 3.[44]

40 Nach Erlöschen der Sicherungsgrundschuld durch Zuschlagserteilung kann eine Eigentümergrundschuld nicht mehr entstehen. Sofern der Grundschuldgläubiger den Grundschuldbetrag ganz oder teilweise nicht mehr beansprucht, kann er ganz oder teilweise auf den **Erlösanteil**, der auf die Sicherungsgrundschuld entfällt, **verzichten**. Der Gläubiger hat in diesem Fall das getan, was er durch den vollständigen oder teilweisen Verzicht auf die Grundschuld (§ 1168 BGB) und die notwendige Eintragung in das Grundbuch vor Erteilung des Zuschlages hätte tun können. Der Verzicht auf den Erlösanteil ist dem Vollstreckungsgericht spätestens im Verteilungstermin nachzuweisen; einfache Schriftform ist hierzu ausreichend, da nach dem Erlöschen der Grundschuld die Formvorschriften der GBO nicht mehr anwendbar sind.

41 Der vom Verzicht des Grundschuldgläubigers erfasste **Erlösanteil** ist an den Besteller der Sicherungsgrundschuld auszuzahlen, ein Aufrücken nachfolgender Berechtigter erfolgt nicht.[45] Nicht der im Range nachgehende Berechtigte hat einen Anspruch auf den Erlösanteil für eine nichtvalutierte Grundschuld, sondern der konditionsberechtigte Besteller der Grundschuld[46], und zwar aufgrund seines schuldrechtlichen Rückgewähranspruchs (hierzu → § 50 Rdn. 11). Durch Zahlung auf die persönliche Forderung wird die Grundschuld nicht zur Eigentümergrundschuld. Nur soweit der Eigentümer auf die Grundschuld selbst zahlt, entsteht eine **Eigentümergrundschuld** (§ 1142 Abs. 1 BGB analog)[47]; das ist dann der Fall, wenn er nicht zugleich der persönliche Schuldner ist. Allerdings geht die durch die Grundschuld gesicherte Forderung in diesem Fall nicht auf den zahlenden Eigentümer über, eine analoge Anwendung von § 1143 Abs. 1 BGB auf die Grundschuld ist insoweit ausgeschlossen.[48] Sind persönlicher und dinglicher Schuldner identisch, kommt es für die Frage, ob eine wirtschaftlich mit einer Grundschuld zusammenhängende Zahlung des Eigentümers auf die Grundschuld oder auf die gesicherte Forderung geleistet wird, auf seinen bei der Zahlung erklärten Willen an.[49] Trifft er keine ausdrückliche Verrechnungsbestimmung (§ 366 BGB), so kann sich diese dennoch aus den Umständen des Einzelfalles, insbesondere aus der Interessenlage ergeben.[50] Nach Androhung oder Einleitung der Zwangsvollstreckung durch den Grundschuldgläubiger werden Zahlungen des Eigentümers nur noch auf die Grundschuld erbracht.[51] Eine Eigentümergrundschuld entsteht auch dann, wenn zunächst auf die gesicherte Forderung gezahlt und nachträglich vereinbart wurde, dass die Zahlung als auf die Grundschuld geleistet gelten soll; dies gilt auch bei Zahlung durch einen Dritten jedenfalls dann,

---

44 *Stöber*, ZVG § 114 Rdn. 7.5b und § 117 Rdn. 6.1; Steiner/*Teufel*, § 114 Rdn. 40, 41; *Storz*, ZVG E 5.2; *Böttcher*, § 114 Rdn. 55.
45 LG München, KTS 1976, 247.
46 BGH, Rpfleger 1958, 51 = MDR 1958, 24.
47 BGH, Rpfleger 1986, 297 = NJW 1986, 2108.
48 RGZ 150, 371; BGH, NJW 1988, 2730 = Rpfleger 1988, 524 = ZIP 1988, 1096.
49 BGH, NJW-RR 1989, 1036; BGH, NJW 1976, 2132; BGH, MDR 1971, 120; BGH, MDR 1970, 34 = WM 1969, 1254.
50 BGH, NJW 1987, 838 = WM 1987, 202.
51 BGH, NJW 1987, 839 = WM 1987, 202; BGH, NJW 1986, 2108 = WM 1986, 763.

wenn alle Beteiligten (Eigentümer, Schuldner, Gläubiger, Dritter) sich über die Zweckänderung der Zahlung einig sind.⁵²

Für klare Verhältnisse, auch schon für den Zwangsversteigerungstermin, kann **42** der Gläubiger der Sicherungsgrundschuld dadurch herbeiführen, dass er auf den für die persönliche Forderung nicht benötigten Teil der Grundschuld verzichtet und diesen Verzicht zur Wirksamkeit in das Grundbuch eintragen lässt. Es bedarf hierzu keiner Mitwirkung des Eigentümers. Denn die Grundschuld erwirbt der Eigentümer zur Zeit des Wirksamwerdens des Verzichts kraft Gesetzes (§ 1168 Abs. 1 i.V.m. § 1192 Abs. 1 BGB). Zum Verzicht *nach Erlöschen* der Grundschuld durch Zuschlag s. → Rdn. 40.

e) Rückgewährsanspruch

Nach Wegfall des Sicherungszweckes hat der Eigentümer gegenüber dem Si- **43** cherungsnehmer (Bank, Gläubiger) einen Anspruch auf **Ausgleichung der Bereicherung** oder aus § 812 BGB.⁵³ Dieser Anspruch ist aufschiebend bedingt durch Tilgung der Forderung und entsteht bereits mit Abschluss der Sicherungsabrede.⁵⁴ Erfüllt werden kann der Anspruch durch die sog. **Rückgewährsansprüche**.⁵⁵ Zu beachten ist weiter, dass der **Rückgewährsanspruch** des Eigentümers oftmals an im Range gleichstehende oder nachrangige Rechte **abgetreten** ist. Diese Gläubiger verlangen die Abtretung zu weiteren Sicherungszwecken. Da die Abtretung nur zu weiteren Sicherungszwecken erfolgt, hat der Eigentümer gegenüber den gleichstehenden oder nachrangigen Gläubigern einen Anspruch auf Rückabtretung, wenn der abgetretene Rückgewährsanspruch nicht mehr benötigt wird.⁵⁶ Der Sicherungsnehmer ist aber nach Maßgabe des allgemeinen Schuldrechts zum Schadensersatz verpflichtet, wenn er den durch den endgültigen Wegfall des Sicherungszwecks aufschiebend bedingten Anspruch auf Rückgewähr einer Sicherungsgrundschuld nach Bedingungseintritt schuldhaft nicht erfüllt; ist der Rückgewährsanspruch – etwa an einen nachrangigen Grundpfandgläubiger – abgetreten worden, steht der Anspruch auf Schadensersatz dem Zessionar zu. Ob der Sicherungszweck endgültig weggefallen ist, richtet sich nach der Sicherungsvereinbarung; auch wenn diese eine Revalutierung der Grundschuld erlaubt, tritt die aufschiebende Bedingung jedenfalls mit dem endgültigen Ende der Geschäftsbeziehung ein. Nach einer dem Sicherungsnehmer angezeigten Abtretung kann die Sicherungsvereinbarung nur unter Mitwirkung des Zessionars inhaltlich geändert werden, soweit die Änderung den Rückgewährsanspruch einschließlich der aufschiebenden Bedingung betrifft, unter der dieser steht.⁵⁷ Hierzu insgesamt → § 50 Rdn. 11 ff.

---

52 BGH, NJW 1969, 2237 = Rpfleger 1969, 423 = MDR 1970, 34.
53 BGH, NJW-RR 1996, 234 = KTS 1996, 318 = WM 1996, 133; BGH, NJW 1992, 1620 = MDR 1992, 470; BGH, NJW 1985, 800 = Rpfleger 1985, 103; BGH, NJW 1991, 305 = Rpfleger 1991, 105; MünchKomm/*Eickmann*, BGB § 1191 Rdn. 13 ff.
54 Für viele: BGH, MDR 1959, 571 = Rpfleger 1959, 273; BGH, NJW 1977, 247; MünchKomm/*Eickmann*, BGB § 1191 Rdn. 87 ff.; *Clemente*, Rdn. 517 ff.
55 Der Anspruch auf Rückgewähr einer Sicherungsgrundschuld ist nach Wahl des Sicherungsgebers auf Abtretung der Grundschuld, deren Aufhebung oder den Verzicht auf diese gerichtet, BGH, Urteil vom 29.1.2016, V ZR 285/14; BGH, Rpfleger 2012, 329 = NJW 2012, 1142; BGH, NJW-RR 1994, 847.
56 MünchKomm/*Eickmann*, BGB § 1191 Rdn. 95.
57 BGH, Urteil vom 19.4.2013, V ZR 47/12, NJW 2013, 2894 = Rpfleger 2013, 558 = DNotZ 2013, 760 = ZIP 2013, 1113.

44 Der Rückgewährsanspruch des Grundschuldbestellers ist **abtretbar**.[58] Die Ansprüche auf Rückgewähr vorrangiger Grundschulden sind keine Nebenrechte und müssen bei der Abtretung oder Ablösung eines Grundpfandrechtes ausdrücklich mit übertragen werden.[59] Tritt bei einer Schuldübernahme ein Dritter mit Zustimmung des Gläubigers in das Schuldverhältnis ein, sind auch die Rückgewährsansprüche auf ihn übergegangen.[60] Wird die Grundschuld bestellt und gleichzeitig die Rückgewähransprüche vorrangiger Grundschulden an den neuen Grundschuldgläubiger abgetreten, ist die formularmäßige Zweckerklärung, die vorrangigen Grundpfandrechte sollen zur weiteren Sicherheit dienen, dahin auszulegen, dass der Gläubiger zwar den Vorrang ausnutzen darf, nicht aber einen Befriedigungsanspruch über die Höhe seiner nachrangigen Grundschuld hinaus hat.[61]

45 Der Rückgewährsanspruch kann auch **gepfändet** (§§ 829, 857 Abs. 1 ZPO) bzw. verpfändet (§ 1273 BGB) werden.[62] Mit der Pfändung besteht jedoch kein Anspruch auf die Grundschuld selbst, deren Brief oder sonstige Urkunden, da nur der schuldrechtliche Rückgewährsanspruch gepfändet ist. Ist der Anspruch des Eigentümers auf Rückgewähr der Grundschuld gepfändet, so erwirbt der Pfändungspfandgläubiger jedenfalls dann, wenn der Drittschuldner auf seine Grundschuld nach § 1168 Abs. 1 und 2 BGB verzichtet, kein Ersatzpfandrecht an der Eigentümergrundschuld.[63]

46 Die Abtretung geht der Pfändung vor, wenn sie früher erfolgte.[64] Die in der Praxis übliche **mehrfache Abtretung** des Rückgewährsanspruchs durch den Sicherungsgeber begegnet erheblichen rechtlichen Bedenken, da der Sicherungsgeber bei nachfolgenden Abtretungen als Nichtberechtigter verfügt; diese Abtretungen sind daher unwirksam.[65] Die Vorausabtretung eines auf eine künftige Sicherungsgrundschuld bezogenen Rückübertragungsanspruchs ist wirksam.[66]

47 Rechtsunsicherheit kann auch in dem Fall entstehen, dass der Grundschuldgläubiger gegen Zahlung der persönlichen Forderungen eine **teilweise valutierte Sicherungsgrundschuld** an den zahlenden Dritten in voller Höhe abtritt und dieser die Sicherungsgrundschuld dann in vollem Umfang zur Abdeckung seiner ausfallgefährdeten Forderung verwendet, obgleich der Grundschuldbesteller schon vor der Abtretung den Rückgewährsanspruch an einen im Range nachgehenden dinglich Berechtigten abgetreten hatte.[67] Anerkannt ist, dass der aus der Sicherungsabrede resultierende Rückgewährsanspruch des Eigentümers nicht den nachrangigen Grundpfandrechtsgläubiger begünstigt.[68] Dem Eigentümer ist es daher nicht verwehrt, die Grundschuld neu zu valutieren, also nach Tilgung der ursprünglichen Forderung neue Forderungen zu begründen. Nachrangige Grundpfandrechtsgläubiger können vom Eigentümer nicht verlangen, dass er ei-

---

58 BGH, NJW 1977, 247 = Rpfleger 1977, 56; OLG Schleswig, WM 1985, 700; *Stöber*, ZVG § 114 Rdn. 7.8.
59 BGH, Rpfleger 1988, 306.
60 BGH, Rpfleger 1986, 297 = NJW 1986, 2108.
61 BGH, NJW 1990, 1177.
62 Hierzu → § 50 Rdn. 17 ff.; *Hintzen/Wolf*, Rdn. 6.398 m.w.N.
63 BGH, Rpfleger 1990, 32.
64 BGH, Rpfleger 1958, 53.
65 So auch *Stöber*, ZVG § 114 Rdn. 7.8a; *Clemente*, Rdn. 266.
66 BGH, NJW 1985, 800 = Rpfleger 1985, 103 = MDR 1985, 492.
67 Dazu OLG Schleswig, WM 1985, 700 und *Gnamm*, ZIP 1986, 822.
68 BGH, NJW 1981, 1505.

nen bzgl. der vorrangigen Grundschuld bereits fällig gewordenen Löschungsanspruch ausübt.[69] Gleiches muss auch für den Zessionar einer teilweise valutierten Sicherungsgrundschuld gelten, es sei denn, er hat ausnahmsweise die schuldrechtliche Rückübertragungsverpflichtung des Grundschuldzedenten übernommen.[70] Macht allerdings ein nachrangiger Grundschuldgläubiger von seinem gesetzlichen **Ablösungsrecht** Gebrauch, muss er den vorrangigen Grundschuldgläubiger selbst dann in voller Höhe des dinglichen Rechts befriedigen, auch wenn eine entsprechende persönliche Forderung, deren Sicherung das vorrangige Grundpfandrecht dient, nicht besteht.[71] Sofern der vorrangige Grundschuldgläubiger aufgrund der Ablösung des dinglichen Rechts einen Übererlös erzielen sollte, findet zwischen den beiden Grundschuldgläubigern kein bereicherungsrechtlicher Ausgleich statt. Der Anspruch auf Auskehrung des Übererlöses gebührt stattdessen allein dem Schuldner und Eigentümer des Grundstücks. Dieser hat in seiner Eigenschaft als Sicherungsgeber auf Grundlage des geschlossenen Sicherungsvertrages einen Anspruch auf Rückgewähr des nicht valutierten Teils der Grundschuld. Kann der Gläubiger den Anspruch nicht mehr erfüllen, weil die Grundschuld kraft Gesetzes auf den Ablösenden übergegangen ist, tritt an dessen Stelle der Anspruch auf den entsprechenden Teil des Erlöses als Ausgleich für die über den Sicherungszweck hinausgehende dingliche Belastung des Grundstücks.[72]

Gibt der **Insolvenzverwalter** ein Grundstück aus der Insolvenzmasse frei, bedeutet dies nicht zugleich den Verzicht auf den Rückgewähranspruch bei einer nicht oder nur teilweise valutierte Sicherungsgrundschuld.[73] Ein durch Verzicht des Grundschuldgläubigers freigewordener Betrag gehört zur Insolvenzmasse (§ 35 InsO). 48

Im Fall einer **weiten Sicherungszweckerklärung** im Verhältnis zwischen dem Schuldner und dem erstrangigen Grundpfandgläubiger kann der dem zweitrangigen Grundpfandgläubiger zur Sicherung abgetretene Anspruch auf Auskehrung des Übererlöses infolge der Verwertung des belasteten Grundstücks die Insolvenzfestigkeit fehlen.[74] Allerdings hat der *BGH* diese Entscheidung (des OLG Celle) aufgehoben und entschieden, dass die Sicherungsabtretung des Anspruchs auf Rückgewähr einer Grundschuld nur dann ein Recht auf abgesonderte Befriedigung im Insolvenzverfahren über das Vermögen des Abtretenden begründen kann, wenn eine Revalutierung der Grundschuld ohne Zustimmung des Abtretungsempfängers nicht oder nicht mehr in Betracht kommt.[75] Der Sicherungswert einer bestellten Grundschuld ist trotz Abtretung des Rückgewähranspruchs aus dem Vermögen und der Insolvenzmasse des Sicherungsgebers nicht endgültig ausgeschieden, solange der Sicherungsnehmer allein oder im Einvernehmen mit dem Sicherungsgeber selbst oder dem Insolvenzverwalter über dessen Vermögen, etwa zur Besicherung eines Massekredits, die Grundschuld revalutieren kann, ohne dadurch den Inhalt des Rückgewähranspruchs zu verändern. Dieser Sicherungswert kann der Masse gemäß § 91 Abs. 1 InsO nicht nach Eröffnung des In-

---

69 BGH, WM 1965, 1197.
70 BGH, NJW 1985, 800 = Rpfleger 1985, 103 = MDR 1985, 492.
71 BGH, Rpfleger 2005, 555 = NJW 2005, 2398.
72 OLG Koblenz, NJW-RR 2000, 579.
73 BGH, Rpfleger 1978, 363 = WM 1978, 786 = KTS 1979, 98.
74 OLG Celle, Rpfleger 2011, 110 mit Anm. *Jähne/Witte* = WM 2010, 1976 = WuB H. 1/2011 VI A. § 91 InsO 1.11 *Siegmann*.
75 BGH, Rpfleger 2012, 169 = NJW 2012, 229 = ZInsO 2012, 28.

solvenzverfahrens durch Begründung eines Absonderungsrechts mit Vollendung des Rechtserwerbs an dem abgetretenen Rückgewährsanspruch entzogen werden. Der Abtretungsempfänger des Anspruchs auf Rückgewähr einer Sicherungsgrundschuld ist in seiner Rechtsposition gegenüber dem Schuldner erst dann gesichert, wenn der abgetretene Anspruch durch Wegfall des Sicherungszwecks entstanden war, als das Erwerbsverbot des § 91 Abs. 1 InsO eingreifen konnte.

Die Revalutierung einer Grundschuld ist ungeachtet eines weiten Sicherungszweckes dann nicht mehr möglich, wenn die Geschäftsbeziehung des Schuldners mit dem grundpfandgesicherten Gläubiger beendet sei, wie es spätestens nach Einleitung der Zwangsversteigerung des belasteten Grundbesitzes in Betracht komme.

49 Der Grundschuldgläubiger kann den Rückgewährsanspruch im laufenden Zwangsversteigerungsverfahren, insbesondere spätestens im Verteilungstermin, noch erfüllen. An die Stelle der durch Zuschlag erloschenen Grundschuld ist der Erlösanspruch auf die Grundschuld getreten. Der Anspruch auf Rückgewähr des nicht valutierten Teils der Grundschuld wandelt sich in einen entsprechenden Anspruch auf den Versteigerungserlös um. Hierbei ist zu unterscheiden:

- bewilligt der Gläubiger die **Löschung** (§§ 875, 1192 BGB) der Grundschuld und stimmt der Eigentümer dieser Löschung zu (§§ 1183, 1192 BGB) – die Eintragung der Löschung im Grundbuch selbst ist nicht mehr erforderlich, da das Recht bereits erloschen ist –, hat dies die Wirkung, dass der Erlösanspruch auch als erloschen gilt mit der Folge, dass die nachrangigen Gläubiger im Range aufrücken.

- eine **Abtretung** (§§ 1154, 1192 BGB) der Grundschuld hat zur Folge, dass aufgrund gleichlautender Erklärung zwischen Zedent und Zessionar (aber nicht mehr Grundbucheintragung und Briefübergabe) der Erlösanspruch auf den neuen Gläubiger übergeht.

- die **Verzichtserklärung** (§§ 1168, 1192 BGB) auf die Grundschuld (nicht mehr Grundbucheintragung) bewirkt, dass der Erlösanspruch dem Eigentümer als Eigentümererlösanspruch zusteht.

50 Für das Vollstreckungsgericht bleibt die Frage, ob es sich mit angemeldeten Abtretungen, Pfändungen und Verpfändungen des Rückgewährsanspruches zu befassen hat. Verpflichtet aus dem schuldrechtlichen Rückgewährsanspruch ist lediglich der Sicherungsnehmer = Grundschuldgläubiger. Er kann seiner Verpflichtung auch dadurch nachkommen, dass er das Vollstreckungsgericht anweist, einen bestimmten Betrag des auf die Grundschuld entfallenden Erlöses nicht an ihn, sondern an einen genau bezeichneten Inhaber des Rückgewährsanspruchs auszuzahlen.[76] Erfolgt keine solche Erklärung des Grundschuldgläubigers, ist ihm der Erlösanspruch zuzuteilen. Da das Vollstreckungsgericht nur auf dingliche Ansprüche zahlt (§§ 114, 10), ist der **Rückgewährsanspruch** als schuldrechtlicher Anspruch nicht zu berücksichtigen. Zugelassen wurde jedoch der Widerspruch eines Beteiligten, dem der Rückgewährsanspruch abgetreten worden ist.[77] In einer weiteren Entscheidung vertritt der BGH[78] die Auffassung, dass Einwendungen

---

76 *Mayer*, Rpfleger 1986, 443 in seiner Kritik zu BGH, Rpfleger 1986, 312.
77 BGH, WM 1981, 693; Steiner/*Teufel*, § 114 Rdn. 82; *Böttcher*, § 114 Rdn. 5.
78 BGH, Rpfleger 2002, 273 = NJW 2002, 1578 = NZI 2002, 276 = KTS 2002, 333 = MDR 2002, 603 = WM 2002, 337 = ZIP 2002, 407 = InVo 2002, 164 = NotBZ 2002, 146 = ZfIR 2002, 411.

gegen den Teilungsplan nicht nur aus dinglichen Rechten, sondern auch aus **schuldrechtlichen Ansprüchen** hergeleitet werden können.[79] Letztere müssen jedoch geeignet sein, die Geltendmachung des dinglichen Rechts eines anderen zu beschränken oder auszuschließen, d.h. diesen anderen zu verpflichten, den auf sein dingliches Recht entfallenden Erlösanteil dem Widersprechenden zu überlassen. Der Anspruch auf Rückgewähr nicht valutierter Teile einer Sicherungsgrundschuld begründet somit ein Widerspruchsrecht in diesem Sinne.

Dem **Pfändungsgläubiger** des Rückgewähranspruches ist daher ebenfalls ein Widerspruchsrecht einzuräumen.[80] Diese für das Widerspruchsrecht entscheidene Auffassung kann jedoch nicht auf die Erlöszuteilung übertragen werden. Der insoweit gegenteiligen Auffassung des BGH[81] kann nicht zugestimmt werden. Die Verantwortung hinsichtlich der Erfüllung der Rückgewährverpflichtung des Sicherungsnehmers kann nicht auf das Vollstreckungsgericht übertragen werden. Nur der Sicherungsnehmer und nicht das Vollstreckungsgericht kann sicher feststellen, ob die Priorität sämtlicher Abtretungen, Pfändungen und Verpfändungen des Rückgewähranspruchs berücksichtigt worden ist. Es ist nicht Aufgabe des Vollstreckungsgerichts, sich in die schuldrechtlichen Beziehungen der Beteiligten einzumischen; ferner versagt die Auffassung des BGH, wenn der Rückgewähranspruch an jemanden abgetreten worden ist, der nicht Beteiligter nach § 9 und somit auch nicht zum Widerspruch gegen den Teilungsplan berechtigt ist.

51

10. Eigentümergrundschuld

a) Anspruchsberechtigter

Die erloschene Eigentümergrundschuld wird in der Erlösverteilung ebenso berücksichtigt wie eine Hypothek oder Grundschuld. Anspruchsberechtigter der Eigentümergrundschuld ist daher der Eigentümer. Dies gilt auch dann, wenn er noch nicht als Berechtigter im Grundbuch eingetragen ist. Eine Zuteilung an ihn kann aber nur dann erfolgen, wenn die Umwandlung des Rechts in das Eigentümerrecht im Verteilungstermin feststeht. Andernfalls erfolgt die Zuteilung an den im Grundbuch eingetragenen Berechtigten und der Eigentümer ist auf den Widerspruch zu verweisen. Eine für eine Scheinforderung bestellte Hypothek entsteht als Eigentümergrundschuld, wenn die Bestellung ernsthaft gewollt ist.[82] Die Freigabe des Grundstückes aus der **Insolvenzmasse** bezieht sich regelmäßig nicht auf die Eigentümergrundschuld.[83] Treten die Voraussetzungen der Umwandlung eines Fremdrechts in eine Eigentümergrundschuld erst nach der Zuschlagserteilung ein, geht der Ersatzanspruch auf den Eigentümer über, die nachstehenden Berechtigten rücken nicht vor.[84]

52

b) Zinsen

Zinsen aus der Eigentümergrundschuld kann der Eigentümer in der Zwangsversteigerung nicht beanspruchen, § 1197 Abs. 2 BGB (anders in der Zwangsverwaltung). Zinsen werden auch nicht vom Zeitpunkt des Zuschlags bis zu dem Tage

53

---

79 Hierzu auch *Zwingel*, Rpfleger 2000, 437.
80 Steiner/*Teufel*, § 114 Rdn. 82.
81 BGH, Rpfleger 1986, 312; so auch OLG Hamm, WM 1989, 462.
82 BGH, MDR 1962, 204.
83 LG München, KTS 1976, 247; *Mohrbutter*, KTS 1956, 107.
84 BGH, Rpfleger 1963, 234 = MDR 1963, 580.

vor der Verteilung berücksichtigt.[85] Die Zinsbeschränkung gilt jedoch nicht für den **Pfändungsgläubiger** der Eigentümergrundschuld.[86] Ebenso kann der Pfändungsgläubiger seine Kosten der dinglichen Rechtsverfolgung (§ 10 Abs. 2) anmelden, sofern diese entstanden sind.

54 Wird die Eigentümergrundschuld abgetreten, kann die Abtretung auch die Zinsen aus der Zeit vor dem Wirksamwerden der Abtretung umfassen; § 1197 Abs. 2 BGB steht dem nicht entgegen.[87] Der Verzinsungsbeginn bei der Eigentümergrundschuld kann vor Eintragung des Rechts liegen.[88]

55 Ist für den Kreditgeber eine Hypothek im Grundbuch eingetragen und der Hypothekenbrief bereits ausgehändigt worden, bevor der Kredit ausbezahlt wurde, kann ein Zwischenkredit durch Abtretung der (vorläufigen) Eigentümergrundschuld und des Anspruchs auf Briefherausgabe dinglich gesichert werden. Diese Abtretung ist auch schon vor Eintragung der Hypothek möglich.[89]

11. Laufende Beträge wiederkehrender Leistungen

56 Laufende Beträge wiederkehrender Leistungen, die nach dem Inhalt des Grundbuches zu entrichten sind, müssen von Amts wegen berücksichtigt werden (§ 45 Abs. 2).[90] Meldet der Berechtigte weniger an (**Minderanmeldung**), geht die Anmeldung vor, denn es kann dem Berechtigten nicht mehr zugeteilt werden, als er tatsächlich verlangt (§ 308 Abs. 1 ZPO).[91] Hat ein Berechtigter eine Minderanmeldung bereits zum Zwangsversteigerungstermin getroffen, kann er zur Erlösverteilung im Range seines Rechts nicht einen höheren Betrag verlangen, dieser ist nach § 110 zu behandeln (Rangverlust).[92]

57 Bei den nach den Versteigerungsbedingungen bestehen bleibenden Rechten sind die **Zinsen** nur bis zum Zuschlag (der Zuschlagstag selbst wird nicht mitgerechnet) in den Teilungsplan einzustellen, § 56. Bei den durch Zuschlag erloschenen Rechten sind die **Zinsen** bis zum Tag des Verteilungstermins (der Tag des Verteilungstermins selbst wird nicht mitgerechnet) zu berechnen. Der Beginn der Verzinsung richtet sich nach dem Inhalt der Eintragung; wenn er nicht eingetragen ist, sind die dinglichen Zinsen ab Eintragung des Rechts zu berechnen.[93] Ergibt sich aus der Eintragung des Rechts nichts über die Fälligkeit der dinglichen Zinsen, ist von einer jährlichen (nicht kalenderjährlichen) Fälligkeit auszugehen, § 488 BGB. Dies gilt zumindest für die Hypothek. Soweit bei einer Grundschuld keine Fälligkeit der Zinsen vereinbart wurde, ist der Zeitpunkt der Beschlagnahme maßgebend, § 13 Abs. 3. Auch bei der Sicherungsgrundschuld kann nicht auf die

---

85 *Stöber*, ZVG § 114 Rdn. 6.14 m.w.N.
86 MünchKomm/*Eickmann*, BGB § 1197 Rdn. 7; *Böttcher*, § 114 Rdn. 23; Palandt/*Bassenge*, § 1197 Rdn. 3; Depré/*Bachmann*, § 114 Rdn. 52; a.A. Musielak/Voit/*Becker*, § 857 Rdn. 17; *Stöber*, ZVG § 114 Rdn. 6.10.
87 BayObLG, Rpfleger 1987, 364 = NJW-RR 1987, 1418; OLG Celle, Rpfleger 1989, 323; OLG Düsseldorf, Rpfleger 1989, 498 = MDR 1989, 1102.
88 BayObLG, Rpfleger 1978, 309.
89 BGH, NJW 1970, 322 = Rpfleger 1970, 59; dazu kritisch *Winkler*, NJW 1970, 414.
90 Diese für den Schuldner diskriminierende Gesetzeslage gehört aufgehoben. Es ist jedem Beteiligten zuzumuten, auch die laufenden Beträge wiederkehrender Leistungen anzumelden.
91 OLG Oldenburg, Rpfleger 1980, 485; LG Frankenthal, Rpfleger 1986, 232.
92 OLG Oldenburg, Rpfleger 1980, 485 und *Meyer-Stolte*, Rpfleger 1986, 232.
93 RGZ 136, 232.

Fälligkeit der Zinsen der gesicherten Forderung zurückgegriffen werden. Es wird die Meinung vertreten, dass für Grundschuldzinsen und Hauptsache nur die *gleiche Fälligkeit* bestehen kann, eine abweichende Fälligkeitsbestimmung im Grundbuch nicht eintragungsfähig oder eine eingetragene abweichende Fälligkeitsbestimmung nicht zu beachten ist.[94] Dieser Ansicht kann nicht zugestimmt werden.[95]

Das Verbot der Erhebung von **Zinseszinsen** (§ 289 BGB) gilt auch für die einzelnen Leistungen einer Reallast und für den Erbbauzins.[96] Wegen der Zinsen einer Eigentümergrundschuld siehe → Rdn. 53. Wegen der Zinsen einer Sicherungsgrundschuld siehe → Rdn. 34 ff. Zinszahlungen werden regelmäßig auf die gesicherte Forderung und nicht auf die Grundschuld verrechnet und hindern nicht die Geltendmachung der Grundschuldzinsen in der Erlösverteilung.[97]

III. Berücksichtigung auf Anmeldung

1. Voraussetzung

Soweit Ansprüche nicht von Amts wegen zu berücksichtigen sind (siehe zuvor → Rdn. 5) müssen sie angemeldet werden. Für eine Anmeldung reicht die bloße Willensbekundung des Erklärenden, dass er eine Berücksichtigung seines – näher zu bezeichnenden – Rechts wünscht.[98] **Anzumelden** sind:

- Ansprüche der Rangklassen 1–3 aus § 10 Abs. 1;
- Kosten der dinglichen Rechtsverfolgung, § 10 Abs. 2; soweit zum Zwangsversteigerungstermin eine Kostenpauschale angemeldet wurde, muss diese nunmehr zum Verteilungstermin spezifiziert werden[99];
- rückständige wiederkehrende Leistungen (§ 13) der im Grundbuch eingetragenen dinglichen Rechte;
- der Wertersatz für Rechte, die nicht auf einen Kapitalbetrag lauten (insbesondere Rechte der Abt. II des Grundbuchs);
- Ansprüche aus den erst nach Eintragung des Zwangsversteigerungsvermerks eingetragenen Rechten; die Mitteilung des Grundbuchamts (§ 19 Abs. 3) ersetzt die Anmeldung nicht, auch nicht die Kenntnis des Vollstreckungsgerichts und der Beteiligten von dem Recht;
- Ansprüche aufgrund von Rechten, die der Zwangsversteigerung entgegenstehenden und durch den Zuschlag in Ansehung des Grundstücks erloschen sind (§ 37 Nr. 5);
- die Pfändung und Überweisung eines Rechts am Grundstück, welches bisher noch nicht angemeldet war;
- die Pfändung des Erlösanspruches des früheren Eigentümers;

---

94 *Bauch*, Rpfleger 1985, 466.
95 LG Augsburg, Rpfleger 1986, 211 mit ablehnender Anm. *Bauch*.
96 BGH, NJW 1978, 1261 = MDR 1978, 565 = WM 1978, 352; BGH, NJW 1970, 243 = MDR 1970, 217 = WM 1970, 65.
97 BGH, WM 1965, 494.
98 BGH, Rpfleger 2011, 171 = NJW-RR 2011, 233.
99 Hierzu OLG Düsseldorf, Rpfleger 1999, 501: Die Bank darf 300,- DM Bearbeitungsgebühr für die Verwaltung und Verwertung von Sicherheiten in Rechnung stellen und eine Person zum Zwangsversteigerungstermin entsenden und dafür pauschal 250,- DM berechnen.

- die Pfändung der Rückgewährsansprüche gegenüber einer Sicherungsgrundschuld (vgl. hierzu auch → § 115 Rdn. 10).

60 Anmeldungen in einer parallel laufenden Zwangsverwaltung gelten nicht gleichzeitig in der Zwangsversteigerung als angemeldet (und umgekehrt), die Anmeldungen müssen jeweils gesondert erfolgen.[100]

2. Anmeldung

61 Die Anmeldung muss Geldbetrag und Grund des Anspruchs erkennen lassen, damit das Vollstreckungsgericht prüfen kann, ob dafür ein Befriedigungsrecht aus dem Grundstück besteht; unzulässige Anmeldungen bleiben unberücksichtigt, werden also übergangen. Die Nichtberücksichtigung eines Anspruchs ist im Protokoll über die Erlösverteilung durch Beschluss zu begründen.[101] Eine Glaubhaftmachung[102] ist nur auf Verlangen des Vollstreckungsgerichts oder eines Beteiligten notwendig. Wird sie nicht erbracht, verliert der Anmeldende die Stellung eines Beteiligten, kann daher auch nicht dem Teilungsplan widersprechen; doch bleiben ihm die Bereicherungsklage gegen den an letzter Stelle Anspruchsberechtigten, sofern nicht § 110 entgegensteht.

62 Damit eine Anmeldung überhaupt noch berücksichtigt werden kann, muss sie **spätestens** bis zu Ausführung der Verteilung dem Vollstreckungsgericht **vorliegen**. Die Anmeldung kann mündlich im Termin, schriftlich, auch durch Fernschreiben, Telegramm oder Telefax erfolgen. Jede frühere Anmeldung, insbesondere zum Zwangsversteigerungstermin, wirkt für die Erlösverteilung fort. Die Anmeldung kann zur Erlösverteilung reduziert werden, eine Erweiterung erleidet den Rangverlust nach § 110. Es besteht für das Vollstreckungsgericht keine Pflicht, Anmeldungen vor dem Termin den Beteiligten mitzuteilen. Das Recht der Beteiligten auf die Einsicht in die Anmeldungen ergibt sich aus § 299 ZPO (keine entsprechende Anwendung von § 42).

63 Die **Ansprüche des betreibenden Gläubigers** (auch aus Rangklasse 2 und 3) gelten nach Abs. 1 Satz 2 als angemeldet, soweit sie sich aus dem Zwangsversteigerungsantrag (Antrag auf Zulassung des Beitritts) ergeben, auch wenn der Gläubiger das Verfahren hat einstweilen einstellen lassen.[103] Nimmt der betreibende Gläubiger seinen Antrag zurück und wird das Verfahren für ihn aufgehoben, entfällt auch die fiktive Anmeldungswirkung, der Gläubiger muss seine Ansprüche erneut rechtzeitig anmelden.[104]

64 Die gem. § 37 Nr. 4 nicht rechtzeitig angemeldeten Ansprüche zum Zwangsversteigerungstermin können im Teilungsplan zur Erlösverteilung nur nach § 110 eingestellt werden. Kein Rangverlust erfolgt für einen anzumeldenden Ersatzbetrag gem. § 92 (hierzu → § 92 Rdn. 34 ff.).

65 Die Nichtanmeldung oder **Nichtvaluierungserklärung** sind kein Verzicht auf das Grundpfandrecht. Wegen der nicht oder nur teilweise valutierten Sicherungsgrundschuld siehe → Rdn. 38 ff. Verzichtet der persönliche Gläubiger (Rangklasse 5 des § 10 Abs. 1) auf die Zuteilung, fällt der freiwerdende Betrag an

---

100 Steiner/*Teufel*, § 114 Rdn. 29; Böttcher, § 114 Rdn. 8.
101 *Stöber*, ZVG § 114 Rdn. 2.8.
102 So auch Steiner/*Teufel*, § 114 Rdn. 30.
103 *Stöber*, ZVG § 114 Rdn. 4.1g; Böttcher, § 114 Rdn. 7.
104 *Stöber*, ZVG § 37 Rdn. 5.17; Böttcher, § 114 Rdn. 7.

den nächsten Berechtigten, nicht an den Eigentümer, da kein Eigentümerrecht entsteht.

IV. Rangfolge

1. Regelmäßige Reihenfolge

Die Rangfolge ist von Bedeutung, wenn die Teilungsmasse nicht zu Befriedigung aller Ansprüche ausreicht (Regelfall) oder wenn der Ersteher das Bargebot ganz oder teilweise nicht gezahlt hat. Abgesehen von den Verfahrenskosten (§ 109), die dem Erlös vorweg zu entnehmen sind, bestimmt sich die Reihenfolge der Ansprüche nach §§ 10–12. Angemeldete Ansprüche sind mit dem in der Anmeldung angegebenen Rang zu berücksichtigen; die sachliche Berechtigung dieses Ranges ist nach Widerspruch vom Prozessgericht zu prüfen. 66

Der Anspruch auf den Zwangsversteigerungserlös, der dem Inhaber eines der Zwangsversteigerung entgegenstehenden Rechts nach § 37 Nr. 5 zusteht, ist *nach* denjenigen Realgläubigern zu berücksichtigen, deren Rechte ihm gegenüber wirksam begründet sind und *vor* denjenigen, deren Rechte ihm gegenüber unwirksam sind, somit regelmäßig vor dem nur persönlich betreibenden Gläubiger. 67

2. Rangverschiebungen

Die Einräumung des Vorranges, ein Rangvorbehalts oder die Anfechtung eines bestimmten Ranges müssen berücksichtigt werden (siehe zunächst → § 44 Rdn. 54 ff.). 68

Ist die Rangänderung vor Eintragungen des Zwangsversteigerungsvermerks im Grundbuch eingetragen worden, ist sie von Amts wegen zu berücksichtigen, andernfalls nur auf Anmeldung. Liegt nur eine schuldrechtliche Verpflichtung zur Einräumung des Vorranges vor, ist der Berechtigte auf den Widerspruch zu verweisen, wenn er nicht die Zustimmung des anderen oder ein rechtskräftiges Urteil vorlegen kann. Die bei teilweiser Ablösung eines Grundpfandrechts (→ § 44 Rdn. 27) eintretende Rangfolge (§§ 1150, 268 Abs. 3 BGB) wirkt kraft Gesetzes dinglich.[105] 69

Bei einer Rangänderung mit einem oder mehreren **Zwischenrechten** sind zunächst die von jedem Berechtigten angemeldeten oder von Amts wegen zu berücksichtigenden Ansprüche (Kosten, Zinsen, Hauptanspruch) in ihrer alten Rangstelle zu berücksichtigen. Dem Zwischenberechtigten darf und muss das im Range vorgehen, was ihm ohne Rangänderung vorgegangen wäre (hierzu → § 44 Rdn. 64 mit Beispielen). 70

Im Falle eines **Gleichranges** (siehe → § 44 Rdn. 86) sind bei der verhältnismäßigen Aufteilung eines nicht ausreichenden Erlöses nicht nur die Hauptansprüche der beteiligten Rechte ins Verhältnis zusetzen, sondern die Gesamtansprüche dieser Rechte an Kosten, Zinsen und Hauptanspruch. 71

Der **Rangvorbehalt** führt bei Vorhandensein von Zwischenrechten zu erheblichen Schwierigkeiten (hierzu mit Beispielen → § 44 Rdn. 97). 72

Zur **Anfechtung** eines dinglichen Rechts siehe → § 52 Rdn. 6. 73

Die **Sicherungshypothek** des **Bauunternehmers** (§ 648 BGB) wird nicht aufgrund eines Leistungs- oder Duldungstitels in das Grundbuch eingetragen, son- 74

---

105 RGZ 131, 323.

dern aufgrund Einigung (§ 873 BGB) oder eines rechtskräftigen Titels, der die Einigung ersetzt (§ 894 ZPO). Tritt ein Grundpfandrechtsgläubiger hinter eine Bauhandwerkersicherungshypothek im Rang zurück, kann im Zweifel bei der Zwangsversteigerung des Grundstücks der Vorrang nur für solche Beträge in Anspruch genommen werden, die zur Bebauung des Grundstücks verwendet sind.[106] Ist das im Verteilungstermin liquid, so hat es das Vollstreckungsgericht zu berücksichtigen, andernfalls den Anspruch aus dem vorgehenden Recht in vollem Umfang vor dem zurückgetretenen einzustellen und dem Berechtigten des zurückgetretenen Rechts den Widerspruch gegen diese Rangfolge zu überlassen.

V. Löschungsvormerkung
1. Allgemein

75 Der gesetzliche Löschungsanspruch nach § 1179a BGB gegenüber einer gleich- oder vorrangigen Hypothek oder Grundschuld ist seit dem 1.1.1978 kraft Gesetzes[107] Inhalt eines jeden Grundpfandrechts.[108]

76 **Löschungsvormerkungen alten Rechts** (§ 1179 BGB a.F.) sind die Löschungsvormerkungen, die bis zum 31.12.1977 im Grundbuch eingetragen worden sind. Weiterhin gehören hierzu die Löschungsvormerkungen, die nach diesem Zeitpunkt eingetragen wurden, wenn der Eintragungsantrag beim Grundbuchamt vor dem 1.1.1978 eingegangen war.[109] Ferner ist eine nach dem 31.12.1977 eingetragene Löschungsvormerkung nach altem Recht zu beurteilen, wenn sie zugunsten eines im Range gleich- oder nachstehenden Berechtigten oder des eingetragenen Gläubigers des betroffenen Rechts eingetragen ist und dem Berechtigten wegen Abs. 1 oder 2 des Art. 8 § 1 des Gesetzes vom 22.6.1977 (BGBl I 998) ein gesetzlicher Löschungsanspruch nach den §§ 1179a und 1179b BGB nicht zusteht.

77 Die **Löschungsvormerkung neuen Rechts (§ 1179 BGB)** kann nach § 1179 Nr. 1, 2 BGB bei einem Grundpfandrecht nur für denjenigen eingetragen werden,

- dem ein anderes gleich- oder nachrangiges Recht als eine Hypothek, Grundschuld oder Rentenschuld am Grundstück zusteht oder

- dem ein Anspruch (dieser kann auch künftig oder bedingt sein) auf Einräumung eines solchen Rechts oder auf Übertragung des Eigentums am Grundstück zusteht. Dieser Anspruch braucht auch nicht durch Vormerkung gesichert zu sein; eine Glaubhaftmachung des Anspruchs ist für das Grundbuchamt ausreichend, § 29a GBO.

78 Der **Berechtigte** der Löschungsvormerkung muss nach Maßgabe des § 15 GBV namentlich bezeichnet werden. Die Löschungsvormerkung kann auch zugunsten eines subjektiv-dinglichen Rechts für den jeweiligen Eigentümer eines Grundstücks eingetragen werden.[110]

---

106 RGZ 61, 38; 76, 373; 83, 126; 86, 221; 92, 212; 93, 114.
107 Gesetz zur Änderung sachenrechtlicher, grundbuchrechtlicher und anderer Vorschriften vom 22.6.1977 (BGBl I 998).
108 Grundlegend zur Löschungsvormerkung: *Stöber*, Rpfleger 1957, 205 und 1963, 237; *Riggers*, JurBüro 1969, 23; *Ripfel*, JurBüro 1970, 121.
109 Art. 8 § 1 Abs. 3 Satz 1 des Gesetzes vom 22.6.1977 (BGBl I 998).
110 BayObLG, Rpfleger 1980, 341 = MDR 1980, 755 = DNotZ 1980, 483.

2. Inhalt und Umfang der Löschungsvormerkung

Die **eingetragene Löschungsvormerkung** hindert nicht das Entstehen einer 79
Eigentümergrundschuld, sondern verpflichtet nur den Eigentümer, eine entstandene Eigentümergrundschuld zugunsten des Vormerkungsberechtigten aufzugeben und den auf sie entfallenden Erlösanteil ihm zu überlassen. Die Geltendmachung des Löschungsanspruchs setzt aber auch voraus, dass der Vormerkungsberechtigte eine bessere oder volle Befriedigung erhalten würde, wenn das Recht, auf das sich die Löschungsvormerkung bezieht, gelöscht worden wäre. Der Eigentümer kann trotz der Löschungsvormerkung über die entstandene Eigentümergrundschuld verfügen, auch kann sie gepfändet werden. Soweit dadurch der Löschungsanspruch vereitelt wird, ist die Verfügung dem Vormerkungsberechtigten gegenüber relativ unwirksam (§ 883 Abs. 2 BGB). Auch hindert die Löschungsvormerkung nicht die Abtretung des damit belasteten Rechts. Ist beim Zeitpunkt der Abtretung bereits eine Eigentümergrundschuld entstanden, kann der Vormerkungsberechtigte aufgrund seiner Löschungsvormerkung von dem Dritten die Zustimmung zur Löschung des Rechts verlangen.

Eine Löschungsvormerkung zugunsten eines rangschlechteren Grundpfand- 80
rechts bei Hypotheken *„wenn und soweit sie sich mit dem Eigentum in einer Person vereinigt haben oder vereinigen werden, oder soweit eine Forderung nicht zur Entstehung gelangt"*, erstreckt sich in der Regel auch auf die Eigentümergrundschulden, die bis zu Valutierung durch den Hypothekengläubiger bestehen und vom Eigentümer an einen Zwischenfinanzierer abgetreten werden.[111] Gleiches gilt für eine Löschungsvormerkung *„wenn und soweit das Recht auf den Eigentümer übergeht"* (§§ 1179, 1163 BGB).[112]

Eine Löschungsvormerkung kann für den jeweiligen Gläubiger eines anderen 81
Rechts oder für einen Dritten, der nicht dinglich berechtigt ist, ferner auch für den Gläubiger des von der Löschungsvormerkung betroffenen Rechts bestellt werden.[113]

Auch kann bei einer **Eigentümergrundschuld** eine Löschungsvormerkung 82
eingetragen sein. Der Vormerkungsberechtigte kann die Löschungsvormerkung jedoch nur dann ausüben, wenn die Eigentümergrundschuld an einen Dritten abgetreten war und sich danach in eine Eigentümergrundschuld zurück gewandelt hat (zum gesetzlichen Löschungsanspruch s. § 1196 Abs. 3 BGB). Zulässig war auch die Eintragung einer Löschungsvormerkung zugunsten einer Eigentümergrundschuld unter der Voraussetzung, dass entweder dieses Recht bereits an einen Dritten abgetreten und dies in grundbuchmäßiger Form nachgewiesen oder dass der Anspruch des Dritten gegen den Eigentümer auf Löschung des Rechts bereits bedingt entstanden war.[114]

Die Löschungsvormerkung braucht nicht das gesamte Grundpfandrecht zum 83
Gegenstand zu haben. Sie kann den Fall umfassen, dass die Hypothek wegen Nichtentstehens einer Forderung von Anfang an Eigentümergrundschuld ist und bleibt[115]; ferner für den Fall, dass das Grundpfandrecht bereits ganz oder teilweise auf den Eigentümer übergegangen ist.[116]

---

111 BGH, NJW 1973, 895 = Rpfleger 1973, 209 = MDR 1973, 573.
112 BGH, NJW 1973, 846 = Rpfleger 1973, 208.
113 RGZ 52, 6; 63, 152; hierzu auch BGH, NJW 1980, 228.
114 OLG Frankfurt, Rpfleger 1972, 98 = DNotZ 1972, 356.
115 RGZ 93, 114.
116 KG, DNotZ 1934, 782; OLG München, DNotZ 1941, 512.

84 Wird ein durch Löschungsvormerkung begünstigtes Recht **abgetreten**, gilt im Zweifel auch der Löschungsanspruch als abgetreten.[117] Geht das begünstigte Recht teilweise kraft Gesetzes auf einen anderen Gläubiger über, kann jeder Gläubiger den Löschungsanspruch alleine geltend machen. Gleiches gilt für den Fall rechtsgeschäftlicher Teilabtretung, wenn keine ausdrückliche Erklärung bzgl. des Löschungsanspruchs abgegeben wurde.[118]

3. Auswirkungen der Löschungsvormerkung bei der Erlösverteilung
a) Rechtzeitige Geltendmachung

85 Ist das mit der Löschungsvormerkung belastete Grundpfandrecht gelöscht worden, ergeben sich bei der Verteilung des Erlöses keine Besonderheiten: die nachfolgenden Rechte rücken im Range auf, selbst die, zu deren Gunsten eine Löschungsvormerkung nicht eingetragen war.

86 Ist das Recht, auf dessen Löschung die Vormerkung gerichtet ist, durch den Zuschlag erloschen, setzt sich der Löschungsanspruch kraft Surrogation am Zwangsversteigerungserlös fort (siehe → § 91 Rdn. 8). Der Löschungsanspruch ist bei der Erlösverteilung aber nur dann zu beachten, wenn er auch **geltend gemacht** wird. Der Löschungsanspruch muss nicht bereits zum Versteigerungstermin angemeldet werden, er kann auch noch **rechtzeitig** zum **Verteilungstermin** geltend gemacht werden, ein Rangverlust nach § 110 tritt nicht ein.[119] Die Geltendmachung kann auch durch Widerspruch gegen den Teilungsplan erfolgen. In dem Teilungsplan wird, unabhängig davon, ob der Löschungsanspruch geltend gemacht worden ist oder nicht, der auf die Eigentümergrundschuld entfallende Erlösanteil zunächst für den Berechtigten der Eigentümergrundschuld ausgewiesen.

b) Nachweis und Anerkennung des Anspruchs

87 Das setzt allerdings voraus, dass spätestens im Verteilungstermin das Entstehen der **Eigentümergrundschuld nachgewiesen** wird, entweder durch Urkunden oder durch Urteil.

88 Nach dem Erlöschen der Eigentümergrundschuld kann der Anspruch des Vormerkungsberechtigten gegen den Berechtigten der Eigentümergrundschuld nicht mehr auf Löschung des Rechts gerichtet sein (da es bereits durch den Zuschlag erloschen ist), sondern nur noch auf Aufhebung des Anspruchs auf den auf die Eigentümergrundschuld entfallenden Erlösanteil. Die Zuteilung an den Vormerkungsberechtigten kann jedoch nur dann erfolgen, wenn der Berechtigte aus der Eigentümergrundschuld den darauf entfallenden Erlösanteil aufgibt; regelmäßig ist eine Erklärung notwendig, dass der Eigentümer den geltend gemachten Löschungsanspruch anerkennt. Der Erlösanspruch aus der Eigentümergrundschuld ist nach Geltendmachung des Löschungsanspruchs auflösend bedingt. Werden Löschungsanspruch, Wirksamkeit oder Voraussetzungen bestritten, muss nach § 119 verfahren werden. Das gilt auch für den Fall, dass der Berechtigte aus der Eigentümergrundschuld seinen Anspruch auf den darauf entfallenden Zwangsversteigerungserlös nicht aufgibt bzw. anerkennt.

---

117 RGZ 143, 73.
118 Hierzu *Sieveking*, NJW 1967, 183.
119 H.M., vgl. *Stöber*, ZVG § 114 Rdn. 9.15; *Böttcher*, § 114 Rdn. 35.

Wird das Entstehen der **Eigentümergrundschuld nicht nachgewiesen** und 89
macht der Vormerkungsberechtigte seinen Löschungsanspruch geltend, ist darin
ein **Widerspruch** gegen den Teilungsplan zu sehen, § 115 Abs. 2 (hierzu nachfolgend → Rdn. 104). Der Erlösanteil ist in erster Linie dem Inhaber des Fremdrecht
und für den Fall, dass der Widerspruch Erfolg hat, dem Vormerkungsberechtigten
bis zu Höhe seines Anspruchs zuzuteilen.

c) Zwischenrecht

Befinden sich zwischen dem Recht, auf dessen Löschung die Vormerkung ge- 90
richtet ist und dem mit der Löschungsvormerkung begünstigen Recht **keine Zwischenrechte**, erfolgt die Erlöszuteilung wie folgt: alles was der Eigentümer aus der
entstandenen Eigentümergrundschuld erhalten würde, gebührt nunmehr dem
Vormerkungsberechtigten, soweit seine Ansprüche reichen und soweit der Eigentümer seinen Anspruch auf den darauf entfallenden Zwangsversteigerungserlös
aufgibt. Ein der Eigentümergrundschuld im Range gleichstehendes Recht bleibt
unberücksichtigt, wenn nicht auch zu dessen Gunsten eine Löschungsvormerkung besteht und rechtzeitig geltend gemacht wird.

Sofern zwischen dem mit der Löschungsvormerkung belasteten und dem be- 91
günstigten Recht andere Rechte (**Zwischenrechte**)[120] eingetragen sind, zu denen
Löschungsvormerkungen nicht bestehen oder nicht geltend gemacht werden, ist
in der Erlösverteilung wie folgt zu verfahren: Der Vormerkungsberechtigte kann
die Erfüllung seines Löschungsanspruchs nur insoweit verlangen, als er auch ein
rechtliches Interesse hat, d.h., er kann seinen Anspruch nur durchsetzen, wenn der
auf das Eigentümerrecht entfallende Erlösanteil größer ist als der auf die Zwischenrechte entfallende Betrag. Zwischenrechte, für die Löschungsvormerkungen
nicht bestehen oder die ihren Löschungsanspruch nicht geltend machen, dürfen
durch die Geltendmachung des Löschungsanspruchs eines nachrangigen Gläubigers keinen Vorteil erlangen.[121] Nach Pfändung und Überweisung des auf die Eigentümergrundschuld entfallenden Erlösanteils kann der löschungsberechtigte
Gläubiger die Zustimmung zur Auszahlung beanspruchen.[122] Andererseits muss
sich der den Löschungsanspruch geltend machende Berechtigte so behandeln lassen, wie er gestanden hätte, wenn die Löschung noch vor dem Zuschlag erfolgt
wäre.[123] Dies gilt auch für Rechte, die dem durch Löschungsvormerkung begünstigten Recht im Range gleichstehen, denn der Gleichrang ist als teilweise Vorrangeinräumung und als teilweiser Rangrücktritt anzusehen (hierzu mit Beispiel
nachfolgend → Rdn. 108).

d) Mehrere Löschungsvormerkungen

Mehrere Löschungsvormerkungen, die bei einem Recht eingetragen sind, ste- 92
hen zueinander in keinem Rangverhältnis. Daher kann derjenige seine Löschungsvormerkung geltend machen, der ein rechtliches Interesse an der Erfüllung des
Löschungsanspruchs hat. Das Einrücken in die Rangstelle des Eigentümerrechts

---

120 Hierzu allgemein *Rambold*, Rpfleger 1995, 284.
121 OLG Düsseldorf, Rpfleger 1989, 422 = NJW-RR 1989, 599.
122 OLG Düsseldorf, Rpfleger 1989, 422 = NJW-RR 1989, 599.
123 BGH, Rpfleger 1959, 49 = MDR 1959, 91; BGH, Rpfleger 1963, 234 = MDR 1963, 580.

erfolgt dann in der Rangfolge der durch die Löschungsvormerkungen begünstigten Ansprüche.

VI. Gesetzlicher Löschungsanspruch

1. Allgemein

93 Der gesetzliche Löschungsanspruch nach § 1179a BGB gegenüber einer gleich- oder vorrangigen Hypothek oder Grundschuld ist seit dem 1.1.1978 kraft Gesetzes[124] Inhalt eines jeden Grundpfandrechts.[125] Die Neuregelung hat in erster Linie zu einer grundbuchrechtlichen Vereinfachung geführt, Löschungsvormerkungen sind nur noch in Ausnahmefällen im Grundbuch einzutragen. Eine Vereinfachung für die Handhabung und Durchsetzung in der Zwangsversteigerung ist nicht damit verbunden; allerdings haben Löschungsvormerkung und gesetzlicher Löschungsanspruch an praktischer Bedeutung verloren, da der Realkredit fast ausschließlich die Sicherungsgrundschuld als Sicherungsmittel benutzt.

2. Anspruchsberechtigter

94 Gläubiger, deren Grundpfandrechte seit dem 1.1.1978 bestellt worden sind, haben gem. § 1179a BGB den Anspruch auf Löschung vor- oder gleichrangiger Grundpfandrechte, die sich mit dem Eigentum in einer Person vereinigen (wegen des gesetzlichen Löschungsanspruchs bei einem eigenen Recht s. § 1179b BGB). Der Anspruch ist auch dann begründet, wenn das von der Löschungsvormerkung betroffene Recht bereits vor dem 1.1.1978 im Grundbuch eingetragen war. Das gilt auch, wenn eine für den Eigentümer bestellte Grundschuld zur Sicherung künftiger oder bedingter Forderungen abgetreten worden war und nach Erfüllung des Sicherungszwecks an den Eigentümer zurückübertragen wurde.[126] Wird nach dem 31.12.1977 ein Grundstück hinsichtlich eines schon vor dem 1.1.1978 auf einem anderen Grundstück ruhenden Grundpfandrechts in die Mithaft einbezogen, steht hinsichtlich des auf dem nachverpfändeten Grundstück ruhenden Rechts dem Gläubiger der gesetzliche Löschungsanspruch zu.[127] Gleiches gilt im Falle der Zuschreibung als Bestandteil.[128]

95 Der gesetzliche Löschungsanspruch steht auch dem Gläubiger einer **Zwangssicherungshypothek** zu, nicht jedoch dem Berechtigten einer **Arresthypothek**, § 932 Abs. 1 S. 2 ZPO.[129]

96 Der gesetzliche Löschungsanspruch ist gem. § 1187 Satz 4 BGB hinsichtlich der Sicherungshypothek für Inhaber- und Orderpapiere[130] ausgeschlossen; Gleiches gilt für die Inhabergrundschuld nach § 1195 BGB. Solche Rechte sind in der Praxis jedoch nur äußerst selten anzutreffen.

---

124 Gesetz zur Änderung sachenrechtlicher, grundbuchrechtlicher und anderer Vorschriften vom 22.6.1977 (BGBl I 998).
125 Verfassungsrechtliche Bedenken bestehen gegen die Neuregelung nicht, BGH, NJW 1987, 2078 = Rpfleger 1987, 238 = MDR 1987, 493.
126 BGH, Rpfleger 1959, 49 = MDR 1959, 91; BGH, Rpfleger 1963, 234 = MDR 1963, 580.
127 *Stöber*, Rpfleger 1988, 165.
128 OLG Oldenburg, Rpfleger 1978, 307; OLG Celle, Rpfleger 1978, 308; KG, MDR 1980, 756.
129 Der Ausschluss dürfte verfassungsrechtlich bedenklich sein; vgl. auch MünchKomm/ *Eickmann*, BGB § 1179a Rdn. 14; *Böttcher*, § 114 Rdn. 30.
130 Grundsätzlich zu diesen Hypotheken *Zeiser*, Rpfleger 2006, 577.

3. Ausschluss des gesetzlichen Löschungsanspruchs

Der gesetzliche Löschungsanspruch kann durch Vereinbarung zwischen dem Eigentümer und dem Berechtigten ausgeschlossen werden (§ 1179a Abs. 5 BGB). Dies bedarf der Eintragung ins Grundbuch. Der Ausschluss kann auf einen bestimmten Fall der Vereinigung beschränkt werden; zur näheren Bezeichnung der erfassten Fälle kann auf die Eintragungsbewilligung Bezug genommen werden (§ 1179a Abs. 5 Satz 2 BGB). Auch kann der Ausschluss auf einzelne vor- oder gleichrangige Rechte beschränkt werden.[131] Der Ausschluss des gesetzlichen Löschungsanspruchs kann auch als Inhalt einer Eigentümergrundschuld eingetragen werden.[132] Der Grundstückseigentümer kann bei der Bestellung einer Eigentümergrundschuld durch einseitige Erklärung gegenüber dem Grundbuchamt die Löschungsansprüche bezüglich vor- bzw. gleichrangiger Grundpfandrechte nach § 1179a Abs. 5 BGB ausschließen, auch wenn es sich bei diesen um ursprüngliche Eigentümergrundschulden handelt. In gleicher Weise kann der Grundstückseigentümer bei der Bestellung einer Eigentümergrundschuld auch den Löschungsanspruch nach § 1179b BGB ausschließen.[133] Wird gleichzeitig beantragt, dass zwei Eigentümergrundschulden im Verhältnis von Vor- und Nachrang eingetragen werden, so erstreckt sich der Ausschluss des Rechts, die Löschung aller vor- und gleichrangigen Grundpfandrechte zu verlangen, bei der nachrangigen auch auf die gleichzeitig beantragte, mit Vorrang einzutragende Eigentümergrundschuld.[134] 97

4. Inhalt des Löschungsanspruchs

Der Inhalt des gesetzlichen Löschungsanspruchs deckt sich weitgehend mit dem Inhalt der Löschungsvormerkung alten Rechts (zuvor → Rdn. 79 ff.). Nach § 1179a Abs. 1 Satz 3 gilt der gesetzliche Löschungsanspruch in gleicher Weise gesichert, als wenn zu seiner Sicherung gleichzeitig mit dem begünstigten Grundpfandrecht eine Vormerkung in das Grundbuch eingetragen worden wäre. 98

Der Löschungsanspruch besteht nicht gegenüber einer erstmals eingetragenen **Eigentümergrundschuld**, § 1196 Abs. 3 BGB. Hat ein Gläubiger die Eigentümergrundschuld durch Abtretung erworben und diese zurückübertragen, so muss bei erneuter Abtretung der Drittwerber den gesetzlichen Löschungsanspruch nachrangiger Gläubiger gegen sich gelten lassen. Die Entstehung dieses Anspruches ist dabei nicht davon abhängig, dass die Grundschuld valutiert war, sie muss dem ersten Zessionar nur zugestanden haben.[135] Im Falle der nachträglichen, im Grundbuch ausgewiesenen Vereinigung aller bestehenden Grundpfandrechte mit dem Eigentum in einer Person findet § 1196 Abs. 3 BGB entsprechende Anwendung.[136] 99

Handelt es sich bei der Bestellung des Grundpfandrechtes um ein **Briefrecht**, steht das Recht bis zur Übergabe des Briefes an den Gläubiger dem Eigentümer 100

---

131 LG Nürnberg-Fürth, Rpfleger 1980, 386.
132 OLG Braunschweig, DNotZ 1987, 515.
133 OLG Düsseldorf, Rpfleger 1988, 308.
134 BayObLG, NJW-RR 1992, 306.
135 OLG Celle, Rpfleger 1986, 398.
136 BGH, Rpfleger 1997, 470 = NJW 1997, 2597 = DNotZ 1998, 289 = KTS 1998, 304 = MDR 1997, 916 = WM 1997, 1616 = ZIP 1997, 1587 = MittBayNot 1998, 178 = ZfIR 1997, 529.

zu, § 1163 Abs. 2, § 1192 Abs. 1, § 1200 Abs. 1 BGB (sofern keine Vereinbarung nach § 1117 Abs. 2 BGB getroffen wurde). Durch diese vorübergehend bestehende Vereinigung des Rechts mit dem Eigentum in einer Person ist der Löschungsanspruch jedoch nicht begründet.

101 Der gesetzliche Löschungsanspruch des nachrangigen Grundschuldgläubigers soll nicht **insolvenzfest** sein, wenn die vorrangige Sicherungsgrundschuld zwar zum Zeitpunkt der Eröffnung des Insolvenzverfahrens nicht mehr valutiert ist, das Eigentum an dem Grundstück und die Grundschuld jedoch zu diesem Zeitpunkt noch nicht zusammengefallen sind.[137] Die wesentlichen Argumente für diese Rechtsansicht des IX. Zivilsenats des BGH in seinem Urteil vom 9.3.2006 sind: Die Insolvenzfestigkeit des gesetzlichen Löschungsanspruchs setze einen bereits zur Zeit der Insolvenzeröffnung *vormerkungsfähigen* Anspruch voraus. § 1179a Abs. 1 S. 3 BGB sei insoweit Rechtsgrund- und nicht nur Rechtsfolgeverweisung auf § 883 BGB. Der Anspruch aus § 1179a Abs. 1 BGB sei ein *künftiger* Anspruch i.S.v. § 883 Abs. 1 S. 2 BGB, deshalb müssten „*die allgemein für die Vormerkungsfähigkeit künftiger Ansprüche erforderlichen Voraussetzungen auch für den gesetzlichen Vormerkungsschutz des nachrangigen Grundschuldgläubigers gelten.*" Jedenfalls sei die Vormerkungsfähigkeit eines künftigen Anspruchs zu verneinen, „*wenn seine Entstehung ausschließlich vom Willen des Schuldners oder davon abhängt, dass dieser ein Rechtsgeschäft überhaupt erst vornimmt.*" Der BGH schließt von der angeblichen Vormerkungsunfähigkeit auf die mangelnde Insolvenzfestigkeit i.S.v. § 106 InsO, weil zurzeit der Insolvenzeröffnung die Vereinigung von Grundpfandrecht und Eigentum noch nicht eingetreten sei und es deshalb an einem vormerkungsfähigen Löschungsanspruch fehle. Vor dem Vereinigungsfall sei die Rechtsposition des Nachranggläubigers noch völlig ungesichert. **Dieser Argumentation stehen erhebliche Bedenken entgegen.**[138] Den Gegenargumenten hat sich nun mit Urteil vom 27.4.2012 auch der V. Zivilsenat des BGH angeschlossen und die frühere Rechtsansicht wieder hergestellt. **Der Anspruch aus § 1179a Abs. 1 Satz 1 BGB ist insolvenzfest.** Der Löschungsanspruch mit den Wirkungen von § 1179a Abs. 1 S. 3 BGB ist auch gegeben, wenn der vorrangige (oder gleichrangige) Grundpfandrechtsgläubiger auf sein Recht erst nach erfolgter Versteigerung des Grundstücks im Verteilungsverfahren verzichtet.[139] Soweit der IX. Zivilsenat in dem Urteil vom 9.3.2006[140] hinsichtlich der Insolvenzfestigkeit des Löschungsanspruchs bei einem erst im Verteilungsverfahren erklärten Verzicht des Gläubigers auf sein vorrangiges Grundpfandrecht eine andere Rechtsauffassung vertreten hat, hat er mitgeteilt, dass er hieran nicht festhält (Rdn. 21 der Entscheidung). Der Löschungsanspruch ist kraft Gesetzes gesichert, als wäre zugleich mit dem Anspruch eine Vormerkung nach § 883 BGB im Grundbuch eingetragen worden, § 1179a Abs. 1 S. 3 BGB. Gesichert wird somit der *bedingte Anspruch* auf Löschung für den Fall der Vereinigung des Grund-

---

137 BGH, NJW 2006, 2408 = Rpfleger 2006, 484 mit abl. Anm. *Alff* = WM 2006, 869 = ZIP 2006, 1141; damit ist die Entscheidung des OLG Köln, Rpfleger 2005, 249 aufgehoben; ablehnend auch *Böttcher*, ZfIR 2007, 395.
138 *Alff*, Rpfleger 2006, 484 in Anmerkung zu BGH und insgesamt Argumente in Vorauflage.
139 BGH, Rpfleger 2012, 452 = NJW 2012, 2274 mit Besprechung von *Alff*, Rpfleger 2012, 417.
140 BGH, NJW 2006, 2408 = Rpfleger 2006, 484 = WM 2006, 869 = ZIP 2006, 1141 (Fn. 136).

pfandrechts mit dem Eigentum in einer Person (= Eigentümergrundschuld). Hierbei ist es völlig unerheblich, ob der Vereinigungsfall kraft Gesetzes eintritt (z.B. Verzicht, § 1168 BGB) oder vom Willen des Schuldners abhängt. Die Vereinigung von Grundpfandrecht und Eigentum stellt lediglich den Bedingungseintritt dar. Deshalb ist es nicht gerechtfertigt, den Vormerkungsschutz eines nachrangigen Grundschuldgläubigers von den besonderen, für die Vormerkungsfähigkeit künftiger Ansprüche aufgestellten Voraussetzungen abhängig zu machen. So wie der Schutz einer rechtsgeschäftlich bestellten Löschungsvormerkung vom Zeitpunkt der Eintragung der Löschungsvormerkung an besteht, auch wenn die Bedingung (=Vereinigung von Hypothek mit dem Eigentum) erst später eintritt[141], so tritt der fiktive Vormerkungsschutz des gesetzlichen Löschungsanspruchs ebenfalls bereits mit der Eintragung des nachrangigen Grundpfandrechts ein.[142] Nach § 883 Abs. 1 S. 2 BGB kann eine Vormerkung ausdrücklich auch für bedingte und sogar für künftige Ansprüche eingetragen werden. Die Schutzwirkung tritt mit der Eintragung des begünstigen Rechts ein. In der Insolvenz des Grundstückseigentümers kann der Berechtigte die Löschungsvormerkung nach § 106 InsO daher durchsetzen, wenn sie im Zeitpunkt der Eröffnung des Insolvenzverfahrens bereits eingetragen war. Für die Insolvenzfestigkeit des gesicherten Anspruchs ist es ohne Belang, dass die Vereinigung von Eigentum und Grundpfandrecht erst nach Verfahrenseröffnung eintritt.[143]

5. Grundpfandrecht bleibt bestehen

Das Erlöschen eines Rechtes, dessen Berechtigter nach § 1179a BGB die Löschung eines bestehen bleibenden Grundpfandrechtes verlangen kann, hat nicht das Erlöschen dieses Anspruches zur Folge. Der Anspruch erlischt erst, wenn der Berechtigte aus dem Grundstück befriedigt wurde, § 91 Abs. 4 (hierzu → § 91 Rdn. 8). Erlischt somit das Recht eines Berechtigten, der einen Löschungsanspruch gegenüber einem bestehen bleibenden Recht hat, geht der Löschungsanspruch nicht mit dem eigenen Recht unter. Der Berechtigte kann beantragen, dass für ihn bei dem bestehen bleibenden Grundpfandrecht eine Vormerkung zur Sicherung des sich aus dem erloschenen Grundpfandrecht ergebenden Anspruches auf Löschung einzutragen ist, § 130a Abs. 2.

6. Durchsetzung des gesetzlichen Löschungsanspruchs

Richtet sich der Löschungsanspruch des Berechtigten gegen eine ebenfalls erlöschende Eigentümergrundschuld, wird der durch die Vormerkung gesicherte Löschungsanspruch nur berücksichtigt, wenn er **geltend gemacht** wird.[144] Der gesetzliche Löschungsanspruch muss nicht bereits zum Versteigerungstermin angemeldet werden, er kann auch noch rechtzeitig zum Verteilungstermin geltend gemacht werden, ein Rangverlust tritt hierdurch nicht ein.[145] Die Durchsetzung des gesetzlichen Löschungsanspruchs ist auch bereits vor Durchführung des ge-

---

141 So ausdrücklich: Palandt/*Bassenge,* § 1179a Rdn. 8; MünchKomm/*Eickmann,* BGB § 1179 Rdn. 27 unter Hinweis auf OLG Hamburg, OLGZ 1966, 288.
142 *Alff,* Rpfleger 2006, 484 in Anmerkung zu BGH.
143 So richtig MünchKomm/*Eickmann,* BGB § 1179 Rdn. 43 und jetzt BGH, Rpfleger 2012, 452 = NJW 2012, 2274.
144 *Stöber,* ZVG § 114 Rdn. 9.15; Steiner/*Eickmann,* § 114 Rdn. 90.
145 H.M., vgl. *Stöber,* ZVG § 114 Rdn. 9.15; *Böttcher,* § 114 Rdn. 35.

richtlichen Verteilungsverfahrens im Anschluss an die Zuschlagserteilung in der Zwangsversteigerung gerechtfertigt.[146]

104 Bei der Durchsetzung und der eventuellen Auszahlung auf einen geltend gemachten Löschungsanspruch ist zu beachten, dass es sich bei dem gesetzlichen Löschungsanspruch um einen **schuldrechtlichen Anspruch** handelt, sodass aufgrund der einseitigen Erklärung des Berechtigten noch keine Auszahlung an diesen erfolgen kann.[147] Das Vollstreckungsgericht kann nur dann an einen anderen Berechtigten eine Auszahlung vornehmen, wenn sich die dingliche Rechtslage geändert hat. Entweder wird bereits ein Urteil vorgelegt, oder der Berechtigte der Eigentümergrundschuld erkennt den Löschungsanspruch an.[148] Falls keine eindeutigen und übereinstimmenden Erklärungen spätestens im Verteilungstermin vorgelegt werden, muss der Löschungsvormerkungsberechtigte seinen Anspruch durch **Widerspruch** gegen den Teilungsplan verfolgen.[149] Regelmäßig wird das Vollstreckungsgericht den geltend gemachten Löschungsanspruch von Amts wegen als Widerspruch werten, da der angemeldete Anspruch nicht nach dem Antrag in den Teilungsplan aufgenommen werden kann, § 115 Abs. 2.[150]

105 Liegen die Voraussetzungen des Entstehens einer Eigentümergrundschuld vor, ist der Anspruch auf Löschung zwar mit dem Zuschlag selbst ebenfalls erloschen, er ist aber nicht untergegangen, sondern geht nunmehr dahin, dass der bisherige Eigentümer den auf die Eigentümergrundschuld entfallenden Betrag dem Löschungsberechtigten überlässt. **Rechnerisch** ist der Betrag zu ermitteln, den der Löschungsberechtigte erhalten hätte, wenn die Eigentümergrundschuld vor Zuschlagserteilung gelöscht worden wäre.[151] Sofern das betroffene und das begünstigte Recht unmittelbar rangmäßig aufeinander folgen, ergeben sich keine Schwierigkeiten. Besteht zwischen der Eigentümergrundschuld und dem Anspruch des Löschungsberechtigten ein Zwischenrecht, darf dieses bei der Ermittlung des Betrages weder begünstigt noch benachteiligt werden, § 880 Abs. 5 BGB.[152]

106 Die frühere praktische Handhabung wurde durch eine grundlegende Entscheidung des *BGH*[153] (IX. Zivilsenat in seinem Urteil vom 22.7.2004) zum gesetzlichen Löschungsanspruch in der Erlösverteilung infrage gestellt.[154] Nach dem Sachverhalt fällt der Gläubiger einer Zwangssicherungshypothek bei der Erlösverteilung in voller Höhe aus. Unter Berufung auf den gesetzlichen Löschungsanspruch verlangt der Gläubiger der Zwangssicherungshypothek die Zuteilung des auf eine vorrangige Eigentümergrundschuld entfallenden Betrages. Der Senat verneint den Anspruch des Gläubigers, da diesem ein Löschungsanspruch nicht zusteht: „*Verzichtet der Gläubiger einer durch den Zuschlag erloschenen Grund-*

---

146 LG Ansbach, Rpfleger 1998, 212.
147 A.A.: früher Korintenberg/*Wenz*, ZVG 6. Aufl. 1935 Einl. Kap. 23,4.
148 Steiner/*Teufel*, § 114 Rdn. 90; *Stöber*, ZVG § 114 Rdn. 9.16.
149 Steiner/*Eickmann*, § 114 Rdn. 90; nach *Stöber*, ZVG § 114 Rdn. 9.16 erfolgt bedingte Zuteilung nach § 119.
150 So auch *Böttcher*, § 114 Rdn. 35.
151 BGH, NJW 1987, 2078.
152 OLG Düsseldorf, Rpfleger 1989, 422.
153 Rpfleger 2004, 717 = NJW-RR 2004, 1458 = DNotZ 2005, 125 = MDR 2005, 176 = WM 2004, 1786 = ZIP 2004, 1724 = ZfIR 2004, 1028 = ZNotP 2004, 485.
154 *Stöber*, WM 2006, 607 empfiehlt der Praxis, der Entscheidung des BGH nicht zu folgen, da die vertretene Auffassung sich nicht mit der bestehenden Rechtslage decke und sich der BGH auf Nachweise berufe, die die getroffene Aussage nicht nachwiesen.

schuld erst im Verteilungsverfahren für den nicht valutierten Teil seines Rechts auf den Erlös, so kann ein gleich- oder nachrangiger Hypothekar aus seinem Recht der Zuteilung dieses Erlöses an den Eigentümer nicht widersprechen." Bis zum diesem Urteil des BGH bestand für die obergerichtliche Rechtsprechung[155], die Literatur[156] und die versteigerungsrechtliche Praxis kein Zweifel, dass der gesetzliche Löschungsanspruch nach § 1179a BGB auch dann zur Entstehung gelangt, wenn der Versteigerungsschuldner den Erlösanspruch aus einer nach § 52 Abs. 1 S. 2 erloschenen Grundschuld erst infolge eines Verzichtes nach Zuschlag erlangt. Da nach den Versteigerungsbedingungen alle Grundpfandrechte mit Erteilung des Zuschlags erloschen sind, führt eine **Verzichtserklärung** eines hebungsberechtigten Gläubigers nach Auffassung des BGH nicht zu einer Eigentümergrundschuld sondern zu einem „Eigentümererlöspfandrecht". Der gesetzliche Löschungsanspruch nach § 1179a BGB erstreckt sich nach Auffassung des BGH nicht auf ein solches Erlöspfandrecht. Das infolge der Verzichtserklärung erworbene Eigentümererlöspfandrecht ist kein Surrogat für eine nach § 1168 Abs. 1 BGB entstandene Eigentümergrundschuld. Die Vormerkungswirkungen des gesetzlichen Löschungsanspruchs, die auf Aufhebung einer aus einem Fremdrecht entstandenen Eigentümergrundschuld gerichtet sind, erstrecken sich nicht im Wege der Surrogation auf den Erlösanspruch zugunsten des Eigentümers. Für Gläubiger von Zwangssicherungshypotheken ergab sich aufgrund der Entscheidung die Notwendigkeit, die Rückgewährsansprüche ihres Schuldners zu pfänden.[157]

Mit erfreulicher Deutlichkeit hat sich jetzt mit Urteil vom 27.4.2012 der V. Zivilsenat des BGH den Gegenargumenten angeschlossen und die **bisherige Rechtsansicht aufgegeben**.[158] Soweit der IX. Zivilsenat in dem Urteil vom 22.7.2004[159] hinsichtlich der Rechte an dem Versteigerungserlös bei einem erst im Verteilungsverfahren erklärten Verzicht des Gläubigers auf sein vorrangiges Grundpfandrecht eine andere Rechtsauffassung vertreten hat, hat er mitgeteilt, dass er hieran nicht festhält (Rdn. 21 der Entscheidung). Konkret hatte die Gläubigerin erst nach der Erteilung des Zuschlags auf ihre vorrangige Grundschuld verzichtet mit der Folge, dass sich die Grundschuld aufgrund ihres Erlöschens (§ 91 Abs. 1) nicht mehr nach § 1168 Abs. 1, § 1192 Abs. 1 BGB in eine Eigentümergrundschuld umwandeln konnte. Darauf kommt es nach Ansicht des BGH nach richtigerweise nicht an. Durch die Zuschlagserteilung ist nämlich der Versteigerungserlös im Wege gesetzlicher Surrogation an die Stelle des Grundstücks getreten; an ihm setzen sich die erloschenen Rechte und früheren Rechtsbeziehungen fort, soweit dies nicht durch den veränderten Gegenstand (Erlös statt Grundstück) ausgeschlossen ist. Folge dessen ist, dass der Anspruchsberechtigte rechtlich genauso zu behan-

---

155 OLG Köln, OLGR 1998, 433 = InVo 1999, 95/96; OLG Frankfurt, als Vorinstanz des BGH-Urteils.
156 Vgl. z.B. *Stöber*, ZVG § 114 Rdn. 9.8c; Palandt/*Bassenge*, § 1179 Rdn. 19; Erman/*F. Wenzel*, § 1179a Rdn. 14; *Mayer*, RpflStud 2005, 42, der zutreffend darauf hinweist, dass nach dem BGH-Urteil wohl die „Kommentare, Lehrbücher sowie die Konzepte der Hochschuldozenten überarbeitet werden müssen".
157 Hierzu eingehend *Hintzen/Böhringer*, Rpfleger 2004, 661; Anmerkung *Clemente*, EWiR 2004, 1021; *Dümig*, ZfIR 2004, 1031–1033; *Bartels*, WuB VI E § 91 ZVG 1.05; *Mayer*, RpflStud 2005, 4.
158 BGH, Rpfleger 2012, 452 = NJW 2012, 2274 mit Besprechung von *Alff*, Rpfleger 2012, 417.
159 Rpfleger 2004, 717 = NJW-RR 2004, 1458 = DNotZ 2005, 125 = MDR 2005, 176 = WM 2004, 1786 = ZIP 2004, 1724 = ZfIR 2004, 1028 = ZNotP 2004, 485.

deln ist wie in dem Fall eines Verzichts der Gläubigerin vor Zuschlagserteilung. Dann hätte der Löschungsanspruch nach § 1179a Abs. 1 Satz 1 BGB mit der Wirkung des Satzes 3 der Norm geltend gemacht werden können.

108 Zu den Auswirkungen des gesetzlichen Löschungsanspruches in der Zuteilung, vgl. nachfolgende **Übersicht**[160]:

Beispiel:
Grundbuchinhalt:
III/1   30.000,- €   (15.000,- € getilgt)
III/2   20.000,- €
III/3   50.000,- €   Erlös: 40.000,- €
                                       alle Rechte erlöschen nach den
                                       Versteigerungsbedingungen

a) normale Zuteilung
Erlös: 40.000,- €   **Ausfall:**
       - 30.000,- €   an III/1 Gläubiger
                      und Eigentümer   III/2 10.000,- €
       - 10.000,- €   an III/2   III/3 50.000,- €

b) III/2 macht den Löschungsanspruch geltend
Erlös: 40.000,- €
       - 15.000,- €   III/1 Gläubiger
         25.000,- €   **Ausfall:**
       - 20.000,- €   III/2   III/1 10.000,- € Eigentümer
       - 5.000,- €   III/1 Eigentümer III/3 50.000,- €

c) III/2 und III/3 machen den Löschungsanspruch geltend
Erlös: 40.000,- €
       - 15.000,- €   III/1 Gläubiger
          5.000,- €   **Ausfall:**
       - 20.000,- €   III/2   III/1 15.000,- € Eigentümer
       - 5.000,- €   III/3   III/3 45.000,- €

d) nur III/3 macht den Löschungsanspruch geltend Zuteilungsprüfung für:

III/3		III/2		III/1	III/1 Eigentümer
40.000,- €		40.000,- €			40.000,- €
					- 5.000,- € (III/3)
-15.000,- €	(III/1 Gl.)	-30.000,- €	(III/1 Gl.)		- 10.000,- € (III/2)
-20.000,- €	(III/2 § 880 BGB)				- 15.000,- € (III/1)
				erhält seine	10.000,- €
5.000,- €	an III/3	10.000,- €	an III/2	15.000,- €	**Ausfall:**
					III/1 5.000,- € Eigt.
					III/2 10.000,- €
					II/3 45.000,- €

---

160   Entnommen *Hintzen/Wolf*, Rdn. 11.992.

VII. Rückübertragungsvormerkung

Bei der Grundschuld bzw. Sicherungsgrundschuld versagen Löschungsvormerkung und gesetzlicher Löschungsanspruch fast immer, da Zahlungen stets auf die Forderung erfolgen, die Grundschuld sich somit durch Rückzahlung nicht in eine Eigentümergrundschuld verwandelt. Im Range nachgehende Grundpfandrechtsgläubiger lassen sich regelmäßig vom Eigentümer vor Eintragung des Rechts den Rückgewährsanspruch gegenüber den vorrangigen Grundpfandrechten abtreten. Der Rückgewährsanspruch kann durch Vormerkung gesichert werden.[161] Zur Eintragung der Vormerkung bei einem bereits bestehenden Grundpfandrecht ist die Bewilligung des Gläubigers erforderlich, nicht jedoch die des Eigentümers.[162] Vor diesem Hintergrund wird in der Praxis eine Vormerkung zur Sicherung der Rückgewährsansprüche nahezu nie im Grundbuch eingetragen. Falls eine Vormerkung aus dem Grundbuch ersichtlich ist, ist die davon betroffene Grundschuld bei der Erlösverteilung gem. §§ 119, 120 zu behandeln.

109

---

161 BGH, Rpfleger 1958, 53.
162 Ganz h.M., vgl. BayObLG, Rpfleger 1983, 267 = DB 1983, 707; OLG Hamm, Rpfleger 1990, 157 = OLGZ 1990, 3 = DNotZ 1990, 601 = NJW-RR 1990, 272; *Schöner/Stöber*, Rdn. 2345 m.w.N.; MünchKomm/*Eickmann*, BGB § 1191 Rdn. 137.

§ 114a »Kein Anspruch des Erstehers unter $^7/_{10}$-Grenze«

¹Ist der Zuschlag einem zur Befriedigung aus dem Grundstück Berechtigten zu einem Gebot erteilt, das einschließlich des Kapitalwertes der nach den Versteigerungsbedingungen bestehenbleibenden Rechte hinter sieben Zehnteilen des Grundstückswertes zurückbleibt, so gilt der Ersteher auch insoweit als aus dem Grundstück befriedigt, als sein Anspruch durch das abgegebene Meistgebot nicht gedeckt ist, aber bei einem Gebot zum Betrage der Sieben-Zehnteile-Grenze gedeckt sein würde. ²Hierbei sind dem Anspruch des Erstehers vorgehende oder gleichstehende Rechte, die erlöschen, nicht zu berücksichtigen.

Übersicht	Rdn.
I. Allgemeines	1
II. Anwendungsbereich	3
III. Grundstückswert	4
IV. Befriedigungswirkung	6
1. Voraussetzung	6
2. Zeitpunkt	9
3. Maßgeblicher Anspruch	10
4. Drittsicherung	14
5. Zwischenrechte	15
6. Gesamtgrundpfandrecht	16
7. Gesetzlicher Löschungsanspruch	18
V. Abtretung der Rechte aus dem Meistgebot	19
VI. Verdeckte Vertretung	24
VII. Strohmann; Tochtergesellschaft	25
VIII. Vertraglicher Ausschluss der Befriedigungsfiktion	27

I. Allgemeines

1 Die Vorschrift will vermeiden, dass ein innerhalb der $^7/_{10}$-Grenze stehender Berechtigter das Grundstück in der Zwangsversteigerung günstig erwirbt und sodann den ungedeckten Restanspruch gegen den Schuldner (Mitschuldner, Bürgen usw.) in voller Höhe geltend macht.[1] Ziel der Fiktion des § 114a ist zu verhindern, dass ein zur Befriedigung aus dem Grundstück Berechtigter, der nur an die untere Grenze seines weit höheren dinglichen Rechtes bietet, wegen dieses Rechtes nicht überboten wird und bei der Erlösverteilung ausfällt, seine persönliche Forderung dennoch behält, obwohl ihm das Grundstück weit unter Wert zugeschlagen wurde.[2] Die Vorschrift ist mit Art. 3 Abs. 1 GG vereinbar, obwohl die Tilgungsfiktion bei Erwerb des Grundstücks unter der $^7/_{10}$-Wertgrenze nur zulasten des Erstehers wirkt, der ein Recht auf Befriedigung aus dem Grundstück (§ 10) hat.[3] Es ist grundsätzlich Sache des Gesetzgebers, diejenigen Sachverhalte auszuwählen, an die er dieselbe Rechtsfolge knüpft, die er also im Rechtssinne als gleich ansehen will[4]. § 114a ist ausschließlich *materiell-rechtlichen Inhalts*, rechtssystematisch hätte diese Vorschrift in das BGB gehört. Streitentscheidun-

---

1   Zum gesetzgeberischen Grund s. *Schiffhauer*, Rpfleger 1970, 316; BGH, Rpfleger 1987, 120 mit zustimmender Anm. *Ebeling* = WM 1987, 81; BGH, NJW 1989, 2396 = Rpfleger 1980, 421.
2   BGH, Rpfleger 2004, 433 = NJW-RR 2004, 666 = WM 2004, 755 = InVo 2004, 292.
3   BGH, NJW 1992, 1702 = Rpfleger 1992, 264.
4   BVerfGE 75, 108, 175.

gen über die Auswirkungen dieser Vorschrift sind vor dem Prozessgericht zu klären[5], das Vollstreckungsgericht hat sich allenfalls im Rahmen eines Vollstreckungsschutzantrages gem. § 765a ZPO hiermit zu befassen (z.b. bei drohender Verschleuderung des Grundstücks[6]). Die fiktive Befriedigungswirkung ist weder auf dem Schuldtitel noch dem Grundpfandrechtsbrief zu vermerken.[7] Der Schuldner ist im Streitfall immer auf die Vollstreckungsgegenklage angewiesen, § 767 ZPO. Die Befriedigungswirkung kann jedoch in einem Schadensersatzprozess wegen Amtspflichtverletzung zu beachten sein[8]; ferner bei Prüfung der Voraussetzungen nach § 2 AnfG[9].

Zu den Auswirkungen des § 114a im Falle der verdeckten Vertretung und der Abtretung der Rechte aus dem Meistgebot s. nachfolgend → Rdn. 19 ff. Zu den Auswirkungen bei Zuschlagserteilung durch einen Strohmann siehe nachfolgend → Rdn. 25.

II. Anwendungsbereich

Die Vorschrift ist in sämtlichen Versteigerungsarten anzuwenden, auch bei der Zwangsversteigerung von Seeschiffen, Schwimmdocks und Luftfahrzeugen.[10] Für Binnenschiffe gelten keine Sondervorschriften mehr.[11]

III. Grundstückswert

Bei der Berechnung der $^7/_{10}$-Grenze ist von dem festgesetzten **Verkehrswert** nach § 74a Abs. 1 auszugehen.[12] Der Wert des mitzuversteigernden **Zubehörs** ist ebenfalls in die Berechnung der $^7/_{10}$-Grenze einzubeziehen.[13] Gemäß § 55 Abs. 1 erstreckt sich die Versteigerung des Grundstücks auf alle Gegenstände, deren Beschlagnahme noch wirksam ist. Das im Eigentum des Schuldners stehende Zubehör wird von der Beschlagnahme erfasst (§ 20 Abs. 2 ZVG, § 1120 BGB). § 55 will dem Meistbietenden in Anbetracht der wirtschaftlichen Bedeutung, die das Zubehör im Einzelfall besitzt, die Gewissheit geben, dieses durch den Zuschlag grundsätzlich mitzuerwerben. Trotz seiner materiell-rechtlichen Selbstständigkeit (§§ 97, 98 BGB) ist das Zubehör daher im Zwangsversteigerungsverfahren rechtlich und wirtschaftlich eng mit dem Grundstück verbunden. Der Umstand, dass § 74a Abs. 5 den Grundstückswert und den Wert der beweglichen Gegenstände gesondert behandelt, § 114a aber nur den Grundstückswert erwähnt, besagt nicht, dass die Befriedigungsfiktion sich ohne den Wert des Zubehörs errechnet. § 114a verwendet dieselben Worte wie § 74a Abs. 1. Danach ist das Zubehör in die Be-

---

5 BGH, Rpfleger 2004, 433 = NJW-RR 2004, 666 = WM 2004, 755 = InVo 2004, 292; abzulehnen daher LG Darmstadt, Rpfleger 1986, 314 mit kritischer Anm. *Ebeling*.
6 Hierzu LG Frankfurt a.M., Rpfleger 1988, 35.
7 *Stöber*, ZVG § 127 Rdn. 31; Steiner/*Eickmann*, § 127 Rdn. 19; a.A. *Bauch*, Rpfleger 1986, 457.
8 RGZ 146, 113.
9 Hierzu BGH, MDR 1979, 1018 = WM 1979, 977.
10 *Schiffhauer*, KTS 1969, 165.
11 Das Gesetz über Vollstreckungsschutz für die Binnenschifffahrt in der im BGBl III, Gliederungsnummer 310-15, veröffentlichten bereinigten Fassung ab 1.1.1964, zuletzt geändert durch Art. 59 des Gesetzes vom 19.4.2006 (BGBl I 866) wurde durch Art. 21 des Gesetzes über die weitere Bereinigung von Bundesrecht v. 8.12.2010 (BGBl I 1864) ersatzlos aufgehoben.
12 BGH, Rpfleger 2004, 433 = NJW-RR 2004, 666 = WM 2004, 755 = InVo 2004, 292; BGH, NJW 1992, 1702 = Rpfleger 1992, 264; BGH, NJW 1987, 503 = Rpfleger 1987, 120 mit Anm. *Ebeling*; Steiner/*Storz*, § 74a Rdn. 77, 78, 79; *Böttcher*, § 114a Rdn. 9.
13 BGH, NJW 1992, 1702 = Rpfleger 1992, 264; *Böttcher*, § 114a Rdn. 9.

rechnung einzubeziehen, wenn es mitversteigert wird. Wo das ZVG von Grundstückswert spricht, meint es generell denjenigen des § 74a Abs. 5.

5   Ob der festgesetzte **Verkehrswert** für das Prozessgericht **bindend** ist, ist streitig.[14] Nach der Rechtsprechung des *BGH* geht das Gesetz auch für die Anrechnungspflicht des § 114a von dem im Verfahren nach § 74a Abs. 5 festgesetzten Verkehrswert aus, der das Prozessgericht regelmäßig bindet.[15] Der BGH hält aus Billigkeitsgründen Ausnahmen dann für gerechtfertigt, wenn zwischen Versteigerung und Erteilung des Zuschlags Umstände eingetreten sind (z.B. Brand-, Sturm- oder Erdbebenschäden[16]), die den Wert des Grundstücks tatsächlich verändert haben. Im Interesse der Einzelfallgerechtigkeit soll eine strikte Bindung des Prozessgerichts an die Wertfestsetzung des Vollstreckungsgerichts verneint werden. Der BGH ist nach neuerer Rechtsprechung der Auffassung, dass, wenn der Zuschlag versagt wird, weil das Meistgebot nicht $7/_{10}$ oder $5/_{10}$ des Grundstückswertes erreicht, die Festsetzung des Verkehrswertes in dieser Hinsicht für das Prozessgericht bei Anwendung des § 114a nicht bindend ist.[17] Würde das Prozessgericht im Anrechnungsstreit an die nach § 74a Abs. 5 getroffene Wertfestsetzung des Vollstreckungsgerichts gebunden sein, obwohl sich nach Wegfall der zuschlagsfähigen Mindestbietgrenze (§ 74a Abs. 4, § 85a Abs. 2 Satz 2) eine Wertveränderung ergeben hat, dürfte gerade wegen einer solchen verfahrensrechtlichen Wirkung auf den materiellen Schuldnerschutz des § 114a den Beteiligten das Rechtsschutzbedürfnis für Neufestsetzungsanträge bis zur Zuschlagerteilung nicht abgesprochen werden. Diese Entscheidung ist in Fortführung der Auffassung, dass im weiteren Verlauf eines Versteigerungsverfahrens das Rechtsschutzinteresse für eine Anpassung des festgesetzten Grundstückswertes an veränderte Umstände entfällt[18], folgerichtig (zur Kritik vgl. → § 74a Rdn. 60 ff.). In der Praxis wird das Prozessgericht dennoch grundsätzlich von dem festgesetzten Grundstückswert durch das Vollstreckungsgericht ausgehen; wer einen anderen Wert für richtiger hält, ist dafür beweispflichtig.

IV. Befriedigungswirkung

1. Voraussetzung

6   Voraussetzungen des Eintritts der Befriedigungswirkung nach § 114a sind:
- der Meistbietende muss einen unter § 10 fallenden Anspruch auf Befriedigung aus dem Grundstück haben;
- das Meistgebot einschließlich der nach den Versteigerungsbedingungen bestehen bleibenden Rechte (§ 91 Abs. 1) muss weniger als $7/_{10}$ des Grundstückswertes betragen;
- der Meistbietende hat seine befriedigungsberechtigte Forderung nicht ausgeboten.

7   Bei dem Anspruch auf Befriedigung aus dem Grundstück kommt es auf die Rangklasse nach § 10 Abs. 1 nicht an.[19] Andere Ansprüche des Erstehers gegen

---

14 Hierzu bereits ablehnend *Schiffhauer*, KTS 1968, 218 und *Muth*, Rpfleger 1987, 89.
15 BGH, Rpfleger 1987, 120 = WM 1987, 81; BGH, NJW 1992, 1702 = Rpfleger 1992, 264.
16 Weitere Beispiele bei *Schiffhauer*, KTS 1968, 218.
17 BGH, Rpfleger 2004, 433 = NJW-RR 2004, 666 = WM 2004, 755 = InVo 2004, 292.
18 BGH, Rpfleger 2004, 172 = NJW-RR 2004, 302 = KTS 2004, 457 = MDR 2004, 294 = WM 2004, 98 = InVo 2004, 201 = ZfIR 2004, 167.
19 *Hintzen* in ablehnender Anm. zu LG Verden, Rpfleger 1994, 34; ebenso *Stöber*, ZVG § 114a Rdn. 2.4

den Schuldner (z.B. dinglich nicht gesicherte Lohn- oder Gehaltsansprüche, wegen derer die Zwangsversteigerung nicht betrieben wird), fallen nicht unter § 114a.[20]

Bei den zu berücksichtigenden bestehen bleibenden Rechten werden solche nicht berücksichtigt, die gem. § 91 Abs. 2 aufgrund einer Vereinbarung zwischen dem Berechtigten und dem Ersteher liegenbelassen werden, denn sie bleiben nicht nach den gesetzlichen Zwangsversteigerungsbedingungen bestehen. Anders jedoch bei den Rechten, die durch eine Abweichung gem. § 59 bestehen bleiben.[21] Handelt es sich bei den zu berücksichtigenden Rechten um solche, die in der Abt. II des Grundbuchs eingetragen sind, werden sie mit dem nach § 51 Abs. 2 festgesetzten Zuzahlungsbetrag in die Berechnung eingestellt.[22]

2. Zeitpunkt

Der Zeitpunkt der Befriedigungswirkung ist streitig. Teilweise wird vertreten, dass für die kraft Gesetzes eintretende Befriedigungswirkung der **Zeitpunkt** der Zuschlagserteilung maßgebend ist.[23] Diese Ansicht findet im Gesetz jedoch keine Stütze, es ist daher auf den Verteilungstermin abzustellen.[24] § 114a gilt auch nach einem zweiten Zwangsversteigerungstermin i.S.v. § 74a Abs. 3 oder § 85a Abs. 2. Die Verrechnung auf die Forderung hat in der in § 367 BGB bestimmten Reihenfolge zu erfolgen.

3. Maßgeblicher Anspruch

Nach wie vor nicht höchstrichterlich entschieden ist die Frage, ob bei der Befriedigungswirkung der Grundschuld auf die dingliche oder persönliche Forderung abzustellen ist. Es fragt sich, insbesondere bei der Sicherungsgrundschuld, was § 114a mit „Anspruch des Erstehers" meint, den dinglichen oder den schuldrechtlichen Anspruch. Grundsätzlich ist zu unterscheiden zwischen dem **äußeren Rahmen** (der rechtlichen Möglichkeit der Geltendmachung von Kosten, Zinsen und Hauptanspruch im Umfang des dinglichen Rechts) und dem **inneren Rahmen** (was der Gläubiger als persönliche Forderung im Rahmen des dinglichen Rechts behalten darf).[25] Die Befriedigungsfiktion nach § 114a kann über den äußeren Rahmen nicht hinausgehen. Innerhalb des äußeren Rahmens begrenzt der innere Rahmen, und damit die persönliche Forderung, die Reichweite der fiktiven Befriedigungswirkung.

Für die Frage der Erteilung des Zuschlags im Rahmen des § 85a Abs. 3 und auch für die gleiche Problematik bei § 74a Abs. 1 S. 1 hat sich der *BGH*[26] im Rahmen des formal ausgerichteten Zwangsversteigerungsverfahrens für die Auffassung entschieden, dass dort ausschließlich der **Nominalbetrag der Grundschuld** maßgebend ist. Die schuldrechtlichen Vereinbarungen zwischen Sicherungsgeber und Si-

---

20 BAG, ZIP 1981, 1373.
21 Steiner/*Eickmann*, § 114a Rdn. 13.
22 *Stöber*, ZVG § 114a Rdn. 3.2; Steiner/*Eickmann*, § 114a Rdn. 13; *Böttcher*, § 114a Rdn. 8.
23 So Steiner/*Eickmann*, § 114a Rdn. 24; *Stöber*, ZVG § 114a Rdn. 3.4; *Böttcher*, § 114a Rdn. 12; Depré/*Bachmann*, § 114a Rdn. 8.
24 Löhnig/*Hannemann*, § 114a Rdn. 12; *Muth*, Rpfleger 1987, 89; *Bauch*, Rpfleger 1986, 59 und 1986, 457.
25 Hierzu eingehend *Muth*, ZIP 1986, 350.
26 BGH, Rpfleger 2004, 433 = NJW 2004, 1803 = MDR 2004, 771 = WM 2004, 902 = ZIP 2004, 874 = InVo 2004, 428 = ZNotP 2004, 332.

cherungsnehmer und eventuelle Befriedigungsfragen sind materiell-rechtlicher Natur und ausschließlich durch das Prozessgericht zu klären (hierzu → § 85a Rdn. 27). Zwischen § 85a Abs. 3 bzw. § 74a Abs. 1 Satz 1 einerseits und § 114a andererseits besteht kein direkter Regelungszusammenhang. § 85a dient dem Schutz des Schuldners vor einer Verschleuderung des Grundstücks. Eine sittenwidrige Verschleuderung des Grundstücks ist durch die Mindestgrenze nach § 85a Abs. 1 zwar nicht beseitigt worden, aber doch stark eingeschränkt. Parallel zu diesem Schuldnerschutz richtet sich § 74a an nachrangige Gläubiger zum Schutz vor einem für sie unwirtschaftlichen Ergebnis. Dieser spezielle Gläubigerschutz wirkt sich mittelbar auf den Schuldner aus, der im Umfang einer größeren Befriedung der Gläubiger von seiner Verbindlichkeit diesen gegenüber befreit wird. § 114a regelt eine Tilgungsfiktion zulasten des Erstehers, der ein Recht auf Befriedigung aus dem Grundstück hat. Diese Vorschrift hat einen ausschließlich materiell-rechtlichen Inhalt. Bei letzterer Vorschrift kommt es nur auf den inneren Rahmen an.[27] Nach Auffassung von *Muth*[28] kann der Streit darüber, ob auf den Nominalbetrag oder die persönliche Forderung abzustellen ist, dahinstehen, da nur dem wirtschaftlichen Anliegen des Gesetzes Rechnung zu tragen ist. Geschützt werden soll der persönliche Schuldner nur davor, dass der Grundschuldgläubiger ihn in Höhe seines Ausfalles in Anspruch nimmt, obwohl er als Ersteher diesen Ausfall bei der Ersteigerung des Grundstückes wirtschaftlich gesehen kompensiert hat. Nach überwiegender Ansicht in Rechtsprechung und Schrifttum[29] ist auf den persönlichen Anspruch abzustellen. Die Vorschrift gleicht die wirtschaftliche Bereicherung des Erstehers aus, die von der persönlichen Restforderung des Erstehers abhängig ist.

12 Wird auf den Nominalbetrag der Grundschuld abgestellt[30], stellt sich das Problem, was ist, wenn die Forderung zurückgezahlt bzw. erfüllt wurde. Hiernach hat der Sicherungsgeber einen Anspruch auf Rückgewähr der Grundschuld gegen den Gläubiger, wenn die durch die Sicherungsabrede gesicherte Forderung erloschen ist (hierzu → § 50 Rdn. 8 ff.). Da die Grundschuld nach den Versteigerungsbedingungen erloschen ist, setzt sich der Rückgewähranspruch an dem Versteigerungserlös fort. Der Grundschuldgläubiger soll daher zur Rückgewähr des Differenzbetrages verpflichtet sein, soweit der dingliche Anspruch seine persönliche Forderung übersteigt.[31] Diese Auffassung ist abzulehnen. Sie manifestiert ein Mindestgebot in Höhe von $^7/_{10}$ des Grundstückswertes, wenn sachenrechtlich die

---

27 *Muth*, ZIP 1986, 350; *Weber/Beckers*, WM 1988, 1.
28 Rpfleger 1987, 89, 93.
29 BGH, NJW 1987, 503 = Rpfleger 1987, 120; LG Hanau, Rpfleger 1988, 77; *Scherer*, Rpfleger 1984, 259 und 1985, 181 und 451; *Ebeling*, Rpfleger 1985, 279; *Muth*, Rpfleger 1987, 89; Steiner/*Eickmann*, § 114a Rdn. 21.
30 *Stöber*, ZVG § 114a Rdn. 3.7; *Bauch*, Rpfleger 1986, 457.
31 *Stöber*, ZVG § 114a Rdn. 3.7.; so wohl auch Depré/*Bachmann*, § 114a Rdn. 25–27, der zu Unrecht den Vertretern der anderen Ansicht grundlos vorwirft, sie hätten nichts Überzeugendes vorzutragen. Das Beispiel in Rdn. 27 ist in sich unschlüssig. Die Frage, wie soll der Ersteher geschützt werden, wenn dem Meistbietenden der Zuschlag nach § 85a Abs. 3 erteilt wird, ist unklar, da der Meistbietende gleichzeitig der Ersteher ist. Es wird auch nicht auf die „dingliche Forderung" (sic!) abgestellt, allenfalls auf den Nominalbetrag des dinglichen Rechts. Und wenn die persönliche Forderung nicht mehr besteht, ist nach BGH v. 22.9.2011 (Fn. 32) zumindest bis zur Höhe von 50 % des Verkehrswertes der Bietvorteil auszugleichen. Und letztlich ist die Frage der Gerichtszuständigkeit in der Tat ein Scheinargument, welches aber nicht als entscheidendes Argument angeführt wird.

Voraussetzungen des § 114a vorliegen, der persönliche Anspruch jedoch niedriger ist. Solch ein Mindestgebot kann der Vorschrift jedoch nicht entnommen werden. Im Übrigen kann der Gläubiger dieses für ihn ungünstige Ergebnis dadurch abwenden, dass er rechtzeitig vor dem Verteilungstermin seine Rückgewährsansprüche erfüllt, sodass persönlicher Anspruch und dingliches Grundpfandrecht wiederum übereinstimmen.

Etwas anderes kann auch nicht der Entscheidung des BGH vom 22.9.2011 entnommen werden.[32] Der Schuldnerschutz nach § 85a Abs. 1 gebietet, dass der Ersteher (= Berechtigter aus dem Grundstück) bei einem Gebot unter 50 % des Verkehrswertes nach § 74a Abs. 5 und dann unter Einbeziehung seines Ausfalls den Zuschlag aufgrund der Regelung in § 85a Abs. 3 erhält, den gesetzlichen **Bietvorteil** ausgleicht, soweit seine ausgefallene Grundschuld nicht (mehr) valutiert. Der BGH hat den „Bietvorteil" nur bis zur Höhe von 50 % des Verkehrswertes anerkannt, da nach § 85a Abs. 1 diese Mindestgrenze bzw. ein Mindestgebot in dieser Höhe gesetzlich zwingend ist. Von einem Mindestgebot in Höhe von 70 % kann keine Rede sein, hierfür gibt es auch keine gesetzliche Grundlage (auch nicht aus § 74a Abs. 1 ZVG, der nur auf Antrag berücksichtigt wird und auch nicht dem Schutz des Schuldners dient).

Da die Befriedigungswirkung sich ausschließlich auf die persönliche Forderung richtet, muss davon ausgegangen werden, dass nur die **Forderungen** in Betracht kommen können, die durch den **Sicherungsvertrag in den Deckungsbereich** der Sicherungsgrundschuld eingestellt sind.[33] Die Befriedigungsfiktion soll im Übrigen auch dann eintreten, wenn der Ersteher die Zwangsversteigerung wegen seiner Grundschuld betreiben, aber eine mitgesicherte Darlehensforderung noch **nicht fällig** gestellt hat.[34] Da die Sicherungsgrundschuld aber nur dann verwertet werden darf, wenn die gesicherte Forderung selbst fällig ist, kann der Ansicht des BGH so nicht gefolgt werden.[35] Der BGH hat in seiner Entscheidung keine gesetzliche Ermächtigungsgrundlage nachgewiesen, die eine Abänderung der zwischen dem Schuldnergläubiger getroffenen rechtswirksamen Vereinbarungen über die Fälligkeit und Fälligstellung der persönlichen Forderung zulässt.

13

4. Drittsicherung

Die Befriedigungsfiktion tritt auch dann ein, wenn dinglicher und persönlicher Schuldner nicht identisch sind (Drittsicherung). Sie tritt weiter auch dann ein, wenn sich der vollstreckende Gläubiger im Verfahren der Zwangsversteigerung einer von ihm abhängigen Gesellschaft bedient. Abhängigkeit im vorgenannten Sinne besteht auch dann, wenn der Gläubiger zwar nicht Mehrheitsgesellschafter des Erstehers ist, aber durch enge personelle Verflechtungen beherrschenden Einfluss auf den Ersteher ausübt (im Fall: enge personelle Verflechtungen zwischen einer vom Landkreis getragenen Sparkasse und einer in der Rechtsform der GmbH betriebenen Standortentwicklungsgesellschaft). Die Befriedigungsfiktion erstreckt sich jedenfalls nicht auf solche Bürgschaften, die nicht Gegenstand des Zwangsversteigerungsverfahrens waren und eine Hauptforderung absichern, die ihrerseits

14

---

32 BGH, Beschluss vom 22.9.2011, IX ZR 197/10, Rpfleger 2012, 92 = ZInsO 2011, 2144 = ZfIR 2012, 72 mit deutlicher Kritik von *Stöber*, ZVG § 114a Rdn. 3.7 (b).
33 BGH, NJW 1987, 503 = Rpfleger 1987, 120; *Muth*, Rpfleger 1987, 89; *Weber/Beckers*, WM 1988, 1.
34 BGH, NJW 1987, 503 = Rpfleger 1987, 120.
35 *Muth*, Rpfleger 1987, 89.

nicht dem Deckungsbereich des Grundpfandrechts unterfällt.[36] Dies entspricht dem Sinn und Zweck von § 114a.[37] Der Grundschuldgläubiger soll aus seiner bevorrechtigten Rechtsstellung keinen ungerechtfertigten Vorteil ziehen. Dies könnte aber dann geschehen, wenn er das Grundstück günstig ersteigert, mit Gewinn weiterveräußert und trotzdem die Forderung gegen den persönlichen Schuldner in voller Höhe geltend machen kann. Dem Regelungszweck entspricht es daher eher, wenn die Befriedigungsfiktion bei einer Drittsicherung auf den persönlichen Schuldner angewandt wird. Die durch die Befriedigungsfiktion erfolgte Fremdtilgung führt zu einer Zessionspflicht des Gläubigers in Höhe des als befriedigt geltenden Betrages.[38] Wenn die persönliche Forderung nicht durch die Grundschuld, sondern durch weitere Neben- oder Vorzugsrechte gesichert ist, hat unter den verschiedenen Sicherungsgebern ein Ausgleich zu erfolgen.[39]

5. Zwischenrechte

15   Nach § 114a Satz 2[40] sind die dem Anspruch des Erstehers vorgehenden oder gleichstehenden Rechte, die erlöschen, nicht zu berücksichtigen[41]. Dies wird insbesondere auch bei § 85a Abs. 3 relevant, auch hier werden bei der Berechnung nicht in das geringste Gebot fallende Ansprüche und Rechte, die dem Meistbietenden im Range vorgehen oder gleichstehen (sog. Zwischenrechte) nicht berücksichtigt (hierzu → § 85a Rdn. 29).

6. Gesamtgrundpfandrecht

16   Ist das versteigerte Grundstück mit einem Grundpfandrecht belastet, dass auch noch auf weiteren, allerdings nicht versteigerten Grundstücken lastet, gilt der Gläubiger des Gesamtrechts im Rahmen des § 114a als aus dem versteigerten Grundstück befriedigt.[42] Soweit dadurch (§§ 1181, 1182 BGB) das Recht auf dem nicht versteigerten Grundstück erlischt, ist es Sache der Beteiligten, für die entsprechende Berichtigung des Grundbuchs zu sorgen. Ist infolge der Befriedigungsfiktion der Anspruch des Gläubigers des Gesamtrechts erloschen, soll die eingetretene Befriedigung gem. § 28 zu beachten sein, wenn der Gläubiger nunmehr die Zwangsversteigerung des anderen Grundstücks beantragt.[43] Dem ist zu widersprechen, da das Vollstreckungsgericht die durch § 114a bewirkten materiell-rechtlichen Folgen nicht zu beachten hat; werden die formellen Voraussetzungen der Zwangsvollstreckung nachgewiesen, ist dem Zwangsversteigerungsantrag zu entsprechen. Es bleibt dem Eigentümer des anderen Grundstücks überlassen, im Wege der Vollstreckungsabwehrklage (§ 767 ZPO) vorzugehen.

17   Ist der Gläubiger des Gesamtgrundpfandrechts Ersteher sämtlicher mit dem Gesamtrecht belasteten Grundstücke, ist die Ermittlung der fiktiven Befriedigung unproblematisch. Schwierigkeiten können jedoch dann auftreten, wenn der befriedigungsberechtigte Gläubiger nur ein einzelnes Grundstück ersteigert (z.B. bei

---

36   OLG Saarbrücken, Beschluss vom 4.7.2013, 4 U 4/13, BeckRS 2013, 11958.
37   Hierzu *Muth*, ZIP 1986, 350; *Scherer*, Rpfleger 1984, 259; a.A. *Kahler*, MDR 1983, 903.
38   *Eickmann*, KTS 1987, 617.
39   Dazu *Muth*, ZIP 1986, 350.
40   Eingefügt durch Gesetz vom 1.2.1979 (BGBl I 127).
41   Der Gesetzgeber reagierte auf die von der Praxis abweichende Entscheidung des BGH, NJW 1968, 1676 = Rpfleger 1968, 219.
42   LG Koblenz, Rpfleger 1986, 395.
43   LG Koblenz, Rpfleger 1986, 395.

Einzelausgeboten oder im Gruppenausgebot). In diesem Fall ist davon auszugehen, dass zunächst gem. § 114a festzustellen ist, in welcher Höhe der Gesamtrechtsgläubiger als befriedigt gilt. Sodann ist eine Aufteilung der fiktiven Befriedigung auf die einzelnen Grundstücke nach den Regeln des § 122 vorzunehmen.[44] Allerdings kann diese gesetzliche Regelung erst dann zur Anwendung kommen, wenn der Gesamtrechtsgläubiger von seinem Wahlrecht gem. § 1132 Abs. 1 BGB keinen Gebrauch macht. Dieses Wahlrecht kann der Gläubiger noch im Verteilungstermin ausüben. Die Befriedigungsfiktion tritt erst im Zeitpunkt des Verteilungstermins ein, bis dahin kann der Gläubiger von seinem Wahlrecht Gebrauch machen.

7. Gesetzlicher Löschungsanspruch

18 Nach § 91 Abs. 4 hat das Erlöschen eines Rechts, dessen Inhaber zur Zeit des Erlöschens einen gesetzlichen Löschungsanspruch gem. § 1179a BGB hat, nicht das Erlöschen des gesetzlichen Löschungsanspruchs zur Folge. Nach § 91 Abs. 4 Satz 2 erlischt der Löschungsanspruch, wenn der Berechtigte aus dem Grundstück befriedigt wird. Was für die tatsächliche Befriedigung gilt, muss auch für die fiktive gelten. Das Vollstreckungsgericht sollte gegebenenfalls hierauf hinweisen (§ 139 ZPO), um sinnlose Anträge gem. § 130a Abs. 2 zu vermeiden.[45] Besteht der Anspruchsberechtigte auf seinen Antrag, muss gem. § 50 Abs. 2 Satz 1 i.V.m. §§ 125, 128 verfahren werden.

V. Abtretung der Rechte aus dem Meistgebot

19 Die **Befriedigungsfiktion** tritt auch dann ein, wenn der Meistbietende die Rechte aus dem Meistgebot gem. § 81 Abs. 2 abtritt. Es sind 4 Möglichkeiten denkbar:

(1) der Ersteher fällt unter § 114a, nicht jedoch der Meistbietende,

(2) der Meistbietende fällt unter § 114a, jedoch nicht der Ersteher,

(3) der Ersteher und Meistbietende fallen unter § 114a,

(4) bei mehrfacher Abtretung der Rechte aus dem Meistgebot fallen mehrere Zedenten, und vielleicht auch der Zessionar, unter § 114a.

20 (1) Nach dem Wortlaut von § 114a wird bei der Befriedigungsfiktion auf den Ersteher abgestellt. Daher dürfte es völlig unstreitig sein, dass im Falle der Abtretung der Rechte aus dem Meistgebot der Ersteher (Zessionar) sich die Befriedigungsfiktion entgegenhalten lassen muss, wenn die Voraussetzungen im Übrigen in seiner Person vorliegen.

21 (2) Liegen die Voraussetzungen nur in der Person des Meistbietenden vor und tritt er seine Rechte aus dem Meistgebot gem. § 81 Abs. 2 an jemanden ab, der nicht unter § 114a fällt, erfordert der Gesetzeszweck die entsprechende Anwendung auf den Meistbietenden.[46] Die Befriedigungswirkung tritt in der Person des

---

[44] Hierzu Steiner/*Eickmann*, § 114a Rdn. 22.
[45] *Ebeling*, Rpfleger 1985, 279.
[46] BGH, NJW 1989, 2396 = Rpfleger 1989, 421; BGH, MDR 1979, 1018 = WM 1979, 977; OLG Celle, NJW-RR 1989, 639; OLG Düsseldorf, JurBüro 1988, 673; *Stöber*, ZVG § 114a Rdn. 2.7; Steiner/*Eickmann*, § 114a Rdn. 11; *Kahler*, MDR 1983, 903; *Ebeling*, Rpfleger 1988, 400.

Meistbietenden auch dann ein, wenn er bei der Zession nicht $^7/_{10}$ des Grundstückswertes erzielen konnte.[47]

22 (3) Bei Abtretung der Rechte aus dem Meistgebot gilt die Befriedigungsfiktion sowohl gegenüber dem Zessionar als auch dem Zedenten. Unklar ist, wie zu verfahren ist, wenn die Voraussetzungen des § 114a in der Person des Meistbietenden und in der Person des Erstehers zugleich vorliegen. Hier wird die Auffassung vertreten, das nach dem Gesetzeswortlaut die Befriedigungsfiktion nur dem Ersteher gegenüber zu gelten hat.[48] Dem kann nicht zugestimmt werden, da diese Auslegung dem Regelungszweck der Vorschrift widerspricht. Innerhalb der $^7/_{10}$-Grenze des Grundstückswertes muss eine Befriedigungsfiktion sowohl der Ansprüche des Zedenten als auch des Zessionars angenommen werden, allerdings in der Reihenfolge, die sich aus § 10 Abs. 1 ergibt.

23 (4) Bei einer mehrfachen Abtretung der Rechte aus dem Meistgebot sind die Grundsätze zuvor ebenfalls anzuwenden. Die Befriedigungsfiktion darf insgesamt nicht $^7/_{10}$ des Grundstückswertes überschreiten; für die Reihenfolge der fiktiven Befriedigung ist die Rangordnung nach § 10 Abs. 1 maßgebend.

VI. Verdeckte Vertretung

24 Auch soweit es sich um die verdeckte Vertretung (§ 81 Abs. 3) handelt, trifft § 114a keine ausdrückliche Regelung. Nach dem Sinn und Zweck der Vorschrift muss jedoch davon ausgegangen werden, dass die fiktive Befriedigung gegenüber dem Bevollmächtigten und dem Ersteher in gleicher Weise wirkt, wie sie auch gegenüber dem Zedenten und dem Zessionar gilt (zuvor → Rdn. 22).[49]

VII. Strohmann; Tochtergesellschaft

25 Die beabsichtigten Wirkungen des § 114a können nicht durch Vorschieben eines Strohmannes (z.B. Gebot des Gesellschafters für sich statt für die Einmann-GmbH, die Gläubigerin des Rechtes ist) umgangen werden.[50] Nach ständiger Rechtsprechung des BGH muss sich der Grundschuldgläubiger, der durch einen **Strohmann**, einen uneigennützigen **Treuhänder** oder eine **Tochtergesellschaft** das Grundstück zu einem Betrag unter der $^7/_{10}$-Grenze ersteigern lässt, um sich dessen Wert zuzuführen, so behandeln lassen, als hätte er das Gebot selbst abgegeben. Die Befriedigungsfiktion findet auch dann Anwendung, wenn das dem betreibenden Gläubiger beherrschende Unternehmen – selbst oder über einen von ihm abhängigen Dritten – das Grundstück ersteigert hat und der Gläubiger im Versteigerungstermin nicht als Bietkonkurrent des herrschenden Unternehmens auftreten konnte.[51] Auf einen dinglichen Gläubiger, der den materiell-rechtlichen Folgen eines eigenen Meistgebots zu entgehen sucht, indem er einen Dritten den Grundbesitz ersteigern lässt, ist § 114a entsprechend anzuwenden. Allerdings bleibt die Wirksamkeit des Gebots des Dritten hiervon unberührt. Das Gericht darf eine Zurückweisung des Gebots nach § 71 Abs. 1 nicht beschließen. § 114a

---

47 BGH, Rpfleger 1989, 421 = NJW 1989, 2396.
48 *Muth,* ZIP 1986, 350.
49 Steiner/*Eickmann,* § 114a Rdn. 11; *Stöber,* ZVG § 114a Rdn. 2.7 (d); *Ebeling,* Rpfleger 1988, 400.
50 Steiner/*Eickmann,* § 114a Rdn. 12; *Stöber,* ZVG § 114a Rdn. 2.8; *Muth,* ZIP 1986, 350.
51 BGH, Rpfleger 2005, 554 = NJW-RR 2005, 1359 = WM 2005, 1367 = ZfIR 2005, 884; BGH, Rpfleger 1992, 264 = NJW 1992, 1702.

soll nicht bestimmte Gebote oder das Bieten durch bestimmte Personen, sondern nur verhindern, dass ein innerhalb der $^{7}/_{10}$-Grenze liegender Berechtigter das Grundstück in der Zwangsversteigerung günstig erwirbt und sodann den durch sein Meistgebot nicht gedeckten Restbetrag seiner persönlichen Forderung gegen den Schuldner in voller Höhe geltend macht.[52] Bieten durch den **Ehegatten** kann jedoch nicht grundsätzlich als Umgehung gewertet werden.[53] Der Schuldnerschutz des § 114a kann nicht dadurch außer Kraft gesetzt werden, dass der Gläubiger eine **Ausbietungsgarantie** eines Dritten vor Auszahlung des Darlehens verlangt, dem dann der Schuldner aus – zumindest – Geschäftsführung ohne Auftrag auf Aufwendungsersatz haftet, und zwar eben in der Höhe seiner Schuld, von der ihn § 114a befreien soll.[54]

Gibt die betreibende Grundschuldgläubigerin im Versteigerungstermin in Vollmacht für eine Immobilienverwaltungsgesellschaft, an der sie selbst zu 99 % beteiligt ist, das Meistgebot ab, welches unter 50 % des Verkehrswertes liegt, kann der Zuschlag nicht im Hinblick auf § 114a i.V.m. § 85a Abs. 3 erteilt werden. Die Prüfung der Befriedigungsfiktion bzw. die materiell-rechtlichen Folgen der Zuschlagserteilung obliegen nicht dem Vollstreckungsgericht, sondern dem Prozessgericht.[55]

VIII. Vertraglicher Ausschluss der Befriedigungsfiktion

Ob ein vertraglicher Ausschluss der Befriedigungsfiktion nach § 114a möglich ist, ist umstritten.[56] Richtig ist, dass es sich bei dieser gesetzlichen Regelung um eine Schuldnerschutzvorschrift handelt, durch die der sozialstaatlichen Verpflichtung aus Art. 20 GG Rechnung getragen wird. Andererseits handelt es sich um eine materiell-rechtliche Vorschrift schuldrechtlichen Inhalts, nicht um eine Verfahrensvorschrift, sodass sie als **disponible Rechtsnorm** anzusehen ist.

Der vertragliche Ausschluss der Befriedigungsfiktion kann nur zwischen den Vertragsparteien Wirkung äußern, regelmäßig somit nur zwischen dem Schuldner und dem nach § 114a von der Befriedigungsfiktion betroffenen Berechtigten. Auf **Bürgen** und **Mitschuldner** hat der Verzicht keinen Einfluss, es sei denn, auch sie haben auf die Befriedigungswirkung verzichtet.

Nach Eintritt der Befriedigungswirkung ist ein **Verzicht** auf seine Wirkungen nicht mehr möglich.

Der Verzicht auf die Befriedigungswirkung ist als **Schenkungsversprechen** gegenüber dem davon betroffenen Berechtigten anzusehen. Zur Wirksamkeit des Verzichts bedarf es daher gem. § 518 Abs. 1 Satz 1 BGB der **notariellen Beurkundung**. Sie ist dann nicht erforderlich, wenn der Berechtigte dem Schuldner für den Verzicht auf die Befriedigungswirkung eine Gegenleistung verspricht (z.B. Verrechnung des Mehrerlöses auf die Forderung im Falle der Grundstücksverwertung)[57], weil dann eine Schenkung nicht mehr vorliegt. Allerdings ist dann auf die möglichen schenkungssteuerrechtlichen Folgen zu achten.

---

52 BGH, Rpfleger 2004, 433 = NJW-RR 2004, 666, 667.
53 *Böttcher*, § 114a Rdn. 6; *Kahler*, MDR 1983, 903; *Muth*, ZIP 1986, 350.
54 Hierzu OLG Celle, Rpfleger 1989, 118 mit kritischer Anm. *Muth*.
55 LG Landau, Rpfleger 2001, 366.
56 Bejahend: Steiner/*Eickmann*, § 114a Rdn. 20; *Mohrbutter*, KTS 1977, 89; verneinend: *Muth*, ZIP 1986, 350.
57 Steiner/*Eickmann*, § 114a Rdn. 20.

§ 115 »Widerspruch gegen den Teilungsplan«

(1) ¹Über den Teilungsplan wird sofort verhandelt. ²Auf die Verhandlung sowie auf die Erledigung erhobener Widersprüche und die Ausführung des Planes finden die §§ 876 bis 882 der Zivilprozeßordnung entsprechende Anwendung.

(2) Ist ein vor dem Termin angemeldeter Anspruch nicht nach dem Antrag in den Plan aufgenommen, so gilt die Anmeldung als Widerspruch gegen den Plan.

(3) Der Widerspruch des Schuldners gegen einen vollstreckbaren Anspruch wird nach den §§ 767, 769, 770 der Zivilprozeßordnung erledigt.

(4) Soweit der Schuldner durch Sicherheitsleistung oder Hinterlegung die Befriedigung eines solchen Anspruchs abwenden darf, unterbleibt die Ausführung des Planes, wenn die Sicherheit geleistet oder die Hinterlegung erfolgt ist.

Übersicht

		Rdn.
I.	Allgemeines	1
II.	Widerspruch gegen den Teilungsplan	3
	1. Grundsatz	3
	2. Zulässigkeit	4
	3. Widerspruchsberechtigung	9
	4. Form des Widerspruchs	13
III.	Widerspruch gegen Teilungsmasse	15
IV.	Widerspruch gegen bestehen bleibende Rechte	16
V.	Widerspruch des Schuldners	17
	1. Allgemeines	17
	2. Vollstreckbarer Anspruch	18
VI.	Ausführung des Teilungsplans, §§ 876, 877 ZPO	22
	1. Kein Widerspruch	22
	2. Widerspruch liegt vor	23
	3. Keine Einigung	25
VII.	Unterlassen des Widerspruchs	27
VIII.	Widerspruchsklage	28
	1. Frist	28
	2. Nachweis der Klageerhebung	29
	3. Parteien der Widerspruchsklage	31
	4. Klageantrag	34
	5. Gerichtsstand	36
IX.	Urteil, §§ 880–882 ZPO	38
	1. Inhalt des Urteils	38
	2. Nachweis gegenüber dem Vollstreckungsgericht	41
X.	Versäumung der Klagefrist	44

I. Allgemeines

1   Nach § 113 wird im Verteilungstermin der Teilungsplan nach Anhörung der anwesenden Beteiligten endgültig aufgestellt. Nach § 115 Abs. 1 Satz 1 wird über den Teilungsplan sofort verhandelt um eventuelle Widersprüche gegen den Plan festzustellen. Beteiligte, die dem Termin fernbleiben, sind durch Abs. 2 geschützt. Die Verhandlung und Erledigung von erhobenen Widersprüchen richtet sich nach Abs. 3, 4 und den entsprechend anwendbaren §§ 876–882 ZPO. Dabei ist zu beachten, dass in den Fällen der §§ 876 ff. ZPO die Gläubigerforderungen durchweg

vollstreckbar sind und der Plan vor dem Termin angefertigt ist und zur Einsichtnahme ausliegt, während das in der Zwangsversteigerung häufig nicht der Fall ist (Ausnahme § 106).

Über den Verteilungstermin ist ein **Protokoll** zu fertigen (hierzu → § 113 Rdn. 6 ff.). In das Protokoll sind alle wichtigen Einzelheiten aufzunehmen, z.b. erhobener Widersprüche, vorgetragene Gründe, Äußerungen anderer Beteiligter, vergleichsweise Erledigung usw. 2

II. Widerspruch gegen den Teilungsplan

1. Grundsatz

Der Widerspruch richtet sich gegen den gesamten Inhalt des Teilungsplans (von 3 der Teilungsmasse, über die Feststellung der Schuldenmasse bis zur Zuteilung an die Beteiligten) mit dem Verlangen nach einer Planänderung. Bei offensichtlichen formellen Fehlern (Berechnungsfehler bei der Teilungsmasse oder bei Kosten- und Zinsbeträgen) ist der Plan zu korrigieren, § 319 ZPO. Die sofortige Beschwerde, § 793 ZPO oder sofortige Erinnerung, § 11 Abs. 2 RPflG sind nicht zulässig (hierzu → § 113 Rdn. 12–14). Der Widersprechende muss eine Verbesserung seiner Rechtslage erstreben und ein eigenes, wenn auch nur mittelbares Interesse an der Planänderung haben.[1] Der Widerspruch wirkt nicht zugunsten eines Besserberechtigten, der durch den Plan benachteiligt wird, aber selbst keinen Widerspruch erhoben hat. Vor diesem Hintergrund zeigt sich auch z.B. die fehlerhafte Entscheidung des LG Hechingen[2]: „Übersieht das Vollstreckungsgericht bei der Erstellung des Teilungsplans die Deckelung des Hausgeldes auf 5 v. H. des Verkehrswertes (§ 10 Abs. 1 Nr. 2) und stellt versehentlich den voll angemeldeten Betrag in den Teilungsplan ein (hier ca. 12 % des Verkehrswertes), kann aufgrund der Beschwerde des Berechtigten selbst der ausgeführte Teilungsplan geändert und der Zuteilungsbetrag an die Eigentümergemeinschaft berichtigt werden". Wenn das Gericht die Deckelung der Höhe nach in Rangklasse 2 § 10 Abs. 1 nicht richtig einschätzt, ist dies kein formeller Fehler, sondern eine möglicherweise unrichtige Sachentscheidung. Die nachrangigen Gläubiger sind hiervon betroffen und hätten Widerspruch gegen Zuteilung erheben müssen. In keinem Falle kann der bereits ausgeführte Teilungsplan korrigiert werden.[3]

2. Zulässigkeit

Das Vollstreckungsgericht hat nur die Zulässigkeit des Widerspruchs prüfen, 4 nicht hingegen, ob er materiell-rechtlich begründet ist. Ist der zwischen den Berechtigten aufzuteilende Versteigerungserlös vom Vollstreckungsgericht hinterlegt worden, so ist der Ausgleich nach der materiellen Rechtslage durch Zustimmungserklärungen der Beteiligten oder durch rechtskräftige Verurteilung des Widersprechenden herbeizuführen.[4] Ist der Widerspruch zulässig, hat das Vollstreckungsgericht einen Schwebezustand herzustellen. Die Fragen, ob der Widerspruch zulässig und ob er begründet ist, können sich berühren. Wenn z.B. der Widersprechende durch Abtretung oder Pfändung behauptet, das Recht des

---

1 BGH, WM 1962, 1138; OLG Hamburg, MDR 1985, 492.
2 LG Hechingen, ZfIR 2011, 684 (*Weis*).
3 Die Kritik an dieser Entscheidung von *Weis*, ZfIR 2011, 685 ist berechtigt; so auch *Böttcher*, § 113 Rdn. 10a.
4 BGH, Rpfleger 1987, 426 = NJW-RR 1987, 890.

Gläubigers wahrzunehmen, kann die Berechtigung von der Wirksamkeit der Abtretung oder Pfändung abhängen. Das Vollstreckungsgericht ist befugt, die Rechtswirksamkeit nachzuprüfen. Gegen die Zulassung des Widerspruchs ist eine sofortige Beschwerde grundsätzlich unzulässig.[5]

5   Der Widerspruch kann sich gegen die Teilungsmasse, die Feststellung der Schuldenmasse, die Zuteilung an die Beteiligten, den **Bestand**, den **Rahmen** und die **Höhe** des fremden Anspruchs oder gegen die Nichtberücksichtigung des eigenen Anspruchs richten. Er kann sich auch gegen die berücksichtigten **Zwangsvollstreckungskosten** des Gläubigers (§ 10 Abs. 2) richten.

6   Geht das Eigentum an einem **Zubehörgegenstand** durch den Zuschlag in der Zwangsversteigerung verloren und erhebt der Eigentümer im Verteilungstermin Widerspruch, richtet sich die Widerspruchsklage gegen den Beteiligten, dem zuletzt aus dem Versteigerungserlös ein Betrag zugeteilt wurde.[6] Dieser Auffassung kann jedoch nur insoweit zugestimmt werden, als ein Mehrerlös über das geringste Gebot vorhanden ist. Wurde nur das geringste Gebot geboten und der Zuschlag nach § 85a Abs. 3 erteilt, müssen die Anspruchsberechtigten im geringsten Gebot zwingend gezahlt werden, der Widerspruch ist dann zwar zulässig, aber unbegründet.

7   Wird der Widerspruch nur mit einen **Legitimationsmangel** begründet, d.h., dass der im Teilungsplan ausgewiesene Berechtigte keinen Anspruch habe, ist er unzulässig. Wird z.B. bemängelt, dass berücksichtigte Grundpfandrecht sei kein Fremdrecht, sondern Eigentümerrecht, würde der Erlösanteil nicht dem Gläubiger, sondern dem Eigentümer gebühren. Daraus alleine kann aber ein ausfallender Gläubiger keine Rechte herleiten, weil nachfolgende Berechtigte rangmäßig nicht aufrücken. Anders kann der Widerspruch aber darauf gestützt werden, dass das Recht, gegen das er sich richtet, überhaupt nicht besteht somit auch nicht zu berücksichtigen ist.[7]

8   Ein **unzulässiger Widerspruch** hat das Vollstreckungsgericht durch begründeten Beschluss zurückzuweisen.[8]

3. Widerspruchsberechtigung

9   Widerspruchsberechtigt ist grundsätzlich ein **Beteiligter** i.S.v. § 9, der als solcher ein Recht auf Befriedigung aus dem Erlös hat, jedoch durch das von einem anderen geltend gemachte Recht auf Befriedigung verdrängt wird.[9] Somit ist auch derjenige widerspruchsberechtigt, dem der Schuldner sein Recht auf den Erlösüberschuss abgetreten oder der aufgrund des Anfechtungsgesetzes ein ihm vorgehendes Recht angefochten hat. Macht der **Insolvenzverwalter** mit einer Anfechtung geltend, anstelle des Anfechtungsgegners sei die Insolvenzmasse aus einem dinglichen Recht am Grundstück zu befriedigen, so ist er Beteiligter i.S.d. § 9 und damit zum Widerspruch und zur Widerspruchsklage nach § 115 ZVG i.V.m. § 878 ZPO berechtigt.[10] Der Widerspruch gründet sich regelmäßig auf ein dingliches

---

5   LG Münster, MDR 1966, 1011.
6   OLG Celle, Rpfleger 1993, 363.
7   RGZ 60, 360; 63, 152; 73, 50.
8   Hierzu *Stöber*, ZVG § 115 Rdn. 3.11; *ders.*, Rpfleger 1969, 203.
9   BGH, Rpfleger 1975, 84 = MDR 1975, 307; BGH, NJW 1969, 1428 = Rpfleger 1969, 202; BGH, WM 1962, 1138.
10 BGH, Rpfleger 2001, 443 = NJW 2001, 2477 = NZI 2001, 418 = KTS 2001, 514 = MDR 2001, 1190 = WM 2001, 1078 = ZIP 2001, 933 = ZfIR 2001, 499.

Recht.¹¹ Widerspruchsberechtigt ist auch der **Pfändungsgläubiger** eines dinglichen Rechts. Gründet sich der Widerspruch nicht auf ein im Grundbuch eingetragenes Recht, muss der Widersprechende seinen Anspruch auf Verlangen des Vollstreckungsgerichts oder eines Beteiligten glaubhaft machen, § 294 ZPO.

Da das Vollstreckungsgericht nur auf dingliche Ansprüche zahlt, §§ 114, 10, ist der **Rückgewährsanspruch** als schuldrechtlicher Anspruch nicht zu berücksichtigen. Zugelassen wurde jedoch der Widerspruch eines Beteiligten, dem der Rückgewährsanspruch abgetreten wurde.¹² In einer weiteren Entscheidung vertritt der BGH¹³ die Auffassung, dass Einwendungen gegen den Teilungsplan nicht nur aus dinglichen Rechten, sondern auch aus **schuldrechtlichen Ansprüchen** hergeleitet werden können.¹⁴ Letztere müssen jedoch geeignet sein, die Geltendmachung des dinglichen Rechts eines anderen zu beschränken oder auszuschließen, d.h. diesen anderen zu verpflichten, den auf sein dingliches Recht entfallenden Erlösanteil dem Widersprechenden zu überlassen. Der Anspruch auf Rückgewähr nicht valutierter Teile einer Sicherungsgrundschuld begründet somit ein Widerspruchsrecht in diesem Sinne. Gleiches muss auch für eine Vereinbarung gelten, wonach ein Beteiligter bei der Inanspruchnahme des Erlöses hinter den Widersprechenden zurückzutreten ist. Dem **Pfändungsgläubiger** des Rückgewährsanspruches ist ebenfalls ein Widerspruchsrecht einzuräumen.¹⁵ 10

Der **Ersteher** gehört nur dann zu den Widerspruchsberechtigten, wenn er selbst anspruchsberechtigt ist und der Plan ihn benachteiligt.¹⁶ Gleiches gilt für einen Bürgen (§ 69 Abs. 3) und den gem. § 81 Abs. 4 für mithaftend erklärten Meistbietenden. Soweit der Ersteher die Berechnung der Teilungsmasse bemängelt, handelt es sich um eine sofortige Beschwerde gegen den Teilungsplan (hierzu → § 113 Rdn. 14). 11

Der **Mieter**, der einen Baukostenzuschuss geleistet hat, ist nicht widerspruchsberechtigt¹⁷, ebenfalls nicht zum Widerspruch berechtigt ist der Beteiligte, dessen Recht durch eine Vereinbarung nach § 91 Abs. 2 bestehen bleibt, wenn seine Ansprüche unberührt bleiben.¹⁸ 12

4. Form des Widerspruchs

Der Widerspruch kann mündlich im Verteilungstermin oder auch vor dem Termin schriftlich oder zu Protokoll der Geschäftsstelle erhoben werden, und zwar spätestens bis zur Ausführung des Teilungsplans. Eine Begründung oder Glaubhaftmachung ist grundsätzlich nicht erforderlich. Wird eine Begründung im Verteilungstermin abgegeben, ist der Widersprechende für die nachfolgende Klage hieran nicht gebunden. Immer muss der Widerspruch klar erkennen lassen, gegen welche Feststellungen des Plans er sich richtet und welche Änderungen erstrebt werden. Soweit das auch bei Ausübung der Fragepflicht (§ 139 ZPO) nicht klargestellt werden kann, ist der Widerspruch zurückzuweisen. 13

---

11 Steiner/*Teufel*, § 115 Rdn. 24.
12 BGH, WM 1981, 693; Steiner/*Teufel*, § 114 Rdn. 82; *Böttcher*, § 114 Rdn. 5.
13 BGH, Rpfleger 2002, 273 = NJW 2002, 1578 = NZI 2002, 276 = KTS 2002, 333 = MDR 2002, 603 = WM 2002, 337 = ZIP 2002, 407 = InVo 2002, 164 = ZfIR 2002, 411.
14 Hierzu auch *Zwingel*, Rpfleger 2000, 437.
15 Steiner/*Teufel*, § 114 Rdn. 82.
16 RGZ 71, 424; BGH, WM 1972, 1032.
17 BGH, Rpfleger 1971, 102 = KTS 1971, 204 = MDR 1971, 287.
18 BGH, WM 1972, 1032.

14   Ist ein angemeldeter Anspruch nicht entsprechend dem Antrag im Teilungsplan aufgenommen, **gilt die Anmeldung als Widerspruch** (Abs. 2). Regelmäßig wird das Versteigerungsgericht den geltend gemachten **Löschungsanspruch** von Amts wegen als Widerspruch werten, da der angemeldete Anspruch nicht nach dem Antrag in den Teilungsplan aufgenommen werden kann (hierzu → § 114 Rdn. 104).[19]

III. Widerspruch gegen Teilungsmasse

15   Ein Widerspruch gegen die Teilungsmasse in dem Sinne, dass die Teilungsmasse Beträge enthält, die grundsätzlich nicht hierzu gehören (z.b. ein Überschuss aus der Zwangsverwaltung), ist unzulässig.[20] Ein offensichtlich unzulässiger Widerspruch kann durch begründeten Beschluss zurück gewiesen werden. Bei fehlerhafter Berechnung der Teilungsmasse ist diese von Amts wegen oder auf Anregung zu berichtigen, § 319 ZPO. Bei sachlichen Einwänden ist der Widerspruch der einzige und richtige Rechtsbehelf, die **sofortige Beschwerde** ist nicht zulässig (s. → § 113 Rdn. 14). Ein Bereicherungsanspruch des Erstehers gegen den letztrangigen Beteiligten bei zu hoher Teilungsmasse besteht nicht.[21]

IV. Widerspruch gegen bestehen bleibende Rechte

16   Ein Widerspruch gegen ein nach den Versteigerungsbedingungen bestehen bleibendes Recht fällt nicht unter § 115. Hierdurch wird geltend gemacht, dass eine Zuzahlungspflicht nach §§ 50, 51 besteht und somit eine Erhöhung der Teilungsmasse in Betracht kommt, jedoch nicht eine andere Verteilung der Teilungsmasse. Eine Zuzahlung ist bedingt unter die ausfallenden Berechtigten, nicht an den Widersprechenden als solchen, zu verteilen. Wenn sich ein Widerspruch gegen ein nach § 91 Abs. 2 durch Vereinbarung bestehen bleibendes Recht richtet, wird damit geltend gemacht, das der in § 91 Abs. 3 Satz 1 erwähnte Erlösanteil dem Berechtigten nicht zustehe.[22] Dieser Erlösanteil muss daher für den Fall, dass der Widerspruch begründet ist, dem Widersprechenden zugeteilt werden. Ihm ist die Forderung gegen den Ersteher bedingt zu übertragen und unter der gleichen Bedingung ist gem. § 128 eine Sicherungshypothek einzutragen. Hierauf hat sich das Ersuchen des Vollstreckungsgerichts an das Grundbuchamt zu beschränken. Dagegen darf es nicht um die Löschung des Rechts ersuchen, dessen Bestehenbleiben vereinbart ist und hat sich auch nicht darum zu kümmern, welche Wirkung der begründete Widerspruch auf die Vereinbarung hat.

V. Widerspruch des Schuldners

1. Allgemeines

17   Der Schuldner ist zum Widerspruch berechtigt, wenn er einen Erlösanteil für sich beansprucht[23] oder wenn er erreichen will, dass die Auszahlung statt einem Gläubiger, dem er nur dinglich haftet, einem anderen Beteiligten zufällt, dem er persönlich haftet.[24] Erhebt der Schuldner einen Widerspruch gegen einen voll-

---

19   So auch *Böttcher*, § 114 Rdn. 35.
20   RGZ 51, 318.
21   BGH, Rpfleger 1977, 246 = NJW 1977, 1287.
22   *Böttcher*, § 115 Rdn. 3.
23   RGZ 166, 113.
24   RGZ 63, 152; 73, 50.

streckbaren Anspruch gilt Abs. 3; im Übrigen kann er wie jeder andere Beteiligte widersprechen.[25]

2. Vollstreckbarer Anspruch

Ist der **Anspruch**, gegen den sich der Widerspruch des Schuldners richtet, **vollstreckbar**, kann der Schuldner Einwendungen nur durch die Vollstreckungsgegenklage (§ 767) erheben (Abs. 3).[26] Um die Ausführung des Teilungsplans zu erreichen, muss der Schuldner eine einstweilige Einstellung durch das Prozessgericht nach § 769 Abs. 1 ZPO erwirken. Nur ausnahmsweise, wenn ein dringender Fall gegeben ist, kann das Vollstreckungsgericht selbst gem. § 769 Abs. 2 ZPO einstweilen einstellen unter Bestimmung einer Frist, innerhalb der die Entscheidung des Prozessgerichts beizubringen ist. 18

Ist der Titel nur **vorläufig vollstreckbar** und noch nicht rechtskräftig, hat der Schuldner nicht die Vollstreckungsgegenklage zu erheben, sondern den anhängigen Rechtsstreit fortzusetzen.[27] Die Aussetzung der Planausführung muss er gem. §§ 719, 707 ZPO erwirken. Ist dem Schuldner nachgelassen, die Zwangsvollstreckung durch Sicherheitsleistung oder Hinterlegung abzulehnen, unterbleibt die Planausführung, sofern die Sicherheitsleistung oder Hinterlegung dem Vollstreckungsgericht nachgewiesen wird. Wird der Anspruch des Gläubigers rechtskräftig festgestellt, kann sich der Gläubiger nach seiner Wahl an den Zwangsversteigerungserlös oder an die Sicherheit halten. Greift der Gläubiger auf die Sicherheit zu, fällt der im Teilungsplan ausgewiesene Erlösanteil dem bisherigen Eigentümer zu. Nachfolgende Berechtigte rücken nicht rangmäßig auf. Das Gleiche gilt, wenn der vom Widerspruch des Schuldners betroffene Anspruch ein solcher aus einer Grundschuld ist; denn der Grundschuldgläubiger ist in diesem Falle aus dem Vermögen des Schuldners befriedigt und deshalb hat dieser den Anspruch auf Überlassung der auf die Grundschuld entfallenden Anspruchsberechtigung. 19

Wird der Anspruch rechtskräftig abgewiesen, werden geleistete Sicherheiten und der Erlösanteil frei; in diesem Fall fällt der Erlösanteil dem nächsten ausfallenden Berechtigten zu, soweit nicht der Schuldner selbst hierauf Anspruch hat. 20

Die zuvor beschriebenen Regeln gelten auch für den **Widerspruch** des **neu eingetretenen Eigentümers**, sofern dieser gem. § 9 Nr. 2 durch Anmeldung Beteiligter des Verfahrens geworden und der Anspruch gegen ihn gem. § 325 Abs. 3, § 727 ZPO vollstreckbar ist. 21

VI. Ausführung des Teilungsplans, §§ 876, 877 ZPO

1. Kein Widerspruch

Liegt kein Widerspruch vor, ist der Plan gem. den §§ 117 ff. auszuführen. Beteiligte, die nicht am Verteilungstermin teilnehmen und auch nicht schriftlich Widerspruch erhoben haben, gelten nach § 877 Abs. 1 ZPO als einverstanden. 22

---

25 LG Krefeld, Rpfleger 1988, 377.
26 BGH, WM 1981, 693, Umdeutung einer Widerspruchsklage in eine Klage gem. § 767 ZPO.
27 *Stöber*, ZVG § 115 Rdn. 7.

2. Widerspruch liegt vor

23 Ist Widerspruch erhoben, haben sich die im Termin erschienenen Beteiligten sofort zu erklären (§ 876 Satz 2 ZPO). Es besteht allerdings keine Erklärungspflicht, eine Unterlassung hat keine Rechtsnachteile zur Folge. Wer sich aber nicht erklärt, setzt sich der Widerspruchsklage aus; das Schweigen auf einen Widerspruch kann dahin ausgedeutet werden, dass dieser nicht als begründet anerkannt wird. Der Widerspruch kann nur dann erledigt werden, wenn alle von dem Widerspruch berührten Beteiligten anwesend sind, da Abwesende als nicht zustimmend gelten. Wird der Widerspruch von allen Beteiligten als begründet anerkannt oder erfolgt sonst eine Einigung, ist der Plan entsprechend zu berichtigen. Die Einigung kann auch in Form eines vom Vollstreckungsgericht beurkundeten Vergleichs erfolgen (hierzu → § 62 Rdn. 5).

24 Ein Widerspruch, der für begründet erklärt wird, kommt nur dem Widersprechenden zugute. Zwischenberechtigte werden hierbei nicht berücksichtigt.[28] Auch wenn im Verteilungstermin keine Barauszahlung erfolgt, ist ein Widerspruch auch bei Anordnung der Auszahlung zulässig.[29]

3. Keine Einigung

25 Erledigt sich der Widerspruch im Termin nicht, muss das Vollstreckungsgericht den Plan durch bedingte Zuteilung des streitigen Betrages (§ 124) ergänzen. Der Plan muss eindeutig erkennen lassen, wem der streitige Betrag in erster Linie zugeteilt wird und wer als Widersprechender (ausdrücklich oder gemäß Anmeldung) Widerspruchsklage zu erheben hat. In erster Linie ist an denjenigen zurückzuzahlen, der dem Vollstreckungsgericht als der Erstberechtigte erscheint; im Zweifel hat sich das Vollstreckungsgericht nach dem Inhalt des Grundbuchs zu richten.

26 Soweit der Plan vom Widerspruch nicht betroffen wird, ist er auszuführen. Im Übrigen bleibt der Plan in der Schwebe, bis der Widerspruch sich erledigt hat. Das kann geschehen durch Versäumung der Klagefrist, durch rechtskräftige Entscheidung oder dadurch, dass der Widerspruchsgegner den Widerspruch als begründet anerkennt; Schriftform ist ausreichend.

VII. Unterlassen des Widerspruchs

27 Wird ein Widerspruch nicht erhoben, wird dadurch nicht indirekt die materielle Richtigkeit des Teilungsplans anerkannt; ein Unterlassen hat lediglich verfahrensrechtliche Bedeutung. Die Geltendmachung eines besseren Rechts im Wege der Bereicherungsklage (§ 812 BGB) ist daher nicht ausgeschlossen.[30] Jedoch kann der ausgefallene Beteiligte gegen einen anspruchsberechtigten Gläubiger keine Ansprüche erheben, wenn ausgefallene Zwischenberechtigte vorhanden sind, durch deren Deckung die Teilungsmasse erschöpft sein würde.[31]

---

28 *Stöber*, ZVG § 115 Rdn. 3.8; Steiner/*Eickmann*, § 115 Rdn. 31, 32.
29 OLG Köln, Rpfleger 1991, 519 m. Anm. *Meyer-Stolte*.
30 RGZ 119, 321; BGH, NJW 1952, 263.
31 RGZ 42, 245.

VIII. Widerspruchsklage

1. Frist

Der vom Widerspruch betroffene Betrag wird hinterlegt. Der Widersprechende hat rechtzeitig die **Widerspruchsklage** zu erheben, §§ 876 ff. ZPO.[32] Der Nachweis der rechtzeitig erhobenen Widerspruchsklage muss binnen **eines Monats** erfolgen.[33] Durch Parteivereinbarung kann die Frist abgekürzt werden.[34] Die Frist beginnt mit dem Verteilungstermin. Auch eine Verweisung an das zuständige Prozessgericht, § 281 ZPO, muss innerhalb der Monatsfrist erfolgen. Wurde entgegen § 115 ein Widerspruch als vermeintlich unbegründet vom Vollstreckungsgericht nicht beachtet und die Erlösverteilung unterlassen, beginnt die Frist erst mit der aufgrund sofortiger Beschwerde erfolgten Berichtigung des Teilungsplans. Zum Fristbeginn im Falle nachträglich ermittelter Berechtigter s. § 137 Abs. 2 Satz 2 und § 139 Abs. 2 Satz 2. Eine mündliche Belehrung über die Frist, den Beginn der Frist und die Folgen des nicht rechtzeitigen Nachweises der Klageerhebung im Verteilungstermin durch das Vollstreckungsgericht ist zwar gesetzlich nicht vorgeschrieben, in der Praxis jedoch üblich und empfehlenswert.

28

2. Nachweis der Klageerhebung

Der Widersprechende muss ohne Aufforderung innerhalb der Monatsfrist den Nachweis erbringen, dass er die Widerspruchsklage erhoben hat (§ 253 ZPO). Die Klage muss zumindest beim Prozessgericht eingereicht sein und die Zustellung muss demnächst erfolgen.[35] Die Monatsfrist wird nur gewahrt, wenn der Widersprechende dem Vollstreckungsgericht innerhalb der Frist die Klageeinreichung (also die Fertigung der Klageschrift und deren Eingang bei Gericht) sowie das Vorliegen der Voraussetzungen für die Zustellung nachweist; als Nachweis der Klageeinreichung reicht es aus, wenn entweder eine mit einem anwaltlichen Beglaubigungsvermerk und der Eingangsbestätigung des Prozessgerichts versehene Kopie der Klageschrift eingereicht oder das genaue Aktenzeichen des Verfahrens mitgeteilt wird.[36] Der Nachweis kann auch durch eine Bestätigung des Prozessgerichts oder durch Bezugnahme auf die beim gleichen Gericht geführten Prozessakten erfolgen. Wird die Frist nicht gewahrt, ist die Hinterlegungsstelle anzuweisen, den hinterlegten Betrag dem Erstberechtigten auszuzahlen.

29

Hatte der Widerspruchsgegner für das Zwangsvollstreckungsverfahren einen Prozessbevollmächtigten bestellt, muss diesem die Klage zugestellt werden.[37]

30

3. Parteien der Widerspruchsklage

Der Widersprechende hat die Klage gegen den Erstberechtigten zu erheben. Die Parteien können sich aber auch dahin einigen, dass der Gegner klagt, müssen dies aber fristgerecht dem Vollstreckungsgericht mitteilen, andernfalls dieses den Plan weiter ausführen muss.[38] Auch kann durch eine Parteivereinbarung einem be-

31

---

32 OLG Celle, Rpfleger 1993, 363.
33 Vgl. AG Hannover, Rpfleger 1993, 296.
34 OLG Frankfurt, NJW 1961, 787.
35 BGH, NJW 1961, 1627; OLG Neustadt, NJW 1961, 1268; Steiner/*Eickmann*, § 115 Rdn. 75; *Stöber*, ZVG § 115 Rdn. 5.9.
36 BGH, Beschluss vom 11.6.2015, V ZB 160/14, Rpfleger 2016, 717.
37 *Stöber*, ZVG § 115 Rdn. 5.10; a.A. Baumbach/*Hartmann*, § 878 Rdn. 8.
38 RGZ 52, 336.

reits anhängigen Rechtsstreit die Bedeutung der Widerspruchsklage beigelegt werden.

32 Ist der Anspruch des Eigentümers auf Rückgewähr des nicht valutierten Teils einer Grundschuld gepfändet, so kann der Grundpfandgläubiger, der die Grundschuld in voller Höhe im Verteilungstermin angemeldet hat, gegenüber einer Widerspruchsklage die Rechte des Pfändungspfandgläubigers im Wege der gewillkürten Prozessstandschaft geltend machen.[39] Widerspricht der Vollstreckungsschuldner dem Teilungsplan, weil einem für außergerichtlich befriedigt erklärten Grundpfandgläubiger das angemeldete Recht nicht zustehe, muss die Widerspruchsklage gegen den **Ersteher** gerichtet werden.[40]

33 Die **Beweislast** liegt im Allgemeinen beim Widersprechenden.[41] Beim Widerspruch gegen die Zuteilung auf eine Sicherungshypothek hat der Gläubiger die durch die Hypothek gesicherte Forderung zu beweisen, § 1184 Abs. 1 BGB.

4. Klageantrag

34 Der Klageantrag muss sich mit dem Inhalt des erhobenen Widerspruchs decken. Eine Einschränkung bedeutet eine Teilrücknahme des Widerspruchs; der Plan ist insoweit weiter auszuführen.[42] Die Klagebegründung muss sich jedoch nicht mit einer bereits vorher mitgeteilten Widerspruchsbegründung decken. Eine Ersatzverteilung kann aufgrund des gegen die Hauptzuteilung erhobenen Widerspruchs im Widerspruchsprozess angefochten werden; ist sie jedoch an dritte Personen erfolgt, muss die Klage auch gegen diese gerichtet werden.[43]

35 Vereinbaren die Beteiligten eines Versteigerungsverfahrens, ein schon anhängiger Prozess solle als Widerspruchsprozess gelten, so muss dieser Prozess die Zulässigkeitsvoraussetzungen einer Widerspruchsklage erfüllen. Die Klage muss bei dem zuständigen Gericht erhoben und auf den zutreffenden Antrag umgestellt worden sein.[44] Mit der Widerspruchsklage kann eine **Klage** auf Schadensersatz oder wegen rechtloser Bereicherung **verbunden** und auch gegen solche Personen erstreckt werden, die am Zwangsvollstreckungsverfahren nicht beteiligt waren; nur muss für alle Klagen der gleiche Gerichtsstand gegeben sein. Es kann daher die Widerspruchsklage als solche unbegründet und abzuweisen sein, ein Anspruch auf Herausgabe des Erlösanteils aufgrund eines nach dem Verteilungstermin eingetretenen Ereignisses (z.B. eine nachträgliche Pfändung oder Abtretung) jedoch bestehen, sodass insoweit der Klage stattzugeben ist.[45] Ist die Widerspruchsklage ausschließlich mit dem späteren rechtsbegründeten Ereignis begründet, handelt es sich nicht um eine Widerspruchsklage im Sinne des § 878 Abs. 1 ZPO und löst auch nicht deren Wirkungen aus.

5. Gerichtsstand

36 Die Klage ist bei dem Prozessgericht am Ort des Vollstreckungsgerichts und, wenn der Streitgegenstand zur Zuständigkeit der Amtsgerichte nicht gehört, bei

---

39 BGH, Rpfleger 1991, 381 = NJW-RR 1991, 1197.
40 BGH, NJW 1980, 2586.
41 RGZ 52, 336.
42 Nach Steiner/*Teufel*, § 115 Rdn. 67 ist die Monatsfrist in jedem Falle abzuwarten.
43 RG, JW 1936, 2406.
44 OLG Rostock, OLG-NL 2001, 21.
45 OLG Düsseldorf, Rpfleger 1989, 422 = NJW-RR 1989, 599.

dem Landgericht zu erheben, in dessen Bezirk das Vollstreckungsgericht seinen Sitz hat, § 879 Abs. 1 ZPO. Die Bestimmung dieses **ausschließlichen Gerichtsstandes** (§ 802 ZPO) sichert die Entscheidung aller Widersprüche durch dasselbe Gericht. Nach § 879 Abs. 2 ZPO ist das Landgericht für sämtliche Klagen zuständig, wenn seine Zuständigkeit nach dem Inhalt der erhobenen und in dem Verteilungstermin nicht zur Erledigung gelangten Widersprüche auch nur bei einer Klage begründet ist; eine abweichende Vereinbarung sämtlicher Gläubiger ist zulässig.[46]

Betrifft der Widerspruch einen **öffentlich-rechtlichen Anspruch**, ist die Klage ebenfalls beim Prozessgericht zu erheben; nur hat, soweit Bestand und Höhe streitig sind, die Feststellung durch die Verwaltungsorgane zu erfolgen, insoweit ist das Verfahren auszusetzen, § 148 ZPO. Die formelle Wirksamkeit der Veranlagung, die Dringlichkeit, die Fälligkeit, das Vorrecht usw. sind vom Prozessgericht zu entscheiden.[47] 37

IX. Urteil, §§ 880–882 ZPO
1. Inhalt des Urteils

Da nach § 124 im Teilungsplan selbst festzustellen ist, wie der streitige Betrag verteilt werden soll, wenn der Widerspruch für begründet erklärt wird, kann sich das Urteil, wenn es die Klage nicht abweist, darauf beschränken, den Widerspruch für begründet zu erklären. Daher kann mit einem Geldanspruch auch nicht aufgerechnet werden[48] und für die Beurteilung im Rechtsstreit bleibt die Sach- und Rechtslage maßgebend, die zur Zeit des Verteilungstermins bestand.[49] Die Annahme, dass der Teilungsplan ein Recht auf Zuteilung begründet, das durch spätere Ereignisse nicht mehr vereitelt werden kann, verhindert, dass der vom Teilungsplan Begünstigte durch ungerechtfertigte, weil nach der Rechtslage im Zeitpunkt des Verteilungstermins nicht begründete Widersprüche Nachteile erleidet, die bei der im Gesetz (§ 117 Abs. 1) vorgesehenen sofortigen Verteilung ausgeblieben wären. Demgegenüber kann ein Recht des Widersprechenden, mit Rücksicht auf künftige Ereignisse die Zuteilung entsprechend dem Teilungsplan zu verzögern und damit gegebenenfalls ganz zu verhindern, nicht anerkannt zu werden. 38

Wenn der Kläger zugleich die Erlösverteilung angreift und sein Widerspruch auch insoweit begründet ist, muss das Urteil mit dem Inhalt gem. § 880 ZPO ergehen. Über einzelne von mehreren Gründen der Widerspruchsklage kann nicht durch Teilurteil entschieden werden. Ein Versäumnisurteil gegen den Widerspruchskläger muss lauten, dass der Widerspruch als zurückgenommen anzusehen ist, § 881 ZPO. Für die Berufungsinstanz geht das aber nur in den Grenzen des § 539 Abs. 2 ZPO. 39

Bleibt die Klage deshalb erfolglos, weil der Kläger nicht Beteiligter nach § 9 war, ist sie wegen fehlender Aktivlegitimation als unbegründet zurückzuweisen.[50] 40

---

46 *Stöber*, ZVG § 115 Rdn. 5.2.
47 RGZ 56, 396; 83, 87; 116, 368; *Schwarz*, NJW 1954, 1870.
48 BGH, WM 1966, 575.
49 BGH, Urteil vom 14.1.2010, IX ZR 50/07 (n.V.); BGH, Rpfleger 1992, 32 = NJW 1991, 1063 und Rpfleger 1974, 187; OLG Düsseldorf, Rpfleger 1989, 422 = NJW-RR 1989, 599; OLG Hamburg, MDR 1959, 496.
50 BGH, Rpfleger 1969, 202 = NJW 1969, 1428.

2. Nachweis gegenüber dem Vollstreckungsgericht

41 Das rechtskräftige Urteil ist dem Vollstreckungsgericht vorzulegen. Dieses ordnet je nach dem Inhalt von Amts wegen ohne neuen Termin die Auszahlung des hinterlegten Betrages an den Obsiegenden an oder überträgt ihm die Forderung gegen den Ersteher endgültig (§ 882 ZPO). Im letzteren Fall ist das Grundbuchamt um entsprechende Berichtigung der nach § 128 eingetragenen Sicherungshypothek zu ersuchen. Liegen mehrere Widersprüche vor, müssen diese sämtlich erledigt sein.

42 Nach dem Inhalt des Urteils kann auch die Anfertigung eines neuen Planes und ein anderweitiges Verteilungsverfahren angeordnet werden, § 880 Satz 2 ZPO. In diesem Fall hat das Vollstreckungsgericht nach der Rechtskraft des Urteils von Amts wegen eine anderweitige Verteilung entsprechend dem Urteil vorzunehmen. Zu dem neuen Verteilungstermin sind nur die Prozessbeteiligten zu laden. Für die neue Verteilung ist ausschließlich das Urteil maßgebend. Kein Beteiligter kann eine Abweichung von den darin aufgestellten Richtlinien fordern.

43 Das bare Meistgebot ist **nur bis zum ersten Verteilungstermin zu verzinsen**.

X. Versäumung der Klagefrist

44 Wurde die rechtzeitige Erhebung der Widerspruchsklage versäumt (§ 878 Abs. 1 Satz 1 ZPO), hat das Vollstreckungsgericht den Teilungsplan von Amts wegen auszuführen. Der Widersprechende verliert dadurch den Vorteil, den ihm die Hinterlegung des Erlöses bzw. die bedingte Übertragung gebracht hätte. Hiervon unberührt bleibt die Erhebung der Bereicherungsklage (§ 812 BGB), jedoch außerhalb der Zwangsversteigerung.[51] Die Verteilung ist auch dann auszuführen, wenn der Nachweis der Klageerhebung erst nach Ablauf der Monatsfrist nachgewiesen wird.[52] Ist der streitige Teil der Teilungsmasse jedoch noch nicht ausgezahlt, ist ein bis zur Anordnung der Auszahlung vorgelegtes Urteil zu berücksichtigen.[53] Ob durch einstweilige Verfügung die Folgen der Fristversäumung abgewendet werden können, ist fraglich. Bei unverschuldeter Fristversäumung (z.B. wenn die Fristwahrung wegen der Notwendigkeit einer öffentlichen Zustellung nicht möglich war) wird sie zuzulassen sein.[54]

---

51 BGH, Rpfleger 1952, 415.
52 OLG Hamm, NJW 1965, 825 = MDR 1965, 305.
53 RGZ 99, 202.
54 *Schuler*, NJW 1961, 1603; a.A. KG, JW 1932, 192 mit ablehnender Anm. *Steiner;* OLG Frankfurt, NJW 1961, 787.

§ 116 »Aussetzung der Ausführung des Teilungsplanes«

Die Ausführung des Teilungsplans soll bis zur Rechtskraft des Zuschlags ausgesetzt werden, wenn der Ersteher oder im Falle des § 69 Abs. 3 der für mithaftend erklärte Bürge sowie in den Fällen des § 81 Abs. 2, 3 der Meistbietende die Aussetzung beantragt.

I. Allgemeines

Nachdem das Vollstreckungsgericht den Zuschlag erteilt hat und dieser wirksam geworden ist (§§ 89, 104), wird der Verteilungstermin von Amts wegen bestimmt. Die Bestimmung des Termins und die Ausführung des Teilungsplans setzen nicht voraus, dass der Zuschlagsbeschluss bereits rechtskräftig geworden ist. Wird der Zuschlag nach Ausführung des Teilungsplanes aufgehoben, kann dies für den Ersteher, den für mithaftend erklärten Bürgen und den Meistbietenden in den Fällen des § 81 Abs. 2, 3 zu erheblichen Problemen führen. Um mögliche Beeinträchtigungen des zuvor genannten Personenkreises auszuschließen, kann auf Antrag die Aussetzung der Planausführung beschlossen werden. In der gerichtlichen Praxis hat die Vorschrift jedoch keine große Bedeutung erlangt, denn der Verteilungstermin wird im Allgemeinen so bestimmt, dass der Zuschlagsbeschluss rechtskräftig ist oder es wird kein Verteilungstermin bestimmt, bevor der Zuschlagsbeschluss nicht rechtskräftig ist. Sollte der Verteilungstermin ausnahmsweise stattfinden, ohne dass der Zuschlagsbeschluss rechtskräftig ist, wird das Vollstreckungsgericht die Beteiligten darauf hinzuweisen haben (§ 139 ZPO), einen entsprechenden Aussetzungsantrag zustellen. 1

II. Verfahren

1. Antrag

Die Aussetzung der Ausführung des Teilungsplans setzt einen Antrag des Erstehers, des für mithaftend erklärten Bürgen (§ 69 Abs. 3) oder des Meistbietenden im Falle der Abtretung der Rechte aus dem Meistgebot (§ 81 Abs. 2) oder der verdeckten Vertretung (§ 81 Abs. 3) voraus. Wer nur Beteiligter ist, hat kein Antragsrecht. Der Antrag kann formlos vor oder im Verteilungstermin bis zu Ausführung der Verteilung gestellt werden. Bei der Versteigerung mehrerer Grundstücke kann sich die Aussetzung auch nur auf die Grundstücke beziehen, bei denen der Zuschlag noch nicht rechtskräftig ist.[1] 2

2. Entscheidung

Das Vollstreckungsgericht hat aufgrund der Sollvorschrift einen **Ermessensspielraum**, wird aber regelmäßig dem Antrag zu entsprechen haben.[2] 3

Die Beteiligten haben gegen die Aussetzung, der Antragsteller gegen die Ablehnung die Möglichkeit der **sofortigen Beschwerde**; diese ist gegenstandslos, wenn die Ausführung tatsächlich bereits erfolgt ist. 4

---

1 *Stöber*, ZVG § 116 Rdn. 2.3.
2 Steiner/*Teufel*, § 116 Rdn. 10.

3. Wirkung

5 Wird dem Antrag auf Aussetzung der Planausführung entsprochen, hindert dies nicht die Entgegennahme der Zahlung des Erstehers, die Aufstellung des Plans, die Verhandlung hierüber und die Erörterung eventuell erhobener Widersprüche sowie die rechnerische Zuteilung des Erlöses an die Anspruchsberechtigten. Im Falle eines erhobenen Widerspruchs beginnt die Klagefrist nach § 878 ZPO mit diesem Termin.[3]

6 Die Aussetzung der Ausführung des Teilungsplans hat jedoch zur Folge, dass auch kein Grundbuchersuchen (§ 130) erlassen, keine vollstreckbare Ausfertigung des Zuschlagsbeschlusses (§ 132 Abs. 2) erteilt und auch keine Vollstreckung im Sinne der §§ 132, 133 durchgeführt werden darf.[4]

4. Spätere Planausführung

7 Nach Rechtskraft des Zuschlagsbeschlusses hat das Vollstreckungsgericht von Amts wegen einen neuen Termin zu Planausführung zu bestimmen. In ihm kann der Ersteher eine unterbliebene Zahlung nachholen; es können Neuanmeldungen erfolgen und auch neue Widersprüche erhoben werden. Die laufenden Zinsen der erlöschenden Rechte sind bis zu dem neuen Termin zu berechnen bzw. zu berücksichtigen, auch die Zinsen des Bargebots, sofern es nicht bereits vorher gezahlt oder hinterlegt wurde, § 49.

III. Aussetzung

8 Wurde der Zuschlag angefochten, kann das Vollstreckungsgericht oder das Beschwerdegericht die Aufhebung des Verteilungstermins und die Aussetzung der Verteilung anordnen (§ 570 Abs. 2, 3 ZPO).

---

3   *Stöber*, ZVG § 116 Rdn. 2.4.
4   *Böttcher*, § 116 Rdn. 3.

§ 117 »Ausführung des Teilungsplanes bei Zahlung des Bargebots«

(1) ¹Soweit der Versteigerungserlös in Geld vorhanden ist, wird der Teilungsplan durch Zahlung an die Berechtigten ausgeführt. ²Die Zahlung ist unbar zu leisten.

(2) ¹Die Auszahlung an einen im Termine nicht erschienenen Berechtigten ist von Amts wegen anzuordnen. ²Die Art der Auszahlung bestimmt sich nach den Landesgesetzen. ³Kann die Auszahlung nicht erfolgen, so ist der Betrag für den Berechtigten zu hinterlegen.

(3) Im Falle der Hinterlegung des Erlöses kann statt der Zahlung eine Anweisung auf den hinterlegten Betrag erteilt werden.

Übersicht

		Rdn.
I.	Allgemeines	1
II.	Zahlung des Erstehers	3
III.	Anspruchsberechtigung	4
	1. Allgemein	4
	2. Besonderheiten	7
	a) Wertersatz für Grunddienstbarkeit	7
	b) Nießbrauch	8
	c) Einstweilige Einstellung	9
	d) Befriedigungserklärung	10
	e) Verzicht auf die Zuteilung	12
IV.	Pfändungen; Abtretungen	13
	1. Allgemein	13
	2. Pfändung und Abtretung	17
	3. Pfändung und Abtretung von Hypothek oder Grundschuld	18
	a) Pfändung vor dem Zuschlag	18
	b) Pfändung nach dem Zuschlag	24
	4. Übererlös	27
	5. Rückgewährsanspruch	28
V.	Auszahlung an Anwesende	29
	1. Sofortige Ausführung	29
	2. Empfangsberechtigung	30
VI.	Auszahlung an Abwesende	33
VII.	Anweisung auf den hinterlegten Betrag	35

I. Allgemeines

Das Gesetz kennt zwei Arten der Ausführung des Teilungsplans, entweder hat der Ersteher das bare Meistgebot gezahlt oder es wird vom Ersteher noch geschuldet. Im ersten Fall erfolgt die Ausführung des Teilungsplans durch Anweisung der Auszahlung des Geldes an die Berechtigten oder durch Hinterlegung für diese (Abs. 2 Satz 3), im zweiten Fall durch Übertragung der Forderung gegen den Ersteher auf die Berechtigten (§§ 118, 125). Die §§ 119–126, 135 ff. regeln besonders gestaltete Fälle, in denen die Hinterlegung oder Übertragung nur bedingt erfolgen kann. 1

Durch das Zweite Gesetz zur Modernisierung der Justiz (2. JuModG) vom 22.12.2006 (BGBl I 3416) wurde Abs. 1 Satz 2 neu gefasst (von „soll" in eine „ist"-Regelung). Mit der Änderung soll die Barzahlung des zu verteilenden Erlöses ausgeschlossen werden. Zum Zeitpunkt des Inkrafttretens vgl. § 186. 2

II. Zahlung des Erstehers

3 Die Zahlung des Erstehers erfolgt gem. § 49 Abs. 1 an das Vollstreckungsgericht und wirkt schuldbefreiend. Nach § 49 Abs. 3 ist das bare Meistgebot so rechtzeitig durch Überweisung oder Einzahlung auf ein Konto der Gerichtskasse zu entrichten, dass der Betrag der Gerichtskasse vor dem Verteilungstermin gutgeschrieben ist und ein Nachweis hierüber im Verteilungstermin vorliegt (hierzu → § 49 Rdn. 8). Die Befriedigung der Anspruchsberechtigten tritt aber erst ein mit der tatsächlichen Auszahlung, mit der Hinterlegung des Geldes für den jeweiligen Berechtigten, im Fall des Abs. 2 Satz 1 mit der Absendung des Geldes an den Berechtigten und dem Fall des Abs. 3 mit der Anweisung auf den hinterlegten Betrag.

III. Anspruchsberechtigung

1. Allgemein

4 Anspruchsberechtigt ist, wer durch das Grundbuch (im Zeitpunkt der Zuschlagserteilung[1]) als Berechtigter ausgewiesen ist. Nur wenn und soweit der Nachweis der Unrichtigkeit des Grundbuches (durch Erklärung des Buchberechtigten oder durch rechtskräftiges Urteil) gegenüber dem Vollstreckungsgericht erbracht wird, hat entsprechend dem nachgewiesenen Rechtsstand die Auszahlung anderweitig zu erfolgen, Rechtsänderungen können bis zum Verteilungstermin berücksichtigt werden.[2] Soweit sich Verfügungsbeschränkungen, Pfandrechte oder ein Nießbrauch an einem Grundpfandrecht aus dem Grundbuch selbst ergeben, hat das Vollstreckungsgericht dies von Amts wegen zu beachten (im Falle der Eintragung des Rechts nach Eintragung des Zwangsversteigerungsvermerks ist eine rechtzeitige Anmeldung erforderlich, § 45 Abs. 1, § 37 Nr. 4). Besteht Streit oder auch nur Zweifel über die Anspruchsberechtigung hat das Vollstreckungsgericht zu bestimmen, wem der Erlös in erster Linie zu zahlen ist, der Betrag selbst wird hinterlegt (Abs. 2 Satz 3).

5 Wegen der Notwendigkeit der **Briefvorlage** bei einem Grundpfandrecht s. § 126.

6 Zur **Anspruchsberechtigung des Erstehers** selbst s. → § 107 Rdn. 13 und wegen der Behandlung eines Erlösüberschusses. → § 109 Rdn. 11 ff.

2. Besonderheiten

a) Wertersatz für Grunddienstbarkeit

7 Der Wertersatz für eine Grunddienstbarkeit steht demjenigen zu, der Eigentümer des herrschenden Grundstückes im **Zeitpunkt der Erlösverteilung** (und nicht der Zeitpunkt der Zuschlagserteilung) ist.[3] Nach dem Surrogationsprinzip[4] setzen sich alle Rechte, die an einem erloschenen Recht bestanden, am Erlös fort. Das hat auch zur Folge, dass bei einer Belastung des herrschenden Grundstücks mit Grundpfandrechten und Reallasten die Gläubiger dieser Rechte und eventuell persönliche Beschlagnahmegläubiger (§ 10 Abs. 1 Nr. 5) des herrschenden Grundstückes ebenfalls empfangsberechtigt sind; der Betrag ist an die Berechtigten und

---

1 Stöber, ZVG § 117 Rdn. 2.6.
2 Stöber, ZVG § 117 Rdn. 2.4 und 2.7; Böttcher, § 117 Rdn. 5, 6.
3 Schiffhauer, Rpfleger 1975, 187; Steiner/Eickmann, § 92 Rdn. 30 ff.; a.A. LG Ellwangen, BWNotZ 1965, 41; Stöber, ZVG § 92 Rdn. 6.5; Depré/Bachmann, § 117 Rdn. 15.
4 Hierzu allgemein BGH, Rpfleger 1993, 439.

den Eigentümer des herrschenden Grundstücks gemeinsamen auszuzahlen.[5] Die Auseinandersetzung dieser Berechtigten muss außerhalb des Zwangsversteigerungsverfahrens erfolgen; einigen sich die Berechtigten nicht, hat das Vollstreckungsgericht den Ersatzbetrag für sämtliche Berechtigte gemeinsam zu hinterlegen. Der Ersatzbetrag ist bei einer Zwangsversteigerung auch des herrschenden Grundstückes nicht diesem als Zwangsversteigerungserlös zuzurechnen, denn er stammt nicht aus der Zwangsversteigerung dieses Grundstücks.

b) Nießbrauch

Ist ein Recht mit einem Nießbrauch belastet, kann die Zahlung nur gemeinschaftlich an den Berechtigten bzw. Gläubiger des Rechts und den Nießbrauchsberechtigten erfolgen, § 1078 BGB. Der Nießbrauchsberechtigte eines Grundpfandrechts kann den zur Deckung der Zinsen dienenden Betrag alleine verlangen.[6] 8

c) Einstweilige Einstellung

Ist hinsichtlich eines anspruchsberechtigten Gläubigers die Zwangsvollstreckung einstweilen eingestellt, ist der Betrag, der auf diesen Gläubiger entfällt, zu hinterlegen. Gleichzeitig hat für den Fall, dass das Verfahren hinsichtlich dieses Gläubigers aufgehoben wird, eine Hilfsverteilung zu erfolgen, §§ 119, 120. 9

d) Befriedigungserklärung

Wegen der **Befriedigungserklärung des Erstehers**, der selbst anspruchsberechtigt ist, s. → § 107 Rdn. 13.[7] Wird die Erklärung im Verteilungstermin abgegeben, ist sie zu protokollieren. Mangels anderweitiger gesetzlicher Bestimmungen genügt Schriftform.[8] Wird die Erklärung von einem Bevollmächtigten abgegeben, reicht eine (übliche) Verfahrensvollmacht alleine nicht aus, eine Geldempfangsvollmacht (ebenfalls genügend ist Schriftform) ist jedoch ausreichend.[9] 10

Die **Befriedigungserklärung eines sonstigen Anspruchsberechtigten** (also nicht des Erstehers) ist eine Auszahlungsanweisung, d.h. eine Erklärung, dass der Beteiligte das, was ihm entsprechend den Teilungsplan zusteht, bereits erhalten hat und das, was auf ihn laut dem Teilungsplan entfällt, insoweit nicht mehr einzuzahlen und nicht mehr auszuzahlen ist.[10] Die Zinsen des Hauptanspruchs sind im Falle der Vorlegung einer Befriedigungserklärung bis zum Verteilungstermin im Plan zu berücksichtigen.[11] Bezüglich der Form der Erklärung gilt das zuvor → Rdn. 10 Gesagte. 11

e) Verzicht auf die Zuteilung

Der Verzicht auf die Zahlungen aus einem Grundpfandrecht lässt den betroffenen Betrag dem früheren Eigentümer und nicht dem rangfolgenden Beteiligten 12

---

5   Hierzu *Schiffhauer*, Rpfleger 1975, 187.
6   RGZ 74, 78.
7   Hierzu auch *Schiffhauer*, Rpfleger 1988, 498 in Anm. zu BGH, Rpfleger 1988, 495 = NJW-RR 1988, 1146.
8   Steiner/*Teufel*, § 117 Rdn. 40; a.A. *Stöber*, ZVG § 117 Rdn. 5.2.
9   *Böttcher*, § 117 Rdn. 26.
10 LG Berlin, Rpfleger 1978, 33.
11 Hierzu *Schiffhauer*, Rpfleger 1988, 498.

zufallen. Der Verzicht auf evtl. Zinsansprüche kommt nachfolgenden Berechtigten zugute (§§ 1178, 1168 BGB). Wird auf die Zuteilung aus einem anderen Recht verzichtet, fällt der Betrag dem ausfallenden Berechtigten zu und ist an diesen auszuzahlen.

IV. Pfändungen; Abtretungen

1. Allgemein

13 Sind eine Abtretung oder Pfändung und Überweisung dem Vollstreckungsgericht im Verteilungstermin einwandfrei nachgewiesenen, erfolgt die Auszahlung an den Abtretungsgläubiger bzw. den Pfändungsgläubiger. Eine zweifelsfreie Fassung des Pfändungs- und Überweisungsbeschlusses ist Voraussetzung für eine Auszahlung, der Auslegung des Beschlusses sind im Wege der Rechtssicherheit enge Grenzen gesetzt. Insbesondere ist dies **exakte Bezeichnung** der zu pfändenden Forderung unerlässlich. Zweifel an der Identität der zu pfändenden Forderung dürfen nicht bestehen. Das Rechtsverhältnis, aus dem die Forderung stammt, muss so angegeben sein, dass die Forderung für den allgemeinen Rechtsverkehr nach der Person des Schuldners wie der des Drittschuldners zu erkennen und von anderen Forderungen jederzeit unterscheidbar ist.[12] Da der Gläubiger regelmäßig die Verhältnisse des Schuldners nur oberflächlich kennt, schaden Ungenauigkeiten bei der Bezeichnung der zu pfändenden Forderung nicht, wenn sie nicht Anlass zu Zweifeln geben, welche Forderung tatsächlich gemeint ist.[13] Die Pfändung eines bereits im Zeitpunkt ihrer Wirksamkeit erloschenen Eigentümerrechts kann als Pfändung des Erlösanspruchs umgedeutet werden[14]; auch eine Auslegung in umgekehrter Weise ist zulässig[15].

14 Sind dem Vollstreckungsgericht **mehrere Pfändungen** und Überweisungen ein und desselben Anspruchs nachgewiesen und reicht der gepfändete Anspruch nicht zu Befriedigung sämtlicher Pfändungsgläubiger aus, hat das Vollstreckungsgericht vor einer Auszahlung zweifelsfrei den Empfangsberechtigten festzustellen. Kann die Frage nicht sicher geklärt werden, und ist auch das Einverständnis aller Pfändungsgläubiger nicht zu erlangen, ist der von der Pfändung betroffene Betrag zu hinterlegen (§ 853 ZPO); zum sich anschließenden Verteilungsverfahren s. § 872 ZPO.

15 Auch eine **Vorpfändung** (§ 845 ZPO) ist möglich.[16]

16 Eine **unwirksame Pfändung** ist bei der Erlösverteilung wirkungslos.[17] Der Gläubiger der unwirksamen Pfändung ist kein Beteiligter nach § 9, ein von ihm eingelegter Widerspruch (eventuell mit dem Ziel, später wirksam zu pfänden) ist zurückzuweisen.

2. Pfändung und Abtretung

17 Eine Pfändung nach wirksamer Abtretung ist wirkungslos. Bei Abtretung nach wirksamer Pfändung kann das Recht oder der Ersatzanspruch nur unbeschadet des Pfandrechts auf den neuen Gläubiger übergehen. Hat der Pfändungsgläubiger

---

12 BGH, NJW 1983, 863 und 886.
13 BGH, NJW 1980, 584.
14 RGZ 71, 183; 75, 316.
15 Hierzu, *Stöber*, Rpfleger 1958, 251.
16 RGZ 71, 183.
17 RGZ 135, 274.

den Anspruch wirksam überweisen lassen, ist der entsprechende Erlösanteil bis zum Betrag des Pfandrechts dem Pfändungsgläubiger zuzuteilen. Ein Veräußerungsverbot macht die Abtretung oder Pfändung nur dem gegenüber unwirksam, für den es ergangen ist. In einem solchen Fall ist dem alten Gläubiger unter Wahrung der Rechte des Letzteren zuzuteilen und der Abtretungsempfänger oder Pfändungsgläubiger auf den Widerspruch zu verweisen.

3. Pfändung und Abtretung von Hypothek oder Grundschuld
a) Pfändung vor dem Zuschlag

Solange eine Hypothek oder Grundschuld besteht, kann nur sie, nicht aber – auch nicht bedingt – ein Anspruch auf den ihr zuzuteilenden Anteil am Zwangsversteigerungserlös abgetreten oder gepfändet werden; vor dem Zuschlag muss daher das Grundpfandrecht gepfändet oder abgetreten werden.[18]

Die Pfändung einer **Hypothek** (richtiger: der Forderung, für die die Hypothek besteht) vor dem Zuschlag erfolgt nach § 830 ZPO. Die Hypothek als solche ist nicht pfändbar, sie ist vielmehr ein Pfandrecht am Grundstück, welches eine Geldforderung sichert, § 1113 BGB. Mit der Übertragung der Forderung geht auch die Hypothek kraft Gesetzes auf den neuen Gläubiger über, § 1153 Abs. 1 BGB. Eine Übertragung der Hypothek ohne die Forderung, oder die Forderung ohne die Hypothek ist nicht möglich, § 1153 Abs. 2 BGB (Akzessorietät). Daher erfordert auch die Zwangsvollstreckung in eine hypothekarisch gesicherte Forderung die Briefübergabe bzw. die Eintragung im Grundbuch, § 830 Abs. 1 ZPO. Eine Zustellung an den Drittschuldner ist nicht erforderlich.[19] Ist für die gesicherte Forderung eine **Briefhypothek** bestellt worden, benötigt der Gläubiger neben dem Pfändungsbeschluss die Übergabe des Briefes, § 830 Abs. 1 S. 1 ZPO. Gibt der Schuldner den Brief freiwillig heraus, ist die Pfändung damit wirksam geworden. Ebenfalls wirksam wird die Pfändung, wenn der Gerichtsvollzieher den Brief zwangsweise dem Schuldner wegnimmt, § 830 Abs. 1 S. 2 ZPO. Ist die Forderung durch eine **Buchhypothek** gesichert, muss neben dem Pfändungsbeschluss die Eintragung der Pfändung im Grundbuch bei dem Recht erfolgen, § 830 Abs. 1 S. 3 ZPO.

Ob es sich bei der Hypothek um ein Briefrecht oder ein Buchrecht handelt, in beiden Fällen ist zur Wirksamkeit der Pfändung die Zustellung an den Drittschuldner nicht erforderlich.[20] Vor Wirksamwerden der Pfändung kann jedoch der Drittschuldner mit befreiender Wirkung an den Hypothekengläubiger leisten. Stellt der Gläubiger den Pfändungsbeschluss jedoch vor Wirksamwerden der Pfändung dem Drittschuldner zu, wird die später eintretende Wirksamkeit der Pfändung dem Drittschuldner gegenüber auf den Zeitpunkt der Zustellung vorverlegt, § 830 Abs. 2 ZPO. Sofern die Hypothek tatsächlich nicht entsteht, vollzieht sich die Pfändung der Forderung nach § 829 ZPO, zur Wirksamkeit ist hier die Zustellung an den Drittschuldner zwingend, § 829 Abs. 3 ZPO. Fallen persönlicher Schuldner und Grundstückseigentümer auseinander, sind zwei

---

18 BGH, Rpfleger 1964, 142 = NJW 1964, 813.
19 Vgl. OLG München, Beschluss vom 20.6.2011, 34 Wx 259/11, BeckRS 2011, 22453; OLG Köln, Rpfleger 1991, 241 m. Anm. *Hintzen*.
20 Vgl. auch MünchKomm/*Smid*, ZPO § 830 Rdn. 18 unter Hinweis auf OLG Köln, OLGZ 1991, 154.

Drittschuldner vorhanden, denen gegebenenfalls beiden zugestellt werden muss.

21 Die **Überweisung** vollzieht sich nach den Vorschriften, §§ 836, 837 ZPO. Die Überweisung wird wirksam mit Aushändigung des Überweisungsbeschlusses an den Gläubiger. Nur wenn die Überweisung an Zahlung statt erfolgt und es sich um ein briefloses Recht handelt, ist die Eintragung der Überweisung im Grundbuch bei dem Recht zwingend, § 837 Abs. 1 S. 2 ZPO.

Das zuvor Gesagte in → Rdn. 19–21 gilt entsprechend für die Pfändung bzw. Abtretung einer **Fremdgrundschuld**, § 857 Abs. 6, §§ 830, 836, 837 ZPO.[21]

22 Auf die Pfändung einer forderungsbekleideten **Eigentümerhypothek** (§ 1177 Abs. 2 BGB) findet § 830 ZPO unmittelbare Anwendung. Drittschuldner ist der Schuldner der durch die Eigentümerhypothek gesicherten Forderung.

23 Eine Grundschuld kann auch für den Eigentümer selbst bestellt werden, § 1196 Abs. 1 BGB. Diese **offene Eigentümergrundschuld**[22] unterliegt der Pfändung gemäß § 857 Abs. 6, § 830 ZPO. Auch wenn es sich bei der Eigentümergrundschuld um ein drittschuldnerloses Recht handelt, erfolgt die Pfändung nicht nach § 857 Abs. 2 ZPO, sondern nach den Vorschriften über die Hypothekenforderung.[23] Die Pfändung wird somit wirksam mit Pfändungsbeschluss und Übergabe des Briefes an den Gläubiger oder bei einem brieflosen Recht mit der Eintragung der Pfändung im Grundbuch, § 830 Abs. 1 ZPO. Die **Überweisung** der Eigentümergrundschuld erfolgt ebenfalls nach den Vorschriften über die Überweisung einer Hypothekenforderung. Wählt der Gläubiger die Überweisung an Zahlung statt, wird diese wirksam mit Aushändigung des Überweisungsbeschlusses, es sei denn, es handelt sich um ein briefloses Recht, dann ist die Eintragung im Grundbuch zwingend, § 837 Abs. 1 ZPO.

b) Pfändung nach dem Zuschlag

24 Nach dem Zuschlag hat sich das erloschene Grundpfandrecht in einen Anspruch auf Zahlung aus dem Zwangsversteigerungserlöses umgewandelt. Die Ansprüche der Berechtigten auf Auszahlung der ihnen zukommenden Teile am Versteigerungserlös sind als Zahlungsanspruch pfändbar. Die Pfändung oder Abtretung dieser Ansprüche am Erlös ist erst **nach dem Zuschlag** zulässig.[24] Einen Drittschuldner für die Pfändung gibt es nach h.M. nicht.[25] Grundbucheintragung und Briefwegnahme entfallen.[26]

25 Bei der Pfändung des auf eine **Eigentümergrundschuld** entfallenden **Erlösanteils** genügt das Verbot an den Schuldner, sich jeder Verfügung über den Erlösanteil zu enthalten (§ 857 Abs. 2, § 829 Abs. 1 ZPO)[27]; keinesfalls sind Vollstreckungsgericht oder Ersteher Drittschuldner. Nur für den Fall, dass der auf eine

---

21 Einzelheiten *Hintzen/Wolf*, Rdn. 6.345.
22 Zur vorläufigen Eigentümergrundschuld und zur zukünftigen Eigentümergrundschuld siehe *Hintzen/Wolf*, Rdn. 6.313 ff.
23 BGH, NJW 1979, 2045 = Rpfleger 1979, 299; BGH, NJW-RR 1989, 636; *Stöber*, Forderungspfändung Rdn. 1929 m.w.N.; Musielak/Voit/*Becker*, § 857 Rdn. 17.
24 *Stöber*, Forderungspfändung Rdn. 1989; *Stöber*, ZVG § 114 Rdn. 5.20; *Böttcher*, § 117 Rdn. 14 ff.
25 *Hintzen/Wolf*, Rdn. 6.419 m.w.N.
26 BGH, Rpfleger 1972, 218 = NJW 1972, 1135.
27 RGZ 64, 216; 70, 278; 73, 316; 125, 367.

Eigentümergrundschuld entfallende Erlösanteil vom Vollstreckungsgericht hinterlegt ist, ist die Hinterlegungsstelle Drittschuldner; mit Zustellung an diese ist die Pfändung bewirkt.[28] Zinsen aus der Eigentümergrundschuld kann der Eigentümer in der Zwangsversteigerung nicht beanspruchen, § 1197 Abs. 2 BGB (anders in der Zwangsverwaltung). Zinsen werden auch nicht vom Zeitpunkt des Zuschlags bis zu dem Tage vor der Verteilung berücksichtigt.[29] Die Zinsbeschränkung gilt jedoch nicht für den **Pfändungsgläubiger** der Eigentümergrundschuld und damit auch des Erlösanteils.[30]

Das zuvor gesagte gilt entsprechend bei der Pfändung des auf eine **Eigentümerhypothek** entfallenden Erlösanteils.[31]   26

4. Übererlös

Der Anspruch des Schuldners **auf Auszahlung eines Mehrerlöses** (Übererlös)   27
ist ebenfalls nach § 857 Abs. 1, § 829 ZPO zu pfänden. Auch hier ist die Pfändung erst nach Erteilung des Zuschlags zulässig.[32] Der frühere Eigentümer ist der Schuldner, einen Drittschuldner gibt es nicht; daher genügt die Zustellung an den Schuldner alleine, § 857 Abs. 2 ZPO (näher → § 109 Rdn. 14 ff.).[33]

5. Rückgewährsanspruch

Der bei einer Sicherungsgrundschuld bestehende **Rückgewährsanspruch** ist   28
als selbstständiges Vermögensrecht des Sicherungsgebers abtretbar und pfändbar.[34] Der Rückgewährsanspruch des Eigentümers ist oftmals an im Range gleichstehende oder nachrangige Rechte abgetreten. Da die Abtretung nur zu weiteren Sicherungszwecken erfolgt, hat der Eigentümer gegenüber den gleichstehenden oder nachrangigen Gläubigern einen Anspruch auf Rückabtretung, wenn der abgetretene Rückgewährsanspruch nicht mehr benötigt wird.[35] Dieser Anspruch des Eigentümers auf **Rückgewähr des abgetretenen Rückgewährsanspruches** ist pfändbar, §§ 857, 829 ZPO.[36] Die **Pfändung** erfolgt insgesamt nach den Vorschriften über die Geldforderung, § 857 Abs. 1, § 829 ZPO. Die Pfändung wird wirksam mit **Zustellung** an den **Drittschuldner**, d.h. die jeweiligen im Grundbuch eingetragenen Grundschuldgläubiger. Die Pfändung bewirkt jedoch kein Recht an der Grundschuld, der Grundschuldgläubiger kann nach wie vor über die Grundschuld verfügen.[37] Die **Verwertung** des gepfändeten Rückgewährsanspruches erfolgt nur durch Überweisung zur Einziehung, da ein Nennwert nicht vorhanden ist.[38] Es wird jedoch auch die Auffassung vertreten, dass eine Überweisung an Zahlungs statt zulässig ist.[39] Der Forderung auf Rückgewähr wird in diesem Fall

---

28 BGH, Rpfleger 1972, 218 = NJW 1972, 1135.
29 *Stöber,* ZVG § 114 Rdn. 6.14 m.w.N.
30 MünchKomm/*Eickmann,* BGB § 1197 Rdn. 7; *Böttcher,* § 114 Rdn. 23; Palandt/*Bassenge,* § 1197 Rdn. 3; a.A. Musielak/Voit/*Becker,* § 857 Rdn. 17; *Stöber,* ZVG § 114 Rdn. 6.10.
31 Hierzu auch *Stöber,* Rpfleger 1958, 251.
32 RGZ 70, 278; 125, 362; *Stöber,* ZVG § 114 Rdn. 5.20; *Böttcher,* § 117 Rdn. 16, 17.
33 *Stöber,* ZVG § 114 Rdn. 5.20; *Stöber,* Forderungspfändung Rdn. 130; *Böttcher,* § 117 Rdn. 18; *Hintzen/Wolf,* Rdn. 6.412.
34 OLG Brandenburg, Beschluss vom 20.12.2007, 5 Wx 11/07, BeckRS 2011, 16809.
35 MünchKomm/*Eickmann,* BGB § 1191 Rdn. 171.
36 OLG Frankfurt, JurBüro 1984, 109.
37 OLG Schleswig, Rpfleger 1997, 267.
38 *Stöber,* Forderungspfändung Rdn. 1892; Musielak/Voit/*Becker,* § 857 Rdn. 6.
39 OLG Braunschweig, JurBüro 1969, 439; *Dempewolf,* NJW 1959, 558.

der gleiche Nennwert wie der der Eigentümergrundschuld zugeschrieben. Diese Verwertungsart hat zur Folge, dass bei Rückgewähr keine Eigentümergrundschuld entsteht, sondern direkt ein Fremdrecht für den Vollstreckungsgläubiger. Dieses Recht ist dann folgerichtig auch nicht dem gesetzlichen Löschungsanspruch eines nachrangigen Grundpfandrechtsgläubigers ausgesetzt. Da sich das Pfandrecht an dem schuldrechtlichen Rückgewähranspruch im Wege der dinglichen Surrogation jedoch nur bei Rückgewähr durch Rückabtretung an der Grundschuld fortsetzt[40], ist die Überweisung an Zahlungs statt auch nur in diesem Falle zulässig.

V. Auszahlung an Anwesende
1. Sofortige Ausführung

29 Nach Abs. 1 ist dann, wenn der Zwangsversteigerungserlös gezahlt wurde, der Teilungsplan durch Auszahlung an die Berechtigten auszuführen. Nach Abs. 1 Satz 2 erfolgt die Zahlung stets unbar (zur Gesetzesänderung s. → Rdn. 2).

Beschlüsse über die Aufstellung oder die Ausführung des Teilungsplans, die der sofortigen Beschwerde unterliegen, sollen nach Ansicht des BGH[41] den Beteiligten zugestellt werden; mit der Zustellung soll dann auch die Frist für das Rechtsmittel der sofortigen Beschwerde beginnen. Diese Auffassung ist abzulehnen, sie findet im Gesetz auch keine Stütze (hierzu → § 113 Rdn. 12–14). Soweit kein Widerspruch gegen den Teilungsplan bzw. einzelne Ansprüche im Teilungsplan vorliegt, ist der Plan gem. den §§ 117 ff. auszuführen. Hier hat ein Termin stattgefunden, der ausdrücklich ein Widerspruchsrecht in § 115 vorsieht. Für Beteiligte, die nicht am Verteilungstermin teilnehmen und auch nicht schriftlich Widerspruch erhoben haben, wird deren Einverständnis nach § 877 Abs. 1 ZPO fingiert. Wer zu Recht durch den Teilungsplan etwas zugeteilt erhält, erwirkt ein Recht auf Auszahlung, das durch spätere Ereignisse grundsätzlich nicht mehr beeinträchtigt werden kann.[42] Das hat der Gesetzgeber bewusst in Kauf genommen, zwar wohl auch deswegen, weil die Beteiligten durch Erhebung des Widerspruchs ausreichend geschützt sind, die Anfechtung des Teilungsplans in der gerichtlichen Praxis außerordentlich selten ist und im Interesse der Beteiligten ihre Befriedigung schnellstens zu erfolgen hat.

2. Empfangsberechtigung

30 Das Vollstreckungsgericht veranlasst nach Prüfung der Empfangsberechtigung der Beteiligten im Verteilungstermin die unbare Auszahlung. Zu prüfen ist insbesondere die **Vertretungsmacht** eines Vertreters, eine gewöhnliche Prozessvollmacht reicht nicht aus, eine Geldempfangsvollmacht ist genügend.[43] Bei **mehreren Empfangsberechtigten** (z.B. Erbengemeinschaft) erfolgt die Zahlungsanweisung an die Berechtigten gemeinsam. Bleibt die Empfangsberechtigung zweifelhaft, ist der Betrag zu hinterlegen (Abs. 2 Satz 2).

31 Auch die **gesetzliche Vertretungsmacht** muss zweifelsfrei nachgewiesen sein, z.B. durch Vorlegung eines aktuellen beglaubigten Handelsregisterauszuges,

---

40 Unklar insoweit Musielak/Voit/*Becker*, § 857 Rdn. 22.
41 BGH, Rpfleger 2009, 401 = NJW-RR 2009, 1427.
42 BGH, Rpfleger 1992, 32.
43 *Böttcher*, § 117 Rdn. 22.

Nachweisurkunden für Vormund, Pfleger oder Betreuer. Notwendige vormundschafts- oder familiengerichtliche Genehmigungen sind zu beachten.[44]

Ein durch einstweilige Verfügung gegen den Grundpfandrechtsgläubiger erlassenes Veräußerungsverbot erfasst auch den auf das Recht entfallenden Erlösanteil; er ist zu hinterlegen, falls derjenige, der das Veräußerungsverbot erwirkt hat, sich nicht durch ordnungsgemäß zugestellten Pfändungs- und Überweisungsbeschluss legitimieren kann. 32

VI. Auszahlung an Abwesende

Erscheint ein Beteiligter im Verteilungstermin nicht, begründet dies keinen Annahmeverzug i.S.d. § 293 BGB. Das Vollstreckungsgericht hat vielmehr die Auszahlung auch an einen nicht erschienenen Empfangsberechtigten von Amts wegen anzuordnen. Die aufgrund des Abs. 2 Satz 2 belastenden landesrechtlichen Vorschriften sind gegenstandslos.[45] 33

Wenn die Auszahlung nicht erfolgen kann, tritt an die Stelle der Auszahlung die Hinterlegung (Abs. 2 Satz 3). Die weitere Auszahlung des hinterlegten Betrages erfolgt außerhalb des Zwangsversteigerungsverfahrens, sie richtet sich nach der Hinterlegungsordnung.[46] 34

VII. Anweisung auf den hinterlegten Betrag

Abs. 3 bezieht sich in erster Linie auf den Fall, dass der Ersteher seine Zahlungspflicht vor der Erlösverteilung gem. § 49 Abs. 4 durch Hinterlegung erfüllt, aber auch auf die Fälle der § 65 Abs. 1, §§ 124, 126, weil die Tätigkeit des Vollstreckungsgerichts noch nicht beendet ist. Dagegen bezieht er sich nicht auf die Fälle des Abs. 2 Satz 3 und der §§ 119, 120, weil hier die Tätigkeit des Vollstreckungsgerichts bereits abgeschlossen ist. 35

---

44 Hierzu *Eickmann*, Rpfleger 1983, 199.
45 Steiner/*Teufel*, § 117 Rdn. 36.
46 Zur Aufhebung der Hinterlegungsordnung zum 30.11.2010 (Art. 17 Abs. 2 des 2. BMJBerG – BGBl I 2614) *Rückheim*, Rpfleger 2010, 1; *Rellermeyer*, Rpfleger 2010, 129. Jedes Bundesland hat nunmehr eine eigene Hinterlegungsordnung (HintO), die aber weitgehend deckungsgleich sind. Zum Hinterlegungsrecht in Bayern: *Wiedemann/Armbruster*, Rpfleger 2011, 1.

§ 118 »Ausführung des Teilungsplanes bei Nichtzahlung des Versteigerungserlöses«

(1) Soweit das Bargebot nicht berichtigt wird, ist der Teilungsplan dadurch auszuführen, daß die Forderung gegen den Ersteher auf die Berechtigten übertragen und im Falle des § 69 Abs. 3 gegen den für mithaftend erklärten Bürgen auf die Berechtigten mitübertragen wird; Übertragung und Mitübertragung erfolgen durch Anordnung des Gerichts.

(2) ¹Die Übertragung wirkt wie die Befriedigung aus dem Grundstücke. ²Diese Wirkung tritt jedoch im Falle des Absatzes 1 nicht ein, wenn vor dem Ablaufe von drei Monaten der Berechtigte dem Gerichte gegenüber den Verzicht auf die Rechte aus der Übertragung erklärt oder die Zwangsversteigerung beantragt. ³Wird der Antrag auf Zwangsversteigerung zurückgenommen oder das Verfahren nach § 31 Abs. 2 aufgehoben, so gilt er als nicht gestellt. ⁴Im Falle des Verzichts soll das Gericht die Erklärung dem Ersteher sowie demjenigen mitteilen, auf welchen die Forderung infolge des Verzichts übergeht.

Übersicht	Rdn.
I. Allgemeines	1
II. Forderungsübertragung	3
1. Grundsatz	3
2. Mithaftender Bürge	10
3. Mithaftender Meistbietender	11
4. Anspruchsberechtigter Ersteher	13
5. Anspruchsberechtigter Schuldner	14
6. Gerichtliche Anordnung	16
7. Verzinsung	17
8. Verzugsschaden	20
9. Berechtigter der Forderungsübertragung	21
10. Aufrechnung	26
11. Rechtsmittel	27
III. Wirkung der Übertragung	28
1. Allgemein	28
2. Bedeutung der Frist	30
IV. Verzicht auf das Recht aus der Übertragung	32
1. Allgemein	32
2. Wirksamwerden des Verzichts	33
3. Wirkung des Verzichts	34
V. Erneute Versteigerung	36
1. Allgemein	36
2. Antragstellung	37
3. Rücknahme des Antrags; Aufhebung des Verfahrens	38

I. Allgemeines

1   Der Eigentumserwerb erfolgt unmittelbar durch Wirksamwerden (§§ 89, 104) des Zuschlags (hierzu → § 90 Rdn. 1). Der Ersteher verliert das durch den Zuschlag erworbene Eigentum nicht dadurch, dass er das Meistgebot nicht oder nur unvollständig zahlt. Diese Rechtslage erfordert den Schutz der Beteiligten, die einen Anspruch auf Befriedigung aus dem Zwangsversteigerungserlös haben. Nach Erteilung des Zuschlags ist der Versteigerungserlös an die Stelle des Grundstücks getreten. Die Ansprüche der Berechtigten setzen sich im Wege der Surrogation an dem Versteigerungserlös fort. Da dieser nicht gezahlt wurde, tritt an die Stelle des

Erlöses nunmehr wiederum als Surrogat das Grundstück. Der Schutz wird dadurch gewährt, dass § 118 eine Forderungsübertragung auf den Anspruchsberechtigten und die Eintragung einer dem Befriedigungsrang entsprechenden Sicherungshypothek für den Berechtigten vorsieht (§§ 128, 130 Abs. 3). Die §§ 132, 133 regeln weiterhin Erleichterungen bei der Zwangsvollstreckung gegen den Ersteher.

Nach Abs. 2 steht die Forderungsübertragung der Zahlung in ihrer Wirkung gleich. Da dies für den Anspruchsberechtigten durchaus nachteilig sein kann, kann er sich nach Abs. 2 Satz 2 von dieser Wirkung dadurch lösen, dass er innerhalb der dort genannten zeitlichen Grenze einen Antrag auf Zwangsversteigerung (**Wiederversteigerung**) stellt oder auf die Rechte aus der Übertragung verzichtet.

II. Forderungsübertragung
1. Grundsatz

Wenn der Ersteher im Verteilungstermin das Bargebot ganz oder teilweise nicht zahlt, tritt an die Stelle der Auszahlung die Übertragung der Forderung gegen ihn auf die Anspruchsberechtigten. Dies erfolgt unabhängig davon, ob diese im Termin anwesend sind oder nicht. Das gilt auch, wenn das Vollstreckungsgericht erst nach dem Verteilungstermin von der vorher erfolgten Zahlung des Bargebots nach § 49 Abs. 3 erfährt.

Für den Gläubigeranspruch gilt[1]: An die Stelle des Grundstücks ist kraft Surrogation der Anspruch des Schuldners gegen den Ersteher auf Zahlung des (baren) Meistgebots getreten.[2] Anstelle der durch den Zuschlag erloschenen dinglichen Rechte am Grundstück erwerben die Berechtigten im Wege der Surrogation den Anspruch auf Befriedigung aus dem Zwangsversteigerungserlös (vgl. → § 92 Rdn. 1). Zahlt der Ersteher nicht, erhält der Berechtigte durch die Forderungsübertragung nach Abs. 1 eine Forderung gegen den Ersteher, die durch eine Sicherungshypothek an dem versteigerten Grundstück gem. § 128 gesichert wird. Diese ist ein Surrogat für den bisherigen Anspruch, steht mit ihm im engsten Zusammenhang und ist mit ihm, wenn auch nicht streng juristisch, so doch der Sache nach und wirtschaftlich identisch.[3] Erklärt sich ein Gläubiger im Verteilungstermin für befriedigt, so hat das zur Folge, dass an diesen Berechtigten bei der Erlösverteilung nichts mehr ausgezahlt wird; soweit er mit seinem Anspruch bei der Ausführung des Teilungsplanes zum Zuge gekommen wäre, entfällt die Zahlungspflicht des Erstehers.[4]

Wird aufgrund einer als Sicherheit gegebenen **Grundschuld** die Forderung gegen den Ersteher auf den Gläubiger übertragen, so hat dies die Wirkung einer Abtretung erfüllungshalber für den dinglichen Anspruch auf Befriedigung aus dem Grundstück. Sie lässt den Fortbestand der persönlichen Forderung, jedenfalls bis sie zur endgültigen Befriedigung aus dem Grundstück geführt hat, unberührt.[5]

Ist das erloschene Recht mit dem **Recht eines Dritten** belastet (z.B. Nießbrauch oder Pfandrecht), so setzen sich auch diese im Wege der Surrogation an dem Anspruch fort (hierzu auch → § 128 Rdn. 18).

---

1   Hierzu *Schiffhauer*, Rpfleger 1985, 249.
2   Hierzu BGH, Rpfleger 1977, 246 = NJW 1977, 1287 = MDR 1977, 742.
3   RGZ 71, 404; enger: RGZ 127, 350.
4   BGH, Rpfleger 1988, 495.
5   BGH, Rpfleger 1987, 323 = NJW 1987, 1026.

7   Hat der Ersteher zum Verteilungstermin nur eine **Teilzahlung** geleistet (z.B. nur die im Versteigerungstermin geforderte und erbrachte Sicherheitsleistung, §§ 67, 68), ist diese zunächst entsprechend der Rangfolge auf die Anspruchsberechtigten zuzuteilen. Die Forderungsübertragung erfolgt dann nur für die Berechtigten, die mit ihrem Anspruch ganz oder teilweise aus dem Versteigerungserlös zu befriedigen sind und ausfallen.[6]

8   Wenn der Anspruch des Berechtigten **bedingt, bestritten** oder seiner Höhe nach **ungewiss** ist, erfolgt bedingte Übertragung (vgl. §§ 120, 123, 124).

9   Die Forderungsübertragung hat auch dann zu geschehen, wenn ein **Zuzahlungsbetrag** (§§ 50, 51) zu verteilen ist (s. weiter § 125).

2. Mithaftender Bürge

10 Ist Sicherheitsleistung durch Bürgschaft erfolgt (§ 69 Abs. 3) ist die Forderung des Schuldners gegen den **Bürgen** auf die Berechtigten mit zu übertragen, und zwar auf die Berechtigten, die nach der Befriedigungsrangfolge aus dem verbürgten Betrag gedeckt werden können. Diesen Berechtigten haften sodann der Ersteher und Bürge als Gesamtschuldner. Die gesetzliche Regelung der Mitübertragung gegen den Bürgen in Abs. 1 beruht auf der Tatsache, dass eine gesamtverbindliche Haftung entsprechend § 81 Abs. 4 nicht besteht. Der Bürge schuldet nicht die Forderung, sondern verpflichtet sich gegenüber dem Gläubiger eines Dritten für die Erfüllung der Verbindlichkeit einzustehen (§ 765 Abs. 1 BGB). Erst durch die Forderungsübertragung wird auch eine Rechtsbeziehung zwischen den Anspruchsberechtigten und dem Bürgen hergestellt.[7]

3. Mithaftender Meistbietender

11 Sowohl im Falle der **Abtretung der Rechte aus dem Meistgebot** nach § 81 Abs. 2 als auch bei der Abgabe des Meistgebots in **verdeckter Vertretung** nach § 81 Abs. 3, haften der Meistbietende und der Ersteher als Gesamtschuldner (§ 81 Abs. 4). Anders als im Falle der Mitübertragung auf den Bürgen (zuvor → Rdn. 10) bedarf es hier keiner gesonderten Mitübertragung der Forderung des Schuldners bei Nichtzahlung gegen den Meistbietenden. Der Meistbietende und der Ersteher haften nach § 81 Abs. 4 kraft Gesetzes gesamtverbindlich. Zwischen dem Ersteher und dem Meistbietenden auf der einen Seite und den Anspruchsberechtigten auf der anderen Seite bedarf es daher keiner durch Forderungsübertragung zu begründenden Rechtsbeziehung, sie besteht kraft der gesetzlichen Regelung in § 81 Abs. 4[8] und kann nach § 132 Abs. 1 durchgesetzt werden.

12 Ist ein anspruchsberechtigter Gläubiger Meistbietender geblieben, tritt dann die Rechte aus dem Meistgebot an einen Dritten ab, der dann das Meistgebot nicht zahlt, erfolgt die Forderungsübertragung gegen den Meistbietenden und den Dritten als Ersteher. Durch die Übertragung vereinigen sich der Anspruch des anspruchsberechtigten Gläubigers und die Verpflichtung auf Zahlung des Meistgebots mit der Folge des Erlöschens des Anspruchs; es soll keine Forderungsübertragung stattfinden und auch keine Sicherungshypothek eintragungs-

---

6   So auch *Stöber*, ZVG § 118 Rdn. 3.9; a.A. *Schiffhauer*, Rpfleger 1986, 103, 104.
7   *Stöber*, ZVG § 118 Rdn. 3.1.
8   So auch *Stöber*, ZVG § 118 Rdn. 3.1; Depré/*Bachmann*, § 118 Rdn. 7; a.A. Steiner/*Teufel*, § 118 Rdn. 14; *Böttcher*, § 118 Rdn. 5; *Helwich*, Rpfleger 1988, 467 und 1989, 316; *Strauch*, Rpfleger 1989, 314.

fähig sein.⁹ Die Frage des Erlöschens der Forderung durch Konfusion (zur Aufrechnung s. nachfolgend → Rdn. 26) ist jedoch im Hinblick auf § 425 Abs. 2 BGB nicht eindeutig. Dies hat jedoch nicht das Vollstreckungsgericht, sondern ausschließlich das Prozessgericht zu prüfen. Das Vollstreckungsgericht hat sowohl die Forderungsübertragung anzuordnen als auch um die Eintragung einer Sicherungshypothek zu ersuchen.¹⁰

4. Anspruchsberechtigter Ersteher

Auch dem anspruchsberechtigten **Ersteher** ist die Forderung zu übertragen. Erklärt sich der Ersteher, der nach dem Teilungsplan selbst etwas aus dem Versteigerungserlös zu bekommen hat, wegen seines Anspruches für befriedigt, so handelt es sich lediglich um eine vereinfachte Zahlung auf die Teilungsmasse¹¹ (hierzu → § 107 Rdn. 13 und → § 117 Rdn. 10). 13

5. Anspruchsberechtigter Schuldner

Ist der **Schuldner** selbst anspruchsberechtigt, findet keine Forderungsübertragung statt, denn die Forderung gegen den Ersteher steht dem Schuldner bereits kraft Gesetzes zu. Der auf den Schuldner entfallende Erlösanteil ist jedoch von den Beschlagnahmewirkungen zu befreien (Zuweisung des Erlösanteils zur freien Verfügung).¹² Zur Frage der Eintragung einer Sicherungshypothek s. → § 128 Rdn. 2 ff. 14

Aus den gleichen Gründen ist der dem Schuldner gebührende **Erlösüberschuss** von den Beschlagnahmewirkungen zu befreien.¹³ Eine Ausnahme besteht in der Teilungsversteigerung, denn dort ist der Erlösüberschuss von der Beschlagnahme nicht erfasst¹⁴ (hierzu → § 180 Rdn. 154). Nach § 128 Abs. 2 hat hier jedoch die Eintragung einer Sicherungshypothek zu erfolgen. 15

6. Gerichtliche Anordnung

Die Übertragung der Forderung erfolgt durch Anordnung des Vollstreckungsgerichts, zweckmäßigerweise durch Beschluss.¹⁵ Die Übertragung ist im Protokoll über den Verteilungstermin festzuhalten. Eine stillschweigende Übertragung ist ausgeschlossen.¹⁶ Eine Zustellung der Anordnung der Forderungsübertragung erfolgt nur, wenn sie im Termin nicht erlassen oder nicht verkündet wurde. 16

7. Verzinsung

Der Ersteher hat das Bargebot vom Tage des Wirksamwerden des Zuschlags (§§ 89, 104) an bis zu dem Tag vor dem Verteilungstermin (einschließlich) nach § 246 BGB mit 4 % zu verzinsen. Diese Zinszahlung bildet einen Teil der Teilungsmasse; sie wird gegen den Ersteher zinslos übertragen.¹⁷ Da der Ersteher sich 17

---

9 AG/LG Dortmund, Rpfleger 1991, 168 und 262; *Helwich*, Rpfleger 1988, 467 und 1989, 316; a.A. *Strauch*, Rpfleger 1989, 314.
10 So auch *Stöber*, ZVG § 118 Rdn. 3.2.
11 BGH, Rpfleger 1988, 495.
12 RGZ 72, 346.
13 *Schiffhauer*, Rpfleger 1985, 249.
14 *Schiffhauer*, Rpfleger 1985, 249.
15 Hierzu *Fischer*, NJW 1956, 1095; *Böttcher*, § 118 Rdn. 16.
16 *Böttcher*, § 118 Rdn. 14.
17 *Stöber*, ZVG § 118 Rdn. 3.3; *Böttcher*, § 118 Rdn. 4.

grundsätzlich von der Verzinsung nach § 49 Abs. 2 durch Zahlung des Bargebots an die Gerichtskasse unter Verzicht auf die Rücknahme befreien kann, ist der Zinsanteil ein Zusatz zur Teilungsmasse, der dem an letzter Stelle Anspruchsberechtigten zugutekommt und somit ihm zu übertragen ist.[18]

18 Eine Geldschuld ist während des Verzugs mit einem Verzugszinssatz von 5 Prozentpunkten über dem Basiszinssatz zu verzinsen, §§ 286, 288, 247 BGB.[19] Der erhöhte Zins gilt mangels Verzug in keinem Falle für die Zahlungspflicht des Erstehers vom Zuschlag bis zum Verteilungstermin, hier gilt § 49 Abs. 2 (zuvor → Rdn. 17). Die Verpflichtung der Zinszahlung nach § 49 Abs. 2 endet im Verteilungstermin (hierzu → § 49 Rdn. 12). Ob der **erhöhte Zinssatz ab dem Verteilungstermin** für den Fall der Nichtzahlung des Erstehers und damit für die Forderungsübertragung gilt, ist streitig. Verschiedene Landgerichte[20] vertreten die Meinung, dass durch die Nichtzahlung des Erstehers dieser in Verzug gerät mit der Folge des Anfalls der gesetzlichen erhöhten Verzugszinsen. Diese Auffassung ist abzulehnen.[21] Der Ausspruch der Verzinsung der gemäß § 118 übertragenen Forderung hat seinen Grund in § 49 Abs. 2. Der Zinssatz beträgt daher nur 4 %.[22] Die Vorschriften des BGB zum Zahlungsverzug finden auf die gesetzliche Zahlungspflicht des Erstehers nach dem ZVG keine Anwendung. Den Verzug des Erstehers herbeizuführen ist vom Gesetz auch nicht dem Vollstreckungsgericht aufgetragen. Das Vollstreckungsgericht prüft auch nicht die Voraussetzungen des Verzugs. Es ist Sache des jeweiligen Anspruchsberechtigten den Schuldner durch Mahnung nach § 286 Abs. 1 BGB in Verzug zu setzen. Im Fall des Verzugs des Erstehers haftet das Grundstück kraft der einzutragenden Sicherungshypotheken auch für die Verzugszinsen als gesetzliche Zinsen (§ 1118 BGB); einer Eintragung des Verzugszinssatzes bei der Sicherungshypothek im Grundbuch bedarf es daher nicht. Weiterhin ist zu beachten, dass die gesetzliche Haftung des Grundstücks auch für die erhöhten Verzugszinsen eine erhebliche, über die in § 1119 Abs. 1 BGB festgelegte Grenze hinausgehende Beeinträchtigung nachrangiger dinglicher Rechte darstellt. Eine Rechtfertigung dieser Beeinträchtigung ist der Neuregelung der §§ 286, 288 BGB nicht zu entnehmen. Die Forderungsübertragung erfolgt daher weiterhin mit 4 % Zinsen ab Verteilungstermin (einschließlich).

19 Hat das Vollstreckungsgericht aber die Verzinsung der übertragenen Forderung auf die Berechtigten mit dem gesetzlichen Zinssatz von 5 %-Punkten über dem jeweiligen Basiszinssatz angeordnet, hat auch das nach § 130 ersuchte **Grundbuch-**

---

18 LG Oldenburg, Rpfleger 1986, 103 mit zustimmender Anm. *Schiffhauer; Stöber*, ZVG § 118 Rdn. 3.9.
19 Der erhöhte Zinssatz wurde durch das Gesetz zur Beschleunigung fälliger Zahlungen vom 30.3.2000 (BGBl I 330) eingeführt und durch das Gesetz zur Modernisierung des Schuldrechts vom 26.11.2001 (BGBl I 3138) nochmals neu gefasst. Die Vorschriften dienen zum Teil auch der Umsetzung der Richtlinie 2000/35/EG des Europäischen Parlaments und des Rates vom 29. 7.2000 zur Bekämpfung von Zahlungsverzug im Geschäftsverkehr (ABl EG Nr. L 200 S. 35).
20 LG Verden, NdsRpfl 2010, 357; LG Wuppertal, Rpfleger 2009, 166; LG Hannover, Rpfleger 2005, 324; LG Augsburg, Rpfleger 2002, 374; LG Kempten und LG Berlin, beide Rpfleger 2001, 192; LG Cottbus, Rpfleger 2003, 256; hierzu auch KG, Rpfleger 2003, 204 = FGPrax 2003, 56.
21 So auch *Stöber*, ZVG § 118 Rdn. 5.1; *Böttcher*, § 118 Rdn. 4; *Streuer*, Rpfleger 2001, 401; *Wilhelm*, Rpfleger 2001, 166; AG Viersen, Rpfleger 2003, 256; differenziert insgesamt *Petershagen*, Rpfleger 2009, 442.
22 So auch LG Kiel, Rpfleger 2010, 618.

amt die Sicherungshypotheken mit diesem variablen Zinssatz ins Grundbuch einzutragen.[23] Weiterhin darf wegen der grundsätzlichen Bindung an das Eintragungsersuchen das Grundbuchamt dieses betreffend die Eintragung einer Sicherungshypothek nebst Zinsen in bestimmter Höhe nicht mit der Begründung beanstanden, die Eintragung der Zinsen sei überflüssig, weil es sich um gesetzliche Zinsen i.S.v. § 1118 BGB handele, für die das Grundstück auch ohne Eintragung hafte.[24] Zum Grundbuchersuchen s. → § 130 Rdn. 34 ff.

8. Verzugsschaden

Neben dem erhöhten Zinssatz von 5 Prozentpunkten über dem Basiszinssatz (§ 288 Abs. 1 BGB, hierzu zuvor → Rdn. 18) ist die Geltendmachung eines darüber hinausgehenden Verzugsschadens durch den Berechtigten zulässig.[25] Ein solcher Verzugsschaden muss jedoch außerhalb des Zwangsversteigerungsverfahrens durchgesetzt werden. Ausgeschlossen ist ein weiter gehender Verzugsschaden durch Zuerkennung bei der Forderungsübertragung bzw. der Eintragung der Sicherungshypotheken.[26]

9. Berechtigter der Forderungsübertragung

Bei Übertragung der – an sich einheitlichen – Forderung auf mehrere Berechtigte, wird sie zu selbstständigen Teilforderungen. Keiner von ihnen kommt außerhalb des Zwangsversteigerungsverfahrens an sich der Vorrang vor der anderen zu, insbesondere bei der Zwangsvollstreckung in das bewegliche Vermögen. Anders liegt die Sache für die für die Forderung einzutragenden Sicherungshypotheken, vgl. zu § 128. Diese erhalten als Folge des Surrogationsgrundsatzes den Rang, den der Anspruch hatte.

Berechtigter der Forderungsübertragung ist der im Teilungsplan ausgewiesene Anspruchsberechtigte. Steht der Anspruch mehreren Berechtigten zu, erfolgt die Forderungsübertragung entsprechend der Anteilsberechtigung.

Miteigentümern nach Bruchteilen steht ein **Erlösüberschuss** zu Mitberechtigung nach § 432 BGB zu, da jeder Miteigentümer vom Ersteher nur Zahlung an alle Berechtigten gemeinsam verlangen kann.[27] Der BGH begründet diese Gläubigerberechtigung mit dem Argument, dass mehreren Eigentümern des Grundstücks zur Zeit des Zuschlags die übertragene Forderung gemeinschaftlich in ihrem bisherigen Rechtsverhältnis zusteht. Soweit zuvor eine Bruchteilsgemeinschaft an dem Grundstück bestand, besteht an der übertragenen Forderung nunmehr eine Mitberechtigung nach § 432 BGB, da jeder Teilhaber vom Ersteher nur Zahlung an alle Teilhaber gemeinsam verlangen kann. Diese Argumentation steht im Widerspruch zu den Rechtsfolgen des Surrogationsgedankens. An die Stelle des versteigerten Grundstücks tritt der Erlös. Wird der Erlös nicht gezahlt, tritt jetzt dingliche Surrogation am Erlös ein.[28] Ein Erlösüberschuss steht den bisherigen Teilhabern (z.B. ehemalige Eigentümer zu je $^1/_2$ Anteil) wiederum in Gemein-

---

23   LG Kassel, Rpfleger 2001, 176 = NJW-RR 2001, 1239.
24   KG, Rpfleger 2003, 204 = FGPrax 2003, 56.
25   OLG Karlsruhe, InVo 2000, 438; LG Landstuhl, Rpfleger 1985, 314.
26   LG Wiesbaden, Rpfleger 1985, 375; *Stöber*, ZVG § 118 Rdn. 5.2.
27   BGH, Rpfleger 2008, 379 = NJW 2008, 1807 = WM 2008, 843 = FamRZ 2008, 767; *Stöber*, ZVG § 118 Rdn. 3.2; Steiner/*Eickmann*, § 128 Rdn. 17; *Böttcher*, § 128 Rdn. 10.
28   Hierzu MünchKomm/K. *Schmidt*, BGB, § 753 Rdn. 31 und § 741 Rdn. 38.

schaft nach Bruchteilen zu. Hierbei handelt es sich um eine ungeteilte Forderung, die den ehemaligen Eigentümern zu ideellen Bruchteilen zusteht, § 741 BGB.[29] Der Ersteher als Schuldner der Forderung kann nur an beide gemeinsam mit befreiender Wirkung Zahlung leisten.[30] Die vom BGH postulierte „Mitberechtigung nach § 432 BGB" ist daher nicht überzeugend, auch wenn sie in der Praxis wohl üblich ist.

24 Im Fall des § 126 wird der Anspruch dem **unbekannten Berechtigten** übertragen (siehe weiter → § 126 Rdn. 2 ff.).

25 Ist der **Ersteher** zugleich **Gesamtberechtigter** eines Anspruchs auf Zahlung aus dem Erlös, kann keine Forderungsübertragung erfolgen. Durch die Zuschlagserteilung hat sich die Forderung bereits in der Person eines Gesamtgläubigers vereinigt mit der Folge, dass die Rechte des Anderen erloschen sind. Die Konfusion tritt bereits mit der Erteilung des Zuschlags und nicht erst mit der Forderungsübertragung ein (§ 429 Abs. 2 BGB).[31]

10. Aufrechnung

26 Der Ersteher kann sich nach der Übertragung von seiner Schuld dadurch befreien, dass er den Gläubiger wegen der übertragenen Forderung befriedigt, oder, wenn die Forderung einem unbekannten Berechtigten oder einem Erst- und Eventualberechtigten übertragen ist, den Betrag hinterlegt. Auch kann der Ersteher nach Forderungsübertragung die **Aufrechnung** erklären.[32] Ob die Aufrechnung die Forderung tatsächlich nach § 389 BGB zum Erlöschen bringt, muss das Prozessgericht prüfen und entscheiden.

11. Rechtsmittel

27 Gegen die Forderungsübertragung haben Ersteher, Bürge und Meistbietender nicht die sofortige Beschwerde, § 11 Abs. 1 RPflG, § 793 ZPO, die bisher vertretene Auffassung wird aufgegeben. Der Teilungsplan ist keine Entscheidung, wird auch nicht förmlich zugestellt (→ § 113 Rdn. 14), mithin bleibt nur die unbefristete Erinnerung nach § 766 ZPO.[33]

III. Wirkung der Übertragung
1. Allgemein

28 Die Übertragung wirkt wie die Befriedigung aus dem Grundstück (Abs. 2 Satz 1). Die Forderung des Schuldners gegen den Ersteher geht auf den Anspruchsberechtigten auch dann über, wenn er materiell nicht berechtigt ist.[34]

29 Diese im Interesse des Schuldners angeordnete Wirkung kann dem Berechtigten gegenüber durchaus nachteilig sein. Seine ursprüngliche Forderung gegen den persönlichen Schuldner mit ihren Nebenrechten (Mitschuldner, Pfandrecht, Bürgschaft, Gesamtgrundpfandrecht) kann wirtschaftlich wertvoller sein als die ihm

---

29 Zur Bruchteils-Gläubigerschaft an Forderungen: MünchKomm/K. *Schmidt*, BGB, § 741 Rdn. 42.
30 So auch *Stöber*, ZVG § 118 Rdn. 3.2.
31 Daher nicht richtig LG Bielefeld/OLG Hamm, Rpfleger 1985, 248 mit kritischer Anm. *Schiffhauer*.
32 BGH, Rpfleger 1987, 381 = NJW-RR 1987, 950 = WM 1987, 768.
33 Überzeugend *Stöber*, ZVG § 118 Rdn. 4.5.
34 RGZ 133, 201.

übertragene Forderung und die dafür einzutragenden Sicherungshypotheken. Daher darf er den Eintritt der Befriedigungswirkung innerhalb **drei Monaten** seit der Übertragung durch **Verzicht auf die Rechte aus der Übertragung** oder durch einen **Zwangsversteigerungsantrag** (Wiederversteigerung) ausschließen. Dies gilt aber nicht für die Forderungsübertragung einer Zuzahlung im Fall der §§ 50, 51.[35]

2. Bedeutung der Frist

Die Übertragung macht zwar den Berechtigten sofort zum Gläubiger des Erstehers, lässt aber zunächst die Forderung gegen den ursprünglichen Schuldner, Bürgen usw. unberührt. Dies ändert sich erst nach drei Monaten, es sei denn, der Berechtigte hat fristgemäß auf die Rechte aus der Übertragung verzichtet oder die Zwangsversteigerung beantragt.

Die Frist des Abs. 2 Satz 2 beginnt mit der Übertragung im Verteilungstermin, auch wenn der Anspruch des Berechtigten auflösend bedingt ist; ist er aufschiebend bedingt, mit dem Zeitpunkt, in welchem der Eintritt oder der Ausfall der Bedingung zur Kenntnis des danach endgültig Berechtigten gelangt. Ist der Anspruch von einem Widerspruch betroffen, beginnt die Frist mit der weiteren Ausübung des Teilungsplans; Entsprechendes gilt im Fall des § 126.

IV. Verzicht auf das Recht aus der Übertragung

1. Allgemein

Der Verzicht ist kein Erlass der Schuld des Erstehers, denn er berührt den Fortbestand dieser Schuld nicht und führt nur einen Gläubigerwechsel herbei.[36] Auch ein teilweiser Verzicht ist zulässig.

2. Wirksamwerden des Verzichts

Der Verzicht wird wirksam, wenn er dem Vollstreckungsgericht gegenüber zugegangen ist. Er kann schriftlich oder zu Protokoll der Geschäftsstelle erfolgen. Nach Ablauf der 3-Monatsfrist ist er unwirksam und nicht mehr zu beachten. Das Vollstreckungsgericht hat den Verzicht dem Ersteher und demjenigen mitzuteilen, auf den die Forderung infolge des Verzichts übergeht (Abs. 2 Satz 4). Die erforderliche Grundbuchberichtigung haben die Beteiligten selbst zu veranlassen.

3. Wirkung des Verzichts

Ein wirksamer Verzicht hat für den Verzichtenden den Verlust der Forderung gegen den Ersteher und damit der Befriedigung aus dem Erlös zur Folge.[37] Dagegen lebt das alte Schuldverhältnis in all seinen Rechtsbeziehungen wieder auf; natürlich nicht das erloschene dingliche Recht.

Handelt es sich bei dem Verzicht auf die Übertragung um den Ersatzanspruch für ein Grundpfandrecht, geht das Ersatzrecht auf den bisherigen Grundstückseigentümer (Schuldner) über. Wird auf den Erlös verzichtet, der auf ein Gesamtgrundpfandrecht entfällt, geht die freiwerdende Forderung auf den nach § 123 festgestellten Erlösberechtigten über. Im Übrigen fällt die Forderung gegen den

---

35 Stöber, ZVG § 118 Rdn. 4.1.
36 Zur Frage der Arglisteinrede des Schuldners gegen den Verzicht des Berechtigten siehe BGH, Rpfleger 1983, 289 = NJW 1983, 1423 = KTS 1983, 327.
37 Steiner/Teufel, § 118 Rdn. 56.

Ersteher bei Verzicht auf die Übertragung dem nächsten ausfallenden Berechtigten zu. Der Rechtsübergang vollzieht sich in diesen Fällen kraft Gesetzes. Der Rang der dafür eingetragenen Sicherungshypothek bestimmt sich nach dem Rechtsübergang nach dem Rang des Anspruchs der Beteiligten, auf den die Forderung übergegangen ist.

V. Erneute Versteigerung

1. Allgemein

36 Eine **Wiederversteigerung** des Grundstückes in dem Sinne, dass sich das Verfahren gegen den bisherigen Schuldner richtet, kennt das Gesetz nicht. Es handelt sich vielmehr um ein *neues selbstständiges Verfahren*, das sich gegen den Ersteher als den nunmehrigen Grundstückseigentümer oder gegen einen späteren Eigentümer richtet. Die Anordnung und Fortsetzung des Verfahrens erfolgt daher, von den Sondervorschriften des § 128 Abs. 4 und § 133 abgesehen, nach den für die Zwangsversteigerung allgemein geltenden Bestimmungen. Die Rechtsverfolgung ist allerdings dadurch erleichtert, dass die Forderung aus dem Bargebot gem. § 132 vollstreckbar ist. Die erneute Zwangsversteigerung kann daher unmittelbar nach dem Verteilungstermin angeordnet werden, auch ohne dass der Ersteher als Eigentümer bereits im Grundbuch eingetragen ist.[38]

2. Antragstellung

37 Wird der Antrag auf Zwangsversteigerung gestellt, wirkt die Übertragung nicht wie die Befriedigung aus dem Grundstück. Der Berechtigte behält daher alle Rechte aus dem alten Schuldverhältnis und daneben die Forderung gegen den Ersteher. Erlangt er bei der neuen Zwangsversteigerung Befriedigung seines Anspruchs, erlöschen nunmehr seine Rechte aus dem alten Schuldverhältnis; fällt er aus, bleiben diese bestehen.

3. Rücknahme des Antrags; Aufhebung des Verfahrens

38 Wird der Antrag auf Zwangsversteigerung zurückgenommen oder das Verfahren nach § 31 Abs. 2 aufgehoben, gilt der Versteigerungsantrag als nicht gestellt (Abs. 2 Satz 3). Es verbleibt dann bei der Forderungsübertragung und deren Wirkung. Der Antrag kann innerhalb der noch laufenden Frist von drei Monaten erneut gestellt werden; auch kann der Berechtigte in diesem Fall noch auf die Rechte aus der Übertragung verzichten.

---

38 Hierzu auch *Schiffhauer*, Rpfleger 1975, 12.

§ 119 »Teilungsplan; bedingter Anspruch«

Wird auf einen bedingten Anspruch ein Betrag zugeteilt, so ist durch den Teilungsplan festzustellen, wie der Betrag anderweit verteilt werden soll, wenn der Anspruch wegfällt.

I. Allgemeines

Während bei der Feststellung des geringsten Gebotes bedingte Rechte wie unbedingte zu behandeln sind (§ 48), muss hier in der Erlösverteilung dem Umstand Rechnung getragen werden, dass der Anspruch sich durch Ausfall der aufschiebenden oder Eintritt der auflösenden Bedingung erledigen kann. Die §§ 119, 120 regeln die Behandlung bedingter Ansprüche und zwar § 119 die aufschiebend und auflösend bedingten, § 120 die aufschiebend bedingten Ansprüche bei der Planausführung. Bei der Aufstellung des Teilungsplans sind die Ansprüche wie unbedingte an der ihnen zukommenden Rangstelle zu berücksichtigen. Dadurch ist gewährleistet, dass bei Beendigung des Schwebezustandes ein entsprechender Erlösanteil vorhanden ist. Das Vollstreckungsgericht hat weiter zu bestimmen (**Hilfsverteilung**), wie der darauf zugeteilte Betrag anderweitig verteilt werden soll, wenn der Anspruch wegfällt, wenn die aufschiebende Bedingung ausfällt oder die auflösende eintritt. Wegen betagter Ansprüche s. § 111. 1

§ 119 bezieht sich nicht auf nach den Versteigerungsbedingungen bestehen bleibende Rechte, dies regeln §§ 50, 51, 125. 2

II. Bedingte Ansprüche

Bedingt kann jeder nach § 10 Abs. 1 aus dem Zwangsversteigerungserlös zu befriedigende Anspruch sein, mit Ausnahme des Anspruchs des persönlich betreibenden Gläubigers nach § 10 Abs. 1 Nr. 5. Die Bedingung kann sich auf die persönliche Forderung oder das dingliche Recht beziehen. Ebenso muss der Anspruch aus einer Hypothek für eine Forderung behandelt werden, deren Betrag unbestimmt ist, § 14; Gleiches gilt für alle Rechte aus Abt. II des Grundbuchs (vgl. § 92). 3

Wenn das **dingliche Recht selbst bedingt** ist und die aufschiebende Bedingung ausfällt oder die auflösende eintritt, fällt das Recht weg. Der darauf zugeteilte Betrag wird für ausgefallene Berechtigte frei. Ein Grundpfandrecht wandelt sich insbesondere nicht in ein Eigentümerrecht um. Die auflösende Bedingung ergibt sich regelmäßig aus der Grundbucheintragung bzw. aus der dem Recht zugrunde liegenden Eintragungsbewilligung. 4

Bei der **Sicherungshypothek** (§ 1184 BGB) liegt ebenso wie bei der **Zwangssicherungshypothek** kein bedingter Anspruch vor (hierzu → § 114 Rdn. 22, 23). 5

Wegen der **Höchstbetragshypothek** (§ 1190 BGB) siehe → § 114 Rdn. 28.[1] 6

III. Vorgemerkte Rechte

Im geringsten Gebot sind vorgemerkte Rechte wie eingetragene Rechte zu berücksichtigen (§ 48). Sie sind jedoch nicht bedingt. Es ist aber in der Schwebe, ob der Vormerkungsberechtigte einen Anspruch aus dem Erlös hat. Daher muss sein 7

---

1 Hierzu auch LG Traunstein, Rpfleger 1988, 499 mit Anm. *Sievers*.

Anspruch als bedingter Anspruch behandelt werden.² Die Bedingung würde beispielsweise eintreten, wenn das vorgemerkte Recht endgültig im Grundbuch eingetragen würde, was aber nach dem Zuschlag nicht mehr möglich ist. Dem Eintritt der Bedingung muss daher gleichstehen, dass der Eigentümer zur Bewilligung der Eintragung verpflichtet ist, also regelmäßig, wenn der vorgemerkte Anspruch zu Recht besteht. Eine durch Vormerkung gesicherte Verpflichtung zur Abtretung einer Eigentümergrundschuld ist als unter einer aufschiebenden Bedingung bestehend zu behandeln.³

8   Die Vormerkung eines Anspruchs auf **Einräumung des Vorrangs** wirkt auf das Recht, dass zurücktreten soll, insofern wie eine auflösende Bedingung, als es an seiner bisherigen Rangstelle nicht mehr anspruchsberechtigt ist, wenn der vorgemerkte Vorrang besteht.

9   Die Vormerkung zur Sicherung des Anspruchs auf Eigentumsumschreibung (**Auflassungsvormerkung**) ist wie ein bedingtes Recht zu behandeln, solange der gesicherte Anspruch nicht endgültig festgestellt ist.

10 Der **Nachweis des Bestehens** des gesicherten Anspruchs kann aufgrund eines Anerkenntnisses oder durch rechtskräftiges Urteil festgestellt werden. Das **Nichtbestehen** des Anspruchs muss ebenfalls durch rechtskräftiges Urteil oder durch Löschungsbewilligung in der Form des § 29 GBO nachgewiesen werden[4], sofern die Tatsachen nicht offenkundig[5] sind oder der Unrichtigkeitsnachweis[6] geführt wird.

11 Wegen der **Löschungsvormerkung** bzw. des **gesetzlichen Löschungsanspruchs** (§§ 1179, 1179a BGB) siehe → § 114 Rdn. 75, 93.

IV. Widerspruch, § 899 BGB

12 Ebenso wie die Vormerkung wird ein durch einen Widerspruch gesichertes Recht im geringsten Gebot wie ein eingetragenes Recht behandelt, § 48. Der Widerspruch hat, wenn er begründet ist, für das betroffene Recht den ersatzlosen Wegfall zur Folge. Das Recht ist somit so zu behandeln, als sei es auflösend bedingt durch Berechtigung des Widerspruchs. Ein nicht bestehen bleibendes Recht, bei dem ein Widerspruch gegen seinen Vorrang eingetragen ist, ist als auflösend bedingt zu behandeln. Anders, wenn der Widerspruch sich gegen die Löschung eines Rechts richtet, dann ist das Recht als aufschiebend bedingt zu behandeln.[7]

V. Planausführung; Eventualverteilung
1. Allgemein

13 Im Falle des § 119 ist im Teilungsplan zunächst der entsprechende Erlösanteil auf den Anspruch zuzuteilen. Im Plan ist dann weiter zu bestimmen, wie der Betrag anderweitig verteilt werden soll, falls die aufschiebende Bedingung ausfällt oder die auflösende eintritt.

---

2   RGZ 78, 75.
3   RGZ 145, 343.
4   RGZ 57, 209; LG Marburg, Rpfleger 1986, 468 zur Vormerkung.
5   Hierzu OLG Frankfurt, Rpfleger 1994, 106.
6   Hierzu OLG Zweibrücken, Rpfleger 2005, 597; BayObLG, Rpfleger 1997, 151 = NJW-RR 1997, 590 und Rpfleger 1995, 406.
7   Steiner/*Teufel*, §§ 119, 120 Rdn. 12; *Böttcher*, §§ 119, 120 Rdn. 7; LG Berlin, WM 1958, 267.

Ist der bedingte Anspruch zugleich von einem Widerspruch nach § 115 betroffen, ist die Eventualverteilung nach § 119 mit der des § 124 zu verbinden.[8] Ein Widerspruch kann auch gegen die Eventualverteilung erhoben werden.

2. Auflösende Bedingung

Im Falle einer auflösenden Bedingung eines Anspruchs ist im Teilungsplan festzustellen, wie der zugeteilte Betrag anderweitig verteilt werden soll, wenn die Bedingung eintritt. Bei der Ausführung des Plans wird sie nicht mehr berücksichtigt, der auflösend bedingte Anspruch wird zunächst wie ein unbedingter behandelt. Der auf den Anspruch zugeteilte Geldbetrag ist auszuzahlen oder, falls der Ersteher nicht gezahlt hat, der entsprechende Teil der Forderung gegen den Ersteher auf den Erstberechtigten (und nur auf ihn) zu übertragen. Auch die Eintragung der Sicherungshypothek nach § 128 ist nur für ihn zu veranlassen.

Der Eventualberechtigte hat bei Bedingungseintritt einen Rückgewähranspruch gegen den Erstberechtigten. Zur Sicherung seines bedingten Anspruchs ist er bei dessen Gefährdung auf die Erwirkung eines Arrestes beschränkt; dies hat ebenso wie die Geltendmachung des Anspruchs selbst außerhalb der Zwangsversteigerung zu geschehen. Im Übrigen braucht der Erstberechtigte Sicherheit nur dann zu leisten, wenn sich diese Pflicht aus dem zugrunde liegenden Rechtsverhältnis ergibt. Danach entscheidet sich auch, ob Zinsen zu erstatten sind. Ob sich der Eventualberechtigte in dieser ungesicherten Lage durch einen Widerspruch nach § 115 mit der Rechtsfolge der Hinterlegung nach § 124 Abs. 2, § 120 schützen kann[9], ist zweifelhaft. Für die Zulässigkeit eines Widerspruchs müsste der Teilungsplan selbst unrichtig sein, was er aber in diesem Zeitpunkt regelmäßig nicht sein wird.[10] In jedem Falle aber dürfte die nach § 115 Abs. 1 Satz 2 ZVG, § 878 ZPO binnen Monatsfrist zu erhebende Widerspruchsklage ohne Erfolgsaussicht sein, der Widerspruch selbst bewirkt somit nur einen geringen Zeitaufschub.

---

8   *Stöber*, ZVG § 119 Rdn. 2.6.
9   So *Stöber*, ZVG § 119 Rdn. 3.1; *Böttcher*, § 1119, 120 Rdn. 10.
10 Steiner/*Teufel*, §§ 119, 120 Rdn. 28.

§ 120 »Teilungsplanausführung bei aufschiebender Bedingung«

(1) ¹Ist der Anspruch aufschiebend bedingt, so ist der Betrag für die Berechtigten zu hinterlegen. ²Soweit der Betrag nicht gezahlt ist, wird die Forderung gegen den Ersteher auf die Berechtigten übertragen. ³Die Hinterlegung sowie die Übertragung erfolgt für jeden unter der entsprechenden Bedingung.

(2) Während der Schwebezeit gelten für die Anlegung des hinterlegten Geldes, für die Kündigung und Einziehung der übertragenen Forderung sowie für die Anlegung des eingezogenen Geldes die Vorschriften der §§ 1077 bis 1079 des Bürgerlichen Gesetzbuchs; die Art der Anlegung bestimmt derjenige, welchem der Betrag gebührt, wenn die Bedingung ausfällt.

I. Allgemeines

1 Die §§ 119, 120 regeln die Behandlung bedingter Ansprüche und zwar § 119 die aufschiebend und auflösend bedingten, § 120 die aufschiebend bedingten Ansprüche bei der Planausführung (s. allgemein zu → § 119 Rdn. 1).

II. Ausführung des Teilungsplans bei aufschiebender Bedingung

1. Erlös ist gezahlt (Abs. 1 Satz 1)

2 Soweit der Versteigerungserlös in Geld vorhanden ist, ist grundsätzlich der Plan durch Zahlung an den Berechtigten auszuführen, § 117 Abs. 1 Satz 1. Genau dies darf bei einem aufschiebend bedingten Anspruch nicht erfolgen. Der Betrag ist, um den bedingt Berechtigten (**Erstberechtigten**) und den beim Ausfall der Bedingung dann hilfsweise Berechtigten (**Eventualberechtigter**) zu sichern, für jeden von ihnen unter der entsprechenden Bedingung zu hinterlegen. Einer Hinterlegung bedarf es nur dann nicht, wenn sich die Berechtigten im Verteilungstermin über die Auszahlung einigen.

3 Für die **Hinterlegungsstelle**[1] ist sicherzustellen, dass das Ersuchen des Vollstreckungsgerichts genau zum Ausdruck bringt, welchem der Beteiligten unter welchen Umständen der Anspruch auf den hinterlegten Betrag und die Hinterlegungszinsen zustehen. Ist die Empfangsberechtigung zugleich aus anderen Gründen ungewiss (z.B. Anspruch auf unbestimmte Beträge nach § 14), sind auch diese im Ersuchen anzugeben. War der Erlös bereits aus anderen Gründen hinterlegt, ist die Hinterlegung in eine solche nach § 120 umzuwandeln.

4 Mit dem Ersuchen an die Hinterlegungsstelle ist die **Tätigkeit des Vollstreckungsgerichts** beendet. Die Herausgabe des hinterlegten Geldes ist außerhalb des Zwangsversteigerungsverfahrens zu verfolgen. Insbesondere ist das Vollstreckungsgericht nicht befugt, ein Herausgabeersuchen zu fertigen. Behauptet der Erstberechtigte den Bedingungseintritt oder der Eventualberechtigte deren Ausfall, muss er der Hinterlegungsstelle die Zustimmung des anderen zur Auszahlung an ihn oder ein hierzu ergangenes Urteil vorlegen. Die Befriedigung des Gläubigers tritt nicht schon mit der Hinterlegung, sondern erst mit der Auszahlung des Geldes ein.

---

1 Zur Aufhebung der Hinterlegungsordnung zum 30.11.2010 (Art. 17 Abs. 2 des 2. BMJBerG – BGBl I 2614) *Rückheim*, Rpfleger 2010, 1; *Rellermeyer*, Rpfleger 2010, 129. Jedes Bundesland hat nunmehr eine eigene Hinterlegungsordnung (HintO), bzw. eigenes Hinterlegungsgesetz, die aber weitgehend deckungsgleich sind. Zum Hinterlegungsrecht in Bayern: *Wiedemann/Armbruster*, Rpfleger 2011, 1.

Der bedingte Auszahlungsanspruch gegen die Hinterlegungsstelle kann nach allgemeinen Grundsätzen **gepfändet** werden.

2. Erlös ist nicht gezahlt (Abs. 1 Satz 2)

Wurde der Erlös vom Ersteher ganz oder teilweise nicht gezahlt, ist der Anspruch des Schuldners gegen den Ersteher auf den Erstberechtigten und den Eventualberechtigten nach § 118 Abs. 1 jeweils unter der entgegengesetzten Bedingung zu übertragen und durch eine Sicherungshypothek nach § 128 sichern. Die Übertragung wirkt auch hier wie die Befriedigung aus dem Grundstück (§ 118 Abs. 2 Satz 1), jedoch erst mit Eintritt der Bedingung bzw. mit Ausfall der Bedingung zugunsten des Eventualberechtigten. Die Frist nach § 118 Abs. 2 Satz 2 beginnt mit dem Zeitpunkt, in welchem der Eintritt oder der Ausfall der Bedingung zur Kenntnis des danach endgültig Berechtigten gelangt.

III. Schwebezeit (Abs. 2)

Nach der Hinterlegung sind die bedingt angewiesenen Berechtigten einander verpflichtet, dabei mitzuwirken, dass der hinterlegte Betrag nach den für die Anlegung von Mündelgeld geltenden Vorschriften verzinslich angelegt wird (§ 1079 BGB). Die Art der Anlegung bestimmt derjenige, dem der Betrag gebührt, wenn die Bedingung ausfällt (Abs. 2 Hs. 2). Dies bedeutet jedoch nicht, dass er allein über den hinterlegten Betrag verfügen kann; vielmehr muss er, um die Auszahlung durch die Hinterlegungsstelle zu erreichen, die Zustimmung des Erstberechtigten oder dessen Ersetzung durch rechtskräftiges Urteil nachweisen, denn die Hinterlegungsstelle kann grundsätzlich nur an beide gemeinsam zahlen (§ 1077 Abs. 1 BGB).

Eine Entscheidung über die **Art der Hinterlegung** obliegt nicht dem Vollstreckungsgericht. Einigen sich jedoch der Erstberechtigte und der Eventualberechtigte spätestens im Verteilungstermin über die Art der Anlegung, hat das Vollstreckungsgericht den Betrag statt der Hinterlegungsstelle unmittelbar an die von den Berechtigten bestimmte Stelle auszuzahlen. Die Frage, ob jemand und wer die Zinsen während der Schwebezeit erhält, ist nach dem Inhalt der Bedingung, unter welcher der Betrag hinterlegt ist, zu entscheiden. Da das Recht des Erstberechtigten erst mit dem Eintritt der Bedingung wirksam wird (§ 158 BGB), hat er im Zweifel vor dem Eintritt der Bedingung keinen Anspruch auf die Zinsen; vielmehr kommen diese, vorbehaltlich einer Erstattungspflicht nach § 159 BGB, dem Eventualberechtigten zu, da ihm auch das Recht bei Ausfall der Bedingung zusteht. Das Vollstreckungsgericht muss die Regelung hinsichtlich der Zinsen nach § 159 BGB im Teilungsplan oder bei der Hinterlegung treffen.

Während der Schwebezeit der Hinterlegung können die Berechtigten nur **gemeinsam** über die Forderung **verfügen**. Eine **Kündigung** kommt nur für die bedingte Zuzahlung nach §§ 50, 51 infrage. Ist oder wird die Forderung während des Schwebezustandes **fällig**, sind beide einander verpflichtet, sowohl zur Einziehung als auch zur Anlegung nach den für Mündelgeld geltenden Vorschriften mitzuwirken, §§ 1078, 1079 BGB.

Die **Aufgabe des Vollstreckungsgerichts** beschränkt sich auf die bedingte Übertragung der Forderung (Abs. 1 Satz 2) und auf das Ersuchen an das Grundbuchamt um Eintragung einer entsprechenden Sicherungshypothek (§§ 128, 130 Abs. 1). Soweit sich nach dem Eintritt oder Ausfall der Bedingung eine Grundbuchberichtigung ergibt, müssen die Berechtigten diese selbst veranlassen und die entsprechende Zustimmung des anderen oder ein die Zustimmung ersetzendes rechtskräftiges Urteil vorlegen. Der Ersteher braucht nur gegen Löschung der Sicherungshypothek zuzahlen.

IV. Auflösende Bedingung

11 Im Falle einer auflösenden Bedingung eines Anspruchs ist im Teilungsplan festzustellen, wie der zugeteilte Betrag anderweitig verteilt werden soll, wenn die Bedingung eintritt. Der auflösend bedingte Anspruch wird wie ein unbedingter behandelt, der auf den Anspruch zugeteilte Geldbetrag ist auszuzahlen[2] (grundsätzlich hierzu → § 119 Rdn. 15). Aufgrund fehlender Hinterlegung findet § 120 grundsätzlich keine Anwendung. Dass der Eventualberechtigte eine durch den Eintritt der auflösenden Bedingung für den Erstberechtigten aufschiebend bedingte Rechtsstellung hat, führt ebenfalls nicht zur Anwendbarkeit des § 120; diese Norm stellt ausschließlich auf bedingte Ansprüche ab, nicht auf die sich bei Bedingungseintritt ergebende Eventualberechtigung.

---

2 *Stöber*, ZVG § 120 Rdn. 2.1; *Böttcher*, § 119, 120 Rdn. 10.

§ 121 »Zuteilung auf Ersatzansprüche«

(1) In den Fällen des § 92 Abs. 2 ist für den Ersatzanspruch in den Teilungsplan ein Betrag aufzunehmen, welcher der Summe aller künftigen Leistungen gleichkommt, den fünfundzwanzigfachen Betrag einer Jahresleistung jedoch nicht übersteigt; zugleich ist zu bestimmen, daß aus den Zinsen und dem Betrage selbst die einzelnen Leistungen zur Zeit der Fälligkeit zu entnehmen sind.
(2) Die Vorschriften der §§ 119, 120 finden entsprechende Anwendung; die Art der Anlegung des Geldes bestimmt der zunächst Berechtigte.

I. Allgemeines

Ziel der Vorschrift ist, dem Berechtigten **Wertersatz** für das Recht zu geben, das durch den Zuschlag erloschen ist. Infolge des Hinweises auf § 92 Abs. 2 betrifft die Regelung nur die Rechte mit Versorgungscharakter: **Nießbrauch, beschränkte persönliche Dienstbarkeit** (insbesondere **Wohnungsrecht**[1]), **Reallast von unbestimmter Dauer.** Auch das **Altenteil** fällt hierunter, da es sich aus den vorgenannten Rechten zusammensetzen kann (hierzu → § 9 EGZVG). Zum **Dauerwohnrecht** oder **Dauernutzungsrecht** (§§ 31 ff. WEG) s. → § 92 Rdn. 25. 1

Zu bilden ist ein **Deckungskapital**, aus welchem dem Berechtigten eine jährliche Rente zu zahlen ist, um ihn so zu stellen, als ob das erloschene Recht weiter bestehen würde. Das errechnete Deckungskapital wird in den Teilungsplan eingestellt. Einen Anspruch auf das Kapital selbst erlangt der Berechtigte damit nicht. Der Betrag wird in Rentenform ausgezahlt. Die Rente ist in vierteljährlichen Zahlungen im Voraus zu leisten (§ 92 Abs. 2 Satz 2), beginnend mit dem Tage der Zuschlagserteilung, denn das Recht ist mit dem Zuschlag erloschen (§ 92 Abs. 1, § 91 Abs. 1). Auch im weiteren Verlauf der künftigen Zahlungen ist das Datum der Zuschlagserteilung maßgeblich, und nicht der Monatserste (also z.B. Zuschlagserteilung am 10.7.2012: erste Rentenfälligkeit am 10.7.2012, weitere Fälligkeiten am 10.10.2012, 10.1.2013, 10.4.2013, 10.7.2013 usw.). 2

II. Deckungskapital (Abs. 1)
1. Berechnung

Die Berechnung des erforderlichen Deckungskapitals ist deshalb schwierig, weil nicht vorhersehbar ist, auf wie viele Jahre die Rente tatsächlich zu zahlen ist. Sie hängt teils von der Lebensdauer des Berechtigten ab oder ist bei Reallasten von unbestimmter Dauer eben wegen dieser Unbestimmtheit ungewiss. Den Ersteher berührt diese Ungewissheit nicht, anders den Berechtigten und insbesondere die ausfallenden nachrangigen Berechtigten; weiterhin trifft die Ungewissheit auch den Pfändungsgläubiger bei der Pfändung der Ersatzforderung, denn weiterhin maßgeblich ist das Leben des Berechtigten, des Pfändungsschuldners. 3

Nach Abs. 1 Hs. 1 ist für das Deckungskapital ein Betrag in den Teilungsplan aufzunehmen, welcher der Summe aller künftigen Leistungen gleichkommt. Dabei wird von dem Jahreswert des erloschenen Rechts ausgegangen, § 92 Abs. 2 Satz 1. Zur **Anmeldung** des Wertes siehe → § 92 Rdn. 34 ff. **Zwischenzinsen** sind nicht abzuziehen. 4

---
1 Hierzu BayObLG, Rpfleger 1983, 81.

5   Maßgeblicher **Zeitpunkt** für die Bestimmung des Ersatzwertes ist der Zeitpunkt der Zuschlagserteilung, denn in diesem Zeitpunkt ist das Recht erloschen, und nicht der des Verteilungstermins.[2] Stehen Jahreswert und Bezugsdauer fest, ergibt sich das zu berechnende Deckungskapital aus der Vervielfältigung des Jahreswertes mit der Zahl der Jahre. Jedoch darf der 25-fache Betrag einer Jahresleistung nicht überschritten werden (Abs. 1). Eine Erhöhung des Kapitals bei Anlegung durch Zinserträge wird hierbei nicht berücksichtigt. Bei wechselndem Jahreswert entscheidet der Durchschnitt. Bei Rechten auf Lebenszeit ist weiter die Lebenserwartung nach der **statistischen Lebenserwartungstabelle** zu berücksichtigen (vgl. → § 92 Rdn. 39).[3]

6   Rangmäßig nachgehende Berechtigte, die den berücksichtigten Ersatzbetrag für zu hoch halten, können Widerspruch erheben (§ 115 Abs. 1)[4].

7   Steht das erlöschende Recht im Sinne von § 92 Abs. 2 im **Gleichrang** zu einem anderen erlöschenden Rechte, ergeben sich bei der Berechnung des Deckungskapitals keine Unterschiede. Das Deckungskapital ist zunächst nach Abs. 1 vollumfänglich zu berechnen. Der Erlösanteil, der auf die gleichrangigen Rechte entfällt, ist dann im Verhältnis des errechneten Deckungskapitals zu dem Betrag des gleichrangigen Rechtes aufzuteilen. Das Recht auf die einzelnen Leistungen bleibt dem Berechtigten in voller Höhe erhalten, der Berechtigte aus dem gleichrangigen Recht kann keine Verkürzung der Jahresrente verlangen, auch wenn die Berechtigung auf die Leistungen ungewiss ist.[5]

2. Behandlung im Teilungsplan

8   Das zu berechnende Deckungskapital ist in der **Schuldenmasse** im Teilungsplan für den Berechtigten einzustellen. Das Deckungskapital steht unter der aufschiebenden Bedingung, dass der Vollstreckungsschuldner (= bisherige Eigentümer) und der Berechtigte des Rechts durch Vereinbarung oder durch Vorlage eines Prozessurteils den Betrag feststellen (§ 14). Weder die einseitige Anmeldung des Ersatzbetrages noch das Schweigen des Schuldners führen zu einer für das Vollstreckungsgericht bindenden Feststellung. Solange eine Feststellung nach § 14 nicht erfolgt ist, wird der im Teilungsplan ausgewiesene Betrag hinterlegt (Abs. 2).

9   In der **Zuteilung** im Teilungsplan sind aus dem Deckungskapital die bereits fälligen Beträge an den Berechtigten auszuzahlen (§ 92 Abs. 2 Satz 2). Der Anspruch auf eine fällig gewordene Zahlung verbleibt dem Berechtigten auch dann, wenn das Recht auf die Rente vor dem Ablauf erlischt (§ 92 Abs. 2 Satz 3). Das nach Abzug der bereits fälligen Leistungen verbleibende Deckungskapital ist für den Berechtigten mit der Maßgabe zuzuteilen, dass hieraus eine jeweils für 3 Monate im Voraus zu zahlende Rente ausbezahlt wird. Die Zahlungen erfolgen zunächst aus den Zinsen[6] (Hinterlegungszinsen oder Anlagezinsen) und dann aus dem Betrag selbst (Abs. 1 Hs. 2).

---

2   So auch BayObLG Rpfleger 1983, 81; Steiner/*Eickmann*, § 92 Rdn. 27; *Stöber*, ZVG § 92 Rdn. 3.2; *Schiffhauer*, Rpfleger 1974, 187; *Böttcher*, § 92 Rdn. 9; a.A. BGH, NJW 1974, 702 = Rpfleger 1974, 187 = KTS 1974, 168.
3   H.M.: *Stöber*, ZVG § 121 Rdn. 2.2; *Böttcher* § 121 Rdn. 3; zu Berechnung vgl. *Hoebelt*, Rpfleger 1974, 122; *Drischler*, KTS 1971, 150 und Rpfleger 1983, 229.
4   Hierzu *Gaßner*, Rpfleger 1988, 51.
5   So auch *Stöber*, ZVG § 121 Rdn. 3.8; Steiner/*Teufel*, § 121 Rdn. 10; *Böttcher*, § 121 Rdn. 3.
6   Hierzu *Rellermeyer/Hintzen*, Rpfleger 2011, 473.

Eine Zuteilung des Deckungskapitals ist ganz oder teilweise nicht möglich, 10 auch nicht, wenn alle Beteiligten zustimmen, da das Gesetz keine Ausnahme von § 121 zulässt. Ungewiss ist in jedem Falle, ob der Berechtigte das Deckungskapital aufbraucht. Der Anspruch auf die künftigen Einzelleistungen (Rente) hat deshalb eine ähnliche Natur wie ein bedingter Anspruch. Daher ist im Teilungsplan eine Erlöszuteilung nach § 119 vorzunehmen und zu bestimmen, wem der von dem Berechtigten nicht verbrauchte Teil des Kapitals zufallen soll (**Hilfs- oder Eventualzuteilung**); hierbei sind alle nachrangig ausfallenden Berechtigten aufzuführen, die ungewiss ist, in welcher Höhe das nicht verbrauchte Deckungskapital zur Verfügung steht und welche Berechtigten überhaupt einen Anspruch geltend machen.[7]

Die Anlegung des zur hinterlegenden Kapitalbetrages bestimmt in erster Linie 11 der Berechtigte (Abs. 2). Im Übrigen gelten die Vorschriften der §§ 1077 bis 1079 BGB entsprechend, jedoch mit der Abweichung, dass der Erstberechtigte die Art der Anlegung bestimmt und nicht, wie bei § 120, der Hilfsberechtigte.

III. Ausführung des Teilungsplans
1. Erlös ist gezahlt

Hat der Ersteher das Meistgebot zum Verteilungstermin gezahlt, und reicht der 12 Erlös ganz oder teilweise zur Zahlung auf das errechnete Deckungskapital nach Abs. 1, erfolgt Auszahlung, soweit der Rentenanspruch bereits fällig ist (da die Zahlung ab der Zuschlagserteilung erfolgt, ist die Rente für die ersten 3 Monate regelmäßig bereits fällig, § 92 Abs. 2 Satz 2). Im Übrigen erfolgt Hinterlegung mit der Bestimmung, dass der zunächst Berechtigte die weiteren jeweils für 3 Monate im Voraus zu zahlenden Beträge zunächst aus den Zinsen (sofern nach dem jeweiligen Hinterlegungsgesetz Zinsen gezahlt werden) und dann aus dem Kapital erhält und das nach Wegfall der Berechtigung das nicht verbrauchte Deckungskapital dem Eventualberechtigten auszuzahlen ist. Die Hinterlegungsbestimmung sollte so genau formuliert werden, dass die Hinterlegungsstelle genau erkennt, wem, zu welchem Zeitpunkt, welcher Betrag aus welchem Hinterlegungsbetrag auszuzahlen ist.

Ist der für das Recht zur Verfügung stehende Erlös geringer als das dafür be- 13 rechnete Ersatzkapital, mindert sich die Jahresrente nicht. Auch hier erhält der Berechtigte jeweils für 3 Monate im Voraus den berechneten Rentenanspruch unverkürzt.

Der Berechtigte muss stets nachweisen, dass er die Fälligkeit erlebt hat.[8] Die 14 Form des Nachweises bestimmt die Hinterlegungsordnung, das Vollstreckungsgericht ist am Verfahren nicht mehr beteiligt; nach der Hinterlegung ist für das Vollstreckungsgericht das Verfahren beendet. Wenn ein nachrangiger Berechtigter, der mit seinem Anspruch ganz oder teilweise ausgefallen ist, den Wegfall der Rentenberechtigung behauptet und den weiteren Bezug verhindern will, kann er dies regelmäßig durch Nachweis des Todes des Berechtigten erreichen. Notfalls muss er außerhalb des Zwangsversteigerungsverfahrens im Wege der Klage oder einstweiligen Verfügung vorgehen.

---

7   So wohl auch *Stöber*, ZVG § 121 Rdn. 3.3.
8   LG Berlin, WM 1958, 267.

15 Ist das gesamte hinterlegte Deckungskapital aufgebraucht, endet die Zahlung an den Berechtigten, auch wenn dieser noch leben sollte. Die Auszahlung muss aber nicht notwendigerweise nach 25 Jahren enden, da die nach Abs. 1 genannte Frist nur für die Berechnung des Deckungskapitals gilt und nicht auch für die Anspruchsdauer selbst; da der hinterlegte Betrag verzinslich angelegt werden kann oder nach länderrechtlichen Regelungen Hinterlegungszinsen zu zahlen sind, die Auszahlungen wiederum zunächst aus den Zinsen zu erfolgen hat, reicht das Deckungskapital regelmäßig länger als 25 Jahre.

2. Erlös ist nicht gezahlt

16 Hat der Ersteher das Meistgebot nicht gezahlt, und kann somit auf das nach Abs. 1 errechnete Deckungskapital keine Auszahlung erfolgen, wird die Forderung gegen den Ersteher, soweit die für 3 Monate im Voraus zu zahlende Rente bereits fällig ist, dem Erstberechtigten unbedingt übertragen; der Restbetrag wird dem Erstberechtigten und dem Eventualberechtigten unter der zuvor → Rdn. 12 genannten Bestimmung übertragen. Der Erstberechtigte kann ohne Mitwirkung des Eventualberechtigten die 3-Monatsrente vom Ersteher sofort im Wege der Zwangsvollstreckung einziehen; für beide Beträge ist eine Sicherungshypothek gem. § 128 einzutragen (im Übrigen vgl. → § 120 Rdn. 6).

§ 122 »Verteilung des Erlöses bei Gesamthypothek«

(1) ¹Sind mehrere für den Anspruch eines Beteiligten haftende Grundstücke in demselben Verfahren versteigert worden, so ist, unbeschadet der Vorschrift des § 1132 Abs. 1 Satz 2 des Bürgerlichen Gesetzbuchs, bei jedem einzelnen Grundstücke nur ein nach dem Verhältnisse der Erlöse zu bestimmender Betrag in den Teilungsplan aufzunehmen. ²Der Erlös wird unter Abzug des Betrags der Ansprüche berechnet, welche dem Anspruche des Beteiligten vorgehen.

(2) Unterbleibt die Zahlung eines auf den Anspruch des Beteiligten zugeteilten Betrags, so ist der Anspruch bei jedem Grundstück in Höhe dieses Betrags in den Plan aufzunehmen.

I. Allgemeines

Die auf alle Zwangsversteigerungsverfahren anzuwendenden §§ 122, 123 regeln die Behandlung eines nach den Zwangsversteigerungsbedingungen nicht bestehen bleibenden Anspruchs mit dem Recht auf Befriedigung aus mehreren Grundstücken. § 122 setzt voraus, dass alle Grundstücke in demselben Verfahren versteigert werden. § 123 findet Anwendung, wenn auch nur eines der mit dem Gesamtrecht belasteten Grundstücke versteigert wird. § 122 regelt die Berücksichtigung des erloschenen Anspruchs bei der Verteilung, § 123 sieht im Anschluss hieran eine Eventualverteilung vor, wenn der Zwangsversteigerungserlös nicht gezahlt wurde. Im Falle des § 122 kommt es nicht darauf an, ob die Grundstücke im Gesamtausgebot oder in Einzelausgeboten zugeschlagen wurden. Erfolg der Zuschlag auf ein Gesamtausgebot, sind zunächst für die einzelnen Grundstücke Einzelmassen nach Maßgabe des § 112 zu ermitteln.

Gesamtrechte im Sinne dieser Vorschrift sind die Gesamthypothek, die Gesamtgrundschuld, die Gesamtrentenschuld (in der gerichtlichen Praxis sehr selten), die Reallast, sofern für sie eine Gesamthaft mehrerer Grundstücke besteht und die Ansprüche des betreibenden ungesicherten Gläubigers bei Beschlagnahme mehrerer Grundstücke des Schuldners aus § 10 Abs. 1 Nr. 3 und 5. Bei Ansprüchen der Rangklasse 3 wird dies nur dann zum Tragen kommen, wenn die öffentlichen Lasten nicht im geringsten Gebot zu berücksichtigen sind, wenn also aus der Rangklasse 2 bestrangig das Verfahren betrieben wird. Dem Recht auf Befriedigung aus mehreren Grundstücken steht das auf Befriedigung aus mehreren **Grundstücksbruchteilen** gleich.

II. Wahlrecht des Gläubigers

Vorrangig ist stets das **Wahlrecht** des Gesamtrechtsgläubigers nach § 1132 Abs. 1 S. 2 BGB. Von Bedeutung ist die Ausübung des Wahlrechts für den Gläubiger jedoch nur dann, wenn der Ersteher das Meistgebot gezahlt hat. Nachrangige Gläubiger haben auf das Wahlrecht des Gläubigers keinen Einfluss. Übt der Gesamtrechtsgläubiger sein Wahlrecht nicht aus, erfolgt die Verteilung des Übererlöses nach dem Verhältnis der Resterlöse bzgl. der einzelnen Grundstücke (Abs. 1 Satz 2). Soweit der Berechtigte aus dem Erlös eines der Grundstücke gezahlt wird, erlischt die Haftung der anderen Teilungsmassen. Soweit er nicht befriedigt wird, haften diese gesamtschuldnerisch weiter.

Wird von mehreren mit einem Gesamtrecht belasteten Grundstücken nur eines versteigert, kann der Gläubiger sein Wahlrecht auch dann noch im Verteilungstermin ausüben, wenn der auf sein Recht entfallende Erlös an sich zur Deckung völlig ausreichen würde. Insoweit liegt ein Verzicht auf Befriedigung aus diesem Grundstück vor; der Resterlös wird dann auf die nachrangigen Gläubiger bzw. an den Schuldner verteilt. Die Mithaftung an den anderen Grundstücken erlischt im Umfang der Befriedigung, § 1181 Abs. 2 BGB.

5   Das Wahlrecht des Gläubigers nach Abs. 1 Satz 1 i.V.m. § 1132 Abs. 1 Satz 2 BGB besteht auch, wenn er nicht die Zwangsversteigerung betreibt. Der Gläubiger unterliegt grundsätzlich keinen Beschränkungen. Je nach seiner Ausübung können nachrangige Berechtigte einen Nachteil erleiden, müssen dies aber aufgrund ihrer Rangposition in Kauf nehmen, unbeschadet ihres Ablösungsrecht gem. §§ 268, 401, 1150 BGB und vorbehaltlich eines möglichen Schadensersatzanspruchs gegen den Gläubiger aus § 826 BGB[1], der dann jedoch außerhalb des Zwangsversteigerungsverfahrens geltend zu machen ist.

6   Die Ausübung des Wahlrechts erfolgt formlos, schriftlich oder mündlich bis zum Verteilungstermin bzw. kann noch im Termin[2] zu Protokoll erfolgen.[3] Ist die Erklärung des Gläubigers dem Vollstreckungsgericht gegenüber zugegangen und damit wirksam geworden, kann sie nicht mehr widerrufen werden, allenfalls wegen Irrtums angefochten werden.[4]

III. Verteilung durch das Vollstreckungsgericht

7   Übt der Gläubiger sein Wahlrecht nicht aus, erfolgt die Aufteilung des Gesamtrechts bzw. des Gesamtanspruchs durch das Vollstreckungsgericht von Amts wegen. Ob die Verteilung allerdings nur für erlöschende Gesamtansprüche gilt oder bereits auf die im bar zu zahlenden Teil des geringsten Gebotes stehenden Ansprüche der Gesamtrechte (z.B. Zinsen) anzuwenden ist[5], ist nicht eindeutig (der Gesetzestext spricht nur von Gesamtansprüchen, die im Teilungsplan aufzunehmen sind).[6] Nach richtigen Verständnis der beiden Vorschriften (§§ 112 zu § 122) bezieht sich die **Verteilung** nach § 122 ebenfalls nur auf **erlöschende Ansprüche,** während die Zuteilung der bar zu zahlenden Beträge der Gesamtrechte im geringsten Gebot den aufgeteilten Hauptansprüchen nach dem Verhältnis von § 112 folgen, es handelt sich um Nebenansprüche, die nicht anders verteilt werden können, als der Hauptsachebetrag (Kapital).[7]

8   Maßstab für die Verteilung bilden die Erlöse der einzelnen Grundstücke unter Abzug der Vorbelastungen einschließlich der Kosten des Verfahrens (sog. **Nettoeinzelerlöse**). Ist ein Gesamtrecht betragsmäßig verteilt und zugeteilt, sind für das nächstfolgende Gesamtrecht wiederum die Nettoeinzelerlöse als Maßstab zur Verteilung maßgeblich, nunmehr nach Abzug der jeweiligen Einzelbeträge des vorrangig verteilten Gesamtrechts.

---

1   Dazu RGZ 36, 308.
2   BGHZ 46, 246; OLG Köln, KTS 1958, 155.
3   *Stöber*, ZVG § 122 Rdn. 2.7; Steiner/*Teufel*, § 122 Rdn. 14, 15.
4   Steiner/*Teufel*, § 121 Rdn. 17.
5   So *Böttcher*, § 122 Rdn. 3.
6   So wohl auch *Stöber*, ZVG § 122 Rdn. 3.2.
7   Depré/*Bachmann*, § 122 Rdn. 7.

Beispiel in Fortführung zu → § 112 Rdn. 17.   **9**

| Verkehrswerte der Grundstücke | 1 (140.000,- €) | 2 (80.000,- €) | 3 (20.000,- €) |

Nach Bereinigung der Erlösüberschüsse und Zuteilung der Ansprüche aus dem geringsten Gebot verbleiben zur weiteren Zuteilung auf die nach den Versteigerungsbedingungen erlöschenden Ansprüche:

| Resterlöse | 31.433,33 € | 46.533,33 € | 11.633,34 € |

In folgender Rangfolge sollen erlöschende Ansprüche zu berücksichtigen sein über:

Abt. III/4 über 20.000,- ohne Zinsen lastend auf allen Grundstücken
Abt. III/5 über 20.000,- ohne Zinsen lastend auf allen Grundstücken
Abt. III/6 über 40.000,- Zwangssicherungshypothek ohne Zinsen auf Grundstück 1
Abt. III/7 über 30.000,- Zwangssicherungshypothek ohne Zinsen auf Grundstück 2
Abt. III/8 über 20.000,- Zwangssicherungshypothek ohne Zinsen auf Grundstück 3

Weitere Zuteilung: **10**

| Resterlöse für Grundstück | 1 31.433,33 € | 2 46.533,33 € | 3 11.633,34 € |

Abt. III/4 (20.000,-) – ohne Zinsen –
Verteilungsmaßstab:
31.433,33 zu 46.533,33 zu 11.633,34

	7.016,37 €	10.386,90 €	2.596,73 €
	24.416,96 €	36.146,43 €	9.036,61 €

Abt. III/5 (20.000,-) ohne Zinsen –
Verteilungsmaßstab:
24.416,96 zu 36.146,43 zu 9.036,61

	7.016,37 €	10.386,90 €	2.596,73 €
	17.400,59 €	25.759,53 €	6.439,88 €

Abt. III/6

	17.400,59 €		
	0,- €		

Abt. III/7

		25.759,53 €	
		0,- €	

Abt. III/8

			6.439,88 €
			0,- €

Ausfall   III/6: 22.599,41 €
          III/7:   4.240,47 €
          III/8: 13.560,12 €

IV. Erlös ist nicht gezahlt (Abs. 2)
1. Verteilung des Erlöses

11 Die Verteilung nach Abs. 1 löst den Anspruch aus dem Gesamtrecht in Teilansprüche auf, für die jeweils nur der Einzelerlös des jeweiligen Grundstücks haftet. Dies ist nur zulässig, wenn der Gläubiger des Gesamtrechts durch Zahlung befriedigt wird. Er kann jedoch, wenn auch nur ein Einzelerlös eines Grundstücks nicht gezahlt wurde und insoweit die Übertragung der Forderung nach § 118 erfolgt, nicht genötigt werden, sich wegen des auf sie entfallenden Teilbetrags mit der Forderung gegen den Ersteher unter Preisgabe der Gesamthaft der übrigen Grundstücke abfinden zu lassen. Deshalb ist sein Anspruch, wenn die Zahlung eines darauf zugeteilten Betrags unterbleibt, bei jedem Grundstück in Höhe dieses Betrags in den Teilungsplan aufzunehmen (Abs. 2), d.h., die übrigen Grundstücke haften für den Ausfall bei dem Grundstück, auf welchem die Zuteilung ausbleibt. Dies muss auch geschehen, wenn der Zuschlag auf ein Gesamtmeistgebot erteilt wird. Der Ausfallbetrag wird wiederum im Verhältnis der Resterlöse der mithaftenden Grundstücke verteilt.

12 **Beispiel** ausgehend von → Rdn. 9:

Resterlöse	1	2	3
	31.433,33 €	46.533,33 €	11.633,34 €

Zuzuteilen ist das nächstfolgende Gesamtrecht Abt. III/4 über 20.000,– € (ohne Zinsen).

Angenommen die Zahlung auf Grundstück 1 würde ganz oder teilweise ausbleiben, der Resterlös über 31.433,33 € soll nicht zur Verfügung stehen. In diesem Fall haften die Grundstücke 2 und 3 für den Ausfallbetrag bei Grundstück 1 mit:

Abt. III/4 (20.000,–) – ohne Zinsen –
Verteilungsmaßstab:

46.533,33 zu 11.633,34	---------------	16.000,– €	4.000,– €
		30.533,33 €	7.633,34 €

Das Recht Abt. III/5 würde dann weiter nach den Resterlösen bei den Grundstücken 2 und 3 aufgeteilt. Das Recht Abt. III/6 ist eine Einzelbelastung, hierfür haftet nur Grundstück 1.

13 Erfolgt bei allen Grundstücken keine oder nur eine ungenügende Zahlung des Erlöses, haften wiederum alle Grundstücke auf den vollen oder den nicht gedeckten Betrag der jeweiligen Gesamtrechte.

2. Sicherungshypothek

14 Wurde der Erlös ganz oder teilweise nicht gezahlt, führt dies dazu, dass dem Gesamtgläubiger die Forderung gegen **die Ersteher** der einzelnen Grundstücke auf Zahlung eines seinem Anspruch entsprechenden Betrages so oft übertragen wird, als versteigerte Grundstücke vorhanden sind und dass er für jeden dieser Beträge Sicherungshypotheken erhält (§ 128 Abs. 1). Dadurch entsteht folgende Rechtslage: wenn die Ersteher verschiedene Personen sind, hat der Gesamtgläubiger zur Deckung seines Anspruchs verschiedene hypothekarisch gesicherte Forderungen nach Art einer Sicherungsübereignung zu seiner Verfügung. Er kann sich aus ihnen nach seinem Belieben, aber natürlich nur einmal, befriedigen. Jede

Sicherungshypothek haftet für eine andere Forderung. Sie ist keine „Schwesterhypothek" einer einheitlichen Gesamtsicherungshypothek, noch handelt es sich um eine echte Gesamthypothek. Das Haftungsverhältnis der Forderungen bildet ein – gesetzlich nicht definiertes – „gemeinsames Haftungsverhältnis", das sich aus der Gesamthaftung der einzelnen Grundstücke entwickelt hat. Soweit die Forderung endgültig nicht zur Befriedigung des Gesamtgläubigers herangezogen wird, erlischt sie nicht, sondern wird zur Befriedigung anderer Gläubiger verwendet.

Dem Grunde nach gilt dies auch, wenn **derselbe Ersteher** die einzelnen Grundstücke bei der Einzelversteigerung erworben hat. Hat er sie auf das Meistgebot im Gesamtausgebot ersteigert, wird lediglich dem Gesamtgläubiger die tatsächlich einheitliche Forderung gegen den Ersteher in dem erhöhten Betrag zur Verfügung gestellt, welcher der Summe der nach § 112 berechneten Teilbeträge entspricht, die jedes Grundstück zur Befriedigung des Gesamtgläubigers beizutragen hat. Jeder dieser Teilbeträge ist dann an dem einzelnen Grundstücke durch eine Sicherungshypothek zu sichern. Diese haftet daher jeweils für einen anderen Teil der übertragenen Forderung. Der Gläubiger kann jeden Teil zu seiner Befriedigung verwenden. Erfolgt dies nicht, wird die Forderung nach seiner vollen Befriedigung für die nachrangigen Berechtigten frei.   15

Eine besondere Kennzeichnung dieses Haftungsverhältnisses bei der Eintragung der Sicherungshypothek in das Grundbuch ist zwar nicht zwingend notwendig, jedoch zweckmäßig.   16

§ 123 »Hilfsübertragung bei Gesamthypothek«

(1) Soweit auf einen Anspruch, für den auch ein anderes Grundstück haftet, der zugeteilte Betrag nicht gezahlt wird, ist durch den Teilungsplan festzustellen, wie der Betrag anderweit verteilt werden soll, wenn das Recht auf Befriedigung aus dem zugeteilten Betrage nach Maßgabe der besonderen Vorschriften über die Gesamthypothek erlischt.

(2) Die Zuteilung ist dadurch auszuführen, daß die Forderung gegen den Ersteher unter der entsprechenden Bedingung übertragen wird.

I. Allgemeines

1 Die Vorschrift regelt den Fall der Hilfsübertragung, wenn auf einen Gesamtanspruch bei einem oder mehreren versteigerten Grundstücken ein Betrag zugeteilt wird, der Ersteher das Meistgebot jedoch nicht gezahlt hat. Die Vorschrift geht daher über § 122 hinaus[1] und gilt auch dann, wenn nur eines der mithaftenden Grundstücke versteigert wird oder wenn zwar noch weitere der mithaftenden Grundstücke versteigert werden, jedoch nicht in demselben Verfahren. Unerheblich ist, ob die Zahlung nach den Versteigerungsbedingungen zum Termin hätte erfolgen müssen, oder ob es sich um eine Zuzahlung nach §§ 50, 51 handelt. Unerheblich ist ferner, ob die mithaftenden Grundstücke einzeln (wenn auch im selben Verfahren) versteigert oder ob sie aufgrund eines Meistgebots im Gesamtausgebot zugeschlagen worden sind. Ist dem Gesamtgläubiger ein Betrag zugeteilt, jedoch nicht gezahlt worden, besteht die Möglichkeit, dass er sich aus dem anderen Grundstück befriedigt oder sonst aus dem zugeteilten Betrag seine Befriedigung nicht mehr beanspruchen kann. In diesem Falle wird der zugeteilte Betrag für ausfallende nachrangige Berechtigte oder den Eigentümer frei.

II. Anwendungsbereich

2 Wird der Gesamtgläubiger aus einem anderen Grundstück befriedigt, kann nach den besonderen Vorschriften über die Gesamthypothek (dies gilt auch grundsätzlich für die Grundschuld oder andere Gesamtansprüche) der Befriedigungsanspruch an dem versteigerten Grundstücken erlöschen (§ 1143 Abs. 2, §§ 1173 bis 1176, 1181, 1182 BGB). Für diesen Fall, der insbesondere auch infolge der Befriedigungsfiktion des § 118 Abs. 2 eintreten kann, ist im Teilungsplan festzustellen, wem der freigewordene Betrag zuzuteilen ist (**Hilfszahlung** an den **Eventualberechtigten**).

3 Der dem Gesamtgläubiger zugeteilte Betrag bei jedem einzelnen Grundstück wird für die nachrangigen Berechtigten frei, wenn sich der Gläubiger aus den anderen mithaftenden Grundstücken befriedigt oder wenn er vom persönlichen Schuldner, der nicht Eigentümer der mithaftenden Grundstücke ist, befriedigt wird. Der zugeteilte Betrag wird auch hier nicht frei, wenn ein Ersatzanspruch des Eigentümers eines mithaftenden Grundstücks oder des persönlichen Schuldners besteht, weil dann der zugeteilte Betrag auf ihn übergeht (vgl. § 1182 BGB).

4 Durch eine **Teilbefriedigung** mindert sich die Haftung der Ersteher der anderen Grundstücke nicht um den Betrag, zu welchem der Gläubiger befriedigt ist.

---

1   Stöber, ZVG § 123 Rdn. 2.1; Depré/Bachmann, § 123 Rdn. 4; a.A. Böttcher, § 123 Rdn. 1 gilt nur für § 122.

Beispiel:
Wird dem Gläubiger für einen Anspruch von 800.000,- € gegen die Ersteher der Grundstücke 1, 2 und 3 Forderungen von 400.000,- €, 500.000,- € und 600.000,- € übertragen und erhält er aus dem Grundstück 2 bereits 500.000,- €, mindert sich die Haftung von Grundstück 3 nicht auf rechtliche 100.000,- € und die Haftung des Grundstücks 1 fällt auch nicht gänzlich weg, sondern die Grundstücke 1 und 3 haften weiter für die fehlenden 300.000,- €. Dies gilt auch bei der Zuschlagserteilung auf das Meistgebot im Gesamtausgebot.

III. Eventualverteilung

Im Teilungsplan soll bestimmt werden, wie der Betrag anderweitig verteilt werden soll, wenn der zunächst berechtigte Gläubiger, der noch anderweitig gesichert ist, als Berechtigter nicht mehr in Betracht kommt. Ihm wird die Forderung gegen den oder die Ersteher in erster Linie, jedoch auflösend bedingt, zugeteilt. Dieselbe Forderung wird zugleich den nachfolgenden ausfallenden Berechtigten unter der (aufschiebenden) Bedingung zugeteilt. Die Bedingung lautet in beiden Fällen, dass das Recht des Erstberechtigten auf Befriedigung aus dem zugeteilten Betrag nach Maßgabe der besonderen Vorschriften über die Gesamthypothek erlischt. Mit dieser Maßgabe erfolgen dann auch die Übertragung der Forderung und die Eintragung der Sicherungshypothek.[2] 5

Nach der entsprechenden Forderungsübertragung unter der entsprechenden Bedingung steht der Anspruch zunächst dem Erstberechtigten zu; sie steht diesen jedoch nur solange zu, wie die Bedingung noch nicht eingetreten ist. Die Rechtsstellung ist somit auflösend bedingt, er kann die Forderung alleine ohne Zustimmung der Eventualberechtigten einziehen. Andere Verfügungen, die nicht unmittelbar die Wirkung der Befriedigung haben, z.B. Abtretung, Verpfändung etc., sind ohne Zustimmung der Eventualberechtigten diesem gegenüber nach § 161 Abs. 1 BGB unwirksam. Das steht einer Eintragung in das Grundbuch nicht entgegen. Die **Löschung** der Sicherungshypothek kann jedoch nur vorgenommen werden, wenn die Zustimmung der Eventualberechtigten formgerecht nachgewiesen wird (§ 29 GBO).[3] 6

In den Fällen des § 122 bedeutet der Fristablauf nach § 118 Abs. 2 nur, dass sich das Recht des Gesamtgläubigers auf die übertragene Forderung einschließlich der dafür eingetragenen Sicherungshypothek beschränkt und dass er den Anspruch gegen den Schuldner einschließlich etwaiger Nebenrechte verliert. Eventualberechtigte büßen durch Fristablauf ihren Anspruch auf Befriedigung ein. 7

IV. Sicherungshypothek

Das Vollstreckungsgericht hat die Eintragung einer Sicherungshypothek für den Erstberechtigten und die Eventualberechtigten unter der entsprechenden Bedingung zu veranlassen. Mit dem Ersuchen um Eintragung ist die Tätigkeit des Vollstreckungsgerichts beendet. Das Vollstreckungsgericht beachtet den Bedingungseintritt nicht und auch die weitere Berichtigung des Grundbuches ist Sache der Beteiligten außerhalb des Zwangsversteigerungsverfahrens. 8

---

2   Vgl. OLG Frankfurt, Beschluss vom 13.1.2010, 20 W 396/09, BeckRS 2010, 21933; *Stöber*, ZVG § 123 Rdn. 3; *Depré/Bachmann*, § 123 Rdn. 8; a.A. *Böttcher*, § 123 Rdn. 1: unbedingte Sicherungshypothek.
3   Vgl. OLG Frankfurt, Beschluss vom 13.1.2010, 20 W 396/09, BeckRS 2010, 21933.

§ 124 »Verteilung bei Widerspruch gegen den Teilungsplan«

(1) Im Falle eines Widerspruchs gegen den Teilungsplan ist durch den Plan festzustellen, wie der streitige Betrag verteilt werden soll, wenn der Widerspruch für begründet erklärt wird.
(2) Die Vorschriften des § 120 finden entsprechende Anwendung; die Art der Anlegung bestimmt derjenige, welcher den Anspruch geltend macht.
(3) Das gleiche gilt, soweit nach § 115 Abs. 4 die Ausführung des Planes unterbleibt.

I. Allgemeines

1 Während § 115 regelt, wie ein Widerspruch gegen den Teilungsplan verfahrensrechtlich zu behandeln und zu erledigen ist, bestimmt § 124 die Auswirkungen des Widerspruchs auf die Behandlung im Teilungsplan. Wird ein Widerspruch erhoben, ist zunächst ungewiss, ob der Widerspruch begründet und der Teilungsplan insoweit unberechtigt ist, oder ob der Widerspruch unberechtigt, die Zuteilung im Plan somit zutreffend ist. Nach Erhebung eines Widerspruchs bleibt der Plan in der Schwebe, bis der Widerspruch sich erledigt hat. Wird der Widerspruch von allen Beteiligten als begründet anerkannt oder erfolgt eine Einigung, ist der Plan entsprechend zu berichtigen. Im Übrigen ist es nicht Aufgabe des Vollstreckungsgerichts, über den Widerspruch zu entscheiden (hierzu → § 115 Rdn. 28).

II. Eventualverteilung

1. Grundsatz

2 Da das Vollstreckungsgericht einen erhobenen Widerspruch grundsätzlich nicht als unbegründet und damit unbeachtet lassen darf, ist im Teilungsplan zu bestimmen, wie der streitige Betrag verteilt werden soll, wenn sich der Widerspruch als begründet erweist. Der Teilungsplan muss daher geändert und entsprechend ergänzt werden. Ein Widerspruch, der für begründet erklärt wird, kommt grundsätzlich nur dem Widersprechenden zugute, Zwischenberechtigte werden nicht berücksichtigt. Bei der Eventualverteilung ist daher nur der Widersprechende zu berücksichtigen, und zwar auch dann, wenn der streitige Betrag nach Meinung des Vollstreckungsgerichts einem materiell besser berechtigten Dritten zusteht. Nur wenn ausnahmsweise ein anderer als derjenige, zu dessen Gunsten der Widerspruch wirken soll, diesen erheben darf (siehe → § 115 Rdn. 25) ist bei der Eventualverteilung statt des Widersprechenden der unmittelbar Begünstigte zu berücksichtigen. Erheben mehrere gegen denselben Anspruch Widerspruch, sind sie bei der Eventualverteilung in der für sie maßgebenden Rangfolge nach § 10 Abs. 1 zu berücksichtigen. Entsprechendes gilt bei einem Widerspruch gegen ein Recht, dessen Bestehenbleiben nach § 91 Abs. 2 vereinbart ist.

2. Widerspruch

3 Der Widersprechende kann, wenn er mit der Eventualverteilung nicht einverstanden ist, auch gegen diese selbstständig Widerspruch erheben[1], oder auch ohne einen solchen Widerspruch die Verteilung mit der Widerspruchsklage anfechten.

---

1 BGH, Beschluss vom 11.6.2015, V ZB 160/14, Rpfleger 2016, 717; *Stöber*, ZVG § 124 Rdn. 2.5.

Zu beachten ist hierbei, dass, wenn die Eventualverteilung einem anderen zugutekommt, mit Blick auf Abs. 2 i.V.m. § 120 Abs. 1 Satz 3, Abs. 2 die Widerspruchsklage auch gegen diesen zu erheben ist. Die Klagefrist beginnt dann nach § 878 ZPO mit dem Verteilungstermin.

3. Unterlassende Erlösverteilung

Hat das Vollstreckungsgericht eine Erlösverteilung unterlassen, kann das Prozessgericht durch eine Anweisung nach § 880 ZPO eine bestimmte Verteilung anordnen, allerdings nur unter den Beteiligten des Widerspruchsprozesses. Das gilt nicht, wenn eine Erlösverteilung vorgenommen wurde und diese zwar unrichtig ist, jedoch nicht mit einem Widerspruch und einer Widerspruchsklage angegriffen wurde; § 880 ZPO ist bei einer vorgesehenen, wenn auch unrichtigen und nicht angegriffenen Eventualverteilung insoweit nicht anwendbar.[2]

III. Ausführung des Teilungsplans
1. Grundsatz

Hat der Ersteher das Meistgebot gezahlt, erfolgt die Ausführung des Teilungsplans zunächst in der Weise, dass der vom Widerspruch betroffene Erlösanteil für den Erstberechtigten und zugleich für den Eventualberechtigten hinterlegt wird.

Hat der Ersteher nicht gezahlt, wird die Forderung gegen ihn auf beide Berechtigte übertragen, auf den Erstberechtigten unter der Bedingung, dass der Widerspruch unbegründet ist, auf dem Widersprechenden unter der Bedingung, dass der Widerspruch begründet ist.

Zunächst bis zum Nachweis der Erhebung der Widerspruchsklage, dann nach Erhebung bis zur Entscheidung über die Klage ist ungewiss, wem der hinterlegte Betrag zusteht (**Schwebezustand**, hierzu → § 120 Rdn. 7). Während des Schwebezustandes gilt wegen der Anlegung, Kündigung und Wiedereinziehung des hinterlegten Geldes § 120 entsprechend (Abs. 2). Die Art der Anlegung des hinterlegten Betrages bestimmt jedoch der Erstberechtigte. Hat der Ersteher das **Meistgebot nicht gezahlt,** ist der Anspruch des Schuldners gegen den Ersteher auf den Erstberechtigten und den Eventualberechtigten jeweils unter der entgegengesetzten Bedingung zu übertragen und durch eine Sicherungshypothek nach § 128 zu sichern (hierzu → § 120 Rdn. 6). Während des Schwebezustandes kann keiner der Berechtigten die nach Anlegung des Betrages entstehenden Zinsen einziehen. Erweist sich der Widerspruch als unbegründet, erhält die Zinsen der Erstberechtigte, andernfalls der Widersprechende.

Die Verbindung einer Hinterlegung nach den §§ 121, 119, 120 mit einer solchen nach § 124 ist zulässig.[3]

2. Hinterlegung und Auszahlung

Die Hinterlegung erfolgt nach den Vorschriften der (länderrechtlichen) Hinterlegungsgesetze bzw. -ordnungen. Während der Hinterlegung haben die Berechtigten einen (bedingten) Anspruch gegen die Hinterlegungsstelle, der auch der Pfändung unterliegt.[4]

---

2   BGH, NJW 1987, 131; *Stöber*, ZVG § 124 Rdn. 2.6; *Böttcher*, § 124 Rdn. 4.
3   LG Berlin, WM 1998, 267.
4   BGH, NJW 1972, 1135 = Rpfleger 1972, 218.

10　　Wird die Widerspruchsklage nicht fristgerecht erhoben[5], kommt es zu einer Einigung der Beteiligten oder wird ein rechtskräftiges Urteil über den Widerspruch vorgelegt, hat das Vollstreckungsgericht die endgültige Ausführung des Teilungsplans vorzunehmen, in dem es je nach Lage der Sache zugunsten des einen oder anderen eine Anordnung zur Auszahlung des hinterlegten Betrages an die Hinterlegungsstelle erteilt bzw. ihm die Forderung gegen den Ersteher endgültig überträgt, § 115 ZVG, § 882 ZPO. In dieser Weiterführung von Amts wegen weicht das Verfahren nach § 124 von dem nach § 120 ab. Soweit die endgültige Ausführung eine Berichtigung des Grundbuchs zur Folge hat, hat das Vollstreckungsgericht um entsprechende Berichtigung zu ersuchen.

IV. Vorläufig vollstreckbarer Anspruch (Abs. 3)

11　　Eine dem Schwebezustand nach Erhebung des Widerspruchs ähnliche Situation ergibt sich, wenn die Ausführung des Teilungsplans nach § 115 Abs. 4 unterbleibt, weil der Schuldner einen vorläufig vollstreckbaren Anspruch des Gläubigers vorübergehend durch Sicherheitsleistung oder Hinterlegung blockiert. Fehlt es an der Vollstreckbarkeit, gelten die Abs. 1 und 2. In diesem Falle dauert der Schwebezustand solange fort, bis rechtskräftig entschieden ist, ob der Anspruch besteht oder nicht. Für den Fall, dass der Anspruch rechtskräftig nicht anerkannt wird, ist im Teilungsplan bereits die Bestimmung zu treffen, dass der dadurch freiwerdende Betrag anderweitig dem Schuldner zuzuteilen ist, insbesondere wenn die Voraussetzungen vorliegen, unter denen sich die für den Gläubiger eingetragene Hypothek in eine Eigentümergrundschuld umwandelt, §§ 1163, 1177 BGB, § 868 ZPO.

5　　BGH, Beschluss vom 11.6.2015, V ZB 160/14, Rpfleger 2016, 717.

§ 125 »Zuteilung des Zuzahlungsbetrages«

(1) ¹Hat der Ersteher außer dem durch Zahlung zu berichtigenden Teile des Meistgebots einen weiteren Betrag nach den §§ 50, 51 zu zahlen, so ist durch den Teilungsplan festzustellen, wem dieser Betrag zugeteilt werden soll. ²Die Zuteilung ist dadurch auszuführen, daß die Forderung gegen den Ersteher übertragen wird.

(2) ¹Ist ungewiß oder streitig, ob der weitere Betrag zu zahlen ist, so erfolgt die Zuteilung und Übertragung unter der entsprechenden Bedingung. ²Die §§ 878 bis 882 der Zivilprozeßordnung finden keine Anwendung.

(3) Die Übertragung hat nicht die Wirkung der Befriedigung aus dem Grundstücke.

I. Allgemeines

Bleiben nach den Versteigerungsbedingungen Rechte am Grundstück bestehen, bildet die Übernahme dieser Rechte einen Teil der Gegenleistung des Erstehers für das Grundstück (→ § 44 Rdn. 4 ff.); er würde rechtlos bereichert sein, wenn sie ohne diese Gegenleistung wegfielen.[1] §§ 50, 51 dienen daher dem Schutz der Beteiligten gegen eine ungerechtfertigte Bereicherung des Erstehers und sie schützt den Schuldner; ihm soll als Gegenleistung für den Verlust des Eigentums am Grundstück auf jeden Fall wirtschaftlich das zugutekommen, was nach den Zwangsversteigerungsbedingungen den Ersteher belasten soll. Allerdings entzieht sich die Zuzahlung als Gegenleistung für das Grundstück der freien Verfügung des Schuldners. Sie ist regelmäßig auch nicht im Verteilungstermin zu zahlen und gegen den Ersteher nicht vollstreckbar. Aus diesem Grund wirkt bei ihr die Übertragung auch nicht wie die Befriedigung aus dem Grundstück (Abs. 3).

II. Berücksichtigung im Verfahren

Das Vollstreckungsgericht kann in den Fällen des § 50 Abs. 2 (bedingtes Recht, Gesamtrecht) den möglichen Wegfall des nach den Versteigerungsbedingungen bestehen bleibenden Rechts regelmäßig aus dem Grundbuch ersehen und hat von daher die Zuzahlungspflicht des Erstehers von Amts wegen zu berücksichtigen; das Gleiche gilt, wenn der Wegfall des Rechts gerichtsbekannt ist. Andernfalls ist dies nur möglich, wenn spätestens im Verteilungstermin das Nichtbestehen eines Rechts oder dessen möglicher Wegfall zur Sprache kommt oder unter Widerspruch gegen den Teilungsplan behauptet wird. Ein etwaiger Widerspruch in diesem Sinne ist kein Widerspruch nach § 115, sondern nur die Anregung zur bedingten Verteilung der Zuzahlungspflicht, denn der Widersprechende macht nicht geltend, dass die Teilungsmasse anders als im Teilungsplan vorgesehen verteilt werden soll, sondern dass ein nach den Versteigerungsbedingungen bestehen bleibendes Recht möglicherweise keinen Bestand hat und sich deshalb die Teilungsmasse um den vom Ersteher nachzuzahlenden Betrag erhöht. Unterlässt das Vollstreckungsgericht trotz der Anregung die Verteilung des Zuzahlungsbetrages, kann der hierdurch benachteiligte Eventualberechtigte Widerspruch nach § 115 erheben. Die Geltendmachung eines Ausgleichsanspruchs gegen den Ersteher außerhalb des Zwangsversteigerungsverfahrens bleibt hiervon unberührt.[2]

---

1 OLG Hamm, Rpfleger 1985, 246; *Schiffhauer*, Rpfleger 1975, 187 ff.
2 Hierzu BGH, NJW 1966, 154 = Rpfleger 1966, 206.

3   Ein nach § 51 Abs. 2 bei der Aufstellung des geringsten Gebots festgesetzter Zuzahlungsbetrag kann im Verteilungstermin nicht mehr streitig gemacht werden, die Bestimmung ist eine Zwangsversteigerungsbedingung, an die Ersteher und Beteiligte gebunden sind.[3] Ist die **Festsetzung** im Versteigerungstermin **unterblieben,** hat das Vollstreckungsgericht den Betrag nunmehr im Verteilungstermin zu bestimmen. Wenn auch dies nicht geschieht oder der Betrag zu niedrig festgesetzt wird, kann ein ausfallender Beteiligter den Fehlbetrag vom Ersteher einfordern, sofern er ansonsten ganz oder teilweise befriedigt worden wäre. Ein solcher Beteiligter kann jedoch auch Widerspruch im Termin erheben[4]. Ist der Ersteher der Auffassung, dass der Zuzahlungsbetrag zu hoch festgesetzt ist, kann er dies im Rahmen einer gegen ihn gerichteten Klage einwenden.

III. Verteilung der Zuzahlung

1. Allgemeines

4   Steht die Zuzahlungspflicht fest und ist der Betrag vom Ersteher gezahlt, erfolgt die Verteilung des Betrages auf die ausfallenden Berechtigten entsprechend ihrem Rang nach § 10 Abs. 1. Regelmäßig ist dies jedoch nicht der Fall. Wenn das Gesetz von der Zuteilung durch Forderungsübertragung gegen den Ersteher spricht (Abs. 1 Satz 2), beruht dies darauf, dass eine Zahlung aufgrund der Zuzahlungspflicht nur selten vorliegen dürfte. Wenn zur Überzeugung des Vollstreckungsgerichts feststeht, dass das Recht nicht wegfällt, scheidet auch eine Verteilung des Zuzahlungsbetrages aus.

5   Im Falle des § 50 Abs. 2 Nr. 1 i.V.m. §§ 1179, 1179a BGB ist Berechtigter der Gläubiger des Löschungsanspruchs, soweit ihm der rangbessere ausfallende Gläubiger ist. Soweit Zwischenrechte vorhanden sind und der Betrag des gelöschten Rechts den zur Befriedigung des Gläubigers erforderlichen Betrag übersteigt, entfällt die Zuzahlungspflicht, da die anderen Gläubiger aus dem Löschungsanspruch keinen Vorteil ziehen dürfen (hierzu → § 114 Rdn. 105, 108).

2. Zuzahlungspflicht steht fest (Abs. 1)

6   Die Zuzahlungspflicht steht fest, wenn das Nichtbestehen oder der Wegfall eines im geringsten Gebot berücksichtigten Rechts im Verteilungstermin zweifelsfrei nachgewiesen bzw. dem Gericht bekannt ist oder sich die Beteiligten darüber einig sind.[5] Eine Löschung im Grundbuch muss nicht schon erfolgt sein, es müssen jedoch die erforderlichen Urkunden, die zur Löschung im Grundbuch notwendig sind, dem Vollstreckungsgericht vorliegen (z.B. formgerechte Löschungsbewilligung, §§ 19, 29 GBO oder Sterbeurkunde zum Nachweis der Grundbuchberichtigung, § 22 GBO).[6] Dem Ersteher gegenüber muss sicherge-

---

3   Die Festsetzung ist für das Prozessgericht bindend, BGH, NJW 1966, 154 = Rpfleger 1966, 206.
4   So auch *Stöber*, ZVG § 126 Rdn. 2.7.
5   Steiner/*Teufel*, § 125 Rdn. 11; *Böttcher*, § 125 Rdn. 4, 8; a.A. *Stöber*, ZVG § 125 Rdn. 2.4; hierzu auch OLG München, Beschluss vom 10.8.2012, 34 Wx 440/11, ZfIR 2012, 890.
6   A.A. *Böttcher*, § 125 Rdn. 4; *Depré*/*Bachmann*, § 125 Rdn. 9 mit nicht nachvollziehbarer Kritik, die nicht darauf eingeht, dass mit dem Ersuchen nach § 130 auch die Löschung des Rechts ersucht wird, die Löschung erst abzuwarten wäre reine Förmelei; differenziert *Stöber*, ZVG § 125 Rdn. 2.4, Löschungsbewilligung reicht nicht, Urkunden zur Grundbuchberichtigung reichen aus.

stellt sein, dass die Zuzahlungspflicht nur dann zum Zuge kommt, wenn gleichzeitig das Recht wegfällt bzw. im Grundbuch gelöscht wird. Das Ersuchen an das Grundbuchamt (§ 130) muss sich daher auch auf die Löschung dieses Rechts erstrecken. Bei Briefrechten ist der Brief vorzulegen. Kommt das Vollstreckungsgericht zu dem Ergebnis, die Löschung nicht ersuchen zu können, muss es nach Abs. 2 verfahren.[7]

3. Zuzahlungspflicht ist ungewiss oder streitig (Abs. 2)

Regelmäßig wird das Nichtbestehen des Rechtes oder dessen Wegfall im Verteilungstermin weder bekannt noch nachgewiesen sein. Diese **Ungewissheit** liegt insbesondere bei bedingten Rechten bis zum Eintritt bzw. Ausfall der Bedingung, aber auch bei Gesamtrechten vor. Gleiches gilt im **Streitfall**, wenn das Erlöschen des Rechtes behauptet, jedoch nicht von allen Beteiligten anerkannt wird bzw. Zweifel über das Bestehen des Rechtes nicht ausgeräumt werden können. In diesem Fall kann die Forderung gegen den Ersteher nur bedingt ausfallenden Berechtigten nur bedingt übertragen werden (Abs. 2 Satz 1). Bedingung der Übertragung ist nach §§ 50, 51, dass das Recht zum Zeitpunkt der Zuschlagserteilung nicht bestanden hat oder dass eine auflösende Bedingung eintritt bzw. die aufschiebende ausfällt oder dass es nach den besonderen Vorschriften über die Gesamthypothek erlischt. 7

Besteht bei einem im geringsten Gebot berücksichtigten Grundpfandrecht eine **Löschungsvormerkung** nach § 1179 BGB, liegt eine von Amts wegen zu beachtende Ungewissheit i.S.v. Abs. 2 vor. Diese Ungewissheit ist von Amts wegen zu beachten, der Vormerkungsberechtigte muss den Löschungsanspruch nicht bis zum Verteilungstermin tatsächlich geltend machen.[8] Das Bestehen oder Nichtbestehen des betroffenen Rechts hängt von der erfolgreichen Geltendmachung des durch die Vormerkung gesicherten Löschungsanspruchs ab und ist durch die Eintragung der Vormerkung aus dem Grundbuch ersichtlich. Hinzu kommen muss jedoch die Gewissheit, dass es sich bei dem bestehen bleibenden Recht um ein dem bisherigen Eigentümer zustehendes Eigentümerrecht handelt, ob es noch als Fremdrecht eingetragen ist, ist dann unerheblich. 8

Anders ist jedoch der **gesetzliche Löschungsanspruch** (§ 1179a BGB) zu behandeln. Dieser hat zwar auch die Wirkung einer Vormerkung, jedoch entfällt diese Wirkung nach § 130a Abs. 2, wenn der Berechtigte nicht spätestens im Verteilungstermin sein Recht durch Antrag auf Eintragung einer Vormerkung geltend macht und sich das Ersuchen nach § 130 dann auch auf die Eintragung einer entsprechenden Vormerkung richtet. Der andernfalls verbleibende schuldrechtliche Löschungsanspruch begründet keine Ungewissheit i.S.v. Abs. 2.[9] 9

4. Widerspruch

Auch wenn bei der in Abs. 2 vorausgesetzten Ungewissheit ein Widerspruch gegen ein im geringsten Gebot berücksichtigtes Recht vorliegt, erfolgt kein Verfahren nach §§ 115, 124 ZVG und §§ 878 ff. ZPO (Abs. 2 Satz 2). Widerspruch 10

---

7 Diese Verfahrensweise sollte auch dann gelten, wenn das Vollstreckungsgericht der Auffassung ist, der Ersteher könne sich die zur Löschung erforderlichen Unterlagen selbst beschaffen.
8 Steiner/*Teufel*, §§ 125 Rdn. 8; *Stöber*, ZVG § 125 Rdn. 5.5.
9 *Stöber*, ZVG § 125 Rdn. 5.6.

kann aber gegen die Eventualverteilung erhoben werden, wenn der Widerspruch also nicht das Recht selbst betrifft, sondern der Widersprechende das Recht des Eventualberechtigten streitig macht. Die Festsetzung eines höheren Zuzahlungsbetrages kann jedoch nicht mit einem Widerspruch erreicht werden, hiergegen muss der Berechtigte mit der Erinnerung/Beschwerde vorgehen, da die Widerspruchsklage, und damit auch der Widerspruch, nicht gegen den Ersteher erhoben werden kann.[10]

5. Auflassungsvormerkung

11 Auch bei der Zuschlagserteilung an den Berechtigten einer Auflassungsvormerkung ist nach Abs. 2 zu verfahren.[11] Bleibt nach den Versteigerungsbedingungen eine Auflassungsvormerkung im geringsten Gebot bestehen, werden nur selten von Interessenten Gebote abgegeben. Anders verhält es sich bei dem Berechtigten der Auflassungsvormerkung, da für ihn die Wirkung des § 883 Abs. 2 BGB mit Erteilung des Zuschlags nicht relevant wird. Wenn jedoch bei einer nach den Versteigerungsbedingungen bestehen bleibenden Auflassungsvormerkung der Auflassungsanspruch nicht entsteht, weil nach Erteilung des Zuschlags eine aufschiebende Bedingung ausgefallen ist, hat der Ersteher die Ersatzzahlung zu leisten. Diese mindert sich nur um den Betrag, der zur Nichtentstehung des Auflassungsanspruchs aufgewendet werden muss.

IV. Sicherungshypothek

12 Hat das Vollstreckungsgericht im Teilungsplan die Forderung gegen den Ersteher übertragen (Abs. 1 Satz 2), muss es um Eintragung der Sicherungshypothek nach § 128 ersuchen (§ 130). Damit ist die Tätigkeit des Vollstreckungsgerichts beendet. Das weitere Verfahren nach Bedingungseintritt bzw. Bedingungsausfall liegt außerhalb des Vollstreckungsverfahrens. Für eine Klage des Eventualberechtigten gegen den Ersteher ist Voraussetzung, dass die Urkunden für die Löschung des eingetragenen Rechts bereits vorliegen. Andernfalls muss der Berechtigte hierauf zunächst gegen den eingetragenen Berechtigten klagen. Der Ersteher kann, wenn die Bedingung der Übertragung ausfällt, von dem Eventualberechtigten die Löschung der Sicherungshypothek verlangen.

V. Wirkung der Übertragung (Abs. 3)

13 Da die Übertragung nicht wie die Befriedigung aus dem Grundstück wirkt, tritt diese auch erst dann ein, wenn der Eventualberechtigten aufgrund der ihm übertragenen Forderung Zahlung vom Ersteher erlangt. Die Forderung gegen den Ersteher und der Anspruch aus der Sicherungshypothek sind nicht ohne Weiteres vollstreckbar, § 132 Abs. 1 Satz 2 (der Regelfall nach § 132 Abs. 1 Satz 1 gilt nicht). Ist die Forderung fällig oder hat der Gläubiger sie nach § 50 Abs. 1, § 51 Abs. 1 gekündigt, kann dieser gegen den Ersteher klagen, falls eine freiwillige Leistung nicht erfolgt. In diesem Prozess ist im Falle des Abs. 2 dann auch das Bestehen des streitigen oder ungewissen Anspruchs zu klären.

---

10 So auch *Schiffhauer*, Rpfleger 1975, 187; a.A. *Stöber*, ZVG § 125 Rdn. 2.7.
11 LG Augsburg, Rpfleger 1966, 370.

VI. Nachträgliche Behauptung der Zuzahlungspflicht

Ergibt sich erst nach dem Verteilungstermin, dass eine mögliche Zuzahlungspflicht des Erstehers in Betracht kommt, findet keine Nachtragsverteilung statt. Eine Tätigkeit des Vollstreckungsgerichts kommt nicht mehr infrage, ebenso wenig die Eintragung einer Sicherungshypothek nach § 128.[12] Es besteht jedoch ein Ausgleichsanspruch der ausgefallenen Gläubiger, eventuell auch des Schuldners, gegen den Ersteher auf die Ersatzzahlung. Dieser gründet sich nicht auf § 812 BGB, sondern ergibt sich unmittelbar aus dem Zwangsversteigerungsbedingungen (§§ 50, 51) an die der Ersteher mit Rechtskraft des Zuschlags gebunden ist. Das gilt z.B. auch dann, wenn sich nach der Verteilung des Erlöses herausstellt, dass ein in das geringste Gebot aufgenommenes Wohnrecht, für das ein Ersatzbetrag bestimmt worden ist, aus öffentlich-rechtlichen Gründen unwirksam ist, die Räume also auch vom Ersteher nicht zu Wohnzwecken genutzt werden können.[13]

---

12 Vgl. BGH, NJW 1966, 154 = Rpfleger 1966, 206; OLG Celle, NJW 1958, 1543; Steiner/*Teufel,* § 125 Rdn. 23.
13 Vgl. BGH, NJW 1966, 154 = Rpfleger 1966, 206.

§ 126 »Hilfszuteilung bei unbekannten Berechtigten«

(1) Ist für einen zugeteilten Betrag die Person des Berechtigten unbekannt, insbesondere bei einer Hypothek, Grundschuld oder Rentenschuld der Brief nicht vorgelegt, so ist durch den Teilungsplan festzustellen, wie der Betrag verteilt werden soll, wenn der Berechtigte nicht ermittelt wird.

(2) ¹Der Betrag ist für den unbekannten Berechtigten zu hinterlegen. ²Soweit der Betrag nicht gezahlt wird, ist die Forderung gegen den Ersteher auf den Berechtigten zu übertragen.

I. Allgemeines

1 Hat der Ersteher den Versteigerungserlös gezahlt, wird der Teilungsplan durch Zahlung an die Berechtigten ausgeführt. Kann die Auszahlung nicht erfolgen, ist der auf den Berechtigten entfallende Betrag für diesen zu hinterlegen, § 117 Abs. 2 Satz 2. Die Hinterlegung erfolgt jedoch nur, wenn die Empfangsberechtigung zweifelhaft ist. Hiervon zu unterscheiden ist die Hinterlegung nach § 126, wenn der Empfangsberechtigte **der Person nach unbekannt** ist. Zur Ermittlung der Person ist nach § 135 vom Vollstreckungsgericht ein Vertreter zu bestellen, das weitere Verfahren regeln §§ 136 ff. Bei der Ermittlung kann sich letztlich herausstellen, dass der Berechtigte nicht ermittelt wird, der Betrag somit an die nächst ausfallenden Berechtigten zuzuteilen ist; das Vollstreckungsgericht hat daher im Teilungsplan eine Eventualzuteilung vorzunehmen.

II. Unbekannter Berechtigter

1. Anwendungsbereich

2 Unabhängig von dem Anspruchsberechtigten kann das Vollstreckungsgericht zunächst im Teilungsplan den zuzuteilenden Betrag berechnen. Ist die Person des Anspruchsberechtigten jedoch unbekannt, kann eine Ausführung des Teilungsplans durch Auszahlung nicht erfolgen. **Unbekannt** ist der Anspruchsberechtigte, wenn z.B. der im Grundbuch eingetragene Berechtigte verstorben ist und seine Erben – noch – unbekannt sind[1], es sei denn, dass dieser durch einen Nachlasspfleger, Nachlassverwalter oder Testamentsvollstrecker vertreten ist, §§ 1960, 1985, 2205 BGB, oder dass der Erblasser eine über den Tod hinaus wirksame Vollmacht erteilt hat. Unbekannt i.S.v. Abs. 1 liegt auch dann vor, wenn eine GmbH aufgelöst und im Handelsregister gelöscht ist, es sei denn, es besteht bereits eine angeordnete Nachtragsliquidation (vgl. § 273 Abs. 4 AktG).

3 **Nicht unbekannt** ist der Berechtigte jedoch bei bloßen Zweifeln an der Identität. Ist Berechtigter eine Gesellschaft bürgerlichen Rechts, kann das Vollstreckungsgericht nicht den Nachweis für den Bestand der Gesellschafter verlangen, für diese gilt § 899a BGB. Nicht unbekannt ist, wenn der Aufenthalt unbekannt ist, bei fehlendem Nachweis der behaupteten Vertretungsmacht eines Dritten oder falls Unkenntnis hinsichtlich der Person des gesetzlichen Vertreters besteht, in diesen Fällen erfolgt die Hinterlegung nach § 117 Abs. 2 Satz 3 (vgl. → § 117 Rdn. 30). Das Gleiche gilt auch, wenn von mehreren Anspruchsberechtigten einer oder mehrere, aber nicht alle unbekannt sind oder sich über die Auszahlung nicht eini-

---

1 *Stöber*, ZVG § 126 Rdn. 2.2; a.A. Steiner/*Teufel*, § 126 Rdn. 8 im Hinblick auf das Fiskuserbrecht, das jedoch erst nach Abschluss der Erbenermittlung zum Tragen kommt, bis dahin muss das Vollstreckungsgericht nach § 126 verfahren.

gen können. Ebenfalls gilt § 126 nicht, wenn der Berechtigte zwar unbekannt, jedoch durch einen Pfleger nach § 1913 BGB vertreten ist; Gleiches gilt auch bei einer Pflegschaft nach § 1912 BGB (Pflegschaft für eine Leibesfrucht).[2]

Wird gegen den Anspruch des Unbekannten und dessen Berücksichtigung im Teilungsplan Widerspruch erhoben, erübrigt sich das Verfahren nach §§ 126, 135 ff. nicht, vielmehr ist zugleich nach den §§ 115, 124, 120 und nach § 126 zu verfahren (vgl. § 137 Abs. 2 Satz 1), es erfolgt dann eine mehrfach bedingte Hinterlegung. 4

2. Briefrecht

Wird bei einem Grundpfandrecht, für das einen Brief erteilt ist, dieser nicht vorgelegt, gilt der Berechtigte als unbekannt (Abs. 1). Ergibt sich aus dem Grundbuch kein Briefausschluss, handelt es sich grundsätzlich um ein Briefrecht, § 1116 BGB. Ist der Anspruchsberechtigte nicht im Grundbuch als Gläubiger ausgewiesen, müssen mit der Vorlage des Briefes die in § 1155 BGB genannten öffentlich beglaubigten Abtretungserklärungen vorgelegt werden, die auf den eingetragenen Gläubiger zurückführen. Ohne sie gilt der Brief als nicht vorgelegt im Sinne des Abs. 1 und der Gläubiger gilt als unbekannt. Befindet sich z.B. unter den Abtretungserklärungen eine nicht öffentlich beglaubigte, muss der Gläubiger zunächst deren Beglaubigung herbeiführen, ggf. durch Klage gegen den Abtretenden, dessen Abtretungserklärungen die geforderte Form nicht erfüllt, § 1154 Abs. 1 Satz 2 BGB. Nur unter den Voraussetzungen des § 1154 BGB kann sich der Gläubiger auf die Vorschriften der §§ 891–899 BGB berufen. Ein Vertreter nach § 135 ist in diesen Fällen nicht zu bestellen, da sich der Gläubiger die erforderlichen Nachweise oder ggf. einen neuen Brief selbst beschaffen kann (hierzu → § 135 Rdn. 5). 5

Wird nach Erteilung des Zuschlags nicht das Recht, sondern der Anspruch auf den Versteigerungserlös auf ein Briefrecht abgetreten, gelten die Anforderungen nach § 1155 BGB nicht mehr, es genügt, wenn dem Vollstreckungsgericht auf andere Weise Kenntnis von dieser Abtretung verschafft wird. Der Brief und beglaubigte Erklärungen über eventuelle vorherige Abtretungen bleiben jedoch zum Nachweis der Berechtigung des Zedenten erforderlich. 6

Streitig ist, ob bei einem Briefrecht §§ 1159, 1160 Abs. 3 BGB anzuwenden sind, ob also **rückständige Zinsen und Kosten** auch ohne Vorlegung des Briefes mit befreiender Wirkung für den Eigentümer gezahlt werden können. Die Vorlegung des Briefes ist auch hier zu fordern, da das Vollstreckungsgericht nicht mit Sicherheit feststellen kann, wer der letzte dem Eigentümer bekannte Gläubiger ist, dem er mit schuldbefreiender Wirkung zahlen durfte, und weil es sich auch nicht auf § 407 BGB berufen kann[3]. In der gerichtlichen Praxis wird das Vollstreckungsgericht auf die Vorlage des Briefes zum Zwecke der Legitimation des Anspruchsberechtigten nicht verzichten, bei Auszahlung an einen falschen Berechtigten sind Haftungsansprüche nicht ausgeschlossen. Auch ein in das Grundbuch eingetragener Verzicht des Eigentümers auf die Briefvorlage ist für das Vollstreckungsgericht unbeachtlich. 7

---

2 Steiner/*Teufel*, § 126 Rdn. 8; *Böttcher*, § 126 Rdn. 5; a.A. *Stöber*, ZVG § 126 Rdn. 2.2.
3 So auch Steiner/*Teufel*, § 126 Rdn. 12; Löhnig/*Hannemann*, § 126 Rdn. 6; a.A. *Stöber*, ZVG § 126 Rdn. 2.1; *Böttcher*, § 126 Rdn. 3; Depré/*Bachmann*, § 126 Rdn. 5, der hier von einer „h.M." spricht, was erstens begrifflich nicht stimmt und zweitens insofern nicht korrekt ist, als es keine Rechtsprechung gibt.

8   Wenn zu einer **Sicherungshypothek** nach § 1187 BGB für eine Forderung aus einer Schuldverschreibung auf den Inhaber, aus einem Wechsel oder aus einem anderen Papier, das durch Indossament übertragen werden kann, gem. § 1189 BGB ein Vertreter für den jeweiligen Gläubiger bestellt und in das Grundbuch eingetragen ist, kann der auf die Hypothek entfallende Betrag dem Vertreter ausgezahlt oder die Forderung gegen den Ersteher auf diesen übertragen werden. Ist kein Vertreter eingetragen, muss sich der Gläubiger durch Vorlegung des Inhaberpapiers etc. ausweisen, andernfalls gilt er als unbekannt.

III. Verteilung

1. Eventualberechtigung

9   Da ein unbekannter Berechtigter möglicherweise nicht ermittelt wird, muss bereits im Teilungsplan festgelegt werden, wie der dann freiwerdende Betrag anderweitig verteilt werden soll. Der betreffende Betrag ist in erster Linie dem Unbekannten, hilfsweise für den Fall, dass ein Berechtigter nicht ermittelt wird, dem dann nachrangigen, ausfallenden Berechtigten zuzuteilen. Dem Eventualberechtigten steht dann das Aufgebotsrecht (§ 138 Abs. 1) und im Falle eines Ausschließungsbeschlusses der Anspruch auf den freiwerdenden Betrag zu (§ 141).

2. Ausführung

10   Die **Ausführung** des Teilungsplans erfolgt bei Zahlung des Versteigerungserlöses durch Hinterlegung für den unbekannten Berechtigten, bei Nichtzahlung des Versteigerungserlöses durch entsprechende Forderungsübertragung. Die Hinterlegung erfolgt auf Antrag des Vollstreckungsgerichts nach den Vorschriften der (länderrechtlichen) Hinterlegungsgesetze bzw. -ordnung[4]. Allerdings benötigt die Hinterlegungsstelle einen Berechtigten als Empfänger, der Unbekannte kann dies nicht sein. Die Hinterlegung erfolgt daher mit Hinweis auf die weitere Entscheidung des Vollstreckungsgerichts.[5] Die weitere Erledigung erfolgt vielmehr nach den §§ 135 ff. Ist der Berechtigte ermittelt, ist der Teilungsplan weiter auszuführen, das Vollstreckungsgericht ersucht um Auszahlung des hinterlegten Betrages (s. → § 137 Rdn. 5).

11   Eine Hinterlegung oder Forderungsübertragung für den Eventualberechtigten findet nicht statt.

IV. Nachträgliche Ungewissheit

12   Stellt sich erst nach dem Verteilungstermin heraus, dass zunächst im Teilungsplan eine Person als Anspruchsberechtigter ausgewiesen (z.B. Erbfall), die dann aber unbekannt ist, hat in einen neuen Termin insoweit eine neue Verteilung unter Zuziehung des Erstehers, des neben ihm Zahlungspflichtigen (z.B. des Bürgen), des Schuldners und der ausgefallenen Gläubiger stattzufinden; verfahrensrechtlich ist § 126 nunmehr nachzuholen. Einer Zuziehung des Erstehers bedarf es nicht, wenn er bereits Zahlung geleistet hat.

---

4   Zur Aufhebung der Hinterlegungsordnung zum 30.11.2010 (Art. 17 Abs. 2 des 2. BMJBerG – BGBl I 2614) *Rückheim*, Rpfleger 2010, 1; *Rellermeyer*, Rpfleger 2010, 129. Jedes Bundesland hat nunmehr eine eigene Hinterlegungsordnung (HintO), die aber weitgehend deckungsgleich sind. Zum Hinterlegungsrecht in Bayern: *Wiedemann/Armbruster*, Rpfleger 2011, 1.
5   *Stöber*, ZVG § 126 Rdn. 4.1.

§ 127 »Vermerke auf Hypotheken-, Grund- oder Rentenschuldbriefen und vollstreckbaren Titeln«

(1) ¹Wird der Brief über eine infolge der Versteigerung erloschene Hypothek, Grundschuld oder Rentenschuld vorgelegt, so hat das Gericht ihn unbrauchbar zu machen. ²Ist das Recht nur zum Teil erloschen, so ist dies auf dem Briefe zu vermerken. ³Wird der Brief nicht vorgelegt, so kann das Gericht ihn von dem Berechtigten einfordern.

(2) Im Falle der Vorlegung eines vollstreckbaren Titels über einen Anspruch, auf welchen ein Betrag zugeteilt wird, hat das Gericht auf dem Titel zu vermerken, in welchem Umfange der Betrag durch Zahlung, Hinterlegung oder Übertragung gedeckt worden ist.

(3) Der Wortlaut der Vermerke ist durch das Protokoll festzustellen.

I. Allgemeines

Grundpfandrechte erlöschen als Folge des Zuschlags kraft Gesetzes, § 91 Abs. 1. Diese Wirkung hängt nicht von der Vorlage des Briefes ab, §§ 62, 69 GBO sind hier nicht anzuwenden. Der Zweck des § 127 besteht darin, im Interesse der Rechtssicherheit eine missbräuchliche Benutzung gegenstandsloser Briefe zu verhindern.

II. Grundpfandrechtsbrief

1. Vorlegung des Briefes

Soweit auf ein Briefrecht Kapital- oder Tilgungsbeträge zugeteilt werden, wird der Besitzer des Briefes mit Rücksicht auf die §§ 126, 135 regelmäßig den Brief vorlegen. Entfällt allerdings auf ein Grundpfandrecht – von Zinsen abgesehen – eine Zahlung, besteht für den Gläubiger grundsätzlich keine Veranlassung, den Brief dem Vollstreckungsgericht einzureichen.

Zwar hat das Vollstreckungsgericht den Brief eines erloschenen Rechts von dem Berechtigten anzufordern, doch kann diese Vorlage weder vom Vollstreckungsgericht[1] noch vom Grundbuchamt[2] erzwungen werden. Auch darf das Ersuchen an das Grundbuchamt (§ 130) nicht von der Vorlegung des Briefes abhängig gemacht werden. Die Folge ist, dass sich Grundpfandrechtsbriefe von erloschenen Rechten weiterhin im Rechtsverkehr befinden, was jedoch hinzunehmen ist.[3]

2. Unbrauchbarmachung des Briefes

Mangels besonderer Vorschriften im ZVG sind für die Unbrauchbarmachung eines Briefes § 69 GBO i.V.m. § 53 GBV anzuwenden, der Vermerk über die erste Eintragung ist durchzustreichen und der Brief mit Einschnitten zu versehen; dies erfolgt nach Ausführung des Teilungsplans, §§ 117, 118.

---

1 KG, JW 1918, 827.
2 RGZ 83, 290.
3 Steiner/*Eickmann*, § 127 Rdn. 2, diesen misslichen Zustand kann nur der Gesetzgeber beseitigen.

5   Ein mit dem **Hypothekenbrief** verbundene **Schuldurkunde** ist abzutrennen und demjenigen zurückzugeben, der sie vorgelegt hat. Zur vollstreckbaren Urkunde siehe → Rdn. 13.

6   Ist ein nach den Versteigerungsbedingungen erloschenes Recht aufgrund Vereinbarung nach § 91 Abs. 2 bestehen geblieben, ist der Brief nicht unbrauchbar zu machen, und auch nicht dem Grundbuchamt mit dem Ersuchen nach § 130 einzureichen, sondern dem zurückzugeben, der ihn eingereicht hat. Ein Vermerk über die Liegenbelassungsvereinbarung auf dem Brief erfolgt nicht. Wurde der Brief bereits unbrauchbar gemacht und die Vereinbarung erst nach Ausführung des Teilungsplans nachgewiesen, hat das Grundbuchamt einen neuen Brief zu bilden.

7   Unbrauchbar gemachte Briefe werden zur Zwangsversteigerungsakte genommen (ähnlich § 53 Abs. 2 GBV), da ihr Inhalt auch später noch von Bedeutung sein kann.[4] Die Abgabe des Briefes an das Grundbuchamt ist nicht zu empfehlen, da dies nach § 53 Abs. 2 GBV die baldige Vernichtung des Briefes zur Folge hat.[5]

3. Teilweise Erlöschen eines Rechtes

8   Ist ein Grundpfandrecht nur teilweise erloschen, ist dies auf dem Brief zu vermerken[6]; ein Gültigkeitsvermerk (§ 48 GBV) auf dem Brief ist zweckmäßig, aber nicht vorgeschrieben.[7] Entsprechendes gilt, wenn über mehrere Rechte ein gemeinschaftlicher Brief (§ 66 GBO) erteilt und nur ein Recht erloschen ist, oder wenn ein Gesamtrecht nur am versteigerten Grundstück erloschen ist, an einem anderen jedoch fortbesteht.[8] Für einen zusätzlichen Vermerk durch das Grundbuchamt (§ 62 Abs. 1 GBO) besteht kein weiterer Handlungsbedarf.[9]

4. Rückgabe des Briefes

9   Eine Rückgabe des Briefes erfolgt stets an denjenigen, der den Brief eingereicht hat oder an denjenigen, den dieser zum Empfang des Briefes bestimmt. Bei Streit über die Empfangsberechtigung hat das Vollstreckungsgericht den Brief zu hinterlegen.

5. Spätere Briefvorlage

10 Legt der Gläubiger freiwillig oder auf Anforderung den Brief erst nach dem Verteilungstermin vor, erfolgt die Sachbehandlung wie zuvor beschrieben; der Inhalt der Briefvermerke ist in einem Aktenvermerk festzuhalten.

6. Gesamtbrief

11 Bei einem Gesamtgrundpfandrecht kann sich folgende Situation ergeben: das Recht ist an dem versteigerten Grundstück durch den Zuschlag erloschen, besteht jedoch an einem anderen Grundstück fort und sodann wird gem. § 91 Abs. 2 das Bestehenbleiben vereinbart. Da die Vereinbarung nach § 91 Abs. 3 Satz 2 wie die Befriedigung aus dem Grundstück wirkt und deshalb (§ 1181 Abs. 2 BGB) das mithaftende Grundstück frei wird, wird teilweise ein Briefvermerk gefordert, aus

---

[4] Steiner/*Eickmann*, § 127 Rdn. 23; *Böttcher*, § 127 Rdn. 7.
[5] So aber *Stöber*, ZVG § 127 Rdn. 2.3.
[6] Meikel/*Wagner*, § 62 Rdn. 38.
[7] Meikel/*Wagner*, § 62 Rdn. 38, zwingend anzubringen.
[8] RGZ 157, 287.
[9] Meikel/*Wagner*, § 62 Rdn. 38, 40, 41.

dem sich die Vereinbarung gem. § 91 Abs. 2 ergibt.[10] Offen bleibt, was ein solcher Vermerk bewirken soll, da vom Vollstreckungsgericht nicht geprüft werden kann und darf, ob der Ausnahmefall des § 1182 BGB vorliegt. Weiter ist zu bedenken, dass im Falle der Identität des Berechtigten des Briefrechts und des Erstehers nach Ansicht des BGH[11] die Befriedigungswirkung nach § 91 Abs. 3 Satz 2 nicht eintritt. Ebenfalls unterbleibt bei dem Brief eines Gesamtrechts ein Vermerk, wenn die Vereinbarung gem. § 91 Abs. 2 erst nach dem Verteilungstermin erfolgt. Ein Vermerk, der letztlich keine Rechtswirkung entfaltet, hat zu unterbleiben.

Aus ähnlichen Erwägungen erfolgt auch kein Briefvermerk, wenn das Gesamtrecht an dem mithaftenden Grundstück zwar nicht durch den Zuschlag, aber gem. § 114a ZVG i.V.m. § 1181 Abs. 2 BGB materiell-rechtlich erloschen ist.

III. Vollstreckungstitel

Die Schuld- bzw. Vollstreckungstitel der Gläubiger befinden sich regelmäßig bei der Zwangsversteigerungsakte.[12] Der Vollstreckungstitel eines anderen Beteiligten wird nur dann gemäß Abs. 2 behandelt, wenn er freiwillig vorgelegt wird; eine Anforderung durch das Vollstreckungsgericht erfolgt nicht.

Entsprechend § 757 Abs. 1 ZPO ist auf dem Titel zu vermerken, in welchem Umfang (Kosten, Zinsen, Hauptanspruch) und in welcher Weise Zahlung auf den Anspruch erfolgt ist (Abs. 2). Der Vermerk ist mit Datum und üblicherweise mit einem Dienstsiegel zu versehen und vom Rechtspfleger zu unterschreiben.

Eine Vereinbarung über das **Bestehenbleiben** eines erloschenen Rechts gemäß § 91 Abs. 2 ist auf dem Titel nicht zu vermerken, ist gesetzlich auch nicht vorgeschrieben.[13] Gleiches gilt für den Fall der Befriedigungsfiktion nach § 114a.

Der Vollstreckungstitel ist dem **zurückzugeben,** der ihn eingereicht hat; eine abweichende Bestimmung hat das Vollstreckungsgericht zu beachten. Eine Aushändigung des Vollstreckungstitels an den Schuldner ist grundsätzlich nur mit Zustimmung des Vollstreckungsgläubigers vorzunehmen, der Titel gebührt dem Gläubiger; auch können noch Forderungen offen sein, die in der Zwangsversteigerung nicht geltend gemacht wurden (z.B. auch Kosten, die nicht unter § 10 Abs. 2 fallen).

IV. Protokoll (Abs. 3)

Sämtliche Vermerke, die entweder auf den Brief oder den Vollstreckungstitel erfolgen, sind im Protokoll über den Verteilungstermin festzuhalten. Im Falle einer nachträglichen Vorlage eines Briefes (Abs. 1 Satz 3) ist ein entsprechender Aktenvermerk zu fertigen.

---

10 Steiner/*Eickmann*, § 127 Rdn. 14; *Stöber*, ZVG § 127 Rdn. 2.5; *Böttcher*, § 127 Rdn. 6; Depré/*Bachmann*, § 127 Rdn. 7, der in seiner Kritik die Vorschrift selbst missversteht. Die Vermerke nach § 127 haben alle einen materiell-rechtlichen Hintergrund und sollen genau diese Ergebnisse auf den Urkunden bzw. Vollstreckungstitel nachvollziehen.
11 NJW 1981, 1601 = Rpfleger 1981, 140.
12 Zum Fehlen der *Ausfertigung des Titels* im Versteigerungstermin, da dieser grundsätzlich im gesamten Verfahren vorliegen muss, und im Falle einer möglichen Zuschlagsversagung vgl. BGH, Rpfleger 2004, 368 = NJW-RR 2004, 1366 = MDR 2004, 774 = WM 2004, 838 = InVo 2004, 293 = ZfIR 2004, 489.
13 Steiner/*Eickmann*, § 127 Rdn. 18; *Böttcher*, § 127 Rdn. 9; a.A. *Stöber*, ZVG § 127 Rdn. 3.2.

§ 128 »Eintragung einer Sicherungshypothek«

(1) ¹Soweit für einen Anspruch die Forderung gegen den Ersteher übertragen wird, ist für die Forderung eine Sicherungshypothek an dem Grundstücke mit dem Range des Anspruchs einzutragen. ²War das Recht, aus welchem der Anspruch herrührt, nach dem Inhalte des Grundbuchs mit dem Rechte eines Dritten belastet, so wird dieses Recht als Recht an der Forderung miteingetragen.
(2) Soweit die Forderung gegen den Ersteher unverteilt bleibt, wird eine Sicherungshypothek für denjenigen eingetragen, welcher zur Zeit des Zuschlags Eigentümer des Grundstücks war.
(3) ¹Mit der Eintragung entsteht die Hypothek. ²Vereinigt sich die Hypothek mit dem Eigentum in einer Person, so kann sie nicht zum Nachteil eines Rechtes, das bestehen geblieben ist, oder einer nach Absätzen 1, 2 eingetragenen Sicherungshypothek geltend gemacht werden.
(4) Wird das Grundstück von neuem versteigert, ist der zur Deckung der Hypothek erforderliche Betrag als Teil des Bargebots zu berücksichtigen.

Übersicht

		Rdn.
I.	Allgemeines	1
II.	Sicherungshypothek	2
	1. Belastungsgegenstand	2
	2. Eintragungshindernis	3
	3. Forderung	4
	4. Verzinsung	5
	5. Gläubiger der Sicherungshypothek	6
	6. Rechte Dritter (Abs. 1 Satz 2)	18
	7. Getrennte Sicherungshypotheken	21
	8. Rang der Sicherungshypotheken	22
	9. Besonderheiten	24
III.	Vereinigung von Hypothek und Eigentum (Abs. 3 Satz 2)	27
IV.	Erneute Zwangsversteigerung (Abs. 4)	28

I. Allgemeines

1 Wird das Meistgebot nicht gezahlt, ist den Beteiligten mit der Forderungsübertragung (§ 118) alleine nicht geholfen. Die §§ 128–123 – sie gelten für alle Versteigerungsverfahren – sehen daher weitere Sicherungsmaßnahmen vor. Die ungesicherten Ansprüche aus der Forderungsübertragung werden dinglich durch Sicherungshypotheken an dem versteigerten Grundstück gesichert. Weiterhin verhindert § 130 Abs. 3 nachteilige Verfügungen gegen die Sicherungshypotheken. Die Rechtsverfolgung gegen den Ersteher erleichtern die §§ 132, 133. Die Eintragung der Sicherungshypothek erfolgt auf Ersuchen des Vollstreckungsgerichts (§ 130 Abs. 1) von Amts wegen. Es handelt sich hierbei nicht um Sicherungshypotheken, die im Wege der Zwangsvollstreckung im Grundbuch eingetragen werden (§§ 866 ff. ZPO); sie können daher auch als Gesamtsicherungshypothek[1] (§ 867 Abs. 2 ZPO gilt nicht) und auch für eine Forderung bis 750,– € (§ 866 Abs. 3 Satz 1 ZPO gilt nicht) eingetragen werden. Der Gesetzgeber hat die Sicherungshypothek nach § 128 nicht als Dauerbelastung vorgesehen, vgl. Abs. 3 und § 129. Durch

---

1   OLG Düsseldorf, Rpfleger 1989, 339 = MDR 1989, 747.

Abs. 3 wird eine Rangbenachteiligung, insbesondere bestehen bleibender Rechte, in Grenzen gehalten. Der durch § 129 drohende Rangverlust führt regelmäßig zu einer kurzfristigen erneuten Zwangsversteigerung. Durch das Zweite Gesetz zur Modernisierung der Justiz (2. JuModG) vom 22.12.2006 (BGBl I 3416) wurde Abs. 4 neu gefasst; es handelt sich aber nur um eine sprachliche Neufassung. Zum Zeitpunkt des Inkrafttretens vgl. § 186.

II. Sicherungshypothek

1. Belastungsgegenstand

Der Belastungsgegenstand ist mit dem Versteigerungsgegenstand identisch, die Sicherungshypothek wird auf dem bzw. den versteigerten Grundstücken eingetragen. Bei der Zwangsversteigerung eines **ideellen Miteigentumsanteils** ist die Sicherungshypothek auf diesem Anteil einzutragen. Das gilt auch dann, wenn der Anteil dem anderen Miteigentümer zugeschlagen wurde und der Anteil daher nicht mehr existent ist, § 1114 BGB steht dem nicht entgegen.[2]

2. Eintragungshindernis

Eine Verfügungsbeschränkung des Erstehers, z.B. durch Eröffnung des **Insolvenzverfahrens**, hindert die Eintragung der Sicherungshypothek nicht, denn sie ist nicht eine selbstständige Maßnahme der Zwangsvollstreckung, sondern wird als gesetzliche Folge der Zwangsversteigerung im Grundbuch eingetragen.[3] Aus diesem Grund ist auch kein Vollstreckungsschutz gemäß § 765a ZPO zu gewähren. Bei der Versteigerung eines **Erbbaurechts** ist auch keine Zustimmung des Eigentümers zur Belastung des Erbbaurechts (§ 5 Abs. 1 ErbbauRG) notwendig.[4] Beschränkungen gemäß § 51 BauGB (Umlegungsverfahren) sind ebenfalls unbeachtlich.

3. Forderung

Die Sicherungshypothek wird für die nach § 118 übertragene Forderung im Grundbuch eingetragen. Es kommt nicht darauf an, ob die Schuld des Erstehers fällig ist oder nicht, §§ 50, 51.

4. Verzinsung

Eine Geldschuld ist während des Verzugs mit einem Verzugszinssatz von 5-Prozentpunkten über dem Basiszinssatz zu verzinsen, §§ 286, 288, 247 BGB.[5] Ob dieser über den Regelzinssatz von 4 % **erhöhte Zinssatz ab dem Verteilungstermin** für den Fall der Nichtzahlung des Erstehers und damit für die Forderungsübertragung und die einzutragenden Sicherungshypotheken gilt, ist streitig (hier-

---

2 RGZ 94, 154; *Fischer*, NJW 1956, 1095; vgl. auch OLG Zweibrücken, Rpfleger 1990, 11; BayObLG, NJW 1968, 1431; *Stöber*, ZVG § 128 Rdn. 2.5.
3 OLG Düsseldorf, Rpfleger 1989, 339 = MDR 1989, 747.
4 *Muth*, Rpfleger 1991, 441.
5 Der erhöhte Zinssatz wurde durch das Gesetz zur Beschleunigung fälliger Zahlungen vom 30.3.2000 (BGBl I 330) eingeführt und durch das Gesetz zur Modernisierung des Schuldrechts vom 26.11.2001 (BGBl I 3138) nochmals neu gefasst. Die Vorschriften dienen zum Teil auch der Umsetzung der Richtlinie 2000/35/EG des Europäischen Parlaments und des Rates vom 29.7.2000 zur Bekämpfung von Zahlungsverzug im Geschäftsverkehr (ABl EG Nr. L 200 S. 35).

zu → § 118 Rdn. 18). Nach hiesiger Ansicht sind die erhöhten Verzugszinsen nicht einzutragen.

5. Gläubiger der Sicherungshypothek

6 Berechtigter der Forderungsübertragung ist der im Teilungsplan ausgewiesene Anspruchsberechtigte. Als Gläubiger der Sicherungshypothek wird daher derjenige eingetragen, auf den die Forderung übertragen wurde.[6]

7 Das Surrogationsprinzip hat zur Folge, dass sich das an dem Recht bestehende Gemeinschaftsverhältnis an der übertragenen Forderung fortsetzt. Steht der Anspruch **mehreren Berechtigten** zu, erfolgt die Forderungsübertragung und damit die Eintragung der Sicherungshypothek entsprechend der Anteilsberechtigung (nach Bruchteilen oder in dem angegebenen Gemeinschaftsverhältnis, z.B. bei einer Teilungsversteigerung die Erbengemeinschaft als Gesamtberechtigte).[7] Auch die Gesellschaft bürgerlichen Rechts ist unter gleichzeitiger Benennung der Gesellschafter als Berechtigte einzutragen, § 47 Abs. 2 GBO.[8]

8 Hinsichtlich eines unverteilt gebliebenen Erlösüberschusses wird der letzte Eigentümer vor der Zuschlagserteilung eingetragen. **Miteigentümern nach Bruchteilen** soll ein **Erlösüberschuss** zur Mitberechtigung nach § 432 BGB zustehen, da jeder Miteigentümer vom Ersteher nur Zahlung an alle Berechtigten gemeinsam verlangen kann[9] (zur Kritik hieran s. → § 118 Rdn. 23).

9 Ein **Gläubigerwechsel** aufgrund einer Abtretung der nach § 118 übertragenen Forderung hat das Vollstreckungsgericht nicht zu beachten, da es von der Forderungsübertragung ausgehen muss; liegt der Nachweis des Gläubigerwechsels in grundbuchmäßiger Form vor, sind die Unterlagen zusammen mit dem Ersuchen nach § 130 dem Grundbuchamt zur weiteren Veranlassung einzureichen.[10]

10 Ist der Berechtigte **verstorben,** ist er weiterhin als Gläubiger einzutragen, falls dem Vollstreckungsgericht die Erben nicht bekannt sind. Ist die Erbfolge nachgewiesen, hat das Vollstreckungsgericht unmittelbar um Eintragung der Erben als Gläubiger in Erbengemeinschaft zu ersuchen.

11 Im Fall des § 126 ist der **unbekannte Berechtigte** als Gläubiger einzutragen. Wird später der Berechtigte ermittelt, hat das Vollstreckungsgericht das Grundbuchamt um Berichtigung zu ersuchen.

12 Wird eine andere Person fälschlicherweise als diejenige eingetragen, der die Forderung übertragen wurde, liegt eine Unrichtigkeit des Grundbuches vor, und kann jederzeit berichtigt werden.[11]

13 Ist der **Ersteher** selbst anspruchsberechtigt, ist eine Sicherungshypothek nur dann einzutragen, wenn gegen seinen Anspruch Widerspruch erhoben wurde oder wenn sein Recht mit dem Recht eines Dritten belastet ist.[12]

---

6 RGZ 136, 91.
7 So auch *Stöber,* ZVG § 128 Rdn. 2.10.
8 BGH, Rpfleger 2009, 141 = DNotZ 2009, 115 = NJW 2009, 594 = NZM 2009, 94 = ZfIR 2009, 93.
9 BGH, Rpfleger 2008, 379 = NJW 2008, 1807 = NZM 2008, 295 = FamRZ 2008, 767 = WM 2008, 843; Steiner/*Eickmann,* § 128 Rdn. 17; *Böttcher,* § 128 Rdn. 10; differenzierend *Stöber,* ZVG § 128 Rdn. 2.10, eine Eintragung eines Mitberechtigten nach § 432 BGB ist nicht gerechtfertigt.
10 *Stöber,* ZVG § 128 Rdn. 2.11; a.A. *Alff,* Rpfleger 2001, 385.
11 RGZ 136, 91.
12 Steiner/*Eickmann,* § 128 Rdn. 23; *Stöber,* ZVG § 128 Rdn. 2.20; *Fischer,* NJW 1956, 1095.

Ist der **Ersteher** zugleich **Gesamtberechtigter** eines Anspruchs auf Zahlung **14**
aus dem Erlös, kann eine Eintragung einer Sicherungshypothek nicht erfolgen.
Durch die Zuschlagserteilung hat sich die Forderung bereits in der Person eines
Gesamtgläubigers vereinigt mit der Folge, dass die Rechte des Anderen erloschen
sind. Dieser ist ausschließlich auf den Ausgleichsanspruch des § 430 BGB angewiesen. Die Konfusion tritt bereits mit der Erteilung des Zuschlags ein. Das Vollstreckungsgericht darf nicht um Eintragung einer Sicherungshypothek ersuchen,
denn § 128 Abs. 2 setzt für diese Eintragung eine Forderung gegen den Ersteher
voraus; sie besteht aber ab Zuschlag nicht mehr.[13]

Wurde die Forderungen gegen den Ersteher **bedingt** zunächst für einen Erst- **15**
berechtigten und hilfsweise für einen Eventualberechtigten übertragen (§§ 120,
121, 123–125) ist die Sicherungshypothek unter Angabe der Bedingung einzutragen. Erledigt sich der Widerspruch, hat das Vollstreckungsgericht um Berichtigung der Eintragung im Grundbuch zu ersuchen.

Zur Sicherungshypothek für den Fall, dass **mehrere Grundstücke** in demsel- **16**
ben Verfahren versteigert werden und der Ersteher das Meistgebot nicht zahlt, siehe → § 122 Rdn. 14.

Eine **Sicherungshypothek** wird dann **nicht im Grundbuch** eingetragen, wenn **17**
dem Vollstreckungsgericht vor Absenden des Ersuchens an das Grundbuchamt
nach § 130 die wirksame Hinterlegung unter Verzicht auf das Recht zur Rücknahme nachgewiesen wird. Gleiches gilt im Fall des Nachweises der **Befriedigung** des
Gläubigers oder dessen **Verzicht** auf die Eintragung der Sicherungshypothek, sofern dies in öffentlich beglaubigter Form nachgewiesen ist.[14]

6. Rechte Dritter (Abs. 1 Satz 2)

Rechte Dritter auf die Sicherungshypothek sind, soweit sie dem Vollstre- **18**
ckungsgericht bekannt oder nachgewiesen sind, zu beachten. War ein erloschenes
Recht mit dem Recht eines Dritten belastet (z.B. Pfandrecht, Nießbrauch), setzt
sich kraft Surrogation das Besitzrecht an der übertragenen Forderung fort. Ergibt
sich das Recht aus dem Grundbuch, hat das Vollstreckungsgericht das Grundbuchamt um Miteintragung des Rechts des Dritten zu ersuchen. War das Recht
des Dritten nicht aus dem Grundbuch erkennbar, hat das Vollstreckungsgericht
die Eintragung der Sicherungshypothek hierauf nur dann zu veranlassen, wenn
der Dritte sein Recht rechtzeitig beantragt und nachweist.[15] Gleiches gilt für den
Fall, dass es sich um bar zu zahlende Beträge eines bestehen bleibenden Recht handelt (z.B. Zinsen), dass mit dem Recht eines Dritten belastet ist, falls es sich auch
auf diese bar zu zahlenden Teile erstreckt. Insbesondere bei Pfändungen ist nach
dem Inhalt des Pfändungs- und Überweisungsbeschlusses zu prüfen, ob und in
welchem Umfang die Zinsen des Grundpfandrechts mitgepfändet sind (vgl. § 830
Abs. 1, 3, § 829 Abs. 1 ZPO).[16]

Die Miteintragung eines Pfändungspfandrechtes, das nach Erteilung des Zu- **19**
schlags an dem Erlösanteil eines Berechtigten oder an den übertragenen Forderungen erlangt wurde, schreibt das Gesetz nicht vor. Wird es jedoch dem Vollstre-

---

13 Nicht richtig daher LG Bielefeld/OLG Hamm, Rpfleger 1985, 248 mit kritischer
   Anm. *Schiffhauer*; ebenfalls nicht richtig daher *Böttcher*, § 128 Rdn. 11.
14 *Böttcher*, § 128 Rdn. 3.
15 RGZ 60, 221.
16 Hierzu *Hintzen/Wolf*, Rdn. 6.363.

ckungsgericht vor Absenden des Ersuchens an das Grundbuchamt nachgewiesen, hat es sich auf die Miteintragung des Pfandrechtes zu erstrecken.

20 Der **Rang mehrerer Drittrechte** muss sich aus dem Ersuchen gem. § 130 ergeben. Soweit er nicht aus dem Grundbuch ersichtlich ist, richtet er sich nach dem Grundsatz der Priorität (insbesondere bei Pfändungen, § 804 Abs. 3 ZPO). Eine anderweitige Einigung der Pfandgläubiger ist zu beachten, Gleiches gilt für ein entsprechendes Urteil.

7. Getrennte Sicherungshypotheken

21 Für jede übertragene Forderung ist eine Sicherungshypothek einzutragen, eine einheitliche Sicherungshypothek für einige oder sämtliche Berechtigte ist unzulässig, dem steht auch § 47 GBO entgegen. Für jeden Anspruch eines jeden Gläubigers und auch für die einzelnen Ansprüche innerhalb des Gesamtanspruchs des Gläubigers ist **jeweils** eine **gesonderte Sicherungshypothek** einzutragen (also je eine Sicherungshypothek für die Kosten, die Zinsen und den Kapital- bzw. Hauptanspruch).[17]

8. Rang der Sicherungshypotheken

22 Der Rang der Sicherungshypothek richtet sich nach dem Range des Anspruchs, den dieser aufgrund der § 10 Abs. 1 und § 12 im Teilungsplan hatte. Die Sicherungshypothek muss den Rang erhalten, den der Anspruch zu den bestehen bleibenden Rechten und auch zu den durch die Übertragung gesicherten Ansprüchen hat (beispielhaft ist die Sicherungshypothek für die Verfahrenskosten vor allen anderen Ansprüchen im Grundbuch, die Sicherungshypothek für übertragene Hausgeldansprüche der Wohnungseigentümergemeinschaft in Rangklasse 2 des § 10 Abs. 1 vor den öffentlichen Lasten in Rangklasse 3 und diese wiederum vor allen dinglichen Rechten am Grundstück, da diese nur in Rangklasse 4 sind oder Kosten nach § 10 Abs. 2 sind vor den wiederkehrenden Leistungen des dinglichen Rechts aus Rangklasse 4 einzutragen). Wird das Fortbestehen eines Rechts nach § 59 Abs. 1, 3 bestimmt und zahlt der Ersteher nach entsprechender Zuschlagserteilung das bare Meistgebot nicht, erlangt das fortbestehende Recht hierdurch keinen Rangvorteil vor den einzutragenden Sicherungshypotheken. Der einzutragende Rang muss sich aus dem Ersuchen nach § 130 ergeben, hierfür verantwortlich ist das Vollstreckungsgericht, der Rang ist durch das vollziehende Grundbuchamt im Grundbuch darzustellen (§ 879 BGB, § 45 GBO, § 18 GBV – Rangvermerke). Bestehen bleibende Rechte unterliegen als Folge der Zwangsversteigerung im Rahmen des § 129 einem Rangverlust.

23 Sind Sicherungshypotheken für die Verfahrenskosten nach § 109 oder für Ansprüche aus den Rangklassen 1–3 des § 10 Abs. 1 auf einem mit einem **Erbbaurecht** belasteten Grundstück einzutragen, erhalten sie den Rang vor dem Erbbaurecht, denn § 10 Abs. 1 Satz 1 ErbbauRG verhindert nur den *rechtsgeschäftlichen Verlust* der 1. Rangstelle.[18] Zur Wiederversteigerung aus einer solchen Sicherungshypothek siehe → § 129 Rdn. 7.

---

17 *Böttcher*, § 128 Rdn. 16.
18 BGH, Rpfleger 1969, 13 = NJW 1969, 93.

9. Besonderheiten

Die Sicherungshypothek entsteht mit der Eintragung im Grundbuch (Abs. 3 Satz 1). 24

Die Sicherungshypothek ist keine Hypothek im Wege der Zwangsvollstreckung (zuvor → Rdn. 1). Grundsätzlich gelten für sie §§ 1184 ff. BGB. Dem Gläubiger der Sicherungshypothek steht daher auch der **gesetzliche Löschungsanspruch** nach § 1179a BGB zu. 25

Werden Sicherungshypotheken für Ansprüche der Rangklassen 1–3 des § 10 Abs. 1 oder für Kosten der dinglichen Rechtsverfolgung nach § 10 Abs. 2 eingetragen, muss dies wegen des möglichen Rangverlusts gem. § 129 bei der Eintragung im Grundbuch erkennbar gemacht werden. Im Hinblick auf Abs. 3 Satz 2 gilt grundsätzlich die Tatsache, dass aus der Eintragung ersichtlich sein sollte, dass sie aufgrund eines Zwangsversteigerungsverfahrens erfolgte. 26

III. Vereinigung von Hypothek und Eigentum (Abs. 3 Satz 2)

Vereinigen sich Hypothek und Eigentum in einer Person, so kann sie nicht zum Nachteil eines Rechts, das bestehen geblieben ist, oder der übrigen nach § 128 eingetragenen Sicherungshypotheken geltend gemacht werden. Der Verzug des Erstehers sollte ihm nicht Rechte zum Nachteil anderer verschaffen, die einen Anspruch auf Zahlung im Verteilungstermin hatten. Die aus einer Sicherungshypothek entstehende Eigentümergrundschuld erhält somit den Rang nach den bestehen gebliebenen Rechten und den nach Abs. 1, 2 eingetragenen Sicherungshypotheken. Dieser Rangverlust wirkt auch gegenüber der für den Vollstreckungsschuldner eingetragenen Sicherungshypothek; ferner auch, wenn sich Hypothek mit dem Eigentum eines späteren Eigentümers vereinigt. Ist die Hypothek mit dem Recht eines Dritten belastet, dass bereits zur Zeit der Zuschlagserteilung bestand und gem. Abs. 1 Satz 2 auf sie übertragen wurde, wirkt der Rangverlust im Verhältnis des Dritten zu den anderen Hypotheken nicht.[19] Abs. 3 Satz 2 findet keine Anwendung auf Rechte, die aufgrund einer Vereinbarung gem. § 91 Abs. 2 bestehen bleiben.[20] 27

IV. Erneute Zwangsversteigerung (Abs. 4)

Wird das Grundstück erneut versteigert, sind Sicherungshypotheken nach § 128 als Teil des Bargebots zu berücksichtigen, falls sie dem bestrangig betreibenden Gläubiger im Range vorgehen und damit in das geringste Gebot fallen (§ 44 Abs. 1). Auf diese Weise wird verhindert, dass Sicherungshypotheken, die für die in § 129 bezeichneten Ansprüche eingetragen worden sind, bestehen bleibende Rechte auf Dauer benachteiligen. Abs. 4 gilt auch, wenn sich die erneute Zwangsversteigerung gegen einen späteren Eigentümer richtet oder wenn die Sicherungshypothek gem. § 1186 BGB in eine gewöhnliche Hypothek oder in eine Grundschuld umgewandelt worden ist. 28

Soweit eine Sicherungshypothek als Teil des Bargebots zu berücksichtigen ist, sind auch die Nebenansprüche (Kosten, Zinsen) in gleicher Weise zu berücksich- 29

---

19 Steiner/*Eickmann*, § 128 Rdn. 36 wollen diesen Grundsatz auch dann gelten lassen, wenn der Dritte sein Recht erst nach dem Zuschlag erworben hat. Dem kann jedoch nicht zugestimmt werden, denn dann könnte der Ersteher zum Nachteil bestehender Sicherungshypotheken wirksam Rechte Dritter begründen.
20 BGH, Rpfleger 1986, 10 = NJW 1976, 805.

tigen. Zinsen müssen dabei bis zum mutmaßlichen Verteilungstermin berücksichtigt werden, damit der Deckungsgrundsatz gewahrt bleibt.[21]

30 Ist eine Grundschuld mit dem Zuschlag erloschen, ist der (schuldrechtliche) Rückgewähranspruch mit Leistung des an die Stelle der Grundschuld getretenen Anspruchs auf den Versteigerungserlös zu erfüllen.[22] Nach dem Sachverhalt stand dem Kläger eine zweitrangige Grundschuld (III/2) und dem Beklagten eine erstrangige Grundschuld (III/1) zu. Der Eigentümer hatte seine Rückgewähransprüche gegenüber dem Beklagten an den nachrangigen Kläger abgetreten. Die Abtretung wurde auch angezeigt. Nach dem Zuschlag zahlte der Ersteher das Meistgebot nicht. Beide Grundschulden sind nach den Versteigerungsbedingungen erloschen. Es erfolgte Forderungsübertragung nach § 118 Abs. 1 und die Eintragung von Sicherungshypotheken nach § 128 im Grundbuch. Die Wiederversteigerung nur von dem nachrangigen Kläger gestellt. Der Beklagte verzichtete auf seine Sicherungshypothek. In der Wiederversteigerung bleibt ein vorrangiges Recht nach den Versteigerungsbedingungen bestehen, §§ 44, 52. Dies gilt allerdings nicht für eine Sicherungshypothek nach § 128. Sicherungshypotheken sind als Teil des Bargebotes zu berücksichtigen, § 128 Abs. 4. Infolge des Verzichts auf die vorrangige Sicherungshypothek entsteht nach § 1168 BGB eine Eigentümergrundschuld. Da die Sicherungshypothek nach § 128 Abs. 4 in der Wiederversteigerung jedoch nicht bestehen bleibt, sondern im Bargebot berücksichtigt wird, führte der Verzicht dazu, dass der Erlösanspruch dem Eigentümer, also dem Ersteher als Eigentümererlösanspruch zusteht (Surrogationsprinzip). Das OLG Celle sieht die Sicherungshypoteken aufgrund der Forderungsübertragung nach § 118 Abs. 1 offensichtlich auch als Surrogation für die Grundschulden aus der ersten Zwangsversteigerung. Nach den dortigen Versteigerungsbedingungen waren die Grundschulden erloschen und im Wege der Surrogation bestand der Anspruch auf Erlöszuteilung gegen den damaligen Eigentümer und Schuldner. Nachdem der Ersteher das Meistgebot allerdings nicht zahlte, wurden die Forderungen mit allen Nebenrechten durch Forderungsübertragung gegen den Ersteher gerichtet. Da zu diesem Zeitpunkt bereits der Kläger Ansprüche aus dem abgetretenen Rückgewähranspruch herleiten konnte, blieben auch diese Ansprüche erhalten. Auch die Entstehung und Eintragung von Sicherungshypoteken hat hierauf keinen Einfluss. Selbst die Verzichtserklärung des Beklagten auf sämtliche Ansprüche aus der Sicherungshypothek haben die Ansprüche aus dem (verlängerten) Rückgewähranspruch in ihrem Bestand nicht berührt. Ist jedoch der Rückgewährsberechtigte der (ehemalige) nachrangige Grundschuldgläubiger, kann der Rückgewährsanspruch nur durch Erteilung einer Abtretungserklärung an den Rückgewährsberechtigten erfüllt werden.[23] Infolge der Verzichtserklärung hat der Beklagte den Rückgewähranspruch des Klägers nicht nur nicht erfüllt, sondern unmöglich gemacht.

---

21 So auch Steiner/*Eickmann*, § 47 Rdn. 15; *Stöber*, ZVG § 47 Rdn. 4.
22 OLG Celle, Urteil vom 17.12.2014, 4 U 55/14, WM 2015, 671 mit Anm. *Hintzen*, WuB 2015, 314 = Rpfleger 2015, 578 mit Anm. *Alff*.
23 BGH, Urteil vom 18.7.2014, V ZR 178/13, Rpfleger 2014, 661 = NJW 2014, 3772; BGH, Rpfleger 1984, 427 = NJW 1974, 2279 = KTS 1975, 115.

§ 129 »Spätere Rangverschiebung der Sicherungshypotheken«

¹Die Sicherungshypothek für die im § 10 *[Abs. 1*]* Nr. 1 bis 3 bezeichneten Ansprüche, für die im § 10 *[Abs. 1*]* Nr. 4 bezeichneten Ansprüche auf wiederkehrende Leistungen und für die im § 10 Abs. 2 bezeichneten Kosten kann nicht zum Nachteile der Rechte, welche bestehen geblieben sind, und der übrigen nach § 128 Abs. 1, 2 eingetragenen Sicherungshypotheken geltend gemacht werden, es sei denn, daß vor dem Ablaufe von sechs Monaten nach der Eintragung derjenige, welchem die Hypothek zusteht, die Zwangsversteigerung des Grundstücks beantragt. ²Wird der Antrag auf Zwangsversteigerung zurückgenommen oder das Verfahren nach § 31 Abs. 2 *[Abs. 1 Satz 2**]* aufgehoben, so gilt er als nicht gestellt.

---

* Richtig muss es heißen § 10 *Abs. 1*; wegen offenbarer Unrichtigkeit ergänzt.
** Richtig muss es heißen § 31 *Abs. 1 Satz 2*; wegen offenbarer Unrichtigkeit ergänzt.

I. Allgemeines

Durch einige gem. § 128 einzutragende Sicherungshypotheken tritt eine Rangbenachteiligung bestehen bleibender Rechte ein. § 129 will sicherstellen, dass die Benachteiligung nicht dauernd fortbesteht. 1

Die Vorschrift ist jedoch in mehrfacher Hinsicht ungenau. Zunächst ist von der Sicherungshypothek für die in § 10 Abs. 1 Nr. 1–3 bezeichneten Ansprüche (Abs. 1 wird im Text der Vorschrift nicht erwähnt und der Verweis auf § 31 Abs. 2 muss lauten: § 31 Abs. 1 Satz 2), den wiederkehrenden Leistungen der Rangklasse 4 (6 wohl auch[1]) und den Kosten der dinglichen Rechtsverfolgung nach § 10 Abs. 2 die Rede. Die Sicherungshypotheken sichern aber nicht diese Ansprüche, sondern die Forderungen gegen den Ersteher, welche gem. § 118 auf den Berechtigten übertragen wurden. Weiterhin beziehen sich die Nr. 2, 3 und 4 des § 10 Abs. 1 nur auf die laufenden und auf die letzten 4 bzw. 2 Jahre rückständigen Beträge, während ältere Rückstände in Rangklasse Nr. 7 und 8 zu berücksichtigen sind. Man muss jedoch davon ausgehen, dass § 129 nur die *Art der Ansprüche* bezeichnen und nicht ältere Rückstände vor den jüngeren privilegieren will.[2] 2

II. Rangverlust
1. Allgemein

Von dem Rangverlust betroffen sind die Ansprüche der Rangklasse § 10 Abs. 1 Nr. 1–3, 7, Zinsen und sonstige wiederkehrenden Leistungen der Rangklasse § 10 Abs. 1 Nr. 4, 6 und 8 sowie Kosten des § 10 Abs. 2, nicht jedoch die Verfahrenskosten nach § 109. Der Rangverlust tritt hinter die Kapitalbeträge der bestehen gebliebenen Rechte und der Sicherungshypotheken für die Kapitalbeträge der erlöschenden Rechte ein. Der Rangverlust ist vom Vollstreckungsgericht von Amts wegen zu beachten.[3] Der Rangverlust kann nur durch einen fristgerechten Antrag auf Anordnung der Zwangsversteigerung (nicht Zwangsverwaltung) verhindert 3

---

1 A.A. *Stöber*, ZVG § 129 Rdn. 2.1.
2 So auch Steiner/*Eickmann*, § 129 Rdn. 3; *Böttcher*, § 129 Rdn. 2; Jaeckel/*Güthe*, §§ 128, 129 Rdn. 10; die wörtliche Anwendung des § 129 ist systemwidrig und führte zu ungerechten Ergebnissen; a.A. *Stöber*, ZVG § 129 Rdn. 2.1.
3 Hierzu *Alff*, Anm. zu OLG Celle, Urteil vom 17.12.2014, 4 U 55/14, Rpfleger 2015, 578.

werden (s. → Rdn. 7). Wird der Antrag nicht gestellt, behält der Gläubiger der Sicherungshypothek zwar seine Forderung und die Hypothek gegen den Ersteher, darf die Hypothek aber nicht mehr zum Nachteil bestehen gebliebener Rechte (hierzu gehören auch Rechte, die aufgrund Vereinbarung nach § 91 Abs. 2 bestehen bleiben[4], unabhängig davon, ob auf sie eine Zuteilung entfällt oder nicht) und der übrigen, die Stammbeträge betreffenden, nach § 128 Abs. 1, 2 eingetragenen Sicherungshypotheken geltend machen.

4   Durch den eingetretenen Rangverlust wird das **Grundbuch unrichtig**. Es ist jedoch nicht Aufgabe des Vollstreckungsgerichts, die Berichtigung nach § 22 GBO zu veranlassen.[5] Der Rangverlust kann nicht durch Umwandlung der Sicherungshypothek in einer Verkehrshypothek oder Grundschuld verhindert werden.

2. Erbbaurecht

5   Sind Sicherungshypotheken nach § 128 im Range vor einem Erbbaurecht eingetragen und wird daraus die Zwangsversteigerung betrieben, hat dies nicht das Erlöschen des Erbbaurechts zur Folge, dass Erbbaurecht bleibt bestehen, § 25 ErbbauRG.

3. Inhalt der Sicherungshypothek

6   Die materiell-rechtliche Rangregelung nach § 129 ergibt sich aus dem Eintragungstext der Sicherungshypothek im Grundbuch, denn nach § 130 Abs. 1 Satz 2 ist mit Rücksicht auf § 892 BGB ersichtlich zu machen, dass die Eintragung aufgrund eines Zwangsversteigerungsverfahrens erfolgt ist; ein gutgläubiger Erwerb ist damit ausgeschlossen.[6]

4. Zwangsversteigerungsantrag

7   Nur durch einen rechtzeitigen Antrag auf Zwangsversteigerung (sog. Wiederversteigerung) kann der Rangverlust verhindert werden. Voraussetzung ist, dass aufgrund des Antrags die Zwangsversteigerung angeordnet wird. Der Antrag wirkt nur für den Gläubiger der Sicherungshypothek, der ihn gestellt hat (Einzelverfahren); andere Gläubiger müssen ebenfalls fristgerecht einen Antrag stellen (Beitritt). Der Antrag muss binnen 6 Monaten (Fristberechnung, § 222 ZPO) nach Eintragung der Sicherungshypothek beim zuständigen Vollstreckungsgericht eingegangen sein[7] (allerdings sollte der Gläubiger auch im Hinblick auf die Befriedigungswirkung aus der Forderungsübertragung die Frist nach § 118 Abs. 2 im Auge behalten und den Antrag nicht zu früh stellen). Auf den Zeitpunkt der Anordnung der Zwangsversteigerung bzw. der Zulassung eines Beitritts kommt es nicht an. Auch wird die 6-Monatsfrist nicht dadurch gewahrt, dass – weil Grundbuchberichtigung und damit Eintragung der Sicherungshypothek noch nicht erfolgt sind – nur aus dem persönlichen Anspruch (aus der übertragenen Forderung nach § 118) die erneute Zwangsversteigerung betrieben wird. Um den Rangverlust zu verhindern, darf der Gläubiger nicht versäumen, nach Eintragung der Siche-

---

4   Steiner/*Eickmann*, § 129 Rdn. 5.
5   Steiner/*Eickmann*, § 129 Rdn. 6.
6   A.A. *Böttcher*, § 129 Rdn. 5.
7   *Schiffhauer*, Rpfleger 1975, 12; Steiner/*Eickmann*, § 129 Rdn. 10, Antragseingang beim unzuständigen Gericht genügt nicht.

rungshypothek innerhalb der 6-Monatsfrist dem Verfahren wegen des dinglichen Anspruchs beizutreten.

5. Antragsrücknahme

Wird der Antrag zurückgenommen (§ 29), gilt er als nicht gestellt. Dies gilt auch für die Rücknahme infolge einer 3. einstweiligen Einstellung nach § 30 Abs. 1 Satz 3. Der Zwangsversteigerungsantrag kann zur Verhinderung des Rangverlusts erneut gestellt werden, sofern die 6-Monatsfrist noch nicht verstrichen ist. Eine Aufhebung des Verfahrens gem. § 31 Abs. 1 Satz 2 (der erwähnte Abs. 2 von § 31 im Text ist falsch, richtig ist § 31 Abs. 1 S. 2), nicht jedoch aus anderen Gründen, ist der Rücknahme des Antrags gleichgesetzt.

§ 130 »Eintragungen in das Grundbuch«

(1) ¹Ist der Teilungsplan ausgeführt und der Zuschlag rechtskräftig, so ist das Grundbuchamt zu ersuchen, den Ersteher als Eigentümer einzutragen, den Versteigerungsvermerk sowie die durch den Zuschlag erloschenen Rechte zu löschen und die Eintragung der Sicherungshypotheken für die Forderung gegen den Ersteher zu bewirken. ²Bei der Eintragung der Hypotheken soll im Grundbuch ersichtlich gemacht werden, daß sie auf Grund eines Zwangsversteigerungsverfahrens erfolgt ist.

(2) Ergibt sich, daß ein bei der Feststellung des geringsten Gebots berücksichtigtes Recht nicht zur Entstehung gelangt oder daß es erloschen ist, so ist das Ersuchen auch auf die Löschung dieses Rechtes zu richten.

(3) Hat der Ersteher, bevor er als Eigentümer eingetragen worden ist, die Eintragung eines Rechtes an dem versteigerten Grundstück bewilligt, so darf die Eintragung nicht vor der Erledigung des im Absatz 1 bezeichneten Ersuchens erfolgen.

Übersicht

		Rdn.
I.	Allgemeines	1
II.	Vollstreckungsgericht und Grundbuchamt	4
	1. Voraussetzungen des Ersuchens	4
	2. Form und Inhalt	6
	3. Prüfung und Erledigung durch das Grundbuchamt	12
	4. Rechtsbehelfe	16
III.	Gegenstand des Ersuchens	19
	1. Eintragung des Erstehers	19
	2. Grundstück	24
	3. Unbedenklichkeitsbescheinigung	25
	4. Löschung von Rechten	27
	5. Löschung von Vermerken	32
	6. Sicherungshypotheken	34
IV.	Eintragungsbewilligung des Erstehers (Abs. 3)	40
V.	Zwangsvollstreckung gegen den Ersteher	45

I. Allgemeines

1   Durch den Zuschlag wird der Ersteher Eigentümer des Grundstücks (§ 90 Abs. 1) und es erlöschen die Rechte am Grundstück, soweit sie nicht nach § 91 bestehen bleiben. Diese materiell-rechtlichen Folgen des Zuschlags machen das Grundbuch unrichtig. Das Vollstreckungsgericht hat von Amts wegen durch Ersuchen die Grundbuchberichtigung zu veranlassen, soweit die Voraussetzungen hierzu vorliegen. Ein Antragsrecht des Erstehers oder eines Beteiligten besteht nicht; § 14 GBO findet keine Anwendung.[1] Auch ist das Grundbuchamt nicht befugt, ohne ein Ersuchen des Vollstreckungsgerichts die Grundbuchberichtigung selbst vorzunehmen, insbesondere den Ersteher aufgrund des rechtskräftigen Zuschlagsbeschlusses bereits als Eigentümer einzutragen.

2   Zur Eintragung einer Vormerkung zur Sicherung des gesetzlichen Löschungsanspruchs (§ 1179a BGB) nach § 130a ist das Ersuchen entsprechend zu erweitern. Abs. 3 und § 131 wenden sich ausschließlich an das Grundbuchamt.

---

1   OLG Frankfurt, Beschluss vom 20.6.2013, 20 W 172/13, BeckRS 2013, 18755.

Ein förmliches Ersuchen (§§ 130, 130a) des Vollstreckungsgerichts an das 3
Grundbuchamt ist auch dann erforderlich, wenn für die Zwangsvollstreckung und
die Erledigung von Grundbuchanträgen ein und derselbe Rechtspfleger zuständig
ist.

II. Vollstreckungsgericht und Grundbuchamt

1. Voraussetzungen des Ersuchens

Der Zuschlagsbeschluss muss allen Beteiligten gegenüber rechtskräftig sein. 4
Die Rechtskraft ist durch eine entsprechende Bescheinigung des Urkundsbeamten
der Geschäftsstelle nachzuweisen (§ 706 ZPO); hierbei ist insbesondere § 706
Abs. 2 ZPO (Notfristzeugnis) zu beachten.

Weitere Voraussetzung des Ersuchens ist die Ausführung des Teilungsplans 5
(§§ 116, 117), denn erst in diesem Zeitpunkt steht fest, ob auch um Eintragung von
Sicherungshypotheken (§ 128) zu ersuchen ist. Sofern eine Eventualverteilung
vorgesehen ist, braucht der Eintritt der Bedingung, von der diese abhängt, nicht
abgewartet zu werden. Die Aufgabe des Vollstreckungsgerichts erstreckt sich auch
auf die gem. §§ 115, 137, 141 evtl. nötig werdende nachträgliche Grundbuchberichtigung.

2. Form und Inhalt

Das Ersuchen muss das Grundstück zweifelsfrei bezeichnen, § 28 GBO.[2] Es 6
muss vollständig sein und im Einzelnen angeben, welche Eintragungen vorzunehmen sind. Wird um die Eintragung von Sicherungshypotheken (§ 128) ersucht, ist
der Inhalt der einzutragenden Hypothek mit den evtl. notwendigen Rangvermerken in dem Ersuchen so zu formulieren, dass der Eintragungstext vom zuständigen Grundbuchamt ohne Weiteres übernommen werden kann. Allerdings ist das
Grundbuchamt nicht an den Eintragungsvorschlag des Vollstreckungsgerichts gebunden. Eine Bezugnahme in dem Ersuchen auf den Zuschlagsbeschluss oder den
Teilungsplan ist unzulässig.

In keinem Fall sind dem Ersuchen der Teilungsplan und das Terminsprotokoll 7
beizufügen. Regelmäßig jedoch wird dem Ersuchen eine Ausfertigung oder eine
beglaubigte Abschrift des Zuschlagsbeschlusses beigefügt (zwingend notwendig
ist dies nicht).[3] Hiervon unabhängig muss sich aus dem Ersuchen der Tag der Zuschlagserteilung ergeben, da er als Eintragungsgrundlage in das Grundbuch einzutragen ist.

Das **Ersuchen** des Vollstreckungsgerichts **beinhaltet nach Abs. 1 Satz 1:** Eintragung des Erstehers als neuen Eigentümer, Löschung des Versteigerungsvermerks, Löschung der durch den Zuschlag erloschenen Rechte und eventuell die
Eintragung von Sicherungshypotheken (§ 128). Es dürfen nur Eintragungen herbeigeführt werden, die auch das versteigerte Grundstück betreffen.[4] Das Ersuchen
des Vollstreckungsgerichts darf sich nicht auf die Eintragung neuer Nebenbestimmungen bei einem gem. § 91 Abs. 2 durch Vereinbarung bestehen gebliebenen
Recht erstrecken[5] (entsprechende formgerechte und dem Vollstreckungsgericht
eingereichte Urkunden der Parteien können dem Grundbuchamt zur weiteren 8

---

2   KG, Beschluss vom 20.11.2012, 1 W 136/12, Rpfleger 2013, 284.
3   *Stöber*, ZVG § 130 Rdn. 2.3.
4   BayObLG, Rpfleger 1981, 12.
5   OLG Köln, Rpfleger 1983, 168.

Sachbearbeitung zugeleitet werden). Unzulässig ist auch eine Rückgängigmachung der nach Erteilung des Zuschlags erfolgten Abschreibung eines Grundstücksteils.[6] Bei Gesamtgrundpfandrechten darf sich das Ersuchen nur auf das versteigerte Grundstück beziehen[7]; Mithaftvermerke hat das Grundbuchamt gem. § 48 Abs. 2 GBO von Amts wegen zu berichtigen. Das Vollstreckungsgerichts darf auch nicht um Löschung ersuchen, wenn eine Dienstbarkeit nur noch auf nicht versteigerten Grundstücksbruchteilen eingetragen und damit kraft Gesetzes erloschen ist[8] (zur Neuregelung aufgrund der WEG-Novelle s. → § 52 Rdn. 16); das Grundbuchamt hat gem. § 53 Abs. 1 Satz 2 GBO zu verfahren.[9]

9 Streitig wird die Frage beantwortet, ob das Vollstreckungsgericht auch um Löschung von Rechten ersuchen darf, die erst **nach dem Zuschlag** (in Unkenntnis) noch ins Grundbuch eingetragen wurden. Hierbei wird insbesondere vertreten, dass sich das Ersuchen auch auf solche Rechte erstrecken kann, die nach dem Zuschlag auf Bewilligung des Schuldners oder aufgrund eines gegen ihn ergangenen Schuldtitels eingetragen worden sind.[10] Für das Vollstreckungsgericht besteht die Gefahr, dass es in Unkenntnis der tatsächlichen materiell-rechtlichen Rechtslage möglicherweise fehlerhaft handelt; der Ersteher ist mit der Zuschlagserteilung bereits Eigentümer, das Recht kann daher durchaus mit seiner Einwilligung eingetragen oder von ihm genehmigt und somit wirksam sein. Es ist daher davon abzuwarten, das Ersuchen auf solche Rechte zu erstrecken.[11] In der gerichtlichen Praxis wird dieses Problem dadurch weitgehend gelöst, dass das Vollstreckungsgericht sofort nach der Erteilung des Zuschlags dem Grundbuchamt eine Abschrift des Zuschlagsbeschlusses zur Kenntnis übermittelt; dadurch wird eine Unrichtigkeit des Grundbuchs verhindert.

10 Ergibt sich, dass ein Recht bei der Feststellung des geringsten Gebots zwar berücksichtigt wurde, tatsächlich jedoch nicht zur Entstehung gelangt oder erloschen ist, kann es mit gelöscht werden (Abs. 2).

11 Das Ersuchen ist mit **Siegel** oder Stempel zu versehen und vom Rechtspfleger zu **unterschreiben,** § 29 Abs. 3 GBO. Besteht das Ersuchen aus mehreren Blättern, ist es mit Schnur und Siegel zu verbinden.

3. Prüfung und Erledigung durch das Grundbuchamt

12 Das Ersuchen des Vollstreckungsgerichts (§ 38 GBO) ersetzt Antrag (§ 13 GBO) und Bewilligung (§ 19 GBO); das Grundbuchamt hat die materielle Richtigkeit nicht zu prüfen[12] (z.B. nicht die Rechtmäßigkeit oder Rechtskraft der Zuschlagserteilung). Ein Eintragungsersuchen, das als Eigentümer die Gesellschafter einer Gesellschaft bürgerlichen Rechts mit dem Zusatz „als Gesellschafter der …

---

6 BayObLG, Rpfleger 1989, 12.
7 *Böttcher,* § 130 Rdn. 5.
8 OLG Frankfurt, Rpfleger 1979, 149; *Böttcher,* § 130 Rdn. 7.
9 *Schiffhauer,* Rpfleger 1975, 187.
10 *Steiner/Eickmann,* § 130 Rdn. 39; *Böttcher,* § 130 Rdn. 14; *Meyer-Stolte,* Rpfleger 1983, 240; *Hornung,* Rpfleger 1980, 249.
11 So auch *Stöber,* ZVG § 130 Rdn. 2.13.
12 Das Grundbuchamt hat die sachliche Richtigkeit eines Eintragungsersuchens des Vollstreckungsgerichts (§ 38 GBO, § 130 Abs. 1 Satz 1 ZVG) auch dann nicht zu prüfen, wenn die Berichtigung des Grundbuchs wegen nachgewiesener Unrichtigkeit (§ 22 Abs. 1 Satz 1 GBO) beantragt wird, Brandenbg. OLG, Beschluss vom 9.9.2014, 5 W 142/14, Rpfleger 2015, 97; LG Frankenthal, Rpfleger 1984, 183.

GbR" bezeichnet, ist dahin auszulegen, dass die Gesellschaft bürgerlichen Rechts als solche Ersteher ist und so ins Grundbuch eingetragen werden soll.[13] Das Grundbuchamt kann beispielhaft nicht verlangen, dass dem Ersuchen die Zustimmung des Eigentümers gem. § 5 Abs. 1 bzw. § 8 ErbbauRG oder des Verwalters von Wohnungseigentum (§ 12 WEG) beigefügt wird[14], auch nicht ein Negativattest nach § 28 BauGB. Nur wenn offensichtlich das Vollstreckungsgericht seine Befugnisse überschreitet, ist das Grundbuchamt hieran nicht gebunden.[15] Ist dem Rechtspfleger beim Grundbuchamt sicher bekannt, dass die Voraussetzungen für das Ersuchen nicht vorliegen, kann er das Ersuchen ablehnen.[16] Regelmäßig werden offenbare Unrichtigkeiten mithilfe einer Zwischenverfügung aufgeklärt und behoben.

Eine **teilweise Erledigung** des Ersuchens ist unzulässig. Bestehen Bedenken gegen eine Eintragung, müssen zunächst alle Eintragungen unterbleiben. Andererseits hat das Grundbuchamt ein auf teilweise Berichtigung gerichtetes Ersuchen abzulehnen (Ausnahme siehe → § 131 Rdn. 2). 13

Ist das Ersuchen des Vollstreckungsgerichts fehlerhaft oder unvollständig, muss es berichtigt bzw. ergänzt werden. Einem entsprechenden Ersuchen hat das Grundbuchamt auch dann stattzugeben, wenn das erste Ersuchen bereits erledigt ist. Wenn jedoch ein gutgläubiger Dritter inzwischen ein Recht am Grundstück erlangt hat, ist eine Berichtigung, die dieses Recht beeinträchtigen würde, ausgeschlossen. Auch kann weder das Vollstreckungsgericht um Eintragung eines Widerspruchs Ersuchen noch kann das Grundbuchamt einen Widerspruch von Amts wegen eintragen, da bei der Eintragung keine gesetzlichen Vorschriften verletzt wurden, § 53 GBO.[17] 14

Das Grundbuchamt hat die erfolgten Eintragungen dem Vollstreckungsgericht mitzuteilen, § 55 GBO. Das Vollstreckungsgericht hat anhand der Mitteilung zu prüfen, ob das Ersuchen vollständig erledigt wurde und bei fehlerhafter oder unvollständiger Erledigung auf sofortige Berichtigung oder Vervollständigung hinzuwirken. 15

4. Rechtsbehelfe

Das Ersuchen auf Grundbuchberichtigung ist eine grundbuchrechtliche Verfahrenshandlung.[18] Es ist keine Entscheidung des Vollstreckungsgerichts, sondern eine *Maßnahme* innerhalb des Vollstreckungsverfahrens und damit mit der einfachen Erinnerung nach § 766 ZPO (und nicht sofortige Beschwerde nach § 793 ZPO) anfechtbar (hierzu insgesamt → § 95 Rdn. 9 ff.). In komplizierten oder zweifelhaften Fällen hat das Vollstreckungsgericht den Betroffenen vor Absendung des Ersuchens an das Grundbuchamt rechtliches Gehör zu gewähren.[19] 16

---

13 OLG Nürnberg, Beschluss vom 5.5.2014, 15 W 788/14, Rpfleger 2014, 619.
14 LG Frankenthal, Rpfleger 19834, 183.
15 OLG Hamm, MDR 1958, 44: bedingte Umwandlung von Grundschulden in Sicherungshypotheken; OLG Köln, Rpfleger 1983, 168.
16 OLG Hamm, Rpfleger 1955, 46.
17 So auch Steiner/*Eickmann*, § 130 Rdn. 11; vgl. auch BayObLG, Rpfleger 1980, 108.
18 So auch Steiner/*Eickmann*, § 130 Rdn. 18; *Böttcher*, § 130 Rdn. 22.
19 So auch *Stöber*, ZVG § 130 Rdn. 2.6; Steiner/*Eickmann*, § 130 Rdn. 18.

17 Bei **Untätigkeit** des Grundbuchamts hat das Vollstreckungsgericht im Wege der Dienstaufsicht vorzugehen. In gleicher Weise können die von der Untätigkeit Betroffenen verfahren.[20]

18 Lehnt das Grundbuchamt die Ausführung des Ersuchens **ab** oder **beanstandet** diese durch Zwischenverfügung (§ 18 GBO), steht dem Vollstreckungsgericht[21] hiergegen die (Grundbuch)Beschwerde nach § 11 Abs. 1 RPflG, § 71 Abs. 1 GBO zu.[22] Das Grundbuchamt hat die Möglichkeit der Abhilfe, § 70 GBO. Hilft es nicht hat, entscheidet das Oberlandesgericht, § 72 GBO; nach Zulassung ist auch die Rechtsbeschwerde zum BGH gegeben, § 78 GBO.

III. Gegenstand des Ersuchens
1. Eintragung des Erstehers

19 Der Ersteher ist entsprechend § 15 GBV im Ersuchen zu bezeichnen. Bei mehreren Erstehern ist das Gemeinschaftsverhältnis anzugeben, § 47 Abs. 1 GBO. Bei einer Gesellschaft bürgerlichen Rechts sind auch die Gesellschafter mit einzutragen, § 47 Abs. 2 GBO. Hat das Vollstreckungsgericht durch rechtskräftigen Beschluss den Zuschlag an eine Gesellschaft bürgerlichen Rechts erteilt und ersucht es das Grundbuchamt um die Eintragung der Gesellschaft, so ist das Grundbuchamt inhaltlich auch insoweit an das Ersuchen gebunden, als in ihm auch die gem. § 47 Abs. 2 S. 1 GBO einzutragenden Gesellschafter bezeichnet sind.[23]

20 Ist der Ersteher **verstorben,** ist auch dann um seine Eintragung zu ersuchen, wenn dem Vollstreckungsgericht die Erbnachweise vorliegen. Das Vollstreckungsgericht hat die Erbnachweise und einen Antrag auf Grundbuchberichtigung dem Grundbuchamt einzureichen, welches in eigener Zuständigkeit entscheidet und bei Vorliegen aller Voraussetzungen den Erben ohne Voreintragung des Erstehers als Eigentümer einzutragen. Ist dem Vollstreckungsgericht nur die Tatsache des Todes des Erstehers bekannt, wird es mit Rücksicht auf § 82 GBO das Grundbuchamt darauf hinweisen. Für den Fall des Todes des Meistbietenden vor Erteilung des Zuschlags s. → § 81 Rdn. 12. Bei der Zuschlagserteilung an einen Nachlasspfleger usw. für den Nachlass, ist um Eintragung der, unter Umständen unbekannten, Erben zu ersuchen.

21 Liegen dem Grundbuchamt zusammen mit dem Ersuchen des Vollstreckungsgerichts Eintragungsunterlagen für die **Umschreibung** des Eigentums auf einen **Dritten** vor, ist dennoch dem Ersuchen des Vollstreckungsgerichts zu entsprechen.

22 Hat der **Insolvenzverwalter** das Grundstück für die Insolvenzmasse erstanden, ist der Insolvenzschuldner als Eigentümer einzutragen; das Vollstreckungsgericht ist nicht befugt, um Eintragung eines Insolvenzvermerks zu ersuchen; die entsprechende Eintragung ist vom Insolvenzverwalter beim Grundbuchamt selbst zu beantragen, § 32 Abs. 2 Satz 2 InsO.[24]

---

20 Vgl. *Demharter,* GBO § 71 Rdn. 21.
21 *Demharter,* GBO § 71 Rdn. 76.
22 OLG Hamm, Rpfleger 2011, 453 = NJW-RR 2011, 741; *Demharter,* GBO § 38 Rdn. 79.
23 OLG Nürnberg, Beschluss vom 5.5.2014, 15 W 788/14, Rpfleger 2014, 619; OLG Hamm, Rpfleger 2011, 453 = NJW-RR 2011, 741.
24 Nicht richtig *Böttcher,* § 130 Rdn. 11, der dies als Aufgabe des Vollstreckungsgerichts ansieht.

Die Eintragung des Erstehers muss auch dann gesondert erfolgen, wenn der 23
bisher eingetragene Eigentümer den Zuschlag erhalten hat, denn der Eigentumserwerb durch Zuschlag ist originärer Natur.

2. Grundstück

Vereinigung oder Zuschreibung als Bestandteil können zur Folge haben, dass 24
nur ein Teil eines rechtlich selbstständigen Grundstücks versteigert und zugeschlagen wurde (s. → vor § 15 Rdn. 2 ff.). Das Ersuchen muss die Notwendigkeit einer grundbuchmäßigen **Teilung des Grundstücks** ergeben. Die erforderlichen amtlichen Unterlagen (Katasterunterlagen) nach § 2 GBO hat das Vollstreckungsgericht zu beschaffen und dem Ersuchen beizufügen. Eventuell hierfür entstehende Kosten sind Kosten der Zuschlagserteilung (§ 58) und fallen dem Ersteher zur Last.

3. Unbedenklichkeitsbescheinigung

Dem Ersuchen ist die Unbedenklichkeitsbescheinigung des Finanzamtes (§ 22 25
GrEStG) beizufügen.[25] Die Vorlage dieser Bescheinigung obliegt dem Ersteher. Das Grundbuchamt kann den Ersteher nicht über § 82 GBO zur Einreichung der Bescheinigung zwingen.[26] Im Falle der Abtretung der Rechte aus dem Meistgebot (§ 81 Abs. 2) oder der verdeckten Vertretung (§ 81 Abs. 3) liegen steuerrechtlich mehrere Erwerbsvorgänge vor (→ § 58 Rdn. 12 ff.), doch genügt die Vorlage der Unbedenklichkeitsbescheinigung betreffend den letzten Erwerbsvorgang.[27] Ist die Unbedenklichkeitsbescheinigung dem Ersuchen nicht beigefügt, ist diese vom Grundbuchamt mittels einer Zwischenverfügung nach § 18 GBO vom Vollstreckungsgericht (nicht vom Ersteher) anzufordern.

Der Ersteher könnte die (erneute) Zwangsversteigerung (Wiederversteigerung) 26
in das zugeschlagene Grundstück dadurch verhindern, dass er die Grunderwerbsteuer nicht zahlt, die Unbedenklichkeitsbescheinigung nicht erteilt wird und somit auch nicht um Berichtigung des Grundbuchs ersucht werden kann. Da der Ersteher keinerlei Interesse daran hat, seine Voreintragung selbst herbeizuführen, wird die Auffassung vertreten, dass die Zwangsversteigerung auch ohne Voreintragung durchgeführt werden kann, damit der Ersteher das Verfahren nicht verzögert.[28] Andererseits kann der Gläubiger die Grunderwerbsteuer auch aus eigener Tasche begleichen, um sie dann als Vollstreckungskosten im Verfahren mit geltend zu machen. Überwiegend jedoch wird das Vollstreckungsgericht selbst um Erteilung der Unbedenklichkeitsbescheinigung beim Finanzamt ersuchen können. Die Rechtfertigung der Erteilung der Bescheinigung ergibt sich daraus, dass die Wiederversteigerung den Erwerb aus der vorausgegangenen Versteigerung rückgängig macht.[29] In jedem Falle ist die Voreintragung des Erstehers notwendig.[30]

---

25 Hierzu *Weber,* NJW 1973, 2015; *Schiffhauer,* Rpfleger 1975, 12.
26 So OLG Hamm, Rpfleger 2012, 252 mit ablehnender Anm. *Krause.* Die Grundbuchberichtigung war seit 24 Jahren nicht erfolgt.
27 LG Lüneburg, Rpfleger 1987, 105; zur Prüfungspflicht des Grundbuchamtes OLG Zweibrücken, Rpfleger 1987, 105.
28 LG Frankenthal, Rpfleger 1975, 35.
29 BFH, DB 1989, 206; vgl. auch *Böttcher,* § 133 Rdn. 4 und FinMin. Niedersachsen-Erlass vom 30.8.1989 – S 4540 – 43 – 323 in DB vom 22.9.1989, Heft 38.
30 *Schiffhauer,* Rpfleger 1975, 12; Steiner/*Eickmann,* § 133 Rdn. 11.

4. Löschung von Rechten

27 Das Vollstreckungsgericht hat um Löschung aller Rechte zu ersuchen, die nicht nach den Versteigerungsbedingungen oder einer Vereinbarung gem. § 91 Abs. 2 bestehen bleiben. Dazu gehören auch die Rechte, die nach Eintragung des Zwangsversteigerungsvermerks aber vor dem Wirksamwerden des Zuschlags eingetragen worden sind, denn auch sie sind durch den Zuschlag erloschen. Bleibt ein Recht durch Vereinbarung gem. § 91 Abs. 2 teilweise bestehen, ist nur um Löschung des nicht bestehen bleibenden Teils zu ersuchen.[31] Die zu löschenden Rechte sind im Ersuchen mit ihrer grundbuchrechtlichen Bezeichnung (§ 28 GBO) anzugeben. In keinem Falle darf das Löschungsersuchen nur pauschal alle Rechte bezeichnen, die bis zum Zuschlag eingetragen wurden, da für das Grundbuchamt nicht erkennbar ist, ob eine Vereinbarung gem. § 91 Abs. 2 vorliegt; die Verantwortung für die Löschung von Rechten trägt das Vollstreckungsgericht und nicht das Grundbuchamt.[32] Ist das erloschene Recht ein Gesamtrecht, hat sich das Ersuchen nur auf das versteigerte Grundstück zu beschränken (zuvor → Rdn. 8).

28 Soweit bei einer bestehen bleibenden **Tilgungshypothek** oder Tilgungsgrundschuld aus dem Zwangsversteigerungserlös Tilgungsbeiträge gezahlt werden, erlischt das Grundpfandrecht, ohne zur Eigentümergrundschuld zu werden, § 1181 BGB. Daher hat das Vollstreckungsgericht auch um Löschung des erloschenen Teils eines solchen Rechtes zu ersuchen.[33]

29 Hat sich durch einen Antrag gem. § 64 Abs. 1 ein Gesamtgrundpfandrecht in Einzelrechte aufgeteilt, ist auch insoweit um Berichtigung des Grundbuchs zu ersuchen, denn auch hier handelt es sich um das (teilweise) Erlöschen durch Zuschlagserteilung.

30 Ergibt sich, dass ein Recht bei der Feststellung des geringsten Gebots zwar berücksichtigt wurde, tatsächlich jedoch nicht zur Entstehung gelangt oder erloschen ist, kann das Ersuchen auch um Löschung dieser Rechte erweitert werden. Handelt es sich um ein **Briefrecht,** ist die Einforderung des Briefes jedoch Sache des Grundbuchamts, und nicht des Vollstreckungsgerichts, da § 131 nur auf § 130 Abs. 1 anwendbar ist.

31 Ist das berücksichtigte Recht streitig, wird der Zuzahlungsbetrag (§§ 50, 51) dem ausfallenden Beteiligten bedingt übertragen. Das Vollstreckungsgericht kann nicht um Löschung des betroffenen Rechts ersuchen; ein möglicher gutgläubiger Erwerb des Rechts kann nur durch § 899 BGB ausgeschlossen werden. Das Vollstreckungsgericht kann eine Eintragung eines entsprechenden Widerspruchs jedoch nicht veranlassen. Zur Löschung von Rechten, die erst nach der Zuschlagserteilung im Grundbuch eingetragen worden sind, s. zuvor → Rdn. 9.

5. Löschung von Vermerken

32 Nach Abs. 1 Satz 1 hat das Vollstreckungsgericht um Löschung des eingetragenen **Zwangsversteigerungsvermerks** (§ 19) zu ersuchen, nach Ausführung des Teilungsplans ist der Vermerk gegenstandslos. Er ist jedoch nur auf Ersuchen des Vollstreckungsgerichts zu löschen, eine entsprechende Erklärung des Gläubigers ist unbeachtlich. Ein dem Vollstreckungsgericht vorliegender Antrag auf Wieder-

---

31 OLG Köln, Rpfleger 1983, 168.
32 Steiner/*Eickmann*, § 130 Rdn. 38; *Stöber*, ZVG § 130 Rdn. 2.13; *Böttcher*, § 130 Rdn. 14; *Hornung*, 1980, 249.
33 Steiner/*Eickmann*, § 130 Rdn. 43.

versteigerung (§ 118 Abs. 2 Satz 2) hindert die Löschung nicht, da für das erneute Verfahren auch ein neuer Zwangsversteigerungsvermerk im Grundbuch einzutragen ist.

Ein im Grundbuch noch eingetragener **Insolvenzvermerk** ist ebenfalls zu löschen; entsprechendes gilt für einen Vermerk zur **Nachlassverwaltung, Testamentsvollstreckung, Nacherbfolge** (sofern es kein dem Nacherben gegenüber unwirksames Recht gibt[34]), zu einer **Sicherungsmaßnahmen** nach § 21 Abs. 2 Nr. 2 InsO. Ist neben dem Zwangsversteigerungsvermerk ein Zwangsverwaltungsvermerk eingetragen, wird dieser nach Aufhebung der Zwangsverwaltung und eines separaten Ersuchens (aus dem Verfahren der Zwangsverwaltung) gelöscht. Um die Löschung eines Hofvermerks darf das Vollstreckungsgericht selbst dann nicht ersuchen, wenn die Hofeigenschaft durch Erteilung des Zuschlages zweifelsfrei weggefallen ist, also z.B. im Falle der Zuschlagserteilung an eine juristische Person. Der Hofvermerk kann nur aufgrund eines vom Landwirtschaftsgericht an das Grundbuchamt zu richtenden Ersuchens gelöscht werden, § 3 Abs. 1 HöfeVfO[35]. 33

6. Sicherungshypotheken

Das Vollstreckungsgericht hat um Eintragung von Sicherungshypotheken zu ersuchen, sofern Forderungen gegen den Ersteher auf die Berechtigten übertragen worden sind (hierzu → § 128 Rdn. 1). Wird dem Vollstreckungsgericht vor der Absendung des Ersuchens eine öffentlich beglaubigte Erklärung vorgelegt, aus der sich der Verzicht des Gläubigers auf die Eintragung der Sicherungshypothek oder seine Befriedigung ergibt, ist nicht mehr um die Eintragung der Sicherungshypothek zu ersuchen; Gleiches gilt im Falle der Hinterlegung mit Verzicht auf die Rücknahme. 34

Bei der Eintragung soll ersichtlich gemacht werden, dass die Sicherungshypothek aufgrund einer Zwangsversteigerung erfolgt (Abs. 1 Satz 2). Wegen der Akzessorietät ist die Forderung anzugeben. 35

Textvorschlag: 36
Sicherungshypothek in Höhe von .... € nebst 4 % Zinsen[36] seit dem .... für .... für die im Zwangsversteigerungsverfahren des Amtsgerichts .... Aktenzeichen .... übertragene Forderung gegen den Ersteher.

Erfolgte die Forderungsübertragung nur bedingt und hat eine Eventualzuteilung stattgefunden, muss auch dies und gegebenenfalls der verschiedene Rang des Eventualberechtigten im Ersuchen angegeben werden. 37

Ebenfalls ist der Rang der einzutragenden Sicherungshypotheken untereinander und zu den bestehen gebliebenen Rechten im Ersuchen anzugeben. 38

Wegen der Belastung eines Erbbaurechts, eines nicht mehr existierenden Miteigentumsanteils, einer Belastung der Forderungen mit einem Nießbrauch oder einem Pfandrecht s. → § 128 Rdn. 2 ff. 39

---

34 *Klawikowski,* Rpfleger 1998, 100.
35 Die Vorschrift ist mit dem GG vereinbar, BVerfGE 76, 100.
36 Zum erhöhten Zinssatz s. → § 118 Rdn. 18.

IV. Eintragungsbewilligung des Erstehers (Abs. 3)

40 Die Regelung in Abs. 3 wendet sich ausschließlich an das Grundbuchamt. Hiernach soll verhindert werden, dass (unter Verletzung von § 39 Abs. 1 GBO) auf Bewilligung des Erstehers Rechte eingetragen werden, bevor das Ersuchen nach Abs. 1 erledigt ist, bevor insbesondere Sicherungshypotheken für die gegen den Ersteher übertragenen Forderungen im Grundbuch eingetragen sind.[37]

41 Sofern das Grundbuchamt entgegen der gesetzlichen Regelung in Abs. 3 bereits auf Antrag und Bewilligung des Erstehers ein Recht im Grundbuch eingetragen hat, bevor das Ersuchen nach Abs. 1 erledigt ist, sind die Sicherungshypotheken nach §§ 128, 129 im Rang vor dem auf Antrag des Erstehers eingetragenen Recht einzutragen.

42 Da der Ersteher bereits mit dem Zuschlag Eigentümer des Grundstücks geworden ist (§ 90 Abs. 1), kann er auch bereits vor Erledigung des Ersuchens auf Grundbuchberichtigung Eintragungen bewilligen und beantragen. Diese Anträge sind vom Grundbuchamt entgegenzunehmen, mit dem Eingangsvermerk zu versehen und nach Ausführung des Ersuchens des Vollstreckungsgerichts in Abweichung von §§ 17, 45 Abs. 1 GBO zu erledigen; einzutragende Rechte erhalten somit den Rang nach den gem. § 128 einzutragenden Sicherungshypotheken. Sinn der Vorschrift ist, dem Ersteher die Möglichkeit einzuräumen, ein Grundpfandrecht oder ein sonstiges Recht für denjenigen zu bestellen, der ihm für die Zahlung des Meistgebots erforderlichen Mittel ganz oder teilweise zur Verfügung stellt. Nach Erteilung des Zuschlags steht fest, welche Rechte erlöschen und welche bestehen bleiben. Für eine kreditierende Bank ist damit der Rang im Grundbuch für eine Neueintragung ersichtlich. Stellt der Ersteher nunmehr einen Eintragungsantrag, ist dieser rangwahrend gestellt, §§ 13, 17 GBO. Aufgrund dieser Basis kann ein Darlehen bereits ausgezahlt werden. Aber auch hierbei ist Vorsicht geboten, denn eine absolute Sicherheit, den so festgestellten Grundbuchrang zu erhalten, besteht nicht. Ein unredlicher Ersteher kann durch eine Vereinbarung gem. § 91 Abs. 2 den für die einzutragende Grundschuld vorgesehenen Rang entwerten, da eine solche Vereinbarung auch noch nach dem Verteilungstermin getroffen werden kann (vgl. § 91 Abs. 2).

43 Die zuvor beschriebenen Grundsätze gelten grundsätzlich auch dann, wenn der **Schuldner selbst der Ersteher** des Grundstücks ist.[38] Auch wenn der letztere Fall in der (Vollstreckungs-)Versteigerung selten ist, in der Teilungsversteigerung ist dies nicht unüblich, insbesondere dass einer der Miteigentümer den Zuschlag erhält. Da der Ersteher im Grundbuch als Alleineigentümer oder als Bruchteilseigentümer noch eingetragen ist, kann er auch vor Eigentumsberichtigung das Grundstück oder seinen Miteigentumsanteil (§ 1114 BGB) belasten. Das Grundbuchamt wird auf § 891 BGB und die bisherige Eintragung vertrauen und ist durch die fehlende Voreintragung (§ 39 GBO) nicht gehindert, weil Bewilligender und Eingetragener übereinstimmen; die Eintragung steht allerdings unter dem Vorbehalt der relativen Unwirksamkeit, die sich aus dem Zwangsversteigerungsvermerk ersehen lässt, aber keine Grundbuchsperre bewirkt. Belastungen nach Erteilung des Zuschlags und vor Grundbuchberichtigung aufgrund des vollstreckungsgerichtlichen Ersuchens sind also durchaus denkbar, ohne dass das Grund-

---

37 LG Gera, MittBayNot 2003, 130 = ZfIR 2003, 240; hierzu insgesamt *Meyer-Stolte*, Rpfleger 1983, 240.
38 Steiner/*Eickmann*, § 130 Rdn. 48.

buchamt zu prüfen hat, ob sie den Eigentümer in seiner bisherigen Eigenschaft als Schuldner bzw. Gemeinschaftsteilhaber oder in seiner neuen Eigenschaft als Ersteher betreffen. Ist dem bisherigen Eigentümer (Schuldner) selbst der Zuschlag erteilt worden, ist er trotz des Zuschlags nach wie vor Eigentümer des Grundstücks geblieben, wenn auch aus anderem Rechtsgrund. Er erlangt durch den Zuschlag neues originäres Eigentum auf der Grundlage des § 90 Abs. 1. Da er aber unverändert Eigentümer und daher im Besitz der Verfügungsbefugnis ist, kann ein materiell wirksames Recht entstehen, dessen Rechtsbeständigkeit durch den mit dem Zuschlag eingetretenen Eigentumswechsel nicht beeinträchtigt worden ist. Das Recht ist wirksam entstanden. Solche Rechte sind allerdings **nicht wirksam** gegenüber Rechten nach § 128, ansonsten würde § 130 Abs. 3 leerlaufen. Das Verbot nach Abs. 3 wirkt zugunsten der Beteiligten, für die in Ausführung des Teilungsplans Sicherungshypotheken in das Grundbuch einzutragen sind.[39] Solche Rechte können aufgrund des Verbots die Einräumung des Vorrangs vor den in der Zwischenzeit erfolgten Eintragungen beanspruchen, während diese im Übrigen rechtswirksam sind. Der Vorrang ist von Amts wegen im Ersuchen deutlich zu machen und vom Grundbuchamt einzutragen.

Eine zeitliche Begrenzung sieht Abs. 3 nicht vor. Zwischen dem Eingang des Ersuchens auf Grundbuchberichtigung und dem bereits vorliegenden Eintragungsantrag des Erstehers kann ein erheblicher Zeitraum liegen, wenn beispielhaft der Ersteher die Grunderwerbsteuer nicht zahlt und deshalb die Unbedenklichkeitsbescheinigung des Finanzamtes als Voraussetzung für das Ersuchen nicht vorliegt. Dieser Sachverhalt rechtfertigt es aber nicht, einen Eintragungsantrag des Erstehers zurückzuweisen.[40]

V. Zwangsvollstreckung gegen den Ersteher

Eine Zwangsvollstreckung gegen den Ersteher durch Eintragung einer Sicherungshypothek (§ 866 Abs. 1 ZPO) oder einer Arresthypothek (§ 932 ZPO) ist nach Erledigung des Ersuchens nach Abs. 1 zulässig; bis dahin eingegangene Anträge bleiben unbearbeitet, sie sind nicht zurückzuweisen.[41]

Dies gilt auch für eine Sicherungshypothek nach § 848 Abs. 2 ZPO, z.B. nach Pfändung des Anspruchs aus dem Meistgebot; diese Hypothek erlangt Rang nach den Sicherungshypotheken nach § 128.

---

39   Hierzu insgesamt *Meyer-Stolte,* Rpfleger 1983, 240.
40   LG Gera, MittBayNot 2003, 130 = ZfIR 2003, 240; LG Darmstadt, Rpfleger 1987, 332 = WM 1987, 636; *Meyer-Stolte,* Rpfleger 1983, 240.
41   LG Lahn-Gießen, Rpfleger 1979, 352 mit zustimmender Anm. *Schiffhauer.*

§ 130a »Vormerkung für Löschungsanspruch«

(1) Soweit für den Gläubiger eines erloschenen Rechts gegenüber einer bestehenbleibenden Hypothek, Grundschuld oder Rentenschuld nach § 1179a des Bürgerlichen Gesetzbuchs die Wirkungen einer Vormerkung bestanden, fallen diese Wirkungen mit der Ausführung des Ersuchens nach § 130 weg.

(2) ¹Ist bei einem solchen Recht der Löschungsanspruch nach § 1179a des Bürgerlichen Gesetzbuchs gegenüber einem bestehenbleibenden Recht nicht nach § 91 Abs. 4 Satz 2 erloschen, so ist das Ersuchen nach § 130 auf einen spätestens im Verteilungstermin zu stellenden Antrag des Anspruchsberechtigten jedoch auch darauf zu richten, daß für ihn bei dem bestehenbleibenden Recht eine Vormerkung zur Sicherung des sich aus der erloschenen Hypothek, Grundschuld oder Rentenschuld ergebenden Anspruchs auf Löschung einzutragen ist. ²Die Vormerkung sichert den Löschungsanspruch vom gleichen Zeitpunkt an, von dem ab die Wirkungen des § 1179a Abs. 1 Satz 3 des Bürgerlichen Gesetzbuchs bestanden. ³Wer durch die Eintragung der Vormerkung beeinträchtigt wird, kann von dem Berechtigten die Zustimmung zu deren Löschung verlangen, wenn diesem zur Zeit des Erlöschens seines Rechts ein Anspruch auf Löschung des bestehenbleibenden Rechts nicht zustand oder er auch bei Verwirklichung dieses Anspruchs eine weitere Befriedigung nicht erlangen würde; die Kosten der Löschung der Vormerkung und der dazu erforderlichen Erklärungen hat derjenige zu tragen, für den die Vormerkung eingetragen war.

I. Allgemeines

1   Der gesetzliche Löschungsanspruch nach § 1179a BGB gegenüber einer gleich- oder vorrangigen Hypothek oder Grundschuld ist seit dem 1.1.1978 kraft Gesetzes[1] Inhalt eines jeden Grundpfandrechts.[2] Das Erlöschen eines Rechtes, dessen Berechtigter nach § 1179a BGB die Löschung eines bestehen bleibenden Grundpfandrechtes verlangen kann, hat nicht das Erlöschen dieses Anspruches zur Folge. Der Anspruch erlischt erst, wenn der Berechtigte aus dem Grundstück befriedigt wurde, § 91 Abs. 4 (hierzu → § 91 Rdn. 8). Erlischt somit das Recht eines Berechtigten, der einen Löschungsanspruch gegenüber einem bestehen bleibenden Recht hat, geht der Löschungsanspruch nicht mit dem eigenen Recht unter. Der Berechtigte kann beantragen, dass für ihn bei dem bestehen bleibenden Grundpfandrecht eine Vormerkung zur Sicherung des sich aus dem erloschenen Grundpfandrecht ergebenden Anspruches auf Löschung einzutragen ist, § 130a Abs. 2.[3] Die in sämtlichen Zwangsversteigerungsverfahren anwendbare Vorschrift (mit Ausnahme bei der Zwangsversteigerung von Schiffen, Schiffsbauwerken und Luftfahrzeugen) betrifft somit ausschließlich den Fall, dass das durch den gesetzlichen Löschungsanspruch begünstigte Recht nach den Zwangsversteigerungsbedingungen erlischt, das vom gesetzlichen Löschungsanspruch betroffene Recht dagegen bestehen bleibt.[4]

---

1   Gesetz zur Änderung sachenrechtlicher, grundbuchrechtlicher und anderer Vorschriften vom 22.6.1977 (BGBl I 998).
2   Verfassungsrechtliche Bedenken bestehen gegen die Neuregelung nicht, BGH, NJW 1987, 2078 = Rpfleger 1987, 238 = MDR 1987, 493.
3   Hierzu *Hintzen/Böhringer*, Rpfleger 2004, 661 zu BGH, Rpfleger 2004, 717 = NJW-RR 2004, 1458 = DNotZ 2005, 125, mittlerweile aufgehoben durch BGH, Rpfleger 2012, 452 = NJW 2012, 2274.
4   Insgesamt auch OLG München, Beschluss vom 10.8.2012, 34 Wx 440/11, ZfIR 2012, 890.

II. Sicherung des Löschungsanspruchs

1. Allgemein

Zum Inhalt, Anmeldung und Durchsetzung des gesetzlichen Löschungsanspruchs s. → § 114 Rdn. 93. Der gesetzliche Löschungsanspruch erlischt mit Befriedigung des Berechtigten aus dem Grundstück, § 91 Abs. 4 Satz 2. Ein Antrag gemäß Abs. 2 ist in diesem Fall unzulässig.

Der gesetzliche Löschungsanspruch besteht fort, wenn das begünstigte Recht erlischt und das von dem Löschungsanspruch betroffene Recht bestehen bleibt, § 91 Abs. 4 Satz 1. Aber auch in diesem Fall entfallen die Wirkungen der Vormerkung, sobald das Ersuchen auf Grundbuchberichtigung (§ 130) vom Grundbuchamt vollzogen und das begünstigte Recht gelöscht wurde. Der schuldrechtliche Löschungsanspruch wird dadurch nicht berührt. Eine Zuzahlungspflicht des Erstehers (§ 50 Abs. 2 Nr. 1) kommt jedoch nicht mehr in Betracht; es bestehen lediglich Bereicherungsansprüche des Berechtigten.[5]

2. Antrag (Abs. 2 Satz 1)

Nur auf Antrag des Berechtigten ersucht das Vollstreckungsgericht um Eintragung einer Vormerkung zur Sicherung des Löschungsanspruchs bei dem nach den Versteigerungsbedingungen bestehen bleibendem Recht. Jede darauf gerichtete Willenserklärung des Anspruchsberechtigten ist ausreichend. Ein im Zwangsversteigerungs- oder Verteilungstermin anwesender Beteiligter ist gem. § 139 ZPO auf die Möglichkeit und Notwendigkeit einer Antragstellung hinzuweisen.

Der Antrag muss **spätestens** im Verteilungstermin gestellt werden, damit er noch im Ersuchen auf Grundbuchberichtigung berücksichtigt werden kann, das Ende des Verteilungstermins ist damit die zeitlich letzte Möglichkeit. Ein später gestellter Antrag bleibt unberücksichtigt, auch wenn er noch vor der Absendung des Ersuchens an das Grundbuchamt beim Vollstreckungsgericht eingeht.

3. Antragsberechtigt

Antragsberechtigt ist derjenige, dem das begünstigte Recht im Zeitpunkt der Erteilung des Zuschlags zusteht. Bei einem Grundpfandrecht mit Brief ist die Antragsberechtigung durch Abtretungserklärung (§ 1155 BGB) und Vorlage des Briefes nachzuweisen (§ 1117 BGB), was auch noch nach dem Verteilungstermin bis zur Absendung des Ersuchens an das Grundbuchamt erfolgen kann.[6]

4. Zuzahlungspflicht des Erstehers

Der Antrag aus Abs. 2 ist gleichzeitig eine Geltendmachung des Löschungsanspruchs mit der Folge der Auslösung der Zuzahlungspflicht des Erstehers (§ 50 Abs. 2 Nr. 1), wenn das betroffene Recht in Erfüllung des Löschungsanspruchs aufgehoben wird. Das Vollstreckungsgericht hat eine Forderungsübertragung vorzunehmen und um Eintragung einer Sicherungshypothek zu ersuchen (§§ 125, 128).

---

5   *Stöber*, ZVG § 130a Rdn. 2.3.
6   *Stöber*, ZVG § 130a Rdn. 3.2.

5. Vereinbarung nach § 91 Abs. 2

8 Bleibt ein Recht infolge einer Vereinbarung gem. § 91 Abs. 2 bestehen, gilt es als nicht erloschen mit der Folge, dass der gesetzliche Löschungsanspruch gegenüber vorgehenden bestehen bleibenden Grundpfandrechten ohne Unterbrechung fortbesteht. Ein Antrag gemäß Abs. 2 ist daher ausgeschlossen; ein bereits vor der Vereinbarung gestellter Antrag ist hinfällig.

6. Außergerichtliche Verteilung

9 Im Falle einer außergerichtlichen Verteilung (§§ 143, 144) ist nach dem Wortlaut von § 145 eine entsprechende Anwendung von § 130a vorgesehen. Dem kann jedoch nicht zugestimmt werden.[7] § 130a stellt erkennbar auf die *gerichtliche Verteilung* ab, indem er bestimmt, dass der Antrag auf Berücksichtigung der Vormerkung im Ersuchen spätestens im Verteilungstermin zu stellen ist. Im Rahmen einer außergerichtlichen Verteilung ist ein entsprechender Zeitpunkt weder erkennbar noch vom Gesetz ausdrücklich bezeichnet.

III. Aufgabe des Vollstreckungsgerichts
1. Verfahrensrechtliche Voraussetzungen

10 Ist ein Antrag gemäß Abs. 2 gestellt, hat das Vollstreckungsgericht zu prüfen, ob der Antrag rechtzeitig gestellt (zuvor → Rdn. 5), der Antragsteller antragsberechtigt ist und sich entsprechend legitimiert hat (zuvor → Rdn. 6) und ob dem begünstigten Recht seiner Art nach ein gesetzlicher Löschungsanspruch zusteht (hierzu → § 114 Rdn. 93 ff.). Der Nachweis, dass das nach den Versteigerungsbedingungen bestehen bleibende Recht vor der Erteilung des Zuschlags tatsächlich ganz oder teilweise ein Eigentümerrecht geworden ist, kann nicht verlangt werden.

11 Umstritten ist, ob das Vollstreckungsgericht zu prüfen hat, ob der Berechtigte auch bei Verwirklichung des Löschungsanspruchs überhaupt oder weitere Befriedigung erhalten würde. Überwiegend wird die Auffassung vertreten, dass das Vollstreckungsgericht zu einer solchen Prüfung nicht befugt ist.[8] Hierbei wird auf den Wortlaut von Abs. 2 Satz 3 und auf die amtliche Begründung[9] Bezug genommen. Dies überzeugt jedoch nicht. Stellt das Vollstreckungsgericht eindeutig fest, dass der Anspruchsberechtigte auch bei Löschung des bestehen gebliebenen Rechts nichts erhalten würde, hat die Eintragung einer Löschungsvormerkung zu unterbleiben. Die Veranlassung der Eintragung einer solchen Vormerkung würde das Grundbuch unrichtig machen. Das Vollstreckungsgericht kann nicht gezwungen werden, durch sein Ersuchen bewusst die Unrichtigkeit des Grundbuches herbeizuführen. Dem steht auch nicht der Wortlaut von Abs. 2 Satz 2 entgegen, denn hierin wird lediglich ausgeführt, in welchen Fällen ein Anspruch auf Löschung der Vormerkung besteht. Weiterhin wird argumentiert, dass ein Antrag nach Abs. 2 Satz 1 gleichzeitig als Geltendmachung des Löschungsanspruchs zu werten ist. Ist der Nachweis des Bestehens eines Eigentümerrechts im Verteilungstermin nicht erbracht, ist die Geltendmachung des Löschungsanspruchs als Widerspruch gegen den Teilungsplan anzusehen (hierzu → § 115 Rdn. 14). Wider-

---

7 A.A. *Stöber*, ZVG § 145 Rdn. 2; Depré/*Bachmann*, § 130a Rdn. 25, dort aber im Widerspruch zur eigen Auffassung in Rdn. 10.
8 Steiner/*Eickmann*, § 130a Rdn. 14; *Stöber*, ZVG § 130a Rdn. 3.4; *Böttcher*, § 130a Rdn. 6; Depré/*Bachmann*, § 130a Rdn. 11.
9 BT-Drucks. 8/89.

spruchsberechtigt ist jedoch nur derjenige, der im Falle des Erfolges seines Widerspruchs überhaupt erstmals oder eine weitere Zuteilung aus dem Erlös erlangen würde. Ist das jedoch nicht der Fall, ist der Widerspruch als unzulässig zurückzuweisen. Im Ergebnis würde dies dazu führen, dass der Widerspruch gegen den Teilungsplan zurückgewiesen, eine Löschungsvormerkung jedoch im Grundbuch eingetragen wird. Dies ist abzulehnen. Es ist daher nicht richtig[10], dass der Antrag auf Eintragung der Löschungsvormerkung *immer* auch Zuteilung des noch ungewissen Zuzahlungsbetrages und Ausführung mit Forderungsübertragung und Eintragung einer Sicherungshypothek erfordert.

2. Ersuchen

Ist der Antrag nach Abs. 2 zulässig, wird ihm dadurch entsprochen, dass das Vollstreckungsgericht das Grundbuchamt um Eintragung der Löschungsvormerkung ersucht. 12

Ist der Antrag unzulässig, bedarf es keiner ausdrücklichen Zurückweisung.[11] Der Antragsteller ist jedoch in jedem Falle vorher anzuhören; die Gründe für die Nichtaufnahme der Löschungsvormerkung im Ersuchen sind ihm bekannt zu geben, damit er das Ersuchen anfechten kann (hierzu → § 130 Rdn. 16 ff.). 13

3. Inhalt der Vormerkung

Der Inhalt der Löschungsvormerkung ist vom Vollstreckungsgericht in dem Ersuchen genau zu bezeichnen unter Angabe des Berechtigten (§ 47 GBO und § 15 GBV) und des Rechts, aus dem sich der Löschungsanspruch ergibt. Die Eintragung erfolgt in der Veränderungsspalte des Grundbuches bei dem bestehen bleibenden Recht. Eine Vorlegung des Briefes ist nicht notwendig (vgl. § 131 S. 2).[12] 14

IV. Anspruch auf Löschung der Vormerkung (Abs. 2 Satz 3)

Der Anspruch auf Löschung der Vormerkung zielt auf Beseitigung des vor der Erteilung des Zuschlags materiell-rechtlich entstandenen Eigentümerrechts und beeinträchtigt daher den betroffenen Eigentümer in seinem Verfügungsrecht. Stand dem aus der Vormerkung Berechtigten im Einzelfall ein Löschungsanspruch nicht zu oder kann er ihn zu seinen Gunsten nicht geltend machen, kann derjenige, der durch die Vormerkung beeinträchtigt ist, von dem formell Vormerkungsberechtigten Zustimmung zur Löschung der Löschungsvormerkung verlangen. Der Beeinträchtigte muss seinen Anspruch notfalls im Prozessweg durchsetzen. 15

V. Kosten

Sämtliche Kosten (z.B. Kosten des Notars, Eintragungskosten, Prozesskosten), die dem Beeinträchtigten entstehen, hat der Berechtigte aus der Löschungsvormerkung zu tragen, weil er durch seinen Antrag die Eintragung der Vormerkung veranlasst hat. Diese Regelung soll von Anträgen auf unnötige Eintragung abhalten. Das Vollstreckungsgericht wird die Beteiligten hierüber aufklären und auf die Kostentragungspflicht hinweisen, wenn ein erkennbar zweckloser Antrag auf Eintragung der Löschungsvormerkung gestellt wird (§ 139 ZPO). 16

---

10 So aber *Stöber*, ZVG § 130a Rdn. 5.
11 So auch Steiner/*Eickmann*, § 130a Rdn. 18; *Stöber*, ZVG § 130a Rdn. 3.2.
12 *Stöber*, ZVG § 130a Rdn. 3.8.

§ 131 »Löschung einer Hypothek, Grundschuld oder Rentenschuld; Brief«

¹In den Fällen des § 130 Abs. 1 ist zur Löschung einer Hypothek, einer Grundschuld oder einer Rentenschuld, im Falle des § 128 zur Eintragung des Vorranges einer Sicherungshypothek die Vorlegung des über das Recht erteilten Briefes nicht erforderlich. ²Das gleiche gilt für die Eintragung der Vormerkung nach § 130a Abs. 2 Satz 1.

I. Allgemeines

1   Der Ersteher hat einen Anspruch auf Löschung der durch die Zwangsversteigerung nicht bestehen bleibenden Rechte. Deshalb kann die Löschung eines Briefrechts nicht von der Vorlegung des Briefes abhängig gemacht werden. § 131 wendet sich an das Grundbuchamt, und nicht an das Vollstreckungsgericht. Die Vorschrift enthält Abweichungen von den §§ 41, 42, 62, 69, 70 GBO. Das Vollstreckungsgericht wird allerdings im Interesse der Rechtssicherheit den Brief für ein erloschenes Recht von dem Berechtigten einfordern, um ihn dann unbrauchbar zu machen und zu Akten zu nehmen (siehe → § 127 Rdn. 4 ff.). Die Briefvorlage kann jedoch weder vom Vollstreckungsgericht noch vom Grundbuchamt erzwungen werden. Das gilt auch bei einzutragenden Rangvermerken (nachfolgend → Rdn. 3).

II. Löschung ohne Vorlage des Briefes

2   Die Vorlage des Briefes entfällt nur bei solchen Rechten, die durch den Zuschlag erloschen sind, nicht auch bei den in § 130 Abs. 2 aufgeführten Rechten, denn hier ist das Erlöschen nicht Folge der Zuschlagserteilung. Liegt der Brief eines gem. § 130 Abs. 2 zu löschenden Rechts nicht vor, hindert das nicht den Erlass des Ersuchens gem. § 130; das Grundbuchamt wird in analoger Anwendung von § 62 GBO i.V.m. § 35 FamFG die Vorlage des Briefs zu erzwingen haben.[1] Ist die Beschaffung des Briefs besonders zeitaufwendig, wird das Grundbuchamt ausnahmsweise befugt sein, die Löschung dieses Rechts zurückzustellen und das Ersuchen im Übrigen zu erledigen, da eine vollständige Nichterledigung des Ersuchens unangemessen ist, § 16 Abs. 2 GBO dürfte hier nicht einschlägig sein.[2] Im Zweifel wird das Vollstreckungsgericht in einem solchen Ausnahmefall sein Einverständnis mit der teilweisen Erledigung erklären.

III. Rangvermerk

3   Bei der Eintragung von Sicherungshypotheken (§ 128) für die Verfahrenskosten (§ 109) und Ansprüche der Rangklassen 1–4 des § 10 Abs. 1 können infolge der Vorrangseinräumung Rangvermerke erforderlich werden. Auch hier kann weder der Erlass des Ersuchens (§ 130) noch seine Ausführung von der Vorlegung des Briefs eines im Rang zurückgesetzten Rechts abhängig gemacht werden.

---

1   So auch Steiner/*Eickmann*, § 131 Rdn. 7; *Böttcher*, § 131 Rdn. 6.
2   Offenbar anders: Depré/*Bachmann*, § 131 Rdn. 9, der dem Grundbuchamt empfiehlt, das gesamte Ersuchen zurückzuweisen, gleichzeitig weiter dem Vollstreckungsgericht empfiehlt, hiergegen keine Beschwerde einzulegen. Offen bleibt, warum das Ersuchen dann überhaupt abgesandt wurde.

IV. Vorlegung anderer Urkunden

§ 131 findet entsprechende Anwendung auf die in § 43 GBO bezeichneten Urkunden (Inhaber- oder Orderpapiere), die bei Löschung einer nach § 1187 BGB bestellten Sicherungshypothek vorzulegen sind. 4

V. Eintragung von Löschungsvormerkungen

Die Eintragung von Löschungsvormerkungen erfordert nach § 62 Abs. 1 Satz 2 GBO keine Vorlegung des Briefs. Das gilt nach ausdrücklicher Regelung von § 131 Satz 2 auch für die Eintragung von Löschungsvormerkungen nach § 130a Abs. 2 Satz 1. 5

§ 132 »Vollstreckbarkeit des Zuschlagsbeschlusses; Vollstreckungsklausel«

(1) ¹Nach der Ausführung des Teilungsplans ist die Forderung gegen den Ersteher, im Falle des § 69 Abs. 3 auch gegen den für mithaftend erklärten Bürgen und im Falle des § 81 Abs. 4 auch gegen den für mithaftend erklärten Meistbietenden, der Anspruch aus der Sicherungshypothek gegen den Ersteher und jeden späteren Eigentümer vollstreckbar. ²Diese Vorschrift findet keine Anwendung, soweit der Ersteher einen weiteren Betrag nach den §§ 50, 51 zu zahlen hat.

(2) ¹Die Zwangsvollstreckung erfolgt auf Grund einer vollstreckbaren Ausfertigung des Beschlusses, durch welchen der Zuschlag erteilt ist. ²In der Vollstreckungsklausel ist der Berechtigte sowie der Betrag der Forderung anzugeben; der Zustellung einer Urkunde über die Übertragung der Forderung bedarf es nicht.

I. Allgemeines

1   Für die Gläubiger des Schuldners ist dessen Grundstück als Haftungsobjekt infolge der Versteigerung und Erteilung des Zuschlags verloren gegangen, es haftet nunmehr im Wege der Surrogation der Erlös bzw. alle nach § 118 übertragenen Forderungen gegen den Ersteher. Um ein weiteres aufwendiges Verfahren zwecks Erlangung eines Vollstreckungstitels gegen den Ersteher und eventuelle Mitschuldner zu vermeiden, erklärt Abs. 1 die Forderungen aus dem Meistgebot für vollstreckbar und ermöglicht damit die sofortige Zwangsvollstreckung gegen den Ersteher, sofern er das Meistgebot bis zum Verteilungstermin nicht zahlt.

2   Für eine besondere Klage gegen den Ersteher auf Zahlung fehlt regelmäßig das Rechtsschutzinteresse. Trotz der Möglichkeit einer Vollstreckung aus dem Zuteilungsbeschluss kann ein Rechtsschutzinteresse für eine Leistungsklage bestehen, wenn mit Sicherheit zu erwarten ist, dass sich der Ersteher einer Vollstreckung aus dem Zuteilungsbeschluss durch eine Vollstreckungsabwehrklage widersetzen wird.[1]

II. Voraussetzungen der Zwangsvollstreckung
1. Zuschlagsbeschluss

3   Für die Zwangsvollstreckung ist der Zuschlagsbeschluss der Vollstreckungstitel (Abs. 2 Satz 1). Vollstreckbar ist die **persönliche Forderung** gegen den Ersteher, im Fall des § 69 Abs. 3 auch gegen den für mithaftend erklärten Bürgen und im Fall des § 81 Abs. 4 auch gegen den für mithaftend erklärten Meistbietenden als Gesamtschuldner. Die Zwangsvollstreckung ist in das gesamte Vermögen des jeweiligen Schuldners zulässig, gegen den Ersteher auch in das von ihm erworbene Grundstück. Eine vorherige Eintragung des Erstehers als Eigentümer des Grundstücks im Grundbuch ist nicht Voraussetzung der Zwangsvollstreckung (siehe § 133 Satz 1).

4   Weiterhin vollstreckbar ist der Anspruch aus der **Sicherungshypothek** gegen den Ersteher und einen späteren Eigentümer, beschränkt auf das Grundstück und die Gegenstände, auf die sich die Hypothek erstreckt (Hypothekenhaftungsver-

---

1   BGH, NJW 1961, 1116 = WM 1961, 508.

band). Die Vollstreckbarkeit entfällt auch dann nicht, wenn die Sicherungshypothek in eine normale Verkehrshypothek oder Grundschuld umgewandelt wird, §§ 1186, 1198 BGB.[2] Die Wirkung der Umwandlung ist nur die, dass sich der öffentliche Glaube des Grundbuchs in Ansehen der Hypothek auch auf die Forderung erstreckt, § 1138 BGB, dagegen bleiben die mit der Hypothek verbundenen Nebenrechte unberührt.[3] Dies muss dann auch für die Vollstreckbarkeit gelten, sofern nicht im Einzelfall anzunehmen ist, dass der Gläubiger hierauf verzichtet hat. Dies wäre dann vom Ersteher im Verfahren der Klauselerteilung (§ 132 Abs. 2 i.V.m. § 732 ZPO) oder als besondere Vollstreckungsvereinbarung nach § 767 ZPO geltend zu machen.

Ist ein anspruchsberechtigter Gläubiger Meistbietender geblieben, tritt dann 5 die Rechte aus dem Meistgebot an einen Dritten ab, der dann das Meistgebot nicht zahlt, erfolgt die Forderungsübertragung gegen den Meistbietenden und den Dritten als Ersteher. Durch die Übertragung vereinigen sich der Anspruch des anspruchsberechtigten Gläubigers und die Verpflichtung auf Zahlung des Meistgebots, mit der Folge des Erlöschens des Anspruchs. Auch in diesem Fall findet eine Forderungsübertragung statt und auch eine Sicherungshypothek ist einzutragen (hierzu → § 118 Rdn. 12, auch zur Gegenmeinung). Konsequent ist daher auch die Vollstreckung aus der Sicherungshypothek zulässig. Einwände hiergegen sind im Prozessweg zu klären.

2. Zeitpunkt

Die Zwangsvollstreckung gegen den Ersteher persönlich ist nach der Ausfüh- 6 rung des Teilungsplans, also möglicherweise noch vor der Rechtskraft des Zuschlags möglich. Erforderlich ist nur, dass die Forderung gegen den Ersteher auf den Berechtigten übertragen oder unverteilt und deshalb dem Schuldner verblieben ist. Der Ersteher kann sich durch einen Antrag nach § 116 hiergegen schützen.

Fällt das erworbene Eigentum des Erstehers durch Aufhebung des Zuschlags 7 rückwirkend wieder dem ursprünglichen Eigentümer zu[4], so kommen wegen zwischenzeitlicher Verschlechterungen des Grundstücks Schadensersatzansprüche des ursprünglichen Eigentümers gem. §§ 989, 990 BGB analog ab dem Zeitpunkt in Betracht, ab dem der Ersteher eine begründete Beschwerde gegen den Zuschlag bekannt geworden ist.[5] Umgekehrt entstehen Gegenansprüche des Besitzers (= Erstehers) gegen den ursprünglichen Eigentümer auf Ersatz der Verwendungen, §§ 994–1003 BGB, insbesondere auch einen Anspruch auf Wertersatz für nicht mehr trennbare Gegenstände, z.B. im Falle der Bebauung des Grundstücks. Wird der Zuschlagsbeschluss im Beschwerdeweg rechtskräftig aufgehoben und der Zuschlag zugleich **einem anderen erteilt**, verliert der ursprüngliche Ersteher das Eigentum an den Schuldner rückwirkend zum Zeitpunkt des Wirksamwerdens des Zuschlagsbeschlusses; der neue Ersteher wird mit dem Wirksamwerden der Zuschlagserteilung an ihn Eigentümer. Von diesem Zeitpunkt an besteht zwischen dem ursprünglichen Ersteher, der das Grundstück weiterhin benutzt, und dem neuen Ersteher nach Auffassung des *BGH*[6] ein Eigentümer-Besitzer-Verhält-

---

2 A.A. *Stöber*, ZVG § 132 Rdn. 2.3.
3 So auch Steiner/*Eickmann*, § 132 Rdn. 8; *Böttcher*, § 132 Rdn. 3.
4 Brandenbg. OLG, Beschluss vom 9.9.2014, 5 W 142/14, Rpfleger 2015, 97.
5 OLG Celle, NJW 2006, 3440 = NZM 2006, 836 = WM 2006, 2039.
6 BGH, Rpfleger 2010, 384 = NJW 2010, 2664 = WM 2010, 849 = ZfIR 2010, 374 (*Heinemann*) = ZInsO 2010, 965.

nis. Wird der **Zuschlag aufgehoben,** ist eine bereits durchgeführte Zwangsvollstreckung rückgängig zu machen, der Gläubiger ist zur Rückgewähr des geleisteten einschließlich der Kosten der Zwangsvollstreckung verpflichtet. Darüber hinaus besteht eine Schadensersatzpflicht des Gläubigers in entsprechender Anwendung von § 717 Abs. 2 ZPO. Der vollstreckende Gläubiger trägt die Gefahr des durch die Vollstreckung entstandenen Schadens.[7] Angesichts der Besonderheit des § 98 Satz 2 und dem hiernach möglichen unterschiedlichen Beginn der Rechtsmittelfristen ist auf die normalerweise eintretende Rechtskraft abzustellen; auszugehen ist von der ordnungsgemäßen Zustellung an die nicht anwesenden Beteiligten. Unterbleibt diese und ist somit der Zuschlag von einigen Beteiligten unter Umständen noch lange Zeit anfechtbar, kann dem Gläubiger aber auch eine weitere Verzögerung nicht zugemutet werden. Insoweit entfällt dann auch die Anwendbarkeit von § 717 Abs. 2 ZPO. Dagegen kommt es nicht darauf an, ob der Gläubiger Kenntnis von der Möglichkeit der Aufhebung des Zuschlags hat. Diese Problematik wird entschärft, wenn der Verteilungstermin erst nach Rechtskraft des Zuschlags abgehalten wird, die Praxis verfährt auch regelmäßig so.

8 Die Zwangsvollstreckung aus der Sicherungshypothek erfolgt regelmäßig erst nach Rechtskraft der Zuschlagserteilung, da die Sicherungshypothek selbst erst durch die Eintragung im Grundbuch entsteht und diese Eintragung aufgrund des Ersuchens erst nach der Rechtskraft des Zuschlags erfolgt, § 130 Abs. 1, § 128 Abs. 3 (hierzu → § 130 Rdn. 4).

3. Vollstreckbare Ausfertigung

9 Der Zuschlagsbeschluss ist als Vollstreckungstitel in vollstreckbarer Ausfertigung zu erteilen (Abs. 2 Satz 1). Die Ausfertigung erteilt grundsätzlich der Urkundsbeamte der Geschäftsstelle des Vollstreckungsgerichts (§§ 724, 725 ZPO); sofern eine qualifizierte Klausel in Betracht kommt (§§ 726 ff. ZPO) ist der Rechtspfleger zuständig.[8]

10 In der Vollstreckungsklausel sind der Berechtigte und der Betrag der Forderung anzugeben. Die Zwangsvollstreckung kann auch der bisherige Eigentümer

---

7   Steiner/*Eickmann,* § 132 Rdn. 10; *Böttcher,* § 132 Rdn. 2.
8   Die „Verwunderung" von Depré/*Bachmann,* § 132 Rdn. 13 Fn. 8, warum kein ZVG-Kommentar die Klausel als qualifizierte Klausel einstuft, es liege hier eine Rechtsnachfolge vor, liegt daran, dass es keine qualifizierte Klausel ist. In der Klausel ist in Ergänzung des Zuschlagsbeschlusses die Höhe der vollstreckbaren Forderung einschließlich der Verzinsung zu benennen. Die Zwangsvollstreckung erfolgt aufgrund einer vollstreckbaren Ausfertigung des Zuschlagsbeschlusses. In der Klausel sind dann der Berechtigte sowie der Betrag der Forderung anzugeben. Dies ist logisch, denn im Zuschlagsbeschluss ist lediglich das bare Meistgebot genannt, die vollstreckbaren, übertragenen Forderungen kann der Zuschlagsbeschluss jedoch, da der Teilungsplan und die Übertragung zu diesem Zeitpunkt noch nicht existierten, gar nicht enthalten. Daher greift § 132 zur Vollstreckbarkeit der übertragenen Forderung auf den vom Rechtspfleger erstellten ausgeführten Teilungsplan – mithin die Forderungsübertragung – zurück, der mithin in die Klausel übernommen werden muss zur Bestimmung der Forderung. Die Vollstreckungsklausel ist daher lediglich eine Ergänzung im Verhältnis zum Zuschlagsbeschluss. Diese vom Gesetz vorgesehene und erforderliche Ergänzung ist kein Sonderfall von § 726 Abs. 1 ZPO und auch nicht hat von § 727 ZPO. Der UdG übernimmt die Beträge und Berechtigten aus dem Beschluss über die Forderungsübertragung, er ist hieran bei der Erteilung der Klausel gebunden; LG Wuppertal, Beschluss vom 22.9.2008, 6 T 610/08, BeckRS 2009, 08566.

betreiben, sofern die Forderung teilweise unverteilt geblieben ist, § 128 Abs. 2. Vor Beginn der Zwangsvollstreckung muss der Titel bereits zugestellt sein oder gleichzeitig zugestellt werden, § 750 Abs. 1 ZPO (Ausnahme § 133, siehe dort → Rdn. 3). Die Zustellung einer Urkunde über die Übertragung der Forderung ist nicht erforderlich (Abs. 2 Satz 2). Bei bedingter Übertragung (Erst- und Hilfszuteilung) können der Erstberechtigte und der Eventualberechtigte gemeinschaftlich die Zwangsvollstreckung betreiben, jedoch auch jeder für sich allein; dementsprechend ist die Klausel entweder für beide gemeinschaftlich oder nur dem einen oder dem anderen unter Beifügung der Bedingung und des anderen bedingt Berechtigten zu erteilen, in beiden Fällen mit der Maßgabe, dass der beizutreibende Betrag zu hinterlegen ist.[9]

Eine vollstreckbare Ausfertigung des Zuschlagsbeschlusses wegen einer nach § 118 Abs. 1 übertragenen Forderung kann nicht erteilt werden, wenn gegen die Zuteilung der Forderung **Widerspruch** erhoben wurde und in einem anhängigen Widerspruchsprozess noch nicht geklärt ist, wem der streitige Betrag zusteht.[10] Wird die erneute Versteigerung durchgeführt und hinsichtlich der aufgrund der früheren Zwangsvollstreckung eingetragenen Sicherungshypothek das Bestehenbleiben vereinbart, ist der Titel aus § 132 Abs. 2 verbraucht, wenn nunmehr aus dieser Sicherungshypothek die Zwangsversteigerung betrieben werden soll; nach § 91 Abs. 3 Satz 2 wirkt die Vereinbarung wie die Befriedigung aus dem Grundstück, es ist daher ein neuer Titel erforderlich. 11

4. Einwendungen

Einwendungen gegen die Zulässigkeit der Vollstreckungsklausel sind bei dem Vollstreckungsgericht zu erheben und von diesem zu erledigen, § 732 ZPO.[11] Einwendungen, die den Anspruch selbst betreffen, müssen im Wege der Vollstreckungsgegenklage geltend gemacht werden, § 767 ZPO. Eine solche Klage kann aber nicht zum Ziel haben, den bereits rechtskräftigen Zuschlag wieder aufzuheben, sondern kann sich nur auf die Durchsetzung des Anspruchs beziehen (z.B. Stundung, Vollstreckungsvereinbarung). Ausschließlich zuständig (§§ 802 ZPO) ist das Amtsgericht, dass den Zuschlagsbeschluss erlassen hat.[12] 12

5. Unzulässige Vollstreckung

Hat der Ersteher eine Zuzahlung nach §§ 50, 51 zu leisten, kann eine Forderung hierauf nicht vollstreckt werden (Abs. 1 Satz 3). Ein solcher Anspruch muss gegen den Ersteher durch Klage durchgesetzt werden.[13] 13

---

9   Steiner/*Eickmann*, § 132 Rdn. 17; *Stöber*, ZVG § 132 Rdn. 3.4.
10 AG Düsseldorf MDR 1961, 697; Steiner/*Eickmann*, § 132 Rdn. 18.
11 Hierzu *Hintzen/Wolf*, Rdn. 3.208 ff.
12 LG Ulm, NJW-RR 1987, 511.
13 *Stöber*, ZVG § 132 Rdn. 2.1.

§ 133 »Vollstreckung ohne Zustellung des vollstreckbaren Titels«

¹Die Zwangsvollstreckung in das Grundstück ist gegen den Ersteher ohne Zustellung des vollstreckbaren Titels oder der nach § 132 erteilten Vollstreckungsklausel zulässig; sie kann erfolgen, auch wenn der Ersteher noch nicht als Eigentümer eingetragen ist. ²Der Vorlegung des im § 17 Abs. 2 bezeichneten Zeugnisses bedarf es nicht, solange das Grundbuchamt noch nicht um die Eintragung ersucht ist.

I. Allgemeines

1 Wird das Meistgebot vom Ersteher nicht gezahlt, ist den Beteiligten zunächst die Forderung zu übertragen (§ 118) und für die ungesicherten Ansprüche aus der Forderungsübertragung werden Sicherungshypotheken an dem versteigerten Grundstück eingetragen. Die Rechtsverfolgung gegen den Ersteher erleichtern die §§ 132, 133. Die Vollstreckbarkeit des Anspruchs gegen den Ersteher und des Anspruchs aus der Sicherungshypothek ermöglicht die **Wiederversteigerung**.[1] Die Wiederversteigerung ist ein neues, selbstständiges Verfahren.[2]

II. Verfahren der Wiederversteigerung

1. Antrag

2 Für die Anordnung der erneuten Versteigerung (Wiederversteigerung) ist ein entsprechender Antrag (§§ 15, 16) erforderlich. Es handelt sich um ein neues, selbstständiges Verfahren und ist nicht die Fortsetzung des bisherigen Verfahrens; es ist eine neue Verfahrensakte anzulegen. Es erfolgt auch eine neue Beschlagnahme und die Eintragung eines neuen Zwangsversteigerungsvermerks im Grundbuch. Die von einem Beteiligten für die erste Zwangsversteigerung erteilte **Prozessvollmacht** ermächtigt den Bevollmächtigten nicht ohne Weiteres zum Antrag auf Wiederversteigerung; anders jedoch, wenn ein Rechtsanwalt als Vertreter eines Gläubigers auftritt, §§ 81, 83 ZPO.[3]

2. Vollstreckungsvoraussetzungen

3 Soweit sich die Wiederversteigerung gegen den Ersteher richtet, kann sie bereits eingeleitet werden, ohne dass dem Ersteher der Vollstreckungstitel oder die Vollstreckungsklausel vorher **zugestellt** wurde. Hierin liegt eine Abweichung von § 16 Abs. 2. Erlassen wird aber nur die Zustellung. Eine Ausfertigung des Zuschlagsbeschlusses mit Vollstreckungsklausel muss dem Antrag auf Anordnung der Wiederversteigerung beigefügt werden.

3. Grundbuchzeugnis

4 Die Wiederversteigerung kann schon **vor der Eintragung des Erstehers** als Eigentümer angeordnet werden. Folgerichtig bedarf es, solange das Grundbuchamt noch nicht um Berichtigung besucht wurde, auch nicht des nach § 17 Abs. 2 bezeichneten Zeugnisses (Satz 2). Dies kann sich allerdings nur auf die Durchsetzung der persönlichen Forderung des Berechtigten gegen den Ersteher beziehen,

---

1 Hierzu BGH, Rpfleger 2008, 379 = NJW 2008, 1807 = NZM 2008, 295 = FamRZ 2008, 767 = WM 2008, 843.
2 *Stöber*, ZVG § 133 Rdn. 2.1.
3 *Stöber*, ZVG § 133 Rdn. 2.14.

da vor dessen Eintragung und vor der Eintragung der Sicherungshypothek diese noch nicht zur Entstehung gelangt ist (hierzu nachfolgend → Rdn. 15).

Ist das Grundbuchamt bereits um die Eintragung des Erstehers ersucht worden, ist wegen der Möglichkeit einer Veräußerung des Grundstücks an einen Dritten ein Zeugnis nach § 17 Abs. 2 beizubringen. Hat bereits eine Veräußerung stattgefunden, ist die Wiederversteigerung nur aufgrund eines gegen den Dritten erteilten und zugestellten Vollstreckungstitels zulässig. Der Zuschlagsbeschluss mit Vollstreckungsklausel kann gegen den Dritten umgeschrieben werden, soweit es um den Anspruch aus der Sicherungshypothek geht; hierbei muss die Sicherungshypothek bereits zur Entstehung gelangt und somit im Grundbuch eingetragen sein. 5

4. Antragsteller

Antragsteller und damit betreibender Gläubiger kann jeder Beteiligte sein, auf den die Forderung gegen den Ersteher übertragen wurde. Auch der Fiskus kann wegen der übertragenen Forderung aus den Verfahrenskosten den Antrag stellen. Nach Anordnung des Verfahrens können weitere Gläubiger dem Verfahren **beitreten** (§ 27). Der Beitritt kann auch von einem Gläubiger erfolgen, dessen Recht aus der ersten Zwangsversteigerung bestehen geblieben ist und auch von persönlichen Gläubigern des Erstehers als Vollstreckungsschuldner. 6

Die Verfahrenserleichterungen nach § 133 gelten jedoch nur für die Wiederversteigerung gegen den Ersteher oder seinen Gesamtrechtsnachfolger aus den übertragenen Forderungen und nicht gegen einen späteren Eigentümer[4] und auch nicht für Gläubiger, die andere Ansprüche gegen den Ersteher erstmals durchsetzen wollen. Ebenfalls nicht nach § 133 vollstrecken kann der Gläubiger eines bestehen gebliebenen Rechts, anders wenn er aus der Sicherungshypothek wegen übertragener Zinsansprüche vollstreckt. 7

Ist die Sicherungshypothek für eine **Bruchteilsgemeinschaft** oder einer **Erbengemeinschaft** (die Wiederversteigerung findet auch nach einer Teilungsversteigerung statt) eingetragen, kann jeder Mitberechtigte den Antrag stellen[5], kann jedoch nur Leistung an alle verlangen, §§ 432, 2039 BGB. Denn da diese unverteilt übertragene Forderung als gebundene, auf eine im Rechtssinne unteilbare Leistung gemäß § 432 BGB gerichtete Forderung anzusehen ist, kann nach § 432 Abs. 1 Satz 1 BGB jeder einzelne der mehreren Gläubiger die Leistung – wenn auch nur an alle – fordern. Dieses Einziehungsrecht mit dem Ziel der Leistung an alle umfasst die gerichtliche Geltendmachung der gemeinschaftlichen Forderung und damit auch die Betreibung der Zwangsvollstreckung in das. Es wäre auch nicht verständlich, wenn ein solcher Teilhaber hinsichtlich dieser Forderung schlechter gestellt wäre als hinsichtlich der Sicherungshypothek, die lediglich der Sicherung dieser Forderung dient.[6] Die Beschränkung muss in der Vollstreckungsklausel zum Ausdruck kommen. Das gilt auch dann, wenn bei der Zwangsversteigerung eines zu einem ungeteilten Nachlass gehörenden Grundstücks ein Miterbe den Zuschlag erhalten hat, bis zum Verteilungstermin das Meistgebot nicht zahlt 8

---

4 So auch *Stöber*, ZVG § 133 Rdn. 2.3; a.A. *Hornung*, Rpfleger 1994, 9.
5 OLG Frankfurt, NJW 1953, 1877; *Stöber*, ZVG § 133 Rdn. 2.18.
6 BGH, Rpfleger 2008, 379 = NJW 2008, 1807 = NZM 2008, 295 = FamRZ 2008, 767 = WM 2008, 843.

und der auf die Erbengemeinschaft entfallende Teilbetrag auf diese in Gemeinschaft übertragen wird.[7]

9   Hat ein Miterbe die **Pfändung** des **Nachlassanteils** eines anderen Miterben erwirkt und sich zur Einziehung überweisen lassen, kann er den Anspruch seines Schuldners geltend machen; der schuldnerische Miterbe ist durch die Pfändung nicht gehindert, den Anspruch selbst durchzusetzen, kann aber Leistung nicht an sich selbst, sondern nur an den Pfändungsgläubiger verlangen.[8]

5. Schuldner

10 Schuldner des Verfahrens der Wiederversteigerung ist der Ersteher oder dessen Gesamtrechtsnachfolger. Die Verfahrenserleichterungen nach § 133 gelten nicht bei einer Vollstreckung gegen einen Sonderrechtsnachfolger des Erstehers. Ergibt sich in der durchgeführten Wiederversteigerung des Grundstücks ein Übererlös, steht dieser Betrag dem Ersteher des Grundstücks aus der Ersteigerung zu und nicht dem ursprünglichen Eigentümer.[9] Andererseits befreit den Ersteher die Wiederversteigerung nicht von der Haftung für die den Beteiligten übertragenen Forderungen, nur wenn und soweit diese in der erneuten Versteigerung befriedigt werden, wird der Ersteher frei.

6. Beteiligte

11 Auch der Kreis der Beteiligten ist ein anderer. Nicht beteiligt sind die bei der ersten Zwangsversteigerung leer ausgegangen Berechtigten und auch nicht diejenigen, die in voller Höhe befriedigt wurden. Im Grundbuch eingetragene Rechte sind durch den Zuschlag erloschen, soweit sie nicht nach den Zwangsversteigerungsbedingungen bestehen geblieben sind. Der Kreis der Beteiligten kann, wenn die Berichtigung des Grundbuches aufgrund des Ersuchens nach § 130 noch nicht stattgefunden hat, nicht ohne Weiteres nach § 9 festgestellt werden. Vielmehr sind je nach Einzelfall entsprechend anstelle der in § 9 Nr. 1 bezeichneten Personen diejenigen ohne Anmeldung Beteiligte, deren Rechte bestehen geblieben sind, und die, denen die Forderung gegen den Ersteher übertragen wurde. Die besondere Beteiligtenstellung ergibt sich aus dem Teilungsplan bzw. dem Terminsprotokoll. Im Ergebnis sind dies dieselben Personen, die gem. § 9 Nr. 1 Beteiligte sein würden, wenn die Grundbuchberichtigung gem. § 130 im Grundbuch bereits vollzogen worden wäre.

12 Die Eigenschaft eines Beteiligten nach § 9 Nr. 2 kann nur durch eine erneute Anmeldung erreicht werden.

III. Anordnung und Verfahren der Wiederversteigerung
1. Verfahrensrechtliche Grundsätze

13 Die Anordnung der Wiederversteigerung ist auch ohne Voreintragung des Erstehers im Grundbuch möglich (Satz 1).

14 Zur Vorlage bzw. Entbehrlichkeit der **Unbedenklichkeitsbescheinigung** des Finanzamts s. → § 130 Rdn. 25.

---

7   OLG Frankfurt, NJW 1953, 1877.
8   BGH, Rpfleger 1968, 318.
9   LG Karlsruhe, Rpfleger 1994, 312; OLG Karlsruhe, Rpfleger 1995, 513.

15 Die Anordnung der Wiederversteigerung aus der Eintragung der **Sicherungshypothek** nach § 128 ist dinglich erst dann möglich, wenn die Sicherungshypothek im Grundbuch eingetragen ist.[10] Die Sicherungshypothek entsteht erst mit der Eintragung, § 128 Abs. 3 S. 1.[11]

16 Nach Anordnung des Verfahrens ist das Grundbuchamt unverzüglich um die Eintragung eines – neuen – **Zwangsversteigerungsvermerks** (§ 19 Abs. 1) zu ersuchen, auch wenn der bisherige Vermerk noch nicht gelöscht ist.

17 Das Grundbuchamt hat die in § 19 Abs. 2 bezeichneten **Mitteilungen** vorzunehmen, die allerdings nur dann sinnvoll sind, wenn das Grundbuch inzwischen aufgrund des Ersuchens nach § 130 berichtigt wurde.[12]

18 Die Anordnung des Verfahrens bewirkt eine neue **Beschlagnahme** (§§ 20 ff.).

19 Die **Einstellungsmöglichkeiten** sowohl für den betreibenden Gläubiger (§ 30) als auch für den Schuldner (§ 30a ZVG, § 765a ZPO) und auch für den Insolvenzverwalter (§ 30d ZVG) gelten auch in der Wiederversteigerung. Dementsprechend ist mit jedem Anordnungs- oder Beitrittsbeschluss der Ersteher (als Schuldner) über sein Antragsrecht nach § 30a zu belehren (§ 30b).

20 Die **Bestimmung des Zwangsversteigerungstermins** (§ 36) erfolgt jedoch erst, nachdem das Grundbuch berichtigt wurde[13]; das Grundbuchamt hat dem Vollstreckungsgericht gem. § 19 Abs. 2 die Berichtigung mitzuteilen.

21 Das Vollstreckungsgericht hat auch einen **Verkehrswert** (§ 74a Abs. 5) zu ermitteln und festzusetzen. Die Beteiligten können hierauf nicht verzichten. Der Verkehrswert ist insbesondere nach Einfügung von § 85a durch das Gesetz vom 20.8.1953 (BGBl I 952) zwingend notwendig. Die **Wertgrenzen** nach § 85a bzw. § 74a gelten für den ersten Termin in der Wiederversteigerung erneut. Ob auf das Verkehrswertgutachten aus der ersten Zwangsversteigerung zurückgegriffen werden kann, ist je nach Einzelfall zu entscheiden. Das Vollstreckungsgericht kann nach Anhörung und Zustimmung der Beteiligten auf ein erneut einzuholendes Gutachten verzichten, wenn ihm aufgrund eines bereits vorliegenden Gutachtens für die Festsetzung hinreichende **aktuelle** Daten vorliegen.

2. Geringstes Gebot

22 An der Rangfolge der Gläubiger, auf welche die Forderung gegen den Ersteher übertragen wurde, ändert sich nichts. Grundsätzlich gilt der Rang nach § 10 Abs. 1; für den Rang der Sicherungshypotheken nach § 128 gilt der im Grundbuch eingetragene Rang (das Vollstreckungsgericht hat im Ersuchen auf Grundbuchberichtigung nach § 130 den Rang ebenfalls anzugeben, hierzu → § 130 Rdn. 38); Besonderheiten nach § 129 sind zu beachten.

23 Für die Feststellung des geringsten Gebots gelten die §§ 44 ff. Maßgebend für die Aufstellung des geringsten Gebots ist der bestrangig betreibende Gläubiger. Die diesem Gläubiger im Range vorgehenden Rechte und Ansprüche sind im geringsten Gebot zu berücksichtigen. Bei der Erstellung des geringsten Gebots ist jedoch der auf die Sicherungshypothek für die übertragene Forderung entfallene

---

10 *Schiffhauer*, Rpfleger 1994, 402, 403.
11 A.A. *Hornung*, Rpfleger 1994, 9 ff. und 405 ff., der die Wiederversteigerung auch ohne Grundbucheintragung für zulässig erachtet; ebenso *Stöber*, ZVG § 133 Rdn. 2.4.
12 Hierzu *Schiffhauer*, Rpfleger 1975, 12.
13 Steiner/*Eickmann*, § 133 Rdn. 11; *Böttcher*, § 133 Rdn. 3.

Betrag in jedem Falle in den bar zu zahlenden Teil aufzunehmen, § 128 Abs. 4. Soweit eine Sicherungshypothek in den bar zu zahlenden Teil des geringsten Gebotes fällt, sind auch die Nebenansprüche (Kosten, Zinsen) in gleicher Weise zu berücksichtigen. Zinsen müssen dabei bis zum mutmaßlichen Verteilungstermin berücksichtigt werden, damit der Deckungsgrundsatz gewahrt bleibt.[14]

3. Aufhebung des Zuschlags

24   Wird der Zuschlag aus der ersten Versteigerung nachträglich z.B. im Rechtsmittelverfahren aufgehoben, wird damit der Vollstreckungstitel des Gläubigers der Wiederversteigerung hinfällig. Das erneute Zwangsversteigerungsverfahren ist damit unzulässig, § 83 Nr. 6, und von Amts wegen aufzuheben. Mit Rechtskraft des Versagungsbeschlusses ist der Ersteher nicht mehr Eigentümer des Grundstücks. Ist es im Verfahren der Wiederversteigerung bereits zur Erteilung des Zuschlags gekommen, begründet die Aufhebung des ersten Zuschlags die Beschwerde gegen den zweiten Zuschlag. Ist der Zuschlag in der Wiederversteigerung bereits rechtskräftig geworden, behält er seine Wirkung; eine Beschwerde gegen den ersten Zuschlag ist als gegenstandslos zurückzuweisen.

IV. Sonstiges

25   Für die nach § 133 auch zulässige (Wieder-)**Zwangsverwaltung** gelten die vorstehenden Erläuterungen entsprechend.[15]

26   Ist bei der Versteigerung eines **Erbbaurechts** aus dem Grundbuch erkennbar, dass zur Veräußerung des Erbbaurechts die Zustimmung des Eigentümers notwendig ist (§ 5 Abs. 1 ErbbauRG), ist dessen Zustimmung auch zur Erteilung des Zuschlags in der Wiederversteigerung erforderlich. Der Gegenansicht[16] kann nicht gefolgt werden, da die Wiederversteigerung ein neues selbstständiges Verfahren ist und es auch dem Sinn der §§ 5, 8 ErbbauRG nicht entsprechen würde, wenn man in diesem Fall dem Eigentümer das Recht versagt, Einfluss auf die Auswahl des Erstehers auszuüben.

---

14   So auch Steiner/*Eickmann*, § 47 Rdn. 15; *Stöber*, ZVG § 47 Rdn. 4.
15   *Stöber*, ZVG § 133 Rdn. 2.2.
16   Steiner/*Hagemann*, §§ 15, 16 Rdn. 186: nicht erforderlich, da die Wiederversteigerung die Folge einer vorausgegangenen zulässigen Zwangsversteigerung ist.

§ 134

(aufgehoben)

Aufgehoben durch Gesetz vom 1.2.1979 (BGBl I 127).   1

§ 135 »Vertreterbestellung für unbekannten Berechtigten«

¹Ist für einen zugeteilten Betrag die Person des Berechtigten unbekannt, so hat das Vollstreckungsgericht zur Ermittlung des Berechtigten einen Vertreter zu bestellen. ²Die Vorschriften des § 7 Abs. 2 finden entsprechende Anwendung. ³Die Auslagen und Gebühren des Vertreters sind aus dem zugeteilten Betrage vorweg zu entnehmen.

I. Allgemeines

1   Grundlage für die Anwendung von § 135 ist eine Hinterlegung nach § 126. Diese kommt dann in Betracht, wenn der Empfangsberechtigte der Person nach unbekannt ist. Zur Ermittlung der Person ist nach § 135 vom Vollstreckungsgericht ein Vertreter zu bestellen, das weitere Verfahren regeln §§ 136 ff. Bei der Ermittlung kann sich letztlich herausstellen, dass der Berechtigte nicht ermittelt wird, der Betrag somit an die nächst ausfallenden Berechtigten zuzuteilen ist; das Vollstreckungsgericht hat daher im Teilungsplan eine Eventualzuteilung vorzunehmen.

II. Bestellung eines Vertreters
1. Allgemein

2   Im Interesse eines baldigen Abschlusses des Verteilungsverfahrens hat das Vollstreckungsgericht von Amts wegen einen Vertreter für einen unbekannten Berechtigten i.S.d. § 126 zu bestellen. Dem Vertreter obliegt die Ermittlung des Berechtigten (Satz 1). Führen die Ermittlungen innerhalb von drei Monaten nach dem Verteilungstermin zu keinem Ergebnis, kann der Eventualberechtigte nach Ermächtigung durch das Vollstreckungsgericht unter der Voraussetzung des § 138 das Aufgebot zum Zwecke der Ausschließung des unbekannten Berechtigten von dem zugeteilten Betrag beantragen. Die Bestellung des Vertreters ist unabhängig davon, dass für den Unbekannten bereits ein Zustellungsvertreter nach § 6 bestellt wurde, allerdings kann dieser dann auch hier zum Vertreter bestellt werden.

2. Bestehen bleibende Rechte

3   Die Bestellung eines Vertreters für den unbekannten Berechtigten kommt nicht zur Anwendung, wenn das Recht des Unbekannten nach den Versteigerungsbedingungen bestehen bleibt. In diesem Fall muss der Ersteher selbst den Berechtigten ermitteln, wenn er das Recht kündigen und auszahlen will.

4   Ist das Bestehen einer solchen Rechtes zweifelhaft und die Forderung auf eine Zuzahlung für den Fall des Nichtbestehens einem Beteiligten übertragen (§§ 50, 51, 125), kann der Eventualberechtigte seinen Anspruch auf eine Zuzahlung nur dann verwirklichen, wenn er ein die Löschungsbewilligung des Unbekannten ersetzendes Urteil vorlegt. Für die Einleitung eines Aufgebotsverfahrens nach §§ 887, 1104, 1112, 1170, 1192, 1200 BGB i.V.m. §§ 433 ff. FamFG ist das Antragsrecht des Eventualberechtigten zweifelhaft. Jedoch dürfte der Ersteher dem Eventualberechtigten gegenüber verpflichtet sein, ein Aufgebotsverfahrens zu beantragen, z.B. zum Ausschluss eines unbekannten Grundpfandrechtsgläubigers nach § 1170, 1192 BGB, §§ 447 ff. FamFG.

3. Aufgabe des Vertreters

5   Der vom Vollstreckungsgericht bestellte Vertreter hat den Erstberechtigten zu ermitteln und ihn zu informieren. Gesetzliche Vorgaben über die Art und Weise der Ermittlung bestehen nicht, der Vertreter ist in seiner Tätigkeit frei. Das Voll-

streckungsgericht hat gegenüber dem Vertreter kein Weisungsrecht, kann auch keinen Bericht oder Ähnliches von ihm einfordern. Ermittelt der Vertreter jedoch nicht, kann das Vollstreckungsgericht ihn aus dem Amt entlassen. Wird der Berechtigte ermittelt, ist der Vertreter zur weiteren Ausführung des Teilungsplans, zum Aufgebotsverfahren oder zur Ausführung des Teilungsplans nach Erlass eines Ausschlussurteils hinzuzuziehen. Der Vertreter ist jedoch nicht berechtigt, selbst das Aufgebot zum Zwecke der Kraftloserklärung des Briefes oder des Ausschlusses des unbekannten Berechtigten zu beantragen.

Der Vertreter ist ebenfalls nicht berechtigt, die dem unbekannten Berechtigten 6 übertragene Forderung gegen den Ersteher einzuziehen, auch wenn dies im Einzelfall geboten erscheint (z.B. bei drohendem Vermögensverfall des Erstehers). In diesem Fall kann der Vertreter die Bestellung einer Pflegschaft nach § 1913 BGB anregen.

Erfolgt in Ausführung des Teilungsplans eine Hinterlegung für den unbekannt 7 Berechtigten, weil bei einem Briefgrundpfandrecht der Gläubiger nicht im Besitz beglaubigter Abtretungserklärungen (§ 1155 BGB) ist, es ist Aufgabe des Gläubigers selbst, die fehlenden Nachweise beizubringen.

Die Aufgabe des Vertreters ist erledigt, wenn der Berechtigte ermittelt ist oder 8 ein Ausschlussurteil ergeht, aufgrund dessen der dem unbekannten Berechtigten zugeteilte Betrag dem zum Aufgebot Ermächtigten (§ 138 Abs. 1) zufällt.

III. Vergütung

Nach Abs. 1 Satz 2 findet § 7 Abs. 2 über die Vergütung und den Ersatz von 9 Auslagen entsprechende Anwendung. Der Vertretende schuldet dem Vertreter die ihm entstandenen Kosten (Vergütung und Auslagen). Die Vergütung bestimmt sich in Anlehnung an § 19 ZwVwV nach dem Zeitaufwand.[1] Hierüber entscheidet das Vollstreckungsgericht durch Beschluss. Der Beschluss ist dem Vertretenen zuzustellen, dem Vertreter nur, wenn seinem Antrag nicht oder nur teilweise entsprochen wird (§ 329 Abs. 3 ZPO). Im Fall des § 118 ist der Beschluss auch dem Ersteher zuzustellen.[2]

Gegen den Beschluss ist die **sofortige Beschwerde** gegeben, § 11 Abs. 1 RPflG, 10 § 793 ZPO. Die festgesetzte Vergütung und die Auslagen sind aus dem zugeteilten Betrag vorweg zu entnehmen. Für die Kosten haftet nicht nur der Vertretene, sondern auch der Eventualberechtigte.[3] Der Vertreter kann sich die Forderung des unbekannten Berechtigten auf den für diesen hinterlegten Betrag oder dessen Forderung gegen den Ersteher nebst einer Sicherungshypothek übertragen lassen. In Höhe seines Anspruchs auf die gesamte Vergütung einschließlich Auslagen wird die Forderung auf den hinterlegten Betrag bzw. gegen den Ersteher auf Antrag durch Anordnung des Vollstreckungsgerichts übertragen. Das Vollstreckungsgericht hat die Berichtigung des Grundbuches durch Umschreibung der Sicherungshypothek zu ersuchen, soweit dem Vertreter der Anspruch übertragen wurde. Der auf den Vertreter übergegangene Anspruch hat Vorrang vor dem Rest der Forderung (Satz 3); auch dies ist bei der Sicherungshypothek einzutragen (§ 130). Auf die Vollstreckung des übertragenen Anspruchs finden §§ 132, 133 Anwendung.

---

1   Ähnlich BGH, Rpfleger 2005, 549 = NJW-RR 2005, 1283 = WM 2005, 1757 = InVo 2005, 475 zur Vergütung eines Sequesters nach § 848 ZPO.
2   Steiner/*Teufel*, § 135 Rdn. 12, 13.
3   *Stöber*, ZVG § 135 Rdn. 2.4.

§ 136 »Kraftloserklärung von Grundpfandbriefen«

Ist der Nachweis des Berechtigten von der Beibringung des Briefes über eine Hypothek, Grundschuld oder Rentenschuld abhängig, so kann der Brief im Wege des Aufgebotsverfahrens auch dann für kraftlos erklärt werden, wenn das Recht bereits gelöscht ist.

I. Allgemeines

1   Wird bei einem Grundpfandrecht (oder einer Rentenschuld, die in der Praxis jedoch kaum noch vorkommt), für das einen Brief erteilt ist, dieser nicht vorgelegt, gilt der Berechtigte als unbekannt (§ 126 Abs. 1). § 136 bezieht sich nicht auf den Fall, in dem sich bei einem Briefgrundpfandrecht ein Berechtigter meldet, der sich jedoch mangels Vorlage des Briefes nicht legitimieren kann. Er kann seine Legitimation nur dadurch erbringen, dass er ein Urteil vorlegt, dass den abhanden gekommenen oder vernichteten Brief gem. §§ 1162, 1192, 1200 BGB für kraftlos erklärt. Die Kraftloserklärung setzt allerdings voraus, dass das betreffende Grundpfandrecht noch besteht. In der Zwangsversteigerung trifft dies jedoch dann nicht mehr zu, wenn das Grundpfandrecht nach § 91 durch den Zuschlag erloschen ist und die Auszahlung des hierauf zugeteilten Erlöses mangels Vorlegung des abhanden gekommenen oder vernichteten Briefes nicht erfolgen kann. Insoweit ergänzt § 136 ZVG die §§ 1162, 1192, 1200 BGB. Auch in diesem Fall ist die Bestellung eines Vertreters nicht entbehrlich, § 135 macht insoweit keine Ausnahme. Allerdings hat die Bestellung des Vertreters praktisch nur geringe Bedeutung.

II. Aufgebotsverfahren zur Kraftloserklärung des Briefes

1. Antrag

2   Den Antrag zur Einleitung des Verfahrens auf Kraftloserklärung kann nur der Berechtigte stellen, dem der Brief abhanden gekommen ist; der nach § 135 bestellte Vertreter hat kein Antragsrecht. Das Verfahren richtet sich nach den §§ 433 ff. und 466 ff. FamFG.

2. Ausschließungsbeschluss

3   Hat der Antragsteller den Ausschließungsbeschluss, § 478 FamFG erwirkt, der Brief ist somit für kraftlos erklärt, richtet sich das weitere Verfahren nach § 137 oder § 139, je nachdem, ob der Eventualberechtigte bereits zum Antrag auf das Ausgebot zwecks Ausschließung des unbekannten Berechtigten ermächtigt wurde (§ 138) oder nicht.

3. Aufgebot des Eventualberechtigten

4   Mit dem in § 136 geregelten Aufgebot ist nicht dasjenige zu verwechseln, dass der Eventualberechtigte gem. den §§ 138 ff. betreibt und das nicht die Kraftloserklärung des Briefes, sondern den Ausschluss desjenigen zum Ziel hat, der behauptet, Gläubiger des Grundpfandrechtes zu sein.

5   Beide Aufgebotsverfahren können nebeneinander laufen. Da im Verteilungsverfahren die Auszahlung des Erlöses an einen Nichtberechtigten zu vermeiden ist, ist aus Gründen der Prozessökonomie anzunehmen, dass die Rechtshängigkeit des Aufgebotsverfahrens nach § 136 die Ermächtigung nach § 138 ausschließt, wenn das Vollstreckungsgericht aufgrund der Aktenlage die Ermittlung des Berechtigten, d.h. die Kraftloserklärung des Briefes, in absehbarer Zeit erwarten darf.

Im Ergebnis ist das Aufgebotsverfahren nach § 138 dem Briefgläubiger gegenüber unschädlich, wenn er seine Rechte innerhalb der Aufgebotsfrist, §§ 437, 476 FamFG anmeldet, da ihm unter diesen Voraussetzungen seine Rechte vorbehalten werden müssen, § 140 Abs. 3.

§ 137 »Nachträgliche Ermittlung des Berechtigten«

(1) Wird der Berechtigte nachträglich ermittelt, so ist der Teilungsplan weiter auszuführen.

(2) ¹Liegt ein Widerspruch gegen den Anspruch vor, so ist derjenige, welcher den Widerspruch erhoben hat, von der Ermittlung des Berechtigten zu benachrichtigen. ²Die im § 878 der Zivilprozeßordnung bestimmte Frist zur Erhebung der Klage beginnt mit der Zustellung der Benachrichtigung.

I. Allgemeines

1   Da ein unbekannter Berechtigter (§ 126) möglicherweise nicht ermittelt wird, muss bereits im Teilungsplan festgelegt werden, wie der dann freiwerdende Betrag anderweitig verteilt werden soll. Der Abschluss des Verfahrens kann sich bei Ungewissheit über die Person des Berechtigten verschieden gestalten (hierzu § 138). § 137 regelt den Fall, dass noch keine Ermächtigung zur Einleitung eines Aufgebotsverfahrens nach § 138 erteilt ist. Hierbei ist es unerheblich, ob sich der Berechtigte selbst meldet und durch Vorlage eines Ausschließungsbeschlusses nach § 136 ausweist oder ob der Nachweis von dem bestellten Vertreter (§ 135) beigebracht wird.

II. Nachträgliche Ermittlung

1. Berechtigter steht fest

2   Das Vollstreckungsgericht hat die von dem Berechtigten oder von dem Vertreter beigebrachten Belege zum Nachweis der Berechtigung zu prüfen. Ob der Berechtigte zweifelsfrei ermittelt ist, entscheidet ausschließlich das Vollstreckungsgericht. Vor der Entscheidung über die Feststellung des Berechtigten hat das Vollstreckungsgericht den Eventualberechtigten und den Schuldner (vorheriger Grundstückseigentümer) zu hören. Die Anhörung des Eventualberechtigten gebietet sich schon deshalb, weil durch die Feststellung des Berechtigten das Recht des Eventualberechtigten auf eine mögliche Zuteilung verloren geht.

3   Die Feststellung des Vollstreckungsgerichts kann stillschweigend durch weitere Ausführung des Teilungsplans verfolgen, eines gesonderten Beschlusses bedarf es nicht. Sind alle Eventualberechtigten einschließlich des Schuldners mit der Feststellung über den Berechtigten einverstanden, entfällt für das Vollstreckungsgericht jede weitere Prüfung. Die Zustimmung der Eventualberechtigten alleine genügt jedoch nicht, da hierdurch indirekt auch die Möglichkeit des Schuldners auf den Zugriff des zugeteilten Betrages ausgeschlossen wird.

2. Berechtigter steht nicht fest

4   Ist das Ergebnis der Ermittlungen zur Feststellung des Berechtigten nicht eindeutig, sollte das Vollstreckungsgericht seine Entscheidung durch **Beschluss** treffen[1] und dem Berechtigten laut Beschluss, dem Schuldner und den Eventualberechtigten zustellen. Der Beschluss ist mit der **sofortigen Beschwerde** anfechtbar, § 11 Abs. 1 RPflG, § 793 ZPO. Der nach § 135 bestellte Vertreter hat grundsätzlich kein Beschwerderecht, es sei denn, dass die Entscheidung ergibt, dass seine Aufgabe noch nicht erledigt ist und er noch weitere Tätigkeiten zu entfalten habe.

---

1   Steiner/*Teufel*, § 137 Rdn. 5; *Stöber*, ZVG § 137 Rdn. 2.3.

Das Vollstreckungsgericht darf die Beteiligten nicht auf den Rechtsweg verweisen, um sich auf diese Weise eine eigene Entscheidung zu ersparen.

III. Ausführung des Teilungsplans

Wird der Berechtigte nachträglich zweifelsfrei ermittelt (zuvor → Rdn. 2), ist der Teilungsplan so auszuführen, als wenn die Ungewissheit über die Person (§ 135) nicht vorgelegen hätte. Hat das Vollstreckungsgericht die Feststellung des Berechtigten durch Beschluss ausgesprochen, ist vor der weiteren Ausführung des Teilungsplans die Rechtskraft des Beschlusses abzuwarten. Das Vollstreckungsgericht ordnet die Auszahlung des hinterlegten Betrages an den Berechtigten an, § 117 Abs. 3. Ist die Forderung gegen den Ersteher auf den unbekannten Berechtigten übertragen und eine Sicherungshypothek im Grundbuch eingetragen, ordnet das Vollstreckungsgericht eine unmittelbare Übertragung auf den Berechtigten an und ersucht das Grundbuchamt um Berichtigung bei der Sicherungshypothek. 5

Bei der Ausführung des Teilungsplans sind vorweg eventuelle Gerichtskosten der Nachtragsverteilung (§ 109) und die Kostenansprüche des Vertreters (hierzu → § 135 Rdn. 9) zu berücksichtigen. Ein neuer Verteilungstermin ist nicht zu bestimmen. 6

Der Beschluss über die weitere Ausführung des Teilungsplans ist sowohl dem Berechtigten, dem Eventualberechtigten, dem Schuldner und dem bestellten Vertreter zuzustellen; er unterliegt der sofortigen Beschwerde, § 11 Abs. 1 RPflG, § 793 ZPO. 7

IV. Widerspruch (Abs. 2)

Ist der Anspruch von einem Widerspruch betroffen, ist der Widersprechende von der Ermittlung des Berechtigten zu benachrichtigen, damit er gegen diesen Klage erheben kann, § 878 ZPO. Hat das Vollstreckungsgericht die Ermittlung des Berechtigten durch Beschluss ausgesprochen, ist der Widersprechende erst nach Rechtskraft des Beschlusses zu benachrichtigen, andernfalls bei Aufhebung des Beschlusses die Passivlegitimation des Berechtigten für die Widerspruchsklage des Widersprechenden wegfallen würde. Die Frist von einem Monat zur Erhebung der Widerspruchsklage (§ 878 Abs. 1 ZPO) beginnt mit der Zustellung der Benachrichtigung (Abs. 2 Satz 2). Im Übrigen ist die Hinterlegung für den Unbekannten oder die Übertragung der Forderung auf ihn in eine Hinterlegung für den ermittelten Berechtigten oder in eine Übertragung auf ihn umzuwandeln. Der hinterlegte Erlös bleibt solange, bis der Widerspruch erledigt ist; Entsprechendes gilt für die Sicherungshypothek. 8

§ 138 »Ermächtigung des Berechtigten zum Aufgebot«

(1) Wird der Berechtigte nicht vor dem Ablaufe von drei Monaten seit dem Verteilungstermin ermittelt, so hat auf Antrag das Gericht den Beteiligten, welchem der Betrag anderweit zugeteilt ist, zu ermächtigen, das Aufgebotsverfahren zum Zwecke der Ausschließung des unbekannten Berechtigten von der Befriedigung aus dem zugeteilten Betrage zu beantragen.

(2) ¹Wird nach der Erteilung der Ermächtigung der Berechtigte ermittelt, so hat das Gericht den Ermächtigten hiervon zu benachrichtigen. ²Mit der Benachrichtigung erlischt die Ermächtigung.

I. Allgemeines

1   Dem bestellten Vertreter für einen unbekannten Berechtigten (§§ 126, 135) obliegt die Ermittlung des Berechtigten. Führen die Ermittlungen innerhalb von drei Monaten nach dem Verteilungstermin zu keinem Ergebnis, kann der Eventualberechtigte nach Ermächtigung durch das Vollstreckungsgericht unter der Voraussetzung des § 138 das Aufgebot zum Zwecke der Ausschließung des unbekannten Berechtigten von dem zugeteilten Betrag beantragen. Der Eventualberechtigte ist an der Feststellung interessiert, dass die Bedingungen seines Rechts eingetreten sind, weil der Erstberechtigte nicht zu ermitteln ist. Die Feststellung ermöglicht das in §§ 138, 140 behandelte Aufgebotsverfahren, welches den Ausschluss des Unbekannten von der Zuteilung laut Teilungsplan zum Ziel hat. Wird ein Ausschließungsbeschluss vorgelegt, verliert der unbekannte Berechtigte sein Recht auf den zugeteilten Betrag.

II. Ermächtigung zum Aufgebot

1. Antrag

2   Die Ermächtigung zur Einleitung eines Aufgebotsverfahrens erfolgt nur auf Antrag (Abs. 1). Wird von niemandem ein entsprechender Antrag gestellt, bleibt es bei der Hinterlegung bzw. der Forderungsübertragung gegen den Ersteher. Nach 30 Jahren ist der letzte Eigentümer zur Auszahlung des hinterlegten Betrages berechtigt (vgl. § 142).

3   Der Antrag kann erst **nach Ablauf von drei Monaten** seit dem Verteilungstermin gestellt werden, ohne dass der Berechtigte ermittelt wurde. Ob der bestellte Vertreter (§ 135) Nachforschungen angestellt hat oder nicht, ist für das weitere Verfahren unerheblich[1]; hat er die Ermittlungen schuldhaft unterlassen, ist er dem Vertretenen gegenüber schadensersatzpflichtig.

4   Antragsberechtigt ist der Eventualberechtigte oder ein Dritter, der das Recht ausüben kann (z.B. Nießbrauch oder Pfandgläubiger des Rechts des Eventualberechtigten[2]). Ob bei einer gemeinschaftlichen Berechtigung mehrerer Eventualberechtigter jeder allein zur Antragstellung berechtigt ist, richtet sich nach den für die jeweilige Gemeinschaft geltenden Bestimmungen. Der Antrag darf nicht deshalb abgelehnt werden, weil der bestellte Vertreter noch ermittelt. Ist ein Ergebnis der Ermittlungen zeitnah zu erwarten, kann das Vollstreckungsgericht dem Antragsteller die Rücknahme seines Antrages empfehlen. Der Antrag ist an keine

---

1   *Stöber*, ZVG § 138 Rdn. 2.3.
2   Steiner/*Teufel*, § 138 Rdn. 7.

Form gebunden, er kann schriftlich gestellt oder auch zu Protokoll der Geschäftsstelle erklärt werden. Wird der Antrag nur von einem von mehreren Eventualberechtigten gestellt, wirkt der spätere Ausschließungsbeschluss auch nur für ihn.[3]

2. Beschluss

Der Beschluss, durch den die Ermächtigung nach Abs. 1 erteilt wird, ist dem bestellten Vertreter zuzustellen, gegenüber dem Eventualberechtigten genügt eine formlose Mitteilung, § 329 Abs. 3 ZPO. Der bestellte Vertreter hat seine Nachforschungen nach dem (unbekannten) Berechtigten nicht einzustellen, die Frist nach Abs. 1 ist keine Ausschlussfrist für die Ermittlung. Der Ermächtigungsbeschluss ist mit der **sofortigen Beschwerde** anfechtbar, § 11 Abs. 1 RPflG, § 793 ZPO. Beschwerdeberechtigt ist in erster Linie der im Teilungsplan ausgewiesene Erstberechtigte; der bestellte Vertreter nur dann, wenn er durch den Beschluss beschwert ist.[4] Wird der Antrag abgelehnt, ist der Antragsteller beschwerdeberechtigt.

3. Wegfall der Ermächtigung (Abs. 2)

Die Ermächtigung nach Abs. 1 erlischt durch Zustellung der Benachrichtigung von der nachträglichen Ermittlung des Berechtigten. Die Benachrichtigung sollte in Form eines Beschlusses erfolgen.[5] Das weitere Verfahren regelt § 139. Gegen den Beschluss nach Abs. 2 kann der Ermächtigte sofortige Beschwerde mit der Begründung erheben, dass das Vollstreckungsgericht die Ermittlung zu Unrecht für gegeben ansieht. Wird die Feststellung des Berechtigten im Rechtsmittelverfahren aufgehoben, ist eine neue Ermächtigung nach Abs. 1 auszusprechen, da die bisherige aufgrund der Benachrichtigung nach Abs. 2 kraft Gesetzes erloschen ist (vgl. Abs. 2 Satz 2).

Die Aufhebung der Ermächtigung ist bis zum Erlass des Ausschließungsbeschlusses möglich, sie hat die Einstellung des Aufgebotsverfahrens zur Folge.

---

3   *Stöber*, ZVG § 138 Rdn. 2.3.
4   Hier zu Steiner/*Teufel*, § 138 Rdn. 13.
5   So auch Steiner/*Teufel*, § 138 Rdn. 5 mit § 137 Rdn. 5.

§ 139 »Terminsbestimmung zur weiteren Ausführung
des Teilungsplanes bei nachträglicher Ermittlung«

(1) ¹Das Gericht kann im Falle der nachträglichen Ermittlung des Berechtigten zur weiteren Ausführung des Teilungsplans einen Termin bestimmen. ²Die Terminsbestimmung ist dem Berechtigten und dessen Vertreter, dem Beteiligten, welchem der Betrag anderweit zugeteilt ist, und demjenigen zuzustellen, welcher zur Zeit des Zuschlags Eigentümer des Grundstücks war.
(2) ¹Liegt ein Widerspruch gegen den Anspruch vor, so erfolgt die Zustellung der Terminsbestimmung auch an denjenigen, welcher den Widerspruch erhoben hat. ²Die im § 878 der Zivilprozeßordnung bestimmte Frist zur Erhebung der Klage beginnt mit dem Termine.

I. Allgemeines

1 § 139 behandelt das Verfahren, das einzuhalten ist, wenn der Berechtigte nach der Ermächtigung des Eventualberechtigten zum Aufgebot, aber vor dem Ausschließungsbeschluss ermittelt wird. Voraussetzung ist, dass das Vollstreckungsgericht den Berechtigten für ermittelt ansieht, andernfalls nimmt das Aufgebotsverfahren seinen Fortgang.

II. Verfahren bei nachträglicher Ermittlung

1. Verfahren ohne Termin

2 Das Vollstreckungsgericht kann nach der in § 138 Abs. 2 vorgeschriebenen Benachrichtigung ohne besonderen Termin den Teilungsplan weiter ausführen. Das Vollstreckungsgericht ordnet die Auszahlung des hinterlegten Betrages an den Berechtigten an, § 117 Abs. 3. Ist die Forderung gegen den Ersteher auf den unbekannten Berechtigten übertragen und eine Sicherungshypothek im Grundbuch eingetragen, ordnet das Vollstreckungsgericht eine unmittelbare Übertragung auf den Berechtigten an und ersucht das Grundbuchamt um Berichtigung bei der Sicherungshypothek (Näheres → § 137 Rdn. 5). Bei der Ausführung des Teilungsplans ist zu berücksichtigen, dass der zum Aufgebot Ermächtigte nach § 140 Abs. 6 Anspruch auf Erstattung der Kosten des Aufgebotsverfahrens aus dem zugeteilten Betrag hat und das daraus vorweg die Gebühren und Auslagen eines Vertreters des Berechtigten (§ 135 Satz 3) zu entnehmen sind. Ohne Termin wird das Vollstreckungsgericht daher nur dann entscheiden, wenn die Höhen der Kostenansprüche feststehen.

2. Verfahren mit Termin

3 Das Vollstreckungsgericht kann nach Abs. 1 Satz 1 einen Termin zur weiteren Ausführung des Teilungsplans bestimmen. Dieser Termin dient nicht dazu, darüber zu entscheiden, ob der Berechtigte ermittelt ist, denn dies ist Vorbedingung der Terminsbestimmung.[1] Wird die Frage der tatsächlichen Ermittlung in einem solchen Termin von den Beteiligten angesprochen, und gelangt das Vollstreckungsgericht bei einem bisher stillschweigend angenommenen Ermittlungsergebnis (hierzu → § 137 Rdn. 2 ff.) aufgrund neuer Erkenntnisse zu einer anderen Beurteilung, kann es den Berechtigten für nicht ermittelt erklären, sofern nicht bereits vorher der Berechtigte durch einen förmlichen – bindenden – Beschluss für

---

1 Anders Stöber, ZVG § 139 Rdn. 2.2.

ermittelt erklärt wurde. Der Eventualberechtigte kann die Ermittlung durch **sofortige Beschwerde** gegen den Beschluss angreifen, nicht jedoch durch Widerspruch gegen die Zuteilung an den Ermittelten.

An der weiteren Ausführung des Teilungsplans sind der ermittelte Berechtigte 4 und dessen Vertreter, die Eventualberechtigten und der vorherige Eigentümer des Grundstücks beteiligt. Sie sind daher zum Termin zu laden. Sollte eine Eventualzuteilung nach § 126 Abs. 1 unterblieben sein, sind alle nach dem Teilungsplan ausgefallenen Gläubiger zuzuziehen.

Im Termin können neue Widersprüche über die jetzt zu zahlenden Beträge erhoben werden. Erfolgt kein Widerspruch, ist dem ermittelten Berechtigten die Anweisung zur Auszahlung des hinterlegten Betrages zu erteilen bzw. falls der Ersteher nicht gezahlt hat, die Forderung gegen diesen endgültig zu übertragen. Hierbei ist unter Berücksichtigung der angemeldeten Kostenansprüche eines Vertreters des Berechtigten und des zum Aufgebot Ermächtigten zu entscheiden; soweit gegen diese kein Widerspruch vorliegt, werden die Kosten aus der Teilungsmasse vorweg entnommen.

3. Widerspruch

Liegt ein Widerspruch gegen den zugeteilten Betrag vor, ist die Terminsbestimmung auch dem Widersprechenden zuzustellen (Abs. 2 Satz 1). Dies kann mit der in § 137 Abs. 2 vorgeschriebenen Benachrichtigung verbunden werden. Die Monatsfrist für den Nachweis der Erhebung der **Widerspruchsklage** nach § 878 ZPO beginnt erst mit dem Termin (Abs. 2 Satz 2). Dies ist dadurch begründet, dass im Termin über den Widerspruch zu verhandeln ist (§ 115 Abs. 1 Satz 1) und der Widerspruch sich hierdurch möglicherweise erledigt.

4. Aufgebotsverfahren

Durch die Ausführung des Teilungsplans hat sich das Aufgebotsverfahren erledigt. Erlischt die Ermächtigung nach § 138 Abs. 2, ist das Verfahren einzustellen.

§ 140 »Aufgebotsverfahren; zuständiges Gericht«

(1) Für das Aufgebotsverfahren ist das Vollstreckungsgericht zuständig.

(2) Der Antragsteller hat zur Begründung des Antrags die ihm bekannten Rechtsnachfolger desjenigen anzugeben, welcher als letzter Berechtigter ermittelt ist.

(3) In dem Aufgebot ist der unbekannte Berechtigte aufzufordern, sein Recht innerhalb der Aufgebotsfrist anzumelden, widrigenfalls seine Ausschließung von der Befriedigung aus dem zugeteilten Betrag erfolgen werde.

(4) Das Aufgebot ist demjenigen, welcher als letzter Berechtigter ermittelt ist, den angezeigten Rechtsnachfolgern sowie dem Vertreter des unbekannten Berechtigten zuzustellen.

(5) Eine im Vollstreckungsverfahren erfolgte Anmeldung gilt auch für das Aufgebotsverfahren.

(6) Der Antragsteller kann die Erstattung der Kosten des Verfahrens aus dem zugeteilten Betrage verlangen.

I. Allgemeines

1   Ziel des Aufgebotsverfahrens ist die Ermittlung des unbekannten Berechtigten oder dessen Ausschluss von dem zugeteilten Betrag. Für das Aufgebotsverfahren des § 138 einschließlich der Zustellungen sind die allgemeinen Regelungen nach §§ 433 ff. FamFG maßgebend, soweit nicht § 140 etwas anderes bestimmt und soweit nicht landesrechtliche Regelungen die Art der Bekanntmachung des Aufgebots und die Aufgebotsfristen abweichend von §§ 435, 437 FamFG bestimmen (vgl. → § 12 EGZVG Rdn. 2).

II. Abweichungen und Ergänzungen

1. Zuständigkeit (Abs. 1)

2   **Sachlich** zuständig ist das Amtsgericht als Vollstreckungsgericht (Abs. 1 i.V.m. § 23a Abs. 1 Nr. 2, Abs. 2 Nr. 7 GVG). **Funktionell** zuständig ist der Rechtspfleger nach § 3 Nr. 1c RPflG. Ebenso wie die Vollübertragung für das gesamte Zwangsversteigerungsverfahren nach § 3 Nr. 1 Buchst. i RPflG ist der Rechtspfleger auch hier für das gesamte Verfahren zuständig.[1]

2. Antrag und Begründung (Abs. 2)

3   Der Antrag kann schriftlich oder zu Protokoll der Geschäftsstelle (§ 25 FamFG) unter Bezugnahme auf die aus den Verfahrensakten ersichtliche Ermächtigung gestellt werden. Besondere Nachweise zur Antragsberechtigung sind somit nicht vorzulegen. Im Antrag sind die bekannten Rechtsnachfolger desjenigen anzugeben, welcher als letzter Berechtigter ermittelt ist. Der Antragsteller hat keine

---

[1] Durch das Gesetz zur Reform des Verfahrens in Familiensachen und in den Angelegenheiten der freiwilligen Gerichtsbarkeit (FGG-Reformgesetz – FGG-RG) vom 17.12.2008 (BGBl I 2586) wurde das Aufgebotsverfahrens in die freiwillige Gerichtsbarkeit übertragen, § 23a Abs. 2 Nr. 7 GVG, §§ 433 ff. FamFG. Der Aufgebotstermin entfällt. Ansprüche und Rechte sind bis zu einem vom Gericht zu bestimmenden Zeitpunkt anzumelden. An die Stelle des Ausschlussurteils tritt ein Ausschließungsbeschluss, der nach den allgemeinen Regelungen mit der Beschwerde anfechtbar ist. Die Anfechtungsklage als bisherigen besonderen Rechtsbehelf gibt es nicht mehr.

Pflicht zur weiteren Ermittlung. Zur Begründung des Antrags genügt eine einfache Versicherung, dass weitere Rechtsnachfolger nicht bekannt sind. Das Vollstreckungsgericht kann vor Erlass des Ausschließungsbeschlusses eine Versicherung an Eides statt verlangen, § 439 Abs. 1 FamFG. Sind mehrere Eventualberechtigte ermächtigt worden, kann jeder von ihnen das Aufgebot beantragen. Mehrere Aufgebotsverfahren können verbunden werden, § 20 FamFG.[2]

Die Entscheidung über den Antrag ergeht durch gerichtliche Verfügung (nicht durch Beschluss nach § 38 FamFG).[3] Die Verfügung kann selbstständig nicht angefochten werden. Da der Rechtspfleger die Verfügung erlassen hat, dürfte die sofortige Erinnerung nach § 11 Abs. 2 RPflG gegeben sein.[4] Wird der Antrag abgelehnt, erfolgt dies durch Beschluss, § 38 Abs. 1 FamFG, hiergegen ist die **Beschwerde** gegeben, § 11 Abs. 1 RPflG, § 58 FamFG innerhalb einer Frist von 1 Monat, § 63 Abs. 1 FamFG.[5]   4

3. Inhalt des Aufgebots (Abs. 3)

Nach § 434 Abs. 2 FamFG ist in das Aufgebot insbesondere aufzunehmen a) die Bezeichnung des Antragstellers, b) die Bezeichnung der Rechtsnachteile, die eintreten, wenn die Anmeldung unterbleibt und c) die Aufforderung nach Abs. 3 und die hier umschriebene Androhung. Die Ansprüche, die durch den Ausschließungsbeschluss ausgeschlossen werden sollen, müssen im Aufgebot genau bezeichnet werden, damit der Unbekannte erkennen kann, dass es sich um sein Recht handelt.   5

4. Bekanntmachung und Frist

Falls nach § 12 EGZVG keine länderrechtlichen Sonderregelungen gegeben sind, gelten für die Bekanntmachung §§ 433 ff. FamFG. Nach § 437 FamFG müssen zwischen dem Tag, an dem das Aufgebot erstmalig in einem Informations- und Kommunikationssystem oder im Bundesanzeiger veröffentlicht wird, und dem Anmeldezeitpunkt ein Zeitraum (Aufgebotsfrist) von mindestens sechs Wochen liegen.   6

5. Zustellung (Abs. 4)

Neben der öffentlichen Bekanntmachung ist die Zustellung des Aufgebots erforderlich. Die Zustellung erfolgt nach den grundsätzlichen Regeln der ZPO.   7

6. Anmeldung (Abs. 5)

Eine Anmeldung, die nach dem Anmeldezeitpunkt, jedoch vor dem Erlass des Ausschließungsbeschlusses erfolgt, ist als rechtzeitig anzusehen, § 438 FamFG. Abs. 5 regelt ergänzend hierzu, dass die im Vollstreckungsverfahren erfolgte Anmeldung auch für das Aufgebotsverfahren gilt. Keine Anmeldung bedarf es bei Ansprüchen, die bereits von Amts wegen zu berücksichtigen sind.[6]   8

---

2 *Dutta* in Bork/Jacoby/Schwab, § 433 Rdn. 11; Zöller/*Geimer*, § 20 FamFG Rdn. 1.
3 *Dutta* in Bork/Jacoby/Schwab, § 434 Rdn. 10; Zöller/*Geimer*, § 434 FamFG Rdn. 3.
4 *Dutta* in Bork/Jacoby/Schwab, § 434 Rdn. 14; Zöller/*Geimer*, § 434 FamFG Rdn. 3, Anfechtung ist ausgeschlossen.
5 Zöller/*Geimer*, § 434 FamFG Rdn. 3 i.V.m. vor § 433 FamFG Rdn. 13.
6 A.A. Steiner/*Teufel*, § 140 Rdn. 17.

7. Kosten (Abs. 6)

9 Die gerichtlichen Kosten des Aufgebotsverfahrens werden wegen der Selbstständigkeit des Verfahrens nicht durch die Gebühren für das Zwangsversteigerungsverfahren abgegolten. Die Kosten hat der Antragsteller zu tragen.

III. Ausschließungsbeschluss

10 Ohne besondere Regelung im ZVG gilt im Falle einer Anmeldung § 440 FamFG. Erfolgt somit eine Anmeldung und meldet sich jemand mit der Behauptung, dass er der unbekannte Berechtigte sei, kann das Vollstreckungsgericht entweder das Aufgebotsverfahren bis zur endgültigen Entscheidung über das angemeldete Recht aussetzen oder im Ausschließungsbeschluss das angemeldete Recht vorbehalten. Die Entscheidung über das behauptete materielle Recht ist nicht Aufgabe des Aufgebotsverfahrens. Sofern die Anmeldung nicht von allen betroffenen Beteiligten als begründet anerkannt wird (dann hätte sich das Aufgebotsverfahren erledigt), wird regelmäßig der Ausschließungsbeschluss unter Vorbehalt der angemeldeten Rechte erlassen.

11 Der Ausschließungsbeschluss (§ 439 FamFG) wird nach Ablauf der Aufgebotsfrist (§ 437 FamFG) erlassen. Der Beschlusstenor hat die angedrohten Rechtsnachteile § 434 Abs. 2 Nr. 3 FamFG, § 140 Abs. 3 ZVG) zu enthalten. Zum Verfahren selbst und zum Rechtsmittel vgl. die einschlägigen FamFG-Kommentare.

§ 141 »Ausführung des Teilungsplanes nach Ausschließungsbeschluss«

¹Nach der Erlassung des Ausschließungsbeschlusses hat das Gericht einen Termin zur weiteren Ausführung des Teilungsplans zu bestimmen. ²Die Terminsbestimmung ist dem Antragsteller und den Personen, welchen Rechte in dem Urteile vorbehalten sind, dem Vertreter des unbekannten Berechtigten sowie demjenigen zuzustellen, welcher zur Zeit des Zuschlags Eigentümer des Grundstücks war.

I. Allgemeines

Ist es zu einem Ausschließungsbeschluss gekommen, muss das Vollstreckungsgericht für die Verteilung von Amts wegen einen Termin zur weiteren Ausführung des Teilungsplans bestimmen. Die weitere Ausführung des Teilungsplans erfolgt in Fortsetzung des Zwangsversteigerungsverfahrens, nicht im Aufgebotsverfahren. Die Terminsbestimmung wird nicht durch Anheftung an die Gerichtstafel (schwarzes Brett oder sog. Glaskasten) oder auf sonstige Weise (z.B. Veröffentlichung im Internet) öffentlich bekannt gemacht.[1]   1

II. Verteilung

1. Beteiligte

In dem Verfahren zur weiteren Ausführung des Teilungsplans sind beteiligt: der Antragsteller, die Personen, denen Rechte nach § 440 FamFG im Ausschließungsbeschluss vorbehalten sind, der Vertreter des unbekannten Berechtigten und der ehemalige Eigentümer im Zeitpunkt des Zuschlags.   2

2. Verfahren im Verteilungstermin

Die Terminsbestimmung ist allen Beteiligten zuzustellen. Im Verteilungstermin, der mit Blick auf § 439 Abs. 2 FamFG erst nach Rechtskraft des Ausschließungsbeschlusses stattfinden sollte, ist auf der Grundlage des Ausschließungsbeschlusses entweder ein Teilungsplan über den dem unbekannten Berechtigten zugeteilten Betrag aufzustellen oder der ursprüngliche Plan ist entsprechend zu korrigieren.   3

Wenn im Verteilungstermin der Berechtigte von allen Beteiligten anerkannt wird, ist ihm der zu verteilende Betrag anzuweisen. Der hinterlegte Betrag ist auf den Anspruch desjenigen zuzuteilen, der den Ausschließungsbeschluss erwirkt hat, zuzüglich der ihm zu erstattenden Kosten des Verfahrens. Die gerichtlichen Verfahrenskosten und die Gebühren und Auslagen des Vertreters nach § 135 sind vorweg zu begleichen. Wird der hinterlegte Betrag nicht in voller Höhe ausbezahlt, bleibt es für den restlichen Betrag bei den im ursprünglichen Teilungsplan festgelegten Bestimmungen. Hat der Ersteher den Erlös nicht gezahlt und wurde die Forderung gegen den Ersteher nach §§ 118, 126 Abs. 2 Satz 2 übertragen, ist die Sicherungshypothek nach § 128 nach dem Rang der verschiedenen Ansprüche aufzuteilen: vorrangig stehen die gerichtlichen Kosten der Nachtragsverteilung, nachrangig die Kosten des Vertreters, danach die dem Eventualberechtigten durch das Aufgebotsverfahren erwachsenen Kosten und letztlich erst der Hauptan-   4

---

1   *Stöber*, ZVG § 141 Rdn. 2.2.

spruch. Für die erforderliche Grundbuchberichtigung bei der Sicherungshypothek ist das Grundbuchamt von Amts wegen zu ersuchen.

3. Vorbehaltene Rechte

5   Wurden im Ausschließungsbeschluss Rechte vorbehalten, ist hierüber im Verteilungstermin zu verhandeln, da der Vorbehalt wie ein **Widerspruch** wirkt, § 115. Ein neu aufzustellender Teilungsplan kann zunächst nicht ausgeführt werden, der zu verteilende Betrag wird demjenigen zugeschrieben, der den Ausschließungsbeschluss erwirkt hat. Dieser Berechtigte muss seine Rechte nach § 878 ZPO durch Klage weiterverfolgen. Der Widersprechende muss ohne Aufforderung innerhalb der Monatsfrist den Nachweis erbringen, dass er die Widerspruchsklage erhoben hat (§ 253 ZPO). Die Klage muss zumindest beim Prozessgericht eingereicht sein und die Zustellung muss demnächst erfolgen.[2] Die Monatsfrist wird nur gewahrt, wenn der Widersprechende dem Vollstreckungsgericht innerhalb der Frist die Klageeinreichung (also die Fertigung der Klageschrift und deren Eingang bei Gericht) sowie das Vorliegen der Voraussetzungen für die Zustellung nachweist; als Nachweis der Klageeinreichung reicht es aus, wenn entweder eine mit einem anwaltlichen Beglaubigungsvermerk und der Eingangsbestätigung des Prozessgerichts versehene Kopie der Klageschrift eingereicht oder das genaue Aktenzeichen des Verfahrens mitgeteilt wird.[3] Erfolgt fristgerecht kein Nachweis der Klageerhebung, wird der Teilungsplan ohne Rücksicht auf das Recht des Widersprechenden ausgeführt. Derjenige, der den Ausschließungsbeschluss erwirkt hat, erhält den hinterlegten Betrag ausbezahlt, § 117 Abs. 3 bzw. die Forderung gegen den Ersteher mit der Sicherungshypothek wird ihm endgültig übertragen.

6   Der Vorbehalt ersetzt nur die Anmeldungen, nicht die Glaubhaftmachung. Ist derjenige, der den Anspruch für sich erhebt, nicht Beteiligter nach § 9 Nr. 1, verliert er die Eigenschaft eines Beteiligten, wenn er eine von ihm geforderte Glaubhaftmachung seines Anspruchs nicht erbringt, § 9 Nr. 2. In diesem Fall ist der Vorbehalt unbeachtet zu lassen.

---

2   BGH, NJW 1961, 1627; OLG Neustadt, NJW 1961, 1268; Steiner/*Eickmann*, § 115 Rdn. 75; *Stöber*, ZVG § 115 Rdn. 5.9.
3   BGH, Beschluss vom 11.6.2015, V ZB 160/14, Rpfleger 2016, 717.

§ 142 »Dreißigjährige Frist für hinterlegten Betrag«

¹In den Fällen des § 117 Abs. 2 und der §§ 120, 121, 124, 126 erlöschen die Rechte auf den hinterlegten Betrag mit dem Ablaufe von dreißig Jahren, wenn nicht der Empfangsberechtigte sich vorher bei der Hinterlegungsstelle meldet; derjenige, welcher zur Zeit des Zuschlags Eigentümer des Grundstücks war, ist zur Erhebung berechtigt. ²Die dreißigjährige Frist beginnt mit der Hinterlegung, in den Fällen der §§ 120, 121 mit dem Eintritt der Bedingung, unter welcher die Hinterlegung erfolgt ist.

I. Allgemeines

Nach § 382 BGB erlischt das Recht des Gläubigers auf den für ihn hinterlegten Betrag nach 30 Jahren, wenn sich der Gläubiger nicht vorher bei der Hinterlegungsstelle meldet. Das gilt auch, wenn der Schuldner auf das Recht der Rücknahme verzichtet hat. Dieselbe Regelung trifft § 1171 Abs. 3 BGB für die zu hinterlegenden Zinsen nach dem Ausschluss unbekannter Hypotheken- bzw. Grundschuldgläubiger. § 142 trifft eine vergleichbare Regelung für die im Verteilungsverfahren hinterlegten Beträge. Da der Versteigerungserlös Surrogat für das versteigerte Grundstück ist, wird das Recht auf den hinterlegten Betrag nach Fristablauf demjenigen zugesprochen, der zur Zeit der Zuschlagserteilung Eigentümer des Grundstücks war. Der Eventualberechtigte wird hierbei ausgeschlossen, er hat kein eigenes Anspruchsrecht, wenn der Erstberechtigte infolge des Ablaufs der 30-jährigen Frist mit seinem Anspruch auf den hinterlegten Betrag ausgeschlossen ist. 1

§ 142 bezieht sich jedoch nur auf den hinterlegten Betrag, nicht auf den Fall, in dem die Forderung gegen den Ersteher Gegenstand der Erlösverteilung ist. Hier findet die gesetzliche Verjährungsregelung zu Forderungen (§§ 195 ff. BGB) bzw. das Aufgebot der Sicherungshypothek nach §§ 1170 ff. BGB Anwendung.[1] 2

II. Erlöschen der Rechte aus der Hinterlegung

1. Anwendungsbereich

In Betracht kommen Hinterlegungen, die erforderlich werden: 3

a) weil die Auszahlung an den Berechtigten nicht erfolgen kann, § 117 Abs. 2 (dazu → § 117 Rdn. 33, 34);
b) weil der zu teilende Betrag aufschiebend bedingt ist oder für einen Anspruch als aufschiebend bedingt gilt, §§ 120, 14;
c) weil bei dem Berechtigten aus einem Recht nach § 92 Abs. 2 die Zuteilung in Form einer Rentenzahlung nach § 121 gewährt wird;
d) weil ein Widerspruch vorliegt, § 124;
e) weil die Person des Berechtigten unbekannt ist, § 126.

2. Ausschlussfrist

Die 30-jährige Frist ist eine Ausschlussfrist. Gegen ihren Ablauf gibt es keine Wiedereinsetzung in den vorigen Stand. Die Frist beginnt grundsätzlich mit der Hinterlegung, in den Fällen der §§ 120, 121 mit dem Eintritt oder Ausfall der Be- 4

---

1 Steiner/*Teufel*, § 142 Rdn. 2.

dingung. In den Fällen einer Hinterlegung nach § 121 ist das Recht des Erstberechtigten nur dadurch bedingt, dass er die Fälligkeit der einzelnen Rentenzahlungen erlebt. Mit deren jeweiliger Fälligkeit beginnt für jede einzelne Rentenleistung die Ausschlussfrist gegen den Rentenberechtigten. Das Eventualrecht wird hinsichtlich dieser fällig gewordenen Renten wirksam. Fällt dagegen das Recht auf den Anspruch selbst weg (z.b. infolge des Todes des Erstberechtigten) beginnt jetzt für die bis dahin noch nicht fällig gewordenen Beträge die Ausschlussfrist gegen den Eventualberechtigten.

3. Rechtsverlust des Berechtigten

5   Wer innerhalb von 30 Jahren den ihm zustehenden Betrag nicht in Anspruch genommen hat, verliert jegliches Recht hierauf, auch ein Anspruch aus ungerechtfertigter Bereicherung gegen den Eigentümer oder den Fiskus ist dann ausgeschlossen. Er kann sein Recht nur dadurch erhalten, dass er sich innerhalb der Frist in den Fällen (s. zuvor → Rdn. 3) a)–c) bei der Hinterlegungsstelle, in den Fällen d) und e) beim Vollstreckungsgericht als Berechtigter meldet.

4. Recht des Eigentümers

6   Nach Ablauf der 30-jährigen Ausschlussfrist fällt das Recht auf den hinterlegten Betrag an denjenigen, der im Zeitpunkt der Zuschlagserteilung Eigentümer des Grundstückes war. Zur Auszahlung des Betrages muss er die Tatsache und den Fristablauf nachweisen, in den Fällen der §§ 120, 121 muss er somit den Eintritt der Bedingung, unter der die Hinterlegung erfolgt ist, nachweisen. Nach Ablauf eines weiteren Jahres erlischt auch dieses Recht, der hinterlegte Betrag gebührt danach dem Fiskus.[2]

---

2   Zur Aufhebung der Hinterlegungsordnung zum 30.11.2010 (Art. 17 Abs. 2 des 2. BMJBerG – BGBl I 2614) *Rückheim*, Rpfleger 2010, 1; *Rellermeyer*, Rpfleger 2010, 129. Jedes Bundesland hat nunmehr eine eigene Hinterlegungsordnung (HintO), die aber weitgehend deckungsgleich sind. Zum Hinterlegungsrecht in Bayern: *Wiedemann/Armbruster*, Rpfleger 2011, 1. Z.B. lautet Art. 25 Abs. 1 des Bayerischen Hinterlegungsgesetz (BayHintG) vom 23. November 2010: *... ist die Herausgabe des hinterlegten Gegenstands nach Ablauf von 31 Jahren ausgeschlossen, wenn nicht der Hinterlegungsstelle zum Zeitpunkt des Fristablaufs ein begründeter Antrag auf Herausgabe vorliegt.*

§ 143 »Außergerichtliche Einigung über Erlösverteilung«

Die Verteilung des Versteigerungserlöses durch das Gericht findet nicht statt, wenn dem Gerichte durch öffentliche oder öffentlich beglaubigte Urkunden nachgewiesen wird, daß sich die Beteiligten über die Verteilung des Erlöses geeinigt haben.

I. Allgemeines

Abweichend von der gerichtlichen Erlösverteilung (in der gerichtlichen Praxis der Regelfall[1]) ist diese ausgeschlossen, wenn: 1

a) der Nachweis erfolgt, dass sich die Beteiligten über die Verteilung geeinigt haben (§ 143);

b) nachgewiesen wird, dass der Ersteher (der für mithaftend erklärte Bürge) die anspruchsberechtigten Beteiligten gezahlt hat oder er von diesen Beteiligten als alleiniger Schuldner angenommen worden ist (§ 144).

In beiden Fällen entfällt die gerichtliche Erlösverteilung. Das Vollstreckungsgericht hat nur noch eine geringe Tätigkeit zu entfalten (s. § 145). Entsprechend mindert sich die gerichtliche Verfahrensgebühr (s. GKG KV 2216). Andererseits geht dieser Vorteil durch die Gebühr für die vorzulegenden Urkunden in öffentlicher oder öffentlich beglaubigter Form wieder verloren. Die Verfahren nach §§ 143, 144 haben keine große praktische Bedeutung erlangt. Beide Verfahrensmöglichkeiten sind in der Zwangsverwaltung entsprechend anwendbar (§ 146 Abs. 1). 2

II. Verfahren

1. Einigung

Gegenstand der Einigung ist der Zwangsversteigerungserlös einschließlich eines gem. § 65 erzielten Betrages (§ 107 Abs. 1), aber nach Abzug der gem. § 109 Abs. 1 vorweg zu entnehmenden Kosten, also der in § 109 Abs. 2 genannte Überschuss. Die Einigung muss sich über diesen gesamten Überschussbetrag erstrecken[2], eine teilweise Einigung ersetzt nicht die gerichtliche Erlösverteilung. 3

Eine von den gesetzlichen Vorschriften abweichende Verteilung kommt durch Zustimmung der Beteiligten zustande. Es muss jedoch stets eindeutig erkennbar sein, wem welcher Betrag zukommen soll. 4

Verteilt wird der vom Ersteher gezahlte Betrag oder die Forderung gegen ihn. Eine Forderungsübertragung durch das Vollstreckungsgericht findet nicht statt. Ein **Forderungsübergang** durch Einigung der Anspruchsberechtigten mit dem Schuldner ist möglich, eine dingliche Sicherung durch Eintragung eines Grundpfandrechts muss jedoch rechtsgeschäftlich erfolgen. 5

2. Beteiligte

Neben dem Schuldner sind an der Einigung diejenigen beteiligt, die einen Anspruch auf Befriedigung aus dem Erlös haben[3], somit z.B. nicht Mieter und Päch- 6

---

1 Hierzu *Hornung*, Rpfleger 1972, 203.
2 A.A. *Stöber*, ZVG § 143 Rdn. 2.3, der auch die Gerichtskasse in die Einigung einbezieht.
3 Nach dem Gesetzeswortlaut geht es um die „Verteilung des Erlöses"; a.A. *Stöber*, ZVG § 143 Rdn. 2.3, der auch die Einigungserklärung der ausfallenden Gläubiger fordert.

ter. Zu den Beteiligten gehört auch derjenige, der das angemeldete Recht noch glaubhaft zu machen hat, §§ 145, 105 Abs. 2 Satz 2. Ebenfalls zu den Beteiligten gehören diejenigen, die ein aus dem Grundbuch erkennbares oder angemeldetes Recht an einem Recht haben (z.b. Nießbrauch oder Pfandrecht an einem Recht). Eine gegenseitige Anerkennung als Beteiligter ist nicht ausreichend. An der Einigung zu beteiligen ist auch der Ersteher, da mit ihm Zahltag und Zahlungsweise zu vereinbaren sind.

3. Nachweis der Einigung

7 Der Nachweis der Einigung ist dem Vollstreckungsgericht in öffentlicher oder öffentlich beglaubigter Urkunde vorzulegen. Die Vollmacht eines Vertreters bedarf ebenfalls dieser Form. Zur Legitimation sind bei Briefrechten der Brief vorzulegen und auch eventuelle Abtretungserklärungen (§ 1155 BGB). Von wem die entsprechenden Erklärungen dem Vollstreckungsgericht vorgelegt werden, ist unerheblich.

4. Zeitpunkt der Einigung

8 Das Gesetz lässt offen, bis zu welchem Zeitpunkt eine Einigung dem Vollstreckungsgericht vorzulegen ist. Spätester Zeitpunkt dürfte jedoch die Ausführung des Teilungsplans sein, da zeitlich danach das Vollstreckungsgericht über den Erlös bereits verfügt hat.[4]

5. Tätigkeit des Vollstreckungsgerichts

9 Das Vollstreckungsgericht hat zu prüfen, ob die Erklärungen aller Beteiligten in der erforderlichen Form vorliegen und ob sich die Beteiligten und eventuelle Vertreter ausreichend legitimiert haben. Die Einigung muss den gesamten Erlösüberschuss (§ 109 Abs. 2) erfassen. Fehlende Nachweise oder Zustimmungen können mittels einer Verfügung unter Fristsetzung angefordert werden.

10 Im Falle einer wirksamen Einigung findet kein Verteilungstermin statt, ein bereits anberaumter Termin ist unter Angabe des Grundes aufzuheben. Die weitere Tätigkeit des Vollstreckungsgerichts ergibt sich aus § 145. Aus Gründen der Rechtssicherheit wird das Vollstreckungsgericht das Ergebnis seiner Prüfung durch einen **förmlichen Beschluss** feststellen und den betroffenen Beteiligten und dem Ersteher bekannt machen.[5] Kommt das Vollstreckungsgericht zum Ergebnis, dass die Voraussetzungen des § 143 nicht gegeben sind, oder beanstandete Hindernisse nicht behoben werden, ist ein Verteilungstermin zu bestimmen bzw. ein bereits bestimmter Termin ist durchzuführen. Ein Feststellungsbeschluss ist mit sofortiger Beschwerde, § 793 ZPO anfechtbar, falls eine vorherige Anhörung der Beteiligten stattgefunden hat, andernfalls mit der **unbefristeten Erinnerung** nach § 766 ZPO.

6. Verfahrenskosten

11 Die unter § 109 Abs. 1 fallenden Verfahrenskosten sind nicht Gegenstand der Einigung, sie sind von Amts wegen aus der Teilungsmasse vorweg zu entnehmen. Dieser Betrag ist daher vom Ersteher an das Vollstreckungsgericht zu zahlen. Hierfür ist jedoch kein Verteilungstermin zu bestimmen. Zahlt der Ersteher diesen

---

4 So auch *Stöber*, ZVG § 143 Rdn. 2.3.
5 Steiner/*Teufel*, § 143 Rdn. 19; a.A. *Stöber*, ZVG § 143 Rdn. 2.5.

Betrag nicht, ist die Forderung gegen den Ersteher zu übertragen (§ 118) und die Eintragung einer Sicherungshypothek (§ 128) im Grundbuch zu ersuchen (§ 130).[6]

7. Geleistete Sicherheit

Für eine im Versteigerungstermin geleistete Sicherheit des Bieters (§ 70 Abs. 2) gilt § 107 Abs. 3 nicht, dieser Teilbetrag gilt als nicht gezahlt. Die Sicherheit haftet den Beteiligten nach Maßgabe des Ranges ihrer Ansprüche. Der Ersteher muss dulden, dass sich die Beteiligten aus der Sicherheit befriedigen, soweit ihnen daran gem. §§ 401, 1250 Abs. 1, § 1273 Abs. 2 BGB ein Pfandrecht zusteht und soweit die Einigung der Beteiligten nicht etwas anderes bestimmt. Mit dem Nachweis der Einigung der Beteiligten verliert das Vollstreckungsgericht die Befugnis, über die geleistete Sicherheit zu verfügen. Es hat die Verfahrenskosten nach § 109 Abs. 1 der geleisteten Sicherheit zu entnehmen und unter Bezeichnung der Empfangsberechtigten die restliche Sicherheit freizugeben. Diese haben ihre Empfangsberechtigung der Hinterlegungsstelle nachzuweisen. Zur Klarheit sollte die Behandlung der geleisteten Sicherheit in die Einigung einbezogen werden.

12

8. Wirkung der Einigung

Eine ausdrückliche gesetzliche Regelung über die Wirkung der Einigung gibt es nicht. In entsprechender Anwendung von § 144 ist auch im Anwendungsbereich des § 143 davon auszugehen, dass ein Beteiligter, wenn er sich außergerichtlich mit der Forderung gegen den Ersteher mit oder ohne Sicherungshypothek dafür abfinden lässt, als aus dem Grundstück befriedigt anzusehen ist.

13

---

6 Steiner/*Teufel*, § 143 Rdn. 24.

§ 144 »Außergerichtliche Befriedigung der Berechtigten«

(1) ¹Weist der Ersteher oder im Falle des § 69 Abs. 3 der für mithaftend erklärte Bürge dem Gerichte durch öffentliche oder öffentlich beglaubigte Urkunden nach, daß er diejenigen Berechtigten, deren Ansprüche durch das Gebot gedeckt sind, befriedigt hat oder daß er von ihnen als alleiniger Schuldner angenommen ist, so sind auf Anordnung des Gerichts die Urkunden nebst der Erklärung des Erstehers oder des Bürgen zur Einsicht der Beteiligten auf der Geschäftsstelle niederzulegen. ²Die Beteiligten sind von der Niederlegung zu benachrichtigen und aufzufordern, Erinnerungen binnen zwei Wochen geltend zu machen.

(2) Werden Erinnerungen nicht innerhalb der zweiwöchigen Frist erhoben, so beschränkt sich das Verteilungsverfahren auf die Verteilung des Erlöses aus denjenigen Gegenständen, welche im Falle des § 65 besonders versteigert oder anderweit verwertet worden sind.

I. Allgemeines

1   Neben der Möglichkeit einer außergerichtlichen Einigung über die Erlösverteilung nach § 143 bietet § 144 eine weitere Abweichung, wenn nachgewiesen wird, dass der Ersteher (der für mithaftend erklärte Bürge) die anspruchsberechtigten Beteiligten gezahlt bzw. befriedigt hat oder er von diesen Beteiligten als alleiniger Schuldner angenommen worden ist. In diesem Fall entfällt die gerichtliche Erlösverteilung (grundsätzlich hierzu → § 143 Rdn. 1).

II. Außergerichtliche Verteilung

1. Gegenstand

2   Gegenstand der außergerichtlichen Verteilung ist der Zwangsversteigerungserlös mit den Zinsen nach § 49 Abs. 2, aber nach Abzug der gem. § 109 Abs. 1 vorweg zu entnehmenden Kosten, also der in § 109 Abs. 2 genannte Überschuss. Die Verfahrenskosten nach § 109 Abs. 1 hat der Ersteher zu zahlen, falls sie nicht einer geleisteten Sicherheit entnommen werden können (hierzu → § 143 Rdn. 12). Die außergerichtliche Verteilung muss den gesamten Erlösüberschuss erfassen, ein teilweises Verfahren gem. § 144 und im Übrigen eine gerichtliche Verteilung ist gesetzlich nicht vorgesehen. Nur der sich in einem Verfahren gem. § 65 ergebende Erlös unterliegt der gerichtlichen Verteilung, sofern sich die Beteiligten hierüber nicht in einem Verfahren gem. § 143 geeinigt haben.

2. Initiativrecht

3   Die Initiative eines Verfahrens gem. § 144 liegt beim Ersteher oder dem für mithaftend erklärten Bürgen. Im Falle der verdeckten Vertretung (§ 81 Abs. 3) oder der Abtretung der Rechte aus dem Meistgebot (§ 81 Abs. 2) ist dieses Recht auch dem für mithaftend erklärten Meistbietenden (§ 81 Abs. 3, § 82) zuzugestehen.[1]

3. Nachweise

4   Der Ersteher (Bürge, Meistbietender) hat dem Vollstreckungsgericht mitzuteilen, dass ein gerichtliches Verteilungsverfahren sich durch außergerichtliche Ver-

---

1   So auch Steiner/*Teufel*, § 144 Rdn. 5; *Stöber*, ZVG § 144 Rdn. 2.2.

teilung erledigt hat. In öffentlicher oder öffentlich beglaubigter Form ist nachzuweisen, dass die anspruchsberechtigten Beteiligten befriedigt sind oder dass sie ihn als alleinigen Schuldner angenommen haben. Aus der Erklärung des Beteiligten müssen sich Betrag und Befriedigungszeitpunkt ergeben; wie die Befriedigung erfolgt ist, ist unerheblich (durch Zahlung, Aufrechnung, Verzicht etc.). Der Nachweis der Befriedigung des Erstehers bedarf nicht der in Abs. 1 Satz 1 bezeichneten Form.

4. Beteiligte am Verfahren

Obwohl im Rahmen der außergerichtlichen Befriedigung über die Forderung des Schuldners gegen den Ersteher verfügt wird, bedarf es hierfür **nicht der Zustimmung des Schuldners**. Bei der Vereinbarung zwischen Ersteher und einem Anspruchsberechtigten muss daher feststehen, dass der Berechtigte auch tatsächlich einen Anspruch aus dem Erlös hat. Befriedigungserklärungen der Gläubiger setzen nur existent gewordene Forderungen voraus, nicht deren Fortbestehen.[2] Ist das der Fall, kann der Schuldner auch nicht widersprechen. Seine Rechte sind durch die Möglichkeit der Erinnerung mit anschließender gerichtlicher Verteilung ausreichend gewahrt (nachfolgend → Rdn. 13).

Der Kreis der Beteiligten ist wesentlich enger gefasst als im Fall einer Einigung nach § 143. Hier kommen nur die Beteiligten in Betracht, die bei der gerichtlichen Verteilung auch einen Anspruch aus dem Erlös erhalten hätten. Grundsätzlich ist es Aufgabe des Erstehers, den Kreis der Beteiligten festzustellen. Allerdings wird das Vollstreckungsgericht hierbei auf Nachfrage behilflich sein. Auch Ansprüche gem. § 37 Nr. 5 sind zu beachten. Ist der Betrag des **Dritteigentümers,** den er verlangen kann, umstritten (dürfte der Regelfall sein), wird der Ersteher sich auf ein Verfahren nach § 144 nicht einlassen. Ergibt sich ein **Erlösüberschuss,** hat der Ersteher vor der Auszahlung an den Schuldner (bisherigen Eigentümer) zu prüfen, ob verspätete Anmeldungen (§ 37 Nr. 4, § 110) vorliegen, die allen anderen Beteiligten im Range nachgehen, dem Erlösüberschuss des Schuldners jedoch vorgehen.

5. Vereinbarung nach § 91 Abs. 2

Die außergerichtliche Befriedigung der Berechtigten schließt eine Vereinbarung über das Bestehenbleiben eines durch den Zuschlag erloschenen Rechts nach § 91 Abs. 2 mit den in Abs. 3 bezeichneten Rechtswirkungen nicht aus.

6. Wirkung

Die Befriedigung des Berechtigten oder eine Annahme des Erstehers als alleiniger Schuldner hat zur Folge, dass der persönliche Schuldner von seiner Schuld befreit wird und sich eine Mitverpflichtung Dritter (z.B. eines Bürgen) erledigt; sie können sich darauf berufen, auch wenn sie nicht Beteiligte des Verfahrens nach § 9 sind.

---

2   OLG Köln, Rpfleger 1981, 121.

III. Aufgabe des Vollstreckungsgerichts

1. Prüfungsumfang

9 Um seiner Prüfungspflicht ordnungsgemäß nachzukommen, wird das Vollstreckungsgericht einen **Kontrollteilungsplan** aufstellen. Wegen der Zinspflicht nach § 49 Abs. 2 muss ein Befriedigungstag angenommen werden (stimmt dieser mit dem Tag der tatsächlichen Befriedigung nicht überein, sind die Zinsen neu zu berechnen und zwar jeweils getrennt nach der jeweiligen Befriedigung eines entsprechenden Anspruchs[3]).

10 Die Aufgaben des Vollstreckungsgerichts beziehen sich auf:

a) Prüfung, ob die Personen, die die Erklärungen abgegeben haben, auch materiell Anspruchsberechtigte sind;

b) Prüfung, ob sich der Anspruchsberechtigte ausreichend legitimiert hat (Vorlage des Briefes, Abtretungserklärung);

c) Prüfung der Vollzähligkeit der Erklärungen, da § 144 nur dann zur Anwendung kommt, wenn die Erklärungen sämtlicher Beteiligter vorliegen, die anspruchsberechtigt sind;

d) Prüfung der Vorlage formgerechter Erklärungen (öffentliche oder öffentlich beglaubigte, dies gilt auch für eine Vollmacht).

11 Fehlende Nachweise oder Zustimmungen können mittels einer Verfügung vom Ersteher unter Fristsetzung angefordert werden. Steht fest, dass ein Mangel nicht oder nicht in absehbarer Zeit behoben werden kann, hat das Vollstreckungsgericht dies durch Beschluss festzustellen und einen Termin zur Erlösverteilung anzuberaumen bzw. einen bereits anberaumten Termin durchzuführen.

2. Niederlegung der Erklärungen

12 Liegen sämtliche Erklärungen formgerecht vor, hat das Vollstreckungsgericht die Erklärung des Erstehers mit den Urkunden zur Einsichtnahme der Beteiligten auf der Geschäftsstelle niederzulegen (Abs. 1 Satz 1); eines förmlichen Beschlusses hierüber bedarf es nicht[4]. Von der Niederlegung sind sämtliche Beteiligte (auch die ausfallenden und die, die ihr Recht noch glaubhaft zu machen haben, § 145, § 105 Abs. 2 Satz 2) zu benachrichtigen mit der Aufforderung, eventuelle **Erinnerungen** binnen 2 Wochen zu erheben (Abs. 1 Satz 2).

3. Aufhebung des Verteilungstermins

13 Hält das Vollstreckungsgericht den Nachweis gem. Abs. 1 für erbracht, hat es einen innerhalb der Erinnerungsfrist (zuvor → Rdn. 19) liegenden Verteilungstermin aufzuheben und die Beteiligten hiervon zu benachrichtigen. Ist der Verteilungstermin so weit im Voraus terminiert, dass für die Benachrichtigung der Beteiligten von der Aufhebung des Termins auch nach Ablauf der Erinnerungsfrist noch genügend Zeit zur Verfügung steht, empfiehlt sich, die Aufhebung des anberaumten Termins erst nach Fristablauf vorzunehmen, vorausgesetzt, Erinnerungen werden nicht erhoben.

---

3 So auch *Stöber*, ZVG § 144 Rdn. 2.5.
4 Steiner/*Teufel*, § 144 Rdn. 14.

Unschädlich sind unzulässige Erinnerungen (z.b. verspätet, der Erinnerungsführer ist kein Beteiligter); sie sind durch Beschluss zurückzuweisen. Hiergegen ist die **sofortige Beschwerde** gegeben. 14

Werden Erinnerungen nicht erhoben, sind die Beteiligten nach Ablauf der Erinnerungsfrist hiervon zu unterrichteten. 15

Einer geleisteten Bietsicherheit sind die **Kosten des Verfahrens** nach § 109 Abs. 1 vorweg zu entnehmen, der Restbetrag ist dem Ersteher zurückzuzahlen, sofern sich nicht aus den Erklärungen der Beteiligten etwas anderes ergibt. Die Annahme des Erstehers zum alleinigen Schuldner schließt im Zweifel den Verzicht auf das Pfandrecht an der Sicherheit ein. 16

Die außergerichtliche Befriedigung ist für alle bindend, auch für die ausfallenden Beteiligten. Die Geltendmachung eines besseren Rechts durch Klage wird hierdurch jedoch nicht ausgeschlossen. 17

Dem Vollstreckungsgericht bleibt nur die Aufgabe, den Erlös aus einer gesonderten Versteigerung oder anderweitigen Verwertung einer Forderung oder einer beweglichen Sache (§ 65) in einem zu bestimmenden Verteilungstermin zu verteilen (Abs. 2). 18

IV. Erinnerung (Abs. 2)

1. Zulässigkeit

Nach der Niederlegung der Erklärungen nach Abs. 1 Satz 1 auf der Geschäftsstelle sind die Beteiligten zu benachrichtigen und aufzufordern, Erinnerungen geltend zu machen (Abs. 1 Satz 2). Die Frist zur Erhebung einer Erinnerung beginnt mit der Zustellung der Benachrichtigung an den Beteiligten, es ist keine Notfrist, sondern eine Ausschlussfrist; eine Wiedereinsetzung in den vorigen Stand ist ausgeschlossen. Auch eine Verlängerung oder Verkürzung der Frist ist nicht möglich, § 224 ZPO ist auf Ausschlussfristen nicht anwendbar.[5] 19

Die Erinnerung bedarf **keiner Begründung.** Ist sie zulässig, schließt sie eine außergerichtliche Befriedigung aus, die gerichtliche Verteilung ist durchzuführen.[6] Es ist ein Verteilungstermin nach § 105 zu bestimmen, der Grund für die Anberaumung des Termins ist in der Benachrichtigung aufzunehmen. Dem Ersteher ist mit der Terminladung die erhobene Erinnerung mitzuteilen; ihm bleibt die Möglichkeit, sich mit dem Erinnerungsführer außergerichtlich zu einigen und die erhobene Erinnerung damit hinfällig werden zu lassen. Der Erinnerungsführer kann seine Erinnerung bis zum Beginn der Ausführung der gerichtlichen Verteilung[7] mit der Wirkung zurücknehmen, dass sie nicht weiter zu beachten ist und die außergerichtliche Befriedigung maßgebend bleibt. Ist eine Erinnerung ihrem Inhalt nach **völlig grundlos,** hat das Vollstreckungsgericht hierauf hinzuweisen und die Rücknahme zu empfehlen, § 139 ZPO. Grundsätzlich jedoch muss es dabei bleiben, dass Erinnerung erhoben werden kann mit dem Ziel, die gerichtliche Verteilung durchzuführen, da hierauf jeder Berechtigte einen Anspruch hat. Der persönliche Grund, weshalb die Erinnerung erhoben wird, ist unerheblich; selbst die 20

---

5   Ebenso Steiner/*Teufel*, § 144 Rdn. 18; nach *Stöber*, ZVG § 144 Rdn. 2.9 wäre zwar eine Verkürzung der Frist mit Einverständnis aller Beteiligter zulässig, sollte jedoch besser unterbleiben.
6   OLG Hamm, Rpfleger 1970, 215; LG Lübeck, Rpfleger 1986, 235.
7   A.A. Steiner/*Teufel*, § 144 Rdn. 26, die Erinnerung kann nur während der Erinnerungsfrist selbst zurückgenommen werden.

Böswilligkeit eines Beteiligten oder des Schuldners nach § 226 BGB ist nicht vorwerfbar.[8]

2. Gerichtliche Verteilung

21 Kommt es zu einer gerichtlichen Verteilung, ist der Teilungsplan ohne Rücksicht auf die außergerichtliche Befriedigung aufzustellen. Bei der Ausführung des Plans ist jedoch eine nachgewiesene außergerichtliche Befriedigung oder die Annahme des Erstehers als alleiniger Schuldner zu berücksichtigen; andere Beteiligte können das nur durch Widerspruch gegen den Plan verhindern. Besteht Streit über die Befriedigung oder die Annahme des Erstehers als alleiniger Schuldner, ist dieser durch Klage des Erstehers gem. § 767 ZPO zu verfolgen; die Sicherungshypothek für die dem Berechtigten übertragene Forderung ist im Grundbuch einzutragen (§§ 118, 128).

3. Widerspruch

22 In der gerichtlichen Verteilung kann ein Beteiligter auch gegen den Anspruch eines vom Ersteher befriedigten Beteiligten Widerspruch erheben.[9] Gegner der Widerspruchsklage ist der Ersteher.[10] Wird der Widerspruch für begründet erklärt, muss der Ersteher nochmals zahlen und ist darauf angewiesen, einen gezahlten Betrag außerhalb der Zwangsversteigerung gegen den befriedigten Beteiligten durch eine Bereicherungsklage zurückzufordern.[11]

23 Die Ausführung des Teilungsplans beschränkt sich darauf, dass es bei der Erklärung des Erstberechtigten, dass er vom Ersteher befriedigt ist, verbleibt. Für den Fall, dass der Widerspruch begründet ist, wird die Forderung gegen den Ersteher in Höhe des streitigen Betrages dem Widersprechenden zugeteilt und übertragen (§ 118). Die Eintragung der Sicherungshypothek (§ 128) erfolgt für den Widersprechenden unter der Bedingung, dass der Widerspruch begründet ist.

---

8   LG Lübeck, Rpfleger 1986, 235, in diesem Fall war bereits die Grundbuchberichtigung nach § 130 erfolgt.
9   RGZ 101, 117.
10 BGH, NJW 1980, 2586 = Rpfleger 1980, 339.
11 Hierzu OLG Köln, Rpfleger 1983, 121.

§ 145 »Anzuwendende Vorschriften«

Die Vorschriften des § 105 Abs. 2 Satz 2 und der §§ 127, 130 bis 133 finden in den Fällen der §§ 143, 144 entsprechende Anwendung.

I. Allgemeines

Die Vorschrift befasst sich insbesondere mit der dem Vollstreckungsgericht 1 verbleibenden Tätigkeiten nach ordnungsgemäßer Durchführung eines Verfahrens gem. § 143 oder § 144. Es sind Tätigkeiten, die den Beteiligten nicht überlassen werden können.

II. Gerichtliches Verfahren

Als **Beteiligte** gelten in den Fällen der §§ 143, 144 auch die, welche ihr Recht 2 noch glaubhaft zu machen haben, § 105 Abs. 2 Satz 2 (hierzu → § 143 Rdn. 6 und → § 144 Rdn. 5).

Zur Legitimation hat der Gläubiger eines Grundpfandrechtes im Falle des 3 § 143 den **Brief** vorzulegen, im Fall des § 144 nur, soweit er auch tatsächlich anspruchsberechtigt ist oder wenn ein ausfallender Briefgrundpfandrechtsgläubiger Erinnerung erhebt. Im Übrigen siehe → § 127 Rdn. 2; Wortlaut der Vermerke auf dem Brief ist in der Verfahrensakte festzuhalten.

Vollstreckungstitel hat das Vollstreckungsgericht gem. § 127 Abs. 2 zu behan- 4 deln (s. dort → Rdn. 13). der Wortlaut eines Vermerks auf dem Titel ist in der Verfahrensakte festzuhalten.

Zum Ausschluss der Eintragung einer **Löschungsvormerkung** s. → § 130a 5 Rdn. 10 ff.

Das Vollstreckungsgericht hat auch in den Fällen der §§ 143, 144 nach Rechts- 6 kraft des Zuschlagsbeschlusses und vorliegen der Unbedenklichkeitsbescheinigung (→ § 130 Rdn. 25) um **Berichtigung des Grundbuches** zu ersuchen; § 130 Abs. 2 ist auch in diesem Fall anwendbar.

III. Zwangsvollstreckung gegen den Ersteher

Soweit der Ersteher **im Fall des § 143** nicht zahlt und die Forderung gegen ihn 7 auf die Berechtigten übergegangen ist, ist sie gegen ihn in derselben Weise vollstreckbar, als wäre sie durch das Vollstreckungsgericht übertragen worden. Die Zwangsvollstreckung erfolgt aufgrund der vollstreckbaren Ausfertigung des Zuschlagsbeschlusses. Eine Zwangsvollstreckung aus der Sicherungshypothek, wie in § 132 vorgesehen, kommt hier jedoch nicht in Betracht. Die Berechtigten können auch schon vor Eintragung des Erstehers die erneute Versteigerung (Wiederversteigerung) des Grundstücks ohne Zustellung des Titels oder der nach § 132 erteilten Vollstreckungsklausel betreiben, § 133. Hat der Ersteher rechtsgeschäftlich eine dingliche Sicherheit bestellt (→ § 143 Rdn. 5), gelten für die Zwangsvollstreckung hieraus keine Besonderheiten.

Im Verfahren nach § 144 kommt eine Zwangsvollstreckung nicht in Betracht, 8 soweit sich die Berechtigten für befriedigt erklärt haben. Wenn sie den Ersteher als alleinigen Schuldner angenommen haben, ist zu klären, ob damit die Zwangsvollstreckung gegen ihn auf bestimmte oder unbestimmte Zeit ausgeschlossen ist. Besagt die Urkunde hierüber nichts, ist der Ersteher für den Ausschluss der Vollstreckbarkeit beweispflichtig und muss im Streitfall seine Einwendungen durch

Vollstreckungsgegenklage (§ 767 ZPO) verfolgen. Ist die Vollstreckbarkeit in der Urkunde selbst ausgeschlossen, darf eine vollstreckbare Ausfertigung des Zuschlagsbeschlusses nicht erteilt werden.

IX. Grundpfandrechte in ausländischer Währung

§ 145a »Pfandrecht in ausländischer Währung«

Für die Zwangsversteigerung eines Grundstücks, das mit einer Hypothek, Grundschuld oder Rentenschuld in einer nach § 28 Satz 2 der Grundbuchordnung zugelassenen Währung belastet ist, gelten folgende Sonderbestimmungen:

1. Die Terminbestimmung muß die Angabe, daß das Grundstück mit einer Hypothek, Grundschuld oder Rentenschuld in einer nach § 28 Satz 2 der Grundbuchordnung zugelassenen Währung belastet ist, und die Bezeichnung dieser Währung enthalten.
2. In dem Zwangsversteigerungstermin wird vor der Aufforderung zur Abgabe von Geboten festgestellt und bekannt gemacht, welchen Wert die in der nach § 28 Satz 2 der Grundbuchordnung zugelassenen Fremdwährung eingetragene Hypothek, Grundschuld oder Rentenschuld nach dem amtlich ermittelten letzten Kurs in Euro hat. Dieser Kurswert bleibt für das weitere Verfahren maßgebend.
3. Die Höhe des Bargebots wird in Euro festgestellt. Die Gebote sind in Euro abzugeben.
4. Der Teilungsplan wird in Euro aufgestellt.
5. Wird ein Gläubiger einer in nach § 28 Satz 2 der Grundbuchordnung zulässigen Fremdwährung eingetragenen Hypothek, Grundschuld oder Rentenschuld nicht vollständig befriedigt, so ist der verbleibende Teil seiner Forderung in der Fremdwährung festzustellen. Die Feststellung ist für die Haftung mitbelasteter Gegenstände, für die Verbindlichkeit des persönlichen Schuldners und für die Geltendmachung des Ausfalls im Insolvenzverfahren maßgebend.

I. Allgemein

Die Vorschrift gilt für alle Verfahren nach dem ZVG, jedoch nicht für Schiffe und Schiffsbauwerke (hierzu § 168c und § 170a Abs. 2) und nicht für Luftfahrzeuge (hierzu § 171e). § 145a ist in vollstreckungsrechtlicher Ergänzung zu § 28 Satz 2 GBO für die Grundbucheintragung zu verstehen. Nr. 3 Satz 1 wurde geändert durch den am 1.8.1998 in Kraft getretenen Art. 1 des Gesetzes zur Änderung des Gesetzes über die Zwangsversteigerung und die Zwangsverwaltung und anderer Gesetze vom 18.2.1998 (BGBl I 866). Eine weitere Änderung erfolgte gem. Art. 20 Nr. 8 i.V.m. Art. 110 Abs. 1 des EGInsO vom 5.10.1994 (BGBl I 2911). Die Nr. 2, 3 und 4 wurden durch den am 1.1.2002 in Kraft getretenen Art. 5 des Siebten Gesetzes zur Änderung der Pfändungsfreigrenzen vom 13.12.2001 (BGBl I 3638) geändert.

Nach § 28 Satz 2 GBO sind im Grundbuch einzutragende Geldbeträge in inländischer Währung anzugeben; durch Rechtsverordnung des Bundesministeriums der Justiz im Einvernehmen mit dem Bundesministerium der Finanzen kann die Angabe in einer einheitlichen europäischen Währung, in der Währung eines Mitgliedstaates der Europäischen Union oder des Europäischen Wirtschaftsraums oder einer anderen Währung, gegen die währungspolitische Bedenken nicht zu erheben sind, zugelassen und, wenn gegen die Fortdauer dieser Zulassung währungspolitische Bedenken bestehen, wieder eingeschränkt werden. Dies gilt nicht nur für Grundpfandrechte, sondern auch für Reallasten. Nach der Verordnung über Grundpfandrechte in ausländischer Währung und in Euro (GrPfREuroV) vom 30.10.1997 (BGBl I 2683) können Grundpfandrechte und Reallasten (und Rentenschulden) neben dem Euro auch eingetragen werden in US-Dollar, Schweizer Franken und alle Währungen der EU-Länder (sofern dort nicht auch der Euro gilt).[1]

II. Auswirkungen auf die Zwangsversteigerung

3   Für die Zwangsversteigerung bestimmt § 145a, dass bereits in der Terminsbestimmung (§ 37) die Angabe enthalten sein muss, dass das Grundstück mit einem Grundpfandrecht oder einer Reallast in einer nach § 28 Satz 2 GBO zugelassenen Währung belastet ist; die Währung muss genau bezeichnet werden.

4   Vor der Aufforderung zur Abgabe von Geboten im Versteigerungstermin hat das Vollstreckungsgericht die Umrechnung in Euro vorzunehmen. Die **Umrechnung** erfolgt nach dem Kurswert am Tage des Versteigerungstermins; dieser Kurswert bleibt für das gesamte weitere Verfahren maßgebend. Der bar zu zahlende Teil des geringsten Gebots ist in Euro festzustellen, denn auch die Gebote sind in Euro abzugeben. Gebote in ausländischer Währung sind nicht unwirksam, sondern in Euro umzurechnen (der Bieter sollte den so errechneten Betrag bestätigen).

5   Der Teilungsplan ist ebenfalls in Euro aufzustellen (dies gilt gleichermaßen für die Zwangsverwaltung, § 158a).

6   Die Beträge, mit denen Berechtigte bei der Erlösverteilung ausfallen, sind wieder in Fremdwährung umzurechnen; hierbei ist derselbe Kurswert zu nehmen, der bereits zuvor für die Umrechnung maßgeblich war. Die Feststellung ist nach Nr. 5 Satz 2 für die Haftung mitbelasteter Grundstücke, für die Verbindlichkeit des persönlichen Schuldners und für die Geltendmachung des Ausfalls im Insolvenzverfahren bindend.

---

1   Vgl. *Demharter*, GBO § 28 Rdn. 29; *Rellermeyer*, Rpfleger 1999, 45 und 1999, 522; *Bestelmeyer*, Rpfleger 1999, 368 und 1999, 524.

DRITTER TITEL
Zwangsverwaltung

§ 146 »Anordnung der Zwangsverwaltung«

(1) Auf die Anordnung der Zwangsverwaltung finden die Vorschriften über die Anordnung der Zwangsversteigerung entsprechende Anwendung, soweit sich nicht aus den §§ 147 bis 151 ein anderes ergibt.
(2) Von der Anordnung sind nach dem Eingange der im § 19 Abs. 2 bezeichneten Mitteilungen des Grundbuchamts die Beteiligten zu benachrichtigen.

§ 23 ZwVwV Grundstücksgleiche Rechte
Die vorstehenden Bestimmungen sind auf die Zwangsverwaltung von Berechtigungen, für welche die Vorschriften über die Zwangsverwaltung von Grundstücken gelten, entsprechend anzuwenden.

§ 24 ZwVwV Nichtanwendbarkeit der Verordnung
(1) Die Vorschriften dieser Verordnung gelten nicht, falls der Schuldner zum Verwalter bestellt ist (§§ 150b bis 150e des Gesetzes über die Zwangsversteigerung und die Zwangsverwaltung).
(2) Die Vorschriften dieser Verordnung gelten ferner nicht, falls die durch §§ 150, 153, 154 des Gesetzes über die Zwangsversteigerung und die Zwangsverwaltung dem Gericht zugewiesene Tätigkeit nach landesgesetzlichen Vorschriften von einer landschaftlichen oder ritterschaftlichen Kreditanstalt übernommen worden ist.

§ 25 ZwVwV Übergangsvorschrift
In Zwangsverwaltungen, die bis einschließlich zum 31. Dezember 2003 angeordnet worden sind, findet die Verordnung über die Geschäftsführung und die Vergütung des Zwangsverwalters vom 16. Februar 1970 (BGBl. I S. 185), zuletzt geändert durch Artikel 9 des Gesetzes vom 13. Dezember 2001 (BGBl. I S. 3574), weiter Anwendung; jedoch richten sich die Vergütung des Verwalters und der Auslagenersatz für den ersten auf den 31. Dezember 2003 folgenden Abrechnungszeitraum nach den §§ 17 bis 22 dieser Verordnung.

§ 26 ZwVwV Inkrafttreten, Außerkrafttreten
Diese Verordnung tritt am 1. Januar 2004 in Kraft. Gleichzeitig tritt die Verordnung über die Geschäftsführung und die Vergütung des Zwangsverwalters vom 16. Februar 1970 (BGBl. I S. 185), zuletzt geändert durch Artikel 9 des Gesetzes vom 13. Dezember 2001 (BGBl. I S. 3574), außer Kraft.

Übersicht	Rdn.
I. Allgemein	1
1. Einleitung	1
2. Gegenstand	3
a) Allgemein	3
b) Grundstücke	4
c) Grundstücksbruchteile	5
3. Nießbrauch und sonstige Nutzungsrechte	7
a) Allgemein	7
b) Nießbrauch	8
aa) Kollisionsrecht	8
bb) Gegenüber Nießbrauch vorrangig	10
cc) Gegenüber Nießbrauch nachrangig	13
dd) Verfahren und Rechtsbehelfe	14

		c) Sonstige Nutzungsrechte	15
	4.	Verfügungsbeschränkungen	18
		a) Insolvenzverfahren	18
		b) Nachlass	24
		aa) Tod des Schuldners	24
		bb) Testamentsvollstrecker	27
		cc) Vor- und Nacherbschaft	28
		c) Auflassungsvormerkung	30
		d) Vorkaufsrecht	31
	5.	Andere Verwaltungen, Ersatz- oder Sicherungsmaßnahmen	32
		a) Allgemein	32
		b) Sicherungsmaßnahmen	33
		aa) Sicherungsmaßregeln und gerichtliche Verwaltung nach dem ZVG	33
		bb) Sequestration nach den Vorschriften der ZPO	34
		cc) Ersatzmaßnahmen	37
		c) Alternative Verwaltungsformen	38
		aa) Die außergerichtliche Institutsverwaltung	38
		bb) Die kalte Institutsverwaltung	39
		cc) Die kalte Zwangsverwaltung	40
	6.	Zwangsverwalterverordnung ab 1.1.2004	41
		a) Allgemein	41
		b) Entsprechende Anwendung	42
		c) Nichtanwendbarkeit	43
		d) Übergangsvorschriften	44
		aa) Allgemein	44
		bb) Vergütung	45
	7.	Kosten	46
		a) Gerichtskosten	46
		b) Rechtsanwaltskosten	48
II.	Anordnung der Zwangsverwaltung		51
	1.	Allgemein	51
	2.	Anwendbare Vorschriften (Abs. 1)	52
		a) Maßgebende Vorschriften	52
		b) Anordnung	53
		aa) Zuständigkeit	53
		bb) Antragsinhalt	55
		cc) Rechtsschutzbedürfnis	58
		dd) Anordnungsbeschluss	60
		ee) Verbindung von Verfahren	62
	3.	Rechtsbehelfe	63
III.	Benachrichtigung (Abs. 2)		64

I. Allgemein
1. Einleitung

1   Die Zwangsverwaltung[1] ist neben der Zwangsversteigerung und der Zwangssicherungshypothek eine **Maßregel der Zwangsvollstreckung** wegen Geldforderungen in das unbewegliche Vermögen, § 866 Abs. 1 ZPO (hierzu Einführung → Rdn. 65 ff.). Die Zwangsversteigerung hat die Verwertung und weitestmögliche Befriedigung des Gläubigers aus dem Erlös zum Ziel. Die Zwangssicherungshypothek ist lediglich eine Sicherungsmaßnahme. Die Zwangsverwaltung soll dem Gläubiger eine Befriedigung aus den Nutzungen und Erträgnissen des

---

1   *Molitor*, Internationale Zwangsverwaltung, ZfIR 2013, 836.

Grundstücks geben. Ein **Rechtsschutzbedürfnis** kann aber auch im Hinblick auf die Erhaltung, Sicherung und Verbesserung des Objektes anzuerkennen sein[2] (vgl. → § 152 Rdn. 10 ff.).

Zwangsversteigerung und Zwangsverwaltung können **gleichzeitig** von demselben oder verschiedenen Gläubigern beantragt werden (§ 866 Abs. 2 ZPO)[3]. Die Verfahren sind unabhängig voneinander, es werden getrennte Akten geführt und getrennte Termine abgehalten. Sie beeinflussen sich aber in Teilbereichen, z.B. § 10 Abs. 1 Nr. 1, 2, § 13 Abs. 4 oder § 77 Abs. 2 ZVG[4].

2

Nach den ursprünglichen Motiven des Gesetzebers sollte die Zwangsverwaltung die Zwangsversteigerung nach Möglichkeit vermeiden. Auch wenn dies der heutigen Realität nicht mehr entspricht und das Gesetz vor diesem Hintergrund in seiner Handhabung und Auslegung einem Wandel unterworfen ist, darf dieser Aspekt in Bezug auf den Schuldnerschutz, das Rechtsschutzbedürfnis und die Verpflichtungen eines Zwangsverwalters nicht vollständig ausgeblendet werden[5].

Das ZVG findet auf Zwangsverwaltungen, die am 30.6.2007 anhängig waren, weiterhin in seiner an diesem Tage geltenden Fassung Anwendung[6].

Zu Fragen der Einstellung des Verfahrens wird auf → § 161, Rdn. 3 ff. verwiesen.

2. Gegenstand

a) Allgemein

Gegenstand der Zwangsverwaltung können sein: Grundstücke, ideelle Grundstücksbruchteile (auch Wohnungseigentum und Teileigentum), grundstücksgleiche Berechtigungen (Erbbaurecht, Wohnungserbbaurecht, Teileigentumserbbaurecht) und Gebäudeeigentum, das im Beitrittsgebiet fortbesteht[7] (hierzu allgemein vor → § 15 Rdn. 15, 18, → § 20 Rdn. 24 ff.)[8]. Unzulässig[9] ist die Zwangsverwaltung gemäß § 870a ZPO bei Luftfahrzeugen, Schiffen, Schiffsbauwerken[10] und Gesamthandsanteilen, wie Erbengemeinschaft oder Gütergemeinschaft.

3

b) Grundstücke

Grundstücke (→ vor § 15 Rdn. 2 ff.) unterliegen uneingeschränkt der Zwangsverwaltung, § 866 Abs. 2 ZPO[11]. Im Hinblick auf die bezüglich der je-

4

---

2 *Depré/Mayer*, Rdn. 1: als „Nebenzweck" ausreichend.
3 Vgl. zu den wechselseitigen Wirkungen *Hintzen/Wolf*, Rdn. 13.319.
4 Hierzu *Böttcher/Keller*, § 146 Rdn. 14 ff.
5 Ähnlich *Wedekind/Wedekind*, Rdn. 49 ff., die zutreffend darauf hinweisen, dass das Zwangsverwaltungsverfahren kein Hilfsverfahren des Versteigerungsverfahrens ist. Die Zwangsverwaltung könne durchaus auch als eigenständiges Instrument und „milderes" Mittel betrachtet werden.
6 BGH, Rpfleger 2009, 163 = NJW 2009, 598 = ZInsO 2009, 205 zu den Hausgeldern nach Änderung der Rangklasse.
7 EGBGB Art. 233 § 4 Abs. 1; *Depré/Mayer*, Rdn. 476 ff.
8 Vgl. auch *Wedekind/Wedekind*, Rdn. 25 ff.
9 Zur Zwangsversteigerung und Zwangsverwaltung von Bergwerkseigentum, unbeweglichen Bergwerksanteilen und Salzbaugerechtigkeiten, *Rellermeyer*, Rpfleger 2008, 462.
10 Zur Bewachung und Verwahrung s. §§ 165 und 171c Abs. 3; zur Vergütung des Treuhänders LG Rostock, Rpfleger 2001, 193.
11 Vgl. zur Definition einschließlich Flurstück, Flur, Gemarkung und Grundbuchblatt *H/W/F/H*, § 146 Rdn. 6 ff. m.w.N.

weiligen Rechtsverhältnisse zu berücksichtigenden Vorschriften s. → vor § 15 Rdn. 2 ff.

c) Grundstücksbruchteile

5   Neben Grundstücken, die Eigentümern zu ideellen Bruchteilen oder gemeinschaftlich gehören, unterliegt auch das **Wohnungs- und Teileigentum** der Zwangsverwaltung (hierzu → vor § 15 Rdn. 16 und → § 152 Rdn. 62). Regelungen der Miteigentümer über die Verwaltung und Benutzung des Grundstücks wirken auch gegenüber dem Zwangsverwalter. Der Zwangsverwalter übt die Rechte aus, die dem Schuldner als Miteigentümer zustehen. Während der Zwangsverwaltung können nur die weiteren Miteigentümer die Aufhebung der Gemeinschaft verlangen. Die Zwangsverwaltung wird nicht dadurch ausgeschlossen, dass im Grundbuch der Ausschluss der Auseinandersetzung vereinbart ist[12].

6   Bei einer **Bruchteilszwangsverwaltung** kann der Zwangsverwalter die Rechte des Schuldners nur im Verhältnis zu und gemeinsam mit den Miteigentümern ausüben.

3. Nießbrauch und sonstige Nutzungsrechte
a) Allgemein

7   Die Anordnung der Zwangsverwaltung setzt voraus, dass der Schuldner unmittelbarer oder mittelbarer Eigenbesitzer ist, z.B. bei Miet- oder Pachtverhältnissen. Sie ist unzulässig, wenn in den Besitz eines nicht zur Herausgabe bereiten Dritten eingegriffen wird (s. hierzu → § 147, Rdn. 4 f., → § 150 Rdn. 41).

b) Nießbrauch
aa) Kollisionsrecht

8   Ein gemäß der §§ 1030 ff. BGB eingetragener Nießbrauch steht der Anordnung der Zwangsverwaltung nicht entgegen. Die Nutzungsrechte des Nießbrauchers kollidieren jedoch mit dem gleichen Zweck der Zwangsverwaltung. Teilweise wurde bisher unterschieden, ob der Gläubiger die Zwangsverwaltung aus einem gegenüber dem Nießbrauch vorrangigen (keine Zustimmung, kein Duldungstitel) oder nachrangigen Recht betreibt (beschränkte Anordnung und Beschränkung auf die Rechte des Schuldner-Eigentümers). Nach anderer Ansicht war ohne Zustimmung des nachrangigen Nießbrauchberechtigten ein **Duldungstitel** gegen diesen notwendig[13]. Letzterer Auffassung ist auch der BGH gefolgt[14]. Die hiergegen erhobene Kritik[15] ist berechtigt. Sie beeinträchtigt die Position des Gläubigers erheblich, da er sich ohne Zustimmung des nachrangigen Nießbrauchberechtigten erst einen Duldungstitel verschaffen muss. Zur Erlangung eines gegen den Nießbrauchberechtigten gerichteten Titels muss der Grundpfandrechtsgläubiger aber nicht erneut auf Duldung klagen, der gegen den Eigentümer gerichtete Duldungstitel kann gegen den Nießbrauchsberechtigten **umgeschrieben** bzw. erteilt werden. Es handelt sich um eine die eingeschränkte Rechtsnachfolge ausweisende Vollstreckungsklausel (titelerweiternde Klausel).[16]

---

12   *Stöber*, ZVG § 146 Rdn. 3.3b.
13   *Stöber*, ZVG § 146 Rdn. 11.3; Steiner/*Hagemann*, § 146 Rdn. 80.
14   NJW 2003, 2164 = Rpfleger 2003, 378.
15   Vgl. *H/W/F/H*, § 146 Rdn. 12.
16   BGH, V ZB 140/13, Rpfleger 2014, 532 = IGZInfo 3/2014; vgl. hierzu auch U. v. 18.12.2015, V ZR 191/14; OLG Dresden, Rpfleger 2006, 92.

Hieraus ergeben sich für die Zwangsverwaltung die nachfolgenden Konsequenzen[17]. 9

bb) Gegenüber Nießbrauch vorrangig

Ohne eine in der Praxis eher seltene Zustimmung des Nießbrauchers hat dieser 10
den Antrag auf Zwangsverwaltung eines vorrangigen Gläubigers zu dulden[18]. Die
Haftung des Grundstücks mit den Miet- und Pachtzinsforderungen besteht auch
dann, wenn der Nießbraucher diese Verträge abgeschlossen hat[19]. Wurde für den
Nießbrauch ein Entgelt vereinbart unterliegt dieses nur der Forderungspfändung[20].

Neben dem Vollstreckungstitel gegen den Eigentümer ist ein Duldungstitel gegen 11
den Nießbraucher notwendig, um die Zwangsverwaltung unbeschränkt anordnen zu können. Aus dem Duldungstitel muss sich ergeben, dass dessen Rechte
durch die Zwangsverwaltung nicht beeinträchtigt sind, was insoweit auch Grundlage für die Durchführung der Besitzerlangung gemäß § 150 Abs. 2 ist. Nutzt der
Nießbraucher das Grundstück selbst, können Erträge auch durch den Abschluss
eines Miet- oder Pachtvertrages mit dem Nießbraucher gezogen werden[21].

Der Duldungstitel gegen den nachrangigen Nießbraucher ist gemäß § 727 ZPO 12
zu erteilen. Er ist insoweit eingeschränkter Rechtsnachfolger des Grundstückseigentümers[22] (→ Rdn. 8).

Ohne Titelerweiterung muss der Anordnungsbeschluss eine Beschränkung der
Zwangsverwaltung enthalten, da Vollstreckungsmaßnahmen klar und bestimmt
sein müssen. Eine nachträgliche Beschränkung ist nicht zulässig[23].

Gleichwohl ist die Anordnung ohne Berücksichtigung dieser Voraussetzungen
nicht unwirksam, da der Nießbraucher theoretisch auch seine Zustimmung zur
Durchführung des Verfahrens erteilen kann. Dies muss der Zwangsverwalter ggf.
im Rahmen der Inbesitznahme ermitteln. Im Einzelfall kann die Zustimmung unter Hinweis auf die Möglichkeit der Umschreibung des Titels erlangt werden. Ansonsten kann der Zwangsverwalter verpflichtet sein, dem Gericht mitzuteilen,
dass die Zwangsverwaltung nicht durchführbar ist und zunächst die formalen Voraussetzungen der Titelerweiterung geschaffen werden müssen, um ein neues Verfahren einzuleiten.

Hierbei ist aber zu beachten, dass die Anordnung **nicht nichtig** ist, sondern
nur anfechtbar. Wird die Anordnung nicht angefochten, wirkt sie weiter[24]. Im
Übrigen kann es darauf ankommen, ob dem Vollstreckungsgericht bei Anordnung
bekannt ist, dass der Schuldner keinen Besitz hat[25].

---

17 Vgl. auch *Hintzen/Wolf*, Rdn. 13.22.
18 BGH, NJW 2003, 2164 = Rpfleger 2003, 378 m. Anm. *Alff*, S. 523.
19 BGH, Rpfleger 2005, 323 = ZInsO 2005, 371 = ZMR 2005, 431; Anm. *Fetsch*, ZfIR 2005, 739.
20 OLG München, Rpfleger 1991, 331.
21 *Stöber*, ZVG § 146 Rdn. 11.4.
22 BGH, V ZB 140/13, Rpfleger 2014, 532 = IGZInfo 3/2014; OLG Dresden, Rpfleger 2006, 92; vgl. zur Rangänderung *Stöber*, ZVG § 146 Rdn. 11.5; *Depré/Mayer*, Rdn. 66: titelerweiternde Klausel auf den Rechtsnachfolger.
23 BGH, NJW 2003, 2164 = Rpfleger 2003, 378 m. Anm. *Alff*, S. 523.
24 So zutreffend OLG Hamm, IGZInfo 3/11, 155.
25 Siehe BGH, Rpfleger 2011, 281 zur Verwaltung nach § 857 Abs. 4 S. 1, 2 ZPO.

cc) Gegenüber Nießbrauch nachrangig

13 Der Gläubiger ist an die Einschränkungen die sich aus der Einräumung des Nießbrauchsrechts ergeben gebunden. Der Zwangsverwalter darf nur die Rechte ausüben, die auch dem Eigentümer gegen den Nießbraucher zustehen[26]. Er wird nur mittelbarer Besitzer mit einer Überwachungsfunktion, ob der Nießbraucher seine Befugnisse nicht überschreitet und seinen Verpflichtungen nachkommt. Endet der Nießbrauch oder wird ein Duldungstitel vorgelegt, kann die Zwangsverwaltung in eine unbeschränkte umgewandelt werden.

dd) Verfahren und Rechtsbehelfe

14 Das Vollstreckungsgericht muss die Rechte des Nießbrauchers gemäß § 28 als entgegenstehendes Recht berücksichtigen. Legt der Gläubiger innerhalb einer gemäß § 28 gesetzten Frist keinen erweiterten Titel vor, ist die Zwangsverwaltung beschränkt anzuordnen. Werden die Recht des Nießbrauchers verletzt, stehen ihm als Rechtsbehelfe die §§ 766, 793, ggf. 771 ZPO zur Verfügung.

c) Sonstige Nutzungsrechte

15 Auch andere dingliche und eingetragene Nutzungsrechte wie **Altenteile** oder beschränkt persönliche Dienstbarkeiten in Form von **Wohnrechten** stehen der Anordnung der Zwangsverwaltung grundsätzlich nicht entgegen. Die Handhabung entspricht der gegenüber dem Nießbrauchsberechtigten[27]. Geht das Recht vor, ist die Zwangsverwaltung beschränkt anzuordnen und die Rechte entsprechen denen des Eigentümers im Verhältnis zum Berechtigten. Geht das Recht des Gläubigers vor, hat er einen erweiterten Titel zu erwirken[28].

Danach kann die vollstreckbare Urkunde nach § 794 Abs. 1 Nr. 5 ZPO auch gegen den Berechtigten eines dinglichen Wohnrechtes erweitert werden[29].

Der nachrangige Wohnrechtsinhaber hat bei Vorliegen der formalen Vollstreckungsvoraussetzungen die Wohnung zu räumen, ggf. infolge einer Klage, sofern nicht die Räumung aus dem erweiterten Titel erfolgt. Alternativ kann der Wohnungsberechtigte für die Nutzung eine Miete, bzw. eine Nutzungsentschädigung verlangen[30]. Bestreitet der Wohnberechtigte diese Verpflichtung, besteht die Besorgnis, dass er sich der rechtzeitigen Leistung entziehen wird, sodass der Verwalter auf zukünftige Leistung gemäß § 256 ZPO klagen kann[31].

Hierdurch werden ungeklärte Probleme für den Fall der Fremdvermietung nach Räumung durch den Wohnrechtsinhaber vermieden. Diese würden insbesondere im Falle der Aufhebung nach Rücknahme entstehen, wenn der Wohn-

---

26 Vgl. *Depré/Mayer*, Rdn. 70 und Rdn. 1085 ff. zur Pfändung und Sequestration eines Nießbrauchs; *Böttcher/Keller*, § 146 Rdn. 50 und BGH, Rpfleger 2011, 281 zur Verwaltung nach § 857 Abs. 4 S. 1, 2 ZPO.
27 BGH, Urteil v. 18.12.2015, V ZR 191/14; vgl. *Depré/Mayer*, Rdn. 67; *Hintzen/Wolf*, Rdn. 13.26, 27.
28 BGH, Urteil v. 18.12.2015, V ZR 191/14.
29 AG Mosbach, Rpfleger 2010, 228; LG Mosbach, Rpfleger 2010, 153.
30 LG Dortmund, ZfIR 2011, 151; Anm. *Hörndler*, MietRB 2011, 76.
31 OLG Hamm, IGZInfo 3/2011, 156 mit Anm. *Neumann*, S. 159.

rechtsinhaber an der Ausübung des Wohnrechts durch zwischenzeitlich erfolgte Vermietung gehindert ist.

Wird der Besitz nicht ausgeübt, kann die Zwangsverwaltung unbeschränkt angeordnet werden, weil der Verwalter unmittelbaren Besitz erlangen kann. Da diese Feststellungen häufig erst durch den Verwalter im Rahmen der Besitzerlangung getroffen werden können, ist die Anordnung ggf. nachträglich zu ändern. 16

Das Zwangsverwaltungsverfahren kann auch gegen einen Schuldner angeordnet werden, der Berechtigter eines **Erbbaurechtes** ist, da das Veräußerungs- und Verfügungsverbot nach §§ 5, 8 ErbbauRG im Rahmen der Zwangsverwaltung unbeachtlich ist[32]. 17

Bezüglich der **Rechtsverhältnisse auf dem Gebiet der ehemaligen DDR** wird auf → § 20 Rdn. 24 ff. und § 9a EGZVG verwiesen[33]. § 9a EGZVG ist jedoch auf die Zwangsverwaltung nicht anwendbar, sodass der Verwalter keine Nutzungen aus weiterbestehendem Gebäudeeigentum ziehen kann, soweit dieses reicht.

4. Verfügungsbeschränkungen

a) Insolvenzverfahren

Es ist zunächst festzustellen, welches Verfahren zuerst angeordnet wurde. Der Zeitpunkt der Beschlagnahme muss mit § 27 Abs. 2 Nr. 3 oder Abs. 3 InsO, § 21 Abs. 2 InsO verglichen werden[34], d.h., ob eine der Voraussetzungen für die Beschlagnahme (→ § 148 Rdn. 4) vor oder nach den Maßnahmen des Insolvenzgerichtes eingetreten ist. **Bis zur Entscheidung über die Eröffnung** eines Insolvenzverfahrens kann das Insolvenzgericht gemäß § 21 Abs. 2 InsO Sicherungsmaßnahmen anordnen. Sofern die Einstellung von Zwangsvollstreckungsmaßnahmen angeordnet wird, ist die Zwangsvollstreckung in das unbewegliche Vermögen hiervon unberührt (§ 21 Abs. 2 Nr. 3 InsO) und damit auch eine Zwangsverwaltung möglich. Wird gleichzeitig ein vorläufiger Insolvenzverwalter bestellt und ein allgemeines Verfügungsverbot angeordnet (§ 22 InsO), muss vor Beginn der (späteren) Vollstreckung die Klausel auf den vorläufigen Verwalter nach h.M.[35] umgeschrieben und zugestellt werden (§§ 727, 750 Abs. 1 ZPO). Dies gilt nicht bei einem „schwachen" vorläufigen Verwalter[36]. Stellt sich heraus, dass die Beschlagnahme später eingetreten ist, ist ein neuer Anordnungsbeschluss mit einem Titel gegen den (starken, vorläufigen) Insolvenzverwalter notwendig. Ist die Beschlagnahme bereits zu einem früheren Zeitpunkt eingetreten, wirkt sich die Insolvenz hierauf nicht mehr aus (§ 80 Abs. 2 S. 2 InsO). 18

Nach Eröffnung des Verfahrens und Bestellung eines Insolvenzverwalters, können **dingliche Gläubiger,** denen ein Absonderungs- oder Aussonderungsrecht zusteht (i.Ü. auch Masseglāubiger, §§ 47, 50, 53, 55, 166 InsO) unter den gleichen Voraussetzungen die Zwangsverwaltung beantragen, d.h., sie müssen zur Rangklasse 1 bis 4 des § 10 Abs. 1 gehören. Pfändungen aus dem dinglichen Recht sind aufgrund einer umstrittenen Entscheidung des BGH nicht mehr möglich[37]. 19

---

32 Böttcher/Keller, § 146 Rdn. 32.
33 Vgl. auch Wedekind/Wedekind, Rdn. 39 f.
34 Hintzen, Rpfleger 1999, 256, 257.
35 U.a. Depré/Mayer, Rdn. 986 ff. m.w.N.
36 So Depré/Mayer, Rdn. 989.
37 Rpfleger 2006, 549.

War die Beschlagnahme bereits vor der Eröffnung eingetreten und vor Bestellung eines vorläufigen Verwalters, läuft das Verfahren gegen den Insolvenzverwalter ohne Klauselumschreibung weiter.

Wird nach wirksamer Anordnung der Zwangsverwaltung das Insolvenzverfahren aufgehoben oder eingestellt oder wird das Grundstück freigegeben, ist eine erneute Umschreibung des Titels auf den Schuldner und eine Zustellung nicht erforderlich[38]. Das Verfahren läuft weiter. § 89 InsO gilt jedoch auch nach Freigabe.[39]

20 Bei **persönlichen Forderungen** (§ 10 Abs. 1 Nr. 5) ist jedoch die Rückschlagsperre des § 88 InsO zu beachten, wenn die Beschlagnahme innerhalb eines Monats vor dem Antrag auf Eröffnung des Insolvenzverfahrens erlangt wurde (oder später). Diese Beschränkungen muss das Vollstreckungsgericht gemäß § 28 beachten und das Verfahren aufheben[40].

21 Dem Gläubiger steht nach (notwendiger) Anhörung die sofortige Beschwerde zu und dem Insolvenzverwalter, wenn keine Anhörung erfolgt ist, die Erinnerung nach § 766 ZPO, sonst ebenfalls die sofortige Beschwerde. Die Rückschlagsperre gilt nicht bei rechtsgeschäftlich eingetragenen Belastungen[41].

22 Im **Verbraucherinsolvenzverfahren** gelten die vorstehenden Voraussetzungen ebenfalls (Rückschlagsperre gem. § 88 Abs. 2 InsO 3 Monate).

23 Wird innerhalb der Sperrfristen eine **Zwangssicherungshypothek** eingetragen erlischt diese nach Auffassung des BGH mit Eröffnung des Insolvenzverfahrens, sodass auch das hieraus angeordnete Verfahren gemäß § 28 aufzuheben ist[42]. Bis zu dieser Entscheidung vom 19.1.2006 nahm die nahezu einhellige Meinung an, dass in entsprechender Anwendung von § 868 ZPO eine Eigentümergrundschuld entsteht. Als weitere Folge hieraus geht der BGH davon aus, dass die zunächst erloschene Zwangssicherungshypothek, sofern sie zwischenzeitlich nicht im Grundbuch gelöscht wurde, in entsprechender Anwendung des § 185 Abs. 2 S. 1 2. Alt. BGB ohne erneute Eintragung wieder auflebt, wenn der Insolvenzverwalter das Grundstück aus der Masse freigibt oder das Verfahren aufgehoben wird und die Forderung noch vollstreckbar ist. Der Rang richte sich dann aber nach dem Zeitpunkt der Freigabe. Die Entscheidung ist erheblicher Kritik ausgesetzt[43].

Wurde die Zwangssicherungshypothek vorher eingetragen und soll nach Einleitung des Insolvenzverfahrens die Zwangsverwaltung beantragt werden, ist ebenfalls eine Umschreibung des Titels notwendig[44]. Zu beachten ist, dass aufgrund des § 867 Abs. 3 ZPO für die Beantragung der Zwangsverwaltung weiterhin

---

38 BGH, Rpfleger 2007, 331 = GVZ 2007, 60 = WM 2007, 655 = ZNotP 2007, 192.
39 BGH, Rpfleger 2006, 253 = IGZInfo 2009, 135.
40 Hierzu *Depré/Mayer*, Rdn. 981 ff.
41 *Depré/Mayer*, Rdn. 880.
42 BGHZ 166, 74 = Rpfleger 2006, 253 = NJW 2006, 1286 = ZIP 2006, 479.
43 Krit. Anm. *Demharter* = Rpfleger 2006, 387; krit. Anm. *Bestelmeyer* = ZIP 2006, 479 = ZfIR 2006, 441 m. Anm. *Volmer* = ZIP 2006, 479. Zu den Auswirkungen der BGH-Entscheidung auf das Grundbuchrecht, Zwangsversteigerungsrecht und die Mobiliarvollstreckung *Alff/Hintzen*, ZInsO 2006, 481. Dazu auch *Wilsch*, JurBüro 2006, 396. *Keller*, ZIP 2006, 1174 weist auf die zahlreichen praktischen Schwierigkeiten bei der Umsetzung der BGH-Entscheidung hin. *Thietz-Bartram*, ZInsO 2006, 527 erläutert eingehend die Heilung der Unwirksamkeit von gegen § 88 InsO verstoßenden Vollstreckungen. Zur teleologischen Reduktion des § 88 InsO vgl. *Jacobi*, KTS 2006, 239.
44 Vgl. *Depré/Mayer*, Rdn. 17, 979, 983 f.

ein Duldungstitel erwirkt werden muss, ansonsten das Verfahren nur aus dem persönlichen Recht betrieben werden kann[45].

b) Nachlass
aa) Tod des Schuldners

Ist die Zwangsverwaltung vor dem Tod des Schuldners angeordnet worden, kann sie ohne Titelumschreibung und Unterbrechung fortgesetzt werden (§ 779 Abs. 1 ZPO)[46]. Für den Beginn der Vollstreckung reicht es aus, dass der Vollstreckungstitel und die Klausel noch auf den Namen des verstorbenen Schuldners lauten.

Dies gilt auch, wenn bereits eine andere Zwangsvollstreckungsmaßnahme eingeleitet wurde (§ 779 Abs. 1 ZPO). Es dürfen deshalb nicht nur begonnene Vollstreckungsmaßnahmen durchgeführt werden, sondern auch neue sowie bezogen auf andere Nachlassgegenstände[47]. Es ist gleichgültig, ob die Erbschaft bereits angenommen wurde.

Die Bestellung eines **besonderen Vertreters** ist nach § 779 Abs. 2 ZPO nur erforderlich, wenn vor Annahme der Erbschaft nach anderen Maßnahmen erstmals die Zwangsverwaltung beantragt wird und keine Personen nach § 779 Abs. 2 S. 2 ZPO bestellt sind (vgl. §§ 6–8)[48].

Hat noch keine Zwangsvollstreckungsmaßnahme begonnen, ist eine titelübertragende Klausel nach § 727 ZPO erforderlich, was nur nach Annahme der Erbschaft gegen den oder die Erben oder einer Bestellung eines Nachlasspflegers möglich ist. Bei einem **Titel gegen die Erben** bedarf es keiner Grundbuchumschreibung, wenn die Voraussetzungen des § 17 Abs. 3 GBO vorliegen.

bb) Testamentsvollstrecker

Wenn nicht bereits die Voraussetzungen des § 779 Abs. 1 ZPO vorliegen und ein Testamentsvollstrecker den gesamten Nachlass verwaltet, ist ein Titel gegen diesen erforderlich, bei einer Nachlassverbindlichkeit durch Umschreibung (§§ 749, 750, 727 ZPO). Verwaltet der Testamentsvollstrecker neben dem Grundstück nur einen Teil des Nachlasses, ist ein Leistungstitel gegen die Erben und ein Duldungstitel gegen den Testamentsvollstrecker erforderlich (§ 748 Abs. 2 ZPO).

cc) Vor- und Nacherbschaft

Gehört das Grundstück zu einem Nachlassvermögen, welches den Regelungen der Vor- und Nacherbschaft unterliegt, kann die Zwangsverwaltung gegen den Vorerben angeordnet werden, da diesem nur die Nutzung und die Verwaltung des Grundstücks entzogen wird.

Handelt es sich um einen **Nachlassgläubiger** oder den Inhaber eines dinglichen Rechts, welches dem Nacherben gegenüber wirksam ist, hat auch der Nacherbe die Zwangsverwaltung zu dulden. Nach Wegfall der Vorerbschaft ist für die Fortsetzung der Zwangsverwaltung der Vollstreckungstitel auf den Nacherben

---

45 BGH, ZIP 2008, 1447 = NJW 2008, 1599: keine Regelungslücke; ausführlich *Wedekind/Wedekind*, Rdn. 508 f.
46 *Stöber*, ZVG Einl. 27; *Depré/Mayer*, Rdn. 21 ff.
47 *Thomas/Putzo/Seiler*, § 779 Rdn. 1.
48 LG Meiningen, Rpfleger 2006, 423, 424.

gemäß §§ 727, 728 ZPO umzuschreiben[49]. Dies erscheint nicht konsequent, wenn es sich um Nachlassschulden handelt. Eine Umschreibung des Titels dürfte nur dann erforderlich sein, wenn erst nach Wegfall der Vorerbschaft wegen Nachlassschulden vollstreckt wird und der Titel noch auf den Vorerben lautet. Ansonsten läuft die begonnene Vollstreckung wegen Nachlassschulden gegen den Nacherben nach Wegfall des Vorerben weiter.

29 Handelt es sich um einen **Privatgläubiger des Vorerben** endet das Zwangsverwaltungsverfahren mit Eintritt der Nacherbfolge und muss aufgehoben werden[50]. Mit Eintritt der Nacherbfolge kann der Nacherbe gemäß § 771 ZPO ggf. eine Drittwiderspruchsklage erheben.

c) Auflassungsvormerkung

30 Veräußert der Schuldner das Objekt und wird für den zukünftigen Eigentümer eine Auflassungsvormerkung eingetragen, steht dies der Anordnung der Zwangsverwaltung gegen den Schuldner nicht entgegen[50a]. Wird der neue Eigentümer eingetragen und hat das Recht des Gläubigers Rang nach der Auflassungsvormerkung, muss die Zwangsverwaltung aufgehoben werden (§ 28), es sei denn der Käufer hat das Recht dinglich übernommen.

Hat das Recht des Gläubigers Rang vor der Auflassungsvormerkung und ist die **Besitzübergabe** noch nicht erfolgt, kann das Verfahren gegen den neuen Eigentümer fortgesetzt werden, ohne dass die Klausel auf ihn umgeschrieben werden muss.[51] Ist die Besitzübergabe auf den Erwerber bereits erfolgt, kann der Gläubiger gegen den Erwerber als Eigenbesitzer die Vollstreckung weiter betreiben (s. → § 147 Rdn. 8)[52]. Durch Anmeldung erlangt der neue Eigentümer die Stellung eines Beteiligten (§ 9).

d) Vorkaufsrecht

31 Ein für den ersten Verkaufsfall bestelltes Vorkaufsrecht hat in der Zwangsversteigerung keinen Bestand. § 471 BGB gilt über § 1098 Abs. 1 BGB auch für das dingliche Vorkaufsrecht, wenn der Verkauf im Wege der Zwangsvollstreckung erfolgt. Es erlischt mit Zuschlag. § 471 BGB ist zwingendes Recht[53].

5. Andere Verwaltungen, Ersatz- oder Sicherungsmaßnahmen
a) Allgemein

32 Neben der Zwangsverwaltung haben sich alternative Verwaltungsformen herausgebildet, die teilweise außergerichtlich die wirtschaftlichen Zwecke der Zwangsverwaltung verfolgen, z.B. die kalte Zwangsverwaltung (s.u. → Rdn. 38 ff.). Des Weiteren gibt es Verwaltungen und Sicherungen, die zunächst nicht der Befriedigung der Gläubiger dienen. Hierzu zählen u.a.:

- Sicherungsmaßregeln nach § 25,
- Verwaltung nach § 94,

---

49 *Stöber*, ZVG § 146 Rdn. 4.4 n).
50 *Depré/Mayer*, Rdn. 29; *H/W/F/H*, § 146 Rdn. 18; *Hintzen/Wolf*, Rdn. 13.15.
50a *Depré/Depré*, § 146 Rdn. 17 f.
51 *Stöber*, ZVG § 28 Rdn. 4.8 c); *Depré/Mayer*, Rdn. 74, 154; a.A. OLG Hamm, Rpfleger 1984, 426.
52 *Böttcher/Keller*, § 146 Rdn. 37.
53 OLG Zweibrücken, Rpfleger 2011, 491; *Palandt/Weidenkaff*, § 471 Rdn. 4.

- Sequestration nach §§ 848, 855 ZPO,
- Verwaltung aufgrund einstweiliger Verfügung nach § 938 Abs. 2 ZPO,
- Vorläufiges Zahlungsverbot nach § 845 ZPO.

In **Familienstreitsachen** nach § 112 FamFG ist die Anwendung des § 938 Abs. 2 ZPO nach der derzeitigen Systematik des FamFG nicht möglich, obwohl ein Rechtfertigungsgrund, auch im Hinblick auf den Zweck des § 938 Abs. 2 ZPO nicht erkennbar ist. In Familienstreitsachen sind nach § 119 Abs. 1 FamFG für die einstweilige Anordnung nur die dortigen Spezialvorschriften der §§ 49–57 FamFG mit Sonderregelung in einzelnen Bereichen, z.b. Unterhalt (§§ 246–248) anwendbar. In Familienstreitsachen kann das Gericht darüber hinaus den Arrest anordnen, wobei gemäß § 119 Abs. 2 FamFG nur die §§ 916 bis 936 und die §§ 943 bis 945 der ZPO entsprechend gelten. Eine einstweilige Verfügung ist daneben unzulässig.

Das Instrument der **Vorpfändung** nach § 845 ZPO ist über § 22 Abs. 2 S. 3 zulässig. Die Beschlagnahme in der Zwangsverwaltung steht der Pfändung gleich, wenn sie innerhalb von einem Monat gegenüber dem Drittschuldner wirksam wird. Gegenstand des vorläufigen Zahlungsverbots sollte die Ankündigung der Beschlagnahme in der Zwangsverwaltung sein[54]. Aufgrund der Bearbeitungszeit des Antrages auf Anordnung der Zwangsverwaltung sollte ein Hinweis in den Antrag auf die Vorpfändung aufgenommen werden, damit die Monatsfrist gewahrt wird[55].

b) Sicherungsmaßnahmen

aa) Sicherungsmaßregeln und gerichtliche Verwaltung nach dem ZVG

Hierzu wird auf die Kommentierung zu § 25[56] und § 94[57] verwiesen. 33

bb) Sequestration nach den Vorschriften der ZPO

In Betracht kommen die Vorschriften der §§ 848[58], 855 ZPO und § 1134 Abs. 2 34 BGB i.V.m. § 938 Abs. 2 ZPO[59]. Des Weiteren kommt auch eine Pfändung in die Rechte des Nießbrauchers aus § 857 Abs. 4 S. 2 ZPO in Betracht, wobei die Vorschriften der Zwangsverwaltung analog anzuwenden sind[60]. Eine Anwendbarkeit auf Familienstreitsachen dürfte zu verneinen sein (→ s.o. Rdn. 32).

Falls eine Sequestration Zwangsvollstreckungsmaßnahmen mit einem konkreten 35 Inhalt anordnet, kann diese auch die Maßregel der Zwangsverwaltung zum Gegenstand haben, wenn ein Grundstück betroffen ist[61]. Insoweit muss angeordnet werden, dass die Reglungen der §§ 146 ff. sinngemäß anzuwenden sind. Dies kann der Fall sein, wenn der Eigentümer die Sicherheit des Grundpfandrechts ge-

---

54 AG Heilbronn, ZfIR 2008, 770; hierzu Anm. und Hinweise *Schmidberger*, ZfIR 2008, 772.
55 Vgl. *Wedekind/Wedekind*, Rdn. 300.
56 Vgl. auch *Depré/Mayer*, Rdn. 1025 ff.; ausführlich *Wedekind/Wedekind*, Rdn. 62 ff. auch zu den seltenen Fällen, dass neben (oder vor) der Zwangsverwaltung ein Verfahren nach § 25 eingeleitet wird, Rdn. 87, 88 ff.
57 Vgl. auch *Depré/Mayer*, Rdn. 1044 ff.
58 Ausführlich *Depré/Mayer*, Rdn. 1102 ff.
59 Ausführlich *Depré/Mayer*, Rdn. 1113 ff.
60 BGH, FamRZ 2007, 135 = NJW 2007, 149 = NZM 2007, 102.
61 Vgl. auch *H/W/F/H*, Einl. Rdn. 11 m.w.N.

mäß § 1134 BGB gefährdet. Das Prozessgericht kann die Zwangsverwaltung auch unmittelbar anordnen[62]. Da der Gläubiger nur gesichert werden soll, können die Überschüsse nicht zu seiner Befriedigung herangezogen werden. Der Überschuss ist entweder zu hinterlegen oder dem Eigentümer auszuzahlen (str.). Zur Sicherung von Unterhaltsansprüchen ist auch eine Befriedigung denkbar.

36 Die Vergütung des Sequesters setzt das Prozessgericht auf dessen Antrag fest unter Rückgriff auf die Regelungen der ZwVwV[63]. Rechtsmittel der Beteiligten ist die sofortige Beschwerde. Für seine Haftung ist § 154 anzuwenden.

cc) Ersatzmaßnahmen

37 Als Ersatzmaßnahmen für die Zwangsverwaltung bestehen:

- die Pfändung noch nicht getrennter Früchte bei landwirtschaftlichen Grundstücken gemäß § 810 Abs. 1 ZPO sowie getrennter Früchte die nicht von der Beschlagnahme erfasst werden (§ 21 Abs. 1),
- die Pfändung des Miet- oder Pachtzinses aufgrund persönlicher Titel (Einschränkungen nach § 851b ZPO in Bezug auf Unterhaltung und Instandsetzung),
- die Abtretung der Miet- oder Pachtzinsen,
- die Pfändung des Miet- oder Pachtzinses aus einem dinglichen Titel, um einer älteren Abtretung oder Pfändung vorzugehen oder den vorrangigen Gläubiger zu zwingen, die Zinsen auf sein dingliches Recht anzurechnen.

Insoweit ist jedoch die Entscheidung des BGH v. 13.7.06[64] zu beachten, wonach nach **Eröffnung eines Insolvenzverfahrens** eine solche Pfändung trotz dinglicher Absicherung nicht mehr zulässig ist (§ 89 Abs. 1 InsO) und der Insolvenzbeschlag nur über die Anordnung der Zwangsverwaltung überwunden werden kann.

c) Alternative Verwaltungsformen

aa) Die außergerichtliche Institutsverwaltung

38 Hierbei handelt es sich um eine Verwaltungsform, die nur im **Einvernehmen mit dem Schuldner** umgesetzt werden kann. Aufgrund einer Abtretung oder Pfändung werden alle Einnahmen aus der Immobilie von der Bank eingezogen. Um ein wirtschaftlich sinnvolles Ergebnis zu erreichen muss die Bank jedoch auch hier dafür Sorge tragen, dass alle laufenden Kosten wie öffentliche Lasten, Wohngelder, Instandhaltungen und ggf. Verpflichtungen gegenüber Mietern erfüllt werden. Im Hinblick auf die notwendige Organisation einer solchen Verwaltung und die hieraus resultierende Verantwortlichkeit ist im Einzelfall zu entscheiden, ob diese Verwaltung im Vergleich zu einer Zwangsverwaltung sinnvoll ist. Die Entscheidung der Frage hängt darüber hinaus notwendigerweise auch von den Rangverhältnissen ab.

---

62 RGZ 92, 18.
63 Regelmäßig entsprechend der für die Zwangsverwaltung geltenden Vergütungsregelungen, OLG Frankfurt, NJW-RR 1987, 63.
64 Rpfleger 2006, 549 = IGZInfo 2006, 145.

bb) Die kalte Institutsverwaltung

Im Rahmen dieser Verwaltungsform ist gegen den Schuldner ein **Insolvenzverfahren** eröffnet oder zumindest ein vorläufiger Insolvenzverwalter eingesetzt. Anstelle des Schuldners kann nunmehr der Insolvenzverwalter mit dem dinglich gesicherten Kreditinstitut einen Geschäftsbesorgungsvertrag schließen, um die Immobilie im Hinblick auf die Nutzungen durch das Institut verwalten zu lassen[65]. Grundsätzlich entspricht die Ausgestaltung der außergerichtlichen Institutsverwaltung (→ Rdn. 38) oder einer gerichtlichen Institutsverwaltung (§ 150a). Ob sich aus dieser Gestaltung Vorteile für die Gläubigerin ergeben, kann nur im Einzelfall entschieden werden. Auch hier dürften grundsätzlich im Hinblick auf Organisationsaufwand und Verantwortung die Vorteile einer gerichtlichen Zwangsverwaltung überwiegen.

cc) Die kalte Zwangsverwaltung

Diese Verwaltungsform stellt den umgekehrten Fall im Vergleich zu einer kalten Institutsverwaltung (→ Rdn. 39) dar[66]. Hier übernimmt der bestellte Insolvenzverwalter im Rahmen eines Geschäftsbesorgungsvertrages mit der grundpfandrechtlich gesicherten Bank die Verwaltung i.d.R. auf der Grundlage der gesetzlichen Regelungen über die Zwangsverwaltung. Die Sondermasse Mieteinnahmen muss hier auch kostenmäßig von der Freien Masse des Insolvenzverfahrens abgegrenzt werden. Problematisch dürfte dies bei vollstreckbaren Masseforderungen oder der Anzeige der Massearmut sein. Die Zugrundelegung der Vorschriften über die Zwangsverwaltung einschließlich der ZwVwV hilft hier nicht. Die Gestaltung der Vergütung unterliegt der freien Vereinbarung der Parteien und kann sich an den Regelungen der ZwVwV orientieren (§ 152a) oder einem Sonderhonorar jeweils aus den Mieteinnahmen. Alternativ kann auch ein entsprechender Anteil für die Freie Masse des Insolvenzverfahrens vereinbart werden, mit dem dann der Mehraufwand über die Vergütungsfestsetzung des Insolvenzgerichts abgegolten ist.

6. Zwangsverwalterverordnung ab 1.1.2004

a) Allgemein

Vorgänger der ab dem 1.1.2004 geltenden ZwVwV[67] war die Verordnung über die Geschäftsführung und Vergütung des Zwangsverwalters vom 16.2.1970[68], die mit dem Inkrafttreten der neuen Verordnung außer Kraft betreten ist und nur noch im Rahmen der Übergangsvorschrift Berücksichtigung findet (→ Rdn. 44). Die Neugestaltung war notwendig, um das Instrument den Bedürfnissen der Beteiligten und den veränderten Verhältnissen, insbesondere der gewachsenen Bedeutung der Zwangsverwaltung anzupassen. Gleichzeitig wurden ungeklärte und streitige Fragen (zumindest teilweise) geregelt und das Vergütungs-

---

65 Vgl. *H/W/F/H*, Einl. Rdn. 7; vgl. zur Vergütung LG Leipzig, ZInsO 2007, 148: keine Anrechnung auf die Vergütung des Insolvenzverwalters.
66 Vgl. auch *Bräuer*, ZInsO 2006, 742, zu insolvenzanfechtungsrechtlichen Fragen zur kalten Zwangsverwaltung; *Keller*, Die Voraussetzungen und der rechtliche Rahmen zur Durchführung einer so genannten kalten Zwangsverwaltung, NZI 2013, 265; *Depré/Lambert*, Aktuelle steuerliche Aspekte bei der Verwaltung und Verwertung von Immobilien in der Insolvenz, ZfIR 2012, 1 ff.
67 BGBl 2003 I 2804.
68 BGBl 1970 I 185.

recht reformiert. Die Ziele einer stärkeren Professionalisierung sowie größeren Transparenz und Praktikabilität wurden ausdrücklich in der Begründung niedergelegt[69].

b) Entsprechende Anwendung

42 § 23 ZwVwV regelt die entsprechende Anwendung der ZwVwV für Berechtigungen auf die die Vorschriften der Zwangsverwaltung anwendbar sind. Hierbei handelt es sich um die sogenannten grundstücksgleichen Rechte (→ Rdn. 3).

c) Nichtanwendbarkeit

43 Die ZwVwV ist nicht anzuwenden auf den Schuldnerzwangsverwalter, d.h. die Regelungen der §§ 150b–150e ZVG sowie die in § 24 Abs. 2 ZwVwV genannten Personen.

d) Übergangsvorschriften
aa) Allgemein

44 Die alte Verordnung fand gemäß § 25 ZwVwV nur noch auf Verfahren Anwendung, die bis einschließlich 31.12.2003 angeordnet wurden, hierbei jedoch nur in Bezug auf die Geschäftsführung.

bb) Vergütung

45 Die Vergütungsregelungen der §§ 17–22 ZwVwV fanden ab dem ersten nach dem 31.12.2003 liegenden Abrechnungszeitraum Anwendung. Hiermit wurden einzelne Probleme mit dem alten reformbedürftigen Vergütungsrecht, die auch durch den BGH festgestellt worden sind[70], zumindest ab dem 1.1.2004 beseitigt. Die Regelung gilt unabhängig vom Anordnungszeitpunkt für alle nach diesem Zeitpunkt fällig werdenden Abrechnungen[71].

7. Kosten
a) Gerichtskosten

46 **GKG-KV 2220**
Entscheidung über den Antrag auf Anordnung der Zwangsverwaltung oder über den Beitritt zum Verfahren 100,00 €.

---

69 Amtliche Begründung aus BR-Drucks. 842/03; vgl. zur Entstehungsgeschichte *H/W/F/H*, vor § 1 ZwVwV, Rdn. 1.
70 BGH, Rpfleger 2002, 632 = ZInsO 2002, 967.
71 *Hintzen/Alff*, Rpfleger 2004, 129, 135; da diese Abrechnungen zwischenzeitlich kaum noch relevant sein dürften, wird vorliegend auf die ergänzenden Ausführungen von *H/W/F/H*, § 25 ZwVwV Rdn. 2 ff. verwiesen.

GKG-KV 2221

Nr.	Gebührentatbestand	Gebühr oder Satz der Gebühr nach § 34 GKG
2221	Jahresgebühr für jedes Kalenderjahr bei Durchführung des Verfahrens	0,5 – mindestens 120,00 EUR, im ersten und letzten Kalenderjahr jeweils mindestens 60,00 EUR
	Die Gebühr wird auch für das jeweilige Kalenderjahr erhoben, in das der Tag der Beschlagnahme fällt und in dem das Verfahren aufgehoben wird	– mindestens 120,00 EUR, im ersten und letzten Kalenderjahr jeweils mindestens 60,00 EUR

Durchführung des Verfahrens: Für jedes angefangene Jahr, beginnend mit dem Jahr in das der Tag der Beschlagnahme fällt, bezogen auf die Bruttoeinkünfte 0,5, jedoch mindestens 120,- € und im ersten und letzten Jahr mindestens 60,- €. Sofern gemäß § 14 Abs. 2 S. 2 ZwVwV die Abrechnung des Verwalters jährlich ab Beschlagnahme durchgeführt wird (→ § 154 Rdn. 19), hat der Verwalter dem Gericht nunmehr zum Zwecke der Kostenberechnung die Einnahmen im Kalenderjahr mitzuteilen.

Hinzu kommen ggf. notwendige Auslagen wie Zustellkosten u.ä. gemäß Teil 9 GKG-KV 9000 ff.

Die **Kosten für die Anordnung oder den Beitritt** gehören zu den Kosten der Zwangsvollstreckung, die von dem Gläubiger angemeldet werden können. Zum Rang der Kosten wird auf → § 155 Rdn. 67, 74 verwiesen. 47

b) **Rechtsanwaltskosten**

Gemäß § 13 RVG und VV 3311 entstehen **jeweils gesonderte Gebühren**[72] i.H. 48
0,4 für:

- Vertretung des Antragstellers im Verfahren auf Anordnung der Zwangsverwaltung,
- Vertretung eines Antragstellers auf Zulassung des Beitritts,
- Vertretung des Antragstellers oder eines sonstigen Beteiligten (§ 9 ZVG) während des weiteren (ganzen) Verfahrens einschließlich des Verteilungsverfahrens,
- Verfahren auf Einstellung des Verfahrens,
- Verhandlungen zwischen Gläubiger und Schuldner mit dem Ziel der Aufhebung des Verfahrens.

Eine Termingebühr entsteht gemäß VV 3312 nur bei Wahrnehmung eines 49
Zwangsversteigerungstermins für einen Beteiligten.

---

72 Vgl. ausführlich *Gerold/Schmidt/v. Eicken*, RVG VV 3311 u. 3312; *Depré/Mayer*, Rdn. 86 ff.

50 Der **Gegenstandswert** richtet sich gemäß § 27 RVG bei Vertretung des Gläubigers nach dem verfolgten Anspruch (§§ 12 ff. GKG) oder nach einem geltend gemachten **Teilbetrag**. Nebenforderungen, insbesondere Zinsen und Kosten werden mitberechnet. Zinsen werden bis zum Erlass des Anordnungs- oder Beitrittsbeschlusses berechnet. Berücksichtigt werden auch angemeldete Prozesskosten und Kosten früherer Zwangsvollstreckungen[73]. Nach § 27 RVG werden wiederkehrende Leistungen mit dem Jahreswert berechnet. Bezieht sich der Antrag auf mehrere Grundstücke, wird die Gebühr nur einmal aus dem zusammengerechneten Wert gewährt, es sei denn es handelt sich um verschieden Anträge, ohne dass das Gericht verbindet.[74]

II. Anordnung der Zwangsverwaltung
1. Allgemein

51 § 146 Abs. 1 erklärt ausdrücklich die Vorschriften zur Anordnung der Zwangsversteigerung, die §§ 15–27 für entsprechend anwendbar. Darüber hinaus gelten die allgemeinen Vorschriften der ZPO[75]. Unmittelbar gelten die allgemeinen Vorschriften des ZVG in den §§ 1–14 aufgrund der Gesetzessystematik. In den §§ 147–161 ZVG wird des Weiteren die Anwendung weiterer für die Zwangsversteigerung geltender Vorschriften angeordnet. Nicht zuletzt gilt die auf der Grundlage von § 152a erlassene Zwangsverwalterverordnung (ZwVwV).

2. Anwendbare Vorschriften (Abs. 1)
a) Maßgebende Vorschriften

52 Folgende für die Zwangsversteigerung geltenden Vorschriften sind anwendbar:

- **unmittelbar, Allgemeine Vorschriften**
  - § 1   Zuständiges Vollstreckungsgericht
  - § 2   Bestimmung des zuständigen Gerichts
  - § 3   Zustellung von Amts wegen
  - § 4   Zustellung durch Aufgabe zur Post
  - § 5   Zustellungsbevollmächtigter beim Grundbuchamt
  - § 6   Bestellung eines Zustellungsvertreters
  - § 7   Aufgaben und Vergütungen des Zustellungsvertreters
  - § 8   Zustellung des Anordnungs- und Beitrittsbeschlusses
  - § 9   Beteiligte
  - § 10   Rangordnung der Rechte
  - § 11   Rangfolge in derselben Rangklasse
  - § 12   Rangfolge von Haupt- und Nebenansprüchen
  - § 13   Laufende Beträge wiederkehrender Leistungen
  - § 14   Ansprüche von unbestimmtem Betrag

- **entsprechend gemäß § 146 Abs. 1**
  - § 15   Anordnungsbeschluss
  - § 16   Inhalt des Antrags

---

73 Vgl. *Gerold/Schmidt/v. Eicken*, RVG § 27 Rdn. 2.
74 *Depré/Mayer*, Rdn. 96.
75 Vgl. → Einführung Rdn. 8 ff.; → vor § 15 Rdn. 21 ff., 26 ff.

§ 17	Voraussetzungen der Anordnung
§ 18	Verbindung mehrerer Verfahren
§ 19	Grundbucheintragung, Mitteilungen an das Grundbuchamt
§ 20	Beschlagnahmebeschluss, Beschlagnahmeumfang
§ 21	Umfang der Beschlagnahme: Besonderheiten
§ 22	Wirksamwerden der Beschlagnahme, Zahlungsverbot
§ 23	Wirkung der Beschlagnahme
§ 24	Verwaltung und Benutzung durch den Schuldner
§ 25	Sicherung der ordnungsgemäßen Bewirtschaftung
§ 26	Veräußerung nach der Beschlagnahme
§ 27	Beitrittsbeschluss

- entsprechend gemäß § 161 Abs. 4

§ 28	Entgegenstehende grundbuchmäßige Rechte; andere Hindernisse
§ 29	Rücknahme des Antrags
§ 32	Zustellung der Einstellung- Beitrittsbeschlüsse
§ 34	Löschung des Versteigerungsvermerks bei Aufhebung

- entsprechend gemäß § 156 Abs. 2

§ 105	Abs. 2 S. 2 Bestimmung und Bekanntmachung des Verteilungstermins, Beteiligte
§ 113	Abs. 1 Aufstellung des Teilungsplans
§ 114	Aufnahme in Teilungsplan nach Grundbuch oder Antrag
§ 115	Verhandlung über den Teilungsplan; Widerspruch

- entsprechend gemäß § 158 Abs. 3
- § 117   Ausführung des Teilungsplans bei Bargebotszahlung

- entsprechen gemäß § 156 Abs. 2

| § 124 | Hilfsverteilung bei Widerspruch und im Falle des § 115 Abs. 4 |
| § 126 | Unbekannter Berechtigter: Hilfsverteilung, Hinterlegung |

- entsprechend gemäß § 158 Abs. 3
- § 127   Grundpfandrechtsbriefe und Vollstreckungstitel

- entsprechend gemäß § 157 Abs. 2

§ 135	Vertreter zur Ermittlung des unbekannte Berechtigten
§ 136	Kraftloserklärung von Grundpfandrechtsbriefen
§ 137	Nachträgliche Ermittlung des Berechtigten
§ 138	Ermächtigung zum Aufgebot des unbekannten Berechtigten
§ 139	Termin bei nachträglicher Ermittlung des Berechtigten
§ 140	Aufgebotsverfahren zur Ausschließung des Berechtigten
§ 141	Termin nach Erlass des Ausschlussurteils
§ 142	Erlöschen der Rechte auf den hinterlegten Betrag

- entsprechend gemäß § 160

§ 143	Außergerichtliche Einigung über die Erlösverteilung
§ 144	Außergerichtliche Befriedigung des Berechtigten
§ 145	Anzuwendende Vorschriften im Falle der §§ 143, 144

b) Anordnung
aa) Zuständigkeit

53 Die Zwangsverwaltung wird durch das **Vollstreckungsgericht** (§ 1) angeordnet, wenn die Voraussetzungen der §§ 15 ff. vorliegen, insbesondere die allgemeinen Prozess- und Vollstreckungsvoraussetzungen (→ vor § 15 Rdn. 21 ff., 26 ff.)[76]. Zum Gläubigerwechsel wird auf → § 157 Rdn. 5, 15 f. verwiesen[77]. Ist ein **zweiter Versteigerungstermin ergebnislos** geblieben, kann das Verfahren gemäß § 77 Abs. 2 S. 2 auf Antrag als Zwangsverwaltung fortgesetzt werden (→ § 77 Rdn. 15 ff.).

54 Daneben besteht die Möglichkeit der Anordnung durch ein Prozessgericht durch **einstweilige Verfügung,** wobei eine echte Zwangsverwaltung oder eine Sequestration vorliegen können (s. → Rdn. 34 ff.). Im Falle der echten Zwangsverwaltung soll gleichwohl ein Beschluss notwendig sein[78].

bb) Antragsinhalt

55 Der Antragsinhalt richtet sich nach § 16. Die allgemeinen Voraussetzungen (§§ 1–14), insbesondere ein zulässiger Vollstreckungstitel (vor § 15) müssen vorliegen. In Bezug auf Gesellschaften bürgerlichen Rechts ist die nunmehrige Rechtsprechung des BGH in Bezug auf die Anforderungen an den Titel zu beachten (→ vor § 15 Rdn. 34 ff.). Im Hinblick auf die Eintragung des Schuldners als Eigentümer ist § 17 zu berücksichtigen, wobei die Zwangsverwaltung auch gegen den Eigenbesitzer (§ 147) zulässig ist. Für den Beitritt gilt § 27.

Aus einer **Zwangshypothek** kann nur die Zwangsversteigerung, jedoch keine Zwangsverwaltung betrieben werden.[79]

56 Da durch die Zwangsverwaltung keine Verwertung des Grundstücks erfolgt, ist sie auch zulässig, wenn ein die Zwangsversteigerung hinderndes Recht besteht (s. § 28), insbesondere auch bei einem Veräußerungsverbot gemäß §§ 135, 136, 2115 BGB, § 772 ZPO.

Liegen mehrere Anträge vor, hat das Vollstreckungsgericht gemeinsam zu entscheiden, da **keine Rangfolge** vorgesehen ist. Damit sind auch Anträge mehrerer persönlicher Gläubiger gleichrangig, mit der Folge, dass auch die Beschlagnahme in der Rangklasse des § 10 Abs. 1 Nr. 5 gleichzeitig wirksam wird[80].

57 Auf Antrag des Gläubigers (Verwalter, § 151 Abs. 3) kann das Gericht dem Drittschuldner (Mieter) untersagen, Zahlungen an den Schuldner vorzunehmen (§§ 146 Abs. 1, 22 Abs. 2). Es besteht gleichzeitig die Möglichkeit eines **vorläufigen Zahlungsverbotes** (§ 22 Abs. 2 S. 3, § 845 ZPO)[81].

---

76 Zur Vollstreckung gegen eine GbR s. BGH: Rpfleger 2007, 216 = NJW 2007, 995: Zustellung an geschäftsführenden Gesellschafter.
77 Vgl. auch *Depré/Mayer*, Rdn. 230 ff.
78 RGZ 92, 18; so auch *H/W/F/H*, § 146 Rdn. 55 a.E.
79 BGH, Rpfleger 2008, 429; vgl. auch Wortlaut von § 867 Abs. 3 ZPO.
80 Krit.: *H/W/F/H*, § 146 Rdn. 56; *Knoche/Biersack*, NJW 2003, 476, 480.
81 *Hintzen/Wolf*, Rdn. 13.150; *Böttcher*, § 22 Rdn. 8.

cc) Rechtsschutzbedürfnis

Der BGH[82] hat festgestellt, dass § 803 Abs. 2 ZPO vorliegend nicht anzuwenden ist, wonach ein Rechtsschutzbedürfnis verneint wird, wenn von Anfang an ein Überschuss über die Kosten nicht zu erwarten ist. Das Rechtsschutzinteresse muss im Rahmen des Zwangsverwaltungsverfahrens aufgrund der **Zweckrichtung** und **Ausgestaltung** differenzierter betrachtet werden und wird vorrangig negativ abgegrenzt. Es kommt insbesondere nicht darauf an, ob der Gläubiger Zahlungen auf den Teilungsplan erwarten darf. Es dürfen jedoch keine zweckwidrigen und insoweit nicht schutzwürdigen Ziele verfolgt werden[83] (vgl. auch → § 152 Rdn. 24 f. zu Leerstand). 58

Wenn jedoch mit Erträgen nicht zu rechnen ist, müssen besondere Gründe für die Anordnung vorliegen. Insoweit kann das Verfahren auch angeordnet werden, wenn in absehbarer Zeit nicht mit Einnahmen zu rechnen ist, was häufig bei § 149 Abs. 1 der Fall ist[84].

So wird es als **ausreichend** erachtet, dass ein nachrangiger Gläubiger das Verfahren einleitet, um zu erreichen, dass durch die Überschüsse laufende Zinsansprüche eines vorrangigen Gläubigers reduziert werden, um die eigenen Chancen in einer parallelen Zwangsversteigerung zu verbessern[85]. Auch eine unübersichtliche Mietsituation, einschließlich der Sicherung der Kautionen kann zur Verbesserung der Versteigerungsaussichten anzuerkennen sein[86], ebenso die Klärung von Mietvorauszahlungen oder Baukostenzuschüssen (→ § 152 Rdn. 173 ff.) nach Aufhebung der §§ 57c und d[87]. Aus dem gleichen Grund sind notwendige Instandhaltungen, die Abwicklung eines Gebäudeversicherungsschadens oder die (Winter-)Sicherung zu berücksichtigen[88].

Allgemein verneint wird das Rechtsschutzinteresse, wenn dem Sachverständigen des Zwangsversteigerungsverfahrens lediglich der Zutritt verschafft werden soll[89]. Der Gläubiger sollte den Antrag mithin nicht mit diesem Argument begründen. Zweifelhaft dürfte dies auch für die bloße Durchführung von Besichtigungsmaßnahmen sein. Nach allgemeiner Ansicht kann hierauf jedenfalls kein Durchsuchungsbeschluss gestützt werden[90]. Zu den Verpflichtungen des Zwangsverwalters insoweit → § 152 Rdn. 9.3). 59

Diese Effekte können jedoch erreicht werden, wenn der Antrag auf andere (o.g.) Gesichtspunkte gestützt wird und der Verwalter im Rahmen der § 150 Abs. 2 und § 149 Abs. 2 operieren kann. Zu Fragen des Leerstandes wird auf → § 152 Rdn. 24 verwiesen.

In mehreren Entscheidungen hat der BGH das Rechtsschutzbedürfnis jedoch weiteren Einschränkungen unterworfen. So ist die Zwangsverwaltung eines mit ei-

---

82 BGH, Rpfleger 2004, 302 = NZM 2004, 347 = WM 2004, 646 = InVo 2004, 290 = ZfIR 2004, 440 in Fortführung von Rpfleger 2002, 578 = KTS 2003, 166 = MDR 2002, 1213 = WM 2002, 1809 = ZIP 2002, 1595 = InVo 2003, 41 = ZfIR 2002, 753. Rpfleger 2002, 578 und 2004, 302.
83 Steiner/*Hagemann*, § 161 Rdn. 126.
84 LG Frankfurt/Main, NZM 1998, 635; *Hintzen/Wolf*, Rdn. 13.18.
85 *Hintzen/Wolf*, Rdn. 13.81; *Depré/Mayer*, Rdn. 7.
86 So auch *Depré/Mayer*, Rdn. 8.
87 Ebenso *Depré/Mayer*, Rdn. 7.
88 *Böttcher/Keller*, § 146 Rdn. 6; vgl. auch *Depré/Depré*, § 146 Rdn. 3 f.
89 Vgl. *Hintzen/Wolf*, Rdn. 13.82.
90 LG Ellwangen, Rpfleger 1995, 427; *Hintzen/Wolf*, Rdn. 13.82.

nem Einfamilienhaus bebauten Grundstücks unzulässig, wenn sie nur dazu dient, dem im Haus wohnenden Schuldner den Bezug von Sozialleistungen zu ermöglichen, damit er an den Zwangsverwalter ein Entgelt für die Nutzung der Räume entrichten kann, die ihm nicht nach § 149 Abs. 1 zu belassen sind[91] (hierzu → § 149 Rdn. 11 ff.). Ziel der Zwangsverwaltung sei es grundsätzlich, dem Gläubiger die Erträge aus der Vermietung oder Verpachtung des zwangsverwalteten Grundstücks zukommen zu lassen. Ist ein selbst genutztes Einfamilienhaus Gegenstand der Zwangsverwaltung scheidet diese i.d.R. aus. Eine trotzdem erwirkte Zwangsverwaltung ist deshalb nur dann geeignet der Befriedigung des Gläubigers zu dienen, wenn die verbleibenden Räume oder andere auf dem Grundstück befindliche, für den Hausstand des Schuldners nicht erforderliche, Gebäude selbstständig vermietbar sind.

Insbesondere begründet auch die durch den Gläubiger aufgezeigte Möglichkeit, die Schuldnerin könne das Entgelt durch Inanspruchnahme von Wohngeld oder andere Sozialleistungen aufbringen, kein schutzwürdiges Interesse, auch wenn sie sozialhilferechtlich so behandelt würde, als lebte sie zur Miete. Ein aus diesem Grund eingeleitetes Verfahren ist rechtsmissbräuchlich.

In diesem Kontext stehen auch die Entscheidungen des BGH zur Verpflichtung des in der Wohnung lebenden Schuldners, Nebenkosten zu tragen oder an den Verwalter zu zahlen. Hierzu wird auf die Ausführungen zu → § 149 Rdn. 11 ff. verwiesen.

dd) Anordnungsbeschluss

60 Der Anordnungsbeschluss ergeht gemäß § 764 Abs. 3 ZPO **ohne Anhörung des Schuldners.** Zum Inhalt wird auf § 15 verwiesen und bezüglich der Bestellung des Verwalters auf § 150. Die Zustellung regeln die §§ 3 ff.[92]. Der Beschluss über die Anordnung der Verwaltung gilt zugunsten des Gläubigers als Beschlagnahme (s. § 148). Besonderheiten gelten hinsichtlich des Umfangs (s. § 148) und des Wirksamwerdens (§ 151) der Beschlagnahme. Dem Schuldner wird, anders als in der isolierten Zwangsversteigerung die Verwaltung und Nutzung des Grundstücks entzogen (s. § 148 Abs. 2). Bei Mängeln oder Lücken des Antrags erfolgt ein Hinweis nach § 139 ZPO. Wird der Mangel nicht in angemessener Frist beseitigt, ist der Antrag zurückzuweisen[93]. Eine Belehrung über Möglichkeiten der Einstellung erfolgt nicht[94].

61 Für den **Beitrittsbeschluss** gilt das vorstehende entsprechend (§ 27), wobei die Hinweise nicht mehr aufzunehmen sind. Es sollte jedoch angegeben werden, wer zum Zwangsverwalter bestellt wurde[95].

ee) Verbindung von Verfahren

62 Die Zwangsverwaltung wird grundsätzlich für jedes Grundstück getrennt geführt. Unter den Voraussetzungen des § 18 **kann** eine Verbindung erfolgen[96]:

---

91 BGH, Rpfleger 2009, 323 = IGZInfo 2009, 100.
92 Er kann wirksam dem geschäftsführenden Gesellschafter einer **GbR** zugestellt werden, BGH, Rpfleger 2007, 216 = NJW 2007, 995 = ZIP 2007, 248; BGH, Rpfleger 2010, 531 zur **arglistigen Verhinderung** der Zustellung.
93 Unstr., vgl. *H/W/F/H*, § 146 Rdn. 54 ff. m.w.N.
94 *Stöber*, ZVG, § 146 Rdn. 9.3.
95 *Böttcher/Keller*, § 146 Rdn. 58.
96 *Hintzen/Wolf*, Rdn. 13.100; Ausführlich, *Schmidberger*, IGZInfo 2008, 111 und *Traub*, ZfIR 2011, 857.

- Es soll wegen einer Forderung in mehrere dem Schuldner gehörende Grundstücke vollstreckt werden;
- Es besteht für eine Forderung eine gesamtschuldnerische Haftung mehrerer Grundstückseigentümer und es soll in die jeweiligen Grundstücke der einzelnen Grundstückseigentümer vollstreckt werden;
- Die Zwangsverwaltung wird aus einer Gesamthypothek oder Gesamtgrundschuld in mehrere Grundstücke desselben Eigentümers oder auch verschiedener Eigentümer betrieben.

Im Rahmen der Zwangsverwaltung können durch die Verbindung jedoch Schwierigkeiten entstehen, z.b. bei unterschiedlicher Nutzung, wegen der Notwendigkeit der Trennung der Erträgnisse und Aufwendungen[97] oder der Notwendigkeit gesonderter Abrechnungen. Dies gilt in besonderem Maße bei einer unterschiedlichen Umsatzsteuerverhaftung der Grundstücke oder Grundstücksteile, insbesondere einem Umsatzsteuersplitting (→ § 152 Rdn. 99.1 ff.). Jedes Objekt haftet nur für die auf ihm ruhenden Belastungen. Deshalb sollte **in der Regel von einer Verbindung abgesehen** werden oder der Zwangsverwalter auf eine Trennung hinwirken, z.B. bei mehreren WE-Einheiten. Auswirkungen auf die Vergütung, insbesondere die Mindestvergütung ergeben sich hieraus nicht (→ § 152a Rdn. 96).

3. Rechtsbehelfe

Die Rechtsbehelfe entsprechen denen in der Zwangsversteigerung (s. → § 15 Rdn. 19 ff.)[98]. Dem Untermieter steht kein Rechtsbehelf zu.[99]

Zu Fragen der Einstellung des Verfahrens wird auf → § 161 Rdn. 3 ff. verwiesen und § 30a.

III. Benachrichtigung (Abs. 2)

Nach Anordnung der Zwangsverwaltung hat das Vollstreckungsgericht das Grundbuchamt zu ersuchen, den Zwangsverwaltungsvermerk einzutragen (§ 19 Abs. 1, § 146 Abs. 1) Nach Eingang der Mitteilung des Grundbuchamtes (§ 19 Abs. 2) sind die hieraus ersichtlichen Beteiligten (§ 9 Nr. 1; vgl. → § 9 Rdn. 7 ff.), anders als bei der Zwangsversteigerung, von der Anordnung formlos zu benachrichtigen (§ 146 Abs. 2). Die Zwangsverwaltung wird **nicht öffentlich bekannt gemacht**. Das Grundbuchamt hat auch neue Eintragungen mitzuteilen, die nach einer vorausgegangenen Eintragung, z.B. einem Zwangsversteigerungsvermerk, eingetragen wurden[100].

Aufgrund des in § 9 Abs. 3 S. 2 Nr. 1 ZwVwV (s. → § 152 Rdn. 86) geforderten Versicherungsnachweises ist es notwendig, den Beschluss auch dem Gläubiger zuzustellen[101].

Die Zulassung eines Beitritts wird den Beteiligten (§ 9 Nr. 1) nur formlos mitgeteilt. Dem Schuldner wird der Beschluss gemäß § 22 zugestellt.

---

97 OLG Hamm, Rpfleger 2004, 369.
98 Vgl. auch *Depré/Mayer*, Rdn. 98 ff.
99 BGH, Rpfleger 2012, 39 = IGZInfo 2011, 205.
100 *Stöber*, ZVG § 146, Rdn. 5.5.
101 *Hintzen/Alff*, Rpfleger 2004, 129 ff.

§ 147 »Eigenbesitz des Schuldners«

(1) Wegen des Anspruchs aus einem eingetragenen Rechte findet die Zwangsverwaltung auch dann statt, wenn die Voraussetzungen des § 17 Abs. 1 nicht vorliegen, der Schuldner aber das Grundstück im Eigenbesitze hat.
(2) Der Besitz ist durch Urkunden glaubhaft zu machen, sofern er nicht bei dem Gericht offenkundig ist.

I. Allgemein

1 Anders als die Zwangsversteigerung berührt die Zwangsverwaltung das Eigentum an dem Grundstück nicht, sondern hat die Vollstreckung in die Grundstücksnutzungen zum Gegenstand. Sie richtet sich damit vorrangig gegen den Besitzer des Grundstücks.

Die Zwangsverwaltung ist deshalb auf Antrag eines dinglichen Gläubigers nach § 147 auch dann unter den allgemeinen Voraussetzungen möglich, wenn der **Schuldner nicht Eigentümer** aber Eigenbesitzer[1] eines Grundstücks ist.

2 Hiervon zu unterscheiden ist der Fall, dass der Eigentümer, gegen den der Antrag als Schuldner gestellt wurde, nicht zugleich Eigenbesitzer ist. Hier kann die Zwangsverwaltung im Einzelfall undurchführbar sein oder bedarf weiterer Voraussetzungen. Die hieraus resultierenden Fragen werden nachfolgend ebenfalls dargestellt (→ Rdn. 7 f.).

3 Ein **mittelbarer Besitz** des Eigentümers genügt nur dann, wenn das Grundstück dem Verwalter gegenüber wirksam (§ 152 Abs. 2) verpachtet oder vermietet ist. Ansonsten muss der Verwalter unmittelbarer Besitzer werden, um das Grundstück nutzen zu können. Gibt der unmittelbare Besitzer das Grundstück nicht freiwillig heraus, ist ein Vollstreckungstitel gegen diesen erforderlich, um ihm den Besitz zu entziehen.

4 Ein mittelbarer Eigenbesitz des Schuldners ist für die Anordnung der Zwangsverwaltung ausreichend[2]. Ohne unmittelbaren oder mittelbaren Besitz des Schuldners und ohne einen zur Herausgabe bereiten Dritten ist die Zwangsverwaltung rechtlich undurchführbar[3] und damit unzulässig[4]. Der Zwangsverwalter hat insoweit auch keine Prozessführungsbefugnis. Ist bekannt, dass **Besitz eines nicht zur Herausgabe bereiten Dritten** besteht, muss der Antrag zurückgewiesen werden.

5 Ist der Eigenbesitz streitig, muss das Verfahren angeordnet werden, da es nur auf die formalisierten Voraussetzungen des Zwangsvollstreckungsverfahrens ankommt. Ist der Schuldner nicht Eigentümer, kommt es auf die weiteren Voraussetzungen des Abs. 2 an (→ Rdn. 12). Ist der Schuldner Eigentümer und unklar, ob ein Eigenbesitzer zur Herausgabe bereit ist, kann diese nur durch den Verwalter festgestellt werde, sodass das Verfahren ggf. aufzuheben ist, damit der Gläubiger die Voraussetzungen für eine Vollstreckung gegen den Eigenbesitzer schafft.

---

1 Ausführlich *Schmidberger*, IGZInfo 2/2014, 51, Der Eigenbesitz in der Zwangsverwaltung, § 872 BGB und § 147 ZVG in der Praxis und *Alff*, Zwangsverwaltung bei Nießbrauch, Eigenbesitz und anderen Nutzungsrechten eines Dritten, ZfIR 2014, 313.
2 OLG München, OLGZ 1991, 492.
3 BGH, Rpfleger 1986, 26 = NJW 1986, 2438; LG Dortmund, Rpfleger 2002, 472 mit Anm. *Fundis*.
4 *Hintzen/Wolf*, Rdn. 13.86.

II. Eigenbesitz

1. Allgemein

Der Eigenbesitz richtet sich nach § 872 BGB. Die Form des Besitzes ist unerheblich[5]. Der Besitzer muss das Grundstück als ihm gehörend besitzen wollen. Dies ist unter anderem der Fall, wenn das **Grundstück verkauft und übergeben** wurde, jedoch noch keine Eigentumsumschreibung erfolgt ist. Die bloße Eintragung einer **Vormerkung** ist lediglich ein Indiz und bedarf der Überprüfung vor Ort. Damit fallen nicht unter den Eigenbesitz Besitzer, die aufgrund eines persönlichen (Miete, Pacht) oder dinglichen Nutzungsrechtes (z.B. Nießbrauch, → § 146 Rdn. 8 f.) den Besitz ausüben[6].

Dem Eigenbesitzer steht auch das Wohnrecht aus § 149 Abs. 1 zu[7]. Nach Auffassung des BGH kann die Anordnung gegen den Eigentümer daneben nicht als beschränkte Zwangsverwaltung bestehen bleiben, auch wenn der Eigenbesitzer den Eigenbesitz aufgeben oder verlieren kann (z.B. Rückauflassung)[8]. Grundsätzlich besteht auch die Möglichkeit, den Eigenbesitzer aufzufordern, die Zwangsverwaltung zu dulden und den Zwangsverwalter als Besitzherren anzuerkennen[9].

2. Titel und Titelverschaffung

Wird im Falle der Vollstreckung gegen den Schuldner-Eigentümer der Eigenbesitz eines Dritten nicht freiwillig herausgegeben, muss der Antragsteller einen vollstreckbaren und zugestellten (Duldungs-)Titel gegen den unmittelbaren Besitzer vorlegen[10].

Das Gleiche gilt, wenn die Vollstreckung unmittelbar gegen den Schuldner-Eigenbesitzer erfolgen soll.

Entweder muss gegen den Eigenbesitzer unmittelbar ein **Duldungstitel** erwirkt werden oder ein gegen den Eigentümer bestehender Titel muss auf den Eigenbesitzer umgeschrieben werden (§§ 727 ff., 731, 795 ZPO, titelerweiternde Klausel, → § 146 Rdn. 12).

Der Eigenbesitzer muss mithin Schuldner des Titels sein oder durch Umschreibung werden. Der Titel muss gegen den Eigenbesitzer vollstreckbar ausgefertigt und zugestellt sein.

Etwas anderes gilt nur dann, wenn der Eigenbesitzer bei Vollstreckung gegen den Eigentümer den Besitz herausgibt.

3. Eingetragenes Recht

Die **Umschreibung** aus einem eingetragenen Recht (Hypothek, Sicherungshypothek, Grund- oder Rentenschuld, Reallast) ist möglich, da der Gläubiger sein dingliches Recht auch gegen den Besitzer verfolgen kann, soweit der Besitz die Befriedigung hindert (§§ 1113, 1147 BGB)[11]. Die vollstreckbare Ausfertigung be-

---

5 Beispielsfälle bei *Schmidberger*, IGZInfo 2/2014, 51, 54, 57 f.
6 Vgl. *Böttcher/Keller*, § 147 Rdn. 2.
7 Ebenso *Schmidberger*, IGZInfo 2/2014, 51, 54.
8 ZfIR 2004, 756 m. Anm. *Hawelka*, ZfIR 2005, 14; a.A. *Schmidberger* m.w.N. IGZInfo2/2014, 51, 55.
9 Ebenso *Schmidberger*, IGZInfo 272014, 51, 55.
10 Vgl. BGH, Rpfleger 1986, 26.
11 Vgl. BGH, BGHZ 96, 61; So wohl auch *Stöber*, ZVG § 147 Rdn. 2.7 und *Schmidberger*, IGZInfo 2/2014, 51, 55; kritisch *Eickmann*, KTS 1987, 617, 631 f.

scheinigt nach Umschreibung die Vollstreckbarkeit gegen den Eigenbesitzer. Die Umschreibung erfolgt nur in Bezug auf den Besitz. Der Anspruch auf Eintragung einer Vormerkung steht diesen Rechten nicht gleich[12].

Eine analoge Anwendung von § 147 zur Durchsetzung von Rechten, die nicht im Grundbuch eingetragen sind, scheidet aus[13] (→ Rdn. 11) und damit insbesondere aus Rechten der Rangklassen § 10 Abs. 1 Nr. 1–3.

4. Persönliches Recht

10 Bei einem persönlichen Anspruch gegen den Eigentümer kann der Gläubiger eine **Zwangssicherungshypothek** eintragen lassen. Nach § 867 Abs. 3 ZPO (geändert ab 1.1.1999) kann hieraus unmittelbar die Zwangsversteigerung betrieben werden, jedoch nicht die Zwangsverwaltung[14] (str.). Insoweit muss weiterhin ein Duldungstitel gegen den Eigentümer erwirkt werden, der dann auf den Eigenbesitzer umzuschreiben ist (s. hierzu → § 146 Rdn. 8, 12). Kann der Eigentümer das Grundstück vom Eigenbesitzer herausverlangen, etwa nach §§ 346, 812, 985 BGB, kann der Gläubiger diesen Anspruch pfänden, überweisen und titulieren lassen.

5. Andere Besitzer

11 Ein Besitzer, der weder Eigentümer noch Eigenbesitzer ist, sondern aufgrund eines dinglichen (z.B. Nießbrauch, s. → § 146 Rdn. 8 f.) oder persönlichen Nutzungsrechts (Miete, Pacht) besitzt, fällt nicht unter § 147. Hier kann die Zwangsverwaltung unter den jeweiligen Voraussetzungen gegen den Eigentümer angeordnet werden, da er zumindest mittelbarer Besitz hat.

Mit Beschluss vom 23.9.2009[15] hat der BGH entschieden, dass eine analoge Anwendung von § 147 zur Durchsetzung von **Rechten, die nicht im Grundbuch eingetragen sind,** ausscheidet. Der streitgegenständliche Sachverhalt ging um die Frage, ob eine Wohnungseigentümergemeinschaft wegen titulierter Hausgeldrückstände bereits gegen den werdenden Eigentümer vorgehen kann, für den bereits eine Auflassungsvormerkung eingetragen war. Nach Auffassung des BGH steht der durch eine Auflassungsvormerkung geschützte Erwerber dem eingetragenen Eigentümer vollstreckungsrechtlich nicht gleich. Entscheidend ist aber, dass § 147 nach seinem eindeutigen Wortlaut die Zwangsverwaltung gegen den Eigenbesitzer nur erlaubt, wenn aus einem eingetragenen Recht vollstreckt wird. Bei einer titulierten Hausgeldforderung handelt es sich nicht um ein solches Recht.

6. Glaubhaftmachung des Eigenbesitzes (Abs. 2)

12 Der Eigenbesitz muss durch Urkunden glaubhaft gemacht werden, sofern er nicht bei Gericht offenkundig ist[16]. Abweichend von § 294 ZPO reicht eine eidesstattliche Versicherung nicht aus (Urkunden). Ausreichend sind schriftliche Urkunden wie behördliche Bescheinigungen, notarielle Verkaufsurkunden und privatschriftliche Erklärungen eines Zeugen. Das Gericht entscheidet nach **freiem**

---

12 *H/W/F/H*, § 147 Rdn. 6; *Stöber*, ZVG § 147 Rdn. 2.5.
13 BGH, Rpfleger 2010, 37.
14 BGH, Rpfleger 2008, 429 = NJW 2008, 1599; Zöller/*Stöber*, § 867 Rdn. 20; Thomas/Putzo/*Seiler*, § 867 Rdn. 18.
15 Rpfleger 2010, 37 = IGZInfo 2009, 176; Rpfleger 2012, 641 = IGZInfo 2012, 139.
16 Vgl. *Hintzen/Wolf*, Rdn. 13.89.

Ermessen[17], wobei im Anordnungsbeschluss ein Hinweis auf den Eigenbesitz sachdienlich ist[18].

III. Rechtsbehelfe

1. Des Eigenbesitzers

Wurde die Zwangsverwaltung mangels Kenntnis des Eigenbesitzers gegen den Eigentümer oder den falschen Eigenbesitzer angeordnet, dürfte für Rechtsbehelfe des Eigenbesitzers kein Rechtsschutzbedürfnis bestehen, da der Zwangsverwalter keinen Besitz erlangen kann und auch nicht auf die Nutzungen zugreifen kann[19]. Etwas anderes wäre nur dann denkbar, wenn der Zwangsverwalter sich über den Eigenbesitz aus tatsächlichen oder rechtlichen Gründen hinwegsetzt (insoweit § 771 ZPO[20]). 13

2. Des Eigentümers

Die gegen den Eigenbesitzer angeordnete Zwangsverwaltung hat als solche keine Wirkung gegen den Eigentümer, da er das Grundstück weder besitzt, noch die Nutzungen zieht. Eine Drittwiderspruchsklage gemäß § 771 ZPO hätte nur dann Erfolg, wenn der Eigentümer Einwendungen gegen den Bestand des eingetragenen Rechts geltend machen kann und die Aufhebung des Verfahrens erreichen will. Ansonsten muss er die Vollstreckung dulden. Das Eigentum eines Dritten ist bei einer Zwangsverwaltung gegen einen Eigenbesitzer kein entgegenstehendes Recht i.S.d. § 28. 14

Bestreitet er den Eigenbesitz oder das Vorliegen sonstiger Verfahrensvoraussetzungen, kann er als Beteiligter die Erinnerung aus § 766 ZPO einlegen und ggf. die sofortige Beschwerde nach § 793 ZPO[21].

---

17 Stöber, ZVG § 147, Rdn. 3; Böttcher/Keller, § 147 Rdn. 5.
18 So Böttcher/Keller, § 147 Rdn. 6.
19 Stöber, ZVG § 147 Rdn. 4.
20 A.A. Schmidberger, IGZInfo 2/2014, 51, 57: Unbefristete Erinnerung gem. § 766 ZPO.
21 So Stöber, ZVG § 147 Rdn. 4.3; Böttcher/Keller, § 147 Rdn. 7.

§ 148 »Beschlagnahme des Grundstücks; Umfang«

(1) ¹Die Beschlagnahme des Grundstücks umfaßt auch die im § 21 Abs. 1, 2 bezeichneten Gegenstände. ²Die Vorschrift des § 23 Abs. 1 Satz 2 findet keine Anwendung.

(2) Durch die Beschlagnahme wird dem Schuldner die Verwaltung und Benutzung des Grundstücks entzogen.

§ 1120 BGB Erstreckung auf Erzeugnisse, Bestandteile und Zubehör

Die Hypothek erstreckt sich auf die von dem Grundstück getrennten Erzeugnisse und sonstigen Bestandteile, soweit sie nicht mit der Trennung nach den §§ 954 bis 957 in das Eigentum eines anderen als des Eigentümers oder des Eigenbesitzers des Grundstücks gelangt sind, sowie auf das Zubehör des Grundstücks mit Ausnahme der Zubehörstücke, welche nicht in das Eigentum des Eigentümers des Grundstücks gelangt sind.

§ 1123 BGB Erstreckung auf Miet- und Pachtforderungen

(1) Ist das Grundstück vermietet oder verpachtet, so erstreckt sich die Hypothek auf die Miet- oder Pachtforderung.

(2) Soweit die Forderung fällig ist, wird sie mit dem Ablauf eines Jahres nach dem Eintritte der Fälligkeit von der Haftung frei, wenn nicht vorher die Beschlagnahme zugunsten des Hypothekengläubigers erfolgt. Ist die Miete oder Pacht im voraus zu entrichten, so erstreckt sich die Befreiung nicht auf die Miete oder Pacht für eine spätere Zeit als den zur Zeit der Beschlagnahme laufenden Kalendermonat; erfolgt die Beschlagnahme nach dem fünfzehnten Tage des Monats, so erstreckt sich die Befreiung auch auf die Miete oder Pacht für den folgenden Kalendermonat.

§ 1124 BGB Vorausverfügung über Miete oder Pacht

(1) Wird die Miete oder Pacht eingezogen, bevor sie zugunsten des Hypothekengläubigers in Beschlag genommen worden ist, oder wird vor der Beschlagnahme in anderer Weise über sie verfügt, so ist die Verfügung dem Hypothekengläubiger gegenüber wirksam.

(2) Die Verfügung ist dem Hypothekengläubiger gegenüber unwirksam, soweit sie sich auf die Miete oder Pacht für eine spätere Zeit als den zur Zeit der Beschlagnahme laufenden Kalendermonat bezieht; erfolgt die Beschlagnahme nach dem fünfzehnten Tage des Monats, so ist die Verfügung jedoch insoweit wirksam, als sie sich auf die Miete oder Pacht für den folgenden Kalendermonat bezieht.

(3) Der Übertragung der Forderung auf einen Dritten steht es gleich, wenn das Grundstück ohne die Forderung veräußert wird.

Übersicht

	Rdn.
I. Allgemein	1
II. Zeitpunkt	4
III. Umfang	8
1. Allgemein	8
2. § 21 Abs. 1	11
3. § 21 Abs. 2	13
a) Allgemein	13
b) Vorausverfügungen, Vorauszahlungen	15
c) Pfändung	19.1
d) Insolvenz	19.2
e) Baukostenzuschüsse	20
f) Aufrechnung	21
4. Wiederkehrende Leistungen	23
5. Gewerbebetrieb	24

6. Nießbrauch 25
7. Versicherungsforderungen 26
8. Freiwerden 28
IV. Verwaltungs- und Benutzungsrecht des Schuldners 29

I. Allgemein

Die Anordnung von oder der Beitritt zur Zwangsverwaltung gilt als Beschlagnahme (§§ 20 Abs. 1, § 146 Abs. 1, § 27 Abs. 2 ZVG). Sie ist damit die gesetzliche Folge der Verfahrensanordnung. Die Vorschrift **erweitert** den Beschlagnahmeumfang und die Beschlagnahmewirkung gegenüber der Zwangsversteigerung, weil mit der Zwangsverwaltung auf die **Grundstücksnutzungen** zugegriffen werden soll[1].

Anders als nach § 21 Abs. 1 u. 2 umfasst die Beschlagnahme alles, worauf sich gemäß den §§ 1120, 1123 BGB, § 865 Abs. 1 ZPO die Hypothek erstreckt. Wie bei der Versteigerung wirkt jede Beschlagnahme nur zugunsten des jeweils betreibenden Gläubigers. Betreiben mehrere Gläubiger das Verfahren, ist der genaue Umfang der beschlagnahmten Gegenstände für jeden gesondert festzustellen (s. → § 20 Rdn. 4).

Da dem Schuldner im Unterschied zur Zwangsversteigerung durch die Beschlagnahme die **Verwaltung und Benutzung entzogen** wird, kann er über einzelne beschlagnahmte bewegliche Sachen nicht innerhalb der Grenzen einer ordnungsgemäßen Wirtschaft verfügen (anders § 23 Abs. 1 S. 2). Zu berücksichtigen ist ggf. ein Wohnrecht (s. § 149 Abs. 1) und ein Unterhaltsanspruch (s. § 149 Abs. 3).

Die Beschlagnahme hat die Wirkung eines relativen **Veräußerungsverbotes** (§§ 135, 136 BGB, § 23 Abs. 1 S. 1, s. dort → Rdn. 1 ff.). Der Verwalter kann jedoch nicht über das Grundstück verfügen, sodass es auch ohne seine Zustimmung veräußert werden kann[2]. Die Beschlagnahme begründet das Recht des Gläubigers, sich aus dem Objekt zu befriedigen. Die Grundlage besteht wiederum in der pfandrechtlichen Verstrickung[3].

Die Beschlagnahme erlangt zunehmend im Rahmen der Aufhebung des Verfahrens an Bedeutung (→ § 161 Rdn. 6 ff., 17 ff.). Insoweit ist die Grundaussage des BGH zutreffend, dass sowohl das Wirksamwerden der Beschlagnahme als auch ihr Wegfall nur durch einen staatlichen Hoheitsakt in Form der Anordnung auf der einen Seite und der Aufhebung auf der anderen Seite bewirkt werden können[4]. Insbesondere im Rahmen der Abwicklung des Verfahrens sind hiervon (verbleibende) Verwaltungsbefugnisse des Zwangsverwalters zu unterscheiden, wenn sie ihre Grundlage nicht mehr in dem Erfordernis der Beschlagnahme haben. Dort wo die Verwaltung ihre Grundlage in der Beschlagnahme hat, ist deren Bestehen – in welchem Umfang auch immer – unabdingbar.

---

1   Kein Pfandrecht i.S.d. ZPO, aber in der Wirkung angenähert, vgl. *Eickmann*, ZVG § 9 II.
2   *Depré/Mayer*, Rdn. 157.
3   Hierzu ausführlich *Bartels*, S. 171 ff. und *Mayer*, Rpfleger 2009, 287 insbesondere auch zu Fragen der teilweisen Beschlagnahme.
4   BGHZ 177, 218 = ZfIR 2008, 876 = Rpfleger 2008, 673 m. Anm. *Hintzen* Rpfleger 2009, 68 = ZInsO 2009, 218.

II. Zeitpunkt

4 Der Beschluss, durch welchen die Zwangsverwaltung angeordnet wird, gilt zugunsten des Gläubigers als Beschlagnahme des Grundstücks (§ 20 Abs. 1). Die **Beschlagnahme** wird im Rahmen der Zwangsverwaltung durch **drei Alternativen** wirksam:

- Mit der **Zustellung** des Anordnungs- oder Beitrittsbeschlusses an den Schuldner (§ 22 Abs. 1 S. 1, s. dort → Rdn. 2 f.), bei mehreren in Gesamthandsgemeinschaft mit der letzten Zustellung und bei Bruchteilsgemeinschaft mit der jeweiligen Zustellung in Bezug auf den Bruchteil.
- Mit dem Zeitpunkt, in welchem das **Ersuchen um Eintragung** des Zwangsverwaltungsvermerks dem Grundbuchamt zugeht (§ 22 Abs. 1 S. 2, s. dort → Rdn. 4).
- Der **Inbesitznahme** des Grundstücks durch den Zwangsverwalter (§§ 151 Abs. 1, 150 Abs. 2).

5 Maßgeblich ist die zeitlich **erste** vollzogene Alternative. Die Beschlagnahme kann für verschiedene Gläubiger gesondert eintreten (s. → § 20 Rdn. 4). Sie ist von der Beschlagnahme eines parallelen Zwangsversteigerungsverfahrens unabhängig und wirkt für den einzelnen Gläubiger im Hinblick auf die Abgrenzung der laufenden und rückständigen Leistungen. Eine Ausnahme gilt in Bezug auf § 77 Abs. 2, wenn nach zwei ergebnislosen Terminen die Aufhebung erfolgt und das Gericht auf Antrag das Verfahren als Zwangsverwaltung fortsetzt. In diesem Fall bleiben die Wirkungen der Beschlagnahme in der Zwangsversteigerung bestehen.

6 Soweit der Antrag auf Zwangsverwaltung durch den Insolvenzverwalter gestellt wird (§ 172), gilt der Anordnungsbeschluss nicht als Beschlagnahme (§ 173), da die Insolvenzbeschlagnahme vorrangig ist. Durch das Zustellungsdatum beim Insolvenzverwalter werden jedoch die laufenden und rückständigen Leistungen abgegrenzt (§ 173 S. 2) und der Umfang der Beschlagnahme klargestellt (§ 172 S. 2, § 55).

7 Im Falle des **Beitritts** erfolgt kein neues Ersuchen an das Grundbuchamt, sondern die Zustellung an den Schuldner. Hat der Verwalter bereits den Besitz erlangt, wird die Beschlagnahme auch durch Zustellung an ihn wirksam (§ 151 Abs. 2). Einer weiteren Inbesitznahme bedarf es nicht.

III. Umfang

1. Allgemein

8 Es werden alle Gegenstände beschlagnahmt, die für die Hypothek haften. Dies gilt auch, wenn das Verfahren wegen persönlicher Ansprüche betrieben wird.

Hierunter fallen wie in der **Zwangsversteigerung:**

- Das **Grundstück** (s. → vor § 15 Rdn. 2 ff.) bzw. grundstücksgleiche Rechte (s. → vor § 15 Rdn. 13 ff.) nebst den wesentlichen und unwesentlichen Bestandteilen (s. → § 20 Rdn. 7 ff.) sowie die ungetrennten Erzeugnisse (s. → § 20 Rdn. 14). Zu den **wesentlichen Bestandteilen** (§ 93 BGB), insbesondere dem Gebäude (§ 94 Abs. 1 BGB) hat der BGH – für den Zwangsverwalter von Bedeutung – entschieden[5], dass ein Gebäude nicht nur durch seine Glie-

---

5 BGHZ 165, 261 = Rpfleger 2006, 213 = NJW 2006, 993 = WM 2006, 1106.

derung, Einteilung, Eigenart oder Bauart, sondern auch aufgrund seiner Ausstattung mit betriebsdienlichen Maschinen und sonstigen Gerätschaften als für einen gewerblichen Betrieb dauernd eingerichtet angesehen werden kann. Im Falle des **Überbaus** richtet sich der Umfang der Beschlagnahme wie in der Zwangsversteigerung danach, ob ein entschuldigter oder ein unentschuldigter Überbau vorliegt (vgl. → § 20 Rdn. 10).

- Im Fall des **entschuldigten** Überbaus unterliegen der Zwangsverwaltung auch die Nutzungen des Teils, der auf das Nachbargrundstück überbaut ist. Wurde von dem Nachbargrundstück überbaut, bleibt dieser Teil von der Zwangsverwaltung unberührt. Im Fall des **unentschuldigten** Überbaus teilt die Grenze auch das überbaute Gebäude, sodass in diesem Fall die Nutzungen nicht der Zwangsverwaltung gebühren.
- Das **Zubehör**[6] (→ § 20 Rdn. 16 ff.; Anlagen für erneuerbare Energien → § 152, Rdn. 42[7]).
- Rechte (→ § 20 Rdn. 13, 34).
- **Versicherungsforderungen**[8] (§ 1127 BGB, → § 20 Rdn. 38 ff.) und sonstige Entschädigungsansprüche (→ § 20 Rdn. 44). Zur **Verwendung** der Versicherungsforderung im Rahmen der Zwangsverwaltung wird auf → Rdn. 26 verwiesen.

Darüber hinaus werden durch **Zwangsverwaltung** beschlagnahmt:

9

- **Miet- und Pachtzinsforderungen** (§ 1123 ff. BGB, hierzu → Rdn. 13 ff., → § 152 Rdn. 116 ff.) einschließlich der Mietnebenkosten bzw. etwaiger Vorauszahlungen.
- Ansprüche aus **wiederkehrende Leistungen** (§§ 1126, 96 BGB) aus einem mir dem Eigentum verbundenen Recht (→ Rdn. 23).
- **getrennte Erzeugnisse** und getrennte sonstige Bestandteile (→ Rdn. 11).
- **Forderungen** aus der Versicherung land- und forstwirtschaftlicher Erzeugnisse.
- Für die Verwaltung notwendiges Zubehör und **Urkunden** (Objektunterlagen → § 150 Rdn. 43 ff.).
- Ein Wertersatzanspruch nach § 92 Abs. 1, der infolge der Zwangsverwaltung eines Erbbaurechtes an die Stelle der Erbbauzinsreallast tritt, steht dem Zwangsverwalter des mit dem Erbbaurecht belasteten Grundstücks zu und nicht dem Eigentümer dieses Grundstücks persönlich oder dem Insolvenzverwalter über sein Vermögen[9].

---

6   BGH, Rpfleger 2009, 253 = NJW 2009, 1078 = WuM 2009, 129 zur Zubehöreigenschaft einer **Einbauküche:** Es kann auf die Verkehrsanschauung ankommen und regionale Unterschiede. Ergeben sich hieraus keine Anhaltspunkte, ist der Mietvertrag heranzuziehen. Gibt es keinen Mietvertrag, war die Küche aber aus Mitteln der Mieter angeschafft und eingebaut worden, begründet dies allein noch nicht eine dauerhafte Zubehöreigenschaft.
7   Hierzu *Goldbach*, ZfIR 2014, 37.
8   Vgl. auch ausführlich *Wedekind/Wedekind*, Rdn. 387 ff.; *Böttcher/Keller*, Rdn. 14.
9   OLG Düsseldorf, ZfIR 2010, 560 = ZIP 2011, 93 LS. = IGZInfo 2010, 141.

- Der Zwangsverwalter des dienenden Grundstücks kann damit den Anspruch auf Erbbauzinsreallast in der Zwangsversteigerung geltend machen und ggf. Wertersatz beanspruchen[10].
- Anlagen für erneuerbare Energien (→ § 152 Rdn. 42)[11].

10 Die Zwangsverwaltung kann nach h.M. nicht von vorneherein im Rahmen der Anordnung auf einen Teil der Nutzungen beschränkt werden[12]. Möglich ist es jedoch, dass betreibende Gläubiger auf einzelne Beschlagnahmewirkungen verzichten[13] und z.B. einzelne Gegenstände freigeben[14].
Dies ergibt sich spiegelbildlich auch aus der nach h.m. bestehenden Möglichkeit der beschränkten Rücknahme, die unter besonderen Voraussetzungen die Beschlagnahmewirkung in Teilbereichen bestehen lassen kann (→ § 161 Rdn. 21). Eine Beschränkung auf ein Teil der Nutzungen ist auch hier nicht möglich[15].

2. § 21 Abs. 1

11 Beschlagnahmt sind auch **land- und forstwirtschaftliche Erzeugnisse** (s. → § 21 Rdn. 2)[16], die nicht mehr mit dem Boden verbunden oder nicht Zubehör des Grundstücks sind, wenn sie zum Zeitpunkt der Trennung bereits beschlagnahmt waren, einschließlich etwaiger Forderungen aus der Versicherung solcher Erzeugnisse. Diese Gegenstände müssen nach allgemeinen Grundsätzen noch der Hypothek haften (§ 20 Abs. 2, s. dort → Rdn. 15, §§ 1120, 1122 BGB). Ein Dritter darf mit der Trennung kein Eigentum erworben haben (§§ 954–957 BGB, s. → § 20 Rdn. 15). Sie dürfen auch nicht verarbeitet worden sein (§ 950 BGB). Des Weiteren dürfen sie nicht freigegeben oder gemäß §§ 1121, 1122 BGB enthaftet sein (s. → § 20 Rdn. 45 ff.).

12 Ein **Milchkontingent** (ab 1.4.2015 aufgehoben → § 152 Rdn. 26) wird von der Beschlagnahme nicht erfasst, weil es personenbezogen ist[17]. Es steht damit dem Schuldner zu oder im Fall der Verpachtung des Betriebs dem Pächter[18].

3. § 21 Abs. 2

a) Allgemein

13 Miet- und Pachtzinsen werden nur durch die Anordnung der Zwangsverwaltung beschlagnahmt, nicht durch die Anordnung der Zwangsversteigerung (§§ 21 Abs. 2, 148 Abs. 1).
Die Beschlagnahme lässt bestehende Miet- und Pachtverhältnisse unberührt (§ 152 Abs. 2, dort → Rdn. 116 ff.). Sie erstreckt sich aber auf die Miet- und Pachtzinsforderungen einschließlich etwaiger Nebenkostenvorauszahlungen oder -forderungen, auch soweit sie für Zubehör geleistet werden. Dies gilt auch dann, wenn

---

10 OLG Düsseldorf, ZfIR 2010, 560 = ZIP 2011, 93 LS. = IGZInfo 2010, 141.
11 Hierzu *Goldbach*, ZfIR 2014, 37.
12 *Stöber*, ZVG § 148 Rdn. 2.4.; *Böttcher/Keller*, § 148 Rdn. 17.
13 So *Stöber*, ZVG § 148 Rdn. 2.4.
14 *Böttcher/Keller*, § 148 Rdn. 17.
15 Ebenso *Stöber*, ZVG, § 148 Rdn. 2.4 a.E.
16 Ausführlich *Depré/Mayer*, Rdn. 171 ff., 181 ff.
17 Ausführlich *Stöber*, ZVG § 148 Rdn. 2.7; *Hintzen/Wolf*, Rdn. 13.116.; *Böttcher/Keller*, § 148 Rdn. 14.
18 BGH, Rpfleger 1991, 429.

ein Nießbraucher (vgl. → § 146 Rdn. 8 f.), ein Eigenbesitzer[19] (§ 147) oder ein Käufer vor Eigentumsübergang[20] den Vertrag abgeschlossen hat.

Nach § 1123 Abs. 2 BGB kommt es hierbei darauf an, ob die Beschlagnahme nach dem 15. Tag des Monats erfolgt ist. Erfolgt sie bis zum 15. Tag, unterliegt der Folgemonat bereits der Beschlagnahme, ansonsten ist der Folgemonat noch beschlagnahmefrei. Hierbei sollte der Zwangsverwalter bei Gericht den frühesten Termin der Beschlagnahme erfragen, da dieser bereits früher eingetreten sein kann als die Inbesitznahme. Viele Gerichte teilen dem Zwangsverwalter diesen Zeitpunkt sinnvollerweise mit.

Umfasst werden noch nicht oder nicht länger als ein Jahr vor der Beschlagnahme fällige Forderungen (§ 1123 Abs. 2 BGB). Bei Nebenkosten kommt es auf die ordnungsgemäße Abrechnung an (vgl. → § 152 Rdn. 150 ff.).

Die Berechnung erfolgt spiegelbildlich zu den laufenden Nutzungen. Hierbei ist der früheste Monat des Vorjahres derjenige, der bei einer Beschlagnahme bis zum 15. Tag dem Folgemonat der Bezeichnung nach entspricht und bei einer Beschlagnahme nach dem 15. Tag dem übernächsten Monat.

Die vorstehenden Berechnungen gelten nach § 1123 Abs. 2 BGB für im Voraus zu entrichtende Mieten.

Forderungen aus einem **Untermiet- oder Pachtverhältnis** werden von der Beschlagnahme nicht erfasst, da sie nur dem (Haupt-)Mieter oder Pächter zustehen und nicht dem Vollstreckungsschuldner[21]. Dies gilt auch dann, wenn der zur Untervermietung berechtigte Hauptmieter zahlungsunfähig wird[22]. Dem Untermieter steht insoweit auch kein Rechtsmittel (Erinnerung) gegen die Anordnung der Zwangsverwaltung zu, weil das Rechtsschutzinteresse fehlt[23]. Unabhängig hiervon hat der Verwalter gegen den Hauptmieter einen Auskunftsanspruch, mit wem er Untermietverträge abgeschlossen hat, selbst dann, wenn der Hauptmietvertrag beendet ist.[24]

Durch die Beschlagnahme endet auch die vom Schuldner an eine GbR als Gesellschaftsbeteiligung gewährte Nutzungsüberlassung (→ § 152 Rdn. 122).

Unabhängig hiervon kann der Verwalter bei rückständigen Mieten nach Titulierung in die Forderungen aus dem Untermietverhältnis pfänden. Mit Wegfall des Hauptmietverhältnisses fällt auch das Untermietverhältnis weg, sodass der Verwalter auf Räumung klagen oder eine Nutzungsentschädigung geltend machen kann.

Hierbei stehen dem Zwangsverwalter auch nach Beendigung des Hauptmietverhältnisses Auskunftsansprüche gegen den Mieter in Bezug auf das Untermietverhältnis zu[25].

---

19 Stöber, ZVG § 148, Rdn. 2.3 e) m.w.N.
20 OLG Düsseldorf, KTS 1988, 571.
21 BGH, Rpfleger 2005, 323 = ZfIR 2005, 737 m. Anm. Fetsch; ebenso BGH, Rpfleger 2006, 614 = NJW-RR, 2007, 265 = NZM 2006, 677 = ZfIR 2006, 733 m. Anm. Wedekind, i.Ü. zu Ersatzansprüchen aus schuldhaft nicht gezogenen Nutzungen und der Verfolgung von Ansprüchen aus einer rechtsgrundlosen Nutzung sowie der Verletzung von Besitzrechten (→ § 152 Rdn. 108 f.).
22 LG Bonn, ZIP 1981, 730.
23 BGH, Rpfleger 2012, 39 = IGZInfo 2011, 205.
24 OLG Köln, ZfIR 2012, 36.
25 OLG Köln, ZfIR 2012, 36.

Zu prüfen ist in jedem Fall, inwieweit das Untermietverhältnis bzw. der Hauptmietvertrag wegen Vereitelung der Gläubigerrechte nichtig ist (§ 138 Abs. 1 BGB). In diesem Fall unterliegen Forderungen gegen den Untermieter, z.B. aus einer Nutzungsentschädigung, der Beschlagnahme[26].

b) Vorausverfügungen, Vorauszahlungen

15 Vorausverfügungen über den Miet- oder Pachtzins wirken gegenüber dem Zwangsverwalter nur für den laufenden Monat (zu Baukostenzuschüssen und Mietvorauszahlungen → § 152 Rdn. 173 ff.). Wird die Beschlagnahme nach dem 15. eines Monats wirksam, wirkt die Vorausverfügung noch für den folgenden Monat (§ 1124 Abs. 2 S. 2 BGB).

16 Bei **Vorausverfügungen** handelt es sich i.d.R. um Abtretungen, Verpfändungen oder Pfändungen wegen persönlicher Forderungen.

Ein Mietzins, der bereits vor Begründung des Grundpfandrechtes aus dem die Beschlagnahme erwirkt wurde abgetreten war, unterfällt gleichwohl dem Haftungsverband[27]. Die Abtretung des Anspruchs auf den Mietzins für eine unbewegliche Sache wird selbst im Falle der Beschlagnahme durch einen nachrangigen Grundpfandgläubiger diesem gegenüber unwirksam. Der BGH begründet diese Auffassung zum einen damit, dass die Zwangsverwaltung in jedem Fall eine Beschlagnahme darstellt, gleichgültig ob sie durch einen persönlichen oder dinglichen Gläubiger betrieben wird. Hier sei § 1124 Abs. 2 BGB anzuwenden. Wenn aber sogar ein lediglich persönlicher Gläubiger durch das Verfahren eine Vorausverfügung entkräften kann, kann es auf den Zeitpunkt, in dem der Beschlagnehmende ein dingliches Recht erworben hat nicht ankommen. Zum anderen zieht der BGH vergleichbare Vorschriften heran, denen die gleiche Wertung wie § 1124 Abs. 2 BGB zugrunde liegt, insbesondere § 566b Abs. 1 BGB und betrachtet auch das Schicksal von Vorausverfügungen in Einzelzwangsvollstreckung und Insolvenz.

Auch nach Aufhebung der Zwangsverwaltung lebt die Abtretung nicht wieder auf, da sie durch § 1124 unwirksam wurde, selbst wenn der Gläubiger seinen Antrag zurücknimmt[28].

Liegt eine solche Vorausverfügung nicht vor, hat der Mieter oder Pächter den Miet- oder Pachtzins ab der nächsten Fälligkeit im Voraus an den Zwangsverwalter zu zahlen, wenn die Beschlagnahme bis zum 15. eines Monats eingetreten ist, sofern er noch rechtzeitig unterrichtet werden konnte bevor die nächste Zahlung erfolgt ist.

Erfolgt die Beschlagnahme nach dem 15. eines Monats, kann der Zwangsverwalter erst die Miete des übernächsten Monats zur Masse ziehen (§ 1123 Abs. 2 S. 2 2. Hs.)[29].

Dem Mieter muss die **Beschlagnahme bekannt** sein (fahrlässige Unkenntnis genügt nicht) oder ihm muss ein Zahlungsverbot zugegangen sein. Die Kenntnis der Beantragung der Zwangsverwaltung ist jedoch ausreichend[30].

---

26 BGH, Rpfleger 2005, 323 = ZfIR 2005, 737 m. Anm. *Fetsch;* BGH, ZInsO 2006, 823.
27 BGH, Rpfleger 2006, 684 = NJW-RR 2006, 1466 = ZIP 2005, 1452; hierzu *Clemente,* ZfIR 2005, 655; vgl. auch OLG Brandenburg, IGZInfo 3/2010, 135.
28 BGH, IX ZR 188/10, ZInsO 2012, 43 = IGZInfo 1/2012, 36.
29 Vgl. zu nachträglicher Fälligkeit und vierteljährlicher Fälligkeit Beispiele bei *Hintzen/Wolf,* Rdn. 13.135 ff. und *Depré/Mayer,* Rdn. 195 ff.
30 *Depré/Mayer,* Rdn. 207 f.

Sofern der Schuldner in Kenntnis der Anordnung gegenüber dem Mieter auf 17
eine vorzeitige Zahlung drängt, hat dieser gegenüber dem Zwangsverwalter nicht
befreiend geleistet, soweit diese Zahlung nicht vertragsgemäß erfolgt ist.

Wurde der Verwalter ermächtigt noch offene Mieten einzuziehen, kann er
keinen Rechtsstreit gegen Dritte einleiten, die Mieten unberechtigt vereinnahmt
haben, da es sich hierbei nicht um beschlagnahmte Forderungen handelt[31].

Handelt es sich um Mietvorauszahlungen, ist zu differenzieren. Werden nach 18
Abschluss des Mietvertrages Leistungen des Mieters nachträglich als Mietvorauszahlungen vereinbart, obwohl der Mietvertrag laufende Mietzahlungen vorsieht
gilt § 1124 Abs. 2 BGB. Diese Vereinbarung ist innerhalb der dortigen Zeitgrenzen
gegenüber dem Zwangsverwalter unwirksam. Das Gleiche kann gelten, wenn eine
Einmalzahlung gewährt wird, obwohl der Mietvertrag periodische Zahlungen
ausweist. Die Abgrenzung kann im Einzelnen sehr schwierig sein (vgl. insoweit zu
Baukostenzuschüssen und Mietvorauszahlungen → § 152 Rdn. 173 ff.).

c) Pfändung

Zu den Auswirkungen und Arten von Pfändungen wird auf → § 21 Rdn. 8 ff. 19.1
verwiesen. Hat der betreibende Gläubiger seinen Titel durch arglistiges Zusammenwirken mit dem Schuldner erlangt, um die Pfändung zu unterlaufen, wird der
Pfändungsgläubiger nur durch § 826 BGB oder das AnfG geschützt.

§ 845 ZPO kann nicht mit einem nachfolgenden Zahlungsverbot in der
Zwangsverwaltung in den Fällen der §§ 1123, 1192 BGB kombiniert werden[32].
Durch die Vorpfändung tritt keine Beschlagnahmewirkung wie durch das Zahlungsverbot nach §§ 151 Abs. 3, 22 Abs. 2 S. 1 ZVG ein, da die Vorpfändung von
einer nachfolgenden Pfändung spricht und auf § 840 ZPO verweist, der in der
Zwangsverwaltung nicht gilt.

d) Insolvenz

Kündigt der Insolvenzverwalter über das Vermögen des Mieters oder Pächters 19.2
erstreckt sich die Beschlagnahme auch auf die Ersatzforderung aus § 109 Abs. 1 S.
3 InsO[33] (zum Verhältnis Zwangsverwaltung und Insolvenzverwaltung wird auf
→ § 152 Rdn. 188.1 verwiesen).

e) Baukostenzuschüsse

Zu Baukostenzuschüssen wird ebenso wie zu den Mietvorauszahlungen auf → 20
§ 152 Rdn. 173, 176 verwiesen. Bei Baukostenzuschüssen kommt es regelmäßig
darauf an, inwieweit sich die hieraus getätigte Investition günstig auf die Immobilie ausgewirkt hat.

f) Aufrechnung

Mieter oder Pächter können gegenüber dem Verwalter nicht aufrechnen, so- 21
weit der Schuldner gemäß § 1124 BGB in seiner Verfügung beschränkt ist (§ 1125
BGB). Gegenüber der vom Verwalter eingeklagten und beschlagnahmten Mietforderung kann der Mieter vor Fälligkeit nicht mit der Kaution aufrechnen. Etwas

---

31 BGH, Rpfleger 2010, 38 = IGZInfo 2009, 171.
32 AG Heilbronn, ZfIR 2008, 770.
33 OLG Frankfurt, NJW 1981, 235 zu § 19 S. 3 KO.

anderes gilt, wenn der Verwalter gegenüber dem Mieter zur Herauszahlung der Kaution verpflichtet ist[34] (s. → § 152 Rdn. 164 ff.).

22 Da der BGH den Verwalter verpflichtet hat, Nebenkosten auch rückwirkend abzurechnen[35] (→ § 152 Rdn. 150 ff.), kann eine Aufrechnung in Betracht kommen, wenn der Mieter zur Aufrechterhaltung der Versorgung unmittelbar an Versorgungsunternehmen Leistungen erbracht hat[36].

4. Wiederkehrende Leistungen

23 Für Ansprüche auf wiederkehrende Leistungen (§ 21 Abs. 2) aus Rechten nach §§ 96, 1126 BGB gilt weitgehend das Gleiche wie für Miet- und Pachtzinsforderungen (→ § 21 Rdn. 11), mit der Ausnahme einer verlängerten Karenzzeit von 3 Monaten (§ 1126 S. 3 BGB).

5. Gewerbebetrieb

24 Die Besonderheiten, die sich aus der Beschlagnahme und ihren Umfang in Zusammenhang mit einem Gewerbebetrieb des Schuldners ergeben oder einer Betriebsfortführung, werden unter → § 152 Rdn. 33 ff. dargestellt.

6. Nießbrauch

25 Bei der Einräumung eines Nießbrauchs handelt es sich um eine Verfügung über das Grundstück und nicht über die Miete oder Pacht. Die §§ 1123 ff. BGB sind deshalb nicht anwendbar. Es kommt nach allgemeinem Recht auf das Rangverhältnis zum Nießbrauch an mit den Besonderheiten im Rahmen der Anordnung (→ § 146 Rdn. 8 ff.).

7. Versicherungsforderungen

26 Versicherungsforderungen unterliegen der Hypothekenhaftung (§ 1127 BGB, → § 20 Rdn. 38 ff.) und damit der Beschlagnahme. Zieht der Verwalter sie ein, hat er sie vorrangig zur Wiederherstellung oder Neubeschaffung (Zubehör) zu verwenden. Die Verwendung obliegt dem pflichtgemäßen Ermessen des Verwalters[37]. Die Frage der Massezugehörigkeit ist unabhängig davon zu betrachten, welche Pflichten dem Verwalter obliegen. Die Pflichten des Verwalters orientieren sich daran, ob der Gegenstand, für den die Versicherungsleistung erbracht wird, seiner Verfügungsbefugnis unterliegt. In diesem Fall gehört die Versicherungsleistung zur Zwangsverwaltungsmasse, ansonsten im Falle des Nichteinsatzes zur Zwangsversteigerungsmasse.

Wird sie hierfür nicht eingesetzt, gehören die Zinsen der Teilungsmasse. Die nicht verwendete Versicherungsleistung wird im Falle der Versteigerung mitversteigert (§ 90 Abs. 2) oder bei Aufhebung durch Rücknahme an den Schuldner ausgezahlt. Die Leistung ist in diesem Fall durch den Verwalter zu separieren. Maßgeblich für die Zuordnung dürfte auch der Zustand des Objektes ein, der der Verkehrswertfestsetzung zugrunde liegt. Wurde der Verkehrswert unter Berück-

---

34 BGH, Rpfleger 2003, 678 = NJW 2003, 3342 = ZInsO 2003, 900; Rpfleger 2005, 460 = NJW-RR 2005, 1029, Anm. *Mayer*, Rpfleger 2006, 175.
35 Rpfleger 2003, 456 = NJW 2003, 2320 = ZInsO 2003, 656.
36 *Depré/Mayer*, Rdn. 213.
37 *Wedekind/Wedekind*, Rdn. 390 ff., 1234 ff.

sichtigung des Schadens festgesetzt, steht die Versicherungsleistung nicht dem Ersteher zu.
Eine befristete prämienfreie Rohbaufeuerversicherung setzt sich als Wohngebäudeversicherung fort, wenn vor Ablauf der Befristung eine Prämienrechnung für den Folgezeitraum übermittelt wird. Die Beschlagnahmewirkung tritt auch ein, wenn sich der Schadensfall vor Anordnung des Verfahrens ereignet hat[38].

Verwendet der Verwalter die Leistung zur Wiederherstellung, was im Hinblick auf die Neuwertklauseln der Gebäudeversicherung notwendig sein kann (vgl. → § 20 Rdn. 41), erlischt die Hypothekenhaftung an der Versicherungsforderung. Der Verwalter muss hierbei die Voraussetzungen von § 10 Abs. 1 Nr. 5 ZwVwV beachten[39]. Im Falle von Neuwertklauseln wird das Ermessen des Verwalters in Bezug auf die Notwendigkeit der Verwendung stark eingeschränkt, es sei denn es bestehen Gründe, die die Wiederherstellung unmöglich machen. 27

Zu beachten ist, dass auch bezüglich der Versicherungsleistung gemäß §§ 1129, 1123 Abs. 2 S. 1 eine Enthaftung eintreten kann, wenn seit der Fälligkeit ein Jahr verstrichen ist und vor Ablauf keine Beschlagnahme eingetreten ist.

8. Freiwerden

Die Beschlagnahme endet nach Aufhebung des Verfahrens, sei es mit der Rücknahme des Verfahrensantrags durch die Gläubigerin, nach Zuschlag oder mit der Befriedigung des Gläubigers (Einzelheiten § 161). 28

IV. Verwaltungs- und Benutzungsrecht des Schuldners

Durch die Zwangsverwaltung ist dem Schuldner die Verwaltung und Benutzung des Grundstücks völlig entzogen. Er darf deshalb nicht wie bei der Zwangsversteigerung in den Grenzen ordnungsmäßiger Wirtschaft über beschlagnahmte Gegenstände verfügen (§ 148 Abs. 1 S. 2, § 23 Abs. 1 S. 2). Stattdessen ist der Verwalter berechtigt und verpflichtet, das Grundstück zu erhalten und zu nutzen (§ 152). Sofern der Zwangsverwalter den Schuldner ermächtigen können soll, eine auf Eigenbedarf gestützte Räumungsklage im eigenen Namen zu erheben[40], dürfte dies nur bei entsprechender Sicherstellung von Mieteinnahmen oder einer Nutzungsentschädigung angezeigt sein, da der Schuldner in diesem Fall zum Zeitpunkt der Beschlagnahme nicht auf dem Grundstück wohnt (vgl. → § 149 Rdn. 5). Da es i.d.R. bedenklich ist, dem Schuldner außerhalb des § 149 den Besitz (erst) zu verschaffen, dürfte ein entsprechendes Verwalterhandeln nur in besonders gelagerten Ausnahmefällen angebracht sein. 29

---

38   OLG Schleswig, NJOZ, 2009, 1016.
39   Hierzu ausführlich *Depré/Mayer*, Rdn. 186, 835 ff.
40   So *Stöber*, ZVG § 148 Rdn. 3.1.

§ 149 »Wohnräume und Unterhalt des Schuldners und seiner Familie«

(1) Wohnt der Schuldner zur Zeit der Beschlagnahme auf dem Grundstücke, so sind ihm die für seinen Hausstand unentbehrlichen Räume zu belassen.

(2) Gefährdet der Schuldner oder ein Mitglied seines Hausstandes das Grundstück oder die Verwaltung, so hat auf Antrag das Gericht dem Schuldner die Räumung des Grundstücks aufzugeben.

(3) ¹Bei der Zwangsverwaltung eines landwirtschaftlichen, forstwirtschaftlichen oder gärtnerischen Grundstücks hat der Zwangsverwalter aus den Erträgnissen des Grundstücks oder aus deren Erlös dem Schuldner die Mittel zur Verfügung zu stellen, die zur Befriedigung seiner und seiner Familie notwendigen Bedürfnisse erforderlich sind. ²Im Streitfall entscheidet das Vollstreckungsgericht nach Anhörung des Gläubigers, des Schuldners und des Zwangsverwalters. ³Der Beschluß unterliegt der sofortigen Beschwerde.

Übersicht	Rdn.
I. Allgemein	1
II. Wohnrecht des Schuldners, Abs. 1	2
1. Gegenstand	2
2. Nutzungsumfang	4
a) Sachlich	4
b) Persönlich	5
c) Änderungen	8
3. Nutzungsentgelt und Vermietung	11
a) Allgemeines	11
b) Entbehrliche Räume	13
4. Entscheidung und Rechtsbehelf	17
III. Räumung bei Gefährdung, Abs. 2	19
1. Gefährdung	19
2. Beschluss	22
a) Anordnung	22
b) Vollstreckung	28
c) Rechtsbehelfe und Vollstreckungsschutz	29
IV. Unterhalt des Schuldners	32
1. Regelfall	32
2. Grundstücksnutzung	35
3. Insolvenz	38
4. Festsetzung und Rechtsbehelfe	40

I. Allgemein

1 Dem Schuldner wird durch die Beschlagnahme grundsätzlich die Verwaltung und Benutzung des Grundstücks entzogen[1]. Die Regelung gewährt ihm maximal für die Dauer des Zwangsverwaltungsverfahrens aus Billigkeitsgründen ein Wohnrecht. Ein Unterhaltsanspruch kann nur bei land- oder forstwirtschaftlich oder gärtnerisch genutzten Grundstücken entstehen. Hat der Schuldner Räume teilweise vermietet, tritt der Verwalter in den Mietvertrag ein (anders Haupt- und Untermietverhältnis, → § 148 Rdn. 14). Bei (teil-)möblierter Vermietung muss

---

1 Zum Besitz in der Immobiliarvollstreckung allgemein: *Schmidberger*, Rpfleger 2008, 105.

dem Schuldner ein Anteil für die nicht der Beschlagnahme unterliegende Möblierung verbleiben.

Zum Wohnrecht bei einem parallelen **Insolvenzverfahren** wird auf → Rdn. 38 f. verwiesen.

Hat der Schuldner sich autonom im Rahmen des Zwangsverwaltungsverfahrens den Regelungen eines Mietvertrages unterworfen (zum Rechtlichen → Rdn. 14 ff., § 152 Rdn. 130), kann er sich nicht auf den Schutz des § 149 berufen[2]. Dies gilt auch, wenn der im Objekt wohnende Ehegatte einen Mietvertrag mit dem Schuldnerehegatten abgeschlossen hat[3] (→ § 152 Rdn. 143.1 ff zur Wirksamkeit und Anfechtung).

Der Anspruch steht nur dem eingetragenen Eigentümer zu (zu weiteren Personen s.u. → Rdn. 5 ff.), jedoch nicht dem Nießbraucher oder dem Eigenbesitzer[4].

De lege ferenda ist die Regelung an sich, insbesondere in Bezug auf die Gefährdungsgründe, die zur Räumung berechtigen, zu hinterfragen. Die Regelung entstammt der ursprünglichen Intention des Gesetzgebers, durch die Zwangsverwaltung nach Möglichkeit eine Verwertung durch die Versteigerung zu vermeiden. In Bezug auf den Schutz des Schuldners muss hier aber eine Neubewertung erfolgen im Rahmen von Sanktionen über § 149 Abs. 2, wenn der Schuldner nach heute überwiegender Auffassung – berechtigterweise – den Zutritt im Rahmen der Verkehrswertfestsetzung verweigert oder einer Besichtigung zur besseren Vermarktung. Aufgrund der Parallelität der Verfahren, dürfte hier eine Gesetzesänderung in Abs. 2 sinngemäß dahin gehend geboten sein:

Gefährdet der Schuldner … die Verwaltung oder ein paralleles Zwangsversteigerungsverfahren, so hat …

Damit würde dem Gläubiger über die Zwangsverwaltung im Hinblick auf deren grundlegend gewandelte Funktion des Verfahrens ein Instrument an die Hand gegeben, welches nach der derzeitigen Rechtslage nicht zu einer Versagung des Rechtsschutzinteresses auf der einen Seite führt und andererseits die jeweiligen Interessen angemessen zugunsten des Gläubigers ausgleicht, ohne dass Bedenken aus dem Gesichtspunkt der Verhältnismäßigkeit erhoben werden können, wenn deren Voraussetzungen hinreichend berücksichtigt werden.

Zum Rechtsschutzinteresse wird i.Ü. auf → § 146 Rdn. 58 ff. verwiesen.

II. Wohnrecht des Schuldners, Abs. 1

1. Gegenstand

Der Schuldner kann die Überlassung der **für seinen Hausstand unentbehrlichen Räume** beanspruchen. Zu belassen ist ihm ausschließlich die Wohnung, d.h. Räume, die einem Menschen als Mittelpunkt seines Privatlebens dienen. Erforderlich ist ein dauerndes Bewohnen. Damit reicht ein vorübergehender Aufenthalt oder eine Nutzung als Sommer-, Winter- oder Ferienwohnung nicht aus.

Von einer Wohnung sind **geschäftlich oder gewerblich** genutzte Räume zu unterscheiden. Es kommt auf die Baugenehmigung an und die Nutzungsart. Deren

---

[2] LG Dessau, NZM 2007, 304.
[3] Hierzu BGH, IX ZR 224/12, Rpfleger 2013, 635, Vorinstanz OLG Brandenburg, ZfIR 2012, 797 m. Anm. *Engels* insbesondere auch zu den **Anfechtungsrechten**, dem geschützten Personenkreis und den unentbehrlichen Räumen.
[4] BGH, BGHZ 166, 1.

Belassen kann der Schuldner nicht aus § 149 Abs. 1 verlangen, insbesondere nicht in einem reinen Gewerbeobjekt[5]. Über deren weitere Nutzung entscheidet der Verwalter im Rahmen von § 152 i.V.m. § 5 ZwVwV (s. → § 152 Rdn. 130), ggf. durch Vermietung (besser entgeltliche Nutzungsüberlassung, → § 152 Rdn. 130) an den Schuldner[6].

Eine gewerbliche Nutzung liegt schon dann vor, wenn Vollstreckungsschuldner eine gewerbliche Person ist oder eine Personen- oder Personenhandelsgesellschaft. Dies gilt auch dann, wenn in den betroffenen Räumen der Inhaber aller Geschäftsanteile wohnt[7] oder deren Geschäftsführer[8].

2. Nutzungsumfang
a) Sachlich

4   Dem Schuldner sind nur die **unentbehrlichen Räume** zu belassen. Maßgeblich sind die persönlichen Verhältnisse sowie die Grundstückssituation in Bezug auf Größe, Zuschnitt und Lage der Räume[9]. Zu dem Wohnraum können daher auch Nebenräume wie Keller, Speicher, Wirtschaftsräume u.ä. zählen. Der Wohnraum wird nach der Größe und der Zusammensetzung des Hausstandes bemessen. Der Verwalter legt nach dieser Maßgabe den Umfang des Wohnrechts und die Lage der Räume fest (zu Rechtsbehelfen s. → Rdn. 17 f.). Die Räume müssen nicht mit denen identisch sein, die bisher von dem Schuldner oder den Mitgliedern seines Hausstandes bewohnt wurden, sodass auch eine **Umsetzung**, ggf. durch den Gerichtsvollzieher, möglich ist[10]. Voraussetzung ist aber, dass auch eine anderweitige Nutzung möglich ist oder ggf. die Masse betreffende Kosten hierdurch reduziert werden können. Zu entscheiden ist im Rahmen einer Abwägung der eingeschränkten Ansprüche des Schuldners zu den verbleibenden Möglichkeiten einer optimalen Nutzung. Hierbei ist auch auf die Belange der Kinder in angemessenem Umfang Rücksicht zu nehmen[11]. Zu Recht wird eine **Garage** nicht als unentbehrlich angesehen[12].

Zu berücksichtigen sind hierbei die beiden Entscheidungen des BGH vom 20.11.2008[13] und 16.5.2013[14]. In seiner Entscheidung vom 20.11.2008 hatte der V. Senat ausgeführt, dass man darauf abstellen müsse, ob und inwieweit die für den Hausstand des Schuldners entbehrlichen Räume selbstständig vermietbar sind, d.h. anderweitig nutzbar sind. Die Entscheidung des IX. Senats vom 16.5.2013 misst dieser Aussage lediglich Bedeutung in Bezug auf das Rechtsschutzinteresse bei, d.h. in Bezug auf die Anordnung des Verfahrens. Die Entscheidung sieht hierin keinerlei Widersprüche, obwohl die Fragen des Rechtsschutzinteresses in Zusammenhang mit der Anordnung des Verfahrens von der Frage, ob für unentbehr-

---

5   AG Dülmen, Rpfleger 2006, 614; ebenso Rpfleger 2007, 494.
6   Vgl. BGH, Rpfleger 1992, 402.
7   OberG Danzig, DJZ 1935, 248.
8   LG Mannheim, DWW 1969, 81 = WM 1969, 42.
9   LG Berlin, GE 2008, 1627.
10 *Depré/Mayer*, Rdn. 573.
11 Vgl. Überlegungen bei *H/W/F/H*, § 149 Rdn. 5.
12 So *Stöber*, ZVG § 149 Rdn. 2.2.; problematisch könnte nur der baugenehmigungsrechtliche Stellplatznachweis sein.
13 V ZB 31/08, Rpfleger 2009, 252 = ZfIR 2009, 387 = FamRZ 2009, 322.
14 IX ZR 224/12, Rpfleger 2013, 635, Vorinstanz OLG Brandenburg, ZfIR 2012, 797 m. Anm. *Engels*.

liche Räume, die anderweitig nicht nutzbar sind, eine Entschädigung zu zahlen ist, nicht zu trennen sein dürfte.

Ungeachtet dessen trifft die Entscheidung vom 16.5.2013 die Aussage, dass der Zwangsverwalter durchaus befugt ist, dem Schuldner zunächst im zwangsverwalteten Anwesen anderweitige kleinere Räumlichkeiten zuzuteilen, erwägt aber auch die Möglichkeit, dass der Verfahrensschuldner in eine andere anzumietende Wohnung umzieht. Hieraus ergäbe sich aber die notwendige Folge, dass der Verfahrensschuldner die Kosten für die Anmietung der Ersatzwohnung nicht tragen muss, da ansonsten der Schutzzweck von § 149 Abs. 1 ZVG in Verbindung mit § 5 Abs. 2 Nr. 2 ZwVwV unterlaufen würde.

Zu berücksichtigen ist damit die durch die Entscheidung vom 16.5.2013 grundsätzlich gegebene **Ersetzungsbefugnis** des Zwangsverwalters. Diese kann der Schuldner nur aus Zumutbarkeitsgesichtspunkten abwenden oder aber durch die Zahlung einer Nutzungsentschädigung für die entbehrlichen Räume. Hierbei dürften sich jedoch praktische Fragen dahin gehend stellen, wie bei einer Ersetzung durch eine in fremdem Eigentum stehende Wohnung mit dem dortigen Vermieter ein Mietvertrag begründet werden soll und welche Folgen sich aus der Ersetzungsbefugnis für den Fall der Aufhebung des Verfahrens im Falle der Antragsrücknahme ergeben. Des Weiteren muss Voraussetzung sein, dass der Zwangsverwalter „unter dem Strich" für die Vermietung der bisherigen Schuldnerwohnung höhere Überschüsse erwirtschaftet, d.h. nach Abzug der Kosten für die Ersatzwohnung.

Der Entscheidung vom 16.5.2013 ist in wesentlichen Teilen zuzustimmen. Ob mit ihr trotz des entsprechenden Ansatzes abschließend geklärt ist, dass in jedem Fall für die entbehrlichen Räume eine Nutzungsentschädigung von dem Schuldner verlangt werden kann, muss unter dem Gesichtspunkt des Rechtsschutzinteresses und der anderweitigen Nutzungsmöglichkeit fraglich bleiben. Ob die Option der Ersetzungsbefugnis praktikabel ist, dürfte wahrscheinlich nur in wenigen Ausnahmefällen relevant werden.

Der **Hausrat**, insbesondere die Hausgeräte sind beschlagnahmefrei, soweit sie nicht zum Zubehör zu rechnen sind. Im letzten Fall werden sie von der Wohnungsnutzung umfasst, sofern sie unentbehrlich sind. Die Unentbehrlichkeit orientiert sich nicht an dem sozialhilferechtlich zugestandenen Umfang[15]. Sind die Räume nicht anderweitig nutzbar, kommt zudem eine Kostentragung des Sozialamtes oder vergleichbarer Leistungsträger in Betracht[16] (s. aber → Rdn. 12.1 f.), wobei Verfahren mit dem Ziel der Inanspruchnahme solcher Leistungen unter bestimmten Voraussetzungen das Rechtsschutzbedürfnis versagt wird (s.u. → Rdn. 11 ff.).

b) Persönlich

Berücksichtigt werden grundsätzlich nur solche Personen, die **zur Zeit der Beschlagnahme** auf dem Grundstück wohnten[17]. Hierbei kann es sich um **Familienmitglieder, Verwandte oder Lebenspartner** handeln. Der Begriff der Familie ist nicht eng auszulegen. Ein Einzug nach Beschlagnahme ist von der Vorschrift nicht geschützt, sodass der Schuldner kein Wohnrecht begründen kann. Bei volljährigen Kindern, Dritten, insbesondere Lebenspartnern kommt aber keine Räumung aus § 149 Abs. 2 in Betracht, sondern nur über das Erkenntnisverfahren[18],

---

15 Zutreffend *Depré/Mayer*, Rdn. 583.
16 *Depré/Mayer*, Rdn. 583.
17 LG Berlin, GE 2008, 1627.
18 LG Heilbronn, Rpfleger 2005, 154 = InVo 2005, 296.

wenn diese ein eigenes (selbstständiges) Wohnrecht geltend machen (s. auch → § 93 Rdn. 11 ff.).
Maßgeblich ist, inwieweit das Besitzrecht von dem/den Schuldner(n) abgeleitet wird. Die Volljährigkeit ist alleine nicht maßgeblich. Abzustellen dürfte auf das Unterhaltsrechtsverhältnis sein, welches auch über die privilegierte Volljährigkeit hinausreichen kann (§§ 1601, 1603 Abs. 2 BGB).
Bei der Ermittlung dieser Nutzungsverhältnisse sollte der Verwalter bereits im Rahmen der Inbesitznahme sorgfältig vorgehen. Das LG Berlin hat im Rahmen einer durch den Verwalter eingeleiteten Räumungsklage das Vorliegen eines erledigenden Ereignisses verneint, wenn sich erst in diesem Verfahren der Schutz als Lebenspartner herausstellt und die Klage kostenpflichtig abgewiesen[19].

6   Des Weiteren wird die Auffassung vertreten, dass die Familie des Schuldners auch dann durch das Wohnrecht geschützt wird, wenn der Schuldner nicht selbst im Objekt wohnt[20]. Dieser Auffassung ist der BGH mit seiner Entscheidung vom 16.5.2013 deutlich entgegengetreten[21]. Die Entscheidung macht deutlich, dass diese Voraussetzungen zulasten der betreibenden Grundpfandgläubigerin nicht zu weit ausgedehnt werden dürfen und insbesondere die in der Literatur vertretenen weiten Auffassungen zum geschützten Personenbereich einzuschränken sind. Die Regelung des § 149 ZVG habe den sozialen Schutz des Eigenwohners zum Gegenstand. In enger wörtlicher Auslegung des Tatbestandes sei hier vorrangig auf den Begriff des Hausstandes abzustellen. In der Wohnung müsse sich der eigene, nicht notwendig von den Angehörigen geteilte, Lebensmittelpunkt des Verfahrensschuldners befinden. Insbesondere sei es ausschließlich hiervon abhängig, wann auch der Ehegatte und die ggf. sonstigen geschützten Familienangehörigen den Schutz des § 149 Abs. 1 ZVG verlieren. Damit seien diese zunächst geschützt, wenn der Verfahrensschuldner diesen Hausstand zum Zeitpunkt der Anordnung des Zwangsverwaltungsverfahrens innehatte. Gibt der Verfahrensschuldner jedoch während des Verfahrens den Hausstand auf, verlieren auch der Ehegatte und die sonstigen geschützten Personen den Schutz der Regelung.

7   Dies wurde in der Literatur bislang weitestgehend anders gesehen, da auch in Bezug auf die geschützten Personen letztlich ausschließlich auf die Situation zum Zeitpunkt der Anordnung des Verfahrens abgestellt wurde. Mit Blickwinkel auf die Gläubigerinteressen und die erheblichen Probleme in der Praxis in der Handhabung des § 149 ZVG, muss dieser Einschränkung des BGH grundsätzlich zugestimmt werden. Gleichwohl kann der Begründung, dass der grundrechtliche Schutz von Ehe und Familie nach Artikel 6 GG dem anderen Ehegatten keinen eigenen Vollstreckungsschutz mehr in der noch genutzten früheren Ehewohnung bietet, wenn die eheliche Lebensgemeinschaft zerbrochen ist oder sie sich örtlich verlagert hat, aus familienrechtlicher Sicht mit Blick auf die §§ 1361b, 1568a BGB nicht ohne Weiteres zugestimmt werden.

Bei **Miteigentümern** steht der Anspruch jedem zu, einschließlich der jeweils zum Hausstand gehörenden Personen[22]. Dies kann die Zwangsverwaltung im Einzelfall unwirtschaftlich machen (Rechtsschutzbedürfnis), wenn mit ihr gleichzeitig nicht auch andere Interessen, z.B. die Erhaltung des Objektes, verfolgt werden.

---

19   LG Berlin, Praxis Report extra, 2011, 126.
20   So *Stöber*, ZVG § 149 Rdn. 2.2.
21   IX ZR 224/12, Rpfleger 2013, 635, Vorinstanz OLG Brandenburg, ZfIR 2012, 797 m. Anm. *Engels*.
22   H/W/F/H/, § 149 Rdn. 4, 8.

c) Änderungen

Verstirbt der Schuldner, kann das Wohnrecht auf die (nutzenden) Mitglieder 8
des Hausstandes übergehen. Legt man hierbei den Begriff Schuldner eng aus, dürfte insoweit nur der Erbe und sein weiterer Hausstand begünstigt sein, wenn er zum Zeitpunkt der Beschlagnahme ebenfalls auf dem Grundstück gewohnt hat[23], jedoch keine weiteren Mitglieder des Hausstandes, die zu Lebzeiten des Schuldners durch dessen Wohnrecht geschützt gewesen wären. Ob man über den Schutzzweck der Norm zumindest der engeren Familie ein über den Tod hinausgehendes Wohnrecht zubilligen muss, wenn sie zum Zeitpunkt der Beschlagnahme dort gewohnt hat, erscheint aber aufgrund der einschränkenden Rechtsprechung des BGH fraglich (→ Rdn. 6). Entsprechendes gilt, wenn sich der Schuldner in einem Pflegeheim aufhält[24].

Mit seinem **Auszug oder Verzicht** verliert er mithin das Wohnrecht. Dies gilt insoweit auch für die weiteren Mitglieder des Hausstandes, da sie ihr Nutzungsrecht von dem des Schuldners ableiten[25]. Bei einem Verzicht steht dem Schuldner weder eine Entschädigung zu, noch kann er die Wohnung weitervermieten.

Werden im Verlauf des Verfahrens andere Räume frei, kann der Schuldner von 9
sich aus hieran kein Wohnrecht begründen, auch nicht durch eigenständigen **Tausch** mit einem Mieter. Der Verwalter kann ihm im Rahmen einer besseren Bewirtschaftung jedoch diese neuen Räume zuweisen.

Veräußert der Schuldner das Grundstück während des Verfahrens, verliert er 10
grundsätzlich das Wohnrecht. Der neue Eigentümer kann kein Wohnrecht erwerben[26], auch dann nicht, wenn er schon zum Zeitpunkt der Beschlagnahme dort aufgrund eines Miet- oder Pachtverhältnisses gewohnt hat. Ob das Wohnrecht in diesem Fall solange beim Schuldner bleibt, wie diesem die Räume unentbehrlich sind, ist str.[27] und allenfalls solange zu bejahen, wie er auch dem neuen Eigentümer gegenüber ein Besitzrecht hat, da er durch die Zwangsverwaltung nicht besser gestellt werden darf, als ohne die Zwangsverwaltung[28].

3. Nutzungsentgelt und Vermietung

a) Allgemeines

Nach einhelliger Meinung kann der Schuldner die unentbehrlichen Räume unentgeltlich nutzen[29]. Dieser Anspruch findet im Gesetz zwar keine ausreichende 11
Grundlage, ist jetzt aber in § 5 Abs. 2 Nr. 2 ZwVwV entsprechend klargestellt.

Nach früherer ganz überwiegender Auffassung musste der Schuldner für sämtliche Nebenkosten (auch Wohngeld), insbesondere **Verbrauchskosten** aufkommen[30].

---

23 Ähnlich *Stöber,* ZVG § 149, Rdn. 2.2; *Böttcher/Keller,* § 149 Rdn. 3; vgl. auch LG Heilbronn, Rpfleger 2005, 154.
24 *Depré/Mayer,* Rdn. 574, 584.
25 Vgl. *Böttcher/Keller,* § 149 Rdn. 3, einschränkend, wenn sich der Schuldner von seiner Ehefrau trennt.
26 BGHZ 130, 314, 318.
27 Verneinend wohl *Böttcher/Keller,* § 149 Rdn. 3.
28 BGHZ 130, 314; *Stöber,* § 149 Rdn. 2.2.
29 U.a. *Depré/Mayer,* Rdn. 577 ff.; *Böttcher/Keller,* § 149 Rdn. 4.
30 U.a. *Depré/Mayer,* Rdn. 577 ff.; *Böttcher/Keller,* § 149 Rdn. 4, 7a; ebenso LG Zwickau, Rpfleger 2006, 426 und LG Dresden, NZM 2006, 665 LS. = ZInsO 2005, 496 für das Wohngeld.

Zahlte der Schuldner (beharrlich) diese Kosten (zumindest anteilig) nicht, konnte ihm die Räumung des Objektes aufgegeben werden[31]. Da es sich bei der Wohnungsnutzung um eine Billigkeitsmaßnahme handelt, war diese Auffassung zutreffend. Erforderlich war eine Vollstreckungserlaubnis des Gerichtes[32]. Der Schuldner war insoweit sogar verpflichtet, Hilfe nach dem SGB II oder dem SGB XII zu beantragen. Weigerte er sich und scheitert die Kostenübernahme, war ihm die Räumung aufzugeben[33].

12.1 Diese Rechtsauffassung hat der BGH in mehreren Entscheidungen verworfen, u.a. in Zusammenhang mit Fragen des Rechtsschutzbedürfnisses (→ § 146 Rdn. 58 ff.), insbesondere bei einem Einfamilienhaus und dem Begehren, Sozialleistungen in Anspruch zu nehmen[34].

Danach kann dem Schuldner nicht deshalb die Räumung aufgegeben werden, weil er das auf sein Eigentum entfallende Wohngeld (WEG) nicht zahlt[35]. Die Begründung überzeugt nicht in allen Teilen. Der BGH verweist die Eigentümergemeinschaft wegen des Hausgeldes ausdrücklich auf die Zwangsversteigerung und die neue Rangklasse 2 des § 10 Abs. 1. Im Übrigen verteuere zwar das Verhalten des Schuldners die Zwangsverwaltung für den betreibenden Gläubiger, gefährde sie aber nicht. In Bezug auf die Eigentümergemeinschaft ist die Argumentation nachvollziehbar, soweit sie das Verfahren selbst betreibt. In Bezug auf einen Grundpfandgläubiger würden schon Bedenken aus dem Aspekt des Rechtsschutzbedürfnisses auftreten. In Bezug auf die nunmehr festgestellte Vorschusspflicht des Gläubigers auch nach Einführung der neuen Rangklasse und Änderung des § 156 (→ s. dort Rdn. 10.1 ff.) würde dies jedoch bedeuten, dass der Gläubiger auch ein Teil der Verbrauchskosten des Schuldners finanzieren muss. Insoweit hätte eine Differenzierung zwischen fixen Kosten und Verbrauchskosten nahegelegen, da § 149 letztlich nur die kostenlose Kaltmietnutzung gewähren soll, aber darüber hinaus keinen Unterhaltscharakter hat.

12.2 Offen ist damit gleichwohl, ob dies auch in den Fällen der Nutzung eines Einfamilienhauses für die dortigen Verbrauchskosten gilt oder in Bezug auf die zur Nutzung überlassenen Räumlichkeiten. Letztlich ließ sich diese Unterscheidung dogmatisch kaum begründen. In diese Richtung argumentiert aber eine Entscheidung des LG Duisburg[36]. Danach hat der Zwangsverwalter gegenüber dem Vollstreckungsschuldner, der eine Wohneinheit im verwalteten Objekt bewohnt, keinen Anspruch auf Zahlung monatlicher Nebenkosten. Zwischen den Parteien bestehe keine vertragliche Beziehung, sodass eine entsprechende Anwendung von § 535 Abs. 2 BGB ausscheide. Die Nutzung erfolge aus dem Eigentumsrecht des Schuldners, welches in § 149 zu Ausdruck komme. Deshalb müsse der Schuldner auch kein Entgelt an den Zwangsverwalter zahlen. Diese Begründung überzeugt schon deshalb nicht, weil der Schuldner ohne Zwangsverwaltung diese Kosten auch tragen müsste. Im Übrigen hindert § 149 die Nutzziehung, verpflichtet aber nicht zur Übernahme von Verbrauchskosten für den Schuldner, da die Vorschrift keinen Unterhaltscharakter hat. Damit gibt es keine gesetzliche Regelung, die den

---

31 Stöber, ZVG § 149 Rdn. 2.3; AG Heilbronn, Rpfleger 2004, 236 mit Anm. Schmidberger; LG Zwickau, Rpfleger 2004, 646 LS.
32 Schmidberger, Anm. zu AG Heilbronn, Rpfleger 2004, 236.
33 LG Zwickau, Rpfleger 2004, 646; Depré/Mayer, Rdn. 577 ff.
34 Rpfleger 2009, 252.
35 Rpfleger 2009, 329.
36 Rpfleger 2008, 323.

Schuldner von der Tragung der Verbrauchskosten befreit. Für einmalige oder regelmäßig wiederkehrende Lasten trifft § 103 BGB eine Regelung, die vorliegend durch §§ 155 Abs. 1 und 156 verdrängt wird in Bezug auf die Verwendung der Überschüsse. Die Verbrauchskosten des Schuldners im Übrigen sind auch keine laufenden Ausgaben der Verwaltung.

Etwas anderes gilt jedenfalls für den nicht zu Wohnzwecken genutzten Teil. **12.3**
Hier lässt das LG Münster in entsprechender Anwendung von § 149 Abs. 2 sogar im Falle der Nichtzahlung insoweit die Räumung zu[37], obwohl sich die Regelung systematisch nur auf den Wohnraum bezieht. Deshalb stellt sich in diesem Fall die Frage, ob nicht die „einfache" Räumung aus dem Anordnungsbeschluss der zutreffendere Weg ist, ohne dass es weiterer Fragen der Gefährdung, des milderen Mittels, insbesondere keines weiteren Gerichtsbeschlusses bedarf.

Nach Auffassung des AG Halle[38] muss der Schuldner, der das Haus bewohnt, für die Nutzung solcher Räume, die für ihn nicht gemäß § 149 Abs. 1 unentbehrlich sind, dem Zwangsverwalter ein Nutzungsentgelt zahlen. Hierbei soll es unerheblich sein, ob diese Räume abtrennbar sind oder gesondert vermietet werden können oder ob der Schuldner die Räume tatsächlich nutzt. Das zu zahlende Nutzungsentgelt umfasse auch eine angemessene Betriebskostenvorauszahlung.

Ob mit der Entscheidung des BGH vom 16.5.2013[39] in Bezug auf entbehrliche Räume eine Richtungsänderung eigetreten ist, kann abschließend nicht beurteilt werden (→ Rdn. 6). Zu beachten ist jedoch die dort ausdrücklich bejahte – wenn auch wenig praktikable – **Ersetzungsbefugnis** des Zwangsverwalters (→ Rdn. 6).

Relativ unstreitig hat der Schuldner keine **verbrauchunabhängigen** Betriebs- **12.4**
kosten zu tragen, wie Grundsteuern und Gebäudeversicherung[40]. Im Rahmen der Zwangsverwaltung und der Nutzung aus § 149 Abs. 1 dürfte eine Abgrenzung über die Betriebskostenverordnung, die diese Kosten als umlagefähig ansieht, nicht einschlägig sein, da die öffentlichen Lasten über die Rangstelle 3 abgesichert sind und die Gebäudeversicherung ebenfalls eine besondere Behandlung über § 9 ZwVwV erfährt.

Damit wird vorliegend weiterhin von einer **Zahlungsverpflichtung des** **12.5**
Schuldners für die Verbrauchkosten ausgegangen. In keinem Fall ist der Zwangsverwalter verpflichtet, die Versorgung des Schuldners sicherzustellen, es sei denn, diese ist für die Objektsicherung (z.B. Wintersicherung) notwendig[41].

Zahlt der Schuldner für die von ihm genutzten und von § 149 umfassten Flä- **12.6**
chen gleichwohl nicht, dürfte dies im Lichte der Rechtsprechung des BVerfG und des BGH[42] keinen Räumungsanspruch begründen. Insbesondere der BGH stellt darauf ab, ob auch bei Zahlung der Nebenkosten keine Erträge erzielt werden, da dann durch die Nichtzahlung nichts gefährdet würde. Das BVerfG sieht in der finanziellen Belastung der Zwangsverwaltung durch den Schuldner keine Gefähr-

---

37 Rpfleger 2008, 219.
38 ZfIR 2010, 600.
39 IX ZR 224/12, Rpfleger 2013, 635, Vorinstanz OLG Brandenburg, ZfIR 2012, 797 m. Anm. *Engels*.
40 So AG Schorndorf, ZfIR 2010, 595 m. Anm. *Schmidberger*; zweifelnd *Wedekind/Wedekind*, Rdn. 423, da auch auf Mieter umlegbar.
41 Ebenso *Wedekind/Wedekind*, Rdn. 446 und *Depré/Mayer*, Rdn. 580 f. und *Stöber*, ZVG, § 149 Rdn. 2.3 a).
42 BVerfG, ZfIR 2009, 426; BGH, ZfIR 2008, 342 = Rpfleger 2008, 268.

dung der Verwaltung, auch wenn hierin ein Fehlverhalten zu verzeichnen ist (→ Rdn. 12.8).

12.7 Das BVerfG sieht eine Räumung aus § 149 Abs. 2 als verfassungskonform an, wenn:

- Das Verfahren auf die Vollstreckung einer Geldforderung gerichtet ist und nicht sachfremden Zwecken dient,
- Der Schuldner das Verfahren nachhaltig gefährdet und auf präventive Maßnahmen (u.a. Androhung eines milderen Mittels) nicht reagiert (keine Sanktion früheren Verhaltens).

12.8 Von Bedeutung ist, dass das BVerfG die Nichtzahlung von Nebenkosten ausdrücklich als Fehlverhalten eingestuft hat, sodass die Rechtsprechung des BGH unter diesem Licht zu betrachten ist und mithin nicht generell für diesen Fall das Rechtsschutzinteresse versagen kann, sondern allenfalls nach Sachlage und Abwägung im jeweiligen Fall. Insoweit weisen *Depré/Mayer* zu Recht darauf hin, dass die Entscheidung des BGH v. 20.11.2008[43] ein Räumungsverlangen zur Erlangung öffentlicher Hilfen für nicht § 149 Abs. 1 unterliegender Räume zum Gegenstand hatte[44].

b) Entbehrliche Räume

13 Zum Nutzungsumfang wird zunächst auf → Rdn. 4 Bezug genommen. Einigkeit besteht ebenfalls darin, dass der Verwalter die nicht genutzten Räume vermieten kann oder der Schuldner im Falle der Nutzung entbehrlicher Räume hierfür eine Nutzungsentschädigung zahlen muss. Dies gilt auch für von dem Schuldner gewerblich genutzte Räume oder Praxisräume sowie eine Garage. Voraussetzung ist in jedem Fall, dass der Schuldner insoweit zahlungsfähig ist[45]. Nicht mehr unerheblich ist, ob die Räume abtrennbar sind oder gesondert vermietet werden können[46] (→ Rdn. 4).

14 Mit dem Schuldner kann insoweit auch ein **Mietvertrag** geschlossen werden[47] (s. → § 152 Rdn. 130). Ein Zustimmungsvorbehalt des Gerichtes gemäß § 10 ZwVwV besteht hier nicht. Die Einholung einer Weisung kann gleichwohl angezeigt sein, ebenso wie eine Abstimmung mit dem betreibenden Gläubiger.

15 Aufgrund der besonderen Verpflichtungen und Rechte, die sich aus einem Miet- oder Pachtverhältnis ergeben, dürfte in der Praxis von einem entsprechenden Vertragsabschluss abzuraten und einer Regelung über die Fortsetzung als Nutzungsverhältnis der Vorzug zu geben sein[48]. Damit werden auch hieraus resultierende Fragen im Hinblick auf die §§ 57 ff. und einen Vollstreckungsschutz vermieden.

16 Die Nutzungsregelung wird häufig auf die Dauer des Verfahrens oder einen Zuschlag in der Zwangsversteigerung begrenzt. Hierbei ist jedoch zu berücksich-

---

43 Rpfleger 2009, 250.
44 *Depré/Mayer*, Rdn. 580 f. zu Entscheidung des BGH, Rpfleger 2009, 252.
45 *Stöber*, ZVG § 149, Rdn. 2.6 unter Hinweis auf BGHZ 12, 380, 395.
46 *H/W/F/H*, § 149 Rdn. 4; sehr weitgehend AG Halle (Saale), ZfIR 2010, 600: Auch, wenn Schuldner diese Räume nicht nutzt; vgl. auch BGH, ZR 224/12, Rpfleger 2013, 635, Vorinstanz OLG Brandenburg, ZfIR 2012, 797 m. Anm. *Engels*.
47 BGH, WM 1964, 787; *Stöber*, ZVG § 149 Rdn. 2.6 a) m.w.N.
48 Ähnlich *Stöber*, ZVG § 149 Rdn. 2.6a.

tigen, dass diese Nutzung negative Auswirkungen auf die Höhe eines Gebots haben kann, da der Erwerber bei Nicht-Räumung des Schuldners gegen diesen aus dem Zuschlagsbeschluss vollstrecken muss (s. § 93), was für ihn mit einem Zeit- und Kostenfaktor verbunden ist. Die vertragliche Grundlage basiert auf den §§ 241 Abs. 1 und 311 Abs. 1 BGB. Die **Nutzungsentschädigung** muss sich im Hinblick auf eine ordnungsgemäße Bewirtschaftung an üblichen Mietwerten orientieren. Zahlt der Schuldner nicht, kann der Zwangsverwalter nur auf Räumung aus § 985 BGB klagen, da aufgrund der Neubegründung des Nutzungsverhältnisses § 149 Abs. 2 nicht mehr anwendbar ist[49]. Nur die Herausgabe bei Beschlagnahme genutzter und entbehrlicher Räume kann der Zwangsverwalter vorrangig aus § 150 Abs. 2 und gegebenenfalls § 149 Abs. 2 betreiben[50]. Wird bezüglich bereits genutzter Räume ein Nutzungsvertrag geschlossen, verbleibt nur die Räumungsklage, da sich der Rechtsgrund im Verhältnis zum Schuldner geändert hat. Der Schuldner seinerseits verliert dann den Schutz des § 149.

Fraglich ist ein Räumungsanspruch für entbehrliche aber anderweitig nicht nutzbare Räume[51]. Dieser dürfte jedenfalls unter dem Aspekt Kostenminimierung zu bejahen sein (→ Rdn. 4, 19).

4. Entscheidung und Rechtsbehelf

Liegen die Voraussetzungen für die Gewährung eines Wohnrechts vor, entscheidet der Zwangsverwalter aus eigenem Recht, welche Räume dem Schuldner zu belassen sind. Über entbehrliche Räume kann er verfügen und diese insbesondere vermieten (s. → Rdn. 13 ff., 16). 17

Die Beteiligten können beim Vollstreckungsgericht beantragen, die Entscheidung des Verwalters über den Umfang des Wohnrechts abzuändern. Von den Mitgliedern des Hausstandes hat nur der Schuldner ein Antragsrecht[52]. Dies kann auch bei Änderungen des Hausstandes möglich sein. Das Gericht hat die Beteiligten und den Zwangsverwalter anzuhören. Gegen die Entscheidung ist die sofortige Beschwerde zulässig. Der Klageweg ist ausgeschlossen. 18

III. Räumung bei Gefährdung, Abs. 2
1. Gefährdung

Zu **notwendigen Änderungen** *de lege ferenda* wird auf → Rdn. 1 verwiesen. Der Verwalter oder Beteiligte (§ 9) können (unstr.) beantragen, dass der Schuldner auch die für seinen Hausstand **unentbehrlichen** Räume zu verlassen hat. Die Räumungsanordnung ist nur zulässig, wenn der Schuldner oder ein Mitglied seines Hausstandes das Grundstück oder die Verwaltung gefährdet. Insoweit kann die Anordnung auch einzelne Personen betreffen (s. → Rdn. 25). Zu einem Fehlverhalten wegen Nichtzahlung von Verbrauchskosten wird auf → Rdn. 11 ff. verwiesen, da sich hieraus nur eingeschränkt eine Gefährdung begründen lässt. 19

Eine Gefährdung liegt vor, wenn der Wert des Objektes oder der Ertrag z.B. durch ordnungswidrige Benutzung oder Beschädigung beeinträchtigt wird oder Mieten eingezogen werden. Der Einzug von Mieten ist jedoch zu hinterfragen, da es um die Gefährdung des zur Eigennutzung überlassen Objektes oder Ob- 20

---

49 So wohl auch *Stöber*, ZVG § 149 Rdn. 2.6 a).
50 *Depré/Mayer*, Rdn. 566, 583 f.; *Stöber*, ZVG § 149 Rdn. 2.6 b).
51 *Depré/Mayer*, Rdn. 583 ff.
52 *Böttcher/Keller*, § 149 Rdn. 3, 5 f.

jektteiles geht. Zieht der Schuldner Mieten, die in anderen Gebäudeteilen der Beschlagnahme unterliegen ein, stellt sich die Frage, ob dies bei enger Auslegung des § 149 Abs. 2 sanktioniert wird, auch wenn es unzweifelhaft wünschenswert wäre.

Eine Gefährdung liegt auch vor, wenn der Schuldner das Objekt erst nach der Beschlagnahme bezieht (insoweit bereits nicht durch § 149 geschützt, sodass eher die Besitzeinweisung und Räumung aus § 150 greift), allerdings nicht mehr ohne Weiteres, wenn die Nebenkosten von dem Schuldner nicht gezahlt werden (s. → Rdn. 11 f.).

Handelt es sich um **Wohnungseigentum**, war der Schuldner verpflichtet, das laufende Wohngeld zu zahlen und ggf. eine Sonderumlage für Instandsetzungskosten. Durch die Nichtzahlung wurde der Bestand des ganzen Grundstücks und die Verwaltung gefährdet[53]. Dies Folge ist aufgrund der insoweit geänderten Rechtsprechung des BGH nicht mehr umsetzbar (s.o. → Rdn. 12.1 f.).

Die Verwaltung wird des Weiteren gefährdet, wenn die Geschäftsführung des Verwalters durch unbefugte Einmischung wesentlich beeinträchtigt oder vereitelt wird. Hierzu zählt auch ein ungebührliches Verhalten gegen den Verwalter, Mieter sowie Miet-, Pacht-[54] oder Erwerbsinteressenten und massiver Widerstand bei der Inbesitznahme[55]. In Betracht kommen Drohungen gegenüber dem Verwalter und Störungen beim Abschluss neuer Mietverträge[56] oder wiederholte Zutrittsverweigerung und Nichtherausgabe notwendiger Schlüssel[57].

21 Die Frage der Gefährdung kann an die Gründe angelehnt werden, die einen Vermieter zu einer fristlosen Kündigung berechtigen (§ 543 BGB)[58]. Insoweit ist nach richtiger Auffassung ein **schuldhaftes Verhalten** notwendig[59], jedoch nicht unbedingt vorsätzliches[60].

Ob eine Gefährdung vorliegt, muss im Einzelfall entschieden werden. Ein einmaliger Vorfall kann ausreichend sein, wenn Wiederholungen zu befürchten sind. Für Handlungen von Mitgliedern seines Hausstandes hat der Schuldner einzustehen, auch ohne eigene Schuld. Entfernt er den Störer, kann die Gefährdung entfallen.

Nicht ausreichend dürfte nach derzeitiger Rechtslage die Verweigerung des Zutritts durch einen Sachverständigen sein, zumal hierauf alleine auch kein Rechtsschutzbedürfnis für den Verfahrensantrag gestützt werden kann. Im Hinblick auf den geänderten Zweck der Verfahrens (→ § 146 Rdn. 59 f.) wäre dies *de lege ferenda* eine wünschenswerte Sanktion, wenn man die derzeitige Rechtsgrundlage trotz des eingetretenen Wandels in der Anwendung nicht als ausreichend betrachtet(→ Rdn. 1). Problematisch ist insoweit, dass der Schuldner den Zweck des Versteigerungsverfahrens beeinträchtigt, nicht aber der Verwaltung.

---

53 LG Dresden, IGZInfo 2007, 23; AG Dortmund, IGZInfo 2006, 152; AG Schwäbisch Hall, IGZInfo 2006 152; *H/W/F/H*, § 149 Rdn. 9.
54 LG Bremen MDR 1956, 48; kleinere Unstimmigkeiten reichen i.d.R. nicht, LG Göttingen, IGZInfo 3/2007, 114; *Böttcher/Keller*, § 149 Rdn. 7.
55 *Depré/Mayer*, Rdn. 592.
56 LG Koblenz, Rpfleger 2011, 228.
57 LG Neubrandenburg, 2 T 232/14, Rpfleger 2015, 351.
58 *H/W/F/H/*, § 149 Rdn. 9.
59 *H/W/F/H/*, § 149 Rdn. 9; *Stöber*, ZVG § 149 Rdn. 3.3.
60 *Depré/Mayer*, Rdn. 593.

Jedenfalls sind hieraus resultierende Einwendungen des Schuldners gegen die Festsetzung des **Verkehrswertes** ausgeschlossen, wenn er den Zutritt verweigert hat[61].

2. Beschluss
a) Anordnung

Auf Antrag des Verwalters oder Beteiligter (§ 9) entscheidet das Vollstreckungsgericht nach Anhörung des Schuldners. Neben einem betreibenden Gläubiger kommen alle Verfahrensbeteiligte in Betracht, deren Interessen durch die Gefährdung beeinträchtigt werden[62]. 22

Anstelle einer Anordnung aus § 149 Abs. 2 kommt auch eine **Maßregel** aus § 25 in Betracht. Diese ist jedoch nur dann heranzuziehen, wenn hiermit ein **minderes Mittel** eingesetzt werden soll, z.B. Ermahnung, Androhung und Festsetzung von Zwangsmitteln oder Verbote[63]. 23

Hierzu hat das BVerfG nunmehr zutreffend bestätigt, dass es sich bei diesen Zwangsmaßnahmen nicht um repressive Maßnahmen handeln darf, sondern um **präventive**. Art 14 Abs. 1 GG gestatte den mit der Zwangsverwaltung verbundenen Eingriff nur zu dem Zweck, die vollstreckungsfähige Forderung des Gläubigers durchzusetzen. Deshalb darf mit den auf das Eigentum zugreifenden Zwangsmitteln keine Sanktion für früheres Fehlverhalten des Schuldners verbunden werden, sondern nur Druck zur Begleichung der berechtigten Forderung verbunden werden. Das Grundeigentum verlangt insoweit Beachtung, als nur der Einsatz des bei gleicher Eignung jeweils mildesten Mittels und gemessen an sonst zur Verfügung stehenden Maßnahmen des verhältnismäßigen Zwangsmittels gestattet ist. Art. 14 GG wird damit in aller Regel verletzt, wenn eine Auslegung und Anwendung des § 149 Abs. 2 die über § 25 Abs. 1 eröffnete Möglichkeit, namentlich milderer Zwangsmittel, nicht in den Blick nimmt und den damit eingeräumten Ermessensspielraum übersieht oder in einer nicht nachvollziehbaren Weise ausübt. Das BVerfG stellt weiterhin fest, dass sich aus dem Eigentumsgrundrecht das Gebot effektiven Rechtsschutzes ergibt. Dieser erfordert eine grundsätzlich umfassende tatsächliche und rechtliche Prüfung des Streitgegenstandes durch den zuständigen Richter. Damit ist es nicht zu vereinbaren, wenn das Gericht eine Gefährdung des Grundstücksertrags i.S.d. § 149 Abs. 2 annimmt, ohne die Grundlage für diese Entscheidung umfassend darzutun, insbesondere ohne sich mit strittigem Vorbringen hinreichend auseinanderzusetzen und erforderliche Beweise zu erheben[64].

Der Beschluss kann die Räumung des gesamten Grundstücks anordnen oder einzelner Räume[65]. Die Räumung kann mit sofortiger Wirkung angeordnet werden oder je nach Sachlage mit einer Räumungsfrist[66]. 24

Die Räumung kann auch gegenüber einzelnen Personen, die zum Hausstand des Schuldners gehören, ausgesprochen werden, wenn nur von diesen die Gefähr- 25

---

61 LVerfGH Berlin, Rpfleger 2007, 491.
62 *Stöber*, ZVG § 149 Rdn. 3.4.
63 *Stöber*, ZVG § 149 Rdn. 3.6; *H/W/F/H,* § 149 Rdn. 10 a.E.
64 BVerfG, Rpfleger 2009, 329 = NJW 2009, 1259 = ZfIR 2009, 426 m. Anm. *Bergsdorf* = ZInsO 2009, 445 = IGZInfo 2009, 88.
65 *H/W/F/H,* § 149 Rdn. 10.
66 *Stöber*, ZVG § 149 Rdn. 3.5; *H/W/F/H,* § 149 Rdn. 10.

dung ausgeht, auch zurückgebliebene Mitglieder[67]. Gegen **Ehegatten** kann die Räumung nur gemeinsam ausgesprochen werden, da die Ehegatten aus § 1353 Abs. 1 BGB zur ehelichen Lebensgemeinschaft verpflichtet sind[68]. (s. aber → § 150 Rdn. 34) Gleiches gilt für die eingetragene Lebenspartnerschaft (§ 2 LPartG). Ebenso dürfte dies auch im Hinblick auf **minderjährige Kinder** gelten, abgeleitet aus § 1626 BGB i.V.m. Art. 6 GG. Geht die Gefährdung von den minderjährigen Kindern aus, hat der Schuldner für deren Verhalten darüber hinaus einzustehen und verwirklicht die Gefährdung auch in seiner Person. Als geringere Maßnahme kann hier auch die Einschaltung der Kinder- und Jugendhilfeträger in Betracht kommen.

26   Befindet sich der Schuldner nicht mehr in der Wohnung und leiten die weiteren Mitglieder des Hausstandes (z.B. volljährige Kinder oder Lebensgefährte) ihr Besitzrecht nicht von diesem sondern aus einem eigenem Besitzwillen (vgl. → Rdn. 5) ab, kann die Vollstreckung gegen sie nicht aus dem Anordnungsbeschluss erfolgen, wenn sie isoliert die Wohnung räumen sollen, vielmehr bedarf es eines eigenen Erkenntnisverfahrens und eines hieraus resultierenden Vollstreckungstitels, welches nicht in die Zuständigkeit des Vollstreckungsgerichtes fällt[69].

27   Im Falle der Zuständigkeit des Vollstreckungsgerichts hat es seine Entscheidung nach **pflichtgemäßem Ermessen** zu treffen[70] und sollte insbesondere bei streitigem Sachvortrag eine mündliche Verhandlung durchführen, um Verfahrensmängel auszuschließen[71].

b)   **Vollstreckung**

28   Der Beschluss ist **Vollstreckungstitel** (§ 797 Abs. 1 Nr. 3 ZPO). Er bedarf keiner Vollstreckungsklausel und ist sofort vollstreckbar. Die Zustellung ist von Amts wegen erfolgt. Wenn keine erhebliche Gefährdung des Objektes vorliegt, kann es sinnvoll sein, die Rechtskraft abzuwarten.

Mit der Vollstreckung beauftragt der Verwalter den Gerichtsvollzieher (§ 885 ZPO). Eine besondere Durchsuchungsanordnung ist nicht erforderlich[72] (§ 758a Abs. 2 ZPO).

c)   **Rechtsbehelfe und Vollstreckungsschutz**

29   Gegen den Räumungsbeschluss kann der Schuldner die sofortige Beschwerde einlegen. Wird der Beschluss abgelehnt, steht der gleiche Rechtsbehelf dem jeweiligen Antragsteller zu. Da die Ablehnung eines Antrags des Zwangsverwalters gleichzeitig als Weisung des Gerichts zu werten ist, steht diesem keine sofortige Beschwerde zu.

30   Gegen einzelne Vollstreckungsmaßnahmen des Zwangsverwalters kommt die Erinnerung gemäß § 766 ZPO in Betracht oder ein formloser Antrag an das Gericht zur Ausübung der Aufsicht[73].

---

67   Wohl auch BGH, Rpfleger 2005, 154.
68   So auch *H/W/F/H*, § 149 Rdn. 10 und *Stöber*, ZVG § 149, Rdn. 3.5; die bisher vorliegend vertretene gegenteilige Auffassung wird nicht mehr aufrechterhalten.
69   LG Heilbronn, Rpfleger, 2005, 157; *Depré/Mayer*, Rdn. 574.
70   *Stöber*, ZVG § 149 Rdn. 3.7.
71   Ähnlich *Depré/Mayer*, Rdn. 590.
72   BGH, Rpfleger 2011, 452 = ZInsO 2010, 620 = NJW 2010, 1804.
73   *Stöber*, ZVG § 149 Rdn. 3.9.

Im Hinblick auf die Räumung steht dem Schuldner kein **Räumungsschutz** aus 31
§ 721 ZPO zu. Aus **Härtegesichtspunkten**[74] hat der Schuldner jedoch ein Antragsrecht aus § 765a ZPO[75] (→ § 161 Rdn. 5). Hierbei muss es sich jedoch um außergewöhnliche Fälle handeln, da das Schutzbedürfnis des Gläubigers i.d.R. vorrangig (Art. 2 GG, Art. 14 GG[76]) und die Vorschrift eng auszulegen ist[77].

IV. Unterhalt des Schuldners
1. Regelfall

Grundsätzlich (unstr.) kann der Schuldner nicht verlangen, aus dem Grund- 32
stück unterhalten zu werden (Ausnahme → Rdn. 35 ff.). Es ist auch nicht Sache des Gläubigers, Aufgaben von Sozialbehörden zu übernehmen[78]. Der Schuldner muss notfalls Sozialhilfe oder Leistungen nach dem SGB II beantragen, soweit dies nicht Zweck des Verfahrens ist (→ Rdn. 11 ff.). Der Verwalter kann dem Schuldner in Ausnahmefällen jedoch geleistete Dienste vergüten. Dies dürfte jedoch nur in Betracht kommen, wenn auch für Dritte entsprechende Kosten aufgewendet werden müssen. Der Schuldner ist nicht verpflichtet, für den Verwalter unentgeltlich tätig zu sein. Ob diese Zahlungen als Unterhalt zu definieren sind, ist zu verneinen[79]. Deshalb wird der Verwalter eine steuerliche oder sozialversicherungsrechtliche Relevanz zu beachten haben.

Die nach § 811 Abs. 1 Nr. 1–3 ZPO unpfändbaren Sachen sind dem Schuldner 33
auch während der Zwangsverwaltung zu belassen.

Stöber billigt dem Schuldner unter den Voraussetzungen des § 765a ZPO durch 34
teilweise Einschränkung der Vollstreckung einen Unterhaltsanspruch aus den Erträgnissen zu[80], was jedoch nur denkbar ist, wenn keine anderweitigen Sozialleistungen erlangt werden können.

2. Grundstücksnutzung

Etwas anderes gilt bei land- und forstwirtschaftlich oder gärtnerisch (gewerbs- 35
mäßige Gewinnung von Bodenerzeugnissen wie Obst, Gemüse, Blumen, Bäume u.ä.) genutzten Grundstücken in Bezug auf diese Nutzung, d.h. nicht bezüglich Miet- oder Pachteinnahmen.

Der Unterhalt kann durch die Überlassung von Naturalien oder Geld, das an 36
die Stelle vernichteter oder veräußerter Feldfrüchte getreten ist, geleistet werden. Insoweit besteht Pfändungsschutz nach § 851a ZPO. Reichen die Erträge nicht aus, kann der Schuldner nicht die Leistung aus anderen Erträgen des Grundstücks, etwa Mieten, verlangen.

---

74 Gesundheitsgefährdung, Selbstmordgefahr u.ä.: vgl. Brandenbg. OLG, Rpfleger 2001, 91; BVerfG, Rpfleger 2005, 614 = NZM 2005, 657 = FamRZ 2005, 1972; Rpfleger 2006, 149 = NJW 2006, 508 = ZMR 2006, 203; *Lessing*, RpflStud 2005, 129 u. 162.
75 Siehe hierzu BVerfG, Rpfleger 2005, 614=NZM 2005, 657=FamRZ 2005, 1972.
76 *H/W/F/H*, § 149 Rdn. 12.
77 BGHZ 44, 138, 143; vgl. zur Räumungsvollstreckung *Herrlein/Volpert*, IGZInfo 2006, 71 ff.
78 OLG Frankfurt, Rpfleger 1981, 24; LG Saarbrücken, Rpfleger 1995, 265.
79 Vgl. *Böttcher/Keller*, § 149 Rdn. 14.
80 ZVG § 149 Rdn. 4.6.; ebenso *Wedekind/Wedekind*, Rdn. 471 für den Fall einer besonderen Härte.

Beansprucht werden kann der zur Befriedigung der notwendigen Bedürfnisse des Schuldners und seiner Familie erforderliche Unterhalt. Zur Familie zählen alle mit dem Schuldner in Hausgemeinschaft lebenden Angehörigen sowie Partner nach dem LPartG und Lebensgefährten. Eine gesetzliche Unterhaltspflicht muss nicht bestehen. Auswärts lebende Kinder, die noch zum elterlichen Hausstand zählen und unterhalten werden, sind zu berücksichtigen[81]. Der genaue Umfang muss im Einzelfall ermittelt werde.

37 Der notwendige Unterhalt ist niedriger als der angemessene i.S.v. § 1610 BGB, aber höher als der Billigkeitsunterhalt nach § 1611 BGB. Anhaltspunkte bieten die zu § 850d ZPO entwickelten Sätze, wobei der nach § 850c ZPO unpfändbare Betrag nicht überschritten werden darf[82]. Verfügt der Schuldner oder seine Angehörigen über sonstige Einkünfte, sind diese zu berücksichtigen. Der Anspruch besteht auch dann, wenn der Schuldner auf dem Grundstück nicht wohnt oder dieses räumen muss[83].

3. Insolvenz

38 § 149 soll nicht anwendbar sein, wenn über das Vermögen des Schuldners das Insolvenzverfahren eröffnet worden ist und das Grundstück insolvenzbefangen ist[84]. In dem Insolvenzverfahren kann über Unterhaltsansprüche des Schuldners eine Entscheidung getroffen werden (§ 100 InsO, insoweit aber nur im Falle von § 149 Abs. 3). Der Schuldner soll im Zwangsverwaltungsverfahren nicht besser stehen als im Insolvenzverfahren. Die §§ 100, 148 InsO sollen hierbei vorrangig sein. Sofern der Zwangsverwalter dem Schuldner auch ein Wohnrecht gewährt (insoweit Abs. 1) und dies einer Beschlussfassung im Insolvenzverfahren entgegensteht, soll das Vollstreckungsgericht im Wege der Aufsicht einschreiten. Soweit der Insolvenzverwalter das Grundstück freigibt, sollen wieder die Regelungen über die Zwangsverwaltung gelten[85].

Auf eine Freigabe kann es aber dann nicht maßgeblich ankommen, wenn die betreibende Gläubigerin durch die Beantragung der Zwangsverwaltung auch dem Insolvenzverwalter die Nutzung und Verwaltung des Grundstücks entzieht (Ausnahme § 153b). Insoweit ist die Billigkeitsentscheidung nach der hier vertretenen Auffassung im Rahmen der Zwangsverwaltung zu treffen, wobei zweifellos Entscheidungen des Insolvenzverfahrens, soweit sie die Nutzung und Verwaltung des Grundstücks nicht tangieren, zu berücksichtigen sind. Selbst wenn das Insolvenzverfahren dazu führt, dass das gesamte Vermögen des Schuldners insolvenzbefangen ist, ist die Nutzung und Verwaltung mit Anordnung des Zwangsverwaltungsverfahrens auch dem Insolvenzverwalter entzogen.

Mit Urteil vom 25.4.2013[86] hat der IX. Senat des BGH entschieden, dass auch bei einer Anordnung der Zwangsverwaltung nach Eröffnung des Insolvenzverfahrens (Titelumschreibung) dem Zwangsverwalter das Recht des Schuldners aus § 149 entgegengehalten werden kann. Dies gelte aber nur, wenn dem Insolvenz-

---

81 LG Kassel, BlGBW 1961, 159.
82 *Stöber,* ZVG § 149 Rdn. 4.3 e) m.w.N.
83 *Stöber,* ZVG § 149 Rdn. 4.3 c); vgl. zur Kritik an der unterschiedlichen Behandlung des Schuldners im Verhältnis zu § 150e *Depré/Mayer,* Rdn. 594 f.
84 Hierzu *Brüggemann/Haut,* Rdn. 1020 ff.
85 H/W/F/H, § 149 Rdn. 6; *Depré/Mayer,* Rdn. 999.
86 IX ZR 30/11 m. Anm. *Engels,* Rpfleger 2013, 562 = ZfIR 2013, 596 = IGZInfo 3/2013, 144.

schuldner das Recht gem. § 100 InsO eingeräumt wurde. Ansonsten obliege es nur dem Insolvenzverwalter, die Inbesitznahme für die Masse durchzusetzen und alsdann dem Zwangsverwalter auf Verlangen den Besitz zu verschaffen.

Gleichwohl können dem Schuldner im Rahmen des Zwangsverwaltungsverfahrens nicht mehr Rechte eingeräumt werden, als sie ihm im Rahmen des Insolvenzverfahrens zugestanden werden, da das Insolvenzverfahren als Gesamtvollstreckungsverfahren zu sehen ist und das Zwangsverwaltungsverfahren den absonderungsberechtigten Gläubiger begünstigt. Wird in der Insolvenz ein Unterhalt gewährt, ist ein Beschluss des Vollstreckungsgerichtes zu ändern. Wird der Unterhalt in der Insolvenz abgelehnt, hat der Schuldner auch keinen Anspruch im Rahmen des Zwangsverwaltungsverfahrens[87]. 39

Letztlich ist aber auch zu prüfen, ob und inwieweit Überschneidungen vorliegen. Im Rahmen von § 100 InsO kann der Unterhalt auch durch Sachleistungen gewährt werden, z.B. durch Überlassung einer zur Masse gehörenden Wohnung[88]. Des Weiteren kann im Rahmen des Unterhalts gemäß § 100 InsO ein Mietanteil enthalten sein, obwohl im Rahmen der Zwangsverwaltung eine Überlassung gemäß § 149 Abs. 1 unentgeltlich erfolgt.

Zu befürworten wäre deshalb eine klare Trennung durch die jeweils eingreifenden Verfahrensregelungen. Auch wenn die Immobilie Insolvenzmasse bleibt, ist dem Schuldner und damit seinem Insolvenzverwalter die Nutzung und Verwaltung entzogen. Die jeweiligen Beschlagnahmewirkungen sind isoliert zu betrachten. Einflüsse des Insolvenzverfahrens sind abzulehnen[89]. Insbesondere kann das unentgeltliche Nutzungsrecht im Umfang des § 149 nicht durch einen Beschluss der Gläubigerversammlung als entgeltliches behandelt werden[90].

4. Festsetzung und Rechtsbehelfe

Ob und in welcher Form und Höhe Unterhalt aus der Masse erbracht wird, entscheidet der Verwalter. Empfehlenswert ist die Festsetzung eines festen Betrages. Streiten sich Verwalter und Schuldner über den Anspruch oder seine Höhe, entscheidet auf Antrag des Verwalters oder der Beteiligten das Vollstreckungsgericht nach Anhörung. Von der Anhörung kann in besonders dringenden Fällen abgesehen werden. Der Unterhalt ist dann aber zunächst nur für einen Monat (bzw. einmalige Zahlung) festzusetzen[91]. 40

Gegen die Entscheidung des Rechtspflegers kann die sofortige Beschwerde eingelegt werden. Beschwert sind alle durch die Festsetzung Benachteiligten. Ob der Zwangsverwalter ein Beschwerderecht hat[92], dürfte aus den Gründen zum Räumungsbeschluss (→ Rdn. 29) zu verneinen sein, da auch hier gleichzeitig eine Weisung des Gerichts festzustellen ist. 41

---

87 H.M. *Stöber*, ZVG § 149 Rdn. 4.2; *H/W/F/H*, § 149 Rdn. 14 ff.
88 BGH, ZIP 1984, 1504; *Kübler/Prütting*, § 100 Rdn. 4.
89 Ebenso *Wedekind/Wedekind*, Rdn. 462 ff.
90 OLG München vom 16.6.2005, 5 U 2553/05 n.v.
91 *Stöber*, ZVG, § 149 Rdn. 4.7.
92 So *Stöber*, ZVG § 149 Rdn. 4.8b).

§ 150 »Bestellung des Verwalters durch Gericht; Übergabe des Grundstücks«

(1) Der Verwalter wird von dem Gerichte bestellt.

(2) Das Gericht hat dem Verwalter durch einen Gerichtsvollzieher oder durch einen sonstigen Beamten das Grundstück zu übergeben oder ihm die Ermächtigung zu erteilen, sich selbst den Besitz zu verschaffen.

§ 1 ZwVwV Stellung

(1) Zwangsverwalter und Zwangsverwalterinnen führen die Verwaltung selbständig und wirtschaftlich nach pflichtgemäßem Ermessen aus. Sie sind jedoch an die vom Gericht erteilten Weisungen gebunden.

(2) Als Verwalter ist eine geschäftskundige natürliche Person zu bestellen, die nach Qualifikation und vorhandener Büroausstattung die Gewähr für die ordnungsgemäße Gestaltung und Durchführung der Zwangsverwaltung bietet.

(3) Der Verwalter darf die Verwaltung nicht einem anderen übertragen. Ist er verhindert, die Verwaltung zu führen, so hat er dies dem Gericht unverzüglich anzuzeigen. Zur Besorgung einzelner Geschäfte, die keinen Aufschub dulden, kann sich jedoch der Verwalter im Falle seiner Verhinderung anderer Personen bedienen. Ihm ist auch gestattet, Hilfskräfte zu unselbständigen Tätigkeiten unter seiner Verantwortung heranzuziehen.

(4) Der Verwalter ist zum Abschluss einer Vermögensschadenshaftpflichtversicherung für seine Tätigkeit mit einer Deckung von mindestens 500.000 Euro verpflichtet. Durch Anordnung des Gerichts kann, soweit der Einzelfall dies erfordert, eine höhere Versicherungssumme bestimmt werden. Auf Verlangen der Verfahrensbeteiligten oder des Gerichts hat der Verwalter das Bestehen der erforderlichen Haftpflichtversicherung nachzuweisen.

§ 2 ZwVwV Ausweis

Der Verwalter erhält als Ausweis eine Bestallungsurkunde, aus der sich das Objekt der Zwangsverwaltung, der Name des Schuldners, das Datum der Anordnung sowie die Person des Verwalters ergeben.

§ 3 ZwVwV Besitzerlangung über das Zwangsverwaltungsobjekt, Bericht

(1) Der Verwalter hat das Zwangsverwaltungsobjekt in Besitz zu nehmen und darüber einen Bericht zu fertigen. Im Bericht sind festzuhalten:
1. Zeitpunkt und Umstände der Besitzerlangung;
2. eine Objektbeschreibung einschließlich der Nutzungsart und der bekannten Drittrechte;
3. alle der Beschlagnahme unterfallenden Mobilien, insbesondere das Zubehör;
4. alle der Beschlagnahme unterfallenden Forderungen und Rechte, insbesondere Miet- und Pachtforderungen, mit dem Eigentum verbundene Rechte auf wiederkehrende Leistungen, sowie Forderungen gegen Versicherungen unter Beachtung von Beitragsrückständen;
5. die öffentlichen Lasten des Grundstücks unter Angabe der laufenden Beträge;
6. die Räume, die dem Schuldner für seinen Hausstand belassen werden;
7. die voraussichtlichen Ausgaben der Verwaltung, insbesondere aus Dienst- oder Arbeitsverhältnissen;
8. die voraussichtlichen Einnahmen und die Höhe des für die Verwaltung erforderlichen Kostenvorschusses;
9. alle sonstigen für die Verwaltung wesentlichen Verhältnisse.

(2) Den Bericht über die Besitzerlangung hat der Verwalter bei Gericht einzureichen. Soweit die in Absatz 1 bezeichneten Verhältnisse nicht schon bei Besitzübergang festgestellt werden können, hat der Verwalter dies unverzüglich nachzuholen und dem Gericht anzuzeigen.

§ 4 ZwVwV Mitteilungspflicht
Der Verwalter hat alle betroffenen Mieter und Pächter sowie alle von der Verwaltung betroffenen Dritten unverzüglich über die Zwangsverwaltung zu informieren. Außerdem kann der Verwalter den Erlass von Zahlungsverboten an die Drittschuldner bei dem Gericht beantragen.

Übersicht

	Rdn.
I. Allgemein	1
II. Bestellung des Verwalters	2
1. Qualifikation	2
2. Auswahl	6
3. Bestellung	10
a) Bereitschaft	10
b) Beschluss	11
c) Ausweis, § 2 ZwVwV	12
d) Weisungen des Gerichts, § 1 Abs. 1 S. 2 ZwVwV	15
e) Vertretung, § 1 Abs. 3 ZwVwV	16
f) Vertreterstellung	17
g) Versicherung, § 1 Abs. 4 ZwVwV	18
aa) Vermögensschadenshaftpflichtversicherung	19
bb) Erweiterter Risikoumfang	22
cc) Kosten und Nachweis	25
h) Rechtsbehelfe	28.1
i) Neubestellung wegen Tod des Verwalters	28.2
III. Übergabe oder Besitzverschaffung	29
1. Notwendigkeit	29
2. Arten der Besitzeinräumung	30
a) Besitzübergabe	30
b) Besitzverschaffung, Besitzergreifung	31
3. Schuldner	32
a) Alleineigentümer	32
b) Ideelle Bruchteile	38
4. Drittbesitz	39
a) Allgemeines	39
b) Eigenbesitzer oder Nießbraucher	41
c) Mieter oder Pächter	42
IV. Objektunterlagen und eidesstattliche Versicherung	43
V. Beschlagnahmebericht, § 3 ZwVwV	47
1. Allgemein und Form	47
2. Zeitpunkt	50
3. Objektbeschreibung	51
a) Zustand	51
b) Nutzung	52
c) Drittrechte	53
4. Umfang der Beschlagnahme	54
a) Zubehör	54
b) Miete und Pacht	55
c) Versicherungen	59
aa) Forderungen	59
bb) Verbindlichkeiten	61
5. Öffentliche Lasten	62
6. Nutzung durch den Schuldner	63
7. Ausgaben der Verwaltung	64
8. Einnahmen der Verwaltung	65
9. Sonstige wesentliche Verhältnisse	66
VI. Mitteilungspflicht des Verwalters, § 4 ZwVwV	67

1. Allgemein 67
2. Form 68
3. Dritte 72
4. Zahlungsverbot.. 74

I. Allgemein

1 Mit der Beschlagnahme wird dem Schuldner die Verwaltung und Benutzung des Grundstücks entzogen (§ 148). Deswegen muss ein Verwalter bestellt werden, der das Grundstück nutzt. Der Verwalter wird grundsätzlich von Amts wegen durch das Vollstreckungsgericht bestellt, ohne an Anträge oder Vorschläge im Hinblick auf eine bestimmte Person gebunden zu sein. Mit der Besitzerlangung (Abs. 2) gehen sämtliche Rechte und Pflichten bezüglich der Verwaltung- und Nutzung auf den Verwalter über.

Der Verwalter muss die Gewähr dafür bieten, seine Aufgaben unabhängig von den Interessen der Verfahrensbeteiligten zu erfüllen. Er darf sich nicht in einer tatsächlichen oder rechtlichen Beziehung zu den Beteiligten befinden[1] (z.B. Steuerberater des Schuldners).

II. Bestellung des Verwalters

1. Qualifikation

2 § 1 Abs. 2 ZwVwV fordert erstmalig qualitative Voraussetzungen, die an den **Verwalter**[2] gestellt werden. Als Verwalter kann nur eine (einzige) natürliche Person bestellt werden, die zur Übernahme des Amtes bereit ist. Die Geschäftskunde muss in Qualifikation und Büroausstattung zum Ausdruck kommen und eine ordnungsgemäße Gestaltung und Durchführung des Verfahrens bieten.

3 Ausweislich der Begründung[3] orientiert sich das Merkmal der Geschäftskunde an vergleichbaren Regelungen wie z.B. § 56 InsO bezüglich der Bestellung eines Insolvenzverwalters. Hierbei sind Umfang und Schwierigkeitsgrad der anstehenden Verwaltung zu berücksichtigen. Des Weiteren soll der Verwalter über die erforderlichen Rechtskenntnisse verfügen und für die Anforderungen des Verfahrens das notwendige Buchhaltungswesen beherrschen.

Der Verwalter muss eine ausreichende Erfahrung mitbringen und von seinem Fachkönnen her geeignet sein, den Anforderungen des jeweiligen Verfahrens gerecht zu werden[4]. Es ist nicht erforderlich, dass der Verwalter ausschließlich oder überwiegend eine entsprechende Tätigkeit ausübt oder über Hilfspersonen verfügt[5], wenn er die allgemeinen Voraussetzungen mitbringt. Hierbei kann eine Zertifizierung den Nachweis notwendiger Fachkenntnisse erleichtern.

Auch die Fortbildung ist zu thematisieren[6].

4 **Steuerrechtlich** ist die Tätigkeit des Zwangsverwalters keine freiberufliche Tätigkeit nach § 18 Abs. 1 Nr. 1 EStG, sondern eine **sonstige selbstständige Arbeit**

---

1 BGH, V ZB 15/05, NJW-RR 2005, 1299; V ZB 29/12, Rpfleger 2014, 34 = IGZInfo 4/2013, 171 = ZfIR 2013, 873 m. Anm. *Engels.*
2 Der Begriff Verwalter wird nach der Begründung der Verordnung als generisches Maskulinum für die Begriffe Zwangsverwalter und Zwangsverwalterinnen verwendet.
3 BR-Drucks. 842/03 S. 10.
4 Vgl. *Hintzen/Alff*, Rpfleger 2004, 129 ff.
5 *Stöber*, ZVG § 150 Rdn. 2.4.
6 Vgl. *Haarmeyer*, ZInsO 2003, 833.

nach § 18 Abs. 1 Nr. 3 EStG. Es bestand jedoch eine erhebliche Gefahr, dass die Tätigkeit als gewerbliche i.S.d. § 15 EStG eingestuft wird mit der Folge einer Gewerbesteuerpflicht, da § 18 Abs. 1 Nr. 3 EStG keine dem § 18 Abs. 1 Nr. 1 S. 3 EStG entsprechende Regelung enthält (Vervielfältigungstheorie). Der Verwalter erzielte damit **gewerblichen Gewinn**, wenn er sich mehr als eines qualifizierten Mitarbeiters bedient[7]. Diese Rechtsprechung hat der BFH aufgegeben. Mit seiner Entscheidung vom 15.12.2010[8] bestätigt er die Zuordnung der Tätigkeit des Zwangsverwalters zu den sonstigen selbstständigen Einkünften i.s.d. § 18 Abs. 1 Nr. 3 EStG. Dies gilt nunmehr auch dann, wenn der Verwalter die Tätigkeit unter Einsatz vorgebildeter Mitarbeiter ausübt, sofern er leitend und eigenverantwortlich tätig bleibt.

Aufgrund der Vielschichtigkeit einzelner Verfahren und der hieraus an die Qualifikation gestellten Anforderungen dürfte eine Institutsverwaltung (§ 150a) nur eingeschränkt in Betracht zu ziehen sein[9].

2. Auswahl

Die in der Begründung zu § 1 ZwVwV geforderte rechtliche Qualifikation sowie die Kenntnisse und Fähigkeiten im Buchhaltungswesen schränken den möglichen Kreis der Verwalter ein[10]. Zwar können nach dem Bild des Verordnungsgebers auch Wirtschaftsprüfer und Steuerberater diese Tätigkeit ausüben, jedoch sind hier Einschränkungen von deren Berufsbild her zu machen. Von daher dürfte die Tätigkeit des Rechtsanwaltes den grundsätzlichen Voraussetzungen nach am ehesten dem **Anforderungsprofil** entsprechen, wobei Kenntnisse in der Immobiliarzwangsvollstreckung und im Bereich der Grundstücks- und Wohnraumwirtschaft, bzw. den entsprechenden mietrechtlichen Grundlagen zu fordern sind[11]. Der Zwangsverwalter muss technisch und personell so ausgestattet sein, dass er je nach Umfang des Verfahrens die entsprechende ordnungsgemäße Abwicklung gewährleisten kann. Hierbei können einzelne Tätigkeiten auch auf entsprechend qualifiziertes Personal übertragen werden (→ Rdn. 16).

Diskutiert wird immer wieder die Frage der Ortsnähe[12]. Entscheidend sind die Erreichbarkeit des Verwalters und seine Möglichkeiten zeitnah vor Ort tätig zu werden. Hierbei gelten keine absoluten Kriterien, sondern die Verkehrsanbindung, die örtliche Nähe zum Objekt (nicht zum Gericht) und seine Büroorganisation. Hierbei dürfte eine Stunde Fahrtzeit zu eng bemessen sein, drei Stunden Fahrt- oder Anreisezeit aber bereits grenzwertig sein. Auch hier können jedoch Organisationsstrukturen vor Ort zu berücksichtigen sein (Hausmeister u.ä.).

Im Hinblick auf das **Buchhaltungswesen** muss eine Qualifikation sowohl bei dem Verwalter vorliegen als auch bei den hiermit beauftragten Mitarbeitern, wobei aufgrund des vereinfachten Rechnungswesens nicht die Anforderungen an einen Bilanzbuchhalter zu stellen sind. Bei gewerblichen Objekten ist darüber hin-

---

7   BFH, BStBl II 1984, 823; BStBl II 1994, 936; vgl. auch Schmidt/*Wacker*, § 18 Rdn. 141 f., 147.
8   BFHE 232, 162 = ZInsO 2011, 636 = IGZInfo 2011, 88.
9   Ähnlich *H/W/F/H*, § 1 ZwVwV Rdn. 15.
10 Kritisch zur unzureichenden gesetzlichen Grundlage des § 152a, Stellungnahme des Bundes deutscher Rechtspfleger, Rechtspflegerblatt 2003, 21.
11 Ausführlich *H/W/F/H*, § 1 ZwVwV Rdn. 16 ff.
12 *Wedekind/Wedekind*, Rdn. 632 f. unterscheiden hierbei die Ortsnähe von der Präsenz, die beschreiben soll, in welchem Zeitraum der Verwalter vor Ort handlungsfähig sein kann.

aus die sachgerechte Behandlung der umsatzsteuerlichen Fragen, insbesondere die Abgabe der Voranmeldungen und Erklärungen zu gewährleisten sowie in Bezug auf Dienstverhältnisse die Abwicklung der steuer- und sozialversicherungsrechtlichen Fragen.

8   Der Verwalter muss darüber hinaus das Spannungsfeld zwischen Gläubigerinteressen, Mietern, Mietpreisfindung, Durchführung von im Einzelfall größeren Reparaturen und Abrechnungen beherrschen. Nur so wird seine Tätigkeit den Anforderungen des Verordnungsgebers an eine größere Professionalisierung gerecht.

Wird ein neuer Verwalter in einem Gerichtsbezirk tätig, ist es sachdienlich, wenn der zuständige Rechtspfleger Erkundigungen über bisherige Tätigkeiten in anderen Gerichtsbezirken einholt, ggf. aufgrund von entsprechenden Referenzhinweisen des möglichen Verwalters.

9   Nach Auffassung des OLG Koblenz[13] gibt es kein eigenständiges Berufsbild eines Zwangsverwalters. Ein Vorauswahlverfahren sei nicht erforderlich. Gleichwohl hat das OLG **Auswahlkriterien** des Amtsgerichts gebilligt, die zum einen den Anforderungen von § 1 ZwVwV entsprechen und darüber hinaus auf Referenzen, Zuverlässigkeit, Erreichbarkeit, Fachwissen u.a. abstellen. Den Verwalter treffe hierbei eine Mitwirkungspflicht. Es erscheint jedoch fraglich, ob der Rechtsschutz nur durch § 23 EGGVG[14] gewährt werden kann[15].

Es sollte jedoch zulässig sein, **Vorauswahllisten** zu führen, wobei die Aufnahme geeigneter Bewerber nicht grundsätzlich abgelehnt werden darf[16]. Erfüllt der Bewerber die sachlich gebotenen Kriterien des Gerichts, ist er in die Vorauswahlliste aufzunehmen[17]. Streitig ist, ob das Gericht an die Reihenfolge der Liste gebunden ist und an die Liste selbst[18]. Da das Gericht den geeigneten Verwalter für das Verfahren finden muss, kann das Gericht nicht an die Liste oder deren Reihenfolge gebunden sein. Nach Auffassung des OLG Frankfurt muss für den jeweiligen[19] Einzelfall der geeignetste Verwalter gefunden werden, ohne dass die Entscheidung gegenüber anderen Bewerbern begründet werden muss. Es darf die Auswahl jedoch nicht willkürlich treffen, sondern ermessensgerecht. Das OLG Hamm hält eine Vorauswahlliste nicht für erforderlich[20]. Ergeht jedoch auf eine Bewerbung hin ein Bescheid (Schreiben), wonach z.Z. kein Bedarf für die Beauftragung weiterer Zwangsverwalter bestehe, kann der Eindruck einer geschlossenen Liste entstehen. Den „Bescheid" sah das OLG als Justizverwal-

---

13   Rpfleger 2005, 618 m. Anm. *Kirsch* und ZInsO 2005, 1174 m. Anm. *Förster* und IGZ-Info 2006, 21 m. Anm. *Hintzen/Loebnau*.
14   So Böttcher/*Keller*, § 150 Rdn. 3b, u.a. auch zum Antragsgegner je nach Landesrecht; ebenso OLG Koblenz, Rpfleger 2005, 618 m. Anm. *Kirsch* und ZInsO 2005, 1174 m. Anm. *Förster* und IGZInfo 2006, 21 m. Anm. *Hintzen/Loebnau*; ebenso OLG München, ZVI 2005, 318; OLG Schleswig NJW 2005, 1664; OLG Hamburg, NJW 2006, 451; OLG Köln, NZI 2007, 105; OLG Nürnberg, NZI 2008, 616.
15   *Depré/Mayer*, Rdn. 82.
16   So zutreffend *Wedekind/Wedekind*, Rdn. 794; ähnlich Böttcher/*Keller*, § 150 Rdn. 3b, vgl. auch BGH, ZfIR 2012, 885.
17   Ebenso *Böttcher/Keller*, § 150 Rdn. 3b.
18   Keine Bindung: *Böttcher/Keller*, § 150 Rdn. 3b; Depré/*Depré*, § 150 Rdn. 3; MünchKomm/*Graeber*, InsO, § 56 Rdn. 105; a.A. *Römermann*, ZInsO 2004, 937.
19   Rpfleger 2009, 102.
20   Rpfleger 2013, 163 = IGZInfo 1/2013, 42.

tungsakt an[21], der aus Gründen der Chancengleichheit und der Klarstellung aufzuheben war. Darüber hinaus erscheint es fraglich, ob man ein **Berufsbild** Zwangsverwalter unter Berücksichtigung der nachfolgenden Entscheidung des BVerfG, insbesondere aber der Entscheidungen des BGH zur Haftung des Zwangsverwalters gegenüber Beteiligten (→ § 154 Rdn. 4.1 ff.) noch verneinen kann[22].

Mit Beschluss vom 24.2.2010[23] räumt das BVerfG den Gerichten bei der Bestellung eines Zwangsverwalters ein **Auswahlermessen** ein. Der Rechtspfleger darf seine Entscheidung für einen bestimmten Zwangsverwalter nicht nach freiem Belieben treffen; er hat sein Auswahlermessen pflichtgemäß auszuüben. Die Auswahl kann deshalb auch nur auf Ermessensfehler überprüft werden[24]. Nach zutreffender Ansicht des BVerfG unterliegt die Auswahlentscheidung der Bindung an die Grundrechte (Art. 1 Abs. 3 GG). Maßgebend sei hier der allgemeine Gleichheitssatz des Art. 3 Abs. 1 GG. Damit darf der zuständige Rechtspfleger seine Entscheidung für einen bestimmten Verwalter nicht nach freiem Belieben treffen, sondern muss sein Auswahlermessen aus dem Rechtsanspruch der geeigneten Bewerber heraus pflichtgemäß ausüben. **Effektiver Rechtsschutz** kann hierzu dadurch gewährt werden, dass der Betroffene – nicht ausgewählte – die Entscheidung in einem konkreten Einzelfall zum Anlass nehmen kann, um mit einem zulässigen **Feststellungsantrag** eine gerichtliche Überprüfung etwaiger Ermessensfehler herbeizuführen. Ein Ermessensfehler kann beispielsweise darin bestehen, einen Bewerber von vorneherein nicht ernsthaft in die Auswahlentscheidung einzubeziehen, obwohl er als geeignet angesehen wird. Eine generelle Überprüfung, bzw. Entscheidung über den Einzelfall ist nicht möglich. Dieser Auffassung ist der BGH in einer Entscheidung vom 28.6.2012 gefolgt[25]. Ungeachtet dessen hat *Depré* zu Recht darauf hingewiesen, dass das Rechtsstaatsprinzip keine unbegrenzte Optimierung des gerichtlichen Rechtsschutzes gebiete[26]. Generell hat ein geeigneter Bewerber **keinen Anspruch auf regelmäßige oder anteilige Bestellung** ungeachtet der Umstände des Einzelfalles.

Aus § 23 ff. EGGVG folgt nach Auffassung des OLG Frankfurt auch kein Anspruch auf Überprüfung der in einem Jahr bei einem Gericht anhängigen Zwangsverwaltungsverfahren, um eine rechtswidrige Nichtbestellung zu prüfen[27]. Der BGH hat diese Auffassung nicht bestätigt[28]. Unter Bezugnahme auf die Entscheidung des BVerfG vom 24.2.2010 hebt er nochmals die Bedeutung des Anspruchs auf pflichtgemäße Ermessensausübung hervor, die auch im Hinblick auf eine Wiederholungsgefahr oder eine fortdauernde Diskriminierung ist jedem Einzelfall überprüfbar sein muss.

Jedenfalls kann ein amtierender Rechtspfleger beim Vollstreckungsgericht, der selbst Zwangsverwaltungsverfahren bearbeitet, nicht zum Zwangsverwalter bestellt werden und ist mit sofortiger Wirkung zu entlassen und verwirkt die Vergü-

---

21 Ebenso BGH, ZfIR 2012, 885.
22 Ähnlich *Wedekind/Wedekind*, Rdn. 794.
23 Rpfleger 2011, 452 = ZInsO 2011, 742.
24 BGH, Rpfleger 2014, 34.
25 ZfIR 2012, 885; bestätigt durch Beschluss v. 18.7.2013, V ZB 29/12, Rpfleger 2014, 34 = ZfIR 2013, 873 m. Anm. *Engels*.
26 ZfIR 2006, 565; kaum haltbar „offene Bewerberlisten", so *Schmidberger*, ZfIR 2008, 517, 527.
27 OLG Frankfurt, ZfIR 2012, 376.
28 IV AR (VZ) 2112; IGZInfo 3/2012, 133.

tung[29]. Die Bestellung eines Zwangsverwalters soll von der Entscheidung geprägt sein, den für den jeweiligen Fall geeignetsten Verwalter zu bestellen. Hierbei nimmt das OLG Frankfurt auf die Grundsätze des BVerfG in seinen Entscheidungen zur Vorauswahl bei der Bestellung des Insolvenzverwalters Bezug[30]. Es stellt klar, dass eine einzelfallbezogene Begründungspflicht zugunsten eines anderen Bewerbers gesetzlich nicht vorgesehen ist.

3. Bestellung
a) Bereitschaft

10   Bestellt werden kann nur, wer bereit ist, das Amt zu übernehmen. Eine Verpflichtung hierzu besteht nicht. Wer sich aber als Verwalter bestellen lässt, muss das Amt ordnungsgemäß ausüben. Von sich aus (zu sonstigen Entlassungsgründen s. → § 153 Rdn. 57) kann er nur aus wichtigem Grund, z.b. Krankheit, seine Entlassung fordern. Eine jederzeitige beliebige **Niederlegung** ist nicht möglich. Die Rechte und Pflichten des Verwalters enden erst mit der Bekanntgabe des Entlassungsbeschlusses. Dies gilt auch bei einer fehlerhaften Verfahrensanordnung[31]. Handlungen des Verwalters bleiben auch über den Abschluss des Verfahrens wirksam[32].

b) Beschluss

11   Für die Bestellung sieht das Gesetz keine Form vor. Der Verwalter könnte deshalb auch mündlich bestellt werden. Dies ist jedoch unüblich und nicht sachdienlich[33]. Sinnvollerweise erfolgt die Bestellung im Anordnungsbeschluss, es sei denn eine geeignete Person muss noch gesucht werden. Vor der ersten Bestellung kann eine Belehrung erfolgen, was im Hinblick auf die Anforderungen an die Qualifikation und die Vorprüfung kaum angezeigt sein dürfte. Soweit keine Merkblätter verwendet werden, erscheint der Hinweis auf oder die Übergabe der ZwVwV ausreichend.

c) Ausweis, § 2 ZwVwV

12   Aufgrund der Regelung des VO-Gebers erhält der Zwangsverwalter als Ausweis eine Bestellungsurkunde. Damit soll nach der Begründung den Anforderungen des modernen Datenschutzes Rechnung getragen werden: *„Die neue Form des Zwangsverwalterausweises soll dazu beitragen, dass nicht unbeteiligte Dritte Kenntnis erhalten über persönliche Verhältnisse des Schuldners, seine Bankbeziehungen und Objektbelastungen sowie den betreibenden Gläubiger, ohne dass dafür ein berechtigtes Interesse geltend gemacht werden kann. Eine Ausfertigung des Beschlusses, durch den die Zwangsverwaltung angeordnet und die Bestellung des Verwalters erfolgt ist, erhält der Verwalter nunmehr lediglich für seine eigenen Unterlagen."* (BR-Drucks. 842/03, S. 11)

13   Der **Inhalt der Bestellungsurkunde** (auch Bescheinigung) hat sich auf die genaue grundbuchrechtliche Bezeichnung des Objektes, die genaue Angabe der Person des Schuldners, den Zeitpunkt der Anordnung und den vollständigen Namen und die Anschrift (nach Möglichkeit auch der Telefonnummer) des Verwalters zu beschränken.

---

29   BGH, Rpfleger 2010, 53 = ZfIR 2010, 774 = ZInsO 2009, 2409.
30   Rpfleger 2009, 102.
31   BGHZ 30, 173.
32   *Stöber*, ZVG § 150 Rdn. 3.4.
33   *Böttcher/Keller*, § 150 Rdn. 3.

In dem Anordnungsbeschluss sollte ein **Hinweis auf § 9 Abs. 3 ZwVwV** enthalten sein.

Aus der Bestallungsurkunde ergeben sich keine materiell-rechtlichen Wirkungen, insbesondere keine Grundlage, die Übergabe des Grundstücks gemäß Abs. 2 herbeizuführen (s. hierzu → Rdn. 29 ff.). Sie dient lediglich der **Legitimation** des Verwalters. Zu beachten ist, dass sich aus der Bestallungsurkunde auch kein Gutglaubensschutz ergibt, wenn diese nach Aufhebung des Verfahrens verwendet wird. Hierauf beruhende rechtsgeschäftliche Handlungen des Verwalters sind dem Schuldner und der Masse gegenüber unwirksam. Der Vertragspartner kann sich nicht auf guten Glauben stützen. Der Verwalter macht sich ggf. schadensersatzpflichtig. Insoweit sollte das Gericht den Verwalter mit der Aufhebung des Verfahrens auch zur unverzüglichen Rückgabe der Bestallungsurkunde auffordern. Da keine materiell-rechtliche Wirkung entfaltet wird, ist bei einem Verlust keine Kraftloserklärung notwendig[34]. 14

d) Weisungen des Gerichts, § 1 Abs. 1 S. 2 ZwVwV

Hierzu wird auf die Ausführungen zu § 153 verwiesen. 15

e) Vertretung, § 1 Abs. 3 ZwVwV

Soweit der Verwalter nach dieser Regelung die Verwaltung keinem anderen übertragen darf, ist zwischen **höchstpersönlichen Aufgaben** und Aufgaben, die der Verwalter im Rahmen der Abwicklung eines Verfahren delegieren kann zu unterscheiden, da zu seiner Büroorganisation (§ 1 Abs. 2 ZwVwV) auch die entsprechend ausgebildeten Hilfskräfte gehören (s.o. → Rdn. 6 f.; zu krankheitsbedingter Delegation → § 152a Rdn. 5). 16

Die haftungsrechtliche Alleinverantwortung obliegt dem Verwalter (§ 154). Aufgrund des Tätigkeitsbildes kann er die ihm obliegenden Tätigkeiten jedoch nicht ausschließlich in seiner Person ausführen, sodass er auf **Hilfspersonen** angewiesen ist. Dies ist neben § 1 Abs. 3 S. 3 ZwVwV auch im Rahmen der Vergütungsvorschriften zum Ausdruck gekommen (u.a. Begründung zu § 19 ZwVwV), die das Delegationsrecht und die Abgeltung dieser Tätigkeiten berücksichtigen. Hierbei kommt es auf die Anforderungen des Verfahrens an und eine professionelle und optimierte Aufgabenverteilung[35]. Gleichwohl verbleiben ihm die Aufsichts- und Kontrollpflicht und die höchstpersönliche haftungsrechtliche Alleinverantwortung.

Als **höchstpersönliche Aufgaben** werden u.a. die Abgabe von rechtsgestaltenden Erklärungen angesehen oder die Abgabe der Schlussrechnung, wobei es bei dem Abschluss von Verträgen auf die Frage der ordnungsgemäßen Vertretung und Erfüllung ankommen soll[36]. Im letzten Fall wir auch hier ganz überwiegen im Hinblick auf die Wirksamkeit entsprechender Verträge von einer höchstpersönlichen Verpflichtung auszugehen sein, zumindest in Bezug auf die Unterschrift. Tätigkeiten, die nach bürgerlichem Recht übertragbar sind, weil eine allgemeine Stellvertretung möglich ist, sollen auch vorliegend delegierbar sein[37]. Anhaltspunkte für eine zulässige Delegation ergeben sich aus § 19 ZwVwV und § 17 Abs. 3 ZwVwV.

---

34 H/W/F/H, § 2 ZwVwV Rdn. 5.
35 So zutreffend H/W/F/H, § 1 ZwVwV Rdn. 11; *Hintzen/Alff*, Rpfleger 2004, 129, 130.
36 H/W/F/H, § 1 ZwVwV Rdn. 12 f.; *Böttcher/Keller*, § 150 Rdn. 6a ff.; vgl. auch *Löhnig/Bauch*, § 1 ZwVwV Rdn. 20 ff.; *Drasdo*, NZI 2015, 393.
37 So zur InsO *Eickmann*, KTS 1986, 197 und *Graeber*, NZI 2003, 569.

Die Buchhaltung, Aktenführung und Objektbetreuung kann delegiert werden. Str. ist weiterhin die Inbesitznahme, da insbesondere die Möglichkeit, dass hierdurch gemäß § 151 Abs. 1 die Beschlagnahme herbeigeführt wird, für die Höchstpersönlichkeit spricht. Gleichwohl wird dies überwiegend nicht gefordert, sondern lediglich die Unterzeichnung des Inbesitznahmeberichtes und eine Dokumentation, welcher qualifizierte Mitarbeiter diese durchgeführt hat[38].

Des Weiteren kann zwischen **Regel- und Sonderaufgaben,** die über das Normalverfahren hinausgehen zu unterscheiden sein[39], woraus sich auch vergütungsrechtliche Fragen ergeben (→ § 152a Rdn. 105 ff.).

f) Vertreterstellung

17 Zur rechtlichen Stellung des Verwalters wird auf → § 152 Rdn. 3 f. verwiesen.

g) Versicherung, § 1 Abs. 4 ZwVwV

18 Zur Haftung des Zwangsverwalters im Allgemeinen wird auf § 154 verwiesen. Die Mindestdeckung der Versicherung muss sich auf 500.000,- € belaufen.

aa) Vermögensschadenshaftpflichtversicherung

19 Vor Einführung der ZwVwV oblag die Abdeckung des Haftpflichtrisikos der Entscheidung des Zwangsverwalters, wobei diese Risiko regelmäßig über die allgemein notwendige (§ 51 BRAO) Vermögensschadenshaftpflichtversicherung abgedeckt war, jedoch mit erheblichen Deckungslücken, nicht zuletzt wegen der Mindestversicherung von 250.000,- € und den Gegenstand des abgedeckten Risikos (Vermögensschaden).

20 Die Zwangsverwaltung ist in der herkömmlichen Vermögensschadenhaftpflichtversicherung des Rechtsanwalts **lediglich mitversichert,** was dazu führt, dass bei einer ausschließlichen oder ganz überwiegenden Tätigkeit kein Versicherungsschutz bestehen kann. Des Weiteren sind i.d.R. nur Vermögensschäden versichert und Substanzschäden durch schuldhaftes Verhalten des Verwalters ausgeschlossen.

21 Von Bedeutung sind u.a. folgende Risiken:

- Kaufmännische Tätigkeiten,
- Ansprüche aus §§ 34, 69 AO,
- Fehlerhafter (auch fehlender) Abschluss, Erfüllung oder Fortführung von Versicherungen,
- Fehl- oder Doppelüberweisungen,
- Fahrlässige Aufsichts- oder Überwachungspflichtverletzung bei vorsätzlichen Handlungen des Personals,
- Pflichtverletzungen von Mitarbeitern oder Sozien, deren Mitwirkung sich der Verwalter bei der Ausübung der versicherten Tätigkeit bedient.

bb) Erweiterter Risikoumfang

22 Bei bloß gelegentlicher Zwangsverwaltung ist deshalb die bestehende Versicherung – soweit möglich – im Rahmen des Versicherungsschutzes zu erweitern. Bei

---

38 So *Böttcher/Keller,* § 150 Rdn. 6c; LG Potsdam, ZfIR 2009, 105, m. Anm. *Hawelka*; LG Leipzig, Beschl. v. 18.6.2008, 3 T 380/08 n.V., Aufhebung von AG Leipzig, ZfIR 2008, 810; ausführlich *Sessig/Fischer,* IGZInfo 2012, 11, 15.
39 Hierzu *H/W/F/H,* § 1 ZwVwV Rd. 13.

überwiegender Tätigkeit ist i.d.R. eine gesonderte Versicherung abzuschließen. Eine Sammelversicherung für sämtliche Verfahren ist ausreichend[40].

Gleichzeitig ist zu prüfen, ob nach dem Umfang der Tätigkeiten eine Aufstockung auf zumindest 1 Mio. € sinnvoll ist sowie die Maximierung von Schadensfällen in einem Jahr ausreichend abgedeckt ist. 23

Für Objekte, deren Wert über der Versicherungssumme liegt, ist im Einzelfall eine Versicherung abzuschließen. Zu beachten ist die Möglichkeit des Vollstreckungsgerichts bei besonderen Risiken eine Zusatzversicherung anzuordnen (§ 1 Abs. 4 S. 2 ZwVwV, vgl. → Rdn. 25). 24

cc) Kosten und Nachweis

Nach § 21 Abs. 3 ZwVwV sind die allgemeinen Mehrkosten der Versicherung nicht als gesonderte Auslagen festsetzbar, sondern von dem Verwalter selbst zu tragen. Etwas anderes gilt nur, wenn im Hinblick auf den besonderen Wert des Objektes eine spezielle Versicherung des Einzelfalles abgeschlossen wird. Hier kann eine Festsetzung als gesonderte Auslagen erfolgen oder eine Erfassung als laufende Kosten der Verwaltung. Diese gesonderte Erstattung kann nicht davon abhängig gemacht werden, ob eine Anordnung des Gerichtes erfolgt ist oder nicht, da der Zwangsverwalter das objektbezogene Risiko zunächst in eigener Verantwortung beurteilen muss. Gleichwohl hat das Gericht im Rahmen der Aufsicht bei besonderen Risiken den Abschluss einer solchen Versicherung anzuordnen (§ 1 Abs. 4 S. 2 ZwVwV). 25

Diese Versicherungen werden auf der Grundlage der besonderen und erweiterten Haftpflichtversicherung für Zwangsverwalter häufig als Einmalprämie für das laufenden Verfahren angeboten. Je nach Wert des Objektes kann es schwierig sein, eine entsprechend hohe Deckung zu erlangen. Hier muss in Abstimmung mit dem Gericht (§ 153, Aufsicht) unter Berücksichtigung der speziellen Haftungsrisiken eine angemessene Versicherungssumme gefunden werden. 26

Der **Nachweis** der notwendigen Versicherungen kann durch Beteiligte oder das Gericht jederzeit verlangt werden (§ 1 Abs. 4 S. 3 ZwVwV), was insbesondere bei neuen Verwaltern seitens des Gerichtes zwingend, darüber hinaus aber bei jedem Verfahren möglich ist und durchaus in Abständen überprüft werden sollte[41]. 27

h) Rechtsbehelfe

Die Beteiligten, insbesondere auch Gläubiger[42] und Schuldner[43], können lediglich gegen die Auswahl des Verwalters vorgehen, jedoch nicht gegen die Bestellung als solche. Hierbei kann es sich auch um einen Berechtigten nach § 9 Nr. 2 handeln. Die Rechte können mit dem Rechtsbehelf geltend gemacht werden.[43a] 28.1

Ist keine Anhörung erfolgt, kann die Vollstreckungserinnerung nach § 766 ZPO erhoben werden, nach Anhörung die sofortige Beschwerde. Die Überprü-

---

40 *Hintzen/Wolf*, Rdn. 13.174.
41 H/W/F/H: einmal jährlich, § 1 ZwVwV Rdn. 31.
42 OLG Hamm, Rpfleger 1988, 36.
43 LG Rostock, Rpfleger 2005, 154.
43a BGH, V ZB 29/12, Rpfleger 2014, 34 = ZfIR 2013, 873 m. *Anm. Engels*.

fung der Auswahl erfolgt nur im Hinblick auf die **pflichtgemäße Ermessensausübung**[44].

i) Neubestellung wegen Tod des Verwalters

28.2 Eine Reihe ungelöster Fragen treten in dem glücklicherweise seltenen Fall auf, dass der Verwalter während des Verfahrens verstirbt. Hier können verschiede Zeitpunkte Probleme bereiten, insbesondere, wenn das Verfahren bereits aufgehoben ist.

Als Organ kraft Amtes (s. → § 152 Rdn. 3 ff.), bleibt das Organ als solches bestehen, auch wenn die Person, die das Amt ausfüllt, weggefallen ist. Verträge und Anderkonten gehen auf den neu zu bestellenden Verwalter über, Titel müssen umgeschrieben werden. Es findet keine Unterbrechung, insbesondere gerichtlicher Verfahren, statt.

Der neue Verwalter ist ggf. nur für Abwicklungstätigkeiten zu bestellen, sei es für vorbehaltene Tätigkeiten nach § 12 Abs. 2 ZwVwV, die Abrechnung oder Kontenabwicklung.

28.3 Ungeklärt ist die Festsetzung der Vergütung, da grundsätzlich nicht von der einheitlichen Festsetzung eines Abrechnungszeitraumes abgewichen werden kann (→ § 152a Rdn. 123 ff.). Hierbei stellt sich insbesondere die Frage, wem die bisher entstandene Vergütung des vormaligen Verwalters zusteht, dessen Erben oder falls vorhanden der Sozietät. Das Gericht kann keine Splitting der Vergütung vornehmen. Bei Abrechnungstätigkeiten nach Aufhebung, kann der neue Verwalter diesen Zeitraum nach § 19 ZwVwV abrechnen. Schwierig ist es, wenn die gesamte Tätigkeit bereits mit einer Mindestvergütung nach § 20 ZwVwV abgerechnet wurde. Diese dürfte, wie bei einem Verwalterwechsel, neu entstehen (→ § 152a Rdn. 96).

Die gesetzlichen Regelungen stoßen in diesem Fall an ihre Grenzen, sodass hier teilweise nur pragmatische und flexible Lösung in Abstimmung mit allen Beteiligten gefunden werden können.

III. Übergabe oder Besitzverschaffung

1. Notwendigkeit

29 Die Zwangsverwaltung hebt den bisherigen Besitz des Schuldners am Grundstück nicht auf. Der Verwalter muss den Besitz erlangen, damit er das Grundstück verwalten und nutzen kann[45]. Das Vollstreckungsgericht muss daher dafür Sorge tragen, dass der Verwalter die tatsächliche Gewalt über das Grundstück erhält. Hierzu bestehen die nachfolgenden zwei Möglichkeiten[46].

2. Arten der Besitzeinräumung

a) Besitzübergabe

30 Das Gericht kann dem Verwalter den Besitz durch einen Gerichtsvollzieher oder einen sonstigen Beamten übergeben. Dazu kommen Rechtspfleger, Ur-

---

44 LG Rostock, Rpfleger 2001, 40.
45 Hierzu ausführlich *Sessig/Fischer*, IGZInfo 2012, 11 ff.; zu **vertauschten Wohneinheiten** *Schmidberger*, IGZInfo 2012, 17.
46 Hierzu *Beier*, DGVZ 2008, 149.

kunds- oder Gemeindebeamte in Betracht. Diese Art der Besitzeinräumung dürfte zwischenzeitlich als Ausnahme anzusehen sei.

b) Besitzverschaffung, Besitzergreifung

Üblicherweise ermächtigt das Gericht den Verwalter, sich den Besitz zu verschaffen. Da in dem Anordnungsbeschluss der Titel zu sehen ist, wird diese Ermächtigung in der Praxis in diesem aufgenommen. Sinnvollerweise sollte sich in dem Zwangsverwalterausweis (→ Rdn. 12 ff.), der lediglich der Legitimation dient, ein entsprechender Hinweis finden, um den Datenschutzaspekten Rechnung zu tragen. Im Hinblick auf die **Besitzverhältnisse** wird auf die nachfolgenden Ausführungen Bezug genommen.   31

Erfolgt die Besitzeinweisung durch den Gerichtsvollzieher, bedarf es für diese Zwangsvollstreckung keiner richterlichen Anordnung (Durchsuchungsbeschluss), auch wenn es sich um die Wohnung des Schuldners handelt[47]. Der BGH führt hierzu aus, dass der Zwangsverwalter den unmittelbaren – bei vermieteten oder verpachteten Objekten den mittelbaren – Besitz des Grundstücks erlangen muss, da er ansonsten die Pflichten aus § 152 nicht erfüllen kann. Hierzu hat ihm das Vollstreckungsgericht nach § 150 Abs. 2 durch einen Gerichtsvollzieher oder durch einen sonstigen Beamten das Grundstück zu übergeben oder ihm die Ermächtigung zu erteilen, sich selbst den Besitz zu verschaffen. Kommt der Schuldner dem nicht freiwillig nach, geschieht dies nach § 855 ZPO in der Weise, dass der Gerichtsvollzieher auf Antrag des Zwangsverwalters den Schuldner aus dem Besitz setzt und den Zwangsverwalter in den Besitz einweist. Der dafür notwendige Vollstreckungstitel ist der Beschluss über die Anordnung der Zwangsverwaltung zusammen mit der Ermächtigung des Zwangsverwalters zur Besitzverschaffung (→ Rdn. 33). Nach Ansicht des BGH ist für diese Maßnahme – vorbehaltlich des § 758a Abs. 4 ZPO – keine besondere richterliche Anordnung notwendig, auch wenn sie mit dem zwangsweisen Öffnen und Betreten der Räume verbunden ist. Dies gilt selbst dann, wenn es sich um die Räume des Schuldners handelt.

Räumt der Zwangsverwalter aus § 150 Abs. 2 handelt es sich nicht um eine widerrechtliche Maßnahme i.S.v. § 858 BGB, wenn hiervon auch Inventar betroffen ist, an dem Drittrechte bestehen. Der Dritte ist hier aber durch die Vollstreckungserinnerung (§ 766 ZPO) oder die sofortige Beschwerde (§ 793 ZPO) geschützt, wenn er sich gegen eine fehlerhafte Vollstreckungsmaßnahme richten will[48].

3. Schuldner

a) Alleineigentümer

Der Besitz ist dem Verwalter unmittelbar nach seiner Ernennung zu verschaffen. **Widersetzt sich der Schuldner** gegenüber dem Verwalter der Inbesitznahme oder der Übergabe, zieht der Verwalter den Gerichtsvollzieher hinzu (§ 892 ZPO), um den Widerstand gewaltsam zu brechen (§ 758 Abs. 2, 3 ZPO).   32

Der **Titel** ist der Anordnungsbeschluss i.V.m. der Ermächtigung. Er bedarf **keiner Klausel**. Der Gerichtsvollzieher setzt den Schuldner aus dem Besitz und weist den Verwalter ein (§ 885 Abs. 1 ZPO)[49]. Dies geschieht u.a. durch Übergabe der   33

---

47   BGH, Rpfleger 2011, 452 = ZInsO 2010, 620 = NJW 2010, 1804.
48   AG Bremen, IGZInfo 2011, 110.
49   Vgl. *Hintzen/Wolf,* Rdn. 13.128.

Schlüssel oder Austausch der Schlösser. Der Beschlagnahme unterliegende bewegliche Sachen nimmt der Gerichtsvollzieher dem Schuldner weg und übergibt sie dem Verwalter.

34 Hat bei einem Mietvertrag nur ein **Ehegatte** (auch eingetragene Lebenspartnerschaft) den Vertrag geschlossen war streitig, ob gegen den anderen Ehegatten ein gesonderter Titel erforderlich ist (oder nur abgeleitetes Besitzrecht)[50]. Man wird aufgrund der dortigen Rechtsprechung nicht mehr davon ausgehen können, dass die aus dem Mietrecht abgeleiteten Auffassungen, dies sei im Rahmen der formalisierten Zwangsverwaltung zunächst nicht zu prüfen und der Gerichtsvollzieher habe die Räumung durchzuführen, aufrecht erhalten werden kann. Vielmehr ist auch hier ein Titel gegen den Ehegatten oder Lebenspartner des Schuldners erforderlich[51]. Hierbei kommt es nur auf den tatsächlichen Besitz an. Das Gleiche gilt für den nach Trennung oder Scheidung in der Wohnung allein verbleibenden Partner des Schuldners (s. auch → § 149, Rdn. 6 zum Wegfall des Wohnrechtes nach Trennung oder Auszug des Schuldnerehegatten).

35 **Minderjährige Kinder,** die von dem Schuldner unterhalten werden, haben keinen eigenen Gewahrsam (Besitzwillen), sodass kein eigener Titel erforderlich ist[52]. Bei volljährigen Kindern, soweit sie nicht unterhalten werden, Lebensgefährten oder Dritten liegt ein eigener Mitgewahrsam vor und kein abgeleitetes Besitzrecht[53]. Insoweit ist aber gemäß → Rdn. 34 zu verfahren. Hier ist ein Titel im Rahmen eines Erkenntnisverfahrens notwendig (vgl. auch → § 149 Rdn. 25 ff. und → § 93 Rdn. 9 ff.).

36 Ein **Durchsuchungsbeschluss** ist nicht erforderlich, auch wenn die Anordnung von dem Rechtspfleger erlassen wurde[54]. Etwas anderes gilt nur dann, wenn an der Wohnung des Schuldners an Sonn- und Feiertagen oder zur Nachtzeit Besitz ergriffen werden soll. Insoweit ist § 758a Abs. 4 ZPO zu berücksichtigen (richterliche Anordnung)[55]. Streitig war der Fall, ob die richterliche Durchsuchungsanordnung auch erforderlich ist, wenn es sich um gewerbliche oder betriebliche Räume handelt oder um vermietete Räume[56]. In Bezug auf gewerblich oder betrieblich genutzte Räume dürfte die Notwendigkeit einer richterlichen Anordnung aufgrund der Beschränkung auf Wohnraum zu verneinen sein. Hier ist nur das Ausschlussmerkmal der unbilligen Härte zu berücksichtigen oder die Verhältnismäßigkeit (§ 758a Abs. 4 S. 1 ZPO). Im Hinblick auf die Auswirkungen auf den Gewerbebetrieb wird auf → § 152 Rdn. 33 ff. verwiesen[57].

---

50 Vgl. *H/W/F/H*, § 150a Rdn. 22 mit umfangreichen Nachweisen zu Lit. u. Rspr., insbesondere BGH, Rpfleger 2004, 640 = FamRZ 2004, 1555.
51 *H/W/F/H*, § 150a Rdn. 23; zu nichtehelicher Lebensgemeinschaft entsprechend BGH, NJW 2008, 1959.
52 Zweifelnd *H/W/F/H*, § 150a Rdn. 25 m.w.N; differenzierend *Schuschke*, NZM 2005, 10 und 681: Bereits bei Kindern ab 14 Jahren wegen § 1626 Abs. 2 BGB zweifelhaft; ebenso AG Lichtenberg, DGVZ 2005, 188. Nach hier vertretener Ansicht dürfte auf das Unterhaltsverhältnis abzustellen sein (vgl. hierzu → § 149 Rdn. 5).
53 *H/W/F/H*, § 150a Rdn. 23 f.
54 BGH, Rpfleger 2011, 452 = ZInsO 2010, 620 = NJW 2010, 1804.; *H/W/F/H/*, § 150a Rdn. 20 m.w.N.; *Depré/Mayer*, Rdn. 560; *Böttcher/Keller*, § 150 Rdn. 12.
55 Vgl. auch *Böttcher*, § 150 Rdn. 12.
56 Vgl. Zöller/*Stöber*, § 758a Rdn. 4, 35; Thomas/Putzo/*Hüßtege*, § 758a Rdn. 25: Anwendbar auf alle Vollstreckungshandlungen des Gerichtsvollziehers, sowohl gegen natürliche als auch juristische Personen, an jedem Ort, nicht nur für Wohnungen.
57 Ausführlich im Hinblick auf die Inbesitznahme eines Gewerbebetriebs *Depré/Mayer*, Rdn. 565.

Bei Wohnungen sollte bisher auch bei einer Mitnutzung durch Mieter aufgrund 37
des besonderen räumlich gegenständlichen Schutzes der Familie in diesen Ausnahmefällen eine richterliche Anordnung notwendig sein, da diese einen eigen Besitzwillen haben. Letztlich dürfte hier aber auf die Bereitschaft abzustellen sein, ob diese herausgabebereit sind, da ansonsten wie bei Mitnutzern ein gesonderter Herausgabetitel erforderlich ist, der sich anders als bei bloßen Mitbenutzern aus dem Mietrecht ableitet[58] (vgl. auch → § 149 Rdn. 5 ff.).

b) Ideelle Bruchteile

Eine Besitzverschaffung ist nur dann möglich, wenn der Schuldner Allein- oder 38
Mitbesitzer ist. Insoweit ist der Verwalter in den Besitz oder Mitbesitz einzuweisen. Der Verwalter kann nur die Rechte des Schuldners an der Gemeinschaft ausüben. Die Besitzübergabe entfällt auch, wenn der Schuldner von der Mitverwaltung und Mitbenutzung völlig ausgeschlossen ist (→ § 146 Rdn. 5 f.) und gegenüber den Miteigentümern nur einen seinem Anteil entsprechenden Reinertrag geltend machen kann.

4. Drittbesitz

a) Allgemeines

Der Anordnungsbeschluss umfasst – eingeschränkt – auch Personen, die zum 39
Hausstand des Schuldners gehören (s.o. → Rdn. 34 f.), die insoweit auch aus § 149 geschützt sein können (→ § 149 Rdn. 5 ff.). Besteht zu diesen Personen eine vertragliche Vereinbarung, z.B. ein Mietvertrag, ist grundsätzlich ein eigener Titel auf der Grundlage dieser vertraglichen Vereinbarung notwendig (h.M.[59]). Da es sich um eine Person des Hausstandes handelt, sind an die Wirksamkeit dieser Verträge hohe Anforderungen zu stellen, um einen Missbrauch auszuschließen, ggf. sind diese Personen auf eine Drittwiderspruchsklage zu verweisen[60], sofern aus dem Anordnungsbeschluss eine Vollstreckung überhaupt möglich ist (→ Rdn. 34 f.).

Der Verwalter kann aus dem Beschluss auch den **Insolvenzverwalter** aus dem 40
Besitz setzen, wobei hier im Streitfall zunächst die Vermittlung des Insolvenzgerichts (§ 58 InsO) angestrebt werden sollte. Zu Besonderheiten wird auf → § 149, Rdn. 38 verwiesen.

b) Eigenbesitzer oder Nießbraucher

Besitzt ein Dritter das Grundstück (nicht Mieter oder Pächter) als Eigenbesit- 41
zer oder Nießbraucher und ist dieser nicht zur Herausgabe bereit, müssen zunächst die unter → § 146 Rdn. 7 und → § 147 Rdn. 4 f. dargestellten besonderen Voraussetzungen im Hinblick auf den Titel geschaffen werden. Eine Besitzerlangung durch den Verwalter scheidet zunächst aus. Die Durchführung der Zwangsverwaltung ist nicht möglich.

---

58 Vgl. *Böttcher/Keller*, § 150 Rdn. 14; BGH, Rpfleger 2005, 154; LG Göttingen, Rpfleger 2006, 32.
59 U.a. BGH, NZM 1998, 665; OLG Celle, NJW-RR 1988, 913; OLG Hamm, Rpfleger 1989, 165; Thomas/Putzo/*Hüßtege*, § 885 Rdn. 2 ff.
60 OLG Frankfurt, Rpfleger 1989, 209; LG Berlin DGVZ 1993, 173.

c) Mieter oder Pächter

42 Ist das Grundstück vermietet oder verpachtet, tritt der Zwangsverwalter zunächst in die Position des Schuldners und erlangt i.d.R. einen für die Inbesitznahme ausreichenden **mittelbaren Besitz**[61]. Diese Inbesitznahme erfolgt regelmäßig durch (nachweisbare) Unterrichtung der Mieter[62] und ist nunmehr in § 4 ZwVwV geregelt (s.u. → Rdn. 67 ff.). Im Rahmen der mietrechtlichen Vorschriften ist der Zwangsverwalter an die Verträge gebunden (→ § 152 Rdn. 116 ff.) soweit hier nicht Fragen der Wirksamkeit zu prüfen sind (s.o. → Rdn. 39).

IV. Objektunterlagen und eidesstattliche Versicherung

43 Von besonderer Bedeutung ist für den Verwalter, dass er auch in den Besitz von **Urkunden** gelangt, die das Objekt betreffen, insbesondere Miet- und Pachtverträge, Baupläne, Versicherungspolicen, Grundbesitzabgabenbescheide und Versorgungsverträge[63]. Diese Beweisurkunden werden als Nebensachen des Grundstücks angesehen, die Beweiszwecken dienen (unabhängig von der Frage der Zubehöreigenschaft[64]) und dem Verwalter die Erfüllung seiner Aufgaben aus § 152 ermöglichen. Die gleichen Voraussetzungen gelten für die **Schlüssel** des Objektes[65].

44 Erfolgt die Übergabe in Form der ersten Variante des § 150 Abs. 2, kann die Wegnahme nur durch den Gerichtsvollzieher erfolgen (§ 892 ZPO, s. → Rdn. 33). Wird der Verwalter ermächtigt, sich den Besitz zu verschaffen, umfasst dies auch den Besitz dieser Urkunden[66]. Weigert sich der Schuldner, kann der Verwalter die Herausgabe gemäß § 836 Abs. 3 S. 3 vollstrecken. Eine Klausel ist nicht erforderlich. Fraglich ist die Durchsetzung aus dem Anordnungsbeschluss, wenn der Schuldner nicht in dem Objekt wohnt, bzw. sich die Urkunden nicht dort befinden[67]. Da der BGH auch die Vollstreckung zur Herausgabe der **Kaution** aus § 883 ZPO zulässt[68], dürfte auch die Vollstreckung außerhalb des Objektes zulässig sein, da durch die anderweitige Aufbewahrung der Zusammenhang mit dem Grundstück nicht aufgehoben wird[69]. Hierbei geht es jedoch nur um real vorhandene Kautionen (bar, Bürgschaft, Sparbuch). Eine Vollstreckung auf Zahlung ist nicht möglich. Hier muss erst im Klageverfahren ein Titel verschafft werden.

45 Behauptet der Schuldner, nicht im Besitz von (einzelnen) Urkunden zu sein, kann der Verwalter den Schuldner insoweit nur zur Abgabe einer **eidesstattlichen Versicherung** zwingen (§ 883 Abs. 2 ZPO)[70].

---

61 *Eickmann*, § 40. II.: entsprechende Anwendung von § 835 ZPO, da mittelbarer Besitz nicht durch Realakt zu erlangen (Mindermeinung).
62 Ausführlich *Depré/Mayer*, Rdn. 566 ff.
63 Vgl. AG Stolzenau, WuM 1998, 212; AG Saarbrücken, IGZInfo 2011, 166; vgl. hierzu ausführlich *Beier/Haut*, IGZInfo 2007, 5 ff.
64 Hierzu *Depré/Mayer*, Rdn. 166 f.
65 *Depré/Mayer*, Rdn. 166 f.
66 BGH, Rpfleger 2005, 463 = NJW-RR 2005, 1032 = IGZInfo 2005, 48.
67 Insoweit ablehnend AG Siegburg, DGVZ 1998, 174.
68 BGH, Rpfleger 2005, 463 = NJW-RR 2005, 1032 = IGZInfo 2005, 48.
69 Ebenso *Wedekind/Wedekind*, Rdn. 937, Anspruchsgrundlage § 402 BGB i.V.m. §§ 148 Abs. 1, 21 Abs. 1,2 ZVG; a.A. AG Siegburg, DGVZ 1998, 174 und *H/W/F/H*, § 3 ZwVwV Rdn. 18 für den Fall, dass Schuldner nicht auf dem Grundstück wohnt.
70 *Stöber*, ZVG § 150 Rdn. 7.2; *H/W/F/H*, § 3 ZwVwV Rdn. 18; *Beier/Haut*, IGZInfo 2007, 5, 7.

Unabhängig hiervon kann der Zwangsverwalter den Schuldner durch den Gerichtsvollzieher zur **Auskunft** auffordern.[71] Der Anordnungsbeschluss ist hierzu ein ausreichender Titel.[72] Unabhängig hiervon hat der Verwalter gegen den Hauptmieter einen Auskunftsanspruch, mit wem er Untermietverträge abgeschlossen hat, selbst dann, wenn der Hauptmietvertrag beendet ist.[73]

Ist über das Vermögen des Schuldners ein **Insolvenzverfahren** eröffnet worden, ist der Insolvenzverwalter zur umfassenden Auskunft und Herausgabe verpflichtet[74]. 46

Gegen eine Entscheidung des Vollstreckungsgerichts über eine Erinnerung des Schuldners gegen die Art und Weise der Herausgabevollstreckung findet die sofortige Beschwerde nach § 793 ZPO statt[75].

V. Beschlagnahmebericht, § 3 ZwVwV

1. Allgemein und Form

Die Regelung sieht nicht mehr vor, dass der Verwalter Schuldner und Gläubiger bei der Inbesitznahme zuziehen soll. Die Begründung des Verordnungsgebers führt hierzu aus: „*... Der Wegfall der bisher vorgesehenen tunlichsten Zuziehung von Schuldner und Gläubiger dient der Beschleunigung des Verfahrens, entspricht im Übrigen aber auch den Erfahrungen der Praxis, wonach von den Beteiligungsmöglichkeiten nach § 3 Absatz 1 Satz 1 der bisherigen Verordnung faktisch kein Gebrauch gemacht wurde.*" (BR-Drucks. 842/03, S. 11) 47

Stöber hält die **Zuziehung** gleichwohl weiterhin für eine Selbstverständlichkeit, wenn der Schuldner aus dem Besitz gesetzt werden soll oder der Anordnungsbeschluss an diesen noch nicht zugestellt wurde[76]. Diese Auffassung steht den Erfahrungen der Praxis entgegen und den begründeten Absichten des Verordnungsgebers. Nutzt der Schuldner das Objekt selbst, ist er im Normalfall ohnehin anzutreffen. Ist das Objekt vermietet, kommt es auf die Information der Mieter an[77]. Darüber hinaus wird durch die unangekündigte Inbesitznahme auch rechtsmissbräuchlichen Handlungen zwischen Schuldner und Mieter vorgebeugt. Alle weiteren Umstände ergeben sich aus dem schriftlichen Bericht, der dem Gericht zuzuleiten ist (§ 3 Abs. 2 ZwVwV). 48

Der **Bericht** muss alle wesentlichen Verhältnisse darstellen, die das Objekt und das Verfahren betreffen[78]. Können diese Feststellungen nicht sofort umfänglich getroffen werden, sind sie nachzuholen (§ 3 Abs. 2 S. 2 ZwVwV). Die Feststellungen sind für den Verwalter auch aus **Dokumentationsgründen** im Hinblick auf den Zustand des Objektes erforderlich, da er bei Streit hierüber die Beweislast trägt[79]. Im Einzelfall empfiehlt sich deshalb zusätzlich eine fotografische Doku- 49

---

71 AG Künzelsau, ZfIR 2012, 38.
72 Vgl. auch LG Heilbronn, Rpfleger 2007, 620; a.A. LG Berlin, NDR 1993, 274; offen lassend *Depré/Mayer*, Rdn. 616.
73 OLG Köln, ZfIR 2012, 36.
74 *H/W/F/H*, § 3 ZwVwV Rdn. 18; OLG Brandenburg, ZInsO 2000, 600.
75 BGH, Rpfleger 2007, 42 = ZInsO 2007, 496 = IGZInfo 2006, 145.
76 *Stöber*, ZVG § 150 Rdn. 5.3.
77 Vgl. die praktischen Hinweise bei *Depré/Mayer*, Rdn. 566 ff.
78 *Depré/Mayer*, Rdn. 542 ff.; dieselben Muster Nr. 3, Rdn. 1017; *Brüggemann/Haut*, Muster 79, Rdn. 401.
79 BGH, Rpfleger 2005, 616; OLG Celle, MDR 1964, 157.

mentation. Die Darstellung muss den Weg der Inbesitznahme enthalten und die Art des Besitzes.

2. Zeitpunkt

50 Der Zeitpunkt der Beschlagnahme ist zunächst für eine der drei Alternativen, mit denen die Beschlagnahmewirkung eintritt (s. → § 148 Rdn. 4) von Bedeutung, insbesondere, wenn der Anordnungsbeschluss dem Schuldner noch nicht zugestellt worden ist. Insoweit ist es sinnvoll neben dem Datum auch die Uhrzeit anzugeben und den Zeitpunkt der Information der Mieter (§ 4 ZwVwV, s.u. → Rdn. 67 ff.), um Verfügungen des Mieters oder Schuldners bewerten zu können. Der Zeitpunkt ist darüber hinaus für die Abgrenzung von Ansprüchen aus §§ 566c, 1123, 1124 BGB maßgeblich.

3. Objektbeschreibung

a) Zustand

51 Auf die Notwendigkeit einer Dokumentation, ggf. fotografisch oder als Video, wurde bereits hingewiesen. Bei größeren Objekten mit bestehenden Substanzschäden kann auch die Einschaltung eines Fachmannes zur Erstellung einer Bestandsaufnahme notwendig werden. Sie bildet darüber hinaus die Grundlage für zukünftige Änderungen in der Nutzung und am Objekt im Rahmen von Instandhaltungsmaßnahmen.

Je nach Einzelfall kommen folgende Dokumente in Betracht:

- Lageplan/Flurkarte,
- Bauzeichnungen, soweit im Besitz des Schuldners,
- Fotos der Außen- und je nach Zustand der Innenansicht,
- Konkretisierung der Lage,
- Schäden, Altlasten.

Wedekind/Wedekind weisen zu Recht darauf hin, dass im Rahmen der Dokumentation datenschutzrechtliche Vorgaben und Persönlichkeitsrechte der Beteiligten, insbesondere des Schuldners und seiner Familie zu berücksichtigen sind[80]. Aufnahmen des Innenbereiches kommen deshalb nur mit Genehmigung des Schuldners in Betracht. Der Außenbereich ist je nach Öffentlichkeit der Sphäre differenziert zu behandeln. Dies gilt gleichermaßen für Besichtigungstermine mit Bietinteressenten oder Sachverständigem. Im Einzelfall kann die Verwendung von Aufnahmen auch zweckbezogen sein, z.B. bei der Behebung oder Regulierung von Schäden.

b) Nutzung

52 - Neben der Objektbeschreibung sind Angaben zu der Nutzungsart zu machen:
- Nutzung des Schuldners und der zum Hausstand gehörenden Personen,
- Umfang der Wohnraumnutzung,
- Umfang der Geschäftsraumnutzung und Art, auch im Hinblick auf eine etwaige Betriebsfortführung,

---

80 Rdn. 927 ff.

- Zahl der Nutzer,
- Leerstände,
- Nutzungsentgelte, Miete, Pacht mit gesondertem Ausweis der Nebenkosten,
- Kaution,
- Größe der einzelnen genutzten Einheiten,
- Höhe eines Wohngeldes, ggf. Rückstände.

c) **Drittrechte**

Sofern aus den Urkunden Drittrechte bekannt sind oder im Rahmen der Beschlagnahme bekannt werden, sind diese ebenfalls mitzuteilen. 53

4. Umfang der Beschlagnahme

a) **Zubehör**

Bezüglich des Umfangs der Beschlagnahme wird zunächst auf die §§ 20 Abs. 2, 21, 148 Bezug genommen[81]. 54

Der Verwalter muss deshalb das **Zubehör ermitteln** und in seinen Bericht aufnehmen. Ist über das Vermögen des Schuldners ein Insolvenzverfahren eröffnet, hat der Insolvenzverwalter hierüber Auskunft zu erteilen. Es empfiehlt sich, den Insolvenzverwalter aufzufordern, eine Abschrift des von ihm erstellten Inventars zu übersenden, da sich aus einem Abgleich des Bestandes ergeben kann, welche Zubehörteile von diesem möglicherweise bereits veräußert worden sind, da der Erlös zur Zwangsverwaltungsmasse gehören kann.

b) **Miete und Pacht**

Die Darstellung der Miet- und Pachtzinsansprüche muss sich auf laufende und rückständige Forderungen beziehen (vgl. → § 148 Rdn. 13 f.). Die Beschlagnahmewirkung tritt auch für einen Gläubiger ein, der das Verfahren aus einer persönlichen Forderung betreibt[82]. 55

Sofern rechtsgeschäftliche Vorausverfügungen (§ 1124 BGB) zu verzeichnen sind, deren Wirksamkeit offen oder geklärt ist, sind diese ebenfalls aufzunehmen. Hierunter fallen insbesondere:

- Pfändungen[83],
- Abtretungen[84],
- Aufrechnungen,
- Einmalzahlungen vor Beschlagnahme[85] (vgl. auch → § 152 Rdn. 173 ff.).

Sofern der Mieter ein **Untermietverhältnis** abgeschlossen hat, müssen hierzu keine Angaben gemacht werden (gleichwohl sinnvoll), da die hieraus resultierenden Forderungen zunächst nicht der Beschlagnahme unterliegen. Mit Wegfall des 56

---

81 Vgl. auch *Depré/Mayer*, Rdn. 157 ff.; *H/W/F/H*, § 3 ZwVwV Rdn. 18.
82 OLG Celle, WM 1955, 851.
83 Vgl. LG Braunschweig, ZIP 1996, 193.
84 Vgl. *H/W/F/H*, § 3 ZwVwV Rdn. 19.
85 Vgl. LG Hamburg, Rpfleger 1995, 895.

Hauptmietverhältnisses verliert das Untermietverhältnis jedoch ebenfalls seine Grundlage (→ § 148 Rdn. 14).

57 Der Bericht sollte sinnvollerweise um Angaben zu etwaigen **Baukostenzuschüssen** und **Mietvorauszahlungen** ergänzt werden sowie um Angaben zu den Nebenkosten (u.a. Abrechnungsstand) und gezahlten Kautionen.

58 Erforderlich sind des Weiteren Angaben zu:

- Verfügbarkeit von Mietverträgen,
- Möglichkeiten der Mieterhöhung,
- Leerstand,
- Instandhaltungsmaßnahmen,
- Rechtsstreitigkeiten mit Mietern,
- Einsatz von speziellem Personal, z.b. Hausmeister, oder einer Wohnungsverwaltung.

c) Versicherungen

aa) Forderungen

59 Bezüglich Versicherungsforderungen gemäß § 21 Abs. 1 in Zusammenhang mit land- und forstwirtschaftlichen Erzeugnissen wird dort auf → Rdn. 2 verwiesen.

Durch die Beschlagnahme erfasst werden Forderungen aus der Gebäudeversicherung (§ 1128 BGB, s. auch → § 20 Rdn. 39 ff.) einschließlich der Feuerversicherung (§ 93 VVG, Wiederherstellungsklausel[86]).

60 Der Verwalter hat diese Forderungen aus § 152 (vgl. auch → § 148 Rdn. 26) zu realisieren. Sind im Rahmen der Versicherung Bestandteile enthalten, die nicht der Wiederherstellung des Gebäudes dienen und die der Verwalter im Rahmen der Nutzung nicht einzusetzen hat, stehen diese dem Schuldner zu. Die Versicherungsbedingungen enthalten regelmäßig Kürzungen, wenn innerhalb bestimmter Fristen ein Wiederaufbau nicht erfolgt. Hier muss der Verwalter je nach Dauer des Verfahrens die Versicherungsleistung für den Wiederaufbau sichern und gegebenenfalls in Abstimmung mit der betreibenden Gläubigerin verwenden.

bb) Verbindlichkeiten

61 Zu den Verbindlichkeiten gegenüber Gebäudeversicherern wird auf → § 152 Rdn. 73 ff.) verwiesen.

Hierbei sollte der Verwalter auch den Versicherungsbestand dokumentieren, sowie eine etwaige Nicht- oder Unterversicherung sowie die hieraus resultierenden Kosten.

5. Öffentliche Lasten

62 Der Verwalter hat gemäß § 156 die (laufenden) öffentlichen Lasten (Begriff → § 10 Rdn. 30 ff.) zu berichten. Zu den berücksichtigungsfähigen öffentlichen Lasten auch im Hinblick auf den zeitlichen Umfang wird auf die dortigen Ausführungen unter → § 156 Rdn. 3 ff. verwiesen. Die zu berichtigenden öffentlichen Lasten hat der Verwalter in seinem Bericht zu beziffern (vgl. auch. → § 156 Rdn. 5).

---

86 Instruktiv OLG Schleswig, ZInsO 2001, 239, insbesondere zum Verhältnis zur Zwangsversteigerung und den Ansprüchen des Erstehers.

6. Nutzung durch den Schuldner

Aufgrund der Regelung des § 149 Abs. 1 sind Angaben zu machen ob und wenn ja, welche Räume dem Schuldner und seinem Hausstand zur Nutzung überlassen worden sind und welche Regelungen bezüglich entbehrlicher Räume (→ § 149 Rdn. 13 ff.) getroffen wurden. 63

Da häufig missbräuchliche Vereinbarungen zwischen Schuldner und Angehörigen getroffen werden, sind auch hierzu Angaben zu machen. Der Verwalter ist im Falle des Missbrauchs nicht zur **Anfechtung** berechtigt, sondern nur der Gläubiger.[87]

7. Ausgaben der Verwaltung

Auf der Grundlage des § 155 Abs. 1 i.V.m. § 9 Abs. 1 ZwVwV hat der Verwalter Angaben zu den voraussichtlichen Ausgaben der Verwaltung zu machen. Wegen der Einzelheiten wird auf die dortigen Ausführungen Bezug genommen. Da die Mittel bei Fälligkeit verfügbar sein sollen (§ 9 ZwVwV) müssen sie ggf. geschätzt werden, auch soweit sich hieraus die Notwendigkeit von Vorschüssen ergibt. Die Angaben haben sich objektbezogen an den unter § 9 ZwVwV (→ § 155 Rdn. 9 ff.) aufgeführten Kostenpositionen zu orientieren. 64

8. Einnahmen der Verwaltung

Die Darstellung der Einnahmen resultiert im Wesentlichen aus den Grundlagen der Angaben zu Nr. 3 u. 4 (s.o. → Rdn. 55 ff.). Aus Vorsichtsgründen hat der Verwalter von den tatsächlich feststehenden Einnahmen zum Zeitpunkt der Beschlagnahme auszugehen oder konkret neu begründeten Verträgen. Aus einem Abgleich mit den Ausgaben kann bereits hier die Anforderung eines Vorschusses notwendig sein (vgl. § 161 Abs. 3 → Rdn. 76 ff.). 65

9. Sonstige wesentliche Verhältnisse

Diese Regelung ist als Auffangvorschrift zu sehen. Hier sind alle Angaben zu machen, die für die Beurteilung des Verfahrens, dessen Erfolg und den Zustand des Objektes relevant sind, ohne in den vorstehenden Ziffern ausdrücklich angesprochen worden zu sein. Sie betreffen z.B. sich abzeichnende Veränderungen der Nutzung oder des Zustandes des Objektes oder Besonderheiten im Umfeld des belegenen Objektes, ggf. auch planungsrechtlicher Art. 66

VI. Mitteilungspflicht des Verwalters, § 4 ZwVwV

1. Allgemein

Da die Zwangsverwaltung auch die Miet- und Pachtzinsforderungen erfasst, ergänzt § 4 ZwVwV die Inbesitznahme gegenüber den Mietern oder Pächtern im Hinblick auf deren Information und korrespondiert mit der Regelung des § 151 Abs. 3. Des Weiteren wird hierdurch die Beschlagnahme der Forderungen gemäß §§ 22, 151 Abs. 1 gegenüber den Drittschuldnern bewirkt und es entsteht das relative Verfügungsgebot gemäß §§ 135, 136 BGB. 67

---

87 *Ertle*, ZInsO 2003, 644, zur Anfechtung durch Gläubiger: BGH, IX ZR 224/12, Rpfleger 2013, 635.

2. Form

68 Aufgrund der durch die Information ausgelösten Rechtsfolgen ist deren Nachweis von besonderer Bedeutung. Ein Einschreiben(-Rückschein) ist nicht in jedem Fall ausreichend, wenn es nicht übergeben wird oder nicht abgeholt wird. Bei einer Annahmeverweigerung kann das Schriftstück in der Wohnung oder einem Geschäftsraum zurückgelassen werden (§ 179 S. 1 ZPO). Wird es wegen der Annahmeverweigerung zurückgeschickt, gilt es als zugestellt (§ 179 S. 2 ZPO). Ist eine Ersatzzustellung nach § 178 ZPO nicht möglich, kann das Schriftstück unter den Voraussetzungen des § 180 ZPO durch Einlegen in einen ordnungsgemäßen Briefkasten zugestellt werden.

69 Wird der Mieter persönlich angetroffen, ist die Übergabe der Information zu quittieren. Bei Problematischen Verhältnissen empfiehlt sich die Beiziehung eines Mitarbeiters, der den Zugang der Information ggf. bezeugen kann. Als letzte Möglichkeit kann der Verwalter noch die Zustellung durch einen Gerichtsvollzieher in Betracht ziehen.

70 Übergeben oder zugestellt werden sollte dem Mieter oder Pächter zumindest der Zwangsverwalterausweis und sinnvollerweise ein Rundschreiben mit allgemeinen Informationen, insbesondere aber dem Hinweis, dass die Miete mit der nächsten Fälligkeit (→ § 148 Rdn. 15 ff.) auf ein benanntes Anderkonto zu zahlen ist und nicht mehr befreiend an den Schuldner gezahlt werden kann.[88]

71 Da von der Zwangsverwaltung auch rückständige Mieten erfasst werden, die länger als 1 Jahr vor der Beschlagnahme fällig gewesen sind (§ 1123 Abs. 2 S. 1 BGB) kommt der Information, auch unter Haftungsgesichtspunkten eine besondere Bedeutung bei.

3. Dritte

72 Neben den Mietern oder Pächtern sind auch alle weiteren von der Verwaltung betroffene Dritte zu unterrichten. Hierbei handelt es sich um Gläubiger, insbesondere diejenigen, denen Rechte aus § 1124 BGB zustehen.

73 Die Vorschrift bezieht aber auch Versorgungsunternehmen, Versicherungen, Kommunen und ggf. das Finanzamt sowie Beschäftigte ein.

4. Zahlungsverbot

74 Hierzu wird auf die Ausführungen zu → § 151 Abs. 3 Rdn. 4 ff. verwiesen.

---

[88] *Brüggemann/Haut*, Anschreiben an Mieter, Muster 57 Rdn. 246 und Merkblatt für Mieter, Muster 58 Rdn. 247.

§ 150a »Vorgeschlagener Verwalter«

(1) Gehört bei der Zwangsverwaltung eines Grundstücks zu den Beteiligten eine öffentliche Körperschaft, ein unter staatlicher Aufsicht stehendes Institut, eine Hypothekenbank oder ein Siedlungsunternehmen im Sinne des Reichssiedlungsgesetzes, so kann dieser Beteiligte innerhalb einer ihm vom Vollstreckungsgericht zu bestimmenden Frist eine in seinen Diensten stehende Person als Verwalter vorschlagen.

(2) ¹Das Gericht hat den Vorgeschlagenen zum Verwalter zu bestellen, wenn der Beteiligte die dem Verwalter nach § 154 Satz 1 obliegende Haftung übernimmt und gegen den Vorgeschlagenen mit Rücksicht auf seine Person oder die Art der Verwaltung Bedenken nicht bestehen. ²Der vorgeschlagene Verwalter erhält für seine Tätigkeit keine Vergütung.

Übersicht

	Rdn.
I. Allgemein	1
II. Institutsverwalter	3
1. Vorschlagsrecht	3
a) Allgemein	3
b) Öffentliche Körperschaften	6
c) Unter staatlicher Aufsicht stehende Institute	7
2. Verfahren	9
III. Verwalterbestellung (Abs. 2)	16
1. Voraussetzung und Eignung	16
a) Allgemein	16
b) Haftung	17
c) Eignung	18
aa) Allgemein	18
bb) Dienstverhältnis	19
cc) Eignung	22
dd) Vergütung	23
2. Stellung des Institutsverwalters	24
3. Verwalterwechsel	25
4. Rechtsbehelfe	26

I. Allgemein

Die Regelung bezweckt die Verbilligung der Zwangsverwaltung und will die durch Abs. 1 privilegierten Beteiligten an einer wirtschaftlichen Ausgestaltung des Verfahrens interessieren[1]. Aufgrund der besonderen Anforderungen an den Verwalter (→ § 150 Rdn. 2 ff.) dürfte die Bestellung eines Institutsverwalters eher rückläufig und von der wirtschaftlichen Entwicklung überholt[2] sein. *Eickmann*[3] bezeichnet die Institutsverwaltung als „befremdliche Institution", die „elementaren Grundsätzen eines Zwangsvollstreckungsverfahrens zuwiderläuft".

Zu alternativen Verfahren wird auf → § 146 Rdn. 32 ff. verwiesen. Es darf kein Fall des § 150b vorliegen[4].

---

1   Zu den historischen Hintergründen *Wedekind/Wedekind*, Rdn. 680.
2   So *Depré/Mayer*, Rdn. 107 ff.: Sollte ersatzlos aufgehoben werden; ebenso *Mayer*, ZfIR 2005, 809; ebenso ausführlich *Wedekind/Wedekind*, Rdn. 676 ff. auch zu vermeintlichen Kostenvorteilen, Rdn. 700 ff.; ebenso *Depré/Depré*, § 150a Rdn. 1; für Erhaltung *Selke*, ZfIR 2005, 812.
3   § 39 II. 2.
4   *Böttcher/Keller*, § 150a Rdn. 8.

II. Institutsverwalter

1. Vorschlagsrecht

a) Allgemein

3 Vorschlagsberechtigt ist nur ein Beteiligter (§ 9, kein Benennungsrecht[5]). Hiervon ausgenommen ist der Schuldner und ein Institut, welches in dem Verfahren selbst Vollstreckungsschuldner ist[6]. Liegen die gesetzlichen Voraussetzungen vor, muss das Gericht den Institutsverwalter bestellen[7].

4 Die Regelung des § 150a darf nicht umgangen werden. Zutreffend wurde es als unzulässige Rechtsausübung angesehen, wenn die antragstellende Gläubigerin durch Abtretung eines gleichrangigen Teilbetrages an einen weiteren Gläubiger erreichen will, dass aus deren Mitarbeiterstamm ein Institutsverwalter vorgeschlagen wird[8].

5 Ebenso steht einem Beteiligten, der Rechtsnachfolger eines zur Zeit der Anordnung oder danach Beteiligten ist, das Vorschlagsrecht nicht zu, wenn einem dieser Rechtsvorgänger bereits eine Frist zum Vorschlag gesetzt worden war (s.u. → Rdn. 9 ff.)[9].

Neben Siedlungsunternehmen nach dem Reichssiedlungsgesetz kommen vorrangig die nachfolgenden Beteiligten in Betracht.

b) Öffentliche Körperschaften

6 Öffentliche Körperschaften sind solche des Bundes- oder Landesrechts. Hierzu zählen: Bund, Länder, Gemeinden, Gemeindeverbände, Sozialversicherungsträger (auch Ortskrankenkassen), Berufsgenossenschaften, Knappschaften und öffentlich-rechtliche kirchliche Körperschaften. Finanz- oder Zollämter sind keine Körperschaften in diesem Sinne. Vorschlagsberechtigt ist aber die Körperschaft, der sie angehören.

c) Unter staatlicher Aufsicht stehende Institute

7 Hierzu gehören alle dem Gesetz über das Kreditwesen unterstellten Unternehmen, die Bankgeschäfte betreiben (§§ 1, 2 KWG), insbesondere Banken, Sparkassen, Bausparkassen und Hypothekenbanken sowie alle privaten Versicherungsunternehmen.

8 Ausreichend ist, wenn der Verwalter bei einer hundertprozentigen Tochtergesellschaft beschäftigt ist (→ Rdn. 19)[10].

2. Verfahren

9 Alle Verfahrensbeteiligten, d.h. nicht nur der betreibende Gläubiger, die die vorstehenden Voraussetzungen erfüllen, können einen Institutsverwalter vorschlagen, der betreibende Gläubiger bereits im Anordnungsantrag. Äußert sich der Gläubiger nicht, oder verzichtet er, kann das Gericht eine Frist zur Benennung eines Verwalters setzen.

---

5   BGH, Rpfleger 2005, 457 m. Anm. *Erler* = MDR 2005, 1011 = IGZInfo 2005, 47.
6   *Stöber*, ZVG § 150a Rdn. 2.2 d).
7   BGH, Rpfleger 2005, 457 m. Anm. *Erler* = MDR 2005, 1011 = IGZInfo 2005, 47.
8   AG Leipzig, ZfIR 2008, 810 = ZInsO 2008, 757 = IGZInfo 2008, 151.
9   LG Kiel, SchlHA 2008, 462.
10 LG Koblenz, Rpfleger 2004, 114.

Diese **Fristsetzung** ist notwendig, weil das Vorschlagsrecht selbst nicht befristet ist[11]. Erfolgt innerhalb der Fristsetzung (Zustellung gem. § 329 Abs. 2 S. 2 ZPO[12]) kein Vorschlag erlischt das Vorschlagsrecht[13]. Dies gilt auch, wenn innerhalb der Frist kein geeigneter Verwalter vorgeschlagen wird oder dessen Bestellung abgelehnt wird. Ohne eine Fristsetzung könnte des Weiteren jeder Berechtigte eine Ablösung des zunächst eingesetzten Verwalters erreichen, da das Vorschlagsrecht in diesem Fall fortbesteht[14].

10

Problematisch ist dieses Prozedere wegen der Verzögerung der Beschlagnahmewirkung gegenüber Mietern oder Pächtern und im Hinblick auf die §§ 1123, 1124 BGB. Hier kann es im Einzelfall geboten sein, einen Verwalter zunächst nur vorläufig zu bestellen, wobei dann ein entsprechender Hinweis auf die mögliche Abberufung und die Einsetzung eines Institutsverwalters aufzunehmen ist. Die nachträgliche Abberufung ist jedoch nach Vorschlag eines geeigneten Verwalters grundsätzlich möglich[15], wenn keine Frist gesetzt wurde oder diese nicht abgelaufen ist.

11

Aufgrund des Sicherungsinteresses hat das Gericht nicht sofort zu prüfen, ob unter den Beteiligten ein Vorschlagsberechtigter ist, da es den Grundbuchinhalt i.d.R. noch nicht kennt (§ 19 Abs. 2)[16]. Etwas anderes kann gelten, wenn der Antragstellende Gläubiger bereits die Voraussetzungen eines Vorschlagsberechtigten erfüllt. Generell ist jedoch mit Verfahrensverzögerungen zu rechnen. Letztlich ist hier eine Einzelfallabwägung erforderlich, ob es geboten ist, einen **vorläufigen Verwalter** zu bestellen. Stöber weist zu Recht darauf hin, dass zwischenzeitlich wenige Vorschlagsberechtigte von ihrem Recht Gebrauch machen[17] und zumindest ein fehlender Vorschlag eines berechtigten Antragstellers ein Indiz für einen fehlenden Vorschlagswillen ist. Darüber hinaus ist dem Gericht das Verhalten der ortsansässigen Beteiligten häufig bekannt[18].

12

Ein Vorschlagsrecht besteht nicht mehr, wenn ein Gläubiger erst nach Bestellung des Verwalters dem Verfahren **beitritt** (str.[19]), wenn das Recht erst nach der Verwalterbestellung neu eingetragen wurde oder das Recht danach durch Abtretung oder Ablösung erworben wurde. Dies gilt in jedem Fall, wenn einem Rechtsvorgänger bereits eine Frist zum Vorschlag gesetzt worden war[20] (→ Rdn. 4 f.).

13

Nach einer **Abberufung** des Verwalters aus sonstigen Gründen (→ § 153 Rdn. 57 ff.) entsteht das Vorschlagsrecht mit den vorstehend dargestellten Formalien neu.

14

Der Vorschlag kann des Weiteren zurückgenommen (Verzicht) oder geändert werden, innerhalb der Fristsetzung oder bis zur Bestellung des Verwalters. Eine Zurücknahme des Vorschlags nach Bestellung führt nicht automatisch zur Abbe-

15

---

11 BGH, Rpfleger 2005, 457, Anm. *Erler* = MDR 2005, 1011 = IGZInfo 2005, 47.
12 *Stöber*, ZVG § 150a Rdn. 2.3 b).
13 BGH, Rpfleger 2005, 457 m. Anm. *Erler* = MDR 2005, 1011 = IGZInfo 2005, 47.
14 BGH, Rpfleger 2005, 457 m. Anm. *Erler* = MDR 2005, 1011 = IGZInfo 2005, 47.
15 So auch *Stöber*, ZVG § 150a Rdn. 2.4 b) a.E.; *Böttcher/Keller*, § 150a Rdn. 9a.
16 So *Stöber*, ZVG § 150a Rdn. 2.4 b); a.A. Steiner/*Hagemann*, § 150a Rdn. 15, 16.
17 *Stöber*, ZVG § 150a Rdn. 2.4 b).
18 Vgl. Praxisvorschläge bei *Depré/Mayer*, 113.
19 Ebenso *Stöber*, ZVG § 150a Rdn. 2.5 a); *Böttcher/Keller*, § 150a Rdn. 3; ebenso LG Leipzig, Rpfleger 2011, 103 m. Anm. *Böttger* = IGZInfo 2011, 108 m. Anm. *Neumann*, S. 109 und AG Stralsund, Rpfleger 2011, 393; a.A. Steiner/*Hagemann*, § 150a Rdn. 17.
20 LG Kiel, SchlHA 2008, 462.

rufung, sondern allenfalls zu einer Prüfung, ob der Verwalter je nach Sachlage aus dringenden Gründen zu entlassen ist[21]. Liegen **mehrere Vorschläge** vor, ist das Gericht im Rahmen einer ermessensgerechten Auswahl in seiner Entscheidung frei. Eine Rangfolge tritt nicht ein. Bei gleicher Qualifikation sollte dem Verwalter der Vorzug gegeben werden, dessen Institut das größte Interesse an dem Verfahren hat[22].

III. Verwalterbestellung (Abs. 2)

1. Voraussetzung und Eignung

a) Allgemein

16 Durch das Vorschlagsrecht wird das Auswahlermessen des Vollstreckungsgerichts eingeschränkt. Es muss dem Vorschlag ohne Ermessen folgen, wenn der Vorgeschlagene die Voraussetzungen des Abs. 2 erfüllt[23]. Im Verhältnis zu § 150b kann ein Institutsverwalter nur bestellt werden, wenn der Schuldner nicht zum Verwalter bestellt wird (§ 150b Abs. 3). Werden mehrere Verwalter wirksam vorgeschlagen, entscheidet das Gericht nach freiem Ermessen, wer bestellt wird (vgl. → Rdn. 15).

b) Haftung

17 Die den Zwangsverwalter treffende Haftung (§ 154 S. 1) muss das vorschlagende Institut durch Erklärung gegenüber dem Gericht unbedingt und uneingeschränkt[24] als Alleinhaft übernehmen. Hierdurch entfällt die Eigenhaftung des Institutsverwalters. Das Institut haftet nicht neben, sondern anstelle des Verwalters[25]. Die Erklärung ist nicht widerrufbar[26] Schadensersatzansprüche gegen das Institut sind in dem besonderen Gerichtsstand der Vermögensverwaltung geltend zu machen (§ 31 ZPO).

c) Eignung

aa) Allgemein

18 Gegen den Vorgeschlagenen dürfen mit Rücksicht auf seine Person oder die Art der Verwaltung keine Bedenken bestehen. Er muss persönlich und fachlich geeignet sein, das Amt auszuüben[27], wobei hier die gleichen Anforderungen gemäß § 1 Abs. 2 ZwVwV zu stellen sind[28]. Sinn dieses Verfahrens kann nicht sein, dass der Institutsverwalter eine Hausverwaltung beschäftigt, einen Steuerberater und eine Anwaltskanzlei, da hierdurch die Masse und der Schuldner mit dem Verfahren zuwiderlaufenden Kosten belastet werden und die Vergütungsfreiheit ausgehebelt wird. Die Vergütung entfällt für alle Tätigkeiten, die der Zwangsverwalter selbst oder durch seine Bürokräfte erledigen muss. Durch eine Übertragung von Aufgaben, z.B. auf eine Hausverwaltung, darf § 150a nicht umgangen werden, jedenfalls dür-

---

21 *Stöber*, ZVG § 150a Rdn. 2.7.
22 *Depré/Mayer*, Rdn. 115.
23 BGH, Rpfleger 2005, 457, mit Anm. *Erler* = MDR 2005, 1011 = IGZInfo 2005, 47; *Böttcher/Keller*, § 150a Rdn. 4.
24 *H/W/F/H*, § 150a Rdn. 30; *Stöber*, ZVG § 150a Rdn. 3.1 e).
25 OLG Nürnberg, IGZInfo 2011, 106.
26 *Stöber*, ZVG § 150a Anm. 3.1 e).
27 *Böttcher/Keller*, § 150a Rdn. 6.
28 Ebenso *Böttcher/Keller*, § 150a Rdn. 6 und *H/W/F/H*, § 150a ZVG Rdn. 30.

fen hierfür keine Kosten abgerechnet werden[29]. Es müssen die gleichen Kriterien zur Anwendung gelangen, wie bei einem sonstigen Verwalter (→ § 150 Rdn. 6 ff.).

bb) Dienstverhältnis

Nach – soweit ersichtlich – einhelliger Meinung muss der Vorgeschlagene zu dem vorschlagenden Institut in einem **festen Dienst-, Arbeits- oder Beamtenverhältnis** stehen[30]. Das Dienstverhältnis zu einem Tochterunternehmen (→ Rdn. 8) reicht nach richtiger Ansicht aufgrund des eindeutigen Gesetzeswortlauts („in seinen Diensten") nicht aus[31], es sei denn, es handelt sich um eine 100%-Beteiligung[32]. Etwas anderes gilt für die Erstreckung des Vorschlagsrechts auf selbst beteiligte Tochterunternehmen. 19

Damit scheiden andere vertragliche Beziehungen des Instituts zu dem Vorgeschlagenen aus, insbesondere ein freies Mitarbeiterverhältnis, Beratungsverträge oder Verträge mit ansonsten tätigen selbstständigen oder gewerbsmäßigen Zwangsverwaltern, seien es Rechtsanwälte oder Hausverwalter. Das Vertragsverhältnis darf darüber hinaus nicht nur vorübergehender Art sein oder nur das konkrete Verfahren betreffen. Der Institutsverwalter darf seinerseits die Verwaltung nicht vollumfänglich auf einen bevollmächtigten Außenstehenden delegieren. 20

Ungeklärt ist, welche Nachweise das Gericht verlangen kann, insbesondere ob die Vorlage des entsprechenden Vertrages verlangt werden kann. Das Ermessen des Gerichts dürfte jedoch nur dann eingeschränkt sein, wenn das Institut die vorgenannten Voraussetzungen glaubhaft darlegt und nachweist. Der Nachweis unterliegt insoweit der freien Beweiswürdigung gemäß § 286 ZPO[33]. Verbleiben **Zweifel** und werden diese nicht ausgeräumt dürfte eine Bindung des Vollstreckungsgerichts nicht vorliegen. 21

cc) Eignung

Unstreitig muss der Vorgeschlagene persönlich und in Bezug auf das Objekt fachlich geeignet sein. *H/W/F/H* verlangen darüber hinaus zutreffend die in § 1 ZwVwV (s. → § 150 Rdn. 2 ff., 6 ff.) normierten Voraussetzungen[34]. Hier wird eher eine differenzierende Betrachtung notwendig sein, da im Hinblick auf die personelle und sachliche Ausstattung auf den Zugriff der durch das Institut zur Verfügung gestellten Mittel abzustellen ist[35]. Es muss insoweit sichergestellt und dargelegt sein, dass der Vorgeschlagene zur Ausübung des Amtes ausreichend freigestellt wird und ggf. auf weiteres Personal (z.B. Buchhalter) und sächliche Mittel des Büros zurückgreifen kann. Des Weiteren dürfte auch eine örtliche Nähe zum Objekt nicht außer Betracht zu lassen sein. Sofern Institute nicht generell entsprechende Abteilungen im Rahmen der Kreditabwicklung bilden, dürfte unter diesen Voraussetzungen eine Institutsverwaltung nur in Ausnahmefällen in Betracht kommen[36]. 22

---

29 LG Berlin, Rpfleger 2014, 152.
30 BGH, Rpfleger 2005, 463, mit Anm. *Erler* = MDR 2005, 1012 = IGZInfo 2005, 48; *Stöber*, ZVG § 150a Rdn. 3.1 a); *H/W/F/H*, § 150a Rdn. 30.
31 So *Stöber*, ZVG § 150a Rdn. 3.1 a).
32 LG Koblenz, Rpfleger 2004, 114.
33 So zutreffend *Stöber*, ZVG § 150a Rdn. 3.2.
34 *H/W/F/H*, § 150a Rdn. 30; ebenso *Böttcher/Keller*, § 150a Rdn. 6.
35 So auch *Stöber*, ZVG § 150a Rdn. 3.1 b.
36 So auch *H/W/F/H*, § 150a Rdn. 30 und § 1 ZwVwV Rdn. 15.

dd) Vergütung

23 Der Vorgeschlagene erhält keine Vergütung. Ihm werden allenfalls bare Auslagen erstattet (h.M.). Der Schuldner darf mit diesen Kosten nicht belastet werden[37] (s. auch → Rdn. 18).

2. Stellung des Institutsverwalters

24 Hinsichtlich seiner Stellung unterscheidet sich der Institutsverwalter nicht von einem nach § 150 bestellten Verwalter. Er unterliegt ebenfalls der Aufsicht[38] und den Weisungen des Vollstreckungsgerichts. Die Gefahr der Einflussnahme unter Berücksichtigung der eigenen wirtschaftlichen Interessen des Instituts-Arbeitgebers ist zu beachten. Seine Entlassung ist ebenfalls aus wichtigem Grund möglich. Der wichtige Grund kann darin liegen, wenn das Institut seine Beteiligtenstellung verliert, z.B. durch Ablösung oder Abtretung des Rechtes oder der Verwalter aus den Diensten ausscheidet. Er hat die Vorschriften über das Zwangsverwaltungsverfahren zu beachten, insbesondere die Rechte und Pflichten aus § 152, einschließlich der Rechnungslegung, und die der ZwVwV. Er kann Vorschüsse anfordern und muss den Teilungsplan befolgen.

3. Verwalterwechsel

25 Insoweit wird zunächst auf die Ausführungen unter → Rdn. 9 ff. Bezug genommen, falls zunächst ein vorläufiger Verwalter bestellt worden ist sowie → Rdn. 24 wenn das Institut als Beteiligter ausscheidet oder der Verwalter aus den Diensten des Instituts. Darüber hinaus gelten die allgemeinen Voraussetzungen für eine Entlassung des bisherigen Verwalters gemäß → § 153 Rdn. 57 ff.

Offen ist, ob das Institut einen neuen Verwalter benennen kann und inwieweit dem eine vormalige Fristsetzung entgegenstehen kann. Dies dürfte nur im Fall der unverschuldeten Abberufung der Fall sein (Krankheit, Ausscheiden aus dem Dienst oder Tod).

4. Rechtsbehelfe

26 Wird ein (Instituts-)Verwalter bestellt und ein Vorschlagsberechtigter hierzu nicht aufgefordert und angehört, ist für diese(n) Beteiligte(n) die Erinnerung nach § 766 ZPO gegeben. Andere Beteiligte und der Schuldner haben den Rechtsbehelf der sofortigen Beschwerde, wenn sie angehört wurden. Nach h.M. kann der Rechtsbehelf nur darauf gestützt werden, dass der bestellte Verwalter ungeeignet ist oder das Institut die Haftung nicht übernommen hat[39]. Fraglich ist, ob das Institut den gleichen Rechtsbehelf einlegen kann, wenn ohne Aufforderung und Fristsetzung ein Nicht-Institutsverwalter bestellt wird, da aufgrund des Vorrangs und der Ermessensbindung ansonsten kein Rechtsschutz gewährt würde[40]. In diesem Fall hätte das Institut jedoch weiterhin die Möglichkeit, einen Verwalter vorzuschlagen, sodass sein Interesse ausreichend gewahrt ist (s. → Rdn. 9 f.).

---

37 OLG Köln, Rpfleger 2004, 114; vgl. auch *Depré/Mayer* Rdn. 118; *Wedekind/Wedekind*, Rdn. 782.
38 OLG Hamm, Rpfleger 1994, 515.
39 *Stöber*, ZVG § 150a Rdn. 4.
40 Ablehnend *Stöber*, ZVG § 150a Rdn. 4.

Die Rechtsbehelfe finden unter den gleichen Voraussetzungen auch dann Anwendung, wenn ein Vorschlag abgelehnt wird oder wenn nach erfolgtem Vorschlag der vorläufige Verwalter nicht abgelöst wird. Die Fristsetzung selber ist nicht mit einem Rechtsbehelf anfechtbar[41]. Auch der Vorgeschlagene selbst hat bei Ablehnung keine Rechtsbehelfsmöglichkeit.

Ein Rechtsbehelf besteht grundsätzlich gegen die Auswahl des Gerichtes unter mehreren Vorgeschlagenen, wobei wiederum vorrangig auf die Eignung abgestellt werden kann, nicht jedoch darauf, dass einem Vorschlag nicht entsprochen wurde. Im Übrigen entscheidet das Gericht bei Gleichwertigkeit nach pflichtgemäßem Ermessen (s.o. → Rdn. 15).

---

41 BGH, Rpfleger 2005, 457, mit Anm. *Erler* = MDR 2005, 1011 = IGZInfo 2005, 47.

§ 150b »Schuldner als Verwalter«

(1) ¹Bei der Zwangsverwaltung eines landwirtschaftlichen, forstwirtschaftlichen oder gärtnerischen Grundstücks ist der Schuldner zum Verwalter zu bestellen. ²Von seiner Bestellung ist nur abzusehen, wenn er nicht dazu bereit ist oder wenn nach Lage der Verhältnisse eine ordnungsmäßige Führung der Verwaltung durch ihn nicht zu erwarten ist.

(2) Vor der Bestellung sollen der betreibende Gläubiger und etwaige Beteiligte der in § 150a bezeichneten Art sowie die untere Verwaltungsbehörde gehört werden.

(3) Ein gemäß § 150a gemachter Vorschlag ist nur für den Fall zu berücksichtigen, daß der Schuldner nicht zum Verwalter bestellt wird.

I. Allgemein

1. Normzweck

1 Die Verwaltung land-, forstwirtschaftlich oder gärtnerisch genutzter Grundstücke erfordert **besondere Kenntnisse und Erfahrungen**. Schon deswegen bietet es sich an, die Erfahrung und Arbeitskraft – soweit vorhanden – des Schuldners zu nutzen. Der Schuldner sollte an einer ordnungsgemäßen Verwaltung interessiert sein, da er seinen notwendigen Unterhalt nur aus den Erträgen erhält (→ § 149 Abs. 3 Rdn. 32 ff.), das Wohnrecht weiter ausüben kann (vgl. i.Ü. § 149) und er die besonderen Verhältnisse des Grundstücks kennt. Des Weiteren kann das Verfahren verbilligt werden, da der Schuldner als Verwalter keine Vergütung erhält (s. § 150e, allerdings die Aufsichtsperson). Zum Schutz der Beteiligten wird eine **Aufsichtsperson** bestellt (§ 150c), mit deren Zustimmung der Schuldnerverwalter über Nutzungen und Erlöse verfügen darf (§ 150d).

2 Eine Besserung der Wirtschaftsführung ergibt sich darüber hinaus nicht zwingend durch eine Übertragung auf Dritte, zumal eine Aufsichtsperson zu bestellen ist, und mit Einleitung des Verfahrens i.d.R. die Beschlagnahmewirkung (u.a. § 20 Abs. 1) und die Abwehr anderweitiger Vollstreckungsmaßnahmen erreicht werden soll.

2. Anwendungsbereich

3 Die Bestimmung ist nicht anzuwenden, wenn:

- ein land- oder ritterschaftliches Kreditinstitut die Zwangsverwaltung selbstständig durchführt (vgl. → EGZVG § 2 Rdn. 20; § 24 Abs. 2 ZwVwG)
- das Grundstück verpachtet ist (allg. M.), da der Schuldner nicht selber die Nutzungen und Erträge zieht, sondern lediglich den Pachtzins erwirtschaftet[1].

4 In entsprechender Anwendung kann ein Nießbraucher zum Zwangsverwalter bestellt werden, wenn sich der Titel gegen diesen richtet (vgl. → § 146 Rdn. 8 ff.) oder er in die Anordnung gegen den Schuldner einwilligt.

5 Die Regelungen der ZwVwV sind auf den Schuldnerzwangsverwalter nicht anwendbar (§ 24 ZwVwV), weil er unter der Kontrolle der gerichtlich bestellten Per-

---

1 So auch *Stöber*, ZVG § 150b Rdn. 2.4; Steiner/*Hagemann*, § 150b–e Rdn. 12; *Depré/Mayer*, Rdn. 124 ff.

son steht. Dies gilt auch in Bezug auf die Aufsichtsperson gemäß § 150c (Sonderrechtsverhältnis). Eine Institutsverwaltung hat keinen Vorrang (Abs. 3).

II. Bestellung

1. Voraussetzungen

Es muss sich um ein im Tatbestand genanntes Grundstück handeln und der Schuldner muss zur Übernahme bereit sein. Nach Lage der Verhältnisse kann eine ordnungsgemäße Führung der Verwaltung erwartet werden, wenn der Schuldner für die Führung des Betriebs (Größe und Gegenstand) persönlich (auch moralisch[2]) und fachlich geeignet ist. Bei begründeten Zweifeln ist von der Bestellung abzusehen[3], was im Hinblick auf die Beweislast und die Haftung durch das Gericht zu beachten ist. Dies kann insbesondere der Fall sein, wenn durch den Schuldner keine ordnungsgemäße Bewirtschaftung mehr erfolgt[4]. Ansonsten muss der Schuldner bestellt werden, wenn keine begründeten Zweifel bestehen[5]. Der Schuldner seinerseits ist nicht zur Übernahme verpflichtet[6]. Die **Befugnisse** des Schuldners regelt § 150d.

2. Schuldner

Schuldner ist der Grundstückseigentümer gemäß § 17 Abs. 1 oder der Eigenbesitzer (vgl. § 147 Abs. 1 → Rdn. 6 ff. mit den sich hieraus ergebenden Besonderheiten). Von **mehreren Schuldnern** kann nur einer bestellt werden, wobei die Auswahl nach pflichtgemäßem Ermessen zu erfolgen hat. Sind hieraus Schwierigkeiten bei der Abwicklung der Verwaltung zu erwarten, kann ein wichtiger Grund für die Bestellung eines Dritten vorliegen[7]. Ist der Schuldner nicht geschäftsfähig (z.B. Minderjähriger) kann ein geeigneter gesetzlicher Vertreter unter den gleichen Voraussetzungen bestellt werden (h.M.), nicht jedoch ein rechtsgeschäftlicher Vertreter[8]. Bei einer juristischen Person kann nur der gesetzliche Vertreter bestellt werden[9].

3. Ausschluss und Wechsel

Abweichend von den sonstigen Entlassungsgründen, kann der Schuldnerverwalter schon dann entlassen werden, wenn die Voraussetzungen für seine Bestellung nicht mehr vorliegen. Erforderlich ist kein besonderer Grund oder die Anwendung geringerer Mittel, wenn Umstände eintreten, die von vorne herein eine Bestellung ausgeschlossen hätten[10]. Die Abberufung hat dann unverzüglich zu erfolgen[11]. Als Entlassungsgründe kommen **schwerwiegende Pflichtverletzungen** in Betracht wie Veruntreuung von Geldern, Nichteinziehung von Mieten und Pachten, Nichtabgabe von Berichten[12] oder die Abgabe der eidesstattlichen Versi-

---

2 *Stöber*, ZVG § 150b Rdn. 2.6.
3 OLG Hamm, Rpfleger 1988, 36.
4 *Depré/Mayer*, Rdn. 125 f.
5 *Böttcher/Keller*, §§ 150b–e Rdn. 6.
6 *Stöber*, ZVG § 150b Rdn. 2.5; *Depré/Mayer*, Rdn. 125.
7 *Stöber*, ZVG § 150b Rdn. 2.7.
8 *Stöber*, ZVG § 150b Rdn. 2.8.
9 *Böttcher/Keller*, §§ 150b–e Rdn. 7.
10 *Stöber*, ZVG § 150b Rdn. 2.9.
11 H/W/F/H, § 150b–e Rdn. 4.
12 OLG Hamm, Rpfleger 1988, 36.

cherung[13], wobei hier auch der Kontext zu der Aufsichtsperson zu berücksichtigen ist.

9 Nach h.M.[14] kann der Schuldnerverwalter auch nachträglich unter Abberufung des bisherigen Verwalters bestellt werden unter ähnlichen Voraussetzungen, wie bei der nachträglichen Bestellung des Institutsverwalters gelten (→ § 150a Rdn. 9 ff.), wenn sich erst später herausstellt oder ergibt, dass er bereit und geeignet ist oder die Anhörung abgeschlossen ist (Abs. 2 → Rdn. 10 ff.).

III. Verfahren

1. Anhörung, Abs. 2

10 Sofern **Sicherungsmaßnahmen** erforderlich sind, kann es unter den gleichen Voraussetzungen, wie sie bis zur Bestellung eines Institutsverwalters zu verzeichnen sind, notwendig sein, einen **vorläufigen Verwalter** zu bestellen (s. → § 150a Rdn. 9 ff.; mit Entlassungsvorbehalt[15]), wobei sich hier die Sachlage unterschiedlich darstellen kann, wenn keine laufenden Miet- oder Pachtzinsen einzuziehen sind. Alternativ können Maßnahmen aus § 25 in Betracht kommen oder eine Bestellung der Aufsichtsperson als vorläufiger Verwalter[16]. Auch der Schuldner kann vorläufig bestellt werden. Für die vorläufige Bestellung bedarf es keiner Anhörung des Schuldners[17]. Insoweit kann zunächst auch lediglich die Anordnung des Verfahrens ausreichend sein. Der Schuldner ist – ggf. parallel – schriftlich aufzufordern, eine Erklärung darüber abzugeben, ob er das Verwalteramt übernimmt oder nicht. Hierbei ist es unabdingbar, ihn auch aufzufordern, seine persönliche und fachliche Eignung darzulegen und hierüber ggf. Nachweise zu erbringen.

11 Gibt der Schuldner eine entsprechende Erklärung ab und hält das Gericht ihn für geeignet, sind nach Abs. 2 anzuhören:

- die betreibenden Gläubiger
- die nach § 150a vorschlagsberechtigten Beteiligten (s. → Rdn. 13)
- die untere Verwaltungsbehörde, die sich nach Landesrecht bestimmt (i.d.R. Landratsamt oder Kreis).

12 Das Vollstreckungsgericht hat die Stellungnahmen angemessen zu berücksichtigen und stellt ggf. weitere Ermittlungen an, bevor es über die Bestellung des Schuldners entscheidet. Lehnt (der einzige) Schuldner die Übernahme des Amtes ab, hat das Gericht zunächst gemäß § 150a zu verfahren. Ergeben sich insgesamt keine vorrangig zu berücksichtigenden Verwalter, ist ein ggf. vorläufig bestellter Verwalter zum endgültigen zu bestellen. Wird der Schuldnerverwalter zeitlich nach dem Anordnungsbeschluss bestellt, erfolgt die Bestellung in einem gesonderten Beschluss und ist den Beteiligten zuzustellen.

2. Verhältnis zum Institutsverwalter

13 Der Vorschlag eines Institutsverwalters ist nachrangig (Abs. 3), sodass es auch unerheblich ist, ob die Institutsverwaltung Vorteile mit sich bringen würde. Etwas

---

13 *H/W/F/H*, § 150e Rdn. 4.
14 U.a. *Stöber*, ZVG § 150b Rdn. 2.9; *Böttcher/Keller*, §§ 150b–e Rdn. 8.
15 *Depré/Mayer*, Rdn. 128.
16 *Depré/Mayer*, Rdn. 128.
17 LG Kiel, SchlHA 1989, 67.

anderes gilt nur für den Fall, dass die Institutsverwaltung wegen der mangelnden Eignung des Schuldners zu berücksichtigen ist, weil der Schuldner in diesem Fall nicht bestellt werden darf. Allein hierauf gestützt kann das Institut bei fehlender Anhörung die Vollstreckungserinnerung (§ 766 ZPO) stützen, ansonsten die sofortige Beschwerde.

3. Rechtsbehelfe

Ist die Anhörung unterblieben und wird der Schuldner nicht zum Verwalter bestellt, so stehen ihm und den übrigen Beteiligten (nicht der unteren Verwaltungsbehörde) die Vollstreckungserinnerung (§ 766 ZPO) zur Verfügung. Ist eine Anhörung erfolgt und wird der Schuldner nicht bestellt oder gegen den Einwand eines Beteiligten bestellt, ist die sofortige Beschwerde (§ 793 ZPO) zulässig. Die gleichen Rechtsbehelfe sind auch zulässig, wenn sie sich dagegen richten, dass die Voraussetzungen des Abs. 1 nicht vorliegen. Die Vollstreckungserinnerung ist zeitnah zu erheben ist, da ansonsten ein Wechsel in der Verwaltung „ein störender Eingriff wäre"[18]. 14

---

18 Zutreffend *Stöber*, ZVG § 150b Rdn. 3.3 b.

§ 150c »Aufsichtsperson für Schuldner als Zwangsverwalter«

(1) ¹Wird der Schuldner zum Zwangsverwalter bestellt, so hat das Gericht eine Aufsichtsperson zu bestellen. ²Aufsichtsperson kann auch eine Behörde oder juristische Person sein.

(2) ¹Für die Aufsichtsperson gelten die Vorschriften des § 153 Abs. 2 und des § 154 Satz 1 entsprechend. ²Gerichtliche Anordnungen, die dem Verwalter zugestellt werden, sind auch der Aufsichtsperson zuzustellen. ³Vor der Erteilung von Anweisungen im Sinne des § 153 ist auch die Aufsichtsperson zu hören.

(3) Die Aufsichtsperson hat dem Gericht unverzüglich Anzeige zu erstatten, wenn der Schuldner gegen seine Pflichten als Verwalter verstößt.

(4) ¹Der Schuldner führt die Verwaltung unter Aufsicht der Aufsichtsperson. ²Er ist verpflichtet, der Aufsichtsperson jederzeit Auskunft über das Grundstück, den Betrieb und die mit der Bewirtschaftung zusammenhängenden Rechtsverhältnisse zu geben und Einsicht in vorhandene Aufzeichnungen zu gewähren. ³Er hat, soweit es sich um Geschäfte handelt, die über den Rahmen der laufenden Wirtschaftsführung hinausgehen, rechtzeitig die Entschließung der Aufsichtsperson einzuholen.

I. Allgemein

1 Zum Schutz der Beteiligten hat das Vollstreckungsgericht im Fall der Schuldnerverwaltung (§ 150b) eine Aufsichtsperson zu bestellen, mit welcher der Schuldnerverwalter zusammenarbeiten muss. Die Regelung knüpft zwar gesetzessystematisch ausschließlich an § 150b an, gleichwohl ist es geboten, dass sie aus ihrem Schutzzweck heraus auch für eine ansonsten mögliche Bestellung des Schuldners zum Verwalter entsprechend anzuwenden ist[1], da ansonsten eine systemwidrige Lücke bestehen würde. Die über § 150b hinausgehend Schuldnerverwaltung hat letztlich in der Praxis jedoch keine große Bedeutung.

II. Bestellung

1. Auswahl

2 Das Vollstreckungsgericht wählt die Aufsichtsperson nach eigenem Ermessen aus. Das **Gesetz sieht eine Anhörung nicht vor.** Inwieweit eine Anhörung der Beteiligten nach Abs. 2 einschließlich der unteren Verwaltungsbehörde, verbunden mit der Aufforderung Vorschläge zu unterbreiten sachdienlich ist, muss im Einzelfall entschieden werden und kann vor dem Hintergrund des § 150a zweckmäßig sein. Eine Bindung des Gerichtes folgt hieraus nach allgemeiner Auffassung nicht.

2. Bestellung und Voraussetzungen

3 Die Aufsichtsperson wird durch Beschluss bestellt, der insoweit als Ausweis dient, der wie die Anordnung der Zwangsverwaltung zuzustellen und zusätzlich den Angehörten, bzw. Anzuhörenden. Aufgrund der Nichtanwendbarkeit der ZwVwV gilt § 2 ZwVwV (Zwangsverwalterausweis) nicht, jedoch ist aus den gleichen Gründen, die zur Einführung der Regelung geführt haben (s. → § 150 Rdn.

---

1 So *Stöber*, ZVG § 150c Rdn. 2.1; a.A. 12. Aufl. und Steiner/*Hagemann*, §§ 150b–e Rdn. 10.

12 ff.), eine gesonderte Bestallung sinnvoll. Gegenüber der unteren Verwaltungsbehörde reicht eine Mitteilung, da dieser insoweit kein Rechtsbehelf zusteht. Zweckmäßigerweise wird der Beschluss mit der Abberufung eines etwaigen vorläufigen Verwalters (s. → § 150b Rdn. 9) und der Bestellung des Schuldners als Verwalter verbunden.

Der Ausgewählte muss zu der Übernahme des Amtes bereit sein. Eine Verpflichtung besteht nicht. Darüber hinaus muss der Ausgewählte für die Aufsicht **persönlich, fachlich und tatsächlich geeignet** sein. Hierzu muss auch eine räumliche Nähe bestehen. Ungeeignet sind Personen, die dem Schuldner z.B. durch Verwandtschaft, Nachbarschaft oder wirtschaftliche Abhängigkeit besonders nahe stehen[2]. In Betracht kommen neben natürlichen Personen auch Behörden oder juristische Personen. Die aus § 150a Privilegierten können die Aufsicht zwar nicht beanspruchen, empfehlen sich jedoch regelmäßig, wenn sie eine geeignete Person stellen können. 4

Findet sich **keine bereite Person,** ist die Schuldnerverwaltung aufgrund der zwingenden Regelung des Abs. 1 aufzuheben. 5

III. Rechtsstellung, Abs. 2–4

1. Allgemein

Die Aufsichtsperson nimmt die Interessen der Gläubigergesamtheit gegenüber dem Schuldnerverwalter wahr. Für die Erfüllung der Verpflichtungen ist sie den Beteiligten gegenüber verantwortlich (Abs. 2 S. 1 i.V.m. § 154 S. 1). Da die Aufsichtsperson weder gesetzlicher Vertreter noch Bevollmächtigter des Schuldnerverwalters ist, kann sie für den Schuldner weder Verträge schließen noch Prozesse führen (vgl. auch → § 150d und u. Rdn. 11 ff.). 6

Gleichwohl hat die Aufsichtsperson aus dem öffentlich-rechtlichen Bestellungsakt heraus eine **vergleichbare Stellung, wie der Zwangsverwalter**[3]. Sie hat jedoch kein Recht zum Besitz des Grundstücks[4], auch keinen mittelbaren Besitz. Im Rahmen ihrer Aufgabe haftet sie allen Beteiligten nach allgemeiner Meinung für sachwidrige Genehmigungen und nachlässige Aufsicht. Schon deswegen empfiehlt es sich, auch von der Aufsichtsperson eine ausreichende Versicherung zu verlangen, wenn es sich nicht um eine Behörde oder einen Vorschlag eines Instituts handelt, dem nur unter den Voraussetzungen des § 154a Abs. 2 gefolgt werden sollte. Die Versicherungskosten sind für den Einzelfall als Auslagen und Kosten der Verwaltung zu erstatten (s.u. → Rdn. 16). Dieses Problem ist mit Ausnahme des eingeschränkten Instituts der Sicherheitsleistung (→ § 153 Rdn. 48) bislang nicht abschließend geklärt.

2. Stellung gegenüber dem Gericht

Verletzt der Schuldner seine Pflichten als Verwalter, muss die Aufsichtsperson dies dem Vollstreckungsgericht unverzüglich mitteilen (Abs. 3). 7

Das Vollstreckungsgericht kann die Aufsichtsperson anweisen, dass Amt in bestimmter Weise zu führen (str.[5]). Hierbei handelt es sich vorrangig um spezifische 8

---

2 *Böttcher/Keller,* §§ 150b–e Rdn. 11.
3 *Böttcher/Keller,* §§ 150b–e Rdn. 13.
4 *Stöber,* ZVG § 150c Rdn. 3.7.
5 Ebenso *Böttcher/Keller,* §§ 150b–e Rdn. 15; a.A. *Stöber,* ZVG § 150c Rdn. 3.9.

Anweisungen, die die Aufgaben der Aufsichtsperson betreffen, da Anweisungen, die gegenüber dem Schuldnerverwalter möglich und notwendig sind, sinnvollerweise auch diesem erteilt werden. Die fehlende Bezugnahme auf § 153 Abs. 1 lässt insoweit keine Rückschlüsse auf den eingeschränkten Umfang möglicher Anweisungen zu. Vielmehr ergibt sich dies aus einer funktionalen Abgrenzung, ohne dass der Meinungsstreit für die Praxis größere Relevanz haben dürfte (Sonderrechtsverhältnis).

9 Insoweit kann das Gericht der Aufsichtsperson die Leistung einer **Sicherheit** auferlegen, Zwangsgelder verhängen und sie als letztes Mittel entlassen (Abs. 2 S. 1 i.V.m. § 153 Abs. 2). Handelt es sich um eine Behörde, die den Anweisungen nicht nachkommt, ist sie nach Anhörung zu entlassen und eine andere Aufsichtsperson zu bestellen, da die vorstehenden Zwangsmittel ihr gegenüber nach allgemeiner Auffassung nicht anwendbar sind.

10 Alle **gerichtlichen Anordnungen**, die im Rahmen der Aufsicht unmittelbar an den Verwalter gerichtet werden, sind auch der Aufsichtsperson mitzuteilen, bzw. zuzustellen (Abs. 2 S. 2). Hierbei kann es sich um Ladungen, Verfügungen und Beschlüsse über Anordnung, Beitritt, Einstellung und Aufhebung des Verfahrens handeln. Vor der Erteilung von Anweisungen hat das Gericht die **Aufsichtsperson anzuhören** (Abs. 2 S. 3).

3. Stellung gegenüber dem Schuldnerverwalter

11 Der Schuldnerverwalter kann mit seiner Bestellung nicht mehr als Eigentümer über die von der Beschlagnahme erfassten Gegenstände und Erzeugnisse verfügen sondern nur im Rahmen der Rechte, die ihm als Zwangsverwalter nach dem Gesetz zustehen, insbesondere gemäß § 150d.

12 Die Aufsichtsperson kann jederzeit Auskunft über das Grundstück, den Betrieb und die mit der Bewirtschaftung zusammenhängenden Rechtsverhältnisse, Einsicht in vorhandene Aufzeichnungen, Bücher sowie Zutritt zum Grundstück verlangen (h.M., Abs. 4 S. 2). Eine unmittelbare Möglichkeit der Anweisung besteht schon aus dem Begriff der Aufsicht heraus nicht[6]. Diese steht dem Gericht zu nach Anzeige durch die Aufsichtsperson.

13 Behindert der Verwalter die Aufsichtsperson in der Ausübung dieser Befugnisse, kann diese das Gericht anrufen, welches die Möglichkeiten aus § 153 hat, gegen den Verwalter vorzugehen.

14 Der Verwalter unterliegt gemäß § 154d Verfügungsbeschränkungen, die nur mit Zustimmung des Verwalters wirksam sind. Forderungen aus der **Anschaffung von Saatgut, Dünger- oder Futtermitteln** sind gemäß § 10 Abs. 1 Nr. 1 bevorrechtigt. Im Rahmen der Schuldnerverwaltung besteht dieses Vorrecht jedoch nur dann, wenn die Aufsichtsperson zugestimmt hat (§ 155 Abs. 4).

15 Sonstige Geschäfte im Rahmen der laufenden Wirtschaftsführung tätigt der Schuldnerverwalter eigenverantwortlich (Abs. 4 S. 2). Lediglich für die darüber hinausgehenden Geschäfte hat er rechtzeitig die Entschließung der Aufsichtsperson einzuholen. Anders als im Rahmen der zustimmungsbedürftigen Geschäfte des § 150d sind die ohne Zustimmung der Aufsichtsperson unter Verstoß gegen Abs. 4 S. 2 getroffenen rechtsgeschäftlichen Verfügungen jedoch wirksam. Der Verwalter kann die Verpflichtung nach allgemeiner Ansicht jedoch nur erfüllen,

---

6 *Depré/Mayer*, Rdn. 129; *Böttcher/Keller*, §§ 150b–e Rdn. 13.

wenn es sich um eine gemäß § 155 notwendige Verwaltungsausgabe handelt. Erlangt das Gericht selbst oder über die Aufsichtsperson Kenntnis, muss es Anweisungen erlassen, Zwangsmittel androhen oder den Verwalter je nach Sachlage entlassen (§ 153 Abs. 2), insbesondere, wenn der Verstoß erst nach Erfüllung entdeckt wird (ggf. Untreuehandlung[7]). Soweit der Schuldnerverwalter als Zwangsverwalter zur Prozessführung berechtigt ist, gelten Einwilligungsvorbehalt und Einholung der Entschließung der Aufsichtsperson je nach Streitgegenstand und Abgabe von Prozesserklärungen entsprechend.

IV. Vergütung

Eine Regelung der Vergütung findet sich im Gesetz nicht. Nach allgemeiner Auffassung kann eine Vergütung verlangt werden, wobei eine Aufsichtsperson, die von einem beteiligten Institut im Sinne von § 150a vorgeschlagen wird auch insoweit keine Vergütung zu beanspruchen hat. Das Vollstreckungsgericht setzt die Vergütung entsprechend § 153 Abs. 1 nach freiem Ermessen fest, wobei Kriterien der Vergütungsregelungen der ZwVwV berücksichtigt werden können, insbesondere dort § 19 ZwVwV[8]. 16

Hierbei sind der Tätigkeitsumfang und die Verantwortung zu berücksichtigen. Die Vergütung und eventuelle Auslagen sind Ausgaben der Zwangsverwaltung (§ 155 Abs. 1).

V. Rechtsbehelfe

Gegen die Bestellung der Aufsichtsperson können die Beteiligten die Vollstreckungserinnerung (§ 766 ZPO) einlegen, wenn sie vorher nicht angehört worden sind, ansonsten die sofortige Beschwerde. 17

Die Aufsichtsperson kann gegen Maßnahmen des Vollstreckungsgerichts Rechtsbehelfe einlegen. Dies gilt auch, wenn es sich um Anweisungen gegen den Schuldnerverwalter handelt. Auch hier ist ohne Anhörung die Vollstreckungserinnerung gegeben, sonst die sofortige Beschwerde. 18

Im Hinblick auf die Vergütungsfestsetzung besteht für die Aufsichtsperson und den Schuldner die sofortige Beschwerde und bei einer Beeinträchtigung des Verwaltungsüberschusses, was notwendige Folge ist, auch für die Beteiligten. 19

---

7   *Stöber*, ZVG § 150c Rdn. 3.3.
8   *Depré/Mayer*, Rdn. 130.

§ 150d »Befugnisse des Schuldners als Verwalter«

¹Der Schuldner darf als Verwalter über die Nutzungen des Grundstücks und deren Erlös, unbeschadet der Vorschriften der §§ 155 bis 158, nur mit Zustimmung der Aufsichtsperson verfügen. ²Zur Einziehung von Ansprüchen, auf die sich die Beschlagnahme erstreckt, ist er ohne diese Zustimmung befugt; er ist jedoch verpflichtet, die Beträge, die zu notwendigen Zahlungen zur Zeit nicht erforderlich sind, nach näherer Anordnung des Gerichts unverzüglich anzulegen.

I. Allgemein

1   Die Regelung ergänzt § 150c. Die Verfügungsbefugnis des Schuldnerzwangsverwalters ist zum Schutz der Beteiligten beschränkt. Zu beachten sind hierbei die weiteren Sonderregelungen in den §§ 153a und 155 Abs. 4.

II. Verfügungsbefugnis des Schuldnerverwalters

1. Grundsatz

2   Der Schuldner kann aufgrund der Beschlagnahme nicht mehr wie ein Eigentümer über Gegenstände und Erträgnisse des Grundstücks verfügen (§ 148). Er hat nur die Rechte und Pflichten des Zwangsverwalters (§ 152). Unter Berücksichtigung der vorliegenden besonderen Einschränkungen ergibt sich seine Verfügungsbefugnis grundsätzlich aus den §§ 155–158. Verfügungen sind Rechtsgeschäfte (str.[1]) und die hieraus resultierenden Handlungen und Willenserklärungen, die unmittelbar darauf gerichtet sind, auf ein bestehendes Recht einzuwirken, es zu verändern, zu übertragen oder aufzuheben[2]. In Betracht kommen u.a. Veräußerung, Abtretung, Verpfändung, Dereliktion, Verzicht, Vergleich und etwaige entsprechende Prozesshandlungen einschließlich eines Anerkenntnisses.

2. Verfügungen ohne Zustimmung

3   Der Schuldnerverwalter hat wie jeder andere Verwalter aus der Verwaltungsmasse die **Ausgaben der Verwaltung** und die **Verfahrenskosten** zu begleichen (§ 155 Abs. 1), sowie die laufenden **öffentlichen Lasten** (§ 156 Abs. 1 i.V.m. § 13) und die Prämien für die Sachversicherungen[3]. Auf der Grundlage eines Teilungsplans hat er Zahlungen an die Berechtigten vorzunehmen (§§ 157 Abs. 1, 158 Abs. 1 S. 1). Des Weiteren hat er beschlagnahmte Ansprüche (§ 148), insbesondere Miet- und Pachtzinsen einzuziehen sowie Forderungen aus der Veräußerung beschlagnahmter Erzeugnisse (§ 150d S. 2). Er darf alle Geschäfte tätigen, die im Rahmen der **laufenden Wirtschaftsführung** anfallen (§ 150c Abs. 4 S. 3 → Rdn. 11 ff.).

3. Verfügungen mit Zustimmung

a) Allgemein

4   Über die unter Ziffer 2 aufgeführten Verfügungen hinaus darf der Schuldnerverwalter über die Nutzungen des Grundstücks (§ 100 BGB) und deren Erlös nur

---

1   A.A. *Stöber,* ZVG § 150d Rdn. 2.3: Allgemein Rechtshandlungen, jedoch letztlich mit gleichem Ergebnis.
2   BGHZ 1, 304; 75, 226.
3   *Depré/Mayer,* Rdn. 132, jedoch nicht seine persönlichen Versicherungen.

mit ausdrücklicher Zustimmung der Aufsichtsperson verfügen (§ 150d S. 1, vgl. auch → § 150c Rdn. 11 ff.).

b) **Nutzungen**

Unter Nutzungen fallen die Erzeugnisse und die sonstige Ausbeute oder Vorteile aus der Bewirtschaftung des Grundstücks und seines Zubehörs, einschließlich der Miet- und Pachteinkünfte oder sonstiger Forderungen, die mit dem Grundstück verbunden sind.

c) **Erlös**

Als Erlös sind alle Forderungen aus Veräußerungsgeschäften und die hieraus erzielten Einnahmen anzusehen. Zu Erlösen aus der Veräußerung überflüssiger Zubehörstücke wird auf → § 152 Rdn. 113 ff. verwiesen. Die Einziehung selbst unterliegt nicht der Zustimmung. Erlass, Aufrechnung, Stundung oder ähnliche Rechtsgeschäfte sind jedoch zustimmungspflichtig.

Die Zustimmung kann zwar auch stillschweigend erfolgen, was jedoch aus Gründen der Nachweisbarkeit untunlich ist. Ohne Zustimmung darf der Verwalter zunächst nicht verfügen. Er kann aber im Rahmen von § 153 Abs. 1 eine Anweisung des Vollstreckungsgerichts beantragen, die die Zustimmung der Aufsichtsperson ersetzen würde. Insoweit stehen dem Schuldner und der Aufsichtsperson entsprechende Rechtsbehelfe zur Verfügung (→ § 150c Rdn. 17 ff.). Ohne Zustimmung oder Anweisung ist die Verfügung unwirksam (§ 134 BGB). Ein gutgläubiger Dritter (→ § 23 Rdn. 8 f.) wird aber gleichwohl geschützt (§§ 135 Abs. 2 BGB, 23 Abs. 2, 146 Abs. 1).

Des Weiteren ist § 150c Abs. 4 S. 3 zu beachten, der die Einholung einer Entschließung der Aufsichtsperson vorsieht, wenn Geschäfte über den Rahmen der laufenden Wirtschaftsführung hinausgehen[4].

4. Entbehrliche Mittel

Mittel, die nicht gemäß den §§ 155–158 zu verwenden sind, müssen nach Anordnung des Gerichtes unverzüglich angelegt werden (§ 150d S. 2). Hierüber hat der Schuldner oder die Aufsichtsperson zu unterrichten. Bargeld ist verzinslich, aber jederzeit verfügbar anzulegen. Die Überwachung erfolgt durch die Aufsichtsperson und das Gericht. Muss auf die Anlage zurückgegriffen werden, ist die Zustimmung der Aufsichtsperson erforderlich.

---

4   Vgl. auch *Böttcher/Keller*, §§ 150b–e Rdn. 18.

§ 150e »Keine Vergütung für Schuldner als Verwalter«

¹Der Schuldner erhält als Verwalter keine Vergütung. ²Erforderlichenfalls bestimmt das Gericht nach Anhörung der Aufsichtsperson, in welchem Umfange der Schuldner Erträgnisse des Grundstücks oder deren Erlös zur Befriedigung seiner und seiner Familie notwendigen Bedürfnisse verwenden darf.

I. Allgemein

1   Die Vorschrift ist eine Ausnahmeregelung zu den sonstigen Vergütungsvorschriften für den Zwangsverwalter, die durch die Regelungen über den Unterhalt und die Wohnraumnutzung kompensiert werden (§ 149) und in dem besonderen Zweck des Verfahrens begründet sind (→ § 150b Rdn. 1 f.). Es dürfen insoweit auch keine Zahlungen aus einem Gläubigervorschuss hierfür verwendet werden. **Auslagen** können über § 155 Abs. 1 der Masse entnommen werden[1].

II. Unterhaltsanspruch

2   Die Regelung über den Unterhalt dem Grund und der Höhe nach findet sich in § 149 Abs. 3 (dort → Rdn. 32 ff.). S. 2 regelt nur das Verfahren über die Festsetzung anders, da ein (Dritter) Zwangsverwalter fehlt. Den Umfang der Entnahme bestimmt auf Antrag des Schuldners das Vollstreckungsgericht durch Beschluss. Vorher ist die Aufsichtsperson zu hören. Die überlassenen Erträgnisse oder der Erlös hieraus sind Ausgaben der Verwaltung (§ 155 Abs. 1), sodass für die einzelne Entnahme nicht die Zustimmung der Aufsichtsperson notwendig ist. Im Falle der Veräußerung der überlassenen Erträgnisse genießt der Schuldner Pfändungsschutz nach § 851a ZPO. Das Gericht hat die Erforderlichkeit zu prüfen und muss hierbei auch andere Einkünfte des Schuldnerzwangsverwalters berücksichtigen. Die Regelung erweitert zum einen § 811 Abs. 1 Nr. 2 ZPO schränkt sie aber gleichzeitig durch das Merkmal „notwendig" wieder ein. Insoweit kommt es unter Berücksichtigung der wirtschaftlichen Gesamtsituation des Schuldners auf die lebenswichtigen Bedürfnisse an, jedoch nicht auf die notdürftigsten[2].

3   Die Mitglieder der Familie bestimmen sich ebenfalls nach § 811 Abs. 1 Nr. 2 ZPO, wobei es nicht auf eine Unterhaltsberechtigung ankommt. Erfasst werden auch bei dem Schuldner lebende nicht erwerbstätige Eltern und Pflegekinder[3].

III. Rechtsbehelfe

4   Gegen die Festsetzung (oder Nichtfestsetzung) kann der Schuldner die sofortige Beschwerde einlegen. Andere Beteiligte können soweit sie nicht angehört wurden die Vollstreckungserinnerung einlegen (§ 766 ZPO) und nach Anhörung (i.d.R. nur die Aufsichtsperson) die sofortige Beschwerde. Eine weitere Beschwerde ist nicht zulässig (§ 149 Abs. 3 S. 3)[4].

---

1   *Böttcher/Keller*, §§ 150b–e Rdn. 20.
2   *Stöber*, ZVG § 150e Rdn. 2.3.
3   *Stöber*, ZVG § 150e Rdn. 2.4, a.A.: „erwerbsfähige Eltern".
4   Vgl. zu den einzelnen möglichen Rechtsbehelfsfällen *Böttcher/Keller*, §§ 150b–e Rdn. 22 ff.

§ 151 »Wirksamwerden der Beschlagnahme«

(1) Die Beschlagnahme wird auch dadurch wirksam, daß der Verwalter nach § 150 den Besitz des Grundstücks erlangt.

(2) Der Beschluß, durch welchen der Beitritt eines Gläubigers zugelassen wird, soll dem Verwalter zugestellt werden; die Beschlagnahme wird zugunsten des Gläubigers auch mit dieser Zustellung wirksam, wenn der Verwalter sich bereits im Besitze des Grundstücks befindet.

(3) Das Zahlungsverbot an den Drittschuldner ist auch auf Antrag des Verwalters zu erlassen.

I. Allgemein

Die im Rahmen der Zwangsverwaltung bestehenden drei Möglichkeiten des Wirksamwerdens der Beschlagnahme sind unter → § 148 Rdn. 4 dargestellt worden[1]. Gegenüber dem Schuldner oder einem etwaigen Drittschuldner gilt grundsätzlich § 22 und § 23 Abs. 2 S. 1.

Hiervon enthält § 151 eine Möglichkeit, die Beschlagnahme im Einzelfall zeitlich noch früher zu bewirken. Unter den verschiedenen Möglichkeiten ist immer der früheste Beschlagnahmezeitpunkt maßgeblich.

II. Wirksamwerden des Beschlags

1. Besitzerlangung, Abs. 1

Die Besitzerlangung erfolgt gemäß § 150 Abs. 2 (dort → Rdn. 29 ff.)[2].

2. Verfahrensbeitritt, Abs. 2

Zugunsten des beitretenden Gläubigers wirkt die Beschlagnahme mit der Zustellung des Beitrittsbeschlusses an den Schuldner[3]. Der Beitrittsbeschluss soll auch dem Verwalter zugestellt werden, da die Zustellung an den Schuldner sich verzögern oder tatsächlich schwierig sein kann. Die Beschlagnahme wirkt schon mit dieser Zustellung, wenn der Verwalter das Grundstück bereits besitzt[4].

3. Drittschuldner, Zahlungsverbot, Abs. 3

Die Beschlagnahme wirkt gegenüber einem Drittschuldner i.d.R. erst, wenn sie ihm gegenüber bekannt gemacht worden ist. Deswegen verpflichtet § 4 ZwVwV (s. → § 150 Rdn. 67 ff.) den Verwalter, den Beschlag anwesenden Drittschuldnern bekannt zu geben, bzw. gemäß der dortigen Form zu unterrichten.

Abweichend von § 22 Abs. 2 kann der Verwalter bei dem Vollstreckungsgericht beantragen, ein Zahlungsverbot gegen den Drittschuldner zu erlassen (Abs. 3, Gläubiger gemäß § 146 Abs. 1 i.V.m. § 22 Abs. 2). Der Antrag kann erforderlich sein, weil der Beschlag in diesem Fall mit ordnungsgemäßer Zustellung (§ 22 Abs. 2 S. 2), auch ohne Kenntnis des Drittschuldners wirkt. Bei einer Verwaltung an Grundstücksbruchteilen kann kein Zahlungsverbot erlassen werden, da der

---

1 Vgl. zum Wesen der Beschlagnahme → § 148 Rdn. 3 und *Depré/Mayer*, Rdn. 135 ff.; ausführlich *Bartels*, S. 171 und *Mayer*, Rpfleger 2009, 287.
2 Vgl. auch *Stöber*, ZVG § 151 Rdn. 2.3.
3 BGH, Rpfleger 1988, 543 = ZIP 1988, 1612.
4 *Depré/Mayer*, Rdn. 147.

Verwalter hier nur die Rechte des Miteigentümers ausüben kann (→ § 146 Rdn. 5 f.).

6 Zur Frage der Zustellungserleichterung wird auf → § 22 Rdn. 10 verwiesen.[5]

Der Verwalter hat nach einhelliger Meinung nicht die Möglichkeit der Vorpfändung gemäß § 845 ZPO. Zur Vorpfändung von Gläubigern wird auf → § 146 Rdn. 32 a.E. verwiesen.

4. Insolvenzverwalter

7 Zu Fragen der Beschlagnahme bei Beantragung eines Insolvenzverfahrens wird auf → § 146 Rdn. 18 ff. verwiesen.

III. Ende der Beschlagnahme

8 Die Beschlagnahme endet mit der Aufhebung des Gesamtverfahrens. Das Gesamtverfahren ist beendet, wenn kein betreibender Gläubiger mehr vorhanden ist (vgl. i.Ü. § 161, auch zur Zuschlagserteilung in einem parallelen Zwangsversteigerungsverfahren).

---

5 Vgl. auch *Wedekind/Wedekind*, Rdn. 295.

§ 152 »Aufgaben des Verwalters«

(1) Der Verwalter hat das Recht und die Pflicht, alle Handlungen vorzunehmen, die erforderlich sind, um das Grundstück in seinem wirtschaftlichen Bestande zu erhalten und ordnungsmäßig zu benutzen; er hat die Ansprüche, auf welche sich die Beschlagnahme erstreckt, geltend zu machen und die für die Verwaltung entbehrlichen Nutzungen in Geld umzusetzen.

(2) Ist das Grundstück vor der Beschlagnahme einem Mieter oder Pächter überlassen, so ist der Miet- oder Pachtvertrag auch dem Verwalter gegenüber wirksam.

§ 5 ZwVwV Nutzungen des Zwangsverwaltungsobjektes
(1) Der Verwalter soll die Art der Nutzung, die bis zur Anordnung der Zwangsverwaltung bestand, beibehalten.
(2) Die Nutzung erfolgt grundsätzlich durch Vermietung oder Verpachtung. Hiervon ausgenommen sind:
1. landwirtschaftlich oder forstwirtschaftlich genutzte Objekte in Eigenverwaltung des Schuldners gemäß § 150b des Gesetzes über die Zwangsversteigerung und die Zwangsverwaltung;
2. die Wohnräume des Schuldners, die ihm gemäß § 149 des Gesetzes über die Zwangsversteigerung und die Zwangsverwaltung unentgeltlich zu belassen sind.

(3) Der Verwalter ist berechtigt, begonnene Bauvorhaben fertig zu stellen.

§ 6 ZwVwV Miet- und Pachtverträge
(1) Miet- oder Pachtverträge sowie Änderungen solcher Verträge sind vom Verwalter schriftlich abzuschließen.
(2) Der Verwalter hat in Miet- oder Pachtverträgen zu vereinbaren,
1. dass der Mieter oder Pächter nicht berechtigt sein soll, Ansprüche aus dem Vertrag zu erheben, wenn das Zwangsverwaltungsobjekt vor der Überlassung an den Mieter oder Pächter im Wege der Zwangsversteigerung veräußert wird;
2. dass die gesetzliche Haftung des Vermieters oder Verpächters für den vom Ersteher zu ersetzenden Schaden ausgeschlossen sein soll, wenn das Grundstück nach der Überlassung an den Mieter oder Pächter im Wege der Zwangsversteigerung veräußert wird und der an die Stelle des Vermieters oder Verpächters tretende Ersteher die sich aus dem Miet- oder Pachtverhältnis ergebenden Verpflichtungen nicht erfüllt;
3. dass der Vermieter oder Verpächter auch von einem sich im Fall einer Kündigung (§ 57a Satz 1 des Gesetzes über die Zwangsversteigerung und die Zwangsverwaltung, § 111 der Insolvenzordnung) möglicherweise ergebenden Schadensersatzanspruch freigestellt sein soll.

§ 7 ZwVwV Rechtsverfolgung
Der Verwalter hat die Rechtsverfolgung seiner Ansprüche im Rahmen des pflichtgemäßen Ermessens zeitnah einzuleiten.

§ 8 ZwVwV Rückstände, Vorausverfügungen
Die Rechtsverfolgung durch den Verwalter erstreckt sich auch auf Rückstände nach § 1123 Abs. 1 und 2 des Bürgerlichen Gesetzbuchs und unterbrochene Vorausverfügungen nach § 1123 Abs. 1, §§ 1124 und 1126 des Bürgerlichen Gesetzbuchs, sofern nicht der Gläubiger auf die Rechtsverfolgung verzichtet.

§ 152 Aufgaben des Verwalters

Übersicht   **Rdn.**
- I. Allgemein 1
- II. Rechtsstellung des Zwangsverwalters 3
- III. Aufgaben im Allgemeinen 5
  - 1. Gesetzliche Regelung 5
  - 2. Handlungsgrundsätze 6
  - 3. Handlungsmaßstab 9.1
  - 4. Verhältnis zum Zwangsversteigerungsverfahren 9.2
- IV. Bestandserhaltung 10
  - 1. Grundsatz 10
  - 2. Verwahrlosung 17
  - 3. Altlasten 19.1
    - a) Allgemein 19.1
    - b) Anwendungsbereiche und Konkurrenzen 19.2
    - c) Instrumentarium 19.4
    - d) Verpflichtete (Sanierung) 19.7
    - e) Verfahren 19.8
    - f) Zwangsversteigerung 19.9
    - g) Ersteher 19.10
    - h) Grundpfandgläubiger 19.11
    - i) Wertausgleich und Bodenschutzlastvermerk 19.12
    - j) Versteigerungstermin 19.13
    - k) Zwangsverwaltung 19.14
    - l) Aufsicht des Gerichts 19.21
    - m) Versicherungsleistungen 19.22
    - n) Vergütung 19.23
    - o) Fazit 19.24
  - 4. Energieeinsparverordnung 20.1
  - 5. Trinkwasserverordnung 20.2
  - 6. Sonstige Regelungen 20.3
  - 7. Verkehrssicherungspflichten 20.4
  - 8. Verfahren 21
  - 9. Vorschuss 22
- V. Ordnungsgemäße Benutzung 23
  - 1. Allgemein 23
  - 2. Wirkung der Beschlagnahme 31
    - a) Allgemein 31
    - b) Beschlagnahme und gewerbliche Nutzung 33
      - aa) Grundsatz 33
      - bb) Grundlage 35
      - cc) Gewerbliche Tätigkeit 39
      - dd) Betriebsfortführung 49
      - ee) Folgen der gewerblichen Tätigkeit 52
      - ff) Fazit 58
  - 3. Grundstücksbruchteile 62
  - 4. Abschluss von Verträgen 65
    - a) Allgemein 65
    - b) Dienst- und Arbeitsverträge 66
    - c) Energielieferungsverträge 70
    - d) Versicherungsverträge 73
      - aa) Allgemein 73
      - bb) Versicherungsumfang 78
      - cc) Wohnungseigentum 84
      - dd) Versicherungsleistungen 85
      - ee) Verfahren nach § 9 Abs. 3 ZwVwV 86
    - e) Werk- und Wartungsverträge 87
  - 5. Abgaben, Steuern, öffentliche Lasten 89

	a) Allgemein		89
	b) Steuern		92.1
	aa) Allgemein		92.1
	bb) Ertragsteuern		93.1
	cc) Lohnsteuer		94.1
	dd) Fremdleistungen		95.1
	ee) Umsatzsteuer		96.1
	(1) Allgemein		96.1
	(2) Unternehmereigenschaft		96.9
	(3) Steuernummer und Adressat		97.1
	(4) Voranmeldungen		98.1
	(5) Umsatzsteuersplitting		99.1
	(6) Kleinunternehmer		99.4
	(7) Option		100.1
	(8) Berichtigung im laufenden Verfahren		100.7
	(9) Berichtigung infolge Veräußerung		100.13
	(10) Berichtigung durch Zuschlag		100.14
	(11) Organschaft und Betriebsaufspaltung		101.1
	(12) Organschaft und Zwangsverwaltung		101.4
	(13) Vermietung an den Schuldner		101.7
	(14) Rechnung und Ausweis der Umsatzsteuer		102
	(15) Vorsteuer		103.1
	(16) Jahresrechnung, Mietvertrag		103.3
	(17) Vergütungsrechnung		103.4
	(18) Verrechnung		104.1
	(19) Altforderungen		104.2
	(20) Auskunft		104.3
	ff) Grundsteuer		105.1
	gg) Kraftfahrzeugsteuer		105.2
	hh) Haftung		106
	ii) Aufhebung des Verfahrens		107.1
	jj) Sonstiges		107.8
	6. Beseitigung von Nutzungsstörungen		108
VI.	Geltendmachung beschlagnahmter Ansprüche		110
VII.	Versilberung entbehrlicher Nutzungen		113
VIII.	Miete und Pacht (Abs. 2, § 5 Abs. 2 ZwVwV)		116
	1. Allgemein		116
	2. Vertragsschluss		125
	a) Allgemein		125
	b) Schriftform, § 6 Abs. 1 ZwVwV		131
	c) Haftungsausschlüsse, § 6 Abs. 2 ZwVwV		135
	aa) Allgemein		135
	bb) Klauselkatalog		140
	3. Vertragsverhältnis		143.1
	a) Rechte und Pflichten		143.1
	b) Nebenkostenabrechnung		150
	aa) Allgemein		150
	bb) Abrechnung		154
	cc) Abrechnungszeiträume		156
	c) Kaution		164
	aa) Allgemein		164
	bb) Anforderung der Kaution		165
	cc) Herausgabe der Sicherheit		166
	4. Baukostenzuschüsse, Mieterdarlehen und Mietvorauszahlungen		173
	a) Allgemein		173
	b) Baukostenzuschuss		176
	c) Mieterdarlehen		177

		d) Mietvorauszahlungen	178
		e) Wiederkehrende Leistungen	181
		f) Wirksamkeit	182
	5.	Eigenkapitalersetzende Nutzungsüberlassung	185
	6.	Jagdpachtverträge	186
	7.	Landpachtverträge	187
	8.	Zwangsverwaltung und Insolvenzverwaltung	188.1
IX.	Wohnungseigentum		189
	1.	Allgemein	189
	2.	Eigentümergemeinschaft und Verwalter	192
	3.	Wohngeld	195
		a) Allgemein	195
		b) Rückstände und Sonderumlagen	202
		aa) Allgemein	202
		bb) Rückstände, Nachzahlungen	203
		cc) Sonderumlage	211
		dd) Guthaben	217
		ee) Vorschuss und Gläubigervorrecht	219
X.	Abgrenzungsfragen		222
	1.	Allgemein	222
	2.	Eigentümer und Insolvenzverwalter	223
XI.	Rechtsverfolgung und Prozessführung		224
	1.	Allgemein	224
	2.	Laufende Prozesse	232
	3.	Neue Prozesse	236
		a) Allgemein	236
		b) Einzelfälle	237
		aa) Miet- und Pachtforderungen	237
		bb) Versicherungsforderungen	240
		cc) Besitzstörungen und Nutzungsentschädigungen	241
		dd) Sonstige Ansprüche	245
	4.	§ 8 ZwVwV	246
	5.	Verwalterwechsel	247
	6.	Aufhebung der Verwaltung	248
XII.	Vollstreckung während der Verwaltung		249
	1.	Vollstreckung gegen den Schuldner	249
	2.	Vollstreckung durch und gegen den Verwalter	255
	3.	Vollstreckung gegen den Gläubiger	257
XIII.	Rechtsbehelfe		258
	1.	Gegenüber dem Verwalter	258
	2.	Gegenüber dem Insolvenzverwalter	259

I. Allgemein

1 § 152 ist als **zentrale Regelung** der Rechte und Pflichten des Verwalters[1] anzusehen und bildet die Grundlage seiner Geschäftsführung. Sie wird u.a. ergänzt durch die Mitwirkung und Aufsicht des Gerichts gemäß § 153 sowie die Regelung der Haftung und Rechnungslegungspflicht in § 154. Die knappe und allgemein gehaltene Vorschrift wird durch die Reglungen der ZwVwV ausgestaltet und ergänzt.

2 Die Bestimmung gilt mit den jeweiligen Besonderheiten auch für Instituts- (§ 150a) und Schuldnerverwalter (§ 150b).

---

1 Hierzu *Drasdo*, NJW 2012, 1922; NJW 2013, 1775; NJW 2014, 1855; NJW 2015, 1701.

II. Rechtsstellung des Zwangsverwalters

Die Rechtsstellung des Zwangsverwalters wird weiterhin durch verschiedene Theorien beschrieben, insbesondere 3

- Vertretertheorie
- Amtstheorie
- Organtheorie
- Neutralitätstheorie
- Theorie „Ohne Theorie".

Die früher herrschende Amtstheorie wird zwischenzeitlich zugunsten der 4 **Neutralitätstheorie** verdrängt, die – vom Eigentum unabhängig – am ehesten geeignet ist, das Verhältnis Zwangsverwalter/Gläubiger[2]/Schuldner im Verfahren und Zwangsverwalter/Ersteher zwischen Zuschlag und Aufhebung systemgerecht zu klären[3]. Für die Praxis des Zwangsverwaltungsverfahrens ist eine Entscheidung nicht erforderlich[4], sodass vorliegend weiterhin von einer Darstellung der einzelnen Theorien abgesehen wird[5]. Bei vernünftiger Anwendung werden in der Praxis die gleichen Ergebnisse erzielt, sodass auf die Darstellung der einzelnen Aufgabenkreise Bezug genommen wird, insbesondere den Vertragsschluss (→ Rdn. 65 f.).

Der Verwalter wird durch Staatsakt (kraft öffentlicher Gewalt) bestellt. Er ist kein Beamter, da er privatrechtliche Befugnisse ausübt. Er ist auch nicht Angestellter oder Vertreter des Vollstreckungsgerichts, der Beteiligten oder des Schuldners und unterliegt keinen Anweisungen der Beteiligten[6] mit Ausnahme des Gerichtes[7]. Im Interesse aller Verfahrensbeteiligten verwaltet er jedoch fremdes Vermögen und wird als Partei kraft Amtes in Prozessen behandelt (gesetzlicher Prozessstandschafter). Er ist Organ der Rechtspflege.

III. Aufgaben im Allgemeinen
1. Gesetzliche Regelung

Nach Abs. 1 ist der Verwalter berechtigt und verpflichtet: 5

- alle Handlungen vorzunehmen, die erforderlich sind, um das Grundstück in seinem wirtschaftlichen Bestand zu erhalten (→ Rdn. 10 ff.),
- alle für eine ordnungsmäßige Benutzung des Grundstücks erforderlichen Handlungen vorzunehmen (→ Rdn. 23 ff.),

---

2 *Cranshaw*, Effizientes Zwangsverwaltungs- und Zwangsversteigerungsmanagement – Perspektiven aus Gläubigersicht, ZfIR 2013, 345 und 392.
3 Vgl. *Depré/Mayer*, Rdn. 435, 467, 525.
4 So auch *Stöber*, ZVG § 152 Rdn. 2.3; *Depré/Mayer*, Rdn. 525; *Böttcher/Keller*, § 152 Rdn. 5.; dagegen *Wedekind/Wedekind*, Rdn. 832 ff, mit Tendenzen zur Amtstheorie, aber ohne Festlegung auf eine Theorie. Amtstheorie und Vertretertheorie werden zur rechtlichen Begründung der Position des Zwangsverwalters im jeweiligen Einzelfall herangezogen, insbesondere die Amtstheorie für Fragen des Vertragsabschlusses mit dem Schuldner.
5 Vgl. hierzu *H/W/F/H*, § 150a Rdn. 14 ff.; *Stöber*, ZVG § 152 Rdn. 2.1 ff.
6 Vgl. *Eickmann*, § 39. I.
7 Ausführlich *Wedekind/Wedekind*, Rdn. 41 ff.

- die Ansprüche geltend zu machen, auf die sich die Beschlagnahme erstreckt (→ Rdn. 110 ff.),
- die für die Verwaltung entbehrlichen Nutzungen in Geld umzusetzen (→ Rdn. 113 ff.),
- die weiteren sich aus den §§ 5–8 ZwVwV ergebenden Verpflichtungen[8].

2. Handlungsgrundsätze

6   Die Geschäftsführung beginnt mit der Inbesitznahme des Grundstücks und der der Beschlagnahme unterliegenden Gegenstände (§ 150 Abs. 2). Die Verwaltung des Grundstücks erfolgt grundsätzlich selbstständig. Wünsche und Anregungen der Beteiligten kann er berücksichtigen, ist an diese jedoch nicht gebunden[9]. Der Verwalter unterliegt aber gerichtlichen Weisungen (§ 1 Abs. 1 S. 2 ZwVwV) und kann diese auch selbst einholen, z.b. in Zweifelsfällen (§ 153). Er handelt aus eigenem Recht und kann daraus im eigenen Namen auftreten[10], wobei es zweckmäßig ist, auf die Eigenschaft des Zwangsverwalters hinzuweisen.

Damit kann der Verwalter im Rahmen einer ordnungsgemäßen Verwaltung über die beschlagnahmten und dem Schuldner gehörenden Gegenstände diesem gegenüber wirksam verfügen. Hierbei handelt es sich jedoch nur um unbrauchbares Zubehör oder entbehrliche Nutzungen (→ Rdn. 113 ff.).

7   Er kann weder über das Grundstück verfügen, insbesondere nicht auflassen, noch Eintragungen beantragen (z.B. eine Grundbuchberichtigung) oder bewilligen, auch nicht im Hinblick auf eine geänderte Teilungserklärung bei Wohnungseigentum[11]. Die Beschlagnahme des Grundstücks führt nicht zu einem Eigentumswechsel oder zu einem Rechtsübergang. Damit bleibt die Verfügungsbefugnis auch nach angeordneter Zwangsverwaltung bei dem Schuldner, allerdings beschränkt durch das mit der Beschlagnahme verbundene relative Veräußerungsverbot im Verhältnis zu dem betreibenden Gläubiger (§§ 146 Abs. 1, 20 Abs. 1, 23 Abs. 1 S. 1 ZVG und §§ 135, 136 BGB).

8   Die Verwaltung ist persönlich auszuüben. Eine vollständige Übertragung ist unzulässig (s. → § 150 Rdn. 16 ff.). Hierbei sind wiederum Tätigkeiten abzugrenzen, die höchstpersönlich ausgeführt werden müssen oder die delegiert werden können.

3. Handlungsmaßstab

9.1 Die Einzelheiten der vorzunehmenden Handlungen i.S.e. Ob und Wie sind der gesetzlichen Regelung kaum und der ZwVwV nur in Grundzügen zu entnehmen. Nach allgemeiner Ansicht ist der Maßstab zunächst aus der Sicht eines sparsamen, ordentlich wirtschaftenden Eigentümers zu beurteilen[12]. Diesem Maßstab sind jedoch regelmäßig durch den Zweck und den Gegenstand der Verwaltung Grenzen gezogen. Die Verwaltung dient der Befriedigung der Gläubiger und der Erhaltung des Grundstücks. Die Mittel des Verwalters sind häufig begrenzt. Der Handlungsmaßstab ist im Zweifel vorrangig an dem Gläubigerinteresse auszu-

---

8   S. zu den Mitteilungspflichten des Zwangsverwalters *Drasdo*, NZI 2013, 614.
9   BGH, Rpfleger 1992, 403 = NJW 1992, 3041.
10 *Stöber*, ZVG § 152 Rdn. 3.2; a.A. Vorauflage.
11 BGH, Rpfleger 2009, 255 = NJW 2009, 1076 = ZMR 2009, 349; LG Bonn, Rpfleger 1983, 324.
12 *Stöber*, ZVG § 152 Rdn. 3.1; *Böttcher/Keller*, § 152 Rdn. 8.

richten[13], jedoch nur soweit, als es der Sicht eines sparsamen und ordentlich wirtschaftenden Eigentümers nicht widerspricht. Hierbei ist auch das Interesse des Schuldners zu berücksichtigen. Der Verwalter hat nach **pflichtgemäßem Ermessen** zu handeln (§ 1 ZwVwV) und die Gegebenheiten und Beschränkungen mit wirtschaftlicher Vernunft nutzen[14]. Vor wichtigen Entscheidungen soll der Verwalter deshalb Gläubiger und Schuldner anhören, wenn die Maßnahme nicht dringlich ist. I.V.m. § 10 ZwVwV wird es dem Zwangsverwalter auch ermöglicht, je nach Sachlage von den Grundsätzen der § 152 und § 5 ZwVwV abzuweichen.

4. Verhältnis zum Zwangsversteigerungsverfahren

Berührungspunkte und Unterschiede ergeben sich bei[15]:

9.2

- § 10 Abs. 1 Nr. 1: Besserstellung des Gläubigers in der Zwangsverwaltung (→ § 155 Rdn. 18),
- § 13 Abs. 4: Fortdauer der Beschlagnahme, wenn Zwangsverwaltung vor Zwangsversteigerung und die Zwangsverwaltung bis zur Anordnung der Zwangsversteigerung andauert,
- § 147 Zwangsverwaltung auch gegen den Eigenbesitzer möglich,
- § 77 Abs. 2 S. 2: Nach zwei Terminen ohne wirksames Gebot Fortführung als Zwangsverwaltung auf Antrag,
- Nach Zuschlag Abgrenzung und Abwicklung der Zwangsverwaltung,
- Getrennte Anmeldung in den jeweiligen Verfahren,
- Getrennte Erlösverteilung, ggf. mit Minderanmeldung in der Zwangsversteigerung.

Das Zwangsverwaltungsverfahren ist kein Hilfsverfahren des Zwangsversteigerungsverfahrens[16]. Gleichwohl ist ein kooperatives Verhalten des Zwangsverwalters im Rahmen der operativen Abwicklung des Verfahrens sinnvoll[17]. Im Zweifel sind jedoch klare Grenzen zu berücksichtigen. Ungeachtet der Frage, welche Informationen der Zwangsverwalter weitergeben darf (s. → Rdn. 9.4), kann das Gericht Bietinteressenten nicht zum Zwecke der Information oder der Besichtigung an den Zwangsverwalter verweisen. Es gehört grundsätzlich auch nicht zu seinen Verpflichtungen, dem Sachverständigen die Besichtigung zu ermöglichen, da dies mit dem Zwangsverwaltungsverfahren nichts zu tun hat. Hierbei handelt es sich im Einzelfall ausschließlich um kooperatives Verhalten des Verwalters, zumal ein Vergütungsanspruch aufgrund des fehlenden Sachzusammenhangs mit dem Zwangsverwaltungsverfahren zu verneinen ist. Insofern ist auch der Unsitte der Gutachter entgegenzuwirken, ohne Abstimmung mit dem Zwangsverwalter Termine festzusetzen und diesen aufzufordern, nicht nur den Zutritt zu ermöglichen, sondern auch eine zeitliche Koordination mit den Mietern herbeizuführen.

9.3

Weder Schuldner noch Mieter sind verpflichtet, dem Sachverständigen oder Bietinteressenten den Zutritt zu gestatten. *Wedekind/Wedekind* sehen die Grundlage, eine Besichtigung zu ermöglichen, danach lediglich vergleichbar einer Amts-

---

13 *Depré/Mayer*, Rdn. 427 ff.
14 *Depré/Mayer*, Rdn. 528.
15 Zum Verhältnis innerhalb der Systematik des ZVG *Böttcher/Keller*, § 146 Rdn. 14 ff.
16 So zutreffend *Wedekind/Wedekind*, Rdn. 52, 932 ff.
17 Ausführliche Überlegungen von *Goldbach*, ZfIR 2012, 452.

hilfe, die im Falle der Weigerung von Mieter und Schuldner aber nur bei Leerstand in Betracht kommt[18].

Zurückhaltend sollte der Zwangsverwalter bei der Herausgabe von Schlüsseln sein, da er letztlich die Verantwortung für das Objekt trägt und in der Haftung steht. Bei Maklern die Tochterfirmen der Gläubiger sind, kann hier eine Haftungsübernahmeerklärung helfen.

Wenig bekannt ist auch bei den Kreditinstituten, dass häufig in den dortigen Kreditbedingungen **Zutrittsrechte** geregelt sind, die naturgemäß gegen den Schuldner im Falle der Weigerung außerhalb der Immobiliarvollstreckung durchgesetzt werden müssen.

Selbstverständlich kann auch die Anordnung des Verfahrens nicht mit der Begründung einer Zutrittsmöglichkeit oder Besichtigung beantragt werden, da sie sich nicht auf die Nutzung richtet und mit den Zwecken der Zwangsverwaltung unvereinbar wäre (→ § 146 Rdn. 59)[19]. Die Besichtigung ist zweifellos für eine bestmögliche Verwertung in der Praxis von großer Bedeutung, aber rechtlich nur eingeschränkt durchsetzbar. Zum einen sind Rechte etwaiger Mieter zu beachten und die fehlende Mitwirkung des Schuldners, die ohne rechtliche Verpflichtung auch über § 149 Abs. 2 nicht durchsetzbar ist. Im Ergebnis hat die Gläubigerin zunächst einen „normalen" Anordnungsantrag zu stellen. Die Modalitäten der jeweiligen Besichtigungen lassen sich in der Praxis in der ganz überwiegenden Zahl der Verfahren jedoch in der gebotenen Form lösen.

9.4   Ungeklärt ist des Weiteren, welche Informationen und **Objektunterlagen** der Verwalter während und nach dem Verfahren weitergeben darf[20]. Gegenüber Bietinteressenten ist eine Weitergabe ohne Zustimmung des Schuldners zu verneinen, in Bezug auf Mietverträge wohl auch ohne Zustimmung des Mieters, da es sich insoweit um persönliche Daten handelt. Da die mietvertraglichen Daten jedoch häufig von den Grundlagen des Gutachtens abweichen, besteht seitens der Interessenten ein nachvollziehbares Interesse an der Ist-Situation. Insofern bestehen keine Bedenken Daten zu den Mietverhältnissen zusammengefasst und anonymisiert unter Angabe der Belegenheit der Wohnung mitzuteilen. Zurückzuweisen sind Fragen nach dem Verhalten von Mietern im Allgemeinen und dem Zahlungsverhalten im Besonderen. Inwieweit Gläubiger, Schuldner oder Gericht in dem parallelen Zwangsversteigerungsverfahren Informationen aus den Berichten weitergeben, unterliegt nicht der Kontrolle des Zwangsverwalters. Letztlich betrifft eine Pflicht zur Informationsweitergabe nur die Frage, inwieweit diese zu einer ordnungsgemäßen Verwaltung im Zwangsverwaltungsverfahren gehört[21].

Selbstverständlich entbindet dies den professionellen Verwalter nicht davon, das operative Verfahren im Einvernehmen und kooperativ mit den Beteiligten im Rahmen einer allseitigen Interessenabwägung auszugestalten. Aufgrund des Zweckwandels des Zwangsverwaltungsverfahrens mit einer unverkennbaren Ausrichtung auf das Zwangsversteigerungsverfahren, kann der Verwalter sich dem Interesse der Beteiligten, eine bestmögliche Verwertung zu erreichen nicht vollständig verschließen.

---

18   Dort, Rdn. 56 ff., 934.
19   Vgl. LG Heilbronn, Rpfleger 2003, 679 m. Anm. *Schmidberger*.
20   Hierzu ausführlich *Loebnau*, IGZInfo 1/2011, 12.
21   So zutreffend *Wedekind/Wedekind*, Rdn. 59.

Nach rechtskräftigem Zuschlag sind die Objektunterlagen an den Ersteher auszuhändigen, insbesondere Mietverträge, Versicherungsunterlagen und Bauunterlagen. Der Ersteher dürfte jedoch keinen Anspruch auf die komplette Handakte oder Korrespondenz mit einzelnen Mietern haben. Macht er ein berechtigtes Interesse in Bezug auf einzelne Vorgänge geltend, muss ein Anspruch isoliert aus §§ 260, 810 BGB geprüft werden. 9.5

IV. Bestandserhaltung
1. Grundsatz

Der Verwalter hat das Grundstück in seinem wirtschaftlichen (ordnungsgemäßen) Bestand zu erhalten. Die Verpflichtung ist mit den Pflichten eines Nießbrauchers vergleichbar. Auf die dortigen Regelungen kann insoweit für die Beurteilung der Rechte und Pflichten des Verwalters zurückgegriffen werden, auch ohne sie uneingeschränkt für entsprechend anwendbar zu erklären[22]. 10

Der Verwalter muss **Verschlechterungen** beseitigen und vorbeugen. Bauliche Mängel sind rechtzeitig zu beseitigen und auszubessern. Hierbei soll den Zwangsverwalter jedoch keine Pflicht treffen, im Rahmen der Inbesitznahme sofort und persönlich Überprüfungen der Haustechnik durchzuführen und Maßnahmen zu ergreifen[23]. Entscheidungsrelevant ist, ob für handwerkliche Maßnahmen eine Fachkunde Voraussetzung ist sowie die Erkennbarkeit, ggf. zeitnah Handwerker hinzuzuziehen. Setzt sich der Schuldner nicht mit dem Verwalter in Verbindung und weist diesen auf eine ihm bekannte Dringlichkeit hin, kann er von dem Verwalter keinen Schadensersatz verlangen, weil dieser mit dem Objekt pflichtwidrig umgegangen sei[24]. Der Verwalter wird hierdurch jedoch nicht von seinen allgemeinen Sorgfaltspflichten befreit. 11

Im Einzelfall ist es angezeigt, einen Sachverständigen mit der Überprüfung zu beauftragen. Bei abgebrannten Gebäuden kann der Wiederaufbau aus der gezahlten Versicherungssumme erforderlich sein (→ § 20 Rdn. 38 ff.), wobei die Fristen für die Erstattung des Neuwertes zu beachten sind. Bei Zubehör kann eine ordnungsgemäße Ergänzung notwendig sein.

Der Zwangsverwalter ist verpflichtet das Objekt regelmäßig zu überprüfen (→ § 154 Rdn. 7.2)[25], wobei im Falle des Leerstands ein Abstand von 11 Tagen ausreichend ist[26].

Als bestandserhaltend sind damit nur solche Maßnahmen anzusehen, die das Grundstück nicht durch erhebliche Verbesserungen wertvoller werden lassen und dabei in seiner Substanz verändern oder in seiner Nutzung ändern. Dies gilt in gleichem Maße bei Wertminderungen durch erhebliche Verschlechterungen. Die Nutzung ist deshalb grundsätzlich beizubehalten (§ 5 ZwVwV). Die Ausgestaltung als Soll-Vorschrift ermöglicht jedoch über § 10 ZwVwV sinnvolle und realisierbare **Nutzungsänderungen** im Rahmen der Ausübung pflichtgemäßen Ermessens (§ 1 Abs. 3 ZwVwV). 12

---

22 Bis 12. Aufl.: teilweise entsprechend anwendbar; *Stöber*, ZVG § 152 Rdn. 4.1: Keine Bedenken gegen eine entsprechende, allerdings vorsichtige Anwendung.
23 LG Erfurt, ZfIR 2008, 808.
24 LG Erfurt, ZfIR 2008, 808.
25 OLG Köln, Rpfleger 2008, 321.
26 BGH, NJW-RR 2008, 1353 = VersR 2008, 1207 = IGZInfo 2008, 182 zu versicherungsrechtlichen Obliegenheiten.

13 Gleichwohl können auch **Verbesserungen** zulässig sein, wenn sie aus den laufenden Mitteln finanziert werden können und vom Zweck des Verfahrens gedeckt sind. Über die bloße Bestandserhaltung hinaus werden deshalb zahlreiche Maßnahmen zugelassen, die die Substanz des Grundstücks infolge Ergänzungs- und Umbauarbeiten erheblich verbessern. Begründet wird dies u.a. aus § 10 Abs. 1 Nr. 1 ZwVwV und § 155 Abs. 3, wonach ein Kostenersatz auch möglich ist, wenn Maßnahmen nicht ausschließlich der Bestandserhaltung dienen. Der BGH hat diese Verbesserungen aber für den Fall eingeschränkt, dass sie dem alleinigen Ziel dienen, die Zwangsversteigerung vorzubereiten und dem Gläubiger einen umfassenden Erlös hieraus zu sichern[27]. Eine Abstimmung mit dem Gläubiger und die Einholung einer Genehmigung des Gerichts sind deshalb geboten.

Besondere Probleme können sich in Bezug auf Schimmelpilzschäden ergeben, die erkannt, bewertet und beseitigt werden müssen[28].

14 **Wesentliche Veränderungen** sind i.d.R. nicht vorzunehmen und unterliegen, wenn sie notwendig sind, dem Zustimmungsvorbehalt (§ 10 Abs. 1 Nr. 1 ZwVwV). Hierzu hat der BGH grundlegend ausgeführt[29], dass eine Umgestaltung und Veränderung der Substanz, durch die auch der Nutzungszweck geändert wird und die Beschaffenheit in seinem Gesamtcharakter berührt weder zulässig noch über § 10 Abs. 1 Nr. 1 ZwVwV genehmigungsfähig ist. Im Übrigen wird zu § 10 ZwVwV auf → § 153 Rdn. 27 ff. verwiesen.

15 Auch bei **wirtschaftlich sinnvollen**, jedoch rechtlich nicht notwendigen Maßnahmen sollte eine Abstimmung mit der Gläubigerin erfolgen und eine Anweisung des Gerichts eingeholt werden. Sind die Maßnahmen nicht der gewöhnlichen Instandhaltung zuzurechnen ist der Zustimmungsvorbehalt nach § 10 Abs. 1 Nr. 5 ZwVwV zu beachten (15 % des Verkehrswertes; vgl. → § 153 Rdn. 35 f.). Jede Instandsetzung soll auch auf die wirtschaftliche Nutzung des Objektes ausgerichtet sein. Dies gilt insbesondere bei vermieteten Objekten.

Je nach Sachlage sind die Maßnahmen über einen Gläubigervorschuss zu finanzieren (§ 161 Abs. 3), die im Fall der Erhaltung und notwendigen Verbesserung die Rangklasse des § 10 Abs. 1 Nr. 1 erhalten.

16 Den Zwangsverwalter treffen im Hinblick auf das Objekt die **Verkehrssicherungspflichten**. Er ist für die Beseitigung verkehrsgefährdender Zustände ausschließlich zuständig[30]. Auch aus diesem Grund ist zur Abdeckung zumindest von Teilen dieses Risikos, der Abschluss einer Eigentümerhaftpflichtversicherung notwendig.

2. Verwahrlosung

17 Ein verwahrlostes Grundstück kann für eine Bewirtschaftung aufbereitet werden. Ein Verwahrlosungsschaden darf nicht auf seinem Unterlassen beruhen[31] (zur Haftung → § 154 Rdn. 7.2). Bauten können fertig gestellt werden[32], unabhängig von dem jeweiligen Baufortschritt (§ 5 Abs. 3, § 10 Abs. 1 Nr. 1

---

27 BGHZ 161, 336 = BGH, Rpfleger 2005, 210 = ZInsO 2005, 86 = NZM 2005, 156.
28 Vgl. hierzu *Deitschun/Warscheid*, NZM 2011, 13 mit der Empfehlung des Bundesverband öffentlich bestellter und vereidigter sowie qualifizierter Sachverständiger e.V. (BVS).
29 BGHZ 161, 336 = BGH, Rpfleger 2005, 210 = ZInsO 2005, 86 = NZM 2005, 156.
30 BGHZ 5, 378, 382; OLG Hamm, OLGR 2004, 157.
31 BGH, Rpfleger 2005, 616 = ZInsO 2005, 882 = NZM 2005, 700.
32 BGHZ 161, 336 = BGH, Rpfleger 2005, 210 = ZInsO 2005, 86 = NZM 2005, 156.

ZwVwV)³³. Lediglich ein unbebautes Grundstück darf der Verwalter nicht bebauen (§ 5 Abs. 3 ZwVwV), wobei *H/W/F/H* dies ausnahmsweise im Rahmen der Zweckbestimmung der Zwangsverwaltung zulassen wollen, wenn zum Zeitpunkt der Anordnung des Verfahrens die Planung bereits abgeschlossen ist und die Baugenehmigung erteilt wurde³⁴.

Der Umfang der Arbeiten und die hierzu notwendigen Finanzmittel sind grundsätzlich unerheblich³⁵. Die Aufwendungen müssen jedoch in einem angemessenen Verhältnis zu den zukünftigen Nutzungen und dem Wert stehen³⁶, wobei im Falle der Bevorschussung durch den betreibenden Gläubiger unter den dortigen Voraussetzungen das Vorrecht nach § 10 Abs. 1 Nr. 1 zum Tragen kommen kann³⁷. Es darf auch keine unverhältnismäßige Belastung des Schuldners eintreten³⁸. Zu beachten ist, dass sich aus diesen Aufgaben weiter gehende Pflichten des Zwangsverwalters als Bauherr ergeben, die über die übliche Tätigkeit im Rahmen der Nutzung hinausgehen. Zu den sich aus diesen Maßnahmen ergebenden vertraglichen Pflichten wird auf → Rdn. 88 verwiesen und den hieraus resultierenden steuerlichen Folgen auf → Rdn. 95.3 f.

Hierbei darf jedoch nicht verkannt werden, dass es in diesen Fällen nicht vorrangig um die Zielsetzung der Nutzung durch Erträge geht, sondern um eine bessere Verwertbarkeit im Rahmen einer parallelen Zwangsversteigerung³⁹, sodass auch Fragen des Rechtsschutzbedürfnisses zu berücksichtigen sind.

Ist für die Bestandserhaltung die Einräumung eines **Notwegerechts** erforderlich, hat der Verwalter dies geltend zu machen⁴⁰. **18**

3. Altlasten
a) Allgemein

Bei **Altlasten**⁴¹ ist das BBodSchG⁴² zu beachten. Hieraus ergeben sich Duldungspflichten gegenüber den zuständigen Behörden bis hin zur Ersatzvornahme und der hieraus resultierenden Kostentragungspflicht⁴³. Der Umfang solcher Kosten kann die Zwangsverwaltung unwirtschaftlich machen, teilweise das Grundstück wertlos. Im Einzelfall sind bestehende Versicherungen, wie eine Gewässerschadenhaftpflichtversicherung zu prüfen. **19.1**

Daneben kommen die Reglungen des BImSchG, des KrWG und des WHG in Betracht. Die umweltverträgliche Bewirtschaftung von Abfällen ist zum 1.6.2012 durch das KrWG neu geregelt worden.

---

33 OLG Schleswig, ZIP 1983, 1133; *H/W/F/H*, Handbuch, Kap. 4. II.
34 *H/W/F/H*, § 5 ZwVwV Rdn. 44; vgl. auch *Böttcher/Keller*, § 152 Rdn. 14.
35 OLG Schleswig, KTS 1984, 320 m. Anm. *Mohrbutter* = ZIP 1983, 1133; LG Göttingen, Rpfleger, 2004, 113.
36 BGHZ 161, 336 = BGH, Rpfleger 2005, 210 = ZInsO 2005, 86 = NZM 2005, 156; OLG Schleswig, ZIP 1983, 1133; LG Göttingen Rpfleger 2004, 113.
37 BGH, Rpfleger 2003, 454 = ZInsO 2003, 463.
38 LG Göttingen, Rpfleger 2004, 113.
39 Vgl. *Storz*, Rpfleger 2003, 50.
40 LG Landau, NJW 1968, 2013.
41 Hierzu ausführlich *Engels*, Rpfleger 2010, 557 ff.
42 BGBl I 1998, 502.
43 Vgl. *Dorn*, Rpfleger 1988, 298; *Lwowski/Tetzlaff*, NZI 2004, 225, 229; vgl. auch VG Aachen, 6 K 1180/10 zur Erstattung von Kosten für die im Wege der Ersatzvornahme erfolgte Außerbetriebnahme eines unterirdischen Tanks.

Das Altlastenrecht basiert im Wesentlichen auf dem Bodenschutzrecht in Form des zum 1.3.1999 in Kraft getretenen Bundesbodenschutzgesetzes (BBodSchG)[44.] Es ist Grundlage einer Reihe von Ausführungsverordnungen sowie der notwendigen korrespondierenden und ergänzenden landesrechtlichen Regelungen.

Für den Bereich der Zwangsverwaltung hat die Entscheidung des BGH vom 18.2.2010[45] in zivilrechtlicher Hinsicht eine Reihe von Fragen aufgegriffen und einer Regelung zugeführt.

b) Anwendungsbereiche und Konkurrenzen

19.2 Schon aus den Begriffsbestimmungen[46] ergibt sich die Abgrenzung zum **WHG**. Das BBodSchG tritt aber auch im Übrigen zurück, soweit andere gesetzliche Regelungen als **spezieller** anzusehen sind[47]. Hierzu zählen, das **KrWG** sowie Spezialvorschriften zum Bioabfall oder zur Kompostierung und Klärschlammverordnung (hierzu § 11 f. KrWG).

Soweit es aber um die Sanierung geht, verweist das **Abfallrecht** wieder auf das BBodSchG zurück (§ 40 KrWG). Das Abfallrecht greift insofern nur für solche Altlasten ein, die auf Abfallablagerungen zurückgehen und hierbei nur auf solche Ablagerungen, die bei Inkrafttreten des Abfallgesetzes **noch nicht stillgelegt** waren. Damit sind die abfallrechtlichen Regelungen für die weitergehenden echten Altlasten nicht anzuwenden, wobei es hier erhebliche Abgrenzungsprobleme gibt. Sofern § 2 Abs. 5 Nr. 1 BBodSchG die **Abfallbeseitigungsanlage**[48] behandelt, sind diese in §§ 39 ff. KrWG definiert, insbesondere Deponien und Abfallentsorgungsanlagen, die aber für die Anwendung des BBodSchG **stillgelegt** sein müssen[49].

19.3 Nach § 4 Abs. 3 Satz 1 BBodSchG sind **Gewässerschäden** nach den Bestimmungen des BBodSchG zu sanieren[50]. Die Anforderungen richten sich jedoch nach wasserrechtlichen Regelungen. Dies gilt in gleichem Maße für die Vorsorge für das Grundwasser (§ 7 S. 6 BBodSchG)[51]. In Bezug auf das **BImSchG** wird die Abgrenzung durch § 3 Abs. 3 geregelt.

Die Sanierung von sog. **Neulasten** regelt § 4 Abs. 5 BBodSchG (Konkretisierungsvorschrift). Die schädliche Bodenveränderung oder Altlast muss hier nach dem 1.3.1999 eingetreten sein[52].

---

44 BGBl 1998 I 502.
45 BGHZ 184, 288 = ZfIR 2010, 368 m. Anm. *Bergsdorf*.
46 Ausführlich *Engels*, Rpfleger 2010, 557 ff.
47 USchG subsidiär zu BBodSchG, vgl. hierzu ausführlich *Wagner*, VersR 2008, 565, Das neue Umweltschutzgesetz – ein Überblick.
48 *Franßen/Blatt*, NVwZ 2011, 1291, Die Abgrenzung von Bodenschutzrecht und sonstigem Umweltrecht gem. § 2 V BBodSchG – Stillegung von Abfallbeseitigungsanlagen.
49 Ebenso Anlagen i.S.v. § 3 Abs. 5 BImSchG, hierzu ebenfalls BGH, BGHZ 184, 288 = ZfIR 2010, 368 Beendigung der Stillegungsmaßnahme.
50 *Grinzky*, NuR 2008, 243, Materiellrechtliche Anforderungen an die Boden- und Grundwassersanierung.
51 Vgl. i.Ü. *Versteyl/Sondermann*, § 4, Rdn. 79: BBodSchG nur Ob nicht Wie.
52 Die Regelung erfasst damit nicht entsprechende Belastungen, die vor dem 1.3.1999 eingetreten sind; vgl. *Versteyl/Sondermann*, § 4, Rdn. 120; zur Rückwirkung i.Ü. dort Rdn. 89 ff. und Verjährung Rdn. 101 ff. Sie ist darüber hinaus eine Sonderregelung zur Legalisierung. Vgl. zu den zeitlichen Grenzen der Altlastenhaftung *Hallmann/Zorn*, NVwZ 2010, 1267.

c) **Instrumentarium**
Aus § 4 BBodSchG ergeben sich als Pflichten: 19.4
- die allgemeine **Vermeidungspflicht**, Abs. 1
- die **Abwehrpflicht**, Abs. 2
- die **Sanierungspflicht**, Abs. 3
- ergänzt um die **Vorsorgepflicht** gemäß § 7 BBodSchG.

Hierbei kommen neben dem Eigentümer als **Inhaber der tatsächlichen Gewalt** in Betracht:

- Besitzer, **ja**,
- Mittelbarer Besitzer, **ja**,
- „vergeistigter Besitzer" **nein**, es sei denn Eigentümer oder Untervermieter,
- Besitzdiener, str. (h.M.: **ja**),
- Erbenbesitz, **nein**,
- Insolvenzverwalter, **ja**,
- Zwangsverwalter, **diff.**, kein Eigentümer, aber Inhaber der tatsächlichen Gewalt

nach vorstehenden Kriterien.

Im Hinblick auf die **Störerauswahl** gibt es grundsätzlich kein Rangverhältnis 19.5 zwischen dem Eigentümer und dem Inhaber der tatsächlichen Gewalt im Rahmen von § 4 Abs. 2 BBodSchG. Es gilt auch hier der Grundsatz der **Effektivität**. Dies dürfte in öffentlich-rechtlicher Hinsicht auch nicht durch die Entscheidung des BGH zu den zivilrechtlichen Rückgriffsansprüchen anders zu betrachten sein[53]. Die Grenze der Abwehrpflicht ist dort zu sehen, wo der Pflichtige entweder rechtlich oder tatsächlich nicht in der Lage ist, die Gefahr abzuwehren. In Betracht kommt aus diesem Gesichtspunkt eine **Ermessensreduktion**.

Diese kann den **Insolvenzverwalter** betreffen, da auf ihn gemäß § 80 Abs. 1 InsO das Verfügungs- und Verwaltungsrecht des Eigentümers übergeht und eine Inanspruchnahme des Schuldners nicht zielführend wäre[54]. Gemäß § 148 Abs. 2 ZVG scheint die Bewertung in Bezug auf einen **Zwangsverwalter** kaum anders auszufallen. Jedoch ist hier die Beschlagnahme auf den Gegenstand des Verfahrens beschränkt, mithin das sonstige Vermögen nicht betroffen. Insbesondere beschränkt sich die Zwangsverwaltung aber auf die Nutzungen und den Erhalt, während dem Schuldner die Substanz unbeeinträchtigt verbleibt, der Zwangsverwalter – anders als der Insolvenzverwalter – auch nicht über das Grundstück verfügen kann. Vor diesem Hintergrund kann der Eigentümer im Falle einer Zwangsverwaltung zwar wegen eines rechtlichen Hindernisses von einer Inanspruchnahme ausgeschlossen sein, im Ergebnis jedoch nur, wenn er durch den Zwangsverwalter auch tatsächlich an der Durchführung von Maßnahmen gehindert ist. Hier kann sogar eine Duldungsanordnung gegen den Zwangsverwalter in Betracht kommen[55]. Der Zwangsverwalter ist weder Eigentümer noch Rechts-

---

53 BGHZ 184, 288 = ZfIR 2010, 368.
54 *Frenz*, Bundes-Bodenschutzgesetz, § 4 Rdn. 62; ebenso *Versteyl/Sondermann*, § 4 Rdn. 29.
55 Ebenso VG Würzburg, U. v. 23.5.2006, W 4 K 05.592 n.v.

nachfolger, sodass ohne Hindernisse aus tatsächlichen oder rechtlichen Gründen der Eigentümer in Anspruch genommen werden kann und allenfalls aus dem Gesichtspunkt der **Effizienz** der Zwangsverwalter heranzuziehen ist.

Dies sieht der **BGH** zivilrechtlich mit Ausnahme der Fälle, in denen tatsächlich eine Duldungsverfügung geplant oder existent ist anders und begründet grundsätzlich die Verpflichtung des Zwangsverwalters[56]. Hierbei grenzt der BGH jedoch die besonderen Verantwortlichkeiten nach dem BBodSchG unzureichend von denen des allgemeinen Polizei- und Ordnungsrechtes ab.

19.6   Die (weitergehenden) Adressaten des § 4 Abs. 3 Satz 1 BBodSchG sind verpflichtet, den Boden und die Altlasten sowie durch schädliche Bodenveränderungen oder Altlasten verursachte Verunreinigungen von Gewässer zu sanieren. Als **Adressaten**[57] kommen in Betracht:

- Verursacher,
- Gesamtrechtsnachfolger,
- Eigentümer,
- Inhaber der tatsächlichen Gewalt (→ Rdn. 19.4),
- Verantwortlicher einer juristischen Person,
- derjenige, der derelinquiert hat,
- früherer Eigentümer nach § 4 Abs. 6 BBodSchG.

d) **Verpflichtete (Sanierung)**

19.7   Der **Verursacherbegriff** gem. § 4 Abs. 3 S. 1 BBodSchG entspricht im Wesentlich dem Begriff des Handlungs- oder Verhaltensstörers. Die Regelung umfasst jedoch konkreter die Sanierungspflicht des Verursachers. Landesrechtliche Regelungen sind damit nicht mehr anwendbar. Die Verursachung muss unmittelbar zu der Gefahr oder Störung geführt haben. Hierbei geht es nicht nur um eine Kausalitätsfrage, sondern insbesondere um die **Zurechnung**.

Auf der Grundlage der **Theorie der unmittelbaren Verursachung** ist nur derjenige Verursacher, dessen Beitrag zur Kontamination die Gefahrenschwelle, die eine Sanierung notwendig macht, überschritten hat. Hierbei muss eine fortwirkende Kausalität ohne Unterbrechung des Ursachenzusammenhangs vorliegen[58]. Auf subjektive Kenntnisse und Fähigkeiten des Verursachers kommt es nicht an.

Im Bereich der **Insolvenzverwaltung** greift die Verursacherhaftung nur für denjenigen, der für die schädlichen Bodenveränderungen oder Altlasten verantwortlich ist und im Rahmen der **Zwangsverwaltung** nur im Falle der umstrittenen Betriebsfortführung oder zuzurechnender Handlungen in Bezug auf Abfall oder Bodenverunreinigungen. Deshalb kommt in diesen Fällen vorrangig eine Haftung als Inhaber der tatsächlichen Gewalt in Betracht.

Bestehen mehrere Sanierungsverantwortliche, steht der zuständigen Behörde ein **Auswahlermessen** zu. Ist der Verursacher eindeutig festzustellen, kann ein Vorrang der Verhaltensverantwortlichkeit bestehen[59]. Ob § 152 die Inanspruch-

---

56 BGH BGHZ 184, 288 = ZfIR 2010, 368, im Wesentlichen unter Hinweis auf die polizei- und ordnungsrechtliche Literatur.
57 Vgl. auch *Finger*, NVwZ 2011, 1288, Neues von den Altlasten.
58 So zutreffend *Versteyl/Sondermann*, § 4 Rdn. 43 m.w.N., insb. der Rspr.; ausführlich *Engels*, Rpfleger, 2010, 557, 560 f.
59 VG Frankfurt, U. v. 13.11.2001, 14 E 4385/99 n.v.

nahme des Verursachers/Eigentümers sperrt, ist öffentlich-rechtlich streitig und wird u.a. nur dann bejaht, wenn eine tatsächliche oder rechtliche Unmöglichkeit für diesen besteht. Zivilrechtlich ist der BGH der Auffassung, dass allenfalls in Ausnahmefällen der Eigentümer anstelle des **Zwangsverwalters** in Anspruch genommen werden kann, mithin grundsätzlich der Zwangsverwalter verpflichtet ist[60].

Grundlegend kommt es zunächst auf die **schnelle und wirksame Gefahrenbeseitigung** an. Dies betrifft vorrangig den Eigentümer, im Vergleich zum Verursacher auch unter Liquiditätsgesichtspunkten. Im Innenverhältnis sind hier lediglich die Grundsätze des Gesamtschuldnerausgleichs in § 24 Abs. 2 BBodSchG zu berücksichtigen. Unabhängig hiervon steht der Verursacher im Außenverhältnis damit grundsätzlich gleichrangig neben dem „Zustandsstörer"[61]. Die Störerauswahl soll das behördliche Vorgehen nicht belasten[62]. Hierbei wird keine hohe Anforderung an den Nachweis der Verursachung geknüpft, es darf sich lediglich nicht um Spekulationen oder Mutmaßungen handeln[63].

e) **Verfahren**

Zum Verfahren der Sanierung, der Kostentragung, dem Wertausgleich sowie Schadensersatz- und Rückgriffsansprüchen wird auf die Darstellung in der Vorauflage (Rdn. 19.8–19.12) sowie die Spezialliteratur verwiesen[64].

19.8

f) **Zwangsversteigerung**

Im Rahmen des Zwangsversteigerungsverfahrens spielen Fragen des Bodenschutzrechts bei der Verkehrswertfestsetzung eine Rolle sowie im Hinblick auf den Bodenschutzlastvermerk und den Rang des Wertausgleichs als öffentliche Last. Insoweit ist jedoch anzumerken, dass der Bodenschutzlastvermerk in der Praxis keine große Bedeutung erlangt hat[65].

19.9

Als geklärt muss zwischenzeitlich auch die Frage gelten, ob und in welchem Umfang das **Zwangsversteigerungsgericht** das Vorhandensein von Altlasten berücksichtigen muss. Maßgeblich ist hier die Entscheidung des BGH vom 18.5.2006[66]. In dem zugrunde liegenden Sachverhalt hatte der Gutachter etwaige Altlasten mit 5 % Abzug pauschal im Rahmen der Bewertung erfasst. Der BGH hat hierzu folgenden Leitsatz aufgestellt:

---

60 BGHZ 184, 288 = ZfIR 2010, 368.
61 VG Düsseldorf, ZfW 2010, 120 = ZVR 2010, 85 mit einer sehr ausführlichen Darstellung der materiell-rechtlichen und verfahrensrechtlichen Voraussetzungen des BBodSchG.
62 Effektive Gefahrenabwehr, OVG Bremen, NuR 2004, 182.
63 VGH München, NVwZ 2001, 458; VGH Mannheim, NVwZ-RR 2003, 103; vgl. VG Würzburg, U. v. 23.5.2006, W 4 05.592 n.v. zum **Verursacher neben dem Zwangsverwalter**; OVG NRW, 16 B 1467/11: Bereits ein geringer Grad an Wahrscheinlichkeit einer Verunreinigung des Wassers durch eine schädliche Bodenverunreinigung genügt für ein behördliches Einschreiten.
64 Vgl. auch VG Aachen, 6 K 1180/10 zur Erstattung von Kosten für die im Wege der Ersatzvornahme erfolgte Außerbetriebnahme eines unterirdischen Tanks.
65 Ebenso die Feststellungen von *Schoss*, IGZInfo 2007, 135, Fn. 1.
66 Rpfleger 2006, 554 = NJW-RR 2006, 1389; hierzu auch OLG Karlsruhe, Rpfleger 2010, 688.

Besteht bei einem Grundstück ein ernst zu nehmender Altlastenverdacht, muss das Vollstreckungsgericht bei der Verkehrsermittlung den Verdachtsmomenten nachgehen und alle zumutbaren Erkenntnisquellen über die Bodenbeschaffenheit nutzen. Kosten für ein Bodengutachten sind jedenfalls dann aufzuwenden, wenn sie in einem angemessenen Verhältnis zu den Auswirkungen stehen, die das Gutachten auch angesichts der Aussagekraft vorhandener Unterlagen auf den festzusetzenden Verkehrswert haben kann.

Ein Sachverständiger muss erkennen lassen, wie sich die Möglichkeit einer Bodenverunreinigung auf den Wert des Grundstücks auswirkt. Die Wertermittlung und Wertfestsetzung gemäß § 74a Abs. 5 S. 1 soll einer Verschleuderung des Beschlagnahmegrundstücks entgegenwirken. Des Weiteren soll Bietinteressenten eine Orientierungshilfe für ihre Entscheidung gegeben werden. Deswegen muss die Wertermittlung auf eine sachgerechte Bewertung ausgerichtet sein. Von daher müssen alle wertbeeinflussenden Umstände in tatsächlicher und rechtlicher Art sorgfältig ermittelt werden. Hierzu gehört auch die Beschaffenheit des Bodens und dessen Belastung mit Ablagerung. Bestehen **ernst zu nehmende Anhaltspunkte** in Bezug auf eine Verunreinigung, ist das Gericht grundsätzlich gehalten mit sachverständiger Hilfe zu ermitteln, ob und wie schwerwiegend eine Kontaminierung zu verzeichnen ist. Hierbei müssen alle Verdachtsmomente und Erkenntnisquellen genutzt werden. Pauschale Abschläge sind hierbei nicht zulässig, insbesondere nicht ein rein spekulativer Risikoabschlag, der diesen Geboten widersprechen würde. Das Vorhandensein oder die Abwesenheit wertbeeinflussender Eigenschaften des zu begutachtenden Gegenstandes ist zuverlässig festzustellen.

Ob das Bodengutachten zeitaufwendig oder teuer ist, ist hierbei nicht maßgeblich. Die Verfahrensgestaltung muss auch den **Belangen des Schuldners** ausreichend Rechnung tragen. Insofern liegt es auch im Interesse der Gläubiger, dass eine angemessene Verwertung des Beschlagnahmegrundstücks gefördert wird und einer Verschleuderung entgegen gewirkt wird. Die für eine **angemessene Verwertung** notwendigen Feststellungen müssen deshalb gemäß § 109 Abs. 1 zulasten des Versteigerungserlöses aufgebracht werden. Die Grenze besteht nur in der Unverhältnismäßigkeit. Hierbei müssen auch Kosten für **Spezialgutachten** aufgewendet werden, wenn sie in einem angemessenen Verhältnis zu den Auswirkungen stehen. Die Kosten sind umso eher angemessen, je stärker der Verkehrswert von der Eigenschaft beeinflusst wird, deren Ermittlung das Gutachten dient. Hierdurch wächst nämlich die Gefahr der Verschleuderung des Grundstücks, da die Bietinteressenten, sofern überhaupt noch ein Interesse am Erwerb besteht, nur geringe Gebote abgeben. Es kommt auch nicht darauf an, ob die zuständigen öffentlichen Stellen von einem Altlastenverdacht ausgehen. Darüber hinaus kann sich der Erkenntnisstand zulasten des **Erstehers** auch ändern und eine Verantwortlichkeit nach § 4 Abs. 3 BBodSchG begründen.

Hierbei sind die zuständigen Behörden auch aus Kostengründen verpflichtet, dem Versteigerungsgericht Auskünfte zu etwaigen Altlasten zu erteilen[67] wobei sich der Rechtsanspruch aus Art. 35 GG i.V.m. § 5 VwVfG begründet.

Diese Bewertungen sind im Übrigen **unabhängig von den Voraussetzungen des BBodSchG** zu betrachten, da eine Bewertung auch eine zukünftige Nutzung betrachten und abwägen muss. Insofern können auch geringere Belastungen im

---

67 AG Duisburg, ZfIR 2012, 195 m. Anm. *Engels*.

Hinblick auf eine zukünftige Nutzung dazu führen, dass erhebliche Sanierungs- oder Aushubmaßnahmen, bzw. Verbringungsmaßnahmen notwendig sind, die insofern Einfluss auf die Verwertung haben.

g) Ersteher

Zu betrachten ist auch, welche Verpflichtungen sich für den **Ersteher** ergeben, der gemäß § 90 mit dem **Zuschlag** das Eigentum erworben hat und darüber hinaus grundsätzlich keine Gewährleistungsansprüche gemäß § 56 S. 3 hat. Die Gesamtrechtsnachfolge ist im BBodSchG geregelt. Der Ersteher ist jedoch kein Gesamtrechtsnachfolger. Er wird jedoch **Zustandsstörer**, wobei ihm mangels Kenntnis ggf. die Opferschutzgrundsätze zuzubilligen sind, es sei denn, das Grundstück ist aufgrund von Anhaltspunkten im Rahmen der Bewertung besonders günstig erworben worden. Die Position des Erstehers als Zustandsstörer wird im Hinblick auf die in der Regel fehlende Liquidität des Verursachers oder dessen Nichtkenntnis problematisch. Damit kann der Ersteher bei Kenntnis von Umweltbelastungen und einem Quasi-Vermögensvorteil für Sanierungskosten in Anspruch genommen werden, zumindest begrenzt auf den Wert des Grundstücks.

19.10

h) Grundpfandgläubiger

Aufgrund des Vorrangs etwaiger Forderungen im Rahmen der Zwangsversteigerung nach § 10 Abs. 1 Nr. 3 wird grundlegend in die Rechtsposition der Grundpfandgläubiger eingegriffen, sodass hier eine Abwägung erfolgen muss, ob und inwieweit die Kosten einen Mehrwert aufzehren, insbesondere die Kosten – auch unter dem Gesichtspunkt der Opfergrenze – bereits dazu führen, dass eine volle Inanspruchnahme des Grundstücks greift[68].

19.11

Der Grundpfandgläubiger muss jedoch die Voraussetzungen der begünstigten Rangklasse bzw. deren Wegfall in Bezug auf die Festsetzungsverjährung des Wertausgleichanspruchs und die Vollstreckungsverjährung beachten.

i) Wertausgleich und Bodenschutzlastvermerk

Der Bodenschutzlastvermerk hat lediglich eine **Hinweisfunktion**, jedoch keinerlei konstitutiven Charakter. Die öffentliche Last ruht auch ohne den Vermerk auf dem Grundstück. Nach hier vertretener Auffassung gelangt jedoch nur der Lastvermerk in die begünstigte Rangklasse, da § 24 Abs. 1 BBodSchG keine dem § 26 Abs. 6 BBodSchG entsprechende Regelung für die Kostenerstattung enthält. Dies fällt damit in die Rangklasse 5.

19.12

Die Eintragung des Vermerks ist kein Versteigerungshindernis, jedenfalls rechtlich (→ § 28 Rdn. 13). Voraussetzung für die Geltendmachung im Zwangsversteigerungsverfahren ist das Betreiben, der Beitritt oder die Anmeldung. Ist der Lastvermerk eingetragen bedarf es keiner Anmeldung. Ist der Lastvermerk nicht eingetragen, ist der Anspruch spätestens im Versteigerungstermin vor der Aufforderung zur Abgabe von Geboten anzumelden, wenn er seine privilegierte Rangklasse behalten soll.

---

68 Nebenbei soll hier auch auf das Urteil des OLG Karlsruhe v. 15.7.2008, 17 U 4/07, ZfIR 2009, 29, WM 2008, 1870 m. Anm. *Grziwotz*, ZfIR 2009, 32 hingewiesen werden, wonach der Bank eine besondere Verantwortlichkeit bei Kenntnis von Altlasten im Rahmen der Finanzierung beigemessen wird, u.a. aus dem Aspekt des Wissensvorsprungs.

Unklar war lange Zeit, wie die 4 Jahre Rückstand des § 10 Abs. 1 Nr. 3 zu berechnen sind. Teilweise wurde die Meinung vertreten, dass es auf das Datum der ersten Beschlagnahme ankomme. Nach anderer Auffassung sollte es auf den Zuschlag ankommen[69]. Die Fälligkeit selbst soll sich hierbei aus den jeweiligen öffentlich-rechtlichen Regelungen ergeben. Die Streitfrage wurde nunmehr durch den BGH dahin gehend entschieden, dass die 4 Jahre zurückgehend von dem Zeitpunkt des Antrags, des Beitritts oder der Anmeldung gerechnet werden[70].

Die Festsetzung unterliegt selbst der Vollstreckungsverjährung von 5 Jahren ab Festsetzung gem. § 228 AO. Für die Eintragung des Lastvermerks stellt § 93b GBV terminologisch unabgestimmt auf „entstanden" ab. Die Ausgleichshöhe ist nicht einzutragen, sondern mitzuteilen[71]. Die **Fälligkeit** definiert § 25 Abs. 3 BBodSchG mit dem Abschluss der Sicherung oder Sanierung **und** der Festsetzung. Die **Festsetzungsverjährung** für den Wertausgleich tritt 4 Jahre nach Abschluss der Sicherung oder Sanierung ein.

Hiervon zu unterscheiden ist die **Vollstreckungsverjährung**, die gemäß § 228 AO 5 Jahre nach der Festsetzung eintritt. Die spätere Eintragung des Lastvermerks dürfte nicht zu einer Unterbrechung führen, da er nur Hinweispflichten erfüllt, obgleich die Unterbrechung gemäß § 231 AO relativ einfach herbeizuführen ist (z.B. Aufforderungsschreiben).

Die Geltendmachung im Rahmen der Zwangsversteigerung (Betreiben oder Beitritt) bedarf eines **Duldungsbescheides** gegen den Eigentümer gemäß § 191 Abs. 1 AO, da nur in das Grundstück vollstreckt wird und nicht in das gesamte Vermögen[72]. Damit können im Rang des § 10 Abs. 1 Nr. 3 Forderungen aus Maßnahmen bis zu einem Zeitraum von 9 Jahren relevant sein. Betreibt die Behörde das Verfahren nicht, und ergeben sich keine weiteren Vollstreckungshandlungen, bestünde mithin nach Ablauf von 9 Jahren grundsätzlich ein Löschungsanspruch, bzw. kein bevorrechtigtes Recht, es sei denn es sind Unterbrechungshandlungen zu verzeichnen, u.a. durch Beitritt oder Anmeldung.

j) Versteigerungstermin

19.13 Durch das Gericht ist das Deckungsprinzip gemäß § 44 und das Übernahmeprinzip gemäß §§ 45, 52 zu beachten. Sofern ein Gläubiger aus der Rangklasse 4 das Verfahren betreibt, kann danach ein Zuschlag nur erfolgen, wenn die öffentliche Last aus der Rangklasse 3 gedeckt ist (ggf. Übernahme als bestehen bleibendes Recht). Betreibt die zuständige Behörde das Verfahren aus der Rangklasse 3 gilt dies naturgemäß nicht.

k) Zwangsverwaltung

19.14 Die Betroffenheit des Zwangsverwalters, insbesondere als Inhaber der tatsächlichen Gewalt wurde in der bisherigen Darstellung bereits durchgängig angesprochen. Die Zwangsverwaltung dient bekanntlich dazu, dem Gläubiger die **Nutzungen** zukommen zu lassen, jedoch nicht die Substanz des Grundstücks zu verwerten. Die bei ordnungsgemäßer Verwaltung erwirtschafteten Überschüsse

---

69 *Stöber, ZVG* § 10 Rdn. 6.17; *Schoss*, IGZInfo 2007, 135, 137, wobei das Betreiben oder die Anmeldung innerhalb des Zeitraumes ausreichend sei.
70 Rpfleger 2008, 213.
71 Einzelheiten bei *Schoss*, IGZInfo 135, 137 f.
72 So *Versteyl/Sondermann*, § 25 Rdn. 43, zweifelhaft bei bloßer Anmeldung.

sollen an die Gläubiger gemäß Teilungsplan ausgekehrt werden. Ein wesentliches Merkmal ist hierbei die **Werterhaltung** des Objektes, zu der auch die Beseitigung dieser Belastungen grundsätzlich gehört.

Durch die Bestellung des Zwangsverwalters wird dem Eigentümer des Grundstücks die Verwaltungsbefugnis entzogen. Der Zwangsverwalter erhält den mittelbaren oder unmittelbaren Besitz. Er handelt als **Partei Kraft Amtes** vor dem Hintergrund der im Vordringen begriffenen Neutralitätstheorie. Er handelt grundsätzlich selbstständig und unterliegt in bestimmten Umfang der **Aufsicht des Gerichtes**, worauf nachfolgend noch einzugehen sein wird. Er ist nicht Rechtsnachfolger des Schuldners, jedoch Inhaber der tatsächlichen Gewalt, wenn sein Besitz über den mittelbaren Besitz hinausgeht. Vor dem Hintergrund der Werterhaltung hat er alles zu tun, um das Grundstück in seinem wirtschaftlichen Bestand zu erhalten und ordnungsgemäß zu nutzen. Bei einer Vernachlässigung dieser Pflichten haftet nicht der Eigentümer, sondern der Zwangsverwalter.

Anders ist dies im Verhältnis der Zustandshaftung zur Handlungshaftung zu bewerten sowie bei der Störerauswahl im Verhältnis von Eigentümer zu Zwangsverwalter, da der Eigentümer grundsätzlich im Rahmen der öffentlich-rechtlichen Vorschriften weiterhin haftet und in Anspruch genommen werden kann (str.)[73], wenn er durch den Zwangsverwalter nicht rechtlich oder tatsächlich ausgeschlossen ist. Dies sieht der BGH zivilrechtlich vor dem Hintergrund des § 24 BBodSchG (Rückgriff) grundsätzlich anders und stellt mit Ausnahmefällen die vorrangige Inanspruchnahme des Zwangsverwalters heraus[74], verbunden mit der Feststellung, dass der Schuldnereigentümer als Zustandsstörer während der Zwangsverwaltung grundsätzlich nicht in Betracht kommt.

Für bestimmte Maßnahmen bedarf der Zwangsverwalter nach § 10 ZwVwV der Zustimmung des Gerichtes, welches allgemein gemäß § 153 Abs. 1 die Geschäftsführung des Zwangsverwalters zu beaufsichtigen hat und auch Weisungen erteilen kann. Die Zustimmung dürfte vorliegend nahezu uneingeschränkt einzuholen sein. Aufgrund des Gewichts und der Auswirkungen einer Altlastenproblematik dürften damit sowohl das Gericht, als auch der Zwangsverwalter in unterschiedlichen Funktionen und Aufgabenstellungen mit sich hieraus ergebenden Folgen konfrontiert werden.

Ohne konkrete Anhaltspunkte wird man von einem Verwalter jedoch **kein Nachsuchen** verlangen können[75].

Droht die Gefahr einer ordnungsrechtlichen **Haftung oder Inanspruchnahme** wird regelmäßig die Auffassung vertreten, Grundpfandgläubiger und Zwangsverwalter sollten bei einer drohenden ordnungsrechtlichen Haftung überlegen, ob das Zwangsverwaltungsverfahren nicht umgehend, d.h. nach Möglichkeit noch vor Erlass der ordnungsbehördlichen Verfügung, aufzuheben ist, da hierdurch auch eine persönliche Haftung des Zwangsverwalters drohen kann[76]. Ob sich dieses Ergebnis als alleiniger Lösungsweg anbietet, muss hinterfragt werden.

Hierzu hat sich das VG Dresden[77] zunächst mit der Problematik beschäftigt, an wen Anordnungen gerichtet werden sollen, wenn das kontaminierte Grundstück

---

73 VG Frankfurt U. v. 13.11.2001, 14 E 4385/99 n.v.
74 BGH, BGHZ 184, 288 = ZfIR 2010, 368 m. Anm. *Bergsdorf*.
75 So zutreffend *Depré/Mayer*, Rdn. 274.
76 Vgl. *Lwowski/Tetzlaff*, NZI 2004, 125.
77 ZIP 2004, 373.

gleichzeitig (neben einer Insolvenzverwaltung) unter Zwangsverwaltung steht. Das Gericht hat zutreffend festgestellt, dass die Behörde die Kosten einer Ersatzvornahme nicht vom (Insolvenz-)Verwalter verlangen kann, wenn das Grundstück bereits bei Beginn der Ersatzvornahme der Zwangsverwaltung unterlag. Ähnlich hat das VG Saarlouis[78] entschieden. Die Inanspruchnahme des Zwangsverwalters ergebe sich aus einer ihm gemäß § 152 Abs. 1 obliegenden Verpflichtung, alle Handlungen vorzunehmen, die erforderlich sind, um das Grundstück in seinem wirtschaftlichem Bestand zu erhalten und ordnungsgemäß zu benutzen, die auch die öffentlich-rechtlichen Pflichten betreffen. Der Zwangsverwalter sei verpflichtet, die Sanierungskosten zu tragen[79]. Hiermit sei jedoch **keine persönliche Verpflichtung** des Zwangsverwalters gemeint.

19.17 Die notwendigen Kosten im Rahmen der Überprüfungspflichten und ggf. Sanierungsmaßnahmen sind auf Anforderung durch die betreibende Gläubigerin zu **bevorschussen**. Im Falle der Nichtzahlung kann das Verfahren gemäß § 161 Abs. 3 aufgehoben werden. Geht man hierbei nicht von einer persönlichen Haftung des Zwangsverwalters aus, wird er mit der Aufhebung des Verfahrens von seinen Verpflichtungen als **Zustandsstörer** frei, vergleichbar mit der Freigabe durch den Insolvenzverwalter, soweit ihm keine Verursachungsaspekte (Handlungshaftung) anzulasten sind. Dies muss auch gelten, wenn bereits entsprechende Bescheide an ihn als Adressaten ergangen sind.

Kommt er als **Handlungsstörer** in Betracht, sei es im Rahmen einer Betriebsfortführung, durch Abfallverursachung, durch unterlassene Vermeidungen, unterlassene Aufklärung oder Hinweise, kommt auch eine persönliche Haftung in Betracht, auch über die Aufhebung hinaus[80]. Hier stellt sich allenfalls die Frage, inwieweit ein Freistellungsanspruch für Aufwendungen gegen die betreibende Gläubigerin besteht. Ob eine Durchführung von Maßnahmen im Einzelfall sinnvoll ist, bedarf der Abwägung, Bewertung und Überprüfung, insbesondere aber der Abstimmung zwischen Zwangsverwalter, Gericht und betreibender Gläubigerin.

19.18 Im **Zwangsverwaltungsverfahren** sind entsprechende Kosten auch bei einer Ersatzvornahme in die Rangklasse des § 10 Abs. 1 Nr. 5 (Kostenerstattung und ggf. Wertausgleich) einzuordnen, da die 3. Rangklasse lediglich die **laufenden** öffentlichen Abgaben begünstigt. In der Klasse 5 müsste die Gläubigerin das Verfahren betreiben. Damit dürfte vorrangig ein paralleles Zwangsversteigerungsverfahren zu betrachten sein mit den Folgen der Rangklasse 3 aus der Eintragung des Bodenschutzlastvermerks (Wertausgleich) oder soweit es um die Kostentragungslast geht, die keine öffentliche Last ist, die Rangklasse 5.

Erfolgt die **Ersatzvornahme gegen den Verwalter** als Inhaber der tatsächlichen Gewalt (ggf. nach Rücknahme und Umschreibung der Anordnung gegen den Eigentümer), soll es sich grundsätzlich um laufende Ausgaben der Verwaltung handeln[81]. Diese Feststellung ist zu hinterfragen, da bei Tragung der Kosten durch den Verwalter ein **Zustimmungsvorbehalt** gemäß § 10 ZwVwV anzunehmen ist und außerhalb des Wertausgleichs keine öffentlichen Lasten vorliegen. Hat der Verwalter keine Einnahmen oder stehen ihm keine Vorschüsse zur Verfügung,

---

78 ZfIR 2003, 62.
79 So VG Dresden, ZIP 2004, 373.
80 *Schoss*, IGZInfo 2007, 140; *H/W/F/H*, § 9 ZwVwV Rdn. 32.
81 U.a. *Depré/Mayer*, Rdn. 277.

verbleibt nur eine Anmeldung in den jeweiligen Rangklassen nach erfolgter Ersatzvornahme. Laufende Ausgaben der Verwaltung kämen damit nur bei ausreichenden Einnahmen in Betracht oder nach Zahlung eines Vorschusses. In diesem Fall ergäbe sich aber i.d.r. kein Fall der Ersatzvornahme, sondern die Durchführung durch den Verwalter selbst, nach Genehmigung des Gerichtes gemäß § 10 ZwVwV, soweit es sich nicht um die Sonderfälle des § 14 Abs. 1 Nrn. 2 und 3 BBodSchG handelt. Insoweit erscheint es sehr fraglich, ob Kosten der Ersatzvornahme zu bevorschussen sind. Ordnet man die Sanierung dem Aufgabenbereich des Verwalters zu, wenn auch mit Zustimmungsvorbehalt, darf in der rechtlichen Einordnung der Kosten der Durchführung oder der Kosten der Ersatzvornahme in Bezug auf § 155 Abs. 1 aber nicht differenziert werden.

Darüber hinaus kann für den Zwangsverwalter zu prüfen sein, inwieweit Ausgleichsansprüche gemäß § 24 Abs. 2 BBodSchG in Betracht kommen[82]. Inzwischen ist gesichert, dass solche Ausgleichsansprüche auch dann geltend gemacht werden können, wenn zu diesem Zeitpunkt keine behördliche Sanierungsanordnung ergangen ist[83]. Die **Aktivlegitimation** dürfte jedenfalls zu bejahen sein, wenn entsprechende Kosten aus Einnahmen oder Vorschüssen bedient worden sind. Fraglich erscheint, ob darüber hinausgehende Ansprüche, insbesondere aus der Vergangenheit der Beschlagnahme unterliegen (§ 1123 ff. BGB). Im Falle ihrer Realisierung könnte eine Reduzierung der bestehenden Lasten erreicht werden. Sofern Ausgleichsansprüche gegen **frühere Mieter** in Betracht kommen, besteht wegen § 24 Abs. 2 BBodSchG keine kurze Verjährung des § 548 BGB, jedoch die Zeitgrenze des §1123 BGB, wenn diese Ansprüche hier überhaupt zu subsumieren sind (vor Verwaltung beendetes Mietverhältnis). Bei laufenden Mietverhältnissen muss der Verwalter entsprechende Forderungen geltend machen. Insgesamt ist hier jedoch auch die restriktive Entscheidung des BGH vom 18.2.2010 in Bezug auf Gegenstand und Person des Rückgriffsanspruchs zulasten der Zwangsverwaltung zu beachten[84]. 19.19

Ungeachtet dessen dürften, auch in Bezug auf die strafrechtlichen relevanten Normen (§ 324 ff. StGB) sowie Ordnungswidrigkeiten (§ 26), Informations- und Mitteilungspflichten seitens des Zwangsverwalters bestehen, nicht zuletzt auch im Interesse des Umweltschutzes und nicht zuletzt auch nach Kenntnis des Vollstreckungsgerichtes durch dieses selbst. Insofern sollte, soweit möglich, der Zwangsverwalter bemüht sein, in Abstimmung mit den das Verfahren betreibenden Gläubigern, die Zusammenarbeit mit den zuständigen öffentlichen Stellen suchen, um zum einen den Verdacht, zum anderen aber auch die Untersuchung und Beseitigung zu unterstützen[85], aber nur dann, wenn die **Kostendeckung hierfür sichergestellt** ist.

Bei den Kosten für die **Durchführung der Maßnahmen durch den Zwangsverwalter** handelt es sich auch nach hier vertretener Auffassung um Ausgaben der Verwaltung im Sinne von § 155 Abs. 1, die vorweg aus den Erträgen zu bestreiten[86], 19.20

---

82 Drasdo, NJW Spezial 2007, 97, Bodenschutzrechtliche Ausgleichsansprüche; vgl. OLG Jena, AbfallR 2009, 150; Landel/Mohr, ZMR 2009, 588, Der bodenschutzrechtliche Ausgleichsanspruch im Mietverhältnis.
83 Vgl. BGH, NJW 2009, 139.
84 BGHZ 184, 288 = ZfIR 2010, 368.
85 So bereits Dorn, Rpfleger 1988, 298, 300; auch Schoss, IGZInfo 2007, 135, 140.
86 So Dorn, a.a.O.; ähnlich Depré/Mayer, Rdn. 272 bei einer Ersatzvornahme gegen den Verwalter.

andernfalls zu bevorschussen sind. Aus der Sicht des die Zwangsverwaltung betreibenden Gläubigers kann in Bezug auf den Vorschuss § 10 Abs. 1 Nr. 1 greifen. Eine Rückzahlung im Verfahren kann dann nur über einen Teilungsplan erfolgen. Trotz der Behandlung als laufende Ausgaben im eigentlichen Sinne des § 155 Abs. 1 ist hier der Zustimmungsvorbehalts gemäß § 10 ZwVwV zu beachten, sodass Auszahlungen nur auf der Grundlage dieser Zustimmung erfolgen können. Die Zustimmung qualifiziert die laufende Ausgabe nicht um, sondern ist insoweit als Instrument der Aufsicht ausgestaltet.

Als Zustandsstörer könnte sich der Verwalter damit nur über einen beantragten, festgesetzten und nicht gezahlten Vorschuss durch die Aufhebung des Verfahrens einer Haftung entziehen. Andererseits ist zu fragen, welches Risiko der Verwalter hat, wenn er über keine Überschüsse für die Kosten verfügt oder die Zustimmung nicht erteilt wird. Die Folge ist die Vollstreckung aus der Rangklasse 5 oder der Lastvermerk (Wertausgleich) gegen den Schuldner aus der Rangklasse 3 im Versteigerungsverfahren.

l) **Aufsicht des Gerichts**

19.21 Auch heute wird man den in seiner Bewertung immer noch aktuellen Ausführungen von Dorn (a.a.O.) beipflichten müssen, wonach Gericht, Zwangsverwalter und Gutachter sowie sonstige Beteiligte gerade auch gegenüber der Öffentlichkeit und der Umwelt eine besondere Verantwortung tragen. Dieser sollte zunächst dadurch Rechnung getragen werden, dass zumindest die zuständigen öffentlichen Stellen rückhaltlos über vermutete oder vorhandene Schadstoffanreicherung unterrichtet werden. Während der Zwangsverwaltung sollte deshalb das Gericht den Zwangsverwalter notfalls anweisen, die Notwendigkeit einer Sanierung kompetent begutachten und das Erforderliche zur Schadensbegrenzung oder Beseitigung durchführen zu lassen. Insgesamt betrachtet dürfte grundsätzlich der Zustimmungsvorbehalt des Gerichtes gemäß § 10 Abs. 1 Nr. 5 ZwVwV zu beachten sein[87].

m) **Versicherungsleistungen**

19.22 Nicht unerwähnt bleiben soll, dass der Zwangsverwalter ggf. auch Versicherungsansprüche beachten muss, wie sie z.B. für einen Öltank im Wohnhaus häufig oder ein Tankstellengrundstück zwingend bestehen. Diese unterliegen teilweise der Hypothekenhaftung soweit es sich neben dem Grundstück um ungetrennte Bestandteile, getrennte Bestandteile oder Zubehör handelt (§§ 1127, 1128 BGB). Hinzuweisen ist hierbei auf § 1129 BGB, der Ansprüche aus einer sonstigen Schadensversicherung den Regelungen der §§ 1123, 1124 BGB, d.h. den Zeitpunkt der Beschlagnahmewirkung, unterwirft, die insoweit durch die Anordnung einer Zwangsverwaltung oder Zwangsversteigerung eintritt.

n) **Vergütung**

19.23 Sind Einnahmen zu verzeichnen, dürfte die Sanierung zweifelsfrei zu einer deutlichen Erhöhung der Regelvergütung gemäß § 18 Abs. 2 ZwVwV führen. Liegen keine Einnahmen vor oder teilweise keine Einnahmen (Mischfälle) oder übersteigt der Aufwand selbst die erhöhte Gebühr (um 25 %), kommt eine Abrechnung nach § 19 ZwVwV auf Stundenbasis in Betracht, die insoweit jedoch deutlich

---

87 Ebenso *Schoss*, IGZInfo 2007, 135, 140 und *Depré/Mayer*, Rdn. 269.

über dem Mittelwert liegen dürfte. Zu denken wäre aber an eine entsprechende Anwendung von § 18 Abs. 3 ZwVwV, der dem Verwalter für die Fertigstellung von Bauvorhaben 6 % der Bausumme zugesteht ohne Anrechnung auf die sonstige Vergütung. Die Regelung findet nach überwiegender Meinung auch Anwendung, wenn Aus- oder Umbauarbeiten in erheblichem Umfang durchgeführt werden oder eine Zerstörung nach einem Brand saniert wird (→ § 152a Rdn. 66 f.)[88], insbesondere aber auch dann, wenn es sich um Maßnahmen nach § 10 Abs. 1 Nr. 5 ZwVwV handelt[89].

o) Fazit

Die Gesamtmaterie bietet Chancen indem man die Sach- und Rechtslage nach den vorstehenden Aspekten analysiert. Zu beachten ist im Rahmen einer Problembewertung, dass die haftungsmäßige Begrenzung auf den Wert des Grundstücks erfolgen kann, wenn die Voraussetzungen der Rechtsprechung des BVerfG eingreifen. Der Wertausgleich entspricht nicht notwendig den Kosten der Sanierung, die nach hier vertretener Auffassung nicht in die Rangklasse 3 fallen.

19.24

Soweit darüber hinaus eine persönliche Haftung des Schuldners mit weiterem Vermögen eine Rolle spielt, ergeben sich keine Auswirkungen auf das Zwangsversteigerungs- oder Zwangsverwaltungsverfahren. Eine sinnvolle Verwertung des Grundstückes kann durchgeführt werden, wenn über die Modalitäten ggf. ein öffentlich-rechtlicher Vertrag – auch mit dem Zwangsverwalter – geschlossen wird und der Wertausgleich den Grundstückswert des sanierten Grundstücks nicht aufzehrt.

Für die Gläubigerin kann es darüber hinaus sinnvoll sein, geordnet durch den Zwangsverwalter, notwendige Sanierungen durchzuführen, um eine Ersatzvornahme mit den Folgen des Wertausgleichs und der Eintragung des Lastvermerks zu vermeiden. Dies macht naturgemäß nur Sinn, wenn durch die Wertverbesserung eine Chance besteht, das Grundpfandrecht aufzuwerten oder wertmäßig wieder aufzufüllen. Die wertsteigernde Sanierung kann insoweit auch zur Vorbereitung einer Zwangsversteigerung das Ziel eines Zwangsverwaltungsverfahrens sein[90]. Zu prüfen sind immer Fragen der Festsetzungs- und Vollstreckungsverjährung sowie Rückgriffsansprüche. Da eine persönliche Haftung des Zwangsverwalters nur unter den dargestellten engen Voraussetzungen eintritt, sollte eine Rücknahme oder Aufhebung der Verfahren nur nach sorgfältiger Bewertung der Gegebenheiten erfolgen.

Die aktuelle Entscheidung des BGH vom 18.2.2010 ist vorrangig zivilrechtlich in Bezug auf den Rückgriff aus § 24 zu betrachten. Es bleibt abzuwarten, wie die Rechtsprechung der Verwaltungsgerichte hierauf reagiert. Eine deckungsgleiche Übernahme auf die Anwendungsregelungen des BBodSchG erscheint fraglich.

4. Energieeinsparverordnung

Der Zwangsverwalter hat grundsätzlich Anforderungen nach den jeweils geltenden Energieeinsparverordnungen zu berücksichtigen. Die anfänglichen Besorgnisse im Hinblick auf die Auswirkungen für die Zwangsverwaltung haben sich jedoch nicht bestätigt. Insoweit wird u.a. auf die Darstellung von *Brügge-*

20.1

---

88 *Stöber*, ZVG § 152a Rdn. 4.6.
89 Ausbesserungen und Erneuerungen, die nicht zur gewöhnlichen Instandhaltung gehören, *Depré/Mayer*, Rdn. 892.
90 *Depré/Mayer*, Rdn. 277.

§ 152   Aufgaben des Verwalters   Rdn. 20.2–20.3

mann/Haut verwiesen[91] und die Stellungnahme des BMJ, IGZInfo 4/2008, 157 sowie in Bezug auf die Novelle von 2013 mit Wirkung v. 1.5.2014 auf die Darstellung von *Gerhards*, IGZInfo 3/2014, 94 (www.ra-gerhards.de).

5. Trinkwasserverordnung

20.2   Auswirkungen auf die Zwangsverwaltung hat auch die Änderung der Trinkwasserverordnung vom 1.11.2011[92], die auch als „Legionellenverordnung" bezeichnet wird[93]. Hier sind besondere Kontroll-, Untersuchungs- und Anzeigepflichten geregelt, die auch Schutznormen nach § 823 Abs. 2 BGB darstellen und auch vertragliche Pflichten gegenüber Mietern begründen. Hierzu muss auf die ausführliche Darstellung von *Gerhards* verwiesen werden[94]. Geregelt werden allgemeine chemische und mikrobiologische Anforderungen mit Grenzwerten und Prüfungshäufigkeiten. Maßgeblich ist der Begriff der Wasserversorgungsanlage. Nicht umfasst sind Anlagen der Wasserinstallation, die an das Leitungssystem des Wasserversorgers angeschlossen sind. Abzugrenzen sind des Weiteren die gewerbliche Abgabe von Trinkwasser sowie die von Wassererwärmungsanlagen ausgehenden Risiken, soweit es sich nicht um Kleinanlagen handelt bei denen der Behälter nicht mehr als 400 Liter fasst und die Verbindungsleitung zur Entnahmestelle eine Füllmenge von 3 Liter nicht überschreitet. In den relevanten Fällen bestehen Pflichten zur Bestandsanzeige, Untersuchung (einmal jährlich) und Übergangsanzeige bei Eigentumswechsel oder Änderungen des Nutzungsrechts an der Versorgungsanlage. Es besteht keine Untersuchungspflicht in selbst bewohnten Eigenheimen. Betroffen sind gewerbliche und öffentliche Abgaben von Trinkwasser.

6. Sonstige Regelungen

20.3   Den Zwangsverwalter betreffen eine Vielzahl weiterer gesetzlicher Regelungen oder Verordnungen, deren Darstellung den vorliegenden Rahmen sprengen würde. Insoweit wird auf die ausführlichen Darstellungen in der Literatur verwiesen, worin u. a. die nachfolgenden Vorschriften behandelt werden:

- **Mess- und Eichgesetz** v. 1.1.2015, BGBl 2013 I 2722[95], welches relevant ist für den Einsatz von Messgeräten, und u. a. die Anzeigepflichten des Verwenders.
- §§ 62, 63 WHG i.V.m. der Verordnung über Anlagen zum Umgang mit wassergefährdenden Stoffen (VAUwS bzw. AwSV) in Bezug auf den Betrieb von **Heizöltanks**[96].
- §§ 60 ff. WHG in Bezug auf den Betrieb von **Abwasseranlagen** (hier die Hausanschlüsse) und deren Kontrolle[97].
- Landesrechtliche Regelungen (BauO) zum Einbau von **Rauchmeldern** mit verschiedenen Fristen[98].

---

91 *Brüggemann/Haut*, Rdn. 262 ff., 1157 ff.; *Haut,* IGZInfo 2005, 24.
92 BGBl 2011 I 748, Umsetzung der Richtlinie 98/83/EG des Rates vom 3.11.1998.
93 Materialien: www.dvgw.de/wasser/recht-trinkwasserverordnung/
94 IGZInfo 1/2015, 7 mit Checkliste sowie zu Betriebsunterbrechung, Bleileitungen.
95 Ausführlich *Gerhards*, IGZInfo 2-3/2015, 56: Das neue Mess- und Eichgesetz (www.ra-gerhards.de).
96 Ausführlich *Gerhards*, IGZInfo 4/2015, 96.
97 Ausführlich *Gerhards*, www.ra-gerhards.de
98 Ausführlich *Gerhards,* IGZInfo 2015, 157 (www.ra-gerhards.de).

7. Verkehrssicherungspflichten

Die Verkehrssicherungspflichten im Allgemeinen auf der Grundlage der öffentlich-rechtlichen Gesetze und Pflichten sind ausführlich durch *Wilhelm V* dargestellt worden[99]. Hierbei handelt es sich insbesondere um: 20.4

- Streu- und Räumpflichten, Wegereinigung i.V.m. der Übertragung auf Mieter oder Dienstleister,
- Bauliche Ausführung, Beleuchtung,
- Fluchtwege, Brandschutz.

8. Verfahren

Gehen die Maßnahmen über die gewöhnliche Bestandserhaltung hinaus, hat der Verwalter die Zustimmung des Gerichts einzuholen (§ 10 Abs. 1 Nr. 5 ZwVwV), welches die Beteiligten anhört (§ 153 Abs. 1, § 10 Abs. 2 ZwVwV, dort → Rdn. 42 ff.). Hierbei muss das Gericht prüfen, ob die notwendigen Mittel vorhanden sind und die Maßnahme mit dem Zweck der Verwaltung vereinbar ist, da das Gesetz lediglich die Bestandserhaltung fordert. Ohne Zustimmung des Gläubigers darf dieser jedoch nicht durch einen Vorschuss (§ 161 Abs. 3) gezwungen werden. 21

9. Vorschuss

Hierzu wird auf → § 161 Rdn. 76 ff. verwiesen. 22

V. Ordnungsgemäße Benutzung
1. Allgemein

Der Verwalter hat das Grundstück ordnungsgemäß zu benutzen (Abs. 1). Er muss, vergleichbar einem Nießbraucher (s.o. → Rdn. 10 ff.) die Regeln ordnungsgemäßen Wirtschaftens beachten. Er hat alle möglichen Nutzungen zu ziehen, ohne Raubbau zu betreiben. Hierbei kommen die natürlichen Früchte, die Miete oder Pacht und die Nutzung des Zubehörs in Betracht. Gehört zu dem Grundstück ein Jagdrecht, ist, soweit nicht vorhanden, ein Jagdpachtvertrag abzuschließen. 23

Die zum Zeitpunkt der Verfahrensanordnung bestehende Nutzung ist grundsätzlich beizubehalten (§ 5 Abs. 1 ZwVwV). Die Begründung des Verordnungsgebers führt hierzu aus: *„Die jetzige Fassung als Sollvorschrift stellt sicher, dass in begründeten Fällen auch von der bisherigen Nutzung abgewichen werden kann. So muss etwa in Ausnahmefällen denkbar und auch mit den Zielen der Zwangsverwaltung vereinbar sein, wenn z.B. ein leerstehendes Objekt unentgeltlich überlassen wird, um auf diesem Wege Sicherungs- und Bewachungskosten zu sparen."* (BR-Drucks. 842/03 S. 11). 24

Hierdurch können auch leer stehende oder ungenutzte Objekte gegen Vandalismus oder sonstige Schäden in ihrer Substanz erhalten werden, ohne gleichzeitig eine Verpflichtung zu begründen Nutzungen zu ziehen oder das Rechtsschutzinteresse infrage zu stellen (s. nachfolgend). Für den Verwalter ist dies im Einzelfall nur durch die Beauftragung eines Wachdienstes möglich, für den dann ein Vorschuss zu leisten ist.

---

99 IGZInfo 2014, 101, Teil I und IGZInfo 2014, 163; Teil II.

Der **„bewusste Leerstand"** wirft im Allgemeinen jedoch nicht unerhebliche Haftungsprobleme auf, da es bislang unstreitig Aufgabe des Verwalters ist, die aus dem Objekt möglichen Nutzungen herauszuholen und sich um eine Vermietung eines Grundstücks oder einer Wohnung zu kümmern[100]. Der Verordnungsgeber sieht hiervon nur in Ausnahmefällen ab (s. vorstehend). Auch der Wandel in der Zielsetzung des Verfahrens (Verwertung statt Erhaltung, → § 146 Rdn. 2) lässt nicht ohne Weiteres eine andere Beurteilung zu, sodass hier nur die gesetzliche Änderung Klarheit schaffen könnte. Damit ist weiterhin davon auszugehen, dass es nicht Aufgabe des Zwangsverwalters ist, durch einen „bewussten Leerstand" für eine möglichst sinnvolle Verwertung des Objektes im Rahmen der Zwangsversteigerung zu sorgen[101]. Etwas anderes ließe sich nur dann rechtfertigen, wenn über diesen Leerstand mit den Beteiligten ein Einvernehmen erzielt wird und die Zwangsverwaltung aus anderen Aspekten sinnvoll ist (z.B. Sicherung). Genau so wenig lässt sich grundsätzlich feststellen, dass der Gläubiger aus den Erträgnissen des Grundstücks befriedigt werden soll und der Zwangsverwalter anstelle des unfähigen oder unwilligen Schuldners aus laufenden Einnahmen die Lasten und die Vollstreckungsforderung des Gläubigers decken muss[102]. Auf der anderen Seite sind nicht zuletzt auch Schuldnerinteressen an der Bedienung der Gläubigerforderung zu beachten, auch wenn in einer Vielzahl von Verfahren aufgrund der wirtschaftlichen Gesamtsituation des Schuldners Gleichgültigkeit vorherrscht. Letztlich wird der Verwalter die Frage des Leerstands nur in Form einer Interessenabwägung entscheiden können. Gleichwohl kann dem Grunde nach ein Haftungsanspruch wegen schuldhafter Pflichtverletzung entstehen (→ Rdn. 116).

25 Offensichtlich unzulässig ist jedoch die Durchführung der Zwangsverwaltung zum Zwecke der **Entmietung** des Objektes, sei es, um in einer parallelen Zwangsversteigerung einen höheren Erlös zu erzielen, sei es, um Modernisierungen oder Wertverbesserungen durchzuführen[103] (s. auch → § 146 Rdn. 58).

26 **Land-, forstwirtschaftlich oder gärtnerisch genutzte Grundstücke** unterliegen den geltenden Bewirtschaftungsregelungen und können z.B. auch abgeholzt oder aufgeforstet werden. Im Rahmen der Schuldnerverwaltung dieser Grundstücke (§150b) ist die Vermietung und Verpachtung, soweit sie nicht schon bestand, ausgeschlossen (§ 5 Abs. 2 ZwVwV), da die Bewirtschaftung durch den Schuldner gewährleistet werden soll. Außerhalb des § 150b ist eine Nutzung durch den Verwalter selbst i.d.R. nicht angezeigt, da die Bewirtschaftungsregeln (fachlich) nur über Dritte sichergestellt werden können. Insoweit ist hier eine Vermietung oder Verpachtung sinnvoll[104]. Das bis zum 31.3.2015 geltende **Milchkontingent** ging kraft Gesetzes auf den Pächter über (personenbezogen) und musste durch den Verwalter im Rahmen des Pachtzinses berücksichtigt werden (→ § 55 Rdn. 2)[105]. Bei größeren landwirtschaftlichen Gütern wird dem Verwalter ein größerer Spielraum für Änderungen der bisherigen Nutzung eingeräumt[106].

---

100 OLG Köln, Rpfleger 2008, 321.
101 OLG Köln, Rpfleger 2008, 321.
102 So OLG Köln, Rpfleger 2008, 321.
103 Vgl. *H/W/F/H*, § 5 ZwVwV Rdn. 9.
104 Bei eigener Bewirtschaftung fordert *Böttcher* die Aufstellung eines Wirtschaftsplans entsprechend § 1038 BGB, § 152 Rdn. 25.
105 *Böttcher/Keller*, § 152 Rdn. 24; ggf. Auswirkungen auf die Höhe der Pacht, *Depré/Mayer*, Rdn. 680; ausführlich *Stöber*, ZVG § 148 2.7.
106 *H/W/F/H*, § 5 ZwVwV Rdn. 36; *Böttcher/Keller*, § 152 Rdn. 23 ff.; *Stöber*, ZVG § 152 Rdn. 3.7.

Der Verwalter muss zulässige **Mieterhöhungen** durchsetzen. 27
Will der Verwalter die Nutzung ändern (s.o. → Rdn. 12 und 24) oder von einer 28
Nutzung absehen (s.o. → Rdn. 24), was im Einzelfall – entgegen der gesetzlichen Regelungen – zu einer besseren Verwertung im Rahmen eines parallelen Zwangsversteigerungsverfahrens führen kann, ist die Entscheidung des Vollstreckungsgerichts einzuholen.

Auswirkungen auf den Zustand des Objektes hat auch die Klärung schwieriger 29
vertraglicher Fragen, der Abschluss von verwertungsorientierten Verträgen zur zukünftigen Nutzung sowie öffentlich-rechtlicher Probleme, wie Altlasten (→ Rdn. 19.1 ff.)[107]. Hierbei kann es sich um Abrissverpflichtungen handeln, Rückübertragungsansprüche, Brandschutzauflagen oder baugenehmigungsrechtliche Fragen. Gleichwohl wird der Verwalter aus § 152 tätig[108].

Zu Frage der Wohnrechtseinräumung gegenüber dem Schuldner (§ 5 Abs. 2 30
Nr. 2 ZwVwV) wird auf § 149 verwiesen.

2. Wirkung der Beschlagnahme
a) Allgemein

Alle Ansprüche auf die sich die Beschlagnahme erstreckt, hat der Verwalter geltend 31
zu machen (Abs. 1) und insbesondere Mieten, Pachten und Versicherungsleistungen einzuziehen. Die Einleitung der Rechtsverfolgung hat gemäß § 7 ZwVwV zeitnah nach pflichtgemäßem Ermessen zu erfolgen. In der Begründung führt der Verordnungsgeber aus: „*Im Rahmen seines pflichtgemäßen Ermessens hat der Zwangsverwalter jedoch auch bei der Rechtsverfolgung stets die Interessen der Beteiligten zu wahren und insbesondere darauf zu achten, dass im Rahmen der gesetzlichen Bestimmungen Mietrückstände frühzeitig geltend gemacht werden.*" (BR-Drucks. 842/03, S. 12).

Hierbei hat der Verwalter die komplexe Materie des Miet- und Pachtrechts zu beachten. Zu der Verfolgung von Rückständen in Zusammenhang mit Vorausverfügungen (§ 8 ZwVwV) wird auf → Rdn. 173 verwiesen.

Allgemein muss der Verwalter gegen alle Maßnahmen und Verfügungen vorgehen, 32
die die Beschlagnahme beeinträchtigen, insbesondere, wenn der Schuldner noch Nutzungen oder Erträge zieht, Pfändungen von Zubehörstücken vorliegen (§ 865 Abs. 2 ZPO) oder der Schuldner nach Beschlagnahme in der Zwangsverwaltung vermietet[109]. Ein Herausgabetitel gegen den Schuldner wirkt aus § 325 ZPO auch gegen den Verwalter[110].

b) Beschlagnahme und gewerbliche Nutzung
aa) Grundsatz

Anders als die Insolvenz (Gesamtvollstreckung) wird durch die Beschlagnahme 33
in der Zwangsverwaltung (Einzelvollstreckung, vgl. → § 146 Rdn. 1 ff.) nur ein Teil des Schuldnervermögens erfasst. Die Nutzung des Verwalters bezieht sich im Kern auf das befangene Grundstück und das Zubehör sowie das Grundstück betreffende Rechte und Forderungen (vgl. → § 148 Rdn. 8 ff., §§ 21, 22). Inwieweit

---

107 LG Göttingen, ZInsO 2004, 113.
108 *H/W/F/H/*, § 5 ZwVwV Rdn. 7.
109 LG Mönchengladbach, IGZInfo 2006, 24: Herausgabe und Nutzungsentschädigung.
110 *Stöber*, ZVG § 152 Rdn. 6.3.

der Verwalter einen Gewerbebetrieb des Schuldners fortführen darf, falls dieser von der Beschlagnahme erfasst ist, ist insbesondere auf der Grundlage der umstrittenen Entscheidung des BGH vom 14.4.2005[111] zu entscheiden.

34 Hierbei ist zunächst festzustellen, dass die Betriebsfortführung auf der Grundlage der InsO dem Insolvenzverwalter zugewiesen wurde und hierdurch eine Privilegierung der Grundpfandgläubiger in Bezug auf den Betrieb zulasten der sonstigen Gläubiger vermieden wird[112].

bb) Grundlage

35 Beschlagnahmt können sein Gebäude, Gebäudeteile und bewegliches Grundstückszubehör. Hierunter fallen nicht (insbesondere nicht unter das Zubehör) **bewegliche Sachen** wie Rohstoffe, Halb-, Fertigfabrikate, Warenbestände, Maschinen – vor allem, wenn sie außerhalb des Firmengeländes zu Einsatz kommen – (vgl. auch § 95 Abs. 1 BewG). Diese beweglichen Sachen sind insoweit auch nicht die alleinige Grundlage eines Gewerbebetriebes[113]. Relevant sind darüber hinaus die **immateriellen Vermögenswerte**, die durch die Firma verkörpert werden, die Firmenidee, der Name, der Goodwill, das Know-how[114], der Kundenstamm und die Lieferantenbeziehungen[115], die Organisation, das Produktimage, Patente und Urheberrechte sowie die Geschäftsbücher (§ 257 HGB). Zu beachten ist damit die Verbindung von der Beschlagnahme unterliegenden und beschlagnahmefreien Vermögenswerten. Diese Gesamtheit kann wiederum von dem Betriebsgrundstück mehr oder weniger trennbar, d.h. ablösbar sein.

36 Inwieweit unter Würdigung dieser Elemente die Fortführung eines Gewerbebetriebes durch den Verwalter in Betracht kommt, ist unter Berücksichtigung der Rechte des Inhabers an diesem eingerichteten und ausgeübten Gewerbebetrieb unter Einbeziehung der Grundsätze der BGH-Entscheidung vom 14.4.2005 zu würdigen[116].

37 In keinem Fall kann der Verwalter den Gewerbebetrieb als solchen verpachten[117], wenn er ihn nicht ausnahmsweise selbst führt, es sei denn er wird von dem Inhaber nicht mehr bewirtschaftet. Vermieten und verpachten kann der Verwalter damit i.d.R. nur das Grundstück und die der Beschlagnahme unterliegenden Gegenstände, ggf. an den Schuldner[118].

Wenn der Verwalter das Grundstück nicht an einen Dritten verpachtet, kann es an den Schuldner zur Ausübung seines Gewerbes gegen Entgelt (auch in Teilen) überlassen werden. Hierbei ist im Einzelfall zu entscheiden, ob der Verwalter ein ortsübliches Entgelt verlangt, ein darüber hinaus liegendes oder ein an dem Objekt und der Leistungsfähigkeit des Schuldnerunternehmen orientiertes. Entscheidend ist, inwieweit der Situation des Objektes Rechnung getragen wird[119]. Die Anordnung der Zwangsverwaltung dürfte häufig gerade in der mangelnden Leis-

---

111 Rpfleger 2005, 57 = NJW-RR 2005, 1175.
112 Ausführlich *H/W/F/H*, § 5 ZwVwV Rdn. 10 f., 15.
113 Vgl. auch OLG Hamm, Rpfleger 1994, 515.
114 OLG Karlsruhe, WM 1989, 1229.
115 BGHZ 55, 261 = BGH, DB 1971, 571.
116 Rpfleger 2005, 557 = NJW-RR 2005, 1175.
117 OLG Hamm, Rpfleger 1994, 515.
118 *H/W/F/H*, § 5 ZwVwV Rdn. 15; *Hintzen*, Rpfleger 1992, 310; *Eickmann*, ZIP 1986, 1517.
119 Vgl. *H/W/F/H*, § 5 ZwVwV Rdn. 15 a.E.

tungsfähigkeit des Schuldners oder seines Unternehmens begründet sein. Im Zweifel hat der Verwalter hierzu eine Weisung des Gericht einzuholen und eine Abstimmung mit der Gläubigerin herbeizuführen, wobei die wirtschaftlichste und realisierbare Alternative zu wählen ist und in der Abwägung auch die Objektsicherung und -erhaltung berücksichtigt werden muss.

Relevant waren bereits in der Vergangenheit die Fälle, in denen auf dem Grundstück ein Hotel, eine Gaststätte, ein produzierendes Gewerbe, eine Praxis u.ä. betrieben wurden. 38

Hierzu wurde in Einzelfällen die Auffassung vertreten, dass der Verwalter diese Betriebe weiter betreiben oder verpachten durfte, teilweise beschränkt auf die beschlagnahmten Gegenstände[120]. Diskutiert wurden Zustimmungsvorbehalte des Schuldners, der Beteiligten, öffentlich-rechtliche Zulassungsbeschränkungen und Entscheidungen in einem parallelen Insolvenzverfahren.

Die Fragen sind bezogen auf den Einzelfall nach den folgenden Gesichtspunkten einer Regelung zuzuführen.

cc) **Gewerbliche Tätigkeit**

Nach dem Wortlaut des Abs. 1 hat der Verwalter das Grundstück in seinem 39 wirtschaftlichen Bestand zu erhalten und ordnungsgemäß zu benutzen. Die hieraus erzielten Einnahmen können den Bereich der Vermögensverwaltung betreffen oder gewerblichen Charakter haben. Der Verwalter ist nicht befugt einen Gewerbebetrieb einzurichten[121] oder einen Betrieb des Schuldners, der nicht an das Grundstück gebunden ist, weiterzuführen[122], es sei denn – unter den nachfolgenden Voraussetzungen – das Grundstück ist für einen Gewerbebetrieb eingerichtet, der zum Zeitpunkt der Beschlagnahme nicht betrieben wird[123]. Ist aufgrund des Umfangs der Nutzung und besonderer Merkmale, die aus § 15 Abs. 1 Nr. 1 EStG abgeleitet werden, die Nutzung an sich als gewerbliche Tätigkeit einzustufen, so hat der Verwalter diese im Rahmen des § 152 weiterhin auszuüben. Erfolgt diese Nutzung zum Zeitpunkt der Verfahrensanordnung nicht oder nicht mehr, ist der Verwalter verpflichtet, eine solche aus den Gegebenheiten des Grundstücks bestehende Nutzung aufzunehmen[124]. Bei Änderungen der Nutzung ist die Zustimmung des Gerichtes einzuholen (§§ 5, 10 Abs. 1 Nr. 1 ZwVwV), d.h. auch, wenn zum Zeitpunkt der Anordnung eine frühere Nutzung nicht mehr bestand[125].

Eine Nutzung des Verwalters ist damit grundsätzlich möglich, wenn die Nut- 40 zung des Grundstücks selbst eine gewerbliche Tätigkeit ist oder auch lediglich private Vermögensverwaltung. Hierbei handelt es sich lediglich um steuerrechtlich relevante Qualifizierungen[126], die jedoch das Ziehen der Nutzungen (Erträge) nicht beeinflusst. Bei der Vermögensverwaltung werden nur die Nutzungen besteuert und beim steuerlichen Gewerbebetrieb auch die laufenden Veräußerungsgewinne.

---

120 Umfassende Darstellung und Nachweise zu den bisher vertretenen Ansichten bei *Stöber*, ZVG § 152 Rdn. 9.1.
121 *Böttcher/Keller*, § 152 Rdn. 31.
122 *Stöber*, ZVG § 152 Rdn. 9.2; s. auch *Löhnig/Bauch*, § 5 ZwVwV Rdn. 14 ff. und *Depré*, § 152 Rdn. 9 f.
123 Ebenso *Depré/Mayer*, Rdn. 681.
124 *Depré/Mayer*, Rdn. 681 ff.
125 Ausführlich *Haut/Beyer/Mengwasser*, IGZInfo 2006, 132 f.; *dies.*, IGZInfo 2007, 14.
126 Vgl. zur steuerrechtlichen Abgrenzung, *Schmidt/Wacker*, § 15 Rdn. 46.

41 Hierbei kommen als grundstücksbezogen in Betracht:
- Vermietung von Tennisplätzen[127],
- Betrieb eines Parkhauses oder Parkplatzes,
- Betrieb eines Campingplatzes[128] (im Einzelfall zweifelhaft im Vergleich zu Hotel),
- Vermietung von Lager- oder Büroflächen,
- kurzfristige Vermietung an wechselnde Mieter oder Pächter[129],
- Gewinnung von Bodenschätzen soweit nicht Land und Forstwirtschaft,
- Kohlenzeche[130] oder Kiesgrube,
- Sportanlage mit Bewirtschaftung[131],
- Hotel[132] mit Zustimmung des Schuldners[133],
- Tankstelle mit Warenshop und Waschanlage[134].

42 Keine grundstücksbezogenen Unternehmungen sind:
- Transportbetrieb mangels Zubehöreigenschaft der Fahrzeuge[135],
- Läden im Allgemeinen, Künstleratelier, Reisebüro, Gasstätten in Wohn- und Geschäftshäusern, kleine Handwerksbetriebe[136],
- Büros in Einfamilienhäusern[137],
- freiberufliche Praxen.

Zu unterscheiden sind:
- Grundstück bildet den Betrieb, z.B. Parkplatz
- Ablösbare Betriebe, z.B. Praxis
- Objekte, die für einen Betrieb speziell eingerichtet sind, z.B. Hotel.
- Im Rahmen der Energiewende werden in Zwangsverwaltungsverfahren immer häufiger Anlagen für **erneuerbare Energien** relevant, insbesondere **Photovoltaikanlagen**[138]. Hier ist zunächst davon auszugehen, dass diese Anlagen, wenn sie auf einem nur zu Wohnzwecken genutzten Gebäude montiert sind Zubehör gem. § 97 BGB sind. Dies gilt auch, wenn der erzeugte Strom ausschließlich in das öffentliche Netz gespeist wird[139]. Die Zubehöreigenschaft entfällt nur dann, wenn die Anlage nur zu einer vorübergehenden Nutzung installiert ist. In der Versteigerung besteht insoweit

---

127 BGHZ 163, 9 = Rpfleger 2005, 557 = ZInsO 2005, 771 = NJW-RR 2005, 1175.
128 Hierzu ausführlich *Gerhards*, IGZInfo 3/2013, 114.
129 Vgl. OLG Celle, Rpfleger 1989, 519 = NJW-RR 1989, 1200.
130 RGZ 93, 1.
131 OLG Celle, Rpfleger 1989, 515.
132 *Bergsdorf*, Die Hotelimmobilie in der Zwangsverwaltung, ZfIR 2014, 842; LG Trier, Rpfleger 1989, 76; BAG, NJW 1980, 2148 mit Kurklinik.
133 LG Bamberg, Rpfleger 1992, 309; OLG Celle, Rpfleger 1989, 519.
134 OLG Dresden, Rpfleger 1999, 410.
135 BGHZ 85, 234, 239.
136 *Depré/Mayer*, Rdn. 686.
137 OLG Celle, Rpfleger 1989, 519, 520.
138 Hierzu *Goldbach*, ZfIR 2014, 37 auch zur Kündigung eines Mietvertrages durch den Ersteher nach § 57a ZVG; LG Heilbronn, ZfIR 2014, 786.
139 LG Passau, Rpfleger 2012, 401.

jedoch die Gefahr aus § 55 Abs. 2. Besteht ein Mietvertrag, unterliegen die Mieten der Beschlagnahme. Fraglich ist, wem die Einspeisevergütung zusteht. Handelt es sich um Zubehör, muss auch die Einspeisevergütung der Beschlagnahme unterfallen. Ist die Anlage geleast, muss der Empfänger der Einspeisevergütung eine Nutzungsentschädigung an den Zwangsverwalter zahlen. Diese Auffassung scheint auch der Sicht des BGH zu entsprechen, der in seinem Beschluss vom 20.11.2014[140] im Rahmen einer Zurückverweisung entsprechende Hinweise gegeben hat.

Die vorstehenden Beispiele können nicht verallgemeinert werden. Vielmehr ist auch hier auf die jeweilige Situation abzustellen, insbesondere auf das hinter dem Betrieb stehende Unternehmen, welches in seinen einzelnen Bestandteilen und seine Organisationsstruktur wesentliche Elemente aufweisen kann, die nicht von der Beschlagnahme erfasst sind. Hierzu ist zumindest die Zustimmung des Schuldners erforderlich, wenn der Geschäftsbetrieb zwar ablösbar ist, aber das Grundstück speziell für den Betrieb eingerichtet ist, ansonsten hat ein etwaiges Insolvenzverfahren Vorrang. **43**

Danach kommt im Rahmen der vorstehenden Fallbeispiele, die weitestgehend vor Inkrafttreten der InsO entschieden wurden, vorrangig eine Betriebsfortführung in Betracht, wenn zwischen Betrieb und beschlagnahmtem Vermögen eine weitestgehende Identität herrscht, wie bei einem Parkplatz, Parkhaus, einer Sportanlage[141] oder Tennisplätze oder -halle, soweit nicht in vom Grundstück ablösbare Rechte eingegriffen wird[142]. Zu Betrieben, für die das Grundstück eingerichtet ist, wird auf → Rdn. 49 ff. verwiesen.

Entbehrliche Nutzungen sind gemäß § 152 Abs. 1 a.E. in Geld umzusetzen. Im Einzelfall kann deshalb die Abgrenzung zwischen einer zulässigen Nutzung des beschlagnahmten Grundstücks und seiner Bestandteile und der unter engen Voraussetzungen denkbaren Führung eines Gewerbebetriebes schwierig sei, sodass in jedem Fall eine Weisung des Gerichts eingeholt werden sollte. **44**

Über die Vermögensverwaltung oder die sich aus dem Grundstück selbst ergebende gewerbliche Tätigkeit hinaus ist der Verwalter grundsätzlich nicht befugt, eine gewerbliche Tätigkeit aufzunehmen. Bei einer gewerblichen Tätigkeit handelt es sich um eine nachhaltige Teilnahme am wirtschaftlichen Verkehr mit Gewinnerzielungsabsicht. Steuerrechtlich ist sie von der Land- und Forstwirtschaft und der Selbstständigen (freiberuflichen) Tätigkeit abzugrenzen. Die Bestandteile eines solchen Betriebs wurden unter → Rdn. 35 dargestellt. Befinden sich auf dem Grundstück Werkstätten, Büroräume, Geschäftsräume oder Lager, hat der Verwalter diese grundsätzlich zu vermieten oder zu verpachten, ggf. an den Schuldner. Es unterliegt nicht seiner Verwaltung, hierin einen Gewerbebetrieb einzurichten oder zu führen. Erfolgt keine entgeltliche Überlassung an den Schuldner, kann er diesen von dem Grundstück verweisen, um eine Nutzung durch Dritte zu ermöglichen[143]. **45**

Es entspricht damit allgemeiner Ansicht, dass der Verwalter einen Gewerbebetrieb nicht neu organisieren und selbst unterhalten darf[144], es sei denn, es handelt **46**

---

140 V ZB 204/13, ZfIR 2015, 226 = IGZInfo 1/2015, 25.
141 So auch *H/W/F/H*, § 5 ZwVwV Rdn. 16.
142 *H/W/F/H*, § 5 ZwVwV Rdn. 19; *Depré/Mayer*, Rdn. 685.
143 OLG Celle, Rpfleger 1989, 519.
144 *Stöber*, ZVG § 152 Rdn. 9.5; Steiner/*Hagemann*, § 152 Rdn. 89; *H/W/F/H*, § 5 ZwVwV Rdn. 19; *Böttcher/Keller*, § 152 Rdn. 31.

sich bei dem stillgelegten Betrieb um das beschlagnahmte Vermögen selbst (z.B. Parkhaus, Ausbeute von Bodenschätzen, Ausnahme → Rdn. 49 ff.)[145].

47 Denkbar ist darüber hinaus, dass der Schuldner beschlagnahmefreies Vermögen, welches den Gewerbebetrieb ausmacht dem Verwalter überlässt, damit dieser den gesamten Betrieb an einen Dritten verpachtet[146].

48 Bei einer Überlassung an den Schuldner stehen den Gläubigern nur die Erträge zu, die das Zwangsverwaltungsobjekt betreffen. Die Erträge aus dem Betrieb fließen dem Verwalter i.d.R. nicht zu (s. auch → Rdn. 55).

dd) Betriebsfortführung

49 Die Betriebsfortführung dürfte auch auf der Grundlage der Entscheidung des BGH vom 14.4.2005[147], von Ausnahmen abgesehen, i.d.R. nicht zu den Verwalteraufgaben zu rechnen sein. Hierbei ist zu berücksichtigen, dass die Verwaltung nicht die beschlagnahmefreien Gegenstände erfasst, insbesondere nicht diejenigen, die die Firma darstellen (→ Rdn. 35). Lässt sich der Betrieb vom Grundstück lösen, hat der Verwalter diesen nicht zu führen[148]. Er unterliegt nicht dem Vollstreckungszugriff[149]. Damit stellt sich im Rahmen der ordnungsgemäßen Bewirtschaftung hier lediglich die Frage, ob es sinnvoll sein kann, dem Schuldner das Betriebsgrundstück, den Geschäftsraum oder das Büro wegzunehmen. Die wäre nur dann geboten und bedarf im Einzelfall der Abwägung, wenn ein Entgelt des Schuldners für die Nutzung nicht zu erzielen ist und eine andere Nutzung mit Erlösen möglich erscheint. Sind diese Schritte unwirtschaftlich, rechtfertigt sich hieraus kein Eingriff in den Gewerbebetrieb und die Fortführung durch den Verwalter[150], selbst nicht mit Zustimmung des Schuldners.

50 Eine Ausnahme kann nur dann gelten, wenn der Betrieb **grundstücksbezogen** – i.S.v. speziell für den Betrieb eingerichtet – ist.

Dies bestätigt im Kern auch der BGH. Danach muss das Grundstück seiner funktionsgerechten Nutzung zugeführt werden, wobei das Grundstück eine spezifische Ausrichtung auf den Betrieb haben muss. Hierzu ist es nicht ausreichend, dass auf dem Grundstück Räumlichkeiten wie Büros, Lager oder Hallen sind, die nicht auf eine spezifische Verwendung ausgerichtet sind. Hierunter fallen auch nicht die Grundstücke, bei denen sich die gewerbliche Nutzung aus dem Grundstück selbst ableitet (s. → Rdn. 41 f.). Ein Gebäude kann zum einen durch seine Gliederung, Einteilung, Eigenart oder Bauart zum anderen durch seine Ausstattung mit betriebsdienlichen Maschinen und sonstigen Gerätschaften als für einen gewerblichen Betrieb dauernd eingerichtet anzusehen sein[151].

51 Der BGH beschreibt die **fehlende Ablösbarkeit** negativ damit, dass diese Grundstücke nach der Einrichtung für den Gewerbebetrieb anders als gewerblich nicht mehr nutzbar sind und hat hierbei § 98 Nr. 1 BGB im Blick, vergleichbar Hotels, Restaurants, Kliniken[152].

---

145 Vgl. *H/W/F/H*, § 5 ZwVwV Rdn. 17; OLG Celle, Rpfleger 1989, 519.
146 LAG Hamm, ZIP 1987, 91, 99; OLG Hamm, Rpfleger 1994, 515, 516.
147 BGHZ 163, 9 = Rpfleger 2005, 557 = ZInsO 2005, 771 = NJW-RR 2005, 1175.
148 OLG Celle, Rpfleger 1989, 519 = NJW-RR 1989, 1200; OLG Hamm, Rpfleger, 1994, 515.
149 So mit überzeugenden Argumenten *Stöber*, ZVG § 152 Rdn. 9.6, m.w.N.
150 So auch *Stöber*, ZVG § 152 Rdn. 9.6.
151 BGHZ 165, 261 = Rpfleger 2006, 213 = NJW 2006, 993.
152 Vgl. auch *Schmidt-Räntsch*, IGZInfo 2006, 38, 39.

Hiervon losgelöst sei die Frage zu betrachten, ob das ZVG oder die ZwVwV, insbesondere aber der Verwalter darauf eingerichtet sind, einen solchen Betrieb zu führen. Dies soll sich ausschließlich nach Abs. 1 i.V.m. § 5 Abs. 1 ZwVwV bestimmen. Hierbei komme es darauf an, ob die Fortführung gerade deshalb erforderlich ist, um das Grundstück in seinem Bestand zu erhalten, insbesondere, um es später besser verwerten zu können. Aufgrund der Abhängigkeit könne die Verwertung mit einem lebenden Betrieb günstiger sein.

Eine solche Fortführung soll jedoch ausgeschlossen sei, wenn damit in unzulässiger Weise in nicht beschlagnahmte Rechte des Schuldners eingegriffen wird. Dies sei nicht schon der Fall, wenn der Verwalter die immateriellen Firmenbestandteile nutzt, wenn diese nicht selbstständig sind sondern Bestandteil der wirtschaftlichen Einheit (s. aber → Rdn. 53).

ee) Folgen der gewerblichen Tätigkeit

Ein Eintritt in schuldrechtliche Verträge des Schuldners ist hiermit nach allgemeinen Grundsätzen (→ Rdn. 65 ff.) nicht verbunden[153]. Der Verwalter muss im Fall der Fortführung eine Entscheidung treffen, ob er durch Neuvereinbarung die Verträge fortführt oder mit Dritten entsprechende Verträge abschließt. In der Entscheidung ist der Verwalter frei.

Etwas anderes gilt jedoch für die Wirkungen des § 613a BGB, an den der Verwalter nach Auffassung des BAG gebunden ist[154], wenn ein Verhalten zu verzeichnen ist, dass als Betriebsübernahme zu werten ist. Die Anordnung der Zwangsverwaltung selbst reicht nicht aus (s. → Rdn. 66 ff.). Auch bei fehlender Einwilligung des Schuldners wird jedoch ein rechtsgeschäftlicher Übergang angenommen und allein auf die Willensentschließung des Zwangsverwalters abgestellt[155]. Es bedarf für eine vertragliche oder sonstige rechtsgeschäftliche Beziehung keiner unmittelbaren Vertragsbeziehung zwischen Inhaber und Erwerber[156]. Dem Verwalter stehen dann auch die Kündigungsrechte zu, insbesondere, soweit notwendig, betriebsbedingte.

Führt der Zwangsverwalter den Betrieb nicht selbst fort, sondern verpachtet ihn im Rahmen der eingeschränkten Möglichkeiten zulässigerweise oder mit Zustimmung des Schuldners an einen Dritten, gilt § 613a BGB (für diesen) ebenfalls[157]. Auch hier kann es konsequenterweise nicht auf die Einwilligung des Schuldners ankommen, da dieser keine Entscheidungsbefugnis hat[158], sondern die Entscheidung des Verwalters maßgeblich ist.

---

153   So auch *H/W/F/H*, § 5 ZwVwV Rdn. 23; ausführlich *Haut/Beyer/Mengwasser*, IGZ-Info 2007, 14 ff.
154   BAG, NJW 1980, 2148; DB 1984, 1306; BB 1984, 1554; nunmehr eindeutig Rpfleger 2012, 165 = ZfIR 2012, 31; vgl. krit. *H/W/F/H*, § 5 ZwVwV Rdn. 22 mit umfangreichen Nachweisen zu Literatur und Rechtsprechung und *Haut/Beyer/Mengwasser*, IGZInfo 2007, 14, 17.
155   BAG, NJW 1980, 2148; DB 1984, 1306; Rpfleger 2012, 165 = ZfIR 2012, 31; abw. LAG Hannover, ZfIR 2011, 382.
156   BAG, Rpfleger 2012, 165 = ZfIR 2012, 31.
157   BGH, DB 1982, 2182; ArbG Lübeck, BB 1979, 989 m. Anm. *Dauenheimer*; Münch-Komm/*Müller-Glöge*, BGB § 613a, Rdn. 70.
158   A.A. *Stöber*, ZVG § 152 Rdn. 9.12; ausführlich *H/W/F/H*, § 5 ZwVwV Rdn. 22.

53 Der Schuldner kann dem Verwalter jedoch die Nutzung von **Namen und Know-how** untersagen, da die Beschlagnahmewirkung so weit nicht reicht[159]. Die gilt nach Auffassung des BGH nicht, wenn diese nicht selbstständig nutzbar sind, sondern zur wirtschaftlichen Einheit gehören.

54 Unter Berücksichtigung dieser Rechtsprechung muss deshalb im Einzelfall und durch Weisung des Gerichts entschieden werden. Es ist abzuwägen, ob eine Verpachtung für den Erhalt des Geschäftsbetriebs in Betracht kommt oder eine Überlassung an den Schuldner gegen angemessenes Entgelt[160]. Des Weiteren sind im Rahmen dieser Abwägung die in der Literatur herausgearbeiteten Kritikpunkte zu beachten:

- Folgen aus § 613a BGB in Bezug auf die Arbeitsverhältnisse auch im Hinblick auf die Beendigung des Verfahrens und den Zuschlag in einem Zwangsversteigerungsverfahren[161];
- Abwägung der unternehmerischen Risiken;
- Verzicht des Schuldners auf benötigte aber nicht der Beschlagnahme unterliegende Gegenstände. Nach formaler Sicht kann auch durch eine solche Vereinbarung die Vollstreckungsmaßnahme hierauf nicht ausgedehnt werden[162];
- Überforderung des Zwangsverwalters und des Verfahrens, auch unter Berücksichtigung der Aufsichtspflicht des Gerichts;
- Übernahme des Warenbestandes, soweit nicht Zubehör[163];
- die Haftung aus § 154 ist ungeklärt[164];
- die steuerrechtlichen Folgen (→ Rdn. 93.2).

55 Ungeklärt ist auch, in welchem Umfang die **Erträge** aus einer in vorstehendem Umfang zulässigen Betriebsfortführung der Beschlagnahme unterliegen oder dem Schuldner gebühren. Nach hier vertretener Auffassung unterliegen bei einer Fortführung eines nicht ablösbaren, grundstücksbezogenen Geschäfts die Erträge, die über das übliche Nutzungsentgelt hinausgehen, nicht der Beschlagnahme (Sondervermögen), weil beschlagnahmefreies Vermögen eingesetzt wird und im Ergebnis nichts anderes gelten kann, als wenn der Verwalter verpachtet. Des Weiteren würde ein Wertungswiderspruch zu § 153b auftreten, da dort der Insolvenzverwalter ebenfalls nur verpflichtet wird, ein angemessenes Nutzungsentgelt zu zahlen, aber die darüber hinausgehenden Erträge notwendigerweise der Insolvenzmasse zufließen. Vorliegend kann deshalb nichts anderes gelten. Danach muss ein angemessenes Nutzungsentgelt ermittelt werden. Gleichwohl steht dem Verwalter auch eine Vergütung für die Betriebsfortführung, unabhängig von diesem Nutzungsentgelt, zu. Klärungsbedarf besteht darüber hinaus bezüglich der hieraus entstehenden Betriebssteuern (hierzu → Rdn. 93.2).

56 Bezüglich der **steuerrechtlichen Folgen** im Allgemeinen wird auf → Rdn. 92.1 ff. verwiesen und für den Fall der Betriebsfortführung auf → Rdn. 93.2.

---

159 OLG Celle, Rpfleger 1989, 519, 520; *Haut/Beyer/Mengwasser*, IGZInfo 2007, 14, 20.
160 Vgl. zu den Überlegungen des Verwalters *Depré/Mayer*, Rdn. 699 ff.
161 Hierzu umfassend *Mork/Neumann*, IGZInfo 2006, 44.
162 *Stöber*, ZVG § 152 Rdn. 9.8; a.A. OLG Celle, Rpfleger 1989, 519; LG Bamberg, Rpfleger 1992, 309 mit ebenfalls abl. Anm. *Hintzen*.
163 Vgl. OLG Celle, Rpfleger 1989, 519.
164 *Depré/Mayer*, Rdn. 701.

Bezüglich der Lohnsteuer und der sozialversicherungsrechtlichen Verpflich- 57
tungen wird auf → Rdn. 93.6 verwiesen.

ff) Fazit

Im Ergebnis wird die Fortführung im Wesentlichen abgelehnt, bzw. auch durch 58
den BGH in ihrer Bedeutung letztlich auf spezielle Ausnahmefälle beschränkt,
und festgestellt, dass **kein Zwang zur Betriebsfortführung** besteht[165].

Eine Fortführungsmöglichkeit scheidet des Weiteren grundsätzlich aus, wenn 59
das Grundstück zwar im Eigentum des Schuldners steht aber einer GbR überlassen ist, an welcher der Schuldner beteiligt ist. Das Grundstück befindet sich dann
regelmäßig im Sonderbetriebsvermögen des Schuldners. Der Verwalter kann dann
nur die vertraglichen Ansprüche des Schuldners gegen die GbR geltend machen
oder je nach Sachlage die Herausgabe verlangen[166].

Danach ist dem Fazit von *Mork/Neumann*[167] zuzustimmen: *„Führt die Abwä-* 60
gung (ausnahmsweise) zu dem Ergebnis, dass eine Fortführung durch den Zwangs-
verwalter zulässig ist und zudem unter wirtschaftlichen Gesichtspunkten die best-
mögliche Befriedigungsmöglichkeit für den betreibenden Gläubiger darstellt,
sollte er auf eine umfassende Haftungsfreistellung durch den Gläubiger dennoch
nicht verzichten".

Eine weitere Einschränkung der Möglichkeiten der Fortführung dürfte häufig 61
in einem parallelen Insolvenzverfahren liegen[168] und der dann bestehenden Abgrenzungsschwierigkeiten. Insoweit ist dann auch § 153b zu beachten.

3. Grundstücksbruchteile

Hierzu wird zunächst auf → § 146 Rdn. 5 verwiesen, inwieweit sie Gegenstand 62
der Zwangsverwaltung sind. Die Verwaltung ist durch die Miteigentümerrechte
eingeschränkt. Sind diese vertraglich geregelt oder beschlossen, ist der Verwalter
hieran gebunden. Ungeachtet dessen ergeben sich die Rechte aus den §§ 743 ff.
BGB. Anders als der Schuldner kann er nicht die Aufhebung der Gemeinschaft
betreiben.

Der Verwalter muss jedoch seine Rechte gemäß § 152 i.V.m. der ZwVwV gel- 63
tend machen. Bei ungenutzten Objekten muss er aus seinem Anteil heraus versuchen, eine Nutzung durchzusetzen. Die auf seinen Anteil entfallenden Einnahmen
müssen ihm ohne Abzüge zufließen, um die zulässigen Kosten des Verfahrens zu
begleichen, auch wenn die anderen Miteigentümer hieraus Nachteile haben[169]. Der
Verwalter muss insbesondere prüfen, welche Zahlungen von ihm nur im Rahmen
des Teilungsplans erbracht werden dürfen[170].

Sofern keine Bindungen an Verträge oder Beschlüsse zu berücksichtigen sind, 64
wird u.a. vorgeschlagen[171], dass die Einnahmen auf eine neu einzurichtendes ge-

---

165 *Schmidt-Räntsch*, IGZInfo 2006, 38, 39; vgl. auch die ausführliche Darstellung zu den
    schuldrechtlichen Verträgen durch *Haut/Beyer/Mengwasser*, IGZInfo 2007, 14 ff.; vgl.
    auch die zutreffenden Abwägungen für die Praxis bei *Depré/Mayer*, Rdn. 699.
166 Ähnlich *Stöber*, ZVG § 152 Rdn. 9.9.
167 IGZInfo 2006, 44.
168 Hierzu *Schmidt-Räntsch*, IGZInfo 2006, 38, 39.
169 *Stöber*, ZVG § 152 Rdn. 10.2.
170 Vgl. hierzu *Böttcher/Keller*, § 152 Rdn. 34.
171 *Stöber*, ZVG § 152 Rdn. 10.3.

meinsames Konto fließen, von dem die Grundstückslasten (§ 156 Abs. 1) bedient werden und der Rest nach den Eigentumsanteilen verteilt wird. Die Handhabung ist je nach Sachlage relativ kompliziert, dürfte jedoch unter Berücksichtigung der Gegebenheiten des Einzelfalles unvermeidbar sein, um den Verpflichtungen des Verwalters nachzukommen. Ggf. sind Weisungen des Gerichts einzuholen.

4. Abschluss von Verträgen
a) Allgemein

65 Um eine ordnungsgemäße Bewirtschaftung sicherzustellen müssen regelmäßig Verträge, insbesondere Versorgungsverträge, abgeschlossen werden. Mit Ausnahme von Miet- oder Pachtverträgen (Abs. 2) und der nachfolgend dargestellten Besonderheiten ist der Verwalter an Verträge, die der Schuldner vor der Beschlagnahme über Erzeugnisse oder im Rahmen der Bewirtschaftung geschlossen hat nicht gebunden. Selbst wenn der Schuldner bereits die Gegenleistung erhalten hat, muss der Verwalter nicht erfüllen. Der Vertragspartner muss sich weiterhin an den Schuldner halten, weil der Verwalter nicht dessen Rechtsnachfolger ist[172]. Die Forderung kann gegen den Schuldner tituliert werden. Hieraus ist der Beitritt im Zwangsverwaltungsverfahren möglich. Der Verwalter ist jedoch in der Entscheidung frei, ob er in Ausübung pflichtgemäßen Ermessens unter Berücksichtigung einer ordnungsgemäßen und sparsamen Bewirtschaftung in bestehende Verträge eintritt[173], insbesondere, wenn die Erfüllung für die Verwaltung günstig ist, es sich um Ohnehin-Kosten handelt oder die Aufrechterhaltung für das Verfahren unentbehrlich ist.

Er handelt hierbei im eigenen Namen als Zwangsverwalter und insoweit für fremde Rechnung. Deshalb sollte unbedingt ein Hinweis hierauf erfolgen, um bereits im Ansatz den Anschein eines Handelns auf eigene Rechnung zu vermeiden[174]. Die hieraus resultierenden Verträge wirken – jedenfalls nach Aufhebung infolge Rücknahme – für und gegen den Schuldner.

Verträge mit dem Schuldner sind daraus begründbar, dass der Schuldner aufgrund der Stellung des Verwalters über ein rechtliches Minus verfügt[175]. Nach Beendigung des Verfahrens infolge Rücknahme enden Verträge mit dem Schuldner infolge Konfusion. Soweit Verträge des Verwalters für den Ersteher bindend sind (s. → § 161 Rdn. 52 f.), ggf. verbunden mit Sonderkündigungsrechten, gilt dies nicht für einen Mietvertrag mit dem Schuldner[176]. Dogmatisch wird man dies aber nur mit dem Räumungsanspruch aus § 93 begründen können, der ansonsten unterlaufen würde.

b) Dienst- und Arbeitsverträge

66 Zur Erfüllung seiner Aufgaben muss und darf der Verwalter häufig auf Hilfspersonen zurückgreifen, z.B. Hausmeister (bei größeren Objekten[177]), die nicht zu

---

172 S. auch OLG Brandenburg, U. v. 2.3.2010, 6 U 40/09 Rpfleger 2010, 531–532 = IGZ-Info 2010, 139.
173 H/W/F/H, § 5 ZwVwV Rdn. 26; Böttcher/Keller, § 152 Rdn. 51.
174 Ebenso Wedekind/Wedekind, Rdn. 842.
175 Wedekind/Wedekind begründen dies mit der rechtlichen Selbstständigkeit des Verwalters, abgeleitet aus der Amtstheorie, Rdn. 849 f.
176 Ebenso Wedekind/Wedekind, Rdn. 850.
177 Vgl. H/W/F/H, § 5 ZwVwV Rdn. 30.

seinem eigenen Büropersonal gehören. Er hat mit diesen entsprechende Verträge abzuschließen, bzw. die bestehenden Verträge ab der Beschlagnahme fortzuführen, wenn geeignete Kräfte vorhanden sind. Die mit dem Schuldner abgeschlossenen Verträge betreffen den Verwalter nicht. Er haftet nicht für Verbindlichkeiten vor der Beschlagnahme[178] und darf hierauf keine Leistungen erbringen.

Insoweit kann die Ablehnung der Weiterbeschäftigung auch keine fristlose Kündigung sein[179]. Die Arbeitnehmer des Schuldners haben keinen Anspruch auf Fortsetzung des Arbeitsverhältnisses mit dem Verwalter[180]. Er kann weder vor dem Arbeitsgericht auf Weiterbeschäftigung klagen noch das Vollstreckungsgericht zur Entscheidung anrufen[181]. Gleichwohl kann das Vollstreckungsgericht unabhängig hiervon im Rahmen seiner Aufsichtspflicht eine entsprechende Anweisung erteilen. 67

Im Falle der **einer Betriebsfortführung** sind die Voraussetzungen von § 613a BGB zu berücksichtigen (s. → Rdn. 52), sodass auch Klagen vor dem Arbeitsgericht zulässig sind[182]. 68

Auch gegenüber einer bereits bestehenden **Hausverwaltung** (außerhalb WEG) tritt der Verwalter in den bestehenden Vertrag nicht ein. Ungeachtet dessen muss er das Objekt selbst bzw. mit eigenen Kräften verwalten. Nur bei schwierigen Verhältnissen, z.B. einer Vielzahl von Mietern, schwierigen Mietverhältnissen oder Abrechnungssituationen, kann der Verwalter zugunsten des Verfahrens die „eingespielte" Hausverwaltung beibehalten, um Unterbrechungen und Ausfälle zu vermeiden. Für das Verfahren dürfen jedoch keine wesentlichen Mehrkosten entstehen, was ggf. auch über die Verwaltervergütung zu berücksichtigen ist[183] (→ § 152a Rdn. 63), da der Verwalter insoweit die Verwaltung nur eingeschränkt – wenn auch verantwortlich – führt. Hierzu ist die Genehmigung des Gerichts einzuholen. 69

c) Energielieferungsverträge

Sofern Gas-, Elektrizitäts- und Wasserwerke (faktisch) noch eine Monopolstellung haben, dürfen sie diese nicht dadurch ausnutzen, dass sie Lieferungen von der Bezahlung der Rückstände des Schuldners abhängig machen. Der Verwalter ist nicht verpflichtet in die Lieferverträge einzutreten und Rückstände zu zahlen[184]. Es besteht ein Kontrahierungszwang, sodass der Verwalter verlangen kann, neue Verträge abzuschließen[185]. Eine Weigerung ist sittenwidrig und kann bei Unterbrechung der Versorgung zu Schadensersatzansprüchen führen. Allerdings ist das Versorgungsunternehmen auf der Grundlage seiner allgemeinen Bedingungen berechtigt, Vorauszahlungen zur Sicherstellung seiner Ansprüche zu verlangen, wenn eine ungesicherte Lieferung unzumutbar ist[186]. 70

---

178 *H/W/F/H*, § 5 ZwVwV Rdn. 27.
179 *Stöber*, ZVG § 152 Rdn. 7.1; a.A. *Papke*, BB 1968, 797 (I).
180 BAG, KTS 1980, 389; NJW 1980, 2148; DB 1984, 1306.
181 *Stöber*, ZVG § 152 Rdn. 7.1; bzgl. der Anrufung des Gerichts a.A. *Papke*, BB 1968, 797 (III).
182 Vgl. auch *Böttcher/Keller*, § 152 Rdn. 52 i.V.m. Rdn. 28a.
183 *H/W/F/H*, § 5 ZwVwV Rdn. 31.
184 BGH, Rpfleger 2005, 460, 462 = NJW-RR 2005, 1029 zu Mietvertrag und Kaution; LG Zwickau, U. v. 2.12.2005, 6 S 132/05, IGZInfo 2006, 26.; ebenso AG Heilbronn, B. v. 26.4.2010, 2 L 93/09, IGZInfo 2011, 111.
185 LG Oldenburg, NJW-RR 1992, 53 für § 6 Abs. 1 EnergieWG.
186 OLG Düsseldorf, NJW-RR 1989, 1457 = ZIP 1989, 1002.

Die hieraus resultierenden Kosten sind grundsätzlich vorweg zu berichtigende Ausgaben, die aufgrund der vom Verwalter abgeschlossenen oder fortgesetzten Lieferung entstehen[187]. In seiner Entscheidung vom 5.3.2009[188] räumt der BGH dem Energieversorger eine Beteiligtenstellung i.S.v. § 154 S. 1 ein über § 9 hinaus mit hieraus resultierenden Haftungsansprüchen gegen den Verwalter (zur Kritik s. → § 154 Rdn. 4.3).

71 Umgekehrt hat der Verwalter – auch aus Haftungsgründen – (→ § 154 Rdn. 4.3) zu beachten, dass in dem Leistungsgebot eines Versorgungsunternehmens grundsätzlich ein Vertragsangebot zum Abschluss eines Versorgungsvertrages in Form einer Realofferte zu sehen ist, die konkludent angenommen wird, wenn aus dem jeweiligen Netz Wasser, Strom, Gas oder Fernwärme entnommen wird[189] (§ 2 Abs. 2 der AVBWasserV, StromGVV, GasGVV, AVBFernwärmwV). Diese Grundsätze gelten jedoch dann nicht, wenn der Versorger zuvor mit einem Dritten einen Vertrag geschlossen hat oder der Abnehmer mit einem anderen Versorger einen Vertrag abgeschlossen hat und nicht weiß, dass dieser ihn nicht mehr beliefert[190]. Hier ist zu prüfen, ob sich aus einem schlüssigen Verhalten eine Willenserklärung begründen lässt. Die bloße Bestellung zum Zwangsverwalter und der Eintritt in bestehende Miet- oder Pachtverträge reicht hierzu nicht aus. Der Vermieter hat grundsätzlich nur dafür Sorge zu tragen, dass eine Einrichtung für die Möglichkeit eines Anschlusses an das Versorgungsnetz vorhanden ist. Er ist insoweit auch nicht Letztverbraucher und ist bei Leerstand auch nicht verpflichtet für die Sperrung des Anschlusses zu sorgen[191].

72 Problematisch sind i.d.R. nicht die Lieferungen von Heizöl, Gas oder Kohle, jedoch von Flüssiggas, da hier die Tankbehälter häufig von einem bestimmten Lieferanten gemietet sind und Fremdlieferanten auf Sicherheitsprüfungen bestehen oder vertraglich ausgeschlossen sind.

Generell sollten die Bestellungen durch den Verwalter erfolgen, um unbefugte Folgebestellungen durch den Schuldner auszuschließen, da der Verwalter aus Rechtsschein haften kann[192].

d) Versicherungsverträge
aa) Allgemein

73 Bezüglich der Versicherungen, die das Objekt betreffen, ist zunächst § 9 Abs. 3 ZwVwV zu beachten (→ Rdn. 78 ff.), der den Verwalter verpflichtet, die Versicherungen abzuschließen, die im Rahmen einer ordnungsgemäßen Verwaltung geboten erscheinen[193].

Soweit über das Grundstück hinaus Werte vorhanden sind (Zubehör, Waren, Maschinen u.a.), muss der Verwalter diese gegen die üblichen Gefahren versichern

---

187 BGH, Rpfleger 2009, 406 = NJW 2009, 1677 = ZfIR 2009, 337 = ZInsO 2009, 789.
188 Rpfleger 2009, 404.
189 BGH, Rpfleger 2014, 327, 328; zur Verpflichtung Rücklagen zu bilden und ggf. Vorschüsse anzufordern LG Bonn, IGZInfo 3/2014, 129.
190 BGH, Rpfleger 2014, 327, 328.
191 LG Saarbrücken, Rpfleger 2014, 150.
192 OLG Celle, ZIP 1981, 1233 für Vergleichsverwalter.
193 Ausführlich *Weber/Graf*, Versicherungen in der Zwangsverwaltung, ZfIR 2006, 612 und *Meyer* zu Haftungsfragen, IGZInfo 2011, 5; vgl. auch *Plassmann*, Die Versicherung von Gewerbeimmobilien, ZfIR 2012, 143 (Teil1) und ZfIR 2012, 206 (Teil 2).

(vgl. § 1045 BGB). Hierbei handelt es sich nicht nur um die Feuerversicherung, sondern auch um die weiteren Risiken, wie Sturm, Hagel, Wasser und Elementarschäden (§ 9 ZwVwV). Zubehör ist ggf. gegen Diebstahl zu versichern. Darüber hinaus ist der Abschluss einer Gebäudeeigentümerhaftpflichtversicherung zu beachten. Der Versicherungsbestand ist von dem Verwalter bei Inbesitznahme zu prüfen. Ein Mietausfallrisiko ist i.d.R. nicht zu versichern[194] (→ Rdn. 83). Nach Auffassung des OLG München soll der Eigentümer Versicherungsnehmer bleiben.[194a]

Noch bestehende Verträge werden durch das Verfahren nicht beendet. Der Verwalter tritt aber auch nicht in diese Verträge ein und kann sie deshalb auch nicht nach § 96, 99 VVG kündigen[195]. Der Verwalter kann ermessensgerecht entscheiden, ob er eine neue Versicherung abschließt, da er an den Vertrag nicht gebunden und aus ihm nicht verpflichtet ist[196], auch nicht bezüglich etwaiger Rückstände. Der Vertrag endet nicht mit der Anordnung der Zwangsverwaltung[197]. Die Weiterführung kann dann untunlich sein, wenn erhebliche Rückstände bestehen und die Versicherung die Fortführung oder Wiederinkraftsetzung nach Kündigung von der Nachzahlung der Rückstände abhängig macht. Es kann auch sinnvoll sein, eine bestehende Versicherung durch den Schuldner fristgerecht kündigen zu lassen, um später eine günstigere Versicherung abzuschließen. Zu beachten ist aber, dass eine günstigere Versicherung im Schadensfall nicht unbedingt ebenso gut reguliert, wie eine teurere Versicherung. Insoweit bleibt dem Verwalter eine gewisse Entscheidungskompetenz. 74

Eine bereits bestehende Leistungsfreiheit des Versicherers aus §§ 37 ff. VVG ist zu beachten. 75

Im Hinblick auf den von ihm abgeschlossenen oder fortgeführten Vertrag treffen den Verwalter sämtliche Obliegenheitspflichten, insbesondere bei gefahrerhöhenden Umständen[198]. Insbesondere sollte der Versicherung ein Leerstand unverzüglich mitgeteilt werden. 76

Hat der Verwalter Verträge neu abgeschlossen, ist der Schuldner im Falle der Aufhebung durch Antragsrücknahme unstr. an diese gebunden, da § 96 VVG nicht gilt[199]. 77

bb) **Versicherungsumfang**

Der Verwalter sollte sich bereits im Rahmen der Beschlagnahme über mögliche Gefahren und zu versichernde Werte informieren, um einen ausreichenden Versicherungsschutz des beschlagnahmten Vermögens zu gewährleisten. Ggf. ist hier ein Sachverständiger beizuziehen. Bei unzureichendem Versicherungsschutz kann der Verwalter sich schadensersatzpflichtig machen. In gleichem Maße sind die Nachweise zu prüfen, die ihm gemäß § 9 Abs. 3 ZwVwV vorgelegt werden. 78

Die Prüfung des Versicherungsumfanges ist auch deshalb von Bedeutung, weil einzelne **Risikoausschlüsse** bestehen können oder die Versicherung auf der Grundlage alter Versicherungsbedingungen besteht (diese können günstiger oder 79

---

194 LG Hamburg, Rpfleger 1985, 314.
194a U. v. 27.3.2015, 26 U 3746/14: Leistungsfreiheit bei Eigenbrandstiftung des Schuldners.
195 OLG Hamm, NJW-RR 2001, 394.
196 OLG Hamm, NJW-RR 2001, 394; *Depré/Mayer*, Rdn. 714; *Wedekind/Wedekind*, Rdn. 1086.
197 *Depré/Mayer*, Rdn. 811 ff.
198 BGH, Rpfleger 2003, 93 = NJW 2003, 295.
199 Zum Doppelversicherungsausgleich in der Zwangsverwaltung OLG Hamm, IGZInfo 1/2013, 43.

ungünstiger sein). Des Weiteren sind Kosten für Aufräumarbeiten in alten Verträgen häufig nicht abgesichert. Besondere Beachtung erfordert der **Leerstand** von Gebäuden, mit denen ein Versicherungsschutz entfallen kann oder aufgrund von Obliegenheitsverletzungen[200] Leistungseinschränkungen bestehen. Ist ein Leerstand zu verzeichnen, ist er der Versicherung in der Regel unverzüglich anzuzeigen. Teilweise lehnen die Versicherer eine Leerstandsversicherung ab oder schließen diese nur mit erheblichen Prämienzuschlägen ab. Die Anzeige der Gebäudeversicherer an die Grundpfandgläubiger funktioniert nicht zuverlässig. Auf ältere Nachweise der betreibenden Gläubiger ist insoweit kein Verlass und die unmittelbare Kontaktaufnahme zu der Versicherung unabdingbar. Lässt sich innerhalb der 14 Tage des § 9 ZwVwV keine verlässliche Grundlage für den Bestand der Versicherung feststellen, sollte der Verwalter aus Haftungsgründen eine neue Versicherung abschließen. Hierbei ist immer auf eine vorläufige Deckungszusage Wert zu legen. Sofern die Grundpfandgläubiger den Versicherungsschutz häufig selbst herstellen oder in Vorleistung treten, ist der Umfang der Versicherung besonders zu prüfen, da Banken vereinzelt nur einzelne Risiken, z.B. Feuer, oder sogar nur ihr Kreditrisiko abdecken. Hierdurch entsteht gleichzeitig das Risiko der Unterversicherung (§ 75 VVG), wobei bei Neuverträgen auch der Einwand der Unterversicherung durch die Versicherung vertraglich ausgeschlossen oder in Altverträge eingebunden werden sollte.

80 Bei größeren Objekten, insbesondere gewerblichen Objekten[201] von erheblichem Wert, wird die Versicherung häufig nur über Konsortien zu Verfügung gestellt. Hier ist besonderes Augenmerk auf die Vorgaben der Versicherung im Hinblick auf technische Einrichtungen und Brandschutz zu richten, sowie dessen regelmäßige Überprüfung. Es kann sich empfehlen, die Versicherung aufzufordern, eine Besichtigung durchzuführen, um den Versicherungsschutz anzupassen und Obliegenheiten aufzudecken. Gerade bei Versicherungsverträgen mit einem größeren Volumen empfiehlt sich die Einholung von Vergleichsangeboten aus Kostengründen. Ansonsten ist es bei „Normalfällen" vorrangig wichtig, einen „ständigen Ansprechpartner" zu haben, um zügig eine vorläufige Deckungszusage zu erreichen.

Sofern sich im Nachhinein herausstellen sollte, dass die Risiken (auch durch den Schuldner) zweimal versichert sind, liegt dies im Risikobereich des Schuldners. Schwierigkeiten können sich darüber hinaus im Rahmen der Beendigung des Verfahrens ergeben (s. → § 161 Rdn. 35). Der Verwalter kann das Versicherungsverhältnis des Schuldners nicht kündigen[202], jedoch der Ersteher nach §§ 95 f., 99 VVG.

Hierbei ist jedoch § 79 VVG zu beachten, der bei einer Doppelversicherung in Bezug auf die gleichen Risiken einen Erstattungs- und Aufhebungsanspruch begründet.

81 Für **Grundpfandgläubiger** sind die §§ 1127–1129 BGB zu berücksichtigen. Die Grundpfandrechte erstrecken sich auch auf die Forderungen gegen die Versicherung, wenn bei Eintritt des Versicherungsfalles die Hypothek (Vormerkung) und ein wirksamer Versicherungsvertrag bestanden haben[203]. Die Forderung ist

---

200 Hierzu ausführlich BGH, NJW 2012, 217 = NZM 2012, 365 = IGZInfo 2012, 40 auch zu Fragen der Vertragsanpassung gemäß Art. 1 Abs. 3 EGVVG durch den Versicherer.
201 Hierzu *Plassmann*, ZfIR 2012, 143.
202 *Depré/Mayer*, Rdn. 833.
203 RGZ 141, 83.

erloschen, wenn der Gegenstand wiederhergestellt ist oder Ersatz beschafft wurde (§ 1127 Abs. 2 BGB). Bis zu diesem Zeitpunkt werden die Rechte des Grundpfandgläubigers durch § 1128 BGB geschützt[204].

Die Versicherungsforderung unterliegt der **Beschlagnahme**[205]. Der Grundpfandgläubiger ist auch dann geschützt, wenn das Versicherungsverhältnis gestört ist und im Verhältnis zum Eigentümer eine Leistungsfreiheit eingetreten ist[206]. Der Regelfall ist die Nichtzahlung der Prämie, aber auch die die grob fahrlässige Herbeiführung des Versicherungsfalles (§ 81 VVG), die Gefahrerhöhung ohne Einwilligung des Versicherers (§§ 23 ff. VVG) oder die Verjährung. Die letzten drei Fälle können auch für den Verwalter relevant werden und eine Haftung begründen. Nach § 143 VVG bleibt eine Haftung gegenüber dem Grundpfandgläubiger auch dann bestehen. Etwas anderes kann gelten, wenn die Leistungsfreiheit wegen Nichtzahlung der Prämie eingetreten ist (§ 143 VVG). Hat der Grundpfandgläubiger jedoch sein Recht dem Versicherer angezeigt und hat dieser die Fälligkeit oder Kündigung nicht angezeigt, besteht weiterhin eine Leistungspflicht. Wird die Fälligkeit der Prämie oder die Kündigung mitgeteilt, tritt die Leistungsfreiheit erst nach einem Monat ein. Der Grundpfandgläubiger hat damit die Möglichkeit den Rückstand zu begleichen oder die Versicherung wieder in Kraft zu setzen oder eine anderweitige abzuschließen. Hierbei handelt es sich um ein eigenständiges Recht des Grundpfandgläubigers[207].

82

Einzelne Versicherungsarten je nach Sachlage[208]:

83

- **Gebäudesachversicherung: Feuer, Sturm, Leitungswasser, Hagel**
  Die Beachtung von Neuwertklauseln und der ausdrückliche Verzicht auf den Einwand der Unterversicherung sollten Standard sein. Bei der Neuwertklausel ist die Wiedererrichtung innerhalb der vertraglichen Fristen zu beachten. Für den Fall, dass die Versicherungsleistung, insoweit gekürzt, hierfür nicht verwendet wird, können sich besondere Fragen bezüglich der Person des Berechtigten und der Sachbehandlung ergeben (→ § 148 Rdn. 26 f.).

- **Früchte**
  Versicherungsleistungen für entsprechende Versicherungen gehören zur Masse, jedoch nach Maßgabe des § 21 Abs. 1.

- **Elementarschäden**
  Die Versicherung hat aufgrund veränderter klimatischer Bedingungen an Bedeutung gewonnen und wird häufiger angeboten als früher. Hierbei sollte jedoch das Risiko und die Kosten abgewogen werden und im Zweifel eine Abstimmung mit dem Gläubiger erfolgen oder die Zustimmung des Gerichts eingeholt werden. Dort wo diese Versicherung standardmäßig mit geringen Aufschlägen angeboten wird, sollte sie abgeschlossen werden.

---

204 Vgl. Palandt/*Bassenge*, § 1128.
205 *H/W/F/H*, § 9 ZwVwV Rdn. 27 zur Beschlagnahme, wenn Leistung für Wiederaufbau verwendet wird.
206 Ausführlich *H/W/F/H*, § 5 ZwVwV Rdn. 28.
207 Hierzu BGH, ZIP 1997, 232; BGH, VersR 1991, 331; BGH, Rpfleger 1981, 291.
208 Ergänzend hierzu *Meyer*, IGZInfo 2011, 5 und *Haut/Stier*, IGZInfo 2010, 99.

- **Gebäudeeigentümerhaftpflichtversicherung**
  Diese richtet sich i.d.R. nach dem Mietaufkommen des Objektes, wobei hier Fragen des Leerstandes mit der Versicherung zu klären sind. Zu beachten ist, dass diese Versicherung häufig in der privaten Haftpflichtversicherung des Schuldners enthalten ist, wenn es sich um das private Wohnhaus handelt. Hier muss dann der Bestand überprüft werden.

- **Einbruchdiebstahlversicherung, Inventarversicherung**
  Der Abschluss einer Inventarversicherung soll nur dann geboten sein, wenn der Zwangsverwalter dies für erforderlich hält[209]. Dies erscheint bedenklich, wenn es sich um Zubehör handelt, welches in der Gebäudeversicherung nicht mitversichert ist. In Mietverträgen sollten entsprechende Hinweise oder Ausschlussklauseln aufgenommen werden. Der Abschluss kann dann geboten sein, wenn der Zwangsverwalter für Beschädigungen des Inventars in Haftung genommen werden könnte (Verwahrlosung des Objektes).

- **Betriebshaftpflichtversicherung**
- **Mietausfallversicherung**
  Eine solche Versicherung wird als Ausgabe der Verwaltung nicht anerkannt, da sie nur zukünftige Einnahmen sichert[210]. Etwas anderes gilt dann, wenn der betreibende Gläubiger bereit ist, die Kosten hierfür zu übernehmen. Stellt man darauf ab, dass Ausfälle bei Nutzungseinschränkungen versichert werden (z.B. Wasserschaden) wird man diese Auffassung nicht aufrecht halten können[211].

cc) **Wohnungseigentum**

84 Handelt es sich um **Wohnungseigentum**, besteht i.d.R. für die Eigentümergemeinschaft ein Versicherungsschutz. Gleichwohl muss der Verwalter den Umfang über die Gemeinschaft oder den Hausverwalter prüfen. Ist der Versicherungsschutz unzureichend, z.B. bezüglich der versicherten Gefahren, insbesondere einer Haftpflichtversicherung, muss der Verwalter die sich aus dem WEG ergebenden Ansprüche (§ 21 Abs. 5 Nr. 3 WEG) des Schuldners geltend machen, ggf. in einem entsprechenden gerichtlichen Verfahren (§ 43 Abs. 1 Nr. 1 WEG). Besonderheiten des Sondereigentums hat der Verwalter gesondert zu versichern, wenn sie vom Versicherungsschutz des Gemeinschaftseigentums nicht erfasst sind. Besteht für das Gemeinschaftseigentum kein Versicherungsschutz, kann eine Verpflichtung des Verwalters zum Abschluss einer Versicherung für die gesamte WEG-Anlage unzumutbar sein, möglicherweise auch rechtlich unzulässig (vgl. Begründung zu § 9 ZwVwV). Dies wird sich jedoch nur nach Lage des Einzelfalles beurteilen lassen. Jedenfalls ist der Verwalter gehalten auch insoweit die Rechte des Schuldners nach dem WEG auszuschöpfen.

dd) **Versicherungsleistungen**

85 Zur Verwendung vereinnahmter Versicherungsleistungen wird auf → § 148 Rdn. 26 f. verwiesen[212].

---

209 So *Wedekind/Wedekind*, Rdn. 1085.
210 LG Hamburg, Rpfleger 1985, 314.
211 Ebenso *Wedekind/Wedekind*, Rdn. 1237; vgl. auch *Meyer*, IGZInfo 2011, 5, 7.
212 Vgl. auch *Stöber*, ZVG § 152 Rdn. 16.5.

ee) Verfahren nach § 9 Abs. 3 ZwVwV

Ohne Nachweis in der vorgeschriebenen Frist ist der Verwalter verpflichtet, 86
den Versicherungsschutz unverzüglich herzustellen, auch soweit die Nachweise im Hinblick auf den Versicherungsumfang nach Gegenstand und Höhe nicht ausreichend sind. Zwingend erforderlich und in der Begründung angesprochen ist es, dass das Gericht schon im Anordnungsbeschluss auffordert, den bestehenden Versicherungsschutz mitzuteilen und nach Möglichkeit Policen oder Rechnungen vorzulegen[213]. Gleichzeitig ist der Gläubiger für den Fall des Abschlusses einer Versicherung durch den Verwalter aufzufordern eine **unbedingte Kostendeckung** schriftlich zu erklären, um den Verwalter von einer Vorleistungspflicht und einem Ausfallrisiko freizustellen. Der Verwalter kann je nach Bonität des Gläubigers insoweit auch einen Vorschuss anfordern, um sein Haftungsrisiko zu minimieren. Die Frist beginnt für die Beteiligten mit Zugang des Anordnungsbeschlusses und der Hinweise[214].

e) Werk- und Wartungsverträge

Auch bei Werk-, Wartungs-, Aufschaltverträgen für EDV, Heizung, Sanitär, 87
Brandschutz, Einbruchmeldeanlagen, Aufzüge u.v.m. ist in Bezug auf einen Eintritt in den jeweiligen Vertrag zunächst nach wirtschaftlichen Gesichtspunkten zu entscheiden[215]. Auch hier haftet er nicht für die Erfüllung des Vertrages, den der Schuldner abgeschlossen hat[216]. Bei komplizierten Anlagen, z.B. Brandschutz- und Einbruchmeldeanlagen größerer Art i.V.m. laufenden Aufschalt- und Wartungsverträgen, kann es im Einzelfall auch sinnvoll sein, Rückstände zu begleichen, wenn dies unvermeidbar ist. Allerdings können diese Vertragspartner auch ein Interesse an dem zukünftigen Auftragsvolumen haben. Bei Zahlung von Rückständen ist die Einwilligung des Gerichts einzuholen.

Von besonderer Bedeutung sind diese Verträge bei **Fertigstellung von Bau-** 88
vorhaben[217] oder ungewöhnlichen Instandhaltungen, z.B. eine **Brandschadensanierung**[218] (§ 10 Abs. 1 Nr. 1 und 5 ZwVwV). Der Zwangsverwalter kann hier in die Position eines Bauherrn kommen. Im Planungsbereich sind Verträge mit dem Architekten oder einem Ingenieur mit den hieraus resultierenden vertraglichen Grundlagen und der Abrechnung zu beachten sowie im Rahmen der Ausführung die Leistungsbeschreibung, Abnahme, Gewährleistung und Verjährung. Des Weiteren sind die Vorgaben der Baugenehmigung zu beachten, die Verkehrssicherungspflichten und die Folgen der Erschließung und der Anschlussbeiträge (s. → § 155 Rdn. 59). Gerade bei der Umsetzung größerer Bauvorhaben entfällt auf den Verwalter ein großes Risiko, welches auch im Verhältnis zu der betreibenden Gläubigerin abzuwägen ist. Auch von der Gläubigerin eingeschaltete hausinterne Bauabteilungen sind auf deren Vorgaben zu überprüfen. Hierzu sollte der Verwalter gegebenenfalls einen unabhängigen Sachverständigen einbeziehen, um Haftungsrisiken zu vermeiden. Neben dem notwendigen Abschluss einer Bauwesenversicherung sollte der Verwalter im Verhältnis zu der betreibenden Gläubigerin

---

213 Vgl. *Hintzen/Alff*, Rpfleger 2004, 129, 130 ff.
214 *Hintzen/Alff*, Rpfleger 2004, 129, 131.
215 Ausführlich zum Energieliefercontracting *Krauß/Krauß*, IGZInfo 2006, 136.
216 LG Krefeld, IGZInfo 2010, 95.
217 Hierzu ausführlich *Loebnau*, IGZInfo 2008, 2 ff.
218 Hierzu ausführlich *Zunft*, IGZInfo 1/2013, 20.

die Haftung auf einfache Fahrlässigkeit beschränken und sich gegenüber Dritten im Innenverhältnis freistellen lassen[219].

5. Abgaben, Steuern, öffentliche Lasten
a) Allgemein

89 Der Verwalter muss die Steuern[220], Abgaben und öffentlichen Lasten, für die das Grundstück haftet oder soweit sie dem Verfahren zuzuordnen sind aus der Masse zahlen. Soweit in dem Verfahren keine Einnahmen zu verzeichnen sind, sind die **dinglich** abgesicherten Forderungen in einem etwaigen parallelen Zwangsversteigerungsverfahren durch den Steuer- oder Abgabengläubiger anzumelden (vgl. → § 156 Rdn. 5.1 f.). Ist die Nutzung nicht dinglich abgesicherter Forderungen, z.B. Müll unvermeidbar, ist von der betreibenden Gläubigerin ggf. ein Vorschuss zu leisten.

90 Die dingliche Absicherung ergibt sich in der Regel auf der Grundlage einer Satzung und ist nachzuweisen. Dinglich abgesichert ist u.a. die Grundsteuer. Wegen der Einzelheiten wird auf → § 155 Rdn. 3, § 156 Rdn. 5 f. verwiesen.

Der Bescheid über einen Herstellungsbeitrag zur anteilmäßigen Finanzierung der Investitionskosten der öffentlichen Entwässerungsanlagen ist nicht dem Zwangsverwalter, sondern dem Grundstückseigentümer bekannt zu geben[221].

Andererseits können die **Schornsteinfegergebühren** gegen den Zwangsverwalter festgesetzt werden. Grundlage ist § 25 Abs. 4 S. 4 SchfG. Hierbei sind die turnusmäßig durchzuführenden Schornsteinfegerarbeiten sowie die Kehr- und Überprüfungspflichten wiederkehrende Leistungen Nach § 155 Abs. 2, 10 Abs. 1 Nr. 3 ebenso wie die die Emissionsmessung und ggf. Wiederholungsmessung i.S.e. einheitlich wiederkehrenden Leistung[222].

91 Hierbei ist die Tragung der Nebenkosten bei Nutzung durch den Schuldner zu beachten (vgl. → § 149 Rdn. 11 ff.). Reduzieren sich die Grundstückslasten, z.B. ganz oder teilweiser Wegfall der Müllentsorgung, hat der Verwalter den Anspruch geltend zu machen[223].

b) Steuern
aa) Allgemein

92.1 Durch die Beschlagnahme wird dem Vollstreckungsschuldner die Verwaltung, Benutzung und Nutzziehung entzogen. Die tatsächliche und rechtliche Verfügungsmacht übt der Zwangsverwalter aus. Hierdurch wird das Eigentum des Schuldners und ggf. dessen Unternehmereigenschaft nicht berührt. Er bleibt Steuersubjekt und -schuldner und damit nach § 33 Abs. 1 AO grundsätzlich steuerpflichtig[224].

Um die Erfüllung der in § 155 Abs. 2 bezeichneten Gläubigeransprüche zu gewährleisten, sind die von dem Zwangsverwalter bei der Ausübung seines Amtes

---

219 Vgl. *H/W/F/H*, § 5 ZwVwV Rdn. 49.
220 Ausführlich *Engels*, ZfIR 2012, 381.
221 BGH, Rpfleger 2006, 424 = NJW-RR 2006, 1096 = NZM 2006, 514.
222 OVG Lüneburg, IGZInfo 2011, 213.
223 OLG Celle, MDR 1964, 157.
224 Hierzu ausführlich *Onusseit*, ZfIR 2005, 265 und *Engels*, ZfIR 2012, 381; Übersicht bei *Hartung*, Steuerliche Pflichten des Zwangsverwalters, IGZInfo 2/2013, 79.

begründeten positiven und negativen Steueransprüche von ihm und gegen ihn geltend zu machen. Der Zwangsverwalter tritt insoweit gemäß § 34 Abs. 3 i.V.m. Abs. 1 AO als Steuerpflichtiger neben den Vollstreckungsschuldner[225]. Hierdurch können **getrennt voneinander zu behandelnde Unternehmensbereiche** entstehen. Damit sind aus der Zwangsverwaltung resultierende Forderungen und Verbindlichkeiten i.d.R. in der Person des Zwangsverwalters, der Zwangsverwaltungsmasse begründet. Eine Verrechnung dieser Ansprüche mit Ansprüchen aus dem beschlagnahmefreien Vermögen ist nicht möglich[226], jedoch nach Ende der Beschlagnahme möglicherweise anders zu betrachten (s.u. → Rdn. 104.1).

Damit sind u.a. für die umsatzsteuerliche Betrachtung grundsätzlich weiterhin die persönlichen Verhältnisse des Schuldners maßgeblich. Im Falle einer **erstmaligen Fremdvermietung** kann der Zwangsverwalter den Schuldner sogar zum Unternehmer im weiten Sinn des Umsatzsteuergesetzes machen.

Der Verwalter ist darüber hinaus in dem Verfahren Steuerpflichtiger gemäß § 34 Abs. 1, 3 AO (gesetzliche Vertretung wegen Verwaltung fremden Vermögens) „soweit das Verfahren reicht"[227] und **ausschließlich für das Verfahren zu veranlagen**. Die steuerlichen Pflichten gehen in Bezug auf das Grundstück auf den Verwalter als Treuhänder über[228]. Steuerschuldner und Steuerpflichtiger bleibt nach § 33 AO der Schuldner als Eigentümer[229]. **Bescheide**, die das Verfahren betreffen, insbesondere Umsatzsteuerbescheide, sind – mit Ausnahmen – dem Verwalter zuzustellen[230]. Eine Zustellung an den Eigentümer ist unwirksam. Der Bescheid muss aber den **Eigentümer als Steuerschuldner** ausweisen (§§ 33 Abs. 1, 157 Abs. 1 S. 1 AO)[231].

92.2

Die hieraus resultierenden Probleme beruhen darauf, dass das **materielle Steuerrecht eine Aufteilung in ein zwangsverwaltetes und zwangsverwaltungsfreies Unternehmen nicht kennt** und die umsatzsteuerpflichtigen Umsätze des Verwalters dem Schuldner zuzurechnen sind[232] (s. aber Rdn. → 93.7 ff.). Die Durchsetzung dieser Ansprüche nach der Abgabenordnung richtet sich deshalb nach § 34 Abs. 3 AO gegen den Zwangsverwalter, der insoweit die steuerlichen Pflichten, die an sich den Schuldner treffen, zu erfüllen hat. Hierbei sind etwaige Zahllasten aus der die Verwaltung betreffenden Umsatzsteuer grundsätzlich Ausgaben der Verwaltung (§ 155)[233]. Bei **mehreren Grundstücken** ist die Umsatzsteuer gesondert anzumelden und abzuführen[234] (s. → Rdn. 99.1).

---

225 Zuletzt BFH, BFHE 225, 172 = BStBl 2009 II 1029 zu Fragen der Beendigung der Organschaft durch die Anordnung der Zwangsverwaltung und ZIP 2011, 2018 = ZInsO 2011, 1803 = ZfIR 2011, 667 zu Berichtigungsbescheid; a.A. *Tipke/Kruse/Loose*, AO/FGO, § 34 Rdn. 28.
226 BMF, BStBl 1992 I 397; vgl. zur Lieferung durch die Zwangsversteigerung BFH, BStBl 1986 II 500.
227 BFH, BStBl 1988 II 920; zuletzt BStBl 2002 II 171.
228 FG München, Rpfleger 1999, 555; BMF, BStBl I 1992, 397.
229 BFH, BStBl 2002 II 171 = ZInsO 2002, 70; BFHE 146, 484; BFHE 154, 181 = BStBl 1988 II 920 = ZIP 1989, 122.
230 Zuletzt BFH, ZIP 2011, 2018 = ZInsO 2011, 1803 = ZfIR 2011, 667.
231 BFH, BStBl 1988 II 920 = ZIP 1989, 122.
232 Vgl. BFH, ZIP 1997, 1347.
233 Zur dogmatischen Begründung und mit beachtlichen Argumenten gegen diese gefestigte Rechtsprechung und h.M. *Onusseit*, ZfIR 2005, 265, 268 f.
234 BFH, BStBl 2002 II 171 = ZInsO 2002, 70.

92.3 Da der Vollstreckungsschuldner des Zwangsverwaltungsverfahrens i.d.R. (s. → Rdn. 93.7 f.) Steuerschuldner bleibt, hat der Verwalter ihm die notwendigen Informationen bezüglich der steuerlichen Angelegenheiten der Verwaltung zu verschaffen[235]. Die umsatzsteuerliche Situation des Objektes muss im **Beschlagnahmebericht** (§ 3 ZwVwV) mitgeteilt werden. Die Vereinnahmung und Abführung von Umsatzsteuer ist Bestandteil der Rechnungslegung (§ 14 ZwVwV).

Der Zwangsverwalter ist jedoch nicht verpflichtet für den Schuldner die Buchhaltung oder Jahresabschlüsse zu erstellen[236]. Er ist lediglich verpflichtet dem Schuldner Unterlagen hierfür zur Verfügung zu stellen. Dies galt bisher (→ Rdn. 93.7 f.) auch für die Einkommensteuererklärung.

92.4 Die **Veranlagung der Ertragsteuer**, im Wesentlichen die Einkommen- oder Körperschaftsteuer sowie Gewerbesteuer oblag dem Schuldner bisher (s. → Rdn. 93.7 f.) auch in Bezug auf etwaige Zahlungspflichten[237]. Soweit der Verwalter den Schuldner mit den notwendigen Abrechnungsunterlagen versehen hat, reicht i.d.R. die **Einsichtnahme** des Schuldners in die Rechnungslegung des Zwangsverwalters gegenüber dem Gericht[238] (§ 154).

Ergeben sich **Erstattungsansprüche**, ist im Einzelnen zu prüfen, ob sie der Zwangsvollstreckungsmasse zustehen. Dies ist von der Beschlagnahmewirkung abhängig. Ansprüche aus einer **Grundsteuererstattung** aus einem Zeitraum vor Anordnung der Zwangsverwaltung stehen insoweit dem Schuldner oder dem Insolvenzverwalter zu, da mit der erfolgten Vorauszahlung eine Anwartschaft auf etwaige am Ende des Veranlagungszeitraums entstehende Erstattungsansprüche begründet ist[239].

bb) Ertragsteuern

93.1 Ertragsteuerliche Probleme konnten bislang im Rahmen der Zwangsverwaltung i.d.R. nicht auftreten, da die aus den Einnahmen resultierenden Ertragsteuern dem **Schuldner zugerechnet** wurden[240]. Dies gilt naturgemäß bei den Einkünften aus Vermietung und Verpachtung, aber auch bei einer gewerblichen Tätigkeit des Schuldners, wenn Gegenstand dieser gewerblichen Tätigkeit das Zwangsverwaltungsobjekt selbst ist, z.B. ein Parkhaus oder Parkplatz. Ob diese Handhabung zu ändern ist, hängt u.a. mit der Umsetzung der Entscheidung des BFH v. 10.2.2015 zusammen, die unter Rdn. → 93.7 gesondert betrachtet wird.

93.2 Ungeklärt war diese Frage[241] lediglich für den Fall eine **Betriebsfortführung**. Wenn das Zwangsverwaltungsobjekt auf der Grundlage der BGH-Rechtsprechung[242] besonders für den Betrieb ausgestaltet ist (z.B. Hotel), kann der Zwangsverwalter grundsätzlich alle Voraussetzungen eines Steuersubjektes in ertragsteuerlicher Hinsicht erfüllen[243].

---

235 OLG Zweibrücken, Rpfleger 1967, 418.
236 OLG Zweibrücken, Rpfleger 1967, 418.
237 Vgl. *Gorris/Schmittmann*, IGZInfo 2005, 69, 71.
238 OLG Zweibrücken, Rpfleger 1967, 418.
239 LG Hannover, ZInsO 2006, 1113.
240 So bereits BFH, DB 1958, 1203.
241 Hierzu *Gorris/Schmittmann*, IGZInfo 2005, 69 ff.
242 BGHZ 163, 9 = Rpfleger 2005, 557 = ZfIR 2005, 560.
243 Ähnlich *Gorris/Schmittmann*, IGZInfo 2005, 71.

Zunächst handelt der Zwangsverwalter auch hier mit Wirkung für und gegen den Vollstreckungsschuldner, sodass dieser weiterhin dem Vollstreckungszugriff unterliegt. Dies gilt für Fragen der Einkommensteuer, Körperschaftsteuer und Gewerbesteuer[244] ohne Unterschied. Dies würde aus der Sicht des Fiskus zu der unbefriedigenden Folge führen, dass aus der Zwangsverwaltung resultierende Steuerverbindlichkeiten aus Ertragsteuern – wenn auch selten relevant – nur aus der Rangklasse 5 geltend gemacht werden könnten und dies auch nur, wenn das Verfahren betrieben wird.

Ungeklärt ist jedoch, in welchem Umfang die **Erträge** aus einer in vorstehendem Umfang zulässigen Betriebsfortführung der Beschlagnahme unterliegen oder dem Schuldner gebühren (hierzu → Rdn. 55).

93.3 Grenzt man die Erträge im Hinblick auf den Umfang der Beschlagnahme ab[245], verbleiben dem Schuldner lediglich etwaige Überschüsse nach Abzug sämtlicher Kosten und Steuern sowie der Nutzungsentschädigung, die der Zwangsverwaltungsmasse zufließt und dort im Rahmen der gesetzlichen Regelungen zu verwenden ist. Es liegt auf der Hand, dass sich hieraus in der Konsequenz eine Vielzahl von Abgrenzungsfragen ergeben, da die Zwangsverwaltung kein Gesamtvollstreckungsverfahren ist und die Betriebsfortführung damit zusätzlich infrage gestellt wird.

93.4 Folgt man dieser Auffassung nicht und weist alle Erträge der Zwangsverwaltung zu, haftet für die persönlichen Steuern wie Einkommensteuer zunächst der Schuldner. Er ist Steuerschuldner nach § 33 Abs. 1 AO. Die Umsatzsteuer und eventuell Lohnsteuer hat der Verwalter vorab aus der Masse zu berichtigen, auch wenn sie dem Schuldner zugerechnet wird[246]. Im Rahmen einer in diesem Umfang für zulässig gehaltenen Betriebsfortführung erfüllt der Verwalter, wenn er den Betrieb in eigener Regie führt und die Erträge zur Masse zieht oder sich des Schuldners als Hilfsperson bedient alle **Merkmale eines Steuersubjektes** im Hinblick auf die (i.d.R.) Einkunftsart der Einkünfte aus Gewerbebetrieb und damit sämtlicher Betriebssteuern (z.B. Gewerbesteuer)[247]. Damit erfüllt der Verwalter in seiner Person die relevanten Steuertatbestände. Daraus ergibt sich die Folge, dass in dieser Konstellation der Verwalter auch unmittelbar die sich hieraus ergebenden steuerlichen Pflichten zu erfüllen hat und für die betrieblichen Steuern umfänglich haftet, d.h. einschließlich der aus dem Betrieb resultierenden Einkommensteuer und ggf. Gewerbesteuer.

93.5 Folgt man dieser problematischen Auffassung spricht vieles dafür, dass dem Verwalter deshalb nicht nur die Umsatzsteuerpflichten, sondern darüber hinaus alle steuerlichen Pflichten, die sich aus einer eigenständigen Fortführung ergeben, obliegen[248].

93.6 Unstreitig muss der Verwalter nach jeder Auffassung im Rahmen der Betriebsfortführung auch für die **Lohnsteuer** (und Sozialversicherungsabgaben) und die Umsatzsteuer, sowie alle betrieblichen Steuern aufkommen[249]. Die Lohn- und So-

---

244 Hierzu *Haut/Beyer/Mengwasser*, IGZInfo 2007, 49, 51.
245 Vgl. zu dieser Problematik *Gorris/Schmittmann*, IGZInfo 2005, 69, 71 f., die hier eine fiktive Trennung vorschlagen in Form einer gesonderten Anlage VuV oder sogar Gewinnermittlung.
246 BFH, BStBl 1988 II 920; *H/W/F/H*, § 5 ZwVwV Rdn. 25.
247 Hierzu ausführlich FG Saarland, U. v. 12.1.2001, 1 K 86/00, n.V.
248 Vgl. *Depré/Mayer*, Rdn. 747; insbesondere *Gorris/Schmittmann*, Fn. 24.
249 So auch *H/W/F/H*, § 9 ZwVwV Rdn. 12; *Onusseit*, ZfIR 2005, 265, 272; s. auch *Haut/Beyer/Mengwasser*, IGZInfo 2007, 49, 51.

zialversicherungspflichten treffen den Verwalter naturgemäß auch im Falle einer sonstigen (Weiter-)Beschäftigung von Personal für das Verwaltungsobjekt.

Die von dem Verwalter auf den Teilungsplan gezahlten **Zinsen** sind bei dem Schuldner nur dann **Werbungskosten** bei den Einkünften aus Vermietung und Verpachtung, wenn sie durch diese Einkünfte veranlasst sind, mithin die Darlehen zu diesem Zweck gegeben wurden[250].

93.7 Inwieweit nunmehr dem Zwangsverwalter generell die Erklärung und Abführung der Einkommensteuer für den Schuldner obliegt, muss vor dem Hintergrund der Entscheidung des BFH vom 10.2.2015[251] völlig neu beantwortet werden.

Es handelt sich um eine Einzelentscheidung, die zunächst nur die Parteien des konkreten Rechtsstreits bindet (§ 110 FGO). Die Finanzverwaltung kann jedoch beschließen, diese Entscheidung im Bundessteuerblatt Teil II zu veröffentlichen, wodurch die Finanzbehörden verpflichtet werden, diese Entscheidung allgemein anzuwenden. Ob die Finanzverwaltung diesen Weg geht, kann derzeit noch nicht abgesehen werden. Aufgrund der – auch vorliegend – unabsehbaren Folgen, insbesondere was die praktische Umsetzung angeht, würde ein solcher Schritt jedoch nicht ohne ein begleitendes BMF-Schreiben oder einen Anwendungserlass denkbar sein.

93.8 Es war bislang einhellige Meinung und Praxis, dass der Zwangsverwalter für die Einkommensteuer des Vollstreckungsschuldners nicht zuständig ist. Hiervon ausgenommen waren die Umsatzsteuer und Kfz-Steuer. Den Zwangsverwalter trafen lediglich Mitwirkungspflichten in der Weise, dass dem Schuldner die notwendigen Informationen, soweit sie die Zwangsverwaltung betrafen, zur Erklärung und möglichen Entrichtung der Steuer zur Verfügung gestellt werden mussten.

Ohne auf die Einzelheiten in der praktischen Umsetzung einzugehen, die insofern auch allenfalls vermutet werden können, sieht der BFH nunmehr den Zwangsverwalter (zumindest) als Steuerschuldner der Einkünfte aus Vermietung und Verpachtung in Bezug auf die hieraus resultierende Einkommensteuer – vorliegend 4.724,00 €.

93.9 Der Streitfall erschließt sich schlussendlich erst, wenn man die Entscheidung der Vorinstanz heranzieht, die sich noch in vollem Umfang auf der bis dahin einheitlichen Meinung bewegt. Gegenstand des zu entscheidenden Falles war ein anhängiges Insolvenzverfahren, welches – wenn auch nicht entscheidungserheblich – nach Anordnung der Zwangsverwaltung über Immobilien des Schuldners angeordnet worden ist. Der Schuldner bezog Einkünfte aus nichtselbstständiger Arbeit, Einkünfte aus Vermietung und Verpachtung sowie Einkünfte aus Kapitaleinkünften. Die Einkünfte aus nichtselbstständiger Tätigkeit hatte der Insolvenzverwalter aufgrund des Nichterreichens der Pfändungsfreigrenzen freigegeben. Die Kapitaleinkünfte beruhten auf dem Gegenstand der Insolvenzverwaltung. Die Zwangsverwaltung hatte bereits vor Anordnung der Insolvenzverwaltung die zugrundeliegenden Immobilien aus der späteren Insolvenzmasse heraus gelöst.

---

250 FG Baden-Württemberg, DStRE 2002, 537, Rev. BFH, U. v. 11.3.2003, IX R 65/01: Fehlender Nachweis des wirtschaftlichen Zusammenhangs.
251 IX R 23/14 Rpfleger 2015, 574 m. Besprechung *Engels*, Rpfleger 2015, 525 *Onusseit*, ZfIR 2015, 577; *Breidert*, IGZInfo 2/3/2015, 48; *Schmidberger*, ZMR 2015, 739; vgl. auch das Positionspapier der Deutschen Kreditwirtschaft v. 9.9.2015; abzulehnen *Schmittmann*, ZfIR 2015, 545; zur möglichen Umsetzung *Dalichau*, SteuK 2015, 312; anders wohl auch FG Niedersachsen, 9 K 260/12, EFG 2015, 1250 = IGZInfo 4/2015, 127.

Das Finanzamt hatte gegen den Insolvenzverwalter aus allen Einkünften die resultierenden Steuerforderungen festgesetzt. Auf der Grundlage der Entscheidungen des BFH vom 24.2.2011 (VI R 21/10) und vom 27.7.2011 (VI R 9/11) waren die freigegebenen Einkünfte aus nichtselbstständiger Arbeit gegenüber dem Insolvenzverwalter nicht mehr festzusetzen; anders jedoch bei den Kapitaleinkünften, die aus der Verwaltung der Insolvenzmasse heraus resultierten. In Bezug auf die Einkünfte aus Vermietung und Verpachtung folgte das Finanzgericht uneingeschränkt der bisherigen Rechtsprechung. In der praktischen Umsetzung nahm das FG Münster[252] eine Aufteilung der Einkünfte nach dem Verhältnis der Teileinkünfte vor. Es setzte sie gegenüber den jeweiligen Steuerschuldnern fest – hierauf wird nachfolgend noch einzugehen sein –, nach damaliger Rechtslage jedoch nicht gegenüber dem Zwangsverwalter.

Der BFH lässt sich in seiner Entscheidung von folgenden Kernaussagen leiten: **93.10**

- Die Anordnung der Zwangsverwaltung lässt das Eigentum des Vollstreckungsschuldners an dem Grundstück unberührt; ihm verbleibt auch die dingliche Verfügungsbefugnis. Die Beschlagnahme führt aber dazu, dass der unter Zwangsverwaltung stehende Grundbesitz von dem übrigen Vermögen des Schuldners getrennt wird und ein Sondervermögen bildet, welches den die Zwangsverwaltung betreibenden Vollstreckungsgläubigern zur Sicherung ihres Befriedigungsrechtes zur Verfügung steht.
- Als Vermögensverwalter im Sinne von § 34 Abs. 3 i.V.m. Abs. 1 AO hat der Zwangsverwalter neben den ZVG-Pflichten auch die steuerlichen Pflichten des Vollstreckungsschuldners zu erfüllen, soweit seine Verwaltung reicht. Als Vermögensverwalter tritt der Zwangsverwalter als weiterer Steuerpflichtiger (§ 33 Abs. 1 AO) neben den Steuerschuldner.
- Steuersubjekt und Schuldner der Einkommensteuer bleibt grundsätzlich der Vollstreckungsschuldner. Er erfüllt auch grundsätzlich den objektiven Tatbestand der Einkünfte aus Vermietung und Verpachtung, da die Handlungen des Zwangsverwalters dem Vollstreckungsschuldner auch mit steuerlicher Wirkung zugerechnet werden.
- Daneben hat der Zwangsverwalter als Vermögensverwalter die Steuerpflichten als eigene zu erfüllen. § 34 Abs. 3 letzter Hs. AO verweist hier vorrangig auf die Vorschriften des ZVG „soweit die Verwaltung reicht". Gegenständlich ist der Aufgabenkreis des Zwangsverwalters hiermit durch den Umfang der vollstreckungsrechtlichen Beschlagnahme begrenzt.
- Sofern der Zwangsverwalter als Vermögensverwalter Steuern des Vollstreckungsschuldners aus § 34 Abs. 3 i.V.m. Abs. 1 AO zu entrichten hat, richtet sich der Anspruch des Fiskus nur gegen das liquide Verwaltungsvermögen. Mit seinem Privatvermögen haftet der Zwangsverwalter gemäß § 69 AO nur bei vorsätzlicher oder grob fahrlässiger Verletzung der ihn treffenden Entrichtungspflicht.
- Erzielt der Zwangsverwalter Einkünfte aus Vermietung und Verpachtung gemäß § 21 EStG, ist die hieraus resultierende Einkommensteuer durch die Verwaltung verursacht und veranlasst, da der Verwalter die den Besteuerungstatbestand erfüllende Tätigkeit im eigenen Namen, aber für fremde Rechnungen selbst ausübt.

---

252   EFG 2014, 289 = ZInsO 2014, 677 = ZfIR 2014, 340.

- Nach § 155 Abs. 1 ZVG habe der Zwangsverwalter aus den Nutzungen des Grundstücks vorweg die Ausgaben der Verwaltung und die Kosten des Verfahrens zu bestreiten. Nach § 156 Abs. 1 Satz 1 ZVG sind die laufenden Beträge der öffentlichen Lasten vom Verwalter ohne weiteres Verfahren zu berichtigen. Aus dem Wortlaut der Vorschrift ergebe sich kein Argument gegen die Verpflichtung des Verwalters, die Einkommensteuer des Schuldners anteilig zu entrichten. § 156 Abs. 1 Satz ZVG regele weder positiv noch negativ, welche Steuern der Zwangsverwalter zu entrichten habe. Die Bedeutung von § 156 Abs. 1 Satz 1 ZVG liege vor allem darin, dass er die steuerliche Entrichtungspflicht des Verwalters im Interesse der Gläubiger in ihrem Umfang nach auf die laufenden Beträge beschränkt.

- Das Fehlen einer Vorrangregelung im ZVG könne auch nicht der Entrichtungspflicht des Zwangsverwalters hinsichtlich der durch seine Verwaltungstätigkeit verursachten Einkommensteuer eingewandt werden. Im Übrigen ergäbe sich die Vorrangigkeit von Steueransprüchen im Zwangsverwaltungsverfahren aus § 156 Abs. 1 Satz 1 ZVG! Auch aus § 1123 BGB ergäbe sich nichts Weiteres.

- Die Änderung der Rechtsprechung des BFH liege darüber hinaus auf der neuen Linie in Bezug auf die Umsatzsteuer und die Kfz-Steuer. Diese Erwägungen, insbesondere zu Kfz-Steuern, seien auf die Nutzung eines Grundstücks entsprechend übertragbar.

- Hieran ändere auch nichts die Unterscheidung, dass die Zwangsverwaltung sich auf einen bestimmten Teil des Schuldnervermögens beschränkt und das Insolvenzverfahren grundsätzlich das gesamte Vermögen (§ 80 Abs. 1 i.V.m. § 35 InsO) betreffe. Hierin liege nur ein gradueller und kein prinzipieller Unterschied.

- Aus § 34 Abs. 3 letzter Halbsatz AO ergibt sich, dass beide Verwalter steuerliche Pflichten in Bezug auf verschiedene Vermögensmassen erfüllen müssen, soweit die jeweilige Verwaltung reicht.

- Es sei kein Grund ersichtlich, weshalb die absonderungsberechtigten Gläubiger aus der Zwangsverwaltung die Bruttomieten vereinnahmen und die anderen Insolvenzgläubiger die darauf entfallende Einkommensteuer tragen sollen.

93.11 Nicht nur zu der in Bezug genommenen Entscheidung von 1958[253] hat derselbe Senat eine klare Positionierung bezogen. In seiner Entscheidung vom 16.4.2012 (IX R 53/98) hat er noch ausgeführt, dass die dem Vollstreckungsschuldner durch die Anordnung der Zwangsverwaltung untersagte tatsächliche und rechtliche Verfügung über das beschlagnahmte Grundstück durch den Zwangsverwalter als Vermögensverwalter im Sinne von § 34 Abs. 2 AO mit Wirkung für und gegen den Vollstreckungsschuldner ausgeübt wird. Diesem (dem Vollstreckungsschuldner) sind daher die Erträge aus der Verwaltungstätigkeit (Mieteinnahmen) als eigene Einnahmen zuzurechnen, auch wenn sie dem Verwalter oder dem Vollstreckungsgläubiger zufließen. Einkünfte nach § 21 Abs. 1 Nr. 1 EStG erzielt, wer die rechtliche oder tatsächliche Macht hat, eines der dort genannten Wirtschaftsgüter anderen entgeltlich auf Zeit zur Nutzung zu überlassen. Er muss Vermieter oder

---

253 VI 157/57, DB 1958, 1203.

Pächter und damit Träger der Rechte und Pflichten aus dem Mietvertrag sein. Dies war auch im damaligen Fall ausschließlich der Schuldner.

Noch in einer Entscheidung vom 9.12.2014 (IX R 12/12) hat der derselbe Senat ausgeführt, dass der Zwangsverwalter auch nicht die Einkommensteuer der Mitglieder der dort relevanten Erbengemeinschaft nach § 34 Abs. 3 in Verbindung mit § 34 Abs. 1 AO zu entrichten hat. In diesem Fall war die Verneinung der Steuerpflicht des Insolvenzverwalters jedoch noch darauf begründet worden, dass die Erbengemeinschaft selbst ebenfalls nicht die Einkommensteuer ihrer Mitglieder zu entrichten hat. Gleichwohl wurde die bis dahin geltende Grundaussage bestätigt.

Betrachtet man zunächst § 34 AO (§ 35 AO dürfte nicht einschlägig sein), ist zu fragen, wer Vermögensverwalter im Sinne von § 34 Abs. 3 i.V.m. Abs. 1 AO ist. Der Zwangsverwalter wird grundsätzlich als entsprechender Vermögensverwalter angesehen[254]. Hierbei hat der Zwangsverwalter alle Verpflichtungen des Steuersubjekts zu erfüllen, die durch die AO und die Einzelsteuergesetze begründet werden. Die Pflichten bestehen aber nur, wenn und soweit das Steuerrechtssubjekt für die in Betracht kommende Steuer als steuerrechtsfähig gilt[255]. Durch § 34 Abs. 3 i.V.m. Abs. 1 AO wird klargestellt, dass die Verpflichtung zur Sorge für die Steuerentrichtung sich nur auf die tatsächlich vorhandenen Mittel erstreckt. Gleichzeitig ergibt sich hieraus, dass der Verpflichtete die Steuerschulden nicht schlechter als andere Schulden behandeln darf. In Bezug auf den Zwangsverwalter wurde bis zu der vorliegenden Entscheidung trotzdem nur angenommen, dass er anstelle des Grundstückseigentümers bei der Festsetzung der das Grundstück betreffenden Abgaben mitzuwirken hat. Auf keinen Fall brauche er dafür Sorge zu tragen, dass der Grundeigentümer die auf den Überschuss entfallende Einkommensteuer zu entrichten hat.

Gemäß § 33 AO ist Steuerpflichtiger, wer eine Steuer schuldet, für eine Steuer haftet oder eine Steuer für Rechnung eines Dritten einzubehalten oder abzuführen hat. Steuerschuldner ist derjenige Beteiligte, der verpflichtet ist, die Steuer (§ 3 Abs. 1 AO) für eigene Rechnung selbst zu entrichten. Wer für Rechnung eines anderen die Steuer zu entrichten hat, ist Steuerentrichtungspflichtiger (z.B. Arbeitgeber). Der Steuerentrichtungspflichtige ist darum nicht zugleich Steuerschuldner. Aufgrund des vermögensrechtlichen Charakters wird der Steuerentrichtungspflichtige gleichwohl zum Beteiligten eines Steuerschuldverhältnisses[256]. Die Bestimmung des Steuerschuldners überlässt § 43 S. 2 AO den Einzelsteuergesetzen.

Steuererklärungspflichtiger ist wiederum derjenige Beteiligte, der verpflichtet ist, eine Steuererklärung abzugeben. Dies ergibt sich aus den gesetzlichen Regelungen, insbesondere § 149 Abs. 1 Satz 1 AO, § 25 Abs. 1 EStG in Verbindung mit § 56 EStDV, bzw. § 46 EStG.

Betrachtet man zunächst § 25 EStG, enthalten die – auch nachfolgenden – Regelungen die Ausgestaltung der Abschnittsbesteuerung gemäß § 2 Abs. 7 EStG. Ansprüche aus dem jeweiligen Steuerschuldverhältnis entstehen mit der Verwirklichung des gesetzlichen Tatbestandes. Hierbei wird die Steuer nicht in Bezug auf einzelne Geschäftsvorfälle erhoben, sondern im Rahmen der jährlichen Ab-

---

254 Tipke/Kruse/*Drüen*, AO, § 34, Rdn. 13.
255 Vgl. Tipke/Kruse/*Drüen*, AO, § 33, Rdn. 53 f.
256 Tipke/Kruse/*Drüen*, § 33, Rdn. 8.

schnittsbesteuerung. Bestand die Steuerpflicht nur während eines Teils des Kalenderjahres, ist die Einkommensteuer gleichwohl als Jahressteuer festzusetzen. Bemessungsgrundlage für die Steuerfestsetzung ist das bezogene Einkommen (§ 2 Abs. 4, § 25 Abs. 1 EStG), welches sich aus der Summe der von dem Steuerpflichtigen im Veranlagungszeitraum erzielten Einkünfte und der vorzunehmenden Abzüge ergibt. Hieraus wird das zu versteuernde Einkommen, sowie die tarifliche Einkommensteuer in Form der festzusetzenden Einkommensteuer ermittelt. Die Umsetzung erfolgt im Rahmen der Steuererklärungspflicht, in Einzelfällen im Rahmen der Pflichtveranlagung. Die Steuererklärung ist vom Steuerpflichtigen zur Wahrheitsversicherung zu unterschreiben (§ 150 Abs. 2 AO). Ergeben sich steuerpflichtige Einkünfte nur während eines Teils des Kalenderjahres, ergibt sich ein abgekürzter Ermittlungszeitraum. In diesen Fällen kann bei einer Beendigung der subjektiven Steuerpflicht die Veranlagung sofort erfolgen. Dies gilt nicht bei einer Zusammenveranlagung.

93.14 Die Begründung des BFH trägt die Entscheidung im Wesentlichen nicht. Zu fragen könnte allenfalls sein, ob tatsächlich getrennte Vermögensmassen in Bezug auf verschiedene Vermögensverwalter im Sinne von § 34 Abs. 3 i.V.m. Abs. 1 AO zu verzeichnen sind, die dazu führen, dass eine ausschließliche Steuerentrichtungspflicht der jeweiligen Vermögensverwalter besteht. Vorausschicken muss man, dass die Entscheidung nicht auf ein paralleles Insolvenzverfahren beschränkt ist, sondern grundsätzlich eine Steuerentrichtungspflicht des Zwangsverwalters begründen soll, auch wenn der Schuldner von einem Insolvenzverfahren unbelastet ist.

In der Zusammenschau mit der Entscheidung der Vorinstanz des FG Münster wird man darüber hinaus vermuten können, dass die Steuererklärungspflicht bei dem Schuldner oder im Falle des Insolvenzverfahrens bei dem Insolvenzverwalter verbleibt, da hier die vorstehend skizzierte Gesamtbetrachtung bezüglich der Ermittlung der Einkommensteuer vorzunehmen ist. Den Zwangsverwalter würde danach in Bezug auf einzelne Formulierungen der Begründung, die oben fett hervorgehoben worden sind (→ Rdn. 93.10), ausschließlich die reine Entrichtungspflicht der im Rahmen einer Teileinkünfteermittlung quotal aufzuteilenden Steuerpflicht betreffen. Dies könnte mit Einschränkungen noch begründbar sein, erscheint in der Praxis jedoch weder zielführend, noch umsetzbar.

93.15 Die Entscheidung ist auch nicht durch den Vergleich mit der USt und der Kfz-Steuer begründbar. Beide Steuerarten haben eine völlig andere Zielrichtung, als die Ertragsbesteuerung im Rahmen der Personensteuer Einkommensteuer.

Bei der USt ist ausschließlich der Unternehmerbegriff zugrunde zu legen. Der Unternehmerbegriff ist weit zu fassen. Die Umsatzsteuer trifft zwar den Verbraucher, wird jedoch treuhänderisch durch diesen Unternehmer separiert, erklärt und ggf. abgeführt. Insbesondere verkennt die Entscheidung, dass im Rahmen der Zwangsverwaltung hierbei ebenfalls eine Differenzierung vorzunehmen ist, in den Fällen, wo der Zwangsverwaltung das ausschließliche umsatzsteuerpflichtige Objekt unterliegt oder den Fällen, in denen die Zwangsverwaltung aus einem Gesamtunternehmen nur einen Immobilienteil herausgreift. In der letzten Variante unterliegt auch im Falle einer Zwangsverwaltung die Umsatzsteuererklärungs- und Abführungspflicht ausschließlich dem (Gesamt-)Unternehmer, jedoch nicht dem Zwangsverwalter. Auch hier werden dem Zwangsverwalter nur Mitwirkungspflichten auferlegt, insbesondere in Bezug auf Aufzeichnungspflichten i.S.v. § 22 UStG, damit der Unternehmer die zur Umsatzsteuer-Voranmeldung notwendigen Angaben machen kann[257]. In der Konsequenz der vorliegenden Entscheidung würde alsdann im Rahmen einer Aufteilungsberechnung lediglich die auf die Zwangsverwaltung entfallende Umsatzsteuerverpflichtung dem Zwangsverwalter im Sinne einer Abführungspflicht unterliegen. Lediglich in den Fällen, in denen das „Unternehmen" nur die zwangsverwaltete Immobilie betrifft, entfallen die umsatzsteuerlichen Pflichten ausschließlich auf den Zwangsverwalter.

Die Kfz-Steuer ist bereits ansatzweise nicht mit der Einkommensteuer oder Umsatzsteuer vergleichbar. Die Kfz-Steuer knüpft ausschließlich an das Halten eines Kfz an. Gegenstand der Kfz-Steuer ist die Teilnahme am Straßenverkehr, die Nutzung des öffentlichen Raums (eingeschlossen Aspekte der Umweltbelastung), begründet mit der Zulassung des Fahrzeugs. Es wird sicherlich nicht mehr ernsthaft infrage gestellt, dass ein Insolvenzverwalter oder ein Zwangsverwalter (ggf. Zubehör), der im Rahmen der jeweiligen Verwaltung ein Kfz einsetzt, auch mit der Masse für die Abführung der Kfz-Steuer haftet.

Überhaupt nicht nachvollziehbar und abzulehnen sind die Überlegungen des BFH in Bezug auf die Regelung der §§ 155 und 156 ZVG. Es ist schlechterdings nicht begründbar, warum eine ggf. geschuldete Einkommensteuer Ausgaben der Verwaltung sein sollen und gemäß § 155 Abs. 1 ZVG vorweg zu befriedigen sind. Dies würde die Systematik des Zwangsverwaltungsrechts völlig auf den Kopf stellen, insbesondere die zugrunde liegenden Rangklassenregelungen des § 10 Abs. 1 ZVG. Der Begriff der Kosten ist ohnehin nicht einschlägig. Das bisherige Verständnis des Ausgabenbegriffs erfasst die Einkommensteuer ebenfalls nicht. Hierin wäre allenfalls ansatzweise ein Einfalltor zu befürchten.

93.16

Anscheinend vertritt der BFH des Weiteren die Auffassung (ob alternativ oder kumulativ ist nicht erkennbar), dass die Einkommensteuer möglicherweise als öffentliche Last im Sinne von § 156 Abs. 1 ZVG zu sehen ist. Offensichtlich hat sich der BFH nicht mit dem Begriff der öffentlichen Lasten auseinandergesetzt. Ernsthaft wurde bislang von niemandem die Auffassung vertreten, dass die Einkommensteuer dinglich auf dem Grundstück lastet, was Voraussetzung für diese Begrifflichkeit ist. Irgendwelche Ansatzpunkte, die Einkommensteuer mithin vorweg, sei es als Ausgaben der Verwaltung oder als öffentliche Lasten, zu bedienen, sind damit aus keinem Gesichtspunkt begründbar. In der Systematik des ZVG wären die Einkommensteuerforderungen damit allenfalls in die Rangklasse des § 10 Abs. 1 Nr. 5 ZVG einzuordnen, wobei der Gläubiger das Verfahren betreiben müsste. Nach Bedienung der Kosten des Verfahrens, ggf. der öffentlichen Lasten und sonstiger bevorrechtigter Forderungen, dürften nach Bedienung der Forderungen in der Rangklasse § 10 Abs. 1 Nr. 4 ZVG keine Überschüsse für Einkommensteuerforderungen zu verzeichnen sein, zumal nach den dinglichen Zinsen auf Kapital zu zahlen wäre (§ 158 i.V.m. § 10 Abs. 1 Nr. 5 ZVG).

Etwas anderes würde hier aber für die UST und KFZ-Steuer gelten, die aufgrund der oben dargestellten Besonderheiten als Ausgaben der Verwaltung zu qualifizieren sind. Soweit die Entscheidung ausführt, dass das Fehlen einer Vorrangregelung im ZVG deshalb nicht gegen die Entrichtungspflicht des Zwangsverwalters hinsichtlich der durch eine Zwangsverwaltungstätigkeit verursachte Einkommensteuer eingewandt werden kann, weil sich im Übrigen die Vorrangigkeit von Steueransprüchen im Zwangsverwaltungsverfahren aus § 156 Abs. 1 Satz 1 ZVG in Verbindung mit § 34 Abs. 3 und Abs. 1 AO ergibt, kann deshalb nur mit

---

[257] Tipke/Kruse/*Loose*, § 34 AO, Rdn. 27.

§ 152　　　Aufgaben des Verwalters　　　Rdn. 93.17–93.18

Unverständnis zur Kenntnis genommen werden. Das Insolvenzverfahren kennt dagegen diese Rangklassen nicht, sondern Insolvenzforderungen, Masseverbindlichkeiten, ggf. Ansprüche aus Sicherungsrechten.

93.17　Unklar bleibt schlussendlich auch der Umfang der möglichen Verpflichtung des Zwangsverwalters. Geht es nur um die Frage der Entrichtungspflicht (so klingt es an) oder aber der Steuerschuldnerschaft oder sollen darüber hinaus auch Erklärungen abgegeben werden, sei es in Bezug auf die Anlage V oder ggf. die Steuererklärung insgesamt. Es wird wohl niemand die Auffassung vertreten, dass der Zwangsverwalter verpflichtet ist, die Einkommensteuererklärung abzugeben, in dem Sinne, wie sie oben in Bezug auf die Erklärungspflichten gemäß §§ 2, 25 EStG dargestellt worden ist. Würde man die Auffassung vertreten, dass der Zwangsverwalter eine Einkommensteuererklärung für den Schuldner abgeben soll oder ggf. lediglich die Anlage V erstellen muss, ergäben sich eine Vielzahl grundlegender Fragen, die in der Praxis teilweise nicht umsetzbar wären:

- Verfügbarkeit notwendiger Informationen (Mietverträge, Nebenkostenabrechnungen, Kreditverträge u. v. m., u. a. wegen der Werbungskosten),
- Zeitraum, Beschlagnahmewirkung 1 Jahr zurück,
- Rückfall der Verpflichtungen nach Aufhebung des Verfahrens auf den Schuldner,
- Abzug der Verwaltervergütung als Werbungskosten,
- Abzug der Zahlungen auf den Teilungsplan als Zinsen (dingliche Zinsen, hierzu FG Baden Württemberg, → Rdn. 93.6 a.E., str.),
- Verlustverrechnung; wem stehen Erstattungsansprüche zu, wenn verrechenbare Verluste, ggf. im Rahmen einer Zusammenveranlagung dazu führen, dass keine Steuern zu entrichten sind,
- Erstattungsanspruch in Bezug auf Lohnabzugsbesteuerung bei negativen Einkünften aus VuV,
- Durchführung der Zusammenveranlagung mit Zustimmung des Ehegatten und ggf. Nachteilsausgleich,
- Dauer der Verpflichtung, u.v.m.

93.18　Würde man den Gedankengängen des BFH folgen wollen, stellt sich unter Rückgriff auf die Entscheidung der Vorinstanz damit allenfalls die Frage der Steuerpflicht, die das FG Münster durch eine Ermittlung des Verhältnisses der jeweiligen Teileinkünfte (dort nichtselbstständige Arbeit, Kapitaleinkünfte, Vermietung und Verpachtung) ermittelt hat. Danach würde dann eine Festsetzung ausschließlich bezüglich dieser Teileinkünfte gegenüber dem Zwangsverwalter erfolgen, mit den oben dargestellten Problemen in Bezug auf Ausgaben der Verwaltung und/oder öffentliche Lasten.

Sofern der BFH ausführt, dass der Zwangsverwalter nur mit seinem Privatvermögen gemäß § 69 AO bei vorsätzlicher grob fahrlässiger Verletzung der ihn treffenden Entrichtungspflicht haftet, müsste der Zwangsverwalter die möglicherweise entstandene oder entstehende Einkommensteuer separieren oder zurücklegen. Wenn diese Einkommensteuer jedoch im System der Rangverhältnisse überhaupt nicht vorrangig zu berichtigen ist, kann insofern auch keine Separierungspflicht entstehen. Führen die Einkommensteuern zugunsten des Fiskus nur zu einer nachrangigen Befriedigung, kann insofern auch keine persönliche Haftung des Zwangsverwalters begründet werden.

Die Entscheidung ist aber in jedem Fall ein weiterer Zugriff auf die Überschüsse eines Zwangsverwaltungsverfahrens durch dinglich nicht bevorrechtigte Gläubiger und eine weitere Einschränkung seiner Attraktivität. Es geht damit nicht nur um graduelle, sondern um prinzipielle Unterschiede aufgrund eines diametral anders gelagerten Sachverhaltes. Verneint man die Qualifizierung der Einkommensteuer als laufende Ausgaben oder öffentliche Lasten, fällt die Argumentation der Entscheidung ohnehin mehr oder weniger in sich zusammen. Ob damit ein weiterer Schritt hin zum Ende der Zwangsverwaltung erfolgt ist, bleibt abzuwarten. 93.19

Es ist schwierig Handlungsempfehlungen zu geben. Offen ist zum jetzigen Zeitpunkt, wie die Finanzverwaltung auf die Entscheidung reagiert. Dies gilt umso mehr, als die Qualifizierung des BFH in Bezug auf die Einkommensteuer durch den Regelungsinhalt der §§ 155 Abs. 1 und 156 Abs. 1 ZVG nicht gedeckt ist und hier der Gesetzgeber auf den Plan gerufen wäre. Die Einbeziehung der Einkommensteuer in diese Regelungen dürfte als unzulässige richterliche Rechtsfortbildung zu bezeichnen sein. Es ist jedoch schlechterdings nicht vorstellbar, dass der Gesetzgeber in Durchbrechung der Systematik des ZVG eine solche Qualifizierung vornehmen wird. Da der Zwangsverwalter sich nicht immer auf einen Rückgriff gegen den betreibenden Gläubiger in Bezug auf die Ausgaben der Verwaltung verlassen kann, wird er ggf. aus Vorsichtsgründen vorläufig Rücklagen i. H. von 50 % der Einnahmen/Überschüsse bilden, zumal weiterhin auch die Frage des Charakters der dinglichen Zinsen als Werbungskosten nicht höchstrichterlich geklärt ist (s.o. → Rdn. 93.16). Zur praktischen Umsetzung der Entscheidung wird vorliegend auf die Darstellung von *Olbing*[257a] verwiesen. 93.20

cc) **Lohnsteuer**

Auf eine Darstellung der allgemeinen Lohnsteuer und des Abzugsverfahrens soll in diesem Rahmen verzichtet werden. Im Rahmen der Zwangsverwaltung sind jedoch immer wieder geringfügige Beschäftigungsverhältnisse zu finden. Hier sollte unbedingt darauf geachtet werden, dass die bei den Schuldnern häufig anzutreffende Unsitte, die Vergütung inoffiziell mit der Miete zu verrechnen, nicht fortgesetzt wird, um eine Haftung des Zwangsverwalters zu vermeiden. 94.1

§ 35a EStG regelt neben Vergünstigungen für **haushaltsnahe Handwerkerleistungen** auch solche für **haushaltsnahe Beschäftigungsverhältnisse**. Die Einzelheiten behandeln BMF-Schreiben[258]. 94.2

Der Begriff **haushaltsnah** fordert eine Tätigkeit, die durch den privaten Haushalt begründet ist, wie sie grundsätzlich durch Familienmitglieder selbst erbracht werden. Die Anwendbarkeit im Rahmen einer Zwangsverwaltung dürfte deshalb eingeschränkt sein. In Betracht kommt Gartenpflege, Winterdienst sowie Reinigung und Pflege von Räumen, Fenstern oder auch Renovierung.

Im Rahmen der Zwangsverwaltung kommen hierbei die Beschäftigungsverhältnisse nach § 35a Abs. 1 EStG nicht in Betracht, bei denen es sich um geringfügig Beschäftigte i.S.v. § 8a SGB IV handelt (Haushaltsscheckverfahren)[259].

257a AnwBl 2016, 33.
258 BStBl 2010 I 140 und BStBl 2014 I 75; EStH 35a; s. auch *Engels*, ZfIR 2012, 381.
259 BMF, BStBl 2010 I 140, Rdn. 5; www.minijob-zentrale.de.

94.3 In Betracht kommen hier nur die anderen haushaltsnahen Beschäftigungsverhältnisse nach § 35a Abs. 2 EStG. Hierbei handelt es sich um jedes sozialversicherungspflichtige und steuerlich anzuerkennende Arbeitsverhältnis.

Aufgrund einer Änderung der Rechtsprechung des BFH sollen ab 2006 alle haushaltsnahen Dienstleistungen, die Reparaturen zum Gegenstand haben, die nicht zwingend von Fachkräften/Firmen durchgeführt werden grundsätzlich in den Anwendungsbereich des Abs. 3 fallen[260].

Begünstigt sind ab 2009 20 % der Aufwendungen, max. 4.000 € (Aufwand 20.000 €). Auch hier erfolgt die Weitergabe an den Mieter oder den Wohnungseigentümer wie bei den Handwerkerrechnungen (s. → Rdn. 95.1 f.), wenn diese Regelung überhaupt zum Tragen kommt.

Aufgrund der engen Anwendbarkeit (haushaltsnah) dürften im Rahmen der Zwangsverwaltung damit vorrangig die allgemeinen Beschäftigungsverhältnisse relevant werden, die insoweit ohnehin **laufende Ausgaben der Verwaltung** sind. Die steuerliche Abzugsfähigkeit dürfte nach § 35a Abs. 2 EStG nur auf **Schuldnerebene** relevant werden, ggf. bei **Mietern**[261].

94.4 Wegen der Thematik der geringfügigen Beschäftigungsverhältnisse soll vorliegend auf die Übersicht bei *Schmidt/Krüger*[262] verwiesen werden.

Zu beachten sind insbesondere die Gefahren, die sich aus der **Zusammenrechnung** von Entgelten aus mehreren Beschäftigungsverhältnissen ergeben[263].

94.5 Werden im Rahmen einer **Betriebsfortführung** Mitarbeiter beschäftigt, hat der Zwangsverwalter die sich hieraus ergebenden steuerlichen und sozialversicherungsrechtlichen Pflichten zu erfüllen je nach Ausgestaltung des Arbeitsverhältnisses.

Das BAG hat ungeachtet dessen die Anwendung des § 613a BGB auf diese Fälle ausdrücklich bestätigt[264].

dd) Fremdleistungen

95.1 § 35a Abs. 3 EStG gewährt eine Steuerermäßigung für die Inanspruchnahme **haushaltsnaher Dienstleistungen**. Zu den haushaltsnahen Beschäftigungsverhältnissen wird auf → Rdn. 94.2 f. verwiesen.

Die **Handwerkerleistungen** werden mit 20 % der Aufwendungen und ab 2009 mit höchstens 1.200 € begünstigt (Aufwand 6.000 €). Gegenstand der Leistungen müssen **Renovierungs-, Erhaltungs- oder Modernisierungsmaßnahmen** sein. Damit sind Aufwendungen, die den **Herstellungskosten** zuzurechnen sind ausgeschlossen. Es gelten die allgemeinen Grundsätze der Abgrenzung zu den Erhaltungsaufwendungen[265]. Die Steuerermäßigung soll **objektbezogen** sein und könnte damit mehrfach in Anspruch genommen werden[266].

---

260 DStR 2010, 1717.
261 Hierzu ausführlich *Gerhards*, IGZInfo 2007, 94 ff.
262 EStG, § 40a Rdn. 2.
263 Hierzu ausführlich *Schmidt/Krüger*, § 40a EStG Rdn. 2.
264 ZfIR 2012, 31= IGZInfo 2012, S. 52.
265 *Schmidt/Kulosa*, § 6 Rdn. 151 ff.
266 Nicht abschließend geklärt, bejahend *Schmidt/Krüger*, EStG § 35a Rdn. 12 a.E.; vgl. aber BMF, BStBl 2010 I 140; vgl. auch BFHE 234, 391 = BFH/NV 2012, 296, Anwendbarkeit auch für Erd- und Pflanzarbeiten.

Begrenzt ist der Abzug des Weiteren auf die reinen **Arbeitskosten** (§ 35a Abs. 5 S. 2 EStG) einschließlich in Rechnung gestellter Maschinen- und Fahrtkosten. Der **Nachweis** erfolgt durch Rechnung, die den Arbeitslohn gesondert herausrechnet und durch einen unbaren Zahlungsnachweis.

Bei Wohnungseigentum ist es ausreichend, wenn die Kosten in der Jahresabrechnung ausgewiesen und anteilig auf den Miteigentümer umgelegt sind.

Im Rahmen der Nebenkostenabrechnung eines Mietvertrages kann auch der **Mieter** die Begünstigung in Anspruch nehmen, wenn diese Kosten auf ihn umgelegt werden.

Die Vergünstigung kann im **Veranlagungszeitraum** der Zahlung in Anspruch genommen werden. Bei Mietern und Wohnungseigentümern ermöglicht die Finanzverwaltung den Abzug sowohl im Jahr der jeweiligen **Vorauszahlung** als auch im Folgejahr der **Abrechnung** (insoweit Durchbrechung von § 11 EStG). Die Einzelheiten regelt das BMF-Schreiben v. 15.2.2010[267]. **95.2**

§ 48 EStG begründet für bestimmte Sachverhalte eine Steuerschuldnerschaft des Leistungsempfängers aus der heraus dieser verpflichtet ist von der Gegenleistung 15 % einzubehalten und an den Fiskus abzuführen. Gegenstand dieser Regelung sind **Bauleistungen**. **95.3**

Der Begriff der Bauleistungen wird **weit gefasst**. Hiermit hat der Zwangsverwalter regelmäßig Berührung. Ausgeschlossen sind Wartungsmaßnahmen. Der Leistungsempfänger muss Unternehmer sein i.S.v. § 2 UStG. Der Unternehmerbegriff wird damit ebenfalls weit gefasst.

Die Regelung gilt unabhängig hiervon auch für steuerfreie **Umsätze aus § 4 Nr. 12 UStG** (Vermietung und Verpachtung), die regelmäßig in der Zwangsverwaltung zu verzeichnen sind. In diesen Fällen regelt das Gesetz jedoch eine Freigrenze bis 15.000 € im laufenden Kalenderjahr (je Leistenden). In allen sonstigen Fällen liegt die Freigrenze bei 5.000 €.

Im Falle der Vermietung von Wohnungen kommt die Regelung jedoch nicht zur Anwendung, wenn der Leistungsempfänger **nicht mehr als zwei Wohnungen** vermietet (§ 48 Abs. 1 S. 2 EStG).

Zur Vermeidung von hieraus resultierenden Abgrenzungsschwierigkeiten sollte der Zwangsverwalter generell die Vorlage einer **Freistellungsbescheinigung** nach § 48b Abs. 1 S. 1 EStG verlangen, da es dann auf die vorstehenden Kriterien nicht ankommt.

Die Regelung des § 13b UStG begründet die Steuerschuldnerschaft in verschiedenen Fällen in der Person des **Leistungsempfängers**[268], um den Steueranspruch des Staates zu sichern. Sie greift in der **Zwangsverwaltung regelmäßig nicht** ein. Dies gilt insbesondere für § 13b Abs. 2 Nr. 1–3 UStG. Das Gleiche dürfte aber auch für § 13b Abs. 2 Nr. 4 i.V.m. Abs. 5 S. 2 UStG gelten, da hier der Leistungsempfänger ein Unternehmer sein muss, mit den gleichen Leistungen wie der Leistungserbringer (§ 13b Abs. 5 S. 2 und 3 UStG), d.h. seinerseits die Leistung zur Erbringung einer derartigen Leistung verwendet[269]. Dies gilt aber auch für den nichtunternehmerischen Bereich. **95.4**

---

267 BStBl 2010 I 140.
268 Hierzu BMF, BStBl 2004 I 1129.
269 BFH, v. 22.8.2013, V R 37/10, BStBl 2014 II 128; v. 11.12.2013, XI R 21/11, UR 2014, 276 und v. 5.4.2014 V B 2714; hierzu BMF, BStBl 2014 I 233, BStBl 2014 I 823, BStBl 2014 I 1073.

Ab dem 1.10.2014 hat sich die Rechtslage geändert:
Nach § 13b Abs. 5 S. 2 UStG n.F. schuldet der Leistungsempfänger in den Fällen des Abs. 2 Nr. 4 S. 1 die Steuer unabhängig davon, ob er sie für eine von ihm erbrachte Leistung i.S.d. Abs. 2 Nr. 4 S. 1 verwendet, wenn er ein Unternehmer ist, der nachhaltig entsprechende Leistungen erbringt. Davon ist auszugehen, wenn ihm das zuständige Finanzamt eine im Zeitpunkt der Ausführung des Umsatzes gültige auf längstens drei Jahre befristete Bescheinigung, die nur mit Wirkung für die Zukunft widerrufen oder zurückgenommen werden kann, darüber erteilt hat, dass er ein Unternehmer ist, der entsprechende Leistungen erbringt.

Die Neuregelung ändert nicht den Begriff der bauwerksbezogenen Leistungen in § 13b Abs. 2 Nr. 4 UStG, sondern bezieht sich auf zwei Erfordernisse in Bezug auf den Leistungsempfänger. Entgegen der BFH-Rechtsprechung kommt es nicht mehr auf die Leistungsverwendung durch den Leistungsempfänger an und es besteht in Bezug auf die Person des Leistungsempfängers das Erfordernis, nachhaltig bauwerksbezogene Leistungen zu erbringen.

In Bezug auf die Unternehmer, die ausschließlich als Bauträger tätig sind, bleibt es bei der Beurteilung entsprechend der BFH-Rechtsprechung, dass § 13b UStG nicht anwendbar ist. Die Frage der Nachhaltigkeit wird im zweiten Halbsatz geregelt.

95.5 Relevant könnte die Regelung für den Zwangsverwalter allenfalls dann werden, wenn der Schuldner hiervon für seinen **nichtunternehmerischen Bereich** betroffen ist oder war[270]. Ab dem 1.1.2011 gilt sie auch für die Reinigung von Gebäuden und Gebäudeteilen (§ 13b Abs. 2 Nr. 8 UStG).

Berührungspunkte mit dem Zwangsverwaltungsverfahren ergeben sich jedoch im Rahmen der Veräußerung des umsatzsteuerverhafteten Grundstücks oder der Option gemäß § 9 UStG im Rahmen der Zwangsversteigerung, da insoweit gemäß § 13b Abs. 1 Nr. 3 UStG die Steuerschuldnerschaft ebenfalls auf den Erwerber verlagert wird.

ee) Umsatzsteuer
(1) Allgemein

96.1 Im Rahmen der Umsatzsteuer[271] handelt es sich im Wesentlichen um „**Sonstige Leistungen**" i.S.d. § 1 Abs. 1 Nr. 1 UStG. Eine Lieferung kommt allenfalls dann in Betracht, wenn Grundstückszubehör veräußert wird.

Unterliegen der Zwangsverwaltung Einkünfte aus Vermietung und Verpachtung, sind diese **grundsätzlich umsatzsteuerfrei** (§ 4 Nr. 12 a) S. 1 UStG), auch wenn der Schuldner umsatzsteuerlich Unternehmer ist.

Ausgenommen sind Hotels (kurzfristige Beherbergung), Parkplätze, Campingplätze und Betriebsvorrichtungen (z.B. Maschinen). Hierzu zählen grundsätzlich mit Ausnahmen auch die hiermit unmittelbar in Zusammenhang stehenden Nebenleistungen (Einzelheiten UStAE 4.12.1 ff.).

96.2 Pflichten ergeben sich des Weiteren, wenn der Verwalter umsatzsteuerpflichtig ist, weil:

---

270 Ebenso *Gorris/Schmittmann*, IGZInfo 2005, 69, 74; ausführlich *H/W/F/H*, § 9 ZwVwV Rdn. 16.
271 *Schmittmann/Brandau/Stroh*, IGZInfo 2012, 3 ff.; *Engels*, ZfIR 2012, 381.

- es sich um eine Vermietung im Rahmen einer gewerblichen Tätigkeit handelt (§ 21 Abs. 3 EStG),
- der Schuldner gemäß § 9 UStG optiert hat[272],
- der Verwalter einen Betrieb führt[273].

Handelt es sich mithin um einen Gewerbebetrieb des Schuldners und gehört die Immobilie zu seinem Betriebsvermögen oder hat der Schuldner optiert, liegt entweder ein umsatzsteuerbarer Vorgang vor oder im Falle der Option ein Verzicht auf die gesetzliche Befreiung.
In diesen Fällen muss auf die Kaltmiete und sämtliche Nebenkostenvorauszahlungen oder -pauschalen die Umsatzsteuer berechnet werden. Wurde sie **nicht gesondert ausgewiesen**, ist sie aus den vereinnahmten Entgelten zu leisten.

96.3 Dem Steuerzugriff unterliegen insoweit auch grundsätzlich **umsatzsteuerfreie Bestandteile der Nebenkosten**, wie z.B. die Grundsteuer oder Gebäudeversicherung. Im Gegenzug besteht der **Vorsteueranspruch** nur auf die der Umsatzsteuer unterworfenen Ausgaben.
Die **Option** nach § 9 UStG kann der Zwangsverwalter auch **erstmalig ausüben**. Der Verwalter hat danach die Umsatzsteuer unstreitig[274] wie die Mieten und Pachten ab der Beschlagnahme einzufordern und Vorsteuererstattungsansprüche geltend zu machen.

96.4 Grundlegend ist im Rahmen der Umsatzsteuer immer noch das BMF-Schreiben vom 8.6.1992[275].
Der Zwangsverwalter hat für den Bereich des beschlagnahmten Vermögens und hier wiederum begrenzt auf das USt-verhaftete Vermögen Voranmeldungen (§ 18 Abs. 1 UStG) und Steuererklärungen (§ 18 Abs. 3 UStG) für den Zwangsverwaltungszeitraum abzugeben.

96.5 Unterliegt der Zwangsverwaltung die gesamte unternehmerische Tätigkeit des Schuldners, muss dieser für die **Vorzeiträume** seine umsatzsteuerlichen Pflichten selbst erfüllen. Umfasst die Zwangsverwaltung nur einen Teil der unternehmerischen Tätigkeit des Schuldners, muss dieser darüber hinaus für den **beschlagnahmefreien** Bereich seine Steuerpflichten selbst erfüllen. Hierdurch wird die umsatzsteuerliche Systematik der Unternehmenseinheit gemäß § 2 Abs. 1 S. 2 UStG durchbrochen[276] und unterschiedliche Haftungsmassen, anknüpfend an den Umfang der Beschlagnahmewirkung, begründet.
Damit findet eine umsatzsteuerliche „Zwangsverrechnung" nach § 18 Abs. 1 S. 2 i.V.m. § 16 UStG, jedenfalls im Umfang der Beschlagnahmewirkung nicht statt[277], weil insoweit § 155 ZVG Vorrang hat. Damit können grundsätzlich Ansprüche des zwangsverwaltungsfreien Vermögens nicht mit Ansprüchen, die zur Zwangsverwaltungsmasse gehören, verrechnet werden[278].

---

272 *Depré/Mayer*, Rdn. 752 ff., zu Zweck und Sinn der Option Rdn. 754.
273 BFH, BStBl 1997 II 670; FG München, Rpfleger 1999, 555.
274 *Rödder/Rödder*, Rpfleger 1990, 6 ff.; vgl. *H/W/F/H*, § 9 ZwVwV Rdn. 11 f. mit umfangreichen Hinweisen zu Rspr. u. Lit.
275 BStBl 1992 I 397.
276 So zutreffend *Onusseit*, ZfIR 2005, 265, 270, jedoch durch BFH anerkannt, BStBl 1988 II 920.
277 *Onusseit*, ZfIR, 2005, 265, 270.
278 BFHE 196, 372 = BStBl 2002 II 171 = ZInsO 2002, 70; *H/W/F/H*, § 9 ZwVwV Rdn. 11 a.E.; *Hagen*, DStZ 2003, 185, 187; krit. *Onusseit*, ZfIR 2005, 265, 270.

Gleichwohl ist diese Durchbrechung nur in den notwendigen Grenzen zu berücksichtigen und führt durchaus auch zu Abgrenzungsproblemen, z.B. bei der Korrektur der Umsatzsteuer.

96.6 Wie nachfolgend noch darzustellen sein wird, stellt sich in mehreren Bereichen die Frage, ob auf ein etwaiges vorhandenes **Gesamtunternehmen** abgestellt werden muss:

- Voranmeldungszeitraum, § 18 Abs. 2 UStG (s. → Rdn. 98.1 f.)
- Kleinunternehmer, § 19 UStG (s. → Rdn. 99.4)
- Ist-Besteuerung, § 20 UStG (s. → Rdn. 98.2).

Für die Zwangsverwaltung ausnahmsweise relevant, zählt hierzu auch die **Unternehmensveräußerung im Ganzen** gem. § 1 Abs. 1a UStG, wenn das Grundstück in diesem Kontext (mit-)veräußert wird.

Sofern in den Fällen, in denen auf ein Gesamtunternehmen abgestellt wird, **Erklärungen** abgegeben werden müssen oder **Anträge** erforderlich sind, wird man nicht umhin kommen, dass diese **gemeinsam mit dem Schuldner**, bzw. mit dessen Einvernehmen abgegeben werden müssen[279].

Darüber hinaus kann der Schuldner auch Eigentümer mehrerer Grundstücke sein, von denen nur einzelne umsatzsteuerverhaftet sind.

96.7 Nach gefestigter Rechtsprechung ist eine **Aufteilung** der Bereiche, ggf. sogar nach Grundstücken notwendig[280]. Damit erfolgt – mit Ausnahmen – eine Aufteilung der Erklärungspflicht und eine Ausweitung der Steuerschuldnerschaft bezogen auf das zwangsverwaltete Grundstück auf den Zwangsverwalter aus §§ 34, 69 AO.

96.8 Die (laufende) Umsatzsteuerzahllast ist **Ausgabe der Verwaltung** (§ 155 Abs. 1 ZVG)[281]. Die Umsatzsteuerpflichten außerhalb des Verfahrens hat weiterhin der Schuldner selbst zu erfüllen[282]. Betrifft die Umsatzsteuerlast **verschiedene Zwangsverwaltungsverfahren** eines Verwalters und Schuldners, sind diese auch getrennt zu behandeln. Dies gilt damit **auch bei mehreren Grundstücken in einem Verfahren**[283].

(2) Unternehmereigenschaft

96.9 Der Begriff ist gemäß § 2 UStG sehr weit gefasst. Es kommt auf die Ausübung einer gewerblichen oder beruflichen Tätigkeit selbstständiger Art an. Das Unternehmen erfasst die gesamte Tätigkeit des Unternehmers. Gewerblich oder beruflich ist jede nachhaltige Tätigkeit auch ohne Gewinnerzielungsabsicht (anders EStG).

Ein **Vermieter** mit nachhaltigen Einnahmen ist umsatzsteuerlich damit immer Unternehmer. Allein hieraus erklärt sich die Befreiungsvorschrift des § 4 Nr. 12 a) UStG. Im Rahmen und Umfang der Zwangsverwaltung **geht diese Unternehmerstellung nicht auf den Zwangsverwalter über**, sondern bleibt bei dem Schuldner als Inhaber der Vermögensmasse[284].

---

279 Ebenso *Onusseit*, ZfIR 2005, 265, 271; vgl. auch *Mößlang*, DStR 1989, 194, 197.
280 BFH, Rpfleger 2002, 165 = ZInsO 2002, 70.
281 BFH, Rpfleger 2002, 165 = ZInsO 2002, 70.
282 BFHE 154, 181 = BStBl 1988 II 920.
283 BFHE 196, 372 = Rpfleger 2002, 165; *Depré/Mayer*, Rdn. 766 zu Ausnahmen.
284 UStAE 2.1. Abs. 7; vgl. auch BFH, BStBl 1988 II 920.

Damit kann die **Unternehmereigenschaft erstmalig entstehen,** wenn eine durch den Schuldner zunächst selbst genutzte Immobilie nach Räumung durch den Zwangsverwalter fremd vermietet wird.

(3) Steuernummer und Adressat

Dem Verwalter ist für das Verfahren eine **gesonderte USt-Nummer** zu erteilen[285]. Seine Verpflichtungen beziehen sich nur auf das Verfahren. 97.1

Die **Bescheide,** die gegen den Zwangsverwalter ergehen, müssen neben der Bezeichnung des beschlagnahmten Grundstücks auch die Person des Schuldners bezeichnen[286], da nach § 157 Abs. 1 S. 1 AO aus dem Bescheid auch der Steuerschuldner ersichtlich sein muss. Hat der Bescheid auch über die Zwangsverwaltung für den Schuldner Bedeutung (z.B. Änderung der Besteuerung), ist er auch dem Schuldner bekannt zu geben.

Hierzu regelt AEAO Abschn. 96 Tz. 2.11 zu § 122 (AO): 97.2

2.11 Zwangsverwaltung

Mit Anordnung der **Zwangsverwaltung** verliert der Grundstückseigentümer (Schuldner) die Befugnis, über das beschlagnahmte Grundstück zu verfügen. Bekanntgabeadressat von Verwaltungsakten, die das beschlagnahmte Grundstück betreffen (Grundsteuermessbescheid, Grundsteuerbescheid, **Umsatzsteuerbescheid**), ist daher der Zwangsverwalter. Der dem Zwangsverwalter bekannt zu gebende Verwaltungsakt muss neben der Bezeichnung der der **Zwangsverwaltung** unterliegenden Grundstücke auch die Person des Grundstückseigentümers (Inhaltsadressat) angeben (BFH-Urteil vom 23.6.1988 – V R 203/83 – BStBl II S. 920).

Soweit die Wirkung von Steuerbescheiden über die **Zwangsverwaltung** hinausgeht, sind sie auch dem Grundstückseigentümer (Inhaltsadressat) bekannt zu geben. Einheitswertbescheide über zwangsverwaltete Grundstücke sind sowohl dem Zwangsverwalter als auch dem Grundstückseigentümer (Inhaltsadressat) bekannt zu geben (RFH-Urteil vom 1.9.1939, RStBl S. 1007).

Beispiel für die Bekanntgabe eines Einheitswertbescheides:

Bekanntgabeadressaten sind	
sowohl der **Schuldner**	als auch der **Zwangsverwalter**
Anschriftenfeld (Empfänger):	
Herrn Josef Meier	Herrn Rechtsanwalt Helmut Müller
Sophienstraße 20 80799 München	Schellingstraße 40 80799 München
	Bescheidkopf: Als Zwangsverwalter des Grundstücks Sophienstraße 20 (Grundstückseigentümer Josef Meier)

---

285 Vgl. auch *Depré/Mayer,* Rdn. 771 ff.; *Engels,* ZfIR 2012, 381.
286 BFH, BStBl 1988 II 920; BMF, BStBl 1991 I 398, Tz 2.12 ; *Depré/Mayer,* Rdn. 772.

97.3 Führt der Schuldner einen Betrieb über die Beschlagnahme hinaus, ist die Umsatzsteuer hieraus gegen den Schuldner mit einem gesonderten Bescheid hieraus festzusetzen[287].

97.4 Bei **mehreren Grundstücken** sind die Nutzungen und Ausgaben auch bezüglich der Umsatzsteuer ggf. für jedes Grundstück gesondert zu ermitteln[288], auch unabhängig von einer Verbindung gemäß § 18. Dieser Aspekt ist damit gleichzeitig ein wichtiger Grund, der gegen die **Verbindung** spricht. Umsatzsteuer und Vorsteuer sind für jedes Grundstück gesondert zu ermitteln. Eine andere Betrachtung kann nur im Falle einer **wirtschaftlichen Einheit** diskutiert werden (str.[289]).

Erklärt der Zwangsverwalter gesondert, ist das Finanzamt nicht berechtigt, eine gemeinsame Veranlagung durchzuführen[290]. Insbesondere darf hieraus kein Haftungsverbund im Wege von Verrechnungen erfolgen[291].

97.5 Das für das Verfahren **zuständige Finanzamt** i.S.v. § 21 Abs. 1 AO bestimmt sich nicht nach der Belegenheit des Grundstücks, sondern nach dem Ort, von dem die Verwaltung des Vermieters ausgeübt wird, i.d.R. dem Wohnsitzfinanzamt, da die Zwangsverwaltung keine Änderungen in Bezug auf die Unternehmereigenschaft begründet[292].

Anordnungen einer **Umsatzsteuersonderprüfung**[293] sind dem jeweils Betroffenen bekannt zu geben (§§ 193, 196, 197 AO).

(4) Voranmeldungen

98.1 Der Verwalter hat die Voranmeldungen und die Jahreserklärungen abzugeben und – soweit notwendig – Berichtigungen (§§ 17, 15a UStG). Bescheide sind von ihm zu prüfen und ggf. Rechtsmittel einzulegen.

Grundsätzlich entsteht die Umsatzsteuer gem. § 13 Abs. 1 Nr. 1 UStG (schon) bei der **Berechnung** nach den **vereinbarten Entgelten** i.S.v. § 16 Abs. 1 S. 1 UStG mit Ablauf des Voranmeldezeitraums, in dem die Vermietung ausgeführt worden ist. Hierbei handelt es sich um die **Soll-Versteuerung**.

98.2 Auf Antrag kann hiervon abweichend eine **Besteuerung nach vereinnahmten Entgelten**, die Ist-Versteuerung, gem. § 20 Abs. 1 S. 1 Nr. 1 UStG durchgeführt werden. Voraussetzung hierfür ist, dass der Gesamtumsatz des Unternehmers im vorangegangenen Kalenderjahr nicht mehr als 500.000 € (ab 1.1.2012) betragen hat, er von der Führung von Büchern befreit ist oder Einkünfte als Selbstständiger gemäß § 18 Abs. 1 EStG ausführt.

Der Gesamtumsatz des Unternehmens wird entsprechend § 19 Abs. 3 UStG ermittelt. Umstritten ist, ob und unter welchen Voraussetzungen eine **Aufteilung**

---

287 BFHE 154, 181 = BStBl 1988 II 920; bestätigt durch BFH, IGZInfo 2011, 212.
288 BFHE 196, 372 = BStBl 2002 II 171 = ZfIR 2002, 404 = ZInsO 2002, 70.
289 A.A. *Onusseit*, ZfIR, 2005, 265, 277; *Hagen* DStZ 2003, 185, 186; *Stöber*, § 146, Rdn. 4.4 Abs. s), weil auch im Falle der Verbindung die Kosten des jeweiligen Verfahrens getrennt zu ermitteln sind und i.Ü. bei Schwierigkeiten; *Depré/Mayer*, Rdn. 766 f. zutreffend auf den Einzelfall abstellend.
290 Vgl. aber noch BMF, BStBl 1992 I 397.
291 BStBl 2002 II 171 = ZfIR 2002, 404.
292 BMF, BStBl 1992 I 397; bei Kompetenzstreitigkeiten ist nach § 28 AO die Entscheidung der gemeinsam zuständigen Aufsichtsbehörde einzuholen.
293 Vgl. hierzu und zur „Verdachts-Nachschau" gem. § 27b UStG *Depré/Mayer*, Rdn. 777 f.

möglich ist[294]. *Schmittmann/Brandau/Stroh* vertreten hierbei die Auffassung, dass diese Frage für jede Immobilie gesondert zu betrachten ist, da auch eine gesonderte Steuernummer vergeben werden muss[295]. § 20 Abs. 1 S. 2 UStG kennt eine solche Aufteilung unter den dortigen Voraussetzungen. *Onusseit* weist zutreffend darauf hin, dass die Regelung in Zusammenhang mit einer Liquiditätshilfe zu sehen ist, einer Vereinfachung und Erleichterung der Aufzeichnungspflicht und der Finanzverwaltung ein Rechtsfolgeermessen zusteht. Damit bestehe ein sachliches Bedürfnis im Rahmen der Zwangsverwaltung eine freiwillige Beschränkung auf einzelne Betriebe zuzulassen, wenn dies tatsächlich im Rahmen einer **Abgrenzung möglich ist**[296].

Im Rahmen der Soll-Versteuerung sind **Korrekturen gemäß § 17 UStG** notwendig, wenn **Mieteinnahmen uneinbringlich** werden. Hierdurch kann ein USt-Erstattungsanspruch entstehen, aber auch ein Vorsteuerrückzahlungsanspruch. Diese Berichtigungsregelung betrifft den Veranlagungszeitraum in den die Änderung fällt[297], sodass die Zwangsverwaltung auch von Umsatzvorgängen aus Zeiträumen vor der Beschlagnahme betroffen sein kann. Voraussetzung ist aber, dass der zugrunde liegende Sachverhalt dem Zwangsverwalter zuzurechnen ist[298].

98.3

Betroffen von der Berichtigung sind Leistender und Leistungsempfänger, auch in den Fällen der **Uneinbringlichkeit** des vereinbarten Entgelts oder einer Minderung. Von Uneinbringlichkeit spricht man nicht nur bei Wertlosigkeit, sondern auch bei der fehlenden Möglichkeit die Forderung aus rechtlichen oder tatsächlichen Gründen temporär durchsetzen zu können[299].

In Bezug auf die **Vorsteuer** im Allgemeinen dürften Korrekturen grundsätzlich zu verneinen sein, da der Verwalter nur solche Verbindlichkeiten begründen darf, die er aus vorhandenen Mitteln bedienen kann (§ 9 Abs. 2 ZwVwV). Problematisch kann dies für nicht erfüllte Verpflichtungen des Schuldners sein, wenn die Finanzverwaltung nach den oben dargestellten Abgrenzungsregeln die Auffassung vertritt, dass die Uneinbringlichkeit erst während des Zwangsverwaltungsverfahrens eingetreten ist.

Diese Folgen sind auch bei der Einziehung von Altforderungen zu berücksichtigen, wenn diese zum damaligen Zeitpunkt berichtigt wurden.

Gemäß § 18 Abs. 1 UStG ist die **Voranmeldung** und die **Vorauszahlung** bis zum 10. Tag nach Ablauf des Voranmeldezeitraumes fällig.

98.4

Voranmeldezeitraum ist gemäß § 18 Abs. 2 UStG das Kalendervierteljahr und wenn die Steuer im Kalenderjahr zuvor mehr als 7.500 € betragen hat der Kalendermonat.

Betrug die Steuer im Kalenderjahr zuvor max. 1.000 € ist eine **Befreiung** von Voranmeldung und Vorauszahlung möglich.

Betrug der Überschuss (Guthaben) im Vorjahr mehr als 7.500 €, kann vom Unternehmer die Voranmeldung für den ersten Monat abgegeben werden mit einer Bindung für den Rest des Jahres (§ 18 Abs. 2a UStG).

---

294 Zum Meinungsstand *Onusseit*, ZfIR 2007, 121, 125.
295 IGZInfo 2012, 3, 6.
296 *Onusseit*, ZfIR 2007, 121, 125.
297 BFHE 148, 346 = BStBl 1987 II 226.
298 BFHE 146, 484 = BStBl 1986 II 500.
299 BFHE 148, 346 = BStBl 1987 II 226.

Grundsätzlich sind auch insoweit etwaige sonstige Umsätze des Schuldners einzubeziehen. Ähnlich wie bei der Beantragung der Ist-Besteuerung nach § 20 UStG (s. → Rdn. 98.2) dürfte hier auch eine Befreiung im Falle eines abgrenzbaren Unternehmensteils zu bejahen sein[300].

98.5 Nach § 18 Abs. 3 UStG ist für das gesamte **Kalenderjahr** eine Steuererklärung abzugeben, in Ausnahmefällen des § 16 Abs. 3 und 4 UStG auch für einen kürzeren Zeitraum. Da insoweit auf den Unternehmer-Schuldner abgestellt wird, greift diese Verkürzung i.d.R. für den Zwangsverwalter nicht. Diese Verpflichtung greift auch nach **Aufhebung** des Verfahrens für den Restzeitraum. Die Finanzverwaltung akzeptiert in der Praxis zum Zwecke einer zeitnahen Beendigung des Verfahrens häufig gleichwohl eine abgekürzte Erklärung für den Restzeitraum, damit nicht bis zum Folgejahr gewartet werden muss.

(5) Umsatzsteuersplitting

99.1 Die umsatzsteuerliche Behandlung ist für jedes Grundstück und ggf. jede Vermietungseinheit **gesondert** zu betrachten[301].

Die Erfassung der Umsatzsteuer ist i.d.R. ohne Weiteres möglich. Im Gegenzug ist aber auch die **Vorsteuer aufzuteilen**. Das Gesetz regelt in § 15 Abs. 4 UStG die Aufteilung bei Zusammentreffen umsatzsteuerfreier mit -pflichtigen Umsätzen. Diese Regelung ist damit auf die unterschiedliche Behandlung von verschiedenen Grundstücken allenfalls entsprechend anzuwenden.

Danach wird unterschieden zwischen[302]:

- Vorsteuer, die in voller Höhe abziehbar ist, weil sie ausschließlich Umsätzen zuzurechnen ist, die zum Vorsteuerabzug berechtigen,
- Vorsteuer, die in voller Höhe vom Abzug ausgeschlossen ist, weil ausschließlich Umsätzen zuzurechnen ist, die nicht zum Vorsteuerabzug berechtigen,
- Vorsteuer, die beide Bereiche wirtschaftlich betrifft.

Damit muss der Zwangsverwalter bei unterschiedlich steuerverhafteten Grundstücken oder einzelnen Einheiten anhand der Rechnungen, den dokumentierten Leistungen und den verfügbaren Informationen zunächst eine **Zuordnung** vornehmen. Nur ausnahmsweise ist eine Schätzung möglich entsprechend § 15 Abs. 4 S. 2 UStG.

Diese Zuordnung wird umso schwieriger, wenn das Objekt als einheitliches Wirtschaftsgut vermietet ist, ohne zwischen den Einzelgrundstücken und ggf. Einheiten zu differenzieren.

99.2 Treffen umsatzsteuerfreie und umsatzsteuerpflichtige Bereiche in Bezug auf die Vorsteuer zusammen, gilt grundsätzlich § 15 Abs. 4 UStG. Der Vorsteuerabzug ist anteilig ausgeschlossen. Diese Fälle treten häufig bei einer Teiloption auf. Hier kann die gleiche Zuordnung erfolgen, wie in Bezug auf unterschiedliche Grundstücke. Das Gesetz lässt in § 15 Abs. 4 S. 2 UStG eine sachgerechte Schätzung ausdrücklich zu. Eine Aufteilung nach Umsätzen ist nur zulässig, wenn keine andere wirtschaftliche Zurechnung möglich ist (§ 15 Abs. 4 S. 3 UStG).

---

300 Anders BMF, BStBl 1992 I 397.
301 Ausführlich *H/W/F/H*, § 9 ZwVwV Rdn. 16, g).
302 Siehe *Bunjes/Heidner*, UStG § 15 Rdn. 355 ff.; UStAE 15.17.

Der BFH hatte sich mit zwei Entscheidungen gegen die Verwaltungsauffassung gewendet und festgestellt, das sowohl eine Aufteilung nach Umsätzen als auch nach Flächen sachgerecht ist. Bei Herstellungsaufwand ist darüber hinaus eine konkrete Zuordnung zu betroffenen Einheiten möglich[303]. Damit ist auch zwischen der Art der Aufwendung im Hinblick auf die Zuordnung nochmals zu differenzieren. Hierbei ist zu berücksichtigen, dass der Flächenschlüssel bei umsatzstarker Vermietung an einen Gewerbetrieb ungünstiger sein kann.

Eine Aufteilung nach Nutzflächen ist bei **anfänglichen Anschaffungs- oder Herstellungskosten** (in der Zwangsverwaltung selten) grundsätzlich sachgerecht (keine räumliche oder zeitliche Anbindung oder nach Investitionsschlüssel). Bei nachträglichen Anschaffungs- oder Herstellungskosten ist bei abgrenzbaren Gebäudeteilen eine räumliche Zuordnung möglich.

99.3

Bei **Erhaltungsaufwand** ist nach Möglichkeit eine konkrete Zuordnung zu steuerfreien oder steuerverhafteten Gebäudeteilen vorzunehmen, ansonsten eine Aufteilung nach Fläche.

Anschaffungsnahe Herstellungskosten sollen abweichend von § 6 Abs. 1 Nr. 1a EStG als Erhaltungsaufwand behandelt werden[304].

Dieser Rechtsprechung hatte sich auch die Verwaltung ausdrücklich angeschlossen[305].

Zwischenzeitlich wird jedoch die Frage gestellt, ob diese Praxis **unionsrechtlich** zulässig ist (Art. 168a und 173 Abs. 2c MwStSysRL) und nicht doch eine Zuordnung nach Fläche oder Umsatz (objektbezogen bzw. Gesamtumsatz) notwendig ist.

Mit Urteil vom 22.8.2013[306] hat der BFH festgestellt, dass der Ausschluss des Umsatzschlüssels durch den Flächenschlüssel nicht gegen Unionsrecht verstoße, weil hierdurch eine präzisere Bestimmung möglich sei, als der auf Gesamtumsätze bezogene Umsatzschlüssel. Gleichwohl entspreche das nationale Recht nur teilweise der Richtlinie, da es keine Regelung für den gesamtunternehmerbezogenen Umsatzschlüssel gem. Art 173 Abs. 2 MwStSysRL enthalte. Damit wurde das Ziel eines objektbezogen Flächenschlüssels unterstützt. In Bezug auf den Erhaltungsaufwand wurde das nationale Recht jedoch nicht für unionskonform befunden.

Mit Urteil vom 7.5.2014[307] hat der BFH diese Rechtsprechung erneut **modifiziert**:

- Bei der Errichtung eines gemischt genutzten Gebäudes richtet sich die Vorsteueraufteilung im Regelfall nach dem objektbezogenen Schlüssel
- Vorsteuerbeträge sind dann aber nach dem (objektbezogenen) Umsatzschlüssel aufzuteilen, wenn erhebliche Unterschiede in der Ausstattung der verschiedenen Zwecken dienenden Räume bestehen.

§ 15 Abs. 4 S. 1 UStG würde danach dem Unionsrecht voll entsprechen. Die wirtschaftliche Zurechnung i.S.v. § 15 Abs. 4 UStG beruhe nicht nur auf Art. 173

---

303 BFHE 219, 450 = BStBl 2008 II 770; BFHE 215, 335 = BStBl 2007 II 178; hierzu Vorabentscheidungsersuchen des BFH an den EuGH v. 22.7.2010, V R 19/09.
304 Vgl. *Onusseit*, ZfIR 2009, 305, 307.
305 BMF, BStBl 2008 I 896.
306 V R 19/09, BFHE 243, 8.
307 V R 1/10, BFHE 245, 416.

Abs. 2c MwStSysRL sondern umfasse auch den gesamtunternehmensbezogenen Umsatzschlüssel.

Gleichwohl ist hiermit die Diskussion nicht beendet, da der XI. Senat des BFH im Interesse der Präzision einer Aufteilung von Vorsteuerbeträgen nach dem Gebäude als einzigem Aufteilungsobjekt verhindern will und dem EuGH die Frage vorgelegt hat, ob bei Anschaffungs- und Herstellungskosten die abziehbaren Vorsteuerbeträge Verwendungsumsätzen des Gebäudes zugeordnet und lediglich die danach verbliebenen Vorsteuern nach einem Flächen- oder Umsatzschlüssel aufgeteilt werden müssen[308].

(6) Kleinunternehmer

99.4 Die Kleinunternehmerreglung findet sich in § 19 UStG. Danach wird eine Umsatzsteuer nicht geschuldet, wenn der zugrunde liegende Umsatz einschließlich Steuer im Vorjahr 17.500 € nicht überstiegen hat und im laufenden Jahr voraussichtlich 50.000 € nicht übersteigen wird.

Die hieraus resultierenden umsatzsteuerlichen Erleichterungen kann und muss der Zwangsverwalter ggf. in Anspruch nehmen. Auf die Anwendung der Kleinunternehmerregelung kann verzichtet werden. Dieser Verzicht bindet jedoch über einen Zeitraum von 5 Jahren (§ 19 Abs. 2 S. 2 UStG).

Vorteilhaft ist, dass bei Vorliegen der Voraussetzungen keine Voranmeldungen oder Steuererklärungen abgegeben werden müssen. Im Gegenzug kann keine Umsatzsteuer ausgewiesen werden und keine Vorsteuer in Abzug gebracht werden. Bei sonstiger unternehmerischer Tätigkeit des Schuldners ist deshalb Vorsicht geboten, da die Regelung nicht doppelt in Anspruch genommen werden kann.

Eine Beschränkung auf einzelne Unternehmensteile ist nicht möglich[309]. Damit dürfte auch von der Notwendigkeit einer gemeinsamen Erklärung von Schuldner und Zwangsverwalter auszugehen sein.

Die Relevanz der Regelung dürfte jedoch sehr **eingeschränkt** zu bewerten sein, da sie nicht im Rahmen einer Option ausgeübt wird (Berichtigung nach § 15a Abs. 7 UStG) und insoweit nur relevant wird, wenn Einkünfte aus Vermietung und Verpachtung gemäß § 21 Abs. 3 EStG anderen Einkunftsarten des Schuldners zugerechnet werden, soweit sie zu diesen gehören. In Betracht kommen damit gewerbliche Einkünfte, wenn das Objekt Betriebsvermögen ist und in diesem Rahmen umsatzsteuerbelastet ist.

Ein Vorteil kann sich darüber hinaus vorrangig bei dem Geschäftspartner ergeben, der zum Vorsteuerabzug nicht berechtigt ist, da dieser dann einen geringeren Betrag dem Endabnehmer weiterbelasten kann.

(7) Option

100.1 Nach § 9 Abs. 1 UStG kann der Unternehmer (vorliegend) steuerfreie Umsätze nach § 4 Nr. 12 a) UStG als steuerpflichtig behandeln, wenn der Umsatz an einen anderen Unternehmer für dessen Unternehmen ausgeführt wird. Damit kann Vorsteuer aus Eingangsrechnungen geltend gemacht werden.

Besonderer Beachtung verdient hierbei der Umstand, dass eine so vereinbarte Umsatzsteuer nur solchen Mietern oder Pächtern belastet werden darf, die selbst

---

308   XI R 31/09, UR 2014, 651; EuGH – C – 332/14.
309   Ebenso *Onusseit*, ZfIR 2007, 121, 126.

Rdn. 100.2–100.4   Aufgaben des Verwalters   § 152

zum Vorsteuerabzug berechtigt sind. Damit ist in den Fällen des § 4 Nr. 14 UStG keine Option möglich bei Vermietung an Ärzte, Zahnärzte, Heilpraktiker, Hebammen u. ä., die selbst steuerfreie Umsätze erbringen, da hier keine Belastung gegenüber dem Endverbraucher erfolgen kann.

Ausgeschlossen ist aber insbesondere die Vermietung zu Wohnzwecken an Privatpersonen. Dies gilt auch für gewerbliche Zwischenvermieter, weil deren Vermietung an den Endmieter ebenfalls die Optionsmöglichkeit ausschließt.

Von besonderer Bedeutung ist des Weiteren, dass zwei Fallgestaltungen zu unterscheiden sind, nämlich: 100.2

- Die Option, die in Bezug auf die **Anschaffungs- und Herstellungskosten** (auch nachträgliche) ausgeübt wird

und

- die Option, die im Hinblick auf die **laufenden Einkünfte** aus Vermietung und Verpachtung ausgeübt werden kann.

Nur im ersten Fall tritt bei einer erstmaligen Ausübung eine 10-jährige Bindung ein, mit der Folge von Berichtigungen, wenn vor Ablauf Änderungen der Voraussetzungen eintreten.

Im zweiten Fall kann die Option theoretisch **monatlich** ausgeübt werden, ohne dass Bindungswirkungen entstehen[310] (Einzeloption). Diese Folge beruht darauf, dass der Mietzins, der der sonstigen Leistung zugrunde liegt, i.d.R. monatlich berechnet und gezahlt wird. Es liegen insoweit selbstständige Teilleistungen nach § 13 Abs. 1 Nr. 1a S. 2–4 UStG vor. In diesen Fällen ergeben sich deshalb nur dann Berichtigungsmöglichkeiten nach § 15a UStG, wenn es sich um Mietvorauszahlungen handelt und/oder der Verwalter oder der Schuldner nachträglich eine andere steuerliche Behandlung oder Nutzung vornehmen.

Die Option ist i.d.R. nur dann sinnvoll, wenn durch hohe Vorsteuerbeträge ein Liquiditätsvorteil entsteht, d.h., wenn die Steuerlast gesenkt werden kann[311]. Da die Option aber nach Aufhebung der Zwangsverwaltung infolge Rücknahme auch den Schuldner je nach Fallgestaltung bis zum Ablauf von 10 Jahren binden kann, wenn es sich um Herstellungsaufwand gehandelt hat, ist hier Vorsicht geboten. Dies gilt umso mehr, als eine für die Option schädliche Nutzungsänderung nachhaltig vorgenommen wird.   100.3

Ergeben sich im laufenden Verfahren Änderungen der umsatzsteuerlichen Behandlung des Objektes, sind diese dem Gericht mitzuteilen[312].

Die Ausübung erfolgt durch die Ausstellung von Rechnungen mit offenem USt-Ausweis oder der Erklärung in den Voranmeldungen. Ausreichend ist ein Mietvertrag, in dem Umsatzsteuer vereinbart wird.   100.4

Selbst eine buchhalterische Erfassung der Umsatzsteuer führt als **schlüssiges Verhalten** zur Ausübung der Option (UStAE 9.1 Abs. 3). Die Option kann bis zur Bestandskraft ausgeübt werden. Unter den gleichen Voraussetzungen ist auch ein Widerruf möglich, wobei hier sowohl die Korrektur der Rechnungen als auch

---

310   *Vogel/Schwarz*, UStG § 4 Nr. 9, Rdn. 56.
311   Hierzu *Rödder/Rödder*, Rpfleger 1990, 6, 8; *Depré/Mayer*, Rdn. 752 mit Berechnungsbeispiel Rdn. 754.
312   Ebenso *Gorris/Schmittmann*, IGZInfo 2005, 69, 73.

etwaiger Gutschriften notwendig ist (UStAE 9.1 Abs. 4 unter Hinweis auf § 14c Abs. 1 S. 3 UStG).

Hierbei hat der Zwangsverwalter zu beachten, dass er mit der **erstmaligen Abgabe einer Voranmeldung** oder Umsatzsteuererklärung diese Option auslöst, wenn es sich bisher nicht um einen umsatzsteuerbaren Fall gehandelt hat. Insoweit ist bei Fehlen aussagekräftiger Unterlagen (Mietvertrag mit Umsatzsteuerausweis, Steuerunterlagen u.ä.) zunächst eine **Vorklärung** mit dem zuständigen Finanzamt erforderlich.

Hat der Schuldner die Option ausgeübt, bindet sie in Bezug auf die Anschaffungs- und Herstellungskosten den Verwalter und in gleichem Maße den Schuldner, wenn der Verwalter sie erstmalig ausübt.

100.5 Besteht bereits ein Mietverhältnis, ist der Mieter nicht verpflichtet, den Vertrag dahin gehend zu ändern, dass nunmehr auf die vereinbarte Miete die Umsatzsteuer berechnet wird, selbst wenn er – was Voraussetzung ist – zum Vorsteuerabzug berechtigt ist. In diesem Fall ist die Umsatzsteuer aus dem vereinbarten Entgelt herauszurechnen, was insoweit negative Auswirkungen auf die Wirtschaftlichkeit der Option hat.

Die Option bezüglich des Verzichts auf die steuerfreie Veräußerung des Grundstücks, auch in Form der Zwangsversteigerung, kann nur durch den Schuldner ausgeübt werden (s. → Rdn. 100.14 ff.).

100.6 Es ist möglich, die Option für jedes einzelne Grundstück und hierbei für einzelne Vermietungseinheiten auszuüben, sodass die dargestellten allgemeinen Aufteilungsregelungen auch insoweit gelten aber auch generell im Rahmen von § 15a UStG entsprechend anzuwenden sind.

(8) Berichtigung im laufenden Verfahren

100.7 Die Korrektur erfolgt über § 15a UStG[313].

Der Vorsteuerabzug ist zu berichtigen, wenn sich bei dem betreffenden Grundstück oder der WE-Einheit einschließlich der wesentlichen Bestandteile **innerhalb von 10 Jahren** ab dem Zeitpunkt der erstmaligen Verwendung die für die Inanspruchnahme des Vorsteuerabzugs maßgeblichen Verhältnisse ändern. Handelt es sich um Vorsteuer, die auf Anschaffungs- und Herstellungskosten entfiel, ist für jedes Jahr der Änderung eine Korrektur vorzunehmen.

Bei der Berichtigung sind ebenfalls verschiedene Ursachen und Fallgestaltungen zu berücksichtigen. Auch hier ist zwischen der Berichtigung in Zusammenhang mit den **Anschaffungs- und Herstellungskosten** zu unterscheiden und der Berichtigung in Zusammenhang mit den laufenden Einkünften aus Vermietung und Verpachtung.

100.8 Die Berichtigung erfasst nach § 15a Abs. 1 und 4 UStG aktivierungspflichtige Anschaffungs- und Herstellungskosten, wobei es nicht auf die tatsächliche Buchführungspflicht als solche ankommt, sondern auf die Definition des Gegenstandes der Berichtigung. Abzugrenzen sind diese Kosten nach allgemeinen Grundsätzen

---

313 Ausführlich BMF, BStBl 2005 I 1068 ff.; beachte auch ohne Option § **15 Abs. 1b UStG** für den Fall der privaten Nutzung von Unternehmensteilen, BMF, BStBl 2011 I 597; hierzu *Naujock*, ZfIR 2012, 397, 399; *Wedekind*, ZfIR 2011, 648 zu FG Mecklenburg, ZfIR 2011, 668 und BFH, IGZInfo 2011, 187 = BFH/NV 2011, 1931 = ZIP 2011, 1803; *Engels*, ZfIR 2012, 381.

mithin vom normalen **Erhaltungsaufwand**[314]. Damit wird begrifflich nicht das **Umlaufvermögen** erfasst und im Rahmen der Zwangsverwaltung insbesondere nicht die (typische) laufende Ausgabe der Verwaltung, es sei denn, diese betrifft den Berichtigungszeitraum.

Problematisch können Fälle der Zusammenfassung von Aufwendungen sein, insbesondere bei umfassenden Renovierungen oder Sanierungen, in deren Rahmen die Einzelleistungen nicht isoliert betrachtet werden und damit ein Erhaltungsaufwand verneint wird[315].

Zu beachten ist, dass nach § 15a Abs. 6 UStG diese Regelungen auch auf nachträgliche Anschaffungs- und Herstellungskosten anzuwenden sind, mit der Folge, dass hier ggf. zeitversetzt ein 10-Jahreszeitraum beginnen kann.

Wurde die Umsatzsteuer aus den Anschaffungs- und Herstellungskosten geltend gemacht und wird die Immobile innerhalb von 10 Jahren nach erstmaliger Verwendung nicht zu 100 % für umsatzsteuerbare Umsätze verwendet, erfolgt eine den tatsächlichen Verhältnissen entsprechende zeit- und flächenanteilige Korrektur. Erfolgt diese schädliche Nutzung durch den Zwangsverwalter, ist er verpflichtet, aus der Masse die sich insoweit errechnende Umsatzsteuerkorrektur für das jeweilige Jahr zu bedienen. 100.9

Der Berichtigungsumfang kann auch unter 10 Jahren liegen, wenn für das jeweilige Wirtschaftsgut eine **kürzere Verwendung** gilt (§ 15a Abs. 5 S. 2 UStG).

In Bezug auf die laufenden Einkünfte aus Vermietung und Verpachtung bedarf es keiner gesonderten Darstellung soweit keine Vorsteuer aus Anschaffungs- oder Herstellungsaufwand geltend gemacht wurde. Ergeben sich hier rückwirkend Änderungen, erfolgen die notwendigen Korrekturen in diesem Umfang. 100.10

Die Berichtigung hat der Verwalter laufend zu prüfen, auch wenn er einen bereits in Person des Schuldners eingetretenen Korrekturtatbestand lediglich fortführt[316].

Bei einer **Geschäftsveräußerung im Ganzen** i.S.v. § 1 Abs. 1a UStG wird der Berichtigungszeitraum nicht unterbrochen (§ 15a Abs. 10 S. 1 UStG). Dieser Fall kommt in der Zwangsverwaltung i.d.R. nicht vor, jedoch im Rahmen der Insolvenz und kann daher zu Gestaltungsüberlegungen in diesem Verhältnis führen[317]. 100.11

Die aus der Möglichkeit einer Option (§ 9 UStG) resultierenden Folgen treffen nach **Rücknahme des Antrags** ebenfalls den Schuldner[318], sodass der Verwalter auch aus Haftungsgründen die erstmalige Ausübung der Option abwägen muss. 100.12

Die Folgen sind dem Verwalter zuzurechnen[319], wenn er erstmals von der steuerpflichtigen zur steuerfreien Vermietung übergeht oder umgekehrt. Die Berichtigungen sind im ersten Fall der Masse zuzurechnen. Hatte der Schuldner bereits den Wechsel vollzogen, trifft die Berichtigung die Masse ab dem Zeitpunkt der Anordnung des Verfahrens, weil es sich bei der Berichtigung um einen sich wie-

---

314 Hierzu u.a. *Schmidt/Kulosa*, EStG § 6 Rdn. 151 ff.
315 Hierzu *Vogel/Schwarz*, UStG § 15a Rdn. 65 ff.
316 Vgl. FG Berlin, EFG 2004, 1483.
317 Hierzu *Schmittmann*, IGZInfo 2009, 62, 68.
318 Vgl. BFHE 182, 432 = BStBl 1997 II 552, 556 = ZIP 1997, 1347.
319 Vgl. OLG Saarbrücken, ZfIR 2011, 350 = ZInsO 2010, 967 zu Schadensersatzansprüchen des Schuldners gegen den Verwalter, weil dieser trotz Option im Rahmen eines Schadens Handwerkerrechnungen einschließlich USt reguliert hatte sowie zu Fragen der Nutzungsänderung in diesem Zusammenhang.

derholenden Überprüfungsvorgang handelt, der den jeweiligen Veranlagungszeitraum betrifft[320].

(9) Berichtigung infolge Veräußerung

100.13 Umsätze, die unter das Grunderwerbsteuergesetz fallen sind grundsätzlich nach § 4 Nr. 9a) UStG steuerfrei (keine Doppelbesteuerung). Sowohl hier, als auch im Rahmen der Zwangsversteigerung kann gemäß § 9 UStG auf die Steuerfreiheit verzichtet werden.

Hat der Zwangsverwalter im Hinblick auf Herstellungsaufwand optiert, erfolgt ohne Option des Schuldners in Bezug auf die Veräußerung nach § 15a UStG eine Berichtigung. Das Gleiche gilt, wenn der Schuldner zuvor optiert hatte.

Bei einer Veräußerung (§ 9 Abs. 2 UStG enthält für den Fall der Veräußerung keine Einschränkung) des Grundstücks (Wirtschaftsguts) während der Verwaltung, besteht grundsätzlich keine Haftung (der Masse) für den Fall der Berichtigung des Vorsteuerabzugs nach § 15a UStG und keine Verpflichtung zur Berichtigung, es sei denn, es handelt sich um Änderungen, die die Nutzung im Zeitraum der Verwaltung betreffen (z.b. Optierung oder Nutzungsänderung durch Verwalter)[321]. Nur hieraus können Berichtigungen für und gegen die Masse erfolgen.

(10) Berichtigung durch Zuschlag

100.14 Die Zwangsversteigerung ist § 4 Nr. 9a UStG umsatzsteuerfrei. Sie unterliegt jedoch der Grunderwerbsteuer gemäß § 1 Abs. 1 Nr. 4 i.V.m. § 2 Abs. 2 Nr. 1 GrEStG.

Da der Zwangsverwalter kein Beteiligter im engeren Sinne des Zwangsverwaltungsverfahrens ist, kann er hierzu keine Erklärungen abgeben. § 9 Abs. 3 S. 1 UStG ermöglicht die Ausübung einer Option in Bezug auf diesen Vorgang der Lieferung des Eigentümers an den Ersteher[322], die jedoch **bis zur Aufforderung zur Abgabe von Geboten** erklärt werden muss. Grundlage ist das Meistgebot.

Nur hierdurch vermeidet der Schuldner eine Berichtigung des Vorsteuerabzugs aus der Option[323]. Die Zwangsversteigerung ist unabhängig hiervon eine Lieferung des Eigentümers an den Ersteher.

Die Gefahr des Steuerausfalls durch den Fiskus (Erstattung der Vorsteuer an den Ersteher und Nichtrealisierung bei dem Schuldner) ist durch die Umkehr der Steuerschuldnerschaft gemäß § 13b Abs. 2 Nr. 3 i.V.m. Abs. 5 UStG entfallen.

100.15 Nach FG München führt der Zuschlag (ohne Option) zu einem Rückforderungsanspruch, der die Masse betrifft[324]. Das FG Berlin hat hierzu ebenso entschieden, dass der Berichtigungsanspruch auf der Verwendung des Grundstücks beruht und nicht auf der übrigen Tätigkeit des Schuldners. Der Anspruch könne

---

320 FG Berlin, EFG 2004, 1483.
321 FG München, Rpfleger 1999, 555; a.A. FG München, Rpfleger 1999, 190 für den Fall der Zustimmung des Verwalters zur Veräußerung durch den Schuldner; zutreffend *Depré/Mayer*, Rdn. 681: Anders, wenn Änderung während der Verwaltung oder durch den Verwalter; ebenso *Onusseit*, ZfIR 2005, 265, 276.
322 BFHE 146, 484 = BStBl 1986 II 500.
323 *Vogel/Schwarz*, UStG § 4 Nr. 9 Rdn. 59.
324 Rpfleger 1999, 190.

deshalb nur gegen den Zwangsverwalter geltend gemacht werden[325], jedoch nicht persönlich, sondern bezogen auf die Masse.

Die Frage von Haftungsbescheiden stellt sich deshalb nur, wenn die Masse nicht ausreicht. Auch hier kann Adressat nur der Schuldner sein[326] (Berichtigungsbescheid), da nur er die Möglichkeit der Ausübung der Option im Rahmen der Versteigerung hat. Ohne Option bezüglich der Versteigerung ist mit dem Zuschlag die in Anspruch genommene Vorsteuer für die Restlaufzeit der 10 Jahre **in einer Summe** zurückzuzahlen, als Ausgabe der Verwaltung. Die Haftung betrifft aber nur die Masse, soweit sie reicht und darüber hinaus den Schuldner[327]. Vorsteuerberichtigungsbescheide müssen deshalb wie die sonstige Umsatzsteuerbescheide ausgewiesen werden und können nicht gegen den Verwalter isoliert erlassen werden[328].

Diese Auffassung ist gleichwohl fraglich, weil es sich nicht um laufende Kosten der Verwaltung im eigentlichen Sinne handelt und die Ausübung oder Nichtausübung dem Verwalter nur in Bezug auf die eigenen Optionsmöglichkeiten zuzurechnen ist[329]. Liegen die Ursachen für die Notwendigkeit der Option in Bezug auf den Zuschlag im Bereich des Verfahrens werden dem Verwalter zumindest Hinweispflichten obliegen. Haben die zu berichtigenden Vorsteueransprüche das Verfahren begünstigt, kann eine Inanspruchnahme der Masse allenfalls in diesem Umfang in Betracht kommen. Des Weiteren ist zu berücksichtigen, dass Auslöser schlussendlich die unterlassene Option in Bezug auf die Versteigerung ist, die der Zwangsverwalter aber nicht ausüben kann. 100.16

Im Falle des Zuschlags soll nach *Wedekind/Wedekind* die Zwangsverwaltungsmasse deshalb nicht betroffen sein, weil es sich nicht um laufende Zahlungen handelt, sondern der Zuschlag in der rechtlichen Folge nach dem rückwirkenden Wegfall der Beschlagnahmewirkung liegt[330].

Ähnlich wie in der Insolvenzverwaltung hat der BFH nunmehr auch für die Zwangsverwaltung entschieden, dass der Berichtigungsanspruch im Allgemeinen durch Bescheid gegen den Zwangsverwalter geltend gemacht werden kann[331], d.h. zulasten des Realkredits als Ausgabe der Zwangsverwaltung[332]. Zwar bleibt der Schuldner Steuerpflichtiger, neben den der Zwangsverwalter aus § 34 AO tritt, soweit seine Verwaltung reicht, jedoch seien die Steuerforderungen nur dann gegen den Schuldner zu richten, soweit sie nicht den Gegenstand der Beschlagnahme betreffen. 100.17

Deshalb ist danach zu unterscheiden, wer und zu welchem Zeitpunkt die Ursachen für die Berichtigung gesetzt hat, da ansonsten unrichtigerweise auf eine bloße Objektbezogenheit abgestellt wird. Des Weiteren muss der Zwangsverwalter ggf. darauf hinwirken, dass die Option im Termin ausgeübt wird. Hierzu ist jedoch die Erklärung des Schuldners notwendig.

---

325 EFG 2004, 1483; ähnlich FG München, NJW 1999, 743 = Rpfleger 1999, 190.
326 Ebenso *H/W/F/H*, § 9 ZwVwV Rdn. 15 a.E.
327 So *Schmittmann*, IGZInfo 2009, 62, 68; ebenso *H/W/F/H*, § 5 ZwVwV Rdn. 23 a.E.; ebenso FG Mecklenburg-Vorpommern, ZfIR 2011, 668.
328 So aber FG Berlin, EFG 2004, 1483.
329 Ebenso *Onusseit*, ZfIR 2005, 265, 280.
330 So *Wedekind/Wedekind*, Rdn. 1308.
331 BFH/NV 2011, 1931 = ZIP 2011, 1803.
332 Hierzu zustimmend *Wedekind*, ZfIR 2011, 648.

(11) Organschaft und Betriebsaufspaltung

101.1 Liegt eine umsatzsteuerliche Organschaft vor, weil der Schuldner z.B. ein in seinem persönlichen Eigentum stehendes Grundstück an eine GmbH vermietet hat, deren Alleingesellschafter er ist (Betriebsaufspaltung) und endet das Mietverhältnis vor oder während der Zwangsverwaltung, muss der Zwangsverwalter spätestens im Falle der Neuvermietung nunmehr die USt ausweisen, bzw. abführen. Ob dies schon bei Anordnung der Zwangsverwaltung die Folge ist, wird darzustellen sein.

Ist eine juristische Person nach dem Gesamtbild der tatsächlichen Verhältnisse **finanziell, wirtschaftlich und organisatorisch** in ein Unternehmen des Organträgers eingegliedert spricht man von Organschaft (§ 2 Abs. 2 Nr. 2 UStG). Die eingegliederte Organgesellschaft ist umsatzsteuerlich nicht mehr Unternehmer, weil sie ihre gewerbliche oder berufliche Tätigkeit nicht mehr selbstständig ausübt. Unternehmer ist nur der Organträger, mit der Folge, dass die sonstige Leistung Vermietung in diesem Verhältnis nicht der Umsatzbesteuerung unterworfen ist („... an anderen Unternehmer")[333]. Es handelt sich um sogenannte steuerfreie **Innenumsätze**[334]. Bislang vertritt ausschließlich die Finanzverwaltung (UStAE 14.1 Abs. 4) die Auffassung, dass Rechnungen, die in diesem Verhältnis Umsatzsteuer ausweisen, nicht unter § 14c UStG fallen.

101.2 Häufig kommt diese Situation im Rahmen der sogenannten (ertragsteuerlichen) **Betriebsaufspaltung** zum Tragen, in deren Rahmen ein Besitzunternehmen (Einzelperson, Gemeinschaft oder Personenunternehmen) und ein Betriebsunternehmen (Kapitalgesellschaft) existieren, die im Rahmen einer sachlichen und persönlichen Verflechtung (Beherrschungsidentität) miteinander verbunden sind. Im Kern bedeutet dies, dass die gleichen Personen oder die gleiche Person beide Unternehmen beherrschen (einheitlicher Geschäfts- und Betätigungswille) und Gegenstand der Nutzungsüberlassung wesentliche Betriebsgrundlagen sind, z.B. das Firmengrundstück (sachliche und personelle Verknüpfung).

Mit Ausnahme der sog. Betriebsverpachtung ist die Nutzungsüberlassung im Rahmen einer Betriebsaufspaltung eine **gewerbliche Tätigkeit** nach § 15 Abs. 3 Nr. 1 EStG. Damit sind auch die Vermietungseinkünfte der Besitzgesellschaft solche aus Gewerbebetrieb (§ 21 Abs. 3 EStG).

101.3 Hieraus resultierten im Rahmen des Insolvenzrechts die Fragen der **eigenkapitalersetzenden Nutzungsüberlassung** mit unterschiedlichen Folgen auf das vereinbarte Nutzungsentgelt. Für den Bereich der Zwangsverwaltung hat der BGH bereits entschieden, dass die Grundsätze der eigenkapitalersetzenden Nutzungsüberlassung auf den Zwangsverwalter des im Eigentum des Schuldners stehenden Betriebsgrundstücks nicht anzuwenden sind, mit der Folge, dass der Insolvenzverwalter das vereinbarte Nutzungsentgelt schuldet[335]. Diese Fälle sind zwischenzeitlich ohne Auswirkungen auf die Zwangsverwaltung durch §§ 39 Abs. 1 Nr. 5, 135 InsO geregelt[336].

Die **Insolvenzeröffnung** führt regelmäßig zur Beendigung der personellen Verflechtung mit der Folge der Beendigung der Betriebsaufspaltung, Aufgabe des

---

333 Vgl. zu den einzelnen Voraussetzungen u.a. *Schmittmann*, IGZInfo 2009, 62.
334 Vgl. *Bunjes/Robisch*, UStG § 1 Rdn. 43 f.
335 BGHZ 140, 147 = Rpfleger 1999, 138 = ZInsO 1999, 173 = ZIP 1999, 65; BFH, NZI 2005, 347 = ZInsO 2005, 490.
336 *H/W/F/H*, § 6 ZwVwV Rdn. 38 ff.; *Fischer*, ZfIR 2010, 312.

Besitzunternehmens und Aufdeckung der stillen Reserven. Dies soll auch gelten, wenn Personenidentität zwischen dem Insolvenzverwalter in Bezug auf beide Unternehmen besteht[337].

Die **Anordnung der Zwangsverwaltung** soll ebenfalls die Betriebsaufspaltung beenden. Ertragsteuerlich ergeben sich für den Zwangsverwalter hieraus keine Konsequenzen, da diese den Schuldner treffen.

(12) Organschaft und Zwangsverwaltung

Wird nur über das Vermögen des Organträgers das Insolvenzverfahren eröffnet, ändert sich hierdurch die Abhängigkeit der Organgesellschaft nicht. Die Organschaft soll hier erst dann enden, wenn der Organträger seine unternehmerische Tätigkeit einstellt und die Liquidation eintritt[338].

101.4

Es ist fraglich, ob die Situation für die Zwangsverwaltung anders zu bewerten ist, weil hier nur auf die Nutzungen abgestellt wird und nicht auf die Willensbildung.

Umsatzsteuerlich kann die Organschaft wegfallen, wenn die Eingliederung der Organgesellschaft durch die veränderte Situation nicht mehr begründbar ist.

Besonderheiten ergeben sich hierbei auch in Bezug auf die Berichtigungsregelungen des § 17 UStG[339].

In jedem Fall hat der Zwangsverwalter die Umsatzsteuer auszuweisen, wenn er anstatt an die Organgesellschaft fremd vermietet.

Vor diesem Hintergrund hat zunächst das **FG Baden-Württemberg** entschieden, dass durch die Anordnung der Zwangsverwaltung, die Grundstücksüberlassung durch den Zwangsverwalter nicht mehr als ein die wirtschaftliche Eingliederung dokumentierendes Moment der Beherrschung der Organgesellschaft durch den Organträger anzusehen ist[340], da die weitere Überlassung von der Entscheidung des Zwangsverwalters abhängt. Hierbei verkennt das FG nicht, dass die Zwangsverwaltung anders als die Insolvenzverwaltung nicht den Verlust der Verwaltungs- und Verfügungsbefugnis über das gesamte Vermögen zur Folge hat (§§ 80 Abs. 1, 35 InsO), sondern nur einen gegenständlich beschränkten Wegfall der Dispositionsbefugnisse. Beschränke sich die unternehmerische Tätigkeit jedoch insoweit auf die Vermietung dieses Grundstücks, mache dies im Ergebnis keinen Unterschied.

101.5

Insoweit wird man wohl davon ausgehen müssen, dass mit dem Wegfall der personellen Verflechtung und der Beendigung der Betriebsaufspaltung auch die Organschaft endet, mit der Folge, dass der Zwangsverwalter nunmehr die Umsatzsteuer gegenüber der früheren Organgesellschaft geltend machen müsste. Diese Folge wird man jedenfalls dann annehmen müssen, wenn die Eingliederung

---

337 Für den Fall der Bestellung eines „schwachen Insolvenzverwalters" stellt BFH, ZInsO 2009, 191 auf die jeweiligen Befugnisse ab.
338 OFD Hannover, Vfg. v. 11.10.2004, S 7105-49-StO 171, Ziff. 1.3.3; vgl. aber BFH, BStBl 1999 II 258, wonach die Organschaft ausnahmsweise mit der Eröffnung des Verfahrens über das Vermögen des Organträgers endet, wenn sich das Insolvenzverfahren nicht auf die Organgesellschaft erstreckt und der Insolvenzverwalter auf die laufende Geschäftsführung keinen Einfluss nimmt.
339 Vgl. hierzu *Schmittmann*, IGZInfo 2008, 103, 107.
340 EFG 2007, 1906.

wirtschaftlich ausschließlich aus der Vermietung und Verpachtung des Grundbesitzes heraus begründet ist[341].

Diese Entscheidung wurde durch den BFH mit Urteil vom 29.1.2009 bestätigt[342], jedoch nur für den Fall, dass gleichzeitig die **Zwangsverwaltung und die Zwangsversteigerung** angeordnet worden sind.

Hierbei stellt der BFH, anders als die Vorinstanz, jedoch nicht auf den Wegfall der organisatorischen Eingliederung ab, sondern auf den Wegfall der wirtschaftlichen Eingliederung. Der Übergang der Verwaltungsbefugnisse auf den Zwangsverwalter lasse das Eigentumsrecht und die Unternehmereigenschaft des Vollstreckungsschuldners unberührt. Die Vermietungsumsätze sind ihm weiter zuzurechnen. Es komme nicht zu einer Aufteilung des Unternehmens, sodass sich der Vorsteuerabzug nach der Verwendung von Zwangsverwalter und Schuldner richtet. Um die Erfüllung der in § 155 Abs. 2 ZVG bezeichneten Gläubigeransprüche zu gewährleisten, sind die von dem Zwangsverwalter bei der Ausübung seines Amtes begründeten positiven und negativen Steueransprüche von ihm und gegen ihn geltend zu machen. Der Zwangsverwalter tritt insoweit gemäß § 34 Abs. 3 i.V.m. Abs. 1 AO als Steuerpflichtiger neben den Vollstreckungsschuldner. Die organisatorische Eingliederung könne hierdurch nicht entfallen, auch wenn hiervon das Grundstück nicht mehr umfasst sei. Vielmehr sei die wirtschaftliche Einheit insbesondere dann weggefallen, wenn es sich im Wesentlichen um dieses Grundstück handelt, welches die räumliche und funktionale Grundlage der Geschäftstätigkeit der Organgesellschaft bildet.

Hierbei lässt der BFH ausdrücklich offen, ob für die Beendigung der Organschaft die ausschließliche Anordnung der Zwangsverwaltung ausreichend ist, jedenfalls würde diese Wirkung eintreten, wenn gleichzeitig die Zwangsversteigerung angeordnet sei, da zu diesem Zeitpunkt feststeht, dass das Grundstück nicht mehr dauerhaft dem Zweck der Organgesellschaft zur Verfügung steht. Das genüge.

101.6 Die Finanzverwaltung hat hierauf mit einem Nichtanwendungserlass reagiert (BMF v. 12.12.2011, BStBl 2011 I 1298, Änderung des Umsatzsteuer-Anwendungserlasses, 2.8., Abs. 6c):

„(6c) Die wirtschaftliche Eingliederung wird jedoch nicht auf Grund von Liquiditätsproblemen der Organtochter beendet (vgl. BFH-Urteil vom 19.10.1995, V R 128/93, UR 1996 S. 265). Die wirtschaftliche Eingliederung auf Grund der Vermietung eines Grundstücks, das die räumliche und funktionale Geschäftstätigkeit der Organgesellschaft bildet, **entfällt nicht bereits dadurch, dass für das betreffende Grundstück Zwangsverwaltung und Zwangsversteigerung angeordnet wird** (vgl. BMF-Schreiben vom 1.12.2009, BStBl I S. 1609). Eine Entflechtung vollzieht sich erst im Zeitpunkt der tatsächlichen Beendigung des Nutzungsverhältnisses zwischen dem Organträger und der Organgesellschaft."

Dies bedeutet, dass in diesem Fall kein USt-Ausweis zu erfolgen hat. Gleichwohl bleibt der Vollstreckungsschuldner nach den allgemeinen Grundlagen Unternehmer, neben den der Zwangsverwalter tritt, soweit die Verwaltung reicht, d.h. alle Umsätze die in Zusammenhang mit dem Bestehen oder der Beendigung der Organschaft außerhalb des Bereichs der Zwangsverwaltung liegen sind ausschließlich dem Schuldner zuzurechnen.

---

341 Ähnlich *Schmittmann*, IGZInfo 2008, 103, 108.
342 BFHE 225, 172 = BStBl 2009 II 1029.

(13) Vermietung an den Schuldner

101.7 Die Vermietung an den Schuldner wird grundsätzlich für zulässig erachtet, auch wenn es sich auf den ersten Blick um ein Insich-Geschäft handelt (→ Rdn. 65). Im Verhältnis zum Zwangsverwalter verfügt der Schuldner jedoch über ein rechtliches Minus, aus dem heraus eine solche Vermietung denkbar sein kann. Ob sie wirtschaftlich sinnvoll ist dürfte ohnehin zweifelhaft und auf Ausnahmefälle zu beschränken sein.

Hierbei soll es sich aufgrund der Unternehmenseinheit um sogenannte **Innenumsätze** handeln, die der USt nicht unterliegen[343]. Damit wäre auch keine Option möglich[344]. Ein Haftungsproblem entstünde nur bei falschem Ausweis der USt aus § 14c Abs. 2 UStG (Finanzverwaltung bislang verneinend).

(14) Rechnung und Ausweis der Umsatzsteuer

102 Erbringt der Verwalter nach den verschiedenen Varianten umsatzsteuerpflichtige sonstige Leistungen, muss er auf der Grundlage des § 14 Abs. 2–4 UStG eine Rechnung erteilen[345].

(15) Vorsteuer

103.1 Völlig unstreitig korrespondiert mit einer Umsatzsteuerpflicht des Zwangsverwalters die Berechtigung zum Vorsteuerabzug. Die Vorsteuerabzugsberechtigung und etwaige Erstattungsbeträge unterliegen damit folgerichtig der Beschlagnahme.

Die Vorsteuer kann durch den Verwalter nur soweit abgezogen werden, wie **seinerseits steuerpflichtige Umsätze** getätigt werden. Ausreichend ist hierbei die Verwendungsabsicht, d.h. wenn zum Zeitpunkt des Leistungsbezugs deren Verwendung für steuerpflichtige Ausgangsumsätze beabsichtigt war.[345a] Ohne Vermietungsabsicht (Leerstand) oder Nutzung durch eine umsatzsteuerfreie Vermietung ist ein Abzug ausgeschlossen.

Voraussetzung ist auch hier eine Rechnung gemäß den §§ 14, 14a UStG. Sie setzt eine Identität von Leistungsempfänger und Rechnungsadressat voraus. Der Zwangsverwalter tritt in die Stellung als Leistungsempfänger. Insoweit ist ausdrücklich der Zwangsverwalter unter Angabe des verwalteten Grundstücks und des Schuldners zu benennen[346]. Wichtig ist auch, dass die Leistungsbeschreibung aussagekräftig ist und die sonstigen Anforderungen erfüllt sind.

103.2 Zu einer **formal ordnungsgemäßen Rechnung** gehören Name und Anschrift des Leistungsempfängers und Rechnungsausstellers, die Steuernummer oder USt-ID-Nummer des Leistenden, Ausstellungsdatum, fortlaufende Rechnungsnummer, handelsübliche Bezeichnung der Lieferung oder sonstigen Leistung, der Zeitpunkt der Leistung, Ausweis des Nettobetrages und Angabe von Steuersatz und betrag sowie in den Fällen des § 14b Abs. 1 S. 5 UStG ein Hinweis auf die Aufbewahrungspflicht. Für Kleinbeträge bis 150 € brutto finden sich in § 33 UStDV Vereinfachungsregelungen.

---

343   *Mößlang*, DStR 1989, 194, 199; *Onusseit*, ZfIR 265, 272.
344   Ebenso *Depré/Mayer*, Rdn. 764 ff.
345   § 14 Abs. 1 und 2 UStG zum 1.7.2011 geändert u. a. bezüglich der elektronischen Rechnung; zur Rechnung ausführlich *Schmittmann/Brandau/Stroh*, IGZInfo 3/2012, 118 ff.
345a Hierzu ausführlich FG Münster, 5 K 2317/12 U, ZfIR 2015, 734 = IGZInfo 4/2015, 123, insbesondere zum Verhältnis von Kosten und Aufwendungen.
346   Beachte hierzu den Anwendungserlass zu § 122 AEAO 2.11.

(16) Jahresrechnung, Mietvertrag

103.3 Die fortlaufende Rechnungsnummer ist auch bei Mietverträgen vorgeschrieben[347] (Ausnahme Mietverträge vor dem 1.1.2004[348]). Neben dem Vertrag bedarf es hier monatlicher Kontoauszüge oder Belege[349]. Nach Abschn. 14.1 Abs. 2 UStAE kann ein Vertrag als Rechnung angesehen werden, wenn die in § 14 Abs. 4 UStG geforderten Angaben (s.o. → Rdn. 103.2) enthalten sind. Hierbei ist der Zeitraum der Leistungserbringung durch Zahlungsbelege zu dokumentieren. Einzelheiten finden sich in UStAE 14.1.

Es besteht i.d.R. kein Anspruch des Mieters auf Ausstellung einer neuen Dauererrechnung, wenn in dem bestehenden Mietverhältnis die Zwangsverwaltung angeordnet wird. Der Zwangsverwalter sollte insoweit jedoch mitwirken, um dem Mieter den Vorsteuerabzug nicht zu erschweren[350].

Im Falle der Option soll der Verwalter auch nach Aufhebung des Verfahrens berechtigt sein, in Rechnungen die Umsatzsteuer gesondert auszuweisen, da § 36 AO davon ausgeht, dass die vor dem Erlöschen der Vertretungsmacht begründeten Pflichten fortbestehen[351].

(17) Vergütungsrechnung

103.4 Der Verwalter ist auch nach Abschluss des Verfahrens berechtigt, Rechnungen mit gesondertem Steuerausweis zu erstellen[352].

Die Vorsteuererstattungsansprüche beinhalten auch die in der **Vergütungsabrechnung** ausgewiesene Umsatzsteuer. Hierbei ist aber zu beachten, dass der Vorsteueranspruch bisher nicht auf der Grundlage des Vergütungsbeschlusses geltend gemacht werden kann, sondern nur durch eine **Rechnung**, die an den Schuldner gerichtet ist[353]. Diese Formalie erscheint aber nicht mehr zwingend[354]. Ggf. ist auch eine Aufteilung nach § 15 Abs. 4 UStG vorzunehmen. Voraussetzung ist ohnehin, dass keine steuerfreie Ausgangsumsätze getätigt werden. Vorstehendes gilt für RVG-Rechnungen entsprechend.

Zur besonderen Problematik der Frage, wer Schuldner der aus der Vergütung resultierenden Umsatzsteuer ist, wird auf die Ausführungen von Onusseit verwiesen[355].

(18) Verrechnung

104.1 Das Finanzamt kann gegenüber Guthaben nicht mit **Altrückständen** des Schuldners aufrechnen[355a]. Erstattungsansprüche hat der Verwalter geltend zu machen, soweit sie das Verfahren betreffen[356]. Dies gilt nach hier vertretener Auffassung nicht für Erstattungsansprüche, die Zeiträume vor der Beschlagnahme be-

---

347 Zu Altrechnungen vor dem 1.1.2004 BMF, BStBl 2004 I 258.
348 Auch keine Ergänzung erforderlich, BMF, BStBl 2004 I 258.
349 BFHE 194, 270 = BStBl 2008 II 493.
350 Ebenso *Schmittmann/Brandau/Stroh*, IGZInfo 1/2012, S. 9.
351 BFHE 183, 301 = BStBl 1997 II 670.
352 BFHE 183, 301 = BStBl 1997 II 670.
353 FG Nürnberg, Beschluss v. 20.10.2006, II 174/2006, n.v.
354 Vgl. BFH, BFH/NV 2005, 1640 zur Insolvenzverwaltervergütung; FG Baden-Württemberg, IGZInfo 2012, 62 = ZfIR 2012, 199 m. Anm. *Depré/Lambert*.
355 ZfIR 2009, 305; Hessisches FG, EFG 2007, 548.
355a Hierzu *Neumeister*, IGZInfo 4/2015, 106.
356 BFH, BStBl 1986 II 500 = ZIP 1986, 991.

treffen, da sich die Beschlagnahmewirkung nicht auf sie erstreckt. Die Beschlagnahme führt jedoch zu einer gesonderten umsatzsteuerlichen Erfassung für den Bereich der Zwangsverwaltung[357].

Aufgrund einer Entscheidung des FG Baden-Württemberg[358] darf das Finanzamt nach der **Beendigung der Beschlagnahme** mit seinen Gegenforderungen aus zurückliegenden Besteuerungszeiträumen (vor Anordnung des Verfahrens) aufrechnen, wenn ein Anspruch auf USt-Erstattung aus der festgesetzten Vergütung besteht. Diese Entscheidung erscheint folgerichtig, da nur die Beschlagnahmewirkung dazu führt, dass Verrechnungen ausgeschlossen werden. In der Praxis ist deshalb auch bezüglich verbleibender Umsatzsteuersachverhalte darauf zu achten, dass ein entsprechender Vorbehalt nach § 12 Abs. 2 ZwVwV die Beschlagnahme aufrecht hält. Im Falle des Zuschlags durch richterlichen Vorbehalt und im Falle der Rücknahme ggf. durch eingeschränkte Rücknahme. Gleichwohl ist die Begründung des FG beachtlich:

Grundlage war hier die Rücknahme des Antrags, verbunden mit einem Vorbehalt gem. § 12 Abs. 2 ZwVwV, einen Rechtsstreit zu Ende zu führen. Der Vorsteueranspruch resultierte jedoch aus der Vergütung, die die Zwangsverwaltung bis zur Aufhebung betraf. Der Vergütungsbeschluss erging nach Aufhebung des Verfahrens.

Der hieraus resultierende Vorsteueranspruch kann erst ab dem Zeitraum geltend gemacht werden, in dem die materiell-rechtlichen Voraussetzungen vorliegen. Hierzu gehört grundsätzlich eine Rechnung mit gesondertem USt-Ausweis. Interessanterweise stellt das FG fest, dass der Beschluss als Abrechnungspapier gem. § 14 UStG anzusehen sei. Ebenso könne der Zwangsverwalter diese Ansprüche geltend machen, da seine Geschäftsführung aus der Zeit der Zwangsverwaltung betroffen sei[359]. Dies ändere jedoch nichts daran, dass nach der Beendigung der Zwangsverwaltung (durch Rücknahme) ausschließlich der Schuldner verfügungsbefugt war. Damit konnte der Zwangsverwalter selber den Erstattungsanspruch mit Nachforderungen (aus Zeiträumen der Zwangsverwaltung) nicht mehr verrechnen. Vielmehr hatte das Finanzamt diese durch Verrechnung mit sonstigen Forderungen (aus der Zeit vor Anordnung des Verfahrens) gegen den Schuldner wirksam zum Erlöschen gebracht.

(19) Altforderungen

Der Beschlagnahme unterliegen auch **rückständige Mieten bis zu einem Jahr** vor der Beschlagnahme (§ 1123 Abs. 2 BGB), die umsatzsteuerverhaftet sind.

Fraglich ist, ob die Entscheidung des BFH vom 9.12.2010[360] im Bereich der Insolvenzverwaltung hier Auswirkungen hat. Danach begründen auch Entgelte, die der Insolvenzverwalter für Leistungen vereinnahmt, die vor der Eröffnung ausgeführt wurden eine Masseverbindlichkeit.

Soweit es um Fälle der **Ist-Versteuerung** geht, ergeben sich für die Zwangsverwaltung keine Konsequenzen. Liegt eine **Soll-Versteuerung** vor, ist eine Korrektur auf den Zeitpunkt der Anordnung vorzunehmen, da sie nunmehr dem Zwangsverwaltungsverfahren zugerechnet werden. Erstattungsansprüche stehen

---

357 BFHE 154, 181 = BStBl 1988 II 920 = ZIP 1989, 122.
358 IGZInfo 2012, 62 = ZfIR 2012, 199 m. Anm. *Depré/Lambert*.
359 BFHE 183, 301 = BStBl 1997 II 670 = HFR 1998, 45.
360 BStBl 2011 II 996 = ZIP 2011, 782.

aufgrund des Umfangs der Beschlagnahmewirkung dann der Masse zu[361]. War vorher eine Korrektur nach § 17 UStG erfolgt, ist die USt nunmehr erneut zu erklären. Ohne Korrektur nach § 17 UStG ist die Besteuerung bereits erfolgt.

(20) Auskunft

104.3 Zur Vermeidung von Haftungsrisiken ist die Einholung von Informationen, insbesondere in Form von Auskünften besonders wichtig. Sind diese Informationen Unterlagen o. ä. vom Schuldner nicht zu erlangen, unvollständig oder nicht aussagekräftig, muss das Finanzamt Auskunft erteilen und kann sich hierbei nicht auf das Steuergeheimnis (§ 30 AO) berufen. Zu beachten ist für die Zuständigkeit, dass es sich um das für den Schuldner zuständige Finanzamt handelt (i.d.R. Wohnsitzfinanzamt) und nicht das Finanzamt, in dem das Objekt der Beschlagnahme liegt oder das Finanzamt des Zwangsverwalters.

ff) Grundsteuer

105.1 Bei der Grundsteuer handelt es sich um laufende wiederkehrende Leistungen, die der Zwangsverwalter aus Überschüssen bis zur letzten vor der Beschlagnahme liegenden Fälligkeit bedienen muss (§ 13 Abs. 1 ZVG). Eine öffentliche Last, die danach Rückstand ist, bleibt dies auch dann, wenn sie nach den abgabenrechtlichen Vorschriften später erneut fällig gestellt wird. Der Zwangsverwalter ist mithin nicht zur Zahlung verpflichtet.[361a] Es handelt sich um Ansprüche aus der Rangklasse 3, auf die ohne Teilungsplan gezahlt werden kann (§ 156 Abs. 1 S. 1 ZVG).

Bescheide über die Festsetzung oder Änderung des Einheitswertes oder den Grundsteuermessbetrag müssen weiterhin dem Schuldner zugestellt werden. Eine Änderung des Grundsteuermessbetrages im Rahmen der jährlichen Veranlagungsbescheide dürfte jedoch zulässigerweise dem Zwangsverwalter zuzustellen sein, zumal es sich außerhalb von Wohnungseigentum regelmäßig um zusammengefasste Bescheide (z.B. Müll, Straßenreinigung etc. handelt). Der Zwangsverwalter ist jedoch in keinem Fall Zustellungsbevollmächtigter im Verhältnis zum Schuldner.

Hierbei führt die Vereinnahmung von Mieteinnahmen durch den Verwalter nach Ende der Zwangsverwaltung nicht dazu, dass nunmehr der Zwangsverwalter insoweit Steuerschuldner ist[362].

Nach § 33 GrStG[363] kann die Grundsteuer **teilweise erlassen** werden[364], wenn eine **Minderung des Rohertrages** vorliegt und diese Minderung vom Steuerschuldner nicht zu vertreten ist. Bei einer Minderung um mehr als 50 % beträgt der Erlass 25 % und bei einer Minderung von 100 % 50 %.[365] Bei Betreiben der Land- und Forstwirtschaft und eigengewerblich genutzten bebauten Grundstücken kommt es zusätzlich darauf an, ob die Erhebung der Grundsteuer **unbillig**

---

361 Ebenso *Schmittmann/Brandau/Stroh*, IGZInfo 2012, 9.
361a BVerwG, 9 C 7.12, ZfIR 2014, 815.
362 VG Gelsenkirchen, IGZInfo 2011, 215.
363 Vgl. hierzu *Troll/Eisele*, Grundsteuergesetz; zu Bedenken im Hinblick auf die Verfassungsgemäßheit nunmehr BFH, BFHE 230, 78 = BStBl 2010 II 897 = ZfIR 2010, 854; hierzu BMF-Schreiben vom 19.4.2012, BStBl 2012 I 490: Vorläufigkeitserklärung und Vorlage BVerfG, 2 BvR 287/11; zur Verfassungswidrigkeit auch *Reil/Hintze*, DWW 2011, 42.
364 Ausführlich *Hartung*, Rpfleger 2013, 661, 665.
365 Bestätigt durch BFH, BFHE 230, 78 = BStBl 2010 II 897.

ist. Hierbei ist nicht auf die mangelhafte Ertragslage abzustellen[366]. Bei sonstigen bebauten Grundstücken gilt diese Einschränkung nicht.

Die Reglung definiert den Rohertrag bei den land- und forstwirtschaftlichen Grundstücken und legt bei bebauten Grundstücken die geschätzte übliche Jahresrohmiete zugrunde. Bei eigengewerblichen Grundstücken kommt es auf die Minderung der Ausnutzung an. Bei gemischter Nutzung wird eine Splittung vollzogen. Mögliche Fortschreibungen des Einheitswertes sind vorrangig.

Heranzuziehen sind die Regelungen des § 163 AO (Abweichende Steuerfestsetzung aus Billigkeitsgründen) und § 227 AO (Erlass). Abgestellt wird auf persönliche oder sachliche Aspekte. Die bloße Ertragslosigkeit ist kein Befreiungsgrund.

In Betracht kommt z.b. deshalb ein Leerstand in Sanierungs- oder Planungsgebieten. Dies kann für sogenannte Schrottimmobilien gelten. So hat das BVerwG entschieden, dass nicht nur bei kurzzeitigen Ertragsminderungen durch besondere Ereignisse, sondern auch bei strukturell bedingten Ertragsminderungen, die nicht nur vorübergehender Natur sind, bei der zuständigen Kommune eine Befreiung beantragt werden kann[367].

Nach VG Stuttgart hat der Steuerpflichtige die Ertragsminderung nicht zu vertreten, wenn er sich **nachhaltig um die Vermietung der Räumlichkeiten zu einem marktüblichen Zinssatz bemüht** hat[368].

gg) Kraftfahrzeugsteuer

Der Zwangsverwalter kann auf die Zahlung von Kraftfahrzeugsteuern in Anspruch genommen werden, wenn zu den verwalteten Flächen, z.B. Landwirtschaft ein entsprechendes Fahrzeug gehört (z.B. Zugmaschine), welches zu den Flächen in einem räumlichen Zusammenhang steht (Zubehör). Ein paralleles Insolvenzverfahren ist unerheblich. Der Bescheid ist an den Zwangsverwalter zu richten, insbesondere wenn das Fahrzeug als Zubehör vor der Eröffnung des Insolvenzverfahrens im Rahmen einer Zwangsverwaltung beschlagnahmt wurde[369].

hh) Haftung

Gemäß §§ 34, 69 AO haftet der Zwangsverwalter soweit seine Verwaltung reicht, d.h. er muss die Steuern aus den Mitteln bedienen, die er verwaltet. Er erfüllt mithin die Pflichten des eigentlichen Steuersubjektes, welches insoweit bezogen auf die Beschlagnahme aber nicht handlungsfähig ist[370].

Aus den Nutzungen des Grundstücks sind die Ausgaben zu bestreiten, dazu gehört auch die Umsatzsteuer, der die Lieferungen und sonstigen Leistungen im Rahmen der Verwaltung durch den Zwangsverwalter unterliegen. Demgemäß führt auch die Steuerfestsetzung gegenüber dem Verwalter nicht zu dessen persönlicher Inanspruchnahme. Der **Anspruch richtet sich vielmehr inhaltlich gegen die Zwangsverwaltungsmasse**[371].

---

366 Vgl. VG München M 10 K 13.1298, IGZInfo 3/2014, 145.
367 BVerwG GmS-OGB 1.07, Beschluss v. 24.4.2007.
368 9 K 1032/09, IGZInfo 2011, 163 = JurionRS 2010, 36351.
369 BFH, U. v. 1.8.2012, II R 28/11, ZfIR 2012, 891 = BStBl 2013 II 131 = IGZInfo 1/2013, 29; Vorinstanz FG München, IGZInfo 2012, 107.
370 Vgl. *Gorris/Schmittmann*, IGZInfo 2005, S. 71 m.w.N.; *Onusseit*, ZfIR, 2009, 305, 308; *Engels*, ZfIR 2012, 381.
371 FG Berlin, EFG 2004, 1483.

Es dürfte gleichwohl zweifelhaft sein, ob der Schuldner nach Aufhebung des Verfahrens für vom Verwalter im Rahmen des Verfahrens begründete Umsatzsteuerforderungen in Anspruch genommen werden kann[372].

Ob der Fiskus im Rahmen der **Ausweitung des Beteiligtenbegriffs** durch die Rechtsprechung des BGH, die sich insoweit von § 9 ZVG ausdrücklich löst[373], in diesen Kreis einbezogen wird, obliegt der Rechtsprechung des BFH. Maßgeblich dürften hier aber ausschließlich die Haftungstatbestände der AO sein.

Eine Haftungsinanspruchnahme erfolgt durch **Haftungsbescheid** nach § 191 AO[374]. Sie kommt in allen Fällen in Betracht, in denen die Steuern nicht oder nicht rechtzeitig festgesetzt oder erfüllt werden oder Vergütungen oder Erstattungen ohne rechtlichen Grund gezahlt werden[375]. Es muss vorsätzliches oder grob fahrlässiges Verhalten vorliegen. In diesen Fällen besteht ein Anspruch auf **ermessensfehlerfreie Entscheidung**.

Weist der Zwangsverwalter erst nach Aufhebung des Verfahrens Mietrechnungen mit Umsatzsteuer aus, weil er bereits eingeleitete und durchgeführte Geschäfte nach Aufhebung abwickelt, haftet er nicht nach § 14c Abs. 2 UStG persönlich[376], da es sich um Abwicklungstätigkeiten der Vermögensverwaltung handelt.

Der Zwangsverwalter muss die Umsatzsteuer als laufende Ausgaben der Verwaltung gemäß § 155 ZVG bedienen. Vollstreckungsgrundlage sind die gegen ihn gerichteten Bescheide.

ii) **Aufhebung des Verfahrens**

107.1 Nach Aufhebung des Verfahrens wirken die im Zeitraum vor Aufhebung begründeten Verpflichtungen nach § 36 AO fort. Unabhängig hiervon ergibt sich dies im Falle der Anordnung von Vorbehalten nach § 12 Abs. 2 ZwVwV, der eingeschränkten Rücknahme oder in Bezug auf den Zeitpunkt des Wegfalls der Beschlagnahme in den Fällen der Aufhebung nach Zuschlag oder Rücknahme.

Soweit der Verwalter im Falle des Zuschlags ab dem Zeitpunkt des Zuschlags für Rechnung des Erstehers handelt, können sich Abgrenzungsfragen ergeben. Er muss zunächst die Einnahmen und Ausgaben sowie die Buchhaltung separieren.

Die umsatzsteuerlichen Pflichten knüpfen folgerichtig nicht mehr an der Person des Schuldners an, sondern an der Person des Erstehers (§ 56 Abs. 1 S. 2 ZVG).

107.2 Dogmatisch ist das Verhältnis des Verwalters in Bezug auf diese Abwicklungs- und Abgrenzungstätigkeiten höchst umstritten. Es erscheint fraglich, ob man jedwedes Geschäftsbesorgungsverhältnis verneinen kann[377], da der Verwalter zumindest auch ein fremdes Geschäft besorgt. Der Ersteher ist auch **Beteiligter**. Damit treffen den Verwalter **Mitwirkungspflichten**, die nicht zuletzt auch Grundlage der Ersteherabrechnung in Bezug auf anteilige Mieten ab Zuschlag und ggf. Nebenkosten sind.

---

372   Ähnlich *Onusseit*, ZfIR 2005, 265, 273; a.A. *Weiß*, UR 1989, 24, 25; vgl. auch BFH, BFH/NV 1994, 77.
373   U.A. Rpfleger 2009, 406 = ZfIR 2009, 337 = ZInsO 2009, 251.
374   A.A. *Pump/Fittkau*, DStZ 2005, 821: Bescheid gegen Verwalter als Partei kraft Amtes.
375   Beispiele bei *Onusseit*, ZfIR 2005, 265, 279 f.
376   BFHE 183, 301 = BStBl 1997 II 670.
377   Vgl. *H/W/F/H*, § 161 ZVG Rdn. 17 ff.; verneinend BGH, ZfIR 2012, 188 m. Anm. *Ganter* = ZInsO 2012, 233.

Die Begründung von Ansprüchen gegen den Ersteher hat der BGH zuletzt nahezu vollständig versagt im Hinblick darauf, dass insoweit keine Beschlagnahmewirkung bestehe[378]. Auf die in ähnlichem Zusammenhang herangezogene Regelung des § 103 BGB greift der BGH nicht zurück[379].
Es bestehen aber **keine umsatzsteuerlichen Verhältnisse** wie in Bezug auf den Schuldner. Die Grundsätze des BMF-Schreibens vom 19.2.1992 gelten nicht mehr. Der Ersteher muss in seiner Person etwaige umsatzsteuerliche Pflichten erfüllen. Der Verwalter muss hierbei mitwirken.

Ungeachtet dieser Rechtsprechung können hier Schwierigkeiten bei Rechnungen auftreten, die **abzugrenzen** sind, aber durch den Verwalter bereits bezahlt wurden. Die anteiligen Kosten stellt der Verwalter dem Ersteher in Rechnung, wobei es sich um einen umsatzsteuerpflichtigen Vorgang handelt und nicht um einen durchlaufenden Posten[380]. Zum Zeitpunkt der Zahlung stand ausschließlich der Zwangsverwalter zu dem Rechnungsaussteller in Vertragsbeziehung. Dies bedeutet, dass der Zwangsverwalter die Vorsteuer voll in Anspruch nimmt und alsdann dem Ersteher den abzugrenzenden Anteil netto zuzüglich Umsatzsteuer weiterberechnet.   **107.3**

Problematisch ist dies im Falle der **Rücknahme wegen einer Veräußerung** des Grundstücks, da hier i.d.R. nicht abgestimmte Regelungen zum Übergang von Nutzungen und Lasten in der notariellen Vereinbarung getroffen sind, die von dem Wegfall der Beschlagnahmewirkung infolge des Aufhebungsbeschlusses abweichen.

Erfolgt die Aufhebung mit der Folge der **Rückgabe an den Schuldner**, fällt die Beschlagnahme mit der Aufhebung weg und damit auch die vermögensverwaltende Tätigkeit nach § 34 Abs. 3 AO.   **107.4**

Erfolgt die Aufhebung aufgrund einer **fehlerhaften Anordnung** oder wegen eines Rechtsmittels, wird man steuerrechtlich bis zur Aufhebung die Wirkungen aus § 34 Abs. 3 aufrechterhalten müssen[381].   **107.5**

Schwierig wird die Situation im Falle der **Aufhebung des Zuschlags**. Voraussetzung ist, dass die Zwangsverwaltung bis zu diesem Zeitpunkt noch bestand (keine Aufhebung vor Rechtskraft). Da die Zuschlagswirkungen ex tunc entfallen, treten die früheren Verhältnisse wieder ein, ansonsten treffen sie den Schuldner, wenn die Zwangsverwaltung bereits aufgehoben worden sein sollte.   **107.6**

Nicht abschließend geklärt ist, inwieweit Verfügungen und Verwaltungstätigkeiten des Erstehers und/oder des Verwalters für ihn bindend bleiben[382]. Rückwirkende Verpflichtungen des Zwangsverwalters gegenüber dem Schuldner lassen sich kaum begründen. Zu den schwierigen umsatzsteuerlichen Fragen in Bezug auf den Wechsel der Leistenden und Leistungsempfänger einschließlich möglicher Berichtigungen wird vorliegend auf *Onusseit* verwiesen[383]. Befriedigende Antworten lassen sich kaum finden.   **107.7**

---

378 BGH, ZfIR 2012, 188 m. Anm. *Ganter* = ZInsO 2012, 233.
379 BGH, Rpfleger 2009, 635 = IGZInfo 2009, 126.
380 *Gorris/Schmittmann*, IGZInfo 2005, 69, 75.
381 Ebenso *Onusseit*, ZfIR 2007, 121, 122.
382 Bejahend *Stöber*, ZVG, § 90 Rdn. 2.3.
383 ZfIR 2007, 121, 124.

jj) Sonstiges

107.8   Zu steuerlichen Fragen der „Kalten Zwangsverwaltung"[384], der Einordnung der Tätigkeit des Zwangsverwalters im Rahmen der eigenen steuerlichen Behandlung als selbstständige Tätigkeit gemäß § 18 Abs. 1 Nr. 1 oder Nr. 3 EStG[385] in der Person des Zwangsverwalters und der umsatzsteuerlichen Behandlung in einer Sozietät[386] sowie bei angestellten Zwangsverwaltern wird auf die Ausführungen von *Schmittmann*[387] und *Onusseit*[388] verwiesen.

6. Beseitigung von Nutzungsstörungen

108   Wird die ordnungsgemäße Grundstücksnutzung durch Besitzstörungen oder sonstige Eingriffe Dritter gefährdet oder behindert, hat der Verwalter den Besitzschutz (§§ 858 ff. BGB)[389] geltend zu machen, bzw. alle Rechte des Eigentümers auf Unterlassung (§§ 1065, 1044 BGB) oder Herausgabe (§ 985 BGB). Diese Rechte können auch gegen den Insolvenzverwalter geltend gemacht werden[390].

109   Umfasst werden auch Ansprüche auf Herausgabe und **Nutzungsentschädigung** aus einer unberechtigten Nutzung des Grundstücks, insbesondere, wenn der Schuldner nach Beschlagnahme in der Zwangsverwaltung unberechtigt vermietet[391]. Der Anspruch auf Ersatz schuldhaft nicht gezogener Nutzungen unterfällt jedoch nicht der Beschlagnahme[392]. Die Befugnis des Zwangsverwalters, auch Ansprüche zu verfolgen, die sich aus einer rechtsgrundlosen Benutzung der der Zwangsverwaltung unterliegenden Sache sowie der Verletzung von Besitzrechten ergeben, kann erlöschen, wenn die Zwangsverwaltung nach Erteilung des Zuschlags (vorbehaltlos) aufgehoben wird[393]. Diese Auffassung wird jedoch für den Fall des Zuschlags durch den XII. Senat anders gesehen (→ § 161 Rdn. 70). Zur Prozessführung wird i.Ü. auf → Rdn. 224 ff. und § 161 verwiesen.

VI. Geltendmachung beschlagnahmter Ansprüche

110   Die von der Beschlagnahme umfassten Ansprüche[394] hat der Verwalter zeitnah einzuziehen und geltend zu machen. Dies gilt insbesondere für die Miet- und

---

384   S. BFH, BFH/NV 2011, 1985 = ZfIR 2012, 28 = ZIP 2011, 1923 = IGZInfo 2011, 207 zur Frage, ob eine gesonderte umsatzsteuerbare Leistung vorliegt, wenn der Insolvenzverwalter aufgrund einer Vereinbarung mit dem Grundpfandgläubiger freihändig veräußert. Der BFH geht im Ergebnis von einer steuerpflichtigen entgeltlichen Geschäftsbesorgung aus und erstreckt dies auch auf die freihändige Verwertung.
385   Hierzu nunmehr BFH, BFHE 232, 162 = ZInsO 2011, 636 = IGZInfo 2011, 88: Einkünfte als Insolvenzverwalter oder Zwangsverwalter sind Einkünfte aus § 18 Abs. 1 Nr. 3 EStG (Sonstige selbstständige Einkünfte). Dies gilt auch, wenn vorgebildete Mitarbeiter eingesetzt werden, soweit der Verwalter eigenverantwortlich und leitend tätig ist. § 18 Abs. 1 Nr. 1 S. 3 und 4 EStG sind entsprechend anzuwenden. Hiermit wird die Rechtsprechung zur Vervielfältigungstheorie aufgegeben.
386   Vgl. hierzu FG Hessen, EFG 2007, 548, insbesondere zur Haftung für Umsatzsteuer.
387   IGZInfo 2009, 62, 71 ff.
388   *Onusseit*, ZfIR 2005, 265, 277 f.; *ders.*, ZfIR 2007, 121, 127.; *ders.*, ZfIR 2009, 305.
389   BGH, NJW 1992, 2487; OLG München, OLGZ 1991, 492.
390   OLG Stuttgart, Rpfleger 1992, 124.
391   LG Mönchengladbach, U. v. 31.5.2005, 11 O 237/05, IGZInfo 2006, 24 = JurionRS 2005, 37572.
392   BGH, Rpfleger 2006, 614 = ZfIR 2006, 733 m. Anm. *Wedekind*.
393   BGH, Rpfleger 2006, 614 = ZfIR 2006, 733 m. Anm. *Wedekind*.
394   Vgl. auch *Böttcher/Keller*, § 152 Rdn. 35 f. u.a. zur Ausübung eines subjektiv-dinglichen Vorkaufsrechts.

Pachtzinsansprüche (§ 7 ZwVwV → Rdn. 236), Ansprüche auf wiederkehrende Leistungen gemäß § 1126 BGB sowie Versicherungsforderungen. Er kann die Forderungen auch stunden und abtreten. Die Abtretung an den berechtigten Beteiligten kommt häufig nach Aufhebung und Schlussrechnungslegung in Betracht, wenn rückständige Forderungen nicht zeitnah zu realisieren sind und hierdurch eine unverhältnismäßige Verzögerung der Endabrechnung eintreten würde.

Realisierte Versicherungsforderungen sind bestimmungsgemäß zur Wiederherstellung oder Reparatur oder Wiederbeschaffung zu verwenden. Die Wiederherstellungsklauseln (Fristen) zur Neuwertabrechnung der Gebäudeversicherung sind hierbei zu beachten (vgl. auch → § 148 Rdn. 26). 111

Verstoßen **Vorausverfügungen** über Miet- und Pachtzinsforderungen nach den §§ 1123 ff. BGB gegen die Beschlagnahme, hat der Verwalter deren Unwirksamkeit ebenfalls geltend zu machen (§ 8 ZwVwV, vgl. auch → Rdn. 173 ff.). Dies gilt auch für die Veräußerung oder Verpfändung von Zubehör oder sonstigen Gegenständen auf die sich die Hypothek erstreckt, sofern sie nach der Beschlagnahme erfolgt sind (§ 865 Abs. 2 ZPO), u.a. auch gegenüber dem Insolvenzverwalter sowie bei einer verfrühten Pfändung von Früchten auf dem Halm (§ 810 ZPO). 112

VII. Versilberung entbehrlicher Nutzungen

Ergeben sich aus der Verwaltung entbehrliche Nutzungen, hat der Verwalter diese zur Befriedigung der Gläubiger in Geld umzusetzen. Hierbei kann es sich auch um Erzeugnisse (Früchte) handeln. Zu den Rechten an Früchten auf dem Halm wird auf → § 148 Rdn. 11 verwiesen[395]. Gesetzliche Pfandrechte[396] sind zu beachten. 113

Was entbehrlich ist, bestimmt der Verwalter anhand der konkreten Grundstücksnutzung und nach dem wirtschaftlichen Bedürfnis, wobei er aber nicht ausschließlich auf die Nutzungsmöglichkeiten des Verfahrens abstellen sollte.

Zubehör, welches unbrauchbar ist, entbehrlich oder nicht versicherbar, kann er versilbern (in Einzelheiten str.)[397], soweit es einer ordnungsgemäßen Bewirtschaftung entspricht, da diese Rechte im Rahmen von §§ 23 Abs. 1, 24 auch dem Schuldner zustehen würden (allerdings keine Rechtsnachfolge). Darüber hinaus ist eine Verwertung nur möglich, wenn der Gegenstand aus der Hypothekenhaftung und der Beschlagnahme freigegeben wird[398]. 114

Wird keine Ersatzbeschaffung getätigt, ist der Erlös anzulegen, wenn es sich um ein Surrogat handelt, da der Masse nur die Zinsen hieraus zustehen[399]. Der Erlös selbst steht nach Aufhebung dem Schuldner zu oder nach Zuschlag dem Ersteher.

Es wird zu Recht darauf hingewiesen[400], dass der Verwalter hierbei zurückhaltend sein sollte, da die zukünftige Entbehrlichkeit nicht immer ohne Weiteres feststellbar ist und hieraus trotz des Surrogates ein Schadensersatzanspruch entstehen 115

---

395 Vgl. auch *Stöber*, ZVG § 152 Rdn. 13.2.
396 Vgl. hierzu *H/W/F/H*, § 5 ZwVwV Rdn. 33.
397 *Steiner/Hagemann*, § 152 Rdn. 192; *Stöber*, ZVG § 152 Rdn. 13.3; vgl. auch *Depré/Meyer*, Rdn. 160 ff.; im Ergebnis ähnlich *H/W/F/H*, § 5 ZwVwV Rdn. 34.
398 *H/W/F/H*, § 5 ZwVwV Rdn. 34.
399 *H/W/F/H*, § 5 ZwVwV Rdn. 33; *Depré/Mayer*, Rdn. 163; *Stöber*, ZVG § 152 Rdn. 13.3.
400 *Stöber*, ZVG § 152 Rdn. 13.3.

kann, z.B. bei der Veräußerung einer alten, aber funktionstüchtigen Maschine, wenn der Betrieb zukünftig wieder aufgenommen wird.

VIII. Miete und Pacht (Abs. 2, § 5 Abs. 2 ZwVwV)

1. Allgemein

116 Der Verwalter hat grundsätzlich die Pflicht durch Vermietung und Verpachtung zu nutzen (§ 5 Abs. 1, 2 ZwVwV). Hiervon kann nur in Begründeten Einzelfällen abgewichen werden (→ Rdn. 24 ff.). Eine solche Ausnahme (z.b. Leerstand → Rdn. 24) wird auch für den Fall einer unmittelbar bevorstehenden Zwangsverwaltung als zulässig angesehen, sodass hier die Sicherung und die Erhaltung im Vordergrund stehen können[401]. Anstelle einer denkbaren Ausgleichszahlung des Gläubigers für sonst erzielbare Miete dürfte hier systematisch vorrangig ein Vorschuss in Betracht kommen. Des Weiteren ist § 149 Abs. 1 zu beachten, da die dem Schuldner überlassenen Räume anderweitig nicht genutzt werden können (§ 5 Abs. 2 Nr. 2 ZwVwV).

Hierbei darf die Gefahr von Schadensersatzansprüchen nicht unterschätzt werden. Es ist nicht jedem Schuldner gleichgültig, was mit dem Objekt passiert. Liegen keine Gründe für einen Leerstand vor, ist die Beauftragung eines Maklers ausreichend, um eine Haftung zu vermeiden[402].

Gleichwohl ist die **Verpflichtung zur Vermietung** zu hinterfragen (→ Rdn. 24, Beibehaltung der Nutzung). Das historische Motiv für das Zwangsverwaltungsverfahren ist längst überholt. Die optimale Verwertung steht im Vordergrund. Ist eine Leerstand hieraus begründet, kann bereits dem Grunde nach kein Schadensersatzanspruch bestehen. Möglicherweise bedarf dies *de lege ferenda* aber eine gesetzlichen Klarstellung.

117 Miet- und Pachtverträge wirken anders als die übrigen Verträge (s.o. → Rdn. 65) gegen den Verwalter, wenn das Grundstück **vor der Beschlagnahme überlassen** war. Hierbei handelt es sich nicht um einen Rechtsübergang, sondern um eine Änderung der Verwaltungsbefugnisse[403]. Überlassen ist wie bei § 566 BGB (Kauf bricht nicht Miete) zu verstehen[404], i.d.R.[405] der tatsächliche Vorgang der Besitzverschaffung (§ 854 BGB). Es kommt auf die Bereitstellung zur Inbesitznahme an und bei der Pacht auf die Einräumung der Gebrauchsmöglichkeit[406]. Die Notwendigkeit eines tatsächlichen nach außen tretenden Vorgangs (z.B. Schlüsselübergabe) führt dazu, dass eine bloße Feststellung zu Protokoll nicht ausreicht[407]. Der Mieter muss die tatsächliche Herrschaft erlangt haben, ohne dass es noch einer weiteren Mitwirkungshandlung des Vermieters bedarf[408]. Es kommt nicht auf die vollständige Inbesitznahme[409] oder den tatsächlichen Einzug an.

---

401 Vgl. auch *H/W/F/H*, § 5 ZwVwV Rdn. 6 ff.
402 OLG Köln, ZfIR, 2012, 193 m. Anm. *Bergsdorf*.
403 BGH, Rpfleger 2005, 460 = NJW-RR 2005, 1029 = IGZInfo 2005, 52; Anm. *Mayer*, Rpfleger 2006, 175; vgl. auch Depré/*Depré*, § 152 Rdn. 15 f.
404 BGHZ 65, 137; LG Osnabrück, KTS 1977, 127; AG Hamburg, WuM, 1988, 317.
405 Alternativen bei Palandt/*Weidenkaff*, § 535 Rdn. 35; § 566 Rdn. 12.
406 LG Osnabrück, KTS 1977, 127.
407 LG Osnabrück, KTS 1977, 127.
408 BGHZ 65, 137, 139.
409 BGH, NJW-RR 1989, 589.

Bei Wohnraummietverhältnissen dürfte aufgrund der Regelung des § 551 Abs. **118**
2 BGB, nach der die Kaution als Geldsumme in drei Raten geleistet werden kann, die Überlassung erst vorliegen, wenn die erste Teilzahlung zu Beginn des Mietverhältnisses geleistet ist (§ 551 Abs. 2 S. 2)[410]. Die weiteren Raten schieben die Überlassung nicht hinaus. Im Übrigen (anderweitige Sicherheitsleistung oder gewerbliche Miete/Pacht) kommt es auf die vertraglichen Regelungen an, insbesondere, ob der Miet- oder Pachtvertrag von der Erbringung der Sicherheit aufschiebend bedingt abhängig ist.

Im Rahmen des Insolvenzverfahrens hat der BGH die frühere Rechtsprechung geändert und Verpflichtungen des Insolvenzverwalters zur Vertragserfüllung (Herstellung des Mietobjektes) nicht vor Übergabe begründet[411].

Gleiches gilt, wenn der Verwalter nach Beschlagnahme überlässt (Zustim- **119**
mung). Muss der Verwalter den Vertrag nicht gegen sich gelten lassen, kann der Verwalter ein Nutzungsentgelt verlangen, wobei die Anspruchsgrundlage aus dem Eigentümer-/Besitzerverhältnis resultieren dürfte[412], ggf. auch aus Schadensersatz.

Der Verwalter ist jedoch nicht zur Überlassung oder dem Abschluss verpflichtet, wenn er erhebliche Zweifel hat, dass der Mieter seiner Zahlungsverpflichtung nachkommt, auch wenn der Mieter vom Schuldner empfohlen wurde[413] (s. zu Handlungsgrundsätzen → Rdn. 5 f.).

Ist vor der Beschlagnahme überlassen worden, muss die Überlassung zum Zeit- **120**
punkt der Beschlagnahme nicht fortbestehen, wenn der Mieter z.B. untervermietet hat, sich ein Dritter die Sache verschafft hat oder der Mieter die Sache an den Schuldner-Eigentümer zurückgegeben hat[414]. In dem letzten Fall ist jedoch zu prüfen, ob mit der Rückgabe eine konkludente Aufhebung (nach Beschlagnahme wohl nur Kündigung) vorliegt oder zumindest ein Verzicht auf Mieterschutzregelungen[415].

Ist das **Mietverhältnis vor der Beschlagnahme** beendet, treffen den Verwalter **121**
keine nachwirkenden Pflichten z.B. im Hinblick auf die Abrechnung der Nebenkosten (zur Kaution → Rdn. 164 ff.)[416]. Etwas anderes gilt allenfalls im Hinblick auf Wegnahme- oder Herausgabeansprüche des Mieters oder bei Ansprüchen wegen unberechtigter Entfernung von Zubehörstücken gegen den Mieter. Der Verwalter sollte in diesem Fall i.d.R. auch keine rückständigen Forderungen geltend machen (§ 1123 BGB), um nicht in die Situation zu gelangen nunmehr seinerseits Forderungen des Mieters ausgesetzt zu sein (Kaution, Nebenkostenabrechnung). Es bedarf hier der Bewertung des Einzelfalles.

Hat der Mieter den **Vertrag nicht mit dem Schuldner**, sondern mit einem **122**
Nießbraucher oder Eigenbesitzer abgeschlossen, die nicht zur Duldung oder Herausgabe bereit sind (→ § 146 Rdn. 7 ff., § 147), findet Abs. 2 keine Anwendung[417],

---

410 Ähnlich *Stöber*, ZVG § 152 Rdn. 12.1.
411 BGHZ 173 116 = NJW 2007, 3715 = ZfIR 2008, 151 = ZInsO 2007, 2087.
412 Vorauflage: § 812 BGB.
413 LG Dortmund, IGZInfo 2010, 187 m. Anm. *Neumann*.
414 *H/W/F/H*, § 6 ZwVwV Rdn. 6.
415 Vgl. KG, OLGE 11, 144.
416 BGHZ 53, 38; *Bank*, JurBüro 1982, 1128; *H/W/F/H*, § 6 ZwVwV Rdn. 7.; AG Altena, IGZInfo 2008, 150.
417 BGHZ 96, 61, 67 = Rpfleger 1986, 26.

da insoweit die rechtlichen Beziehung zu dem Nießbraucher oder Eigenbesitzer vorrangig ist. Das Gleiche gilt im Falle der **Untervermietung**, da die Forderungen hieraus nicht der Beschlagnahme unterliegen[418] (→ § 148 Rdn. 14). Nur wenn der Eigentümer selbst vermietet hat oder wenn die Überlassung an den vermietenden Dritten unwirksam ist, kann dem Gläubiger über die Beschlagnahme der Zugriff auf die Miete gewährt werden[419]. Eine Zugriffsmöglichkeit auf schuldnerfremdes Vermögen besteht nicht. Hat der Schuldner die Nutzung einer **GbR**, an der er beteiligt ist, als Gesellschafterbeitrag überlassen, endet das Besitzmittlungsverhältnis mit der Anordnung des Verfahrens. Mit der Beschlagnahme hat der Schuldner die Verwaltungs- und Benutzungsbefugnis verloren und konnte das Grundstück nicht mehr der GbR überlassen[420].

123 Im Hinblick auf die Verfügbarkeit der Vertragsunterlagen wird auf → § 150 Rdn. 43 f. verwiesen. Auch der Mieter oder Pächter ist verpflichtet dem Verwalter (zumindest) Einsicht in den Vertrag zu geben[421] (s. auch § 810 BGB). Daneben hat der Verwalter gegen den Hauptmieter einen Auskunftsanspruch, mit wem er Untermietverträge abgeschlossen hat, selbst dann, wenn der Hauptmietvertrag beendet ist.[422]

124 Unabhängig von Abs. 2 oder dem Abschluss von neuen Miet- oder Pachtverträgen hat der Verwalter alle Rechte und Pflichten aus dem Vertragsverhältnis wahrzunehmen[423] bis hin zur Räumung[424]. Im Rahmen der Räumung sind etwaige Ansprüche aus dem Vermieterpfandrecht zu beachten und kostengünstige Varianten (sog. Berliner Räumung), um hohe Vorschüsse für die Vollstreckung der Räumung zu vermeiden[425].

Hierbei ist auf die Rechtslage abzustellen, die durch das zum 1.9.2001 in Kraft getretene **Mietrechtsreformgesetz** geschaffen wurde. Nach Art. 229, § 3 Abs. 1 EGBGB gelten diese Vorschriften für alle zu diesem Zeitpunkt bestehenden Mietverhältnisse. Zu beachten ist, das „bestehen" nicht im Sinne der Überlassung (s.o. → Rdn. 117) zu verstehen ist, sondern dahin gehend, ob der Vertrag zum 1.9.2001 abgeschlossen war. Im Rahmen der Neuregelung sind die Regelungen des früheren MHG in das BGB aufgenommen worden (§§ 557 ff. BGB). § 566a BGB (Kaution, s. → Rdn. 164 ff.) findet auf Veräußerungsgeschäfte vor dem 1.9.2001 jedoch keine Anwendung[426]. Die weiteren Änderungen[427] werden – soweit relevant – der nachfolgenden Darstellung zugrunde gelegt.

---

418 Zuletzt BGH, Rpfleger 2006, 614 = ZfIR 2006, 733 m. Anm. *Wedekind*.
419 BGH, XII ZR 115/11, Rpfleger 2013, 633 = IGZInfo3/2013, 142.
420 BGH, XII ZR 115/11, Rpfleger 2013, 633, 634.
421 AG Stolzenau, WuM 1998, 212.
422 OLG Köln, ZfIR 2012, 36.
423 BGH, Rpfleger 2005, 460, 462 = NJW-RR 2005, 1029, 1030.
424 Vgl. zur Räumungsvollstreckung ausführlich *Herrlein/Volpert*, IGZInfo 2006, 71 ff.
425 Hierzu ausführlich *Brüggemann/Haut*, Rdn. 489 ff.: Alternativen zur Standardräumung nach § 885 ZPO. Bei der Berliner Räumung spricht der Vermieter/Verwalter das Vermieterpfandrecht aus und nimmt die Sachen in Besitz mit der Folge der späteren Herausgabe oder Verwertung.
426 BGH, Rpfleger 2005, 459 = IGZInfo 2005, 50 = FamRZ 2005, 1169 = ZMR 2005, 686.
427 Übersicht bei *H/W/F/H*, § 6 ZwVwV Rdn. 3; zu den Auswirkungen des SMG zum 1.1.2002: *Palandt/Weidenkaff*, Einf. v. § 535 Rdn. 77a f.

Das OVG NRW hat eine Auskunftspflicht des Zwangsverwalters in Bezug auf § 25 Abs. 2 des Gesetzes zur Förderung und Nutzung von Wohnraum für das Land NRW begründet[428] (Erfassung und Kontrolle von Wohnraum).
Abzulehnen ist die Entscheidung des OLG Dresden v. 30.7.2014, welche die Insolvenzanfechtung in Bezug auf erlangte Mieten gegen den Zwangsverwalter zulässt und diese Forderung systematisch falsch als Ausgaben der Verwaltung betrachtet.[428a]

2. Vertragsschluss
a) Allgemein

Es gehört zu einer ordnungsgemäßen Bewirtschaftung, das Objekt zu vermieten und zu verpachten. Nur eingeschränkt kann hiervon abgesehen werden, z.b., wenn hierdurch eine bessere Verwertung im Rahmen der Zwangsversteigerung beeinträchtigt würde (s. → Rdn. 23 f.) oder aus tatsächlichen Gründen (Zustand) eine Nutzung nicht oder nur mit erheblichem Aufwand möglich ist und insoweit der Sicherungszweck vorrangig ist. Das Unterlassen einer tatsächlich möglichen Nutzung würde dem Gesetzeszweck nach bisheriger Auffassung entgegenstehen. Die Belange von Gläubiger und Schuldner sind im Hinblick auf Leerstand oder Nutzung abzuwägen[429], wobei auch die Verwertbarkeit im Rahmen der Zwangsversteigerung Berücksichtigung finden muss (s. zum Rechtsschutzbedürfnis → § 146 Rdn. 58 und vorliegend → Rdn. 23 ff., 116).

Im Rahmen der Mietpreisgestaltung hat der Verwalter die ortsübliche Miete oder Pacht zu vereinbaren[430].

Im Falle der Vermietung muss der Verwalter auch die **Bindungswirkungen** für Schuldner oder Erwerber beachten, um hier unverhältnismäßige Eingriffe zu vermeiden[431]. Die Interessen des Schuldners können u.a. dann Gewicht haben, wenn realistisch mit einer baldigen Aufhebung des Verfahrens zu rechnen ist. Es ist sinnvoll Schuldner und Gläubiger von der beabsichtigten Vermietung zu informieren.

Grundsätzlich kann der Verwalter für die Vermittlung keine **Maklerprovision** beanspruchen[432], da er selbst Partei des Mietvertrages ist und hierbei die Interessen von Schuldner und Gläubiger wahrnehmen muss, was dem eigenen Vergütungsinteresse entgegensteht[433]. Gleichwohl hält das OLG Oldenburg[434] unter strengen Anforderungen eine Sondervereinbarung im Rahmen von § 305 BGB für zulässig.

Der Verwalter sollte dies jedoch zu Vermeidung eines negativen Rechtsscheins grundsätzlich unterlassen. Sofern es notwendig ist, kann er seinerseits einen Makler beauftragen, auch wenn aufgrund der jeweiligen Marktlage eine Vergütung aus der Masse zu zahlen sein sollte.

Der Verwalter hat im Hinblick auf die Leistungsfähigkeit des Mieters die gleiche Sorgfalt walten zu lassen wie der Eigentümer und hierüber ggf. Auskünfte einzuholen, z.B. Vorlage von Gehaltsbescheinigungen, Kreditauskunft, Selbstauskunft u.ä. Die Problematik von „Mietnomaden" tritt auch im Rahmen von Zwangsver-

---

428 B. v. 11.11.2013, 14 A 2309/13, IGZInfo 1/2014, 31 = JurionRS 2013, 48464.
428a 13 U 461/14, ZfIR 2014, 709; hierzu *Hintzen*, Rpfleger 2015, 623, 633.
429 OLG Köln, Rpfleger 1999, 502.
430 Hierzu *Depré/Mayer*, Rdn. 612 f., 653.
431 Ausführlich *Depré/Mayer*, Rdn. 613, 652, 658; OLG Köln, Rpfleger 1999, 502.
432 OLG Oldenburg, NdsRpfl 1981, 214; *Stöber*, ZVG § 152 Rdn. 12.4 a.E.; *H/W/F/H*, § 6 Rdn. 14.
433 *H/W/F/H*, § 6 ZwVwV Rdn. 14.
434 NdsRpfl 1981, 214.

waltungen immer häufiger auf. Zu beachten ist in jedem Fall § 6 ZwVwV (→ Rdn. 131 ff.), wobei die als äußerst hinderliche Befristung auf 1 Jahr ohne Zustimmung des Schuldners der alten Verordnung wegen § 575 n.F. BGB entfallen ist.

129 Die Verträge sind auch nach Aufhebung der Verwaltung für den Schuldner bindend[435].

Die Verträge und Änderungen sind schriftlich abzuschließen (§ 6 Abs. 1 ZwVwV). Für Wohnraum ergibt sich dies im Rahmen von § 550 BGB, auch bezüglich der Wirksamkeit bei fehlender Schriftform. Die Nichteinhaltung von § 6 Abs. 1 ZwVwV führt generell aber nicht zur Unwirksamkeit des Vertrages oder der Änderung (s. → Rdn. 132).

Gesetzliche Schutzvorschriften für den Mieter oder Pächter sowie Bindungen nach dem WoBindG hat der Verwalter zu beachten.

130 Zu **Vereinbarungen mit dem Schuldner** wird zunächst auf → § 149, Rdn. 13 ff. verwiesen. Darüber hinaus kann der Verwalter auch ohne Zustimmung des Gerichts Verträge mit dem Schuldner abschließen. Diese Verträge, außerhalb des Anwendungsbereiches von § 149, sollten jedoch nur die Gestattung einer entgeltlichen Nutzung zum Gegenstand haben, um mietvertragliche Wirkungen zu vermeiden. Grundsätzlich fehlt es hierbei an einem Vertragspartner für den Verwalter, weil der Verwalter für den Schuldner handelt. Deshalb soll ein Vertragsschluss nicht möglich sein[436]. Unter dem Blickwinkel der Neutralitätstheorie wird diese Auffassung aber zutreffend abgelehnt[437].

Entweder begründet man die Möglichkeit des Vertragsschlusses mit dem rechtlichen Minus aufseiten des Schuldners oder mit der Amtstheorie, die dem Verwalter eine gesonderte Organfunktion zuspricht. Die Ansprüche aus diesen Vereinbarungen begründen sich aber letztlich auch aus den verschiedenen Vermögensmassen, nämlich dem der Zwangsverwaltung unterworfenen und dem beschlagnahmefreien Vermögen. Insoweit treffen die Bereiche der dinglichen Haftung mit den persönlichen Bereichen des Schuldners aufeinander. Erst im Zeitpunkt der Aufhebung kann eine Konfusion eintreten, wenn der Schuldner wieder verfügungsbefugt wird.

Ungeachtet der dogmatischen Fragestellung, bestehen gegen solche Vereinbarungen i.d.R. grundsätzliche Bedenken, da dem Schuldner ausweislich des Verfahrens die notwendige Zahlungsfähigkeit fehlen dürfte. Insoweit sollte der Verwalter eine mehrmonatige Vorauszahlung verlangen[438]. Zahlt der Schuldner nicht, muss der Verwalter die sofortige Räumung des Grundstücks betreiben. Hierbei dürfte es zweifelhaft sein, ob diese Räumung auf der Grundlage des § 149 Abs. 2 verfolgt werden kann, da dieser nur den Fall des § 149 Abs. 1 regelt, auch wenn vereinzelt die Nutzungsgestattung als befristeter Verzicht auf die Nutzung des Verwalters im Rahmen von § 148 Abs. 2 gesehen wird[439]. Es ist auch nicht begründbar, dass der Verwalter gegen den säumigen Schuldner die rückständige Nutzungsentschädigung nicht einklagen kann, insbesondere nicht unter dem

---

435 BGH, Rpfleger 1992, 403 = NJW 1992, 3041.
436 *H/W/F/H*, § 6 ZwVwV Rdn. 17; *Wrobel*, KTS 1995, 19, 31; im Ergebnis wohl auch BGH, WM 1964, 789, 795, Überlassung gegen Entgelt möglich, aber systematisch bedenklich.
437 So *Depré/Mayer*, Rdn. 667.
438 So *Wrobel*, KTS 1995, 19, 31; vgl. auch krit. *Depré/Mayer*, Rdn. 668.
439 *H/W/F/H*, § 6 ZwVwV Rdn. 17.

Blickwinkel der Neutralitätstheorie, zumal hierdurch ein persönlicher Titel geschaffen wird. Ob dies aus wirtschaftlichen Gründen sinnvoll ist, muss der Verwalter im Rahmen seines Ermessens entscheiden. Im Zweifel sollte der Verwalter von entsprechenden Gestattungen an den Schuldner außerhalb von § 149 absehen.

b) Schriftform, § 6 Abs. 1 ZwVwV

Der Abschluss von Verträgen sowie etwaige Änderungen bedürfen der Schriftform, u.a. weil Schuldner oder Ersteher zunächst an den Vertrag gebunden sind und nur durch die Schriftform die notwendige Transparenz und Nachvollziehbarkeit gewährleistet ist[440]. Aus diesem Grund kann das Gericht auch keine Ausnahme gewähren, da § 10 Abs. 1 Nr. 2 ZwVwV § 6 Abs. 1 ZwVwV nicht erwähnt und die Regelung der alten Verordnung nicht übernommen wurde[441]. Für Wohnraum ist § 550 BGB zu beachten. **131**

Die **Nichteinhaltung** des § 6 Abs. 1 ZwVwV führt **nicht** zur Unwirksamkeit des Vertrages, da den Regelungen der Verordnung nicht die Funktion einer Wirksamkeitsvoraussetzung zukommt, auch im Hinblick auf die Regelung des § 550 BGB[442]. **132**

Gegenüber Beteiligten, nicht gegenüber dem Ersteher (fraglich, s. → § 154 Rdn. 3 ff.), haftet der Verwalter bei Nichteinhaltung der Formvorschriften, wenn sich hieraus im Rahmen der gesetzlichen Bestimmungen Nachteile ergeben[443].

Zum Zeitpunkt der Beschlagnahme vorhandene Vertragspartner haben keinen Anspruch auf Abschluss eines neuen oder schriftlichen Vertrages, da die Regelung nur neue Verträge oder Änderungen nach Beschlagnahme erfasst[444] (s. zur Option bei der USt. → Rdn. 100.5, 103.3). **133**

Generell soll der Verwalter die rechtlichen Möglichkeiten ausschöpfen, die dem Vermieter im Rahmen der mietrechtlichen Regelungen zustehen, was u.a. für den Umfang der zu tragenden Betriebskosten (→ Rdn. 150 ff.) und ggf. Sonderentgelte gilt, ebenfalls für die problematische Rechtsprechung zu den Schönheitsreparaturen[445] und nicht zuletzt für Mieterhöhungen. Nur durch vertragliche Regelungen lassen sich in Teilen die den Mieter begünstigenden gesetzlichen Regelungen abbedingen (z.B. Schönheitsreparaturen). **134**

c) Haftungsausschlüsse, § 6 Abs. 2 ZwVwV
aa) Allgemein

Der Verwalter hat die Vorgaben der Verordnung im Hinblick auf die Haftungsausschlüsse in die Mietverträge aufzunehmen. Ungeachtet dessen ist der Schuldner nach Aufhebung des Verfahrens (Rücknahme) an den Vertrag gebunden, auch wenn der Verwalter § 6 Abs. 2 ZwVwV nicht beachtet. Die Aufnahme der Klauseln ist für den Verwalter zwingend. Bei Abweichungen ist die Zustimmung des Gerichts einzuholen (§ 10 Abs. 1 Nr. 2). Bei Nichtbeachtung ist der Vertrag gleichwohl wirksam (s.o. → Rdn. 132). **135**

---

440 LG Bamberg, JurBüro 1974, 484 f.
441 *H/W/F/H*, § 6 ZwVwV Rdn. 15.
442 So auch *H/W/F/H*, § 6 ZwVwV Rdn. 15; zur alten VO BGH, NJW 1992, 3041 f.; a.A. LG Bamberg, JurBüro 1974, 484.
443 Vgl. *H/W/F/H*, § 6 ZwVwV Rdn. 16.
444 *H/W/F/H*, § 6 ZwVwV Rdn. 9.
445 Vgl. Palandt/*Weidenkaff*, § 535 Rdn. 41 ff.

136 Wird die Wohnung im Rahmen der Zwangsversteigerung zugeschlagen, ist der Ersteher nach den §§ 57, 57a an die Voraussetzungen der gesetzlichen Kündigungsgründe gebunden (§ 573 ff. BGB, s.a. → § 57a Rdn. 15 ff.)[446].

137 Bei **gewerblichen Mietverhältnissen** beläuft sich die Kündigungsfrist nach § 57a i.V.m. § 580a Abs. 2 BGB für Geschäftsräume regelmäßig auf mindestens 6 Monate (Kündigung zum 3. Werktag eines Kalendervierteljahres zum Ablauf des nächsten Kalendervierteljahres). Soll das Objekt leer stehend zugeschlagen werden oder zeitnah geräumt werden, muss der Verwalter, ggf. vorsorglich, unter Berücksichtigung der Laufzeit des Versteigerungsverfahrens rechtzeitig eine Kündigung aussprechen. Unter Einbeziehung der Laufzeit des Versteigerungsverfahrens sind damit auch Verträge über 1 Jahr denkbar, ohne dass hierdurch faktisch eine Beeinträchtigung im Hinblick auf die gesetzlichen Fristen entsteht.

138 Bei **Gewerbeobjekten** kommt es häufig vor, dass ein Mieter aufgrund zu tätigender Investitionen oder einer Planungssicherheit nur zum Abschluss eines **längerfristigen Mietvertrages** bereit ist und das Sonderkündigungsrecht insoweit entgegensteht.

Diskutiert werden verschieden Lösungsansätze[447]:

- Der Verwalter verwendet die Klauseln im Mietvertrag und der Mieter lässt sich durch die betreibende Gläubigerin von den sich hieraus ergebenden Risiken freistellen, was i.d.R. nur dann funktioniert, wenn es sich um ein Kreditinstitut handelt.
- Der Verwalter verzichtet mit Zustimmung des Gerichts auf die Aufnahme der Klauseln und lässt sich in Bezug auf die Haftungsrisiken durch die betreibende Gläubigerin freistellen.
- Das Gericht genehmigt unter dem Vorbehalt, dass der Mieter durch Garantieerklärung des Kreditinstituts abgesichert wird.
- Das Gericht genehmigt unter dem Vorbehalt der dinglichen Absicherung des Mieters (Nießbrauch oder ein Wohnrecht) für die Dauer der Vermietung, verbunden mit einem Rangrücktritt durch die Gläubigerin, wodurch gleichzeitig deren Zustimmung erteilt wird.

Es erscheint zweifelhaft, ob insbesondere das Problem des Sonderkündigungsrechtes nach § 57a vor dem Hintergrund einer optimalen Verwertung hierdurch einer Lösung zugeführt werden kann. Dies gilt umso mehr, wenn ein Ersteher Interesse an einer Eigennutzung hat. Handelt es sich um einen Hauptgläubiger und sind die Erträge aus der Vermietung günstig, lässt sich eine **Regelung** dahin gehend treffen, dass das Versteigerungsverfahren für die Dauer der Zwangsverwaltung, bzw. des Mietvertrages nicht betrieben wird. Bei mehreren, insbesondere nachrangigen Gläubigern wäre deren Zustimmung notwendig, was häufig nicht zu erreichen ist, wenn an diese aus dem Teilungsplan keine Ausschüttungen zu erwarten sind. Insoweit könnte die vorrangige Gläubigerin den Mieter lediglich von allen Risiken aus einer vorzeitigen Beendigung freistellen, was naturgemäß i.d.R. abgelehnt wird. Das Gleiche gilt für die Alternative, dass der Verwalter mit Zustimmung des Gerichts auf den Klauselkatalog verzichtet und sich insoweit von der betreibenden Gläubigerin freistellen lässt. Als letzte Alternative kommt nur die dingliche Absi-

---

446 Vgl. auch *Böttcher*, §§ 57–57b, Rdn. 13.
447 So *H/W/F/H*, § 6 ZwVwV Rdn. 20.

cherung des Mieters in Betracht, indem ihm für die Dauer des Vertrages ein Nießbrauch oder ein Wohnrecht eingeräumt wird. Hierzu bedarf es jedoch der Zustimmung oder einer Rangrücktritterklärung sämtlicher Gläubiger[448].

Bei konkreten Chancen auf Aufhebung der Zwangsverwaltung muss der Verwalter auch hier die Schuldnerinteressen berücksichtigen, sodass eine vorzeitige Vertragsverlängerung ohne Verbesserung der Konditionen pflichtwidrig sein kann, selbst bei einer problematischen Vermietungssituation[449]. 139

bb) Klauselkatalog

§ 6 Abs. 2 Nr. 1 ZwVwV[450] regelt den Fall, dass das Objekt vor der Überlassung an den Mieter (hierzu → Rdn. 117) zugeschlagen wird. Mit dem Zuschlag gehen gemäß § 56 S. 2 die Nutzungen und Lasten auf den Ersteher über. Dieser wird Eigentümer des Objektes und des Zubehörs. Die Schutzvorschriften der §§ 57 ff., die auf die Überlassung abstellen, gelten dann zugunsten des potenziellen Mieters oder Pächters nicht, sodass dieser durch die Klausel keine Rechte mehr herleiten kann. Ob der Erwerber gleichwohl den Mietvertrag umsetzt obliegt seiner Entscheidung. 140

§ 6 Abs. 2 Nr. 2 ZwVwV regelt den Fall, dass bereits überlassen wurde und – wie üblich – die Zwangsverwaltung erst zeitlich nach dem Zuschlag aufgehoben wird, aber durch Aufnahme der Klausel die Haftung des Verwalters als bisheriger Vermieter/Verpächter ab dem Zeitpunkt des Zuschlags ausgeschlossen wird. 141

§ 6 Abs. 2 Nr. 3 ZwVwV schließt die Haftung des Verwalters im Fall der Ausübung der Sonderkündigungsrechte des § 57a aus, wobei ein wesentlicher Haftungsgrund schon durch die Aufnahme der Klausel i.S.e. Aufklärung des Vertragspartners vermieden wird. 142

3. Vertragsverhältnis
a) Rechte und Pflichten

Der Zwangsverwalter muss bei bestehenden Mietverträgen zunächst deren Wirksamkeit prüfen. Ähnlich wie bei Vorauszahlungen (→ Rdn. 173 ff.) bestehen hier regelmäßig Probleme bei Verträgen mit nahen Angehörigen, insbesondere, wenn mündliche Verträge behauptet werden[451]. 143.1

Probleme ergeben sich hieraus in Bezug auf Fragen der **Anfechtbarkeit**. Dem Zwangsverwalter steht kein Anfechtungsrecht zu. Der BGH hält jedoch eine Ermächtigung des Zwangsverwalters zur Führung des Anfechtungsprozesses nach Anfechtung durch den Gläubiger für denkbar[452]. Hat der Insolvenzverwalter angefochten, kann der Zwangsverwalter sich prozessual ebenfalls nicht auf diese Anfechtung stützen[453]. Ob eine Titelumschreibung gem. § 727 ZPO möglich ist, erscheint fraglich (→ § 161 Rdn. 51). 143.2

Als Folge der Bindungswirkung[454] (zum Umfang → Rdn. 116 ff.) entstehen die Rechte und Pflichten bei **bestehenden Verträgen** in der Person des Zwangsverwal- 143.3

---

448 Vgl. *H/W/F/H*, § 6 ZwVwV Rdn. 20.
449 OLG Köln, Rpfleger 1999, 502; krit. *Depré/Mayer*, Rdn. 613, 658.
450 Formulierungsbeispiele bei *H/W/F/H*, § 6 ZwVwV Rdn. 22 ff. und *Depré/Mayer*, Rdn. 671.
451 Hierzu BGH, U. v. 18.9.2013, VIII ZR 297/12, ZfIR 2014, 106 = IGZInfo 1/2014, 22.
452 BGH vom 16.5.2013, IX ZR 224/12, Rpfleger 2013, 635 = ZfIR 2013, 740.
453 BGH, IX ZR 282/13, Rpfleger 2015, 95 = IGZInfo 1/2015, 28 = ZfIR 2015, 73 m. zust. Anm. *Keller*.
454 Hierzu *Klühs*, Die Einstandspflicht des Zwangsverwalters für Ansprüche aus dem Mietverhältnis, 2008.

walters auf der Grundlage des Vertrages und der gesetzlichen Regelungen neu, auch wenn damit ein Wechsel der Vermieterstellung nicht verbunden ist[455]. Schließt er den Vertrag im Rahmen seines Aufgabenkreises selbst, bestehen die Rechte und Pflichten ohnehin. Bei einem bestehenden Vertrag hat der Verwalter gegen den Mieter einen Anspruch auf Einsicht in die bestehenden Verträge[456], insbesondere, wenn er sie von dem Schuldner nicht oder nicht zeitnah erhalten kann (s. hierzu → § 150 Rdn. 43 ff., vorliegend → Rdn. 123). Der Verwalter haftet damit auch dem Mieter nach allgemeiner Meinung[457] für die Erfüllung der vertraglichen (und gesetzlichen) Haupt- und Nebenpflichten.

§ 577 BGB räumt dem Mieter ein Vorkaufsrecht ein, wenn nach der Überlassung an ihn Wohnungseigentum begründet worden ist und die Wohnung an einen Dritten verkauft werden soll. Nach § 471 BGB kann das Vorkaufsrecht in Bezug auf den Zuschlag in der Zwangsversteigerung oder bei einer Veräußerung aus der Insolvenzmasse nicht ausgeübt werden[458]. Veräußert der Schuldner während des Zwangsverwaltungsverfahrens und tritt der Mieter in diesen Vertrag im Rahmen seines Vorkaufsrechtes ein, richtet sich der Eigentumsverschaffungsanspruch aus dem Vertrag gegen den Schuldner und nicht gegen den Zwangsverwalter[459]. In diesem Fall steht dem Mieter nach Auffassung des BGH kein Zurückbehaltungsrecht gegenüber dem Anspruch des Zwangsverwalters auf Zahlung der Miete zu.

144 Auf die Verpflichtung des Verwalters, die Forderungen aus dem Miet- oder Pachtverhältnis zeitnah geltend zu machen, wurde an anderer Stelle eingegangen (§ 7 ZwVwV → Rdn. 110, s. auch → Rdn. 236). Bei Rückständen muss die Kündigung ausgesprochen werden und ggf. auf Räumung geklagt werden[460]. Bei wiederholter teilweiser oder verspäteter Zahlung ist mit Kündigungsandrohung abzumahnen.

145 Ein Verzicht hierauf ist allenfalls möglich, wenn ein Zwangsversteigerungstermin bevorsteht und nicht mehr mit einer Verbesserung der Erträge zu rechnen ist[461]. Die Erhebung von Zahlungsklagen wegen **rückständiger Miete** steht im Ermessen des Verwalters, insbesondere, wenn der Mieter ausgezogen ist und begründete Zweifel an seiner **Zahlungsfähigkeit** bestehen.

146 Der Verwalter ist auch verpflichtet die zulässigen **Mietzinserhöhungen** durchzusetzen[462], wenn notwendig gerichtlich, wobei die örtliche Marktlage zu berücksichtigen ist[463].

147 Das **außerordentliche Kündigungsrecht aus § 57a** kann nur der Ersteher ausüben (s.a. → § 57a Rdn. 6). Dies gilt auch, wenn die Zwangsverwaltung nach Zuschlag noch nicht aufgehoben wurde[464].

148 Der Zwangsverwalter ist jedoch Ansprüchen und Einreden des Mieters oder Pächters nicht in gleichem Maße ausgesetzt wie der Schuldner-Eigentümer, da dies

---

455 BGH, Rpfleger 2005, 460 = NJW-RR 2005, 1029 = IGZInfo 2005, 52: Kein Rechtsübergang, sondern Änderung der Verwaltungsbefugnis; LG Berlin, NJW-RR 1991, 528; *H/W/F/H*, § 6 ZwVwV Rdn. 8.
456 AG Stolzenau, WuM 1999, 32.
457 U.a. *H/W/F/H*, § 6 ZwVwV Rdn. 8 m.w.N.; *Depré/Mayer*, Rdn. 605 ff.
458 Es wird hierdurch auch verbraucht, BGH, NJW 1999, 2044.
459 BGH, Rpfleger 2009, 255 = NJW 2009, 1076 = WuM 2009, 127.
460 Vgl. auch *Depré/Mayer*, Rdn. 608 ff.
461 OLG Düsseldorf, NJW-RR 1997, 1100.
462 KG Berlin, Rpfleger 1978, 335; *Depré/Depré*, § 152 Rdn. 19.
463 *Depré/Mayer*, Rdn. 612.
464 *Stöber*, ZVG § 152 Rdn. 12.11; *H/W/F/H*, § 6 ZwVwV Rdn. 10.

mit der Stellung des Zwangsverwalters, dem Regelungsgehalt des Verfahrens und den einschlägigen Regelungen der §§ 392, 566 (571 a.F.), 1124 Abs. 2, 1125 BGB nicht vereinbar wäre[465].

Im Rahmen dieser Regelungen, insbesondere als Ausfluss der Beschlagnahmewirkung, ist eine Begünstigung des Mieters zulasten der Gläubiger zu vermeiden. Diese Fragen treten immer dann auf, wenn eine Konnexität mit dem Sondervermögen der Zwangsverwaltung nicht zu verzeichnen ist[466]. Welche Konsequenzen sich hieraus für das Zwangsverwaltungsverfahren ergeben, ist jedoch völlig ungeklärt, da nicht ersichtlich ist, warum der Mieter durch die Anordnung des Verfahrens schlechter gestellt werden soll als ohne Verfahren. Der BGH hat die Mieter jedenfalls in Bezug auf die Nebenkosten (→ Rdn. 156 ff.) und die Kaution (→ Rdn. 164 ff.) zulasten der Gläubiger begünstigt. 149

b) Nebenkostenabrechnung
aa) Allgemein

Die Beschlagnahme erstreckt sich auch auf die durch den Mieter geschuldeten Zahlungen der Nebenkosten, sei es Vorauszahlungen oder -Pauschalen. Im Hinblick auf die zeitnahe Geltendmachung gilt das Gleiche wie zu → Rdn. 144 (§ 7 ZwVwV). 150

Zu berücksichtigen ist die Regelung des § 556 BGB für Wohnraum im Rahmen der Änderungen zum 1.9.2001. Die Vorschrift gilt nicht für Abrechnungszeiträume, die vor diesem Zeitpunkt abgeschlossen waren[467]. Des Weiteren ist die zum 1.4.2004 in Kraft getretene **Betriebskostenverordnung** zu beachten, die den alten § 27 der Zweiten Berechnungsverordnung ablöste. Betriebskosten können nur im Rahmen dieser Regelung erhoben werden (§ 556 Abs. 4 BGB), wobei auch eine pauschale Abgeltung möglich ist (§ 556 Abs. 2 BGB). Der Abrechnungsmaßstab ist in § 556a BGB geregelt. 151

Diese Regelungen gelten nur für Verträge über Wohnraum. Bei gewerblichen Verträgen besteht keine Bindung an diese Einschränkungen. Gleichwohl muss der Verwalter die Möglichkeiten, Betriebskosten auf den Mieter oder Pächter zu übertragen, ausschöpfen. 152

Zu beachten ist des Weiteren, dass die Regelung des § 1123 BGB auch die Betriebskosten erfasst[468], sodass es im Hinblick auf den Ausgleich von Rückständen darauf ankommt, ob die Nachforderung in dem Jahr vor der Beschlagnahme fällig geworden ist.

Bestehen **Erstattungsansprüche des Mieters** aus Vorauszahlungen, die an den Zwangsverwalter erfolgt sind, sollte der Verwalter diese ähnlich wie eine Kaution separieren, da ansonsten eine persönliche Haftung drohen kann[469]. In jedem Fall muss sichergestellt sein, dass diese Ansprüche aus der Masse bedient werden können. 153

---

465 LG Köln, NJW-RR 1991, 80 f.
466 Vgl. *H/W/F/H*, § 6 ZwVwV Rdn. 4.
467 Vgl. Palandt/*Weidenkaff*, § 556, Rdn. 1.
468 Palandt/*Bassenge*, § 1123 Rdn. 1, ggf. beschränkt auf den Raumnutzungsanteil, LG Bonn, EWiR, § 1123 BGB 1/91, 51.
469 AG Rostock, IGZInfo 2006, 57 m. krit. Rdn. *Boog*.

bb) Abrechnung

154 Der Verwalter unterliegt bei Wohnraum den vertraglichen und gesetzlichen Verpflichtungen, insbesondere:

- Verteilung der Nebenkosten auf die Mieter,
- Abrechnung der Nebenkostenvorauszahlungen,
- Nachforderungen einziehen und Guthaben erstatten.

155 Einschlägige Verordnungen sind zu beachten (Betriebskostenverordnung – vorher Zweite Berechnungsverordnung –, Heizkostenverordnung, Energieeinspargesetz), die Abrechnungsfristen (§ 556 Abs. 3 BGB) bis zum 12. Monat nach Ablauf der Abrechnungsperiode und die Verjährungsfristen (§§ 195, 199 BGB). Die Fälligkeit tritt grundsätzlich erst mit Zugang der nachprüfbaren Nebenkostenabrechnung beim Mieter ein.

Der Verwalter hat auch die Regelung des § 35a EStG (→ Rdn. 94.3, 95.2) zu berücksichtigen. Er muss die jeweiligen Nachweise einfordern oder erstellen, um dem Mieter, sofern dieser mit den Kosten belastet wird, den steuerlichen Abzug zu ermöglichen.[470]

cc) Abrechnungszeiträume

156 Für den Verwalter können die folgenden Abrechnungszeiträume relevant werden:

- Zeitraum, in den die Beschlagnahme fällt (keine Aufspaltung),
- Abrechnungsperiode, die nach der Beschlagnahme beginnt und während der Verwaltung endet,
- Geltendmachung von offenen Nachforderungen aus bereits abgerechneten Zeiträumen, es sei denn sie fallen gemäß § 1123 aus der Beschlagnahme heraus,
- Erstattung von Guthaben aus früheren Zeiträumen, auch wenn die Vorauszahlungen berechtigt noch an den Schuldner geleistet wurden[471] (**anders** in Bezug auf Guthaben aus vor der Beschlagnahme erstellter Abrechnungen[472]),
- Abrechnung mit dem Ersteher für den Zeitraum, in der Zuschlag fällt (→ § 161 Rdn. 61),
- Abrechnung für Zeiträume vor der Beschlagnahme innerhalb der Verjährungsregelungen, wenn der Mieter Zurückbehaltungsrechte oder Rückforderungsansprüche geltend macht.

Hierbei muss sich der Verwalter aus dem Gesichtspunkt der Einheitlichkeit der Abrechnung sämtliche Vorausleistungen des Mieters auf die Nebenkosten entgegenhalten lassen, auch wenn er sie von dem Schuldner nicht erlangt hat[473].

---

470 Hierzu ausführlich *Gerhards,* IGZInfo 3/2007, 94 ff.
471 BGH, NJW 2003, 2320 = Rpfleger 2003, 456, 602 LS. m. Anm. *Haut* und Anm. *Walke,* WuM 2004, 185; OLG Hamburg, Rpfleger 1990, 219; Palandt/*Weidenkaff,* § 535 Rdn. 96; *Reismann,* WuM 1998, 387, 390.
472 OLG Köln, B. v. 11.10.2013, 22 U 208/12, IGZInfo 1/2014, 28 = JurionRS 2013, 51748: Aus Gesetz oder Rechtsprechung des BGH ergibt sich nicht, dass Guthaben aus Abrechnungen vor der Beschlagnahme aus der Masse zu bedienen sind.
473 BGH, Rpfleger 2003, 602 m. Anm. *Haut.*

Hiergegen wird berechtigt Kritik erhoben, da diese Auffassung die Rangverhältnisse der Gläubiger nicht hinreichend beachtet, weil der Mieter grundsätzlich verpflichtet wäre, sich im Hinblick auf seine Ansprüche einen Titel gegen den Schuldner zu verschaffen und dem Verfahren beizutreten[474]. Der Verwalter ist jedoch berechtigt, vorhandene Guthaben mit einer fälligen Nachforderung zu verrechnen[475]. 157

Hieraus ergeben sich folgende Fallgestaltungen: 158

- Erstellung einer fehlenden Abrechnung der Vorperiode innerhalb der Frist des § 556 Abs. 3 BGB[476], wenn hieraus Nachforderungen bestehen, die insoweit der Beschlagnahme unterliegen. Entstehen bei einzelnen Mietern hieraus Erstattungsansprüche, sind diese zu erfüllen, auch wenn dem Verwalter die Vorauszahlungen nicht zugeflossen sind[477].

- Macht der Mieter Zurückbehaltungsrechte oder Rückzahlungsansprüche bezüglich der Vorauszahlungen wegen fehlender Abrechnungen geltend, wirken diese gegen den Verwalter (§ 556b Abs. 2 BGB[478]), sodass er ggf. auch weitere Abrechnungszeiträume innerhalb der Verjährungsfristen abrechnen oder Regelungen mit den Mietern auf vergleichsweiser Ebene herbeiführen muss, obwohl er hierzu unstreitig grundsätzlich nicht verpflichtet ist[479].

- Es besteht keine Abrechnungspflicht, wenn Nachzahlungen feststehen, aber die Schutzfrist des § 536 Abs. 3 BGB greift (s. aber → Rdn. 159).

Der Mieter ist nicht gehindert, gegen der Beschlagnahme unterliegende Mietforderungen mit einem Anspruch auf Auskehrung eines Nebenkostenguthabens aus Abrechnungsperioden aus Zeiträumen vor der Beschlagnahme aufzurechnen, wenn die Abrechnung nach der Beschlagnahme fällig wurde[480]. Zulasten einer Aufrechnung mit früheren Ansprüchen greift § 1124 BGB.

Hierbei kann der Zwangsverwalter sich gegen eine vom Mieter vorgelegte Abrechnung des Schuldners nicht mit Nichtwissen erklären[481].

Die Abrechnung der Nebenkosten aus der im Zeitpunkt des Auszugs des Mieters laufenden Abrechnungsperiode soll dem bisherigen Vermieter obliegen[482], wenn der Beschlagnahmezeitraum nicht erfasst ist.

In keinem Fall ist der Verwalter zur Abrechnung verpflichtet, wenn der Mieter zum Zeitpunkt der Beschlagnahme bereits ausgezogen ist, und es sich um zurückliegende, abgeschlossene Abrechnungsjahre handelt[483].

Nach Aufhebung der Zwangsverwaltung durch Antragsrücknahme endet die Prozessführungsbefugnis des Zwangsverwalters. Dies gilt nach rechtskräftigem

---

474 Vgl. u.a. *H/W/F/H*, § 6 ZwVwV Rdn. 30 m.w.N.
475 BGH, NJW 2003, 2320 = Rpfleger 2003, 456.
476 BGH, NJW 2003, 2320 = Rpfleger 2003, 456.
477 BGH, Rpfleger 2003, 602 m. Anm. *Haut*.
478 Vgl. auch *H/W/F/H*, § 6 ZwVwV Rdn. 29 m.w.N.; OLG Rostock, NJW-RR 2006, 954 = NZM 2006, 520 zum Aufrechnungsanspruch des Mieters.
479 *H/W/F/H*, § 6 ZwVwV Rdn. 29; vgl. auch *Bank*, JurBüro 1982, 1128.
480 OLG Rostock, NJW-RR 2006, 954 = NZM 2006, 520.
481 OLG Rostock, NJW-RR 2006, 954 = NZM 2006, 520.
482 BGH, Rpfleger 2007, 415 in Anschluss an BGH, NJW 2004, 851 = Rpfleger 2004, 303.
483 AG Altena, IGZInfo 2008, 158.

Urteil gegen den Zwangsverwalter auf Abrechnung der Nebenkosten auch für das anschließende Vollstreckungsverfahren[484].

159 Im Ergebnis muss der Verwalter faktisch über mehrere Jahre zurück im Rahmen der nicht verjährten Zeiträume Abrechnungen erstellen[485], d.h. auch für Zeiträume vor der Verwaltung[486]. Die gilt auch, wenn eine Nachforderung wegen § 556 Abs. 3 S. 3 BGB ausgeschlossen ist aber nicht feststeht[487]. Rückständige Vorauszahlungen hat er ebenfalls im Rahmen von § 1123 BGB einzufordern[488]. Die Abrechnungspflicht besteht jedoch nicht, wenn eine Nachzahlungspflicht des Mieters nicht ersichtlich ist[489]. Dieser Aspekt hilft dem Verwalter aber regelmäßig nicht, da in diesem Fall Ansprüche des Mieters bestehen dürften.

160 Die Möglichkeiten von Schätzungen sowie die Voraussetzungen innerhalb der Frist des § 556 Abs. 3 BGB, zumindest die Grundvoraussetzungen einer Abrechnung zu erfüllen, muss der Verwalter beachten. Fehlende Unterlagen muss er ggf. von den Versorgungsträgern besorgen und im ungünstigsten Fall ein Aufmaß des Objektes durchführen lassen, wenn insoweit nicht frühzeitig das Gutachten des Versteigerungsverfahrens verfügbar ist. Der Verwalter kann damit vor kaum lösbare Probleme gestellt werden[490]. Nach § 556 Abs. 3 S. 3 BGB kann der Verwalter darüber hinaus geltend machen, dass er eine **Verspätung nicht zu vertreten** hat, wenn Daten nicht zur Verfügung stehen oder zeitnah besorgt werden können. Ob er sich gegenüber dem Mieter jedoch auf ein unkooperatives Verhalten des Schuldners berufen kann[491], erscheint zweifelhaft, da es hier nur auf entsprechende Gründe in der Person des Schuldners ankommen dürfte, weil dieser die Abrechnung ansonsten selbst zu erstellen hätte und der Verwalter sich die Versäumnisse des Schuldners im Verhältnis zum Mieter möglicherweise zurechnen lassen muss. Sowohl das LG Dortmund[492] als auch das AG Zwickau[493] gestehen dem Verwalter in diesen Fällen aber eine verspätete Abrechnung zu.

161 Bei einem **Wechsel des Verwalters** geht die Abrechnungspflicht, auch soweit der bisherige Verwalter dieser nicht nachgekommen ist, in dem oben dargestellten Umfang auf den neuen Verwalter über[494].

162 Wird die **Verwaltung nach Zuschlag aufgehoben** hat der Verwalter die Abrechnungspflicht nur für bis dahin abgeschlossene Abrechnungszeiträume. Die Abrechnungspflicht für die laufende Periode geht auf den Ersteher über. Dies entsprich auch der mietrechtlichen Handhabung (dort h.M.[495]), sodass der Ersteher für den Abrechnungssaldo haften. Der Verwalter haftet weiter für die abgeschlossenen Zeiträume. Gegenüber dem neuen Vermieter bestehen jedoch Mit-

---

484 LG Berlin, GE 2007, 55.
485 *H/W/F/H*, § 6 ZwVwV Rdn. 29; *Böttcher/Keller*, § 152 Rdn. 41 f. mit Übersicht.
486 BGH, Rpfleger 2006, 488 = IGZInfo 2006, 82 = NZM 2006, 581 = NJW 2006, 2626; Anm. *Drasdo*, NJW Spezial 2006, Heft 11, 484; Anm. *Klühs*, Rpfleger 2006, 640; Anm. *Zipperer*, ZfIR 2006, 689.
487 BGH, NJW 2006, 2626.
488 BGH, Rpfleger 2003, 456 = ZInsO 2003, 656.
489 Zutreffend AG Lichtenberg, GE 2005, 493.
490 *Depré/Mayer*, Rdn. 574 f.; ausführlich LG Dortmund, IGZInfo 3/2007, 110.
491 So *H/W/F/H*, § 6 Rdn. 29 a.E.
492 U. v. 4.5.2007, 17 S 233/06, IGZInfo 2007, 110.
493 Rpfleger 2005, 101.
494 *Stöber*, ZVG § 152 Rdn. 12.9.
495 Vgl. Palandt/*Weidenkaff*, § 535, Rdn. 96.

wirkungspflichten wie bei einem freihändigen Verkauf (zur Ersteherabrechnung im Besonderen, → § 161 Rdn. 61). Wird das Verfahren nach Rücknahme aufgehoben, fällt die Abrechnungspflicht ohne Beschränkung auf den Schuldner zurück (→ § 161 Rdn. 31)[496]. Abweichungen können sich ergeben, wenn zwischen Schuldner und Erwerber im Falle der Veräußerung Regelungen getroffen wurden und übereinstimmende Weisungen an den Verwalter erfolgen.

Nicht abschließend geklärt war bislang, welche Ansprüche sich zwischen Verwalter und Ersteher (zum Schuldner nach Rücknahme → § 161 Rdn. 31) bezüglich der Vorauszahlungen ergeben, da diese entweder zu hoch oder zu niedrig gewesen sein können. Hier könnte ein stringentes Abschnittsprinzip zugrunde zu legen sein, da im Verhältnis zum Mieter keine Abrechnung auf den Zeitpunkt des Übergangs vorgenommen wird und das Vollstreckungsverfahren bald möglich formell abzuschließen ist. Dies kann im Einzelfall zu unbefriedigenden Ergebnissen führen, z.B. Aufhebung des Verfahrens kurz vor Ende des Abrechnungszeitraumes mit erheblichen Nachzahlungsverpflichtungen, um die die Masse verkürzt ist.

In zwei Entscheidungen hat der BGH hierzu eine Klärung herbeigeführt, wenn auch mit teilweise unbefriedigenden und umstrittenen Ergebnissen.

In der ersten Entscheidung[497] hat der BGH festgestellt, dass der Zwangsverwalter bei einer über den Zuschlag hinaus fortgesetzten Verwaltung verpflichtet ist, die von dem Mieter des Grundstücks für die Zeit **vor dem Zuschlag vereinnahmten**, aber nicht verbrauchten Nebenkostenvorauszahlungen an den Ersteher auszukehren, soweit diesem die Abrechnung der Nebenkosten und die Rückzahlung des Überschusses obliegt. Da insoweit keine unterjährige Spitzabrechnung durchgeführt werden kann, sind lediglich die vereinnahmen Vorauszahlungen mit den zum Stichtag des Zuschlags verauslagten umlagefähigen Nebenkosten zu saldieren.

Dies hat der BGH in der einer weiteren Entscheidung vom 17.11.2011[498] grundsätzlich bestätigt.

In der Konsequenz beider Entscheidungen musste die Praxis davon ausgehen, dass im Falle eines Negativsaldos der Ersteher gegenüber der Masse erstattungspflichtig ist, weil es diese Kosten nach Ablauf des Abrechnungsjahres dem Mieter in Rechnung stellen kann. Dem hat der BGH aber in der Entscheidung vom 17.11.2011 eine klare Absage erteilt. Der Verwalter hatte den Negativsaldo mit den abgegrenzten Mieten, die dem Ersteher ab dem Zuschlag zustehen verrechnet. Der BGH verneint einen entsprechenden Ausgleichsanspruch insbesondere aus § 670 BGB.

Insoweit wird ergänzend auf die Ausführungen zu → § 161 Rdn. 61 f. verwiesen.

c) Kaution

aa) Allgemein

Schließt der Verwalter Miet- oder Pachtverträge ab, ist er verpflichtet auch eine Kaution zu vereinbaren[499], wenn dies üblich ist und auch der Schuldner zur Absicherung seiner Interessen eine Kaution verlangen würde. Darüber hinaus dient die

---

496 Ebenso LG Berlin, GE 2004, 691.
497 Rpfleger 2008, 89 m. Anm. *Engels* = NJW-RR 2008, 323 = ZIP 2007, 2375 = ZInsO 2007, 1221 = ZfIR 2008, 25 m. Anm. *Eckert*; Anm. *Schmidberger*, ZInsO 2008, 83.
498 IGZInfo 2012, 31 = ZInsO 2012, 233 = ZfIR 2012, 188 m. Anm. *Ganter,* ZfIR 2012.
499 Hierzu *Schmidt*, IGZInfo 2008, 109.

Kaution wegen möglicher Verschlechterungen am Vertragsgegenstand mittelbar auch dem Interesse der Gläubigerin.
Bei Wohnraummiete ist § 551 BGB zu beachten. I.Ü. hat der Verwalter klare Regelungen bezüglich der Anlage und Verzinsung zu treffen. Die Kaution ist von den Erträgnissen gesondert vom Vermögen des Verwalters anzulegen[500], bei Wohnraum gemäß § 551 Abs. 3 BGB. Auch außerhalb der Wohnraummiete (dort § 551 Abs. 3) ist die Kaution zu dem für Spareinlagen üblichen Zinssatz bei dreimonatiger Kündigungsfrist zu verzinsen[501], wenn nicht eine andere Vereinbarung getroffen wurde, z.B. durch Verpfändung eines auf den Namen des Mieters angelegten Sparbuchs oder einer Bürgschaft.

bb) Anforderung der Kaution

165 Eine bei Beschlagnahme noch nicht gezahlte Kaution wird von der Beschlagnahme erfasst und muss durch den Verwalter eingefordert werden[502] (s. zur Überlassung → Rdn. 117). Dieser Anspruch besteht auch gegen einen Verwalter von Wohnungseigentum, wenn der Mieter die Kaution an diesen entrichtet hat[502a].

Hat der Mieter oder Pächter die Kaution oder anderweitige Mietsicherheit (u.a. Bürgschaft oder verpfändetes Sparbuch) an den Schuldner geleistet, kann der Verwalter die Herausgabe verlangen[503], da sie als Sicherheit für die Erhaltung des Grundstücks in seinem wirtschaftlichen Bestand und seiner ordnungsgemäßen Benutzung von dem Verwalter verwendet werden muss. Aus § 150 Abs. 2 heraus kann der Verwalter die Herausgabevollstreckung betreiben (s. dort → Rdn. 43 ff.)[504] und zwar zeitnah (§ 7 ZwVwV). Hat der Schuldner die **Kaution nicht angelegt, ist jedoch ein Zahlungstitel erforderlich,** da aus dem Anordnungsbeschluss nicht auf Zahlung vollstreckt werden kann[505]. Der Verwalter muss dann ebenfalls die Pflichten im Hinblick auf Anlage und Verzinsung erfüllen (→ Rdn. 164). Dies gilt auch in dem Fall, dass der Mieter die Zahlung der bereits erbrachten Kaution von dem Schuldner an den Eigentümer veranlasst[506]. Nach Zuschlag gehen die Verpflichtungen auf den Ersteher über, auch wenn der Verwalter die Kaution nicht erlangen konnte, um sie an den Ersteher weiterzuleiten (s. aber → Rdn. 168.6).

cc) Herausgabe der Sicherheit

166 Wird das Vertragsverhältnis während der Zwangsverwaltung beendet, hat der Verwalter die Sicherheit nach den vertraglichen Regelungen oder allgemeinen Grundsätzen innerhalb angemessener Frist (3 bis 6 Monate[507]) abzurechnen und ganz oder teilweise einschließlich der Zinsen herauszugeben[508]. Rechnet der Mieter seinerseits mit Ansprüchen auf, kann er dies nur im Rahmen von § 1125

---

500 Unstr., vgl. u.a. *H/W/F/H*, § 6 ZwVwV Rdn. 31 m.w.N.
501 Unstr. BGHZ 127, 138.
502 BGH, Rpfleger 2005, 460, 462 = NJW-RR 2005, 1029, 1030; LG Köln, Rpfleger 1999, 173 = NJW-RR, 1991, 80, 81; *Haut*, IGZInfo 3/2007, 91 ff.
502a BGH, VIII Z R 300/14, ZfIR 2015, 850 = IGZInfo 4/2015, 119.
503 *Stöber*, ZVG mit ausführlicher Begründung, § 152 Rdn. 12.13 c).
504 BGH, Rpfleger 2005, 460 = NJW-RR 2005, 1029, 1030.
505 BGH, Rpfleger 2005, 463; *Depré/Mayer*, Rdn. 560.
506 LG Köln, NJW-RR 1991, 80, 81.
507 Palandt/*Weidenkaff*, § 551 Rdn. 15; vgl. auch *Haut*, IGZInfo 3/2007, 91 ff.
508 Hierzu *Wetekamp*, ZfIR 2011, 213, *Jacoby*, ZMR 2015,1 und *Hartung*, NZI 2014, 739.

BGB[509]. Soweit die Kapitalertragsteuer abgezogen wurde, hat der Mieter nur einen Anspruch auf eine Bescheinigung[510].

Das Gleiche gilt, wenn der Mieter die **Kaution vor der Beschlagnahme an den Schuldner geleistet** hat und dieser die Kaution an den Verwalter herausgegeben hat. 167

Entgegen der früheren Rechtslage[511] hat der BGH entschieden, dass der Verwalter nach Beendigung des Mietverhältnisses verpflichtet ist, die Kaution an den Mieter zurück zu gewähren, auch wenn er diese von dem Schuldner, trotz Zahlung durch den Mieter, nicht erlangen konnte[512]. Der Anspruch ergebe sich aus Abs. 2 in Verbindung mit der Sicherungsabrede zwischen Schuldner und Mieter, sodass diese Rechtsprechung auf alle Verträge anzuwenden ist, die von Abs. 2 erfasst werden. Der BGH hat hieraus u.a. in strafrechtlicher Hinsicht eine gesetzliche Vermögensbetreuungspflicht begründet, die sich aus den Sonderregelungen der Wohnraummiete ergibt[513]. Damit ist auch eine Aufrechnung des Mieters oder ein Zurückbehaltungsrecht entgegen der bisherigen überwiegenden Meinung[514] zulässig und der Verwalter muss gegebenenfalls eine Rücklage für mögliche Kautionsansprüche bilden.

Diese Rechtsprechung des BGH erstreckt sich damit **nicht auf gewerbliche Mietverhältnisse**[515].

Dagegen wird zu Recht angeführt[516], dass die Neufassung des § 566a BGB nicht auf den Zwangsverwalter anwendbar ist, zumal auch hier eine subsidiäre Haftung des vorherigen Vermieters bestehen bleibt[517]. Zumindest wird man aber eine Verpflichtung des Verwalters annehmen müssen, die Herauszahlung der Kaution von dem Schuldner zu fordern (→ Rdn. 165[518]). Die Auffassung des BGH ist aber weder durch die Regelungen der §§ 155, 156 gedeckt, noch den Rang den ein auf Rückzahlung gerichteter Titel einnehmen würde (§ 10 Abs. 1 Nr. 5), sowie die Regelungen der §§ 392, 1124 Abs. 2, 1125 BGB. Dadurch werden die vorrangigen Gläubiger im Hinblick auf die Haftungsmasse ohne rechtliche Grundlage zugunsten der Mieter benachteiligt. 168.1

Eine Einschränkung hat der BGH lediglich dahin gehend vorgenommen, dass § 566a S. 1 BGB auf Veräußerungsgeschäfte, die vor dem 1.9.2001 abgeschlossen wurden, keine Anwendung findet[519]. Dies gilt auch für die Zwangsverwaltung. 168.2

---

509 BGH, WM 1978, 1326.
510 LG Berlin, NJW-RR 2000, 1537.
511 BGH, DB 1979, 90 = Rpfleger 1979, 53; vgl. Darstellung bei *H/W/F/H*, § 6 Rdn. 33.
512 BGH, Rpfleger 2003, 678 = ZInsO 2003, 900 = NJW 2003, 3342; Rpfleger 2005, 460 = NJW-RR 2005, 1029.
513 BGH, 5 StR 354/07, NJW 2008, 1827 = ZMR 2008, 698 = IGZInfo 3/2008, 134.
514 U.a. *H/W/F/H*, § 6 ZwVwV Rdn. 34 m. Nw. d. Rspr.; vgl. auch *Depré*, ZfIR 2006, 313; *Haut/Haeseler*, IGZInfo 2007, 91; *Schmidt*, IGZInfo 2008, 109; *Baumann*, IGZInfo 2008, 163.
515 BGH, 5 StR 354/07, IGZInfo 3/2008, 134 zu Verpflichtungen des Schuldners, die Kaution zu separieren. Eine Vermögensgefährdung ergibt sich jedoch nicht aus der abstrakten Gefahr eines Verlustes, sondern die Gefahr eines endgültigen Verlustes muss so groß sein, dass mit einer Minderung des Gesamtvermögens zu rechnen ist.
516 *Hintzen/Alff*, Rpfleger 2003, 635; *H/W/F/H*, § 6 ZwVwV Rdn. 34; *Depré/Mayer*, Rdn. 563 ff.
517 *H/W/F/H*, § 6 ZwVwV Rdn. 33.
518 LG Köln, WuM 1990, 500.
519 Rpfleger 2005, 459 = NJW-RR 2005, 962.

Hat der Schuldner mithin vor dem 1.9.2001 erworben und wurde ihm die Kaution nicht übergeben oder hat er die Verpflichtung zur Rückzahlung nicht übernommen (§ 572 S. 2 BGB a.F.), haftet auch der Zwangsverwalter nicht. Der Mieter ist insofern beweisbelastet[520].

Darüber hinaus kommt es darauf an, ob das Mietverhältnis zum Zeitpunkt der Beschlagnahme noch besteht. Der Zwangsverwalter ist nicht zur Rückzahlung der nicht erhaltenen Kaution verpflichtet, wenn das Mietverhältnis bereits beendet und die Wohnung geräumt ist, bevor die Anordnung der Beschlagnahme wirksam wird[521]. Insoweit führt auch ein Grundstückserwerb nach der Beendigung eines Mietverhältnisses und dem Auszug des Mieters nicht zum Eintritt des neuen Eigentümers in Rechte und Pflichten des bisherigen Vermieters aus dem bisherigen Mietverhältnis sowie aus einer Sicherungsabrede zur Mietkaution[522].

168.3 Eine gewisse Erleichterung kann dadurch entstehen, dass der Anordnungsbeschluss als Herausgabetitel dienen kann (→ § 150 Rdn. 43 ff.)

Hat der Schuldner, gegen den der Zwangsverwalter aus dem Anordnungsbeschluss die Herausgabevollstreckung einer geleisteten Barkaution betreibt, eidesstattlich versichert, er habe als Vermieter des Zwangsverwaltungsobjektes die Kaution mit rückständigen Mieten verrechnet, ist er nach Auffassung des BGH in diesem Verfahren nicht zu weitergehenden Auskünften darüber verpflichtet, mit welchen Forderungen er die Kaution genau verrechnet hat[523]. Dies ist für den Verwalter auch in Bezug auf die Berechnung von Rückständen innerhalb der Beschlagnahme unbefriedigend.

168.4 Der auf Rückzahlung der Mietkaution in Anspruch genommene Zwangsverwalter ist nicht mehr prozessführungsbefugt, wenn die Zwangsverwaltung vor Rechtshängigkeit aufgehoben wurde[524]. Dies hat der BGH mit einer Entscheidung vom 9.6.2010 bestätigt[525]. Wenn der Zwangsverwalter die Ansprüche des Mieters nicht erfüllt hat, kann er deshalb nach Aufhebung des Verfahrens hierfür nicht mehr gerichtlich in Anspruch genommen werden. Dies gelte auch für die Kaution. Die Ansprüche können entweder gegen den Schuldner als bisherigem Vermieter verfolgt werden oder nach Zuschlag gegen den Ersteher (Erwerber bei Verkauf), wenn das Mietverhältnis noch nicht beendet ist (§ 566 ff. BGB und § 57).

Diese Auffassung lässt aber offen, inwieweit der Mieter oder der Ersteher den Zwangsverwalter möglicherweise persönlich wegen Verletzung der Pflicht zur Separierung der Kaution aus dem erweiterten Beteiligtenbegriff des BGH in Anspruch nehmen können. Insbesondere in Bezug auf die Rechtsprechung des BGH zu den Wohngeldern (→ § 154 Rdn. 4.2 ff.) steht zu befürchten, dass der BGH eine solche Auffassung vertreten könnte.

---

520 BGH, 2006, 30; ebenso im Hinblick auf eine vor dem 1.9.2001 veräußertes Gewerbegrundstück BGH, Rpfleger 2006, 214 = NJW-RR 2006, 443; Anm. *Hamdorf*, ZfIR 2006, 472.
521 BGH, Rpfleger 2006, 489 = NJW-RR, 2006, 1021 = NZM 2006, 680; Anm. *Hawelka*, ZfIR 2007, 209; AG Altena, IGZInfo 372008, 150.
522 BGH, Rpfleger 2007, 415 in Anschluss an BGH, NJW 2004, 851 = Rpfleger 2004, 303.
523 BGH, Rpfleger 2009, 255 = NJW 2009, 1076 = NZM 2009, 151; ebenso LG Heilbronn, Rpfleger 2008, 435.
524 AG Berlin-Wedding, GE 2007, 1325.
525 Zur Frage, wenn der Mieter selbst das Objekt ersteigert, Rpfleger 2010, 615 = IGZInfo 2010, 179 = ZfIR 2010, 652 m. Anm. *Blauth/Mayer*.

Der BGH hat seine Rechtsprechung zur Kaution sukzessive ausgeweitet: **168.5**

- Mit Urteil vom 11.3.2009[526] hat der BGH eine weitere klare Aussage getroffen. Danach trifft den Zwangsverwalter einer Mietwohnung auch die Pflicht, zur **Anlage** einer vom Mieter als Sicherheit geleisteten Geldsumme bei einem Kreditinstitut, auch wenn der Verwalter die Kaution nicht vom Vermieter erlangt hat.
- In seiner Entscheidung vom 23.9.2009[527] bestätigt der BGH erneut seine Linie. Der Vermieter hatte die Kaution nicht angelegt und wurde insolvent. Der BGH gewährt dem Mieter gegenüber dem Zwangsverwalter ein Zurückbehaltungsrecht, bis der Zwangsverwalter nachgewiesen hat, dass die Mietkaution auf einem Treuhandkonto angelegt ist. Über die allseits kritisierte Grundlinie des BGH ist diese Entscheidung in Bezug auf den Feststellungsantrag des Mieters nicht ohne Weiteres nachvollziehbar, da dieser grundsätzlich subsidiär ist. Der BGH hat das Rechtsschutzinteresse mit der Begründung bejaht, dass dem Mieter eine gegenwärtige Gefahr der Unsicherheit drohe.
- Eine Auskehrung der Kaution hat der BGH lediglich in dem Fall verneint, dass der Mieter selbst die Wohnung ersteigert, weil hierdurch eine Konfusion eintritt[528].

Soweit ersichtlich fehlt damit nur noch der Fall, dass die von dem Mieter gezahlte, durch den Schuldner nicht ausgefertigte, von dem Verwalter separierte Kaution an den Ersteher auszukehren ist. Es ist zu befürchten, dass der BGH bei seiner Linie bleibt. Er hätte dies allerdings auch in Form eines *obiter dictum* in der Entscheidung zur Konfusion erledigen können. **168.6**

Es bleibt zu hoffen, dass die Auffassung von *Wedekind/Wedekind* berücksichtigt wird, wonach eine Auskehrung an den Ersteher deshalb nicht zu erfolgen hat[529], weil er originär aus § 566a S. 1 BGB hafte und ein Fehlen der Kaution in seinem Gebot berücksichtigt hat. Aufgrund der Rechtsprechung des BGH überzeugt das letzte Argument alleine aber nicht, zumal es auch nur ein wirtschaftliches ist. Insbesondere aus der Ausweitung des Beteiligtenbegriffs (→ § 154 Rdn. 4.2) wird man argumentieren können, dass der Ersteher sich darauf verlassen kann, dass der Zwangsverwalter nach den Vorgaben der Rechtsprechung die Kaution separiert hat. Da der Schuldner bei einer Veräußerung die Kaution ebenfalls weiterleiten müsste und die Kaution treuhänderisch verwaltet wird, wird man hieraus die Verpflichtung zur Auskehr an den Ersteher kaum verneinen können.

Die Entscheidung des BGH vom 7.3.2012[530] dürfte nicht einschlägig sein, da keine Zwangsverwaltung zu verzeichnen war und der Ersteher verpflichtet wurde, die von dem Schuldner nicht separierte und nicht ausgefertigte Kaution an den Mieter auszuzahlen. In einer Entscheidung vom 23.1.2013 weist der BGH darauf hin, dass der Mieter gemäß § 566a Abs. 2 BGB grundsätzlich gehalten ist, zunächst den Erwerber als gegenwärtigen Sicherungs- und Mietvertragspartner für die

---

526 Rpfleger 2009, 468 = ZfIR 2009, 332 = IGZInfo 2009, 90.
527 Rpfleger 2010, 99 = ZfIR 2009, 880 = IGZInfo 2009, 177.
528 Rpfleger 2010, 615 = IGZInfo 2010, 179 = ZfIR 2010, 652 m. Anm. *Blauth/Mayer*.
529 *Wedekind/Wedekind*, Rdn. 1180; wohl ebenso *Depré/Mayer*, Rdn. 626 f.
530 Rpfleger 2012, 399.

Kautionsforderung in Anspruch zu nehmen[531]. Zuzustimmen ist *Wedekind/Wedekind*, dass entweder im Rahmen des Mietrechts oder des ZVG eine gesetzliche Regelung dieses Sachverhalts zwingend geboten ist.

Unabhängig hiervon kann hier im Einzelfall eine Sicherung durch Hinterlegung angezeigt sein, z.b. wenn der Ersteher kein Anderkonto nachweist. Des Weiteren sollte der Mieter vorab um Zustimmung gebeten werden. Ggf. ist die Anlegung eines Kautionssparbuches mit Verpfändung oder die Einrichtung vergleichbarer Sicherungsinstrumente angezeigt[532].

Insoweit dürfte es fraglich sein, ob die Entscheidung des LG Flensburg haltbar ist, wonach der Zwangsverwalter dem Ersteher nicht auf Schadensersatz haftet, wenn er – nach zuschlagsbedingter Aufhebung – die restliche Masse an den Gläubiger auskehrt, ohne zuvor einen Betrag in Höhe der vom Mieter an den Schuldner geleisteten, allerdings nicht an den Zwangsverwalter gelangten Mietkaution, zur Weiterleitung an den Ersteher einbehalten zu haben[533]. Dies gilt nicht zuletzt im Hinblick auf die Ausweitung des Beteiligtenbegriffs durch den BGH (s. → § 154 Rdn. 4.2).

168.7 In der Konsequenz der BGH-Rechtsprechung müsste des Weiteren bei einer **nach Rücknahme erfolgten Aufhebung** die nicht vom Schuldner erlangte und separierte Kaution an diesen zur Auszahlung gelangen, ein äußerst unbefriedigendes Ergebnis, wenn der Schuldner die erste Kaution bereits veruntreut hat. Hier dürfte der Weg über die Anlage eines Kautionssparbuches angezeigt sein, welches als Sicherheit verpfändet wird, jedenfalls Alternativen zur Barkaution.

169 Ist der **Mietvertrag bereits vor der Beschlagnahme beendet**, kommt Abs. 2 nicht zum Tragen, sodass auch die möglicherweise noch fehlende Abrechnung nicht zu einer Zahlungsverpflichtung führt. Der Verwalter ist dann nicht zur Herauszahlung der Kaution verpflichtet[534].

170 Die Auffassung, dass keine Zahlungspflicht besteht, wenn das Objekt mit bestehendem Mietverhältnis zugeschlagen wurde und der Verwalter die Kaution bei dem Schuldner nicht realisieren konnte,[535] bleibt damit offen. Der BGH lässt eine **Ausnahme** bislang nur zu, wenn der Schuldner das Grundstück vor dem 1.9.2001 (MietRÄndG) erworben hat, keine Kaution erhalten hat und auch die Rückgewährpflicht nicht übernommen hat[536].

171 Diese Rechtsprechung gilt jedoch **nicht für gewerbliche Mietverhältnisse**. Hier steht dem Mieter auch kein Zurückbehaltungs- oder Aufrechnungsrecht gegen Forderungen des Zwangsverwalters zu (§ 1124 Abs. 2 BGB)[537].

172 Die Klage auf Rückzahlung der Kaution gegen den Verwalter ist unzulässig, sofern die Zwangsverwaltung bei Rechtshängigkeit bereits aufgehoben war[538]. Hier

---

531 U. v. 23.1.2013, VIII ZR 143/12, NJW-RR 2013, 457 = NZM 2013, 230 = IGZInfo 2/2013, 98.
532 *Wedekind/Wedekind*, Rdn. 1180: Rückzahlung an den Mieter oder Hinterlegung.
533 Rpfleger, 2008, 436.
534 BGH, Rpfleger 2006, 489 = IGZInfo 2006, 81 = NJW-RR 2006, 1021; *Bank*, JurBüro 1982, 1128; vgl. auch *Haut*, IGZInfo 3/2007, 91, 93 f.
535 So *Depré/Mayer*, Rdn. 626 f.; BGH, Rpfleger 2005, 559: keine Prozessführungsbefugnis bei Aufhebung der Zwangsverwaltung vor Rechtshängigkeit.
536 BGH, Rpfleger 2005, 459 = NJW-RR 2005, 962.
537 LG Essen, IGZInfo 2006, 54.
538 BGH, Rpfleger 2005, 559: keine Prozessführungsbefugnis bei Aufhebung der Zwangsverwaltung vor Rechtshängigkeit; LG Frankfurt a.M., IGZInfo 2006, 151.

könnte sich jedoch ein Haftungsanspruch aus dem erweiterten Beteiligtenbegriff des BGH ergeben (→ § 154 Rdn. 4.2).

4. Baukostenzuschüsse, Mieterdarlehen und Mietvorauszahlungen
a) Allgemein

Grundsätzlich sind Vorausverfügungen über die Miete oder Pacht im Rahmen von § 1124 BGB spätestens bis zum Folgemonat der Beschlagnahme wirksam, wenn die Beschlagnahme nach dem 15. des Monats eingetreten ist (→ § 148 Rdn. 15 ff.). 173

Baukostenzuschüsse, Miet- oder Pachtzinsvorauszahlungen wirken dem Verwalter gegenüber wie gegenüber dem Ersteher mit den nachfolgenden Differenzierungen. Die Wirksamkeit der Vorausverfügungen richtet sich nach den §§ 1124, 1125 BGB.[539] Insoweit wird nachfolgend eine Übersicht dargestellt. 174

Vorausverfügungen sind nur einseitige Verfügungen des Vermieters und Vereinbarungen über die Entwicklung fälliger Mieten, sodass Vertragsänderungen, wie eine vertragliche Reduzierung der Miete nicht erfasst sind[540]. 175

Verpflichtet sich der Mieter in einem Mietaufhebungsvertrag zu Ausgleichszahlungen, falls der Vermieter bei einer Weitervermietung nur eine geringere Miete erzielt, wird dieser Anspruch nicht von der Beschlagnahme einer später angeordneten Zwangsverwaltung erfasst. Die Abtretung dieser Forderung durch den Vermieter stellt keine Vorausverfügung i.S.v. § 1124 Abs. 2 BGB dar[541].

b) Baukostenzuschuss

Soweit die Vorauszahlung als abzuwohnender Baukostenzuschuss geleistet wurde und entsprechend verwendet wurde, kann der Mieter weiterhin wirksam verrechnen, da die Verwendung dem Wert des Objektes zu Gute gekommen ist und damit auch eine Besserstellung der Realgläubiger i.S.e. Werterhöhung zu verzeichnen ist[542]. Sind sie wirksam vereinbart (→ Rdn. 182), wirken sie nach den §§ 566, 566c, 578 BGB gegenüber dem Ersteher (s. → § 57b Rdn. 14 ff.) und dem Zwangsverwalter[543]. Voraussetzung ist, dass der Mieter vor Durchführung der Instandsetzung tatsächlich Beiträge zur Schaffung oder Instandsetzung des Objektes erbracht hat und zwar bei der gebotenen wirtschaftlichen Betrachtungsweise aus seinem eigenen Vermögen[544]. In dieser Entscheidung vom 15.2.2012 hat der BGH sämtliche Grundsätze nochmals bekräftigt und in Bezug auf die Art der Leistung und die Herkunft der Gelder ergänzt. Es kommt nicht darauf an, ob **Geld-, Sachmittel oder Arbeitsleistung** handelt und wie sich deren Verhältnis darstellt. Es kommt alleine darauf an, was mit diesen Mitteln tatsächlich an Werterhöhung zur Schaffung und/oder Instandhaltung des Mietgrundstückes erbracht 176

---

539 Bestätigt durch BGH, ZfIR 2012, 328 = WuM 2012, 112.
540 KG, IGZInfo 2006, 15.
541 BGH, NJW-RR 2011, 371 = ZfIR 2011, 208.
542 BGHZ 16, 31; vgl. zu verlorenen Baukostenzuschüssen nach dem WoBauG *H/W/F/H*, § 8 ZwVwV Rdn. 16; s. auch *Löhnig/Bauch*, § 8 ZwVwV Rdn. 5.
543 Zur Kritik *H/W/F/H*, § 8 ZwVwV Rdn. 18 m.w.N.
544 BGH, Rpfleger 2012, 454 = NJW-RR 2012, 525 = ZfIR 2012, 325 = IGZInfo 2012, 93; vgl. auch OLG Hamm, U. v. 27.5.2013, 18 U 72/12, IGZInfo 3/2014, 120 = JurionRS 2013, 52266.

wurde. Des Weiteren ist es auch völlig unerheblich, woher die benötigten eingesetzten Mittel beschafft worden sind.

Auch hier scheidet jedoch – wie bei den Mietvorauszahlungen (→ Rdn. 178 ff.) – eine nachträgliche **Umwidmung** aus[545].

c) Mieterdarlehen

177 Diente das Darlehen der Verbesserung des Objektes, gelten die Ausführungen zu den Baukostenzuschüssen entsprechend (→ Rdn. 176) mit der Folge der Wirksamkeit gegenüber Zwangsverwalter und Ersteher aus den §§ 566 ff., 578 BGB. Wurde das Darlehen unabhängig hiervon gezahlt und nicht zur Baufinanzierung finden die Regelungen des § 1124 Abs. 2 BGB Anwendung.

d) Mietvorauszahlungen

178 Werden Vorauszahlungen nicht zu Zwecken der Baufinanzierung geleistet, wirken sie nach den §§ 566 ff. BGB mit der Maßgabe, dass an die Stelle des Eigentumsübergangs die Beschlagnahme tritt. Die §§ 1124, 1125 BGB kommen gegenüber einem Grundpfandgläubiger zur Anwendung.

179 Die frühere Rechtsprechung ging davon aus, dass die Vereinbarung einer solchen Vorauszahlung wirksam war, wenn sie im ursprünglichen Vertrag vereinbart war. Wurde sie nachträglich vereinbart, war sie durch die Regelungen der §§ 1124, 1125 BGB begrenzt[546].

Die **nachfolgende Rechtsprechung** des BGH[547] differenzierte zunächst danach, wie die Miete vertraglich berechnet ist. Wurde die Miete nicht wiederkehrend berechnet, sondern in einem **Einmalbetrag** zu Beginn des Mietverhältnisses, ist die Vereinbarung auch gegenüber dem Grundpfandgläubiger und damit dem Zwangsverwalter wirksam. Ist die Miete nach dem Vertrag nach **periodischen Abschnitten** bemessen, ist die Vorausverfügung über die Miete in den Grenzen des § 1124 BGB gegenüber dem Grundpfandgläubiger und dem Verwalter unwirksam.

Mit seiner Entscheidung vom 30.4.2014[548] gibt der BGH diese Vorgaben jedoch auf und stellt alleine darauf ab, ob die Mietvorauszahlung nach **periodischen Zeitabschnitten** bemessen ist (z.B. Vorauszahlung für 5 Jahre Mietdauer). In diesen Fällen ist die Vorauszahlung ab der Beschlagnahmewirkung nunmehr ebenfalls gegenüber dem Zwangsverwalter nach § 1124 Abs. 2 BGB unwirksam (Umrechnung *pro rata temporis*). Etwas anderes würde nur dann gelten, wenn die Vorauszahlung ein Mietverhältnis auf Lebenszeit zum Gegenstand hätte. Dies gilt wiederum nicht, wenn nach Abschluss des Mietvertrages (der bereits 15 Jahre läuft) durch eine Zusatzvereinbarung (zeitnah) eine lebenslängliche Mietdauer gegen eine Einmalzahlung vereinbart wurde.[549]

---

545 Zutreffend LG Neubrandenburg, Rpfleger 2013, 701.
546 RGZ 144, 194, 196; RG, JW 1933, 1658.
547 BGHZ 137, 106; bestätigt durch BGH, NJW 2007, 2919 = WuM 2007, 467 = IGZInfo 2007, 104; abw. LG Hamburg, Rpfleger 1995, 124; hierzu auch *Wedekind*, ZfIR 2009, 841.
548 VIII ZR 103/13, Rpfleger 2014, 616, 617; vgl. auch U. v. 18.12.2015, V ZR 191/14.
549 BGH, ZfIR 2012, 328 m. Anm. *Schmidberger*.

Eine Vereinbarung mit einem Mieter, dass unter Anrechnung auf die Miete Zins- und Tilgungsleistungen direkt an die Bank geleistet werden, ist weder eine wirksame Vorausverfügung noch einem Baukostenzuschuss vergleichbar.[550]

Unabhängig hiervon ist jedoch immer zu prüfen, ob die Leistung des Mieters – wie bei einem Baukostenzuschuss – zu einer Besserstellung des Realgläubigers geführt hat[551]. Sofern der Mieter aufgrund einer Abrede mit dem Schuldner Kreditleistungen an den Grundpfandgläubiger unmittelbar erbringt, kann er diese Zahlungen dem Zwangsverwalter gegenüber nicht als Vorauszahlung entgegenhalten[552]. 180

e) Wiederkehrende Leistungen

§ 1126 regelt für wiederkehrende Leistungen eine Karenzfrist von 3 Monaten. Hierbei handelt es sich um Erbbauzinsen, Renten aus Überweg, Überbau u.ä.[553] 181

f) Wirksamkeit

Die Wirksamkeit der Vereinbarung ist insbesondere aufgrund von § 8 ZwVwV sorgfältig zu prüfen, da hier häufig Vereinbarungen mit **Benachteiligungsabsicht** getroffen werden, ohne (nachweisbaren) wirtschaftlichen Hintergrund. Andererseits kann auch eine Vereinbarung, wonach eine Mietvorauszahlung nach Anordnung des Verfahrens nicht mehr mit der Miete verrechnet werden darf sittenwidrig und damit nichtig sein[554]. Die Mietvorauszahlungsabrede kann wiederum sittenwidrig sein, wenn sie die Verwaltung beeinträchtigen sollte. Haben Vermieter und Sozialhilfeträger eine Aufrechnung der Vorauszahlung vereinbart, kann der Verwalter hieran gebunden sein[555]. 182

Erbringt ein Mieter einer Werkstatt aufgrund selbstständiger Aufträge des Schuldners werterhöhende Leistungen an dem Grundstück, kann er hieraus keine Aufrechnungsansprüche aus dem Gesichtspunkt eines Baukostenzuschusses geltend machen[556]. Ebenso scheidet eine Aufrechnung mit Bereicherungsansprüchen aus, wenn der Mieter werterhöhend einen Anbau errichtet und die beabsichtigte Sicherung mit einem Erbbaurechtsvertrag scheitert[557]. 183

Der Verwalter hat eine Unwirksamkeit der Vorauszahlungen und -verfügungen geltend zu machen, wenn der Gläubiger hierauf nicht verzichtet (§ 8 ZwVwV).

Der Mieter muss gegenüber dem Zwangsverwalter alle Voraussetzungen für die Anerkennung eines Baukostenzuschusses (u.a.) auch im Hinblick auf die Verrechnung und das Bestehen eines Mietvertrages beweisen[558]. 184

---

550 OLG Frankfurt, IGZInfo 2012, 151.
551 OLG Düsseldorf, MDR 1972, 148.
552 LG Neubrandenburg, Rpfleger 2013, 701; vgl. auch OLG Frankfurt, U. v. 23.2.2012, 2 U 143/11, IGZInfo 2012, 151 = JurionRS 2012, 17381.
553 Vgl. *H/W/F/H*, § 8 ZwVwV Rdn. 22 ff.
554 AG Kassel, Rpfleger 1969, 298 = WM 1969, 181.
555 LG Aachen, WuM, 1988, 439.
556 OLG Frankfurt, KTS 1983, 489.
557 OLG Stuttgart, U. v. 17.4.2008, 13 U 213/07, IGZInfo 2008, 145.
558 OLG Brandenburg, U. v. 20.9.2005, 3 U 221/05 n.V.

5. Eigenkapitalersetzende Nutzungsüberlassung

185 Zu diesem Problemkreis war bis zum 1.11.2008 die Regelung des § 32a GmbHG zu berücksichtigen. Sie wurde durch Art. 1 MoMiG vom 23.10.2008[559] aufgehoben und durch §§ 39 Abs. 1 Nr. 5, 135 InsO ersetzt, ohne Auswirkungen auf die Zwangsverwaltung[560].

Überlässt der Gesellschafter einer Gesellschaft, an der er beteiligt ist, das Grundstück entgeltlich zur Nutzung konnte der Insolvenzverwalter der Gesellschaft aus § 32a GmbHG heraus zumindest zeitweise berechtigt sein, die Zahlung des Miet- oder Pachtzinses zu verweigern[561]. Damit wäre auch ein Durchschlagen zulasten der Realgläubiger im Rahmen der Zwangsverwaltung verbunden. Bis zur Entscheidung des BGH vom 7.12.1998 war diese Frage umstritten[562]. Der BGH hat insoweit jedoch den Vorrang der Zwangsverwaltung festgestellt[563] und die §§ 1123, 1124 Abs. 2 BGB entsprechend angewendet, sodass die Folgen des Kapitalersatzes spätestens mit dem auf die Beschlagnahme folgenden Monat enden und der Zwangsverwalter entweder gegen die Gesellschaft oder den Insolvenzverwalter einen Zahlungsanspruch hat[564]. Hieraus folgend kann der Zwangsverwalter das Miet- oder Pachtverhältnis auf der Grundlage der mietvertraglichen oder gesetzlichen Regelungen bei Nichtzahlung notwendigerweise kündigen[565], wobei hier die Regelung des § 112 InsO zu beachten ist, wonach der Zwangsverwalter nach dem Antrag auf Eröffnung des Insolvenzverfahrens nicht wegen eines Mietrückstandes aus der Zeit vor dem Eröffnungsantrag kündigen kann.

Durch die Neuregelung in den §§ 39 Abs. 1 Nr. 5, 135 InsO ergeben sich keine Änderungen in Bezug auf das Zwangsverwaltungsverfahren[566].

Dies Folgen sollen unabhängig davon eintreten, ob das Grundpfandrecht vor oder nach Eintritt des kapitalersetzenden Charakters entstanden ist[567]. *H/W/F/H* weisen zu Recht darauf hin, dass dieses Ergebnis auch der Finanzierungsverantwortung des Gesellschafters entspricht, die nicht auf den Zwangsverwalter übergeht[568]. Im Gegenzug billigte der BGH dem Insolvenzverwalter grundsätzlich einen Ersatzanspruch gegen den Gesellschafter auf Ersatz der an den Zwangsverwalter zu zahlenden Aufwendungen zu[569]. Dies ist nunmehr auf der Grundlage der Neuregelung der §§ 39 Abs. 1 Nr. 5, 135 InsO zu betrachten[570].

---

559 BGBl 2008 I 2026; hierzu *Löhnig/Bäuerle*, § 148, Rdn. 12.
560 *H/W/F/H*, § 6 ZwVwV Rdn. 38; *Fischer*, ZfIR 2010,312; *ders.*, IGZInfo 2010, 48; *Göcke/Henkel*, ZInsO 2010, 170.
561 BGH, WM 1994, 1530 und 1646.
562 Vgl. *H/W/F/H* mit umfangreichen Nachweisen der Rspr., § 6 ZwVwV Rdn. 39.
563 BGH, Rpfleger 1999, 138 = ZInsO 1999, 173.
564 Vgl. OLG Hamburg, U. v. 16.12.2005, 11 U 198/05, IGZInfo 2006, 15 zur Einschaltung einer Zwischenholding m. Anm. *Neumeister*; OLG Düsseldorf, B. v. 1.3.2010, I-24 U 82/09, IGZInfo 2010, 142: Die Wirkung einer eigenkapitalersetzenden Gebrauchsüberlassung endet, sofern das überlassene Grundstück mit einem Grundpfandrecht belastet war, bei der Zwangsverwaltung mit Wirksamwerden der Beschlagnahme, ohne dass es eines weiteren Tätigwerdens des Zwangsverwalters bedarf.
565 OLG Dresden, ZInsO 2003, 227; *Muth*, EWiR 1999, 263, 264.
566 *H/W/F/H*, § 6 ZwVwV Rdn. 38; *Fischer*, ZfIR 2010, 312; *ders.*, IGZInfo 2010, 48; *Göcke/Henkel*, ZInsO 2010, 170.
567 Zutreffend *H/W/F/H*, § 6 ZwVwV Rdn. 40.
568 *H/W/F/H*, § 6 ZwVwV Rdn. 40.
569 BGH, ZInsO 1999, 173 = ZIP 1994, 1411; vgl. auch *Jungmann*, ZIP 1999, 606 f.
570 Hierzu *Fischer*, ZfIR 2010, 312 und IGZInfo 2010, 48.

Zu steuerrechtlichen Fragen in diesem Zusammenhang wird auf → Rdn. 101.1 ff. verwiesen.

6. Jagdpachtverträge

186 Vor Beschlagnahme abgeschlossene Jagdpachtverträge sind für den Verwalter wie gewöhnliche Pachtverträge bindend, sodass auch § 152 Abs. 2 anzuwenden ist.

Im Übrigen ist das Jagdrecht Teil des Eigentums an Grund und Boden (§ 3 Abs. 1 S. 2 BJagdG) und entweder ein Eigenjagdbezirk oder ein gemeinschaftlicher. Damit müsste der Verwalter grundsätzlich das Jagdrecht ausüben, was durch einen Jäger oder Förster geschehen kann oder durch Verpachtung. Im letzten Fall bleibt der Pachtvertrag für den Schuldner bindend, auch wenn die Verwaltung aufgehoben wird[571].

7. Landpachtverträge

187 Verpachtet werden können auch einzelne Wiesen, Äcker oder Gärten, wenn dies bisher nicht der Fall war[572]. Ist von einer Schuldnerbestellung (§ 150b) abgesehen worden, sollte eine Eigenbewirtschaftung nur ausnahmsweise erfolgen. Insoweit sind die Regeln der Land- und Forstwirtschaft zu beachten. Bei größeren Gütern ist auch eine Änderung der Nutzung möglich, um Marktgegebenheiten zu berücksichtigen[573].

Verpachtet der Verwalter einen gesamten landwirtschaftlichen Betrieb, ist zu prüfen, ob ein Milchkontingent (bis 31.3.1015) besteht, da dieses personenbezogen ist und damit von der Beschlagnahme nicht erfasst wird. Gleichwohl geht das Kontingent nach dem Grundsatz der Betriebsakzessorietät kraft Gesetzes[574] auf den Pächter über, da es sich nicht von dem Betrieb trennen lässt[575]. Anders ist die Rechtslage in den neuen Bundesländern, da das Kontingent jährlich zugewiesen wird. Zu beachten sind auch Kontingente privatrechtlicher Art, wie z.B. Rübenkontingente. Hier muss der Verwalter die entsprechenden Auskünfte bei den jeweiligen Vertragspartnern einholen, da die Gewährung der Kontingente für die Pachtpreisgestaltung und den Verkehrswert von Bedeutung sein kann.

8. Zwangsverwaltung und Insolvenzverwaltung

188.1 Beide Verfahren treffen häufig aufeinander, sei es, dass über das Vermögen des Schuldners das Insolvenzverfahren eröffnet wurde[576], sei es, dass über das Vermögen des Mieters das Insolvenzverfahren eingeleitet wird.

Im ersten Fall ergeben sich keine wesentlichen Folgen für das Zwangsverwaltungsverfahren mit Ausnahme formaler Fragen im Rahmen der Anordnung (→ § 146 Rdn. 18 ff.) oder zu Fragen des Wohnrechtes des Schuldners (→ § 149 Rdn. 38 f.).

---

571 *Stöber*, ZVG § 152 Rdn. 11.2; *Depré/Mayer*, Rdn. 185.
572 *H/W/F/H*, § 5 ZwVwV Rdn. 36.
573 *H/W/F/H*, § 5 ZwVwV Rdn. 36.
574 *H/W/F/H*, § 5 ZwVwV Rdn. 36.
575 BGHZ 114, 283.
576 Hierzu ausführlich *Wedekind/Wedekind*, Rdn. 873 ff. und *Eickmann*, ZfIR 2007, 557 sowie *Depré/Mayer*, Rdn. 978 ff.; vgl. auch *Zipperer*, ZfIR 2011, 388.

188.2 In der Insolvenz des Mieters sind die Reglungen der §§ 108 ff. InsO durch den Zwangsverwalter zu beachten. Die Regelungen der §§ 153b ff. werden im Rahmen dieser Vorschriften gesondert dargestellt.

Betreibt der Insolvenzverwalter des Betrieb des Schuldners auf dem Zwangsverwalteten Grundstück, ist eine Nutzungsentschädigung zu zahlen, ebenso, wenn die Kapitalersatzregelungen greifen (→ Rdn. 185 f.).

188.3 Dem Insolvenzverwalter stehen nach § 109 InsO Sonderkündigungsrechte zu sowie bei Wohnraum die Möglichkeit zu erklären, dass Ansprüche nach Ablauf der Kündigungsfrist nicht im Insolvenzverfahren geltend gemacht werden können. Im letzten Fall kann der Zwangsverwalter die mietvertraglichen Ansprüche nach Ablauf der Frist wieder unmittelbar gegen den Mieter und Insolvenzschuldner geltend machen.

188.4 Nach § 112 InsO kann der Zwangsverwalter nach dem Antrag auf Eröffnung des Insolvenzverfahrens nicht wegen Mietrückständen kündigen, die in der Zeit vor dem Eröffnungsantrag entstanden sind. Inwieweit der Insolvenzverwalter Zahlungen des insolventen Mieters an den Zwangsverwalter anfechten kann, ist nicht abschließend geklärt[577].

Ab der Eröffnung des Verfahrens ist der Insolvenzverwalter verpflichtet, die Verpflichtungen aus dem Mietvertrag zu erfüllen, bis er ggf. von seinen Rechten aus § 109 InsO Gebrauch macht. Mit der Eröffnung werden rückständige Mieten ab der Anordnung des vorläufigen Insolvenzverfahrens Masseverbindlichkeiten, wenn der vorläufige Verwalter als „starker Verwalter" bestellt wurde (§§ 55 Abs. 1 InsO, 22 Abs. 1 InsO) und er das Objekt genutzt hat. Zahlt er diese Masseschulden nach Eröffnung des Verfahrens nicht, kann der Zwangsverwalter jedoch erst ab diesem Zeitpunkt die Kündigung aussprechen.

Hat der Zwangsverwalter einen Herausgabeanspruch gegen den Insolvenzverwalter des Mieters begründet dieser eine Aussonderungsrecht mit der Folge, dass ein unterbrochener Prozess aufgenommen werden kann[578].

IX. Wohnungseigentum

1. Allgemein

189 Das Wohnungseigentum unterliegt der Zwangsverwaltung in gleichem Maße wie sonstige Immobilien (→ § 146 Rdn. 5). Ebenso sind die Nutzung durch den Schuldner (§ 149) zu berücksichtigen und die Rechte und Pflichten aus einer Vermietung (s.o. → Rdn. 116 ff.). Besonderheiten ergeben sich im Wesentlichen aus den Rechtsbeziehungen zu der Eigentümergemeinschaft in Bezug auf Sondereigentum, Miteigentum, Sondernutzungsrechte und die Mitgliedschaftsrechte[579].

Berücksichtigt wird vorliegend die zum 1.7.2007 in Kraft getretene WEG-Novelle[580], die u.a. die Teilrechtsfähigkeit der Eigentümergemeinschaft gesetzlich regelt (§ 10 Abs. 6 WEG), die insoweit bestehende gesetzliche Vertretung des Ver-

---

577 Hierzu *Haut*, IGZInfo 1/2014, 6.
578 BGH, ZInsO 2010, 1452 = ZMR 2010, 943 = IGZInfo 2010, 178.
579 *Depré/Mayer*, Rdn. 484 ff.: Keine Beschlagnahme im Hinblick auf Geldbeträge in Gemeinschaftsbesitz, es sei denn nach Beschlagnahme werden fällige Auszahlungsansprüche beschlossen.
580 BGBl 2007 I 370; *Wedekind*, ZfIR 2008, 600; *Lüke*, ZfIR 2007, 657; *Böhringer/Hintzen*, Rpfleger 2007, 353; nach *Bärmann/Pick* ist das materielle Recht alter Fassung auf die vor dem 1.7.2007 anhängigen Verfahren anzuwenden, WEG § 62 Rdn. 3.

walters (§ 27 Abs. 3 WEG), Vereinfachungen bei der Begründung von Sondernutzungsrechten sowie Erleichterungen in verschiedenen Bereichen[581], u.a. bei gesetz- oder vereinbarungsändernden Beschlüssen und der Beschränkung der Haftung auf den Miteigentumsanteil (§ 10 Abs. 8 WEG). Zu den für die Zwangsverwaltung relevanten Änderungen für die ab dem 1.7.2007 anhängig werdenden Verfahren (§ 62 WEG) wird auf die jeweilige Kommentierung verwiesen, insbesondere die §§ 155, 156[582].

Der Verwalter hat im Rahmen seines Aufgabenbereiches die Mitgliedschaftsrechte des Schuldners in der Eigentümergemeinschaft wahrzunehmen und damit die den Wohnungseigentümern obliegende Verwaltung des gemeinschaftlichen Eigentums nach dem WEG. Hierzu übt er auch das Stimmrecht des Schuldners in der **Eigentümerversammlung** aus[583] und muss an dieser teilnehmen. Der Verwalter ist jedoch berechtigt Vollmacht zu erteilen[584]. Dies gilt auch für die Bestellung oder Abberufung des WEG-Verwalters[585]. Eine Einschränkung wird nur bei Beschlüssen begründet, die nicht die Erhaltung des wirtschaftlichen Bestandes des Wohnungseigentums und seiner ordnungsgemäßen Nutzung dienen[586], z.B. Änderung der Teilungserklärung. 190

Ist der Schuldner Eigentümer von mehreren Einheiten und hat nur eine Stimme und ist der Verwalter nicht für alle Einheiten bestellt, kann die Stimme nur bei einheitlicher Stimmabgabe gezählt werden[587]. Bei fehlender Übereinstimmung soll die Stimme des Zwangsverwalters nicht zählen[588]. Im Rahmen seines Aufgabenkreises ist er auch zur Anfechtung von Beschlüssen berechtigt und ggf. verpflichtet (§§ 23, 43, 46 WEG)[589]. Ein von dem Schuldner vor Anordnung des Verfahrens eingelegtes Rechtsmittel kann er nicht zurücknehmen, wenn der Zweck der Verwaltung nicht beeinträchtigt wird[590]. 191

2. Eigentümergemeinschaft und Verwalter

Hat die Eigentümergemeinschaft einen Verwalter bestellt (§ 20 WEG) verwaltet dieser das gemeinschaftliche Eigentum (§§ 26–28 WEG). Eine Verwaltungspflicht des Zwangsverwalters ist nur in dem seltenen Fall denkbar, dass er alle Einheiten verwaltet und die Verfahren verbunden sind[591], da er in diesem Fall an den Vertrag mit dem WEG-Verwalter (insbesondere Verwaltung des Schuldners) nicht gebunden ist. Zur Übernahme der WEG-Verwaltung soll er gleichwohl nicht verpflichtet sein (→ Rdn. 193 f.). Sofern kein WEG-Verwalter bestellt ist, muss der Verwalter die Verwaltung des gemeinschaftlichen Eigentums gemeinsam mit den Miteigentümern im Rahmen der bisherigen Organisation ausüben (§§ 21–25 192

---

581 Vgl. hierzu Übersicht bei *Böhringer/Hintzen*, Rpfleger 2007, 353 ff. und *Gottschalg*, NZM 2007, 194.
582 Vgl. auch *Böhringer/Hintzen*, Rpfleger 2007, 353, 360; *Sievers*, IGZInfo 3/2007, 81, 84 ff.
583 BayObLG, Rpfleger 1999, 189, einschränkend gegen Ausdehnung auf alle Miteigentümerrechte.
584 *Depré/Mayer*, Rdn. 486.
585 KG, WuM 1990, 324.
586 KG, NJW-RR 1987, 77, 78; BayObLG, NJW-RR 1991, 723, 724.
587 KG, NJW-RR 1989, 1162.
588 KG, NJW-RR 1989, 1162.
589 BayObLG, NJW-RR 1991, 723, 724; vgl. auch *Depré/Mayer*, Rdn. 487.
590 KG, NJW-RR 1987, 77 zu Beschlussfassung über bauliche Veränderungen.
591 AG Strausberg, Rpfleger 2004, 115.

WEG). Je nach Sachlage, insbes. bei schwierigen Objekten empfiehlt es sich, einen Antrag auf Bestellung eines WEG-Verwalters zu stellen, da sich hierdurch die wirtschaftliche Situation des Objektes häufig verbessern lässt[592]. Die Bestellung eines Notverwalters ist durch die WEG-Novelle aufgehoben worden. Alternativ kann der Zwangsverwalter auch beantragen, dass er ermächtigt wird, eine Eigentümerversammlung zum Zweck der Bestellung eines Verwalters einzuberufen.

193 Die Verwaltung von Gemeinschaftseigentum, insbesondere verschiedener Eigentümer, gehört nicht zu den Aufgaben des Verwalters[593]. Insoweit ist die teilweise vertretene Ansicht, dass i.d.R. bis zu 10 Einheiten durch den Verwalter selbst zu verwalten sind abzulehnen, worauf das AG Straußberg[594] mit zutreffenden Argumenten hinweist.

194 Stehen **alle Einheiten im Eigentum des Schuldners** und insoweit in der Verwaltung, ist nach Auffassung des OLG München ein Einmann-Beschluss zur Bestellung eines Wohnungsverwalters nicht möglich[595]. Der entgegenstehenden Auffassung des AG Strausberg[596] ist zumindest in Bezug auf die Zwangsverwaltung zuzustimmen, da der Verwalter nicht verpflichtet ist, das Sondereigentum zu verwalten und je nach Umfang der Verwaltung auch vor unlösbare Probleme gestellt wird. Um die Bestellung aber nicht angreifbar zu machen, sollte der Verwalter diese auf den Zeitraum der Zwangsverwaltung beschränken, bzw. bis zur Beschlussfassung über einen Wirtschaftsplan nach Versteigerung oder sonstiger Beendigung des Verfahrens[597].

Beide Auffassungen sind aber aufgrund der Neuregelung der WEG-Novelle[598] in § 10 Abs. 7 S. 4 WEG infrage zu stellen, da bei einer Vereinigung sämtlicher Eigentumsrechte in einer Person, das Verwaltungsvermögen auf den Eigentümer des Grundstücks übergeht. Hieraus könnte sich damit sowohl eine Verwaltungspflicht als auch die Möglichkeit einer Verwalterbestellung begründen[599].

3. Wohngeld
a) Allgemein

195 Das Wohngeld war grundsätzlich nach Maßgabe der nachfolgenden Einzelheiten Ausgabe der Verwaltung (§ 155) und von dem Verwalter zu zahlen. Aufgrund der Neuregelung des § 156 Abs. 1 durch die WEG-Novelle (→ § 156 Rdn. 10 f.) war zunächst streitig, ob diese Behandlung weiterhin begründet war, da das Wohngeld in die Rangklasse des § 10 Abs. 1 Nr. 2 eingestuft wurde. Insoweit hätte auch kein Vorschuss, wie in der Vergangenheit angefordert werden können. Mit seiner Entscheidung vom 15.10.2009 hat der BGH diese Streitfrage jedoch geklärt (→ § 156 Rdn. 10 ff.) und dem Wohngeld weiterhin seinen Charakter als laufende Ausgabe der Verwaltung beigemessen[600]. Die vorliegend in der Vorauflage vertre-

---

592 Vgl. *Drasdo*, Die Bestellung des Wohnungseigentumsverwalters im Rahmen der Zwangsverwaltung, JM 02/2015, 61.
593 AG Strausberg, Rpfleger 2004, 115.
594 AG Strausberg, Rpfleger 2004, 115.
595 IGZInfo 2006, 90 m. Anm. *Haeseler*, S. 67; gegen OLG München ebenfalls *Depré/Mayer*, Rdn. 485; ausführlich *H/W/F/H*, § 21 ZwVwV Rdn. 21 ff.
596 Rpfleger 2004, 115.
597 So *Haeseler*, IGZInfo 2006, 67.
598 BGBl 2007, I 370.
599 Ebenso *Wedekind/Wedekind*, Rdn. 1110.
600 Rpfleger 2010, 35 m. Anm. *Traub*, Rpfleger 2010, 100.

tene gegenteilige Auffassung wird insoweit nicht mehr aufrechterhalten, auch wenn dieses Ergebnis aufgrund der bestehenden gesetzlichen Regelung nur schwer zu begründen ist. Die Entscheidung des BGH ist für die Abwicklung des Verfahrens jedoch zu befürworten.

Der Verwalter tritt im Rahmen der Verwaltung unstr.[601] an die Stelle des Schuldners, wodurch die **Haftung des Schuldners** für das Wohngeld jedoch nicht entfällt[602]. Für nach Anordnung der Zwangsverwaltung fällig werdende Wohngeldforderungen kann neben dem Zwangsverwalter auch der Eigentümer der zwangsverwalteten Wohnung in Anspruch genommen werden[603]. 196

Zahlungen des Zwangsverwalters in Erfüllung seiner Pflichten muss der Schuldner mit Wirkung des § 212 Abs. 1 Nr. 1 BGB gegen sich gelten lassen, aber nicht solche Zahlungen zu denen der Zwangsverwalter gegenüber der Eigentümergemeinschaft nicht verpflichtet ist (→ Rdn. 202 ff.)[604].

Nach Insolvenzeröffnung fällig werdende Wohngelder sind Masseverbindlichkeiten. Neben dem Zwangsverwalter haftet entweder der Schuldner oder im Falle der Insolvenz die Masse weiterhin[605]. Hierbei werden die Wohngeldforderungen aufgrund eines Jahres-Wirtschaftsplanes i.d.R. monatlich fällig und nicht schon mit Beschluss über diesen. Die Eigentümergemeinschaft ist aufgrund des Vorrechts der Rangklasse 2 auch für die vor der Insolvenzeröffnung fälligen Wohngeldansprüche ohne Beschlagnahme absonderungsberechtigt. Das Vorrecht entsteht mit der Verfahrenseröffnung und kann ggf. mit der Pfandklage auf Duldung der Zwangsversteigerung gegen den Insolvenzverwalter durchgesetzt werden[606].

Darüber hinaus haftet der Schuldner der Eigentümergemeinschaft aus Verzug für Vorschusszahlungen, welche von dieser an den Zwangsverwalter geleistet werden[607].

Ist ein WE-Verwalter bestellt, hat dieser einen Wirtschaftsplan zu erstellen (§ 28 WEG), auf dessen Grundlage die Eigentümer Vorschüsse (Wohngeldzahlungen) zu leisten haben. Enthält der Verwaltervertrag hierzu keine Regelung, kann die Aufstellung von jedem Eigentümer nach § 43 Nr. 3 WEG gerichtlich erzwungen werden[608] (bei vertraglicher Pflicht nur durch die Gemeinschaft). Der Wirtschaftsplan enthält sämtliche voraussichtlichen Einnahmen und Ausgaben der Verwaltung des gemeinschaftlichen Eigentums (§ 28 Abs. 1 Nr. 1 WEG). Im Rahmen seines Aufgabenkreises muss der Verwalter das für diese Ausgaben bestimmte Wohngeld im Rahmen der Ausgaben der Verwaltung (§ 155 Abs. 1) nach allgemeiner Auffassung[609] vorweg bestreiten.[610] 197

Es gilt § 13, auch wenn die Miete erst später zur Masse gezogen werden kann[611].

---

601 Vgl. *H/W/F/H*, § 9 ZwVwV Rdn. 17 m.w.N.; diff. OLG Zweibrücken, IGZInfo 2006, 92: Neben dem Schuldner.
602 OLG Zweibrücken, IGZInfo 2006, 92.
603 OLG München, Rpfleger 2007, 158; ebenso OLG Köln, IGZInfo 2008, 142.
604 Rpfleger 2012, 273 = ZfIR 2012, 295 = IGZInfo 2012, 98.
605 OLG Köln, IGZInfo 2008, 142.
606 BGH, NJW 2011, 3098 = ZfIR 2011, 825 = ZInsO 2011, 1649 = IGZInfo 4/2011, 194.
607 KG, NJW-RR 2006, 661 = NZM 2006, 383; Anm. *Häublein*, ZfIR 2006, 212.
608 Vgl. Palandt/*Bassenge*, WEG 28, Rdn. 1.
609 U.a. *Stöber*, ZVG § 152 Rdn. 18.7 und § 156, Rdn. 3.4–3.7 mit umfangreichem Rechtsprechungsnachweis.
610 Nunmehr BGH, Rpfleger 2010, 35.
611 Böttcher/*Keller* sehen hier eine Deckungslücke, § 152 Rdn. 33c.

198 Sofern das Wohngeld **Aufwendungen für die Verzinsung und Tilgung** von Gesamt- oder Einzelverbindlichkeiten umfasst, darf der Verwalter hierauf Zahlungen nur im Rahmen des **Teilungsplans** vornehmen, wenn es sich z.B. um Kredite aus der Bauphase handelt[612] (str.). Hieran dürfte auch die Gesetzesänderung zu den Wohngeldern nichts ändern, insbesondere aufgrund der klarstellenden Entscheidung des BGH zur Behandlung der Wohngelder.

Im Falle eines Wohnungserbbaurechts (§ 30 WEG) darf der Verwalter den Erbbauzins nur auf der Grundlage eines Teilungsplans bedienen.

199 Sind in der Abrechnung Erschließungskosten enthalten, die **einmalige öffentliche Lasten** sind, dürfen sie durch den Verwalter nicht gezahlt werden, da diese im Rahmen der Zwangsverwaltung nicht in der Rangklasse 3 berücksichtigt werden (§ 155 Abs. 2).

200 Die **laufenden öffentlichen Lasten** sind in der Regel Bestandteil der Abrechnung, mit Ausnahme der Grundsteuer B und bedürfen aufgrund der Neuregelung des § 156 Abs. 1 bezüglich der laufenden Wohngelder einer gesonderten Betrachtung (vgl. → § 156 Rdn. 10, auch zur Haftung).

201 Unterliegen mehrere Wohneinheiten der Verwaltung kann der Verwalter – auch nicht auf Anweisung durch das Gericht – die Wohngelder etwaiger Leerstandsobjekte durch Nutzungen der vermieteten Objekte bedienen, da es sich um getrennte Vollstreckungsobjekte handelt. Auch wenn Verfahren über mehrere Einheiten verbunden sind, kann der Verwalter Überschüsse einer Einheit nicht dazu verwenden Wohngelder für Einheiten zu zahlen, in denen keine oder keine ausreichenden Einnahmen erzielt werden. Das Wohngeld ist objektbezogen[613]. Dies führt dazu, dass der Verwalter ggf. auch gesondert Vorschüsse einfordern muss.

Empfohlen wurde hierbei die Einrichtung eines Treuhandkontos, auf welches Überschüsse ertragsstarker Einheiten aus dem Teilungsplan gezahlt werden, um diese als Vorschüsse für Leerstände zu verwenden[614]. Dies bedarf der Abstimmung mit Gläubiger und Gericht. Ggf. dürfte die Anforderung von Vorschüssen transparenter sein. Ähnlich wie im Rahmen der normalen Hausverwaltung wäre darüber hinaus daran zu denken, die Einheiten, aus denen Erträge erzielt werden, mit Sonderumlagen für die allgemeinen Bewirtschaftungskosten zu belasten.

b) Rückstände und Sonderumlagen

aa) Allgemein

202 Der Zwangsverwalter muss das laufende Wohngeld ab dem Zeitpunkt der Beschlagnahme (unverzüglich vorweg[615]) leisten (§ 155 Abs. 1).

Die Wohngelder dürfen gemäß § 156 Abs. 1 n.F. zwar ohne weiteres Verfahren berichtigt werden, bei bestehenden Ansprüchen der Rangklasse 1, jedoch nur nach Aufstellung eines Teilungsplans[616]. Die Regelung gilt für ab dem 1.7.2007 anhängig werdende Verfahren.

---

612 *Stöber*, ZVG § 152 Rdn. 19.3 a); *Wenzel*, ZInsO 2005, 113, 116; vgl. auch *Steiger*, Rpfleger 1985, 474, 476; *Depré/Mayer*, Rdn. 489 ff.
613 BGH, Rpfleger 2009, 163 = NJW 2009, 598 = ZInsO 2009, 205 = IGZInfo 2009, 38; OLG Stuttgart, JurBüro 1976, 1396; *Steiger*, Rpfleger 1985, 481.
614 *H/W/F/H*, § 9 ZwVwV Rdn. 19.
615 BayObLG, NJW-RR 1991, 732; vgl. auch *Depré/Mayer*, Rdn. 489 ff.
616 Ebenso *Böhringer/Hintzen*, Rpfleger 2007, 353, 360.

Der Verwalter darf aus den Nutzungen keine Rücklagen bilden für den Fall, dass zukünftige Mietzahlungen ausbleiben[617]. Bei **Leerstand** oder unzureichenden Einnahmen hat der Gläubiger das Wohngeld zu bevorschussen (→ § 156 Rdn. 10 f.), d.h. auch für begründete Nachzahlungen auf eine Abrechnungsspitze (→ Rdn. 206 ff.) oder eine zulässige Sonderumlage (→ Rdn. 211 ff.). Nach Zuschlag in einer parallelen Zwangsversteigerung ist eine Ersteherabrechnung vorzunehmen (→ § 161 Rdn. 57).

Der Auffassung, dass Rückstände und Sonderumlagen aufgrund der Neuregelung weder über § 156 noch als Ausgaben der Verwaltung zu begleichen sind,[618] kann nicht gefolgt werden, da sie u.a. der Begründung des Gesetzgebers entgegensteht (vgl. hierzu → § 156 Rdn. 10 f.), auch wenn dem der Begriff „laufend" auf den ersten Blick entgegensteht (→ s. § 156 Rdn. 11.2).

bb) Rückstände, Nachzahlungen

203 Unstreitig hat der Verwalter keine Wohngeldrückstände aus einer Abrechnung für ein früheres Wirtschaftsjahr zu begleichen, die zum Zeitpunkt der Beschlagnahme bereits beschlossen war[619].

Ein besonderes Problem kann auf den Verwalter jedoch in Form der **Versorgungssperre**[620] zukommen, die sowohl gegenüber[621] dem Eigentümer zulässig ist, aber nach überwiegender Auffassung auch gegenüber dem Mieter in der Schuldnerwohnung für zulässig erachtet wird[622]. Das OLG Dresden hat darüber hinausgehend entschieden, dass eine Versorgungssperre trotz Erbringung der laufenden Wohngelder gegen den in der Wohnung wohnenden Schuldner auch im Rahmen eines Zwangsverwaltungsverfahrens möglich ist[623]. Die hiergegen erhobene Kritik ist berechtigt[624], da das von der Eigentümergemeinschaft ausgeübte Zurückbehaltungsrecht vorrangig dazu dient, dass die Rückstände nicht weiter anwachsen. Die Rückstände unterliegen darüber hinaus den Rangstellen des jeweiligen ZVG-Verfahrens. Durch den Zwangsverwalter erlangt die Eigentümergemeinschaft häufig auch eine Verbesserung der Gesamtsituation.

204 Nach h.M. besteht auch keine Zahlungsverpflichtung, wenn nach der Beschlagnahme eine Jahresabrechnung beschlossen wird, in der Rückstände aus früheren Jahren enthalten sind, über die bereits vor der Beschlagnahme ein Beschluss gefasst wurde und die lediglich im Saldo fortgeschrieben werden[625]. Dies gilt auch für enthaltene Vorschusszahlungen, die die Eigentümergemeinschaft für die Zwangsvollstreckung leisten musste[626].

---

617 LG Köln, Rpfleger 1987, 325 m. Anm. *Meyer-Stolte.*
618 *Sievers,* IGZInfo 3/2007, 81, 86.
619 LG Rostock, Rpfleger 2003, 680; *Hintzen/Wolf,* Rdn. 13.20.
620 Zum Umfang LG München, 1 S 10608/10, n.v.
621 BGH, ZfIR 2005, 760.
622 U.a. KG, NZM 2002, 221.
623 ZMR 2008, 140.
624 *Wedekind/Wedekind,* Rdn. 1128 f.
625 BayObLG, Rpfleger 1999, 408; LG Rostock, Rpfleger 2003, 680; *Stöber,* ZVG § 152 Rdn. 19.3 b); *Löhnig/Bäuerle,* § 152 Rdn. 15.
626 KG, NJW-RR 2006, 661 = NZM 2006, 383; krit. *Drasdo,* NJW Spezial 2006, Heft 6, 245; vgl. zu Wohngeld im Falle der Masseunzulänglichkeit OLG Düsseldorf, IGZInfo 2007, 24.

205 Streitig sind **Rückstände aus einem früheren Wirtschaftsjahr**, wenn die Jahresrechnung erst nach der Beschlagnahme beschlossen wird sowie die **rückständigen Wohngeldzahlungen für das laufende Wirtschaftsjahr** für Zeiträume vor der Beschlagnahme, auch wenn diese Rückstände in der Abrechnung ausgewiesen werden und hierüber nach Ablauf des Wirtschaftsjahres ein Beschluss gefasst wird.

206 Die früher vorherrschende Meinung stellte zunächst auf die durch den Beschluss eintretende Fälligkeit ab und verpflichtet den Verwalter diese Rückstände auszugleichen[627], auch wenn mehrere Wirtschaftsjahre erst nach der Beschlagnahme zur Abrechnung und Beschlussfassung gelangen[628]. Der BGH[629] hat hierzu entschieden, dass die Fälligkeit durch einen tatsächlich beschlossenen Wirtschaftsplan begründet wird und der Beschluss über die Jahresabrechnung diesen lediglich verstärke. Der Verwalter darf danach die Rückstände der Jahresrechnung, die auf **nicht gezahlten Vorauszahlungen vor der Beschlagnahme** beruhen, auch wenn die Beschlussfassung später liegt, nicht begleichen[630].

207 Regelungsbedarf besteht des Weiteren in Bezug auf die Bedienung der sogenannten **Abrechnungsspitze**, d.h. Nachforderungen, die über die Lasten und Kosten des Wirtschaftsplans hinausgehen, soweit sie auf einen Zeitraum vor der Beschlagnahme entfallen. Hierzu wird weiterhin die Auffassung vertreten, dass diese durch den Verwalter zu erfüllen ist, wenn die Beschlussfassung nach der Beschlagnahme liegt[631].

Zu der Gesamtthematik ist die Auffassung von *Wenzel* zu beachten, der einen Ausgleich sämtlicher Rückstände vor der Beschlagnahme ablehnt, auch die Abrechnungsspitze[632]. Gestützt wird diese Auffassung auf die Entscheidung des BGH v. 18.4.2002[633] zur Ausfallhaftung in der Insolvenz. Hier hatte der BGH bislang darauf abgestellt, dass die Verbindlichkeit erst durch die Beschlussfassung nach der Beschlagnahme rechtsgeschäftlich entsteht und damit eine Masseverbindlichkeit nach § 58 Nr. 2 KO begründet wird. Nunmehr geht der BGH davon aus, dass es zweifelhaft sei, ob die Wohnungseigentümer die Möglichkeit haben sollen durch die Beschlussfassung – rechtsgeschäftlich – die Masse zu schmälern und sich verteilungsmäßig zu begünstigen. Auch wenn die Entscheidung auf den ersten Blick nur eine unzureichende Grundlage bietet, untermauert *Wenzel* dieses Ergebnis damit, dass die durch den Beschluss geschaffene Forderung keine durch die Insolvenzverwaltung begründete Verbindlichkeit ist und die Eigentümergemeinschaft die Forderung durch Beschluss nicht als Ausgabe der Verwaltung begründen könne. Dies gelte aufgrund vergleichbarer Grundsätze auch für die Zwangsverwaltung mit dem Ergebnis, dass die zur Erhaltung und Nutzung erforderlichen Ausgaben das Äquivalent für die ab der Beschlagnahme erfassten Nut-

---

627 BGHZ 104, 197, 201; OLG Düsseldorf, NJW-RR 1991, 723; OLG Karlsruhe, DWE 1990, 106; OLG Köln, WuM 1993, 702; *H/W/F/H*, § 9 Rdn. 17.
628 KG, WE 2001, 9.
629 BGHZ 131, 228.
630 BayObLG, Rpfleger 1999, 408; LG Rostock, Rpfleger 2003, 680; *Stöber*, ZVG § 152 Rdn. 18.3 und § 156, Rdn. 3.4–3.7; *Depré/Mayer*, Rdn. 492 f.; Palandt/*Bassenge*, § 16 WEG Rdn. 16; *Böttcher/Keller*, § 152 Rdn. 33, § 155 Rdn. 10b.
631 BayObLG, Rpfleger 1999, 408 = NJW-RR 1999, 1458; OLG München, Rpfleger 2007, 416 m. Anm. *Engels*.
632 ZInsO 2005, 113; auch *Depré/Mayer*, Rdn. 492.
633 ZIP 2002, 1043, 1047; vgl. auch *Beutler/Vogel*, ZMR 2002, 802.

zungen seien⁶³⁴. Zwar sei nicht zu verkennen, dass auch die Begleichung von Rückständen im Hinblick auf die Liquidität der Eigentümergemeinschaft in Bezug auf die Erhaltung und ordnungsgemäße Nutzung geeignet sein könne, jedoch müsse auch hier das Aufteilungsprinzip gelten, sodass die Eigentümergemeinschaft nicht auf die Nutzungen nach der Beschlagnahme zugreifen könne, sondern nur auf den Schuldner selbst. Die Eigentümergemeinschaft dürfe sich durch die Beschlussfassung nach der Beschlagnahme keinen Rangvorteil verschaffen. Es kommt damit nicht auf den Zeitpunkt der Fälligkeit an, sondern darauf, wann die Kosten entstanden sind.

Diese zutreffende Auffassung würde dazu führen, dass bei den Wohngeldzahlungen für das laufende Jahr die Eigentümergemeinschaft im Rahmen der Rechnungslegung darlegen muss, welche Kosten auf den Zeitraum ab der Beschlagnahme entfallen, wobei hier auf der Grundlage einer tatsächlichen Vermutung *pro rata temporis* auf das Verhältnis der vor und nach Beschlagnahme fälligen Wohngelder abzustellen ist⁶³⁵.

In der Praxis wird der Zwangsverwalter sich auf die gegenteilige Auffassung einstellen müssen, wie sie insbesondere durch das OLG München begründet wurde⁶³⁶, sodass diese **Abrechnungsspitze zu zahlen** ist. 208

Ein Ausgleich von Rückständen für vor der Beschlagnahme abgeschlossene Wirtschaftsjahre scheidet danach aus, auch wenn die Beschlussfassung erst nach der Beschlagnahme erfolgt, ebenso wie die Zahlung der vor Beschlussfassung fälligen Vorauszahlungen auf das laufende Wirtschaftsjahr und enthaltene Abrechnungssalden aus weiteren Vorjahren. Insofern muss der Verwalter ggf. die Abrechnung bereinigen⁶³⁷. Er ist nicht verpflichtet zu widersprechen⁶³⁸. 209

Hat der Verwalter fehlerhaft Forderungen beglichen, für die die Zwangsverwaltung nach vorstehendem nicht einzutreten hat, ist die Eigentümergemeinschaft zur Rückzahlung wegen ungerechtfertigter Bereicherung verpflichtet⁶³⁹.

Mit Nachzahlungsansprüchen kann der Verwalter, sofern die Eigentümergemeinschaft zu Vorschüssen nach § 161 Abs. 3 verpflichtet ist, mit diesem Vorschuss aufrechnen, wenn die Vorschusszahlung über das Vollstreckungsgericht zur Begleichung dieser Nachzahlung beantragt ist. 210

Die Position der Eigentümergemeinschaft wird auf dieser Grundlage nunmehr durch die Neuregelung des § 10 Abs. 1 Nr. 2 ausreichend gewahrt.

Der Zwangsverwalter kann die Jahresrechnung anfechten, wenn in der Einzelabrechnung der zwangsverwalteten Wohnung die von der Eigentümergemeinschaft geleisteten Vorschüsse gegen die Masse als Ausgaben der Verwaltung gem. § 155 geltend gemacht werden⁶⁴⁰. Die persönliche Haftung des Schuldners bleibt hiervon unberührt (→ Rdn. 196).

---

634 *Wenzel*, ZInsO 2005, 114 f.
635 *Wenzel*, ZInsO 2005, S. 115.
636 OLG München, Rpfleger 2007, 416 m. Anm. *Engels;* ebenso *Wedekind/Wedekind*, Rdn. 1116.
637 Vgl. *Wenzel*, ZInsO 2005, S. 115 f.
638 *Depré/Mayer*, Rdn. 487, 492 ff.
639 BayObLG, Rpfleger 1999, 408.
640 KG, NJW-RR 2006, 661 = NZM 2006, 383; Anm. *Häublein*, ZfIR 2006, 212.

cc) **Sonderumlage**

211 Die Rechtslage im Hinblick auf Rückständige Wohngeldzahlungen hat notwendigerweise auch Auswirkungen auf Sonderumlagen, die von der Eigentümergemeinschaft beschlossen werden. Hierbei kommt es nicht nur auf den Zeitpunkt, sondern auch auf den Zweck der Beschlussfassung an.

212 Die Sonderumlage kann notwendige Reparaturen umfassen, die nicht oder nur teilweise durch die Instandhaltungsrücklage gedeckt werden können, insbesondere aber in Zwangsverwaltungsverfahren häufig Umlagen aufgrund des Ausfalls von Wohngeldzahlungen.

213 Ist der Beschluss vor der Beschlagnahme gefasst worden, ist der Verwalter nicht zur Zahlung verpflichtet. Dies muss nach der zu den **Rückständen** vertretenen Auffassung (→ Rdn. 203 ff.) auch dann gelten, wenn die Fälligkeit in den Verwaltungszeitraum fällt, insbesondere aber, wenn die Umlage in der Jahresrechnung im Saldo nochmals ausgewiesen wird[641].

214 Zu den Ausgaben der Verwaltung und von dem Verwalter zu bedienen, sind Beschlüsse nach der Beschlagnahme, die eine **Sonderumlage für Reparaturen oder Instandhaltungen** zum Gegenstand haben, auch wenn die Ursachen hierfür vor der Beschlagnahme liegen[642].

215 Bei nicht notwendigen Verbesserungen des Objektes ist es bereits zweifelhaft, ob der Verwalter insoweit stimmberechtigt ist. Jedenfalls sollte er die Zustimmung des Gerichts und des Schuldners einholen. Ansonsten muss er widersprechen[643].

Handelt es sich um eine Sonderumlage wegen rückständiger Wohngelder, ist zunächst zu differenzieren, ob es sich um Rückstände anderer Eigentümer oder um solche des Schuldners handelt, ggf. um beides.

216 Bezüglich des Schuldners gilt das zu den Rückständen aufgeführte, wonach der Verwalter nicht für Wohngeldrückstände vor der Beschlagnahme haftet. Bei Rückständen andere Eigentümer kommt es für die Zahlungsverpflichtung auf die Beschlussfassung nach Beschlagnahme an[644]. Soweit der Beschluss (auch) Rückstände des Schuldners umfasst, muss der Zwangsverwalter diesen nicht anfechten, da er ihn nicht verpflichten kann[645] (→ Rdn. 213).

dd) **Guthaben**

217 Sofern sich aus der Jahresrechnung ein Guthaben ergibt, ist dieses an den Schuldner auszuzahlen, wenn es sich um ein vorausgehendes Wirtschaftsjahr handelt und die Beschlussfassung vor der Beschlagnahme lag[646].

218 Wird der Beschluss erst nach der Beschlagnahme gefasst, hat die Auszahlung an den Verwalter zu erfolgen, da es sich um Erstattungen auf die Ausgaben der Verwaltung (§ 155 Abs. 1) handelt, auch wenn der Schuldner für den Abrechnungszeitraum noch selbst Wohngeld gezahlt hat[647].

---

641 *Stöber*, ZVG § 152 Rdn. 18.7 und § 156 Rdn. 3.4 und 3.7; *Wenzel*, ZInsO 2005, S. 116.
642 *Steiger*, Rpfleger 1985, 474; *Wenzel*, ZInsO 2005, S. 116.
643 Vgl. *Depré/Mayer*, Rdn. 510 f.
644 *Stöber*, ZVG § 152 Rdn. 18.7 und § 156 Rdn. 3.4–3.7.
645 *Wenzel*, ZInsO 2005, S. 114.
646 Ebenso *H/W/F/H*, § 9 ZwVwV Rdn. 18; *Depré/Mayer*, Rdn. 489.
647 *Stöber*, ZVG § 152 Rdn. 19.6; *H/W/F/H*, § 9 ZwVwV Rdn. 18.

ee) Vorschuss und Gläubigervorrecht

Hat der Verwalter keine (ausreichenden) Einnahmen, ist der Gläubiger aufgrund der Entscheidung des BGH (→ Rdn. 195) zu den Wohngeldern vorschusspflichtig sowohl für das laufende Wohngeld[648] als auch berechtigte Sonderumlagen[649] oder Nachzahlungen aus einer Abrechnungsspitze. Hierbei ist immer auf den aktuellen Massebestand abzustellen. Es kommt auf die Fälligkeit des Wohngeldes an, welches aus den Einnahmen unverzüglich zu zahlen ist. Hier stellte sich die Frage, inwieweit die Vorschusspflicht je nach Gegenstand der Verwendung einen Vorrang aus § 10 Abs. 1 Nr. 1 begründet (s. → § 156 Rdn. 10 f.). 219

Im Allgemeinen wird ein Befriedigungsanspruch aus dieser Rangklasse jedoch nur gewährt, wenn es sich um Ausgaben zur Erhaltung oder nötigen Verbesserung des Grundstücks handelt und diese erforderlich waren[650]. Die Ausgaben müssen auch nachweislich hierfür verwendet worden sein. Für sämtliche sonstigen laufenden Betriebskosten kommt ein Vorrang nicht in Betracht[651], insbesondere auch nicht im Hinblick auf den Anteil, der auf die (nicht verwendete) Instandhaltungsrücklage entfällt[652]. Die Vergütung des Verwalters kann bevorrechtigt sein, wenn die Verwaltung notwendig war, das Sondereigentum zu erhalten oder wiederherzustellen[653]. 220

Liegt eine Überlassung an den Schuldner vor (§ 149), sind die Einschränkungen des BGH in Bezug auf die früher mögliche Weiterbelastung des Wohngeldes an den Schuldner zu beachten (→ § 149 Rdn. 12.1 ff.) und die Versorgungssperre der Eigentümergemeinschaft (→ Rdn. 203). 221

X. Abgrenzungsfragen
1. Allgemein

Bei parallelen Zwangsversteigerungsverfahren[654] (→ § 146 Rdn. 18) oder Insolvenzverfahren[655] (hierzu → Rdn. 188.1 ff.) können vielfältige Abgrenzungsfragen auftreten, weil die Nutzungen und Lasten regelmäßig in wiederkehrenden Leistungen und Ausgaben bestehen und die Zwangsverwaltung nicht mit dem Zuschlag endet (vgl. § 161). Bis zur Aufhebung führt der Verwalter das Verfahren für Rechnung des Erstehers und bleibt der allein Verwaltungsberechtigte[656]. Hierzu wird auch auf die Ausführungen unter → § 161 Rdn. 48 verwiesen. Des Weiteren stehen häufig Gesamtvollstreckung und Einzelvollstreckung nebeneinander. 222

---

648 BGH, Rpfleger 2010, 35 m. Anm. *Traub*, Rpfleger 2010, 100; zur alten Rechtslage BayObLG, NJW-RR 1991, 723; OLG Hamm, Rpfleger 2004, 369, LG Oldenburg, Rpfleger 1987, 326.
649 OLG Köln, Rpfleger 1998, 482 = NZM 1999, 94.
650 BGHZ 154, 387 = Rpfleger 2003, 454.
651 BGHZ 154, 387 = BGH, Rpfleger 2003, 454; *Stöber*, ZVG § 152 Rdn. 19.5; *Wenzel*, ZInsO 2005, S. 117 f.
652 BGHZ 154, 387 = BGH, Rpfleger 2003, 454.
653 BGHZ 154, 387 = BGH, Rpfleger 2003, 454.
654 Vgl. hierzu *Hintzen/Wolf*, Rdn. 13.339 ff.; *Depré/Mayer*, Rdn. 948 ff.
655 S. → § 146 Rdn. 18 ff., → § 149 Rdn. 38; § 153b; *Depré/Mayer*, Rdn. 948 ff., 978 ff.; *Eickmann*, ZfIR 2007, 557.
656 OLG Dresden, ZInsO 2001, 760.

2. Eigentümer und Insolvenzverwalter

223 § 1123 Abs. 2 regelt den Umfang der Beschlagnahmewirkung mit der Jahresregelung ab Fälligkeit. Hat der Eigentümer oder Insolvenzverwalter Rückstände vor der Beschlagnahme eingezogen, ist die Forderung erloschen und fällt nicht in die Zwangsverwaltungsmasse. Wurde die rückständige Forderung nach der Beschlagnahme eingezogen, ist sie an den Zwangsverwalter aus § 816 Abs. 2 BGB herauszuzahlen[657]. Der Verwalter hat jedoch zunächst zu prüfen, ob der Mieter oder Pächter befreiend an den Eigentümer oder Insolvenzverwalter geleistet hat. Ist dies nicht der Fall, muss er an den Zwangsverwalter nochmals zahlen und hat seinerseits einen Bereicherungsanspruch gegen den Empfänger der Zahlung.

XI. Rechtsverfolgung und Prozessführung
1. Allgemein

224 Mit der Anordnung der Zwangsverwaltung entfällt die allgemeine Partei- und Prozessfähigkeit des Schuldners nicht. Sofern Ansprüche aber von der Anordnung des Verfahrens erfasst werden, insbesondere sämtliche sich aus § 152 ergebenden Rechtsstreitigkeiten[658], ist ausschließlich der Verwalter im eigenen Namen aktiv und passiv legitimiert[659]. Er ist Prozessstandschafter kraft Gesetzes für alle Ansprüche und Pflichten, die sich auf den Beschlagnahmeumfang beziehen. Er handelt in eigenem Namen und aus eigenem Recht, obwohl sein Handeln materiell-rechtlich dem Schuldner zugeordnet wird. Dem Schuldner werden lediglich die materiell-rechtlichen und prozessualen Befugnisse entzogen (§§ 148 Abs. 2, 146, 150 Abs. 2)[660]. Der Verwalter wird auch nicht Inhaber der der Zwangsverwaltung unterliegenden Rechte und Pflichten, sondern nimmt Fremdrechte wahr[661].

Der Schuldner kann in diesen Verfahren **Zeuge** sein[662]. Für die Kosten des Verfahrens haftet die Masse. Der Schuldner kann nicht im Wege der gewillkürten Prozessstandschaft durch den Verwalter ermächtigt werden[663], solange die Forderung der Beschlagnahme unterliegt[664]. Eine Ausnahme gilt für die – problematische – Ermächtigung des Schuldners, auf Eigenbedarf zu klagen (→ § 148 Rdn. 29). Ist zum Zeitpunkt der Beschlagnahme eine Klage des Schuldners wegen Eigenbedarfs anhängig, muss der Verwalter abwägen, ob er den zahlungswilligen Mieter in dem Objekt belässt oder die Klage für den Schuldner weiterführt. Im ersten Fall muss er die Klage zurücknehmen. Den Schutz des § 149 erlangt der Schuldner hierdurch nicht, da diese Regelung voraussetzt, dass der Schuldner zum Zeitpunkt der Beschlagnahme den unmittelbaren Besitz hat.

225 In diesen Verfahren des Verwalters, kann gegen ihn auch persönlich eine **Widerklage**, z.B. auf Schadensersatz erhoben werden[665].

---

657 OLG Brandenburg, ZIP 1999, 1533 ff.; *Knees*, ZIP 2001, 1568, 1575.
658 Beispiele bei *Stöber*, ZVG § 152 Rdn. 14.2 a).
659 BGH, Rpfleger 1992, 402 = KTS 1992, 688.
660 Steiner/*Hagemann*, § 152, Rdn. 167 f.; *H/W/F/H*, § 7 ZwVwV Rdn. 2 f.
661 Vgl. *Wrobel*, KTS 1995, 19, 24.
662 Anders nur bei Vertretertheorie, s. → § 146 Rdn. 3 f.
663 BGHZ 71, 216, 220.
664 Vgl. auch OLG Jena, U. v. 20.2.2013, 7 U 390/12, ZfIR 2013, 486 = ZInsO 2013, 1762-1764 = IGZInfo 3/2013, 156; *H/W/F/H*, § 7, Rdn. 4.
665 OLG Köln, ZIP 1980, 102.

Aus Titeln dieser Prozesse vollstreckt der Verwalter. Beauftragt der Verwalter 226
einen Rechtsanwalt mit der Vertretung, hat der jeweilige Schuldner bei Verzug
auch diese Rechtsverfolgungskosten und Verfahrenskosten zu tragen[666].

Die Verpflichtung aus § 152 Abs. 1 Hs. 2 wird durch § 7 ZwVwV konkretisiert, 227
der im Rahmen pflichtgemäßen Ermessens für den Verwalter verbindlich ist.

Umfang und Grenzen der Prozessführungsbefugnis sind immer wieder Ge- 228
genstand von Einzelentscheidungen gewesen, insbesondere zur Frage der nachwirkenden Prozessführung (s. → § 161 Rdn. 38, 68 zu § 12 ZwVwV)[667]. Sie erstreckt sich auf den Umfang der Beschlagnahme, auch wenn es um den Umfang selbst geht sowie die aus der ordnungsgemäßen Nutzung und Erhaltung entstehenden Rechte und Pflichten[668]. Es werden alle Ansprüche erfasst, die dem Schuldner gemäß § 148 Abs. 2 entzogen sind[669].

Eine Prozessführungsbefugnis des Verwalters wird verneint: 229

- Wenn durch die Klage erst die Voraussetzungen für die Anordnung der Zwangsverwaltung geschaffen werden sollen. Dies ist insbesondere bei Verfahren gegen nicht zur Herausgabe bereite Dritte der Fall[670] (vgl. § 147).
- Wenn die Duldung der Vollstreckung aus dem dinglichen Recht eingeklagt wird[671]. Richtiger Beklagter ist der über das Grundstück verfügungsbefugte Schuldner.
- Wenn durch die Klage festgestellt werden soll, dass die Masse nicht einem bestimmten Gläubiger, sondern einem anderen Gläubiger zusteht[672].
- Wenn der Umfang der Beschlagnahme streitig ist[673].
- Bei teilweiser Beschlagnahme in Bezug auf den freien Teil oder bezüglich betroffener (einheitlicher) Rechte Dritter[674].

Die Prozessführungsbefugnis ist insoweit negativ dahin gehend abzugrenzen, 230
dass sie dann nicht gegeben ist, wenn die Geltendmachung der Rechte nicht dazu dient, den Zweck der Zwangsverwaltung zu erreichen, nämlich die Befriedigung der Gläubiger aus den Erträgen und Nutzungen[675].

Neben den typischerweise im Rahmen von § 152 anfallenden Prozessen, kann 231
der Verwalter auch Schadensersatzansprüche gegen einen früheren Verwalter durchsetzen[676] sowie mit der Verwaltung in Zusammenhang stehende arbeitsrechtliche, steuerrechtliche, verwaltungsrechtliche und sozialrechtliche Verfahren führen (s. → Rdn. 245).

---

666   OLG Köln, NJW-RR 1987, 593.
667   BGH, ZInsO 2003, 560; *Wrobel*, KTS 1995, 19 ff.; *H/W/F/H*, § 7 ZwVwV Rdn. 5.
668   BGHZ 109, 171, 173; *H/W/F/H*, § 7 ZwVwV Rdn. 10; LG Landau, NJW 1968, 2013 zur Einräumung eines Notwegerechts.
669   BGHZ 109, 171, 174; vgl. auch Depré/*Depré*, § 152 Rdn. 36 ff.
670   BGHZ 96, 61 = Rpfleger 1986, 26.
671   RGZ 99, 199.
672   RGZ 68, 10, 14.
673   *Stöber*, ZVG § 152 Rdn. 14.2 b), insoweit unklar, da der Verwalter die Möglichkeit der Feststellungsklage haben muss.
674   *Stöber*, ZVG § 152 Rdn. 14.2 b); vgl. auch BGH, Rpfleger 2005, 271.
675   Zutreffend *H/W/F/H*, § 7 ZwVwV Rdn. 10.
676   BGHZ 109, 171.

2. Laufende Prozesse

232 Sind bei Verfahrensanordnung und Eintritt der Beschlagnahme Prozesse des Schuldners anhängig, für die der Verwalter prozessführungsbefugt geworden ist, tritt keine Unterbrechung nach den §§ 239 ff. ZPO ein[677]. Vielmehr verliert der Schuldner seine Prozessführungsbefugnis, die von Amts wegen in jeder Lage des Verfahrens, insbesondere auf Rüge des Prozessgegners, zu prüfen wäre[678]. Als Folge davon wäre eine Klage des Schuldners als unzulässig abzuweisen.

233 Der Eintritt des Verwalters als neue Partei wird weiterhin unterschiedlich begründet und ist nur über die **gewillkürte Prozessstandschaft** zu erreichen, die jedoch nach der insoweit relevanten Rechtsprechung nur mit Einschränkungen zur Anwendung gelangt[679]. Nach überwiegender Ansicht ist die Zustimmung des Gegners erforderlich (§ 265 Abs. 2 ZPO) oder die Sachdienlichkeit entsprechend § 263 ZPO[680].

234 Gegen seinen Willen, insbesondere gegen die Interessen des Verfahrens, darf der Verwalter im Ergebnis nicht gezwungen sein, ein solches Verfahren aufzunehmen, zumal ihm generell ein Ermessen zusteht und er nicht verpflichtet ist unwirtschaftliche Prozesse zulasten der Masse zu führen. Er kann jedoch als Nebenintervenient eintreten[681].

235 Auf eine Rüge des Gegners soll der Schuldner (auch Insolvenzverwalter) jedoch die Möglichkeit haben, seinen Klageantrag auf **Leistung oder Herausgabe an den Verwalter** umzustellen[682]. Da der Verwalter insoweit auf das prozessuale Verhalten der dortigen Beteiligten bzw. die Prozessführung des Gerichtes angewiesen ist, kann der Verwalter einen Zahlungsverbot zustellen lassen (§§ 22 Abs. 2, 151 Abs. 3), um Zahlungen an den Schuldner zu vermeiden[683]. Voraussetzung ist, dass es sich um einen Anspruch handelt, der der Beschlagnahme unterliegt.

Hat der Schuldner bereits einen Titel erstritten, kann der Verwalter diesen auf sich umschreiben lassen, sofern der Gegenstand der Beschlagnahme unterliegt.

3. Neue Prozesse
a) Allgemein

236 Der Verwalter hat die Rechtsverfolgung gemäß § 7 ZwVwV **zeitnah** einzuleiten. Dieser unbestimmte Rechtsbegriff ist auf der einen Seite im Hinblick auf die Wahrung der Interessen der Beteiligten zu sehen, unterliegt aber auf der anderen Seite auch dem pflichtgemäßen Ermessen des Verwalters (§ 1 Abs. 1 ZwVwV). Der Verwalter muss im Einzelfall entscheiden, ob es rechtliche oder wirtschaftliche Gründe gibt, die Forderung zu einem späteren Zeitpunkt oder gar nicht zu

---

677 BGH, NJW 1986, 3206 = Rpfleger 1986, 274; so auch *Stöber*, ZVG § 152 Rdn. 14.4; *Böttcher/Keller*, § 152 Rdn. 57; *Wedekind/Wedekind*, Rdn. 1264; a.A. *Wrobel*, KTS 1995, 19, 35.
678 Vgl. *Hintzen/Wolf*, Rdn. 13.244.
679 Vgl. u.a. Thomas/*Putzo*, § 51 Rdn. 31 ff. m.w.N.
680 *Zöller/Greger*, § 265 Rdn. 7; *H/W/F/H*, § 7 ZwVwV Rdn. 6; *Stöber*, ZVG § 152 Rdn. 14.4 unter Bezugnahme auf AG Köln, WuM 1997, 187.
681 So **zutreffend** *Wedekind/Wedekind*, Rdn. 1267; ebenso *Bockholt*, NZI 2015, 58; s. Hierzu LG Krefeld, U. v. 22.10.2014, 2 O 80/14, IGZInfo 1/2015, 34.
682 BGH, NJW 1986, 3206; vgl. auch *Wedekind/Wedekind*, Rdn. 1269; ebenso *Bockholt*, NZI 2015, 58; s. Hierzu LG Krefeld, U. v. 22.10.2014, 2 O 80/14, IGZInfo 1/2015, 34.
683 *Stöber*, ZVG § 152 Rdn. 14.4.

verfolgen, z.B. wegen Zahlungsunfähigkeit des Mieters und zwischenzeitlicher Räumung. Im Zweifel sollte die Zustimmung des Gerichts eingeholt werden. Berücksichtigen muss er jedoch verjährungsrechtliche Fragen und bei Erlangung eines Titels eine möglicherweise günstige Rangfolge[684]. Auch wenn z.Z. eine Realisierung der Forderung nicht möglich ist, muss der Verwalter die Abtretung der Forderung bei Abschluss des Verfahrens an die berechtigte Gläubigerin berücksichtigen (zu Räumungstiteln → § 161 Rdn. 51). Ggf. muss abgeklärt werden, inwieweit die Gläubigerin bereit ist, für die Tituliering einen Vorschuss zu zahlen, auch im Hinblick auf die Zweitschuldnerhaftung für die Gerichtskosten.

Hat der Zwangsverwalter einen Herausgabeanspruch gegen den Insolvenzverwalter des Mieters, begründet dieser ein Aussonderungsrecht mit der Folge, dass der unterbrochene Prozess aufgenommen werden kann[685].

Eine Haftung des Zwangsverwalters für Kosten verlorener Prozesse besteht nur, wenn er den Prozess ins Blaue geführt hat oder grob leichtfertig[686]. Abgesehen hiervon kann der Kostengläubiger nur in die Zwangsverwaltungsmasse vollstrecken (Kosten/Aufwand gem. § 155 Abs. 1). Reicht die Masse für die Kostenerstattung an die Gegenseite nicht aus, kann der Kostengläubiger nicht in das Geschäftskonto des Verwalters vollstrecken, sondern muss entweder dem Verfahren beitreten (wirtschaftlich sinnlos) oder einen Erstattungsanspruch gegen den betreibenden Gläubiger durchsetzen[687].

Hierbei ist nunmehr die Verpflichtung zu beachten, dass die Verfahrenskosten gesondert festgesetzt werden müssen und der Verwalter vor Einleitung eines Verfahrens zunächst die Bevorschussung beantragen muss (→ § 152a Rdn. 14).

b) Einzelfälle

aa) Miet- und Pachtforderungen

Neben rückständigen Mieten, muss der Verwalter ggf. auch begründete **Mieterhöhungen** gerichtlich geltend machen. Im Rahmen seines Ermessens kann er bei Rückständen warten, bis mehrere Monate zusammentreffen, um die Klage nicht monatlich erhöhen zu müssen, oder bei gewerblichen Mietverhältnissen die Zuständigkeit aufgrund der Wertgrenzen nicht zu verändern, aber auch bezüglich einer beabsichtigten Kündigung aufgrund der vertraglichen oder gesetzlichen Kündigungsvoraussetzungen. Ob die Kündigung ausgesprochen wird, liegt ebenfalls im Ermessen des Verwalters und kann von vielen Einzelfaktoren des Objektes abhängen, wie z.B. bloße Zahlungsstockung, schwere anderweitige Vermietbarkeit, Sicherung des Objektes, bestehende Sicherheiten. Im Zweifel hat eine Abstimmung mit dem betreibenden Gläubiger zu erfolgen, oder es ist die Zustimmung des Gerichts einzuholen. 237

Die Mietforderungen gegen den berechtigten **Untermieter**, werden von der Beschlagnahme nicht erfasst, da sich diese nur auf die primäre Hauptforderung 238

---

684 *Riggers*, JurBüro 1970, 621.
685 BGH, ZInsO 2010, 1452 = NZM 2011, 75 = IGZInfo 2010, 178.
686 BGH, ZInsO 2003, 657.
687 So *H/W/F/H* ohne Begründung, § 7 ZwVwV Rdn. 12; m.E. aufgrund der Prozessstandschaft und Wahrnehmung von Fremdrechten nur gegen den Schuldner geltend zu machen. Vgl. auch *Depré/Mayer*, Rdn. 713, Fn. 173, die von dem Kostengläubiger verlangen, auf eine Weisung des Gerichts hinzuwirken auf Zahlung aus der Masse oder Einforderung eines Gläubigervorschusses.

bezieht[688]. Ist das Hauptmietverhältnis jedoch wirksam gekündigt, z.B. wegen Zahlungsrückständen, fällt spätestens mit einem entsprechenden Räumungstitel, auch die Grundlage für den Untermieter weg, sodass dieser ebenfalls zur Herausgabe verpflichtet ist und ggf. eine Nutzungsentschädigung an den Verwalter zahlen muss (vgl. auch → Rdn. 242).

239 Der Verwalter muss auch etwaige Ansprüche aus dem **Vermieterpfandrecht** geltend mach. Insoweit ist im Hinblick auf die teilweise hohen (zu bevorschussenden) Räumungskosten zu berücksichtigen, dass der Verwalter/Vermieter das Vermieterpfandrecht insgesamt geltend machen kann[689], um die Räumung zunächst kostengünstig zu gestalten[690]. Dies macht i.d.R. nur bei verwertbarer Einrichtung Sinn und wenn nicht umgehend Drittwiderspruchsklagen die Folge sind.

bb) **Versicherungsforderungen**

240 Zur Verwendung von im Rahmen der Verwaltung vereinnahmter Versicherungsleistungen wird auf → § 148 Rdn. 26 verwiesen. Offene Forderungen gegen Versicherungen hat der Verwalter ggf. gerichtlich geltend zu machen.

cc) **Besitzstörungen und Nutzungsentschädigungen**

241 Der Verwalter hat gegen **Besitzstörungen** oder Eingriffe Dritter vorzugehen, soweit sie die ordnungsgemäße Bewirtschaftung beeinträchtigen oder den Verfahrenszweck gefährden[691], insbesondere unzulässige Vollstreckungsmaßnahmen von Gläubigern in Zubehör, auch wenn die Wegnahme bereits vorher erfolgte[692]. Diese Ansprüche sind auch gegen den Insolvenzverwalter zu verfolgen[693], wobei im Falle der bereits erfolgten Verwertung auch ein Herausgabeanspruch im Hinblick auf das **Surrogat**, d.h. den Verwertungserlös in Betracht kommt.

242 Ansprüche auf **Nutzungsentschädigungen gegen Dritte** bestehen bei einer rechtsgrundlosen Nutzung oder Nutzungsbehinderung aus Schadensersatz oder den §§ 987 ff. BGB. Der Schaden kann sich nach dem Wert der erlangten Gebrauchsvorteile errechnen, insbesondere aber nach dem Verkehrswert der Nutzung[694]. Diese Ersatzleistungen sind Nutzungen i.S.v. § 155, wobei ein Anspruch auf Ersatz schuldhaft nicht gezogener Nutzungen nicht der Beschlagnahme in der Zwangsverwaltung unterliegt[695].

243 Der BGH hat darüber hinaus die Durchsetzung vergleichbarer Ansprüche **gegen den Schuldner** ebenfalls bejaht[696]. Hiergegen werden beachtliche Einwendungen erhoben[697]. Gegen den Schuldner könne der Zwangsverwalter nur den Anspruch auf Räumung durchsetzen, aber nicht auf das beschlagnahmefreie Vermögen zugreifen, was nur den Gläubigern gestattet sei. Aufgrund der Prozess-

---

688 LG Bonn, ZIP 1981, 730; *Wrobel*, KTS 1995, 19, 24.
689 BGH, Rpfleger 2006, 143 = NJW 2006, 1396; Rpfleger 2006, 663 = NJW 2006, 2373.
690 Vgl. hierzu auch *Brüggemann/Haut*, Rdn. 489 ff.
691 BGH, NJW 1992, 2487; OLG Stuttgart, Rpfleger 1992, 124.
692 OLG München, OLGZ 1991, 492; OLG Hamm, ZMR 1993, 568.
693 OLG Köln, VersR 1988, 1072.
694 OLG München, ZMR 1991, 106, 107; OLG Stuttgart, Rpfleger 1994, 77; OLG Hamm, ZMR 1993, 568.
695 BGHZ 109, 171, 174; BGH, ZInsO 2006, 822.
696 Rpfleger 1992, 402 = NJW 1992, 2487.
697 *Wrobel*, KTS 1995, S. 19, 33; *H/W/F/H*, § 7 ZwVwV Rdn. 16; vgl. aber LG Berlin, Rpfleger 1993, 123.

standschaft würde letztlich ein Insich-Prozess geführt, was insbesondere bei Aufhebung der Verwaltung während des Prozesses deutlich werde.

Insoweit wird jedoch nicht berücksichtigt, dass aufgrund der Organstellung, 244 auch unter Berücksichtigung der Neutralitätstheorie, vorrangig der Amtstheorie (→ § 152 Rdn. 4) der Verwalter mit eigenen Rechten und Pflichten ausgestattet ist, denen aufseiten des Schuldners ein rechtliches Minus gegenübersteht. § 149 beinhaltet insoweit nur eine Ausnahmeregelung, sodass auch nicht begründbar ist, warum der Verwalter zur Durchsetzung von Ansprüchen gegen den Schuldner nicht auf beschlagnahmefreies Vermögen des Schuldners zugreifen kann. Vor diesem Hintergrund kann der Verwalter bei Beachtung der gebotenen Vorsicht auch Verträge mit dem Schuldner abschließen und auch Ansprüche auf Nutzungsentschädigung verfolgen, da aus dem Gesetz keine Schlechterstellung des Verwalters gegenüber anderen Gläubigern des Schuldners herzuleiten ist (→ Rdn. 130)[698].

dd) Sonstige Ansprüche

Neben Ansprüchen aus Dienst-, Arbeits- und Werkverträgen kann auch ein 245 ausgeschiedener Verwalter durch den folgenden Verwalter in Anspruch genommen werden[699]. In Betracht kommen neben den Arbeitsgerichtlichen Verfahren, insbesondere bei Betriebsfortführung, auch sozialversicherungsrechtliche, verwaltungsrechtliche und finanzgerichtliche Verfahren, die letzten i.d.R. nur bei umsatzsteuerlichen Fragen, soweit die Zwangsverwaltung betroffen ist, jedoch nicht bei den persönlichen Steuern des Schuldners[700].

4. § 8 ZwVwV

Die ZwVwV ergänzt die Pflichten des Verwalters zur Rechtsverfolgung um die 246 Regelung des § 8 ZwVwV im Hinblick auf Rückstände und Vorausverfügungen. In der Begründung wird hierzu u.a. ausgeführt: *die neue Regelung beschränkt sich daher darauf, auf die insoweit maßgeblichen Regelungen des BGB unmittelbar zu verweisen.* (BR-Drucks. 842/03 S. 12)

Damit enthält diese Regelung lediglich eine **Konkretisierung** unter Benennung der einschlägigen Vorschriften des BGB. Insoweit kann hierzu zunächst vollinhaltlich auf die Ausführungen zu → Rdn. 173 ff. verwiesen werden.

5. Verwalterwechsel

Wechselt der Verwalter während eines Prozesses, wird der Rechtsstreit nicht 247 unterbrochen[701]. Das Vollstreckungsgericht hat unverzüglich einen neuen Verwalter zu bestellen, bzw. den bisherigen zu entlassen, wenn ein neuer bestellt ist[702]. Der neue Verwalter ist auch für die Geltendmachung von Schadensersatzansprüchen aktiv legitimiert, wenn insoweit der Gegenstand des Verfahrens betroffen ist[703].

Zu den Folgen des Todes des Verwalters wird auf → § 150 Rdn. 28.2 verwiesen.

---

698 Im Ergebnis ebenso BGH, Rpfleger 1992, 402 = NJW 1992, 2487.
699 BGHZ 109, 171 ff.
700 Vgl. auch *H/W/F/H*, § 7 ZwVwV Rdn. 16.
701 *Stöber*, ZVG § 152 Rdn. 14.6.
702 *H/W/F/H*, § 7 ZwVwV Rdn. 8.
703 BGH, NJW 1990, 454 = Rpfleger 1990, 132.

6. Aufhebung der Verwaltung

248 Mit der vorbehaltlosen oder uneingeschränkten Aufhebung der Verwaltung endete bislang die Prozessführungsbefugnis des Verwalters (→ § 161 Rdn. 38, 68)[704].

Anders als bei laufenden Verfahren des Schuldners muss hierbei aufgrund des Wegfalls der materiell-rechtlichen Befugnisse, insbesondere der Befugnisse aus der Prozessstandschaft eine Unterbrechung eintreten mit der Folge eines gesetzlichen Parteiwechsels auf den Schuldner gemäß §§ 239, 242 ZPO[705] bei einer Aufhebung wegen Rücknahme. Dies gilt umso mehr aufgrund der Entscheidung des BGH v. 8.5.2003[706], der keine automatisch nachwirkende Prozessführung zulässt, es sei denn im Rahmen einer ausdrücklichen Ermächtigung nach § 12 Abs. 2 ZwVwV (hierzu → § 161 Rdn. 68)[707].

Dies sieht der XII. Senat des BGH in seiner Entscheidung vom 11.8.2010 anders[708]. Danach soll die Prozessführungsbefugnis auch nach der Aufhebung weiter bestehen, wenn der Zwangsverwalter Ansprüche verfolgt, die der Beschlagnahme unterliegen.

Es erscheint fraglich, ob diese Auffassung Bestand haben wird. Hierbei hilft auch keine Unterscheidung zwischen Abwicklungshandlungen auf der einen Seite und Fragen der Beschlagnahme auf der anderen Seite, da der Verwalter nur Ansprüche verfolgen darf, die der Beschlagnahme unterliegen. Für die Wirkungen der Beschlagnahme ist aber ein staatlicher Hoheitsakt notwendig, der sie begründet und beendet[709]. Wird die Rücknahme mithin nicht eingeschränkt oder werden Abwicklungstätigkeiten nicht vorbehalten, fällt die Prozessführungsbefugnis weg[710] (s. auch → § 161 Rdn. 70.2).

XII. Vollstreckung während der Verwaltung
1. Vollstreckung gegen den Schuldner

249 Die Vollstreckung in das **beschlagnahmefreie Vermögen** des Schuldners ist nach allgemeiner Auffassung unbeschränkt möglich.

250 In die **Zwangsverwaltungsmasse** kann nur aufgrund eines Titels gegen den Verwalter vollstreckt werden (s.u. → Rdn. 255 ff.).

251 Dies gilt auch, wenn auf Herausgabe in Sachen des Schuldners vollstreckt wird, die der Verwalter in Besitz hat. Der Titel muss auf den Verwalter umgeschrieben werden. Zweckmäßigerweise sollte der Verwalter die Sachen an den Gerichtsvollzieher herausgeben[711]. Die ist problematisch, wenn dem Gläubiger die Mobiliarvollstreckung zugestanden wird und der Verwalter einen Gewerbebetrieb aus dem der Zwangsverwaltung unterliegenden Vermögen ausgliedert und verpachtet hat[712].

---

704 BGH, Rpfleger 2003, 457 = ZInsO 2003, 560, 561.
705 *H/W/F/H*, § 7 Rdn. 9; *Wrobel*, KTS 1995, 19, 36 ff.
706 BGH, Rpfleger 2003, 457.
707 Ausführlich auch *Depré/Mayer*, Rdn. 705 ff.
708 Rpfleger 2010, 685.
709 BGH, Rpfleger 2009, 68 = ZfIR 2008, 841 = ZInsO 2009, 218 zur Frage der Beendigung der Beschlagnahme nach Antragsrücknahme.
710 Ebenso *Ganter*, ZfIR 2011, 229; a.A. *Wedekind*, ZfIR 210, 731; diff. *Mayer*, ZfIR 2011, 635.
711 So *Stöber*, ZVG § 152 Rdn. 17.3.
712 OLG Oldenburg, Rpfleger 1984, 195.

Ansonsten kann ein Gläubiger nur durch Beitritt zur Zwangsverwaltung, **252** Zwangsversteigerung oder Eintragung einer Zwangssicherungshypothek in Bezug auf das der Beschlagnahme unterliegende Vermögen vollstrecken.

Ein Gläubiger, auch der betreibende nach Rücknahme des Antrags, kann den **253** **Anspruch des Schuldners auf Herausgabe des Zwangsverwaltungsüberschusses** pfänden, der nach Verfahrensaufhebung besteht. Der Verwalter ist hier Drittschuldner. Aus abgetretenem Recht kann der Gläubiger nach Auffassung des BGH keine Rechte nach Rücknahme mehr herleiten, da die Abtretung nach § 1124 Abs. 2 BGB durch die Anordnung des Verfahrens unwirksam wurde[713].

Unabhängig hiervon ist zu beachten, dass dinglich pfändende Gläubiger Vorrang **254** vor persönlich vollstreckenden Gläubigern haben und die dinglichen Gläubiger wiederum nach der Rangstelle zu berücksichtigen sind[714]. Geht das Eigentum während des Verfahrens auf einen neuen Eigentümer über, kann dieser als Beteiligter auf Antrag anstelle des Schuldners Beteiligter werden[715], da der Schuldner im Hinblick auf den Überschuss nicht mehr der frühere Eigentümer ist[716]. Eine Pfändung soll auch durch den absonderungsberechtigten Gläubiger möglich sein, wenn der Überschuss dem Insolvenzverwalter zustehen würde[717]. Der BGH verneint jedoch die Möglichkeit der Pfändung nach Eröffnung des Insolvenzverfahrens, auch wenn es sich um einen absonderungsberechtigten Grundpfandgläubiger handelt[718].

2. Vollstreckung durch und gegen den Verwalter

Hat der Verwalter einen Titel zugunsten der Masse erwirkt, kann er aus ihm **255** vollstrecken. Hat der Schuldner einen Titel erwirkt, der einen Anspruch betrifft, der zur Masse gehört, kann ebenfalls nur der Verwalter vollstrecken. Hierzu ist der Titel jedoch zunächst umzuschreiben (§ 727, 750 Abs. 2 ZPO)[719].

Wird die Vollstreckung gegen den Verwalter durchgeführt, muss es sich um eine Forderung handeln, die gegen den Verwalter wirksam ist, d.h. die Masse bzw. das Verfahren betrifft. War der Titel fehlerhaft gegen den Schuldner erwirkt worden, muss er umgeschrieben und neu zugestellt werden.

Hierbei sind im Falle des § 150c die vorstehenden Differenzierungen zwischen **256** Masse und beschlagnahmefreiem Schuldnervermögen im Rahmen der Vollstreckung ebenfalls zu beachten[720].

3. Vollstreckung gegen den Gläubiger

Ansprüche eines Gläubigers an den Überschüssen können gegen den Verwalter **257** als Drittschuldner nur eingeschränkt gepfändet werden[721].

---

713 BGH, NJW-RR 2012, 263 = ZInsO 2012, 43.
714 LG Freiburg, Rpfleger 1988, 422; *Stöber*, Forderungspfändung, Rdn. 439.
715 Vgl. hierzu *Stöber*, ZVG § 9 Rdn. 4.
716 *Stöber*, ZVG § 152 Rdn. 17.1.
717 So LG Freiburg, Rpfleger 1988, 422.
718 BGH, Rpfleger 2006, 549.
719 Vgl. BGH, Rpfleger 1986, 274 = NJW 1986, 3206.
720 *Stöber*, ZVG § 152 Rdn. 14.8.
721 Vgl. *Stöber*, ZVG § 152 Rdn. 17.2.

XIII. Rechtsbehelfe
1. Gegenüber dem Verwalter

258 Gläubiger können anregen, den Verwalter gemäß § 153 Abs. 1 anzuweisen. Des Weiteren können alle Beteiligte (§ 9) gegen Maßnahmen des Verwalters Vollstreckungserinnerung einlegen mit dem Rechtsmittel der sofortigen Beschwerde (§ 793 ZPO). Darüber hinaus besteht die Möglichkeit der Gegenvorstellung[722].

2. Gegenüber dem Insolvenzverwalter

259 Der Streit über die Zuordnung von Gegenständen zu den jeweiligen Verwaltungsmassen ist nicht über eine Vollstreckungserinnerung zu führen[723], sondern durch Klage.

---

722 *Stöber*, ZVG § 152 Rdn. 3.8.
723 BGH, WM 1990, 742; AG Bergisch Gladbach, Rpfleger 1990, 220 = ZIP 1990, 531.

§ 152a »Verordnungsermächtigung«

¹Das Bundesministerium der Justiz und für Verbraucherschutz wird ermächtigt, Stellung, Aufgaben und Geschäftsführung des Zwangsverwalters sowie seine Vergütung (Gebühren und Auslagen) durch Rechtsverordnung mit Zustimmung des Bundesrates näher zu regeln. ²Die Höhe der Vergütung ist an der Art und dem Umfang der Aufgabe sowie an der Leistung des Zwangsverwalters auszurichten. ³Es sind Mindest- und Höchstsätze vorzusehen.

Geändert durch die Zehnte Zuständigkeitsanpassungsverordnung vom 31.8.2015 m. Wirkung v. 8.9.2015, BGBl 2015 I 1474.

§ 17 ZwVwV Vergütung und Auslagenersatz

(1) Der Verwalter hat Anspruch auf eine angemessene Vergütung für seine Geschäftsführung sowie auf Erstattung seiner Auslagen nach Maßgabe des § 21. Die Höhe der Vergütung ist an der Art und dem Umfang der Aufgabe sowie an der Leistung des Zwangsverwalters auszurichten.

(2) Zusätzlich zur Vergütung und zur Erstattung der Auslagen wird ein Betrag in Höhe der vom Verwalter zu zahlenden Umsatzsteuer festgesetzt.

(3) Ist der Verwalter als Rechtsanwalt zugelassen, so kann er für Tätigkeiten, die ein nicht als Rechtsanwalt zugelassener Verwalter einem Rechtsanwalt übertragen hätte, die gesetzliche Vergütung eines Rechtsanwalts abrechnen. Ist der Verwalter Steuerberater oder besitzt er eine andere besondere Qualifikation, gilt Satz 1 sinngemäß.

§18 ZwVwV Regelvergütung

(1) Bei der Zwangsverwaltung von Grundstücken, die durch Vermieten oder Verpachten genutzt werden, erhält der Verwalter als Vergütung in der Regel zehn Prozent des für den Zeitraum der Verwaltung an Mieten oder Pachten eingezogenen Bruttobetrags. Für vertraglich geschuldete, nicht eingezogene Mieten oder Pachten erhält er 20 Prozent der Vergütung, die er erhalten hätte, wenn diese Mieten eingezogen worden wären. Soweit Mietrückstände eingezogen werden, für die der Verwalter bereits eine Vergütung nach Satz 2 erhalten hat, ist diese anzurechnen.

(2) Ergibt sich im Einzelfall ein Missverhältnis zwischen der Tätigkeit des Verwalters und der Vergütung nach Absatz 1, so kann der in Absatz 1 Satz 1 genannte Prozentsatz bis auf fünf vermindert oder bis auf 15 angehoben werden.

(3) Für die Fertigstellung von Bauvorhaben erhält der Verwalter sechs Prozent der von ihm verwalteten Bausumme. Planungs-, Ausführungs- und Abnahmekosten sind Bestandteil der Bausumme und finden keine Anrechnung auf die Vergütung des Verwalters.

§ 19 ZwVwV Abweichende Berechnung der Vergütung

(1) Wenn dem Verwalter eine Vergütung nach § 18 nicht zusteht, bemisst sich die Vergütung nach Zeitaufwand. In diesem Fall erhält er für jede Stunde der für die Verwaltung erforderlichen Zeit, die er oder einer seiner Mitarbeiter aufgewendet hat, eine Vergütung von mindestens 35 Euro und höchstens 95 Euro. Der Stundensatz ist für den jeweiligen Abrechnungszeitraum einheitlich zu bemessen.

(2) Der Verwalter kann für den Abrechnungszeitraum einheitlich nach Absatz 1 abrechnen, wenn die Vergütung nach § 18 Abs. 1 und 2 offensichtlich unangemessen ist.

§ 20 ZwVwV Mindestvergütung

(1) Ist das Zwangsverwaltungsobjekt von dem Verwalter in Besitz genommen, so beträgt die Vergütung des Verwalters mindestens 600 Euro.

(2) Ist das Verfahren der Zwangsverwaltung aufgehoben worden, bevor der Verwalter das Grundstück in Besitz genommen hat, so erhält er eine Vergütung von 200 Euro, sofern er bereits tätig geworden ist.

§ 21 ZwVwV Auslagen

(1) Mit der Vergütung sind die allgemeinen Geschäftskosten abgegolten. Zu den allgemeinen Geschäftskosten gehört der Büroaufwand des Verwalters einschließlich der Gehälter seiner Angestellten.

(2) Besondere Kosten, die dem Verwalter im Einzelfall, zum Beispiel durch Reisen oder die Einstellung von Hilfskräften für bestimmte Aufgaben im Rahmen der Zwangsverwaltung, tatsächlich entstehen, sind als Auslagen zu erstatten, soweit sie angemessen sind. Anstelle der tatsächlich entstandenen Auslagen kann der Verwalter nach seiner Wahl für den jeweiligen Abrechnungszeitraum eine Pauschale von 10 Prozent seiner Vergütung, höchstens jedoch 40 Euro für jeden angefangenen Monat seiner Tätigkeit, fordern.

(3) Mit der Vergütung sind auch die Kosten einer Haftpflichtversicherung abgegolten. Ist die Verwaltung jedoch mit einem besonderen Haftungsrisiko verbunden, so sind die durch eine Höherversicherung nach § 1 Abs. 4 begründeten zusätzlichen Kosten als Auslagen zu erstatten.

§ 22 ZwVwV Festsetzung

Die Vergütung und die dem Verwalter zu erstattenden Auslagen werden im. Anschluss an die Rechnungslegung nach § 14 Abs. 2 oder die Schlussrechnung nach § 14 Abs. 3 für den entsprechenden Zeitraum auf seinen Antrag vom Gericht festgesetzt. Vor der Festsetzung kann der Verwalter mit Einwilligung des Gerichts aus den Einnahmen einen Vorschuss auf die Vergütung und die Auslagen entnehmen.

Übersicht

		Rdn.
I.	Allgemein	1
II.	Anspruch, § 17 ZwVwV	2
	1. Allgemein	2
	2. Umsatzsteuer	10
	3. Rechtsanwaltskosten u.a.	12
	a) Allgemein	12
	b) Grundsätze	15
	c) Sonstige Kosten	22
	d) Festsetzung	26
	4. „Zwischenverfahren" nach Aufhebung	27
III.	Regelvergütung, § 18 Abs. 1 ZwVwV	28
	1. Grundlagen	28
	a) Allgemein	28
	b) Regelvergütung und Normalfall	34
	2. Höhe	45
IV.	Minderung oder Anhebung, § 18 Abs. 2 ZwVwV	55
V.	Bauvorhaben, § 18 Abs. 3 ZwVwV	66
VI.	Abweichende Berechnung, § 19 ZwVwV	68
	1. Allgemein	68
	2. Stundensatz	72
	3. Nachweis	78
	4. § 19 Abs. 1 ZwVwV	85
	5. § 19 Abs. 2 ZwVwV	86
	6. Sonderfälle	89
VII.	Mindestvergütung, § 20 ZwVwV	91
VIII.	Auslagen, § 21 ZwVwV	97
	1. Allgemein	97
	2. Geschäftskosten	100
	3. Besondere Kosten, die tatsächlich entstehen	103
	a) Allgemein	103
	b) Besondere Kosten	104
	c) Nachweis	116
	d) Prüfung der Angemessenheit	118

	4. Pauschale	120
	5. Haftpflichtversicherung	122
IX.	Festsetzung, § 22 ZwVwV	123
	1. Allgemein	123
	2. Vorschuss	126
	3. Verfahren	130
	a) Antrag und Begründung	130
	b) Anhörung und Festsetzung	132
	c) Entnahme	133
	4. Gläubiger	134
X.	Haftung	135
XI.	Materialien zur Vergütungsfestsetzung	138

I. Allgemein

§ 152a ZwVwV bildet zunächst die Rechtsgrundlage (Art. 80 Abs. 1 GG) für die ZwVwV vom 19.12.2003[1], die Stellung (→ § 152 Rdn. 3 ff.), Aufgaben (→ § 152 Rdn. 5 ff.), Geschäftsführung (§ 152) und Vergütung (nachfolgend → Rdn. 28 ff.) regelt[2]. Vorliegend verbleibt die Darstellung der vergütungsrechtlichen Regelungen, einschließlich der Festsetzung (§ 153, § 22 ZwVwV). **1**

Die Regelungen der ZwVwV sind folgerichtig auf Vergütungsansprüche eines **Sequesters** nach § 848 ZPO entsprechend anzuwenden[3], ebenso in den Verfahren gem §§ 25, 94. Die Vergütung bestimmt sich in Anlehnung an § 19 ZwVwV nach dem (Zeit-)Aufwand und ist durch das Gericht, das den Sequester bestellt hat, festzulegen. Bedenklich ist die durch den BGH in diesem Zusammenhang geäußerte Auffassung, dass die erforderlichen Tätigkeiten weitgehend auch Hilfskräften überlassen werden können und nicht viel Zeit in Anspruch nehmen. Deshalb sei ein Stundensatz am unteren Ende des durch § 19 ZwVwV vorgegeben Rahmens und ein Einsatz von einer Stunde je Vierteljahr im zu entscheidenden Fall angemessen (s. hierzu → Rdn. 70, 72 ff.).

Insoweit sind die Vergütungsregelungen auch auf Verfahren nach §§ 25 und 94 entsprechend anzuwenden.

II. Anspruch, § 17 ZwVwV

1. Allgemein

§ 152a nennt die Gebühren und Auslagen und richtet die Höhe der Vergütung an der Art und dem Umfang der Aufgabe sowie an der Leistung des Verwalters aus. **2**

Auf dieser Grundlage begründet § 17 Abs. 1 ZwVwV den Anspruch auf eine **angemessene Vergütung für die Geschäftsführung**, die das gesamte Tätigkeitsspektrum der §§ 146 bis 161 und der ZwVwV erfassen soll. Die §§ 18 ff. ZwVwV bestimmen die näheren Einzelheiten. **3**

Ausgenommen sind der Schuldnerverwalter (§ 24 ZwVwV) und der Institutsverwalter (§ 150a Abs. 2 S. 2), der jedoch Auslagen geltend machen kann (→ § 150a Rdn. 23). **4**

---

1   BGBl I 2003, 2804.
2   Zur Reformgeschichte und grundsätzlichen Kritik *H/W/F/H* vor §§ 17–22 ZwVwV; zu Zweifeln, inwieweit § 152a eine ausreichende Ermächtigungsgrundlage darstellt: *Stöber*, § ZVG 152a Rdn. 2.3, insoweit m.E. jedoch keine Auswirkung auf die Vergütungsregelungen.
3   BGH, Rpfleger 2005, 549 = WM 2005, 1757 = ZIP 2005, 869.

Der Vergütungsanspruch bleibt auch während einer einstweiligen **Einstellung des Verfahrens bestehen**[4]. Durch die Vergütungsregelungen wird der verfassungsrechtlich geschützte Anspruch (Art. 12 Abs. 1 i.V.m. Art. 3 Abs. 1 GG) auf eine angemessene Vergütung des hoheitlich bestellten Verwalters gewährleistet[5]. Der Verwalter wird aufgrund der Verfahrensregelungen auch im öffentlichen Interesse tätig und hat einen Anspruch, dass die Vergütung nicht nur seine Kosten deckt, sondern auch die **persönliche Vergütung für seine eingebrachte Qualifikation** sichert[6].

5   Das Vergütungssystem soll den Zweck einer Angemessenheit im Einzelfall erreichen. Hierbei ist jedoch eine Orientierung des Einzelfalles am Normalfall notwendig und bestimmten Tätigkeitsmerkmalen, damit Vergütungen nicht unangemessen niedrig angesetzt werden[7].

Es handelt sich um ein sogenanntes „offenes Vergütungssystem"[8], mit dem die gesamte Tätigkeit des Verwalters und seiner Mitarbeiter für die Dauer des Verfahrens abgegolten wird, wenn auch untergliedert nach Abrechnungsperioden, welches über die §§ 18 Abs. 2 und 19 ZwVwV korrigierend eingreift, wenn zwischen Tätigkeit und (Regel-)Vergütung ein Missverhältnis auftritt.

Eine **Delegation bei krankheitsbedingter Verhinderung** kann problematisch sein und einem Vergütungsanspruch entgegenstehen[9]. Im Ergebnis soll die Vergütung die Tätigkeit des Verwalters einschließlich der üblichen Geschäftskosten angemessen entgelten. Soweit für die Festsetzung der angemessenen Vergütung unbestimmte Rechtsbegriffe relevant sind, wird hierauf im Rahmen der einzelnen Vergütungstatbestände eingegangen. Aus den **unbestimmten Rechtsbegriffen** und den Anpassungsmöglichkeiten folgt nicht notwendig ein Ermessensspielraum, vielmehr kann es sich um einen rechtlich überprüfbaren Beurteilungsspielraum handeln. Da die Vergütung nach § 17 ZwVwV unter Berücksichtigung der Art und des Umfangs der Tätigkeit angemessen sein muss, kann es bei einer richtigen Ermittlung nur eine verfassungsrechtlich gesicherte Vergütung geben, die keiner freien Ermessensentscheidung unterliegt, sondern allenfalls einem begrenzten Beurteilungsspielraum, der durch die Vergütungsregelungen der ZwVwV ausgestaltet wird[10]. Insoweit ist auch die Auslegung der unbestimmten Rechtsbegriffe gerichtlich voll überprüfbar. Der verbleibende Beurteilungsspielraum begrenzt die Überprüfung lediglich auf die Fragen, ob die zugrunde liegenden Tatsachen richtig erfasst sind oder willkürliche Aspekte berücksichtigt wurden.

---

4   AG Chemnitz, IGZInfo 2009, 156.
5   Ausführlich *H/W/F/H*, § 17 ZwVwV Rdn. 4 m.w.N.
6   BVerfG, ZInsO 2001, 463, 464; BGH, Rpfleger 2002, 632 = ZInsO 2002, 967; *H/W/F/H*, § 17 ZwVwV Rdn. 4 f. m.w.N. der Rspr.
7   LG Lüneburg, ZInsO 2002, 184; LG Göttingen, ZInsO 2001, 460; LG Stralsund, ZInsO 2002, 324; *Pape*, NZI 2001, 407; *Förster*, ZInsO 2001, 462.
8   Zum Begriff *H/W/F/H*, § 17 ZwVwV Rdn. 8; Abgrenzung zu den geschlossenen Vergütungssystemen *Haarmeyer* in FS für *Kirchhof*, S. 165.
9   LG Kassel, 3 T 542/13, IGZInfo 3/2014 ist insoweit nicht zu folgen trotz ungeschickter Übertragung auf Kanzleikollegen „als amtlich bestellter Vertreter". Relevant dürfte die Frage der Abgrenzung zur Abberufung sein, da ansonsten außerhalb höchstpersönlicher Aufgaben Delegation möglich.
10 *H/W/F/H*, § 17 ZwVwV Rdn. 10 und 12: ausführlich zur Anwendung der Auslegungsregeln der juristischen Methodenlehre.

Damit ist generell eine ausführliche **Dokumentation** der Tätigkeit des Verwal- 6
ters notwendig und im Rahmen der Regelvergütung die (näherungsweise) Definition des Normalfalls (hierzu § 18 Abs. 1 ZwVwV, → Rdn. 34 ff.). Der Normalfall setzt sich aus qualitativen und quantitativen Elementen zusammen, auf dessen Grundlage dann eine Missverhältnis zu beurteilen ist, welches die Anwendung der §§ 18 Abs. 2 und 19 ZwVwV eröffnet[11]. In die Begründung der Verordnung zu § 18 ZwVwV wurde in die Ansatz zutreffende Beschreibung des Regelfalls in einer vorausgehenden Fassung nicht aufgenommen: *„Dabei ist in Übereinstimmung mit der Rechtsprechung und Literatur von einem Regelfall als Abgrenzungskriterium dann auszugehen, wenn es sich um die Zwangsverwaltung eines nicht gewerblich genutzten Objektes in einem durchschnittlichen Erhaltungszustand mit bis zu 10 Einheiten handelt, bei dem die bisherige Nutzung ohne rechtliche und tatsächliche Hindernisse fortgesetzt werden kann."*

Die Vergütung ist eine reine Tätigkeitsvergütung[12]. **Mängel der Geschäftsfüh-** 7
rung haben keinen Einfluss auf den Vergütungsanspruch[13], sondern begründen allenfalls Ansprüche aus § 154, es sei denn sie ist völlig unbrauchbar[14].

Eine Vergütung kann jedoch nicht für solche Tätigkeiten abgerechnet werden, die deshalb angefallen sind, weil der Verwalter das Objekt beschädigt hat und im Rahmen des Ausgleichs des nach § 154 S. 1 von ihm zu verantwortenden Schadens tätig wird, da der Zeitaufwand seine Grundlage nicht in seinem Aufgabenfeld hat, sondern in seinem Fehlverhalten[15].

In mehreren Entscheidungen ist jedoch die Frage der **Verwirkung** der Vergütung behandelt worden. Hierbei sollen die Grundsätze über die Verwirkung der Vergütung eines Insolvenzverwalters wegen schwerwiegender Verletzung seiner Treupflicht, insbesondere seiner Pflicht zur Wahrhaftigkeit und Redlichkeit innerhalb und außerhalb seines Amtes auch auf den Zwangsverwalter Anwendung finden. Danach verwirkt ein Zwangsverwalter, der innerhalb und außerhalb seines Amtes beharrlich in strafbarer Weise über seine persönlichen und fachlichen Verhältnisse täuscht den Anspruch auf Vergütung und Auslagenerstattung[16]. Dies soll schon dann gelten, wenn der Verwalter einen falschen Doktortitel trägt. Auch wenn eine hohe Messlatte an die Wahrhaftigkeit und Redlichkeit innerhalb und außerhalb des Amtes zu unterstützen ist, dürfte dieser Tatbestand eher grenzwertig sein, wenn es sich hierbei um den ausschließlichen Vorwurf handelt.

In einem weiteren Beschluss hat das AG Duisburg einem zwangsweise entlassenen Verwalter ebenfalls die Vergütung abgesprochen[17]. Diese Entscheidung hat der BGH vollumfänglich bestätigt[18]. Er begründet die Verwirkung des Anspruchs auf Vergütung und den Ersatz von Auslagen aus dem Rechtsgedanken des § 654 BGB, der auch auf einen Zwangsverwalter anwendbar sei. Ein Treubruch liegt aber nicht nur bei strafbaren Handlungen (z.B. Unterschlagung) zum Nachteil der

---

11 So zutreffend *H/W/F/H*, § 17 ZwVwV Rdn. 15 f.; vgl. auch BGH, Rpfleger 2002, 632 m. Anm. *Hintzen* = ZInsO 2002, 967 ff.
12 *Garczynski*, JurBüro 1998, 452.
13 LG Frankenthal, Rpfleger 1997, 399; LG Koblenz, Rpfleger 1998, 257; *Wrobel*, NJW 1993, 374; *Garczynski*, JurBüro 1998, 452.
14 *H/W/F/H*, § 17 ZwVwV Rdn. 17.
15 BGH, Rpfleger 2008, 270 = NJW-RR 2008, 892 = NZM 2008, 223.
16 AG Duisburg, Rpfleger 2009, 521.
17 Rpfleger 2009, 520, 521.
18 Rpfleger 2010, 96 = IGZInfo 2009, 173.

Masse vor, sondern auch bei einer strafbaren Täuschung über die Qualifikation des Verwalters.

Die gleiche Folge trifft einen amtierenden Rechtspfleger, der sich von seinen Kollegen zum Zwangsverwalter bestellen lässt. Auch hier entschied der BGH, dass ein Rechtspfleger, der sich – zudem ohne Nebentätigkeitsgenehmigung – in dem Bezirk des Amtsgerichts, an dem er tätig ist, zum Zwangsverwalter bestellen lässt und das Amt ausübt, in entsprechender Anwendung des § 654 BGB den Anspruch auf die dem Zwangsverwalter zustehende Vergütung verwirkt[19].

8 Der Zwangsverwalter darf keine **Vereinbarungen mit den Beteiligten** über seine Vergütung und die Auslagen treffen[20]. Eine solche Vereinbarung ist nichtig[21], da sie die Neutralität des Verwalters gefährdet und möglicherweise auch zulasten des Schuldners gehen kann. Das Verbot gilt auch für Tätigkeiten, die über den gesetzlichen Pflichtenkreis hinausgehen[22]. Insoweit dürfte auch eine Tätigkeit für den Mieter oder Hausverwalter oder einzelne Miteigentümer problematisch sein. Ausnahmen gelten bei Zustimmung aller Beteiligten einschließlich des Schuldners, wobei diese für das Gericht nicht bindend ist und ggf. unmittelbar zu erfüllen ist[23].

9 Die Übergangsregelung des § 25 ZwVwV wurde unterschiedlich ausgelegt. Da diese Streitfrage durch Zeitablauf nicht mehr relevant sein dürfte, wird vorliegend auf entsprechende Darstellungen verwiesen[24].

2. Umsatzsteuer

10 § 17 Abs. 2 stellt klar, dass die Umsatzsteuer zusätzlich festzusetzen ist. Es ist völlig unstreitig, dass der Verwalter mit seiner Tätigkeit umsatzsteuerlich eine sonstige Leistung erbringt.

11 Gemäß § 15 UStG hat der Verwalter die Vergütung in seiner Rechnung gesondert auszuweisen, berechnet nach dem Entgelt. Da die Vergütung eine Nettovergütung ist, muss die Umsatzsteuer gesondert festgesetzt werden. Soweit das Verfahren der Umsatzsteuer unterliegt, ist die ausgewiesene Umsatzsteuer als Vorsteuer in Ansatz zu bringen[25].

3. Rechtsanwaltskosten u.a.

a) Allgemein

12 § 17 Abs. 3 lehnt sich an § 5 InsVV an und stellt die bereits nach altem Recht seit längeren unstreitige[26] Frage klar.

13 Der Verordnungsgeber führt zu § 17 Abs. 3 ZwVwV aus:

„*Mit dieser Regelung wird Rechtsklarheit geschaffen für die Fälle, in denen der Verwalter, ohne dazu verpflichtet zu sein, eine besondere Sachkunde zugunsten*

---

19 Rpfleger 2010, 151.
20 LG Oldenburg, NZI 2000, 21; LG Lüneburg, Rpfleger 1999, 34.
21 So *Stöber*, ZVG § 153 Rdn. 6.11 und *H/W/F/H*, § 17 ZwVwV Rdn. 18.
22 So zur Insolvenz BGH, ZIP 1981, 1350.
23 Vgl. *H/W/F/H*, § 17 ZwVwV Rdn. 18 und LG Lüneburg, Rpfleger 1999, 34.
24 U.a. *Depré/Mayer*, 4. Aufl., Rdn. 652a.
25 BFH, V R 9/11, BFHE 239, 365 = ZInsO 2013, 354-355 = BStBl 2013 II 346, zum entsprechenden Vorsteuerabzug aus der Rechnung des Insolvenzverwalters.
26 Nachw. bei *H/W/F/H*, § 17 ZwVwV Rdn. 19.

der Zwangsverwaltung einbringt, wo er sonst einen Sachkundigen Dritten zu Lasten der Zwangsverwaltungsmasse hätte beauftragen müssen."

Als Kriterium wird hierbei zugrunde gelegt, ob ein Verwalter, der die Voraussetzungen des § 1 Abs. 2 ZwVwV erfüllt (→ § 150 Rdn. 2 ff.), jedoch kein Rechtsanwalt ist, die betreffende Aufgabe in vernünftiger und üblicher Weise einem Rechtsanwalt übertragen hätte[27]. In diesem Fall kann auch ein Verwalter, der Rechtsanwalt ist, die gesetzliche Vergütung eines Rechtsanwalts abrechnen. Die Regelung gilt auch für Steuerberater, Notare oder Wirtschaftsprüfer, Berufe, die eine besondere Qualifikation aufweisen im Hinblick auf Tätigkeiten, die auf dieser besonderen Qualifikation beruhen, wenn es ein anerkanntes Kostenverzeichnis gibt (§ 612 Abs. 2 BGB)[28]. Da es sich aus der Sicht des Rechtsanwalts nicht nur um reine Prozessführung handelt, sondern auch um außergerichtliche Tätigkeiten, kommt es hier immer wieder zu Abgrenzungsschwierigkeiten, wobei es letztlich um den Einsatz von Spezialkenntnissen geht. Insoweit wird zu Recht darauf hingewiesen, dass es sich um ein allgemeines Kriterium der Vermögensverwaltung handelt und damit des diesbezüglichen Vergütungsrechts[29].

14.1

Das LG Frankfurt hat die Zuziehung eines Rechtsanwalts als fehlerfrei angesehen, wenn zahlreiche Mieter mit ihren Verpflichtungen in Rückstand geraten und teilweise die gerichtliche Durchsetzung der Mietzinsansprüche notwendig war. Das Amtsgericht habe insoweit jedoch einen Ermessensspielraum, der auch im Beschwerdeverfahren nur eingeschränkt überprüfbar ist[30]. Für die bloße Einleitung eines Mahnverfahrens sieht der BGH keine Notwendigkeit, die Gebühren eines Rechtsanwalts abzurechnen, da es sich nicht um eine Tätigkeit handeln soll, die ein nicht als Anwalt zugelassener Zwangsverwalter einem Rechtsanwalt übertragen würde[31].

14.2

Zu beachten ist hierbei insgesamt jedoch, dass diese Kosten – im zu entscheidenden Fall Kosten eines beauftragten Rechtsanwalts – im Vergütungsverfahren wie Auslagen i.S.v. § 21 Abs. 2 S. 1 ZwVwV abgerechnet und festgesetzt werden müssen. Daneben kann der Verwalter die Auslagenpauschale gemäß § 21 Abs. 2 S. 2 beanspruchen. Der BGH schließt sich der Ansicht an, nach der die Prüfung des Ansatzes von Kosten eines externen Anwalts im Vergütungsverfahren zu erfolgen hat[32]. Sie seien in Anwendung von § 21 Abs. 2 ZwVwV als besondere Auslagen des Verwalters festzusetzen, sofern die Beauftragung eines Anwalts erforderlich gewesen sei. Andernfalls könne die Verwaltervergütung um den zu Unrecht aus der Masse entnommenen Betrag gekürzt werden.

14.3

Im Ergebnis ergibt sich damit kein Unterschied zu den für die eigene Tätigkeit abgerechneten Rechtsanwaltsgebühren. Hier ist ebenso zu verfahren. Der Zwangsverwalter kann diese Gebühren jedoch vorschussweise festsetzen lassen, sei es mit der Maßgabe der Gläubigerin die Zahlung eines entsprechenden Vorschusses aufzugeben oder die Gebühren aus der Masse zu entnehmen.

14.4

---

27 LG München II, Rpfleger 1968, 293.
28 *Depré/Mayer*, Rdn. 913.
29 So mit Beispielen *H/W/F/H*, § 17 ZwVwV Rdn. 20.
30 LG Frankfurt, Rpfleger 2011, 548.
31 Rpfleger, 2012, 564.
32 BGH, Rpfleger 2009, 632 = ZfIR 2009, 832 = IGZInfo 2009, 180.

b) Grundsätze

15 Dem Verwalter steht hierbei ein Wahlrecht zu, ob er die Vergütung nach dem RVG abrechnet oder alternativ eine erhöhte Vergütung nach § 18 Abs. 2 ZwVwV geltend macht[33]. Die **außergerichtlichen Tätigkeiten** wie Abmahnungen, Kündigungen sind i.d.R. nicht gesondert zu vergüten. Die Gebühren aus RVG VV Nr. 1000 können nur dann vergütet werden, wenn auch hier nach den allgemeinen Kriterien ein Verwalter, der kein Anwalt ist, die besondere Sachkunde eines Anwalts in Anspruch genommen hätte. Insoweit sind jedoch strenge Maßstäbe anzulegen, da auf der einen Seite von dem Verwalter nicht eine besondere Qualifikation gefordert werden kann, die angemessen zu vergüten ist, und gleichzeitig jede außergerichtliche Tätigkeit, insbesondere einfach gelagerte, gesondert zu vergüten sind[34].

16 In Betracht kommen danach z.B.:

- schwierige, individuell ausgehandelte Verträge, auch Mietverträge, wobei auch auf die wirtschaftliche Bedeutung abgestellt werden kann,
- schwierige Klärung öffentlicher Lasten, Beiträge, Anschlusskosten, planungsrechtliche Fragen, Altlasten,
- Prüfung, Berücksichtigung und Abgrenzung von Ansprüchen aus Pfändungen und Verrechnungen im Rahmen der §§ 1123 f. BGB,
- Forderungseinzug mit Zwangsvollstreckung, zumindest in schwierig gelagerten Fällen[35],
- prozessuale Verfahren (→ Rdn. 19 ff.).

17 Hierbei kann auch eine **Einigungsgebühr** Berücksichtigung finden[36], jedoch nur, wenn außergewöhnliche Schwierigkeiten auszuräumen sind. Ansonsten ist die Einigung mit der Regelvergütung abgegolten[37].

18 Bei Tätigkeiten oder Verfahren für die **kein Anwaltszwang** besteht, sollen für die Berücksichtigung der Kosten nach RVG oder der erhöhten Gebühr nach § 18 Abs. 2 ZwVwV ebenfalls strenge Maßstäbe gelten. Für die Einleitung eines **Mahnverfahrens** hat der BGH die RVG-Vergütung verneint, da geschäftskundige Personen hierfür keinen Anwalt beauftragen müssten[38].

19 Vor dem **Prozessgericht** kann es jedoch nicht darauf ankommen, ob Anwaltszwang besteht (str.)[39] oder auf das Abgrenzungskriterium der Notwendigkeit besonderer rechtlicher Fähigkeiten. Die Notwendigkeit dieser Fähigkeiten ist zu einem nicht aus dem Anwaltszwang abzuleiten, darüber hinaus bedarf jedes Prozessverfahren im Rahmen der Geschäftsführung in der Zwangsverwaltung

---

33 BGH, Rpfleger 2005, 152; BGH, JurBüro 2005, 207 = NJW 2004, 4329.
34 Ähnlich *H/W/F/H*, § 17 ZwVwV Rdn. 26.
35 Insbesondere im Rahmen der InsO str., jedoch *H/W/F/H* zuzustimmen, § 17 ZwVwV Rdn. 30, m.w.N.
36 *H/W/F/H*, § 17 ZwVwV Rdn. 27.
37 Vgl. *H/W/F/H*, § 17 ZwVwV Rdn. 29 a.E.
38 BGHZ 139, 309, 313 = Rpfleger 1999, 39; BGH, Rpfleger 2012, 564 = ZfIR 2012, 561 = ZInsO 2012, 1234; zutreffend ablehnend *Depré/Mayer*, Rdn. 914: Einzelfallprüfung.
39 So *Stöber*, ZVG § 152a Rdn. 3.3; unklar *H/W/F/H*, § 17 ZwVwV Rdn. 22, die die Vergütung wohl nicht grundsätzlich in diesem Fall ausschließen, aber insoweit auf die sachfremde Erwägung der Erfolgschancen abstellen, eine Frage, die in den Bereich der pflichtwidrigen Prozessführung gehören dürfte.

auch im Hinblick auf § 154 besonderer Sachkunde, sodass generell bei gerichtlichen Verfahren einschließlich eines vorausgehenden Mahnverfahrens die Gebühren nebst Auslagen[40] und Umsatzsteuer[41] (ggf. Vorsteuerabzug → § 152 Rdn. 103.4) gesondert[42] vergütet werden können.

In der Regel ist keine Verkehrsanwaltsgebühr zu berücksichtigen, da keine Personenverschiedenheit (h.M.[43]) besteht. Die Kosten des Korrespondenzanwalts sind jedoch Auslagen. Eine Kostenerstattung für Schriftwechsel mit dem am anderen Ort beauftragten Prozessbevollmächtigten[44] erfolgt nicht. In schwierigen Fällen, insbesondere Vorarbeiten des Verwalters, ist jedoch eine Erhöhung der Vergütung denkbar[45]. Es handelt sich hierbei um Ausgaben der Verwaltung (§ 155 Abs. 1, § 9 ZwVwV) oder Auslagen nach § 21 Abs. 2 ZwVwV[46]. Des Weiteren ist eine Festsetzung durch das Prozessgericht denkbar[47]. In jedem Fall muss der Verwalter im Falle des Obsiegens die Kosten festsetzen lassen und auf das Honorar verrechnen oder der Masse erstatten. 20

Ohne Weiteres gilt dies für einen Verwalter, der nicht Rechtsanwalt ist, wenn er einen Rechtsanwalt beauftragt. Ist der Verwalter z.B. Steuerberater oder Architekt und beauftragt er keinen Rechtsanwalt, kann er nur die Erhöhungsgebühr aus § 18 Abs. 2 ZwVwV geltend machen. Hierbei handelt es sich um Kosten des Verfahrens, die ggf. zu bevorschussen sind. Entsprechende Klagen, z.B. auf Räumung sollten insoweit mit der Gläubigerin abgestimmt werden. Die Kosten können auch in der Schlussrechnung bei unterlassener Vorschussanforderung als Auslagen berücksichtigt werden. 21

c) Sonstige Kosten

■ Notariat 22

Der Notar-Verwalter ist von Beurkundungen, die das Verfahren betreffen gemäß §§ 6, 7 BeurkG ausgeschlossen. Fertigt er jedoch Vertragsentwürfe, für die ein Verwalter einen Anwalt beauftragt hätte, besteht eine Abrechnungsmöglichkeit nach den allgemeinen Grundsätzen.

■ Steuerberater, Wirtschaftsprüfer 23

Handelt es sich um Buchführungsarbeiten, für die der Nicht-Steuerberater-Verwalter einen Steuerberater beauftragt hätte, kann diese Vergütung gesondert abgerechnet werden. Hierbei handelt es sich jedoch nicht um die laufende Rechnungslegungspflicht des Verfahrens (§ 154, § 14 f. ZwVwV).

■ Tätigkeiten außerhalb des Pflichtenkreises des Zwangsverwalters 24

Die Gebühren dieses Bereiches betreffen die Zwangsverwaltungsmasse nicht und sind mit den jeweiligen Auftraggebern abzurechnen. Hier ist jedoch das Verbot der Vereinbarung über die Vergütung zu beachten (s. →

---

40   *H/W/F/H*, § 17 ZwVwV Rdn. 22.
41   FG Köln, ZIP 1983, 220.
42   Vgl. LG München II, Rpfleger 1968, 293 m. Anm. *Schumann*.
43   *H/W/F/H*, § 17 ZwVwV Rdn. 23 m.w.N.; *Depré/Mayer*, Rdn. 919, Ausnahme: schwieriger Fall.
44   BGH, ZInsO 2001, 703; OLG Celle, ZInsO, 2002, 94.
45   *Depré/Mayer*, Rdn. 919.
46   *Depré/Mayer*, Rdn. 924 f.
47   OLG Köln, JurBüro 1981, 54.

Rdn. 8). Diese Tätigkeit für Gläubiger oder Schuldner ist nur zulässig, wenn der Pflichtenkreis der Zwangsverwaltung und damit die Vergütung/Masse nicht betroffen sind[48] und auch im Allgemeinen keine Interessenkollision vorliegt.

25 ▪ **Hebegebühr**
Auszahlungen von Geld in Zusammenhang mit dem Verfahren, insbesondere Zahlungen auf den Teilungsplan lösen keine Hebegebühr aus, da es sich um originäre Aufgaben der Zwangsverwaltung handelt.

d) Festsetzung

26 Die Prüfung des Ansatzes der Sondervergütung erfolgte bisher im Verfahren der Festsetzung der Vergütung, auch wenn sie als laufende Ausgaben der Verwaltung entnommen wurden (str.[49]). Nach den vorstehenden Grundsätzen hat das Gericht zu überprüfen, ob die Beauftragung eines externen Anwalts oder der Ansatz der Gebühren nach RVG oder die Erhöhung nach § 18 Abs. 2 ZwVwV gerechtfertigt ist[50] (→ s. auch Rdn. 14.1 ff.). Der Antrag muss insoweit eine **Begründung** enthalten. Kommt das Gericht zu dem Ergebnis, dass diese Kosten nicht gerechtfertigt waren, ist die Vergütung um den zu Unrecht aus der Masse entnommenen Betrag zu kürzen. Hierbei ist nunmehr die geänderte Rechtsprechung des BGH zur Behandlung der RVG-Vergütung als besondere Auslagen zu beachten (→ Rdn. 14.3).

Wäre der Ansatz der Kosten zwar grundsätzlich berechtigt (Anwaltszwang), ist der Prozess an sich jedoch pflichtwidrig geführt worden, ist ein Ermessensspielraum des Verwalters grundsätzlich zu respektieren[51]. Ansprüche lassen sich insoweit nur aus § 154 begründen.

4. „Zwischenverfahren" nach Aufhebung

27 Hierzu wird auf die Ausführungen unter → § 161 Rdn. 48 ff. verwiesen.

III. Regelvergütung, § 18 Abs. 1 ZwVwV

1. Grundlagen

a) Allgemein

28 Die Vorschrift regelt die Bemessung der Vergütung und legt § 17 ZwVwV im Hinblick auf Art und Umfang der Aufgabe sowie die Leistung des Verwalters zugrunde.

In seinem Beschluss v. 15.11.2007 gibt der BGH Hinweise zur Regelvergütung[52]. Sie erfasse nicht nur einen gedachten Regelfall, sondern schlechthin alle Fälle vermieteter oder verpachteter Zwangsverwaltungsobjekte. Ein Missverhältnis, das eine Erhöhung oder Ermäßigung der Vergütung nicht nur rechtfertigt, son-

---

48 BGH, ZIP 1991, 1350 = NJW 1982, 185.
49 *H/W/F/H*, § 17 ZwVwV Rdn. 22, Auslagen gemäß § 21 Abs. 2 ZwVwV; vgl. auch *Depré/Mayer*, Rdn. 924 f.
50 BGH, NJW 2005, 903 = Rpfleger 2005, 155 (InsO).
51 BGH, ZInsO 2003, 657; 2001, 703; *H/W/F/H*, § 7 ZwVwV Rdn. 11 ff., § 17 ZwVwV Rdn. 22.
52 Rpfleger 2008, 216 = NJW-RR 2008, 464 = NZI 2008, 51 = WM 2008, 543 = ZfIR 2008, 199; Anm. *Förster*, Rpfleger 2008, 271.

dern gebietet, liegt vor, wenn der im Einzelfall entstehende Aufwand auch unter Berücksichtigung der bei einer pauschalierten Vergütungsregelung notwendigerweise entstehenden Härten zu einer unangemessen hohen oder zu einer unangemessen niedrigen Vergütung führt. Ob das der Fall ist, ist mit einer an § 152a ausgerichteten wertenden Betrachtung aller Umstände des Einzelfalles zu ermitteln. Bei dieser Gesamtwürdigung steht dem Tatrichter deshalb ein durch das Rechtsbeschwerdegericht nur eingeschränkt nachprüfbarer Beurteilungsspielraum zu.

Ist das Grundstück vermietet oder verpachtet sind **Bemessungsgrundlage** die während der Verwaltung eingenommenen Mieten oder Pachten (Ist-Einnahmen), grundsätzlich auch bei nur teilweiser Vermietung oder Verpachtung. Hierunter fallen auch Nutzungsentschädigungen, wenn diese nach Ablauf des Mietverhältnisses gefordert werden können oder Überlassungsverhältnisse ohne Miet- oder Pachtvertrag vorliegen. Zur **Bruttomiete** gehören (unstr.) alle Pauschalen oder Vorauszahlungen auf die Nebenkosten/Betriebskosten[53] und unstr. eine etwaige Umsatzsteuer[54]. Hierdurch werden auch Nebenkostennachzahlungen erfasst und Erstattungen, die insoweit abgezogen werden müssen, nicht jedoch Mieten, die nur im Wege eines **Mahnverfahrens** geltend gemacht werden oder die **an Dritte gezahlt** werden[55]. Die Erstattungen an den Mieter können die Bemessungsgrundlage aber nur mindern, wenn an den Verwalter auch die entsprechenden Vorauszahlungen geflossen sind, was in dem Fall der Erstellung von Abrechnungen für Zeiträume vor der Verwaltung nicht der Fall ist. In die Berechnungsgrundlage sind auch Mieten einzubeziehen, die nach Aufhebung bis zur Fertigstellung des Schlussberichts eingehen, soweit dies nicht auf eine Pflichtverletzung zurückzuführen ist[56]. Dies gilt insbesondere für Mieten, die nach Zuschlag oder Aufhebung aus der Zeit davor eingezogen werden[57]. 29

Abzuziehen sind die an den **Ersteher** auszukehrenden Mieten ab dem Zuschlag.

Zinserträge des **Anderkontos** werden damit schon dem Wortlaut nach nicht erfasst[58]. 30

Mit der Regelvergütung ist die gesamte Verwaltertätigkeit abgegolten. Ist diese nach den Grundsätzen des § 17 ZwVwV unzureichend, muss der Verwalter die Erhöhung nach Abs. 2 prüfen oder die Möglichkeiten aus § 19 ZwVwV. Da der Verwalter i.d.R. den Aufwand des Verfahrens nicht vorhersehen kann, muss er diesen von Anfang an dokumentieren. 31

Sind **mehrere Grundstücke** Gegenstand des Verfahrens (Verbindung gemäß § 18) mit unterschiedlichen Bemessungsgrundlagen, ist die Aufteilung in der gleichwohl getrennten Abrechnung unproblematisch. Die (Mindest-)Vergütung fällt – auch bei Verbindung – für jedes Grundstück an, soweit sie keine wirtschaftliche Einheit bilden[59] (→ Rdn. 96). Hierbei kann es nicht auf den formalen Aspekt

---

53 LG Augsburg, Rpfleger 1977, 78, 80; LG Mainz, Rpfleger 2000, 288.
54 LG Mainz, Rpfleger 2000, 288.
55 Vgl. *Stöber*, ZVG § 152a Rdn. 4.2.; zu Mahnverfahren und Zahlung an Dritte BGH, Rpfleger 2012, 564 = ZfIR 2012, 561 = ZInsO 2012, 1234.
56 LG Dresden, IGZInfo 2006, 92.
57 AG Dresden, IGZInfo 2006, 94.
58 LG Mainz, Rpfleger 2000, 288.
59 BGH, IGZInfo 2006, 12 zu Mindestvergütung = Rpfleger 2006, 151; JurBüro 2005, 206; Praxishinweise *Drasdo*, NJW Spezial 2006, Heft 3, S. 101; vgl. nunmehr BGH, Rpfleger 2007, 274 mit Anm. *Keller*, ZfIR 2007, 249.

zu Beginn des Verfahrens ankommen, ob die Besitzergreifung einheitlich oder getrennt erfolgt ist[60]. Eine einheitliche Abrechnung erscheint deshalb nur bei wirtschaftlicher Einheit getrennter Grundstücke denkbar. Verteilt sich die Bemessungsgrundlage auf die Grundstücke insgesamt, kann bei gleicher Nutzung eine prozentuale Aufteilung vorgenommen werden, bei differenzierter Nutzung dürfte dies letztlich nicht möglich sein.

32 Sind nur einzelne Einheiten eines Objektes vermietet (Mischfälle), ist damit entweder insgesamt nach § 18 Abs. 1 ZwVwV abzurechnen, ggf. mit Zuschlägen nach Abs. 2 oder insgesamt über § 19 ZwVwV.

33 Zum **Abrechnungszeitraum** wird auf § 14 ZwVwV verwiesen (→ § 154 Rdn. 19 ff.), auch im Hinblick auf Rumpfjahre[61].

Ob eine Zwangsverwaltung **unverhältnismäßig hohe Kosten** verursacht hat, ist nicht bei der Festsetzung der Vergütung, sondern bei der Vollstreckung dieser Kosten oder in einem Rechtsstreit des Schuldners gegen den Gläubiger auf Erstattung von aus den Verwaltungseinnahmen berichtigter Kosten zu prüfen[62].

b) Regelvergütung und Normalfall

34 Weder die Regelvergütung noch die Voraussetzungen für die Erhöhung oder Minderung nach § 18 Abs. 2 ZwVwV oder die Stundenvergütung nach § 19 ZwVwV können anhand von Katalogmerkmalen geprüft und festgesetzt werden. Gleichwohl ist die Herausarbeitung von solchen Merkmalen und Fällen in der Praxis von besonderer Bedeutung, da sie Überprüfungsmaßstäbe bieten und anerkannte Grundlagen, die zumindest in Teilbereichen die Festsetzung vereinfachen, da durch das flexible Vergütungssystem vom Ansatz her für Verwalter und Gericht eher eine Erschwernis zu verzeichnen ist.

35 Einhergehend ist gerade für die Festlegung der Regelvergütung und als Ausgangsgrundlage die **Definition des Normalfalls** von besonderer Bedeutung. Hierzu sind in der Praxis zwischenzeitlich vielfältige Grundlagen geschaffen worden, die es ermöglichen, Näherungswerte für die angemessene Vergütung zu erfassen, die dann allenfalls durch den konkret zu beurteilenden Einzelfall im Rahmen des verbleibenden Beurteilungsspielraumes zu modifizieren sind.

36 Insoweit ist zunächst auf die REFA-Studie hinzuweisen, die einmal Standardtätigkeiten und Zeitbedarf im Zwangsverwaltungsverfahren ermittelt hat und in einer weiteren Untersuchung Tätigkeiten und Zeitbedarf in einem Normalverfahren über 2 Jahre[63] sowie die hieraus abgeleitete Einteilung in Standardtätigkeiten → Rdn. 138 ff. und die Faustregeltabelle[64].

37 Darüber hinaus ist an der Höhe der Regelvergütung im Vergleich zu den bisher erfolgten Zuschlägen zu dem alten Vergütungssatz, hinter dem sie rechnerisch zurück bleibt, zu Recht deutliche Kritik geübt worden, auch im Hinblick auf die früher teilweise anerkannten Stundensätze[65]. Bei richtiger Anwendung dürfte jedoch auch in der Kombination der §§ 18 und 19 ZwVwV in den überwiegenden Fällen

---

60 So *Depré/Mayer*, Rdn. 888; vgl. BGH, IGZInfo 2006, 12 = Rpfleger 2006, 151.
61 Vgl. auch *Depré/Mayer*, Rdn. 927.
62 BGH, Rpfleger 2007, 274; Anm. *Keller*, ZfIR 2007, 249.
63 Abgedruckt bei *H/W/F/H*, Anhang 6 und 7.
64 ZInsO 2004, 84; Rpfleger 2004, 653; BGH, ZInsO 2007, 370, keine Bindung.
65 *H/W/F/H*, § 18 ZwVwV Rdn. 2.

eine angemessene Vergütung zu erreichen sein, über die Regelvergütung hinaus jedoch nur mit einem erhöhten Dokumentations- und Prüfungsaufwand.

Ausgangspunkt ist zunächst die rechnerische Ermittlung der Regelvergütung. **38** Anschließend ist anhand etwaiger Besonderheiten des Verfahrens zu prüfen ob diese Vergütung nach oben oder unten zu korrigieren ist oder aber insgesamt eine Abrechnung nach § 19 ZwVwV zu erfolgen hat (s. → Rdn. 68 ff.).

Nach *H/W/F/H*[66] ist bereits auf der ersten Stufe zu prüfen, ob das Verfahren **39** überdurchschnittlich ist, z.B. 12 % zu bemessen sind. Zusätzlich sollen dann in einem weiteren Schritt Besonderheiten zu berücksichtigen sein. Nach hier vertretener Auffassung ist dies ausschließlich über Abs. 2 regelbar, da Abs. 1 („i.d.R.") nur den Grundfall mit 10 % vorgibt[67].

Um eine angemessene Vergütung festsetzen zu können, ist eine typisierende **40** Betrachtungsweise zugrunde zu legen[68]. Hierzu ist zunächst auf die Entwurfsfassung der Begründung (→ Rdn. 6) zu verweisen, die gesetzliche Aufgabenstellung und die in der Rechtsprechung[69] und Praxis herausgebildeten Anforderungen an den Verwalter. Diese Merkmale sind nicht statisch, sondern passen sich veränderten Verhältnissen an. Sie bedürfen mithin der Überprüfung. Das Ergebnis ist dann mit der tatsächlichen Tätigkeit abzugleichen.

Ausgehend von der Begründung des Vorentwurfs zur ZwVwV lassen sich für **41** den **Regelfall** die folgenden Merkmale konkretisieren:

- **keine gewerbliche Nutzung**
  Eine Abweichung vom Regelfall liegt auch bei einer teilweisen gewerblichen Vermietung oder Verpachtung vor. Dies gilt insbesondere, wenn der Verwalter als Folge hieraus umsatzsteuerliche Pflichten zu erfüllen hat (→ § 152 Rdn. 96.1 ff.)[70]. Eine Erhöhung ist aber nur dann begründet, wenn der Verwalter darlegt, dass er aufgrund der gewerblichen Nutzung erheblich in Anspruch genommen wird[71]. Die Erhöhung aus diesem Gesichtspunkt kann bis zu 2 % betragen, wobei für je 20 Einheiten ein Zuschlag von 0,2 % gewährt wird (→ Rdn. 61).

- **durchschnittlicher Erhaltungszustand**
  Der gewöhnliche Instandhaltungsaufwand (§ 10 Abs. 1 Nr. 5 ZwVwV) ist Ausfluss einer normalen Nutzung und dem Regelfall zuzurechnen[72]. In Betracht kommt jedoch Sanierungsaufwand, der für die Herstellung oder Weiterführung der Nutzung erforderlich ist, die Behebung von Baumängeln oder die Beseitigung von Altlasten[73]. Ein Mehraufwand kann auch bei Aufwendungen aufgrund übermäßiger Abnutzung entstehen (Zuschlag bis zu 1 %) oder, wenn der Verwalter das Objekt erst durch notwendige Maßnahmen einer Nutzung zuführen kann. Die zustimmungspflichtigen Tätigkei-

---

66 *H/W/F/H*, § 18 ZwVwV Rdn. 14 f.
67 So auch *Depré/Mayer*, Rdn. 856 ff.
68 BVerfG, ZInsO 2001, 463.
69 U.a. BGH, Rpfleger 2002, 632 = ZInsO 2002, 967, 969 ff.
70 Vgl. auch FG München, Rpfleger 1999, 190 = NJW 1999, 743.
71 BGH, Rpfleger 2002, 632 = ZInsO 2002, 967, 969 ff.
72 BGH, Rpfleger 2002, 632 = ZInsO 2002, 967, 969 ff.
73 Beispiele u.a. LG Flensburg, ZInsO 2002, 423 und 2001, 749 und 952; LG Göttingen, ZInsO 2001, 460.

ten nach § 10 Abs. 1 Nr. 5 ZwVwV sind nicht vom Regelfall erfasst und können mit einem Zuschlag bis zu 1,5 % berücksichtigt werden. Soweit es sich hierbei um Baumaßnahmen handelt, greift nur die Sonderregelung des § 18 Abs. 3 ZwVwV, die auch neben Mieteinnahmen zum Tragen kommen kann (→ Rdn. 66).

- **ohne tatsächliche Hindernisse**
Der Regelfall geht davon aus, dass der Verwalter das Objekt von einem übergabe- und kooperationsbereiten Schuldner[74] problemlos in Besitz nehmen kann und alle notwendigen Objektunterlagen erhält (vgl. → § 150 Rdn. 43 ff.). Abweichungen liegen vor, wenn es sich um mehrere auseinander liegende Objekte (Verfahrensverbindung) handelt, die Inbesitznahme nur mithilfe des Gerichtsvollziehers möglich ist[75] oder die Objektunterlagen nicht (vollständig) vorhanden sind[76]. In diesen Fällen kann ein Zuschlag von **jeweils** bis zu 0,5 % in Betracht kommen.

Hierzu gehören auch fehlende oder unzureichende Unterlagen über Nebenkostenabrechnungen und rückständige Abrechnungen, die einen vom Normalfall abweichenden Aufwand erfordern, weil sie rekonstruiert werden müssen oder durch den Mieter Zurückbehaltungsrechte geltend gemacht werden[77]. Der Regelfall geht insoweit von einer (rechtlich) klaren, vollständigen und nachvollziehbaren Dokumentation der bestehenden Mietverhältnisse aus[78], was auch § 3 ZwVwV entspricht.

Ausgehend von § 5 Abs. 2 ZwVwV entspricht es dem Regelfall, dass der Verwalter ein ganz oder teilweise genutztes Objekt vorfindet mit vertragstreuen Mietern oder Pächtern. Hierzu gehört es, bei Leerstand auf eine Vermietung hinzuwirken, Verhandlungen mit dem Mieter zu führen[79] oder Mieterhöhungen durchzusetzen. Bemüht der Verwalter sich im Hinblick auf eine Vermietung nicht, kann auch eine Kürzung in Betracht kommen.

Nicht zum Regelfall gehört es, wenn der Verwalter gerichtlich oder im Rahmen anwaltlicher Tätigkeit gegen den Mieter vorgehen muss, wobei im Falle einer Erhöhung dann keine Vergütung nach dem RVG berücksichtigt werden kann. Eine solche Erhöhung kann auch unter Einbeziehung des Zuschlags nach § 18 Abs. 1 S. 2 erfolgen.

- **ohne rechtliche Hindernisse**
Nach § 8 ZwVwV gehört es zum Regelfall, dass der Verwalter etwaige Ansprüche, die den Regelungen der §§ 1123 ff. BGB unterliegen berücksichtigt. Hieraus können sich in rechtlicher Hinsicht jedoch kompliziert gelagerte Fälle ergeben, die entweder im Rahmen einer Erhöhung zu berücksichtigen sind oder durch den Verwalter gesondert gemäß § 17 Abs. 3 (→ Rdn. 11 ff.) abgerechnet werden können.

---

74 Hierzu LG Kaiserslautern, JurBüro 1998, 274.
75 LG Dortmund, Rpfleger 2002, 472; LG Siegen, ZIP 1988, 326.
76 LG Flensburg, ZInsO 2002, 68, 69 und 2001, 749, 750.
77 LG Meiningen, ZInsO 2003, 559; LG Bochum, Rpfleger 1995, 374; LG Hannover, Rpfleger 1990, 133; LG Mainz, Rpfleger 1996, 37.
78 *H/W/F/H*, § 18 ZwVwV Rdn. 20, Ziff. 4.
79 LG Göttingen, ZInsO 2001, 460, 461.

- **bis zu 10 Einheiten**
  Hierbei handelt es sich um 10 Wohneinheiten an einem Ort, die über den Zeitraum eines Jahres vermietet sind. Darüber hinausgehend ist ein größerer Organisationsaufwand erforderlich, ggf. unter Einschaltung eines Hausmeisters und Hausverwalters mit hieraus resultierenden Abrechnungen. Der Aufwand der Verwaltung hängt u.a. mit der Größe des Objektes und der Anzahl der Mieter zusammen mit den sich hieraus ergebenden Problemen im sozialen Bereich und dem Instandhaltungsbedarf. Auch der Aufwand der Buchhaltung ist größer, wobei der Regelfall ca. 100 Buchungen pro Jahr erfassen soll[80]. Eine Erhöhung der Vergütung bis auf 3 % soll jedoch erst ab 200 Einheiten gerechtfertigt sein[81].

- **Orientierungswert**
  Unter Hinweis auf § 19 ZwVwV (→ Rdn. 68 ff.) wird als Orientierungswert für den Regelfall ein Zeitaufwand von 70–100 Stunden und 70,- bis 75,- € je Stunde für das gesamte Verfahren zugrunde gelegt. Dies ergibt einen Wert von mindestens 4.900,- €. Führt die Abrechnung über § 18 ZwVwV zu einer Vergütung, die hiervon mehr als 25 % abweicht, ist die Abrechnung auf Stundenbasis in Betracht zu ziehen.

Da der Regelfall, wie vorstehend konkretisiert zu einer Vergütung von 10 % führt, sind Abweichungen nicht schon auf dieser Stufe zu berücksichtigen („in der Regel 10 Prozent", → Rdn. 39). Die Besonderheiten des § 18 Abs. 2 ZwVwV sind anschließend zu berücksichtigen. Die Einzelheiten sind durch den Verwalter nachvollziehbar darzulegen und sind auch gefordert, wenn eine Vergütung aus § 19 ZwVwV geltend gemacht wird, da das Gericht ansonsten keinen Vergleichsmaßstab hat (vgl. → Rdn. 78).

Zu beachten ist, dass nicht jede Abweichung von dem Regelfall auch zu einer Reduzierung oder Erhöhung der Vergütung führt. Abgeleitet aus der Rechtsprechung zum Beurteilungsspielraum und den unbestimmten Rechtsbegriffen (→ Rdn. 5) ist eine Toleranzbreite von 20 % gegeben, bevor eine Änderung des Regelsatzes in Betracht kommt[82]. Wenn die Voraussetzungen des § 18 Abs. 2 ZwVwV vorliegen, ist die Vergütung entsprechend festzusetzen. Auf die Höhe der Vergütung, die sich nach dem Regelfall ermittelt, kommt es nicht an. Insoweit kann das Gericht diese nicht als angemessen erachten, obwohl Erhöhungsgründe vorliegen[83].

Des Weiteren kommt es nicht auf die Summe der Einzelkriterien an, sondern das Gesamtbild des Verfahrens[84], es sei denn die Einzelkriterien weichen schon erheblich vom Normalfall ab.

2. Höhe

Auf den der Regelvergütung zugrunde zu legenden Normalfall wurde aus der Sicht des Verordnungsgebers bereits hingewiesen (→ Rdn. 6), auch wenn er

---

80 H/W/F/H, § 18 ZwVwV Rdn. 20 Ziff. 6.
81 So H/W/F/H, § 18 ZwVwV Rdn. 20 Ziff. 6; vgl. aber AG Greifswald, IGZInfo 2006, 95.
82 H/W/F/H, § 18 ZwVwV Rdn. 23, 24 m.w.N.
83 H/W/F/H, § 18 ZwVwV Rdn. 25.
84 H/W/F/H, § 18 ZwVwV Rdn. 25.

schlussendlich nicht in die Begründung übernommen wurde, ebenso wie auf die weiteren Merkmale, die für einen Normalfall maßgeblich sind (→ Rdn. 34 ff., 41). § 18 Abs. 1 ZwVwV setzt notwendig eine Vermietung oder Verpachtung voraus.

46 Die Grundregelung vergütet 10 % der eingezogenen **Bruttomiete oder -pacht** (→ Rdn. 29) einschließlich einer Nutzungsentschädigung[85].

47 Hierbei kommt es auf das Zu- und Abflussprinzip an. Lediglich bei der geschuldeten, jedoch nicht fälligen Miete, ist auf die Fälligkeit abzustellen. Zuflüsse sind bis zur Beendigung des Verfahrens erhöhen die Bemessungsgrundlage (→ Rdn. 29)[86].

48 Zu den Abrechnungszeiträumen und den Folgen des Zuschlags oder der Aufhebung wird unter → Rdn. 123 ff. Stellung genommen.

49 Wird die Miete oder Pacht während der Verwaltung (auch teilweise) nicht gezahlt, erhält der Verwalter 20 % der vorstehenden Vergütung, mithin 2 %, die er erhalten hätte, wenn er die Mieten oder Pachten eingezogen hätte. Hierbei kommt es nicht darauf an, ob der Verwalter seinen Verpflichtungen aus § 7 ZwVwV (zeitnahe Rechtsverfolgung) ermessensgerecht nachgekommen ist[87]. Ergibt sich hieraus ein krasses Missverhältnis, besteht die Möglichkeit der Abrechnung nach § 19 ZwVwV. Der Verordnungsgeber begründet zu § 18 ZwVwV: „*Damit wird wie für die Vergütung des Insolvenzverwalters wesentlich auf die verwaltete Masse abgestellt und im Interesse von Schuldner und Gläubiger ein Anreiz gesetzt, Außenstände möglichst beizutreiben. Allerdings können gerade auch erfolglose Bemühungen um den Miet-/Pachteinzug besonders aufwändig sein.*"

50 Werden Mietrückstände später eingezogen, sind auf diesen Vergütungsanspruch nach Satz 2 bereits erhaltene Vergütungen anzurechnen (S. 3). Insoweit wird zu Recht empfohlen, diese Vergütung erst im Rahmen der Schlussrechnung festzusetzen[88]. Die Vergütung kann auch Grundlage einer Erhöhung nach Abs. 2 sein, wenn sich auch ansonsten die Vergütung erhöht, d.h. nicht isoliert[89].

51 Soweit der Mieter aber berechtigte **Verrechnungen oder Aufrechnungen** vornimmt, z.B. aufgrund von zu berücksichtigenden Mietvorauszahlungen oder Baukostenzuschüssen, die der Verwalter gegen sich gelten lassen muss (vgl. hierzu → § 152 Rdn. 173 ff.), sind diese nicht in die Bemessungsgrundlage einzubeziehen, da diese Mieten nicht geschuldet sind[90]. Sind diese streitig können sie grundsätzlich bei entsprechender Darlegung berücksichtigungsfähig sein. Insoweit dürfte aber die Anwendung von § 19 ZwVwV sinnvoller sein, wenn dessen Voraussetzungen im Übrigen vorliegen.

52 Auf rückständige Nebenkostenforderungen erfolgt ein Zuschlag nur, wenn die Forderung gegenüber dem Mieter fällig ist (s. → § 152 Rdn. 150 ff.)[91].

53 Für Räume, die der Schuldner gemäß § 149 nutzt oder die leer stehen, wird kein fiktiver Mietwert in Ansatz gebracht[92].

---

85 AG Dresden, IGZInfo 2006, 94.
86 LG Dresden, IGZInfo 2006, 92.
87 *Depré/Mayer*, Rdn. 852.
88 So *H/W/F/H*, § 18 ZwVwV Rdn. 36.
89 *Stöber*, ZVG § 154 Rdn. 4.2; *H/W/F/H*, § 18 ZwVwV Rdn. 8 ff.
90 *H/W/F/H*, § 18 ZwVwV Rdn. 9.
91 Vgl. *Depré/Mayer*, Rdn. 866.
92 So auch *Stöber*, ZVG § 152a Rdn. 4.2.

Nicht abschließend geklärt ist die **Bemessungsgrundlage im Fall der Fortführung eines Gewerbebetriebes** im Hinblick auf einen fiktiven Vermietungsertrag, die Gesamteinnahmen des Gewerbebetriebes und die Frage, ob wegen der Fortführung in Eigenregie überhaupt eine Nutzung durch Vermietung oder Verpachtung vorliegt[93] (vgl. auch → § 152 Rdn. 55). Sachgerecht dürfte aufgrund dieser Fragestellungen eine Abrechnung nach § 19 sein[94]. 54

IV. Minderung oder Anhebung, § 18 Abs. 2 ZwVwV

Über § 18 Abs. 2 ZwVwV ist die Korrektur (keine Ausnahme) zu der starren Regelung des § 18 Abs. 1 ZwVwV möglich, um die auf den Einzelfall bezogenen angemessenen Vergütung festzusetzen[95] (→ Rdn. 28). Der Verordnungsgeber führt hierzu aus: 55

„*Mit Absatz 2 trägt der Verordnungsgeber der Tatsache Rechnung, dass es zur Herstellung eines einzelfall- und leistungsadäquaten Vergütungsniveaus im konkreten Einzelfall zulässig sein muss, von dem Regelvergütungssatz nach Abs. 1 abzuweichen. Angesichts der nur schwerlich mit einheitlichen generalisierenden Regelungen zu erfassenden Vielfalt der Zwangsverwaltungsfälle enthält Absatz 2 – in Anknüpfung an § 25 der bisherigen Verordnung – das erforderliche Korrektiv zu der starren Regelung des Absatzes 1. Nur in Fällen, in denen auch über dieses Korrektiv ausnahmsweise keine angemessene Vergütung des Verwalters erreicht werden kann, kommt eine abweichende Berechnung der Vergütung nach § 19 in Betracht.*"

Damit wird die Möglichkeit einer flexiblen Vergütung geschaffen, die die einzelfallbezogenen Tätigkeitsmerkmale berücksichtigt, um eine angemessene Vergütung festzusetzen. 56

Es muss ein Missverhältnis zwischen der tatsächlichen Tätigkeit vorliegen und der Tätigkeit, die Abs. 1 der Regelvergütung zugrunde legt. Insoweit muss zunächst bestimmt werden, welche Tätigkeit die Regelvergütung erfassen soll (→ Rdn. 34 ff., 41). Hierbei handelt es sich um die übliche Tätigkeit eines gewissenhaften, sachkundigen und sorgfältigen Zwangsverwalters[96], die wiederum ohne Betrachtung des Gegenstands der Verwaltung (Art und Umfang gemäß § 17 ZwVwV) nicht isoliert betrachtet werden kann. Im Hinblick auf die Merkmale des Normalfalls wird auf → Rdn. 34 ff., 41 verwiesen. Zwangsläufig hat sich hierzu eine zunehmende Fallsammlung in Literatur und Rechtsprechung entwickelt, deren Kriterien der Prüfung typisierend zugrunde gelegt werden müssen.

Unter Berücksichtigung des § 19 Abs. 1 ZwVwV kann deshalb zu Recht ein Vergleich mit den aufgewendeten **Stunden als Kontrollrechnung** und objektivierbarer Maßstab herangezogen werden[97], ohne dass hierbei die besonderen Voraussetzungen einer Abrechnung auf Stundenbasis zugrunde gelegt werden, mit Ausnahme der Schwierigkeit, auch hier die angemessene Höhe des Stundensatzes zu ermitteln. 57

---

93 Vgl. *Haut/Beyer/Mengwasser*, IGZInfo 2006, 132, 135.
94 Ähnlich *H/W/F/H*, § 18 ZwVwV Rdn. 9.
95 Hierzu BGH, Rpfleger 2008, 216 = ZfIR 2008, 199.
96 Vgl. LG Oldenburg, Rpfleger 1994, 78: offensichtliches Missverhältnis.
97 Vgl. *H/W/F/H*, § 18 ZwVwV, Rdn. 28 m.w.N. der Rechtsprechung u.a. zu § 25 ZwVwV a.F.

58 Das Missverhältnis wird bejaht, wenn besondere Umstände vorliegen, die so wesentlich sind, dass eine leistungsgerechte Vergütung (§ 17 Abs. 1 ZwVwV) nur durch eine Abweichung von der Regelvergütung zu erzielen ist. Die Abweichungen müssen **erheblich** sein. Liegen von dem Normalfall abweichende erhebliche Erschwernisse oder Erleichterungen im Einzelfall vor, die die Tätigkeit des Verwalters entsprechend be- oder entlastet haben, sind Zu- oder Abschläge festzusetzen[98]. Eine Erhöhung ist u.a. dann gerechtfertigt, wenn die Tätigkeit des Verwalters **besondere Schwierigkeiten** aufweist und deshalb einen sehr viel höheren als den üblichen Aufwand erfordert[99].

Das LG Gera hat dem Verwalter eine Erhöhung von 3 % zugebilligt, weil seine Tätigkeit alle Kriterien eines Regelfalles überschritten hat. Diesen Regelfall sah das Gericht bei a) einem Objekt, b) an einem Ort, c) Dauer der Verwaltung unter einem Jahr und d) max. 100 Vorgängen in der Buchhaltung[100].

59 Der BGH[101] fordert hierzu eine Abwägung aller Umstände unter Berücksichtigung von:

- Arbeitsleistung,
- Arbeitsaufwand,
- Maß der Verantwortung,
- besondere Erschwernisse.

60 Die Vergütung muss zu einem **angemessenen Einkommen** des Verwalters führen, ohne die Einschränkungen des JVEG, welches nur eine entschädigungsrechtliche Funktion hat[102].

In gleichem Maße sind **Minderungen** der vorstehenden Merkmale zu berücksichtigen, wobei auch eine **Saldierung** in Betracht kommen kann, wenn Erschwernisse und Erleichterungen zusammentreffen. Geringe Abweichungen von einer durchschnittlichen Tätigkeit finden keine Berücksichtigung.

61 Fallbeispiele bieten zumindest Orientierungspunkte für die abweichende Bemessung und sind für eine Vereinheitlichung der Praxis von Bedeutung. Für den Verwalter ist es von besonderer Bedeutung die zugrunde liegenden **Umstände konkret darzulegen**[103].

Wenn die Voraussetzungen für eine Abweichung vorliegen, steht dem Gericht insoweit kein Ermessen zu, jedoch im Hinblick auf das Maß der Abweichung. Die Abweichende Feststellung ist für jeden **Abrechnungszeitraum** gesondert festzustellen, sodass sich in diesen Abrechnungszeiträumen unterschiedliche Zu- oder Abschläge ergeben können. Soweit derzeit überwiegend noch Rechtsprechung zu § 25 ZwVwV a.F. vorliegt, können diese entsprechend berücksichtigt werden. Eine **Erhöhung** wird in folgenden Fällen anerkannt (vgl. **ausführlich Faustregeltabelle**[104]):

---

98 BGH, ZInsO 2004, 256 ff.
99 *H/W/F/H*, § 18 ZwVwV, Rdn. 29 m.w.N. der Rspr. zu § 25 a.F.
100 IGZInfo 2009, 183.
101 Rpfleger 2008, 216 = ZfIR 2008, 199; BGHZ 152, 18, 27 = NJW 2003, 212, 214 = Rpfleger 2002, 632.
102 Vgl. BVerfG, ZInsO 2001, 848; *Haarmeyer*, FS f. *Kirchhof*, S. 165 ff.
103 BGH, NJW 2004, 3429 = JurBüro 2005, 207.
104 Rpfleger 2004, 653 = ZInsO 2004, 1021 ff.; BGH, ZInsO 2007, 370, keine Bindung; hierzu *Förster/Klipfel*, IGZInfo 1/2015, 2.

- teilweiser Leerstand, besondere Schwierigkeiten und intensive Bemühungen im Hinblick auf Art der Vermietung, bis 1 % auch auf Zuschlag nach § 18 Abs. 1 S. 2 ZwVwV[105] (alt. § 19 Abs. 2 ZwVwV);
- besondere Bemühungen zur Beitreibung von Außenständen, bis 2 %, ständige Abmahnung von Mietzahlungen[106];
- ganz oder teilweise gewerbliche Nutzung max. 2 % (0,2 % je 20 Einheiten) teilweise bis zu 3 %[107];
- übermäßiger Reparaturaufwand oder Sanierung zur Nutzbarmachung soweit nicht § 18 Abs. 3 ZwVwV, 0,25 bis 3 %[108];
- Altlasten, 0,25–1,5 %[109];
- Wintersicherung, bis 0,5 %[110];
- genehmigungspflichtige Tätigkeiten nach § 10 Abs. 1 Nr. 5 ZwVwV, bis 1,5 %;
- unkooperativer oder abwesender Schuldner, bis 1 %[111];
- Räumung des Objektes vom Schuldner, bis 1,5 %[112];
- schwierige Inbesitznahme, ggf. mit Gerichtsvollzieher, bis 0,5 %;
- fehlende oder unvollständige Objektunterlagen, 0,5–2,5 %[113];
- mehrere auseinander liegende Objekte, mindestens 0,5 %[114];
- mehrere betreibenden Gläubiger; 0,25–1 %[115];
- unvollständige Unterlagen für Nebenkostenabrechnung, Rekonstruktion, bis 2,5 %[116];
- Abrechnung vorangegangener Jahre, bis 2 %[117];
- Durchsetzung rückständiger Mieten oder Pachten, soweit nicht gesondert nach § 17 Abs. 3 ZwVwV vergütet, bis 2 %[118], ggf. mit § 18 Abs. 1 S. 2 ZwVwV;
- bei sonstigen Rechtsstreitigkeiten 0,3–1,5 %[119], bei Streitigkeiten über Minderungen bis 1 %[120];

---

105 H/W/F/H, vor §§ 17–22 ZwVwV Rdn. 6, § 18 ZwVwV Rdn. 30; LG Flensburg, ZInsO 2001, 749.
106 LG Erfurt, Rpfleger 2007, 277 = IGZInfo 2007, 32.
107 H/W/F/H, § 18 ZwVwV Rdn. 20 Ziff. 1 a.E.; LG Erfurt, Rpfleger 2007, 277 = IGZInfo 2007, 32; AG Wolgast, Rpfleger 2003, 257; LG Potsdam, ZInsO 2002, 220; LG Leipzig, Rpfleger 2001, 560; LG Flensburg, ZInsO 2001, 952; LG Göttingen, ZInsO 2001, 460.
108 LG Flensburg, ZInsO 2002, 423; LG Göttingen, ZInsO 2001, 460; LG Münster, JurBüro 2000, 435; *Wertenbruch*, KTS 1993, 616; OLG Koblenz 1 % i.V.m. Umsatzsteueranmeldungen, Rpfleger 2013, 285.
109 LG Lüneburg, Rpfleger 1999, 34.
110 LG Meiningen, ZInsO 2003, 559.
111 LG Meiningen, ZInsO 2003, 559; LG Flensburg, ZInsO 2002, 68 und 423; LG Göttingen, ZInsO 2001, 460.
112 LG Münster, JurBüro 2000, 435; AG Leipzig, ZInsO 2001, 1047.
113 AG/LG Hannover, Rpfleger 1990, 133; AG/LG Bonn, DRpflZ 1987, 14.
114 H/W/F/H, § 18 ZwVwV Rdn. 30.
115 H/W/F/H, § 18 ZwVwV Rdn. 30.
116 LG Flensburg, ZInsO 2002, 68; LG Bochum, Rpfleger 1995, 374.
117 LG Bochum, Rpfleger 1995, 374.
118 LG Meiningen, ZInsO 2003, 559; AG Leipzig, ZInsO 2001, 1047.
119 LG Flensburg, Rpfleger 2002, 475 = ZInsO 2002, 423; LG Göttingen, Rpfleger 1999, 456.
120 LG Flensburg, ZInsO 2002, 68 und 423; LG Göttingen, Rpfleger 1996, 257.

- streitige Durchsetzung von Mieterhöhungen, bis 2,5 %, soweit nicht nach § 17 Abs. 3 ZwVwV vergütet[121];
- Auseinandersetzungen mit Mieter über Wirksamkeit von Mietvorauszahlungen oder Baukostenzuschüssen, 0,25–3 %[122];
- Objekte mit mehr als 10 Wohneinheiten, bis max. 3% bei mehr als 200 Einheiten[123], bzw. 0,2 % je 20 Einheiten bis zu 2 %[124]; bis zu 3 % wenn ein gewerblich genutztes Objekt in Form einer Vermietung an viele Mieter verwaltet wird[125];
- häufiger Mieterwechsel, 0,3–1,5 %[126];
- Auseinandersetzungen wegen Zubehör, u.a. bei Insolvenzverfahren, bis 2 %[127], bei aufwendiger Inbesitznahme wegen umfangreichen Zubehörs, bis 1,5 %[128];
- Fortführung eines Gewerbebetriebes, bis zu 3 %[129] (beachte → Rdn. 54);
- Laufende Kontrolle des Schuldners bei Fortführung des Gewerbes durch diesen mit Nutzungsentschädigung, bis 2 %[130];
- Zahlreiche Eingaben des Schuldners[131];
- Übernahme eines umfangreichen Verfahrens[132];
- Wahrnehmung steuerrechtlicher Belange[133], insbesondere Erstellung von Umsatzsteuervoranmeldungen oder -erklärungen[134]; ggf. zukünftig auch Entrichtung von Einkommensteuer (→ § 152 Rdn. 93.7 ff.)
- Aufwendige Ersteherabrechnung[135].

Betrifft die Anhebung **Abwicklungsarbeiten** nach Aufhebung des Verfahrens (kein Vorbehalt oder fortwirkende Beschlagnahme), muss er darlegen, dass die Leistungen über das Maß regulärer Abschlussarbeiten deutlich hinausgehen[136].

---

121 LG Bochum, Rpfleger 1995, 374.
122 *H/W/F/H*, § 18 ZwVwV Rdn. 30.
123 *H/W/F/H*, § 18 ZwVwV Rdn. 20, Ziff. 6; LG Zwickau, IGZInfo 2007, 34:48 WE bis 4,5 %.
124 LG Frankenthal, Rpfleger 1993, 416; AG Lübeck, IGZInfo 2006, 27:36 Wohnungen und zusätzliche Stellplätze 2 % Erhöhung; AG Greifswald, IGZInfo 2006, 95: mehr als 10 Wohnungen, Mieterwechsel, häufige Kontrolle, aufwendige Buchführung 15 %; *Wertenbruch*, KTS 1993, 616; *Depré/Mayer*, Rdn. 660: Leerstand negativ zu berücksichtigen.
125 LG Frankfurt, Rpfleger 2011, 548.
126 LG Göttingen, ZInsO 2001, 460; LG Leipzig, Rpfleger 2002, 166; AG Greifswald, Rpfleger 2006, 334; *Wertenbruch*, KTS 1993, 616.
127 *H/W/F/H*, § 18 ZwVwV Rdn. 30.
128 LG Flensburg, ZInsO 2001, 952.
129 *H/W/F/H*, § 18 ZwVwV Rdn. 30; vgl. hierzu *Haut/Beyer/Mengwasser*, IGZInfo 2006, 132, 135 f.
130 *H/W/F/H*, § 18 ZwVwV Rdn. 30.
131 LG Göttingen, Rpfleger 1999, 503.
132 LG Göttingen, Rpfleger 2001, 312.
133 LG Leipzig, Rpfleger, 2002, 166; LG Erfurt, IGZInfo 2007, 32.
134 LG Erfurt, Rpfleger 2007, 277 = IGZInfo 2007, 32; OLG Koblenz 1 % i.V.m. Vielzahl von Reparaturen, Rpfleger 2013, 285.
135 LG Erfurt, Rpfleger 2007, 277 = IGZInfo 2007, 32.
136 BGH, Rpfleger 2008, 270 = NJW-RR 2008, 892 = NZM 2008, 223.

In der Zeit zwischen Erteilung des Zuschlags und der Aufhebung des Verfahrens kann der Verwalter seinen Aufwand jedoch regulär abrechnen[137].

Differenzierungen innerhalb der Zuschlagsrahmen werden durch *H/W/F/H* im Rahmen der **Faustregeltabelle** dargestellt[138]. Mit Beschluss v. 22.3.2007[139] hat der BGH für die InsVV festgestellt, dass eine Bindung an die Faustregeltabellen nicht besteht und die Bemessung von Zu- oder Abschlägen Aufgabe des Tatrichters ist. Die Tabellen sind aber zumindest als Orientierung zu betrachten. Der Tatrichter muss seine auf den Fall bezogene Bewertung jedoch offenlegen. So hat das AG Greifswald auf der Grundlage der Faustregeltabelle eine Erhöhung der Regelvergütung auf 15 % für begründet gehalten bei einem Verfahren mit wiederholtem Mieterwechsel, häufigen Kontrollbesuchen, erheblichen baulichen Mängeln, unsachgemäßem Umgang mit der Mietsache, niedrigem Mietpreisniveau, erheblichem Bewirtschaftungsaufwand sowie aufwendiger Buchführung[140]. 62

Ein weiterer Aspekt kann auch eine geringe **Vergleichsmiete** sein. Eine Erhöhung der Regelvergütung ist auch dann gerechtfertigt, wenn es sich um eine Mehrfamilienwohn- und Geschäftshaus mit mehr als 10 Einheiten handelt und die erzielten Einnahmen aus den vermieteten Einheiten insgesamt wesentlich unter den üblichen Einnahmen des Objektes bei einer Vollvermietung liegen[141].

Eine **Minderung** der Vergütung kann unter den nachfolgenden Gesichtspunkten in Betracht kommen. Eine **Reduzierung der Regelvergütung** kommt ebenfalls nur bei einer erheblichen Abweichung in Betracht. Die Tätigkeit in dem konkreten Verfahren muss hinter dem Normalfall (→ Rdn. 34 ff., 41) deutlich zurückbleiben. Auch wenn die Höhe der Einnahmen allein nicht dazu führen kann, dass bei Vorliegen besonderer Merkmale diese nicht berücksichtigt werden, kann das kumulative Zusammentreffen von hohen Einnahmen und geringem Aufwand, der hinter dem Normalfall zurückbleibt, zu einer Herabsetzung der Vergütung führen[142]. Die kann insbesondere der Fall sein, wenn der Verwalter auf eine bestehende Hausverwaltung zurückgreift und hierdurch eigenen Personalaufwand spart. 63

Eine kurze Verfahrensdauer ist kein Minderungsgrund, da gerade in der Anfangsphase regelmäßig ein höherer Aufwand besteht[143].

Zu beachten ist, dass dem Gericht im Rahmen der Festsetzung kein Ermessen, sondern nur ein Beurteilungsspielraum (vgl. → Rdn. 5) zukommt und bei Vorliegen der abweichenden Merkmale die geringere oder höhere Vergütung zwingend festsetzen muss[144]. 64

---

137 LG Göttingen, IGZInfo 2008, 185.
138 *H/W/F/H*, § 18 ZwVwV Rdn. 35; Rpfleger 2004, 653; hierzu aktuell *Förster/Klipfel*, IGZInfo 1/2015, 2. Der dortigen Kritik (S. 6), dass die Faustregeltabelle „in den einschlägigen Kommentaren" nicht fortgeführt oder ergänzt worden ist, ist zunächst entgegenzuhalten, dass es sich um ein Modell von *H/W/F/H* handelt, welches nur zitiert ist und insoweit nur von seinen Entwicklern ergänzt und geändert werden kann. Darüber hinaus sind die relativ wenigen jüngeren Entscheidungen im Rahmen des Fallkatalogs ausführlich dargestellt.
139 ZInsO 2007, 370.
140 Rpfleger 2006, 334.
141 AG Zwickau, IGZInfo 2009, 55.
142 *H/W/F/H*, § 18 ZwVwV Rdn. 35; *Wertenbruch*, KTS 1993, 616.
143 LG Flensburg, ZInsO 2001, 749.
144 *H/W/F/H*, § 18 ZwVwV Rdn. 26 a.E.

65 Ist ein oder sind mehrere Tatbestände gegeben, prüft das Gericht, ob eine erhebliche Abweichung vorliegt, wobei zur Kontrolle ein angemessener Stundensatz erreicht werden muss.

V. Bauvorhaben, § 18 Abs. 3 ZwVwV

66 Gemäß § 5 Abs. 3 ZwVwV ist der Verwalter berechtigt, begonnene Bauvorhaben fertig zu stellen (vgl. → § 152 Rdn. 17, 88). In diesem Fall gewährt ihm die Vergütungsregelung 6 % der Bausumme, deren Berechnung in der Vorschrift definiert ist. Die Regelung findet auch Anwendung, wenn Aus- oder Umbauarbeiten in erheblichem Umfang durchgeführt werden müssen oder eine Zerstörung durch Brand saniert wird[145]. Die Vergütung kann neben den anderen Vergütungsregelungen Anwendung finden, wenn nur Teile eines Gebäudes betroffen sind und andere Teile vermietet sind.

67 Alternativ kann hierzu keine andere Vergütung, insbesondere nach § 19 ZwVwV abgerechnet werden[146]. Die Regelung kann auch analog auf vergleichbare Tätigkeiten angewendet werden, z.B. eine Brandschadensanierung[147].

Des Weiteren kommt eine analoge Anwendung auch im Rahmen von § 10 Abs. 1 Nr. 5 ZwVwV in Betracht[148].

VI. Abweichende Berechnung, § 19 ZwVwV

1. Allgemein

68 Die Vergütung kann nach Zeitaufwand auf der Grundlage eines festzulegenden Stundensatzes bemessen werden, wenn:

- dem Verwalter eine Vergütung nach § 18 ZwVwV nicht zusteht (Abs. 1), weil keine Miet- oder Pachteinnahmen zu verzeichnen sind

oder

- wenn sowohl über § 18 Abs. 1 als auch Abs. 2 ZwVwV keine angemessene Vergütung erreicht werden kann.

- Mischfälle können zwar nach § 18 abgerechnet werden, führen i.d.R. jedoch wegen des teilweisen Leerstandes nicht mehr zu einer angemessenen Vergütung, sodass auch hier vorrangig über § 19 Abs. 2 ZwVwV abzurechnen ist[149].

- Die Regelung findet auch bei Sondernutzungen Anwendung, die nicht auf Miet- oder Pachteinnahmen beruhen.

69 Bei Einnahmen aus Vermietung oder Verpachtung kommt die Regelung erst dann in Betracht, wenn im Vergleich die Zeitvergütung die Regelvergütung – zuzüglich der Erhöhung nach § 18 Abs. 2 ZwVwV – um mindestens ca. 25 % übersteigt. Die abweichende Auffassung des LG Heilbronn, dass eine Überschreitung von mindestens 30 % vorliegen muss und dass außerdem Besonderheiten vorlie-

---

145 *Stöber*, ZVG, § 152a Rdn. 4.6.
146 *Depré/Mayer*, Rdn. 891.
147 *Zunft*, IGZInfo 1/2013, 20, 23.
148 *Depré/Mayer*, Rdn. 892.
149 *H/W/F/H*, vor § 17–22 ZwVwV Rdn. 5; *Hintzen/Alff*, Rpfleger 2004, 129, 137.

gen müssen, die üblicherweise in durchschnittlichen Verfahren nicht vorkommen, hat keine Bestätigung gefunden[150].

Mit Entscheidung v. 11.10.2007 hat der BGH hierzu Stellung genommen[151]. Danach ist die Regelvergütung offensichtlich unangemessen, wenn sie trotz Ausschöpfung des Höchstrahmens um **mehr als 25 %**[152] hinter der Vergütung nach Zeitaufwand zurückbleibt. Hat der Verwalter seine Tätigkeit so konkret dargelegt, dass der nach § 19 ZwVwV vergütungsfähige Zeitaufwand in der Gesamtschau bei überschlägiger Abschätzung plausibel erscheint, kann die abgerechnete Stundenzahl festgesetzt werden; zu näheren Darlegungen ist der Verwalter nur gehalten, wenn sein Antrag eine Plausibilitätskontrolle schon nicht ermöglicht oder aber dieser Kontrolle aufgrund besonderer Umstände – etwa aufgrund eines die Plausibilität erschütternden Einwands eines Beteiligten – nicht standhält. Im Übrigen hat der Verwalter die Voraussetzungen durch eine Vergleichsrechnung und eine plausible Darstellung des Zeitaufwandes darzulegen[153]. Als Anhaltspunkt für die Plausibilitätskontrolle kann die REFA-Studie herangezogen werden[154].

Mit diesem Stundensatz sind auch die qualifizierten **Hilfskräfte** nach § 21 Abs. 1 ZwVwV abgegolten. Die Verordnung stellt damit nicht auf einen Stundenlohn für den qualifizierten Verwalter ab, sondern auf eine weitestgehend delegierte Tätigkeit, deren Aufwand über das Verfahren mit dem Stundensatz je nach Schwierigkeit abgegolten werden soll[155]. Hierbei kann es sich um einen Vorteil im Vergleich zu § 18 ZwVwV handeln.

Die Stundenvergütung ist für den jeweiligen Abrechnungszeitraum einheitlich zu bemessen[156]. Für denselben Abrechnungszeitraum steht dem Verwalter entweder die Regelvergütung oder die Zeitvergütung zu. Eine Kombination ist ausgeschlossen[157]. Beide Vergütungsarten stehen in einem Regel-Ausnahme-Verhältnis, welches ein gleichzeitiges Nebeneinander ausschließt. Der Verwalter muss sich alternativ für eine der beiden Berechnungsarten entscheiden, eine kumulative Abrechnung ist ausgeschlossen[158].

Die Stundenvergütung kann jedoch auch in Betracht kommen, wenn ein vorübergehender völliger Leerstand zu verzeichnen ist, mithin überhaupt keine Miete geschuldet ist (sonst § 18 Abs. 1 S. 2 ZwVwV)[159].

Die Zeitvergütung steht dem Verwalter aber nur für solche (erforderlichen) Tätigkeiten zu, die er in Ausübung der ihm kraft seines Amtes zustehenden Befugnisse entfaltet hat. Das ist bei Tätigkeiten, die der Verwalter **nach Zustellung**

---

150 LG Heilbronn, Rpfleger 2006, 616.
151 NJW-RR 2008, 99 = NZM 2008, 100 = ZfIR 2008, 71 = ZInsO 2007, 1271 = IGZInfo 2008, 47.
152 So auch LG Dresden, IGZInfo 2009, 182 unter Bezugnahme auf die REFA-Studie. Die Entscheidung widerspricht insbesondere *Stöber*, der lediglich die Mittelgebühr ansetzt, ohne die unterschiedlichen Fallgruppen nach Schwierigkeitsgrad und Aufwand zu unterscheiden.
153 BGH, Rpfleger 2008, 270 = NJW-RR 2008, 892 = NZM 2008, 223.
154 LG Braunschweig, ZInsO 2010, 2344.
155 Vgl. *H/W/F/H*, § 19 ZwVwV Rdn. 1.
156 *Depré/Mayer*, Rdn. 870.
157 BGH, Rpfleger 2009, 634 = IGZInfo 2009, 121.
158 So schon *Hintzen/Alff*, Rpfleger 2004, 129, 137.
159 BGH, Rpfleger 2005, 152 = JurBüro 2005, 205.

des **Aufhebungsbeschlusses** erbringt, nur ausnahmsweise der Fall[160] (→ Rdn. 61 a.E.).

2. Stundensatz

72 Die Regelung legt einen Rahmen von 35,- € bis 95,- € fest, wobei die für die Verwaltung erforderliche Zeit einschließlich der der Mitarbeiter zugrunde gelegt wird sowie den Umfang und die Schwierigkeit der Tätigkeit. Der Verordnungsgeber führt hierzu aus: „*Der Stundensatz nach Satz 1 ist gemäß § 17 Abs. 1 Satz 2 unter Berücksichtigung der Schwierigkeit der Aufgabe des Verwalters sowie seiner Leistung festzusetzen. Zu berücksichtigen ist hierbei auch, in welchem Umfang zur Erfüllung der Aufgabe Hilfskräfte eingesetzt werden, für die der Verwalter keinen gesonderten Auslagenersatz erhalten kann. Dabei kommt die Zugrundelegung des Mindestsatzes von 35 Euro dann in Betracht, wenn die Verwaltungstätigkeit ganz überwiegend aus einfachen Aufgaben besteht, die hauptsächlich von Mitarbeitern und Hilfskräften erledigt werden können. Der Höchstsatz von 95 Euro setzt dagegen einen Verwaltungsaufwand voraus, der ganz überwiegend das Tätigwerden des hochqualifizierten Verwalters oder gleich qualifizierter Mitarbeiter erfordert.*"

73 Der **Mittelsatz** beliefe sich danach auf ca. 70,- € bis 75,- €, wenn man die Begründung zu § 20 ZwVwV (→ Rdn. 91) heranzieht und nicht auf das arithmetische Mittel von 65,- €[161]. Vergleicht man hierzu die Ermittlungen zu den Stundensätzen[162] und die bisherige Praxis der alten Verordnung, die bis zu 100,- €, teilweise darüber hinaus[163], vergütet hat[164], um kostendeckend zu arbeiten, wird deutlich dass nur über veränderte Strukturen und die Delegation auf Mitarbeiter eine angemessene Vergütung nach § 17 Abs. 1 ZwVwV gewährleistet ist, wenn man daneben auch den Abdeckungsumfang nach § 21 Abs. 1 ZwVwV berücksichtigt. Da der Stundensatz den erforderlichen und nachzuweisenden Aufwand des Verwalters einschließlich seiner Mitarbeiter abdecken soll, die Einzeltätigkeiten unterschiedlich sind, sind die pauschalen Ansätze sachgerecht kaum umsetzbar[165], da schwierige und einfache Arbeiten erfasst werden. Da der Verwalter während seiner verfahrensbezogenen Tätigkeit an einer anderweitigen beruflichen Tätigkeit gehindert ist[166], muss auch die Stundenvergütung seine Qualifikation und die seiner Mitarbeiter einschließlich der umfassten Kosten abdecken.

74 Dem Verwalter dürfen als Wahrer fremder Interessen keine unzumutbaren Opfer abverlangt werden, da ein unzureichender finanzieller Ausgleich seine Berufsfreiheit beeinträchtigen kann[167]. Insoweit will das LG Mönchengladbach das arithmetische Mittel von 65,- € nur auf Zwangsverwalter anwenden, die nicht Rechtsanwalt sind, und bei einer Qualifikation als Rechtsanwalt eine durchschnitt-

---

160 BGH, Rpfleger 2008, 270 = NJW-RR 2008, 892 = NZM 2008, 223.
161 Vgl. *H/W/F/H*, § 19 ZwVwV Rdn. 6; abweichend *Löhnig/Bauch*, § 19 ZwVwV Rdn. 5: Mittelsatz 65 € bis 75 €.
162 *H/W/F/H*, § 19 ZwVwV Rdn. 9 m.w.N. auch zur fragwürdigen Angleichung an die Entschädigungsregelungen des JVEG, die nur die persönliche Tätigkeit des Sachverständigen abdeckt.
163 U.a. LG Kiel, ZInsO 2003, 894; LG Meiningen, ZInsO 2003, 559; LG Hanau, ZIP 2002, 486.
164 Vgl. *Hintzen/Alff*, Rpfleger 2004, 129, 134 f.
165 So zu Recht *H/W/F/H*, § 19 ZwVwV Rdn. 5.
166 Vgl. BGH, Rpfleger 2002, 632 = ZInsO 2002, 967 ff.; LG Potsdam, ZInsO 2002, 322.
167 BGH, ZIP 2004, 382.

liche Vergütung von 80,- €[168]. Damit verstößt das LG gegen den Grundsatz, dass es auf die Schwierigkeit des Verfahrens ankommt und nicht auf die Qualifikation des Verwalters, die ja bereits ohnehin besonderen Voraussetzungen unterliegt (s.u. → Rdn. 76).

Die von *H/W/F/H* ermittelte Mindestvergütung i.H.v. 71,- €[169] entspricht damit nicht dem Normalfall (→ Rdn. 34 ff.). Wäre eine Regelvergütung von 10 % festzusetzen, ist im Anwendungsbereich des § 19 Abs. 1 ZwVwV eine Mittelvergütung von 75,- € bis 80,- € festzusetzen[170]. Im Hinblick auf den sich danach ergebenden Abdeckungsumfang sollte ein Unterschreiten dieser Vergütung nur die Ausnahme sein[171]. Erfordert das Verfahren einen erheblichen Einsatz der besonderen Qualifikation des Verwalters selbst, ist der Stundensatz auf mindestens 85,- € zu erhöhen, im Einzelfall bis auf den Maximalsatz von 95,- €[172]. Dies gilt auch, wenn Umstände i.S.d. § 18 Abs. 2 ZwVwV zu einer Erhöhung der Regelvergütung führen würden[173].   75

Aus der Begründung der Verordnung (→ Rdn. 72) ist ersichtlich, dass diese auf den **Schwierigkeitsgrad der Verwaltung** abstellt[174]. Als Zwangsverwalter eingesetzte Rechtsbeistände und Rechtsanwälte sind gleich zu behandeln[175]. Es kommt damit nicht auf die Qualifikation des Verwalters an, sondern auf die Anforderungen des Verfahrens[176]. Diese ist notwendigerweise durch den Verwalter darzulegen. Ob es hierbei möglich ist, zwischen Verfahren einfachster, einfacher, durchschnittlicher und schwieriger Art zu unterscheiden und diese Graden Pauschalen zuzuordnen[177], dürfte ohne konkrete Beschreibung des jeweiligen Tätigkeitsinhalts schwierig sein und allenfalls ein grober Anhaltspunkt (vgl. deshalb Fallgruppen der IGZ, → Rdn. 141). Geht man von dem Normalfall aus und der hieraus resultierende Mittelvergütung von 75,- € bis 80,- € und wird dieser Normalfall dargelegt, muss das Gericht ein Abweichen hiervon auch in Bezug auf die eingebundenen Kosten begründen[178].   76

Ein schwieriges Verfahren kann anzunehmen sein, wenn ausschließlich oder überwiegend rechtliche oder wirtschaftliche Sachverhalte zu beurteilen und Entscheidungen zu treffen und umzusetzen sind (Vergütung 85–95 €)[179]. Ein schwie-

---

168 IGZInfo 2006, 23 und S. 92 zu Rechtsbeistand; zur Gleichbehandlung von Rechtsbeiständen BGH, Rpfleger 2007, 414 = IGZInfo 3/2007, 107; LG Frankenthal, ZfIR 2005, 367 80,- €, wenn die Tätigkeit nicht mehr einem durchschnittlichen Verfahren entspricht.
169 § 19 ZwVwV Rdn. 6.
170 Ebenso *Hintzen/Wolf*, Rdn. 13.356; vgl. auch LG Cottbus, Rpfleger 2004, 174; *H/W/F/H*, § 19 ZwVwV Rdn. 7 ff.: 70,- bis 75,- €; vgl. auch LG Frankenthal, ZfIR 2006, 36 und LG Lübeck, ZfIR 2005, 367, die 75 € für einen Rechtsbeistand gewähren; LG Braunschweig, ZInsO 2010, 2344: 75 € als Mittelvergütung.
171 So auch *H/W/F/H*, § 19 ZwVwV Rdn. 10.
172 So auch *H/W/F/H*, § 19 ZwVwV Rdn. 11 unter Hinweis auf Vergütungen für andere Tätigkeiten aufgrund gerichtlicher Heranziehung; LG Münster, IGZInfo 3/2007, 120, 95 € nur bei insgesamt überdurchschnittlich qualifiziertem Aufwand; LG Frankenthal, ZfIR 2005, 367 80 €, wenn die Tätigkeit nicht mehr einem durchschnittlichen Verfahren entspricht.
173 So auch *H/W/F/H*, § 19 ZwVwV Rdn. 15.
174 So auch *Depré/Mayer*, Rdn. 873.
175 BGH, Rpfleger 2007, 414.
176 BGH, ZInsO 2004, 382.
177 So *H/W/F/H*, § 19 ZwVwV Rdn. 12, hierzu auch *Depré*, ZfIR 2008, 49.
178 AG Bremen, ZInsO 2004, Heft 3 S. III; *Hintzen/Alff*, Rpfleger 2004, 129, 137.
179 LG Braunschweig, ZInsO 2010, 2344.

riges Verfahren liegt auch dann vor, wenn mehrere Erhöhungskriterien nach § 18 Abs. 2 ZwVwV vorliegen. Hier ist ein Stundensatz von mindestens 85 € angemessen. Dies kann z.b. der Fall sein, wenn der Verwalter den Pachtvertrag prüfen muss, Bauakten sichten und zusammenstellen muss, die Umsatzsteueroption klären muss und der Schuldner nicht kooperiert. Für den Normalfall sind insoweit bis zu 70 Stunden pro Jahr als Normalaufwand angemessen[180].

Die vom Verordnungsgeber in der Begründung angeführten Voraussetzung für eine Vergütung i.H.v. 35,– € sind in der Praxis kaum vorstellbar. Es müsste sich um einen weit unterdurchschnittlichen Fall handeln, wenn hiermit auch die Kosten des § 21 Abs. 1 ZwVwV abgegolten sein sollen, z.b. ein leer stehendes kleineres Objekt, bei dem weder eine Wintersicherung noch weiterer Aufwand im Hinblick auf Beteiligte oder Vorschüsse erforderlich ist. Insoweit dürfte in diese Fällen häufig jedoch ohnehin nur die Mindestvergütung nach § 20 Abs. 1 ZwVwV zu tragen kommen. Von daher ist die Auffassung des LG Frankenthal zum Mindestsatz für einfache Aufgaben, die ausschließlich von Mitarbeitern und Hilfskräften erledigt werden, abzulehnen[181], zumal die qualifizierten Hilfskräfte der Tätigkeit des Verwalters zugerechnet werden.

Des Weiteren muss auch hinterfragt werden, ob die **Obergrenze überhaupt haltbar** ist, insbesondere im Vergleich mit ähnlich qualifizierten und delegierbaren Tätigkeiten. So sind für einen Nachlassverwalter u.a. Stundensätze i.H.v. 100 € anerkannt worden. Ein Leistungsgefälle in Bezug auf die Qualifikation dürfte insoweit aber nicht festzustellen sein, sodass der Zwangsverwalter noch nicht einmal mit dem Höchstsatz an diese Vergütungspraxis heranreicht.

77 Nicht zulässig sind andere Vergütungsfestsetzungen, wie ortsüblichen Hausverwalterkosten oder nach fiktiven Mieten, da dies das Vergütungssystem durchbrechen würde. Die Höhe des Stundensatzes kann jedoch, anders als die Stundenvergütung an sich, innerhalb des **Abrechnungszeitraumes** je nach Schwierigkeit **variieren**[182] (alt. Mittelwert → Rdn. 78).

3. Nachweis

78 Der Verwalter hat den Stundenaufwand nachzuweisen. Die geschieht in einer plausiblen[183] und nachvollziehbaren Darlegung, die der freien Beweiswürdigung im Hinblick auf ihre Wahrscheinlichkeit zugänglich sein muss (§ 286 ZPO)[184]. Da der Stundensatz für den Abrechnungszeitraum (kalenderjährlich oder mit Zustimmung des Gerichts abweichend) einheitlich festgelegt werden muss, handelt es sich um einen Mittelwert der Tätigkeit, da der Verwaltungsaufwand über die Abrechnungsperiode nicht gleich sein muss.

79 Hierbei bietet die statistisch auf der Basis des REFA-Systems ermittelte Darstellung des Aufwands für ein Normalverfahren objektive Anhaltspunkte und Vergleichsmöglichkeiten[185]. Die Bezugnahme auf die REFA-Studie kann in Teil-

---

180 LG Braunschweig, ZInsO 2010, 2344.
181 LG Frankenthal, ZfIR 2006, 36.
182 *Depré/Mayer*, Rdn. 875.
183 LG Heilbronn, Rpfleger 2005, 465; LG Mönchengladbach, IGZInfo 2006, 22 und 92; LG Erfurt, IGZInfo 2006, 149; LG Frankenthal, ZfIR 2006, 36 und LG Lübeck, ZfIR 2005, 367.
184 *Stöber*, ZVG § 152a Rdn. 5.3.
185 Abgedruckt bei *H/W/F/H*, Anhang 6 und 7.

bereichen auch die detaillierte Darlegung ersetzen. Danach sind in einem Normalverfahren mindestens 70 Stunden als praxisgerecht anzusehen und der Vergütung zugrunde zu legen[186]. Die Bezugnahme auf die REFA-Studie und die Abrechnung nach diesem Muster ist ein starkes Indiz für die Erforderlichkeit des Zeitaufwands[187]. Die Studie wird ergänzt um die Standardtätigkeiten in Zeitblöcken (→ Rdn. 138).

80 Nach allgemeiner Meinung sollen die Zeitangaben in Ausübung pflichtgemäßen Ermessens lediglich einer **Plausibilitätskontrolle** unterzogen werden[188]. Es sind keine minutengenauen Zeitangaben erforderlich[189]. In Einzelfällen ist eine Abstimmung mit dem Gericht über den Umfang der Dokumentation sinnvoll.

81 Das Gericht kann bei einer Dokumentation durch den Verwalter i.d.R. nicht von dem Stundenaufwand abweichen. Ist diese unzureichend, kann das Gericht allenfalls aus persönlicher Sachkunde heraus oder bei erheblichen Einwendungen[190] nachweisen, dass der geltend gemachte Aufwand für Verwalter, Mitarbeiter und Kosten des § 21 Abs. 1 ZwVwV unangemessen ist oder dass konkrete Anhaltspunkte für die Unrichtigkeit der Darstellung bestehen[191].

82 Aus dem Charakter einer einheitlichen Gesamtvergütung heraus und nach der Begründung des Verordnungsgebers dürfte es auch unzulässig sein, individuelle, persönliche Stundennachweise anzufordern[192], zumal es nicht darauf ankommt, wer die qualifizierte Leistung erbringt.

83 In Bezug auf die Höhe des Stundensatzes ist das Maß der (besonders) anspruchsvollen Tätigkeiten gesondert darzulegen, wobei dieser Aufwand nur ein Anteil am Gesamtaufwand ist.

84 Für ein Normalverfahren werden hierbei pro Jahr mindestens 70 Stunden veranschlagt[193], sodass danach Verfahren mit Mieteinnahmen unter 20.000,- € bis 30.000,- € je nach Stundensatz theoretisch immer über die Stundenvergütung nach § 19 Abs. 2 ZwVwV abzurechen wären[194].

4. § 19 Abs. 1 ZwVwV

85 Die Regelung erfasst alle Vergütungsfälle, in denen keine Einnahmen durch Mieten oder Pachten erzielt werden. Handelt es sich hierbei um Leerstandsobjekte oder nicht nutzbare Grundstücke, ist der Verwaltungsaufwand i.d.R. größer, da ein Überwachungs- und Sicherungsbedarf (Wintersicherung, Witterungsschäden, Sachbeschädigung, Diebstahl u.a.) besteht[195], der gleichzeitig auch das Haftungsrisiko erhöht[196]. Häufig treten neben diese leerstandsbedingten Umstände auch ein

---

186 LG Braunschweig, ZInsO 2010, 2344.
187 LG Mönchengladbach, IGZInfo 2006, 22, 23.
188 LG Frankenthal, ZfIR 2006, 36 und LG Lübeck, ZfIR 2005, 367; zum Nachweis der Abweichung um 25 % von einer Abrechnung nach § 18 ZwVwV wird auf *Depré/Mayer*, Rdn. 869 verwiesen: Darstellung in Vergleichsberechnung.
189 LG Mönchengladbach, B. v. 4.1.2006, 5 T 429/05, IGZInfo 2006, 22 und B. v. 3.4.2006, 5 T 539/05, IGZInfo 2006, 92.
190 LG Erfurt, B. v. 7.9.2006, 2 T 173/06, IGZInfo 2006, 149.
191 LG Cottbus, ZInsO 2004, 31; LG Göttingen, Rpfleger 1999, 456.
192 So auch *H/W/F/H*, § 19 ZwVwV Rdn. 20.
193 LG Lübeck, ZfIR 2005, 367; ebenso LG Braunschweig, ZInsO 2010, 2344.
194 Vgl. Berechnungen bei *H/W/F/H*, § 19 ZwVwV Rdn. 18.
195 Vgl. LG Flensburg, ZInsO 2001, 749 und 952; AG Altenkirchen, ZInsO 2001, 1149.
196 *Depré*, InVo 1996, 138.

erhöhter Abstimmungsbedarf mit den Beteiligten und häufigere Vorschussanforderungen. Dies muss sich in der Stundensatzhöhe niederschlagen[197]. Der BGH hat insoweit klargestellt, dass die Vergütung für die Verwaltung mehrerer nicht vermieteter Eigentumswohnungen nicht deshalb unterhalb des Mittelsatzes gemäß § 19 Abs. 1 ZwVwV festzusetzen ist, weil die Wohnungen im selben Gebäude liegen[198].

5. § 19 Abs. 2 ZwVwV

86 Für alle Fälle einer nicht angemessenen Regelvergütung nach § 18 Abs. 1 und 2 ZwVwV ergibt sich nur die Alternative nach § 19 Abs. 2 ZwVwV[199], insbesondere auch für die Mischfälle eines teilweisen Leerstandes. Die Begründung der Verordnung führt hierzu aus: *„In Absatz 2 eröffnet die Vorschrift dem Zwangsverwalter in denjenigen Ausnahmefällen, in denen über § 18 eine angemessene Vergütung nicht erreicht werden kann, die Möglichkeit, die Vergütung insgesamt nicht in Prozenten der geschuldeten Miet- und Pachteinnahmen, sondern nach dem für die Verwaltung erforderlichen Zeitaufwand abzurechnen. Denkbar ist etwa, dass vor allem in den Fällen ganz überwiegenden Leerstands eines Objektes einem erheblichen Verwaltungsaufwand nur ein ganz geringer Teil der Mieten/Pachten eingezogen werden kann. Die Abrechnung nach Stundensätzen soll aber nur im Fall offensichtlicher Diskrepanz zwischen der prozentualen Vergütung nach § 18 Abs. 1 und 2 und der am Zeitaufwand ausgerichteten Vergütung nach § 19 Abs. 1 greifen. Dies ist gerechtfertigt, um die Regelvergütung nach § 18 nicht zu unterlaufen und einer Mehrbelastung der Amtsgerichte vorzubeugen, die zu befürchten wäre, wenn schon bei geringer Vergütungsdiskrepanz (regelmäßig prüfungsaufwändige) Vergleichsberechnungen auf der Basis des Zeitaufwandes vorgelegt werden könnten. Voraussetzung für die Abrechnung nach § 19 Abs. 2 ist daher, dass der vom Verwalter nachzuweisende Stundenaufwand in Verbindung mit dem ermittelten Stundensatz eine Vergütung ergibt, die erheblich über der nach § 18 errechneten Vergütung liegt."*

87 Die Erheblichkeit liegt vor, wenn die Vergütung nach § 18 um mehr als 25 % hinter einer Stundenvergütung nach § 19 liegt, damit eine angemessene Vergütung für den Verwalter festgesetzt wird[200]. Auf die Vergleichsmaßstäbe, die sich u.a. aus der REFA-Studie ergeben, wurde bereits hingewiesen, sodass hier Anhaltspunkte bestehen, wann eine Abrechnung nach Stunden zu einer angemessenen Vergütung führt (→ Rdn. 79 und 138).

88 Eine analoge Kürzung nach § 18 Abs. 2 ZwVwV ist nicht möglich[201].

6. Sonderfälle

89 Die Zeitvergütung kann auch bei der Führung eines Gewerbebetriebes in Betracht kommen, da der Ertrag nicht im Rahmen des § 18 ZwVwV berücksichtigt werden kann, allenfalls die (fiktive) Miete (s. → Rdn. 54).

---

197 *Mohrbutter/Tiedemann*, § 147 Rdn. 11c; *Depré*, InVo 1996, 138.
198 Rpfleger 2007, 276 = NZM 2007, 261 =ZfIR 2007, 501.
199 *Hintzen/Alff*, Rpfleger 2004, 129, 135; zur Kritik an dieser Regelung ausführlich *H/W/F/H*, vor §§ 17–22 ZwVwV Rdn. 9.
200 Vgl. *Hintzen/Alff*, Rpfleger 2004, 129, 133 f.
201 BGH, ZInsO 2006, 86.

Für Tätigkeiten in Bezug auf Schadensersatzforderungen oder Ansprüche auf Nutzungsentschädigung sind die Regelungen entsprechend anwendbar. 90

VII. Mindestvergütung, § 20 ZwVwV

Hat der Verwalter das Grundstück in Besitz genommen (vgl. → § 150 Rdn. 29 ff.) beträgt die Vergütung mindestens 600,- € zuzüglich Auslagen und Umsatzsteuer. Der Verordnungsgeber führt hierzu aus: „*Eine Abrechnung nach Stundensätzen erweist sich in diesem Zusammenhang häufig als schwierig. In Rechtsprechung, Literatur und Praxis besteht Einigkeit, dass von der Bestellung des Zwangsverwalters bis zur Erstellung des Berichts über die Besitzergreifung bereits ein Zeitaufwand von durchschnittlich sechs bis acht Stunden erforderlich ist, so dass die getroffenen Pauschalregelung diesen Aufwand angemessen vergütet. Regelmäßig setzt der Anspruch daher voraus, dass der Zwangsverwalter den geschuldeten Bericht nach § 3 erstellt bzw. die Ermittlungen für die Erstellung des Berichts weitgehend abgeschlossen hat.*" 91

Der Verordnungsgeber weitet damit die Voraussetzungen über die förmliche Beschlagnahme hinaus aus. Dem ist aber schon nach dem Wortlaut der Regelung nicht zuzustimmen, da es insoweit ausreichend ist, dass sich der Verwalter den Besitz verschafft hat oder ihm der Besitz übergeben wurde (→ § 150 Rdn. 29 ff.)[202]. 92

Die Mindestvergütung wird nur einmal gewährt[203] und betrifft auch den gesamten Verwaltungszeitraum, da der Verwalter alternativ die Möglichkeit hat, die Vergütung nach § 18 bzw. vorrangig nach § 19 ZwVwV geltend zu machen. Ist die gesamte Vergütung nach §§ 18, 19 ZwVwV geringer als die nach § 20 ZwVwV, verbleibt es mithin bei dieser[204]. Eine Kürzung der Mindestvergütung ist nicht möglich. Dies hat auch der BGH bestätigt[205]. 93

Eine abschließende Festsetzung der Mindestvergütung ist deshalb erst am Ende des Verfahrens möglich, da dann erst festgestellt werden kann[206], ob die Vergütung nach §§ 18, 19 ZwVwV hinter der Mindestvergütung zurückbleibt. Ergeben sich bis zu diesem Zeitpunkt Abrechnungsperioden, ist ggf. zunächst nur eine mindere Vergütung aus §§ 18, 19 ZwVwV festzusetzen. Wurde die Mindestvergütung nach dem ersten Abrechnungszeitraum für das Beschlagnahmejahr[207] zulässigerweise festgesetzt, muss der Verwalter aufgrund der nunmehr klarstellenden Entscheidung des BGH (→ Rdn. 93) im Rahmen der Schlussrechnung prüfen, ob ihm eine darüber hinausgehende Vergütung aus den §§ 18, 19 ZwVwV zusteht. Ansonsten bleibt es bei der bereits festgesetzten Mindestvergütung. Werden abschließend Regelvergütung oder Zeitvergütung im Abrechnungszeitraum oder in der Schlussrechnung geltend gemacht, ist hierauf die Mindestvergütung alsdann anzurechnen[208]. 94

---

202 So auch *Stöber*, ZVG § 152a Rdn. 6.1.
203 BGH, IGZInfo 2006, 80 = NJW-RR 2006, 1348 = ZIP 2006, 1745 = ZfIR 2006, 811, LS. m. Anm. *Depré* und *Fetsch*; H/W/F/H, § 20 ZwVwV Rdn. 3; *Depré/Mayer*, Rdn. 879 ff.; a.A. *Waldherr/Weber*, ZfIR 2005, 184.
204 So auch H/W/F/H, § 20 ZwVwV Rdn. 1, 3; a.A. *Stöber*, ZVG § 152a Rdn. 6 und LG Stralsund, Rpfleger 2004, 580: nur Jahr der Besitzergreifung.
205 ZInsO 2006, 760 = ZIP 2006, 1745 = NJW-RR 2006, 1348; ebenso LG Saarbrücken, Rpfleger 2012, 645.
206 Ebenso *Depré/Mayer*, Rdn. 884.
207 AG Nürnberg, IGZInfo 2006, 57.
208 Zutreffend LG Potsdam, Rpfleger 2006, 620.

95 Wird das Verfahren schon vor der Inbesitznahme durch den Verwalter aufgehoben (Zuschlag oder Rücknahme), erhält er eine **Grundvergütung** von 200,- €, die nach der Begründung des Verordnungsgebers einem Aufwand von ungefähr drei Stunden entsprechen soll. § 20 Abs. 2 ZwVwV fordert jedoch, dass der Verwalter bereits tätig geworden ist. Die Entgegennahme des Anordnungsbeschlusses reicht hierzu nicht aus[209], vielmehr müssen Tätigkeiten zur Vorbereitung der Inbesitznahme entfaltet worden sein, wie Kontaktaufnahme mit den Beteiligten, Einholung eines Lageplans, Bestimmung eines Termins für die Inbesitznahme, Klärung des Bestands der Gebäudeversicherung, Einrichtung eines Anderkontos, u.a.[210].

96 Bei **mehreren Grundstücken** oder WEG-Einheiten in einem Verfahren ist die Mindestvergütung jeweils isoliert für jedes Objekt zu gewähren[211], auch wenn in den anderen Einheiten Mieteinnahmen zu verzeichnen sind. Voraussetzung ist, dass die Grundstücke keine wirtschaftliche Einheit bilden[212] (vgl. → Rdn. 31). Eine Eigentumswohnung mit einer üblichen Zahl von **Stellplätzen** (1–2) sind als wirtschaftliche Einheit anzusehen, sodass die Mindestvergütung nur einmal festzusetzen ist[213]. Auf eine Verbindung der Verfahren kommt es ebenfalls nicht an[214]. Bei der Zwangsverwaltung mehrerer Eigentumswohnungen und einer einheitlichen Zwischenvermietung, liegt kein einzeln vermietetes Wirtschaftsgut vor, mit der Folge, dass dem Verwalter nur einmal die Mindestvergütung zu gewähren wäre, sondern die Vergütung ist nach der Zahl der verwalteten Wohnungen zu bestimmen[215].

Bei einem **Verwalterwechsel** ist die Mindestvergütung erneut zu gewähren, wenn deren Voraussetzungen im Übrigen vorliegen[216].

VIII. Auslagen, § 21 ZwVwV
1. Allgemein

97 Der Anspruch auf Erstattung von Auslagen ist dem Grund nach in § 17 Abs. 1 S. 1 ZwVwV geregelt. Umfang und Höhe sind in § 21 konkretisiert. Abs. 1 S. 2 regelt insbesondere, dass der Verwalter die **allgemeinen Geschäftskosten** für Büro-, Personal- und Schreibaufwand nicht gesondert in Rechnung stellen kann.

98 Die Regelung ist weitestgehend an § 4 InsVV angeglichen, sodass insoweit auch auf die hierzu ergangene Rechtsprechung und Literatur[217] zurück gegriffen werden kann.

Da die Auslagen, die nicht Geschäftskosten sind, entweder pauschal oder konkret (besondere Kosten) geltend gemacht werden können, kommt der Abgrenzung eine wesentliche Bedeutung zu.

---

209 *Böttcher/Keller*, § 152a Rdn. 20 ff.
210 *H/W/F/H*, § 20 ZwVwV Rdn. 5; *Depré/Mayer*, Rdn. 880.
211 BGH, Rpfleger 2006, 151 = ZInsO 2006, 85 = NZM 2006, 234; Anm. *Holzer*, ZfIR 2006, 342.
212 BGH, Rpfleger 2007, 274 = NZM 2007, 300; Anm. *Keller*, ZfIR 2007, 249.
213 V ZB 7/14, BGH, Rpfleger 2014, 691.
214 BGH, Rpfleger 2007, 274 = NZM 2007, 300; Anm. *Keller*, ZfIR 2007, 249; LG Zwickau, IGZInfo 2006, 56.
215 LG Wuppertal, Rpfleger 2008, 273.
216 *Depré/Mayer*, Rdn. 889.
217 U.a. *Haarmeyer/Wutzke/Förster*, InsVV § 4.

Zu berücksichtigen ist in diesem Zusammenhang, dass den Gläubiger eine generelle **Einstandspflicht bei Unterdeckung** in der Zwangsverwaltung trifft[218]. 99

2. Geschäftskosten

Allgemeine Geschäftskosten sind mit der Vergütung des Verwalters abgegolten. Hierzu zählen der Büroaufwand und die Gehälter **seiner** Angestellten, einschließlich der qualifizierten Hilfskräfte, da deren Aufwand im Rahmen der §§ 18, 19 ZwVwV mit berücksichtigt wird. Zum Büroaufwand gehören u.a. Miet- und Nebenkosten des Büroraumes, die technische Ausstattung einschließlich PKW, die Schreibkosten[219], die Kopierkosten[220] (Ausnahmen → Rdn. 105), Materialkosten sowie Post- und Fernsprechgebühren[221], mithin die Kosten, die auch ohne die spezielle Zwangsverwaltung bei dem Verwalter anfallen. 100

Soweit § 17 Abs. 1 ZwVwV normiert, dass der Verwalter eine angemessene Vergütung zu erhalten hat, wird zu Recht darauf hingewiesen[222], dass sich die vorstehenden Geschäftskosten in sog. Spezialkanzleien, aber auch in Kanzleien mittlerer Größe auf ca. 60–75 % der Vergütung belaufen, nach deren Abzug der Verwalter persönliche Steuern und Aufwendungen für Kranken-, Renten- und Berufsunfähigkeitsversicherung tragen muss, bevor für ihn eine angemessene Vergütung seiner Tätigkeit verbleibt[223]. 101

Soweit teilweise die Auffassung vertreten wird, dass **neben** der Pauschale auch besondere Kosten nach Abs. 2 S. 1 ergänzend geltend gemacht werden können[224], kann dem nach dem Wortlaut der Regelung nicht gefolgt werden[225], mit Ausnahme einer besonderen Haftpflichtversicherung auf Weisung des Gerichts[226] (§§ 1 Abs. 4 S. 2, 21 Abs. 3 S. 2 ZwVwV; vgl. auch → § 150 Rdn. 25) und etwaiger RVG-Kosten (→ Rdn. 14.3). 102

3. Besondere Kosten, die tatsächlich entstehen

a) Allgemein

Diese Kosten müssen als Auslagen konkret nachgewiesen werden und angemessen sein. Anders als die Geschäftskosten werden sie durch das spezifische Verfahren ausgelöst. 103

b) Besondere Kosten

Hierbei kommen folgende Aufwendungen in Betracht: 104

---

218 OLG Düsseldorf, IGZInfo 2007, 28; vgl. auch BGH, ZfIR 2004, 924; hierzu *Wedekind*, ZfIR, 2008, 534.
219 LG Frankfurt a.M., Rpfleger 1991, 333.
220 LG Göttingen, Rpfleger 1999, 456.
221 LG Frankfurt a.M., Rpfleger 1991, 333; *Stöber*: Ortsgespräche, ZVG § 152a Rdn. 8.1; *Depré/Mayer*, Rdn. 904: Porto und Telefon, wenn Kosten speziell für das Verfahren anfallen.
222 *H/W/F/H*, § 21 ZwVwV Rdn. 6 m.w.N.
223 Vgl. auch BGH, ZInsO 2002, 967 ff.
224 So *H/W/F/H*, § 21 ZwVwV Rdn. 8 f.
225 So auch *Stöber*, ZVG § 152a Rdn. 8.4 und *Depré/Mayer*, Rdn. 905.
226 *Depré/Mayer*, Rdn. 904; *Böttcher/Keller*, § 152a Rdn. 14.

- Reisekosten

  Diese Kosten können grundsätzlich in Ansatz gebracht werden, wenn das Reiseziel außerhalb der Gemeinde liegt in welcher der Verwalter seinen Geschäftssitz hat. Dies entspricht den Regelungen des RVG, VV 7003. Die Rechtsgrundlage ergibt sich jedoch aus § 670 BGB, es sei denn der Verwalter ist in einer Angelegenheit unterwegs, aus der ihm Gebühren nach dem RVG zustehen[227]. Insoweit kann der Verwalter auch Reisekosten innerhalb der Gemeinde abrechnen, soweit er objektbezogen tätig geworden ist[228], z.B. bei der Inbesitznahme, Termin mit einem Mieter oder Mietinteressenten, Kontrollbesuche, Termine bei dem Vollstreckungsgericht oder Beteiligten.

  Die pauschalierten Kosten nach RVG oder JVEG sind hierbei als unterste Grenze anzuerkennen[229]. Darüber hinaus können die km-Kosten aus anerkannten Listen des ADAC oder der DEKRA geltend gemacht werden[230]. Die Grenze ist in einem missbräuchlichen Ansatz zu sehen[231]. Erstattungsfähig sind Bahnfahrten der 1. Klasse[232] und Flugkosten. Übernachtungskosten werden für Hotels der gehobenen Kategorie anerkannt mit ca. 150,– €[233].

- Hierunter fallen nunmehr auch die **gesondert als Auslagen festzusetzenden Rechtsanwaltskosten** (s.o. → Rdn. 14.3), die aber neben der Pauschale festgesetzt werden können.

105 Darüber hinaus werden anerkannt:

- Kosten für Telefon, Ferngespräche[234], Porto, Telefax, soweit speziell für das Verfahren[235];
- Kosten für Kopien in Sonderfällen[236], soweit speziell für Verfahren, z.B. Gerichtsakte, Teilungsplan, Mietverträge;
- Hilfspersonal

  Es bedarf der Abgrenzung, welche Tätigkeiten grundsätzlich durch den Verwalter mit eigenen Mitarbeitern zu leisten sind zu den Tätigkeiten, die auch auf externe Dritte verlagert werden können und die weder durch die §§ 18, 19 ZwVwV abgedeckt sind noch durch § 21 Abs. 1 ZwVwV.

106 Qualifizierte Mitarbeiter sind im Rahmen des § 18 Abs. 1 ZwVwV für den Normalfall erfasst und können ebenfalls zu einer Erhöhung nach § 18 Abs. 2 ZwVwV führen, wenn eine Abweichung vom Normalfall vorliegt oder im Rahmen der Stundenvergütung des § 19 ZwVwV zu berücksichtigen sein. Hierbei handelt es sich um Mitarbeiter, die die originäre Tätigkeit des Verwalters, soweit

---

227 Vgl. *Gerold/Schmidt/u.a.*, VV 7003–7007 Rdn. 3.
228 *Stöber*, ZVG § 152a Rdn. 8.3; *H/W/F/H*, § 21 ZwVwV Rdn. 8, 14; wohl auch *Depré/Mayer*, Rdn. 812.
229 *Depré/Mayer*, Rdn. 904.
230 *H/W/F/H*, § 21 ZwVwV Rdn. 15.
231 OLG Koblenz, JurBüro 1975, 348 und AnwBl. 1995, 108.
232 OVG Bremen, AnwBl. 1967, 133.
233 KG, Rpfleger 1994, 430 (195 DM); OLG Karlsruhe, AnwBl. 1986, 110: angemessenes Verhältnis zum Auftrag.
234 LG Frankfurt a.M., Rpfleger 1991, 333.
235 *H/W/F/H*, § 21 ZwVwV Rdn. 8; *Depré/Mayer*, Rdn. 904.
236 Vgl. LG Hannover, ZIP 1986, 1407.

sie nicht höchstpersönlich erbracht werden muss, ersetzen[237]. Sie haben die Fähigkeit, rechtliche oder wirtschaftliche Sachverhalte zu beurteilen, Entscheidungen zu treffen und diese umzusetzen (**hoch qualifizierte Mitarbeiter**) oder die Fähigkeit Rahmenanweisungen bzw. Einzelanweisungen eigenständig umzusetzen (**Sachbearbeiter,** vgl. zur Abgrenzung → Rdn. 139).

Die Kanzleikräfte, die den Kanzleiablauf insbesondere im Bereich des Telefondienstes oder der Schreibarbeiten erledigen (**keine qualifizierten**) sind lediglich gemäß § 21 Abs. 1 ZwVwV abgegolten[238].

Der Verwalter darf damit eigene Tätigkeiten bzw. solche seiner Mitarbeiter nicht zulasten der Masse auf Dritte übertragen, bei denen es sich um Regelaufgaben handelt, die dem Anforderungsprofil eines Verwalters (§ 1 Abs. 1, s. → § 150 Rdn. 6 ff.) entsprechen, es sei denn es findet eine **Anrechnung** auf die Vergütung statt[239]. Bei der Erfüllung von Sonderaufgaben, die vom Regelfall abweichen, erfolgt eine Anpassung über § 18 Abs. 2, ggf. § 19 ZwVwV. 107

Zu den höchstpersönlichen Aufgaben gehören alle, die mit der Funktion als Amtsträger aus § 152 in Zusammenhang stehen, wie die Abgabe von Erklärungen gegenüber Gericht, Beteiligten oder Behörden, die Vorlage von Abrechnungen sowie Entscheidungen im Rahmen von § 7 ZwVwV. 108

Die Regelaufgaben grenzen sich wie im Rahmen der Abgrenzung von § 18 Abs. 1 zu Abs. 2 ZwVwV von den Sonderaufgaben ab, in denen grundsätzlich auch eine **Delegation an Dritte** denkbar wäre. Delegiert der Verwalter Regelaufgaben (extern), muss dies notwendigerweise Einfluss auf die Vergütung des Normalfalles haben, in Form einer Anrechnung oder Minderung. Delegiert er Sonderaufgaben kommt eine Erhöhung der Vergütung im Vergleich zum Normalfall nicht in Betracht, wobei eine Anrechnung unterbleibt[240]. 109

Werden Hilfskräfte bei zulässiger Delegation für bestimmte Aufgaben im Rahmen von Dienst- oder Werkverträgen eingestellt, die objektbezogen für bestimmte Aufgaben tätig werden, z.B. Hausmeister oder besondere Buchhaltungskraft in einem Großverfahren, können diese Auslagen über Abs. 2 erstattet werden, sofern sie nicht zutreffender als Ausgaben nach § 155 Abs. 1 zu behandeln sind. 110

Erledigt der Verwalter Arbeiten über eigene ständige qualifizierte Mitarbeiter, werden diese im Rahmen der §§ 18, 19 ZwVwV abgegolten. 111

Tritt der Verwalter in einen bestehenden Vertrag ein (→ § 152 Rdn. 65 ff.), handelt es sich um Ausgaben der Verwaltung gemäß § 155 Abs. 1. Dies gilt ebenso, wenn der Verwalter für das Verfahren Kräfte einstellt, die auch der Eigentümer (auf Dauer) eingestellt hätte. Insoweit bedarf es der Abgrenzung, wenn der Verwalter z.B. Angestellten oder Arbeitern des Schuldners Aufgaben überträgt[241]. Hierbei können Schwierigkeiten auftreten, wenn eine Delegation an Dritte zulässig wäre, aber der Verwalter gleichwohl für die Erfüllung dieser Aufgaben eigene Kräfte einsetzt, die insoweit als besondere Auslagen oder als laufende Ausgaben zu vergüten wären. Dies gilt umso mehr, wenn der Verwalter diese Kräfte vom bis- 112

---

237 Vgl. Darstellung bei *Depré/Mayer*, Rdn. 877.
238 Ähnlich *Depré/Mayer*, Rdn. 877.
239 *H/W/F/H*, § 21 ZwVwV Rdn. 24.
240 Vgl. *H/W/F/H*, § 21 ZwVwV Rdn. 25.
241 Vgl. LG Göttingen, Rpfleger 1999, 456; LG Augsburg, Rpfleger, 1997, 78, 80; *Stöber*, ZVG § 152a Rdn. 8.2.

herigen Dienstverhältnis freistellt und mit speziellen Aufgaben des Verfahrens auf der Grundlage eines gesonderten Dienst- oder Werkvertrages betraut[242].

113 Ist Gegenstand der **Verwaltung eine WEG-Einheit,** bei der sämtliche Einheiten der Verwaltung unterliegen (vgl. → § 152 Rdn. 194), ist die Einschaltung eines WEG-Verwalters zweckmäßig, ohne dass dies für sich genommen Einfluss auf die Vergütung hat[243], da diese Verwaltung regelmäßig nur durch eine entsprechend gewerbsmäßig ausgestattete Verwaltung zu leisten ist und dem Verwalter i.d.R. nicht die Verwaltung des Gemeinschaftseigentums obliegt (vgl. → § 152 Rdn. 194 mit Einschränkungen im Hinblick auf § 10 Abs. 7 S. 4 WEG).

114 Besteht eine Verwaltung oder unterliegen nicht alle Einheiten der Zwangsverwaltung und wird von der Eigentümergemeinschaft ein Verwalter bestellt, sind die hieraus zu bedienenden Wohngelder, einschließlich der Kosten für die Verwaltung laufende Ausgaben nach § 155.

115 Wenn nur für die Dauer des Verfahrens **außerhalb einer WEG-Verwaltung** eine **Hausverwaltung** eingeschaltet wird, ergeben sich hieraus Fragen im Hinblick auf die Angemessenheit der Verwaltungskosten als Auslagen, die im Hinblick auf ihre Kalkulation von *H/W/F/H* umfassend dargestellt worden sind[244].

c) Nachweis

116 Aufgrund der vielfältigen Abgrenzungsprobleme bedarf die gesonderte Abrechnung der Auslagen einer konkreten Darlegung, Erläuterung und Belegung. Dies gilt insbesondere im Hinblick auf die im Detail schwierige Abgrenzung bei der Einschaltung Dritter als Hilfskräfte oder bei Hausverwaltern, nicht zuletzt für die parallele Fragestellung, inwieweit die Einschaltung der Hilfskräfte Einfluss auf die Vergütung des Normalfalles oder die Berücksichtigung von Sonderaufgaben hat (→ Rdn. 110 ff.).

117 Bei sonstigen Aufwendungen eignen sich speziell erstellte Listen über Telefonate, Telefaxe, Porto, Kopien, Fahrtstrecken sowie Rechnungen über Bahnfahrten, Flug- oder Hotelkosten.

Bei gesondert bestellten Hilfskräften, die als Auslagen anzuerkennen sind (→ Rdn. 110), sind die Dienst- oder Arbeitsverträge und Abrechnungen vorzulegen.

Sämtliche Nachweise sind auch für die Angemessenheitskontrolle relevant.

d) Prüfung der Angemessenheit

118 In jedem Fall ist die Angemessenheit zu prüfen, worüber das Gericht nach pflichtgemäßem Ermessen zu entscheiden hat. Schon nach dem Wortlaut ist hierbei nicht die Notwendigkeit und damit die Zweckmäßigkeit zu prüfen, sondern nur, ob die Aufwendung zur Erreichung des angestrebten Zwecks in einem angemessenen Verhältnis stehen[245]. Die Notwendigkeit betrifft allenfalls den kausalen Verfahrensbezug. Hierbei ist auf den Zeitpunkt der Vornahme der Handlung abzustellen und der Maßstab der §§ 670, 678 BGB anwendbar. Das Gericht hat lediglich einen Beurteilungsspielraum (→ Rdn. 5).

---

242 Vgl. insoweit *H/W/F/H*, § 21 ZwVwV Rdn. 17, 19.
243 AG Strausberg, Rpfleger 2004, 115.
244 *H/W/F/H*, § 21 ZwVwV Rdn. 21 ff.
245 *H/W/F/H*, § 21 ZwVwV Rdn. 13.

Bei dem Einsatz von Hilfskräften oder Hausverwaltungen sind die jeweiligen 119
Vergütungsmaßstäbe auf ihre Angemessenheit hin zu prüfen, was durch die Vorlage der Vertrags- und Abrechnungsunterlagen ermöglicht wird. Das Gericht kann auch Darlegungen und Nachweise verlangen, welche Dienst- oder Werkverträge der Verwalter für konkrete Aufgaben des speziellen Verfahrens abgeschlossen hat. Dem Verwalter kann hierbei u.U. auch der Vollbeweis bei Zweifeln obliegen, um eine gesonderte Erstattung als Auslagen zu begründen[246].

4. Pauschale

Die Pauschale von 10 % der Vergütung unterliegt einer Kappungsgrenze mit 120
höchstens 40,- € je Monat und muss für den Abrechnungszeitraum einheitlich in Anspruch genommen werden. Eine Abrechnung von besonderen Kosten für einzelne Monate ist damit nicht möglich. Die Pauschale kann auch Bestandteil eines Vorschusses sein, der jedoch im Hinblick auf die endgültige (Zwischen-)Abrechnung insoweit nicht bindend ist. Ein Wechsel von der Pauschalierung zur tatsächlichen Abrechnung ist zwischen den Abrechnungszeiträumen möglich, auch bei abweichenden Abrechnungszeiträumen (§ 14 Abs. 2 ZwVwV, → Rdn. 124)[247]. Dies kann insbesondere zu Beginn einer Verwaltung interessant sein, da hier regelmäßig ein höherer Aufwand besteht. Im Hinblick auf die pauschale Höhe von 10 % bis maximal 40,- € im Monat steht dem Gericht unstreitig kein Ermessensspielraum zu.

Der Verwalter hat in dem Abrechnungszeitraum ein Wahlrecht, ob er die Pauschale geltend macht oder den Einzelnachweis. In der Pauschale sind i.d.R. die Kosten abgegolten, die bei Einzelnachweis konkret abrechenbar sind (vgl. → Rdn. 102).

Im Rahmen der Pauschale muss der Verwalter besondere Kosten dem Grunde 121
nach nicht darlegen[248].

5. Haftpflichtversicherung

Die Kosten der normalen Vermögensschadenhaftpflichtversicherung ein- 122
schließlich einer allgemeinen Zusatzversicherung für besondere Risiken der Zwangsverwaltung sind mit der Vergütung abgegolten, es sei denn es wird verfahrensbezogen eine Höherversicherung abgeschlossen (insbesondere bei gewerblichen Objekten[249]) oder durch das Gericht bestimmt (§ 1 Abs. 4 ZwVwV; vgl. → § 150 Rdn. 25). Diese Kosten sind auch nicht mit der Pauschale abgegolten und können neben dieser erstattet werden[250].

---

246 Vgl. *H/W/F/H*, § 21 ZwVwV Rdn. 18, m.w.N. unter Hinweis auf das zu berücksichtigende Nachweisgesetz.
247 *H/W/F/H*, § 21 ZwVwV Rdn. 10.
248 LG Halle, IGZInfo 2006, 55; LG Kassel, JurBüro 2004, 608; *Hintzen/Wolf*, Rdn. 13.366.
249 BGH, ZIP 1982, 326 f. KO; OLG Dresden, ZfIR 1999, 226 m. Anm. *Muth*, EWiR 1999, 335.
250 *Depré/Mayer*, Rdn. 904.

IX. Festsetzung, § 22 ZwVwV
1. Allgemein

123 Die Vergütung ist nach Abs. 1 durch das Gericht auf Antrag des Verwalters (§ 22 S. 1 ZwVwV) festzusetzen. Neben den Auslagen wird auch die Umsatzsteuer gesondert ausgewiesen (§ 17 Abs. 2 ZwVwV). Bei umsatzsteuerrelevanten Verfahren ist dies im Wege des Vorsteuerabzugs zu berücksichtigen.

124 Die Festsetzung erfolgt nach den laufenden Rechnungslegungen des § 14 Abs. 2 ZwVwV und der Schlussrechnung nach § 14 Abs. 3 ZwVwV (vgl. → § 154 Rdn. 19 ff.)[251]. Die Vergütung wird nach Ablauf der Abrechnungsperioden fällig. Bei absehbarem Ende der Verwaltung kann der Verwalter die Vergütung im Voraus festsetzen lassen[252] auch im Hinblick auf die Zurückbehaltungspflichten des § 9 Abs. 1 ZwVwV und die Notwendigkeit im Rahmen der Schlussrechnungslegung den verbleibenden Bestand der Einnahmen nach Abzug der Kosten konkret auszuweisen. Die Festsetzung kann naturgemäß auch nach Aufhebung des Verfahrens erfolgen und unabhängig davon aus welchem Grund sie erfolgt ist und wer die Kosten schlussendlich zu tragen hat[253]. Insbesondere kann sie immer der Masse entnommen werden.

125 Unabhängig von der Möglichkeit gemäß § 22 S. 2 ZwVwV einen Vorschuss zu verlangen, erfolgt die Festsetzung nicht im Voraus und auch nicht erst nach Abschluss des Verfahrens. Hierdurch ist jedoch die Zusammenfassung mehrere Perioden oder die Abrechnung am Ende des Verfahrens nicht ausgeschlossen. Zur Festsetzung der Mindestvergütung wird auf → Rdn. 91 ff. verwiesen.

2. Vorschuss

126 Ein Vorschuss gemäß § 22 S. 2 ZwVwV kann einmalig oder fortlaufend mit Einwilligung des Gerichts aus den Einnahmen entnommen werden. Der Vorschuss ist nicht auf Ausnahmefälle beschränkt, muss jedoch angemessen und zumindest im Hinblick auf Auslagen notwendig sein, da insoweit keine Vorschusspflicht des Verwalters besteht[254]. Dies gilt auch für einzuleitende gerichtliche Verfahren, die der Verwalter nach RVG abrechnen will (→ Rdn. 11 ff., 14.3). Die Angemessenheit ist zu bejahen, wenn geleistete Tätigkeiten abgegolten werden sollen. Überschreitet der Vorschuss die Vergütung, hat eine Erstattung zu erfolgen. Ist der Vorschuss auch im Hinblick auf die Schlussrechnung angemessen festgesetzt worden, scheidet ein Erstattungsanspruch bei massearmen Verfahren aus, weil Vorschüsse nach h.M. mit der Erbringung der Leistung verdient sind[255]. Schuldner und betreibender Gläubiger sollen von der Einwilligung unterrichtet werden[256]. Eine Anpassung an veränderte Verhältnisse ist möglich. Hiervon hat der Verwalter das Gericht zu unterrichten. Insoweit ist auch ein vollständiger Widerruf möglich. Die Berechnungsgrundlage für die Vorschusszahlung ist nicht

---

251 Vgl. auch *H/W/F/H*, § 18 Rdn. 10 ff.; *Depré/Mayer*, Rdn. 815 f.
252 OLG Hamm, MDR 1991, 358.
253 BGH, Rpfleger 2013, 162 = IGZInfo 1/2013, 25.
254 Vgl. *Stöber*, ZVG § 153 Rdn. 6.7; abweichend AG Ottweiler, Rpfleger 1989, 471: nur Höherstufung.
255 BGHZ 114, 233, 242.
256 *Stöber*, ZVG § 153 Rdn. 6.7.

bindend für die Art der Abrechnung am Ende des Abrechnungszeitraumes, sodass ein **Wechsel** zwischen den §§ 18 und 19 ZwVwV möglich ist[257].

Ist für den Vorschuss keine Masse vorhanden, kann aufgrund der Einwilligung 127 des Gerichts ein Verfahrenskostenvorschuss beantragt werden (§ 161 Abs. 3), wodurch im Falle der Nichtzahlung und der Aufhebung des Verfahrens für den Verwalter ein Ausfallrisiko entstehen kann (vgl. → Rdn. 99 zur generellen Einstandspflicht des Gläubigers bei Unterdeckung und → Rdn. 135 ff.).

Die Anforderungen an den **Antrag auf Einwilligung** sind nicht abschließend 128 geklärt und dürften sich an den Vergütungsantrag anlehnen, wobei die voraussichtlichen Berechnungsgrundlagen der jeweiligen Abrechnung darzulegen sind, die Auslagen und der Grund für die beabsichtigte Entnahme[258]. Der Verwalter ist nicht verpflichtet Auslagen vorzufinanzieren, das Risiko des Vergütungsausfalls zu tragen oder einen erheblichen Vergütungsanspruch einschließlich der Geschäftskosten nach § 21 Abs. 1 ZwVwV[259] zinsfrei vorzufinanzieren[260], sodass insbesondere bei größeren Verfahren für einen Zeitraum bis zu 6 Monaten eine Vorschussentnahme zu genehmigen ist.

Auf der Grundlage dieser Darlegungen kann der Vorschuss nach ganz h.M.[261] auch die spätere Vergütung unter Berücksichtigung der §§ 18 Abs. 2, 19 ZwVwV erreichen, da weder systematische noch sachliche Gründe entgegenstehen.

Bei der **Einwilligung** des Gerichts handelt es sich unstr. um ein **gebundenes** 129 **Ermessen**, welches sich je nach den Umständen auf null reduziert. Das Gericht kann die Einwilligung nur versagen, wenn Umstände in der Person des Verwalters dies begründen, z.B. bei Mängeln der laufenden oder künftigen Abwicklung, wobei hier auch der Weg über die Aufsicht zu berücksichtigen ist[262]. Bei unstreitiger zu vergütender Tätigkeit des Verwalters steht es dem Gericht nicht zu, die Notwendigkeit oder Dringlichkeit zu prüfen[263]. In Betracht kommen begründete Einwendungen der Beteiligten, soweit die Vergütung nicht im Verhältnis zum Abwicklungsstand oder der Tätigkeit des Verwalters steht. Insoweit hat aus dem Gesichtspunkt eines fairen Verfahrens auch hier eine Mitteilung (keine Anhörung, wegen fehlender Rechtsmittel) zu erfolgen.

Die Einwilligung erfolgt durch Beschluss des Gerichts getrennt nach Vergütung und Auslagen. Bei antragsgemäßer Entscheidung genügt eine Bezugnahme auf den zutreffenden Antrag[264].

Der Beschluss ist nur durch den Verwalter im Falle einer ganz oder teilweise ablehnenden Entscheidung nach den §§ 11 Abs. 2 RPflG, 793 ZPO anfechtbar[265].

---

257 *Stöber*, ZVG § 152a Rdn. 5.4.
258 Vgl. *Haarmeyer*, ZInsO 2001, 938; *H/W/F/H*, § 22 ZwVwV Rdn. 22.
259 Hierzu *H/W/F/H*, § 22 ZwVwV Rdn. 24.
260 Vgl. BGH, Rpfleger 2003, 94 = ZInsO 2002, 1133; vgl. auch *Stöber*, ZVG § 153 Rdn. 6.7.
261 Vgl. *H/W/F/H*, § 22 Rdn. 27 mit umfangreichen Nw. der Rspr.
262 LG Magdeburg, ZIP 1995, 1372.
263 BGH, ZInsO 2002, 1133.
264 *H/W/F/H*, § 22 ZwVwV Rdn. 26.
265 *Haarmeyer*, ZInsO 2001, 938; OLG Hamm, MDR 1991, 358.

3. Verfahren
a) Antrag und Begründung

130 Der Antrag ist mit Ausfertigungen für die Beteiligten einzureichen, i.d.R. verbunden mit der jeweiligen Rechnungslegung, um eine Überprüfung zu gewährleisten. Die Vergütung und die besonderen Auslagen, soweit keine Pauschale angesetzt wird, sollten getrennt beantragt werden. Auf die Erfordernisse der Darlegung, Begründung und ggf. Belegung in Bezug auf die §§ 18 Abs. 2, 19, 21 Abs. 2 ZwVwV wurde bei den Ausführungen zu diesen Vorschriften hingewiesen[266]. Dies gilt in besonderem Maße für die Stundenabrechnung für die Tätigkeit des Verwalters und seiner Mitarbeiter (→ Rdn. 78 ff.). Erhaltene Vergütungen nach dem RVG sind darzulegen und in den Belegen nachzuvollziehen. Der Antrag muss einen konkreten festzusetzenden Betrag enthalten.

131 Der Verwalter kann entsprechend § 104 Abs. 1 S. 2 ZPO eine Verzinsung beantragen (str.[267]). Diese ist regelmäßig nur im Rahmen der Schlussrechnung vertretbar, da der Verwalter im laufenden Verfahren die Möglichkeit der Entnahme eines Vorschusses hat.

b) Anhörung und Festsetzung

132 Vor der Festsetzung sind die Beteiligten (Schuldner und betreibender Gläubiger) unstreitig zu hören[268], der Verwalter, wenn von seinem Antrag abgewichen wird. Da der Beschluss angefochten werden kann, ist er zu begründen[269] und Schuldner, betreibenden Gläubigern und Verwalter zuzustellen,[270] dem Verwalter auch dann, wenn seinem Antrag entsprochen wurde. Soweit ein Beurteilungsspielraum besteht, ist dieser nur durch die Begründung überprüfbar. Soweit dem Vergütungsantrag entsprochen wird, kann die Begründung knapp ausfallen. Das Gericht kann sachdienliche Hinweise geben oder Gelegenheit zu Änderungen und Ergänzungen geben. Eine Verletzung des rechtlichen Gehörs kann im Rechtsmittelverfahren geheilt werden[271].

In diesem Verfahren hat das Gericht nach **pflichtgemäßem Ermessen** alle Umstände aufzuklären, die nach seiner Einschätzung für die Entscheidung über den Antrag erheblich sind. Dies gilt auch in Bezug auf Verwirkungsaspekte (s.o. → Rdn. 7). Es ist hierbei nicht an das Vorbringen der Beteiligten gebunden, sondern hat jedem hinreichenden Anhaltspunkt nachzugehen[272].

c) Entnahme

133 Der Verwalter kann die Vergütung und die Auslagen als Ausgaben der Verwaltung (§ 155 Abs. 1) der Masse entnehmen, soweit sie nicht durch einen Vorschuss erledigt ist. Dies gilt unabhängig vom Grund der Aufhebung des Verfahrens oder der schlussendlichen Kostentragung[273]. Die Entnahme kann nach der Festsetzung

---

266 Vgl. auch KG, ZInsO 2001, 409; OLG Stuttgart, ZInsO 2000, 160.
267 H/W/F/H, § 22 ZwVwV Rdn. 10; a.A. BGH, ZInsO 2004, 256.
268 LG Augsburg, Rpfleger 1997, 78; H/W/F/H, § 22 Rdn. 7; Depré/Mayer, Rdn. 930: auch wenn nicht ausdrücklich vorgesehen.
269 OLG Frankfurt, ZIP 2001, 1016; H/W/F/H, § 22 ZwVwV Rdn. 8.
270 LG Augsburg, Rpfleger 1997, 78, nicht jedoch dem Verwalter, wenn seinem Antrag entsprochen wurde.
271 OLG Düsseldorf, AnwBl. 1995, 627.
272 LG Duisburg, 11 T 51/09 – 11 T 55/09, nicht veröffentl. zu AG Duisburg, Rpfleger 2009, 521.
273 BGH, Rpfleger 2013, 162.

erfolgen, ohne dass der Verwalter die Rechtskraft abwarten muss[274]. Ist diese nicht ausreichend, kann er im laufenden Verfahren einen Vorschuss beantragen (§ 161 Abs. 3). Hat der Verwalter diesen nicht beantragt, ist keine Masse vorhanden und das Verfahren aufgehoben, besteht der Anspruch unmittelbar gegen den betreibenden Gläubiger[275]. Der Anspruch ist nicht davon abhängig, ob der Verwalter zuvor die Möglichkeit hatte, einen Vorschuss zu beantragen oder eine Deckung aus der Masse möglich war[276]. Im letzten Fall scheidet auch eine Verwalterhaftung (§ 154) aus.

4. Gläubiger

Hat der Gläubiger für die Vergütung einen Vorschuss geleistet, kann er diese Auslagen in einem Zwangsversteigerungsverfahren in der Rangklasse des § 10 Abs. 1 Nr. 1 anmelden, wenn die Anordnung zur Sicherung des Objektes notwendig war (→ § 10 Rdn. 6 ff.). Alternativ kann er diese Auslagen nach § 788 Abs. 2 ZPO gegen den Schuldner festsetzen lassen und unmittelbar gegen diesen vollstrecken. 134

X. Haftung

Für die Vergütung haftet vorrangig die Masse. Reicht dies nicht aus, haftet subsidiär der betreibende Gläubiger (→ Rdn. 133)[277]. 135

Aus dem Festsetzungsbeschluss kann der Verwalter nicht vollstrecken, sodass er sich einen Titel verschaffen muss. Hierbei ist das Prozessgericht an die rechtskräftige Festsetzung gebunden[278]. Bei privaten Gläubigern besteht insoweit ein erhebliches Ausfallrisiko des Verwalters, welches er nur über die rechtzeitige Beantragung eines Vorschusses minimieren kann. Wird dieser nicht gezahlt und das Verfahren aufgehoben, beschränkt sich das Ausfallrisiko zumindest auf die Gebühr nach § 20 Abs. 1 ZwVwV. Eine anderweitige Ersatzmöglichkeit besteht nicht. Der Verwalter kann weder den Schuldner in Anspruch nehmen, die Vergütung im Rahmen einer parallelen Zwangsversteigerung geltend machen oder den Staat in Regress nehmen[279]. Die Titelverjährung beläuft sich aus dem rechtskräftigen Vergütungsbeschluss auf 30 Jahre (§ 197 BGB). 136

Nach Auffassung des BGH haftet der antragstellende Insolvenzverwalter nicht, wenn die Vergütung und die Auslagen des Zwangsverwalters aus der Insolvenzmasse nicht oder nicht voll erfüllt werden[280]. Den Insolvenzverwalter treffe keine insolvenzspezifische Haftung für Ausfallansprüche des mit der Verwaltung eines massezugehörigen Grundstücks beauftragten Zwangsverwalters. Die Entscheidung ist unbefriedigend, weil der Antrag auf Anordnung des Verfahrens von einer Person mit hoheitlichen Aufgaben gestellt wurde. Dies gilt für den Zwangsverwalter entsprechend. In diesem Verhältnis ist es aber nicht zumutbar, dass der Zwangsverwalter mit seiner Vergütung ausfällt.

---

274 LG Frankfurt/Oder, ZInsO 2001, 23 m. Anm. *Haarmeyer*.
275 BGH, Rpfleger 2004, 579 = NJW-RR 2004, 1527; OLG Hamm, MDR 1991, 358.
276 BGH, Rpfleger 2004, 579 = NJW-RR 2004, 1527.
277 Vgl. *H/W/F/H*, § 22 ZwVwV Rdn. 18; *Depré/Mayer*, Rdn. 940 f., 945 f.
278 *Depré/Mayer*, Rdn. 940.
279 BGH, Rpfleger 2004, 579 = NJW-RR 2004, 1527.
280 IGZInfo 2/2010, 80 = ZfIR 2010, 251 m. Anm. *Keller*.

137 Wird ein Verfahren nach einer Vollstreckungsabwehrklage des Schuldners aufgehoben, verbleibt dem Verwalter seine Vergütung. Der Schuldner hat, sofern er mit den Kosten belastet wurde, einen Schadensersatzanspruch gegen den Gläubiger.

XI. Materialien zur Vergütungsfestsetzung

138 Einteilung der Standardtätigkeiten eines Zwangsverwaltungsverfahrens in Zeitblöcke (ausgehend von der REFA-Studie, vgl. *Haarmeyer/Wutzke/Förster/Hintzen*, Zwangsverwaltung, 5. Auflage, 2011, Anhang 6 und 7) sowie Stundensätze und Fallgruppen der IGZ (ZInsO 2004, 84; Rpfleger 2004, 653).

Tätigkeitsabschnitte	Zeitaufwand in Stunden
Anordnungsbeschluss, Einrichtung der Zwangsverwaltung (entspricht dem Fall der Aufhebung *vor* Inbesitznahme, § 20 II ZwVwV)	3
Inbesitznahme bis einschl. Inbesitznahmebericht (im Fall des § 20 Abs. 1 ZwVwV somit bisher 8 Stunden)	5
Tätigkeiten unmittelbar nach Inbesitznahme (Kontaktaufnahme mit Gläubiger, Schuldner, Versicherungen, Versorger, statt, Mieter, Datenaufnahme, Kontoanlage, Herausgabe und Prüfung von Unterlagen etc.)	10
Laufende Tätigkeiten pro Jahr: Insbesondere Bearbeitung von Miet-/Nutzungsverhältnissen*), Zahlungsverkehr/Buchführung einschl. Aufwand für Umsatzsteueranmeldungen (monatlich-jährlich und Umsatzsteuersonderprüfung) Kündigungen, Reparaturen, Gespräche/Schreiben mit den Beteiligten, Schriftwechsel mit dem Vollstreckungsgericht, bei parallel laufenden WE-Verwaltungen Überprüfung WE-Abrechnung, Schriftwechsel WE-Verwalter, Teilnahme WE-Versammlung *) *oder Leerständen, sofern nicht höherer Aufwand glaubhaft gemacht*	24
Teilungsplan (Vorarbeit bis Ausschüttung 1 mal jährlich; sonst je Ausschüttung)	3
Jahresbericht an Gericht Finanzamt (Umsatzsteuererklärung) Nebenkostenabrechnung: ■ je Wirtschaftsjahr, soweit erstellbar; ■ ersatzweise Einigungsbemühung mit Mieter, *jeweils sofern nicht höherer Aufwand glaubhaft gemacht*	3 4 3
Aufhebung des Verfahrens (Schreiben an Beteiligte, Restzahlungen, Ein-/Ausgänge einschl. Entnahme der festgesetzten Vergütung, vorl. Schlussrechnung) Auflösung der Konten, Schlussbericht	12 2
bei Aufhebung wg. Zuschlags zusätzlich: Abrechnung mit Ersteher (einschl. Vorbereitung) – *sofern nicht höherer Aufwand glaubhaft*	1
	70

Laufend je Jahr: 37 Stunden
18 Stunden einmalig im Jahr der Anordnung/Inbesitznahme
sowie 14 bzw. 15 Stunden einmalig im Jahr der Aufhebung

Hinweis:

Besichtigung des Objekts mit Interessenten im Rahmen einer Zwangsversteigerung (**umstritten**, vgl. LG Heilbronn, Rpfleger 2003, 679).	4

Tätigkeiten: 139

	Zwangsverwalter oder gleich hoch qualifizierter Mitarbeiter	(normaler) Sachbearbeiter	Hilfstätigkeiten
Tätigkeiten, die erfordern ...	Fähigkeit, rechtliche oder wirtschaftliche Sachverhalte zu beurteilen, Entscheidungen zu treffen und umzusetzen – kurz: unternehmerisches Handeln –	Fähigkeit, rechtliche oder wirtschaftliche Abwicklungen im Rahmen der vom Zwangsverwalter gesetzten Rahmenanweisungen oder konkreter Einzelweisungen eigenständig durchzuführen	Büro-Hilfstätigkeiten oder sonstige Hilfstätigkeiten
Beispiele			
Mietverträge	rechtliche Regelungen prüfen, Kündigungsrecht prüfen und ausüben	Mieteingänge buchen, Mietrückstände feststellen, Mietrückstände anmahnen	Mietverträge kopieren, Originale zurücksenden
Betriebskosten	Prüfung der Umlagefähigkeit und der Umlageschlüssel, Vorgabe der Rahmendaten für Erstellung von Abrechnungen, Endkontrolle der Abrechnungen	Auswerten der Konten, Verteilung nach Weisung des Verwalters, Erstellung der Einzelabrechnungen	Sortieren der Buchungsbelege, Ausdrucken der Abrechnungen, Eintüten, Versenden
Reparaturen	Prüfung, wer Reparatur zu veranlassen hat, wer Kosten zu tragen hat	Einholung von Angeboten, unterschriftsreifes Vorbereitung der Aufträge	Faxen der Anfragen, Sortieren der Antworten, Terminabsprache mit Mietern
Steuern			
* Umsatzsteuer	Prüfung, ob USt-Option; Prüfung, ob Vorsteuerberichtigungen/USt-Splitting, Vorgabe der Aufteilung	Buchen nach Maßgabe des Verwalters, Erstellung der Voranmeldungen mit den vorzunehmenden Berichtigungen	im Computer erstellte Voranmeldungen ausdrucken, eintüten, versenden

* Grundsteuer	Prüfung des Bescheids (Höhe, ab wann zulasten der Verwaltung)	Zahlung zu Fälligkeitsterminen, Verbuchen	eingehenden Bescheid mit Eingangsstempel versehen
Streit über Zubehör	Prüfung der Rechtslage, Führen der Korrespondenz	Inventurschreiben (aufschreiben); Zusammenstellen von Inventarlisten	Inventurhelfer (zählen und messen)
Berührung mit Insolvenzverfahren	Prüfung der Rechtslage, Führen der Korrespondenz	Ermittlung der Daten (Anfordern Eröffnungsbeschluss etc.)	Erstellung von Fotokopien nach Einzelweisung
Versicherung	Prüfen, ob sachlich und wertmäßig hinreichender Versicherungsschutz besteht – am Anfang des Verfahrens und fortlaufend	Ermitteln der Daten und deren Zusammenstellung	Ausfüllen von Formularen nach Vorgabe

Vergütungsstufen

Stufe	Stundensatz von	... bis	bzw. Regelsatz	bei Verfahren	Kurzbezeichnung
4	85,00 €	95,00 €	90,00 €	die ausschließlich oder ganz überwiegend Tätigkeiten umfassen, die die Fähigkeit erfordern, rechtliche oder wirtschaftliche Sachverhalte zu beurteilen, Entscheidungen zu treffen und umzusetzen – kurz: gestaltend (rechtlich/wirtschaftlich) zu handeln –	Verfahren schwieriger Art
3	65,00 €	84,99 €	75,00 €	bei denen rechtliche oder wirtschaftliche Sachverhalte zu beurteilen, Entscheidungen zu treffen und umzusetzen sind, wobei der Zwangsverwalter oder ein gleich hoch qualifizierter Mitarbeiter einen Teil der *Umsetzung* auf einen Sachbearbeiter übertragen kann, der die Fähigkeit hat, bestimmte rechtliche oder kaufmännische Abwicklungen im Rahmen der vom Zwangsverwalter (oder seines gleich hoch qualifizierten Mitarbeiters) gesetzten Rahmenanweisungen oder konkreter Einzelweisungen eigenständig durchzuführen und Hilfskräfte anzuleiten und zu überwachen	Verfahren durchschnittlicher Art

2	45,00 €	64,99 €	55,00 €	bei denen ein erheblicher Teil der *Vorbereitung der Beurteilung* rechtlicher oder wirtschaftlicher Sachverhalte durch einen Sachbearbeiter erfolgen kann, der die Fähigkeit hat, bestimmte rechtliche oder wirtschaftliche Abwicklungen im Rahmen der vom Zwangsverwalter (oder seines gleich qualifizierten Mitarbeiters) gesetzten Rahmenanweisungen oder konkreter Einzelweisungen eigenständig durchzuführen und Hilfskräfte dementsprechend anzuweisen, sodass sich der Zwangsverwalter (oder sein gleich hoch qualifizierter Mitarbeiter) im Wesentlichen darauf beschränken können, Rahmenanweisungen zu geben und deren Umsetzung zu überwachen.	Verfahren einfacher Art
1	35,00 €	44,99 €	40,00 €	bei denen die wesentliche praktische Verfahrensführung durch einen Sachbearbeiter erfolgen kann, der die Fähigkeit hat, bestimmte rechtliche oder wirtschaftliche Abwicklungen durchzuführen im Rahmen der vom Zwangsverwalter (oder seines gleich qualifizierten Mitarbeiters) vorgegebenen allgemeinen Organisationsrichtlinien/Arbeitsanweisungen – dieses insbesondere dann, wenn keine oder so gut wie keine rechtliche oder wirtschaftlichen Sachverhalte zu beurteilen sind und ein nennenswerter Spielraum für Ermessensentscheidungen im Rahmen unternehmerischen Planens und Handelns objektiv nicht vorhanden sind.	mechan. abwickelbare Verfahren (einfachster Art)

Beispiele für Fallgruppen:
Fallgruppe 1: Zwangsverwaltung einfachster Art
Zwangsverwaltung eines Stücks einer nicht gesondert nutzbaren und nicht genutzten befestigten Außenfläche, die keiner Pflege bedarf und die zufälliger Weise rechtlich eigenständig ist (eigenes Flurstück auf eigenem Grundbuchblatt, daher eigenes Zwangsverwaltungsverfahren), z.B. ein wenige Quadratmeter großes Stück einer größeren Fläche, das wirtschaftlich zu einem Grundbesitz gehört, über den derselbe Zwangsverwalter bestellt ist und im Rahmen dieser Zwangsverwaltung ohne nennenswerten zusätzlichen Aufwand (insbesondere keine Einnahmen außer Gläubigervorschüsse oder Ausgaben) quasi de facto mitverwaltet wird. Ebenfalls zur Gruppe 1 gehört die Verwaltung eine einzelnen Garage oder eines Schuppens.

Fallgruppe 2: Zwangsverwaltung einfacher Art
Zwangsverwaltung eines Stücks einer nicht gesondert nutzbaren und nicht genutzten unbefestigten Außenfläche, die geringer Pflege bedarf (z.B. regelmäßiger Rasenschnitt) und die zufälliger Weise rechtlich eigenständig ist (eigenes Flurstück auf eigenem

Grundbuchblatt, daher eigenes Zwangsverwaltungsverfahren), z.B. ein wenige Quadratmeter großes Stück einer größeren Fläche, das wirtschaftlich zu einem Grundbesitz gehört, über den derselbe Zwangsverwalter bestellt ist und von daher die wesentlichen Erkenntnisse im Rahmen jener anderen Zwangsverwaltung ohne nennenswerten zusätzlichen Aufwand gewonnen werden können. Dies gilt jedoch nur, wenn von dem anderen Grundbesitz keine Ausgaben oder Einnahmen anteilig auf diesen Grundbesitz zuzurechnen sind, sondern sich die Zahlungseingänge auf Gläubigervorschüsse und die Zahlungsausgänge auf separat in Rechnung gestellte Beträge für die z.B. Rasenpflege beschränkt – sowie ggf. die Verfahrenskosten –; sonst ist Stufe 3 anwendbar). Ebenfalls zur Gruppe 2 gehört die Verwaltung von Ackerflächen, für die einwirksamer Pachtvertrag vorliegt.

Fallgruppe 3: Zwangsverwaltung durchschnittlicher Art
Auseinandersetzung bzw. Führung von Vergleichsgesprächen mit Mietern wegen Mietminderungen bzw. rückständiger Betriebskostenabrechnungen. Beantwortung von Eingaben und Anfragen querulatorischer Mieter; Durchführung von Mieterversammlungen; Verhinderung von Einstellung der Versorgungsleistungen; Organisation und Durchführung von Winterdiensten. Mitwirkung in einer Eigentümergemeinschaft an Sanierungsmaßnahmen (die über Kleinstreparaturen hinausgehen): Mitwirkung an Diskussion und Beschlussfassung in WE-Versammlung über Maßnahmen und deren Finanzierung sowie Vor- und Nachbereitung der WE-Versammlungen.

Fallgruppe 4: Zwangsverwaltung schwieriger Art
Prüfung und Regulierung von Altlasten. Prüfung und Auseinandersetzung mit einem Insolvenzverwalter bezüglich bestehender Mietverträge. Durchführung von Sanierungsmaßnahmen (die über Kleinstreparaturen hinausgehen): Erkennen der Notwendigkeit, Vorgabe der wesentlichen Rahmendaten für Angebotseinholung/Ausschreibung (durch Architekt/Bauleiter oder ggf. auch selbst) und Entscheidung über Auftragsvergabe sowie Überwachung des Fortschritts der Arbeiten (ggf. mit zwischengeschaltetem Architekten/Bauleiter). Realisierung von Vermieterpfandrechten: Auseinandersetzungen wegen Grenzüberbau/Nachbarschaftsstreitigkeiten. Prüfung langfristiger Wartungsverträge.

§ 153 »Anordnungen und Aufsicht des Gerichts«

(1) Das Gericht hat den Verwalter nach Anhörung des Gläubigers und des Schuldners mit der erforderlichen Anweisung für die Verwaltung zu versehen, die dem Verwalter zu gewährende Vergütung festzusetzen und die Geschäftsführung zu beaufsichtigen; in geeigneten Fällen ist ein Sachverständiger zuzuziehen.

(2) ¹Das Gericht kann dem Verwalter die Leistung einer Sicherheit auferlegen, gegen ihn Zwangsgeld festsetzen und ihn entlassen. ²Das Zwangsgeld ist vorher anzudrohen.

§ 10 ZwVwV Zustimmungsvorbehalte

(1) Der Verwalter hat zu folgenden Maßnahmen die vorherige Zustimmung des Gerichts einzuholen:

1. wesentliche Änderungen zu der nach § 5 gebotenen Nutzung; dies gilt auch für die Fertigstellung begonnener Bauvorhaben;
2. vertragliche Abweichungen von dem Klauselkatalog des § 6 Abs. 2;
3. Ausgaben, die entgegen dem Gebot des § 9 Abs. 2 aus bereits vorhandenen Mitteln nicht gedeckt sind;
4. Zahlung von Vorschüssen an Auftragnehmer im Zusammenhang insbesondere mit der Erbringung handwerklicher Leistungen;
5. Ausbesserungen und Erneuerungen am Zwangsverwaltungsobjekt, die nicht zu der gewöhnlichen Instandhaltung gehören, insbesondere wenn der Aufwand der jeweiligen Maßnahme 15 Prozent des vom Verwalter nach pflichtgemäßem Ermessen geschätzten Verkehrswertes des Zwangsverwaltungsobjektes überschreitet;
6. Durchsetzung von Gewährleistungsansprüchen im Zusammenhang mit Baumaßnahmen nach § 5 Abs. 3.

(2) Das Gericht hat den Gläubiger und den Schuldner vor seiner Entscheidung anzuhören.

§ 16 ZwVwV Auskunftspflicht

Der Verwalter hat jederzeit dem Gericht oder einem mit der Prüfung beauftragten Sachverständigen Buchführungsunterlagen, die Akten und sonstige Schriftstücke vorzulegen und alle weiteren Auskünfte im Zusammenhang mit seiner Verwaltung zu erteilen.

Übersicht

		Rdn.
I.	Allgemein	1
II.	Aufsicht (Abs. 1)	5
	1. Allgemeine Aufsicht	5
	a) Prüfungsgegenstand	5
	b) Prüfungsumfang und -häufigkeit	6
	c) Prüfungsunterlagen	8
	d) Pflichtverletzung	13
	2. Anweisungen durch das Vollstreckungsgericht	14
	a) Grundsatz	14
	b) Erforderlichkeit	15
	c) Bindung des Verwalters	20
	d) Bindung Dritter	23
	e) Vorgehen des Gerichts	24
	3. Zustimmungsvorbehalte, § 10 ZwVwV	27
	a) Allgemein	27
	b) Wesentliche Änderung der Nutzungsart, § 10 Abs. 1 Nr. 1 ZwVwV	29

c) Abweichung vom Klauselkatalog des
§ 6 Abs. 2, § 10 Abs. 1 Nr. 2 ZwVwV............................. 32
d) Zustimmung für nicht gedeckte Ausgaben,
§ 10 Abs. 1 Nr. 3 ZwVwV...................................... 33
e) Zahlung von Vorschüssen an Auftragnehmer,
§ 10 Abs. 1 Nr. 4 ZwVwV...................................... 34
f) Ausbesserungen und Erneuerungen,
§ 10 Abs. 1 Nr. 5 ZwVwV...................................... 35
  aa) Allgemein.. 35
  bb) Abgrenzung... 37
g) Gewährleistungsansprüche bei Bauvorhaben,
§ 10 Abs. 1 Nr. 6 ZwVwV...................................... 41
h) Verfahren, § 10 Abs. 2 ZwVwV................................ 42
III. Absicherung 45
  1. Sicherheitsleistung 45
  2. Zwangsgeld... 49
    a) Allgemeines... 49
    b) Begriff 52
    c) Vollstreckung 53
  3. Entlassung.. 57
IV. Vergütung 61
V. Rechtsbehelfe... 62

I. Allgemein

1 Die Vorschrift regelt das Verhältnis zwischen Verwalter und Vollstreckungsgericht sowie die Vergütungsansprüche. Der Verwalter handelt grundsätzlich selbstständig und eigenverantwortlich (→ § 152 Rdn. 4, § 154)[1]. Das Vollstreckungsgericht hat die berechtigten Interessen der Beteiligten zu wahren[2] und übt deshalb die Aufsicht aus[3]. Hierbei hat das Gericht die Geschäftsführung des Verwalters zu überwachen, ihn, ggf. nach Anhörung der Beteiligten, mit erforderlichen Anweisungen zu versehen, Zustimmungen oder Dispense zu erteilen (§ 10 ZwVwV), soweit notwendig einen Sachverständigen beizuziehen und die Vergütung festzusetzen. Abs. 2 regelt hierzu ergänzend Sicherungs- und Zwangsmittel sowie notfalls die Entlassung.

2 Die Regelung ist auf alle Zwangsverwaltungen anwendbar, mit Ausnahme der land- und ritterschaftlichen Institute. Instituts- (§ 150a) und Schuldnerverwalter (§ 150b, e) erhalten jedoch keine Vergütung. Ist bei der Schuldnerverwaltung eine Aufsichtsperson bestellt, ist die Regelung entsprechend anwendbar (vgl. → § 150c Rdn. 16).

3 Hierbei sollte davon ausgegangen werden, dass auch der zuständige Rechtspfleger die fachliche Kompetenz für die Aufsicht im Hinblick auf wirtschaftliche, finanzielle, buchhalterische und vollstreckungsrechtliche Zusammenhänge hat[4].

4 Die Regelung wird durch § 154 und die §§ 13, 14, 15, 16 ZwVwV ergänzt.

---

[1] Zu den **Mitteilungspflichten** des Zwangsverwalters, *Drasdo*, NZI 2013, 614.
[2] Mot. ZVG S. 330; *Böttcher/Keller*, § 153 Rdn. 2: insoweit Aufsichtspflicht.
[3] Hierzu ausführlich *Schmidberger*, ZfIR 2008, 517.
[4] *H/W/F/H*, § 153 Rdn. 5; ebenso *Depré/Mayer*, Rdn. 538.

II. Aufsicht (Abs. 1)

1. Allgemeine Aufsicht

a) Prüfungsgegenstand

Das Gericht hat festzustellen, ob die Geschäftsführung den Regelungen des ZVG und der ZwVwV entspricht i.S.e. Soll-Ist-Vergleichs. Damit hat das Gericht die **Rechtmäßigkeit** des Verwalterhandelns zu überprüfen[5]. Im Rahmen des **Ermessensspielraums des Verwalters** darf es nur bei unzweckmäßigen, unwirtschaftlichen oder aus sonstigen Gründen nicht hinnehmbaren Handlungen einschreiten. Die Überprüfung der **Zweckmäßigkeit** ist aufgrund der Selbstständigkeit des Verwalters zwar eingeschränkt, jedoch nicht grundsätzlich ausgeschlossen[6], insbesondere nicht bei offenkundigen Fehlern und Versäumnissen[7]. Dies dürfte auch dem Interesse des Verwalters nicht entgegenstehen. Das Ermessen des Gerichts ist jedoch nicht der Maßstab für das Verwalterermessen[8], weil die Aufgaben unterschiedlich sind. Das Gericht kann sein Ermessen nicht an die Stelle des Ermessens des Verwalters setzen[9].

b) Prüfungsumfang und -häufigkeit

Prüfungsumfang und -häufigkeit hängen vom konkreten Einzelfall ab, insbesondere von dem Objekt der Verwaltung, der Eignung und der Erfahrung des Verwalters sowie den bisherigen Ergebnissen einer Überprüfung. Die Überprüfungen sind dem Verwalter **anzukündigen**, wenn diese nicht durch Vorlage entsprechender Unterlagen erfolgt. In normalen Fällen und bei erfahrenen Verwaltern dürften die regelmäßigen Berichte, denen Kontoauszüge und Belege beigefügt sind, ausreichend sein. I.d.R. dürften begründete Zweifel an der Ordnungsgemäßheit der Verwaltung Anlass zu weiteren Prüfungen sein, die sich auch aus den laufenden Berichten ergeben können. Anhaltspunkte können sich auch aus Anregungen oder Beanstandungen der Beteiligten ergeben. Bei erheblichen Bedenken hat das Gericht auch überraschend zu prüfen[10], was in der Praxis aufgrund der nunmehrigen Anforderungen an die Qualifikation des Verwalters eher die Ausnahme sein dürfte.

Das Gericht ist in einem entsprechend gelagerten Fall aber befugt, soweit es zur wirkungsvollen Durchsetzung einer Prüfungsanordnung des Rechtspflegers erforderlich ist, die zwangsweise Sicherstellung von Unterlagen und Daten des Verwalters anzuordnen, die zur Aufklärung seiner Amtsführung von Bedeutung sein können[11]. Zu diesem Zweck kann der Richter in Ausnahmefällen auch die Durchsuchung der Wohn- und Geschäftsräume des Zwangsverwalters durch den Gerichtsvollzieher anordnen. Dies gilt nicht nur bei einer eingetretenen Pflichtverletzung, sondern auch dann, wenn aufgrund konkreter Tatsachen zu erwarten ist, dass der Zwangsverwalter seinen Pflichten gegenüber dem Gericht oder einem zur Prüfung bestellten Sachverständigen nicht sofort und uneingeschränkt nachkommen wird.

---

5 *Stöber*, ZVG § 153 Rdn. 2.3; *H/W/F/H*, § 153, Rdn. 2.
6 Anders *H/W/F/H*, § 153 Rdn. 2.
7 So zutreffend *Böttcher/Keller*, § 153 Rdn. 2.
8 *H/W/F/H*, § 153, Rdn. 2; *Depré/Mayer*, Rdn. 537.
9 *Depré/Mayer*, Rdn. 537; *H/W/F/H*, § 153 Rdn. 2.
10 *H/W/F/H*, § 153, Rdn. 5.
11 AG Duisburg, Rpfleger 2009, 520.

7 Bedenken bestehen gegen die Auffassung, dass eine Prüfung nur dann ordnungsgemäß ist, wenn sie sich auf alle von dem Verwalter geführten Verfahren erstreckt[12], da dies im Hinblick auf den Umfang der Verfahren moderner Verwaltungsbüros kaum handhabbar ist und der Verwalter häufig für verschiedene Gerichte tätig ist. Hier kann im Einzelfall eine Ausdehnung nur notwendig werden, wenn es zwischen Verfahren zu Verschiebungen in der Verwaltung der Einnahmen und Ausgaben gekommen ist oder sich Hinweise auf Unregelmäßigkeiten auch in anderen Verfahren ergeben.

c) Prüfungsunterlagen

8 Dem Verwalter obliegt grundsätzlich die jährliche Rechnungslegungspflicht aus § 154. Im Rahmen der Aufsicht können die Pflichten, Berichte vorzulegen, jedoch darüber hinausgehen. Das Gericht kann auch jederzeit eine Rechnungslegung verlangen.

9 Nach § 16 ZwVwV hat der Verwalter dem Gericht oder – wenn notwendig – einem Sachverständigen die dort bezeichneten Unterlagen zur Verfügung zu stellen, insbesondere Belege, Kontoauszüge, ggf. die Kasse, Buchhaltungsunterlagen sowie die Handakte oder einzelne Schriftstücke und Auskünfte zu erteilen. Die Begründung des Verordnungsgebers stellt hierzu ergänzend klar: *„Nach § 16 kann das Gericht insbesondere die Einreichung von Einzelbelegen anfordern, sofern dies für die ordnungsgemäße Prüfung der Abrechnung erforderlich ist."*

10 Im Rahmen einer außerordentlichen Prüfung soll sich das Gericht bei begründetem Anlass versichern lassen, dass die Auskünfte und Abrechnungen vollständig erteilt wurden. Eine eidesstattliche Versicherung kann nicht verlangt werden[13].

11 Zu prüfen ist auch die gesonderte Anlage des Geldes (§ 154, § 13 Abs. 1 ZwVwV). Werden Einnahmen nicht zeitnah auf den Teilungsplan ausgezahlt, weil sie möglicherweise für anstehende Aufwendungen benötigt werden, kann je nach Zeitlauf auch eine zinsgünstigere Anlage in Betracht kommen. Geldbeträge sollen grundsätzlich nicht ohne Grund bei dem Verwalter verbleiben[14].

12 Eine entsprechende Berichtspflicht besteht **gegenüber den Beteiligten** nicht. Diese haben lediglich die Rechte aus § 13 Abs. 4 ZwVwV (s. → § 154 Rdn. 46 ff.). Darüber hinaus ist aus § 299 Abs. 1 ZPO ein Einsichtsrecht denkbar[15].

d) Pflichtverletzung

13 Verletzt das Gericht seine Aufsichtspflicht schuldhaft, besteht ein Schadensersatzanspruch aus Art. 34 GG i.V.m. § 839 BGB[16].

2. Anweisungen durch das Vollstreckungsgericht

a) Grundsatz

14 Das Instrument der Aufsicht ist neben der Überprüfung die Anweisung[17]. Da der Verwalter selbstständig und eigenverantwortlich handelt, hat das Gericht diese

---

12 BGH, VersR 1964, 865 = WM 1964, 789; wohl auch *Stöber*, ZVG § 153 Rdn. 2.5.
13 *Stöber*, ZVG § 153 Rdn. 2.5.
14 BGH, VersR 1964, 865 = WM 1964, 789.
15 *H/W/F/H*, Hdb. Rdn. 2.25.
16 *H/W/F/H*, § 153 Rdn. 5 mit Zitat der Allgemeinen Verfügung RuPrJM v. 3.1.1935, DJ, 45.
17 Siehe auch *Schmidberger*, Zwang gegen den Verwalter. Durchsetzung von Pflichten gegen den Zwangsverwalter, ZfIR 2014, 6.

auf Sachverhalte zu beziehen, in denen sie erforderlich sind (s.o. → Rdn. 1, 5). Aufgrund der Anforderungen an die Qualifikation muss für den Regelfall davon ausgegangen werden, dass der Verwalter auch ohne Anweisungen die Verwaltung sachgerecht und rechtmäßig führen kann. Das Gericht hat nicht die Geschäftsführung zu übernehmen. Der Verwalter ist nicht das ausführende Organ des Gerichts[18]. Reichen die Anweisungen nicht aus müssen ggf. die weiteren Maßnahmen gemäß Abs. 2 ergriffen werden (→ Rdn. 45 ff.).

b) **Erforderlichkeit**

Anweisungen können aus den vielfältigsten Gründen erforderlich sein. Hierbei kommt es auf den Umfang und die Schwierigkeit der Verwaltung an und den jeweiligen Pflichtenkreis des Verwalters, Anregungen der Beteiligten sowie Abweichungen vom ZVG oder der ZwVwV, wobei auf den jeweiligen Einzelfall abzustellen ist. Beteiligte haben das Recht, erforderliche Anweisungen zu beantragen (zu Rechtsbehelfen, → Rdn. 62 ff.)[19]. 15

Von besonderer Bedeutung sind die Zustimmungsvorbehalte des § 10 ZwVwV (s.u. → Rdn. 27 ff.). Anweisungen können darüber hinaus notwendig sein, wenn das Verwalterhandeln nachhaltige Folgen auslöst oder haftungsintensiv ist. In Betracht kommen auch Fälle, in denen unklar ist, ob die Handlung des Verwalters von seinem Aufgabenkreis erfasst ist sowie Fragen der Wirtschaftlichkeit oder Zweckmäßigkeit (eingeschränkt, s.o. → Rdn. 5)[20]. Anweisungen sind auch sachdienlich und ggf. notwendig, wenn zwischen Beteiligten und Verwalter Meinungsverschiedenheiten auftreten. 16

Hinweise können bereits bei Bestellung des Verwalters **allgemein** im Hinblick auf seine Rechte und Pflichten erfolgen. Dies wird allenfalls bei noch nicht bekannten Verwaltern der Fall sein, oder bei einer besonders gelagerten Verwaltung. Der **Hinweis auf die ZwVwV** dürfte als ausreichend anzusehen sein[21]. 17

Einzelfälle: 18

- Das Gericht kann den Verwalter nicht anweisen, nicht mehr beschlagnahmte Zubehörstücke an deren Eigentümer anstatt an den Schuldner herauszugeben[22].
- Unzulässig (rechtswidrig) ist eine Anweisung, Wohngelder für nicht benutzte Wohnungen aus den Einkünften vermieteter Wohnungen an die Eigentümergemeinschaft abzuführen[23].
- Das Gericht kann abweichende Bestimmungen bezüglich der Masseverwaltung (§ 13 ZwVwV) und Rechnungslegung (§ 14 ZwVwV) treffen sowie Anweisungen bei einer Änderung der Nutzung (§ 5 Abs. 1 ZwVwV) oder im Hinblick auf die Fertigstellung von Bauvorhaben (§ 5 Abs. 3 ZwVwV) treffen[24].

---

18 *Stöber*, ZVG § 153 Rdn. 3.2.
19 Vgl. auch *Stöber*, § ZVG 153 Rdn. 3.4.
20 *Stöber*, ZVG § 153 Rdn. 3.3.
21 Ähnlich *H/W/F/H*, § 153, Rdn. 2, 6; abweichend *Böttcher/Keller*, § 153 Rdn. 4; Muster bei *Brüggemann/Haut*, Rdn. 182.
22 LG Osnabrück, KTS 1977, 195.
23 OLG Stuttgart, OLGZ 1977, 125 = JurBüro 1976, 1396; LG Frankfurt a.M., Rpfleger, 1987, 31.
24 Vgl. *H/W/F/H*, § 153, Rdn. 6 f.

19 Hierbei sind eine Reihe von Anweisungen unmittelbar Bestandteil der ZwVwV[25]. Generell betrachtet muss es sich um Gegenstände handeln, die die Geschäftsführung der Zwangsverwaltung betreffen. Anweisungen, die nicht zu diesem Aufgabenbereich gehören kann der Verwalter ablehnen (keine Rechtsbehelfsmöglichkeit).

c) Bindung des Verwalters

20 Der Verwalter ist grundsätzlich an die Weisungen des Vollstreckungsgerichts gebunden (§ 1 Abs. 1 S. 2 ZwVwV). Ein Rechtsbehelf steht ihm nicht zu (s.u. → Rdn. 62 ff.). Abweichungen sind nur denkbar, wenn die Anweisung gesetzwidrig wäre, er sich schadensersatzpflichtig machen würde, die Abweichung unaufschiebbar ist oder in entsprechender Anwendung der §§ 675, 665 BGB berechtigt wäre. Ist die abweichende Handlung nicht unaufschiebbar sollte hier gleichwohl eine Rücksprache mit dem Gericht, ggf. telefonisch, erfolgen. Bei ordnungsgemäßer Anhörung dürfte es sich jedoch um Ausnahmefälle handeln.

21 Die Anweisung wird gegenstandslos, wenn sie sich auf den Verwalter persönlich bezog und dieser **aus dem Amt** scheidet[26]. Wird ein neuer Verwalter bestellt, wirken verfahrensbezogene Anweisungen auch gegen diesen, da der Grund für die Anweisung nicht gegenstandslos geworden ist. Auch Rechtsbehelfe Beteiligter erledigen sich hierdurch nicht[27]. Anweisungen können wie Zwangsmittel (s. → Rdn. 45 ff.) auch **nach Aufhebung** des Verfahrens erfolgen, wenn es sich um nachwirkende Handlungen und Pflichten handelt, z.B. die Schlussrechnung durchzuführen (str.[28]) oder vorhandene nicht benötigte Geldbestände auszukehren. Die bloße Verpflichtung zur Rechnungslegung (§ 154) ist hier kein ausreichendes Instrument. Die Anweisungen, die das Verfahren betreffen, werden jedoch mit Aufhebung wirkungslos und müssen nicht mehr befolgt werden[29].

22 An Anweisungen der sonstigen Beteiligten ist der Verwalter nicht gebunden. Werden diese, auch in Form von Anregungen, an ihn gerichtet, ohne dass er diese berücksichtigen will, hat er sie an das Gericht weiterzuleiten. Er muss jedoch beachten, wenn die Gläubigerin Zubehör von der Beschlagnahme freigibt und dem Schuldner überlässt.

d) Bindung Dritter

23 Anweisungen und Zustimmungen entfalten keine Außenwirkung, binden insbesondere nicht Dritte. Hat der Verwalter eine Zustimmung (§ 10 ZwVwV) nicht eingeholt, eine Anweisung ganz oder teilweise nicht beachtet, ist die Wirksamkeit seiner rechtlichen Handlung Dritten gegenüber nicht eingeschränkt. Der Dritte kann auf das Vorliegen der Genehmigung des Vollstreckungsgerichts vertrauen, es sei denn, er das Fehlen der Genehmigung oder den Verstoß gegen die Anweisung gekannt[30].

---

25 Beispiele bei *Böttcher/Keller*, § 153 Rdn. 5.
26 LG München II, Rpfleger 1977, 455.
27 A.A. wohl *Stöber*, ZVG § 153 Rdn. 3.11.
28 Ebenso *Depré/Mayer*, Rdn. 493; a.A. *Stöber*, ZVG § 153 Rdn. 3.11.
29 LG München II, Rpfleger 1977, 455.
30 OLG Celle, DNotZ 1965, 246; *Stöber*, ZVG § 153 Rdn. 3.7.

e) Vorgehen des Gerichts

Vor einer Anweisung des Verwalters hat das Gericht die Beteiligten und im Fall der Schuldnerverwaltung die Aufsichtsperson (§ 150c) **anzuhören**. Der Verwalter sollte Gelegenheit zur Äußerung erhalten. In besonders gelagerten Fällen kann das Gericht auch einen Sachverständigen hinzuziehen. 24

Das Gericht entscheidet nach pflichtgemäßem Ermessen und hat die Rechtmäßigkeit, Notwendigkeit, Zweckmäßigkeit und Wirtschaftlichkeit zu beurteilen (vgl. → Rdn. 5). Es ist damit im Rahmen eigener Entscheidungskompetenz nicht auf die Überprüfung der pflichtgemäßen Ermessensausübung des Verwalters selbst beschränkt[31]. 25

Die Anweisung wird erst mit Erteilung wirksam und, deren Rechtskraft sich im Hinblick auf Rechtsbehelfe (s. → Rdn. 62 ff.) hinausschieben kann. Aufgrund des Verfahrens können damit Zeitverzögerungen eintreten, wenn es sich um eilige Angelegenheiten handelt. Der Verwalter muss je nach Sachlage entscheiden, ob er im Falle der Dringlichkeit gleichwohl sofort handelt. Im Falle der Beschwerde, kann das Gericht jedoch die Vollziehung bis zur Rechtskraft aussetzen (§ 570 Abs. 2, 3 ZPO)[32]. Aufgrund der möglichen Zwangsmittel, kann das Gericht keine Ersatzvornahme durchführen. 26

3. Zustimmungsvorbehalte, § 10 ZwVwV

a) Allgemein

Die Selbstständigkeit des Zwangsverwalters erfährt auch durch § 10 ZwVwV eine Begrenzung. Der Verordnungsgeber führt hierzu aus: „*... Gegenstand des Katalogs gerichtlicher Zustimmungsvorbehalte sind Erklärungen und Handlungen des Zwangsverwalters, die rechtlich als besonders bedeutsam und folgeintensiv zu betrachten sind. Die Interessen von Gläubiger und Schuldner werden in solchen Fällen nicht immer einfach und zeitnah zu formulieren sein. Das Bedürfnis nach gerichtlicher Legitimierung der Zwangsverwaltertätigkeit ist in diesen Fällen durch eine dem jeweiligen Einzelvorhaben geltende Zustimmung des Gerichts zu bewirken.*" 27

Die Neuregelung entspricht der Neutralität des Verwalters und sichert ihn gegenüber den Beteiligten ab. Auf der Grundlage des Verfahrens nach Abs. 2 erfolgt die Zustimmung durch gerichtlichen Beschluss. 28

b) Wesentliche Änderung der Nutzungsart, § 10 Abs. 1 Nr. 1 ZwVwV

Die Erhaltung des Bestands und die bestmögliche (ordnungsgemäße) Nutzung regelt § 152. Welche weiteren Maßnahmen aus den laufenden Nutzungen oder im Wege der Inanspruchnahme von Vorschüssen durch den Verwalter umgesetzt werden können war in Einzelheiten ungeklärt. Einen grundsätzlichen Beitrag hierzu leistet nunmehr die Entscheidung des BGH[33] insbesondere unter dem Blickwinkel des Schuldnerschutzes. Danach ist der Verwalter zwar verpflichtet Instandhaltungen vorzunehmen oder ein beschädigtes oder nicht fertiges Haus (wieder) herzustellen. Die Umgestaltung oder Veränderung der Substanz gehört 29

---

31 So auch *Stöber*, ZVG § 153 Rdn. 3.6.
32 Vgl. *Stöber*, ZVG § 153 Rdn. 3.8.
33 BGH, Rpfleger 2005, 210 = ZInsO 2005, 285.

jedoch dann nicht zu seinen Aufgaben, wenn hierdurch auch die Nutzungsart verändert wird. Insoweit kann auch das Gericht keine Zustimmung erteilen. Bei der Fertigstellung eines **Bauvorhabens** muss es sich um eine begonnene Maßnahme handeln (→ § 152 Rdn. 17).

30 Zustimmungspflichtig wäre eine **Entmietung**, die jedoch grundsätzliche Zweifel an der Zulässigkeit begründet (→ § 152 Rdn. 24 f.). Eine **Umwidmung** von Wohnraum in Gewerberaum soll jedoch nicht unter eine wesentliche Änderung fallen[34], was nicht zuletzt unter Hinweis auf die vorstehende BGH-Entscheidung zweifelhaft sein dürfte.

31 Unter Berücksichtigung des Schuldnerschutzes dürfte jeder Eingriff in wirtschaftlich bedeutsamem Umfang in Rechte eines Beteiligten oder seine Position[35] zumindest zustimmungspflichtig sein oder je nach Umfang unzulässig.

c) **Abweichung vom Klauselkatalog des § 6 Abs. 2,**
§ 10 Abs. 1 Nr. 2 ZwVwV

32 Die Abweichung kann in der Praxis bei gewerblichen Mietverhältnissen vorkommen. Insoweit wird auf die Ausführungen zu → § 152 Rdn. 138 ff. verwiesen.

d) **Zustimmung für nicht gedeckte Ausgaben,**
§ 10 Abs. 1 Nr. 3 ZwVwV

33 Die Anwendung dieser Regelung dürfte unter dem Blickwinkel des § 9 Abs. 2 ZwVwV nur unter besonderen Voraussetzungen in Betracht kommen. Auch die Ausübung des pflichtgemäßen Ermessens bedarf hier einer Kontrolle im dargelegten Umfang. Die Notwendigkeit einer solchen Ausgabe muss wirtschaftlich unvermeidbar sein und muss gegenüber dem Gericht dargelegt werden. Zu beachten ist hierbei auch die Rangfolge der aus den Einnahmen zu bedienenden Forderungen in der Reihenfolge der §§ 155 und 156.

e) **Zahlung von Vorschüssen an Auftragnehmer,**
§ 10 Abs. 1 Nr. 4 ZwVwV

34 Bei Instandhaltungen oder der Fertigstellung von Bauvorhaben kann häufig das Problem von Forderungen vor Fälligkeit entstehen, insbesondere bezüglich Materialkäufen oder Spezialanfertigungen, aber auch gegenüber Versorgungsträgern. Gegebenenfalls muss der Verwalter das Ausfallrisiko durch Sicherheiten abdecken. Die Zustimmung minimiert sein Haftungsrisiko und sichert ebenfalls die Regelungen der §§ 155 und 156.

f) **Ausbesserungen und Erneuerungen,**
§ 10 Abs. 1 Nr. 5 ZwVwV

aa) **Allgemein**

35 Durch die Aufnahme der Berechnungsgrundlage ist die Handhabung vereinfacht. Laufende Instandhaltungsmaßnahmen kann der Verwalter aus den laufenden Einnahmen durchführen. Hierbei handelt es sich um Ausgaben der Verwaltung.

36 Handelt es sich nicht um gewöhnliche Unterhaltungsmaßnahmen, insbesondere weil sie über der 15 %-Grenze liegen, ist vorher die Zustimmung des Gerichts

---

34 So *H/W/F/H*, § 10 ZwVwV Rdn. 5.
35 So zutreffend *H/W/F/H*, § 10 ZwVwV Rdn. 3.

einzuholen. Zur Abgrenzung können die Kriterien der §§ 1041–1044 BGB zum Nießbrauch herangezogen werden[36]. Damit kann grundsätzlich davon ausgegangen werden, dass der Verwalter die Zustimmung des Gerichts einzuholen hat, wenn die Kosten für Ausbesserungs- oder Erneuerungsarbeiten 15 % des Verkehrswertes übersteigen. Der **Verkehrswert** ist ggf. durch den Verwalter zu schätzen. Über hierzu notwendige Grundkenntnisse sollte er verfügen[37], da die Einholung eines Gutachtens schon aus Zeitgründen nicht vorgesehen ist. Zweifel sollten mit dem Gericht abgestimmt werden, welches ggf. Gläubiger und Schuldner kurzfristig anhört. Zurückzugreifen ist selbstverständlich auf das Gutachten in einem parallelen Zwangsversteigerungsverfahren, ein zeitnahes Gutachten des Schuldners, eine Bewertung der Gläubigerin oder Marktberichte von Gutachterausschüssen.

bb) Abgrenzung

Gewöhnliche Unterhaltungsmaßnahmen sind solche, die notwendig sind, das Objekt in seinem ursprünglichen wirtschaftlichen Bestand zu erhalten und etwaigen Mietern den vertragsgemäßen Gebrauch zu gewähren. Hierunter fallen Reparaturen und Renovierungen von abgenutzten oder beschädigten Gebäudeteilen[38]. Bleibt eine Wohnung wegen des Renovierungsbedarfs unter Verzicht auf die Renovierung bis zur Versteigerung leer stehen, handelt der Verwalter nicht pflichtwidrig[39]. Sinnvollerweise sollte der Verwalter hierüber jedoch eine Verständigung mit den Beteiligten herbeiführen. 37

Keine gewöhnlichen Unterhaltungsmaßnahmen sind zukunftsorientierte Investitionen, z.B. in Wärmeschutz- oder Energiesparmaßnahmen, sodass hier eine Zustimmungspflicht zu bejahen ist. Diese dürfte auch unterhalb der 15 %-Grenze bestehen, da diese Maßnahmen nicht zu den originären Aufgaben des Verwalters gehören. Etwas anderes dürfte nur dann gelten, wenn der Verwalter aufgrund gesetzlicher Vorschriften, insbesondere der Energieeinsparverordnung[40] zu diesen Maßnahmen verpflichtet ist, z.B. im Hinblick auf das Alter des Heizkessels, den Brenner oder Isoliermaßnahmen. Ist im Rahmen des Versteigerungsverfahrens das Gutachten bereits erstellt, kann sich aus diesen Wertverbessernden Aufwendungen auch die Notwendigkeit einer Nachbegutachtung ergeben. 38

Keine gewöhnlichen Erhaltungsmaßnahmen sind andere Verbesserungen, Erneuerungen oder Veränderungen des Objektes, die zunächst auch unter dem Blickwinkel des § 10 Abs. 1 Nr. 1 ZwVwV zu prüfen sind. Insoweit ist zum einen auf die Abgrenzungen zu § 554 BGB zurück zu greifen[41]. Je nach Art der Maßnahme dürfte zum anderen im Einzelfall auch unterhalb der 15 %-Grenze eine Zustimmung erforderlich sein, insbesondere aber bei Erreichen der Grenze. 39

Dient die Maßnahme der **Verkehrssicherung**, ist der Verwalter ungeachtet ihrer Einordnung zur Durchführung verpflichtet. Ergeben sich hieraus jedoch wesentliche Änderungen, die die Nutzung verändern können, bis hin zum Abriss, ist auch insoweit die Zustimmung erforderlich. 40

---

36 *H/W/F/H*, § 10 ZwVwV Rdn. 10.
37 *Hintzen/Alff*, Rpfleger 2004, 129 ff.
38 Beispiele bei *H/W/F/H*, § 10 ZwVwV, Rdn. 11.
39 OLG Hamm, OLGR 1992, 67.
40 BGBl 2004 I 3146.
41 Beispiele bei *H/W/F/H*, § 10 ZwVwV Rdn. 13.

Zur **Fertigstellung von Baumaßnahmen** wird auf → § 152 Rdn. 17, 88, 95.3 f. verwiesen.

g) Gewährleistungsansprüche bei Bauvorhaben, § 10 Abs. 1 Nr. 6 ZwVwV

41 Die Regelung ist auf den ersten Blick nicht ohne Weiteres verständlich, da sie ausschließlich auf § 5 Abs. 3 ZwVwV Bezug nimmt. Ist der Verwalter in seinem allgemeinen Aufgabenkreis verpflichtet Gewährleistungsansprüche des Schuldners weiterzuverfolgen, dürfte dies bei eigener Fertigstellung im Hinblick auf den hieraus resultierenden Aufgabenkreis selbstverständlich sein und im Falle des Unterlassens eine Haftung begründen. Insofern überzeugt auch nicht das Argument, das diese Fragen über die Nutzung hinausgehen und die Substanz des schuldnerischen Vermögens betreffen mit entsprechenden finanziellen Auswirkungen. Die entsprechend notwendigen Schritte wird der Verwalter nur aus begründetem Anlass einleiten. Ob hier bei dem Gericht bezüglich der im Einzelfall schwierigen Materie eine weiter gehende Sachkompetenz vorliegt, muss zumindest infrage gestellt werden. Als Sicherungsfunktion ist die Regelung gleichwohl dienlich und erfordert eine Abstimmung des Verwalters mit Gericht und ggf. den Beteiligten, nicht zuletzt, wenn zur Durchsetzung der Ansprüche Vorschüsse notwendig sind.

h) Verfahren, § 10 Abs. 2 ZwVwV

42 Der Verwalter hat alle sich aus den vorstehenden Merkmalen ergebenden Entscheidungsgrundlagen dem Gericht zur Verfügung zu stellen. In Zweifelsfällen sollte er das Gericht vorab informatorisch anfragen, ob von dort die Zustimmung als notwendig erachtet wird. Dieses hört die Beteiligten unter Weiterleitung des Antrags, ggf. mit Unterlagen, in angemessener Frist (7–10 Tage) an. Ist kein Aufschub möglich, kann die Anhörung auch nachgeholt werden.

43 Erfolgt eine Stellungnahme der Beteiligten, prüft das Gericht etwaige Einwände oder Vorschläge und erteilt dem Verwalter die Zustimmung zu einer Einzelmaßnahme oder eine generelle Zustimmung zu einer komplexeren Maßnahme. Die Zustimmung kann auch mit ergänzenden Weisungen im Rahmen der Aufsicht versehen werden.

44 Aufgrund der vorgeschriebenen Anhörung dürfte als Rechtsbehelf regelmäßig die sofortige Beschwerde in Betracht kommen.

III. Absicherung

1. Sicherheitsleistung

45 Die Art der Sicherheitsleistung regelt § 232 BGB. Sie kann vor der Bestellung des Verwalters, aber auch während des Verfahrens verlangt werden. Ob und in welcher Höhe Sicherheit zu leisten ist, entscheidet das Gericht nach pflichtgemäßem Ermessen. Leistet der Verwalter die Sicherheit nicht, kann das Gericht von der Ernennung absehen oder ihn entlassen. Die Sicherheit soll die Erfüllung der Pflichten des Verwalters sichern bezüglich etwaiger Ansprüche aus § 154.

46 Die praktischen Anwendungsfälle dürften kaum existent sein[42], da sie im Hinblick auf § 232 BGB unwirtschaftlich ist und die berechtigten Interessen der Be-

---

42 *Depré/Mayer*, Rdn. 540; *Böttcher*, § 153 Rdn. 11.

teiligten auch auf anderem Weg gewahrt werden. Die Versicherungen des Verwalters im Rahmen der normalen Vermögensschadenhaftpflichtversicherung und der ergänzenden Versicherung gegen die Gefahren der Zwangsverwaltung, auch im Hinblick auf die Anforderungen des § 1 Abs. 4 ZwVwV, dürften ausreichend sein (vgl. zur Ausgestaltung der Versicherung → § 150 Rdn. 18 ff.[43]). Zudem kann das Gericht im Einzelfall eine höhere Versicherung bestimmen. *Stöber* schlägt sehr weitgehend vor, dass aufgrund einer Ermächtigung des Verwalters die Versicherungsgesellschaft dem Gericht über Prämienrückstand und Kündigung eine Mitteilung macht[44]. Zweifellos hat der Verwalter auf Verlangen der Beteiligten oder des Gerichts das Bestehen einer entsprechenden Versicherung nachzuweisen, wobei das Gericht sich den Nachweis einmal jährlich vorlegen lassen sollte[45].

Wird gleichwohl eine Sicherheit geleistet, ist sie für alle Beteiligten (Pfandrecht) bei der Hinterlegungsstelle des zuständigen Amtsgerichts zu hinterlegen und kann nur mit deren Zustimmung zurückgegeben werden[46]. 47

Eine Sicherheitsleistung kann auch dem **Schuldnerverwalter** auferlegt werden. Die Regelung über die Versicherung ist insoweit nicht anwendbar (§ 24 Abs. 1 ZwVwV). Ob dies im Hinblick auf die Voraussetzungen der Schuldnerverwaltung und die wirtschaftliche Situation des Schuldners zweckmäßig ist, erscheint fraglich, insbesondere wegen der Bestellung einer **Aufsichtsperson**, der eine Sicherheit auferlegt werden kann[47]. Bei einem Institutsverwalter scheidet eine Sicherheitsleistung i.d.R. aufgrund der Haftung des Instituts (§ 150a, Abs. 2) aus. 48

2. Zwangsgeld
a) Allgemeines

Soweit der Verwalter Anweisungen des Gerichts nicht befolgt oder Berichte, Unterlagen oder Abrechnungen nicht vorlegt, kann das Gericht ein Zwangsgeld von 5,– € bis 1.000,– € (EGStGB Art. 6[48]) festsetzen. [49]Eine Grundlage darüber hinaus, allgemeine Pflichtwidrigkeiten des Verwalters zu ahnden ist nicht ersichtlich[50], da das Gericht zunächst anzuweisen hat und erst bei Nichtbefolgung ein Zwangsgeld androht und ggf. verhängt, soweit dies als geringeres Mittel im Verhältnis zu einer Entlassung als ausreichend angesehen wird. 49

Der Verwalter ist **anzuhören** und das Zwangsgeld **anzudrohen** (Abs. 2 S. 2). Die Festsetzung hat grundsätzlich in bestimmter Höhe zu erfolgen, die sich nach den Umständen des Einzelfalles bestimmt, insbesondere der Schwere der Missachtung und der Bedeutung der zu befolgenden Anweisung (i.d.R. 300,– € bis 500,– €)[51]. Die Androhung von bis zu 1.000,– € reicht aus, wenn nach dem Ermes- 50

---

43 Kritisch *Stöber*, ZVG § 153 Rdn. 5.3.
44 *Stöber*, ZVG § 153 Rdn. 5.2 c).
45 *Hintzen/Alff*, Rpfleger 2004, 129 ff.
46 *Böttcher/Keller*, § 153 Rdn. 11.
47 Vgl. *Stöber*, § 153 Rdn. 5.4.
48 So *Stöber*, ZVG § 153 Rdn. 7.1; *H/W/F/H*, § 153 Rdn. 13; *Depré/Mayer*, Rdn. 541; *Wedekind/Wedekind*, Rdn. 861 f.; a.A. AG Mühldorf am Inn, Rpfleger 2001, 562: § 888 ZPO: bis 25.000,– €.
49 Ausführlich *Schmidberger*, Zwang gegen den Verwalter. Durchsetzung von Pflichten gegen den Zwangsverwalter, ZFiR 2014, 6.
50 LG Verden, Rpfleger 2003, 39; a.A. wohl *Stöber*, ZVG§ 153 Rdn. 7.1 b).
51 Vgl. *H/W/F/H*, § 153 Rdn. 13.

sen des Gerichts bei Nichtbefolgung die Festsetzung des Höchstbetrages in Betracht kommt[52].

51 Die Festsetzung ist solange möglich, wie der Verwalter seinen Verpflichtungen nicht nachkommt, d.h. auch nach Abschluss des Verfahrens im Hinblick auf den Schlussbericht, Erläuterungen, Ergänzungen und Vorlage von Unterlagen (str.)[53]. Wird mit Aufhebung des Verfahrens die Anweisung gegenstandslos, entfällt auch die Wirkung der Zwangsgeldfestsetzung[54].

b) Begriff

52 Das Zwangsgeld ist ein Beugemittel[55] (wie in § 888 ZPO) und keine Strafe, da der Verwalter veranlasst werden soll, den Anweisungen des Gerichts Folge zu leisten. Auf ein schuldhaftes Verhalten kommt es nicht an. Das Zwangsgeld kann für dieselbe Handlung mehrfach festgesetzt und beigetrieben werden, wobei die Festsetzung jeweils neu anzudrohen ist[56], auch wenn den Anordnungen nur teilweise nachgekommen wird[57]. Ein weiteres Zwangsgeld kann bereits mit der Festsetzung des ersten Zwangsgeldes verbunden werden[58].

c) Vollstreckung

53 Der Beschluss, der das Zwangsgeld festsetzt ist gleichzeitig Vollstreckungstitel (§ 794 Abs. 1 Nr. 3 ZPO) und dem Verwalter zuzustellen (§ 329 Abs. 3 ZPO). Die Vollstreckung erfolgt von Amts wegen. Wird der Beschluss rechtskräftig, fordert das Gericht den Verwalter auf, innerhalb einer Frist an die Gerichtskasse zu zahlen.

54 Ohne Zahlung erlässt das Gericht eine Vollstreckungsanordnung (§ 3 VwVG), die durch die zuständige Amtskasse vollzogen wird (§§ 1, 2 JBeitrO). Bei Nichtbeitreibung ist eine Umwandlung in Zwangshaft nicht vorgesehen.

55 Ist der mit der Festsetzung verfolgte Zweck erreicht, insbesondere der Verwalter der Anweisung nachgekommen, darf nicht mehr vollstreckt werden[59] und der Verwalter kann die Aufhebung Zwangsgeldfestsetzung verlangen, sei es während eines Beschwerdeverfahrens oder als Aufhebungsantrag[60].

56 Dies gilt jedoch nicht, wenn der Beschluss rechtskräftig ist (str.) oder die Handlung erst nach Zahlung oder Vollstreckung des Zwangsgeldes vorgenommen wurde[61]. Insoweit wird zu Recht darauf hingewiesen, dass ein Verwalter, der einer Anweisung

---

52 BGH, FamRZ 1973, 622; ebenso *H/W/F/H*, § 153 Rdn. 13.
53 Steiner/*Hagemann*, § 153 Rdn. 43; *Stöber*, ZVG § 153 Rdn. 7.1; *Böttcher/Keller*, § 153 Rdn. 13 f.
54 LG München II, Rpfleger 1977, 455.
55 LG Verden, Rpfleger 2003, 39; Steiner/*Hagemann*, § 153 Rdn. 42; *H/W/F/H*, § 153 Rdn. 11 m.w.N. der Rspr. zu § 33 FGG; *Depré/Mayer*, Rdn. 543; *Böttcher/Keller*, § 153 Rdn. 13; a.A. *Stöber*, ZVG § 153 Rdn. 8.1.
56 BayObLG, Rpfleger 1976, 250.
57 Vgl. LG Göttingen, ZInsO 2006, 950 zu Insolvenzverwalter.
58 OLG Hamburg, FamRZ 1996, 879.
59 OLG Frankfurt, Rpfleger 1981, 152; OLG München, OLGZ 1982, 102.
60 Steiner/*Hagemann*, § 153 Rdn. 42; *Stöber*, § 153 Rdn. 7.1 d); *H/W/F/H*, § 153, Rdn. 15; *Depré/Mayer*, Rdn. 544.
61 *Stöber*, ZVG § 153 Rdn. 7.1; *H/W/F/H*, § 153 Rdn. 15; a.A. LG Oldenburg, Rpfleger 1982, 315 mit ablehnender. Anm. *Uhlenbruck* und *Stöber*; *Depré/Mayer*: Vollstreckungsverzicht möglich, nach Rechtskraft jedoch keine Rückzahlung, Rdn. 544; a.A. wohl auch *Böttcher/Keller*, § 153 Rdn. 14: Aufhebung nach Zweckverfolgung.

erst nach Rechtskraft und drohender Vollstreckung nachkommt, sich nicht durch die Vornahme der Handlung der Zahlung entziehen darf[62].

3. Entlassung

Eine Entlassung des Verwalters **gegen seinen Willen** kommt nur aus wichtigem Grund in Betracht, insbesondere wenn andere Zwangsmittel erfolglos geblieben sind oder keinen Erfolg versprechen[63]. Aufgrund der Gefährdung von Ansehen und Kredit sollte es sich hier nur um den äußersten Notfall handeln[64]. Ein Verschulden ist nicht erforderlich[65]. 57

Als **wichtige Gründe** kommen in Betracht[66]: 58

- Schwere Pflichtverletzung, wie Veruntreuung von Geldern[67], wobei schon das Belassen von Fremdgeldern auf dem Geschäftskonto statt auf dem Anderkonto über einen längeren Zeitraum problematisch sein kann[68] oder private wirtschaftliche Schwierigkeiten des Verwalters. Die Untreue muss nicht in Zusammenhang mit der Tätigkeit als Zwangsverwalter stehen[69].
- offensichtliche Unfähigkeit zur Zwangsverwaltungsgeschäftsführung;
- Unverträglichkeit mit dem Schuldner, wenn diese in der Person des Verwalters begründet liegt und hierdurch das Verfahren erheblich beeinträchtigt wird.
- Eingriff in das beschlagnahmefreie Vermögen des Schuldners mit Verpachtung von dessen Gewerbebetrieb[70], wobei hier die Voraussetzungen der Betriebsfortführung zu berücksichtigen sind (→ § 152 Rdn. 39 ff.).
- längere Krankheit (vgl. → § 152a Rdn. 5);
- Unvereinbarkeit der Verwaltung mit der sonstigen beruflichen Tätigkeit des Verwalters, insbesondere Interessenkollision;
- spätere Bestellung eines Instituts- (→ § 150a Rdn. 9 ff.) oder Schuldnerverwalters (→ § 150b Rdn. 8 f.);
- Verletzung von Rechnungslegungs- und Belegpflichten nach Zwangsgeldfestsetzung;
- Annahme von Vermögensvorteilen seitens der Beteiligten in Zusammenhang mit dem Verfahren;
- wiederholte Nichtbefolgung von rechtlich und tatsächlich begründeten Anweisungen.
- Entnahme von Vorschüssen auf die Vergütung ohne Einwilligung des Gerichts und trotz vorheriger Abmahnung[71].

---

62 *H/W/F/H*, § 153 Rdn. 15.
63 OLG Hamm, Rpfleger 1988, 36; Depré/*Depré*, § 153 Rdn. 14.
64 OLG Hamm, Rpfleger 1988, 36.
65 OLG Hamm, Rpfleger 1994, 515.
66 Die Auflistung wird u.a. verwendet von LG Potsdam, ZIP 2009, 391 = ZfIR 2009, 105.
67 OLG Hamm, Rpfleger 1988, 36.
68 AG Karlsruhe, ZIP 1983, 101.
69 BGH, KTS 1998, 622, u.a. Anklage wegen versuchter Erpressung.
70 OLG Hamm, Rpfleger 1994, 515; a.A. LG Trier, Rpfleger 1989, 76.
71 LG Stralsund, Rpfleger 2010, 618. Das LG verwarf insbesondere den Einwand des Verwalters, dass die Vergütung nicht erst mit der Festsetzung, sondern bereits mit der Erbringung seiner Arbeitsleistung entstehe.

59 Der Verwalter kann sein Amt nicht beliebig von sich aus niederlegen (→ § 150 Rdn. 10) sondern nur aus wichtigem Grund, wie Krankheit, Wechsel des Aufenthaltsortes oder starker Belastung[72].

60 Die Entlassung sollte, wenn keine zwingenden Gründe entgegenstehen **erst mit Rechtskraft** wirksam werden, um bei Erfolg eines Rechtsbehelfs einen zwischenzeitlich neu bestellten Verwalter nicht wieder entlassen zu müssen[73]. Bis ein neuer Verwalter bestellt ist, hat der bisherige Verwalter unaufschiebbare Geschäfte noch zu besorgen[74]. Etwas anderes hat bei Untreue zu gelten. Hier sollte das Gericht mit der Entlassung direkt einen neuen Verwalter bestellen.

IV. Vergütung

61 § 153 regelt ausschließlich, dass das Gericht die Vergütung für den Verwalter festzusetzen hat, setzt diese mithin voraus. Insoweit wird auf die Darstellung der Vergütung in § 152a verwiesen, wo auch die Festsetzung aufgrund des Sachzusammenhangs dargestellt ist (dort → Rdn. 123 ff.).

V. Rechtsbehelfe

62 Es kommen die üblichen Rechtsbehelfe in Betracht, nach Anhörung oder Ablehnung eines Antrags die sofortige Beschwerde nach § 793 ZPO, ansonsten die Vollstreckungserinnerung nach § 766 ZPO. Gegen Anweisungen des Gerichts haben Gläubiger und Schuldner die entsprechenden Rechtsbehelfe, jedoch nicht der Verwalter[75]. Die fehlende Rechtsbehelfsmöglichkeit des Verwalters wurde u.a. mit seiner Stellung gegenüber dem Gericht begründet. Dem Verwalter steht insoweit jedoch immer das Recht der Gegenvorstellung zu, da das Gericht jederzeit seine Weisungen überprüfen, ändern und aufheben kann[76]. Weisungen, die erkennbar rechtswidrig sind oder mit dem Verfahren in keinem Zusammenhang stehen, muss der Zwangsverwalter nicht befolgen, ggf. haftet er sogar, wenn er sie befolgt.

63 Wird von dem Verwalter nachträglich Sicherheit verlangt, gelten für ihn die gleichen Rechtsbehelfe. Wurde ein Antrag der Beteiligten auf Sicherheitsleistung abgelehnt kommt i.d.R. die Erinnerung nach § 766 ZPO in Betracht.

64 Gegen die Festsetzung eines Zwangsgeldes oder die Entlassung (auch Beteiligte) kann der Verwalter ebenfalls die entsprechenden Rechtsbehelfe einlegen. Dies gilt auch gegen die Androhung, solange sie nicht gegenstandslos geworden ist[77].

Gegen die Festsetzung der Vergütung können die Beteiligten und der Verwalter nach der vorgesehenen Anhörung keine Erinnerung einlegen, sondern, da es sich um die Festsetzung von Prozesskosten handelt die weiteren Rechtsmittel gemäß § 567 Abs. 2 ZPO (h.M.)[78].

---

72 *Stöber*, ZVG § 153 Rdn. 7.2 a).
73 *Stöber*, ZVG § 153 Rdn. 7.2 b).
74 LG Göttingen, Rpfleger 1999, 503.
75 *Stöber*, ZVG § 153 Rdn. 4.1.
76 *Jaeckel/Güthe*, § 153 Rdn. 1; *Wedekind/Wedekind*, Rdn. 867.
77 *Mohrbutter* und *Drischler*, KTS 1979, 129; *Stöber*, ZVG § 153 Rdn. 4.2; a.A. LG Lüneburg, KTS 1979, 128.
78 Vgl. *H/W/F/H*, § 22 ZwVwV Rdn. 1 ff.

§ 153a »Anordnungen über Entgelt für Viehfutter«

Ist in einem Gebiet das zu dem landwirtschaftlichen Betriebe gehörende Vieh nach der Verkehrssitte nicht Zubehör des Grundstücks, so hat, wenn der Schuldner zum Zwangsverwalter bestellt wird, das Vollstreckungsgericht gemäß § 153 Anordnungen darüber zu erlassen, welche Beträge der Schuldner als Entgelt dafür, daß das Vieh aus den Erträgnissen des Grundstücks ernährt wird, der Teilungsmasse zuzuführen hat und wie die Erfüllung dieser Verpflichtung sicherzustellen ist.

I. Allgemein

Aus dem Wortlaut der Vorschrift ist ersichtlich, dass es sich um eine Sonderregelung für Gebiete handelte, in denen das Vieh nicht zum Zubehör (keine Beschlagnahme, § 20 Abs. 2, §§ 1120, 97 BGB) zählte. Gleichwohl ernährt der Schuldnerverwalter (§ 150b) das Vieh aus dem Grundstück, obwohl die Erträge aus der Viehhaltung nicht zur Masse fließen, sondern dem Schuldner zustehen. Schon in der Vorauflage wurde davon ausgegangen, dass diese **Regelung überholt** ist, da es eine entsprechende Verkehrssitte nicht mehr gibt[1]. Bei Bedarf käme auch eine Sicherungsmaßregel gemäß § 25 in Betracht.

1

II. Zahlung von Futterkosten

Voraussetzung ist gleichwohl, dass es sich um einen landwirtschaftlichen Betrieb handelt. Das Gericht legt den Betrag von Amts wegen nach freiem Ermessen fest und muss ggf. bei fehlender Sachkenntnis einen Gutachter einschalten. Schuldner und Gläubiger sind anzuhören. Gleichzeitig muss das Gericht anordnen, wie die Erfüllung sicher zu stellen ist. Diese erfolgt i.d.R. durch Zahlung an die Aufsichtsperson (§ 150c). Zahlt der Schuldner nicht, wird er entlassen und durch einen anderen Verwalter ersetzt, der im Falle der Weiternutzung durch den Schuldner die Kosten beitreiben muss.

2

III. Rechtsbehelfe

Schuldner und Gläubiger haben den Rechtsbehelf der sofortigen Beschwerde.

3

---

1 So auch *Stöber*, ZVG § 153a Rdn. 2.1; OLG Oldenburg, Rpfleger 1976, 243; *Depré/Mayer*, Rdn. 133 ff.

§ 153b »Vorrang des Insolvenzverfahrens«

(1) Ist über das Vermögen des Schuldners das Insolvenzverfahren eröffnet, so ist auf Antrag des Insolvenzverwalters die vollständige oder teilweise Einstellung der Zwangsverwaltung anzuordnen, wenn der Insolvenzverwalter glaubhaft macht, daß durch die Fortsetzung der Zwangsverwaltung eine wirtschaftlich sinnvolle Nutzung der Insolvenzmasse wesentlich erschwert wird.

(2) Die Einstellung ist mit der Auflage anzuordnen, daß die Nachteile, die dem betreibenden Gläubiger aus der Einstellung erwachsen, durch laufende Zahlungen aus der Insolvenzmasse ausgeglichen werden.

(3) Vor der Entscheidung des Gerichts sind der Zwangsverwalter und der betreibende Gläubiger zu hören.

I. Allgemein

1 Der Zweck der Vorschrift besteht darin, eine sinnvolle Nutzung der Insolvenzmasse durch den Insolvenzverwalter durch eine Zwangsverwaltung nicht wesentlich zu erschweren. Die Regelung ist damit ein weiterer Ausnahmefall, in dem die Zwangsverwaltung eingestellt werden kann (vgl. i.Ü. → § 146 Rdn. 32 ff.)[1]. Hierdurch soll ein Interessenkonflikt zwischen den beiden Vollstreckungsverfahren beseitigt werden, der aus den Rechten des § 80 Abs. 1 InsO und den Befugnissen des § 152 Abs. 1 resultieren kann. Die Nachteile der Grundpfandgläubiger sind nach Abs. 2 auszugleichen. Die Vorschrift ist darüber hinaus im Kontext zu den alternativen des Zwangsverwaltungsverfahrens zu betrachten, insbesondere der „kalten Zwangsverwaltung" (→ § 146 Rdn. 40).

2 Da das Zwangsverwaltungsverfahren auch von einem persönlichen Gläubiger betrieben werden kann, ist hier die Rückschlagsperre der §§ 88, 312 Abs. 1 S. 3 InsO zu beachten mit der Folge, dass für diesen das Zwangsverwaltungsverfahren aufzuheben ist.

II. Voraussetzungen

1. Insolvenzverfahren

3 Über das Vermögen des Schuldners oder eines Eigenbesitzers (§ 147) muss ein Insolvenzverfahren eröffnet worden sein. Die Reglung ist auch auf das vereinfachte Verfahren nach § 304 ff. InsO (Verbraucherinsolvenzverfahren) anwendbar[2]. Das Grundstück muss zur Insolvenzmasse gehören (§ 35 InsO). Das Zwangsverwaltungsverfahren kann bereits anhängig sein oder nach Eröffnung anhängig werden[3].

2. Wesentliche Erschwernis

4 Nach der Begründung[4] ist hierunter eine **ernsthafte Behinderung** zu verstehen, die sich auf die wirtschaftlich sinnvolle Nutzung der Insolvenzmasse bezieht.

---

1 Vgl. auch *Depré/Mayer*, Rdn. 1004; ausführlich *Wedekind/Wedekind*, Rdn. 522 ff.
2 Vgl. *H/W/F/H*, § 153b Rdn. 2, auch zu den Besonderheiten der Stellung des Treuhänders.
3 *Depré/Mayer*, Rdn. 1006.
4 BT-Drucks. 12/2443, S. 177.

Es kommt darauf an, dass die Gebrauchsvorteile aus der Nutzung des Grundstücks für die Verwaltung der Insolvenzmasse wirtschaftlich notwendig sind. Die bloßen Folgen der Zwangsverwaltung im Hinblick auf die Entziehung der Nutzung und die Einziehung von Mieten oder Pachten reichen als solche nicht aus[5]. Deshalb steht die für die Insolvenzmasse notwendige Grundstücksnutzung im Vordergrund. Diese kann im Hinblick auf Bodenerzeugnisse oder -schätze eine Rolle spielen oder bei der Funktion der Immobilie als Werk- und Lagerhalle oder Parkhaus. Damit kommt ein Vorrang des Insolvenzverfahrens in Betracht bei einer Betriebsfortführung, ggf. auch vorübergehend für den Zeitraum der Abwicklung oder bei einem beabsichtigten Insolvenzplan, einer Sanierung oder übertragenden Sanierung. Lediglich lästige Auswirkungen[6] reichen nicht aus. Die wirtschaftliche Nutzung hängt von der Entscheidung der Insolvenzgläubiger im Berichtstermin ab. Eine wesentliche Erschwerung liegt damit immer dann vor, wenn die Fortsetzung der Zwangsverwaltung das Verwertungskonzept zum Scheitern bringen würde[7], wobei wiederum nicht allein auf den Zufluss der Mieten und Pachten abgestellt werden darf. Durch die Zwangsverwaltung muss insoweit die Gefahr einer **Betriebsstilllegung drohen**[8]. Im Rahmen des Konzeptes des Insolvenzverwalters kann dies auch bei einer Verhandlung über die Veräußerung des Betriebes mit dem Grundstück der Fall sein[9]. Eine wesentliche Erschwernis kann nicht mit der Verfolgung von Anfechtungsrechten gegen den betreibenden Gläubiger begründet werden[10]. Vorab sollte eine Abstimmung zwischen den Verwaltern erfolgen und die Zahlung einer Nutzungsentschädigung durch den Insolvenzverwalter geprüft werden[11], wobei insoweit auch die Folgen aus der **eigenkapitalersetzenden Nutzungsüberlassung** zu berücksichtigen sind (→ § 152 Rdn. 185).

Die Interessen der Insolvenzgläubiger sind mit denen der Beteiligten des Zwangsverwaltungsverfahrens abzuwägen. Wenn der Gläubiger unverhältnismäßige Nachteile darlegen kann, insbesondere aufgrund der Beschaffenheit und Verhältnisse des Grundstücks glaubhaft macht, dass durch die Einstellung später ein geringerer Erlös aus der Teilungsmasse oder im Rahmen der Versteigerung zufließt, kann der Einstellungsantrag abzulehnen sein[12]. Wenn hierbei der Ausschlag zugunsten der Insolvenzmasse gegeben wird, sind die Nachteile der (betreibenden) Grundpfandgläubiger gemäß Abs. 2 auszugleichen.

Die Einstellung ist auf die Teile zu beschränken, die die Verwaltung der Insolvenzmasse wesentlich erschweren, sodass auch eine **Teilaufhebung** in Betracht kommt[13].

---

5   *Stöber*, ZVG § 153b Rdn. 2.3; *Knees*, ZIP 2001, 1568, 1576; *Vallender*, Rpfleger 1997, 353; wohl auch *Böttcher/Keller*, § 153b, Rdn. 1.
6   So *Stöber*, ZVG § 153b Rdn. 2.3.
7   *Hintzen*, Rpfleger 1999, 256 ff.; *Stöber*, NZI 1998, 108 ff.
8   *Hintzen*, Rpfleger 1999, 256, 262; *Vallender*, Rpfleger 1997, 353, 355.
9   *H/W/F/H*, § 153b Rdn. 5.
10 *H/W/F/H*, § 153b Rdn. 5 a.E.
11 Vgl. auch *Depré/Mayer*, Rdn. 1012.
12 So *H/W/F/H*, § 153b Rdn. 8.
13 *Depré/Mayer*, Rdn. 1011.

III. Antrag des Insolvenzverwalters

5 Voraussetzung ist ein Antrag des Insolvenzverwalters (jedoch nicht vorläufiger oder „starker"[14]) nach Eröffnung des Verfahrens und Anordnung der Zwangsverwaltung. Der Antrag ist nicht an eine Form gebunden und kann schriftlich oder zur Niederschrift des Urkundsbeamten unter Vorlage einer beglaubigten Kopie des Eröffnungsbeschlusses gestellt werden. Er ist nicht fristgebunden[15]. Wird der Antrag erst zu einem späteren Zeitpunkt gestellt, sind die Voraussetzungen der Erschwernisse besonders zu prüfen. Der Insolvenzverwalter muss den Gegenstand des Antrags, insbesondere bei einem teilweisen Antrag, konkret bezeichnen[16].

6 Der Insolvenzverwalter muss die wesentlichen Erschwernisse konkret darlegen und die zugrunde liegenden Tatsachen glaubhaft machen (§ 294 ZPO). Neben einer eidesstattlichen oder anwaltlichen Versicherung sind alle Beweismittel zulässig. Hierzu gehört das Protokoll des Berichtstermins über eine Entscheidung der Insolvenzgläubiger und das Konzept des Verwalters mit den zugrunde liegenden Berechnungen.

Aus dem Antrag muss auch ersichtlich werden, auf welcher Grundlage ein Ausgleich nach Abs. 2 erfolgen kann.

IV. Verfahren

1. Beschluss

7 Vor einer Entscheidung hat das Gericht den Zwangsverwalter und den betreibenden Gläubiger **anzuhören** (Abs. 3). Der Insolvenzverwalter kann den Antrag bis zur Rechtskraft der Entscheidung zurücknehmen. Danach gilt § 153c.

8 Das Gericht entscheidet durch **Beschluss**. Im Einzelfall kann eine mündliche Verhandlung anberaumt werden (§ 30b Abs. 2 S. 2 Hs. 2 analog), wenn die Sach- und Rechtslage der Aufklärung bedarf oder Meinungsverschiedenheiten bestehen. Eine Einigung im Rahmen der mündlichen Verhandlung ist zu protokollieren. Die Kosten sind Kosten der Zwangsvollstreckung[17] (§ 788 Abs. 1 ZPO) und von dem Insolvenzverwalter als Massekosten zu berichtigen. Der Beschluss muss dem Gläubiger und dem Zwangsverwalter zugestellt werde. An den Insolvenzverwalter erfolgt eine förmliche Zustellung nur, wenn das Gericht von dem Antrag abweicht und wenn Auflagen nach Abs. 2 angeordnet werden.

9 In dringlichen Fällen ist auch eine einstweilige Anordnung (§ 732 Abs. 2 ZPO entspr.) möglich[18], die z.B. regelt, dass der Zwangsverwalter sich den Besitz zunächst nicht verschaffen soll oder das Grundstück vorläufig, ggf. verbunden mit Auflagen nach Abs. 2 an den Insolvenzverwalter zur Nutzung zu überlassen hat.

10 Die Einstellung kann nur **einheitlich für alle betreibenden Gläubiger** erfolgen, da die Zwangsverwaltung zur Erreichung des Regelungszwecks nicht für einzelne Gläubiger fortgesetzt werden kann.

---

14 Depré/Mayer, Rdn. 1006; Böttcher/Keller, § 153b Rdn. 4.
15 Böttcher/Keller, § 153b Rdn. 4.
16 Böttcher/Keller, § 153b Rdn. 4.
17 LG Mühlhausen, Rpfleger 2002, 374; H/W/F/H, § 153b Rdn. 12.
18 Böttcher, § 153b Rdn. 4.

2. Rechtsbehelf

Inwieweit gegen die Entscheidung des Gerichts ein Rechtsbehelf zugelassen ist, ist streitig. Mit beachtlichen Gründen[19] wird die Ansicht vertreten, dass der Gesetzgeber im Rahmen der Neufassung bewusst keine Regelung über die Beschwerde getroffen hat. Die nach hier vertretener Auffassung begründeten erheblichen Bedenken werden nur über die Möglichkeit der befristeten Erinnerung (§ 11 Abs. 2 RPflG) abgemildert oder nach anderer Ansicht über die sofortige Beschwerde[20], insbesondere bei Einwendungen gegen eine fehlende Zahlungsauflage oder deren Höhe[21].

V. Nachteilsausgleich

1. Allgemein

Den Gläubigern des Zwangsverwaltungsverfahrens darf aus der Einstellung kein Nachteil erwachsen. Auch ohne entsprechenden Antrag des Gläubigers ist der Beschluss mit laufenden Zahlungen aus der Insolvenzmasse zu verbinden. Der Ausgleich ist danach festzusetzen, wie die Gläubiger im Rahmen der Nutzungsziehung durch den Zwangsverwalter aus den Überschüssen bedient worden wären.

Die Zahlungen müssen **laufend** ab der Einstellung geleistet werden[22]. Hierzu ist ein Vergleich durchzuführen und durch vorausschauende Beurteilung nach billigem Ermessen[23] zu ermitteln zu welchem Zeitpunkt und in welcher Höhe der Gläubiger im Rahmen der Zwangsverwaltung Zahlungen erhalten hätte[24]. Die Ausgaben der Zwangsverwaltung (§ 155 Abs. 1) sind zu berücksichtigen. Der Gläubiger hat keinen Nachteil, wenn Überschüsse aus der Zwangsverwaltung nicht zu erwarten sind oder nur vorrangige Gläubiger bedient werden könnten. Die Gläubiger sollen im Vergleich zur Zwangsverwaltung nicht besser gestellt werden[25].

Abs. 2 regelt nur einen Ausgleich an betreibende Gläubiger, sodass Gläubiger, die ohne **Beitritt** Zahlungen auf den Teilungsplan erhalten hätten unberücksichtigt bleiben. Ein Nachteilsausgleich ist erst nach Beitritt möglich. Damit würden Gläubiger benachteiligt, die erst nach Einstellung beitreten. Da die Beschlagnahmewirkung trotz Einstellung jedoch fortbesteht (→ Rdn. 17), ist im Falle des späteren Beitritts eine Ergänzung der bei Einstellung festgesetzten Zahlungen notwendig (§ 157 Abs. 1 entspr.)[26].

2. Höhe und Fälligkeit

Die Höhe der Zahlungen, der Empfänger und die Fälligkeit sind in dem Einstellungsbeschluss zu bestimmen. Die Festsetzungen werden vereinfacht, wenn dem Gericht bereits ein Bericht nach § 3 ZwVwV vorliegt (vgl. → § 150 Rdn.

---

19 *H/W/F/H*, § 153b Rdn. 9 f.; a.A. *Stöber*, ZVG § 153b Rdn. 8.
20 *Depré/Mayer*, Rdn. 1014.
21 *Böttcher/Keller*, § 153b Rdn. 6.
22 *Knees*, ZIP 2001, 1568, 1576.
23 *Stöber*, ZVG § 153b Rdn. 5.2.
24 *Depré/Mayer*, Rdn. 1013; *Böttcher/Keller*, § 153b Rdn. 5; *Vallender*, Rpfleger 1997, 350.
25 *Stöber*, ZVG § 153b Rdn. 5.2; *Böttcher/Keller*, § 153b Rdn. 5.
26 *Stöber*, ZVG § 153b Rdn. 5.5; *Böttcher/Keller*, § 153b Rdn. 5.

47 ff.) und ein Teilungsplan aufgestellt ist. Ist die Beschlagnahme noch nicht erfolgt oder sind die Grundlagen nicht bekannt, sind diese in Bezug auf Einnahmen und Ausgaben zu ermitteln, insbesondere durch Auskünfte und die Darlegung des Insolvenzverwalters. Anhand des Grundbuchs und notwendiger Nachweise der Gläubiger ist faktisch ein Teilungsplan aufzustellen, der auch die Ansprüche der Rangklassen vor § 10 Abs. 1 Nr. 4 berücksichtigt. Überschüsse werden auf die Rangfolge des § 10 Abs. 1 Nrn. 1–5 verteilt (§ 155 Abs. 2). Die Gläubiger werden gegenüber dem Insolvenzverfahren zu Massegläubigern (§§ 53, 55 Abs. 1 Nr. 1 InsO)[27]. Zu zahlen sind damit die **Zinsen**, die der betreibende Gläubiger auch in der Zwangsverwaltung erhalten hätte (str. der Höhe nach[28]). Bei (persönlichen) Gläubigern der Rangklasse 5 des § 10 Abs. 1 handelt es sich hierbei nur um die vertraglichen Zinsen. Bei den dinglichen Gläubigern der Rangklasse 4 kommt es auf den dinglich gesicherten Anspruch sowie der im Grundbuch eingetragenen Nebenleistungen an[29].

16 Das Gericht kann hierbei nur auf die Aktenlage abstellen[30] und die Darlegungen der Betroffenen, die glaubhaft zu machen sind. Je nach Stand des Zwangsverwaltungsverfahrens kann insoweit auch nicht auf eine Klärung zwischen Insolvenzverwalter und Zwangsverwalter abgestellt werden[31], da das Gericht die Festsetzungen von Amts wegen[32] vorzunehmen hat. Soweit der Zwangsverwalter aufgrund seiner bisherigen Verwaltung die notwendigen Grundlagen beitragen kann, die sowohl die wesentliche Erschwernis dem Grunde nach betreffen, insbesondere aber die Höhe der Einnahmen und Ausgaben, sind diese im Rahmen der Beurteilung nach billigem Ermessen zu berücksichtigen.

Die Zahlungen sind unmittelbar an den Berechtigten zu leisten.

VI. Auswirkungen auf das Zwangsverwaltungsverfahren

17 Mit der Einstellung wird das Verfahren nicht aufgehoben, es werden lediglich die **Verfahrenshandlungen eingestellt**[33]. Die Beschlagnahmewirkung bleibt bestehen, bezieht sich jedoch nicht mehr auf die Nutzungen. Bei **teilweiser Einstellung** wird dem Verfahren darüber hinaus Fortgang gegeben. Auch nach Einstellung ist deshalb ein Beitritt eines weiteren Gläubigers möglich[34]. Nur hierdurch nimmt er an den Folgen der Einstellung, insbesondere dem Nachteilsausgleich teil (→ Rdn. 14). Eine nochmalige Einstellung ist nicht erforderlich.

18 Die Bestellung des Zwangsverwalters besteht ebenfalls weiter. Er nimmt bei vollständiger Einstellung jedoch ab diesem Zeitpunkt keine Verwaltungsaufgaben mehr war. Diese obliegen nunmehr dem Insolvenzverwalter (§ 80 InsO). Bei vollständiger Einstellung kann sich ein Vergütungsanspruch noch aus § 19 ZwVwV oder der Mindestvergütung ergeben.

19 Hat der Verwalter bis zur Einstellung eine Tätigkeit ausgeübt und Nutzungen gezogen, sind Überschüsse aufgrund eines Teilungsplans auszuzahlen. Bis zu die-

---

27 *Kübler/Prütting/Kemper*, § 165 Rdn. 60 a.E.
28 Vgl. *H/W/F/H*, § 153b Rdn. 15. m.w.N. und *Löhnig/Bauch*, § 153b Rdn. 5.
29 Ausführlich m.w.N. *H/W/F/H*, § 153 Rdn. 15.
30 *Stöber*, § 153b Rdn. 5.3; a.A. *Vallender*, Rpfleger 1997, 350, 355.
31 *Vallender*, Rpfleger 1997, 353, 355; *Depré/Mayer*, Rdn. 1012; a.A. *H/W/F/H*, § 153b Rdn. 16.
32 *H/W/F/H*, § 153b Rdn. 13; *Böttcher/Keller*, § 153b Rdn. 5.
33 Vgl. auch *Depré/Mayer*, Rdn. 1009; *Böttcher/Keller*, § 153b Rdn. 7.
34 *Eickmann*, ZfIR 1999, 81.

sem Zeitpunkt hat er seine gesetzlichen und die sich aus der ZwVwV ergebenden Pflichten zu erfüllen. Da das Verfahren nicht aufgehoben ist, stehen diese nicht der Insolvenzmasse zu. Erträge nach Einstellung sind an den Insolvenzverwalter auszuzahlen, sodass Mieter oder Pächter umgehend über die Einstellung zu unterrichten sind. Die weitere Verwaltung und Nutzung des Grundstücks erfolgt durch den Insolvenzverwalter[35].

Die **Aufhebung der Einstellung** und die Fortsetzung des Zwangsverwaltungsverfahrens regelt § 153c.

---

35 Vgl. OLG Dresden, ZfIR 2001, 409.

§ 153c »Aufhebung der einstweiligen Einstellung«

(1) Auf Antrag des betreibenden Gläubigers hebt das Gericht die Anordnung der einstweiligen Einstellung auf, wenn die Voraussetzungen für die Einstellung fortgefallen sind, wenn die Auflagen nach § 153b Abs. 2 nicht beachtet werden oder wenn der Insolvenzverwalter der Aufhebung zustimmt.

(2) ¹Vor der Entscheidung des Gerichts ist der Insolvenzverwalter zu hören. ²Wenn keine Aufhebung erfolgt, enden die Wirkungen der Anordnung mit der Beendigung des Insolvenzverfahrens.

I. Allgemein

1   Die Vorschrift regelt die Voraussetzungen für die Fortsetzung des Zwangsverwaltungsverfahrens, wenn die Voraussetzungen der Ausnahmeregelung des § 153b weggefallen sind.

II. Voraussetzungen

2   Eine Fortsetzung ist nur auf **Antrag eines betreibenden Gläubigers** möglich, bei Beendigung des Insolvenzverfahrens, Wegfall der Voraussetzungen, Nichterfüllung der Auflagen oder Zustimmung des Insolvenzverwalters. Bei mehreren betreibenden Gläubigern reicht der Antrag eines Gläubigers (str.[1]). Die Aufhebung hat durch Beschluss zu erfolgen. Die Regelung gilt auch bei teilweiser Einstellung.

3   Der Antrag kann bis zur Wirksamkeit der Aufhebung, auch im Beschwerdeverfahren, zurückgenommen werden.

Die Voraussetzungen sind fortgefallen, wenn die Gründe für die Einstellung (§ 153b) nicht mehr vorliegen, insbesondere die notwendige sinnvolle Nutzung für das Insolvenzverfahren weggefallen ist.

4   Des Weiteren kommt die Aufhebung in Betracht, wenn der Insolvenzverwalter die Auflagen für den Nachteilsausgleich nicht oder nicht pünktlich erfüllt. Auf den Grund der **Nichterfüllung** kommt es nicht an. Der Insolvenzverwalter kann die Aufhebung auch nicht durch nachträgliche Zahlung verhindern, es sei denn der Gläubiger hat die Verspätung im Vorfeld widerspruchslos hingenommen[2]. Die Nicht-Zahlung kann durch den Gläubiger als negative Tatsache nicht glaubhaft gemacht werden, sodass der Insolvenzverwalter die (fristgerechte) Erfüllung beweisen muss.

5   Der Insolvenzverwalter kann der Aufhebung auch zustimmen. Diese **Zustimmung** kann bis zur Wirksamkeit der Entscheidung, auch im Beschwerdeverfahren, zurückgenommen werden. Auch wenn der Gläubiger ein entsprechendes Schreiben des Insolvenzverwalters vorlegt, ist dieser zu hören[3]. Unter den Voraussetzungen des § 153b ist auch eine teilweise Aufhebung möglich. In Betracht kommt auch die Freigabe des Grundstücks aus der Insolvenzmasse.

Ungeklärt ist der Fall, dass der Insolvenzverwalter eigenständig die Einstellung nicht mehr will, der Gläubiger aber keinen Antrag stellt. Entweder kann aus dem

---

1   Ebenso *Böttcher/Keller*, § 153c Rdn. 3 und *Stöber*, ZVG § 153c Rdn. 2.2; a.A. *H/W/F/H*, § 153c Rdn. 6, aufgrund der Einzelzwangsvollstreckung zwar systematisch begründbar, jedoch nicht in den Auswirkungen haltbar.
2   Vgl. *H/W/F/H*, § 153c Rdn. 4, auch bei Streit über die Höhe der Zinsen.
3   *H/W/F/H*, § 153c Rdn. 5.

Verhalten des Gläubigers eine konkludente Antragsrücknahme geschlossen werden oder die Aufrechterhaltung des Anordnungsantrags als konkludenter Aufhebungsantrag[4].

III. Verfahren

Nach Abs. 2 ist der Insolvenzverwalter vor der Entscheidung anzuhören. Der Gläubiger muss den Wegfall der Voraussetzungen für die Einstellung darlegen und glaubhaft machen, wenn der Insolvenzverwalter sie bestreitet[5]. Auch hier kann eine mündliche Verhandlung in Betracht kommen (vgl. → § 153b Rdn. 8). 6

Der Beschluss ist zu begründen und bei teilweiser Aufhebung im Hinblick auf seinen Umfang zu konkretisieren. Der Beschluss ist dem Insolvenzverwalter und dem Zwangsverwalter zuzustellen, dem Gläubiger förmlich nur, wenn dem Antrag nicht oder nur teilweise stattgegeben wird[6]. Eine formlose Mitteilung erfolgt auch an weitere beigetretene Gläubiger, wenn diese den Antrag nicht gestellt haben. Eine Kostenentscheidung ist nicht zu treffen. 7

Die Wirkung des Beschlusses sollte aus praktischen Gründen von der Rechtskraft abhängig gemacht werden.

Unter besonderen Voraussetzungen und bei Vorliegen neuer Tatsachen, bzw. einer erneuten Änderung der Sachlage kann der Insolvenzverwalter einen **Einstellungsantrag wiederholen**. Hierbei sind jedoch strenge Maßstäbe anzulegen[7]. 8

IV. Folgen für die Zwangsverwaltung

Zu den Wirkungen der Einstellung wird auf → § 153b Rdn. 17 verwiesen. Da die Beschlagnahme weiter bestand, wird das Zwangsverwaltungsverfahren mit dem ursprünglichen Beschlagnahmezeitpunkt fortgesetzt. Ein neuer Anordnungsbeschluss ergeht nicht[8]. Der Verwalter muss das Grundstück erneut in Besitz nehmen, soweit notwendig einen erneuten Bericht erstellen (§ 3 ZwVwV, → § 150 Rdn. 47 ff.) und seine Verwaltung fortsetzen im Rahmen der gesetzlichen und durch die ZwVwV geregelten Aufgaben. Den Mietern oder Pächtern gegenüber wirkt die Aufhebung mit der Bekanntgabe oder der Zustellung eines Zahlungsverbotes (→ § 151 Rdn. 4 ff.). Ein bereits bestehender Teilungsplan muss ggf. unter Berücksichtigung der Zahlungen des Insolvenzverwalters geändert werden (§ 157 Abs. 1). 9

Im Falle der Beendigung des Insolvenzverfahrens (Abs. 2 S. 2, Aufhebung oder Einstellung) gilt das Vorstehende entsprechend. Der Schuldner wird wieder selbst Verfahrensbeteiligter.

---

4 *Depré/Mayer*, Rdn. 1016.
5 *Stöber*, ZVG § 153c Rdn. 3.1.
6 *Böttcher/Keller*, § 153c Rdn. 3.
7 *Stöber*, ZVG § 153c Rdn. 4.1 f.
8 *Böttcher/Keller*, § 153c Rdn. 6.

§ 154 »Haftung des Verwalters und Rechnungslegung«

¹Der Verwalter ist für die Erfüllung der ihm obliegenden Verpflichtungen allen Beteiligten gegenüber verantwortlich. ²Er hat dem Gläubiger und dem Schuldner jährlich und nach der Beendigung der Verwaltung Rechnung zu legen. ³Die Rechnung ist dem Gericht einzureichen und von diesem dem Gläubiger und dem Schuldner vorzulegen.

§ 13 ZwVwV Masseverwaltung

(1) Der Massebestand ist von eigenen Beständen des Verwalters getrennt zu halten.

(2) Der Verwalter hat für jede Zwangsverwaltung ein gesondertes Treuhandkonto einzurichten, über das er den Zahlungsverkehr führt. Das Treuhandkonto kann auch als Rechtsanwaltsanderkonto geführt werden.

(3) Der Verwalter hat die allgemeinen Grundsätze einer ordnungsgemäßen Buchführung zu beachten. Die Rechnungslegung muss den Abgleich der Solleinnahmen mit den tatsächlichen Einnahmen ermöglichen. Die Einzelbuchungen sind auszuweisen. Mit der Rechnungslegung sind die Kontoauszüge und Belege bei Gericht einzureichen.

(4) Auf Antrag von Gläubiger oder Schuldner hat der Verwalter Auskunft über den Sachstand zu erteilen.

§ 14 ZwVwV Buchführung der Zwangsverwaltung

(1) Die Buchführung der Zwangsverwaltung ist eine um die Solleinnahmen ergänzte Einnahmenüberschussrechnung.

(2) Die Rechnungslegung erfolgt jährlich (Jahresrechnung) nach Kalenderjahren. Mit Zustimmung des Gerichts kann hiervon abgewichen werden.

(3) Bei Aufhebung der Zwangsverwaltung legt der Verwalter Schlussrechnung in Form einer abgebrochenen Jahresrechnung.

(4) Nach vollständiger Beendigung seiner Amtstätigkeit reicht der Verwalter eine Endabrechnung ein, nachdem alle Zahlungsvorgänge beendet sind und das Konto auf Null gebracht worden ist.

§ 15 ZwVwV Gliederung der Einnahmen und Ausgaben

(1) Die Soll- und Isteinnahmen sind nach folgenden Konten zu gliedern:
1. Mieten und Pachten nach Verwaltungseinheiten,
2. andere Einnahmen.

(2) Der Saldo der vorigen Rechnung ist als jeweiliger Anfangsbestand vorzutragen.

(3) Die Gliederung der Ausgaben erfolgt nach folgenden Konten:
1. Aufwendungen zur Unterhaltung des Objektes;
2. Öffentliche Lasten;
3. Zahlungen an die Gläubiger;
4. Gerichtskosten der Verwaltung;
5. Vergütung des Verwalters;
6. andere Ausgaben.

(4) Ist zur Umsatzsteuer optiert worden, so sind Umsatzsteueranteile und Vorsteuerbeträge gesondert darzustellen.

§ 16 ZwVwV Auskunftspflicht

Der Verwalter hat jederzeit dem Gericht oder einem mit der Prüfung beauftragten Sachverständigen Buchführungsunterlagen, die Akten und sonstige Schriftstücke vorzulegen und alle weiteren Auskünfte im Zusammenhang mit seiner Verwaltung zu erteilen.

Übersicht

		Rdn.
I.	Allgemein	1
II.	Verantwortlichkeit des Zwangsverwalters	3
	1. Gegenüber den Beteiligten	3
	a) Grundsatz	3
	b) Beteiligte nach § 9 ZVG	4.1
	c) Beteiligte nach § 154 ZVG	4.2
	d) Sonstige Anspruchsgrundlagen	5
	2. Gegenüber Nichtbeteiligten	6
	a) Allgemein	6
	b) Besondere Haftungstatbestände	7.1
	3. Einzelfälle	7.2
	4. Geltendmachung	8
III.	Masseverwaltung, § 13 Abs. 1 ZwVwV	12
	1. Allgemein	12
	2. Bargeld	13
	3. Treuhandkonto	14
IV.	Rechnungslegung	18
	1. Allgemein	18
	2. Zeitpunkt	19
	3. Inhalt	23
	a) Grundsätze ordnungsgemäßer Buchführung	23
	aa) Allgemein	23
	bb) Grundsätze	26
	b) Gliederung nach Verwaltungseinheiten	28
	c) Gliederung der Einnahmen	29
	d) Gliederung der Ausgaben	31
	e) Steuern	32
	f) Soll- und Isteinnahmen, § 14 ZwVwV	33
	4. Rechnungsarten	34
	5. Anspruchsberechtigte	35
	6. Verfahren	36
	a) Einreichung	36
	b) Vorprüfung	39
	c) Vorlage	40
	7. Rechnungsabnahme und Verwalterentlastung	42
	a) Rechnungsabnahme	42
	b) Eidesstattliche Versicherung	43
	c) Entlastung	44
	d) Schweigen nach Abrechnung	45
V.	Auskunft	46
	1. § 13 Abs. 4 ZwVwV	46
	2. § 16 ZwVwV	47

I. Allgemein

Die Zwangsverwaltung bezweckt, das Grundstück rentabel zu machen oder in seinem Bestand zu erhalten. Die Tätigkeit des Verwalters ist einer Geschäftsbesorgung vergleichbar (§ 675 BGB). Die Interessenlage des Geschäftsherrn betrifft sowohl den Schuldner als auch den betreibenden Gläubiger. Gleichwohl hat der Verwalter nach S. 1 die ihm obliegenden Pflichten auch allen anderen Beteiligten gegenüber zu erfüllen. Die Rechnungslegungspflicht besteht nach dem Wortlaut des S. 2 wiederum nur **gegenüber Schuldner und betreibendem Gläubiger**[1] (vgl.

---

1 *Stöber*, ZVG § 154 Rdn. 4.1.

→ Rdn. 18). Die Rechnungslegungspflicht dient der Kontrolle der Verwaltung und der Durchsetzung von Rechten. Das Bestehen von Ansprüchen kann nach Grund und Höhe häufig nur aufgrund der Rechnungslegung beurteilt werden.

2   Die Verantwortlichkeit und die Pflicht zur Rechnungslegung treffen **alle Zwangsverwalter**, sofern sie nicht land- oder ritterschaftliche Institute verwalten. Sie gilt auch für die Aufsichtsperson des § 150c[2]. Zur Haftung bei Anweisungen des Vollstreckungsgerichts wird auf → § 153 Rdn. 13, 20 verwiesen.

Festzustellen ist, dass der BGH die Möglichkeiten der Inanspruchnahme des Verwalters sukzessive ausdehnt und dies ausdrücklich über den Beteiligtenbegriff des § 9 hinaus (→ Rdn. 4.2).

II. Verantwortlichkeit des Zwangsverwalters
1. Gegenüber den Beteiligten
a) Grundsatz

3   § 154 S. 1 begründet ein **gesetzliches Schuldverhältnis** zwischen dem Verwalter und allen Beteiligten, aus dem heraus er zur ordnungsgemäßen Verwaltung gegenüber dem Inhaber und den Berechtigten an dem Vermögen verpflichtet ist[3]. Es ist vertragsähnlicher Art und entspricht dem Geschäftsbesorgungsvertrag. Wie auf andere gesetzliche Schuldverhältnisse ist das allgemeine Schuldrecht anwendbar. Der Verwalter ist kein Beamter – Art. 34 GG i.V.m. § 839 BGB ist nicht anwendbar –, sondern ein besonderes Rechtspflegeorgan aus eigenständigem Recht[4] (→ § 152 Rdn. 4). Deshalb haftet der Verwalter persönlich mit seinem Vermögen[5], wenn er den Beteiligten durch eine pflichtwidrige Verwaltung einen Schaden zufügt und nicht mit der Verwaltungsmasse. Er hat Vorsatz und Fahrlässigkeit zu vertreten (§ 276 BGB)[6], wobei auf die im Verkehr erforderliche Sorgfalt abzustellen ist. Der Schaden muss auf die Pflichtverletzung kausal zurückzuführen sein. Art, Umfang und Höhe des Schadens werden nach § 249 BGB bemessen. Ein Mitverschulden (§ 254 BGB) ist zu berücksichtigen. Der Verwalter hat auch für Erfüllungsgehilfen (§ 278 BGB) oder Verrichtungsgehilfen (§ 831 BGB) einzustehen. Es gelten die allgemeinen Verjährungsregelungen der §§ 195 ff. BGB, wobei die Frist mit dem Ende der Verwaltung beginnt, soweit der Anspruch nicht bereits früher entstanden ist[7].

b) Beteiligte nach § 9 ZVG

4.1 Nach überwiegender Meinung entsteht das gesetzliche Schuldverhältnis nur im Verhältnis zu den Beteiligten des § 9, der für das ZVG den Begriff des Beteiligten definiert[8]. Eine Ausdehnung ist nach hier vertretener Ansicht weder sachlich noch rechtlich geboten, weil der Verwalter keine zwangsverwaltungsspezifischen Pflichten Dritten gegenüber erfüllen muss, die am Grundstück nicht berechtigt

---

2   *Stöber*, ZVG § 154 Rdn. 1.2; *Böttcher/Keller*, § 154 Rdn. 1.
3   BGHZ 24, 393; OLG Brandenburg, ZfIR 2010, 510; vgl. hierzu *Bank*, ZfIR 2008, 781.
4   *H/W/F/H*, § 154 Rdn. 3.
5   OLG Brandenburg, ZfIR 2010, 510; *Mohrbutter*, ZIP 1980, 169; KTS 1988, 465.
6   *Depré/Mayer*, Rdn. 811 ff.
7   OLG Brandenburg, ZfIR 2010, 510.
8   OLG Köln, ZIP 1980, 102; OLG Schleswig, NJW-RR 1986, 1498; *Stöber*, ZVG § 154 Rdn. 2.2; *H/W/F/H*, § 154 Rdn. 2 ff.; *Depré/Depré*, § 152 Rdn. 2, a.A. OLG Hamm, ZIP 1989, 1592; *Mohrbutter*, ZIP 1980, 168 und KTS 1988, 465.

oder sonst am Verfahren beteiligt sind. Etwaige Rechte Dritter sind hinreichend durch allgemeine vertragliche oder schadenersatzrechtliche Anspruchsgrundlagen gesichert (→ Rdn. 6)[9].
Dies sieht der BGH zunehmend anders (→ Rdn. 4.2 ff.).

c) **Beteiligte nach § 154 ZVG**

Mit im Kern zwei Entscheidungen (IX ZR 21/07 v. 5.2.2009[10] und IX ZR 15/08 v. 5.3.2009[11]) hat der BGH den Beteiligtenbegriff des ZVG für den Bereich der Zwangsverwaltung erweitert, sodass dieser vorliegend gesondert dargestellt wird[12]. 4.2

Vorausgehend ist hier aber auch bereits die Entscheidung vom 11.10.2007 zu beachten, mit der der BGH dem **Ersteher** eine Beteiligteneigenschaft i.S.d. § 154 ab dem Zuschlag eingeräumt und ihm Schadensersatzansprüche zugesprochen hat, weil der Zwangsverwalter Überschüsse aus dem Saldo der Nebenkosten nicht an ihn ausgekehrt hat (→ § 152 Rdn. 163)[13].

In der Entscheidung vom 5.2.2009 hat der BGH festgestellt, dass der Zwangsverwalter **allen Personen** verantwortlich ist, gegenüber denen ihm das ZVG besondere Pflichten auferlegt. Danach könne die **Wohnungseigentümergemeinschaft** Beteiligte i.S.v. § 154 S. 1 sein.

Nach Auffassung des BGH entspricht der Begriff des Beteiligten in § 154 nicht demjenigen des formell am Verfahren Beteiligten in § 9, sondern beschreibt – wie in § 82 KO und in § 60 InsO – bezüglich der Haftung des Konkurs- und Insolvenzverwalters diejenigen Personen, denen gegenüber das ZVG dem Zwangsverwalter spezifische Pflichten auferlegt. Der BGH setzt die Rechtsstellung des Zwangsverwalters derjenigen des Insolvenzverwalters gleich (obwohl er i.Ü., soweit es um die Auswahl geht, ein eigenes Berufsbild des Zwangsverwalters im Vergleich zum Insolvenzverwalter derzeit verneint, → § 150 Rdn. 9). 4.3

Seinem Status nach sei der Zwangsverwalter ein besonderes Rechtspflegeorgan. Er übe seine Tätigkeit aufgrund eigenen Rechts aus, das ihm mit der Ernennung übertragen wird. Von Weisungen des Schuldners und des Gläubigers ist er unabhängig; er unterliege bei der Wahrnehmung seiner Aufgaben nur den Vorgaben des Gerichts. Hierbei habe er die berechtigten Interessen des Schuldners und des Gläubigers zu beachten. Das Vollstreckungsgericht überwache seine Tätigkeit und wache so über Inhalt und Art der Ausführung seines Amtes. 4.4

In der Entscheidung vom 5.3.2009 hat der BGH nach den gleichen Grundsätzen ein Versorgungsunternehmen, das für das verwaltete Grundstück Energie und Wasser lieferte, als Beteiligten i.S.v. § 154 angesehen und Ansprüche gegen den Zwangsverwalter aufgrund abgeschlossener oder lediglich fortgesetzter Lieferverträge begründet[14]. 4.5

---

9   So auch *Stöber*, ZVG § 154 Rdn. 2.2.
10 BGHZ 179, 336 = Rpfleger 2009, 331 = NJW 2009, 1647 = ZfIR 2009, 434 m. Anm. *Lüke* = IGZInfo 2009, 91.
11 Rpfleger 2009, 404 = NJW 2009, 1677 = ZfIR 2009, 855 = ZInsO 2009, 789.
12 Hierzu ausführlich *H/W/F/H*, § 154 Rdn. 2a ff.; s. auch *Stöber*, § 154 Rdn. 2.3.
13 Hierzu auch AG Pankow/Weißensee, U. v. 29.4.2014, 101 C 425/13, IGZInfo 3/2014, 139 m. Anm. *Schmidberger*.
14 Zur Verpflichtung Rücklagen zu bilden oder Vorschüsse einzufordern LG Bonn, U. v. 30.7.2013, 10 O 100/13, IGZInfo 3/2014, 129.

Diese Ausweitung des Beteiligtenbegriffs ist kaum begründbar und erfolgt nach diesseitiger Auffassung ohne Not[15]. Es ist nicht ohne Weiteres nachvollziehbar, dass § 154 tatsächlich einen anderen Beteiligtenbegriff zum Gegenstand hat als § 9, es sei denn, es handelt sich um einen Beteiligten, den nur das Zwangsverwaltungsverfahren kennt. Auch die Unterscheidung eines formal Beteiligten zu einem materiell-rechtlich geschützten Beteiligten i.S.v. § 154 erschließt sich auch anhand der Begründung nicht ohne Weiteres, selbst im Hinblick auf die hierzu bemühten Fundstellen.

Ungeachtet dessen stellt sich die Frage, inwieweit nicht die Beteiligtenstellung nach § 9 auf der einen Seite und die Haftung des Zwangsverwalters nach allgemeinen Vorschriften auf der anderen Seite einen völlig ausreichenden Schutz für die nach Vorstellung des BGH weiterhin aus § 154 Beteiligten bietet. Insoweit wird zunächst auf die nachfolgende Darstellung zu den sonstigen Anspruchsgrundlagen Bezug genommen (→ Rdn. 5).

In der Entscheidung zu den Versorgungsunternehmen stellt sich die Frage, warum der BGH hier nach einer neuen Anspruchsgrundlage sucht. Gerade hier kommen Verträge aus dem Gesichtspunkt der Realofferte, insbesondere aber aufgrund der für die jeweiligen Versorgungsbereiche geltenden Allgemeinen Versorgungsbedingungen (AVBWasserV, AVBFernwärmeV, AVBGasV, AVBEltV) oder individueller Verträge u.a. schon durch die Inanspruchnahme zustande. Der BGH hat diese Rechtsprechung zumindest in Bezug auf bereits bestehende Versorgungsverhältnisse oder den Leerstand eingeschränkt (→ § 152 Rdn. 71).

4.6 Im Verhältnis zur Eigentümergemeinschaft stellt sich bereits die Frage, inwieweit der Zwangsverwalter aus eigenem Antrieb heraus verpflichtet ist, für die Bevorschussung von Wohngeldern Sorge zu tragen oder ob nicht die Eigentümergemeinschaft, i.d.R. vertreten durch einen fachlich qualifizierten Verwalter, auch bei Leerstand verpflichtet ist, diese Ansprüche zunächst eigenständig geltend zu machen. Mit erheblichem Gewicht ist hier des Weiteren zu berücksichtigen, dass der Schuldnereigentümer weiterhin verpflichtet bleibt, die Wohngelder selbst zu zahlen und diese auch bei ihm eingefordert werden könnten.

Scheidet deshalb eine Inanspruchnahme des Zwangsverwalters aus § 9 aus – der insoweit sogar in seiner Bedeutung durch die Beschränkung auf den formal Beteiligten reduziert würde – und lassen sich keine sonstigen schuld- oder schadensersatzrechtlichen Anspruchsgrundlagen finden, muss eine Inanspruchnahme des Zwangsverwalter verneint werden. Es besteht damit auch keine Lücke, die durch die Rechtsfigur des Beteiligten aus § 154 geschlossen werden muss.

4.7 Diese Rechtsprechung des BGH erinnert an die Entscheidung des BVerfG vom 25.1.2011[16]. Dort hat das BVerfG einem durch den BGH entwickelten Rechtsinstitut einen Systemwechsel attestiert, mit dem die Grenzen richterlicher Rechtsfortbildung überschritten werden und Art. 2 Abs. 1 GG i.V.m. dem Rechtsstaatsprinzip (Art. 20 Abs. 3 GG) verletzt werden. Vorliegend werden ebenfalls neue Maßstäbe gesetzt, die in der gesetzlichen Systematik des ZVG und der Regelung des § 154 im Besonderen keine Wertungsgrundlage finden und darüber hinaus auch nicht erforderlich sind.

---

15 Hierzu *Ganter*, Zur teleologischen Reduktion der Zwangsverwalterhaftung, ZfIR 2013, 345.
16 BVerfGE 128, 193 = FamRZ 2011, 437 = NJW 2011, 836.

Damit ist es abzulehnen, über § 154 die Inanspruchnahme des Zwangsverwalters auszuweiten. Eine Einschränkung findet sich in der Entscheidung des LG Schwerin v. 9.2.2013[17], mit welcher der rechtsgeschäftliche Erwerber aus dem Kreis der Beteiligten herausgenommen wurde und das Risiko der nicht vertragsgemäßen Erfüllung durch den Schuldner beim Käufer liegt. Insbesondere sind dort getroffene Vereinbarungen zum Übergang von Nutzungen und Lasten für den Zwangsverwalter unbeachtlich.

Vor diesem Hintergrund dürfte einer Entscheidung des OLG Frankfurt zuzustimmen sein, die zeitlich vor den beiden BGH-Entscheidungen am 10.9.2008 getroffen wurde[18]. Danach haftet der Zwangsverwalter nicht nach § 154, wenn er zur Fortführung eines Bauvorhabens einen Bauunternehmer beauftragt hat und den Gewährleistungseinbehalt trotz Gewährleistungsbürgschaft nicht ausgezahlt hat, weil ihm die Baufortführung betreibende Gläubigerin kein Geld zur Verfügung gestellt hat. Der Verwalter habe keine verwaltungsspezifische Pflicht verletzt, die er dem Bauunternehmer gegenüber haben könnte. Eine Auslegung des Beteiligtenbegriffs nach §§ 9, 154 nach Maßgabe derer ein Schadensersatzanspruch aus §§ 823 Abs. 2 BGB i.V.m. § 17 Nr. 6 VOB/B gegen den Zwangsverwalter begründet werden könnte besteht nicht, da die VOB-Vorschriften als allgemeine Geschäftsbedingungen kein Schutzgesetz sein können. 4.8

Zu prüfen ist in allen Fällen ein Rückgriffsanspruch gegen den betreibenden Gläubiger[19].

d) Sonstige Anspruchsgrundlagen

Im Übrigen haftet der Verwalter den Beteiligten nach den allgemeinen Regeln[20], z.B. aus unerlaubter Handlung (§§ 823 ff. BGB), für die Verkehrssicherheit des Grundstücks (§ 838 BGB). Gegenüber einem Gläubiger haftet er nur für den Zeitraum, in dem der Gläubiger das Verfahren betrieben hat. 5

Bemerkenswert ist hierzu die Entscheidung des 4. Strafsenats des BGH vom 28.7.2011[21] zu Fragen der Vorteilsgewährung und Vorteilsannahme im Verhältnis Zwangsverwalter und Rechtspfleger. Hier bewohnte der Rechtspfleger eine der Zwangsverwaltung unterliegende Wohnung, für die der Verwalter keine Miete, Nutzungsentschädigung oder Nebenkosten geltend gemacht hatte.

Hinzuweisen ist auch auf die Entscheidung des 5. Strafsenats zur Frage der Vermögensgefährdung, wenn die Kaution nicht separiert wird → § 152 Rdn. 167, Fn. 480.

2. Gegenüber Nichtbeteiligten

a) Allgemein

Personen, die nicht zu den Beteiligten nach § 9, ggf. § 154 (s.o. → Rdn. 4.2) gehören, haftet der Verwalter nicht auf eine ordnungsgemäße Verwaltung nach S. 1. 6

---

17 Rpfleger 2013, 405 m. Anm. *Schmidberger.*
18 OLG Frankfurt, NJW-RR, 2009, 571 = ZfIR 2009, 390 = ZInsO 2009, 982; hierzu *Löhnig/Blümle,* § 154 Rdn. 10.
19 OLG Düsseldorf, ZInsO 2007, 157; s. auch BGH, ZfIR 2004, 924; hierzu *Wedekind,* ZfIR 2008, 534.
20 Vgl. auch *Wedekind/Wedekind,* Rdn. 1871 ff.
21 Rpfleger 2011, 622 = IGZInfo 4/2011, 188 = ZInsO 2011, 1646. Anm. *Stapper,* IGZInfo 2011, 179.

Eine Haftung kann sich aus allgemeinen Grundsätzen ergeben, wie den §§ 823 ff., 838 BGB sowie vertraglichen, vorvertraglichen oder nebenvertraglichen Pflichtverletzungen[22], einschließlich der Haftung für Erfüllungsgehilfen (§ 278 BGB), d.h. für persönliches Verschulden[23]. Schaltet er andere Hilfskräfte ein, z.b. Hausverwalter, kommt eine Haftung aus § 831 BGB in Betracht.

Er haftet z.B. für den **Vertrauensschaden**, wenn er einen Vertrag abschließt, den er aus der Masse oder über Vorschüsse nicht erfüllen kann[24]. Wird die Zwangsverwaltung nach Zuschlag nicht sofort aufgehoben, haftet der Verwalter auch dem Ersteher gegenüber zwischen Zuschlag und Aufhebung nach allgemeinen Grundsätzen, da der Ersteher nicht Beteiligter i.S.v. § 9 ist[25]. Auch nach Aufhebung können Abwicklungsgeschäfte verbleiben, für die eine Haftung besteht.

b) Besondere Haftungstatbestände

7.1 Wird ein Betrieb fortgeführt oder Personal des Schuldners weiter beschäftigt, besteht eine Haftung für die Abführung der Sozialversicherungsbeiträge[26] des Verwaltungszeitraums und bei umsatzsteuerrelevanten Verfahren für nicht abgeführte Umsatzsteuer[27] (→ § 152 Rdn. 96.1 ff.).

3. Einzelfälle

7.2 Der Zwangsverwalter muss etwaige Gefahren für das seiner Obhut anvertraute Objekt durch Feststellungen vor Ort aufklären, wenn er nach erhaltenen Hinweisen mit der Möglichkeit zu rechnen hat, dass ein Mieter durch seinen **vertragswidrigen Gebrauch** der Wohnung den Schuldner nicht unwesentlich schädigt. Versäumt der Zwangsverwalter die für ein wirksames Eingreifen gegen eine Wohnungsverwahrlosung erforderlichen Feststellungen, trifft ihn nach Auffassung des BGH die Beweislast, dass der bei Aufhebung der Zwangsverwaltung bestehende **Verwahrlosungsschaden** an der Mietwohnung nicht auf einem Unterlassen beruht[28].

Insoweit verwirklicht sich im Falle eines Diebstahls von Schuldner- oder Dritteigentum zunächst das bestehende Lebensrisiko. Die Haftung des Zwangsverwalters bedarf einer weiteren kausalen Pflichtverletzung[29].

7.3 Zum bewussten **Leerstand** wird auf → § 152 Rdn. 24 verwiesen. Wird der Verwalter wegen des Leerstands in Haftung genommen, kommt der Verwalter seiner Nutzungsverpflichtung nach, wenn er einen Makler mit der Vermietung beauftragt, der insoweit auch Vermittlungstätigkeiten entfaltet[30]. Die Behauptung, ein Zwangsverwalter habe die Wohnung nicht vermietet, genügt noch nicht für die Darlegung einer Pflichtverletzung des Verwalters[31].

---

22 Stöber, ZVG § 154 Rdn. 2.6.; s. auch *Löhnig/Blümle*, § 154 Rdn. 14 ff.
23 Ausführlich *H/W/F/H*, § 154 Rdn. 3a f.
24 Ebenso *Depré/Mayer*, Rdn. 728 f.
25 *Depré/Mayer*, Rdn. 732.
26 A.A. OLG Köln, NJW 1956, 835; in dieser Form, insbesondere unter den Voraussetzungen der Betriebsfortführung nicht mehr haltbar.
27 Vgl. auch *H/W/F/H*, § 154 Rdn. 3e.
28 Rpfleger 2006, 616 = WM 2005, 1958 = ZInsO 2005, 882.
29 LG Siegen, U. v. 16.10.2013, 5 O 327/09, IGZInfo 1/2014, 32.
30 OLG Köln, ZfIR, 2012, 193 m. Anm. *Bergsdorf*.
31 OLG Brandenburg, ZfIR 2010, 510.

Im Gegenzug haftet der Zwangsverwalter jedoch, wenn er das Objekt (deutlich) unter Wert vermietet. In der Entscheidung des Kammergerichtes lag die Miete bei der Hälfte der erzielbaren ortsüblichen Miete, ohne dass weitere ausgleichende Vorteile zu verzeichnen waren[32].
Zu den Pflichten gegenüber der Eigentümergemeinschaft und einem Versorgungsunternehmen wird auf → Rdn. 4.2 ff. verwiesen. Er ist nicht verpflichtet mögliche dingliche Rechte Dritter zu ermitteln. Beruft sich nach Anordnung der Verwaltung ein Inhaber hierauf, muss der Zwangsverwalter dies dem Gericht unverzüglich mitteilen.[32a]

Ist das verwaltete Objekt unregelmäßig bewohnt, reicht eine **Kontrolle** im Abstand von 11 Tagen[33]. Hierbei kommt es nicht darauf an, in welchem zeitlichen Abstand bei einem Heizungsausfall ein weitergehender Schaden eintritt[34], sondern darauf, in welchen Intervallen die jeweils eingesetzte Heizungsanlage nach der Verkehrsanschauung und Lebenserfahrung mit Blick auf ihre Bauart, ihr Alter, ihre Funktionsweise, regelmäßige Wartung, Zuverlässigkeit, Störanfälligkeit u.ä. kontrolliert werden muss, um ein reibungsloses Funktionieren nach dem gewöhnlichen Lauf der Dinge zu gewährleisten.

7.4

Hierbei soll den Zwangsverwalter jedoch keine Pflicht treffen, im Rahmen der **Inbesitznahme** sofort und persönlich Überprüfungen der Haustechnik durchzuführen und Maßnahmen zu ergreifen[35]. Entscheidungsrelevant ist, ob für handwerkliche Maßnahmen eine Fachkunde Voraussetzung ist und die Erkennbarkeit ggf. zeitnah Handwerker hinzuzuziehen. Setzt sich der Schuldner nicht mit dem Verwalter in Verbindung und weist diesen auf eine ihm bekannte Dringlichkeit hin, kann er von dem Verwalter keinen Schadensersatz verlangen, weil dieser mit dem Objekt pflichtwidrig umgegangen sei[36]. Der Verwalter wird hierdurch jedoch nicht von seinen allgemeinen Sorgfaltspflichten befreit.

Haftungsansprüche können sich auch aus einem mangelhaften Liquiditätsmanagement in Bezug auf eine nicht ranggerechte Verteilung der Zwangsverwaltungsmasse und in Bezug auf die Ausgaben des Verfahrens ergeben (→ § 155 Rdn. 10 ff., § 157 Rdn. 12)[37].

7.5

4. Geltendmachung

Die Ansprüche können häufig erst nach Aufhebung der Verwaltung geltend gemacht werden, weil sie früher selten feststellbar sind, was auch für den Verjährungsbeginn relevant ist (§ 199 Abs. 1 Nr. 2 BGB). Es ist unerheblich, ob das Verfahren noch läuft oder aufgehoben ist. Die Haftung bezieht sich nur auf den **Zeitraum der Zwangsverwaltung**[38]. Die Ansprüche verjähren in 3 Jahren unter den Voraussetzungen der §§ 195, 199 BGB.

8

---

32 6 U 173/11.
32a BGH, IX ZR 44/15, ZfIR 2016, 110.
33 Zu Obliegenheiten im Rahmen der Gebäudeversicherung, BGH, NJW-RR 2008, 1353 = ZfIR 2008, 742 = WuM 2008, 504 = IGZInfo 2008, 182; s. auch OLG Köln, Rpfleger 2008, 321 = ZfIR 2008, 73 = IGZInfo 2008, 93.
34 Nach Auffassung des dortigen Sachverständigen innerhalb von 48 Stunden bei minus 14 Grad.
35 LG Erfurt, ZfIR 2008, 808.
36 LG Erfurt, ZfIR 2008, 808.
37 BGH, Rpfleger 2013, 563; *Brandau* und *Stroh*, IGZInfo 2/2014, 60, 68, Liquiditätsmanagement in der Zwangsverwaltung.
38 OLG Hamburg, KTS 1986, 513; LG Berlin, Rpfleger 1979, 225.

9   Hat der Verwalter Weisungen des Gerichts befolgt, haftet er nur, wenn er die Gesetz- oder Pflichtwidrigkeit kannte oder kennen musste[39]. Die Entscheidung des BGH[39a], der Verwalter müsse das Vollstreckungsgericht von im Grundbuch eingetragenen Nutzungsrechten (z.b. Nießbrauch) unterrichten, geht zu weit. Solche die Verwaltung hindernden Rechte sind stets von Amts wegen zu beachten, § 28 ZVG. Erhält er hiervon Kenntnis, muss er dies dem Gericht jedoch unverzüglich mitteilen.

10 Wird ein Verwalter durch einen neuen ersetzt, kann der neue Verwalter den bisherigen wegen schuldhafter Verkürzung der Masse in Anspruch nehmen. Für die örtliche Zuständigkeit der Klage ist der besondere Gerichtsstand der Vermögensverwaltung (§ 31 ZPO) gegeben.

11 Erleidet ein Prozessgegner in einem Masseprozess dadurch einen Schaden, das ein Kostenerstattungsanspruch nicht durch ausreichende Masse oder Vorschüsse sichergestellt ist, haftet der Verwalter hierfür nur unter besonderen Umständen aus § 826 BGB[40], was aufgrund der Verneinung einer Haftung für Verwalterpflichten gegenüber Dritten begründbar ist und letztlich ein allgemeines Prozessrisiko des am Prozess beteiligten Dritten ist (vgl. auch → § 152 Rdn. 236).

III. Masseverwaltung, § 13 Abs. 1 ZwVwV
1. Allgemein

12 Der Massebestand umfasst alle Guthaben aus der Verwaltung einschließlich Kasse, Festgeldkonten und Kautionskonten. Die Trennung der Verwaltungsmasse von der sonstigen Vermögenssphäre des Verwalters ist grundlegend für Vermögenstreuhandschaften[41].

2. Bargeld

13 Hält der Verwalter Bargeld vor, muss er für jedes Verfahren eine eigene Kasse führen und ein Kassenbuch. Eine Vermengung mit der Kanzleikasse oder mit anderen Verfahren ist unzulässig (§ 13 Abs. 1 ZwVwV). Da auch kleinere Ausgaben bargeldlos durch Überweisungen abgewickelt werden können, sollte i.d.R. auf eine Barkasse verzichtet werden, da hierdurch auch unnötiger zusätzlicher Verwaltungsaufwand verursacht wird. Bei einer Vielzahl von Verfahren sind auch die Gefahren von Feuer und Diebstahl zu berücksichtigen und nicht zuletzt auch ein Zinsverlust.

3. Treuhandkonto

14 Nach § 13 Abs. 2 ZwVwV hat der Verwalter für jede Verfahren eine gesondertes Treuhandkonto anzulegen, um den Zahlungsverkehr abzuwickeln. Das Konto kann als Rechtsanwaltsanderkonto (offenes Treuhandkonto zugunsten des wirtschaftlich Berechtigten) geführt werden. Diese Konten sind für Gläubiger unpfändbar[42]. Die Grundsätze des Treuhandkontos sind insbesondere von Verwaltern zu beachten, die weder Notar oder Rechtsanwalt sind[43].

15 Werden Geldbestände nur in größeren Zeitabständen benötigt, z.B. wenn Zahlungen auf den Teilungsplan erst am Ende des Jahres fällig werden, sind diese Gelder ggf. auf einem Festgeldkonto zinsgünstig anzulegen. Die Begründung der Ver-

---

39   H/W/F/H, § 154 Rdn. 3e a.E.; *Depré/Mayer*, Rdn. 825.
39a BGH, Urteil vom 15.10.2015, IX ZR 44/15, Rpfleger 2016, 172 = ZfIR 2016, 110.
40   BGHZ, 148, 175 = NJW 2001, 3187; abw. noch LG Hamburg, MDR 1958, 698.
41   Vgl. H/W/F/H, § 13 ZwVwV Rdn. 1.
42   Vgl. *Hintzen/Förster*, Rpfleger 2001, 399.
43   Vgl. hierzu ausführlich H/W/F/H, § 13 ZwVwV Rdn. 4 f.

ordnung führt zu § 13 ZwVwV aus: *„Sollte gleichwohl einmal eine längerfristige Anlage erforderlich sein, ist die Festanlage die sachgerechte Anlageform, wobei allgemein üblich das Monatsgeld ist."*

Eine Risikoanlage darf nicht eingegangen werden. Werden Fremdgelder längere Zeit auf dem Geschäftskonto verbucht und nicht dem Anderkonto gutgeschrieben kann diese zu einer Entlassung führen[44] (→ § 153 Rdn. 58). 16

Bei großen Verfahren mit verschiedenen Objekten oder Einheiten kann die Anlage verschiedener Konten sinnvoll sein, wobei die Transparenz in der Buchhaltung gewährleistet bleiben muss auch im Hinblick auf die Zuordnung der Belege. 17

IV. Rechnungslegung

1. Allgemein

Das Gericht hat die Geschäftsführung des Verwalters zu beaufsichtigen (§ 153 Abs. 1). Ein wesentliches Instrument ist das Recht jederzeit Auskunft und Rechnungslegung verlangen zu können[45]. Dies ist nunmehr ausdrücklich in §§ 16 ZwVwV normiert (→ Rdn. 47). Abs. 2 ordnet hiervon unabhängig an, dass der Verwalter (betreibendem) Gläubiger und Schuldner Rechnung zu legen hat (s. → Rdn. 1, 35 zu Dritten). Von dieser gesonderten Verpflichtung kann der Verwalter durch Gläubiger und Schuldner befreit werden, was in der Praxis nicht relevant werden dürfte, da die Rechnungslegung dem Gericht eingereicht wird. Ist ein Gläubiger aber wegen seiner Ansprüche befriedigt, kann er eine Rechnungslegung nicht mehr verlangen. 18

Das Gericht kann die Schlussrechnung auch nach Aufhebung des Verfahrens einfordern und ggf. mit Zwangsgeld (§ 153 Abs. 3) erzwingen (str., vgl. → § 153 Rdn. 51). Es besteht kein unmittelbar einklagbares **Recht von Gläubiger und Schuldner** gegen den Verwalter auf Auskunft und Rechnungslegung nach § 154 wegen § 154 Abs. 3[46]. Ein solches Recht besteht als *Ultima Ratio* nur dann, wenn die Möglichkeiten des Vollstreckungsgerichtes, den Zwangsverwalter zu einer ordnungsgemäßen Rechnungslegung zu veranlassen, ohne Erfolg bleiben.

Die Rechnungslegung besteht aus dem **Sachbericht** und der **Rechnungslegung** (s. auch → Rdn. 36 ff.).

2. Zeitpunkt

Die Rechnung ist jährlich und nach Beendigung der Zwangsverwaltung zu legen (S. 2, § 14 Abs. 2 ZwVwV). Hierbei ist grundsätzlich das Kalenderjahr maßgeblich[47], wobei mit Zustimmung des Gerichts hiervon abgewichen werden kann (§ 14 Abs. 2 ZwVwV). Insofern kann die **Abrechnung nach Verwaltungsjahren** sinnvoll sein, um eine Häufung der Abrechnungen aufseiten des Verwalters und des Gerichts zu Beginn eines Kalenderjahres zu vermeiden[48]. Nach der Begründung der Regelung soll eine solche Rechnungslegung *nicht in jedem Fall ausgeschlossen sein*. Eine Verlängerung über ein Jahr dürfte im Gegensatz zu einer Ver- 19

---

44 AG Karlsruhe, ZIP 1983, 101.
45 Hierzu *Schmidberger*, ZfIR 2008, 517.
46 OLG Frankfurt, IGZInfo 2010, 183 = ZfIR 2010, 427 m. Anm. *Traub*.
47 *Hintzen/Alff*, Rpfleger 2004, 129 ff.: Regelfall.
48 So auch *H/W/F/H*, § 14 ZwVwV Rdn. 5 f.

kürzung auszuschließen sein[49]. Zu beachten ist auch die auf das Kalenderjahr bezogene Kostenberechnung des Gerichts (→ § 146 Rdn. 46).

Unzulässig ist die gemeinsame Schlussrechnung für mehrere Zwangsverwaltungsverfahren, nicht nur weil sie nicht nachvollziehbar ist[50].

20 Sinnvoll ist es jedoch, volle Monate zugrunde zu legen. Da bei größeren Zwangsverwaltungen häufig auch die Umsatzsteuer relevant ist, dürfte hier eher das Kalenderjahr abzurechnen sein. Bei kleineren Verwaltungen kann das Verwaltungsjahr sinnvoller sein[51]. Der Wechsel auf eine jährliche Rechnungslegung entbindet den Verwalter jedoch nicht von laufenden Kontrollen der Mieteingänge (§ 7 ZwVwV).

21 Auch in Zusammenhang mit dem Vorschussanspruch bezüglich der Vergütung (→ § 152a Rdn. 126 ff.) kann eine Rechnungslegung in einem kürzeren Zeitraum, z.B. 6 Monate sinnvoll sein. Die Einzelheiten der Rechnungslegung bestimmen sich allgemein nach § 259 BGB und im Einzelnen nach den §§ 13–15 ZwVwV. Die Schlussrechnung erfolgt in Form einer abgebrochenen Jahresrechnung.

22 Nach vollständiger Beendigung des Verfahrens, insbesondere der Abwicklung der Gerichtskosten, dem Ausgleich der Restvergütung, die Auszahlung des verbleibenden Guthabens an den Berechtigten, bei zuschlagsübergreifenden Einnahmen oder Ausgaben[52] und der Auflösung des Treuhandkontos erfolgt eine **Endabrechnung** in Form eines Journals[53], soweit dies je nach Größe des Verfahrens hinreichend transparent ist.

3. Inhalt
a) Grundsätze ordnungsgemäßer Buchführung
aa) Allgemein

23 Die Buchführung dürfte i.d.R. EDV-mäßig eingerichtet sein, was die Verordnung in der Begründung zu § 13 ZwVwV voraussetzt:

„Das Rechenwerk bleibt eine nach sachlichen Gliederungskriterien aufgebaute Einnahmenüberschussrechnung, grundlegend zu unterscheiden von einer betrieblichen Bilanz. Auch wenn die meisten EDV-Buchhaltungssysteme im Ansatz als doppelte Buchführung angelegt sind bzw. aus Finanzbuchhaltungsprogrammen abgeleitet sind, wird die doppelte Buchführung in der Zwangsverwaltung nicht durchgehalten. Sie ist auch in keiner Weise erforderlich."

24 Es handelt sich um eine um die Solleinnahmen ergänzte Einnahmen-Überschussrechnung (§ 14 Abs. 1 ZwVwV). Die Gliederung regelt § 15 ZwVwV. Aus der Rechnung müssen die Einzelbuchungen ersichtlich sein[54] und durch Kontoauszüge (bei elektronischer Abwicklung Kurztext im Kontoauszug) und Belege (Überweisungsträger und Sachbeleg, z.B. Rechnung) nachgewiesen werden (§ 13 Abs. 3 S. 3 u. 4 ZwVwV).

---

49 Vgl. *Depré/Mayer*, Rdn. 786 f. zur Problematik der möglichen Abweichung des Abrechnungszeitraums, der Vergütung und der Gerichtskosten.
50 OLG Frankfurt, IGZInfo 2010, 183 = ZfIR 2010, 427 m. Anm. Traub.
51 Vgl. *Hintzen/Alff*, Rpfleger, 2004, 129 ff.
52 Ausführlich mit Mustern *Brüggemann/Haut*, Rdn. 955 ff.; vgl. zum „Restmandat" H/W/F/H, § 14 ZwVwV Rdn. 11, jedoch i.d.R. vor Endabrechnung.
53 H/W/F/H, § 14 ZwVwV Rdn. 10.
54 *Depré/Mayer*, Rdn. 791 f.: Keine Differenzbuchungen und keine Saldobuchungen, Muster Nr. 5.

Alle die Verwaltung betreffenden Schriftstücke sind in nach Verfahren getrenn- 25
ten Akten zu führen. Über nicht schriftsätzlich dokumentierte Vorgänge sind Ak-
tenvermerke zu fertigen.

bb) Grundsätze

Ausgaben müssen lückenlos belegt werden[55]. Bei ungeklärten, bzw. unbelegten 26
Einnahmen kann im Ausnahmefall durch einen Eigenbeleg eine Zuordnung zur
Masse dokumentiert werden. Die Belege sind regelmäßig chronologisch zu ord-
nen und den Kontoauszügen zuzuordnen.

Mit der Buchhaltung sollte ein Journal eingereicht werden, um einen Abgleich 27
der Bewegungen zu ermöglichen. Der Ausweis des Finanzkontos kann das Journal ersetzen.

In einfach gelagerten Verfahren (z.B. eine Einheit) kann es ausreichend sein,
die Buchhaltung auf ein reines Journal zu begrenzen.

Buchungen dürfen nicht kumuliert werden oder Einzelbuchungen mit Ge-
samtbelegen unterlegt werden. Sich wiederholende oder objektübergreifende Belege müssen bei jeder Buchung Verwendung finden. Die Buchhaltungskonten
müssen transparent und nachvollziehbar bleiben.

b) Gliederung nach Verwaltungseinheiten

Die Soll- und Isteinnahmen sind nach Verwaltungseinheiten aufzugliedern. 28
Hiermit sind einzelne Wohnungen und Gewerbeeinheiten gemeint. Bei größeren
Verwaltungen kann darüber hinaus eine Aufteilung nach Wohnblöcken oder Ab-
rechnungseinheiten sinnvoll sein. Die getrennte Erfassung wird durch die Anlage
von Buchhaltungskonten je Einheit gewährleistet für die die Soll- und Isteinnahmen dargestellt werden können.

c) Gliederung der Einnahmen

Die Einnahmen werden ebenso wie die Ausgaben nach **sachlichen Gliede-** 29
rungspunkten dargestellt. Die Differenz ergibt den Sollbestand und muss mit
dem Istbestand übereinstimmen.

Die Mieten und Pachten müssen von den anderen Einnahmen gesondert dar- 30
gestellt werden. Inwieweit hier bereits ein Abgleich der Soll- mit den Isteinnahmen geboten ist[56], wird zumindest durch die gesonderte Darstellung dieser
Soll- und Isteinnahmen kompensiert. Zweckmäßig ist insbesondere im Hinblick auf die Nebenkostenabrechnung ein gesonderter Ausweis der Nebenkosten[57]. Sehr weitgehend wird teilweise eine Darstellung für die Nebenkosten gefordert, aus der für jedes Mietverhältnis die Vorauszahlungen und die sich aus
der Abrechnung ergebenden Erstattungs- oder Nachzahlungsansprüche ersichtlich sind[58].

Bei Leerständen hat in der Darstellung des Verwaltungszeitraumes ein Erläuterung zu erfolgen, auch im Hinblick auf eine Neuvermietung. Rückstände sind im
Hinblick auf § 7 ZwVwV zu begründen.

---

55 Vgl. *Röll*, Rdn. 346 bis 348.
56 So *H/W/F/H*, § 15 ZwVwV Rdn. 2.
57 *Depré/Mayer*, Rdn. 791.
58 So *Depré/Mayer*, Rdn. 791.

d) Gliederung der Ausgaben

31 Die Gliederung orientiert sich an § 15 Abs. 3 ZwVwV und ist ggf. sinnvoll zu ergänzen. Die Ausgaben müssen periodengerecht zum Zeitpunkt der Überweisung erfasst und belegmäßig dokumentiert werden[59]. Aus den Überweisungsbelegen muss eine genaue Zuordnung möglich sein, insbesondere bei sich wiederholenden Überweisungen auf der Grundlage eines Ausgangsbelegs. Im Hinblick auf die Verwendung eines Kontenrahmens ist der Vermerk des Kontos auf dem Kontoauszug für den Nachvollzug sinnvoll.

Dies gilt auch für die Zahlungen auf den Teilungsplan, insbesondere, wenn hier Überschneidungen mit der Erlösverteilung eines parallelen Zwangsversteigerungsverfahrens zu verzeichnen sind.

e) Steuern

32 Hierzu wird im Allgemeinen zunächst auf → § 152 Rdn. 89 ff. und → § 155 Rdn. 16 Bezug genommen. Die Umsatzsteuer und die Vorsteuer sind gesondert darzustellen. Hierzu ist eine Zerlegung notwendig, die EDV-mäßig bearbeitet werden kann[60]. Hieraus resultieren letztlich auch die Umsatzsteuervoranmeldungen.

f) Soll- und Isteinnahmen, § 14 ZwVwV

33 Nach der Begründung zu § 13 ZwVwV ist die Einbuchung von Sollausgaben möglich, aber in der Praxis unüblich und nicht erforderlich. Insofern wurde hierauf verzichtet[61]. Nur durch die Darstellung der Solleinnahmen, können Rückstände transparent gemacht werden und die Notwendigkeit des Inkassos (§ 7 ZwVwV) kontrolliert werden.

Ggf. sind gesonderte Mieterkonten einzurichten. I.d.R. ist jedem Mieter aber ein Konto zugeordnet.

4. Rechnungsarten

34 Die Jahresrechnung ist nach den vorstehenden Grundsätzen aufzustellen. Besonderheiten der Schlussrechnung[62] oder der Endabrechnung werden unter § 161 dargestellt.

5. Anspruchsberechtigte

35 Andere Beteiligte als Schuldner und betreibende Gläubiger sollen nach allgemeiner Auffassung[63] keine Rechnungslegung beanspruchen können (→ Rdn. 1, 18).

Dies ist insofern zweifelhaft, da der Verwalter auch die Vermögensinteressen der weiteren Beteiligten vertritt (Haftung), die zwar dem Verfahren nicht beigetreten sind, jedoch Rechte an dem Grundstück haben und ggf. auch über den Teilungsplan an den Überschüssen zu beteiligen sind. Der Verwalter besorgt damit auch fremde Angelegenheiten. Hieraus hat die Rechtsprechung einen Rechnungslegungsanspruch begründet[64]. Diese Beteiligten können ohne Auskünfte, insbe-

---

59 *H/W/F/H*, § 15 ZwVwV Rdn. 5.
60 Vgl. zum Vorsteuersplitting *H/W/F/H*, § 15 ZwVwV Rdn. 8 und vorstehend → § 152 Rdn. 99.1.
61 Hierzu *H/W/F/H*, § 14 ZwVwV Rdn. 3.
62 Vgl. auch *Depré/Mayer*, Rdn. 806 ff. mit Muster Nr. 5.
63 Vgl. *H/W/F/H*, § 154, Rdn. 4; *Stöber*, § 154 Rdn. 4.1.
64 BGHZ 10, 385.

sondere die Rechnungslegung, die Wahrung ihrer Rechte nicht beurteilen, es sei denn man lässt die Aufsicht des Gerichtes genügen. Da die Rechnung dem Gericht einzureichen ist, wird man diesen Gläubigern zumindest einen Auskunftsanspruch auf Übersendung der Abrechnung nicht verwehren können, wenn er geltend gemacht wird[65]. Daneben ist Einsicht in die Unterlagen zu gewähren[66].

6. Verfahren
a) Einreichung

Die für die Berechtigten bestimmte Rechnungslegung ist dem Vollstreckungsgericht mit allen Kontoauszügen und Belegen (§ 13 Abs. 3 S. 4 ZwVwV) einzureichen und von diesem Schuldner und Gläubiger(n) weiterzuleiten und nach diesseitiger Auffassung auch weiteren Beteiligten des § 9, soweit sie Auskünfte geltend machen (s. → Rdn. 35). Die **Weiterleitung** beschränkt sich aber auf die Abrechnung (Sachbericht und Einnahmen-Überschussrechnung) ohne Kontoauszüge und Belege. Die Abrechnung ist 3-fach einzureichen oder bei mehreren betreibenden Gläubigern entsprechend, die Kontoauszüge und Belege nur einfach. Kontoauszüge und Belege können zur Einsichtnahme bereitgehalten werden. Hierdurch sollen Streitigkeiten zwischen Verwalter und Beteiligten vermieden werden[67]. Für die rechtzeitige Vorlage muss das Gericht im Rahmen der Aufsicht Rechnung tragen (→ § 153 Rdn. 8), ggf. durch Zwangsgeld (§ 153 Abs. 2 → Rdn. 49 ff.). Damit besteht grundsätzlich keine Möglichkeit, den Anspruch auf Rechnungslegung im Klageweg durchzusetzen (str.)[68]. Führen die Zwangsmaßnahmen des Gerichts jedoch nicht zum Erfolg, muss dem Gläubiger oder dem Schuldner als *Ultima Ratio* aus dem gesetzlichen Rechtsverhältnis ein einklagbares Recht verbleiben[69]. 36

Kommt der Verwalter der laufenden Rechnungslegung nicht nach und ist der Masse ein Schaden entstanden ist der Verwalter sofort zu entlassen. 37

Die Regelungen gelten sowohl für die Zwischenrechnungen, als auch für die Schlussrechnung. Wird der Verwalter entlassen, hat der neue Verwalter eine unterlassene Rechnungslegung des alten Verwalters nicht nachzuholen. Hier muss das Gericht mit Zwangsmitteln gegen diesen vorgehen[70]. 38

b) Vorprüfung

Das Gericht nimmt eine rechnerische und sachliche Vorprüfung vor. Hierbei kann der Verwalter angehalten werden, etwaige Mängel zu beseitigen, ergänzende Auskünfte zu erteilen oder fehlende Unterlagen oder Belege nachzureichen[71]. Stellt sich ein Schaden heraus, für den der Verwalter haftet, kann er nicht durch Zwangsgeld zum Ersatz verpflichtet werden[72], vielmehr müssen die Beteiligten ihre Ansprüche gesondert, ggf. durch Klage, geltend machen. Das Gericht teilt den 39

---

65 Ähnlich *Depré/Mayer*, Rdn. 793 ff.
66 Ebenso *Böttcher/Keller*, § 154 Rdn. 9.
67 Mot ZVG S. 331.
68 OLG Hamburg, KTS 1986, 513 = NJW-RR 1986, 1186; *Stöber*, ZVG § 154 Rdn. 4.4; a.A. OLG Celle, OLGR 1996, 263, *H/W/F/H*, § 154, Rdn. 4 und *Böttcher/Keller*, § 154 Rdn. 9.
69 Str. ebenso *Depré/Mayer*, Rdn. 798 und *Böttcher/Keller*, § 154 Rdn. 9; OLG Frankfurt, IGZInfo 2010, 183 = ZfIR 2010, 427.
70 Vgl. *Stöber*, ZVG § 154 Rdn. 4.7.
71 Vgl. *H/W/F/H*, § 14 ZwVwV Rdn. 2.
72 LG Freiburg, Rpfleger 1980, 354 für Konkursverwalter; *Stöber*, ZVG § 154 Rdn. 4.4.

Beteiligten mit, wenn keine Unklarheiten bestehen oder Ergänzungen erforderlich sind[73], wodurch Einwendungen jedoch nicht ausgeschlossen werden.

c) Vorlage

40 Die Rechnungslegung in Form der Bestandteile der §§ 13–15 ZwVwV ist den Beteiligten nicht zu übersenden. In Betracht kommt lediglich der begleitende Sachbericht des Verwalters über seine Geschäftsführung im Rechnungslegungszeitraum und die Einnahme-Überschussrechnung. Die Einnahme-Überschussrechnung nebst Kontoauszügen und Belegen wird auf der Geschäftsstelle ausgelegt, wovon die Beteiligten zu unterrichten sind. Bei Beanstandungen kann das Gericht einen **Termin** bestimmen, zu dem Verwalter und Beteiligte zu laden sind. Lehnt das Gericht in diesem Zusammenhang eine Aufsichtsmaßnahme ab, haben die jeweiligen Beteiligten gegen einen ablehnenden Beschluss die Möglichkeit der sofortigen Beschwerde, ohne Anhörung die Erinnerung.

41 Ist die Rechnung geprüft und werden keine Einwendungen erhoben, sind die Kontoauszüge und Belege dem Verwalter zurückzugeben.

7. Rechnungsabnahme und Verwalterentlastung

a) Rechnungsabnahme

42 Die Beteiligten können die Rechnung abnehmen und anerkennen, wobei **Abnahme** die formelle Richtigkeit betrifft (§ 259 BGB) und **Anerkennung** die materielle Richtigkeit. Ersatzansprüche aus der Abrechnung oder solche, die bis zu diesem Zeitpunkt geltend gemacht werden konnten, können nur durch die Anerkennung für die Zukunft ausgeschlossen werden[74]. Bei Beanstandungen, die auch in einem Termin nicht behoben werden können, verbleibt lediglich eine Klärung im Prozessweg (§§ 254, 888 ZPO).

b) Eidesstattliche Versicherung

43 Besteht Grund zur Annahme, dass die Angaben über die Einnahmen und Ausgaben nicht mit der erforderlichen Sorgfalt gemacht worden sind, hat der Verwalter auf Verlangen eine eidesstattliche Versicherung abzugeben (§ 259 Abs. 2 BGB). Entsprechend §§ 261 Abs. 1 BGB, 889 ZPO kann der Verwalter die Versicherung freiwillig vor dem Vollstreckungsgericht abgeben. Bestreitet er diese Verpflichtung, entscheidet auf Klage das Prozessgericht[75].

c) Entlastung

44 Wird die Anerkennung der sachlichen Richtigkeit der Abrechnung verweigert und der Verwalter damit nicht entlastet, kann das Gericht zunächst vermitteln. Scheitert dies, sind die Parteien auf den Rechtsweg zu verweisen. Bestreitet ein Beteiligter die sachliche Richtigkeit, kann auch der Verwalter diese feststellen lassen (§ 256 ZPO)[76].

---

73 *Depré/Mayer*, Rdn. 793 ff.
74 *Stöber*, ZVG § 154 Rdn. 4.5.
75 Vgl. auch *Stöber*, ZVG § 154 Rdn. 4.3; *H/W/F/H*, § 154, Rdn. 5; *Böttcher/Keller*, § 154 Rdn. 10.
76 *Böttcher/Keller*, § 154 Rdn. 11 m.w.N.

d) Schweigen nach Abrechnung

Die Beteiligten sind nicht verpflichtet, sich zur Entlastung/Anerkennung zu äußern. Dies lässt sich auch nicht aus dem Interesse des Verwalters an einem Anerkenntnis oder der Mitteilung von Beanstandungen begründen[77]. Das bloße Schweigen auf die vorgelegte Abrechnung ist daher kein schlüssiges Anerkenntnis[78]. Etwas anderes gilt jedoch, wenn das Gericht unter Fristsetzung Gelegenheit zur Stellungnahme bzw. Erhebung von Einwendungen setzt und diese Frist verstreicht[79]. Hierbei muss für den Beteiligten klar werden, dass es nicht nur um die formelle Abnahme, sondern auch um ein materielles Anerkenntnis geht. Die bloße Mitteilung des Gerichts, dass die Abrechnungsunterlagen eingesehen werden können oder die bloße gerichtliche Abnahme sind nicht ausreichend[80]. 45

V. Auskunft

1. § 13 Abs. 4 ZwVwV

Nach der Begründung sollen Gläubiger und Schuldner auch in kürzeren Abständen die Möglichkeit haben, sich über den Stand des Verfahrens einen Überblick zu verschaffen[81]. Die Regelung kompensiert die frühere Quartalsabrechnung und gleicht die lediglich jährliche Rechnungslegungspflicht aus. Hieraus begründet sich kein eigener umfassender Auskunftsanspruch gegen den Verwalter[82], da hier § 16 ZwVwV zu berücksichtigen ist. Sie bezieht sich insbesondere auf Sachstandsanfragen oder Einzelfragen. Die Auskunft kann (fern-)mündlich oder schriftlich erteilt werden. Das Auskunftsverlangen darf nicht rechtsmissbräuchlich, sondern muss sachlich geboten sein. Erteilt der Verwalter keine Auskunft, können die Berechtigten nur das Gericht anhalten, im Rahmen der allgemeinen Aufsicht (§ 153 Abs. 1) tätig zu werden. 46

2. § 16 ZwVwV

Die Regelung ist im Kontext zu § 153 zu sehen. Zu den möglichen Maßnahmen wird insofern auf die dortigen Ausführungen verwiesen[83]. 47

---

77 So *Stöber*, ZVG § 154 Rdn. 4.6.
78 *Depré/Mayer*, Rdn. 805; *Löhnig/Blümle*, § 154 Rdn. 25.
79 *Stöber*, ZVG § 154 Rdn. 3.6; *Böttcher/Keller*, § 154 Rdn. 11; a.A. *Depré/Mayer*, Rdn. 722.
80 Ähnlich *Stöber*, ZVG § 154 Rdn. 4.6 f.
81 Hierzu *Schmidberger*, ZfIR 2008, 517.
82 So *Stöber*, ZVG § 154 Rdn. 4.9.
83 Vgl. auch *H/W/F/H*, § 16 Rdn. 1 ff., 5 ff.

§ 155 »Verteilung der Nutzungen«

(1) Aus den Nutzungen des Grundstücks sind die Ausgaben der Verwaltung sowie die Kosten des Verfahrens mit Ausnahme derjenigen, welche durch die Anordnung des Verfahrens oder den Beitritt eines Gläubigers entstehen, vorweg zu bestreiten.

(2) ¹Die Überschüsse werden auf die in § 10 Abs. 1 Nr. 1 bis 5 bezeichneten Ansprüche verteilt. ²Hierbei werden in der zweiten, dritten und vierten Rangklasse jedoch nur Ansprüche auf laufende wiederkehrende Leistungen, einschließlich der Rentenleistungen, sowie auf diejenigen Beträge berücksichtigt, die zur allmählichen Tilgung einer Schuld als Zuschlag zu den Zinsen zu entrichten sind. ³Abzahlungsbeträge auf eine unverzinsliche Schuld sind wie laufende wiederkehrende Leistungen zu berücksichtigen, soweit sie fünf vom Hundert des ursprünglichen Schuldbetrages nicht übersteigen.

(3) ¹Hat der eine Zwangsverwaltung betreibende Gläubiger für Instandsetzungs-, Ergänzungs- oder Umbauarbeiten an Gebäuden Vorschüsse gewährt, so sind diese zum Satze von einhalb vom Hundert über dem Zinssatz der Spitzenrefinanzierungsfazilität der Europäischen Zentralbank (SFR-Zinssatz) zu verzinsen. ²Die Zinsen genießen bei der Zwangsverwaltung und der Zwangsversteigerung dasselbe Vorrecht wie die Vorschüsse selbst.

(4) ¹Hat der Zwangsverwalter oder, wenn der Schuldner zum Verwalter bestellt ist, der Schuldner mit Zustimmung der Aufsichtsperson Düngemittel, Saatgut oder Futtermittel angeschafft, die im Rahmen der bisherigen Wirtschaftsweise zur ordnungsmäßigen Aufrechterhaltung des Betriebs benötigt werden, so haben Ansprüche aus diesen Lieferungen den in § 10 Abs. 1 Nr. 1 bezeichneten Rang. ²Das gleiche gilt von Krediten, die zur Bezahlung dieser Lieferungen in der für derartige Geschäfte üblichen Weise aufgenommen sind.

§ 9 ZwVwV Ausgaben der Zwangsverwaltung

(1) Der Verwalter hat von den Einnahmen die Liquidität zurückzubehalten, die für Ausgaben der Verwaltung einschließlich der Verwaltervergütung und der Kosten des Verfahrens vorgehalten werden muss.

(2) Der Verwalter soll nur Verpflichtungen eingehen, die aus bereits vorhandenen Mitteln erfüllt werden können.

(3) Der Verwalter ist verpflichtet, das Zwangsverwaltungsobjekt insbesondere gegen Feuer-, Sturm-, Leitungswasserschäden und Haftpflichtgefahren, die vom Grundstück und Gebäude ausgehen, zu versichern, soweit dies durch eine ordnungsgemäße Verwaltung geboten erscheint. Er hat diese Versicherung unverzüglich abzuschließen, sofern
1. Schuldner oder Gläubiger einen bestehenden Versicherungsschutz nicht innerhalb von 14 Tagen nach Zugang des Anordnungsbeschlusses schriftlich nachweisen und
2. der Gläubiger die unbedingte Kostendeckung schriftlich mitteilt.

§ 11 ZwVwV Auszahlungen

(1) Aus den nach Bestreiten der Ausgaben der Verwaltung sowie der Kosten des Verfahrens (§ 155 Abs. 1 des Gesetzes über die Zwangsversteigerung und die Zwangsverwaltung) verbleibenden Überschüssen der Einnahmen darf der Verwalter ohne weiteres Verfahren nur Vorschüsse sowie die laufenden Beträge der öffentlichen Lasten nach der gesetzlichen Rangfolge berichtigen.

(2) Sonstige Zahlungen an die Berechtigten darf der Verwalter nur aufgrund der von dem Gericht nach Feststellung des Teilungsplans getroffenen Anordnung leisten. Ist zu erwarten, dass solche Zahlungen geleistet werden können, so hat dies der Verwalter

dem Gericht unter Angabe des voraussichtlichen Betrages der Überschüsse und der Zeit ihres Einganges anzuzeigen.

(3) Sollen Auszahlungen auf das Kapital einer Hypothek oder Grundschuld oder auf die Ablösesumme einer Rentenschuld geleistet werden, so hat der Verwalter zu diesem Zweck die Anberaumung eines Termins bei dem Gericht zu beantragen.

Übersicht

	Rdn.
I. Allgemein	1
1. Regelungszusammenhang	1
2. Regelungshintergrund	2
3. Anwendungsbereich.	3
II. Verwaltungsmasse, Nutzungen (Abs. 1)	4
III. Ausgaben der Verwaltung (Abs. 1, § 9 ZwVwV)	9
1. Grundsatz	9
2. Begriff	13
a) Allgemein	13
b) Einzelne Ausgaben	16
c) Rückzahlung des Gläubigervorschusses (Abs. 3)	18
d) Dünge- und Saatmittel (Abs. 4).	23
e) Altlasten.	24
f) Keine Verwaltungsausgaben	32
3. Verhältnis zur Rangordnung (Abs. 2).	33
IV. Verfahrenskosten (Abs. 1)	35
V. Verteilung der Überschüsse (Abs. 2)	40
1. Grundsatz	40
2. Rangklassenbeschränkungen.	44
VI. Rangordnung	51
1. Anspruch des Gläubigers auf Ersatz seiner Ausgaben, Rangklasse 1	51
2. Wohngeld (WEG), Rangklasse 2	55
3. Öffentliche Lasten, Rangklasse 3	57
4. Laufende Beiträge wiederkehrender Leistungen aus Realrechten der Rangklasse 4	64
a) Allgemein	64
b) Tilgung als Zuschlag zu den Zinsen	69
c) Grundschuldzinsen	70
d) Zinsen aus Eigentümerrechten	71
e) Gesamtrechte	72
f) Verwaltungskosten	73
5. Zinsen und Kosten, Rangklasse 5	74
6. Weitere Rangklassen und Relativer Rang.	75
7. Besonderheiten	76

I. Allgemein

1. Regelungszusammenhang

Die Vorschrift regelt die Verwendung und Verteilung der Nutzung bzw. des Erlöses aus einer Verwertung. § 155 Abs. 1 regelt die Begleichung von Ansprüchen ohne Teilungsplan. Im Anschluss hieran ist das Verteilungsverfahren in den §§ 156–160 wie folgt geregelt: § 156 bestimmt die Aufstellung des Teilungsplans (Abs. 2) sowie die Zahlung der öffentlichen Lasten ohne Teilungsplan (Abs. 1) und der laufenden Beträge auf Wohngeld aufgrund der WE-Novelle[1] (§ 156 Abs. 1 S. 2 f.) für die nach dem 30.6.2007 anhängig werdenden Verfahren. § 157 regelt die

---

1 BGBl I 2007 370, Art. 2 und 4.

Ausführung des Teilungsplans. § 158 betrifft Zahlungen auf das Kapital von Grundpfandrechten. § 159 behandelt nachträgliche Änderungen des Teilungsplans und § 160 die außergerichtliche Verteilung.

2. Regelungshintergrund

2   Die Befriedigung der Ansprüche entspricht grundsätzlich den Regelungen der §§ 10–13 für die Versteigerung. Besonderheiten ergeben sich aus dem Wesen der Zwangsverwaltung sowie ihrer gesetzlichen Ausgestaltung. Die Zwangsverwaltung ist ein Dauerverfahren, welches die Grundstückssubstanz unberührt lässt. Die dinglichen Rechte bleiben bestehen und erlöschen nur durch Befriedigung. Gesetzgeberisch unsystematisch[2] ist die strikte Trennung der Erlösverteilung bei Versteigerung und Verwaltung. Aufgrund dieser Besonderheit ändert bzw. ergänzt § 155 die Rangordnung des § 10.

3. Anwendungsbereich

3   § 155 gilt in allen Zwangsverwaltungsverfahren mit Ausnahme von Besonderheiten bei der Verwaltung land- und ritterschaftlicher Institute.

II. Verwaltungsmasse, Nutzungen (Abs. 1)

4   Aus den Nutzungen des Objektes ergibt sich die Zwangsverwaltungsmasse in die die gesamten Bruttoeinnahmen einfließen[2a]. Hierzu zählen die Einkünfte aus Vermietung und Verpachtung, Früchte bzw. deren Verkaufserlöse, Forderungen aus Rechtsgeschäften des Verwalters und Erträgnisse der nach § 148 beschlagnahmten Forderungen, soweit diese Ersatz für Nutzungen sind sowie Zinseinnahmen.

5   Weder das Grundstück noch der Erlös aus verwerteten Zubehörstücken (vgl. → § 152 Rdn. 113) gehören zur Masse, jedoch die Zinsen aus der Anlage dieses Erlöses. Erzeugnisse die zur Wirtschaftsführung bis zur neuen Ernte erforderlich sind, sind keine Verwaltungseinnahmen und dürfen nicht versilbert werden.

6   Betriebseinnahmen aus einem fortgeführten Betrieb (vgl. i.E. → § 152 Rdn. 55) sind nicht der Masse zuzurechnen, sondern bilden nach hier vertretener Auffassung ein Sondervermögen[3].

7   Die Masse darf nur im Rahmen von § 155 verwendet werden. Hierunter fallen in erster Linie die Ausgaben der Zwangsverwaltung (→ Rdn. 9 ff.) und die Verfahrenskosten (→ Rdn. 35 ff.). Die danach verbleibenden Überschüsse dienen der Befriedigung der Berechtigten. Das Zwangsverwaltungsobjekt soll sich damit zunächst selbst erhalten und unterhalten.

8   **Überschüsse** sind hierbei auf der Grundlage des Zwangsverwaltungsverfahrens zu verstehen.

Sie haben nichts mit dem steuerrechtlichen Gewinn zu tun oder den Überschüssen der §§ 109 Abs. 2, 112 Abs. 2. Vorliegend handelt es sich um die Bruttoeinnahmen (Nutzungen), abzüglich der Ausgaben der Verwaltung und der Verfahrenskosten nach Abs. 1. Da es sich um ein Dauerverfahren handelt, ändern sich die Überschüsse kontinuierlich und sind entsprechend zu verwenden. Es findet keine einmalige Verteilung der Masse statt.

---

2   Vgl. *Nußbaum*, § 27 III; 32 IV, V.
2a Vgl. hierzu auch Depré/*Depré*, § 155 Rdn. 2 f.
3   Ebenso *Stöber*, ZVG § 155 Rdn. 2.2 a.E.

III. Ausgaben der Verwaltung (Abs. 1, § 9 ZwVwV)
1. Grundsatz

Die §§ 9, 11 ZwVwV regeln Einzelheiten zu den §§ 155 und 156 Abs. 1. Die **9**
Ausgaben der Verwaltung sind aus der Masse vorweg zu zahlen und ggf. bis zur Fälligkeit zurückzubehalten. Der Verwalter hat nach § 9 Abs. 1 ZwVwV von den Einnahmen die Liquidität zurückzubehalten die für die Ausgaben der Verwaltung, seine Vergütung (Auslagen) und die Verfahrenskosten erforderlich ist. **Danach** hat er die Aufwendungen für die laufenden öffentlichen Lasten gemäß § 11 Abs. 1 ZwVwV bis zur Fälligkeit zurückzubehalten und die Regelung des § 156 Abs. 1 S. 2 bezüglich der Wohngelder zu beachten (→ Rdn. 1, → § 156 Rdn. 10.1 f.). Danach verbleibende Überschüsse werden für die Erfüllung der Ansprüche des § 155 Abs. 2 verwendet.

Nach § 9 Abs. 2 ZwVwV soll er keine Verpflichtungen eingehen, die nicht aus **10**
vorhandenen, zumindest sicheren Einnahmen erfüllt werden können[4]. H/W/F/H verwenden hierzu zutreffend den Begriff des **Liquiditätsmanagements**[5]. Bei einem Verstoß können den Zwangsverwalter Ansprüche in Bezug auf einen **Masseverteilungsschaden** nachrangiger Gläubiger treffen[6]. Gleichzeitig führt die Vorschrift zu einer Verringerung der Haftungsrisiken des Verwalters, z.B. im Hinblick auf die Verpflichtungen aus dem Neuabschluss einer Versicherung, wenn der Antrag wieder zurückgenommen wird. Danach ist es auch im Rahmen der Neufassung des § 9 ZwVwV erforderlich, dass der Verwalter zeitnah notwendige Vorschüsse beantragt und das Gericht nach baldmöglicher Festsetzung und vergeblicher Einforderung das Verfahren wieder aufhebt, um das Auflaufen von Verbindlichkeiten zu vermeiden. Für die **öffentlichen Lasten** (→ § 156 Rdn. 3 ff.) sind Vorschüsse, soweit sie dinglich gesichert sind, nicht anzufordern[7]. Ausgaben, Verwaltervergütung und Kosten sind bei Fälligkeit ranggleich zu bedienen (s. → Rdn. 37 f. zu Masseunzulänglichkeit).

Der Verwalter muss die Ausgaben nach den Umständen für erforderlich halten, **11**
um sich nicht schadensersatzpflichtig zu machen. Ein Gläubiger kann **Forderungen aus Verträgen** mit dem Verwalter titulieren und in die Masse vollstrecken (Massegläubiger) bis hin zur Abgabe der eidesstattlichen Versicherung des Zwangsverwalters für die Masse[8]. Für Verbindlichkeiten aus der **Zeit vor der Beschlagnahme** haftet der Verwalter nicht und darf sie grundsätzlich nicht zahlen (vgl. → § 152 Rdn. 65 ff. mit Besonderheiten bei Kaution, → Rdn. 164 ff. und Nebenkosten → Rdn. 150 ff.). Zur Haftung des Verwalters wird auf § 154 verwiesen.

Eine Haftung kann der Verwalter darüber hinaus beschränken, wenn er ohne **12**
Vorhandensein entsprechender Liquidität alle Sicherungsmöglichkeiten ausschöpft und rechtzeitig einen Vorschuss anfordert[9]. Er ist nicht verpflichtet eigene Vorschüsse zu leisten, zumal er das Ausfallrisiko selbst trägt. Dies ist durch die generelle Gläubigerhaftung abgemildert[10], die jedoch nicht immer gesichert ist.

---

4 Vgl. auch *Stöber*, ZVG § 155 Rdn. 4.4.
5 *H/W/F/H*, § 9 ZwVwV Rdn. 1; vgl. auch *Schädlich*, ZfIR 2009, 265; vgl. auch BGH, Rpfleger 2013, 563 zur Haftung des Zwangsverwalters bei nicht ranggerechter Verteilung.
6 Ausführlich BGH, Rpfleger 2013, 563 = IGZInfo 3/2013, 147 m. Anm. *Neumeister*.
7 *H/W/F/H*, § 9 ZwVwV Rdn. 4.
8 *Stöber*, ZVG § 155 Rdn. 2.4.
9 Vgl. *H/W/F/H*, § 9 Rdn. 4 zu ungesicherter Baustelle und Einschaltung des Ordnungsamtes.
10 OLG Düsseldorf, ZInsO 2007, 157.

2. Begriff
a) Allgemein

13 Ausgaben der Verwaltung sind die Aufwendungen, die der Verwalter zur ordnungsgemäßen Erfüllung seiner Pflichten aus § 152 tätigen muss. Bei der Schuldnerverwaltung bedarf es grundsätzlich keiner Zustimmung der Aufsichtsperson. Rückstände aus Forderungen vor der Anordnung Verwaltung hat der Verwalter nicht zu erfüllen (vgl. → Rdn. 11).

14 Grundsätzlich soll durch die Verwaltung der wirtschaftliche Bestand des Objektes erhalten bleiben. Grundlegende Veränderungen und Umgestaltungen sind i.d.R. nicht vorzunehmen (vgl. → § 152 Rdn. 14 und zur Fertigstellung von Bauvorhaben, → § 152 Rdn. 17). Bei Reparatur- und Instandhaltungsarbeiten sind je nach Größenordnung Vergleichsangebote (bis zu 3) einzuholen. Eine freihändige Vergabe bis zu einer Größe von ca. 3.000,- € ist praktikabel[11].

15 Auch gegen etwaige Interessen des Gläubigers sollte der Verwalter auf eine sach- und fachgerechte Durchführung der Arbeiten achten, nach Möglichkeit Festpreise aushandeln und Beschränkungen der Verjährung vermeiden.

b) Einzelne Ausgaben

16
- Versicherungen (→ § 152 Rdn. 73 ff.)
- Instandhaltung
- Entsorgung, Sanierung, Altlasten (→ § 152 Rdn. 19.1 ff.)
- Energieversorgung
- Viehfutter
- Kosten der Bodenbearbeitung, Aussaat und Ernte
- Düngemittel, Saatgut und Futtermittel sind nur dann Ausgaben der Verwaltung, wenn der Verwalter sie sofort begleicht. Ansonsten gehören sie gemäß Abs. 4 S. 1 zur Rangklasse 1 (hierzu → Rdn. 23) und sind dann aus den Überschüssen zu bedienen[12].
- Löhne, Steuern und Sozialabgaben für Bedienstete
- Umsatzsteuer (vgl. → § 152 Rdn. 96.1 ff.)
- Persönliche Steuern, insbesondere die Einkommensteuer ist von dem Zwangsverwalter nicht zu begleichen. Der Steuergläubiger muss dem Verfahren beitreten.
- Vergütung und Auslagen des Verwalters oder der Aufsichtsperson
- Unterhalt für den Schuldner (§§ 149 Abs. 3, 150e)
- Mietkaution (s. → § 152 Rdn. 164 ff.)[13]
- Ansprüche nach dem Bundes-Bodenschutzgesetz, soweit sie nicht in die Rangklasse 3 fallen[14] (→ § 152 Rdn. 19.16 ff.; → § 10 Rdn. 33)
- Rückzahlung von Gläubigervorschüssen (s. → Rdn. 18 ff.)
- Externe Hilfspersonen (vgl. → § 152a Rdn. 105 ff.)[15].

---

11 So *H/W/F/H*, § 9 Rdn. 5: 2.500 €.
12 So auch *Stöber*, ZVG § 155, Anm. 4.3 b).
13 Ausführlich *H/W/F/H*, § 155 Rdn. 10.
14 Vgl. hierzu *H/W/F/H*, § 155 Rdn. 8; *Depré/Mayer*, Rdn. 265 ff.
15 Hierzu auch *Depré/Mayer*, Rdn. 258.

- Es kann derzeit noch nicht vorausgesehen werden, ob aufgrund der Entscheidung des BFH v. 10.2.2015 nunmehr auch die das Verfahren betreffenden Einkommensteuern als Ausgaben der Verwaltung anzusehen sind (→ § 152, Rdn. 93.7).

Das **Wohngeld** (WEG), welches ohne die Anteile für Verzinsung und Tilgung von Gesamt- und Einzelbelastungen (vgl. → § 152 Rdn. 198) ebenfalls hiervon erfasst wird, ist im Rahmen des § 156 Abs. 1 S. 2. aufgrund des Ranges in § 10 Abs. 1 Nr. 2 bei nach dem 30.6.2007 anhängig gewordenen Verfahren ohne weiteres Verfahren zu berichtigen (→ § 156 Rdn. 10 f.). Bei vorrangigen Forderungen muss ein Teilungsplan aufgestellt werden (zu Vorschüssen → § 152 Rdn. 195, § 156 Rdn. 10.1)[16]. 17

c) Rückzahlung des Gläubigervorschusses (Abs. 3)

Die Rückgewähr des Gläubigervorschusses[17] ist der Rangklasse des § 10 Abs. 1 Nr. 1 zuzuordnen (s.u. → Rdn. 51 ff.) soweit es sich um Vorschüsse handelt, die für die Erhaltung oder nötige Verbesserung des Grundstücks gezahlt worden sind. Diese Aufwendungen stellen gleichzeitig eine Ausgabe der Verwaltung dar. Sie sind bei vorhandener Masse aber auf der Grundlage eines Teilungsplanes zu begleichen[18]. Ohne Aufstellung eines Teilungsplans sind Kosten aus der sogenannten Rangklasse „0" zu begleichen. Dies gilt auch für anteilige Vorschüsse im Rahmen von Wohngeldzahlungen, die unter diese Rangklasse fallen. 18

Vorweg zu begleichen sind aber etwaige Vorschüsse, die der Verwalter selbst geleistet hat, wobei der Verwalter hiermit zurückhaltend sein sollte[19].

Nach zutreffender Auffassung ist damit zwischen Vorschüssen für die laufende Verwaltung und Vorschüssen i.S.d. § 10 Abs. 1 Nr. 1 zu differenzieren. Nur die Vorschüsse für Ausgaben der laufenden Verwaltung dürfen außerhalb eines Teilungsplans zurückgezahlt werden[20]. Für eine andere Handhabung fehlt die gesetzliche Grundlage. Nach *Klawikowski* gibt es in der Zwangsverwaltung keine Rangklasse „1", da es sich insgesamt um Kosten der Verwaltung handelt. § 155 Abs. 2 i.V.m. § 10 Abs. 2 sei in Bezug auf § 155 Abs. 1 nachrangig. 19

§ 11 Abs. 1 ZwVwV sieht eine solche Differenzierung zwar nicht vor, kann aufgrund seines Verordnungscharakters aber keine materiell-rechtlichen Änderungen begründen[21]. 20

Werden Vorschüsse für die laufenden Verfahrenskosten nicht verwendet, sind sie unmittelbar ohne weiteres Verfahren zurückzuerstatten[22]. Dies gilt auch für Vorschüsse, die der Verwalter für nicht nach § 10 Abs. 1 Nr. 1 privilegierte Aufwendungen benötigt hat[23]. 21

---

16 Ebenso *Böhringer/Hintzen*, Rpfleger 2007, 353, 360.
17 Ausführlich *Klawikowski*, Rpfleger 2013, 483, Rückzahlung von Vorschüssen aus der Zwangsverwaltung (auch zur Behandlung im Zwangsversteigerungsverfahren).
18 Ebenso *Böttcher/Keller*, § 155 Rdn. 11 m.w.N. sowie *Depré/Mayer*, Rdn. 252 f.
19 Hierzu zutreffend *Depré/Mayer*, Rdn. 291.
20 *H/W/F/H*, § 155 Rdn. 6; *Depré/Mayer*, Rdn. 290; vgl. auch *Förster/Hintzen*, ZInsO 2004, 14, 16.
21 Zur Gegenansicht s. 13. Aufl. Rdn. 20.
22 *H/W/F/H*, § 155 Rdn. 7, § 9 ZwVwV Rdn. 29.
23 *Depré/Mayer*, Rdn. 290; *H/W/F/H*, § 9 Rdn. 29.; a. A. *Wedekind/Wedekind*, Rdn. 1659 f.

Soweit die Verwendung der Vorschüsse nicht in den Bereich der Rangklasse 1 fällt (s. → Rdn. 51 ff.), trägt der leistende Gläubiger ein Ausfallrisiko. Hierbei handelt es sich jedoch um Kosten der Zwangsvollstreckung (§ 788 ZPO), die unter § 10 Abs. 2 fallen (→ Rdn. 75)[24].
Die Vorschüsse der Rangklasse 1 sind zweckgerichtet zu verwenden (s. hierzu → Rdn. 51)[25].

22 Diese Regeln sind auf Gläubiger, die in einer parallel laufenden Zwangsversteigerung nicht privilegierte Vorschüsse geleistet haben, nicht anwendbar, d.h. sie benötigen für eine entsprechende Anmeldung in der Zwangsversteigerung einen Duldungstitel[26].

d) Dünge- und Saatmittel (Abs. 4)

23 Zur Anschaffung von Düngemitteln, Saatgut und Futtermitteln ist der Verwalter nicht auf Gläubigervorschüsse oder ausreichende Einnahmen angewiesen. Kann er sie aus den Nutzungen bezahlen, sind es Ausgaben der Verwaltung. Ausschließlich **im Rahmen der bisherigen Wirtschaftsweise** kann der Verwalter zur Aufrechterhaltung der Landwirtschaft diese notwendigen Betriebsmittel anschaffen. Der Lieferant ist durch § 154 Abs. 4 abgesichert. Damit der Vorrang der Rangklasse § 10 Nr. 1 Abs. 1 entsteht, muss die Aufsichtsperson (§ 150c) vor oder nach der Anschaffung zustimmen. Das Gleiche gilt für Kredite, die zur Bezahlung dieser Betriebsmittel in üblicher Weise aufgenommen worden sind, d.h. Kreditgeber, die sich mit solchen Krediten befassen. Wurden durch den betreibenden Gläubiger Vorschüsse geleistet, sind diese unter den dortigen Voraussetzungen bevorrechtigt. Zum Früchtepfand nach DüMG wird auf → § 10 Rdn. 8 verwiesen.

e) Altlasten

24 Die zunehmende Bedeutung von Altlasten bedarf hier nur einer übersichtsweisen Darstellung[27]. Hierzu wird auf die Ausführungen unter → § 152 Rdn. 19.1 ff. verwiesen.

Die Durchführung der Altlastenbeseitigung ist primär nicht der wirtschaftlichen Bestandserhaltung zur Ziehung von Nutzungen zuzurechnen[28], allenfalls in den Grenzen der Nutzbarmachung. Gleichzeitig sind Eintrittspflichten von Versicherungen zu prüfen, die z.B. für Öltanks bestehen können, für Tankstellengrundstücke oder andere gefährliche Betriebe (→ § 152 Rdn. 19.26).

25 Berücksichtigt der Zwangsverwalter die gesetzlichen Vorgaben, haftet er nur mit der Masse. Etwas anderes kann dann gelten, wenn er selbst Verursacher der Altlasten ist und er als **Handlungsstörer** einzustufen ist[29].

26 Solange das Zwangsverwaltungsverfahren läuft, ist der Verwalter öffentlich-rechtlich als **Zustandsstörer** anzusehen bis hin zu strafrechtlich relevanten Tatbe-

---

24 *Depré/Mayer*, Rdn. 288.
25 A.A. *Wedekind/Wedekind*, Rdn. 1659 f.
26 Vgl. m.w.N. *H/W/F/H*, § 9 Rdn. 29.
27 Ausführlich *H/W/F/H*, § 9 ZwVwV Rdn. 31 ff.; vgl. auch *Kothe*, ZfIR 2004, 1; *Dorn*, Rpfleger 1999, 298; *Depré/Mayer*, Rdn. 265 ff.; *Schoss*, IGZInfo 2007, 135 *Engels*, Rpfleger 2010, 557 und *Bergsdorf*, ZfIR 2010, 372 und *Wenzel*, BuB, Rdn. 4/2546.
28 *Dorn*, Rpfleger 1988, 298, 299.
29 Vgl. *Depré/Mayer*, Rdn. 266.

ständen aus § 20 BImSchG, §§ 7, 12 WHG, §§ 324 ff. StGB[30] (→ § 152 Rdn. 19.1 ff.).

Auch wenn ordnungsbehördliche Anordnungen bereits an den Schuldner ergangen sind, müssen diese erneut gegenüber dem Verwalter angeordnet werden. 27

Hieraus resultierende Kosten, auch die Kosten einer etwaigen Ersatzvornahme sind Ausgaben der Verwaltung und keine laufenden öffentlichen Lasten i.S.v. § 10 Abs. 1 Nr. 3[31] (→ § 152 Rdn. 19.24). 28

Zu berücksichtigen ist hierbei das **Bundes-Bodenschutzgesetz** (ausführlich → § 152 Rdn. 19.1 ff., 19.16). 29

Zum Verhältnis von Ersatzvornahme und Wertausgleich wird auf → § 152 Rdn. 19.10 f. verwiesen, auch in Bezug auf die Auswirkungen auf die Rangklassen. 30

Daneben werden häufig Ansprüche nach dem KrWG gegen den Verwalter geltend gemacht (→ § 152 Rdn. 19.1 ff.). 31

f) Keine Verwaltungsausgaben

Keine Ausgaben der Verwaltung sind vor Anordnung der Verwaltung durchgeführte Instandsetzungsarbeiten, persönliche Steuern des Schuldners, Rückstände aus Energielieferungsverträgen (vgl. → § 152 Rdn. 65 ff.), Prämien für die allgemeine Haftpflicht des Verwalters mit Ausnahme einer gerichtlich angeordneten Zusatzversicherung (§ 1 Abs. 4 S. 3 ZwVwV) und eine Mietausfallversicherung[32] (vgl. → § 152 Rdn. 83). 32

3. Verhältnis zur Rangordnung (Abs. 2)

Es besteht damit im Einzelfall eine Überschneidung zwischen vorweg aus der Masse zu entnehmenden Ausgaben und der Zuordnung dieser Ausgaben zu einer Rangklasse des § 10 Abs. 1. 33

Die Zuordnung zu einer Rangklasse behält ihre Bedeutung, wenn etwa der Verwalter eine Erstattung als Verwalterausgabe ablehnt oder sie mangels Masse in der Verwaltung nicht (z.B. § 156 Abs. 1), aber dafür in der Versteigerung geltend gemacht werden können. 34

IV. Verfahrenskosten (Abs. 1)

Kosten des Verfahrens (s. → § 146 Rdn. 46 ff.) sind nur die vom Vollstreckungsgericht nach GKG-KV Nr. 2221 zu erhebenden Gerichtskosten und Auslagen (9002 GKG-KV)[33]. Die Kosten, die durch die Anordnung oder durch den Beitritt eines Gläubigers entstehen, werden nicht beglichen. Dies können nur aus den Überschüssen nach § 10 Abs. 2 verlangt werden. Ebenso nicht die Kosten nach § 77 im Falle der Überleitung aus einem ergebnislosen Zwangsversteigerungsverfahren. 35

Die Kosten des Verfahrens sind neben den Ausgaben gleichrangig. Zu den Ausgaben zählen auch die Vergütung und die Auslagen des Verwalters. 36

---

30 Vgl. *Robra/Meyer*, wistra 1996, 243.
31 *H/W/F/H*, § 9 Rdn. 33; *Depré/Mayer*, Rdn. 270 f.
32 LG Hamburg, Rpfleger 1985, 314.
33 Vgl. zur Bemessung *Depré/Mayer*, Rdn. 240.

37 Bei **unzulänglicher Masse** stellt sich die Frage, wie Ausgaben, Gerichtskosten und Vergütung zu bedienen sind. Hierzu werden die unterschiedlichsten Auffassungen vertreten:

- Ausgaben und Kosten sind auch insoweit gleichrangig[34],
- Grundsätzlich Gleichrang, jedoch sind die Verwaltungsausgaben vor den Kosten zu decken[35],
- Vergütung ist an letzter Stelle zu zahlen,
- Vergütung ist zuerst zu bezahlen[36].

38 Aus dem Gesetz lässt sich letztlich weder für die eine noch die andere Auffassung eine Begründung herleiten, sodass vorrangig Billigkeitserwägungen vorgenommen werden. Da diese aus jedem Blickwinkel begründet werden können spricht einiges für einen **Gleichrang**, zumal der Verwalter die Möglichkeit hat, rechtzeitig Vorschüsse anzufordern oder aber die Vergütung gegenüber dem betreibenden Gläubiger nach Festsetzung zu verfolgen (→ § 150a Rdn. 135 ff.).

39 Die landschaftliche Kreditanstalt hat keine Verfahrensgebühr zu zahlen. Kosten und Auslagen können vorweg entnommen werden, mit Ausnahme der Anordnungsgebühr.

V. Verteilung der Überschüsse (Abs. 2)
1. Grundsatz

40 Ergeben sich nach Entnahme der Ausgaben der Verwaltung und der Verfahrenskosten Überschüsse, sind diese auf die Ansprüche zu verteilen, die ein Recht auf Befriedigung aus dem Grundstück gewähren (§ 10 Abs. 1). Hierbei finden die §§ 10–13 mit Ausschlüssen Anwendung, wobei die Besonderheiten des Zwangsverwaltungsverfahrens zu berücksichtigen sind.

41 Die Überschüsse müssen laufend nach den gesetzlichen Regeln verwendet werden (§ 11 Abs. 1 ZwVwV, Kosten, Vorschüsse, laufende öffentliche Lasten, ebenso die Wohngelder) und darüber hinaus nur auf der Grundlage eines Teilungsplans (§ 11 Abs. 2 ZwVwV).

42 Sind Überschüsse zu verzeichnen, hat der Verwalter diese dem Gericht unter Angabe des voraussichtlichen Betrages und des Eingangs mitzuteilen (§ 11 Abs. 2 ZwVwV) damit dieses einen Teilungsplan aufstellt. Die Aufstellung ist danach nicht notwendig, wenn aus den Nutzungen nur die Kosten, Ausgaben und die ohne Teilungsplan zu berichtigenden Leistungen (§ 156 Abs. 1) bezahlt werden können.

43 Der Verwalter muss die Ansprüche an ihrer Rangstelle zum frühest möglichen Zeitpunkt erfüllen, ggf. durch Teilzahlungen, wenn die Masse nicht ausreicht. Dies hat der Verwalter fortlaufend zu prüfen und die Zahlungen zu bewirken. Die besserrangigen Ansprüche sind zunächst zu bedienen, auch wenn die besserrangigen Ansprüche noch nicht fällig sein sollten. **Er darf die schlechterrangigen damit nicht bedienen, wenn er bei der nächsten Fälligkeit der besserrangigen nicht nachkommen kann**[37]. Dies gilt auch für die vorweg zu berichtigenden Ansprüche

---

34 *Stöber*, ZVG § 155 Rdn. 4.5; *Böttcher/Keller*, § 155 Rdn. 14.
35 Vorauflage; Steiner/*Hagemann*, § 155 Rdn. 33.
36 *H/W/F/H*, § 155, Rdn. 3.
37 *Stöber*, ZVG § 155 Rdn. 6.1.

aus § 156 Abs. 1. Im Rahmen der Rechnungslegung hat das Gericht dies zu überprüfen und ggf. Anweisungen zu erteilen. Der Zwangsverwalter muss Überschüsse bei entsprechender Verfügbarkeit und vorausschauender Planung der Ausgaben zur Auszahlung nach der Rangfolge des Teilungsplans unverzüglich verwenden.

2. Rangklassenbeschränkungen

44 Überschüsse können nur auf die Rangklassen 1–5 verteilt werden (Abs. 2 S. 1). Des Weiteren werden in der Rangklasse 2–4 nur laufende Beträge wiederkehrender Leistungen (§ 13), einschließlich Rentenleistungen und Beträge, die zur allmählichen Tilgung einer Schuld als Zuschlag zu den Zinsen zu entrichten sind berücksichtigt.

45 Abzahlungsbeträge auf eine verzinsliche Schuld werden wie laufende wiederkehrende Leistungen behandelt, soweit sie 5 % des ursprünglichen Schuldbetrages nicht übersteigen (Abs. 2 S. 3). Rückstände wiederkehrender Leistungen und Hauptsachebeträge werden in diesen Klassen nicht berücksichtigt. Die Kosten der dinglichen Rechtsverfolgung (§ 10 Abs. 2) können nur insoweit geltend gemacht werden, wie sie sich auf die Ansprüche dieser Rangklasse beziehen. Diese Kosten sind daher auf unterschiedliche Rangklassen aufzuteilen.

46 Der betreibende Gläubiger kann für sein Kapital, rückständige wiederkehrende Leistungen und Kosten der dinglichen Rechtsverfolgung in der Rangklasse 5 erst befriedigt werden, wenn sämtliche Ansprüche der Rangklasse 4, auch soweit sie seinem Recht nachrangig sind, abgedeckt sind. Hierzu schreibt § 158 ein besonderes Verfahren vor.

47 Ansprüche der Rangklasse 6–8 werden nicht berücksichtigt. Die Gläubiger können nur in den an den Schuldner auszuzahlenden Überschuss aus der Zwangsverwaltung oder ggf. in dessen sonstiges Vermögen vollstrecken.

48 Ein Mieter, der einen Baukostenzuschuss geleistet hat, nahm an der Verteilung der Überschüsse nicht teil[38], was nunmehr auch durch die Abschaffung der für die Zwangsversteigerung einschlägigen §§ 57c und d bestätigt ist.

49 Öffentliche und private Gläubiger werden innerhalb der Rangklassen gleich behandelt. Die **Rangklasse 1a** gilt nur für das Zwangsversteigerungsverfahren.

Bei Vorschüssen ist zu unterscheiden, ob sie die Voraussetzungen der Privilegierung der Rangklasse 1 genießen (→ Rdn. 51) oder in die sogenannte „Rangklasse 0" fallen und nach § 11 ZwVwV vorweg zurückzuzahlen sind. In der Rangklasse 1 kann eine Rückzahlung grundsätzlich nur nach Aufstellung eines Teilungsplanes erfolgen. Darüber hinaus sind die nicht privilegierten Vorschüsse für den Gläubiger nur im Zwangsverwaltungsverfahren erstattbar, jedoch nicht im Zwangsversteigerungsverfahren.

50 Die Rangordnung verschiedener Rechte in einer Klasse oder gleicher Rechte untereinander regelt sich nach §§ 11, 12 i.V.m. § 879 BGB.

VI. Rangordnung

1. Anspruch des Gläubigers auf Ersatz seiner Ausgaben, Rangklasse 1

51 Ausgaben zur Erhaltung und notwendigen Verbesserung des Grundstücks (Objektes) werden berücksichtigt, soweit sie nicht als Ausgaben der Verwaltung

---

38   BGH, Rpfleger 1971, 102.

bedient werden konnten. Es kommt nicht darauf an, ob der Gläubiger diese Ausgaben freiwillig geleistet hat, z.b. vor Anordnung des Verfahrens oder im Weg des Vorschusses nach § 161 Abs. 3[39]. Die Vorschüsse müssen **zweckentsprechend verwendet** worden sein, um mit Vorrang berücksichtigt werden zu können. Von der Verwendung der Vorschüsse muss eine objekterhaltende oder verbessernde Wirkung ausgehen[40]. Bei Vorschüssen für Wohngeldzahlungen (WEG) konnten nach allgemeiner Auffassung nur Anteile für die Objekterhaltung und Verbesserung berücksichtigt werden, jedoch nicht die laufenden Verbrauchskosten[41]. Der Gläubiger ist darlegungs- und beweispflichtig. Hat der Gläubiger sowohl Vorschüsse für das laufende Verfahren geleistet als auch in der Rangklasse 1 privilegierte, sollten im Fall von Überschüssen zunächst die allgemeinen Vorschüsse zurückgezahlt werden, damit der Gläubiger die Privilegierung behält.

52 Hat der Gläubiger Vorschüsse geleistet sind diese um Zinsen i.H.v. 0,5 % über dem Zinssatz der Spitzenrefinanzierungsfazilität der EZB (SFR-Zinssatz) zu verzinsen. Die Zinsen sind ebenfalls bevorrechtigt (§ 155 Abs. 3 S. 2).

53 Den gleichen Rang erhalten nach Abs. 4 Lieferanten oder Kreditgeber im Hinblick auf Düngemittel, Saatgut oder Futtermittel (s.o. → Rdn. 23), wenn diese Ansprüche nicht bereits als laufende Ausgaben bestritten worden sind.

54 Die Ansprüche der Klasse 1 haben untereinander den gleichen Rang und sind bei unzulänglicher Masse nach dem Verhältnis ihrer Beträge zu bedienen[42].

2. Wohngeld (WEG), Rangklasse 2

55 Die aufgrund der WE-Novelle[43] anstelle des bisherigen Litlohns eingefügte Regelung sichert der Eigentümergemeinschaft ein Vorrecht (s. → § 10 Rdn. 19 ff.), zu dem die Regelung des § 156 Abs. 1 S. 2 korrespondiert, wonach das laufende Wohngeld (zum Begriff → § 156 Rdn. 10 f., s. auch → § 152 Rdn. 195 zur Behandlung der Wohngelder im Allgemeinen) vorweg zu berichtigen ist. § 10 Abs. 1 Nr. 2 S. 3 (Begrenzung) findet in der Zwangsverwaltung für laufende Wohngelder jedoch keine Anwendung.

Aufgrund der Entscheidung des BGH vom 15.10.2009 sind die Wohngelder weiterhin wie laufende Ausgaben der Verwaltung zu behandeln, sodass sich an der bisherigen Handhabung, auch in Bezug auf Vorschüsse, nichts ändert[44] (hierzu → § 156 Rdn. 10.1 ff.).

56 Die Neuregelung gilt für alle nach dem 30.6.2007 anhängig werdenden Verfahren (§ 62 Abs. 1 WEG). Maßgeblich für die Anhängigkeit ist der Erlass des Anordnungsbeschlusses[45].

Nach Aufstellung eines Teilungsplans hat der Verwalter bei ausreichender Masse auch auf die weiteren Forderungen der Rangklasse 2 in der Neufassung bei nach dem 30.6.2007 anhängig gewordenen Verfahren zu zahlen (vgl. → § 10 Rdn. 19 ff.). Das Vorrecht ist nur auf das laufende Wohngeld beschränkt. Bezüglich der

---

39 OLG Köln, Rpfleger 1998, 482.
40 Ausführlich BGH, Rpfleger 2003, 454 = ZInsO 2003, 463 = NJW 2003, 2162.
41 OLG Braunschweig, Rpfleger 2002, 580; OLG Frankfurt, InVo 2003, 128.
42 *Stöber*, ZVG § 155 Rdn. 6.3 c); BGH, Rpfleger 2003, 454.
43 BGBl 2007 I 370.
44 Rpfleger 2010, 35; Anm. *Traub*, Rpfleger 2010, 100: ausführlich *H/W/F/H*, § 155 Rdn. 18 ff.
45 BGH, Rpfleger 2008, 321 = NJW 2008, 1383.

alten Rangklasse 2, die noch für am 30.6.2007 anhängige Verfahren gilt, wird aufgrund der geringen Bedeutung auf die 13. Auflage verwiesen.

Anmeldungen der Eigentümergemeinschaft zum Teilungsplan sind von Amts wegen zurückzuweisen, wenn diese ganz offensichtlich in der begehrten Rangklasse nicht berücksichtigt werden können. Bestehen Zweifel an der Rangklasse oder erhebt der Zwangsverwalter begründete Einwendungen, ist die Anmeldung mit dem sogenannten Amtswiderspruch zu belegen und der mit dem Widerspruch belegte Beteiligte ist aufzufordern, den Widerspruch zu beseitigen[46] (→ § 156 Rdn. 37).

3. Öffentliche Lasten, Rangklasse 3

Hierher gehören alle öffentlichen Lasten i.S.v. § 10 Abs. 1 Nr. 3 (dort Rdn. 30 ff. und zur Zwangsverwaltung → § 156 Rdn. 5.1)[47], soweit es sich um laufende wiederkehrende Lasten handelt. Nach § 156 Abs. 1 hat der Verwalter jedoch die laufenden Beträge ohne weiteres Verfahren zu erfüllen (vgl. dort → Rdn. 3 ff.). Auch hier gilt zunächst § 13 Abs. 1 mit der Maßgabe, dass auch der letzte vor der Beschlagnahme zu leistende Beitrag zu zahlen ist. 57

Die öffentlichen Lasten müssen dinglich auf dem Grundstück gesichert sein[48]. Die dingliche Haftung des Grundstücks ergibt sich entweder aus Bundes-, Landes- oder Kommunalrecht, i.d.R. aus gemeindlichem Satzungsrecht. Der Verwalter sollte die Gemeinde auffordern, die dingliche Haftung nachzuweisen. In Betracht kommen Grundsteuern, Schornsteinfegergebühren, Kommunalabgaben wie laufende Wasser- und Kanalanschlussbeiträge, insbesondere Benutzungsgebühren (s. → § 156 Rdn. 3 ff.). Einkommensteuern sind keine öffentliche Lasten (→ § 152 Rdn. 93.16). Rückstände bleiben auch bei einer erneuten Fälligstellung Rückstände.[48a] 58

Schornsteinfegergebühren können gegen den Zwangsverwalter festgesetzt werden. Grundlage ist § 25 Abs. 4 S. 4 SchfG (bis 31.12.2012 in Kraft; zur Rechtslage ab dem 1.1.2013 → § 10 Rdn. 40). Hierbei sind die turnusmäßig durchzuführenden Schornsteinfegerarbeiten sowie die Kehr- und Überprüfungspflichten wiederkehrende Leistungen nach § 155 Abs. 2, § 10 Abs. 1 Nr. 3 ebenso wie die Emissionsmessung und ggf. Wiederholungsmessung i.S.e. einheitlich wiederkehrenden Leistung[49].

In diese Rangklasse fallen **keine rückständigen oder einmaligen öffentlichen Lasten**, wie Erschließungskosten, Kanalanschlusskosten da sie keine wiederkehrenden Leistungen sind. Eine Ausnahme gilt nur in dem Fall der Umwandlung in eine Rente (§ 135 Abs. 3 BauGB). Rückstände oder öffentliche Lasten, die Zeiträume vor der Zwangsverwaltung betreffen, werden auch dann nicht durch § 13 Abs. 1 erfasst, wenn sie aus formalen Gründen oder wegen einer Änderung gegenüber dem Zwangsverwalter erneut festgesetzt werden[50]. 59

---

46 AG Schwäbisch Hall, Rpfleger 2009, 636.
47 Vgl. auch *Hintzen/Wolf*, Rdn. 13.51 und *Fischer*, ZfIR 201, 468 mit begründeten Bedenken, ob das Landesrecht alleine ausreichend ist, vielmehr eine nähere Bestimmung durch die Kreis- und Ortssatzungen geboten ist sowie eine Betrachtung der Grundstücksbezogenheit, die er in Bezug auf Wasserverbrauch und Müll nicht für gegeben hält.
48 BGH, Rpfleger 1981, 349 und 1988, 541.
48a BVerwG, U. v. 14.5.2014, 9 C 7.12, ZfIR 2014, 815.
49 OVG Lüneburg, IGZInfo 2011, 213.
50 OVG NRW, U. v. 9.8.2012, 14 A 2640/09, ZfIR 2012, 760 = IGZInfo 4/2012, 214.

60　In diese Rangklasse fallen aber hieraus resultierende Beträge, die zur allmählichen Tilgung der Hauptschuld als Zuschlag zu den Zinsen zu entrichten sind (Abs. 2 S. 2).

61　Im Hinblick auf § 156 werden die (dinglich gesicherten) öffentlichen Lasten (und Wohngelder ab 1.7.2007) aber nur vorab beglichen, **wenn die vorrangigen Rangklassen bedient werden können** (h.M.[51]). Hierfür ist dann die Aufstellung eines Teilungsplans notwendig.

62　Die nicht erfassten öffentlichen Lasten sind in der Klasse 5 berücksichtigungsfähig[52], wozu ein Betreiben des Gläubigers notwendig ist. Der Bescheid über Erschließungsbeiträge ist insoweit dem Schuldner zuzustellen[53]. Zu deren Fälligkeit nach Anordnung der Zwangsverwaltung wird auf → § 156 Rdn. 8 verwiesen.

63　Auch hier besteht wieder Gleichrang innerhalb der Klasse, mit den Folgen einer anteiligen Berücksichtigung im Falle der Masseunzulänglichkeit (→ Rdn. 37).

4. Laufende Beiträge wiederkehrender Leistungen aus Realrechten der Rangklasse 4

a) Allgemein

64　Auch hier werden grundsätzlich nur die laufenden wiederkehrenden Leistungen (§ 13 Abs. 1) aus dinglichen Rechten berücksichtigt, soweit sie gegenüber dem betreibenden Gläubiger durch die Beschlagnahme nicht unwirksam sind (Klasse 6 wird in der Zwangsverwaltung nicht berücksichtigt), einschließlich Rentenleistungen und laufender Leistungen aus einer Erbbauzinsreallast nach ihrem Rang im Erbbaurechtsgrundbuch.

65　Berücksichtigt werden auch die Beiträge, die zur allmählichen **Tilgung einer Schuld als Zuschlag zu den Zinsen** zu entrichten sind (Amortisations- oder Tilgungshypothek) sowie Abzahlungsbeträge auf eine unverzinsliche Schuld, soweit sie 5 % des ursprünglichen Schuldbetrages nicht übersteigen (vorrangig dingliche Rechte ohne Zinsen). Damit sind **Tilgungsraten**, die nicht als Zuschlag zu den Zinsen geschuldet sind (Abzahlungshypothek), sondern als feststehender Betrag gesondert vereinbart sind, nur im Rahmen der Klasse 5 über das besondere Verfahren nach § 158 zu berücksichtigen[54].

66　Der Eigentümer kann aus dem Recht Zinsen geltend machen (§ 1197 Abs. 2, 1200 BGB). Zinsen aus einer **Höchstbetragshypothek** können nicht berücksichtigt werden, da sie in den Höchstbetrag eingerechnet sind (§ 1190 Abs. 2 BGB). Sie sind deshalb als Kapital anzusehen und fallen unter § 158[55]. Das Gleiche gilt für eine Arresthypothek. Die Zwangssicherungshypothek behält die eingetragenen Zinsen.

67　Von den **Kosten der dinglichen Rechtsverfolgung** kann der Teil berücksichtigt werden, der sich auf die laufenden Beträge wiederkehrender Leistungen bezieht, d.h. auf die hier zu berücksichtigenden Ansprüche[56].

51　*Stöber*, ZVG § 155 Rdn. 6.4 a).
52　BGH, Rpfleger 2006, 424 = IGZInfo 2006, 86; *H/W/F/H*, § 11 Rdn. 4 a.E.
53　BGH, Rpfleger 2006, 424 = IGZInfo 2006, 86 = ZInsO 2006, 556.
54　Vgl. *Depré/Mayer*, Rdn. 332 f, 335.; *Böttcher/Keller*, § 155 Rdn. 30.
55　*Böttcher/Keller*, § 155 Rdn. 32.
56　Ausführlich *Depré/Mayer*, Rdn. 323 ff.

Für die Rechte dieser Klasse untereinander gelten die §§ 879, 880, 881 BGB, § 11 Abs. 1. 68
Die Zinsen werden ab der ersten Beschlagnahme gerechnet. Diese entspricht nicht der Zwangsversteigerung. Bei Wechsel oder Überleitung der Verfahren sind die §§ 13 Abs. 4 S. 2 und 77 Abs. 2 S. 3 zu beachten.

b) Tilgung als Zuschlag zu den Zinsen

Nach Abs. 2 S. 2 sind diese Zuschläge nicht als Kapitalbeträge zu behandeln (s. → Rdn. 65), sondern wie wiederkehrende Leistungen[57]. Sie fallen damit nicht unter § 158. Gleichwohl muss das Gericht § 158 Abs. 2 entsprechend anwenden[58]. 69

c) Grundschuldzinsen

Die Grundschuldzinsen werden mit dem eingetragenen Nennbetrag berücksichtigt. Stehen dem Gläubiger die Grundschuldzinsen nach dem schuldrechtlichen Rechtsverhältnis oder der Sicherungsabrede nicht oder nicht in der Höhe zu, muss der Schuldner dies unmittelbar gegenüber dem Gläubiger geltend machen. Er kann in dem Zwangsverwaltungsverfahren einen Widerspruch gegen den Teilungsplan erheben. Der Umfang der Zinsen kann auf den Betrag der Anmeldung zu reduzieren sein. 70

d) Zinsen aus Eigentümerrechten

Bestehen Eigentümerrechte (Eigentümergrundschuld), werden die Zinsen ab Beschlagnahme auch hierauf geschuldet (§ 1197 Abs. 2 BGB)[59]. Besteht zugunsten eines Gläubigers ein Löschungsanspruch, sind die Zinsen zu hinterlegen[60]. Betreibt ein Pfändungsgläubiger aus diesem Recht, wird er wie ein sonstiger betreibender Gläubiger behandelt (Klasse 4 und 5 i.V.m. § 158). Betreibt er das Verfahren nicht, ist er nur aus der Klasse 4 zu berücksichtigen. Ist ein Insolvenzverfahren eröffnet und hat der Insolvenzverwalter das Grundstück freigegeben, bezieht sich die Freigabe nicht auf etwaige Eigentümerrechte[61], sodass das Vorstehende entsprechend gilt. 71

e) Gesamtrechte

Zahlungen auf Gesamtrechte erfolgen nur, wenn keine Befriedigung aus dem mithaftenden Grundstück erfolgt. Im Teilungsplan muss das Gericht einen entsprechenden Vorbehalt aufnehmen. Unterliegen die gesamthaftenden Objekte getrennten Zwangsverwaltungsverfahren, hat eine Ausgleich zu erfolgen, der sich nach dem Verhältnis der Verkehrswerte richten kann oder zweckmäßigerweise nach dem Verhältnis der Nutzungen[62]. 72

---

57 *Böttcher/Keller*, § 155 Rdn. 31.
58 Vgl. auch *Stöber*, ZVG § 155 Rdn. 6.7 d) u.a. zur Auslegung der Nichtgeltendmachung der Tilgung.
59 *Hintzen/Wolf*, Rdn. 13.29.
60 *Stöber*, ZVG § 155 Rdn. 6.7 f).
61 *Stöber*, ZVG § 155 Rdn. 6.7 f).
62 So auch *Stöber*, ZVG § 155 Rdn. 6.7 g).

f) Verwaltungskosten

73 Verwaltungskosten sind in der Klasse 4 ausdrücklich erwähnt, jedoch nicht in Abs. 2. Soweit sie laufend wiederkehrend sind, können sie als Nebenleistungen berücksichtigt werden[63].

5. Zinsen und Kosten, Rangklasse 5

74 Hierbei handelt es sich um Zinsen und Kosten, die nicht bereits in der Rangklasse 4 ersetzt werden und die Kapitalforderung des Gläubigers. Der Gläubiger muss das Verfahren wegen dieser Forderung betreiben. Eine bloße Anmeldung reicht nicht aus[64].

Grundsätzlich gilt für die Befriedigungsreihenfolge dieser Rangklasse der Zeitpunkt der jeweiligen Beschlagnahme (Prioritätsprinzip, § 11 Abs. 2). Streitig ist, ob dies auch für die bei einer Zwangsvollstreckung in die Rangklasse 5 hineingedrängten dinglichen Ansprüche der Rangklassen 2–4 gilt oder diese Rang vor den persönlichen Ansprüchen haben. Insoweit wird die Auffassung vertreten, dass die dinglichen Rangverhältnisse nur in der Klasse 4 anzuwenden sind und es in der Klasse 5 ausschließlich auf das Datum der jeweiligen Beschlagnahme ankommt[65]. Dies Auffassung vermag insoweit nicht zu überzeugen, als die dinglichen Rechte u.a. in den §§ 1123 ff. BGB besonders geschützt werden und Vollstreckungen aus schuldrechtlichen Titeln unwirksam werden können. Allein die Verdrängung in die Klasse 5 hebt dieses Rangverhältnis nicht auf. Gleichwohl ist im Ergebnis der überzeugenden Begründung von *Stöber* und *H/W/F/H*[66] zu folgen, da insbesondere im Hinblick auf § 158 die Kapitalforderung einer besonderen Behandlung unterliegt und in Rangklasse 5 das Betreiben des Verfahrens notwendig ist.

6. Weitere Rangklassen und Relativer Rang

75 Durch die Beschlagnahme als relatives Verfügungsverbot tritt keine Grundbuchsperre ein, sodass weitere Rechte nach dem Zwangsverwaltungsvermerk eingetragen werden können. Diese Rechte haben den Rang aus § 10 Abs. 1 Nr. 6, die in der Zwangsverwaltung grundsätzlich nicht berücksichtigt wird (→ Rdn. 47). Wird der Gläubiger befriedigt, wird das Verfahren aufgehoben (§ 161 Abs. 2), ohne dass eine Zuteilung in der Klasse 6 erfolgt. Tritt ein weiterer Gläubiger dem Verfahren bei, kann das Recht einen Rang zwischen der Beschlagnahme des ersten Anordnungsbeschlusses und dem Beitrittsbeschluss erhalten und damit gegenüber dem Beitrittsgläubiger die Klasse 4[67]. Diese Folge ist insbesondere bei einer Ergänzung des Teilungsplans zu berücksichtigen[68].

Die Rangklasse des § 10 Abs. 2 regelt Ansprüche des Gläubigers bezüglich der Kosten der Rechtsverfolgung wegen laufender Beträge[69].

---

63 *Stöber*, ZVG § 155 Rdn. 6.7 i).
64 Vgl. *Depré/Mayer*, Rdn. 335 f. auch zu systemwidrigen Folgen.
65 *H/W/F/H*, § 155 Rdn. 24; *Stöber*, ZVG § 155 Rdn. 7.
66 *H/W/F/H*, § 155 Rdn. 24; *Stöber*, ZVG § 155 Rdn. 7.2.
67 Vgl. auch *Hintzen/Wolf*, Rdn. 13.73.
68 Vgl. *Stöber*, ZVG § 157 Anm. 3.2; *Depré/Mayer*, Rdn. 348.
69 Zur Berechnung *Stöber*, ZVG § 155 Rdn. 6.7 k).

7. Besonderheiten

- Bei ausländischer Währung im Teilungsplan ist § 158a anzuwenden.
- Eine Erbbauzinsreallast darf erst auf der Grundlage des Teilungsplans aus den Überschüssen bedient werden.
- Bei einer landschaftlichen Kreditanstalt sind Gläubiger und Verwalter identisch. Es gibt keine Vorschüsse. Aufwendungen können in der Rangklasse 1 unter den dortigen Voraussetzungen berücksichtigt werden.
- Naturalleistungen werden anders als in der Zwangsversteigerung (§ 46) nicht in Geld umgerechnet, sondern können nach der Rangstelle des Teilungsplans unter den allgemeinen Voraussetzungen → § 156 Rdn. 24 erfüllt werden[70]. Handelt es sich hierbei um höchstpersönliche Leistungen, wie eine Pflegeverpflichtung, ist auf Anmeldung ein Ersatzbetrag in den Teilungsplan aufzunehmen, der nach § 14 der Feststellung bedarf, ansonsten zu hinterlegen ist.
- Überbaurenten, Notwegerechte und nicht eingetragene dingliche Rechte gehören zur Rangklasse 4.

---

70   *Stöber*, ZVG § 146 Rdn. 11.14, § 155 Rdn. 6.9e.

§ 156 »Öffentliche Lasten; Verteilungstermin«

(1) ¹Die laufenden Beträge der öffentlichen Lasten sind von dem Verwalter ohne weiteres Verfahren zu berichtigen. ²Dies gilt auch bei der Vollstreckung in ein Wohnungseigentum für die laufenden Beträge der daraus fälligen Ansprüche auf Zahlung der Beiträge zu den Lasten und Kosten des gemeinschaftlichen Eigentums oder des Sondereigentums, die nach § 16 Abs. 2, § 28 Abs. 2 und 5 des Wohnungseigentumsgesetzes geschuldet werden, einschließlich der Vorschüsse und Rückstellungen sowie der Rückgriffsansprüche einzelner Wohnungseigentümer. ³Die Vorschrift des § 10 Abs. 1 Nr. 2 Satz 3 findet keine Anwendung.

(2) ¹Ist zu erwarten, daß auch auf andere Ansprüche Zahlungen geleistet werden können, so wird nach dem Eingange der im § 19 Abs. 2 bezeichneten Mitteilungen des Grundbuchamts der Verteilungstermin bestimmt. ²In dem Termine wird der Teilungsplan für die ganze Dauer des Verfahrens aufgestellt. ³Die Terminsbestimmung ist den Beteiligten sowie dem Verwalter zuzustellen. ⁴Die Vorschriften des § 105 Abs. 2 Satz 2, des § 113 Abs. 1 und der §§ 114, 115, 124, 126 finden entsprechende Anwendung.

Hinweis:
Abs. 1 geändert durch Gesetz zur Änderung des Wohnungseigentumsgesetzes und anderer Gesetze v. 26. März 2007, BGBl 2007 I 370. Abs. 1 S. 2 und 3 gilt für alle nach dem 30.6.2007 anhängig gewordenen Verfahren.

Übersicht

		Rdn.
I.	Allgemein	1
II.	Berichtigung öffentlicher Lasten (Abs. 1)	3
	1. Allgemein	3
	2. Begriff	5.1
	3. Pfändungen wegen öffentlicher Lasten	9
III.	Berichtigung laufender Wohngelder	10.1
IV.	Verteilungstermin (Abs. 2)	12
	1. Terminbestimmung	12
	2. Durchführung	13
V.	Teilungsplan (Abs. 2)	15
	1. Allgemein	15
	2. Inhalt	16
	a) Grundsatz	16
	b) Nicht anmeldebedürftige Ansprüche	17
	c) Aufnahme von Amts wegen	19
	d) Aufnahme auf Anmeldung	21
	e) Aufnahme sonstiger Forderungen	24
	3. Durchführung	26
	a) Aufstellung	26
	b) Bedingte und ähnliche Ansprüche	28
	c) Gesamtrechte	31
	d) Verfügungsbeschränkungen	32
	e) Unbekannter Berechtigter	33
	4. Planänderung	34
VI.	Rechtsbehelfe	37
	1. Allgemein	37
	2. Widerspruch	38
	3. Sofortige Beschwerde	42

I. Allgemein

Die Überschüsse der Zwangsverwaltung (→ § 155 Rdn. 8) sind grundsätzlich nur nach Maßgabe des für das jeweilige Verfahren aufgestellten Teilungsplans zu verwenden. Öffentliche Lasten und laufende Wohngelder (für nach dem 30.6.2007 anhängig gewordene Verfahren) kann der Verwalter ohne Teilungsplan berichtigen (Abs. 1) sowie Vorschüsse (§ 11 Abs. 1 ZwVwV vgl. → § 155 Rdn. 18 ff.).

Unverbundene Verfahren müssen unabhängig voneinander in Bezug auf den Teilungsplan bedient werden. Für verschieden Objekte sind bei einer Verbindung getrennte Teilungspläne aufzustellen. Gesamtrechte sind in jedem Teilungsplan in voller Höhe aufzunehmen (s.u. → Rdn. 31). Der Gesamtberechtigte darf aus seiner Forderung jedoch nur einmal befriedigt werden. Läuft parallel ein Versteigerungsverfahren, muss aufgrund der verfehlten gesetzgeberischen Trennung der Teilungspläne und Massen der Teilungsplan der Verwaltung zuerst ausgeführt werden, damit den Berechtigten keine Überschüsse zufließen, obwohl besserrangige Rechte ausfallen. Diese Problematik wird häufig nicht beachtet und begründet eine Haftungsgefahr. Ist nach Zuschlag in der Zwangsverwaltung noch kein (notwendiger) Teilungsplan aufgestellt worden, ist dies unverzüglich nachzuholen, um das Ergebnis in der Verteilung des Zwangsversteigerungsverfahrens zu berücksichtigen[1].

II. Berichtigung öffentlicher Lasten (Abs. 1)

1. Allgemein

Laufende Beiträge (§ 13 Abs. 1) öffentlicher Lasten (Begriff: → § 10 Rdn. 30 ff., → § 155 Rdn. 57 ff., vorliegend → Rdn. 5[2]) hat der Verwalter zu berichtigen. Der Schuldnerverwalter ist hierzu ohne Zustimmung der Aufsichtsperson (§ 150c) berechtigt[3]. Es muss weder der Teilungsplan aufgestellt, die Auszahlung angeordnet (§ 157 Abs. 1) noch der Anspruch angemeldet worden sein (§ 11 ZwVwV). Sie müssen von den Gläubigern gegenüber dem Zwangsverwalter geltend gemacht werden und sind von diesem festzustellen. Es müssen aber ausreichende Mittel vorhanden sein, um bei Fälligkeit über die öffentlichen Lasten hinaus die Ausgaben der Verwaltung, Verfahrenskosten sowie Ansprüche der Klassen 1 (besondere Vorschüsse, → § 155 Rdn. 18) und 2 (Wohngelder, in ab dem 1.7.2007 anhängig gewordenen Verfahren) zu zahlen. Anders als bei den Ansprüchen der Klasse 1 können damit öffentliche Lasten der Klasse 3 und Wohngelder der Klasse 2 ohne Teilungsplan beglichen werden. Die Rangordnung der Klassen ändert sich durch die Regelung des § 156 nicht[4]. Damit dürfen laufende öffentliche Lasten – und nunmehr auch Wohngelder – nach ganz überwiegender Meinung erst beglichen werden, wenn die Klasse 1 befriedigt werden kann[5]. Dies ergibt sich nach hier vertretener Auffassung auch aus dem Wortlaut des § 11 Abs. 1: „nach der gesetzlichen Rangfolge". Können sie nicht befriedigt werden, sind sie anzumelden. Werden Ansprüche aus der Klasse 1 dem Verwalter bekannt und will er laufende öffentli-

---

1 *Stöber*, ZVG § 156 Rdn. 4.11.
2 Vgl. auch *Depré/Mayer*, Rdn. 294 ff.; *Wedekind/Wedekind*, Rdn. 1414 ff.
3 *Drischler*, RpflJB 1969, 369, VIII d 2.
4 H/W/F/H, § 11 ZwVwV Rdn. 4; zur praktischen Abwicklung *Depré/Mayer*, Rdn. 325 ff.
5 H/W/F/H, § 156 Rdn. 2 und § 11 ZwVwV Rdn. 5; *Stöber*, ZVG § 156 Rdn. 2.2; a.A. *Mayer*, Rpfleger 2000, 260, 262 bezüglich der Grundsteuer; ebenso *Depré/Mayer*, Rdn. 359 ff. für eine Herausnahme der öffentlichen Lasten aus dem Rangklassensystem.

che Lasten und Wohngelder bedienen, muss er zunächst die Aufstellung eines Teilungsplans beantragen, da auf die Klasse 1 nicht ohne Teilungsplan gezahlt werden kann[6].

4   Rückständige (§ 13 Abs. 1 und → § 155 Rdn. 59) und einmalige öffentliche Lasten können nur in der Klasse 5 geltend gemacht werden, wenn aus ihnen das Verfahren betrieben wird[7] und dürfen durch den Verwalter nicht vorweg bezahlt werden. Zu Erstattungsansprüchen wird auf → § 152 Rdn. 91 verwiesen[8]. Laufende öffentliche Lasten sind nicht einmalige Lasten, wie Herstellungsbeiträge[9]. Für öffentliche Lasten sind keine Vorschüsse anzufordern.

2. Begriff

5.1   Zum Begriff der öffentlichen Lasten wird zunächst auf → § 10 Rdn. 30 ff. verwiesen. Hierzu gehören nur die öffentlichen Lasten, für die das Grundstück haftet[10]. Alle anderen Lasten gehören nicht zu den öffentlichen Lasten, insbesondere Versorgungen mit Wasser, Strom, Gas, die auf vertraglicher Grundlage erfolgen und nicht auf satzungsrechtlicher. Auch wenn die Versorgung auf Satzungsrecht beruht, wie bei der Müllentsorgung durch einen gemeindlichen Eigenbetrieb oder die Wasserversorgung durch Stadtwerke bedeutet dies nicht automatisch eine dingliche Haftung des Grundstücks. Trotz der öffentlich-rechtlichen Ausgestaltung wäre hierzu eine **Ermächtigung durch Landesrecht** notwendig, was im Zweifel durch den Verwalter zu prüfen oder durch die Kommune nachzuweisen ist[11]. Bei privatisierten kommunalen Leistungen scheidet eine dingliche Haftung aus. Ohne dingliche Haftung fallen diese Forderungen in die Klasse 5 (Betreiben → § 155 Rdn. 62). Sie gehören insoweit jedoch zu den laufenden Ausgaben der Verwaltung (§ 11 Abs. 1 ZwVwV) und unterliegen im Falle einer notwendigen Inanspruchnahme der Vorschusspflicht des Gläubigers, wenn keine ausreichenden Nutzungen verfügbar sind. Die Einkommensteuer ist danach keine öffentliche Last (→ § 152 Rdn. 93.16). Rückstände bleiben auch bei einer erneuten Fälligstellung Rückstände.[11a]

5.2   Entschieden hat der BGH die Streitfrage, ob auch Säumniszuschläge bevorrechtigt sind[12]. Ist eine Abgabenlast als Grundstückslast vorrangig zu befriedigen, gelte dies auch für den hierauf entfallenden Säumniszuschlag. Hierbei verkennt der BGH nicht, dass es sich nur um ein Druckmittel zur rechtzeitigen Zahlung handelt, welches für sich genommen keine Grundstückslast ist. Gleichwohl sind sie innerhalb der zeitlichen Grenze von zwei Jahren – und damit i.d.R. das Zwangsversteigerungsverfahren betreffend – der Rangklasse 3 zuzuordnen. Aus dieser Rangklasse genießen neben der Hauptforderung auch wiederkehrende Leistungen, insbesondere Grundsteuern, Zinsen, Zuschläge oder Rentenleistungen das Vorrecht für die laufenden Beträge und die Rückstände (insoweit Zwangsversteigerung).

---

6   H/W/F/H, § 156 Rdn. 2.
7   H/W/F/H, § 11 ZwVwV Rdn. 4; OLG Frankfurt, ZInsO 2003, 34.
8   Vgl. LG Hannover, ZInsO 2006, 1113.
9   VGH Hessen, 5 B 1466/14, IGZInfo 1/2015, 38.
10 Ausführlich *Hartung*, Rpfleger 2013, 661 und *Sievers*, Rpfleger 2006, 522; *Depré/Mayer*, Rdn. 294 ff.; vgl. auch Abschnitt 50 VollstrA, BStBl I 1980, 112.
11 *Depré/Mayer*, Rdn. 294 ff.; vgl. Aber *Fischer*, ZfIR 201, 468 mit begründeten Bedenken, ob das Landesrecht alleine ausreichend ist, vielmehr eine nähere Bestimmung durch die Kreis- und Ortssatzungen geboten ist sowie eine Betrachtung der Grundstücksbezogenheit, die er in Bezug auf Wasserverbrauch und Müll nicht für gegeben hält.
11a BVerwG, U. v. 14.5.2014, 9 C 7.12, ZfIR 2014, 815.
12 Rpfleger 2010, 225 = IGZInfo 2010, 82 = ZMR 2010, 143.

Problematisch ist eine Entscheidung des BGH zu § 6 Abs. 5 NWKAG[13]. Nach dem Willen des Gesetzgebers wird durch diese Regelung eine auf dem Wohneigentum ruhende öffentliche Last in Höhe der für das gesamte Grundstück entstandenen Benutzungsgebühren begründet, soweit diese nach der kommunalen Satzung grundstücksbezogen ausgestaltet sind und hiernach alle Inhaber von Miteigentumsanteilen an dem Grundstück gesamtschuldnerisch haften. Bedenken bestehen insoweit als der Gesetzgeber mit der WEG-Reform gerade die gesamtschuldnerische Haftung der Wohnungseigentümer minimieren wollte und insoweit im Rahmen eines höherrangigen Rechtes[14]. Nach Auffassung des BGH stehen § 10 Abs. 6 und Abs. 8 WEG einer durch Landesgesetz angeordneten gesamtschuldnerischen persönlichen Haftung der Wohnungseigentümer in ihrer Eigenschaft als Miteigentümer des Grundstücks für die Entgelte für Abfallentsorgung und Straßenreinigung nicht entgegen[15]. § 10 Abs. 8 WEG betreffe nur die schuldrechtliche Haftung der Wohnungseigentümer für Verbindlichkeiten der Gemeinschaft der Wohnungseigentümer und nicht den Umfang der kraft Gesetzes bestehenden öffentlichen Last auf dem Wohnungseigentum. Damit besteht auch für die Zwangsverwaltungsmasse die Gefahr der gesamtschuldnerischen Inanspruchnahme für Grundstückslasten, ohne dass es auf laufende öffentliche Lasten, die das Objekt selbst betreffen, ankommt. Der Zwangsverwalter wäre in diesem Fall auf einen Rückgriff angewiesen.

Zutreffend dürfte jedoch die Entscheidung des OLG Zweibrücken vor diesem Hintergrund sein, welches festgestellt hat, dass ohne ausdrücklicher Regelung Müllgebühren, Kosten und Säumniszuschläge, die für eine ganze Wohnungseigentumsanlage erhoben werden, keine öffentlichen Lasten sind und damit nicht vorrangig der Rangklasse 3 berücksichtigt werden können[16]. Auch kommunale Abgaben für die Wasserversorgung sind nur dann öffentliche Lasten, wenn die zugrunde liegende kommunale Satzung sie als grundstücksbezogene Benutzungsgebühren ausgestaltet hat[17].

Zum Begriff der öffentlichen Lasten ist auch auf die Vollstreckungsanweisung für das Vollstreckungsverfahren der Bundes- und Landesfinanzbehörden hinzuweisen:

Abschnitt 1 VollstrA   Anwendungsbereich
(1) Die Vollstreckungsanweisung gilt für das Vollstreckungsverfahren der Bundes- und Landesfinanzbehörden. In gerichtlichen Vollstreckungsverfahren ist die Vollstreckungsanweisung nicht anzuwenden.

(2) Die Vollstreckungsanweisung gilt namentlich für die Vollstreckung von

---

13 Rpfleger 2010, 683 = ZfIR 2010, 696 m. Anm. *Traub*; Erschließungsbeiträge nach dem ThürKAG sind als öffentliche Lasten trotz Nichtigkeitserklärung durch den Thüringer Verfassungsgerichtshof anzuerkennen, weil das Vorgängergesetz weiterhin geltendes Recht war; BGH, NVwZ-RR 2010, 372; vgl. auch *H/W/F/H*, § 155 Rdn. 19c.
14 Hierzu ausführlich *Becker*, ZfIR 2012, 403, unter Berücksichtigung der Rechtsprechung des BGH zur Haftung für Nutzungsentgelte auf privatrechtlicher Grundlage (VII ZR 102/11).
15 NJW 2009, 2521; hierzu ausführlich, auch in Bezug auf vergleichbare landesrechtliche Vorschriften *H/W/F/H*, § 155 Rdn. 19c.
16 LG Zweibrücken, Rpfleger 2007, 492.
17 BGH, Rpfleger 2012, 560.

1. Steuern einschließlich Zöllen und Abschöpfungen (§ 3 Abs. 1 AO) sowie Steuervergütungen,
2. steuerlichen Nebenleistungen (§ 3 Abs. 4 AO)
3. vom Vollstreckungsschuldner zurückzuzahlenden Beträgen, die ihm ohne rechtlichen Grund erstattet oder vergütet worden sind (§ 37 Abs. 2 AO),
4. Geldbußen (§§ 377 bis 383, § 412 Abs. 2 AO),
5. Ordnungsgeldern und
6. Kosten des Bußgeldverfahrens (§ 412 Abs. 2 AO).

Für die Vollstreckung der in Satz 1 Nr. 4 bis 6 bezeichneten Geldleistungen gelten die Vorschriften der Vollstreckungsanweisung nur, soweit sich aus dem Gesetz nichts anderes ergibt (vgl. §§ 89 bis 104 OWiG i.V.m. § 412 Abs. 2 AO; Artikel 7, 8 und 9 Abs. 2 EGStGB).

(3) Über die Ausführung der Vollstreckung durch Vollziehungsbeamte enthält die allgemeine Verwaltungsvorschrift für Vollziehungsbeamte der Finanzverwaltung (Vollziehungsanweisung) nähere Bestimmungen.

7   **Abschnitt 50 VollstrA   Behandlung öffentlicher Lasten bei der Zwangsversteigerung oder Zwangsverwaltung**

(1) Ansprüche auf Entrichtung öffentlicher Lasten eines Grundstücks gewähren im Zwangsversteigerungsverfahren ein Recht auf Befriedigung aus dem Grundstück (§ 10 Abs. 1 Nr. 3, 7 ZVG). Im Zwangsverwaltungsverfahren werden laufende Beträge öffentlicher Lasten ohne weiteres Verfahren aus den Überschüssen gezahlt (§ 155 Abs. 2, § 156 Abs. 1 ZVG). Zu den öffentlichen Lasten des Grundstücks gehört eine Steuer dann, wenn das Bestehen und der Umfang der Steuerpflicht von dem Vorhandensein und von den Eigenschaften des Grundstücks abhängt, zum Beispiel die Grundsteuer und Hypothekengewinnabgabe. Steuern, die an die persönlichen Verhältnisse des Steuerpflichtigen anknüpfen, sind auch insoweit keine öffentlichen Lasten des Grundstücks, als sie den Wert des Grundstücks oder das Einkommen aus dem Grundstück erfassen, zum Beispiel Einkommensteuer, Körperschaftsteuer, Vermögensteuer.

(2) Die in Absatz 1 Satz 1 bezeichneten Ansprüche werden – soweit sie nicht aus dem Grundbuch ersichtlich sind – bei der Verteilung des Versteigerungserlöses nur dann berücksichtigt, wenn sie spätestens in dem Termin, den das Amtsgericht als Vollstreckungsgericht zur Verteilung des Versteigerungserlöses anberaumt hat, bei diesem angemeldet worden sind (§ 114 ZVG). Zwecks Rangwahrung sind die Ansprüche spätestens bis zum Versteigerungstermin anzumelden (§ 37 Nr. 4, § 110 ZVG).

(3) Verwaltet die Finanzbehörde Abgaben, die unter die Bestimmung des Absatzes 1 Satz 1 fallen, hat die Vollstreckungsstelle, sobald sie von der Anordnung der Zwangsversteigerung oder Zwangsverwaltung Kenntnis erlangt, bei der Kasse und der Veranlagungs- oder Festsetzungsstelle festzustellen, inwieweit rückständige oder laufende Ansprüche beim Amtsgericht als Vollstreckungsgericht anzumelden sind. Die Anmeldung hat schriftlich zu erfolgen. Sie soll die in Abschnitt 34 Abs. 2 Nr. 1 bis 7 und 11 erster Halbsatz genannten Angaben sowie die Bezeichnung des Grundstücks enthalten. Soweit nicht nur laufende, sondern auch rückständige Beträge angemeldet werden, sollen die Zeitpunkte, an denen die Beträge fällig geworden sind, in der Anmeldung angegeben werden.

8   **Erschließungsbeiträge** sind keine laufenden öffentlichen Lasten, da sie nicht wiederkehrend sind (→ § 155 Rdn. 59). Für sie haftet jedoch die Masse, wenn sie nach Anordnung der Zwangsverwaltung fällig gestellt werden[18], jedoch nur aus der Klasse 5 (zu den Voraussetzungen vgl. → § 155 Rdn. 62).

---

18   *H/W/F/H*, § 11 ZwVwV Rdn. 7; vgl. auch BGH, ZInsO 2006, 556 = Rpfleger 2006, 424.

3. Pfändungen wegen öffentlicher Lasten

Ist der Miet- oder Pachtzins wegen Ansprüchen aus öffentlichen Lasten vor der Beschlagnahme gepfändet, ruht[19] die Pfändung während der Zwangsverwaltung (§ 865 Abs. 2 S. 2 ZPO) und verkürzt die Masse nicht (str.).

III. Berichtigung laufender Wohngelder

Die **Regelung** bezüglich der laufenden Wohngelder ist u.a. als Folge der Neufassung des § 10 Abs. 1 Nr. 2 zu sehen. Sie gilt für Verfahren die nach dem 30.6.2007 anhängig geworden sind. **Bis dahin** konnten die Wohngelder vorweg als Ausgabe der Verwaltung gezahlt werden. Durch die Regelung des § 10 Abs. 1 Nr. 2 dürften sie erst nach Aufstellung eines Teilungsplans bedient werden, woraus sich eine Schlechterstellung der Eigentümergemeinschaft im Hinblick auf die laufenden Bewirtschaftungskosten ergeben hätte. Deswegen erfolgt eine Gleichbehandlung mit den laufenden öffentlichen Lasten (→ Rdn. 3), d.h. sie können gemäß § 156 Abs. 1 vorweg bedient werden.

Für das Wohngeld gelten damit aber die gleichen Beschränkungen wie bei den öffentlichen Lasten, d.h. sie dürfen nur geleistet werden, wenn keine vorrangigen Ansprüche zu bedienen sind (Klasse 1) und in diesem Fall nur nach Aufstellung eines Teilungsplans (s.o. → Rdn. 3).

Geklärt ist durch den BGH[20], dass für laufende Wohngelder entsprechend der alten Rechtslage unverändert **Vorschüsse** angefordert werden können[21]. Die in der Vorauflage vertretene Gegenmeinung wird nicht mehr aufrechterhalten, auch wenn die Entscheidung aufgrund der nunmehrigen Systematik des Gesetzes und dessen Wortlaut eher als ein Reparaturversuch anmutet. Hier wäre vorrangig der Gesetzgeber zu einer Korrektur aufgerufen gewesen.

Nach alter Rechtslage wurden die nach Beschlagnahme fällig werdenden laufenden Wohngelder zutreffend als Ausgaben der Verwaltung i.S.v. § 155 Abs. 1 angesehen. Dies galt ohne Rücksicht darauf, ob es sich um laufende Wohngelder aus dem Wirtschaftsplan handelte, um Abrechnungsspitzen aus einer Jahresrechnung oder um nach Beschlagnahme fällige Sonderumlagen (s. → § 152 Rdn. 195 ff. zu Einschränkungen). Die Gesetzesänderung hat sie zu einer Rangklasse erhoben, die grundsätzlich nur aus den Überschüssen bedient werden darf. Versteht man unter Überschüssen die Nutzungen abzüglich der Ausgaben der Verwaltung, fallen Wohngelder systematisch aus der Anwendung des § 155 Abs. 1 heraus[22]. In einzelnen Entscheidungen wurde gleichwohl an der Qualifizierung als laufende Ausgaben der Verwaltung festgehalten, letztlich mit dem Argument, dass der Gesetzgeber die Stellung der Eigentümergemeinschaft nicht verschlechtern wollte, insbesondere nicht die Situation des Zwangsverwalters. Eher pragmatisch wurde argumentiert, dass aus der Neuregelung kein Verbot herzuleiten sei, diese Ansprüche nicht als laufende Ausgaben anzusehen und sie insoweit auch einer Vorschusspflicht zu unterwerfen[23].

---

19 Steiner/*Hagemann*, § 156 Rdn. 14; *Stöber*, ZVG § 156 Rdn. 2.4; *ders.*, Forderungspfändung, Rdn. 246.
20 Rpfleger 2010, 35 m. Anm. *Traub*, Rpfleger 2010, 100 = NJW 2010, 1003 m. Anm. *Hasselblatt* = ZfIR 2010, 37.
21 A.A. Ebenso Böhringer/*Hintzen*, *Rpfleger*, 2007, 353, 360; *Sievers*, IGZInfo 3/2007, 81, 86.
22 Ausführlich *Hintzen/Alff*, Rpfleger 2008, 165.
23 LG Frankenthal, Rpfleger 2008, 519; LG Köln, NJW 2009, 599 = NZM 2008, 936; a.A. LG Leipzig, Rpfleger 2009, 337 = ZfIR 2009, 598 = ZInsO 2009, 886 = IGZInfo 2009, 101.

10.3 Diese Auffassung hat der BGH in seiner Entscheidung v. 15.10.2009 mit ähnlicher Begründung bestätigt. Die Änderung von § 10 Abs. 1 Nr. 2 und § 156 Abs. 1 durch das Gesetz zur Änderung des Wohnungseigentumsgesetzes und anderer Gesetze v. 26.3.2007 hat nicht zur Folge, dass die Forderungen der Eigentümergemeinschaft auf das laufende Wohngeld von dem Zwangsverwalter nicht mehr als Ausgaben der Verwaltung zu erfüllen wären. Der BGH erklärt die Wohngelder weiterhin zu Ausgaben der Verwaltung und bejaht damit auch eine **Vorschusspflicht**[24]. Teilweise vollzieht der BGH auch eine Gleichstellung zwischen den Rangklassen 2 und 3. Nach derzeitiger Gesetzeslage dürfte aber auszuschließen sein, dass auch für die Rangklasse 3 Vorschüsse gezahlt werden müssen. Es ist ohnehin schwierig nachzuvollziehen, dass ein nachrangiger Gläubiger für einen vorrangigen Gläubiger Vorschüsse zahlen muss. Nach diesseitiger Auffassung hätte hier eine gesetzliche Korrektur erfolgen müssen.

10.4 Ein Sonderproblem ergibt sich aus dieser Rechtsprechung, sofern Hausverwaltungen **rückwirkend**, ggf. bis 1.7.2007 (Gesetzesnovelle) nicht gezahlte Wohngelder fordern, für die der Verwalter mangels Masse keine Vorschüsse eingefordert hat. Hier sind die Rechtsprechung des BGH zur Beteiligtenstellung der Eigentümergemeinschaft zu berücksichtigen, die sogar zu einer Haftung des Verwalters führen kann (→ § 154 Rdn. 4.2 ff.), aber auch die Freistellungsverpflichtung des betreibenden Gläubigers für diese Ausgaben der Verwaltung (→ § 161 Rdn. 41) und nicht zuletzt die fehlende Prozessführungsbefugnis des Verwalters im Falle einer bereits erfolgten Aufhebung des Verfahrens (→ § 161 Rdn. 70.1)[25].

10.5 Nach hier vertretener Auffassung sind von diesen laufenden Ausgaben der Verwaltung als wiederkehrende Leistungen auch die Abrechnungsspitzen (→ § 152 Rdn. 207) und (zulässigen) Sonderumlagen (→ § 152 Rdn. 211 ff.) umfasst[26].

10.6 Auch wenn Verfahren über mehrere Einheiten verbunden sind, kann der Verwalter Überschüsse einer Einheit nicht dazu verwenden, Wohngelder für Einheiten zu zahlen, in denen keine oder keine ausreichenden Einnahmen erzielt werden. Das Wohngeld ist objektbezogen[27]. Dies führt dazu, dass der Verwalter ggf. auch gesondert Vorschüsse einfordern muss.

11.1 Die Begrenzung nach § 10 Abs. 1 Nr. 2 S. 2 findet jedoch keine Anwendung.

11.2 Im Rahmen der Neuregelung (nicht für am 30.6.2007 anhängige Verfahren) sind ohne weiteres Verfahren ebenfalls (nur laufende Beiträge) Vorschüsse, Rückstellungen und Rückgriffsansprüche einzelner Wohnungseigentümer zu berücksichtigen (vgl. zum Gegenstand → § 10 Rdn. 19 ff., 23). Hierbei geht es um die Vorschüsse auf das Wohngeld, die Instandhaltungsrückstellung und den Rückgriff bei Vorleistungen.

11.3 Unklar ist im Rahmen der Regelung die Behandlung von **Nachzahlungen und Sonderumlagen** (allg. → § 152 Rdn. 202 ff., 207, 211 ff.). Der Gesetzgeber hat hierbei entweder systemwidrig den Begriff der wiederkehrenden Leistungen i.S.v. § 13 erweitert, der nach bisherigem Verständnis nur die laufenden Wohngelder auf der Grundlage des Wirtschaftsplans erfasst hat, oder einen weitergehenden Anspruch begründet. Man wird nämlich nicht annehmen können, dass diese Leistun-

---

24 Zum Sach- und Streitstand ausführlich H/W/F/H, § 155 Rdn. 18 f.
25 Hierzu ausführlich, *Haut*, IGZInfo 2011, 8.
26 Ebenso H/W/F/H, § 155 Rdn. 18d; a.A. *Depré/Mayer*, Rdn. 493 f. für die Sonderumlage, da keine Rangklassenforderung.
27 BGH, Rpfleger 2009, 163 = NJW 2009, 598 = ZInsO 2009, 205 = IGZInfo 2009, 38.

gen (bei ausreichenden Überschüssen) weder von § 10 Abs. 1 Nr. 2, § 156 Abs. 1 S. 2 noch von § 155 Abs. 1 (Ausgaben der Verwaltung) erfasst sind, mit der Folge, dass sie vom Verwalter überhaupt nicht mehr zu begleichen sind[28]. Sowohl aus der Begründung des Entwurfstextes zu § 156 Abs. 1 und § 10 Abs. 1 Nr. 2[29], insbesondere aber durch die Nennung der §§ 16 Abs. 2 und 28 Abs. 2, 5 WEG im Gesetzeswortlaut, wird deutlich, dass der Gesetzgeber auch Sonderumlagen und Nachzahlungen erfassen wollte, nämlich alle Lasten und Kosten des gemeinschaftlichen Eigentums. Der Verwalter hat deshalb auch Nachzahlungen aus Abrechnungen und Sonderumlagen, soweit sie das Verfahren betreffen (zur Abgrenzung vgl. → § 152 Rdn. 202 ff.) zu bedienen, wenn Überschüsse zu verzeichnen sind. Ansonsten ist auch hierfür ein Vorschuss anzufordern[30].

Die weitergehenden Ansprüche im Rahmen der Neuregelung des § 10 Abs. 1 Nr. 2 können nur nach Aufstellung eines Teilungsplans bedient werden. **11.4**

IV. Verteilungstermin (Abs. 2)

1. Terminbestimmung

Teilt der Verwalter gemäß § 11 Abs. 2 S. 2 ZwVwV (oder bereits in dem Bericht gemäß § 3 ZwVwV) dem Gericht pflichtgemäß mit, dass, in welcher Höhe und zu welchem Zeitpunkt **Überschüsse** zu erwarten sind[31], muss das Vollstreckungsgericht einen Verteilungstermin bestimmen. Sinnvollerweise regt der Verwalter unter Mitteilung dieser Angaben auch die Aufstellung eines Teilungsplans an. Eine eigene Kenntnis des Gerichts ist ausreichend. Können aus den Überschüssen nur die öffentlichen Lasten und Wohngelder beglichen werden, erübrigt sich die Terminbestimmung und Aufstellung, wenn keine Ansprüche nach der Klasse 1 vorliegen (→ Rdn. 3). Bei Kenntnis solcher Ansprüche hat der Verwalter diese anzuzeigen. Voraussetzung für die Terminbestimmung ist der Eingang der Grundbuchmitteilung nach § 19 Abs. 2. Bei Verzögerungen ist diese anzumahnen. Erst hieraus ergeben sich die Beteiligten, die zu berücksichtigenden Ansprüche und etwaige entgegenstehende Rechte. Die Anmeldung zu einem parallelen Zwangsversteigerungsverfahren wirkt nicht für die Zwangsverwaltung. **12**

2. Durchführung

Der Verteilungstermin ist **nicht öffentlich**. Er ist dem Verwalter und sämtlichen Beteiligten (§ 9), auch soweit sie das angemeldete Recht noch nicht glaubhaft gemacht haben (Abs. 2 S. 4, § 105 Abs. 2 S. 2) gemäß den §§ 3–7 zuzustellen (Abs. 2 S. 2). Eine Ladungsfrist besteht nicht. Es erfolgt weder eine öffentliche Bekanntmachung noch ein Aushang an der Gerichtstafel. **13**

Einen **Inhalt der Terminbestimmung** schreibt das Gesetz nicht vor. Er richtet sich nach dem Zweck des Termins und enthält:

- den Termin zur Aufstellung des Teilungsplans mit Zeit und Ort,
- das Gericht,
- das Aktenzeichen,

---

28 So aber *Sievers*, IGZInfo 3/2007, 81, 86 und *Wedekind*, ZfIR 2007, 704, 706.
29 Deutscher Bundestag, 16. Wahlperiode, Drucks. 16/887.
30 Ebenso *H/W/F/H*, § 155 Rdn, 18d; a.A. *Depré/Mayer*, Rdn. 492.
31 *Depré/Mayer*, Rdn. 338.

- eine Aufforderung an die Beteiligten, ihre Ansprüche bis eine Woche vor dem Termin anzumelden.
- Zweckmäßig ist ein Hinweis auf die Anmeldung laufender wiederkehrender Leistungen in den Klassen 2–4 gemäß § 155 Abs. 2 und § 114[32].

14 Das Gericht entwirft zur Vorbereitung des Termins einen Teilungsplan, der ggf. unter Beiziehung eines Rechnungsbeamten (vgl. → § 66 Rdn. 46) aufgestellt wird. Über den Verteilungstermin ist ein Protokoll anzufertigen (§§ 159 ff. ZPO). Diesem Protokoll ist der Plan als Anlage beizufügen.

V. Teilungsplan (Abs. 2)

1. Allgemein

15 Sind Überschüsse (→ § 155 Rdn. 40 ff.) zu erwarten, muss der Teilungsplan unverzüglich[33] aufgestellt werden, damit die Berechtigten befriedigt werden können und die ordnungsgemäße Verwendung der Überschüsse durch das Gericht überwacht werden kann. Der Teilungsplan wird für die gesamte Dauer des Verfahrens aufgestellt (Abs. 2 S. 2). Anders als in der Zwangsversteigerung wird nur die **Schuldenmasse** (Abs. 2 S. 4, § 114) festgestellt, da die Teilungsmasse (§ 105 Abs. 1) noch nicht bekannt ist (§§ 107 Abs. 1, 113 Abs. 2 nicht anwendbar). Diese ergibt sich erst im Lauf des Verfahrens durch die Ein- und Ausgaben. Auf die Schuldenmasse kann nur unter der Voraussetzung zugeteilt werden, dass ausreichende Überschüsse erwirtschaftet werden. Der Plan berücksichtigt damit alle Ansprüche, unabhängig davon, ob sie durch den Überschuss beglichen werden können.

2. Inhalt

a) Grundsatz

16 Der Teilungsplan enthält die Grundsätze, nach denen während der gesamten Dauer des Verfahrens nach Anordnung durch das Gericht (§ 157) auszuzahlen ist. Der Plan enthält die Rangfolge der Ansprüche (→ § 155 Rdn. 51 ff.), den jeweils Berechtigten, die Höhe des Anspruchs sowie die Fälligkeitstermine[34]. § 114 ist entsprechend anzuwenden (Abs. 2 S. 4). Protokoll und Plan sollten so ausführlich wie möglich sein, um Klarheit bezüglich der Ansprüche und Klassen zu gewährleisten, da eine Abweichung nicht zulässig ist[35]. Für den Verwalter ist bei Tageszinsen von Bedeutung, ob diese nach der Bankmethode (üblich) oder taggenau zu ermitteln sind.

b) Nicht anmeldebedürftige Ansprüche

17 Nicht angemeldet werden müssen die Ausgaben der Zwangsverwaltung, die Verfahrenskosten und die Vorschüsse, die der Verwalter ohne Teilungsplan begleichen kann und grundsätzlich im Plan nicht betragsmäßig aufgeführt werden. Hierunter fallen im Wesentlichen die Klassen 1–3 (→ § 155 Rdn. 51 ff.). Da § 156 Abs. 1 die laufenden öffentlichen Lasten und laufenden Wohngelder von anderen

---

32 *Stöber*, ZVG § 156 Rdn. 4.3; *Böttcher/Keller*, § 156 Rdn. 7.
33 BGH, VersR 1964, 685 = WM 1964, 789.
34 Vgl. auch *Depré/Mayer*, Rdn. 341 ff. mit Muster Nr. 4, Rdn. 1018 und *Hintzen/Wolf*, Rdn. 13.285 ff. mit Beispiel.
35 *Stöber*, ZVG § 156 Rdn. 7.3.

Ansprüchen abgrenzt, sind sie nicht in den Plan aufzunehmen[36]. Üblich ist der Hinweis, dass diese durch den Verwalter ohne weiteres Verfahren zu berichtigen sind[37]. Rückständige laufende öffentliche Lasten und Wohngelder (in der Neufassung), d.h. solche, die durch den Verwalter bezahlt werden dürfen, aber mangels Masse nicht bezahlt werden können, sind durch den Berechtigten zum Verteilungstermin anzumelden. Für ab dem 1.7.2007 anhängig gewordene Verfahren sind die weiteren Ansprüche auf rückständige Wohngelder aus § 10 Abs. 1 Nr. 2 in den Teilungsplan aufzunehmen und damit anzumelden, d.h. soweit es sich nicht um laufende handelt.

Zinsen einer Höchstbetragshypothek können nicht angemeldet werden, da sie im Kapitalbetrag enthalten sind (§ 1190 Abs. 1 BGB, → § 155 Rdn. 66). **18**

c) **Aufnahme von Amts wegen**

Ansprüche (laufende wiederkehrende), die sich ihrem Betrag oder Höchstbetrag (§ 882 BGB) nach zum Zeitpunkt der Eintragung des Zwangsverwaltungsvermerks (→ § 9 Rdn. 7 ff.; § 45 Abs. 2; § 114) **aus dem Grundbuch** ergeben, sind von Amts wegen in den Plan aufzunehmen. Das Gleiche gilt auch für **Ansprüche betreibender Gläubiger**, da diese als angemeldet gelten (§§ 156 Abs. 2 S. 4, 114 Abs. 1 S. 2). **19**

Bei Briefgrundpfandrechten muss der entsprechende **Brief** vorgelegt werden und bei nicht eingetragenen Gläubigern die Urkunde nach § 1155 BGB[38]. Dies gilt insoweit auch für Kapitalansprüche, die als Tilgungszuschläge zu den wiederkehrenden Leistungen gezahlt werden (vgl. → § 155 Rdn. 65, 69). Liegen diese Voraussetzungen nicht vor, ist der Berechtigte als unbekannt zu behandeln[39] (Folge: → Rdn. 33). **20**

d) **Aufnahme auf Anmeldung**

Danach müssen Ansprüche (laufende wiederkehrende Leistungen) der Klasse 1–3 angemeldet werden, soweit sie nicht Ausgaben der Verwaltung sind oder ohne Verfahren vorweg zu berücksichtigen sind. Angemeldet werden müssen des Weiteren Ansprüche aus nicht (z.B. Nebenleistungen) oder nicht rechtzeitig (→ § 9 Rdn. 13 ff.) eingetragenen Rechten sowie Kosten der dinglichen Rechtsverfolgung[40]. Auf Verlangen des Gerichts oder eines Beteiligten muss der Berechtigte seine Forderung glaubhaft machen (§ 9 Nr. 2). Geht die Anmeldung beim Verwalter ein, hat er diese an das Gericht weiterzuleiten, wobei der dortige Eingang für die Feststellung maßgeblich ist. **21**

Anmeldungen in der Klasse 5 sind nur zu berücksichtigen, wenn der Gläubiger das Verfahren hieraus betreibt. Insofern bedarf es dann auch keiner Anmeldung. Zu den Ansprüchen aus einem relativen Rang wird auf → § 155 Rdn. 75 Bezug genommen[41]. **22**

---

36 Vgl. hierzu *Stöber*, ZVG § 156 Rdn. 5.5; *Depré/Mayer*, Rdn. 306, 493.
37 *Depré/Mayer*, Rdn. 343.
38 *Stöber*, ZVG § 156 Rdn. 5.5; *Depré/Mayer*, Rdn. 351, auch zur späteren Abtretung; a.A. *Böttcher/Keller*, § 156 Rdn. 14; abweichend *H/W/F/H*, § 156 Rdn. 7: Der Verwalter soll sich bei Zahlung Brief vorlegen lassen, mit dem Einwand, dass wegen der Möglichkeit der Abtretung außerhalb des Grundbuchs eine Legitimation erforderlich ist.
39 *Stöber*, ZVG § 156 Rdn. 5.5.
40 *Depré/Mayer*, Rdn. 323 ff., 375 ff.
41 Vgl. auch *Depré/Mayer*, Rdn. 335 ff.

23 Da der Teilungsplan auf unbestimmte Zeit erstellt wird, kann er **nicht auf vorrangige Forderungen beschränkt** werden.

e) Aufnahme sonstiger Forderungen

24 ▪ Naturalleistungen
Naturalleistungen und Ansprüche aus einem Alterteil sind als solche in einem Plan einzustellen und von dem Verwalter zu gewähren, wenn sie grundbuchlich gesichert sind. Ansonsten ist eine Anmeldung notwendig. § 46 ist nicht anwendbar, sodass keine Umrechnung erfolgt[42].

25 ▪ In fremder oder nicht mehr geltender Währung eingetragene Rechte werden in ihrer Währung in den Plan aufgenommen (vgl. § 158a). Die Auszahlung erfolgt in €. Wiederkehrende Leistungen werden nach dem Kurswert des Fälligkeitstages in € gezahlt. Dies gilt auch bei wertbeständigen Rechten, für die gesetzliche Vorschriften den Umrechnungsmaßstab bezüglich des wechselnden Tagespreises festlegen.

3. Durchführung
a) Aufstellung

26 Der Plan wird im Rahmen der durch § 155 modifizierten Rangfolge nach § 10 Abs. 1 aufgestellt (ohne Ausgaben und Kosten des Verfahrens). Auch hier kann ein Rechnungsbeamter zugezogen werden (→ § 66 Rdn. 46). Über den Plan wird in dem Termin sofort verhandelt (§§ 156 Abs. 2 S. 4, 115 Abs. 1 S. 1). Eventuell anwesende Beteiligte sind zu hören (§§ 156 Abs. 2 S. 4, 113 Abs. 1). Vorbehaltlich der Änderung nach § 159 sind Unklarheiten und Widersprüche entsprechend § 115, §§ 876–882 ZPO zu erledigen (§ 156 Abs. 2 S. 4). Ohne Widerspruch (s.u. → Rdn. 38 ff.) kann der Plan ausgeführt werden. Der Termin kann aus erheblichen Gründen verlegt (§ 227 Abs. 1 ZPO), vertagt oder unterbrochen werden (vgl. § 43). Bei einer Verlegung müssen gravierende Gründe vorliegen, um die Interessen der Beteiligten und die Ansprüche auf Auszahlung der Überschüsse zu gewährleisten.

27 Über den Termin ist ein Protokoll aufzunehmen (§§ 159–165 ZPO entspr.[43]).

Außer bei einer Aufhebung nach Zuschlag, kann nach Aufhebung des Verfahrens aus sonstigen Gründen kein Teilungsplan mehr aufgestellt werden (→ § 161 Rdn. 49).

Zu beachten ist, dass aufgrund der Entscheidung des BGH vom 19.2.2009[44] Beschlüsse über die Aufstellung oder die Ausführung des Teilungsplans, die der sofortigen Beschwerde unterliegen, den Beteiligten zuzustellen sind. Die Frist zur Einlegung der Beschwerde beginnt mit der Zustellung und nicht mit der Verkündung. **Hiergegen** zutreffend → § 113 Rdn. 14.

b) Bedingte und ähnliche Ansprüche

28 In den Plan sind bedingte Ansprüche (→ § 157 Rdn. 3) und solche, für die ein anderes Grundstück (mit-)haftet, aufzunehmen. **Auflösend bedingte Ansprüche** sind wie unbedingte zu behandeln. Es ist festzustellen, wie der Betrag nach Wegfall des Anspruchs verteilt werden soll.

---

42 *Böttcher/Keller*, § 156 Rdn. 15.
43 *Böttcher/Keller*, § 156 Rdn. 11.
44 Rpfleger 2009, 401 = NJW-RR 2009, 1427.

Entsprechendes gilt bei einem **aufschiebend bedingten Anspruch,** der bis zum 29
Eintritt der Bedingung an der Verteilung nicht teilnimmt. Die Hinterlegung nach
§ 120 ZVG[45] kommt hier nicht zum Tragen da bis zum Bedingungseintritt in der
Zwangsverwaltung kein Hinterlegungsgrund besteht[46]. Bei Eintritt der Bedingung
ist die Zahlungsanordnung nach § 157 zu ergänzen[47].

Wird eine **Löschungsvormerkung** oder ein gesetzlicher **Löschungsanspruch** 30
(§ 1179a BGB) geltend gemacht (→ § 50 Rdn. 23, → § 114 Rdn. 93 ff.) hat der Verwalter die auf die Eigentümergrundschuld entfallenden Zinsen (§ 1197 Abs. 2
BGB) zu hinterlegen. Hierauf ist er durch das Gericht hinzuweisen.

c) Gesamtrechte

Haften für das Grundpfandrecht mehrere Grundstücke, ggf. in verschiedenen 31
Verfahren, werden die Ansprüche unter Benennung des/der mithaftenden Grundstücke voll in den Plan aufgenommen. Erfolgen Zahlungen durch ein mithaftendes
Grundstück, muss der Plan und die Zahlungsanordnung geändert werden. Dies
gilt in besonderem Maße, wenn die mithaftenden Grundstücke alle der Zwangsverwaltung unterliegen. Zahlungen sind durch den Verwalter dem Gericht mitzuteilen, um den Plan und die Zahlungsanordnung zu ändern. Hier bestehen seitens
des Gerichts, ggf. im Wege der Aufsicht, aber auch seitens des Verwalters besondere Sorgfaltspflichten[48].

d) Verfügungsbeschränkungen

Verfügungsbeschränkungen des Berechtigten, z.B. Insolvenz, Pfändung, Verpfändung oder Testamentsvollstreckung sind im Rahmen des Plans zu beachten. 32

e) Unbekannter Berechtigter

Bei einem unbekannten Berechtigten ist nach § 126 zu verfahren (Abs. 2 S. 4, 33
→ § 126 Rdn. 1 ff., → § 157 Rdn. 18).

4. Planänderung

Das Zwangsverwaltungsverfahren ist ein **Dauerverfahren,** in dessen Rahmen 34
der Teilungsplan so früh wie möglich aufgestellt wird. Deshalb können Änderungen oder Ergänzungen des Plans notwendig werden. Die Klage regelt § 159. Der
Plan kann aber ergänzt werden, wenn nachträglich der Beitritt eines Gläubigers
zugelassen wird (→ § 157 Abs. 1 S. 1, Rdn. 15 ff.). Die §§ 37 Nr. 4, 110 sind insoweit nicht anwendbar.

Der Plan kann aber auch wegen des Wechsels des Berechtigten, einer Inhaltsän- 35
derung oder Rangänderung zu ändern sein. Dies gilt insbesondere, wenn eine Sicherungshypothek nach § 128 gemäß § 129 einen Rangverlust erleidet. Solange dieser
Rangverlust nicht feststeht, sind die Auszahlungen auf dieses Recht zu hinterlegen.

Nachträgliche Anmeldungen können noch bis zur Aufhebung des Verfahrens 36
berücksichtigt werden, jedoch ohne Rückwirkung[49].

---

[45] So *H/W/F/H*, § 156 Rdn. 8.
[46] Ähnlich *Böttcher/Keller*, § 156 Rdn. 16.
[47] *Stöber*, ZVG § 156 Rdn. 5.6.
[48] Vgl. auch *Stöber*, ZVG § 156 Rdn. 5.6 b); allgemein zu den diesbezüglichen Sorgfaltspflichten *Depré/Mayer*, Rdn. 359 ff.
[49] *H/W/F/H*, § 156 Rdn. 4.

Werden aus dem Grundbuch nicht ersichtliche Rechte im Zwangsverwaltungsverfahren nachträglich angemeldet, muss das Vollstreckungsgericht prüfen, ob der aufgestellte Teilungsplan zu ändern ist. Lehnt das Gericht eine Änderung ab, kann der Anmeldende materiell-rechtliche Einwendungen gegen diese Entscheidung nicht mit der sofortigen Beschwerde sondern im Rahmen einer Klage auf Abänderung des Teilungsplanes geltend machen[50].

VI. Rechtsbehelfe

1. Allgemein

37 Neben der Klage aus § 159 kommen die Rechtsbehelfe in Betracht, die gegen den Teilungsplan in der Zwangsversteigerung gegeben sind (Abs. 2 S. 4, § 115, vgl. insbesondere → § 113 Rdn. 12 ff.).

Zum Rechtsbehelf im Falle der Ablehnung eines Antrags auf nachträgliche Änderung wegen eines nicht aus dem Grundbuch ersichtlichen Rechts wird auf → Rdn. 36 verwiesen.

Bestehen Zweifel an der Rangklasse oder erhebt der Zwangsverwalter begründete Einwendungen, ist die Anmeldung mit dem sogenannten **Amtswiderspruch** zu belegen und der mit dem Widerspruch belegte Beteiligte ist aufzufordern, den Widerspruch zu beseitigen[51]. Dies gilt insbesondere bei Anmeldungen, die ganz offensichtlich an dieser Rangstelle nicht berücksichtigt werden können. Bis zur Klärung werden die vom Widerspruch betroffenen Beträge hinterlegt.

2. Widerspruch

38 Nach Abs. 2 S. 4 i.V.m. § 115 Abs. 1 S. 2 sowie § 876 ZPO ist der Widerspruch für materiell-rechtliche Einwendungen ausschließlich zulässig (vgl. → § 113 Rdn. 13, § 115 Rdn. 3 ff.). Kann der Widerspruch keiner Erledigung zugeführt werden, ist eine Hilfsverteilung festzustellen (Abs. 2 S. 4, § 124 Abs. 1). Hilfsberechtigter ist der widersprechende Beteiligte, der für den Fall des Erfolges des Widerspruchs so gestellt wird, als wenn der bestrittene Anspruch nicht in den Plan aufgenommen worden wäre[52]. Ein begründeter Widerspruch kommt damit nur dem Widersprechenden zu Gute und Zwischenberechtigte werden nicht berücksichtigt (→ § 124 Rdn. 2 f.)[53].

Zu dem Widerspruch haben die Beteiligten sich zu erklären, anwesende sofort.[54] Wird er anerkannt oder kommt eine Einigung zustande, ist der Plan zu berichtigen § 876 ZPO).

39 War ein Beteiligter im Termin nicht anwesend oder hat er davor keinen Widerspruch gegen den Planentwurf erhoben, wird angenommen, dass er mit der Ausführung des Plans einverstanden ist (§ 877 Abs. 1 ZPO)[55]. Hiermit ist jedoch kein Anerkenntnis verbunden.

Ist rechtzeitig angemeldet worden, wurde die Forderung jedoch nicht berücksichtigt, gilt die Anmeldung als Widerspruch (Abs. 2 S. 4, § 115 Abs. 2). Dies gilt

---

50 BGH, Rpfleger 2007, 336 = NJW-RR 2007, 782 = WM 2007, 745.
51 AG Schwäbisch Hall, Rpfleger 2009, 636.
52 Steiner/*Hagemann*, § 156, Rdn. 57; *Stöber*, ZVG § 156, Rdn. 6.1.
53 *H/W/F/H*, § 156, Rdn. 16.
54 *Böttcher*, § 156, Rdn. 22.
55 *H/W/F/H*, § 156, Anm. 14.

jedoch nicht für Anmeldungen der Klasse 5, da hier das Verfahren betrieben werden muss.

Eine **Widerspruchklage** ist innerhalb eines Monats ab dem Verteilungstermin 40
zu erheben (Abs. 2 S. 4, § 115 Abs. 1 S. 2, §§ 876–882 ZPO, vgl. → § 115 Rdn. 28 ff.). Der streitige Betrag ist währenddessen einzubehalten oder zu hinterlegen[56]. Dem Verwalter steht kein Widerspruchsrecht zu.

Sofern es um den vollstreckbaren Anspruch selbst geht, ist nur die Vollstre- 41
ckungsgegenklage zulässig (§ 767, 769 ZPO).

Kann der Schuldner nach dem Vollstreckungstitel Sicherheit leisten, wird der Plan im Falle der Sicherheitsleistung nicht ausgeführt. Bei der Aufstellung bleibt es.

3. Sofortige Beschwerde

Die sofortige Beschwerde eines Beteiligten ist grundsätzlich der Rechtsbehelf 42
für formelle Beanstandungen, insbesondere die Verletzung verfahrensrechtlicher Vorschriften (§ 11 Abs. 1 RPflG, § 793 ZPO, → § 113 Rdn. 12 ff.).

Zur berechtigten Kritik gegen die Zulässigkeit der sofortigen Beschwerde wird auf → § 113 Rdn. 14 ff. verwiesen.

Sofern man sie für zulässig erachtet, begann die Frist nach überwiegender Meinung mit der Verkündung des Teilungsplans, nicht mit der Übermittlung (keine Zustellung, vgl. auch → § 113 Rdn. 14)[57]. Aufgrund der Entscheidung des BGH vom 19.2.2009[58] sind Entscheidungen über die Aufstellung oder die Ausführung des Teilungsplans Beschlüsse, die im Hinblick auf Verfahrensverstöße der sofortigen Beschwerde unterliegen und den Beteiligten zuzustellen sind. Die Frist zur Einlegung der Beschwerde beginnt mit der Zustellung und nicht mit der Verkündung. Da das ZVG keine Sonderregelung über die Zustellung dieser Entscheidung enthalte, gilt § 329 Abs. 3 ZPO.

Im Übrigen gilt § 569 Abs. 1 S. 2 ZPO (5 Monate ab Verkündung).

Der Teilungsplan kann gleichwohl sofort ausgeführt werden. Problematisch wäre dies aufgrund der unzutreffenden Entscheidung des BGH zur Eigenschaft eines Beschlusses und der hieraus notwendigen Zustellung, da die Rechtskraft möglicherweise Wochen dauern kann. Gleichwohl hat ein Termin stattgefunden, der ein Widerspruchsrecht in Bezug auf materielle Einwendungen vorsieht. Deshalb sollte die Ausführung, wenn die Voraussetzungen im Übrigen vorliegen, nicht verzögert werden. Dies gilt umso mehr in Bezug auf die Einverständnisfiktion für nicht Anwesende nach § 877 Abs. 1 ZPO[59]. Das Gericht kann im Einzelfall nach § 570 Abs. 2 ZPO einstweilen einstellen.

Wer eine Zuteilung erhält, erwirkt ein Recht auf Auszahlung, welches durch spätere Ereignisse nicht mehr beeinträchtigt werden kann[60]. Nach Ausführung des Plans ist ein danach eingelegtes Rechtsmittel unbeachtlich (vgl. → § 113 Rdn. 14).

---

56 *Hintzen/Wolf*, Rdn. 13.298.
57 H/W/F/H, § 156 Rdn. 19; *Depré/Mayer*, 4. Aufl., Rdn. 293.
58 Rpfleger 2009, 401 = NJW-RR 2009, 1427.
59 So zutreffend *Hintzen*, Rpfleger 2009, 659; anders *Depré/Mayer*, Rdn. 355, Verwalter sollte vorsichtig sein, da die Auszahlung die Erledigung des Rechtsmittel zur Folge hat. Deshalb sollte Verwalter Anordnung nach § 570 Abs. 3 ZPO anregen.
60 BGH, Rpfleger 1992, 32.

§ 157 »Ausführung des Teilungsplanes«

(1) ¹Nach der Feststellung des Teilungsplans hat das Gericht die planmäßige Zahlung der Beträge an die Berechtigten anzuordnen; die Anordnung ist zu ergänzen, wenn nachträglich der Beitritt eines Gläubigers zugelassen wird. ²Die Auszahlungen erfolgen zur Zeit ihrer Fälligkeit durch den Verwalter, soweit die Bestände hinreichen.

(2) ¹Im Falle der Hinterlegung eines zugeteilten Betrags für den unbekannten Berechtigten ist nach den Vorschriften der §§ 135 bis 141 zu verfahren. ²Die Vorschriften des § 142 finden Anwendung.

I. Allgemein

1   Die Ausführung des Teilungsplans wird durch § 159 bezüglich des Kapitals oder der Ablösesumme geregelt und durch § 157 für alle anderen Fälle. Anders als bei der Versteigerung (§§ 117, 118) wird der festgestellte Plan dadurch ausgeführt, dass das Gericht den Verwalter anweist, plangemäß auszuzahlen. Geregelt wird außerdem die Planänderung durch nachträglichen Beitritt eines Gläubigers und das Verfahren bei unbekannten Berechtigten.

II. Ausführung des Teilungsplans (Abs. 1)

1. Zahlungsanordnung des Gerichts

a) Grundsatz

2   Das Gericht ordnet nach Feststellung des Teilungsplans die planmäßige Zahlung der Beträge an die Berechtigten durch Beschluss an (Abs. 1 S. 1). Ist die Möglichkeit von Kapitalzahlungen bereits ersichtlich (§ 158), sind diese in den Beschluss aufzunehmen. Der Verwalter hat keine Entscheidungsbefugnisse, an wen die verfügbare Masse auszuzahlen ist[1]. In der Anordnung weist das Gericht den Verwalter an, die Überschüsse auf die festgestellten Ansprüche in der festgestellten Reihenfolge zu den festgelegten Fälligkeitsterminen an die jeweils Berechtigten zu zahlen. Diese Einzelheiten müssen aus dem Teilungsplan und der Anweisung klar erkennbar sein, auch bezüglich der Berechnung der Zinsen (Bankmethode/taggenau) und müssen in der Anordnung nicht wiederholt werden. Die danach fälligen und verfügbaren Zahlungen können bar, bargeldlos, durch Hinterlegung oder Gewährung von Naturalleistungen (→ § 156 Rdn. 24) erfolgen. Die aus der Anmeldung bekannten Bankverbindungen sollten dem Verwalter mitgeteilt werden[2], was durch eine Kopie der Anmeldung erfolgen kann oder die Aufnahme in den Plan.

b) Bedingte Ansprüche

3   Auflösend bedingte Ansprüche werden wie unbedingte behandelt (vgl. → § 156 Rdn. 28 f.). Bei aufschiebend bedingten Ansprüchen stellt das Gericht fest, ob die Bedingung eingetreten ist. Bis zur Klärung ist eines etwaigen hierauf entfallenden (fälligen) Auszahlungsbetrages hat der Verwalter keine Zahlungen vorzunehmen (vgl. → § 156 Rdn. 29)[3]. Bezüglich der Mithaft anderer Grundstücke, ins-

---

1   RGZ 68, 10.
2   *H/W/F/H*, § 157 Rdn. 2.
3   Steiner/*Hagemann*, § 157 Rdn. 13; unklar *H/W/F/H*, § 156 Rdn. 8.

besondere, wenn sie ebenfalls der Zwangsverwaltung unterliegen, ist ein Hinweis im Teilungsplan unbedingt notwendig (→ § 156 Rdn. 31).

2. Bindung des Verwalters

Der Verwalter ist an die Zahlungsanordnung des Gerichts gebunden (§ 11 Abs. 2 ZwVwV) und hat nach dieser Maßgabe zu zahlen. Er hat lediglich zu prüfen ob der Zahlungsempfänger mit dem im Plan bezeichneten Berechtigten identisch ist. Hierbei ist zu berücksichtigen, dass Gläubigerbanken häufig das Schuldnerkonto für die Kreditabwicklung weiterverwenden und bei einer Überweisung hierauf gleichwohl eine Zahlung an den Berechtigten erfolgt. Im Zweifel sollte der Verwalter hierzu eine ausdrückliche Erklärung des Gläubigers einholen, wenn die Informationen nicht durch das Gericht mitgeteilt wurden.

Der einmal ausgewiesene Berechtigte gilt solange als berechtigt, bis dem Verwalter oder dem Gericht ein Gläubigerwechsel bekannt ist und der Plan geändert wurde. Ab dem Bekanntwerden aufseiten des Verwalters sollte dieser eine Auszahlung bis zum Beschluss über die Planänderung zurückstellen.

Der **Schuldnerverwalter** bedarf zur planmäßigen Auszahlung keiner Genehmigung der Aufsichtsperson. Zu unbekannten Berechtigten s. → Rdn. 18.

3. Auszahlung durch den Verwalter

Der Verwalter zahlt nach Maßgabe der Anordnung aus. Bei Annahmeverzug muss er sich und den Schuldner durch Hinterlegung unter Verzicht auf die Rücknahme (§ 378 BGB) von der Verbindlichkeit befreien. Bei Zahlungen an Devisenausländer sind Devisenvorschriften zu beachten (Genehmigungen). Ansprüche bei wertbeständigen Rechten oder Rechte in ausländischer Währung (§ 158a) werden in Euro umgerechnet.

Die Zahlung erfolgt bei Fälligkeit, wie sie sich aus dem Teilungsplan ergibt, nach dem zwischen dem Schuldner und dem Berechtigten bestehenden Rechtsverhältnis. § 111 ist nicht anwendbar. Eine Zahlung vor Fälligkeit darf nicht erfolgen, weil das Verfahren aufgehoben, die Forderung erloschen oder der Berechtigte sich geändert haben könnte. Die Forderung ist durch Gläubiger des Berechtigten eingeschränkt pfändbar[4].

Im Einzelfall ist auch die **persönliche Berechtigung** (vgl. → § 117 Rdn. 4 ff., 30 ff.) zu überprüfen, sei es im Hinblick auf die Identität, gesetzliche Vertretung (auch bei Gesellschaften, Handelsregisterauszug), Betreuerbestellung oder Geldempfangsvollmacht.

Bei einem **Briefrecht** ist eine Prüfung und Vorlage des Briefes zur Vermeidung von Risiken sinnvoll (vgl. → § 156 Rdn. 20). Es gilt die Feststellung des Teilungsplans bis eine Kenntnis eines Gläubigerwechsels vorliegt oder Plan und Anordnung geändert sind.

Werden Tilgungsbeträge (Kapital) als Zuschlag zu den Zinsen gezahlt (→ § 155 Rdn. 65, 69; → § 156 Rdn. 20) gelten ebenfalls keine Besonderheiten. Für feste Tilgungsraten gilt § 158.

Werden planmäßig Zahlungen an nachrangige Gläubiger geleistet, dürfen hierdurch auch die zukünftig fällig werdenden Zahlungen an die vorhergehenden

---

4   Beachte hierzu *Depré/Mayer*, Rdn. 362; *Stöber*, ZVG § 152 Rdn. 17.2.

Gläubiger nicht gefährdet werden[5]. Der Verwalter muss ein **Liquiditätsmanagement**[6]führen, um nach Ausgaben und Kosten die laufenden und nächsten Fälligkeitstermine bedienen zu können (→ § 155 Rdn. 9 f., 40 ff.). Hiermit können auch Haftungsfragen verbunden sein[7] (→ § 154 Rdn. 7.5). Die Mittel müssen vorhanden sein oder als sicher und rechtzeitig hereinkommend erwartet werden[8].

Über die Zahlungen hat der Verwalter das Gericht zu informieren, spätestens im Rahmen der laufenden Rechnungslegung, da das Gericht diese auf dem Schuldtitel vermerken und aktenkundig machen muss (§ 127, § 757 ZPO). Hat sich der Gläubiger den Titel aushändigen lassen, dürfen an ihn keine Zahlungen mehr erfolgen. Dies hat der Verwalter nicht eigenständig zu überprüfen, vielmehr ist er durch das Gericht zu informieren. Nach Abschluss des Verfahrens ist der Titel dem Einreicher zurückzugeben.

4. Rechtsbehelfe

13   Die Zahlungsanordnung ist nicht selbstständig anfechtbar. Sie begründet für den Gläubiger auch keinen klagbaren Anspruch auf Zahlung oder Hinterlegung gegen den Verwalter[9]. Berücksichtigt der Verwalter den Plan pflichtwidrig nicht, kann der Gläubiger Vollstreckungserinnerung (§ 766 ZPO) einlegen[10]. Das Gericht hat darüber hinaus, ggf. auf Anregung des Gläubigers die Aufsichtsrechte (§ 153). Dies gilt auch, wenn der Verwalter pflichtwidrig an einen nachrangigen Gläubiger ausgezahlt hat und für den vorrangigen bei nächster Fälligkeit keine ausreichenden Überschüsse mehr vorhanden sind[11].

14   Unabhängig hiervon können nur die Rechtsbehelfe gegen den Plan eingelegt werden (→ § 156 Rdn. 37 ff.).

III. Ergänzungen und Änderungen der Anordnung (Abs. 1)

15   Wird nachträglich der Beitritt eines Gläubigers zugelassen, ist die Anordnung nicht zu ergänzen (Abs. 1 S. 1), sondern der Plan zu ändern und dann dessen Ausführung.

Tritt ein Gläubiger der Rangklasse 4 bei, ändert sich seine bisherige Stellung nicht. Die über die laufenden wiederkehrenden Leistungen hinausgehenden Ansprüche wie Prozess- und Vollstreckungskosten, rückständige Zinsen oder die Hauptforderung sind jedoch nunmehr in Klasse 5 zu berücksichtigen mit dem Rang in dieser Klasse nach dem Zeitpunkt des Beitritts/Beschlagnahme (→ § 155 Rdn. 74)[12].

16   Eine Ergänzung oder Änderung wird aber auch **aus anderen Gründen** zugelassen (vgl. → § 156 Rdn. 34 ff.). Dies ist der Fall, wenn neue dingliche Rechte eingetragen und angemeldet werden, die gegenüber Gläubigern der Klasse 4 zu be-

---

5   Vgl. auch *H/W/F/H*, § 157 Rdn. 3; *Depré/Mayer*, Rdn. 363 ff. mit Abwicklungsbeispielen.
6   *Brandau* und *Stroh*, IGZInfo 2/2014, 60, Liquiditätsmanagement in der Zwangsverwaltung.
7   BGH, Rpfleger 2013, 563; *Brandau* und *Stroh*, IGZInfo 2/2014, 60, 68.
8   *Stöber*, ZVG § 157 Rdn. 2.3.
9   RGZ 68, 15.
10 *Stöber*, ZVG § 157 Rdn. 2.9.
11 *Stöber*, ZVG § 157 Rdn. 2.9.
12 *H/W/F/H*, § 157 Rdn. 6.

rücksichtigen sind. Des Weiteren kann ein vorrangiger (betreibender) Gläubiger wegfallen. Die Änderung ist aber bereits dann vorzunehmen, wenn Gläubiger beitreten, denen die nacheingetragenen Rechte der Klasse 4 vorgehen[13]. Darüber hinaus kommen Rangänderungen, Verzicht, Löschung, Abtretung, Pfändungen, Zinsänderungen, Änderungen durch Rechtsbehelfe oder der Tod des Berechtigten in Betracht[14].

Die Entscheidung hierüber trifft das Vollstreckungsgericht ohne mündliche Verhandlung. Eine solche kann aber aus den gleichen Gründen und mit den gleichen Verfahrensgrundsätzen wie bei § 156 notwendig und sinnvoll sein (dort → Rdn. 26 f.). Der Beschluss ist dem Verwalter und allen betroffenen Beteiligten zuzustellen (§ 329 Abs. 3 ZPO). Ist eine Einigung nicht möglich, bleibt der Weg über § 159, wobei eine Verschlechterung bei einer Änderung aufgrund nachträglicher Ereignisse nur in Ausnahmefällen denkbar ist[15].

IV. Ermittlung unbekannter Berechtigter (Abs. 2)

Ist der Berechtigte eines Anspruchs aus dem Teilungsplan unbekannt (§ 126)[16], hat der Verwalter den Betrag zu hinterlegen (→ § 49 Rdn. 15). Der hinterlegte Betrag verfällt nach 30 Jahren zugunsten des Grundstückeigentümers und nach 31 Jahren zugunsten des Staates. Der Verwalter hat den unbekannten Berechtigten nicht zu ermitteln, Kenntnisse jedoch dem Gericht mitzuteilen. Im Übrigen ist nach den §§ 135–141 zu verfahren (Abs. 2 S. 1).

---

13 Vgl. *Stöber*, ZVG § 157 Rdn. 3.2.
14 S. *Böttcher/Keller*, § 157 Rdn. 12.
15 Vgl. hierzu *Stöber*, ZVG § 157 Rdn. 3.5.
16 Ausführlich *Böttcher/Keller*, § 157 Rdn. 17.

§ 158 »Zahlungen auf das Kapital von Grundpfandrechten«

(1) ¹Zur Leistung von Zahlungen auf das Kapital einer Hypothek oder Grundschuld oder auf die Ablösungssumme einer Rentenschuld hat das Gericht einen Termin zu bestimmen. ²Die Terminsbestimmung ist von dem Verwalter zu beantragen.

(2) ¹Soweit der Berechtigte Befriedigung erlangt hat, ist das Grundbuchamt von dem Gericht um die Löschung des Rechtes zu ersuchen. ²Eine Ausfertigung des Protokolls ist beizufügen; die Vorlegung des über das Recht erteilten Briefes ist zur Löschung nicht erforderlich.

(3) Im übrigen finden die Vorschriften der §§ 117, 127 entsprechende Anwendung.

I. Allgemein

1 Die Regelung sieht bei (seltenen) Zahlungen auf das Kapital von Grundpfandrechten ein besonderes Verfahren vor[1]. Hierdurch soll ein Missbrauch durch Gläubiger verhindert werden. Dies werde nur dadurch sichergestellt, dass das Gericht sofort nach Zahlung für die Löschung des Rechtes Sorge tragen könne (unrichtig gemäß §§ 1181 Abs. 1, 1192 Abs. 1 BGB), was wiederum nur dadurch gewährleistet werde, wenn nach § 117 Abs. 1 S. 2 a.F. vor Gericht gezahlt werde.[2]

II. Zahlung auf das Kapital von Grundpfandrechten (Abs. 1, 3)

1. Begriff

2 Unter Kapitalzahlung ist die Zahlung auf das Kapital eines Grundpfandrechtes bzw. die Ablösesumme einer Rentenschuld zu verstehen. In der Klasse 4 werden grundsätzlich nur die wiederkehrenden Leistungen gezahlt (→ § 155 Rdn. 64 ff., auch Tilgung als Zuschlag zu den Zinsen). Um eine Zahlung auf das Kapital zu erhalten, muss der Gläubiger das Verfahren aus dem dinglichen Recht in der **Klasse 5** des § 10 Abs. 1 betreiben (→ § 155 Rdn. 74). Das gilt auch bei einer versehentlichen Löschung der Hypothek, ihrem Fortbestehen außerhalb des Grundbuchs oder wenn der Gläubiger aus ihr die Zwangsverwaltung betreibt.

3 Der Gläubiger kann die Ablösung einer Rentenschuld verlangen, wenn deren Sicherheit durch eine Verschlechterung des Grundstücks gefährdet wird (§ 1201 Abs. 2 S. 2, 1133 S. 2 BGB) oder wenn der Eigentümer gekündigt hat (§ 1202 Abs. 3 BGB).

4 Von § 158 nicht erfasst werden die nach den vorausgehenden Regelungen zu leistenden Zahlungen, wie Kosten, rückständige Zinsen, Hauptforderung des persönlichen betreibenden Gläubigers, insbesondere aber Tilgungsbeträge, die als Zuschlag zu den Zinsen entrichtet werden müssen (→ § 155 Rdn. 64 f., 69). Bei den Zuschlägen zu den Zinsen ist von Zeit zu Zeit, spätestens bei der Aufhebung eine Löschung zu veranlassen[3] (§ 158 Abs. 2 ist entsprechend anwendbar). Der Kapitalanspruch des Gläubigers muss danach an der Reihe sein[4].

---

1 Zur Kritik *Nußbaum*, § 31 II S. 3; Steiner/*Hagemann*, § 158 Rdn. 2.
2 Prot I 14632, zitiert nach *Jakobs/Schubert*, S. 650; H/W/F/H, § 11 ZwVwV Rdn. 11; a.A. *Depré/Mayer*, Rdn. 368: Rechtsklarheit.
3 *Stöber*, ZVG § 158 Rdn. 3.4.
4 *Stöber*, ZVG § 158 Rdn. 2.3; vgl. auch *Böttcher/Keller*, § 158 Rdn. 2.

2. Verfahren

Sind Ausgaben, Verfahrenskosten, öffentlichen Lasten, Wohngelder (§ 10 Abs. 1 Nr. 2, § 156 Abs. 1 S. 2 in Verfahren ab dem 1.7.2007) und die laufenden Beträge nach der Klasse 4 gedeckt und darüber hinaus weitere Überschüsse zu verzeichnen, die für Zahlungen auf das Kapital verwendet werden können, beantragt der Verwalter beim Gericht einen Zahlungstermin (Abs. 1 S. 2, § 11 Abs. 3 ZwVwV). Bei geringfügigen Beträgen kann er davon absehen, insbesondere wenn weitere Kapitalzahlungen nicht mehr zu erwarten sind. 5

Der nicht öffentliche Termin wird durch das Gericht bestimmt. Verwalter, Gläubiger und Schuldner sind zu laden (§§ 3 ff.). Eine Ladungsfrist oder öffentliche Bekanntmachung sieht das Gesetz nicht vor. Der Schuldner ist zu laden, weil er ggf. nachweisen kann, dass die Forderung möglicherweise schon anderweitig gezahlt ist.

3. Durchführung der Zahlung (Abs. 3)

Im Termin musste der Verwalter bisher an das Gericht oder auf dessen Weisung unmittelbar an den anwesenden Gläubiger zahlen[5]. Durch das 2. JuMoG[6] ist in § 117 Abs. 1 S. 2 die unbare Zahlung geregelt. Ist der Gläubiger nicht erschienen oder vertreten, ordnet das Gericht die Auszahlung des ihm ausgehändigten Betrags von Amts wegen an (Abs. 3, § 117 Abs. 2 S. 3) durch unbare Auszahlung. Nimmt der Verwalter den Termin nicht wahr, kann er den Zahlbetrag bei der zuständigen Gerichtskasse als Verwahrgeld oder durch Hinterlegung zur Verfügung des Gerichts einzahlen[7]. 6

Ist der Berechtigte nicht bekannt, erfolgt eine Hinterlegung (Abs. 3, § 117 Abs. 2 S. 3; vgl. → § 157 Rdn. 18).

Bei einem Briefrecht kann nur unter Vorlage des Briefes gezahlt werden, den das Gericht vom Gläubiger anfordern muss. Ist die verbriefte Forderung getilgt, ist der Brief unbrauchbar zu machen. Bei teilweiser Tilgung hat ein Vermerk auf dem Brief zu erfolgen. Das Gleiche gilt für Vollstreckungstitel (Abs. 3, § 127). Wird der Brief nicht vorgelegt, gilt die Person des Gläubigers als unbekannt (→ § 157 Rdn. 18, § 126 Abs. 1). 7

Durch die Zahlung des Geldes an den Berechtigten wird der Verwalter befreit. Dies gilt ebenso für den Schuldner, wenn der Gläubiger das Geld erhalten hat, es an ihn abgesendet ist oder hinterlegt wurde. 8

Die Vorgänge im Termin und die Vermerke auf Brief oder Titel sind in einem Sitzungsprotokoll aufzunehmen (Abs. 3, § 127 Abs. 3 und §§ 159 ff. ZPO). 9

IV. Grundbuchberichtigung (Abs. 2)

Da der Verwalter aus dem Grundstück zahlt, erlischt das Recht grundsätzlich (§ 1181 Abs. 1 BGB). Es erfolgt keine Zahlung auf die Forderung, die Hypothek wird zur Eigentümergrundschuld, und bei der Grundschuld sind keine Rückge- 10

---

[5] So auch *Depré/Mayer*, Rdn. 369; *Böttcher/Keller*, § 158 Rdn. 4; abweichend H/W/F/H, § 158 Rdn. 3: nicht mehr zeitgemäß, Verrechnungsscheck oder Überweisung und Bestätigung des Zahlungseingangs durch den Gläubiger gegenüber dem Gericht.
[6] BGBl I 2006, 3416.
[7] Vgl. *Böttcher/Keller*, § 158 Rdn. 5.

währsansprüche zu erfüllen[8]. Im Umfang der Befriedigung hat das Gericht das Grundbuchamt um Löschung zu ersuchen (Abs. 2 S. 1). Ist das Ersuchen formell richtig (§ 38 GBO) hat das Grundbuchamt diesem ohne eigenes materielles Prüfungsrecht stattzugeben (→ § 130 Rdn. 12). Die vorgeschriebene Vorlage des Protokolls ist deshalb überflüssig. Der Brief ist nicht vorzulegen.

11   Haften ein oder mehrere weitere Grundstücke für das Grundpfandrecht, die nicht der Zwangsverwaltung unterliegen, darf sich das Ersuchen nur auf das verwaltete Grundstück beziehen. Das Freiwerden der anderen Grundstücke richtet sich nach §§ 1181 Abs. 2, 1182 BGB.

---

8   *H/W/F/H*, § 158 Rdn. 6.

§ 158a »Belastung mit Fremdwährung«

Für die Zwangsverwaltung eines Grundstücks, das mit einer Hypothek, Grundschuld oder Rentenschuld in einer nach § 28 Satz 2 der Grundbuchordnung zugelassenen Währung belastet ist, gelten folgende Sonderbestimmungen:
1. Die Beträge, die auf ein in der Fremdwährung eingetragenes Recht entfallen, sind im Teilungsplan in der eingetragenen Währung festzustellen.
2. Die Auszahlung erfolgt in Euro.
3. Der Verwalter zahlt wiederkehrende Leistungen nach dem Kurswert des Fälligkeitstages aus. Zahlungen auf das Kapital setzt das Gericht in dem zur Leistung bestimmten Termin nach dem amtlich ermittelten letzten Kurswert fest.

I. Allgemeines

Mit dieser Regelung werden für die Zwangsverwaltung die vollstreckungsrechtlichen Folgen der möglichen Grundbucheintragungen ausländischer Währungen geregelt (§ 28 Abs. 2 GBO). Grundpfandrechte, Rentenschulden und Reallasten konnten schon ab dem 1.1.1999 im Grundbuch eingetragen oder umgestellt werden.

Zu den zugelassenen Währungen wird auf → § 145a Rdn. 2 verwiesen[1]. Die Zahlungen auf das Kapital nach Nr. 3 betreffen die Zahlungen des § 158.

II. Verfahren

Im Teilungsplan sind die Fremdwährungen aufzunehmen. Die Auszahlung erfolgt in Euro nach dem Kurswert am Fälligkeitstag[2]. Bei Zahlungen aus § 158 ist der Zahlbetrag im Termin nach dem amtlich zuletzt ermittelten Kurswert umzurechnen.

---

1 Vgl. auch *Rellermeyer*, Rpfleger 1999, 45, 49.
2 Vgl. auch *Böttcher/Keller*, § 158a Rdn. 1 ff.

§ 159 »Klage auf Änderung des Teilungsplans«

(1) Jeder Beteiligte kann eine Änderung des Teilungsplans im Wege der Klage erwirken, auch wenn er Widerspruch gegen den Plan nicht erhoben hat.
(2) Eine planmäßig geleistete Zahlung kann auf Grund einer späteren Änderung des Planes nicht zurückgefordert werden.

I. Allgemein

1   Die Klage ist unabhängig davon, ob der Berechtigte gegen den Plan im Verteilungstermin Widerspruch erhoben hat, da der Plan für das gesamte Verfahren aufgestellt wird und sich die Verhältnisse auch nachträglich ändern können. Ein Rechtsschutzbedürfnis besteht nur dann, wenn die von der Änderung Betroffenen nicht zustimmen, bzw. die Beteiligten sich nicht einigen können[1]. In diesem Fall dürfte auch eine Antragstellung auf Planänderung bei dem Vollstreckungsgericht wenig aussichtsreich sein[2], es sei denn es besteht die Chance unter Mitwirkung des Gerichts eine Einigung zu erzielen. Im Falle einer Einigung muss notwendigerweise ein neuer Termin bestimmt werden, wenn hierzu keine anderen Beweisurkunden vorgelegt werden[3].

Zur Klage im Falle der Ablehnung eines Antrags auf nachträgliche Änderung wegen eines nicht aus dem Grundbuch ersichtlichen Rechts wird auf → § 156 Rdn. 36 verwiesen.

II. Klage auf Planänderung

1. Verfahren

2   Klagen kann jeder Beteiligte (§ 9), der hieran ein Interesse hat. Der Kläger muss eine Besserstellung geltend machen. Beklagter ist derjenige (auch mehrere), dessen Berücksichtigung im Plan ganz oder teilweise beseitigt werden soll. Die begehrte Änderung ist in den Antrag konkret aufzunehmen[4].

3   Durch die Klageerhebung wird die Planausführung nicht gehindert, vielmehr muss eine einstweilige Verfügung erwirkt werden (§§ 935 ff. ZPO).

4   Die Vorschriften für die Widerspruchsklage gelten nicht (§§ 879 ff. ZPO). Für die Klage gelten keine Fristen. Sie ist am allgemeinen Gerichtsstand des Beklagten zu erheben.

2. Wirkung des Urteils

5   Das rechtskräftige Urteil, welches den Plan abändert, legt der Kläger dem Gericht vor, welches die Zahlungsanordnung berichtigt und den Verwalter entsprechend anweist. Der abgeänderte Plan wirkt nur für die Zukunft. Bisher geleistete Auszahlungen können nicht mehr zurückgefordert werden (Abs. 2). Hierdurch wird aber materiell-rechtlich nicht ausgeschlossen, dass der nunmehr besser Berechtigte gegen den bisher Berechtigten auf Herausgabe des Erlangten klagen kann. Diese Klage kann mit der Klage auf Planänderung verbunden werden (vgl. § 878 Abs. 2 ZPO).

---

1   Vgl. *Böttcher/Keller*, § 159 Rdn. 1.
2   So *H/W/F/H*, § 159 Rdn. 2.
3   Vgl. *H/W/F/H*, § 159 Rdn. 2; a.A. wohl *Depré/Mayer*, 379 ff., 382, wenn nur die Auszahlungsanordnung zu ändern ist.
4   *Böttcher/Keller*, § 159 Rdn. 2.

§ 160 »Außergerichtliche Verteilung«

Die Vorschriften der §§ 143 bis 145 über die außergerichtliche Verteilung finden entsprechende Anwendung.

I. Allgemeines

Zur Kritik an dieser realitätsfremden Regelung wird auf die 12. Auflage verwiesen[1]. In der Praxis ist sie nicht existent. Letztlich kann man nur der Feststellung von *H/W/F/H*[2] zustimmen, dass der Gesetzgeber aufgerufen ist, die Vorschrift ersatzlos zu streichen.

II. Außergerichtliche Verteilung

1. Einigung der Beteiligten

Alle Beteiligten müssten sich außergerichtlich durch öffentliche Urkunde über die Verteilung der Überschüsse einigen und dies dem Gericht nachweisen. Durch die Notarkosten werden weder Kosten gespart noch § 158 überflüssig. Zu theoretischen Ansätzen wird auf *Stöber* verwiesen[3], der aber insbesondere bei der außergerichtlichen Befriedigung keine realisierbaren Lösungen sieht[4].

2. Einigung von Ersteher und Hebungsberechtigtem

Da es in der Zwangsverwaltung keinen Ersteher i.S.d. § 144 gibt, kann die Vorschrift nicht anwendbar sein[5].

---

1 Vgl. auch *Stöber*, § 160 Rdn. 1.2; *H/W/F/H*, § 160 Rdn. 2.
2 § 169 Rdn. 3 a.E.; ebenso *Böttcher/Keller*, § 160 Rdn. 1.
3 ZVG § 160 Rdn. 2.
4 Diff. *H/W/F/H*, § 160 Rdn. 1.
5 Ebenso *H/W/F/H*, § 160 Rdn. 3.

§ 161 »Aufhebung des Verfahrens«

(1) Die Aufhebung des Verfahrens erfolgt durch Beschluß des Gerichts.
(2) Das Verfahren ist aufzuheben, wenn der Gläubiger befriedigt ist.
(3) Das Gericht kann die Aufhebung anordnen, wenn die Fortsetzung des Verfahrens besondere Aufwendungen erfordert und der Gläubiger den nötigen Geldbetrag nicht vorschießt.
(4) Im übrigen finden auf die Aufhebung des Verfahrens die Vorschriften der §§ 28, 29, 32, 34 entsprechende Anwendung.

§ 12 ZwVwV Beendigung der Zwangsverwaltung

(1) Die Beendigung der Zwangsverwaltung erfolgt mit dem gerichtlichen Aufhebungsbeschluss. Dies gilt auch für den Fall der Erteilung des Zuschlags in der Zwangsversteigerung.

(2) Das Gericht kann den Verwalter nach dessen Anhörung im Aufhebungsbeschluss oder auf Antrag durch gesonderten Beschluss ermächtigen, seine Tätigkeit in Teilbereichen fortzusetzen, soweit dies für den ordnungsgemäßen Abschluss der Zwangsverwaltung erforderlich ist. Hat der Verwalter weiterführende Arbeiten nicht zu erledigen, sind der Anordnungsbeschluss und die Bestallungsurkunde mit der Schlussrechnung zurückzugeben, ansonsten mit der Beendigung seiner Tätigkeit.

(3) Unabhängig von der Aufhebung der Zwangsverwaltung bleibt der Verwalter berechtigt, von ihm begründete Verbindlichkeiten aus der vorhandenen Liquidität zu begleichen und bis zum Eintritt der Fälligkeit Rücklagen zu bilden. Ein weitergehender Rückgriff gegen den Gläubiger bleibt unberührt. Dies gilt auch für den Fall der Antragsrücknahme.

(4) Hat der Verwalter die Forderung des Gläubigers einschließlich der Kosten der Zwangsvollstreckung bezahlt, so hat er dies dem Gericht unverzüglich anzuzeigen. Dasselbe gilt, wenn der Gläubiger ihm mitteilt, dass er befriedigt ist.

Übersicht

	Rdn.
I. Allgemein	1
1. Regelungszweck	1
2. Regelungskritik	2
3. Verfahrenseinstellung	3
a) Anwendungsbereich	3
b) Einstweilige Verfahrenseinstellung	4.1
aa) Einstellung nach § 28	4.1
bb) Einstellung nach § 30	4.2
cc) Einstellung nach sonstigen Vorschriften	5
II. Verfahren und Wirkung der Aufhebung	6
1. Beschluss des Gerichts	6
2. Wirkung	7
a) Allgemein	7
b) Konstitutive und deklaratorische Wirkung	8
3. Rechtsbehelfe	16
4. Wegfall der Beschlagnahme	17
III. Rücknahme des Antrags	23
1. Grundsatz	23
2. Herausgabe von Grundstück und Nutzungen	25
3. Ordnungsmäßiger Verfahrensabschluss	29
a) Allgemeines	29
b) Miet- und Pachtverträge	30
c) Nebenkostenabrechnung	31
d) Dienst-, Versicherungs- und Versorgungsverträge	32
e) Unaufschiebbare Geschäfte	36

	4. Prozessführungsbefugnis	38
	5. Vorschüsse	41
	6. Rechnungslegung	42
	7. Rückgabe der Bestallungsurkunde	43
IV.	Aufhebung infolge Zuschlagserteilung	44
	1. Allgemein	44
	2. Verfahren	45
	3. Stellung des Erstehers	48
	4. Ersteherabrechnung	55
	5. Abwicklung durch Verwalter	63
	6. Prozessführungsbefugnis	68
	7. Verhältnis zur Sicherungsverwaltung	71.1
	8. Aufhebung des Zuschlagsbeschlusses	71.2
	9. Herausgabe von Unterlagen	71.3
	a) Allgemein	71.3
	b) Objektunterlagen	71.4
	c) Titel	71.5
V.	Sonstige Aufhebungsgründe	72
	1. Befriedigung des Gläubigers (Abs. 2)	72
	2. Mangelnde Vorschusszahlung (Abs. 3)	76
	3. Entgegenstehende Rechte (Abs. 4)	81
	4. Hinterlegung	83
	5. Insolvenzverfahren	84
	6. Weitere Aufhebungsgründe	85
VI.	Thesen zur Umsetzung in der Praxis	95

I. Allgemein

1. Regelungszweck

Die Vorschrift regelt (unvollständig) die Aufhebungsgründe für die Verfahrensbeendigung. **1**

2. Regelungskritik

Die Vorschrift hat vielfache Kritik erfahren aufgrund ihrer unzureichenden **2** und unzweckmäßigen Konzipierung[1]. Wesentliches wurde nicht geregelt, jedoch Nebensächlichkeiten. Der Regelfall, der Zuschlag in einem parallelen Zwangsversteigerungsverfahren, wurde nicht erfasst, was insgesamt auf eine mangelnde Abstimmung der beiden Vollstreckungsverfahren zurückzuführen ist[2]. Die Abwicklung des Regelfalles bereitet damit in der Praxis Schwierigkeiten[3] und muss im Hinblick auf die notwendigen Maßnahmen und Folgen aus dem sachlichen Zweck abgeleitet werden[4]. § 12 ZwVwV ergänzt die Vorschrift insoweit nunmehr in Teilbereichen und macht eine Abstimmung zwischen Gericht und Verwalter notwendig. Der Verordnungsgeber führt hierzu aus: *„… So ist etwa anerkannt, dass der Verwalter laufende Prozesse noch zu Ende bringen darf. Im Interesse der Rechtsklarheit sollten solche nachwirkenden Amtshandlungen aber nur aufgrund gesonderter gerichtlicher Ermächtigung vorgenommen werden dürfen. In der Regel kann diese Ermächtigung problemlos erteilt werden, wenn der Verwalter vor der Aufhebung Gelegenheit erhält, das Gericht über noch laufende Aufgaben, Prozes-*

---

1 U.a. *Muth* in der 12. Auflage unter Hinweis auf *Münchmeyer* (1901), S. 1.
2 *Nußbaum*, § 27 II.
3 So schon *Mayer*, RpflStud 1989, 49 f.; vgl. auch *Wendlinger*, Rpfleger 2009, 544.
4 So *Stöber*, ZVG § 161 Rdn. 1.2.

se usw. zu unterrichten. Zur Vermeidung eines rechtsfreien Raumes zwischen der Aufhebung des Verfahrens und der Wahrnehmung weitergehender Aufgaben sollten die Anordnungen regelmäßig bereits im Aufhebungsbeschluss aufgenommen werden. Unklarheit besteht bislang in der Frage, ob bzw. welche Ausgaben der Verwalter noch nach Aufhebung des Verfahrens tätigen kann, insbesondere im Falle der Antragsrücknahme. Hier sollte dem Zwangsverwalter das Recht zugestanden werden, die von ihm begründeten Verbindlichkeiten noch aus der vorhandenen Liquidität abzudecken." (BR-Drucks. 842/03 S. 14)

Ungeregelt ist auch die (einstweilige) Einstellung des Verfahrens (→ Rdn. 4.1 f.).

3. Verfahrenseinstellung
a) Anwendungsbereich

3 Die Zwangsverwaltung kann zunächst gehemmt werden, wenn die Zwangsvollstreckung nach den allgemeinen Bestimmungen der ZPO[5] oder nach § 153b einzustellen ist, unter besonderen Voraussetzungen auch aus § 765a ZPO[6] (→ Rdn. 5). Unstreitig sind die §§ 30a ff., 33, 75–77 nicht anwendbar, weil sie nur auf die Zwangsversteigerung zugeschnitten sind. Zu klären ist damit die Frage, ob das Verfahren **entsprechend** §§ 28, 30 eingestellt werden kann.

b) Einstweilige Verfahrenseinstellung
aa) Einstellung nach § 28

4.1 § 161 Abs. 4 erklärt § 28 für anwendbar, aber sowohl dem Wortlaut nach als auch dem Regelungsgegenstand nach in Bezug auf die Aufhebung des Verfahrens. § 28 betrifft seinerseits wiederum die Einstellung wegen entgegenstehender Rechte.

Gleichwohl wird die Auffassung vertreten, dass unter diesen Voraussetzungen auch eine einstweilige Einstellung möglich ist[7]. Ähnlich wie bei sonstigen Vollstreckungshindernissen, z.B. § 147, erscheint allein die Aufhebung sachgerecht, da ansonsten ohne Vorliegen der formellen Voraussetzungen die Beschlagnahme in der Zwangsvollstreckung herbeigeführt würde. Ungeachtet dessen scheint der Wortlaut des § 161 Abs. 4 eindeutig. Insofern ist *Wedekind/Wedekind* zu folgen, die i.Ü. nur unter den besonderen Voraussetzungen der §§ 775, 776 ZPO eine Einstellung ermöglichen wollen[8].

bb) Einstellung nach § 30

4.2 Nach (scheinbar) überwiegender Meinung[9] kann der Gläubiger auch die einstweilige Einstellung entsprechend § 30 bewilligen und damit die Hemmung des Verfahrens bewirken, da er Herr des Verfahrens ist. Ansonsten müsste der Schuldner aufgrund einer Stundung des Gläubigers seine Rechte nach § 769 ZPO durch-

---

5   Vgl. *Stöber*, ZVG § 146 Rdn. 6.2.
6   *Stöber*, ZVG § 146 Rdn. 6.4; *Depré/Mayer*, Rdn. 225.
7   *Schmidberger*, ZfIR 2009, 276.
8   A.a.O., Rdn. 248 ff.
9   *Steiner/Hagemann*, § 161 Rdn. 109; *Böttcher/Keller*, § 146 Rdn. 78, *Eickmann*, § 6, VIII. 1; a.A. *Stöber*, ZVG § 146, Rdn. 6.1 ff.; *H/W/F/H*, § 146 Rdn. 62; krit., eher ablehnend *Depré/Mayer*, Rdn. 219 ff.; *Hintzen/Wolf*, Rdn. 13.156: allenfalls entsprechend.

setzen. Gleichwohl wäre als Folge hieraus § 31 zu beachten, da das ZVG eine unbegrenzte Verfahrenseinstellung nicht kennt. Insoweit soll der Gläubiger entsprechend § 31 belehrt und das Verfahren rechtzeitig fortgesetzt werden, damit es nicht aufgehoben wird. Dies ist **abzulehnen**. Die Beschlagnahmewirkung bliebe trotz Einstellung bestehen, insbesondere zugunsten weiterer betreibender Gläubiger. Dem Verwalter obläge deshalb weiterhin die Verwaltung und Benutzung des Grundstücks. Er hat die Ausgaben, Kosten, öffentlichen Lasten wie bisher zu begleichen und die Überschüsse nach der Anordnung des Gerichts auf der Grundlage des Teilungsplans zu erfüllen. Lediglich auf den oder die Ansprüche für die das Verfahren eingestellt ist, erfolgen keine Zahlungen mehr. Die hierauf entfallenden Beträge sind zurückzubehalten und verzinslich anzulegen. Das Gericht hat den Verwalter entsprechend anzuweisen. Dies alles ist der Zwangsverwaltung fremd und aus grundsätzlichen Erwägungen abzulehnen[10].

Die §§ 30a und c sind im Rahmen der Zwangsverwaltung nicht anzuwenden[11].

cc) **Einstellung nach sonstigen Vorschriften**

Speziell zu § 765a ZPO hat der BGH in jüngeren Entscheidungen[12] auch für die Zwangsverwaltung betont, dass nur ein ganz besonders gewichtiges Interesse der von der Vollstreckung Betroffenen (Lebensschutz, Art. 2 Abs. 2 GG) gegen das Vollstreckungsinteresse des Gläubigers (Gläubigerschutz, Art. 14 GG; wirksamer Rechtsschutz, Art. 19 Abs. 4 GG) abzuwägen ist[13]. Deshalb muss sorgfältig geprüft werden, ob der Gefahr der **Selbsttötung** nicht auf andere Weise als durch Einstellung der Zwangsvollstreckung wirksam begegnet werden kann. Zu prüfen ist hierbei auch, ob eine Ingewahrsamnahme des Schuldners nach polizeirechtlichen Vorschriften oder seine Unterbringung nach den einschlägigen Landesgesetzen in Betracht kommt. Die Vollstreckung kann dann fortgesetzt werden, wenn die insoweit zuständigen Behörden oder das Betreuungsgericht nach Unterrichtung durch das Vollstreckungsgericht Maßnahmen zum Schutz des Schuldners nicht für notwendig erachten. Hierbei sind die Erfolgsaussicht einer Maßnahme und die Dauer zu berücksichtigen. Die Einstellung ist zu befristen und mit Auflagen (Behandlung) zu versehen[14].

Die schwierige Sachlage vertieft der BGH in der Entscheidung vom 15.7.2010[15]. Das Betreuungsgericht kann flankierende Maßnahmen deshalb nicht für geboten halten, weil und solange die Zwangsvollstreckung nicht durchgeführt wird. In diesem Fall setzt die Fortsetzung der Vollstreckung gegen den gefährdeten Schuldner voraus, dass das Vollstreckungsgericht flankierende Maßnahmen

---

10 Ebenso *Stöber*, ZVG § 146 Rdn. 6.1 ff.; *Depré/Mayer*, Rdn. 222; *Wedekind/Wedekind*, § 253 ff.; *Löhnig/Blümle*, § 154 Rdn. 17.
11 *Hintzen/Wolf*, Rdn. 13.154.
12 BGH, Rpfleger 2008, 212 = ZfIR 2008, 386 = FamRZ 2008, 563; zur **Zwangsverwaltung** Rpfleger 2009, 252 = FamRZ 2009, 322 = ZfIR 2009, 147 = ZInsO 2009, 348; NJW 2009, 80 = WuM 2008, 679; Rpfleger 2011, 225 zur Zulassung der Rechtsbeschwerde.
13 Hierzu *Schuschke*, NZM 2011, 304 und *Schmidt-Räntsch*, ZfIR 2011, 849; zur Gewährung des rechtlichen Gehörs gem. **Art. 103 Abs. 1 GG** insbesondere BVerfG, ZfIR 2012, 134 = NZM 2012, 245 = FamRZ 2012, 185.
14 Vgl. LG Koblenz, Rpfleger 2008, 656.
15 Rpfleger 2010, 681 = FamRZ 2010, 1652 = ZfIR 2010, 738 m. Anm. *Keller*.

ergreift, die ein rechtzeitiges Tätigwerden des Betreuungsgerichts zur Abwehr der (Suizid-)Gefahr ermöglichen.

Im Falle einer Krebserkrankung des Schuldners hat der BGH entschieden, das bei der Durchführung des Zwangsversteigerungsverfahrens unter Abwägung der Interessen der Beteiligten dem Umstand Rechnung getragen werden muss, dass durch die Fortführung des Verfahrens der Erfolg der Behandlung des Schuldners gefährdet werden kann[16].

Zu den weiteren Einzelheiten der praktischen Umsetzung wird auf → § 30a Rdn. 20 ff. verwiesen.

Zur Einstellung durch das Prozessgericht infolge einer **Vollstreckungsabwehrklage** oder **Drittwiderspruchsklage** wird auf → § 30 Rdn. 28 verwiesen[17].

II. Verfahren und Wirkung der Aufhebung

1. Beschluss des Gerichts

6   Eine Aufhebung des Verfahrens erfolgt immer durch Beschluss des Gerichts (Abs. 1). Hierbei handelt es sich um einen staatlichen Hoheitsakt, der erforderlich ist, die Beschlagnahme ganz oder teilweise wegfallen zu lassen. Dies hat der BGH nunmehr sowohl für die Aufhebung nach Rücknahme des Antrags, als auch für den Fall des Zuschlags klargestellt[18]. Es gilt der Grundsatz der Selbstständigkeit der Einzelverfahren (→ § 27 Rdn. 1). Der Beschluss ist dem betreibenden Gläubiger (oder mehreren) und dem Schuldner zuzustellen (Abs. 4, § 32). Dem Verwalter, den sonstigen Beteiligten sowie allen Personen, an die ein Zahlungsverbot ergangen ist (§ 151 Abs. 3, § 22 Abs. 2), ist die Aufhebung formlos mitzuteilen. Vor der Aufhebung hat das Gericht § 12 Abs. 2 ZwVwV zu beachten.

2. Wirkung

a) Allgemein

7   Die Beschlagnahme endet erst mit der (letzten) Zustellung und insoweit erst mit der Rechtskraft des Beschlusses[19]. Wirksam wird die Aufhebung mit Bekanntgabe, die formelle Rechtskraft tritt erst nach (ggf.) Zustellung und Ablauf der Rechtsmittelfrist ein.

Im Fall des Zuschlags endet die Beschlagnahme mit Erlass des Aufhebungsbeschlusses rückwirkend auf den Zeitpunkt des Zuschlags[20]. Bei Antragsrücknahme war es früher streitig, ob die Beschlagnahme mit Eingang des Rücknahmeantrags endet oder mit Erlass des Aufhebungsbeschlusses (s. → Rdn. 10 ff.).

Aufgrund der Entscheidung des BGH vom 10.7.2008[21] ist grundlegend zu berücksichtigen, dass auch im Fall der uneingeschränkten Antragsrücknahme die Beschlagnahmewirkung erst mit dem Aufhebungsbeschluss entfällt, weil sowohl

---

16 Rpfleger 2012, 38 = ZfIR 2011, 886 = WuM 2011, 531.
17 Ausführlich *Böttcher/Keller*, § 146 Rdn. 77 f.
18 BGHZ 177, 218 = Rpfleger 2008, 586 = ZfIR 2008, 891.
19 *Stöber*, ZVG § 161 Rdn. 2.3; *Depré/Mayer*, Rdn. 398.
20 Differenzierend *Depré/Mayer* mit beachtlichen Argumenten, die nur die Rechtskraft auf den Zuschlag zurückwirken lassen, Rdn. 418 ff., vgl. auch u. → Rdn. 9.
21 BGHZ 177, 218 = Rpfleger 2008, 586 = NJW 2008, 3067 = ZfIR 2008, 841 m. Anm. *Depré*; hierzu *Hintzen*, Rpfleger 2009, 68; *Wedekind*, ZInsO 2009, 808; *v. Sethe*, ZInsO 2009, 218; s. aber auch *Mayer*, Rpfleger 2009, 287, u.a. zur teilweisen Rücknahme.

die Beschlagnahmewirkung als auch ihr Wegfall nur durch einen staatlichen Hoheitsakt bewirkt werden können. Gleichwohl wirft diese Entscheidung in der Abwicklung eine Reihe von Fragen auf, die nachfolgend darzustellen sind.

Der Antrag auf Ersuchen der Eintragung gilt vorliegend nicht, da § 161 Abs. 4 nicht auf § 22 Abs. 1 S. 2 verweist, was aus Gründen der Klarheit und Vereinfachung *de lege ferenda* einer Gesetzesänderung zugeführt werden sollte.

Bedenklich dürfte die noch darzustellende Entscheidung des XII. Senats des BGH sein[22], wonach im Falle der Aufhebung die Prozessstandschaft in Bezug auf der Beschlagnahme unterliegende Forderungen keinem Vorbehalt nach § 12 Abs. 2 ZwVwV oder einer beschränkten Rücknahme bedarf (→ Rdn. 70.2).

b) Konstitutive und deklaratorische Wirkung

Damit entfaltet der Aufhebungsbeschluss nunmehr einheitlich konstitutive Wirkung. Im Fall des Zuschlags wird i.d.R. angeordnet, dass der Beschluss erst mit seiner Rechtskraft wirkt. Hierdurch wird der fehlenden aufschiebenden Wirkung eines Rechtsbehelfs Rechnung getragen (vgl. § 572 ZPO). 8

Weitgehend unstr. entfaltete die **Aufhebung nach Zuschlagserteilung**[23] bereits bisher konstitutive Wirkung mit **Rückwirkung** auf den Zeitpunkt der Zuschlagserteilung. Hier darf die Aufhebung jedoch nicht vor Rechtskraft des Zuschlags erfolgen, um schwerwiegende Nachteile für den Fall der Aufhebung des Zuschlags zu vermeiden[24]. Zu den hieraus resultierenden Besonderheiten, auch aus § 12 ZwVwV wird auf → Rdn. 44 ff. verwiesen. 9

Höchst streitig, war – auch im Hinblick auf die Anwendbarkeit des § 12 ZwVwV – die **Wirkung der Aufhebung bei Rücknahme des Antrags**. Die früher herrschende Meinung[25] sah in der Rücknahme bereits die konstitutive Wirkung für den Wegfall der Beschlagnahme und in dem Aufhebungsbeschluss nur einen deklaratorischen Akt. Dem sind verschiedene Auffassungen entgegengetreten[26], weil keine Rechtsklarheit bestehe und auch § 29 dem nicht entgegenstehe. Vor allem würden aber erhebliche rechtliche Risiken geschaffen. Hierbei sei auch § 12 ZwVwV in Bezug auf seinen Regelungsgegenstand zu betrachten. 10

H/W/F/H haben § 12 ZwVwV trotz der – dort lediglich infrage gestellten – deklaratorischen Wirkung des Aufhebungsbeschlusses uneingeschränkt angewendet, obwohl mit Eingang des Rücknahmeantrags die Beschlagnahme nach bisher überwiegender Auffassung endete. Argumentiert wurde mit dem generellen Abwicklungscharakter des § 12 ZwVwV für alle Aufhebungstatbestände und den Anforderungen des § 12 Abs. 2 ZwVwV. 11

Depré/Mayer hielten § 12 Abs. 2 ZwVwV auf der Grundlage der h.M. im Falle der Rücknahme nicht für anwendbar, da die Verordnung auf der Grundlage des § 152a die Beschlagnahme nicht regeln kann, und zwischen Beschlagnahme und 12

---

22 BGHZ 187,10 = NJW 2010, 3033 = ZfIR 2011, 346 = ZInsO 2010, 2406; zu Recht kritisch *Ganter*, ZfIR 2011, 229; diff. *Mayer*, ZfIR 2011, 635.
23 U.a. *Stöber*, ZVG § 161 Rdn. 2.3; *Depré/Mayer*, Rdn. 415 ff., s. aber oben Fn. 18; *Böttcher/Keller*, § 161 Rdn. 19.; hierzu auch *Schmidberger*, Rpfleger 2007, 241; vgl. auch *Wedekind/Wedekind*, 1736 f.
24 *Depré/Mayer*, Rdn. 428.
25 S. hierzu § 161, Vorauflage Rdn. 10.
26 *Eickmann*, ZfIR 2003, 1021, 1025; *Böttcher/Keller*, § 161 Rdn. 16 (wie § 29); *Depré/Mayer*, 4. Aufl. Rdn. 321; *Depré*, ZfIR 2008, 841.

der aus ihr abgeleiteten Beschlagnahmewirkung, nämlich dem Verwalterhandeln, zu unterscheiden ist[27]. Dem ist zuzustimmen[28].

13 Die Frage ist nunmehr auf der Grundlage der klarstellenden Rechtsprechung des BGH neu zu betrachten, wonach die Beschlagnahme erst mit der Aufhebung endet, womöglich erst mit der letzten Zustellung[29].
Der BGH hat den Meinungsstreit im Sinne der Mindermeinung, bzw. der im Vordringen begriffenen Meinung gelöst[30]. Gleichwohl ist damit die Anwendbarkeit von § 12 Abs. 2 ZwVwV nicht abschließend geklärt. Da diese Verordnungsregelung keine materielle Beschlagnahmewirkung begründen oder aufheben kann, ist sie nicht anwendbar, wenn der Gläubiger uneingeschränkt aufhebt[31]. Das Gericht kann sich hierüber auch nicht mit einer Einschränkung hinwegsetzen, wenn der Gläubiger durch seine uneingeschränkte Rücknahmeerklärung zu erkennen gibt, dass er die Beschlagnahme beenden möchte. Raum für Vorbehalte nach § 12 Abs. 2 ZwVwV verbleiben nicht. Reine verfahrenstechnische Abwicklungen hat der Verwalter selbstverständlich vorzunehmen. Hierzu bedarf es aber generell keines Vorbehaltes nach § 12 Abs. 2 ZwVwV.
Die Frage des Wegfalls der Beschlagnahmewirkung hätte damit nur für die Abgrenzung der Nutzungen Bedeutung.

14 Soweit ersichtlich wird § 12 ZwVwV aber regelmäßig auf alle Aufhebungsfälle angewendet, da keine automatische Beendigung der Zwangsverwaltungstätigkeit eintreten soll[32]. Hierbei wird aber nicht hinreichend differenziert zwischen Abwicklungstätigkeiten, die den Bestand der Beschlagnahme voraussetzen (anhängiger Prozess oder Verfolgung rückständiger Forderungen) und solchen, die lediglich der technischen Abwicklung dienen (Ersteherabrechnung, Schlussrechnung etc.). Im Hinblick auf die Voraussetzungen und Wirkungen der Beschlagnahme (→ § 148 Rdn. 2 ff.) ist nach hier vertretener Ansicht im Falle der Antragsrücknahme nur eine beschränkte Rücknahme möglich, aber kein Vorbehalt gem. § 12 ZwVwV, wenn unbeschränkt zurückgenommen wurde. Jedenfalls ergeben sich hieraus keine Auswirkungen auf den Umfang der Beschlagnahme, sodass z.B. im Falle der Aufhebung wegen Rücknahme die Restmasse an den Schuldner auszukehren ist[33].

15 Sind sämtliche Einzelverfahren aufgehoben, ist das Grundbuchamt nach Rechtskraft des Beschlusses zu ersuchen, den Zwangsverwaltungsvermerk zu löschen (Abs. 4, § 34). Das Grundbuchamt teilt die Erledigung mit (§ 55 GBO)[34].

---

27 Rdn. 396: teilweise Aufrechterhaltung der Beschlagnahme nur über Teilrücknahme.
28 Wohl ebenso *Wedekind/Wedekind*, Rdn. 1764 ff. 1772 ff.
29 Ebenso *Depré/Mayer*, Rdn. 398.
30 BGHZ 155, 38 = Rpfleger 2003, 457.
31 Wohl ebenso *Depré/Mayer*, Rdn. 398.
32 Vgl. auch *Hintzen/Wolf*, Rdn. 13.304 ff.
33 Ebenso *Wedekind/Wedekind*, Rdn. 1774, 1791; vgl. auch BGH, NJW-RR 2012, 263 = ZInsO 2012, 43.
34 Zur Löschung des Zwangsverwaltungsvermerks vgl. *H/W/F/H*, § 161 Rdn. 11.

3. Rechtsbehelfe

16 Gegen den Aufhebungsbeschluss kann die sofortige Beschwerde (§ 793 ZPO) durch den Gläubiger eingelegt werden. Sie hat keine aufschiebende Wirkung (s.o. → Rdn. 8).

4. Wegfall der Beschlagnahme

17 Die materiell-rechtliche Beschlagnahmewirkung ist – unabhängig von den Fragen zum Wegfall ihrer Wirkung (s.o. → Rdn. 9 ff.) – von den verfahrensrechtlichen Abwicklungsfolgen zu trennen, aus denen sich gesonderte Rechte und Pflichten des Verwalters im Abwicklungsstadium, d.h. auch nach Wegfall der Beschlagnahmewirkung ergeben[35].

18 Im Falle der Aufhebung nach Rücknahme können der Schuldner oder ein neuer Eigentümer, der von dem Schuldner erworben hat (nach Anmeldung, § 9) das Grundstück wieder verwalten und nutzen (vgl. § 148 Abs. 2). Zu den Besonderheiten nach Zuschlag wird auf → Rdn. 44 ff. verwiesen. Es ist fraglich, ob Verfügungen über den Miet- und Pachtzins durch Abtretungen oder Pfändungen, die durch die Beschlagnahme unwirksam geworden sind (→ § 148 Rdn. 15 ff.) wieder wirksam werden. Dies hat der BGH im Falle der Antragsrücknahme verneint, da die Verfügung gem. § 1124 BGB unwirksam geworden ist (→ Rdn. 26).

19 Wird die Zwangsverwaltung erneut beantragt, ist ein neues Verfahren anzuordnen und nicht lediglich eine Unterbrechung anzunehmen.

20 Der Gläubiger hat grundsätzlich die Möglichkeit die Vollstreckung fortzusetzen, wenn er nicht befriedigt wurde.

21 Unstreitig kann er aber unabhängig von der Anwendbarkeit des § 12 ZwVwV (→ Rdn. 14) auch die **Rücknahmeerklärung einschränken**[36]. Danach können konkret bezeichnete Vermögensrechte bis zu ihrer Durchsetzung beschlagnahmt bleiben. Das Gericht muss den Aufhebungsbeschluss dann einschränken mit der Maßgabe, dass der Verwalter insoweit die verbliebenen Aufgaben wahrnehmen muss[37]. Eine nachträgliche Ermächtigung ist nicht möglich, wenn die Beschlagnahme einmal weggefallen ist.

Ein Vorbehalt muss bereits im Aufhebungsbeschluss erfasst sein, da ein Vorbehalt gemäß § 12 ZwVwV nicht mehr angeordnet werden kann, wenn die Beschlagname weggefallen ist (anders der Wortlaut der Begründung des Verordnungsgebers).

Wird das Verfahren vorbehaltlos aufgehoben, erlöschen die Rechte von Grundpfandgläubigern am Erlösüberschuss, weil die hypothekarische Pfandhaft des Erlöses erlischt. Eine Pfändung des Überschusses ist deshalb unzulässig[38].

22 Läuft das Verfahren für andere betreibende Gläubiger weiter, soll dies im Aufhebungsbeschluss ausdrücklich klargestellt werden[39].

---

35 Ausführlich *H/W/F/H*, § 161 Rdn. 14 ff., 17.; *Wedekind/Wedekind*, Rdn. 1768 ff.
36 *Stöber*, ZVG, Rdn. 5.4, 7.1 b); *Depré/Mayer*, Rdn. 396 f.; vgl. auch *Ganter*, ZfIR 2011, 229; ebenso *Wedekind/Wedekind*, Rdn. 1763.
37 Vgl. *Stöber*, ZVG § 161 Rdn. 5.4, 7.1 b); BGHZ 155, 38, 43 = Rpfleger 2003, 457.
38 BGH, Rpfleger 2014, 97 = IGZInfo 1/2014, 20.
39 *Depré/Mayer*, Rdn. 388 auch zur Abwicklung Rdn. 393 ff.

III. Rücknahme des Antrags[40]
1. Grundsatz

23 Die Rechte und Pflichten des Verwalters enden grundsätzlich mit der Aufhebung soweit keine der vorstehenden (→ Rdn. 17 ff.) Verlängerungssachverhalte in Betracht kommen. Bis zur **Kenntniserlangung** durch Zustellung oder Mitteilung des Gerichts hat er seine Aufgaben wahrzunehmen[41]. Danach hat er seine Tätigkeit einzustellen (vorbehaltlich der str. Anwendbarkeit § 12 Abs. 2, → Rdn. 14), ohne dass es auf die Rechtskraft ankommt. Auf Hinweise des Schuldners, Gläubigers oder sonstiger Dritter sollte er Rückfrage beim Gericht halten.

24 Der Verwalter hat die Verwaltung abzuwickeln[42], insbesondere bezüglich zuvor eingeleiteter Verwaltungsmaßnahmen[43]. Ansprüche, die der Beschlagnahme unterlagen kann er nach Aufhebung nicht mehr geltend machen, sofern keine eingeschränkte Rücknahme erfolgt. Dies sieht der BGH für den Fall des Zuschlags anders (→ Rdn. 70.2).

Eine besondere Konstellation lag der Entscheidung des BGH vom 17.12.2008[44] zugrunde, wo der Mieter während des laufenden Zwangsverwaltungsverfahrens von seinem Vorkaufsrecht nach § 577 Abs. 1 BGB Gebrauch gemacht hatte. Der BGH versagt dem Mieter in diesem Fall ein Zurückbehaltungsrecht an der Miete gegenüber dem Zwangsverwalter, wegen des gegen den Vermieter gerichteten Anspruchs auf Verschaffung des Eigentums an der Mietwohnung (→ zur Kaution siehe § 152 Rdn. 168.5 a.E.).

2. Herausgabe von Grundstück und Nutzungen

25 Nachdem die Aufhebung wirksam geworden ist, hat der Verwalter dem Schuldnereigentümer das Grundstück, das Zubehör und die gezogenen Nutzungen (Verfahrensüberschuss) herauszugeben[45]. Dies gilt auch für Nutzungen, die der Verwalter noch nicht ordnungsgemäß an die betreibenden Gläubiger abgeführt hat[46]. Ist ein Insolvenzverfahren eröffnet, erfolgt die Herausgabe an den Insolvenzverwalter, bei einem Eigentumswechsel an den neuen Eigentümer, wenn dieser sich meldet (§ 9)[47]. Bei Zweifeln sollte eine Abstimmung mit dem Gericht erfolgen, ggf. eine Hinterlegung.

26 Pfändungen des Überschusses sind zu berücksichtigen (→ § 152 Rdn. 253 f.). Mieter oder Pächter sind zu informieren. Der Gläubiger, der die Zwangsverwal-

---

40 Zu Fragen der Veräußerung der Immobilie während des Verfahrens *Böttcher*, ZfIR, 2010, 521.
41 LG Rostock, Rpfleger 2001, 40.
42 BGHZ 71, 216 = Rpfleger 1978, 305; OLG Frankfurt, MDR 1971, 226; OLG Hamm, NJW 1956, 125.
43 BGHZ 155, 38, 43 = Rpfleger 2003, 457.
44 Rpfleger 2009, 255 = NJW 2009, 1076 = IGZInfo 2/2009, 97; zur Kaution, wenn der Mieter den Zuschlag erhält → § 152 Rdn. 168.5 a.E.
45 BGH, NJW-RR 2012, 263 = ZInsO 2012, 43 = IGZInfo 1/2012, 36; BGHZ 71, 216 = Rpfleger 1978, 305; OLG Köln, VersR 1994, 113; s. bei Ermächtigung nach § 12 ZwVwV Rdn. 39 f. und LG Gießen, IGZInfo 3/2007, 112.
46 LG Heilbronn, Rpfleger 1996, 37.
47 *Stöber*, ZVG § 161 Rdn. 5.1; *Böttcher/Keller*, § 161 Rdn. 32; diff. *Depré/Mayer*, Rdn. 394 mit dem zutreffenden Hinweis, dass es sich insoweit nicht um verfahrensrechtliche Fragen handelt, sondern um die Frage des materiell Empfangsberechtigten, insbesondere bei Eigentumswechsel.

tung uneingeschränkt zurückgenommen hat, hat aber keinen Anspruch auf die Überschüsse, wenn ihm die Mietansprüche vor der Anordnung des Verfahrens abgetreten worden sind, da die **Vorausabtretung** nach § 1124 Abs. 2 BGB im Rahmen des Beschlagnahmeumfangs **unwirksam geworden** ist[48]. Die Rechte von Grundpfandgläubigern am Erlösüberschuss erlöschen bei uneingeschränkter Rücknahme auch dann, wenn parallel ein Insolvenzverfahren eröffnet ist.[48a]

Vorher sind noch die Ausgaben, die den Verwaltungszeitraum betreffen, die Vergütung und die Kosten zu begleichen (§ 12 Abs. 3 ZwVwV). Der Verwalter sollte sich die ordnungsgemäße Herausgabe einschließlich der Nutzungen quittieren lassen. Bei Annahmeverzug kann er den Grundstücksbesitz nach § 303 BGB aufgeben und die Nutzungen hinterlegen (§ 372 BGB). 27

Öffentliche Lasten und Zahlungen an Berechtigte des **Teilungsplans** darf er nicht mehr leisten. 28

3. Ordnungsmäßiger Verfahrensabschluss
a) Allgemeines

Die Verwaltung ist ordnungsgemäß abzuschließen. Grundsätzlich hat er weder weitere Einnahmen einzuziehen noch weitere Ausgaben zu bedienen oder aus den Überschüssen zu begleichen. Im Außenverhältnis besteht keine fortdauernde Tätigkeit zur Bestandserhaltung und Nutzung. § 12 Abs. 3 ZwVwV regelt nunmehr, dass der Verwalter von ihm begründete Verbindlichkeiten noch aus der Liquidität erfüllen kann. 29

b) Miet- und Pachtverträge

Die Rechte und Pflichten aus Miet- oder Pachtverhältnissen gehen mit der Aufhebung des Verfahrens wieder auf den Schuldner über. Verträge, die der Verwalter abgeschlossen hat binden den Schuldner. Gegenüber dem Mieter oder Pächter dauert die Beschlagnahme jedoch an, bis sie von der Aufhebung Kenntnis erlangt haben. Als Schuldner sind sie gleichwohl nicht geschützt. Ein Anspruch aus ungerechtfertigter Bereicherung besteht gegenüber dem Verwalter jedoch dann nicht, wenn dieser die empfangene Miete ordnungsgemäß verwendet hat und den Verfahrensüberschuss an den Schuldner ausgezahlt hat. Der Verwalter muss ggf. eine Abgrenzung der Einnahmen auf den Zeitpunkt des Wirksamwerdens der Aufhebung vornehmen, sodass hier im Ergebnis keine Risiken für den Mieter bestehen dürften, wenn der Verwalter sich pflichtgemäß verhält[49]. 30

c) Nebenkostenabrechnung

Für bereits abgeschlossene Zeiträume hat der Zwangsverwalter **nur** nach Zuschlagserteilung die Abrechnungen zu erstellen und Erstattungen zu leisten oder Nachzahlungen einzuziehen[50] (Allgemein → § 152 Rdn. 150 ff., vorliegend → Rdn. 61). Dies gilt **nicht nach Rücknahme**, unabhängig davon, ob die Abrechnung fällig ist, da der Verfahrensüberschuss an den Schuldner herauszugeben ist 31

---

48   BGH, NJW-RR 2012, 263 = ZInsO 2012, 43 = IGZInfo 1/2012, 36.
48a Verbot der Forderungspfändung nach Insolvenzeröffnung durch absonderungsberechtigte Gläubiger, bestätigt durch BGH, IX B 197, 11, Rpfleger 2014, 97.
49   Unklar *Stöber*, ZVG § 161 Rdn. 5.8 b).
50   So *Stöber*, ZVG § 161 Rdn. 5.8.

und dieser die Abrechnung erstellen kann[51]. Heiz- oder Betriebskostenzahlungen muss er nicht für den jeweiligen Teil des laufenden Jahres abrechnen[52].

Wird die Verwaltung durch Rücknahme aufgehoben, weil das Grundstück **veräußert** wurde, ist für den Verwalter ebenfalls der Zeitpunkt der Rücknahme maßgeblich. Sind im Übertragungsvertrag **Übergang von Nutzungen und Lasten** zeitlich abweichend hiervon geregelt, sind die Folgen hieraus zwischen den Vertragsbeteiligten zu regeln und treffen den Verwalter nicht.

Diese Problematik hat nunmehr eine umso größere Bedeutung, als auch bei Rücknahme der Beschlag erst mit der Aufhebung endet und hier weitergehende zeitliche Abweichungen zu verzeichnen sein können. Sofern der Verwalter hier aber keine klaren übereinstimmenden Weisungen der Beteiligten erhält, hat er das Verfahren in sich formal ohne etwaige abweichende Regelungen in einer Auflassung abzuwickeln. Etwaige Ausgleichsansprüche haben die Vertragsbeteiligten unter sich zu regeln.

d) Dienst-, Versicherungs- und Versorgungsverträge

32 Zur Bindung des Verwalters an bestehende Verträge wird auf → § 152 Rdn. 65 ff. verwiesen. Hat er die Verträge neu begründet, ist das beschlagnahmte Vermögen für Rechnung des Schuldners verpflichtet und sind Ausgaben der Verwaltung begründet worden. Nach Aufhebung des Verfahrens wegen Rücknahme bleibt der Schuldner nach h.M.[53] berechtigt und verpflichtet.

33 Abrechnungsforderungen und Abschlagszahlungen bis zur Aufhebung hat der Verwalter als laufende Ausgaben zu begleichen. Verbleibende Verbindlichkeiten treffen den Schuldner. Erfolgen Erstattungen, kann der Verwalter diese nur einziehen, wenn insoweit Abwicklungstätigkeiten vorbehalten sind (hierzu → Rdn. 14), ansonsten fließen sie an den Schuldner. Die Versorgungsträger sollten aber unverzüglich durch den Verwalter über die Aufhebung informiert werden.

34 Das Gleiche gilt bei **Dienstverträgen**, z.B. Hausmeister, jedoch nicht, wenn der Verwalter sich zur Erfüllung eigener Aufgaben anderer Personen bedient oder Personen für unselbstständige Verwaltertätigkeiten heranzieht (→ § 152a Rdn. 105 ff., § 1 Abs. 3 ZwVwV), die seine eigenen Mitarbeiter sind und die im Rahmen der Vergütung oder des Auslagenersatzes zu berücksichtigen sind.

35 Auch an die **Versicherungsverträge**, die der Verwalter neu abgeschlossen hat, bleibt der Schuldner gebunden (→ § 152 Rdn. 77), sodass hier die Gefahr der Doppelversicherung entstehen kann (→ § 152 Rdn. 78 ff.). Ungeklärt ist ein Kündigungsrecht des Schuldners[54]. Für die laufenden Zahlungen, Erstattungen oder Nachzahlungen gilt das zu den Versorgungsverträgen ausgeführte entsprechend.

e) Unaufschiebbare Geschäfte

36 Lediglich Geschäfte, mit deren Aufschub Gefahr verbunden wäre, hat er ohne Aufrechterhaltung der Beschlagnahme oder Ermächtigung nach § 12 Abs. 2 ZwVwV zu erledigen (§ 672 BGB)[55]. Hierzu können zählen:

- Aufrechterhaltung des Versicherungsschutzes,

---

51 Vgl. *H/W/F/H*, § 12 ZwVwV Rdn. 11.
52 AG Bergisch Gladbach, Rpfleger 1990, 220 = ZIP 1990, 531; *Stöber*, ZVG § 161 Rdn. 5.8.
53 A.A. *Vonnemann*, Rpfleger 2002, 415 ff.: Kündigung zum nächstmöglichen Termin.
54 Zu §§ 70, 68 VVG *Stöber*, ZVG § 161 Rdn. 5.11; *Vonnemann*, Rpfleger 2002, 415 f.
55 *H/W/F/H*, § 12 ZwVwV Rdn. 11.

- Wintersicherung,
- Beseitigung von Rohrbrüchen.

Diese Maßnahmen sind ohne Zustimmung des Gläubigers und ohne Vorbehalt 37
des Gerichts zulässig, da aus diesen Handlungen der Schuldner verpflichtet wird. Soweit noch Ausgaben gedeckt werden müssen, kann er gezogene Früchte versilbern und rückständige, noch nicht eingezogene Miet- und Pachtzinsen einfordern und ggf. gerichtlich geltend machen[56], i.d.R. jedoch nur über § 12 Abs. 2 ZwVwV (s. aber → Rdn. 14 sowie nachfolgend → Rdn. 38).

4. Prozessführungsbefugnis

Nach Aufhebung durch Antragsrücknahme kann der Verwalter Ansprüche, die 38
der Beschlagnahme unterlagen nicht erstmalig gerichtlich geltend machen[57]. In anhängigen Verfahren verliert er seine Prozessführungsbefugnis, wenn eine Fortdauer nicht erkennbar bestimmt ist[58]. Die Anwendbarkeit von § 12 Abs. 2 ZwVwV ist nach hier vertretener Auffassung problematisch (→ Rdn. 14). Auch die umstrittene Auffassung des XII. Senats des BGH greift hier nicht ein (→ Rdn. 70), da sie nur für den Zuschlag gilt.

Der Rechtsstreit wird aber gleichwohl nicht unterbrochen, wobei der Schuldner die Möglichkeit haben muss, in den Prozess einzutreten. Ist der Verwalter Beklagter, ist der BGH[59] jedoch der Auffassung, dass dem Kläger nicht durch Betreiben des Gläubigers der Prozessgegner entzogen werden kann.

Der Gläubiger, der weiterhin eine Vollstreckungsmöglichkeit hat, kann die 39
Rücknahmeerklärung ebenfalls mit einer entsprechenden Einschränkung versehen (→ Rdn. 21). Der Verwalter kann den Prozess dann fortführen[60]. Auf diesem Weg ist auch die erstmalige gerichtliche Verfolgung des Anspruchs möglich. Nur in Ausnahmefällen ist eine Auslegung denkbar[61].

Hält man § 12 ZwVwV für anwendbar, wäre die ausdrückliche Ermächtigung 40
möglich, eingeleitete Prozesse fortzuführen[62]. Diese Anordnung muss bereits in den Aufhebungsbeschluss aufgenommen werden, was eine Information des Verwalters an das Gericht voraussetzt. Der Verwalter muss deshalb vor Aufhebung Gelegenheit zu dieser Information erhalten. Nach diesseitiger Auffassung ist eine beschränkte Rücknahme geboten (→ Rdn. 14, 21).

Zur Aufhebung nach Zuschlag wird auf → Rdn. 68 ff. verwiesen.

5. Vorschüsse

Nach der Aufhebung können keine Vorschüsse mehr angefordert werden. 41
Dies gilt auch im Falle des § 161 Abs. 3. Der Anordnungsbeschluss für den Vorschuss ist auch kein Vollstreckungstitel. Der Verwalter hat im Falle der Unterde-

---

56 H/W/F/H, § 12 ZwVwV Rdn. 11.
57 BGHZ 155, 38 = Rpfleger 2003, 457; OLG Hamm, NJW-RR 1989, 1467 = VersR 1990, 67.
58 KG, IGZInfo 2006, 51; OLG Frankfurt, 4 U 252/11, IGZ Info 3/2012, 146; *Hintzen/Wolf*, Rdn. 13.245; abweichend für einstweilige Verfügung LG Bonn, WuM 1990, 538.
59 BGHZ 155, 38, 46 = Rpfleger 2003, 457; a.A. KG Berlin, NJW-RR 2004, 1457.
60 BGHZ 155, 38, 44 = Rpfleger 2003, 457.
61 BGHZ 155, 38, 44 = Rpfleger 2003, 457.
62 Vgl. auch BGH, Rpfleger 2003, 457, ausführlich zur alten Rechtslage H/W/F/H, 2. Aufl. § 12 Rdn. 13; zur Auskehrung des hieraus resultierenden Überschusses an den Gläubiger LG Gießen, IGZInfo 3/2007, 110.

ckung nur den Freistellungsanspruch gegen den Gläubiger und kann diesen aus § 12 Abs. 3 S. 2 ZwVwV verfolgen[63].

Sind Vorschüsse nicht vollständig verbraucht, erhält der Gläubiger den Rest zurück. Bei mehreren Gläubigern, insbesondere wenn für weitere das Verfahren fortgeführt wird, ist hier eine Abgrenzung vorzunehmen, wenn Verfahrenskosten zu decken sind oder nunmehr von den weiteren Gläubigern Vorschüsse angefordert werden müssen, weil der bisherige Vorschuss teilweise an den ausgeschiedenen Gläubiger zu erstatten ist[64].

Des Weiteren besteht eine generelle Einstandspflicht des betreibenden Gläubigers für eine Unterdeckung in der Zwangsverwaltung[65]. Der die Zwangsverwaltung betreibende Gläubiger muss dem Verwalter deshalb auch die durch Vorschüsse gedeckten Verwaltungsausgaben i.S.d. § 155 Abs. 2 ersetzen, die in dem zu entscheidenden Fall aus Nachforderungen des Energielieferanten entstanden waren (s. zur Haftung des Verwalters gegenüber dem Lieferanten → § 154 Rdn. 4.2). Für derartige Ansprüche gelte letztlich nichts anderes als für seinen Anspruch auf Vergütung und Auslagenersatz. Gleichwohl wird man diese grundsätzlich zutreffende Auffassung dahin einschränken müssen, dass die Ausgaben der ordnungsgemäßen Bewirtschaftung entsprachen und grundsätzlich vorschusspflichtig waren. Es darf sich mithin nicht um einen Fall handeln, wo der Gläubiger die Leistung unter Hinweis auf § 161 Abs. 3 deshalb verweigert, weil er den Vorschuss bereits aus grundsätzlichen Überlegungen nicht zu zahlen bereit war. Die Abgrenzung dürfte im Einzelnen schwierig sein, jedoch musste der Verwalter darauf vertrauen, dass der betreibende Gläubiger auch diese (vorhersehbare Kosten) trägt.

6. Rechnungslegung

42 Der Verwalter muss Schlussrechnung legen (→ § 154 Rdn. 18 ff., § 14 ZwVwV) und nach Erledigung abschließender Buchungen und der Auflösung des Anderkontos eine Endabrechnung erstellen, was jeweils durch Zwangsgeld und eine Offenbarungsverpflichtung erzwungen werden kann[66]. Bei Streit über die Verpflichtung haben Gläubiger und Schuldner die Möglichkeit der Klage auf Rechnungslegung (§ 259 BGB, str. vgl. → § 154 Rdn. 36) und Vollstreckung aus § 889 ZPO. Die Abrechnungen sind im Falle des Zuschlags Gläubiger, Schuldner und Ersteher[67] durch das Gericht vorzulegen. Besonderheiten gelten im Falle des Zuschlags (→ Rdn. 66).

7. Rückgabe der Bestallungsurkunde

43 Die Bestallungsurkunde hat der Verwalter spätestens mit der Schluss- oder der Endabrechnung zurückzugeben, wenn keine nachwirkenden Tätigkeiten abzuwickeln sind mit Beendigung seiner Tätigkeit (§ 12 Abs. 2 S. 2 ZwVwV). Dies gilt vorrangig auch für Anordnungs- und Beitrittsbeschlüsse[68], da sich aus der Bestallungsurkunde keine materiell-rechtlichen Berechtigungen ergeben.

---

63 So zutreffend OLG Naumburg, Rpfleger 2013, 43.
64 Vgl. *Depré/Mayer*, Rdn. 394.
65 OLG Düsseldorf, ZInsO 2007, 157=IGZInfo 2007, 28 m. Anm. *Förster*; vgl. auch BGH, ZfIR 2004, 924; hierzu *Wedekind*, ZfIR 2008, 534.
66 Vgl. auch *Stöber*, ZVG § 161 Rdn. 5.5 f.
67 So *Stöber*, ZVG § 161 Rdn. 5.5.
68 *Stöber*, ZVG § 161 Rdn. 5.7.

IV. Aufhebung infolge Zuschlagserteilung
1. Allgemein

Der häufigste Grund der Verfahrensaufhebung entsteht in der Praxis aufgrund   44
des Zuschlags in der Zwangsversteigerung[69]. Die gesetzlich nicht geregelten Besonderheiten beruhen darauf, dass das Recht des Erstehers der Verfahrensfortsetzung entgegensteht.
Zum Wegfall der Beschlagnahmewirkung wird zunächst auf → Rdn. 17 ff. verwiesen.

2. Verfahren

Grundsätzlich ist die Zwangsverwaltung nach Rechtskraft des Zuschlags unverzüglich (§§ 89, 90) aufzuheben. Die Zwangsverwaltung endet mit dem Zuschlag nicht von selbst. Die Aufhebung durch Beschluss ist konstitutiv[70]. Sie darf erst mit Rechtskraft wirksam werden und wirkt dann auf den Zeitpunkt des Zuschlags zurück[71]. Ansonsten können für die Beteiligten kaum zu behebende Nachteile, u.a. durch Handlungen des Erstehers, auftreten. Hätte ein Rechtsbehelf Erfolg, könnte die Zwangsverwaltung ansonsten nicht rückwirkend wieder angeordnet werden. Alternativ kann das Gericht vor Aufhebung nach Rechtskraft dem Verwalter und den Beteiligten den Zuschlag mitteilen[72]. Bis zum Erlass des Aufhebungsbeschlusses hat der Verwalter seine Tätigkeit fortzusetzen, jedoch beschränkt auf Abwicklungstätigkeiten[73] sowie die realisierten und nicht realisierten Nutzungen, die weiterhin der Beschlagnahme unterliegen (zum Vorbehalt gem. § 12 Abs. 2 ZwVwV → Rdn. 63).   45

Dies gilt auch dann, wenn der Schuldner das Grundstück selbst ersteigert. Im   46
Einzelfall kann sich für den Gläubiger die Beantragung einer gerichtlichen Verwaltung nach § 94 anbieten.

Über die Zuschlagserteilung ist der Verwalter zu unterrichten und auf seine   47
Verpflichtungen gegenüber dem Ersteher hinzuweisen.

3. Stellung des Erstehers

Der Ersteher wird mit Zuschlag Eigentümer des Grundstücks und der der Beschlagnahme unterliegenden Gegenstände (§ 90 Abs. 1), sofern der Zuschlag im Beschwerdewege nicht rechtskräftig aufgehoben wird (§ 90 Abs. 1). Auf den Ersteher gehen Nutzungen und Lasten über (§ 56 S. 2). Der Verwalter hat das Grundstück an den Ersteher herauszugeben. Die Beschlagnahme endet für das Grundstück im nunmehrigen Eigentum des Erstehers. Die Nutzungen bis zu diesem Zeitpunkt unterliegen weiterhin der Beschlagnahme (vgl. auch → Rdn. 62.2) und sind nur im Rahmen des Teilungsplans zu verwenden[74]. Insoweit besteht die   48

---

69 *Kummer*, Systematische und Interessen abwägende Aufhebung der Zwangsverwaltung nach Zuschlag, ZfIR 2014, 767 zu *Schmidberger/Traub*, ZfIR 2012, 805 und *Mayer*, ZfIR 2013, 51.
70 *Stöber*, ZVG § 161 Rdn. 2.5, 3.11.
71 Hierzu *Nedden-Boeger*, Fortdauer der Zwangsverwaltung nach Aufhebung wegen Zuschlags, ZfIR 2014,577; *Schmidberger/Traub*, ZfIR 2012, 805; *Mayer*, Zwangsverwaltung – Zuschlag und dennoch kein Ende!, ZfIR 2013, 51; hierzu *Kummer*, ZfIR 2014, 767.
72 So *H/W/F/H*, § 161 Rdn. 17: in Beschlussform oder als Verfügung.
73 Vgl. auch *Depré/Mayer*, Rdn. 386 ff., 390 ff..
74 *Stöber*, ZVG § 161 Rdn. 6.2; *Depré/Mayer*, Rdn. 441 f., 444 ff.; *H/W/F/H*, § 169 Rdn. 19.

Aufgabe des Verwalters fort, sodass die Aufhebung grundsätzlich mit der Maßgabe erfolgt, dass die Verwaltung noch für die Abwicklung der laufenden Geschäfte fortbesteht. Die Nutzungen, die weiter der Beschlagnahme unterliegen, hat der Verwalter geltend zu machen und nach dem Teilungsplan verteilen. Insofern ist die dogmatische Auseinandersetzung zwischen *Schmidberger/Traub* und *Mayer* bis auf einzelne Abgrenzungsfragen in der Praxis nicht ohne Weiteres relevant, da bei weitergehenden Maßnahmen gegen den Ersteher § 94 anzuwenden ist[75]. Die Rückwirkung der Rechtskraft auf den Zuschlag hat sich in der Praxis als praktikabel erwiesen und führt i.d.R. nicht zu Abgrenzungsproblemen, da bezogen auf den Zuschlag die Ersteherabrechnung (→ Rdn. 55 ff.) durchzuführen ist. Damit findet ein ausreichender Interessenausgleich statt[76]. Fragen werden allenfalls in Bezug auf die Vergütung aufgeworfen, soweit Tätigkeiten für den Ersteher in diesem so genannten Zwischenverfahren ausgeführt werden[77].

Depré/Mayer ist darin zuzustimmen, dass die Auffassung von *Schmidberger* weder dogmatisch begründbar noch haftungsrechtlich vereinbar ist[78]. Sie vertreten lediglich die beachtliche Auffassung, dass die Aufhebung nicht auf den Zuschlag zurückwirkt, da der Verwalter ansonsten bis zur Aufhebung als Nichtberechtigter gehandelt habe[79].

49 Ist **noch kein Teilungsplan** aufgestellt, kann dieser selbst im Abwicklungszeitraum nachgeholt werden, wobei nur noch Ansprüche aufzunehmen sind, die aus den vorhandenen Nutzungen bedient werden können[80] und es sich um **Nutzungen bis zum Zuschlag** handelt[81]. Bestehen bleibende Rechte sind dabei bis zum Zuschlag zu berücksichtigen und erlöschende auch darüber hinaus.

50 Von dem Zuschlag nicht erfasst können Gegenstände sein, die der Beschlagnahme durch die weiter gehende Zwangsverwaltung unterlegen haben oder freigegeben wurden.

Noch nicht getrennte Erzeugnisse gehören dem Ersteher (vgl. § 56). Dasselbe gilt an sich für noch vorhandene getrennte Erzeugnisse. Land- oder forstwirtschaftliche **Grundstückserzeugnisse** (Sachfrüchte) gebühren insoweit dem Ersteher, wenn sie nach der Beschlagnahme getrennt sind und entweder Zubehör sind oder der Verwalter nicht über sie verfügt hat[82].

51 **Pacht- und Mietzinsen** fließen, soweit sie auf die Zeit bis zum Zuschlag entfallen in die Masse. Danach kann sie der Ersteher beanspruchen[83]. Der Verwalter ist nicht verpflichtet, im laufenden Abrechnungsjahr auf den Tag des Zuschlags eine Nebenkostenabrechnung zu erstellen, insbesondere nicht gegenüber dem Er-

---

75 *Schmidberger/Traub*, ZfIR 2012, 805; *Mayer*, Zwangsverwaltung – Zuschlag und dennoch kein Ende!, ZfIR 2013, 51; hierzu *Kummer*, ZfIR 2014, 767; *Nedden-Boeger*, Fortdauer der Zwangsverwaltung nach Aufhebung wegen Zuschlags, ZfIR 2014,577; vgl. auch *Brandau/Stroh*, IGZInfo 3 /2013, 120 u. a. zu Vergütungsfragen.
76 Insofern zutreffend die Darstellung der Abwicklung durch *Brandau/Stroh*, IGZInfo3/ 2013, 120.
77 Insofern verneinend, auch aus Geschäftsführung ohne Auftrag *Brandau/Stroh*, IGZInfo3/2013, 120.
78 Rdn. 425.
79 Rdn. 438.
80 *Stöber*, ZVG § 161 Rdn. 6.3.
81 LG Chemnitz, Rpfleger 2002, 91.
82 RGZ 143, 33.
83 Hierzu auch OLG Düsseldorf, IGZInfo 2011, 97.

steher (s. → Rdn. 61). Dem Ersteher müssen jedoch die notwendigen Berechnungsgrundlagen übermittelt werden. Etwas anderes gilt für fällige Abrechnungen, da die hieraus resultierenden Ansprüche noch der Beschlagnahme unterliegen. Zu den weiteren Folgen der Rechtsprechung des BGH zu den Ansprüchen zwischen Verwalter und Ersteher wird auf → Rdn. 55 ff. verwiesen.

Nach Auffassung des BGH kann ein vom Zwangsverwalter erstrittenes **Räumungsurteil nicht** auf den Ersteher als Gläubiger **umgeschrieben** werden, da er kein Rechtsnachfolger des Zwangsverwalters ist[84]. Dieses unbefriedigende Ergebnis wird u.a. damit begründet, dass ein Vollstreckungstitel nur dann nach § 727 ZPO umgeschrieben werden kann, wenn eine echte Rechtsnachfolge vorliegt. Infolge der wirksamen Beendigung des Mietverhältnisses gibt es eine solche bei der Zuschlagserteilung nicht mehr, sodass auch der Ersteher kein Rechtsnachfolger in ein Mietverhältnis werden kann. Der Ersteher steht materiell in keiner Rechtsbeziehung zum Zwangsverwalter, der während der Zwangsverwaltung fremdes Vermögen im Interesse aller Beteiligten verwaltet. Der Ersteher sei kein Beteiligter im Sinne der Zwangsverwaltung. Im Übrigen habe der Gesetzgeber diesen Fall durch § 93 Abs. 1 geregelt.

Der Begründung wird man im Rahmen der derzeitigen gesetzlichen Regelungen wohl zustimmen müssen, wobei die Räumung aus § 93 nur greift, wenn der Besitzer kein bestehen bleibendes Recht zum Besitz hat (→ § 93 Rdn. 9 ff.)

Bezüglich der **Versorgungsverträge** und **Dienstverträge** ist der Ersteher nicht Rechtsnachfolger des Schuldners. Übernimmt der Ersteher die Verträge nicht, muss der Verwalter sie kündigen, ggf. aus wichtigem Grund und abrechnen. Die Pflichten aus den Mietverträgen ergeben sich aus § 57 i.V.m. § 566 Abs. 1 BGB. **52**

Versicherungsverträge, die sich auf das Objekt und das Zubehör beziehen gehen mit dem Zuschlag auf den Ersteher über (§ 99 VVG). Der Versicherer kann den Vertrag mit Monatsfrist ab Kenntnis kündigen (§ 96 VVG). Der Ersteher kann ebenfalls innerhalb eines Monats ab Wirksamkeit des Zuschlags und Kenntnis von dem Vertrag sofort oder für den Ablauf der Versicherungsperiode kündigen. Sowohl Schuldner und insoweit der Verwalter als auch der Ersteher haben eine Anzeigepflicht ab Zuschlag, da ansonsten eine Leistungsfreiheit entstehen kann (§ 97 VVG). **53**

Führt der Ersteher die Versicherung fort oder kündigt er sie erst zum Ablauf der Versicherungsperiode, hat der Verwalter den auf diesen Zeitraum entfallenden Prämienanteil mit dem Ersteher abzurechnen. Kündigt der Ersteher sofort, muss der Verwalter Erstattungsansprüche gegen die Versicherung wegen des vorzeitig beendeten Vertrags geltend machen.

In Bezug auf die Kaution wird auf → § 152 Rdn. 164 ff. verwiesen[85]. **54**

4. **Ersteherabrechnung**

Der Verwalter hat gegenüber dem Ersteher abzurechnen[86]. Er hat an den Ersteher das Grundstück und die ab dem Tag des Zuschlags anfallenden Nutzungen he- **55**

---

84 Rpfleger 2012, 706 = WM 2012, 1439; Vorinstanz LG Berlin, Rpfleger 2010, 617.
85 Vgl. auch BGH, VIII ZR 143/12, NJW-RR 2013, 457 und *Depré/Mayer*, Rdn. 673.
86 Ausführlich *Hartung*, Rpfleger 2012, 594.

rauszugeben. Die Einnahmen ab dem Zuschlag sind kontenmäßig oder buchhalterisch zu trennen[87] soweit dies zur Transparenz notwendig ist.

Die Herauszahlungsansprüche des Erstehers gegen den Verwalter hat der BGH hierbei gestärkt (→ Rdn. 61) und umgekehrt etwaige Erstattungsansprüche der Masse weitestgehend verneint, insbesondere wenn es um abzugrenzende Auslage des Verwalters ab dem Zuschlag geht (→ Rdn. 62.1).

56 Abzugrenzen sind die ab dem Tag des Zuschlags aufgewendeten Kosten, ohne dass sich hieraus notwendigerweise ein Erstattungs- oder Verrechnungsanspruch ergibt, wie:

57 ▪ Wohngeldzahlungen

Ist das Objekt nicht vermietet, ist es ausreichend, wenn das Wohngeld ab dem Tag des Zuschlags dem Ersteher in Rechnung gestellt wird. Die später fällig werdende Abrechnung der Eigentümergemeinschaft betrifft dann den Ersteher. Problematischer ist der Fall der Vermietung, wobei auf die nachfolgenden Ausführungen unter → Rdn. 61 ergänzend Bezug genommen wird. Im Rahmen einer Vereinbarung mit dem Ersteher kann der Verwalter regeln, dass er diesem gegenüber die von dem Mieter geleisteten Nebenkosten unter Verrechnung der umlagefähigen Bestandteile des Wohngeldes abrechnet und der Ersteher die Abrechnungsverpflichtung, die ohnehin auf ihn übergeht (→ Rdn. 61) übernimmt. Ein Nachteil für die Masse dürfte insoweit nicht entstehen, da etwaige Nachzahlungen des Mieters erst mit der Wohngeldabrechnung der laufenden Periode gefordert werden können. Die nicht umlagefähigen Kosten, muss die Verwaltung ohnehin tragen. Hierdurch ist auch ein zeitnaher Abschluss des Verfahrens möglich[88].

58 ▪ Versicherungsprämie

Bei der Gebäudeversicherung kommt es darauf an, ob der Ersteher von seinem Sonderkündigungsrecht Gebrauch macht. Kündigt er nicht und führt die Versicherung weiter, ist er zur anteiligen Kostenerstattung für den anteiligen Prämienzeitraum ab dem Tag des Zuschlags verpflichtet (→ Rdn. 53). Kündigt der Ersteher, ist zumindest der Zeitraum bis zum Wirksamwerden der Kündigung abzurechnen. Der Verwalter wird darüber hinaus eine Erstattung gegenüber der Versicherung geltend machen. Sonstige Versicherungen, wie die Grundbesitzerhaftpflicht oder eine Umwelthaftpflicht (Tank), können von dem Verwalter i.d.R. mit der Versicherung mit Aufhebung der Zwangsverwaltung zur Abrechnung gebracht werden.

59 ▪ Grundbesitzabgaben

Für die Grundsteuer ergehen Änderungsbescheide aufgrund des Zuschlags. Da die Kommunen aufgrund der Quartalsfälligkeiten diese Änderungen regelmäßig nicht auf den Zeitpunkt des Zuschlags vornehmen, können sich hieraus noch abzugrenzende Erstattungsansprüche gegenüber dem Ersteher ergeben. Die weiteren Grundbesitzabgaben, wie Wasser, Kanal oder Müll sind umzuschreiben, bzw. nach Ablesung mit dem Ersteher abzurechen.

---

87 *H/W/F/H*, § 161 Rdn. 17; *Depré/Mayer*, Rdn. 447, 450.
88 Ähnlich *Haut/Beyer*, IGZInfo 2006, 126, 128.

- Kosten für unaufschiebbare Maßnahmen (→ Rdn. 36 f.). **60**
- Nebenkostenabrechnung **61**

Ist das Objekt **vermietet**, ergeben sich eine Reihe ungeklärter Fragen. Bezüglich der **Nebenkosten** hat der Verwalter unstreitig abgeschlossene Abrechnungszeiträume abzurechnen (s. → Rdn. 31; → § 152 Rdn. 150 ff., 162). Bei einem Vermieterwechsel im Abrechnungszeitraum trifft die Abrechnungspflicht den neuen Eigentümer (h.M.[89]). Der Verwalter hat jedoch im Innenverhältnis mitzuwirken[90]. Die abgelaufenen Abrechnungszeiträume hat der Verwalter mit dem Mieter abzurechnen. Da der Ersteher den laufenden Zeitraum abrechnen muss und den Verwalter Mitwirkungspflichten treffen, entstehen hieraus bislang teilweise ungeklärte Fragen. Der Ersteher muss sich die Vorauszahlungen des Mieters an den Verwalter anrechnen lassen. Trifft der Verwalter mit dem Ersteher keine pauschalen Regelungen, wodurch der Masse, die die Kosten getragen hat kein Schaden entstehen darf, bleibt letztlich nur die Möglichkeit, dass der Verwalter gegenüber dem Ersteher alle Ausgaben bezüglich der umlagefähigen Nebenkosten abrechnet unter Einschluss der Vorauszahlungen des Mieters. Ergäbe sich hierdurch eine Zahlungsverpflichtung des Erstehers, hätte er keinen Nachteil, da er diese im Rahmen der Abrechnung mit dem Mieter realisieren könnte. Besteht ein Anspruch des Erstehers gegen die Masse, ist dieser ebenfalls auszugleichen. Da die Nebenkostenvorauszahlungen des Mieters faktisch treuhänderisch verwaltet werden, hat der Ersteher ansonsten einen Ausgleichsanspruch gegen den Verwalter[91].

Erstattungsansprüche kann der Verwalter nach Auffassung des BGH aber gleichwohl **nicht** gegen den Ersteher geltend machen, da sie nicht der Beschlagnahme unterliegen[92]. Diese Rechtsprechung ist widersprüchlich. Der BGH verneint in seinem Beschluss vom 17.11.2011 Ansprüche aus § 670 BGB und lässt Bereicherungsansprüche offen. Zum einen stellt sich die Frage, wer Bereicherungsansprüche haben soll, wenn man eine entsprechende Grundlage bejaht (Gläubiger?), zum anderen hat der BGH in Zusammenhang mit der Lastentragung auf § 103 BGB hingewiesen (→ Rdn. 62.2). Es ist wenig nachvollziehbar, dass der Verwalter eine Abrechnungspflicht haben soll und Guthaben aus dem Treuhandverhältnis auskehren muss (siehe → § 152 Rdn. 163), aber im Gegenzug keinen Ausgleichsanspruch für die geschmälerte Masse hat[93], wenn die Vorauszahlungen die umlagefähigen Ausgaben nicht decken. Zumindest hat der BGH die Auffassung bestätigt, dass es für die Berechnung nur auf den Saldo der Vorauszahlungen und der geleisteten umlagefähigen Ausgaben ankommt. Nachvollziehbar ist noch

---

89 Vgl. Palandt/*Weidenkaff*, § 535 Rdn. 96; *Hintzen/Wolf*, Rdn. 13.206.
90 BGH, NZM 2001, 158.
91 Ebenso und zum möglichen Schadensersatz gegen den Verwalter BGH, Rpfleger 2008, 89 m. Anm. *Engels*; vgl. bereits ausführlich *Haut/Beyer* mit Abrechnungsbeispiel IGZInfo 2006, 126, 129; *Mengwasser*, ZfIR 2012, 495 ff., Die Nebenkostenabrechnung zwischen Zwangsverwalter und -ersteher.
92 BGH, Rpfleger 2012, 274 = ZInsO 2012, 233 = ZfIR 2012, 188 mit zust. Anm. *Ganter*; *Schmidt-Räntsch* diskutiert ein gesetzliches Schuldverhältnis, aus dem heraus der Ersteher verpflichtet ist, ein Defizit bei dem Mieter geltend zu machen, ZfIR 2012, 293, 297.
93 Dem BGH zustimmend *Theesfeld*, MietRB 5/2012, Anm. 6.

der Ansatz, dass auf die Beschlagnahme abzustellen ist. Hierbei wäre noch begründbar, dass der Verwalter z.b. abgegrenzte Erstattungsansprüche aus der Gebäudeversicherung nicht gegen den Ersteher geltend machen kann (s.u. → Rdn. 62). Für den Bereich des Systems der Nebenkostenabrechnung, die losgelöst hiervon dem Treuhandverhältnis zugewiesen wurde, ist dies jedoch keine befriedigende Lösung.

Der Ersteher hat bezüglich abrechnungsrelevanter Positionen einen Auskunftsanspruch und Beleganspruch gegen den Verwalter[94].

62.1 ■ Vergütung und Auslagenersatz

Streitig ist, ob der Verwalter seine Vergütung nebst Auslagenersatz sowie die Verfahrenskosten im Rahmen der Abwicklung nur aus der Verwaltungsmasse oder teilweise auch vom Ersteher verlangen kann. Eine solche Folge ist lediglich bei der Sicherungsverwaltung denkbar (§ 94). Der Vergütungsanspruch richtet sich nur gegen den Schuldner und ggf. gegen den Gläubiger[95]. Gegen einen Ersteher ist in Ausnahmefällen ein Anspruch aus Geschäftsführung ohne Auftrag denkbar, was durch den BGH aber bereits dem Grunde nach verneint wird[96].

62.2 ■ Lasten nach dem Zuschlag

Nach Aufhebung der Zwangsverwaltung ist der Verwalter nach Auffassung des BGH[97] nicht befugt, Ansprüche wegen der auf die Zeit nach dem Zuschlag entfallenden Lasten einzuklagen. Hierbei handelt es sich z.b. um abzugrenzende Aufwendungen einer Gebäudeversicherung. Ob damit auch die übliche Verrechnung im Rahmen der Ersteherabrechnung ausscheidet, ist unter dem Blickwinkel der Entscheidung des BGH zu Forderungen gegen den Ersteher bezüglich der Nebenkosten zu betrachten (→ Rdn. 61) und wohl zu bejahen. Der BGH sieht die Anspruchsgrundlage in § 103 BGB, die insoweit jedoch nicht der Beschlagnahme unterliegt und damit nicht durch den Zwangsverwalter geltend gemacht werden kann.

Zutreffend dürfte die Annahme sein, dass eine Prozessführungsbefugnis nur an den Umfang der Beschlagnahmewirkung geknüpft sein kann oder sonstige schuldrechtliche Anspruchsgrundlagen. Die Besonderheit des zu entscheidenden Falles bestand darin, dass der bisherige Mieter ersteigert hatte und ab dem Zuschlag keine Miete entrichtet hat.

62.3 Der BGH stellt fest, dass die aus § 152 Abs. 1 2. Hs. folgende Prozessführungsbefugnis des Verwalters grundsätzlich über den Zeitpunkt der Aufhebung der Zwangsverwaltung andauern kann. Die Mieten und Pachten gebühren dem Ersteher nach § 56 S. 2 erst ab dem Zuschlag. Zu diesem Zeitpunkt rückständige Forderungen sind auch nach der Aufhebung durch den Verwalter geltend zu machen. Hierbei sind die Rechte und Pflichten des Verwalters nicht auf die Einziehung der beschlagnahmten Mieten und Pachten beschränkt. Er muss grundsätzlich Forderungen einklagen, wenn dadurch eine Schmälerung der nach § 155 zu verteilenden Nutzungen, also der

---

94   LG Berlin ZfIR 2011, 304 (LS.) mit Anm. *Schmidberger*, ZfIR 2011, 300.
95   Ebenso *Wedekind/Wedekind*, Rdn. 1758; A.A. *Stöber*, ZVG § 161 Rdn. 6.8; *Steiner/Hagemann*, § 161 Rdn. 97 f. und *Depré/Mayer*, Rdn. 452 f.
96   IGZInfo 1/2012, 31 = ZInsO 2012, 233 = ZfIR 2012, 188 mit Anm. *Ganter*, 190.
97   BGH, Rpfleger 2009, 635 = IGZInfo 2009, 126= ZfIR 2009, 714.

Masse, die der Beschlagnahme unterliegt, abgewendet werden kann. Diese Befugnis erlischt grundsätzlich mit der Aufhebung des Verfahrens. Weitere Befugnisse nach Aufhebung erfolgen daraus, dass er seine Tätigkeit ordnungsgemäß abschließen muss. Hierbei handelt es sich nach gefestigter Rechtsprechung des BGH jedoch nur um solche Ansprüche, die der Beschlagnahme unterliegen. Insbesondere ist der Verwalter nach Aufhebung nicht zur weiteren Verwaltung und Benutzung befugt. Die Erstattungsansprüche unterliegen deshalb konsequenterweise nicht der Beschlagnahme und können durch den Verwalter nicht realisiert werden.

Vor dem Hintergrund der Nebenkostenentscheidung[98] (→ Rdn. 61 und → § 152 Rdn. 162) scheiden damit auch Ansprüche aus einer Geschäftsführung aus. Offen sind Ansprüche aus ungerechtfertigter Bereicherung, wobei hier u.a. auch die Person des Bereicherungsgläubigers ungeklärt ist.

5. Abwicklung durch Verwalter

63 Der Verwalter hat seine Aufgaben bis zum Wirksamwerden des Aufhebungsbeschlusses uneingeschränkt zu erfüllen, ab dem Zuschlag beschränkt auf Abwicklungstätigkeiten und Ermächtigungen aus § 12 Abs. 2 und 3 ZwVwV oder eine eingeschränkte Aufhebung. Er hat alle Nutzungen zu ziehen, die der Verwaltung bis zu diesem Zeitpunkt unterliegen. Er ist auch berechtigt, der Beschlagnahme unterliegende Mietzinsansprüche abzutreten[99].

Hierzu wird ergänzend auf → Rdn. 70.1 ff. verwiesen soweit es auf die rechtlichen Grundlagen des Verwalterhandelns ankommt.

64 Aus Rechtshandlungen, die der Verwalter im Rahmen seines Wirkungskreises nach dem Zuschlag vornimmt, wird der Ersteher verpflichtet[100]. Deswegen ordnet das Gericht ggf. an, dass der Verwalter nur im Einvernehmen mit dem Ersteher zu handeln hat. Ohne eine entsprechende Ermächtigung darf der Verwalter nicht Rechte des Erstehers geltend machen[101]. Er ist dem Ersteher gegenüber für die Erfüllung der ihm obliegenden Verpflichtungen verantwortlich[102].

65 Dem Verwalter wird die **Vergütung** nach den entsprechenden Regelungen auch für den Abwicklungszeitraum gewährt[103], ebenso wie dem Gericht die Verfahrensgebühr. Der Verwalter hat die Vergütung und die Kosten zu berichten. Der Ersteher ist hieran nicht zu beteiligen (→ Rdn. 62.1).

66 Die Rechnungslegung im Rahmen der allgemeinen Grundsätze (§ 154) umfasst gegenüber Schuldner und Gläubiger den Zeitraum bis zum Zuschlag, sowie gegenüber dem Ersteher den Zeitraum ab dem Zuschlag bis zur Aufhebung und Beendigung. Einnahmen und Ausgaben sind auf den Tag des Zuschlags abzugrenzen, ohne dass es auf die Fälligkeit ankommt. Gegenüber dem Ersteher hat es sich in der Praxis als sinnvoll erwiesen, vor Schlussrechnungslegung unmittelbar abzurechnen.

67 Auch hier gilt zur Rückgabe der **Bestallungsurkunde** das unter → Rdn. 43 Ausgeführte.

---

98 BGH, ZInsO 2012, 233 = ZfIR 2012, 188 mit zust. Anm. *Ganter.*
99 OLG Brandenburg, 3 U 75/11, IGZInfo 1/2013, 32.
100 BGHZ 39, 235 = Rpfleger 1963, 285.
101 BGH, BB 1954, 391; OLG Celle, NdsRpfl 1959, 241.
102 BGHZ 39, 325 = Rpfleger 1963, 285.
103 LG Berlin, NJW 1958, 1544; *Depré/Mayer,* Rdn. 452.

6. Prozessführungsbefugnis

68 Hier ist zunächst auf die Ausführungen zur Rücknahme des Antrags zu verweisen (→ Rdn. 38 ff.), sowie den eingeschränkten Befugnissen gegenüber dem Ersteher (→ Rdn. 61 ff.).

Im Falle der Aufhebung nach Zuschlag gehört die Geltendmachung beschlagnahmter Ansprüche für den Zeitraum bis zum Zuschlag unstr. zu den fortdauernden Aufgaben des Verwalters[104]. Streitig ist, ob der Verwalter insoweit Ansprüche auch neu gerichtlich geltend machen kann[105]. Unproblematisch ist dies für laufende Prozesse. Klarstellend sollte das Gericht auch hier den Aufhebungsbeschluss entsprechend einschränken. Da die Beschlagnahme für die Zeit vor dem Zuschlag fortbesteht, könnte das Gericht die Einschränkungen hier auch nachträglich anordnen[106]. Die Fortsetzung eines **Räumungsprozesses** ist nach Zuschlag nicht Aufgabe des Verwalters[107], ebenso Unterlassungsansprüche oder die Geltendmachung eines Gestaltungsrechtes[108]. Insoweit muss der Ersteher entscheiden, ob er das Verfahren aufnimmt und insoweit eine subjektive Klageänderung erfolgt. Grundsätzlich wird man für Forderungen, die der Beschlagnahme (noch) unterliegen auch eine erstmalige (neue) gerichtliche Geltendmachung nicht verneinen können, da die Durchsetzung restlicher Forderungen, die beschlagnahmt sind, ansonsten keine Grundlage hätte.

69 Bei einer Statusklage eines **Arbeitnehmers** hat das BAG[109] ein Feststellungsinteresse auch nach Aufhebung der Verwaltung bejaht.

70.1 Entscheidend ist damit auch für die Prozessführungsbefugnis zunächst auf die Beschlagnahmewirkung abzustellen und in einem weiteren Schritt auf die Handlungsbefugnisse des Zwangsverwalters. Der BGH hat deshalb zutreffend mit Urteil vom 24.9.2009[110] entschieden, dass der Vorbehalt im Aufhebungsbeschluss, rückständige Mieten einzuziehen, den Zwangsverwalter nicht ermächtigt, einen Rechtsstreit gegen Dritte zu beginnen, welche Mieten unberechtigt vereinnahmt haben sollen. Grundlage dieses Anspruchs ist § 816 Abs. 2 BGB und nicht der originäre Mietzinsanspruch. Der Mieter hatte die Miete gezahlt, wodurch der Anspruch gemäß § 362 Abs. 1 BGB erloschen war. Der Mieter hatte in Unkenntnis der Zwangsverwaltung gezahlt. Vor der Beschlagnahme durch Erfüllung erloschene Forderungen gehören grundsätzlich nicht mehr zum Haftungsverband eines Grundpfandrechts (§ 1124 Abs. 1 S. 1 BGB). In diesem Fall hilft auch der Vorbehalt im Aufhebungsbeschluss nicht, da dieser zum einen „noch nicht eingezogene Mieten" betrifft und zum anderen nur beschlagnahmte Forderungen.

70.2 Ist der Verwalter auf Zahlung von **Wohngeld** in einem WE-Verfahren verklagt, ist die Fortsetzung auch nach Aufhebung zulässig[111]. Dies gilt jedoch nicht, wenn die Zwangsverwaltung bereits vor Rechtshängigkeit aufgehoben war und ebenso bei einer Klage auf Rückzahlung der Kaution (→ § 152 Rdn. 168.4, 172).

---

104 BGH, NJW-RR 1993, 442; KG, IGZInfo 2006, 13.
105 So *Stöber*, ZVG § 161 Rdn. 7.2; a.A. LG Frankfurt a.M., Rpfleger 2000, 30; *Haarmeyer*, Rpfleger 2000, 30; *Vonnemann*, Rpfleger 2002, 415, 419.
106 Zutreffend *Stöber*, ZVG § 161 Rdn. 7.2.
107 A.A. OLG Frankfurt, Rpfleger 1960, 409: Herausgabe an den Ersteher.
108 OLG Düsseldorf, Rpfleger 1990, 387.
109 BAG, NJW 1980, 2148.
110 Rpfleger 2010, 38 = IGZInfo 2009, 171.
111 KG, NJW-RR 2004, 1457.

Sofern der Verwalter einen Titel hat, der auf ihn lautet, kann er selbst vollstre- 70.3
cken. Bei Aufhebung wegen Antragsrücknahme ist der Titel auf den Schuldner
umzuschreiben. Bei einem Räumungstitel, auf Unterlassen oder Gestaltung nach
Zuschlag ist eine Umschreibung auf den Ersteher nicht mehr möglich (→ Rdn.
51). Sonstige titulierte Forderungen, die der Beschlagnahme unterliegen, aber
durch den Verwalter nicht realisiert werden können, kann er wie nicht titulierte
Forderungen an den berechtigten Gläubiger abtreten.

Zur Geltendmachung von Ansprüchen gegenüber dem Ersteher wird auf →
Rdn. 61 ff. verwiesen.

Wegen der Maßgeblichkeit der Beschlagnahme (→ Rdn. 68) kann der Zwangsverwalter beschlagnahmte Ansprüche des Schuldners grundsätzlich auch noch
nach Aufhebung des Zwangsverwaltungsverfahrens gerichtlich geltend machen[112].
Nicht abschließend geklärt sind die formalen Voraussetzungen.

Es erscheint hierbei fraglich, ob die Auffassung des XII. Senats des BGH in sei- 70.4
ner Entscheidung vom 11.8.2010 haltbar ist, wonach der Verwalter insoweit auch
ohne Vorbehalt oder beschränkte Rücknahme prozessführungsbefugt ist[113]. Danach soll der Zwangsverwalter auch ohne Ermächtigung im Aufhebungsbeschluss
befugt sein, wegen Nutzungen aus der Zeit vor der Zuschlagserteilung Klage zu
erheben, sofern der Gläubiger im Zeitpunkt des Wirksamwerdens des Zuschlagsbeschlusses noch nicht vollständig befriedigt ist. Für den Fall der Antragsrücknahme hatten sowohl der V. als auch der VIII. Senat entschieden, dass der Verwalter
ohne Ermächtigung eingeleitete Zahlungsprozesse nicht mehr führen könne[114].
Der XII. Senat begründet seine Auffassung damit, dass ansonsten ungeklärt sei,
wer diese Forderung gerichtlich geltend machen kann, wenn man die Prozessführungsbefugnis des Zwangsverwalters verneint.

Dies erscheint wenig nachvollziehbar, da zumindest der Schuldner nach Weg- 70.5
fall der Beschlagnahme aktiv legitimiert wäre. Gleichwohl führt der Senat aus, dass
die im Schrifttum vertretene Auffassung, dass der Schuldner Klage erheben müsse,
nicht ausreichend berücksichtigt, dass Forderungen aus der Zeit der Zwangsverwaltung mit dem Zuschlag nicht beschlagnahmefrei an den Vollstreckungsschuldner zurückfallen und die Beschränkungen der §§ 20, 21, 146 Abs. 1, § 148 Abs. 1
für diese Forderungen andauern.

Dies dürfte im Hinblick auf die Begründung und den Wegfall der Beschlagnahmewirkung differenziert zu betrachten sein, da sich in Bezug auf den Zwangsverwalter hieraus bei uneingeschränkter Rücknahme oder Aufhebung ohne Vorbehalt keine Prozessführungsbefugnis begründen kann (→ § 146 Rdn. 3, vorliegend
→ Rdn. 7). Insoweit wird ergänzend auf die zutreffende Kritik von *Ganter*[115] Bezug genommen. In seiner Entscheidung vom 16.5.2013 lässt der IX. Senat eine
Stellungnahme offen[116].

Nach Auffassung des BGH dürften dem Vollstreckungsschuldner häufig die finanziellen Mittel fehlen. Auch dem Vorschlag, diese Forderungen vom Zwangs-

---

112 OLG Koblenz, OLG Report Frankfurt 2009, 76 = IGZInfo 2009, 49.
113 Rpfleger 2010, 685 = IGZInfo 2010, 171 = NJW 2010, 3033 = ZfIR 2010, 731 m. Anm.
     Wedekind; zu Recht kritisch *Ganter*, ZfIR 2011, 229; diff. *Mayer*, ZfIR 2011, 635; vgl.
     auch *Stapper/Schädlich*, IGZInfo 2011, 3.
114 Rpfleger 2008, 270, Rpfleger 2005, 559.
115 *Ganter*, ZfIR 2011, 229.
116 IX ZR 224/12, Rpfleger 2013, 635 = ZfIR 2013, 740 = NJW-RR 2013, 1097.

verwalter an den Gläubiger abzutreten, um diese notfalls gerichtlich geltend zu machen, sei entgegenzuhalten, dass diese Forderungen nicht ausschließlich dem Vollstreckungsgläubiger zustehen, sondern der Zwangsverwaltungsmasse, aus der möglicherweise noch andere Ansprüche vorrangig zu befriedigen sind (§ 155). Der BGH führt weiter aus, dass zwar die Möglichkeit des Vorbehalts nach § 12 Abs. 2 ZwVwV bestehe. Auf diese Weise könne eine verlässliche, der Rechtssicherheit dienende Grundlage für dessen weitere Tätigkeit geschaffen werden. Ob in Fällen, in denen das Zwangsverwaltungsverfahren nach einer unbeschränkten Antragsrücknahme beendet wird, eine ausdrückliche Anordnung nach § 12 Abs. 2 ZwVwV notwendige Voraussetzung für ein weiteres Tätigwerden des Zwangsverwalters ist, weil es dann einer fortdauernden Tätigkeit des Zwangsverwalters im Außenverhältnis nicht mehr bedarf, könne dahinstehen. Jedenfalls bestehe bei einer Verfahrensbeendigung aufgrund eines Zuschlagsbeschlusses, wenn der Vollstreckungsgläubiger noch nicht vollständig befriedigt ist, ein rechtlich anerkennenswertes Bedürfnis für ein weiteres Tätigwerden des Zwangsverwalters. Der Zwangsverwalter sei damit auch ohne eine entsprechende Anordnung im Aufhebungsbeschluss befugt, Nutzungen aus der Zeit vor der Zuschlagerteilung gerichtlich geltend zu machen.

70.6 Es ist nicht ersichtlich, dass dieser Entscheidung nur eine Differenzierung zwischen Beschlagnahme und Abwicklungstätigkeiten zugrunde lag[117].

Unter dem Blickwinkel der Voraussetzungen für den Eintritt und den Wegfall der Beschlagnahmewirkung, insbesondere des hoheitlichen Charakters in Bezug auf die Verstrickung und das Recht des Gläubigers, sich aus der Sache zu befriedigen (→ § 148 Rdn. 3), kann die Prozessführungsbefugnis nur durch einen Vorbehalt nach § 12 ZwVwV oder eine eingeschränkte Aufhebung begründet werden. Mit uneingeschränkter Aufhebung und ohne Vorbehalt fallen die Grundlagen für Handlungen des Zwangsverwalters die beschlagnahmte Forderungen betreffend vollumfänglich weg. Es bleiben lediglich Abwicklungshandlungen, die von der Beschlagnahme unberührt sind, außer Betracht.

7. Verhältnis zur Sicherungsverwaltung

71.1 Wird das Grundstück nach Erteilung des Zuschlags gerichtlich verwaltet (§ 94), handelt es sich um ein gesondertes Verfahren gegen den Ersteher, welches von der Zwangsverwaltung abzugrenzen ist. Auch wenn derselbe Verwalter bestellt wird, sind die Massen zu trennen[118].

8. Aufhebung des Zuschlagsbeschlusses

71.2 In diesem Fall treten teilweise ungeklärte Probleme auf. Diese werden minimiert, wenn die Zwangsverwaltung zu diesem Zeitpunkt noch nicht aufgehoben wurde (s. → Rdn. 45), insbesondere keine irreparablen Schäden entstehen konnten und wenn der Zwangsverwalter die Abwicklung gegenüber dem Ersteher noch nicht vollzogen hat.

Schwieriger wird der Sachverhalt, wenn nach der Versteigerung eines Grundstücks der Zuschlagbeschluss aufgehoben wird und der Zuschlag zugleich einem anderen erteilt wird. In diesem Fall verliert der ursprüngliche Ersteher sein Eigentum an den Schuldner rückwirkend zum Zeitpunkt des Wirksamwerdens des Zu-

---

117 So *Wedekind*, ZfIR 2010, 734; vgl. auch *Wedekind/Wedekind*, Rdn. 1817 ff.
118 Hierzu auch *Wedekind/Wedekind*, Rdn. 1759 ff.

schlagbeschlusses und der neue Ersteher wird mit dem Wirksamwerden der Zuschlagserteilung an ihn Eigentümer. Von diesem Zeitpunkt an besteht zwischen dem ursprünglichen Ersteher, der das Grundstück weiterhin benutzt, und dem neuen Ersteher nach Auffassung des BGH ein Eigentümer-Besitzer-Verhältnis[119]. Der neue Ersteher hat danach einen Anspruch auf Nutzungsherausgabe nach § 987 BGB ab dem Zeitpunkt, in welchem dem ursprünglichen Ersteher die im Beschwerdeweg ergangene Zuschlagsentscheidung zugestellt worden ist; bis dahin haftet der ursprüngliche Ersteher nach § 988 BGB.

Diese Sachlage kann theoretisch dazu führen, dass der Zwangsverwalter hintereinander bezogen auf verschieden Stichtage Ersteherabrechnungen durchführen muss, wobei die erste alsdann gegenstandslos wird.

In keinem Fall sollte der Verwalter – nicht nur bei dieser Konstellation – vor Rechtskraft des Zuschlagsbeschlusses abzugrenzende Nutzungen, Nebenkostenguthaben oder Kautionen auskehren.

9. Herausgabe von Unterlagen

a) Allgemein

Im Rahmen des Verhältnisses von Zwangsversteigerung und Zwangsverwaltung wurde auf die Problematik der Herausgabe von Unterlagen bereits eingegangen, insbesondere zur Weitergabe von Informationen (→ § 152 Rdn. 9.4).

In steuerlich relevanten Fällen sind hierbei auch die Aufbewahrungspflichten nach §§ 14, 147 f. AO zu berücksichtigen. Es besteht eine Vielzahl ungeklärter Probleme, u.a. im Bereich der Herausgabe von Titeln.

Das LG Bonn begründet aus § 299 Abs. 1 ZPO darüber hinaus ein umfassendes **Akteneinsichtsrecht** des Erstehers in die Zwangsverwaltungsakte[120].

b) Objektunterlagen

Auf die Mitwirkungspflicht des Zwangsverwalters gegenüber dem Ersteher in Bezug auf die Nebenkostenabrechnungsunterlagen wurde bereits hingewiesen (→ Rdn. 61 a.E.). Im Falle der Rücknahme wegen eines Verkaufs hat das OLG Dresden eine Anspruchsgrundlage des Käufers gegen den Verwalter verneint[121]. Hier bedarf es einer Regelung in dem dortigen Kaufvertrag.

Im Verhältnis zum Ersteher ist dessen Beteiligtenstellung und der Rechtsübergang aus § 90 zu berücksichtigen. Der Zwangsverwalter kann hier gegen Kostenerstattung die relevanten Unterlagen kopieren. Die Herausgabe von Korrespondenz dürfte zu verneinen sei, es sei denn es handelt sich um relevante Unterlagen, die der Ersteher zur Durchsetzung von Ansprüchen benötigt.

Auf Probleme in Bezug mit der Abwicklung der vereinnahmten oder separierten Kaution wurde im dortigen Zusammenhang eingegangen (→ § 152 Rdn. 166 ff.).

Der Verwalter dürfte ohne besondere Gründe nicht verpflichtet, möglicherweise auch nicht berechtigt sein, an den Ersteher Jahresberichte, Unterlagen über Schwierigkeiten mit Mieter (insbesondere Zahlungsmoral) weiterzugeben. Streitig

---

119 Rpfleger 2010, 384 = NJW 2010, 2664 = ZInsO 2010, 965 = ZfIR 2010, 374, m. Anm. *Heinemann*.
120 6 T 272/13, IGZInfo 3/2014.
121 OLG Dresden, NJW-RR 2012, 590 = NZM 2012, 327.

ist, ob Räumungstitel umgeschrieben werden können (→ Rdn. 51, BGH verneinend). Prozessunterlagen dürften nur für den Fall der Fortsetzung durch den Ersteher herauszugeben sein (→ Rdn. 68). Werkverträge mit Handwerkern sind für den Fall des Laufs von Gewährleistungsfristen für den Ersteher relevant, ebenso laufende Wartungsverträge.

c) Titel

71.5 Vor der Herausgabe von Titeln, bzw. der notariellen Abtretung der titulierten Forderung muss der Zwangsverwalter die Berechtigung klären oder eine Weisung des Gerichts einholen. Der Verwalter hat nur eingeschränkte Möglichkeiten, den Umfang der Befriedigung der betreibenden Gläubigerin zu prüfen. Problematisch ist darüber hinaus, wenn das Verfahren aus einem nachrangigen Recht betrieben wird. Zu berücksichtigen ist des Weiteren die Rechtsprechung des BGH zum Unwirksamwerden der Abtretung durch § 1124 BGB (→ § 148 Rdn. 16). Ggf. werden sich übereinstimmende Erklärungen der in Betracht kommenden Gläubiger nicht vermeiden lassen bis hin zu einer Freistellung des Verwalters gegenüber etwaigen Ansprüchen anderer Gläubiger. Die Einzelheiten sind bislang weitestgehend ungeklärt.

V. Sonstige Aufhebungsgründe
1. Befriedigung des Gläubigers (Abs. 2)

72 Nach Abs. 2 ist das Verfahren aufzuheben (konstitutiv), wenn der betreibende Gläubiger **innerhalb des Verfahrens** befriedigt ist (außerhalb: Antragsrücknahme). Die Befriedigung muss vollständig wegen der Forderung, der Zinsen, der Kosten und der Vorschüsse innerhalb des Verfahrens erfolgt sein. Die vorweg zu bestreitenden Ausgaben müssen beglichen sein. Der Verwalter hat dies dem Gericht anzuzeigen (§ 12 Abs. 4 ZwVwV) und zu belegen[122]. Die Anzeige muss auch erfolgen, wenn ihm ein Gläubiger mitteilt, er sei befriedigt (§ 12 Abs. 4 S. 2 ZwVwV). Eine entsprechende Erklärung kann auch als Antragsrücknahme zu werten sein.

73 Eine Befriedigung **außerhalb des Verfahrens** führt nicht zu einer Aufhebung, insbesondere nicht durch Vorlage einer öffentlichen oder privaten Urkunde, sei es aufgrund eines Erlasses, einer Stundung oder eines Einzahlungsnachweises.

74 Ist die Befriedigung streitig, insbesondere außerhalb des Verfahrens, kann der Schuldner diese nur im Wege der Vollstreckungsgegenklage durchsetzen. Befriedigt ein Ablösungsberechtigter den Gläubiger, kann das Verfahren nicht aufgehoben werden, da lediglich der Gläubiger wechselt (vgl. § 9). Das Gleiche gilt bei einer Abtretung. Soweit Vollstreckungstitel und Klausel nicht ebenfalls geändert wurden, kann der bisherige Gläubiger den Verfahrensantrag aber zurücknehmen.

75 Die Aufhebung erfolgt nur gegenüber dem betreibenden Gläubiger, der befriedigt ist. Erst wenn alle betreibenden Gläubiger befriedigt sind, kann das Verfahren vollständig aufgehoben werden.

2. Mangelnde Vorschusszahlung (Abs. 3)

76 Die Entscheidung über die Beantragung eines Vorschusses[123] trifft das Gericht nach pflichtgemäßem Ermessen, sowohl ob und in welcher Höhe. Der Verwalter

---

122 Stöber, ZVG § 161 Rdn. 3.1.
123 Generell hierzu Schmidberger, ZfIR 2007, 746; Wedekind/Wedekind, Rdn. 1656 ff.

hat dem Gericht die notwendigen Informationen hierzu zu übermitteln. I.d.R. fordert der Verwalter nach Vorliegen des Beschlusses, mit dem der Vorschuss festgesetzt wird, den Vorschuss an und teilt dem Gericht den Eingang mit[124]. Nach *H/W/F/H*[125] soll der Zwangsverwalter den Vorschuss direkt beim Gläubiger anfordern können und erst im Falle der Nichtzahlung dem Vollstreckungsgericht eine Mitteilung machen, welches dann per Beschluss die Höhe eines zu zahlenden Vorschusses festsetzt. Aus Gründen der Rechtssicherheit sowie der Aufsicht erscheint diese Praxis bedenklich.

Der Vorschuss muss angemessen sein und darf nicht dazu dienen eine Verfahrensbeendigung zu provozieren[126]. Bei mehreren Gläubigern kann das Gericht nach pflichtgemäßem Ermessen alle, einige oder einen alleine auffordern[127]. Hierbei ist das Interesse an dem Verfahren zu berücksichtigen. 77

Bei Baumängeln kann es notwendig sein, zum Nachweis der Kosten ein Sachverständigengutachten mit einer Kostenaufstellung vorzulegen[128].

Zahlt der Gläubiger nicht innerhalb einer angemessenen Frist, die auch durch das Gericht gesetzt werden kann, entscheidet es nach Anhörung von Gläubiger und Verwalter, ob das Verfahren aufgehoben wird, ebenfalls ermessensgemäß[129] (konstitutiv). Im Einzelfall kann auch ein Anhörungstermin geboten sein. Der Gläubiger kann die Aufhebung auch nach Ablauf der Frist durch Zahlung abwenden[130]. 78

Eine **sofortige Beschwerde** des Schuldners gegen die Vorschussanforderung ist unzulässig[131]. 79

Der Vorschuss kann für allgemeine Verfahrenszwecke angefordert werden oder für konkrete. Im letzten Fall hat der Verwalter sich an den **Verwendungszweck** zu halten, es sei denn, der Gläubiger stimmt einer anderen Verwendung zu.[132] Die Verwendung des Vorschusses kann für den Gläubiger im Hinblick auf § 10 Abs. 1 Nr. 1 von Bedeutung sein. Der gegenteiligen Auffassung von *Wedekind/Wedekind* kann insoweit nicht gefolgt werden[133], da zum einen eine Abgrenzung zwischen den Vorschüssen der Rangklasse 1 und den Vorschüssen für laufende Verfahrenskosten vorzunehmen ist und zum anderen auch die Aufsicht des Gerichtes gewährleistet sein muss. Im Rahmen der Bevorschussung der laufenden Kosten wird man hierbei sicherlich flexibler und allgemeiner die Verwendung umschreiben und nachverfolgen.

Die **Prozesskostenhilfe** befreit nicht von der Vorschusspflicht[134].

Nach der Aufhebung können keine Vorschüsse mehr angefordert werden. Dies gilt auch im Falle des § 161 Abs. 3. Der Anordnungsbeschluss für den Vorschuss ist auch kein Vollstreckungstitel. Der Verwalter hat im Falle der Unterdeckung

---

124 Vgl. *Depré/Mayer*, Rdn. 367 ff.
125 § 161 Rdn. 22.
126 *H/W/F/H*, § 161 Rdn. 22; abweichend *Depré/Mayer*, Rdn. 402.
127 *Depré/Mayer*, Rdn. 399 ff.
128 LG Stralsund, Rpfleger 2009, 165.
129 BGH, NJW-RR 2004, 1527 = Rpfleger 2004, 579, 580 zur Inanspruchnahme des Gläubigers auf die Vergütung bei unzureichender Masse ohne Vorschussanforderung.
130 LG Heilbronn, Rpfleger 2002, 326.
131 LG Heilbronn, Rpfleger 2002, 326.
132 Ebenso *Depré/Mayer*, Rdn. 292.
133 Rdn. 1659 ff.
134 *Stöber*, ZVG § 161 Rdn. 4.

nur den Freistellungsanspruch gegen den Gläubiger und kann diesen aus § 12 Abs. 3 S. 2 ZwVwV verfolgen[135].

80 Wird parallel das Verfahren nach § 25 angeordnet (vgl. → § 146 Rdn. 33 und § 25) und wird in diesem Rahmen ein Vorschuss nach § 25 S. 2 angeordnet, kommt eine Aufhebung des Zwangsverwaltungsverfahrens nur in Betracht, wenn der Vorschuss gleichzeitig als solcher aus § 161 Abs. 3 zu sehen ist[136].

3. Entgegenstehende Rechte (Abs. 4)

81 Wird dem Gericht aus dem Grundbuch ein Recht ersichtlich oder eine Verfügungsbeschränkung bzw. ein Vollstreckungsmangel bekannt, welcher der Verwaltung auf Dauer entgegenstehen (Abs. 4, § 28), ist die Verwaltung aufzuheben, wenn das Hindernis auch durch eine Zwischenverfügung nicht beseitigt werden kann. Hierbei muss es sich nicht um die gleichen Rechte handeln, die auch der Zwangsversteigerung entgegenstehen (hierzu § 28). Veräußerungsverbote hindern die Zwangsverwaltung nicht. Hauptfall ist der vor Eintragung des Zwangsverwaltungsvermerks eingetragene Eigentumswechsel, wenn sich das Verfahren gegen den früheren Eigentümer richtet (s. § 147). In Betracht kommt auch der Besitz eines nicht zur Herausgabe bereiten Dritten (vgl. § 147). Rechte, die nicht aus dem Grundbuch ersichtlich sind, können nur mittels Widerspruchsklage durchgesetzt werden (§§ 771, 769 ZPO).

82 Das Verfahren ist des Weiteren aufzuheben, wenn der betreibende Gläubiger seinen Antrag zurücknimmt (§ 29, s.o. → Rdn. 23 ff.), bei mehreren betreibenden Gläubigern nur gegenüber dem zurücknehmenden. Die Erklärung erfolgt (unwiderruflich) gegenüber dem Vollstreckungsgericht. Geht die Erklärung beim Verwalter ein, hat er sie unverzüglich an das Gericht weiterzuleiten.

4. Hinterlegung

83 Wenn durch eine öffentliche Urkunde nachgewiesen wird, das die zur Abwendung der Vollstreckung gestattete Hinterlegung erfolgt ist (§§ 775 Nr. 3, 776 ZPO), muss das Verfahren aufgehoben werden.

5. Insolvenzverfahren

84 Wird das Verfahren wegen einer persönlichen Forderung betrieben, muss das Verfahren aufgehoben werden, wenn das Insolvenzverfahren bereits vor der Beschlagnahme eröffnet war sowie in den Fällen der Rückschlagsperre (§ 88 InsO; → § 146 Rdn. 18 ff.). Ansonsten führen weder Sicherungsmaßnahmen in einem vorläufigen Insolvenzverfahren noch die Eröffnung zu einer Aufhebung des Zwangsverwaltungsverfahrens[137].

6. Weitere Aufhebungsgründe

85 Die Vorschrift regelt die Aufhebungsfälle nicht abschließend (vgl. § 28 Abs. 2, → § 29 Rdn. 12 ff.). In Betracht kommt eine Aufhebung, wenn die allgemeinen (→ vor § 15 Rdn. 26 ff.) und die besonderen (→ vor § 15 Rdn. 53 ff.) **Vollstreckungsvoraussetzungen fehlen** oder Vollstreckungshindernisse (→ vor § 15 Rdn. 63 ff.)

---

135 OLG Naumburg, U. v. 26.4.2012, 1 U 117/12, Rpfleger 2013, 43-44 = IGZInfo 4/12, 212.
136 Vgl. *Stöber*, ZVG § 161 Rdn. 4.
137 OLG Dresden, ZInsO 2001, 760.

bestehen. Es sind sämtliche Gründe zu berücksichtigen, die bereits bei der Entscheidung über einen Verfahrensantrag oder Beitritt zu prüfen waren[138].

Als allgemeine Verfahrensvoraussetzung[139] ist bezogen auf die Besonderheiten des Zwangsverwaltungsverfahrens von Amts wegen[140] das (fortbestehende) **Rechtsschutzbedürfnis** (→ § 146 Rdn. 58) zu prüfen. Fehlt es, ist der Antrag zurückzuweisen; fällt es nachträglich weg, ist das Verfahren aufzuheben[141]. Die Prüfung muss auch eine Prognose beinhalten. Inwieweit zum Zeitpunkt der Anordnung Nutzungen nicht gezogen werden können, ist alleine nicht maßgeblich[142]. Es kommt auf die weitere Entwicklung an, z.B. die Nutzbarmachung in einem überschaubaren Zeitraum[143] oder der Wegfall einer Eigennutzung des Schuldners (§ 149). Ausreichend kann auch eine ordnungsgemäße Bewirtschaftung des Objektes sein oder die Substanzerhaltung (Wintersicherung) einschließlich der Notwendigkeit über Vorschüsse zu finanzieren (→ § 146 Rdn. 58). 86

Negativ müssen sichere Anhaltspunkte vorliegen, dass die zwangsweise Nutzung nicht dem Verfahrensziel dient, laufende Verbindlichkeiten und betreibende Ansprüche zu bedienen[144] (beachte aber Begründung zu § 5 ZwVwV, Leerstand und → § 146 Rdn. 58). 87

Stöber[145] weist wegen § 13 Abs. 4 S. 2 zu Recht darauf hin, dass durch die Aufhebung die Beschlagnahmewirkung auch für eine parallele Zwangsversteigerung entfallen kann und laufende Leistungen des vollstreckenden Gläubigers aus der Klasse 3 oder 4 in die Klassen 7 oder 8 zurückfallen können. 88

Wird das Verfahren **erkennbar aussichtslos** fortgesetzt, sind Aufwendungen des Gläubigers nicht als notwendige Zwangsvollstreckungskosten erstattungsfähig[146]. 89

Eine Aufhebung hat auch dann zu erfolgen, wenn der Vollstreckungstitel aufgehoben ist, die vorläufige Vollstreckbarkeit aufgehoben wurde, die (einstweilige) Einstellung der Zwangsvollstreckung angeordnet wurde oder vergleichbar bezüglich einzelner Maßnahmen. 90

In Betracht kommt auch eine Aufhebung wegen **Sittenwidrigkeit** (§ 765a Abs. 1 S. 1 ZPO).

Aufzuheben ist auch, wenn das **Grundstück vollständig untergeht** (→ § 56 Rdn. 2). Neben umweltbedingten Auswirkungen können hier rechtlich Enteignung, Umlegung und Flurbereinigung in Betracht kommen. Eine Geldentschädigung unterliegt der Verwaltung nicht und kann nur außerhalb des Verfahrens beansprucht werden. Wird hieraus ein Ersatzgrundstück zugewiesen, setzen sich Beschlagnahme und Verwaltung an diesem Grundstück fort[147]. Erlischt ein 91

---

138 *H/W/F/H*, § 161 Rdn. 24.
139 BGHZ 151, 384 = Rpfleger 2002, 578.
140 *Stöber*, ZVG § 161 Rdn. 3.5; *ders., Zöller/Stöber*, § 765a Rdn. 30.
141 LG Hechingen, Rpfleger 1991, 430.
142 Vgl. aber LG Hechingen, Rpfleger 1991, 430.
143 BGHZ 151, 384 = Rpfleger 2002, 578.
144 *Stöber*, ZVG § 161 Rdn. 3.5.
145 ZVG § 161 Rdn. 3.5 a.E.
146 BGH, NJW 2005, 2460, 2462.
147 *Stöber*, ZVG § 161 Rdn. 3.5; a.A. *Drischler*, JurBüro 1964, 471, A III 9 entgegen der Regelung des Flurbereinigungsgesetzes.

zwangsverwaltetes Erbbaurecht, geht der Vollstreckungsgegenstand ebenfalls unter.

92 Ist lediglich ein Gebäude zerstört und ist noch eine andere Nutzung möglich, ist das Verfahren nicht aufzuheben, zumal hier auch die Folgen aus der Regulierung der Versicherungsleistung zu berücksichtigen sind (→ § 148 Rdn. 26 f.).

93 Wechselt das Eigentum aufseiten des Schuldners, hat diese auf das Verfahren selbst keinen Einfluss. Ein Beitritt aus Titeln gegen den bisherigen Schuldner ist dann jedoch nicht mehr möglich.

94 Findet das Gericht keinen geeigneten und übernahmebereiten Verwalter, ist das Verfahren nur aufzuheben, wenn das Gericht trotz aller erdenklichen Bemühungen niemanden findet und den Gläubiger unter Hinweis auf die Folgen zur Benennung geeigneter Personen aufgefordert hat[148].

VI. Thesen zur Umsetzung in der Praxis

95 Zusammenfassend lassen sich für die Rücknahme und die Aufhebung folgende Thesen aufstellen:

1. § 12 ZwVwV hat keine materiell-rechtlichen Auswirkungen auf die Beschlagnahme (Verordnung).

2. Im Falle der Rücknahme muss der Gläubiger die Rücknahme beschränken, wenn er die Beschlagnahme teilweise aufrechterhalten will. Ansonsten fällt die Beschlagnahme weg. Das Gericht hat hier keine Entscheidungsbefugnis.

3. Im Falle des Zuschlags bleibt die Beschlagnahme in Bezug auf die Nutzungen bis zum Zuschlag bestehen. Handlungen des Zwangsverwalters bedürfen in Bezug auf den Beschlagnahmeumfang jedoch der eingeschränkten Aufhebung, ggf. des Vorbehalts nach § 12 Abs. 2 ZwVwV. Ansonsten ist der Zwangsverwalter nur zu Abwicklungstätigkeiten befugt, die auch ohne Beschlagnahme erforderlich wären. Deshalb ist der Zwangsverwalter nur über die eingeschränkte Aufhebung aktivlegitimiert.

4. Eine automatische Aktivlegitimation ist zu verneinen, da Fortbestand der Beschlagnahme und Handlungsbefugnisse des Zwangsverwalters zu trennen sind. Insofern wird begrifflich auch das Verfahren aufgehoben und nicht die Beschlagnahme.

5. Zu beachten ist, dass zu gegebener Zeit auch die Vorbehalte oder Einschränkungen abschließend durch einen Beschluss aufgehoben werden müssen.

---

148 LG Tübingen, Rpfleger 1982, 33.

ZWEITER ABSCHNITT

Zwangsversteigerung von Schiffen, Schiffsbauwerken und Luftfahrzeugen im Wege der Zwangsvollstreckung

Vorbemerkungen vor § 162

Der Zweite Abschnitt des ZVG enthält Vorschriften über die Zwangsversteigerung bestimmter Gegenstände, die außer Grundstücken und grundstücksgleichen Rechten (vgl. → vor § 15 Rdn. 13 f.) wegen ihres Wertes und ihrer wirtschaftlichen Bedeutung der Zwangsvollstreckung in das unbewegliche Vermögen unterliegen. Es handelt sich um 1

- **Schiffe** (§§ 162 bis 170, 171),
- **Schiffsbauwerke** (§§ 162, 170a),
- **Schwimmdocks** (§§ 162, 170a)
- und **Luftfahrzeuge** (§§ 171a bis 171n).

Nach Landesrecht kann auch das Sondervermögen einer **Bahneinheit** den Regeln der Immobiliarvollstreckung unterworfen sein (vgl. → § 2 EGZVG Rdn. 9 f.). 2

Dagegen sind die für **Hochseekabel** geschaffenen Vorschriften des KabPfandG aufgehoben (Art. 13 § 1 Nr. 1 PTNeuOG). 3

ERSTER TITEL
Zwangsversteigerung von Schiffen und Schiffsbauwerken

§ 162 »Anzuwendende Vorschriften«

Auf die Zwangsversteigerung eines im Schiffsregister eingetragenen Schiffs oder eines Schiffsbauwerks, das im Schiffsbauregister eingetragen ist oder in dieses Register eingetragen werden kann, sind die Vorschriften des Ersten Abschnitts entsprechend anzuwenden, soweit sich nicht aus den §§ 163 bis 170a etwas anderes ergibt.

Übersicht

		Rdn.
I.	Gesetzliche Regelung und Darstellungsweise	1
II.	Vollstreckungsgegenstände	3
III.	Anwendungsbereich	11
IV.	Anwendbare Vorschriften	12
	1. Zuständigkeit	13
	2. Zustellungen	14
	3. Beteiligte	15
	4. Rechte und Rangordnung	16
	a) Schiffshypothek, Arrestpfandrecht, Nießbrauch	18
	b) Schiffsgläubigerrechte	21
	c) Rangordnung bei Seeschiffen	22
	d) Rangordnung bei Binnenschiffen	34
	e) Rangordnung bei Schiffsbauwerken	45
	5. Ansprüche von unbestimmtem Betrag	46
	6. Antrag und Anordnung	47
	7. Beschlagnahme	50
	8. Beitritt	52
	9. Aufhebung und einstweilige Einstellung	53
	10. Bestimmung des Versteigerungstermins	54
	11. Geringstes Gebot und Versteigerungsbedingungen	55
	12. Mieter und Pächter	56
	13. Versteigerung	57
	14. Antrag auf Zuschlagsversagung, Wertfestsetzung	58
	15. Zuschlagsentscheidung	62
	16. Gerichtliche Verwaltung	63
	17. Beschwerde	64
	18. Erlösverteilung	65
	19. Erweiterte Befriedigung	66
	20. Rechte in ausländischer Währung	67
	21. Zwangsverwaltung	68
V.	Zwangsversteigerung in besonderen Fällen	69

I. Gesetzliche Regelung und Darstellungsweise

1 § 864 ZPO unterstellt außer Grundstücken und grundstücksgleichen Rechten sowie deren Bruchteilen auch die im Schiffsregister eingetragenen **Schiffe** und die im Schiffsbauregister eingetragenen oder eintragungsfähigen **Schiffsbauwerke** sowie ihre Bruchteile der Zwangsvollstreckung in das unbewegliche Vermögen. Für **Schwimmdocks** gilt dasselbe gemäß Art. 3 Abs. 1 SchRGÄndG.

§ 870a Abs. 1 ZPO ermöglicht nur die Eintragung einer Schiffshypothek oder die Zwangsversteigerung, nicht jedoch die Zwangsverwaltung.¹ Für die nähere Ausgestaltung des Zwangsversteigerungsverfahrens gilt gemäß § 869 ZPO das ZVG.² Aus dem Erfordernis einer vorhandenen oder – bei Schiffsbauwerken und Schwimmdocks – jedenfalls möglichen Registereintragung folgt, dass sich die genannten Vorschriften auf deutsche Schiffe, Schiffsbauwerke und Schwimmdocks beschränken. Die Zulässigkeit der Zwangsversteigerung ausländischer Schiffe ergibt sich dagegen nicht aus der ZPO, sondern unmittelbar aus § 171.

Die Gestaltung der gesetzlichen Regelung im ZVG ist aufgrund der gewählten **Verweisungstechnik** unübersichtlich.³ Nach § 162 sind auf die Zwangsversteigerung der im Schiffsregister eingetragenen Schiffe und der im Schiffsbauregister eingetragenen oder eintragungsfähigen Schiffsbauwerke die Vorschriften des Ersten Abschnitts des ZVG mit den in §§ 163 bis 170a geregelten Abweichungen entsprechend anzuwenden. Die Norm bezieht sich somit, ebenso wie §§ 864, 870a ZPO, nur auf deutsche Schiffe und Schiffsbauwerke, da nur diese im deutschen Schiffsregister oder Schiffsbauregister eingetragen sein können.

Die §§ 163 bis 170 enthalten besondere, den Ersten Abschnitt des ZVG ergänzende und teilweise davon abweichende Vorschriften für die Zwangsversteigerung deutscher Schiffe. Für Schiffsbauwerke sind dagegen diese Bestimmungen nicht unmittelbar anwendbar, sondern – nur teilweise und mit weiteren Besonderheiten – aufgrund der Verweisung in § 170a. Für Schwimmdocks verweist hierauf wiederum Art. 3 Abs. 1 SchRGÄndG.

Auf die Zwangsversteigerung ausländischer Schiffe ist zwar gleichfalls der Erste Abschnitt des ZVG anzuwenden, jedoch nicht wegen § 162, sondern über die Verweisung in § 171 Abs. 1. Besonderheiten für diese Fälle ergeben sich aus § 171 Abs. 2 bis 5, wobei Abs. 5 wiederum auf einzelne Sondervorschriften verweist, die schon für die Zwangsversteigerung deutscher Schiffe gelten.

Der gesetzlichen Regelung folgend, wird nachstehend im Anschluss an grundlegende Definitionen nur die Anwendung des Ersten Abschnitts des ZVG auf die Zwangsversteigerung eines **deutschen** Schiffs oder eines Schiffsbauwerks oder Schwimmdocks erläutert. In diesem Zusammenhang wird auch auf solche Besonderheiten hingewiesen, die nicht bei §§ 163 bis 170a darzustellen sind. Für ausländische Schiffe ist auf die Kommentierung des § 171 zu verweisen.

II. Vollstreckungsgegenstände

Deutsche Schiffe, Schiffsbauwerke und Schwimmdocks unterliegen nur dann der Immobiliarvollstreckung, wenn sie **im Schiffsregister eingetragen** sind bzw. wenn sie im Schiffsbauregister eingetragen sind oder in dieses Register eingetragen werden können. Für die Registerführung sind die SchRegO und die SchRegDV maßgeblich. Gemäß § 1 Abs. 1, § 3 Abs. 1, § 65 Abs. 1 Satz 1 SchRegO werden die Schiffsregister – getrennt als Seeschiffsregister und Binnenschiffsregister – und das Schiffsbauregister von den Amtsgerichten geführt.⁴

---

1 Vgl. Steiner/*Hagemann*, § 162 Rdn. 3, 5; a.A. Depré/*Wedekind*, § 165 Rdn. 173 ff.
2 Zur erhöhten Bedeutung des Beschleunigungsgrundsatzes bei der Schiffsversteigerung *Hornung*, RpflJB 1991, 216, 218 ff.
3 *Hornung*, RpflJB 1991, 216, 219 spricht vom „Geruch fehlender Klarheit".
4 Ausführlich zum Schiffsregister und zum Schiffsbauregister: *Krause*, Praxishandbuch Schiffsregister (2012); Grundzüge der Registerführung: Steiner/*Hagemann*, § 163

Nicht eingetragene deutsche Schiffe – ohne Unterschied, ob sie nie eingetragen waren oder zwischenzeitlich gelöscht wurden – und weder eingetragene noch eintragungsfähige Schiffsbauwerke und Schwimmdocks unterliegen der Mobiliarvollstreckung.[5] Das gilt auch für nicht in das Schiffsregister eingetragene Schiffe der Bundesmarine und andere im öffentlichen Dienst verwendete Schiffe (§ 10 Abs. 3 SchRegO), soweit nicht § 882a Abs. 2 ZPO die Zwangsvollstreckung ohnehin ausschließt.[6]

4 Der Begriff des **Schiffs** ist nicht gesetzlich definiert. Der BGH[7] versteht darunter „jedes schwimmfähige mit Hohlraum versehene Fahrzeug von nicht ganz unbedeutender Größe, dessen Zweckbestimmung es mit sich bringt, dass es auf dem Wasser bewegt wird". Dazu gehören auch Schwimmbagger, Schwimmkräne, Leichter, Feuerschiffe, nicht dagegen Wohnboote, Flöße, Schiffsbrücken, Gaststätten- und Hotelschiffe, Museumsschiffe.[8] Umstritten ist die Schiffseigenschaft von Bohrinseln.[9] Ortsfeste Offshore-Windkraftanlagen sind Schiffen nicht gleichgestellt.[10]

Für die Anwendung von Seeschifffahrtsrecht (5. Buch HGB) oder Binnenschifffahrtsrecht (BinSchG) ist die Unterscheidung zwischen Seeschiffen und Binnenschiffen maßgeblich. Nach in Rechtsprechung und Schrifttum vorherrschender Ansicht richtet sie sich danach, ob das Schiff nach der Bestimmung des zur Verwendung Berechtigten auf Dauer regelmäßig zu Fahrten auf See (§ 1 FlRV)[11]

Rdn. 16 ff.; Depré/Wedekind, § 163 Rdn. 35 ff.; *Mohrbutter/Drischler/Radtke/Tiedemann*, vor Muster 167 Anm. 4 f.; *Herber*, § 12; *Prause*, §§ 1 ff. SchRegO; RpflJB 1959, 95 (ohne Verfasserangabe); *Dobberahn*, MittRhNotK 1998, 145, 148 f.; zum SchRegO-ÄndG Hornung, Rpfleger 1981, 271; zur SchRegDV Hornung, Rpfleger 1982, 88, 130; zur Zuständigkeit für die Registerführung Hornung, RpflJB 1986, 369; 1997, 243; zum Schiffsvorzertifikat (§ 5 FlaggRG, §§ 2 bis 5 FlRV) *Pamperin-Herbst*, Rpfleger 2009, 76; Zusammenstellung von Literatur und Rechtsprechung Hornung, RpflStud 1989, 61. – Vorschlag einer Erweiterung des Schiffsregisters auf Offshore-Windkraftanlagen: Depré/Wedekind, § 162 Rdn. 34; *Gottschall*, Die Besicherung von Offshore-Windkraftanlagen nach deutschem und US-amerikanischem Recht (2011), S. 103 ff., 170 ff.; *Wurmnest*, RabelsZ 2008, 236; *Böttcher*, RNotZ 2011, 589.

5   Steiner/Hagemann, § 162 Rdn. 21 f.; Stöber, ZVG § 162 Rdn. 1, 3.4; Rabe, vor § 476 Rdn. 22; *Herber*, § 14 II 5; Hornung, RpflJB 1991, 216, 223; zur Mobiliarvollstreckung in nicht fiktiv eintragungspflichtige ausländische Schiffe Depré/Wedekind, § 171 Rdn. 29 ff.

6   Vgl. Steiner/Hagemann, § 162 Rdn. 20; Jaeckel/Güthe, § 162 Rdn. 1; Schaps/Abraham, vor § 476 Rdn. 19; nach RGZ 72, 347 ist die Zwangsvollstreckung in Kriegsschiffe im Staatsinteresse ausgeschlossen.

7   BGH, LM Nr. 3 zu § 4 BinSchG (LS.) m. Anm. Lindenmaier = NJW 1952, 1135 (LS.).

8   Steiner/Hagemann, § 162 Rdn. 18 f.; Stöber, ZVG § 162 Rdn. 3.2; Depré/Wedekind, § 162 Rdn. 7 f.; *Mohrbutter/Drischler/Radtke/Tiedemann*, vor Muster 167 Rdn. 3; Staudinger/Nöll, § 1 SchiffsRG Rdn. 5 ff.; Soergel/Winter, § 1 SchiffsG Rdn. 2 ff.; Krause, Rdn. 2 ff.; Schaps/Abraham, vor § 476 Rdn. 1 ff.; Rabe, Einf. Rdn. 2 ff.; v. Waldstein/Holland, § 1 Rdn. 3 ff.; Herber, § 10 I; *Abraham*, § 6 I f.; *Prause*, § 3 SchRegO; Hornung, Rpfleger 1985, 345, 351; Dobberahn, MittRhNotK 1998, 145, 147.

9   Vgl. Steiner/Hagemann, § 162 Rdn. 33; Depré/Wedekind, § 162 Rdn. 13 ff.; Staudinger/Nöll, § 1 SchiffsRG Rdn. 6, 9; Krause, Rdn. 5; Schaps/Abraham, vor § 476 Rdn. 3; *Prause*, § 8 SchRG; Dobberahn, MittRhNotK 1998, 145, 147.

10 Wurmnest, RabelsZ 2008, 236; vgl. Depré/Wedekind, § 162 Rdn. 31 ff.

11 Staudinger/Nöll, § 1 SchiffsRG Rdn. 13; Rabe, Einf. Rdn. 33 ff.

oder auf Binnengewässern verwendet wird.¹² Das anwendbare Recht ist aber nach objektiven Gesichtspunkten zu bestimmen. Maßgebend muss daher sein, ob für das Schiff nach schifffahrtsrechtlichen Vorschriften ein Schiffspatent für Seeschiffe ausgestellt ist.¹³ Anhaltspunkte bieten die Eintragung des Schiffs im Seeschiffsregister oder im Binnenschiffsregister (§§ 3, 5, 6 SchRegO) und Dokumente über die Vermessung als Seeschiff oder die Eichung als Binnenschiff.¹⁴ Für die im Zwangsversteigerungsverfahren anzuwendenden Sondervorschriften für Seeschiffe (§ 169a) ist allein auf die Registereintragung abzustellen.¹⁵

Seeschiffe sind Handelsschiffe (in der älteren Rechtssprache als Kauffahrtei- 5 schiffe bezeichnet) und andere zum Erwerb durch Seefahrt bestimmte Schiffe (§ 1 Abs. 1 FlaggRG, § 3 Abs. 2 SchRegO), wie Lotsen-, Hochseefischerei-, Bergungs- und Schleppfahrzeuge.¹⁶ Sie werden in das Seeschiffsregister eingetragen, wenn sie nach §§ 1, 2 FlaggRG die Bundesflagge zu führen haben oder führen dürfen (§ 3 Abs. 2 SchRegO). Seeschiffe, deren Eigentümer Deutsche mit Wohnsitz im Geltungsbereich des GG oder gleichgestellte Handelsgesellschaften oder juristische Personen sind, müssen die Bundesflagge nach § 1 FlaggRG führen. In diesem Fall ist der Eigentümer grundsätzlich zur Registeranmeldung des Seeschiffs verpflichtet (§ 10 Abs. 1 SchRegO). Einzutragen ist das Schiff im Schiffsregister seines Heimathafens (§ 4 Abs. 1 SchRegO); das ist der Hafen, von dem aus die Seefahrt betrieben wird. Wird die Schifffahrt von einem ausländischen Hafen aus betrieben oder fehlt es an einem Heimathafen, so steht die Wahl des Registers dem Eigentümer frei (§ 4 Abs. 2 SchRegO).¹⁷

Ob es sich bei einem Seeschiff um ein deutsches oder ein ausländisches Schiff handelt, ist danach zu beurteilen, ob es die Pflicht oder das Recht zur Führung der Bundesflagge oder der Flagge eines anderen Staates hat, was wiederum grundsätzlich von der Staatsangehörigkeit des Eigentümers abhängt.¹⁸ Der Heimathafen ist hierfür nicht maßgebend.

Wird dem Schiff wegen einer Vercharterung an einen Ausländer zeitweise die Führung einer anderen Nationalflagge gestattet, so darf das Recht zur Führung der Bundesflagge in dieser Zeit nicht ausgeübt werden (§ 7 FlaggRG, §§ 19, 20 FlRV). Dies ist zur Eintragung in das Schiffsregister anzumelden (§ 17 Abs. 2 SchRegO). Das Schiff wird jedoch im Register nicht gelöscht. Die zeitweise Gestattung der Führung einer fremden Flagge verändert die Eigenschaft als deutsches

---

12 RGZ 13, 68; 102, 45; BGHZ 25, 244; OLG Hamburg, MDR 1960, 316; *Depré/Wedekind*, § 169a Rdn. 17 ff.; *Staudinger/Wiegand*, § 929a Rdn. 2; *Staudinger/Nöll*, § 1 SchiffsRG Rdn. 10 ff.; *Soergel/Hensslér*, § 929a Rdn. 3 f.; *Palandt/Bassenge*, § 929a Rdn. 1; *Krause*, Rdn. 9 ff.; *Schaps/Abraham*, vor § 476 Rdn. 12 ff.; *Rabe*, Einf. Rdn. 17 f.; *v. Waldstein/Holland*, § 1 Rdn. 17 f.; *Herber*, § 10 III 1; *Abraham*, § 1 I 2; *Prause*, § 5 SchRegO.
13 MünchKomm/*Oechsler*, BGB § 929a Rdn. 2.
14 *Hornung*, RpflJB 1991, 216, 220 f.; zur Schiffsvermessung und Schiffseichung *Hornung*, Rpfleger 1985, 271.
15 *Hornung*, RpflJB 1991, 216, 223 f.
16 *Steiner/Hagemann*, § 162 Rdn. 27 ff.; *Rabe*, Einf. Rdn. 19 f.; *Abraham*, § 6 III.
17 Einzelheiten bei *Mohrbutter/Drischler/Radtke/Tiedemann*, vor Muster 167 Anm. 4; *Staudinger/Nöll*, § 1 SchiffsRG Rdn. 14 ff.; *Soergel/Winter*, § 1 SchiffsG Rdn. 10; *Schaps/Abraham*, vor § 476 Rdn. 24 ff.; *Rabe*, vor § 476 Rdn. 2 ff.; *Herber*, § 11 II, § 12 II 3; *Drischler*, KTS 1980, 111 f.; *Hornung*, RpflJB 1991, 216, 221 ff.; *Dobberahn*, Mitt-RhNotK 1998, 145, 147.
18 *Depré/Wedekind*, § 171 Rdn. 5.

Schiff – und damit die Anwendung der Vorschriften über die Zwangsversteigerung deutscher Schiffe – nicht; ebenso bleibt ein Schiff im umgekehrten Fall ein ausländisches Schiff.[19]

Verliert das Schiff das Recht zur Führung der Bundesflagge, z.B. bei Veräußerung an einen Ausländer oder bei Verlust der Schiffseigenschaft, so wird die Eintragung im Schiffsregister nur gelöscht, wenn das Schiff unbelastet ist oder wenn die Schiffshypothekengläubiger und Dritte, denen ein Recht an der Hypothek zusteht, die Löschung bewilligen. Ansonsten wird in das Register eingetragen, dass das Schiff das Recht zur Führung der Bundesflagge verloren hat. Diese Eintragung wirkt wie die Löschung, soweit nicht die eingetragenen Schiffshypotheken in Betracht kommen (§ 17 Abs. 4, § 20 Abs. 1, 3, 4 SchRegO).[20] In diesem Fall ist die Zwangsversteigerung wegen der dinglichen Ansprüche aus den Schiffshypotheken nach Maßgabe der für ein deutsches Schiff geltenden Vorschriften durchzuführen; wegen der Ansprüche anderer Gläubiger kann das Verfahren nur unter den Voraussetzungen des § 171 angeordnet werden.[21] Ändern sich die Eigentumsverhältnisse erst nach der Beschlagnahme, so ist das Verfahren ebenfalls nach den Vorschriften fortzuführen, die für die Zwangsversteigerung deutscher Schiffe gelten.[22]

6   **Binnenschiffe** sind die zur Schifffahrt auf Flüssen und sonstigen Binnengewässern, auch zu Sport- und Vergnügungszwecken, bestimmten Schiffe (§ 1 BinSchG, § 3 Abs. 3 Satz 1 SchRegO).[23] In das Binnenschiffsregister können sie eingetragen werden, wenn sie nach Tragfähigkeit, Wasserverdrängung oder Gattung die Voraussetzungen des § 3 Abs. 3 Satz 2 SchRegO erfüllen. In den Fällen des § 10 Abs. 2 SchRegO besteht Anmeldepflicht. Kleinste Binnenschiffe sind nicht eintragungsfähig. Einzutragen ist das Schiff im Schiffsregister seines Heimatorts (§ 4 Abs. 1 SchRegO); das ist der Ort, von dem aus die Schifffahrt betrieben wird (§ 6 BinSchG).[24]

Bei Binnenschiffen ist nach dem Heimatort zu beurteilen, ob es sich um ein deutsches oder ein ausländisches Schiff handelt. Nur Schiffe mit einem in Deutschland gelegenen Heimatort sind deutsche Schiffe.

Hat das Schiff seinen Heimatort im Ausland erhalten oder die Schiffseigenschaft verloren, so wird die Eintragung im Schiffsregister nur gelöscht, wenn das Schiff unbelastet ist oder wenn die Schiffshypothekengläubiger und Dritte, denen ein Recht an der Hypothek zusteht, die Löschung bewilligen. Ansonsten wird in das Register eingetragen, dass das Schiff seinen Heimatort im Ausland hat. Diese Eintragung wirkt wie die Löschung, soweit nicht die eingetragenen Schiffshypotheken in Betracht kommen (§ 20 Abs. 2 Satz 1, Abs. 3, 4 SchRegO).[25] Für die

---

19   Steiner/*Hagemann*, § 162 Rdn. 31; *Stöber*, ZVG § 162 Rdn. 3.7; Depré/*Wedekind*, § 162 Rdn. 76 ff., § 171 Rdn. 6 f.; *Krause*, Rdn. 381; *Drischler*, KTS 1980, 111 ff.; *Hornung*, RpflJB 1991, 216, 222 f., 224; *Dobberahn*, MittRhNotK 1998, 145, 150.
20   *Krause*, Rdn. 270 ff.; *Hornung*, Rpfleger 1985, 345, 349, 351.
21   *Hornung*, RpflJB 1991, 216, 225 f.
22   Steiner/*Hagemann*, § 162 Rdn. 32; *Stöber*, ZVG § 162 Rdn. 3.7; *Drischler*, KTS 1980, 111, 113 f.
23   BGHZ 3, 34 = NJW 1952, 64; Steiner/*Hagemann*, § 162 Rdn. 35 ff.; *v. Waldstein/Holland*, § 1 Rdn. 9 ff.
24   Einzelheiten bei *Mohrbutter/Drischler/Radtke/Tiedemann*, vor Muster 167 Anm. 4; Staudinger/*Nöll*, § 1 SchiffsRG Rdn. 24 f.; Soergel/*Winter*, § 1 SchiffsG Rdn. 10; *Hornung*, RpflJB 1991, 216, 223 ff.; *Dobberahn*, MittRhNotK 1998, 145, 147.
25   *Hornung*, Rpfleger 1985, 345, 349, 351.

Zwangsversteigerung gilt das oben (→ Rdn. 5) zum Seeschiff Ausgeführte entsprechend.

Schiffsbauwerke sind auf einer Schiffswerft im Bau befindliche Schiffe, bei denen der Kiel gelegt ist und die durch Namen oder Nummer an einer bis zum Stapellauf sichtbar bleibenden Stelle deutlich und dauerhaft gekennzeichnet sind (§ 76 SchRG). Nach Fertigstellung werden sie zum Schiff.[26] In das Schiffsbauregister werden Schiffsbauwerke nur eingetragen, wenn zugleich eine Schiffshypothek eingetragen wird oder wenn die Zwangsversteigerung beantragt ist (§ 66 SchRegO). Außerdem muss das Schiff nach seiner Fertigstellung als Seeschiff mehr als fünfzig Kubikmeter Bruttoraumgehalt haben oder als Binnenschiff zur Eintragung in das Binnenschiffsregister (§ 3 Abs. 3 Satz 2 SchRegO) geeignet sein (§ 76 Abs. 2 SchRG), was in Zweifelsfällen durch eine Auskunft der zuständigen Schiffsvermessungs- oder Eichbehörde festzustellen ist.[27] Einzutragen ist das Schiffsbauwerk im Schiffsbauregister des Bauorts; das Registergericht bleibt auch zuständig, wenn das Schiffsbauwerk an einen anderen Ort außerhalb des Gerichtsbezirks gebracht wird (§ 67 SchRegO).[28]

Schwimmdocks sind schwimmende Behälter, in die Schiffe einfahren und in denen sie über Wasser gehoben werden können.[29] Sie werden, auch wenn sie noch im Bau befindlich sind, wie Schiffsbauwerke behandelt (§ 81a SchRG, §§ 73a, 73b SchRegO, Art. 3 Abs. 1 SchRGÄndG),[30] sind jedoch ohne Rücksicht auf ihre Größe eintragungsfähig.[31] Bei den folgenden Erläuterungen wird daher, soweit keine Besonderheiten in Betracht kommen, jeweils auf die ausdrückliche Nennung von Schwimmdocks neben Schiffsbauwerken verzichtet.

Schiffswracks haben die Schiffseigenschaft verloren, wenn sie derart beschädigt oder zerstört sind, dass sie nicht mehr geborgen oder repariert werden können.[32] Sie unterliegen auch dann nicht mehr der Immobiliarvollstreckung, wenn sie im Schiffsregister eingetragen sind.[33] Dasselbe gilt für Binnenschiffe, die ihre Schiffseigenschaft durch freiwillige Abwrackung (vollständige Verschrottung des Schiffsrumpfs) im Zuge von Maßnahmen zum Abbau unrentablen Schiffsraums verloren haben.[34]

---

26 *Soergel/Winter,* § 1 SchiffsG Rdn. 8; *Krause,* Rdn. 783; *Schaps/Abraham,* vor § 476 Rdn. 10; *Rabe,* Einf. Rdn. 8; *Herber,* § 13 IV 1 (siehe auch unten); *Abraham,* § 6 II 6; a.A. (Schiffseigenschaft beginnt mit dem Stapellauf) *Steiner/Hagemann,* § 162 Rdn. 38 f.; *Stöber,* ZVG § 162 Rdn. 3.3; *Depré/Wedekind,* § 162 Rdn. 7, 20; *Mohrbutter/Drischler/Radtke/Tiedemann,* vor Muster 167 Anm. 2; *Herber,* § 10 II (jedoch anders für Sachen- und Registerrecht, siehe oben); *Dobberahn,* MittRhNotK 1998, 145, 147.
27 *Sebode,* DR 1941, 620 f.
28 Einzelheiten bei *Dobberahn,* MittRhNotK 1998, 145, 148, 151.
29 Vgl. RGZ 86, 425; *Soergel/Winter,* § 81a SchiffsG Rdn. 2; *Hornung,* Rpfleger 2003, 232.
30 *Steiner/Hagemann,* § 162 Rdn. 40; *Stöber,* ZVG § 162 Rdn. 3.3; *Depré/Wedekind,* § 162 Rdn. 21; *Mohrbutter/Drischler/Radtke/Tiedemann,* vor Muster 167 Anm. 2; *Mohrbutter,* KTS 1969, 77.
31 *Hornung,* Rpfleger 2003, 232, 237.
32 AG Glückstadt, SchlHA 1965, 19; *Staudinger/Nöll,* § 1 SchiffsRG Rdn. 8; *Krause,* Rdn. 6 f.; *Schaps/Abraham,* vor § 476 Rdn. 9; *Rabe,* Einf. Rdn. 14; *v. Waldstein/Holland,* § 1 Rdn. 22 f.; *Herber,* § 10 II; *Abraham,* § 6 II 5.
33 *Steiner/Hagemann,* § 162 Rdn. 24; *Depré/Wedekind,* § 162 Rdn. 11; *Mohrbutter/Drischler/Radtke/Tiedemann,* vor Muster 167 Anm. 2.
34 *Steiner/Hagemann,* § 162 Rdn. 25; vgl. *Hornung,* Rpfleger 1970, 117; 1990, 154, 445.

10 An Schiffen und Schiffsbauwerken kann auch **Bruchteilseigentum** bestehen. Die Bruchteile können als Anteile eines Miteigentümers selbstständig belastet (§ 8 Abs. 3, § 77 Satz 2, § 81a Satz 2 SchRG) und versteigert werden (§ 864 Abs. 2 ZPO).[35]

Dagegen war eine **Schiffspart** nach früherem Recht ein Anteil an einer Partenreederei (§§ 489 ff. a.F. HGB) und damit eine gesellschaftsrechtliche Beteiligung. In sie wurde wie in Forderungen und andere Vermögensrechte durch Pfändung vollstreckt (§§ 858, 857 ZPO).[36] Das Institut der Partenreederei ist durch das SeeHRefG abgeschafft worden. Für die bis zum Inkrafttreten des Reformgesetzes entstandenen Partenreedereien gelten die bisherigen Vorschriften fort (Art. 71 EGHGB).

III. Anwendungsbereich

11 § 162 gilt für **deutsche Schiffe und Schiffsbauwerke**. Für ausländische Schiffe gilt die Vorschrift nicht (an ihre Stelle tritt § 171 Abs. 1; vgl. → § 171 Rdn. 5).

IV. Anwendbare Vorschriften

12 Auf die Zwangsversteigerung eines im Schiffsregister eingetragenen Schiffs und eines im Schiffsbauregister eingetragenen oder eintragungsfähigen Schiffsbauwerks sind die §§ 1 bis 161 entsprechend anzuwenden, soweit sich nicht aus den §§ 163 bis 170a etwas anderes ergibt.[37] Die genannten Normen enthalten Abweichungen vom Ersten Abschnitt des ZVG und ergänzen ihn. Dabei sind teilweise unterschiedliche Regelungen für Seeschiffe, Binnenschiffe und Schiffsbauwerke zu beachten.

Bei der entsprechenden Anwendung treten jeweils an die Stelle des Begriffs „Grundstück" die Begriffe „Schiff", „Schiffsbauwerk" oder „Schwimmdock", an die Stelle der Begriffe „Grundbuchamt", „Grundbuch", „Grundbuchblatt" und „Grundakten" die Begriffe „Registergericht", „Schiffsregister" bzw. „Schiffsbauregister" (§ 163 Abs. 2, § 170a Abs. 2 Satz 2), „Registerblatt" und „Registerakten" und an die Stelle der Begriffe „Hypothek", „Grundschuld", „Rentenschuld" und „Sicherungshypothek" der Begriff „Schiffshypothek".

Soweit nachfolgend nicht ausdrücklich zwischen Schiffen und Schiffsbauwerken unterschieden wird, gelten die genannten Besonderheiten gemäß § 170a Abs. 2 Satz 1 auch für Schiffsbauwerke.

1. Zuständigkeit

13 § 1 wird durch § 163 Abs. 1 – dessen Hs. 2 auf § 1 Abs. 2 verweist – ersetzt (vgl. → § 163 Rdn. 3 ff.). § 2 ist anwendbar, hat jedoch nur eingeschränkte Bedeutung, weil die Voraussetzungen des § 2 Abs. 1 kaum vorkommen werden. Denkbar ist auch eine Zuständigkeitsbestimmung in den Fällen des § 36 Abs. 1 Nr. 1, 5, 6 ZPO.[38]

---

35 Steiner/*Hagemann*, § 162 Rdn. 41, 105; Depré/*Wedekind*, § 162 Rdn. 25.
36 Steiner/*Hagemann*, § 162 Rdn. 42; Stöber, ZVG § 162 Rdn. 3.8; Depré/*Wedekind*, § 162 Rdn. 27.
37 Vgl. Steiner/*Hagemann*, § 162 Rdn. 13; Stöber, ZVG § 162 Rdn. 9.
38 Steiner/*Hagemann*, § 163 Rdn. 12.

2. Zustellungen

§§ 3 bis 8 sind anwendbar. 14

3. Beteiligte

§ 9 ist anwendbar und wird für Schiffe durch § 163 Abs. 3, § 166 Abs. 2, § 168b 15
Satz 1 ergänzt (vgl. → § 163 Rdn. 12, → § 166 Rdn. 4, → § 168b Rdn. 2 f.). Verfahrensbeteiligte nach § 9 sind auch die Schiffsgläubiger, wenn sie ihr Recht, weil nicht aus dem Schiffsregister ersichtlich, anmelden.[39] Beteiligter ist auch der Gläubiger eines Arrestpfandrechts (vgl. → Rdn. 19).

4. Rechte und Rangordnung

§§ 10 bis 13 sind nur eingeschränkt anwendbar. Die in den Rangklassen des 16
§ 10 Abs. 1 Nr. 2, 3, 7 genannten Ansprüche können Schiffe und Schiffsbauwerke ihrer Natur nach nicht betreffen (Schiffsgläubigerforderungen auf öffentliche Abgaben, vgl. → Rdn. 27, 36, sind allerdings mit den Ansprüchen der Rangklasse 3 vergleichbar).

Bei im Ausland begründeten Rechten ist zwischen dem Entstehen des Rechts 17
(Art. 45 Abs. 2 Satz 1 EGBGB) und der Einordnung in die Rangordnung (Art. 45 Abs. 2 Satz 2, Art. 43 Abs. 1 EGBGB) zu unterscheiden. Im Ausland begründete Schiffshypotheken und Schiffsgläubigerrechte sind grundsätzlich in Deutschland anzuerkennen. Entspricht ein im Ausland wirksam begründetes Recht nach Entstehungsgrund und Rechtsnatur einer deutschen Schiffshypothek oder einem deutschen Schiffsgläubigerrecht, so kann es im deutschen Zwangsversteigerungsverfahren denselben Rang beanspruchen.[40] Bereicherungsansprüche von Schiffsgläubigern und Schiffshypothekengläubigern richten sich nach deutschem Recht, wenn ein deutsches Schiff im Ausland ohne Beachtung der nach deutschem Recht maßgeblichen Rangverhältnisse versteigert worden ist.[41]

a) Schiffshypothek, Arrestpfandrecht, Nießbrauch

Als dingliches Recht im Sinne des § 10 Abs. 1 Nr. 4, 6, 8 kommt die **Schiffs-** 18
hypothek (§§ 8, 76, 81a SchRG) in Betracht.[42] Zu ihrer Bestellung sind die Einigung zwischen Eigentümer und Gläubiger und die Eintragung in das Schiffsregis-

---

[39] Steiner/Hagemann, § 162 Rdn. 71; Stöber, ZVG § 9 Rdn. 3.27, § 163 Rdn. 3.1.
[40] RGZ 45, 276; 77, 1; 81, 283; LG Hamburg, MDR 1963, 765; OLG Oldenburg, VersR 1975, 271; BGH, MDR 1991, 1151 = NJW-RR 1991, 1211 = IPRax 1992, 324; Steiner/Hagemann, § 162 Rdn. 84, § 171 Rdn. 56 ff.; Stöber, ZVG § 171 Rdn. 4; Depré/Wedekind, § 169 Rdn. 92 f.; Mohrbutter/Drischler/Radtke/Tiedemann, Muster 170 Anm. 11; Staudinger/Nöll, § 8 SchiffsRG Rdn. 65 ff.; Schaps/Abraham, vor § 754 Rdn. 25 ff.; Rabe, vor § 760 Rdn. 10 ff., § 760 Rdn. 4; teilweise a.A. RGZ 80, 129.
[41] BGHZ 35, 267 = NJW 1961, 1672 = MDR 1961, 831, 1003 m. Anm. Sieg; LG Bremen, TranspR 1989, 104; Steiner/Hagemann, § 162 Rdn. 16; Stöber, ZVG § 162 Rdn. 8.2; Mohrbutter/Drischler/Radtke/Tiedemann, Muster 170 Anm. 11; Rabe, § 760 Rdn. 15; Herber, § 14 II 6; vgl. zur Zwangsversteigerung eines deutschen Schiffs im Ausland auch Depré/Wedekind, § 169 Rdn. 96 ff., § 171 Rdn. 83 ff.
[42] Dazu Steiner/Hagemann, § 162 Rdn. 104 ff.; Stöber, ZVG § 162 Rdn. 5; Mohrbutter/Drischler/Radtke/Tiedemann, vor Muster 167 Anm. 5; Staudinger/Nöll, § 8 SchiffsRG Rdn. 16 ff.; Soergel/Winter, § 8 SchiffsG Rdn. 1 ff.; Krause, Rdn. 550 ff.; Schaps/Abraham, vor § 476 Rdn. 52 ff.; Rabe, vor § 476 Rdn. 23 ff.; Herber, § 13 II 3; Abraham, § 9 II 4; Prause, § 8 SchRG; Weimar, WM 1963, 154; Dobberahn, MittRhNotK 1998, 145, 150 ff.

ter bzw. das Schiffsbauregister erforderlich (§ 8 Abs. 2, § 3 Abs. 1, §§ 77, 81a Satz 2 SchRG). Sie ist stets brieflose Sicherungshypothek (§ 8 Abs. 1 Satz 3 SchRG). Der Rang mehrerer Schiffshypotheken bestimmt sich nach der Reihenfolge der Eintragungen; eine abweichende Rangbestimmung muss in das Register eingetragen werden (§ 25 SchRG). Die Schiffshypothek erlischt unter anderem mit dem Erlöschen der Forderung, mit der Befriedigung im Wege der Zwangsvollstreckung und mit dem Verzicht ihres Gläubigers (§ 57 Abs. 1, 2 SchRG). Solange die Schiffshypothek nicht gelöscht ist, kann der Eigentümer – von Ausnahmen abgesehen – in ihrem Rang eine neue Schiffshypothek bestellen, nach der Beschlagnahme im Zwangsversteigerungsverfahren jedoch nur mit Zustimmung des betreibenden Gläubigers. Die Befugnis erlischt mit der Erteilung des Zuschlags und begründet keinen Anspruch auf Zuteilung aus dem Erlös (§ 57 Abs. 3 SchRG).[43] Im Übrigen gelten weitgehend den §§ 1113 ff. BGB entsprechende Vorschriften.

Die Schiffshypothek kann auch zwangsweise begründet werden (§§ 870a, 866 Abs. 2, 3, § 867 ZPO).[44] Auf Ersuchen des Vollstreckungsgerichts wird eine Schiffshypothek eingetragen, wenn das Bargebot bis zum Verteilungstermin nicht berichtigt wird (§ 169 Abs. 2). Ohne Eintragung entstehen Schiffshypotheken in den Fällen des § 1287 Satz 2 BGB und des § 847a Abs. 2 ZPO.[45]

19 Der **Arrest** in ein eingetragenes Schiff oder Schiffsbauwerk wird durch Pfändung nach den Vorschriften über die Pfändung beweglicher Sachen mit bestimmten Abweichungen vollzogen (§ 931 ZPO).[46] Die Vollziehung in ein eingetragenes Seeschiff ist unzulässig, wenn sich das Schiff auf der Reise befindet und nicht in einem Hafen liegt. Die Pfändung wird vom Arrestgericht als Vollstreckungsgericht angeordnet. Der Gerichtsvollzieher nimmt das Schiff oder Schiffsbauwerk in Bewachung und Verwahrung. Die Pfändung begründet ein **Arrestpfandrecht**, das dem Gläubiger im Verhältnis zu anderen Rechten dieselben Befugnisse wie eine Schiffshypothek gewährt. Das Arrestpfandrecht entsteht ohne Eintragung; das Vollstreckungsgericht ersucht das Registergericht um Eintragung einer Vormerkung zu dessen Sicherung. Auf Antrag des Gläubigers wird das Arrestpfandrecht mit deklaratorischer Wirkung in das Register eingetragen. Ist zum Zeitpunkt der Arrestvollziehung die Zwangsversteigerung bereits eingeleitet, so gilt die dort erfolgte Beschlagnahme als erste Pfändung im Sinne des § 826 ZPO. Der Arrestgläubiger ist gemäß § 9 Beteiligter des Zwangsversteigerungsverfahrens. Zur Arrestvollziehung in ausländische Schiffe vgl. → § 171 Rdn. 3.

20 Unter bestimmten Voraussetzungen kann an einem Schiff ein **Nießbrauch** bestellt werden (§ 9 SchRG).[47] Hierauf sind die Vorschriften über einen Nießbrauch

---

43 Zu dieser Befugnis ausführlich *Hornung*, Rpfleger 2003, 564; *Dobberahn*, MittRhNotK 1998, 145, 156.
44 Vgl. Steiner/*Hagemann*, § 162 Rdn. 9; *Stöber*, ZVG § 162 Rdn. 5.4; *Dobberahn*, MittRhNotK 1998, 145, 154.
45 Steiner/*Hagemann*, § 162 Rdn. 112; Staudinger/*Nöll*, § 8 SchiffsRG Rdn. 36; *Prause*, § 8 SchRG; *Dobberahn*, MittRhNotK 1998, 145, 154.
46 Vgl. Steiner/*Hagemann*, § 162 Rdn. 10; *Stöber*, ZVG § 162 Rdn. 2.5; Depré/*Wedekind*, § 162 Rdn. 71 ff.; *Krause*, Rdn. 722 ff.; *Herber*, § 14 III 6; *Abraham*, § 10; *Sebode*, DGVZ 1960, 50; *Dobberahn*, MittRhNotK 1998, 145, 154.
47 Dazu Steiner/*Hagemann*, § 162 Rdn. 115 ff.; Staudinger/*Nöll*, § 9 SchiffsRG Rdn. 1 ff.; Soergel/*Winter*, § 9 SchiffsG Rdn. 1 ff.; *Krause*, Rdn. 731 ff.; Schaps/*Abraham*, vor § 476 Rdn. 57; *Rabe*, vor § 476 Rdn. 33; *Herber*, § 13 II 4; *Abraham*, § 9 II 5; *Prause*, § 9 SchRG; *Dobberahn*, MittRhNotK 1998, 145, 160.

an Grundstücken entsprechend anwendbar. Das Rangverhältnis zwischen einem Nießbrauch und den Schiffshypotheken bestimmt sich nach dem Zeitpunkt der Eintragung (§ 82 SchRG).

b) Schiffsgläubigerrechte

Die Rangordnung des ZVG wird für Seeschiffe durch §§ 596 bis 604 HGB, für Binnenschiffe durch §§ 102 bis 116 BinSchG wesentlich modifiziert. Diese Vorschriften regeln besondere Vorzugsrechte von Schiffsgläubigern.[48] Ein Schiffsgläubigerrecht ist eine durch das Pfandrecht am Schiff gesicherte Forderung gegen denjenigen, der zur Zeit ihrer Entstehung Reeder oder Ausrüster ist. Schuldner der Forderung bleibt der Reeder oder Ausrüster, in dessen Person die Forderung entstanden ist, während die dingliche Haftung mit dem Eigentum am Schiff wandert.[49] Zu den einzelnen Schiffsgläubigerrechten und deren Berücksichtigung in der Rangordnung vgl. → Rdn. 26 ff. (für Seeschiffe) und → Rdn. 36 ff. (für Binnenschiffe). 21

Schiffsgläubigerrechte an Seeschiffen erlöschen nach Ablauf eines Jahres seit Entstehen der Forderung, wenn nicht zuvor die Beschlagnahme des Schiffes – auch im Wege einstweiligen Rechtsschutzes – erwirkt wird, die ohne zwischenzeitliche Freigabe zur Veräußerung im Wege der Zwangsvollstreckung führen muss (§ 600 HGB).[50] Bei Binnenschiffen besteht für bestimmte Schiffsgläubigerrechte eine Verjährungsfrist von einem Jahr (§ 117 BinSchG).[51]

Der Berechtigte eines vertraglichen Zurückbehaltungsrechts, das kein Befriedigungsrecht, sondern lediglich ein Sicherungsrecht gewährt, ist mangels Erwähnung in § 596 HGB bzw. § 102 BinSchG kein Schiffsgläubiger, damit auch kein Beteiligter im Sinne des § 9 und nicht widerspruchsberechtigt gegen die Zuteilung an einen vorrangigen Schiffshypothekengläubiger.[52]

c) Rangordnung bei Seeschiffen

Aus §§ 10 bis 12 und §§ 596 bis 604 HGB ergibt sich bei der Zwangsversteigerung von Seeschiffen folgende Rangordnung,[53] wobei jeweils gemäß §§ 162, 10 Abs. 2 auch die Kosten der Kündigung und der dinglichen Rechtsverfolgung zu berücksichtigen sind (Zinsen und Kosten für Schiffsgläubigerrechte gemäß § 597 22

---

48   Dazu Steiner/*Hagemann*, § 162 Rdn. 83 ff.; *Stöber*, ZVG § 162 Rdn. 6; *Mohrbutter/Drischler/Radtke/Tiedemann*, vor Muster 167 Anm. 5, Muster 171 Rdn. 2, Muster 172 Rdn. 2; Staudinger/*Nöll*, § 8 SchiffsRG Rdn. 39 ff.; *Krause*, Rdn. 388 ff., 780; Schaps/*Abraham*, vor § 754 Rdn. 1 ff.; *Rabe*, vor § 754 Rdn. 1 ff., § 754 Rdn. 1 ff.; *v. Waldstein/Holland*, § 102 Rdn. 1 ff.; *Herber*, § 13 V; *Abraham*, § 9 III; *Mohrbutter*, KTS 1974, 88, 89 f.; vgl. zum Widerspruch des Schiffshypothekengläubigers gegen das Vorrecht der titulierten Forderung eines Schiffsgläubigers BGHZ 63, 61 = Rpfleger 1975, 17 = NJW 1974, 2284; Steiner/*Hagemann*, § 162 Rdn. 114; *Stöber*, ZVG § 162 Rdn. 6.6.
49   *Schaps/Abraham*, vor § 754 Rdn. 6 ff., auch zu früher vertretenen Theorien; *Rabe*, vor § 754 Rdn. 4.
50   Depré/*Wedekind*, § 169 Rdn. 30; *Schaps/Abraham*, § 759 Rdn. 2; *Rabe*, § 759 Rdn. 2.
51   Depré/*Wedekind*, § 169 Rdn. 33; *v. Waldstein/Holland*, § 117 Rdn. 1 ff.
52   LG Rostock, Rpfleger 1999, 35; Depré/*Wedekind*, § 169 Rdn. 35, 89; a.A. OLG Hamburg, MDR 1988, 235 für ein kaufmännisches Zurückbehaltungsrecht nach §§ 369, 371 HGB.
53   Steiner/*Hagemann*, § 162 Rdn. 82, 136 ff.; *Stöber*, ZVG § 162 Rdn. 7; Depré/*Cranshaw*, § 10 Rdn. 148 ff., 154 ff.

Abs. 2 HGB)⁵⁴ und für das Verhältnis von Haupt- und Nebenansprüchen innerhalb eines Anspruchs § 12 gilt:⁵⁵

23 **Vor Rangklasse 1:** Vorab sind dem Erlös die Kosten des Verfahrens (§ 109 Abs. 1) einschließlich der Kosten, die durch die Bewachung und Verwahrung des Schiffes (§ 165 Abs. 1 Satz 1) entstanden sind,⁵⁶ zu entnehmen.

24 **Rangklasse 1:** Entsprechend § 10 Abs. 1 Nr. 1 ist der Anspruch des betreibenden Gläubigers auf Ersatz seiner Ausgaben für die treuhänderische Nutzung des Schiffs (§ 165 Abs. 2 Satz 3) zu berücksichtigen, soweit die Ausgaben der Erhaltung oder nötigen Verbesserung des Schiffs dienen und nicht aus den Nutzungen entnommen werden können, weil die treuhänderische Nutzung die bei Schiffen nicht mögliche Zwangsverwaltung ersetzt.⁵⁷

25 **Rangklasse 1a:** In den in § 10 Abs. 1 Nr. 1a genannten Fällen wird der Anspruch auf Ersatz der Kosten der Feststellung der beweglichen Gegenstände erfasst, auf die sich die Versteigerung erstreckt. Deren Höhe muss sich mangels einer Wertfestsetzung (vgl. → 169a Rdn. 2) nach der Anmeldung durch den Insolvenzverwalter und ggf. dessen Glaubhaftmachung (§§ 162, 37 Nr. 4, § 45 Abs. 1, § 110) richten.⁵⁸

26 **Rangklasse 2:** Es folgen die Heuerforderungen des Kapitäns und der übrigen Personen der Schiffsbesatzung (§ 596 Abs. 1 Nr. 1 HGB) mit Vorrang vor den übrigen Schiffsgläubigerforderungen (§ 603 Abs. 1 HGB) – mit Ausnahmen hinsichtlich später entstandener Ansprüche der Rangklasse 5 (vgl. → Rdn. 29) – und vor allen anderen Pfandrechten (§ 602 Satz 1 HGB), unter sich mit gleichem Rang (§ 604 Abs. 1 HGB).

27 **Rangklasse 3:** Sodann werden die öffentlichen Schiffs-, Schifffahrts- und Hafenabgaben sowie Lotsgelder (§ 596 Abs. 1 Nr. 2 HGB) mit Vorrang vor den in den nachfolgenden Nummern genannten Schiffsgläubigerforderungen (§ 603 Abs. 1 HGB) – mit Ausnahmen hinsichtlich später entstandener Ansprüche der Rangklasse 5 (vgl. → Rdn. 29) – und vor allen anderen Pfandrechten (§ 602 Satz 1 HGB), unter sich mit gleichem Rang (§ 604 Abs. 1 HGB), erfasst.

28 **Rangklasse 4:** Danach werden die in § 596 Abs. 1 Nr. 3 HGB genannten Schadensersatzforderungen mit Ausnahme derjenigen nach § 596 Abs. 2 HGB berücksichtigt. Sie haben Vorrang vor den in den nachfolgenden Nummern genannten Schiffsgläubigerforderungen (§ 603 Abs. 1 HGB) – mit Ausnahmen hinsichtlich später entstandener Ansprüche der Rangklasse 5 (vgl. → Rdn. 29) – und vor allen anderen Pfandrechten (§ 602 Satz 1 HGB). Unter sich haben sie gleichen Rang (§ 604 Abs. 1 HGB); jedoch gehen Pfandrechte für Forderungen wegen Personenschäden denjenigen für Forderungen wegen Sachschäden vor (§ 604 Abs. 2 HGB).

---

54 Dazu *Schaps/Abraham*, § 755 Rdn. 15 ff.
55 Steiner/*Hagemann*, § 162 Rdn. 137, 150; *Schaps/Abraham*, § 755 Rdn. 14.
56 RGZ 97, 61; Steiner/*Hagemann*, § 162 Rdn. 118, 136, § 165 Rdn. 29, 61; *Stöber*, ZVG § 162 Rdn. 7.1, § 165 Rdn. 5.1; *Depré/Wedekind*, § 169 Rdn. 38; *Mohrbutter/Drischler/Radtke/Tiedemann*, Muster 167 Anm. 7; *Jonas/Pohle*, § 165 Anm. 2 f.; *Mohrbutter*, KTS 1974, 88, 89.
57 Steiner/*Hagemann*, § 162 Rdn. 82, 120, 138; *Depré/Cranshaw/Wedekind*, § 10 Rdn. 149, § 169 Rdn. 39; *Mohrbutter/Drischler/Radtke/Tiedemann*, Muster 170 Anm. 3, Muster 171 Anm. 1; *Mohrbutter*, KTS 1963, 21, 31 f.; die gegenteilige Auffassung RGZ 97, 61 ist seit der Einfügung des § 165 Abs. 2 durch das ZwVollstrG überholt.
58 Vgl. *Depré/Wedekind*, § 169 Rdn. 40: „ggf. sachgerecht ,schätzen'".

Rangklasse 5: In diese Rangklasse werden die Forderungen auf Bergelohn, auf 29 Sondervergütung und auf Bergungskosten, Forderungen gegen den Eigentümer des Schiffes und gegen den Gläubiger der Fracht auf einen Beitrag zur Großen Haverei und Forderungen wegen der Beseitigung des Wracks eingeordnet (§ 596 Abs. 1 Nr. 4 HGB). Sie haben Vorrang vor den nachfolgend genannten Schiffsgläubigerforderungen (§ 603 Abs. 1 HGB) und vor allen anderen Pfandrechten (§ 602 Satz 1 HGB), ferner Vorrang vor den früher entstandenen Ansprüchen aus den Rangklassen 2 bis 4 (§ 603 Abs. 2 HGB; zum Entstehungszeitpunkt der Forderungen § 603 Abs. 3 HGB).[59] Innerhalb dieser Rangklasse geht das Pfandrecht für die später entstandene Forderung demjenigen für die früher entstandene Forderung vor; Pfandrechte wegen gleichzeitig entstandener Forderungen sind gleichberechtigt (§ 604 Abs. 3 HGB).

Rangklasse 6: Hierher gehören die Forderungen der Träger der Sozialversicherung einschließlich der Arbeitslosenversicherung gegen den Reeder (§ 596 Abs. 1 Nr. 5 HGB) mit Vorrang vor allen anderen Pfandrechten (§ 602 Satz 1 HGB), unter sich mit gleichem Rang (§ 604 Abs. 1 HGB). Ein Sozialversicherungsträger kann seine Leistungsbescheide wegen nicht erfüllter Beitragsansprüche so ausgestalten, dass sie als Titel zur Durchsetzung des Schiffsgläubigerrechts im Wege der Zwangsversteigerung geeignet sind.[60] 30

Rangklasse 7: Es folgen die dinglichen Ansprüche nach § 10 Abs. 1 Nr. 4 (vgl. 31 → Rdn. 18 ff.). Für das Rangverhältnis mehrerer Ansprüche gilt § 11.

Rangklassen 8 bis 10: Sodann folgen die persönlichen Ansprüche des betrei- 32 benden Gläubigers nach § 10 Abs. 1 Nr. 5, die dem Beschlagnahmegläubiger gegenüber unwirksamen dinglichen Ansprüche nach § 10 Abs. 1 Nr. 6 und die älteren Rückstände dinglicher Ansprüche nach § 10 Abs. 1 Nr. 8. Für das Rangverhältnis mehrerer Ansprüche innerhalb einer Rangklasse gilt § 11.

Nach Rangklasse 10: Schließlich folgen die Ansprüche, die ungeachtet der 33 Aufforderung nach §§ 162, 37 Nr. 4 nicht rechtzeitig angemeldet oder glaubhaft gemacht wurden (§§ 162, 110).

d) Rangordnung bei Binnenschiffen

Aus §§ 10 bis 12 und §§ 102 bis 116 BinSchG ergibt sich bei der Zwangsverstei- 34 gerung von Binnenschiffen folgende Rangordnung,[61] wobei jeweils gemäß §§ 162, 10 Abs. 2 auch die Kosten der Kündigung und der dinglichen Rechtsverfolgung zu berücksichtigen sind (Zinsen und Kosten für Schiffsgläubigerrechte gemäß § 105 BinSchG) und für das Verhältnis von Haupt- und Nebenansprüchen innerhalb eines Anspruchs § 12 gilt:[62]

Vor Rangklasse 1 bis Rangklasse 1a: Hier sind dieselben Ansprüche wie bei der 35 Zwangsversteigerung von Seeschiffen zu berücksichtigen (vgl. → Rdn. 23 bis 25).

Rangklasse 2: Es folgen die öffentlichen Schiffs- und Schifffahrtsabgaben 36 (§ 102 Nr. 1 BinSchG) mit Vorrang vor den übrigen Schiffsgläubigerforderungen (§ 107 BinSchG) und vor allen anderen Pfandrechten (§ 109 Abs. 1 BinSchG), unter sich mit gleichem Rang (§ 108 Abs. 1 BinSchG).

---

59 Steiner/*Hagemann*, § 162 Rdn. 99, 142; *Mohrbutter*, KTS 1974, 88, 91.
60 OLG Hamburg, OLGR Bremen, Hamburg, Schleswig 2001, 167.
61 Steiner/*Hagemann*, § 162 Rdn. 82, 118 ff. – z.T. überholt –; *Stöber*, ZVG § 162 Rdn. 7.
62 Steiner/*Hagemann*, § 162 Rdn. 119, 135.

37   **Rangklasse 3:** Danach werden die Gehalts- und Lohnforderungen der Schiffsbesatzung für die Vergangenheit, jedoch höchstens für den Zeitraum von sechs Monaten von der Beschlagnahme ab (§ 102 Nr. 2 BinSchG), berücksichtigt, sonstige Forderungen aus den Arbeitsverträgen der Schiffsbesatzung ohne die zeitliche Begrenzung.[63] Sie haben Vorrang vor den in den nachfolgenden Nummern genannten Schiffsgläubigerforderungen (§ 107 BinSchG) und vor allen anderen Pfandrechten (§ 109 Abs. 1 BinSchG). Unter sich haben sie gleichen Rang (§ 108 Abs. 1 BinSchG).

38   **Rangklasse 4:** In diese Rangklasse werden die Lotsengelder sowie Bergelohn oder Sondervergütung einschließlich Bergungskosten und die Beiträge des Schiffes zur großen Haverei eingeordnet (§ 102 Nr. 3 BinSchG).[64] Sie haben Vorrang vor den in den nachfolgenden Nummern genannten Schiffsgläubigerforderungen (§ 107 BinSchG) und vor allen anderen Pfandrechten (§ 109 Abs. 1 BinSchG). Innerhalb dieser Rangklasse geht das Pfandrecht für die später entstandene Forderung demjenigen für die früher entstandene Forderung vor; Pfandrechte wegen gleichzeitig entstandener Forderungen sind gleichberechtigt; Forderungen aus Anlass desselben Notfalles gelten als gleichzeitig entstanden (§ 108 Abs. 2 BinSchG).

39   **Rangklasse 5:** Sodann folgen die Forderungen wegen Personen- und Sachschäden, die an Bord oder in unmittelbarem Zusammenhang mit dem Betrieb des Schiffes eingetreten sind (§ 102 Nr. 4 BinSchG).[65] Sie haben Vorrang vor den in den nachfolgenden Nummern genannten Schiffsgläubigerforderungen (§ 107 BinSchG). Vor den sonstigen Pfandrechten haben sie nur insoweit Vorrang, als jene Pfandrechte nicht früher entstanden sind (§ 109 Abs. 1 BinSchG); geht hiernach ein früher entstandenes sonstiges Pfandrecht im Rang vor, so hat es zugleich Vorrang vor den weiteren nachrangigen Schiffsgläubigerforderungen (§ 109 Abs. 2 BinSchG). Unter sich haben sie gleichen Rang (§ 108 Abs. 1 BinSchG); jedoch gehen Pfandrechte für Forderungen wegen Personenschäden denjenigen für Forderungen wegen Sachschäden vor (§ 108 Abs. 3 BinSchG).

40   **Rangklasse 6:** Hierher gehören die nicht unter eine der vorigen Nummern fallenden Forderungen aus Rechtsgeschäften, die der Schiffer als solcher kraft seiner gesetzlichen Befugnisse (§§ 15, 16 BinSchG) und nicht mit Bezug auf eine Vollmacht geschlossen hat (§ 102 Nr. 5 BinSchG), mit Vorrang vor den nachfolgend genannten Schiffsgläubigerforderungen (§ 107 BinSchG) und unter sich mit gleichem Rang (§ 108 Abs. 1 BinSchG). Auch insoweit gilt der Vorrang vor den sonstigen Pfandrechten nur insoweit, als jene Pfandrechte nicht früher entstanden sind (§ 109 Abs. 1 BinSchG); geht hiernach ein früher entstandenes sonstiges Pfandrecht im Rang vor, so hat es zugleich Vorrang vor den weiteren nachrangigen Schiffsgläubigerforderungen (§ 109 Abs. 2 BinSchG).

---

63   Vgl. BGHZ 66, 1 = NJW 1976, 1402 = MDR 1976, 646; Steiner/*Hagemann*, § 162 Rdn. 123; *Stöber*, ZVG § 162 Rdn. 6.6; *Depré/Wedekind*, § 169 Rdn. 64.
64   Dazu gehört nicht die Forderung des Eigentümers einer Wasserstraße auf Ersatz von Aufwendungen für die auftraglose Suche und Bergung von beim Untergang des Schiffes über Bord gegangenen Ladungsteilen; vgl. BGHZ 96, 332 = NJW 1987, 131 = MDR 1986, 476; *Stöber*, ZVG § 162 Rdn. 6.6; *Depré/Wedekind*, § 169 Rdn. 68.
65   Vgl. BGH, MDR 1983, 911 = VersR 1983, 685 (zu § 102 Nr. 5 a.F. BinSchG): Ein Schiffsgläubigerrecht für eine Forderung des Geschädigten aus dem Verschulden der Besatzung wird auch dann gegen den Schiffseigner begründet, wenn dieser bei Schadenseintritt nicht mehr Eigentümer ist.

Rangklasse 7: Danach werden die Forderungen der Träger der Sozialversicherung einschließlich der Arbeitslosenversicherung gegen den Schiffseigner (§ 102 Nr. 6 BinSchG), unter sich mit gleichem Rang (§ 108 Abs. 1 BinSchG), erfasst. Für diese Forderungen gilt gleichfalls der Vorrang vor den sonstigen Pfandrechten nur insoweit, als jene Pfandrechte nicht früher entstanden sind (§ 109 Abs. 1 BinSchG). 41

Rangklasse 8: Es folgen die dinglichen Ansprüche nach § 10 Abs. 1 Nr. 4 (vgl. → Rdn. 18 ff.). Diese haben jedoch Rang vor Rechten der Rangklassen 5 bis 7, soweit sie früher als jene entstanden sind, und in diesem Falle zugleich Vorrang vor den weiteren nachrangigen Schiffsgläubigerforderungen (§ 109 Abs. 1, 2 BinSchG; vgl. → Rdn. 39 ff.).[66] Für das Rangverhältnis mehrerer Ansprüche gilt § 11. 42

Rangklassen 9 bis 11: Sodann folgen die persönlichen Ansprüche des betreibenden Gläubigers nach § 10 Abs. 1 Nr. 5, die dem Beschlagnahmegläubiger gegenüber unwirksamen dinglichen Ansprüche nach § 10 Abs. 1 Nr. 6 und die älteren Rückstände dinglicher Ansprüche nach § 10 Abs. 1 Nr. 8. Für das Rangverhältnis mehrerer Ansprüche innerhalb einer Rangklasse gilt § 11. 43

Nach Rangklasse 11: Schließlich folgen die Ansprüche, die ungeachtet der Aufforderung nach §§ 162, 37 Nr. 4 nicht rechtzeitig angemeldet oder glaubhaft gemacht wurden (§§ 162, 110). 44

e) Rangordnung bei Schiffsbauwerken

Für Schiffsbauwerke sind die Rangklassen nach § 10 Abs. 1, soweit anwendbar (vgl. → Rdn. 16), ohne weitere Besonderheiten maßgebend. Besondere Pfandrechte von Schiffsgläubigern gibt es hier nicht.[67] 45

5. Ansprüche von unbestimmtem Betrag

§ 14 ist anwendbar. 46

6. Antrag und Anordnung

§§ 15 bis 19 sind mit Abweichungen anwendbar. §§ 17, 19 Abs. 2 werden für Schiffe durch §§ 164, 168b Satz 2 modifiziert und ergänzt (vgl. → § 164 Rdn. 2 ff., → § 168b Rdn. 4). Für Schiffsbauwerke gilt die Einschränkung nach § 170a Abs. 1 (vgl. → § 170a Rdn. 6). 47

Bei der Anordnung des Verfahrens ist außerdem § 165 Abs. 1 Satz 1 zu beachten (vgl. → § 165 Rdn. 2 f.).

Ein im Rahmen einer freiwilligen Abwrackaktion gestellter Prämienantrag[68] steht der Anordnung der Zwangsversteigerung nicht entgegen. Nach der Anordnung verhindert die Bewachung und Verwahrung des Schiffes (§ 165 Abs. 1 Satz 1) die Abwrackung.[69]

---

[66] Steiner/*Hagemann*, § 162 Rdn. 93, 129.
[67] Vgl. Steiner/*Hagemann*, § 162 Rdn. 151 f.; Depré/*Wedekind*, § 169 Rdn. 85 f.
[68] Zum Erfordernis der Zustimmung von Schiffshypothekengläubigern *Hornung*, Rpfleger 1970, 117, 119 f.; 1990, 445, 449.
[69] Steiner/*Hagemann*, § 162 Rdn. 25, 173 ff.; *Stöber*, ZVG § 162 Rdn. 3.6; Depré/*Wedekind*, § 165 Rdn. 63; *Mohrbutter/Drischler/Radtke/Tiedemann*, vor Muster 167 Anm. 8; *Hornung*, Rpfleger 1970, 117, 122; 1990, 445, 450.

48 Als außerhalb des ZVG geregelte Besonderheit gilt für Seeschiffe § 870a Abs. 1 Satz 2 ZPO. Die Vorschrift lautet:

§ 870a Abs. 1 Satz 2 ZPO
Die Anordnung einer Zwangsversteigerung eines Seeschiffs ist unzulässig, wenn sich das Schiff auf der Reise befindet und nicht in einem Hafen liegt.

49 Sind die zum Auslaufen benötigten Papiere vorhanden und befindet sich der Hafenlotse an Bord, so kann die Zwangsversteigerung angeordnet werden, solange das Schiff die Reise noch nicht angetreten, nämlich mit dem Ablegemanöver begonnen hat.[70] Auf die „Segelfertigkeit", die nach früherem Recht die Anordnung hinderte (§ 482 Abs. 1 Satz 1 HGB in der bis zum SeeRÄndG geltenden Fassung), kommt es nicht mehr an.[71] Maßgebend ist der Zeitpunkt, in dem die Beschlagnahme wirksam wird (§§ 162, 22 Abs. 1, § 165 Abs. 1 Satz 2), weil das Vollstreckungsgericht bei Erlass des Beschlusses kaum feststellen kann, ob ein zum Auslaufen gerüstetes Schiff die Reise bereits begonnen hat.[72] Dass die Anordnung der Zwangsversteigerung nach § 870a Abs. 1 Satz 2 ZPO unzulässig ist, muss vom Schuldner mit der Vollstreckungserinnerung geltend gemacht werden.[73]

Einer Anordnung der Zwangsversteigerung in besonderen Fällen (auf Antrag des Insolvenzverwalters, auf Antrag des Erben, zur Aufhebung einer Gemeinschaft) steht § 870a Abs. 1 Satz 2 ZPO nicht entgegen, weil der Anordnungsbeschluss insoweit keine Beschlagnahme bewirkt.[74]

7. Beschlagnahme

50 §§ 20 bis 26 sind eingeschränkt anwendbar. Die Anwendung von § 21 Abs. 1, 3 kommt mangels entsprechender Erzeugnisse nicht in Betracht. Die Anwendung von § 23 Abs. 1 Satz 2, §§ 24, 25 wird durch § 165 Abs. 1 Satz 1 ausgeschlossen (vgl. → § 165 Rdn. 2 f.). Im Übrigen werden die anwendbaren Vorschriften durch § 165 Abs. 1 Satz 2, für Schiffe auch durch § 166 Abs. 1 ergänzt (vgl. → § 165 Rdn. 4, → § 166 Rdn. 2 f.).

51 Die Beschlagnahme umfasst diejenigen Gegenstände, auf welche sich bei einem Schiff oder Schiffsbauwerk die Schiffshypothek erstreckt (§ 162 i.V.m. § 20 Abs. 2).

Erfasst ist damit auch das **Zubehör** des Schiffs (z.B. Schiffspapiere, Schiffsanker, Kompass, Funk- und Radaranlage, lose Taue und Trossen, das nicht zum persönlichen Gebrauch einzelner Besatzungsmitglieder bestimmte Kajüteninventar, Rettungsgerät, Schiffsboote[75] und im Zweifel alle in das Schiffsinventar eingetra-

---

70 Depré/Wedekind, § 171 Rdn. 78; Krause, Rdn. 380; Herber, § 14 I.
71 Steiner/Hagemann, § 162 Rdn. 46; Stöber, ZVG § 162 Rdn. 3.5; Depré/Wedekind, § 171 Rdn. 77; Mohrbutter/Drischler/Radtke/Tiedemann, vor Muster 167 Anm. 6; Soergel/Winter, § 47 SchiffsG Rdn. 2; Schaps/Abraham, § 482 Rdn. 1 ff.; Rabe, § 482 Rdn. 1 ff.; Mohrbutter, KTS 1974, 88 f.; zum früheren Recht Sebode, DGVZ 1960, 50, 53.
72 Depré/Wedekind, § 171 Rdn. 78; Schaps/Abraham, § 482 Rdn. 6; Rabe, § 482 Rdn. 6.
73 Steiner/Hagemann, § 162 Rdn. 46, 52; Depré/Wedekind, § 171 Rdn. 79.
74 Steiner/Hagemann, § 162 Rdn. 47; Mohrbutter/Drischler/Radtke/Tiedemann, vor Muster 167 Anm. 6; Schaps/Abraham, § 482 Rdn. 6; Rabe, § 482 Rdn. 19.
75 Depré/Wedekind, § 162 Rdn. 36; früher für Seeschiffe nach ausdrücklicher Bestimmung in § 478 a.F. HGB; vgl. Staudinger/Nöll, § 4 SchiffsRG Rdn. 8.

genen Gegenstände)[76] mit Ausnahme der Zubehörstücke, die nicht in das Eigentum des Schiffseigentümers gelangt sind (§ 31 Abs. 1 SchRG), soweit nicht die Zubehöreigenschaft in den Grenzen einer ordnungsmäßigen Wirtschaft aufgehoben wird oder die Stücke veräußert und von dem Schiff entfernt worden sind, bevor sie zugunsten des Gläubigers in Beschlag genommen wurden (§ 31 Abs. 2 SchRG). Für **Bestandteile** (alle Einbauten, z.B. Steuerruder, Anker- und Ladewinden, Schiffsschraube, Schiffsmotor, Kessel)[77] gilt dasselbe mit der Maßgabe, dass an die Stelle der Aufhebung der Zubehöreigenschaft die Trennung und Entfernung von dem Schiff tritt, sofern nicht die Entfernung nur zu einem vorübergehenden Zweck erfolgt (§ 31 Abs. 3 SchRG). Erfasst ist auch eine **Versicherungsforderung** (§ 32 Abs. 1 SchRG).[78] Das Schiff haftet auch für von einem Schiffshypothekengläubiger verauslagte Versicherungsprämien und Zinsen (§ 38 Abs. 2 SchRG). Ein Prämienanspruch im Rahmen einer freiwilligen Abwrackaktion unterliegt nicht der Hypothekenhaftung und damit nicht der Beschlagnahme.[79]

Bei **Schiffsbauwerken** werden neben dem Schiffsbauwerk in seinem jeweiligen Bauzustand, dem Zubehör und den Bestandteilen die auf der Bauwerft befindlichen, zum Einbau bestimmten und als solche gekennzeichneten Bauteile mit Ausnahme der Bauteile, die nicht in das Eigentum des Eigentümers des Schiffsbauwerks gelangt sind, erfasst (§ 79 SchRG), nur bei besonderer Versicherung auch eine Versicherungsforderung (§ 80 SchRG). Entsprechendes gilt für im Bau befindliche Schwimmdocks (§ 81a SchRG).[80]

8. Beitritt

§ 27 ist anwendbar. Eine erneute Anordnung der Bewachung und Verwahrung (§ 165 Abs. 1 Satz 1) erfolgt nicht.[81]

---

76 Steiner/Hagemann, § 162 Rdn. 62; Stöber, ZVG § 162 Rdn. 4.2; Mohrbutter/Drischler/Radtke/Tiedemann, vor Muster 167 Anm. 7; Staudinger/Nöll, § 4 SchiffsRG Rdn. 7 f. – anders Rdn. 6 für Anker und Funkanlage –; Soergel/Winter, § 4 SchiffsG Rdn. 1; Schaps/Abraham, § 478 Rdn. 4 ff.; Rabe, § 478 Rdn. 9 ff. – anders Rdn. 5, 7, 9 für Waldstein/Holland, § 1 Rdn. 27; Herber, § 10 IV 2; Abraham, § 6 IV 2 – anders § 6 IV 1 für Anker –; Mohrbutter, KTS 1963, 21, 29; Weimar, WM 1963, 154; Dobberahn, MittRhNotK 1998, 145, 156 f.
77 Steiner/Hagemann, § 162 Rdn. 60; Mohrbutter/Drischler/Radtke/Tiedemann, vor Muster 167 Anm. 7; Staudinger/Nöll, § 4 SchiffsRG Rdn. 6; Soergel/Winter, § 4 SchiffsG Rdn. 1; Schaps/Abraham, § 478 Rdn. 2 f.; Rabe, § 478 Rdn. 3 ff.; v. Waldstein/Holland, § 1 Rdn. 26; Herber, § 10 IV 1; Abraham, § 6 IV 1; Dobberahn, MittRhNotK 1998, 145, 156.
78 Steiner/Hagemann, § 162 Rdn. 65; Stöber, ZVG § 162 Rdn. 4.2; Depré/Wedekind, § 162 Rdn. 44; Herber, § 13 II 3; Prause, § 32 SchRG; Weimar, WM 1963, 154 f.; Dobberahn, MittRhNotK 1998, 145, 157.
79 Hornung, Rpfleger 1970, 117, 120; 1990, 154 f., 445, 449 f.
80 Steiner/Hagemann, § 162 Rdn. 61; Stöber, ZVG § 162 Rdn. 4.4; Depré/Wedekind, § 170a Rdn. 12 f.; Soergel/Winter, § 76 SchiffsG Rdn. 3; Dobberahn, MittRhNotK 1998, 145, 157; für Schwimmdocks auch Hornung, Rpfleger 2003, 232.
81 Steiner/Hagemann, § 162 Rdn. 53.

9. Aufhebung und einstweilige Einstellung

53 §§ 28 bis 34 sind anwendbar und werden durch § 165 Abs. 2 ergänzt (vgl. → § 165 Rdn. 5 ff.). Außerdem ist auch § 765a ZPO anwendbar.[82]

Ein Antrag auf Vollstreckungsschutz nach § 765a ZPO kann dann sinnvoll sein, wenn das Schiff im Rahmen einer freiwilligen Abwrackaktion verschrottet werden kann und der Gläubiger sittenwidrig die Versteigerung weiter betreibt, obwohl die durch Vorbescheid festgestellte Abwrackprämie höher als der zu erwartende Versteigerungserlös ist.[83]

Der Wert des Versteigerungsobjekts, auf den § 30a Abs. 3 Satz 2 Bezug nimmt, wird für Seeschiffe gemäß § 169a Abs. 1 nicht festgesetzt (vgl. → § 169a Rdn. 2). Insoweit ergibt sich dieselbe Situation wie in einem Verfahren zur Zwangsversteigerung eines Grundstücks, in dem zum Zeitpunkt der Entscheidung über den Einstellungsantrag der Wert noch nicht festgesetzt ist. Allein für diese Entscheidung ist der Wert nicht in dem Verfahren nach § 74a Abs. 5, sondern anhand sonstiger Unterlagen zu ermitteln (vgl. → § 30a Rdn. 16).[84]

Eine Einstellung von Vollstreckungsmaßnahmen, etwa nach § 30d, kann ein deutsches Vollstreckungsgericht nicht anordnen, wenn sich das Schiff in ausländischen Gewässern befindet. Auch eine Auslegung des § 21 Abs. 2 Nr. 3 InsO dahin, dass die Beschränkung auf unbewegliche Sachen nur gilt, soweit diese im Inland belegen sind, scheidet aus; eine Regelungslücke ist nicht anzunehmen. Eine Einstellung kann nur nach den maßgeblichen ausländischen Vorschriften in Betracht kommen.[85]

10. Bestimmung des Versteigerungstermins

54 §§ 35 bis 43 sind mit Abweichungen anwendbar. §§ 37, 39 Abs. 1, § 40 Abs. 1 werden durch § 167 Abs. 1, für Schiffe auch durch § 167 Abs. 2, § 168 Abs. 1, 2, für Schiffsbauwerke auch durch § 170a Abs. 2 Satz 3 modifiziert und ergänzt (vgl. → § 167 Rdn. 2 f., → § 168 Rdn. 2 ff., → § 170a Rdn. 9). Die Anwendung des § 39 Abs. 2 ist für Schiffe durch § 168 Abs. 3 ausgeschlossen (vgl. → § 168 Rdn. 5). Für Schiffsbauwerke sind die Fristen des § 43 durch § 170a Abs. 2 Satz 4 geändert (vgl. → § 170a Rdn. 10).

Bei der Terminsbestimmung ist außerdem § 168c Nr. 1 zu beachten (vgl. → § 168c Rdn. 4).

Der gemäß § 38 Abs. 1 Satz 2 vorgesehene Hinweis auf eine frühere Zuschlagsversagung nach §§ 74a, 85a entfällt für Seeschiffe wegen § 169a Abs. 1 ebenso wie die in § 38 Abs. 1 Satz 1 vorgesehene Angabe des Verkehrswertes und die Bekanntmachung von Abschätzungen und Wertgutachten nach § 38 Abs. 2 (vgl. → § 169a Rdn. 3).

---

82 Steiner/*Hagemann*, § 162 Rdn. 177; *Stöber*, ZVG § 162 Rdn. 10.9; Depré/*Wedekind*, § 162 Rdn. 65; zur Notwendigkeit der Ermittlung eines Verkehrswertes für Seeschiffe im Rahmen des Verfahrens nach § 765a ZPO *Hornung*, RpflJB 1991, 216, 227.
83 Steiner/*Hagemann*, § 162 Rdn. 178; Depré/*Wedekind*, § 162 Rdn. 66, § 165 Rdn. 64; *Mohrbutter/Drischler/Radtke/Tiedemann*, vor Muster 167 Anm. 8; *Hornung*, Rpfleger 1970, 117, 123 f.; 1990, 154 f.
84 Depré/*Wedekind*, § 162 Rdn. 52; *Hornung*, RpflJB 1991, 216, 227; vgl. *Stöber*, ZVG § 30a Rdn. 6.3.
85 AG Hamburg, ZInsO 2015, 755; a.A. LG Bremen, ZIP 2012, 1189 = EWiR 2012, 387 (LS.) m. abl. Anm. *Joos*.

11. Geringstes Gebot und Versteigerungsbedingungen

§§ 44 bis 56, 58 bis 65 sind anwendbar mit Ausnahme des § 52 Abs. 2 und des § 63 Abs. 1 Satz 2, denen ein Anwendungsbereich fehlt. § 45 wird für Schiffe durch § 168b Satz 1 ergänzt. Wegen der Zubehörstücke, auf die sich die Versteigerung gemäß § 55 Abs. 2 erstreckt, vgl. → Rdn. 51.

Soweit § 64 Abs. 1 auf den Wert Bezug nimmt, muss er für Seeschiffe, weil gemäß § 169a Abs. 1 ein Wert nicht festgesetzt wird (vgl. → § 169a Rdn. 2), für diesen Zweck anhand sonstiger Unterlagen[86] besonders ermittelt werden.[87]

Gemäß § 6 SchBkG blieb eine Schiffshypothek auf Verlangen der Schiffsbank auch dann bestehen, wenn die Zwangsversteigerung aus einem ihr vorgehenden oder gleichstehenden Recht betrieben wurde. Das SchBkG ist durch Art. 18 Nr. 7 PfandBNeuOG aufgehoben worden.

12. Mieter und Pächter

§§ 57 bis 57b sind für Schiffe mit gewissen Modifikationen durch § 169 Abs. 1 anwendbar (vgl. → § 169 Rdn. 2 ff.). Ausgenommen sind § 57b Abs. 2, 3, weil es eine Zwangsverwaltung von Schiffen nicht gibt.[88] Auf Schiffsbauwerke und auf im Bau befindliche Schwimmdocks ist § 169 Abs. 1 nicht anwendbar, auf fertig gestellte Schwimmdocks dagegen gemäß Art. 3 Abs. 2 SchRGÄndG (vgl. → § 170a Rdn. 12).

13. Versteigerung

§§ 66 bis 74, 75 bis 78 sind mit den Ergänzungen durch § 168c Nr. 2, 3 (vgl. → § 168c Rdn. 4) anwendbar. Ausgenommen ist § 77 Abs. 2 Satz 2, weil es eine Zwangsverwaltung von Schiffen und Schiffsbauwerken nicht gibt.[89] Für Seeschiffe entfällt bei § 66 Abs. 1 naturgemäß die Bekanntmachung eines festgesetzten Wertes (vgl. → § 169a Rdn. 2);[90] das Vollstreckungsgericht sollte jedoch im Interesse der Beteiligten und Bietinteressenten sonstige Erkenntnisse zum Wert des Schiffs, z.B. aus Untersuchungsberichten, Versicherungspolicen, Schiffspapieren, bekannt geben.[91] Die Höhe der Sicherheitsleistung bestimmt sich abweichend von § 68 nach § 169a Abs. 2 (vgl. → § 169a Rdn. 4).

14. Antrag auf Zuschlagsversagung, Wertfestsetzung

§§ 74a, 74b sind für Schiffsbauwerke und für Binnenschiffe anwendbar,[92] für Seeschiffe gemäß § 169a Abs. 1 nicht (vgl. → § 169a Rdn. 5).

Die frühere vorrangige Spezialregelung für Binnenschiffe (§§ 13 bis 15 BinSchVollstrSchG)[93] ist durch Art. 21 BRBerG aufgehoben worden. Damit gelten die

---

86 Vgl. *Hornung*, RpflJB 1991, 216, 227.
87 Vgl. auch *Schiffhauer*, MDR 1963, 901.
88 Steiner/*Hagemann*, § 169 Rdn. 13.
89 Steiner/*Hagemann*, § 162 Rdn. 176.
90 *Stöber*, ZVG § 74a Rdn. 2.4; *Schiffhauer*, KTS 1969, 165, 167; a.A. *Mohrbutter*, KTS 1969, 77, 80.
91 *Hornung*, RpflJB 1991, 216, 227.
92 Steiner/*Hagemann*, § 162 Rdn. 80; *Mohrbutter/Drischler/Radtke/Tiedemann*, vor Muster 167 Anm. 12; *Hornung*, Rpfleger 1979, 365, 368; *Hornung*, RpflJB 1991, 216, 239.
93 Dazu noch *Hornung*, RpflJB 1991, 216, 229 ff. sowie die 13. Aufl. Rdn. 59 ff.

§§ 74a, 74b, 85a und 114a aufgrund der Verweisung durch § 162 auch für Binnenschiffe. Die vorhanden gewesenen „punktuellen Unterschiede" zwischen den Regelungen des BinSchVollstrSchG und den entsprechenden Vorschriften des ZVG sah der Gesetzgeber nicht als unverzichtbar an.[94]

60 (Randnummer nicht belegt.)
61 (Randnummer nicht belegt.)

15. Zuschlagsentscheidung

62 §§ 79 bis 93 sind im Wesentlichen anwendbar. Ausgenommen ist § 85a für Seeschiffe gemäß § 169a Abs. 1 (vgl. → § 169a Rdn. 5). Für Seeschiffe entfällt auch die Bezugnahme auf § 74a Abs. 1 in § 85 Abs. 1 Satz 1.

Hat der frühere Schiffseigner einen Prämienantrag im Rahmen einer freiwilligen Abwrackaktion gestellt, so ist der Ersteher hieran nicht gebunden, weil er originäres Eigentum durch rechtsgestaltenden Staatshoheitsakt und nicht als Rechtsnachfolger des Schuldners erwirbt (vgl. → § 90 Rdn. 1). Der Zuschlag erstreckt sich nicht auf den Prämienanspruch, sodass der Ersteher nicht die Forderung gegen den Abwrackfonds erwirbt. Gegen den Willen des Erstehers ist die Abwrackung nicht mehr durchsetzbar.[95]

Wird bei der Zwangsversteigerung eines Seeschiffs der Zuschlag einem Ausländer erteilt, so darf es nicht mehr die Bundesflagge führen und ist im deutschen Seeschiffsregister zu löschen (§ 17 Abs. 4, § 20 Abs. 1, 3, 4 SchRegO).[96] Das Vollstreckungsgericht hat das Registergericht nicht um die Löschung zu ersuchen.[97]

§ 91 Abs. 4 ist nicht anzuwenden, weil ein gesetzlicher Löschungsanspruch entsprechend § 1179a BGB bei der Schiffshypothek nicht besteht (vgl. zur Löschungsvormerkung § 58 SchRG).[98] Die Anwendung des § 92 Abs. 2 beschränkt sich auf den Nießbrauch (vgl. § 82 SchRG), weil es beschränkte persönliche Dienstbarkeiten und Reallasten bei Schiffen und Schiffsbauwerken nicht gibt. Dem § 92 Abs. 3 fehlt ein Anwendungsbereich.

16. Gerichtliche Verwaltung

63 § 94 wird durch § 170 ersetzt (vgl. → § 170 Rdn. 2 ff.).

17. Beschwerde

64 §§ 95 bis 104 sind anwendbar. In § 100 Abs. 1 entfällt jedoch für Seeschiffe die Bezugnahme auf § 85a wegen § 169a Abs. 1.

18. Erlösverteilung

65 §§ 105 bis 114, 115 bis 145 sind im Wesentlichen anwendbar und werden durch § 168c Nr. 4, 5 ergänzt (vgl. → § 168c Rdn. 4). §§ 110, 114 werden für Schiffe durch § 168b Satz 1 ergänzt (vgl. → § 168b Rdn. 2 f.). Soweit § 112 Abs. 2 die Feststellung der Werte erfordert, sind diese für Seeschiffe, für die gemäß § 169a Abs. 1 ein Wert nicht festgesetzt wird (vgl. → § 169a Rdn. 2), für diesen Zweck anhand

---

94 Vgl. Begründung zu Art. 21 BRBerG, BT-Drucks. 17/2279 S. 32 f.
95 *Hornung*, Rpfleger 1990, 445, 450.
96 *Stöber*, ZVG § 162 Rdn. 10.13.
97 Steiner/*Hagemann*, § 162 Rdn. 78; *Jaeckel/Güthe*, § 169 Rdn. 6.
98 Steiner/*Hagemann*, § 162 Rdn. 109.

sonstiger Unterlagen[99] besonders zu ermitteln.[100] Bei der Anwendung des § 122 Abs. 1 Satz 1 tritt § 47 Abs. 2 SchRG an die Stelle des § 1132 Abs. 1 Satz 2 BGB. § 128 wird durch § 169 Abs. 2 ersetzt (vgl. → § 169 Rdn. 6).
Da Schiffshypotheken stets Buchhypotheken sind, entfallen die Anwendung des § 126 Abs. 1 hinsichtlich fehlender Briefvorlage und die Anwendung von § 127 Abs. 1, § 131 Satz 1, § 136. Mangels eines gesetzlichen Löschungsanspruchs entsprechend § 1179a BGB bei der Schiffshypothek sind §§ 130a, 131 Satz 2 nicht anwendbar.[101] Im Rahmen des § 145 entfallen die Bezugnahmen auf § 127 Abs. 1, §§ 130a, 131.

19. Erweiterte Befriedigung

§ 114a ist für Binnenschiffe und Schiffsbauwerke und ebenso für Seeschiffe anwendbar, weil die Anwendbarkeit der Norm durch § 169a nicht ausgeschlossen wird.[102] Dass ein Wert für Seeschiffe gemäß § 169a Abs. 1 nicht festgesetzt wird (vgl. → § 169a Rdn. 2),[103] ist hierfür unerheblich; der Wert ist erforderlichenfalls vom Prozessgericht zu ermitteln.[104] 66

20. Rechte in ausländischer Währung

§ 145a wird durch den inhaltlich gleichlautenden § 168c ersetzt (vgl. → § 168c Rdn. 2 ff.). 67

21. Zwangsverwaltung

§§ 146 bis 161 sind nicht anzuwenden, weil es gemäß § 870a Abs. 1 ZPO nur die Eintragung einer Schiffshypothek oder die Zwangsversteigerung, nicht jedoch die Zwangsverwaltung von Schiffen und Schiffsbauwerken gibt.[105] 68

V. Zwangsversteigerung in besonderen Fällen

Da sich der Zweite Abschnitt des ZVG nur mit der Zwangsvollstreckung wegen Geldforderungen befasst, erklärt § 162 nur die Vorschriften des Ersten Abschnitts des ZVG für anwendbar. Schiffe und Schiffsbauwerke können auch auf Antrag des Insolvenzverwalters (§§ 172 bis 174a), auf Antrag des Erben (§§ 175 bis 179) und zur Aufhebung einer Gemeinschaft (§§ 180 bis 184; die Anwendung des § 185 kommt nicht in Betracht) versteigert werden.[106] 69

---

99 Vgl. *Hornung*, RpflJB 1991, 216, 227.
100 Vgl. auch *Schiffhauer*, MDR 1963, 901.
101 *Steiner/Hagemann*, § 162 Rdn. 164.
102 *Steiner/Hagemann*, § 162 Rdn. 165; *Stöber*, ZVG § 74a Rdn. 2.4, § 114a Rdn. 4.2; *Schiffhauer*, KTS 1969, 165 f.; *Mohrbutter*, KTS 1969, 77, 79 f.; *Hornung*, RpflJB 1991, 216, 229.
103 A.A. wegen § 66 Abs. 1, § 114a ZVG und wegen des Kostenansatzes *Mohrbutter*, KTS 1969, 77, 79 f.
104 *Schiffhauer*, KTS 1969, 165 ff., 169; *Hornung*, RpflJB 1991, 216, 229.
105 A.A. Depré/*Wedekind*, § 165 Rdn. 173 ff., der die Zwangsverwaltung von Schiffen (nicht Schiffsbauwerken) entgegen der h.M. für zulässig hält.
106 *Steiner/Hagemann*, § 162 Rdn. 4, 7; Depré/*Wedekind*, § 162 Rdn. 59 ff.

§ 163 »Zuständiges Amtsgericht; Beteiligte«

(1) Für die Zwangsversteigerung eines eingetragenen Schiffs ist als Vollstreckungsgericht das Amtsgericht zuständig, in dessen Bezirk sich das Schiff befindet; § 1 Abs. 2 gilt entsprechend.
(2) Für das Verfahren tritt an die Stelle des Grundbuchs das Schiffsregister.
(3) ¹Die Träger der Sozialversicherung einschließlich der Arbeitslosenversicherung gelten als Beteiligte, auch wenn sie eine Forderung nicht angemeldet haben. ²Bei der Zwangsversteigerung eines Seeschiffes vertritt die Deutsche Rentenversicherung Knappschaft-Bahn-See, bei der Zwangsversteigerung eines Binnenschiffes die Binnenschiffahrts-Berufsgenossenschaft die übrigen Versicherungsträger gegenüber dem Vollstreckungsgericht.

I. Anwendungsbereich

1 § 163 gilt für **deutsche Schiffe**. Für **Schiffsbauwerke** gilt Abs. 1 aufgrund der Verweisung in § 170a Abs. 2 Satz 1 sinngemäß; Abs. 2, 3 gelten nicht (an die Stelle des Abs. 2 tritt § 170a Abs. 2 Satz 2; vgl. → § 170a Rdn. 5). Für ausländische Schiffe gilt die Vorschrift nicht (an die Stelle des Abs. 1 tritt § 171 Abs. 2 Satz 1; vgl. → § 171 Rdn. 6 ff.).

II. Zuständigkeit

1. Internationale Zuständigkeit

1.1 Deutsche Gerichte sind für Zwangsvollstreckungsverfahren nur zuständig, wenn in Vermögen vollstreckt werden soll, das sich im Inland befindet, weil nur dann deutsche Zwangsgewalt ausgeübt werden kann.[1] Das zu versteigernde Schiff oder Schiffsbauwerk muss sich daher im **deutschen Hoheitsgebiet** befinden. Nach der Anordnung des Verfahrens verhindern die Sicherungsmaßnahmen nach § 165 Abs. 1, dass das Schiff das deutsche Hoheitsgebiet verlassen kann.

2. Sachliche Zuständigkeit

2 Sachlich ist für die Zwangsversteigerung von Schiffen und Schiffsbauwerken das **Amtsgericht** als Vollstreckungsgericht ausschließlich zuständig (§ 764 Abs. 1, § 802 ZPO).

3. Örtliche Zuständigkeit

3 Örtlich ist das Amtsgericht zuständig, in dessen Bezirk sich das **Schiff befindet**, weil von diesem Gericht erwartet wird, dass es das Schiff gemäß § 165 Abs. 1 in seinem Bezirk festhalten und dem Ersteher übergeben kann.[2] Auf den Heimathafen oder Heimatort oder auf das Gericht, welches das Schiffsregister führt, kommt es nicht an. Maßgeblich ist der Aufenthaltsort des Schiffes bei Erlass des Anordnungsbeschlusses, nämlich zu dem Zeitpunkt, zu dem dieser Beschluss den internen Bereich des Gerichts verlässt.[3] Den Standort hat der Gläubiger, wenn er

---

1 BGH, Rpfleger 2006, 135 = NJW-RR 2006, 198; BGH, Rpfleger 2011, 223 = NJW-RR 2011, 647.
2 Steiner/*Hagemann*, § 163 Rdn. 1; Depré/*Wedekind*, § 163 Rdn. 2, 8 ff. mit deutlicher Kritik an der gesetzlichen Regelung („in der Praxis … unsinnige Odyssee"); *Jaeckel/Güthe*, § 163 Rdn. 1; *Krause*, Rdn. 384.
3 Steiner/*Hagemann*, § 163 Rdn. 10; *Mohrbutter/Drischler/Radtke/Tiedemann*, Muster 167 Anm. 3.

nicht offenkundig ist, glaubhaft zu machen. Wird später festgestellt, dass das Schiff sich bei Erlass des Beschlusses nicht im Gerichtsbezirk befand, so liegt ein nicht behebbarer Vollstreckungsmangel vor, der zur Aufhebung des Verfahrens führt (§§ 162, 28 Abs. 2).[4] Verlässt das Schiff den Gerichtsbezirk erst nach Erlass des Anordnungsbeschlusses, so wirkt sich dies auf die Zuständigkeit nicht aus.[5]

Satz 1 Hs. 2 verweist auf § 1 Abs. 2 und ermöglicht damit in entsprechender Anwendung dieser Vorschrift eine **Zuständigkeitskonzentration**. Da die Gründe für eine Zusammenlegung von Zuständigkeiten im Hinblick auf Grundstücke einerseits und Schiffe andererseits verschieden sein können (allerdings muss in beiden Fällen Erforderlichkeit für eine sachdienliche Förderung und schnellere Erledigung der Verfahren gegeben sein; § 1 Abs. 2 Satz 1), gilt eine für die Grundstücksversteigerung erfolgte Zuständigkeitskonzentration nicht zwingend auch für die Schiffsversteigerung.[6] Daher können gesonderte Konzentrationsverordnungen oder auch nur solche für Grundstücke oder nur solche für Schiffe ergehen. Gleichlaufende Konzentrationen sind jedoch nicht ausgeschlossen.

Nach der zum Mahnverfahren ergangenen Rechtsprechung des BGH[7] erfasst eine im Rahmen einer Verordnungsermächtigung eingeführte Zuständigkeitskonzentration auch solche Fälle, in denen die Ermächtigung nicht unmittelbar, sondern nur entsprechend aufgrund einer Verweisung anzuwenden ist, wenn der Verordnungsgeber nicht das Gegenteil klar zum Ausdruck bringt. Die Verweisungsnorm selbst bildet keine eigenständige Ermächtigungsgrundlage.

Folgt man diesen Grundsätzen auch für das Zwangsversteigerungsverfahren, so erfassen Konzentrationsverordnungen, die auf der Grundlage des § 1 Abs. 2 ergangen sind, auch Schiffsversteigerungen, wenn der Verordnungsgeber diese nicht ausdrücklich ausgeschlossen hat.[8]

Für die Zwangsversteigerung von Schiffen gelten daher zunächst die Konzentrationsverordnungen in denjenigen Ländern, die besondere Regelungen für die Schiffsversteigerung geschaffen haben, nämlich:[9]

---

4   Steiner/*Hagemann*, § 163 Rdn. 14 f.; Depré/*Wedekind*, § 163 Rdn. 11; *Mohrbutter/Drischler/Radtke/Tiedemann*, Muster 167 Anm. 3; *Jaeckel/Güthe*, § 163 Rdn. 1.
5   Steiner/*Hagemann*, § 163 Rdn. 10; *Stöber*, ZVG § 163 Rdn. 2.5; *Mohrbutter/Drischler/Radtke/Tiedemann*, Muster 167 Anm. 3; *Jaeckel/Güthe*, § 163 Rdn. 1; *Korintenberg/Wenz*, § 163 Anm. 1.
6   Steiner/*Hagemann*, § 163 Rdn. 11; *Stöber*, ZVG § 163 Rdn. 2.3. Die Frage, ob sich nach der Neufassung des § 163 durch das ZwVollstrRÄndG die früheren Konzentrationsverordnungen für Grundstücke ohne Weiteres auch auf Schiffe erstreckten (ablehnend Steiner/*Hagemann*, § 163 Rdn. 11; *Hornung*, Rpfleger 1979, 365, 369), ist inzwischen gegenstandslos geworden, weil die jetzt geltenden Verordnungen aller Länder nach dem 1.7.1979 erlassen wurden; zu Nordrhein-Westfalen vgl. → Rdn. 5.
7   BGH, Rpfleger 1993, 355 m. Anm. *Falk*; BGH, Rpfleger 1994, 30 = NJW 1993, 2752 = IPRax 1994, 447; dazu *Pfeiffer*, IPRax 1994, 421; *Hintzen/Riedel*, Rpfleger 1997, 293, 296.
8   *Rellermeyer*, Rpfleger 1995, 492; a.A. *Stöber*, ZVG § 163 Rdn. 2.3, der folglich nur jene Konzentrationsverordnungen zitiert, die sich ausdrücklich auf Schiffe beziehen; *Hornung*, Rpfleger 1979, 365, 369.
9   Detailliert zu den einzelnen landesrechtlichen Regelungen für die Zwangsversteigerung von Schiffen Depré/*Cranshaw*, § 1 Rdn. 8, 17, 25 f. – Für Bremen nimmt Depré/*Cranshaw* in § 1 Rdn. 16 offenbar die alleinige Zuständigkeit des Amtsgerichts Bremen für die Zwangsversteigerung von im Bundesland Bremen befindlichen Schiffen an; jedoch kommt die Schiffsversteigerung auch durch das Amtsgericht Bremerhaven jedenfalls deshalb in Betracht, weil für den (als Exklave) zur Stadtgemeinde Bremen gehörenden Ortsteil „Stadtbremisches Überseehafengebiet Bremerhaven" das Amtsgericht Bremerhaven zuständig ist (§ 3 Abs. 2 BremAGGVG).

- in **Baden-Württemberg** § 8 Abs. 3 i.V.m. § 7 Abs. 1 der Verordnung des Justizministeriums über Zuständigkeiten in der Justiz (Zuständigkeitsverordnung Justiz – ZuVOJu) vom 20.11.1998 (BadWürttGBl 680) mit Änderung durch Verordnung vom 13.8.2009 (BadWürttGBl 466); wegen ausländischer Schiffe vgl. → § 171 Rdn. 10,
- in **Hamburg** § 1 Nr. 3 der Verordnung über die Zuständigkeit des Amtsgerichts Hamburg in Zivil- und Handelssachen sowie für die Erledigung inländischer Rechtshilfeersuchen vom 1.9.1987 (HmbGVBl I 172),
- in **Nordrhein-Westfalen** § 2 der Verordnung zur Bildung gemeinsamer Amtsgerichte für Zwangsversteigerungs- und Zwangsverwaltungssachen (Konzentrations VO ZVG) vom 23.9.2008 (GV NRW 626); wegen ausländischer Schiffe vgl. → § 171 Rdn. 10.

6   Ferner gelten jene Konzentrationsverordnungen gleichermaßen für die Zwangsversteigerung von Schiffen, die sich nicht ausdrücklich auf die Zwangsversteigerung von Grundstücken beschränken – auch soweit als Ermächtigungsgrundlage nur § 1 Abs. 2 und nicht daneben auch § 163 Abs. 1 angegeben ist –, nämlich:[10]

- in **Bayern** § 52 der Verordnung über gerichtliche Zuständigkeiten im Bereich des Staatsministeriums der Justiz und für Verbraucherschutz (Gerichtliche Zuständigkeitsverordnung Justiz – GZVJu) vom 11.6.2012 (BayGVBl 295),
- in **Brandenburg** § 12 der Verordnung über gerichtliche Zuständigkeiten und Zuständigkeitskonzentrationen (Gerichtszuständigkeits-Verordnung – GerZV) vom 2.9.2014 (BbgGVBl II Nr. 62),
- in **Rheinland-Pfalz** § 2 der Landesverordnung über die gerichtliche Zuständigkeit in Zivilsachen und Angelegenheiten der freiwilligen Gerichtsbarkeit vom 22.11.1985 (RhPfGVBl 267) mit Änderungen durch Verordnungen vom 5.7.1988 (RhPfGVBl 152) und vom 10.6.1999 (RhPfGVBl 132),
- in **Sachsen** § 17 Abs. 2 der Verordnung des Sächsischen Staatsministeriums der Justiz über die Organisation der Justiz (Sächsische Justizorganisationsverordnung – SächsJOrgVO) vom 14.12.2007 (SächsGVBl 600) mit Änderung durch Verordnung vom 13.12.2012 (SächsGVBl 782).

7   Dagegen beschränkt sich die in **Thüringen** ergangene Verordnung (vgl. → § 1 Rdn. 5) nach ihrem Wortlaut ausdrücklich auf die Zwangsversteigerung und Zwangsverwaltung von Grundstücken, gilt also nicht für die Schiffsversteigerung.

8   Die in → Rdn. 5 genannten Verordnungen nennen jeweils ausdrücklich auch **Schiffsbauwerke** und bezeichnen in ihren Einleitungsworten auch die Verweisungsvorschrift des § 170a Abs. 2 Satz 1 als Ermächtigungsgrundlage. Die in → Rdn. 6 genannten Verordnungen beziehen Schiffsbauwerke mangels einer Beschränkung ohnehin ein.

9   Die verfahrensrechtlichen Folgen der Zuständigkeitskonzentration sind dieselben wie bei derjenigen für die Zwangsversteigerung von Grundstücken (vgl. → § 1 Rdn. 6). Gemäß § 168 Abs. 2, § 170a Abs. 2 Satz 3 soll der Versteigerungstermin

---

10   Detailliert zu den einzelnen landesrechtlichen Regelungen Depré/*Cranshaw*, § 1 Rdn. 5 ff.

auch in dem für den anderen Bezirk bestimmten Blatt oder elektronischen Medium bekannt gemacht werden, wenn sich bei der Zwangsversteigerung von Schiffen und Schiffsbauwerken der Heimathafen oder Heimatort nicht in dem erweiterten Bezirk des Vollstreckungsgerichts befindet bzw. das Schiffsbauregister von einem anderen Gericht geführt wird; dies schließt selbstverständlich eine entsprechende Bekanntmachung auch innerhalb des konzentrierten Bezirks nicht aus.

4. Funktionelle Zuständigkeit

Funktionell ist der **Rechtspfleger**, wie für die Zwangsversteigerung von Grundstücken (vgl. → § 1 Rdn. 8 f.), in vollem Umfang zuständig. 10

III. Schiffsregister

Bei der Anwendung der Vorschriften des Ersten Abschnitts des ZVG tritt an die Stelle des Grundbuchs (erwähnt in § 9 Nr. 1, § 17 Abs. 2, §§ 19, 27 Abs. 1, § 28 Abs. 1, § 37 Nr. 4, §§ 45, 54 Abs. 2, § 91 Abs. 2, §§ 114, 128 Abs. 1, § 130 Abs. 1) das **Schiffsregister** (vgl. → § 162 Rdn. 3 ff.). Wegen der Ersetzung weiterer Begriffe vgl. → § 162 Rdn. 12. 11

IV. Beteiligte

Für die Beteiligtenstellung gilt § 9 (vgl. → § 162 Rdn. 15; zu den Schiffsgläubigern → § 162 Rdn. 21 ff.; zum Arrestgläubiger → § 162 Rdn. 19; zum Schiffer → § 166 Rdn. 4). 12

Die Träger der Sozialversicherung einschließlich der Arbeitslosenversicherung werden auch ohne Anmeldung einer Forderung wie Verfahrensbeteiligte behandelt. Bei der Zwangsversteigerung eines Seeschiffs vertritt die **Deutsche Rentenversicherung Knappschaft-Bahn-See** kraft Gesetzes die übrigen Sozialversicherungsträger. Dasselbe gilt bei der Zwangsversteigerung eines Binnenschiffs für die **Berufsgenossenschaft Verkehrswirtschaft Post-Logistik Telekommunikation**, in die zum 1.1.2016 die Berufsgenossenschaft für Transport und Verkehrswirtschaft eingegliedert wurde, die durch Zusammenschluss der See-Berufsgenossenschaft und der Berufsgenossenschaft für Fahrzeughaltungen entstanden war, mit welcher sich zuvor die im Gesetz noch genannte Binnenschifffahrts-Berufsgenossenschaft vereinigt hatte. Zur Berücksichtigung von nicht aus dem Schiffsregister ersichtlichen Ansprüchen der Sozialversicherungsträger im geringsten Gebot oder im Teilungsplan ist deren Anmeldung und ggf. Glaubhaftmachung erforderlich (§§ 162, 37 Nr. 4, § 45 Abs. 1, § 110).[11]

---

[11] Steiner/*Hagemann*, § 163 Rdn. 28; Depré/*Wedekind*, § 163 Rdn. 53 f.; *Jaeckel/Güthe*, § 163 Rdn. 3.

§ 164 »Antragsvoraussetzungen«

Die Beschränkung des § 17 gilt für die Zwangsversteigerung eines eingetragenen Schiffs nicht, soweit sich aus den Vorschriften des Handelsgesetzbuchs oder des Gesetzes, betreffend die privatrechtlichen Verhältnisse der Binnenschiffahrt, etwas anderes ergibt; die hiernach zur Begründung des Antrags auf Zwangsversteigerung erforderlichen Tatsachen sind durch Urkunden glaubhaft zu machen, soweit sie nicht dem Gericht offenkundig sind; dem Antrag auf Zwangsversteigerung ist ein Zeugnis der Registerbehörde über die Eintragung des Schiffs im Schiffsregister beizufügen.

I. Anwendungsbereich

1 § 164 gilt für **deutsche Schiffe**. Für Schiffsbauwerke und für ausländische Schiffe gilt die Vorschrift nicht (für ausländische Schiffe tritt § 171 Abs. 2 Satz 2 an die Stelle der ersten beiden Teilsätze; vgl. → § 171 Rdn. 17 f.).

II. Schuldner

2 Gemäß § 15 Abs. 1, § 48 Satz 1 SchRG wird vermutet, dass derjenige Eigentümer eines Schiffs ist, der als **Eigentümer** im Schiffsregister eingetragen ist. Die Zwangsversteigerung eines Schiffes darf daher gemäß §§ 162, 17 Abs. 1 grundsätzlich nur angeordnet werden, wenn der Schuldner im Schiffsregister als Eigentümer eingetragen oder Erbe des eingetragenen Eigentümers ist. Mit Rücksicht auf Besonderheiten des HGB und des BinSchG modifiziert § 164 diese Regelungen.

3 Die Schiffsgläubiger können ihr gesetzliches Pfandrecht an einem Seeschiff gemäß § 597 Abs. 1 Satz 2 HGB und an einem Binnenschiff gemäß § 103 Abs. 2 BinSchG gegen jeden – gut- oder bösgläubigen, Eigen- oder Fremd-, unmittelbaren oder mittelbaren[1] – **Besitzer** des Schiffs, unabhängig vom Rechtsgrund seines Besitzes,[2] verfolgen. Gegen wen insoweit der Duldungstitel zu erwirken ist, ergibt sich für die Seeschifffahrt ausschließlich aus § 601 Abs. 2 HGB. Liegt ein entsprechender Titel vor, so ist die Vollstreckung in das Schiff nach der vollstreckungsrechtlichen Norm des § 597 Abs. 1 Satz 2 HGB unabhängig davon zulässig, in wessen Händen es sich befindet.[3] Ein Titel gegen den Besitzer (der nicht zugleich Eigentümer oder Ausrüster ist), ist weder erforderlich noch nach § 601 Abs. 2 HGB zu erlangen.[4]

Gemäß § 601 Abs. 2 Satz 1 HGB kann die Klage eines Schiffsgläubigers auf Duldung der Zwangsvollstreckung außer gegen den **Eigentümer** auch gegen den **Ausrüster** (nicht mehr, wie nach § 760 Abs. 2 Satz 1 a.F. HGB, gegen den Kapitän) gerichtet werden.[5] Ausrüster ist, wer ein ihm nicht gehöriges Schiff zum Erwerb durch Seefahrt betreibt (§ 477 Abs. 1 HGB);[6] die Klage gegen ihn ist zulässig, solange das Ausrüstungsverhältnis besteht, auch wenn das Schiff während des Pro-

---

1 Schaps/Abraham, § 755 Rdn. 8.
2 Rabe, § 755 Rdn. 4.
3 Schaps/Abraham, § 755 Rdn. 9, § 760 Rdn. 19; Rabe, § 755 Rdn. 4, § 760 Rdn. 10.
4 A.A. wohl Steiner/Hagemann, § 164 Rdn. 6, 12; Krieger, DJ 1941, 209, 212; für die Binnenschifffahrt v. Waldstein/Holland, §§ 103–105 Rdn. 24; anders auch die 12. Aufl. Rdn. 6.
5 Schaps/Abraham, § 760 Rdn. 11 ff.; Rabe, § 510 Rdn. 25 f., § 760 Rdn. 7 ff.; Herber, § 13 V 8; Abraham, § 9 III 8.
6 Schaps/Abraham, § 510 Rdn. 1 ff.; Rabe, § 510 Rdn. 3 ff.; Herber, § 15 III: nicht mit dem „Schiffsausrüster" zu verwechseln, der Schiffszubehör und Vorräte für die Reise liefert.

zesses veräußert wird und der Käufer das Schiff verwendet.⁷ Das gegen den Ausrüster gerichtete Urteil ist gemäß § 601 Abs. 2 Satz 2 HGB auch gegenüber dem Eigentümer wirksam.

Für die Binnenschifffahrt gibt es keine Parallele zu § 601 Abs. 2 HGB. Aus § 2 Abs. 2 BinSchG folgt, dass die Klage gegen den Verwender – Schiffseigner (Eigentümer, § 1 BinSchG) oder Ausrüster – gerichtet werden muss, gegen den Schiffseigner jedoch nicht, wenn dieser nicht Verwender ist.⁸ Der frühere § 97 Abs. 2 BinSchG, der für Ausnahmefälle die Geltendmachung eines Schiffsgläubigerrechts gegen den Schiffsführer ermöglichte, ist weggefallen.⁹

Die Zwangsvollstreckung kann aufgrund eines gegen den Ausrüster gerichteten Vollstreckungstitels angeordnet werden. Bei widerrechtlicher Verwendung des Schiffes, die dem Schiffsgläubiger bekannt oder wegen grober Fahrlässigkeit unbekannt war, kann der Eigentümer der Vollstreckung aus einem gegen den Ausrüster ergangenen Duldungstitel widersprechen (§ 2 Abs. 2 BinSchG; im Seehandelsrecht ist der frühere § 510 Abs. 2 a.F. HGB weggefallen); dies ist gemäß § 771 ZPO mit Widerspruchsklage geltend zu machen.¹⁰

Soll aufgrund eines gegen den Ausrüster ergangenen Titels die Zwangsvollstreckung gegen den **Eigentümer** stattfinden, gegen den der Titel wirksam ist, so muss sich die Vollstreckungsklausel gegen den Eigentümer richten. Die Klausel kann bei Nachweis des Eigentums entsprechend § 727 ZPO erteilt werden.¹¹

Bei **Wechsel** des verurteilten Eigentümers oder Ausrüsters vor Beschlagnahme ist dem dinglichen Gläubiger Gelegenheit zur Vorlage eines gegen den Rechtsnachfolger gerichteten Vollstreckungstitels (§ 727 ZPO) zu geben;¹² das wegen eines persönlichen Anspruchs betriebene Verfahren ist gemäß §§ 162, 28 aufzuheben. Bei Wechsel des Verurteilten nach Beschlagnahme gelten § 23 Abs. 2, § 26 gemäß § 162 entsprechend.¹³ Das Verfahren wird nicht nur dann fortgesetzt, wenn es wegen des Anspruchs aus einem eingetragenen Recht angeordnet war, sondern auch dann, wenn es wegen des gesetzlichen Pfandrechts eines Schiffsgläubigers betrieben wird.¹⁴

Für **herrenlose** Schiffe (§ 7 SchRG) gilt § 787 ZPO.¹⁵

III. Nachweise

Zur Vollstreckung aufgrund eines Titels, der gegen den Ausrüster ergangen ist, sind die maßgeblichen Tatsachen (Ausrüstungsverhältnis), soweit sie nicht offenkundig sind, durch **Urkunden** (z.B. Verträge, Zeugnisse von Schifffahrts- oder Hafenbehörden oder Privatpersonen) glaubhaft zu machen.¹⁶

---

7   RGZ 78, 307; 118, 183.
8   *v. Waldstein/Holland*, §§ 103–105 Rdn. 24 ff.
9   *v. Waldstein/Holland*, §§ 103–105 Rdn. 26.
10 *Steiner/Hagemann*, § 164 Rdn. 6 ff.
11 *Steiner/Hagemann*, § 164 Rdn. 16.
12 *Schaps/Abraham*, § 760 Rdn. 28; *v. Waldstein/Holland*, §§ 103–105 Rdn. 29.
13 *Steiner/Hagemann*, § 164 Rdn. 17 f.; *Stöber*, ZVG § 164 Rdn. 3.3; *Depré/Wedekind*, § 164 Rdn. 25; *Mohrbutter/Drischler/Radtke/Tiedemann*, Muster 167 Anm. 9.
14 *Steiner/Hagemann*, § 164 Rdn. 17; *Korintenberg/Wenz*, § 164 Anm. 6.
15 *Steiner/Hagemann*, § 162 Rdn. 23; *Stöber*, ZVG § 162 Rdn. 3.1; *Depré/Wedekind*, § 164 Rdn. 32.
16 *Steiner/Hagemann*, § 164 Rdn. 14.

Die Eintragung des Schiffes im Schiffsregister ist durch ein **Zeugnis** des Registergerichts nachzuweisen. Bei der Vollstreckung aufgrund eines gegen den Eigentümer ergangenen Titels ergibt sich dies bereits aus §§ 162, 17 Abs. 2. Für die Vollstreckung aufgrund eines gegen den Ausrüster ergangenen Titels gilt dasselbe gemäß § 164 letzter Teilsatz. Auch insoweit genügt, obwohl in dieser Vorschrift nicht ausdrücklich vorgesehen, die Bezugnahme auf das Register, wenn das Registergericht demselben Amtsgericht wie das Vollstreckungsgericht angehört.[17] Bei vollstreckungsgerichtlichen Zuständigkeitskonzentrationen gilt dasselbe wie für Grundstücke (vgl. → § 1 Rdn. 6).

---

17 Steiner/*Hagemann*, § 164 Rdn. 15; Depré/*Wedekind*, § 164 Rdn. 34; *Jaeckel/Güthe*, § 164 Rdn. 6.

§ 165 »Sicherungsmaßnahmen«

(1) ¹Bei der Anordnung der Zwangsversteigerung hat das Gericht zugleich die Bewachung und Verwahrung des Schiffes anzuordnen. ²Die Beschlagnahme wird auch mit der Vollziehung dieser Anordnung wirksam.

(2) ¹Das Gericht kann zugleich mit der einstweiligen Einstellung des Verfahrens im Einverständnis mit dem betreibenden Gläubiger anordnen, daß die Bewachung und Verwahrung einem Treuhänder übertragen wird, den das Gericht auswählt. ²Der Treuhänder untersteht der Aufsicht des Gerichts und ist an die ihm erteilten Weisungen des Gerichts gebunden. ³Das Gericht kann ihn im Einverständnis des Gläubigers auch ermächtigen, das Schiff für Rechnung und im Namen des Schuldners zu nutzen. ⁴Über die Verwendung des Reinertrages entscheidet das Gericht. ⁵In der Regel soll er nach den Grundsätzen des § 155 verteilt werden.

I. Anwendungsbereich

§ 165 gilt für **deutsche Schiffe**. Für **Schiffsbauwerke** gilt die Vorschrift aufgrund der Verweisung in § 170a Abs. 2 Satz 1 sinngemäß. Für **ausländische Schiffe** gilt sie aufgrund der Verweisung in § 171 Abs. 5 Satz 1 mit der Ergänzung durch § 171 Abs. 5 Satz 2 (vgl. → § 171 Rdn. 19, 23).

II. Bewachung und Verwahrung bei der Verfahrensanordnung

Zugleich mit der Anordnung des Verfahrens hat das Vollstreckungsgericht zwingend die **Bewachung und Verwahrung** des Schiffes anzuordnen. Damit soll der Verbleib des Schiffes im Bezirk des Vollstreckungsgerichts gesichert werden, um es vor Untergang und Beschädigung zu bewahren, die Beschlagnahme für Dritte erkennbar zu machen, Bietinteressenten die Besichtigung zu ermöglichen und dem Ersteher die Inbesitznahme zu erleichtern.[1]

Bei dem Beitritt eines weiteren Gläubigers werden Bewachung und Verwahrung nicht erneut angeordnet.[2]

Bewachung und Verwahrung enden mit der Aufhebung des Verfahrens oder mit dem Wirksamwerden des Zuschlags (bei ausländischen Schiffen ist § 171 Abs. 5 Satz 2 zu beachten; vgl. → § 171 Rdn. 19, 23).[3]

Mit der Bewachung und Verwahrung kann das Gericht einen Gerichtsvollzieher – auch in seiner Eigenschaft als Privatperson[4] – beauftragen, der die erforderlichen Maßnahmen (nach den Umständen des Falles, z.B. Anketten des Schiffes, Inverwahrnahme der Schiffspapiere, Überführung des Schiffes in ein besonderes Hafenbecken)[5] nach Anordnung des Gerichts selbst durchführt oder seinerseits einen Dritten, z.B. die Hafenpolizei oder die Hafenbehörde, beauftragt.[6] Das Ge-

---

1 Steiner/*Hagemann*, § 165 Rdn. 1; *Krause*, Rdn. 402.
2 Steiner/*Hagemann*, § 162 Rdn. 53.
3 Steiner/*Hagemann*, § 165 Rdn. 21.
4 LG Osnabrück, DGVZ 1965, 210 m. Anm. *Mohrbutter*; Steiner/*Hagemann*, § 165 Rdn. 13; zur notwendigen oder wünschenswerten Anwesenheit des Gerichtsvollziehers im Versteigerungstermin *Mohrbutter/Drischler/Radtke/Tiedemann*, Muster 170 Anm. 6.
5 Vgl. OLG Hamburg, MDR 1967, 677 (für den Fall der Sequestration); Steiner/*Hagemann*, § 165 Rdn. 12; *Mohrbutter/Drischler/Radtke/Tiedemann*, Muster 167 Anm. 6; *Herber*, § 14 II 1.
6 Vgl. § 132 GVGA; *Mohrbutter*, KTS 1963, 21, 23.

richt kann auch selbst die Hafenpolizei, die Hafenbehörde oder eine Privatperson beauftragen.[7]
Das Schiff darf den Hafen während der Bewachung nicht verlassen. Der Schuldner darf auf dem Schiff wohnen, soweit er das Verfahren nicht gefährdet. Eine Nutzung des Schiffes für Rechnung und im Namen des Schuldners ist, anders als im Falle des Abs. 2, nicht möglich.[8] Die Bewachung und Verwahrung des Schiffes verhindert eine Abwrackung im Rahmen einer freiwilligen Abwrackaktion (vgl. → § 162 Rdn. 47).[9]

4 Die Vollziehung der Anordnung kommt als weiterer Zeitpunkt für das Wirksamwerden der **Beschlagnahme** neben den in § 22 Abs. 1 genannten Zeitpunkten in Betracht.[10]

III. Treuhänder bei einstweiliger Einstellung

5 Wird das Verfahren einstweilen eingestellt, so kann das Vollstreckungsgericht die Bewachung und Verwahrung einem von ihm ausgewählten **Treuhänder** übertragen, damit im Interesse des Schuldners und der Gläubiger die während der Einstellungszeit anfallenden erheblichen Kosten für Bewachung und Versicherung gedeckt und Arbeiten zur Erhaltung des Schiffes durchgeführt werden können.[11] Unerheblich ist, aus welchem Grund die einstweilige Einstellung erfolgt ist.[12] Die Maßnahmen müssen zeitlich nicht zugleich mit dem Einstellungsbeschluss ergehen, sondern können auch noch später getroffen werden.[13]

Erforderlich ist das Einverständnis des betreibenden Gläubigers.[14] Betreiben mehrere Gläubiger das Verfahren, so müssen die Verfahren aller Gläubiger eingestellt sein, und alle Gläubiger müssen mit der Treuhandschaft einverstanden sein.[15] Tritt später ein weiterer Gläubiger bei, so muss er den Verfahrensstand zunächst hinnehmen. Wird nicht auch sein Verfahren alsbald eingestellt, so muss die Treuhandschaft aufgehoben werden.[16] Evtl. kann jedoch im Rahmen der Verteilung hoher Gewinne aus treuhänderischer Nutzung ein betreibender Gläubiger, dessen Verfahren nicht eingestellt wird, im Interesse des Schuldners und der übrigen

---

7   Steiner/*Hagemann*, § 165 Rdn. 13; *Stöber*, ZVG § 165 Rdn. 2.2; *Mohrbutter/Drischler/Radtke/Tiedemann*, Muster 167 Anm. 6; ausführlich zur praktischen Umsetzung und zur analogen Anwendung von Zwangsverwaltungsrecht *Depré/Wedekind*, § 165 Rdn. 34 ff.
8   Steiner/*Hagemann*, § 165 Rdn. 16, 19; *Stöber*, ZVG § 165 Rdn. 2.3, 2.5.
9   *Stöber*, ZVG § 162 Rdn. 3.6; *Mohrbutter/Drischler/Radtke/Tiedemann*, vor Muster 167 Anm. 8; *Hornung*, Rpfleger 1970, 117, 122; 1990, 445, 450.
10 Steiner/*Hagemann*, § 165 Rdn. 2, 20.
11 Steiner/*Hagemann*, § 165 Rdn. 3, 30; zur notwendigen Anwesenheit des Treuhänders im Versteigerungstermin *Mohrbutter/Drischler/Radtke/Tiedemann*, Muster 170 Anm. 6.
12 Steiner/*Hagemann*, § 165 Rdn. 32; *Stöber*, ZVG § 165 Rdn. 4.2; *Depré/Wedekind*, § 165 Rdn. 14 ff.; *Jonas/Pohle*, Anm. 2a; *Mohrbutter*, KTS 1963, 21, 24.
13 Steiner/*Hagemann*, § 165 Rdn. 38; *Stöber*, ZVG § 165 Rdn. 4.2; *Mohrbutter/Drischler/Radtke/Tiedemann*, Muster 168 Anm. 3; *Jonas/Pohle*, Anm. 2c.
14 Kritisch zu dieser Voraussetzung Steiner/*Hagemann*, § 165 Rdn. 4; *Vogel*, MDR 1953, 523, 527.
15 Steiner/*Hagemann*, § 165 Rdn. 34; *Stöber*, ZVG § 165 Rdn. 4.3, 4.4; *Mohrbutter/Drischler/Radtke/Tiedemann*, Muster 168 Anm. 3.
16 Steiner/*Hagemann*, § 165 Rdn. 55; *Stöber*, ZVG § 165 Rdn. 4.8; *Mohrbutter/Drischler/Radtke/Tiedemann*, Muster 168 Anm. 6; *Mohrbutter*, KTS 1963, 21, 27.

Gläubiger vorzeitig befriedigt werden.[17] Das Einverständnis eines Gläubigers kann nicht widerrufen und nicht ersetzt werden; es kann jedoch in der Weise eingeschränkt werden, dass dem Treuhänder die Nutzung des Schiffes nur in bestimmter Art und Weise gestattet wird.[18]

Das Gericht entscheidet über die Bestellung und die Person des Treuhänders von Amts wegen nach pflichtgemäßem Ermessen. Ein Antrag des Gläubigers ist lediglich als Anregung anzusehen.[19] Deshalb bedarf es auch keines Einverständnisses des Gläubigers, wenn die Person des Treuhänders ausgewechselt werden soll.[20]

Die Treuhandschaft wird aufgehoben, wenn das Versteigerungsverfahren hinsichtlich aller betreibenden Gläubiger aufgehoben wird, wenn der Zuschlag erteilt wird oder wenn sie – etwa mangels Einverständnisses eines Gläubigers – unzulässig wird. Sie ist auch aufzuheben, wenn die einstweilige Einstellung außer Kraft tritt,[21] weil eine fortdauernde Treuhandschaft dem Sinn und Zweck, die während der Einstellungszeit anfallenden Kosten zu decken, widerspricht. Das Gericht kann sie ferner aufheben, wenn sie nicht mehr zweckmäßig ist.

Der Treuhänder hat das Schiff zu **bewachen** und zu **verwahren**. Er ist dabei an 6 die Weisungen des Gerichts gebunden, dessen Aufsicht er untersteht. Er soll das Schiff erhalten (z.B. Instandsetzungsarbeiten vornehmen, Versicherungsverträge abschließen)[22] und kann mit Einverständnis des betreibenden Gläubigers durch besondere Anordnung ermächtigt werden, das Schiff für Rechnung und im Namen des Schuldners zu nutzen, es somit zu Fahrten einzusetzen oder zu verpachten. In entsprechender Anwendung des § 154 haftet er für seine Tätigkeit wie ein Zwangsverwalter und ist dem Gericht zur Rechnungslegung verpflichtet. Nach Aufhebung der Treuhandschaft ist sie in ähnlicher Weise wie eine Zwangsverwaltung abzuschließen.[23]

Hat der Schiffseigner einen Prämienantrag im Rahmen einer freiwilligen Abwrackaktion gestellt, so verdrängt die treuhänderische Nutzung des Schiffs einen in den maßgeblichen Regelungen vorgesehenen Vorbehalt, wonach das Schiff den Stilllegungsort nur mit Zustimmung der Fondsinstanzen verlassen darf.[24]

Aus den aus der Nutzung des Schiffes erzielten Einnahmen sind vorab die Kos- 7 ten der treuhänderischen Nutzung (z.B. Schifffahrts- und Hafenabgaben, Gehaltsforderungen der Schiffsbesatzung, Forderungen der Sozialversicherungsträger, Versicherungsprämien, Instandhaltungskosten) einschließlich der Vergütung

---

17 Steiner/*Hagemann,* § 165 Rdn. 55, 80; *Mohrbutter/Drischler/Radtke/Tiedemann,* Muster 168 Anm. 6; *Mohrbutter,* KTS 1963, 21, 27 f.
18 Steiner/*Hagemann,* § 165 Rdn. 33, 37; *Stöber,* ZVG § 165 Rdn. 4.4; *Mohrbutter,* KTS 1963, 21, 25 ff., 28.
19 Steiner/*Hagemann,* § 165 Rdn. 35; *Stöber,* ZVG § 165 Rdn. 4.2, 4.5; *Depré/Wedekind,* § 165 Rdn. 22; *Mohrbutter/Drischler/Radtke/Tiedemann,* Muster 168 Anm. 3; *Mohrbutter,* KTS 1963, 21, 25, 28.
20 Steiner/*Hagemann,* § 165 Rdn. 50; a.A. *Stöber,* ZVG § 165 Rdn. 4.6.
21 Steiner/*Hagemann,* § 165 Rdn. 46; a.A. *Stöber,* ZVG § 165 Rdn. 4.9; *Mohrbutter/ Drischler/Radtke/Tiedemann,* Muster 168 Anm. 9; *Jonas/Pohle,* Anm. 2g; *Mohrbutter,* KTS 1963, 21, 25 f.
22 *Mohrbutter/Drischler/Radtke/Tiedemann,* Muster 168 Anm. 4; *Mohrbutter,* KTS 1963, 21, 25.
23 Steiner/*Hagemann,* § 165 Rdn. 40 ff., 53, 62 ff., 89; *Stöber,* ZVG § 165 Rdn. 4.6, 4.7, 4.10; *Mohrbutter/Drischler/Radtke/Tiedemann,* Muster 168 Anm. 5, 9; *Jonas/Pohle,* Anm. 2e, 3b; *Mohrbutter,* KTS 1963, 21, 25, 28 ff., 33 ff.
24 *Hornung,* Rpfleger 1990, 445, 450.

des Treuhänders[25] zu entnehmen. Über die **Verwendung des Reinertrages** entscheidet das Gericht nach Anhörung der Beteiligten. Er soll im Regelfall nach den Grundsätzen des § 155 verteilt werden (vgl. zur vorzeitigen Befriedigung eines betreibenden Gläubigers → Rdn. 5). Bei der Rangfolge sind die Besonderheiten zu berücksichtigen, die sich insbesondere aus den Schiffsgläubigerrechten ergeben. Ein besonderes Verteilungsverfahren im Sinne des § 156 Abs. 2 und ein Widerspruchsverfahren nach § 115 gibt es nicht.[26]

IV. Kosten der Bewachung, Verwahrung und treuhänderischen Nutzung

8 Die notwendigen **Kosten** der Bewachung und Verwahrung (Hafengebühren, Versicherungsprämien, Kosten des Gerichtsvollziehers, des Bewachers und des Treuhänders) gehören zu den Kosten des Verfahrens, die gemäß § 109 Abs. 1 dem Versteigerungserlös vorab zu entnehmen sind (vgl. → § 162 Rdn. 23). Der Anspruch des betreibenden Gläubigers auf Ersatz seiner Ausgaben für die treuhänderische Nutzung des Schiffs (§ 165 Abs. 2 Satz 3) ist entsprechend § 10 Abs. 1 Nr. 1 zu berücksichtigen, soweit sie der Erhaltung oder nötigen Verbesserung des Schiffs dienen und nicht aus den Nutzungen entnommen werden können (vgl. → § 162 Rdn. 24).

§ 17 Abs. 3 GKG ermöglicht die Erhebung eines Vorschusses vom Gläubiger zur Deckung der Auslagen.[27] Da die Bewachung und Verwahrung von Amts wegen anzuordnen sind, dürfen sie weder von der Vorschusszahlung abhängig gemacht werden noch – etwa in entsprechender Anwendung des § 25 Satz 2 – aufgehoben werden, wenn der Vorschuss nicht gezahlt wird.[28]

Der **Gerichtsvollzieher** erhebt gemäß KV 400 GvKostG eine Gebühr in Höhe von 98,- € und ggf. gemäß KV 500 GvKostG einen Zeitzuschlag in Höhe von 20,- € für jede über drei Stunden hinaus gehende angefangene Stunde sowie anfallende Auslagen. Wird die Amtshandlung aus bestimmten Gründen nicht erledigt, so erhebt er eine Gebühr gemäß KV 604 GvKostG in Höhe von 15,- €. Ist der Gerichtsvollzieher nicht in amtlicher Eigenschaft, sondern als Privatperson bestellt, so kann ihm das Gericht eine angemessene Entschädigung festsetzen.[29]

Dem **Treuhänder** kann das Vollstreckungsgericht in entsprechender Anwendung des § 153 eine Vergütung festsetzen.[30]

---

25 Steiner/*Hagemann*, § 165 Rdn. 60, 76; *Stöber*, ZVG § 165 Rdn. 5.2; *Jonas/Pohle*, Anm. 3c; *Mohrbutter*, KTS 1963, 21, 30.
26 Steiner/*Hagemann*, § 165 Rdn. 74 ff.; *Stöber*, ZVG § 165 Rdn. 4.7; *Mohrbutter/ Drischler/Radtke/Tiedemann*, Muster 168 Anm. 11; *Jonas/Pohle*, Anm. 3c, 3f; *Mohrbutter*, KTS 1963, 21, 30 ff.
27 Steiner/*Hagemann*, § 165 Rdn. 27; *Mohrbutter/Drischler/Radtke/Tiedemann*, Muster 167 Anm. 7; a.A. *Stöber*, ZVG § 165 Rdn. 5.1.
28 Steiner/*Hagemann*, § 165 Rdn. 22, 27, 51, 60; *Stöber*, ZVG § 165 Rdn. 5.1; *Depré/ Wedekind*, § 165 Rdn. 30; a.A. LG Lübeck, SchlHA 1964, 23; *Mohrbutter/Drischler/ Radtke/Tiedemann*, Muster 167 Anm. 7, 12.
29 LG Osnabrück, DGVZ 1965, 210 m. Anm. *Mohrbutter;* Steiner/*Hagemann*, § 165 Rdn. 28; *Mohrbutter/Drischler/Radtke/Tiedemann*, Muster 167 Anm. 6.
30 LG Rostock, Rpfleger 2001, 193; Steiner/*Hagemann*, § 165 Rdn. 58 f.; *Stöber*, ZVG § 165 Rdn. 5.2; *Mohrbutter/Drischler/Radtke/Tiedemann*, Muster 168 Anm. 10; *Jonas/Pohle*, Anm. 2f; *Mohrbutter*, KTS 1963, 21, 30; vgl. *Depré/Wedekind*, § 165 Rdn. 26 zur Notwendigkeit, die Vergütung zur Berücksichtigung im geringsten Gebot anzumelden.

§ 166 »Verfahren gegen den Schiffsführer«

(1) Ist gegen den Schiffer auf Grund eines vollstreckbaren Titels, der auch gegenüber dem Eigentümer wirksam ist, das Verfahren angeordnet, so wirkt die Beschlagnahme zugleich gegen den Eigentümer.

(2) Der Schiffer gilt in diesem Falle als Beteiligter nur so lange, als er das Schiff führt; ein neuer Schiffer gilt als Beteiligter, wenn er sich bei dem Gerichte meldet und seine Angabe auf Verlangen des Gerichts oder eines Beteiligten glaubhaft macht.

I. Anwendungsbereich

1 § 166 gilt (s. aber zur Gegenstandslosigkeit der Norm unten → Rdn. 3) für **deutsche Schiffe**. Für Schiffsbauwerke gilt die Vorschrift nicht. Für **ausländische Schiffe** gilt sie aufgrund der Verweisung in § 171 Abs. 5 Satz 1.

II. Schiffer/Kapitän als Verfahrensschuldner

2 Der Schiffer ist der **Führer des Schiffs**. Er wurde im HGB bis zur Reform durch das SeeRÄndG durchgängig als Schiffer bezeichnet. Seitdem ist der Begriff für die Seeschifffahrt durch die Bezeichnung Kapitän ersetzt worden. Die Terminologie des § 166 ist nicht angepasst worden. In den §§ 574 bis 587 HGB stehen beide Begriffe nebeneinander; dies mit Rücksicht auf § 93 Abs. 1 BinSchG, der diese Vorschriften für entsprechend anwendbar erklärt. Für die Binnenschifffahrt wird der Führer des Schiffs in § 7 Abs. 1 BinSchG als Schiffer bezeichnet.[1]

3 Nach früherem Recht konnte die Klage eines Schiffsgläubigers (vgl. → § 162 Rdn. 21 ff.) auf Duldung der Zwangsvollstreckung in der Seeschifffahrt auch gegen den **Kapitän** gerichtet werden (§ 760 Abs. 2 Satz 1 a.F. HGB). Das gegen ihn gerichtete Urteil war gemäß § 760 Abs. 2 Satz 2 a.F. HGB gegenüber dem Eigentümer wirksam, wenn es den Kapitän als den vom Eigentümer mit der Schiffsführung Beauftragten auswies.[2] Die Zwangsversteigerung konnte aufgrund des gegen den Kapitän gerichteten Vollstreckungstitels angeordnet werden. In diesem Fall wirkte die Beschlagnahme auch gegen den Eigentümer. Damit war sichergestellt, dass das Verfahren, wenn der Kapitän als Beteiligter ausschied und kein neuer Kapitän eintrat (Abs. 2), gegen den Eigentümer fortgesetzt werden konnte.[3] Eine Duldungsklage gegen den Kapitän mit Wirkung gegen den Eigentümer sieht § 601 Abs. 2 HGB nicht mehr vor, sondern lediglich eine Zustellungsvollmacht (§ 619 HGB).[4] Damit bedarf es auch der verfahrensrechtlichen Norm des § 166 nicht mehr. Die oben dargestellten Besonderheiten des früheren Rechts sind mit dem Fortfall des § 760 Abs. 2 a.F. HGB obsolet. § 166 kann daher aufgehoben werden.[5]

---

[1] Steiner/*Hagemann*, § 166 Rdn. 7.
[2] Steiner/*Hagemann*, § 166 Rdn. 10; *Stöber*, ZVG § 166 Rdn. 2.1.
[3] Steiner/*Hagemann*, § 166 Rdn. 1, 14 f.
[4] Vgl. Begründung zu § 479 Abs. 1, § 601 Abs. 2, § 619 HGB, BT-Drucks. 17/10309 S. 63 f., 132, 137.
[5] A.A. Depré/*Cranshaw*, § 8 Rdn. 7, weil die Norm noch für die Vollstreckung aufgrund eines gegen den Ausrüster gerichteten Titels (§ 601 Abs. 2 Satz 1 HGB; vgl. → § 164 Rdn. 3 ff.) von Bedeutung sei, obwohl dieser dort nicht erwähnt ist.

§ 167 »Terminsbestimmung; Bezeichnung des Schiffs«

(1) Die Bezeichnung des Schiffes in der Bestimmung des Versteigerungstermins soll nach dem Schiffsregister erfolgen.
(2) Die im § 37 Nr. 4 bestimmte Aufforderung muß ausdrücklich auch auf die Rechte der Schiffsgläubiger hinweisen.

I. Anwendungsbereich

1 § 167 gilt für **deutsche Schiffe**. Für **Schiffsbauwerke** gilt Abs. 1 aufgrund der Verweisung in § 170a Abs. 2 Satz 1 mit der Ergänzung durch § 170a Abs. 2 Satz 2 (vgl. → § 170a Rdn. 8) sinngemäß; Abs. 2 gilt nicht. Für ausländische Schiffe gilt die Vorschrift nicht (an die Stelle des Abs. 2 tritt § 171 Abs. 3 Satz 1; vgl. → § 171 Rdn. 25).

II. Bezeichnung des Schiffs

2 Für den Inhalt der Bestimmung des Versteigerungstermins gelten §§ 37, 38 entsprechend mit Besonderheiten (vgl. → § 162 Rdn. 54). Die Terminsbestimmung muss gemäß §§ 162, 37 Nr. 1 das Schiff so genau bezeichnen, dass Beteiligte und Dritte erkennen können, auf welches Schiff sich die Versteigerung bezieht. Die Mindestangaben sind zwingend; ein Verstoß ist unheilbar und hat die Versagung des Zuschlags gemäß §§ 162, 83 Nr. 7 zur Folge.[1]

Gemäß der Ordnungsvorschrift des § 167 Abs. 1 soll das Schiff nach den Angaben im **Schiffsregister** bezeichnet werden. Neben der Registerblattnummer sind das für Seeschiffe die gemäß § 27 Abs. 1 SchRegDV einzutragenden Angaben (Name, IMO-Nummer und Unterscheidungssignal, Gattung, Hauptbaustoff, Jahr des Stapellaufs, Bauort und Werft, Heimathafen, Ergebnisse der amtlichen Vermessung und die das Flaggenrecht betreffenden Eintragungen), für Binnenschiffe die gemäß § 34 Abs. 1 SchRegDV einzutragenden Angaben (Name, Nummer oder andere Merkzeichen, Gattung, Hauptbaustoff, Jahr des Stapellaufs, Bauort und Werft, Heimatort, größte Tragfähigkeit oder Wasserverdrängung, ggf. Maschinenleistung).[2] Zur Bezeichnung von Schiffsbauwerken nach dem Schiffsbauregister vgl. → § 170a Rdn. 8.

III. Aufforderung an die Schiffsgläubiger

3 Die gemäß §§ 162, 37 Nr. 4 erforderliche Aufforderung zur Anmeldung und Glaubhaftmachung von Rechten, die bei Eintragung des Versteigerungsvermerks nicht aus dem Schiffsregister ersichtlich waren, muss ausdrücklich auf die Rechte der **Schiffsgläubiger** (§ 596 HGB, § 102 BinSchG) hinweisen. Ein Verstoß hiergegen führt zur Zuschlagsversagung gemäß §§ 162, 83 Nr. 7; der Mangel kann nicht geheilt werden.[3]

Die Schiffsgläubiger können ihre Rechte gemäß § 168b Satz 1 auch beim Registergericht anmelden (vgl. → § 168b Rdn. 2 f.).

---

[1] Steiner/*Hagemann*, § 167 Rdn. 8, 12; *Mohrbutter/Drischler/Radtke/Tiedemann*, Muster 169 Anm. 1.
[2] Steiner/*Hagemann*, § 167 Rdn. 9 f.; *Mohrbutter/Drischler/Radtke/Tiedemann*, Muster 169 Anm. 1; vgl. zu den einzelnen Angaben im Schiffsregister *Krause*, Rdn. 99 ff., 756 ff.
[3] Steiner/*Hagemann*, § 167 Rdn. 13 ff.; *Depré/Wedekind*, § 167 Rdn. 16; *Mohrbutter/Drischler/Radtke/Tiedemann*, Muster 169 Anm. 1; *Krause*, Rdn. 407.

§ 168 »Bekanntmachung der Terminsbestimmung«

(1) ¹Die Terminbestimmung soll auch durch ein geeignetes Schifffahrtsfachblatt bekannt gemacht werden. ²Die Landesregierungen werden ermächtigt, durch Rechtsverordnung nähere Bestimmungen hierüber zu erlassen. ³Die Landesregierungen können die Ermächtigung auf die Landesjustizverwaltungen übertragen.
(2) Befindet sich der Heimatshafen oder Heimatsort des Schiffes in dem Bezirk eines anderen Gerichts, so soll die Terminsbestimmung auch durch das für Bekanntmachungen dieses Gerichts bestimmte Blatt oder elektronische Informations- und Kommunikationssystem bekanntgemacht werden.
(3) Die im § 39 Abs. 2 vorgesehene Anordnung ist unzulässig.

I. Anwendungsbereich

§ 168 gilt für **deutsche Schiffe**. Für Schiffsbauwerke gilt die Vorschrift nicht (an die Stelle des Abs. 2 tritt § 170a Abs. 2 Satz 3; vgl. → § 170a Rdn. 9). Für **ausländische Schiffe** gelten Abs. 1, 3 aufgrund der Verweisung in § 171 Abs. 5 Satz 1 mit der Ergänzung durch § 171 Abs. 3 Satz 2 (vgl. → § 171 Rdn. 26); Abs. 2 gilt nicht.

II. Schifffahrtsfachblätter

Für die Bekanntmachung der Terminsbestimmung gelten §§ 39, 40 (vgl. → § 162 Rdn. 54). Sie ist in das für Bekanntmachungen des Gerichts bestimmte Amtsblatt einzurücken oder in das elektronische Informations- und Kommunikationssystem einzustellen, soll an die Gerichtstafel angeheftet werden und kann außerdem nach Ermessen des Gerichts entsprechend dem Ortsgebrauch in anderer Weise veröffentlicht werden. Da solche Bekanntmachungen die an Schiffsversteigerungen interessierten Kreise selten erreichen, sieht Abs. 1 auch die Bekanntgabe durch ein geeignetes **Schifffahrtsfachblatt** vor. Es handelt sich um eine nicht zwingende Ordnungsvorschrift.[1]

Der Reichsminister der Justiz hatte die ihm nach der früheren Fassung der Vorschrift überlassene Bestimmung ursprünglich durch Verfügung vom 7.3.1941 (DJ 335) getroffen, die später von den meisten Landesjustizverwaltungen im Hinblick auf geänderte Verhältnisse ersetzt wurde. Nach der Neufassung des Abs. 1 durch Art. 58 des 1. BMJBerG steht diese Befugnis den Landesregierungen oder den von diesen ermächtigten Landesjustizverwaltungen zu, die eine Bestimmung durch Rechtsverordnung – nicht mehr durch Verwaltungsvorschrift – treffen. Bis zu einer Neuregelung sind die bisherigen Regelungen in dem jeweiligen Land weiter anzuwenden.

In den Ländern sind regelmäßig für Seeschiffe – soweit überhaupt eine Regelung getroffen ist – die Zeitschrift „Hansa"[2] und für Binnenschiffe die „Binnenschifffahrts-Nachrichten" bestimmt.[3]

---

1 Steiner/*Hagemann*, § 168 Rdn. 7.
2 *Krause*, Rdn. 408.
3 Vgl. Depré/*Wedekind*, § 168 Rdn. 12 f. sowie die beispielhaften Angaben bei *Mohrbutter/Drischler/Radtke/Tiedemann*, Muster 169.

III. Bekanntmachung in anderem Gerichtsbezirk

4 Örtlich ist das Amtsgericht für die Anordnung und Durchführung des Zwangsversteigerungsverfahrens zuständig, in dessen Bezirk sich das Schiff bei Erlass des Anordnungsbeschlusses befindet. Auf den Heimathafen oder Heimatort oder auf das Gericht, welches das Schiffsregister führt, kommt es nicht an (vgl. → § 163 Rdn. 3). Befindet sich der **Heimathafen oder Heimatort** in einem anderen Gerichtsbezirk, so soll die Terminsbestimmung auch in das Blatt eingerückt oder in das elektronische Informations- und Kommunikationssystem eingestellt werden, das für Bekanntmachungen jenes Gerichts bestimmt ist. Gemeint ist das Amtsblatt oder System, welches in dem anderen Gerichtsbezirk für die Veröffentlichung nach §§ 162, 39 Abs. 1 vorgeschrieben ist, nicht etwa ein gemäß Abs. 1 – z.b. bei Heimathafen oder Heimatort in einem anderen Bundesland von der dortigen Landesregierung abweichend – bestimmtes Schifffahrtsfachblatt (in welchem natürlich eine zusätzliche Bekanntmachung gemäß §§ 162, 40 Abs. 2 erfolgen kann). Auch insoweit handelt es sich lediglich um eine Ordnungsvorschrift. Die Frist nach §§ 162, 43 Abs. 1 muss bei dieser Bekanntmachung nicht eingehalten werden.[4] Wegen der Bekanntmachung im anderen Gerichtsbezirk bei Zuständigkeitskonzentration vgl. → § 163 Rdn. 9.

IV. Kein Absehen von der Amtsblatt-/Informationssystem-Bekanntmachung

5 Von der Einrückung in das Amtsblatt oder Einstellung in das elektronische Informations- und Kommunikationssystem wegen geringen Werts, wie sie gemäß § 39 Abs. 2 für Grundstücke möglich ist, kann nach Abs. 3 bei Schiffen nicht abgesehen werden.[5] Bei Schiffsbauwerken ist dies gemäß § 162 zulässig, weil § 170a Abs. 2 Satz 1 den gesamten § 168 von der Anwendung ausschließt; allerdings wird ein geringer Wert allenfalls ausnahmsweise anzunehmen sein.

---

4 Steiner/*Hagemann*, § 168 Rdn. 10.
5 Steiner/*Hagemann*, § 168 Rdn. 12; Depré/*Wedekind*, § 168 Rdn. 18 ff.; *Krause*, Rdn. 408.

§ 168a »Frist«

(aufgehoben)

Die Vorschrift, die eine gegenüber § 43 Abs. 1 verlängerte Frist zwischen der Bekanntmachung der Terminsbestimmung und dem Versteigerungstermin vorsah, ist durch das SchRGÄndG aufgehoben worden.[1] Für Schiffsbauwerke gilt gemäß § 170a Abs. 2 Satz 4 eine verkürzte Frist (vgl. → § 170a Rdn. 10). 1

---

[1] *Mohrbutter/Drischler/Radtke/Tiedemann*, Muster 169 Anm. 3; *Mohrbutter*, KTS 1969, 77 f.

§ 168b »Anmeldungen von Schiffsgläubigern«

¹Hat ein Schiffsgläubiger sein Recht innerhalb der letzten sechs Monate vor der Bekanntmachung der Terminsbestimmung bei dem Registergericht angemeldet, so gilt die Anmeldung als bei dem Versteigerungsgericht bewirkt. ²Das Registergericht hat bei der Übersendung der im § 19 Abs. 2 bezeichneten Urkunden und Mitteilungen die innerhalb der letzten sechs Monate bei ihm eingegangenen Anmeldungen an das Versteigerungsgericht weiterzugeben.

I. Anwendungsbereich

1 § 168b gilt für **deutsche Schiffe**. Für Schiffsbauwerke und für ausländische Schiffe gilt die Vorschrift nicht.

II. Anmeldungen beim Registergericht

2 Schiffsgläubiger (§ 596 HGB, § 102 BinSchG) können ihre Rechte außer beim Vollstreckungsgericht auch bei dem zuständigen **Registergericht** anmelden, bei dem das Schiff in das Schiffsregister eingetragen ist, dies auch dann, wenn ein Versteigerungsverfahren noch nicht beantragt ist. Dadurch soll Vorsorge getroffen werden, damit sie vor einer überraschenden Versteigerung geschützt sind, während sie sich etwa auf einer Reise befinden.[1]

3 Die Anmeldung beim Registergericht gilt als Anmeldung bei dem Vollstreckungsgericht. Sie hat jedoch nur Wirkung, wenn sie innerhalb von **sechs Monaten** vor der Bekanntmachung der Terminsbestimmung in dem für Bekanntmachungen des Gerichts bestimmten Amtsblatt oder elektronischen Informations- und Kommunikationssystem erfolgt ist. Danach muss sie jeweils wiederholt werden, solange nicht die Terminsbestimmung bekannt gemacht ist.[2]

Die Anmeldung muss beim Registergericht **nicht glaubhaft** gemacht werden, jedoch auf Verlangen beim Vollstreckungsgericht (§§ 162, 9 Nr. 2, § 37 Nr. 4, § 45 Abs. 1, § 110); sonst geht die Beteiligteneigenschaft verloren. Die Terminsbestimmung ist den Schiffsgläubigern gemäß §§ 162, 41 Abs. 3 bereits vor der Glaubhaftmachung zuzustellen.[3]

III. Übersendung von Anmeldungen an das Vollstreckungsgericht

4 Wird die Zwangsversteigerung eines Schiffes angeordnet, so ersucht das Vollstreckungsgericht gemäß §§ 162, 19 Abs. 1 das Registergericht um Eintragung des Versteigerungsvermerks. Das Registergericht hat sodann dem Vollstreckungsgericht neben den in §§ 162, 19 Abs. 2 vorgesehenen Urkunden und Mitteilungen zugleich die innerhalb der letzten sechs Monate (vor dem Zeitpunkt der Übersendung) dort eingegangenen **Anmeldungen** von Schiffsgläubigern zu übersenden. Später eingehende Anmeldungen sind gleichfalls unverzüglich weiterzugeben.[4]

---

1 Steiner/*Hagemann*, § 168b Rdn. 1; Depré/*Wedekind*, § 168b Rdn. 1; vgl. zum Verfahren des Registergerichts *Krause*, Rdn. 415 ff.
2 Steiner/*Hagemann*, § 168b Rdn. 7 ff.; *Stöber*, ZVG § 168b Rdn. 2.3.
3 Steiner/*Hagemann*, § 168b Rdn. 11; Depré/*Wedekind*, § 168b Rdn. 3 f., 8.
4 Steiner/*Hagemann*, § 168b Rdn. 12 ff.; Depré/*Wedekind*, § 168b Rdn. 5 ff.

§ 168c »Schiffshypothek in ausländischer Währung«

Für die Zwangsversteigerung eines Schiffes, das mit einer Schiffshypothek in ausländischer Währung belastet ist, gelten folgende Sonderbestimmungen:
1. Die Terminbestimmung muß die Angabe, daß das Schiff mit einer Schiffshypothek in ausländischer Währung belastet ist, und die Bezeichnung dieser Währung enthalten.
2. In dem Zwangsversteigerungstermin wird vor der Aufforderung zur Abgabe von Geboten festgestellt und bekanntgemacht, welchen Wert die in ausländischer Währung eingetragene Schiffshypothek nach dem amtlich ermittelten letzten Kurs in Euro hat. Dieser Kurswert bleibt für das weitere Verfahren maßgebend.
3. Die Höhe des Bargebots wird in Euro festgestellt. Die Gebote sind in Euro abzugeben.
4. Der Teilungsplan wird in Euro aufgestellt.
5. Wird ein Gläubiger einer in ausländischer Währung eingetragenen Schiffshypothek nicht vollständig befriedigt, so ist der verbleibende Teil seiner Forderung in der ausländischen Währung festzustellen. Die Feststellung ist für die Haftung mitbelasteter Gegenstände, für die Verbindlichkeit des persönlichen Schuldners und für die Geltendmachung des Ausfalls im Insolvenzverfahren maßgebend.

I. Anwendungsbereich

§ 168c gilt für **deutsche Schiffe**. Für **Schiffsbauwerke** gilt die Vorschrift aufgrund der Verweisung in § 170a Abs. 2 Satz 1 sinngemäß. Für ausländische Schiffe gilt sie nicht.

II. Schiffshypotheken in ausländischer Währung

§ 52 Abs. 1 PfandBG, registerverfahrensrechtlich ergänzt durch § 36 SchRegO, ermöglicht für eine Forderung, die in ausländischer Währung zu zahlen ist, die Bestellung einer Schiffshypothek in ausländischer Währung. Die Vorschrift ersetzt den gleichlautenden, mit Wirkung zum 1.1.1963 in Kraft getretenen und durch Art. 18 Nr. 8 PfandBNeuOG aufgehobenen Art. III Abs. 1 SchBkGÄndG.[1] Seinerzeit ist zugleich § 168c mit besonderen Bestimmungen für die Zwangsversteigerung von Schiffen, die mit Rechten in ausländischer Währung belastet sind, eingefügt worden.[2]

Für Grundstücke gilt die entsprechende, durch Art. 12 Abs. 2 Nr. 1 RegVBG im Zusammenhang mit der Zulassung der Eintragung von Grundpfandrechten in bestimmten ausländischen Währungen (§ 28 Satz 2 GBO i.d.F. des Art. 1 Nr. 14 RegVBG) geschaffene Vorschrift des § 145a erst seit dem 25.12.1993. Seitdem bedarf es des § 168c nicht mehr, denn ohne diese Norm wäre gemäß § 162 der inhaltsgleiche § 145a auf Schiffsversteigerungen anwendbar.[3]

---

1 Dazu Steiner/*Hagemann*, § 168c Rdn. 6.
2 Kritisch zu dieser Norm *Reuter*, S. 226 ff.
3 Vgl. aber Depré/*Cranshaw*, § 168c Rdn. 2 f., der zu Recht auf die gegenüber § 28 Satz 2 GBO erweiterten Möglichkeiten der Eintragung von Schiffshypotheken in ausländischer Währung nach § 52 Abs. 1 PfandBG hinweist.

3   Ausländische Währung ist jede Währung außer dem Euro. Ist eine Schiffshypothek noch in der früheren nationalen Währung eines Mitgliedstaates der Europäischen Union eingetragen, dessen Währung durch den Euro ersetzt wurde, so ist das Recht kraft Gesetzes auf Euro umgestellt worden. Es handelt sich daher, auch wenn das Schiffsregister noch nicht richtig gestellt wurde, nicht um eine ausländische Währung. § 168c findet (abgesehen von Nr. 3, 4, die ohnehin stets gelten) auf solche Fälle, ebenso wie auf noch in Deutscher Mark eingetragene Rechte, keine Anwendung.[4]

4   Sind Schiffshypotheken in ausländischer Währung eingetragen, so ist ebenso wie im Falle des § 145a zu verfahren (vgl. → § 145a Rdn. 3 ff.). In der Terminsbestimmung muss auf das Recht unter Angabe seiner Währung hingewiesen werden (Nr. 1). Im Zwangsversteigerungstermin ist der letzte amtlich ermittelte Kurs festzustellen und bekannt zu machen. Als Kurs im Sinne dieser Vorschrift ist, da ein amtlicher Kurs nicht mehr festgestellt wird,[5] der Referenzkurs der Europäischen Zentralbank anzusehen, der arbeitstäglich auf der Internet-Seite der EZB und im Amtsblatt der EU (Teil C) bekannt gegeben wird, und für Währungen, für die ein solcher Referenzkurs nicht veröffentlicht wird, der von der Deutschen Bundesbank ermittelte Mittelkurs.[6] Dieser Kurswert bleibt zwar für das weitere Verfahren maßgebend (Nr. 2). Das kann jedoch sinnvollerweise nur dann gelten, wenn aufgrund dieses Termins der Zuschlag erteilt wird. „Weiteres" Verfahren im Sinne von Nr. 2 Satz 2 ist nur das sich an die Feststellung unmittelbar anschließende Bietgeschäft mit der darauf folgenden Zuschlagserteilung und den weiteren gerichtlichen Handlungen bis zur Verteilung des Erlöses, nicht jedoch eine mangels Zuschlagserteilung später notwendige Wiederholung des Bietgeschäfts. Kommt es nicht zu einem Zuschlag, so ist der Kurs in einem folgenden Versteigerungstermin, in dem ja auch das geringste Gebot und die Versteigerungsbedingungen neu aufgestellt werden, auf der dann aktuellen Grundlage neu festzustellen.[7] Dies trägt dem Interesse der Beteiligten an einem möglichst zeitnah zur Versteigerung ermittelten Wert Rechnung.

Für das Bargebot, die abzugebenden Gebote und den Teilungsplan gilt, wie auch sonst,[8] die inländische Euro-Währung (Nr. 3, 4). Entgegen § 168c Nr. 3 Satz 2 in ausländischer Währung abgegebene Gebote sind nicht zurückzuweisen, sondern vom Vollstreckungsgericht umzurechnen und vom Bieter bestätigen zu lassen.[9] Bei einem teilweisen Ausfall des Gläubigers wird dessen dinglicher[10] Restanspruch in der ausländischen Währung – nach dem im Versteigerungstermin bekannt gemachten maßgeblichen Kurs – festgestellt; diese Feststellung wirkt auch über das Verfahren hinaus für die Haftung mitbelasteter Gegenstände, die Ver-

---

4   A.A. offenbar *Stöber*, ZVG § 145a Rdn. 2.2.
5   Nach Staudinger/*Wolfsteiner*, Einl. zu §§ 1113 ff. Rdn. 49 haben sich diese Bedenken durch die Erhebung der Börsen zu Anstalten des öffentlichen Rechts (§ 2 Abs. 1 BörsG) erledigt.
6   Vgl. auch § 17a Abs. 1 SGB IV.
7   *Mohrbutter/Drischler/Radtke/Tiedemann*, Muster 170 Anm. 10; a.A. *Reuter*, S. 226 f.; *Eickmann*, Sachenrechtsbereinigung § 145a ZVG Rdn. 8.
8   *Eickmann*, Sachenrechtsbereinigung § 145a ZVG Rdn. 10.
9   Steiner/*Hagemann*, § 168c Rdn. 12; *Stöber*, ZVG § 145a Rdn. 2.4; *Mohrbutter/Drischler/Radtke/Tiedemann*, Muster 170 Anm. 10.
10   *Eickmann*, Sachenrechtsbereinigung § 145a ZVG Rdn. 12.

bindlichkeit des persönlichen Schuldners und den Ausfall im Insolvenzverfahren (Nr. 5) und bindet das Vollstreckungs-, Insolvenz- und Prozessgericht.[11]

III. Schiffspfandrechte in ausländischer Währung nach altem Recht

§ 168c gilt nur für die seit dem 1.1.1963 (Inkrafttreten des Art. III Abs. 1 SchBkGÄndG; vgl. → Rdn. 2) begründeten Schiffshypotheken in ausländischer Währung.[12] Vor diesem Zeitpunkt konnten Schiffspfandrechte bereits aufgrund der Gesetze vom 26.1.1923 (RGBl I 90) und vom 29.3.1923 (RGBl I 232, Befristung weggefallen durch Gesetz vom 19.12.1930, RGBl I 629) in ausländischer Währung eingetragen werden (vgl. auch Art. 16 Hs. 2 SchRGDV). Hierauf fanden die Vorschriften über Hypotheken in ausländischer Währung (Verordnung vom 13.2.1920, RGBl 231, für die Zwangsversteigerung deren §§ 5 bis 10) entsprechende Anwendung, die inhaltlich teilweise von § 168c abwichen.[13] Insbesondere war nicht, wie nach § 168c Nr. 2 Satz 2, der im Versteigerungstermin festgestellte Kurswert für das gesamte weitere Verfahren maßgebend, sondern gemäß § 10 Abs. 1 Satz 2 der Verordnung vom 13.2.1920 für den Teilungsplan ein neuer Kurs zu ermitteln.[14] Alle diese Vorschriften sind durch Art. IV Abs. 1 Satz 1 Nr. 1, 2, 4 SchBkGÄndG aufgehoben worden, blieben jedoch gemäß Art. IV Abs. 1 Satz 2 SchBkGÄndG auf die vor dem 1.1.1963 eingetragenen Rechte anwendbar. Seit der Aufhebung des SchBkGÄndG gilt dasselbe gemäß § 52 Abs. 2 PfandBG. Nach der Verordnung vom 13.2.1920 und nicht nach § 168c ist somit zu verfahren, soweit im Einzelfall noch solche Rechte eingetragen sein sollten.[15]

IV. Wertbeständige Schiffspfandrechte nach altem Recht

Nach früherem Recht konnten aufgrund der Verordnung vom 12.2.1924 (RGBl I 65) auch wertbeständige Schiffspfandrechte, insbesondere als Goldmarkschiffspfandrechte (Verordnung vom 17.4.1924, RGBl I 415), bestellt werden. Hierauf fanden die Vorschriften über wertbeständige Hypotheken (Gesetz vom 23.6.1923, RGBl I 407, für die Zwangsversteigerung dessen §§ 4 bis 6) entsprechende Anwendung. Dabei blieb es auch gemäß Art. 16 Hs. 1 SchRGDV. Die Vorschriften sind im Rahmen der Bereinigung des Bundesrechts weggefallen.[16] Für die seinerzeit zugelassenen Wertmesser sind feste Umstellungsbeträge festgelegt worden (für den häufigsten Fall der Rechte auf Feingoldbasis vgl. Verordnung vom 16.11.1940, RGBl I 1521, i.V.m. § 14 Abs. 2 des Gesetzes vom 15.6.1939, RGBl I 1015, sowie für das Beitrittsgebiet § 2 Abs. 1 GBBerG; vgl. → § 44 Rdn. 29, → § 114 Rdn. 21). Sollten solche Rechte ausnahmsweise noch eingetragen sein, so ist in der Zwangsversteigerung nach den Bestimmungen zu verfahren, die für entsprechend belastete Grundstücke gelten.[17]

---

11 Steiner/*Hagemann*, § 168c Rdn. 14.
12 Steiner/*Hagemann*, § 168c Rdn. 5.
13 Vgl. *Reuter*, S. 225.
14 Dies entspricht nach *Reuter*, S. 226 den Interessen der Beteiligten besser.
15 Steiner/*Hagemann*, § 168c Rdn. 4, 6; *Stöber*, ZVG § 168c Rdn. 1; a.A. *Eickmann*, Sachenrechtsbereinigung § 145a ZVG Rdn. 3.
16 Vgl. MünchKomm/*Eickmann*, BGB § 1113 Rdn. 42; *Demharter*, § 28 Rdn. 30 ff.
17 Steiner/*Hagemann*, § 168c Rdn. 3; vgl. *Korintenberg/Wenz*, § 44 Anm. 3, § 114 Anm. 7, § 118 Anm. 4.

§ 169 »Mieter und Pächter; Schiffshypothek gegen den Ersteher«

(1) ¹Ist das Schiff einem Mieter oder Pächter überlassen, so gelten die Vorschriften des § 578a des Bürgerlichen Gesetzbuchs entsprechend. ²Soweit nach § 578a Abs. 2 für die Wirkung von Verfügungen und Rechtsgeschäften über die Miete oder Pacht der Übergang des Eigentums in Betracht kommt, ist an dessen Stelle die Beschlagnahme des Schiffs maßgebend; ist der Beschluß, durch den die Zwangsversteigerung angeordnet wird, auf Antrag des Gläubigers dem Mieter oder Pächter zugestellt, so gilt mit der Zustellung die Beschlagnahme als dem Mieter oder Pächter bekannt.

(2) ¹Soweit das Bargebot bis zum Verteilungstermin nicht berichtigt wird, ist für die Forderung gegen den Ersteher eine Schiffshypothek an dem Schiff in das Schiffsregister einzutragen. ²Die Schiffshypothek entsteht mit der Eintragung, auch wenn der Ersteher das Schiff inzwischen veräußert hat. ³Im übrigen gelten die Vorschriften des Gesetzes über Rechte an eingetragenen Schiffen und Schiffsbauwerken vom 15. November 1940 (Reichsgesetzbl. I S. 1499) über die durch Rechtsgeschäft bestellte Schiffshypothek.

I. Anwendungsbereich

1 § 169 gilt für **deutsche Schiffe**. Für **Schiffsbauwerke** gilt Abs. 2 aufgrund der Verweisung in § 170a Abs. 2 Satz 1 sinngemäß; Abs. 1 gilt nicht. Für **fertig gestellte Schwimmdocks** gilt auch Abs. 1 gemäß Art. 3 Abs. 2 SchRGÄndG (vgl. → § 170a Rdn. 12). Für ausländische Schiffe gilt die Vorschrift nicht.

II. Mieter und Pächter

2 Abs. 1 normiert Abweichungen zu §§ 57 bis 57b, die im Übrigen gemäß § 162 entsprechend anzuwenden sind, soweit sie sich hierfür eignen (vgl. → § 162 Rdn. 56). Die nachstehend auf Mietverhältnisse bezogenen Erläuterungen gelten für Pachtverhältnisse entsprechend (§ 581 Abs. 2 BGB).

3 An die Stelle des § 57 tritt § 169 Abs. 1 Satz 1, der § 578a BGB für entsprechend anwendbar erklärt. Dessen Abs. 1 verweist auf die auch in § 57 aufgeführten §§ 566, 566a BGB. Es gilt also, wie bei der Grundstücksversteigerung, der Grundsatz, dass der Ersteher anstelle des bisherigen Vermieters in die Rechte und Pflichten aus dem Mietverhältnis und aus der Mietsicherheit eintritt. Anstelle von § 566b Abs. 1, § 566c BGB gilt für Schiffe § 578a Abs. 2 Satz 1, 2 BGB. Danach sind eine Vorausverfügung des Vermieters über die Miete und Rechtsgeschäfte zwischen dem Mieter und dem Vermieter über die Mietforderung – mit den dort genannten Ausnahmen – ohne Beschränkung auf Fristen wirksam. § 566d BGB gilt gemäß § 578a Abs. 2 Satz 3 BGB entsprechend.[1]

4 § 57a über das Kündigungsrecht des Erstehers ist anwendbar.[2]

5 Soweit es für die Wirksamkeit einer Verfügung nach § 578a Abs. 2 BGB auf den Eigentumsübergang ankommt, tritt gemäß § 169 Abs. 1 Satz 2 an dessen Stelle die Beschlagnahme des Schiffs, die dem Mieter als bekannt gilt, wenn ihm der Anord-

---

1 Vgl. Depré/*Wedekind*, § 169 Rdn. 11 ff. sowie – unter Berücksichtigung des BGB a.F. – Steiner/*Hagemann*, § 169 Rdn. 7, 12; *Mohrbutter/Drischler/Radtke/Tiedemann*, Muster 170 Anm. 5.
2 Steiner/*Hagemann*, § 169 Rdn. 10.

nungsbeschluss auf Antrag des Gläubigers zugestellt wurde. Dies entspricht dem § **57b** Abs. 1 Satz 1, 2. Die ergänzenden Vorschriften des § 57b Abs. 1 Satz 3, 4 sind aufgrund des § 162 anwendbar. § 57b Abs. 2, 3 gelten nicht, weil es eine Zwangsverwaltung von Schiffen nicht gibt.[3]

III. Schiffshypothek gegen den Ersteher

Abs. 2 ersetzt den § 128. Wird das Bargebot bis zum Verteilungstermin nicht berichtigt, so ist für die Forderung gegen den Ersteher eine **Schiffshypothek** an dem Schiff in das Schiffsregister einzutragen, die mit der Eintragung entsteht. Das gilt auch dann, wenn der Ersteher das Schiff inzwischen weiter veräußert hat; dies ist bei einem im Seeschiffsregister eingetragenen Schiff möglich, weil die Übertragung des Eigentums gemäß § 2 Abs. 1 SchRG keine Eintragung erfordert.[4] 6

Die Schiffshypothek für die übertragene Forderung steht rechtsgeschäftlich bestellten Schiffshypotheken gleich. Das gilt auch hinsichtlich des Rangverhältnisses zu neu entstehenden Schiffsgläubigerrechten.[5]

Die Eintragung einer Schiffshypothek ist nicht möglich, wenn ein Seeschiff einem Ausländer zugeschlagen und im Schiffsregister gelöscht wird. In diesem Fall ist § 171 Abs. 5 entsprechend anzuwenden (vgl. → § 171 Rdn. 34).[6] 7

---

3 Steiner/*Hagemann*, § 169 Rdn. 12 f.
4 Depré/*Wedekind*, § 169 Rdn. 24; *Krause*, Rdn. 412.
5 Steiner/*Hagemann*, § 169 Rdn. 15 ff.; Depré/*Wedekind*, § 169 Rdn. 26; *Krause*, Rdn. 412.
6 Steiner/*Hagemann*, § 162 Rdn. 158, § 169 Rdn. 19, § 171 Rdn. 61; Depré/*Wedekind*, § 169 Rdn. 27; *Jaeckel/Güthe*, § 169 Rdn. 6; vgl. *Krause*, Rdn. 413.

§ 169a »Kein Verkehrswert bei Seeschiffen«

(1) Auf die Zwangsversteigerung eines Seeschiffes sind die Vorschriften der §§ 74a, 74b und 85a nicht anzuwenden; § 38 *[Abs. 1*]* Satz 1 findet hinsichtlich der Angabe des Verkehrswerts keine Anwendung.

(2) § 68 findet mit der Maßgabe Anwendung, daß Sicherheit für ein Zehntel des Bargebots zu leisten ist.

---

* Der Hinweis auf Abs. 1 fehlt im Gesetzestext.

I. Anwendungsbereich

1 § 169a gilt für **deutsche Seeschiffe**. Für Binnenschiffe und für Schiffsbauwerke gilt die Vorschrift nicht. Für **ausländische Seeschiffe** gilt sie aufgrund der Verweisung in § 171 Abs. 5 Satz 1.

II. Keine Wertfestsetzung

2 Bei der Zwangsversteigerung eines Seeschiffs ist ein **Verkehrswert** nicht festzusetzen. Mangels Anwendbarkeit von §§ 74a, 74b, 85a wird er hierfür nicht benötigt.[1]

Ein Verkehrswert ist auch nicht etwa deshalb festzusetzen, weil andere Verfahrensschritte ihn voraussetzen, etwa § 10 Abs. 1 Nr. 1a (vgl. → § 162 Rdn. 25), § 30a Abs. 3 Satz 2 (vgl. → § 162 Rdn. 53), § 765a ZPO (vgl. → § 162 Rdn. 53), § 64 Abs. 1 (vgl. → § 162 Rdn. 55), § 66 Abs. 1 (vgl. → § 162 Rdn. 57), § 112 Abs. 2 (vgl. → § 162 Rdn. 65), § 114a (vgl. → § 162 Rdn. 66) und der Kostenansatz.[2] Hierfür ist der Wert erforderlichenfalls anhand anderer Unterlagen, z.B. aus Untersuchungsberichten, Versicherungspolicen, Schiffspapieren, zu ermitteln.[3]

3 § 38 Abs. 1 Satz 1 wird durch Abs. 1 Hs. 2 ausdrücklich für unanwendbar erklärt, soweit hiernach die Terminsbestimmung den Verkehrswert enthalten soll (die Anpassung des Gesetzestextes an die Änderungen durch das 2. JuMoG – bisheriger Text des § 38 wird Abs. 1 – ist wohl versehentlich unterblieben). Naturgemäß entfallen auch der in § 38 Abs. 1 Satz 2 vorgesehene Hinweis auf eine frühere Zuschlagsversagung nach §§ 74a, 85a und die Bekanntmachung von Abschätzungen und Wertgutachten in einem für das Gericht bestimmten elektronischen Informations- und Kommunikationssystem nach § 38 Abs. 2.

III. Höhe der Sicherheitsleistung

4 Gemäß § 68 Abs. 1 Satz 1 ist im Versteigerungstermin auf Verlangen **Sicherheit** grundsätzlich in Höhe von einem Zehntel des in der Terminsbestimmung genannten bzw. des festgesetzten Verkehrswerts zu leisten. Mangels einer Verkehrswertfestsetzung und -angabe bedarf diese Vorschrift für Seeschiffe einer Modifikation. Nach Abs. 2 ist Sicherheit für ein Zehntel des Bargebots zu leisten.

---

1 *Hornung*, RpflJB 1991, 216, 226 ff.
2 Steiner/*Hagemann*, § 162 Rdn. 79, § 169a Rdn. 2; *Stöber*, ZVG § 74a Rdn. 2.4; Depré/*Wedekind*, § 169a Rdn. 10; *Schiffhauer*, KTS 1969, 165 ff., 169; *Hornung*, RpflJB 1991, 216, 227 ff.; a.A. wegen § 66 Abs. 1, § 114a ZVG und wegen des Kostenansatzes *Mohrbutter*, KTS 1969, 77, 79 f.
3 Depré/*Wedekind*, § 169a Rdn. 11; *Hornung*, RpflJB 1991, 216, 227 f.

Damit sind dieselben Regeln anzuwenden wie früher auch bei der Versteigerung von Grundstücken bis zur Reform durch das ZVGuaÄndG (§ 68 Abs. 1 a.F.). Hat ein Bieter Sicherheit geleistet, die durch eine spätere Erhöhung des Gebots unzureichend geworden ist, so muss er den Differenzbetrag auch ohne besonderen Antrag **nachschießen**, weil das Sicherheitsverlangen gemäß §§ 162, 67 Abs. 1 Satz 2 stets auch für weitere Gebote desselben Bieters gilt. Der die Sicherheit Verlangende kann hierauf verzichten.[4]

IV. Keine Zuschlagsversagung wegen geringen Meistgebots

Da §§ 74a, 74b, 85a nach Abs. 1 Hs. 1 insgesamt nicht anzuwenden sind, kann der Zuschlag nicht deshalb versagt werden, weil das Meistgebot einschließlich des Kapitalwertes der bestehen bleibenden Rechte sieben Zehntel bzw. die Hälfte des Verkehrswertes nicht erreicht.[5] Damit sollen ein Wertverlust zwischen zwei Versteigerungsterminen und erhebliche Kosten vermieden werden.[6] Zur Befriedigungsfiktion nach § 114a vgl. → § 162 Rdn. 66.

---

4 Depré/*Wedekind*, § 169a Rdn. 12 ff.
5 Steiner/*Hagemann*, § 169a Rdn. 2; *Mohrbutter/Drischler/Radtke/Tiedemann*, vor Muster 167 Anm. 11; *Hornung*, RpflJB 1991, 216, 226 ff.
6 *Hornung*, RpflJB 1991, 216, 226; *Müller*, NJW 1979, 905, 909.

§ 170 »Gerichtliche Bewachung und Verwahrung des versteigerten Schiffes«

(1) An die Stelle der nach § 94 Abs. 1 zulässigen Verwaltung tritt die gerichtliche Bewachung und Verwahrung des versteigerten Schiffes.

(2) Das Gericht hat die getroffenen Maßregeln aufzuheben, wenn der zu ihrer Fortsetzung erforderliche Geldbetrag nicht vorgeschossen wird.

I. Anwendungsbereich

1 § 170 gilt für **deutsche Schiffe**. Für **Schiffsbauwerke** gilt die Vorschrift aufgrund der Verweisung in § 170a Abs. 2 Satz 1 sinngemäß. Für **ausländische Schiffe** gilt Abs. 1 aufgrund der Verweisung in § 171 Abs. 5 Satz 1 mit der Ergänzung durch § 171 Abs. 5 Satz 2 (vgl. → § 171 Rdn. 34); Abs. 2 gilt nicht.

II. Bewachung und Verwahrung

2 Ebenso wie es bei Schiffen keine Zwangsverwaltung gibt, kann auch keine gerichtliche Verwaltung nach § 94 angeordnet werden. Stattdessen sind die **Bewachung und Verwahrung** des versteigerten Schiffs vorgesehen.

Hinsichtlich der Voraussetzungen ist § 94 Abs. 1 entsprechend anzuwenden.[1] So ist der Antrag eines Beteiligten erforderlich, der Befriedigung aus dem Bargebot zu erwarten hat. Die Antragstellung ist schon im Versteigerungstermin möglich. Die Anordnung kann getroffen werden, solange nicht die Zahlung oder Hinterlegung erfolgt sind. Bewachung und Verwahrung erfolgen für Rechnung des Erstehers.[2]

3 Im Rahmen des § 170 Abs. 1 können dieselben Maßnahmen wie in den Fällen des § 165 ergriffen werden, insbesondere Anketten des Schiffes und Inverwahrnahme der Schiffspapiere, um das Schiff im Hafen festzuhalten (vgl. → § 165 Rdn. 2 ff.). Dabei ist zu berücksichtigen, dass Bewachung und Verwahrung hier regelmäßig nur für kurze Zeit erforderlich sind.[3]

4 Die Maßnahmen sind, ebenso wie im Fall des § 94, aufzuheben, wenn die Voraussetzungen für ihre Anordnung wegfallen, also insbesondere bei Antragsrücknahme, bei Zahlung oder Hinterlegung eines ausreichenden Teils des Meistgebots und bei Befriedigung des Antragstellers, ferner mangels Vorschusszahlung (vgl. → Rdn. 5).[4]

III. Aufhebung mangels Vorschusszahlung

5 Bewachung und Verwahrung werden zunächst ohne Vorschusszahlung angeordnet.[5] Ihre Fortsetzung kann davon abhängig gemacht werden, dass der Antragsteller den dafür notwendigen Geldbetrag vorschießt. Anders als in den Fällen des § 165 (vgl. → § 165 Rdn. 8) und der §§ 94, 161 Abs. 3 sind die angeordneten Maßregeln **zwingend aufzuheben**, wenn der Vorschuss nicht gezahlt wird.[6]

---

1   Steiner/*Hagemann*, § 170 Rdn. 2; *Stöber*, ZVG § 170 Rdn. 2.1 f.; Depré/*Wedekind*, § 170 Rdn. 9.
2   Steiner/*Hagemann*, § 170 Rdn. 5 f.
3   Steiner/*Hagemann*, § 170 Rdn. 9, 13; *Stöber*, ZVG § 170 Rdn. 2.3.
4   Steiner/*Hagemann*, § 170 Rdn. 14 f.; Depré/*Wedekind*, § 170 Rdn. 10, 38 ff.
5   A.A. Depré/*Wedekind*, § 170 Rdn. 14 ff.: Anordnung kann von Vorschusszahlung abhängig gemacht werden.
6   Steiner/*Hagemann*, § 170 Rdn. 7, 15; *Stöber*, ZVG § 170 Rdn. 3.

§ 170a »Zwangsversteigerung eines Schiffsbauwerks«

(1) ¹Die Zwangsversteigerung eines Schiffsbauwerks darf erst angeordnet werden, nachdem es in das Schiffsbauregister eingetragen ist. ²Der Antrag auf Anordnung der Zwangsversteigerung kann jedoch schon vor der Eintragung gestellt werden.
(2) ¹§ 163 Abs. 1, §§ 165, 167 Abs. 1, §§ 168c, 169 Abs. 2, § 170 gelten sinngemäß. ²An die Stelle des Grundbuchs tritt das Schiffsbauregister. ³Wird das Schiffsbauregister von einem anderen Gericht als dem Vollstreckungsgericht geführt, so soll die Terminsbestimmung auch durch das für Bekanntmachungen dieses Gerichts bestimmte Blatt bekanntgemacht werden. ⁴An Stelle der im § 43 Abs. 1 bestimmten Frist tritt eine Frist von zwei Wochen, an Stelle der im § 43 Abs. 2 bestimmten Frist eine solche von einer Woche.

I. Anwendungsbereich

§ 170a gilt für **Schiffsbauwerke** und gemäß Art. 3 Abs. 1 SchRGÄndG für **Schwimmdocks**, die, auch wenn sie noch im Bau befindlich sind, wie Schiffsbauwerke behandelt werden (§ 81a SchRG, §§ 73a, 73b SchRegO).[1] Bei den folgenden Erläuterungen wird daher, soweit keine Besonderheiten in Betracht kommen, jeweils auf die ausdrückliche Nennung von Schwimmdocks verzichtet. 1

Der Zwangsvollstreckung in das unbewegliche Vermögen unterliegen Schiffsbauwerke gemäß § 864 Abs. 1 ZPO nur dann, wenn sie im **Schiffsbauregister** eingetragen sind oder in dieses Register eingetragen werden können (vgl. → § 162 Rdn. 7). 2

II. Anwendbare Vorschriften und Besonderheiten

Für die Zwangsversteigerung von Schiffsbauwerken gelten gemäß § 162 zunächst, ebenso wie für deutsche Schiffe, die Vorschriften des Ersten Abschnitts des ZVG (vgl. → § 162 Rdn. 12 ff., zur Rangordnung → § 162 Rdn. 45; zum Umfang der Beschlagnahme → § 162 Rdn. 51). Während Abweichungen hiervon für Schiffe in §§ 163 bis 170 geregelt sind, enthält § 170a Sonderbestimmungen für Schiffsbauwerke, teilweise jedoch unter Verweisung auf einzelne Regelungen der §§ 163 bis 170. Die hier nicht genannten Vorschriften gelten für die Zwangsversteigerung von Schiffsbauwerken nicht. Hiervon ist für fertig gestellte Schwimmdocks § 169 Abs. 1 ausgenommen, der gemäß Art. 3 Abs. 2 SchRGÄndG gilt (vgl. → Rdn. 12). 3

Bei der sinngemäßen Anwendung treten jeweils an die Stelle des Begriffs „Schiff" die Begriffe „Schiffsbauwerk" oder „Schwimmdock" und an die Stelle des Begriffs „Schiffsregister" der Begriff „Schiffsbauregister".

1. Zuständigkeit

§ 163 Abs. 1 ist sinngemäß anwendbar. Für die Zwangsversteigerung ist deshalb das Amtsgericht als Vollstreckungsgericht zuständig, in dessen Bezirk sich das Schiffsbauwerk befindet. Da auch die in § 163 Abs. 1 enthaltene Verweisung auf § 1 Abs. 2 anwendbar ist, gelten die für die Zwangsversteigerung deutscher Schiffe bestehenden Zuständigkeitskonzentrationen auch für Schiffsbauwerke (vgl. → § 163 Rdn. 3 ff.). 4

---

[1] Steiner/*Hagemann*, § 170a Rdn. 5; ausführlich zum Schwimmdock *Hornung*, Rpfleger 2003, 232; *Krause*, Rdn. 830 ff., zur Zwangsvollstreckung Rdn. 850 ff.

2. Schiffsbauregister

5 Abs. 2 Satz 2 ersetzt § 163 Abs. 2. Bei der Anwendung der Vorschriften des Ersten Abschnitts des ZVG tritt an die Stelle des Grundbuchs (erwähnt in § 9 Nr. 1, § 17 Abs. 2, §§ 19, 27 Abs. 1, § 28 Abs. 1, § 37 Nr. 4, §§ 45, 54 Abs. 2, § 91 Abs. 2, §§ 114, 128 Abs. 1, § 130 Abs. 1) das **Schiffsbauregister** (vgl. → § 162 Rdn. 7).[2] Dasselbe gilt wegen der Anordnung „sinngemäßer" Anwendung der in Abs. 2 Satz 1 genannten Vorschriften für das in § 167 Abs. 1, § 169 Abs. 2 erwähnte Schiffsregister.

3. Anordnung

6 Der Antrag auf Anordnung der Zwangsversteigerung kann gemäß Abs. 1 Satz 2 bereits vor der Eintragung des Schiffsbauwerks in das Schiffsbauregister gestellt werden. Gemäß Abs. 1 Satz 1 darf das Verfahren jedoch erst nach erfolgter Eintragung angeordnet werden.[3] Zu den Voraussetzungen der Eintragung vgl. → § 162 Rdn. 7.

4. Sicherungsmaßnahmen

7 § 165 ist sinngemäß anwendbar.

5. Terminsbestimmung

8 § 167 Abs. 1 ist sinngemäß anwendbar. Schiffsbauwerke und Schwimmdocks sollen in der Terminsbestimmung nach den Angaben im Schiffsbauregister bezeichnet werden. Neben der Registerblattnummer sind das die gemäß § 51 Abs. 1, § 54 SchRegDV einzutragenden Angaben (Name, Nummer oder sonstige Bezeichnung, Bauort und Schiffswerft, Bezeichnung der Bescheinigung nach § 69 Abs. 3 SchRegO, für Schwimmdocks deren Fertigstellung und Lageort).

9 Abs. 2 Satz 3 tritt an die Stelle des § 168 Abs. 2. Örtlich ist das Amtsgericht für die Anordnung und Durchführung des Zwangsversteigerungsverfahrens zuständig, in dessen Bezirk sich das Schiffsbauwerk bei Erlass des Anordnungsbeschlusses befindet. Wird das **Schiffsbauregister** von einem anderen Gericht geführt, so soll die Terminsbestimmung auch in das Blatt eingerückt oder in das elektronische Informations- und Kommunikationssystem eingestellt werden, das für Bekanntmachungen jenes Gerichts bestimmt ist. Gemeint ist das Amtsblatt oder System, welches in dem anderen Gerichtsbezirk für die Veröffentlichung nach §§ 162, 39 Abs. 1 vorgeschrieben ist. Es handelt sich lediglich um eine Ordnungsvorschrift.[4] Die Frist nach §§ 162, 43 Abs. 1 muss bei dieser Bekanntmachung nicht eingehalten werden.[5] Anders als in § 168 Abs. 2 ist zwar ein elektronisches System des anderen Gerichts hier nicht ausdrücklich erwähnt. Dies dürfte jedoch lediglich auf ein Redaktionsversehen bei der Anpassung des ZVG durch das JKomG zurückgehen. Weil ja ein solches System gemäß § 39 Abs. 1 allgemein das Amtsblatt ersetzen kann, tritt es auch im Falle des Abs. 2 Satz 3 an dessen Stelle. Wegen der Bekanntmachung im anderen Gerichtsbezirk bei Zuständigkeitskonzentration vgl. → § 163 Rdn. 9.

---

2 Vgl. dazu die § 162 Fn. 4 genannten Nachweise.
3 Steiner/*Hagemann*, § 170a Rdn. 9 ff.; Depré/*Wedekind*, § 170a Rdn. 14 ff.
4 Steiner/*Hagemann*, § 170a Rdn. 17.
5 Vgl. für den Fall des § 168 Abs. 2 *Jaeckel/Güthe*, § 168 Rdn. 4.

Obwohl § 168 Abs. 1 nicht ausdrücklich für anwendbar erklärt ist, kann aufgrund von §§ 162, 40 Abs. 2 auch die Zwangsversteigerung eines Schiffsbauwerks in einem Schifffahrtsfachblatt bekannt gemacht werden.[6]

Die in § 43 bestimmten **Mindestfristen** zwischen der Bekanntmachung und der Zustellung der Terminsbestimmung und dem Versteigerungstermin werden durch Abs. 2 Satz 4 auf zwei Wochen bzw. eine Woche verkürzt.[7]

6. Schiffshypotheken in ausländischer Währung

§ 168c ist sinngemäß anwendbar.

7. Mieter und Pächter

§ 169 Abs. 1 ist, auch wenn die Vorschrift in Abs. 2 Satz 1 nicht erwähnt ist, auf die Zwangsversteigerung eines **fertig gestellten Schwimmdocks** gemäß Art. 3 Abs. 2 SchRGÄndG sinngemäß anwendbar.[8]

8. Schiffshypothek gegen den Ersteher

§ 169 Abs. 2 ist sinngemäß anwendbar.

9. Bewachung und Verwahrung nach Zuschlag

§ 170 ist sinngemäß anwendbar.

---

6 Steiner/*Hagemann*, § 170a Rdn. 18; Depré/*Wedekind*, § 170a Rdn. 32.
7 Steiner/*Hagemann*, § 170a Rdn. 19.
8 *Hornung*, Rpfleger 2003, 232, 238; vgl. Steiner/*Hagemann*, § 170a Rdn. 8; Depré/ *Wedekind*, § 170a Rdn. 36, 39.

§ 171 »Ausländische Schiffe«

(1) Auf die Zwangsversteigerung eines ausländischen Schiffs, das, wenn es ein deutsches Schiff wäre, in das Schiffsregister eingetragen werden müßte, sind die Vorschriften des Ersten Abschnitts entsprechend anzuwenden, soweit sie nicht die Eintragung im Schiffsregister voraussetzen und sich nicht aus den folgenden Vorschriften etwas anderes ergibt.

(2) ¹Als Vollstreckungsgericht ist das Amtsgericht zuständig, in dessen Bezirk sich das Schiff befindet; § 1 Abs. 2 gilt entsprechend. ²Die Zwangsversteigerung darf, soweit sich nicht aus den Vorschriften des Handelsgesetzbuchs oder des Gesetzes, betreffend die privatrechtlichen Verhältnisse der Binnenschiffahrt, etwas anderes ergibt, nur angeordnet werden, wenn der Schuldner das Schiff im Eigenbesitz hat; die hiernach zur Begründung des Antrags auf Zwangsversteigerung erforderlichen Tatsachen sind durch Urkunden glaubhaft zu machen, soweit sie nicht beim Gericht offenkundig sind.

(3) ¹Die Terminsbestimmung muß die Aufforderung an alle Berechtigten, insbesondere an die Schiffsgläubiger, enthalten, ihre Rechte spätestens im Versteigerungstermin vor der Aufforderung zur Abgabe von Geboten anzumelden und, wenn der Gläubiger widerspricht, glaubhaft zu machen, widrigenfalls die Rechte bei der Verteilung des Versteigerungserlöses dem Anspruch des Gläubigers und den übrigen Rechten nachgesetzt werden würden. ²Die Terminsbestimmung soll, soweit es ohne erhebliche Verzögerung des Verfahrens tunlich ist, auch den aus den Schiffspapieren ersichtlichen Schiffsgläubigern und sonstigen Beteiligten zugestellt und, wenn das Schiff im Schiffsregister eines fremden Staates eingetragen ist, der Registerbehörde mitgeteilt werden.

(4) ¹Die Vorschriften über das geringste Gebot sind nicht anzuwenden. ²Das Meistgebot ist in seinem ganzen Betrag durch Zahlung zu berichtigen.

(5) ¹Die Vorschriften der §§ 165, 166, 168 Abs. 1 und 3, §§ 169a, 170 Abs. 1 sind anzuwenden. ²Die vom Gericht angeordnete Überwachung und Verwahrung des Schiffs darf erst aufgehoben und das Schiff dem Ersteher erst übergeben werden, wenn die Berichtigung des Meistgebots oder die Einwilligung der Beteiligten nachgewiesen wird.

Übersicht	Rdn.
I. Anwendungsbereich	1
II. Anwendbare Vorschriften und Besonderheiten	4
1. Zuständigkeit	5
a) Internationale Zuständigkeit	6
b) Sachliche Zuständigkeit	7
c) Örtliche Zuständigkeit	8
d) Funktionelle Zuständigkeit	11
2. Zustellungen	12
3. Beteiligte	13
4. Rangordnung	14
5. Ansprüche von unbestimmtem Betrag	15
6. Antrag und Anordnung	16
7. Beschlagnahme	20
8. Beitritt	22
9. Aufhebung und einstweilige Einstellung	23
10. Bestimmung des Versteigerungstermins	24
11. Geringstes Gebot und Versteigerungsbedingungen	28

12. Mieter und Pächter 30
13. Versteigerung 31
14. Antrag auf Zuschlagsversagung, Wertfestsetzung 32
15. Zuschlagsentscheidung 33
16. Gerichtliche Verwaltung 34
17. Beschwerde 35
18. Erlösverteilung 36
19. Erweiterte Befriedigung 37
20. Rechte in ausländischer Währung 38
21. Zwangsverwaltung 39

I. Anwendungsbereich

§ 171 gilt für **ausländische Schiffe**. Ein ausländisches Seeschiff ist – abgesehen von Sonderfällen (vgl. → § 162 Rdn. 5) – ein Schiff, das nicht die Bundesflagge (§§ 1, 2 FlaggRG), sondern die Flagge eines anderen Staates führt (vgl. zur „Ausflaggung" → § 162 Rdn. 5). Ein ausländisches Binnenschiff ist ein Schiff, dessen Heimatort (§ 6 BinSchG) im Ausland liegt.[1]

Weil ausländische Schiffe nicht im deutschen Schiffsregister eingetragen sind, können solche Vorschriften keine Anwendung finden, die auf das Schiffsregister Bezug nehmen. Voraussetzung für die Anwendung des ZVG ist jedoch, dass das ausländische Schiff, wenn es ein deutsches Schiff wäre, in das **Schiffsregister** eingetragen werden müsste. Es kommt auf die **fiktive Eintragungspflicht** an; die bloße Eintragungsfähigkeit reicht nicht aus. Für Seeschiffe ist, abgesehen von der fehlenden Verpflichtung zur Führung der Bundesflagge, auf die fiktive Anmeldepflicht nach § 10 Abs. 1 SchRegO, für Binnenschiffe auf die fiktive Anmeldepflicht nach § 10 Abs. 2 SchRegO abzustellen. Ohne Bedeutung ist eine etwaige Eintragung in einem ausländischen Schiffsregister.[2]

Ausländische Staatshandelsschiffe sind privaten Schiffen weitgehend gleich gestellt. Kriegsschiffe, Staatsjachten und andere für einen staatlichen Dienst verwendete Schiffe genießen grundsätzlich Immunität.[3]

Für die **Arrestvollziehung** in ausländische Schiffe gilt § 930 ZPO mit der Möglichkeit einer Versteigerung durch den Gerichtsvollzieher nach den Vorschriften über die Versteigerung beweglicher Sachen gemäß § 930 Abs. 3 ZPO.[4] Zur Arrestvollziehung in deutsche Schiffe vgl. → § 162 Rdn. 19.

---

1 Steiner/*Hagemann*, § 171 Rdn. 17 ff.; *Stöber*, ZVG § 171 Rdn. 1; *Depré/Wedekind*, § 169 Rdn. 96 ff.; *Mohrbutter/Drischler/Radtke/Tiedemann*, Muster 170 Anm. 9; *Drischler*, KTS 1980, 111 f.; *Hornung*, RpflJB 1991, 216, 224 ff.; vgl. *Schaps/Abraham*, vor § 476 Rdn. 37. – Vgl. zur Flaggenführung von Seeschiffen Art. 5, 6 des Übereinkommens über die Hohe See vom 29.4.1958 (Gesetz vom 21.9.1972, BGBl II 1089); *Prause*, Vorbem. vor § 1 FlaggRG. – Vgl. zur Zwangsversteigerung eines deutschen Schiffes im Ausland Depré/*Wedekind*, § 169 Rdn. 96 ff., § 171 Rdn. 83 ff.; *Krause*, Rdn. 433 ff.
2 Steiner/*Hagemann*, § 171 Rdn. 13, 21; *Drischler*, KTS 1980, 111 f.; *Hornung*, RpflJB 1991, 216, 224 ff.; zur Mobiliarvollstreckung in nicht fiktiv eintragungspflichtige Schiffe Depré/*Wedekind*, § 171 Rdn. 29 ff.
3 Internationales Abkommen zur einheitlichen Feststellung von Regeln über die Immunitäten der Staatsschiffe vom 10.4.1926 (Gesetz vom 9.7.1927, RGBl II 483) mit Zusatzprotokoll vom 24.5.1934 (Bekanntmachung vom 11.9.1936, RGBl II 303); Art. 8, 9 des Übereinkommens über die Hohe See vom 29.4.1958 (Fn. 1); Depré/*Wedekind*, § 171 Rdn. 11; *Schaps/Abraham*, vor § 476 Rdn. 19; *Rabe*, Einf. Rdn. 26 ff.; *Herber*, § 10 III 3.
4 LG Hamburg, MDR 1978, 764; vgl. *Korintenberg/Wenz*, vor § 162 Anm. 2.

II. Anwendbare Vorschriften und Besonderheiten

4 Auf die Zwangsversteigerung eines ausländischen Schiffs sind die §§ 1 bis 161 entsprechend anzuwenden, soweit sie nicht die – hier naturgemäß nicht vorhandene – Eintragung im Schiffsregister voraussetzen und soweit sich nicht aus Abs. 2 bis 5 etwas anderes ergibt; die lediglich aus diesem Grund nicht anwendbaren Vorschriften werden nachfolgend nicht ausdrücklich bezeichnet. Außerdem gelten die in Abs. 5 Satz 1 genannten Vorschriften.[5]

Bei der entsprechenden Anwendung tritt jeweils an die Stelle des Begriffs „Grundstück" der Begriff „Schiff".

1. Zuständigkeit

5 § 1 wird durch Abs. 2 Satz 1 – dessen Hs. 2 auf § 1 Abs. 2 verweist – ersetzt. § 2 ist, wie bei der Zwangsversteigerung deutscher Schiffe, eingeschränkt anwendbar (vgl. → § 162 Rdn. 13).

a) Internationale Zuständigkeit

6 Ausländische Schiffe unterliegen der Immobiliarvollstreckung durch ein deutsches Gericht, wenn sie sich in einem **deutschen Hafen** befinden, da über sie nur dann deutsche Hoheitsgewalt ausgeübt werden kann (vgl. → § 163 Rdn. 1.1).[6]

Zur Unzulässigkeit der Vollstreckung in das hoheitlichen Zwecken dienende Schiff eines ausländischen Staates vgl. → Rdn. 2.

b) Sachliche Zuständigkeit

7 Sachlich ist für die Zwangsversteigerung ausländischer Schiffe das **Amtsgericht** als Vollstreckungsgericht ausschließlich zuständig (§ 764 Abs. 1, § 802 ZPO).

c) Örtliche Zuständigkeit

8 Örtlich ist nach Abs. 2 Satz 1 das Amtsgericht zuständig, in dessen Bezirk sich das **Schiff befindet**. Es gelten, lediglich auf anderer Rechtsgrundlage, dieselben Grundsätze wie bei der Zwangsversteigerung deutscher Schiffe (vgl. → § 163 Rdn. 3).

9 Abs. 2 Satz 1 Hs. 2 verweist auf § 1 Abs. 2 und ermöglicht damit in entsprechender Anwendung dieser Vorschrift eine **Zuständigkeitskonzentration**. Auch insoweit sind dieselben Grundsätze wie bei der Zwangsversteigerung deutscher Schiffe anzuwenden. Konzentrationsverordnungen, die auf der Grundlage des § 1 Abs. 2 ergangen sind, erfassen daher auch Versteigerungen ausländischer Schiffe, wenn der Verordnungsgeber diese nicht ausdrücklich ausgeschlossen hat. Es gelten daher – mit den nachfolgend genannten Ausnahmen – dieselben Konzentrationsverordnungen wie im Falle des § 163 Abs. 1 (vgl. → § 163 Rdn. 4 ff.).

10 Ausgenommen sind die für **Baden-Württemberg** und für **Nordrhein-Westfalen** ergangenen Verordnungen. Sie nennen als Ermächtigungsgrundlagen neben § 1 Abs. 2 jeweils nur § 163 Abs. 1 und § 170a Abs. 2, aber nicht § 171 Abs. 2. Zwar

---

5 Vgl. Steiner/*Hagemann*, § 171 Rdn. 15; *Stöber*, ZVG § 171 Rdn. 2; *Mohrbutter/Drischler/Radtke/Tiedemann*, Muster 170 Anm. 9.

6 Steiner/*Hagemann*, § 171 Rdn. 13, 20; *Stöber*, ZVG § 171 Rdn. 1; *Drischler*, KTS 1980, 111 f.

wäre auch die alleinige Anführung des § 1 Abs. 2 ausreichend (vgl. → § 163 Rdn. 4); wenn aber zusätzlich die Verweisungsvorschriften zitiert werden, ist davon auszugehen, dass damit eine abschließende Regelung beabsichtigt ist. Die nordrhein-westfälische Verordnung spricht außerdem ausdrücklich von „im Schiffsregister eingetragenen Schiffen"; danach sind ausländische, im deutschen Schiffsregister nicht eingetragene Schiffe nicht umfasst.[7]

d) Funktionelle Zuständigkeit

Funktionell ist der **Rechtspfleger**, wie für die Zwangsversteigerung von Grundstücken (vgl. → § 1 Rdn. 8 f.), in vollem Umfang zuständig. Wegen der Anwendung ausländischen Rechts kann Anlass bestehen, eine Sache gemäß § 5 Abs. 2 RPflG dem Richter vorzulegen. **11**

2. Zustellungen

§§ 3 bis 8 sind anwendbar. **12**

3. Beteiligte

§ 9 ist anwendbar. Verfahrensbeteiligte sind auch die Schiffsgläubiger, wenn sie ihr Recht anmelden. Keine Anwendung findet § 163 Abs. 3.[8] **13**

4. Rangordnung

§§ 10 bis 13 sind in entsprechender Weise wie bei der Zwangsversteigerung deutscher Schiffe anwendbar (vgl. → § 162 Rdn. 16 ff.).[9] Zu im Ausland begründeten Rechten vgl. → § 162 Rdn. 17. **14**

5. Ansprüche von unbestimmtem Betrag

§ 14 ist anwendbar. **15**

6. Antrag und Anordnung

§§ 15, 16, 18 sind anwendbar. § 17 wird durch Abs. 2 Satz 2 ersetzt. **16**

Die Zwangsversteigerung eines Schiffes darf gemäß § 171 Abs. 1, § 17 Abs. 1 grundsätzlich nur angeordnet werden, wenn der Schuldner im Schiffsregister als Eigentümer eingetragen oder Erbe des eingetragenen Eigentümers ist. Da ausländische Schiffe im deutschen Schiffsregister nicht eingetragen sind, bedarf es einer Sonderregelung. Die Anordnung der Zwangsversteigerung ist deshalb nach Abs. 2 Satz 2 nur zulässig, wenn sich das Schiff im **Eigenbesitz** des Schuldners befindet (zu diesem Begriff vgl. → § 147 Rdn. 6).[10] **17**

Daneben gibt es auch hier die auf Besonderheiten des HGB und des BinSchG beruhenden Möglichkeiten der Schiffsgläubiger, ihre Rechte gegen jeden Besitzer zu verfolgen (vgl. → § 164 Rdn. 3).[11] Abs. 5 Satz 1 erklärt auch § 166 für anwendbar; s. aber zur Gegenstandslosigkeit dieser Vorschrift → § 166 Rdn. 3.

---

7   *Stöber*, ZVG § 171 Rdn. 3.1; *Rellermeyer*, Rpfleger 1995, 492, 493.
8   Steiner/*Hagemann*, § 171 Rdn. 35.
9   Steiner/*Hagemann*, § 171 Rdn. 58.
10   Steiner/*Hagemann*, § 171 Rdn. 24; Depré/*Wedekind*, § 171 Rdn. 14 ff.
11   Depré/*Wedekind*, § 171 Rdn. 20.

18 Die zur Begründung des Anordnungsantrags – Eigenbesitz des Schuldners – erforderlichen Tatsachen sind durch **Urkunden** glaubhaft zu machen, soweit sie nicht bei dem Vollstreckungsgericht offenkundig sind.

19 Bei der Anordnung des Verfahrens ist außerdem § 165 Abs. 1 Satz 1 mit der Ergänzung durch Abs. 5 Satz 2 zu beachten. Danach ist auch bei ausländischen Schiffen zugleich mit der Anordnung der Zwangsversteigerung zwingend die Bewachung und Verwahrung des Schiffes anzuordnen. Diese Maßnahmen dürfen nicht schon mit Wirksamwerden des Zuschlags, sondern erst nach Zahlung des Meistgebots oder mit Einwilligung aller Beteiligten aufgehoben werden.[12]

7. Beschlagnahme

20 §§ 20 bis 26 sind, wie bei der Zwangsversteigerung deutscher Schiffe, nur eingeschränkt anwendbar (vgl. → § 162 Rdn. 50 f.). Die Vorschriften über die Beschlagnahme werden gemäß Abs. 5 Satz 1 durch § 165 Abs. 1 ergänzt.

21 Zum Umfang der Beschlagnahme ist vom Haftungsumfang einer Schiffshypothek deutschen Rechts auszugehen (vgl. → § 162 Rdn. 51).[13]

8. Beitritt

22 § 27 ist anwendbar.

9. Aufhebung und einstweilige Einstellung

23 § 28 Abs. 2, §§ 29 bis 33 sind anwendbar und werden gemäß Abs. 5 Satz 1 durch § 165 Abs. 2 ergänzt. Dabei ist auch Abs. 5 Satz 2 zu beachten (vgl. → Rdn. 19). Außerdem ist, wie bei der Zwangsversteigerung deutscher Schiffe, auch § 765a ZPO anwendbar (vgl. → § 162 Rdn. 53).

10. Bestimmung des Versteigerungstermins

24 §§ 35 bis 43 sind mit Abweichungen anwendbar. §§ 37, 39 Abs. 1, § 40 Abs. 1, § 41 werden durch Abs. 3 und gemäß Abs. 5 Satz 1 durch § 168 Abs. 1 modifiziert und ergänzt. Die Anwendung des § 39 Abs. 2 ist gemäß Abs. 5 Satz 1 durch § 168 Abs. 3 ausgeschlossen.

Der gemäß § 38 Abs. 1 Satz 2 vorgesehene Hinweis auf eine frühere Zuschlagsversagung nach §§ 74a, 85a entfällt für Seeschiffe wegen Abs. 5 Satz 1, § 169a Abs. 1 ebenso wie die in § 38 Abs. 1 Satz 1 vorgesehene Angabe des Verkehrswertes und die Bekanntmachung von Abschätzungen und Wertgutachten nach § 38 Abs. 2.

25 Die Terminsbestimmung muss gemäß Abs. 3 Satz 1 zwingend die dort vorgesehene Aufforderung enthalten, die an die Stelle der Aufforderung nach § 37 Nr. 4 tritt.

26 Gemäß Abs. 3 Satz 2 soll die Terminsbestimmung, wenn dies ohne erhebliche Zeitverzögerung möglich ist, auch denjenigen Schiffsgläubigern und sonstigen „Beteiligten" (die vor Anmeldung noch nicht Beteiligte im Sinne des § 9 sind) zugestellt werden, die aus den Schiffspapieren ersichtlich sind. Ist das Schiff in einem ausländischen Schiffsregister eingetragen, so soll auch die Registerbehörde be-

---

12 Steiner/*Hagemann*, § 171 Rdn. 59, 62 ff.
13 Steiner/*Hagemann*, § 171 Rdn. 33.

nachrichtigt werden. Hierbei handelt es sich, im Gegensatz zu den Anforderungen des Abs. 3 Satz 1, lediglich um eine Ordnungsvorschrift.[14]

Ferner sind für die Bekanntmachung der Terminsbestimmung § 168 Abs. 1, 3 gemäß Abs. 5 Satz 1 anzuwenden. 27

11. Geringstes Gebot und Versteigerungsbedingungen

§§ 44 bis 54, 62, 63 Abs. 3, § 64 sowie §§ 59, 63 Abs. 4, § 65, soweit sie sich auf das geringste Gebot beziehen, sind gemäß Abs. 4 nicht anwendbar. §§ 55, 56, 58, 63 Abs. 1, 2 sowie §§ 59, 63 Abs. 4, § 65, soweit sie sich nicht auf das geringste Gebot beziehen, sind anwendbar mit Ausnahme des § 63 Abs. 1 Satz 2, dem ein Anwendungsbereich fehlt. 28

Die Vorschriften über das geringste Gebot und über bestehen bleibende Rechte sind gemäß Abs. 4 bei der Zwangsversteigerung ausländischer Schiffe nicht anzuwenden. Alle Rechte erlöschen mit dem Zuschlag; das Meistgebot ist in voller Höhe zu zahlen. Abweichende Versteigerungsbedingungen sind insoweit allerdings gemäß Abs. 1, § 59 möglich; das Bestehenbleiben eines Rechts kann nach § 91 Abs. 2 vereinbart werden.[15] 29

12. Mieter und Pächter

§§ 57 bis 57b sind anwendbar mit Ausnahme von § 57b Abs. 2, 3, weil es eine Zwangsverwaltung von Schiffen nicht gibt.[16] 30

13. Versteigerung

§§ 66 bis 74, 75 bis 78 sind anwendbar. Ausgenommen sind § 66 Abs. 1, soweit er sich auf das geringste Gebot bezieht, und § 77 Abs. 2 Satz 2, weil es eine Zwangsverwaltung von Schiffen nicht gibt. Für Seeschiffe entfällt bei § 66 Abs. 1 die Bekanntmachung des Wertes; die Höhe der Sicherheitsleistung bestimmt sich abweichend von § 68 gemäß Abs. 5 Satz 1 nach § 169a Abs. 2. 31

14. Antrag auf Zuschlagsversagung, Wertfestsetzung

Für Seeschiffe ist gemäß Abs. 5 Satz 1, § 169a Abs. 1 weder ein Verkehrswert festzusetzen noch der Zuschlag wegen eines Meistgebots zu versagen, das hinter sieben Zehnteln bzw. der Hälfte des Verkehrswertes zurückbleibt.[17] Für Binnenschiffe gelten, wie für deutsche Binnenschiffe (vgl. → § 162 Rdn. 58 f.), die §§ 74a, 74b.[18] 32

15. Zuschlagsentscheidung

§§ 79 bis 93 sind im Wesentlichen anwendbar. Gemäß Abs. 4 sind § 83 Nr. 1 – soweit auf das geringste Gebot bezogen –, 3 ausgenommen. Gemäß Abs. 5 Satz 1, 33

---

14 Steiner/*Hagemann*, § 171 Rdn. 45 f.; Depré/*Wedekind*, § 171 Rdn. 25 hält § 171 Abs. 3 insgesamt (also auch Satz 1) lediglich für eine Ordnungsvorschrift.
15 Steiner/*Hagemann*, § 171 Rdn. 47 f.; Depré/*Wedekind*, § 171 Rdn. 39, 75.
16 Steiner/*Hagemann*, § 169 Rdn. 13, § 171 Rdn. 67.
17 Steiner/*Hagemann*, § 171 Rdn. 40 f., 53; *Mohrbutter*, KTS 1969, 77, 80; *Hornung*, RpflJB 1991, 216, 226 ff.
18 *Stöber*, ZVG § 171 Rdn. 2.3; ebenso zur früheren Rechtslage (§§ 13, 15 BinSchVollstrSchG) aus verfassungsrechtlichen Gründen (Gleichheitssatz) überzeugend *Hornung*, RpflJB 1991, 216, 236 ff.; vgl. Steiner/*Hagemann*, § 171 Rdn. 41, 53.

§ 169a Abs. 1 sind für Seeschiffe § 85a und die Bezugnahme auf § 74a Abs. 1 in § 85 Abs. 1 Satz 1 nicht anwendbar. Für Binnenschiffe gilt § 85a (vgl. → § 162 Rdn. 59).[19]

Wie bei der Zwangsversteigerung deutscher Schiffe sind § 91 Abs. 4, § 92 Abs. 2, 3 nicht oder nur eingeschränkt anzuwenden (vgl. → § 162 Rdn. 62).

Wird bei der Zwangsversteigerung eines ausländischen Seeschiffs der Zuschlag einem Deutschen erteilt, so ist es in das deutsche Seeschiffsregister einzutragen. Die Eintragung ist jedoch nicht durch das Vollstreckungsgericht herbeizuführen.[20]

16. Gerichtliche Verwaltung

34 § 94 wird gemäß Abs. 5 Satz 1 durch § 170 Abs. 1 mit der Ergänzung durch Abs. 5 Satz 2 ersetzt und ermöglicht unter den Voraussetzungen des § 94 die Anordnung der Bewachung und Verwahrung des Schiffs. Diese Maßnahmen dürfen nicht, wie im Falle des hier von der Anwendung ausgeschlossenen § 170 Abs. 2, mangels einer Vorschusszahlung aufgehoben werden. Vielmehr gilt auch hier Abs. 5 Satz 2, wonach eine Aufhebung erst nach Zahlung des Meistgebots oder mit Einwilligung aller Beteiligten zulässig ist. Es kann auch die Übergabe des Schiffes an den Ersteher aufgeschoben werden.[21] Die Kosten sind notfalls von der Landeskasse zu verauslagen, jedoch nicht dem Erlös vorab zu entnehmen, weil es sich nicht um Kosten im Sinne des § 109 handelt, sondern um solche, die ab Zuschlag dem Ersteher zur Last fallen.[22]

Abs. 5 Satz 2 gilt auch, wenn ein ausländisches Seeschiff einem Deutschen zugeschlagen und damit registerpflichtig wird, weil bis zur Registereintragung eine Sicherung zu gewährleisten ist; die Eintragung einer Schiffshypothek nach § 169 Abs. 2 ist auch in diesem Fall ausgeschlossen.[23] Die Vorschrift ist entsprechend anzuwenden, wenn bei der Zwangsversteigerung eines deutschen Seeschiffs der Zuschlag einem Ausländer erteilt wird (vgl. → § 169 Rdn. 7).

17. Beschwerde

35 §§ 95 bis 104 sind anwendbar. In § 100 Abs. 1 entfällt jedoch die Bezugnahme auf § 85a für Seeschiffe wegen Abs. 5 Satz 1, § 169a Abs. 1.

18. Erlösverteilung

36 §§ 105 bis 114, 115 bis 145 sind im Wesentlichen anwendbar. § 112 Abs. 3 ist nicht anwendbar, soweit er sich auf das geringste Gebot bezieht. §§ 114, 125, 128 bis 131 sind gemäß Abs. 1 nicht anwendbar, soweit bzw. weil sie eine Eintragung im Schiffsregister voraussetzen. Ferner entfallen, wie bei der Zwangsversteigerung deutscher Schiffe, die Anwendung des § 126 Abs. 1 hinsichtlich fehlender Briefvorlage und die Anwendung von § 127 Abs. 1, § 136 (vgl. → § 162 Rdn. 65). Im Rahmen des § 145 entfallen die Bezugnahmen auf § 127 Abs. 1, §§ 130 bis 131.

---

19 Stöber, ZVG § 171 Rdn. 2.3; ebenso zur früheren Rechtslage (§ 13a BinSchVollstrSchG) Hornung, RpflJB 1991, 216, 236 ff.; vgl. Steiner/Hagemann, § 171 Rdn. 53.
20 Steiner/Hagemann, § 171 Rdn. 52.
21 Steiner/Hagemann, § 171 Rdn. 60, 62 ff.; Depré/Wedekind, § 171 Rdn. 46 ff.
22 Steiner/Hagemann, § 171 Rdn. 66; Jaeckel/Güthe, § 171 Rdn. 6; Korintenberg/Wenz, § 171 Anm. 4; hinsichtlich Erlösentnahme a.A. Depré/Wedekind, § 171 Rdn. 51 ff.; Mohrbutter/Drischler/Radtke/Tiedemann, Muster 170 Anm. 9.
23 Steiner/Hagemann, § 171 Rdn. 63; Depré/Wedekind, § 171 Rdn. 48, 68.

19. Erweiterte Befriedigung

§ 114a ist für Binnenschiffe anwendbar (vgl. → § 162 Rdn. 59)[24] und ebenso für Seeschiffe, weil die Anwendbarkeit der Norm durch § 169a nicht ausgeschlossen wird (vgl. → § 162 Rdn. 66).[25]

20. Rechte in ausländischer Währung

Da § 168c mangels Nennung in Abs. 5 Satz 1 nicht anwendbar ist, ist auch die Anwendung des entsprechenden § 145a ausgeschlossen. Umrechnungen zur Feststellung, ob ihre Rechte gedeckt sind, müssen die Beteiligten selbst vornehmen.[26]

21. Zwangsverwaltung

§§ 146 bis 161 sind nicht anzuwenden, weil es eine Zwangsverwaltung von Schiffen nicht gibt.

---

24 Ebenso zur früheren Rechtslage (§ 14 BinSchVollstrSchG) *Hornung,* RpflJB 1991, 216, 236 ff.
25 Steiner/*Hagemann,* § 171 Rdn. 55.
26 *Mohrbutter/Drischler/Radtke/Tiedemann,* Muster 170 Anm. 10.

ZWEITER TITEL
Zwangsversteigerung von Luftfahrzeugen

§ 171a »Anwendbare Vorschriften«

¹Auf die Zwangsversteigerung eines in der Luftfahrzeugrolle eingetragenen Luftfahrzeugs sind die Vorschriften des Ersten Abschnitts entsprechend anzuwenden, soweit sich nicht aus den §§ 171b bis 171g etwas anderes ergibt. ²Das gleiche gilt für die Zwangsversteigerung eines in dem Register für Pfandrechte an Luftfahrzeugen eingetragenen Luftfahrzeugs, dessen Eintragung in der Luftfahrzeugrolle gelöscht ist.

Übersicht

		Rdn.
I.	Gesetzliche Regelung und Darstellungsweise	1
II.	Vollstreckungsgegenstände	3
III.	Anwendungsbereich	8
IV.	Anwendbare Vorschriften	9
	1. Zuständigkeit	10
	2. Zustellungen	11
	3. Beteiligte	12
	4. Rechte und Rangordnung	13
	a) Registerpfandrecht	15
	b) Rechte aus Bergungs- und Erhaltungsmaßnahmen	18
	c) Rangordnung	19
	5. Ansprüche von unbestimmtem Betrag	28
	6. Antrag und Anordnung	29
	7. Beschlagnahme	30
	8. Beitritt	33
	9. Aufhebung und einstweilige Einstellung	34
	10. Bestimmung des Versteigerungstermins	35
	11. Geringstes Gebot und Versteigerungsbedingungen	36
	12. Mieter und Pächter	37
	13. Versteigerung	38
	14. Antrag auf Zuschlagsversagung, Wertfestsetzung	39
	15. Zuschlagsentscheidung	40
	16. Gerichtliche Verwaltung	41
	17. Beschwerde	42
	18. Erlösverteilung	43
	19. Erweiterte Befriedigung	44
	20. Rechte in ausländischer Währung	45
	21. Zwangsverwaltung	46
V.	Zwangsversteigerung in besonderen Fällen	47

I. Gesetzliche Regelung und Darstellungsweise

1 Die Anwendung der Immobiliarvollstreckungsvorschriften auf in der Luftfahrzeugrolle eingetragene **Luftfahrzeuge** und ihre Bruchteile ergibt sich nicht unmittelbar aus der ZPO, sondern folgt aus der in § 99 Abs. 1 Satz 1 LuftFzgG mit den dort genannten Maßgaben enthaltenen Verweisung auf §§ 864, 865, 870a ZPO. Dasselbe gilt gemäß § 99 Abs. 1 Satz 1 Hs. 2, § 98 Abs. 1 Satz 2 LuftFzgG für im Register für Pfandrechte an Luftfahrzeugen eingetragene Luftfahrzeuge, deren Eintragung in der Luftfahrzeugrolle gelöscht ist.

Damit sind auch bei Luftfahrzeugen nur die Eintragung eines Registerpfandrechts oder die Zwangsversteigerung, nicht jedoch die Zwangsverwaltung zulässig.[1] Für die nähere Ausgestaltung des Zwangsversteigerungsverfahrens gilt das ZVG.

Aus dem Erfordernis einer vorhandenen oder gelöschten Eintragung in der Luftfahrzeugrolle folgt, dass sich die genannten Vorschriften auf deutsche Luftfahrzeuge beschränken. Die Zulässigkeit der Zwangsversteigerung ausländischer Luftfahrzeuge ergibt sich aus § 106 Abs. 1 Nr. 1 LuftFzgG.

Nach § 171a sind auf die Zwangsversteigerung der dort genannten Luftfahrzeuge die Vorschriften des Ersten Abschnitts des ZVG mit den in §§ 171b bis 171g geregelten Abweichungen entsprechend anzuwenden. Die Norm bezieht sich somit, ebenso wie § 99 Abs. 1 Satz 1 LuftFzgG, nur auf deutsche Luftfahrzeuge, da nur diese in der deutschen Luftfahrzeugrolle eingetragen sein können. 2

Die §§ 171b bis 171g enthalten besondere, den Ersten Abschnitt des ZVG ergänzende und teilweise davon abweichende Vorschriften für die Zwangsversteigerung deutscher Luftfahrzeuge.

Auf die Zwangsversteigerung ausländischer Luftfahrzeuge ist über die Verweisung in § 171h gleichfalls der Erste Abschnitt des ZVG anzuwenden. Besonderheiten für diese Fälle ergeben sich auch insoweit aus §§ 171b bis 171g und zusätzlich aus §§ 171i bis 171n.

Nachstehend wird im Anschluss an grundlegende Definitionen die Anwendung des Ersten Abschnitts des ZVG auf die Zwangsversteigerung eines Luftfahrzeugs erläutert. In diesem Zusammenhang wird auch auf solche Besonderheiten hingewiesen, die nicht bei §§ 171b bis 171g, 171i bis 171n darzustellen sind.

II. Vollstreckungsgegenstände

Deutsche Luftfahrzeuge unterliegen nur dann der Immobiliarvollstreckung, wenn sie **in der Luftfahrzeugrolle eingetragen** sind oder wenn ihre Eintragung in der Luftfahrzeugrolle gelöscht ist und sie im **Register für Pfandrechte an Luftfahrzeugen** eingetragen sind. 3

Die Luftfahrzeugrolle ist ein vom Luftfahrt-Bundesamt (§ 2 Abs. 1 Nr. 4 LFBAG) geführtes Verzeichnis der deutschen Luftfahrzeuge, das öffentlich-rechtlichen Zwecken dient. Die Eintragung ist, soweit vorgeschrieben, Voraussetzung für den Verkehr eines deutschen Luftfahrzeugs (§ 2 Abs. 1 LuftVG).[2] Dagegen werden in das Register für Pfandrechte an Luftfahrzeugen Registerpfandrechte und Schutzvermerke (vgl. → Rdn. 15 ff.) eingetragen. Für die Registerführung sind die §§ 78 bis 97 LuftFzgG und die LuftRegV maßgeblich. Das Register wird vom Amtsgericht am Sitz des Luftfahrt-Bundesamtes geführt (vgl. → § 171b Rdn. 3).[3]

---

1 Vgl. Steiner/*Hagemann*, § 171a Rdn. 3 f.
2 Steiner/*Hagemann*, § 171a Rdn. 22, 24; Depré/*Wedekind*, § 171a Rdn. 13; *Schleicher/Reymann/Abraham*, § 2 LuftVG Rdn. 4 ff.; *Rehm*, ZLR 1959, 364; *Bauer*, JurBüro 1974, 1; *Melzer/Haslach*, ZLW 2003, 582, 585 f.
3 Grundzüge der Führung des Registers für Pfandrechte an Luftfahrzeugen: Steiner/*Hagemann*, § 171b Rdn. 10 ff.; Depré/*Wedekind*, § 171a Rdn. 114 ff.; *Meyer-Stolte*, RpflJB 1961, 379; *Dobberahn*, MittRhNotK 1998, 145, 161.

Der Eigentumserwerb richtet sich nach den Vorschriften des BGB über den Erwerb des Eigentums an beweglichen Sachen und erfordert keine Registereintragung.[4]
Nicht eingetragene Luftfahrzeuge unterliegen der Mobiliarvollstreckung.[5] Das gilt auch für nicht eingetragene, hoheitlichen Zwecken dienende Luftfahrzeuge, insbesondere Militärflugzeuge,[6] soweit nicht § 882a Abs. 2 ZPO die Zwangsvollstreckung ohnehin ausschließt.

4 **Luftfahrzeuge** sind in § 1 Abs. 2 LuftVG aufgezählt. Dazu gehören Flugzeuge, Drehflügler (insbesondere Hubschrauber), Luftschiffe, Segelflugzeuge, Motorsegler, Frei- und Fesselballone, Rettungsfallschirme, Flugmodelle, Luftsportgeräte und unter bestimmten Voraussetzungen sonstige für die Benutzung des Luftraums bestimmte Geräte, Raumfahrzeuge, Raketen und ähnliche Flugkörper sowie unbemannte Luftfahrtsysteme.[7] In die **Luftfahrzeugrolle** werden die in § 14 Abs. 1 Satz 1 LuftVZO genannten Luftfahrzeuge (Flugzeuge, Drehflügler, Luftschiffe, Motorsegler, Segelflugzeuge und bemannte Ballone) eingetragen, wenn sie nicht in einem ausländischen Register eingetragen sind und im Eigentum eines deutschen Staatsangehörigen oder einer gleichgestellten Handelsgesellschaft oder juristischen Person oder eines gleichgestellten Staatsangehörigen stehen oder wenn ein Recht einer solchen Person zum Erwerb durch Kauf oder zum Besitz aufgrund eines für mindestens sechs Monate abgeschlossenen Mietvertrages oder ähnlichen Rechtsverhältnisses besteht (§ 3 LuftVG).[8] Ein Luftfahrzeug wird in der Luftfahrzeugrolle gelöscht, wenn die Voraussetzungen für seine Eintragung weggefallen sind, z.B. wegen Veräußerung an einen Ausländer.[9]

Mit der Eintragung in die deutsche Luftfahrzeugrolle sind Luftfahrzeuge verpflichtet, als Staatszugehörigkeitszeichen die Bundesflagge und den Buchstaben D sowie eine besondere Kennzeichnung zu führen (§ 3a Abs. 1, § 2 Abs. 5 LuftVG, Anl. 1 LuftVZO). Ob es sich bei einem Luftfahrzeug um ein deutsches oder ein ausländisches Luftfahrzeug handelt, ist danach zu beurteilen, ob es das deutsche Staatszugehörigkeitszeichen oder das Zeichen eines anderen Staates führt.[10]

---

4   OLG Braunschweig, NJW-RR 2005, 1099; Steiner/*Hagemann*, § 171a Rdn. 24; *Depré/Wedekind*, § 171a Rdn. 55; *Mohrbutter/Drischler/Radtke/Tiedemann*, Muster 173 Anm. 2; *Schwenk/Giemulla*, Rdn. 7.142; *Bölling*, ZLR 1959, 215 f.; *Wendt*, MDR 1963, 448 f.; *Schwenk*, BB 1966, 477; *Schölermann/Schmid-Burgk*, WM 1990, 1137 f.; *Schladebach/Kraft*, BKR 2012, 270 f.
5   Steiner/*Hagemann*, § 171a Rdn. 18; *Depré/Wedekind*, § 171a Rdn. 17.
6   *Depré/Wedekind*, § 171a Rdn. 17; vgl. *Schleicher/Reymann/Abraham*, § 2 LuftVG Rdn. 5; *Schwenk/Giemulla*, Rdn. 7.457.
7   Steiner/*Hagemann*, § 171a Rdn. 20; *Stöber*, ZVG § 171a Rdn. 1.3; *Depré/Wedekind*, § 171a Rdn. 20 ff.; *Mohrbutter/Drischler/Radtke/Tiedemann*, vor Muster 167 Anm. 2, Muster 173 Anm. 1; *Schleicher/Reymann/Abraham*, § 1 LuftVG Rdn. 16 ff.; *Schwenk/Giemulla*, Rdn. 7.7 ff.; *Bauer*, JurBüro 1974, 1.
8   Steiner/*Hagemann*, § 171a Rdn. 22; *Stöber*, ZVG § 171a Rdn. 1.3; *Depré/Wedekind*, § 171a Rdn. 8, 130 ff.; *Mohrbutter/Drischler/Radtke/Tiedemann*, vor Muster 167 Anm. 14, Muster 173 Anm. 1; *Schleicher/Reymann/Abraham*, § 3 LuftVG Rdn. 1 ff., § 14 LuftVZO Rdn. 1 f., § 1 LuftFzgG Rdn. 4; *Bauer*, JurBüro 1974, 1; *Schölermann/Schmid-Burgk*, WM 1990, 1137, 1139; *Dobberahn*, MittRhNotK 1998, 145, 161.
9   Steiner/*Hagemann*, § 171a Rdn. 22; *Schleicher/Reymann/Abraham*, § 3 LuftVG Rdn. 16; *Bauer*, JurBüro 1974, 1.
10 Vgl. *Schwenk/Giemulla*, Rdn. 7.256 ff.

Ein in der Luftfahrzeugrolle eingetragenes Luftfahrzeug wird auf Anmeldung **5**
des Eigentümers oder desjenigen, der aufgrund eines Vollstreckungstitels eine
Eintragung verlangen kann[11] oder zu dessen Gunsten ein Schutzvermerk (vgl. →
Rdn. 18) einzutragen ist, in das **Register für Pfandrechte an Luftfahrzeugen** eingetragen
(§ 79 LuftFzgG). Der anmeldende Eigentümer muss sein Eigentum
glaubhaft machen (§ 80 Abs. 2 Satz 2 LuftFzgG). Der anmeldende Gläubiger muss
glaubhaft machen, dass der als Eigentümer in der Luftfahrzeugrolle Eingetragene
der Eigentümer des Luftfahrzeugs ist; andernfalls wird von Amts wegen ein Widerspruch
gegen die Eigentumseintragung vermerkt (§ 82 LuftFzgG). Anders als
im Grundstücks- und Schiffsrecht (§ 892 BGB, § 16 SchRG) gilt die Eintragung
des Eigentums nicht zu dessen Gunsten als richtig, der das Eigentum an einem
Luftfahrzeug erwirbt; der Gutglaubensschutz ist zugunsten des rechtsgeschäftlichen
Erwerbers eines Registerpfandrechts oder eines Rechts an einem solchen beschränkt
(§ 16 LuftFzgG).[12] Wird das Luftfahrzeug in der Luftfahrzeugrolle gelöscht,
so wird dies auf Ersuchen des Luftfahrt-Bundesamtes in das Register
eingetragen (§ 91 LuftFzgG), damit es für die Eintragung weiterer Registerpfandrechte
gesperrt ist.

Nach einem Absturz verbleibende **Wrackteile** sind keine Luftfahrzeuge mehr **6**
und werden wie bewegliche Sachen verwertet. Die Gläubiger von Registerpfandrechten
können gemäß § 805 ZPO ihren Anspruch auf vorzugsweise Befriedigung
aus dem Erlös geltend machen.[13] Zu **Ersatzteilen** vgl. → Rdn. 16.

An Luftfahrzeugen kann auch **Bruchteilseigentum** bestehen. Die Bruchteile **7**
können als Anteile eines Miteigentümers selbstständig belastet (§ 6 LuftFzgG)
und versteigert werden (§ 99 Abs. 1 Satz 1 LuftFzgG, § 864 Abs. 2 ZPO).[14]

III. Anwendungsbereich

§ 171a gilt für **deutsche Luftfahrzeuge**. Für **ausländische Luftfahrzeuge** gilt **8**
die Vorschrift aufgrund der Verweisung in § 171h entsprechend.

IV. Anwendbare Vorschriften

Auf die Zwangsversteigerung eines Luftfahrzeugs sind die §§ 1 bis 161 entsprechend **9**
anzuwenden, soweit sich nicht aus den §§ 171b bis 171g – für ausländische
Luftfahrzeuge auch aus den §§ 171i bis 171n – etwas anderes ergibt.[15] Die genannten
Normen enthalten Abweichungen vom Ersten Abschnitt des ZVG und ergänzen
ihn.

Bei der entsprechenden Anwendung treten jeweils an die Stelle des Begriffs
„Grundstück" der Begriff „Luftfahrzeug", an die Stelle der Begriffe „Grundbuchamt",
„Grundbuch", „Grundbuchblatt" und „Grundakten" die Begriffe „Regis-

---

11 LG Braunschweig, NdsRpfl 1974, 105.
12 OLG Braunschweig, NJW-RR 2005, 1099; Steiner/*Hagemann*, § 171b Rdn. 10, 13;
    Dépré/*Wedekind*, § 171a Rdn. 56; Mohrbutter/Drischler/Radtke/Tiedemann, Muster
    173 Anm. 2; Bölling, ZLR 1959, 215, 218; Rehm, ZLR 1959, 364; Wendt, MDR 1963,
    448 f.; Schwenk, BB 1966, 477 f.; Schölermann/Schmid-Burgk, WM 1990, 1137, 1140;
    Dobberahn, MittRhNotK 1998, 145, 161.
13 LG Braunschweig, DGVZ 1972, 72; Steiner/*Hagemann*, § 171a Rdn. 19; Stöber, ZVG
    § 171a Rdn. 1.1; Dépré/*Wedekind*, § 171a Rdn. 52 ff.
14 Steiner/*Hagemann*, § 171a Rdn. 15, 57; Dépré/*Wedekind*, § 171a Rdn. 50.
15 Vgl. Steiner/*Hagemann*, § 171a Rdn. 11; Stöber, ZVG § 171a Rdn. 3; Bauer, JurBüro
    1974, 1, 7 ff.

tergericht", „Register für Pfandrechte an Luftfahrzeugen" (§ 171b Abs. 2), „Registerblatt" und „Registerakten" und an die Stelle der Begriffe „Hypothek", „Grundschuld", „Rentenschuld" und „Sicherungshypothek" der Begriff „Registerpfandrecht".

Soweit nachfolgend nicht ausdrücklich zwischen deutschen und ausländischen Luftfahrzeugen unterschieden wird, gelten die genannten Besonderheiten gemäß § 171h auch für ausländische Luftfahrzeuge. Die Vorschriften des ZVG sind hierauf nicht anzuwenden, soweit sie die Eintragung in der Luftfahrzeugrolle oder im Register für Pfandrechte an Luftfahrzeugen voraussetzen (§ 106 Abs. 1 LuftFzgG); die lediglich aus diesem Grund nicht anwendbaren Vorschriften werden nachfolgend nicht ausdrücklich bezeichnet.

1. Zuständigkeit

10   § 1 wird durch § 171b Abs. 1 ersetzt (vgl. → § 171b Rdn. 3 f.). § 2 ist, weil es für das gesamte Gebiet Deutschlands nur ein zuständiges Gericht gibt, nicht anwendbar (vgl. jedoch → § 171b Rdn. 3).

2. Zustellungen

11   §§ 3 bis 8 sind anwendbar. Bei der Zwangsversteigerung ausländischer Luftfahrzeuge wird § 4 für die Zustellung der Terminsbestimmung an im Ausland wohnende Beteiligte durch § 171l Abs. 2 Satz 2 bis 4 ergänzt (vgl. → § 171l Rdn. 3).

3. Beteiligte

12   § 9 ist anwendbar.

4. Rechte und Rangordnung

13   §§ 10 bis 13 sind im Wesentlichen entsprechend anwendbar.[16] Die in der Rangklasse des § 10 Abs. 1 Nr. 2 genannten Ansprüche können Luftfahrzeuge ihrer Natur nach nicht betreffen. Bei der Zwangsversteigerung ausländischer Luftfahrzeuge gilt ergänzend § 171i (vgl. → § 171i Rdn. 1 ff.).

14   Umstritten ist, ob § 9 LuftFzgG – außer dem dort ausdrücklich genannten Unternehmerpfandrecht nach § 647 BGB – **gesetzliche Pfandrechte** an Luftfahrzeugen, z.B. das Vermieterpfandrecht aus Mietverträgen über die Nutzung von Flugzeughallen (§ 562 BGB), ausschließt.[17] Jedenfalls haben eingetragene Registerpfandrechte nach Art. I Abs. 2 Satz 2 des Genfer Abkommens[18] den Vorrang vor anderen Rechten, also auch eventuellen gesetzlichen Pfandrechten.[19] Gegenüber persönlichen Gläubigern können die Gläubiger vor der Beschlagnahme ent-

---

16   Steiner/*Hagemann*, § 171a Rdn. 51, 65.
17   Verneinend Steiner/*Hagemann*, § 171a Rdn. 55; *Schwenk/Giemulla*, Rdn. 7.456; *Wendt*, MDR 1963, 448, 450 f.; *Schwenk*, BB 1966, 477 f.; bejahend *Dépré/Wedekind*, § 171a Rdn. 109 f.; *Mohrbutter/Drischler/Radtke/Tiedemann*, Muster 175 Anm. 2; *Schleicher/Reymann/Abraham*, § 9 LuftFzgG Rdn. 4; *Dobberahn*, MittRhNotK 1998, 145, 163.
18   Abkommen über die internationale Anerkennung von Rechten an Luftfahrzeugen vom 19.6.1948 (Gesetz vom 26.2.1959, BGBl II 129).
19   Steiner/*Hagemann*, § 171a Rdn. 55; *Dépré/Wedekind*, § 171a Rdn. 111; *Mohrbutter/Drischler/Radtke/Tiedemann*, Muster 173 Anm. 9; *Wendt*, MDR 1963, 448, 450 f.; *Schölermann/Schmid-Burgk*, WM 1990, 1137, 1142.

standener gesetzlicher Pfandrechte – sofern man solche anerkennt – den Anspruch auf vorzugsweise Befriedigung nach § 805 ZPO geltend machen.[20]

a) Registerpfandrecht

Als dingliches Recht im Sinne des § 10 Abs. 1 Nr. 4, 6, 8 kommt das **Registerpfandrecht** (§ 1 LuftFzgG) in Betracht.[21] Zu seiner Bestellung sind die Einigung zwischen Eigentümer und Gläubiger und die Eintragung in das Register für Pfandrechte an Luftfahrzeugen erforderlich (§ 5 Abs. 1 LuftFzgG). Es ist stets brieflos und bestimmt sich, wie eine Sicherungshypothek, nur nach der Forderung (§ 4 LuftFzgG). Der Rang mehrerer Registerpfandrechte bestimmt sich nach der Reihenfolge der Eintragungen; eine abweichende Rangbestimmung muss in das Register eingetragen werden (§ 25 LuftFzgG). Das Registerpfandrecht erlischt unter anderem mit dem Erlöschen der Forderung und mit der Befriedigung im Wege der Zwangsvollstreckung (§ 57 LuftFzgG). Im Übrigen gelten weitgehend die gleichen Vorschriften wie für eine Schiffshypothek.

Das Registerpfandrecht kann auch zwangsweise begründet werden (§ 99 Abs. 1 Satz 1 LuftFzgG, §§ 870a, 866 Abs. 2, 3, § 867 ZPO).[22] Auf Ersuchen des Vollstreckungsgerichts wird ein Registerpfandrecht eingetragen, wenn das Bargebot bis zum Verteilungstermin nicht berichtigt wird (§§ 171f, 169 Abs. 2). Ohne Eintragung entstehen Registerpfandrechte in den Fällen des § 98 Abs. 2 LuftFzgG, § 1287 Satz 2 BGB und des § 99 Abs. 1 Satz 1 LuftFzgG, § 847a Abs. 2 ZPO.[23]

Das Registerpfandrecht kann auf die jeweils in einem örtlich bezeichneten Ersatzteillager befindlichen **Ersatzteile** erweitert werden und erstreckt sich dann auf die zur Zeit der Erweiterung oder später in das Ersatzteillager eingebrachten Ersatzteile (§§ 68, 71 LuftFzgG).[24] Jedes Ersatzteillager erhält im Register für Pfandrechte an Luftfahrzeugen ein besonderes Registerblatt (§ 84 LuftFzgG). Die Zwangsvollstreckung in das Luftfahrzeug erfasst solche Ersatzteile jedoch nicht. In die Ersatzteile wird nach den Vorschriften über die Mobiliarvollstreckung mit bestimmten Maßgaben vollstreckt (§ 99 Abs. 1 Satz 2, § 100 LuftFzgG).[25] Auch soweit hiernach gewisse Aufgaben dem Vollstreckungsgericht obliegen (Festset-

---

20 Steiner/*Hagemann*, § 171a Rdn. 55; Depré/*Wedekind*, § 171a Rdn. 111.
21 Dazu Steiner/*Hagemann*, § 171a Rdn. 56 ff.; *Stöber*, ZVG § 171a Rdn. 4; Depré/*Wedekind*, § 171a Rdn. 114 ff.; *Mohrbutter/Drischler/Radtke/Tiedemann*, vor Muster 167 Anm. 14; Staudinger/*Wiegand*, Anh. zu § 1257 Rdn. 25; Soergel/*Winter*, SchiffsG Einl. Rdn. 9 ff.; *Schleicher/Reymann/Abraham*, § 1 LuftFzgG Rdn. 1 ff.; *Schwenk/Giemulla*, Rdn. 7.450 ff.; *Abraham*, § 9 IV 2; *Bölling*, ZLR 1959, 215; *Rehm*, NJW 1959, 709; *Schmidt-Räntsch*, DB 1959, 563; *Wendt*, MDR 1963, 448; *Schwenk*, BB 1966, 477, 479; *Bauer*, JurBüro 1974, 1; *Schölermann/Schmid-Burgk*, WM 1990, 1137; *Dobberahn*, MittRhNotK 1998, 145, 162 f.; *Melzer/Haslach*, ZLW 2003, 582, 587 ff.; *Schladebach/Kraft*, BKR 2012, 270; ausführlich *Groth*, Das Registerpfandrecht nach dem Gesetz über Rechte an Luftfahrzeugen (1965). – Zum Übereinkommen vom 16.11.2001 über internationale Sicherungsrechte an beweglicher Ausrüstung (Kapstadt-Konvention) und zu im Falle einer Ratifikation notwendigen Änderungen des ZVG *Sester/Haag*, ZLW 2005, 493.
22 Vgl. Steiner/*Hagemann*, § 171a Rdn. 7; *Stöber*, ZVG § 171a Rdn. 4.4.
23 Steiner/*Hagemann*, § 171a Rdn. 62.
24 *Schleicher/Reymann/Abraham*, § 68 LuftFzgG Rdn. 1 ff.; *Bölling*, ZLR 1959, 215, 219 f.; *Bauer*, JurBüro 1974, 1, 6 f.; *Schölermann/Schmid-Burgk*, WM 1990, 1137, 1143; *Schladebach/Kraft*, BKR 2012, 270, 274.
25 Vgl. Steiner/*Hagemann*, § 171a Rdn. 17, 46; Depré/*Wedekind*, § 171a Rdn. 41 ff.; *Mümmler*, DGVZ 1962, 1, 3 f.; *App*, ZKF 2013, 204.

zung des Mindestgebotes, Aufforderung zur Forderungsanmeldung, Verteilung des Erlöses), gehört das Verfahren nicht zur Immobiliarvollstreckung.

17 Der **Arrest** in ein eingetragenes Luftfahrzeug wird dadurch vollzogen, dass der Gerichtsvollzieher das Luftfahrzeug in Bewachung und Verwahrung nimmt und ein Registerpfandrecht in das Register eingetragen wird (§ 99 Abs. 2 LuftFzgG, § 867 Abs. 1, 2 ZPO).[26] Die Bewachung und Verwahrung unterbleiben, soweit eine Pfändung nach dem LFzPfSchG unzulässig ist (insbesondere für staatliche, postalische und im öffentlichen Linienverkehr eingesetzte Flugzeuge); ein Registerpfandrecht wird auch in diesen Fällen eingetragen.[27] Zur Arrestvollziehung in ausländische Luftfahrzeuge vgl. → § 171h Rdn. 3.

b) Rechte aus Bergungs- und Erhaltungsmaßnahmen

18 Ein Anspruch wegen Entschädigung für **Bergung** oder wegen außerordentlicher **Erhaltungsaufwendungen** kann nach den Gesetzen des Staates, in dem die Maßnahmen abgeschlossen wurden, ein vorrangiges dingliches Recht begründen. Ist dieser Vorrang nach Art. IV des Genfer Abkommens anzuerkennen (vgl. Art. XI Abs. 2 Buchst. b des Genfer Abkommens), so gewährt das Recht dieselben Rechte wie ein Registerpfandrecht, geht jedoch allen anderen Rechten im Range vor. Zur Wahrung solcher Rechte kann ein Schutzvermerk in das Register eingetragen werden (§§ 75 bis 77 LuftFzgG).[28] Zu deren Berücksichtigung in der Rangordnung vgl. → Rdn. 24.

c) Rangordnung

19 Aus §§ 10 bis 12 ZVG und § 76 LuftFzgG ergibt sich bei der Zwangsversteigerung von Luftfahrzeugen folgende Rangordnung,[29] wobei jeweils gemäß §§ 171a, 10 Abs. 2 auch die Kosten der Kündigung und der dinglichen Rechtsverfolgung zu berücksichtigen sind und für das Verhältnis von Haupt- und Nebenansprüchen innerhalb eines Anspruchs § 12 gilt:[30]

20 **Vor Rangklasse 1:** Vorab sind dem Erlös die Kosten des Verfahrens (§ 109 Abs. 1) einschließlich der Kosten, die durch die Bewachung und Verwahrung des Luftfahrzeugs (§ 171c Abs. 2 Satz 1) entstanden sind,[31] zu entnehmen.

21 **Rangklasse 1:** Entsprechend § 10 Abs. 1 Nr. 1 ist der Anspruch des betreibenden Gläubigers auf Ersatz seiner Ausgaben für die treuhänderische Nutzung des Luftfahrzeugs (§ 171c Abs. 3 Satz 3) zu berücksichtigen, soweit die Ausgaben der Erhaltung oder nötigen Verbesserung des Luftfahrzeugs dienen und nicht aus den Nutzungen entnommen werden können, weil die treuhänderische Nutzung die bei Luftfahrzeugen nicht mögliche Zwangsverwaltung ersetzt.[32]

---

26 Depré/Wedekind, § 171a Rdn. 126; *Mümmler*, DGVZ 1962, 1 ff.; *Wendt*, MDR 1963, 448, 451 f.; *Bauer*, JurBüro 1974, 1, 12 f.
27 Vgl. Steiner/*Hagemann*, § 171a Rdn. 8.
28 Steiner/*Hagemann*, § 171a Rdn. 53; *Schleicher/Reymann/Abraham*, § 75 LuftFzgG Rdn. 1 ff., § 77 LuftFzgG Rdn. 1 ff.; *Bölling*, ZLR 1959, 215, 220; vgl. auch Depré/*Wedekind*, § 171a Rdn. 87.
29 Steiner/*Hagemann*, § 171a Rdn. 51, 64 ff.; Depré/*Cranshaw*, § 10 Rdn. 148 ff., 158 ff.
30 Steiner/*Hagemann*, § 171a Rdn. 65, 73.
31 Steiner/*Hagemann*, § 171a Rdn. 64; Depré/*Wedekind*, § 171a Rdn. 85; *Mohrbutter/Drischler/Radtke/Tiedemann*, Muster 175 Anm. 1.
32 Steiner/*Hagemann*, § 171a Rdn. 66; *Mohrbutter/Drischler/Radtke/Tiedemann*, Muster 175 Anm. 1.

Rangklasse 1a: In den in § 10 Abs. 1 Nr. 1a genannten Fällen wird der Anspruch auf Ersatz der Kosten der Feststellung der beweglichen Gegenstände erfasst, auf die sich die Versteigerung erstreckt. 22

Rangklasse 3: Da Ansprüche nach § 10 Abs. 1 Nr. 2 nicht in Betracht kommen, werden sodann die öffentlichen Lasten des Luftfahrzeugs berücksichtigt.[33] Bei der Zwangsversteigerung ausländischer Luftfahrzeuge gilt ergänzend § 171i Abs. 1 (vgl. → § 171i Rdn. 4). 23

Zwischen Rangklassen 3 und 4: Es folgen unter den Voraussetzungen der §§ 75 bis 77 LuftFzgG die dinglichen Rechte, die durch Ansprüche wegen Entschädigung für Bergung oder wegen außerordentlicher Erhaltungsaufwendungen begründet wurden (vgl. → Rdn. 18). Mehrere dieser Rechte haben untereinander Rang in umgekehrter Reihenfolge der Ereignisse, durch die sie entstanden sind, und gleichen Rang, wenn sie durch dasselbe Ereignis entstanden sind (§ 76 Satz 3 LuftFzgG).[34] Bei der Zwangsversteigerung ausländischer Luftfahrzeuge gilt § 104 LuftFzgG (vgl. → § 171i Rdn. 5). 24

Rangklasse 4: Danach folgen die dinglichen Ansprüche nach § 10 Abs. 1 Nr. 4 (vgl. → Rdn. 15 f.). Für das Rangverhältnis mehrerer Ansprüche innerhalb einer Rangklasse gilt § 11. Bei der Zwangsversteigerung ausländischer Luftfahrzeuge sind ergänzend § 103 LuftFzgG, § 171i Abs. 2 ZVG zu beachten (vgl. → § 171i Rdn. 6). 25

Rangklassen 5 bis 8: Sodann folgen die persönlichen Ansprüche des betreibenden Gläubigers nach § 10 Abs. 1 Nr. 5, die dem Beschlagnahmegläubiger gegenüber unwirksamen dinglichen Ansprüche nach § 10 Abs. 1 Nr. 6, die älteren Rückstände öffentlicher Lasten nach § 10 Abs. 1 Nr. 7 und die älteren Rückstände dinglicher Ansprüche nach § 10 Abs. 1 Nr. 8. Für das Rangverhältnis mehrerer Ansprüche innerhalb einer Rangklasse gilt § 11. 26

Nach Rangklasse 8: Schließlich folgen die Ansprüche, die ungeachtet der Aufforderung nach §§ 171a, 37 Nr. 4 nicht rechtzeitig angemeldet oder glaubhaft gemacht wurden (§§ 171a, 110). 27

5. Ansprüche von unbestimmtem Betrag

§ 14 ist anwendbar. 28

6. Antrag und Anordnung

§§ 15 bis 19 sind anwendbar. Die Zwangsversteigerung eines Luftfahrzeugs darf gemäß §§ 171a, 17 Abs. 1 nur angeordnet werden, wenn der Schuldner im Register für Pfandrechte an Luftfahrzeugen und – als Grundlage für diese Eintragung (§ 3 Abs. 1 Satz 1 Nr. 2 LuftRegV; vgl. → Rdn. 5) – in der Luftfahrzeugrolle als Eigentümer eingetragen oder Erbe des eingetragenen Eigentümers ist.[35] Ergänzend gelten die Besonderheiten nach § 171c Abs. 1, 2 Satz 1 (vgl. → § 171c Rdn. 2 ff.) und für die Zwangsversteigerung ausländischer Luftfahrzeuge § 171l Abs. 1 (vgl. → § 171l Rdn. 1). 29

---

33 Steiner/*Hagemann*, § 171a Rdn. 68.
34 Steiner/*Hagemann*, § 171a Rdn. 53, 69; *Schleicher/Reymann/Abraham*, § 76 LuftFzgG Rdn. 2.
35 LG Braunschweig, NdsRpfl 1974, 105; Steiner/*Hagemann*, § 171a Rdn. 26; vgl. Depré/*Wedekind*, § 171c Rdn. 4 ff.

Das LFzPfSchG beschränkt lediglich die Vollziehung von Arresten (vgl. → Rdn. 17), nicht jedoch die Zulässigkeit der Zwangsversteigerung.³⁶

7. Beschlagnahme

30 §§ 20 bis 26 sind eingeschränkt anwendbar. Die Anwendung von § 21 Abs. 1, 3 kommt mangels entsprechender Erzeugnisse nicht in Betracht. Die Anwendung von § 23 Abs. 1 Satz 2, §§ 24, 25 wird durch § 171c Abs. 2 Satz 1 ausgeschlossen (vgl. → § 171c Rdn. 3). Im Übrigen werden die anwendbaren Vorschriften durch § 171c Abs. 2 Satz 2 ergänzt (vgl. → § 171c Rdn. 4). Bei der Zwangsversteigerung ausländischer Luftfahrzeuge gilt ergänzend § 171k (vgl. → § 171k Rdn. 1).

31 Die Beschlagnahme umfasst diejenigen Gegenstände, auf welche sich bei einem Luftfahrzeug das Registerpfandrecht erstreckt (§ 171a i.V.m. § 20 Abs. 2).

Erfasst ist damit auch das **Zubehör** des Luftfahrzeugs (z.B. nicht fest eingebaute Navigationsgeräte, Flugkarten, Fallschirme)³⁷ – wobei eine nur vorübergehende Benutzung für den Betrieb die Zubehöreigenschaft abweichend von § 97 Abs. 2 BGB nicht ausschließt – mit Ausnahme der Zubehörstücke, die nicht in das Eigentum des Eigentümers gelangt sind (§ 31 Abs. 1 LuftFzgG), soweit nicht die Zubehöreigenschaft in den Grenzen einer ordnungsmäßigen Wirtschaft aufgehoben wird oder die Stücke in ein Ersatzteillager eingebracht werden oder sie veräußert und von dem Luftfahrzeug entfernt worden sind, bevor sie zugunsten des Gläubigers in Beschlag genommen wurden (§ 31 Abs. 2, 3 LuftFzgG). Für **Bestandteile** (z.B. Motoren, Leitwerk, Bedienungsapparaturen, Fahrgestell)³⁸ gilt dasselbe mit der Maßgabe, dass an die Stelle der Aufhebung der Zubehöreigenschaft die Trennung und Entfernung von dem Luftfahrzeug tritt, sofern nicht die Entfernung nur zu einem vorübergehenden Zweck erfolgt (§ 31 Abs. 4 LuftFzgG). Erfasst ist auch eine **Versicherungsforderung** (§ 32 Abs. 1 LuftFzgG).³⁹

Die Zwangsvollstreckung in Luftfahrzeuge erfasst nicht die in einem Ersatzteillager befindlichen **Ersatzteile**, auch wenn sich ein Registerpfandrecht hierauf erstreckt (§§ 68, 71 LuftFzgG). Insoweit gelten die Vorschriften über die Mobiliarvollstreckung (§ 99 Abs. 1 Satz 2, § 100 LuftFzgG; vgl. → Rdn. 16).⁴⁰

32 Weil der Eigentumserwerb an einem Luftfahrzeug keine Registereintragung erfordert (vgl. → Rdn. 3) und der eingetragene Eigentümer zugunsten eines Registerpfandrechtsgläubigers als Eigentümer gilt (§ 48 Satz 1 LuftFzgG), ist ein nicht eingetragener **Eigentumswechsel** vor Beschlagnahme unbeachtlich. Das Verfahren wird gegen den eingetragenen Eigentümer fortgesetzt. Der wahre Eigentümer muss Einwendungen gegen das Registerpfandrecht gemäß § 48 Satz 2 LuftFzgG, gegen den Anspruch eines persönlichen Gläubigers gemäß § 771 ZPO geltend machen. War der Eigentumswechsel eingetragen, so ist dem dinglichen Gläubiger Gelegenheit zur Vorlage eines gegen den neuen Eigentümer gerichteten Vollstre-

---

36 *Schleicher/Reymann/Abraham*, § 109 LuftFzgG Rdn. 2; *Schölermann/Schmid-Burgk*, WM 1990, 1137, 1145.
37 *Steiner/Hagemann*, § 171a Rdn. 41; *Depré/Wedekind*, § 171a Rdn. 27 ff., zu Triebwerken Rdn. 33 ff.; *Schleicher/Reymann/Abraham*, § 31 LuftFzgG Rdn. 1 ff.; *Schladebach/Kraft*, BKR 2012, 270, 274.
38 *Steiner/Hagemann*, § 171a Rdn. 40; *Depré/Wedekind*, § 171a Rdn. 25, 40; *Schleicher/Reymann/Abraham*, § 31 LuftFzgG Rdn. 3 ff.
39 *Steiner/Hagemann*, § 171a Rdn. 44; *Depré/Wedekind*, § 171a Rdn. 45; *Schölermann/Schmid-Burgk*, WM 1990, 1137, 1144.
40 *Steiner/Hagemann*, § 171a Rdn. 46.

ckungstitels zu geben; das wegen eines persönlichen Anspruchs betriebene Verfahren ist gemäß §§ 171a, 28 aufzuheben. Bei Eigentumswechsel nach Beschlagnahme gelten § 23 Abs. 2, § 26 gemäß § 171a entsprechend.[41]

8. Beitritt

§ 27 ist anwendbar. Eine erneute Anordnung der Bewachung und Verwahrung (§ 171c Abs. 2 Satz 1) erfolgt nicht.[42]   33

9. Aufhebung und einstweilige Einstellung

§§ 28 bis 34 sind anwendbar und werden durch § 171c Abs. 3 ergänzt (vgl. → § 171c Rdn. 5). Außerdem ist auch § 765a ZPO anwendbar.[43]   34

10. Bestimmung des Versteigerungstermins

§§ 35 bis 43 sind mit Abweichungen anwendbar. § 37 wird durch § 171d Abs. 1   35
modifiziert (vgl. → § 171d Rdn. 2). Die Anwendung des § 39 Abs. 2 ist durch § 171d Abs. 2 ausgeschlossen (vgl. → § 171d Rdn. 3). § 40 Abs. 1 Satz 2 ist nicht anwendbar, weil es für das gesamte Gebiet Deutschlands nur ein zuständiges Gericht gibt (vgl. jedoch → § 171b Rdn. 3).
Bei der Terminsbestimmung ist außerdem § 171e Nr. 1 zu beachten (vgl. → § 171e Rdn. 2).
Bei der Zwangsversteigerung ausländischer Luftfahrzeuge gilt ergänzend § 171l Abs. 2 (vgl. → § 171l Rdn. 2 ff.).

11. Geringstes Gebot und Versteigerungsbedingungen

§§ 44 bis 56, 58 bis 65 sind anwendbar mit Ausnahme des § 52 Abs. 2 und des   36
§ 63 Abs. 1 Satz 2, denen ein Anwendungsbereich fehlt.

12. Mieter und Pächter

§§ 57 bis 57b sind mit gewissen Modifikationen durch §§ 171f, 169 Abs. 1 entsprechend anwendbar (vgl. → § 171f Rdn. 2). Ausgenommen sind § 57b Abs. 2, 3, weil es eine Zwangsverwaltung von Luftfahrzeugen nicht gibt. Bei der Zwangsversteigerung ausländischer Luftfahrzeuge sind für gewisse verdinglichte Mietrechte ergänzend § 103 LuftFzgG, § 171n ZVG zu beachten (vgl. → § 171n Rdn. 1).   37

13. Versteigerung

§§ 66 bis 74, 75 bis 78 sind mit den Ergänzungen durch § 171e Nr. 2, 3 (vgl. → § 171e Rdn. 2) anwendbar. Ausgenommen ist § 77 Abs. 2 Satz 2, weil es eine Zwangsverwaltung von Luftfahrzeugen nicht gibt.   38

14. Antrag auf Zuschlagsversagung, Wertfestsetzung

§§ 74a, 74b sind anwendbar.   39

---

41   Steiner/*Hagemann*, § 171a Rdn. 91 ff.
42   Steiner/*Hagemann*, § 171a Rdn. 34; Depré/*Wedekind*, § 171c Rdn. 20.
43   Steiner/*Hagemann*, § 171a Rdn. 90.

15. Zuschlagsentscheidung

40 §§ 79 bis 93 sind im Wesentlichen anwendbar.

§ 91 Abs. 4 ist nicht anzuwenden, weil ein gesetzlicher Löschungsanspruch entsprechend § 1179a BGB bei dem Registerpfandrecht nicht besteht.[44] Dem § 92 Abs. 2, 3 fehlt ein Anwendungsbereich; bei der Zwangsversteigerung ausländischer Luftfahrzeuge ist § 92 Abs. 2 jedoch gemäß § 171n auf gewisse verdinglichte Mietrechte anzuwenden (vgl. → § 171n Rdn. 1).

16. Gerichtliche Verwaltung

41 § 94 wird durch § 171g ersetzt (vgl. → § 171g Rdn. 2 f.).

17. Beschwerde

42 §§ 95 bis 104 sind anwendbar. Bei der Zwangsversteigerung ausländischer Luftfahrzeuge gilt ergänzend § 171m (vgl. → § 171m Rdn. 1).

18. Erlösverteilung

43 §§ 105 bis 114, 115 bis 145 sind im Wesentlichen anwendbar und werden durch § 171e Nr. 4, 5 ergänzt (vgl. → § 171e Rdn. 2). Bei der Anwendung des § 122 Abs. 1 Satz 1 tritt § 47 Abs. 2 LuftFzgG an die Stelle des § 1132 Abs. 1 Satz 2 BGB. § 128 wird durch §§ 171f, 169 Abs. 2 ersetzt (vgl. → § 171f Rdn. 3). Bei der Zwangsversteigerung ausländischer Luftfahrzeuge ist für gewisse verdinglichte Mietrechte ergänzend § 171n zu beachten (vgl. → § 171n Rdn. 1).

Da Registerpfandrechte stets Buchrechte sind, entfallen die Anwendung des § 126 Abs. 1 hinsichtlich fehlender Briefvorlage und die Anwendung von § 127 Abs. 1, § 131 Satz 1, § 136. Mangels eines gesetzlichen Löschungsanspruchs entsprechend § 1179a BGB bei dem Registerpfandrecht sind §§ 130a, 131 Satz 2 nicht anwendbar.[45] Im Rahmen des § 145 entfallen die Bezugnahmen auf § 127 Abs. 1, §§ 130a, 131.

Erkennt man gesetzliche Pfandrechte an Luftfahrzeugen an (vgl. → Rdn. 14), so ist bei Geltendmachung des Anspruchs auf vorzugsweise Befriedigung gegenüber persönlichen Gläubigern der entsprechende Erlösanteil zu hinterlegen (§ 805 Abs. 4 ZPO) und entsprechend § 124 zu behandeln.[46]

19. Erweiterte Befriedigung

44 § 114a ist anwendbar.

20. Rechte in ausländischer Währung

45 § 145a wird durch den inhaltlich gleichlautenden § 171e ersetzt (vgl. → § 171e Rdn. 2).

21. Zwangsverwaltung

46 §§ 146 bis 161 sind nicht anzuwenden, weil es gemäß § 99 Abs. 1 Satz 1 LuftFzgG, § 870a Abs. 1 ZPO nur die Eintragung eines Registerpfandrechts oder die

---

44 Vgl. Steiner/*Hagemann*, § 171a Rdn. 83.
45 Steiner/*Hagemann*, § 171a Rdn. 83.
46 Steiner/*Hagemann*, § 171a Rdn. 55.

Zwangsversteigerung, nicht jedoch die Zwangsverwaltung von Luftfahrzeugen gibt.[47]

V. Zwangsversteigerung in besonderen Fällen

Da sich der Zweite Abschnitt des ZVG nur mit der Zwangsvollstreckung wegen Geldforderungen befasst, erklärt § 171a nur die Vorschriften des Ersten Abschnitts des ZVG für anwendbar. Luftfahrzeuge können auch auf Antrag des Insolvenzverwalters (§§ 172 bis 174a), auf Antrag des Erben (§§ 175 bis 179) und zur Aufhebung einer Gemeinschaft (§§ 180 bis 184; die Anwendung des § 185 kommt nicht in Betracht) versteigert werden.[48]

---

[47] A.A. Depré/*Wedekind*, § 171c Rdn. 29 ff., der die Zwangsverwaltung von Luftfahrzeugen entgegen der h.M. für zulässig hält.
[48] Steiner/*Hagemann*, § 171a Rdn. 4; Depré/*Wedekind*, § 171a Rdn. 77 ff.

§ 171b »Zuständiges Amtsgericht«

(1) Für die Zwangsversteigerung des Luftfahrzeugs ist als Vollstreckungsgericht das Amtsgericht zuständig, in dessen Bezirk das Luftfahrt-Bundesamt seinen Sitz hat.

(2) Für das Verfahren tritt an die Stelle des Grundbuchs das Register für Pfandrechte an Luftfahrzeugen.

I. Anwendungsbereich

1 § 171b gilt für **deutsche Luftfahrzeuge**. Für **ausländische Luftfahrzeuge** gilt Abs. 1 aufgrund der Verweisung in § 171h entsprechend; Abs. 2 gilt nicht, weil er die Eintragung im Register für Pfandrechte an Luftfahrzeugen voraussetzt (§ 106 Abs. 1 LuftFzgG).

II. Zuständigkeit

1. Internationale Zuständigkeit

1.1 Deutsche Gerichte sind für Zwangsvollstreckungsverfahren nur zuständig, wenn in Vermögen vollstreckt werden soll, das sich im Inland befindet, weil nur dann deutsche Zwangsgewalt ausgeübt werden kann.[1] Das zu versteigernde Luftfahrzeug muss sich daher im **deutschen Hoheitsgebiet** befinden. Nach der Anordnung des Verfahrens verhindern die Sicherungsmaßnahmen nach § 171c Abs. 2, dass das Luftfahrzeug das deutsche Hoheitsgebiet verlassen kann.

2. Sachliche Zuständigkeit

2 Sachlich ist für die Zwangsversteigerung von Luftfahrzeugen das **Amtsgericht** als Vollstreckungsgericht ausschließlich zuständig (§ 764 Abs. 1, § 802 ZPO).

3. Örtliche Zuständigkeit

3 Örtlich ist das Amtsgericht zuständig, in dessen Bezirk das **Luftfahrt-Bundesamt** seinen Sitz hat.

Der Bundesminister für Verkehr hatte ursprünglich durch Verwaltungsanordnung vom 14.12.1954 (BAnz Nr. 245 vom 21.12.1954) die Stadt Braunschweig als Sitz des Luftfahrt-Bundesamtes bestimmt. Seit dem 1.1.1993 werden Aufgaben der Flugsicherung privatrechtlich von der DFS Deutsche Flugsicherung GmbH in Offenbach wahrgenommen.[2] Beamte und Arbeitnehmer der aufgelösten Bundesanstalt für Flugsicherung wurden in eine neu eingerichtete, organisatorisch selbstständige Abteilung des Luftfahrt-Bundesamtes in Offenbach überführt (Gesetz vom 23.7.1992, BGBl I 1370, 1376, Verordnung vom 11.11.1992, BGBl I 1928). Demzufolge erhielt das Luftfahrt-Bundesamt durch Verwaltungsanordnung vom 8.3.1994 (BAnz 2898) einen Doppelsitz in Braunschweig und Offenbach. Da die Unternehmenszentrale der DFS in der Stadt Langen (Hessen) stationiert ist, wurden durch die jetzt geltende Verwaltungsanordnung vom 28.4.2003 (BAnz 10593) Braunschweig und – für die Verwaltungsstelle Flugsicherung – Langen (Hessen) als Sitz des Luftfahrt-Bundesamtes bestimmt.

---

1 BGH, Rpfleger 2006, 135 = NJW-RR 2006, 198; BGH, Rpfleger 2011, 223 = NJW-RR 2011, 647.
2 Vgl. *Schwenk/Giemulla*, Rdn. 5.49.

Demzufolge ist die Zuständigkeitsbestimmung in Abs. 1 nicht mehr eindeutig. Wegen des Doppelsitzes des Luftfahrt-Bundesamtes kommen sowohl das **Amtsgericht Braunschweig** als auch das Amtsgericht Langen (Hessen) in Betracht. Faktisch werden Zwangsversteigerungsverfahren über Luftfahrzeuge zwar weiterhin ausschließlich beim Amtsgericht Braunschweig durchgeführt, wie dort auch das Register für Pfandrechte an Luftfahrzeugen geführt wird (§ 78 LuftFzgG). Die alleinige Zuständigkeit dieses Amtsgerichts ist auch wegen der engen Verbindung des Pfandrechtsregisters zur Luftfahrzeugrolle, die das Luftfahrt-Bundesamt in Braunschweig führt (vgl. z.B. Mitteilungspflichten nach §§ 83, 91 LuftFzgG, zum Datenabruf § 16 Abs. 1 LuftRegV), sinnvoll.[3] Dennoch bleibt der Gesetzgeber aus rechtsstaatlichen Erwägungen aufgefordert, die Zuständigkeit auf eine gesetzlich eindeutige Grundlage zu stellen. Bis dahin könnte an eine entsprechende Anwendung des § 2 Abs. 1 oder auch des § 35 ZPO gedacht werden.[4]

Bei der – in der Praxis weiterhin anzunehmenden – alleinigen Zuständigkeit des Amtsgerichts Braunschweig für das gesamte Gebiet Deutschlands handelt es sich nicht um eine **Zuständigkeitskonzentration** im eigentlichen Sinne. Vielmehr bestimmt Abs. 1 lediglich die örtliche Zuständigkeit. Die Vorschrift erweitert nicht, wie sonst eine Zuständigkeitskonzentration, für die hier in Rede stehenden Geschäfte den Bezirk des Amtsgerichts Braunschweig. Dieses Gericht wird bei der Zwangsversteigerung von Luftfahrzeugen nur dann tätig, wenn der Anknüpfungspunkt für die örtliche Zuständigkeit in seinem eigenen Bezirk liegt, wie ihn das niedersächsische Gerichtsorganisationsrecht (Nr. 8 der Anlage 1 zu § 32 Abs. 2 des Niedersächsischen Justizgesetzes vom 16.12.2014, NiedersGVBl 436) bestimmt – das allerdings ist stets der Fall.

Deshalb betreffen die verfahrensrechtlichen Folgen einer Zuständigkeitskonzentration (vgl. → § 1 Rdn. 6) nicht die Zwangsversteigerung von Luftfahrzeugen. Gerichtsbezirk im Sinne von § 4 Satz 1, § 36 Abs. 3 ist allein der Bezirk des Amtsgerichts Braunschweig.[5] Praktische Erwägungen sprechen allerdings dafür, die Abhaltung des Versteigerungstermins jedenfalls in entsprechender Anwendung des § 36 Abs. 3 auch außerhalb des eigentlichen Gerichtsbezirks zuzulassen.[6]

4. Funktionelle Zuständigkeit

Funktionell ist der **Rechtspfleger**, wie für die Zwangsversteigerung von Grundstücken (vgl. → § 1 Rdn. 8 f.), in vollem Umfang zuständig.

---

3   Vgl. *Rehm*, ZLR 1959, 364; *Schwenk*, BB 1966, 477 f.; *Schölermann/Schmid-Burgk*, WM 1990, 1137, 1140.
4   *Depré/Wedekind*, § 171b Rdn. 4 ff., 14 f. – Ungeachtet der Errichtung des Bundesaufsichtsamtes für Flugsicherung besteht auch beim Luftfahrt-Bundesamt noch eine Dienststelle Flugsicherung, sodass sich die Problematik entgegen der Annahme von *Depré/Cranshaw*, § 2 Rdn. 6 nicht erledigt hat. – Vgl. zur Spezialisierung und zur „Zuständigkeit kraft besonderen Sachverstandes" *Ehricke*, NJW 1996, 812. – Zur Verknüpfung einer Gerichtsstandsbestimmung mit dem Sitz einer Verwaltungsbehörde BVerfGE 27, 18 = NJW 1969, 1619.
5   A.A. *Steiner/Hagemann*, § 171b Rdn. 9; anders auch die 12. Aufl. Rdn. 1.
6   Vgl. *Steiner/Hagemann*, § 171b Rdn. 9; *Mohrbutter/Drischler/Radtke/Tiedemann*, Muster 173 Anm. 10.

III. Register für Pfandrechte an Luftfahrzeugen

6   Bei der Anwendung der Vorschriften des Ersten Abschnitts des ZVG tritt an die Stelle des Grundbuchs (erwähnt in § 9 Nr. 1, § 17 Abs. 2, §§ 19, 27 Abs. 1, § 28 Abs. 1, § 37 Nr. 4, §§ 45, 54 Abs. 2, § 91 Abs. 2, §§ 114, 128 Abs. 1, § 130 Abs. 1) das **Register für Pfandrechte an Luftfahrzeugen** (vgl. → § 171a Rdn. 3 ff.).[7] Wegen der Ersetzung weiterer Begriffe vgl. → § 171a Rdn. 9.

---

[7] Vgl. dazu die § 171a Fn. 3 genannten Nachweise.

§ 171c »Anordnung; Sicherungsmaßnahmen«

(1) ¹Die Zwangsversteigerung darf erst angeordnet werden, nachdem das Luftfahrzeug in das Register für Pfandrechte an Luftfahrzeugen eingetragen ist. ²Der Antrag auf Anordnung der Zwangsversteigerung kann jedoch schon vor der Eintragung gestellt werden.

(2) ¹Bei der Anordnung der Zwangsversteigerung hat das Gericht zugleich die Bewachung und Verwahrung des Luftfahrzeugs anzuordnen. ²Die Beschlagnahme wird auch mit der Vollziehung dieser Anordnung wirksam.

(3) ¹Das Gericht kann zugleich mit der einstweiligen Einstellung des Verfahrens im Einverständnis mit dem betreibenden Gläubiger anordnen, daß die Bewachung und Verwahrung einem Treuhänder übertragen wird, den das Gericht auswählt. ²Der Treuhänder untersteht der Aufsicht des Gerichts und ist an die ihm erteilten Weisungen des Gerichts gebunden. ³Das Gericht kann ihn im Einverständnis mit dem Gläubiger auch ermächtigen, das Luftfahrzeug für Rechnung und im Namen des Schuldners zu nutzen. ⁴Über die Verwendung des Reinertrages entscheidet das Gericht. ⁵In der Regel soll er nach den Grundsätzen des § 155 verteilt werden.

I. Anwendungsbereich

§ 171c gilt für **deutsche Luftfahrzeuge**. Für **ausländische Luftfahrzeuge** gelten Abs. 2, 3 aufgrund der Verweisung in § 171h entsprechend; Abs. 1 gilt nicht, weil er die Eintragung im Register für Pfandrechte an Luftfahrzeugen voraussetzt (§ 106 Abs. 1 LuftFzgG). 1

II. Anordnung

Der Antrag auf Anordnung der Zwangsversteigerung kann gemäß Abs. 1 Satz 2 bereits vor der Eintragung des Luftfahrzeugs in das Pfandrechtsregister gestellt werden. Gemäß Abs. 1 Satz 1 darf das Verfahren jedoch erst nach erfolgter Eintragung angeordnet werden.¹ Zu den Voraussetzungen der Eintragung vgl. → § 171a Rdn. 4. 2

Der Verkäufer eines Luftfahrzeugs kann wegen seiner Kaufpreisforderung nicht in das Luftfahrzeug vollstrecken, solange der Käufer noch nicht im Register für Pfandrechte an Luftfahrzeugen und – als Grundlage für diese Eintragung (§ 3 Abs. 1 Satz 1 Nr. 2 LuftRegV; vgl. → § 171a Rdn. 5) – in der Luftfahrzeugrolle als Eigentümer eingetragen ist.²

III. Bewachung und Verwahrung bei der Verfahrensanordnung

Abs. 2 über die Anordnung der **Bewachung und Verwahrung** des Luftfahrzeuges zugleich mit der Verfahrensanordnung entspricht dem für Schiffe und Schiffsbauwerke geltenden § 165 Abs. 1. Zu den erforderlichen Maßnahmen können der Abschluss eines Unterstellvertrages und einer Stillliegekaskoversicherung, die Siegelung der Steuereinrichtung und Kabinentüren, die Wegnahme der Bord- 3

---

1 Steiner/*Hagemann*, § 171c Rdn. 7 f.; Depré/*Wedekind*, § 171c Rdn. 1, 3.
2 LG Braunschweig, NdsRpfl 1974, 105; Steiner/*Hagemann*, § 171a Rdn. 27; *Stöber*, ZVG § 171c Rdn. 2.5.

papiere und die Erhaltung der Flugtüchtigkeit gehören.[3] Tägliche Kontrollgänge sind nicht erforderlich; stichprobenartige Kontrollgänge zweimal wöchentlich genügen.[4] Die Anordnung der Sicherungsmaßnahmen bewirkt ein Startverbot.[5] Im Übrigen wird auf die Erläuterungen zu → § 165 Rdn. 2 ff. verwiesen.[6]

4 Die Vollziehung der Anordnung kommt auch hier als weiterer Zeitpunkt für das Wirksamwerden der **Beschlagnahme** neben den in § 22 Abs. 1 genannten Zeitpunkten in Betracht.[7]

IV. Treuhänder bei einstweiliger Einstellung

5 Abs. 3 über die Übertragung der Bewachung und Verwahrung auf einen vom Gericht ausgewählten **Treuhänder** bei einstweiliger Einstellung des Verfahrens entspricht dem für Schiffe und Schiffsbauwerke geltenden § 165 Abs. 2. Insoweit ist auf die Erläuterungen zu → § 165 Rdn. 5 ff. zu verweisen.[8]

V. Kosten der Bewachung, Verwahrung und treuhänderischen Nutzung

6 Die notwendigen **Kosten** der Bewachung und Verwahrung gehören zu den Kosten des Verfahrens, die gemäß § 109 Abs. 1 dem Versteigerungserlös vorab zu entnehmen sind (vgl. → § 171a Rdn. 20). Der Anspruch des betreibenden Gläubigers auf Ersatz seiner Ausgaben für die treuhänderische Nutzung des Luftfahrzeugs (§ 171c Abs. 3 Satz 3) ist entsprechend § 10 Abs. 1 Nr. 1 zu berücksichtigen, soweit sie der Erhaltung oder nötigen Verbesserung des Luftfahrzeugs dienen und nicht aus den Nutzungen entnommen werden können (vgl. → § 171a Rdn. 21). Dem nicht in amtlicher Eigenschaft, sondern als Privatperson bestellten Gerichtsvollzieher kann das Gericht eine angemessene Entschädigung festsetzen.[9] Im Übrigen kann auf die entsprechenden Erläuterungen für die Zwangsversteigerung von Schiffen und Schiffsbauwerken zu → § 165 Rdn. 8 verwiesen werden.

---

3 AG Braunschweig, DGVZ 1973, 47; Steiner/*Hagemann*, § 171c Rdn. 12; *Mohrbutter/Drischler/Radtke/Tiedemann*, Muster 173 Anm. 4; *Schleicher/Reymann/Abraham*, § 109 LuftFzgG Rdn. 7.
4 LG Braunschweig, DGVZ 1990, 121; *Stöber*, ZVG § 171c Rdn. 3.
5 Steiner/*Hagemann*, § 171c Rdn. 16; *Schölermann/Schmid-Burgk*, WM 1990, 1137, 1145; *Melzer/Haslach*, ZLW 2003, 582, 595; a.A. *Mohrbutter/Drischler/Radtke/Tiedemann*, Muster 173 Anm. 4 f.: Startverbot ist ausdrücklich auszusprechen.
6 Vgl. auch § 132 GVGA; *Depré/Wedekind*, § 171c Rdn. 21 ff.; *Mümmler*, DGVZ 1962, 1 f.
7 Steiner/*Hagemann*, § 171c Rdn. 17.
8 Vgl. *Depré/Wedekind*, § 171c Rdn. 25 ff.
9 AG Braunschweig, DGVZ 1973, 47; LG Braunschweig, DGVZ 1990, 121; *Stöber*, ZVG § 171c Rdn. 3; *Mohrbutter/Drischler/Radtke/Tiedemann*, Muster 173 Anm. 6.

§ 171d »Terminsbestimmung; Bekanntmachung«

(1) In der Bestimmung des Versteigerungstermins soll das Luftfahrzeug nach dem Register für Pfandrechte an Luftfahrzeugen bezeichnet werden.
(2) Die in § 39 Abs. 2 vorgesehene Anordnung ist unzulässig.

I. Anwendungsbereich

§ 171d gilt für **deutsche Luftfahrzeuge**. Für **ausländische Luftfahrzeuge** gilt Abs. 2 aufgrund der Verweisung in § 171h entsprechend; Abs. 1 gilt nicht, weil er die Eintragung im Register für Pfandrechte an Luftfahrzeugen voraussetzt (§ 106 Abs. 1 LuftFzgG).

II. Bezeichnung des Luftfahrzeugs

Für den Inhalt der Bestimmung des Versteigerungstermins gelten §§ 37, 38 entsprechend (vgl. → § 171a Rdn. 35). Die Terminsbestimmung muss gemäß §§ 171a, 37 Nr. 1 das Luftfahrzeug so genau bezeichnen, dass Beteiligte und Dritte erkennen können, auf welches Luftfahrzeug sich die Versteigerung bezieht. Die Mindestangaben sind zwingend; ein Verstoß ist unheilbar und hat die Versagung des Zuschlags gemäß §§ 171a, 83 Nr. 7 zur Folge.[1]

Gemäß der Ordnungsvorschrift des § 171d Abs. 1 soll das Luftfahrzeug nach den Angaben im **Register für Pfandrechte an Luftfahrzeugen** bezeichnet werden. Neben der Registerblattnummer sind das die gemäß § 3 Abs. 1 Satz 1 Nr. 1 LuftRegV, § 80 Abs. 1 Nr. 1 bis 4 LuftFzgG einzutragenden Angaben (Nummer des Blattes der Luftfahrzeugrolle, Staatszugehörigkeits- und Eintragungszeichen, Art, Muster und Werknummer der Zelle des Luftfahrzeugs).

Gemäß §§ 171a, 40 Abs. 2 kann die Zwangsversteigerung auch in einem Luftverkehrsfachblatt bekannt gemacht werden.[2]

III. Kein Absehen von der Amtsblatt-/Informationssystem-Bekanntmachung

Von der Einrückung in das Amtsblatt oder Einstellung in das elektronische Informations- und Kommunikationssystem wegen geringen Werts, wie sie gemäß § 39 Abs. 2 für Grundstücke möglich ist, kann nach Abs. 2 bei Luftfahrzeugen nicht abgesehen werden.[3]

---

1 Steiner/*Hagemann*, § 171d Rdn. 4.
2 Steiner/*Hagemann*, § 171d Rdn. 8.
3 Steiner/*Hagemann*, § 171d Rdn. 7.

§ 171e »Registerpfandrecht in ausländischer Währung«

Für die Zwangsversteigerung eines Luftfahrzeugs, das mit einem Registerpfandrecht in ausländischer Währung belastet ist, gelten folgende Sonderbestimmungen:
1. Die Terminbestimmung muß die Angabe, daß das Luftfahrzeug mit einem Registerpfandrecht in ausländischer Währung belastet ist, und die Bezeichnung dieser Währung enthalten.
2. In dem Zwangsversteigerungstermin wird vor der Aufforderung zur Abgabe von Geboten festgestellt und bekanntgemacht, welchen Wert das in ausländischer Währung eingetragene Registerpfandrecht nach dem amtlich ermittelten letzten Kurs in Euro hat. Dieser Kurswert bleibt für das weitere Verfahren maßgebend.
3. Die Höhe des Bargebots wird in Euro festgestellt. Die Gebote sind in Euro abzugeben.
4. Der Verteilungsplan wird in Euro aufgestellt.
5. Wird ein Gläubiger eines in ausländischer Währung eingetragenen Registerpfandrechts nicht vollständig befriedigt, so ist der verbleibende Teil seiner Forderung in der ausländischen Währung festzustellen. Die Feststellung ist für die Haftung mitbelasteter Gegenstände, für die Verbindlichkeit des persönlichen Schuldners und für die Geltendmachung des Ausfalls im Insolvenzverfahren maßgebend.

I. Anwendungsbereich

1 § 171e gilt für **deutsche Luftfahrzeuge**. Für ausländische Luftfahrzeuge gilt die Vorschrift nicht, weil sie die Eintragung im Register für Pfandrechte an Luftfahrzeugen voraussetzt (§ 106 Abs. 1 LuftFzgG).

II. Registerpfandrechte in ausländischer Währung

2 § 87 LuftFzgG ermöglicht für eine Forderung, die auf ausländische Währung lautet und deren Gläubiger seinen Wohnsitz oder Sitz im Ausland hat, die Eintragung eines Registerpfandrechts in ausländischer Währung. § 171e enthält besondere Bestimmungen für die Zwangsversteigerung von Luftfahrzeugen, die mit solchen Registerpfandrechten belastet sind. Ohne diese Norm wäre gemäß § 171a der inhaltsgleiche § 145a anwendbar.[1]

Sind Registerpfandrechte in ausländischer Währung eingetragen, so ist ebenso wie im Falle der §§ 145a, 168c zu verfahren. Es kann daher auf die dortigen Erläuterungen verwiesen werden.

---

[1] Vgl. aber Depré/*Cranshaw*, § 171e Rdn. 10, der auf die gegenüber § 28 Satz 2 GBO erweiterten Möglichkeiten der Eintragung von Registerpfandrechten in ausländischer Währung nach § 87 LuftFzgG hinweist.

§ 171f »Mieter und Pächter; Registerpfandrecht gegen den Ersteher«

§ 169 gilt für das Luftfahrzeug entsprechend.

I. Anwendungsbereich

§ 171f gilt für **deutsche Luftfahrzeuge**. Für **ausländische Luftfahrzeuge** gilt die Vorschrift, soweit sie auf § 169 Abs. 1 verweist, aufgrund der Verweisung in § 171h entsprechend; soweit sie auf § 169 Abs. 2 verweist, gilt sie nicht, weil sie die Eintragung im Register für Pfandrechte an Luftfahrzeugen voraussetzt (§ 106 Abs. 1 LuftFzgG). 1

II. Mieter und Pächter

§ 169 Abs. 1 normiert Abweichungen zu §§ 57 bis 57b, die im Übrigen gemäß § 171a entsprechend anzuwenden sind, soweit sie sich hierfür eignen (vgl. → § 171a Rdn. 37). Im Rahmen des § 578a BGB tritt das Luftfahrzeug an die Stelle des Schiffs (§ 98 Abs. 2 LuftFzgG). Auf die Erläuterungen zu → § 169 Rdn. 2 ff. wird verwiesen.[1] 2

III. Registerpfandrecht gegen den Ersteher

§ 169 Abs. 2 ersetzt den § 128. Bei der entsprechenden Anwendung tritt das Registerpfandrecht an die Stelle der Schiffshypothek. Im Übrigen wird auf die Erläuterungen zu → § 169 Rdn. 6 f. verwiesen. 3

---

1 Vgl. auch *Schölermann/Schmid-Burgk*, WM 1990, 1137, 1145 f.; *Melzer/Haslach*, ZLW 2003, 582, 596 ff.

§ 171g »Bewachung und Verwahrung des versteigerten Luftfahrzeugs«

(1) An die Stelle der nach § 94 Abs. 1 zulässigen Verwaltung tritt die gerichtliche Bewachung und Verwahrung des versteigerten Luftfahrzeugs.

(2) Das Gericht hat die getroffenen Maßregeln aufzuheben, wenn der zu ihrer Fortsetzung erforderliche Geldbetrag nicht vorgeschossen wird.

I. Anwendungsbereich

1   § 171g gilt für **deutsche Luftfahrzeuge**. Für **ausländische Luftfahrzeuge** gilt die Vorschrift aufgrund der Verweisung in § 171h entsprechend.

II. Bewachung und Verwahrung

2   Ebenso wie es bei Luftfahrzeugen keine Zwangsverwaltung gibt, kann auch keine gerichtliche Verwaltung nach § 94 angeordnet werden. Stattdessen sind die **Bewachung und Verwahrung** des versteigerten Luftfahrzeugs vorgesehen. Die Vorschrift entspricht dem für Schiffe und Schiffsbauwerke geltenden § 170 Abs. 1. Auf die Erläuterungen zu → § 170 Rdn. 2 ff. wird verwiesen.

III. Aufhebung mangels Vorschusszahlung

3   Wie nach § 170 Abs. 2 bei Schiffen und Schiffsbauwerken sind die angeordneten Maßregeln mangels Zahlung eines angeordneten Vorschusses **zwingend aufzuheben**. Insoweit wird auf die Erläuterungen zu → § 170 Rdn. 5 verwiesen.

§ 171h »Ausländische Luftfahrzeuge«

Auf die Zwangsversteigerung eines ausländischen Luftfahrzeugs sind die Vorschriften in §§ 171a bis 171g entsprechend anzuwenden, soweit sich nicht aus den §§ 171i bis 171n anderes ergibt.

I. Anwendungsbereich

§ 171h gilt für **ausländische Luftfahrzeuge**. Ein ausländisches Luftfahrzeug ist ein Luftfahrzeug, das nicht das deutsche Staatszugehörigkeitszeichen führt, insbesondere weil es nicht im Eigentum eines deutschen Staatsangehörigen oder einer gleichgestellten Handelsgesellschaft oder juristischen Person oder eines gleichgestellten Staatsangehörigen steht (vgl. → § 171a Rdn. 4).[1]

Ausländische Luftfahrzeuge unterliegen der Immobiliarvollstreckung durch ein deutsches Gericht, wenn sie sich in **deutschem Hoheitsgebiet** befinden, da über sie nur dann deutsche Hoheitsgewalt ausgeübt werden kann (vgl. → § 171b Rdn. 1.1).

Für die **Arrestvollziehung** in ausländische Luftfahrzeuge gelten die Vorschriften über die Arrestvollziehung in deutsche Luftfahrzeuge (vgl. → § 171a Rdn. 17) sinngemäß mit der Maßgabe, dass an die Stelle der Eintragung eines Registerpfandrechts die Pfändung tritt, die ein Pfandrecht begründet, welches dem Gläubiger im Verhältnis zu anderen Rechten dieselben Befugnisse wie ein Registerpfandrecht gewährt (§ 106 Abs. 1 Nr. 1, Abs. 3 LuftFzgG).[2]

II. Anwendbare Vorschriften und Besonderheiten

Für die Zwangsversteigerung ausländischer Luftfahrzeuge gelten gemäß § 171h aufgrund der Verweisung auf § 171a zunächst, ebenso wie für deutsche Luftfahrzeuge, die Vorschriften des Ersten Abschnitts des ZVG (vgl. → § 171a Rdn. 9 ff.). Außerdem gelten die Sonderbestimmungen der §§ 171b bis 171g. Weil ausländische Luftfahrzeuge nicht in der deutschen Luftfahrzeugrolle und im deutschen Register für Pfandrechte an Luftfahrzeugen eingetragen sind, können solche Vorschriften keine Anwendung finden, die auf die Luftfahrzeugrolle oder das Pfandrechtsregister Bezug nehmen (§ 106 Abs. 1 LuftFzgG). Von den Sonderbestimmungen sind daher § 171b Abs. 2, § 171c Abs. 1, § 171d Abs. 1, § 171e und § 171f, soweit auf § 169 Abs. 2 bezogen, ausgenommen.[3]

Ferner sind §§ 171i bis 171n zu beachten, die insbesondere die Vorgaben des Genfer Abkommens[4] in deutsches Recht umsetzen; sie gelten allerdings – mit Ausnahme des § 171k – unabhängig davon, ob das zu versteigernde Luftfahrzeug aus einem Vertragsstaat des Abkommens stammt.[5]

---

1 Vgl. Steiner/*Hagemann*, § 171h Rdn. 3; *Stöber*, ZVG § 171h Rdn. 1.2.
2 Vgl. Steiner/*Hagemann*, § 171h Rdn. 4; *Mümmler*, DGVZ 1962, 1, 4.
3 Steiner/*Hagemann*, § 171h Rdn. 5 f.; Depré/*Wedekind*, § 171h Rdn. 13 ff.
4 Abkommen über die internationale Anerkennung von Rechten an Luftfahrzeugen vom 19.6.1948 (Gesetz vom 26.2.1959, BGBl II 129).
5 Steiner/*Hagemann*, § 171h Rdn. 2; Depré/*Wedekind*, § 171h Rdn. 3 f.

§ 171i »Rangordnung der Rechte«

(1) In der dritten Klasse (§ 10 Abs. 1 Nr. 3) werden nur befriedigt Gebühren, Zölle, Bußen und Geldstrafen auf Grund von Vorschriften über Luftfahrt, Zölle und Einwanderung.

(2) In der vierten Klasse (§ 10 Abs. 1 Nr. 4) genießen Ansprüche auf Zinsen aus Rechten nach § 103 des Gesetzes über Rechte an Luftfahrzeugen vom 26. Februar 1959 (Bundesgesetzbl. I S. 57) das Vorrecht dieser Klasse wegen der laufenden und der aus den letzten drei Geschäftsjahren rückständigen Beträge.

1 Auch bei der Zwangsversteigerung ausländischer Luftfahrzeuge gilt grundsätzlich, soweit der Sache nach anwendbar, die Rangfolge der §§ 10 bis 13 (vgl. → § 171a Rdn. 13 ff.).[1]

2 Neben den in § 171i genannten Besonderheiten sind die §§ 103, 104 LuftFzgG zu berücksichtigen. Daraus ergibt sich folgende Rangordnung:

3 **Vor Rangklasse 1 bis Rangklasse 1a:** Hier sind dieselben Ansprüche wie bei der Zwangsversteigerung deutscher Luftfahrzeuge zu berücksichtigen (vgl. → § 171a Rdn. 20 ff.).

4 **Rangklasse 3:** In der Rangklasse des § 10 Abs. 1 Nr. 3 sind ausschließlich die in Abs. 1 genannten Gebühren, Zölle, Bußen und Geldstrafen zu berücksichtigen, die auf Vorschriften über Luftfahrt, Zölle und Einwanderung beruhen (vgl. Art. XII des Genfer Abkommens). Für die zeitliche Begrenzung dieser Ansprüche gilt § 10 Abs. 1 Nr. 3 entsprechend.[2]

5 **Zwischen Rangklassen 3 und 4:** Es folgen – nur für Luftfahrzeuge aus Vertragsstaaten des Genfer Abkommens[3] – die Rechte wegen Entschädigung für Bergung eines Luftfahrzeugs oder wegen außerordentlicher Erhaltungsaufwendungen, sofern der Vorrang der Rechte nach Art. IV des Genfer Abkommens anzuerkennen ist. Mehrere dieser Rechte haben untereinander Rang in umgekehrter Reihenfolge der Ereignisse, durch die sie entstanden sind, und gleichen Rang, wenn sie durch dasselbe Ereignis entstanden sind (§ 104 LuftFzgG).

6 **Rangklasse 4:** Sodann sind dingliche Rechte an dem Luftfahrzeug zu berücksichtigen, nämlich besitzlose Pfandrechte, Hypotheken oder ähnliche Rechte, jedoch auch dem deutschen Recht unbekannte verdinglichte Rechte des Besitzers zum Eigentumserwerb durch Kauf und verdinglichte Rechte zum Besitz aufgrund eines für mehr als sechs Monate abgeschlossenen Mietvertrages (zum Wertersatz für diese Rechte vgl. → § 171n Rdn. 1 f.), sofern sie nach dem Recht des Staates, in dem das Luftfahrzeug zur Zeit ihrer Begründung als staatszugehörig eingetragen war, gültig entstanden und in einem öffentlichen Register dieses Staates eingetragen sind. Solche Rechte sind nach Art. I Abs. 1 des Genfer Abkommens anzuerkennen.[4] § 103 LuftFzgG gilt allerdings unabhängig davon, ob das Luftfahrzeug einem Vertragsstaat angehört.[5] Bei den besitzlosen Pfandrechten, Hypotheken oder ähnlichen Rechten werden neben den Beträgen laufender Zinsen diejenigen

---

[1] Steiner/*Hagemann*, § 171i Rdn. 2; Depré/*Wedekind*, § 171i Rdn. 3; a.A. *Stöber*, ZVG § 171i Rdn. 1.1.
[2] Steiner/*Hagemann*, § 171i Rdn. 4; Depré/*Wedekind*, § 171i Rdn. 8.
[3] *Schleicher/Reymann/Abraham*, § 104 LuftFzgG.
[4] Vgl. BGH, NJW 1992, 362 = MDR 1991, 1208 = IPRax 1993, 178.
[5] *Schleicher/Reymann/Abraham*, vor § 103 LuftFzgG, § 103 LuftFzgG Rdn. 1 ff.

Beträge berücksichtigt, die aus den letzten drei Geschäftsjahren des Flugbetriebes rückständig sind (vgl. Art. V des Genfer Abkommens); auf den Beschlagnahmezeitpunkt kommt es nicht an.[6] Ältere Rückstände fallen, wie auch sonst, in die Rangklasse 8.

Rangklasse 5 bis nach Rangklasse 8: Danach folgen dieselben Ansprüche wie bei der Zwangsversteigerung deutscher Luftfahrzeuge (vgl. → § 171a Rdn. 26 f.). 7

---

[6] Steiner/*Hagemann*, § 171i Rdn. 7; *Stöber*, ZVG § 171i Rdn. 1.3; Depré/*Wedekind*, § 171i Rdn. 12.

§ 171k »Verfügungen nach der Beschlagnahme«

Wird das Luftfahrzeug nach der Beschlagnahme veräußert oder mit einem Recht nach § 103 des Gesetzes über Rechte an Luftfahrzeugen belastet und ist die Veräußerung oder Belastung nach Artikel VI des Genfer Abkommens vom 19. Juni 1948 (Bundesgesetzbl. 1959 II S. 129) anzuerkennen, so ist die Verfügung dem Gläubiger gegenüber wirksam, es sei denn, daß der Schuldner im Zeitpunkt der Verfügung Kenntnis von der Beschlagnahme hatte.

1   Art. I Abs. 1 des Genfer Abkommens verpflichtet die Vertragsstaaten, die dort genannten Rechte (das Eigentumsrecht und die in § 103 LuftFzgG aufgeführten Rechte) anzuerkennen. Das gilt auch dann, wenn nach dem Heimatrecht des Luftfahrzeugs Verfügungen der genannten Art trotz Beschlagnahme oder Durchführung einer Zwangsvollstreckung zulässig sind. Hiervon macht Art. VI des Genfer Abkommens lediglich für den Fall eine Ausnahme, dass der Schuldner in Kenntnis der Beschlagnahme oder des Zwangsvollstreckungsverfahrens gehandelt hat. In diesem Fall sind die Vertragsstaaten nicht zur Anerkennung der Verfügung zum Nachteil eines betreibenden Gläubigers oder Erwerbers verpflichtet.

§ 171k setzt die vertragliche Verpflichtung um. Die genannten Verfügungen sind dem betreibenden Gläubiger gegenüber abweichend von § 23, außer bei Kenntnis des Schuldners von der Beschlagnahme, wirksam. Ob es zusätzlich auf den guten Glauben des Erwerbers ankommt, richtet sich danach, ob das Heimatrecht des Luftfahrzeugs einen gutgläubigen Erwerb trotz Beschlagnahme zulässt oder nicht, weil nur die nach diesem Recht gültig entstandenen Rechte anzuerkennen sind.[1] Im Verfahren sind die Rechte entsprechend ihrem Rang zu berücksichtigen.

2   Die Vorschrift ist nur anwendbar, wenn das zu versteigernde Luftfahrzeug aus einem Vertragsstaat des Genfer Abkommens stammt.

---

1   Steiner/*Hagemann*, § 171k Rdn. 2; *Stöber*, ZVG § 171k Rdn. 2.4; a.A. *Schleicher/Reymann/Abraham*, § 106 LuftFzgG Rdn. 6; anders auch die 12. Aufl. Rdn. 3.

§ 171l »Anordnungsmitteilung; Terminsbestimmung«

(1) Das Vollstreckungsgericht teilt die Anordnung der Zwangsversteigerung tunlichst durch Luftpost der Behörde mit, die das Register führt, in dem die Rechte an dem Luftfahrzeug eingetragen sind.

(2) ¹Der Zeitraum zwischen der Anberaumung des Termins und dem Termin muß mindestens sechs Wochen betragen. ²Die Zustellung der Terminsbestimmung an Beteiligte, die im Ausland wohnen, wird durch Aufgabe zur Post bewirkt. ³Die Postsendung muß mit der Bezeichnung „Einschreiben" versehen werden. ⁴Sie soll tunlichst durch Luftpost befördert werden. ⁵Der betreffende Gläubiger hat die bevorstehende Versteigerung mindestens einen Monat vor dem Termin an dem Ort, an dem das Luftfahrzeug eingetragen ist, nach den dort geltenden Bestimmungen öffentlich bekanntzumachen.

I. Mitteilung von der Anordnung

Gemäß Abs. 1 ist die **Anordnung** des Zwangsversteigerungsverfahrens – nicht die Zulassung des Beitritts –[1] der Behörde mitzuteilen, die das ausländische Register über die Rechte an dem Luftfahrzeug führt, damit dort schnell eine Registersperre herbeigeführt werden kann. Die Versendung der Mitteilung soll mit Luftpost erfolgen. Im Verhältnis zu Vertragsstaaten des Genfer Abkommens lässt dessen Art. XIV abweichend vom üblichen Rechtshilfeverkehr ausdrücklich den unmittelbaren Verkehr der Gerichts- und Verwaltungsbehörden zu. Gegenüber anderen Staaten ist der Rechtshilfeweg einzuhalten.[2]

II. Frist

Abs. 2 Satz 1 schreibt entsprechend Art. VII Abs. 2 Buchst. a des Genfer Abkommens – jedoch unabhängig hiervon auch bei der Zwangsversteigerung eines Luftfahrzeugs aus einem Nicht-Vertragsstaat – für die **Frist** zwischen der Terminsbestimmung und dem Termin ergänzend zu § 36 Abs. 2, § 43 Abs. 1 einen Zeitraum von mindestens sechs Wochen vor. Wird die Frist nicht eingehalten, so ist in Übereinstimmung mit Art. VII Abs. 3 Satz 1 des Genfer Abkommens der Termin aufzuheben oder der Zuschlag in entsprechender Anwendung des § 83 Nr. 7 zu versagen. Damit der betreibende Gläubiger die Bekanntmachung im Ausland nach Abs. 2 Satz 5 rechtzeitig veranlassen kann, darf die Frist nicht zu eng bemessen werden.[3]

III. Zustellung an Beteiligte im Ausland

Abs. 2 Satz 2 bis 4 ergänzen die §§ 4, 41 Abs. 1, § 43 Abs. 2 über die **Zustellung** der Terminsbestimmung an Beteiligte außerhalb des Gerichtsbezirks. Erweiternd zu der schon nach § 4 zulässigen Zustellung durch Aufgabe zur Post als Einschreiben sieht Abs. 2 Satz 4 die Beförderung durch Luftpost vor. Die Zustellung durch Aufgabe zur Post ist keine Auslandszustellung, sondern eine fingierte Zustellung

---

1 Steiner/*Hagemann*, § 171l Rdn. 5; *Stöber*, ZVG § 171l Rdn. 2.1.
2 Steiner/*Hagemann*, § 171l Rdn. 4; Depré/*Wedekind*, § 171l Rdn. 8 f.
3 Steiner/*Hagemann*, § 171l Rdn. 6; *Stöber*, ZVG § 171l Rdn. 2.4.

im Inland.[4] Wegen der Zustellung im Anwendungsbereich der EuZustVO vgl. → § 4 Rdn. 12.

IV. Bekanntmachung im Ausland

4   Gemäß Abs. 2 Satz 5 muss der betreibende Gläubiger – nicht das Vollstreckungsgericht – ergänzend zu § 43 Abs. 1 eine **Bekanntmachung** der Versteigerung an dem ausländischen Ort der Registereintragung nach den dort geltenden Bestimmungen veranlassen. Diese Bekanntmachung muss mindestens einen Monat vor dem Termin bewirkt sein. Sie ist für Vertragsstaaten des Genfer Abkommens durch dessen Art. VII Abs. 2 Buchst. b Satz 2 zwingend vorgeschrieben und gilt auch für die Zwangsversteigerung eines Luftfahrzeugs aus einem Nicht-Vertragsstaat. Der Gläubiger muss dem Gericht die fristgerechte Bekanntmachung nachweisen. Eine Verletzung führt in Übereinstimmung mit Art. VII Abs. 3 Satz 1 des Genfer Abkommens zur Terminsaufhebung oder in entsprechender Anwendung des § 83 Nr. 7 zur Versagung des Zuschlags.[5]

---

4   BGH, NJW 2002, 521; BGH, Rpfleger 1999, 134 = NJW 1999, 1187; Depré/Wedekind, § 171l Rdn. 12; a.A. offenbar Steiner/Hagemann, § 171l Rdn. 7; von Auslandszustellung ausgehend auch die 13. Aufl. Rdn. 3.
5   Steiner/Hagemann, § 171l Rdn. 8; Depré/Wedekind, § 171l Rdn. 13 ff.

§ 171m »Beschwerde gegen die Erteilung des Zuschlags«

¹Die Beschwerde gegen die Erteilung des Zuschlags ist binnen sechs Monaten einzulegen. ²Sie kann auf die Gründe des § 100 nur binnen einer Notfrist von zwei Wochen, danach nur noch darauf gestützt werden, daß die Vorschriften des § 171l Abs. 2 verletzt sind.

Art. VII Abs. 3 des Genfer Abkommens gewährt jedem, der durch einen Verstoß gegen die Vorschriften des Art. VII Abs. 2 geschädigt wird, eine Frist von sechs Monaten für einen Antrag, die „Verwertung" nach den Gesetzen des Vertragsstaates, in dem sie durchgeführt wurde, für „nichtig" zu erklären. Es handelt sich um jene Vorschriften, die durch § 171l Abs. 2 in deutsches Recht umgesetzt werden. Deshalb verlängert § 171m die Beschwerdefrist für diese Fälle auf sechs Monate. Das gilt auch bei der Zwangsversteigerung eines Luftfahrzeugs aus einem Nicht-Vertragsstaat. Diese Frist ist keine Notfrist, sondern eine Ausschlussfrist, sodass keine Wiedereinsetzung in den vorigen Stand nach § 233 ZPO erfolgen kann.[1] Für den Beginn der Beschwerdefrist ist in allen Fällen § 98 maßgebend.

Für die sonstigen Beschwerdegründe, die durch das Abkommen nicht berührt werden, bedarf es keiner Fristverlängerung. Insoweit gilt die Notfrist von zwei Wochen nach § 96 ZVG, § 569 Abs. 1 Satz 1 ZPO.

---

[1] Steiner/*Hagemann*, § 171m Rdn. 4; *Stöber*, ZVG § 171m Rdn. 2.2; Depré/*Wedekind*, § 171m Rdn. 4 f.

§ 171n »Ersatz für Mietrecht«

Erlischt durch den Zuschlag das Recht zum Besitz eines Luftfahrzeugs auf Grund eines für einen Zeitraum von sechs oder mehr Monaten abgeschlossenen Mietvertrages, so gelten die Vorschriften über den Ersatz für einen Nießbrauch entsprechend.

1 Nach Art. I Abs. 1 Satz 1 Buchst. c des Genfer Abkommens ist ein verdinglichtes Recht zum Besitz eines Luftfahrzeugs aufgrund eines für einen Zeitraum von mehr als sechs Monaten abgeschlossenen Mietvertrages in allen Vertragsstaaten anzuerkennen (vgl. § 103 Nr. 2 LuftFzgG). Erlischt ein solches Recht durch den Zuschlag, so ist Ersatz durch Zahlung einer Geldrente wie für einen erloschenen Nießbrauch entsprechend § 92 Abs. 2, § 121 Abs. 1 zu leisten.[1]

2 Für erloschene verdinglichte Kaufrechte nach Art. I Abs. 1 Satz 1 Buchst. b des Genfer Abkommens (vgl. § 103 Nr. 1 LuftFzgG) gilt § 171n nicht. An die Stelle dieser Rechte tritt Wertersatz nach § 92 Abs. 1.[2]

---

1 Steiner/*Hagemann*, § 171n Rdn. 4; *Stöber*, ZVG § 171n Rdn. 1.2; Depré/*Cranshaw*, § 171n Rdn. 11 f.
2 Steiner/*Hagemann*, § 171n Rdn. 1, 3; *Stöber*, ZVG § 171n Rdn. 1.2.

DRITTER ABSCHNITT

Zwangsversteigerung und Zwangsverwaltung in besonderen Fällen

Vorbemerkungen vor § 172

I. Verfahren des Dritten Abschnitts des ZVG

Der Dritte Abschnitt des ZVG enthält Vorschriften über die Zwangsversteigerung und Zwangsverwaltung „in besonderen Fällen", nämlich auf Antrag des Insolvenzverwalters (§§ 172 bis 174a), auf Antrag des Erben (§§ 175 bis 179) und zur Auseinandersetzung einer Gemeinschaft (§§ 180 bis 185). Formal gehört zu diesem Abschnitt auch – systemwidrig – die Übergangsvorschrift des § 186.   1

Neben Grundstücken und grundstücksgleichen Rechten sind Verfahrensgegenstände in den Verfahren nach §§ 172 bis 185 auch **Schiffe**, Schiffsbauwerke, Schwimmdocks und **Luftfahrzeuge**, da §§ 172, 176, 180 Abs. 1 ausdrücklich auch die entsprechende Anwendung der Vorschriften des Zweiten Abschnitts vorsehen.[1] Zu den grundstücksgleichen Rechten, auf welche die §§ 172 bis 184 anzuwenden sind, gehören **Bergwerkseigentum**, unbewegliche Bergwerksanteile und selbstständige Gerechtigkeiten (vgl. → § 2 EGZVG Rdn. 2 ff.); für Nordrhein-Westfalen und für Schleswig-Holstein ist dies, jedoch nur zur Klarstellung, landesrechtlich ausdrücklich angeordnet (§ 71 JustG NRW bzw. Art. 22 PrAGZVG).[2] In Berlin und in Schleswig-Holstein gelten die §§ 172 bis 184 auch für **Bahneinheiten** (§ 38 PrBahneinhG; vgl. → § 2 EGZVG Rdn. 9 f.).   2

Die besonderen Verfahren erfordern die üblichen Voraussetzungen der Zwangsvollstreckung (insbesondere einen Vollstreckungstitel) nicht; es gibt keinen Gläubiger und keinen Schuldner. Der historische Gesetzgeber hat sie als „die Versteigerung oder die Verwaltung eines Vermögensgegenstandes im Wege des rechtlichen Zwanges ..., ohne dass eine Zwangsvollstreckung in diesen Gegenstand in Frage steht" bezeichnet.[3] Werden allerdings Ansprüche (des Insolvenzverwalters auf Verwertung, des Erben auf Kenntnis vom Schuldenstand, des Miteigentümers auf Auseinandersetzung) durch staatliche Organe mit rechtlichem Zwang verwirklicht, so muss von „echter" **Zwangsvollstreckung** gesprochen werden.[4]   3

---

1   Vgl. für die Verfahren nach §§ 172 bis 174a Kübler/Prütting/Bork/*Flöther*, § 165 Rdn. 3; Nerlich/Römermann/*Becker*, § 165 Rdn. 3; *Hess*, § 165 Rdn. 3.
2   Vgl. *Jaeckel/Güthe*, Art. 22 PrAGZVG; *Korintenberg/Wenz*, Art. 22 PrAGZVG; *Gojowczyk*, S. 251 ff.; *Rellermeyer*, Rpfleger 2008, 462, 472.
3   Denkschrift zum ZVG, in: *Hahn/Mugdan*, Die gesamten Materialien zu den Reichs-Justizgesetzen, 5. Band, S. 66 f.
4   Eingehend *Stöber*, ZVG § 172 Rdn. 1.3 mit zahlreichen Nachweisen auch zu differenzierenden Gegenmeinungen; a.A. Steiner/*Eickmann*, § 172 Rdn. 1.

4 Der insoweit bestehende Meinungsstreit hat praktische Bedeutung vor allem in Bezug auf die Frage, ob ein für Juli oder August bestimmter Termin im Hinblick auf § 227 Abs. 3 Satz 2 Nr. 7 ZPO auf Antrag zu **verlegen** ist – dies ist zu verneinen, wenn man der hier vertretenen Ansicht folgt, dass es sich um Zwangsvollstreckungsverfahren handelt (vgl. → § 172 Rdn. 15, → § 176 Rdn. 5) –, und wegen der Anwendung des § 765a ZPO auf die Auseinandersetzungsversteigerung (vgl. → § 180 Rdn. 103 ff.).

5 Der **Beitritt** eines Gläubigers, der die Zwangsvollstreckung wegen einer **Geldforderung** betreiben will, zu einem der besonderen Verfahren ist nicht zulässig. In allen Fällen handelt es sich um vollständig voneinander getrennte Verfahren, die auch gleichzeitig nebeneinander anhängig sein können (teilweise streitig; vgl. → § 172 Rdn. 13, → § 176 Rdn. 3; → § 180 Rdn. 166, 176).

II. Andere Verfahren

6 Das Verfahren zur Zwangsversteigerung eines **Wohnungseigentums** aufgrund eines Urteils auf **Veräußerung** (§§ 18, 19 WEG) ist **kein** „besonderes" Verfahren im Sinne des Dritten Abschnitts des ZVG, sondern „gewöhnliche" Zwangsvollstreckung, allerdings nicht wegen einer Geldforderung (vgl. → § 10 Rdn. 71 ff.).

7 Um ein weiteres besonderes Verfahren handelt es sich bei der Zwangsversteigerung von **Bergwerkseigentum** nach § 20 BBergG. Der Bergwerkseigentümer kann bei der zuständigen Behörde die Aufhebung des Bergwerkseigentums beantragen. Der Antrag ist den dinglich Berechtigten mitzuteilen und öffentlich bekannt zu machen. Innerhalb von drei Monaten nach Bekanntmachung kann jeder dinglich Berechtigte die Zwangsversteigerung des Bergwerkseigentums beantragen, auch wenn er nach dem Inhalt seines Rechtes die Zwangsvollstreckung in das Bergwerkseigentum nicht betreiben könnte; ein Vollstreckungstitel ist dazu nicht erforderlich. Für das Verfahren sind ergänzend die Vorschriften der landesrechtlichen ZVG-Ausführungsgesetze über die Zwangsversteigerung von Bergwerkseigentum (vgl. → § 2 EGZVG Rdn. 4 f.) heranzuziehen.[5] Wird der Antrag auf Zwangsversteigerung nicht gestellt oder führt das Verfahren nicht zum Zuschlag, so wird das Bergwerkseigentum aufgehoben.

8 In **Berlin** und in **Schleswig-Holstein** kann der im Verfahren der Zwangsliquidation einer **Bahneinheit** nach Erlöschen der Genehmigung für das Bahnunternehmen bestellte Liquidator die Zwangsversteigerung und Zwangsverwaltung von Grundstücken betreiben (§ 46 Abs. 2 Satz 1 PrBahneinhG; vgl. → § 2 EGZVG Rdn. 9 f.).

9 Ein landesrechtlich geregeltes besonderes Verfahren ist ferner in **Berlin** dasjenige auf Antrag der **Baupolizeibehörde** (vgl. → § 2 EGZVG Rdn. 17 ff.).

10 Nicht hierher gehört das Verfahren der **freiwilligen** Grundstücksversteigerung durch einen Auktionator oder einen Notar.[6]

---

5 Vgl. *Gojowczyk*, S. 70 f., 256 ff.
6 Dazu ausführlich *Becker*, notar 2014, 359.

§ 172 »Anwendbare Vorschriften bei Verfahren auf Antrag des Insolvenzverwalters«

Wird die Zwangsversteigerung oder die Zwangsverwaltung von dem Insolvenzverwalter beantragt, so finden die Vorschriften des ersten und zweiten Abschnitts entsprechende Anwendung, soweit sich nicht aus den §§ 173, 174 ein anderes ergibt.

Übersicht

		Rdn.
I.	Bedeutung des Verfahrens nach §§ 172 bis 174a	1
II.	Weiterer Anwendungsbereich	4
	1. Treuhänder	4
	2. Schuldner bei Eigenverwaltung	5
	3. Verwalter eines in einem anderen EU-Mitgliedstaat eröffneten Verfahrens	6
	4. Verwalter eines in einem Drittstaat eröffneten Verfahrens	8
	5. Österreichischer Masseverwalter und schweizerische Konkursverwaltung	9
	6. Konkurs- und Gesamtvollstreckungsverwalter	10
III.	Anwendbare Vorschriften und Besonderheiten	11
	1. Allgemeine Vorschriften	12
	2. Anordnung der Versteigerung	13
	3. Aufhebung und einstweilige Einstellung	14
	4. Bestimmung des Versteigerungstermins	15
	5. Geringstes Gebot und Versteigerungsbedingungen	16
	6. Versteigerung	17
	7. Zuschlagsentscheidung, Beschwerde, Erlösverteilung, Rechte in ausländischer Währung	18
	8. Zwangsverwaltung	19
	9. Zwangsversteigerung von Schiffen, Schiffsbauwerken, Schwimmdocks und Luftfahrzeugen	20

I. Bedeutung des Verfahrens nach §§ 172 bis 174a

§ 165 InsO ermöglicht es dem **Insolvenzverwalter**, zur Verwertung von zur Insolvenzmasse gehörenden, der Immobiliarvollstreckung unterliegenden Gegenständen die Zwangsversteigerung oder die Zwangsverwaltung zu betreiben. Der formellen Durchsetzung dieser Vorschrift dienen die §§ 172 bis 174a ZVG.[1] Für Schiffe, Schiffsbauwerke, Schwimmdocks und Luftfahrzeuge ist jedoch, ebenso wie bei der Zwangsvollstreckung wegen einer Forderung, nur die Zwangsversteigerung zulässig, nicht die Zwangsverwaltung (vgl. → § 162 Rdn. 1, → § 171a Rdn. 1).

Das Verfahren hat wenig praktische Bedeutung. Der Insolvenzverwalter ist bei der Verwertung unbeweglicher Massegegenstände nicht auf die Zwangsversteigerung beschränkt. Er kann die Gegenstände nach seinem pflichtgemäßen Ermessen auch freihändig veräußern.[2] Eine freihändige Veräußerung führt oft zu einer

---

[1] Zum Verfahren *Stöber*, ZVG-Handbuch Rdn. 680 ff.; *Mohrbutter/Drischler/Radtke/Tiedemann*, Muster 176 Anm. 1 ff.
[2] *Stöber*, ZVG § 172 Rdn. 3.1 zu a; *Böttcher/Keller*, § 172 Rdn. 1; Löhnig/*Kuhn*, Abschnitt Immobiliarvollstreckung und Insolvenzverfahren Rdn. 34, § 172 Rdn. 1; Hk-ZV/*Sievers*, ZVG §§ 172–174a Rdn. 5; Kübler/Prütting/Bork/*Flöther*, § 165 Rdn. 7, 9; Nerlich/Römermann/*Becker*, § 165 Rdn. 16; MünchKomm/*Tetzlaff*, InsO § 165 Rdn. 119; Uhlenbruck/*Brinkmann*, § 165 Rdn. 15; Kreft/*Landfermann*, § 165 Rdn. 4; Braun/*Dithmar/Schneider*, § 165 Rdn. 1; *Andres/Leithaus*, § 165 Rdn. 1; *Worm*, KTS 1961, 119.

schnelleren und besseren Verwertung, während in der Zwangsversteigerung das Meistgebot nur selten an den Verkehrswert heranreicht.[3] Allerdings bietet die Zwangsversteigerung vor allem den Vorteil, dass Gewährleistungsansprüche (§ 56 Satz 3), die Ausübung von Vorkaufsrechten und Schadensersatzansprüche gegen den Verwalter wegen zu niedrigen Erlöses ausgeschlossen sind.[4]

3   Daneben können die **absonderungsberechtigten Gläubiger** aufgrund eines Vollstreckungstitels gegen den Insolvenzverwalter[5] die Zwangsvollstreckung nach dem Ersten Abschnitt des ZVG betreiben (§ 49 InsO). Dasselbe gilt, vorbehaltlich des § 90 InsO, für **Massegläubiger** (§§ 53 ff. InsO).[6] Ein **persönlicher Gläubiger** kann das Verfahren betreiben, wenn die Beschlagnahme zur Zeit der Insolvenzeröffnung schon wirksam war und nicht nach § 88 InsO unwirksam geworden ist, sonst während der Dauer des Insolvenzverfahrens wegen § 89 InsO nicht. Wegen der Einzelheiten vgl. → vor § 15 Rdn. 76 ff., → § 28 Rdn. 21 ff.

II. Weiterer Anwendungsbereich
1. Treuhänder

4   Nach früherem Recht nahm im vereinfachten Insolvenzverfahren bei Verbraucherinsolvenz (§§ 311 ff. a.F. InsO) der **Treuhänder** die Aufgaben des Insolvenzverwalters wahr (§ 313 Abs. 1 Satz 1 a.F. InsO). Er war nicht zur Verwertung von Gegenständen berechtigt, an denen Absonderungsrechte bestehen. Das Verwertungsrecht des Gläubigers konnte allerdings auf ihn übergeleitet werden (§ 313 Abs. 3 a.F., § 173 Abs. 2 InsO).[7] Hatte daher das Insolvenzgericht dem Gläubiger auf Antrag des Treuhänders eine Frist zur Verwertung bestimmt und der Gläubiger den Antrag auf Anordnung der Zwangsversteigerung innerhalb dieser Frist nicht gestellt, so konnte der Treuhänder die Zwangsversteigerung beantragen.[8] Bestanden keine Absonderungsrechte, so konnte er die Zwangsversteigerung sogleich beantragen;[9] ebenso konnte er stets die Zwangsverwaltung beantragen, die keine Verwertung darstellt.[10]

Nach dem RestSchBefrVerfG ist das vereinfachte Insolvenzverfahren entfallen. Die §§ 312 bis 314 a.F. InsO sind aufgehoben worden. Für die vor dem 1.7.2014 beantragten Verfahren gelten die früheren Vorschriften weiter (Art. 103h EGInsO).

---

3   A.A. *Stöber*, ZVG § 172 Rdn. 3.1 zu d.
4   Steiner/*Eickmann*, § 172 Rdn. 2; *Stöber*, ZVG § 172 Rdn. 3.1 zu d; *Böttcher/Keller*, § 172 Rdn. 3; Depré/*Popp*, § 172 Rdn. 1 ff.; Löhnig/*Kuhn*, Abschnitt Immobiliarvollstreckung und Insolvenzverfahren Rdn. 35; Kübler/Prütting/Bork/*Flöther*, § 165 Rdn. 9; BK-InsO/*Undritz/Knof*, § 165 Rdn. 12; MünchKomm/*Tetzlaff*, InsO § 165 Rdn. 122; FK-InsO/*Wegener*, § 165 Rdn. 2; Uhlenbruck/*Brinkmann*, § 165 Rdn. 15; Leonhardt/Smid/Zeuner/*Depré*, § 165 Rdn. 2; Schmidt/*Büchler*, § 165 Rdn. 19; *Worm*, KTS 1961, 119 Fn. 1; *Lwowski/Tetzlaff*, WM 1999, 2336.
5   OLG Hamm, OLGZ 1985, 218 = Rpfleger 1985, 310.
6   RGZ 61, 259, 261.
7   Nerlich/Römermann/*Becker*, § 165 Rdn. 1, 21.
8   *Stöber*, ZVG § 172 Rdn. 3.1 zu b; *Böttcher/Keller*, § 172 Rdn. 4; Depré/*Popp*, § 172 Rdn. 6; Löhnig/*Kuhn*, § 172 Rdn. 2; *Hintzen*, ZInsO 2003, 586, 588; *Hintzen*, ZInsO 2004, 713 ff.
9   *Stöber*, ZVG § 172 Rdn. 3.1 zu b.
10 *Stöber*, ZVG § 172 Rdn. 3.1 zu b; Löhnig/*Kuhn*, § 172 Rdn. 2; *Hintzen*, ZInsO 2003, 586 f.; *Hintzen*, ZInsO 2004, 713 f.

2. Schuldner bei Eigenverwaltung

Hat das Insolvenzgericht die **Eigenverwaltung** angeordnet, so ist der Schuldner berechtigt, unter Aufsicht eines Sachwalters die Insolvenzmasse zu verwalten und über sie zu verfügen (§ 270 InsO). Der Schuldner kann in diesem Fall die Zwangsversteigerung und die Zwangsverwaltung nach § 270 Abs. 1 Satz 2, § 165 InsO selbst beantragen.[11] Das Einvernehmen des Sachwalters (§ 282 Abs. 2 InsO) braucht dem Vollstreckungsgericht nicht nachgewiesen zu werden.[12]

3. Verwalter eines in einem anderen EU-Mitgliedstaat eröffneten Verfahrens

Ist in einem anderen Mitgliedstaat der **Europäischen Union** (außer Dänemark[13]) ein Insolvenzverfahren eröffnet worden, so erfasst dieses nach dem Prinzip der Universalität das gesamte Vermögen des Schuldners. Die wirksame Eröffnung durch das zuständige Gericht eines Mitgliedstaats wird in allen übrigen Mitgliedstaaten ohne Förmlichkeiten anerkannt (Art. 19 Abs. 1 EuInsVO). Der Verwalter darf im Gebiet eines anderen Mitgliedstaats alle Befugnisse ausüben, die ihm nach dem Recht des Staates der Verfahrenseröffnung zustehen, solange nicht in dem anderen Staat ein weiteres Insolvenzverfahren eröffnet oder eine gegenteilige Sicherungsmaßnahme ergriffen worden ist (Art. 21 Abs. 1 EuInsVO). Hinsichtlich der Art und Weise der Verwertung eines Massegegenstandes hat er das Recht des Mitgliedstaats zu beachten, in dessen Hoheitsgebiet er handeln will (Art. 21 Abs. 3 EuInsVO).

Sieht das maßgebliche ausländische Insolvenzrecht ein der deutschen Zwangsversteigerung entsprechendes gerichtliches Zwangsverfahren oder ein sonstiges dem deutschen Recht ähnliches Verwertungsverfahren vor, so kann der ausländische Verwalter die in Deutschland belegenen Gegenstände der Insolvenzmasse im Verfahren nach §§ 172 bis 174a verwerten.[14] Gemäß Art. 102 § 8 Abs. 1 Satz 2 EGInsO (noch nicht an die Neufassung der EuInsVO angepasst) bedarf er hierfür einer Vollstreckbarerklärung nach Art. 25 Abs. 1 Unterabs. 1 EuInsVO.[15] An die Stelle des Art. 25 ist in der Neufassung Art. 32 EuInsVO getreten, der auf die Art. 39 bis 44, 47 bis 57 der „Brüssel-Ia-VO" verweist. Danach ist eine Vollstreckbarerklärung (vorbehaltlich der Übergangsvorschrift in Art. 66 der „Brüssel-Ia-VO") nicht mehr vorgesehen. Zum Nachweis seines Antragsrechts muss der Verwalter daher die in Art. 42 der „Brüssel-Ia-VO" genannten Dokumente vorlegen (anders als der deutsche Insolvenzverwalter, der sich lediglich durch seine Bestellungsurkunde ausweist, vgl. → Rdn. 13).

4. Verwalter eines in einem Drittstaat eröffneten Verfahrens

Anerkannt wird grundsätzlich auch die Eröffnung eines Insolvenzverfahrens in einem **ausländischen Staat** außerhalb des Anwendungsbereichs der EuInsVO

---

11 Löhnig/*Kuhn*, § 172 Rdn. 4; Nerlich/Römermann/*Becker*, § 165 Rdn. 1, 21.
12 *Stöber*, ZVG § 172 Rdn. 6; *Böttcher/Keller*, § 172 Rdn. 6; Löhnig/*Kuhn*, § 172 Rdn. 4.
13 Wegen Dänemark vgl. OLG Frankfurt, ZInsO 2005, 715.
14 Vgl. Nerlich/Römermann/*Becker*, § 165 Rdn. 1; Rauscher/*Mäsch*, Art. 18 EG-InsVO Rdn. 9.
15 Kübler/Prütting/Bork/*Kemper*, EGInsO Art. 102 § 8 Rdn. 9; FK-InsO/*Wenner/Schuster*, EGInsO Art. 102 § 8 Rdn. 5; Kreft/*Stephan*, EGInsO Art. 102 § 8 Rdn. 3; Graf-Schlicker/Bornemann/Sabel/*Schlegel*, EuInsVO Art. 25 Rdn. 6 f.

(§ 343 InsO)[16]. Auch dem Verwalter eines solchen Verfahrens steht für die in Deutschland belegenen Gegenstände der Insolvenzmasse die Verwertungsmöglichkeit nach §§ 172 bis 174a zu, wenn das ausländische Insolvenzrecht ein entsprechendes Verfahren vorsieht.[17] Aus einer in dem ausländischen Insolvenzverfahren ergangenen Entscheidung – dazu gehört auch der ausländische Eröffnungsbeschluss – findet die Zwangsvollstreckung jedoch nur statt, wenn ihre Zulässigkeit durch ein Vollstreckungsurteil entsprechend §§ 722, 723 ZPO ausgesprochen ist (§ 353 Abs. 1 InsO).[18] Eine dem Art. 102 § 8 Abs. 1 Satz 2 EGInsO entsprechende Vorschrift fehlt zwar; jedoch wird man gegenüber Entscheidungen aus einem EU-Mitgliedstaat keine Erleichterungen annehmen können. Der Verwalter muss seine Befugnis zur Antragstellung daher durch ein Vollstreckungsurteil belegen.[19]

5. Österreichischer Masseverwalter und schweizerische Konkursverwaltung

9   Die EuInsVO hat in ihrem sachlichen Anwendungsbereich den DöKV ersetzt. Der Vertrag behält jedoch seine Wirksamkeit für die vor dem 31.5.2002 eröffneten Verfahren (Art. 85 Abs. 1 Buchst. d, Abs. 2 EuInsVO) und für Verfahren, in denen die Anwendung der EuInsVO deshalb ausgeschlossen ist, weil der Schuldner den Mittelpunkt seiner hauptsächlichen Interessen außerhalb der EU, jedoch Niederlassungen in Deutschland und Österreich hat und in einem dieser Staaten ein Insolvenzverfahren eröffnet wird.[20] Für die Zwangsversteigerung und die Zwangsverwaltung des in Deutschland belegenen unbeweglichen Vermögens auf Antrag des **österreichischen Masseverwalters** sieht § 10 Abs. 3 DöKVAG die entsprechende Anwendung der §§ 172 bis 174 vor. Der Masseverwalter hat hierzu den mit der Bestätigung der Rechtskraft versehenen Eröffnungsbeschluss vorzulegen (Art. 8 Abs. 2 DöKV, § 10 Abs. 1 DöKVAG).

Entsprechendes ist im Geltungsbereich der Übereinkunft zwischen Württemberg und schweizerischen Kantonen[21] für die **schweizerische Konkursverwaltung** anzunehmen.[22]

---

16   Wegen Dänemark vgl. OLG Frankfurt, ZInsO 2005, 715.
17   Vgl. Nerlich/Römermann/*Becker*, § 165 Rdn. 1.
18   Zum Verfahren FK-InsO/*Wenner/Schuster*, § 353 Rdn. 4 ff.; Kreft/*Stephan*, § 353 Rdn. 6 ff.; Graf-Schlicker/*Bornemann/Sabel/Schlegel*, § 353 Rdn. 1 ff.
19   Anders noch – zum früheren, nur rudimentär geregelten internationalen Konkursrecht – LG Krefeld, NJW-RR 1992, 1535 = ZIP 1992, 1407 = EWiR 1992, 1121 m. Anm. *Hanisch*; *Kuhn/Uhlenbruck*, § 126 Rdn. 13; *Rellermeyer*, Rpfleger 1997, 509, 512.
20   Rauscher/*Mäsch*, Art. 44 EG-InsVO Rdn. 6; *Leonhardt/Smid/Zeuner*, Internationales Insolvenzrecht, EurInsVO Art. 44 Rdn. 4.
21   Übereinkunft zwischen der Krone Württemberg und 19 Kantonen der schweizerischen Eidgenossenschaft in Beziehung auf eine gegenseitig gleiche Behandlung der beiderseitigen Staats-Angehörigen in Concursen vom 12.12.1825/13.5.1826 (WürttRegBl 1826, 250).
22   Vgl. *Bürgi*, BlSchK 1989, 81 und die dort S. 86 ff. zitierte Stellungnahme des baden-württembergischen Justizministeriums; *Rellermeyer*, Rpfleger 1997, 509, 513.

6. Konkurs- und Gesamtvollstreckungsverwalter

Auf die vor dem 1.1.1999 beantragten Konkursverfahren ist weiter das bis dahin geltende Recht anzuwenden (Art. 103 EGInsO). Dazu gehören auch § 126 KO und die §§ 172 bis 174 in der früheren Fassung, die jedoch – abgesehen von der terminologischen Anpassung – mit den jetzt geltenden Vorschriften identisch sind. Auch der **Konkursverwalter** kann daher die Zwangsversteigerung und die Zwangsverwaltung von zur Konkursmasse gehörenden unbeweglichen Gegenständen beantragen. Die erst durch das EGInsO geschaffene Vorschrift des § 174a findet auf solche Verfahren allerdings keine Anwendung.

Dasselbe gilt für den **Gesamtvollstreckungsverwalter** im Verfahren nach der GesO. Eine dem § 126 KO entsprechende Vorschrift enthielt die GesO zwar nicht; dabei handelte es sich jedoch um eine Regelungslücke, die durch Anwendung der KO zu schließen war.[23] Die Anwendung der §§ 172 bis 174 a.F. folgt insoweit aus Anl. I Kap. III Sachgeb. A Abschn. III Nr. 28 Buchst. a, d EinigVtr.

III. Anwendbare Vorschriften und Besonderheiten

Auf die Zwangsversteigerung und die Zwangsverwaltung auf Antrag des Insolvenzverwalters sind die §§ 1 bis 171n entsprechend anzuwenden, soweit sich nicht aus den §§ 173, 174 oder aus dem in § 172 nicht genannten § 174a[24] etwas anderes ergibt oder die Besonderheiten des Verfahrens eine Abweichung erfordern.

1. Allgemeine Vorschriften

§§ 1 bis 14 und die auf der Grundlage von § 1 Abs. 2 erlassenen Regelungen über Zuständigkeitskonzentrationen[25] gelten auch im Verfahren auf Antrag des Insolvenzverwalters. Antragsteller und zugleich in der Rolle des Antragsgegners ist der Insolvenzverwalter.[26] Der Schuldner ist nicht Beteiligter im Sinne des § 9; er ist nicht Zustellungsadressat, kann keine Anträge stellen und keine Rechtsmittel einlegen; seine Rechte übt der Insolvenzverwalter aus.[27] Wegen § 173 gibt es keine Ansprüche nach § 10 Abs. 1 Nr. 6.[28] Zur Wirkung des Anordnungsbeschlusses im Hinblick auf § 13 vgl. → § 173 Rdn. 3.

---

23 *Haarmeyer/Wutzke/Förster*, § 1 Rdn. 243 f.; *Rellermeyer*, Rpfleger 1997, 509, 510 Fn. 7; vgl. *Pape*, KTS 1996, 231, 248 f.; *Rombach*, EWiR 1992, 993 f. (Anm. zu LG Halle).
24 Nach Löhnig/*Kuhn*, § 172 Rdn. 8 beruht die fehlende Erweiterung des Verweises auf § 174a auf einem Redaktionsversehen.
25 *Stöber*, ZVG § 172 Rdn. 5.18; Nerlich/Römermann/*Becker*, § 165 Rdn. 20; *Rellermeyer*, Rpfleger 1995, 492, 494.
26 *Stöber*, ZVG § 172 Rdn. 3.2; Böttcher/*Keller*, § 172 Rdn. 13; Depré/*Popp*, § 172 Rdn. 8; Löhnig/*Kuhn*, § 172 Rdn. 5; Kübler/Prütting/Bork/*Flöther*, § 165 Rdn. 13; Nerlich/Römermann/*Becker*, § 165 Rdn. 23; MünchKomm/*Tetzlaff*, InsO § 165 Rdn. 17; *Hess*, § 165 Rdn. 7; *Mohrbutter*, JurBüro 1956, 355, 357; Mohrbutter, KTS 1958, 81; Lwowski/*Tetzlaff*, WM 1999, 2336.
27 Steiner/*Eickmann*, § 172 Rdn. 24; *Stöber*, ZVG § 172 Rdn. 3.3; Böttcher/*Keller*, § 172 Rdn. 14; Nerlich/Römermann/*Becker*, § 165 Rdn. 23; MünchKomm/*Tetzlaff*, InsO § 165 Rdn. 40; *Hess*, § 165 Rdn. 29; Leonhardt/Smid/Zeuner/*Depré*, § 165 Rdn. 9; *Mohrbutter*, KTS 1961, 103; *Muth*, ZIP 1999, 945, 947.
28 Steiner/*Eickmann*, § 174 Rdn. 4; Eickmann/*Böttcher*, § 26 II. Anm. 2, 4; *Muth*, ZIP 1999, 945, 948 Fn. 24; a.A. *Hintzen/Wolf*, Rdn. 11.607; *Hintzen*, ZInsO 2003, 586, 588; *Hintzen*, ZInsO 2004, 713, 715.

2. Anordnung der Versteigerung

13 §§ 15 bis 19 sind mit Besonderheiten anwendbar. Der Insolvenzverwalter kann das Verfahren beantragen, wenn das Grundstück zur Insolvenzmasse gehört,[29] was grundsätzlich durch die Eintragung des Insolvenzvermerks im Grundbuch belegt wird.[30] Ein vollstreckbarer Titel (§ 16 Abs. 2) ist nicht erforderlich; der Insolvenzverwalter weist sich durch die ihm gemäß § 56 Abs. 2 InsO erteilte Bestellungsurkunde aus[31] (zu Besonderheiten für ausländische Insolvenzverwalter vgl. → Rdn. 7 ff.). Der Schuldner muss als Eigentümer im Grundbuch eingetragen oder Erbe des eingetragenen Eigentümers sein;[32] ausnahmsweise muss der Schuldner nicht eingetragen sein, wenn eine vor Insolvenzeröffnung erfolgte Veräußerung rechtskräftig erfolgreich angefochten wurde.[33] Der Anordnungsbeschluss ist dem Insolvenzverwalter zuzustellen;[34] er sollte auch dem Schuldner, obwohl nicht Antragsgegner, mit einem entsprechenden Hinweis zur Kenntnis gebracht werden.[35] Hat der Insolvenzverwalter das Grundstück aus der Masse freigegeben, so muss der Schuldner nach § 37 Nr. 5 ZVG, § 771 ZPO oder, wenn die Freigabe bereits vor Verfahrensanordnung erfolgt ist, nach § 766 ZPO vorgehen.[36]

Der Anordnungsbeschluss bewirkt keine Beschlagnahme (§ 173 Satz 1). Die §§ 20 bis 23, 26 sind daher nicht anzuwenden. Auch die Anwendung der §§ 24, 25 entfällt, weil die Verwaltung und Benutzung des Grundstücks durch den Schuldner den insolvenzrechtlichen Regelungen unterliegt.

§ 27 ist gleichfalls nicht anwendbar. Der **Beitritt** eines zur Zwangsvollstreckung in das Grundstück befugten Gläubigers zum Verfahren auf Antrag des In-

---

29 Kübler/Prütting/Bork/*Flöther*, § 165 Rdn. 4; *Hess*, § 165 Rdn. 27; nicht jedoch die Zwangsversteigerung des ganzen Grundstücks, wenn nur ein Miteigentumsanteil dem Insolvenzbeschlag unterliegt: BGH, Rpfleger 2012, 644 = EWiR 2012, 605 m. Anm. *Kesseler*; dazu *Fischer*, ZInsO 2012, 1493, 1512; vgl. *Böttcher/Keller*, § 172 Rdn. 12; Depré/*Popp*, § 172 Rdn. 7. – Zur Prozesskostenhilfe für das Verfahren vgl. Depré/*Popp*, § 172 Rdn. 17 ff.
30 Steiner/*Eickmann*, § 172 Rdn. 14; *Stöber*, ZVG § 172 Rdn. 5.1 zu b; MünchKomm/*Tetzlaff*, InsO § 165 Rdn. 125; zum nach Freigabe gelöschten Vermerk *Böttcher/Keller*, § 173 Rdn. 6.
31 Steiner/*Eickmann*, § 172 Rdn. 12 f.; *Stöber*, ZVG § 172 Rdn. 5.1 zu a; *Böttcher/Keller*, § 173 Rdn. 2 f.; Depré/*Popp*, § 172 Rdn. 5; Löhnig/*Kuhn*, § 172 Rdn. 2; Kübler/Prütting/Bork/*Flöther*, § 165 Rdn. 10; BK-InsO/*Undritz/Knof*, § 165 Rdn. 9; MünchKomm/*Tetzlaff*, InsO § 165 Rdn. 125; FK-InsO/*Wegener*, § 165 Rdn. 3; *Hess*, § 165 Rdn. 27; Braun/*Dithmar/Schneider*, § 165 Rdn. 5; Leonhardt/Smid/Zeuner/*Depré*, § 165 Rdn. 10; Andres/*Leithaus*, § 165 Rdn. 8, 10; *Mohrbutter*, JurBüro 1956, 355, 357; *Mohrbutter*, KTS 1958, 81 f.; *Worm*, KTS 1961, 119, 121; *Drischler*, RpflJB 1985, 331, 342; *Muth*, ZIP 1999, 945, 947.
32 Steiner/*Eickmann*, § 172 Rdn. 12; *Stöber*, ZVG § 172 Rdn. 5.1 zu c.
33 RGZ 56, 142; Steiner/*Eickmann*, § 172 Rdn. 14 f.; *Stöber*, ZVG § 172 Rdn. 5.1 zu c; MünchKomm/*Tetzlaff*, InsO § 165 Rdn. 126; *Mohrbutter*, KTS 1958, 81 f.; *Worm*, KTS 1961, 119, 121.
34 *Stöber*, ZVG § 172 Rdn. 5.1 zu d; Kübler/Prütting/Bork/*Flöther*, § 165 Rdn. 11; MünchKomm/*Tetzlaff*, InsO § 165 Rdn. 128; FK-InsO/*Wegener*, § 165 Rdn. 3.
35 Steiner/*Eickmann*, § 172 Rdn. 17; *Stöber*, ZVG § 172 Rdn. 3.3, 5.1 zu d; Kübler/Prütting/Bork/*Flöther*, § 165 Rdn. 11; MünchKomm/*Tetzlaff*, InsO § 165 Rdn. 128 f.; *Drischler*, RpflJB 1967, 275, 285; anders die 12. Aufl. Rdn. 4; kritisch *Böttcher/Keller*, § 172 Rdn. 16.
36 *Stöber*, ZVG § 172 Rdn. 3.4, 5.1 zu b; MünchKomm/*Tetzlaff*, InsO § 165 Rdn. 127; *Hess*, § 165 Rdn. 28; a.A. *Böttcher/Keller*, § 172 Rdn. 17: Verfahren ist nach § 28 aufzuheben.

solvenzverwalters – ebenso umgekehrt – ist nicht zulässig.[37] Es handelt sich um zwei vollständig voneinander getrennte Verfahren, die auch gleichzeitig nebeneinander anhängig sein können. Bei gleichzeitiger Vollstreckungs- und Insolvenzverwalterversteigerung sollte möglichst die Vollstreckungsversteigerung vorgezogen werden.[38]

3. Aufhebung und einstweilige Einstellung

§§ 28 bis 30, 31 (soweit nicht auf §§ 30a, 30f bezogen) bis 34 sind entsprechend anwendbar. Der Schuldner kann keinen Vollstreckungsschutz nach §§ 30a bis 30c oder nach § 765a ZPO beantragen[39] (nur ausnahmsweise bei Gefahr für Leben und körperliche Gesundheit – Suizidgefahr).[40] Er kann allerdings einen Antrag nach § 30d Abs. 2 stellen, wenn er einen Insolvenzplan vorgelegt hat, der nicht nach § 231 InsO zurückgewiesen wurde und dessen Durchführung durch die Versteigerung gefährdet würde;[41] insoweit gelten dann auch § 30d Abs. 3, § 30f Abs. 1 Satz 1, Abs. 3 entsprechend. Im Übrigen ist die Anwendung der §§ 30d bis 30f nach der Natur des Verfahrens ausgeschlossen, weil der Insolvenzverwalter jederzeit den Antrag zurücknehmen oder die einstweilige Einstellung bewilligen kann.[42] **14**

4. Bestimmung des Versteigerungstermins

§§ 35 bis 43 sind anwendbar. Bei der Terminsbestimmung ist die Angabe nach § 37 Nr. 3 durch die Angabe zu ersetzen, dass die Versteigerung auf Antrag des Insolvenzverwalters erfolgt, und für das Erfordernis einer Glaubhaftmachung im Rahmen der Aufforderung nach § 37 Nr. 4 auf den Widerspruch des Insolvenzverwalters abzustellen.[43] Ein für Juli oder August bestimmter Termin ist **nicht** im Hinblick auf § 227 Abs. 3 Satz 2 Nr. 7 ZPO auf Antrag zu **verlegen**, da auch die Zwangsversteigerung auf Antrag des Insolvenzverwalters Zwangsvollstreckung im Sinne dieser Vorschrift ist.[44] **15**

---

37 Steiner/*Eickmann*, § 172 Rdn. 31 ff.; *Stöber*, ZVG § 172 Rdn. 7.1; *Böttcher/Keller*, § 172 Rdn. 10, 19; *Depré/Popp*, § 172 Rdn. 10; Braun/*Dithmar/Schneider*, § 165 Rdn. 9 f.; Leonhardt/Smid/Zeuner/*Depré*, § 165 Rdn. 25 ff.; Schmidt/*Büchler*, § 165 Rdn. 20; a.A. Kübler/Prütting/Bork/*Flöther*, § 165 Rdn. 12; Nerlich/Römermann/*Becker*, § 165 Rdn. 26; BK-InsO/*Undritz/Knof*, § 165 Rdn. 15, 30; MünchKomm/*Tetzlaff*, InsO § 165 Rdn. 135 ff.; Uhlenbruck/*Brinkmann*, § 165 Rdn. 15; *Mohrbutter*, JurBüro 1956, 355, 358; *Mohrbutter*, KTS 1961, 103 f.; *Drischler*, RpflJB 1967, 275, 288; *Drischler*, RpflJB 1985, 331, 351 ff.; *Muth*, ZIP 1999, 945, 949 f.; anders auch die 12. Aufl. Rdn. 15 und § 173 Rdn. 5 zu d.

38 Steiner/*Eickmann*, § 172 Rdn. 33; *Hess*, § 165 Rdn. 26; Schmidt/*Büchler*, § 165 Rdn. 20; *Mohrbutter*, KTS 1958, 81, 84.

39 Steiner/*Eickmann*, § 172 Rdn. 20; *Stöber*, ZVG § 172 Rdn. 5.4 zu c; MünchKomm/*Tetzlaff*, InsO § 165 Rdn. 40, 133; FK-InsO/*Wegener*, § 165 Rdn. 16, 22; *Mohrbutter*, KTS 1961, 103 f.; *Worm*, KTS 1961, 119, 121; *Drischler*, RpflJB 1967, 275, 291; wegen § 765a ZPO kritisch *Böttcher/Keller*, § 172 Rdn. 15, § 174a Rdn. 11.

40 BGH, Rpfleger 2009, 259 = NJW 2009, 1283.

41 MünchKomm/*Tetzlaff*, InsO § 165 Rdn. 41, 133; FK-InsO/*Wegener*, § 165 Rdn. 16.

42 *Stöber*, ZVG § 172 Rdn. 5.4 zu b; *Böttcher/Keller*, § 172 Rdn. 20; *Depré/Popp*, § 172 Rdn. 9; Löhnig/*Kuhn*, § 172 Rdn. 9; *Mohrbutter*, KTS 1961, 103; *Drischler*, RpflJB 1967, 275, 290.

43 Steiner/*Eickmann*, § 172 Rdn. 26; *Stöber*, ZVG § 172 Rdn. 5.14; *Böttcher/Keller*, § 172 Rdn. 21; *Hess*, § 165 Rdn. 61; *Mohrbutter*, KTS 1958, 81, 83.

44 *Stöber*, ZVG § 172 Rdn. 5.16; *Böttcher/Keller*, § 172 Rdn. 21.

5. Geringstes Gebot und Versteigerungsbedingungen

16 §§ 44 bis 65 sind mit Besonderheiten anwendbar. Zum geringsten Gebot vgl. §§ 174, 174a; zur Wirkung des Anordnungsbeschlusses im Hinblick auf § 55 vgl. → § 173 Rdn. 3. Anzuwenden sind auch die §§ 57 bis 57b.[45]

6. Versteigerung

17 §§ 66 bis 74b, 77 und 78 sind anwendbar. Gebote können auch der Insolvenzverwalter, persönlich oder für die Insolvenzmasse, und der Schuldner, jener mit der Folge des § 35 InsO, abgeben.[46] Sie müssen auf Verlangen eines dazu Berechtigten Sicherheit leisten, der Schuldner – auch auf Verlangen des Insolvenzverwalters – ggf. die erhöhte nach § 68 Abs. 3.[47] Die Zustimmung der Gläubigerversammlung muss der Insolvenzverwalter nicht nachweisen.[48] Der Grundstückswert ist gemäß § 74a Abs. 5 festzusetzen.[49] Auch Zuschlagsversagung nach § 74a ist im Falle der §§ 174, 174a auf Antrag eines nachrangigen Berechtigten möglich;[50] den Antrag nach § 74a kann der Insolvenzverwalter nur im Hinblick auf ein Eigentümerrecht des Schuldners stellen.[51] Eine Einstellung nach §§ 75, 76 kommt nicht in Betracht.

7. Zuschlagsentscheidung, Beschwerde, Erlösverteilung, Rechte in ausländischer Währung

18 §§ 79 bis 145a sind anwendbar. Ein Erlösüberschuss fließt der Insolvenzmasse zu.[52]

8. Zwangsverwaltung

19 Der Insolvenzverwalter kann auch die Zwangsverwaltung von Grundstücken nach §§ 146 bis 161 beantragen; dies dürfte jedoch nur selten praktisch werden.[53] Das Recht zur Verwaltung des Grundstücks geht vom Insolvenzverwalter auf den

---

45 Steiner/*Teufel/Eickmann*, §§ 57–57d Rdn. 7, § 172 Rdn. 23; *Stöber*, ZVG § 172 Rdn. 5.9; *Böttcher/Keller*, § 172 Rdn. 22.
46 Steiner/*Eickmann*, § 172 Rdn. 21; *Stöber*, ZVG § 172 Rdn. 5.6; *Böttcher/Keller*, § 172 Rdn. 23; Nerlich/Römermann/*Becker*, § 165 Rdn. 29; MünchKomm/*Tetzlaff*, InsO § 165 Rdn. 37; *Hess*, § 165 Rdn. 62; *Mohrbutter*, KTS 1958, 81, 83.
47 Steiner/*Storz/Eickmann*, § 68 Rdn. 4, 16, § 172 Rdn. 25; *Stöber*, ZVG § 172 Rdn. 5.12; *Böttcher/Keller*, § 172 Rdn. 23; *Hess*, § 165 Rdn. 63; *Mohrbutter*, KTS 1958, 81, 83.
48 *Stöber*, ZVG § 172 Rdn. 5.6; *Mohrbutter*, KTS 1958, 81, 83.
49 Steiner/*Eickmann*, § 172 Rdn. 29; *Stöber*, ZVG § 172 Rdn. 5.17.
50 Steiner/*Storz*, § 74a Rdn. 8, 28; *Stöber*, ZVG § 74a Rdn. 2.1; *Böttcher/Keller*, § 172 Rdn. 24, § 174 Rdn. 16; *Drischler*, RpflJB 1967, 275, 284.
51 LG Göttingen, NJW 1956, 428; Steiner/*Storz*, § 74a Rdn. 25, 27; *Stöber*, ZVG § 172 Rdn. 5.17; *Böttcher/Keller*, § 172 Rdn. 24; MünchKomm/*Tetzlaff*, InsO § 165 Rdn. 38 f.; Uhlenbruck/*Brinkmann*, § 165 Rdn. 25; *Hess*, § 165 Rdn. 68 f.; a.A. (stets Antragsrecht des Insolvenzverwalters) Kübler/Prütting/Bork/*Flöther*, § 165 Rdn. 13, 15; Nerlich/Römermann/*Becker*, § 165 Rdn. 24; *Mohrbutter*, KTS 1958, 81, 84.
52 Steiner/*Eickmann*, § 172 Rdn. 27; *Stöber*, ZVG § 172 Rdn. 5.15; *Böttcher/Keller*, § 172 Rdn. 25; Hk-ZV/*Sievers*, ZVG §§ 172–174a Rdn. 1; Nerlich/Römermann/*Becker*, § 165 Rdn. 14; Uhlenbruck/*Brinkmann*, § 165 Rdn. 25; *Hess*, § 165 Rdn. 74; *Mohrbutter*, KTS 1958, 81, 85.
53 Vgl. *Stöber*, ZVG § 172 Rdn. 8.3; *Depré/Popp*, § 172 Rdn. 11 ff.; *Haarmeyer/Wutzke/Förster/Hintzen*, § 172 Rdn. 3; Nerlich/Römermann/*Becker*, § 165 Rdn. 11; *Tetzlaff*, ZInsO 2004, 521, 528; zum Verfahren *Mohrbutter/Drischler/Radtke/Tiedemann*, Muster 177 Anm. 1 ff.

Zwangsverwalter über;[54] es wird eine von der Insolvenzmasse getrennte Zwangsverwaltungsmasse gebildet.[55] Von der möglichen Bestellung des Insolvenzverwalters zum Zwangsverwalter[56] ist abzuraten.[57]

In der vom Insolvenzverwalter betriebenen Zwangsverwaltung sind die §§ 146, 149 bis 150a, 152 bis 153a, 154 bis 161 (mit Ausnahme des § 161 Abs. 2) anwendbar, die von § 146 Abs. 1 in Bezug genommenen Vorschriften über die Anordnung naturgemäß mit denselben Besonderheiten wie bei der Zwangsversteigerung. Die Anwendung von §§ 147, 150b bis 150e ist nach dem Charakter des Verfahrens ausgeschlossen; der Anwendung der §§ 148, 151 steht § 173 Satz 1 entgegen. Die §§ 153b, 153c sind nicht anzuwenden,[58] weil der Insolvenzverwalter jederzeit den Antrag zurücknehmen kann. § 161 Abs. 2 ist nicht anwendbar, weil das Verfahren nicht der Befriedigung eines Gläubigers dient.

9. Zwangsversteigerung von Schiffen, Schiffsbauwerken, Schwimmdocks und Luftfahrzeugen

§§ 162 bis 171n sind anwendbar, die von §§ 162, 171a in Bezug genommenen Vorschriften des Ersten Abschnitts mit denselben Besonderheiten wie bei der Zwangsversteigerung von Grundstücken. Ausgenommen sind § 165 Abs. 1 Satz 2, §§ 166, 171c Abs. 2 Satz 2 wegen der Sonderregelung des § 173. Eine Zwangsverwaltung ist nicht zulässig; vgl. → Rdn. 1.

---

54 *Stöber*, ZVG § 173 Rdn. 2.2, 2.4; Löhnig/*Kuhn*, § 172 Rdn. 1; Haarmeyer/Wutzke/Förster/Hintzen, § 173 Rdn. 2.
55 *Stöber*, ZVG § 172 Rdn. 8.5; Haarmeyer/Wutzke/Förster/Hintzen, § 172 Rdn. 1; Kübler/Prütting/Bork/*Flöther*, § 165 Rdn. 55; MünchKomm/*Tetzlaff*, InsO § 165 Rdn. 30; Uhlenbruck/*Brinkmann*, § 165 Rdn. 31.
56 Haarmeyer/Wutzke/Förster/Hintzen, § 172 Rdn. 1.
57 *Stöber*, ZVG § 172 Rdn. 8.4; Mohrbutter/Drischler/Radtke/Tiedemann, Muster 177 Anm. 1; a.A. Nerlich/Römermann/*Becker*, § 165 Rdn. 15 f.
58 Vgl. *Stöber*, ZVG § 172 Rdn. 8.7.

§ 173 »Beschlagnahme durch Zustellung des Beschlusses an Insolvenzverwalter«

¹Der Beschluß, durch welchen das Verfahren angeordnet wird, gilt nicht als Beschlagnahme. ²Im Sinne der §§ 13, 55 ist jedoch die Zustellung des Beschlusses an den Insolvenzverwalter als Beschlagnahme anzusehen.

I. Keine Beschlagnahme

1 Da die Verfügungsbefugnis des Schuldners über sein zur Insolvenzmasse gehörendes Vermögen bereits mit der Eröffnung des Insolvenzverfahrens auf den Insolvenzverwalter übergegangen ist (§ 80 Abs. 1 InsO), kommt ihm gegenüber ein erneutes Veräußerungsverbot durch Beschlagnahme in der Zwangsversteigerung oder Zwangsverwaltung (§ 20 Abs. 1, § 23 Abs. 1 Satz 1) nicht in Betracht.[1] Auch gegen den Insolvenzverwalter als Antragsteller, somit in der Rolle des Gläubigers, zu dessen Gunsten die Beschlagnahme wirken soll, kann von einer Beschlagnahme keine Rede sein. § 173 stellt dies klar und enthält zugleich Anwendungsmodalitäten für die §§ 13, 55.

2 Eine Beschlagnahme findet auch nicht zugunsten des Insolvenzverwalters statt, auch nicht im Sinne der §§ 1121, 1122 BGB. Der Insolvenzverwalter kann auch nach Anordnung des Verfahrens gemäß §§ 172 ff. wirksam verfügen.[2] Nach Veräußerung des Grundstücks, Auflassung und Eintragung des Erwerbers muss er den Antrag auf Zwangsversteigerung oder Zwangsverwaltung zurücknehmen; andernfalls ist das Verfahren, ggf. auf Anregung des Erwerbers, gemäß § 28 aufzuheben.[3] Für den Fall der Freigabe aus der Masse vgl. → § 172 Rdn. 13.

II. Beschlagnahme im Sinne der §§ 13, 55

3 Die Zustellung des Anordnungsbeschlusses an den Insolvenzverwalter – nur diese, nicht auch der Eingang des Eintragungsersuchens beim Grundbuchgericht (§ 22 Abs. 1 Satz 2), die Besitzerlangung durch den Zwangsverwalter (§ 151 Abs. 1) oder bei der Zwangsversteigerung von Schiffen, Schiffsbauwerken und Luftfahrzeugen die Vollziehung der Anordnung über die Bewachung und Verwahrung (§ 165 Abs. 1 Satz 2, § 171c Abs. 2 Satz 2)[4] – ist im Sinne der §§ 13, 55 als Beschlagnahme anzusehen, nämlich für die **Abgrenzung** der laufenden von den rückständigen wiederkehrenden Leistungen und wegen des **Gegenstandes** der Zwangsvollstreckung. Die Versteigerung und der Eigentumserwerb des Erstehers (§ 90 Abs. 2) erfassen somit alle Gegenstände, auf die sich die Beschlagnahme erstreckt hätte, wenn das Verfahren auf Antrag eines Gläubigers angeordnet worden wäre,

---

1 Vgl. Steiner/*Eickmann*, § 173 Rdn. 1; *Stöber*, ZVG § 173 Rdn. 2.1; *Böttcher/Keller*, § 173 Rdn. 7; Löhnig/*Kuhn*, Abschnitt Immobiliarvollstreckung und Insolvenzverfahren. 34, § 173 Rdn. 2.
2 Steiner/*Eickmann*, § 173 Rdn. 2 ff.; *Stöber*, ZVG § 173 Rdn. 2.3; Löhnig/*Kuhn*, § 173 Rdn. 3; Kübler/Prütting/Bork/*Flöther*, § 165 Rdn. 12; MünchKomm/*Tetzlaff*, InsO § 165 Rdn. 131; FK-InsO/*Wegener*, § 165 Rdn. 4; Uhlenbruck/*Brinkmann*, § 165 Rdn. 19; *Hess*, § 165 Rdn. 32; Braun/*Dithmar/Schneider*, § 165 Rdn. 13; Leonhardt/Smid/Zeuner/*Depré*, § 165 Rdn. 14; *Mohrbutter*, KTS 1958, 81 f.; *Drischler*, RpflJB 1967, 275, 280; *Muth*, ZIP 1999, 945, 947.
3 Steiner/*Eickmann*, § 173 Rdn. 2; *Stöber*, ZVG § 173 Rdn. 2.3.
4 Steiner/*Eickmann*, § 173 Rdn. 7; *Stöber*, ZVG § 173 Rdn. 2.5; *Böttcher/Keller*, § 173 Rdn. 11.

soweit die Beschlagnahme noch wirksam wäre, wenn der Insolvenzverwalter also nicht zwischenzeitlich darüber verfügt hat. § 173 Satz 2 bewirkt keine Verfügungsbeschränkung des Insolvenzverwalters.[5] Im Rahmen von § 55 Abs. 2 kommt es auf den Besitz des Schuldners oder des Insolvenzverwalters an.[6]

---

[5] Steiner/*Eickmann*, § 173 Rdn. 8; *Stöber*, ZVG § 173 Rdn. 2.5; Löhnig/*Kuhn*, § 173 Rdn. 4 ff.; Leonhardt/Smid/Zeuner/*Depré*, § 165 Rdn. 15.

[6] Steiner/*Eickmann*, § 173 Rdn. 11; Löhnig/*Kuhn*, § 173 Rdn. 8; a.A. (nur Besitz des Insolvenzverwalters maßgebend) *Stöber*, ZVG § 173 Rdn. 2.5; Böttcher/*Keller*, § 173 Rdn. 10.

§ 174 »Abweichende Ausbietung auf Gläubigerantrag«

Hat ein Gläubiger für seine Forderung gegen den Schuldner des Insolvenzverfahrens ein von dem Insolvenzverwalter anerkanntes Recht auf Befriedigung aus dem Grundstücke, so kann er bis zum Schlusse der Verhandlung im Versteigerungstermine verlangen, daß bei der Feststellung des geringsten Gebots nur die seinem Anspruche vorgehenden Rechte berücksichtigt werden; in diesem Falle ist das Grundstück auch mit der verlangten Abweichung auszubieten.

I. Geringstes Gebot

1 Bei der Zwangsversteigerung auf Antrag des Insolvenzverwalters sind die Vorschriften des Ersten Abschnitts des ZVG über das geringste Gebot nur eingeschränkt anwendbar. Da es keinen das Verfahren betreibenden Gläubiger gibt, können die in das geringste Gebot fallenden Rechte nicht nach § 44 bestimmt werden. Vielmehr müssen **alle das Grundstück belastenden Rechte** gedeckt werden,[1] weil sich der Insolvenzverwalter durch die Zwangsversteigerung nicht von Grundstücksbelastungen befreien kann. Missverständlich ist allerdings die Aussage, das geringste Gebot sei so aufzustellen, als ob der Insolvenzverwalter das Verfahren aus der Rangstelle eines persönlichen Gläubigers (§ 10 Abs. 1 Nr. 5) betreibe,[2] da – bei entsprechender Anmeldung (§ 37 Nr. 4, § 45) – auch die Ansprüche der Rangklassen 7 und 8 einzubeziehen sind[3] (Ansprüche der Rangklasse 6 kann es nicht geben, weil die Anordnung nicht als Beschlagnahme gilt; vgl. → § 172 Rdn. 12).

2 In den durch Zahlung zu deckenden Teil des geringsten Gebots (§ 49 Abs. 1) sind daher die Verfahrenskosten (§ 109), die in § 10 Abs. 1 Nr. 1 bis 3 genannten Ansprüche, die in § 12 Nr. 1, 2 genannten Rechtsverfolgungskosten und Nebenleistungen der Ansprüche nach § 10 Abs. 1 Nr. 4 und die älteren Rückstände nach § 10 Abs. 1 Nr. 7, 8 aufzunehmen.[4] Bestehen bleiben (§ 52 Abs. 1 Satz 1) alle das Grundstück bei Eintragung des Zwangsversteigerungsvermerks belastenden Rechte nach § 10 Abs. 1 Nr. 4 mit ihrem Hauptanspruch (§ 12 Nr. 3).[5]

---

1 Steiner/*Eickmann*, § 172 Rdn. 22, § 174 Rdn. 3 f.; *Stöber*, ZVG § 174 Rdn. 2.2; *Böttcher/Keller*, § 174 Rdn. 2; Löhnig/*Kuhn*, Abschnitt Immobiliarvollstreckung und Insolvenzverfahren Rdn. 36, § 174 Rdn. 1; *Hintzen/Wolf*, Rdn. 11.606; *Stöber*, ZVG-Handbuch Rdn. 684; *Mohrbutter/Drischler/Radtke/Tiedemann*, Muster 176 Anm. 7; *Storz/Kiderlen*, Einf. Nr. 3.1; *Eickmann/Böttcher*, § 26 II. Anm. 4; Kübler/Prütting/Bork/*Flöther*, § 165 Rdn. 13; BK-InsO/*Undritz/Knof*, § 165 Rdn. 16 f.; MünchKomm/*Tetzlaff*, InsO § 165 Rdn. 26 f., 145 f.; Uhlenbruck/*Brinkmann*, § 165 Rdn. 21; *Hess*, § 165 Rdn. 64; Leonhardt/Smid/Zeuner/*Depré*, § 165 Rdn. 17; *Andres/Leithaus*, § 165 Rdn. 13; Schmidt/*Büchler*, § 165 Rdn. 20; *Mohrbutter*, KTS 1958, 81, 83; *Worm*, KTS 1961, 119, 122; *Drischler*, RpflJB 1967, 275, 281 f.; *Drischler*, RpflJB 1985, 331, 344 f.; *Hintzen*, ZInsO 2003, 586, 588; *Hintzen*, ZInsO 2004, 713, 715; *Keller*, Rpfleger 2010, 568, 572.
2 Dagegen ausdrücklich Nerlich/Römermann/*Becker*, § 165 Rdn. 23.
3 *Stöber*, ZVG § 174 Rdn. 2.2; *Böttcher/Keller*, § 174 Rdn. 4; *Hintzen/Wolf*, Rdn. 11.606; *Stöber*, ZVG-Handbuch Rdn. 684; *Storz/Kiderlen*, Einf. Nr. 3.1; MünchKomm/*Tetzlaff*, InsO § 165 Rdn. 146; *Muth*, ZIP 1999, 945, 948; *Hintzen*, ZInsO 2003, 586, 588; *Hintzen*, ZInsO 2004, 713, 715.
4 *Stöber*, ZVG § 174 Rdn. 2.1; *Böttcher/Keller*, § 174 Rdn. 5 f.; *Hintzen*, ZInsO 2004, 713, 715.
5 *Stöber*, ZVG § 174 Rdn. 2.3; *Böttcher/Keller*, § 174 Rdn. 5 f.

II. Abweichende Feststellung des geringsten Gebots

Wegen der regelmäßig hohen Belastungen wird eine Zwangsversteigerung, der ein solches geringstes Gebot zugrunde gelegt wird, oft ergebnislos bleiben. Außerdem soll absonderungsberechtigten Gläubigern die Möglichkeit gegeben werden, ihren **Ausfall** bei der abgesonderten Befriedigung feststellen zu können, damit sie mit ihm an der Verteilung der Insolvenzmasse teilnehmen können (§ 52 InsO). Dem dient § 174, der eine **abweichende Feststellung** des geringsten Gebots ermöglicht.[6]

Die abweichende Feststellung des geringsten Gebots setzt das **Verlangen** eines Beteiligten voraus, der eine **persönliche Forderung** gegen den Schuldner hat, für welche das Grundstück **dinglich haftet**. Das sind Gläubiger nach § 10 Abs. 1 Nr. 3 sowie Gläubiger einer Hypothek, wenn der Schuldner für die Forderung auch persönlich haftet, und Gläubiger einer Sicherungsgrundschuld. Besteht nur eine dingliche Haftung, etwa aus einer „isolierten" Grundschuld,[7] so besteht für ihn das Recht nach § 174 nicht. Im Hinblick auf §§ 49, 52, 190 InsO kommt zwar auch ein Gläubiger nach § 10 Abs. 1 Nr. 5 in Betracht, der bereits die Beschlagnahme erwirkt und damit ein Recht auf abgesonderte Befriedigung erlangt hat.[8] Der Antrag eines solchen Gläubigers führt jedoch nur dazu, dass – wie auch ohne die Regelung des § 174 – alle dinglichen Rechte in das geringste Gebot aufgenommen werden. Für einen solchen Gläubiger ist die durch § 174 geschaffene Möglichkeit daher bedeutungslos.[9]

Der persönliche und dingliche Anspruch muss vom Insolvenzverwalter – jedenfalls teilweise –, auch stillschweigend, bezogen auf das Versteigerungsverfahren **anerkannt** sein.[10] Ist der Verwalter im Versteigerungstermin nicht anwesend, so muss der Antragsteller die Anerkennung nachweisen.[11]

Steht ein Absonderungsrecht mehreren Personen zu, so kann jeder von ihnen das Verlangen stellen, Erben in Erbengemeinschaft jedoch nur gemeinschaftlich, weil das Verlangen eine mittelbare Verfügung über das Recht beinhaltet (§ 2040 BGB).[12]

Das Verlangen des Beteiligten geht dahin, dass bei der Feststellung des geringsten Gebots nur die **seinem Anspruch im Range vorgehenden Rechte und Ansprüche** berücksichtigt werden, dass es also so aufgestellt wird, als sei er betrei-

---

6   Steiner/*Eickmann*, § 174 Rdn. 2; *Stöber*, ZVG § 174 Rdn. 3.1; Löhnig/*Kuhn*, Abschnitt Immobiliarvollstreckung und Insolvenzverfahren Rdn. 36, § 174 Rdn. 1; Hintzen/*Wolf*, Rdn. 11.608; Kübler/Prütting/Bork/*Flöther*, § 165 Rdn. 14; Nerlich/Römermann/*Becker*, § 165 Rdn. 13; BK-InsO/*Undritz/Knof*, § 165 Rdn. 18; MünchKomm/*Tetzlaff*, InsO § 165 Rdn. 150; Uhlenbruck/*Brinkmann*, § 165 Rdn. 22; *Muth*, ZIP 1999, 945, 947; *Hintzen*, ZInsO 2003, 586, 589; *Hintzen*, ZInsO 2004, 713, 716; *Keller*, Rpfleger 2010, 568, 573.
7   Dazu *Eickmann*, NJW 1981, 545.
8   Löhnig/*Kuhn*, § 174 Rdn. 2; Braun/*Bäuerle*, § 49 Rdn. 15.
9   *Jaeckel*/Güthe, § 174 Rdn. 3.
10 Steiner/*Eickmann*, § 174 Rdn. 5 ff.; *Stöber*, ZVG § 174 Rdn. 3.2; Böttcher/Keller, § 174 Rdn. 8; Löhnig/*Kuhn*, § 174 Rdn. 6; Kübler/Prütting/Bork/*Flöther*, § 165 Rdn. 14; BK-InsO/*Undritz/Knof*, § 165 Rdn. 18; MünchKomm/*Tetzlaff*, InsO § 165 Rdn. 152; Leonhardt/Smid/Zeuner/*Depré*, § 165 Rdn. 18; Graf-Schlicker/*Castrup*, § 165 Rdn. 5; Schmidt/*Büchler*, § 165 Rdn. 21; *Mohrbutter*, KTS 1958, 81, 83; *Hintzen*, ZInsO 2003, 586, 589; *Hintzen*, ZInsO 2004, 713, 716.
11 Steiner/*Eickmann*, § 174 Rdn. 8.
12 Steiner/*Eickmann*, § 174 Rdn. 9 ff.; *Stöber*, ZVG § 174 Rdn. 3.10.

bender Gläubiger.[13] Der Antrag kann auch auf einen **Teilbetrag** des Rechts beschränkt werden mit der Folge, dass der diesem vorgehende Teil in das geringste Gebot aufzunehmen ist.[14]

7   Der Antrag kann bereits vor dem Zwangsversteigerungstermin schriftlich oder zu Protokoll des Urkundsbeamten der Geschäftsstelle gestellt werden. Spätestens muss die abweichende Feststellung im Versteigerungstermin **vor dem Schluss der Verhandlung über den Zuschlag** (§ 74) verlangt werden.[15] Bis zur Entscheidung über den Zuschlag kann der Antrag **zurückgenommen** werden.[16]

8   Die **Zustimmung** anderer, auch beeinträchtigter Beteiligter ist nicht erforderlich. Ist jedoch das Recht des Antragstellers mit dem Recht eines Dritten belastet, so muss dieser zustimmen.[17]

9   **Nachrangige Gläubiger** können den Verlust ihrer Rechte abwenden, indem sie die Ansprüche desjenigen **ablösen**, der die abweichende Feststellung des geringsten Gebots verlangt hat (§ 268 BGB).[18]

III. Doppelausgebot

10   Als Folge eines zulässigen Antrags nach § 174 muss das Grundstück auch mit der verlangten Abweichung ausgeboten werden (§ 174 Hs. 2). Es kommt also zu einem **Doppelausgebot**, bei dem das Grundstück zum einen mit sämtlichen Ansprüchen im geringsten Gebot und zum anderen nur mit den Ansprüchen, welche dem Recht des Antragstellers im Range vorgehen, ausgeboten wird.[19]

11   Wird der Antrag von **mehreren Berechtigten** (mit unterschiedlichen Rechten) gestellt, so kommt es zu einer entsprechenden Zahl abweichender Ausgebo-

---

13   Steiner/*Eickmann*, § 172 Rdn. 2; *Stöber*, ZVG § 174 Rdn. 3.1; Löhnig/*Kuhn*, § 174 Rdn. 4; *Hintzen*/*Wolf*, Rdn. 11.608; *Mohrbutter*/*Drischler*/*Radtke*/*Tiedemann*, Muster 176 Anm. 7; *Eickmann*/*Böttcher*, § 26 II. Anm. 4; Kübler/Prütting/Bork/*Flöther*, § 165 Rdn. 15; BK-InsO/*Undritz*/*Knof*, § 165 Rdn. 18; MünchKomm/*Tetzlaff*, InsO § 165 Rdn. 149; Uhlenbruck/*Brinkmann*, § 165 Rdn. 22; *Hess*, § 165 Rdn. 65; Kreft/ *Landfermann*, § 165 Rdn. 11; Leonhardt/Smid/Zeuner/*Depré*, § 165 Rdn. 17; *Andres*/ *Leithaus*, § 165 Rdn. 14; Graf-Schlicker/*Castrup*, § 165 Rdn. 5; *Mohrbutter*, KTS 1958, 81, 83; *Worm*, KTS 1961, 119, 122; *Drischler*, RpflJB 1967, 275, 282; *Drischler*, RpflJB 1985, 331, 345; *Muth*, ZIP 1999, 945, 947; *Hintzen*, ZInsO 2003, 586, 589; *Hintzen*, ZInsO 2004, 713, 716; *Keller*, Rpfleger 2010, 568, 573.
14   *Stöber*, ZVG § 174 Rdn. 3.3; *Böttcher*/*Keller*, § 174 Rdn. 8; *Mohrbutter*/*Drischler*/ *Radtke*/*Tiedemann*, Muster 176 Anm. 7; Leonhardt/Smid/Zeuner/*Depré*, § 165 Rdn. 18; *Mohrbutter*, KTS 1958, 81, 83.
15   Steiner/*Eickmann*, § 174 Rdn. 13 f.; Löhnig/*Kuhn*, § 174 Rdn. 7; *Eickmann*/*Böttcher*, § 26 II. Anm. 4; kritisch *Böttcher*/*Keller*, § 174 Rdn. 9; a.A. (bis zur Aufforderung zur Abgabe von Geboten) *Stöber*, ZVG § 174 Rdn. 3.7; *Depré*/*Popp*, § 174 Rdn. 4; weiter a.A. (bis zum Schluss der Versteigerung) *Andres*/*Leithaus*, § 165 Rdn. 16; *Muth*, ZIP 1999, 945, 949.
16   Löhnig/*Kuhn*, § 174 Rdn. 5; a.A. (bis zur Aufforderung zur Abgabe von Geboten) *Stöber*, ZVG § 174 Rdn. 3.6.
17   Steiner/*Eickmann*, § 174 Rdn. 12; *Stöber*, ZVG § 174 Rdn. 3.4.
18   *Stöber*, ZVG § 174 Rdn. 3.12; MünchKomm/*Tetzlaff*, InsO § 165 Rdn. 172.
19   Steiner/*Eickmann*, § 174 Rdn. 17; *Stöber*, ZVG § 174 Rdn. 3.9 zu a; *Böttcher*/*Keller*, § 174 Rdn. 13; Löhnig/*Kuhn*, § 174 Rdn. 8; *Mohrbutter*/*Drischler*/*Radtke*/*Tiedemann*, Muster 176 Anm. 7 mit Beispiel; Kübler/Prütting/Bork/*Flöther*, § 165 Rdn. 15; BK-InsO/*Undritz*/*Knof*, § 165 Rdn. 20; MünchKomm/*Tetzlaff*, InsO § 165 Rdn. 154; Uhlenbruck/*Brinkmann*, § 165 Rdn. 22; Leonhardt/Smid/Zeuner/*Depré*, § 165 Rdn. 21; *Keller*, Rpfleger 2010, 568, 572.

te. Nur so erhält ein nachrangiger Berechtigter die Möglichkeit zur Feststellung seines Forderungsausfalls für den Fall, dass der vorrangige Berechtigte den Antrag nach § 174 erst in einem Termin zur Verkündung der Zuschlagsentscheidung zurücknimmt.[20] Einer Verwirrung der Bieter[21] muss das Vollstreckungsgericht mit entsprechenden Hinweisen und einer klaren Terminsgestaltung begegnen.

Wird das Verlangen erst während der Bietzeit oder nach dem **Schluss der Versteigerung** (§ 73 Abs. 2 Satz 1) gestellt, so müssen das abweichende geringste Gebot festgestellt und die Bietzeit verlängert bzw. wiederholt werden; dabei wird die Bietzeit für das Ausgebot zu den gesetzlichen Bedingungen jedoch lediglich fortgesetzt, sodass ein zuvor abgegebenes Meistgebot wirksam bleibt.[22] **12**

Der **Schluss der Versteigerung** muss für alle Ausgebote **gleichzeitig** verkündet werden.[23] **13**

Für die Entscheidung über die Erteilung des **Zuschlags** ist zu differenzieren: **14**

- Wird auf **keines** der Ausgebote ein zulässiges Gebot abgegeben, so ist nach § 77 zu verfahren.[24]
- Wird nur auf **eines** der beiden Ausgebote ein zulässiges Gebot abgegeben, so ist – vorbehaltlich eventueller Zuschlagsversagungsgründe (zu § 74a vgl. → § 172 Rdn. 17) – hierauf der Zuschlag zu erteilen. Ist dies das abweichende, so steht zugleich der Ausfall des Absonderungsberechtigten fest.[25]
- Sind auf **beide** Ausgebotsarten zulässige Gebote abgegeben worden, so ist – wiederum vorbehaltlich eventueller Zuschlagsversagungsgründe – der Zuschlag nach Sinn und Zweck des § 174, den Ausfall absonderungsberechtigter Gläubiger festzustellen, auf dasjenige Gebot zu erteilen, welches auf das abweichende Ausgebot abgegeben wurde; nimmt der Antragsteller aller-

---

20 *Korintenberg/Wenz*, Anm. 3 Fn. 1; *Muth*, ZIP 1999, 945, 948; anders die h.M. (maßgeblich ist das Recht des bestrangig Berechtigten): Steiner/*Eickmann*, § 174 Rdn. 15; *Stöber*, ZVG § 174 Rdn. 3.10; Böttcher/*Keller*, § 174 Rdn. 11; Löhnig/*Kuhn*, § 174 Rdn. 3; Kübler/Prütting/Bork/*Flöther*, § 165 Rdn. 15; MünchKomm/*Tetzlaff*, InsO § 165 Rdn. 154; Uhlenbruck/*Brinkmann*, § 165 Rdn. 22; Leonhardt/Smid/Zeuner/*Depré*, § 165 Rdn. 20; Graf-Schlicker/*Castrup*, § 165 Rdn. 6; Schmidt/*Büchler*, § 165 Rdn. 21; *Mohrbutter*, KTS 1958, 81, 83; anders auch die 12. Aufl. Rdn. 5.
21 Befürchtet von Steiner/*Eickmann*, § 174 Fn. 16; ähnlich (für den Fall des gesetzlichen Ausgebots neben solchen nach § 174 und nach § 174a) *Tetzlaff*, ZInsO 2004, 521, 523; überzeugend dagegen *Hintzen*, ZInsO 2004, 713, 717 f.
22 Steiner/*Eickmann*, § 174 Rdn. 19; MünchKomm/*Tetzlaff*, InsO § 165 Rdn. 155; a.A. *Muth*, ZIP 1999, 945, 949.
23 *Stöber*, ZVG § 174 Rdn. 3.9 zu b; Löhnig/*Kuhn*, § 174 Rdn. 8.
24 Steiner/*Eickmann*, § 174 Rdn. 21 f.; *Stöber*, ZVG § 174 Rdn. 3.11 zu c; Löhnig/*Kuhn*, § 174a Rdn. 7; Mohrbutter/Drischler/Radtke/Tiedemann, Muster 176 Anm. 8 zu c; Eickmann/*Böttcher*, § 26 II. Anm. 6 zu a; MünchKomm/*Tetzlaff*, InsO § 165 Rdn. 156 zu 1; *Drischler*, RpflJB 1967, 275, 283 zu 3; *Drischler*, RpflJB 1985, 331, 345 f. zu c; *Muth*, ZIP 1999, 945, 950.
25 Steiner/*Eickmann*, § 174 Rdn. 25; *Stöber*, ZVG § 174 Rdn. 3.11 zu a; Böttcher/*Keller*, § 174 Rdn. 17; Mohrbutter/Drischler/Radtke/Tiedemann, Muster 176 Anm. 8 zu b; Eickmann/*Böttcher*, § 26 II. Anm. 6 zu b; BK-InsO/*Undritz/Knof*, § 165 Rdn. 20; MünchKomm/*Tetzlaff*, InsO § 165 Rdn. 157; *Drischler*, RpflJB 1967, 275, 283 zu 2; *Drischler*, RpflJB 1985, 331, 345 f. zu b; *Muth*, ZIP 1999, 945, 950.

dings seinen Abweichungsantrag zurück, so wird zum gesetzlichen Ausgebot zugeschlagen.[26]

- Sind bei Abweichungsverlangen mehrerer Berechtigter – entsprechend der hier vertretenen Ansicht (oben → Rdn. 11) – auf **mehrere abweichende** Ausgebotsarten zulässige Gebote abgegeben worden, so ist unter diesen dasjenige maßgeblich, das dem Antrag des bestrangig Berechtigten entspricht.[27] Damit steht zugleich der Ausfall der nachrangigen Antragsteller fest. Nimmt der bestrangig Berechtigte vor Erteilung des Zuschlags seinen Abweichungsantrag zurück, so ist auf das Gebot zuzuschlagen, welches auf das Ausgebot auf Antrag des nächstrangig Berechtigten abgegeben wurde.

---

26 Steiner/*Eickmann*, § 174 Rdn. 23 f.; *Stöber*, ZVG § 174 Rdn. 3.11 zu b; *Böttcher/Keller*, § 174 Rdn. 18; Depré/*Popp*, § 174 Rdn. 5; Löhnig/*Kuhn*, § 174a Rdn. 6; *Mohrbutter/ Drischler/Radtke/Tiedemann*, Muster 176 Anm. 8 zu a; *Storz/Kiderlen*, Einf. Nr. 3.1 mit Beispiel; *Eickmann/Böttcher*, § 26 II. Anm. 6 zu c; Kübler/Prütting/Bork/*Flöther*, § 165 Rdn. 15; BK-InsO/*Undritz/Knof*, § 165 Rdn. 20; MünchKomm/*Tetzlaff*, InsO § 165 Rdn. 156 zu 2; Uhlenbruck/*Brinkmann*, § 165 Rdn. 22; Leonhardt/Smid/Zeuner/*Depré*, § 165 Rdn. 21; *Andres/Leithaus*, § 165 Rdn. 14; Schmidt/*Büchler*, § 165 Rdn. 21; *Mohrbutter*, KTS 1958, 81, 84; *Drischler*, RpflJB 1967, 275, 283 zu 1; *Drischler*, RpflJB 1985, 331, 345 f. zu a; *Muth*, ZIP 1999, 945, 950 f.; a.A. (Zuschlag auf das höchste Gebot) Braun/*Dithmar/Schneider*, § 165 Rdn. 14.
27 *Muth*, ZIP 1999, 945, 951.

§ 174a »Abweichende Ausbietung auf Antrag des Insolvenzverwalters«

Der Insolvenzverwalter kann bis zum Schluß der Verhandlung im Versteigerungstermin verlangen, daß bei der Feststellung des geringsten Gebots nur die den Ansprüchen aus § 10 Abs. 1 Nr. 1a vorgehenden Rechte berücksichtigt werden; in diesem Fall ist das Grundstück auch mit der verlangten Abweichung auszubieten.

I. Abweichende Feststellung des geringsten Gebots

Auch der **Insolvenzverwalter** kann eine **abweichende Feststellung** des geringsten Gebots verlangen. Bei dieser Abweichung sind nur jene Ansprüche im geringsten Gebot zu berücksichtigen, die den Ansprüchen nach § 10 Abs. 1 Nr. 1a im Range vorgehen, somit nur die Verfahrenskosten und die Ansprüche nach § 10 Abs. 1 Nr. 1. Damit soll eine ergebnislose Versteigerung vermieden werden.[1]   1

Voraussetzung für das Abweichungsverlangen ist, dass Ansprüche nach § 10 Abs. 1 Nr. 1a, auch nur in geringer Höhe, überhaupt **bestehen** und dass sie rechtzeitig **angemeldet** sind. Andernfalls steht dem Insolvenzverwalter das Recht nach § 174a nicht zu.[2]   2

Den Antrag konnte auch der **Treuhänder** stellen, wenn er zur Verwertung berechtigt war (§ 313 Abs. 3 Satz 2 a.F. – für die vor dem 1.7.2014 beantragten Verfahren gemäß Art. 103h EGInsO weiter geltend –, § 173 Abs. 2 Satz 2 InsO),[3] nicht dagegen der Schuldner bei Eigenverwaltung (vgl. § 282 Abs. 1 Satz 2 InsO).[4]   3

Der Antrag kann, wie derjenige nach § 174 (vgl. → § 174 Rdn. 7), bereits vor dem Zwangsversteigerungstermin gestellt werden. Spätestens muss die abweichende Feststellung **vor dem Schluss der Verhandlung über den Zuschlag (§ 74)** verlangt werden.[5]   4

---

1   Nerlich/Römermann/*Becker*, § 165 Rdn. 13; MünchKomm/*Tetzlaff*, InsO § 165 Rdn. 158; *Hess*, § 165 Rdn. 24; kritisch zu dieser Vorschrift *Stöber*, ZVG § 174a Rdn. 2.6; Böttcher/Keller, § 174a Rdn. 1, 12 ff.; Löhnig/*Kuhn*, § 174a Rdn. 1; Hintzen/Wolf, Rdn. 11.605 Fn. 537, Rdn. 11.612 ff.; Hk-ZV/*Sievers*, ZVG §§ 172–174a Rdn. 7; Leonhardt/Smid/Zeuner/*Depré*, § 165 Rdn. 23; *Vallender*, Rpfleger 1997, 353 f.; *Muth*, ZIP 1999, 945, 952 f.; *Stöber*, NJW 2000, 3600 (insbesondere im Hinblick auf das Erlöschen von Auflassungsvormerkungen und Erbbauzins-Reallasten); *Hintzen*, ZInsO 2003, 586, 590; *Keller*, Rpfleger 2010, 568, 573.
2   *Stöber*, ZVG § 174a Rdn. 2.1 f.; Böttcher/Keller, § 174a Rdn. 2; Depré/Popp, § 174a Rdn. 1; Löhnig/*Kuhn*, Abschnitt Immobiliarvollstreckung und Insolvenzverfahren Rdn. 37; Kübler/Prütting/Bork/*Flöther*, § 165 Rdn. 16, 19; BK-InsO/*Undritz/Knof*, § 165 Rdn. 22; MünchKomm/*Tetzlaff*, InsO § 165 Rdn. 161; Uhlenbruck/*Brinkmann*, § 165 Rdn. 23; Leonhardt/Smid/Zeuner/*Depré*, § 165 Rdn. 23; Schmidt/*Büchler*, § 165 Rdn. 22; Lwowski/*Tetzlaff*, WM 1999, 2336, 2342.
3   Löhnig/*Kuhn*, § 174a Rdn. 3; *Hintzen*, ZInsO 2003, 586, 589; *Hintzen*, ZInsO 2004, 713, 716.
4   *Stöber*, ZVG § 174a Rdn. 2.1; Löhnig/*Kuhn*, § 174a Rdn. 3; Kübler/Prütting/Bork/*Flöther*, § 165 Rdn. 17.
5   Löhnig/*Kuhn*, § 174a Rdn. 5; a.A. (bis zur Aufforderung zur Abgabe von Geboten) *Stöber*, ZVG § 174a Rdn. 2.3; Böttcher/Keller, § 174a Rdn. 3; weiter a.A. (bis zum Schluss der Versteigerung) *Muth*, ZIP 1999, 945, 949.

5   Werden Anträge sowohl nach § 174 als auch nach § 174a gestellt, so kommt es zu einem **Dreifachausgebot** (bzw. Mehrfachausgebot bei mehreren Anträgen nach § 174; vgl. → § 174 Rdn. 11).[6]

6   Stellt der Insolvenzverwalter den Antrag nach § 174a, so können die **nachrangigen Gläubiger** den Verlust ihrer Rechte abwenden, indem sie – im ersten Versteigerungstermin – Anträge auf Zuschlagsversagung nach § 74a stellen oder sonst die Ansprüche nach § 10 Abs. 1 Nr. 1a **ablösen** (§ 268 BGB).[7] Die abgelösten Ansprüche gehen auf sie über. Sie können jedoch deswegen nicht selbst die Zwangsversteigerung betreiben; ihnen steht auch nicht das Antragsrecht nach § 174a zu. Bei freihändiger Veräußerung, Freigabe aus der Insolvenzmasse oder Aufhebung des Insolvenzverfahrens erlöschen die Ansprüche.[8]

II. Doppelausgebot

7   Als Folge eines zulässigen Antrags nach § 174a muss das Grundstück auch mit der verlangten Abweichung ausgeboten werden (§ 174a Hs. 2). Es kommt zu einem **Doppelausgebot**, bei dem das Grundstück zum einen mit sämtlichen Ansprüchen im geringsten Gebot und zum anderen nur mit den Ansprüchen, welche den Ansprüchen nach § 10 Abs. 1 Nr. 1a im Range vorgehen, ausgeboten wird.[9] Bei gleichzeitigen Anträgen nach § 174 (oben → Rdn. 5) ist das Grundstück zusätzlich mit den Ansprüchen im geringsten Gebot, welche dem Recht des Antragstellers im Range vorgehen, auszubieten.

8   Wird das Verlangen erst während der Bietzeit oder nach dem **Schluss der Versteigerung** (§ 73 Abs. 2 Satz 1) gestellt, so gilt dasselbe wie im Falle des § 174 (vgl. → § 174 Rdn. 12). Der **Schluss der Versteigerung** muss auch hier für alle Ausgebote **gleichzeitig** verkündet werden (vgl. → § 174 Rdn. 13).

---

6   Böttcher/Keller, § 174a Rdn. 5 ff.; Eickmann/Böttcher, § 26 Anm. 4; MünchKomm/Tetzlaff, InsO § 165 Rdn. 165; Leonhardt/Smid/Zeuner/Depré, § 165 Rdn. 24; Schmidt/Büchler, § 165 Rdn. 22; Muth, ZIP 1999, 945, 949; Tetzlaff, ZInsO 2004, 521, 523; a.A. (Recht des bestrangigen Berechtigten, also des Insolvenzverwalters, maßgeblich) Stöber, ZVG § 174a Rdn. 2.5; Kübler/Prütting/Bork/Flöther, § 165 Rdn. 20; Hintzen, ZInsO 2004, 713, 717.

7   Depré/Popp, § 174a Rdn. 4; Kübler/Prütting/Bork/Flöther, § 165 Rdn. 21; Nerlich/Römermann/Becker, § 165 Rdn. 13; MünchKomm/Tetzlaff, InsO § 165 Rdn. 173; Uhlenbruck/Brinkmann, § 165 Rdn. 24; Hess, § 165 Rdn. 24, 67; Kreft/Landfermann, § 165 Rdn. 12; Andres/Leithaus, § 165 Rdn. 15; Schmidt/Büchler, § 165 Rdn. 22; Vallender, Rpfleger 1997, 353 f.; zweifelnd Hintzen/Wolf, Rdn. 11.602, 11.612 ff.; Muth, ZIP 1999, 945, 952; Lwowski/Tetzlaff, WM 1999, 2336, 2342 f.; Stöber, NJW 2000, 3600, 3604; Hintzen, ZInsO 2003, 586, 589 f.; Hintzen, ZInsO 2004, 713, 716 ff.

8   Begründung zu Art. 20 Nr. 8 EGInsO, BT-Drucks. 12/3803 S. 69 f.; Stöber, ZVG § 174a Rdn. 3.2; Kübler/Prütting/Bork/Flöther, § 165 Rdn. 21; Nerlich/Römermann/Becker, § 165 Rdn. 13; MünchKomm/Tetzlaff, InsO § 165 Rdn. 174; Kreft/Landfermann, § 165 Rdn. 12; Leonhardt/Smid/Zeuner/Depré, § 165 Rdn. 22; Schmidt/Büchler, § 165 Rdn. 22; Stöber, NJW 2000, 3600, 3604; Hintzen, ZInsO 2003, 586, 590; Hintzen, ZInsO 2004, 713, 716; Vallender, Rpfleger 1997, 353 f.; zweifelnd Lwowski/Tetzlaff, WM 1999, 2336, 2343.

9   Stöber, ZVG § 174a Rdn. 2.4; Löhnig/Kuhn, Abschnitt Immobiliarvollstreckung und Insolvenzverfahren Rdn. 37; Hintzen/Wolf, Rdn. 11.743 f.; Eickmann/Böttcher, § 26 II. Anm. 4; Kübler/Prütting/Bork/Flöther, § 165 Rdn. 20; MünchKomm/Tetzlaff, InsO § 165 Rdn. 158, 162; Uhlenbruck/Brinkmann, § 165 Rdn. 23; Leonhardt/Smid/Zeuner/Depré, § 165 Rdn. 24; Andres/Leithaus, § 165 Rdn. 15.

Für die Entscheidung über die Erteilung des **Zuschlags** ist zu differenzieren: 9

- Wird auf **keines** der Ausgebote ein zulässiges Gebot abgegeben, so ist nach § 77 zu verfahren.¹⁰
- Wird nur auf **eines** der Ausgebote ein zulässiges Gebot abgegeben, so ist – vorbehaltlich eventueller Zuschlagsversagungsgründe (zu § 74a vgl. → § 172 Rdn. 17) – hierauf der Zuschlag zu erteilen.¹¹
- Ist auf das **gesetzliche** Ausgebot und auf dasjenige nach § 174a geboten worden, so ist der Zuschlag – wiederum vorbehaltlich eventueller Zuschlagsversagungsgründe – auf dasjenige Gebot zu erteilen, welches auf das gesetzliche Ausgebot abgegeben wurde.¹² Sinn und Zweck des § 174a stehen dem nicht entgegen, da die Versteigerung nicht ergebnislos geblieben ist und die Ansprüche nach § 10 Abs. 1 Nr. 1a auch durch das gesetzliche Ausgebot gedeckt werden.
- Ist auf das **gesetzliche** Ausgebot und auf dasjenige nach § 174 geboten worden, so ist der Zuschlag nach dem → § 174 Rdn. 14 Gesagten auf das abweichende Ausgebot zu erteilen.
- Ist auf Ausgebote nach § 174 und auf dasjenige nach § 174a geboten worden, so ist unter diesen das höchste Gebot maßgeblich, da der Ausfall des Gläubigers in jedem Falle festgestellt wird und die Ansprüche nach § 10 Abs. 1 Nr. 1a in jedem Falle gedeckt werden.¹³
- Ist sowohl auf das **gesetzliche** Ausgebot als auch auf Ausgebote nach § 174 und auf dasjenige nach § 174a geboten worden, so ist das höchste Gebot unter denjenigen nach § 174 und § 174a maßgebend,¹⁴ da das Interesse der Gläubiger an der Feststellung ihres Ausfalls Vorrang vor dem gesetzlichen Ausgebot hat.

---

10 *Stöber,* ZVG § 174a Rdn. 2.4; Löhnig/*Kuhn,* § 174a Rdn. 7; *Hintzen/Wolf,* Rdn. 11.745; *Eickmann/Böttcher,* § 26 II. Anm. 6 zu a; *Muth,* ZIP 1999, 945, 950.
11 *Stöber,* ZVG § 174a Rdn. 2.4; *Böttcher/Keller,* § 174a Rdn. 10; *Hintzen/Wolf,* Rdn. 11.745; *Eickmann/Böttcher,* § 26 II. Anm. 6 zu b; *Muth,* ZIP 1999, 945, 950.
12 *Stöber,* ZVG § 174a Rdn. 2.4; Löhnig/*Kuhn,* § 174a Rdn. 6; MünchKomm/*Tetzlaff,* InsO § 165 Rdn. 163; *Andres/Leithaus,* § 165 Rdn. 15; Schmidt/*Büchler,* § 165 Rdn. 22; *Muth,* ZIP 1999, 945, 951; a.A. (Zuschlag auf das Ausgebot nach § 174a) *Böttcher/Keller,* § 174a Rdn. 10; *Hintzen/Wolf,* Rdn. 11.745; *Eickmann/Böttcher,* § 26 II. Anm. 6 zu e; Kübler/Prütting/Bork/*Flöther,* § 165 Rdn. 20; weiter a.A. (Zuschlag auf das höhere Ausgebot) Leonhardt/Smid/Zeuner/*Depré,* § 165 Rdn. 24.
13 *Eickmann/Böttcher,* § 26 Anm. 6 zu d; MünchKomm/*Tetzlaff,* InsO § 165 Rdn. 165 ff.; Leonhardt/Smid/Zeuner/*Depré,* § 165 Rdn. 24; *Andres/Leithaus,* § 165 Rdn. 15; *Muth,* ZIP 1999, 945, 951 f.; im Ergebnis ebenso *Böttcher/Keller,* § 174a Rdn. 9 f.; a.A. (Zuschlag auf das Ausgebot nach § 174a nur, wenn auf Ausgebote nach §§ 172, 174 keine Gebote abgegeben wurden) Löhnig/*Kuhn,* § 174a Rdn. 6; weiter a.A. (Zuschlag auf das Ausgebot nach § 174a) Kübler/Prütting/Bork/*Flöther,* § 165 Rdn. 20; *Hess,* § 165 Rdn. 24.
14 *Böttcher/Keller,* § 174a Rdn. 9 f.; Leonhardt/Smid/Zeuner/*Depré,* § 165 Rdn. 24; *Andres/Leithaus,* § 165 Rdn. 15; ähnlich (Zuschlag auf das höchste Gebot) Schmidt/*Büchler,* § 165 Rdn. 22.

§ 175 »Verfahren auf Antrag des Erben«

(1) ¹Hat ein Nachlaßgläubiger für seine Forderung ein Recht auf Befriedigung aus einem zum Nachlasse gehörenden Grundstücke, so kann der Erbe nach der Annahme der Erbschaft die Zwangsversteigerung des Grundstücks beantragen. ²Zu dem Antrag ist auch jeder andere berechtigt, welcher das Aufgebot der Nachlaßgläubiger beantragen kann.

(2) Diese Vorschriften finden keine Anwendung, wenn der Erbe für die Nachlaßverbindlichkeiten unbeschränkt haftet oder wenn der Nachlaßgläubiger im Aufgebotsverfahren ausgeschlossen ist oder nach den §§ 1974, 1989 des Bürgerlichen Gesetzbuchs einem ausgeschlossenen Gläubiger gleichsteht.

I. Bedeutung des Verfahrens nach §§ 175 bis 179

1 § 175 schließt an die §§ 1967 ff. BGB über die Haftung des Erben für die Nachlassverbindlichkeiten an. Ein Erbe, der die Inventarfrist (§§ 1994 ff. BGB) nicht versäumt hat und deshalb noch nicht unbeschränkbar haftet, kann sich die auf den Nachlass beschränkte Haftung erhalten. Beantragt er Nachlassverwaltung oder Nachlassinsolvenz, so verliert er die Befugnis zur Verwaltung und Verfügung über den Nachlass (§ 1984 Abs. 1 BGB, § 80 Abs. 1 InsO). Das Aufgebot der Nachlassgläubiger (§§ 1970 ff. BGB, §§ 454 ff. FamFG) versagt gegenüber Nachlassgläubigern, die für ihre persönliche Forderung einen dinglichen Anspruch auf Befriedigung aus dem Nachlassgrundstück haben (§ 1971 BGB). Daher kann der Erbe das Maß seiner persönlichen Haftung erst bestimmen, wenn feststeht, ob und in welchem Umfang die bezeichneten Gläubiger Befriedigung aus dem Grundstück erhalten. Dem dienen die – in der Praxis allerdings weitgehend bedeutungslosen – §§ 175 bis 179. Zulässig ist nach der Zielsetzung des Verfahrens nur die Zwangsversteigerung, nicht die Zwangsverwaltung.[1]

II. Voraussetzungen

2 Bei dem Anspruch, der die Grundlage für das Verfahren bildet, muss es sich um eine **Nachlassverbindlichkeit** (§ 1967 BGB) handeln, also um eine vom Erblasser herrührende Schuld. In der Person des Erben begründete Forderungen berechtigen nicht zum Antrag nach § 175.[2]

3 Für die Forderung muss eine **dingliche** Haftung des **Nachlassgrundstücks** bestehen.[3]

4 Antragsberechtigt ist der **Erbe**, auch wenn ein Testamentsvollstrecker ernannt ist, dessen Verwaltung das Grundstück untersteht, bei mehreren Erben jeder von ihnen, der Nacherbe nach Eintritt des Nacherbfalls.[4] Der antragstellende Erbe muss die **Erbschaft angenommen** haben; als Annahme kann die Antragstellung nach § 175 angesehen werden.[5] Die Erbschaft gilt auch mit dem Ablauf der Aus-

---

1 Steiner/*Eickmann*, § 175 Rdn. 1; *Stöber*, ZVG § 175 Rdn. 1; Depré/*Popp*, § 175 Rdn. 1 ff., 8; Löhnig/*Ahrens*, vor § 175 Rdn. 1; *Eickmann/Böttcher*, § 27 I.; zum Verfahren Löhnig/*Ahrens*, vor § 175 Rdn. 6 ff.; *Stöber*, ZVG-Handbuch Rdn. 687 ff.; *Mohrbutter/Drischler/Radtke/Tiedemann*, Muster 178 Anm. 1 ff.
2 Steiner/*Eickmann*, § 175 Rdn. 2; Depré/*Popp*, § 175 Rdn. 4; Löhnig/*Ahrens*, § 175 Rdn. 2.
3 Steiner/*Eickmann*, § 175 Rdn. 2; Depré/*Popp*, § 175 Rdn. 4; Löhnig/*Ahrens*, § 175 Rdn. 3.
4 Steiner/*Eickmann*, § 175 Rdn. 3.
5 A.A. Steiner/*Eickmann*, § 175 Rdn. 4; einschränkend Depré/*Popp*, § 175 Rdn. 5.

schlagungsfrist als angenommen (§ 1943 BGB).[6] Die Annahme durch alle Mitglieder einer Erbengemeinschaft ist nicht erforderlich.

Antragsberechtigt ist auch jeder andere, der das **Aufgebot** der Nachlassgläubiger beantragen kann, nämlich **Nachlasspfleger** (§ 1960 BGB), **Nachlassverwalter** (§ 1975 BGB) oder **Testamentsvollstrecker** (§ 2197 BGB), wenn ihnen die Verwaltung des Grundstücks zusteht (§ 455 Abs. 2 FamFG). Zu einem Antrag des Nachlasspflegers oder des Nachlassverwalters bedarf es nicht der Annahme der Erbschaft oder des Ablaufs der Ausschlagungsfrist (§ 455 Abs. 3 FamFG). Gehört das Grundstück zum Gesamtgut einer Gütergemeinschaft, so kann sowohl der Ehegatte, der Erbe ist, als auch der **Ehegatte**, der nicht Erbe ist, aber das Gesamtgut allein oder mit seinem Ehegatten gemeinschaftlich verwaltet, ohne Zustimmung des anderen Ehegatten den Antrag stellen (§ 462 FamFG). Antragsberechtigt ist auch der **Erbschaftskäufer** (§ 463 FamFG).[7]

III. Unzulässigkeit des Verfahrens

Das Verfahren nach § 175 ist unzulässig, wenn der Erbe bereits für die Nachlassverbindlichkeiten **unbeschränkt** haftet (z.B. nach § 1994 Abs. 1 Satz 2, § 2005 Abs. 1 BGB), weil der Verfahrenszweck dann nicht mehr erreicht werden kann.[8] Haftet der Erbe nur einzelnen Gläubigern gegenüber unbeschränkt (§ 2006 Abs. 3 Satz 1 BGB), so bleibt das Verfahren zulässig.[9]

Ist der Nachlassgläubiger mit seiner persönlichen Forderung im **Aufgebotsverfahren ausgeschlossen** (§ 1973 BGB, § 458 FamFG) oder steht er einem ausgeschlossenen Gläubiger gleich (§§ 1974, 1989 BGB), so ist das Verfahren gleichfalls unzulässig,[10] weil das Maß der persönlichen Haftung des Erben bereits feststeht.

Die Zwangsversteigerung soll außerdem nicht angeordnet werden, wenn die Eröffnung des **Nachlassinsolvenzverfahrens** beantragt ist (§ 178 Abs. 1).

---

6   Steiner/*Eickmann*, § 175 Rdn. 4; Löhnig/*Ahrens*, § 175 Rdn. 5.
7   Steiner/*Eickmann*, § 175 Rdn. 5; *Stöber*, ZVG § 175 Rdn. 2.2; Löhnig/*Ahrens*, § 175 Rdn. 6 ff.
8   Steiner/*Eickmann*, § 175 Rdn. 6 ff.; *Stöber*, ZVG § 175 Rdn. 2.3; Depré/*Popp*, § 175 Rdn. 7; Löhnig/*Ahrens*, § 175 Rdn. 9.
9   Steiner/*Eickmann*, § 175 Rdn. 8; Depré/*Popp*, § 175 Rdn. 7; Löhnig/*Ahrens*, § 175 Rdn. 9.
10 Steiner/*Eickmann*, § 175 Rdn. 9; *Stöber*, ZVG § 175 Rdn. 2.3; Löhnig/*Ahrens*, § 175 Rdn. 10.

§ 176 »Anwendbare Vorschriften bei Verfahren auf Antrag des Erben«

Wird die Zwangsversteigerung nach § 175 beantragt, so finden die Vorschriften des ersten und zweiten Abschnitts sowie der §§ 173, 174 entsprechende Anwendung, soweit sich nicht aus den §§ 177, 178 ein anderes ergibt.

I. Bedeutung der Vorschrift

1 Auf die Zwangsversteigerung auf Antrag des Erben und entsprechender Antragsberechtigter sind die §§ 1 bis 145a, 162 bis 171n entsprechend anzuwenden, soweit sich nicht aus den §§ 177, 178 etwas anderes ergibt oder die Besonderheiten des Verfahrens eine Abweichung erfordern. Außerdem sind, da der Verfahrenszweck demjenigen bei Antrag des Insolvenzverwalters ähnelt, die §§ 173, 174 entsprechend anzuwenden.[1] Nicht anwendbar sind die §§ 146 bis 161, weil es eine Zwangsverwaltung auf Antrag des Erben nicht gibt.

II. Anwendbare Vorschriften und Besonderheiten

1. Allgemeine Vorschriften

2 §§ 1 bis 14 und die auf der Grundlage von § 1 Abs. 2 erlassenen Regelungen über Zuständigkeitskonzentrationen[2] gelten auch im Verfahren auf Antrag des Erben. Die übrigen Miterben müssen, wenn sie nicht im Grundbuch eingetragen sind, zur Erlangung der Stellung eines Beteiligten ihr Erbrecht anmelden.[3] Wechselt die Person des antragstellenden Nachlasspflegers, Nachlassverwalters oder Testamentsvollstreckers nach der Anordnung des Verfahrens, so ist der Nachfolger Verfahrensbeteiligter nach Anmeldung und Glaubhaftmachung gemäß § 177. Wegen §§ 176, 173 gibt es keine Ansprüche nach § 10 Abs. 1 Nr. 6.[4] Zur Wirkung des Anordnungsbeschlusses im Hinblick auf § 13 vgl. → § 173 Rdn. 3.

2. Anordnung der Versteigerung

3 §§ 15 bis 19 sind mit Besonderheiten anwendbar. Ein vollstreckbarer Titel (§ 16 Abs. 2) ist nicht erforderlich;[5] zur Glaubhaftmachung des Antragsrechts vgl. § 177. Der Anordnungsbeschluss ist dem Antragsteller sowie den Miterben zuzustellen.[6]

Der Anordnungsbeschluss bewirkt keine Beschlagnahme (§§ 176, 173 Satz 1).[7] Die §§ 20 bis 26 sind nicht anzuwenden.

§ 27 ist eingeschränkt anwendbar. Der **Beitritt** eines anderen Antragsberechtigten im Sinne des § 175 ist möglich, nicht jedoch der Beitritt eines zur Zwangsvollstreckung in das Grundstück befugten Gläubigers zum Verfahren auf An-

---

1   Steiner/*Eickmann*, § 176 Rdn. 2.
2   *Stöber*, ZVG § 176 Rdn. 3.24; *Rellermeyer*, Rpfleger 1995, 492, 494.
3   Steiner/*Eickmann*, § 176 Rdn. 6; *Stöber*, ZVG § 176 Rdn. 3.4.
4   Steiner/*Eickmann*, § 176 Rdn. 8; *Eickmann/Böttcher*, § 27 II. Anm. 4.
5   *Stöber*, ZVG § 177 Rdn. 1; Löhnig/*Ahrens*, vor § 175 Rdn. 8, § 176 Rdn. 2.
6   Steiner/*Eickmann*, § 176 Rdn. 3; *Stöber*, ZVG § 176 Rdn. 3.1; Löhnig/*Ahrens*, vor § 175 Rdn. 9.
7   Steiner/*Eickmann*, § 176 Rdn. 5; *Stöber*, ZVG § 176 Rdn. 3.3; Dépré/*Popp*, § 176 Rdn. 2; Löhnig/*Ahrens*, § 176 Rdn. 3.

trag des Erben oder umgekehrt.⁸ Es handelt sich um zwei vollständig voneinander getrennte Verfahren, die auch gleichzeitig nebeneinander anhängig sein können.

3. Aufhebung und einstweilige Einstellung

§§ 28 bis 30, 31 (soweit nicht auf §§ 30a, 30f bezogen) bis 34 sind entsprechend anwendbar, die §§ 30a bis 30f sowie § 765a ZPO auch dann nicht, wenn das Verfahren von einem anderen Antragsberechtigten als dem Erben betrieben wird.⁹ Werden dem Vollstreckungsgericht Tatsachen bekannt, die dem Verfahren entgegenstehen, so ist das Verfahren aufzuheben;¹⁰ zur Eröffnung des Nachlassinsolvenzverfahrens vgl. § 178.   4

4. Bestimmung des Versteigerungstermins

§§ 35 bis 43 sind anwendbar. Bei der Terminsbestimmung ist die Angabe nach § 37 Nr. 3 durch die Angabe zu ersetzen, dass die Versteigerung auf Antrag des Erben erfolgt, und für das Erfordernis einer Glaubhaftmachung im Rahmen der Aufforderung nach § 37 Nr. 4 auf den Widerspruch des Erben abzustellen.¹¹ Ein für Juli oder August bestimmter Termin ist **nicht** im Hinblick auf § 227 Abs. 3 Satz 2 Nr. 7 ZPO auf Antrag zu **verlegen**, da auch die Zwangsversteigerung auf Antrag des Erben Zwangsvollstreckung im Sinne dieser Vorschrift ist.¹²   5

5. Geringstes Gebot und Versteigerungsbedingungen

§§ 44 bis 65 sind mit Besonderheiten anwendbar. Zur Wirkung des Anordnungsbeschlusses im Hinblick auf § 55 vgl. → § 173 Rdn. 3. Anzuwenden sind auch die §§ 57 bis 57b.¹³   6

In das geringste Gebot sind **alle das Grundstück belastenden Rechte** aufzunehmen.¹⁴ Missverständlich ist – wie im Falle des § 174 (vgl. → § 174 Rdn. 1) – die Aussage, das geringste Gebot sei so aufzustellen, als ob das Verfahren aus der Rangstelle eines persönlichen Gläubigers (§ 10 Abs. 1 Nr. 5) betrieben werde, da – bei entsprechender Anmeldung (§ 37 Nr. 4, § 45) – auch die Ansprüche der Rangklassen 7 und 8 einzubeziehen sind.¹⁵ Ansprüche der Rangklasse 6 gibt es hier nicht.   7

---

8   Steiner/*Eickmann*, § 176 Rdn. 4; *Stöber*, ZVG § 176 Rdn. 3.2, 4; Depré/*Popp*, § 176 Rdn. 2; Löhnig/*Ahrens*, vor § 175 Rdn. 2 f.; anders zum Beitritt eines Gläubigers die 12. Aufl. Rdn. 6.
9   Steiner/*Eickmann*, § 176 Rdn. 7; *Stöber*, ZVG § 176 Rdn. 3.6; Depré/*Popp*, § 176 Rdn. 3; Löhnig/*Ahrens*, vor § 175 Rdn. 2.
10 *Stöber*, ZVG § 175 Rdn. 2.4, § 177 Rdn. 2.2.
11 Steiner/*Eickmann*, § 176 Rdn. 12; *Stöber*, ZVG § 176 Rdn. 3.19; Löhnig/*Ahrens*, vor § 175 Rdn. 10.
12 *Stöber*, ZVG § 176 Rdn. 3.21; Depré/*Popp*, § 176 Rdn. 4.
13 Steiner/*Teufel/Eickmann*, §§ 57–57d Rdn. 7, § 176 Rdn. 10; *Stöber*, ZVG § 176 Rdn. 3.14; Löhnig/*Ahrens*, vor § 175 Rdn. 7.
14 Steiner/*Eickmann*, § 176 Rdn. 8; *Stöber*, ZVG § 176 Rdn. 3.9 zu a; Löhnig/*Ahrens*, vor § 175 Rdn. 11; Mohrbutter/Drischler/Radtke/Tiedemann, Muster 178 Anm. 3; *Eickmann/Böttcher*, § 27 II. Anm. 4.
15 Depré/*Popp*, § 176 Rdn. 5.

8 Mit Rücksicht auf § 179 (unten → Rdn. 11) kann jeder Nachlassgläubiger, der eine **persönliche Forderung** gegen den Erben hat, für welche das Grundstück **dinglich haftet**, und dessen Anspruch vom Antragsteller anerkannt ist, in entsprechender Anwendung des § 174 verlangen, dass bei der Feststellung des geringsten Gebots nur die seinem Anspruch vorgehenden Rechte berücksichtigt werden; in diesem Fall ist das Grundstück auch mit der verlangten Abweichung auszubieten.[16] Hierfür gilt das zu → § 174 Rdn. 4 ff. Gesagte entsprechend.

6. Versteigerung

9 §§ 66 bis 74b, 77 und 78 sind anwendbar. Gebote kann auch der Antragsteller abgeben.[17] Er muss auf Verlangen eines dazu Berechtigten Sicherheit leisten; jedoch gilt § 68 Abs. 3 nicht, weil der Erbe nicht Vollstreckungsschuldner ist.[18] Der Grundstückswert ist gemäß § 74a Abs. 5 festzusetzen.[19] Auch Zuschlagsversagung nach §§ 74a, 85a ist im Falle der §§ 176, 174 auf Antrag eines nachrangigen Berechtigten möglich.[20] Eine Einstellung nach §§ 75, 76 kommt nicht in Betracht.

7. Zuschlagsentscheidung, Beschwerde, Erlösverteilung, Rechte in ausländischer Währung

10 §§ 79 bis 145a sind anwendbar.

11 Ist das Grundstück aufgrund eines Antrags nach §§ 176, 174 auch mit der verlangten **Abweichung** ausgeboten worden, so gilt für die Entscheidung über den Zuschlag das zu → § 174 Rdn. 14 Gesagte entsprechend, somit:

- Wird auf **keines** der Ausgebote ein zulässiges Gebot abgegeben, so ist nach § 77 zu verfahren.

- Wird nur auf **eines** der beiden Ausgebote ein zulässiges Gebot abgegeben, so ist – vorbehaltlich eventueller Zuschlagsversagungsgründe – hierauf der Zuschlag zu erteilen.

- Sind auf **beide** Ausgebotsarten zulässige Gebote abgegeben worden, so ist – wiederum vorbehaltlich eventueller Zuschlagsversagungsgründe – der Zuschlag auf dasjenige Gebot zu erteilen, welches auf das abweichende Ausgebot abgegeben wurde.[21]

Wird der Zuschlag auf das Ausgebot zu den **gesetzlichen** Versteigerungsbedingungen erteilt und bleiben alle das Grundstück belastenden Rechte bestehen, so muss der Ersteher die Nachlassverbindlichkeiten übernehmen (§ 53). Genehmigt der Nachlassgläubiger die Schuldübernahme nicht, so steht einem Rückgriff gegen den Erben die Einrede des § 179 entgegen.[22]

---

16 Steiner/*Eickmann*, § 176 Rdn. 8; *Stöber*, ZVG § 176 Rdn. 3.9 zu c, d; Löhnig/*Ahrens*, § 176 Rdn. 5.
17 *Stöber*, ZVG § 176 Rdn. 3.8.
18 Steiner/*Storz/Eickmann*, § 68 Rdn. 4, 16, § 176 Rdn. 11; *Stöber*, ZVG § 176 Rdn. 3.18; Depré/*Popp*, § 176 Rdn. 9.
19 *Stöber*, ZVG § 176 Rdn. 3.23.
20 Steiner/*Storz*, § 74a Rdn. 8, 28; Depré/*Popp*, § 176 Rdn. 7; nach *Stöber*, ZVG § 176 Rdn. 3.23 auch auf Antrag des Verfahrens-Antragstellers.
21 *Stöber*, ZVG § 176 Rdn. 3.9 zu e.
22 *Stöber*, ZVG § 176 Rdn. 3.9 zu b.

8. Zwangsversteigerung von Schiffen, Schiffsbauwerken, Schwimmdocks und Luftfahrzeugen

§§ 162 bis 171n sind anwendbar, die von §§ 162, 171a in Bezug genommenen Vorschriften des Ersten Abschnitts mit denselben Besonderheiten wie bei der Zwangsversteigerung von Grundstücken. Ausgenommen sind § 165 Abs. 1 Satz 2, §§ 166, 171c Abs. 2 Satz 2 wegen der Sonderregelung der §§ 176, 173.

§ 177 »Glaubhaftmachung des Antragsrechts«

Der Antragsteller hat die Tatsachen, welche sein Recht zur Stellung des Antrags begründen, durch Urkunden glaubhaft zu machen, soweit sie nicht bei dem Gericht offenkundig sind.

I. Das Antragsrecht begründende Tatsachen

1 Der Erbe oder sonstige Antragsteller (vgl. → § 175 Rdn. 4 f.) muss diejenigen Tatsachen **glaubhaft** machen, die ihn nach § 175 Abs. 1 zur Stellung des Antrags berechtigen. Als Mittel der Glaubhaftmachung sind lediglich **Urkunden** – nicht notwendig öffentliche[1] – zugelassen, nicht dagegen eine eidesstattliche Versicherung oder ein sonstiges Beweismittel (§ 294 Abs. 1 ZPO). Für bei dem Gericht **offenkundige** Tatsachen ist eine Glaubhaftmachung nicht erforderlich (vgl. § 291 ZPO).

2 Glaubhaft zu machen ist die Berechtigung des Antragstellers:[2]

- als Erbe durch **Erbschein, Europäisches Nachlasszeugnis** oder – auch privatschriftliches – **Testament**,
- als Nachlasspfleger, Nachlassverwalter oder Testamentsvollstrecker durch **Bestallungsurkunde** (§§ 1960, 1975, 1915, 1791 Abs. 1 BGB) bzw. **Testamentsvollstreckerzeugnis** (§ 2368 BGB),
- als antragsberechtigter Ehegatte des Erben (§ 462 FamFG) durch Abschrift aus dem **Güterrechtsregister**,
- als Erbschaftskäufer (§ 463 FamFG) durch notariell beurkundeten **Vertrag** (§ 2371 BGB).

3 Die Tatsache der **Annahme** der Erbschaft ergibt sich aus der Antragstellung nach § 175;[3] jedenfalls reicht der Ablauf der Ausschlagungsfrist, wenn nichts Gegenteiliges dargelegt oder bekannt ist.[4] Zu dem Antrag des Nachlasspflegers oder des Nachlassverwalters braucht die Annahme der Erbschaft nicht glaubhaft gemacht zu werden.

4 Dass der Erbe für die Forderung **persönlich haftet**, ist durch Vorlage entsprechender Verträge (z.B. Zweckerklärung für eine Sicherungsgrundschuld) glaubhaft zu machen. Gehören das Grundbuchgericht und das Vollstreckungsgericht zu demselben Gericht, so genügt eine Bezugnahme auf die Grundakten, wenn sich aus den darin befindlichen Urkunden auch die persönliche Haftung ergibt.[5]

II. Dem Antragsrecht entgegenstehende Tatsachen

5 Für Tatsachen, die gemäß § 175 Abs. 2 dem Antrag **entgegenstehen**, ist eine Glaubhaftmachung nicht erforderlich. Es ist Sache der Beteiligten, dies gegenüber

---

1 Steiner/*Eickmann*, § 177 Rdn. 6; Depré/*Popp*, § 177 Rdn. 1; Löhnig/*Ahrens*, § 177 Rdn. 1.
2 Steiner/*Eickmann*, § 177 Rdn. 2; *Stöber*, ZVG § 177 Rdn. 2.1; Depré/*Popp*, § 177 Rdn. 2; Löhnig/*Ahrens*, § 177 Rdn. 2.
3 A.A. Steiner/*Eickmann*, § 175 Rdn. 4.
4 Steiner/*Eickmann*, § 177 Rdn. 3; *Stöber*, ZVG § 177 Rdn. 2.1.
5 Steiner/*Eickmann*, § 177 Rdn. 4; *Stöber*, ZVG § 177 Rdn. 2.1; Depré/*Popp*, § 177 Rdn. 3.

dem Vollstreckungsgericht geltend zu machen und nachzuweisen.[6] Dasselbe gilt, wenn die Voraussetzungen des § 175 Abs. 1 später wegfallen. In diesem Fall ist das Verfahren von Amts wegen aufzuheben; ebenso, wenn sich ergibt, dass die glaubhaft gemachten Tatsachen unzutreffend waren.[7]

---

[6] Steiner/*Eickmann*, § 177 Rdn. 5; Löhnig/*Ahrens*, § 177 Rdn. 2.
[7] *Stöber*, ZVG § 177 Rdn. 2.2; Depré/*Popp*, § 177 Rdn. 4; Löhnig/*Ahrens*, § 177 Rdn. 3.

§ 178 »Einfluss des Nachlassinsolvenzverfahrens«

(1) Die Zwangsversteigerung soll nicht angeordnet werden, wenn die Eröffnung des Nachlaßinsolvenzverfahrens beantragt ist.

(2) Durch die Eröffnung des Nachlaßinsolvenzverfahrens wird die Zwangsversteigerung nicht beendigt; für das weitere Verfahren gilt der Insolvenzverwalter als Antragsteller.

I. Nachlassinsolvenzantrag vor Versteigerungsanordnung

1   Ist vor der Stellung des Antrags auf Anordnung der Zwangsversteigerung das Nachlassinsolvenzverfahren **eröffnet** worden, so beschränkt sich die Haftung des Erben, falls er nicht schon vorher endgültig unbeschränkt haftete, auf den Nachlass (§ 1975 BGB). Der Zweck, dem ein Verfahren nach § 175 dient (vgl. → § 175 Rdn. 1), ist damit erreicht; es bedarf des Versteigerungsverfahrens nicht mehr. Der Anordnungsantrag ist zurückzuweisen. Wird die Insolvenzeröffnung dem Vollstreckungsgericht erst später bekannt, so hört es den Insolvenzverwalter dazu an, ob er dem Verfahren beitritt. Andernfalls ist das Verfahren gemäß § 28 aufzuheben.[1]

2   Aus prozessökonomischen Gründen soll bereits der **Antrag** auf Eröffnung des Nachlassinsolvenzverfahrens die Anordnung der Zwangsversteigerung hindern. Ist dem Vollstreckungsgericht der Antrag auf Eröffnung des Nachlassinsolvenzverfahrens bekannt, so hat es die Entscheidung über den Antrag auf Anordnung der Zwangsversteigerung auszusetzen, bis über den Eröffnungsantrag entschieden ist.[2] Im Falle der Insolvenzeröffnung hört das Vollstreckungsgericht den Insolvenzverwalter dazu an, ob er das Verfahren aufnimmt oder das Grundstück freigibt. Erklärt er sich nicht, so ist der Anordnungsantrag zurückzuweisen.[3] Wird die Eröffnung des Verfahrens abgelehnt, so kann die Versteigerung – außer bei Abweisung mangels Masse; dazu unten → Rdn. 4 – angeordnet werden.

3   Ist das Nachlassinsolvenzverfahren bereits **vor** der Stellung des Antrags auf Anordnung der Zwangsversteigerung nach Verteilung der Masse oder nach Bestätigung eines Insolvenzplans **aufgehoben** worden (§§ 200, 258 InsO), so findet auf die Haftung des Erben § 1973 BGB entsprechende Anwendung (§ 1989 BGB). Die Nachlassgläubiger stehen den durch Aufgebot ausgeschlossenen Gläubigern gleich. Das Versteigerungsverfahren ist gemäß § 175 Abs. 2 unzulässig.[4]

4   Ist das Nachlassinsolvenzverfahren bereits **vor** der Stellung des Antrags auf Anordnung der Zwangsversteigerung **mangels Masse eingestellt** worden (§ 207 InsO) oder wird der Antrag auf Eröffnung des Nachlassinsolvenzverfahrens **mangels Masse abweisen** (§ 26 InsO), so kann der Erbe die Befriedigung eines Nachlassgläubigers insoweit verweigern, als der Nachlass nicht ausreicht. Er muss jedoch den Nachlass zum Zwecke der Befriedigung des Gläubigers im Wege der Zwangsvollstreckung herausgeben (§ 1990 BGB). Seine Rechtslage gegenüber den Nachlassgläubigern ist ähnlich wie gegenüber den durch Aufgebot ausgeschlosse-

---

1   Steiner/*Eickmann*, § 178 Rdn. 9; *Stöber*, ZVG § 178 Rdn. 2.4; Löhnig/*Ahrens*, § 178 Rdn. 5.
2   Steiner/*Eickmann*, § 178 Rdn. 7; *Stöber*, ZVG § 178 Rdn. 2.5; Depré/*Popp*, § 178 Rdn. 2; Löhnig/*Ahrens*, § 178 Rdn. 3.
3   Steiner/*Eickmann*, § 178 Rdn. 8.
4   Steiner/*Eickmann*, § 178 Rdn. 6.

nen Gläubigern. Deshalb ist das Versteigerungsverfahren auch in diesem Fall gemäß § 175 Abs. 2 unzulässig.[5]

Ein Antrag auf Anordnung der **Nachlassverwaltung** (§ 1975 BGB) beeinflusst das Verfahren nach § 175 nicht.[6]

II. Versteigerungsanordnung vor Nachlassinsolvenzeröffnung

Ist die Zwangsversteigerung vor der Eröffnung des Nachlassinsolvenzverfahrens angeordnet worden, so wird sie nicht beendet. Der **Insolvenzverwalter** tritt an die Stelle des ursprünglichen Antragstellers; das Verfahren wird wie ein solches nach § 172 fortgeführt.[7]

Wird das Nachlassinsolvenzverfahren nach Verteilung der Masse oder nach Bestätigung eines Insolvenzplans **aufgehoben** (§§ 200, 258 InsO), bevor die Zwangsversteigerung erledigt ist, so gilt das zu → Rdn. 3 Gesagte entsprechend. Das Versteigerungsverfahren wird gemäß § 175 Abs. 2 unzulässig und ist von Amts wegen aufzuheben.[8]

Wird das Nachlassinsolvenzverfahren **mangels Masse eingestellt** (§ 207 InsO), bevor die Zwangsversteigerung erledigt ist, so gilt das zu → Rdn. 4 Gesagte entsprechend. Deshalb wird das Versteigerungsverfahren auch in diesem Fall gemäß § 175 Abs. 2 unzulässig und ist von Amts wegen aufzuheben.[9]

---

5 Steiner/*Eickmann*, § 178 Rdn. 4 f.; Löhnig/*Ahrens*, § 178 Rdn. 3.
6 *Stöber*, ZVG § 176 Rdn. 3.15.
7 Steiner/*Eickmann*, § 178 Rdn. 10 f.; *Stöber*, ZVG § 178 Rdn. 2.3; Löhnig/*Ahrens*, § 178 Rdn. 4.
8 *Stöber*, ZVG § 178 Rdn. 2.6; Depré/*Popp*, § 178 Rdn. 3.
9 *Stöber*, ZVG § 178 Rdn. 2.6; Depré/*Popp*, § 178 Rdn. 3.

§ 179 »Befriedigungsausschluss des Nachlassgläubigers«

Ist ein Nachlaßgläubiger, der verlangen konnte, daß das geringste Gebot nach Maßgabe des § 174 ohne Berücksichtigung seines Anspruchs festgestellt werde, bei der Feststellung des geringsten Gebots berücksichtigt, so kann ihm die Befriedigung aus dem übrigen Nachlasse verweigert werden.

I. Bedeutung der Vorschrift

1 Das Verfahren nach §§ 175 bis 178 dient dazu, die Zulänglichkeit des Grundstücks zur Deckung eines Anspruchs festzustellen, für den ein Nachlassgläubiger ein Befriedigungsrecht aus dem Grundstück hat. Dieser Zweck wird nur erreicht, wenn der Anspruch bei der Feststellung des geringsten Gebots nicht berücksichtigt wird und entweder durch Zahlung oder Forderungsübertragung befriedigt wird oder ausfällt. Hierauf hat der Erbe keinen unmittelbaren Einfluss, da wegen des Deckungsgrundsatzes in das geringste Gebot alle das Grundstück belastenden Rechte aufzunehmen sind. Der Nachlassgläubiger, der eine persönliche Forderung gegen den Erben hat, für welche das Grundstück dinglich haftet, und dessen Anspruch vom Antragsteller anerkannt ist, kann jedoch gemäß §§ 176, 174 verlangen, dass bei der Feststellung des geringsten Gebots nur die seinem Anspruch vorgehenden Rechte berücksichtigt werden. § 179 bezweckt einen mittelbaren Zwang zur Ausübung dieser Befugnis, weil er dem Erben unter bestimmten Voraussetzungen das Recht zuspricht, die Befriedigung des Gläubigers aus dem übrigen Nachlass zu verweigern.[1]

2 § 179 findet keine Anwendung, wenn der Anspruch des Nachlassgläubigers nicht anerkannt wurde (vgl. → § 176 Rdn. 8) oder wenn aus der Terminsbestimmung die Besonderheiten des Verfahrens („auf Antrag des Erben"; vgl. → § 176 Rdn. 5) nicht ersichtlich waren.[2]

II. Fallgestaltungen

3 Stellt der Nachlassgläubiger den Antrag nach §§ 176, 174 **nicht** und wird sein Anspruch demgemäß – ohne Doppelausgebot – im geringsten Gebot **berücksichtigt**, so hat der Erbe ihm gegenüber das Recht zur Leistungsverweigerung aus dem übrigen Nachlass gemäß § 179. Das gilt unabhängig davon, ob der Zuschlag erteilt oder ein zulässiges Gebot nicht abgegeben wurde. Dasselbe gilt auch, wenn der Nachlassgläubiger den Antrag nach §§ 176, 174 zurücknimmt oder ausdrücklich die Erteilung des Zuschlags auf das Gebot zu den gesetzlichen Bedingungen beantragt.[3]

4 Stellt der Nachlassgläubiger den Antrag nach §§ **176, 174** und wird der Zuschlag auf das Ausgebot zu diesen Bedingungen erteilt, so ist der Anspruch im geringsten Gebot **nicht berücksichtigt**. Diesem Nachlassgläubiger und den gleich- und nachrangigen Berechtigten gegenüber liegen die Voraussetzungen des § 179 daher nicht vor; der Erbe kann ihnen die Befriedigung aus dem übrigen Nachlass nicht verweigern. Den vorrangigen, im geringsten Gebot berücksichtigten Nach-

---

1 Vgl. Steiner/*Eickmann*, § 179 Rdn. 1; *Stöber*, ZVG § 179 Rdn. 2.1; Depré/*Popp*, § 179 Rdn. 1; Löhnig/*Ahrens*, vor § 175 Rdn. 11; *Eickmann/Böttcher*, § 27 II. Anm. 7.
2 Steiner/*Eickmann*, § 179 Rdn. 2; *Stöber*, ZVG § 179 Rdn. 2.2; Depré/*Popp*, § 179 Rdn. 1; Löhnig/*Ahrens*, § 179 Rdn. 2.
3 Steiner/*Eickmann*, § 179 Rdn. 4, 7 f.; *Stöber*, ZVG § 179 Rdn. 2.3.

lassgläubigern gegenüber, die einen Antrag nach §§ 176, 174 nicht gestellt haben, besteht das Leistungsverweigerungsrecht des Erben.[4]

Stellt der Nachlassgläubiger den Antrag nach §§ **176, 174** und wird auf dieses Ausgebot **kein zulässiges Gebot** abgegeben, so bleiben alle Belastungen bestehen, ohne dass festgestellt worden ist, ob und inwieweit sie aus dem Grundstück befriedigt werden. Dem Nachlassgläubiger, der den Antrag nach §§ 176, 174 gestellt hat und der im hiernach festgestellten geringsten Gebot nicht berücksichtigt ist, kann die Erfolglosigkeit des Antrags nicht zur Last gelegt werden; der Erbe kann ihm und den gleich- und nachrangigen Berechtigten die Befriedigung aus dem übrigen Nachlass nicht verweigern.[5] Den im – sowohl gesetzlichen als auch abweichenden – geringsten Gebot berücksichtigten vorrangigen Nachlassgläubigern gegenüber besteht das Leistungsverweigerungsrecht des Erben. 5

III. Folgen

Unter den Voraussetzungen des § 179 hat der Erbe bei späterer Inanspruchnahme ein **Leistungsverweigerungsrecht** bzw. ein Rückforderungsrecht nach §§ 813, 814 BGB. Die Einrede steht auch dem Bürgen oder dem Verpfänder zu.[6] § 768 Abs. 1 Satz 2, § 1211 Abs. 1 Satz 2 BGB gelten hierfür nicht, weil der Erbe aus § 179 nicht die beschränkte Haftung, sondern die Ausschließung des Nachlassgläubigers vom übrigen Nachlass herleitet.[7] 6

---

4 Steiner/*Eickmann*, § 179 Rdn. 5 f.
5 Steiner/*Eickmann*, § 179 Rdn. 5 f.; Depré/*Popp*, § 179 Rdn. 2.
6 Depré/*Popp*, § 179 Rdn. 3.
7 *Stöber*, ZVG § 179 Rdn. 2.4; Löhnig/*Ahrens*, § 179 Rdn. 2; a.A. Steiner/*Eickmann*, § 179 Rdn. 11.

§ 180 »Zwangsversteigerung zur Aufhebung einer Gemeinschaft«

(1) Soll die Zwangsversteigerung zum Zwecke der Aufhebung einer Gemeinschaft erfolgen, so finden die Vorschriften des Ersten und Zweiten Abschnitts entsprechende Anwendung, soweit sich nicht aus den §§ 181 bis 185 ein anderes ergibt.

(2) ¹Die einstweilige Einstellung des Verfahrens ist auf Antrag eines Miteigentümers auf die Dauer von längstens sechs Monaten anzuordnen, wenn dies bei Abwägung der widerstreitenden Interessen der mehreren Miteigentümer angemessen erscheint. ²Die einmalige Wiederholung der Einstellung ist zulässig. ³§ 30b gilt entsprechend.

(3) ¹Betreibt ein Miteigentümer die Zwangsversteigerung zur Aufhebung einer Gemeinschaft, der außer ihm nur sein Ehegatte, sein früherer Ehegatte, sein Lebenspartner oder sein früherer Lebenspartner angehört, so ist auf Antrag dieses Ehegatten, früheren Ehegatten, dieses Lebenspartners oder früheren Lebenspartners die einstweilige Einstellung des Verfahrens anzuordnen, wenn dies zur Abwendung einer ernsthaften Gefährdung des Wohls eines gemeinschaftlichen Kindes erforderlich ist.* ²Die mehrfache Wiederholung der Einstellung ist zulässig. ³§ 30b gilt entsprechend. ⁴Das Gericht hebt seinen Beschluß auf Antrag auf oder ändert ihn, wenn dies mit Rücksicht auf eine Änderung der Sachlage geboten ist.

(4) Durch Anordnungen nach Absatz 2, 3 darf das Verfahren nicht auf mehr als fünf Jahre insgesamt einstweilen eingestellt werden.

---

* Abs. 3 Satz 1 i.d.F. des Gesetzes zur Bereinigung des Rechts der Lebenspartner vom 20.11.2015 (BGBl I S. 2010)

Übersicht	Rdn.
I. Allgemeines	1
II. Gegenstand der Teilungsversteigerung	6
III. Gemeinschaft am Grundstück	8
1. Allgemein	8
2. Aufhebungsanspruch	10
3. Bruchteilsgemeinschaft	14
4. Erbengemeinschaft	16
5. Gütergemeinschaft	19
6. Fortgesetzte Gütergemeinschaft	22
7. Eheliche Vermögensgemeinschaft	23
8. Gesellschaft bürgerlichen Rechts	25
9. Personengesellschaft nach Handelsrecht	28
10. Partnerschaftsgesellschaft und Europäische wirtschaftliche Interessenvereinigung	29
11. Ausländische Gemeinschaften	32
IV. Versteigerungsverfahren bis zum Zuschlag	34
1. Übersicht zum Verfahrensablauf	34
2. Antrag	35
3. Verfahrensverbindung	41
4. Anordnung	42
5. Zwangsversteigerungsvermerk	47
6. Beitritt	48

7.	Beteiligte	53
8.	Rangordnung	56
9.	Rechtsbehelfe	61
10.	Beschlagnahme	63
	a) Allgemein	63
	b) Wirkung	65
	c) Zubehör	68
11.	Einstweilige Einstellung	70
	a) Einstellungsgründe nach der ZPO	70
	b) Einstellungsgründe aus der Forderungsversteigerung	71
	c) Einstellungsantrag des Antragstellers	75
	d) Einstellungsantrag des Antragsgegners (Abs. 2)	80
	e) Einstweilige Einstellung zum Schutz eines Kindes (Abs. 3, 4)	88
	f) Vollstreckungsschutz, § 765a ZPO	103
	g) Neue Bundesländer	106
12.	Antragsrücknahme	109
13.	Festsetzung des Verkehrswertes	111
14.	Terminsbestimmung und Mitteilungen	114
15.	Zwangsversteigerungsbedingungen	117
16.	Geringstes Gebot	120
17.	Mehrere Grundstücke	121
18.	Bietabkommen	123
19.	Einstellung nach §§ 75, 76	124
20.	Ergebnisloses Verfahren	125
21.	Sicherheitsleistung	127
22.	Gebote	130
23.	Zuschlag	134
24.	Räumungstitel	143
V.	Erlösverteilung	144
1.	Allgemein	144
2.	Inhalt des Teilungsplans	145
	a) Meistgebot und Schuldenmasse	145
	b) Verfahrenskosten	149
	c) Bestehen bleibende Rechte	150
3.	Zuteilung	153
4.	Erlösüberschuss	154
5.	Forderungsübertragung und Sicherungshypothek	160
VI.	Zwangsvollstreckung gegen den Ersteher	164
VII.	Teilungsversteigerung und Forderungsversteigerung	166
1.	Beitritt eines Vollstreckungsgläubigers zur Teilungsversteigerung	166
2.	Beitritt eines Miteigentümers zur Forderungsversteigerung	176
VIII.	Teilungsversteigerung und Insolvenzversteigerung	177

I. Allgemeines

Neben der (Forderungs-)Versteigerung werden im ZVG auch die Zwangsversteigerung und Zwangsverwaltung in besonderen Fällen geregelt, §§ 172–185. Die §§ 180–185 regeln das Verfahren zum Zwecke der Aufhebung einer Gemeinschaft (Abs. 1). Teilweise wird für dieses Verfahren der Begriff „Auseinandersetzungsversteigerung" (dies trifft zwar mehr den Kern des Verfahrens), überwiegend jedoch **„Teilungsversteigerung"** verwandt. Der Begriff Teilungsversteigerung ist insoweit ungenau, da nicht die Gemeinschaft aufgehoben bzw. geteilt wird, sondern nur das nicht oder nur mit Wertverlust teilbare Grundstück in den teilbaren Gegenstand „Geld" umgewandelt wird. Der Zwangsversteigerungserlös ist das

Surrogat des versteigerten Grundstücks, an ihm setzt sich die Gemeinschaft, die am Grundstück bestand, fort. Die Teilungsversteigerung bereitet somit die Auseinandersetzung der Gemeinschaft nur vor.

2   Die Zwangsversteigerung zum Zwecke der Aufhebung einer Gemeinschaft spielt in der gerichtlichen Praxis durchaus eine große Rolle. Sie dient der Verwirklichung des *materiellen Auseinandersetzungsanspruches* eines Grundstücksmiteigentümers. Wie bei der Forderungsversteigerung der materielle Anspruch des Gläubigers soll in diesem Verfahren der *materielle Anspruch* des Antragstellers auf *Auseinandersetzung* durchgesetzt werden.[1]

3   Die Teilungsversteigerung erfolgt im Wege des rechtlichen Zwangs, d.h., es sind die vollstreckungsrechtlichen Grundsätze und Regeln auch auf dieses Verfahren anzuwenden. Die Versteigerung des Grundstückes erfolgt im Wege der Zwangsvollstreckung und wird auch gegen den Willen der anderen Miteigentümer durchgesetzt. Der Gesetzgeber hat dieses Verfahren ausdrücklich im ZVG geregelt und auf die Vorschriften über die Forderungsversteigerung Bezug genommen, sofern sich nicht aus den §§ 180–185 notwendigerweise eine andere Regelung ergeben muss.[2]

4   Von der (Forderungs-)Versteigerung abweichende Regelungen sind insbesondere erforderlich in folgenden Punkten:

(a) da in der Teilungsversteigerung kein Geldanspruch geltend gemacht wird, verzichtet § 181 Abs. 1 auf den Nachweis der Zulässigkeit des Verfahrens durch einen vollstreckbaren Titel;

(b) da die Teilungsversteigerung kein Verhältnis „Gläubiger-Schuldner" voraussetzt, ist das Verfahren zur einstweiligen Einstellung auf Antrag des Antragsgegners anders als in § 30a zu regeln; die Sonderregelungen für die Teilungsversteigerung finden sich in § 180 Abs. 2–4;

(c) die Feststellung des geringsten Gebotes setzt nach §§ 44 ff. einen (bestrangig) betreibenden Gläubiger voraus, den es in der Teilungsversteigerung nicht gibt. Da weiterhin Miteigentumsanteile durchaus unterschiedliche Belastungen haben können, wurde zur Aufstellung des geringsten Gebotes und zur Verhinderung von Nachteilen bei unterschiedlicher Belastung die Sonderregelung des § 182 geschaffen;

(d) das Ausnahmekündigungsrecht des Erstehers nach §§ 57a und b wird durch § 183 ausdrücklich ausgeschlossen, anderenfalls sich die Miteigentümer durch die Teilungsversteigerung von ungünstigen oder lästig gewordenen Miet- oder Pachtverträgen einseitig lösen könnten;

(e) hinsichtlich der Bestimmungen über Sicherheitsleistung, §§ 67 ff., erfolgt durch § 184 eine Ergänzung für den Fall, dass dem bietenden Miteigentümer ein Grundpfandrecht zusteht;

(f) gleichzeitig mit einer Teilungsversteigerung kann ein Zuweisungsverfahren nach dem Grundstücksverkehrsgesetz anhängig sein, das Verhältnis der beiden Verfahren zueinander regelt § 185.

5   Der Verweis in § 180 Abs. 1 auf die Vorschriften des Ersten und Zweiten Abschnitts erfasst auch die Vorschriften über die **Zwangsverwaltung** (§§ 146 bis

---

1   *Stöber*, ZVG § 172 Rdn. 1.3; Steiner/*Teufel*, § 180 Rdn. 2.
2   Allgemein *Böttcher*, Rpfleger 1993, 389.

161). Eine Zwangsverwaltung führt jedoch nicht zur Aufhebung der Gemeinschaft am Grundstück, deshalb ist sie auf Antrag eines Miteigentümers unzulässig. Auch kann die Teilungsversteigerung im Fall des § 77 Abs. 2 Satz 2 nicht als Zwangsverwaltung fortgesetzt werden, da die Voraussetzungen hierfür nicht vorliegen. Eine Zwangsverwaltung zur gemeinschaftlichen Verwaltung des den Miteigentümern gehörenden Grundstücks (§ 744 Abs. 1 BGB) ist ebenfalls unzulässig.³ In der Teilungsversteigerung nach §§ 180 ff. sind auch die nur für die Insolvenzverwaltervollstreckung geltenden Vorschriften über die abweichende Feststellung des geringsten Gebots nach §§ 174, 174a nicht anzuwenden.⁴

II. Gegenstand der Teilungsversteigerung

Gegenstände der Teilungsversteigerungen sind: 6

(a) Grundstücke (zur rechtlichen Definition eines Grundstücks, zur Vereinigung und Zuschreibung s. → vor § 15 Rdn. 2 ff.)

(b) Bruchteil eines Grundstücks (s. → vor § 15 Rdn. 9)

(c) grundstücksgleiche Rechte (s. → vor § 15 Rdn. 13)

(d) Luftfahrzeuge, Schiffe, Schiffsbauwerken etc. (s. → vor § 15 Rdn. 17), wenn an ihnen wiederum eine Gemeinschaft besteht.

Die **Partenreederei** war im 5. Buch des HGB, Seehandel, geregelt. Durch das   7
Gesetz zur Reform des Seehandelsrechts vom 20.4.2013 (BGBl I 831), welches der Bundesrat am 4.2.2013 beschlossen hat, wurde das deutsche Seehandelsrecht insgesamt modernisiert. Das Gesetz zur Reform des Seehandelsrechts regelt im Wesentlichen drei Bereiche: Das Seehandelsrecht, das allgemeine Transportrecht und das Binnenschifffahrtsrecht. Im Mittelpunkt steht das im 5. Buch des HGB geregelte Seehandelsrecht, das vollständig neu gefasst wurde. Bei der Reform wurde ausdrücklich die Rechtsform der Reederei (Partenreederei) (§§ 489 bis 508 HGB a.F.) und der „Baureederei" (§ 509 HGB a.F.) sowie damit einhergehend die Rechtsfiguren des „Korrespondentreeders" und des „Mitreeders" ersatzlos abgeschafft. Die Regierungsbegründung spricht bei der Partenreederei von einem aus dem Mittelalter stammenden Rechtsinstitut, für das heute kein Bedürfnis mehr besteht. Im Gegensatz zu den Handelsgesellschaften ist die Partenreederei sachenrechtlich auf das Eigentum am Schiff gegründet und hierauf beschränkt; sie ist nicht auf Innehabung und Verwaltung eines Gesellschaftsvermögens neben dem Schiff angelegt. Angesichts dessen, dass heute die Rechtsformen der Handelsgesellschaften zur Verfügung stehen, die nach der Entstehung der Partenreederei geschaffen wurden und nicht mehr auf dem überholten Modell mehrerer sich zum Bau eines Schiffes für oft nur eine Reise zusammenfindender Eigentümer beruhen, hat die Partenreederei heute ihre Berechtigung verloren. Für die derzeit noch bestehenden Parten- und Baureedereien gilt nach Art. 71 EGHGB das geltende im Handelsgesetzbuch verankerte Recht fort: „(1) *Für Partenreedereien und Baureedereien, die vor dem 25. April 2013 entstanden sind, bleiben die §§ 489 bis 509 des Handelsgesetzbuchs in der bis zu diesem Tag geltenden Fassung maßgebend. (2) Auf ein im Fünften Buch des Handelsgesetzbuchs geregeltes Schuldverhältnis, das vor dem 25. April 2013 entstanden ist, sind die bis zu diesem Tag geltenden Gesetze weiter anzuwenden. Dies gilt auch für die Verjährung der aus einem solchen*

---

3   *Schiffhauer*, ZIP 1982, 526.
4   BGH, Beschluss vom 26.4.2012, V ZB 181/11, Rpfleger 2012, 644

Schuldverhältnis vor dem 25. April 2013 entstandenen Ansprüche." Nach §§ 489 ff. HGB a.F.[5] sind Kündigung und Teilungsversteigerung ausgeschlossen (§ 505 Abs. 3 HGB a.F.); das gilt auch dann, wenn die Mitreeder mit den gemeinschaftlichen Schiffseigentümern personengleich sind.

III. Gemeinschaft am Grundstück
1. Allgemein

8   Eine Gemeinschaft am Grundstück kann nach Bruchteilen (**Bruchteilsgemeinschaft**) oder zur gesamten Hand (**Gesamthandsgemeinschaft**) bestehen. Bei beiden Arten der Gemeinschaft können die Miteigentümer über die gemeinschaftliche Sache auch nur gemeinschaftlich verfügen. Während aber der Miteigentümer einer Bruchteilsgemeinschaft über *seinen Anteil* frei verfügen kann (§ 747 BGB), ist die Verfügung über den Anteil an den einzelnen zur Gesamthand gehörenden Sachen der Gesamthandsgemeinschaft untersagt, § 719 Abs. 1, § 2033 Abs. 2, § 1471 Abs. 1 BGB. Bei der Erbengemeinschaft ist einem einzelnen Miterben die Verfügung über seinen Anteil am gesamten Nachlass allerdings gestattet, § 2033 Abs. 1 Satz 1 BGB.

9   Eine besondere Art des Miteigentums nach Bruchteilen ist das **Wohnungs- und Teileigentum**. Das Wohnungs- bzw. Teileigentum ist kraft Gesetzes eine Gemeinschaft nach Bruchteilen an dem gemeinsamen Grundstück. Wohnungseigentum ist das Sondereigentum an einer Wohnung in Verbindung mit dem Miteigentumsanteil an dem gemeinschaftlichen Eigentum, Teileigentum ist das Sondereigentum an nicht zu Wohnzwecken dienenden Räumen eines Gebäudes, ebenfalls in Verbindung mit dem Miteigentumsanteil an dem gemeinschaftlichen Eigentum, § 1 Abs. 2, 3 WEG. Keiner der Wohnungs- bzw. Teileigentümer ist jedoch berechtigt, die Aufhebung der Gemeinschaft zu verlangen, § 11 Abs. 1 WEG. Die Teilungsversteigerung der gesamten Wohnungseigentumsanlage ist daher unzulässig. Eine Abweichung durch Vereinbarung ist nur für den Fall zulässig, dass das Gebäude ganz oder teilweise zerstört wird und eine Verpflichtung zum Wiederaufbau nicht besteht. Zulässig ist nur die Teilungsversteigerung eines einzelnen Wohnungs- bzw. Teileigentums. Dieses Bruchteilseigentum muss nur im Eigentum einer Gesamthandsgemeinschaft oder einer anderen Bruchteilsgemeinschaft stehen.

2. Aufhebungsanspruch

10 Die Teilungsversteigerung ist nicht erforderlich, wenn sich sämtliche Miteigentümer über eine andere Art der Auseinandersetzung einig sind. Andernfalls erfolgt die Aufhebung der Gemeinschaft durch Teilung in Natur, § 752 BGB. Dies bedeutet, dass das Grundstück sich ohne Verminderung des Wertes in gleichartige Anteile entsprechend den Anteilen der einzelnen Bruchteilseigentümer zerlegen lässt, § 752 S. 1 BGB. Haben die Miteigentümer an dem Grundstück gleiche Anteile, muss sich das Grundstück somit in gleich große und wertmäßig gleiche Flächen aufteilen lassen.[6] Teilung in Natur ist daher nur möglich, wenn die Realteilung des Grundstücks durchführbar ist. Ist dies bei Bauland durch Teilung in einzelne Par-

---

5   § 489 Abs. 1 HGB a.F.: Wird von mehreren Personen ein ihnen gemeinschaftlich zustehendes Schiff zum Erwerb durch die Seefahrt für gemeinschaftliche Rechnung verwendet, so besteht eine Reederei.
6   OLG Stuttgart, BWNotZ 1984, 172; OLG Hamm, Rpfleger 1964, 341.

zellen noch möglich, so trifft dies für bebaute Grundstücke regelmäßig nicht mehr zu.[7]

Im Übrigen prüft das Vollstreckungsgericht diese Frage nicht, ein entsprechender Einwand muss gegebenenfalls im Prozesswege geltend gemacht werden, § 771 ZPO.[8] **11**

Unter besonderen Umständen kann ein Miteigentümer, der die Aufhebung der Gemeinschaft betreibt, nach Treu und Glauben gehalten sein, auf die Zwangsversteigerung des Grundstücks zu verzichten und sich mit einem auch seinen Interessen gerecht werdenden und zumutbaren Vorschlag des anderen Miteigentümers zur Realteilung abzufinden.[9] Nicht verlangt werden kann, dass die Gemeinschaft an einem bebauten Grundstück zwangsweise in Wohnungs- bzw. Teileigentum umgewandelt wird.[10] **12**

Haben Ehegatten, die im Güterstand der Zugewinngemeinschaft leben, an einem Grundstück je zu $1/2$ Miteigentum erworben, kann in besonderen Fällen nach der Scheidung der Ehe die Teilungsversteigerung unzulässig und einer der Ehegatten berechtigt sein, die Übereignung der Grundstückshälfte des anderen an sich zu verlangen.[11] Bloße Billigkeitserwägungen können jedoch nicht dazu führen, die Teilungsversteigerung durch richterliche Entscheidung zu versagen; von Rechtsmissbrauch (§ 242 BGB) des die Teilungsversteigerung beantragenden Antragstellers ist nur dann auszugehen, wenn diese zu einem völlig unzumutbaren Ergebnis für den widersprechenden früheren Ehegatten und Miteigentümer führen würde.[12] Im Falle der Gütergemeinschaft kann § 1477 Abs. 2 BGB dem Verlangen auf Teilungsversteigerung entgegenstehen.[13] **13**

3. Bruchteilsgemeinschaft

Die materiell-rechtlichen Grundlagen des Anspruchs auf Aufhebung der Gemeinschaft ergeben sich aus dem BGB. Für das **Bruchteilseigentum** sind die §§ 1008–1011 BGB maßgebend; die Rechtsverhältnisse der Gemeinschaft regeln die §§ 741–758 BGB. Nach § 749 Abs. 1 BGB kann jeder Teilhaber jederzeit die Aufhebung der Gemeinschaft verlangen, falls diese nicht durch Vereinbarung für immer oder auf Zeit ausgeschlossen ist. Trotz Vorliegen einer solchen Vereinbarung kann die Aufhebung der Gemeinschaft verlangt werden, wenn ein wichtiger Grund vorliegt, § 749 Abs. 2 Satz 1 BGB. Grundsätzlich erfolgt die Aufhebung der Gemeinschaft durch Teilung in Natur, § 752 BGB (hierzu zuvor → Rdn. 10). **14**

Vereinigen sich die Bruchteile in der Hand eines Inhabers, ist die Teilungsversteigerung nach **BGH**[14] zulässig, wenn ein Bruchteil dem Inhaber als **Vorerben** zusteht. Zwar fehlt es an einer Mehrheit von Personen, doch steht die alleinige Rechtsinhaberschaft der Zulässigkeit der Teilungsversteigerung nicht entgegen, da die Vereinigung in einer Hand nicht in jedem Fall zur Beendigung der vorherigen **15**

---

7   Hierzu Palandt/*Sprau*, § 752 Rdn. 3; MünchKomm/*K. Schmidt*, BGB § 752 Rdn. 21.
8   *Stöber*, ZVG § 180 Rdn. 9.15; Steiner/*Teufel*, § 180 Rdn. 127.
9   BGH, NJW 1972, 818 = Rpfleger 1972, 212.
10 OLG München, NJW 1952, 1297 = DNotZ 1953, 147.
11 BGH, NJW 1977, 1234 = Rpfleger 1977, 245.
12 OLG München, NJW-RR 1989, 71.
13 BGH, MDR 1987, 215 = FamRZ 1987, 43.
14 Rpfleger 2004, 721 = NJW-RR 2004, 1513 = DNotZ 2005, 123 = FamRZ 2004, 1719 = MDR 2005, 112 = WM 2004, 1843 = InVo 2005, 35 = MittBayNot 2005, 157 = ZfIR 2005, 70.

Bruchteilsgemeinschaft führt. Setzt sich die bisher geteilte Rechtszuordnung fort, weil die Verfügungsmacht hinsichtlich einzelner Bruchteile verschieden ausgestaltet ist, kann die Rechtszuständigkeit nach Bruchteilen erhalten bleiben und deshalb auch eine ideelle Grundstückshälfte gesondert mit einem Grundpfandrecht belastet werden. Der nicht befreite Vorerbe ist in seiner Möglichkeit, über den ererbten Bruchteil zu verfügen, durch die gegenüber jedermann wirkenden §§ 2113 ff. BGB so stark eingeschränkt, dass es gerechtfertigt ist, diesen Bruchteil als Sondervermögen anzusehen.

Betreibt ein Gläubiger, der den dem Schuldner als Miteigentümer eines Grundstücks zustehenden Anspruch auf Aufhebung der Bruchteilsgemeinschaft und auf Teilung sowie Auszahlung des Erlöses gepfändet hat, die Teilungsversteigerung, ist der Schuldner auch dann nicht an einer Verfügung über seinen Miteigentumsanteil gehindert, wenn der gepfändete Anspruch dadurch untergeht. Nach dem Sachverhalt der Entscheidung des *BGH*[15] hatte der Miteigentümer nach Anordnung des Versteigerungsverfahrens – aus dem Grundbuch erkennbar – Alleineigentum an dem Grundstück erworben. Hierdurch wurde die Bruchteilsgemeinschaft zwischen den beiden Miteigentümern beendet und der Zweck der Teilungsversteigerung (= Auseinandersetzung der Miteigentümer) war überholt, das Verfahren war gegenstandslos und von Amts wegen aufzuheben. Die Übertragung des Miteigentumsanteils war auch trotz der Pfändung zulässig und wirksam. Gepfändet waren nur der Auseinandersetzungsanspruch und keine unmittelbaren Grundstücksrechte.

4. Erbengemeinschaft

16 Die Erbengemeinschaft ist geregelt in den §§ 2032–2063 BGB. Hat der Erblasser mehrere Erben hinterlassen, so gebührt ihnen der Nachlass gemeinschaftlich, § 2032 Abs. 1 BGB. Jedes Mitglied einer **Erbengemeinschaft** (§§ 2032 ff. BGB) hat nach § 2042 Abs. 1 BGB das Recht, jederzeit die Auseinandersetzung zu verlangen, sofern sich nicht etwas anderes aus den §§ 2043–2045 BGB ergibt.[16] Hierbei wird auf die Vorschriften der Bruchteilsgemeinschaft verwiesen, insbesondere auf die §§ 752, 753 BGB.

17 Hat der Erblasser gem. § 2044 Abs. 1 BGB die Auseinandersetzung für immer oder auf Zeit ausgeschlossen oder von einer Kündigungsfrist abhängig gemacht (hierzu → § 181 Rdn. 19), kann jeder Miterbe bei Vorliegen eines wichtigen Grundes die Auseinandersetzung verlangen, § 2044 Abs. 1 Satz 2 BGB. Durch § 2042 Abs. 2 BGB sind entsprechend anwendbar die § 749 Abs. 2, 3 und §§ 750–758 BGB. Auch für die Erbengemeinschaft gilt, dass die Aufhebung der Gemeinschaft bei Grundstücken durch Zwangsversteigerung und Teilung des Erlöses erfolgt. Auch hier dient die Teilungsversteigerung der formellen Durchführung des Anspruchs auf Auseinandersetzung der Gemeinschaft an dem Grundstück, da der Verkauf offensichtlich nicht möglich ist, § 753 Abs. 1 BGB.

18 Durch letztwillige Verfügung kann bestimmt sein, dass nicht der einzelne Erbe, sondern nur die Mehrheit der Erben die Auseinandersetzungen des zum Nachlass gehörenden Grundstücks fordern darf.[17] Ist in einem solchen Fall die Auseinan-

---

15 BGH, Rpfleger 2010, 439 = NJW-RR 2010, 1098 = DNotZ 2011, 120.
16 Vgl. BGH, Rpfleger 1999, 140 = FamRZ 1999, 433 = KTS 1999, 142 = MDR 1999, 376 =WM 1999, 35.
17 RGZ 110, 271.

dersetzung durch Vereinbarung einer Bruchteilsgemeinschaft bereits erfolgt, ist die Teilungsversteigerung zwecks Aufhebung dieser Gemeinschaft zulässig. Durch Erbteilübertragungsvertrag und aus anderen Gründen können mehrere Erwerber eines Erbteils unter sich in Bruchteilsgemeinschaft in einer Erbengemeinschaft eintreten. Mit Vereinigung aller Erbanteile in einer Hand ist die Erbengemeinschaft aufgehoben; Pfandrechtsgläubigern gegenüber ist die Beseitigung der Gemeinschaft jedoch relativ unwirksam, falls sie einer Aufhebung des Pfandrechtes nicht zugestimmt haben.

5. Gütergemeinschaft

Die Gütergemeinschaft ist geregelt in den §§ 1415–1482 BGB. Das Vermögen des Mannes und das Vermögen der Frau werden durch die Gütergemeinschaft gemeinschaftliches Vermögen beider Ehegatten, § 1416 Abs. 1 BGB. Keiner der Ehegatten kann daher über seinen Anteil am Gesamtgut und an den einzelnen Gegenständen verfügen, § 1419 Abs. 1 BGB. Die Auseinandersetzung kann erst dann verlangt werden, wenn die Gemeinschaft beendet ist (Tod, Scheidung, Ehevertrag, Urteil), §§ 1469, 1482, 1492, 1495 BGB. 19

Die Durchführung der Auseinandersetzung regelt sich nach §§ 1474–1481 BGB. Hierbei ist das Gesamtgut in Geld umzusetzen, soweit dies erforderlich ist, um Gesamtgutsverbindlichkeiten zu berichtigen, § 1475 Abs. 3 BGB. Ist eine Einigung unter den Ehegatten nicht zu erzielen, kann jeder von ihnen die Teilungsversteigerung nach § 753 BGB verlangen.[18] Die Auseinandersetzung im Wege der Versteigerung geht einem Übernahmeverlangen nach § 1477 Abs. 2 BGB vor. Die bei der Auseinandersetzung gebotene Berichtigung der Gesamtgutsverbindlichkeiten kann auch in der Weise erfolgen, dass der sein Übernahmerecht ausübende Ehegatte sie als Alleinschuldner übernimmt und der Gläubiger den anderen Ehegatten aus der Haftung entlässt.[19] Widerspricht ein geschiedener Ehegatte der Teilungsversteigerung unter Hinweis auf seine Erklärung nach § 1477 Abs. 2 BGB, so muss er dies im Weg der Widerspruchsklage – in entsprechender Anwendung des § 771 ZPO – geltend machen. Ein Grund zur Versagung der Genehmigung nach § 181 Abs. 2 Satz 2 liegt darin nicht.[20] 20

Verwaltet ein Ehegatte das Gesamtgut alleine, so kann er ohne Zustimmung des anderen Ehegatten die Teilungsversteigerung beantragen.[21] 21

6. Fortgesetzte Gütergemeinschaft

Die fortgesetzte Gütergemeinschaft ist geregelt in den §§ 1483–1518 BGB. Die Ehegatten können durch Ehevertrag vereinbaren, dass die Gütergemeinschaft nach dem Tode eines Ehegatten zwischen dem überlebenden Ehegatten und den gemeinschaftlichen Abkömmlingen fortgesetzt wird, § 1483 Abs. 1 S. 1 BGB. Die Auseinandersetzung zwischen dem überlebenden Ehegatten und den Abkömmlingen kann erst erfolgen, wenn die fortgesetzte Gütergemeinschaft beendet ist, § 1497 Abs. 1 BGB. 22

---

18 MünchKomm/*Kanzleiter*, BGB § 1475 Rdn. 7.
19 BGH, NJW 1985, 3066 = Rpfleger 1985, 360.
20 BayObLG, NJW 1971, 2314–2315.
21 *Stöber*, ZVG § 180 Rdn. 3.11; *Böttcher*, § 180 Rdn. 48; a.A. Steiner/*Teufel*, § 180 Rdn. 102.

Auf die Auseinandersetzung sind die Vorschriften über die Gütergemeinschaft anzuwenden, § 1498 BGB, insbesondere ist auch hier das Gesamtgut in Geld umzusetzen, soweit dies erforderlich ist. Wird eine Einigung nicht erzielt, kann jeder Teilhaber die Teilungsversteigerung verlangen.[22]

7. Eheliche Vermögensgemeinschaft

23   Grundsätzlich erwarben Ehegatten in der ehemaligen DDR das Eigentum an Grundstücken nur gemeinsam (im Güterstand der Eigentums- und Vermögensgemeinschaft des FGB-DDR), § 13 Abs. 1 FGB-DDR, § 299 ZGB. Leben die Ehegatten weiterhin gem. Art. 234 § 4 Abs. 2 EGBGB im Güterstand der Eigentums- und Vermögensgemeinschaft des FGB-DDR, sind für die Zwangsvollstreckung in Gegenstände des gemeinschaftlichen Eigentums und Vermögens die Vorschriften über die Gütergemeinschaft anzuwenden, § 744a ZPO (vgl. zuvor → Rdn. 19).

24   In diesem Falle findet die Auseinandersetzung ausschließlich nach § 39 FGB-DDR statt[23] eine Teilungsversteigerung nach §§ 180 ff. ZVG ist ausgeschlossen.[24]

8. Gesellschaft bürgerlichen Rechts

25   Die Gesellschaft bürgerlichen Rechts ist geregelt in den §§ 705–740 BGB. Das Gesellschaftsvermögen einer Gesellschaft bürgerlichen Rechts ist gemeinschaftliches Vermögen aller Gesellschafter, § 718 Abs. 1 BGB. Kein Gesellschafter kann über seinen Anteil am Gesellschaftsvermögen und an den einzelnen dazugehörenden Gegenständen verfügen. Teilung kann er nicht verlangen. Die Auseinandersetzung findet erst statt, wenn die Gesellschaft aufgelöst ist, § 730 BGB, und zwar nach den §§ 732–735 BGB.

26   Der Nachweis der **Zustellung der Kündigung** über die Aufhebung der BGB-Gesellschaft vor Durchführung der Teilungsversteigerung ist in der Form einer öffentlichen Urkunde zu führen. Ein Rückschein – nach Übersendung eines Schriftstückes als Einschreiben gegen Rückschein – ist keine öffentliche Urkunde.[25]

27   Haben die Gesellschafter keine Vereinbarung für das Verfahren bei der Auseinandersetzung getroffen und ist auch nicht nach den Vorschriften der §§ 732–735 BGB zu verfahren, finden die Vorschriften über die Gemeinschaft Anwendung, § 731 S. 2 BGB. Insbesondere sind daher auch hier die §§ 752, 753 BGB anzuwenden.[26] Mit Blick auf die neuere Rechtsprechung des BGH zur GbR stellt sich die Frage, wie diese Verweisungsregelung zu verstehen ist.

Nach der gefestigten Rechtsprechung des BGH[27] ist die **Außen-GbR** rechtsfähig. Mit Urteil vom 25.9.2006[28] stellte der BGH die Grundbuchfähigkeit der GbR fest. Auch wenn im Grundbuch die Eintragung mit dem Zusatz „als Gesellschafter bürgerlichen Rechts" erfolgt, ist die Gesellschaft als Verband Eigentümerin des

---

22   MünchKomm/*Kanzleiter*, BGB § 1497 Rdn. 2, 3; *Stöber*, ZVG § 180 Rdn. 3.10.
23   LG Halle, DtZ 1994, 414.
24   Brandenbg. OLG, Rpfleger 1995, 373; vgl. auch *Rellermeyer*, Rpfleger 1995, 321 ff.
25   LG Flensburg, JurBüro 2004, 47.
26   Hierzu MünchKomm/ *Schäfer*, BGB § 733 Rdn. 23.
27   NJW 2001, 1056 = Rpfleger 2001, 246 = InVo 2001, 171 = JurBüro 2001, 319 = ZIP 2001, 330 = MDR 2001, 459.
28   BGH, Rpfleger 2007, 23 = NJW 2006, 3716 = DNotZ 2007, 118 = MittBayNot 2007, 118 = NotBZ 2007, 21.

Grundstücks. Mit Beschluss vom 4.12.2008²⁹ erkannte der BGH dann auch auf die formelle Grundbuchfähigkeit der GbR. Er stellt fest, dass die GbR unter der Bezeichnung in das Grundbuch eingetragen werden, die ihre Gesellschafter im Gesellschaftsvertrag für sie vorgesehen haben. Dies entspricht im Kern auch den gesetzlichen GbR-Regelungen im Rahmen des ERVGBG³⁰ mit Einfügung von Absatz 2 in § 47 GBO und der Neuregelung § 899a BGB. In einer weiteren Entscheidung (zu Anordnungsfragen) betont der BGH³¹ nochmals, dass das Vermögen einer GbR nach der Anerkennung der Teilrechtsfähigkeit dem Verband und nicht den Gesellschaftern gehört. Zum Nachweis des Bestehens einer GbR auf Erwerberseite entschied der BGH am 28.4.2011³², dass, wenn eine GbR Grundstücks- oder Wohnungseigentum erwirbt, es für die Eintragung des Eigentumswechsels in das Grundbuch ausreicht, wenn die GbR und ihre Gesellschafter in der notariellen Auflassungsverhandlung benannt sind und die für die GbR Handelnden erklären, dass sie deren alleinige Gesellschafter sind; weiterer Nachweise der Existenz, der Identität und der Vertretungsverhältnisse dieser GbR bedarf es gegenüber dem Grundbuchamt nicht. Im Ergebnis ist die GbR mit Bezug auf Grundstücke damit weitgehend der OHG/KG gleichgestellt.

Die Verweisung in § 731 S. 2 BGB, für die Teilung gelten die Vorschriften über die Gemeinschaft Anwendung, ist daher so zu interpretieren, dass zunächst eine Teilungsversteigerung grundsätzlich ausgeschlossen ist.³³ Eine für die Teilungsversteigerung notwendige Gemeinschaft i.S.v. § 180 Abs. 1 ist nicht im Grundbuch als Eigentümer eingetragen. Etwas anderes kann sich nur dann ergeben, wenn die Gesellschaft „eine andere Art der Auseinandersetzung" vereinbart hat (analog § 145 Abs. 1 HGB). Nur in diesem Fall können die Gesellschafter zusammen oder der geschäftsführende Gesellschafter alleine oder die Gesellschafter als Liquidatoren die Teilungsversteigerung beantragen. Die andere Art der Verwertung muss im Gesellschaftsvertrag vereinbart sein oder alle Gesellschafter stimmen dem Verfahren zu. Dies will der *BGH* so aber nicht verstanden wissen.³⁴ Gegenstand eines Teilungsversteigerungsverfahrens kann auch das Grundstück einer GbR sein. Die Anerkennung der Rechtsfähigkeit der GbR ändert daran nichts. Den Antrag kann der einzelne Gesellschafter stellen, ohne zuvor seinen Anspruch auf Versteigerung des Gesellschaftsgrundstücks gegen die übrigen Gesellschafter oder die GbR gerichtlich durchsetzen zu müssen. Der BGH betont, dass sich die Zulässigkeit der Teilungsversteigerung allerdings nicht (mehr) unmittelbar aus § 180 Abs. 1 ergibt. Denn das Grundstück einer GbR steht in deren Alleineigentum und nicht im gemeinschaftlichen Eigentum ihrer Gesellschafter. Dass die GbR nach § 47 Abs. 2

---

29 BGH, Rpfleger 2009, 141 m. Anm. *Bestelmeyer* = NJW 2009, 594 = DNotI-Report 2009, 12 = ZEV 2009, 91 m. Anm. *Langenfeld* = DNotZ 2009, 115 m. Anm. *Hertel* = MittBayNot 2009, 225 = FGPrax 2009, 6 = NotBZ 2009, 98 = ZfIR 2009, 93 m. Anm. *Volmer*.
30 Gesetz zur Einführung des elektronischen Rechtsverkehrs und der elektronischen Akte im Grundbuchverfahren sowie zur Änderung weiterer grundbuch-, register- und kostenrechtlicher Vorschriften vom 11.8.2009 (BGBl I 2713).
31 BGH, Rpfleger 2011, 285 = NJW 2011, 615 und BGH, Rpfleger 2011, 337 = NJW 2011, 1449.
32 BGH, Rpfleger 2011, 483 mit Anm. *Demharter* = NJW 2011, 1958 = DNotZ 2011, 711.
33 So auch *Becker*, ZfIR 2013, 314.
34 BGH, Beschluss vom 16.5.2013, V ZB 198/12, Rpfleger 2013, 694 = DNotZ 2013, 930 = ZfIR 2013, 734.

GBO unter Angabe ihrer Gesellschafter einzutragen ist, ändert daran nichts. Die Zulässigkeit der Teilungsversteigerung eines Gesellschaftsgrundstücks ergibt sich daraus, dass für die Auseinandersetzung des Vermögens einer gekündigten GbR nach § 731 Satz 2 BGB die Regeln der Gemeinschaft gelten und die Teilung eines Grundstücks danach gemäß § 753 Abs. 1 BGB durch Teilungsversteigerung zu erfolgen hat. Daraus folgt, dass auch das Grundstück einer GbR im Wege der Teilungsversteigerung, für die dann die Vorschriften der §§ 181 bis 184 entsprechend gelten, versteigert werden kann.

9. Personengesellschaft nach Handelsrecht

28   Bei einer offenen Handelsgesellschaft oder einer Kommanditgesellschaft ist die Teilungsversteigerung von geringer praktischer Bedeutung, weil die Auseinandersetzung nach Auflösung der Gesellschaft durch Liquidation bewirkt wird; es sind die Besonderheiten nach §§ 145, 146, 161 Abs. 2 HGB zu beachten. Eine Teilungsversteigerung ist daher grundsätzlich ausgeschlossen. Etwas anderes kann sich dann ergeben, wenn die Gesellschaft „eine andere Art der Auseinandersetzung" vereinbart haben, § 145 Abs. 1, § 161 Abs. 2 HGB. In diesem Fall können die Gesellschafter zusammen oder der geschäftsführende Gesellschafter alleine oder die Gesellschafter als Liquidatoren die Teilungsversteigerung beantragen, sofern dies im Gesellschaftsvertrag als andere Art der Verwertung vereinbart wurde.[35]

10. Partnerschaftsgesellschaft und Europäische wirtschaftliche Interessenvereinigung

29   Das Gesetz zur Schaffung von Partnerschaftsgesellschaften ist am 1.7.1995 (BGBl I 1744) in Kraft getreten. Die Partnerschaftsgesellschaft wird wirksam mit der Eintragung im Partnerschaftsregister, § 7 Abs. 1 PartGG. Zur Zwangsvollstreckung in das Partnerschaftsvermögen ist ein gegen die Partnerschaft gerichteter Titel erforderlich, § 7 Abs. 2 PartGG, § 124 Abs. 2 HGB; zur Zwangsvollstreckung gegen einen Partner ist ein gegen diesen gerichteter persönlicher Titel erforderlich, § 8 Abs. 1 PartGG, §§ 129, 130 HGB.

30   Für die Auseinandersetzung gelten auch hier die Vorschriften über die OHG, § 10 Abs. 1 PartGG i.V.m. §§ 145 ff. HGB. Nur die Liquidatoren können die Teilungsversteigerung beantragen, sofern nicht eine andere Art der Verwertung vereinbart wurde.

31   Für die **Europäische wirtschaftliche Interessenvereinigung** (EWIV) gilt das EWIV-Ausführungsgesetz[36], soweit hier nichts besonderes geregelt ist, gelten im Übrigen entsprechend die für eine offene Handelsgesellschaft geltenden Vorschriften; die Vereinigung gilt als Handelsgesellschaft im Sinne des Handelsgesetzbuchs. Nach § 10 Abs. 1 EWIVAG erfolgt in den Fällen der Auflösung der Vereinigung, außer im Fall des Insolvenzverfahrens über das Vermögen der Vereinigung, die Abwicklung durch die Geschäftsführer, wenn sie nicht durch den Gründungsvertrag oder durch Beschluss der Mitglieder der Vereinigung anderen Personen übertragen ist. Nur die Geschäftsführer können daher die Teilungsversteigerung beantragen.

---

35   LG Kaiserslautern, Rpfleger 1985, 121; *Stöber*, ZVG § 180 Rdn. 2.4 f.; Steiner/*Teufel*, § 180 Rdn. 109.
36   EWIV-Ausführungsgesetz vom 14.4.1988 (BGBl I 514), zuletzt geändert durch Art. 16 des Gesetzes vom 23.10.2008 (BGBl I S. 2026).

11. Ausländische Gemeinschaften

Sind im Grundbuch die Eigentümer in einem ausländischem Recht unterliegenden Gemeinschaftsverhältnis eingetragen, ist fraglich, ob zur Auseinandersetzung dieser Gemeinschaft der Antrag auf Anordnung der Zwangsversteigerung gestellt werden kann und welche Nachweise der Antragsteller zu diesem Zweck beibringen muss. Soll fremdes materielles Recht angewandt werden, ist zu prüfen, inwieweit das fremde Recht dem deutschen Recht so ähnlich ist, dass eine Anwendung deutschen Verfahrensrechts in Betracht kommt. Steht ausländisches materielles Recht der Teilungsversteigerung entgegen, muss dies in gleichem Umfang wie deutsches materielles Recht beachtet werden. Das ergibt sich schon aus der – verfahrensrechtlichen und deshalb in jedem Falle zu befolgenden – Vorschrift des § 28. Wird somit die Teilungsversteigerung eines Grundstücks beantragt, dessen Eigentümer im Grundbuch in einem Gemeinschaftsverhältnis nach ausländischem Recht eingetragen sind, muss das Vollstreckungsgericht prüfen, ob eine derartige Gemeinschaft nach den maßgeblichen ausländischen Rechtsnormen auf diesem Wege oder durch ein ähnliches, der deutschen Teilungsversteigerung entsprechendes Verfahren grundsätzlich auseinandergesetzt werden kann. Ist ein solches Verfahren im Ausland nicht vorgesehen, so hindert dies, weil durch die Eintragung der Gemeinschaftsform grundbuchersichtlich, das Verfahren auch in Deutschland. In gleicher Weise sind, wenn die Eigentümer in einem Gemeinschaftsverhältnis nach ausländischem Recht im Grundbuch eingetragen sind, die ausländischen materiell-rechtlichen Bestimmungen zu prüfen. Praktische Bedeutung können vor allem Fragen des ehelichen Güterrechts erlangen. Gehört ein in Deutschland belegenes Grundstück zum gemeinschaftlichen Vermögen von Ehegatten nach ausländischem Ehegüterrecht, so gelten dessen Regeln auch für die Auseinandersetzung des Vermögens. Einige Rechtsordnungen ermöglichen – auch, wie das deutsche Recht, durch Verweisung auf die Bestimmungen über die Auseinandersetzung einer Erben- oder Bruchteilsgemeinschaft – in bestimmten Fällen eine Versteigerung zum Zwecke der Aufhebung der Gemeinschaft.[37] Lässt das ausländische Recht eine solche Versteigerung grundsätzlich zu, so kann die Teilungsversteigerung des in Deutschland belegenen gemeinschaftlichen Grundstücks – unter Anwendung deutschen Verfahrensrechts – angeordnet werden. Sieht das anwendbare ausländische Recht dagegen eine Versteigerung nicht vor, sondern z.B. eine reale, gegenständliche Verteilung der Vermögensgegenstände durch ein Gericht oder eine Behörde, kann auch ein in Deutschland belegenes Grundstück nicht zum Zwecke der Aufhebung der Gemeinschaft zwangsversteigert werden. Eine Auseinandersetzung ist dann nur auf einem Wege möglich, der dem ausländischen Verfahrensgang im deutschen Verfahrensrecht entspricht, etwa durch eine Entscheidung des Familiengerichts.

Auch hier ist in jedem Falle kein Vollstreckungstitel und keine sonstige, nach dem ausländischen Recht etwa erforderliche gerichtliche oder behördliche Entscheidung beizubringen, um die Zulässigkeit der Teilungsversteigerung zu belegen, sofern das ausländische materielle Recht die Auseinandersetzung der jeweiligen Gemeinschaft durch Zwangsversteigerung oder ein entsprechendes Verfahren grundsätzlich gestattet und sich nichts Gegenteiliges aus dem Grundbuch ergibt. Nach §§ 17, 181 reicht der Nachweis der Eigentümerstellung von Antragsteller und Antragsgegner einschließlich der Art ihrer Gemeinschaft aus. Die nicht

---

37 Hierzu *Rellermeyer*, Rpfleger 1997, 509 m.w.N.

grundbuchersichtlichen Hinderungsgründe, die sich im Einzelfall aus dem ausländischen materiellen Recht ergeben, muss der Antragsgegner wie üblich durch Klage (§§ 767 oder 771 ZPO) geltend machen. Kann die Auseinandersetzung einer Gemeinschaft nach dem maßgeblichen materiellen Recht erst nach ihrer Auflösung erfolgen, so muss diese allerdings, wie bei nach deutschem Recht gebildeten Gemeinschaften, nachgewiesen werden. Zur Auflösung einer güterrechtlichen Gemeinschaft führt regelmäßig die Scheidung der Ehe oder eine im ausländischen Recht vorgesehene Trennung der Ehegatten. Das Vollstreckungsgericht hat zu beachten, dass die Anerkennung einer ausländischen Entscheidung in Ehesachen von einer Feststellung der Landesjustizverwaltung abhängig ist, sofern nicht beide Ehegatten dem Staat angehört haben, in dem die Entscheidung getroffen wurde. Die Vorlage einer solchen Feststellungsentscheidung gehört in diesen Fällen zu den Voraussetzungen für die Teilungsversteigerung.

IV. Versteigerungsverfahren bis zum Zuschlag
1. Übersicht zum Verfahrensablauf

34 Infolge der durch Abs. 1 angeordneten entsprechenden Anwendung des ersten und zweiten Abschnitts verläuft das Verfahren der Teilungsversteigerung ebenso wie die (Forderungs-)Versteigerung in nachfolgenden Abschnitten ab:

- Anordnung bzw. Beitritt zum Verfahren, §§ 180, 15–27;
- Vollstreckungsschutz, § 180 Abs. 2, 3, 4 ZVG, § 765a ZPO;
- Wertfestsetzung, § 74a Abs. 5;
- Versteigerungstermin:
  – Terminsbestimmung, §§ 35–43;
  – Terminsdurchführung/Zuschlag, §§ 66 ff.;
- Erlösverteilung (nur bei Einigung unter den Miteigentümern);
- Grundbuchersuchen, § 130.

2. Antrag

35 Zum Antrag auf Anordnung der Teilungsversteigerung s. → § 181 Rdn. 4.
36 Zur Bestimmung des **zuständigen Gerichts** gilt auch hier § 2.
37 Ob vor der Anordnung des Verfahrens dem Antragsgegner (der oder die anderen Miteigentümer) **rechtliches Gehör** zu gewähren ist, Art. 103 Abs. 1 GG, ist streitig.[38] Nach hiesiger Auffassung ist kein rechtliches Gehör zu gewähren, da es sich wie in der Forderungsversteigerung um eine Zwangsvollstreckungsmaßnahme handelt. Erst nach Anordnung des Verfahrens ist die Zwangsvollstreckung eingeleitet, der Antragsgegner wird mit der Anordnung über die Möglichkeit einer einstweiligen Einstellungen belehrt (§ 180 Abs. 2 Satz 3, § 30b). Dem Anspruch auf Gewährung rechtlichen Gehörs ist damit in der Zwangsvollstreckung genüge getan.
38 Die Gewährung von **Prozesskostenhilfe** (§§ 114 ff. ZPO) ist auch in der Teilungsversteigerung zulässig. Für den Antrag selbst kann bereits Prozesskostenhil-

---

38 Bejahend: *Eickmann*, Rpfleger 1982, 449; Steiner/*Teufel*, § 180 Rdn. 87; *Schiffhauer*, ZIP 1982, 526 ff.; *Böttcher*, § 180 Rdn. 23; verneinend: *Stöber*, ZVG § 180 Rdn. 5.8; Depré/*Popp*, § 180 Rdn. 18; LG Frankenthal, Rpfleger 1985, 250.

fe bewilligt werden.³⁹ Sie kann mit dem Antrag verbunden werden, dass die Kosten aus dem Erlösüberschuss zu zahlen sind, der bei der Auseinandersetzung auf den Antragsteller der Prozesskostenhilfe entfällt.⁴⁰ Der Antrag auf Bewilligung von Prozesskostenhilfe kann zurückgewiesen werden, wenn die Teilungsversteigerung keine hinreichende Aussicht auf Erfolg bietet und mutwillig erscheint, § 114 Satz 1 ZPO. Dieser Tatbestand ist dann gegeben, denn das geringste Gebot (§ 182) so hoch ist, dass mit Sicherheit davon ausgegangen werden kann, dass Gebote nicht abgegeben werden und das Verfahren letztlich gem. § 77 Abs. 2 aufgehoben werden muss. Da dies jedoch bei Beginn des Verfahrens objektiv noch nicht festgestellt werden kann, kommt eine pauschale Bewilligung der Prozesskostenhilfe für das gesamte Verfahren regelmäßig nicht in Betracht⁴¹ (anders bei der Zwangsvollstreckung in bewegliches Vermögen, arg. e. § 119 Abs. 2 ZPO). Bei der Immobiliarvollstreckung kann Prozesskostenhilfe nicht insgesamt, sondern nur für einzelne Verfahrensabschnitte und Verfahrensziele gewährt werden. Das ZVG sieht eine Vielzahl von Möglichkeiten für eine Beteiligung der Parteien am Verfahren vor, deren Erfolgsaussichten für den Einzelfall geprüft werden müssen. Von welchen der ihm eröffneten Möglichkeiten er Gebrauch machen möchte, muss der Antragsteller stets gesondert deutlich machen. Nur so kann geprüft werden, inwieweit er mit Erfolg in den Ablauf des Versteigerungsverfahrens eingreifen könnte.

§ 115 Abs. 2 ZPO bestimmt im Zusammenhang mit dem Prüfungsantrag auf Bewilligung von Prozesskostenhilfe, dass die um Prozesskostenhilfe nachsuchende Partei ihr Vermögen in zumutbarer Weise einzusetzen hat. Verbessern sich nach der Bewilligung von Prozesskostenhilfe die Eigentums- und Vermögensverhältnisse der Partei wesentlich gegenüber dem Zeitpunkt der Bewilligung, so kann das Gericht nach seinem Ermessen die Entscheidung über die zu leistenden Zahlungen der Partei ändern, § 120 Abs. 4 S. 1 ZPO. Dies gilt selbst dann, wenn der Partei für die ursprüngliche Bewilligung der Prozesskostenhilfe keine Ratenzahlungen auferlegt worden sind. Wird einem Miteigentümer für das Verfahren Prozesskostenhilfe ohne Ratenzahlung bewilligt und endet das Verfahren durch Antragsrücknahme, nachdem der Miteigentümer seinen Anteil am Grundstück dem anderen Miteigentümer gegen Zahlung übereignet hat, ist die bewilligte Prozesskostenhilfe im Rahmen des § 120 Abs. 4 ZPO abzuändern und dem Miteigentümer aufzugeben, die Verfahrenskosten aus dem Verkaufserlös zu zahlen.⁴² 39

Auch die Beiordnung eines Rechtsanwalts ist zulässig, § 121 ZPO. Die beantragte **Beiordnung** setzt jedoch voraus, dass die beabsichtigte Rechtsverfolgung 40

---

39 LG Frankenthal, Rpfleger 2002, 219.
40 LG Saarbrücken, Rpfleger 1987, 125.
41 BGH, Rpfleger 2011, 547 = NJW-RR 2011, 708 = FamRZ 2011, 967 = WuB H. 8/2011 VI E. § 180 ZVG 1.11 *Hintzen*, wobei allerdings Teile der Begründung abzulehnen sind, z.B. wenn der BGH ausführt, dass *bei den bestehen bleibenden Rechten die tatsächlich zu übernehmenden Verbindlichkeiten wesentlich geringer sein könnten, als sie sich darstellen*. Ein nach den Versteigerungsbedingungen bestehen bleibendes Recht ist in voller Höhe Teil des „Meistgebotes". Es ist vom Ersteher in voller Höhe zu übernehmen. Auf die tatsächliche Valuta eines Grundpfandrechtes kommt es nicht an, hierzu Rdn. 131 m.w.N.; BGH, Rpfleger 2004, 174 = NJW-RR 2004, 787 = KTS 2004, 460 = WM 2003, 2432, diese im Rahmen der Forderungsversteigerung ergangene Entscheidung ist auch in der Teilungsversteigerung anzuwenden; LG Heilbronn Rpfleger 2007, 40.
42 LG Frankenthal, Rpfleger 2001, 193.

hinreichende Aussicht auf Erfolg hat. Die Erfolgsaussicht lässt sich nur beurteilen, wenn der Antragsteller darlegt, gegen welche vollstreckungsgerichtliche Maßnahme er sich im Einzelnen wenden oder wie er sich sonst konkret am Verfahren beteiligen möchte. Auch dies ist daher ein Grund dafür, dass eine pauschale Bewilligung von Prozesskostenhilfe für das Verfahren insgesamt nicht in Betracht kommt.[43]

3. Verfahrensverbindung

41   Eine **Verfahrensverbindung** (§ 18) ist möglich, wenn mehrere Grundstücke versteigert werden sollen, an denen eine personell übereinstimmende Miteigentümergemeinschaft besteht. Es kann sich hierbei um verschiedene Gemeinschaftsformen handeln, z.B. Bruchteils- oder Erbengemeinschaft. Eine Verbindung kommt insbesondere dann in Betracht, wenn mehrere Grundstücke mit einem einheitlichen Bauwerk überbaut sind (vgl. § 63 Abs. 1 Satz 2); nur so kann unter Umständen ein wirtschaftlich vernünftiges Meistgebot erreicht werden.

4. Anordnung

42   Sind die Voraussetzungen für die Anordnung des Verfahrens gegeben, ergeht die Entscheidung über den Antrag durch Beschluss, ohne mündliche Verhandlung und ohne den Antragsgegner vorher anzuhören, § 764 Abs. 3 ZPO (hierzu zuvor → Rdn. 37).

43   Der Anordnungsbeschluss muss enthalten:

- die gerichtsspezifischen Angaben;
- die genaue Bezeichnung des Antragstellers und des Antragsgegners;
- das Grundstück oder die Grundstücksbruchteile;
- das Gemeinschaftsverhältnis der im Grundbuch eingetragenen Miteigentümer;
- die Rechtsgrundlage des Pfändungsgläubigers als Antragsteller.

44   Weiterhin enthält der Beschluss regelmäßig die Angabe, dass dieser zugunsten des Antragstellers als Beschlagnahme des Grundstückes gilt, auch wenn dies bereits die gesetzliche Folge der Anordnung ist, § 20 Abs. 1.

45   Liegen **mehrere** entscheidungsreife **Anträge** vor, wird über alle Anträge gemeinsam entschieden. Eine Rangfolge der Erledigung der Antragseingänge gibt es nicht.

46   Der Anordnungsbeschluss ist dem Antragsgegner zuzustellen, § 22. Zugleich mit der Zustellung ist die Belehrung über die Möglichkeit einer einstweiligen Einstellung und die Notwendigkeit der Fristwahrung zu verbinden (§ 180 Abs. 2 S. 3, § 30b). Dem Antragsteller wird der Beschluss formlos übersandt, sofern dem Antrag in vollem Umfange stattgegeben wurde.

---

43   BGH, Rpfleger 2004, 174 = NJW-RR 2004, 787 = KTS 2004, 460 = WM 2003, 2432, diese im Rahmen der Forderungsversteigerung ergangene Entscheidung ist auch in diesem Verfahren anzuwenden.

5. Zwangsversteigerungsvermerk

Das Vollstreckungsgericht hat um Eintragung des Zwangsversteigerungsvermerkes im Grundbuch zu ersuchen, § 19 gilt auch hier. Zweckmäßigerweise und zur Rechtsklarheit sollte sich aus dem Vermerk ergeben, dass es sich um eine Teilungsversteigerung handelt (parallel könnte auch noch ein Vermerk wegen einer Forderungsversteigerung eingetragen sein).[44]

6. Beitritt

Der Antragsgegner kann jederzeit der Teilungsversteigerung beitreten, § 180 Abs. 1, § 27. Der Antragsteller des Verfahrens hat die Rolle des Gläubigers, der Antragsgegners die des Schuldners. Nach dem Beitritt des Antragsgegners zum Verfahren stehen beide in einer Doppelrolle. Er ist damit in einer doppelten Funktion am Verfahren beteiligt, sowohl als Antragsgegner des bereits angeordneten Verfahrens als auch in der Position eines betreibenden Gläubigers seines eigenen Verfahrens. Diese Rollenverteilung hat aber nur formale Bedeutung, um die Übertragung der für die Forderungsversteigerung geltenden Vorschriften zu ermöglichen. Da in der Teilungsversteigerung jedoch keine Geldforderung durchgesetzt werden soll, kann auch nicht von Gläubiger und Schuldner gesprochen werden.

Nach Zulassung des Beitrittes erfolgt keine erneute Eintragung eines weiteren Zwangsversteigerungsvermerks im Grundbuch.

Der Antrag auf Zulassung des Beitrittes erfolgt unter den gleichen Voraussetzungen wie der Antrag auf Anordnung der Teilungsversteigerung. Der Beitritt wird wirksam mit Zustellung des Beschlusses an den Antragsgegner, der auch gleichzeitig u.U. Antragsteller ist, § 22 Abs. 1. Der Antragsgegner, dessen Beitritt zugelassen ist, hat dieselben Rechte, wie wenn auf seinen Antrag hin die Versteigerung angeordnet worden wäre, § 27 Abs. 2.

Der Antragsteller der Teilungsversteigerung und der Antragsgegner, der dem Verfahren beigetreten ist, betreiben jeder sein „Einzelverfahren", gemeinsam ist nur das Vollstreckungsobjekt. Zusammen mit jedem Beitrittsbeschluss ist der Antragsgegner über die Möglichkeit der einstweiligen Einstellung und die Einhaltung der Frist zu belehren (§ 180 Abs. 2 Satz 3, § 30b).[45]

Im Hinblick auf § 44 Abs. 2 ist der Beitritt zum Verfahren überwiegend nur dann sinnvoll, wenn er so rechtzeitig gestellt wird, dass **spätestens vier Wochen vor dem Versteigerungstermin der Beitrittsbeschluss dem Antragsgegner zugestellt** ist, denn nur dann wird der Versteigerungstermin im Sinne eines „betreibenden Gläubigers" auch für den Beitretenden durchgeführt.

7. Beteiligte

Im Verfahren der Teilungsversteigerung gelten als Beteiligte, § 9:

(a) der Antragsteller,
(b) der Antragsgegner (der oder die weiteren Miteigentümer der Gemeinschaft),

---

44 So auch Steiner/*Teufel*, § 180 Rdn. 120.
45 BGH, NJW 1981, 2065 = Rpfleger 1981, 187; *Stöber*, ZVG § 180 Rdn. 12.10.

(c) diejenigen, für welche zur Zeit der Eintragung des Versteigerungsvermerkes ein Recht im Grundbuch eingetragen oder durch Eintragung gesichert war,

(d) diejenigen, welche ein der Zwangsvollstreckung entgegenstehendes Recht, ein Recht an dem Grundstück oder an einem das Grundstück belastenden Rechte, einen Anspruch mit dem Rechte auf Befriedigung aus dem Grundstück oder ein Miet- oder Pachtrecht, aufgrund dessen ihm das Grundstück überlassen ist, bei dem Zwangsvollstreckungsgericht anmelden und auf Verlangen des Gerichtes oder eines Beteiligten glaubhaft machen.

54 **Von Amts wegen** werden daher als Beteiligte berücksichtigt: der Antragsteller und die übrigen Miteigentümer der Gemeinschaft als Antragsgegner. Beteiligter ist auch der Pfändungsgläubiger, der das Recht des Antragstellers geltend macht. Die übrigen Beteiligten müssen rechtzeitig eine Anmeldung vornehmen (hierzu → § 9 Rdn. 13 ff.).

55 Veräußert der Antragsteller während des Verfahrens seinen Anteil an dem Grundstück an einen Dritten oder wird der gesamte Gemeinschaftsanteil bei einer Gesamthandsgemeinschaft veräußert oder tritt der Pfändungsgläubiger seine Rechte aus dem Vollstreckungstitel an einen Dritten ab, so tritt der neue Miteigentümer bzw. neue Berechtigte an die Stelle des bisherigen Antragstellers bzw. Pfändungsgläubigers. Die Teilungsversteigerung wird unverändert fortgeführt.[46]

8. Rangordnung

56 Ein Recht auf Befriedigung aus dem Grundstück gewähren ebenso wie in der Forderungsversteigerung die Ansprüche nach § 10 Abs. 1. Der Grundsatz, dass der Anspruch einer späteren Rangklasse erst dann berücksichtigt wird, wenn der oder die Ansprüche einer vorhergehenden Klasse zunächst voll befriedigt worden sind, erfolgt in der Teilungsversteigerung insoweit eine Abweichung, als die Rangklassen 5 und 6 nicht existieren.[47] Diese Rangklassen sind ausschließlich auf die Ansprüche betreibender Gläubiger ausgerichtet, die es in der Teilungsversteigerung nicht gibt. Die Ansprüche wegen älterer Rückstände der Rangklasse 3 und 4, die bei der Forderungsversteigerung in Rangklasse 7 und 8 berücksichtigt werden, können daher in der Teilungsversteigerung bei dem jeweiligen Anspruch mitberücksichtigt werden[48], sollten jedoch betragsmäßig getrennt bleiben, da sie im Falle einer Forderungsübertragung und Eintragung einer Sicherungshypothek (§§ 118, 128) einen schlechteren Rang erhalten als die Ansprüche der Rangklassen 3 und 4.

57 Soweit ein Recht vor der Eintragung des Zwangsversteigerungsvermerks im Grundbuch bereits eingetragen war, wird es auch hier von Amts wegen berücksichtigt. Nachrangige Ansprüche müssen zum Verfahren rechtzeitig angemeldet werden, spätestens im Zwangsversteigerungstermin vor der Aufforderung zur Abgabe von Geboten, § 37 Nr. 4. Erfolgt die Anmeldung später, kann der Anspruch nur noch mit Rang nach allen anderen Rechten berücksichtigt werden (sog. Rangklasse 9), § 110.

---

46 Stöber, ZVG § 180 Rdn. 6.9; Steiner/*Teufel,* § 180 Rdn. 132, 133.
47 Stöber, ZVG § 182 Rdn. 2.4; Steiner/*Teufel,* § 180 Rdn. 82; *Böttcher,* § 180 Rdn. 22.
48 Stöber, ZVG § 182 Rdn. 2.4, 5; Steiner/*Teufel,* § 182 Rdn. 83.

Für die Ansprüche aus einem und demselben Recht gilt § 12. Zuerst werden die **Kosten der dinglichen Rechtsverfolgung** berücksichtigt. Allerdings kann der Gläubiger eines Rechts keine Kosten der Kündigung oder Anordnungs- und Beitrittsgebühren aus einer Forderungsversteigerung verlangen, diese muss er in dem dortigen Versteigerungsverfahren anmelden. Denkbar sind jedoch Auslagen für die Terminswahrnehmung oder die Verfahrenskosten für die Vertretung durch einen Anwalt. 58

Wiederkehrende Leistungen und andere Nebenleistungen sind nach den Kosten, jedoch vor dem Hauptanspruch zu berücksichtigen. Bei den wiederkehrenden Leistungen werden sowohl laufende als auch rückständige Leistungen berücksichtigt (s. zu § 13). Bei den Nebenleistungen kann es sich um einmalige, aber auch um wiederkehrende Beträge handeln (z.B. Säumniszuschläge oder Strafzinsen bei unpünktlicher Kapital- oder Zinszahlung, Verwaltungskosten, Verzugs- und Überziehungsgebühren oder Vorfälligkeitsentschädigung vorkommen (vgl. § 10). 59

Rangfolgend zuletzt wird der **Hauptanspruch** berücksichtigt. Da die dinglichen Rechte in der Teilungsversteigerung jedoch überwiegend im geringsten Gebot zu berücksichtigen sind und damit bestehen bleiben, ist die Zuteilung auf das Stammrecht wesentlich seltener als in der Forderungsversteigerung. Unterschiede zur Forderungsversteigerung bestehen nicht. 60

9. Rechtsbehelfe

Zur Erhebung der unbefristete Erinnerung oder der Einlegung der sofortigen Beschwerde s. → § 15 Rdn. 19 ff. Eine vom Vollstreckungsgericht erlassene Aufklärungsverfügung im Falle eines Antragsmangels kann der Antragsteller, sofern er nicht zuvor hierzu gehört wurde, als Vollstreckungsmaßnahme mit der Erinnerung anfechten, § 766 ZPO. 61

Erteilt das Betreuungsgericht dem Betreuer einer unter Vermögensbetreuung stehenden Person die Genehmigung, eine Teilungsversteigerung zu beantragen, so steht dem Ehegatten des Betreuten dagegen ein Beschwerderecht nicht zu.[49] 62

10. Beschlagnahme

a) Allgemein

Die Vorschriften über die Beschlagnahme, §§ 20 ff., sind auch in der Teilungsversteigerung anwendbar. Die Beschlagnahme wird wirksam mit Zustellung des Anordnungsbeschlusses an den Antragsgegner oder mit Eingang des Ersuchens um Eintragung des Zwangsversteigerungsvermerks beim Grundbuchamt, § 22 Abs. 1; der frühere Zeitpunkt ist für das gesamte Verfahren maßgebend, insbesondere für die Unterscheidung in laufende und ältere Leistungen (§ 13 Abs. 1). 63

Mit Anordnung bzw. Beitritt zum Verfahren tritt für den jeweiligen Antragsteller die Beschlagnahme des Grundstückes ein, § 180 Abs. 1, § 20 Abs. 1, § 27. 64

b) Wirkung

Nach § 23 Abs. 1 hat die Beschlagnahme die Wirkung eines relativen Veräußerungsverbots.[50] Die Wirkung der Beschlagnahme ist jedoch im Gegensatz zur For- 65

---

49 LG Münster, Rpfleger 2003, 256 = FamRZ 2003, 937.
50 LG Bonn, Beschluss vom 3.9.2014, 6 T 218/14, BeckRS 2014, 18432 zur GbR.

derungsversteigerung stark eingeschränkt. Handelt es sich um eine Gesamthandsgemeinschaft, ist diese nahezu ohne Wirkung, da die Teilhaber der Gemeinschaft nur gemeinsam über das Grundstück verfügen können. Der einzelne Teilhaber ist bereits dadurch geschützt, dass er an einer solchen Verfügung nicht mitwirkt.[51] Die Veräußerung eines Miteigentumsanteils oder des Anteils an der Gesamthandsgemeinschaft nach Beschlagnahme hält die Teilungsversteigerung nicht auf, weil auch sie wegen eines Anspruchs aus einem eingetragenen Recht (Miteigentum) erfolgt, § 26. Der Erwerber tritt an die Stelle des veräußernden Miteigentümers und kann das Versteigerungsverfahren aufnehmen oder nicht.[52] Die Aufhebung muss erfolgen, wenn das Grundstück im Ganzen von allen Miteigentümern veräußert oder wenn ein Miteigentümer Alleineigentümer wird, denn damit ist das Verfahren gegenstandslos geworden. Eine Ausnahme gilt dann, wenn nach Anordnung einer vom Insolvenzverwalter betriebenen Teilungsversteigerung der Insolvenzschuldner den anderen, nicht zur Insolvenzmasse gehörenden Miteigentumsanteil erwirbt.[53]

66   Ihre volle Bedeutung erlangt die Beschlagnahme für einen **Pfändungsgläubiger**, der die Teilungsversteigerung betreibt und den Auseinandersetzungsanspruch des Miteigentümers gepfändet und sich zur Einziehung hat überweisen lassen. Spätere Verfügungen über das Grundstück sind dem Pfändungsgläubiger gegenüber unwirksam, nachträglich an dem Grundstück eingetragene dingliche Rechte sind nicht in das geringste Gebot aufzunehmen, sofern die Pfändung im Grundbuch eingetragen ist.[54]

67   Bei einer Bruchteilsgemeinschaft kann der einzelne Miteigentümer auch nach der Beschlagnahme über seinen Anteil verfügen. Betreibt ein Pfändungsgläubiger, der den dem Schuldner als Miteigentümer eines Grundstücks zustehenden Anspruch auf Aufhebung der Bruchteilsgemeinschaft und auf Teilung sowie Auszahlung des Erlöses gepfändet hat, die Teilungsversteigerung, ist der Schuldner auch dann nicht an einer Verfügung über seinen Miteigentumsanteil gehindert, wenn der gepfändete Anspruch dadurch untergeht.[55] Im Falle einer ungleichen Belastung der Miteigentumsanteile erfolgt der Schutz durch den Ausgleichsbetrag nach § 182 Abs. 2 (s. dort).

c) Zubehör

68   Anders als in der Forderungsversteigerung umfasst die Beschlagnahme nicht diejenigen Gegenstände, auf welche sich bei einem Grundstück die Hypothek erstreckt (**Hypothekenhaftungsverband**, insbesondere **Zubehör**). Eine Beschlagnahme nach den §§ 1121, 1122 BGB findet nicht statt. Auch hier können die Miteigentümer nur gemeinsam über mithaftende Gegenstände verfügen. Der Antragsteller ist dadurch geschützt, dass er an einer solchen Veräußerung nicht mitwirkt. Dies gilt auch gegenüber dem Pfändungsgläubiger. Bei einer Bruchteilsgemeinschaft kann sich der Gläubiger nur dadurch schützen, dass er neben dem Antrag auf Auseinandersetzungsversteigerung zugleich eine Zwangssicherungshypothek auf den Miteigentumsanteil des Schuldners eintragen lässt.[56]

---

51   Vgl. *Stöber*, ZVG § 180 Rdn. 6.6.
52   *Stöber*, § 180 Rdn. 6.9; Steiner/*Teufel*, § 180 Rdn. 122.
53   LG Bayreuth, KTS 1977, 188 zum Konkursrecht.
54   *Stöber*, ZVG § 180 Rdn. 6.6 u. § 182 Rdn. 2.12.
55   BGH, Rpfleger 2010, 439 = NJW-RR 2010, 1098 = DNotZ 2011, 120.
56   Steiner/*Teufel*, § 180 Rdn. 123.

Wie in der Forderungsversteigerung erstreckt sich der **Zuschlag** in der Teilungsversteigerung auf alle diejenigen Gegenstände, deren Beschlagnahme noch wirksam ist. Auf Zubehörgegenstände erstreckt sich der Zuschlag auch dann, wenn diese einem Dritten gehören, § 55. Voraussetzung für die Versteigerung **fremden Zubehörs** ist jedoch, dass dieses sich im **Besitz der Miteigentümer** befindet. Nach § 90 Abs. 2 erwirbt der Ersteher auch in der Teilungsversteigerung mit dem Grundstück solche Zubehörgegenstände, die zwar im Eigentum eines Dritten stehen, jedoch mitversteigert worden sind. Hierbei ist Zubehör, das nicht allen Miteigentümern gemeinsam gehört, wie fremdes Zubehör zu behandeln.[57] Will der Eigentümer des Zubehörs die Mitversteigerung und damit den Verlust des Eigentums an dem Zubehör verhindern, muss er auch in der Teilungsversteigerung gemäß § 37 Nr. 5 vorgehen. Er muss spätestens im Versteigerungstermin vor der Aufforderung zur Abgabe von Geboten die Aufhebung oder einstweilige Einstellung des Verfahrens in den Zubehörgegenstand herbeiführen. Geschieht dies nicht, geht das Eigentum verloren; er ist dann auf den Versteigerungserlös angewiesen (vgl. → § 55 Rdn. 18).

11. Einstweilige Einstellung

a) Einstellungsgründe nach der ZPO

Das ZVG ist ein Teil der ZPO, § 869 ZPO. Dies ist auch in der Teilungsversteigerung zu berücksichtigen. Das Vollstreckungsgericht hat daher durch Beschluss das Verfahren einzustellen, wenn das Prozessgericht die Einstellung der Zwangsvollstreckung angeordnet hat, z.B. § 775 Nr. 1, § 776 S. 1 ZPO.[58] Die Teilungsversteigerung kann im Einzelfall eine unzulässige Rechtsausübung darstellen, etwa wenn die Aufhebung der Bruchteilsgemeinschaft für den widersprechenden Teilhaber schlechthin unzumutbar ist. Auf die Interessen eines an der Gemeinschaft nicht beteiligten Dritten – hier des Vaters – kann sich der Widersprechende nicht berufen.[59] Im Gegensatz zur Forderungsversteigerung kann § 775 Nr. 2 ZPO grundsätzlich nur dann Anwendung finden, wenn es sich um eine Einstellung im Rahmen der Drittwiderspruchsklage nach § 771 ZPO handelt, § 771 Abs. 3, § 769 Abs. 1 ZPO.[60] In Eilfällen kann auch gem. § 769 Abs. 2 ZPO die Anordnung der einstweiligen Einstellung durch das Vollstreckungsgericht erfolgen. Da für die Teilungsversteigerung die Vorlage eines Vollstreckungstitels nicht erforderlich ist, werden § 775 Nr. 4 und Nr. 5 ZPO nicht relevant.

b) Einstellungsgründe aus der Forderungsversteigerung

In der Teilungsversteigerung gilt auch § 28. Das Verfahren ist einstweilen einzustellen oder aufzuheben, wenn sich ein aus dem Grundbuch entgegenstehendes Recht ergibt, § 28 Abs. 1, z.B. der Ausschluss der Aufhebung der Gemeinschaft nach § 1010 BGB. Gleiches gilt, wenn dem Vollstreckungsgericht eine Verfügungsbeschränkung oder ein Vollstreckungsmangel bekannt wird, § 28 Abs. 2.[61] Hierzu näher → § 181 Rdn. 14 ff.

---

57 *Stöber*, ZVG § 180 Rdn. 7.31; Steiner/*Teufel*, § 180 Rdn. 81.
58 LG Hannover, Rpfleger 1993, 505.
59 OLG Köln, Rpfleger 1998, 168.
60 Zur Anwendbarkeit nach § 775 Nr. 3 ZPO vgl. *Böttcher*, § 180 Rdn. 85.
61 Eingefügt durch den am 1.8.1998 in Kraft getretenen Art. 1 des Gesetzes zur Änderung des Gesetzes über die Zwangsversteigerung und die Zwangsverwaltung und anderer Gesetze vom 18.2.1998, BGBl I 866.

Die Teilungsversteigerung ist aufzuheben oder unter Bestimmung einer Frist zur Erhebung einer Klage einstweilen einzustellen, wenn der Antragsteller oder derjenige, dessen Rechte der Antragsteller als **Pfändungsgläubiger** geltend macht, bei Anordnung der Zwangsversteigerung nicht als Eigentümer eingetragen war oder sein Anteil an der Gesellschaft nach Anordnung der Zwangsversteigerung wirksam von einem Dritten erworben wurde und dies aus dem Grundbuch ersichtlich ist.[62] Eine Aufhebung oder einstweilige Einstellung des Verfahrens nach § 28 Abs. 1 kommt weiter nur in Betracht, wenn sich aus dem Grundbuch nicht nur das Recht als solches, sondern auch ergibt, dass es der Zwangsversteigerung oder ihrer Fortsetzung entgegensteht. Konkret war im Grundbuch eine Gesellschaft bürgerlichen Rechts eingetragen. Der im Grundbuch eingetragene Gesellschafterwechsel steht nach Ansicht des BGH der Zwangsversteigerung nur entgegen, wenn er entweder vor der Pfändung des Gesellschaftsanteils erfolgte oder Berechtigten bei einem späteren Erwerb die Pfändung des Anteils weder bekannt noch infolge grober Fahrlässigkeit unbekannt war. Der Zeitpunkt des Anteilserwerbs und ein etwa erforderlicher guter Glaube ergeben sich aber weder aus dem Grundbuch noch aus der der Eintragung zugrunde liegenden Bewilligung. Beides lässt sich mit den Mitteln des Zwangsversteigerungsverfahrens auch nicht aufklären. Damit aber scheidet eine Aufhebung oder Einstellung nach § 28 Abs. 1 aus *(ob eine Teilungsversteigerung überhaupt noch zulässig ist, s.* → Rdn. 27).

72 Mit Inkrafttreten der InsO am 1.1.1999 ist die frühere Einstellung auf Antrag des Konkursverwalters nach § 30c ZVG ersatzlos aufgehoben. Neu angefügt wurden die Vorschriften §§ 30 d-f. In der Teilungsversteigerung ist jedoch eine einstweilige Einstellung durch den Insolvenzverwalter nach § 30d nicht möglich, da nur der Anteil des im **Insolvenzverfahren** sich befindlichen Miteigentümers zur Insolvenzmasse gehört.[63] Die Auseinandersetzung findet außerhalb des Insolvenzverfahrens statt bzw. anstelle des Miteigentümers in einer laufenden Teilungsversteigerung tritt nunmehr der Insolvenzverwalter, § 84 Abs. 1 InsO.

73 Eine Verfahrenseinstellung nach §§ 75, 76 ZVG kommt grundsätzlich nicht in Betracht, es sei denn, ein Pfändungsgläubiger ist alleiniger antragstellender Gläubiger und seine Forderung wird gezahlt (einschließlich Verfahrenskosten), um so die Versteigerung abzuwenden.

74 Verläuft der Versteigerungstermin ergebnislos, wird auch die Teilungsversteigerung nach § 77 ZVG einstweilen eingestellt. Eine Überleitung in eine Zwangsverwaltung ist allerdings nicht möglich (vgl. zuvor → Rdn. 5).

c) **Einstellungsantrag des Antragstellers**

75 Die **einstweilige Einstellung** (§ 30) ist auch in der Teilungsversteigerung auf Bewilligung des Antragstellers zulässig.[64] Der Antragsteller muss hierzu keine Begründung abgeben. Die Einstellungsbewilligung ist bis zur Zuschlagsverkündung jederzeit möglich. Erfolgt die Einstellung des Verfahrens erst nach Schluss der Versteigerung (§ 73 Abs. 2) führt dies zur Versagung des Zuschlags. Auch hier ist die Bewilligung der Aufhebung des Zwangsversteigerungstermins der Bewilligung der einstweiligen Einstellung gleichzusetzen, § 30 Abs. 2.

---

62 BGH, Rpfleger 2008, 215 = NJW-RR 2008, 1547 = WM 2008, 408.
63 *Böttcher,* § 180 Rdn. 81.
64 LG Hanau, MDR 1977, 1028; LG Bonn, MDR 1955, 556.

Mit der Einstellungsbewilligung scheidet der Antragsteller als „*betreibender* 76 *Gläubiger*" aus dem Verfahren aus. Sein Einzelverfahren wird vorübergehend unterbrochen. Er kann jederzeit dem Verfahren wieder beitreten. Sein Antrag bzw. Anspruch kann dem geringsten Gebot jedoch nur dann zugrunde gelegt werden, wenn der Fortsetzungsbeschluss spätestens vier Wochen vor dem Zwangsversteigerungstermin dem Antragsgegner zugestellt wird, § 44 Abs. 2.

Der die einstweilige Einstellung bewilligende Antragsteller ist gem. § 31 Abs. 3 77 darüber zu **belehren**, dass das Verfahren aufgehoben wird, wenn er nicht innerhalb von 6 Monaten nach Zustellung der Belehrung die **Fortsetzung der Teilungsversteigerung** beantragt. Die 6-Monatsfrist kann weder von den Beteiligten noch vom Vollstreckungsgericht abgekürzt werden.[65]

Nach Fortsetzung des Verfahrens ist eine **erneute einstweilige Einstellung** zu- 78 lässig; die 3. Bewilligung der einstweiligen Einstellung gilt als Antragsrücknahme, § 30 Abs. 1 S. 3.[66] Ist das Verfahren nach Ablauf der 6-Monatsfrist aufgehoben worden, weil der Antragsteller den Fortsetzungsantrag nicht fristgerecht gestellt hat, ist die Erinnerung gegen den Aufhebungsbeschluss als neuer Antrag auf Anordnung des Verfahrens anzusehen.[67]

Das Verfahren kann sowohl auf Antrag des Antragstellers als auch auf Antrag 79 des **Antragsgegners** höchstens zweimal einstweilen eingestellt werden, § 180 Abs. 2 S. 2 bzw. § 30 Abs. 1 S. 2. Das Verfahren kann zweimal nach § 30 als auch zweimal nach § 180 Abs. 2 eingestellt werden. Eine Anrechnung der jeweiligen Einstellungsanträge erfolgt nicht.[68] Hat der Antragsteller im ersten Termin durch seine Einstellungsbewilligung erreicht, dass der Zuschlag versagt wird und bewilligt er nach Fortsetzung des Verfahrens im zweiten Termin erneut die einstweilige Einstellung erst nach Schluss der Bietzeit, ist der Zuschlag dennoch zu erteilen, wenn sich das Gesamtverhalten des Antragstellers als rechtsmissbräuchlich erweist.[69]

d) Einstellungsantrag des Antragsgegners (Abs. 2)

Da § 30a schon vom Wortlaut in der Teilungsversteigerung keine Anwendung 80 findet, gibt zum Schutz des Antragsgegners § 180 Abs. 2 einen besonderen Einstellungstatbestand. Das jeweilige Einzelverfahren ist auf Antrag des Antragsgegners einstweilen auf die Dauer von längstens sechs Monaten einzustellen, wenn dies bei Abwägung der widerstreitenden Interessen der mehreren Miteigentümer angemessen erscheint (Abs. 2 S. 1).

Die einstweilige Einstellung ist binnen einer **Notfrist von zwei Wochen** zu be- 81 antragen, § 180 Abs. 2 S. 2, § 30b Abs. 1 S. 1. Die Frist gilt auch für den ersten Einstellungsantrag.[70] Über die Einhaltung dieser Notfrist zur Stellung des Einstellungsantrags ist der Antragsgegner zu belehren. Diese Belehrung hat auch im Falle eines jeden Beitritts und jeder Verfahrensfortsetzung sowie auch dann zu geschehen, wenn der (erste) Antragsteller durch einen Beitritt in die Rolle des Antragsgegners gerät. Der dem Verfahren beitretende Miteigentümer hat mit seinem eige-

---

65 LG Frankenthal, Rpfleger 1983, 120.
66 LG Kassel, Rpfleger 1950, 564; *Stöber*, ZVG § 180 Rdn. 12.12.
67 LG Frankenthal, Rpfleger 1983, 120.
68 *Stöber*, ZVG § 180 Rdn. 12.11; *Böttcher*, § 180 Rdn. 69.
69 LG Braunschweig, Rpfleger 1998, 482.
70 BGH, NJW 1981, 2065 = Rpfleger 1981, 187.

nen Einstellungsantrag jedoch nur dann Erfolg, wenn er in dem von ihm betriebenen Verfahren die einstweilige Einstellung bewilligt, da er nicht verlangen kann, dass sein eigenes Verfahren fortgeführt wird, während umgekehrt das Verfahren seines Miteigentümers aufgeschoben wird.[71]

82 Wird der Antrag bei einem **unzuständigen Gericht** eingereicht, wird die Frist nicht gewahrt. Da es sich um eine Notfrist handelt, kann diese weder verlängert noch verkürzt werden, nach Fristablauf ist ein zu spät eingegangener Antrag als unzulässig zurückzuweisen.

83 Vor der Entscheidung über den Antrag auf einstweilige Einstellung sind der Antragsgegner und der jeweilige Antragsteller zu hören, § 30b Abs. 2 S. 2.

84 Hat ein **Pfändungsgläubiger** den Antrag auf Teilungsversteigerung gestellt (zur GbR s. → Rdn. 27), ist streitig, ob daneben der Pfändungsschuldner ebenfalls noch einen eigenen Einstellungsantrag stellen kann.[72] Es ist der Auffassung zu folgen, dass der Schuldner trotz der Pfändung berechtigt ist, die Schutzvorschrift des § 180 Abs. 2 in Anspruch zu nehmen. Die eine Verfahrenseinstellung rechtfertigenden Gründe sind höchstpersönlicher Natur, sie werden von der Pfändung nicht erfasst.[73] Der Pfändungsschuldner ist daher bei der Verfahrensanordnung durch einen Pfändungsgläubiger über sein Einstellungsrecht zu belehren. Wird der Einstellungsantrag von einem Miteigentümer gestellt dessen Anteil nicht gepfändet ist, bleiben die in der Person des Schuldner-Miteigentümers liegenden gegen die Teilungsversteigerung sprechenden wirtschaftlichen Gründe unberücksichtigt. Die Belange der anderen Miteigentümer müssen aber Berücksichtigung finden, die wirtschaftliche Lage des Pfändungsgläubigers nur ausnahmsweise.

85 Bei einer Einstellung gemäß Abs. 2 beginnt die 6-Monatsfrist nach § 31 Abs. 1 Satz 2 nach § 31 Abs. 2 ZVG (entsprechend) mit dem Zeitpunkt, bis zu dem die Einstellung angeordnet war.

86 Die einstweilige Einstellung ist nach Abs. 2 begründet, wenn dies *bei Abwägung der widerstreitenden Interessen der mehreren Miteigentümer angemessen* erscheint. Sie soll nach ihrem Grundgedanken durch Abwägung der widerstreitenden Interessen verhindern, dass ein wirtschaftlich Stärkerer unter Ausnutzung vorübergehender Umstände die Versteigerung „zur Unzeit" durchsetzt, um den wirtschaftlich Schwächeren zu ungünstigen Bedingungen aus dem Grundstück zu drängen.[74] Ziel der einstweiligen Einstellung ist daher, einen zeitlich befristeten Aufschub zu erreichen. Besondere Umstände müssen einen befristeten Aufschub angemessen erscheinen lassen, weil in der Einstellungszeit mit einer Veränderung dieser Umstände gerechnet werden kann. Es muss sich um Umstände handeln, die in sechs oder zwölf Monaten voraussichtlich behebbar sind, nicht um solche, die gegen die Teilungsversteigerung als solche sprechen. Nach diesen Grundsätzen rechtfertigt auch eine dauerhafte gesundheitliche Beeinträchtigung eines Beteiligten nicht die einstweilige Einstellung der Teilungsversteigerung nach § 180

---

71 BGH, Rpfleger 1981, 187.
72 Ja: *Schiffhauer*, ZIP 1982, 526 ff.; Steiner/*Teufel*, § 180 Rdn. 135; OLG Hamm, Rpfleger 1958, 269; LG Kempten, NJW 1976, 299; a.A. OLG Hamburg, MDR 1958, 45; LG Osnabrück, Rpfleger 1960, 409 m. Anm. *Mohrbutter*; LG Berlin, Rpfleger 1991, 107.
73 LG Stendal, Rpfleger 1998, 122; *Stöber*, ZVG § 180 Rdn. 11.12; *Böttcher*, Rpfleger 1993, 389, 393.
74 BGH, NJW 1981, 2065 = Rpfleger 1981, 187.

Abs. 2.[75] Erforderlich ist stets eine Interessenabwägung bei einem auf gesundheitliche Gefahren für Angehörige gestützten Antrag auf Einstellung, insbesondere wenn das Verfahren nach Pfändung und Überweisung des Teilungsanspruchs von dem Gläubiger eines Miteigentümers betrieben wird.

Eine den Einstellungsantrag rechtfertigende Begründung wird überwiegend nur dann vorliegen, wenn vorübergehend Umstände vorgetragen werden, z.b. solche, die zur Zeit ein wirtschaftlich vernünftiges Versteigerungsergebnisse verhindern (z.b. bevorstehende Einbeziehung eines landwirtschaftlichen Grundstücks in einem Bebauungsplan, eine bevorstehende Werterhöhung des Grundstückes, Gefährdung der wirtschaftlichen Existenz, da sich auf dem Grundstück der hauseigene Betrieb befindet, das im Rohbau befindliche Haus wird demnächst fertiggestellt, das Ergebnis eines Enteignungsverfahrens ist abzuwarten).[76] Stellt er Antragsgegner den Einstellungsantrag gegenüber einem das Verfahren betreibenden Pfändungsgläubiger, kann zur Begründung vorgetragen werden, dass die der Pfändung zugrunde liegende Forderung innerhalb der Einstellungsfrist beglichen wird. Das Vollstreckungsgericht wird bei Abwägung der vorgetragenen Gründe zu beachten haben, dass dem Antragsteller materiell-rechtlich grundsätzlich ein fast unbeschränkter Auseinandersetzungsanspruch zusteht. Eine einstweilige Einstellung wird daher nur in besonderen Ausnahmefällen in Betracht kommen. 87

e) **Einstweilige Einstellung zum Schutz eines Kindes (Abs. 3, 4)**

Der Einstellungsgrund des Abs. 3 will das Interesse des Kindeswohls[77] schützen. In der gerichtlichen Praxis sind überwiegend – nach wie vor – als Eigentümer Eheleute nach Bruchteilen am Grundstück eingetragen; vielfach befindet sich auf dem Grundstück das noch oder bisher gemeinsam bewohnte Haus. Sind Kinder vorhanden – ob minderjährige oder bereits volljährig – können sie in ihrer persönlichen, schulischen oder beruflichen Entwicklung durch die Teilungsversteigerung besonders hart getroffen werden, wenn ein Miteigentümer bei noch bestehender Ehe oder nach Scheidung die Teilungsversteigerung beantragt und der damit verbundene Verlust des Elternhauses droht. 88

Abs. 3 setzt Miteigentum (Bruchteils- oder Gesamthandseigentum) der Ehegatten oder früheren Ehegatten bzw. Lebenspartner oder früherer Lebenspartner voraus. Sind noch andere Miteigentümer vorhanden, ist die Anwendung von Abs. 3 ausgeschlossen. Übt ein Dritter (z.B. der Pfändungsgläubiger) das Recht auf Aufhebung der Gemeinschaft aus, bleibt Abs. 3 jedoch anwendbar, denn demjenigen, der das Recht auf Auseinandersetzung hat, stehen nicht mehr Rechte zu als dem Miteigentümer selbst. 89

Die mehrfache Wiederholung der Einstellung ist zulässig (Abs. 3 S. 2). Das Vollstreckungsgericht kann seinen Beschluss auf Antrag jederzeit aufheben oder ändern, wenn dies mit Rücksicht auf eine Änderung der Sachlage geboten ist (Abs. 3 S. 4). 90

Einstweilige Einstellungen zum Schutze eines Kindes dürfen mit den einstweiligen Einstellungen nach § 180 Abs. 2 insgesamt einen Zeitraum von **fünf Jahren** nicht überschreiten (Abs. 4). 91

---

75 BGH, Rpfleger 2004, 722 = NJW 2004, 3635 = MDR 2005, 55 = WM 2004, 2021; *Haentjens,* NJW 2004, 3609.
76 *Stöber,* ZVG § 180 Rdn. 12.3 m. Bsp.; *Brudermüller,* FamRZ 1996, 1516, 1517.
77 Hierzu *Meyer-Stolte,* Rpfleger 1987, 515.

92 Die einstweilige Einstellung erfolgt nur auf **Antrag**. **Antragsberechtigt** sind ausschließlich der Ehegatte (oder frühere Ehegatte), der Lebenspartner (oder frühere Lebenspartner) da die Vorschrift nur dann Anwendung findet, wenn das Verfahren Ehegatten oder frühere Ehegatten bzw. Lebenspartner oder frühere Lebenspartner betrifft. Das Kind selbst ist ausnahmsweise dann antragsberechtigt, wenn es als Miteigentümer im Grundbuch eingetragen ist.[78]

93 Auch hier muss die Einstellung binnen der **Notfrist von zwei Wochen** gestellt werden. Ist die Frist für einen Antrag auf einstweilige Einstellung wegen Gefährdung des Kindeswohles versäumt worden, so kann die einstweilige Einstellung auch nicht aus den Gründen des effektiven Rechtsschutzes erfolgen.[79] Über den Fristbeginn und die Rechtsfolgen eines fruchtlosen Fristablaufes hat das Vollstreckungsgericht zu belehren, § 180 Abs. 3 S. 3, § 30b. Zur Fortsetzung des Verfahrens ist ebenfalls wieder ein Antrag zu stellen. Die Notfrist kann aus Gründen des effektiven Rechtsschutzes nicht vernachlässigt werden.[80] Auch wenn dies sicherlich richtig ist, dem Schutzzweck der Vorschrift kann die Einhaltung einer Notfrist nur selten gerecht werden. Die Gründe, die eine ernsthafte Gefährdung des Wohls eines Kindes zum Inhalt haben, werden nicht immer bereits zu Beginn der Teilungsversteigerung vorliegen und können somit auch nicht Inhalt der Notfrist vorgetragen werden. Treten die Gründe erst nach Ablauf der Notfrist auf, bleibt nur ein Antrag nach § 765a ZPO, der an keine Frist gebunden ist.

94 Problematisiert wird die **funktionelle Zuständigkeit** des Vollstreckungsgerichts und damit des Rechtspflegers für die Entscheidung.[81] *Maurer* kommt zu dem Ergebnis: „*Die Zuständigkeit des Rechtspflegers zur Entscheidung über die Gefährdung des Wohl eines Kindes nach Abs. 3 ist nicht gegeben. Will der Antragsteller einem Einstellungsantrag entgegentreten, muss er sich an das Familiengericht wenden, das die Einstellung mit einstweiliger Anordnung nach § 13 Abs. 4 HausratsVO anordnen kann. De lege ferenda erscheint eine Streichung des Abs. 3 zweckmäßig*".[82]

Diese Auffassung ist abzulehnen. Richtig ist zwar, dass beim Familiengericht der Richter für die Entscheidung zuständig wäre, jedoch ist der Rechtspfleger sehr wohl in der Lage, diese Fragen zu beurteilen und zu entscheiden. Hieran ändert auch die Tatsache nichts, dass im Vollstreckungsverfahren der Amtsermittlungsgrundsatz nicht gilt und nur Glaubhaftmachung anstatt echter Beweiserhebung in Betracht kommt. Es ist zunächst nicht einzusehen, warum mit diesen Mitteln keine sachgerechte Entscheidungsgrundlage geschaffen werden kann.[83] Aber auch bereits aus prozessökonomischen Gründen sollte das Verfahren nicht an eine andere Abteilung des Gerichts abgegeben werden.

95 Die Einstellung des Verfahrens muss zur *Abwendung einer ernsthaften Gefährdung des Wohles eines gemeinschaftlichen Kindes* erforderlich sein. Voraussetzung für die Anwendung von Abs. 3 ist, dass nur die Ehegatten/Le-

---

78 Stöber, ZVG § 180 Rdn. 13.2; Böttcher, § 180 Rdn. 71.
79 LG Essen, FamRZ 1988, 1191.
80 LG Essen, FamRZ 1988, 1191.
81 Maurer, FamRZ 1991, 1141; Meyer-Stolte, Rpfleger 1991, 216 in Anm. zu LG Heidelberg; Brudermüller, FamRZ 1996, 1518 und Böttcher, § 180 Rdn. 77.
82 Maurer, FamRZ 1991, 1141.
83 So auch Löhnig/Ahrens, § 180 Rdn. 30.

bensfpartner (oder frühere) Eigentümer des Grundbesitzes sind und das Kindeswohl durch die Teilungsversteigerung ernsthaft gefährdet wird. Zu den gemeinschaftlichen Kindern gehört auch ein **angenommenes Kind**, § 1741 Abs. 2 BGB.[84] Auf das Wohl anderer Kinder, auch wenn sie langjährig in dem gemeinsamen Familienheimen gelebt haben, kommt es nach dem Wortlaut des Gesetzes nicht an; auch **Pflegekinder** sind über Abs. 3 nicht schützenswert (nur über § 765a ZPO).[85] Dem kann jedoch nicht zugestimmt werden. Möglicherweise liegt der Vorschrift auch ein mittlerweile überkommener Begriff eines gemeinschaftlichen Kindes zu Grunde, der so nicht mehr vertreten werden kann. Gleichermaßen schutzbedürftig ist auch ein **nicht-eheliches Kind**, welches mit den Ehegatten gemeinsam im Haus lebt. Eine andere Auffassung ist nur schwerlich mit Art. 6 Abs. 5 GG in Einklang zu bringen. Weiterhin gehören hierzu auch volljährige Kinder.[86]

Eine Gefährdung des Kindeswohls wird nur dann anzunehmen sein, wenn aufgrund besonderer Umstände das *körperliche, geistige oder seelische Kindeswohl* gefährdet ist. Das Vollstreckungsgericht hat sich somit auch mit solchen Fragen zu befassen, die sonst vom Vormundschafts- bzw. Familiengericht zu beachten sind. **Beispiele** aus der Rechtsprechung:

- Zur Annahme einer ernsthaften Gefährdung des Kindeswohls im Sinne des § 180 Abs. 3 ZVG ist regelmäßig ein ursächlicher Zusammenhang der geltend gemachten gesundheitlichen Probleme mit der möglichen Zwangsräumung notwendig.[87]
- Eine ernsthafte Gefährdung des Kindeswohles setzt voraus, dass es zu den allgemeinen mit einem Umzug aus dem Familienheim verbundenen Unzuträglichkeiten Umstände hinzutreten, die den Verlust des Familienheimes im jetzigen Zeitpunkt als erhebliche Beeinträchtigung des körperliche, seelischen oder geistigen Wohls des Kindes erscheinen lassen.[88]
- Das Kindeswohl ist im Allgemeinen dann ernsthaft gefährdet, wenn die Ehegatten im Versteigerungsobjekt wohnen, ihr persönliches Verhältnis ungewöhnlich zerrüttet ist und dadurch sowie durch die drohende Versteigerung des Familienheims die Schulleistung gemeinsamer Kinder deutlich zurückgegangen sind.[89]
- Die Gefährdung des Kindeswohls sowie die Schutzfunktion bei einem volljährigen, behinderten Kind rechtfertigt eine Verfahrenseinstellung.[90]
- Bei einer Teilungsversteigerung kann die familiäre Situation des betroffenen Kindes zwar nicht allein, wohl aber im Zusammenwirken mit weiteren belastenden Elementen den Ausschlag für eine Einstellung des Versteigerungsverfahrens geben.[91]

---

84 LG Hamburg, FamRZ 1988, 424; AG Hamburg, Rpfleger 1990, 523 m. Anm. *Meyer-Stolte*.
85 So BGH, Rpfleger 2007, 408 = NJW 2007, 3430; LG Hamburg, FamRZ 1988, 424.
86 LG Berlin, Rpfleger 1987, 515.
87 LG Konstanz, Rpfleger 2002, 219.
88 LG Berlin, Rpfleger 1987, 514.
89 LG Limburg, FamRZ 1987, 1065.
90 LG Berlin, FamRZ 1987, 1066.
91 LG Heidelberg, Rpfleger 1991, 215 = FamRZ 1991, 588.

- Eine einstweilige Einstellung der Teilungsversteigerung kommt in Betracht, solange über das Sorgerecht der Kinder noch nicht entschieden ist.[92]
- Bei der Frage, ob eine ernsthafte Gefahr für das Kindeswohl besteht, kommt es nicht darauf an, ob der die einstweilige Einstellung des Verfahrens beantragende Ehegatte die Gefährdung mitzuverantworten hat. Eine ernsthafte Gefährdung liegt bereits dann vor, wenn dem Kind durch den drohenden Verlust des Eigenheims schwere gesundheitliche und seelische Schäden drohen.[93]

97 Nicht ausreichend zur Begründung sind z.b. ein Schulwechsel, der Verlust eines Spielgefährten oder einer vertraut gewordenen Umgebung oder Betreuungsperson.[94]

98 Abs. 2 und Abs. 3 sind gleichzeitig anwendbar, nicht nebeneinander. Wird ein Einstellungsantrag gestellt, ist auch gemäß Abs. 3 zu prüfen, wenn die Begründung des Antrages dieser Richtung weist. Je nach Sachlage kann dem auf Abs. 2 gestützten Antrag entsprochen und der sich auf Abs. 3 berufende Antrag zurückgewiesen werden oder umgekehrt. Das muss eindeutig im Beschluss des Vollstreckungsgerichts zum Ausdruck kommen.

99 Die gleichzeitige Anwendung von Abs. 2 und Abs. 3 kann im Hinblick auf die Regelung in Abs. 4 zu einer Höchstdauer der einstweiligen Einstellungen von bis zu fünf Jahren führen. Damit wird im Extremfall dem antragstellenden Miteigentümer eine erhebliche Einschränkung der Verwertung seines Miteigentums zugemutet. Sie wird daher wohl nur in ganz besonderen Ausnahmefällen zu rechtfertigen sein.

100 In besonderen Fällen kann das Vollstreckungsgericht auch eine **mündliche Verhandlung** anberaumen; die Zulässigkeit ergibt sich aus § 30b Abs. 2 Satz 2. Auch könnten in einer solchen Verhandlung die Möglichkeiten einer **vergleichsweisen Erledigung** erörtert werden.

101 Die Ablehnung eines Einstellungsantrages als auch die Einstellung selbst hat in Form eines **begründeten Beschlusses** zu erfolgen, sie bedarf keiner Kostenentscheidung.

102 Sowohl die Ablehnung des Antrages als auch die Einstellung des Verfahrens ist mit der **sofortigen Beschwerde** anfechtbar (§ 30b Abs. 3), nach Zulassung durch das Landgericht (§ 574 Abs. 2 ZPO) ist die **Rechtsbeschwerde** zum BGH gegeben.

f) Vollstreckungsschutz, § 765a ZPO

103 Als Zwangsverfahren findet die Teilungsversteigerung gegen den Willen der Miteigentümer statt. Die gesamten Vorschriften des ZVG sind Teil der ZPO (§ 869 ZPO); allerdings geht es nicht um die Durchsetzung eines titulierten Gläubigeranspruches, sondern um die Durchsetzung des materiell-rechtlichen Auseinandersetzungsanspruches. Ob § 765a ZPO in der Teilungsversteigerung Anwendung findet, ist nach wie vor umstritten. Vom Grundsatz her muss die Anwendbarkeit

---

92 LG Berlin, Rpfleger 1992, 170.
93 LG Offenburg, Rpfleger 1994, 177.
94 AG Braunschweig, JurBüro 2001, 661; LG Berlin, Rpfleger 1987, 515; LG Frankenthal, Rpfleger 1987, 124; LG Essen, FamRZ 1988, 1191; AG Hamburg, Rpfleger 1990, 523.

jedoch bejaht werden.[95] Die grundgesetzlich geschützten Rechte des Schuldners bzw. des Antragsgegners sind immer zu berücksichtigen.[96] Der Antrag ist an keinerlei Fristen gebunden. Es kann auch in der Teilungsversteigerung immer wieder zu Situationen kommen, in denen das Vollstreckungsgericht dem Antragsteller oder Antragsgegner die Möglichkeit geben muss, das Verfahren befristet einzustellen. Ist die Notfrist zur Stellung eines Einstellungsantrages nach Abs. 2 bzw. Abs. 3 verstrichen, muss als allgemeine Schutzvorschrift des Vollstreckungsrechts auch § 765a ZPO in der Teilungsversteigerung Anwendung finden. Zum Schutz des Kindeswohls vgl. bereits → Rdn. 93.

Im Hinblick auf den Ausnahmecharakter dieser Vorschrift wird in der Praxis eine einstweilige Einstellung jedoch nur ausnahmsweise in Betracht kommen. Die Frage der **Sittenwidrigkeit** des Vollstreckungsantrages ist hierbei nach objektiven Gesichtspunkten zu beurteilen, nicht nach dem subjektiven Empfinden des Schuldners. Einem entsprechenden Antrag kann daher nur stattgegeben werden, wenn dies wegen ganz besonderer Umstände erforderlich ist, die für den Antragsgegner eine Härte bedeuten würden, die mit den guten Sitten nicht zu vereinbaren ist. Die Vorschrift ist eng auszulegen.[97] Sie ist nur in besonders gelagerten Fällen, nämlich allein dann heranzuziehen, wenn die Anwendung der zwangsvollstreckungsrechtlichen Vorschriften anderenfalls zu einem ganz untragbaren Ergebnis führen würde.[98] Beispielhaft kann es sich um ein krasses Missverhältnis von Meistgebot und Grundstückswert handeln, das zu Sittenwidrigkeit führt, also z.B. zum Schutz vor einer **Grundstücksverschleuderung**. Dieser Tatbestand ergibt sich erst im Laufe des Versteigerungstermins, wenn die Fristen für eine einstweilige Einstellung nach § 180 Abs. 2, 3 bereits verstrichen sind. Zwar kann auch im ersten Versteigerungstermin der Zuschlag nicht unter $^5/_{10}$ des Verkehrswertes erteilt werden, § 85a, in einem weiteren Termin gilt diese Wertgrenze jedoch nicht mehr. In der Praxis kommt es immer wieder vor, dass ein finanzkräftiger Ehepartner versucht, den anderen Ehegatten aus dem Eigentum am Grundstück herauszudrängen, um das Grundstück möglichst billig zu erwerben. Jeder Miteigentümer muss daher die Möglichkeit haben, sich einem solchen Vorgehen zu erwehren.

---

95 Jetzt BGH, Rpfleger 2007, 408, offen gelassen noch Rpfleger 2004, 722 = NJW 2004, 3635 = MDR 2005, 55 = WM 2004, 2021; *Haentjens*, NJW 2004, 3609; bejahend: OLG Braunschweig, NJW 1961, 129; OLG Bremen, Rpfleger 1979, 72; OLG Köln, Rpfleger 1991, 197 = MDR 1991, 452; OLG Karlsruhe, Rpfleger 1994, 223; KG, Rpfleger 1998, 298; LG Stuttgart, Rpfleger 1992, 491; *Stöber*, Einl. 52.6; Steiner/*Teufel*, § 180 Rdn. 146; *Eickmann*, § 32 V; *Böttcher*, § 180 Rdn. 84; *Brudermüller*, FamRZ 1996, 1519; nicht eindeutig LG Bielefeld, Rpfleger 1983, 168; verneinend: OLG Oldenburg, NJW 1955, 150; LG Berlin, MDR 1959, 47; OLG Hamm, Rpfleger 1960, 253; OLG Hamm, Rpfleger 1964, 341; OLG Karlsruhe, ZMR 1973, 89; LG Hildesheim, MDR 1971, 589; LG Frankenthal, Rpfleger 1985, 315; LG Berlin, Rpfleger 1993, 297.
96 BVerfG, NJW 1979, 2607 = Rpfleger 1979, 450; OLG Köln, Rpfleger 1990, 30 und 1997, 33 bei Selbstmordgefahr; KG, Rpfleger 1995, 469; OLG Düsseldorf, Rpfleger 1998, 208; LG Krefeld, Rpfleger 1996, 363; BVerfG, NJW 1991, 3307 bei altersbedingter geistiger Gebrechlichkeit; BVerfG, Rpfleger 1992, 259 drohende gesundheitliche Schäden; umfassend auch *Fischer*, Rpfleger 2004, 599.
97 BGH, NJW 1965, 2107 = Rpfleger 1965, 302.
98 BGH, Rpfleger 2004, 302 = NZM 2004, 347 = WM 2004, 646 = ZfIR 2004, 440; BGH, Rpfleger 2002, 578 = BGHZ 151, 384 = KTS 2003, 166 = MDR 2002, 1213 = WM 2002, 1809 = ZIP 2002, 1595 = InVo 2003, 41 = ZfIR 2002, 753.

105 Nach einer Entscheidung des **BVerfG**[99] kann bereits die Anordnung des Versteigerungsverfahrens eine ernsthafte **Gefährdung** des **Lebens** und der körperlichen Unversehrtheit des Schuldners besorgen, sodass zumindest eine zeitweilige Einstellung des Verfahrens in Betracht kommt. Es muss aber auch nicht immer um die Person des Schuldners selbst gehen. Ein wichtiger Grund i.S.d. § 765a ZPO kann auch gegeben sein, wenn die Möglichkeit besteht, dass ein naher **Angehöriger** wegen der Anordnung der Zwangsversteigerung stirbt oder ernsthaft erkrankt.[100] Gerade unter Zugrundelegung der Rechtsprechung des BVerfG zum Grundrechtsschutz aus Art. 2 Abs. 2 S. 1 GG ist eine ganz besonders gewissenhafte Prüfung der Voraussetzungen des § 765a ZPO vorzunehmen, wenn nach dem Vortrag des Schuldners eine schwerwiegende Gefährdung seines Lebens oder seiner Gesundheit zu besorgen ist, dem gleichgestellt ist eine schwerwiegende Gefährdung des Lebens oder der Gesundheit naher Angehöriger des Schuldners (s. hierzu auch die Rechtsprechung bei → § 30a Rdn. 37.1, 37.2).[101] Zulässig ist im Zweifel auch die Anordnung einer Betreuung mit dem Aufgabenkreis der Vertretung im Teilungsversteigerungsverfahren.[102] **Beispiele** aus der Rechtsprechung:

- Die Entscheidung nach § 765a ZPO, dass wegen der Gefahr der Selbsttötung des Schuldners ein Zwangsversteigerungsverfahren über sein Wohngrundstück einstweilig oder sogar unbefristet einzustellen ist, erfordert eine umfassende Abwägung der wechselseitigen Interessen und eine besonders sorgfältige Nachprüfung des entsprechenden Vortrags.[103]
- Die Unfähigkeit, aus eigener Kraft oder mit zumutbarer fremder Hilfe eine Konfliktsituation (hier: bevorstehende Zwangsräumung des Gewerberaummieters infolge Überschuldung) situationsangemessen zu bewältigen, verdient auch dann Beachtung, wenn ihr kein Krankheitswert (hier: Risiko des Bilanzselbstmords) zukommt.[104]
- Unter Berücksichtigung der Rechtsprechung des BVerfG zur Prüfung der Voraussetzungen bei Gefahr für Leib und Leben, ist dem Vorbringen des Schuldners, ihm drohten durch das Zwangsversteigerungsverfahren seines Hausgrundstücks schwerwiegende Gesundheitsschäden, besonders sorgfältig nachzugehen, gegebenenfalls durch Einholung ärztlicher Gutachten. Einen Antrag nach § 765a ZPO kann der Schuldner bereits unmittelbar nach der Anordnung der Zwangsversteigerung stellen.[105]

---

99 Rpfleger 1994, 427.
100 Hierzu zuletzt BGH, Rpfleger 2010, 681 = NJW-RR 2010, 1649 = FamRZ 2010, 1652 = ZfIR 2010, 738 (*Keller*) und erneut BGH, Rpfleger 2012, 38 = NJW-RR 2011, 1452.
101 Die auf Dauer wirkende Einstellung der Zwangsvollstreckung aus einem Räumungsvergleich kann dann erforderlich sein, wenn ein schwerwiegender Eingriff in das Grundrecht des Art. 2 Abs. 2 S. 1 GG durch drohende gesundheitliche Schäden zu besorgen ist, so BVerfG, Rpfleger 1992, 259 und 1994, 427 und 1994, 470.
102 BGH, Beschluss vom 26.2.2014, XII ZB 577/13, Rpfleger 2014, 421 = FamRZ 2014, 830 = FGPrax 2014, 159 und davor LG Ulm, Beschluss vom 26.9.2013, 3 T 71/13, BeckRS 2014, 06708.
103 OLG Oldenburg, MDR 2002, 664.
104 BVerfG, InVo 2001, 449 = NJW-RR 2001, 1523.
105 Brandenbg. OLG, Rpfleger 2001, 91.

- Besteht die Möglichkeit, dass ein naher Angehöriger des Schuldners wegen der Anordnung der Zwangsversteigerung stirbt oder ernsthaft erkrankt, kann dies ein wichtiger Grund i.S.d. § 765a ZPO sein.[106]
- Trägt einer der Antragsteller der Teilungsversteigerung, der dem Gutachter eine Innenbesichtigung des Objektes nicht ermöglicht hat, im Termin den Bietinteressenten im Gebäude liegende Mängel vor, führt einen Mietvertrag ein und kündigt an, er räume das Objekt nicht freiwillig, so handelt er weder rechtsmissbräuchlich noch sittenwidrig, auch wenn er Meistbietender wird. Gebote eines Immobilienmaklers beruhen auf ökonomischen Erwägungen. Sie entsprechen bereits den Erwartungen an einen vernünftigen Erlös.[107]

g) Neue Bundesländer

Vermögenswerte, die den Maßnahmen im Sinne des § 1 VermG unterlagen und in Volkseigentum überführt oder an Dritte veräußert wurden, sind auf Antrag an die Berechtigten zurückzuübertragen, soweit dies nicht nach besonderen Vorschriften ausgeschlossen ist, § 3 Abs. 1 VermG. Beschlüsse, durch die die Zwangsversteigerung eines Grundstücks oder Gebäudes angeordnet wird, sowie Ladungen zu Terminen in einem Zwangsversteigerungsverfahren sind dem Berechtigten zuzustellen, § 3b Abs. 2 VermG. Hieraus ist deutlich abzulesen, dass der Rückübertragungsanspruch eines mit Restitutionsansprüchen belasteten Grundstücks auch kein der Teilungsversteigerung entgegenstehenden Rechts ist, welches von Amts wegen zu berücksichtigen ist, § 28.

Soll ein Grundstück oder ein Gebäude, für das ein Antrag nach § 30 VermG vorliegt, im Wege der von einem Verfügungsberechtigten (§ 2 Abs. 3 VermG) beantragten Teilungsversteigerung versteigert werden, ist das Zwangsversteigerungsverfahren auf Antrag des Berechtigten (§ 2 Abs. 1 VermG) bis zum Eintritt der Bestandskraft der Entscheidung über den Rückübertragungsantrag einstweilen einzustellen (§ 3b Abs. 3 VermG). Die einstweilige Einstellung ist zu versagen, wenn im Falle einer rechtsgeschäftlichen Veräußerung eine Grundstücksverkehrsgenehmigung nach § 2 Abs. 1 Satz 2 Nr. 2 oder 3 GVO nicht erforderlich wäre. Sie kann versagt werden, wenn eine Grundstücksverkehrsgenehmigung nach § 1 Abs. 2 Satz 2 GVO erteilt werden könnte.

Bei einer nach dem 31.12.2000 angeordneten Zwangsversteigerung erlischt der Rückübertragungsanspruch nach dem Vermögensgesetz, § 9a Abs. 1 S. 3 EGZVG (zu Einzelheiten s. → § 9a EGZVG Rdn. 6).

12. Antragsrücknahme

Der Antrag auf Teilungsversteigerung kann von dem Antragsteller in jeder Lage des Verfahrens zurückgenommen werden. Wegen Einzelheiten siehe Erläuterungen zu § 29.

Eine Rücknahme nach Wirksamwerden der Zuschlagserteilung ist jedoch wirkungslos. Kostenerstattungsansprüche von anderen Beteiligten können gegen den Antragsteller nur außerhalb der Zwangsvollstreckung geltend gemacht werden; § 788 ZPO findet hier keine entsprechende Anwendung. Eine Kostenentschei-

---

106 OLG Hamm, Rpfleger 2001, 508.
107 LG Münster, Rpfleger 2002, 639.

dung wird nicht getroffen.[108] Zur Vermeidung von Nachteilen kann daher dem Antragsgegner nur geraten werden, der Teilungsversteigerung beizutreten, selbst Antragsteller zu werden (s.a. → Rdn. 48 ff.).

13. Festsetzung des Verkehrswertes

111 Die Festsetzung des Verkehrswerts des Grundstücks (§ 74a Abs. 5) hat auch in der Teilungsversteigerung zu erfolgen, denn auch hier kann die Versagung des Zuschlags gem. § 85a Abs. 1 bzw. § 74a Abs. 1 in Betracht kommen (z.b. bei unterschiedlicher Belastung von Bruchteilseigentum).[109]

112 Gerade in der Teilungsversteigerung stellt sich häufig die Frage, ob stets ein (teures) Gutachten eines Sachverständigen zur Verkehrswertfestsetzung eingeholt werden muss. Auch wenn das Gericht regelmäßig einen Sachverständigen beauftragen wird, können auch andere Wertunterlagen infrage kommen, z.b. private Gutachten, bekannte Vergleichswerte, frühere Wertfestsetzungen (hierzu → § 74a Rdn. 40 ff.). Voraussetzung für die Anerkennung anderer Unterlagen dürfte jedoch stets davon abhängen, dass die beteiligten Miteigentümer sich hierüber einig sind. Sobald der festzustellende Wert auch nur von einem der Miteigentümer bestritten wird, wird das Gericht einen unabhängigen Gutachter mit der Ermittlung beauftragen.

113 Ein weiteres Problem, gerade in der Teilungsversteigerung, ist die Besichtigung des Gebäudes; insbesondere wenn einer der Ehegatten alleine im Objekt wohnt, wird häufig der Zutritt dem Sachverständigen und erst recht potenziellen Bietinteressenten verwehrt. Selbst dem (noch) Ehepartner wird der Zutritt verwehrt, obwohl er noch als Miteigentümer im Grundbuch eingetragen ist. An der **Besichtigung** des Grundstückes und des Bauobjektes dürfen Antragsteller und Antragsgegner **teilnehmen**, sie sind daher rechtzeitig durch den Sachverständigen von dem Termin zu unterrichten. Den Zutritt zu dem Grundstück kann grundsätzlich weder der Sachverständige noch das Gericht erzwingen (hierzu → § 74a Rdn. 50 ff.). Im Verfahren der Teilungsversteigerung jedoch hat der Miteigentümer – anders als bei der Forderungsversteigerung – Anspruch darauf, dass **Bietinteressenten** wenigstens einmal vor dem Versteigerungstermin das Hausgrundstück besichtigen können. Dies gilt selbst dann, wenn der Miteigentümer, der das Hausgrundstück alleine bewohnt, es selbst ersteigern will.[110] Dieser Aussage ist generell zuzustimmen. Sowohl dem nicht im Objekt wohnenden Ehepartner, dem Sachverständige als auch Bietinteressenten muss vor dem Versteigerungstermin der Zutritt gewährt werden, wenn ein Miteigentümer dies möchte, der andere verweigert.[111] Im Streitfall ist dies durch einstweilige Verfügung auf Gewährung des Zutritts zu erzwingen. Auch im Teilungsversteigerungsverfahren bedarf die sofortige Beschwerde mit dem Ziel der Herabsetzung des festgesetzten Verkehrswertes des Rechtsschutzinteresses im Einzelfall. Das Interesse eines der beteiligten Eigentümer, den Grundbesitz selbst zu einem möglichst niedrigen Gebot ersteigern zu können, ist als verfahrenszweckwidrig nicht schutzwürdig.[112]

---

108 LG Düsseldorf, JurBüro 1988, 1415 mit Anm. *Mümmler*.
109 OLG Düsseldorf, Rpfleger 1981, 69.
110 AG Erkelenz, ZMR 2000, 388.
111 Bergschneider/*Hintzen*, Familienvermögensrecht Rdn. 10.120.
112 LG Bonn NJOZ 2007, 1137 = InVo 2006, 409.

14. Terminsbestimmung und Mitteilungen

Die Terminsbestimmung muss die Angabe enthalten, dass die Zwangsversteigerung zum Zwecke der Aufhebung der Gemeinschaft erfolgt; erfolgt diese Angaben nicht, ist dies ein unheilbarer Zuschlagsversagungsgrund, § 43 Abs. 1, § 83 Nr. 7, § 84.[113] Der Hinweis zu § 37 Nr. 4 ist entsprechend zu ändern, die Worte „*dem Anspruch des Gläubigers und*" haben zu entfallen, weil in der Teilungsversteigerung ein Geldanspruch des Gläubigers nicht gegeben ist. 114

Nach der **MiZi**[114] (Abschnitt VII) sind Mitteilungen über die Bestimmung des Versteigerungstermins an die dort genannten Stellen zu übersehen (hierzu → § 41 Rdn. 10). Für Betriebssteuerrückstände haftet der Ersteher nicht, eine Mitteilung an das Finanzamt ist daher auch nicht vorgesehen.[115] 115

Wie in der Forderungsversteigerung ergeht auch in der Teilungsversteigerung im Laufe der vierten Woche vor dem Zwangsversteigerungstermin an die Beteiligten die Mitteilung, auf wessen Antrag und Beitritt die Versteigerung erfolgt, § 41 Abs. 2. 116

15. Zwangsversteigerungsbedingungen

In der Teilungsversteigerung gelten die gesetzlichen Zwangsversteigerungsbedingungen, die auch für die Forderungsversteigerung gelten. 117

Von den gesetzlichen Bedingungen kann nach Maßgabe von § 59 (siehe dort) **abgewichen** werden. Soweit es sich um Miet- und Pachtverhältnisse handelt, enthält § 183 eine einschneidende Einschränkung. Um überhaupt Interessenten für ein vermietetes Objekt zu finden, können Abweichungen gem. § 59 notwendig werden, die aber in der Teilungsversteigerung immer nur mit Zustimmung des Mieters oder Pächters möglich sind, § 59 Abs. 1 S. 3. 118

Ist nach Vereinbarung der Miteigentümer oder aufgrund letztwilligen Verfügung die **Veräußerung** des gemeinschaftlichen Grundstücks **an einen Dritten** unstatthaft (§ 753 Abs. 1 S. 2 BGB), handelt es sich um eine gesetzliche Zwangsversteigerungsbedingung, Gebote eines Dritten sind nicht zuzulassen.[116] In diesem Falle ist der Zwangsversteigerungstermin ausnahmsweise nicht öffentlich. Das Vollstreckungsgericht hat im Versteigerungstermin auf die Einschränkung des Bieterkreises ausdrücklich hinzuweisen.[117] 119

16. Geringstes Gebot

Bei der Versteigerung zum Zweck der Aufhebung der Gemeinschaft ist das Einzelausgebot der Miteigentumsanteile unzulässig.[118] Der BGH führt aus, dass entsprechend § 63 Abs. 1 Satz 1 bei der Zwangsversteigerung eines Grundstücks, an dem Bruchteilseigentum besteht, die Eigentumsanteile einzeln auszubieten sind; das nach § 63 Abs. 1 Satz 2 zulässige Gesamtausgebot verdrängt das Einzelausgebot nicht, sondern dieses unterbleibt nur dann, wenn die in § 63 Abs. 4 Satz 1 120

---

113 OLG Koblenz, NJW 1959, 1833; *Böttcher*, § 180 Rdn. 87.
114 Mitteilung in Zivilsachen, Stand 1. Oktober 2014 – 3. Abschnitt Teil VII. Mitteilungen in Zwangsversteigerungssachen.
115 So auch *Stöber*, ZVG § 180 Rdn. 7.25.
116 RGZ 52, 174.
117 Steiner/*Teufel*, § 180 Rdn. 51, 159; *Stöber*, ZVG § 180 Rdn. 7.11d.
118 BGH, Rpfleger 2009, 579 = DNotZ 2010, 54 = WM 2009, 1617 = FamRZ 2009, 1317 = ZfIR 2010, 79 (*Bräuer*).

genannten Beteiligten hierauf verzichten. Gestritten wurde um die Frage, ob auch bei der Teilungsversteigerung die Miteigentumsanteile einzeln auszubieten sind. Mit dem BGH ist diese Frage zu verneinen. Das Verfahren ist auf die vollständige und endgültige Aufhebung der Gemeinschaft und nicht nur auf das Ausscheiden einzelner Miteigentümer unter Fortbestand der Gemeinschaft in anderer personeller Zusammensetzung gerichtet. Mit diesem Verfahrenszweck ist das Einzelausgebot der Miteigentumsanteile nicht zu vereinbaren. Denn es kann zu dem Ergebnis führen, dass nicht auf sämtliche Anteile geboten wird. In diesem Fall wird die Gemeinschaft nicht aufgehoben. Ihre Aufhebung kann auch nicht auf andere Weise, wie durch den Verzicht auf den Miteigentumsanteil, herbeigeführt werden; denn ein solcher Verzicht ist unzulässig.

Zur Feststellung und den Besonderheiten bei der Aufstellung des geringsten Gebots s. § 182.

17. Mehrere Grundstücke

121 Wenn mehrere Grundstücke versteigert werden sollen (zur Verfahrensverbindung siehe zuvor → Rdn. 41), an denen eine personell übereinstimmende Miteigentümergemeinschaft besteht, ist nach § 63 zu verfahren.

122 Handelt es sich um eine Bruchteilsgemeinschaft, aber nur um ein rechtlich selbstständiges Grundstück, ist das sonst erforderliche Einzelausgebot der jeweiligen Miteigentumsbruchteile entbehrlich, da dies dem Verfahrenszweck (Aufhebung der Gemeinschaft) widerspricht.

18. Bietabkommen

123 Bietabkommen können ebenso wie in der Forderungsversteigerung auch in der Teilungsversteigerung geschlossen werden. Zu einem **negatives Bietabkommen**, welches den Zweck verfolgt, Bietinteressenten vom Bieten abzuhalten und damit möglicherweise unwirksam ist, vgl. → § 71 Rdn. 20. Zu einer Ausbietungsgarantie s. → § 66 Rdn. 54 ff. Ein Vertrag, durch den sich ein Miteigentümer einem Dritten gegenüber verpflichtet, den Zwangsversteigerungsantrag zu stellen und nicht selbst mitzubieten, bedarf in entsprechender Anwendung von § 311b BGB der notariellen Beurkundung.[119]

19. Einstellung nach §§ 75, 76

124 Eine einstweilige Einstellung des Verfahrens infolge Zahlung nach § 75 und eine Teileinstellung bei der Versteigerung mehrerer Grundstücke nach § 76 kommen in der Teilungsversteigerung nicht in Betracht. Diese Vorschriften sind hier ohne Bedeutung, da die Anwendung dieser Vorschriften die Geltendmachung einer Geldforderung voraussetzt, an der es in der Teilungsversteigerung fehlt.

20. Ergebnisloses Verfahren

125 Eine ergebnislose Versteigerung nach § 77 mit der Folge der einstweiligen Einstellung und der Aufhebung des Verfahrens, wenn auch der zweite Versteigerungstermin gleichfalls ergebnislos bleibt, ist auch in der Teilungsversteigerung anwendbar. Eine Fortsetzung des Verfahrens als Zwangsverwaltung ist jedoch ausgeschlossen, eine Zwangsverwaltung nach §§ 180 ff. gibt es nicht.

---

119 OLG Hamm, Rpfleger 1974, 267 = MDR 1974, 311 = DNotZ 1974, 507.

Nach § 753 Abs. 2 BGB kann der Miteigentümer bei einem misslungenen Ver- **126** äußerungsversuch die Wiederholung verlangen, hat jedoch die Kosten zu tragen, wenn der wiederholte Versuch ebenfalls misslingt. Diese **Kostentragungspflicht** gilt aber nur im Innenverhältnis der Gemeinschaft.

21. Sicherheitsleistung

Die Bestimmungen über die Sicherheitsleistung, §§ 67–70, sind auch grundsätz- **127** lich in der Teilungsversteigerung anzuwenden. Die Miteigentümer sind als Beteiligte i.S.v. § 67 Abs. 1 anzusehen. Bietet z.b. der Antragsteller des Verfahrens, muss er auf Verlangen eines Beteiligten, dessen Recht durch die Nichterfüllung des Gebotes beeinträchtigt wird, Sicherheit leisten. Dies gilt auch für das Verlangen des Antragsgegners, sofern sich nach der Höhe des Gebots ein Erlösüberschuss ergibt.

Nicht anzuwenden ist jedoch die Vorschrift des § 68 Abs. 3[120], wonach der **128** Schuldner in der Forderungsversteigerung (hier der Antragsgegner in der Teilungsversteigerung) bei Abgabe eines Gebotes erhöhte Sicherheit leisten muss. Ein zu deckender Anspruch ist für den Antragsteller in der Teilungsversteigerung nicht vorhanden, deswegen kann diese Vorschrift keine Anwendung finden.

Zu der Besonderheit, wenn dem bietenden Miteigentümer ein durch das Gebot **129** ganz oder teilweise gedecktes Grundpfandrecht zusteht, s. § 184.

22. Gebote

Gebote, die im Termin abgegeben werden, beziehen sich – ebenso wie in der **130** Forderungsversteigerung – nur auf den **bar zu zahlenden Teil** des geringsten Gebotes. Das erste Gebot ist daher nur zulässig und wirksam, wenn es mindestens das geringste Bargebot umfasst, § 49 Abs. 1. Die nach den Versteigerungsbedingungen **bestehen bleibenden dinglichen Rechte** müssen bei der Abgabe eines Gebotes der Höhe nach mit berücksichtigt werden. Diese Rechte bleiben bestehen und sind vom Ersteher zu übernehmen.

In der Teilungsversteigerung werden häufig Gebote von den (noch) Miteigen- **131** tümern abgegeben. In keinem Falle darf ein bestehen bleibendes Grundpfandrecht, welches teilweise oder überhaupt nicht mehr valutiert, hierbei nur noch mit dem entsprechenden **Fremdrechtsteilbetrag** bei der Abgabe eines Gebotes berücksichtigt werden. Die persönliche Forderung, die einer bestehen bleibenden **Grundschuld** zugrunde liegt, ist den Miteigentümern bekannt und nur unter Zugrundelegung dieses Betrages werden dann Gebote abgegeben. Ein nach den Versteigerungsbedingungen bestehen bleibendes Recht ist jedoch in voller Höhe Teil des „Meistgebotes". Es ist vom Ersteher in voller Höhe zu übernehmen. Der auf einen **nicht valutierten Teil** der Grundschuld entfallende Übererlös steht dann den bisherigen Grundstückseigentümern gemeinsam zu, d.h. dem anderen ehemaligen Miteigentümer regelmäßig in Höhe seines Miteigentumsanteils. Dieser Übererlös resultiert aus der über den Sicherungszweck hinausgehenden dinglichen Belastung des Grundstückes. Die Auszahlung an den Miteigentümer gleicht aus, dass dieser bei der Versteigerung nur einen Erlös erzielt hat, der um den vollen Betrag der Grundschuld einschließlich ihres nicht mehr valutierten Teiles gemindert war (hierzu auch → § 182 Rdn. 24 ff.).[121]

---

120 *Stöber*, ZVG § 184 Rdn. 3.1; Steiner/*Teufel*, § 184 Rdn. 6; *Böttcher*, § 184 Rdn. 1.
121 BGH, Rpfleger 1997, 121 = NJW 1997, 190 = DNotZ 1997, 383 = KTS 1997, 163 = WM 1996, 2197 = ZIP 1996, 1981; BGH, Rpfleger 1989, 120 = NJW-RR 1989, 173.

132 Zur Wirksamkeit von Geboten, zur Vollmacht vgl. → § 71 Rdn. 31 ff.

133 Hat das Vollstreckungsgericht das letzte abgegebene Gebot dreimal aufgerufen und wird trotz Aufforderung kein weiteres Gebot abgegeben, ist der Schluss der Versteigerung zu verkünden, § 73 Abs. 2. Damit ist die Bietzeit beendet.

23. Zuschlag

134 Nach Schluss der Versteigerung sind die anwesenden Beteiligten über den Zuschlag zu hören, § 74. Der Zuschlag muss jedoch nicht sofort erteilt werden. Der Zuschlag kann auch in einem gesonderten Termin verkündet werden, wobei dieser Termin dann sofort zu bestimmen ist, § 87 Abs. 1 (vgl. → § 87 Rdn. 5 ff.).[122]

135 Der Zuschlag ist dem Meistbietenden zu erteilen, § 81 Abs. 1. Zur Begründung und Entscheidung eines auf § 765a ZPO gestützten Antrags, insbesondere zum Einwand einer sittenwidrigen **Verschleuderung** des Grundstücks, s. → § 81 Rdn. 34 ff.

136 Trägt einer der Antragsteller der Teilungsversteigerung, der dem Gutachter eine Innenbesichtigung des Objektes nicht ermöglicht hat, im Termin den Bietinteressenten im Gebäude liegende Mängel vor, führt einen Mietvertrag ein und kündigt an, er räume das Objekt nicht freiwillig, so handelt er weder **rechtsmissbräuchlich** noch sittenwidrig, auch wenn er Meistbietender wird. Der Zuschlag ist zu erteilen, trotz des sicherlich verfahrensfremden Verhaltens eines der Miteigentümer.[123] Der Ehegatte, der das eheliche Hausgrundstück im Rahmen der Teilungsversteigerung erwirbt, kann von dem anderen Ehegatten keine Nutzungsvergütung verlangen, wenn diesem das Haus im Scheidungsverfahren zur alleinigen Nutzung zugewiesen wird.[124]

137 Das gesetzliche **Vorkaufsrecht der Gemeinde**, § 24 BauGB, steht dieser nur beim Kauf von Grundstücken, aber nicht beim Kauf von Erbbaurechten oder Wohnungseigentum zu. Daneben ist die Ausübung des Vorkaufsrechtes ausgeschlossen, wenn der Verkauf an den Ehegatten oder an eine Person erfolgt, die mit dem Verkäufer in gerader Linie verwandt oder verschwägert oder in der zweiten Linie bis zum dritten Grad verwandt ist, § 26 BauGB. Das gesetzliche Vorkaufsrecht der Gemeinde nach § 24 BauGB ist in der Teilungsversteigerung vor Erteilung des Zuschlages nicht zu beachten. Die Teilungsversteigerung hat nicht den Charakter eines Verkaufes.[125] Durch das Änderungsgesetz vom 18.8.1976 (BGBl I 2221) ist das Vorkaufsrecht der Gemeinde entdinglicht worden und kann daher auch in der Teilungsversteigerung nicht mehr durchgesetzt werden.[126] Der Zuschlag ist daher immer an den Meistbietenden zu erteilen.

138 Das **vertragliche Vorkaufsrecht** nach §§ 463 ff. BGB bleibt in der Teilungsversteigerung zunächst unberücksichtigt. Es muss außerhalb des Verfahrens durchgesetzt werden.[127] Gegen den Ersteher in der Versteigerung wirkt das Vor-

---

122 Hierzu BGH, Rpfleger 2004, 434 = NJW-RR 2004, 1074 = MDR 2004, 774 = WM 2004, 901 = ZfIR 2004, 1033.
123 LG Münster, Rpfleger 2002, 639.
124 AG Kerpen, FamRZ 2001, 178.
125 So aber Steiner/*Teufel*, § 180 Rdn. 177.
126 *Stöber*, § 81 Rdn. 10.6d; *Böttcher*, § 180 Rdn. 98.
127 *Stöber*, § 81 Rdn. 10.1; *Böttcher*, § 180 Rdn. 96.

kaufsrecht nicht, er ist in jedem Falle Eigentümer geworden.[128] Keine Wirkung hat das Vorkaufsrecht, wenn ein Mitberechtigter am Grundstück dieses ersteigert, da dann kein Dritter (§ 463 BGB) erwirbt.[129]

Das **dingliche Vorkaufsrecht** nach §§ 1094 ff. BGB welches bei der Forderungsversteigerung ausgeschlossen ist, ist bei der Teilungsversteigerung anzuwenden. Dem Ersteher gegenüber wirkt das Vorkaufsrecht wie eine Vormerkung, § 1098 Abs. 2 i.V.m. §§ 883, 888 BGB, er muss das Grundstück dem Berechtigten auf Verlangen herausgeben. Das Recht zum Vorkauf ist jedoch nicht von Amts wegen zu prüfen bzw. zu berücksichtigen, der Berechtigte muss seine Ansprüche außerhalb des Versteigerungsverfahrens durchsetzen, § 464 BGB.[130] Der Vorkaufsberechtigte kann gegebenenfalls von dem Ersteher die Eigentumsübertragung verlangen, § 1098 Abs. 2, §§ 883, 888 BGB. 139

Ein dingliches Vorkaufsrecht, das nur den **Miteigentumsanteil** eines Miteigentümers belastet, kann bei Zuschlagserteilung des gesamten Grundstückes an einen anderen Miteigentümer, dessen Anteil nicht dem Vorkaufsrecht unterliegt, nicht ausgeübt werden.[131] Der Erwerb eines Grundstücks durch Zuschlag im Teilungsversteigerungsverfahren stellt grundsätzlich einen Vorkaufsfall im Sinne der § 1094 Abs. 1, § 1098 Abs. 1, § 463 BGB dar. Die Ausübung des Vorkaufsrechts in der Zwangsversteigerung ist jedoch ausgeschlossen, wenn dieses nur einen Grundstücksbruchteil belastet und der Zuschlag einem Teilhaber erteilt wird. In jedem Falle aber gilt: Ein für den ersten Verkaufsfall eingeräumtes Vorkaufsrecht erlischt grundsätzlich auch dann, wenn es im Einzelfall nicht ausgeübt werden kann.[132] 140

Bei der Versteigerung eines **Nachlassgrundstückes** steht dem Miterben ein gesetzliches Vorkaufsrecht nach § 2034 Abs. 1 BGB[133] gegenüber dem Meistbietenden nicht zu.[134] 141

Handelt es sich bei dem versteigerten Grundstück um ein **land- oder forstwirtschaftliches Grundstück** i.S.v. § 1 GrdstVG ist der Zuschlag ohne jede Mitwirkung der nach Landesrecht zuständigen Behörde zu erteilen. Nach § 37 GrdstVG wird die Bundesregierung ermächtigt, zur Verhinderung von Missbräuchen, welche die Wirksamkeit dieses Gesetzes erheblich beeinträchtigen, für die Veräußerung der durch § 1 GrdstVG betroffenen Grundstücke im Wege der Zwangsversteigerung durch Rechtsverordnung zu bestimmen, dass die Abgabe von Geboten und die Erteilung des Zuschlags an einen anderen als den Meistbietenden allgemein oder unter bestimmten sachlichen oder örtlichen Voraussetzungen von einer Bieterlaubnis der Genehmigungsbehörde abhängt. Die Bundesregierung hat von dieser Ermächtigung bislang keinen Gebrauch gemacht (hierzu → § 81 Rdn. 41). Die zuständige Behörde ist am Verfahren nicht beteiligt.[135] 142

---

128 Dem Vorkaufsberechtigten bleiben nur Schadensersatzansprüche, vgl. *Böttcher*, § 180 Rdn. 96.
129 BGH, NJW 1954, 1035.
130 *Stöber*, ZVG § 81 Rdn. 10.2b; Steiner/*Teufel*, § 180 Rdn. 173; *Böttcher*, § 180 Rdn. 97.
131 BGH, NJW 1967, 1607.
132 OLG Köln, Beschluss vom 6.3.2015, 2 Wx 387/14, Rpfleger 2015, 718 = FGPrax 2015, 116.
133 Hierzu *Sieveking*, MDR 1989, 224.
134 BGH, NJW 1972, 1199 = Rpfleger 1972, 250.
135 So auch *Stöber*, ZVG § 15 Rdn. 24.1.

24. Räumungstitel

143 Der Zuschlagsbeschluss ist für den Ersteher auch in der Teilungsversteigerung ein Vollstreckungstitel gegen den Besitzer des Grundstücks oder einer mitversteigerten Sache auf Räumung und Herausgabe, § 93 Abs. 1 S. 1 (hierzu → § 93 Rdn. 9 ff.). Vor der Räumungsvollstreckung ist der Beschluss mit der Klausel zu versehen und dem Schuldner (ehemaligen Miteigentümer) zuzustellen. Die Räumungsvollstreckung ist jedoch dann nicht möglich, wenn der Ersteher nur einen Miteigentumsanteil ersteigert hat.[136]

V. Erlösverteilung

1. Allgemein

144 Der Zweck der Teilungsversteigerung ist mit der Erteilung des Zuschlages erreicht. Die Verteilung des Überschusses unter die Miteigentümer liegt außerhalb des Rahmens der Versteigerung. Dennoch muss, ebenso wie in der Forderungsversteigerung, eine Erlösverteilung stattfinden, §§ 105 ff. Der Ersteher muss das **Meistgebot** zahlen, ein Teilungsplan muss ausgestellt und darüber verhandelt werden. Widersprüche können erhoben werden. Nach Erteilung des Zuschlags bestimmt das Vollstreckungsgericht daher von Amts wegen einen Termin zur Verteilung des Versteigerungserlöses.

2. Inhalt des Teilungsplans

a) Meistgebot und Schuldenmasse

145 Abweichungen zum Teilungsplan bei der Forderungsversteigerung bestehen grundsätzlich nicht. Zum Inhalt des Teilungsplans gehören auch hier die Teilungsmasse (bares Meistgebot mit Zinsen seit dem Zuschlag), die bestehen bleibenden Rechte und die Schuldenmasse.

146 Der zum Verteilungstermin vom Ersteher zu zahlende Betrag setzt sich aus dem baren Meistgebot und den Zinsen ab dem Zuschlagstermin bis einen Tag vor dem Verteilungstermin zusammen. Hat ein Miteigentümer das Grundstück selbst ersteigert, muss auch er den gesamten Betrag zum Verteilungstermin zahlen. Er hat insbesondere nicht das Recht, den zu zahlenden Betrag um den Teil zu kürzen, der ihm nach seiner Meinung anteilig aus dem Erlösüberschuss zusteht (nachfolgend → Rdn. 161). Etwas anderes kann nur dann gelten, wenn die Gemeinschaft sich über die Erlösverteilung geeinigt hat.

147 Verteilt und damit tatsächlich ausbezahlt werden:

- die Verfahrenskosten, § 109;
- angemeldete Ansprüche nach § 10 Abs. 1 Nr. 1–3;
- Kosten und wiederkehrende Leistungen der bestehen bleibenden Rechte, § 10 Abs. 1 Nr. 4;
- Kosten, wiederkehrende Leistungen und der Kapitalbetrag der nach den Versteigerungsbedingungen erlöschenden Rechte.

148 Der weitere Erlösüberschuss steht den (früheren) Miteigentümern in dem Rechtsverhältnis zu, in dem sie Miteigentümer des Grundstückes waren. Der Erlösüberschuss ist als Surrogat an die Stelle des Grundstückes getreten. Das an dem

---

136 LG München, NJW 1955, 189.

Grundstück bestehende Gemeinschaftsverhältnis setzt sich an dem Erlösüberschuss fort (hierzu → Rdn. 154 ff.).

b) Verfahrenskosten

Die unter § 109 zahlenden Verfahrenskosten sind dem Erlös vorweg zu entnehmen. Ausgenommen sind die einem Miteigentümer erwachsenden außergerichtlichen Kosten. Ein Erstattungsanspruch bestimmt sich nach dem Gemeinschaftsrecht.[137] Die durch die Teilungsversteigerung entstehenden Kosten sind von allen Miteigentümern gemeinschaftlich zu tragen (Gegenschluss aus § 753 Abs. 2 BGB). Hierbei kann sich ein Erstattungsanspruch des einen gegen den anderen Miteigentümer ergeben. Dieser kann jedoch nur bei der außerhalb der Zwangsversteigerung stattfindenden Auseinandersetzung geltend gemacht werden, nicht etwa durch Kostenfestsetzung gem. §§ 103 ff. ZPO.

149

c) Bestehen bleibende Rechte

Bei einer **Gesamthandsgemeinschaft** bleiben die das Grundstück belastenden Rechte grundsätzlich bestehen (hierzu → § 182 Rdn. 5, zur Grundschuld s. → § 182 Rdn. 24 ff.), soweit nicht nach § 59 etwas anderes bestimmt ist. Aus dem Erlös durch Zahlung zu befriedigen sind außer den Verfahrenskosten nach § 109 die Ansprüche der Rangklassen 2, 3, 7 sowie die wiederkehrenden Ansprüche der Rangklassen 4 und 8 des § 10 Abs. 1.

150

Bei der Versteigerung einer **Bruchteilsgemeinschaft** kann die Situation eintreten, dass keine oder nicht alle eingetragenen Rechte nach den Versteigerungsbedingungen bestehen bleiben (hierzu → § 182 Rdn. 8). Die erlöschenden Rechte sind aus dem Erlös zu befriedigen, soweit dieser reicht. Insbesondere bei **ungleicher Belastung** einzelner Miteigentumsanteile kann es zum Erlöschen einzelner Rechte kommen. Vor einer Zuteilung muss der auf den Anteil entfallende Erlös berechnet werden. Aus dem Erlös anderer Anteile darf keine Befriedigung erfolgen. Für die Aufteilung des Erlöses sind die aus dem Grundbuch sich ergebenden Bruchteile maßgebend. Soweit für erlöschende Rechte alle oder mehrere Anteile haften, sind diese gem. §§ 112, 122 auf die einzelnen Anteile zu verteilen.[138] (Hierzu näher → § 182 Rdn. 15.2 und 23). Danach verbleibende Restbeträge sind als Erlösüberschuss zusammenzufassen.

151

Beispiel:[139]
Grundbuchinhalt:

152

Abt. I: Eigentümer	A zu $^1/_2$ Anteil	B zu $^1/_2$ Anteil
Abt. III: Nr. 1 – Gesamtrecht –	--------------- 250.000,– € ---------------	
Nr. 2		150.000,– €

---

137 *Schneider*, JurBüro 1966, 730; *Schalhorn*, JurBüro 1970, 137.
138 BGH, Rpfleger 2010, 279 = NJW-RR 2010, 520 = DNotZ 2010, 777 = FamRZ 2010, 354 mit Anm. *Hintzen* S. 449.
139 Entnommen *Hintzen/Wolf*, Rdn. 12.301.

Die Eheleute A und B sind zu je 1/2 Anteil als Eigentümer des Grundstückes im Grundbuch eingetragen. Das Grundstück hat einen Verkehrswert von 300.000,- €. Das Grundstück ist mit einer Gesamtgrundschuld von 250.000,- € und einem Einzelrecht über 150.000,- € belastet.

Das Verfahren zum Zwecke der Auseinandersetzung wird von beiden Miteigentümern betrieben. Nach den Versteigerungsbedingungen bleibt nur das Gesamtrecht über 250.000,- € bestehen, das Einzelrecht erlischt (hierzu → § 182 Rdn. 17, 18).

Der Zuschlag wird auf ein bares Meistgebot von 100.000,- € erteilt.

Muster eines Teilungsplans

A. Das Recht III/1 über 250.000,- € nebst Zinsen bleibt bestehen

B. Teilungsmasse
100.000,- € nebst 4 % vom Termin der Zuschlagserteilung
bis zur Erlösverteilung angenommen 1.000,- € insgesamt   101.000,- €

C. Schuldenmasse
Verfahrenskosten – angenommen	5.000,- €
III/1 Zinsen – angenommen	55.000,- €
III/2 Zinsen – angenommen	30.000,- €
Kapital	150.000,- €
Insgesamt	240.000,- €

D. Zuteilung
aus der Teilungsmasse über	101.000,- €
werden vorab entnommen die Verfahrenskosten	- 5.000,- €
Aus dem Restbetrag über	96.000,- €
werden zugeteilt auf das Recht III/1	55.000,- €
Es verbleibt ein Überschuss von	41.000,- €

Nach §§ 112, 122 ZVG ist der Überschuss auf die beiden Miteigentumsanteile hälftig mit jeweils 20.500,- € aufzuteilen (zur Anwendbarkeit dieser Vorschriften s. → § 182 Rdn. 15.2).

Der auf den Miteigentümer B entfallene Anteil über 20.500,- € ist an den Gläubiger des Rechtes III/2 auszuzahlen; im Übrigen fällt der Gläubiger mit seinem Anspruch aus. Der weitere Überschuss über 20.500,- € steht den Miteigentümern in Gemeinschaft zu.

3. Zuteilung

153 Die Zuteilung erfolgt in üblicher Weise an die Anspruchsberechtigten (hierzu §§ 105 ff.). Der Teilungsplan ist dadurch auszuführen, dass der Erlös, wenn er zum Verteilungstermin gezahlt wurde, an die Berechtigten ausbezahlt oder für sie hinterlegt wird oder andernfalls die Forderung gegen den Ersteher auf sie übertragen wird, §§ 117, 118. Betreibt ein Bruchteilseigentümer eines Grundstücks dessen Teilungsversteigerung und erhält er den Zuschlag, ohne sein Bargebot zu berichtigen, setzt sich die Gemeinschaft an der den Berechtigten nach § 118 unverteilt übertragenen Forderung als Mitberechtigung nach § 432 BGB fort (so der BGH; zur Kritik → § 118 Rdn. 23). Verlangt der Ersteher nach § 749 Abs. 1 BGB von dem anderen Mitberechtigten die Aufhebung der an der übertragenen Forderung bestehenden Bruchteilsgemeinschaft, steht diesem kein Zurückbehaltungsrecht wegen gemeinschaftsfremder Gegenforderungen (hier: wegen güterrechtlicher Ausgleichsansprüche) zu. Der Ersteher kann von dem anderen Berechtigten die

Zustimmung zur Abtretung der übertragenen Forderung in Höhe des auf ihn entfallenden Anteils am Übererlös verlangen, wenn die Zahlung des Anteils des anderen Teilhabers am Versteigerungserlös sichergestellt ist. Einer vorherigen vollständigen Berichtigung des Bargebots durch den Ersteher bedarf es in diesem Fall nicht.[140] Sind keine Gemeinschaftsverbindlichkeiten zu berichtigen und keine Teilhaberforderungen auszugleichen, bedarf es zur Aufhebung der Gemeinschaft nicht der gemeinsamen Einziehung des gesamten Erlösüberschusses sich anschließender Auseinandersetzung. Vielmehr hat der Ersteher gegen die übrigen Gemeinschafter gemäß § 749 Abs. 1 BGB einen Anspruch auf Einwilligung in die seiner Beteiligungsquote entsprechende Abwicklung. Gegen eine aus einer Sicherungshypothek in Höhe der übertragenen Forderung betriebene nochmalige Versteigerung (sog. Wiederversteigerung) des Grundstücks kann sich der Ersteher im Wege der Vollstreckungsgegenklage zur Wehr setzen.[141]

4. Erlösüberschuss

Der Zweck der Teilungsversteigerung besteht darin, das Grundstück in den teilbaren Gegenstand Geld umzuwandeln. Ein Erlösüberschuss bildet nicht unmittelbar den Gegenstand der Teilung unter die Berechtigten. Er kann vielmehr zur Tilgung gemeinschaftlicher Verbindlichkeiten nötig sein. Daher liegt die Verteilung eines Überschusses auf die früheren Miteigentümer außerhalb der Zwangsversteigerung und ist nicht Aufgabe des Vollstreckungsgerichts.[142]

154

Mit Zustimmung der Miteigentümer ist das Vollstreckungsgericht zur Aufteilung eines Überschusses legitimiert. Den Beteiligten bei der auf Teilung behilflich zu sein, ist Amtspflicht des Vollstreckungsgerichts (auch wenn sich dies in der Praxis oftmals als schwierig und mühsam oder auch ergebnislos erweist).[143] Ersteigert einer der Miteigentümer das Grundstück und bleibt nach den Versteigerungsbedingungen eine nur den Miteigentumsanteil des Erstehers belastende Eigentümergrundschuld bestehen, gehört auch diese zu dem nach § 753 Abs. 1 Satz 1 BGB zu zahlenden Erlös und ist bei Teilung auf seinen Erlösanteil anzurechnen.[144] Das Vollstreckungsgericht kann immer nur vermittelnd und beratend tätig werden, im Streitfall muss das Prozessgericht entscheiden.

Die früheren Miteigentümer können ihre unterschiedlichen Auffassungen über die Aufteilung eines Erlösüberschusses nicht im Wege des Widerspruchs (§ 115) und nachfolgender Widerspruchsklage (§ 887 ZPO) austragen[145]; das gilt auch für den Ausgleichsbetrag nach § 182 Abs. 2.[146] Die Miteigentümer können nur Klage auf Auseinandersetzung erheben.[147]

155

Können sich die früheren Miteigentümer über die Auszahlung des Erlösüberschusses nicht einigen, wird der gesamte Betrag für sie hinterlegt[148]; es ist nicht

156

---
140 BGH, Beschluss vom 13.11.2013, XII ZB 333/12, Rpfleger 2014, 277.
141 OLG Koblenz, Urteil vom 17.4.2012, 11 UF 205/12, FamRZ 2012, 1665 mit Anm. *Kogel*.
142 RGZ 119, 322; BGH, Rpfleger 1952, 415 = NJW 1952, 263; OLG Köln, MDR 1974, 240.
143 OLG Hamm, Rpfleger 1970, 215.
144 BGH, NJW 1984, 2527 = Rpfleger 1984, 274 = WM 1984, 542.
145 LG Hamburg, MDR 1963, 320.
146 LG Lüneburg, ZIP 1981, 914.
147 BGH, NJW-RR 1987, 890 = Rpfleger 1987, 426.
148 *Stöber*, ZVG § 180 Rdn. 17.8; Steiner/*Teufel*, § 180 Rdn. 191; *Böttcher*, § 180 Rdn. 104; OLG Hamm, Rpfleger 1970, 215; OLG Köln, MDR 1974, 240.

Aufgabe des Vollstreckungsgerichts, eine Entscheidung über die Aufteilung zu treffen.[149] Gleiches gilt auch bei teilweiser Einigung hinsichtlich des streitig gebliebenen Betrages. Das Vollstreckungsgericht sollte die früheren Miteigentümer auf die ungünstige und regelmäßige Nichtverzinsung nach der Hinterlegung hinweisen, § 139 ZPO.

157 Ist der Anteil eines Miterben oder eines Gesellschafters **gepfändet** oder liegt sonst eine **Verpfändung** vor, erfolgt die Hinterlegung des Erlösüberschusses auch zugunsten des Pfandrechtsgläubigers.[150] Die Auseinandersetzung an dem hinterlegten Betrag erfolgt dann unter Mitwirkung des Pfandrechtsgläubigers im Prozessweg.

158 Die Forderung gegen die Hinterlegungsstelle auf Herausgabe des Erlöses steht jedem Miteigentümer anteilig gemäß seiner Beteiligungsquote an der früheren Gemeinschaft zu.[151] Einigen sich die Beteiligten nach Hinterlegung des Erlösüberschusses, ist die Auszahlungsbewilligung oder die Empfangsberechtigung der Hinterlegungsstelle nachzuweisen, die entsprechend zu verfahren hat. Ist dieser Weg nicht gangbar, ist der Hinterlegungsstelle ein rechtskräftiges Urteil[152] vorzulegen. Verlangt in diesem Fall ein Miteigentümer von einem anderen Miteigentümer, in die Auszahlung seines Anteils durch die Hinterlegungsstelle einzuwilligen, lehnt es aber seinerseits ab, der Auszahlung des Erlösanteils des anderen Miteigentümers zuzustimmen, hat dieser an der von ihm abzugebenden Einwilligungserklärung ein Zurückbehaltungsrecht.[153]

159 Bei der **Gesamthandsgemeinschaft** kommen Sonderbelastungen nicht vor. Ein Erlösüberschuss steht der Gemeinschaft zu, nicht etwa nach den Anteilen, die das Gemeinschaftsverhältnis bestimmen. Der Anteil am gemeinschaftliches Vermögen ist in Wirklichkeit nur der durch das Gemeinschaftsverhältnis bestimmte Teil an demjenigen, was nach Auflösung der Gemeinschaft, nach Tilgung der gemeinsamen Verbindlichkeiten und nach Erstattung der Einlagen übrig bleibt. Daher kann die Verteilung des Erlösüberschusses nur im Rahmen der Gesamtauseinandersetzung erfolgen. Das kann aber nur außerhalb der Zwangsversteigerung, bei Miterben z.B. auch gem. §§ 363 ff. FamFG (wenig praktikabel) erfolgen.[154]

5. Forderungsübertragung und Sicherungshypothek

160 Zahlt der Ersteher das Meistgebot ganz oder teilweise nicht, hat die Forderungsübertragung nach § 118 zu erfolgen. Weiterhin sind gem. §§ 128, 130 Abs. 1 Sicherungshypotheken im Grundbuch einzutragen. Hat das Recht eines Beteiligten nur einen Miteigentumsanteil belastet, ist auch nur dieser mit der Sicherungshypothek zu belasten, auch wenn der Miteigentumsanteil nicht mehr existent ist, eine Erweiterung der Haftung darf nicht eintreten.

161 In der Praxis kommt es nicht selten zu der Situation, dass ein Miteigentümer das Grundstück ersteigert, er selbst grundsätzlich einigungsbereit ist, der oder die

---

149 BGH, Rpfleger 1984, 109; BayObLG, NJW 1957, 386; BGH, NJW 1952, 263 = Rpfleger 1952, 415.
150 *Stöber*, ZVG § 180 Rdn. 17.11.
151 Hierzu BGH, Rpfleger 1989, 210.
152 Zuständig ist das Prozessgericht. Es handelt sich nicht um eine Familiensache, auch wenn das Grundstück im Miteigentum geschiedener Ehegatten stand, BayObLG, FamRZ 1980, 468 und 1981, 376; OLG München, FamRZ 1982, 942.
153 BGH, NJW 1984, 2526 = Rpfleger 1984, 284 = WM 1984, 481.
154 BGH, NJW 1952, 263 = Rpfleger 1952, 415; BayObLG, NJW 1957, 386.

anderen Miteigentümer aus unsachlichen Gründen jedoch nicht; er wird überlegen, ob er das Meistgebot überhaupt zahlen soll. Weiterhin kann die Überlegung auch dahin gehen, nur den Betrag in Höhe des bar zu zahlenden Teils des geringsten Gebotes zu zahlen, nicht aber den Betrag, der den Erlösüberschuss darstellt. Der Betrag steht den früheren Miteigentümern gemeinsam zu, hierfür wird eine entsprechende Sicherungshypothek im Grundbuch eingetragen. Diese wird jedoch nur mit 4 % jährlich verzinst (zur Verzinsung s. → § 118 Rdn. 18), was für den Ersteher durchaus günstig sein kann. Gegenstand der Auseinandersetzung ist die hypothekarisch gesicherte Forderung.[155] Liegen die allgemeinen wirtschaftlichen Habenzinsen wesentlich höher, kann es durchaus sein, dass die übrigen Miteigentümer doch bereit sind, zu einer gütlichen Auseinandersetzung zu kommen.

Hinsichtlich eines Erlösüberschusses, der ausschließlich den früheren Miteigentümern zusteht, ist eine förmliche Forderungsübertragung nach § 118 nicht notwendig[156], da der Zwangsversteigerungserlös insoweit der Beschlagnahme nicht unterliegt. Eine trotzdem vorgenommene Forderungsübertragung äußert keine rechtlichen Wirkungen, dient allenfalls den Beteiligten zur Rechtsklarheit. Waren zwei Gesamtberechtigte (§ 428 BGB) als Berechtigte eines Erbbaurechts im Grundbuch eingetragen und ersteigert einer von ihnen das Grundstück, tritt gem. § 429 Abs. 2 BGB Konfusion ein mit der Folge, dass eine Sicherungshypothek nach § 128 nicht einzutragen ist[157] und nur der Ausgleichsanspruch nach § 430 BGB besteht.

Wegen des nicht gezahlten Erlösüberschusses ist gem. § 128 Abs. 2 bei Berichtigung des Grundbuches (§ 130) eine Sicherungshypothek an dem Grundstück einzutragen.[158] Das Anteilsverhältnis entspricht dem Eigentumsverhältnis am Grundstück, bei Bruchteilseigentum die Anteilsberechtigung nach § 432 BGB.

VI. Zwangsvollstreckung gegen den Ersteher

Die erneute Zwangsversteigerung in das Grundstück ist gegen den Ersteher, der den Versteigerungserlös nicht gezahlt hat, ebenso zulässig wie in der Forderungsversteigerung, §§ 132 ff. finden uneingeschränkt Anwendung.[159] Die Wiederversteigerung ist ein neues, selbstständiges Verfahren.

Soll die Wiederversteigerung aus der für den Erlösüberschuss eingetragenen Sicherungshypothek erfolgen und steht diese einer **Erbengemeinschaft** zu, ist der Antrag auf Anordnung der Zwangsversteigerung nicht von allen Miterben erforderlich, es genügt der Antrag eines einzelnen.[160] Gleiches gilt für den Fall, dass es sich um eine **Bruchteilsgemeinschaft** handelt.[161] Betreibt der eine Bruchteilseigentümer eines Grundstücks dessen Teilungsversteigerung und erhält daraufhin der andere den Zuschlag, ohne sein Bargebot zu berichten, setzt sich ihre Gemeinschaft an der ihnen nach § 118 Abs. 1 unverteilt übertragenen Forderung als Mitberechtigung nach § 432 BGB fort. Auch wenn die Bruchteile feststehen und

---

155 *Stöber*, ZVG § 180 Rdn. 17.10a.
156 *Böttcher*, § 180 Rdn. 104, da die Miteigentümer den Anspruch auf den Erlös bereits mit Zuschlag erwerben.
157 LG Bielefeld, Rpfleger 1985, 248 mit Anm. *Schiffhauer*.
158 *Stöber*, ZVG § 180 Rdn. 17.10; Steiner/*Teufel*, § 180 Rdn. 193; *Böttcher*, § 180 Rdn. 104.
159 *Stöber*, ZVG § 180 Rdn. 18.6; Steiner/*Teufel*, § 180 Rdn. 196.
160 OLG Frankfurt, NJW 1953, 1877.
161 *Stöber*, ZVG § 180 Rdn. 18.6.

keine Gemeinschaftsverbindlichkeiten mehr zu berichtigen sind, ist nach Auffassung des BGH[162] die Gemeinschaft hinsichtlich der übertragenen Forderung noch nicht durch Teilung in Natur aufgehoben. Mangels Gegenseitigkeit der Forderungen kann der Ersteher daher gegen diese Forderung nicht mit einer Forderung (hier: auf Zugewinnausgleich) aufrechnen, die ihm gegen den anderen Mitberechtigten zusteht. Dieser kann aus dem Zuschlagsbeschluss wegen der gemeinschaftlichen Forderung gegen den Ersteher auch ohne dessen Zustimmung mit dem Ziel der Leistung an beide gemeinsam die Vollstreckung gegen ihn und damit auch die nochmalige Versteigerung des Grundstücks betreiben. (Weiteres bei → § 133 Rdn. 8).

VII. Teilungsversteigerung und Forderungsversteigerung

1. Beitritt eines Vollstreckungsgläubigers zur Teilungsversteigerung

166 Nicht selten kann die Situation auftreten, dass sowohl die Teilungsversteigerung durch einen oder alle Miteigentümer beantragt und angeordnet ist als auch die Forderungsversteigerung durch einen Gläubiger gleichzeitig bzw. zeitlich später oder früher beantragt wird. Der Beitritt eines Vollstreckungsgläubigers zur Teilungsversteigerung (entsprechend § 180 Abs. 1, § 27) ist jedoch unzulässig. Beide Verfahren haben rechtlich grundverschiedene Strukturen, insbesondere die unterschiedlich aufzustellenden geringsten Gebote lassen ein miteinander nicht zu. Teilungsversteigerung und Forderungsversteigerung können nur nebeneinander laufen. Eine Verfahrensverbindung nach § 18 ist nicht möglich.[163] Auch im Grundbuch werden nach der jeweiligen Anordnung des Verfahrens verschiedene Zwangsversteigerungsvermerke eingetragen. Treffen Teilungs- und Forderungsversteigerung zusammen, sind beide Verfahren unabhängig nebeneinander zuführen. Eine bereits angeordnete Teilungsversteigerung ist weder aufzuheben noch einstweilen einzustellen, auszusetzen oder zum Ruhen zu bringen[164], die Forderungsversteigerung hat nicht automatisch Vorrang.

167 Wie bei einem Nebeneinander beider Verfahrensarten in der Praxis zu verfahren ist, können grundlegende Regeln nicht aufgestellt werden, es muss auf die Einzelumstände abgestellt werden.

168 Handelt es sich bei der Teilungsversteigerung um eine Gesamthandsgemeinschaft, wird der Zuschlag bezüglich des ganzen Grundstücks erteilt. Das Gleiche gilt bei der Versteigerung einer Bruchteilsgemeinschaft, wenn alle Miteigentümer das Verfahren beantragt haben. Der Zuschlag in der Forderungsversteigerung hebt die Gemeinschaft am Grundstück auf mit der Folge, dass sich die Teilungsversteigerung erledigt hat, da es die frühere Gemeinschaft am Grundstück nicht mehr gibt. In diesem Fall sollte die Forderungsversteigerung, wenn möglich, vorgezogen werden.[165]

169 Abzustellen ist aber auch darauf, welches der beiden Verfahren nachträglich beantragt wurde und wie weit das zuerst angeordnete Verfahren bereits fortgeschritten ist. Es kann sich durchaus anbieten, erst dann einen *einheitlichen* Verstei-

---

162 BGH Rpfleger 2008, 379 = NJW 2008, 1807 = NZM 2008, 295 = FamRZ 2008, 767 = WM 2008, 843.
163 *Stöber*, ZVG § 180 Rdn. 14.3; *Steiner/Teufel*, § 180 Rdn. 95, 96; *Böttcher*, § 180 Rdn. 27; *Ebeling*, Rpfleger 1991, 349.
164 *Hamme*, Rpfleger 2002, 248.
165 *Schiffhauer*, ZIP 1982, 526 ff.; *Böttcher*, § 180 Rdn. 28.

gerungstermin¹⁶⁶ anzusetzen, wenn beide Verfahren terminsreif sind. Für die Beteiligten muss sich jedoch aus der Terminsbestimmung und der öffentlichen Bekanntmachung eindeutig ergeben, dass der Termin sowohl im Wege der Forderungsversteigerung als auch im Wege der Teilungsversteigerung erfolgt. Kann nun das eine oder andere Verfahren im Versteigerungstermin nicht durchgeführt werden (z.B. wegen einer bewilligten einstweiligen Einstellung, Antragsrücknahme), kann die Versteigerung wegen des anderen Verfahrens durchgeführt werden. Einer Verfahrensverzögerung ist dadurch wirksam begegnet.

Da die Aufstellung der geringsten Gebote für beide Verfahrensarten unterschiedlich sein kann, sollte in keinem Falle eine gleichzeitige Aufforderung zur Abgabe von Geboten auf beide Ausgebote erfolgen, dies kann zu Verwirrungen bei den Beteiligten führen und sollte zweckmäßigerweise nicht erfolgen.¹⁶⁷ Um eine Zuschlagsversagung zu vermeiden, muss das Vollstreckungsgericht seiner Belehrungs- und allgemeinen Fürsorgepflicht in besonderem Maße nachkommen, insbesondere sind auch die Protokolle mit äußerster Genauigkeit zu führen (hierzu → § 66 Rdn. 18). Regelmäßig dürfte es sich empfehlen, die Bietzeit in der Forderungsversteigerung zuerst durchzuführen. Kommt es zu einem zuschlagsfähigen Meistgebot, ist das Teilungsversteigerungsverfahren erledigt und aufzuheben. Endet die Forderungsversteigerung aus anderen Gründen (z.B. mit einstweiliger Einstellung), dann ist das geringste Gebot für die Teilungsversteigerung festzustellen und hierauf zur Abgabe von Geboten aufzufordern. 170

Handelt es sich bei der Teilungsversteigerung um eine **Bruchteilsgemeinschaft,** ergeben sich bei unterschiedlicher Belastung der Anteile und der Forderungsversteigerung nur in einen der Miteigentumsanteile weitere Schwierigkeiten. Es ist zu unterscheiden: 171

Beispiel: 172
A und B sind Miteigentümer eines Grundstücks zu je $^1/_2$-Anteil. Das Grundstück ist insgesamt belastet mit einer Grundschuld über 100.000,- € für die C-Bank. Nachrangig ist auf dem $^1/_2$-Anteil des B eine Zwangssicherungshypothek für den Gläubiger D über 20.000,- € eingetragen. Der Gläubiger G hat gegen den Miteigentümer B eine titulierte Forderung über 5.000,- €.

(a) Die Teilungsversteigerung wird betrieben von dem Miteigentümer B. Die Forderungsversteigerung in den Miteigentumsanteil des B wird daneben von dem Gläubiger D betrieben. 173

Wird der Zuschlag in der Teilungsversteigerung zuerst erteilt, läuft das Verfahren der Forderungsversteigerung weiter. Die Grundpfandrechte bleiben nach den Versteigerungsbedingungen in der Teilungsversteigerung bestehen, § 182 Abs. 1. Für die Gläubiger des Miteigentümers B läuft daher die Vollstreckung in den Miteigentumsanteil des B weiter.

Erfolgt dagegen der Zuschlag in der Forderungsversteigerung bezüglich des Miteigentumsanteils des B zuerst, tritt der Ersteher an die Stelle des bisherigen Miteigentümers; er kann nunmehr entscheiden, ob die Teilungsversteigerung fortgeführt wird oder er nimmt den Antrag zurück.¹⁶⁸

---

166 Nach *Stöber*, ZVG § 180 Rdn. 14.3 ist ein gemeinsamer Versteigerungstermin nicht möglich.
167 *Schiffhauer*, ZIP 1982, 526 ff.
168 *Stöber*, ZVG § 180 Rdn. 14.5.

174 (b) Die Teilungsversteigerung wird von allen Miteigentümern beantragt. Die C-Bank aus dem Gesamtrecht betreibt daneben die Forderungsversteigerung in das ganze Grundstück.

Wird der Zuschlag in der Forderungsversteigerung erteilt, besteht die Gemeinschaft an dem Grundstück nicht mehr. Das Verfahren der Teilungsversteigerung ist daher von Amts wegen aufzuheben.

Ein Zuschlag in der Teilungsversteigerung lässt dagegen die Forderungsversteigerung unberührt, da das Recht der C-Bank nach den Versteigerungsbedingungen, § 182 Abs. 1, bestehen bleibt.

175 (c) Die Teilungsversteigerung wird nur von dem Miteigentümer A beantragt. Daneben erfolgt die Forderungsversteigerung auf Antrag des Gläubigers D im Range der Zwangssicherungshypothek und auf Antrag des Gläubigers G aufgrund des persönlichen Anspruchs.

Nach den Bedingungen für das geringste Gebot in der Teilungsversteigerung, § 182 Abs. 1, bleibt das Recht des Gläubigers D nicht bestehen. Wird der Zuschlag nunmehr in der Teilungsversteigerung erteilt, erlischt die Zwangssicherungshypothek des Gläubigers D. Die Forderungsversteigerung ist daher für den Gläubiger D aufzuheben.[169] Das Gleiche gilt auch gegenüber dem persönlichen Gläubiger G. Dieser hat sein Recht auf Befriedigung aus dem Grundstück erst durch die Beschlagnahme erworben. Er kann aber nicht gegenüber dem dinglichen Gläubiger D bevorzugt werden, sein nachrangiges Recht ist ebenfalls erloschen.[170]

Falls der Zuschlag in der Forderungsversteigerung bezüglich des Miteigentumsanteils des B erteilt wird, tritt der Ersteher an die Stelle des Miteigentümers. Er muss das auf Antrag des A angeordnete Teilungsversteigerungsverfahren gegen sich gelten lassen.

2. Beitritt eines Miteigentümers zur Forderungsversteigerung

176 Auch hier gilt das zuvor (→ Rdn. 166) Gesagte. Ebenso wie der Beitritt eines Vollstreckungsgläubigers zur Teilungsversteigerung unzulässig ist, gilt dies auch für einen Beitritt eines Miteigentümers zur Forderungsversteigerung.[171]

VIII. Teilungsversteigerung und Insolvenzversteigerung

177 Nach § 84 Abs. 1 InsO gilt, dass, sofern zwischen dem Schuldner und Dritten eine Gemeinschaft nach Bruchteilen, eine andere Gemeinschaft oder eine Gesellschaft ohne Rechtspersönlichkeit besteht, die Teilung oder sonstige Auseinandersetzung außerhalb des Insolvenzverfahrens erfolgt. Aus dem dabei ermittelten Anteil des Schuldners kann für Ansprüche aus dem Rechtsverhältnis abgesonderte Befriedigung verlangt werden. Gehört somit ein Miteigentumsanteil zur Insolvenzmasse, tritt der Insolvenzverwalter an die Stelle des Miteigentümers (§ 80 Abs. 1 InsO), er kann die Teilungsversteigerung beantragen oder eine bereits angeordnete fortsetzen.

---

169 *Stöber*, ZVG § 180 Rdn. 14.5.
170 *Stöber*, ZVG § 180 Rdn. 14.5.
171 *Stöber*, ZVG § 180 Rdn. 14.2.; *Hamme*, Rpfleger 2002, 248.

Besteht an dem Grundstück eine Erbengemeinschaft oder eine Bruchteilsgemeinschaft und ist aufgrund einstweiliger Verfügung oder einer Vereinbarung die Aufhebung der Gemeinschaft zu verlangen, für immer oder auf Zeit ausgeschlossen oder eine Kündigungsfrist bestimmt worden, hat dies im Verfahren keine Wirkung, § 84 Abs. 2 InsO. 178

Gehört das ganze Grundstück zu Insolvenzmasse (z.B. Nachlassinsolvenz), kann die bereits angeordnete Teilungsversteigerung nach Insolvenzeröffnung nur fortgesetzt werden, wenn der Insolvenzverwalter das Grundstück aus der Masse freigibt (vgl. § 80 Abs. 2 InsO), ansonsten ist die Teilungsversteigerung als unzulässig aufzuheben. Der Insolvenzverwalter kann jederzeit das Verfahren nach § 172 einleiten, aber nicht, wenn er nur das Verfügungsrecht über einen Anteil hat[172]. 179

Ebenso wie Forderungs- und Teilungsversteigerung nicht miteinander verbunden werden können, gilt dies auch für die Teilungs- und Insolvenzversteigerung.[173] 180

---

172 BGH, Beschluss vom 26.4.2012, V ZB 181/11, Rpfleger 2012, 644 = ZInsO 2013, 256.
173 *Stöber*, ZVG § 180 Rdn. 15.6.

§ 181 »Voraussetzungen der Anordnung auf Aufhebung der Gemeinschaft«

(1) Ein vollstreckbarer Titel ist nicht erforderlich.

(2) ¹Die Zwangsversteigerung eines Grundstücks, Schiffes, Schiffsbauwerks oder Luftfahrzeugs darf nur angeordnet werden, wenn der Antragsteller als Eigentümer im Grundbuch, im Schiffsregister, im Schiffsbauregister oder im Register für Pfandrechte an Luftfahrzeugen eingetragen oder Erbe eines eingetragenen Eigentümers ist oder wenn er das Recht des Eigentümers oder des Erben auf Aufhebung der Gemeinschaft ausübt. ²Von dem Vormund eines Miteigentümers kann der Antrag nur mit Genehmigung des Familiengerichts, von dem Betreuer eines Miteigentümers nur mit Genehmigung des Betreuungsgerichts gestellt werden.

(3) (aufgehoben)

(4) Die Vorschrift des § 17 Abs. 3 findet auch auf die Erbfolge des Antragstellers Anwendung.

Übersicht		Rdn.
I.	Allgemeines	1
II.	Kein Vollstreckungstitel (Abs. 1)	2
III.	Anordnung des Verfahrens	4
	1. Antrag	4
	2. Eigentümer und Erbfolge	9
IV.	Besonderheiten beim Antragsrecht	12
	1. Großes Antragsrecht	12
	2. Ausschluss der Aufhebung der Gemeinschaft	14
	a) Bruchteilsgemeinschaft	14
	b) Erbengemeinschaft	19
	3. Testamentsvollstreckung	22
	4. Vor- und Nacherbfolge	23
	5. Antrag eines Anfechtungsgläubigers	24
	6. Behördliche Veräußerungsverbote	25
	7. Insolvenzverwalter	27
	8. Vormund/Betreuer/Pfleger	28
	9. Nießbrauch	30
	10. Erbbauzinsreallast	35
V.	Einwendungen gegen die Teilungsversteigerung	36
	1. Allgemein	36
	2. Grundbuchersichtliche Hindernisse	37
	3. Materiell-rechtliche Einwendungen	38
	4. Zustimmung des Ehegatten nach § 1365 Abs. 1 BGB	41
VI.	Ausübung des Rechts eines Miteigentümers (Abs. 2 Satz 1)	49
	1. Allgemein	49
	2. Gläubiger eines Miteigentümers einer Bruchteilsgemeinschaft	50
	3. Gläubiger eines Miterben	54
	4. Gläubiger eines Gesellschafters	60
	5. Eheliche Gütergemeinschaft	66
	6. Vertragspfandrecht	67

I. Allgemeines

1   Die über § 180 Abs. 1 anwendbaren §§ 15 ff. sind in der Teilungsversteigerung insoweit zu modifizieren, dass kein vollstreckbarer Titel notwendig ist. Zwar ist die Anordnung der Teilungsversteigerung eine dem Vollstreckungsgericht zuge-

wiesene Vollstreckungsmaßregel, die beantragt werden muss, ein zu vollstreckender und nachzuweisender Geldanspruch liegt jedoch nicht vor. Weiter wird in Abs. 2 der Vollstreckungsgegenstand der Teilungsversteigerung bezeichnet.

II. Kein Vollstreckungstitel (Abs. 1)

Ein Vollstreckungstitel, welcher die Verpflichtung der anderen Miteigentümer feststellt, dass diese die Teilung im Wege der Zwangsversteigerung dulden müssen, ist nicht erforderlich (Abs. 1). Der Grund liegt darin, dass die Frage, ob die Teilung zulässig ist, nur selten zwischen den Miteigentümern streitig sein wird, ein zur Durchsetzung der Auseinandersetzung notwendiger vorheriger Rechtsstreit in den meisten Fällen überflüssig ist. Es genügt daher der Antrag auf Anordnung der Teilungsversteigerung. Der Antragsteller braucht die Zulässigkeit der Teilungsmöglichkeit nicht nachzuweisen.[1] Die Vorlage eines **Duldungstitels** gegen den Antragsgegner ist nur dann erforderlich, wenn die Aufhebung der Gemeinschaft auf Zeit oder auf Dauer ausgeschlossen oder von einer Kündigungsfrist abhängig ist und dies als grundbuchrechtliche Belastung nach § 1010 BGB eingetragen ist. Der Antragsteller muss nur die Voraussetzungen der Zulässigkeit erfüllen, es muss ein Gemeinschaftsverhältnis am Grundstück bestehen und er muss an dieser Gemeinschaft beteiligt sein. Es dürfen ferner keine gesetzlichen oder aus dem Grundbuch ersichtlichen Hinderungsgründe dem Verfahren entgegenstehen. Im Übrigen ist es Sache des Miteigentümers, der die Zulässigkeit bestreitet, gem. § 766 oder § 771 ZPO vorzugehen (nachfolgend → Rdn. 38).

Eine Klage auf Feststellung der Zulässigkeit der Teilungsversteigerung ist aber nicht ausgeschlossen, wenn die sonstigen Voraussetzungen der Feststellungsklage vorliegen. Sie kann angebracht sein, wenn der Miteigentümer von seinem Antragsgegner Einwendungen zu erwarten hat (sicherlich selten).[2]

III. Anordnung des Verfahrens

1. Antrag

Die Teilungsversteigerung wird nur auf Antrag angeordnet, § 180 Abs. 1, § 15. Den Antrag kann jeder Miteigentümer der Bruchteilsgemeinschaft bzw. der Gesamthandsgemeinschaft (Ausnahme bei gemeinschaftlicher Verwaltung einer Gütergemeinschaft) stellen. Der Antrag kann schriftlich oder zu Protokoll der Geschäftsstelle erklärt werden. Lässt sich der Antragsteller durch einen Rechtsanwalt vertreten, ist eine Verfahrensvollmacht nur unter den Voraussetzungen nach § 88 ZPO vorzulegen.[3] Mehrere Miteigentümer können den Antrag gemeinschaftlich stellen.[4]

Zur Bewilligung von **Prozesskostenhilfe** und **Beiordnung** eines Rechtsanwalts s. → § 180 Rdn. 38.

Übt der Antragsteller das Recht eines Miteigentümers oder des Erben auf Aufhebung der Gemeinschaft aus, muss er sich zur Ausübung des Antragsrechts entsprechend legitimieren (nachfolgend → Rdn. 49).

---

1 OLG Hamm, Rpfleger 1964, 341.
2 LG Münster, FamRZ 1960, 117.
3 A.A. LG Saarbrücken, Rpfleger 1987, 211 mit ablehnender Anmerkung *Mayer*.
4 Vertritt der Rechtsanwalt mehrere Miteigentümer, so hat er bei gleicher Interessenlage (der mehreren Miteigentümer) sämtliche über die Möglichkeit der Abgabe von Geboten mit dem Ziel der eigenen Versteigerung des Grundstückes aufzuklären, BGH, WM 1984, 1251 = ZIP 1984, 1281 = MDR 1985, 134.

7 Der Versteigerungsantrag soll in entsprechender Anwendung von § 16 Abs. 1 das zu versteigernde Grundstück, Namen und Anschriften von Antragsteller und Antragsgegner bzw. deren Gemeinschaftsverhältnis bezeichnen.

8 Der Antrag kann sich nur gegen alle übrigen Miteigentümer als Antragsgegner richten, nicht nur gegen einen Teil; so können z.b. nicht die Miteigentümer als Antragsgegner ausgenommen werden, die nicht auffindbar sind.

2. Eigentümer und Erbfolge

9 Die Teilungsversteigerung darf nur angeordnet werden, wenn der Antragsteller als Miteigentümer im Grundbuch bereits eingetragen oder **Erbe** des eingetragenen Eigentümers ist (Abs. 2 S. 1). In entsprechender Anwendung von § 17 Abs. 2 ist die Eintragung des Antragstellers als Miteigentümer durch ein Zeugnis des Grundbuchamts nachzuweisen. Soweit das Vollstreckungsgericht und Grundbuchamt demselben Amtsgericht angehören, genügt Bezugnahme auf die Grundakten.

10 Ist der **Antragsteller** Erbe des eingetragenen Eigentümers, ist eine vorherige Grundbuchberichtigung nicht erforderlich, die Erbfolge ist durch Urkunden glaubhaft zu machen, § 181 Abs. 4, § 17 Abs. 3 (notarielles Testament nebst öffentlich beglaubigtem Eröffnungsprotokoll, Erbschein, aber auch privatschriftliches Testament, sofern die Erbfolge eindeutig zu ermitteln ist, hierzu → § 17 Rdn. 11). Befinden sich die Nachlassvorgänge bei demselben Amtsgericht, welches auch Vollstreckungsgericht ist, kann auf die entsprechenden Nachlassakten Bezug genommen werden.

11 Ist ein **Antragsgegner** verstorben, ist in entsprechender Anwendung von § 17 Abs. 3 die Erbfolge durch Urkunden glaubhaft zu machen, falls eine Grundbuchberichtigung nicht erfolgt ist. Ein zur Antragstellung erforderlicher Erbschein kann auch von einem nicht erbberechtigten Antragsteller in entsprechender Anwendung von § 792 ZPO verlangt werden.[5]

IV. Besonderheiten beim Antragsrecht
1. Großes Antragsrecht

12 Der einzelne Miterbe (und auch der Pfändungsgläubiger eines Miterben) kann das „große Antragsrecht" wahrnehmen.

Beispiel:
Im Grundbuch sind als Eigentümer eingetragen:
A   zu $^1/_2$-Anteil
B, C und D   zu $^1/_2$-Anteil in Erbengemeinschaft.

13 Jeder der Miterben B, C und D können beantragen, dass nicht nur die Erbengemeinschaft an dem $^1/_2$-Anteil auseinandergesetzt wird, sondern darüber hinaus auch die Bruchteilsgemeinschaft an dem gesamten Grundstück (h.M.[6]). Im Falle der Bruchteilsabtretung des gesamten Erbanteils an mehrere Personen steht der Erbanteil den Erwerbern in Bruchteilsgemeinschaft zu. Bei dieser Sachlage kann

---

5   OLG Hamm, MDR 1960, 1018; LG Essen, Rpfleger 1986, 387.
6   LG Hamm, Rpfleger 1958, 269; OLG Hamm, Rpfleger 1964, 341; *Stöber*, ZVG § 180 Rdn. 3.7 m.w.N.; Steiner/*Teufel*, § 180 Rdn. 63; *Böttcher*, § 180 Rdn. 42; a.A.: OLG Hamburg, MDR 1958, 45; LG Darmstadt, NJW 1955, 1558.

jeder Erwerber des Erbanteils ohne die Mitwirkung der anderen Erwerber alleine die Auseinandersetzung der Erbengemeinschaft (hier: mittels Teilungsversteigerung) verlangen.[7]

2. Ausschluss der Aufhebung der Gemeinschaft
a) Bruchteilsgemeinschaft

14 Bei einer **Bruchteilsgemeinschaft** kann vereinbart sein, dass das Recht, die Aufhebung der Gemeinschaft zu verlangen für immer oder auf Zeit ausgeschlossen oder von einer Kündigungsfrist abhängig ist, § 749 Abs. 2 BGB. Diese Vereinbarung wirkt grundsätzlich nur unter den Teilhabern. Ist diese Vereinbarung als Anteilsbelastung eines jeden Miteigentümers im Grundbuch eingetragen, § 1010 Abs. 1 BGB, wirkt sie auch gegenüber jedem Rechtsnachfolger eines Miteigentümers. Der Ausschluss, die Aufhebung der Gemeinschaft zu verlangen, wirkt unabhängig von der Eintragung ins Grundbuch immer gegenüber dem Antragsteller des Verfahrens, der die Vereinbarung mit abgeschlossen hat.

15 Die Vereinbarung oder Bestimmung des Ausschlusses, die Aufhebung der Gemeinschaft zu verlangen, wird nicht von Amts wegen durch das Vollstreckungsgericht berücksichtigt. Der sich auf diese Vereinbarung berufende andere Miteigentümer muss im Prozesswege vorgehen, § 771 ZPO.[8] Ist eine solche Vereinbarung nach § 1010 BGB im Grundbuch eingetragen, steht sie der Teilungsversteigerung jedoch entgegen, da das Vollstreckungsgericht diese Eintragung von Amts wegen (grundbuchersichtlich, § 28 Abs. 1) berücksichtigt.[9] Der Antragsteller des Verfahrens muss den oder die anderen Miteigentümer auf Duldung der Teilungsversteigerung verklagen und den entsprechenden Duldungstitel dem Versteigerungsgericht vorlegen.[10]

16 Gegen den Gläubiger, der das Recht auf Aufhebung der Gemeinschaft wirksam gepfändet hat, wirkt eine solche Vereinbarung nicht, er kann ohne Rücksicht auf die Vereinbarung die Aufhebung der Gemeinschaft verlangen, sofern der der **Pfändung** zugrunde liegende Schuldtitel rechtskräftig ist, § 751 S. 2 BGB.[11] Dieser Auffassung wird neuerdings mit beachtlichen Gründen widersprochen.[12] Der Aufhebungsausschluss wirkt nicht gegenüber dem **Insolvenzverwalter** (nachfolgend → Rdn. 27).

---

[7] LG Berlin, Rpfleger 1996, 472 m. Anm. *Bestelmeyer*.
[8] BGH, NJW 1985, 3066 = Rpfleger 1985, 360.
[9] *Stöber*, ZVG § 180 Rdn. 9.7; Steiner/*Teufel*, § 180 Rdn. 14.
[10] *Stöber*, ZVG § 180 Rdn. 9.10.
[11] *Stöber*, ZVG § 180 Rdn. 11.4; Steiner/*Teufel*, § 180 Rdn. 14.
[12] AG Frankfurt am Main/LG Frankfurt am Main, Rpfleger 2011, 684: § 1010 BGB enthält keine im Rahmen von § 751 BGB entsprechenden Regelung. Es soll daher auch keine Veranlassung bestehen, auch in den Fällen des § 1010 BGB auf § 751 Satz 2 BGB zurückzugreifen. Einen ausdrücklichen Verweis auf die Geltung des § 751 Satz 2 ZPO enthält § 1010 BGB nicht. Eine Regelungslücke, die jedenfalls mit einer analogen Anwendung des § 751 Satz 2 BGB zu schließen wäre, ist nicht erkennbar. Denn § 1010 BGB regelt einen anderen, wirtschaftlich erheblich anderen Sachverhalt als den in § 751 Satz 1 BGB. Es ist auch nicht einsichtig, warum ein Pfändungspfandgläubiger besser gestellt sein sollte als ein rechtsgeschäftlicher Erwerber, der sich eine ins Grundbuch eingetragene Vereinbarung des Ausschlusses der Aufhebung der Gemeinschaft entgegenhalten lassen müsste.

17 Stellt der **Pfändungsgläubiger** den Antrag auf Verfahrensanordnung, könnte wegen der Vereinbarung nach § 1010 BGB der andere Miteigentümer dem Verfahren nicht beitreten. Hierdurch tritt eine Ungleichbehandlung ein, die auch bewusst ausgenutzt werden kann. Dem anderen Miteigentümer muss nunmehr ebenfalls das Recht zum Beitritt eingeräumt werden, damit er seine Verfahrensrechte wahrnehmen kann. In jedem Falle ist hierin ein wichtiger Grund i.S.v. § 749 Abs. 2 S. 1 BGB zu sehen, der die Berechtigung zur Auseinandersetzung beinhaltet.

18 Die Berufung eines Miteigentümers auf das Zurückbehaltungsrecht nach § 273 BGB führt nicht zur Unzulässigkeit des Aufhebungsanspruchs.[13] Jedoch kann im Einzelfall die Durchsetzung des Anspruchs auf Aufhebung der Gemeinschaft eine unzulässige Rechtsausübung sein.[14] Auch bei bestehender Ehe kann die Teilungsversteigerung zulässig sein, wenn es sich dabei um das im Miteigentum der Ehegatten stehende Familienheim handelt.[15] Zur Berücksichtigung von § 1365 Abs. 1 BGB s. nachfolgend → Rdn. 41 ff.

b) Erbengemeinschaft

19 Dem Auseinandersetzungsanspruch eines Miterben können entgegenstehen, § 2044 BGB:

- die Anordnung des Erblassers in der letztwilligen Verfügung, dass die Auseinandersetzung in Ansehung des Nachlasses ausgeschlossen ist;
- dass die Auseinandersetzung einzelner Nachlassgegenstände ausgeschlossen ist;
- dass die Auseinandersetzung von der Einhaltung einer Kündigungsfrist abhängig ist;
- alle Erben haben nach dem Erbfall zusammen vereinbart, dass die Auseinandersetzung auf Zeit oder für immer ausgeschlossen ist oder dass diese von einer Kündigungsfrist abhängig ist.

20 Die Teilungsversteigerung muss die Auseinandersetzung des Nachlasses im Ganzen bezwecken, doch ist das bis zum Beweis des Gegenteils zu vermuten.[16] Kraft Gesetzes ist die Auseinandersetzung ausgeschlossen, soweit die Erbteile wegen familienrechtlicher Gründe noch unbestimmt sind, § 2043 BGB.[17] Die Auseinandersetzung ist weiterhin aufzuschieben, bis ein Aufgebotsverfahren, § 1970 BGB, zur Ermittlung der Nachlassgläubiger durchgeführt ist, § 2045 BGB.[18]

21 Die Vereinbarung oder Bestimmung des Ausschlusses, die Aufhebung der Gemeinschaft zu verlangen, wird nicht von Amts wegen durch das Vollstreckungsgericht berücksichtigt. Der sich auf diese Vereinbarung berufende Miterbe muss im Prozesswege vorgehen, § 771 ZPO.[19] Der zeitliche oder unbegrenzte Ausschluss der Auseinandersetzung gilt jedoch nicht gegenüber dem **Pfändungsgläubiger**, sofern der der Pfändung zugrunde liegende Vollstreckungstitel rechtskräftig ist,

---

13 BGH, Rpfleger 1975, 170 = NJW 1975, 687.
14 BGH, Rpfleger 1972, 212 = NJW 1972, 818.
15 BGH, NJW 1962, 1244 = MDR 1962, 551.
16 RG JW 1919, 42.
17 Hierzu MünchKomm/*Ann*, BGB § 2043 Rdn. 4.
18 Hierzu MünchKomm/*Ann*, BGB § 2045 Rdn. 4 ff.
19 BGH, NJW 1985, 3066 = Rpfleger 1985, 360.

§ 2042 Abs. 2, § 751 BGB (vgl. zuvor → Rdn. 16, auch zur Gegenmeinung). Ist der der Pfändung zugrunde liegende Titel nur vorläufig vollstreckbar, bleibt dem Gläubiger immer noch die Möglichkeit der Auseinandersetzungsvermittlung durch das Nachlassgericht, §§ 363 ff. FamFG[20]. Eine Teilungsanordnung des Erblassers gemäß § 2048 BGB steht einer von einem Miterben betriebenen Teilungsversteigerung grundsätzlich entgegensteht. Der begünstigte Miterbe kann gegen die Teilungsversteigerung im Wege der unechten Drittwiderspruchsklage gemäß §§ 768, 771 ZPO analog vorgehen. Ein Recht zur Teilungsversteigerung kann aber ausnahmsweise dann bestehen, wenn die Versteigerung erforderlich ist, um einen schweren Nachteil für den Nachlass abzuwenden und berechtigte Interessen des begünstigten Miterben nicht entgegen stehen.[21]

3. Testamentsvollstreckung

Ist ein **Testamentsvollstrecker** bestellt (Eintragung im Grundbuch müsste vorliegen, § 52 GBO), kann die Auseinandersetzung nur von ihm für und gegen die Erben bewirkt werden.[22] Die Ernennung eines Testamentsvollstreckers schließt die Anordnung der Versteigerung an einem der Testamentsvollstreckung unterliegenden Grundstück auch gegenüber einem Gläubiger eines Miterben aus, der dessen Anteil an dem Nachlass gepfändet hat.[23] Der *BGH* führt hierzu u.a. aus, dass der Antrag eines Miterben, ein zum Nachlass gehörendes Grundstück zum Zwecke der Aufhebung der Gemeinschaft zu versteigern, zwar keine Verfügung über das betroffene Grundstück darstellt. Er stellt jedoch die einzige Rechtshandlung dar, die zu dem Versteigerungsverfahren erforderlich ist. Wird dem Antrag stattgegeben, führt das Versteigerungsverfahren ohne weiteres Zutun zum Zuschlag an den Meistbietenden und damit zum Verlust des Eigentums der Miterben an dem Grundstück, zu dem es nach der Bestimmung des Erblassers während der Dauer der Testamentsvollstreckung ohne Mitwirkung des Testamentsvollstreckers nicht kommen soll. Das rechtfertigt es, den Versteigerungsantrag eines Miterben einer Verfügung über das betroffene Grundstück gleichzusetzen, die nach § 2211 BGB unwirksam ist. Ist die Auseinandersetzung des Nachlasses einem Testamentsvollstrecker übertragen, findet die Teilungsversteigerung auf Antrag eines Miterben daher nicht statt. Wird der Antrag dennoch von einem Miterben gestellt, wird der Mangel durch Zustimmung des Testamentsvollstreckers geheilt.

22

4. Vor- und Nacherbfolge

Sind die Erben oder nur einer oder mehrere der Miterben **Vorerben**, hindert die bestehende **Nacherbfolge** nicht die Teilungsversteigerung. Die Verfügungsbeschränkungen nach den §§ 2113–2115 BGB sind nicht einschlägig, da es sich hierbei nicht um eine Geldvollstreckung gegen den bzw. die Vorerben handelt. Der Eigentumsübergang durch Zuschlagserteilung in der Teilungsversteigerung ist mithin auch den Nacherben gegenüber wirksam. Der Übergang des Eigentums am Grundstück beruht nicht auf einer Verfügung des Vorerben.[24] Der Erlösüberschuss wird von der Nacherbschaft erfasst. Der Nacherbenvermerk fällt nicht in das geringste Gebot und ist mit Erteilung des Zuschlags zu löschen.

23

---

20 Bork/Jacoby/Schwab/*Löhnig*, FamFG § 363 Rdn. 10.
21 OLG Oldenburg, Urteil vom 4.2.2014, 12 U 144/13, Rpfleger 2014, 534.
22 *Stöber*, ZVG § 180 Rdn. 3.16; Steiner/*Teufel*, § 180 Rdn. 111; *Böttcher*, § 180 Rdn. 41.
23 BGH, Rpfleger 2009, 580 = NJW 2009, 2458 = ZEV 2009, 391.
24 OLG Hamm, NJW 1969, 516 = Rpfleger 1968, 403; BayObLG, NJW 1965, 1966.

5. Antrag eines Anfechtungsgläubigers

24 Besteht an einem Grundstück eine Gemeinschaft zu je $^1/_2$ Anteil und hat der Schuldner seinen Miteigentumsanteil am Grundstück auf den anderen Miteigentümer übertragen, besteht nach der Grundbucheintragung keine Gemeinschaft mehr mit der Folge, dass ein Antrag auf Anordnung der Teilungsversteigerung unzulässig ist. Hat ein Gläubiger des übertragenden Miteigentümers diese Übertragung gemäß § 3 AnfG erfolgreich angefochten[25], ist die Übertragung ihm gegenüber relativ unwirksam. Nur dem Anfechtungsgläubiger gegenüber gilt der vor der anfechtbaren Rechtshandlung bestehende Rechtszustand, d.h., ihm gegenüber besteht die Bruchteilsgemeinschaft am Grundstück fort. Der Gläubiger des jetzigen Alleineigentümers und Anfechtungsgegners kann auch ohne vorherige Pfändung und Überweisung des schuldrechtlichen Anspruchs auf Aufhebung der Gemeinschaft und Auskehr des Erlöses in der Zwangsversteigerung die Duldung der Zwangsversteigerung des ganzen Grundstückes verlangen.[26] Der Anspruch auf Auskehr des Erlöses ist jedoch insoweit eingeschränkt, als der Gläubiger Befriedigung nur aus dem Teil des Grundstücks erlangen kann, der in anfechtbarer Weise hinzu erworben wurde.[27] Dabei hat das Prozessgericht den früheren Anteil des Schuldners an – aus Sicherungsgrundschulden entstandenen – Rückgewähransprüchen zu berücksichtigen.[28]

6. Behördliche Veräußerungsverbote

25 Behördliche Veräußerungsverbote nach dem Baugesetzbuch (Umlegungsvermerk, Enteignungsvermerk, Sanierungsvermerk, Entwicklungsvermerk) und auch die Flurbereinigung stellen unabhängig von der Eintragung im Grundbuch kein Vollstreckungshindernis dar. Die Teilungsversteigerung kann jederzeit angeordnet werden, einer behördlichen Genehmigung bedarf es nicht.[29] Für landwirtschaftliche Grundstücke gibt es keine Beschränkungen mehr.

26 Zu einem Sperrvermerk nach dem Bundesversorgungsgesetz oder dem Versicherungsaufsichtsgesetz s. → § 28 Rdn. 14. Ist im Grundbuch ein entsprechender Sperrvermerk[30] eingetragen, ist vor der Anordnung der Teilungsversteigerung die Zustimmung des Versorgungsamtes bzw. des Versicherungsunternehmens erforderlich. Dies gilt jedoch nur, wenn der Sperrvermerk auf dem Anteil des Antragstellers lastet, immer also bei einer Gesamthandsgemeinschaft.

7. Insolvenzverwalter

27 Wird über das Vermögen eines Miteigentümers in einer Gemeinschaft das **Insolvenzverfahren** eröffnet, ist der Insolvenzverwalter antragsberechtigt, ihm steht die Verwaltungs- und Verfügungsbefugnis zu, § 80 Abs. 1 InsO (aber nicht,

---

25 Zum Anfechtungsrecht BGH, NJW-RR 2007, 1343 = NZI 2007, 169 = ZInsO 2007, 101; BGH, NJW-RR 2006, 552 = ZInsO 2006, 151; OLG Saarbrücken, NZI 2011, 502 = ZInsO 2011, 1901.
26 BGH, Rpfleger 1984, 283 = NJW 1984, 1968.
27 Erneut bestätigt durch BGH, NJW 1992, 1959 = ZIP 1992, 558 = Rpfleger 1992, 361.
28 BGH, Rpfleger 1985, 205 = WM 1985, 427.
29 LG Berlin, NJW-RR 1989, 1151 für Sanierungsverfahren.
30 Die in § 610 RVO geregelte Verfügungsbeschränkung ist weggefallen durch das Gesetz zur Einordnung des Rechts der gesetzlichen Unfallversicherung in das SGB VII vom 7.8.1996, BGBl I 1254.

wenn die Insolvenz nur über einen Miteigentumsanteil eröffnet wurde, s. → § 180 Rdn. 179).[31]

Die Teilung bzw. Auseinandersetzung erfolgt jedoch außerhalb des Insolvenzverfahrens, § 84 Abs. 1 InsO. Der Insolvenzverwalter nimmt die Rechte des Schuldners als Miteigentümer wahr, er ist an keinerlei Vereinbarungen gebunden, die die Auseinandersetzung einschränken oder ausschließen, § 84 Abs. 2 InsO, insbesondere Vereinbarungen nach § 749 Abs. 2 BGB oder § 2044 BGB. Auch die dinglich wirkende Vereinbarung nach § 1010 BGB bindet nicht den Insolvenzverwalter.[32]

8. Vormund/Betreuer/Pfleger

Der Vormund (§§ 1773 ff. BGB), der Pfleger (§ 1915 BGB), der Betreuer (§§ 1896 ff. BGB) benötigen zur Stellung des Antrages auf Teilungsversteigerung die Genehmigung des Familien- bzw. Betreuungsgerichts (Abs. 2 Satz 2). Die Genehmigung kann nur gegenüber dem Vormund/-Betreuer/Pfleger erklärt werden (§ 1828 BGB) und ist von diesem dem Vollstreckungsgericht gegenüber einzureichen; die Genehmigung kann bis zur Erteilung des Zuschlags wieder zurückgenommen werden. 28

Entsprechendes gilt für den **Nachlasspfleger** (§ 1961 BGB) und den **Nachlassverwalter** (§§ 1975 ff. BGB). 29

9. Nießbrauch

Lastet ein Nießbrauchsrecht auf dem gesamten Grundstück oder nur auf dem Anteil eines Miteigentümers, ist zu unterscheiden: 30

(a) das Nießbrauchsrecht lastet auf dem ganzen Grundstück;
(b) das Nießbrauchsrecht lastet nur auf dem Anteil des anderen Miteigentümers, der nicht Antragsteller ist.
(c) das Nießbrauchsrecht lastet nur auf dem Anteil des Antragstellers.

Das Nießbrauchsrecht kann nach den Versteigerungsbedingungen erlöschen oder bestehen bleiben, § 182 Abs. 1. Je nach dem Schicksal des Nießbrauchsrechts muss gegebenenfalls ein Antrag auf Abweichung der Versteigerungsbedingungen nach § 59 gestellt werden.[33] Streitig ist, ob den Antrag auf Teilungsversteigerung nur der oder die Miteigentümer zusammen mit dem Nießbrauchsberechtigten (und umgekehrt) stellen können, § 1066 Abs. 2 BGB (nachfolgend → Rdn. 34). 31

Im Fall (a) lastet das Nießbrauchsrecht auf dem ganzen Grundstück; es kommt als bestehen bleibendes Recht immer in das geringste Gebot, unabhängig davon, wer Antragsteller des Verfahrens ist. Ein Versteigerungshindernis liegt nicht vor.[34] 32

Im Fall (b) ist der Nießbrauchsberechtigte ein ganz „normaler" dinglicher Berechtigter am Grundstück. Der Nießbrauchsberechtigte ist nicht Antragsgegner des Verfahrens. Das Nießbrauchsrecht kann nach den Versteigerungsbedingungen erlöschen oder bestehen bleiben, wie jedes andere dingliche Recht auch, § 182 Abs. 1. 33

---

31 BGH, Beschluss vom 26.4.2012, V ZB 181/11, Rpfleger 2012, 644.
32 Uhlenbruck/*Hirte*, InsO § 84 Rdn. 28.
33 Steiner/*Teufel*, § 180 Rdn. 112.
34 *Stöber*, ZVG § 180 Rdn. 7.17; Steiner/*Teufel*, § 180 Rdn. 112; *Böttcher*, § 180 Rdn. 44.

34 Im Fall (c) wird die Auffassung vertreten, dass bei der Teilungsversteigerung der Antragsteller nur noch gemeinsam mit dem Nießbrauchsberechtigten den Verfahrensantrag stellen kann. Mit dem Zuschlag in der Teilungsversteigerung sollen der belastete Bruchteil und damit auch das Nießbrauchsrecht untergehen, es erlischt im Grundbuch.[35] Diese Auffassung ist nicht zutreffend. Das Nießbrauchsrecht lastet auf dem Miteigentumsanteil des Antragstellers und ist als bestehen bleibendes Recht in das geringste Gebot aufzunehmen. Das Recht ist auch von dem Ersteher dinglich zu übernehmen. Selbst wenn der Zuschlag bzgl. des ganzen Grundstückes erteilt wird, bleibt das Nießbrauchsrecht an dem ehemaligen Miteigentumsanteil bestehen. Die nach Zuschlag veränderten Eigentumsverhältnisse haben auf den Haftungsbestand eingetragener dinglicher Rechte am Grundstück grundsätzlich keinen Einfluss.[36]

10. Erbbauzinsreallast

35 Nach § 9 Abs. 3 ErbbauRG kann das Bestehenbleiben einer nachrangigen Erbbauzinsreallast mit ihrem Hauptanspruch in der Zwangsversteigerung vereinbart werden. Hierdurch wird die Folge des Erlöschens der Erbbauzinsreallast durch Rangrücktritt hinter ein anderes dingliches Grundpfandrecht, aus welchem dann vorrangig die Zwangsversteigerung betrieben wird, vermieden. In der Teilungsversteigerung kann dies jedoch nicht gelten, da es hier keinen Gläubiger gibt, der aus einem Rang am Grundstück bzw. im Rang des § 10 Abs. 1 die Versteigerung betreibt. Lastet die Erbbauzinsreallast auf einem Miteigentumsanteil am Grundstück, kann sie nach den Versteigerungsbedingungen erlöschen oder bestehen bleiben, § 182 Abs. 1. Je nach dem Schicksal der Erbbauzinsreallast muss gegebenenfalls ein Antrag auf Abweichung der Versteigerungsbedingungen nach § 59 gestellt werden.

V. Einwendungen gegen die Teilungsversteigerung
1. Allgemein

36 Es können vom Antragsgegner Einwendungen, die der Teilungsversteigerung entgegenstehen, erhoben werden. Es kann z.B. die Teilung in Natur gefordert werden (auch wenn dies die Ausnahme ist[37]) oder es wird eine Vereinbarung über eine anderweitige Auseinandersetzung z.B. durch Überlassung des Grundstücks an einen Miteigentümer gegen Abfindung oder durch freiwillige Versteigerung geltend gemacht.[38] In besonderen Ausnahmefällen kann der Antrag auf Teilungsversteigerung auch gegen Treu und Glauben (§ 242 BGB) verstoßen und rechtsmissbräuchlich sein.[39]

2. Grundbuchersichtliche Hindernisse

37 Ergeben sich der Versteigerung entgegenstehende Rechte aus dem Grundbuch, Verfügungsbeschränkungen oder Vollstreckungsmängel (§ 28), darf die Teilungsversteigerung nicht angeordnet werden, ein bereits angeordnetes Verfahren ist

---

35 *Stöber*, ZVG § 180 Rdn. 7.17.
36 *Steiner/Teufel*, § 180 Rdn. 112; *Böttcher*, § 180 Rdn. 44.
37 OLG Hamm, Rpfleger 1964, 341.
38 Vgl. BGH, FamRZ 1984, 563.
39 LG Essen, FamRZ 1981, 457.

gem. § 28 aufzuheben (z.B. im Fall des § 1010 BGB). Behauptet der Antragsteller einen wichtigen Grund im Sinne des § 749 Abs. 2 BGB, kann das Vollstreckungsgericht gehalten sein, eine angemessene Frist einzuräumen, binnen deren der Antragsteller ein die Teilungsversteigerung zulassendes rechtskräftiges Urteil gegen den Miteigentümer oder dessen Zustimmung vorlegt.

3. Materiell-rechtliche Einwendungen

Einwendungen des Antragsgegners gegen die Zulässigkeit der Teilungsversteigerung, die sich nicht aus dem Grundbuch ergeben, sind ausschließlich durch Erhebung der Widerspruchsklage in entsprechender Anwendung von § 771 ZPO geltend zu machen (hierzu und zur einstweiligen Einstellung nach § 771 Abs. 3, § 769 Abs. 1 und Abs. 2 ZPO vgl. auch → § 180 Rdn. 70 ff.). 38

Die Widerspruchsklage ist grundsätzlich der einzige mögliche Rechtsbehelf bei materiell-rechtlichen Einwendungen. Ausnahmsweise wird auch die **Erinnerung gem. § 766 ZPO** für zulässig gehalten, z.B. die Voraussetzungen zur Anordnung der Teilungsversteigerung liegen nicht vor (Fehlen der Gemeinschaft, kein ordnungsgemäßer Erbnachweis, fehlerhafte Vollmacht) oder wenn die Voraussetzungen des § 1365 Abs. 1 BGB zwischen Antragsteller und Antragsgegner unstreitig sind, der Antragsgegner jedoch die Zustimmung nicht erteilen will[40], oder wenn das Zustimmungserfordernis für das Vollstreckungsgericht offenkundig ist (nachfolgend → Rdn. 45). 39

Erfolgt die Anordnung der Teilungsversteigerung erst nachdem dem Antragsgegner rechtliches Gehör gewährt worden ist, kann der Anordnungsbeschluss nur mit der **sofortigen Beschwerde** angefochten werden, § 11 Abs. 1 RPflG, § 793 ZPO. 40

4. Zustimmung des Ehegatten nach § 1365 Abs. 1 BGB

Leben Ehegatten in **Gütertrennung**, ist jeder Ehegatte alleine berechtigt, die Teilungsversteigerung zu beantragen.[41] 41

Leben Ehegatten in **Gütergemeinschaft** können nur beide gemeinsam den Antrag auf Teilungsversteigerung stellen[42], es sei denn, einer der Ehegatten ist alleinverwaltungsberechtigt.[43] 42

Leben Ehegatten im **gesetzlichen Güterstand** kann sich der eine Ehegatte nur mit Einwilligung des anderen Ehegatten verpflichten, über sein Vermögen im Ganzen zu verfügen, § 1365 Abs. 1 S. 1 BGB. Entspricht die Verfügung einer ordnungsgemäßen Verwaltung, kann das Vormundschaftsgericht auf Antrag des Ehegatten die Zustimmung des anderen Ehegatten ersetzen, § 1365 Abs. 2 BGB. Handelt es sich bei dem zu versteigernden Grundstück um das wesentliche Vermögen des Ehegatten, die im gesetzlichen Güterstand leben, ist nach ganz h.M. die Zustimmung des anderen Ehegatten zur Teilungsversteigerung erforderlich.[44] Die Zustimmung muss nicht erst bei der Erteilung des Zu- 43

---

40 OLG Koblenz, Rpfleger 1979, 203; LG Bielefeld, Rpfleger 1986, 271.
41 *Stöber*, ZVG § 180 Rdn. 3.12; *Böttcher*, § 180 Rdn. 47.
42 *Stöber*, ZVG § 180 Rdn. 3.11.
43 MünchKomm/*Kanzleiter*, BGB § 1424 Rdn. 3,4; *Böttcher*, Rpfleger 1985, 1, 4.
44 A.A. *Gottwald*, FamRZ 2006, 1075.

schlages[45] vorgelegt werden, sondern bereits bei dem Antrag auf Anordnung der Teilungsversteigerung.[46]

44 Streitig ist nach wie vor, ob die Zustimmung des anderen Ehegatten auch dann noch erforderlich ist, wenn der Antrag ohne Zustimmung gestellt wurde, im Laufe des Versteigerungsverfahrens jedoch die Ehe rechtskräftig geschieden wird.[47] Die Beendigung der Ehe kann jedoch nicht rückwirkend das Zustimmungsbedürfnis wegfallen lassen, da dies der Sicherung der Ausgleichsansprüche entgegensteht.

45 Das Vollstreckungsgericht kann eine erforderliche Zustimmung des anderen Ehegatten oder den Nachweis weiteren Vermögens des antragstellenden Ehegatten jedoch nur dann verlangen, wenn konkrete Anhaltspunkte dafür gegeben sind, dass es sich bei dem Miteigentumsanteil des antragstellenden Ehegatten um sein Vermögen im Ganzen handelt.[48] Die Sachlage muss für das Vollstreckungsgericht ganz offensichtlich erkennbar sein[49], andernfalls ist der Antragsgegner auf die Drittwiderspruchsklage nach § 771 ZPO zu verweisen.[50] Das Erfordernis der Zustimmung des anderen Ehegatten und deren Vorlage werden durch das Vollstreckungsgericht grundsätzlich nicht von Amts wegen geprüft. Etwas anderes gilt nur dann, wenn dem Vollstreckungsgericht konkrete Anhaltspunkte für das Vorliegen der Voraussetzungen des § 1365 BGB bereits bei der Antragstellung vorliegen[51], dann kann der Einwand auch im Rahmen der **Erinnerung gem. § 766 Abs. 1 ZPO** erhoben werden.[52]

46 Während das Zustimmungserfordernis des anderen Ehegatten bei einer Erbengemeinschaft regelmäßig nicht relevant wird, wird die Frage bei einer **Gesellschaft bürgerlichen Rechts** unterschiedlich beantwortet (ob eine GbR überhaupt noch im Wege der Teilungsversteigerung auseinandergesetzt werden kann, s. → § 180

---

45 So aber OLG Frankfurt, Rpfleger 1997, 490 = NJW-RR 1997, 1274; auch *Zimmer/Pieper*, NJW 2007, 3104.
46 BGH, Rpfleger 2007, 558 = NJW 2007, 3124 und NJW 1961, 1301 = Rpfleger 1961, 233; OLG Hamm, Rpfleger 1979, 20; BayObLG, Rpfleger 1979, 135; OLG Bremen, Rpfleger 1984, 156; BayObLG, Rpfleger 1985, 453 = FamRZ 1985, 1040 und Rpfleger 1996, 361 = FamRZ 1996, 1013; LG Bielefeld, Rpfleger 1986, 271 m. Anm. *Böttcher*; OLG Düsseldorf, Rpfleger 1987, 472; MünchKomm/*Koch*, BGB § 1365 Rdn. 56; *Stöber*, ZVG § 180 Rdn. 3.13; Steiner/*Teufel*, § 180 Rdn. 20; *Böttcher*, § 180 Rdn. 49 jew. m.w.N.; a.A. *Sudhoff*, FamRZ 1994, 1152.
47 **Nicht erforderlich:** OLG Köln, FamRZ 2001, 176; OLG Celle, FamRZ 1983, 591; LG Braunschweig, Rpfleger 1985, 76; *Stöber*, ZVG § 180 Rdn. 3.13l; *Böttcher*, § 180 Rdn. 50; *ders.*, Rpfleger 1986, 271; **erforderlich:** BayObLG, Rpfleger 1980, 470; Steiner/*Teufel*, § 180 Rdn. 21.
48 Dazu grundsätzlich BGH, Rpfleger 1961, 233 = NJW 1961, 1301; OLG Saarbrücken, Rpfleger 1989, 95; LG Bielefeld, FamRZ 2006, 1047.
49 OLG Hamm, Rpfleger 1979, 20 = FamRZ 1979, 128; OLG Koblenz, Rpfleger 1979, 202; AG Karlsruhe, FamRZ 2008, 1641.
50 H.M., OLG Stuttgart, FamRZ 1982, 401; OLG Köln, Rpfleger 1998, 168; OLG Köln, ZMR 2000, 613 = ZfIR 2000, 319 = FamRZ 2000, 1167; LG Hannover, Rpfleger 1995, 308; LG Kassel, Rpfleger 1995, 473 = JurBüro 1995, 498; MünchKomm/*Koch*, BGB § 1365 Rdn. 58; Steiner/*Teufel*, § 180 Rdn. 25; *Stöber*, ZVG § 180 Rdn. 3.13; *Böttcher*, § 180 Rdn. 53 jew. m.w.N.
51 OLG Hamm, Rpfleger 1979, 20 = FamRZ 1979, 128; OLG Koblenz, Rpfleger 1979, 203; OLG Bremen, Rpfleger 1984, 156; LG Krefeld, Rpfleger 1990, 523; OLG Düsseldorf, FamRZ 1995, 309.
52 BGH, Rpfleger 2007, 558 = NJW 2007, 3124; OLG Frankfurt, Rpfleger 1997, 490 = NJW-RR 1997, 1274.

Rdn. 27). Nach einer Auffassung[53] ist die Zustimmung nicht erforderlich, da es sich bei der aufzuhebenden Gesellschaft bürgerlichen Rechts eben nicht um eine Zugewinngemeinschaft handelt. Nach anderer Auffassung, der zuzustimmen ist, ist jedoch auch für die Teilungsversteigerung einer Gesellschaft bürgerlichen Rechts, deren Mitgesellschafter Ehegatten sind, die Zustimmung erforderlich, da die Kündigung der Gesellschaft und die Verfügung über den Ausgleichsanspruch ebenfalls den Voraussetzungen nach § 1365 Abs. 1 BGB unterliegen.[54]

Ebenfalls umstritten ist die Frage, ob das Zustimmungserfordernis nach § 1365 Abs. 1 BGB bei der Auseinandersetzung einer ehelichen Bruchteilsgemeinschaft auch auf den **Pfändungsgläubiger** des Auseinandersetzungsanspruches eines Miteigentümers zutrifft, da dieser den Aufhebungsanspruch anstelle des Schuldners mit allen Rechten und Einschränkungen geltend macht.[55] Dem Pfändungsgläubiger gegenüber gilt § 1365 Abs. 1 BGB jedoch nicht. Der Pfändungsgläubiger erhält ein eigenes Verwertungsrecht am Vermögen des Ehegatten. Dieses Verwertungsrecht unterliegt nicht dem Zustimmungsvorbehalt, da dadurch die Wirkung der Vorschrift des § 1365 Abs. 1 BGB über ihren Schutzzweck hinaus ausgedehnt würde.[56] Gleiches gilt auch für den Pfändungsgläubiger eines Gesellschaftsanteils an einer Gesellschaft bürgerlichen Rechts, eine Zustimmung des Ehegatten ist hier nicht erforderlich (ob eine GbR überhaupt noch im Wege der Teilungsversteigerung auseinandergesetzt werden kann, s. → § 180 Rdn. 27). 47

Aber auch bei Stellung des Antrags auf Anordnung der Teilungsversteigerung durch einen Pfändungsgläubiger hat das Vollstreckungsgericht das Zustimmungserfordernis des anderen Ehegatten nicht von Amts wegen zu prüfen, dieser muss gegebenenfalls im Wege der **Drittwiderspruchsklage** (§ 771 ZPO) vorgehen (vgl. zuvor → Rdn. 45). 48

VI. Ausübung des Rechts eines Miteigentümers (Abs. 2 Satz 1)

1. Allgemein

Abs. 2 Satz 1 betrifft insbesondere den Pfändungsgläubiger, aber auch den Insolvenzverwalter über das Vermögen eines Miteigentümers (hierzu → Rdn. 50), den Testamentsvollstrecker (hierzu → Rdn. 54) oder den Erbschaftskäufer (§§ 2371 ff. BGB). 49

2. Gläubiger eines Miteigentümers einer Bruchteilsgemeinschaft

Ist der Schuldner **Miteigentümer eines Grundstücks nach Bruchteilen**, kann der Gläubiger grundsätzlich in diesen Miteigentumsanteil im Wege der Immobiliarvollstreckung vorgehen, entweder durch Zwangsversteigerung, Zwangsverwaltung oder durch Eintragung einer Zwangssicherungshypothek, § 864 Abs. 2 ZPO, eine Pfändung des Anteils ist ausgeschlossen. Die Zwangsversteigerung eines An- 50

---

53 OLG Hamburg, MDR 1965, 748.
54 *Stöber*, ZVG § 180 Rdn. 3.13 (p); Steiner/*Teufel*, § 180 Rdn. 22; *Böttcher*, § 180 Rdn. 51.
55 In diesem Sinne *Stöber*, ZVG § 180 Rdn. 3.13p; Steiner/*Teufel*, § 180 Rdn. 26, 22; *Böttcher*, § 180 Rdn. 52.
56 OLG Karlsruhe, Rpfleger 2004, 235; OLG Köln, NJW-RR 1989, 325; OLG Hamburg, FamRZ 1970, 407 = NJW 1970, 952; OLG Düsseldorf, Rpfleger 1991, 215; KG, Rpfleger 1992, 211 = MDR 1992, 679; LG Bielefeld, Rpfleger 1989, 518; LG Braunschweig, NJW 1969, 1675; AG Schwäbisch Hall, Rpfleger 1991, 520; *Zimmer/Pieper*, NJW 2007, 3104.

teils bleibt allgemein erfolglos, weil die bestehen bleibenden Rechte so hoch sind und durchweg nur ein geringes Interesse an dem Erwerb eines Bruchteils am Grundstück besteht. Erfolg versprechender ist regelmäßig nach Pfändung und Überweisung die Teilungsversteigerung des gesamten Grundstücks. Der einzelne Miteigentümer einer Bruchteilsgemeinschaft kann jederzeit die Aufhebung dieser Gemeinschaft verlangen, § 749 Abs. 1 BGB. Dieser **Aufhebungsanspruch** ist zwar grundsätzlich nur mit dem Miteigentumsanteil am Grundstück übertragbar, er kann jedoch einem Dritten zur Ausübung überlassen werden und **unterliegt damit der Pfändung** gemäß § 857 Abs. 3 ZPO.[57] Mit dem Aufhebungsanspruch ist gleichzeitig der Anspruch auf Teilung und Auszahlung eines eventuellen Versteigerungserlöses zu pfänden und zu überweisen.[58] Bei der Pfändung ist darauf zu achten, dass neben dem Aufhebungsanspruch auch der Anspruch auf Zustimmung zur Teilung des Erlöses, insbesondere des Erlöses in der Zwangsversteigerung, gleichzeitig in dem Pfändungsbeschluss mit aufgenommen wird.[59]

51 Die Pfändung wird wirksam mit Zustellung an die übrigen Grundstücksmiteigentümer als Drittschuldner, § 857 Abs. 3, Abs. 1, § 829 Abs. 3 ZPO. Die Pfändung ist auch dann möglich, wenn die Miteigentümer die **Aufhebung** der Gemeinschaft zu verlangen für immer oder auf Zeit **ausgeschlossen** oder von einer Kündigungsfrist abhängig gemacht haben, sofern der der Pfändung zugrunde liegende Schuldtitel rechtskräftig ist, § 751 S. 2 BGB.

52 Die Pfändung des schuldrechtlichen Aufhebungsanspruches bewirkt kein Pfandrecht an dem Miteigentumsanteil des Schuldners am Grundstück, demzufolge kann die Pfändung auch nicht im **Grundbuch** vermerkt werden.[60] Der Pfändungsgläubiger kann sich nur dadurch schützen, dass er den Miteigentumsanteil des Schuldners mit einer Zwangssicherungshypothek belastet oder umgehend die Teilungsversteigerung beantragt, damit der Zwangsversteigerungsvermerk (§ 19 Abs. 1) im Grundbuch eingetragen wird.

53 Verwertet wird der Aufhebungsanspruch durch **Überweisung zur Einziehung**, § 857 Abs. 1, § 835 Abs. 1 ZPO. Da die Teilung eines Grundstücks in Natur regelmäßig ausgeschlossen ist, erfolgt die **Verwertung** durch Zwangsversteigerung und nachfolgender Teilung des Erlöses, § 753 Abs. 1 S. 1 BGB. Den **Antrag auf Anordnung der Teilungsversteigerung** kann der Gläubiger selbst stellen[61], nicht mehr der Pfändungsschuldner alleine.[62] Hat ein Gläubiger den Anspruch des Schuldners auf Aufhebung der Gemeinschaft einschließlich des (künftigen) Anspruchs auf eine den Miteigentumsanteilen entsprechende Teilung und Auskehrung des Versteigerungserlöses gepfändet, ist das von ihm eingeleitete Teilungsversteigerungsverfahren nach der Eröffnung des Insolvenzverfahrens über das Vermögen des Schuldners auch dann nicht aufzuheben, wenn die Teilungsversteigerung weniger als einen Monat vor dem Insolvenzantrag angeordnet worden ist.[63] Das Pfändungspfandrecht berechtigt zur abgesonderten Befriedigung der Pfandgläubigerin aus der gepfändeten Forderung (§ 50 Abs. 1 InsO). Die Vor-

---

57 BGH, NJW 1984, 1968 = Rpfleger 1984, 283 = ZIP 1984, 489.
58 BGH, NJW 1984, 1968 = Rpfleger 1984, 283 = ZIP 1984, 489.
59 BGH, NJW 1984, 1968 = Rpfleger 1984, 283 = ZIP 1984, 489.
60 LG Siegen, Rpfleger 1988, 349.
61 ThürOLG, Rpfleger 2001, 445.
62 So auch *Stöber*, ZVG § 180 Rdn. 11.10i.
63 BGH, Beschluss vom 20.3.2014, IX ZB 67/13, Rpfleger 2014, 438 = NJW-RR 2014, 740 = ZInsO 2014, 777.

schrift des § 88 InsO, nach welcher die im letzten Monat vor dem Antrag auf Eröffnung des Insolvenzverfahrens durch Zwangsvollstreckung erlangten Sicherungen an dem zur Insolvenzmasse gehörenden Vermögen des Schuldners mit der Eröffnung des Verfahrens unwirksam werden, gilt – wie sich bereits aus ihrem Wortlaut ergibt – nur für Insolvenzgläubiger, nicht für Absonderungsberechtigte, die aufgrund ihres dinglichen Rechts in den belasteten Gegenstand vollstrecken.

3. Gläubiger eines Miterben

54 Hat der Erblasser mehrere Erben hinterlassen, gebührt ihnen der Nachlass gemeinschaftlich, § 2032 Abs. 1 BGB. Keiner der Erben kann alleine über seinen Anteil an einzelnen Nachlassgegenständen, insbesondere das Grundstück, verfügen, § 2033 Abs. 2 BGB. Der einzelne Miterbe kann die Erbengemeinschaft jederzeit verlassen, indem er über seinen Anteil am Nachlass als Inbegriff aller Rechte und Pflichten verfügt, § 2033 Abs. 1 S. 1 BGB. Da dieser Anteil übertragbar ist, unterliegt er auch der Zwangsvollstreckung durch **Pfändung**, § 859 Abs. 2 ZPO. Die Pfändung umfasst den Auseinandersetzungsanspruch nach § 2042 Abs. 1 BGB, wonach jeder Miterbe grundsätzlich jederzeit die Auseinandersetzung der Erbengemeinschaft verlangen kann. Die Pfändung wird wirksam mit **Zustellung** an die übrigen Miterben, § 859 Abs. 2, § 857 Abs. 1, § 829 Abs. 3 ZPO.[64] Mit der Zustellung an den letzten Miterben ist die Pfändung bewirkt. Ist ein **Testamentsvollstrecker** bestellt und hat dieser sein Amt angenommen, muss die Zustellung für und gegen alle Miterben an diesen erfolgen. Eine Zustellung an die übrigen Miterben ist rechtlich wirkungslos. Ebenfalls muss die Zustellung an den Verwalter bei angeordneter **Nachlassverwaltung** erfolgen.[65] Mit wirksamer Pfändung tritt der Vollstreckungsgläubiger als dinglicher Mitberechtigter in die Erbengemeinschaft ein.[66]

55 Die wirksame Pfändung kann bei einem den Erben gemeinsam gehörenden Grundstück im **Grundbuch** als Änderung der Verfügungsbefugnis eingetragen werden.[67] Die Eintragung des Verfügungsverbotes im Grundbuch bewirkt jedoch **keine Grundbuchsperre**. Nach der Eintragung des Pfändungsvermerks können weitere Eintragungen im Grundbuch vollzogen werden. Diese sind dem Pfändungsgläubiger gegenüber jedoch unwirksam[68], zu den Auswirkungen für das geringste Gebot s. → § 182 Rdn. 4.

56 Die **Verwertung** des Miterbenanteils erfolgt durch Überweisung zur Einziehung, § 835 Abs. 1 ZPO. Der Pfändungsgläubiger tritt als dinglicher Mitberechtigter anstelle des Schuldners in die Erbengemeinschaft ein. Dem Pfändungsgläubiger steht das gemeinschaftliche Verwaltungsrecht zu, § 2038 Abs. 1 BGB, das Recht auf Auseinandersetzung, § 2042 BGB, und der Anspruch auf den Erlösanteil nach der Auseinandersetzung, § 2047 BGB. Soweit der Gläubiger über den Umfang des Nachlasses informiert werden will, steht ihm auch das Recht auf **Auskunft** und **Rechnungslegung** gegenüber den Miterben zu.[69]

---

64 OLG Frankfurt, Rpfleger 1979, 205.
65 Zöller/*Stöber*, § 859 Rdn. 16.
66 MünchKomm/*Gergen*, BGB § 2033 Rdn. 36.
67 H.M.; vgl. OLG Frankfurt, Rpfleger 1979, 205; MünchKomm/*Gergen*, BGB § 2033 Rdn. 36; *Hintzen/Wolf*, Rdn. 6.328.
68 OLG Hamm, Rpfleger 1961, 201.
69 *Stöber*, Forderungspfändung Rdn. 1676, 1677.

57 Der Gläubiger kann auch die **Teilungsversteigerung** hinsichtlich des Grundstückes **beantragen**, das Antragsrecht des schuldnerischen Miterben ist ausgeschlossen.[70] Ist Testamentsvollstreckung angeordnet, hat der Pfändungsgläubiger kein Antragsrecht (hierzu → Rdn. 22).[71]

58 Der Schuldner kann nicht mehr alleine über seinen Erbanteil als solchen verfügen oder ihn ändern. Er darf auch nicht mehr über einzelne Nachlassgegenstände zusammen mit den übrigen Miterben verfügen, auch die Auseinandersetzung mit seinen Miterben ist dem Pfändungsgläubiger gegenüber unwirksam.[72] Ausgenommen von dem Verfügungsverbot sind nur **höchstpersönliche Rechte**, z.B. das Recht die Erbschaft auszuschlagen.[73]

59 Ist der schuldnerische Miterbe nur **Vorerbe**, kann die Pfändung des Miterbenanteils grundsätzlich ebenfalls erfolgen. Die Pfändung wird wirksam mit Zustellung an die übrigen Miterben. Der eingesetzte **Nacherbe** ist kein Drittschuldner.[74] Allerdings sind Verfügungen, die der Gläubiger zusammen mit den übrigen Erben trifft, im Falle des Eintritts der Nacherbfolge dem Nacherben insoweit gegenüber unwirksam sind, als sie dessen Recht vereiteln oder beeinträchtigen würden, §§ 2113–2115 BGB.[75] Aus diesem Grund wird das Antragsrecht des Gläubigers teilweise verneint, weil er auf diesem Wege sein Ziel, Befriedigung aus dem Erlösanspruch des Schuldners zu erhalten, nicht erreichen kann.[76]

4. Gläubiger eines Gesellschafters

60 Der Anteil eines Gesellschafters an einer Gesellschaft bürgerlichen Rechts ist nicht übertragbar und somit auch grundsätzlich nicht pfändbar, § 719 Abs. 1 BGB, § 851 Abs. 1 ZPO. Ausdrücklich wird jedoch der Anteil eines Gesellschafters an dem Gesellschaftsvermögen der Pfändung unterworfen, § 859 Abs. 1 S. 1 ZPO.[77] Der Anteil an einem einzelnen Gesellschaftsgegenstand unterliegt jedoch nicht der Pfändung, § 859 Abs. 1 S. 2 ZPO. Eine Zustimmung der anderen Gesellschafter oder die Gestaltung im Gesellschaftsvertrag ist für die Pfändung nicht Voraussetzung. Die Pfändung wird wirksam mit **Zustellung** an die Gesellschaft als Drittschuldner, § 859 Abs. 1, § 857 Abs. 1, § 829 Abs. 3 ZPO.[78] Zur Wirksamkeit ist jedoch auch die Zustellung an den geschäftsführenden Gesellschafter ausreichend.[79] Mangels ausreichender Kenntnis der Geschäftsführung wird der Gläubiger in der Praxis jedoch immer die Zustellung an alle Gesellschafter vorziehen.

---

70 OLG Hamburg, MDR 1958, 45; *Stöber*, ZVG § 180 Rdn. 11.10i; a.A.: OLG Hamm, Rpfleger 1958, 269; LG Wuppertal, Rpfleger 1961, 785; *Böttcher*, § 180 Rdn. 56; MünchKomm/*Gergen*, BGB § 2033 Rdn. 37.
71 BGH, Rpfleger 2009, 580 = NJW 2009, 2458 = ZEV 2009, 391.
72 MünchKomm/*Gergen*, BGB § 2033 Rdn. 36.
73 MünchKomm/*Smid*, ZPO § 859 Rdn. 21.
74 *Stöber*, Forderungspfändung, Rdn. 1705.
75 *Stöber*, Forderungspfändung, Rdn. 1705.
76 OLG Celle, NJW 1968, 801 = MDR 1968, 249.
77 Hierzu auch BGH, Rpfleger 2008, 215 = NJW-RR 2008, 1547 = WM 2008, 408; BGH, Rpfleger 1986, 308 = ZIP 1986, 776; BGH, ZIP 1992, 109 = Rpfleger 1992, 260 m. Anm. *Hintzen*; OLG Hamm, NJW-RR 1987, 723.
78 BGH, NJW 1998, 2904.
79 BGH, NJW 2001, 1056 = Rpfleger 2001, 246 (Rechtsfähigkeit der Außengesellschaft); BGH, NJW 1986, 1991 und 1998, 2904; OLG Celle, Rpfleger 2004, 507; OLG Köln, NJW-RR 1994, 1517; MünchKomm/*Smid*, ZPO, § 859 Rdn. 9; MünchKomm/*Schäfer*, BGB § 725 Rdn. 12; Zöller/*Stöber*, § 859 Rdn. 3.

Die wirksame Pfändung bewirkt nicht, dass der Gläubiger als dinglicher Mit- **61**
berechtigter anstelle des Schuldners in die Gesellschaft eintritt (anders als bei der
Erbengemeinschaft). Der schuldnerische Mitgesellschafter bleibt weiterhin Gesellschafter mit allen Rechten und Pflichten. Nach der Pfändung steht dem Gläubiger nur der Anspruch auf den jährlichen **Gewinnanteil**[80] zu und er hat ein außerordentliches **Kündigungsrecht**, § 725 Abs. 1 BGB. In Abweichung von der Entscheidung des RG[81] kann der Gläubiger auch den Anspruch auf Auseinandersetzung ausüben.[82]

Voraussetzung für die Auszahlung eines Gewinnanteils und die Ausübung des **62**
Kündigungsrechtes ist die **Überweisung zur Einziehung**[83] und ein **rechtskräftiger Titel**, § 725 Abs. 1 BGB. Die Kündigung muss der Gläubiger gegenüber der Gesellschaft erklären; sie wird wirksam, sobald sie dem geschäftsführenden Gesellschafter oder allen Gesellschaftern bekannt geworden ist.[84]

Ist im Gesellschaftsvertrag vereinbart, dass nach Kündigung die Gesellschaft **63**
fortgeführt wird, scheidet der schuldnerische Gesellschafter aus der Gesellschaft
aus. Die Gesellschaft ist verpflichtet, dem Schuldner dasjenige auszuzahlen, was er
auch bei einer Auseinandersetzung erhalten hätte. Auf diesen **Auszahlungsanspruch** erstreckt sich das Pfandrecht des Vollstreckungsgläubigers. Sieht der Gesellschaftsvertrag keine besondere Regelung vor, ist die Gesellschaft grundsätzlich
zu liquidieren, § 730 BGB. Die Gesellschaft kann die Auflösung verhindern, indem sie den Gläubiger abfindet, § 268 BGB, und gleichzeitig die Fortführung der
Gesellschaft beschließt.[85] Der Vollstreckungsgläubiger tritt aber auch im Rahmen
der Liquidation nicht an die Stelle des Schuldners, die Auseinandersetzung findet
ausschließlich unter den übrigen Gesellschaftern statt. Der Gläubiger kann jedoch
den Anspruch auf Auseinandersetzung anstelle des Schuldners ausüben.[86] Der
Gläubiger kann aber nicht die zeitliche Abfolge beeinflussen, die Pfändung gibt
ihm keinen Anspruch auf Durchführung der Auseinandersetzung.[87]

Trotz der Pfändung und der Überweisung zur Einziehung sind die Gesellschaf- **64**
ter befugt, über Gesellschaftsgegenstände alleine zu verfügen.[88] Die Pfändung
kann auch nicht bei dem zum Gesellschaftsvermögen gehörenden Grundstück im
Grundbuch eingetragen werden, h.M.[89] (anders bei einer Verpfändung[90]). Die bis-

---

80 Die Pfändung erfasst auch den Anspruch aus §§ 713, 667 BGB gegen einen Mitgesellschafter, der das Grundstück wegen eines vermeintlichen Beschlusses über eine allein ihm zustehende Gewinnausschüttung – für den Vollstreckungsgläubiger nicht erkennbar – im eigenen Namen vermietet, den Mietzins für sich eingezogen und den Ertrag an die Gesamthand abzuführen hat, so OLG Celle, Rpfleger 2004, 507.
81 RGZ 95, 231.
82 BGH, NJW 1992, 830 = Rpfleger 1992, 260 m. Anm. *Hintzen*.
83 BGH, NJW 1992, 830 = Rpfleger 1992, 260; *Stöber*, Forderungspfändung, Rdn. 1566.
84 BGH, NJW 2001, 1056 = Rpfleger 2001, 246 (Teil-Rechtsfähigkeit der Außengesellschaft); BGH, MDR 1993, 431 = NJW 1993, 1002 = WM 1993, 460; MünchKomm/*Schäfer*, BGB § 725 Rdn. 14, 12.
85 *Stöber*, Forderungspfändung, Rdn. 1569.
86 BGH, NJW 1992, 830 = Rpfleger 1992, 260.
87 MünchKomm/*Schäfer*, BGB § 725 Rdn. 19 ff.
88 OLG Hamm, NJW 1987, 723.
89 Streitig, nein: OLG Zweibrücken, Rpfleger 1982, 413; OLG Hamm, NJW-RR 1987, 723; LG Hamburg, JurBüro 1988, 788; Meikel/*Böttcher*, § 22 Rdn. 25; a.A. *Hintzen*, Rpfleger 1992, 262.
90 OLG Düsseldorf, Rpfleger 2004, 417.

her unterschiedlichen Auffassungen dürften sich mit Blick auf die Rechtsprechung, insbesondere des BGH, zur Rechts- und Grundbuchfähigkeit der GbR weitgehend erübrigt haben (hierzu → § 180 Rdn. 27). Die Eintragung im Grundbuch verlautbart die Gesellschaft als Verband und somit als Eigentümerin des Grundstücks. Im Ergebnis ist die GbR damit – insoweit Grundstücksrechte betroffen sind – der OHG/KG gleichgestellt. Eine Eintragung der Pfändung im Grundbuch kommt nicht in Betracht.

65 Das **Antragsrecht** des Vollstreckungsgläubigers zur Durchführung der **Teilungsversteigerung** wird überwiegend bejaht[91], nicht mehr antragsberechtigt ist der Pfändungsschuldner alleine.[92] Mit den Ausführungen zuvor (→ Rdn. 64) ist die maßgebliche Vorschrift § 731 S. 2 BGB (… für die Teilung gelten die Vorschriften über die Gemeinschaft Anwendung …), so zu interpretieren, dass zunächst eine Teilungsversteigerung einer GbR grundsätzlich ausgeschlossen ist. Da der Pfändungsgläubiger nicht mehr Rechte hat als der Schuldner selbst, kann er auch keine Teilungsversteigerung verlangen. Etwas anderes kann sich nur dann ergeben, wenn die Gesellschaft „eine andere Art der Auseinandersetzung" vereinbart hat (analog § 145 Abs. 1 HGB). Nur in diesem Fall können die Gesellschafter zusammen oder der geschäftsführende Gesellschafter alleine oder die Gesellschafter als Liquidatoren die Teilungsversteigerung beantragen. Die andere Art der Verwertung muss im Gesellschaftsvertrag vereinbart sein oder alle Gesellschafter stimmen dem Verfahren zu. Nur in diesem Fall kann auch dem Pfändungsgläubiger das Recht zur Auseinandersetzung im Wege der Teilungsversteigerung zuerkannt werden.[93] Der Pfändungsgläubiger muss die Vereinbarung der Gesellschafter bei der Antragstellung glaubhaft machen, andernfalls das Vollstreckungsgericht dem Antrag nicht stattgeben kann. Dies will der BGH so aber nicht verstanden wissen.[94] Gegenstand eines Teilungsversteigerungsverfahrens kann auch das Grundstück einer GbR sein. Die Anerkennung der Rechtsfähigkeit der GbR ändert daran nichts. Wenn weiterhin der einzelne Gesellschafter einen Antrag stellen kann, gilt dies konsequent für den Pfändungs- und Überweisungsgläubiger.

5. Eheliche Gütergemeinschaft

66 Zur eheliche Gütergemeinschaft s. → § 180 Rdn. 19. Solange die Gütergemeinschaft besteht, kann kein Ehegatte über seinen Anteil am Gesamtgut und auch nicht an den einzelnen Gegenständen verfügen. Er ist ebenso nicht berechtigt Teilung zu verlangen, § 1419 Abs. 1 BGB. Daher ist auch die Vollstreckung durch Pfändung des Gesamtanteils eines Ehegatten am Gesamtgut und an den einzelnen dazugehörenden Gegenständen unzulässig, § 860 Abs. 1 S. 1 ZPO. Erst nach Beendigung der Gemeinschaft ist der Anteil am Gesamtgut pfändbar, § 860 Abs. 2 ZPO. Aufgrund des Pfändungs- und Überweisungsbeschlusses kann der Gläubiger die Teilungsversteigerung beantragen.

---

91 Ja: ThürOLG, Rpfleger 2001, 445; LG Hamburg, Rpfleger 2002, 532; LG Konstanz, Rpfleger 1987, 427; LG Lübeck, Rpfleger 1986, 315; *Hintzen*, in Anm. zu BGH, Rpfleger 1992, 262; nein: überholt LG Hamburg, Rpfleger 1989, 519.
92 So auch *Stöber*, ZVG § 180 Rdn. 11.10i.
93 In diese Richtung auch MünchKomm/*Schäfer*, BGB § 719 Rdn. 60.
94 BGH, Beschluss vom 16.5.2013, V ZB 198/12, Rpfleger 2013, 694 = DNotZ 2013, 930 = ZfIR 2013, 734.

6. Vertragspfandrecht

Bei der **Bruchteilsgemeinschaft** ist die Verpfändung des Anteils nur durch 67
Hypothek, Grundschuld usw. zulässig. Diese Rechte geben dem Gläubiger nicht
die Befugnis zum Antrag auf Teilungsversteigerung anstelle des Miteigentümers;
er kann nur die Zwangsversteigerung des Bruchteils beantragen.

Bei der **Gesamthandsgemeinschaft** ist nur im Falle der **Erbengemeinschaft** 68
die Belastung des Anteils eines Miterben mit einem Pfandrecht möglich, § 2033
Abs. 1 BGB. Die Verpfändung kann im Wege der Grundbuchberichtigung (§ 22
GBO als Verfügungsbeschränkung im Grundbuch eingetragen werden (hierzu
zuvor → Rdn. 55).[95] Der Antrag auf Anordnung der Teilungsversteigerung kann
unabhängig von der Eintragung der Verpfändung im Grundbuch gestellt werden.
Diesen Antrag können vor Fälligkeit der Pfandforderung der Pfändungsgläubiger
nur gemeinsam mit dem schuldnerischen Miterben stellen. Nach Fälligkeit kann
der Pfändungsgläubiger den Antrag alleine stellen, ohne an Beschränkungen gebunden zu sein, welchen die Miterben vereinbart haben oder die der Erblasser
letztwillig angeordnet hat, § 1273 Abs. 2 BGB. Das vertragliche Pfandrecht an einem Miterbenanteil erstreckt sich nach der Teilungsversteigerung auf den Erlösanteil des Miteigentümers, § 1273 Abs. 2 i.V.m. § 1258 Abs. 2 BGB. Es hat den
Rang vor später entstandenen Pfändungspfandrechten.[96] Ein nachrangiger Pfändungsgläubiger ist dem Pfandgläubiger zur Freigabe verpflichtet.[97]

---

95 Z.B. BayObLG, Rpfleger 1960, 157.
96 BGH, NJW 1969, 1347 = Rpfleger 1969, 291; *Lehmann*, NJW 1971, 1545.
97 BGH, NJW 1972, 1045 = Rpfleger 1972, 213.

§ 182 »Feststellung des geringsten Gebots«

(1) Bei der Feststellung des geringsten Gebots sind die den Anteil des Antragstellers belastenden oder mitbelastenden Rechte an dem Grundstücke sowie alle Rechte zu berücksichtigen, die einem dieser Rechte vorgehen oder gleichstehen.

(2) Ist hiernach bei einem Anteil ein größerer Betrag zu berücksichtigen als bei einem anderen Anteile, so erhöht sich das geringste Gebot um den zur Ausgleichung unter den Miteigentümern erforderlichen Betrag.

(3) (aufgehoben)

Übersicht Rdn.
I. Allgemeines 1
II. Gesamthandsgemeinschaft 5
III. Bruchteilsgemeinschaft 6
   1. Allgemein 6
   2. Gleiche Belastungen... 7
   3. Unterschiedliche Belastungen................................... 8
   4. Ausgleichsbetrag (Abs. 2) 9
      a) Regelungszweck 9
      b) Unterschiedliche große Miteigentumsanteile................. 13
      c) Ausgleichsbetrag im geringsten Gebot...................... 14
      d) Beitritt eines Miteigentümers 17
      e) Missbrauch 21
      f) Erlösverteilung... 23
      g) Die Grundschuld in der Erlösverteilung 24
         aa) Zinsen der Grundschuld im Teilungsplan 24.1
         bb) Kapital der Grundschuld im geringsten Gebot 24.2
         cc) Rückgewährsanspruch.................................. 24.3
         dd) Auseinandersetzung an der Grundschuld 24.4

I. Allgemeines

1 Ebenso wie in der Forderungsversteigerung gilt auch in der Teilungsversteigerung der Ranggrundsatz nach § 10 und der Deckungs- und Übernahmegrundsatz, §§ 44, 45, 52. In der Forderungsversteigerung wird auf den bestrangig betreibenden Gläubiger abgestellt und bestimmt, dass die ihm vorgehenden Ansprüche in das geringste Gebot fallen (wegen Einzelheiten s. → § 44 Rdn. 2). Es gilt somit eindeutig das Prinzip, dass im Interesse einer bestmöglichen Verwertung des Grundstücks das niedrigste geringste Gebot gelten soll (über die Anwendung dieses Prinzips bei mehreren Antragstellern s. nachfolgend → Rdn. 17 ff.). Da es in der Teilungsversteigerung jedoch eine Geldforderung und einen betreibenden Gläubiger nicht gibt, die unterschiedliche Belastung von Miteigentumsanteilen jedoch möglich ist, sich aber andererseits der Antragsteller der Teilungsversteigerung nicht durch dieses Verfahren von dinglichen Belastungen befreien darf, war für die Aufstellung des geringsten Gebotes die ergänzende Vorschrift des § 182 notwendig. Auch in der Teilungsversteigerung setzt sich das geringste Gebot zusammen aus:

(a) **bestehen bleibender Teil** (bestehen bleibende Rechte am Grundstück), § 52 und

(b) **bar zu zahlender Teil**, § 49 Abs. 1.

Zu (a)

Sofern dingliche Rechte nach den besonderen Bedingungen in der Teilungsversteigerung bestehen bleiben, sind Grundpfandrechte mit ihrem Kapitalbetrag zu berücksichtigen[1], Rechte der Abt. II des Grundbuchs sind mit dem Zuzahlungsbetrag festzustellen, § 51 Abs. 2. Vormerkung und Widerspruch sind wie eingetragene Rechte zu berücksichtigen, § 48. Eine Auflassungsvormerkung ist in das geringste Gebot aufzunehmen, wenn sie dem Recht des Antragstellers im Teilungsversteigerungsverfahren vorgeht; sie bleibt beim Zuschlag bestehen und kann von dem Vormerkungsberechtigten dem Ersteher gegenüber geltend gemacht werden.[2]

Zu (b)

In den bar zu zahlenden Teil des geringsten Gebots sind vorweg die Verfahrenskosten aufzunehmen, § 109. Auf Anmeldung werden weiterhin berücksichtigt die bevorrechtigten Ansprüche der Rangklassen 1–3 des § 10 Abs. 1 und die wiederkehrenden Leistungen der bestehen bleibenden Grundpfandrechte bzw. Reallast. Von eingetragenen Rechten werden laufende Leistungen von Amts wegen berücksichtigt, rückständige Leistungen sind anzumelden, wobei hier auch die Ansprüche der Rangklassen 7 und 8 des § 10 Abs. 1 aufzunehmen sind (vgl. → § 180 Rdn. 56). Rechte, die zur Zeit der Eintragung des Versteigerungsvermerks aus dem Grundbuch nicht ersichtlich waren, müssen, um überhaupt berücksichtigt zu werden, spätestens im Versteigerungstermin vor der Aufforderung zur Abgabe von Geboten angemeldet werden, § 180 Abs. 1, § 45 Abs. 1, § 37 Nr. 4.

Eine Ausnahme besteht nur dann, wenn ein **Pfändungsgläubiger** eines **Miterben** die Teilungsversteigerung betreibt, und nach der Eintragung des entsprechenden Pfändungsvermerks im Grundbuch weitere Rechte eingetragen wurden. Die Eintragung dieser Rechte sind dem Pfändungsgläubiger gegenüber unwirksam und können bei der Aufstellung des geringsten Gebotes nicht berücksichtigt werden.[3] Zur Pfändung des Anteils an einer Gesellschaft bürgerlichen Rechts und den Rechtswirkungen s. → § 181 Rdn. 64.

II. Gesamthandsgemeinschaft

Sonderbelastungen der Miteigentümer sind nicht möglich. Die Gesamthandsgemeinschaft kann nur gemeinsam über das Grundstück verfügen. Deshalb müssen im geringsten Gebot alle auf dem Grundstück belastenden Rechte berücksichtigt werden. Etwas anderes kann sich aus dem Grundbuch nur dann ergeben, wenn eine Anteilsbelastung vor Übergang des Eigentums auf die Gesamthandsgemeinschaft bereits eingetragen war. Die Veränderung im Eigentum hat keinen Einfluss auf den Haftungsbestand bereits eingetragener Rechte. Nach § 182 Abs. 1 sind aber auch solche Rechte als bestehen bleibende Rechte in das geringste Gebot aufzunehmen. Zur Ausnahme, wenn ein **Pfändungsgläubiger** Antragsteller des Verfahrens ist s. zuvor → Rdn. 4. Zur rechtzeitigen Anmeldung zwecks Berücksichtigung bei Eintragung nach dem Zwangsversteigerungsvermerk s. zuvor → Rdn. 3.

---

1   *Hartenstein*, FPR 2013, 362 plädiert für eine dringend notwendige Abschaffung bestehenbleibender Grundschulden in der Teilungsversteigerung.
2   OLG Köln, InVo 2001, 112.
3   *Stöber*, ZVG § 182 Rdn. 2.12.

III. Bruchteilsgemeinschaft

1. Allgemein

6   Im Gegensatz zur Forderungsversteigerung kann bei der Aufstellung des geringsten Gebots in der Teilungsversteigerung der Anspruch des bestrangig betreibenden Gläubigers nicht zugrunde gelegt werden, da es einen solchen nicht gibt. Das Verfahren wird *aus dem Eigentum heraus* betrieben. Der Miteigentümer macht eine aus dem Miteigentum fließende Befugnis geltend, steht somit hierbei allen seinen Anteil belastenden oder mitbelastenden Rechte nach. Es kann deshalb der Zuschlag nur auf ein Gebot erteilt werden, dass diese Rechte deckt. Deshalb müssen, von den Verfahrenskosten nach § 109 und den Ansprüchen der Rangklassen 1–4, 7, 8 des § 10 Abs. 1 abgesehen, nach § 182 Abs. 1 bei der Feststellung des geringsten Gebotes berücksichtigt werden:

(a) die den Anteil des Antragstellers allein belastenden Rechte;

(b) die den Anteil des Antragstellers mitbelastenden Rechte, unabhängig davon, ob diese das ganze Grundstück oder nur Anteile einiger anderen Miteigentümer belasten;

(c) alle Rechte an einem anderen Anteil, welche einem der zu (b) bezeichneten Rechte vorgehen oder gleichstehen. Die Worte „vorgehen oder gleichstehen" sind im Sinne des Rangverhältnisses gem. § 879 Abs. 1 BGB zu verstehen. Dies gilt auch für Eigentümerrechte des Antragstellers und für Rechte, die nach Eintragung des Zwangsversteigerungsvermerks in das Grundbuch eingetragen und ordnungsgemäß angemeldet (§ 45 Abs. 1, § 37 Nr. 4) worden sind.

2. Gleiche Belastungen

7   Sind sämtliche Miteigentumsanteile nur mit Gesamtrechten gleichmäßig belastet, fallen sämtliche Rechte, die bei Eintragung des Zwangsversteigerungsvermerks bereits bestehen und die nach dem Zwangsversteigerungsvermerk in das Grundbuch eingetragen und ordnungsgemäß angemeldet (§ 45 Abs. 1, § 37 Nr. 4) wurden, in das geringste Gebot.

3. Unterschiedliche Belastungen

8   Da die Miteigentumsanteile einer Bruchteilsgemeinschaft wie rechtlich selbstständige Grundstücke behandelt werden, § 864 Abs. 2 ZPO, ist eine unterschiedliche Belastung der einzelnen Miteigentumsanteile möglich. Sind die Miteigentumsanteile unterschiedlich belastet, sind nur die den Anteil des antragstellenden Miteigentümers belastenden oder mitbelastenden Rechte an dem Grundstück sowie alle Rechte zu berücksichtigen, die einem dieser Rechte vorgehen oder gleichstehen (Abs. 1).

Beispiel[4]:

	A $^1/_3$ Anteil	B $^1/_3$ Anteil	C $^1/_3$ Anteil
Belastungen:			
– Gesamtrecht – III/1	20.000,– €	20.000,– €	20.000,– €
– Einzelrecht – III/2	30.000,– €	–	–
– Gesamtrecht – III/3	40.000,– €	40.000,– €	–
– Einzelrecht – III/4	–	–	50.000,– €
– Einzelrecht – III/5	–	60.000,– €	–

A betreibt das Verfahren:
Bestehen bleibender Teil des geringsten Gebotes, § 52:
III/1	20.000,– €
III/2	30.000,– €
III/3	<u>40.000,– €</u>
	90.000,– €

Die Rechte Abt. III/4 und 5 fallen nicht in das geringste Gebot, da sie den Anteil des A nicht belasten und auch keinem mitbelastenden Recht im Range vorgehen.

B betreibt das Verfahren:
Bestehen bleibender Teil des geringsten Gebotes; § 52:
III/1	20.000,– €
III/2	30.000,– €
III/3	40.000,– €
III/5	<u>60.000,– €</u>
	150.000,– €

Das Recht Abt. III/4 fällt nicht in das geringste Gebot, da es den Anteil des B nicht belastet und auch keinem mitbelastenden Recht im Range vorgeht; dafür aber das Recht III/2, da es dem Recht III/3 vorgeht.

C betreibt das Verfahren:
Bestehen bleibender Teil des geringsten Gebotes, § 52:
III/1	20.000,– €
III/4	<u>50.000,– €</u>
	70.000,– €

Die Rechte Abt. III/2, 3 und 5 fallen nicht in das geringste Gebot. Das Recht III/5 lastet nicht auf dem Anteil des C. Die Rechte III/2, 3 gehen nicht einem mitbelastenden Recht im Range vor, insbesondere nicht dem Recht III/4.

Falls A und B das Verfahren betreiben, bleiben die Rechte III/1, 2, 3 und 5 bestehen.
Falls A und C das Verfahren betreiben, bleiben die Rechte III/1, 2, 3 und 4 bestehen.
Falls B und C das Verfahren betreiben, bleiben sämtliche Rechte bestehen.

---

4   Entnommen *Hintzen/Wolf*, Rdn. 12.232.

4. Ausgleichsbetrag (Abs. 2)
a) Regelungszweck

9   Die Regelungen nach Abs. 1 würde ohne die Ergänzung in Abs. 2 im Einzelfall dazu führen, dass für den Miteigentümer, dessen Anteil nicht oder nicht so hoch belastet ist, wie der des Antragstellers, bei der Teilungsversteigerung über den Erlösüberschuss nicht der ihm gebührende Betrag zur Verfügung steht.

Beispiel:
A und B sind Miteigentümer zu je $^{1}/_{2}$-Anteil. Der Anteil des A ist mit einer Grundschuld von 150.000,- € (Abt. III Nr. 1) belastet. Der Verkehrswert des Grundstückes beträgt 300.000,- €. Die Teilungsversteigerung wird von dem Miteigentümer A betrieben.

(**falsches**) Geringstes Gebot:
Bestehen bleibendes Recht, § 52:
Grundschuld III/1   150.000,- €

Bar zu zahlender Teil, § 49 Abs. 1:
– Verfahrenskosten – fiktiv –   5.000,- €
– Zinsen aus III/1 – fiktiv –   15.000,- €

Angenommen im Zwangsversteigerungstermin wird der Zuschlag auf ein bares Meistgebot in Höhe von 50.000,- € erteilt. Das bestehen bleibende Recht Abt. III/1 ist vom Ersteher zu übernehmen.

Aus dem baren Meistgebot sind zunächst die Verfahrenskosten (5.000,- €) und die Zinsen des Rechtes III/1 (15.000,- €) zu begleichen. Es verbleibt somit ein Erlösüberschuss in Höhe von 30.000,- €.

10 Haben A und B aus dem Gemeinschaftsverhältnis keine gegenseitigen Ansprüche, würde selbst dann, wenn der Erlösüberschuss im Innenverhältnis allein dem Miteigentümer B zugewiesen würde, er sich immer noch wesentlich schlechter als Miteigentümer A stehen. Dieser ist wirtschaftlich von einer seinen Anteil belastenden Grundschuld von 150.000,- € nebst 15.000,- € Zinsen, insgesamt über 165.000,- €, frei geworden. Demgegenüber erhält der Miteigentümer B aus dem Erlös für seinen $^{1}/_{2}$ Anteil nur einen Betrag von 30.000,- €.

11 Abs. 2 verhindert dieses unbillige Ergebnis durch die Anordnung, dass das geringste Gebot um den zur Ausgleichung erforderlichen Betrag zu erhöhen ist. Ist hiernach bei einem Anteil ein größerer Betrag zu berücksichtigen als bei einem anderen Anteil, so erhöht sich das geringste Gebot um den zur Ausgleichung unter den Miteigentümern erforderlichen Betrag.

12 Bei der Berechnung des Ausgleichsbetrages sind nicht nur die Kapitalbeträge der bestehen bleibenden Grundpfandrechte zu berücksichtigen, sondern auch die Ansprüche dieser Rechte, die in den bar zu zahlenden Teil des geringsten Gebots aufzunehmen sind; handelt es sich um Rechte der Abt. II des Grundbuches, ist der gem. § 51 Abs. 2 bestimmte Zuzahlungsbetrag in der Berechnung zu berücksichtigen.

Im vorgenannten Beispiel ergibt sich somit ein (**richtiges**) geringstes Gebot:
Bestehen bleibendes Recht, § 52:
Grundschuld III/1   150.000,- €

Bar zu zahlender Teil:
Verfahrenskosten – fiktiv –   5.000,– €
Zinsen aus dem Recht III/1 – fiktiv –   15.000,– €
+
Ausgleichsbetrag, § 182 Abs. 2   165.000,– €

Der bar zu zahlende Teil des geringsten Gebotes beträgt somit insgesamt 185.000,– €.

Wird der Zuschlag auf ein solches Gebot erteilt, sind zunächst die Verfahrenskosten und dann die wiederkehrenden Leistungen des Rechtes III/1 aus dem Erlös zu begleichen. Der hiernach verbleibende Betrag von 165.000,– € steht im Innenverhältnis allein dem Miteigentümer B zu.

Da das geringste Gebot (bestehen bleibendes Recht über 150.000,– € + Bargebot über 185.000,– € = 335.000,– €) jetzt insgesamt den Verkehrswert (300.000,– €) erheblich übersteigt, wird für das Grundstück im Versteigerungstermin möglicherweise ein Gebot nicht zu erzielen sein. Zur Versteigerungsblockade vgl. nachfolgend → Rdn. 17 ff.

b) Unterschiedliche große Miteigentumsanteile

Für die Berechnung des Ausgleichsbetrages kommt nicht die absolute Höhe der Belastung der einzelnen Anteile, sondern diese nur in Rücksicht auf die Größe der Anteile in Betracht. Wenn A zu $^2/_3$ und B zu $^1/_3$ Eigentümer sind und der Anteil des A mit einem Recht über 20.000,– € und der des B mit einem Recht über 10.000,– € belastet ist, ist Abs. 2 nicht einschlägig. Sind die verschiedenen Anteile der Miteigentümer unterschiedlich hoch belastet und die Anteile selbst noch von unterschiedlicher Größe, sind als Ausgleich diejenigen Beträge in den bar zu zahlenden Teil des geringsten Gebots aufzunehmen, um welche der Anteil des am höchsten belasteten Anteils die jeweils anderen Anteile übersteigt.[5] Gesamtrechte sind hierbei nach dem Anteil der Miteigentümer zu verteilen.

Beispiel:

Eigentümer	A zu $^2/_3$ Anteil	B zu $^1/_3$ Anteil
Nr. 1 Grundschuld	60.000,– €	–
Nr. 2 Grundschuld	–	120.000,– €
Nr. 3 Grundschuld (Gesamtrecht)	180.000,– €	180.000,– €

Die Berechnung erfolgt in drei Schritten:
(1) Feststellung des geringsten Gebotes
(2) Feststellung der absoluten Belastung nach Verteilung evtl. Gesamtrechte
(3) Feststellung der relativen Anteilsbelastung

---

[5] Freundsche Formel, von *Freund*, Zwangsvollstreckung in Grundstücke, 1901; vgl. *Stöber*, ZVG § 182 Rdn. 4.8; *Böttcher*, § 182 Rdn. 10.

Erster Schritt: geringstes Gebot
Bestehen bleibende Rechte: Bar zu zahlender Teil – fiktive Beträge:

III/1	60.000,- €	Verfahrenskosten	3.600,- €
III/2	120.000,- €	öffentliche Lasten	1.800,- €
III/3	180.000,- €	Zinsen aus III/1	6.000,- €
		Zinsen aus III/2	12.000,- €
		Zinsen aus III/3	18.000,- €

Zweiter Schritt: relative Anteilsbelastung nach Aufteilung
Bar zu zahlender Teil:

Verfahrenskosten $^2/_3$ zu $^1/_3$	2.400,- €	1.200,- €
Öffentliche Lasten $^2/_3$ zu $^1/_3$	1.200,- €	600,- €
Zinsen aus III/1	6.000,- €	–
Zinsen aus III/2	–	12.000,- €
Zinsen aus III/3 $^2/_3$ zu $^1/_3$	12.000,- €	6.000,- €

Bestehen bleibende Rechte:

III/1	60.000,- €	–
III/2	–	120.000,- €
III/3 $^2/_3$ zu $^1/_3$	120.000,- €	60.000,- €
Gesamtbelastung somit	201.600,- €	199.800,- €

Dritter Schritt: Feststellung der relativen Belastung
Divisor ($^2/_3$ zu $^1/_3$)
Gesamtbelastung – relativ $^1/_3$ zu $^1/_3$ 100.800,- €   199.800,- €
Am höchsten belastet ist somit der Anteil des B, da der Anteil A – relativ – bei $^1/_3$ nur mit 100.800,- € belastet ist.

Somit für den Anteil A als **Ausgleichsbetrag:**
2 x 199.800,- € minus 201.600,- € = **198.000,- €**

(*andere Berechnung*: $^1/_3$ Anteil mit 199.800,- € ▶ ganzer Anteil somit x 3 = 599.400,- €
▶ abzüglich vorhandener Beträge 201.600,- € und 199.800,- € = 198.000,- €)

Ergebnis: endgültiges geringstes Gebot

Bestehen bleibende Rechte:		Bar zu zahlender Teil:	
III/1	60.000,- €	Verfahrenskosten	3.600,- €
III/2	120.000,- €	öffentliche Lasten	1.800,- €
III/3	180.000,- €	Zinsen aus III/1	6.000,- €
		Zinsen aus III/2	12.000,- €
		Zinsen aus III/3	18.000,- €
		Ausgleichsbetrag	198.000,- €
		Gesamtbetrag:	599.400,- €

c) Ausgleichsbetrag im geringsten Gebot

14 Der **Ausgleichsbetrag** ist in den **bar zu zahlenden Teil** des geringsten Gebotes als **Rechnungsposten** aufzunehmen.[6] Wird ein Meistgebot abgegeben, ist der

---

[6] BGH, Rpfleger 2010, 279 = NJW-RR 2010, 520 = DNotZ 2010, 777 = FamRZ 2010, 354 mit Anm. *Hintzen* S. 449; LG Lüneburg, ZIP 1981, 914; *Stöber*, ZVG § 182 Rdn. 4.3; *Böttcher*, § 182 Rdn. 9.

Ausgleichsbetrag Teil des Erlösüberschusses. Wer diesen Betrag erhält, ist von der Auseinandersetzung der früheren Miteigentümer über den Erlösüberschuss abhängig. In keinem Falle ist der Ausgleichsbetrag als Surrogat für den geringer belasteten Miteigentumsanteil[7] ein Betrag, der als Ersatz für das verlorene Miteigentum allein dem Ausgleichsberechtigten zusteht.[8]

Wird Abs. 2 bei der Feststellung des geringsten Gebotes nicht oder fehlerhaft angewandt, sind die Vorschriften über die Feststellung des geringsten Gebotes verletzt, es liegt ein Zuschlagsversagungsgrund nach § 83 Nr. 1 vor. Wird der Ausgleichsbetrag nicht aufgenommen, kann die unterschiedliche Belastung noch im Rechtsstreit um die Erlösverteilung ausgeglichen werden. Es kann in der Praxis durchaus vorkommen, dass das Vollstreckungsgericht einen Ausgleichsbetrag nicht in das geringste Gebot aufnimmt, dieser jedoch tatsächlich besteht.

In einer durch den **BGH**[9] zu entscheidenden Auseinandersetzungsklage war ein Ausgleichsbetrag zu berücksichtigen, da die Miteigentumsanteile ungleich belastet waren. Entgegen § 182 Abs. 2 war jedoch kein Ausgleichsbetrag in das geringste Gebot aufgenommen worden. Die ungleiche Belastung ergab sich hierbei **nicht** direkt aus dem Grundbuch, da es sich um ein Gesamtrecht handelte, welches sämtliche Miteigentumsanteile belastete. Nach dem Zuschlag stellte sich dann heraus, dass das Gesamtrecht nur noch an dem Anteil eines Miteigentümers lastete, an dem anderen Anteil jedoch bereits vor dem Zuschlag nach den Vorschriften über die Gesamthypothek tatsächlich erloschen war. Diese generelle Aussage setzt aber voraus, dass der Erlösüberschuss so hoch ist, dass der Ausgleichsbetrag mit umfasst wird, andernfalls bleibt nur ein Schadensersatzanspruch.[10]

Ein ähnlicher Ausgangsfall lag auch der Entscheidung des *BGH* vom 16.12.2009[11] zugrunde. Auch hier blieb u.a. eine Hypothek, lastend auf dem ganzen Grundstück zweier Miteigentümer zu gleichen Anteilen, nach den Versteigerungsbedingungen bestehen. Zu Recht betont der BGH, dass es sich bei dieser Hypothek um ein Gesamtrecht handelt. Auch der Bruchteil eines Grundstücks kann mit einer Hypothek belastet werden, wenn er in dem Anteil eines Miteigentümers besteht, § 1114 BGB (zur Zwangsvollstreckung in den Bruchteil eines Grundstücks vgl. § 864 Abs. 2 ZPO). Regelmäßig sind Ehegatten hälftig als Miteigentümer am Grundstück im Grundbuch eingetragen. Ebenfalls regelmäßig werden die Belastungen zur Finanzierung des Grundstücks und des Hauses gemeinsam aufgenommen und zur Eintragung im Grundbuch bewilligt. Niemand macht sich in diesem Zeitpunkt ernsthaft Gedanken darüber, um welche Art von Grundpfandrecht es sich handelt und wie sich dies möglicherweise nach dem Scheitern der Ehe und der zwangsweisen Auseinandersetzung rechtlich darstellt. Nach dem Sachverhalt der Entscheidung des BGH hatte ein Ehegatte einen Teil der Forderung, der durch die Hypothek gesichert wurde, alleine und ohne Ausgleichsanspruch gezahlt. In diesem Falle erwirbt der Zahlende in Höhe der Tilgung eine Eigentümergrundschuld (§ 1173 Abs. 1 Satz 1, § 1177 Abs. 1 BGB), die allein auf seinem Miteigentumsanteil lastet, während die Hypothek auf dem Anteil

---

7   Steiner/*Teufel*, § 182 Rdn. 1 9; *Stöber*, ZVG § 182 Rdn. 10; *Schiffhauer*, Rpfleger 1984, 81.
8   So aber *Drischler*, ZIP 1982, 921.
9   BGH, NJW 1983, 2449 = Rpfleger 1984, 109.
10 Ggf. auch Schadensersatz aus Gründen der Amtshaftung, § 839 BGB.
11 BGH, Rpfleger 2010, 279 = NJW-RR 2010, 520 = DNotZ 2010, 777 = FamRZ 2010, 354 mit Anm. *Hintzen* S. 449.

des anderen Miteigentümers erlischt. Soweit die Hypothek zur Eigentümergrundschuld wird, ist sie der verbleibenden Gesamthypothek an beiden Miteigentumsanteilen gegenüber nachrangig, § 1176 BGB.

15.2 In der Entscheidung des *BGH*[12] ergab sich eine weitere bisher nicht diskutierte Frage. Neben der anteiligen Belastung auf dem Miteigentumsanteil A ergab sich noch eine weitere (offene) Anteilsbelastung infolge einer Zwangssicherungshypothek auf dem hälftigen Miteigentumsanteil B. Beide Ausgleichsbeträge mussten im geringsten Gebot berücksichtigt werden. Wie ermittelt sich der Ausgleichsbetrag nach § 182 Abs. 2 im Falle einer zweifachen (mehrfachen) Anteilsbelastung unterschiedlicher Höhe? Richtigerweise erhöht sich das geringste Gebot nicht um die jeweiligen Ausgleichsbeträge der verschiedenen Miteigentumsanteile. Sind die Anteile der Miteigentümer unterschiedlich hoch belastet, sind als Ausgleich diejenigen Beträge in den bar zu zahlenden Teil des geringsten Gebots aufzunehmen, um welche der Anteil des am höchsten belasteten Anteils die jeweils anderen Anteile übersteigt.[13] Es ist eine **Verrechnung** beider Ausgleichsbeträge vorzunehmen, auch wenn man hier einwenden kann, dass insoweit eine Auseinandersetzung der Miteigentümer durch das Gericht vorweg genommen wird (Gleiches erfolgt aber auch bei der Erlösverteilung nach § 112, wenn dort nach Abs. 2 vor der Verteilung „Sondermassen" zu bilden sind, damit die Ansprüche, die nur den jeweiligen Miteigentumsanteil betreffen, auch nur aus diesem Erlösanteil zu zahlen sind, hierzu → § 112 Rdn. 10 ff.). Und das die §§ 112, 122 auch in der Teilungsversteigerung Anwendung finden, hat der *BGH*[14] bestätigt.

16 Der **Ausgleichsbetrag** ist auch dann zu berücksichtigen, wenn über einen **Abweichungsantrag** nach § 59 ein nach den Versteigerungsbedingungen erlöschendes Recht auf Antrag auf einem Miteigentumsanteil bestehen bleibt. In diesem Fall kommt es zu einem Doppelausgebot, da trotz des, (schützenden) Ausgleichsbetrages eine Beeinträchtigung des anderen Miteigentümers nicht ausgeschlossen werden kann (z.B. bei Nichtzahlung des Meistgebotes und den damit einhergehenden Folgen der Forderungsübertragung und Eintragung einer Sicherungshypothek im Grundbuch, §§ 118, 128, die den Rang erst nach den bestehen gebliebenen Rechten erhält).[15]

d) Beitritt eines Miteigentümers

17 Jeder Miteigentümer kann als Antragsgegner dem Verfahren beitreten (hierzu → § 180 Rdn. 48). Sind die einzelnen Miteigentumsanteile bei einer Bruchteilsgemeinschaft unterschiedlich belastet, richtet sich das geringste Gebot grundsätzlich nach dem Anteil des Antragstellers, § 182 Abs. 1. Wird das Verfahren jedoch von mehreren oder allen Miteigentümern betrieben, ist nach wie vor streitig, wie das geringste Gebot zu errechnen ist. Geht man von dem Grundsatz aus, dass sämtliche Rechte im geringsten Gebot zu berücksichtigen sind, kann dies dazu führen,

---

12 S. Fn. 11.
13 *Hintzen* in Schröder/Bergschneider, Familienvermögensrecht, 2. Aufl., Kapitel 10 Rdn. 181.
14 S. Fn. 11.
15 LG Hamburg, Rpfleger 2004, 723: Der Miteigentümer des höher belasteten Anteils beantragte die Aufnahme einer nur an seinem Anteil bestehenden Belastung ins geringste Gebot. Das Gericht wertete dies als Antrag nach § 59 auf Abänderung der Versteigerungsbedingungen. Allerdings sagt das Gericht nichts zum Ausgleichsbetrag.

dass die gesetzlichen Versteigerungsbedingungen zur Erstellung des geringsten Gebotes zu einer **Blockade des Verfahrens** führen.[16]

Beispiel:
Verkehrswert des Grundstücks soll sein: 400.000,- €

Eigentümer	A zu ¹/₂ Anteil	B zu ¹/₂ Anteil
Abt. III Nr. 1 – Gesamtrecht –	------------ 250.000,- € ------------	

Wird das Verfahren zum Zwecke der Auseinandersetzung entweder von A oder B betrieben, bleibt das Gesamtrecht über 250.000,- € bestehen. Es besteht eine reale Chance, dass das Grundstück versteigert wird.

Angenommen A ist Antragsteller des Verfahrens. B belastet nunmehr seinen Miteigentumsanteil mit einer Grundschuld von 150.000,- € und tritt dem Verfahren bei.

Der veränderte **Grundbuchinhalt** sieht nunmehr wie folgt aus:

Eigentümer	A zu ¹/₂ Anteil	B zu ¹/₂ Anteil
Abt. III: Nr. 1 – Gesamtrecht – Nr. 2	------------ 250.000,- € ------------ 	 150.000,- €

Aus der Sicht des beitretenden B ist auch die nachrangige Grundschuld in das geringste Gebot aufzunehmen, da dieses Recht seinen Miteigentumsanteil belastet. Dies würde bedeuten, dass bei der Höhe des Verkehrswerts bereits die im Grundbuch eingetragenen Belastungen diesen in voller Höhe ausschöpfen. Unter Hinzurechnung der in den bar zu zahlenden Teil aufzunehmenden Ansprüche und unter Berücksichtigung des Ausgleichsbetrages (hierzu → Rdn. 9 ff.) nach Abs. 2 wäre die Versteigerung damit (wirtschaftlich) blockiert.[17]

Zur Aufstellung und Berechnung des geringsten Gebotes werden verschiedene Lösungsansätze diskutiert[18]:

- die **Totalbelastungslehre** (alle Rechte auf allen Miteigentumsanteilen fallen ins geringste Gebot);

---

16 Hierzu auch *Bartels*, ZfIR 2013, 609 mit einem eigenen Lösungsansatz, der aber wenig überzeugend ist und ebenfalls Ungereimtheiten nicht ausschließt.
17 Dazu *Otto/Seyffert*, Rpfleger 1979, 1.
18 Vgl. insgesamt: LG Heidelberg, Rpfleger 1979, 472; LG Düsseldorf, Rpfleger 1987, 29; *Jaeckel/Güthe*, ZVG § 182 Rdn. 6; *Lupprian*, ZVG § 182 Anm. 4; *Reinhard/Müller*, ZVG § 182 Anm. III 3–4; *Drischler*, JurBüro 1981, 1761 ff.; ders., RpflJB 1960, 347 ff.; *Otto/Seyffert*, Rpfleger 1979, 1 ff.; *Schiffhauer*, ZIP 1982, 660; ders., Rpfleger 1984, 81; *Niederée*, DRpflZ 1984, 94.

- die **Zustimmungswegfall-Theorie** (alle Rechte auf allen Miteigentumsanteilen kommen ins geringste Gebot, jeder Antragsteller hat dann das Recht über § 59 ohne Zustimmung der Betroffenen zu erreichen, dass die Rechte auf dem Anteil des anderen Miteigentümers wegfallen);
- die **Korrealbelastungslehre** (nur die Gesamtrechte und Rechte die diesen vorgehen, kommen ins geringste Gebot);
- das **Räumungsprinzip** (der jeweilige Deckungsgrundsatz wird durch die Antragstellung des jeweiligen Miteigentümers beseitigt)[19];
- die **Niedrigstgebot-Lösung** (das geringste Gebot richtet sich nach dem Miteigentumsanteil, der am niedrigsten belastet ist).

20   Zuzustimmen ist der Niedrigstgebot-Lösung[20], auch wenn diese nicht wegzudiskutierende Ungereimtheiten aufweist.[21] Aus der gesetzlichen Regelung lässt sich nicht rechtfertigen, wieso z.B. bei der Versteigerung eines Grundstücks, das den Antragstellern A und B zu je $^1/_2$ gehört und mit 80.000,- € (Anteil A) bzw. 70.000,- € (Anteil B) belastet ist, das Recht von 70.000,- € bestehen bleibt, das Recht von 80.000,- € aber erlischt.[22] Ebenso versagen die Grundsätze der Niedrigstgebot-Lösung, wenn beide Anteile gleich hoch, also z.B. je mit 80.000,- €, belastet sind. Bleiben jetzt beide Rechte bestehen, weil die von den einzelnen Miteigentümern ausgehende Beeinträchtigung des Aufhebungsanspruchs des anderen Miteigentümers jeweils gleich hoch ist?[23]

Hierzu der Sachverhalt einer Entscheidung des LG Bonn[24]:
Das Grundstück gehörte Bruder und Schwester zu je $^1/_2$ Anteil. Jeder $^1/_2$ Anteil war mit drei gleichen Rechten (Rückauflassungsvormerkung, Reallast und Vorkaufsrecht) belastet zugunsten desselben Berechtigten. Nach Anordnung der Versteigerung belastete die Schwester ihren Anteil mit einer Grundschuld über 400.000,- € und trat dem Verfahren bei.

Das Vollstreckungsgericht interpretierte die Niedrigstgebot-Lösung offenbar so, dass sich das geringste Gebot nach dem Bruder als Antragsteller richtete, dessen Anteil niedriger belastet war als der Anteil der Schwester und nahm als bestehen bleibende Rechte nur die Rechte auf, die den Anteil des Antragstellers des Verfahrens belasteten. Folgerichtig kamen nicht nur die Grundschuld über 400.000,- € zum Erlöschen, sondern auch die drei in Abteilung II auf dem Anteil der Schwester lastenden Rechte. Genau hier aber versagen die Grundsätze der Niedrigstgebot-Lösung. Die drei in Abteilung II eingetragenen Rechte sind gleichwertige Rechte und führen nicht zu einer unterschiedlichen Belastung der Anteile. Nur die Grundschuld über 400.000,- € stellt eine ungleiche Belastung dar. Folglich sollte die richtige Lösung darin bestehen, dass nur die Grundschuld nicht ins geringste Gebot aufgenommen werden sollte, alle anderen Rechte aber

---

19   Hierzu *Streuer*, Rpfleger 2001, 119.
20   LG Hamburg, Rpfleger 2004, 723; LG Frankfurt a.M., Rpfleger 2000, 173; LG Düsseldorf, Rpfleger 1987, 29; LG Braunschweig, Rpfleger 1998, 256; *Stöber*, ZVG § 180 Rdn. 3.6b; Steiner/*Teufel*, § 180 Rdn. 12, 13; *Böttcher*, § 182 Rdn. 17; *Storz/Kiderlen*, TV, 5.4.3.
21   Hierzu *Streuer*, Rpfleger 2001, 119; *Eickmann*, KTS 1987, 617 und auch *Bartels*, ZfIR 2013, 609, jedoch nicht überzeugend.
22   Steiner/*Teufel*, § 182 Rdn. 16.
23   So *Stöber*, ZVG § 182 Rdn. 3.7.
24   LG Bonn, Beschluss vom 23.5.2014. 6 T 94/14, BeckRS 2014, 15680.

schon.²⁵ In einer solchen Situation entfällt dann auch ein Ausgleichsbetrag nach Abs. 2, da im Übrigen eine gleichwertige Anteilsbelastung besteht.

Abgesehen von diesen sicherlich bestehenden Schwächen, ist die **Niedrigstgebot-Lösung** in den meisten aller Fälle die einzige Möglichkeit, um überhaupt Gebote in der Versteigerung zu erzielen und sie verhindert einen möglichen Rechtsmissbrauch.

Im obigen Beispiel bleibt daher nur das alle Anteile belastende Gesamtrecht über 150.000,- € bestehen. Das geringste Gebot ist daher, wenn das Verfahren von mehreren Miteigentümern betrieben wird, immer nach dem Anteil des Miteigentümers festzustellen, dessen Anteil am niedrigsten belastet ist.

e) Missbrauch

Allerdings darf die Niedrigstgebot-Lösung dann aber auch nicht von einem der Miteigentümer missbräuchlich zu seinen Gunsten genutzt werden. Bewilligt z.B. der Miteigentümer, dessen Anteil geringst belastetet ist (im obigen Beispiel → Rdn. 17 der A) nach Schluss der Bietzeit die einstweilige Einstellung seines Verfahrens, entzieht er auf diese Weise dem an seiner Person ausgerichteten geringsten Gebot die Grundlage. Es wird nachträglich unrichtig. Das geringste Gebot muss nunmehr nach dem daneben betreibenden Miteigentümer (im obigen Beispiel B) neu aufgestellt werden. Allerdings sind jetzt weitere bestehen bleibende Rechte, die ausschließlich den Anteil des Antragstellers B alleine belasten nebst dem Ausgleichsbetrag nach § 182 Abs. 2 in das geringste Gebot aufzunehmen. Da dies bis jetzt nicht geschehen ist, muss zunächst der Zuschlag nach §§ 180, 83 Nr. 1, § 33 versagt werden.²⁶ Das nunmehr neu aufzustellende geringste Gebot (Bietzeit beginnt neu zu laufen²⁷) kann so hoch sein, dass das Grundstück faktisch unversteigerbar ist.

Eine Missbrauchsabsicht dem einstellenden Miteigentümer grundsätzlich zu unterstellen, dürfte nicht richtig sein.²⁸ Die Situation ist bedingt durch die höhere Belastung des Anteils eines Miteigentümers und durch die einstweilige Einstellung desjenigen, der bis dato dem geringsten Gebot zugrunde gelegt wurde und er selbst den anderen Miteigentümer in die Position des „bestbetreibenden Antragstellers" gebracht hat. Da es in der Teilungsversteigerung an einem betreibenden Gläubiger i.S.v. § 44 Abs. 1 fehlt, nach welchem das geringste Gebot auszurichten ist, hat der Gesetzgeber in § 182 Abs. 1 diese Rolle „dem Antragsteller" der Teilungsversteigerung übertragen. Allerdings hat der Gesetzgeber offenbar nur einen Antragsteller für dieses Verfahren vor Augen gehabt und nicht mehrere oder alle Miteigentümer.²⁹ Das Gericht sollte im Zweifelsfall mit den Verfahrensbeteiligten in einem Vortermin nach § 62 ausführlich die Probleme erörtern.

---

25 So auch *Stöber*, ZVG § 182 Rdn. 3.7 (b); *Storz/Kiderlen*, TV, 5.4.4.1.
26 Eine Situation, wie sie in der Forderungsversteigerung bei Einstellung durch den bestrangig betreibenden Gläubiger nach Schluss der Bietzeit nicht unüblich ist.
27 *Stöber*, ZVG § 182 Rdn. 3.9.
28 In diese Richtung LG Braunschweig, Rpfleger 1998, 482 = Fortsetzung des Sachverhaltes von LG Braunschweig, Rpfleger 1998, 256.
29 Hierzu *Alff*, Rpfleger 2004, 673.

f) Erlösverteilung

23 Der den bar zu zahlenden Teil des geringsten Gebotes erhöhende Ausgleichsbetrag ist nur ein Rechnungsposten für das geringste Gebot (vgl. vorstehend → Rdn. 14). Auch wenn für das Vollstreckungsgericht klar erkennbar ist, wem der Ausgleichsbetrag unter den Miteigentümern im Innenverhältnis zusteht, kann eine direkte Auszahlung an den Ausgleichsberechtigten nicht erfolgen. Der gesamte in der Teilungsversteigerung erzielte Erlösüberschuss steht als Surrogat für das Grundstück der Gemeinschaft der Grundstückseigentümer zu. Die Auseinandersetzung an dem Erlös muss die Gemeinschaft grundsätzlich jedoch untereinander vornehmen, der einzelne Miteigentümer muss gegebenenfalls im Prozesswege vorgehen (vgl. → § 180 Rdn. 154 ff.).

Allerdings schließen diese Grundsätze die Anwendung von §§ 112, 122 nicht aus (hierzu → Rdn. 15.2 und auch → § 112 Rdn. 1, → § 180 Rdn. 150–152). Bei der Verteilung des Erlösüberschusses aus der Teilungsversteigerung eines Grundstücks ist einer unterschiedlichen Belastung der Miteigentumsanteile Rechnung zu tragen. Der Erlösüberschuss ist auf die einzelnen Miteigentumsanteile nach dem Verhältnis der Werte zu verteilen; ihm wird zuvor der Betrag der Rechte, welche nach § 91 nicht erlöschen, hinzugerechnet. Auf den einem Grundstücksanteil zufallenden Anteil am Erlös wird sodann der Betrag der Rechte, welche an diesem Grundstücksanteil bestehen bleiben, angerechnet, § 112 Abs. 1 und 2.[30] Insoweit werden für die unterschiedlich belasteten Miteigentumsanteile (als wären es mehrere Grundstücke) zunächst durch die anteilige Zuweisung des Erlöses „Sondermassen" gebildet, § 112 Abs. 2. Danach wird die Zuteilung auf die Ansprüche der Rechte am Grundstück fortgesetzt, Ansprüche lastend auf dem Anteil eines Miteigentümers dürfen nur aus dem Erlösanteil für diesen Miteigentumsanteil befriedigt werden. Ein eventuell erhobener Einwand, dass insoweit eine Auseinandersetzung der Miteigentümer durch das Gericht vorweg genommen wird, ist nicht durchgreifend, da die §§ 112, 122 auch in der Teilungsversteigerung Anwendung finden, da insoweit die gesetzliche Verweisung in § 180 Abs. 1 eindeutig ist.[31]

g) Die Grundschuld in der Erlösverteilung

24 Der gesamte in der Teilungsversteigerung erzielte Erlösüberschuss steht als Surrogat für das Grundstück der Gemeinschaft der Grundstückseigentümer zu. Die Auseinandersetzung an dem Erlös muss die Gemeinschaft untereinander vornehmen, das Vollstreckungsgericht kann hier nur „vermittelnd" eingreifen. Die Praxis zeigt, dass gerade „die valutierte bzw. ganz oder teilweise nicht valutierte Grundschuld" oftmals bei den Bietinteressenten, insbesondere auch bei einem Miteigentümer als Bieter, fehlerhaft eingeschätzt wird und auch die Gebotsabgabe oftmals (fehlerhaft) beeinflusst.

Nach den Versteigerungsbedingungen bleibt eine im Grundbuch eingetragene Grundschuld (oftmals handelt es sich um die ursprüngliche Finanzierungsgrundschuld) grundsätzlich bestehen (hierzu → Rdn. 6 ff.). In der Praxis handelt es sich bei der Grundschuld regelmäßig um eine sogenannte Sicherungsgrundschuld,

---

30 BGH, Rpfleger 2010, 279 = NJW-RR 2010, 520 = DNotZ 2010, 777 = FamRZ 2010, 354 mit Anm. *Hintzen* S. 449.
31 Der BGH, Rpfleger 2010, 279 = NJW-RR 2010, 520 = DNotZ 2010, 777 = FamRZ 2010, 354 hat diese Frage nicht aufgegriffen.

§ 1192 Abs. 1a BGB. Zur Behandlung der Zinsen einer solchen Grundschuld und des Kapitals in der Erlösverteilung s. → § 114 Rdn. 32 ff.

In der Teilungsversteigerung und in der Auseinandersetzung der Beteiligten (die außerhalb des gerichtlichen Verfahrens zu erfolgen hat) sind nachfolgende Grundsätze unter Beachtung beispielhafter Rechtsprechung des BGH zu beachten:

aa) Zinsen der Grundschuld im Teilungsplan

Rückständige Zinsen müssen grundsätzlich angemeldet werde, § 114 Abs. 2. Meldet der Gläubiger keine rückständigen Zinsen an, werden diese auch nicht im Teilungsplan aufgenommen. *Laufende Zinsen* werden von Amts wegen berücksichtigt, §§ 45, 114. Meldet der Gläubiger jedoch ausdrücklich weniger Zinsen an, wird auch nur dieser Minderbetrag berücksichtigt (**Minderanmeldung** oder Hebungsverzicht, hierzu auch die Rechtsprechung des BGH, → § 114 Rdn. 37.3–37.5).

24.1

bb) Kapital der Grundschuld im geringsten Gebot

Die Sicherungsgrundschuld ist immer unabhängig von der gesicherten Forderung, auch wenn die Sicherungsabrede die Grundlage für die Bestellung der Grundschuld ist. Selbst wenn die Darlehensforderung erloschen ist oder überhaupt niemals entstanden ist, entsteht keine Eigentümergrundschuld, die Grundschuld steht nach wie vor dem Gläubiger zu. Der Kapitalanspruch der Grundschuld wird daher in der Versteigerung in jedem Falle in voller Höhe berücksichtigt. Sofern der Grundschuldgläubiger den Grundschuldbetrag ganz oder teilweise nicht mehr beansprucht, muss er über den Erlösanspruch eine entsprechende Verfügungserklärung (dingliche Rechtsänderungserklärung) abgeben (Abtretung, Verzicht, Aufhebung). Bei nur teilweise valutierter Sicherungsgrundschuld hat der Sicherungsgeber einen Anspruch auf teilweise Rückgewähr, wenn der Sicherungszweck insoweit endgültig entfallen ist.[32] Ein Anspruch auf teilweise Rückgewähr besteht jedoch dann nicht, wenn der Sicherungszweck fortbesteht.[33]

24.2

Im **geringsten Gebot** steht die Grundschuld mit dem vollen Nominalbetrag, ein Bieter muss bei Abgabe seines Gebotes die Grundschuld in vollem Umfange kalkulieren (hierzu → § 114 Rdn. 38 ff.).

cc) Rückgewährsanspruch

Bleibt eine Sicherungsgrundschuld nach den Versteigerungsbedingungen bestehen, was in der Teilungsversteigerung regelmäßig der Fall ist, führt die Zuschlagserteilung nicht zur Fälligkeit des Rückgewährsanspruches hinsichtlich des nicht mehr valutierten Teils der Grundschuld. Haben die Beteiligten in der Sicherungsabrede vereinbart, dass der Rückgewährsanspruch nur durch Verzicht oder Aufhebungserklärung (Löschungsbewilligung) erfüllt werden kann, führt dies dann zur Unwirksamkeit, wenn im Zeitpunkt der Rückgewähr das Eigentum durch Zuschlag gewechselt hat.[34] (**Fall:** Nach Zahlung des Restbetrages einer über-

24.3

---

32   BGH, NJW-RR 1990, 445.
33   Nach Zuschlag des Grundstücks an einen der Miteigentümer in der Teilungsversteigerung, BGH, NJW-RR 1987, 76 = Rpfleger 1987, 30 = ZIP 1986, 1452.
34   BGH, Rpfleger 1988, 495 = NJW-RR 1988, 1146 und erneut BGHZ 106, 375 ff. = Rpfleger 1989, 295; SaarOLG, Beschluss vom 25.2.2015, 5 W 96/14, Rpfleger 2015, 488.

nommenen Grundschuld durch den Ersteher erteilt die Bank diesem die Löschungsbewilligung. Diese Löschungsbewilligung kommt aber nicht mehr dem früheren Eigentümer und Sicherungsgeber zugute, sondern infolge des Eigentumswechsels dem Ersteher, der aber nicht rückgewährsberechtigt ist. In diesem Fall kann der Rückgewährsanspruch nur durch Erteilung einer Abtretungserklärung an den früheren Eigentümer erfüllt werden). Eine in den Allgemeinen Geschäftsbedingungen des Sicherungsnehmers enthaltene Klausel, die den auf Rückgewähr der Grundschuld gerichteten Anspruch des Sicherungsgebers auf die Löschung des Grundpfandrechts beschränkt, hält der richterlichen Inhaltskontrolle jedenfalls dann nicht stand, wenn sie auch Fallgestaltungen erfasst, in denen der Sicherungsgeber im Zeitpunkt der Rückgewähr nicht mehr Grundstückseigentümer ist.[35]

Ersteigert ein Ehegatte das im Miteigentum beider stehende Anwesen und werden dabei zum Teil nicht mehr valutierte Grundschulden bei Feststellung des geringsten Gebots berücksichtigt, so stehen dem anderen Ehegatten lediglich entsprechende Rückgewähransprüche gegen den jeweiligen Grundschuldgläubiger, jedoch kein Anspruch aus den §§ 812 ff. BGB gegen den ersteigernden Ehegatten zu.[36] Anders ist dies dann, wenn der ersteigernde Miteigentümer bereits eine Löschungsbewilligung hinsichtlich der Grundschuld in Händen hat, von dieser aber erst nach der Zuschlagserteilung Gebrauch macht. In diesem Fall hat der frühere Miteigentümer einen bereicherungsrechtlichen Ausgleichsanspruch aus § 816 Abs. 2 BGB.[37]

dd) Auseinandersetzung an der Grundschuld

24.4 Die nachfolgenden mit Sachverhalt dargestellten *beispielhaften* Entscheidungen des BGH zeigen deutlich, mit welchem Verständnis die Grundschuld in der Auseinandersetzung der früheren Eigentümer untereinander, aber auch gegenüber einem Dritten als Ersteher zu behandeln ist. Fest steht auch, dass die Erfüllung der Rückgewährsverpflichtung für den Grundschuldgläubiger nicht immer einfach ist, insbesondere wenn bei Ehegatten als Eigentümer die Ehe mittlerweile geschieden und eine Einigung untereinander oftmals nicht oder nur schwer erreichbar ist.

24.5 (1) Der Ersteher eines Grundstücks in der Zwangsversteigerung, der aus einer bestehen gebliebenen Grundschuld dinglich in Anspruch genommen wird, kann dem Grundschuldgläubiger grundsätzlich keine Einreden entgegensetzen, die sich aus dem zwischen dem früheren Eigentümer (Sicherungsgeber) und dem Gläubiger (Sicherungsnehmer) abgeschlossenen Sicherungsvertrag ergeben.[38] (**Fall:** M und F sind Eigentümer zu je ½ Anteil. Ehefrau F ersteigert in der Teilungsversteigerung das Grundstück. Es bleibt eine Grundschuld über 280.000,- € nebst Zinsen und Nebenleistungen bestehen. Die Grundschuld war von den früheren Eigentümern gemeinsam bestellt worden. Das der Grundschuld zugrunde liegende Darlehen beträgt nur noch rund 100.000,- €. Die Bank beantragt die Versteigerung aus der Grundschuld. Die F erhebt Vollstreckungsabwehrklage mit der Begründung: kein Sicherungsfall und keine volle Valuta).

---

35 BGH, Urteil vom 18.7.2014, V ZR 178/13, Rpfleger 2014, 661 = ZIP 2014, 1725 = ZfIR 2014, 772 = NJW 2014, 3772, Fortführung von BGH vom 9.2.1989, IX ZR 145/87, BGHZ 106, 375 ff. = Rpfleger 1989, 295.
36 OLG Bamberg, NJW-RR 1997, 81 = FamRZ 1996, 1477.
37 BGH, ZfIR 2008, 205 (*Clemente*).
38 BGH, Rpfleger 2003, 522 = NJW 2003, 2673.

Den Gründen der Entscheidung des BGH ist uneingeschränkt zuzustimmen. F hat ein belastetes Grundstück erworben, dafür ein entsprechend geringeres Bargebot nach § 49 Abs. 1 entrichtet; ein Teil des nach den Versteigerungsbedingungen zu erbringenden Kaufpreises ist durch den nominalen Grundschuldbetrag ersetzt worden. Da die Grundschuld bestehen geblieben ist, hat F aus dem ihr zugeschlagenen Grundstück die Bank bei Fälligkeit der Grundschuld zu befriedigen. Es kommt zu einer Trennung zwischen dinglicher und persönlicher Schuld. Ob die Grundschuld als Sicherheit verwertet werden kann, betrifft ausschließlich das Verhältnis der Sicherungsnehmerin zu ihren Sicherungsgebern. Die Bank ist berechtigt, Befriedigung in Höhe der **vollen Grundschuldsumme** zu verlangen.

Vollstreckt die Bank aus einer Grundschuld, die nicht mehr in vollem Umfang valutiert, ist sie aus der Sicherungsabrede verpflichtet, den nach Deckung der gesicherten restlichen Forderung verbleibenden **Übererlös**, den sie aus der Ablösung des Grundpfandrechts oder der zwangsweisen Verwertung des Grundstücks erzielt hat, an den Sicherungsgeber auszukehren. **Allerdings ist die Bank auch schon vor der Versteigerung gehalten, auf Verlangen des Sicherungsgebers die Grundschuld als Sicherheit zurückzugeben, soweit sie den noch valutierenden Teil übersteigt.** F ist aufgrund der durch den persönlichen Schuldner erbrachten Zahlungen nicht von ihrer dinglichen Haftung befreit worden. Soweit Zahlungen vor Erteilung des Zuschlages geleistet worden sind, waren persönliche und dingliche Schuldner identisch. Zahlungen erfolgen auf die persönliche Schuld. Auf die Grundschuld selbst und ihren Bestand hatten die Zahlungen keinen Einfluss.

Rechtsfolgen hieraus sind unterschiedlich zu bewerten. Da F und M das Darlehen gemeinsam aufgenommen und die Grundschuld gemeinsam bestellt hatten, haftet F auch nach Erteilung des Zuschlages weiterhin für das Darlehen. F zahlt somit die offene Darlehensforderung über 100.000,- € an die Bank. Die Zahlung kann nicht zweimal, also sowohl auf die Grundschuld als auch auf die Forderung verrechnet werden. Sofern F als Erstehrin auf die Grundschuld zahlt, allerdings nur in Höhe des Teilbetrages, der dem offenen Darlehen entspricht, kann die Bank diese Zahlung zunächst auf die Grundschuld verrechnen, wobei dies natürlich auch Auswirkungen auf die offene Forderung hat. Die Grundschuld steht dann in Höhe eines Teilbetrages von 100.000,- € der Erstehrin zu. Die Bank hat daher von der Grundschuld einen Teilbetrag über 100.000,- € an die Erstehrin abzutreten, eine Verzichtserklärung abzugeben oder insoweit eine Löschungsbewilligung zu erteilen. In Höhe eines Teilbetrages über 180.000,- € muss die Bank in Erfüllung ihrer Rückgewährsverpflichtung eine Abtretungserklärung hinsichtlich der Grundschuld an die ehemalige Eigentümergemeinschaft erteilen (was in der Praxis jedoch schwierig zu realisieren ist; hierzu BGH, Fn. 35).

Nach der Entscheidung des BGH ist die Bank nicht verpflichtet, die Zahlung auf die Grundschuld zu verrechnen, sondern auf die Forderung, da die Erstehrin nach wie vor hierfür persönlich haftet. Damit ist die gesamte Forderung getilgt, die Grundschuld ist in Erfüllung des Rückgewähranspruches in voller Höhe über 280.000,- € an die bisherigen Eigentümer abzutreten.

Allerdings hat F hat die Grundschuld als Teil des Kaufpreises in der Versteigerung in voller Höhe übernommen. F ist somit auch verpflichtet, den vollen Grundschuldbetrag nebst Zinsen ab Zuschlag zu zahlen. Zahlt F somit an die Bank 280.000,- € nebst (dinglichen) Zinsen ab Zuschlag ist ausdrücklich darauf hinzuweisen, dass sie als Eigentümerin auf die Grundschuld zahlt. Die Bank ist dann dem Eigentümer gegenüber verpflichtet, eine Löschungsbewilligung für die gesamte Grundschuld zu erteilen. Den Zahlungseingang verrechnet die Bank mit der offenen Darlehenssumme und zahlt den überschießenden Betrag an die Rückgewährsberechtigten, die ehemaligen Eigentümer, zurück (hälftig, soweit hierüber Einigkeit besteht, andernfalls könnte der Betrag auch unter Verzicht auf die Rücknahme hinterlegt werden). Der Nachteil für den Ersteher liegt sicherlich in der Finanzierung. Zur Ablösung muss neben dem Meistgebot auch noch der Nominalbetrag der Grundschuld aufgewendet werden, was die eigene Finanzierung regelmäßig überfordern könnte.

24.7   (2) In einer weiteren Entscheidung des *BGH*[39] geht es um die Ablösung einer in der Teilungsversteigerung übernommenen Grundschuld. Will der Ersteher des Grundstücks eine in der Teilungsversteigerung bestehen gebliebene Grundschuld ablösen, ist der Grundschuldgläubiger aufgrund des durch die Sicherungsabrede begründeten Treuhandverhältnisses mit dem persönlichen Schuldner zur Verwertung der Grundschuld in der Weise verpflichtet, dass dieser von der persönlichen Schuld vollständig befreit wird; weitergehende Pflichten zumindest im Hinblick auf zur Zeit der Ablösung nicht valutierte Grundschuldzinsen treffen den Grundschuldgläubiger nicht (**Fall:** M und F sind Eigentümer zu je ½ Anteil. In der Teilungsversteigerung bleiben 19 Grundschulden mit Nominal ca. 5.317.000 € nebst jeweils 18 % Zinsen ab Zuschlag (22.12.2005) bestehen. Das Grundstück wird von E ersteigert. Die Ersteherin E zahlt auf Anforderung der Bank am 15.3.2006 den Nominalbetrag sämtlicher 19 Grundschulden in Höhe von ca. 5.317.000 €. Die Bank verrechnet die Zahlung mit der offenen Darlehnsforderung in Höhe von ca. 5.186.000 € und überweist den überschießenden Betrag an die Alteigentümer M und F. Die Alteigentümer begehren die dinglichen Zinsen vom Zuschlag (22.12.2005) bis zum Zahlungstag (15.3.2006) mit ca. 220.000 €).

Der BGH sieht keine Pflicht zur Vollstreckung nicht valutierter Grundschuldzinsen für Rechnung des Sicherungsgebers. Das ist richtig. Aus der Grundschuld ergibt sich kein Zahlungs- sondern nur ein Duldungsanspruch. Wenn im vorliegenden Fall die Bank in die Berechnung der Ablösungssumme gegenüber der Ersteherin auch die Zinsen ab Zuschlag bis zum 15.3.2006 einbezogen und die Ersteherin diesen Betrag verweigert hätte, wäre die Bank nicht gezwungen gewesen, ein Zwangsvollstreckungsverfahren gegen die Ersteherin als neue Grundstückseigentümerin einzuleiten, an dessen Erfolg sie selbst kein wirtschaftliches Interesse gehabt hätte, weil ihre persönliche Forderung bereits durch den Erhalt des Grundschuldkapitalbetrages mehr als gedeckt war. Es kann nicht sein, dass die Bank verpflichtet sein soll, quasi als Inkassobüro des Sicherungsgebers, zu fungieren.

Der BGH sieht keine Rückgewährverpflichtung bezüglich der dinglichen Zinsen ab Zuschlag. Aus der vom BGH zu Recht verneinten Pflicht, die dinglichen Zinsen ab Zuschlag bis zur Zahlung des Grundschuldkapitals gegenüber der Ersteherin geltend zu machen, folgt jedoch nicht, dass die Bank bezüglich dieser Zinsen aus dem Treuhandverhältnis zum Sicherungsgeber überhaupt keine Verpflichtungen treffen. Die Bank hat dafür Sorge zu tragen, dass die dinglichen Zinsen ab Zuschlag wirtschaftlich den bisherigen Eigentümern zufließen. Der Ersteher hat die **Grundschulden nebst Zinsen als Teil des Gebotes** ab Zuschlag übernommen. Somit werden auch die Zinsen bis zur Tilgung geschuldet. Diese Verpflichtung kann die Bank dadurch erfüllen, dass sie dem ablösungswilligen Ersteher auch die Zinsen ab Zuschlag in Rechnung stellt und den Betrag den früheren Eigentümern

---

39   BGH, Rpfleger 2011, 390 = NJW 2011, 1500.

aushändigt. Die Bank kann aber auch den dinglichen Zinsanspruch durch Abtretung den früheren Eigentümern zurückgewähren, um diese in die Lage zu versetzen, ihre Rechte gegenüber dem Ersteher selbst zu verfolgen.

(3) In der Entscheidung des *BGH* vom 20.10.2010[40] geht es ebenfalls um eine nicht valutierte Grundschuld in der Teilungsversteigerung. Ersteigert ein Ehegatte das bis dahin gemeinsame Grundstück der Ehegatten, so kann der weichende Ehegatte vom Ersteher nicht Zahlung des hälftigen Betrags einer in das geringste Gebot fallenden, nicht mehr valutierten Grundschuld verlangen, welche die Ehegatten einem Kreditinstitut zur Sicherung eines gemeinsam aufgenommenen Darlehens eingeräumt hatten. Der weichende Ehegatte ist vielmehr darauf beschränkt, vom Ersteher die Mitwirkung bei der („Rück-")Übertragung und Teilung der Grundschuld zu verlangen und sodann aus der ihm gebührenden Teilgrundschuld die Duldung der Zwangsvollstreckung in das Grundstück zu begehren. Auch § 242 BGB eröffnet dem weichenden Ehegatten grundsätzlich keinen weitergehenden Zugriff auf das Vermögen des Erstehers. (**Fall:** M und F sind zu je $^1\!/_2$ Miteigentümer eines Einfamilienhauses. M ersteigert das Grundstück mit einem Bargebot von 3.000,- €. Es bleiben 2 Sicherungsgrundschulden [Buchrechte] zugunsten der Bank bestehen über ca. 61.000 € [Valuta: ca. 17.000 €] und über ca. 18.000 € [keine Valuta]. Am Tag des Zuschlags erklärte die Bank gegenüber der Ehefrau F privatschriftlich die Abtretung der Grundschulden, soweit nicht mehr valutiert, an die Eheleute. F verlangt von M die Zahlung des hälftigen Betrags der „abgetretenen" Grundschulden, also [44.000,- € + 18.000,- € = 62.000,- € : 2 = 31.000,- €]).

Zunächst stellt der BGH fest, dass die Parteien nicht Gläubiger der Grundschulden sind, da es sich um Buchgrundschulden handelt und die Abtretung der Eintragung im Grundbuch bedurfte (§ 1192 Abs. 1, § 1154 Abs. 3, 873 BGB). Die Grundschulden stehen weiterhin der Bank zu. Es besteht ein Anspruch auf Rückübertragung der Grundschulden an die Sicherungsgeber gemeinschaftlich. Das ist richtig. Nach Tilgung der persönlichen Verbindlichkeiten besteht ein **Anspruch auf Rückübertragung** der (Sicherungs-)Grundschulden auf sich. Ein solcher Anspruch steht M und F aber nur **gemeinschaftlich** zu. Jeder Ehegatte kann vom anderen verlangen, an der Realisierung dieses – auf Übertragung der (nicht mehr valutierten) Grundschulden an die Ehegatten gemeinsam gerichteten – Anspruchs mitzuwirken (§ 747 Satz 2 BGB). Wird der Anspruch erfüllt, entsteht eine Bruchteilsgemeinschaft der Ehegatten an den ihnen gemeinsam übertragenen Grundschulden. Danach kann jeder Ehegatte vom anderen verlangen, daran mitzuwirken, dass diese Gemeinschaft durch Teilung in Natur auseinandergesetzt wird. Dies erfolgt durch Begründung von gleichrangigen Teilgrundschulden für jeden Ehegatten. Nach Erfüllung auch dieses Anspruchs könnte dann F von M aus der ihr zustehenden Teilgrundschuld die Duldung der Zwangsvollstreckung in das Grundstück verlangen (§ 1191 Abs. 1, § 1147 BGB).

M als Eigentümer hat dann die Möglichkeit, die Vollstreckung durch Zahlung auf die Teilgrundschuld der Ehefrau abzuwenden. Die Ansprüche der Ehefrau F wandeln sich nicht direkt in einen Zahlungsanspruch gegen M um. Der BGH führt zu Recht aus, dass das Gesetz kein Recht auf Aufhebung der unter den Eheleuten bestehenden Gemeinschaft dergestalt kennt, dass der Ehemann die Mitberechtigung der Ehefrau an dem Anspruch gegen die Bank auf Rückgewähr der

---

40 BGH, Rpfleger 2011, 169 = NJW-RR 2011, 164 = FamRZ 2011, 93.

Grundschulden durch eine Geldzahlung ablösen muss. Eine Verpflichtung des Grundstückseigentümers zur Zahlung einer „Ablösesumme" widerspricht dem System der Grundschuldsicherung. Danach ist es dem Grundstückseigentümer überlassen, in welcher Weise er den Anspruch des Grundschuldgläubigers befriedigt. Der Grundstückseigentümer und Teilhaber an der Grundschuld kann ein berechtigtes Interesse daran haben, es zu einer Zwangsvollstreckung des anderen Teilhabers in sein Grundstück kommen zu lassen. Würde man stattdessen eine zwangsweise Verpflichtung zur Ablösung in Geld bejahen, ermöglicht man dem anderen Teilhaber der Grundschuld den Vollstreckungszugriff auf das gesamte sonstige Vermögen des Grundstückseigentümers. Dies entspricht nicht dem System bei der Ersteigerung eines Grundstücks mit der Übernahme einer Grundschuld. Das Ergebnis ist sicherlich „kompliziert", aber rechtlich zutreffend. Der ausgleichsberechtigte (Ex)Ehegatte muss ggf. gegen den Ersteher auf Mitwirkung bei der Übertragung der (nicht mehr valutierten) Grundschuld und Teilung klagen.

§ 183 »Vermietung oder Verpachtung des Grundstücks«

Im Falle der Vermietung oder Verpachtung des Grundstücks finden die in den §§ 57a und 57b vorgesehenen Maßgaben keine Anwendung.

I. Allgemein

Die Vorschrift will verhindern, dass sich die Miteigentümer durch die Teilungsversteigerung von einem ihnen lästig gewordenen Miet- oder Pachtverhältnis befreien. Die §§ 57a und 57b finden daher in der Teilungsversteigerung keine Anwendung, auch nicht über § 59 als abweichende Versteigerungsbedingung[1]. 1

II. Ausschluss des Sonderkündigungsrechts

Der Ausschluss der §§ 57a und 57b bedingte auch, dass die (früheren) §§ 57c und 57d ausgeschlossen waren, da sie Besonderheiten zu § 57a regelten. Dies hat sich insoweit erledigt, da durch das Zweite Gesetz zur Modernisierung der Justiz (2. Justizmodernisierungsgesetz) vom 22. Dezember 2006 (BGBl I 3416) die §§ 57c und 57d mit Wirkung ab dem 1. Februar 2007 aufgehoben wurden. 2

In der Teilungsversteigerung erfolgt daher keine Ermittlung von Mietern und Pächtern. Für den Ersteher bedeutet dies, dass er Gefahr läuft, auch ungünstige Miet- oder Pachtverträge gegen sich gelten lassen zu müssen, auch wenn sich Mieter oder Pächter nicht als Verfahrensbeteiligte gemeldet haben. Weiterhin wird der Ersteher die Regelung in § 547 BGB zu beachten haben (hierzu kritisch → § 57b Rdn. 14 ff.). 3

Das Vollstreckungsgericht wird, wenn es Kenntnis von einem Miet- oder Pachtverhältnis hat, auf diese Unsicherheit hinweisen, § 139 ZPO. Allerdings kann durch abweichende Zwangsversteigerungsbedingung (§ 59) dem Ersteher ein Sonderkündigungsrecht eingeräumt werden; dazu ist jedoch die Zustimmung des Mieters oder Pächters zwingend, da er hiervon beeinträchtigt ist. 4

Das Vorstehende gilt auch dann, wenn der Antragsteller das Recht eines Miteigentümers auf Aufhebung der Gemeinschaft ausübt, § 181 Abs. 2 (z.B. Pfändungsgläubiger). 5

III. Verfügung über Miete oder Pacht

§ 57 findet auch in der Teilungsversteigerung Anwendung, § 180 Abs. 1. Hat der Vermieter vor dem Übergang des Eigentums über die Miete oder Pacht verfügt, ist diese Verfügung auch dem Ersteher gegenüber wirksam, soweit sie sich auf die Miete für den zur Zeit des Eigentumsübergangs laufenden Kalendermonat bezieht; geht das Eigentum nach dem 15. Tag des Monats über, ist die Verfügung auch noch für den folgenden Kalendermonat wirksam, § 566b Abs. 1 BGB. Der Zeitpunkt des Eigentumsübergangs in der Zwangsversteigerung ist der Zeitpunkt, in dem die Zuschlagserteilung wirksam wird, §§ 89, 104. 6

---

1 BGH, Beschluss vom 19.7.2012, V ZB 265/11, Rpfleger 2012, 704; hierzu auch LG Saarbrücken, Beschluss vom 18.12.2009, 5 T 627/09, BeckRS 2010, 00029.

§ 184 »Miteigentümer; Sicherheitsleistung«

Ein Miteigentümer braucht für sein Gebot keine Sicherheit zu leisten, wenn ihm eine durch das Gebot ganz oder teilweise gedeckte Hypothek, Grundschuld oder Rentenschuld zusteht.

I. Allgemeines

1 Durch § 180 Abs. 1 finden die §§ 67–70 entsprechende Anwendung, soweit Gebote von Dritten abgegeben werden; auch hier steht der Antragsteller in der Rolle des Gläubigers. Deshalb braucht ein Bieter, dem eine durch das Gebote ganz oder teilweise gedeckte Hypothek, Grundschuld oder Rentenschuld zusteht (Fall des § 67 Abs. 2 Satz 1), nur auf Verlangen des Antragstellers der Teilungsversteigerung Sicherheit zu leisten. Dies gilt für jeden Antragsteller des Verfahrens. Für Gebote des Antragsgegners ersetzt § 184 den § 67 Abs. 2 Satz 2.

II. Sicherheitsleistung

1. Gebot des Antragstellers

2 Bietet der Antragsteller der Teilungsversteigerung, kann nur ein Beteiligter Sicherheit verlangen, dessen Recht durch die Nichterfüllung des Gebots beeinträchtigt werden würde, § 67 Abs. 1. Dazu gehört auch der Antragsgegner, falls sich bei dem abgegebenen Gebot ein Erlösüberschuss ergibt. Das Verlangen eines Miteigentümers nach Sicherheit bei Abgabe eines Gebots eines anderen Miteigentümers verstößt grundsätzlich nicht gegen Treu und Glauben.[1] Unter den Voraussetzungen des § 184 ist er von der Sicherheitsleistung befreit.

2. Gebot des Antragsgegners

3 Bietet der Antragsgegner der Teilungsversteigerung, gilt das zuvor gesagte (→ Rdn. 2) entsprechend. Die in der Forderungsversteigerung geltende erhöhte Sicherheitsleistung (für den Schuldner) kommt für den Antragsgegner nicht in Betracht, denn „einen zu deckenden Anspruch" im Sinne des § 68 Abs. 3 gibt es in der Teilungsversteigerung nicht.[2] Die Sicherheitsleistung ist regelmäßig in Höhe von $^1/_{10}$ des festgesetzten Grundstückswertes zu leisten, § 68 Abs. 1 Satz 1.[3]

4 Bei einem Gebot des Antragsgegners kann die Sicherheitsleistung auch durch eine Bürgschaft nach § 69 Abs. 3 Satz 1 gestellt werden, denn der Antragsgegner ist nicht Schuldner, sondern steht verfahrensrechtlich nur in der Rolle des Schuldners.

3. Gebote eines Miteigentümers

5 Die Vorschrift gilt für Gebote eines Miteigentümers in gleicher Weise. Er ist von einer Sicherheitsleistung befreit, wenn ihm eine durch das Gebot ganz oder teilweise gedeckte Hypothek, Grund- oder Rentenschuld zusteht. Das gilt auch dann, wenn das Grundpfandrecht nach den Versteigerungsbedingungen bestehen bleibt; auf die Höhe des dem Miteigentümer zustehenden Anspruchs kommt es nicht an[4], es genügt, wenn nur wiederkehrende Leistungen aus dem Recht gedeckt

---

1 OLG Düsseldorf, Rpfleger 1989, 167.
2 *Stöber*, ZVG § 184 Rdn. 3.1; Steiner/*Teufel*, § 184 Rdn. 6; *Böttcher*, § 184 Rdn. 1.
3 *Schiffhauer*, ZIP 1982, 660.
4 *Stöber*, ZVG § 184 Rdn. 3.4; *Ripfel*, BWNotZ 1968, 49.

werden.⁵ Relevant wird die Frage bei einer Eigentümergrundschuld, für die keine Zinsen im geringsten Gebot aufgenommen werden können, § 1197 Abs. 1 BGB. Unerheblich ist auch, ob dem Miteigentümer das Grundpfandrecht an seinem eigenen Anteil oder an einem fremden Anteil zusteht. Auch ist die Sicherung des Rechts durch Vormerkung oder Widerspruch ausreichend.

4. Höhe der Sicherheitsleistung

Die **Höhe der Sicherheit** bestimmt ausschließlich § 68 Abs. 1, 2. Der Miteigentümer kann bei der Abgabe eines Gebots die Sicherheitsleistung nicht entsprechend seiner Beteiligung am Grundstück kürzen.⁶ Bei der erhöhten Sicherheit nach § 68 Abs. 2 bleibt ein in den bar zu zahlenden Teil des geringsten Gebots aufgenommener Ausgleichsbetrag nach § 182 Abs. 2 unberücksichtigt.⁷

---

5   Stöber, ZVG § 184 Rdn. 3.4; a.A.: Steiner/Teufel, § 184 Rdn. 7.
6   Stöber, ZVG § 184 Rdn. 3.2.
7   Stöber, ZVG § 184 Rdn. 2.4.

§ 185 »Anhängiges Verfahren über Zuweisung eines landwirtschaftlichen Betriebs«

(1) Ist ein Verfahren über einen Antrag auf Zuweisung eines landwirtschaftlichen Betriebes nach § 13 Abs. 1 des Grundstückverkehrsgesetzes vom 28. Juli 1961 (Bundesgesetzbl. I S. 1091) anhängig und erstreckt sich der Antrag auf ein Grundstück, dessen Zwangsversteigerung nach § 180 angeordnet ist, so ist das Zwangsversteigerungsverfahren wegen dieses Grundstücks auf Antrag so lange einzustellen, bis über den Antrag auf Zuweisung rechtskräftig entschieden ist.

(2) Ist die Zwangsversteigerung mehrerer Grundstücke angeordnet und bezieht sich der Zuweisungsantrag nur auf eines oder einzelne dieser Grundstücke, so kann das Vollstreckungsgericht anordnen, daß das Zwangsversteigerungsverfahren auch wegen der nicht vom Zuweisungsverfahren erfaßten Grundstücke eingestellt wird.

(3) Wird dem Zuweisungsantrag stattgegeben, so ist das Zwangsversteigerungsverfahren, soweit es die zugewiesenen Grundstücke betrifft, aufzuheben und im übrigen fortzusetzen.

(4) Die Voraussetzungen für die Einstellung und die Aufhebung des Zwangsversteigerungsverfahrens sind vom Antragsteller nachzuweisen.

I. Allgemeines

1 Die Vorschrift will verhindern, dass ein Zuweisungsverfahren (§§ 13–17 GrdstVG[1]) durch eine Teilungsversteigerung unmöglich gemacht wird. § 185 findet nur auf die Teilungsversteigerung Anwendung, nicht auf andere Arten der Zwangsversteigerung oder auf eine Zwangsverwaltung. Nach der Erteilung des Zuschlags kann § 185 nicht mehr angewendet werden. Ein anhängiges Zuweisungsverfahren hindert nicht die Anordnung der Teilungsversteigerung oder die Zulassung eines Beitritts zum Verfahren. Die Einstellung des Verfahrens gem. § 185 kann nur auf Antrag erfolgen, nicht von Amts wegen.

II. Einstellung und Aufhebung der Teilungsversteigerung

1. Zuweisungsverfahren[2]

2 Nach § 13 Abs. 1 Satz 1 GrdstVG gilt: „*Gehört ein landwirtschaftlicher Betrieb einer durch gesetzliche Erbfolge entstandenen Erbengemeinschaft, so kann das Gericht auf Antrag eines Miterben die Gesamtheit der Grundstücke, aus denen der Betrieb besteht, ungeteilt einem Miterben zuweisen; kann der Betrieb in mehrere Betriebe geteilt werden, so kann er geteilt einzelnen der Miterben zugewiesen werden.*" Das Zuweisungsverfahren ist auf Antrag eines Miterben und nur hinsichtlich eines landwirtschaftlichen (nicht forstwirtschaftlichen) Betriebes zulässig. Die Erbengemeinschaft muss aufgrund *kraft Gesetzes* entstandener Erbfolge bestehen, eine Erbfolge aufgrund letztwilliger Verfügung führt selbst dann zur Unzu-

---

1   Gesetz über Maßnahmen zur Verbesserung der Agrarstruktur und zur Sicherung land- und forstwirtschaftlicher Betriebe vom 28.7.1961 (BGBl I 1091) = Grundstückverkehrsgesetz in der im BGBl III Gliederungsnummer 7810-1 veröffentlichten bereinigten Fassung, das zuletzt durch Art. 108 des Gesetzes vom 17.12.2008 (BGBl I 2586) geändert worden ist.
2   Hierzu *Haegele*, Rpfleger 1961, 276; *Rötelmann*, DNotZ 1964, 82.

lässigkeit des Zuweisungsverfahrens, wenn die Erbfolge von der gesetzlichen Erbfolge nicht abweicht.³

Nach § 14 GrdstVG ist die Zuweisung nur zulässig, wenn der Betrieb mit einer zur Bewirtschaftung geeigneten Hofstelle versehen ist und seine Erträge ohne Rücksicht auf die privatrechtlichen Belastungen im Wesentlichen zum Unterhalt einer bäuerlichen Familie ausreichen. Erträge aus zugepachtetem Land sind insoweit als Erträge des Betriebes anzusehen, als gesichert erscheint, dass das zugepachtete Land oder anderes gleichwertiges Pachtland dem Erwerber zur Bewirtschaftung zur Verfügung stehen wird. Die Zuweisung ist ferner nur zulässig, wenn sich die Miterben über die Auseinandersetzung nicht einigen oder eine von ihnen vereinbarte Auseinandersetzung nicht vollzogen werden kann. Die Zuweisung ist unzulässig, solange die Auseinandersetzung ausgeschlossen oder ein zu ihrer Bewirkung berechtigter Testamentsvollstrecker vorhanden ist oder ein Miterbe ihren Aufschub verlangen kann. 3

2. Einstellung des Verfahrens

Erstreckt sich das Zuweisungsverfahren auf ein Grundstück, dessen Teilungsversteigerung angeordnet ist, ist das Versteigerungsverfahren bis zur rechtskräftigen Entscheidung über den Zuweisungsantrag einzustellen, falls ein Miteigentümer dies beantragt (Abs. 1). Die Einstellungsvoraussetzungen sind vom Antragsteller dem Vollstreckungsgericht gegenüber nachzuweisen (Abs. 4). Das kann durch Bezugnahme auf die Akte des Zuweisungsverfahrens geschehen, falls sich die Genehmigungsbehörde nach § 18 GrdstVG (z.B. Landwirtschaftsgericht) am Sitz des Vollstreckungsgerichts befindet, oder durch eine behördliche Bescheinigung, aus der sich ergibt, dass ein Zuweisungsverfahren über das zur Teilungsversteigerung stehende Grundstück anhängig ist. Das Vollstreckungsgericht hat keine weiteren Nachprüfungen anzustellen, die Teilungsversteigerung ist bis zur rechtskräftigen Entscheidung über den Zuweisungsantrag einzustellen. Ein wiederholt gemäß Abs. 1 gestellter Antrag auf einstweilige Einstellung ist als unzulässige Rechtsausübung zurückzuweisen, wenn Zuweisungsanträge nach § 13 Abs. 1 GrdstVG erfolglos geblieben sind und auch bleiben werden, weil gesetzliche Gründe einem Zuweisungsverfahren ganz offensichtlich entgegenstehen.⁴ 4

Der Einstellungsbeschluss ist dem Antragsteller und dem Antragsgegner zuzustellen (§ 32 entsprechend). Einer Belehrung gem. § 31 Abs. 3 bedarf es nicht, da die Fortsetzung der Teilungsversteigerung von Amts wegen erfolgt. 5

Ist die Teilungsversteigerung hinsichtlich **mehrerer Grundstücke** angeordnet, dass Zuweisungsverfahren bezieht sich jedoch nur auf eines oder einzelne dieser Grundstücke, ist unter den Voraussetzungen des Abs. 1 die Teilungsversteigerung hinsichtlich der von dem Zuweisungsverfahren betroffenen Grundstück einstweilen einzustellen, im Übrigen bleibt die Teilungsversteigerung hinsichtlich der anderen Grundstücke unberührt; aber auch hinsichtlich der nicht betroffenen Grundstücke oder einzelne dieser Grundstücke kann das Vollstreckungsgericht auf Antrag die einstweilige Einstellung anordnen (Abs. 2). Der Antragsteller hat die Gründe hierzu glaubhaft zu machen. 6

Vor der Entscheidung über die einstweilige Einstellung ist den anderen Miteigentümern rechtliches Gehör zu gewähren. 7

---

3   BGH, Rpfleger 1963, 344.
4   OLG München, Rpfleger 1984, 363.

3. Aufhebung des Verfahrens

8   Ist die Zuweisung rechtskräftig erfolgt, ist die Teilungsversteigerung hinsichtlich der zugewiesenen Grundstücke aufzuheben (Abs. 3). Soweit Grundstücke hiervon nicht betroffen sind, ist das eingestellte Verfahren von Amts wegen fortzusetzen (Abs. 3). Die Voraussetzungen der Aufhebung des Verfahrens hat derjenige zu beweisen, der den Einstellungsantrag gestellt hat (Abs. 4). Dieser Nachweis erfolgt durch Vorlegung einer Ausfertigung des rechtskräftigen Zuweisungsbeschlusses oder durch Bezugnahme auf die Akte der Genehmigungsbehörde. Das Vollstreckungsgericht hebt die Teilungsversteigerung durch Beschluss auf und ersucht um Löschung des Zwangsversteigerungsvermerks (§ 34).

4. Fortsetzung des Verfahrens

9   Kommt es nicht zur Zuweisung (rechtskräftige Ablehnung des Antrages, Rücknahme des Antrags), ist die Teilungsversteigerung von Amts wegen fortzusetzen. Die Voraussetzungen hierzu hat das Vollstreckungsgericht von Amts wegen festzustellen; entsprechende Anträge der Miteigentümer sind als Anregungen aufzufassen.

§ 186 »Übergangsregelung«

Die §§ 3, 30c, 38, 49, 68, 69, 70, 72, 75, 82, 83, 85, 88, 103, 105, 107, 116, 117, 118, 128, 132, 144 und 169 sind in der Fassung des Artikels 11 des Gesetzes vom 22. Dezember 2006 (BGBl. I S. 3416) auf die am 1. Februar 2007 anhängigen Verfahren nur anzuwenden, soweit Zahlungen später als zwei Wochen nach diesem Tag zu bewirken sind.

> Artikel 28 des Zweiten Gesetzes zur Modernisierung der Justiz (2. JuModG) vom 22.12.2006 (BGBl I 3416) lautet zum Inkrafttreten:
> (1) Dieses Gesetz tritt am Tag nach der Verkündung in Kraft.
> (2) Abweichend von Absatz 1 treten Artikel 11 am 1. Februar 2007 und Artikel 10 Nr. 8 am 1. Dezember 2008 in Kraft; Artikel 16 Nr. 12 Buchstabe x, Artikel 17 Nr. 8, 10, 11 und 13, Artikel 18 Nr. 3 und Artikel 24 Nr. 1 Buchstabe a treten am 1. Januar 2008 in Kraft.

Die Übergangsregelung soll nach der Begründung der Gesetzesänderungen sicherstellen, dass für bereits laufende Verfahren den Zahlungspflichtigen und denjenigen, die eine Sicherheitsleistung zu erbringen haben, genügend Zeit verbleibt, sich auf die Ausschließung der Barzahlung einzustellen (s. etwa BT-Drucks. 16/3038 S. 69). **1**

Sprachlich ist die Übergangsregelung missglückt. Zunächst werden alle geänderten bzw. neu gefassten Vorschriften aufgelistet, die aufgehobenen §§ 57c und 57d jedoch nicht. Das Gesetz trat grundsätzlich am 1.2.2007 in Kraft und bezieht sich nur auf neue Verfahren, deren Beschlagnahme ab dem 1.2.2007 wirksam wurde. Das Gesetz betrifft somit **nicht** Verfahren, die bereits am 1.2.2007 durch Beschlagnahme wirksam geworden waren; hierbei ist es unerheblich, ob ein weiterer Gläubiger erst ab dem 1.2.2007 dem Verfahren beitritt, es gilt trotzdem bisheriges Recht; zwar gilt das Prinzip Gesamtverfahren – Einzelverfahren, ohne eine einheitliche Anwendung führt dies jedoch praktisch zu unlösbaren Problemen. **2**

Nach dem Wortlaut des § 186 ist es weiter so, dass die geänderten Vorschriften, die sich **nicht auf Zahlungen** beziehen, auf anhängige Verfahren nicht anzuwenden sind. Das sind alle Vorschriften mit Ausnahme der §§ 3, 30c und 38. Alle anderen Vorschriften betreffen entweder unmittelbar Zahlungen, oder es handelt sich lediglich um Folgeänderungen (so die häufige Ersetzung von „§ 69 Abs. 2" durch „§ 69 Abs. 3", aber auch die Änderungen in §§ 128 und 169), sodass § 186 auch hierfür gelten muss. Der Wegfall der §§ 57c und 57d ist nicht erwähnt und gilt deshalb auch für anhängige Verfahren. **3**

Übrig bleiben die §§ 3, 30c und 38, die dem Grunde nach auf Altverfahren weiter anzuwenden sind. Allerdings soll nach der Begründung (s. zuvor → Rdn. 1) die Übergangsvorschrift lediglich sicherstellen, dass für bereits laufende Verfahren die Zahlungspflichtigen und diejenigen, die eine Sicherheitsleistung zu erbringen haben, hinreichend Zeit haben, sich auf die Ausschließung der Barzahlung einzurichten. Der Gesetzgeber wollte für anhängige Verfahren im Übrigen das bisherige Recht sicher nicht beibehalten. Dies wäre auch wenig praktikabel. Es ist daher im Ergebnis davon auszugehen, dass auch diese Vorschriften seit dem 1.2.2007 für alle Neuverfahren Geltung haben. **4**

Einführungsgesetz zu dem Gesetz über die Zwangsversteigerung und die Zwangsverwaltung

Vom 24. März 1897
(RGBl 135, BGBl III 310-13)

§ 1 »Inkrafttreten; Anwendung des EGBGB«

(1) Das Gesetz über die Zwangsversteigerung und die Zwangsverwaltung tritt, soweit es die Schiffe betrifft, gleichzeitig mit dem Bürgerlichen Gesetzbuch, im übrigen für jeden Grundbuchbezirk mit dem Zeitpunkt in Kraft, in welchem das Grundbuch als angelegt anzusehen ist.

(2) Die Artikel 1 Abs. 2, Artikel 2, 50, 55 des Einführungsgesetzes zum Bürgerlichen Gesetzbuche finden entsprechende Anwendung.

I. Inkrafttreten des ZVG

Die Vorschriften des ZVG über die Zwangsversteigerung und die Zwangsverwaltung von **Grundstücken** und grundstücksgleichen Rechten sind für jeden Grundbuchbezirk mit der erfolgten Anlegung des Grundbuchs in Kraft getreten. Dieser Zeitpunkt ist jeweils landesrechtlich bestimmt worden und galt auch für solche Grundstücke des Bezirks, die noch kein Grundbuchblatt erhalten hatten, wenn sie nicht ausdrücklich ausgenommen waren (Art. 186 EGBGB). Inzwischen ist das Grundbuch im gesamten Bundesgebiet als angelegt anzusehen.[1] Auch ein zerstörtes oder abhanden gekommenes Grundbuch ist angelegt; zur Anordnung der Zwangsversteigerung vor der Wiederherstellung des Grundbuchs und zum weiteren Verfahren vgl. § 16 GBWiederhV. Ist ein Grundstück tatsächlich nicht gebucht, so muss vor der Anordnung der Zwangsversteigerung oder Zwangsverwaltung ein Grundbuchblatt angelegt werden (vgl. → § 17 ZVG Rdn. 2). 1

Für die Zwangsversteigerung von **Schiffen** gilt das ZVG seit dem 1.1.1900 (Art. 1 Abs. 1 EGBGB). Vorschriften über die Zwangsversteigerung von **Schiffsbauwerken** sind mit der SchRGDV zum 1.1.1941 (Art. 25 SchRGDV i.V.m. § 84 SchRG) in das ZVG eingefügt worden. **Schwimmdocks** werden seit dem 1.2.1969 (Art. 6 SchRGÄndG) wie Schiffsbauwerke behandelt und unterliegen seitdem der Immobiliarvollstreckung. 2

Die Zwangsversteigerung von **Luftfahrzeugen** regelt das ZVG seit dem 1.4.1959 (§ 115 LuftFzgG). 3

In der DDR war das ZVG durch § 205 Abs. 1 Nr. 4 DDR-ZPO zum 1.1.1976 aufgehoben worden. Es gilt im Beitrittsgebiet wieder seit dem 3.10.1990 (Art. 1, 8 4

---

1 Meikel/*Böhringer*, § 142 Rdn. 10; *Demharter*, § 142 Rdn. 5.

EinigVtr.). Die Maßgaben nach Anl. I Kap. III Sachgeb. A Abschn. III Nr. 15 EinigVtr. sind nicht mehr anzuwenden (§ 17 Nr. 1 Buchst. h RpflAnpG, Art. 208 § 1 Abs. 1 Nr. 1 Buchst. a Doppelbuchst. jj des 1. BMJBerG).

II. Anwendung von Vorschriften des EGBGB

5   Die in Abs. 2 genannten Vorschriften des EGBGB sind auch im Rahmen des ZVG anzuwenden.

6   Ist eine Regelung den **Landesgesetzen** vorbehalten oder ist bestimmt, dass landesgesetzliche Vorschriften unberührt bleiben oder erlassen werden können, so bleiben die bestehenden Vorschriften in Kraft; neue Vorschriften können erlassen werden (Art. 1 Abs. 2 EGBGB). Im Zwangsversteigerungs- und Zwangsverwaltungsrecht kommen insbesondere die in § 2 Abs. 1, §§ 3 bis 6, 8, 10 bis 12 den Landesgesetzen vorbehaltenen Regelungsbereiche in Betracht (dagegen lässt § 7 nach seinem Wortlaut nur die damals bestehenden Vorschriften unberührt und ermächtigt nicht zum Erlass neuer Vorschriften).

7   Zur Ausführung des ZVG gelten:

- in **Baden-Württemberg** die §§ 31 bis 36 BadWürttAGGVG,
- in **Bayern** die Art. 29 bis 33, 55 Abs. 5 BayAGGVG,
- in **Berlin** das PrAGZVG (in dem Teil des Landes Berlin, in dem das Grundgesetz vor dem Wirksamwerden des Beitritts nicht galt, wieder in Kraft gesetzt durch § 1 Abs. 1 Satz 1 des Gesetzes vom 28./29.9.1990, BlnGVBl 2119/BlnGVABl 240, 272; die das Bergwerkseigentum betreffenden Vorschriften sind aufgehoben),
- in **Bremen** die §§ 5 bis 7 BremAGZPO/InsO/ZVG,
- in **Hamburg** das HmbAGZVG,
- in **Hessen** die Art. 2 bis 20 HessAGZPO/ZVG,
- in **Niedersachsen** die §§ 67 bis 69 NJG,
- in **Nordrhein-Westfalen** die §§ 60 bis 71 JustG NRW,[2]
- in **Rheinland-Pfalz** die §§ 4 bis 8 RhPfAGZVG/InsO,
- im **Saarland** die §§ 41 bis 50 SaarlAGJusG,
- in **Schleswig-Holstein** das PrAGZVG (in den früher hamburgischen, lübeckischen, mecklenburgischen und oldenburgischen Landesteilen eingeführt infolge Aufhebung des § 2 Buchst. a Nr. 5 der Verordnung vom 18.3.1938, PrGS 40, durch § 3 Abs. 3 des Gesetzes vom 5.4.1971, GVOBl SchlH 182; die das Bergwerkseigentum und das Verfahren auf Antrag der Baupolizeibehörde betreffenden Vorschriften sind teilweise aufgehoben oder werden als gegenstandslos angesehen),
- in **Thüringen** das ThürAGZVG.

---

[2] Ungeklärt ist, ob im nordrhein-westfälischen Gebietsteil des früheren Landes Lippe teilweise das LippAGZVG – insbesondere dessen § 2 über die Behandlung des Altenteils – fortgilt, weil Art. 2 des Gesetzes vom 26.1.2010 (GV NRW 30) nur das preußische, nicht aber das lippische Recht ausdrücklich aufgehoben hat; vgl. Löhnig/*Makos*, § 9 EGZVG Rdn. 26 mit der Empfehlung an den Rechtspfleger, von der Gültigkeit des LippAGZVG auszugehen und nach § 9 Abs. 2 EGZVG zu verfahren; vgl. auch *Rellermeyer*, NWVBl 2012, 294. Zum Gebiet der einzelnen Rechtskreise Soergel/*Hartmann*, vor Art. 55 EGBGB Rdn. 19.

In Brandenburg, Mecklenburg-Vorpommern, Sachsen und Sachsen-Anhalt gibt es bisher keine speziellen Ausführungsvorschriften zum ZVG.

Vereinzelt finden sich landesrechtliche Vorschriften, die bei der Immobiliarvollstreckung zu beachten sind, auch in anderen Gesetzen, z.B. zur Verwaltungsvollstreckung (vgl. → § 16 ZVG Rdn. 18) oder zum Aufgebotsverfahren (vgl. → § 12).

Gesetz im Sinne des BGB und damit auch des ZVG ist jede Rechtsnorm (Art. 2 EGBGB). Darunter fallen Bundes- und Landesgesetze, Rechtsverordnungen, Staatsverträge, autonome Satzungen, Gewohnheitsrecht und mit Gesetzeskraft versehene Entscheidungen der Verfassungsgerichte.

Die Vorschriften des früheren **Reichsrechts** und jetzigen Bundesrechts sind in Kraft geblieben, soweit sie nicht ausdrücklich aufgehoben wurden (Art. 50 EGBGB). **Landesrecht** über die Zwangsversteigerung und die Zwangsverwaltung ist dagegen aufgehoben worden, soweit es nicht ausdrücklich aufrechterhalten wurde (Art. 55 EGBGB).

§ 2 »Vorbehalte für Landesrecht«

(1) Soweit in dem Einführungsgesetze zum Bürgerlichen Gesetzbuche zugunsten der Landesgesetze Vorbehalte gemacht sind, gelten sie auch für die Vorschriften der Landesgesetze über die Zwangsversteigerung und die Zwangsverwaltung.

(2) Es treten jedoch die landesgesetzlichen Vorschriften außer Kraft, nach welchen den landschaftlichen und ritterschaftlichen Kreditanstalten für den Anspruch auf ältere als zweijährige Rückstände wiederkehrender Leistungen ein Vorrecht vor den im § 10 *[Abs. 1*]* Nr. 1 bis 6 des Gesetzes über die Zwangsversteigerung und die Zwangsverwaltung bezeichneten Ansprüchen beigelegt ist.

---

* Der Hinweis auf Abs. 1 fehlt im Gesetzestext.

Übersicht

	Rdn.
I. Vorbehalte	1
1. Bergwerkseigentum und unbewegliche Bergwerksanteile	2
2. Bahneinheiten	9
3. Stockwerkseigentum	11
4. Der Eintragung nicht bedürftige Rechte	13
5. Revenuenhypotheken (Fruchthypotheken)	15
II. Zwangsversteigerung auf Antrag der Baupolizeibehörde	17
III. Landschaftliche und ritterschaftliche Kreditanstalten	20
IV. Grenzänderungen	22

I. Vorbehalte

1   Die Vorbehalte des EGBGB zugunsten des Landesrechts haben für das ZVG nur insoweit Bedeutung, als sie Gegenstände des unbeweglichen Vermögens betreffen. Landesrechtliche Vorschriften über die Zwangsversteigerung und Zwangsverwaltung bestehen vor allem für Bergwerkseigentum und unbewegliche Bergwerksanteile, für Bahneinheiten und für Stockwerkseigentum.

1. Bergwerkseigentum und unbewegliche Bergwerksanteile

2   Bergwerkseigentum gewährt gemäß § 9 Abs. 1 Satz 1 BBergG vor allem das ausschließliche Recht, in einem bestimmten Bergwerksfeld Bodenschätze aufzusuchen und zu gewinnen und das Eigentum daran zu erwerben. Auf Bergwerkseigentum sind die für Grundstücke geltenden Vorschriften des BGB anzuwenden. Daher ist es ein grundstücksgleiches Recht im Sinne des § 870 ZPO, auf welches auch die Vorschriften des ZVG entsprechend anzuwenden sind (vgl. → vor § 15 ZVG Rdn. 14).[1]

Altes Bergwerkseigentum bleibt gemäß § 149 Abs. 1 Satz 1 Nr. 1 BBergG nach Maßgabe dieses Gesetzes aufrechterhalten. Gemäß § 151 Abs. 2 BBergG gilt § 9 BBergG entsprechend, sodass es ebenfalls der Zwangsvollstreckung in das unbewegliche Vermögen unterliegt.

---

1   Vgl. Steiner/*Hagemann*, Einl. Rdn. 35; *Stöber*, ZVG Einl. Rdn. 13.2; ausführlich *Gojowczyk*, Das Bergwerkseigentum als Gegenstand der Zwangsvollstreckung in das unbewegliche Vermögen (2014). – Einen Überblick über die Grundstrukturen des Bergwerkseigentums bietet *Ring*, NotBZ 2006, 37; zum Bergwerkseigentum im Grundbuch *Otterbach*, RpflJB 1992, 205; zum früheren Bergrecht *Güthe/Triebel*, Art. 22 PrAGGBO Rdn. 1 ff.

Ein Kux ist ein als besonderes Vermögensrecht ausgestalteter Bergwerksanteil. Die Bergwerksanteile „alten Rechts", z.B. in Preußen aus der Zeit vor Inkrafttreten des PrABG, wurden als unbewegliches Vermögen behandelt. Gemäß § 231 Abs. 1 PrABG fanden darauf die sich auf Grundstücke beziehenden Vorschriften des BGB Anwendung; sie waren damit auch der Immobiliarvollstreckung unterworfen. Durch § 163 BBergG wurden die bergrechtlichen Gewerkschaften, wenn sie sich nicht umwandelten oder auflösten, kraft Gesetzes aufgelöst. Den Kuxen kann aber noch gemäß 165 BBergG für den Zeitraum einer Abwicklung nach § 164 BBergG eine geringe Bedeutung zukommen.²

Das PrAGZVG fand außerdem gemäß § 50 Abs. 4 PrABG auf Gewinnungsrechte nach § 38c Abs. 1 PrABG und gemäß §§ 1, 4 PrSalzabbauG auf Salzabbaugerechtigkeiten Anwendung, die durch § 149 Abs. 1 Satz 1 Nr. 3, 5, §§ 155, 156 Abs. 1 BBergG aufrechterhalten wurden und damit weiterhin der Zwangsvollstreckung in das unbewegliche Vermögen unterliegen.³ Die selbstständigen Kohlenabbau-Gerechtigkeiten in den vormals sächsischen Landesteilen, die ursprünglich ebenfalls unter den Anwendungsbereich des PrAGZVG fielen, sind erloschen (§ 5 Abs. 2 GBBerG).

Das BBergG hat das früher landesrechtlich geregelte Bergrecht vereinheitlicht 3 und große Teile des Landesbergrechts aufgehoben. Auf eine abschließende Aufzählung der wegfallenden Vorschriften hat der Gesetzgeber jedoch verzichtet und sie im Übrigen durch eine Generalklausel insoweit außer Kraft gesetzt, als deren Gegenstände im BBergG geregelt sind oder sie diesem Gesetz widersprechen (§ 176 Abs. 1 BBergG).

Die landesrechtlichen Sonderbestimmungen zum ZVG wurden in den Katalog des § 176 Abs. 1 BBergG nicht einbezogen. Da sie dem BBergG nicht widersprechen und das BBergG für die Zwangsversteigerung und Zwangsverwaltung von Bergwerkseigentum, abgesehen von § 20 Abs. 3 (vgl. → vor § 172 ZVG Rdn. 7), keine Regelung enthält, bleibt insoweit aufgrund der Vorbehalts in § 2 Abs. 1 EGZVG, Art. 67 EGBGB das Landesrecht maßgebend. Gemäß § 1 Abs. 2 EGZVG, Art. 1 Abs. 2 EGBGB kann auch weiterhin neues Landesrecht erlassen werden. Hiervon haben nach Inkrafttreten des BBergG das Saarland und Thüringen Gebrauch gemacht, Hessen hat sein Landesrecht an das BBergG angepasst, Nordrhein-Westfalen hat den Inhalt früherer Vorschriften aus dem PrAGZVG in das JustG NRW übernommen. Hieraus ist ersichtlich, dass sich die Landesgesetzgeber trotz der bundesrechtlichen Normierung des Bergrechts weiterhin für kompetent halten, die Zwangsversteigerung und Zwangsverwaltung von Bergwerkseigentum zu regeln.⁴

Vgl. zum Rang von Lohnansprüchen der Bergleute → § 10 ZVG Rdn. 29.

Das PrAGZVG regelte Besonderheiten für die Zwangsversteigerung und 4 Zwangsverwaltung von Bergwerkseigentum und unbeweglichen Bergwerksantei-

---

2   Beachte für Niedersachsen Art. IX des Gesetzes vom 10.3.1978 (NiedersGVBl 253).
3   Beachte für Gewinnungsrechte in Niedersachsen Art. VI des Gesetzes vom 10.3.1978 (Fn. 2); zu Salzabbaugerechtigkeiten vgl. *Vortmann*, Salzabbaugerechtigkeiten (1989); *Haas*, NdsRpfl 1982, 105; *Ebeling*, Rpfleger 1983, 383; zu deren Zwangsversteigerung *Rellermeyer*, Rpfleger 2008, 462, 468 ff.
4   *Rellermeyer*, Rpfleger 2008, 462 ff.; vgl. *Böttcher/Keller*, vor §§ 162–186 Rdn. 11; vgl. für Hessen LT-Drucks. 14/3362, für Nordrhein-Westfalen LT-Drucks. 14/9736, für das Saarland LT-Drucks. 11/1094, für Thüringen LT-Drucks. 3/2719.

len (Art. 15 bis 21), die Anwendung der §§ 172 bis 184 ZVG auf Bergwerkseigentum, unbewegliche Bergwerksanteile und selbstständige Gerechtigkeiten (Art. 22) und die Zwangsversteigerung eines Bergwerks oder Bergwerksanteils aus bergrechtlichen Gründen (Art. 23 bis 27).[5] Diese Vorschriften sind inzwischen überall außer Kraft getreten (nur in Schleswig-Holstein gilt jedenfalls noch Art. 22, vgl. → Rdn. 5), mehrere Länder haben jedoch neue Regelungen geschaffen.

5 Derzeit gelten die folgenden landesrechtlichen Bestimmungen über die Zwangsversteigerung und Zwangsverwaltung von Bergwerkseigentum:[6]

- in **Bayern** Art. 55 Abs. 5 BayAGGVG, wonach die früheren Vorschriften (Art. 37 bis 51 BayAGGBO/ZVG) für die vor dem Inkrafttreten des BBergG entstandenen Bergwerke und unbeweglichen Kuxe bis zu ihrem Erlöschen oder ihrer Aufhebung fortgelten;
- in **Hessen** die Art. 10 bis 20 HessAGZPO/ZVG mit weitgehend aus dem preußischen Recht übernommenen Bestimmungen; einzelne Regelungen wurden durch Art. 3 Nr. 3 bis 6 des Gesetzes vom 27.2.1998 (HessGVBl I 34) an das BBergG angepasst;
- in **Nordrhein-Westfalen** die §§ 64 bis 71 JustG NRW mit weitgehend aus dem preußischen Recht übernommenen Bestimmungen;
- im **Saarland** die §§ 47 bis 50 AGJusG;
- in **Thüringen** die §§ 7 und 8 ThürAGZVG.

In **Schleswig-Holstein** sind die Art. 15 bis 21 PrAGZVG bereits 1963 durch Nichtaufnahme als „gegenstandslos" in die Sammlung des schleswig-holsteinischen Landesrechts aufgehoben worden. Die jetzt maßgebliche zweite Sammlung des Landesrechts nach dem Stand von 1971 enthält noch die Art. 22 bis 27. Der amtliche Fundstellennachweis bezeichnet allerdings inzwischen auch die Art. 23 bis 27 unter Hinweis auf das BBergG als „gegenstandslos".

In den übrigen Ländern gibt es keine besonderen Vorschriften über die Zwangsversteigerung und die Zwangsverwaltung von Bergwerkseigentum und unbeweglichen Bergwerksanteilen.

6 (Diese Randnummer ist nicht belegt.)
7 (Diese Randnummer ist nicht belegt.)
8 (Diese Randnummer ist nicht belegt.)

2. Bahneinheiten

9 Bahneinheiten sind die einem Eisenbahn- oder Kleinbahnunternehmen gewidmeten Grundstücke und sonstigen Vermögensgegenstände als Einheit (Art. 112 EGBGB).[7] Dazu gehören neben dem Bahnkörper, den übrigen Grundstücken und Rechten an fremden Grundstücken das rollende Material, sonstige bewegliche Sa-

---

5 Ausführlich *Rellermeyer*, Rpfleger 2008, 462; *Jaeckel/Güthe*, Art. 15 ff. PrAGZVG; *Korintenberg/Wenz*, Art. 15 ff. PrAGZVG.
6 Vgl. *Böttcher/Keller*, vor §§ 162–186 Rdn. 12; *Gojowczyk*, S. 115 ff.
7 Ausführlich zu diesem Rechtsinstitut *Güthe/Triebel*, Art. 31 PrAGGBO Rdn. 1 ff.; *Gleim*, Das Gesetz betreffend das Pfandrecht an Privateisenbahnen und Kleinbahnen und die Zwangsvollstreckung in dieselben (1896); *Eger*, Das Gesetz über die Bahneinheiten (3. Aufl. 1914); *Heldmann*, Bahneinheit und Bahngrundbuch bei den nichtbundeseigenen Eisenbahnen der Bundesrepublik Deutschland (1959); zur Aufhebung des PrBahneinhG in Niedersachsen *Haas*, NdsRpfl 1982, 105, 112.

chen, Kassenbestände, Fonds und Forderungen (§ 4 PrBahneinhG). Bei der Bahneinheit handelt es sich um eine Rechtsgesamtheit,[8] für die kraft Landesrechts die sich auf Grundstücke beziehenden Vorschriften des BGB gelten (§ 16 Abs. 1 PrBahneinhG). Gemäß § 2 Abs. 1 EGZVG, Art. 112 EGBGB sind die Länder befugt, Vorschriften über die Immobiliarvollstreckung zu schaffen.[9]

Das PrBahneinhG gilt noch in **Berlin** und in **Schleswig-Holstein** (in den früher außerpreußischen Landesteilen in Kraft gesetzt durch § 44 Abs. 1 des Gesetzes vom 8.12.1956, GVOBl SchlH 193). Es sieht für die Zwangsvollstreckung in Bahneinheiten die Anwendung der Vorschriften über die Zwangsvollstreckung in Grundstücke mit Besonderheiten vor (§§ 20 bis 36)[10] und regelt die Anwendung der §§ 172 bis 184 ZVG auf Bahneinheiten (§ 38) sowie ein insolvenzähnliches Verfahren der Zwangsliquidation nach Erlöschen der Genehmigung für das Bahnunternehmen (§§ 40 bis 53), in dessen Rahmen der Liquidator auch, entsprechend § 165 InsO, die Zwangsversteigerung oder Zwangsverwaltung von Grundstücken betreiben kann (§ 46 Abs. 2 Satz 1).

Gemäß § 871 ZPO bleibt dem Landesrecht auch die Regelung der Zwangsvollstreckung vorbehalten, wenn ein anderer als der Eigentümer den Betrieb einer Eisenbahn oder Kleinbahn kraft eigenen Nutzungsrechts ausübt. § 54 PrBahneinhG weist ein solches Nutzungsrecht in Bezug auf die Zwangsvollstreckung, die nach den §§ 20 bis 36 PrBahneinhG als Zwangsverwaltung durch Ausübung des Nutzungsrechts erfolgt, dem unbeweglichen Vermögen zu.[11]

3. Stockwerkseigentum

„Echtes" Stockwerkseigentum ist das Sondereigentum an Stockwerken, Wohnungen oder einzelnen Räumen eines Gebäudes, gewöhnlich verbunden mit Miteigentum am Grundstück und gemeinschaftlich genutzten Gebäudeteilen.[12] Es hat sich in einigen Rechtskreisen gewohnheitsrechtlich entwickelt. Das „echte" Stockwerkseigentum, das am 1.1.1900 bestanden hat, ist nach Art. 182 EGBGB bestehen geblieben. Für das Rechtsverhältnis der hieran Beteiligten untereinander, z.B. für die Rechte an dem gemeinschaftlich benutzten Teil des Gebäudes und für die Unterhaltspflicht, bleiben die früheren Vorschriften maßgebend. Art. 218 EGBGB ermöglicht dem Landesgesetzgeber Änderungen dieser Vorschriften.[13]

Das für württembergisches Stockwerkseigentum in **Baden-Württemberg** geltende Landesrecht (Art. 226 bis 231 WürttAGBGB) ist gemäß § 36 Abs. 1 Ba-

---

8 *Heldmann*, (Fn. 6) S. 23 ff. – RFHE 13, 298 und Steiner/*Hagemann*, Einl. Rdn. 36 bezeichnen die Bahneinheit als grundstücksgleiches Recht, *Eger*, (Fn. 6) § 16 Anm. 77 f. als selbständige, den Grundstücken gleichgestellte Berechtigung nach Analogie des Erbbaurechts und des Bergwerkeigentums, *Haas*, NdsRpfl 1982, 105, 112 als Sondervermögen; nach *Gleim*, (Fn. 6) S. 34 gilt sie als unbewegliche Sache.
9 Vgl. Steiner/*Hagemann*, Einl. Rdn. 36; *Stöber*, ZVG Einl. Rdn. 15.1; *Böttcher/Keller*, vor §§ 162–186 Rdn. 15 f.
10 Dazu *Korintenberg/Wenz*, Einf. Kap. 26 VII Anm. 1; vgl. auch § 3 BahnG.
11 Vgl. *Korintenberg/Wenz*, Einf. Kap. 26 VII Anm. 2.
12 Staudinger/*Hönle*, Art. 182 EGBGB Rdn. 1 und zur Unterscheidung von „unechtem" Stockwerkseigentum Art. 131 EGBGB Rdn. 1 f.; Steiner/*Hagemann*, Einl. Rdn. 31; *Thümmel*, JZ 1980, 125; vgl. zur Teilungsversteigerung OLG Karlsruhe, OLGZ 1983, 333; Steiner/*Teufel*, § 180 Rdn. 68 ff.; *Stöber*, ZVG § 180 Rdn. 7.24.
13 Vgl. *Böttcher/Keller*, vor §§ 162–186 Rdn. 13; vgl. auch die Hinweise auf Landesrecht, auch hinsichtlich Überleitungen in „unechtes" Stockwerkseigentum, Wohnungseigentum oder Miteigentum, bei Staudinger/*Hönle*, Art. 182 EGBGB Rdn. 10 ff.

WüAGBGB in Kraft geblieben und gilt auch für das nach badischem Landesrecht begründete Stockwerkseigentum. Art. 228 Abs. 3, Art. 231 WürttAGBGB enthalten besondere Vorschriften für die Zwangsversteigerung.

4. Der Eintragung nicht bedürftige Rechte

13   Auf den Vorbehalten der Art. 67, 109, 113, 114 EGBGB beruhen landesrechtliche Vorschriften, nach denen bestimmte Rechte auch dann bestehen bleiben, wenn sie bei der Feststellung des geringsten Gebots nicht berücksichtigt sind. Es kommen noch gewisse bergrechtliche Gebrauchs- und Nutzungsrechte, gesetzliche Vorkaufsrechte sowie bei der Gemeinheitsteilung und bei der Ablösung von Dienstbarkeiten und Reallasten begründete Ansprüche in Betracht.[14]

14   Landesrecht: in **Berlin** Art. 6 Abs. 1 PrAGZVG, Art. 22 PrAGBGB, in **Hessen** Art. 4 Abs. 1 HessAGZPO/ZVG, Art. 17 Abs. 1 Gesetz vom 24.7.1899 (HessRegBl 379, HessGVBl II 231-9), in **Niedersachsen** § 67 Abs. 1 NJG, § 22 NdsAGBGB, in **Nordrhein-Westfalen** § 61 JustG NRW, Art. 22 PrAGBGB, in **Rheinland-Pfalz** § 5 Abs. 1 RhPfAGZVG/InsO, im **Saarland** § 43 Abs. 1 SaarlAGJusG, in **Schleswig-Holstein** Art. 6 Abs. 1 PrAGZVG und in **Thüringen** § 3 Abs. 1 ThürAGZVG.

5. Revenuenhypotheken (Fruchthypotheken)

15   Art. 60 EGBGB[15] ermöglicht landesrechtliche Vorschriften über Grundpfandrechte, die dem Gläubiger Befriedigung aus dem zu einem gebundenen Vermögen (Art. 57 bis 59 EGBGB) gehörenden Grundstück lediglich im Wege der Zwangsverwaltung gestatten. Das früher bestehende gebundene Vermögen ist erloschen. Für Fideikommissvermögen bleiben Verfügungsbeschränkungen bis zur Erteilung des Fideikommissauflösungsscheins bestehen. Revenuenhypotheken können in diesem Rahmen noch eine geringe Bedeutung behalten. Nach Erteilung des Auflösungsscheins haftet auch der Stamm des Vermögens (§ 12 Abs. 1 FideiErlG).

16   Landesrecht mit Besonderheiten für die Zwangsverwaltung: in **Berlin** Art. 13 PrAGZVG, in **Hessen** Art. 8 AGZPO/ZVG; in **Nordrhein-Westfalen** § 63 JustG NRW und in **Schleswig-Holstein** Art. 13 PrAGZVG.[16]

II. Zwangsversteigerung auf Antrag der Baupolizeibehörde

17   Gemäß Art. 55 EGBGB sind nur die privatrechtlichen Normen des Landesrechts, soweit sie nicht ausdrücklich aufrechterhalten wurden, außer Kraft getreten. Das dem öffentlichen Recht angehörende Landesrecht ist dagegen bestehen geblieben.[17] Daher gelten auch die landesrechtlichen Vorschriften über Zwangsversteigerungsverfahren, die sich auf öffentliches Recht gründen, fort.

---

14   Vgl. *Jaeckel/Güthe,* Art. 6 PrAGZVG Rdn. 1 ff.; *Korintenberg/Wenz,* § 2 Anm. 1, Art. 6 PrAGZVG Anm. 1; wegen des nach Art. 109 EGBGB maßgeblichen Landesrechts Staudinger/*Merten,* Art. 109 EGBGB Rdn. 29 (Hinweis auf die Vorauflage); wegen des nach Art. 113 EGBGB maßgeblichen Landesrechts vgl. die § 3 Fn. 1 Genannten; wegen des nach Art. 114 EGBGB maßgeblichen Landesrechts Staudinger/*Hönle,* Art. 114 EGBGB Rdn. 5 ff.; MünchKomm/*Säcker,* BGB Art. 114 EGBGB Rdn. 4.
15   Zu Zweifeln an dessen Fortgeltung Staudinger/*Mayer,* Art. 60 EGBGB Rdn. 1; MünchKomm/*Säcker,* BGB Art. 60 EGBGB Rdn. 1.
16   Dazu *Jaeckel/Güthe,* Art. 13 PrAGZVG Rdn. 1 f.; *Korintenberg/Wenz,* Art. 13 PrAGZVG Anm. 1.
17   MünchKomm/*Säcker,* BGB Art. 55 EGBGB Rdn. 1.

Die auf das preußische ALR zurückgehenden Art. 28 bis 32 PrAGZVG – nur **18** noch in **Berlin** geltend – kennen ein besonderes Zwangsversteigerungsverfahren auf Antrag der Baupolizeibehörde (jetzt der zuständigen Kommunalbehörde). Kommt der Eigentümer seiner öffentlich-rechtlichen Pflicht zur Unterhaltung oder Wiederherstellung eines Gebäudes nicht nach und bestehen Einsturzgefahr oder Gefahren für die Allgemeinheit, so kann die Behörde, wenn der Eigentümer die erforderlichen Kosten für die Gefahrenbeseitigung nicht übernehmen kann oder will, zu deren Beschaffung die Zwangsversteigerung beantragen (Art. 28, 29). Es gibt kein geringstes Gebot; die Wiederherstellung des Gebäudes ist von Amts wegen als Versteigerungsbedingung zu bestimmen (Art. 31). Der Anspruch auf Ersatz der Aufwendungen hat Rang vor allen anderen Ansprüchen (Art. 30).[18]

Den besonderen Vorrang für den Aufwendungsersatz will das LG Berlin[19] auch **19** in einem Zwangsversteigerungsverfahren anerkennen, das von einem Gläubiger nach den allgemeinen Vorschriften betrieben wird. Dem ist nicht zuzustimmen. Die Rangfolge der zu berücksichtigenden Ansprüche legt § 10 ZVG fest. Landesrechtliche Abweichungen davon sind nur im Rahmen der Vorbehalte nach § 2 Abs. 1, §§ 3 ff. EGZVG zulässig. Diese ermöglichen ein solches Vorrecht nicht. Außerhalb der für das Privatrecht bestehenden Vorbehalte steht dem Landesgesetzgeber nur die Kompetenz zur Regelung eines besonderen Verfahrens wegen öffentlich-rechtlicher Ansprüche zu. Nur insoweit kann er den Rang von Ansprüchen selbst bestimmen.

III. Landschaftliche und ritterschaftliche Kreditanstalten

Gemäß Art. 167 EGBGB ist das bei Inkrafttreten des BGB bestehende Landes- **20** recht über landschaftliche und ritterschaftliche Kreditinstitute in Kraft geblieben.[20] Zum fortgeltenden Recht gehören besondere Vorschriften über die Zwangsvollstreckung aus Forderungen solcher Kreditanstalten.

Das PrLandKredG gilt noch in **Berlin** und in **Schleswig-Holstein** (in den frü- **21** her außerpreußischen Landesteilen eingeführt durch § 1 Abs. 1 der Verordnung vom 18.3.1938, PrGS 40). Es regelt für bestimmte Fälle die Befugnis der Kreditanstalten, beliehene Grundstücke selbst in Zwangsverwaltung zu nehmen und das Verfahren nach ihrer Satzung durchzuführen (§ 3 Abs. 2, § 5 Abs. 2 [Berlin] bzw. § 5 Abs. 3 [Schleswig-Holstein]) und ohne vollstreckbaren Schuldtitel die Zwangsversteigerung zu betreiben (§ 4). Bei gerichtlicher Zwangsverwaltung land- oder forstwirtschaftlich genutzter Grundstücke können die Anstalten auf Ersuchen des Gerichts die Tätigkeiten gemäß §§ 150, 153, 154 ZVG übernehmen; ggf. besteht hierauf nach der Satzung ein Anspruch (§ 6 Abs. 4). Weitere Besonderheiten betreffen die Anmeldung von Forderungen und den Widerspruch gegen den Teilungsplan (§ 8). Ergänzungen enthalten die Art. 12, 34 PrAGZVG.[21]

---

18   Ausführlich zu diesem Verfahren Steiner/*Hagemann*, § 10 Rdn. 21; *Jaeckel/Güthe*, Art. 28 ff. PrAGZVG; *Korintenberg/Wenz*, Art. 28 ff. PrAGZVG; *Gürich*, PrVwBl 1904, 791; vgl. auch Depré/*Cranshaw*, § 10 Rdn. 18.
19   Rpfleger 1991, 518; ebenso *Stöber*, ZVG Anh. T 31 Anm. 1 zu Art. 30 PrAGZVG; a.A. Löhnig/*Fischinger*, § 10 Rdn. 12.
20   Vgl. zur Geschichte und Bedeutung dieser Kreditanstalten *Güthe/Triebel*, Art. 21 PrAGGBO Rdn. 1 ff.; Staudinger/*Mayer*, Art. 167 EGBGB Rdn. 3.
21   Ausführliche Erläuterungen des Gesetzes bietet *Jaeckel/Güthe*, Anh. S. 987 ff.; vgl. auch Steiner/*Hagemann*, § 10 Rdn. 32, § 146 Rdn. 38 ff.; *Stöber*, ZVG § 15 Rdn. 38.12, § 146 Rdn. 7.

Ähnliche Vorschriften des früheren, in Niedersachsen fortgeltenden oldenburgischen Rechts hat das BVerfG für mit dem GG unvereinbar erklärt, für bestimmte Übergangssituationen allerdings die weitere Vollstreckung aufgrund eines den Titel ersetzenden Antrags als zulässig angesehen.[22] Die Vereinbarkeit des PrLandKredG mit dem GG dürfte nach dem Inhalt dieser Entscheidung ebenfalls zweifelhaft sein.

In **Niedersachsen** gelten Vorschriften des Verwaltungsvollstreckungsverfahrens (§ 79 NVwVG), die bereits an die Entscheidung des BVerfG angepasst wurden.

Nach Umwandlung in eine Aktiengesellschaft benötigt die Kreditanstalt einen vollstreckbaren Titel.[23]

Soweit den Kreditanstalten für ältere als zweijährige Rückstände wiederkehrender Leistungen ein Vorrecht vor den Ansprüchen nach § 10 Abs. 1 Nr. 1 bis 6 ZVG beigelegt war, sind solche Bestimmungen nach Abs. 2 außer Kraft getreten. Ihnen bleibt nur, wenn dies in der Satzung vorgesehen ist, ein Vorrecht vor § 10 Abs. 1 Nr. 7, 8 ZVG.[24]

IV. Grenzänderungen

22   Bei staatsvertraglichen Änderungen des Verlaufs der **Staatsgrenze** bleiben gelegentlich Grundstücke, die dem Gebiet der Bundesrepublik Deutschland zufallen, mit Rechten belastet, deren Inhalt sich weiterhin nach ausländischen Vorschriften bestimmt. Für die Zwangsvollstreckung in solche Grundstücke sind dann mitunter besondere Bestimmungen zu beachten.

Aufgrund der Ermächtigung in Art. 4 des Gesetzes vom 10.6.1963 zum deutsch-niederländischen Vertrag vom 8.4.1960 (BGBl 1963 II 458) hat das Land **Nordrhein-Westfalen** Regelungen darüber getroffen, wie Grundstücksbelastungen, deren Inhalt sich nach niederländischen gesetzlichen Vorschriften bestimmt, in der Zwangsversteigerung zu behandeln sind (§§ 37 bis 44 der Verordnung vom 22.8.1963, GV NRW 281). In **Niedersachsen** galten entsprechende Vorschriften (§§ 37 bis 44 der Verordnung vom 29.3.1964, NiedersGVBl 69), die dort jedoch wegen Zeitablaufs als gegenstandslos angesehen werden.[25]

In ähnlichen Fällen sind, soweit ersichtlich, Ermächtigungen zum Erlass entsprechender Verordnungen durch die betroffenen Landesregierungen bisher nicht ausgenutzt worden.

Aufgrund der Ermächtigung in Art. 3 des Gesetzes vom 14.4.1988 zum deutsch-luxemburgischen Vertrag vom 19.12.1984 (BGBl 1988 II 414) haben die Länder **Rheinland-Pfalz** (Verordnung vom 16.8.1990, RhPfGVBl 273) und **Saarland** (Verordnung vom 18.5.1990, SaarlAmtsbl 585) die Führung des Grundbuchs

---

22 BVerfGE 132, 372 = NJW 2013, 1797.
23 OLG Hamm, Rpfleger 1989, 337 = NJW-RR 1989, 959 = EWiR 1989, 519 m. Anm. *Kollhosser*.
24 Vgl. Depré/*Cranshaw*, § 10 Rdn. 3 Fn. 2 mit Hinweis auf den Wegfall der Privilegien, soweit Institute in anderen Banken aufgegangen sind.
25 Verzeichnis der Vorschriften, die in der Zeit vom 1.1.1987 bis zum 31.12.1988 ausdrücklich aufgehoben worden sind oder aus anderen Gründen ihre Geltungskraft verloren haben – Nachtrag zur Sammlung des bereinigten niedersächsischen Rechts der Zeit vom 1.1.1806 bis zum 31.12.1958, Vorschriftenverzeichnis bis zum 31.12.1988 fortgeführt –.

für Grundstücke geregelt, die im gemeinschaftlichen deutsch-luxemburgischen Hoheitsgebiet (Art. 1 des Vertrages) liegen. Möglich ist insoweit auch die Eintragung von Rechten, deren Rechtsverhältnisse sich nach luxemburgischem Recht richten (jeweils § 4 der Verordnungen). Jedoch sind weder besondere Maßgaben für die Immobiliarvollstreckung noch Vorgaben für Grundstücke außerhalb des gemeinschaftlichen Hoheitsgebietes vorgesehen, die dem deutschen Staatsgebiet zugefallen sind.

§ 3 »Entschädigungsanspruch bei Gemeinheitsteilung und Rechteablösung«

¹Die im Artikel 113 des Einführungsgesetzes zum Bürgerlichen Gesetzbuche bezeichneten Vorschriften bleiben auch insoweit unberührt, als sie für den Anspruch des Entschädigungsberechtigten oder des Dritten, welcher die Entschädigung geleistet hat, ein Recht auf Befriedigung aus dem Grundstücke gewähren und den Rang dieses Rechtes bestimmen. ²Jedoch kann dem Anspruch auf Rückstände wiederkehrender Leistungen ein Vorrecht nur mit der im § 2 Abs. 2 bezeichneten Einschränkung beigelegt werden.

1 Art. 113 EGBGB hat, da die Zusammenlegung von Grundstücken jetzt bundesrechtlich durch das FlurbG, das BauGB und einzelne Sondervorschriften geregelt ist, im Wesentlichen noch für die Gemeinheitsteilung und die Ablösung von Dienstbarkeiten und Reallasten Bedeutung.[1]

2 Einzelne der in Betracht kommenden Vorschriften haben die Sicherstellung der Entschädigungssumme des Berechtigten oder des Ersatzanspruchs eines Dritten durch ein bevorzugtes Pfandrecht an dem entlasteten Grundstück vorgesehen, das auch ohne Eintragung in das Grundbuch bestehen blieb. Der Landesgesetzgebung soll durch § 3 die Möglichkeit eröffnet werden, das gesetzliche Pfandrecht durch ein Recht auf Befriedigung aus dem entlasteten Grundstück bei der Zwangsvollstreckung in dasselbe zu ersetzen.[2]

Soweit einem Anspruch, der in wiederkehrenden Leistungen zu entrichten war, für ältere als zweijährige Rückstände ein Vorrecht vor den Ansprüchen nach § 10 Abs. 1 Nr. 1 bis 6 ZVG beigelegt war, sind solche Bestimmungen nach Satz 2 außer Kraft getreten.

3 Landesrecht: in **Bayern** Art. 63 BayAGBGB; in **Berlin** Art. 3 Abs. 1 PrAGZVG, in **Hessen** § 25 Abs. 3 HessAGBGB, in **Schleswig-Holstein** Art. 3 Abs. 1 PrAGZVG und in **Thüringen** § 23 Abs. 3 ThürAGBGB.

Die in Art. 3 Abs. 1 PrAGZVG genannten Ansprüche stehen den öffentlichen Lasten gleich. Der den Rang zu den öffentlichen Lasten nach Art. 1 PrAGZVG bestimmende Art. 3 Abs. 2 PrAGZVG ist im Hinblick auf § 10 Abs. 1 Nr. 3 S. 2 ZVG (vgl. → § 4 Rdn. 1) spätestens im Zuge von Rechtsbereinigungen weggefallen und in den maßgeblichen Rechtssammlungen nicht mehr enthalten.

Die genannten Vorschriften der AGBGB einzelner Länder verweisen jeweils auf § 1202 BGB und gewähren daher in gleicher Weise wie § 1202 Abs. 3 BGB einen Anspruch auf Zahlung der Ablösungssumme aus dem Grundstück.

---

1 Staudinger/*Mayer*, Art. 113 EGBGB Rdn. 88 ff.; MünchKomm/*Säcker*, BGB Art. 113 EGBGB Rdn. 1 ff.; Aufzählung des in Betracht kommenden Landesrechts bei Staudinger/*Mayer*, Art. 113 EGBGB Rdn. 134 ff.; Steiner/*Eickmann*, § 92 Rdn. 22.
2 Vgl. die Motive nach *Jaeckel/Güthe*, § 3 Rdn. 1; zu den in Betracht kommenden Ansprüchen *Stöber*, ZVG § 92 Rdn. 5; *Korintenberg/Wenz*, § 3 Anm. 2.

§ 4 »Rang öffentlicher Lasten«

(1) Durch Landesgesetz kann bestimmt werden, daß gewisse öffentliche Lasten anderen im Range vorgehen.
(2) (aufgehoben)

Abs. 1 ist wegen der rangmäßigen Gleichstellung aller auf Bundes- oder Landesrecht beruhenden öffentlichen Lasten durch § 10 Abs. 1 Nr. 3 S. 2 ZVG gegenstandslos.[1] Abweichende landesrechtliche Bestimmungen bestehen nicht mehr. 1

Abs. 2, der in bestimmten Fällen bei der Zwangsversteigerung von Brauereigrundstücken gewisse Abgaben den öffentlichen Lasten gleich stellte, ist gegenstandslos,[2] in die Bekanntmachung des EGZVG in der Sammlung des Bundesrechts (BGBl III 310-13) mit dem Hinweis „entfallen als sachlich überholt" nicht aufgenommen und gemäß § 3 Abs. 1 S. 2 BRSG, § 3 Abs. 1 BRSAbschlG außer Kraft getreten. 2

---

1   Steiner/*Hagemann*, § 10 Rdn. 9, 99; *Stöber,* ZVG § 10 Rdn. 6.19.
2   *Jaeckel/Güthe,* § 4 Rdn. 2; *Korintenberg/Wenz,* § 4 Anm. 2.

§ 5 »Auszug aus dem Liegenschaftskataster«

Durch Landesgesetz kann bestimmt werden, daß dem Antrag auf Zwangsversteigerung ein Auszug aus einem Steuerbuche beigefügt werden soll.

1   Vor der Anordnung der Zwangsversteigerung ist durch ein Zeugnis des Grundbuchgerichts nachzuweisen, dass der Schuldner oder der Erblasser als Eigentümer des Grundstücks eingetragen ist (§ 17 Abs. 2 Satz 1 ZVG). Das Zeugnis muss das Grundstück möglichst übereinstimmend mit dem Liegenschaftskataster bezeichnen, nach dem es im Grundbuch benannt ist (§ 2 Abs. 2 GBO). Bei zulässiger Bezugnahme auf das Grundbuch (§ 17 Abs. 2 Satz 2 ZVG) hat sich der Rechtspfleger die entsprechende Kenntnis zu verschaffen (vgl. → § 17 ZVG Rdn. 10). Ein zusätzlicher Nachweis durch einen Auszug aus dem Liegenschaftskataster ist nicht erforderlich.[1] Der Vorbehalt, der ohnehin nur landesrechtliche Ordnungsvorschriften ermöglicht, hat deshalb seine Bedeutung verloren.[2]

Hat das Grundbuchgericht gemäß § 6 Abs. 4 GBV von der Bezeichnung der einzelnen Katasterparzellen im Bestandsverzeichnis abgesehen (eine Buchung nach dieser Vorschrift war nur bis zum 8.10.2013 zulässig), so sollte das Zeugnis nach § 17 Abs. 2 Satz 1 ZVG auch den Inhalt des bei den Grundakten aufzubewahrenden beglaubigten Auszuges aus dem amtlichen Verzeichnis wiedergeben. Bei Bezugnahme nach § 17 Abs. 2 Satz 2 ZVG hat sich der Rechtspfleger auch Kenntnis von diesem Auszug zu verschaffen. Der Vorlage eines Auszuges durch den Gläubiger bedarf es auch in diesem Fall nicht.[3]

2   Landesrecht: in **Berlin** Art. 4 Abs. 1 PrAGZVG, in **Hessen** Art. 3 HessAG-ZPO/ZVG, im **Saarland** § 41 SaarlAGJusG und in **Schleswig-Holstein** Art. 4 Abs. 1 PrAGZVG.[4]

---

1   Vgl. Steiner/*Hagemann,* §§ 15, 16 Rdn. 47; *Stöber,* ZVG § 16 Rdn. 4.5.
2   Nach der Begründung zu § 41 SaarlAGJusG (LT-Drucks. 11/1094) entspricht die dortige Regelung einem aus der Praxis geäußerten Wunsch und dient der Verfahrensökonomie, da der Sachverständige für die Erstellung des Wertgutachtens ohnehin auf die neuesten Katasterunterlagen angewiesen sei.
3   Anders die 12. Aufl. Rdn. 2.
4   Sieht man im nordrhein-westfälischen Gebietsteil des früheren Landes Lippe das LippAGZVG als fortgeltend an – vgl. § 1 Fn. 2 –, so kommt auch § 6 LippAGZVG in Betracht.

§ 6 »Inhalt der Terminsbestimmung«

Durch die Landesjustizverwaltung kann angeordnet werden, daß die Bestimmung des Versteigerungstermins noch andere als die im § 38 des Gesetzes über die Zwangsversteigerung und die Zwangsverwaltung vorgeschriebenen Angaben über das Grundstück enthalten soll.

Die Länder können über weitere Angaben in der Terminsbestimmung nur Ordnungsvorschriften erlassen, deren Verletzung nicht die Terminsaufhebung oder Zuschlagsversagung zur Folge hat (vgl. → § 37 ZVG Rdn. 3).[1]

Landesrecht: in **Baden-Württemberg** die Verordnung vom 30.4.1996 (BadWürttGBl 381; Angabe des Verkehrswertes), in **Hamburg** die Verordnung vom 15.11.1905 (HmbAmtsbl 601, HmbBL I 3210-c; Bezeichnung u.a. der Wirtschaftsart und Lage, des Feuerversicherungs- und Einheitswerts und der Erträgnisse), in **Niedersachsen** § 69 NJG (Angabe der postalischen Anschrift oder sonstigen ortsüblichen Bezeichnung des Grundstücks, der Bebauung und bei landwirtschaftlicher Nutzung der Wirtschaftsart) und im **Saarland** § 46 SaarlAG-JusG (Angabe der postalischen Anschrift des Grundstücks).

Für den Inhalt der Terminsbestimmung bei der Zwangsversteigerung von Bergwerkseigentum und unbeweglichen Bergwerksanteilen sowie Bahneinheiten vgl. die → § 2 Rdn. 2 ff., 9 f. genannten Vorschriften.

---

1 Vgl. *Stöber*, ZVG § 38 Rdn. 7.

§ 7 »Bekanntmachung der Terminsbestimmung«

Unberührt bleiben die bestehenden landesgesetzlichen Vorschriften, nach welchen noch andere als die in den §§ 39, 40 des Gesetzes über die Zwangsversteigerung und die Zwangsverwaltung bezeichneten Veröffentlichungen der Terminsbestimmung zu erfolgen haben.

1   Anders als die übrigen Vorbehalte des EGZVG lässt § 7 nach seinem Wortlaut nur die (am 1.1.1900) bestehenden landesrechtlichen Vorschriften über zusätzliche Veröffentlichungen der Terminsbestimmung unberührt. Neue Regelungen darf das Landesrecht nicht schaffen. Zulässig ist es, eine Vorschrift zugleich mit ihrer Aufhebung durch eine inhaltsgleiche Nachfolgeregelung zu ersetzen, nicht dagegen, eine aufgehobene Vorschrift erst nach längerer Zeit mit gleichem Inhalt neu zu erlassen.[1] Nach § 40 Abs. 2 ZVG kann das Vollstreckungsgericht ohnehin weitere Veröffentlichungen veranlassen (vgl. → § 40 ZVG Rdn. 7), sodass von dem Vorbehalt kaum Gebrauch gemacht wird. Die noch geltenden Vorschriften sind Ordnungsvorschriften, deren Verletzung nicht die Terminsaufhebung oder Zuschlagsversagung zur Folge hat.

2   Landesrecht: in **Baden-Württemberg** § 18 Abs. 5 BadWürttAGGVG (wiederholte oder zusätzliche Bekanntmachungen), in **Bayern** Art. 31 BayAGGVG (Anheftung an der für amtliche Bekanntmachungen bestimmten Stelle in der Gemeinde) und in **Thüringen** § 2 ThürAGZVG (Veröffentlichung nach den für Bekanntmachungen der Gemeinde geltenden Vorschriften).

3   Hierzu ist im Hinblick auf das Verbot, neues Landesrecht zu schaffen, zu bemerken:

Für Baden-Württemberg ist die Neuregelung wegen § 40 Abs. 2 ZVG unschädlich.

In Bayern hat das BayAGGVG das frühere BayAGGBO/ZVG ersetzt, dessen Art. 26 die Anheftung der Terminsbestimmung an der für amtliche Bekanntmachung bestimmten Stelle der Gemeinde vorsah. Die inhaltsgleiche Nachfolgeregelung des Art. 31 BayAGGVG ist unbedenklich.

Unzulässig dürfte dagegen die Neuregelung in Thüringen sein. Eine Kontinuität zum früheren, 1976 aufgehobenen Landesrecht (es galten die Ausführungsgesetze der sieben 1920 zum Land Thüringen vereinigten Länder und in dem 1945 hinzu gekommenen preußischen Landesteil das PrAGZVG mit jeweils nur kleinem räumlichen Anwendungsbereich) besteht hier nicht. Da es sich um eine Sollvorschrift handelt, ist die Norm im Hinblick auf § 40 Abs. 2 ZVG allerdings auch unschädlich.

---

1   Teilweise anders die 12. Aufl. Rdn. 1.

§ 8 »Hypotheken alten Rechts«

(1) Durch Landesgesetz kann für die Zwangsversteigerung bestimmt werden, daß die vor dem Inkrafttreten des Bürgerlichen Gesetzbuchs eingetragenen Hypotheken bei der Feststellung des geringsten Gebots und bei der Aufstellung des Teilungsplans nur auf Grund einer Anmeldung zu berücksichtigen sind.

(2) In einem solchen Falle muß die im § 37 Nr. 4 des Gesetzes über die Zwangsversteigerung und die Zwangsverwaltung vorgeschriebene Aufforderung auf die Anmeldung der Ansprüche aus den bezeichneten Hypotheken ausgedehnt werden.

Der Vorbehalt ist durch Zeitablauf bedeutungslos geworden. Landesrechtliche Bestimmungen bestehen nicht mehr. 1

§ 9 »Nicht eintragungspflichtige Rechte, Altenteil«

(1) Soweit ein nach Landesgesetz begründetes Recht an einem Grundstücke, das nicht in einer Hypothek besteht, zur Wirksamkeit gegen Dritte der Eintragung nicht bedarf oder soweit eine Dienstbarkeit oder eine Reallast als Leibgedinge, Leibzucht, Altenteil oder Auszug eingetragen ist, bleibt das Recht nach Maßgabe des Landesgesetzes von der Zwangsversteigerung unberührt, auch wenn es bei der Feststellung des geringsten Gebots nicht berücksichtigt ist.

(2) Das Erlöschen eines solchen Rechtes ist auf Verlangen eines Beteiligten als Versteigerungsbedingung zu bestimmen, wenn durch das Fortbestehen ein dem Rechte vorgehendes oder gleichstehendes Recht des Beteiligten beeinträchtigt werden würde; die Zustimmung eines anderen Beteiligten ist nicht erforderlich.

Übersicht	Rdn.
I. Allgemeines	1
II. Nicht eintragungspflichtige Rechte	3
III. Altenteil	4
1. Begriff	4
2. Hinweis- und Belehrungspflicht	8
3. Bestehenbleiben oder Erlöschen des Altenteils	10
IV. Schutz des rangbesseren Rechts (Abs. 2)	15
1. Allgemein	15
2. Verlangen auf Doppelausgebot	17
3. Kein Doppelausgebot	19
4. Zuschlagsentscheidung	20

I. Allgemeines

1 Grundsätzlich werden Rechte, die zur Wirksamkeit gegen Dritte der Eintragung im Grundbuch nicht bedürfen und auch nicht eingetragen sind, im geringsten Gebot nicht berücksichtigt; sie müssen rechtzeitig angemeldet werden, § 37 Nr. 4 ZVG. Rechte, die nicht im geringsten Gebot berücksichtigt werden, erlöschen durch den Zuschlag, der Ersteher erwirbt das Grundstück insoweit lastenfrei. Das jeweilige Landesrecht (s. **Anhang S. 1987 ff.**) kann bestimmen, dass bestimmte Rechte von der Zwangsversteigerung (gilt auch für die Teilungsversteigerung) unberührt bleiben, somit durch den Zuschlag nicht erlöschen, auch wenn sie nicht im geringsten Gebot berücksichtigt werden. Vorbehaltlich von Abs. 2 kommt es dabei nicht darauf an, ob sie dem bestrangig betreibenden Gläubiger im Range vorgehen.

2 Die Regelung in Abs. 1 will insbesondere das Altenteilsrecht schützen, dass dem bestrangig betreibenden Gläubiger im Range nachgeht. Das Recht bleibt außerhalb des geringsten Gebotes bestehen. Der hiervon betroffene Gläubiger kann seinen materiell-rechtlichen Rang jedoch ohne Weiteres durchsetzen, in dem er einen Antrag (= Verlangen) gem. Abs. 2 stellt. Damit geht der Schutz des Altenteils durch Abs. 1 wieder verloren.[1] Wegen dieser möglichen Wirkungslosigkeit kann § 9 ebenso wie die einschlägigen landesrechtlichen Vorschriften gestrichen werden.

---

1 Hierzu *Schiffhauer*, Rpfleger 1986, 326.

II. Nicht eintragungspflichtige Rechte

Hierbei kommen insbesondere die vor dem 1.1.1900 entstandenen Grunddienstbarkeiten in Betracht, und zwar auch dann, wenn sie nach dem 1.1.1900 eingetragen worden sind und sich aus der Eintragung nicht ergibt, dass es sich um ältere Dienstbarkeiten handelt.[2] An dieser Rechtslage ändert sich auch nichts durch eine versehentliche Löschung einer solchen Dienstbarkeit. Etwas anderes gilt nur dann, wenn das Landesgesetz gem. Art. 187 Abs. 2 EGBGB die alten Grunddienstbarkeiten für eintragungspflichtig erklärt und die Frist für die Eintragung abgelaufen ist; der Vorbehalt des Abs. 1 ist dann nicht mehr maßgebend.[3]

III. Altenteil

1. Begriff

Das Altenteil[4] (Leibgeding, Leibzucht) ist kein eigenständiges dingliches Recht. Der Begriff des Altenteils wird im Gesetz an verschiedenen Stellen (Art. 96 EGBGB, § 850b Abs. 1 Nr. 3 ZPO[5], § 9 EGZVG, § 49 GBO, § 23 Nr. 2g GVG) erwähnt, nirgendwo jedoch definiert. Es ist ein Sammelbegriff von Nutzungen und Leistungen, die aus und auf dem Grundstück zu gewähren sind. Das Altenteil ist allgemein langfristig, meistens lebenslänglich bestellt und dient der persönlichen Versorgung des Berechtigten.[6] Die einzelnen Nutzungen und Leistungen, die den Inhalt des Altenteils darstellen, können nur aus dem Kreis des Numerus Clausus des Sachenrechtes kommen, d.h.: **beschränkte persönliche Dienstbarkeit, Reallast oder Nießbrauchsrecht**. § 49 GBO gestattet die Eintragung unter der Sammelbezeichnung Altenteil, um eine Einzelabsicherung dieser Rechte im Grundbuch zu vermeiden; zur näheren Bezeichnung der einzelnen Rechte kann auf die Eintragungsbewilligung Bezug genommen werden.[7] Eine Bezugnahme ist auch zulässig zur näheren Bezeichnung, insbesondere zur Höhe einer Geldschuld, wenn auf die jeweils gültige Sachbezugsverordnung in der Sozialversicherung verwiesen wird.[8] Wird das Altenteil auf **mehrere Grundstücke** eingetragen, genügt es, wenn sich aus der Eintragungsbewilligung ergibt, auf welchen Grundstücken die einzelnen Rechte lasten.[9] Die Eintragung mehrerer Berechtigter ist zulässig auch ohne Angabe eines Berechtigungsverhältnisses nach § 47 GBO.

---

2 Hierzu RGZ 93, 63; OLG Hamm, MDR 1987, 234.
3 Hierzu näher Palandt/*Bassenge*, EG 187 Rdn. 3.
4 Vgl. KG, Beschluss vom 23.9.2014, 1 W 283/14, Rpfleger 2015, 75; BayObLG, Rpfleger 1993, 443; OLG Köln, Rpfleger 1992, 431; LG Frankenthal, Rpfleger 1989, 324; hierzu auch *Gehrlein*, ZInsO 2010, 1970; *Fuchs*, Rpfleger 1987, 76; *Mayer*, Rpfleger 1993, 230; *Kahlke*, Rpfleger 1990, 233; *Drischler*, Rpfleger 1983, 229; *Haegele*, DNotZ 1976, 5; *Hagena*, Rpfleger 1975, 73.
5 Zur Pfändbarkeit und Begriffsbestimmung, BGH, Rpfleger 2007, 614 = NJW-RR 2007, 1390 = DNotZ 2008, 124.
6 RGZ 162, 57; BGH, NJW-RR 1989, 451; *Schöner/Stöber*, Rdn. 1320 ff.; zum Inhalt des Altenteils vgl. auch BGH, NJW 2003, 1325 = ZEV 2003, 210 = MDR 2003, 348 = WM 2003, 1483; BGH, Rpfleger 1994, 347 = NJW 1994, 1158 = ZEV 1994, 166 = FamRZ 1994, 626 = MDR 1994, 478 = WM 1994, 1134; OLG Köln, NJW-RR 2010, 1600; BayObLG, Rpfleger 1993, 443.
7 BGH, Rpfleger 1994, 347 = NJW 1994, 1158 = ZEV 1994, 166 = FamRZ 1994, 626 = MDR 1994, 478 = WM 1994, 1134; BayObLG, Rpfleger 1993, 443; OLG Zweibrücken, DNotZ 1997, 327.
8 LG Kassel, Rpfleger 1993, 63.
9 BGH, Rpfleger 1972, 89.

5   Für die Frage der Anwendbarkeit von Abs. 1 kommt es nicht auf die Bezeichnung im Grundbuch als Altenteil an, sondern nur auf den vereinbarten Inhalt des Rechts. Eine genaue Auskunft kann daher nur aus der **Eintragungsbewilligung** entnommen werden, aus ihr muss sich der Charakter als Altenteil ergeben. Der Altenteilsvertrag braucht auch nicht mit der Grundstücksüberlassung zeitgleich abgeschlossen werden, dies kann auch später geschehen, es muss nur der innere Zusammenhang erhalten sein.[10] Das **Wohnungsrecht** (Nießbrauch, Reallast) kann unter Umständen auch ein Altenteil beinhalten, auch wenn dies wortwörtlich im Grundbuch nicht eingetragen ist.[11] Vereinbaren die Vertragsparteien bei einer Grundstücksübertragung ein Wohnrecht des Veräußerers und eine Pflege- und Versorgungspflicht des Erwerbers, liegt darin nicht ohne Weiteres ein Altenteilsvertrag. Allerdings können sich die Versorgungsansprüche nach den Grundsätzen über den Wegfall der Geschäftsgrundlage in Zahlungsansprüche umwandeln.[12]

6   Auch kann das Altenteil mit der Überlassung eines städtischen Grundstücks in Verbindung stehen.[13] Ein mit der Überlassung eines Grundstücks in Verbindung stehender Vertrag, indem ein Wohnungsrecht und Versorgungsleistungen zugunsten eines am Überlassungsvertrag Nichtbeteiligten ausbedungen werden, ist ein Altenteilsvertrag, auch wenn eine Arbeitsleistung des Berechtigten im Haushalt des Verpflichteten vereinbart ist.[14] Allerdings reicht es nicht aus, dass nur der Grundstückspreis verrentet wird.[15]

7   Von der **landesrechtlichen Ermächtigung** haben mit Ausnahme von Bremen und Hamburg alle übrigen (alten) Bundesländer Gebrauch gemacht. Ebenfalls gilt dies für Thüringen (ThürAGZVG v. 3.12.2002, GVBl S. 424 mit Änderung durch Gesetz vom 9.9.2010, GVBl S. 291). In NRW wurde die bisherige Regelung durch Art. 2 des Gesetzes vom 26.1.2010 (GV NRW 30) mit Wirkung ab 1.1.2011 aufgehoben.[16] Es ist daher zu unterscheiden, ob das Altenteil wie jedes andere Recht behandelt wird oder ob landesrechtliche Besonderheiten zu berücksichtigen sind.

2. Hinweis- und Belehrungspflicht

8   Auch nach dem Sinn und Zweck der Vorschrift kommt es nur darauf an, dass es sich bei dem Altenteil um eine Bündelung von Rechten handelt, die typischerweise zu Versorgungszwecken als Altenteil im Grundbuch eingetragen werden. Schon dann wird derjenige, der in das Grundbuch Einsicht nimmt, durch den Text der Grundbucheintragung hinreichend darauf hingewiesen, dass er zur vollständigen Information über den Grundbuchinhalt auch den Text der Eintragungsbewil-

---

10   RGZ 162, 24.
11   BGH, Beschluss vom 1.12.2011, V ZB 186/11, Rpfleger 2012, 331 mit zust. Anm. *Hintzen*, S. 333; BGH, Rpfleger 1994, 347 = NJW 1994, 1158 = ZEV 1994, 166 = FamRZ 1994, 626 = MDR 1994, 478 = WM 1994, 1134; OLG Celle, Rpfleger 2010, 532; OLG Schleswig, Rpfleger 1980, 348; OLG Hamm, Rpfleger 1986, 270; LG Frankenthal, Rpfleger 1989, 324.
12   OLG Düsseldorf, Rpfleger 2001, 542.
13   RGZ 152, 104; BGH, NJW 1962, 2249 = MDR 1963, 38; OLG Köln, NJW-RR 2010, 1600.
14   BGH, NJW 1962, 2249 = MDR 1963, 38.
15   KG, MDR 1960, 234.
16   Ungeklärt ist, ob im nordrhein-westfälischen Gebietsteil des früheren Landes Lippe teilweise das LippAGZVG – insbesondere dessen § 2 über die Behandlung des Altenteils – fortgilt, weil Art. 2 des Gesetzes vom 26.1.2010 (GV NRW 30) nur das preußische, nicht aber das lippische Recht ausdrücklich aufgehoben hat.

ligung zur Kenntnis nehmen muss. Wie in der Rechtsprechung schon seit langem anerkannt ist, braucht das eingetragene Recht nicht ausdrücklich als Altenteil bezeichnet zu sein. Es genügt, dass sich der Charakter des Rechts (oder der Rechte) als eines Altenteils aus der Grundbucheintragung oder aus der darin in Bezug genommenen Eintragungsbewilligung hinreichend deutlich ergibt.[17]

Das Vollstreckungsgericht muss bei Beginn der Versteigerung auf die Besonderheiten landesrechtlicher Vorschriften im Falle eines Altenteils **hinweisen** (§ 139 ZPO). Durch die Tatsache des Bestehenbleibens eines Altenteils auch außerhalb der gesetzlichen Versteigerungsbedingungen können Grundpfandrechtsgläubiger regelmäßig einen wirtschaftlichen Schaden erleiden. Diejenigen Beteiligten, die durch das Bestehenbleiben des Altenteils beeinträchtigt sind, können daher einen Antrag stellen, dass das Grundstück auch unter der Bedingung ausgeboten wird, dass das Altenteil erlischt (Abs. 2). In diesem Fall wird das Grundstück regelmäßig **doppelt ausgeboten**. Das Grundstück wird unter der Bedingung ausgeboten, dass das Altenteil bestehen bleibt und unter der Bedingung, dass das Altenteil erlischt.[18] Unterlässt der Rechtspfleger die geforderte Aufklärung bzw. entsprechende Hinweise können Ansprüche wegen Amtspflichtverletzung entstehen.

9

Beispiel[19]:
Nach den Versteigerungsbedingungen blieben zwei Grundschulden als Teil des geringsten Gebotes bestehen. Nachrangig zu diesen beiden Grundschulden war weiterhin im Grundbuch ein Altenteil eingetragen. Der Ersteher des Grundstückes verlangte die Löschung dieses Altenteils, das nach seiner Auffassung nach den Versteigerungsbedingungen nicht bestehen bleiben konnte. Da dem Löschungsbegehren nicht stattgegeben wurde, nahm er das Land in Höhe von 87.900,- DM im Wege der Amtspflichtverletzung in Anspruch.

Der BGH verurteilte das beklagte Land zum Schadensersatz. Nach § 9 Abs. 1 bleibt ein Altenteil auch dann von der Zwangsversteigerung unberührt, wenn es bei der Feststellung des geringsten Gebotes nicht berücksichtigt wird. Es erlischt nur dann, wenn sein Erlöschen ausdrücklich in den Versteigerungsbedingungen und im Zuschlagsbeschluss festgestellt ist. Der BGH betont, dass der Rechtspfleger dieses hätte wissen müssen. Der Rechtspfleger ist verpflichtet, die Beteiligten und die Bieter auf die besondere Rechtslage hinzuweisen. Insbesondere hätte er die betreibenden Gläubiger auf die Möglichkeit aufmerksam machen müssen, einen Antrag nach § 9 Abs. 2 zu stellen. In der Folge ist dann ein Doppelausgebot aufzustellen, einmal mit Erlöschen des Altenteils und andererseits mit der Maßgabe, dass das Altenteil bestehen bleibt. Diese Hinweispflicht nach § 139 ZPO ist auch den Bietern gegenüber geboten. Der BGH betont auch hier, dass der Rechtspfleger zu diesem Hinweis aufgrund seiner Rechts- und Fachkenntnisse in der Lage und verpflichtet gewesen wäre.

3. Bestehenbleiben oder Erlöschen des Altenteils

Bei einem Altenteil kann nicht ohne Weiteres von dem Bestehenbleiben oder Erlöschen des Rechts ausgegangen werden. Nach Landesrecht kann bestimmt werden, dass das Altenteil abweichend von den gesetzlichen Versteigerungsbedingungen auch dann bestehen bleibt, wenn es grundsätzlich nicht in das geringste

10

---

17 BGH, Rpfleger 1994, 347 = NJW 1994, 1158 = ZEV 1994, 166 = FamRZ 1994, 626 = MDR 1994, 478 = WM 1994, 1134.
18 LG Bamberg, Beschluss vom 15.7.2011, 3 T 99/11, BeckRS 2012, 04792.
19 BGH, Rpfleger 1991, 329 = NJW 1991, 2759.

Gebot fällt und somit erlöschen würde. Wird allerdings die Zwangsversteigerung des Grundstücks angeordnet und danach vom Eigentümer ein Altenteil bewilligt und zeitlich hinter dem Zwangsversteigerungsvermerk im Grundbuch eingetragen, ist es dem betreibenden Gläubiger gegenüber unwirksam und erlischt mit dem Zuschlag, § 9 Abs. 1 i.V.m. dem Landesrecht findet in diesem Fall keine Anwendung.[20] Unter Heranziehung des Gedankens des § 10 Abs. 1 Nr. 6 ZVG ist der Altenteilsberechtigte nicht schutzbedürftig, wenn das Altenteil dem betreibenden Gläubiger gegenüber nicht wirksam bestellt worden ist. Ansonsten könnte der Schuldner die Verwertungsmöglichkeit durch die Einräumung eines Altenteilsrechts wesentlich erschweren. Denn soweit der Gläubiger keinen Antrag nach § 9 Abs. 2 stellt, bliebe das Altenteil bestehen und sicherlich fallen dann Gebote eindeutig niedriger aus.

11   Geht das Altenteil dem bestrangig betreibenden Gläubiger **im Range vor**, bleibt es nach den Versteigerungsbedingungen bestehen, ist in das geringste Gebot aufzunehmen und vom Ersteher zu übernehmen, § 52 ZVG. Der Inhalt des Altenteils bestimmt den **Zuzahlungsbetrag**, den das Vollstreckungsgericht festzusetzen hat (§ 51 Abs. 2 ZVG).[21]

12   Auch wenn das Recht dem bestrangig betreibenden Gläubiger im Range nachgeht oder gleichsteht, somit grundsätzlich erlöschen würde, bleibt es außerhalb des geringsten Gebotes bestehen und ist vom Ersteher zu übernehmen, sofern Abs. 1 i.V.m. Landesgesetzen zutrifft. In diesem Fall ist ein **Zuzahlungsbetrag**, § 51 Abs. 2 ZVG, durch das Vollstreckungsgericht festzusetzen, da das Recht vom Ersteher zu übernehmen ist.

13   Auch in der **Teilungsversteigerung** wird ein Altenteil ebenso berücksichtigt wie bei der Forderungsversteigerung. Es wird daher wie die anderen dinglichen Rechte in das geringste Gebot aufgenommen. Bei der Auseinandersetzung einer Bruchteilsgemeinschaft kann es vorkommen, dass aufgrund der besonderen Bedingungen des § 182 Abs. 1 ZVG das Altenteil nach den Versteigerungsbedingungen nicht in das geringste Gebot aufzunehmen ist und somit grundsätzlich erlöschen würde. In diesem Fall sind jedoch die landesrechtlichen Ausnahmeregelungen zu beachten.

14   Ob das Altenteil nach den gesetzlichen Versteigerungsbedingungen oder aufgrund landesrechtlicher Vorschriften außerhalb des geringsten Gebotes bestehen bleibt, wirkt sich beiderseits negativ auf das Bietverhalten von Interessenten aus. Wenn überhaupt Gebote für das Grundstück abgegeben werden, fallen sie in jedem Fall wesentlich geringer aus, als sie abgegeben würden, wenn das Altenteil nicht bestehen bleiben würde.

IV.   Schutz des rangbesseren Rechts (Abs. 2)
1.   Allgemein

15   Der grundsätzliche Schutz nach Abs. 1 darf nicht so weit gehen, dass hierdurch Rechte, die dem privilegierten Recht vorgehen oder gleichstehen, benachteiligt werden. Die erforderliche Einschränkung sieht Abs. 2 vor: **Auf Verlangen des beeinträchtigten Beteiligten ist das Erlöschen des privilegierten Rechts** als Zwangsversteigerungsbedingung zu bestimmen. Der Rang eines Altenteils ergibt

---

20   OLG Hamm, Rpfleger 2001, 254; *Stöber*, ZVG § 9 EGZVG Rdn. 3.7.
21   *Stöber*, ZVG § 9 EGZVG Rdn. 3.6.

sich aus dem Grundbuch, der einer nicht eingetragenen Grunddienstbarkeit bestimmt sich nach Art. 184 EGBGB, nämlich nach dem Zeitpunkt der Entstehung. Sie geht den zeitlich jüngeren Rechten am Grundstück vor und steht den älteren Rechten im Rang nach. Gewiss ist nur, dass sie, wenn sie besteht, entstanden sein muss, bevor das Grundbuch als angelegt gilt, weil sie später nicht mehr ohne Eintragung entstehen kann. Je älter die Dienstbarkeit, desto schwieriger ist erfahrungsgemäß der Nachweis. Notfalls muss der Beweis des Entstehungsgrundes durch den Nachweis der Ersitzung ersetzt werden.

Kahlke[22] ist der Auffassung, dass eine verfassungsgemäße Interpretation des § 9 dahin führe, dass die Bestimmung des Abs. 1 (Bestehenbleiben außerhalb des geringsten Gebots) die Regel und die des Abs. 2 (Erlöschen des Altenteils) eine eng auszulegende Ausnahmevorschrift darstellt. Das Vollstreckungsgericht hat bei der Prüfung, ob durch das Fortbestehen des Altenteils im Falle eines Antrages nach Abs. 2 das Recht eines Beteiligten beeinträchtigt werden würde, die (meist vorrangigen) sozialen Interessen des Altenteilers gegen die des Gläubigers sorgfältig abzuwägen. Dieser Ansicht kann so nicht zugestimmt werden. Das Erlöschen des Altenteils nach einem Verlangen nach Abs. 2 ist eine unmittelbare Folge des materiellen Ranges; letzterer ist das sichere Fundament des Realkredits. Gibt man dies zugunsten von nicht im Voraus kalkulierbaren Ermessensentscheidungen auf, mindert man nicht nur die Möglichkeit der Beleihung solcher Grundstücke, sondern macht sie häufig unmöglich. Die Frage der Beeinträchtigung des rangbesseren Rechts wird ausschließlich durch das gemäß Abs. 2 vorgeschriebene Doppelausgebot geklärt. Bei einem Verlangen nach Abs. 2 hat das Vollstreckungsgericht keine sozialen Billigkeitserwägungen anzustellen, dem Verlangen ist stattzugeben.

2. Verlangen auf Doppelausgebot

Das Verlangen (= Antrag) nach Abs. 2 gebührt nur dem Inhaber des gefährdeten Rechts. Der Zustimmung anderer Beteiligter, insbesondere des Inhabers des nach Abs. 1 privilegierten Rechts, bedarf es nicht (§ 59 Abs. 1 Satz 2 ZVG gilt hier nicht). Die Frage, ob der Fortbestand des Rechts ein vorgehendes oder gleichstehendes Recht beeinträchtigt, ist durch ein doppeltes Ausgebot zu lösen. Sind mehrere privilegierte Rechte vorhanden, ist es vom Verlangen des Inhabers des gefährdeten Rechts abhängig, ob sämtliche Rechte oder nur einzelne erlöschen sollen. Falls nicht sämtliche Rechte erlöschen sollen, kommt es zu mehr als zwei Ausgeboten.

Das Verlangen kann schriftlich vor dem Zwangsversteigerungstermin, auch zu Protokoll der Geschäftsstelle oder mündlich noch im Versteigerungstermin gestellt werden. Das Gesetz lässt offen, bis zu welchem **Zeitpunkt** genau das Verlangen vorliegen muss. Entsprechend der geänderten Regelung in § 59 Abs. 1 ZVG[23] oder § 63 Abs. 2 Satz 1 ZVG ist davon auszugehen, dass auch das Verlangen nach Abs. 2 spätestens im Versteigerungstermin vor der Aufforderung zur Abgabe von Geboten vorliegen muss.[24] Bei anderer Auffassung[25] (bis zum Schluss der Versteigerung, § 73 Abs. 2 ZVG) muss für das neue Ausgebot die Frist nach § 73 Abs. 1

---

22 Rpfleger 1990, 233.
23 Gesetz vom 18.2.1998 (BGBl I 866).
24 So auch Löhnig/*Makos*, § 9 EGZVG Rdn. 19.
25 *Stöber*, ZVG § 9 EGZVG Rdn. 4.2.

ZVG erneut eingehalten werden; der Schluss der Versteigerung sollte nur gemeinsam für alle Ausgebote erfolgen (hierzu → § 63 ZVG Rdn. 32).

3. Kein Doppelausgebot

19 Der Antragsteller nach Abs. 2 bedarf nicht der Zustimmung eines anderen Beteiligten, aber sein eigenes Recht muss durch das Fortbestehen des privilegierten Rechts beeinträchtigt werden. Die Beeinträchtigung des vor- oder gleichrangigen Beteiligten ergibt sich schon aus der Tatsache, dass ein ihm im Range nach- oder gleichstehendes Recht bestehen bleiben soll. Zu Beginn der Bietzeit kann keine Prognose erfolgen, ob letztlich auch eine tatsächliche Beeinträchtigung vorliegt. Deckt das **Meistgebot** nach Ende der Bietzeit unter der gesetzlichen Zwangsversteigerungsbedingung die vorgehenden oder gleichstehen Rechte, kann das Erlöschen des privilegierten Rechts nicht verlangt werden.[26] Inwieweit Rechte keine Zuteilung erhalten, die dem privilegierten Recht im Range nachgehen, ist unerheblich. Ob das Recht eines vorgehenden oder gleichstehenden Gläubigers ganz oder teilweise nicht gedeckt wird, steht erst endgültig bei Vorliegen des Meistgebots fest. Das Antragsrecht nach Abs. 2 würde sich somit erst jetzt ergeben. Die Folge wäre ein zeitlich verschobenes Doppelausgebot. Dies ist unpraktikabel und gesetzlich auch nicht zwingend, das Doppelausgebot erfolgt auf Antrag gleichzeitig.[27]

4. Zuschlagsentscheidung

20 Für die Zuschlagsentscheidung sind folgende **Grundsätze** maßgebend:

(a) Ergibt sich bei dem Ausgebot unter der Bedingung des Bestehenbleibens des nach Abs. 1 privilegierten Rechts keine Beeinträchtigung des Antragstellers, oder wenn er beim Ausgebot mit der Bedingung des Erlöschen des Rechts den gleichen Ausfall erleidet, ist der Zuschlag auf das Ausgebot nach Abs. 1 (mit dem privilegierten Recht) zu erteilen.[28] Für den Zuschlag kommt es darauf an, ob der antragstellende Gläubiger bei dem Ausgebot zu der Bedingung des Fortbestands des als Altenteil eingetragenen Rechts (Abs. 1) keine oder eine schlechtere Deckung erreicht als bei dem Ausgebot zu der Bedingung des Erlöschen dieses Rechts (Abs. 2). Der Wert des als Altenteil eingetragenen Rechts bleibt dabei außer Betracht. Bei der Erteilung des Zuschlags hat das Vollstreckungsgericht kein Ermessen.[29]

---

26 Der privilegierte Beteiligte, der das Meistgebot abgibt, aber wegen seines bestehen bleibenden Rechts eine Konkurrenz der Bieter auch nicht unbedingt zu befürchten hat, verstößt nicht unbedingt gegen Treu und Glauben, wenn er das Erlöschen seines Rechts gem. § 59 nicht verlangt, BGH, Rpfleger 1984, 364 = MDR 1984, 1021 = WM 1984, 878.

27 BGH, Beschluss vom 1.12.2011, V ZB 186/11, Rpfleger 2012, 331 mit zust. Anm. Hintzen, S. 333; Stöber, ZVG § 9 EGZVG Rdn. 4.8; Löhnig/Makos, § 9 EGZVG Rdn. 23.

28 RGZ 148, 310.; nach OLG Celle, Rpfleger 2010, 532 sind die nach den gesetzlichen und den abweichenden Bedingungen abgegebenen Gebote bei der Zuschlagserteilung in ihrem wirtschaftlichen Wert zu vergleichen; ablehnend hierzu *Alff*, Rpfleger 2010, 467.

29 BGH, Beschluss vom 1.12.2011, V ZB 186/11, Rpfleger 2012, 331 mit zust. Anm. *Hintzen*, S. 333, somit auch gegen OLG Celle, Rpfleger 2010, 532; so auch *Alff*, Rpfleger 2010, 467.

(b) Ergibt sich bei dem Ausgebot ohne das privilegierte Recht, als Abweichung der gesetzlichen landesrechtlichen Vorschriften, dass der Antragsteller eine höhere Zuteilung erhalten würde und damit bewiesen ist, dass der Fortbestand des privilegierten Rechts ihm gegenüber nachteilig ist, ist auf das Ausgebot nach Abs. 2 der Zuschlag zu erteilen. Ist das privilegierte Recht durch den Zuschlag erloschen, erhält der Berechtigte im Range seines Rechts Ersatz aus dem Erlös gemäß § 92 ZVG, soweit dieser reicht. Das Erlöschen des privilegierten Rechts ist im Zuschlagsbeschluss festzuhalten. Ergibt sich dies nicht aus dem Zuschlagsbeschluss, gilt der Zuschlag als unter der gesetzlichen Bedingung erteilt, dass das privilegierte Recht bestehen bleibt. Ist im Zuschlagsbeschluss unrichtigerweise das Recht als nicht bestehen bleibend angegeben, erlischt es;[30]

(c) Wird nur auf das abweichende Ausgebot nach Abs. 2 geboten, nicht jedoch auf das gesetzliche unter der Bedingung des Bestehenbleibens des privilegierten Rechts (Abs. 1), ist der Zuschlag auf das Meistgebot nach Abs. 2 zu erteilen, die fehlende Vergleichsmöglichkeit ist unerheblich.[31] Die Beeinträchtigung des antragstellenden Gläubigers[32] liegt auf der Hand, da er im Falle der Versagung des Zuschlags auf ein zuschlagsfähiges Meistgebot trotz seines Ranges im Grundbuch keine Zuteilung erhalten würde.

Beispiel[33]:
Abteilung III:
Nr. 1:   200.000,- € Grundschuld (bestrangig betreibender Gläubiger)

Abteilung II:
Nr. 1   Altenteil (Rang nach III/1)

Nach den gesetzlichen Versteigerungsbedingungen würde das Altenteil erlöschen. Aufgrund landesrechtlicher Vorschriften bleibt das Altenteil auch außerhalb des geringsten Gebotes bestehen. Wert des Altenteils (§ 51 Abs. 2 ZVG) 100.000,- €.

1. Möglichkeit:
Wird auf das gesetzliche Ausgebot (mit Altenteil) ein Betrag von 200.000,- € geboten und auf das abweichende Ausgebot (Altenteil erlischt) ein Betrag von 300.000,- €, ist der Zuschlag auf das gesetzliche Ausgebot (mit Altenteil) zu erteilen, da der Gläubiger III/1 durch das Gebot von 200.000,- € voll gedeckt ist. Eine Beeinträchtigung des Gläubigers durch Bestehenbleiben des Altenteils liegt nicht vor.

2. Möglichkeit:
Wird auf das gesetzliche Ausgebot (mit Altenteil) ein Betrag von 150.000,- € geboten, auf das abweichende Ausgebot (Altenteil erlischt) ein Betrag von 200.000,- €, ist der Zuschlag auf das abweichende Ausgebot mit 200.000,- € (Altenteil erlischt) zu erteilen. Ein Zuschlag auf das Gebot mit 150.000,- € würde den bestrangig betreibenden Gläubiger III/1 benachteiligen. Erst bei dem Gebot über 200.000,- € ist der Gläubiger des Rechtes Abteilung III/1 voll gedeckt. Der Altenteilsberechtigte geht in diesem Falle leer aus.

---

30   RGZ 153, 252.
31   LG Arnsberg, Rpfleger 1984, 427.
32   Nach *Alff*, Rpfleger 2010, 467, darf der Zuschlag nur erteilt werden, wenn der Antragsteller selber auch das Verfahren betreibt, andernfalls das Verfahren nach § 77 Abs. 1 einzustellen ist.
33   Entnommen aus *Hintzen/Wolf*, Rdn. 9.95.

§ 9a »Bebaute Grundstücke im Beitrittsgebiet«

(1) ¹In dem in Artikel 3 des Einigungsvertrages genannten Gebiet umfaßt die nach dem 31. Dezember 2000 angeordnete Beschlagnahme des Grundstücks auch das in Artikel 233 §§ 2b, 4 und 8 des Einführungsgesetzes zum Bürgerlichen Gesetzbuche bezeichnete Gebäudeeigentum. ²Nach Ablauf der in Satz 1 bezeichneten Frist erlöschen durch den Zuschlag auch die in Artikel 233 § 2c Abs. 2 des Einführungsgesetzes zum Bürgerlichen Gesetzbuche bezeichneten Ansprüche, es sei denn, daß für diese ein Vermerk im Grundbuch eingetragen ist oder diese im Verfahren nach Absatz 2 angemeldet worden sind. ³Satz 2 gilt für Ansprüche auf Rückübertragung nach dem Vermögensgesetz sinngemäß.

(2) ¹Dem Inhaber des Gebäudeeigentums stehen die in § 28 des Gesetzes über die Zwangsversteigerung und die Zwangsverwaltung bezeichneten Rechte zu. ²Die in Artikel 233 § 2c Abs. 2 des Einführungsgesetzes zum Bürgerlichen Gesetzbuche bezeichneten Ansprüche sind, sofern sie nicht in dem für das Grundstück angelegten Grundbuch vermerkt sind, spätestens im Versteigerungstermin vor der Aufforderung zur Abgabe von Angeboten anzumelden. ³§ 3b Abs. 2 des Vermögensgesetzes bleibt unberührt.

(3) ¹Der Beschluß, durch den die Zwangsversteigerung angeordnet wird, ist dem Nutzer zuzustellen. ²Ist dieser nicht bekannt, so ist, wenn nicht ein Pfleger bestellt wird, auf Ersuchen des Gerichts in entsprechender Anwendung des Artikels 233 § 2 Abs. 3 des Einführungsgesetzes zum Bürgerlichen Gesetzbuche ein Vertreter zu bestellen. ³Ein Zwangsversteigerungsvermerk ist auch in ein bestehendes Gebäudegrundbuch für Gebäudeeigentum auf dem Grundstück einzutragen.

I. Eigentum und Eigentumsnutzung im Beitrittsgebiet

1 Um eine endgültige Bereinigung der nach wie vor unterschiedlichen Rechtslage im Grundstücksrecht in den neuen Bundesländern herbeizuführen, wurden umfassende Regelungen durch Ergänzungen des EGBGB, durch das Grundbuchbereinigungsgesetz (GBBerG), das Registerverfahrensbeschleunigungsgesetz (RegVBG) und das Sachenrechtsbereinigungsgesetz (SachenRBerG) geschaffen. Hierzu umfassend → § 20 Rdn. 24 ff. Aufgrund der Möglichkeit des selbstständigen Gebäudeeigentums im Beitrittsgebiet könnten hinsichtlich des Beschlagnahmeumfangs in der Zwangsversteigerung Unklarheiten bestehen. Regelungszweck von § 9a ist, auftretende Probleme dadurch zu vermeiden, dass festgelegt wird, dass die Beschlagnahme das Gebäudeeigentum grundsätzlich miterfasst.

2 Die Regelung von § 9a wurde im Hinblick auf die Eigenarten des dem BGB unbekannten selbstständigen Gebäudeeigentums erforderlich, die dazu geführt hatten, dass sich bebaute Grundstücke in den neuen Ländern praktisch nicht versteigern ließen. Das selbstständige Gebäudeeigentum ist nicht notwendigerweise aus dem Grundbuch ersichtlich. Das Gebäude ist aber weder wesentlicher Bestandteil noch eine Belastung des Grundstücks im Rechtssinne, sodass es von der Beschlagnahme des Grundstücks nach § 20 ZVG an sich nicht berührt wird.[1] In den neuen Ländern ist es daher häufig nicht erkennbar gewesen, ob ein Gebäude wesentlicher Bestandteil oder Gegenstand besonderen Gebäudeeigentums war,

---

1 Vgl. *Keller*, Rpfleger 1994, 194.

und demgemäß nicht ersichtlich, ob bei einer Zwangsversteigerung des Grundstücks mit dem Zuschlag auch das Eigentum an dem Gebäude auf den Ersteher überging. § 9a Abs. 1 Satz 1 bestimmt deshalb, dass selbstständiges Gebäudeeigentum von der Beschlagnahme zunächst erfasst wird. Das Gebäudeeigentum wird damit aber nicht Teil des Schuldnervermögens, sondern bleibt Eigentum seines Inhabers. Es soll die Feststellung ermöglicht werden, ob die Zwangsversteigerung eines Grundstücks das Gebäude umfasst oder ob es sich hierbei um eine schuldnerfremde und damit freizugebende Sache handelt.[2] Zu diesem Zweck wird das selbstständige Gebäudeeigentum wie ein der Versteigerung entgegenstehendes Recht eines Dritten an dem beschlagnahmten Grundstück behandelt (Abs. 2).

II. Selbstständiges Gebäudeeigentum

1. Allgemein

Durch § 295 Abs. 2 ZGB konnte Eigentum an Gebäuden unabhängig vom Eigentum am Boden begründet werden. Dieses Gebäudeeigentum wurde behandelt wie ein selbstständiges Grundstück, § 295 Abs. 2 ZGB, es war **nicht wesentlicher Bestandteil** des Grund und Bodens. Zur Entstehung wurde dem Berechtigten ein Nutzungsrecht verliehen. Dieses Nutzungsrecht wurde dem Berechtigten an einem volkseigenen Grundstück verliehen, § 286 Abs. 1 Nr. 1 ZGB, als Belastung in Abt. II des Grundstücksgrundbuches eingetragen und ein selbstständiges Gebäudegrundbuchblatt angelegt, § 4 Abs. 4 S. 3 des Gesetzes über die Verleihung von Nutzungsrechten an volkseigenen Grundstücken (vom 14.12.1970 GBl I 372). Für dieses Nutzungsrecht und das Gebäudeeigentum gelten Art. 231 § 5 und Art. 233 § 4 EGBGB sowie § 9a EGZVG. Dieses Nutzungsrecht ist in etwa vergleichbar dem Erbbaurecht.[3]

Ein in Abt. II des Grundbuchs eingetragener Vermerk über die Eröffnung des Vermittlungsverfahrens nach § 92 Abs. 5 SachenRBerG besagt nichts über das Gebäudeeigentum. Ein solcher Vermerk sichert zwar die Ansprüche des Nutzers aus dem Sachenrechtbereinigungsgesetz wie eine Vormerkung (§ 92 Abs. 6 Satz 1 SachenRBerG). Er lässt aber nur erkennen, dass ein notarielles Vermittlungsverfahren gemäß § 87 SachenRBerG beantragt und dieses von dem Notar eingeleitet worden ist. Ob die von dem Nutzer geltend gemachten Rechte tatsächlich bestehen, muss erforderlichenfalls unter Aussetzung des Vermittlungsverfahrens im Klageweg geklärt werden (§ 94 Abs. 2 Satz 1 Nr. 2, Satz 2 SachenRBerG); hierüber enthält der im Grundbuch eingetragene Vermerk demgemäß keine Aussage.[4]

2. Umfang der Beschlagnahme

Das selbstständige Gebäudeeigentum wird erst ab 1.1.2001 von der Beschlagnahme des Grundstücks erfasst, Art. 231 § 5 Abs. 1 EGBGB i.V.m. § 9a Abs. 1 EGZVG und Art. 1 Abs. 2 Nr. 1 EFG.[5] Angeordnet ist die Beschlagnahme i.S.v.

---

2   Vgl. die Begründung des RegE, BT-Drucks. 12/5553 S. 124 f.
3   So *Böhringer*, Besonderheiten des Liegenschaftsrechts, Rdn. 486; Sachenrechtsbereinigung, Eickmann/*Böhringer*, Art. 233 § 4 EGBGB Rdn. 7.
4   BGH, Rpfleger 2007, 155 = NJW-RR 2007, 194 = WM 2007, 82.
5   2. Eigentumsfristengesetz (2. EFG) vom 20.12.1999, BGBl I 2493; *Keller*, Rpfleger 1994, 198.

Abs. 1 Satz 1 mit Wirksamwerden nach § 22 ZVG. Bleibt es bei dem Umfang der Beschlagnahme, wird das Gebäudeeigentum mitversteigert, sofern nicht die rechtzeitige Aufhebung der Beschlagnahme erfolgt (nachfolgend → Rdn. 6).

3. Besonderheiten in der Zwangsversteigerung

6 Besteht das Gebäudeeigentum, greift die durch das RegVBG (vom 20.12.1993 – BGBl I 2182) eingefügte Vorschrift § 9a ein. Bei der Beschlagnahme nach dem 31.12.2000 (Art. 1 Abs. 2 Nr. 1 EFG, 2. EFG) wird das Gebäudeeigentum erfasst und mitversteigert. Dies gilt aber nur dann, wenn das Gebäudeeigentum nicht aus dem Grundbuch ersichtlich ist und der Nutzungsberechtigte sein Recht auch nicht rechtzeitig i.S.v. § 37 Nr. 4 ZVG angemeldet hat.[6] Derjenige, der selbstständiges Gebäudeeigentum beansprucht muss Drittwiderspruchsklage (§ 771 ZPO) erheben, um die Verfahrenseinstellung oder (teilweise) Verfahrensaufhebung im Sinne des § 37 Nr. 5 ZVG zu erreichen.[7] Diese Klage kann der betreibende Gläubiger durch eine Freigabeerklärung hinsichtlich des Gebäudeeigentums abwenden.[8]

Vermögensrechtliche Ansprüche erlöschen mit dem Zuschlag in der Zwangsversteigerung. Die davon abweichende Regelung in Abs. 1 Satz 3 erfasst nur Ansprüche auf Rückübertragung von Gebäudeeigentum. Der dort enthaltene Verweis bezieht sich auch auf die Fristbestimmung in Abs. 1 Satz 1.[9] Dem hat sich der BGH angeschlossen und entschieden, dass Restitutionsansprüche auf Grundstücke nicht nach Maßgabe von Abs. 1 Satz 3 im Zwangsversteigerungsverfahren angemeldet werden können.[10]

7 Für einen Beitrittsgläubiger gilt dasselbe; im Beitrittsbeschluss muss nicht extra erwähnt werden, dass das Gebäudeeigentum mit erfasst wird.[11] Erfasst die Beschlagnahme auch das Gebäudeeigentum, ist im Gebäudegrundbuch ebenfalls ein Zwangsversteigerungsvermerk einzutragen.[12]

8 Gem. § 9a Abs. 2 hat der Inhaber des Gebäudeeigentums die Rechte aus § 28 ZVG, d.h. er hat in der Versteigerung entgegenstehendes Drittrecht. Dies kann aber nur dann von Amts wegen beachtet werden, wenn es grundbuchersichtlich oder zumindest angemeldet wird (§ 37 Nr. 4 ZVG). Nach § 9a Abs. 3 ist daher der Anordnungsbeschluss dem Nutzer zuzustellen, damit er seine Rechte wahrnehmen kann. Geschieht dies, muss das Vollstreckungsgericht das Verfahren bzgl. des Gebäudes aufheben (amtswegige Freigabe), ansonsten bezieht sich die Zwangsversteigerung des Grundstücks auch auf das Gebäudeeigentum.

9 Macht ein Dritter ein aus dem Grundbuch nicht ersichtliches selbstständiges Gebäudeeigentum geltend, kann der betreibende Gläubiger dieses Recht freigeben. Eine Aufhebung des das Gebäudeeigentum betreffenden Verfahrens ist jedoch nur zulässig, wenn der Schuldner der Freigabe zustimmt oder wenn der Dritte einen gegen den Schuldner gerichteten rechtskräftigen Titel vorlegt, der die

---

6   OVG Berlin-Brandenburg, Urteil vom 30.5.2013, 70 A 6.11, BeckRS 2013, 52342.
7   Begründung des RegE, BT-Drucks. 12/5553 S. 125; ebenso *Eickmann*, Sachenrechtsbereinigung, § 9a EGZVG Rdn. 8; *Keller*, Rpfleger 1994, 194.
8   BGH, s. Fn. 4.
9   BVerwG, NZM 2010, 594 = BVerwGE 130, 134.
10 BGH, Rpfleger 2010, 612 = ZOV 2010, 136.
11 *Stöber*, ZVG § 9a EG Rdn. 3.5.
12 *Stöber*, ZVG § 9a EG Rdn. 8.1.

Unzulässigkeit der Zwangsvollstreckung in das Gebäudeeigentum ausspricht oder feststellt, dass der Dritte Inhaber selbstständigen Eigentums an dem beschlagnahmten Gebäude ist.[13]

Nach § 90 Abs. 2 ZVG erwirbt der Ersteher dann mit dem Grundstück auch das Gebäudeeigentum, beide Rechtsobjekte bleiben allerdings selbstständig (erst mit der Aufhebung des Gebäudeeigentums gemäß Art. 233 § 4 Abs. 6, § 2b Abs. 4 und § 8 EGBGB wird es Bestandteil des Grundstücks).[14]

---

13 BGH, s. Fn. 4.
14 Vgl. hierzu auch *Eickmann*, Sachenrechtsbereinigung, § 9a EGZVG Rdn. 2 bis 19.

§ 10 »Sicherheitsleistung«

Unberührt bleiben die landesgesetzlichen Vorschriften, nach welchen bei der Zwangsversteigerung für Gebote kommunaler Körperschaften sowie bestimmter Kreditanstalten und Sparkassen Sicherheitsleistung nicht verlangt werden kann.

1   Der Vorbehalt ergänzt § 67 Abs. 3, § 85 Abs. 1 Satz 2 ZVG und ermöglicht die Befreiung der Gemeinden, Gemeindeverbände, öffentlich-rechtlichen Kreditanstalten und Sparkassen des öffentlichen Rechts von der Verpflichtung zur Sicherheitsleistung.[1]

2   Landesrecht: in **Baden-Württemberg** § 36 BadWürttAGGVG, in **Bayern** Art. 32 BayAGGVG, in **Berlin** Art. 9 PrAGZVG, in **Bremen** § 6 BremAGZPO/InsO/ZVG, in **Hessen** Art. 5 HessAGZPO/ZVG, in **Niedersachsen** § 68 NJG, in **Nordrhein-Westfalen** § 62 JustG NRW, in **Rheinland-Pfalz** § 6 RhPfAGZVG/InsO, im **Saarland** § 44 SaarlAGJusG, in **Schleswig-Holstein** Art. 9 PrAGZVG und in **Thüringen** § 4 ThürAGZVG.

3   Bei den Rechtsnachfolgern der in Art. 9 PrAGZVG (für Berlin und Schleswig-Holstein) namentlich genannten Kreditanstalten handelt es sich um privatrechtliche Institute (vgl. → Anhang Landesrecht Abschnitt „Berlin" Fn. 5 zu Art. 9 PrAGZVG), für die eine Befreiung nach dieser Vorschrift, die eine öffentlich-rechtliche Eigenschaft voraussetzt, nicht mehr besteht.

---

1   Zu Differenzierungen hinsichtlich der Sparkassen vgl. Steiner/*Storz*, § 67 Rdn. 38.

§ 11 »Wertfeststellung«

Durch Landesgesetz kann für die Zwangsversteigerung, unbeschadet des § 112 Abs. 2 Satz 4 des Gesetzes über die Zwangsversteigerung und die Zwangsverwaltung, bestimmt werden, daß und nach welchen Grundsätzen der Wert des Grundstücks festgestellt werden soll.

Die Feststellung des Grundstückswertes war früher nur für die Anwendung von §§ 64, 112 ZVG erforderlich. § 11 überließ es der Landesgesetzgebung, Grundsätze für die Wertermittlung aufzustellen. Mit der Einführung des Vollstreckungsnotrechts (Verordnung vom 26.5.1933, RGBl I 302) ist die Festsetzung des Verkehrswertes auch für die Frage notwendig geworden, ob der Zuschlag wegen Nichterreichens von sieben Zehnteln – und jetzt auch der Hälfte – des Grundstückswertes zu versagen ist (jetzt §§ 74a, 85a ZVG). § 74a Abs. 5 ZVG sieht deshalb die Wertfestsetzung durch das Vollstreckungsgericht vor. Da eine unterschiedliche Wertfestsetzung für §§ 64, 112 ZVG einerseits und für §§ 74a, 85a ZVG andererseits nicht in Betracht kommt, hat § 11 seine Bedeutung verloren.[1]

Landesrecht: in **Baden-Württemberg** § 34 BadWürttAGGVG (mit Regelung der Grundsätze des Wertermittlungsverfahrens und insoweit noch von Bedeutung) und in **Berlin** Art. 8 Abs. 1 PrAGZVG (nur für §§ 64, 112 ZVG; überholt).[2]

Für die Wertfeststellung bei der Zwangsversteigerung von Bergwerkseigentum und unbeweglichen Bergwerksanteilen sowie Bahneinheiten vgl. die → § 2 Rdn. 2 ff., 9 f. genannten Vorschriften.

---

[1] Vgl. Steiner/*Storz/Teufel*, § 74a Rdn. 75, 76, 79, § 112 Rdn. 21; *Stöber*, ZVG § 74a Rdn. 2.6, 7.2, § 112 Rdn. 4.5; a.A. *Jaeckel/Güthe*, § 112 Rdn. 12; *Korintenberg/Wenz*, Art. 8 PrAGZVG Anm.; *Schiffhauer*, MDR 1963, 901.

[2] Sieht man im nordrhein-westfälischen Gebietsteil des früheren Landes Lippe das LippAGZVG als fortgeltend an – vgl. § 1 Fn. 2 –, so kommt auch § 4 LippAGZVG in Betracht, jedoch nur für §§ 64, 112 ZVG und daher überholt.

§ 12 »Aufgebotsverfahren«

Die Landesgesetze können für die Fälle, in welchen bei der Zwangsversteigerung oder der Zwangsverwaltung ein Aufgebotsverfahren erforderlich wird, die Art der Bekanntmachung des Aufgebots und die Aufgebotsfristen abweichend von den Vorschriften der §§ 435, 437 des Gesetzes über das Verfahren in Familiensachen und in den Angelegenheiten der freiwilligen Gerichtsbarkeit bestimmen.

I. Ausschluss unbekannter Berechtigter

1 Ein Aufgebotsverfahren kann in der Immobiliarvollstreckung zum Ausschluss unbekannter Berechtigter erforderlich werden (§§ 138, 140, 141, 146, 157 ZVG). Landesrechtlich können die Art der Bekanntmachung (§ 435 FamFG) und die Aufgebotsfristen (§ 437 FamFG) abweichend von den Vorschriften des FamFG geregelt werden.

2 Landesrecht: in **Baden-Württemberg** §§ 28, 30 BadWürttAGGVG, in **Bayern** Art. 33 BayAGGVG, in **Berlin** Art. 14 PrAGZVG, in **Hessen** Art. 9 HessAG-ZPO/ZVG, in **Rheinland-Pfalz** § 8 RhPfAGZVG/InsO, im **Saarland** § 45 SaarlAGJusG, in **Schleswig-Holstein** Art. 14 PrAGZVG und in **Thüringen** § 5 ThürAGZVG.[1]

II. Kraftloserklärung von Grundpfandrechtsbriefen

3 Das ZVG enthält außerdem eine Sondervorschrift für das Aufgebotsverfahren zur Kraftloserklärung von Grundpfandrechtsbriefen (§ 136 ZVG). Auch insoweit kann das Landesrecht Abweichungen vorsehen. Grundlage hierfür ist jedoch nicht § 12 EGZVG, sondern § 484 FamFG, weil das Verfahren – im Gegensatz zum Ausschluss unbekannter Berechtigter – nicht auf speziellen Vorschriften des ZVG beruht, sondern auf §§ 1162, 1192, 1200 BGB und das ZVG hierfür nur eine einzelne Besonderheit regelt.

4 Landesrecht: in **Baden-Württemberg** §§ 25, 30 BadWürttAGGVG, in **Bayern** Art. 27 BayAGGVG, in **Berlin** §§ 7, 9 PrAGZPO (noch nicht an das FamFG angepasst), in **Bremen** § 2 BremAGZPO/InsO/ZVG, in **Niedersachsen** § 17a NdsAGBGB, in **Nordrhein-Westfalen** §§ 57, 58 Abs. 1 JustG NRW, in **Rheinland-Pfalz** § 19a RhPfLFGG, im **Saarland** § 38 SaarlAGJusG (noch nicht an das FamFG angepasst) und in **Schleswig-Holstein** Art. 127a, 127b PrFGG.[2]

---

[1] Sieht man im nordrhein-westfälischen Gebietsteil des früheren Landes Lippe das LippAGZVG als fortgeltend an – vgl. § 1 Fn. 2 –, so kommt auch § 9 LippAGZVG in Betracht.

[2] Sieht man im nordrhein-westfälischen Gebietsteil des früheren Landes Lippe auch das LippAGZPO als fortgeltend an – vgl. zur Fortgeltung des LippAGZVG § 1 Fn. 2 –, so kommen auch §§ 10, 12 LippAGZPO in Betracht.

§ 13 »Verfahrensdurchführung durch Behörde oder Notar«
(aufgehoben)

Die Möglichkeit, einen Teil der dem Vollstreckungsgericht nach dem ZVG zugewiesenen Aufgaben einer Behörde oder einem Notar zu übertragen, ist mit dem RPflG 1957 entfallen. Baden-Württemberg, wo zuletzt aufgrund einer Übergangsvorschrift (§ 35 Abs. 2 RPflG 1957, § 38 Abs. 3 RPflG 1969) noch eine Zuständigkeit der Notare (§ 1 BadAGZVG/ZPO) bzw. Zwangsversteigerungskommissäre (Art. 291 WürttAGBGB) bestand, hat mit § 28 Abs. 2 Buchst. c Nr. 1, 2 des Landesjustizkostengesetzes vom 30.3.1971 (BadWürttGBl 96) seine Sonderregelungen zum 1.1.1972 beseitigt.

§ 14 »Zwangsverwalter-Anordnung«
(aufgehoben)

Die hier früher normierte Ermächtigung für den Erlass der Zwangsverwalterverordnung ist mit dem RpflVereinfG durch § 152a ZVG ersetzt worden.

§ 15 »Übergangsvorschrift«
(aufgehoben)

Die Vorschrift betraf die vor dem Inkrafttreten des ZVG beantragten Verfahren, die nach altem Recht zu erledigen waren. Sie ist in die Bekanntmachung des EGZVG in der Sammlung des Bundesrechts (BGBl III 310-13) mit dem Hinweis „entfallen als gegenstandslose Überleitungsvorschrift" nicht aufgenommen worden und gemäß Art. 10 Abs. 2 des 1. BMJBerG außer Kraft getreten.

Zwangsverwalterverordnung (ZwVwV)

vom 19.12.2003, BGBl. I S. 2804[1]

Inhaltsübersicht

Stellung	§ 1
Ausweis	§ 2
Besitzerlangung über das Zwangsverwaltungsobjekt, Bericht	§ 3
Mitteilungspflicht	§ 4
Nutzungen des Zwangsverwaltungsobjektes	§ 5
Miet- und Pachtverträge	§ 6
Rechtsverfolgung	§ 7
Rückstände, Vorausverfügungen	§ 8
Ausgaben der Zwangsverwaltung	§ 9
Zustimmungsvorbehalte	§ 10
Auszahlungen	§ 11
Beendigung der Zwangsverwaltung	§ 12
Masseverwaltung	§ 13
Buchführung der Zwangsverwaltung	§ 14
Gliederung der Einnahmen und Ausgaben	§ 15
Auskunftspflicht	§ 16
Vergütung und Auslagenersatz	§ 17
Regelvergütung	§ 18
Abweichende Berechnung der Vergütung	§ 19
Mindestvergütung	§ 20
Auslagen	§ 21
Festsetzung	§ 22
Grundstücksgleiche Rechte	§ 23
Nichtanwendbarkeit der Verordnung	§ 24
Übergangsvorschrift	§ 25
Inkrafttreten, Außerkrafttreten	§ 26

Anmerkung:
Auf Grund des § 152a des Gesetzes über die Zwangsversteigerung und die Zwangsverwaltung in der im Bundesgesetzblatt Teil III, Gliederungsnummer 310-14, veröffentlichten bereinigten Fassung, der durch Artikel 7 Abs. 23 des Gesetzes vom 17. Dezember 1990 (BGBl. I S. 2847) eingefügt worden ist, in Verbindung mit Artikel 35 des Gesetzes vom 13. Dezember 2001 (BGBl I S. 3574) verordnet das Bundesministerium der Justiz:

§ 1 ZwVwV   Stellung

(1) [1]Zwangsverwalter und Zwangsverwalterinnen führen die Verwaltung selbständig und wirtschaftlich nach pflichtgemäßem Ermessen aus. [2]Sie sind jedoch an die vom Gericht erteilten Weisungen gebunden.

(2) Als Verwalter ist eine geschäftskundige natürliche Person zu bestellen, die nach Qualifikation und vorhandener Büroausstattung die Gewähr für die ordnungsgemäße Gestaltung und Durchführung der Zwangsverwaltung bietet.

---

1   Stand: 25.4.2007, aus DigiLex®, Gieseking, Bielefeld.

(3) ¹Der Verwalter darf die Verwaltung nicht einem anderen übertragen. Ist er verhindert, die Verwaltung zu führen, so hat er dies dem Gericht unverzüglich anzuzeigen. ²Zur Besorgung einzelner Geschäfte, die keinen Aufschub dulden, kann sich jedoch der Verwalter im Falle seiner Verhinderung anderer Personen bedienen. ³Ihm ist auch gestattet, Hilfskräfte zu unselbständigen Tätigkeiten unter seiner Verantwortung heranzuziehen.

(4) ¹Der Verwalter ist zum Abschluss einer Vermögensschadenshaftpflichtversicherung für seine Tätigkeit mit einer Deckung von mindestens 500.000 Euro verpflichtet. ²Durch Anordnung des Gerichts kann, soweit der Einzelfall dies erfordert, eine höhere Versicherungssumme bestimmt werden. ³Auf Verlangen der Verfahrensbeteiligten oder des Gerichts hat der Verwalter das Bestehen der erforderlichen Haftpflichtversicherung nachzuweisen.

§ 2 ZwVwV   Ausweis

Der Verwalter erhält als Ausweis eine Bestallungsurkunde, aus der sich das Objekt der Zwangsverwaltung, der Name des Schuldners, das Datum der Anordnung sowie die Person des Verwalters ergeben.

§ 3 ZwVwV   Besitzerlangung über das Zwangsverwaltungsobjekt, Bericht

(1) ¹Der Verwalter hat das Zwangsverwaltungsobjekt in Besitz zu nehmen und darüber einen Bericht zu fertigen. ²Im Bericht sind festzuhalten:
1. Zeitpunkt und Umstände der Besitzerlangung;
2. eine Objektbeschreibung einschließlich der Nutzungsart und der bekannten Drittrechte;
3. alle der Beschlagnahme unterfallenden Mobilien, insbesondere das Zubehör;
4. alle der Beschlagnahme unterfallenden Forderungen und Rechte, insbesondere Miet- und Pachtforderungen, mit dem Eigentum verbundene Rechte auf wiederkehrende Leistungen, sowie Forderungen gegen Versicherungen unter Beachtung von Beitragsrückständen;
5. die öffentlichen Lasten des Grundstücks unter Angabe der laufenden Beträge;
6. die Räume, die dem Schuldner für seinen Hausstand belassen werden;
7. die voraussichtlichen Ausgaben der Verwaltung, insbesondere aus Dienst- oder Arbeitsverhältnissen;
8. die voraussichtlichen Einnahmen und die Höhe des für die Verwaltung erforderlichen Kostenvorschusses;
9. alle sonstigen für die Verwaltung wesentlichen Verhältnisse.

(2) ¹Den Bericht über die Besitzerlangung hat der Verwalter bei Gericht einzureichen. ²Soweit die in Absatz 1 bezeichneten Verhältnisse nicht schon bei Besitzübergang festgestellt werden können, hat der Verwalter dies unverzüglich nachzuholen und dem Gericht anzuzeigen.

§ 4 ZwVwV   Mitteilungspflicht

¹Der Verwalter hat alle betroffenen Mieter und Pächter sowie alle von der Verwaltung betroffenen Dritten unverzüglich über die Zwangsverwaltung zu informieren. ²Außerdem kann der Verwalter den Erlass von Zahlungsverboten an die Drittschuldner bei dem Gericht beantragen.

§ 5 ZwVwV   Nutzungen des Zwangsverwaltungsobjektes

(1) Der Verwalter soll die Art der Nutzung, die bis zur Anordnung der Zwangsverwaltung bestand, beibehalten.

(2) Die Nutzung erfolgt grundsätzlich durch Vermietung oder Verpachtung. Hiervon ausgenommen sind:
1. landwirtschaftlich oder forstwirtschaftlich genutzte Objekte in Eigenverwaltung des Schuldners gemäß § 150b des Gesetzes über die Zwangsversteigerung und die Zwangsverwaltung;
2. die Wohnräume des Schuldners, die ihm gemäß § 149 des Gesetzes über die Zwangsversteigerung und die Zwangsverwaltung unentgeltlich zu belassen sind.

(3) Der Verwalter ist berechtigt, begonnene Bauvorhaben fertig zu stellen.

§ 6 ZwVwV Miet- und Pachtverträge

(1) Miet- oder Pachtverträge sowie Änderungen solcher Verträge sind vom Verwalter schriftlich abzuschließen.

(2) Der Verwalter hat in Miet- oder Pachtverträgen zu vereinbaren,

1. dass der Mieter oder Pächter nicht berechtigt sein soll, Ansprüche aus dem Vertrag zu erheben, wenn das Zwangsverwaltungsobjekt vor der Überlassung an den Mieter oder Pächter im Wege der Zwangsversteigerung veräußert wird;
2. dass die gesetzliche Haftung des Vermieters oder Verpächters für den vom Ersteher zu ersetzenden Schaden ausgeschlossen sein soll, wenn das Grundstück nach der Überlassung an den Mieter oder Pächter im Wege der Zwangsversteigerung veräußert wird und der an die Stelle des Vermieters oder Verpächters tretende Ersteher die sich aus dem Miet- oder Pachtverhältnis ergebenden Verpflichtungen nicht erfüllt;
3. dass der Vermieter oder Verpächter auch von einem sich im Fall einer Kündigung (§ 57a Satz 1 des Gesetzes über die Zwangsversteigerung und die Zwangsverwaltung, § 111 der Insolvenzordnung) möglicherweise ergebenden Schadensersatzanspruch freigestellt sein soll.

§ 7 ZwVwV Rechtsverfolgung

Der Verwalter hat die Rechtsverfolgung seiner Ansprüche im Rahmen des pflichtgemäßen Ermessens zeitnah einzuleiten.

§ 8 ZwVwV Rückstände, Vorausverfügungen

Die Rechtsverfolgung durch den Verwalter erstreckt sich auch auf Rückstände nach § 1123 Abs. 1 und 2 des Bürgerlichen Gesetzbuchs und unterbrochene Vorausverfügungen nach § 1123 Abs. 1, §§ 1124 und 1126 des Bürgerlichen Gesetzbuchs, sofern nicht der Gläubiger auf die Rechtsverfolgung verzichtet.

§ 9 ZwVwV Ausgaben der Zwangsverwaltung

(1) Der Verwalter hat von den Einnahmen die Liquidität zurückzubehalten, die für Ausgaben der Verwaltung einschließlich der Verwaltervergütung und der Kosten des Verfahrens vorgehalten werden muss.

(2) Der Verwalter soll nur Verpflichtungen eingehen, die aus bereits vorhandenen Mitteln erfüllt werden können.

(3) ¹Der Verwalter ist verpflichtet, das Zwangsverwaltungsobjekt insbesondere gegen Feuer-, Sturm-, Leitungswasserschäden und Haftpflichtgefahren, die vom Grundstück und Gebäude ausgehen, zu versichern, soweit dies durch eine ordnungsgemäße Verwaltung geboten erscheint. ²Er hat diese Versicherung unverzüglich abzuschließen, sofern

1. Schuldner oder Gläubiger einen bestehenden Versicherungsschutz nicht innerhalb von 14 Tagen nach Zugang des Anordnungsbeschlusses schriftlich nachweisen und
2. der Gläubiger die unbedingte Kostendeckung schriftlich mitteilt.

§ 10 ZwVwV Zustimmungsvorbehalte

(1) Der Verwalter hat zu folgenden Maßnahmen die vorherige Zustimmung des Gerichts einzuholen:

1. wesentliche Änderungen zu der nach § 5 gebotenen Nutzung; dies gilt auch für die Fertigstellung begonnener Bauvorhaben;
2. vertragliche Abweichungen von dem Klauselkatalog des § 6 Abs. 2;
3. Ausgaben, die entgegen dem Gebot des § 9 Abs. 2 aus bereits vorhandenen Mitteln nicht gedeckt sind;

4. Zahlung von Vorschüssen an Auftragnehmer im Zusammenhang insbesondere mit der Erbringung handwerklicher Leistungen;
5. Ausbesserungen und Erneuerungen am Zwangsverwaltungsobjekt, die nicht zu der gewöhnlichen Instandhaltung gehören, insbesondere wenn der Aufwand der jeweiligen Maßnahme 15 Prozent des vom Verwalter nach pflichtgemäßem Ermessen geschätzten Verkehrswertes des Zwangsverwaltungsobjektes überschreitet;
6. Durchsetzung von Gewährleistungsansprüchen im Zusammenhang mit Baumaßnahmen nach § 5 Abs. 3.

(2) Das Gericht hat den Gläubiger und den Schuldner vor seiner Entscheidung anzuhören.

§ 11 ZwVwV Auszahlungen

(1) Aus den nach Bestreiten der Ausgaben der Verwaltung sowie der Kosten des Verfahrens (§ 155 Abs. 1 des Gesetzes über die Zwangsversteigerung und die Zwangsverwaltung) verbleibenden Überschüssen der Einnahmen darf der Verwalter ohne weiteres Verfahren nur Vorschüsse sowie die laufenden Beträge der öffentlichen Lasten nach der gesetzlichen Rangfolge berichtigen.

(2) ¹Sonstige Zahlungen an die Berechtigten darf der Verwalter nur aufgrund der von dem Gericht nach Feststellung des Teilungsplans getroffenen Anordnung leisten. ²Ist zu erwarten, dass solche Zahlungen geleistet werden können, so hat dies der Verwalter dem Gericht unter Angabe des voraussichtlichen Betrages der Überschüsse und der Zeit ihres Einganges anzuzeigen.

(3) Sollen Auszahlungen auf das Kapital einer Hypothek oder Grundschuld oder auf die Ablösesumme einer Rentenschuld geleistet werden, so hat der Verwalter zu diesem Zweck die Anberaumung eines Termins bei dem Gericht zu beantragen.

§ 12 ZwVwV Beendigung der Zwangsverwaltung

(1) ¹Die Beendigung der Zwangsverwaltung erfolgt mit dem gerichtlichen Aufhebungsbeschluss. ²Dies gilt auch für den Fall der Erteilung des Zuschlags in der Zwangsversteigerung.

(2) ¹Das Gericht kann den Verwalter nach dessen Anhörung im Aufhebungsbeschluss oder auf Antrag durch gesonderten Beschluss ermächtigen, seine Tätigkeit in Teilbereichen fortzusetzen, soweit dies für den ordnungsgemäßen Abschluss der Zwangsverwaltung erforderlich ist. ²Hat der Verwalter weiterführende Arbeiten nicht zu erledigen, sind der Anordnungsbeschluss und die Bestallungsurkunde mit der Schlussrechnung zurückzugeben, ansonsten mit der Beendigung seiner Tätigkeit.

(3) ¹Unabhängig von der Aufhebung der Zwangsverwaltung bleibt der Verwalter berechtigt, von ihm begründete Verbindlichkeiten aus der vorhandenen Liquidität zu begleichen und bis zum Eintritt der Fälligkeit Rücklagen zu bilden. ²Ein weitergehender Rückgriff gegen den Gläubiger bleibt unberührt. ³Dies gilt auch für den Fall der Antragsrücknahme.

(4) ¹Hat der Verwalter die Forderung des Gläubigers einschließlich der Kosten der Zwangsvollstreckung bezahlt, so hat er dies dem Gericht unverzüglich anzuzeigen. ²Dasselbe gilt, wenn der Gläubiger ihm mitteilt, dass er befriedigt ist.

§ 13 ZwVwV Masseverwaltung

(1) Der Massebestand ist von eigenen Beständen des Verwalters getrennt zu halten.

(2) ¹Der Verwalter hat für jede Zwangsverwaltung ein gesondertes Treuhandkonto einzurichten, über das er den Zahlungsverkehr führt. ²Das Treuhandkonto kann auch als Rechtsanwaltsanderkonto geführt werden.

(3) ¹Der Verwalter hat die allgemeinen Grundsätze einer ordnungsgemäßen Buchführung zu beachten. ²Die Rechnungslegung muss den Abgleich der Solleinnahmen mit den tatsächlichen Einnahmen ermöglichen. ³Die Einzelbuchungen sind auszuweisen. ⁴Mit der Rechnungslegung sind die Kontoauszüge und Belege bei Gericht einzureichen.

(4) Auf Antrag von Gläubiger oder Schuldner hat der Verwalter Auskunft über den Sachstand zu erteilen.

§ 14 ZwVwV Buchführung der Zwangsverwaltung

(1) Die Buchführung der Zwangsverwaltung ist eine um die Solleinnahmen ergänzte Einnahmenüberschussrechnung.

(2) [1]Die Rechnungslegung erfolgt jährlich (Jahresrechnung) nach Kalenderjahren. [2]Mit Zustimmung des Gerichts kann hiervon abgewichen werden.

(3) Bei Aufhebung der Zwangsverwaltung legt der Verwalter Schlussrechnung in Form einer abgebrochenen Jahresrechnung.

(4) Nach vollständiger Beendigung seiner Amtstätigkeit reicht der Verwalter eine Endabrechnung ein, nachdem alle Zahlungsvorgänge beendet sind und das Konto auf Null gebracht worden ist.

§ 15 ZwVwV Gliederung der Einnahmen und Ausgaben

(1) Die Soll- und Isteinnahmen sind nach folgenden Konten zu gliedern:

1. Mieten und Pachten nach Verwaltungseinheiten,
2. andere Einnahmen.

(2) Der Saldo der vorigen Rechnung ist als jeweiliger Anfangsbestand vorzutragen.

(3) Die Gliederung der Ausgaben erfolgt nach folgenden Konten:

1. Aufwendungen zur Unterhaltung des Objektes;
2. Öffentliche Lasten;
3. Zahlungen an die Gläubiger;
4. Gerichtskosten der Verwaltung;
5. Vergütung des Verwalters;
6. andere Ausgaben.

(4) Ist zur Umsatzsteuer optiert worden, so sind Umsatzsteueranteile und Vorsteuerbeträge gesondert darzustellen.

§ 16 ZwVwV Auskunftspflicht

Der Verwalter hat jederzeit dem Gericht oder einem mit der Prüfung beauftragten Sachverständigen Buchführungsunterlagen, die Akten und sonstige Schriftstücke vorzulegen und alle weiteren Auskünfte im Zusammenhang mit seiner Verwaltung zu erteilen.

§ 17 ZwVwV Vergütung und Auslagenersatz

(1) [1]Der Verwalter hat Anspruch auf eine angemessene Vergütung für seine Geschäftsführung sowie auf Erstattung seiner Auslagen nach Maßgabe des § 21. [2]Die Höhe der Vergütung ist an der Art und dem Umfang der Aufgabe sowie an der Leistung des Zwangsverwalters auszurichten.

(2) Zusätzlich zur Vergütung und zur Erstattung der Auslagen wird ein Betrag in Höhe der vom Verwalter zu zahlenden Umsatzsteuer festgesetzt.

(3) [1]Ist der Verwalter als Rechtsanwalt zugelassen, so kann er für Tätigkeiten, die ein nicht als Rechtsanwalt zugelassener Verwalter einem Rechtsanwalt übertragen hätte, die gesetzliche Vergütung eines Rechtsanwalts abrechnen. [2]Ist der Verwalter Steuerberater oder besitzt er eine andere besondere Qualifikation, gilt Satz 1 sinngemäß.

§ 18 ZwVwV Regelvergütung

(1) [1]Bei der Zwangsverwaltung von Grundstücken, die durch Vermieten oder Verpachten genutzt werden, erhält der Verwalter als Vergütung in der Regel zehn Prozent des für den Zeitraum der Verwaltung an Mieten oder Pachten eingezogenen Bruttobetrags. [2]Für vertraglich geschuldete, nicht eingezogene Mieten oder Pachten erhält er 20 Prozent der Vergütung, die er erhalten hätte, wenn diese Mieten eingezogen worden wären. [3]Soweit Mietrückstände ein-

gezogen werden, für die der Verwalter bereits eine Vergütung nach Satz 2 erhalten hat, ist diese anzurechnen.

(2) Ergibt sich im Einzelfall ein Missverhältnis zwischen der Tätigkeit des Verwalters und der Vergütung nach Absatz 1, so kann der in Absatz 1 Satz 1 genannte Prozentsatz bis auf fünf vermindert oder bis auf 15 angehoben werden.

(3) Für die Fertigstellung von Bauvorhaben erhält der Verwalter sechs Prozent der von ihm verwalteten Bausumme. Planungs-, Ausführungs- und Abnahmekosten sind Bestandteil der Bausumme und finden keine Anrechnung auf die Vergütung des Verwalters.

§ 19 ZwVwV   Abweichende Berechnung der Vergütung

(1) [1]Wenn dem Verwalter eine Vergütung nach § 18 nicht zusteht, bemisst sich die Vergütung nach Zeitaufwand. [2]In diesem Fall erhält er. für jede Stunde der für die Verwaltung erforderlichen Zeit, die er oder einer seiner Mitarbeiter aufgewendet hat, eine Vergütung von mindestens 35 Euro und höchstens 95 Euro. [3]Der Stundensatz ist für den jeweiligen Abrechnungszeitraum einhietlich zu bemessen.

(2) Der Verwalter kann für den Abrechnungszeitraum einheitlich nach Absatz 1 abrechnen, wenn die Vergütung nach § 18 Abs. 1 und 2 offensichtlich unangemessen ist.

§ 20 ZwVwV   Mindestvergütung

(1) Ist das Zwangsverwaltungsobjekt von dem Verwalter in Besitz genommen, so beträgt die Vergütung des Verwalters mindestens 600 Euro.

(2) Ist das Verfahren der Zwangsverwaltung aufgehoben worden, bevor der Verwalter das Grundstück in Besitz genommen hat, so erhält er eine Vergütung von 200 Euro, sofern er bereits tätig geworden ist.

§ 21 ZwVwV   Auslagen

(1) [1]Mit der Vergütung sind die allgemeinen Geschäftskosten abgegolten. [2]Zu den allgemeinen Geschäftskosten gehört der Büroaufwand des Verwalters einschließlich der Gehälter seiner Angestellten.

(2) [1]Besondere Kosten, die dem Verwalter im Einzelfall, zum Beispiel durch Reisen oder die Einstellung von Hilfskräften für bestimmte Aufgaben im Rahmen der Zwangsverwaltung, tatsächlich entstehen, sind als Auslagen zu erstatten, soweit sie angemessen sind. [2]Anstelle der tatsächlich entstandenen Auslagen kann der Verwalter nach seiner Wahl für den jeweiligen Abrechnungszeitraum eine Pauschale von 10 Prozent seiner Vergütung, höchstens jedoch 40 Euro für jeden angefangenen Monat seiner Tätigkeit, fordern.

(3) [1]Mit der Vergütung sind auch die Kosten einer Haftpflichtversicherung abgegolten. [2]Ist die Verwaltung jedoch mit einem besonderen Haftungsrisiko verbunden, so sind die durch eine Höherversicherung nach § 1 Abs. 4 begründeten zusätzlichen Kosten als Auslagen zu erstatten.

§ 22 ZwVwV   Festsetzung

[1]Die Vergütung und die dem Verwalter zu erstattenden Auslagen werden im Anschluss an die Rechnungslegung nach § 14 Abs. 2 oder die Schlussrechnung nach § 14 Abs. 3 für den entsprechenden Zeitraum auf seinen Antrag vom Gericht festgesetzt. [2]Vor der Festsetzung kann der Verwalter mit Einwilligung des Gerichts aus den Einnahmen einen Vorschuss auf die Vergütung und die Auslagen entnehmen.

§ 23 ZwVwV   Grundstücksgleiche Rechte

Die vorstehenden Bestimmungen sind auf die Zwangsverwaltung von Berechtigungen, für welche die Vorschriften über die Zwangsverwaltung von Grundstücken gelten, entsprechend anzuwenden.

§ 24 ZwVwV   Nichtanwendbarkeit der Verordnung

(1) Die Vorschriften dieser Verordnung gelten nicht, falls der Schuldner zum Verwalter bestellt ist (§§ 150b bis 150e des Gesetzes über die Zwangsversteigerung und die Zwangsverwaltung).

(2) Die Vorschriften dieser Verordnung gelten ferner nicht, falls die durch §§ 150, 153, 154 des Gesetzes über die Zwangsversteigerung und die Zwangsverwaltung dem Gericht zugewiesene Tätigkeit nach landesgesetzlichen Vorschriften von einer landschaftlichen oder ritterschaftlichen Kreditanstalt übernommen worden ist.

§ 25 ZwVwV   Übergangsvorschrift

In Zwangsverwaltungen, die bis einschließlich zum 31. Dezember 2003 angeordnet worden sind, findet die Verordnung über die Geschäftsführung und die Vergütung des Zwangsverwalters vom 16. Februar 1970 (BGBl. I S. 185), zuletzt geändert durch Artikel 9 des Gesetzes vom 13. Dezember 2001 (BGBl. I S. 3574), weiter Anwendung; jedoch richten sich die Vergütung des Verwalters und der Auslagenersatz für den ersten auf den 31. Dezember 2003 folgenden Abrechnungszeitraum nach den §§ 17 bis 22 dieser Verordnung.

§ 26 ZwVwV   Inkrafttreten, Außerkrafttreten

¹Diese Verordnung tritt am 1. Januar 2004 in Kraft. ²Gleichzeitig tritt die Verordnung über die Geschäftsführung und die Vergütung des Zwangsverwalters vom 16. Februar 1970 (BGBl. I S. 185), zuletzt geändert durch Artikel 9 des Gesetzes vom 13. Dezember 2001 (BGBl. I S. 3574), außer Kraft.

Landesrecht
Ausführungsgesetze

Baden-Württemberg

Gesetz zur Ausführung des Gerichtsverfassungsgesetzes und von Verfahrensgesetzen der ordentlichen Gerichtsbarkeit (AGGVG)

vom 16.12.1975 (BadWürttGBl 868) mit Änderungen durch Gesetz vom 1.2.1979 (BGBl I 127), Gesetz vom 19.11.1991 (BadWürttGBl 681), Gesetz vom 28.6.1993 (BadWürttGBl 505), Gesetz vom 15.12.1998 (BadWürttGBl 660), Gesetz vom 12.12.2002 (BadWürttGBl 477) und Gesetz vom 4.5.2009 (BadWürttGBl 195) – Auszug –

Erster Teil
Ausführung des Gerichtsverfassungsgesetzes (GVG)

Sechster Abschnitt
Dienstaufsicht, Justizverwaltung, Amtstracht

§ 18 Veröffentlichung gerichtlicher Bekanntmachungen

(1) Soweit durch Landesgesetz die Art der Veröffentlichung geregelt ist, erfolgen öffentliche Bekanntmachungen der Gerichte in Aufgebotsverfahren in dem dafür bestimmten Blatt oder in einem dafür bestimmten elektronischen Informations- und Kommunikationssystem. Die Bestimmung nach Satz 1 trifft das Justizministerium.

(2) Soweit im übrigen die Veröffentlichung gerichtlicher Bekanntmachungen in dem für Bekanntmachungen des Gerichts bestimmten Blatt vorgeschrieben ist, bestimmen die Präsidenten der Amtsgerichte, der Landgerichte und der Oberlandesgerichte eine oder mehrere Tageszeitungen oder den Staatsanzeiger – Zentralblatt für gerichtliche Bekanntmachungen – zum Veröffentlichungsblatt für diese Gerichte, die Präsidenten der Landgerichte auch für die ihrer Dienstaufsicht unterstellten Amtsgerichte. Das zum Veröffentlichungsblatt des Amtsgerichts bestimmte Blatt dient zugleich für die Veröffentlichung der Bekanntmachungen der Notariate und Grundbuchämter im Bezirk des Gerichts. Die Anordnung nach Satz 1 soll nur zum Beginn eines Kalenderjahres geändert werden.

(3) Tageszeitungen können nach Absatz 2 zum Veröffentlichungsblatt bestimmt werden, wenn sie die nach dem Zweck der Bekanntmachungen erforderliche Verbreitung gewährleisten.

(4) Die Anordnungen nach Absatz 2 sind im Staatsanzeiger zu veröffentlichen sowie an der Gerichtstafel des Gerichts, für das sie getroffen sind, anzuschlagen.

(5) Das Gericht ist befugt und auf Antrag eines Beteiligten, der die Mehrkosten übernimmt, verpflichtet, eine Bekanntmachung wiederholt sowie zusätzlich in anderen Blättern zu veröffentlichen.

Zweiter Teil
Ausführung der Zivilprozeßordnung (ZPO) sowie des Gesetzes über das Verfahren im Familiensachen und in den Angelegenheiten der freiwilligen Gerichtsbarkeit (FamFG)

§ 25 Aufgebot von Grundpfandbriefen

(1) Bei Aufgeboten auf Grund des § 1162 des Bürgerlichen Gesetzbuchs und des § 136 ZVG gelten für die Veröffentlichung des Aufgebots und für die Aufgebotsfrist abweichend von § 435 Abs. 1 und 2 und § 476 FamFG die Vorschriften des § 30.

(2) Abweichend von § 475 FamFG ist der Anmeldezeitpunkt so zu bestimmen, daß seit dem Verfalltag drei Monate abgelaufen sind.

(3) Der Ausschließungsbeschluss und, soweit dadurch die Kraftloserklärung aufgehoben wird, die auf eine Beschwerde ergangene Entscheidung sind ihrem wesentlichen Inhalt nach abweichend von § 478 Abs. 2 Satz 1 und Abs. 3 FamFG gemäß § 18 Abs. 1 bekanntzumachen.

§ 28 Aufgebot im Zwangsversteigerungsverfahren

Bei Aufgeboten zum Zwecke der Ausschließung eines unbekannten Berechtigten von der Befriedigung aus dem zugeteilten Betrag (§ 140 ZVG) gelten für die Veröffentlichung des Aufgebots und für die Aufgebotsfrist abweichend von den §§ 435 und 437 FamFG die Vorschriften des § 30.

§ 30 Veröffentlichung des Aufgebots, Aufgebotsfrist

Soweit hierauf verwiesen ist, gelten für das Aufgebotsverfahren die folgenden Vorschriften:
1. Das Aufgebot wird durch Anschlag an der Gerichtstafel und durch einmalige Veröffentlichung gemäß § 18 Abs. 1 öffentlich bekanntgemacht. Das Aufgebot kann ergänzend in einem elektronischen Informations- und Kommunikationssystem öffentlich bekannt gemacht werden. Erfolgt die öffentliche Bekanntmachung in einem elektronischen Informations- und Kommunikationssystem und ist dieses im Gericht kostenfrei öffentlich zugänglich, kann der Anschlag an die Gerichtstafel entfallen.
2. Zwischen dem Tag der ersten Veröffentlichung gemäß § 18 Abs. 1 und dem Anmeldezeitpunkt muß ein Zeitraum (Aufgebotsfrist) von mindestens drei Monaten liegen.

Dritter Teil
Ausführung des Gesetzes über die Zwangsversteigerung und die Zwangsverwaltung (ZVG)

§ 31 Vorrang öffentlicher Grundstückslasten

(1) Öffentliche Lasten eines Grundstücks im Sinne des § 10 Abs. 1 Nr. 3 und des § 156 Abs. 1 ZVG sind die Abgaben und Leistungen, die auf dem Grundstück lasten und nicht auf einer privatrechtlichen Verpflichtung beruhen.

(2) Zu den öffentlichen Lasten im Sinne des Absatzes 1 gehören insbesondere:
1. Beiträge im Sinne des § 10 des Kommunalabgabengesetzes;
2. Kirchensteuern, die aus den Grundsteuermeßbeträgen erhoben werden;
3. *[weggefallen]*

§ 32 *[weggefallen]*

§ 33 Unberührt bleibende Altenteile

Eine Reallast oder eine beschränkte persönliche Dienstbarkeit, die zur Sicherung eines Anspruchs oder eines Rechts aus einem Vertrag nach Artikel 96 des Einführungsgesetzes zum Bürgerlichen Gesetzbuch im Grundbuch eingetragen ist, bleibt, unbeschadet der Vorschrift des § 9 Abs. 2 des Einführungsgesetzes zu dem Gesetz über die Zwangsversteigerung und die Zwangsverwaltung, von der Zwangsversteigerung unberührt, auch wenn sie bei der Feststellung des geringsten Gebotes nicht berücksichtigt ist.

§ 34 Feststellung des Grundstückswerts

(1) Nach Anordnung der Zwangsversteigerung hat das Gericht den Verkehrswert des Grundstücks durch eine amtliche Schätzung ermitteln zu lassen. Mehrere Grundstücke, die in demselben Verfahren versteigert werden, sind einzeln, bei wirtschaftlichem Zusammenhang auch als Einheit zu schätzen.

(2) Von der amtlichen Schätzung kann das Gericht absehen, wenn das Grundstück innerhalb der letzten zwei Jahre amtlich geschätzt worden ist und weder ein Gläubiger noch der Schuldner eine neue Schätzung beantragen.

(3) Für die Ermittlung des Verkehrswertes von grundstücksgleichen Rechten gelten die Absätze 1 und 2 entsprechend.

(4) Das Gericht kann auch den Wert eines Rechts an dem Grundstück und von Nutzungen aus dem Grundstück sowie des Grundstückszubehörs durch eine amtliche Schätzung ermitteln und dabei die Zubehörstücke aufzeichnen lassen.

(5) Für die amtliche Schätzung gelten die §§ 44 und 45 des Landesgesetzes über die freiwillige Gerichtsbarkeit entsprechend. Die für die Wertermittlung maßgeblichen Gesichtspunkte sind dem Gericht mitzuteilen.

(6) Mit der Ermittlung des Verkehrswertes kann das Gericht auch einen öffentlich bestellten Sachverständigen beauftragen.

§ 35 *[weggefallen]*

§ 36 Befreiung von der Sicherheitsleistung

Für Gebote einer Gemeinde, eines Gemeindeverbandes oder einer Kreditanstalt oder Sparkasse des öffentlichen Rechts kann Sicherheitsleistung nicht verlangt werden.

Baden-Württembergisches Ausführungsgesetz zum Bürgerlichen Gesetzbuch (Ba. Wü. AGBGB)

vom 26.11.1974 (BadWürttGBl 498) mit Änderung durch Gesetz vom 29.7.2014 (BadWürttGBl 378) – Auszug –

Fünfter Abschnitt
Überleitung von Miteigentum nach Wohneinheiten und von Stockwerkseigentum

§ 36 Weitergeltung des bisherigen Rechts

(1) Das bisher für das Stockwerkseigentum in Württemberg geltende Landesrecht bleibt in der Fassung der Anlage zu diesem Gesetz in Kraft und gilt künftig auch für das nach badischem Landesrecht begründete Stockwerkseigentum.

(2) Die Neubegründung von Stockwerkseigentum ist nicht zulässig.

Anlage zu § 36

Artikel 226 bis 231 des Württembergischen Ausführungsgesetzes zum Bürgerlichen Gesetzbuch und zu anderen Reichsjustizgesetzen vom 29. Dezember 1931 (Reg.Bl. S. 545), zuletzt geändert durch Gesetz vom 5. Juni 1973 (Ges.Bl. S. 165):

II. Stockwerkseigentum

Art. 226 Rechte und Pflichten der Stockwerkseigentümer

(1) Die mit dem Sondereigentum an einzelnen Gebäudeteilen (Stockwerkseigentum) verbundene Gemeinschaft umfaßt im Zweifel die zum gemeinsamen Gebrauch bestimmten Bestandteile und Rechte.

(2) Der Anteil an den gemeinschaftlichen Rechten und Lasten bemißt sich, soweit nichts anderes bestimmt ist, nach dem Verhältnis des Werts der Stockwerksrechte.

(3) Auf das Gemeinschaftsverhältnis finden die §§ 743, 744, 745 Abs. 2 und 3, 746, 748 und auf die sonstigen Beziehungen unter den Stockwerkseigentümern die §§ 745 Abs. 2, 746 BGB entsprechende Anwendung. Im Falle des § 744 Abs. 2 zweiter Halbsatz ist jeder Teilhaber zur Sicherheitsleistung in Höhe des auf ihn entfallenden Anteils an den Kosten verpflichtet.

Art. 227 Vereinigung von Stockwerksrechten

Beim Zusammentreffen mehrerer Stockwerksrechte in einer Hand vereinigen sich diese zu einem einheitlichen Recht unbeschadet der an den bisher getrennten Eigentumsrechten begründeten besonderen Rechte.

Art. 228 Vorkaufsrecht

(1) Wird ein Stockwerkseigentum an andere Personen als an Ehegatten, Lebenspartner, Abkömmlinge, angenommene Kinder oder Mitstockwerkseigentümer verkauft, so sind die anderen Stockwerkseigentümer nach dem Verhältnis ihrer Stockwerksrechte zum Vorkauf berechtigt. Handelt es sich um eine Bruchteils- oder sonstige Gemeinschaft an einem Stockwerkseigentum, so steht das Vorkaufsrecht zunächst den Teilhabern an der Gemeinschaft zu.

(2) Auf das Vorkaufsrecht finden die Vorschriften der §§ 1096, 1098 bis 1102 BGB entsprechende Anwendung. Die Frist zur Ausübung des Vorkaufsrechts beträgt drei Wochen.

(3) Das Vorkaufsrecht erstreckt sich auch auf einen Verkauf im Weg der Zwangsversteigerung oder durch den Konkursverwalter. Im Falle der Zwangsversteigerung darf der Zuschlag nicht vor Ablauf der für die Ausübung des Vorkaufsrechts geltenden Frist erteilt werden, es sei denn, daß der Vorkaufsberechtigte sein Recht vorher ausgeübt oder dem Vollstreckungsgericht gegenüber erklärt hat, es nicht ausüben zu wollen.

(4) Das Vorkaufsrecht und die daraus sich ergebenden Befugnisse gehen auf den Rechtsnachfolger im Stockwerkseigentum über.

Art. 229 Untergang des Gebäudes

Beim Untergang des Gebäudes verwandelt sich das bisherige Sondereigentum an den einzelnen Gebäudeteilen in Miteigentum an der Grundfläche. Dasselbe gilt bei teilweisem Untergang, sofern eine Wiederherstellung des früheren Zustandes untunlich ist.

Art. 230 Voraussetzung der Aufhebung

Ein Stockwerkseigentümer kann die Aufhebung des Stockwerkseigentums verlangen, wenn die Verhältnisse in dem Gebäude so unhaltbar geworden sind, daß ihm die Weiterführung des Stockwerkseigentums nicht mehr zugemutet werden kann.

Art. 231 Durchführung der Aufhebung

(1) Die Aufhebung des Stockwerkseigentums erfolgt durch Verkauf des ganzen Gebäudes im Wege der Zwangsversteigerung und durch Teilung des Erlöses im Verhältnis des Werts der Stockwerksrechte. Bei der Feststellung des geringsten Gebots sind außer den aus dem Versteigerungserlös zu entnehmenden Kosten des Verfahrens alle die einzelnen Stockwerksrechte belastenden Rechte zu berücksichtigen. In jedem Fall wird bei der Versteigerung nur ein Gebot zugelassen, durch das der amtliche Schätzungswert sämtlicher an dem Gebäude bestehender Stockwerksrechte gedeckt wird.

(2) Geht auf Grund einer Versteigerung das Eigentum an dem ganzen Gebäude auf einen Ersteher über, so verwandeln sich die bisher auf den einzelnen Stockwerksrechten ruhenden Hypotheken, Grundschulden, Rentenschulden, Reallasten, Nießbrauchs- und Vorkaufsrechte in solche Rechte an einem dem Wertverhältnis der belasteten Stockwerksrechte entsprechenden Bruchteil des Eigentums am ganzen Grundstück.

(3) Das Wertverhältnis der bisherigen Stockwerksrechte für die Fälle des Absatzes 1 Satz 1 und des Absatzes 2 ist im Zwangsversteigerungsverfahren durch einen vor dem Versteigerungstermin den Beteiligten zuzustellenden Beschluß festzustellen. Der Beschluß unterliegt der Anfechtung, die sich nach den Vorschriften des Zwangsversteigerungsverfahrens bestimmt.

Bayern

Gesetz zur Ausführung des Gerichtsverfassungsgesetzes und von Verfahrensgesetzen des Bundes (AGGVG)

vom 23.6.1981 (BayGVBl 188) i.d.F. der Bekanntmachung in der Bayerischen Rechtssammlung (BayRS Nr. 300-1-1-J) mit Änderungen durch Gesetz vom 11.7.1998 (BayGVBl 414), Gesetz vom 25.4.2000 (BayGVBl 268), Gesetz vom 27.7.2009 (BayGVBl 395) und Gesetz vom 8.4.2013 (GVBl 174) – Auszug –

Zweiter Teil
Ausführung von Verfahrensgesetzen der streitigen Gerichtsbarkeit

Abschnitt I
Ausführung der Zivilprozeßordnung, der Insolvenzordnung und der Konkursordnung

Art. 27 Aufgebotsverfahren bei Namenspapieren mit Inhaberklausel sowie bei Hypotheken-, Grundschuld- und Rentenschuldbriefen

(1) In dem Aufgebotsverfahren zum Zweck der Kraftloserklärung einer Urkunde der in § 808 des Bürgerlichen Gesetzbuchs bezeichneten Art, für welche Zins- oder Rentenscheine nicht ausgegeben sind, sowie eines Hypotheken-, Grundschuld- oder Rentenschuldbriefs werden das Aufgebot und die Zahlungssperre durch Anheftung an die Gerichtstafel und durch einmalige Veröffentlichung in dem für die Bekanntmachungen des Gerichts bestimmten Blatt öffentlich bekanntgemacht. Das Gericht kann die Bekanntmachung in weiteren Blättern anordnen. Die Aufgebotsfrist muß mindestens drei Monate betragen. Sie beginnt mit der Veröffentlichung in dem für die Bekanntmachungen des Gerichts bestimmten Blatt. Die in § 478 Abs. 2 und 3 und in § 482 Abs. 1 des Gesetzes über das Verfahren in Familiensachen und in den Angelegenheiten der freiwilligen Gerichtsbarkeit (FamFG) vorgeschriebenen Bekanntmachungen erfolgen in dem für die Bekanntmachungen des Gerichts bestimmten Blatt.

(2) Auf Versicherungspolicen sowie auf Grundschuld- und Rentenschuldbriefe, die auf den Inhaber ausgestellt sind, finden diese Vorschriften keine Anwendung.

Abschnitt II
Ausführung des Gesetzes über die Zwangsversteigerung und die Zwangsverwaltung

Art. 29 Öffentliche Lasten

Öffentliche Lasten des Grundstücks sind bei einem landwirtschaftlichen Grundstück auch die Beiträge für Tierlebensversicherung und Schlachtviehversicherung, die für die Versicherung des zum Zubehör gehörenden Viehs an die Bayerische Tierseuchenkasse zu entrichten sind.

Art. 30 Leibgedingsrechte und nicht eingetragene Rechte

(1) Ist eine Dienstbarkeit oder eine Reallast als Leibgeding (Leibzucht, Altenteil, Auszug) eingetragen, so bleibt das Recht, unbeschadet der Vorschrift des § 9 Abs. 2 des Einführungsgesetzes zu dem Gesetz über die Zwangsversteigerung und die Zwangsverwaltung, von der Zwangsversteigerung unberührt, auch wenn es bei der Feststellung des geringsten Gebots nicht berücksichtigt ist.

(2) Das gleiche gilt für Grunddienstbarkeiten, die zur Erhaltung der Wirksamkeit gegenüber dem öffentlichen Glauben des Grundbuchs der Eintragung nicht bedürfen.

Art. 31 Veröffentlichung der Terminsbestimmung

Die Terminsbestimmung soll stets auch in der Gemeinde, in deren Bezirk das Grundstück liegt, an der für amtliche Bekanntmachungen bestimmten Stelle angeheftet werden. § 39 Abs. 2 des Gesetzes über die Zwangsversteigerung und die Zwangsverwaltung bleibt unberührt.

Art. 32 Sicherheitsleistung

Für Gebote der Bayerischen Landesbank Girozentrale, der Bayerischen Landesanstalt für Aufbaufinanzierung, der Gebietskörperschaften sowie der öffentlichen Sparkassen kann Sicherheitsleistung nicht verlangt werden.

Art. 33 Aufgebotsverfahren

Das in § 138 des Gesetzes über die Zwangsversteigerung und die Zwangsverwaltung bezeichnete Aufgebot wird durch Anheftung an die Gerichtstafel und einmalige Veröffentlichung in dem für die Bekanntmachungen des Gerichts bestimmten Blatt öffentlich bekanntgemacht. Die Aufgebotsfrist beginnt mit der Veröffentlichung in diesem Blatt.

Achter Teil
Übergangs-, Änderungs- und Schlußvorschriften

Art. 55 Übergangsvorschrift

(1)–(4) *[weggefallen bzw. hier nicht abgedruckt]*

(5) Für die vor Inkrafttreten des Bundesberggesetzes vom 13. August 1980 (BGBl. I S. 1310) entstandenen Bergwerke und unbeweglichen Kuxe, die nach dem Bundesberggesetz noch für eine Übergangszeit fortbestehen, gelten bis zu ihrem Erlöschen oder ihrer Aufhebung die Art. 17 Abs. 1, Art. 18 und 37 bis 51 des Ausführungsgesetzes zur Grundbuchordnung und zum Gesetz über die Zwangsversteigerung und die Zwangsverwaltung vom 9. Juni 1899 (BayBS III S. 127) fort.[1]

(6)–(10) *[weggefallen bzw. hier nicht abgedruckt]*

---

1 Textabdruck der Art. 37 bis 51 BayAGGBO/ZVG 1899 in der 13. Aufl.

Berlin

[Preußisches] Ausführungsgesetz zum Gesetz über die Zwangsversteigerung und die Zwangsverwaltung

vom 23.9.1899 (PrGS 291) i.d.F. der Bekanntmachung im Gesetz- und Verordnungsblatt für Berlin Sonderband I Sammlung des in Berlin geltenden preußischen Rechts 1806–1945 (BlnGVBl Sb. I Nr. 3210-2) mit Änderung durch Gesetz vom 1./14.2.1979 (BGBl I 127/ BlnGVBl 346); in dem Teil des Landes Berlin, in dem das Grundgesetz vor dem Wirksamwerden des Beitritts nicht galt, wieder in Kraft gesetzt durch Gesetz vom 28./29.9.1990 (BlnGVBl 2119/BlnGVABl 240, 272)

Erster Abschnitt
Zwangsversteigerung und Zwangsverwaltung von Grundstücken im Wege der Zwangsvollstreckung

Art. 1

(1) Öffentliche Lasten eines Grundstücks im Sinne des § 10 Abs. 1 Nr. 3 und des § 156 Abs. 1 des Gesetzes über die Zwangsversteigerung und die Zwangsverwaltung vom 24. März 1897 sind:

1. die zur Erfüllung der Deichpflicht erforderlichen Beiträge und Leistungen, ohne Unterschied, ob sie von der zuständigen Staatsbehörde ausgeschrieben sind oder aus der auf einem Deichverband beruhenden Deichpflicht entspringen;
2. die auf einem nicht privatrechtlichen Titel beruhenden Abgaben und Leistungen, die auf dem Grundstück nach Gesetz oder Verfassung haften (gemeine Lasten).

(2) *[weggefallen]*

Art. 2

Zu den gemeinen Lasten gehören namentlich:

1. Abgaben und Leistungen, die aus dem *Kommunal-*, Kirchen-, Pfarr- oder *Schul*verband entspringen oder an Kirchen, Pfarren, Schulen, Kirchen- oder Schulbediente zu entrichten sind;
2. Beiträge, die aus der Verpflichtung zu öffentlichen Wege-, Wasser- oder Uferbauten entstehen;
3. Beiträge, die an öffentliche Meliorationsgenossenschaften oder andere einen gemeinnützigen Zweck verfolgende Körperschaften des öffentlichen Rechts, insbesondere an Verbände, welche die Versicherung ihrer Mitglieder gegen den durch Brand, Hagelschlag oder Viehsterben entstehenden Schaden bezwecken, zu entrichten sind;
4. *[weggefallen]*

Art. 3

(1) In Ansehung des Rechtes auf Befriedigung aus dem Grundstück stehen den öffentlichen Lasten gleich:

1. die an die Rentenbanken oder die Tilgungskassen abgetretenen Renten, die Landesrentenbankrenten der *Preußischen Landesrentenbank*[2] sowie die an die Staatskasse zu entrichtenden Ablösungsrenten;
2. wenn das Grundstück bei einer Auseinandersetzung beteiligt ist, die im *§ 7 Nr. 6 des Gesetzes über das Kostenwesen in Auseinandersetzungssachen vom 24. Juni 1875 (GS. S. 395)*[3] bezeichneten Kosten und Terminalvorschüsse auch außerhalb des ursprünglichen Geltungsbereichs des genannten Gesetzes.

---

2   Vgl. Fn. 5 zu Art. 9.
3   Aufgehoben durch Gesetz vom 24.11.1961 (BlnGVBl 1647), soweit nicht früher Gültigkeit verloren.

(2) *[weggefallen]*

Art. 4[4]

(1) Dem Antrag auf Zwangsversteigerung soll ein das Grundstück betreffender neuester Auszug aus der *Grundsteuermutterrolle* und der *Gebäudesteuerrolle* beigefügt werden, soweit er nach Lage der *Rollen* erteilt werden kann.

(2) *[weggefallen]*

Art. 5

Für die Bekanntmachung der Terminbestimmung wird der *Anzeiger des Amtsblatts* bestimmt.

Art. 6

(1) Die Rechte an dem Grundstück, die nach *Artikel 22* des Ausführungsgesetzes zum Bürgerlichen Gesetzbuch oder nach sonstigen landesgesetzlichen Vorschriften zur Wirksamkeit gegenüber dem öffentlichen Glauben des Grundbuchs der Eintragung nicht bedürfen, bleiben auch dann bestehen, wenn sie bei der Feststellung des geringsten Gebots nicht berücksichtigt sind.

(2) Das gleiche gilt, unbeschadet der Vorschrift des § 9 Abs. 2 des Einführungsgesetzes zu dem Gesetz über die Zwangsversteigerung und die Zwangsverwaltung, von den im Grundbuch als Leibgedinge, Leibzucht, Altenteil oder Auszug eingetragenen Dienstbarkeiten und Reallasten sowie von Grunddienstbarkeiten, die zur Wirksamkeit gegenüber dem öffentlichen Glauben des Grundbuchs der Eintragung nicht bedürfen.

Art. 7   *[gegenstandslose Übergangsvorschrift]*

Art. 8

(1) In den Fällen der §§ 64, 112 des Gesetzes über die Zwangsversteigerung und die Zwangsverwaltung ist der Wert der Grundstücke auf den vierzigfachen Betrag des staatlich ermittelten Grundsteuerreinertrags und den fünfundzwanzigfachen Betrag des staatlich ermittelten Gebäudesteuernutzungswerts zu bestimmen. Ergeben sich begründete Bedenken gegen die Richtigkeit dieser Bestimmung oder sind die Grundstücke nicht zur Grundsteuer oder zur Gebäudesteuer staatlich veranlagt, so hat das Gericht den Wert nach freiem Ermessen, nötigenfalls unter Zuziehung eines Sachverständigen, zu bestimmen.

(2) *[weggefallen]*

Art. 9[5]

Für ein Gebot einer Gemeinde oder eines Gemeindeverbandes, der Preußischen Staatsbank (Seehandlung), der *Preußischen Zentralgenossenschaftskasse,* der *Preußischen Landesrenten-*

---

4   Amtliche Fußnote: „Grundsteuermutterrolle" jetzt „Liegenschaftsbuch"; „Gebäudesteuerrolle" jetzt „Gebäudebuch".

5   Die Preußische Staatsbank (Seehandlung) war nach der Auflösung Preußens 1947 „ruhende Altbank" (vgl. Gesetz vom 10.12.1953, BlnGVBl 1483). Ihr Vermögen ging 1983 auf die Berliner Pfandbrief-Bank über (Gesetz vom 13.5.1983, BlnGVBl 758), die 1993 in die Berliner Hypotheken- und Pfandbriefbank Aktiengesellschaft umgewandelt wurde (Gesetz vom 17.9.1992, BlnGVBl 282) und 1996 mit der Braunschweig-Hannoverschen Hypothekenbank AG zur Berlin-Hannoverschen Hypothekenbank AG verschmolz, deren Firma sich 2013 in Berlin Hyp AG änderte und die jetzt ein eigenständiger Immobilienfinanzierer innerhalb der Sparkassen-Finanzgruppe im Konzern Landesbank Berlin Holding AG ist. – Aus der Preußischen Zentralgenossenschaftskasse entstand die Deutsche Zentralgenossenschaftskasse (Verordnung vom 21.10.1932, RGBl I 503), die nach 1949 abgewickelt wurde (vgl. § 17 des Gesetzes vom 11.5.1949, WiGBl 75) und deren Vermögen auf die Bundesrepublik Deutschland übergegangen ist (§ 8 Abs. 3 des Gesetzes vom 17.12.1975, BGBl I 3123). Ihre Funktionsnachfolgerin, die 1949 neu gegründete Deutsche Genossenschaftskasse, später Deutsche Genossenschaftsbank (Gesetz vom 22.12.1975, BGBl I 3171), wurde in eine

bank, der *Preußischen Landespfandbriefanstalt*, einer landschaftlichen, *ritterschaftlichen*, stadtschaftlichen, städtischen, *provinzialen* oder sonstigen öffentlich-rechtlichen Kreditanstalt oder einer öffentlichen Sparkasse kann Sicherheitsleistung nicht verlangt werden.

Art. 10   *[weggefallen]*

Art. 11

(1) *[weggefallen]*

(2) Auf Antrag des Berechtigten ist die Auszahlung durch ein ersuchtes Gericht zu bewirken.
...

Art. 12

(1) Im Falle des § 6 Abs. 2 des Gesetzes betreffend die Zwangsvollstreckung aus Forderungen landschaftlicher ... Kreditanstalten vom 3. August 1897 (GS. S. 388) findet die Vorschrift des § 155 Abs. 1 des Gesetzes über die Zwangsversteigerung und die Zwangsverwaltung auch auf die Ausgaben und Kosten der durch die Kreditanstalt eingeleiteten Zwangsverwaltung Anwendung.

(2) Der Kreditanstalt steht wegen ihrer Ausgaben zur Erhaltung oder nötigen Verbesserung des Grundstücks ein Recht auf Befriedigung nach § 10 Abs. 1 Nr. 1 des Gesetzes über die Zwangsversteigerung und die Zwangsverwaltung auch insoweit zu, als sie die Ausgaben während der von ihr eingeleiteten Zwangsverwaltung aufgewendet hat. Im Falle der Zwangsversteigerung gilt dies auch dann, wenn die von der Kreditanstalt eingeleitete Zwangsverwaltung bis zum Zuschlag fortdauert.

(3) Die Kreditanstalt ist berechtigt, von den im Absatz 2 bezeichneten Ausgaben seit der Zeit der Aufwendung Zinsen mit dem Rang des Anspruchs auf Ersatz der Ausgaben in Ansatz zu bringen.

Art. 13

Ist bei der Verteilung eines im Zwangsverwaltungsverfahren erzielten Überschusses ein Anspruch aus einem eingetragenen Recht zu berücksichtigen, wegen dessen der Berechtigte Befriedigung aus dem Grundstück lediglich im Wege der Zwangsverwaltung suchen kann, so ist in den Teilungsplan der ganze Betrag des Anspruchs aufzunehmen.

Art. 14

(1) In dem Aufgebotsverfahren zum Zweck der Ausschließung eines unbekannten Berechtigten von der Befriedigung aus einem zugeteilten Betrag erfolgt die öffentliche Bekanntmachung

---

Aktiengesellschaft mit der Firma DG BANK Deutsche Genossenschaftsbank Aktiengesellschaft umgewandelt (Gesetz vom 13.8.1998, BGBl I 2102) und nach der Verschmelzung mit der GZ-Bank AG im Jahr 2001 in DZ-Bank AG Deutsche Zentral-Genossenschaftsbank umbenannt. – Aus der Preußischen Landesrentenbank entstand die Deutsche Landesrentenbank (Gesetz vom 7.12.1939, RGBl I 2405), die mit der Deutschen Siedlungsbank zur Deutschen Siedlungs- und Landesrentenbank vereinigt wurde (Gesetz vom 27.8.1965, BGBl I 1001). Diese blieb auch nach Neuregelung ihrer Rechtsverhältnisse Rechtsnachfolgerin der Preußischen Landesrentenbank (vgl. § 21 Satz 3 des Gesetzes vom 11.7.1989, BGBl I 1421), wurde in die DSL Bank Gesellschaft umgewandelt (Gesetz vom 16.12.1999, BGBl I 2441) und ist im Jahr 2000 auf die Deutsche Postbank Aktiengesellschaft verschmolzen; sie bildet innerhalb des Konzerns einen Geschäftsbereich. – Die Preußische Landespfandbriefanstalt, später Deutsche Pfandbriefanstalt (vgl. § 1 des Gesetzes vom 16.12.1954, BGBl I 439), wurde in eine Aktiengesellschaft mit der Firma Deutsche Pfandbrief- und Hypothekenbank Aktiengesellschaft umgewandelt (Gesetz vom 20.12.1988, BGBl I 2310), die seit 1999 die Firma DePfa Deutsche Pfandbriefbank AG führte und 2009 auf die Hypo Real Estate Bank AG verschmolz, deren Firma in Deutsche Pfandbriefbank AG geändert wurde.

des Aufgebots nach den für die öffentliche Bekanntmachung eines Versteigerungstermins geltenden Vorschriften. Die Befugnis des Gerichts zu einer Anordnung gemäß § 39 Abs. 2 des Gesetzes über die Zwangsversteigerung und die Zwangsverwaltung besteht jedoch in jedem Falle ohne Rücksicht auf den Wert des Grundstücks.

(2) Die Aufgebotsfrist muß mindestens drei Monate betragen.

Zweiter Abschnitt
Zwangsversteigerungen und Zwangsverwaltung von Bergwerkseigentum, unbeweglichen Bergwerksanteilen und selbständigen Kohlenabbaugerechtigkeiten im Wege der Zwangsvollstreckung

Art. 15 bis 21   *[weggefallen]*

Dritter Abschnitt
Zwangsversteigerung und Zwangsverwaltung in besonderen Fällen

Art. 22 und 23   *[weggefallen]*

Art. 24[6]

(1) *[weggefallen] Der Antragsteller hat die Tatsachen, welche sein Recht zur Stellung des Antrags begründen, soweit sie nicht bei dem Gericht offenkundig sind, durch Urkunden glaubhaft zu machen.*

(2) *[weggefallen]*

Art. 25 bis 27   *[weggefallen]*

Art. 28

Auf den Verkauf eines Grundstücks nach den §§ 40, 58 und 60 Teil I Titel 8 des Allgemeinen Landrechts[7] finden die Vorschriften, die für die Zwangsversteigerung im Wege der Zwangsvollstreckung gelten, entsprechende Anwendung, soweit sich nicht aus den Artikeln 29 bis 32 ein anderes ergibt.

Art. 29

(1) Antragsberechtigt ist die *Ortspolizei*behörde.

(2) Der Antrag soll das Grundstück, den Eigentümer und die Tatsachen bezeichnen, welche das Recht zur Stellung des Antrags begründen. Die Vorschriften des Artikels 24 finden entsprechende Anwendung.

Art. 30

Der Anspruch auf Ersatz der im § 43 Teil I Titel 8 des Allgemeinen Landrechts bezeichneten Verwendungen gewährt ein Recht auf Befriedigung aus dem Grundstück vor allen anderen Ansprüchen.

Art. 31

(1) Die Vorschriften über das geringste Gebot finden keine Anwendung.

(2) Das Gericht hat die Übernahme der Wiederherstellung des Gebäudes von Amts wegen als Versteigerungsbedingung zu bestimmen.

---

6   Amtliche Fußnote: Art. 24 Abs. 1 zum Verständnis des Art. 29 Abs. 2 Satz 2 abgedruckt.

7   Textabdruck von Teil I Titel 8 §§ 35 bis 64 ALR in der 13. Aufl.

Art. 32

(1) Angebote nach den §§ 45 bis 47 Teil I Titel 8 des Allgemeinen Landrechts sind nur zu berücksichtigen, wenn sie im Versteigerungstermin geltend gemacht werden.

(2) Bleibt die Versteigerung ergebnislos, so ist der Zuschlag nach Maßgabe der §§ 45 bis 48 des bezeichneten Titels zu erteilen. Die Beschwerde gegen die Entscheidung über den Zuschlag kann auch auf die Verletzung einer dieser Vorschriften gestützt werden.

Vierter Abschnitt
Schluß- und Übergangsbestimmungen

Art. 33 *[gegenstandslose Übergangsvorschrift]*

Art. 34

Die Verfassungen und Satzungen der landschaftlichen *(ritterschaftlichen)* Kreditanstalten und der *provinzial-(kommunal-)ständischen* öffentlichen Grundkreditanstalten werden, auch soweit sie den Anstalten weitergehende Befugnisse gewähren, durch die Vorschriften dieses Gesetzes nicht berührt.

Art. 35 bis 41 *[hier nicht abgedruckt; betreffen Verteilung einer Entschädigungssumme bei Enteignung]*

Art. 42 und 43 *[gegenstandslose Übergangsvorschriften]*

Art. 44 bis 46 *[weggefallen]*

Art. 47 *[gegenstandslose Übergangsvorschrift]*

Art. 48

(1) Dieses Gesetz tritt gleichzeitig mit dem Reichsgesetz in Kraft.

(2) *[gegenstandslos wegen Wegfalls des Art. 46]*

[Preußisches] Ausführungsgesetz zur Zivilprozeßordnung

vom 24.3.1879 (PrGS 281) i.d.F. der Bekanntmachung im Gesetz- und Verordnungsblatt für Berlin Sonderband I Sammlung des in Berlin geltenden preußischen Rechts 1806–1945 (BlnGVBl Sb. I Nr. 3210-1); in dem Teil des Landes Berlin, in dem das Grundgesetz vor dem Wirksamwerden des Beitritts nicht galt, wieder in Kraft gesetzt durch Gesetz vom 28./29.9.1990 (BlnGVBl 2119/BlnGVABl 240, 272) – Auszug –

§ 7[8]

(1) Bezweckt das Aufgebotsverfahren die Kraftloserklärung einer Urkunde der im § 808 des Bürgerlichen Gesetzbuchs bezeichneten Art, so erfolgt die Veröffentlichung des Aufgebots und der im § 1017 Abs. 2, 3 und in den §§ 1019, 1020, 1022 der Zivilprozeßordnung vorgeschriebenen Bekanntmachungen, unbeschadet der Vorschriften des § 1009 Abs. 3 und des § 1017 Abs. 2 Satz 2, durch einmalige Einrückung in den *öffentlichen Anzeiger des Amtsblatts*. Diese Einrückung unterbleibt, soweit die Veröffentlichung auf Grund der Vorschriften des § 1009 Abs. 3 und des § 1017 Abs. 2 Satz 2 der Zivilprozeßordnung durch Einrückung in den *Deutschen Reichsanzeiger* erfolgt. Die öffentliche Bekanntmachung des Aufgebots erfolgt außerdem durch Anheftung an die Gerichtstafel. Das Gericht kann anordnen, daß die Einrückung noch in andere Blätter und zu mehreren Malen erfolgen oder daß die Einrückung in den *öffentlichen Anzeiger des Amtsblatts*, auch abgesehen von dem Fall des Satzes 2, unterbleiben und durch Anheftung an die Gerichtstafel ersetzt werden soll.

(2) Die Aufgebotsfrist muß mindestens drei Monate betragen.

---

8   Amtliche Fußnote: „Deutschen Reichsanzeiger", „Reichsanzeiger" jetzt „Bundesanzeiger" gem. Ges. v. 30.1.1950, BGBl III 114-1.

(3) Unterbleibt die Bekanntmachung des Aufgebots im *Deutschen Reichsanzeiger*, so beginnt die Aufgebotsfrist mit der ersten Einrückung in den *öffentlichen Anzeiger des Amtsblatts*. Diese Einrückung tritt in dem bezeichneten Falle bei Anwendung des § 1014 der Zivilprozeßordnung an die Stelle der Einrückung in den *Reichsanzeiger*.

§ 9

(1) Bei Aufgeboten, welche auf Grund des § 1162 des Bürgerlichen Gesetzbuchs oder des § 136 des Reichsgesetzes über die Zwangsversteigerung und die Zwangsverwaltung vom 24. März 1897 ergehen, erfolgt die Veröffentlichung des Aufgebots, des Ausschlußurteils und des im § 1017 Abs. 3 der Zivilprozeßordnung bezeichneten Urteils in der im § 7 Abs. 1 bestimmten Art.

(2) Die Aufgebotsfrist (§§ 1014, 1015 der Zivilprozeßordnung) muß mindestens drei Monate betragen. Die Vorschriften des § 7 Abs. 3 finden Anwendung.

Bremen

Gesetz zur Ausführung der Zivilprozeßordnung, der Insolvenzordnung und des Zwangsversteigerungsgesetzes

vom 19.3.1963 (BremGBl 51) i.d.F. der Bekanntmachung im Gesetzblatt der Freien Hansestadt Bremen Sonderband Sammlung des bremischen Rechts (SaBremR Nr. 310-a-1) mit Änderungen durch Gesetz vom 1.2.1979 (BGBl I 127) und Gesetz vom 24.11.1998 (BremGBl 305) – Auszug –

Erster Teil
Ausführung der Zivilprozeßordnung

§ 2
Bei Aufgeboten nach den §§ 808 Absatz 2 und 1162 des Bürgerlichen Gesetzbuches kann die Aufgebotsfrist auf mindestens sechs Wochen herabgesetzt werden.

Dritter Teil
Ausführung des Gesetzes über die Zwangsversteigerung und die Zwangsverwaltung

§ 5
(1) Öffentliche Lasten eines Grundstücks im Sinne des § 10 Absatz 1 Nr. 3 und des § 156 Absatz 1 des Gesetzes über die Zwangsversteigerung und die Zwangsverwaltung sind die Abgaben und Leistungen, die auf einem Grundstück ruhen und nicht auf einer privatrechtlichen Verpflichtung beruhen.
(2) Zu den öffentlichen Lasten gehören insbesondere die Leistungen zur Erfüllung der Deichpflicht, die Reallasten, welche den Grundbesitzern als Mitgliedern politischer oder kirchlicher Gemeinden zu den gemeinschaftlichen Anstalten und Einrichtungen obliegen, sowie die Verbindlichkeiten in Beziehung auf Straßen, Wege, Leinpfade, Flüsse, Gräben, Fleete, Brücken, Siele, Kanalisationsanlagen und dergleichen, die nach Gesetz, Satzung oder Herkommen zugunsten des Staates oder einer Gemeinde auf einem Grundstück ruhen.

§ 6
Für Gebote von kommunalen Körperschaften, von Kreditanstalten des öffentlichen Rechts, von öffentlichen Sparkassen und für Gebote der Sparkasse in Bremen kann keine Sicherheitsleistung verlangt werden.

§ 7   [weggefallen]

Hamburg

Hamburgisches Gesetz zur Ausführung des Gesetzes über die Zwangsversteigerung und die Zwangsverwaltung (HmbAGZVG)

vom 17.3.1969 (HmbGVBl 33) mit Änderung durch Gesetz vom 1.2.1979 (BGBl I 127)

§ 1

Eine Grunddienstbarkeit, die am 1. Februar 1900 bestanden hat, bleibt von der Zwangsversteigerung unberührt, auch wenn sie bei der Feststellung des geringsten Gebots nicht berücksichtigt ist. Für eine zur Zeit der Eintragung des Versteigerungsvermerks aus dem Grundbuch nicht ersichtliche Grunddienstbarkeit gilt diese Bestimmung nur dann, wenn entweder die Grunddienstbarkeit spätestens im Versteigerungstermin vor der Aufforderung zur Abgabe von Geboten angemeldet ist oder wenn mit der Grunddienstbarkeit das Halten einer dauernden Anlage verbunden ist.

§ 2 *[weggefallen]*

§ 3

Die für die Wasserversorgung durch die Hamburger Wasserwerke Gesellschaft mit beschränkter Haftung zu entrichtenden Beträge sind öffentliche Lasten der Grundstücke. Solange an einem Grundstück ein Erbbaurecht besteht, ruht die öffentliche Last auf diesem.

§ 4 *[gegenstandslose Änderungsvorschrift]*

§ 5

(1) Dies Gesetz tritt mit Beginn des auf die Verkündung folgenden Monats in Kraft.

(2)–(3) *[gegenstandslose Aufhebungs- und Übergangsvorschriften]*

Hessen

Hessisches Ausführungsgesetz zur Zivilprozeßordnung und zum Gesetz über die Zwangsversteigerung und die Zwangsverwaltung

vom 20.12.1960 (HessGVBl 238) mit Änderungen durch Gesetz vom 1.2.1979 (BGBl I 127), Gesetz vom 15.7.1997 (HessGVBl I 232) und Gesetz vom 27.2.1998 (HessGVBl I 34) – Auszug –

Zweiter Teil
Ausführung des Gesetzes über die Zwangsversteigerung und die Zwangsverwaltung

Erster Abschnitt
Zwangsversteigerung und Zwangsverwaltung von Grundstücken im Wege der Zwangsvollstreckung

Art. 2
(1) Öffentliche Lasten eines Grundstücks im Sinne des § 10 Abs. 1 Nr. 3 und des § 156 Abs. 1 des Gesetzes über die Zwangsversteigerung und die Zwangsverwaltung sind die Abgaben und Leistungen, die auf dem Grundstück lasten und nicht auf einer privatrechtlichen Verpflichtung beruhen.
(2) Zu den öffentlichen Lasten gehören insbesondere:
1. Abgaben und Leistungen, die auf der Zugehörigkeit zu einer Gemeinde oder einem Gemeindeverband beruhen;
2. Kirchspielsumlagen sowie Abgaben und Leistungen, die aus dem Kirchen- und Pfarrverband entspringen oder an Kirchen, Pfarreien oder Kirchenbedienstete zu entrichten sind;
3. Beiträge, die an Stiftungen, Anstalten und Körperschaften des öffentlichen Rechts, die einen gemeinnützigen Zweck verfolgen, zu entrichten sind;
4. Beiträge, die an öffentlich-rechtliche Genossenschaften, deren Zweck in der Verbesserung der Bodenverhältnisse besteht, zu entrichten sind;
5. Beiträge und Gebühren zu öffentlichen Wege-, Wasser- und Uferbauten.

Art. 3
Dem Antrag auf Zwangsversteigerung soll für das betreffende Grundstück eine Abzeichnung der Flurkarte nach dem neuesten Stand beigefügt werden.

Art. 4
(1) Die Rechte an dem Grundstück, die nach landesrechtlichen Vorschriften zur Wirksamkeit gegenüber dem öffentlichen Glauben des Grundbuchs der Eintragung nicht bedürfen, bleiben auch dann bestehen, wenn sie bei der Feststellung des geringsten Gebotes nicht berücksichtigt sind.
(2) Das gleiche gilt unbeschadet der Vorschrift des § 9 Abs. 2 des Einführungsgesetzes zu dem Gesetz über die Zwangsversteigerung und die Zwangsverwaltung, für die im Grundbuch als Leibgedinge, Leibzucht, Altenteil oder Auszug eingetragenen Dienstbarkeiten und Reallasten sowie für Grunddienstbarkeiten, die zur Wirksamkeit gegenüber dem öffentlichen Glauben des Grundbuchs der Eintragung nicht bedürfen.

Art. 5
Für ein Gebot einer Gemeinde, eines Gemeindeverbandes, des Landeswohlfahrtsverbandes Hessen, einer öffentlich-rechtlichen Kreditanstalt oder einer inländischen öffentlichen Sparkasse, die zur Anlegung von Mündelgeldern für geeignet erklärt ist, kann keine Sicherheitsleistung verlangt werden.

Art. 6 *[weggefallen]*

Art. 7

Ist in dem Termin zur Verteilung des Versteigerungserlöses oder eines im Zwangsverwaltungsverfahren erzielten Überschusses ein Berechtigter, dem nach dem Teilungsplan ein Betrag zugeteilt ist, nicht erschienen, so wird ihm der Betrag auf seine Kosten und Gefahr durch die Post an seinen Wohnsitz übersandt oder auf ein auf seinen Namen lautendes Postscheck- oder Bankkonto überwiesen.

Art. 8

Ist bei der Verteilung eines im Zwangsverwaltungsverfahren erzielten Überschusses ein Anspruch aus einem eingetragenen Recht zu berücksichtigen, wegen dessen der Berechtigte Befriedigung aus dem Grundstück lediglich im Wege der Zwangsverwaltung suchen kann, so ist in den Teilungsplan der ganze Betrag des Anspruches aufzunehmen.

Art. 9

(1) In dem Aufgebotsverfahren zum Zwecke der Ausschließung eines unbekannten Berechtigten von der Befriedigung aus einem zugeteilten Betrag gelten für die öffentliche Bekanntmachung des Aufgebots die gleichen Vorschriften wie für die öffentliche Bekanntmachung eines Versteigerungstermins. Ist der zugeteilte Betrag gering, so kann das Gericht anordnen, daß das Einrücken unterbleibt und das Aufgebot lediglich an der Gerichtstafel angeheftet und in der Gemeinde, in deren Bezirk das Grundstück gelegen ist, ortsüblich bekanntgemacht wird.

(2) Die Aufgebotsfrist beträgt sechs Wochen. Die Frist beginnt mit dem ersten Einrücken in das Blatt, das der Minister der Justiz im Verwaltungswege bestimmt. Ordnet das Gericht an, daß das Einrücken unterbleibt, beginnt die Frist mit dem Anheften an die Gerichtstafel.

Zweiter Abschnitt[9]
Zwangsversteigerung und Zwangsverwaltung von Bergwerkseigentum und unbeweglichen Bergwerksanteilen

Erster Titel
Zwangsversteigerung und Zwangsverwaltung im Wege der Zwangsvollstreckung

Art. 10

Für die Zwangsversteigerung und Zwangsverwaltung eines Bergwerkseigentums oder eines unbeweglichen Bergwerksanteils gelten die besonderen Vorschriften der Artikel 11 bis 15.

Art. 11

Zu den Beteiligten gehört der Repräsentant oder Grubenvorstand.

Art. 12

Die Ansprüche der im Bergbau Beschäftigten auf Lohn und andere Bezüge gewähren wegen der laufenden und der aus dem letzten Jahre rückständigen Beträge ein Recht auf Befriedigung in der zweiten Klasse.

Art. 13

Dem Antrag auf Zwangsversteigerung oder Zwangsverwaltung ist eine bergbehördlich, gerichtlich oder notariell beglaubigte Abschrift der Verleihungsurkunde des Bergwerkseigentums beizufügen, sofern der Beibringung nicht unüberwindliche Hindernisse entgegenstehen.

---

[9] Amtliche Fußnote: Vgl. hierzu die materiell-rechtlichen Änderungen des Bundesberggesetzes vom 13. August 1980 (BGBl. I S. 1310).

Art. 14
Die Beschlagnahme im Zwangsversteigerungsverfahren umfaßt nicht die bereits gewonnenen Mineralien.

Art. 15
Ist ein Bergwerkseigentum oder ein unbeweglicher Bergwerksanteil zu versteigern, so soll die Terminsbestimmung außer dem Grundbuchblatt den Namen des Bergwerks sowie die Mineralien, auf die das Bergwerkseigentum verliehen ist, bezeichnen und im Falle der Versteigerung eines unbeweglichen Bergwerksanteils auch die Zahl der Kuxe angeben, in die das Bergwerk geteilt ist. Außerdem soll die Terminsbestimmung die Größe des Feldes angeben und seine Lage näher bezeichnen.

Zweiter Titel
Zwangsversteigerung in besonderen Fällen

Art. 16
Auf die Zwangsversteigerung eines Bergwerks oder eines unbeweglichen Bergwerksanteils nach den §§ 234 und 235 g des Allgemeinen Berggesetzes für das Land Hessen[10] finden die Vorschriften, die für die Zwangsversteigerung von Grundstücken im Wege der Zwangsvollstreckung gelten, entsprechende Anwendung, soweit sich nicht aus den Art. 17 bis 20 ein anderes ergibt.

Art. 17
(1) Der Antragsteller hat die Tatsachen, die sein Recht zur Stellung des Antrags begründen, durch Urkunden glaubhaft zu machen, soweit diese Tatsachen nicht bei dem Gericht offenkundig sind.
(2) Ist der Antrag von einem nach § 20 Abs. 3 des Bundesberggesetzes Berechtigten gestellt, so sind mit dem Beschluß, durch den die Zwangsversteigerung angeordnet wird, der Antrag und, wenn der Berechtigte nicht im Grundbuch eingetragen ist, die im Abs. 1 bezeichneten Urkunden dem Bergwerkseigentümer zuzustellen.

Art. 18
Auf Antrag des Bergwerkseigentümers darf die Zwangsversteigerung nur angeordnet werden, wenn der Antragsteller als Eigentümer im Grundbuch eingetragen oder wenn er der Erbe des eingetragenen Eigentümers ist.

Art. 19
Ist die Zwangsversteigerung eines Bergwerks auf Antrag des Bergwerkseigentümers oder die Zwangsversteigerung eines unbeweglichen Bergwerksanteils auf Antrag der Gewerkschaft angeordnet, so gilt der Beschluß, durch den das Verfahren angeordnet wird, nicht als Beschlagnahme. Im Sinne der §§ 13 und 55 des Gesetzes über die Zwangsversteigerung und die Zwangsverwaltung ist jedoch die Zustellung des Beschlusses an den Antragsteller als Beschlagnahme anzusehen.

Art. 20
Die Vorschriften über das geringste Gebot finden keine Anwendung. Das Meistgebot ist in seinem ganzen Betrag durch Zahlung zu berichtigen.

---

10 Aufgehoben durch Bundesberggesetz vom 13.8.1980 (BGBl I 1310); zur weiteren Anwendung des darauf bezogenen ZVG-Landesrechts vgl. § 2 EGZVG Rdn. 3.

Niedersachsen
Niedersächsisches Justizgesetz (NJG)

vom 16.12.2014 (NiedersGVBl 436) – Auszug –

Zweiter Teil
Ordentliche Gerichtsbarkeit

Drittes Kapitel
Ausführungsbestimmungen zum Gesetz über die Zwangsversteigerung und die Zwangsverwaltung

§ 67 Bestehen bleibende Rechte

(1) Rechte an dem Grundstück, die nach Landesrecht zur Wirksamkeit gegenüber dem öffentlichen Glauben des Grundbuchs der Eintragung nicht bedürfen, bleiben nach einer Zwangsversteigerung auch dann bestehen, wenn sie bei der Feststellung des geringsten Gebots nicht berücksichtigt sind.

(2) Absatz 1 gilt entsprechend für die im Grundbuch als Leibgedinge, Leibzucht, Altenteil oder Auszug eingetragenen Dienstbarkeiten und Reallasten sowie für Grunddienstbarkeiten, die zur Wirksamkeit gegenüber dem öffentlichen Glauben des Grundbuchs der Eintragung nicht bedürfen. § 9 Abs. 2 des Einführungsgesetzes zu dem Gesetz über die Zwangsversteigerung und die Zwangsverwaltung bleibt unberührt.

§ 68 Befreiung von der Sicherheitsleistung

Für das Gebot einer Kommune kann eine Sicherheitsleistung nicht verlangt werden.

§ 69 Inhalt der Terminsbestimmung

In der Terminsbestimmung sollen außer den in den §§ 37 und 38 des Gesetzes über die Zwangsversteigerung und die Zwangsverwaltung aufgeführten Angaben auch
1. die postalische Anschrift oder die sonstige ortsübliche Bezeichnung,
2. die Bebauung und
3. bei landwirtschaftlicher Nutzung die Wirtschaftsart
des zu versteigernden Grundstücks angegeben werden.

Niedersächsisches Ausführungsgesetz zum Bürgerlichen Gesetzbuch (Nds. AGBGB)

vom 4.3.1971 (NiedersGVBl 73) mit Änderung durch Gesetz vom 6.6.2008 (NiedersGVBl 210) – Auszug –

§ 17a Aufgebotsfristen

Bei Aufgeboten nach den §§ 808 und 1162 des Bürgerlichen Gesetzbuchs beträgt die Aufgebotsfrist mindestens drei Monate.

Nordrhein-Westfalen

Gesetz über die Justiz im Land Nordrhein-Westfalen
(Justizgesetz Nordrhein-Westfalen – JustG NRW)

vom 26.1.2010 (GV NRW 30) – Auszug –

Teil 2
Verfahrensrechtliche Bestimmungen

Kapitel 2
Ordentliche Gerichtsbarkeit

Abschnitt 2
Aufgebotsverfahren

§ 57   Aufgebotsverfahren bei Namenspapieren mit Inhaberklausel
(1) In dem Aufgebotsverfahren zum Zwecke der Kraftloserklärung eines Namenspapiers mit Inhaberklausel (§ 808 des Bürgerlichen Gesetzbuchs) erfolgt die Veröffentlichung des Aufgebots und der in § 478 Absatz 2 und 3 und in den §§ 480 und 482 des Gesetzes über das Verfahren in Familiensachen und in den Angelegenheiten der freiwilligen Gerichtsbarkeit vorgeschriebenen Bekanntmachungen durch einmalige Veröffentlichung in dem elektronischen Bundesanzeiger und Aushang an der Gerichtstafel. Die Aufgebotsfrist muss mindestens drei Monate betragen. Sie beginnt mit der Veröffentlichung des Aufgebots; im Falle mehrerer Veröffentlichungen kommt es auf den Zeitpunkt der letzten Veröffentlichung an.
(2) Das Gericht kann mit Rücksicht auf den Ortsgebrauch weitere Veröffentlichungen anordnen.

§ 58   Weitere Aufgebotsverfahren
(1) Bei Aufgeboten, die aufgrund des § 1162 des Bürgerlichen Gesetzbuchs ergehen, gilt § 57 für die Veröffentlichung des Aufgebots, des Ausschließungsbeschlusses und der in § 478 Absatz 3 des Gesetzes über das Verfahren in Familiensachen und in den Angelegenheiten der freiwilligen Gerichtsbarkeit bezeichneten Entscheidung entsprechend.
(2) *[hier nicht abgedruckt]*

Abschnitt 3
Ausführungsbestimmungen zum Gesetz
über die Zwangsversteigerung und die Zwangsverwaltung

§ 60   Öffentliche Lasten
Öffentliche Lasten eines Grundstücks im Sinne des § 10 Absatz 1 Nummer 3 und des § 156 Absatz 1 des Gesetzes über die Zwangsversteigerung und die Zwangsverwaltung sind, soweit sie nicht in anderen Rechtsvorschriften als solche bestimmt sind, Abgaben und Leistungen, die auf dem Grundstück lasten und nicht auf einer privatrechtlichen Verpflichtung beruhen.

§ 61   Nicht eintragungspflichtige Rechte
Die Rechte an dem Grundstück, die nach Artikel 22 des Ausführungsgesetzes zum Bürgerlichen Gesetzbuch oder nach sonstigen landesgesetzlichen Vorschriften zur Wirksamkeit gegenüber dem öffentlichen Glauben des Grundbuchs der Eintragung nicht bedürfen, bleiben auch dann bestehen, wenn sie bei der Feststellung des geringsten Gebots nicht berücksichtigt sind.

§ 62   Befreiung von Sicherheitsleistung
Eine Sicherheitsleistung kann nicht verlangt werden bei einem Gebot

1. einer Gemeinde oder eines Gemeindeverbandes,
2. einer öffentlich-rechtlichen Kreditanstalt oder Sparkasse.

§ 63 Zwangsverwaltung-Verteilung

Ist bei der Verteilung eines im Zwangsverwaltungsverfahren erzielten Überschusses ein Anspruch aus einem eingetragenen Recht zu berücksichtigen, wegen dessen der Berechtigte Befriedigung aus dem Grundstück lediglich im Wege der Zwangsverwaltung suchen kann, so ist in den Teilungsplan der ganze Betrag des Anspruchs aufzunehmen.

§ 64 Zwangsversteigerung und Zwangsverwaltung von Bergwerkseigentum und unbeweglichen Bergwerksanteilen

Für die Zwangsversteigerung und die Zwangsverwaltung eines Bergwerkseigentums sowie eines unbeweglichen Bergwerksanteils gelten die besonderen Vorschriften der §§ 65 bis 70.

§ 65 Urkundliche Glaubhaftmachung; Zustellung

(1) Der Antragsteller hat die Tatsachen, welche sein Recht zur Stellung des Antrags begründen, soweit sie nicht bei dem Gericht offenkundig sind, durch Urkunden glaubhaft zu machen.

(2) Ist der Antrag von einem nach § 20 Absatz 3 des Bundesberggesetzes Berechtigten gestellt, so sind mit dem Beschluss, durch den die Zwangsversteigerung angeordnet wird, der Antrag und, wenn der Berechtigte nicht im Grundbuch eingetragen ist, die in Absatz 1 bezeichneten Urkunden dem Bergwerkseigentümer zuzustellen.

§ 66 Kein geringstes Gebot

Die Vorschriften über das geringste Gebot finden keine Anwendung. Das Meistgebot ist in seinem ganzen Betrag durch Zahlung zu berichtigen.

§ 67 Vorlage der Verleihungsurkunde

Dem Antrag auf Zwangsversteigerung oder Zwangsverwaltung ist eine bergamtlich, gerichtlich oder notariell beglaubigte Abschrift der Verleihungsurkunde des Bergwerkes (§ 17 Absatz 2 des Bundesberggesetzes) beizufügen.

§ 68 Umfang der Beschlagnahme

Die Beschlagnahme im Zwangsversteigerungsverfahren umfasst nicht die bereits gewonnenen Mineralien.

§ 69 Inhalt der Terminsbestimmung

(1) Ist ein Bergwerkseigentum oder ein unbeweglicher Bergwerksanteil zu versteigern, so soll die Terminsbestimmung außer dem Grundbuchblatt den Namen des Bergwerkes sowie die Bezeichnung der Bodenschätze, für die das Bergwerkseigentum gilt, und Mineralien, auf die das Bergwerkseigentum verliehen ist, bezeichnen und im Falle der Versteigerung eines Bergwerksanteils auch die Zahl der Anteile angeben, in welche das Bergwerk geteilt ist.

(2) Außerdem soll die Terminsbestimmung eine Angabe der Größe und Begrenzung des Bergwerkfeldes und die Namen der Gemeinden, in denen das Bergwerkseigentum liegt, enthalten.

§ 70 Wert des Verfahrensgegenstandes

Ist der Wert des Gegenstandes des Verfahrens festzustellen, so erfolgt die Feststellung durch das Gericht nach freiem Ermessen, nötigenfalls unter Zuziehung des zuständigen Bergamts.

§ 71 Zwangsversteigerung und Zwangsverwaltung in besonderen Fällen

Die Vorschriften der §§ 172 bis 184 des Gesetzes über die Zwangsversteigerung und die Zwangsverwaltung gelten mit den Änderungen, die sich aus den §§ 60 bis 70 ergeben, auch für Bergwerkseigentum und unbewegliche Bergwerksanteile.

[Für die früher lippischen Landesteile:]
Gesetz zur Ausführung des Reichsgesetzes über die Zwangsversteigerung und die Zwangsverwaltung, vom 24. März 1897[11]

vom 17.11.1899 (LippLV Bd. 22 S. 525) mit Änderungen durch Gesetz vom 12.4.1907 (LippLV Bd. 24 S. 669), Gesetz vom 29.11.1933 (LippLV Bd. 32 S. 199) und Gesetz vom 1.2.1979 (BGBl I 127)

§ 1

Zu den nach § 10 Abs. 1 Nr. 3 und nach § 156 Abs. 2 des Gesetzes über die Zwangsversteigerung und die Zwangsverwaltung aus dem belasteten Grundstücke zu befriedigenden öffentlichen Lasten gehören alle Abgaben, welche von dem Grundstücke zu den Staats- und Gemeindekassen aller Art, sowie zur Brandkasse zu zahlen sind, desgleichen die Gebühren der Brandkassetaxatoren.

§ 2

Oeffentliche Lasten im Sinne des § 1 bleiben von der Zwangsversteigerung des belasteten Grundstücks unberührt. Das Gleiche gilt, jedoch unbeschadet der Vorschrift des § 9 Abs. 2 des Einführungsgesetzes zum Reichsgesetze, von den im Grundbuche als Leibzucht, Leibgedinge oder Altentheil eingetragenen Dienstbarkeiten und Reallasten, sowie von Grunddienstbarkeiten, die nach Artikel 187 des Einführungsgesetzes zum Bürgerlichen Gesetzbuche zur Erhaltung der Wirksamkeit gegenüber den öffentlichen Glauben des Grundbuchs der Eintragung nicht bedürfen.

§ 3

Ist das Grundstück vor dem Inkrafttreten des Bürgerlichen Gesetzbuchs einem Miether oder Pächter überlassen, so finden die Vorschriften des § 57 des Reichsgesetzes Anwendung. Weitergehende Rechte eines Miethers oder Pächters, die sich aus den bisherigen Gesetzen ergeben, bleiben unberührt.

§ 4

In den Fällen der §§ 64, 112 des Reichsgesetzes ist der Werth der Grundstücke auf den fünfundfünfzigfachen Betrag des staatlich ermittelten Grundsteuerreinertrages und den fünfundzwanzigfachen Betrag des staatlich ermittelten Gebäudesteuernutzungswerthes zu bestimmen.

Ergeben sich begründete Bedenken gegen die Richtigkeit dieser Bestimmung oder sind die Grundstücke nicht zur Grundsteuer oder Gebäudesteuer staatlich veranlagt, so hat das Gericht den Werth nach freiem Ermessen, nöthigenfalls unter Zuziehung von Sachverständigen zu bestimmen.

§ 5

Für ein Gebot einer Gemeinde, einer staatlichen Kreditanstalt oder einer öffentlichen Sparkasse kann Sicherheitsleistung nicht verlangt werden.

§ 5a   *[weggefallen]*

§ 6

Das die Zwangsversteigerung leitende Amtsgericht hat erforderlichen Falls einen von der Fürstlichen Kataster-Inspektion einzuholenden, das Grundstück betreffenden neuesten Auszug aus der Grundsteuer-Mutterrolle und der Gebäudesteuer-Rolle beizufügen.

---

11   Textabdruck mit Rücksicht auf die Unsicherheit über die Fortgeltung des Gesetzes; vgl. § 1 EGZVG Fn. 2.

§ 7
Für die Bekanntmachung der Terminsbestimmung wird unbeschadet der sonstigen in den §§ 39, 40 des Reichsgesetzes über die Zwangsversteigerung und Zwangsverwaltung vom 24. März 1897 gegebenen Vorschriften das Amtsblatt für das Fürstenthum Lippe bestimmt.

§ 8   *[gegenstandslos gemäß Gesetz vom 21.12.1938 (RGBl I 1899)]*

§ 9
In dem Aufgebotsverfahren zum Zwecke der Ausschließung eines unbekannten Berechtigten von der Befriedigung aus einem zugetheilten Betrage erfolgt die öffentliche Bekanntmachung des Aufgebots nach den für die öffentliche Bekanntmachung eines Versteigerungstermins geltenden Vorschriften.

Die Aufgebotsfrist muß mindestens drei Monate betragen.

§ 10
Bei der Zwangsverwaltung eines zu einem Familienfideikommiß gehörigen Grundstückes ist die Verwaltung nach den Bestimmungen der Fideikommißsatzung und nach den Anordnungen der Aufsichtsbehörde zu führen.

§ 11
Bei der Zwangsversteigerung eines Erbpachtgrundstückes erwirbt der Ersteher durch den Zuschlag das Erbpachtrecht an dem Grundstücke mit dem aus dem Erbpachtrecht sich ergebenden Inhalte.

Rheinland-Pfalz

Landesgesetz zur Ausführung des Gesetzes über die Zwangsversteigerung und die Zwangsverwaltung und der Insolvenzordnung

vom 30.8.1974 (RhPfGVBl 371) mit Änderungen durch Gesetz vom 1.2.1979 (BGBl I 127), Gesetz vom 27.3.1987 (RhPfGVBl 64), Gesetz vom 20.7.1998 (RhPfGVBl 216), Gesetz vom 5.4.2005 (RhPfGVBl 95) und Gesetz vom 22.12.2009 (RhPfGVBl 413) – Auszug –

Zweiter Teil
Ausführung des Gesetzes über die Zwangsversteigerung und die Zwangsverwaltung

§ 4 Öffentliche Lasten

Öffentliche Lasten eines Grundstücks im Sinne des § 10 Abs. 1 Nr. 3 und des § 156 Abs. 1 des Gesetzes über die Zwangsversteigerung und die Zwangsverwaltung sind, soweit sie nicht bereits in anderen Rechtsvorschriften als solche bestimmt sind, Abgaben und Leistungen, die auf dem Grundstück lasten und nicht auf einer privatrechtlichen Verpflichtung beruhen.

§ 5 Bestehenbleibende Rechte

(1) Die Rechte an dem Grundstück, die nach landesrechtlichen Vorschriften zur Wirksamkeit gegenüber dem öffentlichen Glauben des Grundbuches der Eintragung nicht bedürfen, bleiben auch dann bestehen, wenn sie bei der Feststellung des geringsten Gebots nicht berücksichtigt sind.

(2) Das gleiche gilt, unbeschadet der Vorschrift des § 9 Abs. 2 des Einführungsgesetzes zu dem Gesetz über die Zwangsversteigerung und die Zwangsverwaltung, für die im Grundbuch als Leibgeding, Leibzucht, Altenteil oder Auszug eingetragenen Dienstbarkeiten und Reallasten sowie für Grunddienstbarkeiten, die zur Wirksamkeit gegenüber dem öffentlichen Glauben des Grundbuches der Eintragung nicht bedürfen.

§ 6 Befreiung von der Sicherheitsleistung

Für ein Gebot einer Gemeinde, eines Gemeindeverbandes, einer öffentlich-rechtlichen Kreditanstalt oder einer öffentlich-rechtlichen Sparkasse kann keine Sicherheitsleistung verlangt werden.

§ 7 *[weggefallen]*

§ 8 Aufgebot eines unbekannten Berechtigten

(1) In dem Aufgebotsverfahren zum Zwecke der Ausschließung eines unbekannten Berechtigten von der Befriedigung aus einem zugeteilten Betrag erfolgt die öffentliche Bekanntmachung des Aufgebots durch Anheften an die Gerichtstafel und einmalige Einrückung in das für Bekanntmachungen des Gerichts bestimmte Blatt. Das Gericht ist befugt, noch andere und wiederholte Veröffentlichungen zu veranlassen. Ist der zugeteilte Betrag gering, so kann das Gericht anordnen, daß die Einrückung unterbleibt; in diesem Fall muß die Bekanntmachung dadurch erfolgen, daß das Aufgebot an die Gerichtstafel angeheftet und in der Gemeinde, in deren Gebiet das Grundstück belegen ist, nach den für öffentliche Bekanntmachungen der Gemeinde geltenden Vorschriften veröffentlicht wird.

(2) Die Aufgebotsfrist muß mindestens sechs Wochen betragen. Sie beginnt mit der ersten Einrückung in das für Bekanntmachungen des Gerichts bestimmte Blatt. Ordnet das Gericht an, daß die Einrückung unterbleibt, so beginnt die Frist mit dem Anheften an die Gerichtstafel.

Landesgesetz über die freiwillige Gerichtsbarkeit

vom 12.10.1995 (RhPfGVBl 421) mit Änderung durch Gesetz vom 22.12.2009 (RhPfGVBl 423) – Auszug –

§ 19a Aufgebotsverfahren zum Zwecke der Kraftloserklärung von Urkunden aufgrund der §§ 808 und 1162 des Bürgerlichen Gesetzbuches

(1) Bei Aufgeboten aufgrund des § 808 Abs. 2 des Bürgerlichen Gesetzbuches tritt an die Stelle der in § 435 Abs. 1, § 478 Abs. 2 Satz 1 und Abs. 3, § 480 Abs. 1 Satz 3 und § 482 Abs. 1 Satz 3 FamFG genannten öffentlichen Bekanntmachung durch Veröffentlichung in dem elektronischen Bundesanzeiger die öffentliche Bekanntmachung durch Veröffentlichung in dem für Bekanntmachungen des Gerichts bestimmten Blatt. Das Gleiche gilt, soweit die Anwendung der in Satz 1 genannten Vorschriften des Gesetzes über das Verfahren in Familiensachen und in den Angelegenheiten der freiwilligen Gerichtsbarkeit in Betracht kommt, bei Aufgeboten auf Grund des § 1162 des Bürgerlichen Gesetzbuches.

(2) Die Aufgebotsfrist muß mindestens sechs Wochen betragen. Sie beginnt mit der ersten Veröffentlichung in dem für Bekanntmachungen des Gerichts bestimmten Blatt. Diese Veröffentlichung tritt im Falle des § 475 FamFG an die Stelle der Veröffentlichung in dem elektronischen Bundesanzeiger.

Saarland

Gesetz zur Ausführung
bundesrechtlicher Justizgesetze (AGJusG)

vom 5.2.1997 (SaarlAmtsbl 258) mit Änderungen durch Gesetz vom 16.10.1997 (SaarlAmtsbl 1130), Gesetz vom 24.6.1998 (SaarlAmtsbl 518), Gesetz vom 21.2.2001 (SaarlAmtsbl 532), Gesetz vom 7.11.2001 (SaarlAmtsbl 2158) und Gesetz vom 15.2.2006 (SaarlAmtsbl 474) – Auszug –

Zweiter Teil
Ausführung von Verfahrensrecht

Kapitel 2
Ausführungsvorschriften zur Zivilprozeßordnung

§ 38   Aufgebotsverfahren bei Urkunden nach §§ 808 und 1162 BGB

(1) Bei Aufgeboten zum Zweck der Kraftloserklärung von Urkunden auf Grund des § 808 Abs. 2 des Bürgerlichen Gesetzbuchs tritt an die Stelle der in § 1017 Abs. 2 Satz 1, § 1017 Abs. 3, § 1019 Abs. 1 Satz 2, § 1020 Satz 3 und § 1022 Abs. 1 Satz 3 der Zivilprozeßordnung genannten öffentlichen Bekanntmachung durch Einrückung in den Bundesanzeiger die öffentliche Bekanntmachung durch Einrückung in das Amtsblatt des Saarlandes. Das gleiche gilt bei Aufgeboten auf Grund des § 1162 des Bürgerlichen Gesetzbuchs, soweit die Anwendung der in Satz 1 genannten Vorschriften der Zivilprozeßordnung in Betracht kommt.

(2) Die Aufgebotsfrist muß mindestens sechs Wochen betragen. Sie beginnt mit der ersten Veröffentlichung im Amtsblatt. Diese Veröffentlichung tritt im Falle des § 1014 der Zivilprozeßordnung an die Stelle der Einrückung in den Bundesanzeiger.

Kapitel 3
Ausführungsvorschriften zum Gesetz
überdie Zwangsversteigerung und die Zwangsverwaltung

Erster Abschnitt
Allgemeine Vorschriften

§ 41   Auszug aus dem Liegenschaftskataster

Dem Antrag auf Zwangsversteigerung soll ein das Grundstück betreffender neuester Auszug aus dem Liegenschaftskataster beigefügt werden, soweit er nach den Vorschriften des § 16 des Saarländischen Vermessungs- und Katastergesetzes vom 16. Oktober 1997 (Amtsbl. S. 1130) in der jeweils geltenden Fassung erteilt werden kann.

§ 42   Öffentliche Lasten

Öffentliche Lasten eines Grundstücks im Sinne des § 10 Abs. 1 Nr. 3 und des § 156 Abs. 1 sind, soweit sie nicht bereits in anderen Rechtsvorschriften als solche bestimmt sind, Abgaben und Leistungen, die auf dem Grundstück lasten und nicht auf einer privatrechtlichen Verpflichtung beruhen.

§ 43   Bestehenbleibende Rechte

(1) Die Rechte an dem Grundstück, die nach landesrechtlichen Vorschriften zur Wirksamkeit gegenüber dem öffentlichen Glauben des Grundbuchs der Eintragung nicht bedürfen, bleiben auch dann bestehen, wenn sie bei der Feststellung des geringsten Gebots nicht berücksichtigt sind.

(2) Das Gleiche gilt, unbeschadet der Vorschrift des § 9 Abs. 2 des Einführungsgesetzes zu dem Gesetz über die Zwangsversteigerung und die Zwangsverwaltung in der im Bundesgesetzblatt Teil III, Gliederungsnummer 310-13, veröffentlichten bereinigten Fassung, zuletzt

geändert durch Artikel 1 Abs. 2 Nr. 1 des Gesetzes vom 20. Dezember 1996 (BGBl. I S. 2028), in ihrer jeweils geltenden Fassung für die im Grundbuch als Leibgeding, Leibzucht, Altenteil oder Auszug eingetragenen Dienstbarkeiten und Reallasten sowie für Grunddienstbarkeiten, die zur Wirksamkeit gegenüber dem öffentlichen Glauben des Grundbuchs der Eintragung nicht bedürfen.

§ 44 Befreiung von der Sicherheitsleistung

Für das Gebot einer Gemeinde, eines Gemeindeverbandes, einer öffentlichrechtlichen Kreditanstalt oder einer öffentlich-rechtlichen Sparkasse kann eine Sicherheitsleistung nicht verlangt werden.

§ 45 Aufgebot eines unbekannten Berechtigten

(1) In dem Aufgebotsverfahren zum Zweck der Ausschließung eines unbekannten Berechtigten von der Befriedigung aus einem zugeteilten Betrag erfolgt die öffentliche Bekanntmachung des Aufgebots durch Anheften an die Gerichtstafel und einmalige Veröffentlichung im Amtsblatt des Saarlandes. Das Gericht ist befugt, noch andere und wiederholte Veröffentlichungen zu veranlassen. Ist der zugeteilte Betrag gering, kann das Gericht anordnen, daß die Veröffentlichung unterbleibt; in diesem Fall muß die Bekanntmachung dadurch erfolgen, daß das Aufgebot an die Gerichtstafel angeheftet und in der Gemeinde, in deren Gebiet das Grundstück belegen ist, nach den für die öffentlichen Bekanntmachungen der Gemeinde geltenden Vorschriften veröffentlicht wird.

(2) Die Aufgebotsfrist muß mindestens sechs Wochen betragen. Sie beginnt mit der Veröffentlichung im Amtsblatt. Ordnet das Gericht an, daß die Veröffentlichung unterbleibt, beginnt die Frist mit dem Anheften an die Gerichtstafel.

§ 46 Inhalt der Terminsbestimmung

Die Bestimmung des Versteigerungstermins nach §§ 37, 38 des Gesetzes über die Zwangsversteigerung und die Zwangsverwaltung soll auch die Angabe der postalischen Anschrift des zu versteigernden Grundstücks enthalten.

Zweiter Abschnitt
Sondervorschriften für Bergwerkseigentum

§ 47 Rangordnung von Rechten

Die Ansprüche der in einem Dienst- oder Arbeitsverhältnis zu dem Bergbauunternehmen stehenden Personen, insbesondere der Bergleute, auf Lohn oder andere Bezüge stehen wegen der laufenden und der aus dem letzten Jahr rückständigen Beträge den in § 10 Abs. 1 Nr. 2 bezeichneten Ansprüchen gleich.

§ 48 Vorlage der Verleihungsurkunde

Dem Antrag auf Zwangsversteigerung oder Zwangsverwaltung ist eine vom Oberbergamt oder notariell beglaubigte Abschrift der Berechtsamsurkunde beizufügen.

§ 49 Umfang der Beschlagnahme

Die Beschlagnahme im Zwangsversteigerungsverfahren umfaßt nicht die bereits gewonnenen Mineralien.

§ 50 Mitteilungspflicht

(1) Das Vollstreckungsgericht hat dem Oberbergamt die Anordnung der Zwangsversteigerung oder der Zwangsverwaltung und die Aufhebung des Verfahrens mitzuteilen. Gleiches gilt von der Anordnung von Maßregeln, durch die der Schuldner in der Verwaltung des Bergwerks beschränkt wird, und vom rechtskräftigen Zuschlag.

(2) Im Falle der Bestellung eines Verwalters hat das Vollstreckungsgericht dem Oberbergamt auch die Person des Verwalters mitzuteilen.

Schleswig-Holstein

[Preußisches] Ausführungsgesetz zum Reichsgesetz über die Zwangsversteigerung und die Zwangsverwaltung

vom 23.9.1899 (PrGS 291) i.d.F. der Bekanntmachung in der Sammlung des schleswig-holsteinischen Landesrechts II (GS SchlH II Nr. B 310-2) mit Änderung durch Gesetz vom 1.2.1979 (BGBl I 127); in den früher hamburgischen, lübeckischen, mecklenburgischen und oldenburgischen Landesteilen in Kraft gesetzt infolge Aufhebung partiellen Landesrechts und des § 2 Buchst. a Nr. 5 der Verordnung vom 18.3.1938 (PrGS 40) durch Gesetz vom 5.4.1971 (GVOBl SchlH 182)

Erster Abschnitt
Zwangsversteigerung und Zwangsverwaltung von Grundstücken im Wege der Zwangsvollstreckung

Art. 1

(1) Öffentliche Lasten eines Grundstücks im Sinne des § 10 Abs. 1 Nr. 3 und des § 156 Abs. 1 des Reichsgesetzes über die Zwangsversteigerung und die Zwangsverwaltung vom 24. März 1897 sind:

1. die zur Erfüllung der Deichpflicht erforderlichen Beiträge und Leistungen, ohne Unterschied, ob sie von der zuständigen Staatsbehörde ausgeschrieben sind oder aus der auf einem Deichverbände beruhenden Deichpflicht entspringen,
2. die auf einem nicht privatrechtlichen Titel beruhenden Abgaben und Leistungen, die auf dem Grundstücke nach Gesetz oder Verfassung haften (gemeine Lasten).

(2) *[weggefallen]*

Art. 2

Zu den gemeinen Lasten gehören namentlich:

1. Abgaben und Leistungen, die aus dem Kommunal-, Kirchen-, Pfarr- oder Schulverband entspringen oder an Kirchen, Pfarren, Schulen, Kirchen- oder Schulbediente zu entrichten sind;
2. Beiträge, die aus der Verpflichtung zu öffentlichen Wege-, Wasser- oder Uferbauten entstehen;
3. Beiträge, die an öffentliche Meliorationsgenossenschaften oder andere einen gemeinnützigen Zweck verfolgende Körperschaften des öffentlichen Rechtes, insbesondere an Verbände, welche die Versicherung ihrer Mitglieder gegen den durch Brand, Hagelschlag oder Viehsterben entstehenden Schaden bezwecken, zu entrichten sind;
4. diejenigen Beiträge zur Entschädigung oder zu den Kosten der Schutzanlagen, welche nach Maßgabe des Waldgesetzes für das Land Schleswig-Holstein vom 18. März 1971 (GVOBl. Schl.-H. S. 94) den Eigentümern gefährdeter oder gefahrbringender Grundstücke auferlegt sind.

Art. 3

(1) In Ansehung des Rechtes auf Befriedigung aus dem Grundstücke stehen den öffentlichen Lasten gleich:

1. die an die Rentenbanken oder die Tilgungskassen abgetretenen Renten, die Landesrentenbankrenten der Deutschen Landesrentenbank[12] sowie die an die Staatskasse zu entrichtenden Ablösungsrenten;
2. wenn das Grundstück bei einer Auseinandersetzung beteiligt ist, die im § 7 Nr. 6 des Gesetzes über das Kostenwesen in Auseinandersetzungssachen vom 24. Juni 1875 (Gesetz-

---

12 Vgl. Abschnitt „Berlin" Fn. 5 zu Art. 9 PrAGZVG.

samml. S. 397)¹³ bezeichneten Kosten und Terminalvorschüsse auch außerhalb des ursprünglichen Geltungsbereichs des genannten Gesetzes.

(2) *[weggefallen]*

Art. 4

(1) Dem Antrag auf Zwangsversteigerung soll ein das Grundstück betreffender neuester Auszug aus dem Liegenschaftsbuch und dem Gebäudebuch beigefügt werden, soweit er nach Lage der Bücher erteilt werden kann.

(2) *[weggefallen]*

Art. 5

Für die Bekanntmachung der Terminsbestimmung werden die Schleswig-Holsteinischen Anzeigen, Teil B, bestimmt.

Art. 6

(1) Die Rechte an dem Grundstücke, die nach Artikel 22 des Ausführungsgesetzes zum Bürgerlichen Gesetzbuch oder nach sonstigen landesgesetzlichen Vorschriften zur Wirksamkeit gegenüber dem öffentlichen Glauben des Grundbuchs der Eintragung nicht bedürfen, bleiben auch dann bestehen, wenn sie bei der Feststellung des geringsten Gebots nicht berücksichtigt sind.

(2) Das gleiche gilt, unbeschadet der Vorschrift des § 9 Abs. 2 des Einführungsgesetzes zum Reichsgesetze, von den im Grundbuch als Leibgedinge, Leibzucht, Altenteil oder Auszug eingetragenen Dienstbarkeiten und Reallasten sowie von Grunddienstbarkeiten, die zur Wirksamkeit gegenüber dem öffentlichen Glauben des Grundbuchs der Eintragung nicht bedürfen.

Art. 7 *[gegenstandslose Übergangsvorschrift]*

Art. 8 *[weggefallen]*

Art. 9¹⁴

Für ein Gebot einer Gemeinde oder eines Gemeindeverbandes, der Preußischen Staatsbank (Seehandlung), der Deutschen Genossenschaftskasse in Frankfurt/M., der Deutschen Landesrentenbank, der Deutschen Pfandbriefanstalt in Wiesbaden, einer landschaftlichen, ritterschaftlichen, stadtschaftlichen, städtischen provinzialen oder sonstigen öffentlich-rechtlichen Kreditanstalt oder einer öffentlichen Sparkasse kann Sicherheitsleistung nicht verlangt werden.

Art. 10 und 11 *[weggefallen]*

Art. 12

(1) Im Falle des § 6 Abs. 2 des Gesetzes, betreffend die Zwangsvollstreckung aus Forderungen landschaftlicher (ritterschaftlicher) Kreditanstalten, vom 3. August 1897 (Gesetzsamml. S. 388) findet die Vorschrift des § 155 Abs. 1 des Reichsgesetzes auch auf die Ausgaben und Kosten der durch die Kreditanstalt eingeleiteten Zwangsverwaltung Anwendung.

(2) Der Kreditanstalt steht wegen ihrer Ausgaben zur Erhaltung oder nötigen Verbesserung des Grundstücks ein Recht auf Befriedigung nach § 10 Abs. 1 Nr. 1 des Reichsgesetzes auch insoweit zu, als sie die Ausgaben während der von ihr eingeleiteten Zwangsverwaltung aufgewendet hat. Im Falle der Zwangsversteigerung gilt dies auch dann, wenn die von der Kreditanstalt eingeleitete Zwangsverwaltung bis zum Zuschlage fortdauert.

---

13 Richtig: S. 395; aufgehoben durch Gesetz vom 4.4.1961 (GVOBl SchlH 47), soweit nicht früher Gültigkeit verloren.
14 Vgl. Abschnitt „Berlin" Fn. 5 zu Art. 9 PrAGZVG.

(3) Die Kreditanstalt ist berechtigt, von den im Abs. 2 bezeichneten Ausgaben seit der Zeit der Aufwendung Zinsen mit dem Range des Anspruchs auf Ersatz der Ausgaben in Ansatz zu bringen.

Art. 13

Ist bei der Verteilung eines im Zwangsverwaltungsverfahren erzielten Überschusses ein Anspruch aus einem eingetragenen Rechte zu berücksichtigen, wegen dessen der Berechtigte Befriedigung aus dem Grundstücke lediglich im Wege der Zwangsverwaltung suchen kann, so ist in den Teilungsplan der ganze Betrag des Anspruchs aufzunehmen.

Art. 14

(1) In dem Aufgebotsverfahren zum Zwecke der Ausschließung eines unbekannten Berechtigten von der Befriedigung aus einem zugeteilten Betrag erfolgt die öffentliche Bekanntmachung des Aufgebots nach den für die öffentliche Bekanntmachung eines Versteigerungstermins geltenden Vorschriften. Die Befugnis des Gerichts zu einer Anordnung gemäß § 39 Abs. 2 des Reichsgesetzes über die Zwangsversteigerung und die Zwangsverwaltung besteht jedoch in jedem Falle ohne Rücksicht auf den Wert des Grundstücks.

(2) Die Aufgebotsfrist muß mindestens drei Monate betragen.

Zweiter Abschnitt

Art. 15 bis 21   *[weggefallen]*

Dritter Abschnitt
Zwangsversteigerung und Zwangsverwaltung in besonderen Fällen

Art. 22

Die Vorschriften der §§ 172 bis 184 des Reichsgesetzes gelten mit den Änderungen, die sich aus dem ersten ... Abschnitte dieses Gesetzes ergeben, auch für Bergwerkseigentum, unbewegliche Bergwerksanteile und selbständige Gerechtigkeiten.

Art. 23[15]

Auf die Zwangsversteigerung eines Bergwerkes oder eines Bergwerksanteils nach den §§ 159, 161, 162, 234, 235g des Allgemeinen Berggesetzes[16] finden die Vorschriften, die für die Zwangsversteigerung im Wege der Zwangsvollstreckung gelten, entsprechende Anwendung, soweit sich nicht aus den Artikeln 24 bis 27 ein anderes ergibt.

Art. 24[15]

(1) Der Antragsteller hat die Tatsachen, welche sein Recht zur Stellung des Antrags begründen, soweit sie nicht bei dem Gericht offenkundig sind, durch Urkunden glaubhaft zu machen.

(2) Ist der Antrag von einem nach § 159 Abs. 1 des Allgemeinen Berggesetzes Berechtigten gestellt, so sind mit dem Beschlusse, durch den die Zwangsversteigerung angeordnet wird, der Antrag und, wenn der Berechtigte nicht im Grundbuch eingetragen ist, die im Abs. 1 bezeichneten Urkunden dem Bergwerkseigentümer zuzustellen.

---

15   Die in GS SchlH II Nr. B 310-2 abgedruckten und bisher nicht förmlich aufgehobenen Art. 23 bis 27 werden im Fundstellennachweis des schleswig-holsteinischen Landesrechts als „gegenstandslos (Ges. v. 13. 8. 1980, BGBl. I S. 1310)" (= Bundesberggesetz) bezeichnet; ähnlich in der Internet-Fassung des Landesrechts (http://sh.juris.de/sh/gesamt/ZVGAG_SH.htm).
16   Aufgehoben durch Bundesberggesetz vom 13.8.1980 (BGBl I 1310); zur weiteren Anwendung des darauf bezogenen ZVG-Landesrechts vgl. § 2 EGZVG Rdn. 3.

Art. 25[15]

Auf Antrag des Bergwerkseigentümers darf die Zwangsversteigerung nur angeordnet werden, wenn der Antragsteller als Eigentümer im Grundbuch eingetragen oder wenn er Erbe des eingetragenen Eigentümers ist.

Art. 26[15]

Ist die Zwangsversteigerung eines Bergwerkes auf Antrag des Bergwerkseigentümers oder die Zwangsversteigerung eines Bergwerksanteils auf Antrag der Gewerkschaft angeordnet oder hat der Bergwerkseigentümer nach den §§ 161, 162 des Allgemeinen Berggesetzes auf das Bergwerkseigentum verzichtet, so gilt der Beschluß, durch den das Verfahren angeordnet wird, nicht als Beschlagnahme. Im Sinne der §§ 13, 55 des Gesetzes über die Zwangsversteigerung und die Zwangsverwaltung ist jedoch die Zustellung des Beschlusses an den Antragsteller als Beschlagnahme anzusehen.

Art. 27[15]

Die Vorschriften über das geringste Gebot finden keine Anwendung. Das Meistgebot ist in seinem ganzen Betrage durch Zahlung zu berichtigen.

Art. 28 bis 32   *[weggefallen]*

Vierter Abschnitt
Schluß- und Übergangsbestimmungen

Art. 33   *[gegenstandslose Übergangsvorschrift]*

Art. 34

Die Verfassungen und Satzungen der landschaftlichen (ritterschaftlichen) Kreditanstalten und der provinzial-(kommunal-)ständischen öffentlichen Grundkreditanstalten werden, auch soweit sie den Anstalten weitergehende Befugnisse gewähren, durch die Vorschriften dieses Gesetzes nicht berührt.

Art. 35 bis 41   *[hier nicht abgedruckt; betreffen Verteilung einer Entschädigungssumme bei Enteignung]*

Art. 42 und 43   *[gegenstandslose Übergangsvorschriften]*

Art. 44 bis 46   *[weggefallen]*

Art. 47   *[gegenstandslose Übergangsvorschrift]*

Art. 48

(1) Dieses Gesetz tritt gleichzeitig mit dem Reichsgesetz in Kraft.
(2) *[gegenstandslos wegen Wegfalls des Art. 46]*

Preußisches Gesetz über die freiwillige Gerichtsbarkeit

vom 21.9.1899 (PrGS 249) i.d.F. der Bekanntmachung in der Sammlung des schleswig-holsteinischen Landesrechts II (GS SchlH II Nr. B 315-1) mit Änderung durch Gesetz vom 27.3.2012 (GVOBl SchlH 426); in den nach dem Groß-Hamburg-Gesetz auf Preußen übergegangenen Gebietsteilen in Kraft gesetzt durch Verordnung vom 18.3.1938 (PrGS 40) – **Auszug** –

Art. 127a   Bekanntmachung des Aufgebots

(1) Bezweckt das Aufgebotsverfahren die Kraftloserklärung einer Urkunde der in § 808 des Bürgerlichen Gesetzbuchs bezeichneten Art, so erfolgt die Veröffentlichung des Aufgebots und der in § 478 Abs. 2, 3 sowie in § 480 Abs. 1 oder § 482 Abs. 1 des Gesetzes über das Verfahren in Familiensachen und in den Angelegenheiten der freiwilligen Gerichtsbarkeit vorgeschriebenen Bekanntmachungen, unbeschadet der Vorschriften des § 470, durch einmalige Einrückung in die Schleswig-Holsteinischen Anzeigen, Teil B. Diese Einrückung unterbleibt,

soweit die Veröffentlichung aufgrund der Vorschriften des § 470 des Gesetzes über das Verfahren in Familiensachen und in den Angelegenheiten der freiwilligen Gerichtsbarkeit durch Einrückung in den Bundesanzeiger erfolgen muss. Die öffentliche Bekanntmachung des Aufgebots erfolgt außerdem durch Aushang an der Gerichtstafel oder durch Einstellung in ein elektronisches Informationssystem, das im Gericht öffentlich zugänglich ist. Das Gericht kann anordnen, dass die Einrückung noch in andere Blätter und zu mehreren Malen erfolgen oder dass die Einrückung in die Schleswig-Holsteinischen Anzeigen, Teil B, abgesehen von dem Falle des Satzes 2, unterbleibt und durch Maßnahmen nach Satz 3 ersetzt werden soll.

(2) Unterbleibt die Bekanntmachung des Aufgebots im Bundesanzeiger, so beginnt die Aufgebotsfrist mit der ersten Bekanntmachung in die Schleswig-Holsteinischen Anzeigen, Teil B. Diese Einrückung tritt in dem bezeichneten Falle bei Anwendung des § 475 des Gesetzes über das Verfahren in Familiensachen und in den Angelegenheiten der freiwilligen Gerichtsbarkeit an die Stelle der Einrückung in den Bundesanzeiger.

Art. 127b Aufgebote aufgrund besonderer Bestimmungen

Bei Aufgeboten aufgrund der §§ 887, 927, 1104, 1112, 1170, 1171 des Bürgerlichen Gesetzbuchs, des § 110 des Binnenschifffahrtsgesetzes in der Fassung der Bekanntmachung vom 20. Mai 1898 (RGBl. S. 369, 868), zuletzt geändert durch Artikel 7 des Gesetzes vom 31. Juli 2009 (BGBl. I S. 2585), sowie der §§ 66 und 67 des Gesetzes über Rechte an eingetragenen Schiffen und Schiffsbauwerken vom 15. November 1940 (RGBl. S. 1499), zuletzt geändert durch Artikel 29 des Gesetzes vom 8. Dezember 2010 (BGBl. I S. 1864), erfolgt die Veröffentlichung des Aufgebots und des Ausschließungsbeschlusses in der in Artikel 127a bestimmten Art.

Bei Aufgeboten aufgrund des § 1162 des Bürgerlichen Gesetzbuchs oder des § 136 des Gesetzes über die Zwangsversteigerung und die Zwangsverwaltung in der Fassung der Bekanntmachung vom 20. Mai 1898 (RGBl. S. 369, 713), zuletzt geändert durch Artikel 4 des Gesetzes vom 29. Juli 2009 (BGBl. I S. 2258), erfolgt die Veröffentlichung des Aufgebots, des Ausschließungsbeschlusses und des in § 478 Abs. 3 des Gesetzes über das Verfahren in Familiensachen und in den Angelegenheiten der freiwilligen Gerichtsbarkeit bezeichneten Beschlusses in der in Artikel 127a bestimmten Art.

Die Vorschriften des Gesetzes über das Verfahren in Familiensachen und in den Angelegenheiten der freiwilligen Gerichtsbarkeit über das Aufgebotsverfahren finden auf Aufgebote, deren Zulässigkeit auf landesgesetzlichen Vorschriften beruht, nur Anwendung, wenn nach den bestehenden Vorschriften der Eintritt von Rechtsnachteilen durch besonderen Beschluss des Gerichts festgestellt werden muss.

Thüringen

Thüringer Gesetz zur Ausführung des Gesetzes über die Zwangsversteigerung und die Zwangsverwaltung (ThürAGZVG)

vom 3.12.2002 (ThürGVBl 424) mit Änderung durch Gesetz vom 9.9.2010 (ThürGVBl 291)

Erster Abschnitt
Allgemeine Bestimmungen

§ 1 Öffentliche Lasten

Öffentliche Lasten eines Grundstücks im Sinne des § 10 Abs. 1 Nr. 3 und des § 156 Abs. 1 des Gesetzes über die Zwangsversteigerung und die Zwangsverwaltung in der Fassung vom 20. Mai 1898 (RGBl. S. 369, 713) in der jeweils geltenden Fassung sind, soweit sie nicht bereits in anderen Rechtsvorschriften als solche bestimmt sind, Abgaben und Leistungen, die auf dem Grundstück lasten und nicht auf einer privatrechtlichen Verpflichtung beruhen.

§ 2 Veröffentlichung der Terminsbestimmung

(1) Die Terminsbestimmung soll auch in der Gemeinde, in deren Bezirk das Grundstück liegt, nach den für die öffentlichen Bekanntmachungen der Gemeinde geltenden Vorschriften veröffentlicht werden.

(2) § 39 Abs. 2 des Gesetzes über die Zwangsversteigerung und die Zwangsverwaltung bleibt unberührt.

§ 3 Nicht eingetragene Grundbuchrechte, Altenteil

(1) Die Rechte an dem Grundstück, die nach landesrechtlichen Vorschriften zur Wirksamkeit gegenüber dem öffentlichen Glauben des Grundbuchs der Eintragung nicht bedürfen, bleiben auch dann bestehen, wenn sie bei der Feststellung des geringsten Gebots nicht berücksichtigt sind.

(2) Das Gleiche gilt, unbeschadet des § 9 Abs. 2 des Einführungsgesetzes zu dem Gesetz über die Zwangsversteigerung und die Zwangsverwaltung in der Fassung vom 20. Mai 1898 (RGBl. S. 369, 750) in der jeweils geltenden Fassung, für die im Grundbuch als Leibgedinge, Leibzucht, Altenteil oder Auszug eingetragenen Dienstbarkeiten und Reallasten sowie für Grunddienstbarkeiten, die zur Wirksamkeit gegenüber dem öffentlichen Glauben des Grundbuchs der Eintragung nicht bedürfen.

§ 4 Befreiung von der Sicherheitsleistung

Für das Gebot einer Gemeinde, eines Gemeindeverbands, einer öffentlich-rechtlichen Kreditanstalt oder einer öffentlich-rechtlichen Sparkasse kann eine Sicherheitsleistung nicht verlangt werden.

§ 5 Aufgebot eines unbekannten Berechtigten

(1) In dem Aufgebotsverfahren zum Zwecke der Ausschließung eines unbekannten Berechtigten von der Befriedigung aus einem zugeteilten Betrag erfolgt die öffentliche Bekanntmachung des Aufgebots durch Anheften an die Gerichtstafel und einmalige Veröffentlichung im Thüringer Staatsanzeiger. Das Gericht ist befugt, noch andere und wiederholte Veröffentlichungen zu veranlassen. Ist der zugeteilte Betrag gering, kann das Gericht anordnen, dass die Veröffentlichung unterbleibt; in diesem Fall muss die Bekanntmachung dadurch erfolgen, dass das Aufgebot an die Gerichtstafel angeheftet und in der Gemeinde, in deren Gebiet das Grundstück gelegen ist, nach den für die öffentlichen Bekanntmachungen der Gemeinde geltenden Vorschriften veröffentlicht wird.

(2) Die Aufgebotsfrist muss mindestens sechs Wochen betragen. Sie beginnt mit der Veröffentlichung im Thüringer Staatsanzeiger. Ordnet das Gericht an, dass die Veröffentlichung unterbleibt, beginnt die Frist mit dem Anheften an die Gerichtstafel.

Zweiter Abschnitt
Sonderbestimmungen für Bergwerkseigentum

§ 6 *[weggefallen]*

§ 7 **Vorlage der Berechtsamsurkunde**

Dem Antrag auf Zwangsversteigerung oder Zwangsverwaltung ist eine vom Landesbergamt oder eine notariell beglaubigte Abschrift der Berechtsamsurkunde beizufügen.

§ 8 **Mitteilungspflicht**

(1) Das Vollstreckungsgericht hat dem Landesbergamt die Anordnung der Zwangsversteigerung oder der Zwangsverwaltung und die Aufhebung des Verfahrens mitzuteilen. Gleiches gilt für die Anordnung von Maßregeln, durch die der Schuldner in der Verwaltung des Bergwerks beschränkt wird, und vom rechtskräftigen Zuschlag.

(2) Im Fall der Bestellung eines Verwalters hat das Vollstreckungsgericht dem Landesbergamt auch die Person des Verwalters mitzuteilen.

§ 9 **Gleichstellungsbestimmung**

Status- und Funktionsbezeichnungen in diesem Gesetz gelten jeweils in männlicher und weiblicher Form.

Stichwortverzeichnis

Die **fetten Zahlen** verweisen auf den Paragrafen (EG = EGZVG), die magere(n) Zahl(en) auf die entsprechende(n) Randnummer(n).

A

Abbaurecht vor 15,14
Ablösung
- Ablösungsberechtigter **75,**30
- Ablösungsrecht **75,**21
- Auskunft **75,**31
- des Gläubigers **75,**21
- einstweilige Einstellung **75,**38
- Forderungshöhe **75,**31
- Forderungsübergang **75,**36
- Hausgeldansprüche **10,**26.1, 84
- Insolvenzansprüche **75,**23
- keine Beeinträchtigung **75,**43
- nach Schluss der Bietzeit **75,**41
- öffentliche Grundstückslast **75,**22
- Rangposition **75,**39
- Teilablösung **75,**37
- während des Termins **75,**42
- Wohnungseigentümergemeinschaft (Hausgeld) **75,**22
- Zahlungsnachweis **75,**35
- Zweck der Ablösung **75,**25

Abweichende Versteigerungsbedingung
- Altenteil **59,**50
- Anfechtung **59,**48
- Antrag **59,**5
- Antragsform **59,**10
- Befriedigungsreihenfolge **59,**34
- Beteiligte **59,**9
- Dauerwohnrecht **59,**51
- Doppelausgebot **59,**23, 32, 36, 47, 60
- Erbbauzinsreallast **59,**45
- erhöhte Verzinsung (Bargebot) **59,**23
- erhöhte Verzinsung (Sicherungshypothek) **59,**25
- Erlöschen eines Rechtes **59,**47
- Flurbereinigung **59,**40
- Form der Zustimmung **59,**54
- Fortbestehen eines Rechtes **59,**41
- gesetzlicher Vertreter **59,**57
- Höhe der Gebote **59,**27
- Inhalt des Zuschlagsbeschlusses **59,**70
- mehrere Abweichungen **59,**12
- nicht erschienene Beteiligte **59,**55
- persönliche Ansprüche **59,**28
- Rangänderung **59,**48
- rechtliches Gehör **59,**11
- Rechtsmissbrauch **59,**7
- Schluss der Versteigerung **59,**20
- Sicherheitsleistung **59,**19,37
- Sonderkündigungsrecht **59,**35
- Teilungsversteigerung **180,**118
- Unterbrechung des Termins **59,**17
- Vergleich der Meistgebote **59,**64 ff.
- Versteigerungsgegenstand **59,**31
- Vertagung des Termins **59,**18
- Widerruf der Zustimmung **59,**56
- WoBindG **59,**29
- Zahlung des Bargebots **59,**39
- Zahlungsfristen **59,**38
- Zeitpunkt des Antrags **59,**13
- Zuschlagsentscheidung **59,**61 ff.
- Zuschlagsversagungsgrund **59,**71
- Zustimmung des Eigentümers **59,**44
- Zustimmung eines Beteiligten **59,**42, 52
- zwingende Verfahrensvorschriften **59,**22

Abwrackung 162,9, 47, 53, 62

Akteneinsicht
- Auskunft 42,7
- Durchführung 42,5
- Personenkreis 42,2
- Rechtsbehelfe 42,8
- Umfang 42,3
- zeitliche Beschränkung 42,6

Altenteil
- Begriff 9 EG,4
- Belehrung 9 EG,8
- Doppelausgebot 9 EG,10
- Erlöschen 9 EG,10 ff.
- Hinweispflicht 9 EG,8
- Landesrecht 9 EG,7
- Schutz des rangbesseren Rechts 9 EG, 15
- Teilungsversteigerung 9 EG,13
- Wohnungsrecht 9 EG,5
- Zuschlagsentscheidung 9 EG,20

Altlasten
- Anwendungsbereich 152,19.2
- Aufsicht des Gerichts 152,19.21
- Eigentumserwerb 90,20
- Ersteher 152,19.10
- Grundpfandgläubiger 152,19.11
- Instrumentarium 152,19.4
- Verfahren 152,19.8
- Vergütung 152,19.23
- Verkehrswert 74a,47
- Verpflichtete (Sanierung) 152,19.7
- Versicherungsleistungen 152,19.22
- Versteigerungstermin 152,19.13
- Wertausgleich und Bodenschutzlastvermerk 152,19.12
- Zwangsversteigerung 152,19.13
- Zwangsverwaltung 152,19.1, 14 ff.

Anderweitige Verwertung
- Antrag 65,4
- Befriedigung des Gläubigers 65,17
- einstweilige Einstellung 65,19
- Entscheidung 65,8
- gerichtliche Anordnung 65,7
- Grundstückswert 65,12
- Rechtsbehelf 65,20
- Schutz des Grundpfandrechtsgläubigers 65,16
- Vollzug der Anordnung 65,13

Anfechtung
- Auflassung 17,13
- Insolvenzverwalter 17,15
- Zwangsverwalter 152,143.2

Anhörungsrüge s. Beschwerde und Rechtsbeschwerde

Anmeldung
- Anmeldung 37,18
- Beteiligter 9,13, 2
- Drittrechte 37,23
- entgegenstehende Rechte 37,22
- Glaubhaftmachung 37,18
- nicht grundbuchersichtliche Rechte 37,145 ff.
- Rechtsnachteile 37,19 ff.
- Schiffsgläubiger 168b,2

Anordnung
- Zwangsversteigerung s. Antrag
- Anordnungsbeschluss 146,60 f.
- Auflassungsvormerkung 146,30 f.
- Benachrichtigung 146,64
- durch Landgericht 15,19
- Eintragungsersuchen 146,64
- Insolvenzverwalterversteigerung 172,13
- Nachlassversteigerung 176,3
- neben Zwangsversteigerung 146,2
- Rechtsbehelfe 146,63
- Testamentsvollstrecker 146,27
- Tod des Schuldners 146,24 ff.
- Verbindung 146,62
- Verfahren vor 15,1
- Vor- und Nacherbschaft 146,28 f.
- Zuständigkeit 146,53 f.
- Zustellung 146,65

Anordnungs-/Beitrittsbeschluss
- Zustellung 8,2

Antrag
- Zwangsverwaltung s. Anordnung
- Aufklärungsverfügung 15,11
- Bagatellforderung 15,15
- Belehrung 15,9; 16,8
- Beschluss 15,5
- dinglicher Anspruch 16,12
- Eigentümer 16,5
- Eigenverwaltung 172,5
- Einrede der Verjährung 15,4

1708

Stichwortverzeichnis

- Erbe **175,**1; **177,**2
- Erbschaftskäufer **175,**5; **177,**2
- Form **16,**2
- Geldforderung **16,**8
- gerichtliche Prüfung **15,**3
- Gesamtvollstreckungsverwalter **172,**10
- Gesellschaftsvermögen **16,**5
- Gläubiger **16,**5
- Grundpfandrechtsbrief **16,**24
- Grundstücksbezeichnung **16,**3
- Inhalt **15,**2; **16,**2
- Insolvenzverwalter **172,**1, 6, 8, 9
- Konkursverwalter **172,**10
- Kosten **15,**23 ff.
- Kostenentscheidung **15,**7
- mehrere Anträge **15,**10
- Nachlasspfleger **175,**5, **177,**2
- Nachlassverwalter **175,**5, **177,**2
- öffentlich-rechtliche Forderung **16,**18
- Prozesskostenhilfe **15,**35
- Rechtsbehelf **15,**19 ff.
- Rechtsschutzbedürfnis **15,**12 ff.
- Teilungsversteigerung **180,**35 ff.; **181,**4
- Testamentsvollstrecker **175,**5, **177,**2
- Treuhänder **172,**4
- Urkunden **16,**22
- Vollstreckungskosten **16,**11
- Wertsicherungsklausel **16,**9
- Wohnungseigentumsgemeinschaft **16,**6
- Zinsen **16,**10
- Zustellung **15,**8
- Zwangssicherungshypothek **16,**13
- zwecklose Versteigerung **15,**17

Antragsrücknahme
- Aufhebung des Verfahrens **29,**12 ff.
- Aufhebungsbeschluss **29,**8, 9
- Form **29,**2
- gerichtliche Entscheidung **29,**9
- Inhalt **29,**2, 5
- Kosten **29,**19
- Rechtsbehelfe **29,**18
- Rechtsnachfolger **29,**4
- Umfang **29,**2, 6
- Unwirksamkeit **29,**10
- Vertretung **29,**3
- Wirkung **29,**7
- zeitliche Zulässigkeit **29,**11

Anwartschaftsrecht
- Beschlagnahme **20,**34
- Haftungsverband **20,**35

Arrest
- Luftfahrzeuge **171a,**17
- Schiffe **162,**19, **171,**4

Aufgebotsverfahren
- Anfechtungsklage **141,**7
- Anmeldung **140,**8
- Antrag **140,**3
- Antragsermächtigung **138,**2
- Ausführung des Plans nach Ausschließungsbeschluss **141,**2 ff.
- Ausschließungsbeschluss **140,**10
- Bekanntmachung **140,**6
- Ermächtigungsbeschluss **138,**5
- Ermächtigungswegfall **128,**6
- Eventualberechtigter **136,**4
- Hypothekenbrief **136,**2 ff.
- Kosten **140,**9
- Landesrecht **12 EG,**1
- vorbehaltene Rechte **141,**5
- zuständiges Gericht **140,**2 ff.
- Zustellung **140,**7

Aufhebung (Zwangsversteigerung)
- Beendigung **22,**12
- Beschluss **32,**2
- Bodenschutzlastvermerk **28,**13
- Bundesversorgungsgesetz **28,**14
- Dritteigentum **28,**17
- Eigentumsvormerkung **28,**15
- Einstellung des Verfahrens **28,**45
- einstweilige Verfügung **28,**16
- entgegenstehendes Recht **28,**8
- Flurbereinigung **28,**18
- gerichtliches Verfahren **28,**43 ff.
- herrenloses Grundstück **28,**20
- Insolvenz **28,**21 ff.
- Nacherbenrecht **28,**28
- Nachlassverwaltung **28,**31
- Nießbrauch **28,**32
- Rechtsbehelfe **28,**46
- Rechtshängigkeitsvermerk **28,**33

1709

- Reichsheimstätte 28,19
- Rückübertragungsanspruch 28,34
- Testamentsvollstreckung 28,37
- Unfallversicherung 28,36
- Verfügungsbeschränkung 28,9, 39
- Vermögensbeschlagnahme 28,38
- Versagung des Zuschlags 33,2
- Vollstreckungsmangel 28,9
- Vorkaufsrecht 28,41
- Widerspruch 28,42
- Zustellung 32,2

Aufhebung (Zwangsverwaltung)
- Abwicklungstätigkeiten 161,63 ff., 70.1 ff.
- Aufhebung des Zuschlagsbeschlusses 161,71.2
- Befriedigung des Gläubigers 161,72 ff.
- Beschlagnahme, Wegfall 161,7 ff., 17 ff.
- Beschluss 161,6
- entgegenstehende Rechte 161,81 f.
- Ersteher 161,48 ff.
- Ersteherabrechnung 161,55 ff.
- Grundbesitzabgaben 161,59
- Herausgabe des Grundstücks und der Nutzungen 161,25 ff.
- Herausgabe von Unterlagen 161,71.3 ff.
- Hinterlegung 161,83
- Miet- und Pachtvertrag 161,30, 51
- Nebenkostenabrechnung 161,31, 61
- Prozessführungsbefugnis 152,248; 161,38 ff., 68 ff., 70.1 ff.
- Rechnungslegung 161,42
- Rechtsbehelfe 161,16
- Rücknahme des Antrags 161,23 ff.
- sonstige Aufhebungsgründe 161,85 ff.
- unaufschiebbare Geschäfte 161,36 f.
- Verfahrensabschluss 161,29 ff.
- Versicherungsverträge 161,53 ff., 58
- Verträge 161,32 ff., 52
- Vorschüsse 161,41
- Vorschusszahlung 161,76 ff.
- Wirkung 161,7 ff.
- Wohngeld 161,57

- Zuschlagserteilung 161,44 ff.

Aufhebungsanspruch
- Teilungsversteigerung 180,10

Auflassungsvormerkung
s. geringstes Gebot
- Pfändung 48,7
- Wertersatz 92,33
- Zwangsverwaltung 146,30 f.

Aufsicht
- Anweisungen 153,14 ff.
- Bindungswirkung 153,20 ff.
- Entlassung 153,57 f.
- Erforderlichkeit 153,15 ff.
- Pflichtverletzung 153,13
- Prüfungsgegenstand 153,5
- Prüfungsumfang, -häufigkeit 153,6 f.
- Prüfungsunterlagen 153,8 ff.
- Rechtsbehelfe 153,62 ff.
- Sicherheitsleistung 153,45 ff.
- Unterhaltungsmaßnahmen 153,35 ff.
- Verfahren 153,24 ff.
- Vollstreckung 153,53 ff.
- Zustimmungsvorbehalte 153,27 ff.
- Zwangsgeld 153,49 ff.

Ausbietungsgarantie 66,55
Ausflaggung 162,5
Ausführungsgesetze 1 EG,7
Ausgleichsbetrag
- Teilungsversteigerung 182,9

Auskunft
- Akteneinsicht 42,7

Ausländer
- Gebote 71,6
- Zustellung 3,19 ff.; 4,11 f.; 171l,3

Ausländische Rechte 2 EG,22
Ausländische Währung 145a
- Registerpfandrecht 171e,2
- Schiffshypothek 168c,2; 171,38

Ausrüster
- Schuldner 164,3

Ausschluss der Aufhebung der Gemeinschaft
- Teilungsversteigerung 181,14
- Wertersatz 92,30

1710

Stichwortverzeichnis

Außergerichtliche Befriedigung
- Beteiligte 144,5
- Erinnerung 144,19
- Gegenstand 144,2
- gerichtliche Verteilung 144,21
- gerichtliches Verfahren 145,2 ff.
- Initiativrecht 144,3
- Kontrollteilungsplan 144,9
- Nachweis 144,4
- Rechtsbehelf 144,12
- Verteilungstermin 144,13
- Widerspruch 144,22
- Wirkung 144,8
- Zwangsvollstreckung gegen Ersteher 145,7

Außergerichtliche Einigung
- Beteiligte 143,6
- Gegenstand der Einigung 143,3
- gerichtlicher Beschluss 143,9
- Kosten 143,11
- Nachweis 143,7
- Rechtsbehelf 143,10
- Sicherheitsleistung 143,12
- Wirkung 143,13
- Zeitpunkt 143,8

B

Bagatellforderung 15,15
Bahneinheit vor 172,2, 8; 2 EG,9; 6 EG,2; 11 EG,2
Bahnunternehmen vor 15,65
Bankbürgschaft
s. Sicherheitsleistung
Bargebot
- geringstes Gebot 49,3
- Hinterlegung 49,15
- Scheckzahlung 49,10
- Verfahrenskosten 49,6
- Verzinsung 49,12
- Zahlung 49,8, 18
- Zahlungsanzeige 49,9

Baugesetzbuch vor 15,67
Baukostenzuschuss
- Ersteher 57,10
- Miteigentum 57,11
- Zwangsverwaltung 152,116, 176 ff.

Baulast
- Eigentumserwerb 90,22
Baupolizeibehörde vor 172,9; 2 EG,17
Bedingte Rechte s. geringstes Gebot
Befangenheitsantrag
- im Versteigerungstermin 66,20
- Rechtsmissbrauch 66,23
- Zuschlagsversagung 83,34

Befriedigungsfiktion
- Abtretung des Meistgebotes 114a,19 ff.
- Anspruch 114a,10
- Anwendungsbereich 114a,1, 3
- Drittsicherung 114a,14
- Gesamtrechte 114a,16
- Grundschuld 114a,11
- Grundstückswert 114a,4 ff.
- Löschungsanspruch 114a,18
- Meistbietender 81,5
- Strohmann 114a,25
- verdeckte Vertretung 114a,24
- vertraglicher Ausschluss 114a,27
- Verzicht 114a,29
- Voraussetzung 114a,6
- Zeitpunkt 114a,9
- Zwischenrechte 114a,15

Beitritt
- Anhängigkeit des Verfahrens 27,6
- Beschlagnahme 27,10
- Gesamtverfahren 27,1
- Identität des Versteigerungsobjektes 27,7
- mehrere Anträge 27,3
- Rechtsbehelfe 27,11
- Rechtsnachfolge 27,8
- Teilungsversteigerung 180,48
- Voraussetzungen 27,2
- Wirkung 27,9
- Zulassung 27,2

Beitrittsgebiet 9a EG,1
- Güterstand **vor** 15,102

Bekanntmachung
- Amtsblatt 39,3
- Fristen 43,4 ff.
- Gemeindetafel 39,6
- Gerichtstafel 40,2
- Inhalt 39,4

- Internet 39,3
- Kosten 39,9
- Landesrecht 7 EG,1
- private Veröffentlichung 40,9
- Rechtsbehelfe 39,8
- Tageszeitung 40,7
- Terminsbestimmung 39,1
- Terminsbestimmung bei Luftfahrzeugen 171d,3; 171l,2
- Terminsbestimmung bei Schiffen 168,2
- Wirkung 39,5
- Zustellung 41,3 ff.

Bekanntmachungsfrist
- abgekürzte Frist 43,5
- Aufhebung des Termins 43,13
- Fristversäumung 43,11
- Regelfrist 43,4
- Verlegung des Termins 43,17
- Zustellung an Beteiligte 43,9
- Zustellungsfrist 43,7

Belehrungspflicht
- Versteigerungstermin 66,42

Benutzungsgebühren 10,30, 47

Bergrecht vor 15,14

Bergungsmaßnahmen (Luftfahrzeuge) 171a,18, 24

Bergwerkseigentum
- besondere Fälle vor 172,2, 7
- Beteiligter 9,26
- Landesrecht 2 EG,2; 6 EG,2; 11 EG,2
- Lohnansprüche: Rang 10,29
- Zuständigkeit 2,3

Berufsgenossenschaft 163,12

Beschlagnahme (Zwangsversteigerung) s. auch Gegenstand der Versteigerung
- Abgrenzung wiederkehrender Leistungen 13,10
- Anordnung 20,2
- Anwartschaftsrecht 20,34
- Beendigung des Verfahrens 22,12, 15
- Beitritt 22,8
- Bestandteile 20,7 ff.
- bewegliche Sachen 23,24

- Dauer 34,3
- Eigentumserwerb durch Dritte 20,47
- Eigentumsumschreibung 26,4
- Eigenzubehör 20,49 ff.
- einzelne Gegenstände 22,13
- Enthaftung 20,45, 48
- Erzeugnisse 20,14
- Fotovoltaikanlage 20, 20
- forstwirtschaftliche Erzeugnisse 21,2
- Fremdzubehör 20,53 ff.
- Gebäudeeigentum 20,25 ff.
- Gebäudeversicherung 20,39
- Gegenstand 20,6 ff.
- gutgläubiger Erwerb 23,8
- Insolvenz 22,5
- Insolvenzverwalterversteigerung 173,1
- landwirtschaftliche Erzeugnisse 21,2
- Mietansprüche 21,3 ff.
- Miete und Pacht 20,36
- Nachlassversteigerung 176,3
- Neue Bundesländer 20,24
- Nutzungsrecht 20,26
- ordnungsmäßige Wirtschaft 23,25
- Pachtansprüche 21,3
- Rechtserwerb 23,18 ff.
- relative Wirkung 20,4
- Scheinbestandteile 20,12
- subjektiv-dingliche Rechte 20,13
- Teilungsversteigerung 180,63 ff.
- Überbau 20,10
- Veräußerungsverbot 23,1
- Verfügungen 23,13 ff.
- Verfügungsverbot 23,2 ff.
- Versicherungsforderungen 20,38 ff.
- Windkraftanlage 20,20
- Wirksamkeitszeitpunkt 22,2, 4
- Wirkung gegenüber Dritten 22,9
- Zeitpunkt für Zinsberechnung 22,1, 2, 4, 5, 7
- Zubehör 20,16 ff., 49 ff.

Beschlagnahme (Zwangsverwaltung)
- Aufrechnung 148,21

Stichwortverzeichnis

- Baukostenzuschuss 148,20
- Beschränkung der Beschlagnahme 148,10
- Gewerbebetrieb s. Betriebsfortführung
- land- und forstwirtschaftliche Erzeugnisse 148,11
- Mietrückstände, Rechtsverfolgung 152,31 f.
- Milchkontingent 148,12
- Nießbrauch s. dort
- relatives Veräußerungsverbot 148,3
- Überbau 148,8
- Umfang 148,1 ff., 8 ff., 13 ff.
- Untermiete, -pacht 148,14
- Verfahrensbeitritt 151,3
- Versicherungsforderungen 148,26
- Vorausverfügungen 148,15 ff.
- Vorauszahlungen 148,15 ff.
- Wegfall 161,17 ff.
- wiederkehrende Leistungen 148,23
- Wirkung 152,31 f.
- Zeitpunkt, Wirksamkeit 148,4 ff.; 151,2 f.

Beschwerde
- Abgrenzung zur Erinnerung 95,12
- Abhilfe 95,35
- anfechtbare Entscheidungen 95,57, 60, 62
- Anhörungsrüge 95,45
- Anwaltszwang 95,31
- anwendbare Vorschriften 96,2
- Anwendungsbereich 95,5, 54
- außerordentliche Beschwerde 96,3
- Aussetzung der Vollziehung 95,37
- Beschränkung der Beschwerde 100,2
- Begründung 102,6
- Berechtigung 97,2 ff.
- Beschwerdegrund 100,4
- Beschwerderecht 102,3, 5
- Beschwerdeschrift 95,30; 100,9
- Beteiligte 97,2
- Bieter 97,6, 9
- Entscheidung 95,34
- Ersteher 97,4
- Frist 95,32; 98,3 ff.

- Gegenvorstellung 95,44
- Gegner 99,2, 5
- gerichtliche Prüfung 100,11
- Gerichtskosten 95,48
- Kosten 99,8
- Luftfahrzeuge 171m,1
- neue Tatsachen 95,36; 100,5
- rechtliches Interesse 100,10
- Rechtsanwaltskosten 95,51
- Rechtsbeschwerde 95,39 ff.; 101,6
- sofortige Beschwerde 95,19
- Sonderregelung 96,6
- Verbindung 99,10
- Verfahren 101,4
- Vollstreckungserinnerung s. dort; 95,7
- weitere Beschwerde 101,6
- Wert 96,8
- Zulässigkeit 95,54
- Zuschlagsaufhebung 102,8
- Zuschlagsversagung 97,7
- Zustellungsadressat 103,2 ff.

Betagter Anspruch
- Teilungsplan 111,2
- unbekannte Fälligkeit 111,7
- Zwischenzins 111,5

Beteiligte
- abweichende Versteigerungsbedingung 59,9
- Anmeldung 9,13, 21
- Bergwerkseigentum 9,26
- entgegenstehende Rechte 9,14
- Erbbaurecht 9,24
- Glaubhaftmachung 9,22
- Gläubiger 9,5
- Grundbucheingetragener 9,7
- Grundstücksrechte 9,17
- Kapitän 166,4
- Mieter 9,20
- Miteigentümer 9,11
- Mitteilung an Beteiligte 41,7
- Pächter 9,20
- Rechte 9,2
- Salzabbaugerechtigkeit 9,27
- Schiffe 163,12
- Schiffsführer 166,4
- Schuldner 9,6

1713

- Teilungsversteigerung 180,53
- Wiederversteigerung 133,11
- Zwangsverwaltung 154,4.2

Betriebsfortführung
- ablösbarer Gewerbebetrieb 152,43; 49 ff.
- Arbeitsverhältnis 152,52 ff.
- Aufnahme einer gewerblichen Tätigkeit 152,45
- Beschlagnahme 148,24; 152,33 ff., 53
- eingerichtetes Grundstück 152,43 f., 49 ff.
- Erträge 152,55 f.; 155,6
- Grundstück als Gewerbe 152,39 ff.
- Grundstücksbezogenheit 152,49 ff.
- Steuern 152,56; 93.2 f.
- Überlassung an Schuldner 152,37
- Verpachtung 152,37
- Verträge 152,52 ff.
- Weisung Gericht 152,44
- Zustimmung Schuldner 152,43

Bewachung
- Luftfahrzeuge 171c,3; 171g,2
- Schiffe 165,2; 170,2; 171,34

Bietabkommen
- Gebot 71,20
- Teilungsversteigerung 180,123

Bieter
- Gebote 71,4

Binnenschiff s. Schiff
Bodenschutzlastvermerk 28,13
Brandversicherungssumme
- einstweilige Einstellung 76,8

Bruchteilsgemeinschaft
- Teilungsversteigerung 180,14

Bürgschaft
- Sicherheitsleistung vor 15,58

Bund
- Vollstreckung vor 15,104

Bundesbankscheck s. Sicherheitsleistung
Bundesbodenschutzgesetz
- öffentliche Last 10,33

Bundeskleingartengesetz
- Kündigung 57a,21 ff.

Bundesversorgungsgesetz 28,15

D

DDR-Nutzungsrechte
- Ersteher 57,17

Deckungsgrundsatz s. geringstes Gebot

Doppelausgebot
- Insolvenzverwalterversteigerung 174,10; 174a,7
- Nachlassversteigerung 176,8

Dritteigentum
- Beschlagnahme 20,47
- Enthaftung 20,48
- Geltendmachung im Verfahren 23,22

Duldungstitel vor 15,28

E

EGZVG (Komm.) S. 1941 ff.
Eigenbesitz 147
Eigentümergrundschuld vor 15,68
Eigentumserwerb
- Altlasten 90,20
- Anfechtung 90,3
- Aufhebung des Zuschlags 90,25 ff.
- Baulast 90,22
- Bestandteile 90,15
- Flurbereinigung 90,13
- Giebelmauer 90,11
- Grundschuld 90,24
- Höfeordnung 90,21
- landwirtschaftliche Erzeugnisse 90,16
- öffentliche Mittel 90,18
- Pacht 90,17
- Überbau 90,8
- Umfang 90,7
- Umlegung 90,14
- Umsatzsteuer 90,4
- Versicherungsforderungen 90,15, 19
- Wohnungseigentum 90,23
- Zubehör 90,15
- Zuschlagsbeschluss 90,6

Eigentumsvormerkung 28,15

Stichwortverzeichnis

Eigentumswechsel
- nach Beschlagnahme 26,2 ff.

Eigenverwaltung
- Antrag 172,5
- Doppelausgebot 174a,3

Einheitswert 10,83
- Hausgeldhöhe 16,22

Einstellung
- Bewachung bei Luftfahrzeugen 171c,5
- Bewachung bei Schiffen 165,5
- der Zwangsvollstreckung vor 15,70
- Insolvenzverwalterversteigerung 172,14
- Luftfahrzeuge 171c,5
- Nachlassversteigerung 176,4
- Schiffe 165,5
- Verwahrung bei Luftfahrzeugen 171c,5
- Verwahrung bei Schiffen 165,5

Einstellung des Verfahrens (Gläubiger)
- Einstellungsbewilligung, zweite 30,20
- Einstellungsbewilligung, dritte 30,22
- allgemeine Wirkung 30,9
- Bedingung 30,11
- Befristung 30,11
- Einstellung durch Prozessgericht 30,28
- Einstellung durch Vollstreckungsgericht 30,30
- Einstellungsbewilligung des Gläubigers 30,1 ff.
- Form 30,2
- formlose Mitteilung 32,5
- gerichtliche Entscheidung 30,10
- Inhalt 30,3
- Kosten 30,39
- Legitimation Dritter 30,7
- nach der Bietzeit 30,18
- Rechtsbehelfe 30,38
- Umfang 30,8
- unterschiedliche Einstellungszeitpunkte 30,15
- Unwirksamkeit 30,12
- Verhältnis zu anderen Einstellungen 30,32 ff.
- vor dem Versteigerungstermin 30,16
- während der Bietzeit 30,17
- zeitliche Zulässigkeit 30,13
- Zustellung der Entscheidung 32,2
- Zustellungsadressat 32,4

Einstellung des Verfahrens (Insolvenzverwalter)
- Anhörung des Gläubigers 30d,17
- Antrag 30d,11; 153b,5
- Antragsrecht des Schuldners 30d,12
- Anwendungsbereich 30d,1
- Aufhebung 30f,2; 153c,2 ff.
- Aufhebung mit Zustimmung des Insolvenzverwalters 30f,6
- Aufhebungsgründe 30f,4
- Auflagen vor Insolvenzeröffnung 30e,17
- Ausgleichszahlung 30e,13
- Auswirkungen auf das Verfahren 153b,17 ff.; 153c,9
- Beendigung des Insolvenzverfahrens 30f,7
- Belehrung 30d,9
- Beschluss 153b,8 ff.
- Eigenverwaltung 30d,28
- Einstellungsgrund 30d,13 ff.; 20,24
- formlose Mitteilung 32,5
- Freigabe des Grundstücks 30f,8
- Insolvenzverfahren 153b,3
- Kosten 30d,31
- Nachteilsausgleich 153b,12 ff.
- Rechtsbehelfe 30d,30; 30e,21; 30f,10; 153b,11
- Sachwalter (vorläufiger) 30d,2,18
- Verbraucherinsolvenz 30d,22
- Verhältnis zu anderen Einstellungen 30d,10
- vorläufiger Insolvenzverwalter 30d,18
- Wertverlustausgleich 30e,10 ff.
- wesentliche Erschwernis 153b,4
- Zinsausgleich 30e,6
- Zinsausgleich betreibende Gläubiger 30e,8

- Zinsausgleich als Masseschuld 30e,15
- Zinszahlung als Auflage 30e,2 ff.
- Zustellung der Entscheidung 32,2
- Zustellungsadressat 32,4

Einstellung des Verfahrens (Schuldner)
- Anhörung des Gläubigers 30b,7
- Antrag 30a,5
- Antragsrücknahme 30b,4
- Anwendungsbereich 30a,3
- Auflagen 30a,15
- Außerkrafttreten 30a,19
- Belehrung 30b,2; 30c,7
- Billigkeitsprüfung 30a,7 ff.
- erneute Einstellung 30c,3
- Form 30b,3
- formlose Mitteilung 32,5
- Frist 30b,3
- gerichtliche Entscheidung 30b,10
- Glaubhaftmachung 30b,9
- Gläubigerinteressen 30a,13
- Inhalt 30b,3
- mündliche Verhandlung 30b,8
- Rechtsbehelfe 30b,17
- Sanierungsfähigkeit 30a,6
- sittenwidrige Härte 30a,31 ff.
- Suizidgefahr 30a,34 ff.
- Überlegungen des Gläubigers 30b,15
- Vollstreckungsschutz nach § 765a ZPO 30a,20 ff.
- Voraussetzung der erneuten Einstellung 30c,8
- Wirkung der Einstellung 30b,12
- Zahlungsmodalitäten 30a,17
- Zustellung der Entscheidung 32,2
- Zustellung 30b,11
- Zustellungsadressat 32,4

Einstweilige Einstellung
s. Aufhebung des Verfahrens
- Ablösung 75,38 ff.
- Adressaten der Zahlung 75,9
- Forderungsübergang 75,14
- gerichtliches Verfahren 75,16
- im Termin 75,1
- Nachweis der Zahlung 75,4
- Rechtsbehelfe 75,20
- Rechtsfolgen der Zahlung 75,14
- Teilungsversteigerung 180,70
- Teilzahlung 75,6
- Verwendung der Zahlung 75,12
- Zahlung an Gerichtskasse 75,2
- Zahlungsberechtigter 75,7
- Zeitpunkt der Zahlung 75,10
- Zwangsverwaltung 161,4.1 ff.

Einstweilige Einstellung (§ 76)
- berechtigtes Interesse 76,6
- Beschlagnahmewirkung 76,12
- Brandversicherungssumme 76,8
- Deckung des Gläubigeranspruches 76,3
- Einstellung von Amts wegen 76,7
- Fortsetzungsantrag 76,13 ff.
- Rechtsbehelf 76,16
- Teileinstellung 76,2
- Zeitpunkt 76,9

Einstweilige Einstellung (§ 77)
- Anordnung der Zwangsverwaltung 77,18 ff.
- Antrag auf Zwangsverwaltung 77,16
- Einstellungsbeschluss 77,4
- Ergebnislosigkeit des Verfahrens 77,2
- Ergebnislosigkeit des zweiten Termins 77,11
- fehlende Abgabe von Geboten 77,1
- Fortsetzung als Zwangsverwaltung 77,15
- Fortsetzungsantrag 77,6
- Fortsetzungsbeschluss 77,9
- mehrere Gläubiger 77,10
- Rechtsbehelf 77,5
- rechtsmissbräuchliche Gebote 77,2
- Wirkung 77,8

Einstweilige Verfügung 28,16

Entgegenstehende Rechte
- Ausschließung der Rechte 37,31
- Beteiligter 9,14
- Einstellungsentscheidung 37,26
- Ersatzrecht 37,32
- Geltendmachung 37,24

Stichwortverzeichnis

- rechtliche Wirkung 37,29
- Rechtsbehelfe 37,27

Entziehungsanspruch (WEG)
- Betreiben 10,71; vor 172,6

Erbbaurecht
- Beteiligter 9,24
- grundstücksgleiches Recht vor 15,13
- Wertersatz 92,22
- Zustimmung vor 15,74
- Zustimmung zum Meistgebot 81,42
- Zwangsversteigerung 57,3

Erbbauzinsreallast
- Wertersatz 92,22

Erbe s. Nachlassversteigerung

Erbengemeinschaft
- Teilungsversteigerung 180,16

Erbschaftskäufer s. Nachlassversteigerung

Erlöschen von Rechten
- gesetzlicher Löschungsanspruch 91,8
- Grunddienstbarkeit 91,9
- Löschungsvormerkung 91,7
- Miteigentumsanteil 91,9, 10
- persönliche Forderung 91,11
- Zuschlagserteilung 91,2 ff.

Erlösverteilung s. Verteilungstermin oder Teilungsplan
- außergerichtliche Befriedigung 144,2 ff.
- außergerichtliche Einigung 143,3 ff.
- Teilungsversteigerung 180,144

Erörterungstermin
- Ergebnis des Termins 62,4
- geringstes Gebot 62,1
- Kosten 62,8
- Terminsbestimmung 62,2
- Terminsladung 62,3
- Vergleichsregelung 62,5

Ersatzteile (Luftfahrzeuge) 171a,16, 31

Erschließungsbeitrag
- öffentliche Last 10,34

Erschließungskosten
- Zuschlag 56,9

Ersteher
- Eintritt in Miet- und Pachtvertrag, 57,9 ff.
- Gesellschaft bürgerlichen Rechts 82,10
- Gewerberaum 57,18
- Kaution 57,14
- Miteigentum 57a,25
- Schadensersatzansprüche 57,12
- Untermietverhältnis 57,15
- Wegnahmerecht 57,13
- Zuschlagsbeschluss 82,10
- Zwangsverwaltung 161,48 f.

Ersuchen
- Beschlagnahme 34,3
- Kosten 34,8
- Löschung des Versteigerungsvermerkes 34,2
- Rechtsbehelfe 34,5
- Tätigkeit des Grundbuchamts 34,4
- Zwangsversteigerungsvermerk 19,3 ff.

Erzeugnisse 20,14; 21,2

Europäische wirtschaftliche Interessenvereinigung
- Teilungsversteigerung 180,31

Europäisches Nachlasszeugnis 17,11

F

Fälligkeit
- Grundschuld 13,8
- Hausgeldansprüche 13,6.1
- öffentliche Lasten 13,7
- Verfallklausel vor 15,53
- Zwangsvollstreckungsvoraussetzung vor 15,53

Fischereipachtvertrag
- Ersteher 57,22

Fischereirecht vor 15,14

Flurbereinigung vor 15,75; 28,18
- Einlagegrundstück 17,4

Flurbereinigungsbeitrag
- öffentliche Last 10,35

Forderungsübertragung
- Aufrechnung 118,26

1717

- Berechtigter der Übertragung 118,21
- Ersteher 118,13
- gerichtliche Anordnung 118,16
- mithaftender Bürge 118,10
- mithaftender Meistbietender 118,11
- Nichtzahlung des Erstehers 118,3
- Rechtsmittel 118,27
- Schuldner 118,14
- Teilungsversteigerung 180,160
- Verzicht auf die Übertragung 118,32 ff.
- Verzinsung 118,17
- Verzugsschaden 118,20
- Wiederversteigerung 118,36 ff.
- Wirkung der Übertragung 118,28

Fortsetzung des Verfahrens
- Antragsberechtigung 31,3
- Antragsform 31,4
- Antragsfrist 31,8
- Antragsinhalt 31,4
- Antragsrücknahme 31,10
- bedingter Antrag 31,6
- Belehrung 31,24 ff.
- Deckung aus Einzelgebot 31,22
- Einstellung durch Prozessgericht 31,19
- formlose Mitteilung 32,5
- Fristbeginn 31,12 ff.
- Fristversäumnis 31,9
- gerichtliche Entscheidung 31,11
- Rechtsbehelfe 31,27
- Zuständigkeit 31,4
- Zustellung der Entscheidung 32,2
- Zustellungsadressat 32,4

Früchtepfandrecht 10,4
Fruchthypotheken 2 EG,15

G

Gebäudeeigentum
- Anwendungsbereich 9a EG,3
- Beschlagnahmeumfang 9a EG,5
- Eigentumserwerb 9a EG,10
- Freigabe 9a EG,9

Gebäudeversicherung
- Beschlagnahme 20,39
- Entschädigungsanspruch 20,44
- gestörtes Versicherungsverhältnis 20,42
- Wiederaufbauklausel 20,41
- Zahlung 20,43

Gebot
- Abgabe von Geboten 71,2
- Anfechtung 71,15
- Anfechtung wegen Drohung 71,19
- Anfechtung wegen Täuschung 71,19
- Anfechtungsfrist 71,16
- Ausländer 71,6
- Bausparkasse 71,55
- bedingte Gebote 71,26
- befristete Gebote 71,26
- Bietabsprache 71,20
- Bieter 71,4
- Bietergemeinschaft 71,4
- Bietvollmacht 71,34
- Doppelausgebot 72,12
- einstweilige Einstellung des Verfahrens 72,9
- erhöhte Sicherheitsleistung 72,16
- Erwerbsabsicht 71,10
- fehlende Sicherheitsleistung 72,13 ff.
- Gebote des Schuldners 71,28; 72,19
- Gegenstand des Gebotes 71,3
- Gemeinde 71,42
- Geschäftsunfähigkeit 71,13
- Gesellschaft bürgerlichen Rechts 71,5
- gesetzlicher Vertreter 71,45
- gleichzeitige Gebote 71,27
- Handwerksinnung 71,49
- Handwerkskammer 71,50
- Höhe des Gebotes 71,3
- Hypothekenbank 71,48
- inländische Währung 71,24
- Insolvenzverfahren 71,29
- Insolvenzverwalter 71,51
- juristische Person (Vollmacht) 71,37
- Kirche 71,52
- privatrechtliche Willenserklärung 71,11

- rechtsmissbräuchliche Gebote 71,10, 14; 19.2
- Schadensersatz nach Anfechtung 71,18
- Schuldner 10,73.1
- Sozialversicherungsträger 71,54
- Sparkasse 71,41
- Strohmann 71,30
- Teilungsversteigerung 180,130
- Terminsaufhebung 72,9
- terroristische Personen 71,8
- Testamentsvollstrecker 71,53
- Übergebot (Wirkung) 72,5
- Übergebot (Zulassung) 72,4
- Untergebot 72,19
- unwirksame Gebote 71,19 ff., 22 ff.
- Verein 71,40
- Verkündungstermin 72,10
- Versicherung 71,55
- Vertretung (offene) 71,33
- Vor-GmbH 71,39
- Widerspruch 72,5
- Wohnungseigentümergemeinschaft 10,73.1
- Zurückweisung 72,6
- Zuschlagserteilung 72,20
- Zustimmung (Ehegatte) 71,44
- Zwangsverwalter 71,56
- Zwischengebot 71,19

Gefahrübergang s. Zuschlag

Gegenstand der Versteigerung s. auch Beschlagnahme
- anderweitige Regelung 55,9
- Beschlagnahmeumfang 55,2
- Hypothekenhaftungsverband 55,2
- Rechtserwerb (Zeitpunkt) 55,7
- Scheinbestandteile 55,27
- Scheinzubehör 55,27
- streitiger Beschlagnahmeumfang 55,24
- Überbau 55,5
- Zubehör 55,3, 11 ff.
- Zwangsverwaltung 55,29

Geldforderung
- Antrag 16,8

Geldleistung
- Berechnung im geringsten Gebot 47,6
- Tilgungshypothek 47,5
- wiederkehrende Leistungen 47,2

Gemeinde
- Gebote 71,42

Gemeinheitsteilung 3 EG,1

Gerichtskosten
- Eintragungskosten im Grundbuch 58,8
- Fälligkeit der Gebühr 58,5
- Gebührenfreiheit 58,4
- Geschäftswert 58,3, 9
- Kostenschuldner 58,6
- Sicherungshypothek 58,11
- Zuschlagserteilung 58,2
- Zwangsverwaltung 146,46 ff.

Gerichtsvollzieher
- Durchsuchungsanordnung 93,16
- Zuschlagsbeschluss 93,15

Geringstes Gebot s. auch Gesamtausgebot
- Alteneil 44,9; 52,19
- Antragsrücknahme 44,111
- anzumeldende Ansprüche 45,11
- Arresthypothek 44,10
- Aufhebung des Verfahrens 44,111
- Auflassungsvormerkung 44,11; 48,6
- Bargebot 49,3
- Baulast 44,12; 52,27
- bedingte Rechte 48,2
- Berücksichtigung von Amts wegen 45,3
- bestehen bleibende Rechte 52,5 ff.
- betreibender Gläubiger 44,108
- Bodenschutzlastvermerk 52,26
- Dauerwohnrecht 44,13; 52,21
- Deckungsgrundsatz 44,2, 4
- Dienstbarkeit 52,15
- Dienstbarkeit (Beitrittsgebiet) 44,48
- Eigentümergrundschuld 44,15
- Einstellung des Verfahrens 44,111
- Erbbaurecht 44,17; 52,10
- Erbbaurecht (Beitrittsgebiet) 44,37
- Erbbauzinsreallast 44,20; 52,12
- Erlöschen eines Rechtes 45,6

- Erörterungstermin 62,2
- Feststellung 45,1
- Gesamtgrundpfandrecht 44,24
- Grundbuchrang 44,49 ff.
- Hausgeldansprüche 44,11
- Höchstbetragshypothek 44,25
- Hypothek (Beitrittsgebiet) 44,42
- Inhalt 44,5
- Insolvenzverwalterversteigerung 174,1; 174a,1
- Kosten der dinglichen Rechtsverfolgung 45,15
- laufende Leistungen 45,8
- Löschungsvormerkung 48,10
- mehrere betreibende Gläubiger 44,19
- Meistgebot 49,4
- Minderanmeldung 45,9
- Mitbenutzungsrecht (Beitrittsgebiet) 44,46; 52,22
- Nachlassversteigerung 176,6
- Nebenleistungen 45,14
- Rangfolge 44,54 ff.
- Reallast 44,26; 52,18
- Rechtsbehelfe 45,24
- Rechtsfolgen der Anmeldung 45,21
- rechtzeitige Anmeldung 41,16
- rückständige Leistungen 45,11
- Tilgungshypothek 44,28
- Überbaurente 52,9
- Verfahrenskosten 45,10
- Verfügungsbeschränkungen 44,30
- Vorkaufsrecht 44,34; 52,23
- Vorkaufsrecht (Beitrittsgebiet) 44,38
- Vormerkung 48,5
- wertbeständige Rechte 44,29
- Widerspruch 48,3
- Wiederkaufsrecht 48,9
- wiederkehrende Geldleistungen 47,2
- Wiederversteigerung 133,22
- Wohnungseigentümergemeinschaft 45,18
- Zwangssicherungshypothek 44,35

Geringstes Gebot (Teilungsversteigerung)
- Ausgleichsbetrag 182,9, 14
- Beitritt eines Miteigentümers 182,17
- Bruchteilsgemeinschaft 182,6
- Erlösverteilung 182,23
- Gesamthandsgemeinschaft 182,5
- gleiche Belastungen 182,7
- Nießbrauch 182,21
- Niedrigstgebot 182,20
- Pfändungsgläubiger 182,4
- unterschiedliche Belastungen 182,8
- verschiedene Miteigentumsanteile 182,13
- Zusammensetzung 182,1

Gesamtausgebot
- Abgabe von Geboten 63,21
- Antrag 63,13
- Antrag auf Erteilung 64,5
- Antragszeitpunkt 63,14
- Beispiele 112,16 ff.
- Bildung von Sondermassen 112,5, 10
- einstweilige Einstellung 63,42
- einstweilige Einstellung (§ 76) 63,48
- Einzelausgebot 63,7
- Einzelausgebot (Verzicht) 63,8
- Erhöhung des Gebotes 63,21
- Erlösverteilung 112,1 ff.; 122,1 ff.
- Eventualverteilung 123,5
- Fehlbetrag 112,15
- gemeinsame Belastungen 112,8
- geringstes Gebot 63,1 ff., 18 ff.
- Gesamtrechte 122,2
- Grundstücksvereinigung 112,2
- Gruppenausgebot 63,3, 16
- Hilfsübertragung 123,2
- keine Gebote 63,41
- Meistgebot und Zuschlag 63,23 ff.
- Rechtsbehelf 63,51; 64,52
- Rechtsmittel 112,21
- Schluss der Versteigerung 63,32
- Sicherungshypothek 122,14; 123,8
- überbaute Grundstücke 63,11
- Verfahrensablauf 63,31
- Verteilung (Gebote) 64,25

Stichwortverzeichnis

- Verteilung (Gegenantrag) 64,21
- Verteilung (geringstes Gebot) 64,18
- Verteilung (nach § 1132 BGB) 64,40
- Verteilung (Verhältnis zum Gesamtausgebot) 64,33
- Verteilung (Wahlrechts und Zuschlag) 64,35
- Verteilung (Zuschlag) 64,19
- Verteilung bei Gesamtrechten 64,4
- Verteilung des Erlöses 122,11
- Verteilung des Gesamtrechtes 122,3, 7
- Verteilung eines Rechtes 112,14
- Verteilungsmaßstab 64,11
- Verzicht auf Einzelausgebot 63,9
- Wohnungseigentum 63,10
- Zuschlagsentscheidung 63,33 ff.
- Zuschlagsversagung 63,44

Gesamtvollstreckungsverwalter
- Antrag 172,10

Gesellschaft bürgerlichen Rechts
- Angabe der Gesellschafter 17,1
- Gebot 71,5
- Prozessfähigkeit vor 15,22
- Teilungsversteigerung 180,25
- Zwangsvollstreckung vor 15,34

Gesetzlicher Löschungsanspruch
- Anspruchsberechtigung 114,94
- Anwendungsbereich 114,93
- Aufgabe des Vollstreckungsgerichts 130a,10
- Ausschluss des Anspruchs 114,97
- Befriedigungsfiktion 114a,18
- Beispiele 114,108
- Berechnung 114,105
- Durchsetzung 114,103, 107
- Grundbuchersuchen 130a,12
- Grundpfandrecht bleibt bestehen 114,102
- Inhalt 114,98
- insolvenzfest 114,101
- Insolvenzverfahren 114,101
- Kosten 130a,16
- Löschung der Vormerkung 130a,15
- Löschungsvormerkung 130a,14
- Rückübertragungsvormerkung 114,109
- Sicherung 130a,2 ff.
- Widerspruch 114,104

Giebelmauer
- Eigentumserwerb 90,11

Gläubiger
- Beteiligter 9,5
- Bezeichnung 16,7
- Erbengemeinschaft vor 15,39
- Gesellschaft bürgerlichen Rechts vor 15,34
- Insolvenzverwalter vor 15,40
- Kapitalgesellschaft-EU vor 15,36
- Kaufmann vor 15,32
- KG vor 15,35
- mehrere Gläubiger vor 15,33
- Nachlassverwalter vor 15,42
- OHG vor 15,35
- Rang 10,56
- Testamentsvollstrecker vor 15,42
- Verein vor 15,38
- vorläufiger Insolvenzverwalter vor 15,41
- Wohnungseigentumsgemeinschaft vor 15,37

Gläubigervorschuss
- Rückzahlung 155,18 ff.

Glaubhaftmachung
- Beteiligter 9,22

Gräbergesetz 10,42.1
Grenzanlage 20, 8
Grenzänderungen 2 EG,22
Grundbuchamt
s. Grundbuchersuchen
- mehrere Anträge 19,12
- Mitteilungspflicht 19,13 ff.
- Prüfung des Ersuchens 19,8 ff.

Grundbuchersuchen
- Eintragung des Erstehers 130,19
- Eintragungsbewilligung des Erstehers 130,40 ff.
- Form 130,6
- grundbuchrechtliche Erledigung 130,12
- Inhalt 130,7 ff.
- Insolvenzverwalter 130,22
- Löschung von Rechten 130,9, 27
- Löschung von Vermerken 130,32

1721

- Rechtsbehelf 130,16
- Sicherungshypotheken 130,34
- Teilung des Grundstücks 130,24
- Unbedenklichkeitsbescheinigung 130,25
- Voraussetzungen 130,4
- Zwangsvollstreckung gegen Ersteher 130,45

Grundbuchzeugnis 17,9

Grunddienstbarkeit
- Wertersatz 92,26

Grunderwerbssteuer
- Berechnung 58,13
- Fälligkeit 58,18
- Gegenleistung 58,13
- Meistgebot 81,33
- Steuerpflicht 58,12
- Steuerschuldner 58,19

Grundschuld s. auch Zuzahlung 50,8 ff.
- Fälligkeit 13,8
- Klausel vor 15,44
- Rückgewährsanspruch 50,8
- Rückgewährsanspruch (Wahlrecht) 50,12
- Sicherungsabrede 50,9
- Sicherungsgrundschuld vor 15,44
- teilweise Valutierung 50,15
- Zinsen 114,37.1–5

Grundschuldbrief s. Hypothekenbrief
- Antrag 16,24

Grundsteuer
- öffentliche Last 10,36

Grundstück
- Abbaurecht vor 15,14
- Beitrittsgebiet vor 15,18
- Bergrecht vor 15,14
- diplomatisches 16,4
- Erbbaurecht vor 15,13
- Fischereirecht vor 15,14
- Gebäudeeigentum vor 15,15
- im Rechtssinn vor 15,2
- Miteigentumsanteil vor 15,9
- Vereinigung vor 15,4, 23,16
- Wohnungs- und Teileigentum vor 15,16

- Zuschreibung vor 15,5

Grundstücksbezeichnung
- Antrag 16,3

Grundstücksrechte
- Beteiligter 9,17
- Rang 10,49, 61, 67

Gruppenausgebot s. Gesamtausgebot

Gütergemeinschaft vor 15,95
- fortgesetzte Gemeinschaft 180,22
- Teilungsversteigerung 180,19

Güterstand
- Beitrittsgebiet vor 15,102
- Gütergemeinschaft vor 15,95
- Gütertrennung vor 15,94
- Lebenspartnerschaft vor 15,100
- Zugewinngemeinschaft vor 15,93

Gütertrennung vor 15,94

H

Haftung (Zwangsverwalter)
- gegenüber Beteiligten nach § 9 154,4.1
- gegenüber Beteiligten nach § 154 154,4.2 ff.
- gegenüber Nichtbeteiligten 154,6 ff.

Hausgeldansprüche (WEG)
- Ablösung 10,26.1, 84
- Absonderungsrecht 22,6
- Betreiben 10,80; 16,19.1 und 16,22
- Fälligkeit 13,6.1
- Insolvenz 10,87
- Objektbezug 45,18
- persönlich 10,21.1
- Rang 10,20

Hausratsverordnung
- Zwangsversteigerung 57,4

Herrenloses Grundstück 28,20
- Grundstück 17,6
- Teilungsplan 109,17
- Wohnungseigentum 17,7

Hinterlegung
- Ausschlussfrist 142,4
- Bargebot 49,15
- Bietsicherheit 49,16
- Erlöschen der Rechte 142,2 ff.
- Rechtsverlust 142,5

1722

- Rücknahmeverzicht 49,15
- Sicherheitsleistung 69,16

Hinweispflicht
- Versteigerungstermin 66,42

Hochseekabel vor 162,3
Hypothek alten Rechts 8 EG,1
Hypothekenbrief
- Ausschließungsbeschluss 136,3
- Gesamtbrief 127,11
- Löschungsvormerkung 131,5
- Rangvermerk 131,3
- Rückgabe des Briefes 127,9
- spätere Briefvorlage 127,10
- teilweise Erlöschen des Rechtes 127,8
- Unbrauchbarmachung 127,4
- Vorlage 127,2
- Vorlage bei Löschung des Rechtes 131,2

Hypothekengewinnabgabe
- öffentliche Last 10,48

Hypothekenhaftungsverband s. Zubehör

I

Inkrafttreten 1 EG,1
Insolvenz
- Absonderungsrechte 28,22
- Aufhebung des Verfahrens 28,21 ff.
- dinglicher Gläubiger vor 15,76
- Feststellungskosten 10,13
- Hausgeldansprüche 10,87
- persönlicher Gläubiger vor 15,76
- Sicherungsmaßnahmen vor 15,78
- Vollstreckungshindernis vor 15,80
- Vollstreckungsklausel vor 15,40
- Zwangssicherungshypothek 28,24

Insolvenz (Zwangsverwaltung)
- Abgrenzung 152,222 f.
- Beschlagnahme 148,19
- dingliche Gläubiger 146,19
- kalte Zwangsverwaltung 146,40
- Rückschlagsperre 146,20
- Verbraucherinsolvenz 146,22
- vorläufiger Verwalter 146,18

- Vorrang des Insolvenzverfahrens s. dort
- Zwangssicherungshypothek 146,23

Insolvenzverwalterversteigerung
- Anordnung 172,13
- Antrag 172,1
- ausländischer 172,6, 8, 9
- Doppelausgebot 174,10; 174a,7
- Einstellung 172,14
- geringstes Gebot 174,1
- Zuschlag 174,14; 174a,9

Institutsverwaltung
- außergerichtliche und kalte 146,38 f.
- Eignung 150a,18 ff.
- Haftung 150a,17
- Rechtsbehelfe 150a,26 f.
- Stellung 150a,24
- Verfahren 150a,9 ff.
- Vergütung Auslagen 150a,23
- Verwalterwechsel 150a,25
- Vorschlagsrecht 150a,3 ff.

J

Jagdpachtvertrag
- Bundesjagdgesetz 57,23
- Ersteher 57,22
- Zwangsverwaltung 152,186

Juristische Person
- Gebote 71,37

K

Kalte Zwangsverwaltung 146,40
Kapitän
- Schuldner 164,3; 166,4

Kaufmann vor 15,32
Kindesschutz
- Teilungsversteigerung 180,88

Klausel vor 15,31, 44 ff.
- Vollmacht vor 15,45
- Unterwerfungserklärung vor 15,45

Kommunalabgaben
- öffentliche Last 10,37

Konkursverwalter
- Antrag 172,10

1723

Kosten s. Verfahrenskosten, Rechtsverfolgungskosten
- Antrag 15,23 ff.
- Gerichtskosten 15,23
- Kündigung 10,74; 12,3
- Rechtsanwaltskosten 15,26

Kostenvorschuss
- Bestimmung des Versteigerungstermins 36,11

Kreditanstalten, landschaftliche/ritterschaftliche 2 EG,20

Kündigung
- Anmeldung 54,4
- Grundpfandrecht 54,2
- Kosten 10,74; 12,3
- Rechtskraftwirkung 54,5
- Sicherungsgrundschuld vor 15,44

L

Landesrecht
- Ausführungsgesetze 1 EG,7
- öffentliche Lasten 10,34
- Vorbehalte 1 EG,6
- Anhang S. 1987 ff.

Landschaftliche Kreditanstalten 2 EG,20

Landwirtschaftliche Grundstücke vor 15,84

Lebenserwartungstabelle 92,39

Lebenspartnerschaft vor 15,100

Liegenbelassung
- Anwendungsbereich 91,12
- Beteiligte 91,17
- Erbbaurecht 91,22
- Form der Vereinbarung 91,23
- Gegenstand der Vereinbarung 91,14
- Genehmigung 91,20
- minderjähriges Kind 91,21
- Minderung des Meistgebotes 91,33 ff.
- Nebenleistungen von Rechten 91,35
- persönliche Forderung 91,37 ff.
- Sicherungsgrundschuld 91,43
- teilweise Deckung eines Rechts 91,41

- Wirkung 91,28
- Zeitpunkt 91,25

Liegenschaftskataster 5 EG,1

Lohnansprüche
- Rang 10,19, 29

Löschung des Versteigerungsvermerks s. Ersuchen

Löschungsanspruch s. gesetzlicher Löschungsanspruch
- Zuschlagserteilung 91,8

Löschungsvormerkung s. gesetzlicher Löschungsanspruch, geringstes Gebot
- altes Recht 114,75 ff.
- Anerkennung des Anspruchs 114,88
- Erlösverteilung 114,85 ff.
- Inhalt und Umfang 114,79
- mehrere Vormerkungen 114,92
- Nachweis des Anspruchs 114,87
- neues Recht 114,77
- rechtzeitige Anmeldung 114,85
- Widerspruch 114,89
- Zuschlagserteilung 91,2
- Zwischenrechte 114,90

Luftfahrzeug
- Anordnung 171a,29; 171c,2
- Arrest 171a,17; 171h,3
- ausländisches Luftfahrzeug 171a,4; 171h,1
- Bergungsmaßnahmen 171a,18, 24
- Beschwerde 171m,1
- Bewachung 171a,3; 171g,2
- Definition 171a,4
- deutsches Luftfahrzeug 171a,4
- Einstellung 171c,5
- Ersatzteile 171a,16, 31
- Kaufrecht 171n,2
- Mieter 171f,2, 171n,1
- Mietrecht 171n,1
- Militärflugzeug 171a,3
- Pächter 171f,2
- Pfandrechte 171a,14
- Rangklassen 171a,13, 19; 171i,3
- Registerpfandrecht 171a,15, 25; 171f,3
- Schutzvermerk 171a,18

- Terminsbestimmung 171d,2; 171l,2
- Treuhänder 171a,5
- Verfügung 171k,1
- Verwahrung 171a,3; 171g,2
- Wrack 171a,6
- Zubehör 171a,31
- Zuschlag 171g,2; 171m,1
- Zuständigkeit 171b,1.1 ff.

M

Maklervergütung 58,24
Meistbietender
- Befriedigungsfiktion 81,5
- Gesamtschuldner 81,26
- Geschäftsunfähigkeit 81,11
- Insolvenz 81,13
- Tod des Meistbietenden 81,12
- verdeckte Vertretung 81,30
- Vor-GmbH 81,14
- Zuschlagsberechtigter 81,2 ff.
- Zuschlagserteilung 81,23

Meistgebot 49,4
- Abtretung 81,15
- Abtretung (Form) 81,19
- Abtretung (mehrfache) 81,27
- Erbbaurecht 81,52
- Flurbereinigung 81,39
- Genehmigungen 81,39 ff.
- Grunderwerbssteuer 81,33
- landwirtschaftliche Grundstücke 81,41
- Meistbietender 81,2
- Pfändung 81,10
- Umlegungsverfahren 81,50
- verdeckte Vertretung 81,30
- Verpfändung 81,10
- Vertretung 81,31
- Vorkaufsrecht 81,50
- Wohnungseigentum 81,47
- Zuschlagserteilung 81,23

Miete
- Beschlagnahme 20,36; 21,3 ff.
- Nießbrauch 21,7
- Pfändung 21,8
- Untermietverhältnis 21,5

- Vorausverfügungen 21,6
- Zuschlagsbeschluss 93,24

Mieter
- Beteiligter 9,20
- Luftfahrzeuge 171f,2
- Schiffe 169,2
- Schwimmdocks 170a,12

Mietverhältnis
- Abschluss durch Schuldner 57,4
- abweichende Versteigerungsbedingungen s. dort
- Aufhebung des Verfahrens s. dort
- Baukostenzuschuss 152,176
- Beendigung vor Beschlagnahme 152,121
- Bundeskleingartengesetz 57a,21 ff.
- Eigenbedarf 57a,2
- Ersteher 57,9 ff.
- gewerbliche Mietverhältnisse 152,137 ff.
- Haftung des Schuldners nach Zuschlag 57,20; 57a,14
- Haftungsausschlüsse, Klauselkatalog 152,135 ff., 140 ff.
- Inventar 57,19
- Kaution 57,14; 152,164 ff.
- Kündigung durch Ersteher 57a,1 ff., 2 ff.
- Mieterdarlehen 152,177
- Mieterhöhungen 152,146
- Mieterschutzvorschriften 57a,16 f.
- Mietrechtsreformgesetz 57,1, 7; 152,124
- Mietvorauszahlungen 152,178 ff.
- nach Zuschlag 57a,10 ff.
- Nebenkostenabrechnung 152,150 ff.; 161,31
- Rechte und Pflichten 152,143 ff.
- Rechtsverfolgung 152,237 ff.
- Schriftform 152,129, 131 ff.
- Überlassung 57,8; 152,117 ff.
- Verträge mit dem Schuldner 149,13 ff.; 152,130
- Vertragsschluss 152,125 ff.
- Vertragsunterlagen 150,43 f.; 152,123
- Vorauszahlungen 152,173 ff.

- Wohnungsbindungsgesetz 57a,20
- Zwangsversteigerung 57,2 ff.
Milchkontingent 24,5
Minderanmeldung s. geringstes Gebot
Mitbenutzungsrecht
- Wertersatz 92,27
Miteigentümergemeinschaft s. Bruchteilsgemeinschaft
Mitteilung in Zivilsachen 41,10; 88,7

N

Nacherbenrecht
- Aufhebung des Verfahrens 28,28
Nachlassgläubiger vor 15,85
- Befriedigungsausschluss 179,1
Nachlassinsolvenzverfahren
- Nachlassversteigerung 178,1
Nachlasspfleger s. Nachlassversteigerung
Nachlassversteigerung
- Anordnung 176,3
- Befriedigungsausschluss 179,1
- Doppelausgebot 176,8
- Einstellung 176,4
- Erbe 175,1
- Erbschaftskäufer 175,5
- geringstes Gebot 176,6
- Nachlassgläubiger 179,1
- Nachlassinsolvenzverfahren 178,1
- Nachlasspfleger 175,5
- Nachlassverwalter 175,5
- Testamentsvollstrecker 175,5
- Zuschlag 176,11
Nachlassverwalter s. Nachlassversteigerung
Nachlassverwaltung
- Aufhebung des Verfahrens 28,31
Naturalleistungen
- Anmeldung des Berechtigten 46,3
- im geringsten Gebot 46,1
- Rechtsbehelfe 46,5
- Umrechnung 46,2
- unbestimmter Betrag 14,3
Naturschutz
- öffentliche Last 10,38

Nebenleistung
- Rang 12,3
Nießbrauch
- Aufhebung des Verfahrens 28,32
- Beschlagnahme 146,7 ff.; 148,25
- Inbesitznahme, Zwangsverwaltung 150,41
- Schiffe 162,20
- Zwangsversteigerung 57,3, 21

Ö

Öffentliche Lasten
- Antrag 16,18
- Benutzungsgebühren 10,30, 47
- Bundesbodenschutzgesetz 10,33
- Erschließungsbeitrag 10,34
- Fälligkeit 13,7
- Flurbereinigungsbeitrag 10,35
- Gräbergesetz 10,42.1
- Grundsteuer 10,36
- Hypothekengewinnabgabe 10,48
- Kommunalabgaben 10,37
- Landesrecht 10,34
- Naturschutz 10,38
- Rang 10,30, 64; 4 EG,1
- Sanierungsmaßnahmen 10,39
- Säumniszuschläge 10,44
- Schornsteinfegergebühren 10,40
- Umlegungsverfahren 10,41
- Wasser- und Bodenverbandsbeitrag 10,42
- Zinsen 10,44

P

Pacht
s. Mietverhältnis
- Beschlagnahme 20,36; 21,3 ff.
- Fruchtgenuss 21,12
- Pfändung 21,8
- Unterpachtverhältnis 21,5
- Vorausverfügung 21,6
- Zuschlagsbeschluss 93,24
Pächter
- Beteiligter 9,20
- Luftfahrzeuge 171f,2

- Schiffe **169**,2
- Schwimmdocks **170a**,12
Parteibezeichnung vor 15,31
Parteifähigkeit vor 15,22
Partenreederei
- Teilungsversteigerung **180**,7
Partnerschaftsgesellschaft
- Teilungsversteigerung **180**,29
Pfändung
s. Ausführung (Teilungsplan)
Protokoll
- Beweiskraft **78**,15
- Entscheidungsgrundlage **80**,4
- Inhalt **78**,5
- Protokollführer **78**,2
Prozessfähigkeit vor 15,22
- Vollstreckungsmangel **28**,10
Prozessführungsbefugnis vor 15,25
Prozesskostenhilfe
- Antrag **15**,35
- Beiordnung eines Rechtsanwalts **15**,37; **180**,40
- Teilungsversteigerung **180**,38

R

Räumungsschuldner
- Besitzrecht **93**,12
- Familienangehörige **93**,11
- Hausangestellte **93**,13
- Kinder **93**,13
- Lebenspartner **93**,12
- Zuschlagsbeschluss **93**,9 ff.
Rangfolge
- Allgemein **44**,54
- Berücksichtigung von Kosten **44**,66
- gesetzliche Rangfolge **44**,95
- Gleichrang **44**,86
- mehrere Rechte im Rangtausch **44**,77
- Rangrücktritt **44**,63
- Rangvorbehalt **44**,97
- relatives Rangverhältnis **44**,107
- Zwischenrechte **44**,81
Rangklassen
- Bedeutung **10**,2
- dasselbe Recht **12**,1

- dieselbe Klasse **11**,1
- Gläubiger **10**,56
- Grundstücksrechte **10**,49, 61, 67
- Hausgeldansprüche (WEG) **10**,20
- Insolvenz-Feststellungskosten **10**,13
- Kündigungskosten **10**,74; **12**,3
- Lohnansprüche **10**,19, 29
- Luftfahrzeuge **171a**,13, 19; **171i**,3
- Nebenleistung **12**,3
- öffentliche Lasten **10**,30, 64; **4 EG**,1
- Reallast **12**,9
- Rechtsverfolgungskosten **10**,74; **12**,3
- Rückgriffsansprüche (WEG) **10**,23
- Schiffe **162**,16, 22, 34
- Schiffsbauwerke **162**,45
- Schiffsgläubiger **162**,21, 26 ff., 36 ff.
- Verfahrenskosten **10**,3
- Wohnungseigentum **10**,20
- Zwangsverwaltungsausgaben **10**,6
Rangvorbehalt
- Rangfolge **44**,97
Reallast
- Reallastenablösung **3 EG**,1
- Wertersatz **92**,24
Rechtsanwaltskosten
- Zwangsverwaltung **146**,48 ff.
- s. Vergütung
Rechtsbehelf
s. Beschwerde
- Antrag **15**,19 ff.
Rechtsbeschwerde
- Anhörungsrüge **95**,45
- Anwendungsbereich **95**,39
- Frist **95**,42
- Gegenvorstellung **95**,44
- Gerichtskosten **95**,50
- Rechtsanwaltskosten **95**,51
Rechtshängigkeitsvermerk 28,33
Rechtspfleger 1,8
Rechtsprechung
- Zuschlagsbeschluss **82**,2; **90**,1
Rechtsverfolgungskosten
- Rang **10**,74; **12**,3
Registerpfandrecht (Luftfahrzeuge)
- ausländische Währung **171e**,2

1727

- Luftfahrzeuge 171a,15, 25
- übertragene Forderung 171f,3
Reichsheimstätte vor 15,86; 28,19
Revenuenhypotheken 2 EG,15
Richter 1,9
Ritterschaftliche Kreditanstalten 2 EG,20
Rückgewährsanspruch
s. Grundschuld
- Abtretung 50,18
- Pfändung und Überweisung 50,17
Rückgriffsansprüche (WEG)
- Rang 10,23
Rückübertragungsanspruch
- Aufhebung des Verfahrens 28,34

S

Sachverständiger
- Haftung 74a,67 ff.
- Verkehrswert 74a,53
Säumniszuschläge
- öffentliche Last 10,44
Salzabbaugerechtigkeit
- Beteiligter 9,27
- Landesrecht 2 EG,2
- Zuständigkeit 2,3
Sanierungsmaßnahmen
- öffentliche Last 10,39
Scheinbestandteile 20,12
Schiff
- Abwrackung 162,9, 47, 53, 62
- Anordnung 162,47; 164,2
- Arrest 162,19; 171,4
- Ausflaggung 162,5
- ausländisches Schiff 162,5, 6; 171,1
- Beteiligter 163,12; 166,4
- Bewachung 165,2; 170,2; 171,34
- Binnenschiff 162,4, 6
- Definition 162,4
- deutsches Schiff 162,5, 6
- Einstellung 165,5
- Kriegsschiff 171,3
- Mieter 169,2
- Nießbrauch 162,20
- öffentlicher Dienst 162,3
- Pächter 169,2

- Rangklassen 162,16, 22, 34
- Schiffsgläubiger 162,21, 26 ff., 36 ff.; 167,3; 168b,2
- Schiffshypothek 162,18; 168c,2; 169,6
- Schiffspart 162,10
- Schuldner 164,2
- Seeschiff 162,4, 5
- Segelfertigkeit 162,49
- Sicherheitsleistung 169a,4
- Staatsschiff 162,3; 171,3
- Terminsbestimmung 167,2; 168,2
- Treuhänder 165,5
- Verwahrung 165,2; 170,2; 171,34
- Wertfestsetzung 169a,2
- Wrack 162,9
- Zubehör 162,51
- Zuschlag 170,2
- Zuschlagsversagung 162,58; 169a,5
- Zuständigkeit 162,13; 163,1 ff., 171,5 ff.
Schiffsbauwerk
- Definition 162,7
- Rangklassen 162,45
- Terminsbestimmung 170a,8
- Zubehör 162,51
- Zuschlagsversagung 162,58
- Zuständigkeit 170a,4
Schiffsführer
- Schuldner 164,3; 166,4
Schiffsgläubiger
- Anmeldung 168b,2
- Definition 162,21
- Rangklassen 162,26 ff., 36 ff.
- Terminsbestimmung 167,3
Schiffshypothek
- ausländische Währung 168c,2
- Definition 162,18
- übertragene Forderung 169,6
- wertbeständige 168c,6
Schiffspart 162,10
Schornsteinfegergebühren
- öffentliche Last 10,40
Schuldner
- Ausrüster 164,3
- Beteiligter 9,7
- Eigentümer im Grundbuch 17,2

- Erbfolge 17,11
- Grundbuchberichtigung 17,4
- herrenloses Grundstück 17,6
- Kapitän 164,3; 166,2
- Schiffsführer 164,3; 166,2
- Wiederversteigerung 17,12

Schuldübernahme
- bestehen bleibende Hypothek 53,3
- Bürgschaft 53,18
- Genehmigung des Gläubigers 53,6 ff.
- Grundschuld 53,19
- persönliche Haftung 53,4
- Reallast 53,23
- Verhältnis des Gläubigers zum Ersteher 53,16
- Verhältnis zwischen Ersteher und Schuldner 53,13

Schutzvermerk (Luftfahrzeuge) 171a,18

Schwimmdock
- Definition 162,8
- Mieter 170a,12
- Pächter 170a,12

Seeschiff s. Schiff

Sequestration 146,33 ff.

Sicherheitsleistung s. auch Gebot
- andere Arten 69,26
- Antrag 67,4
- Antragsberechtigung 67,4
- Bankbürgschaft 69,8
- Barzahlung 69,15
- Befreiung 67,15, 18
- Bundesbankscheck 69,5
- erhöhte Sicherheit 68,7
- erhöhte Sicherheit (Leistung) 68,13, 17
- erhöhte Sicherheit (Schuldner) 68,11
- Gebote des Schuldners 68,11
- Gebote ohne Sicherheitsleistung 70,11
- Gemeinden 10 EG,1
- gerichtliche Entscheidung 70,3
- Hinterlegung 69,16
- Höhe der Sicherheit 68,3
- Insolvenzverwalterversteigerung 172,17
- Landesrecht 10 EG,1
- Leistung der Sicherheit 70,5
- Nachlassversteigerung 176,9
- Nachweis 69,13
- Rechtsbehelfe 70,15
- Rückgabe 70,12
- Rücknahmeverzicht 69,21
- Schiffe 169a,4
- schwebende Gebote 68,15
- Sparkassen 10 EG,1
- Teilungsversteigerung 180,127; 184,2 ff.
- Überweisung auf Gerichtskonto 69,11, 12
- Verrechnungsscheck 69,5
- Verrechnungsscheck (Vorlagefrist) 69,6
- Versagung des Zuschlags 70,5
- verschiedene Ausgebotsformen 67,11
- weitere Gebote 67,10
- Zeitpunkt des Antrages 67,13
- Zwangsvollstreckungsvoraussetzung vor 15,55

Sicherungsgrundschuld s. Grundschuld

Sicherungshypothek
- bedingte Forderung 128,15
- Belastungsgegenstand 128,2
- Eintragungshindernis 128,3
- Erbbaurecht 128,2; 129,5
- Ersteher 128,13, 14
- getrennte Hypotheken 128,21
- Gläubiger 128,6
- Gläubigerwechsel 128,9
- Grundbuchersuchen s. dort; 130,4 ff.
- Insolvenzeröffnung 128,3
- mehrere Berechtigte 128,7
- mehrere Grundstücke 128,16
- Miteigentümer 128,8
- Rang 128,22
- Rangverlust 128,27; 129,3
- Rechte Dritter 128,18
- Teilungsversteigerung 180,160

1729

- Tod des Berechtigten 128,10
- übertragene Forderung 128,4
- unbekannter Berechtigter 128,11
- Verzinsung 128,5
- Vollstreckbarer Anspruch 132,4
- Wiederversteigerung 128,28
- Zwangsversteigerungsantrag 129,7

Sicherungsmaßnahmen
- Antrag 25,5
- Aufhebung 25,9, 11
- Entscheidung des Gerichts 25,6
- für den Gläubiger 25,1 ff.
- Kosten 25,13
- Maßnahmen 25,7
- Rechtsbehelfe 25,12
- Vorschusspflicht 25,10
- Zwangsgeld 25,8
- Zwangshaft 25,8

Sittenwidrige Härte 30a,31 ff.

Sparkasse
- Gebote 71,41

Sterbetafel 92,39

Steuern s. Zwangsverwaltung

Stockwerkseigentum 2 EG,11

Subjektiv-dingliche Rechte 20,13; 21,11

Suizidgefahr 30a, 34 ff.

T

Teilungsmasse
- Aufrechnung des Erstehers 107,17
- Bargebot 107,2
- Befriedigungserklärung 107,13
- Erlös aus besonderer Versteigerung 107,6
- Minderung 107,8
- Rechtsbehelfe 107,21
- Sicherheitsleistung 107,19
- Teilungsplan s. dort
- Verzinsung 107,3, 5
- Zahlung des Erstehers 107,11
- Zuzahlungsbetrag 107,7

Teilungsplan
s. auch Teilungsplan (Ausführung) und (Zwangsverwaltung)
- Ablösungsrecht 114,47

- Abtretung 114,9, 12
- Anmeldepflicht 114,59
- Anmeldung 114,61
- Ansprüche von Amts wegen 114,5
- Arresthypothek 114,30
- Aufbauhypothek 114,17
- Auflassungsvormerkung 119,9
- auflösende Bedingung 119,15; 120,11
- aufschiebende Bedingung 120,2 ff.
- Aufstellung des Plans 113,6 ff.
- außergerichtliche Befriedigung 144,2 ff.
- außergerichtliche Einigung 143,2 ff.
- Aussetzung der Ausführung 116,2 ff.
- Bauhandwerkersicherungshypothek 114,74
- bedingte Ansprüche 119,3
- Befriedigungsfiktion s. dort
- bestehen bleibende Rechte 113,11
- betagter Anspruch 111,2 ff.
- Deckungskapital 121,3 ff.
- Eigentümergrundschuld 114,52 ff.
- Eigentümergrundschuld (Pfändung) 114,53
- Eigentümergrundschuld (Zinsen) 114,53
- Erlösüberschuss 109,11
- Eventualzuteilung 121,10
- Forderungsanmeldung 106,4
- formelle Unrichtigkeit 113,14
- Freigabe des Grundstücks 114,48
- Gerichtskosten 109,2, 5
- Gesamtausgebot s. dort
- Gesamtrechte 122,2
- Gleichrang 114,71
- Grundpfandrecht mit Brief 114,11
- Grundpfandrecht ohne Brief 114,8
- Grundschuld 114,31 ff.
- Grundschuld (Zinsen) 114,37.1–5
- herrenloses Grundstück 109,17
- Hinterlegung (Bedingung) 121,12
- Hinterlegung (Deckungskapital) 121,12
- Höchstbetragshypothek 114,28
- Hypothek 114,14

- Inhalt des Plans 113,4
- Insolvenzverwalter 114,48
- Kapital der Grundschuld 114,38
- Kosten 109,4
- Löschungsanspruch 130a, 2 ff.
- Löschungsvormerkung s. dort
- mehrere Grundstücke s. Gesamtausgebot
- Minderanmeldung 114,36; 114,56
- nachstehende Rechte 110,1 ff.
- Nachtragsverteilung 113,3
- Pfändung des Erlösüberschuss 109,14
- Rangfolge 114,66
- Rangverlust 110,3
- Rangverschiebungen 114,68
- Rangvorbehalt 114,72
- rechtliches Gehör 113,9
- Rechtsmittel 113,12
- Rechtsmittelbelehrung 117,29
- rechtzeitige Anmeldung 110,4
- Rückgewährsanspruch 114,43 ff.
- Sicherungsgrundschuld 114,32
- Sicherungshypothek 114,22
- spätere Planausführung 116,7
- Teilungsversteigerung 180,145 ff.
- Terminsteilnahme 113,10
- Tilgungshypothek 114,16
- Verzicht des Gläubigers 114,40 ff.
- vorgemerkte Rechte 119,7
- vorläufig vollstreckbarer Anspruch 124,11
- vorläufiger Plan 106,2, 5
- Vor- und Nacherbschaft 109,18
- wertbeständige Rechte 114,21
- Wertersatz 92,4 ff.
- Widerspruch s. dort; 113,13
- Widerspruch nach § 899 BGB 119,12
- wiederkehrende Leistungen 114,56
- Zinsen der Grundschuld 114,34, 37.1–5
- Zinseszinsen 114,58
- Zustellung 117,29
- Zwangssicherungshypothek 114,23 ff.
- Zwischenzins 121,4

Teilungsplan (Ausführung)
- Abtretung 117,17
- Anspruchsberechtigung 117,4 ff.
- Anweisung auf den hinterlegten Betrag 117,35
- Auflassungsvormerkung 125,11
- Auszahlung an Abwesende 117,33
- Auszahlung an Anwesende 117,29
- Befriedigungserklärung 117,10
- Briefrecht 126,5 ff.
- einstweilige Einstellung 117,9
- Empfangsberechtigung 117,30
- Forderungsübertragung s. dort; 118,3 ff.; 125,13
- Grunddienstbarkeit 117,7
- Nichtzahlung des Erstehers 118,1 ff.
- Nießbrauch 117,8
- Pfändung (Eigentümergrundschuld) 117,25
- Pfändung (Hypothek) 117,19
- Pfändung (Rückgewährsanspruch) 117,28
- Pfändung (Übererlös) 117,27
- Pfändung nach Zuschlag 117,24
- Pfändung vor Zuschlag 117,18
- Pfändungen 117,13 ff.
- Sicherungshypothek 125,12
- unbekannter Berechtigter 126,2
- Verzicht auf Zuzahlung 117,12
- Zahlung des Erstehers 117,3
- Zuzahlung (Verteilung) 114,4 ff.
- Zuzahlung (Widerspruch) 125,10
- Zuzahlungsbetrag 125,2

Teilungsplan (Zwangsverwaltung)
- Allgemein 156,15 ff.
- Änderungen 157,15 ff.
- Anmeldung 156,21 ff.
- Aufnahme von Amts wegen 156,19 f.
- Aufstellung 156,26 f.
- Ausführung 157,2 ff.
- außergerichtliche Verteilung 160
- Auszahlung 157,7 ff.
- bedingte Ansprüche 156,28 f.; 157,3
- Bindung des Verwalters 157,4 ff.
- Ergänzungen 157,15 ff.

- Fremdwährung 158a
- Gesamtrechte 156,31
- Klage auf Änderung 159
- Löschungsvormerkung, -anspruch 156,30
- nicht anmeldebedürftige Ansprüche 156,17 f.
- Planänderung 156,34 ff.
- Rangordnung 155,51
- Rechtsbehelfe 156,37 ff.; 157,13
- sofortige Beschwerde 156,42
- sonstige Forderungen 156,24 ff.
- unbekannter Berechtigter 156,33; 157,18
- Verfügungsbeschränkungen 156,32
- Widerspruch 156,38 ff.
- Widerspruchklage 156,40
- Zahlung auf das Kapital 158,2 ff.

Teilungsversteigerung
- abweichende Bedingungen 180,118
- Abweichung zur Forderungsversteigerung 180,4
- Anfechtung 181,24
- Anordnung **Einf.**,88; 180,42
- Antrag 180,35; 181,4; **Einf.**,86
- Antragsrücknahme 180,109
- Aufhebungsanspruch 180,10
- ausländische Gemeinschaft 180,32
- Ausschluss der Aufhebung der Gemeinschaft 181,14 ff.
- Bedeutung des Verfahrens **Einf.**,83
- Beitritt 180,48
- Beschlagnahme 180,63 ff.
- bestehen bleibende Rechte 180,150
- Beteiligte 180,53
- Betreuer 181,28
- Bietabkommen 180,123
- Bruchteilsgemeinschaft 180,14; 181,14
- Deckungsgrundsatz **Einf.**,92
- Ehegattenzustimmung 181,41 ff.
- eheliche Gütergemeinschaft 181,66
- eheliche Vermögensgemeinschaft 180,23
- Einstellung 180,70
- Einstellung (§§ 75,76) 180,124
- Einstellungsantrag (Antragsteller) 180,75
- Einstellungsantrag (Antragsgegner) 180,80
- einstweilige Einstellung 180,70
- Einwendungen 181,36 ff.
- Erbbauzinsreallast 181,35
- Erbengemeinschaft 180,16; 181,19
- Erbfolge 181,10
- ergebnisloses Verfahren 180,125
- Erlösüberschuss 180,154
- Erlösverteilung 180,144; **Einf.**,102
- Europ. Wirtschaftl. Interessenvereinigung 180,31
- Forderungsübertragung 180,160
- Forderungsversteigerung (gleichzeitig) 180,166
- Gebote 180,130
- Gegenstand 180,6
- geringstes Gebot s. dort; **Einf.**,97
- Gesellschaft bürgerlichen Rechts 180,25-27
- Gläubiger eines Gesellschafters 181,60
- Gläubiger eines Miteigentümers 181,49 ff.
- Gläubiger eines Miterben 181,54
- Gläubiger (Antragsrecht) 181,65
- großes Antragsrecht 181,12
- Grundbuchzeugnis 181,9
- Grundschuld 182,24 ff.
- Gütergemeinschaft 180,19, 22
- Herausgabevollstreckung 180,143
- Hindernisse 181,25,26,37
- Hinterlegung 180,156
- Insolvenz 181,27,53
- Insolvenzversteigerung 180,177
- Kindesschutz 180,88
- landwirtschaftlicher Betrieb (Zuweisung) 185,1 ff.
- Miete 183,6
- Miteigentumsanteil 63,7
- Nachlasspfleger 181,29
- Nachlassverwalter 181,29
- Nebenleistungen 180,59
- Neue Bundesländer 180,106
- Nießbrauch 181,30

1732

Stichwortverzeichnis

- Pacht 183,6
- Partenreederei 180,7
- Partnerschaftsgesellschaft 180,29
- Personengesellschaft 180,28
- Pfändungsgläubiger 180,66,67,71; 181,17, 21
- Pfändungsgläubiger (einstweilige Einstellung) 180,84
- Prozesskostenhilfe 180,38
- Ranggrundsatz Einf.,91
- Rangordnung 180,56
- Rechtsmittel 180,61
- Rückgewährsanspruch 182,26
- Sicherheitsleistung 180,127; 184,2 ff.
- Sicherungshypothek 180,160
- Sonderkündigungsrecht 183,2 ff.
- Teilungsanordnung 181,21
- Teilungsplan 180,145 ff.
- Teilungsplan (Muster) 180,152
- Terminsbestimmung 180,114
- Testamentsvollstreckung 181,22
- Veräußerungsverbote 181,25 ff.
- Verfahrensgrundsätze Einf.,91
- Verfahrenskosten 180,149
- Verfahrensverbindung 180,41
- Verkehrswert 180,111
- Versteigerungstermin Einf.,101
- Vertragspfandrecht 181,67
- Vollstreckungskosten 180,58
- Vollstreckungsschutz Einf.,94 ff.; 180,103
- Vollstreckungstitel 181,2
- Vorkaufsrecht 180,137 ff.
- Vor- und Nacherbfolge 181,23
- wiederkehrende Leistungen 180,59
- Zubehör 180,68
- Zuschlagsbeschluss 93,28; 180,134
- Zuteilung 180,153
- Zwangsversteigerungsbedingungen 180,117
- Zwangsversteigerungsvermerk 180,47
- Zwangsvollstreckung gegen Ersteher 180,164

Terminsbestimmung
- Änderung der Objektbezeichnung 37,7 ff.
- Anmeldungen 37,18
- anzumeldende Rechte 37,15 ff.
- Aufhebung des Versteigerungstermins 43,2 ff.
- Bezeichnung des Grundstücks 37,4 ff.; 38,2
- Drittrechte 37,23
- entgegenstehende Rechte 37,22
- Erbbaurecht 38,10
- Flurbereinigung 38,9
- Fristen 43,4 ff.
- frühere Zuschlagsversagung 38,5
- Grundstücksgröße 38,3
- Grundstückswert 38,7
- Inhalt 37,2
- Insolvenzverwalterversteigerung 172,15
- Landesrecht 6 EG,1; 7 EG,1
- Luftfahrzeuge 171d,2; 171l,2
- Mitteilung an Beteiligte 41,7
- Mitteilung in Zivilsachen 41,10
- Nachlassversteigerung 176,5
- Ortsangabe 37,10
- Rechtsbehelfe 37,34; 41,12
- Schiffe 167,2; 168,2; 171,24
- Schiffsbauwerke 170a,8
- Veröffentlichung 39,3 ff.
- Versteigerungsart 37,13
- Wertgutachten 38,11
- Wohnungseigentum 38,10
- Zeitangabe 37,10
- Zustellung 41,3 ff.; 43,8

Terminsprotokoll
- Auslegung 80,7
- Besichtigung 78,18
- Beweiskraft 78,15
- Entscheidungsgrundlage 80,4
- Gegenbeweis 80,5
- Inhalt 78,5 ff.
- Protokollführer 78,2
- Rechtsbehelf 78,20
- Verkündungstermin 87,11
- Verlesung 78,14
- Vorgänge im Termin 80,3

1733

- vorläufige Aufzeichnung 78,4
- Zuschlagsentscheidung 80,8

Testamentsvollstrecker
s. Nachlassversteigerung

Testamentsvollstreckung
- Aufhebung des Verfahrens 28,37
- Teilungsversteigerung 181,22

Transformatorenstation 20,8

Treuhänder
- Antrag 172,4
- Doppelausgebot 174a,3
- Luftfahrzeuge 171c,5
- Schiffe 165,5

U

Überbau 20,10 s. geringstes Gebot
- Eigentumserwerb 90,8
- Gegenstand der Versteigerung 55,5

Übertragene Forderung
- Schiffshypothek 169,6

Umlegungsverfahren
- Einlagegrundstück 17,4
- öffentliche Last 10,41

Umsatzsteuer
- Altforderungen 152,104.2
- Auskunft 152,104.3
- Berichtigung durch Zuschlag 152,100.14
- Berichtigung im laufenden Verfahren 152,100.7
- Berichtigung infolge Veräußerung 152,100.13
- Jahresrechnung, Mietvertrag 152,103.3
- Eigentumserwerb 90,4
- Kleinunternehmer 152,99.4
- Meistgebot 58,23
- Option 152,100.1
- Organschaft und Betriebsaufspaltung 152,101.1
- Organschaft und Zwangsverwaltung 152,101.4
- Rechnung und Ausweis der Umsatzsteuer 152,102
- Steuernummer und Adressat 152,97.1

- Vergütungsrechnung 152,103.4
- Verrechnung 152,104.1
- Vermietung an den Schuldner 152,101.7
- Verzicht 58,22
- Voranmeldungen 152,98.1
- Vorsteuer 152,103.1
- Umsatzsteuersplitting 152,99.1
- Unternehmereigenschaft 152,96.9
- Zwangsverwaltung s. dort

Unbedenklichkeitsbescheinigung s. Grundbuchersuchen
- Sicherungshypothek, 133,15
- Wiederversteigerung 133,14

Unbekannter Berechtigter
- Aufgebotsverfahren 138,2 ff.
- Ermittlung des Berechtigten 137,2 ff.
- Rechtsmittel 135,10
- Sicherungshypothek 128,11
- Teilungsplan 126,2
- Terminsbestimmung nach Ermittlung 139,2 ff.
- Vergütung des Vertreters 135,9
- Vertreter (Aufgabe) 130,5
- Vertreterbestellung 135,2
- Widerspruch 139,6

Unbestimmter Betrag 14,1
Unfallversicherung 28,36
Untermiete und -pacht
- Ersteher 57,15; 57a,24

Urkunden
- Antrag 16,22

V

Veräußerung
- dinglicher Anspruch 26,3
- Grundstück 26,2
- nach Beschlagnahme 26,1 ff.
- persönlicher Anspruch 26,5

Veräußerungsverbot
s. Beschlagnahme
- Berücksichtigung im Verfahren 23,22
- Forderungen 23,28
- Gläubigerschutz 23,26

Stichwortverzeichnis

Verein
- Gebote 71,40

Verfahrenskosten
- Rang 10,3

Verfahrensverbindung
- Antrag 18,7
- Aufhebung der Verbindung 18,14
- Entscheidung 18,8
- Entscheidungsmaßstab 18,11
- Gesamtschuldner 18,6
- gleicher Schuldner 18,3
- gleiches Recht 18,4
- Kosten 18,17
- Rechtsbehelfe 18,16
- Teilungsversteigerung 180,41
- Voraussetzungen 18,1 ff.
- Wirkung 18,15

Verfügungsbeschränkung
- Aufhebung des Verfahrens 28,39

Verfügungsverbot
s. Beschlagnahme
- Berücksichtigung im Verfahren 23,22
- Forderungen 23,28
- Gläubigerschutz 23,26

Vergleich
- Erörterungstermin 62,5

Vergütung (Zwangsverwalter)
- Angemessenheit 152a,2 ff., 118 ff.
- Auslagen 152a,97 ff.
- Auslagenpauschale,152a,129 f.
- Bauvorhaben 152a,66
- Bemessungsgrundlage 152a,46 ff.
- besondere Kosten, Auslagen 152a,103 ff.
- Betriebsfortführung 152a,54
- Dokumentation 152a,6
- Faustregeltabelle 152a,62
- Festsetzung, Verfahren 152a,123 ff., 130 ff.
- Geschäftskosten 152a,100 ff.
- Haftpflichtversicherung 152a,122
- Haftung 152a,135 f.
- Hausverwaltung 152a,113 ff.
- Hilfspersonal 152a,105 ff.
- Materialien zur Festsetzung 152a,138 ff.
- mehrere Grundstücke 152a,31 ff.
- Minderung und Anhebung 152a,55 ff.
- Mindestvergütung 152a,91 ff.
- Nachweis 152a,78 ff., 116 ff.
- Normalfall 152a,34
- Rechtsanwaltskosten 152a,12 ff.
- REFA-Studie 152a,36
- Regelvergütung 152a,28 ff., 38 ff.
- RVG 152a,12 ff.
- Stundensatz 152a,72 ff.
- Stundenvergütung 152a,68 ff.
- Umsatzsteuer 152a,10
- Vereinbarungen 152a,8
- Vorschuss 152a,126
- Zinserträge 152a,30

Verkehrswert
- Altlasten 74a,47
- Änderung Beschluss 74a,74
- Anpassung des Wertes 74a,60
- Bedeutung 74a,32
- Besichtigung des Grundstückes 74a,50
- fehlerhafter Verkehrswert 74a,65
- gerichtliche Festsetzung 74a,53 ff.
- Grundstücksbelastungen 74a,48
- Grundstückswert 74a,35
- Gutachterausschuss 74a,44
- Haftung des Sachverständigen 74a,67 ff.
- privates Gutachten 74a,41
- rechtliches Gehör 74a,56
- Rechtskraft 74a,58, 59
- Rechtsmittel 74a,72
- Sachverständiger 74a,53
- Schadensersatz 74a,66
- Teilungsversteigerung 180,111
- Veröffentlichung 38,11
- Wertermittlung 74a,34 ff.
- Wertermittlungsmethode 74a,46
- Wertfestsetzung 38,8
- zeitnahe Erstellung 74a,45
- Zeitpunkt der Festsetzung 74a,57
- Zubehör 74a,38 ff.
- Zwangsverwaltung 74a,52

Verkündungstermin
- Bekanntmachung 87,9

1735

- Beschwerde 87,15
- besonderer Verkündungstermin 87,5
- Bestimmung des Termins 87,8
- neue Tatsachen 87,17
- Öffentlichkeit 87,14
- Protokoll 87,11
- Terminsleitung 87,10
- Vertagung 87,12
- Vollstreckungsschutz 87,7
- Zuschlagserteilung 87,2
- Zuschlagsversagung 87,2

Vermietung
- Teilungsversteigerung 183,1 ff.

Vermögensbeschlagnahme
- Aufhebung des Verfahrens 28,38

Vermögensgemeinschaft
- Teilungsversteigerung 180,23

Veröffentlichung s. Bekanntmachung s. Terminsbestimmung

Verrechnungsscheck s. Sicherheitsleistung

Versagung des Zuschlags s. Zuschlagsversagung
- Ablösung des betreibenden Gläubigers 33,5
- Änderung des geringsten Gebots 33,11
- Beeinträchtigung Beteiligter 33,11, 12
- bestrangig betreibender Gläubiger 33,9 ff.
- Einstellung (§ 769 ZPO) 33,3
- Einzelverfahren 33,8
- Entscheidung 33,14
- Rechtsbehelfe 33,16
- Schluss der Versteigerung 33,2
- Teilaufhebung 33,4
- Teileinstellung 33,4
- zeitliche Grenze 33,6

Versicherungsaufsichtsgesetz 28,14

Versicherungsforderungen
- Beschlagnahme 20,38 ff.

Versteigerungsbedingungen s. auch abweichende Versteigerungsbedingung

Versteigerungstermin
- Ablauf 66,2
- Änderung des geringsten Gebots 66,48; 73,4
- Anmeldungen 66,29
- Aufforderung zur Gebotsabgabe 66,53
- Aufhebung 43,2 ff.
- Aufruf der Sache 66,24
- Ausbietungsgarantie 66,55
- Ausschluss von Anmeldungen 66,51
- Baulast 66,41
- Befangenheitsantrag 66,20
- Bekanntmachungen 66,27
- Belehrungspflicht 66,42
- Beschlusszeitpunkt 36,2, 3
- Bestimmung des Termins 36,2 ff.
- Bietzeit 73,7
- einstweilige Einstellung 66,49
- Erbbaurecht 66,37
- Feststellung des geringsten Gebotes 66,45
- Frist nach einstweiliger Einstellung 36,7
- Frist nach Versagung des Zuschlags 36,8
- gerichtliche Hinweise 66,34
- Grunderwerbssteuer 66,35
- Hinweispflicht 66,42
- Kostenvorschuss 36,11
- mehrere Verfahren zeitgleich 66,16; 73,8
- mehrere Grundstücke 73,9
- Mindestdauer 73,2
- Öffentlichkeit 66,4
- Ort des Termins 66,6
- Protokollführer 78,2
- Rechtsbehelfe 36,10
- Schluss der Versteigerung 73,3, 10, 13
- Sitzungsleitung 66,5
- Terminsprotokoll 78,5
- Überbau 66,39
- Umsatzsteuer 66,36
- Unterbrechung 66,11; 73,5
- Verlegung 66,9

- Versteigerungsbedingungen 66,47
- Versteigerungsort 36,9
- Vertagung 66,14
- Vertretung 66,26
- Wohnungseigentum 66,38
- Zeitpunkt des Termins 66,6
- Zeitraum bis zum Termin 36,5
- Zuschlagsverhandlung 73,15

Vertagung
- Verkündungstermin 87,12

Verteilungstermin
- Anwendungsbereich 105,3
- Bekanntmachung 105,9
- Inhalt der Terminsbestimmung 105,10
- Teilnahme 113,10
- Teilungsmasse s. dort
- Teilungsplan s. dort
- Terminsbestimmung 105,4
- Terminsfrist 105,5
- Vertagung 105,11
- Zustellung der Terminsbestimmung 105,7

Vertreter
- Vollmacht 15,8
- Rechtsdienstleistungsgesetz 15,8

Verwahrung
- Luftfahrzeuge 171c,3; 171g,2
- Schiffe 165,2; 170,2; 171,34

Verwaltung (nach Zuschlag)
- Antrag 94,2
- Antragsrücknahme 94,5
- Aufhebung 94,15
- Beschlagnahme 94,12
- Durchführung 94,6
- gerichtliche Anordnung 94,7
- gerichtliche Aufsicht 94,14
- Haftung 94,14
- nach Zuschlagserteilung 94,1
- Rechtsbehelfe 94,8
- Überschuss 94,16
- Verwalter 94,9
- Vorschusszahlung 94,13
- Zahlung 94,4

Verwaltung des Grundstücks
- Betriebsstilllegung 24,3
- durch den Schuldner 24,2 ff.

- Milchkontingent 24,5
- ordnungsmäßige Wirtschaft 24,3, 4
- Schutzmaßnahmen für den Gläubiger 25,1 ff.
- Überschuss 24,8

Verzugszinsen
- abweichende Versteigerungsbedingung 59,26

Vollstreckungserinnerung
- Abgrenzung zum Klageverfahren 95,7
- Abgrenzung zur Beschwerde 95,9
- Abgrenzung zur sofortigen Erinnerung 95,12
- befristete Erinnerung 95,21 ff.
- Verfahrensablauf 95,13 ff.

Vollstreckungshindernis vor 15,63 ff.

Vollstreckungsklausel s. Klausel

Vollstreckungskosten
- Antrag 16,11

Vollstreckungsschutz (§ 765a ZPO)
- Antrag 30a,25
- Anwendungsbereich 30a,20 ff.
- Aufhebung der Einstellung 30a,41
- Ausschluss des Vollstreckungsschutzes 30c,10
- besondere Umstände 30a,30
- gerichtliche Entscheidung 30a,40
- Gläubigerinteressen 30a,39
- Kaufangebot 81,36
- Kosten 30a,48
- Meistgebot 81,35
- Rechtsbehelfe 30a,45
- Rechtschutzinteresse 30a,28
- sittenwidrige Härte 30a,31
- Suizidgefahr 30a,34
- Teilungsversteigerung 180,103
- vorläufige Maßnahmen 30a,42
- Zuschlagsbeschluss 93,19

Vollstreckungstitel vor 15,27
- ausländische **vor** 15,29
- ehemalige DDR **vor** 15,30
- Inhalt **vor** 15,43
- Rückgabe des Titels 127,16
- Vorlage bei Erlösverteilung 127,13
- Zahlungsvermerk 127,14

1737

Vollstreckungsvereinbarung
- beschränkende Abreden **vor 15**,89
- erweiternde Abreden **vor 15**,90

Vorausverfügungen
- Aufrechnung des Mieters **57b**,11
- Baukostenzuschuss s. dort
- Beschlagnahme **57b**,12 ff., **18** ff.; **148**,15 ff.
- BGB-Regelungen **57b**,5 ff.
- Ersteher **57b**,14 ff.
- Miet- und Pachtzins **57b**,14 ff.
- Mietvorauszahlungen **57b**,14 ff.
- nach Zuschlag **57b**,5 ff.
- Zwangsverwaltung **152**,116 ff.; **57b**,24

Vorkaufsrecht
- Aufhebung des Verfahrens **28**,41
- Teilungsversteigerung **180**,137 ff.
- Wertersatz **92**,28

Vormerkung s. geringstes Gebot
- Wertersatz **92**,31

Vorpfändung
- Beschlagnahme **22**,11

Vor- und Nacherbfolge
- Teilungsversteigerung **181**,23
- Zwangsverwaltung **146**,28 f.

W

Währung
- Antrag **16**,8
- Registerpfandrecht **171e**,2
- Schiffshypothek **168c**,2; **171**,38

Wartefrist
- Zwangsvollstreckungsvoraussetzung **vor 15**,61

Wasser- und Bodenverbandsbeitrag
- öffentliche Last **10**,42

Wein
- Wiederbepflanzungsrecht **24**,6

Wertbeständige Rechte
- Schiffspfandrecht **168c**,6

Wertermittlung
- Landesrecht **11** EG,1

Wertersatz
- ablösbare Rechte **92**,16
- Anmeldung **92**,34, 35

- Auflassungsvormerkung **92**,33
- Ausschluss der Aufhebung der Gemeinschaft **92**,30
- Bemessungsgrundlage **92**,13
- Dauerwohnrecht **92**,11, 25
- Deckungskapital **92**,12
- einmaliger Ersatzbetrag **92**,19
- Erbbaurecht **92**,22
- Erbbauzinsreallast **92**,22
- Ersatzanspruch **92**,4
- Geldrente **92**,10 ff.
- gerichtliche Feststellung **92**,38
- Grunddienstbarkeit **92**,26
- Grundpfandrechte **92**,2, 6
- Höchstbetrag **92**,20
- Lebenserwartungstabelle **92**,39
- Mitbenutzungsrecht **92**,27
- Reallast von bestimmter Dauer **92**,24
- Rechte ohne Kapitalanspruch **92**,3
- Rentenzahlung **92**,14
- Sterbetafel **92**,39
- unbestimmter Betrag **14**,4
- Vorkaufsrecht **92**,28
- Vormerkung **92**,31

Wertfestsetzung
- Schiffe **169a**,2

Wertsicherungsklausel
- Antrag **16**,9

Wesentliche Bestandteile
- Beschlagnahme **20**,7

Widerspruch s. geringstes Gebot
- Aufhebung des Verfahrens **28**,42
- Ausführung des Plans **115**,22; **124**,5
- Berechtigung **115**,9
- bestehen bleibende Rechte **115**,16
- Einigung **115**,23 25
- Form **115**,13
- Grundsatz **115**,3
- Hinterlegung **124**,9
- Mieter **115**,12
- Rückgewähranspruch **115**,10
- Rückzahlungsbetrag **125**,10
- Schuldner **115**,17
- Teilungsmasse **115**,15
- Teilungsplan **115**,3 ff.
- Verteilung **124**,2

- vollstreckbarer Anspruch 115,18
- Widerspruchsklage s. dort
- Zulässigkeit 115,4

Widerspruchsklage
- Beweislast 115,33
- Frist 115,28
- Gerichtsstand 115,36
- Inhalt des Urteils 115,38
- Klageantrag 115,34
- Klageerhebung (Nachweis) 115,29
- Partei der Klage 115,31
- Versäumung der Klagefrist 115,54
- Vorlage des Urteils 115,41

Wiederbepflanzungsrecht 24,6

Wiederkaufsrecht
s. geringstes Gebot

Wiederkehrende Leistungen
s. Geldleistungen
- Abgrenzung 13,1

Wiederversteigerung
- Antrag 133,2
- Antragsteller 133,6
- Beschlagnahme 133,18
- Beteiligte 133,11
- Einstellung 133,19
- Eintragung des Erstehers 17,12
- Erbbaurecht 133,26
- geringstes Gebot 133,22
- Grundbuchzeugnis 133,4
- Schuldner 133,10
- Unbedenklichkeitsbescheinigung 133,14
- Verkehrswert 133,21
- Voraussetzungen 133,2
- Zuschlagsaufhebung 133,24

Wohnrecht
- berechtigte Personen 149,5 ff.
- Beschlagnahme 146,15
- Beschluss, Vollstreckung 149,22 ff.
- entbehrliche Räume 149,13 ff.
- Insolvenz 149,38
- Nutzungsentgelt, Verbrauchskosten 149,11
- Räumung, Gefährdung 149,19 ff.
- Tod des Schuldners 149,8
- Umfang 149,2 ff.
- Unterhalt 149,32
- Veräußerung 149,10

Wohnungsbindungsgesetz
- Eigentumserwerb 90,18
- Zwangsversteigerung, Ersteher 57,24 ff.

Wohnungseigentum
- Benutzungsgebühren 10,47
- Bestellung Hausverwalter 152,192 ff.
- Eigentümerversammlung 152,190
- Eigentumserwerb 90,23
- Entziehungsanspruch 10,71; vor 172,6
- Gebote 10,73.1
- Gläubigervorschuss 152,219 ff.
- Guthaben 152,217
- Lasten und Kosten: Rang 10,20
- Rückgriffsansprüche: Rang 10,23
- Rückstände 152,202 ff.; 156,11.3
- Sonderumlagen 152,202 ff., 211; 155,11.3
- WE-Verwalter 152,192 ff.
- Wohngeld, Vorschuss 152,195 ff.
- Zuschlag 56,10
- Zustimmung vor 15,91
- Zustimmung zum Meistgebot 81,47

Wohnungsförderung
- Kündigung 57a,20
- Wohnungsbindungsgesetz 57,25 ff.
- Zwangsversteigerung, Ersteher 57,24 ff.

Wrack
- Luftfahrzeuge 171a,6
- Schiffe 162,9

Z

Zahlungsverbot 22,10

Zinsen
- Antrag 16,10
- öffentliche Last 10,44

Zubehör
- Abgrenzung 20,20
- Anwartschaftsrecht 55,16
- Begriff 20,16
- Bereicherungsanspruch 55,23

- Beschlagnahmeumfang 55,3, 11
- Dritteigentum 20,54
- Dritteigentümer 55,17
- Eigentumsvorbehalt 55,16
- Eigenzubehör 20,49
- Enthaftung 55,12
- Fremdzubehör 20,53; 55,14
- Geltendmachung des Eigentums 55,18
- gutgläubiger Erwerb 20,51
- Hypothekenhaftungsverband 20,50
- Klageerhebung 55,22
- Luftfahrzeuge 171a,31
- Schiffe 162,51
- Schiffsbauwerke 162,51
- Teilungsversteigerung 180,68
- Verlust des Eigentums 55,21
- Widerspruchserhebung 55,21

Zugewinngemeinschaft vor 15,93

Zug-um-Zug-Leistung
- Zwangsvollstreckungsvoraussetzung vor 15,59

Zuschlag
- Aufhebung (Zwangsverwaltung) s. dort
- Baulast 56,18
- Beschwerde bei Luftfahrzeugen 171m,1
- Bestandteile 56,4
- Betriebsgrundstück 56,15
- Bewachung bei Luftfahrzeugen 171g,2
- Bewachung bei Schiffen 170,2; 171,34
- Energieversorgung 56,8
- Entscheidungsfreiheit 79,22
- Erschließungskosten 56,9
- Ersteher s. dort
- Erzeugnisse 56,4
- Gefahrübergang 56,2
- Gerichtskosten 58,2 ff.
- Gewährleistung 56,19
- Hausgeld 56,10
- Insolvenzverwalterversteigerung 174,14; 174a,9
- Kündigung s. Mietverhältnis
- Lastentragung 56,6
- Meistbietender 81,2
- mitversteigerte Gegenstände 56,3
- Nachlassversteigerung 176,11
- Nachprüfung des Verfahrens 79,4
- Nutzungen 56,5
- Schiffe 170,2
- Sicherheitsleistung 72,20
- Sonderumlage 56,12
- unabänderbare Vorentscheidungen 79,5
- Versicherung 56,16
- Verwahrung bei Luftfahrzeugen 171g,2
- Verwahrung bei Schiffen 170,2, 171,34
- Vorentscheidung 79,2
- Vorentscheidung des Beschwerdegerichts 79,6
- Wohnungseigentum 56,10

Zuschlagsbeschluss s. auch Eigentumserwerb, Erlöschen von Rechten
- Altenteil 93,22
- Aufhebung 89,4
- Begründung 82,13
- Besitzer 93,30
- Bürge 88,4
- Bürgschaft 82,15
- Durchsuchungsanordnung 93,16
- Einwendungen gegen Vollstreckungsklausel 132,12
- Ersteher 82,10; 88,4
- Erteilung 104,2
- gerichtliche Verwaltung 93,8
- Gerichtsvollzieher 93,15
- Grundbuchamt 88,9
- Grundstücksbezeichnung 82,8
- Gutachterausschuss 88,8
- Herausgabevollstreckung 93,32
- Klauselerteilung 93,7
- Meistbietender 88,4
- Meistgebot 82, 11
- Mietverhältnis 93,24, 27
- Miteigentumsanteil 93,18
- Mithaft des Meistbietenden 82,15
- Nießbrauchsrecht 93,22
- Pachtverhältnis 93,24, 27
- Personenkreis 88,2

- Räumungsschuldner 93,9 ff.
- Rechenfehler 82,18
- Rechtsbehelf 82,20
- Rechtskraft 82,4
- Rechtsmittelbelehrung 98,3
- Rechtsnachfolger 93,6
- Rechtsprechungscharakter 82,2
- Schadensersatz 82,6
- Schreibfehler 82,18
- Sicherungsmaßnahmen 89,5
- Teilungsversteigerung 93,28; 180,134
- Unterschrift 82,14
- unzulässige Vollstreckung 122,13
- Versteigerungsbedingungen 82,12
- Verwendungen 93,35
- Verzicht auf Zustellung 88,3
- vollstreckbare Ausfertigung 93,5; 132,9
- Vollstreckungskosten 93,21
- Vollstreckungsschutz 93,19
- Vollstreckungstitel 93,4; 132,3 ff.
- weitere Mitteilungen 88,7
- Wiederversteigerung 123,2 ff.
- Wegfall 90,25
- Wirkung 89,3
- Wohnungsrecht 93,22
- zeitliche Wirkung 89,2
- Zubehör 82,9; 93,31
- Zustellung 88,2 ff.; 93,14; 104,2; 113,1,14
- Zwangsverwaltung 93,25

Zuschlagsverhandlung
- Anhörung 74,2
- Anmeldung 74,8
- Anträge 74,4
- Ausschluss weitere Anträge 74,7
- Schluss der Verhandlung 74,10
- Versteigerungstermin 73,15

Zuschlagsversagung
- Änderung des geringsten Gebots 33,11
- Fortsetzung des Verfahrens 86,6
- Genehmigung 86,4
- Insolvenzverwalterversteigerung 172,17
- Nachlassversteigerung 176,9
- Schiffe 162,58; 169a,5
- Schiffsbauwerke 162,58
- Unzulässigkeit der Fortsetzung 86,4
- Verkündung 87,2
- Wirkung 86,3
- Zulässigkeit der Fortsetzung 86,5

Zuschlagsversagung (§ 74a)
- Abtretung des Meistgebotes 74b,12 ff.
- Antragsablehnung 74a,24
- Antragsberechtigung 74a,13
- Antragsberechtigung (Insolvenzverwalter) 74a,21
- Antragsberechtigung (Meistbietender) 74a,19
- Antragsberechtigung (Mieter) 74a,20
- Antragsberechtigung (Schuldner) 74a,16
- Antragzeitpunkt 74a,23
- Anwendungsbereich 74a,2
- Ausschluss der Versagung 74b,2
- Berechnung 74a,11
- betreibender Gläubiger 74a,15
- Einmaligkeit des Antrages 74a,28
- Entscheidung 74a,24
- Feststellung der Wertgrenze 74a,6
- Gläubigeranspruch 74a,9
- Grundschuld 74a,10
- mehrere Grundstücke 74a,12
- neuer Termin 74a,27
- Nominalbetrag der Grundschuld 74a,10
- Pfandrecht am Grundpfandrecht 74b,11
- Rechtsbehelfe 74a,31
- Sicherungsgrundschuld 74a,10
- Teilungsversteigerung 74a,22

Zuschlagsversagung (§ 83)
- Ablösung 83,7; 84,6
- Ausschluss von Anmeldungen 83,20
- Beeinträchtigung des Schuldners 84,7
- Beeinträchtigung von Beteiligten 84,2

1741

- Befangenheitsantrag 83,34
- Benachrichtigungsfrist 83,4
- Bietabkommen 83,23
- Bietzeit 83,36
- Deckungsgrundsatz 83,15
- Drittrechte 83,21
- Einzelausgebot 83,12
- faires Verfahren 83,27
- Fortsetzung auf Antrag 83,44
- Genehmigung des Verfahrens 84,9 ff.
- geringstes Gebot 83,6
- Gesamtausgebot 83, 9,12, 15
- Grundstücksbezeichnung 83,5
- Gruppenausgebot 83,14
- Hinweis- und Belehrungspflicht 83,27 ff.
- keine Beeinträchtigung 84,2 ff.
- keine Versagung des Zuschlags 84,2 ff.
- Meistbietender 83,31
- Neutralitätspflicht 83,29
- öffentliche Bekanntmachung 83,5; 83,35
- rechtsmissbräuchliches Gebot 83,31
- Sicherheitsleistung (erhöhte) 83,38 ff.
- sittenwidriges Verhalten 83,24
- Terminsbestimmung 83,5
- Verfahrensfehler 83,22
- Verkehrswert 83,10, 11
- Verschleuderung 83,25
- Verteilung (§ 64) 83,15 ff.
- Zustellungsfrist 83,4
- Zwangsversteigerungsbedingungen 83,8

Zuschlagsversagung (§ 85)
- Antrag des Schuldners 85,6
- Antrag 85,4
- Antragzeitpunkt 85,7
- Anwendungsbereich 85,1
- Binnenschifffahrt 85,5
- Einmaligkeit der Versagung 85,15
- Gebot (Antragsteller) 85,13
- Genehmigung 85,8
- neuer Termin 85,12
- Schadensersatzpflicht 85,8, 9

- Sicherheitsleistung 85,11
- Versagung im zweiten Termin 85,16

Zuschlagsversagung (§ 85a)
- Abtretung des Meistgebot 85a,31 ff.
- Anwendungsbereich 85a,1 ff.
- Ausfall des Meistbietenden 85a,26
- Befriedigungsberechtigter am Grundstück 85a,25
- Berechnung 85a,15
- Bietvorteil 85a,28
- Binnenschifffahrt 85a,4
- Eigengebot 85a,9 ff.
- Einmaligkeit der Versagung 85a,39
- Entscheidung 85a,20
- Erlöschen der Gebote 85a,37
- Grundschuld 85a,27
- Grundstückswert 85a,14
- Hinweis- und Belehrungspflicht 85a,30
- mehrere Grundstücke 85a,18
- neuer Termin 85a,38
- Nominalbetrag der Grundschuld 85a,27
- rechtsmissbräuchliche Gebote 85a,8 ff. und 12 ff.
- Scheingebot 85a,8
- Sicherheitsleistung 85a,13
- Sicherungsgrundschuld 85a,27
- verdeckte Vertretung 85a,35
- Voraussetzung 85a,7
- Zuschlagerteilung 85a,23 ff.
- Zwischenrechte 85a,29

Zuständigkeit 35,2
- Bestimmung 2,2
- funktionelle 1,8; 163,10; 171,11; 171b,5
- Insolvenzverwalterversteigerung 172,12
- internationale 1,1.1; 163,1.1; 171,6; 171b,1.1
- Konzentration 1,4; 163,4, 9; 171,9
- Luftfahrzeuge 171b,1.1
- Nachlassversteigerung 176,2
- örtliche 1,3; 163,3; 171,8; 171b,3
- sachliche 1,2; 163,2; 171,7; 171b,2
- Schiffe 162,13; 163,1; 171,6
- Schiffsbauwerke 163,8; 170a,4

Stichwortverzeichnis

Zuständigkeitsbestimmung 2,2
Zuständigkeitskonzentration
- Grundstücke 1,4
- Insolvenzverwalterversteigerung 172,12
- Luftfahrzeuge 171b,4
- Nachlassversteigerung 176,2
- Schiffe 163,4, 9; 171,9

Zustellung vor 15,48 ff.
- Adressat 3,9
- allgemein 3,5
- Anordnungs-/Beitrittsbeschluss 8,2
- Aufgabe zur Post 4,2
- Ausführung 3,14
- Ausland 3,19 ff.; 4,11 f.; 171l,3
- Insolvenzverwalterversteigerung 173,1
- Luftfahrzeuge 171l,3
- Nachlassversteigerung 176,3
- Rechtsnachfolge vor 15,49
- Sicherungsvollstreckung vor 15,52
- Vollmacht vor 15,50
- Zustellungsbevollmächtigter 5,1
- Zustellungsvertreter 6,1; 7,1
- Zustellungsvollmacht vor 15,51

Zustellungsbevollmächtigter 5,1
Zustellungsvertreter
- Aufgaben 7,3
- Bestellung 6,7
- Stellung 7,1
- Vergütung 7,8
- Voraussetzungen 6,3

Zuzahlung
- Altenteil 51,8, 28
- Anwendungsbereich 50,1
- Auflassungsvormerkung 51,45
- bedingte Rechte 50,21; 51,7
- Befriedigung des Gesamtgläubigers 50,30
- Befriedigung durch Eigentümer 50,29
- Befriedigung durch persönlichen Schuldner 50,31
- befristete Rechte 50,24
- beschränkte persönliche Dienstbarkeit 51,18
- Dauerwohnrecht 51,51

- Dienstbarkeit 51,16
- Erbbaurecht 51,37
- Erbbauzinsreallast 51,39
- Festsetzung der Zuzahlung 51,10
- Gesamtgrundpfandrecht 50,25
- Grundschuld 50,8 ff.
- Höhe 50,44
- Hypothekenbedingungen 50,42
- Löschungsanspruch 50,23
- Mitbenutzungsrecht 51,21
- Nichtbestehen eines Grundpfandrechtes 50,5 ff.
- Nichtkapitalrechte 51,5
- Nießbrauch 51,23
- persönliche Haftung des Erstehers 50,41
- Reallast 51,9, 25
- Rückgewährsanspruch 50,8 ff.
- unterbliebene Festsetzung 51,14
- Vereinbarung nach § 1010 BGB 51,47
- Verteilung 50,45
- Verteilung des Rechtes 50,28
- Verzicht des Gläubigers 50,39
- Voraussetzung der Zuzahlungspflicht 50,7 27
- Vorkaufsrecht 51,31
- Vormerkung 50,22; 51,43
- Widerspruch 50,22
- Wohnungsrecht 51,19
- Zahlungsmodalitäten 51,50

Zwangssicherungshypothek
- Antrag 16,13
- Insolvenz 28,24

Zwangsversteigerung
- Antrag Einf.,18 ff.
- Belehrungspflicht Einf.,16
- Beschlagnahme Einf.,23
- Erlösverteilung Einf.,50 ff.
- Grundbuchberichtigung Einf.,57
- Rangklassen Einf.,51
- Teilungsplan Einf.,54
- Teilungsversteigerung (gleichzeitig) 180,166
- Terminsbestimmung Einf.,30
- Verfahrensgrundsätze Einf.,58 ff.
- Verfassungsrecht Einf.,13, 15

- Verkehrswert Einf.,29
- Veröffentlichungsfristen Einf.,31
- Versteigerungsgeschäft Einf.,41
- Versteigerungstermin Einf.,33 ff.
- Vollstreckungsschutz Einf.,27
- wirtschaftliche Bedeutung Einf.,11
- Zuschlagsentscheidung Einf.,44
- Zuschlagsverhandlung Einf.,42
- Zwangsversteigerungsvermerk Einf.,28

Zwangsversteigerungsvermerk
- Eintragung im Grundbuch 19,10
- Erledigung des Ersuchens 19,7
- Ersuchen an das Grundbuchamt 19,3
- Form des Ersuchens 19,4
- Inhalt des Ersuchens 19,5
- mehrere Anträge beim Grundbuchamt 19,12
- Mitteilungen des Grundbuchamtes 19,13 ff.
- Mitteilungspflichten 19,1
- Prüfung durch das Grundbuchamt 19,8
- Rechtsbehelfe 19,17
- Wirksamkeitsvermerk 19,12
- Zeitpunkt des Ersuchens 19,3

Zwangsverwalter
- Aufgaben Einf.,74
- Aufgaben, allgemein 152,5
- Aufsicht s. dort
- Auskunftspflicht 154,46 f.
- Auswahl 150,6 ff.
- Ausweis, Bestallungsurkunde 150,12 ff.; 161,43
- Beschlagnahmebericht 150,47 ff.
- Beschluss 150,11
- Besitzverschaffung 150,29 ff.
- Bestellung Einf.,68; 150
- Delegation 150,16
- Entlassung s. Aufsicht
- Haftung s. dort
- Handlungsgrundsätze 152,6 ff.
- Handlungsmaßstab 152,9
- Institutsverwalter s. dort
- Mitteilungspflicht 150,67 ff.
- Niederlegung 153,59

- Prozessführungsbefugnis 152,224 ff.
- Qualifikation 150,2 ff.
- Rechtsstellung 152,3 f.
- Schuldnerverwalter 150b,6 ff.
- Neubestellung wegen Tod 150,28.2 f.
- Vergütung s. dort
- Versicherung 150,18 ff.
- Vertretung 150,16 ff.

Zwangsverwalterverordnung (ZwVwV)
- Allgemein 146,41 ff.
- § 1 150
- § 2 150
- § 3 150
- § 4 150
- § 5 152
- § 6 152
- § 7 152
- § 8 152
- § 9 155
- § 10 153
- § 11 155
- § 12 161
- § 13 154
- § 14 154
- § 15 154
- § 16 153; 154
- § 17 152a
- § 18 152a
- § 19 152a
- § 20 152a
- § 21 152a
- § 22 152a
- § 23 146
- § 24 146
- § 25 146
- § 26 146
- Anhang Seite 1665 ff.

Zwangsverwaltung
- Altenteil 146,15
- Altlasten 152,19.1 ff.; 155,24 ff.
- Anfechtung 152,143.2
- Anderkonto 154,14 ff.
- Anordnung s. dort
- Antrag Einf.,67; 146,55 ff.

Stichwortverzeichnis

- anwendbare Vorschriften des ZVG 146,52 ff.
- Arbeitsverträge 152,66 ff.
- Aufhebung s. dort
- Aufsicht s. dort
- Aufsichtsperson bei Schuldnerverwaltung 150c,2 ff.
- Ausgaben der Verwaltung 155,9 ff., 32 f.
- Auskunft 154,46 f.
- außergerichtliche Institutsverwaltung 146,38
- Bargeld 154,13
- Bauabzugssteuer 152,95.3
- Beendigung Einf.,82
- Beschlagnahme s. dort; Einf.,70
- Beschlagnahmebericht 150,47 ff.
- Besichtigung 152,20
- Besitzstörung 152,241 ff.
- Besitzverschaffung 150,29 ff.
- Bestandserhaltung 152,10 ff.,17 f.
- Bestellung des Verwalters s. Zwangsverwalter
- Betriebsfortführung s. dort
- Drittbesitz 150,39 ff.
- Dünge- und Saatmittel 155,23
- Eigenbesitz 147,6 ff.
- Eigenkapitalersetzende Nutzungsüberlassung 152,185
- Einkommensteuer 152,93.7
- einstweilige Einstellung 161,4 f.
- Energieeinsparverordnung 152,20.1
- Energielieferungsverträge 152,70 ff.
- entbehrliche Nutzungen 152,113 f.
- Entgelt für Viehfutter 153a,1 ff.
- Entlassung s. Aufsicht
- Entmietung 152,25
- Erbbaurecht 146,17
- Gewerbebetrieb s. Betriebsfortführung
- Gläubigervorschuss s. dort
- Grundsteuer, 152,105.1
- Grundstücke 146,4
- Grundstücksbruchteile 146,5; 152,62 ff.
- Haftung s. dort
- Haftung, Steuer 152,106

- haushaltsnahe Beschäftigungsverhältnisse 152,94.2 f.
- Hausverwaltung 152,69
- Heizöltank 151,20.3
- Insolvenzverfahren 146,18 ff.; 148,19.2, 152,188.1, 222 ff.; 153b,3 ff.,
- Insolvenzverwalterantrag 172,19
- Institutsverwaltung s. dort
- Jagdpachtvertrag s. dort
- kalte Institutsverwaltung 146,39
- kalte Zwangsverwaltung 146,40
- Kapitalzahlung Einf.,81
- Kaution 152,164 ff.
- Kosten des Verfahrens 146,46 ff.; 155,35 ff.
- Kraftfahrzeugsteuer, 152,105.2
- Land-, Forstwirtschaft 152,26
- Landpachtvertrag 152,187
- Leerstand 152,23,116
- Lohnsteuer 152,94.1 ff.
- Masseverwaltung 154,12 ff.
- Mietrückstände 152,31 f., 237 ff.
- Mietverhältnis s. dort
- Nebenkostenabrechnung 152,150 ff.
- Nießbrauch 146,7 ff.
- Notwegerecht 152,18
- Nutzung 152,23 ff.; 155,4 ff.
- Nutzungsänderung 152,28; 153,29 ff.
- Nutzungsentschädigung 152,242
- Nutzungsstörung 152,108 f., 241 ff.
- Nutzungsüberlassung 152,185
- Objektunterlagen 150,43
- öffentliche Lasten 152,89 ff.; 155,57 ff.; 156,3 ff.; 161,59
- Option, Umsatzsteuer 152,100.1 ff.
- Organschaft, Umsatzsteuer 152,101.1 ff.
- Pfändung,146,37; 148,19.1
- Photovoltaikanlage 152,42
- Prozessführungsbefugnis 152,224 ff., 247 ff.
- Rangklassen 155,40 ff., 64 ff.
- Rechnung, Umsatzsteuer 152,102
- Rechnungsabnahme 154,42 ff.

1745

- Rechnungslegung 154,18 ff., 36 ff.
- Rechtsschutzbedürfnis 146,58 f.
- Rechtsverfolgung 152,110 ff., 224 ff.
- Schuldner als Verwalter 150b; 150d; 150e; 153a
- Sequestration, ZPO 146,34 ff.
- Sicherheitsleistung s. Aufsicht
- Soll- und Isteinnahmen 154,33
- Steuern 152,92.1 ff.
- Steuern, Haftung 152,106
- Teilungsplan s. dort; Einf.,78
- Treuhandkonto 154,14 ff.
- Trinkwasserverordnung 152,20.2
- Überschüsse 155,8, 40 ff.
- Übersicht 146,52 ff.
- Umsatzsteuer 152,96.1 ff.
- Umsatzsteuersplitting 152,99.1 ff.
- Unterhaltungsmaßnahmen, Zustimmung 153,35 ff.
- Verbesserungen 152,13
- Verbindung 146,62
- Vergütung s. dort
- Verkehrssicherungspflichten 152,16, 20.4
- Versicherungsforderungen 148,26; 152,111, 240
- Versicherungsverträge, Inhalt, Umfang 152,73 ff.; 161,58
- Verteilungstermin 156,12 ff.
- Verträge 152,65 ff.
- Verträge mit dem Schuldner 149,13 ff.; 152,130
- Verwalterentlastung 154,42 ff.
- Verwaltungsmasse 155,4 ff.
- Vollstreckung durch und gegen Verwalter 152,255 ff.
- Vollstreckung gegen Gläubiger 152,257
- Vollstreckung gegen Schuldner 152,249 ff.
- Vorausverfügungen 152,112, 173 ff., 246
- Vorschuss 161,76 ff.
- WE-Verwalter 152,192 ff.
- Werk- und Wartungsverträge 152,87 f.

- wesentliche Veränderungen 152,14
- wirtschaftliche Bedeutung Einf.,66
- Wohngeld, Hausgeld 152,195 ff.; 155,55 f.; 156,10.1 ff.; 161,57
- Wohnrecht 146,15
- Wohnrecht des Schuldners, s. dort; Einf.,72
- Wohnungs- und Teileigentum 146,5
- Wohnungseigentum s. dort
- Zahlung auf das Kapital 158
- Zahlungsverbot, Drittschuldner 151,4 ff.
- Zubehör 152,114
- Zuschlagsbeschluss 93,25
- Zuständigkeit 146,53 f.
- Zustimmung, Gericht 152,21
- Zustimmungsvorbehalte s. Aufsicht
- Zwangsverwalter s. dort; Einf.,68

Zwangsverwaltungsausgaben
- Rang 10,6

Zwangsvollstreckungsvoraussetzungen vor 15,26 ff.
- Bürgschaft vor 15,58
- Fälligkeit vor 15,53
- Klausel vor 15,44
- Sicherheitsleistung vor 15,55
- Titel vor 15,27
- Vollstreckungshindernisses vor 15,63 ff.
- Wartefrist vor 15,61
- Zug-um-Zug-Leistung vor 15,59
- Zustellung vor 15,48

Zwecklose Versteigerung 15,17

ZwVwV
s. Zwangsverwalterverordnung